Esta Biblia

es presentada a

_____

el día _____ *de* _____

del año _____

por _____

Iglesia Fuente de Vida
11134 Saticoy St
Sun Valley CA 91352
TEL. 818-765-0705

Jesús Salva
Vive con El en el paraíso

Toda persona que nace, está destinada a morir; pero la vida no acaba con la muerte, porque después de ésta, dice la Biblia que luego habrá un juicio donde cada quien dará cuenta de su vida a Dios (Hebreos 9:27). Cuando Dios creó al hombre a su propia imagen en el huerto del Edén, le dio una vida abundante, pero también la libertad para escoger entre el bien y el mal. El hombre decidió desobedecer a Dios y hacer su propia voluntad, lo que trajo como consecuencia que el hombre muriera, no sólo en lo físico (al paso del tiempo) sino también en el sentido espiritual (de inmediato). Por esto, el hombre quedó separado de Dios.

Lamentablemente, desde entonces, el hombre continúa desobedeciendo a Dios: *Por cuanto todos pecaron y no alcanzan la gloria de Dios* (Romanos 3:23). Este, precisamente, es el problema del hombre: Estar separado de Dios.

El hombre ha tratado de superar este obstáculo de muchas maneras, entre ellas: haciendo buenas obras, por medio de la religión, de filosofías, viviendo moral y rectamente; éstas y muchas más son las cosas que el hombre hace para tratar de superar el obstáculo de su separación de Dios. Pero nada de eso le sirve, porque Dios es absolutamente santo y el hombre es pecador, lo que causa que haya un abismo entre los dos.

Tal separación espiritual ha llegado a ser algo natural en el hombre y debido a ello ya está condenado: *El que cree en El no es condenado; pero el que no cree, ya ha sido condenado, porque no ha creído en el nombre del unigénito Hijo de Dios* (Juan 3:18). Solamente hay una solución a este problema, y es que el hombre nazca de nuevo, es decir, en el sentido espiritual. Y para esto Dios mismo ha provisto el medio; El tiene un plan muy bueno para el pecador, porque lo ama.

El amor y el plan de Dios

Jesucristo dijo: *Porque de tal manera amó Dios al mundo, que dio a su Hijo unigénito, para que todo aquel que cree en El, no se pierda mas tenga vida eterna. Yo he venido para que tengan vida, y para que la tengan en abundancia* (Juan 3:16; 10:10). *El que cree en el Hijo tiene vida eterna; pero el que no obedece al Hijo no verá la vida, sino que la ira de Dios permanece en él* (Juan 3:36). Pero Jesucristo también dijo: *Yo soy el camino, y la verdad, y la vida; nadie viene al Padre sino por mí* (Juan 14:6).

Cuando Jesucristo murió en la cruz, lo hizo en substitución por nuestros pecados y unió la separación entre Dios y el hombre al establecer un puente entre los dos. Ahora toda persona que nace de nuevo puede tener verdadera comunión con Dios, gracias al sacrificio que El mismo hizo en la persona de su Hijo amado, Jesucristo.

Era necesario que Dios, siendo absolutamente santo, pidiera cuentas por el pecado y siendo perfectamente justo, lo castigara, ya que por eso el hombre se había constituido en enemigo de Dios; pero no quería castigarlo porque El ama al hombre. Sin embargo, al descargar su ira contra el pecado que Jesucristo llevó en la cruz, la justicia y santidad de Dios quedaron satisfechas y así ahora El puede mostrarle al hombre su amor y el plan para su vida. *Y en ningún otro hay salvación, porque no hay otro nombre dado a los hombres, en el cual podamos ser salvos* (Hechos 4:12).

Jesucristo está vivo hoy

Después que Jesucristo murió en la cruz del Calvario donde recibió en lugar nuestro el castigo que nosotros merecíamos, dice la Biblia que El no quedó en esa cruz; es más, ni siquiera quedó en la tumba sino que resucitó. Tal resurrección es una garantía para todo aquel que en El crea y le reciba en su vida, que también resucitará en el día postrero; ¡esta sí que es una muy buena noticia! *Cristo murió por nuestros pecados...fue sepultado y resucitó al tercer día, conforme a las Escrituras* (1 Corintios 15:3,4).

Lo que el hombre debe hacer para recibir el amor y el plan de Dios

En su misericordia, Dios ha decidido que la salvación del hombre sea gratuita; lo único que se debe hacer es:

1. Reconocer el problema (que es estar separado de Dios a causa del pecado).

2. Admitir que es pecador y que necesita la solución que Dios ofrece.

3. Reconocer que Jesucristo murió en la cruz por los pecados.

4. Entregarse a Jesucristo para que El le dé la salvacion y le guíe en la vida diaria.

5. Recibir a Jesucristo como Salvador personal y Señor de la vida, ahora mismo.

La Biblia dice en Romanos 10:9 y 13 que *si confiesas con tu boca a Jesús por Señor, y crees en tu corazón que Dios le resucitó de entre los muertos, serás salvo...porque TODO AQUEL QUE INVOQUE EL NOMBRE DEL SEÑOR SERA SALVO.*

Un ejemplo de oración para recibir a Jesucristo

Señor y Salvador, yo sé que he pecado contra ti y que no vivo dentro de tu plan. Por esto te pido perdón. Creo que tú moriste por mí, y al hacerlo, pagaste la deuda por mi pecado. Deseo alejarme del pecado y vivir la clase de vida que tú quieres que yo viva. Te pido que entres a mi vida y seas mi Salvador personal. Ahora, ayúdame a seguirte y a obedecerte como Señor, y a descubrir tu buena y perfecta voluntad para mi vida.

Mi decisión personal

El día _____ de _____ del año _____,

yo, _____ acepté a Jesucristo como mi salvador personal.

Usted recibió vida eterna

Cuando usted oró a Dios para recibir al Señor Jesucristo en su vida, El le escuchó y varias cosas se llevaron a cabo en usted, entre ellas: sus pecados fueron perdonados (Colosenses 2:13); ahora usted es un hijo de Dios (Juan 1:12); tiene la vida eterna (Juan 3:16).

Si por motivo de esta decisión vienen ciertas emociones a su vida (aunque no es nada malo), no se deje llevar por ellas ya que sus sentimientos pueden cambiar de vez en cuando o de día en día. Ponga su confianza en su padre celestial: *echando toda vuestra ansiedad sobre El, porque El tiene cuidado de vosotros* (1 Pedro 5:7).

Manténgase cada día en comunión con Dios mediante la oración y la lectura de su palabra, que es la Biblia. Procure estar en un continuo compañerismo con otros cristianos para que reciba apoyo y ayuda espiritual.

Las promesas de Dios se cumplen

El que tiene al Hijo tiene la vida, y el que no tiene al Hijo de Dios, no tiene la vida. Estas cosas he escrito a vosotros que creéis en el nombre del Hijo de Dios, para que sepáis que tenéis vida eterna (1 Juan 5:12,13). Este es el comienzo de la vida abundante que Cristo vino a ofrecerle al hombre, porque Dios desea restaurar lo que se perdió en el Edén.

Permiso para citar

Color	Encuadernación	10-ISBN	13-ISBN
Negro	Tapa dura	1-5864-0316-8	978-1-5864-0316-4
Rojo	Tapa dura	1-5864-0318-4	978-1-5864-0318-8
Azul	Tapa dura	1-5864-0317-6	978-1-5864-0317-1
A todo color	Tapa suave/blanda	1-5864-0319-2	978-1-5864-0319-5
Rojizo	Imitación piel	1-5864-0341-9	978-1-5864-0341-6
Negro	Imitación piel	1-5864-0340-0	978-1-5864-0340-9

Impreso en China / Printed in China
1 2 3 4 5 6 7 8 9 / 11 10 09 08 07
DBS

Promesa de las Escrituras

"Sécase la hierba, marchítase la flor,
mas la palabra del Dios nuestro permanece para siempre."
Isaías 40:8

Prefacio

LA BIBLIA DE LAS AMERICAS es una traducción fiel de las Sagradas Escrituras según fueron escritas originalmente en hebreo, arameo y griego. Se ha producido con el propósito de ofrecer al mundo de habla hispana la riqueza y el poder de la Palabra de Dios en forma tal que sea un verdadero tesoro devocional y un instrumento práctico de estudio.

Esta versión es producto de la intensa labor y dedicación de un considerable número de eruditos de distintas denominaciones cristianas, representantes de varios países de Hispanoamérica, de España y de los Estados Unidos. Se publica con la firme convicción de que las Sagradas Escrituras, según fueron escritas en los idiomas originales, fueron inspiradas por Dios, y puesto que son su eterna Palabra, hablan con renovado poder a cada generación para impartir la sabiduría que lleva a la salvación en Cristo, equipando al creyente para disfrutar de una vida abundante y feliz en la tierra, y constituyéndolo en testimonio viviente de la verdad para la gloria eterna de Dios.

El Comité Editorial ha observado dos principios básicos: En primer lugar, ha tratado de ceñirse en todo lo posible a los idiomas originales de las Sagradas Escrituras, y en segundo lugar, ha observado las reglas de la gramática moderna en una dimensión continental contemporánea, usando un estilo ágil y ameno, procurando mantener la mayor belleza literaria. LA BIBLIA DE LAS AMERICAS se ofrece en la seguridad de que los que buscan el mensaje y el conocimiento de las Sagradas Escrituras, hallarán aquí una traducción clara y fidedigna de la verdad revelada por Dios en su Palabra.

Las Cuatro Normas Básicas
de las publicaciones de
The Lockman Foundation

1. Serán fieles a los originales hebreo, arameo y griego.
2. Serán gramaticalmente correctas.
3. Estarán escritas en un lenguaje comprensible para todos.
4. Darán al Señor Jesucristo el lugar que le corresponde, el lugar que la Palabra de Dios le da.

Formato General

PARRAFOS. Se indican con números o letras en negrita.

PUNTUACION Y SIMBOLOS ORTOGRAFICOS. Se usan de acuerdo con las normas editoriales contemporáneas. El diálogo se introduce con dos puntos. Las comillas se usan para indicar citas internas.

MAYUSCULAS PARA INDICAR DEIDAD. El pronombre personal El (con mayúscula) se refiere siempre a la Deidad. También se usan mayúsculas en los sustantivos referentes a la Deidad, que normalmente no las requieren. Véase Apoc. 5:5,6.

MAYUSCULAS PARA INDICAR CITAS. En el Nuevo Testamento se escriben en mayúscula las palabras que son citas del Antiguo Testamento.

BASTARDILLA. Se usa en el texto para indicar palabras que no aparecen en los manuscritos originales, pero que están lógicamente implícitas, o que se añaden para completar el sentido.

NOTAS. Se enumeran consecutivamente dentro de la página y al pie de la misma. Las notas son aclaratorias y no contienen interpretaciones teológicas. Indican equivalencias, explicaciones, otras posibles traducciones del mismo texto y traducciones literales que en el texto resultarían ambiguas.

Principios de Traducción

En el texto de LA BIBLIA DE LAS AMERICAS se ha procurado usar la gramática y terminología del español moderno. Algunos términos bíblicos, universalmente apreciados y aceptados en su forma arcaica, se han preservado en toda su belleza si expresan el sentido del idioma original.

En casos en que una traducción literal oscureciera notablemente el significado al lector moderno, la expresión se ha aclarado en lenguaje contemporáneo. En estos casos la traducción literal se ha indicado mediante una nota numerada.

Los pasajes que están escritos en forma poética en los textos de los idiomas originales, están escritos en esa forma en esta versión.

TEXTO HEBREO. En la traducción del Antiguo Testamento se ha usado la *Biblia Hebraica Stuttgartensia* en la que se ha revisado por completo el aparato crítico de la *Biblia Hebraica* de Kittel.

Para la traducción de los tiempos de los verbos hebreos, se ha tomado en consideración la secuencia de los tiempos, el contexto inmediato, todo el pasaje en conjunto y si está escrito en prosa o en poesía, tratando siempre de ser lo más fiel posible al original.

EL NOMBRE DE DIOS. Para el nombre de Dios hay varias palabras en hebreo: uno de los más comunes es "Elohim" traducido "Dios"; otro es "Adonai" traducido "Señor"; pero el nombre asignado a Dios como su nombre especial o su nombre propio, tiene en hebreo estas cuatro letras "YHWH". Este no era pronunciado por los hebreos debido a la reverencia que tenían a lo sagrado de este nombre de la divinidad, y lo sustituían por otro de los nombres de Dios. La versión griega del Antiguo Testamento, conocida como la *Septuaginta* (LXX), o versión de los Setenta, traduce "YHWH" generalmente por 'Kurios' (Señor), y la *Vulgata Latina,* que tuvo también una gran influencia en la traducción de la Biblia a muchos idiomas, lo traduce por "Dominus" (Señor). En LA BIBLIA DE LAS AMERICAS hemos usado el nombre de "SEÑOR" (todo en mayúsculas) para traducir el tetragrámaton. Cuando este nombre ocurre junto al nombre hebreo "Adonai" (Señor) entonces "YHWH" es traducido "DIOS" (todo en mayúsculas) con la nota correspondiente. Algunas versiones traducen este nombre por "Jehová" y otras por "Yavé" o "Yahveh".

TEXTO GRIEGO. Se ha prestado gran atención a los últimos manuscritos descubiertos para determinar el mejor texto posible. En general se ha seguido el texto del *Novum Testamentum Graece* de Nestle-Aland en su vigésima sexta edición.

En cuanto a las voces, modos y tiempos del griego que no tienen equivalencias exactas en castellano, los editores se han guiado por las reglas de la gramática española moderna al traducir los verbos. La fuerza y el sentido cronológico de los tiempos se han respetado consistentemente prestando cuidadosa atención al contexto.

Las estrellas (✰) se ponen en el Nuevo Testamento en aquellos verbos que en griego indican el presente histórico, pero que se han traducido en esta versión en tiempo pasado de acuerdo con el contexto.

PASAJES PARALELOS. Tanto en el Antiguo como en el Nuevo Testamento los pasajes paralelos han sido cuidadosamente revisados, manteniéndose la unidad de estilo y expresión de cada pasaje.

Tablas de Abreviaturas

aprox.	= aproximadamente	M.M.M.	= Manuscritos del Mar Muerto
aram.	= arameo		
cap.	= capítulo(s)	Sept.	= Septuaginta, o, LXX (versión griega del Antiguo Testamento)
cm.	= centímetro(s)		
gr.	= griego		
heb.	= hebreo	sig.	= siguiente(s)
i.e.	= es decir	T.M.	= Texto Masorético
lit.	= literalmente	v.	= véase
ms.,mss.	= manuscrito(s)	vers.	= versículo(s)

LIBROS DEL ANTIGUO TESTAMENTO

LIBROS DEL NUEVO TESTAMENTO

Antiguo Testamento

GENESIS

La creación

1 En el principio creó Dios los cielos y la tierra.

2 Y la tierra estaba sin orden y vacía[1], y las tinieblas cubrían la superficie del abismo, y el Espíritu de Dios se movía sobre la superficie de las aguas.

3 Y dijo Dios: Sea la luz. Y hubo luz.

4 Y vio Dios que la luz *era* buena; y separó Dios la luz de las tinieblas.

5 Y llamó Dios a la luz día, y a las tinieblas llamó noche. Y fue la tarde y fue la mañana: un día.

6 Entonces dijo Dios: Haya expansión en medio de las aguas, y separe las aguas de las aguas.

7 E hizo Dios la expansión, y separó las aguas que *estaban* debajo de la expansión de las aguas que *estaban* sobre la expansión. Y fue así.

8 Y llamó Dios a la expansión cielos. Y fue la tarde y fue la mañana: el segundo día.

9 Entonces dijo Dios: Júntense en un lugar las aguas *que están* debajo de los cielos, y que aparezca lo seco. Y fue así.

10 Y llamó Dios a lo seco tierra, y al conjunto de las aguas llamó mares. Y vio Dios que *era* bueno.

11 Y dijo Dios: Produzca la tierra vegetación: hierbas que den semilla, *y* árboles frutales que den fruto sobre la tierra según su género, con su semilla en él. Y fue así.

12 Y produjo la tierra vegetación: hierbas que dan semilla según su género, y árboles que dan fruto con su semilla en él, según su género. Y vio Dios que *era* bueno.

13 Y fue la tarde y fue la mañana: el tercer día.

14 Entonces dijo Dios: Haya lumbreras en la expansión de los cielos para separar el día de la noche, y sean para señales y para estaciones y para días y *para* años;

15 y sean por luminarias en la expansión de los cielos para alumbrar sobre la tierra. Y fue así.

16 E hizo Dios las dos grandes lumbreras, la lumbrera mayor para dominio del día y la lumbrera menor para dominio de la noche; *hizo* también las estrellas.

17 Y Dios las puso en la expansión de los cielos para alumbrar sobre la tierra,

18 y para dominar en el día y en la noche, y para separar la luz de las tinieblas. Y vio Dios que *era* bueno.

19 Y fue la tarde y fue la mañana: el cuarto día.

20 Entonces dijo Dios: Llénense las aguas de multitudes de seres vivientes, y vuelen las aves sobre la tierra en la abierta expansión de los cielos.

21 Y creó Dios los grandes monstruos marinos y todo ser viviente que se mueve, de los cuales están llenas las aguas según su género, y toda ave según su género. Y vio Dios que *era* bueno.

22 Y Dios los bendijo, diciendo: Sed fecundos y multiplicaos, y llenad las aguas en los mares, y multiplíquense las aves en la tierra.

23 Y fue la tarde y fue la mañana: el quinto día.

24 Entonces dijo Dios: Produzca la tierra seres vivientes según su género: ganados, reptiles y bestias de la tierra según su género. Y fue así.

25 E hizo Dios las bestias de la tierra según su género, y el ganado según su género, y todo lo que se arrastra sobre la tierra según su género. Y vio Dios que *era* bueno.

26 Y dijo Dios: Hagamos al hombre a nuestra imagen, conforme a nuestra semejanza; y ejerza dominio sobre los peces del mar, sobre las aves del cielo, sobre los ganados, sobre toda la tierra, y sobre todo reptil que se arrastra sobre la tierra.

27 Creó, pues, Dios al hombre a imagen suya, a imagen de Dios lo creó; varón y hembra los creó.

28 Y los bendijo Dios y les dijo: Sed fecundos y multiplicaos, y llenad la tierra y sojuzgadla; ejerced dominio sobre los peces del mar, sobre las aves del cielo y sobre todo ser viviente que se mueve sobre la tierra.

29 Y dijo Dios: He aquí, yo os he dado toda planta que da semilla que hay en la superficie de toda la tierra, y todo árbol que tiene fruto que da semilla; esto os servirá de alimento.

30 Y a toda bestia de la tierra, a toda ave de los cielos y a todo lo que se mueve sobre la tierra, y que tiene vida, *les he dado* toda planta verde para alimento. Y fue así.

31 Y vio Dios todo lo que había hecho, y he aquí que *era* bueno en gran manera. Y fue la tarde y fue la mañana: el sexto día.

2 Así fueron acabados los cielos y la tierra y todas sus huestes.

2 Y en el séptimo día completó Dios la obra que había hecho, y reposó en el día séptimo de toda la obra que había hecho.

3 Y bendijo Dios el séptimo día y lo santificó, porque en él reposó de toda la obra que El había creado y hecho.

4 Estos son los orígenes de los cielos y de la tierra cuando fueron creados, el día en que el SEÑOR Dios hizo la tierra y los cielos.

5 Y aún no había ningún arbusto del campo en la tierra, ni había aún brotado ninguna planta del campo, porque el SEÑOR Dios no había enviado lluvia sobre la tierra, ni había hombre para labrar la tierra.

6 Pero se levantaba de la tierra un vapor que regaba toda la superficie del suelo.

7 Entonces el SEÑOR Dios formó al hombre del polvo de la tierra, y sopló en su nariz el aliento de vida; y fue el hombre un ser viviente.

8 Y plantó el SEÑOR Dios un huerto hacia el oriente, en Edén; y puso allí al hombre que había formado.

9 Y el SEÑOR Dios hizo brotar de la tierra todo árbol agradable a la vista y bueno para comer; asimismo, en medio del huerto, el árbol de la vida y el árbol del conocimiento del bien y del mal.

10 Y del Edén salía un río para regar el huerto, y de allí se dividía y se convertía en *otros* cuatro ríos.

11 El nombre del primero es Pisón; éste es el que rodea toda la tierra de Havila, donde hay oro.

12 El oro de aquella tierra es bueno; allí hay bedelio y ónice.

13 Y el nombre del segundo río es Gihón; éste es el que rodea la tierra de Cus.

14 Y el nombre del tercer río es Tigris; éste es el

---

1. O, *era caos y vacuidad*

que corre al oriente de Asiria. Y el cuarto río es el Éufrates.

15 Entonces el Señor Dios tomó al hombre y lo puso en el huerto del Edén, para que lo cultivara y lo cuidara.

16 Y ordenó el Señor Dios al hombre, diciendo: De todo árbol del huerto podrás comer,

17 pero del árbol del conocimiento del bien y del mal no comerás, porque el día que de él comas, ciertamente morirás.

18 Y el Señor Dios dijo: No es bueno que el hombre esté solo; le haré una ayuda idónea[1].

19 Y el Señor Dios formó de la tierra todo animal del campo y toda ave del cielo, y *los* trajo al hombre para ver cómo los llamaría; y como el hombre llamó a cada ser viviente, ése fue su nombre.

20 Y el hombre puso nombre a todo ganado y a las aves del cielo y a toda bestia del campo, mas para Adán[2] no se encontró una ayuda que fuera idónea para él.

21 Entonces el Señor Dios hizo caer un sueño profundo sobre el hombre, y *éste* se durmió; y *Dios* tomó una de sus costillas, y cerró la carne en ese lugar.

22 Y de la costilla que el Señor Dios había tomado del hombre, formó una mujer y la trajo al hombre.

23 Y el hombre dijo:

Esta es ahora hueso de mis huesos,
y carne de mi carne;
ella será llamada mujer,
porque del hombre fue tomada.

24 Por tanto el hombre dejará a su padre y a su madre y se unirá a su mujer, y serán una sola carne.

25 Y estaban ambos desnudos, el hombre y su mujer, y no se avergonzaban.

Desobediencia y caída del hombre

3 Y la serpiente era más astuta que cualquiera de los animales del campo que el Señor Dios había hecho. Y dijo a la mujer: ¿Conque Dios os ha dicho: "No comeréis de ningún árbol del huerto"?

2 Y la mujer respondió a la serpiente: Del fruto de los árboles del huerto podemos comer;

3 pero del fruto del árbol que está en medio del huerto, ha dicho Dios: "No comeréis de él, ni lo tocaréis, para que no muráis."

4 Y la serpiente dijo a la mujer: Ciertamente no moriréis.

5 Pues Dios sabe que el día que de él comáis, serán abiertos vuestros ojos y seréis como Dios, conociendo el bien y el mal.

6 Cuando la mujer vio que el árbol era bueno para comer, y que era agradable a los ojos, y que el árbol era deseable para alcanzar sabiduría, tomó de su fruto y comió; y dio también a su marido que estaba con ella, y él comió.

7 Entonces fueron abiertos los ojos de ambos, y conocieron que estaban desnudos; y cosieron hojas de higuera y se hicieron delantales.

8 Y oyeron al Señor Dios que se paseaba en el huerto al fresco del día; y el hombre y su mujer se escondieron de la presencia del Señor Dios entre los árboles del huerto.

9 Y el Señor Dios llamó al hombre, y le dijo: ¿Dónde estás?

10 Y él respondió: Te oí en el huerto, y tuve miedo porque estaba desnudo, y me escondí.

11 Y *Dios le* dijo: ¿Quién te ha hecho saber que estabas desnudo? ¿Has comido del árbol del cual te mandé que no comieras?

12 Y el hombre respondió: La mujer que tú me diste por compañera me dio del árbol, y yo comí.

13 Entonces el Señor Dios dijo a la mujer: ¿Qué es esto que has hecho? Y la mujer respondió: La serpiente me engañó, y yo comí.

14 Y el Señor Dios dijo a la serpiente:

Por cuanto has hecho esto,
maldita serás más que todos los animales,
y más que todas las bestias del campo;
sobre tu vientre andarás,
y polvo comerás
todos los días de tu vida.

15 Y pondré enemistad
entre ti y la mujer,
y entre tu simiente y su simiente;
él te herirá en la cabeza,
y tú lo herirás en el calcañar.

16 A la mujer dijo:
En gran manera multiplicaré
tu dolor en el parto,
con dolor darás a luz los hijos;
y con todo, tu deseo será para tu marido,
y él tendrá dominio sobre ti.

17 Entonces dijo a Adán: Por cuanto has escuchado la voz de tu mujer y has comido del árbol del cual te ordené, diciendo: "No comerás de él",

maldita será la tierra por tu causa;
con trabajo comerás de ella
todos los días de tu vida.

18 Espinos y abrojos te producirá,
y comerás de las plantas del campo.

19 Con el sudor de tu rostro
comerás *el* pan
hasta que vuelvas a la tierra,
porque de ella fuiste tomado;
pues polvo eres,
y al polvo volverás.

20 Y el hombre le puso por nombre Eva[3] a su mujer, porque ella era la madre de todos los vivientes.

21 Y el Señor Dios hizo vestiduras de piel para Adán y su mujer, y los vistió.

22 Entonces el Señor Dios dijo: He aquí, el hombre ha venido a ser como uno de nosotros, conociendo el bien y el mal; cuidado ahora no vaya a extender su mano y tomar también del árbol de la vida, y coma, y viva para siempre.

23 Y el Señor Dios lo echó del huerto del Edén, para que labrara la tierra de la cual fue tomado.

24 Expulsó, pues, al hombre; y al oriente del huerto del Edén puso querubines, y una espada encendida que giraba en todas direcciones, para guardar el camino del árbol de la vida.

Caín y Abel

4 Y el hombre conoció a Eva, su mujer, y ella concibió y dio a luz a Caín[4], y dijo: He adquirido varón con la *ayuda del* Señor.

2 Después dio a luz a su hermano Abel. Y Abel

1. Lit., *que le corresponda* 2. O, *el hombre* 3. I.e., viviente, o, vida 4. I.e., adquirido

fue pastor de ovejas y Caín fue labrador de la tierra.

3 Y aconteció que al transcurrir el tiempo, Caín trajo al SEÑOR una ofrenda del fruto de la tierra.

4 También Abel, por su parte, trajo de los primogénitos de sus ovejas y de la grosura de los mismos. Y el SEÑOR miró con agrado a Abel y a su ofrenda,

5 pero a Caín y su ofrenda no miró con agrado. Y Caín se enojó mucho y su semblante se demudó.

6 Entonces el SEÑOR dijo a Caín: ¿Por qué estás enojado, y por qué se ha demudado tu semblante?

7 Si haces bien, ¿no serás aceptado? Y si no haces bien, el pecado yace a la puerta y te codicia, pero tú debes dominarlo.

8 Y Caín dijo a su hermano Abel: vayamos al campo. Y aconteció que cuando estaban en el campo, Caín se levantó contra su hermano Abel y lo mató.

9 Entonces el SEÑOR dijo a Caín: ¿Dónde está tu hermano Abel? Y él respondió: No sé. ¿Soy yo acaso guardián de mi hermano?

10 Y El *le* dijo: ¿Qué has hecho? La voz de la sangre de tu hermano clama a mí desde la tierra.

11 Ahora pues, maldito eres de la tierra, que ha abierto su boca para recibir de tu mano la sangre de tu hermano.

12 Cuando cultives el suelo, no te dará más su vigor; vagabundo y errante serás en la tierra.

13 Y Caín dijo al SEÑOR: Mi castigo es demasiado grande para soportarlo.

14 He aquí, me has arrojado hoy de la faz de la tierra, y de tu presencia me esconderé, y seré vagabundo y errante en la tierra; y sucederá que cualquiera que me halle me matará.

15 Entonces el SEÑOR le dijo: No será así; *pues* cualquiera que mate a Caín, siete veces sufrirá venganza. Y puso el SEÑOR una señal sobre Caín, para que cualquiera que lo hallase no lo matara.

16 Y salió Caín de la presencia del SEÑOR, y se estableció en la tierra de Nod, al oriente del Edén.

17 Y conoció Caín a su mujer, y ella concibió y dio a luz a Enoc; y edificó una ciudad y la llamó Enoc, como el nombre de su hijo.

18 A Enoc le nació Irad, Irad engendró a Mehujael, Mehujael engendró a Metusael, y Metusael engendró a Lamec.

19 Lamec tomó para sí dos mujeres; el nombre de una *era* Ada, y el nombre de la otra, Zila.

20 Y Ada dio a luz a Jabal, el cual fue padre de los que habitan en tiendas y *tienen* ganado.

21 Su hermano se llamaba Jubal, el cual fue padre de todos los que tocan la lira y la flauta.

22 Y Zila a su vez dio a luz a Tubal-caín, forjador de todo utensilio de bronce y de hierro; y la hermana de Tubal-caín *era* Naama.

23 Y Lamec dijo a sus mujeres:

Ada y Zila, oíd mi voz;
mujeres de Lamec,
prestad oído a mis palabras,
pues he dado muerte a un hombre por
   haberme herido,
y a un muchacho por haberme pegado.

24 Si siete veces es vengado Caín,
   entonces Lamec *lo será* setenta veces siete.

25 Y conoció Adán otra vez a su mujer; y ella dio

a luz un hijo y le puso por nombre Set, porque, *dijo ella:* Dios me ha dado otro hijo en lugar de Abel, pues Caín lo mató.

26 A Set le nació también un hijo y le puso por nombre Enós. Por ese tiempo comenzaron *los hombres* a invocar el nombre del SEÑOR.

Descendientes de Adán

5 Este es el libro de las generaciones de Adán. El día que Dios creó al hombre, a semejanza de Dios lo hizo.

2 Varón y hembra los creó; y los bendijo, y los llamó Adán el día en que fueron creados.

3 Cuando Adán había vivido ciento treinta años, engendró *un hijo* a su semejanza, conforme a su imagen, y le puso por nombre Set.

4 Y los días de Adán después de haber engendrado a Set fueron ochocientos años, y engendró hijos e hijas.

5 El total de los días que Adán vivió fue de novecientos treinta años, y murió.

6 Y Set vivió ciento cinco años, y engendró a Enós.

7 Y vivió Set ochocientos siete años después de haber engendrado a Enós, y engendró hijos e hijas.

8 El total de los días de Set fue de novecientos doce años, y murió.

9 Y Enós vivió noventa años, y engendró a Cainán.

10 Y vivió Enós ochocientos quince años después de haber engendrado a Cainán, y engendró hijos e hijas.

11 El total de los días de Enós fue de novecientos cinco años, y murió.

12 Y Cainán vivió setenta años, y engendró a Mahalaleel.

13 Y vivió Cainán ochocientos cuarenta años después de haber engendrado a Mahalaleel, y engendró hijos e hijas.

14 El total de los días de Cainán fue de novecientos diez años, y murió.

15 Y Mahalaleel vivió sesenta y cinco años, y engendró a Jared.

16 Y vivió Mahalaleel ochocientos treinta años después de haber engendrado a Jared, y engendró hijos e hijas.

17 El total de los días de Mahalaleel fue de ochocientos noventa y cinco años, y murió.

18 Y Jared vivió ciento sesenta y dos años, y engendró a Enoc.

19 Y vivió Jared ochocientos años después de haber engendrado a Enoc, y engendró hijos e hijas.

20 El total de los días de Jared fue de novecientos sesenta y dos años, y murió.

21 Y Enoc vivió sesenta y cinco años, y engendró a Matusalén.

22 Y Enoc anduvo con Dios trescientos años después de haber engendrado a Matusalén, y engendró hijos e hijas.

23 El total de los días de Enoc fue de trescientos sesenta y cinco años.

24 Y Enoc anduvo con Dios, y desapareció porque Dios se lo llevó.

25 Y Matusalén vivió ciento ochenta y siete años, y engendró a Lamec.

26 Y vivió Matusalén setecientos ochenta y dos

años después de haber engendrado a Lamec, y
engendró hijos e hijas.

27 El total de los días de Matusalén fue de novecientos sesenta y nueve años, y murió.

28 Y Lamec vivió ciento ochenta y dos años, y
engendró un hijo.

29 Y le puso por nombre Noé[1], diciendo: Este
nos dará descanso de nuestra labor y del trabajo
de nuestras manos, por *causa* de la tierra que el
SEÑOR ha maldecido.

30 Y vivió Lamec quinientos noventa y cinco
años después de haber engendrado a Noé, y
engendró hijos e hijas.

31 El total de los días de Lamec fue de setecientos setenta y siete años, y murió.

32 Y Noé tenía quinientos años, y engendró a
Sem, a Cam y a Jafet.

Maldad de los hombres

6 Y aconteció que cuando los hombres comenzaron a multiplicarse sobre la faz de la tierra,
y les nacieron hijas,

2 los hijos de Dios vieron que las hijas de los
hombres eran hermosas, y tomaron para sí
mujeres de entre todas las que les gustaban.

3 Entonces el SEÑOR dijo: No contenderá mi
Espíritu para siempre con el hombre, porque
ciertamente él es carne. Serán, pues, sus días
ciento veinte años.

4 Y había gigantes en la tierra en aquellos días,
y también después, cuando los hijos de Dios se
unieron a las hijas de los hombres y ellas les
dieron a luz *hijos*. Estos son los héroes de la antigüedad, hombres de renombre.

5 Y el SEÑOR vio que era mucha la maldad de
los hombres en la tierra, y que toda intención de
los pensamientos de su corazón era sólo *hacer*
siempre el mal.

6 Y le pesó al SEÑOR haber hecho al hombre en
la tierra, y sintió tristeza en su corazón.

7 Y el SEÑOR dijo: Borraré de la faz de la tierra
al hombre que he creado, desde el hombre hasta
el ganado, los reptiles y las aves del cielo, porque
me pesa haberlos hecho.

8 Mas Noé halló gracia ante los ojos del SEÑOR.

9 Estas son las generaciones de Noé. Noé era
un hombre justo, perfecto entre sus contemporáneos; Noé andaba con Dios.

10 Y Noé engendró tres hijos: Sem, Cam y Jafet.

11 Y la tierra se había corrompido delante de
Dios, y estaba la tierra llena de violencia.

12 Y miró Dios a la tierra, y he aquí que estaba
corrompida, porque toda carne había corrompido su camino sobre la tierra.

13 Entonces Dios dijo a Noé: He decidido poner
fin a toda carne, porque la tierra está llena de
violencia por causa de ellos; y he aquí, voy a destruirlos *juntamente* con la tierra.

14 Hazte un arca de madera de ciprés; harás el
arca con compartimientos, y la calafatearás por
dentro y por fuera con brea.

15 Y de esta manera la harás: de trescientos
codos la longitud del arca, de cincuenta codos su
anchura y de treinta codos su altura.

16 Harás una ventana en el arca y la terminarás
a un codo del techo, y pondrás la puerta del arca
en su costado; la harás con piso bajo, segundo y
tercero.

17 Y he aquí, yo traeré un diluvio sobre la tierra,
para destruir toda carne en que hay aliento de
vida debajo del cielo; todo lo que hay en la tierra
perecerá.

18 Pero estableceré mi pacto contigo; y entrarás
en el arca tú, y contigo tus hijos, tu mujer y las
mujeres de tus hijos.

19 Y de todo ser viviente, de toda carne, meterás
dos de cada *especie* en el arca, para preservar*les*
la vida contigo; macho y hembra serán.

20 De las aves según su especie, de los animales
según su especie y de todo reptil de la tierra
según su especie, dos de cada *especie* vendrán a ti
para que *les* preserves la vida.

21 Y tú, toma para ti de todo alimento que se
come, y guárda*lo*, y será alimento para ti y
para ellos.

22 Y así lo hizo Noé; conforme a todo lo que
Dios le había mandado, así hizo.

Noé entra en el arca

7 Entonces el SEÑOR dijo a Noé: Entra en el
arca tú y todos los de tu casa; porque he visto
que *sólo* tú eres justo delante de mí en esta generación.

2 De todo animal limpio tomarás contigo siete
parejas, el macho y su hembra; y de todo animal
que no es limpio, dos, el macho y su hembra;

3 también de las aves del cielo, siete parejas,
macho y hembra, para conservar viva la especie
sobre la faz de toda la tierra.

4 Porque dentro de siete días haré llover sobre
la tierra cuarenta días y cuarenta noches, y
borraré de la faz de la tierra a todo ser viviente
que he creado.

5 Y Noé hizo conforme a todo lo que el SEÑOR
le había mandado.

6 Noé *tenía* seiscientos años cuando el diluvio
de las aguas vino sobre la tierra.

7 Entonces entró Noé en el arca, y con él sus
hijos, su mujer y las mujeres de sus hijos, a causa
de las aguas del diluvio.

8 De los animales limpios y de los animales que
no son limpios, de las aves y de todo lo que se
arrastra sobre la tierra,

9 de dos en dos entraron con Noé en el arca,
macho y hembra, como Dios había ordenado a
Noé.

10 Y aconteció que a los siete días las aguas del
diluvio vinieron sobre la tierra.

11 El año seiscientos de la vida de Noé, el mes
segundo, a los diecisiete días del mes, en ese
mismo día se rompieron todas las fuentes del
gran abismo, y las compuertas del cielo fueron
abiertas.

12 Y cayó la lluvia sobre la tierra por cuarenta
días y cuarenta noches.

13 En ese mismo día entró Noé en el arca, con
Sem, Cam y Jafet, hijos de Noé, y la mujer de
Noé y las tres mujeres de sus hijos con ellos,

14 y toda fiera según su especie, y todo ganado
según su especie, y todo reptil que se arrastra
sobre la tierra según su especie, y toda ave según
su especie, toda clase de aves.

15 Entraron, pues, con Noé en el arca de dos en
dos de toda carne en que había aliento de vida.

16 Y los que entraron, macho y hembra de toda

---

1. I.e., consuelo, o, descanso

carne, entraron como Dios le había mandado; y el SEÑOR cerró *la puerta* detrás de Noé.

17 Entonces vino el diluvio sobre la tierra por cuarenta días, y las aguas crecieron y alzaron el arca, y ésta se elevó sobre la tierra.

18 Y las aguas aumentaron y crecieron mucho sobre la tierra; y el arca flotaba sobre la superficie de las aguas.

19 Y las aguas aumentaron más y más sobre la tierra, y fueron cubiertos todos los altos montes que hay debajo de todos los cielos.

20 Quince codos por encima subieron las aguas después que los montes habían sido cubiertos.

21 Y pereció toda carne que se mueve sobre la tierra: aves, ganados, bestias, y todo lo que pulula sobre la tierra, y todo ser humano;

22 todo aquello en cuya nariz había aliento de espíritu de vida, todo lo que había sobre la tierra firme, murió.

23 Exterminó, pues, *el SEÑOR* todo ser viviente que *había* sobre la faz de la tierra; desde el hombre hasta los ganados, los reptiles y las aves del cielo, fueron exterminados de la tierra; sólo quedó Noé y los que *estaban* con él en el arca.

24 Y prevalecieron las aguas sobre la tierra ciento cincuenta días.

Bajan las aguas

8 Y se acordó Dios de Noé y de todas las bestias y de todo el ganado que estaban con él en el arca; y Dios hizo pasar un viento sobre la tierra y decrecieron las aguas.

2 Y se cerraron las fuentes del abismo y las compuertas del cielo, y se detuvo la lluvia del cielo.

3 Las aguas bajaron gradualmente de sobre la tierra, y al cabo de ciento cincuenta días, las aguas habían decrecido.

4 Y en el mes séptimo, el día diecisiete del mes, el arca descansó sobre los montes de Ararat.

5 Las aguas fueron decreciendo paulatinamente hasta el mes décimo; *y* el *día* primero del mes décimo, se vieron las cimas de los montes.

6 Y aconteció que al cabo de cuarenta días, Noé abrió la ventana del arca que él había hecho,

7 y envió un cuervo, que estuvo yendo y viniendo hasta que se secaron las aguas sobre la tierra.

8 Después envió una paloma para ver si las aguas habían disminuido sobre la superficie de la tierra,

9 pero la paloma no encontró lugar donde posarse, de modo que volvió a él, al arca, porque las aguas *estaban* sobre la superficie de toda la tierra. Entonces extendió su mano, la tomó y la metió consigo en el arca.

10 Esperó aún otros siete días, y volvió a enviar la paloma desde el arca.

11 Y hacia el atardecer la paloma regresó a él, y he aquí, en su pico *traía* una hoja de olivo recién arrancada. Entonces *Noé* comprendió que las aguas habían disminuido sobre la tierra.

12 Esperó aún otros siete días, y envió la paloma, pero ya no volvió más a él.

13 Y aconteció que en el año seiscientos uno *de Noé*, en el *mes* primero, el *día* primero del mes, se secaron las aguas sobre la tierra. Entonces Noé quitó la cubierta del arca y miró, y he aquí, estaba seca la superficie de la tierra.

14 Y en el mes segundo, el día veintisiete del mes, estaba seca la tierra.

15 Entonces habló Dios a Noé, diciendo:

16 Sal del arca tú, y contigo tu mujer, tus hijos y las mujeres de tus hijos.

17 Saca contigo todo ser viviente de toda carne que está contigo: aves, ganados y todo reptil que se arrastra sobre la tierra, para que se reproduzcan en abundancia sobre la tierra, y sean fecundos y se multipliquen sobre la tierra.

18 Salió, pues, Noé, y con él sus hijos y su mujer y las mujeres de sus hijos.

19 Y todas las bestias, todos los reptiles, todas las aves y todo lo que se mueve sobre la tierra, salieron del arca según sus familias.

20 Y edificó Noé un altar al SEÑOR, y tomó de todo animal limpio y de toda ave limpia, y ofreció holocaustos en el altar.

21 Y el SEÑOR percibió el aroma agradable, y dijo el SEÑOR para sí: Nunca más volveré a maldecir la tierra por causa del hombre, porque la intención del corazón del hombre es mala desde su juventud; nunca más volveré a destruir todo ser viviente como lo he hecho.

22 Mientras la tierra permanezca,
la siembra y la siega,
el frío y el calor,
el verano y el invierno,
el día y la noche,
nunca cesarán.

Pacto de Dios con Noé

9 Y bendijo Dios a Noé y a sus hijos, y les dijo: Sed fecundos y multiplicaos, y llenad la tierra.

2 Y el temor y el terror de vosotros estarán sobre todos los animales de la tierra, y sobre todas las aves del cielo, *y* en todo lo que se arrastra sobre el suelo, y en todos los peces del mar; en vuestra mano son entregados.

3 Todo lo que se mueve y tiene vida os será para alimento: todo os lo doy como *os di* la hierba verde.

4 Pero carne con su vida, *es decir, con* su sangre, no comeréis.

5 Y ciertamente pediré cuenta de la sangre de vuestras vidas; de todo animal la demandaré. Y de *todo* hombre, del hermano de todo hombre demandaré la vida del hombre.

6 El que derrame sangre de hombre,
por el hombre su sangre será derramada,
porque a imagen de Dios
hizo Él al hombre.

7 En cuanto a vosotros, sed fecundos y multiplicaos;
poblad en abundancia la tierra y multiplicaos en ella.

8 Entonces habló Dios a Noé y a sus hijos *que estaban* con él, diciendo:

9 He aquí, yo establezco mi pacto con vosotros, y con vuestra descendencia después de vosotros,

10 y con todo ser viviente que está con vosotros: aves, ganados y todos los animales de la tierra que están con vosotros; todos los que han salido del arca, todos los animales de la tierra.

11 Yo establezco mi pacto con vosotros, y nunca más volverá a ser exterminada toda carne por las aguas del diluvio, ni habrá más diluvio para destruir la tierra.

12 Y dijo Dios: Esta es la señal del pacto que hago entre yo y vosotros y todo ser viviente que está con vosotros, por todas las generaciones:

13 pongo mi arco en las nubes y será por señal del pacto entre yo y la tierra.

14 Y acontecerá que cuando haga venir nubes sobre la tierra, se verá el arco en las nubes,

15 y me acordaré de mi pacto que hay entre yo y vosotros y entre todo ser viviente de toda carne; y nunca más se convertirán las aguas en diluvio para destruir toda carne.

16 Cuando el arco esté en las nubes, lo miraré para acordarme del pacto eterno entre Dios y todo ser viviente de toda carne que está sobre la tierra.

17 Y dijo Dios a Noé: Esta es la señal del pacto que he establecido entre yo y toda carne que está sobre la tierra.

18 Y los hijos de Noé que salieron del arca fueron Sem, Cam y Jafet; y Cam fue el padre de Canaán.

19 Estos tres *fueron* los hijos de Noé, y de ellos se pobló toda la tierra.

20 Entonces Noé comenzó a labrar la tierra, y plantó una viña.

21 Y bebió el vino y se embriagó, y se desnudó en medio de su tienda.

22 Y Cam, padre de Canaán, vio la desnudez de su padre, y se lo contó a sus dos hermanos *que estaban* afuera.

23 Entonces Sem y Jafet tomaron un manto, lo pusieron sobre sus hombros, y caminando hacia atrás cubrieron la desnudez de su padre; y sus rostros estaban vueltos, y no vieron la desnudez de su padre.

24 Cuando Noé despertó de su embriaguez, y supo lo que su hijo menor le había hecho,

25 dijo:
Maldito sea Canaán;
siervo de siervos
será para sus hermanos.

26 Dijo también:
Bendito sea el SEÑOR,
el Dios de Sem;
y sea Canaán su siervo.

27 Engrandezca Dios a Jafet,
y habite en las tiendas de Sem;
y sea Canaán su siervo.

28 Y vivió Noé trescientos cincuenta años después del diluvio.

29 El total de los días de Noé fue de novecientos cincuenta años, y murió.

10 Estas son las generaciones de Sem, Cam y Jafet, hijos de Noé, a quienes les nacieron hijos después del diluvio:

2 Los hijos de Jafet: Gomer, Magog, Madai, Javán, Tubal, Mesec y Tiras.

3 Los hijos de Gomer: Askenaz, Rifat y Togarmá.

4 Los hijos de Javán: Elisa, Tarsis, Quitim y Dodanim.

5 De éstos, las costas de las naciones se dividieron en sus tierras, cada uno conforme a su lengua, según sus familias, en sus naciones.

6 Los hijos de Cam: Cus, Mizraim, Fut y Canaán.

7 Los hijos de Cus: Seba, Havila, Sabta, Raama y Sabteca, y los hijos de Raama: Seba y Dedán.

8 Y Cus engendró a Nimrod, que llegó a ser poderoso en la tierra.

9 El fue un poderoso cazador delante del SEÑOR; por tanto se dice: Como Nimrod, poderoso cazador delante del SEÑOR.

10 Y el comienzo de su reino fue Babel[1], Erec, Acab y Calne, en la tierra de Sinar.

11 De aquella tierra salió hacia Asiria y edificó Nínive, Rehobot Ir, Cala,

12 y Resén, entre Nínive y Cala; aquella es la gran ciudad.

13 Y Mizraim engendró a Ludim, a Anamim, a Lehabim, a Naftuhim,

14 a Patrusim, a Casluhim (de donde salieron los filisteos) y a Caftorim.

15 Canaán engendró a Sidón su primogénito, y a Het,

16 y al jebuseo, al amorreo, al gergeseo,

17 al heveo, al araceo, al sineo,

18 al arvadeo, al zemareo y al hamateo. Y después las familias de los cananeos fueron esparcidas.

19 El territorio de los cananeos se extendía desde Sidón, rumbo a Gerar, hasta Gaza; y rumbo a Sodoma, Gomorra, Adma y Zeboim, hasta Lasa.

20 Estos son los hijos de Cam, según sus familias, según sus lenguas, por sus tierras, por sus naciones.

21 También le nacieron hijos a Sem, padre de todos los hijos de Heber, *y* hermano mayor de Jafet.

22 Los hijos de Sem: Elam, Asur, Arfaxad, Lud y Aram.

23 Los hijos de Aram: Uz, Hul, Geter y Mas.

24 Arfaxad engendró a Sala, y Sala engendró a Heber.

25 Y a Heber le nacieron dos hijos: el nombre de uno *fue* Peleg[2], porque en sus días fue repartida la tierra, y el nombre de su hermano, Joctán.

26 Joctán engendró a Almodad, a Selef, a Hazar-mavet, a Jera,

27 a Adoram, a Uzal, a Dicla,

28 a Obal, a Abimael, a Seba,

29 a Ofir, a Havila y a Jobab; todos estos fueron hijos de Joctán.

30 Y su territorio se extendía desde Mesa rumbo a Sefar, la región montañosa del oriente.

31 Estos son los hijos de Sem, según sus familias, según sus lenguas, por sus tierras, conforme a sus naciones.

32 Estas son las familias de los hijos de Noé según sus genealogías, por sus naciones; y de ellos se propagaron las naciones sobre la tierra después del diluvio.

La torre de Babel

11 Toda la tierra hablaba la misma lengua y las mismas palabras.

2 Y aconteció que según iban hacia el oriente, hallaron una llanura en la tierra de Sinar, y se establecieron allí.

3 Y se dijeron unos a otros: Vamos, fabriquemos ladrillos y cozámos*los* bien. Y usaron ladrillo en lugar de piedra, y asfalto en lugar de mezcla.

4 Y dijeron: Vamos, edifiquémonos una ciudad y una torre cuya cúspide *llegue* hasta los cielos, y

1. O, *Babilonia* 2. I.e., *división*

hagámonos un nombre *famoso*, para que no seamos dispersados sobre la faz de toda la tierra.

5 Y el SEÑOR descendió para ver la ciudad y la torre que habían edificado los hijos de los hombres.

6 Y dijo el SEÑOR: He aquí, son un solo pueblo y todos ellos tienen la misma lengua. Y esto es lo que han comenzado a hacer, y ahora nada de lo que se propongan hacer les será imposible.

7 Vamos, bajemos y allí confundamos su lengua, para que nadie entienda el lenguaje del otro.

8 Así los dispersó el SEÑOR desde allí sobre la faz de toda la tierra, y dejaron de edificar la ciudad.

9 Por eso fue llamada Babel[1], porque allí confundió el SEÑOR la lengua de toda la tierra; y de allí los dispersó el SEÑOR sobre la faz de toda la tierra.

10 Estas son las generaciones de Sem: Sem *tenía* cien años, y engendró a Arfaxad dos años después del diluvio.

11 Y vivió Sem quinientos años después de haber engendrado a Arfaxad, y engendró hijos e hijas.

12 Arfaxad vivió treinta y cinco años, y engendró a Sala.

13 Y vivió Arfaxad cuatrocientos tres años después de haber engendrado a Sala, y engendró hijos e hijas.

14 Sala vivió treinta años, y engendró a Heber.

15 Y vivió Sala cuatrocientos tres años después de haber engendrado a Heber, y engendró hijos e hijas.

16 Heber vivió treinta y cuatro años, y engendró a Peleg.

17 Y vivió Heber cuatrocientos treinta años después de haber engendrado a Peleg, y engendró hijos e hijas.

18 Peleg vivió treinta años, y engendró a Reu.

19 Y vivió Peleg doscientos nueve años después de haber engendrado a Reu, y tuvo hijos e hijas.

20 Reu vivió treinta y dos años, y engendró a Serug.

21 Y vivió Reu doscientos siete años después de haber engendrado a Serug, y engendró hijos e hijas.

22 Serug vivió treinta años, y engendró a Nacor.

23 Y vivió Serug doscientos años después de haber engendrado a Nacor, y engendró hijos e hijas.

24 Nacor vivió veintinueve años, y engendró a Taré.

25 Y vivió Nacor ciento diecinueve años después de haber engendrado a Taré, y engendró hijos e hijas.

26 Taré vivió setenta años, y engendró a Abram, a Nacor y a Harán.

27 Estas son las generaciones de Taré: Taré engendró a Abram, a Nacor y a Harán; y Harán engendró a Lot.

28 Y murió Harán en presencia de su padre Taré en la tierra de su nacimiento, en Ur de los caldeos.

29 Y Abram y Nacor tomaron para sí mujeres. El nombre de la mujer de Abram *era* Sarai, y el nombre de la mujer de Nacor, Milca, hija de Harán, padre de Milca y de Isca.

30 Y Sarai era estéril; no tenía hijo.

31 Y Taré tomó a Abram su hijo, a su nieto Lot, hijo de Harán, y a Sarai su nuera, mujer de su hijo Abram; y salieron juntos de Ur de los caldeos, en dirección a la tierra de Canaán; y llegaron hasta Harán, y se establecieron allí.

32 Los días de Taré fueron doscientos cinco años; y murió Taré en Harán.

Dios llama a Abram

12 Y el SEÑOR dijo a Abram:
Vete de tu tierra,
de *entre* tus parientes
y de la casa de tu padre,
a la tierra que yo te mostraré.

2 Haré de ti una nación grande,
y te bendeciré,
y engrandeceré tu nombre,
y serás bendición.

3 Bendeciré a los que te bendigan,
y al que te maldiga, maldeciré.
Y en ti serán benditas todas las familias de la tierra.

4 Entonces Abram se fue tal como el SEÑOR le había dicho; y Lot fue con él. Y Abram *tenía* setenta y cinco años cuando partió de Harán.

5 Y tomó Abram a Sarai su mujer, y a Lot su sobrino, y todas las posesiones que ellos habían acumulado, y las personas que habían adquirido en Harán, y salieron para ir a la tierra de Canaán; y a la tierra de Canaán llegaron.

6 Y atravesó Abram el país hasta el lugar de Siquem, hasta la encina de More. Y el cananeo *estaba* entonces en la tierra.

7 Y el SEÑOR se apareció a Abram, y *le* dijo: A tu descendencia daré esta tierra. Entonces él *edificó* allí un altar al SEÑOR que se le había aparecido.

8 De allí se trasladó hacia el monte al oriente de Betel, y plantó su tienda, *teniendo a* Betel al occidente y Hai al oriente; y edificó allí un altar al SEÑOR, e invocó el nombre del SEÑOR.

9 Y Abram siguió su camino, continuando hacia el Neguev[2].

10 Y hubo hambre en la tierra; y Abram descendió a Egipto para pasar allí un tiempo, porque el hambre era severa en la tierra.

11 Y sucedió que cuando se acercaba a Egipto, dijo a Sarai su mujer: Mira, sé que eres una mujer de hermoso parecer;

12 y sucederá que cuando te vean los egipcios, dirán: "Esta es su mujer"; y me matarán, pero a ti te dejarán vivir.

13 Di, por favor, que eres mi hermana, para que me vaya bien por causa tuya, y para que yo viva gracias a ti.

14 Y aconteció que cuando Abram entró en Egipto, los egipcios vieron que la mujer era muy hermosa.

15 Y la vieron los oficiales de Faraón, y la alabaron delante de él; y la mujer fue llevada a la casa de Faraón.

16 Y *éste* trató bien a Abram por causa de ella; y le dio ovejas, vacas, asnos, siervos, siervas, asnas y camellos.

17 Pero el SEÑOR hirió a Faraón y a su casa con grandes plagas por causa de Sarai, mujer de Abram.

---

1. O, *Babilonia;* posiblemente del heb., *balal;* i.e., confundir   2. I.e., región del sur

18 Entonces Faraón llamó a Abram, y le dijo: ¿Qué es esto que me has hecho? ¿Por qué no me avisaste que era tu mujer?

19 ¿Por qué dijiste: "Es mi hermana", de manera que la tomé por mujer? Ahora pues, aquí está tu mujer, tóma*la* y vete.

20 Y Faraón dio órdenes a *sus* hombres acerca de Abram; y ellos lo despidieron con su mujer y con todo lo que le pertenecía.

Regreso de Abram a Canaán

13 Subió, pues, Abram de Egipto al Neguev, él y su mujer con todo lo que poseía; y con él, Lot.

2 Y Abram era muy rico en ganado, en plata y en oro.

3 Y anduvo en sus jornadas desde el Neguev hasta Betel, al lugar donde su tienda había estado al principio, entre Betel y Hai,

4 al lugar del altar que antes había hecho allí; y allí Abram invocó el nombre del SEÑOR.

5 Y también Lot, que andaba con Abram, tenía ovejas, vacas y tiendas.

6 Y la tierra no podía sostenerlos para que habitaran juntos, porque sus posesiones eran tantas que *ya* no podían habitar juntos.

7 Hubo, pues, contienda entre los pastores del ganado de Abram y los pastores del ganado de Lot. Y el cananeo y el ferezeo habitaban entonces en aquella tierra.

8 Y Abram dijo a Lot: Te ruego que no haya contienda entre nosotros, ni entre mis pastores y tus pastores, porque somos hermanos.

9 ¿No está toda la tierra delante de ti? Te ruego que te separes de mí: si *vas a* la izquierda, yo iré a la derecha; y si *a* la derecha, yo iré a la izquierda.

10 Y alzó Lot los ojos y vio todo el valle del Jordán, el cual estaba bien regado por todas partes (*esto fue* antes de que el SEÑOR destruyera a Sodoma y Gomorra) como el huerto del SEÑOR, como la tierra de Egipto rumbo a Zoar.

11 Y escogió Lot para sí todo el valle del Jordán; y viajó Lot hacia el oriente. Así se separaron el uno del otro.

12 Abram se estableció en la tierra de Canaán, en tanto que Lot se estableció en las ciudades del valle, y fue poniendo *sus* tiendas hasta Sodoma.

13 Y los hombres de Sodoma eran malos y pecadores contra el SEÑOR en gran manera.

14 Y el SEÑOR dijo a Abram después que Lot se había separado de él: Alza ahora los ojos y mira desde el lugar donde estás hacia el norte, el sur, el oriente y el occidente,

15 pues toda la tierra que ves te la daré a ti y a tu descendencia para siempre.

16 Y haré tu descendencia como el polvo de la tierra; de manera que si alguien puede contar el polvo de la tierra, también tu descendencia podrá contarse.

17 Levántate, recorre la tierra a lo largo y a lo ancho de ella, porque a ti te la daré.

18 Entonces Abram mudó su tienda, y vino y habitó en el encinar de Mamre, que está en Hebrón, y edificó allí un altar al SEÑOR.

La guerra de los reyes

14 Y aconteció en los días de Amrafel, rey de Sinar, Arioc, rey de Elasar, Quedorlao-mer, rey de Elam, y Tidal, rey de Goim,

2 que éstos hicieron guerra a Bera, rey de Sodoma, y a Birsa, rey de Gomorra, a Sinab, rey de Adma, a Semeber, rey de Zeboim, y al rey de Bela, es decir, Zoar.

3 Todos éstos vinieron como aliados al valle de Sidim, es decir, el mar Salado.

4 Doce años habían servido a Quedorlaomer, pero en el año trece se rebelaron.

5 Y en el año catorce, Quedorlaomer y los reyes que estaban con él, vinieron y derrotaron a los refaítas en Astarot Karnaim, a los zuzitas en Ham, a los emitas en Save-quiriataim,

6 y a los horeos en el monte de Seir hasta El-parán, que está junto al desierto.

7 Entonces volvieron a En-mispat, es decir, Cades, y conquistaron todo el territorio de los amalecitas, y también a los amorreos que habitaban en Hazezon-tamar.

8 Y salió el rey de Sodoma, con el rey de Gomorra, el rey de Adma, el rey de Zeboim y el rey de Bela, es decir, Zoar, y presentaron batalla contra ellos en el valle de Sidim:

9 *esto es*, contra Quedorlaomer, rey de Elam, Tidal, rey de Goim, Amrafel, rey de Sinar, y Arioc, rey de Elasar; cuatro reyes contra cinco.

10 Y el valle de Sidim estaba lleno de pozos de asfalto; y el rey de Sodoma y el de Gomorra huyeron y cayeron allí. Y los demás huyeron a los montes.

11 Entonces tomaron todos los bienes de Sodoma y Gomorra y todas sus provisiones, y se fueron.

12 Y tomaron *también* a Lot, sobrino de Abram, con todas sus posesiones, pues él habitaba en Sodoma, y partieron.

13 Y uno de los que escaparon vino y se lo hizo saber a Abram el hebreo, que habitaba en el encinar de Mamre el amorreo, hermano de Escol y hermano de Aner, y éstos eran aliados de Abram.

14 Al oír Abram que su pariente había sido llevado cautivo, movilizó a sus hombres adiestrados nacidos en su casa, trescientos dieciocho, y salió en *su* persecución hasta Dan.

15 Y por la noche, él, con sus siervos, organizó sus fuerzas contra ellos, y los derrotó y los persiguió hasta Hoba, que está al norte de Damasco.

16 Y recobró todos sus bienes, también a su pariente Lot con sus posesiones, y también a las mujeres y a la gente.

17 A su regreso después de derrotar a Quedor-laomer y a los reyes que estaban con él, salió a su encuentro el rey de Sodoma en el valle de Save, es decir, el valle del Rey.

18 Entonces Melquisedec, rey de Salem, sacó pan y vino; él era sacerdote del Dios Altísimo.

19 Y lo bendijo, diciendo:

Bendito sea Abram del Dios Altísimo,
creador del cielo y de la tierra;

20 y bendito sea el Dios Altísimo
que entregó a tus enemigos en tu mano.

Y le dio *Abram* el diezmo de todo.

21 Y el rey de Sodoma dijo a Abram: Dame las personas y toma para ti los bienes.

22 Y Abram dijo al rey de Sodoma: He jurado al SEÑOR, Dios Altísimo, creador del cielo y de la tierra,

23 que no tomaré ni un hilo ni una correa de

zapato, ni ninguna cosa tuya, para que no digas: "Yo enriquecí a Abram."

24 Nada tomaré, excepto lo que los jóvenes han comido y la parte de los hombres que fueron conmigo: Aner, Escol y Mamre. Ellos tomarán su parte.

Dios promete un hijo a Abram

15 Después de estas cosas la palabra del SEÑOR vino a Abram en visión, diciendo:
No temas, Abram,
　yo soy un escudo para ti;
　tu recompensa será muy grande.

2 Y Abram dijo: Oh Señor DIOS, ¿qué me darás, puesto que yo estoy sin hijos, y el heredero de mi casa es Eliezer de Damasco?

3 Dijo además Abram: He aquí, no me has dado descendencia, y uno nacido en mi casa es mi heredero.

4 Pero he aquí que la palabra del SEÑOR vino a él, diciendo: Tu heredero no será éste, sino uno que saldrá de tus entrañas, él será tu heredero.

5 Lo llevó fuera, y *le* dijo: Ahora mira al cielo y cuenta las estrellas, si te es posible contarlas. Y le dijo: Así será tu descendencia.

6 Y *Abram* creyó en el SEÑOR, y El se lo reconoció por justicia.

7 Y le dijo: Yo soy el SEÑOR que te saqué de Ur de los caldeos, para darte esta tierra para que la poseas.

8 Y él le dijo: Oh Señor DIOS, ¿cómo puedo saber que la poseeré?

9 El le respondió: Tráeme una novilla de tres años, una cabra de tres años, un carnero de tres años, una tórtola y un pichón.

10 El le trajo todos éstos y los partió por la mitad, y puso cada mitad enfrente de la otra; mas no partió las aves.

11 Y las aves de rapiña descendían sobre los animales sacrificados, pero Abram las ahuyentaba.

12 Y sucedió que a la puesta del sol un profundo sueño cayó sobre Abram, y he aquí que el terror de una gran oscuridad cayó sobre él.

13 Y *Dios* dijo a Abram: Ten por cierto que tus descendientes serán extranjeros en una tierra que no es suya, donde serán esclavizados y oprimidos cuatrocientos años.

14 Mas yo también juzgaré a la nación a la cual servirán, y después saldrán *de allí* con grandes riquezas.

15 Tú irás a tus padres en paz; *y* serás sepultado en buena vejez.

16 Y en la cuarta generación ellos regresarán acá, porque hasta entonces no habrá llegado a su colmo la iniquidad de los amorreos.

17 Y aconteció que cuando el sol ya se había puesto, hubo densas tinieblas, y he aquí, *apareció* un horno humeante y una antorcha de fuego que pasó por entre las mitades *de los animales.*

18 En aquel día el SEÑOR hizo un pacto con Abram, diciendo:
A tu descendencia he dado esta tierra,
　desde el río de Egipto hasta el río grande, el
　río Eufrates:

19 los ceneos, los cenezeos, los cadmoneos,

20 los heteos, los ferezeos, los refaítas,

21 los amorreos, los cananeos, los gergeseos y los jebuseos.

Sarai y Agar

16 Y Sarai, mujer de Abram, no le había dado a luz *hijo alguno;* y tenía ella una sierva egipcia que se llamaba Agar.

2 Entonces Sarai dijo a Abram: He aquí que el SEÑOR me ha impedido tener *hijos.* Llégate, te ruego, a mi sierva; quizá por medio de ella yo tenga hijos. Y Abram escuchó la voz de Sarai.

3 Y al cabo de diez años de habitar Abram en la tierra de Canaán, Sarai, mujer de Abram, tomó a su sierva Agar la egipcia, y se la dio a su marido Abram por mujer.

4 Y él se llegó a Agar, y ella concibió; y cuando ella vio que había concebido, miraba con desprecio a su señora.

5 Y Sarai dijo a Abram: Recaiga sobre ti mi agravio. Yo entregué a mi sierva en tus brazos; pero cuando ella vio que había concebido, me miró con desprecio. Juzgue el SEÑOR entre tú y yo.

6 Pero Abram dijo a Sarai: Mira, tu sierva está bajo tu poder; haz con ella lo que mejor te parezca. Y Sarai la trató muy mal y ella huyó de su presencia.

7 Y el ángel del SEÑOR la encontró junto a una fuente de agua en el desierto, junto a la fuente en el camino de Shur,

8 y *le* dijo: Agar, sierva de Sarai, ¿de dónde has venido y a dónde vas? Y ella le respondió: Huyo de la presencia de mi señora Sarai.

9 Y el ángel del SEÑOR le dijo: Vuelve a tu señora y sométete a su autoridad.

10 El ángel del SEÑOR añadió: Multiplicaré de tal manera tu descendencia que no se podrá contar por su multitud.

11 Y el ángel del SEÑOR le dijo además:
He aquí, has concebido
　y darás a luz un hijo;
　y le llamarás Ismael[1],
　porque el SEÑOR ha oído tu aflicción.

12 Y él será hombre *indómito* como asno
　montés;
　su mano *será* contra todos,
　y la mano de todos contra él,
　y habitará al oriente de todos sus hermanos.

13 Y *Agar* llamó el nombre del SEÑOR que le había hablado: Tú eres un Dios que ve; porque dijo: ¿Estoy todavía con vida después de verle?

14 Por eso se llamó a aquel pozo Beer-lajai-roi[2]; he aquí, está entre Cades y Bered.

15 Y Agar le dio a luz un hijo a Abram; y Abram le puso el nombre de Ismael al hijo que Agar había dado.

16 Y Abram *tenía* ochenta y seis años cuando Agar le dio a luz a Ismael.

El pacto confirmado

17 Cuando Abram tenía noventa y nueve años, el SEÑOR se le apareció, y le dijo:
Yo soy el Dios Todopoderoso;
　anda delante de mí, y sé perfecto.

2 Y yo estableceré mi pacto contigo,
　y te multiplicaré en gran manera.

3 Entonces Abram se postró sobre su rostro y Dios habló con él, diciendo:

1. I.e., Dios oye　2. I.e., pozo del Viviente que me ve

4 En cuanto a mí, he aquí, mi pacto es contigo, y serás padre de multitud de naciones.

5 Y no serás llamado más Abram[1]; sino que tu nombre será Abraham[2]; porque yo te haré padre de multitud de naciones.

6 Te haré fecundo en gran manera, y de ti haré naciones, y de ti saldrán reyes.

7 Y estableceré mi pacto contigo y *con* tu descendencia después de ti, por *todas* sus generaciones, por pacto eterno, de ser Dios tuyo y de *toda* tu descendencia después de ti.

8 Y te daré a ti, y a tu descendencia después de ti, la tierra de tus peregrinaciones, toda la tierra de Canaán como posesión perpetua; y yo seré su Dios.

9 Dijo además Dios a Abraham: Tú, pues, guardarás mi pacto, tú y tu descendencia después de ti, por sus generaciones.

10 Este es mi pacto que guardaréis, entre yo y vosotros y tu descendencia después de ti: Todo varón de entre vosotros será circuncidado.

11 Seréis circuncidados en la carne de vuestro prepucio, y esto será la señal de mi pacto con vosotros.

12 A la edad de ocho días será circuncidado entre vosotros todo varón por vuestras generaciones; *asimismo* el *siervo* nacido en tu casa, o que sea comprado con dinero a cualquier extranjero, que no sea de tu descendencia.

13 Ciertamente ha de ser circuncidado el *siervo* nacido en tu casa o el comprado con tu dinero; así estará mi pacto en vuestra carne como pacto perpetuo.

14 Mas el varón incircunciso, que no es circuncidado en la carne de su prepucio, esa persona será cortada de *entre* su pueblo; ha quebrantado mi pacto.

15 Entonces Dios dijo a Abraham: A Sarai, tu mujer, no la llamarás Sarai, sino que Sara[3] *será* su nombre.

16 Y la bendeciré, y de cierto te daré un hijo por medio de ella. La bendeciré y será *madre de* naciones; reyes de pueblos vendrán de ella.

17 Entonces Abraham se postró sobre su rostro y se rió, y dijo en su corazón: ¿A un hombre de cien años le nacerá un hijo? ¿Y Sara, que tiene noventa años, concebirá?

18 Y dijo Abraham a Dios: ¡Ojalá que Ismael viva delante de ti!

19 Pero Dios dijo: No, sino que Sara, tu mujer, te dará un hijo, y le pondrás el nombre de Isaac[4]; y estableceré mi pacto con él, pacto perpetuo para su descendencia después de él.

20 Y en cuanto a Ismael, te he oído; he aquí, yo lo bendeciré y lo haré fecundo y lo multiplicaré en gran manera. Engendrará a doce príncipes y haré de él una gran nación.

21 Pero mi pacto lo estableceré con Isaac, el cual Sara te dará a luz por este tiempo el año que viene.

22 Cuando terminó de hablar con él, ascendió Dios dejando a Abraham.

23 Entonces Abraham tomó a su hijo Ismael y a todos *los siervos* nacidos en su casa y a todos los que habían sido comprados con su dinero, a todo varón de entre las personas de la casa de Abraham, y aquel mismo día les circuncidó la

carne de su prepucio, tal como Dios le había dicho.

24 Abraham *tenía* noventa y nueve años cuando fue circuncidado en la carne de su prepucio.

25 Y su hijo Ismael *tenía* trece años cuando se le circuncidó la carne de su prepucio.

26 En el mismo día fueron circuncidados Abraham y su hijo Ismael.

27 Y todos los varones de su casa, que habían nacido en la casa o que habían sido comprados a un extranjero por dinero, fueron circuncidados con él.

Promesa del nacimiento de Isaac

18 Y el SEÑOR se le apareció en el encinar de Mamre, mientras él estaba sentado a la puerta de la tienda en el calor del día.

2 Cuando alzó los ojos y miró, he aquí, tres hombres estaban parados frente a él; y al ver*los* corrió de la puerta de la tienda a recibirlos, y se postró en tierra,

3 y dijo: Señor mío, si ahora he hallado gracia ante tus ojos, te ruego que no pases de largo junto a tu siervo.

4 Que se traiga ahora un poco de agua y lavaos los pies, y reposad bajo el árbol;

5 y yo traeré un pedazo de pan para que os alimentéis, y después sigáis adelante, puesto que habéis visitado a vuestro siervo. Y ellos dijeron: Haz así como has dicho.

6 Entonces Abraham fue de prisa a la tienda donde estaba Sara, y dijo: Apresúrate a preparar tres medidas de flor de harina, amása*la* y haz tortas de pan.

7 Corrió también Abraham a la vacada y tomó un becerro tierno y bueno, y se *lo* dio al criado, que se apresuró a prepararlo.

8 Tomó también cuajada y leche y el becerro que había preparado, y *lo* puso delante de ellos; y él se quedó de pie junto a ellos bajo el árbol mientras comían.

9 Entonces ellos le dijeron: ¿Dónde está Sara tu mujer? Y él respondió: Allí en la tienda.

10 Y *aquél* dijo: Ciertamente volveré a ti por este tiempo el año próximo; y he aquí, Sara tu mujer tendrá un hijo. Y Sara estaba escuchando a la puerta de la tienda que estaba detrás de él.

11 Abraham y Sara eran ancianos, entrados en años; *y* a Sara le había cesado ya la costumbre de las mujeres.

12 Y Sara se rió para sus adentros, diciendo: ¿Tendré placer después de haber envejecido, siendo también viejo mi señor?

13 Y el SEÑOR dijo a Abraham: ¿Por qué se rió Sara, diciendo: "¿Concebiré en verdad siendo yo *tan* vieja?"

14 ¿Hay algo demasiado difícil para el SEÑOR? Volveré a ti al tiempo señalado, por este tiempo el año próximo, y Sara tendrá un hijo.

15 Pero Sara *lo* negó, porque tuvo miedo, diciendo: No me reí. Y Él dijo: No *es así*, sino que te has reído.

16 Entonces los hombres se levantaron de allí, y miraron hacia Sodoma; y Abraham iba con ellos para despedirlos.

17 Y el SEÑOR dijo: ¿Ocultaré a Abraham lo que voy a hacer,

18 puesto que ciertamente Abraham llegará a

---

1. I.e., padre enaltecido   2. I.e., padre de multitud   3. I.e., princesa   4. I.e., el que ríe

ser una nación grande y poderosa, y en él serán benditas todas las naciones de la tierra?

19 Porque yo lo he escogido para que mande a sus hijos y a su casa después de él que guarden el camino del SEÑOR, haciendo justicia y juicio, para que el SEÑOR cumpla en Abraham todo lo que El ha dicho acerca de él.

20 Y el SEÑOR dijo: El clamor de Sodoma y Gomorra ciertamente es grande, y su pecado es sumamente grave.

21 Descenderé ahora y veré si han hecho en todo conforme a su clamor, el cual ha llegado hasta mí; y si no, lo sabré.

22 Y se apartaron de allí los hombres y fueron hacia Sodoma, mientras Abraham estaba todavía de pie delante del SEÑOR.

23 Y Abraham se acercó, y dijo: ¿En verdad destruirás al justo junto con el impío?

24 Tal vez haya cincuenta justos dentro de la ciudad; ¿en verdad *la* destruirás y no perdonarás el lugar por amor a los cincuenta justos que hay en ella?

25 Lejos de ti hacer tal cosa: matar al justo con el impío, de modo que el justo y el impío sean *tratados* de la misma manera. ¡Lejos de ti! El Juez de toda la tierra, ¿no hará justicia?

26 Entonces el SEÑOR dijo: Si hallo en Sodoma cincuenta justos dentro de la ciudad, perdonaré a todo el lugar por consideración a ellos.

27 Y Abraham respondió, y dijo: He aquí, ahora me he atrevido a hablar al Señor, yo que soy polvo y ceniza.

28 Tal vez falten cinco para los cincuenta justos, ¿destruirás por los cinco a toda la ciudad? Y El respondió: No *la* destruiré si hallo allí cuarenta y cinco.

29 *Abraham* le habló de nuevo, y dijo: Tal vez se hallen allí cuarenta. Y El respondió: No *lo* haré, por consideración a los cuarenta.

30 Entonces *Abraham* dijo: No se enoje ahora el Señor, y hablaré; tal vez se hallen allí treinta. Y El respondió: No *lo* haré si hallo allí treinta.

31 Y *Abraham* dijo: He aquí, ahora me he atrevido a hablar al Señor; tal vez se hallen allí veinte. Y El respondió: No *la* destruiré por consideración a los veinte.

32 Entonces dijo Abraham: No se enoje ahora el Señor, y hablaré sólo esta vez; tal vez se hallen allí diez. Y El respondió: No *la* destruiré por consideración a los diez.

33 Y el SEÑOR se fue tan pronto como acabó de hablar con Abraham; y Abraham volvió a su lugar.

Corrupción de Sodoma

19 Llegaron, pues, los dos ángeles a Sodoma al caer la tarde, cuando Lot estaba sentado a la puerta de Sodoma. Al ver*los*, Lot se levantó para recibirlos y se postró rostro en tierra,

2 y dijo: He aquí ahora, señores míos, os ruego que entréis en la casa de vuestro siervo y paséis *en ella* la noche y lavéis vuestros pies; entonces os levantaréis temprano y continuaréis vuestro camino. Pero ellos dijeron: No, sino que pasaremos la noche en la plaza.

3 El, sin embargo, les rogó con insistencia, y ellos fueron con él y entraron en su casa; y les preparó un banquete y coció pan sin levadura, y comieron.

4 Aún no se habían acostado, cuando los hombres de la ciudad, los hombres de Sodoma, rodearon la casa, tanto jóvenes como viejos, todo el pueblo sin excepción.

5 Y llamaron a Lot, y le dijeron: ¿Dónde están los hombres que vinieron a ti esta noche? Sácalos para que los conozcamos.

6 Entonces Lot salió a ellos a la entrada, y cerró la puerta tras sí,

7 y dijo: Hermanos míos, os ruego que no obréis perversamente.

8 He aquí ahora tengo dos hijas que no han conocido varón; permitidme sacarlas a vosotros y haced con ellas como mejor os parezca; pero no hagáis nada a estos hombres, pues se han amparado bajo mi techo.

9 Mas ellos dijeron: ¡Hazte a un lado! Y dijeron además: Este vino como extranjero, y ya está actuando como juez; ahora te trataremos a ti peor que a ellos. Y acometieron contra Lot y estaban a punto de romper la puerta,

10 pero los *dos* hombres extendieron la mano y metieron a Lot en la casa con ellos, y cerraron la puerta.

11 Y a los hombres que estaban a la entrada de la casa los hirieron con ceguera desde el menor hasta el mayor, de manera que se cansaban *tratando de* hallar la entrada.

12 Entonces los *dos* hombres dijeron a Lot: ¿A quién más tienes aquí? A *tus* yernos, a tus hijos, a tus hijas y quienquiera que tengas en la ciudad, sácal*os* de este lugar;

13 porque vamos a destruir este lugar, pues su clamor ha llegado a ser tan grande delante del SEÑOR, que el SEÑOR nos ha enviado a destruirlo.

14 Y salió Lot y habló a sus yernos que iban a casarse con sus hijas, y dijo: Levantaos, salid de este lugar porque el SEÑOR destruirá la ciudad. Pero a sus yernos les pareció que bromeaba.

15 Y al amanecer, los ángeles apremiaban a Lot, diciendo: Levántate, toma a tu mujer y a tus dos hijas que están aquí, para que no seáis destruidos en el castigo de la ciudad.

16 Mas él titubeaba. Entonces los *dos* hombres tomaron su mano y la mano de su mujer y la mano de sus dos hijas, porque la compasión del SEÑOR *estaba* sobre él; y lo sacaron y lo pusieron fuera de la ciudad.

17 Y aconteció que cuando los habían llevado fuera, *uno le* dijo: Huye por tu vida. No mires detrás de ti y no te detengas en ninguna parte del valle; escapa al monte, no sea que perezcas.

18 Pero Lot les dijo: No, por favor, señores míos.

19 Ahora he aquí, tu siervo ha hallado gracia ante tus ojos, y has engrandecido tu misericordia la cual me has mostrado salvándome la vida; mas no puedo escapar al monte, no sea que el desastre me alcance, y muera.

20 Ahora he aquí, esta ciudad está *bastante* cerca para huir a ella, y es pequeña. Te ruego que me dejes huir allá (¿no es pequeña?) para salvar mi vida.

21 Y él le respondió: He aquí, te concedo también esta petición de no destruir la ciudad de que has hablado.

22 Date prisa, escapa allá, porque nada puedo

hacer hasta que llegues allí. Por eso el nombre que se le puso a la ciudad fue Zoar[1].

23 El sol había salido sobre la tierra cuando Lot llegó a Zoar.

24 Entonces el Señor hizo llover sobre Sodoma y Gomorra azufre y fuego, de parte del Señor desde los cielos;

25 y destruyó aquellas ciudades y todo el valle y todos los habitantes de las ciudades y *todo* lo que crecía en la tierra.

26 Pero la mujer de Lot, *que iba* tras él, miró *hacia atrás* y se convirtió en una columna de sal.

27 Y Abraham se levantó muy de mañana, *y fue* al sitio donde había estado delante del Señor;

28 y dirigió la vista hacia Sodoma y Gomorra y hacia toda la tierra del valle y miró; y he aquí, el humo ascendía de la tierra como el humo de un horno.

29 Y aconteció que cuando Dios destruyó las ciudades del valle, se acordó Dios de Abraham e hizo salir a Lot de en medio de la destrucción, cuando destruyó las ciudades donde habitaba Lot.

30 Subió Lot de Zoar y habitó en los montes, y sus dos hijas con él, pues tenía miedo de quedarse en Zoar. Y habitó en una cueva, él y sus dos hijas.

31 Entonces la mayor dijo a la menor: Nuestro padre es viejo y no hay ningún hombre en el país que se llegue a nosotras según la costumbre de toda la tierra.

32 Ven, hagamos que beba vino nuestro padre, y acostémonos con él para preservar nuestra familia por medio de nuestro padre.

33 Aquella noche hicieron que bebiera vino su padre, y la mayor entró y se acostó con su padre, y él no supo cuando ella se acostó ni cuando se levantó.

34 Y aconteció que al día siguiente la mayor dijo a la menor: Mira, anoche yo me acosté con mi padre; hagamos que beba vino esta noche también, y entonces entra tú y acuéstate con él, para preservar nuestra familia por medio de nuestro padre.

35 De manera que también aquella noche hicieron que bebiera vino su padre, y la menor se levantó y se acostó con él, y él no supo cuando ella se acostó ni cuando se levantó.

36 Y las dos hijas de Lot concibieron de su padre.

37 Y la mayor dio a luz un hijo, y lo llamó Moab; él es el padre de los moabitas hasta hoy.

38 Y en cuanto a la menor, también ella dio a luz un hijo, y lo llamó Ben-ammi; él es el padre de los amonitas hasta hoy.

Abraham y Abimelec

20 Y Abraham partió de allí hacia la tierra del Neguev, y se estableció entre Cades y Shur; entonces estuvo por un tiempo en Gerar.

2 Y Abraham dijo de Sara su mujer: Es mi hermana. Entonces Abimelec, rey de Gerar, envió y tomó a Sara.

3 Pero Dios vino a Abimelec en un sueño de noche, y le dijo: He aquí, eres hombre muerto por razón de la mujer que has tomado, pues está casada.

4 Mas Abimelec no se había acercado a ella, y

dijo: Señor, ¿destruirás a una nación aunque *sea* inocente?

5 ¿No me dijo él mismo: "Es mi hermana"? Y ella también dijo: "Es mi hermano." En la integridad de mi corazón y con manos inocentes yo he hecho esto.

6 Entonces Dios le dijo en el sueño: Sí, yo sé que en la integridad de tu corazón has hecho esto; y además, yo te guardé de pecar contra mí; por eso no te dejé que la tocaras.

7 Ahora pues, devuelve la mujer al marido, porque él es profeta y orará por ti, y vivirás. Mas si no *la* devuelves, sabe que de cierto morirás, tú y todos los tuyos.

8 Abimelec se levantó muy de mañana, llamó a todos sus siervos y relató todas estas cosas a oídos de ellos; y los hombres se atemorizaron en gran manera.

9 Entonces Abimelec llamó a Abraham, y le dijo: ¿Qué nos has hecho? ¿Y *en* qué he pecado contra ti, para que hayas traído sobre mí y sobre mi reino un pecado tan grande? Me has hecho cosas que no se deben hacer.

10 Y Abimelec añadió a Abraham: ¿Qué has hallado para que hayas hecho esto?

11 Y Abraham respondió: Porque *me* dije: Sin duda no hay temor de Dios en este lugar, y me matarán por causa de mi mujer.

12 Además, en realidad es mi hermana, hija de mi padre, pero no hija de mi madre; y vino a ser mi mujer.

13 Y sucedió que cuando Dios me hizo salir errante de la casa de mi padre, yo le dije a ella: "Este es el favor que me harás: a cualquier lugar que vayamos, dirás de mí: 'Es mi hermano.'"

14 Entonces Abimelec tomó ovejas y vacas, siervos y siervas, y se los dio a Abraham, y le devolvió a Sara su mujer.

15 Y dijo Abimelec: He aquí, mi tierra está delante de ti; habita donde quieras.

16 Y a Sara *le* dijo: Mira, he dado a tu hermano mil piezas de plata; he aquí, esta es tu vindicación delante de todos los que están contigo, y ante todos, quedas vindicada.

17 Abraham oró a Dios, y Dios sanó a Abimelec, a su mujer y a sus siervas; y tuvieron hijos.

18 Porque el Señor había cerrado completamente toda matriz en la casa de Abimelec por causa de Sara, mujer de Abraham.

Nacimiento de Isaac

21 Entonces el Señor visitó a Sara como había dicho, e hizo el Señor por Sara como había prometido.

2 Y Sara concibió y dio a luz un hijo a Abraham en su vejez, en el tiempo señalado que Dios le había dicho.

3 Y Abraham le puso el nombre de Isaac al hijo que le nació, que le dio a luz Sara.

4 Y circuncidó Abraham a su hijo Isaac a los ocho días, como Dios le había mandado.

5 Abraham *tenía* cien años cuando le nació su hijo Isaac.

6 Y dijo Sara: Dios me ha hecho reír; cualquiera que lo oiga se reirá conmigo.

7 Y añadió: ¿Quién le hubiera dicho a Abraham que Sara amamantaría hijos? Pues bien, le he dado a luz un hijo en su vejez.

---

1. I.e., pequeña

8 Y el niño creció y fue destetado, y Abraham hizo un gran banquete el día que Isaac fue destetado.

9 Y Sara vio al hijo que Agar la egipcia le había dado a luz a Abraham burlándose de su hijo Isaac[1],

10 y dijo a Abraham: Echa fuera a esta sierva y a su hijo, porque el hijo de esta sierva no ha de ser heredero juntamente con mi hijo Isaac.

11 Y el asunto angustió a Abraham en gran manera por tratarse de su hijo.

12 Mas Dios dijo a Abraham: No te angusties por el muchacho ni por tu sierva; presta atención a todo lo que Sara te diga, porque por Isaac será llamada tu descendencia.

13 Y también del hijo de la sierva haré una nación, por ser tu descendiente.

14 Se levantó, pues, Abraham muy de mañana, tomó pan y un odre de agua y *los* dio a Agar poniéndo*selos* sobre el hombro, y *le dio* el muchacho y la despidió. Y ella se fue y anduvo errante por el desierto de Beerseba.

15 Y el agua en el odre se acabó, y ella dejó al muchacho debajo de uno de los arbustos,

16 y ella fue y se sentó enfrente, como a un tiro de arco de distancia, porque dijo: Que no vea yo morir al niño. Y se sentó enfrente y alzó su voz y lloró.

17 Y oyó Dios la voz del muchacho *que lloraba*; y el ángel de Dios llamó a Agar desde el cielo, y le dijo: ¿Qué tienes, Agar? No temas, porque Dios ha oído la voz del muchacho en donde está.

18 Levántate, alza al muchacho y sostenlo con tu mano; porque yo haré de él una gran nación.

19 Entonces Dios abrió los ojos de ella, y vio un pozo de agua; y fue y llenó el odre de agua y dio de beber al muchacho.

20 Y Dios estaba con el muchacho, que creció y habitó en el desierto y se hizo arquero.

21 Y habitó en el desierto de Parán, y su madre tomó para él una mujer de la tierra de Egipto.

22 Aconteció por aquel tiempo que Abimelec, con Ficol, jefe de su ejército, habló a Abraham, diciendo: Dios está contigo en todo lo que haces;

23 ahora pues, júrame aquí por Dios que no obrarás falsamente conmigo, ni con mi descendencia, ni con mi posteridad, sino que conforme a la bondad que te he mostrado, así me mostrarás a mí y a la tierra en la cual has residido.

24 Y Abraham dijo: Yo lo juro.

25 Pero Abraham se quejó a Abimelec a causa de un pozo de agua del cual los siervos de Abimelec se habían apoderado.

26 Y Abimelec dijo: No sé quién haya hecho esto, ni tú me lo habías hecho saber, ni yo lo había oído hasta hoy.

27 Y Abraham tomó ovejas y vacas y se los dio a Abimelec. Y los dos hicieron un pacto.

28 Entonces Abraham puso aparte siete corderas del rebaño.

29 Y Abimelec dijo a Abraham: ¿Qué significan estas siete corderas que has puesto aparte?

30 Y él respondió: Tomarás estas siete corderas de mi mano para que esto me sirva de testimonio de que yo cavé este pozo.

31 Por lo cual llamó aquel lugar Beerseba, porque allí juraron los dos.

32 Hicieron, pues, un pacto en Beerseba; y se levantó Abimelec con Ficol, jefe de su ejército, y regresaron a la tierra de los filisteos.

33 Y *Abraham* plantó un tamarisco en Beerseba, y allí invocó el nombre del Señor, el Dios eterno.

34 Y peregrinó Abraham en la tierra de los filisteos por muchos días.

Dios prueba a Abraham

22 Aconteció que después de estas cosas, Dios probó a Abraham, y le dijo: ¡Abraham! Y él respondió: Heme aquí.

2 Y *Dios* dijo: Toma ahora a tu hijo, tu único, a quien amas, a Isaac, y ve a la tierra de Moriah, y ofrécelo allí en holocausto sobre uno de los montes que yo te diré.

3 Abraham se levantó muy de mañana, aparejó su asno y tomó con él a dos de sus mozos y a su hijo Isaac; y partió leña para el holocausto, y se levantó y fue al lugar que Dios le había dicho.

4 Al tercer día alzó Abraham los ojos y vio el lugar de lejos.

5 Entonces Abraham dijo a sus mozos: Quedaos aquí con el asno; yo y el muchacho iremos hasta allá, adoraremos y volveremos a vosotros.

6 Tomó Abraham la leña del holocausto y la puso sobre Isaac su hijo, y tomó en su mano el fuego y el cuchillo. Y los dos iban juntos.

7 Y habló Isaac a su padre Abraham, y *le* dijo: Padre mío. Y él respondió: Heme aquí, hijo mío. Y dijo *Isaac*: Aquí están el fuego y la leña, pero ¿dónde está el cordero para el holocausto?

8 Y Abraham respondió: Dios proveerá para sí el cordero para el holocausto, hijo mío. Y los dos iban juntos.

9 Llegaron al lugar que Dios le había dicho y Abraham edificó allí el altar, arregló la leña, ató a su hijo Isaac y lo puso en el altar sobre la leña.

10 Entonces Abraham extendió su mano y tomó el cuchillo para sacrificar a su hijo.

11 Mas el ángel del Señor lo llamó desde el cielo y dijo: ¡Abraham, Abraham! Y él respondió: Heme aquí.

12 Y *el ángel* dijo: No extiendas tu mano contra el muchacho, ni le hagas nada; porque ahora sé que temes a Dios, ya que no me has rehusado tu hijo, tu único.

13 Entonces Abraham alzó los ojos y miró, y he aquí, *vio* un carnero detrás *de él* trabado por los cuernos en un matorral; y Abraham fue, tomó el carnero y lo ofreció en holocausto en lugar de su hijo.

14 Y llamó Abraham aquel lugar con el nombre de El Señor Proveerá, como se dice hasta hoy: En el monte del Señor se proveerá.

15 El ángel del Señor llamó a Abraham por segunda vez desde el cielo,

16 y dijo: Por mí mismo he jurado, declara el Señor, que por cuanto has hecho esto y no me has rehusado tu hijo, tu único,

17 de cierto te bendeciré grandemente, y multiplicaré en gran manera tu descendencia como las estrellas del cielo y como la arena en la orilla del mar, y tu descendencia poseerá la puerta de sus enemigos.

18 Y en tu simiente serán bendecidas todas las naciones de la tierra, porque tú has obedecido mi voz.

---

1. Así en la versión gr. (Sept.); el T.M. omite: *de su hijo Isaac*

19 Entonces Abraham volvió a sus mozos, y se levantaron y fueron juntos a Beerseba. Y habitó Abraham en Beerseba.

20 Y aconteció después de estas cosas, que le dieron noticia a Abraham, diciendo: He aquí que Milca también le ha dado a luz hijos a tu hermano Nacor:

21 Uz su primogénito, Buz su hermano, y Kemuel, padre de Aram,

22 Quesed, Hazo, Pildas, Jidlaf y Betuel.

23 Y Betuel engendró a Rebeca. Estos ocho *hijos* dio a luz Milca a Nacor, hermano de Abraham.

24 También su concubina, de nombre Reúma, dio a luz a Teba, a Gaham, a Tahas y a Maaca.

Muerte y sepultura de Sara

23 Y vivió Sara ciento veintisiete años; *estos fueron* los años de la vida de Sara.

2 Y murió Sara en Quiriat-arba, que es Hebrón, en la tierra de Canaán; y Abraham fue a hacer duelo por Sara y a llorar por ella.

3 Después Abraham se levantó de delante de la difunta, y habló a los hijos de Het, diciendo:

4 Extranjero y peregrino soy entre vosotros; dadme en propiedad una sepultura entre vosotros, para que pueda sepultar a mi difunta *y apartarla* de delante de mí.

5 Y los hijos de Het respondieron a Abraham, diciéndole:

6 Oyenos, señor nuestro: eres un príncipe poderoso entre nosotros; sepulta a tu difunta en el mejor de nuestros sepulcros, *pues* ninguno de nosotros te negará su sepulcro para que sepultes a tu difunta.

7 Abraham se levantó e hizo una reverencia al pueblo de aquella tierra, los hijos de Het,

8 y habló con ellos, diciendo: Si es vuestra voluntad que yo sepulte a mi difunta *apartándola* de delante de mí, oídme e interceded por mí con Efrón, hijo de Zohar,

9 para que me dé la cueva de Macpela que le pertenece, que está al extremo de su campo. Que en presencia de vosotros me la dé por un precio justo en posesión para una sepultura.

10 Efrón estaba sentado entre los hijos de Het; y Efrón heteo respondió a Abraham a oídos de los hijos de Het *y* de todos los que entraban por la puerta de su ciudad, diciendo:

11 No, señor mío, escúchame; te doy el campo y te doy la cueva que está en él. A la vista de los hijos de mi pueblo te lo doy; sepulta a tu difunta.

12 Entonces Abraham se inclinó delante del pueblo de aquella tierra,

13 y habló a Efrón a oídos del pueblo de aquella tierra, diciendo: Te ruego que me oigas; te daré el precio del campo; acépta*lo* de mí, para que pueda sepultar allí a mi difunta.

14 Efrón respondió a Abraham, diciéndole:

15 Señor mío, óyeme: una tierra que vale cuatrocientos siclos de plata, ¿qué es eso entre tú y yo? Sepulta, pues, a tu difunta.

16 Y oyó Abraham a Efrón; y Abraham pesó a Efrón la plata que *éste* había mencionado a oídos de los hijos de Het: cuatrocientos siclos de plata, medida comercial.

17 Así el campo de Efrón que está en Macpela, frente a Mamre, el campo y la cueva que hay en él, y todos los árboles en el campo dentro de sus confines, fueron cedidos

18 a Abraham en propiedad a la vista de los hijos de Het, delante de todos los que entraban por la puerta de su ciudad.

19 Después de esto, Abraham sepultó a Sara su mujer en la cueva del campo de Macpela frente a Mamre, esto es, Hebrón, en la tierra de Canaán.

20 Y el campo y la cueva que hay en él fueron cedidos a Abraham en posesión para una sepultura, por los hijos de Het.

Abraham busca esposa para Isaac

24 Abraham era viejo, entrado en años; y el Señor había bendecido a Abraham en todo.

2 Y Abraham dijo a su siervo, el más viejo de su casa, que era mayordomo de todo lo que poseía: Te ruego que pongas tu mano debajo de mi muslo,

3 y te haré jurar por el Señor, Dios de los cielos y Dios de la tierra, que no tomarás mujer para mi hijo de las hijas de los cananeos, entre los cuales yo habito;

4 sino que irás a mi tierra y a mis parientes, y tomarás mujer para mi hijo Isaac.

5 Y el siervo le dijo: Tal vez la mujer no quiera seguirme a esta tierra. ¿Debo volver *y* llevar a tu hijo a la tierra de donde viniste?

6 Y Abraham le dijo: Guárdate de llevar allá a mi hijo.

7 El Señor, Dios de los cielos, que me tomó de la casa de mi padre y de la tierra donde nací, y que me habló y me juró, diciendo: "A tu descendencia daré esta tierra", Él mandará su ángel delante de ti, y tomarás de allí mujer para mi hijo.

8 Si la mujer no quiere seguirte, quedarás libre de este mi juramento; sólo que no lleves allá a mi hijo.

9 Y el siervo puso la mano debajo del muslo de Abraham su señor, y le juró sobre este asunto.

10 Entonces el siervo tomó diez camellos de entre los camellos de su señor, y partió con toda clase de bienes de su señor en su mano; y se levantó y fue a Mesopotamia, a la ciudad de Nacor.

11 E hizo arrodillar a los camellos fuera de la ciudad junto al pozo de agua, al atardecer, a la hora en que las mujeres salen por agua,

12 y dijo: Oh Señor, Dios de mi señor Abraham, te ruego que me des éxito hoy, y que tengas misericordia de mi señor Abraham.

13 He aquí, estoy de pie junto a la fuente de agua, y las hijas de los hombres de la ciudad salen para sacar agua.

14 Que sea la joven a quien yo diga: "Por favor, baja tu cántaro para que yo beba", y que responda: "Bebe, y también daré de beber a tus camellos", la que tú has designado para tu siervo Isaac; y por ello sabré que has mostrado misericordia a mi señor.

15 Y sucedió que antes de haber terminado de hablar, he aquí que Rebeca, hija de Betuel, hijo de Milca, mujer de Nacor, hermano de Abraham, salió con el cántaro sobre su hombro.

16 La joven era muy hermosa, virgen, ningún hombre la había conocido; bajó ella a la fuente, llenó su cántaro y subió.

17 Entonces el siervo corrió a su encuentro, y

dijo: Te ruego que me des a beber un poco de
agua de tu cántaro.

18 Y ella dijo: Bebe, señor mío. Y enseguida bajó
el cántaro a su mano, y le dio de beber.

19 Cuando había terminado de darle de beber,
dijo: Sacaré también para tus camellos hasta que
hayan terminado de beber.

20 Y rápidamente vació el cántaro en el abreva-
dero, y corrió otra vez a la fuente para sacar
agua, y sacó para todos sus camellos.

21 Entretanto el hombre la observaba en
silencio, para saber si el SEÑOR había dado éxito
o no a su viaje.

22 Y aconteció que cuando los camellos habían
terminado de beber, el hombre tomó un anillo de
oro que pesaba medio siclo, y dos brazaletes que
pesaban diez siclos de oro,

23 y dijo: ¿De quién eres hija? Dime, te ruego,
¿hay en la casa de tu padre lugar para hospedarnos?

24 Ella le respondió: Soy hija de Betuel, el hijo
que Milca dio a luz a Nacor.

25 Y le dijo además: Tenemos suficiente paja y
forraje, y lugar para hospedarse.

26 Entonces el hombre se postró y adoró al
SEÑOR,

27 y dijo: Bendito sea el SEÑOR, Dios de mi señor
Abraham, que no ha dejado de mostrar su misericordia y su verdad hacia mi señor; y el SEÑOR
me ha guiado en el camino a la casa de los
hermanos de mi señor.

28 La joven corrió y contó estas cosas a los de la
casa de su madre.

29 Y Rebeca tenía un hermano que se llamaba
Labán; y Labán salió corriendo hacia el hombre,
afuera, a la fuente.

30 Y sucedió que cuando él vio el anillo y los
brazaletes en las manos de su hermana, y cuando
oyó las palabras de su hermana Rebeca,
diciendo: Esto es lo que el hombre me dijo, *Labán*
fue al hombre; y he aquí que estaba con los
camellos junto a la fuente.

31 Y le dijo: Entra, bendito del SEÑOR. ¿Por qué
estás fuera? Yo he preparado la casa y un lugar
para los camellos.

32 Entonces el hombre entró en la casa, y *Labán*
descargó los camellos y les dio paja y forraje, y
agua para lavar los pies de él y los pies de los
hombres que estaban con él.

33 Pero cuando *la comida* fue puesta delante de
él para que comiera, dijo: No comeré hasta que
haya dicho el propósito *de mi viaje*. Y *Labán* le
dijo: Habla.

34 Entonces dijo: Soy siervo de Abraham.

35 Y el SEÑOR ha bendecido en gran manera a
mi señor, que se ha enriquecido, y le ha dado
ovejas y vacas, plata y oro, siervos y siervas,
camellos y asnos.

36 Y Sara, la mujer de mi señor, le dio a luz un
hijo a mi señor en su vejez; y mi señor le ha dado
a él todo lo que posee.

37 Mi señor me hizo jurar, diciendo: "No
tomarás mujer para mi hijo de entre las hijas de
los cananeos, en cuya tierra habito;

38 sino que irás a la casa de mi padre y a mis
parientes, y tomarás mujer para mi hijo."

39 Y dije a mi señor: "Tal vez la mujer no quiera
seguirme."

40 Y él me respondió: "El SEÑOR, delante de

quien he andado, enviará su ángel contigo para
dar éxito a tu viaje, y tomarás mujer para mi hijo
de entre mis parientes y de la casa de mi padre;

41 entonces cuando llegues a mis parientes
quedarás libre de mi juramento; y si ellos no te la
dan, también quedarás libre de mi juramento.

42 Y llegué hoy a la fuente, y dije: "Oh SEÑOR,
Dios de mi señor Abraham, si ahora quieres dar
éxito a mi viaje en el cual ando,

43 he aquí, estoy parado junto a la fuente de
agua; que la doncella que salga a sacar *agua*, y a
quien yo diga: 'Te ruego que me des de beber un
poco de agua de tu cántaro',

44 y ella me diga, 'Bebe, y también sacaré para
tus camellos', que sea ella la mujer que el SEÑOR
ha designado para el hijo de mi señor."

45 Antes de que yo hubiera terminado de hablar
en mi corazón, he aquí, Rebeca salió con su
cántaro al hombro, y bajó a la fuente y sacó *agua*,
y yo le dije: "Te ruego que me des de beber."

46 Y ella enseguida bajó el cántaro de su
hombro, y dijo: "Bebe, y daré de beber también a
tus camellos"; de modo que bebí, y ella dio de
beber también a los camellos.

47 Entonces le pregunté: "¿De quién eres hija?"
Y ella contestó: "Hija de Betuel, hijo de Nacor,
que le dio a luz Milca"; y puse el anillo en su
nariz, y los brazaletes en sus manos.

48 Y me postré y adoré al SEÑOR, y bendije al
SEÑOR, Dios de mi señor Abraham, que me había
guiado por camino verdadero para tomar la hija
del pariente de mi señor para su hijo.

49 Ahora pues, si habéis de mostrar bondad y
sinceridad con mi señor, decídmelo; y si no,
decídmelo *también*, para que vaya yo a la mano
derecha o a la izquierda.

50 Labán y Betuel respondieron, y dijeron: Del
SEÑOR ha salido esto; no podemos decirte *que
está* mal ni *que está* bien.

51 He aquí, Rebeca está delante de ti, tóma*la* y
vete, y que sea ella la mujer del hijo de tu señor,
como el SEÑOR ha dicho.

52 Y sucedió que cuando el siervo de Abraham
escuchó sus palabras, se postró en tierra delante
del SEÑOR.

53 Y el siervo sacó objetos de plata, objetos de
oro y vestidos, y se los dio a Rebeca; dio también
cosas preciosas a su hermano y a su madre.

54 Después él y los hombres que *estaban* con él
comieron y bebieron y pasaron la noche. Cuando
se levantaron por la mañana, él dijo: Enviadme a
mi señor.

55 Pero el hermano y la madre de ella dijeron:
Permite que se quede la joven con nosotros *unos*
días, quizá diez; después se irá.

56 Y él les dijo: No me detengáis, puesto que el
SEÑOR ha dado éxito a mi viaje; enviadme para
que vaya a mi señor.

57 Y ellos dijeron: Llamaremos a la joven y le
preguntaremos cuáles son sus deseos.

58 Entonces llamaron a Rebeca y le dijeron: ¿Te
irás con este hombre? Y ella dijo: Me iré.

59 Y enviaron a su hermana Rebeca y a su
nodriza con el siervo de Abraham y sus hombres.

60 Y bendijeron a Rebeca y le dijeron:
Que tú, hermana nuestra,
te conviertas en millares de miríadas,
y posean tus descendientes
la puerta de los que los aborrecen.

61 Y se levantó Rebeca con sus doncellas y, montadas en los camellos, siguieron al hombre. El siervo, pues, tomó a Rebeca y partió.

62 Isaac había venido a Beer-lajai-roi, pues habitaba en la tierra del Neguev.

63 Y por la tarde Isaac salió a meditar al campo; y alzó los ojos y miró, y he aquí, venían unos camellos.

64 Rebeca alzó los ojos, y cuando vio a Isaac, bajó del camello,

65 y dijo al siervo: ¿Quién es ese hombre que camina por el campo a nuestro encuentro? Y el siervo dijo: Es mi señor. Y ella tomó el velo y se cubrió.

66 Y el siervo contó a Isaac todo lo que había hecho.

67 Entonces Isaac la trajo a la tienda de su madre Sara, y tomó a Rebeca y ella fue su mujer, y la amó. Así se consoló Isaac después *de la muerte* de su madre.

Descendientes de Abraham y Cetura

25 Abraham volvió a tomar mujer, y su nombre *era* Cetura.

2 Y ella le dio a luz a Zimram, a Jocsán, a Medán, a Madián, a Isbac y a Súa.

3 Jocsán engendró a Seba y a Dedán. Y los hijos de Dedán fueron Asurim, Letusim y Leumim.

4 Y los hijos de Madián *fueron* Efa, Efer, Hanoc, Abida y Elda. Todos estos *fueron* los hijos de Cetura.

5 Abraham dio a Isaac todo lo que poseía;

6 y a los hijos de sus concubinas Abraham les dio regalos, viviendo aún él, y los envió *lejos* de su hijo Isaac hacia el este, a la tierra del oriente.

7 Estos *fueron* los años de la vida de Abraham: ciento setenta y cinco años.

8 Abraham expiró, y murió en buena vejez, anciano y lleno *de días*, y fue reunido a su pueblo.

9 Y sus hijos Isaac e Ismael lo sepultaron en la cueva de Macpela, en el campo de Efrón, hijo de Zohar heteo, que está frente a Mamre,

10 el campo que Abraham compró a los hijos de Het; allí fue sepultado Abraham con Sara su mujer.

11 Y sucedió que después de la muerte de Abraham, Dios bendijo a su hijo Isaac. Y habitó Isaac junto a Beer-lajai-roi.

12 Estas son las generaciones de Ismael, hijo de Abraham, el que Agar la egipcia, sierva de Sara, le dio a luz a Abraham;

13 y estos son los nombres de los hijos de Ismael, nombrados por *el orden de* su nacimiento: el primogénito de Ismael, Nebaiot, después, Cedar, Adbeel, Mibsam,

14 Misma, Duma, Massa,

15 Hadar, Tema, Jetur, Nafis y Cedema.

16 Estos son los hijos de Ismael, y éstos sus nombres, por sus aldeas y por sus campamentos, doce príncipes según sus tribus.

17 Estos *fueron* los años de la vida de Ismael: ciento treinta y siete años; y expiró y murió, y fue reunido a su pueblo.

18 Y habitó desde Havila hasta Shur, que está enfrente de Egipto, según se va hacia Asiria; se estableció allí frente a todos sus parientes.

19 Estas son las generaciones de Isaac, hijo de Abraham: Abraham engendró a Isaac.

20 Tenía Isaac cuarenta años cuando tomó por mujer a Rebeca, hija de Betuel, arameo de Padán-aram, hermana de Labán arameo.

21 Y oró Isaac al SEÑOR en favor de su mujer, porque ella era estéril; y lo escuchó el SEÑOR, y Rebeca su mujer concibió.

22 Y los hijos luchaban dentro de ella; y ella dijo: Si esto es así, ¿para qué *vivo* yo? Y fue a consultar al SEÑOR.

23 Y el SEÑOR le dijo:

Dos naciones hay en tu seno,
y dos pueblos se dividirán desde tus entrañas;
un pueblo será más fuerte que el otro,
y el mayor servirá al menor.

24 Y cuando se cumplieron los días de dar a luz, he aquí, *había* mellizos en su seno.

25 Salió el primero rojizo, todo velludo como una pelliza, y lo llamaron Esaú[1].

26 Y después salió su hermano, con su mano asida al talón de Esaú, y lo llamaron Jacob[2]. Isaac *tenía* sesenta años cuando ella los dio a luz.

27 Los niños crecieron, y Esaú llegó a ser diestro cazador, hombre del campo; pero Jacob *era* hombre pacífico, que habitaba en tiendas.

28 Y amaba Isaac a Esaú porque le gustaba lo que cazaba, pero Rebeca amaba a Jacob.

29 *Un día*, cuando Jacob había preparado un potaje, Esaú vino del campo, agotado;

30 y Esaú dijo a Jacob: Te ruego que me des a comer un poco de ese *guisado* rojo, pues estoy agotado. Por eso lo llamaron Edom[3].

31 Pero Jacob le dijo: Véndeme primero tu primogenitura.

32 Y Esaú dijo: He aquí, estoy a punto de morir; ¿de qué me sirve, pues, la primogenitura?

33 Y Jacob dijo: Júramelo primero; y él se lo juró, y vendió su primogenitura a Jacob.

34 Entonces Jacob dio a Esaú pan y guisado de lentejas; y él comió y bebió, se levantó y se fue. Así menospreció Esaú la primogenitura.

Dios renueva la promesa a Isaac

26 Y hubo hambre en la tierra, además del hambre anterior que había ocurrido durante los días de Abraham. Y se fue Isaac a Gerar, a Abimelec, rey de los filisteos.

2 Y se le apareció el SEÑOR, y dijo: No desciendas a Egipto; quédate en la tierra que yo te diré.

3 Reside en esta tierra y yo estaré contigo y te bendeciré, porque a ti y a tu descendencia daré todas estas tierras, y confirmaré *contigo* el juramento que juré a tu padre Abraham.

4 Y multiplicaré tu descendencia como las estrellas del cielo, y daré a tu descendencia todas estas tierras; y en tu simiente serán bendecidas todas las naciones de la tierra,

5 porque Abraham me obedeció, y guardó mi ordenanza, mis mandamientos, mis estatutos y mis leyes.

6 Habitó, pues, Isaac en Gerar.

7 Y cuando los hombres de aquel lugar le preguntaron acerca de su mujer, él dijo: Es mi hermana; porque tenía temor de decir: Es mi mujer. *Porque pensaba*: no sea que los hombres del lugar me maten por causa de Rebeca, pues es de hermosa apariencia.

1. I.e., velludo   2. I.e., el que toma por el talón, o, suplantador   3. I.e., rojo

8 Y sucedió que después de haber estado allí largo tiempo, Abimelec, rey de los filisteos, miró por una ventana, y he aquí, vio a Isaac acariciando a Rebeca su mujer.

9 Entonces Abimelec llamó a Isaac, y *le* dijo: He aquí ciertamente ella es tu mujer. ¿Cómo, pues, dijiste: "Es mi hermana"? E Isaac le respondió: Porque *me* dije: "No sea que yo muera por causa de ella."

10 Y Abimelec dijo: ¿Qué es esto que nos has hecho? Porque alguno del pueblo fácilmente pudiera haberse acostado con tu mujer, y hubieras traído culpa sobre nosotros.

11 Y Abimelec ordenó a todo el pueblo, diciendo: El que toque a este hombre o a su mujer, de cierto morirá.

12 Y sembró Isaac en aquella tierra, y cosechó aquel año ciento por uno. Y el SEÑOR lo bendijo.

13 Y el hombre se enriqueció, y siguió engrandeciéndose hasta que llegó a ser muy poderoso;

14 pues tenía rebaños de ovejas y vacadas y mucha servidumbre, y los filisteos le tenían envidia.

15 Y todos los pozos que los siervos de su padre habían cavado en los días de Abraham su padre, los filisteos *los* cegaron llenándolos de tierra.

16 Entonces Abimelec dijo a Isaac: Vete de aquí, porque tú eres mucho más poderoso que nosotros.

17 Isaac partió de allí, acampó en el valle de Gerar y se estableció allí.

18 Isaac volvió a cavar los pozos de agua que habían sido cavados en los días de su padre Abraham, porque los filisteos los habían cegado después de la muerte de Abraham, y les puso los mismos nombres que su padre les había puesto.

19 Cuando los siervos de Isaac cavaron en el valle encontraron allí un pozo de aguas vivas.

20 Entonces riñeron los pastores de Gerar con los pastores de Isaac, diciendo: El agua es nuestra. Por eso le llamó al pozo Esek[1], porque habían reñido con él.

21 Cavaron otro pozo, y también riñeron por él; por eso lo llamó Sitna[2].

22 Y se trasladó de allí y cavó otro pozo, y no riñeron por él; por eso lo llamó Rehobot[3], porque dijo: Al fin el SEÑOR ha hecho lugar para nosotros, y prosperaremos en la tierra.

23 De allí subió a Beerseba.

24 Y el SEÑOR se le apareció aquella misma noche, y *le* dijo:

Yo soy el Dios de tu padre Abraham;

no temas, porque yo estoy contigo.

Y te bendeciré y multiplicaré tu descendencia,

por amor de mi siervo Abraham.

25 Y él construyó allí un altar e invocó el nombre del SEÑOR y plantó allí su tienda; y allí abrieron los siervos de Isaac un pozo.

26 Entonces Abimelec vino a él desde Gerar, con su consejero Ahuzat y con Ficol, jefe de su ejército.

27 Y les dijo Isaac: ¿Por qué habéis venido a mí, vosotros que me odiáis y me habéis echado de entre vosotros?

28 Y ellos respondieron: Vemos claramente que el SEÑOR ha estado contigo, así es que dijimos:

"Haya ahora un juramento entre nosotros, entre tú y nosotros, y hagamos un pacto contigo,

29 de que no nos harás ningún mal, así como nosotros no te hemos tocado y sólo te hemos hecho bien, y te hemos despedido en paz. Tú eres ahora el bendito del SEÑOR."

30 Entonces él les preparó un banquete, y comieron y bebieron.

31 Y se levantaron muy de mañana y se hicieron mutuo juramento; entonces Isaac los despidió y ellos partieron de su lado en paz.

32 Y sucedió que aquel mismo día los siervos de Isaac llegaron y le informaron acerca del pozo que habían cavado, y le dijeron: Hemos hallado agua.

33 Y lo llamó Seba; por eso el nombre de la ciudad es Beerseba hasta hoy.

34 Cuando Esaú tenía cuarenta años, se casó con Judit, hija de Beeri heteo, y con Basemat, hija de Elón heteo;

35 y ellas hicieron la vida insoportable para Isaac y Rebeca.

Jacob suplanta a Esaú

27 Y aconteció que siendo ya viejo Isaac, y sus ojos demasiado débiles para ver, llamó a Esaú, su hijo mayor, y le dijo: Hijo mío. Y él le respondió: Heme aquí.

2 Y dijo *Isaac*: Mira, yo soy viejo *y* no sé el día de mi muerte.

3 Ahora pues, te ruego, toma tu equipo, tu aljaba y tu arco, sal al campo y tráeme caza;

4 y prepárame un buen guisado como a mí me gusta, y tráemelo para que yo coma, y que mi alma te bendiga antes que yo muera.

5 Rebeca estaba escuchando cuando Isaac hablaba a su hijo Esaú. Y cuando Esaú fue al campo a cazar una pieza para traer *a casa*,

6 Rebeca habló a su hijo Jacob, diciendo: He aquí, oí a tu padre que hablaba con tu hermano Esaú, diciéndo*le*:

7 "Tráeme caza y prepárame un buen guisado para que coma y te bendiga en presencia del SEÑOR antes de mi muerte."

8 Ahora pues, hijo mío, obedéceme en lo que te mando.

9 Ve ahora al rebaño y tráeme de allí dos de los mejores cabritos de las cabras, y yo prepararé con ellos un buen guisado para tu padre como a él le gusta.

10 Entonces *se lo* llevarás a tu padre, que comerá, para que te bendiga antes de su muerte.

11 Y Jacob dijo a su madre Rebeca: He aquí, Esaú mi hermano es hombre velludo y yo soy lampiño.

12 Quizá mi padre me palpe, y entonces seré para él un engañador y traeré sobre mí una maldición y no una bendición.

13 Pero su madre le respondió: *Caiga* sobre mí tu maldición, hijo mío; solamente obedéceme, y ve y tráeme*los*.

14 Y él fue, *los* tomó y *los* trajo a su madre; y su madre hizo un buen guisado, como a su padre le gustaba.

15 Entonces Rebeca tomó las mejores vestiduras de Esaú, su hijo mayor, que tenía ella en la casa, y vistió a Jacob, su hijo menor;

---

1. I.e., contienda 2. I.e., enemistad 3. I.e., lugares amplios

16 le puso las pieles de los cabritos sobre las manos y sobre la parte lampiña del cuello,

17 y puso el guisado y el pan que había hecho en manos de su hijo Jacob.

18 Entonces él fue a su padre, y dijo: Padre mío. Y *éste* respondió: Aquí estoy. ¿Quién eres, hijo mío?

19 Y Jacob dijo a su padre: Soy Esaú tu primogénito. He hecho lo que me dijiste. Levántate, te ruego. Siéntate y come de mi caza para que me bendigas.

20 E Isaac dijo a su hijo: ¿Cómo es que *la* has encontrado tan pronto, hijo mío? Y él respondió: Porque el SEÑOR tu Dios hizo que así me acaeciera.

21 Isaac entonces dijo a Jacob: Te ruego que te acerques para palparte, hijo mío, a ver si en verdad eres o no mi hijo Esaú.

22 Jacob se acercó a Isaac su padre, y él lo palpó y dijo: La voz es la voz de Jacob, pero las manos son las manos de Esaú.

23 Y no lo reconoció porque sus manos eran velludas como las de su hermano Esaú, y lo bendijo.

24 Y le preguntó: ¿Eres en verdad mi hijo Esaú? Y él respondió: Yo soy.

25 Entonces dijo: Sírveme, y comeré de la caza de mi hijo para que yo te bendiga. Y le sirvió, y comió; le trajo también vino, y bebió.

26 Y su padre Isaac le dijo: Te ruego que te acerques y me beses, hijo mío.

27 Y él se acercó y lo besó; y al notar el olor de sus vestidos, lo bendijo, diciendo:

He aquí, el olor de mi hijo
es como el aroma de un campo que el SEÑOR
   ha bendecido.

28 Dios te dé, pues, del rocío del cielo,
y de la grosura de la tierra,
y abundancia de grano y de mosto.

29 Sírvante pueblos,
y póstrense ante ti naciones;
sé señor de tus hermanos,
e inclínense ante ti los hijos de tu madre.
Malditos los que te maldigan,
y benditos los que te bendigan.

30 Y sucedió que tan pronto como Isaac había terminado de bendecir a Jacob, y apenas había salido Jacob de la presencia de su padre Isaac, su hermano Esaú llegó de su cacería.

31 Y también él hizo un buen guisado y *lo* trajo a su padre, y dijo a su padre: Levántese mi padre, y coma de la caza de su hijo, para que tú me bendigas.

32 Y su padre Isaac le dijo: ¿Quién eres? Y él respondió: Soy tu hijo, tu primogénito, Esaú.

33 Y tembló Isaac con estremecimiento muy grande, y dijo: ¿Quién fue entonces el que trajo caza, antes de que tú vinieras, y me la trajo y yo comí de todo, y lo bendije? Sí, y bendito será.

34 Al oír Esaú las palabras de su padre, clamó con un grande y amargo clamor, y dijo a su padre: ¡Bendíceme, *bendíceme* también a mí, padre mío!

35 Y él respondió: Tu hermano vino con engaño, y se ha llevado tu bendición.

36 Y Esaú dijo: Con razón se llama Jacob, pues me ha suplantado estas dos veces. Me quitó mi primogenitura, y he aquí, ahora me ha quitado mi bendición. Y añadió: ¿No has reservado una bendición para mí?

37 Pero Isaac respondió, y dijo a Esaú: He aquí, yo lo he puesto por señor tuyo, y le he dado por siervos a todos sus parientes; y con grano y mosto lo he sustentado. En cuanto a ti ¿qué haré, pues, hijo mío?

38 Y Esaú dijo a su padre: ¿No tienes más que una bendición, padre mío? Bendíceme, *bendíceme* también a mí, padre mío. Y Esaú alzó su voz y lloró.

39 Entonces su padre Isaac respondió, y le dijo:
He aquí, lejos de la fertilidad de la tierra será
   tu morada,
y lejos del rocío que baja del cielo,

40 Por tu espada vivirás,
y a tu hermano servirás;
mas acontecerá que cuando te impacientes,
arrancarás su yugo de tu cerviz.

41 Esaú, pues, guardó rencor a Jacob a causa de la bendición con que su padre lo había bendecido; y Esaú se dijo: Los días de luto por mi padre están cerca; entonces mataré a mi hermano Jacob.

42 Cuando las palabras de Esaú, su hijo mayor, le fueron comunicadas a Rebeca, envió a llamar a Jacob, su hijo menor, y le dijo: Mira, en cuanto a ti, tu hermano Esaú se consuela con la idea de matarte.

43 Ahora pues, hijo mío, obedece mi voz: levántate *y* huye a Harán, a *casa de* mi hermano Labán.

44 Y quédate con él algunos días hasta que se calme el furor de tu hermano;

45 hasta que la ira de tu hermano contra ti se calme, y olvide lo que le hiciste. Entonces enviaré y te traeré de allá. ¿Por qué he de sufrir la pérdida de vosotros dos en un mismo día?

46 Y Rebeca dijo a Isaac: Estoy cansada de vivir a causa de las hijas de Het; si Jacob toma mujer de las hijas de Het, como éstas, de las hijas de esta tierra, ¿para qué me servirá la vida?

Jacob enviado a Padán-aram

28 Y llamó Isaac a Jacob, lo bendijo y le ordenó, diciendo: No tomarás mujer de entre las hijas de Canaán.

2 Levántate, ve a Padán-aram, a casa de Betuel, padre de tu madre; y toma de allí mujer de entre las hijas de Labán, hermano de tu madre.

3 Y el Dios Todopoderoso te bendiga, te haga fecundo y te multiplique, para que llegues a ser multitud de pueblos.

4 Y te dé también la bendición de Abraham, a ti y a tu descendencia contigo, para que tomes posesión de la tierra de tus peregrinaciones, la que Dios dio a Abraham.

5 Entonces Isaac despidió a Jacob, y *éste* fue a Padán-aram, a *casa de* Labán, hijo de Betuel arameo, hermano de Rebeca, madre de Jacob y Esaú.

6 Y vio Esaú que Isaac había bendecido a Jacob y lo había enviado a Padán-aram para tomar allí mujer para sí, *y que* cuando lo bendijo, le dio órdenes, diciendo: No tomarás para ti mujer de entre las hijas de Canaán,

7 y que Jacob había obedecido a su padre y a su madre, y se había ido a Padán-aram.

8 Vio, pues, Esaú que las hijas de Canaán no eran del agrado de su padre Isaac;

9 y Esaú fue a Ismael, y tomó por mujer, además de las mujeres que ya tenía, a Mahalat, hija de Ismael, hijo de Abraham, hermana de Nebaiot.

10 Y salió Jacob de Beerseba, y fue para Harán.

11 Y llegó a cierto lugar y pasó la noche allí, porque el sol se había puesto; tomó una de las piedras del lugar, la puso de cabecera y se acostó en aquel lugar.

12 Y tuvo un sueño, y he aquí, había una escalera apoyada en la tierra cuyo extremo superior alcanzaba hasta el cielo; y he aquí, los ángeles de Dios subían y bajaban por ella.

13 Y he aquí, el SEÑOR estaba sobre ella, y dijo: Yo soy el SEÑOR, el Dios de tu padre Abraham y el Dios de Isaac. La tierra en la que estás acostado te la daré a ti y a tu descendencia.

14 También tu descendencia será como el polvo de la tierra, y te extenderás hacia el occidente y hacia el oriente, hacia el norte y hacia el sur; y en ti y en tu simiente serán bendecidas todas las familias de la tierra.

15 He aquí, yo estoy contigo, y te guardaré por dondequiera que vayas y te haré volver a esta tierra; porque no te dejaré hasta que haya hecho lo que te he prometido.

16 Despertó Jacob de su sueño y dijo: Ciertamente el SEÑOR está en este lugar y yo no lo sabía.

17 Y tuvo miedo y dijo: ¡Cuán imponente es este lugar! Esto no es más que la casa de Dios, y esta es la puerta del cielo.

18 Y se levantó Jacob muy de mañana, y tomó la piedra que había puesto de cabecera, la erigió por señal y derramó aceite por encima.

19 Y a aquel lugar le puso el nombre de Betel[1], aunque anteriormente el nombre de la ciudad había sido Luz.

20 Entonces hizo Jacob un voto, diciendo: Si Dios está conmigo y me guarda en este camino en que voy, y me da alimento para comer y ropa para vestir,

21 y vuelvo sano y salvo a casa de mi padre, entonces el SEÑOR será mi Dios.

22 Y esta piedra que he puesto por señal será casa de Dios; y de todo lo que me des, te daré el diezmo.

Encuentro de Jacob y Raquel

29 Entonces Jacob siguió su camino, y fue a la tierra de los hijos del oriente.

2 Y miró, y vio un pozo en el campo, y he aquí, tres rebaños de ovejas estaban echados allí junto a él, porque de aquel pozo daban de beber a los rebaños, y la piedra sobre la boca del pozo era grande.

3 Cuando todos los rebaños se juntaban allí, entonces rodaban la piedra de la boca del pozo y daban de beber a las ovejas, y volvían a poner la piedra en su lugar sobre la boca del pozo.

4 Y Jacob dijo a *los pastores:* Hermanos míos, ¿de dónde sois? Y ellos dijeron: Somos de Harán.

5 Entonces les dijo: ¿Conocéis a Labán, hijo de Nacor? Y ellos respondieron: *Lo* conocemos.

6 Y él les dijo: ¿Se encuentra bien? Y dijeron: Está bien; mira, su hija Raquel viene con las ovejas.

7 Y él dijo: He aquí, aún es pleno día, no es tiempo de recoger el ganado. Dad de beber a las ovejas, e id a apacentarlas.

8 Pero ellos dijeron: No podemos, hasta que se junten todos los rebaños y quiten la piedra de la boca del pozo; entonces daremos de beber a las ovejas.

9 Todavía estaba él hablando con ellos, cuando llegó Raquel con las ovejas de su padre, pues ella era pastora.

10 Y sucedió que cuando Jacob vio a Raquel, hija de Labán, hermano de su madre, y las ovejas de Labán, hermano de su madre, Jacob subió y quitó la piedra de la boca del pozo, y dio de beber al rebaño de Labán, hermano de su madre.

11 Entonces Jacob besó a Raquel, y alzó su voz y lloró.

12 Y Jacob hizo saber a Raquel que él era pariente de su padre, y que era hijo de Rebeca; y ella corrió y se lo hizo saber a su padre.

13 Y sucedió que cuando Labán oyó las noticias de Jacob, hijo de su hermana, corrió a su encuentro, lo abrazó, lo besó y lo trajo a su casa. Entonces él contó a Labán todas estas cosas.

14 Y le dijo Labán: Ciertamente tú eres hueso mío y carne mía. Y *Jacob* se quedó con él todo un mes.

15 Y Labán dijo a Jacob: ¿Acaso porque eres mi pariente has de servirme de balde? Hazme saber cuál será tu salario.

16 Labán tenía dos hijas; el nombre de la mayor *era* Lea, y el nombre de la menor, Raquel.

17 Y los ojos de Lea eran delicados, pero Raquel era de bella figura y de hermoso parecer.

18 Y Jacob se había enamorado de Raquel, y dijo: Te serviré siete años por Raquel, tu hija menor.

19 Y Labán dijo: Mejor es dártela a ti que dársela a otro hombre; quédate conmigo.

20 Jacob, pues, sirvió siete años por Raquel, y le parecieron unos pocos días, por el amor que le tenía.

21 Entonces Jacob dijo a Labán: Da*me* mi mujer, porque mi tiempo se ha cumplido para unirme a ella.

22 Y Labán reunió a todos los hombres del lugar, e hizo un banquete.

23 Y sucedió que al anochecer tomó a su hija Lea y se la trajo, y *Jacob* se llegó a ella.

24 Y Labán dio su sierva Zilpa a su hija Lea como sierva.

25 Cuando fue de mañana, he aquí que era Lea. Y *Jacob* dijo a Labán: ¿Qué es esto que me has hecho? ¿No fue por Raquel que te serví? ¿Por qué, pues, me has engañado?

26 Y Labán respondió: No se acostumbra en nuestro lugar dar a la menor antes que a la mayor.

27 Cumple la semana *nupcial* de ésta, y te daremos también la otra por el servicio que habrás de rendirme aún otros siete años.

28 Así lo hizo Jacob, y cumplió la semana de ella; y él le dio a su hija Raquel por mujer.

29 Y Labán dio su sierva Bilha a su hija Raquel como sierva.

30 Y *Jacob* se llegó también a Raquel, y amó

---

1. I.e., casa de Dios

más a Raquel que a Lea; y sirvió a Labán durante otros siete años.

31 Vio el Señor que Lea era aborrecida, y le concedió hijos; pero Raquel era estéril.

32 Y concibió Lea y dio a luz un hijo, y le puso por nombre Rubén[1], pues dijo: Por cuanto el Señor ha visto mi aflicción, sin duda ahora mi marido me amará.

33 Concibió de nuevo y dio a luz un hijo, y dijo: Por cuanto el Señor ha oído que soy aborrecida, me ha dado también este *hijo*. Así que le puso por nombre Simeón[2].

34 Concibió otra vez y dio a luz un hijo, y dijo: Ahora esta vez mi marido se apegará a mí, porque le he dado tres hijos. Así que le puso por nombre Leví[3].

35 Concibió una vez más y dio a luz un hijo, y dijo: Esta vez alabaré al Señor; así que le puso por nombre Judá[4]; y dejó de dar a luz.

Lea y Raquel

30 Pero viendo Raquel que ella no daba hijos a Jacob, tuvo celos de su hermana, y dijo a Jacob: Dame hijos, o si no, me muero.

2 Entonces se encendió la ira de Jacob contra Raquel, y dijo: ¿Estoy yo en lugar de Dios, que te ha negado el fruto de tu vientre?

3 Y ella dijo: Aquí está mi sierva Bilha; llégate a ella para que dé a luz sobre mis rodillas, para que por medio de ella yo también tenga hijos.

4 Y le dio a su sierva Bilha por mujer, y Jacob se llegó a ella.

5 Bilha concibió y dio a luz un hijo a Jacob.

6 Y Raquel dijo: Dios me ha vindicado; ciertamente ha oído mi voz y me ha dado un hijo. Por tanto le puso por nombre Dan[5].

7 Concibió otra vez Bilha, sierva de Raquel, y dio a luz un segundo hijo a Jacob.

8 Y Raquel dijo: Con grandes luchas he luchado con mi hermana, *y* ciertamente he prevalecido. Y le puso por nombre Neftalí[6].

9 Viendo Lea que había dejado de dar a luz, tomó a su sierva Zilpa y la dio por mujer a Jacob.

10 Y Zilpa, sierva de Lea, dio a luz un hijo a Jacob.

11 Y Lea dijo: ¡Cuán afortunada! Y le puso por nombre Gad[7].

12 Después Zilpa, sierva de Lea, dio a luz un segundo hijo a Jacob.

13 Y Lea dijo: Dichosa de mí; porque las mujeres me llamarán bienaventurada. Y le puso por nombre Aser[8].

14 Fue Rubén en los días de la cosecha de trigo, y halló mandrágoras en el campo, y las trajo a su madre Lea. Entonces Raquel dijo a Lea: Dame, te ruego, de las mandrágoras de tu hijo.

15 Pero ella le respondió: ¿Te parece poco haberme quitado el marido? ¿*Me* quitarás también las mandrágoras de mi hijo? Y Raquel dijo: Que él duerma, pues, contigo esta noche a cambio de las mandrágoras de tu hijo.

16 Y cuando Jacob vino del campo por la tarde, Lea salió a su encuentro y *le* dijo: Debes llegarte a mí, porque ciertamente te he alquilado por las mandrágoras de mi hijo. Y él durmió con ella aquella noche.

17 Escuchó Dios a Lea, y ella concibió, y dio a luz el quinto hijo a Jacob.

18 Y Lea dijo: Dios me ha dado mi recompensa porque di mi sierva a mi marido. Y le puso por nombre Isacar[9].

19 Concibió Lea otra vez y dio a luz el sexto hijo a Jacob.

20 Y Lea dijo: Dios me ha favorecido con una buena dote; ahora mi marido vivirá conmigo, porque le he dado seis hijos. Y le puso por nombre Zabulón[10].

21 Después dio a luz una hija, y le puso por nombre Dina.

22 Entonces Dios se acordó de Raquel; y Dios la escuchó y le concedió hijos.

23 Y ella concibió y dio a luz un hijo, y dijo: Dios ha quitado mi afrenta.

24 Y le puso por nombre José[11], diciendo: Que el Señor me añada otro hijo.

25 Y sucedió que cuando Raquel hubo dado a luz a José, Jacob dijo a Labán: Despídeme para que me vaya a mi lugar y a mi tierra.

26 Dame mis mujeres y mis hijos por los cuales te he servido, y déjame ir; pues tú *bien* sabes el servicio que te he prestado.

27 Pero Labán le respondió: Si ahora he hallado gracia ante tus ojos, *quédate conmigo;* me he dado cuenta de que el Señor me ha bendecido por causa tuya.

28 Y añadió: Fíjame tu salario, y te lo daré.

29 Mas él le respondió: Tú sabes cómo te he servido, y cómo le ha ido a tu ganado conmigo.

30 Porque tenías poco antes de que yo viniera, y ha aumentado hasta ser multitud; y el Señor te ha bendecido en todo lo que he hecho. Y ahora, ¿cuándo proveeré yo también para mi propia casa?

31 Y él respondió: ¿Qué te daré? Y Jacob dijo: No me des nada. Volveré a pastorear *y* a cuidar tu rebaño si *tan sólo* haces esto por mí:

32 déjame pasar por entre todo tu rebaño hoy, apartando de él toda oveja moteada o manchada y todos los corderos negros, y las manchadas o moteadas de entre las cabras, y *ése* será mi salario.

33 Mi honradez responderá por mí el día de mañana, cuando vengas a ver acerca de mi salario. Todo lo que no sea moteado y manchado entre las cabras, y negro entre los corderos, *si es* hallado conmigo, se considerará robado.

34 Y Labán dijo: Muy bien, sea conforme a tu palabra.

35 Aquel *mismo* día apartó *Labán* los machos cabríos rayados o manchados y todas las cabras moteadas o manchadas, y todo lo que tenía algo de blanco, y de entre los corderos todos los negros, y lo puso *todo* al cuidado de sus hijos.

36 Y puso *una distancia de* tres días de camino entre sí y Jacob; y Jacob apacentaba el resto de los rebaños de Labán.

37 Entonces Jacob tomó varas verdes de álamo, de almendro y de plátano, y les sacó tiras blancas de la corteza, descubriendo así lo blanco de las varas.

38 Y colocó las varas que había descortezado delante de los rebaños, en los canales, en los abrevaderos, donde los rebaños venían a beber; y se apareaban cuando venían a beber.

39 Así se apareaban los rebaños junto a las

---

1. I.e., ved, un hijo 2. I.e., el que escucha 3. I.e., adherido 4. I.e., alabado 5. I.e., El juzgó 6. I.e., mi lucha 7. I.e., fortuna 8. I.e., dichoso 9. I.e., recompensa 10. I.e., habitación, u, honor 11. I.e., El añade

varas; y los rebaños tenían crías rayadas, moteadas y manchadas.

40 Y Jacob apartó los corderos, y puso los rebaños en dirección a lo rayado y a todo lo negro en el rebaño de Labán, y puso su propio hato aparte; no lo puso con el rebaño de Labán.

41 Además, sucedía que cada vez que los más robustos del rebaño se apareaban, Jacob ponía las varas a la vista del rebaño en los canales, para que se aparearan *frente* a las varas;

42 pero cuando el rebaño era débil, no *las* ponía, de manera que las *crías* débiles vinieron a ser de Labán y las robustas de Jacob.

43 Así prosperó el hombre en gran manera, y tuvo grandes rebaños, y siervas y siervos, y camellos y asnos.

Jacob decide volver a Canaán

31 Pero Jacob oyó las palabras de los hijos de Labán, que decían: Jacob se ha apoderado de todo lo que era de nuestro padre, y de lo que era de nuestro padre ha hecho toda esta riqueza.

2 Y Jacob observó la actitud de Labán, y he aquí, *ya* no era *amigable* para con él como antes.

3 Entonces el SEÑOR dijo a Jacob: Vuelve a la tierra de tus padres y a tus familiares, y yo estaré contigo.

4 Jacob, pues, envió a llamar a Raquel y a Lea al campo, donde estaba su rebaño,

5 y les dijo: Veo que el semblante de vuestro padre, no es *amigable* para conmigo como antes; pero el Dios de mi padre ha estado conmigo.

6 Y vosotras sabéis que he servido a vuestro padre con todas mis fuerzas.

7 No obstante vuestro padre me ha engañado, y ha cambiado mi salario diez veces; Dios, sin embargo, no le ha permitido perjudicarme.

8 Si él decía: "Las moteadas serán tu salario", entonces todo el rebaño paría moteadas; y si decía: "Las rayadas serán tu salario", entonces todo el rebaño paría rayadas.

9 De esta manera Dios ha quitado el ganado a vuestro padre y me *lo* ha dado a mí.

10 Y sucedió que por el tiempo cuando el rebaño estaba en celo, alcé los ojos y vi en sueños; y he aquí, los machos cabríos que cubrían las hembras *eran* rayados, moteados y abigarrados.

11 Entonces el ángel de Dios me dijo en el sueño: "Jacob"; y yo respondí: "Heme aquí."

12 Y él dijo: "Levanta ahora los ojos y ve que todos los machos cabríos que están cubriendo las hembras son rayados, moteados y abigarrados, pues yo he visto todo lo que Labán te ha hecho.

13 "Yo soy el Dios *de* Betel, donde tú ungiste un pilar, donde me hiciste un voto. Levántate ahora, sal de esta tierra, y vuelve a la tierra donde naciste."

14 Y Raquel y Lea respondieron, y le dijeron: ¿Tenemos todavía nosotras parte o herencia alguna en la casa de nuestro padre?

15 ¿No nos ha tratado como extranjeras? Pues nos ha vendido, y también ha consumido por completo el precio de nuestra compra.

16 Ciertamente, toda la riqueza que Dios ha quitado de nuestro padre es nuestra y de nuestros hijos; ahora pues, todo lo que Dios te ha dicho, hazlo.

17 Entonces Jacob se levantó, montó a sus hijos y a sus mujeres en los camellos,

18 y puso en camino todo su ganado y todas las posesiones que había acumulado, el ganado adquirido que había acumulado en Padán-aram, para ir a Isaac su padre, a la tierra de Canaán.

19 Y mientras Labán había ido a trasquilar sus ovejas, Raquel robó los ídolos domésticos que eran de su padre.

20 Y Jacob engañó a Labán arameo al no informarle que huía.

21 Huyó, pues, con todo lo que tenía; y se levantó, cruzó el río *Eufrates* y se dirigió hacia la región montañosa de Galaad.

22 Y al tercer día, cuando informaron a Labán que Jacob había huido,

23 tomó a sus parientes consigo y lo persiguió *por* siete días; y lo alcanzó en los montes de Galaad.

24 Pero Dios vino a Labán arameo en sueños durante la noche, y le dijo: Guárdate que no hables a Jacob ni bien ni mal.

25 Alcanzó, pues, Labán a Jacob. Y Jacob había plantado su tienda en la región montañosa, y Labán y sus parientes acamparon en los montes de Galaad.

26 Entonces Labán dijo a Jacob: ¿Qué has hecho, engañándome y llevándote a mis hijas como *si fueran* cautivas de guerra?

27 ¿Por qué huiste en secreto y me engañaste, y no me avisaste para que yo pudiera despedirte con alegría y cantos, con panderos y liras?

28 ¿*Por qué* no me has permitido besar a mis hijos y a mis hijas? En esto has obrado neciamente.

29 Tengo poder para hacerte daño, pero anoche el Dios de tu padre me habló, diciendo: "Guárdate de hablar nada con Jacob ni bueno ni malo."

30 Y ahora, ciertamente te has marchado porque añorabas mucho la casa de tu padre; *pero* ¿por qué robaste mis dioses?

31 Entonces Jacob respondió, y dijo a Labán: Porque tuve miedo, pues dije: "No sea que me quites a tus hijas a la fuerza."

32 *Pero* aquel con quien encuentres tus dioses, no vivirá. En presencia de nuestros parientes indica lo que es tuyo entre mis cosas y llévate*lo*. Pues Jacob no sabía que Raquel los había robado.

33 Entró entonces Labán en la tienda de Jacob, en la tienda de Lea y en la tienda de las dos siervas, pero no *los* encontró. Después salió de la tienda de Lea y entró en la tienda de Raquel.

34 Y Raquel había tomado los ídolos domésticos, los había puesto en los aparejos del camello y se había sentado sobre ellos. Y Labán buscó por toda la tienda, pero no *los* encontró.

35 Y ella dijo a su padre: No se enoje mi señor porque no pueda levantarme delante de ti, pues estoy con lo que es común entre las mujeres. Y él buscó, pero no encontró los ídolos domésticos.

36 Entonces se enojó Jacob y riñó con Labán; y respondiendo Jacob, dijo a Labán: ¿Cuál es mi transgresión? ¿Cuál es mi pecado para que tan enardecidamente me hayas perseguido?

37 Aunque has buscado en todos mis enseres, ¿qué has hallado de todos los enseres de tu casa? Pon*lo* delante de mis parientes y de tus parientes para que ellos juzguen entre nosotros dos.

38 Estos veinte años yo *he estado* contigo; tus

ovejas y tus cabras no han abortado, ni yo he
comido los carneros de tus rebaños.
39 No te traía lo despedazado por *las fieras;* yo
cargaba con la pérdida. Tú lo demandabas de mi
mano, *tanto lo* robado de día como *lo* robado de
noche.
40 Estaba yo que de día el calor me consumía y
de noche la helada, y el sueño huía de mis ojos.
41 Estos veinte años he estado en tu casa;
catorce años te serví por tus dos hijas, y seis por
tu rebaño, y diez veces cambiaste mi salario.
42 Si el Dios de mi padre, Dios de Abraham, y
temor de Isaac, no hubiera estado conmigo, ciertamente me hubieras enviado ahora con las
manos vacías. *Pero* Dios ha visto mi aflicción y la
labor de mis manos, y anoche hizo justicia.
43 Respondió Labán y dijo a Jacob: Las hijas
son mis hijas, y los hijos mis hijos, y los rebaños
mis rebaños, y todo lo que ves es mío. ¿Pero qué
puedo yo hacer hoy a estas mis hijas, o a sus hijos
que ellas dieron a luz?
44 Ahora bien, ven, hagamos un pacto tú y yo y
que sirva de testimonio entre tú y yo.
45 Entonces Jacob tomó una piedra y la levantó
como señal.
46 Y Jacob dijo a sus parientes: Recoged
piedras. Y tomaron piedras e hicieron un
montón, y comieron allí junto al montón.
47 Labán lo llamó Jegar Sahaduta[1], pero Jacob
lo llamó Galaad[2].
48 Y Labán dijo: Este montón es hoy un testigo
entre tú y yo. Por eso lo llamó Galaad;
49 y Mizpa[3], porque dijo: Que el SEÑOR nos
vigile a los dos cuando nos hayamos apartado el
uno del otro.
50 Si maltratas a mis hijas, o si tomas *otras*
mujeres además de mis hijas, *aunque* nadie lo
sepa, mira, Dios es testigo entre tú y yo.
51 Y Labán dijo a Jacob: Mira este montón, y
mira el pilar que he puesto entre tú y yo.
52 Testigo sea este montón y testigo sea el pilar
de que yo no pasaré de este montón hacia ti y tú
no pasarás de este montón y de este pilar hacia
mí, para *hacer* daño.
53 El Dios de Abraham y el Dios de Nacor, Dios
de sus padres, juzgue entre nosotros. Entonces
Jacob juró por el que temía su padre Isaac.
54 Luego ofreció Jacob un sacrificio en el monte,
y llamó a sus parientes a comer; y comieron, y
pasaron la noche en el monte.
55 Y Labán se levantó muy de mañana, besó a
sus hijos y a sus hijas, y los bendijo. Entonces
Labán partió y regresó a su lugar.

Jacob teme encontrarse con Esaú

32 Y cuando Jacob siguió su camino, los
ángeles de Dios le salieron al encuentro.
2 Y al verlos, Jacob dijo: Este es el campamento de Dios; por eso le puso a aquel lugar el
nombre de Mahanaim[4].
3 Entonces Jacob envió mensajeros delante de
sí a su hermano Esaú, a la tierra de Seir, región
de Edom.
4 Y les dio órdenes, diciendo: Así diréis a mi
señor Esaú: "Así dice tu siervo Jacob: 'He
morado con Labán, y *allí* me he quedado hasta
ahora.
5 Tengo bueyes, asnos *y* rebaños, siervos y

siervas; y envío a avisar a mi señor, para hallar
gracia ante tus ojos.' "
6 Y los mensajeros regresaron a Jacob,
diciendo: Fuimos a tu hermano Esaú, y él
también viene a tu encuentro y cuatrocientos
hombres con él.
7 Entonces Jacob tuvo mucho temor y se
angustió; y dividió la gente que estaba con él, y
las ovejas, las vacas y los camellos, en dos campamentos
8 y dijo: Si Esaú viene a un campamento y lo
ataca, entonces el campamento que queda
escapará.
9 Y dijo Jacob: Oh Dios de mi padre Abraham
y Dios de mi padre Isaac, oh SEÑOR, que me
dijiste: "Vuelve a tu tierra y a tus familiares, y yo
te haré prosperar",
10 indigno soy de toda misericordia y de toda la
fidelidad que has mostrado a tu siervo; pues con
sólo mi cayado crucé este Jordán, y ahora he
llegado a tener dos campamentos.
11 Líbrame, te ruego, de la mano de mi
hermano, de la mano de Esaú, porque yo le tengo
miedo, no sea que venga y me hiera a mí *y a* las
madres con los hijos.
12 Y tú dijiste: "De cierto te haré prosperar, y
haré tu descendencia como la arena del mar que
no se puede contar por *su* gran cantidad."
13 Y pasó la noche allí. Entonces de lo que tenía
consigo escogió un presente para su hermano
Esaú:
14 doscientas cabras y veinte machos cabríos,
doscientas ovejas y veinte carneros,
15 treinta camellas criando con sus crías,
cuarenta vacas y diez novillos, veinte asnas y diez
asnos;
16 y *los* entregó a sus siervos, cada manada
aparte, y dijo a sus siervos: Pasad delante de mí,
y poned un *buen* espacio entre manada y
manada.
17 Y ordenó al primero, diciendo: Cuando mi
hermano Esaú te encuentre y te pregunte,
diciendo: "¿De quién eres y adónde vas, y de
quién son estos *animales que van* delante de ti?",
18 entonces responderás: "Son de tu siervo
Jacob; es un presente enviado a mi señor Esaú; y
he aquí, él también *viene* detrás de nosotros."
19 Ordenó también al segundo y al tercero, y a
todos los que iban tras las manadas, diciendo: De
esta manera hablaréis a Esaú cuando lo encontréis,
20 y diréis: "He aquí, tu siervo Jacob también
viene detrás de nosotros." Pues dijo: Lo apaciguaré con el presente que va delante de mí. Y
después veré su rostro; quizá me acepte.
21 El presente pasó, pues, delante de él, y él
durmió aquella noche en el campamento.
22 Y aquella misma noche se levantó, y tomó a
sus dos mujeres, a sus dos siervas y a sus once
hijos, y cruzó el vado de Jaboc.
23 Los tomó y los hizo pasar el arroyo, e hizo
pasar también todo lo que tenía.
24 Jacob se quedó solo, y un hombre luchó con
él hasta rayar el alba.
25 Cuando vio que no había prevalecido contra
Jacob, lo tocó en la coyuntura del muslo, y se
dislocó la coyuntura del muslo de Jacob mientras
luchaba con él.

---

1. I.e., el montón del testimonio, en aram.   2. I.e., el montón del testimonio, en heb.   3. Lit., *el Mizpa;* i.e., vigía, o, atalaya
4. I.e., dos campamentos, o, dos compañías

26 Entonces *el hombre* dijo: Suéltame porque raya el alba. Pero *Jacob* respondió: No te soltaré si no me bendices.

27 Y él le dijo: ¿Cómo te llamas? Y él respondió: Jacob.

28 Y *el hombre* dijo: Ya no será tu nombre Jacob, sino Israel[1], porque has luchado con Dios y con los hombres, y has prevalecido.

29 Entonces Jacob le preguntó, y dijo: Dame a conocer ahora tu nombre. Pero él respondió: ¿Para qué preguntas por mi nombre? Y lo bendijo allí.

30 Y Jacob le puso a aquel lugar el nombre de Peniel[2], porque *dijo:* He visto a Dios cara a cara, y ha sido preservada mi vida.

31 Y le salió el sol al cruzar Peniel, y cojeaba de su muslo.

32 Por eso, hasta hoy, los hijos de Israel no comen el tendón de la cadera que está en la coyuntura del muslo, porque *el hombre* tocó la coyuntura del muslo de Jacob en el tendón de la cadera.

Encuentro de Jacob y Esaú

33 Y alzando Jacob los ojos miró, y he aquí, Esaú venía y cuatrocientos hombres con él. Entonces dividió a los niños entre Lea y Raquel y las dos siervas.

2 Y puso a las siervas con sus hijos delante, y a Lea con sus hijos después, y a Raquel con José en último lugar;

3 y él se les adelantó, y se inclinó hasta el suelo siete veces hasta que llegó cerca de su hermano.

4 Entonces Esaú corrió a su encuentro y lo abrazó, y echándose sobre su cuello lo besó, y lloraron.

5 Y alzó sus ojos y vio a las mujeres y a los niños, y dijo: ¿Quiénes son éstos *que vienen* contigo? Y él respondió: Son los hijos que Dios en su misericordia ha concedido a tu siervo.

6 Entonces se acercaron las siervas con sus hijos, y se inclinaron.

7 Lea también se acercó con sus hijos, y se inclinaron; y después José se acercó con Raquel, y se inclinaron.

8 Y dijo *Esaú:* ¿Qué te propones con toda esta muchedumbre que he encontrado? Y él respondió: Hallar gracia ante los ojos de mi señor.

9 Pero Esaú dijo: Tengo bastante, hermano mío; sea tuyo lo que es tuyo.

10 Mas Jacob respondió: No, te ruego que si ahora he hallado gracia ante tus ojos, tomes el presente de mi mano, porque veo tu rostro como uno ve el rostro de Dios, y favorablemente me has recibido.

11 Acepta, te ruego, el presente que se te ha traído, pues Dios me ha favorecido, y porque yo tengo mucho. Y le insistió, y él lo aceptó.

12 Entonces *Esaú* dijo: Pongámonos en marcha y vámonos; yo iré delante de ti.

13 Pero él le dijo: Mi señor sabe que los niños son tiernos, y que debo cuidar de las ovejas y las vacas que están criando. Si los apuramos mucho, en un solo día todos los rebaños morirán.

14 Adelántese ahora mi señor a su siervo; y yo avanzaré sin prisa, al paso del ganado que va delante de mí, y al paso de los niños, hasta que llegue a mi señor en Seir.

15 Y Esaú dijo: Permíteme dejarte *parte* de la gente que está conmigo. Pero él dijo: ¿Para qué? Halle yo gracia ante los ojos de mi señor.

16 Aquel mismo día regresó Esaú por su camino a Seir;

17 y Jacob siguió *hasta* Sucot[3], y se edificó una casa, e hizo cobertizos para su ganado; por eso al lugar se le puso el nombre de Sucot.

18 Y Jacob llegó sin novedad a la ciudad de Siquem, que está en la tierra de Canaán, cuando vino de Padán-aram, y acampó frente a la ciudad.

19 Compró la parcela de campo donde había plantado su tienda de mano de los hijos de Hamor, padre de Siquem, por cien monedas,

20 y levantó allí un altar, y lo llamó: El-Elohe-Israel[4].

Deshonra de Dina en Siquem

34 Y salió Dina, la hija de Lea, a quien ésta había dado a luz a Jacob, a visitar a las hijas de la tierra.

2 Y cuando la vio Siquem, hijo de Hamor heveo, príncipe de la tierra, se la llevó y se acostó con ella y la violó.

3 Y él se prendó de Dina, hija de Jacob, y amó a la joven y le habló tiernamente.

4 Entonces Siquem habló a su padre Hamor, diciendo: Consígueme a esta muchacha por mujer.

5 Y Jacob oyó que *Siquem* había deshonrado a su hija Dina, pero sus hijos estaban con el ganado en el campo, y Jacob guardó silencio hasta que ellos llegaran.

6 Entonces Hamor, padre de Siquem, salió a *donde* Jacob para hablar con él.

7 Y los hijos de Jacob regresaron del campo al oírlo. Y aquellos hombres se entristecieron y se irritaron en gran manera porque *Siquem* había cometido una infamia en Israel acostándose con la hija de Jacob, pues tal cosa no debe hacerse.

8 Pero Hamor habló con ellos, diciendo: El alma de mi hijo Siquem anhela a vuestra hija; os ruego que se la deis por mujer.

9 Enlazaos con nosotros en matrimonios; dadnos vuestras hijas y tomad las nuestras para vosotros.

10 Así moraréis con nosotros, y la tierra estará a vuestra disposición. Habitad y comerciad y adquirid propiedades en ella.

11 Dijo también Siquem al padre y a los hermanos de ella: Si hallo gracia ante vuestros ojos, os daré lo que me digáis.

12 Pedidme cuanta dote y presentes *queráis* y os daré conforme a lo que me digáis, pero dadme a la joven por mujer.

13 Pero los hijos de Jacob respondieron a Siquem y a su padre Hamor con engaño, y *les* hablaron, porque *Siquem* había deshonrado a su hermana Dina.

14 Y les dijeron: No podemos hacer tal cosa, dar nuestra hermana a un hombre no circuncidado, pues para nosotros eso es una deshonra.

15 Sólo con esta *condición* os complaceremos: si os hacéis como nosotros, circuncidándose cada uno de vuestros varones;

---

1. I.e., el que lucha con Dios, o, Dios lucha   2. I.e., el rostro de Dios   3. I.e., cabañas   4. I.e., Dios, el Dios de Israel

16 entonces *sí* os daremos nuestras hijas, y tomaremos vuestras hijas para nosotros, y moraremos con vosotros y seremos un solo pueblo.

17 Pero si no nos escucháis, y *no* os circuncidáis, entonces tomaremos a nuestra hija y nos iremos.

18 Y sus palabras parecieron razonables a Hamor y a Siquem, hijo de Hamor.

19 El joven, pues, no tardó en hacerlo porque estaba enamorado de la hija de Jacob. Y él era el más respetado de toda la casa de su padre.

20 Entonces Hamor y su hijo Siquem vinieron a la puerta de su ciudad, y hablaron a los hombres de la ciudad, diciendo:

21 Estos hombres están en paz con nosotros; dejadles, pues, morar en la tierra y comerciar en ella, porque ved, la tierra es bastante amplia para ellos. Tomemos para nosotros a sus hijas por mujeres y démosles nuestras hijas.

22 *Mas* sólo con esta *condición* consentirán ellos en morar con nosotros para que seamos un solo pueblo: que se circuncide todo varón entre nosotros, como ellos están circuncidados.

23 ¿No serán nuestros su ganado y sus propiedades y todos sus animales? Consintamos sólo en esto, y morarán con nosotros.

24 Y escucharon a Hamor y a su hijo Siquem todos los que salían por la puerta de la ciudad, y fue circuncidado todo varón: todos los que salían por la puerta de la ciudad.

25 Pero sucedió que al tercer día, cuando estaban con *más* dolor, dos hijos de Jacob, Simeón y Leví, hermanos de Dina, tomaron cada uno su espada y entraron en la ciudad, que estaba desprevenida, y mataron a todo varón.

26 Y mataron a Hamor y a su hijo Siquem a filo de espada, y tomaron a Dina de la casa de Siquem, y salieron.

27 *Después* los hijos de Jacob vinieron sobre los muertos y saquearon la ciudad, porque ellos habían deshonrado a su hermana.

28 Y se llevaron sus ovejas, sus vacas y sus asnos, y lo que *había* en la ciudad y lo que *había* en el campo;

29 y se llevaron cautivos a todos sus pequeños y a sus mujeres, y saquearon todos sus bienes y todo lo que *había* en las casas.

30 Entonces Jacob dijo a Simeón y a Leví: Me habéis traído dificultades, haciéndome odioso entre los habitantes del país, entre los cananeos y los ferezeos; y como mis hombres son pocos, ellos se juntarán contra mí y me atacarán, y seré destruido yo y mi casa.

31 Pero ellos dijeron: ¿Había de tratar él a nuestra hermana como a una ramera?

Jacob vuelve a Betel

35 Entonces Dios dijo a Jacob: Levántate, sube a Betel y habita allí; y haz allí un altar a Dios, que se te apareció cuando huías de tu hermano Esaú.

2 Entonces Jacob dijo a los de su casa y a todos los que estaban con él: Quitad los dioses extranjeros que hay entre vosotros; purificaos y mudaos los vestidos;

3 y levantémonos, y subamos a Betel; y allí haré un altar a Dios, quien me respondió en el día de mi angustia, y que ha estado conmigo en el camino por donde he andado.

4 Entregaron, pues, a Jacob todos los dioses extranjeros que *tenían* en su poder y los pendientes que *tenían* en sus orejas; y Jacob los escondió debajo de la encina que *había* junto a Siquem.

5 Al proseguir el viaje, hubo gran terror en las ciudades alrededor de ellos, y no persiguieron a los hijos de Jacob.

6 Y Jacob llegó a Luz, es decir, Betel, que está en la tierra de Canaán, él y todo el pueblo que estaba con él.

7 Y edificó allí un altar, y llamó al lugar El-betel, porque allí Dios se le había manifestado cuando huía de su hermano.

8 Y murió Débora, nodriza de Rebeca, y fue sepultada al pie de Betel, debajo de la encina; y *ésta* fue llamada Alón-bacut[1].

9 Y Dios se apareció de nuevo a Jacob cuando volvió de Padán-aram, y lo bendijo.

10 Y Dios le dijo:
Tu nombre es Jacob;
no te llamarás más Jacob,
sino que tu nombre será Israel.
Y le puso el nombre de Israel.

11 También le dijo Dios:
Yo soy el Dios Todopoderoso.
Sé fecundo y multiplícate;
una nación y multitud de naciones vendrán
de ti,
y reyes saldrán de tus lomos.

12 Y la tierra que di a Abraham y a Isaac,
a ti te la daré;
y daré la tierra a tu descendencia después de
ti.

13 Entonces Dios subió de su lado, en el lugar donde había hablado con él.

14 Y Jacob erigió un pilar en el lugar donde *Dios* había hablado con él, un pilar de piedra, y derramó sobre él una libación; también derramó sobre él aceite.

15 Y Jacob le puso el nombre de Betel al lugar donde Dios había hablado con él.

16 Entonces partieron de Betel; y cuando aún faltaba cierta distancia para llegar a Efrata, Raquel comenzó a dar a luz y tuvo *mucha* dificultad en su parto.

17 Y aconteció que cuando estaba en lo más duro del parto, la partera le dijo: No temas, porque ahora tienes este *otro* hijo.

18 Y aconteció que cuando su alma partía, pues murió, lo llamó Benoni[2]; pero su padre lo llamó Benjamín[3].

19 Murió, pues, Raquel, y fue sepultada en el camino de Efrata, es decir, Belén.

20 Y erigió Jacob un pilar sobre su sepultura; ese es el pilar de la sepultura de Raquel hasta hoy.

21 Entonces partió Israel y plantó su tienda más allá de Migdal-eder.

22 Y aconteció que mientras Israel moraba en aquella tierra, Rubén fue y se acostó con Bilha, concubina de su padre; e Israel *lo* supo.
Y los hijos de Jacob fueron doce.

23 Hijos de Lea: Rubén, el primogénito de Jacob, después Simeón, Leví, Judá, Isacar y Zabulón.

24 Hijos de Raquel: José y Benjamín.

---

1. I.e., encina del llanto 2. I.e., hijo de mi tristeza 3. I.e., hijo de la mano derecha

25 Hijos de Bilha, sierva de Raquel: Dan y Neftalí.

26 E hijos de Zilpa, sierva de Lea: Gad y Aser. Estos son los hijos de Jacob que le nacieron en Padán-aram.

27 Jacob fue a su padre Isaac en Mamre de Quiriat-arba, es decir, Hebrón, donde habían residido Abraham e Isaac.

28 Y vivió Isaac ciento ochenta años.

29 Y expiró Isaac y murió, y fue reunido a su pueblo, anciano y lleno de días; y sus hijos Esaú y Jacob lo sepultaron.

Descendientes de Esaú

36 Estas son las generaciones de Esaú, es decir, Edom.

2 Esaú tomó sus mujeres de las hijas de Canaán: a Ada, hija de Elón heteo; a Aholibama, hija de Aná y nieta de Zibeón heveo;

3 y a Basemat, hija de Ismael, hermana de Nebaiot.

4 Ada dio a luz a Elifaz para Esaú; y Basemat dio a luz a Reuel.

5 Y Aholibama dio a luz a Jeús, a Jaalam y a Coré. Estos son los hijos que le nacieron a Esaú en la tierra de Canaán.

6 Entonces Esaú tomó a sus mujeres, sus hijos y sus hijas y todas las personas de su casa, y su ganado y todas sus bestias, y todos los bienes que había acumulado en la tierra de Canaán, y se fue a *otra* tierra lejos de su hermano Jacob.

7 Porque los bienes de ellos habían llegado a ser tantos que no podían habitar juntos, y la tierra en que moraban no podía sostenerlos a causa de su *mucho* ganado.

8 Y habitó Esaú en la región montañosa de Seir; Esaú es Edom.

9 Estas son las generaciones de Esaú, padre de los edomitas, en la región montañosa de Seir.

10 Estos son los nombres de los hijos de Esaú: Elifaz, hijo de Ada, mujer de Esaú, *y* Reuel, hijo de Basemat, mujer de Esaú.

11 Y los hijos de Elifaz fueron Temán, Omar, Zefo, Gatam y Cenaz.

12 Timna fue concubina de Elifaz, hijo de Esaú, y le dio a luz a Amalec. Estos son los hijos de Ada, mujer de Esaú.

13 Y estos son los hijos de Reuel: Nahat, Zera, Sama y Miza. Estos fueron los hijos de Basemat, mujer de Esaú.

14 Y estos fueron los hijos de Aholibama, mujer de Esaú, hija de Aná, nieta de Zibeón: Ella tuvo de Esaú a Jeús, Jaalam y Coré.

15 Estos son los jefes de entre los hijos de Esaú. Los hijos de Elifaz, primogénito de Esaú, son: el jefe Temán, el jefe Omar, el jefe Zefo, el jefe Cenaz,

16 el jefe Coré, el jefe Gatam y el jefe Amalec. Estos son los jefes *que descendieron* de Elifaz en la tierra de Edom; estos son los hijos de Ada.

17 Estos son los hijos de Reuel, hijo de Esaú: el jefe Nahat, el jefe Zera, el jefe Sama y el jefe Miza. Estos son los jefes *que descendieron* de Reuel en la tierra de Edom; estos son los hijos de Basemat, mujer de Esaú.

18 Estos son los hijos de Aholibama, mujer de Esaú: el jefe Jeús, el jefe Jaalam, el jefe Coré. Estos son los jefes *que descendieron* de Aholibama, mujer de Esaú, hija de Aná.

19 Estos *fueron* los hijos de Esaú, es decir, Edom, y éstos sus jefes.

20 Estos son los hijos de Seir horeo, habitantes de aquella tierra: Lotán, Sobal, Zibeón, Aná,

21 Disón, Ezer y Disán. Estos son los jefes *que descendieron* de los horeos, los hijos de Seir en la tierra de Edom.

22 Los hijos de Lotán fueron Hori y Hemam; y la hermana de Lotán era Timna.

23 Estos son los hijos de Sobal: Alván, Manahat, Ebal, Sefo y Onam.

24 Estos son los hijos de Zibeón: Aja y Aná. Este es el Aná que halló las fuentes termales en el desierto cuando pastoreaba los asnos de su padre Zibeón.

25 Estos son los hijos de Aná: Disón y Aholibama, hija de Aná.

26 Estos son los hijos de Disón: Hemdán, Esbán, Itrán y Querán.

27 Estos son los hijos de Ezer: Bilhán, Zaaván y Acán.

28 Estos son los hijos de Disán: Uz y Arán.

29 Estos son los jefes *que descendieron* de los horeos: el jefe Lotán, el jefe Sobal, el jefe Zibeón, el jefe Aná,

30 el jefe Disón, el jefe Ezer *y* el jefe Disán. Estos son los jefes *que descendieron* de los horeos, jefe por jefe, en la tierra de Seir.

31 Estos son los reyes que reinaron en la tierra de Edom, antes de que rey alguno reinara sobre los hijos de Israel:

32 Bela, hijo de Beor, reinó en Edom; y el nombre de su ciudad *era* Dinaba.

33 Murió Bela, y reinó en su lugar Jobab, hijo de Zera, de Bosra.

34 Murió Jobab, y reinó en su lugar Husam, de la tierra de los temanitas.

35 Murió Husam, y reinó en su lugar Hadad, hijo de Bedad, el que derrotó a Madián en el campo de Moab; y el nombre de su ciudad *era* Avit.

36 Murió Hadad, y reinó en su lugar Samla de Masreca.

37 Murió Samla, y reinó en su lugar Saúl de Rehobot, junto al río *Eufrates*.

38 Murió Saúl, y reinó en su lugar Baal-hanán, hijo de Acbor.

39 Y murió Baal-hanán, hijo de Acbor, y reinó en su lugar Hadar; y el nombre de su ciudad *era* Pau; y el nombre de su mujer era Mehetabel, hija de Matred, hija de Mezaab.

40 Estos son los nombres de los jefes *que descendieron* de Esaú, según sus familias *y* sus localidades, por sus nombres: el jefe Timna, el jefe Alva, el jefe Jetet,

41 el jefe Aholibama, el jefe Ela, el jefe Pinón,

42 el jefe Cenaz, el jefe Temán, el jefe Mibsar,

43 el jefe Magdiel y el jefe Iram. Estos son los jefes de Edom, es decir, Esaú, padre de los edomitas, según sus moradas en la tierra de su posesión.

José y sus hermanos

37 Y Jacob habitó en la tierra donde había peregrinado su padre, en la tierra de Canaán.

2 Esta *es la historia de* las generaciones de Jacob:

José, cuando tenía diecisiete años, apacentaba

el rebaño con sus hermanos; el joven *estaba* con los hijos de Bilha y con los hijos de Zilpa, mujeres de su padre. Y José trajo a su padre malos informes sobre ellos.

3 Y amaba Israel a José más que a todos sus hijos, porque era para él el hijo de su vejez; y le hizo una túnica de muchos colores[1].

4 Y vieron sus hermanos que su padre lo amaba más que a todos sus hermanos; *por eso* lo odiaban y no podían hablarle amistosamente.

5 Y José tuvo un sueño y cuando lo contó a sus hermanos, ellos lo odiaron aún más.

6 Y él les dijo: Os ruego que escuchéis este sueño que he tenido.

7 He aquí, estábamos atando gavillas en medio del campo, y he aquí que mi gavilla se levantó y se puso derecha, y entonces vuestras gavillas se ponían alrededor y se inclinaban hacia mi gavilla.

8 Y sus hermanos le dijeron: ¿Acaso reinarás sobre nosotros? ¿O acaso te enseñorearás sobre nosotros? Y lo odiaron aún más por causa de sus sueños y de sus palabras.

9 Tuvo aún otro sueño, y lo contó a sus hermanos, diciendo: He aquí, he tenido aún otro sueño; y he aquí, el sol, la luna y once estrellas se inclinaban ante mí.

10 Y él *lo* contó a su padre y a sus hermanos; y su padre lo reprendió, y le dijo: ¿Qué es este sueño que has tenido? ¿Acaso yo, tu madre y tus hermanos vendremos a inclinarnos hasta el suelo ante ti?

11 Y sus hermanos le tenían envidia, pero su padre reflexionaba sobre lo dicho.

12 Después sus hermanos fueron a apacentar el rebaño de su padre en Siquem.

13 E Israel dijo a José: ¿No están tus hermanos apacentando el *rebaño* en Siquem? Ven y te enviaré a ellos. Y él le dijo: Iré.

14 Entonces *Israel* le dijo: Ve ahora y mira cómo están tus hermanos y cómo está el rebaño; y tráeme noticias *de ellos*. Lo envió, pues, desde el valle de Hebrón, y *José* fue a Siquem.

15 Y estando él dando vueltas por el campo, un hombre lo encontró, y el hombre le preguntó, diciendo: ¿Qué buscas?

16 Y él respondió: Busco a mis hermanos; te ruego que me informes dónde están apacentando *el rebaño*.

17 Y el hombre respondió: Se han ido de aquí, pues yo *les* oí decir: "Vamos a Dotán." Entonces José fue tras sus hermanos y los encontró en Dotán.

18 Cuando ellos lo vieron de lejos, y antes que se les acercara, tramaron contra él para matarlo.

19 Y se dijeron unos a otros: Aquí viene el soñador.

20 Ahora pues, venid, matémoslo y arrojémoslo a uno de los pozos; y diremos: "Una fiera lo devoró." Entonces veremos en qué quedan sus sueños.

21 Pero Rubén oyó *esto* y lo libró de sus manos, y dijo: No le quitemos la vida.

22 Rubén les dijo además: No derraméis sangre. Echadlo en este pozo del desierto, pero no le pongáis la mano encima. *Esto dijo* para poder librarlo de las manos de ellos y volverlo a su padre.

23 Y sucedió que cuando José llegó a sus hermanos, despojaron a José de su túnica, la túnica de muchos colores que llevaba puesta;

24 y lo tomaron y lo echaron en el pozo. Y el pozo estaba vacío, no había agua en él.

25 Entonces se sentaron a comer, y cuando levantaron los ojos y miraron, he aquí, una caravana de ismaelitas venía de Galaad con sus camellos cargados de resina aromática, bálsamo y mirra, que iban bajando hacia Egipto.

26 Y Judá dijo a sus hermanos: ¿Qué ganaremos con matar a nuestro hermano y ocultar su sangre?

27 Venid, vendámoslo a los ismaelitas y no pongamos las manos sobre él, pues es nuestro hermano, carne nuestra. Y sus hermanos *le* hicieron caso.

28 Pasaron entonces unos mercaderes madianitas, y ellos sacaron a José, subiéndolo del pozo, y vendieron a José a los ismaelitas por veinte *piezas* de plata. Y *éstos* llevaron a José a Egipto.

29 Cuando Rubén volvió al pozo, he aquí, José no estaba en el pozo; entonces rasgó sus vestidos.

30 Y volvió a sus hermanos y *les* dijo: El muchacho no está *allí*; y yo, ¿adónde iré?

31 Entonces tomaron la túnica de José y mataron un macho cabrío, y empaparon la túnica en la sangre;

32 y enviaron la túnica de muchos colores y la llevaron a su padre, y dijeron: Encontramos esto; te rogamos que *lo* examines para *ver* si es la túnica de tu hijo o no.

33 El la examinó, y dijo: Es la túnica de mi hijo. Una fiera lo ha devorado; sin duda José ha sido despedazado.

34 Y Jacob rasgó sus vestidos, puso cilicio sobre sus lomos y estuvo de duelo por su hijo muchos días.

35 Y todos sus hijos y todas sus hijas vinieron para consolarlo, pero él rehusó ser consolado, y dijo: Ciertamente enlutado bajaré al Seol[2] por causa de mi hijo. Y su padre lloró por él.

36 Mientras tanto, los madianitas lo vendieron en Egipto a Potifar, oficial de Faraón, capitán de la guardia.

Judá y Tamar

38 Sucedió por aquel tiempo que Judá se separó de sus hermanos, y visitó a un adulamita llamado Hira.

2 Y allí vio Judá a la hija de un cananeo llamado Súa; la tomó, y se llegó a ella.

3 Ella concibió y dio a luz un hijo, y le puso por nombre Er.

4 Concibió otra vez y dio a luz un hijo, y le puso por nombre Onán.

5 Aún dio a luz a otro hijo, y le puso por nombre Sela; y fue en Quezib que dio a luz.

6 Entonces Judá tomó mujer para Er su primogénito, la cual se llamaba Tamar.

7 Pero Er, primogénito de Judá, era malvado ante los ojos del SEÑOR, y el SEÑOR le quitó la vida.

8 Entonces Judá dijo a Onán: Llégate a la mujer de tu hermano, y cumple con ella tu deber como cuñado, y levanta descendencia a tu hermano.

9 Y Onán sabía que la descendencia no sería

---

1. O, *túnica larga*   2. I.e., lugar de los muertos

suya; y acontecía que cuando se llegaba a la mujer de su hermano, derramaba *su semen* en tierra para no dar descendencia a su hermano.

10 Pero lo que hacía era malo ante los ojos del SEÑOR; y también a él le quitó la vida.

11 Entonces Judá dijo a su nuera Tamar: Quédate viuda en casa de tu padre hasta que crezca mi hijo Sela; pues pensaba: Temo que él muera también como sus hermanos. Así que Tamar se fue y se quedó en casa de su padre.

12 Pasaron muchos días y murió la hija de Súa, mujer de Judá. Y pasado el duelo, Judá subió a los trasquiladores de sus ovejas en Timnat, él y su amigo Hira adulamita.

13 Y se lo hicieron saber a Tamar, diciénd*ole*: He aquí, tu suegro sube a Timnat a trasquilar sus ovejas.

14 Entonces ella se quitó sus ropas de viuda y *se* cubrió con un velo, se envolvió bien y se sentó a la entrada de Enaim que está en el camino de Timnat; porque veía que Sela había crecido, y ella *aún* no le había sido dada por mujer.

15 Cuando la vio Judá, pensó que *era* una ramera, pues se había cubierto el rostro.

16 Y se desvió hacia ella junto al camino, y *le* dijo: Vamos, déjame estar contigo; pues no sabía que era su nuera. Y ella dijo: ¿Qué me darás por estar conmigo?

17 El respondió: Yo te enviaré un cabrito de las cabras del rebaño. Y ella dijo: ¿Me darás una prenda hasta que *lo* envíes?

18 Y él respondió: ¿Qué prenda *tengo* que darte? Y ella dijo: Tu sello, tu cordón y el báculo que tienes en la mano. Y él se *los* dio y se llegó a ella, y ella concibió de él.

19 Entonces ella se levantó y se fue; se quitó el velo y se puso sus ropas de viuda.

20 Cuando Judá envió el cabrito por medio de su amigo el adulamita, para recobrar la prenda de mano de la mujer, no la halló.

21 Y preguntó a los hombres del lugar, diciendo: ¿Dónde está la ramera que estaba en Enaim, junto al camino? Y ellos dijeron: Aquí no ha habido ninguna ramera.

22 Y él volvió donde Judá, y *le* dijo: No la encontré; y además, los hombres del lugar dijeron: "Aquí no ha habido ninguna ramera."

23 Entonces Judá dijo: Que se quede con las prendas, para que no seamos causa de burla. Ya ves que envié este cabrito, y tú no la has encontrado.

24 Y sucedió que como a los tres meses, informaron a Judá, diciendo: Tu nuera Tamar ha fornicado, y he aquí, ha quedado encinta a causa de las fornicaciones. Entonces Judá dijo: Sacadla y que sea quemada.

25 Y aconteció que cuando la sacaban, ella envió a decir a su suegro: Del hombre a quien pertenecen estas cosas estoy encinta. Y añadió: Te ruego que examines y veas de quién es este sello, este cordón y este báculo.

26 Judá *los* reconoció, y dijo: Ella es más justa que yo, por cuanto yo no la di *por mujer* a mi hijo Sela. Y no volvió a tener más relaciones con ella.

27 Y sucedió que al tiempo de dar a luz, he aquí, había mellizos en su seno.

28 Aconteció, además, que mientras daba a luz, uno *de ellos* sacó su mano, y la partera *la* tomó y

le ató un *hilo* escarlata a la mano, diciendo: Este salió primero.

29 Pero he aquí, sucedió que cuando él retiró su mano, su hermano salió. Entonces ella dijo: ¡Qué brecha te has abierto! Por eso le pusieron por nombre Fares[1].

30 Después salió su hermano que tenía el *hilo* escarlata en la mano; y le pusieron por nombre Zara[2].

José prospera en Egipto

39 Cuando José fue llevado a Egipto, Potifar, un oficial egipcio de Faraón, capitán de la guardia, lo compró a los ismaelitas que lo habían llevado allá.

2 Y el SEÑOR estaba con José, que llegó a ser un hombre próspero, y estaba en la casa de su amo el egipcio.

3 Y vio su amo que el SEÑOR estaba con él y que el SEÑOR hacía prosperar en su mano todo lo que él hacía.

4 Así encontró José gracia ante sus ojos y llegó a ser su siervo personal, y lo hizo mayordomo sobre su casa y entregó en su mano todo lo que poseía.

5 Y sucedió que desde el tiempo que lo hizo mayordomo sobre su casa y sobre todo lo que poseía, el SEÑOR bendijo la casa del egipcio por causa de José; y la bendición del SEÑOR estaba sobre todo lo que poseía en la casa y en el campo.

6 Así que todo lo que poseía lo dejó en mano de José, y con él *allí* no se preocupaba de nada, excepto del pan que comía. Y era José de gallarda figura y de hermoso parecer.

7 Sucedió después de estas cosas que la mujer de su amo miró a José con deseo y *le* dijo: Acuéstate conmigo.

8 Pero él rehusó y dijo a la mujer de su amo: Estando yo aquí, mi amo no se preocupa de nada en la casa, y ha puesto en mi mano todo lo que posee.

9 No hay nadie más grande que yo en esta casa, y nada me ha rehusado excepto a ti, pues tú eres su mujer. ¿Cómo entonces iba yo a hacer esta gran maldad y pecar contra Dios?

10 Y ella insistía a José día tras día, pero él no accedió a acostarse con ella *o* a estar con ella.

11 Pero sucedió un día que él entró en casa para hacer su trabajo, y no había ninguno de los hombres de la casa allí dentro;

12 entonces ella lo asió de la ropa, diciendo: ¡Acuéstate conmigo! Mas él le dejó su ropa en la mano, y salió huyendo afuera.

13 Y cuando ella vio que él había dejado su ropa en sus manos y había huido afuera,

14 llamó a los hombres de su casa y les dijo: Mirad, nos ha traído un hebreo para que se burle de nosotros; vino a mí para acostarse conmigo, pero yo grité a gran voz.

15 Y sucedió que cuando él oyó que yo alzaba la voz y gritaba, dejó su ropa junto a mí y salió huyendo afuera.

16 Y ella dejó junto a sí la ropa de él hasta que su señor vino a casa.

17 Entonces ella le habló con estas palabras, diciendo: Vino a mí el esclavo hebreo que nos trajiste, para burlarse de mí;

1. I.e., brecha   2. I.e., amanecer, o, resplandor

18 y cuando levanté la voz y grité, él dejó su ropa junto a mí y huyó afuera.

19 Y aconteció que cuando su señor escuchó las palabras que su mujer le habló, diciendo: Esto es lo que tu esclavo me hizo, se encendió su ira.

20 Entonces el amo de José lo tomó y lo echó en la cárcel, *en* el lugar donde se encerraba a los presos del rey; y allí permaneció en la cárcel.

21 Mas el SEÑOR estaba con José y le extendió *su* misericordia, y le concedió gracia ante los ojos del jefe de la cárcel.

22 Y el jefe de la cárcel confió en mano de José a todos los presos que estaban en la cárcel, y de todo lo que allí se hacía él era responsable.

23 El jefe de la cárcel no supervisaba nada que estuviera bajo la responsabilidad de José, porque el SEÑOR estaba con él, y todo lo que él emprendía, el SEÑOR lo hacía prosperar.

José interpreta dos sueños

40 Después de estas cosas, sucedió que el copero y el panadero del rey de Egipto ofendieron a su señor, el rey de Egipto.

2 Y Faraón se enojó contra sus dos oficiales, contra el jefe de los coperos y contra el jefe de los panaderos.

3 Y los puso bajo custodia en la casa del capitán de la guardia, en la cárcel, *en* el *mismo* lugar donde José estaba preso.

4 El capitán de la guardia se los asignó a José, y él les servía; y estuvieron bajo custodia por algún tiempo.

5 Entonces el copero y el panadero del rey de Egipto, que estaban encerrados en la cárcel, tuvieron ambos un sueño en una misma noche, cada uno su *propio* sueño, y cada sueño con su *propia* interpretación.

6 Y José vino a ellos por la mañana y los observó, y he aquí, estaban decaídos.

7 Y preguntó a los oficiales de Faraón que estaban con él bajo custodia en casa de su señor: ¿Por qué están vuestros rostros tan tristes hoy?

8 Y ellos le respondieron: Hemos tenido un sueño y no hay nadie que lo interprete. Entonces José les dijo: ¿No pertenecen a Dios las interpretaciones? Os ruego que me *lo* contéis.

9 Contó, pues, el jefe de los coperos a José su sueño, y le dijo: En mi sueño, he aquí, *había* una vid delante de mí,

10 y en la vid *había* tres sarmientos. Y al brotar sus yemas, aparecieron las flores, *y* sus racimos produjeron uvas maduras.

11 Y la copa de Faraón estaba en mi mano; así que tomé las uvas y las exprimí en la copa de Faraón, y puse la copa en la mano de Faraón.

12 Entonces José le dijo: Esta es su interpretación: los tres sarmientos son tres días.

13 Dentro de tres días Faraón levantará tu cabeza, te restaurará a tu puesto y tú pondrás la copa de Faraón en su mano como acostumbrabas antes cuando eras su copero.

14 Sólo *te pido que* te acuerdes de mí cuando te vaya bien, y te ruego que me hagas el favor de hacer mención de mí a Faraón, y me saques de esta casa.

15 Porque la verdad es que yo fui secuestrado de la tierra de los hebreos, y aun aquí no he hecho nada para que me pusieran en el calabozo.

16 Cuando el jefe de los panaderos vio que había

interpretado favorablemente, dijo a José: Yo también *vi* en mi sueño, y he aquí, *había* tres cestas de pan blanco sobre mi cabeza;

17 y sobre la cesta de encima *había* toda clase de manjares hechos por un panadero para Faraón, y las aves los comían de la cesta sobre mi cabeza.

18 Entonces José respondió, y dijo: Esta es su interpretación: las tres cestas son tres días;

19 dentro de tres días Faraón te quitará la cabeza de sobre ti, te colgará en un árbol y las aves comerán tu carne.

20 Y sucedió que al tercer día, *que era* el día del cumpleaños de Faraón, *éste* hizo un banquete para todos sus siervos, y levantó la cabeza del jefe de los coperos y la cabeza del jefe de los panaderos en medio de sus siervos.

21 Y restauró al jefe de los coperos a su cargo de copero y éste puso la copa en manos de Faraón;

22 pero ahorcó al jefe de los panaderos, tal como les había interpretado José.

23 Mas el jefe de los coperos no se acordó de José, sino que se olvidó de él.

Los sueños de Faraón

41 Y aconteció que al cabo de dos años, Faraón tuvo un sueño; y he aquí, *soñó* que estaba de pie junto al Nilo.

2 Y de pronto, del Nilo subieron siete vacas de hermoso aspecto y gordas, y pacían en el carrizal.

3 Pero he aquí, otras siete vacas de mal aspecto y flacas subieron del Nilo detrás de ellas, y se pararon junto a las *otras* vacas a la orilla del Nilo;

4 y las vacas de mal aspecto y flacas devoraron las siete vacas de hermoso aspecto y gordas. Entonces Faraón despertó.

5 Se quedó dormido y soñó por segunda vez; y he aquí que siete espigas llenas y buenas crecían en una sola caña.

6 Y he aquí que siete espigas, menudas y quemadas por el viento solano, brotaron después de aquéllas.

7 Y las espigas menudas devoraron a las siete espigas gruesas y llenas. Entonces Faraón despertó, y he aquí, *era* un sueño.

8 Y sucedió que por la mañana su espíritu estaba turbado, y mandó llamar a todos los adivinos de Egipto, y a todos sus sabios. Y Faraón les contó sus sueños, pero no hubo quien se los pudiera interpretar a Faraón.

9 Entonces el jefe de los coperos habló a Faraón, diciendo: Quisiera hablar hoy de mis faltas.

10 Cuando Faraón se enojó con sus siervos y me puso bajo custodia en la casa del capitán de la guardia, a mí y al jefe de los panaderos,

11 él y yo tuvimos un sueño en una misma noche; cada uno de nosotros soñó según la interpretación de su *propio* sueño.

12 Y *estaba* allí con nosotros un joven hebreo, un siervo del capitán de la guardia; y se *los* contamos, y él nos interpretó los sueños. A cada uno interpretó su sueño.

13 Y aconteció que tal como nos lo había interpretado, así sucedió; a mí me restableció Faraón en mi puesto, pero al otro lo ahorcó.

14 Entonces Faraón mandó llamar a José, y lo sacaron del calabozo aprisa; y después de afeitarse y cambiarse sus vestidos, vino a Faraón.

15 Y Faraón dijo a José: He tenido un sueño y no hay quien lo interprete; y he oído decir de ti, que oyes un sueño y lo puedes interpretar.

16 José respondió a Faraón, diciendo: No está en mí; Dios dará a Faraón una respuesta favorable.

17 Entonces habló Faraón a José: En mi sueño, he aquí, yo estaba de pie a la orilla del Nilo.

18 Y vi siete vacas gordas y de hermoso aspecto que salieron del Nilo; y pacían en el carrizal.

19 Pero he aquí, otras siete vacas subieron detrás de ellas, pobres, de muy mal aspecto y flacas, de tal fealdad como yo nunca había visto en toda la tierra de Egipto.

20 Y las vacas flacas y feas devoraron las primeras siete vacas gordas.

21 Pero cuando las habían devorado, no se podía notar que las hubieran devorado; pues su aspecto era tan feo como al principio. Entonces me desperté.

22 Y he aquí, en mi sueño también vi que siete espigas llenas y buenas crecían en una sola caña.

23 Y he aquí que siete espigas marchitas, menudas *y* quemadas por el viento solano, brotaron después de aquéllas;

24 y las espigas menudas devoraron a las siete espigas buenas. Y *se lo* conté a los adivinos, pero no hubo quien me *lo* pudiera explicar.

25 Entonces José dijo a Faraón: Los *dos* sueños de Faraón son uno; Dios ha anunciado a Faraón lo que El va a hacer.

26 Las siete vacas buenas son siete años, y las siete espigas buenas son siete años; los dos sueños son uno.

27 Y las siete vacas flacas y feas que subieron detrás de ellas son siete años, y las siete espigas quemadas por el viento solano serán siete años de hambre.

28 Esto es lo que he dicho a Faraón: Dios ha mostrado a Faraón lo que va a hacer.

29 He aquí, vienen siete años de gran abundancia en toda la tierra de Egipto;

30 y después de ellos vendrán siete años de hambre, y se olvidará toda la abundancia en la tierra de Egipto; y el hambre asolará la tierra.

31 Y no se conocerá la abundancia en la tierra a causa del hambre que vendrá, que *será* muy severa.

32 Y en cuanto a la repetición del sueño a Faraón dos veces, *quiere decir* que el asunto está determinado por Dios, y Dios lo hará pronto.

33 Ahora pues, busque Faraón un hombre prudente y sabio, y póngalo sobre la tierra de Egipto.

34 Haga *esto* Faraón: nombre intendentes sobre el país y exija un quinto *de la producción* de la tierra de Egipto en los siete años de abundancia.

35 Y que ellos recojan todos los víveres de esos buenos años que vienen, y almacenen en las ciudades el grano para alimento bajo la autoridad de Faraón, y que *lo* protejan.

36 Y que los víveres sean una reserva para el país durante los siete años de hambre que ocurrirán en la tierra de Egipto, a fin de que el país no perezca durante el hambre.

37 Y la idea pareció bien a Faraón y a todos sus siervos.

38 Entonces Faraón dijo a sus siervos: ¿Podemos hallar un hombre como éste, en quien esté el espíritu de Dios?

39 Y Faraón dijo a José: Puesto que Dios te ha hecho saber todo esto, no hay nadie tan prudente ni tan sabio como tú.

40 Tú estarás sobre mi casa, y todo mi pueblo obedecerá tus órdenes; solamente en el trono yo seré mayor que tú.

41 Faraón dijo también a José: Mira, te he puesto sobre toda la tierra de Egipto.

42 Y Faraón se quitó el anillo de sellar de su mano y lo puso en la mano de José; y lo vistió con vestiduras de lino fino y puso un collar de oro en su cuello.

43 Lo hizo montar en su segundo carro, y proclamaron delante de él: ¡Doblad la rodilla! Y lo puso sobre toda la tierra de Egipto.

44 Entonces Faraón dijo a José: *Aunque* yo soy Faraón, sin embargo, nadie levantará su mano ni su pie sin tu permiso en toda la tierra de Egipto.

45 Y Faraón llamó a José por el nombre de Zafnat-panea[1], y le dio por mujer a Asenat, hija de Potifera, sacerdote de On. Y salió José por toda la tierra de Egipto.

46 José *tenía* treinta años cuando se presentó ante[2] Faraón, rey de Egipto. Y salió José de la presencia de Faraón y recorrió toda la tierra de Egipto.

47 Y produjo la tierra a manos llenas durante los siete años de abundancia.

48 Y él recogió todo el fruto de *estos* siete años de abundancia que hubo en la tierra de Egipto, y guardó el alimento en las ciudades; y guardó en cada ciudad el fruto de sus campos circunvecinos.

49 Así José almacenó grano en gran abundancia, como la arena del mar, hasta que dejó de medir*lo* porque no se podía medir.

50 Y le nacieron a José dos hijos antes de que llegaran los años de hambre, los que le dio a luz Asenat, hija de Potifera, sacerdote de On.

51 Y al primogénito José le puso el nombre de Manasés[3], porque *dijo:* Dios me ha hecho olvidar todo mi trabajo y toda la casa de mi padre.

52 Y al segundo le puso el nombre de Efraín[4], porque *dijo:* Dios me ha hecho fecundo en la tierra de mi aflicción.

53 Cuando pasaron los siete años de abundancia que había habido en la tierra de Egipto,

54 y comenzaron a venir los siete años de hambre, tal como José había dicho, entonces hubo hambre en todas las tierras; pero en toda la tierra de Egipto había pan.

55 Cuando se sintió el hambre en toda la tierra de Egipto, el pueblo clamó a Faraón por pan; y Faraón dijo a todos los egipcios: Id a José, y haced lo que él os diga.

56 Y el hambre se extendió sobre toda la faz de la tierra. Entonces José abrió todos los graneros y vendió a los egipcios, pues el hambre era severa en la tierra de Egipto.

57 Y *de* todos los países venían a Egipto para comprar grano a José, porque el hambre era severa en toda la tierra.

---

1. Probablemente en egipcio: *Dios habla; él vive*   2. O, *entró al servicio de*   3. I.e., *el que hace olvidar*   4. I.e., *fecundo*

Los hermanos de José van a Egipto

42 Viendo Jacob que había alimento en Egipto, dijo a sus hijos: ¿Por qué os estáis mirando?

2 Y dijo: He aquí, he oído que hay alimento en Egipto; descended allá, y comprad de allí *un poco* para nosotros, para que vivamos y no muramos.

3 Entonces diez hermanos de José descendieron para comprar grano en Egipto.

4 Pero a Benjamín, hermano de José, Jacob no lo envió con sus hermanos, porque dijo: No sea que le suceda algo malo.

5 Y fueron los hijos de Israel con los que iban a comprar *grano*, pues también había hambre en la tierra de Canaán.

6 Y José era el que mandaba en aquella tierra; él era quien vendía a todo el pueblo de la tierra. Y llegaron los hermanos de José y se postraron ante él rostro en tierra.

7 Cuando José vio a sus hermanos, los reconoció, pero fingió no conocerlos y les habló duramente. Y les dijo: ¿De dónde habéis venido? Y ellos dijeron: De la tierra de Canaán para comprar alimentos.

8 José había reconocido a sus hermanos, aunque ellos no lo habían reconocido.

9 Y José se acordó de los sueños que había tenido acerca de ellos, y les dijo: Sois espías; habéis venido para ver las partes indefensas de nuestra tierra.

10 Entonces ellos le dijeron: No, señor mío, sino que tus siervos han venido para comprar alimentos.

11 Todos nosotros somos hijos de un mismo padre; somos *hombres* honrados, tus siervos no son espías.

12 Pero él les dijo: No, sino que habéis venido para ver las partes indefensas de nuestra tierra.

13 Mas ellos dijeron: Tus siervos son doce hermanos, hijos del mismo padre en la tierra de Canaán; y he aquí, el menor está hoy con nuestro padre, y *el* otro ya no existe.

14 Y José les dijo: Es tal como os dije: sois espías.

15 En esto seréis probados; por vida de Faraón que no saldréis de este lugar a menos que vuestro hermano menor venga aquí.

16 Enviad a uno de vosotros y que traiga a vuestro hermano, mientras vosotros quedáis presos, para que sean probadas vuestras palabras, *a ver si hay* verdad en vosotros. Y si no, ¡por vida de Faraón!, ciertamente sois espías.

17 Y los puso *a todos* juntos bajo custodia por tres días.

18 Y José les dijo al tercer día: Haced esto y viviréis, pues yo temo a Dios:

19 si sois *hombres* honrados, que uno de vuestros hermanos quede encarcelado en vuestra prisión; y *el resto* de vosotros, id, llevad grano para el hambre de vuestras casas;

20 y traedme a vuestro hermano menor, para que vuestras palabras sean verificadas, y no moriréis. Y así lo hicieron.

21 Entonces se dijeron el uno al otro: Verdaderamente somos culpables en cuanto a nuestro hermano, porque vimos la angustia de su alma cuando nos rogaba, y no lo escuchamos, por eso ha venido sobre nosotros esta angustia.

22 Y Rubén les respondió, diciendo: ¿No os dije yo: "No pequéis contra el muchacho" y no *me* escuchasteis? Ahora hay que rendir cuentas por su sangre.

23 Ellos, sin embargo, no sabían que José los entendía, porque había un intérprete entre él y ellos.

24 Y se apartó *José* de su lado y lloró. Y cuando volvió a ellos y les habló, tomó de entre ellos a Simeón, y lo ató a la vista de sus hermanos.

25 José mandó que les llenaran sus vasijas de grano y que devolvieran el dinero a cada uno *poniéndolo* en su saco, y que les dieran provisiones para el camino. Y así se hizo con ellos.

26 Ellos, pues, cargaron el grano sobre sus asnos, y partieron de allí.

27 Y cuando uno *de ellos* abrió su saco para dar forraje a su asno en la posada, vio que su dinero estaba en la boca de su costal.

28 Entonces dijo a sus hermanos: *Me* ha sido devuelto mi dinero, y he aquí, está en mi costal. Y se les sobresaltó el corazón, y temblando se decían el uno al otro: ¿Qué es esto que Dios nos ha hecho?

29 Cuando llegaron a su padre Jacob en la tierra de Canaán, le contaron todo lo que les había sucedido:

30 El hombre, el señor de aquella tierra, nos habló duramente y nos tomó por espías del país.

31 Pero nosotros le dijimos: "Somos *hombres* honrados, no somos espías.

32 "Somos doce hermanos, hijos de nuestro padre; uno ya no existe, y el menor está hoy con nuestro padre en la tierra de Canaán."

33 Y el hombre, el señor de aquella tierra, nos dijo: "Por esto sabré que sois *hombres* honrados: dejad uno de vuestros hermanos conmigo y tomad *grano para* el hambre de vuestras casas, y marchaos;

34 pero traedme a vuestro hermano menor para que sepa yo que no sois espías, sino *hombres* honrados. Os devolveré a vuestro hermano, y podréis comerciar en la tierra."

35 Y sucedió que cuando estaban vaciando sus sacos, he aquí que el atado del dinero de cada uno *estaba* en su saco; y cuando ellos y su padre vieron los atados de su dinero, tuvieron temor.

36 Y su padre Jacob les dijo: Me habéis privado de mis hijos; José ya no existe, y Simeón ya no existe, y *os* queréis llevar a Benjamín; todas estas cosas son contra mí.

37 Entonces Rubén habló a su padre, diciendo: Puedes dar muerte a mis dos hijos, si no te lo traigo; ponlo bajo mi cuidado, y yo te lo devolveré.

38 Pero Jacob dijo: Mi hijo no descenderá con vosotros; pues su hermano ha muerto, y *me* queda sólo él. Si algo malo le acontece en el viaje en que vais, haréis descender mis canas con dolor al Seol.

Los hermanos de José regresan a Egipto

43 Y el hambre iba agravándose en la tierra. 2 Y sucedió que cuando acabaron de comer el grano que habían traído de Egipto, su padre les dijo: Volved *allá* y compradnos un poco de alimento.

3 Pero Judá le respondió, diciendo: Aquel

hombre claramente nos advirtió: "No veréis mi rostro si vuestro hermano no está con vosotros."

4 Si envías a nuestro hermano con nosotros, descenderemos y compraremos alimento;

5 pero si no *lo* envías, no descenderemos; porque el hombre nos dijo: "No veréis mi rostro si vuestro hermano no está con vosotros."

6 Entonces Israel respondió: ¿Por qué me habéis tratado tan mal, informando al hombre que teníais un hermano más?

7 Pero ellos dijeron: El hombre nos preguntó específicamente acerca de nosotros y nuestros familiares, diciendo: "¿Vive aún vuestro padre? ¿Tenéis *otro* hermano?" Y nosotros contestamos sus preguntas. ¿Acaso podíamos nosotros saber que él diría: "Traed a vuestro hermano"?

8 Y Judá dijo a su padre Israel: Envía al muchacho conmigo, y nos levantaremos e iremos, para que vivamos y no perezcamos, tanto nosotros como tú y nuestros pequeños.

9 Yo me haré responsable de él; de mi mano lo demandarás. Si yo no te lo vuelvo a traer y lo pongo delante de ti, que lleve yo la culpa para siempre delante de ti;

10 porque si no hubiéramos perdido tiempo, sin duda ya habríamos vuelto dos veces.

11 Entonces su padre Israel les dijo: Si así *tiene que ser,* haced esto: tomad de los mejores productos de la tierra en vuestras vasijas, y llevad a aquel hombre como presente un poco de bálsamo y un poco de miel, resina aromática, mirra, nueces y almendras.

12 Y tomad doble *cantidad de* dinero en vuestra mano, y llevad de nuevo en vuestra mano el dinero que fue devuelto en la boca de vuestros costales; tal vez fue un error.

13 Tomad también a vuestro hermano, levantaos y volved a aquel hombre;

14 y que el Dios Todopoderoso os conceda misericordia ante aquel hombre para que ponga en libertad al otro hermano vuestro y a Benjamín. En cuanto a mí, si he de ser privado de mis hijos, que así sea.

15 Tomaron, pues, los hombres este presente, y tomaron doble *cantidad de* dinero en su mano y a Benjamín, y se levantaron y descendieron a Egipto y se presentaron delante de José.

16 Cuando José vio a Benjamín con ellos, dijo al mayordomo de su casa: Haz entrar a estos hombres a casa, y mata un animal y prepára*lo,* porque estos hombres comerán conmigo al mediodía.

17 El hombre hizo como José le dijo, y llevó a los hombres a casa de José.

18 Y los hombres tenían miedo porque eran llevados a casa de José y dijeron: Por causa del dinero que fue devuelto en nuestros costales la primera vez hemos sido traídos aquí, para tener pretexto contra nosotros y caer sobre nosotros y tomarnos por esclavos con nuestros asnos.

19 Entonces se acercaron al mayordomo de la casa de José, y le hablaron a la entrada de la casa,

20 y dijeron: Oh señor mío, ciertamente descendimos la primera vez para comprar alimentos,

21 y sucedió que cuando llegamos a la posada, abrimos nuestros costales, y he aquí, el dinero de cada uno estaba en la boca de su costal, todo

nuestro dinero. Así que lo hemos vuelto a traer en nuestra mano.

22 También hemos traído otro dinero en nuestra mano para comprar alimentos; no sabemos quién puso nuestro dinero en nuestros costales.

23 Y él dijo: No os preocupéis, no temáis. Vuestro Dios y el Dios de vuestro padre os ha dado *ese* tesoro en vuestros costales; yo recibí vuestro dinero. Entonces les sacó a Simeón.

24 Después el hombre llevó a los hombres a casa de José, y les dio agua y se lavaron los pies; y dio forraje a sus asnos.

25 Entonces prepararon el presente para la venida de José al mediodía; pues habían oído que iban a comer allí.

26 Cuando José regresó a casa, le trajeron el presente que *tenían* en su mano a la casa y se postraron ante él en tierra.

27 Entonces él les preguntó cómo se encontraban, y dijo: ¿Cómo está vuestro anciano padre de quien *me* hablasteis? ¿Vive todavía?

28 Y ellos dijeron: Tu siervo nuestro padre está bien; todavía vive. Y ellos se inclinaron en reverencia.

29 Al alzar él sus ojos y ver a su hermano Benjamín, hijo de su madre, dijo: ¿Es éste vuestro hermano menor de quien me hablasteis? Y dijo: Dios te imparta su favor, hijo mío.

30 Y José se apresuró *a salir,* pues se sintió profundamente conmovido a causa de su hermano y buscó *donde* llorar; y entró en *su* aposento y lloró allí.

31 Después se lavó la cara y salió, y controlándose, dijo: Servid la comida.

32 Y le sirvieron a él aparte, y a ellos aparte, y a los egipcios que comían con él, *también* aparte; porque los egipcios no podían comer con los hebreos, pues esto es abominación para los egipcios.

33 Y los sentaron delante de él, el primogénito conforme a su primogenitura, y el más joven conforme a su juventud, y los hombres se miraban unos a otros con asombro.

34 El les llevó porciones de su propia mesa, pero la porción de Benjamín era cinco veces mayor que la de cualquiera de ellos. Bebieron, pues, y se alegraron con él.

La copa de José

44 Entonces *José* ordenó al mayordomo de su casa, diciendo: Llena de alimento los costales de los hombres, todo lo que puedan llevar, y pon el dinero de cada uno de ellos en la boca de su costal.

2 Y mi copa, la copa de plata, ponla en la boca del costal del menor, con el dinero de su grano. Y él hizo conforme a lo que había dicho José.

3 Al rayar el alba, fueron despedidos los hombres con sus asnos.

4 Cuando habían salido ellos de la ciudad, *y* no estaban muy lejos, José dijo al mayordomo de su casa: Levántate, sigue a esos hombres; y cuando los alcances, diles: "¿Por qué habéis pagado mal por bien?

5"¿No es esta *la copa* en que bebe mi señor, y que de hecho usa para adivinar? Obrasteis mal en lo que hicisteis?

6 Así que los alcanzó, les dijo estas palabras.

7 Y ellos le dijeron: ¿Por qué habla mi señor de

esta manera? Lejos esté de tus siervos hacer tal cosa.

8 He aquí, el dinero que encontramos en la boca de nuestros costales, te lo volvimos a traer de la tierra de Canaán. ¿Cómo, pues, habíamos de robar de la casa de tu señor plata u oro?

9 Aquel de tus siervos que sea hallado con ella, que muera, y también nosotros *entonces* seremos esclavos de mi señor.

10 Y él dijo: Sea ahora también conforme a vuestras palabras; aquel que sea hallado con ella será mi esclavo, y *los demás de* vosotros seréis inocentes.

11 Ellos se dieron prisa; cada uno bajó su costal a tierra, y cada cual abrió su costal.

12 Y él registró, comenzando con el mayor y acabando con el menor; y la copa fue hallada en el costal de Benjamín.

13 Entonces ellos rasgaron sus vestidos, y después de cargar cada uno su asno, regresaron a la ciudad.

14 Cuando Judá llegó con sus hermanos a casa de José, él estaba aún allí, y ellos cayeron a tierra delante de él.

15 Y José les dijo: ¿Qué acción es esta que habéis hecho? ¿No sabéis que un hombre como yo puede ciertamente adivinar?

16 Entonces dijo Judá: ¿Qué podemos decir a mi señor? ¿Qué podemos hablar y cómo nos justificaremos? Dios ha descubierto la iniquidad de tus siervos; he aquí, somos esclavos de mi señor, tanto nosotros como aquel en cuyo poder fue encontrada la copa.

17 Mas él respondió: Lejos esté de mí hacer eso. El hombre en cuyo poder ha sido encontrada la copa será mi esclavo; pero vosotros, subid en paz a vuestro padre.

18 Entonces Judá se le acercó, y dijo: Oh señor mío, permite a tu siervo hablar una palabra a los oídos de mi señor, y que no se encienda tu ira contra tu siervo, pues tú eres como Faraón mismo.

19 Mi señor preguntó a sus siervos, diciendo: "¿Tenéis padre o hermano?"

20 Y respondimos a mi señor: "Tenemos un padre *ya* anciano y un hermano pequeño, *hijo de su* vejez. Y su hermano ha muerto, así que sólo queda él *de los hijos* de su madre, y su padre lo ama."

21 Entonces tú dijiste a tus siervos: "Traédmelo para que yo lo vea."

22 Y nosotros respondimos a mi señor: "El muchacho no puede dejar a su padre, pues si dejara a su padre, *éste* moriría."

23 Tú, sin embargo, dijiste a tus siervos: "Si vuestro hermano menor no desciende con vosotros, no volveréis a ver mi rostro."

24 Aconteció, pues, que cuando subimos a mi padre, tu siervo, le contamos las palabras de mi señor.

25 Y nuestro padre dijo: "Regresad, compradnos un poco de alimento."

26 Mas nosotros respondimos: "No podemos ir. Si nuestro hermano menor va con nosotros, entonces iremos; porque no podemos ver el rostro del hombre si nuestro hermano no está con nosotros."

27 Y mi padre, tu siervo, nos dijo: "Vosotros sabéis que mi mujer me dio a luz dos hijos;

28 el uno salió de mi lado, y dije: 'Seguro que ha sido despedazado', y no lo he visto desde entonces.

29 'Y si también os lleváis a éste de mi presencia, y algo malo le sucede, haréis descender mis canas con dolor al Seol.'

30 Ahora pues, cuando yo vuelva a mi padre, tu siervo, y el muchacho no esté con nosotros, como su vida está ligada a la vida del muchacho,

31 sucederá que cuando él vea que el muchacho no está *con nosotros*, morirá. Así pues, tus siervos harán descender las canas de nuestro padre, tu siervo, con dolor al Seol.

32 Porque *yo*, tu siervo, me hice responsable del muchacho con mi padre, diciendo: "Si no te lo traigo, que lleve yo la culpa delante de mi padre para siempre."

33 Ahora pues, te ruego que quede *este* tu siervo como esclavo de mi señor, en lugar del muchacho, y que el muchacho suba con sus hermanos.

34 Pues, ¿cómo subiré a mi padre no estando el muchacho conmigo, sin que yo vea el mal que sobrevendrá a mi padre?

José se da a conocer a sus hermanos

45 José no pudo ya contenerse delante de todos los que estaban junto a él, y exclamó: Haced salir a todos de mi lado. Y no había nadie con él cuando José se dio a conocer a sus hermanos.

2 Y lloró tan fuerte que *lo* oyeron los egipcios, y la casa de Faraón se enteró *de ello*.

3 José dijo a sus hermanos: Yo soy José. ¿Vive todavía mi padre? Pero sus hermanos no podían contestarle porque estaban atónitos delante de él.

4 Y José dijo a sus hermanos: Acercaos ahora a mí. Y ellos se acercaron, y él dijo: Yo soy vuestro hermano José, a quien vosotros vendisteis a Egipto.

5 Ahora pues, no os entristezcáis ni os pese por haberme vendido aquí; pues para preservar vidas me envió Dios delante de vosotros.

6 Porque en estos dos años *ha habido* hambre en la tierra y todavía quedan otros cinco años en los cuales no habrá ni siembra ni siega.

7 Y Dios me envió delante de vosotros para preservaros un remanente en la tierra, y para guardaros con vida mediante una gran liberación.

8 Ahora pues, no fuisteis vosotros los que me enviasteis aquí, sino Dios; y El me ha puesto por padre de Faraón y señor de toda su casa y gobernador sobre toda la tierra de Egipto.

9 Daos prisa y subid adonde mi padre, y decidle: "Así dice tu hijo José: 'Dios me ha hecho señor de todo Egipto; ven a mí, no te demores.

10 'Y habitarás en la tierra de Gosén, y estarás cerca de mí, tú y tus hijos y los hijos de tus hijos, tus ovejas y tus vacas y todo lo que tienes.

11 'Allí proveeré también para ti, pues aún quedan cinco años de hambre, para que no pases hambre tú, tu casa y todo lo que tienes.' Y

12 Y he aquí, vuestros ojos y los ojos de mi hermano Benjamín ven que es mi boca la que os habla.

13 Notificad, pues, a mi padre toda mi gloria en Egipto y todo lo que habéis visto; daos prisa y traed aquí a mi padre.

14 Entonces se echó sobre el cuello de su hermano Benjamín, y lloró; y Benjamín *también* lloró sobre su cuello.

15 Y besó a todos sus hermanos, y lloró sobre ellos; y después sus hermanos hablaron con él.

16 Cuando se oyó la noticia en la casa de Faraón, de que los hermanos de José habían venido, agradó a Faraón y a sus siervos.

17 Entonces Faraón dijo a José: Di a tus hermanos: "Haced esto: cargad vuestras bestias e id a la tierra de Canaán;

18 y tomad a vuestro padre y a vuestras familias y venid a mí y yo os daré lo mejor de la tierra de Egipto, y comeréis de la abundancia de la tierra."

19 Y a ti se te ordena *decirles:* "Haced esto: tomad carretas de la tierra de Egipto para vuestros pequeños y para vuestras mujeres, y traed a vuestro padre y venid.

20 "Y no os preocupéis por vuestras posesiones personales, pues lo mejor de toda la tierra de Egipto es vuestro."

21 Y así lo hicieron los hijos de Israel; y José les dio carretas conforme a la orden de Faraón, y les dio provisiones para el camino.

22 A todos ellos les dio mudas de ropa, pero a Benjamín le dio trescientas *piezas de* plata y cinco mudas de ropa.

23 Y a su padre le envió lo siguiente: diez asnos cargados de lo mejor de Egipto, y diez asnas cargadas de grano, de pan y de alimentos para su padre en el camino.

24 Luego despidió a sus hermanos, y cuando se iban les dijo: No riñáis en el camino.

25 Y subieron de Egipto y vinieron a la tierra de Canaán, a su padre Jacob.

26 Y le informaron, diciendo: José vive todavía, y es gobernante en toda la tierra de Egipto. Pero él se quedó atónito porque no les podía creer.

27 Pero cuando ellos le contaron todas las cosas que José les había dicho, y cuando vio las carretas que José había enviado para llevarlo, el espíritu de su padre Jacob revivió.

28 Entonces Israel dijo: Basta, mi hijo José vive todavía. Iré y lo veré antes que yo muera.

Israel y su familia en Egipto

46 Y partió Israel con todo lo que tenía y llegó a Beerseba, y ofreció sacrificios al Dios de su padre Isaac.

2 Y Dios habló a Israel en una visión nocturna, y dijo: Jacob, Jacob. Y él respondió: Heme aquí.

3 Y El dijo: Yo soy Dios, el Dios de tu padre; no temas descender a Egipto, porque allí te haré una gran nación.

4 Yo descenderé contigo a Egipto, y ciertamente, yo también te haré volver; y José cerrará tus ojos.

5 Entonces Jacob partió de Beerseba; y los hijos de Israel llevaron a su padre Jacob, y a sus pequeños y a sus mujeres, en las carretas que Faraón había enviado para llevarlo.

6 Y tomaron sus ganados y los bienes que habían acumulado en la tierra de Canaán y vinieron a Egipto, Jacob y toda su descendencia con él;

7 sus hijos y sus nietos con él, sus hijas y sus nietas; a toda su descendencia trajo consigo a Egipto.

8 Estos son los nombres de los hijos de Israel,

Jacob y sus hijos, que fueron a Egipto: Rubén, primogénito de Jacob.

9 Los hijos de Rubén: Hanoc, Falú, Hezrón y Carmi.

10 Los hijos de Simeón: Jemuel, Jamín, Ohad, Jaquín, Zohar y Saúl, hijo de la cananea.

11 Los hijos de Leví: Gersón, Coat y Merari.

12 Los hijos de Judá: Er, Onán, Sela, Fares y Zara (pero Er y Onán murieron en la tierra de Canaán). Y los hijos de Fares fueron Hezrón y Hamul.

13 Los hijos de Isacar: Tola, Fúa, Job y Simrón.

14 Los hijos de Zabulón: Sered, Elón y Jahleel.

15 Estos son los hijos de Lea, los que le dio a luz a Jacob en Padán-aram, y además su hija Dina; todos sus hijos y sus hijas *eran* treinta y tres.

16 Los hijos de Gad: Zifión, Hagui, Suni, Ezbón, Eri, Arodi y Areli.

17 Los hijos de Aser: Imna, Isúa, Isúi, Bería y Sera, hermana de ellos. Y los hijos de Bería: Heber y Malquiel.

18 Estos son los hijos de Zilpa, a quien Labán dio a su hija Lea, y que le dio a luz a Jacob estas dieciséis personas.

19 Los hijos de Raquel, mujer de Jacob: José y Benjamín.

20 Y a José, en la tierra de Egipto le nacieron Manasés y Efraín, los cuales le dio a luz Asenat, hija de Potifera, sacerdote de On.

21 Los hijos de Benjamín: Bela, Bequer, Asbel, Gera, Naamán, Ehi, Ros, Mupim, Hupim y Ard.

22 Estos son los hijos de Raquel, que le nacieron a Jacob; catorce personas en total.

23 Los hijos de Dan: Husim.

24 Los hijos de Neftalí: Jahzeel, Guni, Jezer y Silem.

25 Estos son los hijos de Bilha, a quien Labán dio a su hija Raquel, y que ella le dio a luz a Jacob; en total siete personas.

26 Todas las personas *de la familia* de Jacob, que vinieron a Egipto, descendientes directos suyos, no incluyendo las mujeres de los hijos de Jacob, *eran* en total sesenta y seis personas.

27 Y los hijos de José, que le nacieron en Egipto, eran dos: todas las personas de la casa de Jacob que vinieron a Egipto, *eran* setenta.

28 Y *Jacob* envió a Judá delante de sí a José, para indicar delante de él *el camino* a Gosén; y llegaron a la tierra de Gosén.

29 Y José unció su carro y subió a Gosén para ir al encuentro de su padre Israel; y apenas lo vio, se echó sobre su cuello y lloró largamente sobre su cuello.

30 Entonces Israel dijo a José: Ahora ya puedo morir, después que he visto tu rostro y *sé* que todavía vives.

31 Y José dijo a sus hermanos y a la familia de su padre: Subiré y *lo* haré saber a Faraón, y le diré: "Mis hermanos y la familia de mi padre, que *estaban* en la tierra de Canaán, han venido a mí;

32 y los hombres son pastores de ovejas, pues son hombres de ganado; y han traído sus ovejas y sus vacas, y todo lo que tienen."

33 Y sucederá que cuando Faraón os llame y os diga: "¿Cuál es vuestra ocupación?",

34 vosotros responderéis: "Tus siervos han sido hombres de ganado desde su juventud hasta ahora, tanto nosotros como nuestros padres", a

fin de que habitéis en la tierra de Gosén; porque para los egipcios todo pastor de ovejas es una abominación.

Jacob presentado a Faraón

47 Entonces José vino e informó a Faraón, y dijo: Mi padre y mis hermanos, con sus ovejas, sus vacas y todo lo que tienen, han venido de la tierra de Canaán; y he aquí, están en la tierra de Gosén.

2 Y tomó cinco hombres de entre sus hermanos, y los presentó delante de Faraón.

3 Entonces Faraón dijo a sus hermanos: ¿Cuál es vuestra ocupación? Y ellos respondieron a Faraón: Tus siervos son pastores de ovejas, tanto nosotros como nuestros padres.

4 Dijeron también a Faraón: Hemos venido a residir en esta tierra, porque no hay pasto para los rebaños de tus siervos, pues el hambre es severa en la tierra de Canaán. Ahora pues, permite que tus siervos habiten en la tierra de Gosén.

5 Y Faraón dijo a José: Tu padre y tus hermanos han venido a ti;

6 la tierra de Egipto está a tu disposición. En lo mejor de la tierra haz habitar a tu padre y a tus hermanos; que habiten en la tierra de Gosén, y si sabes que hay hombres capaces entre ellos, ponlos a cargo de mi ganado.

7 José trajo a su padre Jacob y lo presentó a Faraón; y Jacob bendijo a Faraón.

8 Y Faraón dijo a Jacob: ¿Cuántos años tienes?

9 Entonces Jacob respondió a Faraón: Los años de mi peregrinación son ciento treinta años; pocos y malos han sido los años de mi vida, y no han alcanzado a los años que mis padres vivieron en los días de su peregrinación.

10 Y Jacob bendijo a Faraón, y salió de su presencia.

11 Así, pues, José estableció *allí* a su padre y a sus hermanos, y les dio posesión en la tierra de Egipto, en lo mejor de la tierra, en la tierra de Ramsés, como Faraón había mandado.

12 Y proveyó José de alimentos a su padre, a sus hermanos y a toda la casa de su padre, según *el número* de sus hijos.

13 No había alimento en toda la tierra, de modo que el hambre era muy severa, y la tierra de Egipto y la tierra de Canaán languidecían a causa del hambre.

14 Y José recogió todo el dinero que había en la tierra de Egipto y en la tierra de Canaán a cambio del grano que *le* compraban, y José trajo el dinero a la casa de Faraón.

15 Cuando se acabó el dinero en la tierra de Egipto y en la tierra de Canaán, todos los egipcios vinieron a José, diciendo: Danos alimento, pues ¿por qué hemos de morir delante de ti?, ya que *nuestro* dinero se ha acabado.

16 Entonces José dijo: Entregad vuestros ganados y yo os daré *pan* por vuestros ganados, puesto que *vuestro* dinero se ha acabado.

17 Trajeron, pues, sus ganados a José, y José les dio pan a cambio de los caballos, las ovejas, las vacas y los asnos; aquel año les proveyó de pan a cambio de todos sus ganados.

18 Y terminado aquel año, vinieron a él en el segundo año, y le dijeron: No encubriremos a mi señor que el dinero se ha acabado, y que el

ganado pertenece a mi señor. No queda nada para mi señor, excepto nuestros cuerpos y nuestras tierras.

19 ¿Por qué hemos de morir delante de tus ojos, tanto nosotros como nuestra tierra? Cómpranos a nosotros y a nuestra tierra a cambio de pan, y nosotros y nuestra tierra seremos siervos de Faraón. Danos, pues, semilla para que vivamos y no muramos, y no quede la tierra desolada.

20 Así compró José toda la tierra de Egipto para Faraón, pues los egipcios vendieron cada uno su campo, porque el hambre era severa sobre ellos; y la tierra vino a ser de Faraón.

21 En cuanto a la gente, la hizo pasar a las ciudades, desde un extremo de la frontera de Egipto hasta el otro.

22 Solamente la tierra de los sacerdotes no compró, pues los sacerdotes tenían ración de parte de Faraón, y vivían de la ración que Faraón les daba. Por tanto no vendieron su tierra.

23 Y José dijo al pueblo: He aquí, hoy os he comprado a vosotros y a vuestras tierras para Faraón; ahora, *aquí hay* semilla para vosotros; *id* y sembrad la tierra.

24 Al *tiempo de* la cosecha daréis la quinta parte a Faraón, y cuatro partes serán vuestras para sembrar la tierra y para vuestro mantenimiento, para los de vuestras casas y para alimento de vuestros pequeños.

25 Y ellos dijeron: Nos has salvado la vida. Hallemos gracia ante los ojos de Faraón mi señor, y seremos siervos de Faraón.

26 Entonces José puso una ley respecto a la tierra de Egipto, *en vigor* hasta hoy: que Faraón *debía recibir* el quinto; sólo la tierra de los sacerdotes no llegó a ser de Faraón.

27 E Israel habitó en la tierra de Egipto, en Gosén; y adquirieron allí propiedades y fueron fecundos y se multiplicaron en gran manera.

28 Y Jacob vivió en la tierra de Egipto diecisiete años; así que los días de Jacob, los años de su vida, fueron ciento cuarenta y siete años.

29 Cuando a Israel se le acercó el tiempo de morir, llamó a su hijo José y le dijo: Si he hallado gracia ante tus ojos, por favor, pon ahora tu mano debajo de mi muslo y trátame con misericordia y fidelidad: Por favor, no me sepultes en Egipto.

30 Cuando duerma con mis padres, me llevarás de Egipto y me sepultarás en el sepulcro de ellos. Y *José* respondió: Haré según tu palabra.

31 Y *Jacob* dijo: Júramelo. Y se *lo* juró. Entonces Israel se inclinó *en adoración* en la cabecera de la cama.

Jacob bendice a los hijos de José

48 Y sucedió que después de estas cosas, le dijeron a José: He aquí, tu padre está enfermo. Y él tomó consigo a sus dos hijos, Manasés y Efraín.

2 Cuando se le avisó a Jacob diciendo: He aquí, tu hijo José ha venido a ti, Israel hizo un esfuerzo y se sentó en la cama.

3 Entonces Jacob dijo a José: El Dios Todopoderoso se me apareció en Luz, en la tierra de Canaán; me bendijo,

4 y me dijo: "He aquí, yo te haré fecundo y te multiplicaré; y haré de ti multitud de pueblos y

daré esta tierra a tu descendencia después de ti en posesión perpetua."

5 Ahora pues, tus dos hijos que te nacieron en la tierra de Egipto, antes de que yo viniera a ti a Egipto, míos son; Efraín y Manasés serán míos, como lo son Rubén y Simeón.

6 Pero los hijos que has engendrado después de ellos, serán tuyos; serán llamados por el nombre de sus hermanos en su heredad.

7 En cuanto a mí, cuando vine de Padán, Raquel se me murió en la tierra de Canaán, en el camino, cuando faltaba todavía cierta distancia para llegar a Efrata, y la sepulté allí en el camino a Efrata, esto es Belén.

8 Cuando Israel vio a los hijos de José, dijo: ¿Quiénes son éstos?

9 Y José respondió a su padre: Son mis hijos, los que Dios me ha dado aquí. Y él dijo: Acércalos a mí, te ruego, para que yo los bendiga.

10 Y los ojos de Israel estaban *tan* débiles por la vejez *que* no podía ver. Entonces *José* se los acercó, y él los besó y los abrazó.

11 E Israel dijo a José: Nunca esperaba ver tu rostro, y he aquí, Dios me ha permitido ver también a tus hijos.

12 Entonces José los tomó de las rodillas *de Jacob*, y se inclinó con su rostro en tierra.

13 Y José tomó a los dos, a Efraín con la derecha, hacia la izquierda de Israel, y a Manasés con la izquierda, hacia la derecha de Israel, y se los acercó.

14 Pero Israel extendió su derecha y la puso sobre la cabeza de Efraín, que era el menor, y su izquierda sobre la cabeza de Manasés, cruzando adrede sus manos, aunque Manasés era el primogénito.

15 Y bendijo a José, y dijo:

El Dios delante de quien anduvieron mis padres Abraham e Isaac,
el Dios que ha sido mi pastor toda mi vida hasta este día,

16 el ángel que me ha rescatado de todo mal, bendiga a estos muchachos;
y viva en ellos mi nombre,
y el nombre de mis padres Abraham e Isaac;
y crezcan para *ser* multitud en medio de la tierra.

17 Cuando José vio que su padre había puesto su mano derecha sobre la cabeza de Efraín, esto le desagradó; y asió la mano de su padre para cambiarla de la cabeza de Efraín a la cabeza de Manasés.

18 Y José dijo a su padre: No sea así, padre mío, pues éste es el primogénito. Pon tu derecha sobre su cabeza.

19 Mas su padre rehusó y dijo: Lo sé, hijo mío, lo sé; él también llegará a ser un pueblo, y él también será grande. Sin embargo, su hermano menor será más grande que él, y su descendencia llegará a ser multitud de naciones.

20 Y los bendijo aquel día, diciendo:

Por ti bendecirá Israel, diciendo:
Que Dios te haga como Efraín y Manasés.

Así puso a Efraín antes de Manasés.

21 Entonces Israel dijo a José: He aquí, yo estoy a punto de morir, pero Dios estará con vosotros y os hará volver a la tierra de vuestros padres.

22 Y yo te doy una parte más que a tus her-

manos, la cual tomé de mano del amorreo con mi espada y con mi arco.

Profecía de Israel acerca de sus hijos

49 Entonces Jacob llamó a sus hijos, y dijo: Reuníos para que os haga saber lo que os ha de acontecer en los días venideros.

2 Juntaos y oíd, hijos de Jacob,
y escuchad a Israel vuestro padre.

3 Rubén, tú eres mi primogénito,
mi poderío y el principio de mi vigor,
prominente en dignidad y prominente en poder.

4 Incontrolable como el agua, no tendrás preeminencia,
porque subiste a la cama de tu padre,
y *la* profanaste: él subió a mi lecho.

5 Simeón y Leví son hermanos;
sus armas instrumentos de violencia.

6 En su consejo no entre mi alma,
a su asamblea no se una mi gloria,
porque en su ira mataron hombres,
y en su obstinación desjarretaron bueyes.

7 Maldita su ira porque es feroz;
y su furor porque es cruel.
Los dividiré en Jacob,
y los dispersaré en Israel.

8 A ti Judá, te alabarán tus hermanos;
tu mano en la cerviz de tus enemigos;
se inclinarán a ti los hijos de tu padre.

9 Cachorro de león es Judá;
de la presa, hijo mío, has subido.
Se agazapa, se echa como león,
o como leona, ¿quién lo despertará?

10 El cetro no se apartará de Judá,
ni la vara de gobernante de entre sus pies,
hasta que venga Siloh,
y a él *sea dada* la obediencia de los pueblos.

11 El ata a la vid *su* pollino,
y a la mejor cepa el hijo de su asna;
él lava en vino sus vestiduras,
y en la sangre de las uvas su manto.

12 Sus ojos están apagados por el vino,
y sus dientes blancos por la leche.

13 Zabulón habitará a la orilla del mar;
y él *será* puerto para naves,
y su límite *será* hasta Sidón.

14 Isacar es un asno fuerte,
echado entre los apriscos.

15 Al ver que el lugar de reposo era bueno
y que la tierra era agradable,
inclinó su hombro para cargar,
y llegó a ser esclavo en trabajos forzados.

16 Dan juzgará a su pueblo,
como una de las tribus de Israel.

17 Sea Dan serpiente junto al camino,
víbora junto al sendero,
que muerde los jarretes del caballo,
y cae su jinete hacia atrás.

18 ¡Tu salvación espero, oh Señor!

19 A Gad salteadores lo asaltarán,
mas él asaltará su retaguardia.

20 En cuanto a Aser, su alimento será sustancioso,
y él dará manjares de rey.

21 Neftalí es una cierva en libertad,
que pronuncia palabras hermosas.

22 Rama fecunda es José,

rama fecunda junto a un manantial;
sus vástagos se extienden sobre el muro.

23 Los arqueros lo atacaron con furor,
lo asaetearon y lo hostigaron;

24 pero su arco permaneció firme
y sus brazos fueron ágiles
por las manos del Poderoso de Jacob
(de allí es el Pastor, la Roca de Israel),

25 por el Dios de tu padre que te ayuda,
y por el Todopoderoso que te bendice
con bendiciones de los cielos de arriba,
bendiciones del abismo que está abajo,
bendiciones de los pechos y del seno
materno.

26 Las bendiciones de tu padre
han sobrepasado las bendiciones de mis
antepasados
hasta el límite de los collados eternos;
sean ellas sobre la cabeza de José,
y sobre la cabeza del consagrado de entre tus
hermanos.

27 Benjamín es lobo rapaz;
de mañana devora la presa,
y a la tarde reparte los despojos.

28 Todas estas son las doce tribus de Israel, y
esto es lo que les dijo su padre cuando los
bendijo. A cada uno lo bendijo con la bendición
que le correspondía.

29 Después les ordenó y les dijo: Voy a ser
reunido a mi pueblo; sepultadme con mis padres
en la cueva que está en el campo de Efrón heteo,

30 en la cueva que está en el campo de Macpela,
que está frente a Mamre, en la tierra de Canaán,
la cual Abraham compró juntamente con el
campo de Efrón heteo, para posesión de una
sepultura.

31 Allí sepultaron a Abraham y a su mujer Sara;
allí sepultaron a Isaac y a su mujer Rebeca, y allí
sepulté yo a Lea.

32 El campo y la cueva que *hay* en él, *fueron*
comprados de los hijos de Het.

33 Cuando Jacob terminó de encargar *estas
cosas* a sus hijos, recogió sus pies en la cama y
expiró, y fue reunido a su pueblo.

Sepultura de Jacob

50 José se echó sobre el rostro de su padre,
lloró sobre él y lo besó.

2 Y ordenó José a sus siervos médicos que
embalsamaran a su padre; y los médicos embalsamaron a Israel.

3 Y se requerían cuarenta días para ello,
porque este es el tiempo requerido para el embal-
samamiento. Y los egipcios lo lloraron setenta
días.

4 Y cuando pasaron los días de luto por él,
habló José a la casa de Faraón, diciendo: Si he
hallado ahora gracia ante vuestros ojos, os ruego
que habléis a Faraón, diciendo:

5"Mi padre me hizo jurar, diciendo: 'He aquí,
voy a morir; en el sepulcro que cavé para mí en la
tierra de Canaán, allí me sepultarás.' Ahora
pues, te ruego que me permitas ir a sepultar a mi
padre, y luego volveré."

6 Y Faraón dijo: Sube y sepulta a tu padre
como él te hizo jurar.

7 Entonces José subió a sepultar a su padre, y
con él subieron todos los siervos de Faraón, los
ancianos de su casa y todos los ancianos de la
tierra de Egipto,

8 y toda la casa de José, y sus hermanos, y la
casa de su padre; sólo dejaron a sus pequeños,
sus ovejas y sus vacas en la tierra de Gosén.

9 Subieron también con él carros y jinetes; y era
un cortejo muy grande.

10 Cuando llegaron hasta la era de Atad, que
está al otro lado del Jordán, hicieron allí duelo
con una grande y dolorosa lamentación; y *José*
guardó siete días de duelo por su padre.

11 Y cuando los habitantes de la tierra, los
cananeos, vieron el duelo de la era de Atad,
dijeron: Este es un duelo doloroso de los egipcios.
Por eso llamaron *al lugar* Abel-mizraim, el cual
está al otro lado del Jordán.

12 Sus hijos, pues, hicieron con él tal como les
había mandado;

13 pues sus hijos lo llevaron a la tierra de
Canaán, y lo sepultaron en la cueva del campo
de Macpela, frente a Mamre, la cual Abraham
había comprado de Efrón heteo, junto con el
campo para posesión de una sepultura.

14 Y después de sepultar a su padre, José
regresó a Egipto, él y sus hermanos, y todos los
que habían subido con él para sepultar a su
padre.

15 Al ver los hermanos de José que su padre
había muerto, dijeron: Quizá José guarde rencor
contra nosotros, y de cierto nos devuelva todo el
mal que le hicimos.

16 Entonces enviaron *un mensaje* a José,
diciendo: Tu padre mandó antes de morir,
diciendo:

17"Así diréis a José: 'Te ruego que perdones la
maldad de tus hermanos y su pecado, porque
ellos te trataron mal.' " Y ahora, te rogamos que
perdones la maldad de los siervos del Dios de tu
padre. Y José lloró cuando le hablaron.

18 Entonces sus hermanos vinieron también y se
postraron delante de él, y dijeron: He aquí, somos
tus siervos.

19 Pero José les dijo: No temáis, ¿acaso estoy yo
en lugar de Dios?

20 Vosotros pensasteis hacerme mal, *pero* Dios
lo tornó en bien para que sucediera como *vemos*
hoy, y se preservara la vida de mucha gente.

21 Ahora pues, no temáis; yo proveeré por
vosotros y por vuestros hijos. Y los consoló y les
habló cariñosamente.

22 Y José se quedó en Egipto, él y la casa de su
padre; y vivió José ciento diez años.

23 Y vio José la tercera generación de los hijos
de Efraín; también los hijos de Maquir, hijo de
Manasés, nacieron sobre las rodillas de José.

24 Y José dijo a sus hermanos: Yo voy a morir,
pero Dios ciertamente os cuidará y os hará subir
de esta tierra a la tierra que Él prometió en
juramento a Abraham, a Isaac y a Jacob.

25 Luego José hizo jurar a los hijos de Israel,
diciendo: Dios ciertamente os cuidará, y llevaréis
mis huesos de aquí.

26 Y murió José a la edad de ciento diez años; y
lo embalsamaron y lo pusieron en un ataúd en
Egipto.

EXODO

Opresión de los israelitas en Egipto

1 Estos son los nombres de los hijos de Israel que fueron a Egipto con Jacob; cada uno fue con su familia:

2 Rubén, Simeón, Leví y Judá;

3 Isacar, Zabulón y Benjamín;

4 Dan, Neftalí, Gad y Aser.

5 Todas las personas que descendieron de Jacob fueron setenta almas. Pero José estaba *ya* en Egipto.

6 Y murió José, y todos sus hermanos, y toda aquella generación.

7 Pero los hijos de Israel fueron fecundos y aumentaron mucho, y se multiplicaron y llegaron a ser poderosos en gran manera, y la tierra se llenó de ellos.

8 Y se levantó sobre Egipto un nuevo rey que no había conocido a José;

9 y dijo a su pueblo: He aquí, el pueblo de los hijos de Israel es más numeroso y más fuerte que nosotros.

10 Procedamos, pues, astutamente con él no sea que se multiplique, y en caso de guerra, se una también con los que nos odian y pelee contra nosotros y se vaya de la tierra.

11 Entonces pusieron sobre ellos capataces para oprimirlos con duros trabajos. Y edificaron para Faraón las ciudades de almacenaje, Pitón y Ramsés.

12 Pero cuanto más los oprimían, más se multiplicaban y más se extendían, de manera que los *egipcios* llegaron a temer a los hijos de Israel.

13 Los egipcios, pues, obligaron a los hijos de Israel a trabajar duramente,

14 y les amargaron la vida con dura servidumbre en *hacer* barro y ladrillos y en toda *clase de* trabajo del campo; todos sus trabajos se los imponían con rigor.

15 Y el rey de Egipto habló a las parteras de las hebreas, una de las cuales se llamaba Sifra, y la otra Puá;

16 y *les* dijo: Cuando estéis asistiendo a las hebreas a dar a luz, y *las* veáis sobre el lecho del parto, si es un hijo, le daréis muerte, pero si es una hija, entonces vivirá.

17 Pero las parteras temían a Dios, y no hicieron como el rey de Egipto les había mandado, sino que dejaron con vida a los niños.

18 El rey de Egipto hizo llamar a las parteras y les dijo: ¿Por qué habéis hecho esto, y habéis dejado con vida a los niños?

19 Respondieron las parteras a Faraón: Porque las mujeres hebreas no son como las egipcias, pues son robustas y dan a luz antes que la partera llegue a ellas.

20 Y Dios favoreció a las parteras; y el pueblo se multiplicó y llegó a ser muy poderoso.

21 Y sucedió que por haber las parteras temido a Dios, El prosperó sus familias.

22 Entonces Faraón ordenó a todo su pueblo, diciendo: Todo hijo que nazca lo echaréis al Nilo, y a toda hija la dejaréis con vida.

Nacimiento de Moisés

2 Un hombre de la casa de Leví fue y tomó *por mujer* a una hija de Leví.

2 Y la mujer concibió y dio a luz un hijo; y viendo que era hermoso, lo escondió por tres meses.

3 Pero no pudiendo ocultarlo por más tiempo, tomó una cestilla de juncos y la calafateó con asfalto y brea. Entonces puso al niño en ella, y *la* colocó entre los juncos a la orilla del Nilo.

4 Y la hermana *del niño* se puso a lo lejos para ver qué le sucedería.

5 Y la hija de Faraón bajó a bañarse al Nilo, y mientras sus doncellas se paseaban por la ribera del río, vio la cestilla entre los juncos y mandó a una criada suya para que la trajera.

6 Al abrir*la*, vio al niño, y he aquí, *el* niño lloraba. Y le tuvo compasión, y dijo: Este es uno de los niños de los hebreos.

7 Entonces la hermana *del niño* dijo a la hija de Faraón: ¿Quieres que vaya y te llame una nodriza de las hebreas para que te críe al niño?

8 Y la hija de Faraón le respondió: Sí, ve. Y la muchacha fue y llamó a la madre del niño.

9 Y la hija de Faraón le dijo: Llévate a este niño y críamelo, y yo *te* daré tu salario. Y la mujer tomó al niño y lo crió.

10 Cuando el niño creció, ella lo llevó a la hija de Faraón, y vino a ser hijo suyo; y le puso por nombre Moisés, diciendo: Pues lo he sacado de las aguas.

11 Y aconteció que en aquellos días, crecido ya Moisés, salió a *donde* sus hermanos y vio sus duros trabajos; y vio a un egipcio golpeando a un hebreo, a uno de sus hermanos.

12 Entonces miró alrededor y cuando vio que no había nadie, mató al egipcio y lo escondió en la arena.

13 Y al día siguiente salió y vio a dos hebreos que reñían, y dijo al culpable: ¿Por qué golpeas a tu compañero?

14 Y él respondió: ¿Quién te ha puesto de príncipe o de juez sobre nosotros? ¿Estás pensando matarme como mataste al egipcio? Entonces Moisés tuvo miedo, y dijo: Ciertamente se ha divulgado el asunto.

15 Cuando Faraón se enteró del asunto, trató de matar a Moisés; pero Moisés huyó de la presencia de Faraón y se fue a vivir a la tierra de Madián, y *allí* se sentó junto a un pozo.

16 Y el sacerdote de Madián tenía siete hijas, las cuales fueron a sacar agua y llenaron las pilas para dar de beber al rebaño de su padre.

17 Entonces vinieron unos pastores y las echaron *de allí*, pero Moisés se levantó y las defendió, y dio de beber a su rebaño.

18 Cuando ellas volvieron a Reuel, su padre, él dijo: ¿Por qué habéis vuelto tan pronto hoy?

19 Respondieron ellas: Un egipcio nos ha librado de la mano de los pastores; y además, nos sacó agua y dio de beber al rebaño.

20 Y él dijo a sus hijas: ¿Y dónde está? ¿Por qué habéis dejado al hombre? Invitadlo a que coma algo.

21 Moisés accedió a morar con *aquel* hombre, y él dio su hija Séfora a Moisés.

22 Y ella dio a luz un hijo, y *Moisés* le puso por nombre Gersón[1], porque dijo: Peregrino soy en tierra extranjera.

23 Y aconteció que pasado mucho tiempo, murió el rey de Egipto. Y los hijos de Israel gemían a causa de la servidumbre, y clamaron; y su clamor, a causa de *su* servidumbre, subió a Dios.

24 Oyó Dios su gemido, y se acordó Dios de su pacto con Abraham, Isaac y Jacob.

25 Y miró Dios a los hijos de Israel, y Dios *los* tuvo en cuenta.

Moisés y la zarza ardiendo

3 Y Moisés apacentaba el rebaño de Jetro su suegro, sacerdote de Madián; y condujo el rebaño hacia el lado occidental del desierto, y llegó a Horeb, el monte de Dios.

2 Y se le apareció el ángel del SEÑOR en una llama de fuego, en medio de una zarza; y *Moisés* miró, y he aquí, la zarza ardía en fuego, y la zarza no se consumía.

3 Entonces dijo Moisés: Me acercaré ahora para ver esta maravilla: por qué la zarza no se quema.

4 Cuando el SEÑOR vio que él se acercaba para mirar, Dios lo llamó de en medio de la zarza, y dijo: ¡Moisés, Moisés! Y él respondió: Heme aquí.

5 Entonces El dijo: No te acerques aquí; quita las sandalias de tus pies, porque el lugar donde estás parado es tierra santa.

6 Y añadió: Yo soy el Dios de tu padre, el Dios de Abraham, el Dios de Isaac y el Dios de Jacob. Entonces Moisés cubrió su rostro, porque tenía temor de mirar a Dios.

7 Y el SEÑOR dijo: Ciertamente he visto la aflicción de mi pueblo que está en Egipto, y he escuchado su clamor a causa de sus capataces, pues estoy consciente de sus sufrimientos.

8 Y he descendido para librarlos de la mano de los egipcios, y para sacarlos de aquella tierra a una tierra buena y espaciosa, a una tierra que mana leche y miel, al lugar de los cananeos, de los heteos, de los amorreos, de los ferezeos, de los heveos y de los jebuseos.

9 Y ahora, he aquí, el clamor de los hijos de Israel ha llegado hasta mí, y además he visto la opresión con que los egipcios los oprimen.

10 Ahora pues, ven y te enviaré a Faraón, para que saques a mi pueblo, los hijos de Israel, de Egipto.

11 Pero Moisés dijo a Dios: ¿Quién soy yo para ir a Faraón, y sacar a los hijos de Israel de Egipto?

12 Y El dijo: Ciertamente yo estaré contigo, y la señal para ti de que soy yo el que te ha enviado será ésta: cuando hayas sacado al pueblo de Egipto adoraréis a Dios en este monte.

13 Entonces dijo Moisés a Dios: He aquí, *si* voy a los hijos de Israel, y les digo: "El Dios de vuestros padres me ha enviado a vosotros," tal vez me digan: "¿Cuál es su nombre?", ¿qué les responderé?

14 Y dijo Dios a Moisés: YO SOY EL QUE SOY[1]. Y añadió: Así dirás a los hijos de Israel: "YO SOY me ha enviado a vosotros."

15 Dijo además Dios a Moisés: Así dirás a los hijos de Israel: "El SEÑOR, el Dios de vuestros padres, el Dios de Abraham, el Dios de Isaac y el Dios de Jacob, me ha enviado a vosotros." Éste es mi nombre para siempre, y con él se hará memoria de mí de generación en generación.

16 Ve y reúne a los ancianos de Israel, y diles: "El SEÑOR, el Dios de vuestros padres, el Dios de Abraham, de Isaac y de Jacob, se me ha aparecido, diciendo: 'Ciertamente os he visitado y *he visto* lo que se os ha hecho en Egipto.

17 'Y he dicho: Os sacaré de la aflicción de Egipto a la tierra del cananeo, del heteo, del amorreo, del ferezeo, del heveo y del jebuseo, a una tierra que mana leche y miel.' "

18 Y ellos escucharán tu voz; y tú irás con los ancianos de Israel al rey de Egipto, y le diréis: "El SEÑOR, el Dios de los hebreos, nos ha salido al encuentro. Ahora pues, permite que vayamos tres días de camino al desierto para ofrecer sacrificios al SEÑOR nuestro Dios."

19 Pero yo sé que el rey de Egipto no os dejará ir, si no es por la fuerza.

20 Pero yo extenderé mi mano y heriré a Egipto con todos los prodigios que haré en medio de él, y después de esto, os dejará ir.

21 Y daré a este pueblo gracia ante los ojos de los egipcios; y sucederá que cuando os vayáis, no os iréis con las manos vacías.

22 sino que cada mujer pedirá a su vecina y a la que vive en su casa objetos de plata, objetos de oro y vestidos; y los pondréis sobre vuestros hijos y sobre vuestras hijas. Así despojaréis a los egipcios.

Dios da poderes a Moisés

4 Moisés respondió, y dijo: ¿Y si no me creen, ni escuchan mi voz? Porque quizá digan: "No se te ha aparecido el SEÑOR."

2 Y el SEÑOR le dijo: ¿Qué es eso *que tienes* en la mano? Y él respondió: Una vara.

3 Entonces El dijo: Échala en tierra. Y él la echó en tierra y se convirtió en una serpiente; y Moisés huyó de ella.

4 Pero el SEÑOR dijo a Moisés: Extiende tu mano y agárra*la* por la cola. Y él extendió la mano, la agarró, y se volvió vara en su mano.

5 Por esto creerán que se te ha aparecido el SEÑOR, el Dios de sus padres, el Dios de Abraham, el Dios de Isaac y el Dios de Jacob.

6 Y añadió el SEÑOR: Ahora mete la mano en tu seno. Y él metió la mano en su seno, y cuando la sacó, he aquí, su mano estaba leprosa, *blanca* como la nieve.

7 Entonces El dijo: Vuelve a meter la mano en tu seno. Y él volvió a meter la mano en su seno, y cuando la sacó de su seno, he aquí, se había vuelto como *el resto de* su carne.

8 Y acontecerá que si no te creen, ni obedecen el testimonio de la primera señal, quizá crean el testimonio de la segunda señal.

9 Y sucederá que si todavía no creen estas dos señales, ni escuchan tu voz, entonces tomarás agua del Nilo y la derramarás sobre la tierra seca; y el agua que tomes del Nilo se convertirá en sangre sobre la tierra seca.

10 Entonces Moisés dijo al SEÑOR: Por favor, Señor, nunca he sido hombre elocuente, ni ayer ni en tiempos pasados, ni aun después de que has hablado a tu siervo; porque soy tardo en el habla y torpe de lengua.

11 Y el SEÑOR le dijo: ¿Quién ha hecho la boca

---

1. Expresión relacionada con el nombre de Dios; heb., *YHWH*, generalmente traducido *SEÑOR*, y que se deriva del verbo heb. *HAYAH: ser*

del hombre? ¿O quién hace *al hombre* mudo o sordo, con vista o ciego? ¿No soy yo, el SEÑOR?

12 Ahora pues, ve, y yo estaré con tu boca, y te enseñaré lo que has de hablar.

13 Pero él dijo: Te ruego, Señor, envía ahora *el mensaje* por medio de quien tú quieras.

14 Entonces se encendió la ira del SEÑOR contra Moisés, y dijo: ¿No está *allí* tu hermano Aarón, el levita? Yo sé que él habla bien. Y además, he aquí, él sale a recibirte; al verte, se alegrará en su corazón.

15 Y tú le hablarás, y pondrás las palabras en su boca; y yo estaré con tu boca y con su boca y os enseñaré lo que habéis de hacer.

16 Además, él hablará por ti al pueblo; y él te servirá como boca y tú serás para él como Dios.

17 Y tomarás en tu mano esta vara con la cual harás tus señales.

18 Moisés se fue y volvió a casa de su suegro Jetro, y le dijo: Te ruego que me dejes ir para volver a mis hermanos que están en Egipto, y ver si aún viven. Y Jetro dijo a Moisés: Ve en paz.

19 Y el SEÑOR dijo a Moisés en Madián: Ve, vuelve a Egipto, porque han muerto todos los hombres que buscaban tu vida.

20 Moisés tomó su mujer y sus hijos, los montó sobre un asno y volvió a la tierra de Egipto. Tomó también Moisés la vara de Dios en su mano.

21 Y el SEÑOR dijo a Moisés: Cuando vuelvas a Egipto, mira que hagas delante de Faraón todas las maravillas que le he puesto en tu mano; pero yo endureceré su corazón de modo que no dejará ir al pueblo.

22 Entonces dirás a Faraón: "Así dice el SEÑOR: 'Israel es mi hijo, mi primogénito.

23 'Y te he dicho: "Deja ir a mi hijo para que me sirva", pero te has negado a dejarlo ir. He aquí, mataré a tu hijo, a tu primogénito.' "

24 Y aconteció que en una posada en el camino, el SEÑOR le salió al encuentro y quiso matarlo.

25 Entonces Séfora tomó un pedernal, cortó el prepucio de su hijo y lo echó a los pies de Moisés, y dijo: Tú eres, ciertamente, un esposo de sangre para mí.

26 Y *Dios* lo dejó. Ella había dicho entonces: *Eres* esposo de sangre, a causa de la circuncisión.

27 Y el SEÑOR dijo a Aarón: Ve al encuentro de Moisés en el desierto. Y él fue y le salió al encuentro en el monte de Dios, y lo besó.

28 Y contó Moisés a Aarón todas las palabras del SEÑOR con las cuales le enviaba, y todas las señales que le había mandado *hacer.*

29 Entonces fueron Moisés y Aarón y reunieron a todos los ancianos de los hijos de Israel;

30 y Aarón habló todas las palabras que Dios había hablado a Moisés. *Este* hizo entonces las señales en presencia del pueblo,

31 y el pueblo creyó. Y al oír que el SEÑOR había visitado a los hijos de Israel y había visto su aflicción, se postraron y adoraron.

Moisés y Aarón ante Faraón

5 Después Moisés y Aarón fueron y dijeron a Faraón: Así dice el SEÑOR, Dios de Israel: "Deja ir a mi pueblo para que me celebre fiesta en el desierto."

2 Pero Faraón dijo: ¿Quién es el SEÑOR para que yo escuche su voz y deje ir a Israel? No conozco al SEÑOR, y además, no dejaré ir a Israel.

3 Entonces ellos dijeron: El Dios de los hebreos nos ha salido al encuentro. Déjanos ir, te rogamos, camino de tres días al desierto para ofrecer sacrificios al SEÑOR nuestro Dios, no sea que venga sobre nosotros con pestilencia o con espada.

4 Pero el rey de Egipto les dijo: Moisés y Aarón, ¿por qué apartáis al pueblo de sus trabajos? Volved a vuestras labores.

5 Y añadió Faraón: Mirad, el pueblo de la tierra es ahora mucho, ¡y vosotros queréis que ellos cesen en sus labores!

6 Aquel mismo día, dio órdenes Faraón a los capataces que estaban sobre el pueblo, y a sus jefes, diciendo:

7 Ya no daréis, como antes, paja al pueblo para hacer ladrillos; que vayan ellos y recojan paja por sí mismos.

8 Pero exigiréis de ellos la misma cantidad de ladrillos que hacían antes; no la disminuyáis en lo más mínimo. Porque son perezosos, por eso claman, diciendo: "Déjanos ir a ofrecer sacrificios a nuestro Dios."

9 Recárguese el trabajo sobre estos hombres, para que estén ocupados en él y no presten atención a palabras falsas.

10 Salieron, pues, los capataces del pueblo y sus jefes y hablaron al pueblo, diciendo: Así dice Faraón: "No os daré paja.

11 "Id vosotros mismos *y* recoged paja donde *la* halléis; pero vuestra tarea no será disminuida en lo más mínimo."

12 Entonces el pueblo se dispersó por toda la tierra de Egipto para recoger rastrojos en lugar de paja.

13 Y los capataces los apremiaban, diciendo: Acabad vuestras tareas, *vuestra* tarea diaria, como cuando teníais paja.

14 Y azotaban a los jefes de los hijos de Israel que los capataces de Faraón habían puesto sobre ellos, diciéndo*les*: ¿Por qué no habéis terminado, ni ayer ni hoy, la cantidad de ladrillos requerida como antes?

15 Entonces los jefes de los hijos de Israel fueron y clamaron a Faraón, diciendo: ¿Por qué tratas así a tus siervos?

16 No se da paja a tus siervos, sin embargo siguen diciéndonos: "Haced ladrillos." Y he aquí, tus siervos son azotados; pero la culpa es de tu pueblo.

17 Mas él dijo: Sois perezosos, *muy* perezosos; por eso decís: "Déjanos ir a ofrecer sacrificios al SEÑOR."

18 Ahora pues, id *y* trabajad; pero no se os dará paja, sin embargo, debéis entregar la *misma* cantidad de ladrillos.

19 Los jefes de los hijos de Israel se dieron cuenta de que estaban en dificultades, cuando les dijeron: No debéis disminuir *vuestra* cantidad diaria de ladrillos.

20 Y al salir de la presencia de Faraón, se encontraron con Moisés y Aarón, que los estaban esperando.

21 Y les dijeron: Mire el SEÑOR sobre vosotros y *os* juzgue, pues *nos* habéis hecho odiosos ante los ojos de Faraón y ante los ojos de sus siervos,

poniéndo*les* una espada en la mano para que nos maten.

22 Entonces se volvió Moisés al Señor, y dijo: Oh Señor, ¿por qué has hecho mal a este pueblo? ¿Por qué me enviaste?

23 Pues desde que vine a Faraón a hablar en tu nombre, él ha hecho mal a este pueblo, y tú no has hecho nada por librar a tu pueblo.

Dios confirma su promesa a Moisés

6 Respondió el Señor a Moisés: Ahora verás lo que haré a Faraón; porque por la fuerza los dejará ir; y por la fuerza los echará de su tierra.

2 Continuó hablando Dios a Moisés, y le dijo: Yo soy el Señor;

3 y me aparecí a Abraham, a Isaac y a Jacob como Dios Todopoderoso, mas *por* mi nombre, Señor[1], no me di a conocer a ellos.

4 También establecí mi pacto con ellos, de darles la tierra de Canaán, la tierra donde peregrinaron.

5 Y además, he oído el gemido de los hijos de Israel, porque los egipcios los tienen esclavizados, y me he acordado de mi pacto.

6 Por tanto, di a los hijos de Israel: "Yo soy el Señor, y os sacaré de debajo de las cargas de los egipcios, y os libraré de su esclavitud, y os redimiré con brazo extendido y con juicios grandes.

7 "Y os tomaré por pueblo mío, y yo seré vuestro Dios; y sabréis que yo soy el Señor vuestro Dios, que os sacó de debajo de las cargas de los egipcios.

8 "Y os traeré a la tierra que juré dar a Abraham, a Isaac y a Jacob, y os la daré *por* heredad. Yo soy el Señor."

9 De esta manera habló Moisés a los hijos de Israel, pero ellos no escucharon a Moisés a causa del desaliento y de la dura servidumbre.

10 Entonces habló el Señor a Moisés, diciendo:

11 Ve, habla a Faraón, rey de Egipto, para que deje salir a los hijos de Israel de su tierra.

12 Pero Moisés habló delante del Señor, diciendo: He aquí, los hijos de Israel no me han escuchado; ¿cómo, pues, me escuchará Faraón, siendo yo torpe de palabra?

13 Entonces el Señor habló a Moisés y a Aarón, y les dio órdenes para los hijos de Israel y para Faraón, rey de Egipto, a fin de sacar a los hijos de Israel de la tierra de Egipto.

14 Estos son los jefes de las casas paternas. Los hijos de Rubén, primogénito de Israel: Hanoc, Falú, Hezrón y Carmi. Estas son las familias de Rubén.

15 Y los hijos de Simeón: Jemuel, Jamín, Ohad, Jaquín, Zohar y Saúl, hijo de una cananea. Estas son las familias de Simeón.

16 Y estos son los nombres de los hijos de Leví según sus generaciones: Gersón, Coat y Merari. Y los años de la vida de Leví fueron ciento treinta y siete años.

17 Los hijos de Gersón: Libni y Simei, según sus familias.

18 Y los hijos de Coat: Amram, Izhar, Hebrón y Uziel. Y los años de la vida de Coat fueron ciento treinta y tres años.

19 Y los hijos de Merari: Mahli y Musi. Estas son las familias de los levitas según sus generaciones.

20 Y Amram tomó por mujer a Jocabed, su tía, y ella le dio a luz a Aarón y a Moisés; y los años de la vida de Amram fueron ciento treinta y siete años.

21 Y los hijos de Izhar: Coré, Nefeg y Zicri.

22 Y los hijos de Uziel: Misael, Elzafán y Sitri.

23 Y Aarón tomó por mujer a Eliseba, hija de Aminadab, hermana de Naasón, y ella le dio a luz a Nadab, Abiú, Eleazar e Itamar.

24 Y los hijos de Coré: Asir, Elcana y Abiasaf. Estas son las familias de los coreítas.

25 Y Eleazar, hijo de Aarón, tomó por mujer a una de las hijas de Futiel, y ella le dio a luz a Finees. Estos son los jefes de las *casas* paternas de los levitas, según sus familias.

26 Estos son Aarón y Moisés a quienes dijo el Señor: Sacad los hijos de Israel de la tierra de Egipto por sus ejércitos.

27 Ellos fueron los que hablaron a Faraón, rey de Egipto, para sacar a los hijos de Israel de Egipto, esto es, Moisés y Aarón.

28 Y sucedió que el día que el Señor habló a Moisés en la tierra de Egipto,

29 el Señor habló a Moisés, diciendo: Yo soy el Señor; di a Faraón, rey de Egipto, todo lo que yo te diga.

30 Pero Moisés dijo delante del Señor: He aquí, yo soy torpe de palabra, ¿cómo, pues, me escuchará Faraón?

7 Entonces el Señor dijo a Moisés: Mira, yo te hago *como* Dios para Faraón, y tu hermano Aarón será tu profeta.

2 Tú hablarás todo lo que yo te mande, y Aarón tu hermano hablará a Faraón, para que deje salir de su tierra a los hijos de Israel.

3 Pero yo endureceré el corazón de Faraón para multiplicar mis señales y mis prodigios en la tierra de Egipto.

4 Y Faraón no os escuchará; entonces pondré mi mano sobre Egipto y sacaré de la tierra de Egipto a mis ejércitos, a mi pueblo los hijos de Israel, con grandes juicios.

5 Y sabrán los egipcios que yo soy el Señor, cuando yo extienda mi mano sobre Egipto y saque de en medio de ellos a los hijos de Israel.

6 E hicieron Moisés y Aarón como el Señor les mandó; así *lo* hicieron.

7 Moisés *tenía* ochenta años y Aarón ochenta y tres cuando hablaron a Faraón.

8 Y habló el Señor a Moisés y a Aarón, diciendo:

9 Cuando os hable Faraón, y diga: "Haced un milagro", entonces dirás a Aarón: "Toma tu vara y écha*la* delante de Faraón *para* que se convierta en serpiente."

10 Vinieron, pues, Moisés y Aarón a Faraón e hicieron tal como el Señor *les* había mandado; y Aarón echó su vara delante de Faraón y de sus siervos, y *ésta* se convirtió en serpiente.

11 Entonces Faraón llamó también a *los* sabios y a *los* hechiceros, y también ellos, los magos de Egipto, hicieron lo mismo con sus encantamientos;

12 pues cada uno echó su vara, las cuales se convirtieron en serpientes. Pero la vara de Aarón devoró las varas de ellos.

13 Pero el corazón de Faraón se endureció y no los escuchó, tal como el Señor había dicho.

---

1. Heb., *YHWH*, generalmente traducido *SEÑOR*

14 Entonces el Señor dijo a Moisés: El corazón de Faraón es terco; se niega a dejar ir al pueblo.

15 Preséntate a Faraón por la mañana cuando vaya al agua, y ponte en la orilla del Nilo para encontrarte con él; y toma en tu mano la vara que se convirtió en serpiente.

16 Y dile: "El Señor, el Dios de los hebreos, me ha enviado a ti, diciendo: 'Deja ir a mi pueblo para que me sirva en el desierto. Mas he aquí, hasta ahora no has escuchado.'

17"Así dice el Señor: 'En esto conocerás que yo soy el Señor: he aquí, yo golpearé con la vara que está en mi mano las aguas que están en el Nilo, y se convertirán en sangre.

18 'Y los peces que hay en el Nilo morirán, y el río se corromperá y los egipcios tendrán asco de beber el agua del Nilo.' "

19 Y el Señor dijo a Moisés: Di a Aarón: "Toma tu vara y extiende tu mano sobre las aguas de Egipto, sobre sus ríos, sobre sus arroyos, sobre sus estanques y sobre todos sus depósitos de agua, para que se conviertan en sangre; y habrá sangre por toda la tierra de Egipto, tanto en *las vasijas de* madera como en *las de* piedra."

20 Así lo hicieron Moisés y Aarón, tal como el Señor *les* había ordenado. Y alzó *Aarón* la vara y golpeó las aguas que *había* en el Nilo ante los ojos de Faraón y de sus siervos, y todas las aguas que *había* en el Nilo se convirtieron en sangre.

21 Y los peces que *había* en el Nilo murieron y el río se corrompió, de manera que los egipcios no podían beber agua del Nilo. Y había sangre por toda la tierra de Egipto.

22 Pero los magos de Egipto hicieron lo mismo con sus encantamientos; y el corazón de Faraón se endureció y no los escuchó, tal como el Señor había dicho.

23 Entonces se volvió Faraón y entró en su casa, sin hacer caso tampoco de esto.

24 Y todos los egipcios cavaron en los alrededores del Nilo *en busca de* agua para beber, porque no podían beber de las aguas del Nilo.

25 Y pasaron siete días después que el Señor hirió al Nilo.

Segunda plaga: las ranas

8 Entonces el Señor dijo a Moisés: Ve a Faraón y dile: "Así dice el Señor: 'Deja ir a mi pueblo para que me sirva.

2 'Pero si te niegas a dejar*los* ir, he aquí, heriré todo tu territorio con ranas.

3 'Y el Nilo se llenará de ranas, que subirán y entrarán en tu casa, en tu alcoba y sobre tu cama, y en las casas de tus siervos y en tu pueblo, en tus hornos y en tus artesas.

4 'Y subirán las ranas sobre ti, sobre tu pueblo y sobre todos tus siervos.' "

5 Dijo además el Señor a Moisés: Di a Aarón: "Extiende tu mano con tu vara sobre los ríos, sobre los arroyos y sobre los estanques, y haz que suban ranas sobre la tierra de Egipto."

6 Y extendió Aarón su mano sobre las aguas de Egipto, y las ranas subieron y cubrieron la tierra de Egipto.

7 Y los magos hicieron lo mismo con sus encantamientos, e hicieron subir ranas sobre la tierra de Egipto.

8 Entonces Faraón llamó a Moisés y a Aarón, y dijo: Rogad al Señor para que quite las ranas de mí y de mi pueblo, y yo dejaré ir al pueblo para que ofrezca sacrificios al Señor.

9 Y Moisés dijo a Faraón: Dígnate decirme cuándo he de rogar por ti, por tus siervos y por tu pueblo, para que las ranas sean quitadas de ti y de tus casas *y* queden solamente en el río.

10 Y él respondió: Mañana. Entonces *Moisés* dijo: Sea conforme a tu palabra para que sepas que no hay nadie como el Señor nuestro Dios.

11 Y las ranas se alejarán de ti, de tus casas, de tus siervos y de tu pueblo; sólo quedarán en el Nilo.

12 Entonces Moisés y Aarón salieron de *la presencia de* Faraón, y Moisés clamó al Señor acerca de las ranas que Él había puesto sobre Faraón.

13 Y el Señor hizo conforme a la palabra de Moisés, y murieron las ranas de las casas, de los patios y de los campos.

14 Y las juntaron en montones, y la tierra se corrompió.

15 Pero al ver Faraón que había alivio, endureció su corazón y no los escuchó, tal como el Señor había dicho.

16 Entonces el Señor dijo a Moisés: Di a Aarón: "Extiende tu vara y golpea el polvo de la tierra para que se convierta en piojos por toda la tierra de Egipto."

17 Y así lo hicieron; y Aarón extendió su mano con su vara, y golpeó el polvo de la tierra, y hubo piojos en hombres y animales. Todo el polvo de la tierra se convirtió en piojos por todo el país de Egipto.

18 Y los magos trataron de producir piojos con sus encantamientos, pero no pudieron; hubo, pues, piojos en hombres y animales.

19 Entonces los magos dijeron a Faraón: Este es el dedo de Dios. Pero el corazón de Faraón se endureció y no los escuchó, tal como el Señor había dicho.

20 Y el Señor dijo a Moisés: Levántate muy de mañana y ponte delante de Faraón cuando vaya al agua, y dile: "Así dice el Señor: 'Deja ir a mi pueblo para que me sirva.

21 'Porque si no dejas ir a mi pueblo, he aquí, enviaré enjambres de insectos sobre ti, sobre tus siervos, sobre tu pueblo y dentro de tus casas; y las casas de los egipcios se llenarán de enjambres de insectos, y también el suelo sobre el cual están.

22 'Mas en aquel día yo pondré aparte la tierra de Gosén en la que mora mi pueblo, para que no haya allí enjambres de insectos, a fin de que sepas que yo, el Señor, estoy en medio de la tierra;

23 y yo haré distinción entre mi pueblo y tu pueblo. Mañana tendrá lugar esta señal.' "

24 Y así lo hizo el Señor. Y entraron grandes enjambres de insectos en la casa de Faraón y en las casas de sus siervos, y en todo el país de Egipto la tierra fue devastada a causa de los enjambres de insectos.

25 Entonces llamó Faraón a Moisés y a Aarón, y dijo: Id, ofreced sacrificio a vuestro Dios dentro del país.

26 Pero Moisés respondió: No conviene que *lo* hagamos así, porque es abominación para los egipcios lo que sacrificaremos al Señor nuestro Dios. Si sacrificamos lo que es abominación para los egipcios delante de sus ojos, ¿no nos apedrearán?

27 Andaremos *una distancia* de tres días de camino en el desierto, y ofreceremos sacrificios al SEÑOR nuestro Dios, tal como El nos manda.

28 Y Faraón dijo: Os dejaré ir para que ofrezcáis sacrificio al SEÑOR vuestro Dios en el desierto, sólo que no vayáis muy lejos. Orad por mí.

29 Entonces dijo Moisés: He aquí, voy a salir de tu presencia y rogaré al SEÑOR que los enjambres de insectos se alejen mañana de Faraón, de sus siervos y de su pueblo; pero que Faraón no vuelva a obrar con engaño, no dejando ir al pueblo a ofrecer sacrificios al SEÑOR.

30 Y salió Moisés de la presencia de Faraón y oró al SEÑOR.

31 Y el SEÑOR hizo como Moisés le pidió, y quitó los enjambres de insectos de Faraón, de sus siervos y de su pueblo; no quedó ni uno solo.

32 Pero Faraón endureció su corazón también esta vez y no dejó salir al pueblo.

Quinta plaga: la peste en el ganado

9 Entonces el SEÑOR dijo a Moisés: Ve a Faraón y dile: "Así dice el SEÑOR, el Dios de los hebreos: 'Deja ir a mi pueblo para que me sirva.

2 'Porque si te niegas a dejar*los* ir y los sigues deteniendo,

3 he aquí, la mano del SEÑOR vendrá *con* gravísima pestilencia sobre tus ganados que están en el campo: sobre los caballos, sobre los asnos, sobre los camellos, sobre las vacadas y sobre las ovejas.

4 'Pero el SEÑOR hará distinción entre los ganados de Israel y los ganados de Egipto, y nada perecerá de todo lo que pertenece a los hijos de Israel.' "

5 Y el SEÑOR fijó un plazo definido, diciendo: Mañana el SEÑOR hará esto en la tierra.

6 Y el SEÑOR hizo esto al día siguiente, y perecieron todos los ganados de Egipto; pero de los ganados de los hijos de Israel, ni un solo *animal* murió.

7 Y Faraón envió *a ver*, y he aquí, ni un solo *animal* de los ganados de Israel había perecido. Pero el corazón de Faraón se endureció y no dejó ir al pueblo.

8 Entonces el SEÑOR dijo a Moisés y a Aarón: Tomad puñados de hollín de un horno, y que Moisés lo esparza hacia el cielo en presencia de Faraón;

9 y se convertirá en polvo fino sobre toda la tierra de Egipto, y producirá furúnculos que resultarán en úlceras en los hombres y en los animales, por toda la tierra de Egipto.

10 Tomaron, pues, hollín de un horno, y se presentaron delante de Faraón, y Moisés lo arrojó hacia el cielo, y produjo furúnculos que resultaron en úlceras en los hombres y en los animales.

11 Y los magos no podían estar delante de Moisés a causa de los furúnculos, pues los furúnculos estaban tanto en los magos como en todos los egipcios.

12 Y el SEÑOR endureció el corazón de Faraón y no los escuchó, tal como el SEÑOR había dicho a Moisés.

13 Entonces dijo el SEÑOR a Moisés: Levántate muy de mañana, y ponte delante de Faraón, y dile: "Así dice el SEÑOR, el Dios de los hebreos: 'Deja ir a mi pueblo para que me sirva.

14 'Porque esta vez enviaré todas mis plagas sobre ti, sobre tus siervos y sobre tu pueblo, para que sepas que no hay otro como yo en toda la tierra.

15 'Porque *si* yo hubiera extendido mi mano y te hubiera herido a ti y a tu pueblo con pestilencia, ya habrías sido cortado de la tierra.

16 'Pero en verdad, por esta razón te he permitido permanecer: para mostrarte mi poder y para proclamar mi nombre por toda la tierra.

17 'Y todavía te enalteces contra mi pueblo no dejándolos ir.

18 'He aquí, mañana como a esta hora, enviaré granizo muy pesado, tal como no ha habido en Egipto desde el día en que fue fundado hasta ahora.

19 'Ahora pues, manda poner a salvo tus ganados y todo lo que tienes en el campo, *porque* todo hombre o *todo* animal que se encuentre en el campo, y no sea traído a la casa, morirá cuando caiga sobre ellos el granizo.' "

20 El que de entre los siervos de Faraón tuvo temor de la palabra del SEÑOR, hizo poner a salvo a sus siervos y sus ganados en sus casas,

21 pero el que no hizo caso a la palabra del SEÑOR, dejó a sus siervos y sus ganados en el campo.

22 Y el SEÑOR dijo a Moisés: Extiende tu mano hacia el cielo para que caiga granizo en toda la tierra de Egipto, sobre los hombres, sobre los animales y sobre toda planta del campo por toda la tierra de Egipto.

23 Y extendió Moisés su vara hacia el cielo, y el SEÑOR envió truenos y granizo, y cayó fuego sobre la tierra. Y el SEÑOR hizo llover granizo sobre la tierra de Egipto.

24 Y hubo granizo muy intenso, y fuego centelleando continuamente en medio del granizo, muy pesado, tal como no había habido en toda la tierra de Egipto desde que llegó a ser una nación.

25 Y el granizo hirió todo lo que había en el campo por toda la tierra de Egipto, tanto hombres como animales; el granizo hirió también toda planta del campo, y destrozó todos los árboles del campo.

26 Sólo en la tierra de Gosén, donde *estaban* los hijos de Israel, no hubo granizo.

27 Entonces Faraón envió llamar a Moisés y Aarón y les dijo: Esta vez he pecado; el SEÑOR es el justo, y yo y mi pueblo somos los impíos.

28 Rogad al SEÑOR, porque ha habido ya suficientes truenos y granizo *de parte* de Dios; y os dejaré ir y no os quedaréis más *aquí*.

29 Y Moisés le dijo: Tan pronto como yo salga de la ciudad, extenderé mis manos al SEÑOR; los truenos cesarán, y no habrá más granizo, para que sepas que la tierra es del SEÑOR.

30 En cuanto a ti y a tus siervos, sé que aún no teméis al SEÑOR Dios.

31 (Y el lino y la cebada fueron destruidos, pues la cebada estaba en espiga y el lino estaba en flor;

32 pero el trigo y el centeno no fueron destruidos, por ser tardíos.)

33 Y salió Moisés de la ciudad, *de la presencia* de Faraón, y extendió sus manos al SEÑOR, y los truenos y el granizo cesaron, y no cayó más lluvia sobre la tierra.

34 Pero cuando Faraón vio que la lluvia, el granizo y los truenos habían cesado, pecó otra vez, y endureció su corazón, tanto él como sus siervos.

35 Y se endureció el corazón de Faraón y no dejó ir a los hijos de Israel, tal como el SEÑOR había dicho por medio de Moisés.

Octava plaga: las langostas

10 Entonces el SEÑOR dijo a Moisés: Preséntate a Faraón, porque yo he endurecido su corazón y el corazón de sus siervos, para mostrar estas señales mías en medio de ellos,

2 y para que cuentes a tu hijo y a tu nieto, cómo me he burlado de los egipcios, y cómo he mostrado mis señales entre ellos, y para que sepáis que yo soy el SEÑOR.

3 Moisés y Aarón fueron a Faraón, y le dijeron: Así dice el SEÑOR, el Dios de los hebreos: "¿Hasta cuándo rehusarás humillarte delante de mí? Deja ir a mi pueblo, para que me sirva.

4 "Porque si te niegas a dejar ir a mi pueblo, he aquí, mañana traeré langostas a tu territorio.

5 "Y cubrirán la superficie de la tierra, de modo que nadie podrá verla. También comerán el resto de lo que ha escapado, lo que os ha quedado del granizo, y comerán todo árbol que os crece en el campo.

6 "Y llenarán tus casas, las casas de todos tus siervos y las casas de todos los egipcios, *algo que* ni tus padres ni tus abuelos han visto desde el día que vinieron al mundo hasta hoy." Y se volvió y salió de la presencia de Faraón.

7 Y los siervos de Faraón le dijeron: ¿Hasta cuándo este hombre nos será causa de ruina? Deja ir a los hombres para que sirvan al SEÑOR su Dios. ¿No te das cuenta de que Egipto está destruido?

8 Entonces hicieron volver a Moisés y Aarón ante Faraón, y él les dijo: Id, servid al SEÑOR vuestro Dios. ¿Quiénes son los que han de ir?

9 Y Moisés respondió: Iremos con nuestros jóvenes y nuestros ancianos; con nuestros hijos y nuestras hijas; con nuestras ovejas y nuestras vacadas iremos, porque hemos de celebrar una fiesta *solemne* al SEÑOR.

10 Y él les dijo: ¡Así sea el SEÑOR con vosotros si os dejo ir a vosotros y a vuestros pequeños! Tened cuidado porque tenéis malas intenciones.

11 No *será* así; id ahora *sólo* los hombres, y servid al SEÑOR, porque eso es lo que habéis pedido. Y los echaron de la presencia de Faraón.

12 Entonces el SEÑOR dijo a Moisés: Extiende tu mano sobre la tierra de Egipto, para *traer* la langosta, a fin de que suba sobre la tierra de Egipto y devore toda planta de la tierra, todo lo que el granizo ha dejado.

13 Y extendió Moisés su vara sobre la tierra de Egipto, y el SEÑOR hizo soplar un viento del oriente sobre la tierra todo aquel día y toda aquella noche; y al venir la mañana, el viento del oriente trajo las langostas.

14 Y subieron las langostas sobre toda la tierra de Egipto y se asentaron en todo el territorio de Egipto; *y eran* muy numerosas. Nunca había habido *tantas* langostas como entonces, ni las habría después.

15 Porque cubrieron la faz de toda la tierra, y la tierra se oscureció; y se comieron toda planta de la tierra y todo el fruto de los árboles que el granizo había dejado. Así que nada verde quedó en árbol o planta del campo por toda la tierra de Egipto.

16 Entonces Faraón llamó apresuradamente a Moisés y a Aarón, y dijo: He pecado contra el SEÑOR vuestro Dios y contra vosotros.

17 Ahora pues, os ruego que perdonéis mi pecado sólo esta vez, y que roguéis al SEÑOR vuestro Dios, para que quite de mí esta muerte.

18 Y *Moisés* salió de la *presencia de* Faraón y oró al SEÑOR.

19 Y el SEÑOR cambió *el viento* a un viento occidental muy fuerte que se llevó las langostas y las arrojó al mar Rojo[1]; ni una langosta quedó en todo el territorio de Egipto.

20 Pero el SEÑOR endureció el corazón de Faraón, y *éste* no dejó ir a los hijos de Israel.

21 Entonces el SEÑOR dijo a Moisés: Extiende tu mano hacia el cielo, para que haya tinieblas sobre la tierra de Egipto, tinieblas tales que puedan palparse.

22 Extendió Moisés su mano hacia el cielo, y hubo densas tinieblas en toda la tierra de Egipto por tres días.

23 No se veían unos a otros, nadie se levantó de su lugar por tres días, pero todos los hijos de Israel tenían luz en sus moradas.

24 Entonces llamó Faraón a Moisés y dijo: Id, servid al SEÑOR; sólo que vuestras ovejas y vuestras vacadas queden aquí. Aun vuestros pequeños pueden ir con vosotros.

25 Pero Moisés dijo: Tú también tienes que darnos sacrificios y holocaustos para que *los* sacrifiquemos al SEÑOR nuestro Dios.

26 Por tanto, también nuestros ganados irán con nosotros; ni una pezuña quedará atrás; porque de ellos tomaremos para servir al SEÑOR nuestro Dios. Y nosotros mismos no sabemos con qué hemos de servir al SEÑOR hasta que lleguemos allá.

27 Pero el SEÑOR endureció el corazón de Faraón, y *éste* no quiso dejarlos ir.

28 Entonces Faraón dijo a Moisés: ¡Apártate de mí! Guárdate de no volver a ver mi rostro, porque el día en que veas mi rostro morirás.

29 Y Moisés respondió: Bien has dicho, no volveré a ver tu rostro.

Anuncio de la décima plaga

11 Y el SEÑOR dijo a Moisés: Una plaga más traeré sobre Faraón y sobre Egipto, después de la cual os dejará ir de aquí. Cuando os deje ir, ciertamente os echará de aquí completamente.

2 Di ahora al pueblo que cada hombre pida a su vecino y cada mujer a su vecina objetos de plata y objetos de oro.

3 Y el SEÑOR hizo que el pueblo se ganara el favor de los egipcios. Además el *mismo* Moisés era muy estimado en la tierra de Egipto, *tanto* a los ojos de los siervos de Faraón *como* a los ojos del pueblo.

4 Y Moisés dijo: Así dice el SEÑOR: "Como a medianoche yo pasaré por toda la tierra de Egipto,

5 y morirá todo primogénito en la tierra de

---

1. Lit., *mar de Cañas*

Egipto, desde el primogénito de Faraón que se sienta en su trono, hasta el primogénito de la sierva que está detrás del molino; también todo primogénito del ganado.

6"Y habrá gran clamor en toda la tierra de Egipto, como nunca *antes* lo ha habido y como nunca más lo habrá.

7"Pero a ninguno de los hijos de Israel ni *siquiera* un perro *le* ladrará, ni a hombre ni a animal, para que entendáis cómo el SEÑOR hace distinción entre Egipto e Israel."

8 Y descenderán a mí todos estos tus siervos y se inclinarán ante mí, diciendo: "Sal, tú y todo el pueblo que te sigue"; y después de esto yo saldré. Y *Moisés* salió ardiendo en ira de la presencia de Faraón.

9 Entonces el SEÑOR dijo a Moisés: Faraón no os escuchará, para que mis maravillas se multipliquen en la tierra de Egipto.

10 Y Moisés y Aarón hicieron todas estas maravillas en presencia de Faraón; con todo, el SEÑOR endureció el corazón de Faraón, y *éste* no dejó salir de su tierra a los hijos de Israel.

Institución de la Pascua

12 Y el SEÑOR habló a Moisés y a Aarón en la tierra de Egipto, diciendo:

2 Este mes será para vosotros el principio de los meses; será el primer mes del año para vosotros.

3 Hablad a toda la congregación de Israel, diciendo: "El *día* diez de este mes cada uno tomará para sí un cordero, según sus casas paternas; un cordero para cada casa.

4"Mas si la casa es muy pequeña para un cordero, entonces él y el vecino más cercano a su casa tomarán uno según el número de personas; conforme a lo que cada persona coma, dividiréis el cordero.

5"El cordero será un macho sin defecto, de un año; lo apartaréis de entre las ovejas o de entre las cabras.

6"Y lo guardaréis hasta el día catorce del mismo mes; entonces toda la asamblea de la congregación de Israel lo matará al anochecer.

7"Y tomarán parte de la sangre y la pondrán en los dos postes y en el dintel de las casas donde lo coman.

8"Y comerán la carne esa *misma* noche, asada al fuego, y la comerán con pan sin levadura y con hierbas amargas.

9"No comeréis nada de él crudo ni hervido en agua, sino asado al fuego, *tanto* su cabeza *como* sus patas y sus entrañas.

10"Y no dejaréis nada de él para la mañana, sino que lo que quede de él para la mañana lo quemaréis en el fuego.

11"Y de esta manera lo comeréis: ceñidos vuestros lomos, las sandalias en vuestros pies y el cayado en vuestra mano, lo comeréis apresuradamente. Es la Pascua del SEÑOR.

12"Porque esa noche pasaré por la tierra de Egipto, y heriré a todo primogénito en la tierra de Egipto, tanto de hombre como *de* animal; y ejecutaré juicios contra todos los dioses de Egipto. Yo, el SEÑOR.

13"Y la sangre os será por señal en las casas donde estéis; y cuando yo vea la sangre pasaré sobre vosotros, y ninguna plaga vendrá sobre

vosotros para destruir*os* cuando yo hiera la tierra de Egipto.

14"Y este día os será memorable y lo celebraréis *como* fiesta al SEÑOR; lo celebraréis por todas vuestras generaciones *como* ordenanza perpetua.

15"Siete días comeréis panes sin levadura; además, desde el primer día quitaréis *toda* levadura de vuestras casas; porque cualquiera que coma algo leudado desde el primer día hasta el séptimo, esa persona será cortada de Israel.

16"Y en el primer día tendréis una santa convocación, y *otra* santa convocación en el séptimo día; ningún trabajo se hará en ellos, excepto lo que cada uno deba comer. Sólo esto podréis hacer.

17"Guardaréis también *la fiesta de* los panes sin levadura, porque en ese mismo día saqué yo vuestros ejércitos de la tierra de Egipto; por tanto guardaréis este día por todas vuestras generaciones como ordenanza perpetua.

18"En el *mes* primero comeréis los panes sin levadura, desde el día catorce del mes por la tarde, hasta el día veintiuno del mes por la tarde.

19"Por siete días no habrá levadura en vuestras casas; porque cualquiera que coma *algo* leudado, esa persona será cortada de la congregación de Israel, ya *sea* extranjero o nativo del país.

20"No comeréis nada leudado; en todo lugar donde habitéis comeréis panes sin levadura."

21 Entonces Moisés convocó a todos los ancianos de Israel, y les dijo: Sacad *del rebaño* corderos para vosotros según vuestras familias, y sacrificad la pascua.

22 Y tomaréis un manojo de hisopo, y lo mojaréis en la sangre que está en la vasija, y mancharéis con la sangre que está en la vasija el dintel y los dos postes de la puerta; y ninguno de vosotros saldrá de la puerta de su casa hasta la mañana.

23 Pues el SEÑOR pasará para herir a los egipcios; y cuando vea la sangre en el dintel y en los dos postes de la puerta, el SEÑOR pasará de largo aquella puerta, y no permitirá que el *ángel* destructor entre en vuestras casas para heri*ros*.

24 Y guardaréis esta ceremonia como ordenanza para vosotros y para vuestros hijos para siempre.

25 Y cuando entréis a la tierra que el SEÑOR os dará, como ha prometido, guardaréis este rito.

26 Y sucederá que cuando vuestros hijos os pregunten: "¿Qué significa este rito para vosotros?",

27 vosotros diréis: "Es un sacrificio de la Pascua al SEÑOR, el cual pasó de largo las casas de los hijos de Israel en Egipto cuando hirió a los egipcios, y libró nuestras casas." Y el pueblo se postró y adoró.

28 Los hijos de Israel fueron y lo hicieron *así*; tal como el SEÑOR había mandado a Moisés y a Aarón, así lo hicieron.

29 Y sucedió que a la medianoche, el SEÑOR hirió a todo primogénito en la tierra de Egipto, desde el primogénito de Faraón que se sentaba sobre su trono, hasta el primogénito del cautivo que estaba en la cárcel, y todo primogénito del ganado.

30 Y se levantó Faraón en la noche, él con todos sus siervos y todos los egipcios; y hubo gran clamor en Egipto, porque no había hogar donde no hubiera alguien muerto.

31 Entonces llamó a Moisés y a Aarón *aún* de noche, y dijo: Levantaos *y* salid de entre mi pueblo, vosotros y los hijos de Israel; e id, adorad al SEÑOR, como habéis dicho.

32 Tomad también vuestras ovejas y vuestras vacadas, como habéis dicho, e idos, y bendecidme también a mí.

33 Y los egipcios apremiaban al pueblo, dándose prisa en echarlos de la tierra, porque decían: Todos seremos muertos.

34 Tomó, pues, el pueblo la masa, antes que fuera leudada, *en* sus artesas de amasar envueltas en paños, *y se las llevaron* sobre sus hombros.

35 Los hijos de Israel hicieron según las instrucciones de Moisés, pues pidieron a los egipcios objetos de plata, objetos de oro y ropa.

36 Y el SEÑOR hizo que el pueblo se ganara el favor de los egipcios, que les concedieron lo que pedían. Así despojaron a los egipcios.

37 Y partieron los hijos de Israel de Ramsés hacia Sucot, unos seiscientos mil hombres de a pie, sin contar los niños.

38 Subió también con ellos una multitud mixta, juntamente con ovejas y vacadas, una gran cantidad de ganado.

39 Y de la masa que habían sacado de Egipto, cocieron tortas de pan sin levadura, pues no se había leudado, ya que al ser echados de Egipto, no pudieron demorarse ni preparar alimentos para sí mismos.

40 El tiempo que los hijos de Israel vivieron en Egipto *fue* de cuatrocientos treinta años.

41 Y sucedió que al cabo de los cuatrocientos treinta años, en aquel mismo día, todos los ejércitos del SEÑOR salieron de la tierra de Egipto.

42 Esta es noche de vigilia para el SEÑOR por haberlos sacado de la tierra de Egipto; esta noche es para el SEÑOR, para ser guardada por todos los hijos de Israel por *todas* sus generaciones.

43 Y el SEÑOR dijo a Moisés y a Aarón: Esta es la ordenanza de la Pascua: ningún extranjero comerá de ella.

44 Pero el siervo de todo hombre, comprado por dinero, después que lo circuncidéis, podrá entonces comer de ella.

45 El extranjero y el jornalero no comerán de ella.

46 Se ha de comer en una misma casa; no sacaréis nada de la carne fuera de la casa, ni quebraréis ninguno de sus huesos.

47 Toda la congregación de Israel la celebrará.

48 Pero si un extranjero reside con vosotros y celebra la Pascua al SEÑOR, que sea circuncidado todo varón *de su casa,* y entonces que se acerque para celebrarla, pues será como un nativo del país; pero ninguna persona incircuncisa comerá de ella.

49 La misma ley se aplicará tanto al nativo como al extranjero que habite entre vosotros.

50 Y *así* lo hicieron todos los hijos de Israel; hicieron tal como el SEÑOR había mandado a Moisés y a Aarón.

51 Y sucedió que aquel mismo día, el SEÑOR sacó a los hijos de Israel de la tierra de Egipto por sus ejércitos.

Consagración de los primogénitos

13 Entonces el SEÑOR habló a Moisés, diciendo:

2 Conságrame todo primogénito; el primer nacido de toda matriz entre los hijos de Israel, tanto de hombre como de animal, me pertenece.

3 Y Moisés dijo al pueblo: Acordaos de este día en que salisteis de Egipto, de la casa de esclavitud, pues el SEÑOR os ha sacado de este lugar con mano poderosa. No comeréis *en él* nada leudado.

4 Vais a salir hoy, en el mes de Abib.

5 Y será que cuando el SEÑOR te lleve a la tierra del cananeo, del heteo, del amorreo, del heveo y del jebuseo, la cual juró a tus padres que te daría, tierra que mana leche y miel, celebrarás esta ceremonia en este mes.

6 Por siete días comerás pan sin levadura, y en el séptimo día habrá fiesta *solemne* al SEÑOR.

7 Se comerá pan sin levadura durante los siete días; y nada leudado se verá contigo, ni levadura alguna se verá en todo tu territorio.

8 Y lo harás saber a tu hijo en aquel día, diciendo: "*Esto* es con motivo de lo que el SEÑOR hizo por mí cuando salí de Egipto."

9 Y te será como una señal en tu mano, y como un recordatorio en tu frente, para que la ley del SEÑOR esté en tu boca; porque con mano fuerte te sacó el SEÑOR de Egipto.

10 Guardarás, pues, esta ordenanza a su debido tiempo de año en año.

11 Y sucederá que cuando el SEÑOR te lleve a la tierra del cananeo, como te juró a ti y a tus padres, y te la dé,

12 dedicarás al SEÑOR todo primer nacido de la matriz. También todo primer nacido del ganado que poseas; los machos *pertenecen* al SEÑOR.

13 Pero todo primer nacido de asno, *lo* redimirás con un cordero; mas si no *lo* redimes, quebrarás su cerviz; y todo primogénito de hombre *de* entre tus hijos, lo redimirás.

14 Y será que cuando tu hijo te pregunte el día de mañana, diciendo: "¿Qué es esto?", le dirás: "Con mano fuerte nos sacó el SEÑOR de Egipto, de la casa de servidumbre.

15 "Y aconteció que cuando Faraón se obstinó en no dejarnos ir, el SEÑOR mató a todo primogénito en la tierra de Egipto, desde el primogénito del hombre hasta el primogénito de los animales. Por esta causa yo sacrifico al SEÑOR los machos, todo primer nacido de la matriz, pero redimo a todo primogénito de mis hijos."

16 Será, pues, como una señal en tu mano y como insignias entre tus ojos; porque con mano fuerte nos sacó el SEÑOR de Egipto.

17 Y sucedió que cuando Faraón dejó ir al pueblo, Dios no los guió por el camino de la tierra de los filisteos, aunque estaba cerca, porque dijo Dios: No sea que el pueblo se arrepienta cuando vea guerra y se vuelva a Egipto.

18 Dios, pues, hizo que el pueblo diera un rodeo por el camino del desierto, hacia el mar Rojo; y en orden de batalla subieron los hijos de Israel de la tierra de Egipto.

19 Y Moisés tomó consigo los huesos de José, pues éste había hecho jurar solemnemente a los hijos de Israel, diciendo: Ciertamente os visitará Dios, y *entonces* llevaréis de aquí mis huesos con vosotros.

20 Y partieron de Sucot y acamparon en Etam, al borde del desierto.

21 El SEÑOR iba delante de ellos, de día en una columna de nube para guiarlos por el camino, y de noche en una columna de fuego para alumbrarlos, a fin de que anduvieran de día y de noche.

22 No quitó de delante del pueblo la columna de nube durante el día, ni la columna de fuego durante la noche.

Faraón persigue a los israelitas

14 Y el SEÑOR habló a Moisés, diciendo:
2 Di a los hijos de Israel que den la vuelta y acampen delante de Pi-hahirot, entre Migdol y el mar; acamparéis frente a Baal-zefón, en el lado opuesto, junto al mar.

3 Porque Faraón dirá de los hijos de Israel: "Andan vagando sin rumbo por la tierra; el desierto los ha encerrado."

4 Y yo endureceré el corazón de Faraón, y él los perseguirá; y yo seré glorificado por medio de Faraón y de todo su ejército, y sabrán los egipcios que yo soy el SEÑOR. Y así lo hicieron.

5 Cuando le anunciaron al rey de Egipto que el pueblo había huido, Faraón y sus siervos cambiaron de actitud hacia el pueblo, y dijeron: ¿Qué es esto que hemos hecho, que hemos permitido que Israel se fuera, dejando de servirnos?

6 Y él unció su carro y tomó consigo a su gente;
7 y tomó seiscientos carros escogidos, y todos los *demás* carros de Egipto, con oficiales sobre todos ellos.

8 Y el SEÑOR endureció el corazón de Faraón, rey de Egipto, y *éste* persiguió a los hijos de Israel, pero los hijos de Israel habían salido con mano fuerte.

9 Entonces los egipcios los persiguieron *con* todos los caballos *y* carros de Faraón, su caballería y su ejército, y los alcanzaron acampados junto al mar, junto a Pi-hahirot, frente a Baal-zefón.

10 Y al acercarse Faraón, los hijos de Israel alzaron los ojos, y he aquí los egipcios marchaban tras ellos; entonces los hijos de Israel tuvieron mucho miedo y clamaron al SEÑOR.

11 Y dijeron a Moisés: ¿Acaso no había sepulcros en Egipto para que nos sacaras a morir en el desierto? ¿Por qué nos has tratado de esta manera, sacándonos de Egipto?

12 ¿No es esto lo que te hablamos en Egipto, diciendo: "Déjanos, para que sirvamos a los egipcios"? Porque mejor nos hubiera sido servir a los egipcios que morir en el desierto.

13 Pero Moisés dijo al pueblo: No temáis; estad firmes y ved la salvación que el SEÑOR hará hoy por vosotros; porque los egipcios a quienes habéis visto hoy, no los volveréis a ver jamás.

14 El SEÑOR peleará por vosotros mientras vosotros os quedáis callados.

15 Entonces dijo el SEÑOR a Moisés: ¿Por qué clamas a mí? Di a los hijos de Israel que se pongan en marcha.

16 Y tú, levanta tu vara y extiende tu mano sobre el mar y divídelo; y los hijos de Israel pasarán por en medio del mar, sobre tierra seca.

17 Y he aquí, yo endureceré el corazón de los egipcios para que entren a perseguirlos; y me glorificaré en Faraón y en todo su ejército, en sus carros y en su caballería.

18 Entonces sabrán los egipcios que yo soy el SEÑOR, cuando sea glorificado en Faraón, en sus carros y en su caballería.

19 Y el ángel de Dios que había ido delante del campamento de Israel, se apartó, e iba tras ellos; y la columna de nube que había ido delante de ellos, se apartó, y se les puso detrás.

20 Y vino *a colocarse* entre el campamento de Egipto y el campamento de Israel; y estaba la nube junto con las tinieblas; sin embargo, de noche alumbraba *a Israel*, y en toda la noche no se acercaron los unos a los otros.

21 Extendió Moisés su mano sobre el mar; y el SEÑOR, por medio de un fuerte viento solano *que sopló* toda la noche, hizo que el mar retrocediera; y cambió el mar en tierra seca, y fueron divididas las aguas.

22 Y los hijos de Israel entraron por en medio del mar, en seco, y las aguas les *eran como* un muro a su derecha y a su izquierda.

23 Entonces los egipcios reanudaron la persecución, y entraron tras ellos en medio del mar todos los caballos de Faraón, sus carros y sus jinetes.

24 Y aconteció que a la vigilia de la mañana, el SEÑOR miró el ejército de los egipcios desde la columna de fuego y de nube, y sembró la confusión en el ejército de los egipcios.

25 Y entorpeció las ruedas de sus carros, e hizo que avanzaran con dificultad. Entonces los egipcios dijeron: Huyamos ante Israel, porque el SEÑOR pelea por ellos contra los egipcios.

26 Entonces el SEÑOR dijo a Moisés: Extiende tu mano sobre el mar para que las aguas vuelvan sobre los egipcios, sobre sus carros y su caballería.

27 Y extendió Moisés su mano sobre el mar, y al amanecer, regresó el mar a su estado normal, y los egipcios al huir se encontraban con él; así derribó el SEÑOR a los egipcios en medio del mar.

28 Y las aguas volvieron y cubrieron los carros y la caballería, a todo el ejército de Faraón que había entrado tras ellos en el mar; no quedó ni uno de ellos.

29 Mas los hijos de Israel pasaron en seco por en medio del mar, y las aguas les *eran como* un muro a su derecha y a su izquierda.

30 Aquel día salvó el SEÑOR a Israel de mano de los egipcios; e Israel vio a los egipcios muertos a la orilla del mar.

31 Cuando Israel vio el gran poder que el SEÑOR había usado contra los egipcios, el pueblo temió al SEÑOR, y creyeron en el SEÑOR y en Moisés, su siervo.

Cántico triunfal de Moisés

15 Entonces Moisés y los hijos de Israel cantaron este cántico al SEÑOR, y dijeron:
Canto al SEÑOR porque ha triunfado gloriosamente;
al caballo y a su jinete ha arrojado al mar.
2 Mi fortaleza y mi canción es el SEÑOR,
y ha sido para mí salvación;
éste es mi Dios, y le glorificaré,
el Dios de mi padre, y le ensalzaré.
3 El SEÑOR es *fuerte* guerrero;
el SEÑOR es su nombre.

4 Los carros de Faraón y su ejército arrojó al
mar,
y los mejores de sus oficiales se ahogaron en
el mar Rojo.
5 Los abismos los cubren;
descendieron a las profundidades como una
piedra.
6 Tu diestra, oh SEÑOR, es majestuosa en
poder;
tu diestra, oh SEÑOR, destroza al enemigo.
7 En la grandeza de tu excelencia derribas a los
que se levantan contra ti;
envías tu furor, y los consumes como paja.
8 Al soplo de tu aliento se amontonaron las
aguas,
se juntaron las corrientes como en un
montón;
se cuajaron los abismos en el corazón del
mar.
9 El enemigo dijo: "Perseguiré, alcanzaré,
repartiré el despojo;
se cumplirá mi deseo contra ellos;
sacaré mi espada, los destruirá mi mano."
10 Soplaste con tu viento, los cubrió el mar;
se hundieron como plomo en las aguas
poderosas.
11 ¿Quién como tú entre los dioses, oh SEÑOR?
¿Quién como tú, majestuoso en santidad,
temible en las alabanzas, haciendo
maravillas?
12 Extendiste tu diestra,
los tragó la tierra.
13 En tu misericordia has guiado al pueblo que
has redimido;
con tu poder los has guiado a tu santa
morada.
14 Lo han oído los pueblos y tiemblan;
el pavor se ha apoderado de los habitantes de
Filistea.
15 Entonces se turbaron los príncipes de Edom;
los valientes de Moab se sobrecogieron de
temblor;
se acobardaron todos los habitantes de
Canaán.
16 Terror y espanto cae sobre ellos;
por la grandeza de tu brazo quedan
inmóviles, como piedra,
hasta que tu pueblo pasa, oh SEÑOR,
hasta que pasa el pueblo que tú has
comprado.
17 Tú los traerás y los plantarás en el monte de
tu heredad,
el lugar que has hecho para tu morada, oh
SEÑOR,
el santuario, oh Señor, que tus manos han
establecido.
18 El SEÑOR reinará para siempre jamás.
19 Porque los caballos de Faraón con sus carros
y sus jinetes entraron en el mar, y el SEÑOR hizo
volver sobre ellos las aguas del mar; pero los hijos
de Israel anduvieron por en medio del mar sobre
tierra seca.
20 Y Miriam la profetisa, hermana de Aarón,
tomó en su mano el pandero, y todas las mujeres
salieron tras ella con panderos y danzas.
21 Y Miriam les respondía:
Cantad al SEÑOR porque ha triunfado
gloriosamente;

al caballo y su jinete ha arrojado al mar.
22 Moisés hizo partir a Israel del mar Rojo, y
salieron hacia el desierto de Shur; anduvieron
tres días en el desierto y no encontraron agua.
23 Cuando llegaron a Mara no pudieron beber
las aguas de Mara porque eran amargas; por
tanto al lugar le pusieron el nombre de Mara[1].
24 Y murmuró el pueblo contra Moisés,
diciendo: ¿Qué beberemos?
25 Entonces él clamó al SEÑOR, y el SEÑOR le
mostró un árbol; y él lo echó en las aguas, y las
aguas se volvieron dulces. Y Dios les dio allí un
estatuto y una ordenanza, y allí los puso a
prueba.
26 Y dijo: Si escuchas atentamente la voz del
SEÑOR tu Dios, y haces lo que es recto ante sus
ojos, y escuchas sus mandamientos, y guardas
todos sus estatutos, no te enviaré ninguna de las
enfermedades que envié sobre los egipcios;
porque yo, el SEÑOR, soy tu sanador.
27 Llegaron a Elim, donde había doce fuentes de
agua y setenta palmeras, y acamparon allí junto
a las aguas.

Descontento de los israelitas

16 Partieron de Elim, y toda la congregación
de los hijos de Israel llegó al desierto de
Sin, que está entre Elim y Sinaí, el día quince del
segundo mes después de su salida de la tierra de
Egipto.
2 Y toda la congregación de los hijos de Israel
murmuró contra Moisés y contra Aarón en el
desierto.
3 Y los hijos de Israel les decían: Ojalá hubiéramos muerto a manos del SEÑOR en la tierra de
Egipto cuando nos sentábamos junto a las ollas
de carne, cuando comíamos pan hasta saciarnos;
pues nos habéis traído a este desierto para matar
de hambre a toda esta multitud.
4 Entonces el SEÑOR dijo a Moisés: He aquí,
haré llover pan del cielo para vosotros; y el
pueblo saldrá y recogerá diariamente la porción
de cada día, para ponerlos a prueba si andan o
no en mi ley.
5 Y sucederá que en el sexto día, cuando
preparen lo que traigan, la porción será el doble
de lo que recogen diariamente.
6 Entonces Moisés y Aarón dijeron a todos los
hijos de Israel: A la tarde sabréis que el SEÑOR os
ha sacado de la tierra de Egipto;
7 y por la mañana veréis la gloria del SEÑOR,
pues El ha oído vuestras murmuraciones contra
el SEÑOR; ¿y qué somos nosotros para que
murmuréis contra nosotros?
8 Y Moisés dijo: Esto sucederá cuando el SEÑOR
os dé carne para comer por la tarde, y pan hasta
saciaros por la mañana; porque el SEÑOR ha oído
vuestras murmuraciones contra El. Pues ¿qué
somos nosotros? Vuestras murmuraciones no son
contra nosotros, sino contra el SEÑOR.
9 Y Moisés dijo a Aarón: Di a toda la congregación de los hijos de Israel: "Acercaos a la
presencia del SEÑOR, porque El ha oído vuestras
murmuraciones."
10 Y sucedió que mientras Aarón hablaba a toda
la congregación de los hijos de Israel, miraron
hacia el desierto y, he aquí, la gloria del SEÑOR se
apareció en la nube.

1. I.e., amargura

11 Y habló el Señor a Moisés, diciendo:

12 He oído las murmuraciones de los hijos de Israel. Háblales, diciendo: "Al caer la tarde comeréis carne, y por la mañana os saciaréis de pan; y sabréis que yo soy el Señor vuestro Dios."

13 Y sucedió que por la tarde subieron las codornices y cubrieron el campamento, y por la mañana había una capa de rocío alrededor del campamento.

14 Cuando la capa de rocío se evaporó, he aquí, sobre la superficie del desierto había una cosa delgada, como copos, menuda, como la escarcha sobre la tierra.

15 Al ver*la*, los hijos de Israel se dijeron unos a otros: ¿Qué es esto?, porque no sabían lo que era. Y Moisés les dijo: Es el pan que el Señor os da para comer.

16 Esto es lo que el Señor ha mandado: "Cada uno recoja de él lo que vaya a comer; tomaréis un gomer por cabeza, conforme al número de personas que cada uno de vosotros tiene en su tienda."

17 Y así lo hicieron los hijos de Israel, y *unos* recogieron mucho y *otros* poco.

18 Cuando lo midieron con el gomer, al que había recogido mucho no le sobró, ni le faltó al que había recogido poco; cada uno había recogido lo que iba a comer.

19 Y Moisés les dijo: Que nadie deje nada para la mañana *siguiente*.

20 Mas no obedecieron a Moisés, y algunos dejaron parte del maná para la mañana *siguiente*, pero crió gusanos y se pudrió; y Moisés se enojó con ellos.

21 Lo recogían cada mañana, cada uno lo que iba a comer; pero cuando el sol calentaba, se derretía.

22 Y sucedió que en el sexto día recogieron doble porción de alimento, dos gomeres para cada uno. Y cuando todos los jefes de la congregación vinieron y se lo hicieron saber a Moisés,

23 él les respondió: Esto es lo que ha dicho el Señor: "Mañana es día de reposo, día de reposo consagrado al Señor. Coced lo que habéis de cocer y hervid lo que habéis de hervir, y todo lo que sobre guardad*lo* para mañana."

24 Y lo guardaron hasta la mañana como Moisés había mandado, y no se pudrió ni hubo en él gusano alguno.

25 Y Moisés dijo: Comedlo hoy, porque hoy es día de reposo para el Señor; hoy no lo hallaréis en el campo.

26 Seis días lo recogeréis, pero el séptimo día, día de reposo, no habrá nada.

27 Y sucedió que el séptimo día, algunos del pueblo salieron a recoger, pero no encontraron nada.

28 Entonces el Señor dijo a Moisés: ¿Hasta cuándo os negaréis a guardar mis mandamientos y mis leyes?

29 Mirad que el Señor os ha dado el día de reposo; por eso el sexto día os da pan para dos días. Quédese cada uno en su lugar, y que nadie salga de su lugar el séptimo día.

30 Y el pueblo reposó el séptimo día.

31 Y la casa de Israel le puso el nombre de maná, y era como la semilla del cilantro, blanco, y su sabor era como de hojuelas con miel.

32 Y Moisés dijo: Esto es lo que el Señor ha mandado: "Que se guarde un gomer lleno de maná para vuestras generaciones, para que vean el pan que yo os di de comer en el desierto cuando os saqué de la tierra de Egipto."

33 Entonces dijo Moisés a Aarón: Toma una vasija y pon en ella un gomer lleno de maná, y colócalo delante del Señor a fin de guardarlo para vuestras generaciones.

34 Tal como el Señor ordenó a Moisés, así lo colocó Aarón delante del Testimonio para que fuera guardado.

35 Y los hijos de Israel comieron el maná cuarenta años, hasta que llegaron a tierra habitada; el maná comieron hasta que llegaron a los límites de la tierra de Canaán.

36 Un gomer es la décima parte de un efa.

La peña de Horeb

17 Toda la congregación de los hijos de Israel marchó por jornadas desde el desierto de Sin, conforme al mandamiento del Señor; y acamparon en Refidim, y no había agua para que el pueblo bebiera.

2 Entonces el pueblo contendió con Moisés, y dijeron: Danos agua para beber. Y Moisés les dijo: ¿Por qué contendéis conmigo? ¿Por qué tentáis al Señor?

3 Pero el pueblo tuvo allí sed, y murmuró el pueblo contra Moisés, y dijo: ¿Por qué nos has hecho subir de Egipto para matarnos de sed *a nosotros*, a nuestros hijos y a nuestros ganados?

4 Y clamó Moisés al Señor, diciendo: ¿Qué haré con este pueblo? Un poco más y me apedrearán.

5 Y el Señor dijo a Moisés: Pasa delante del pueblo y toma contigo a algunos de los ancianos de Israel, y toma en tu mano la vara con la cual golpeaste el Nilo, y ve.

6 He aquí, yo estaré allí delante de ti sobre la peña en Horeb; y golpearás la peña, y saldrá agua de ella para que beba el pueblo. Y así lo hizo Moisés en presencia de los ancianos de Israel.

7 Y puso a aquel lugar el nombre de Masah[1] y Meriba[2], por la contienda de los hijos de Israel, y porque tentaron al Señor, diciendo: ¿Está el Señor entre nosotros o no?

8 Entonces vino Amalec y peleó contra Israel en Refidim.

9 Y Moisés dijo a Josué: Escógenos hombres, y sal a pelear contra Amalec. Mañana yo estaré sobre la cumbre del collado con la vara de Dios en mi mano.

10 Y Josué hizo como Moisés le dijo, y peleó contra Amalec; y Moisés, Aarón y Hur subieron a la cumbre del collado.

11 Y sucedió que mientras Moisés tenía en alto su mano, Israel prevalecía; y cuando dejaba caer la mano, prevalecía Amalec.

12 Pero las manos de Moisés *se le* cansaban. Entonces tomaron una piedra y la pusieron debajo de él, y se sentó en ella; y Aarón y Hur le sostenían las manos, uno de un lado y otro del otro. Así estuvieron sus manos firmes hasta que se puso el sol.

13 Y Josué deshizo a Amalec y a su pueblo a filo de espada.

14 Entonces dijo el Señor a Moisés: Escribe esto

1. I.e., prueba   2. I.e., contienda

en un libro para *que sirva de* memorial, y haz saber a Josué que yo borraré por completo la memoria de Amalec de debajo del cielo.

15 Y edificó Moisés un altar, y le puso por nombre El SEÑOR es mi Estandarte,

16 y dijo: El SEÑOR lo ha jurado; el SEÑOR hará guerra contra Amalec de generación en generación.

Visita de Jetro a Moisés

18 Y Jetro, sacerdote de Madián, suegro de Moisés, oyó de todo lo que Dios había hecho por Moisés y por su pueblo Israel, cómo el SEÑOR había sacado a Israel de Egipto.

2 Entonces Jetro, suegro de Moisés, tomó a Séfora, mujer de Moisés, después *que éste* la había enviado *a su casa,*

3 y a sus dos hijos, uno de los cuales se llamaba Gersón, pues *Moisés* había dicho: He sido peregrino en tierra extranjera,

4 y el nombre del otro *era* Eliezer[1], pues *había dicho:* El Dios de mi padre *fue* mi ayuda y me libró de la espada de Faraón.

5 Y vino Jetro, suegro de Moisés, con los hijos y la mujer de Moisés al desierto, donde *éste* estaba acampado junto al monte de Dios.

6 Y mandó decir a Moisés: Yo, tu suegro Jetro, vengo a ti con tu mujer y sus dos hijos con ella.

7 Salió Moisés a recibir a su suegro, se inclinó y lo besó; y se preguntaron uno a otro cómo estaban, y entraron en la tienda.

8 Y Moisés contó a su suegro todo lo que el SEÑOR había hecho a Faraón y a los egipcios por amor a Israel, todas las dificultades que les habían sobrevenido en el camino y *cómo* los había librado el SEÑOR.

9 Y se alegró Jetro de todo el bien que el SEÑOR había hecho a Israel, al librarlo de la mano de los egipcios.

10 Entonces Jetro dijo: Bendito sea el SEÑOR que os libró de la mano de los egipcios y de la mano de Faraón, *y* que libró al pueblo del poder de los egipcios.

11 Ahora sé que el SEÑOR es más grande que todos los dioses; ciertamente, esto se probó cuando trataron al pueblo con arrogancia.

12 Y Jetro, suegro de Moisés, tomó un holocausto y sacrificios para Dios, y Aarón vino con todos los ancianos de Israel a comer con el suegro de Moisés delante de Dios.

13 Y aconteció que al día siguiente Moisés se sentó a juzgar al pueblo; y el pueblo estuvo delante de Moisés desde la mañana hasta el atardecer.

14 Cuando el suegro de Moisés vio todo lo que él hacía por el pueblo, dijo: ¿Qué es esto que haces por el pueblo? ¿Por qué juzgas tú solo, y todo el pueblo está delante de ti desde la mañana hasta el atardecer?

15 Y respondió Moisés a su suegro: Porque el pueblo viene a mí para consultar a Dios.

16 Cuando tienen un pleito, vienen a mí, y yo juzgo entre uno y otro, dándo*les* a conocer los estatutos de Dios y sus leyes.

17 Y el suegro de Moisés le dijo: No está bien lo que haces.

18 Con seguridad desfallecerás tú, y también este pueblo que está contigo, porque el trabajo es demasiado pesado para ti; no puedes hacerlo tú solo.

19 Ahora, escúchame; yo te aconsejaré, y Dios estará contigo. Sé tú el representante del pueblo delante de Dios, y somete los asuntos a Dios.

20 Y enséñales los estatutos y las leyes, y hazles saber el camino en que deben andar y la obra que han de realizar.

21 Además, escogerás de entre todo el pueblo hombres capaces, temerosos de Dios, hombres veraces que aborrezcan las ganancias deshonestas, y *los* pondrás sobre el pueblo *como* jefes de mil, de cien, de cincuenta y de diez.

22 Y que juzguen ellos al pueblo en todo tiempo; y que traigan a ti todo pleito grave, pero que ellos juzguen todo pleito sencillo. Así será más fácil para ti, y ellos llevarán *la carga* contigo.

23 Si haces esto, y Dios te lo manda, tú podrás resistir y todo este pueblo por su parte irá en paz a su lugar.

24 Moisés escuchó a su suegro, e hizo todo lo que él había dicho.

25 Y escogió Moisés hombres capaces de entre todo Israel, y los puso por cabezas del pueblo, *como* jefes de mil, de cien, de cincuenta y de diez.

26 Ellos juzgaban al pueblo en todo tiempo; el pleito difícil lo traían a Moisés, mas todo pleito sencillo lo juzgaban ellos.

27 Y Moisés despidió a su suegro, y éste se fue a su tierra.

Consagración del pueblo en Sinaí

19 Al tercer mes de la salida de los hijos de Israel de la tierra de Egipto, ese mismo día, llegaron al desierto de Sinaí.

2 Partieron de Refidim, llegaron al desierto de Sinaí y acamparon en el desierto; allí, delante del monte, acampó Israel.

3 Y Moisés subió hacia Dios, y el SEÑOR lo llamó desde el monte, diciendo: Así dirás a la casa de Jacob y anunciarás a los hijos de Israel:

4 "Vosotros habéis visto lo que he hecho a los egipcios, y *cómo* os he tomado sobre alas de águilas y os he traído a mí.

5 "Ahora pues, si en verdad escucháis mi voz y guardáis mi pacto, seréis mi especial tesoro entre todos los pueblos, porque mía es toda la tierra.

6 y vosotros seréis para mí un reino de sacerdotes y una nación santa." Estas son las palabras que dirás a los hijos de Israel.

7 Entonces Moisés fue y llamó a los ancianos del pueblo, y expuso delante de ellos todas estas palabras que el SEÑOR le había mandado.

8 Y todo el pueblo respondió a una, y dijeron: Haremos todo lo que el SEÑOR ha dicho. Y llevó Moisés al SEÑOR las palabras del pueblo.

9 Y el SEÑOR dijo a Moisés: He aquí, vendré a ti en una densa nube, para que el pueblo oiga cuando yo hable contigo y también te crean para siempre. Entonces Moisés comunicó al pueblo las palabras del SEÑOR.

10 El SEÑOR dijo también a Moisés: Ve al pueblo y conságralos hoy y mañana, y que laven sus vestidos;

11 y que estén preparados para el tercer día, porque al tercer día el SEÑOR descenderá a la vista de todo el pueblo sobre el monte Sinaí.

12 Y pondrás límites alrededor para el pueblo, y

---

1. I.e., mi Dios es ayuda

dirás: "Guardaos de subir al monte o tocar su límite; cualquiera que toque el monte, ciertamente morirá.

13"Ninguna mano lo tocará, sino que será apedreado o asaeteado; sea animal o sea hombre, no vivirá." Cuando suene largamente la bocina ellos subirán al monte.

14 Y Moisés bajó del monte al pueblo, y santificó al pueblo; y ellos lavaron sus vestidos.

15 Y dijo al pueblo: Estad preparados para el tercer día; no os acerquéis a mujer.

16 Y aconteció que al tercer día, cuando llegó la mañana, hubo truenos y relámpagos y una densa nube sobre el monte y un fuerte sonido de trompeta; y tembló todo el pueblo que *estaba* en el campamento.

17 Entonces Moisés sacó al pueblo del campamento para ir al encuentro de Dios, y ellos se quedaron al pie del monte.

18 Y todo el monte Sinaí humeaba, porque el SEÑOR había descendido sobre él en fuego; el humo subía como el humo de un horno, y todo el monte se estremecía con violencia.

19 El sonido de la trompeta aumentaba más y más; Moisés hablaba, y Dios le respondía con el trueno.

20 Y el SEÑOR descendió al monte Sinaí, a la cumbre del monte; y llamó el SEÑOR a Moisés a la cumbre del monte, y Moisés subió.

21 Y el SEÑOR dijo a Moisés: Desciende, advierte al pueblo, no sea que traspasen *los límites* para ver al SEÑOR y perezcan muchos de ellos.

22 También que se santifiquen los sacerdotes que se acercan al SEÑOR, no sea que el SEÑOR irrumpa contra ellos.

23 Y Moisés dijo al SEÑOR: El pueblo no puede subir al monte Sinaí, porque tú nos advertiste, diciendo: "Pon límites alrededor del monte y santifícalo."

24 Entonces el SEÑOR le dijo: Ve, desciende, y vuelve a subir, tú y Aarón contigo; pero que los sacerdotes y el pueblo no traspasen *los límites* para subir al SEÑOR, no sea que El irrumpa contra ellos.

25 Descendió, pues, Moisés y advirtió al pueblo.

Los Diez Mandamientos

20 Y habló Dios todas estas palabras, diciendo:

2 Yo soy el SEÑOR tu Dios, que te saqué de la tierra de Egipto, de la casa de servidumbre.

3 No tendrás otros dioses delante de mí.

4 No te harás ídolo, ni semejanza alguna de lo que está arriba en el cielo, ni abajo en la tierra, ni en las aguas debajo de la tierra.

5 No los adorarás ni los servirás; porque yo, el SEÑOR tu Dios, soy Dios celoso, que castigo la iniquidad de los padres sobre los hijos hasta la tercera y cuarta *generación* de los que me aborrecen,

6 y muestro misericordia a millares, a los que me aman y guardan mis mandamientos.

7 No tomarás el nombre del SEÑOR tu Dios en vano, porque el SEÑOR no tendrá por inocente al que tome su nombre en vano.

8 Acuérdate del día de reposo para santificarlo.

9 Seis días trabajarás y harás toda tu obra,

10 mas el séptimo día es día de reposo para el SEÑOR tu Dios; no harás *en él* obra alguna, tú, ni tu hijo, ni tu hija, ni tu siervo, ni tu sierva, ni tu ganado, ni el extranjero que está contigo.

11 Porque en seis días hizo el SEÑOR los cielos y la tierra, el mar y todo lo que en ellos hay, y reposó en el séptimo día; por tanto, el SEÑOR bendijo el día de reposo y lo santificó.

12 Honra a tu padre y a tu madre, para que tus días sean prolongados en la tierra que el SEÑOR tu Dios te da.

13 No matarás.

14 No cometerás adulterio.

15 No hurtarás.

16 No darás falso testimonio contra tu prójimo.

17 No codiciarás la casa de tu prójimo; no codiciarás la mujer de tu prójimo, ni su siervo, ni su sierva, ni su buey, ni su asno, ni nada que sea de tu prójimo.

18 Y todo el pueblo percibía los truenos y relámpagos, el sonido de la trompeta y el monte que humeaba; y cuando el pueblo vio *aquello,* temblaron, y se mantuvieron a distancia.

19 Entonces dijeron a Moisés: Habla tú con nosotros y escucharemos; pero que no hable Dios con nosotros, no sea que muramos.

20 Y respondió Moisés al pueblo: No temáis, porque Dios ha venido para poneros a prueba, y para que su temor permanezca en vosotros, y para que no pequéis.

21 Y el pueblo se mantuvo a distancia, mientras Moisés se acercaba a la densa nube donde estaba Dios.

22 Entonces el SEÑOR dijo a Moisés: Así dirás a los hijos de Israel: "Vosotros habéis visto que os he hablado desde el cielo.

23"No haréis junto a mí dioses de plata ni dioses de oro; no os *los* haréis.

24"Harás un altar de tierra para mí, y sobre él sacrificarás tus holocaustos y tus ofrendas de paz, tus ovejas y tus bueyes; en todo lugar donde yo haga recordar mi nombre, vendré a ti y te bendeciré.

25"Y si me haces un altar de piedra, no lo construirás de piedras labradas; porque si alzas tu cincel sobre él, lo profanarás.

26"Y no subirás por gradas a mi altar, para que tu desnudez no se descubra sobre él."

Leyes sobre la esclavitud

21 Estas son las ordenanzas que pondrás delante de ellos.

2 Si compras un siervo hebreo, *te* servirá seis años, pero al séptimo saldrá libre sin pagar nada.

3 Si entró solo, saldrá solo; si tenía mujer, entonces su mujer saldrá con él.

4 Si su amo le da mujer, y ella le da a luz hijos o hijas, la mujer y sus hijos serán de su amo, y él saldrá solo.

5 Pero si el siervo insiste, diciendo: "Amo a mi señor, a mi mujer y a mis hijos; no saldré libre",

6 entonces su amo lo traerá a Dios[1], y lo traerá a la puerta o al quicial. Y su amo le horadará la oreja con una lezna, y él le servirá para siempre.

7 Y si alguno vende a su hija por sierva, ella no saldrá *libre* como salen los siervos.

8 Si ella no agrada a su amo que la había destinado para sí, permitirá que sea redimida.

---

1. O, *los jueces;* i.e., los jueces que juzgaban en nombre de Dios

Pero no podrá venderla a un pueblo extranjero, por haberla tratado con engaño.

9 Y si la destina para su hijo, la tratará conforme a la costumbre de las hijas.

10 Si toma para sí otra mujer, no disminuirá *a la primera* su alimento, ni su ropa, ni sus derechos conyugales.

11 Y si no hace por ella estas tres *cosas*, entonces ella saldrá libre sin pagar dinero.

12 El que hiera de muerte a otro, ciertamente morirá.

13 Pero si no estaba al acecho, sino que Dios permitió que cayera en sus manos, entonces yo te señalaré un lugar donde pueda refugiarse.

14 Sin embargo, si alguno se ensoberbece contra su prójimo para matarlo con alevosía, lo tomarás *aun* de mi altar para que muera.

15 El que hiera a su padre o a su madre, ciertamente morirá.

16 El que secuestre a una persona, ya sea que la venda o sea hallada en su poder, ciertamente morirá.

17 El que maldiga a su padre o a su madre, ciertamente morirá.

18 Si *dos* hombres riñen y uno hiere al otro con una piedra o con el puño, y no muere, pero guarda cama,

19 y se levanta y anda afuera con su bastón, el que lo hirió será absuelto; sólo pagará por su tiempo perdido, y lo cuidará hasta que esté completamente curado.

20 Si alguno hiere a su siervo o a su sierva con una vara, y muere bajo su mano, será castigado.

21 Sin embargo, si sobrevive uno o dos días, no se tomará venganza, porque es propiedad suya.

22 Y si *algunos* hombres luchan entre sí y golpean a una mujer encinta, y ella aborta, sin haber *otro* daño, ciertamente *el culpable* será multado según lo que el esposo de la mujer demande de él; y pagará según lo que los jueces decidan.

23 Pero si hubiera *algún otro* daño, entonces pondrás *como castigo*, vida por vida,

24 ojo por ojo, diente por diente, mano por mano, pie por pie,

25 quemadura por quemadura, herida por herida, golpe por golpe.

26 Si alguno hiere el ojo de su siervo o de su sierva y se lo inutiliza, lo dejará ir libre a causa del ojo.

27 Y si hace saltar un diente a su siervo o a su sierva, lo dejará ir libre a causa del diente.

28 Y si un buey acornea a un hombre o a una mujer, y le causa la muerte, ciertamente el buey será apedreado y su carne no se comerá; pero el dueño del buey no será castigado.

29 Sin embargo, si el buey tenía desde antes el hábito de acornear, y su dueño había sido advertido, pero no lo había encerrado, y mata a un hombre o a una mujer, el buey será apedreado, y su dueño también morirá.

30 Si se le impone precio de rescate, entonces dará por la redención de su vida lo que se demande de él.

31 Si acornea a un hijo o a una hija, será enjuiciado según la misma ley.

32 Si el buey acornea a un siervo o a una sierva, *el dueño* dará a su amo treinta siclos de plata, y el buey será apedreado.

33 Si alguno destapa un pozo, o cava un pozo y no lo cubre, y cae en él un buey o un asno,

34 el dueño del pozo hará restitución; dará dinero a su dueño, y el *animal* muerto será suyo.

35 Y si el buey de alguno hiere al *buey* de otro y le causa la muerte, entonces venderán el buey vivo y se dividirán el dinero, y se dividirán también el *buey* muerto.

36 Pero si sabía que el buey tenía desde antes el hábito de acornear y su dueño no lo había encerrado, ciertamente pagará buey por buey, y el *buey* muerto será suyo.

Leyes sobre la restitución

22 Si alguno roba un buey o una oveja, y lo mata o vende, pagará cinco bueyes por el buey y cuatro ovejas por la oveja.

2 Si el ladrón es sorprendido forzando una casa, y es herido y muere, no habrá culpabilidad de sangre;

3 pero si ya ha salido el sol, habrá culpabilidad de sangre. Ciertamente, *el ladrón* debe hacer restitución; si no tiene con qué, entonces será vendido por *el valor de* su robo.

4 Si lo que robó, sea buey o asno u oveja, es hallado vivo en su posesión, pagará el doble.

5 Si alguno deja que un campo o viña sea pastado *totalmente*, y deja suelto su animal para que paste en campo ajeno, hará restitución con lo mejor de su campo y con lo mejor de su viña.

6 Si estalla un incendio y se extiende a los espinos, de modo que las mieses, amontonadas o en pie, o el campo *mismo* se consuman, el que encendió el fuego ciertamente hará restitución.

7 Si alguno da a su vecino dinero o cosas a guardar, y son hurtados de la casa de éste, el ladrón, si es hallado, pagará el doble.

8 Si no es hallado el ladrón, entonces el dueño de la casa se presentará ante los jueces, *para* determinar si él metió la mano en la propiedad de su vecino.

9 En toda clase de fraude, *ya se trate* de buey, de asno, de oveja, de ropa, *o* de cualquier cosa perdida, de la cual se pueda decir: "Esto es", la causa de ambos se llevará ante los jueces; *y* aquel a quien los jueces declaren culpable pagará el doble a su vecino.

10 Si alguno da a su vecino un asno, un buey, una oveja, o cualquier *otro* animal para ser guardado, y muere o sufre daño, o es robado sin que nadie lo vea,

11 los dos harán juramento delante del Señor de que no metieron la mano en la propiedad de su vecino, y el dueño *lo* aceptará, y *el otro* no hará restitución.

12 Pero si en verdad *el animal* le ha sido robado, hará restitución a su dueño.

13 Si ha sido despedazado, que lo traiga como prueba; no hará restitución por lo que ha sido despedazado.

14 Si alguno pide *prestado un animal* a su vecino, y *el animal* sufre daño o muere en ausencia de su dueño, hará completa restitución.

15 Si el dueño está presente, no hará restitución; si es alquilado, *solamente* pagará el alquiler.

16 Si alguno seduce a una doncella que no esté desposada, y se acuesta con ella, deberá pagar una dote por ella para *que sea* su mujer.

17 Y si el padre rehúsa dársela, él pagará una cantidad igual a la dote de las vírgenes.

18 No dejarás con vida a la hechicera.

19 A cualquiera que se eche con un animal, ciertamente se le dará muerte.

20 El que ofrezca sacrificio a otro dios, que no sea el SEÑOR, será destruido por completo.

21 Al extranjero no maltratarás ni oprimirás, porque extranjeros fuisteis vosotros en la tierra de Egipto.

22 A la viuda y al huérfano no afligiréis.

23 Si lo afliges y él clama a mí, ciertamente yo escucharé su clamor.

24 y se encenderá mi ira y os mataré a espada, y vuestras mujeres quedarán viudas y vuestros hijos huérfanos.

25 Si prestas dinero a mi pueblo, a los pobres entre vosotros, no serás usurero con él; no le cobrarás interés.

26 Si tomas en prenda el manto de tu prójimo, se lo devolverás antes de ponerse el sol,

27 porque es su único abrigo; es el vestido para su cuerpo. ¿En qué *otra cosa* dormirá? Y será que cuando él clame a mí, yo *le* oiré, porque soy clemente.

28 No maldecirás a Dios, ni maldecirás al príncipe de tu pueblo.

29 No demorarás *la ofrenda de* tu cosecha ni *de* tu vendimia. Me darás el primogénito de tus hijos.

30 Lo mismo harás con tus bueyes *y* con tus ovejas. Siete días estará con su madre, y al octavo día me lo darás.

31 Y seréis para mí hombres santos. No comeréis carne despedazada *por las fieras* en el campo; a los perros la echaréis.

23 No propagarás falso rumor; no te concertarás con el impío para ser testigo falso.

2 No seguirás a la multitud para hacer el mal, ni testificarás en un pleito inclinándote a la multitud para pervertir *la justicia*;

3 tampoco serás parcial al pobre en su pleito.

4 Si encuentras extraviado el buey de tu enemigo o su asno, ciertamente se lo devolverás.

5 Si ves caído debajo de su carga el asno de uno que te aborrece, no se lo dejarás a él *solo*, ciertamente lo ayudarás a levantar*lo*.

6 No pervertirás el derecho de tu *hermano* menesteroso en su pleito.

7 Aléjate de acusación falsa, y no mates al inocente ni al justo, porque yo no absolveré al culpable.

8 Y no aceptarás soborno, porque el soborno ciega *aun* al de vista clara y pervierte las palabras del justo.

9 No oprimirás al extranjero, porque vosotros conocéis los sentimientos del extranjero, ya que vosotros *también* fuisteis extranjeros en la tierra de Egipto.

10 Seis años sembrarás tu tierra y recogerás su producto;

11 pero el séptimo año la dejarás descansar, sin cultivar, para que coman los pobres de tu pueblo, y de lo que ellos dejen, coman las bestias del campo. Lo mismo harás con tu viña *y* con tu olivar.

12 Seis días trabajarás, pero el séptimo día dejarás *de trabajar*, para que descansen tu buey y

tu asno, y para que el hijo de tu sierva, así como el extranjero renueven sus fuerzas.

13 Y en cuanto a todo lo que os he dicho, estad alerta; no mencionéis ni se oiga en vuestros labios el nombre de otros dioses.

14 Tres veces al año me celebraréis fiesta.

15 Guardarás la fiesta de los panes sin levadura. Siete días comerás pan sin levadura, como yo te mandé, en el tiempo señalado del mes de Abib, pues en él saliste de Egipto. Y nadie se presentará ante mí con las manos vacías.

16 También *guardarás* la fiesta de la siega de los primeros frutos de tus labores, de lo que siembres en el campo; y la fiesta de la cosecha al fin del año cuando recojas del campo *el fruto de* tu trabajo.

17 Tres veces al año se presentarán todos tus varones delante del Señor DIOS.

18 No ofrecerás la sangre de mi sacrificio con pan leudado; ni la grosura de mi fiesta quedará hasta la mañana.

19 Traerás lo mejor de las primicias de tu tierra a la casa del SEÑOR tu Dios. No cocerás el cabrito en la leche de su madre.

20 He aquí, yo enviaré un ángel delante de ti, para que te guarde en el camino y te traiga al lugar que yo te he preparado.

21 Sé prudente delante de él y obedece su voz; no seas rebelde contra él, pues no perdonará vuestra rebelión, porque en él está mi nombre.

22 Pero si en verdad obedeces su voz y haces todo lo que yo digo, entonces seré enemigo de tus enemigos y adversario de tus adversarios.

23 Pues mi ángel irá delante de ti y te llevará a *la tierra del* amorreo, del heteo, del ferezeo, del cananeo, del heveo y del jebuseo; y los destruiré por completo.

24 No adorarás sus dioses, ni los servirás, ni harás lo que ellos hacen; sino que los derribarás totalmente y harás pedazos sus pilares *sagrados*.

25 Mas serviréis al SEÑOR vuestro Dios, y El bendecirá tu pan y tu agua; y yo quitaré las enfermedades de en medio de ti.

26 No habrá en tu tierra ninguna *mujer* que aborte ni *que sea* estéril; haré que se cumpla el número de tus días.

27 Enviaré mi terror delante de ti, y llenaré de confusión a todo pueblo donde llegues; y haré que todos tus enemigos ante ti vuelvan la espalda.

28 Y enviaré avispas delante de ti para que echen fuera al heveo, al cananeo y al heteo de delante de ti.

29 No los echaré de delante de ti en un solo año, a fin de que la tierra no quede desolada y se multipliquen contra ti las bestias del campo.

30 Poco a poco los echaré de delante de ti, hasta que te multipliques y tomes posesión de la tierra.

31 Y fijaré tus límites desde el mar Rojo hasta el mar de los filisteos, y desde el desierto hasta el río *Eufrates*; porque en tus manos entregaré a los habitantes de esa tierra, y tú los echarás de delante de ti.

32 No harás pacto con ellos ni con sus dioses.

33 Ellos no habitarán en tu tierra, no sea que te hagan pecar contra mí; porque *si* sirves a sus dioses, ciertamente esto será tropezadero para ti.

El pacto de Dios con Israel

24 Entonces *Dios* dijo a Moisés: Sube hacia el SEÑOR, tú y Aarón, Nadab y Abiú, y setenta de los ancianos de Israel, y adoraréis desde lejos.

2 Sin embargo, Moisés se acercará solo al SEÑOR, y ellos no se acercarán, ni el pueblo subirá con él.

3 Y Moisés vino y contó al pueblo todas las palabras del SEÑOR y todas las ordenanzas; y todo el pueblo respondió a una voz, y dijo: Haremos todas las palabras que el SEÑOR ha dicho.

4 Y Moisés escribió todas las palabras del SEÑOR. Levantándose muy de mañana, edificó un altar al pie del monte, con doce columnas por las doce tribus de Israel.

5 Y envió jóvenes de los hijos de Israel, que ofrecieron holocaustos y sacrificaron novillos como ofrendas de paz al SEÑOR.

6 Moisés tomó la mitad de la sangre y *la* puso en vasijas, y la *otra* mitad de la sangre la roció sobre el altar.

7 Luego tomó el libro del pacto y *lo* leyó a oídos del pueblo, y ellos dijeron: Todo lo que el SEÑOR ha dicho haremos y obedeceremos.

8 Entonces Moisés tomó la sangre y *la* roció sobre el pueblo, y dijo: He aquí la sangre del pacto que el SEÑOR ha hecho con vosotros, según todas estas palabras.

9 Y subió Moisés con Aarón, Nadab y Abiú, y setenta de los ancianos de Israel;

10 y vieron al Dios de Israel, y debajo de sus pies *había* como un embaldosado de zafiro, tan claro como el mismo cielo.

11 Mas El no extendió su mano contra los príncipes de los hijos de Israel; y ellos vieron a Dios y comieron y bebieron.

12 Y el SEÑOR dijo a Moisés: Sube hasta mí, al monte, y espera allí, y te daré las tablas de piedra con la ley y los mandamientos que he escrito para instrucción de ellos.

13 Y se levantó Moisés con Josué su ayudante, y subió Moisés al monte de Dios,

14 y dijo a los ancianos: Esperadnos aquí hasta que volvamos a vosotros. Y he aquí, Aarón y Hur están con vosotros; el que tenga algún asunto legal, acuda a ellos.

15 Entonces subió Moisés al monte, y la nube cubrió el monte.

16 Y la gloria del SEÑOR reposó sobre el monte Sinaí, y la nube lo cubrió por seis días; y al séptimo día, *Dios* llamó a Moisés de en medio de la nube.

17 A los ojos de los hijos de Israel la apariencia de la gloria del SEÑOR era como un fuego consumidor sobre la cumbre del monte.

18 Y entró Moisés en medio de la nube, y subió al monte; y estuvo Moisés en el monte cuarenta días y cuarenta noches.

La ofrenda para el tabernáculo

25 Y habló el SEÑOR a Moisés diciendo:

2 Di a los hijos de Israel que tomen una ofrenda para mí; de todo aquel cuyo corazón le mueva *a hacerlo*, tomaréis mi ofrenda.

3 Y esta es la ofrenda que tomaréis de ellos: oro, plata y bronce;

4 tela azul, púrpura y escarlata, lino fino y *pelo de* cabra;

5 pieles de carnero teñidas de rojo, pieles de marsopa y madera de acacia;

6 aceite para el alumbrado, especias para el aceite de la unción y para el incienso aromático;

7 piedras de ónice y piedras de engaste para el efod y para el pectoral.

8 Y que hagan un santuario para mí, para que yo habite entre ellos.

9 Conforme a todo lo que te voy a mostrar, *conforme* al diseño del tabernáculo y al diseño de todo su mobiliario, así *lo* haréis.

10 Harán también un arca de madera de acacia; su longitud *será* de dos codos y medio, su anchura de un codo y medio, y su altura de un codo y medio.

11 Y la revestirás de oro puro; por dentro y por fuera la revestirás, y harás una moldura de oro alrededor de ella.

12 Además fundirás para ella cuatro argollas de oro, y las pondrás en sus cuatro esquinas; dos argollas a un lado de ella y dos argollas al otro lado.

13 También harás varas de madera de acacia y las revestirás de oro.

14 Y meterás las varas por las argollas a los lados del arca, para llevar el arca con ellas.

15 Las varas permanecerán en las argollas del arca; no serán quitadas de ella.

16 Y pondrás en el arca el testimonio que yo te daré.

17 Harás además un propiciatorio de oro puro; su longitud *será* de dos codos y medio, y su anchura de un codo y medio.

18 Harás igualmente dos querubines de oro; los harás de oro labrado a martillo, en los dos extremos del propiciatorio.

19 Harás un querubín en un extremo y el otro en el otro extremo; harás el propiciatorio con los querubines en sus dos extremos *de una sola pieza.*

20 Y los querubines tendrán extendidas las alas hacia arriba, cubriendo el propiciatorio con sus alas, uno frente al otro; los rostros de los querubines estarán *vueltos* hacia el propiciatorio.

21 Y pondrás el propiciatorio encima del arca, y en el arca pondrás el testimonio que yo te daré.

22 Allí me encontraré contigo, y de sobre el propiciatorio, de entre los dos querubines que están sobre el arca del testimonio, te hablaré acerca de todo lo que he de darte por mandamiento para los hijos de Israel.

23 Harás asimismo una mesa de madera de acacia; su longitud *será* de dos codos, su anchura de un codo y su altura de un codo y medio.

24 Y la revestirás de oro puro y harás una moldura de oro a su alrededor.

25 Le harás también alrededor un borde de un palmo menor de ancho, y harás una moldura de oro alrededor del borde.

26 Y le harás cuatro argollas de oro, y pondrás argollas en las cuatro esquinas que están sobre sus cuatro patas.

27 Cerca del borde estarán las argollas para meter las varas a fin de llevar la mesa.

28 Y harás las varas de madera de acacia y las revestirás de oro, y con ellas llevarán la mesa.

29 Harás también sus fuentes, sus vasijas, sus

jarros y sus tazones con los cuales se harán las libaciones; de oro puro los harás.

30 Y pondrás sobre la mesa el pan de la Presencia perpetuamente delante de mí.

31 Harás además un candelabro de oro puro. El candelabro, su base y su caña han de hacerse labrados a martillo; sus copas, sus cálices y sus flores serán *de una pieza* con él.

32 Y saldrán de sus lados seis brazos; tres brazos del candelabro de uno de sus lados y tres brazos del candelabro del otro lado.

33 *Habrá* tres copas en forma de *flor de* almendro en un brazo, *con* un cáliz y una flor; y tres copas en forma de *flor de* almendro en el otro brazo, *con* un cáliz y una flor; así en los seis brazos que salen del candelabro.

34 Y en *la caña* del candelabro *habrá* cuatro copas en forma de *flor de* almendro, *con* sus cálices y sus flores.

35 Y habrá un cáliz debajo de los dos *primeros* brazos *que salen* de él, y un cáliz debajo de los dos *siguientes* brazos *que salen* de él, y un cáliz debajo de los dos *últimos* brazos *que salen* de él; así con los seis brazos que salen del candelabro.

36 Sus cálices y sus brazos *serán de una pieza* con él; todo ello será una sola pieza de oro puro labrado a martillo.

37 Entonces harás sus siete lámparas; sus lámparas serán levantadas de modo que alumbren el espacio frente al candelabro.

38 Y sus despabiladeras y sus platillos *serán* de oro puro.

39 *El candelabro,* con todos estos utensilios, será hecho de un talento de oro puro.

40 Y mira que *los* hagas según el diseño que te ha sido mostrado en el monte.

Construcción del tabernáculo

26 Harás el tabernáculo con diez cortinas de lino fino torcido, y *tela* azul, púrpura y escarlata; las harás con querubines, obra de hábil artífice.

2 La longitud de cada cortina será de veintiocho codos, y la anchura de cada cortina de cuatro codos; todas las cortinas tendrán una *misma* medida.

3 Cinco cortinas estarán unidas una con la otra; también *las otras* cinco cortinas *estarán* unidas una con la otra.

4 Y harás lazos de *tela* azul en el borde de la cortina del extremo del *primer* enlace, y de la misma manera *los* harás en el borde de la cortina del extremo del segundo enlace.

5 Harás cincuenta lazos en la primera cortina, y cincuenta lazos en el borde de la cortina que está en el segundo enlace; los lazos se corresponderán unos a otros.

6 Harás además cincuenta broches de oro, y con los broches unirás las cortinas una a la otra, de manera que el tabernáculo sea una unidad.

7 Harás también cortinas de *pelo de* cabra *a manera* de tienda sobre el tabernáculo; en total harás once cortinas.

8 La longitud de cada cortina *será* de treinta codos, y la anchura de cada cortina de cuatro codos, las once cortinas tendrán una *misma* medida.

9 Unirás cinco cortinas entre sí y las *otras* seis cortinas *también* entre sí, y doblarás la sexta cortina en el frente de la tienda.

10 Harás cincuenta lazos en el borde de la cortina del extremo del *primer* enlace, y cincuenta lazos en el borde de la cortina *del extremo del* segundo enlace.

11 Harás además cincuenta broches de bronce, y pondrás los broches en los lazos y unirás la tienda para que sea un todo.

12 Y el exceso que sobra de las cortinas de la tienda, la media cortina que queda, caerá sobre *la parte* posterior del tabernáculo.

13 Y un codo en un lado y un codo en el otro *lado* de lo que sobra de la longitud de las cortinas de la tienda, caerá sobre los costados del tabernáculo, a un lado y a otro, para cubrirlo.

14 Harás también para la tienda una cubierta de pieles de carnero teñidas de rojo, y otra cubierta de pieles de marsopa por encima.

15 Harás luego para el tabernáculo tablas de madera de acacia, *colocándolas* verticalmente.

16 La longitud de cada tabla *será* de diez codos, y de un codo y medio la anchura de cada tabla.

17 Cada tabla *tendrá* dos espigas para unirlas una con otra; así harás con todas las tablas del tabernáculo.

18 Harás, pues, las tablas para el tabernáculo; veinte tablas para el lado sur.

19 También harás cuarenta basas de plata debajo de las veinte tablas: dos basas debajo de una tabla para sus dos espigas, y dos basas debajo de la otra tabla para sus dos espigas.

20 Y para el segundo lado del tabernáculo, al lado norte, veinte tablas,

21 y sus cuarenta basas de plata: dos basas debajo de una tabla y dos basas debajo de la otra tabla.

22 Y para la parte posterior del tabernáculo, hacia el occidente, harás seis tablas.

23 Harás además dos tablas para las esquinas del tabernáculo en la parte posterior.

24 Serán dobles por abajo, y estarán completamente unidas por arriba hasta la primera argolla; así será con las dos: formarán las dos esquinas.

25 Habrá ocho tablas con sus basas de plata, dieciséis basas; dos basas debajo de una tabla y dos basas debajo de la otra tabla.

26 Harás también barras de madera de acacia; cinco para las tablas de un lado del tabernáculo,

27 y cinco barras para las tablas del otro lado del tabernáculo, y cinco barras para las tablas del lado posterior del tabernáculo, hacia el occidente.

28 La barra del medio en el centro de las tablas pasará de un extremo al otro.

29 Y revestirás de oro las tablas, y harás de oro sus argollas por donde pasarán las barras; y revestirás de oro las barras.

30 Entonces levantarás el tabernáculo según el plan que te ha sido mostrado en el monte.

31 Harás además un velo de *tela* azul, púrpura y escarlata, y de lino fino torcido; será hecho con querubines, obra de hábil artífice.

32 Y lo colgarás sobre cuatro columnas de acacia revestidas de oro; sus ganchos *serán también de* oro, sobre cuatro basas de plata.

33 Colgarás el velo debajo de los broches, y pondrás allí, detrás del velo, el arca del testimonio; y el velo os servirá como división entre el lugar santo y el lugar santísimo.

34 Y pondrás el propiciatorio sobre el arca del testimonio en el lugar santísimo.

35 Y pondrás la mesa fuera del velo, y el candelabro enfrente de la mesa en el lado del tabernáculo hacia el sur; y pondrás la mesa en el lado norte.

36 Harás también una cortina para la entrada de la tienda de *tela* azul, púrpura y escarlata, y de lino fino torcido, obra de tejedor.

37 Y harás cinco columnas de acacia para la cortina, y las revestirás de oro, *y* sus ganchos *serán también de* oro; y fundirás cinco basas de bronce para ellas.

El altar del holocausto

27 Harás también el altar de madera de acacia, de cinco codos su longitud, de cinco codos su anchura, el altar será cuadrado, y de tres codos su altura.

2 Y le harás cuernos en sus cuatro esquinas; los cuernos serán de una misma *pieza* con el altar, y lo revestirás de bronce.

3 Harás asimismo sus recipientes para recoger las cenizas, y sus palas, sus tazones, sus garfios y sus braseros. Todos sus utensilios los harás de bronce.

4 Le harás un enrejado de bronce en forma de red, y sobre la red harás cuatro argollas de bronce en sus cuatro extremos.

5 Y la pondrás debajo, bajo el borde del altar, *de manera* que la red llegue hasta la mitad del altar.

6 Harás también varas para el altar, varas de madera de acacia, y las revestirás de bronce.

7 Y las varas se meterán en las argollas, de manera que las varas estén en ambos lados del altar cuando sea transportado.

8 Lo harás hueco, de tablas; según se te mostró en el monte, así *lo* harán.

9 Harás también el atrio del tabernáculo. Al lado sur *habrá* cortinas de lino fino torcido para el atrio, de cien codos de largo por un lado.

10 Sus columnas *serán* veinte, con sus veinte basas de bronce; los ganchos de las columnas y sus molduras *serán* de plata.

11 Asimismo a lo largo del lado norte *habrá* cortinas de cien *codos* de largo y sus veinte columnas con sus veinte basas *serán* de bronce; los ganchos de las columnas y sus molduras *serán* de plata.

12 *Para* el ancho del atrio en el lado occidental *habrá* cortinas de cincuenta codos *con* sus diez columnas y sus diez basas.

13 Y el ancho del atrio en el lado oriental *será* de cincuenta codos.

14 Las cortinas a *un* lado *de la entrada serán* de quince codos *con* sus tres columnas y sus tres basas.

15 Y para el otro lado *habrá* cortinas de quince codos *con* sus tres columnas y sus tres basas.

16 Y para la puerta del atrio *habrá* una cortina de veinte codos de *tela* azul, púrpura y escarlata, y de lino fino torcido, obra de tejedor, *con* sus cuatro columnas y sus cuatro basas.

17 Todas las columnas alrededor del atrio tendrán molduras de plata; sus ganchos *serán* de plata y sus basas de bronce.

18 El largo del atrio *será* de cien codos, y el ancho de cincuenta por cada lado, y la altura cinco codos; *sus cortinas* de lino fino torcido, y sus basas de bronce.

19 Todos los utensilios del tabernáculo *usados* en todo su servicio, y todas sus estacas, y todas las estacas del atrio *serán* de bronce.

20 Y mandarás a los hijos de Israel que te traigan aceite puro de olivas machacadas para el alumbrado, para que la lámpara arda continuamente.

21 En la tienda de reunión, fuera del velo que está delante del testimonio, Aarón y sus hijos la mantendrán en orden delante del Señor desde la tarde hasta la mañana; *será* estatuto perpetuo para todas las generaciones de los hijos de Israel.

Las vestiduras sacerdotales

28 Entonces harás que se acerque a ti, de entre los hijos de Israel, tu hermano Aarón, y con él sus hijos, para que me sirvan como sacerdotes: Aarón, *con* Nadab y Abiú, Eleazar e Itamar, hijos de Aarón.

2 Y harás vestiduras sagradas para tu hermano Aarón, para gloria y para hermosura.

3 Y hablarás a todos los hábiles artífices, a quienes yo he llenado de espíritu de sabiduría, y ellos harán las vestiduras de Aarón para consagrarlo, a fin de que me sirva como sacerdote.

4 Estas son las vestiduras que harán: un pectoral, un efod, un manto, una túnica tejida a cuadros, una tiara y un cinturón; y harán vestiduras sagradas para tu hermano Aarón y para sus hijos, a fin de que me sirvan como sacerdotes.

5 Y tomarán *para ello* el oro y *la tela* azul, púrpura y escarlata, y el lino fino.

6 Harán también el efod de oro, de *tela* azul, púrpura *y* escarlata y de lino fino torcido, obra de hábil artífice.

7 Tendrá dos hombreras que se junten a sus dos extremos, para que se pueda unir.

8 Y el cinto hábilmente tejido que *estará* sobre él, será de la misma obra, del mismo material: de oro, de *tela* azul, púrpura y escarlata y de lino fino torcido.

9 Y tomarás dos piedras de ónice, y grabarás en ellas los nombres de los hijos de Israel:

10 seis de los nombres en una piedra, y los seis nombres restantes en la otra piedra, según *el orden de* su nacimiento.

11 Así como un joyero graba un sello, tú grabarás las dos piedras con los nombres de los hijos de Israel; las engastarás en filigrana de oro.

12 Y pondrás las dos piedras en las hombreras del efod, *como* piedras memoriales para los hijos de Israel, y Aarón llevará sus nombres delante del Señor sobre sus dos hombros por memorial.

13 Harás *engastes de* filigrana de oro,

14 y dos cadenillas de oro puro; las harás en forma de cordones trenzados, y pondrás las cadenillas trenzadas en los *engastes de* filigrana.

15 Y harás el pectoral del juicio, obra de hábil artífice; lo harás como la obra del efod: de oro, de *tela* azul, púrpura y escarlata y de lino fino torcido lo harás.

16 Será cuadrado *y* doble, de un palmo de largo y un palmo de ancho.

17 Y montarás en él cuatro hileras de piedras. La primera hilera *será* una hilera de un rubí, un topacio y una esmeralda;

18 la segunda hilera, una turquesa, un zafiro y un diamante;

19 la tercera hilera, un jacinto, una ágata y una amatista;

20 y la cuarta hilera, un berilo, un ónice y un jaspe; todas estarán engastadas en filigrana de oro.

21 Las piedras serán doce, según los nombres de los hijos de Israel, conforme a sus nombres; serán *como* las grabaduras de un sello, cada uno según su nombre para las doce tribus.

22 Y harás en el pectoral cadenillas de oro puro en forma de cordones trenzados.

23 Harás también en el pectoral dos anillos de oro, y colocarás los dos anillos en los dos extremos del pectoral.

24 Pondrás los dos cordones de oro en los dos anillos en los extremos del pectoral.

25 Y colocarás los *otros* dos extremos de los dos cordones en los *engastes de* filigrana, y los fijarás en las hombreras del efod, en su parte delantera.

26 Harás *otros* dos anillos de oro y los pondrás en los dos extremos del pectoral, en el borde que da al lado interior del efod.

27 Y harás *otros* dos anillos de oro y los pondrás en la parte inferior de las dos hombreras del efod, en la parte delantera, cerca de su unión sobre el cinto tejido del efod.

28 Atarán el pectoral por sus anillos a los anillos del efod con un cordón azul, para que esté sobre el cinto tejido del efod, y para que el pectoral no se desprenda del efod.

29 Y Aarón llevará los nombres de los hijos de Israel en el pectoral del juicio sobre su corazón cuando entre en el lugar santo, continuamente por memorial delante del Señor.

30 Pondrás en el pectoral del juicio el Urim y el Tumim, y estarán sobre el corazón de Aarón cuando entre a la presencia del Señor; y Aarón llevará continuamente el juicio de los hijos de Israel sobre su corazón delante del Señor.

31 Harás asimismo el manto del efod todo de *tela* azul.

32 Y habrá una abertura en el medio de su parte superior; alrededor de la abertura habrá una orla tejida, como la abertura de una cota de malla, para que no se rompa.

33 Y harás en su borde inferior granadas de *tela* azul, púrpura y escarlata alrededor en todo su borde, y entre ellas, *también* alrededor, campanillas de oro:

34 una campanilla de oro y una granada, otra campanilla de oro y otra granada, *y así* alrededor de todo el borde del manto.

35 Y estará sobre Aarón cuando ministre; y el tintineo se oirá cuando entre en el lugar santo delante del Señor, y cuando salga, para que no muera.

36 Harás también una lámina de oro puro, y grabarás en ella, como las grabaduras de un sello: "Santidad al Señor."

37 La fijarás en un cordón azul, y estará sobre la tiara; estará en la parte delantera de la tiara.

38 Y estará sobre la frente de Aarón, y Aarón quitará la iniquidad de las cosas sagradas que los hijos de Israel consagren en todas sus ofrendas santas; y *la lámina* estará siempre sobre su frente, para que sean aceptas delante del Señor.

39 Tejerás a cuadros la túnica de lino fino, y

harás una tiara de lino fino; harás también un cinturón, obra de un tejedor.

40 Para los hijos de Aarón harás túnicas, también les harás cinturones, y les harás mitras, para gloria y hermosura.

41 Y vestirás con ellos a tu hermano Aarón y a sus hijos con él; y los ungirás y ordenarás y consagrarás para que me sirvan como sacerdotes.

42 Les harás calzoncillos de lino para cubrir *su* desnudez; llegarán desde los lomos hasta los muslos.

43 Y los llevarán puestos Aarón y sus hijos cuando entren en la tienda de reunión, o cuando se acerquen al altar para ministrar en el lugar santo, para que no incurran en culpa y mueran. *Será* estatuto perpetuo para él y para su descendencia después de él.

Consagración de Aarón y de sus hijos

29 Esto es lo que les harás para consagrarlos para que me sirvan como sacerdotes: toma un novillo y dos carneros sin defecto;

2 y pan sin levadura, y tortas sin levadura amasadas con aceite, y hojaldres sin levadura untados con aceite; los harás de flor de harina de trigo.

3 Los pondrás en una cesta, y los presentarás en la cesta junto con el novillo y los dos carneros.

4 Después harás que Aarón y sus hijos se acerquen a la entrada de la tienda de reunión, y los lavarás con agua.

5 Y tomarás las vestiduras y pondrás sobre Aarón la túnica, el manto del efod, el efod y el pectoral, y lo ceñirás con el cinto tejido del efod;

6 y pondrás la tiara sobre su cabeza, y sobre la tiara pondrás la diadema santa.

7 Luego tomarás el aceite de la unción, y lo derramarás sobre su cabeza, y lo ungirás.

8 También harás que sus hijos se acerquen y pondrás túnicas sobre ellos.

9 Y les ceñirás los cinturones a Aarón y a sus hijos, y les atarás las mitras, y tendrán el sacerdocio por estatuto perpetuo. Así consagrarás a Aarón y a sus hijos.

10 Entonces llevarás el novillo delante de la tienda de reunión, y Aarón y sus hijos pondrán sus manos sobre la cabeza del novillo.

11 Y matarás el novillo delante del Señor, a la entrada de la tienda de reunión.

12 Tomarás de la sangre del novillo y *la* pondrás sobre los cuernos del altar con tu dedo; y derramarás toda la sangre al pie del altar.

13 Y tomarás todo el sebo que cubre las entrañas, el lóbulo del hígado y los dos riñones, y el sebo que hay sobre ellos, y los ofrecerás quemándolos sobre el altar.

14 Pero la carne del novillo y su piel y su estiércol quemarás con fuego fuera del campamento; es ofrenda por el pecado.

15 También tomarás uno de los carneros, y Aarón y sus hijos pondrán sus manos sobre la cabeza del carnero.

16 Y matarás el carnero, y tomarás su sangre y la rociarás en el altar por todos los lados.

17 Luego cortarás el carnero en pedazos, y lavarás sus entrañas y sus piernas, y *las* pondrás con sus pedazos y con su cabeza;

18 y quemarás todo el carnero sobre el altar; es

holocausto al SEÑOR, aroma agradable al SEÑOR, ofrenda encendida al SEÑOR.

19 Entonces tomarás el otro carnero, y Aarón y sus hijos pondrán sus manos sobre la cabeza del carnero.

20 Y matarás el carnero, y tomarás de su sangre y *la* pondrás sobre el lóbulo de la oreja derecha de Aarón, y sobre el lóbulo de la oreja derecha de sus hijos, y sobre el pulgar de su mano derecha, y sobre el pulgar de su pie derecho, y rociarás el *resto de la* sangre en el altar por todos los lados.

21 Después tomarás de la sangre que está sobre el altar y del aceite de la unción, y *lo* rociarás sobre Aarón y sobre sus vestiduras, y sobre sus hijos y sobre las vestiduras de sus hijos; y quedarán consagrados él y sus vestiduras, y también sus hijos y las vestiduras de sus hijos con él.

22 Tomarás también el sebo del carnero, la cola gorda, el sebo que cubre las entrañas, el lóbulo del hígado, los dos riñones y el sebo que hay sobre ellos, la pierna derecha (porque es un carnero de consagración),

23 y una torta de pan, una torta de pan *con* aceite y un hojaldre de la cesta de pan sin levadura que está delante del SEÑOR.

24 Lo pondrás todo en las manos de Aarón y en las manos de sus hijos; y lo mecerás como ofrenda mecida delante del SEÑOR.

25 Luego lo tomarás de sus manos y lo quemarás en el altar sobre el holocausto como aroma agradable delante del SEÑOR; es ofrenda encendida al SEÑOR.

26 Entonces tomarás el pecho del carnero de la consagración de Aarón, y lo mecerás como ofrenda mecida delante del SEÑOR; y esa será tu porción.

27 Y consagrarás el pecho de la ofrenda mecida y la pierna de la ofrenda alzada, lo que fue mecido y lo que fue alzado del carnero de consagración, de lo que era para Aarón y de lo que era para sus hijos.

28 Esto será como porción perpetua de parte de los hijos de Israel para Aarón y sus hijos, porque es ofrenda alzada; y será una ofrenda alzada de los hijos de Israel, de los sacrificios de sus ofrendas de paz, su ofrenda alzada al SEÑOR.

29 Y las vestiduras sagradas de Aarón serán para sus hijos después de él, para que en ellas sean ungidos y consagrados.

30 Por siete días las vestirá aquel de sus hijos que tome su lugar como sacerdote, cuando entre en la tienda de reunión para ministrar en el lugar santo.

31 Y tomarás el carnero de consagración y cocerás su carne en lugar santo.

32 Y Aarón y sus hijos comerán la carne del carnero y el pan que está en la cesta, a la entrada de la tienda de reunión.

33 Así comerán las cosas con las cuales se hizo expiación en la ordenación *y* consagración de ellos; mas el laico no *las* comerá, porque son sagradas.

34 Y si sobra algo de la carne de consagración o algo del pan hasta la mañana *siguiente*, quemarás al fuego lo que haya sobrado; no se comerá, porque es sagrado.

35 Así harás, pues, a Aarón y a sus hijos,

conforme a todo lo que te he mandado; por siete días los consagrarás.

36 Y cada día ofrecerás en expiación un novillo como ofrenda por el pecado; y purificarás el altar cuando hagas expiación sobre él, y lo ungirás para santificarlo.

37 Durante siete días harás expiación por el altar, y lo santificarás; entonces el altar será santísimo, *y* todo lo que toque el altar será santificado.

38 Esto es lo que ofrecerás sobre el altar: dos corderos de un año cada día, continuamente.

39 Ofrecerás uno de los corderos por la mañana y el otro cordero *lo* ofrecerás al atardecer;

40 y *ofrecerás* una décima *de un efa* de flor de harina mezclada con un cuarto de hin de aceite batido, y para la libación, un cuarto de hin de vino con un cordero.

41 Y ofrecerás el otro cordero al atardecer; y con él ofrecerás la misma ofrenda de cereal y la misma libación que por la mañana, como aroma agradable: una ofrenda encendida al SEÑOR.

42 Será holocausto continuo por vuestras generaciones a la entrada de la tienda de reunión, delante del SEÑOR, donde yo me encontraré con vosotros, para hablar allí contigo.

43 Y me encontraré allí con los hijos de Israel, y *el lugar* será santificado por mi gloria.

44 Santificaré la tienda de reunión y el altar; también santificaré a Aarón y a sus hijos para que me sirvan como sacerdotes.

45 Y habitaré entre los hijos de Israel, y seré su Dios.

46 Y conocerán que yo soy el SEÑOR su Dios, que los saqué de la tierra de Egipto para morar yo en medio de ellos. Yo soy el SEÑOR su Dios.

El altar del incienso

30 Harás también un altar para quemar en él incienso; de madera de acacia lo harás.

2 De un codo *será* su longitud y de un codo su anchura, será cuadrado; y de dos codos su altura. Sus cuernos *serán* de una pieza con él.

3 Lo revestirás de oro puro: su parte superior, sus lados en derredor y sus cuernos; y le harás una moldura de oro alrededor.

4 Le harás dos argollas de oro debajo de su moldura; *los* harás en dos de sus lados, en lados opuestos, y servirán de sostén para las varas con las cuales transportarlo.

5 Y harás las varas de madera de acacia y las revestirás de oro.

6 Pondrás el altar delante del velo que está junto al arca del testimonio, delante del propiciatorio que está sobre el *arca del* testimonio, donde yo me encontraré contigo.

7 Y Aarón quemará incienso aromático sobre él; lo quemará cada mañana al preparar las lámparas.

8 Y cuando Aarón prepare las lámparas al atardecer, quemará incienso. *Habrá* incienso perpetuo delante del SEÑOR por todas vuestras generaciones.

9 No ofreceréis incienso extraño en este altar, ni holocausto ni ofrenda de cereal; tampoco derramaréis libación sobre él.

10 Aarón hará expiación sobre los cuernos del altar una vez al año; hará expiación sobre él con la sangre de la ofrenda de expiación por el pecado, una vez al año por todas vuestras generaciones; santísimo es al SEÑOR.

11 Habló también el SEÑOR a Moisés, diciendo:
12 Cuando hagas un censo de los hijos de Israel para contarlos, cada uno dará al SEÑOR un rescate por su persona cuando sean contados, para que no haya plaga entre ellos cuando los hayas contado.
13 Esto dará todo el que sea contado: medio siclo, conforme al siclo del santuario. El siclo es de veinte geras. Medio siclo es la ofrenda al SEÑOR.
14 Todo el que sea contado, de veinte años arriba, dará la ofrenda al SEÑOR.
15 El rico no pagará más, ni el pobre pagará menos del medio siclo, al dar la ofrenda al SEÑOR para hacer expiación por vuestras vidas.
16 Tomarás de los hijos de Israel el dinero de la expiación y lo darás para el servicio de la tienda de reunión, para que sea un recordatorio para los hijos de Israel delante del SEÑOR, como expiación por vuestras vidas.
17 Y el SEÑOR habló a Moisés, diciendo:
18 Harás también una pila de bronce, con su base de bronce, para lavatorio; y la colocarás entre la tienda de reunión y el altar, y pondrás agua en ella.
19 Y con ella se lavarán las manos y los pies Aarón y sus hijos.
20 Al entrar en la tienda de reunión, se lavarán con agua para que no mueran; también cuando se acerquen al altar a ministrar para quemar una ofrenda encendida al SEÑOR.
21 Y se lavarán las manos y los pies para que no mueran; y será estatuto perpetuo para ellos, para Aarón y su descendencia, por todas sus generaciones.
22 Habló el SEÑOR a Moisés, diciendo:
23 Toma también de las especias más finas: de mirra fluida, quinientos *siclos;* de canela aromática, la mitad, doscientos cincuenta; y de caña aromática, doscientos cincuenta;
24 de casia, quinientos *siclos,* conforme al siclo del santuario, y un hin de aceite de oliva.
25 Y harás de ello el aceite de la santa unción, mezcla de perfume, obra de perfumador; será aceite de santa unción.
26 Y con él ungirás la tienda de reunión y el arca del testimonio,
27 la mesa y todos sus utensilios, el candelabro y sus utensilios, el altar del incienso,
28 el altar del holocausto y todos sus utensilios, la pila y su base.
29 Los consagrarás y serán santísimos; todo aquello que los toque será santificado.
30 Y ungirás a Aarón y a sus hijos y los consagrarás para que me sirvan como sacerdotes.
31 Y hablarás a los hijos de Israel, diciendo: "Este santo aceite de santa unción para mí por todas vuestras generaciones.
32 "No se derramará sobre nadie, ni haréis *otro* igual en las mismas proporciones; santo es, *y* santo será para vosotros.
33 "Cualquiera que haga *otro* semejante, o el que ponga de él sobre un laico, será cortado de entre su pueblo."
34 Entonces el SEÑOR dijo a Moisés: Toma especias, estacte, uña aromática y gálbano,

especias con incienso puro; que haya de cada una igual *peso.*
35 Con ello harás incienso, un perfume, obra de perfumador, sazonado, puro *y* santo.
36 Y molerás parte de él muy fino, y pondrás una parte delante del testimonio en el tabernáculo de reunión donde yo me encontraré contigo; santísimo será para vosotros.
37 Y el incienso que harás, no lo haréis en las mismas proporciones para vuestro propio uso; te será santo para el SEÑOR.
38 Cualquiera que haga *incienso* como éste, para usarlo como perfume será cortado de entre su pueblo.

Llamamiento de Bezaleel y de Aholiab

31 Y el SEÑOR habló a Moisés, diciendo:
2 Mira, he llamado por nombre a Bezaleel, hijo de Uri, hijo de Hur, de la tribu de Judá.
3 Y lo he llenado del Espíritu de Dios en sabiduría, en inteligencia, en conocimiento y en toda *clase de* arte,
4 para elaborar diseños, para trabajar en oro, en plata y en bronce,
5 y en el labrado de piedras para engaste, y en el tallado de madera; a fin de que trabaje en toda *clase de* labor.
6 Mira, yo mismo he nombrado con él a Aholiab, hijo de Ahisamac, de la tribu de Dan; y en el corazón de todos los que son hábiles he puesto habilidad a fin de que hagan todo lo que te he mandado:
7 la tienda de reunión, el arca del testimonio, el propiciatorio sobre ella y todo el mobiliario del tabernáculo;
8 también la mesa y sus utensilios, el candelabro de *oro* puro con todos sus utensilios y el altar del incienso;
9 el altar del holocausto también con todos sus utensilios y la pila con su base;
10 asimismo las vestiduras tejidas, las vestiduras sagradas para el sacerdote Aarón y las vestiduras de sus hijos, para ministrar como sacerdotes;
11 también el aceite de la unción, y el incienso aromático para el lugar santo. *Los* harán conforme a todo lo que te he mandado.
12 Y habló el SEÑOR a Moisés, diciendo:
13 Habla, pues, tú a los hijos de Israel, diciendo: "De cierto guardaréis mis días de reposo, porque *esto* es una señal entre yo y vosotros por todas vuestras generaciones, a fin de que sepáis que yo soy el SEÑOR que os santifico.
14 "Por tanto, habéis de guardar el día de reposo porque es santo para vosotros. Todo el que lo profane morirá irremisiblemente; porque cualquiera que haga obra alguna en él, esa persona será cortada de entre su pueblo.
15 "Durante seis días se trabajará, pero el séptimo día será día de completo reposo, santo al SEÑOR. Cualquiera que haga obra alguna en el día de reposo morirá irremisiblemente.
16 "Los hijos de Israel guardarán, pues, el día de reposo, celebrándolo por todas sus generaciones como pacto perpetuo."
17 Es una señal entre yo y los hijos de Israel para siempre; pues en seis días el SEÑOR hizo los cielos y la tierra, y en el séptimo día cesó *de trabajar* y reposó.

18 Y cuando terminó de hablar con Moisés sobre el monte Sinaí, le dio las dos tablas del testimonio, tablas de piedra, escritas por el dedo de Dios.

El becerro de oro

32 Cuando el pueblo vio que Moisés tardaba en bajar del monte, la gente se congregó alrededor de Aarón, y le dijeron: Levántate, haznos un dios que vaya delante de nosotros; en cuanto a este Moisés, el hombre que nos sacó de la tierra de Egipto, no sabemos qué le haya acontecido.

2 Y Aarón les dijo: Quitad los pendientes de oro de las orejas de vuestras mujeres, de vuestros hijos y de vuestras hijas, y traédme*los*.

3 Entonces todo el pueblo se quitó los pendientes de oro que tenían en las orejas y *los* llevaron a Aarón.

4 Y él *los* tomó de sus manos y les dio forma con buril, e hizo de ellos un becerro de fundición. Y ellos dijeron: Este es tu dios, Israel, que te ha sacado de la tierra de Egipto.

5 Cuando Aarón vio *esto*, edificó un altar delante del becerro. Y Aarón hizo una proclama, diciendo: Mañana *será* fiesta para el SEÑOR.

6 Y al día siguiente se levantaron temprano y ofrecieron holocaustos y trajeron ofrendas de paz; y el pueblo se sentó a comer y a beber, y se levantó a regocijarse.

7 Entonces el SEÑOR habló a Moisés: Desciende pronto, porque tu pueblo, que sacaste de la tierra de Egipto, se ha corrompido.

8 Bien pronto se han desviado del camino que yo les mandé. Se han hecho un becerro de fundición y lo han adorado, le han ofrecido sacrificios y han dicho: "Este es tu dios, Israel, que te ha sacado de la tierra de Egipto."

9 Y el SEÑOR dijo a Moisés: He visto a este pueblo, y he aquí, es pueblo de dura cerviz.

10 Ahora pues, déjame, para que se encienda mi ira contra ellos y los consuma; mas de ti yo haré una gran nación.

11 Entonces Moisés suplicó ante el SEÑOR su Dios, y dijo: Oh SEÑOR, ¿por qué se enciende tu ira contra tu pueblo, que tú has sacado de la tierra de Egipto con gran poder y con mano fuerte?

12 ¿Por qué han de hablar los egipcios, diciendo: "Con malas *intenciones* los ha sacado, para matarlos en los montes y para exterminarlos de la faz de la tierra"? Vuélvete del ardor de tu ira, y desiste de *hacer* daño a tu pueblo.

13 Acuérdate de Abraham, de Isaac y de Israel, siervos tuyos, a quienes juraste por ti mismo, y les dijiste: "Yo multiplicaré vuestra descendencia como las estrellas del cielo, y toda esta tierra de la cual he hablado, daré a vuestros descendientes, y ellos *la* heredarán para siempre."

14 Y el SEÑOR desistió de *hacer* el daño que había dicho que haría a su pueblo.

15 Entonces se volvió Moisés y descendió del monte con las dos tablas del testimonio en su mano, tablas escritas por ambos lados; por uno y por el otro estaban escritas.

16 Y las tablas eran obra de Dios, y la escritura era escritura de Dios grabada sobre las tablas.

17 Al oír Josué el ruido del pueblo que gritaba, dijo a Moisés: Hay gritos de guerra en el campamento.

18 Pero él respondió:
No es ruido de gritos de victoria,
ni es ruido de lamentos de derrota;
sino que oigo voces de canto.

19 Y sucedió que tan pronto como *Moisés* se acercó al campamento, vio el becerro y las danzas; y se encendió la ira de Moisés, y arrojó las tablas de sus manos, y las hizo pedazos al pie del monte.

20 Y tomando el becerro que habían hecho, *lo* quemó en el fuego, lo molió hasta reducirlo a polvo y lo esparció sobre el agua, e hizo que los hijos de Israel *la* bebieran.

21 Entonces dijo Moisés a Aarón: ¿Qué te ha hecho este pueblo para que hayas traído sobre él *tan* gran pecado?

22 Y Aarón respondió: No se encienda la ira de mi señor; tú conoces al pueblo, que es propenso al mal.

23 Porque me dijeron: "Haznos un dios que vaya delante de nosotros; pues no sabemos qué le haya acontecido a este Moisés, el hombre que nos sacó de la tierra de Egipto."

24 Y yo les dije: "El que tenga oro, que se lo quite." Y me *lo* dieron, y lo eché al fuego y salió este becerro.

25 Y viendo Moisés al pueblo desenfrenado, porque Aarón les había permitido el desenfreno para ser burla de sus enemigos,

26 se paró Moisés a la puerta del campamento, y dijo: El que esté por el SEÑOR, *venga* a mí. Y se juntaron a él todos los hijos de Leví.

27 Y él les dijo: Así dice el SEÑOR, Dios de Israel: "Póngase cada uno la espada sobre el muslo, y pasad y repasad por el campamento de puerta en puerta, y matad cada uno a su hermano y a su amigo y a su vecino."

28 Y los hijos de Leví hicieron conforme a la palabra de Moisés; y cayeron aquel día unos tres mil hombres del pueblo.

29 Y Moisés dijo: Consagraos hoy al SEÑOR, pues cada uno ha estado en contra de su hijo y en contra de su hermano, para que hoy El os dé una bendición.

30 Y sucedió que al día siguiente dijo Moisés al pueblo: Vosotros habéis cometido un gran pecado, y yo ahora voy a subir al SEÑOR, quizá pueda hacer expiación por vuestro pecado.

31 Entonces volvió Moisés al SEÑOR y dijo: ¡Ay!, este pueblo ha cometido un gran pecado: se ha hecho un dios de oro.

32 Pero ahora, si es tu voluntad, perdona su pecado, y si no, bórrame del libro que has escrito.

33 Y el SEÑOR dijo a Moisés: Al que haya pecado contra mí, lo borraré de mi libro.

34 Pero ahora ve, conduce al pueblo adonde te he dicho. He aquí, mi ángel irá delante de ti; mas el día que yo los visite, los castigaré por su pecado.

35 Y el SEÑOR hirió al pueblo por lo que hicieron con el becerro que Aarón había hecho.

La presencia del SEÑOR

33 Entonces el SEÑOR dijo a Moisés: Anda, sube de aquí, tú y el pueblo que has sacado de la tierra de Egipto, a la tierra de la cual juré a Abraham, a Isaac y a Jacob, diciendo: "A tu descendencia la daré."

2 Y enviaré un ángel delante de ti, y echaré

fuera al cananeo, al amorreo, al heteo, al ferezeo, al heveo y al jebuseo.

3 *Sube* a una tierra que mana leche y miel; pues yo no subiré en medio de ti, *oh Israel*, no sea que te destruya en el camino, porque eres un pueblo de dura cerviz.

4 Cuando el pueblo oyó esta mala noticia, hicieron duelo, y ninguno de ellos se puso sus atavíos.

5 Porque el SEÑOR había dicho a Moisés: Di a los hijos de Israel: "Sois un pueblo de dura cerviz; si por un momento yo me presentara en medio de ti, te destruiría. Ahora pues, quítate tus atavíos, para que yo sepa qué he de hacer contigo."

6 Y *a partir* del monte Horeb los hijos de Israel se despojaron de sus atavíos.

7 Y acostumbraba Moisés tomar la tienda, y la levantaba fuera del campamento a buena distancia de él, y la llamó la tienda de reunión. Y sucedía que todo el que buscaba al SEÑOR salía a la tienda de reunión, que estaba fuera del campamento.

8 Y sucedía que cuando Moisés salía a la tienda, todo el pueblo se levantaba y permanecía de pie, cada uno a la entrada de su tienda, y seguía con la vista a Moisés hasta que él entraba en la tienda.

9 Y cuando Moisés entraba en la tienda, la columna de nube descendía y permanecía a la entrada de la tienda, y *el SEÑOR* hablaba con Moisés.

10 Cuando todo el pueblo veía la columna de nube situada a la entrada de la tienda de reunión todos se levantaban y adoraban, cada cual a la entrada de su tienda.

11 Y acostumbraba hablar el SEÑOR con Moisés cara a cara, como habla un hombre con su amigo. Cuando *Moisés* regresaba al campamento, su joven ayudante Josué, hijo de Nun, no se apartaba de la tienda.

12 Y Moisés dijo al SEÑOR: Mira, tú me dices: "Haz subir a este pueblo"; pero tú no me has declarado a quién enviarás conmigo. Además has dicho: "Te he conocido por tu nombre, y también has hallado gracia ante mis ojos."

13 Ahora pues, si he hallado gracia ante tus ojos, te ruego que me hagas conocer tus caminos para que yo te conozca y halle gracia ante tus ojos. Considera también que esta nación es tu pueblo.

14 Y El respondió: Mi presencia irá *contigo*, y yo te daré descanso.

15 Entonces le dijo *Moisés*: Si tu presencia no va *con nosotros*, no nos hagas partir de aquí.

16 ¿Pues en qué se conocerá que he hallado gracia ante tus ojos, yo y tu pueblo? ¿No es acaso en que tú vayas con nosotros, para que nosotros, yo y tu pueblo, nos distingamos de todos los *demás* pueblos que están sobre la faz de la tierra?

17 Y el SEÑOR dijo a Moisés: También haré esto que has hablado, por cuanto has hallado gracia ante mis ojos y te he conocido por tu nombre.

18 Entonces *Moisés* dijo: Te ruego que me muestres tu gloria.

19 Y El respondió: Yo haré pasar toda mi bondad delante de ti, y proclamaré el nombre del SEÑOR delante de ti; y tendré misericordia del que tendré misericordia, y tendré compasión de quien tendré compasión.

20 Y añadió: No puedes ver mi rostro; porque nadie puede verme, y vivir.

21 Entonces el SEÑOR dijo: He aquí, hay un lugar junto a mí, y tú estarás sobre la peña;

22 y sucederá que al pasar mi gloria, te pondré en una hendidura de la peña y te cubriré con mi mano hasta que yo haya pasado.

23 Después apartaré mi mano y verás mis espaldas; pero no se verá mi rostro.

Nuevas tablas de la ley

34 Y el SEÑOR dijo a Moisés: Lábrate dos tablas de piedra como las anteriores, y yo escribiré sobre las tablas las palabras que estaban en las primeras tablas que tú quebraste.

2 Prepárate, pues, para la mañana, y sube temprano al monte Sinaí, y allí preséntate a mí en la cumbre del monte.

3 Y que no suba nadie contigo, ni se vea a nadie en todo el monte; ni siquiera ovejas ni bueyes pasten delante de ese monte.

4 Moisés, pues, labró dos tablas de piedra como las anteriores, se levantó muy de mañana y subió al monte Sinaí, como el SEÑOR le había mandado, llevando en su mano las dos tablas de piedra.

5 Y el SEÑOR descendió en la nube y estuvo allí con él, mientras éste invocaba el nombre del SEÑOR.

6 Entonces pasó el SEÑOR por delante de él y proclamó: El SEÑOR, el SEÑOR, Dios compasivo y clemente, lento para la ira y abundante en misericordia y verdad;

7 el que guarda misericordia a millares, el que perdona la iniquidad, la transgresión y el pecado, y que no tendrá por inocente *al culpable*; el que castiga la iniquidad de los padres sobre los hijos y sobre los hijos de los hijos hasta la tercera y cuarta generación.

8 Y Moisés se apresuró a inclinarse a tierra y adoró,

9 y dijo: Si ahora, Señor, he hallado gracia ante tus ojos, vaya ahora el Señor en medio de nosotros, aunque el pueblo sea de dura cerviz; y perdona nuestra iniquidad y nuestro pecado, y tómanos por posesión tuya.

10 Y *Dios* contestó: He aquí, voy a hacer un pacto. Delante de todo tu pueblo haré maravillas que no se han hecho en toda la tierra ni en ninguna de las naciones; y todo el pueblo en medio del cual habitas verá la obra del SEÑOR, porque es cosa temible la que haré por medio de ti.

11 Observa lo que te mando hoy: he aquí, yo echo de delante de ti al amorreo, al cananeo, al heteo, al ferezeo, al heveo y al jebuseo.

12 Cuídate de no hacer pacto con los habitantes de la tierra adonde vas, no sea que esto se convierta en tropezadero en medio de ti;

13 sino que destruiréis sus altares y quebraréis sus pilares *sagrados* y cortaréis sus Aseras[1],

14 pues no adorarás a ningún otro dios, ya que el SEÑOR, cuyo nombre es Celoso, es Dios celoso;

15 no sea que hagas pacto con los habitantes de aquella tierra, y *cuando* se prostituyan con sus

---

1. I.e., símbolos de madera de una deidad femenina

dioses y les ofrezcan sacrificios, alguien te invite y comas de su sacrificio;

16 y tomes de sus hijas para tus hijos, y ellas se prostituyan con sus dioses, y hagan que *también* tus hijos se prostituyan con los dioses de ellas.

17 No te harás dioses de fundición.

18 Guardarás la fiesta de los panes sin levadura. Según te he mandado, por siete días comerás panes sin levadura en el tiempo señalado en el mes de Abib, porque en el mes de Abib saliste de Egipto.

19 Todo primer nacido de matriz me pertenece, y de todo ganado tuyo, el primer nacido de vaca y de oveja, que sea macho.

20 Redimirás con una oveja el primer nacido de asno; y si no *lo* redimes, quebrarás su cerviz. Redimirás a todo primogénito de tus hijos; y nadie se presentará ante mí con las manos vacías.

21 Seis días trabajarás, mas en el séptimo día descansarás; *aun* en el tiempo de arar y de segar, descansarás.

22 También celebrarás la fiesta de las semanas, *es decir*, los primeros frutos de la siega del trigo, y la fiesta de la cosecha al final del año.

23 Tres veces al año se presentarán todos tus varones delante de Dios, el Señor, Dios de Israel.

24 Porque yo expulsaré a las naciones de tu presencia y ensancharé tus fronteras, y nadie codiciará tu tierra cuando subas tres veces al año a presentarte delante del Señor tu Dios.

25 No ofrecerás la sangre de mi sacrificio con pan leudado, ni se dejará *nada* del sacrificio de la fiesta de la Pascua hasta la mañana.

26 Traerás a la casa del Señor tu Dios las primicias de los primeros frutos de tu tierra. No cocerás el cabrito en la leche de su madre.

27 Entonces el Señor dijo a Moisés: Escríbete estas palabras; porque conforme a estas palabras he hecho un pacto contigo y con Israel.

28 Y *Moisés* estuvo allí con el Señor cuarenta días y cuarenta noches; no comió pan ni bebió agua. Y escribió en las tablas las palabras del pacto, los diez mandamientos.

29 Y aconteció que cuando Moisés descendía del monte Sinaí con las dos tablas del testimonio en su mano, al descender del monte, Moisés no sabía que la piel de su rostro resplandecía por haber hablado con Dios.

30 Y al ver Aarón y todos los hijos de Israel a Moisés, he aquí, la piel de su rostro resplandecía; y tuvieron temor de acercarse a él.

31 Entonces Moisés los llamó, y Aarón y todos los jefes de la congregación volvieron a él; y Moisés les habló.

32 Y después se acercaron todos los hijos de Israel, y él les mandó *que hicieran* todo lo que el Señor había hablado con él en el monte Sinaí.

33 Cuando Moisés acabó de hablar con ellos, puso un velo sobre su rostro.

34 Pero siempre que Moisés entraba a la presencia del Señor para hablar con El, se quitaba el velo hasta que salía; y siempre que salía y decía a los hijos de Israel lo que se le había mandado,

35 los hijos de Israel veían que la piel del rostro de Moisés resplandecía. Y Moisés volvía a ponerse el velo sobre su rostro hasta que entraba a hablar con Dios.

El día de reposo

35 Entonces Moisés reunió a toda la congregación de los hijos de Israel, y les dijo: Estas son las cosas que el Señor ha mandado hacer.

2 Seis días se trabajará, pero el séptimo día tendréis un *día* santo, día de completo reposo para el Señor; cualquiera que haga trabajo alguno en él, morirá.

3 No encenderéis fuego en ninguna de vuestras moradas el día de reposo.

4 Y habló Moisés a toda la congregación de los hijos de Israel, diciendo: Esto es lo que el Señor ha ordenado, diciendo:

5 "Tomad de entre vosotros una ofrenda para el Señor; todo aquel que sea de corazón generoso, tráigala como ofrenda al Señor: oro, plata y bronce;

6 *tela* azul, púrpura y escarlata, lino fino y *pelo de* cabra;

7 pieles de carnero teñidas de rojo, pieles de marsopa y madera de acacia;

8 aceite para el alumbrado, especias para el aceite de la unción y para el incienso aromático;

9 piedras de ónice y piedras de engaste para el efod y para el pectoral.

10 "Y que venga todo hombre hábil de entre vosotros y haga todo lo que el Señor ha ordenado:

11 el tabernáculo, su tienda y sus cubiertas, sus broches y sus tablas, sus barras, sus columnas y sus basas;

12 el arca y sus varas, el propiciatorio y el velo de la cortina;

13 la mesa y sus varas y todos sus utensilios, y el pan de la Presencia;

14 también el candelabro para el alumbrado con sus utensilios y sus lámparas, y el aceite para el alumbrado;

15 el altar del incienso y sus varas, el aceite de la unción, el incienso aromático y la cortina de la puerta a la entrada del tabernáculo;

16 el altar del holocausto con su enrejado de bronce, sus varas y todos sus utensilios, y la pila con su base;

17 todas las cortinas del atrio, sus columnas y sus basas, y la cortina para la puerta del atrio;

18 las estacas del tabernáculo y las estacas del atrio y sus cuerdas;

19 las vestiduras tejidas para el ministerio en el lugar santo, las vestiduras sagradas para el sacerdote Aarón, y las vestiduras de sus hijos para ministrar como sacerdotes."

20 Entonces toda la congregación de los hijos de Israel salió de la presencia de Moisés.

21 Y todo aquel a quien impulsó su corazón, y todo aquel a quien movió su espíritu, vino y trajo la ofrenda del Señor para la obra de la tienda de reunión, para todo su servicio y para las vestiduras santas.

22 Todos aquellos de corazón generoso, tanto hombres como mujeres, vinieron y trajeron broches, pendientes, anillos y brazaletes, *toda clase de* objetos de oro; cada cual, pues, presentó una ofrenda de oro al Señor.

23 Y todo aquel que tenía *tela* azul, púrpura, escarlata y lino fino, *pelo* de cabra, pieles de carnero teñidas de rojo y pieles de marsopa, los trajo.

24 Todo aquel que podía hacer una contribución de plata y bronce trajo la contribución reservada para el Señor; y todo el que tenía madera de acacia para cualquier obra del servicio, la trajo.

25 Y todas las mujeres hábiles hilaron con sus manos, y trajeron lo que habían hilado, *de tela* azul, púrpura, escarlata y lino fino.

26 Y todas las mujeres cuyo corazón las llenó de habilidad, hilaron *pelo* de cabra.

27 Y los jefes trajeron piedras de ónice y piedras de engaste para el efod y para el pectoral;

28 y las especias y el aceite para el alumbrado, para el aceite de la unción y para el incienso aromático.

29 Los hijos de Israel, todos los hombres y mujeres cuyo corazón los movía a traer *algo* para toda la obra que el Señor había ordenado por medio de Moisés que se hiciera, trajeron una ofrenda voluntaria al Señor.

30 Entonces Moisés dijo a los hijos de Israel: Mirad, el Señor ha llamado por nombre a Bezaleel, hijo de Uri, hijo de Hur, de la tribu de Judá.

31 Y lo ha llenado del Espíritu de Dios en sabiduría, en inteligencia, en conocimiento y en toda *clase de* arte,

32 para elaborar diseños, para trabajar en oro, en plata y en bronce,

33 y en el labrado de piedras para engaste, y en el tallado de madera, y para trabajar en toda clase de obra ingeniosa.

34 También le ha puesto en su corazón *el don de* enseñar, tanto a él como a Aholiab, hijo de Ahisamac, de la tribu de Dan.

35 Los ha llenado de habilidad para hacer toda clase de obra de grabador, de diseñador y de bordador en *tela* azul, en púrpura *y* en escarlata y en lino fino, o de tejedor; capacitados para toda obra y creadores de diseños.

36 Y Bezaleel, Aholiab y toda persona hábil en quien el Señor ha puesto sabiduría e inteligencia para saber hacer la obra de construcción del santuario, harán todo conforme a lo que el Señor ha ordenado.

2 Entonces llamó Moisés a Bezaleel y a Aholiab y a toda persona hábil en quien el Señor había puesto sabiduría, y a todo aquel cuyo corazón le impulsaba a venir a la obra para hacerla.

3 Y recibieron de Moisés todas las ofrendas que los hijos de Israel habían traído para hacer la obra de la construcción del santuario. Y ellos *seguían* trayéndole ofrendas voluntarias cada mañana.

4 Así que vinieron todos los hombres hábiles que hacían todo el trabajo del santuario, cada cual del trabajo que estaba haciendo,

5 y dijeron a Moisés: El pueblo trae más de lo que se necesita para la obra de construcción que el Señor *nos* ha ordenado que se haga.

6 Entonces Moisés dio una orden, y se pasó una proclama por todo el campamento, diciendo: Ningún hombre ni mujer haga *más* trabajo para las contribuciones del santuario. Así se impidió que el pueblo trajera *más*.

7 Porque el material que tenían era abundante, y más que suficientes para hacer toda la obra.

8 Y todos los hombres hábiles de entre los que estaban haciendo la obra hicieron el tabernáculo con diez cortinas de lino fino torcido, y *tela* azul,

púrpura y escarlata, con querubines, obra de hábil artífice; *Bezaleel* las hizo.

9 La longitud de cada cortina era de veintiocho codos, y la anchura de cada cortina de cuatro codos; todas las cortinas tenían una *misma* medida.

10 Y unió cinco cortinas una con otra, también *las otras* cinco cortinas las unió una con otra.

11 E hizo lazos de *tela* azul en el borde de la cortina del extremo del primer enlace; lo mismo hizo en el borde de la cortina del extremo del segundo enlace.

12 Hizo cincuenta lazos en una cortina, e hizo cincuenta lazos en el borde de la cortina que estaba en el segundo enlace; los lazos se correspondían unos a otros.

13 Hizo además cincuenta broches de oro, y unió las cortinas una a la otra con los broches, de manera que el tabernáculo llegó a ser una unidad.

14 Hizo también cortinas de *pelo de* cabra *a manera* de tienda sobre el tabernáculo; hizo once cortinas en total.

15 La longitud de cada cortina *era* de treinta codos, y la anchura de cada cortina de cuatro codos; las once cortinas tenían una *misma* medida.

16 Unió cinco cortinas entre sí y *las otras* seis cortinas *también* entre sí.

17 Hizo cincuenta lazos en el borde de la cortina del extremo del *primer* enlace, y cincuenta lazos hizo en el borde de la cortina del *extremo del* segundo enlace.

18 Hizo además cincuenta broches de bronce para unir la tienda, a fin de que fuera un todo.

19 Hizo también para la tienda una cubierta de pieles de carnero teñidas de rojo, y otra cubierta de pieles de marsopa por encima.

20 Hizo luego para el tabernáculo tablas de madera de acacia, *colocándolas* verticalmente.

21 La longitud de cada tabla *era* de diez codos, y de un codo y medio la anchura de cada tabla.

22 Cada tabla *tenía* dos espigas para unirlas una con otra; así hizo con todas las tablas del tabernáculo.

23 Hizo, pues, las tablas para el tabernáculo: veinte tablas para el lado sur.

24 También hizo cuarenta basas de plata debajo de las veinte tablas: dos basas debajo de una tabla para sus dos espigas, y dos basas debajo de otra tabla para sus dos espigas.

25 Y para el segundo lado del tabernáculo, el lado norte, hizo veinte tablas,

26 y sus cuarenta basas de plata: dos basas debajo de una tabla y dos basas debajo de la otra tabla.

27 Y para la parte posterior del tabernáculo, hacia el occidente, hizo seis tablas.

28 Hizo además dos tablas para las esquinas del tabernáculo en la parte posterior.

29 Eran dobles por abajo y estaban unidas por arriba hasta la primera argolla; así hizo con las dos para las dos esquinas.

30 Había ocho tablas con sus basas de plata; dieciséis basas, dos basas debajo de cada tabla.

31 Hizo también barras de madera de acacia: cinco para las tablas de un lado del tabernáculo,

32 y cinco barras para las tablas del otro lado del

tabernáculo, y cinco barras para las tablas del lado posterior del tabernáculo, hacia el occidente.
33 La barra del medio en el centro de las tablas la hizo pasar de un extremo al otro.
34 Y revistió de oro las tablas, e hizo de oro sus argollas por donde pasaran las barras, y revistió de oro las barras.
35 Hizo además, el velo de *tela* azul, púrpura y escarlata y lino fino torcido; lo hizo con querubines, obra de hábil artífice.
36 Y le hizo cuatro columnas de acacia y las revistió de oro; sus ganchos *eran* también de oro, y fundió para ellas cuatro basas de plata.
37 Hizo también una cortina para la entrada de la tienda de *tela* azul, púrpura y escarlata y de lino fino torcido, obra de tejedor,
38 con sus cinco columnas y sus ganchos; y revistió de oro sus capiteles y sus molduras; pero sus cinco basas eran de bronce.

Mobiliario del tabernáculo

37 Bezaleel hizo también el arca de madera de acacia; su longitud *era* de dos codos y medio, su anchura de un codo y medio, y su altura de un codo y medio.
2 Y la revistió de oro puro por dentro y por fuera, y le hizo una moldura de oro alrededor.
3 Además fundió para ella cuatro argollas de oro en sus cuatro esquinas; dos argollas a un lado de ella y dos argollas al otro lado.
4 También hizo varas de madera de acacia y las revistió de oro.
5 Y metió las varas por las argollas a los lados del arca, para llevarla.
6 Hizo además un propiciatorio de oro puro; su longitud *era* de dos codos y medio, y su anchura de un codo y medio.
7 Hizo igualmente dos querubines de oro; los hizo labrados a martillo, en los dos extremos del propiciatorio;
8 un querubín en un extremo, y el otro querubín en el otro extremo; hizo los querubines en los dos extremos *de una pieza* con el propiciatorio.
9 Y los querubines tenían extendidas las alas hacia arriba, cubriendo el propiciatorio con sus alas, uno frente al otro; los rostros de los querubines estaban *vueltos* hacia el propiciatorio.
10 Hizo asimismo la mesa de madera de acacia; su longitud *era* de dos codos, su anchura de un codo y su altura de un codo y medio.
11 Y la revistió de oro puro y le hizo una moldura de oro alrededor.
12 Le hizo también alrededor un borde de un palmo menor de ancho, e hizo una moldura de oro alrededor del borde.
13 Y fundió para ella cuatro argollas de oro, y puso las argollas en las cuatro esquinas que estaban sobre sus cuatro patas.
14 Cerca del borde estaban las argollas donde se metían las varas para llevar la mesa.
15 E hizo las varas de madera de acacia para llevar la mesa y las revistió de oro.
16 Hizo también los utensilios que estaban en la mesa: sus fuentes, sus vasijas, sus tazones y sus jarros, con los cuales hacer las libaciones; *todo* de oro puro.
17 Hizo además el candelabro de oro puro. Hizo el candelabro labrado a martillo, su base y su

caña; sus copas, sus cálices y sus flores eran *de una pieza* con él.
18 Y salían seis brazos de sus lados, tres brazos del candelabro de uno de sus lados y tres brazos del candelabro del otro lado.
19 *Había* tres copas en forma de *flor de* almendro, un cáliz y una flor en un brazo, y tres copas en forma de *flor de* almendro, un cáliz y una flor en el otro brazo; así en los seis brazos que salían del candelabro.
20 Y en *la caña* del candelabro *había* cuatro copas en forma de *flor de* almendro, con sus cálices y sus flores.
21 Y había un cáliz debajo de los dos *primeros* brazos *que salían* de él, y un cáliz debajo de los dos *siguientes* brazos *que salían* de él, y un cáliz debajo de los dos *últimos* brazos *que salían* de él; así con los seis brazos que salían del candelabro.
22 Sus cálices y sus brazos eran de *una pieza* con él; todo *era* una sola *pieza* de oro puro labrado a martillo.
23 También hizo de oro puro sus siete lámparas con sus despabiladeras y sus platillos.
24 Hizo el *candelabro* y todos sus utensilios de un talento de oro puro.
25 Entonces hizo el altar del incienso de madera de acacia, de un codo su longitud, de un codo su anchura, cuadrado, y de dos codos su altura. Sus cuernos eran de *una pieza* con él.
26 Lo revistió de oro puro: su parte superior, sus lados en derredor y sus cuernos; e hizo una moldura de oro alrededor.
27 Y le hizo argollas de oro debajo de su moldura, en dos de sus lados, en lados opuestos, por donde pasaran las varas con las cuales transportarlo.
28 Entonces hizo las varas de madera de acacia y las revistió de oro.
29 E hizo el aceite de la santa unción y el incienso puro, de especias aromáticas, obra de perfumador.

El altar del holocausto, la pila y el atrio

38 Hizo también el altar del holocausto de madera de acacia, de cinco codos su longitud, de cinco codos su anchura, cuadrado, y de tres codos su altura.
2 Y le hizo cuernos en sus cuatro esquinas; los cuernos eran de una misma *pieza* con el altar, y lo revistió de bronce.
3 Hizo asimismo todos los utensilios del altar: los calderos, las palas, los tazones, los garfios y los braseros. Todos sus utensilios los hizo de bronce.
4 Y por debajo, debajo de su borde, hizo para el altar un enrejado de bronce en forma de red, que llegaba hasta la mitad *del altar.*
5 Y fundió cuatro argollas en los cuatro extremos del enrejado de bronce por donde se metían las varas.
6 Hizo también las varas de madera de acacia y las revistió de bronce.
7 Y metió las varas por las argollas *que estaban* en los lados del altar, para transportarlo. Lo hizo hueco, de tablas.
8 Además hizo la pila de bronce y su base de bronce, con los espejos de las mujeres que servían a la puerta de la tienda de reunión.
9 Hizo también el atrio; hacia el lado del

Neguev, al sur, las cortinas del atrio eran de lino fino torcido, de cien codos.

10 Sus veinte columnas y sus veinte basas *eran* de bronce; los ganchos de las columnas y sus molduras *eran* de plata.

11 Por el lado norte *había* cien codos; sus veinte columnas con sus veinte basas *eran* de bronce, los ganchos de las columnas y sus molduras *eran* de plata.

12 Por el lado occidental *había* cortinas de cincuenta codos *con* sus diez columnas y sus diez basas; los ganchos de las columnas y sus molduras *eran* de plata.

13 Y por el lado oriental *había* cincuenta codos.

14 Las cortinas a *un* lado *de la entrada eran* de quince codos, *con* tres columnas y sus tres basas,

15 y lo mismo al otro lado. A los dos lados de la puerta del atrio *había* cortinas de quince codos, *con* sus tres columnas y sus tres basas.

16 Todas las cortinas alrededor del atrio *eran* de lino fino torcido.

17 Y las basas para las columnas *eran* de bronce, los ganchos de las columnas y sus molduras, de plata, y el revestimiento de sus capiteles, de plata, y todas las columnas del atrio tenían molduras de plata.

18 Y la cortina de la entrada del atrio de *tela* azul, púrpura y escarlata, y lino fino torcido *era* obra de tejedor. La longitud *era* de veinte codos y la altura de cinco codos, lo mismo que las cortinas del atrio.

19 Sus cuatro columnas y sus cuatro basas *eran* de bronce; sus ganchos *eran* de plata, y el revestimiento de sus capiteles y sus molduras *eran* también de plata.

20 Todas las estacas del tabernáculo y del atrio alrededor *eran* de bronce.

21 Esta es la suma de las cosas del tabernáculo, el tabernáculo del testimonio, según fueron enumeradas conforme al mandato de Moisés para el servicio de los levitas, bajo la dirección de Itamar, hijo del sacerdote Aarón.

22 Y Bezaleel, hijo de Uri, hijo de Hur, de la tribu de Judá, hizo todo lo que el SEÑOR había mandado a Moisés.

23 Y con él *estaba* Aholiab, hijo de Ahisamac, de la tribu de Dan, un grabador, artífice y tejedor en *tela* azul, púrpura y escarlata y en lino fino.

24 El total del oro empleado para la obra, en toda la obra del santuario, es decir, el oro de la ofrenda mecida, fue de veintinueve talentos y setecientos treinta siclos, según el siclo del santuario.

25 Y la plata de los que fueron contados de la congregación, *fue* cien talentos y mil setecientos setenta y cinco siclos, según el siclo del santuario;

26 un becá por cabeza, o sea medio siclo, según el siclo del santuario, por cada uno de los que fueron contados de veinte años arriba, por *cada uno de los* seiscientos tres mil quinientos cincuenta.

27 Los cien talentos de plata fueron para fundir las basas del santuario y las basas del velo; cien basas por los cien talentos, un talento por basa.

28 Y de los mil setecientos setenta y cinco *siclos* hizo ganchos para las columnas y revistió sus capiteles y les hizo molduras.

29 Y el bronce de la ofrenda mecida fue setenta talentos y dos mil cuatrocientos siclos.

30 Con él hizo las basas de la entrada de la tienda de reunión, el altar de bronce, su enrejado de bronce y todos los utensilios del altar,

31 las basas del atrio alrededor y las basas de la entrada del atrio, todas las estacas del tabernáculo y todas las estacas del atrio alrededor.

Las vestiduras sacerdotales

39 Además, de la *tela* azul, púrpura y escarlata hicieron vestiduras finamente tejidas para ministrar en el lugar santo, *y* también hicieron las vestiduras sagradas para Aarón, tal como el SEÑOR había mandado a Moisés.

2 También hizo el efod de oro, de *tela* azul, púrpura y escarlata y de lino fino torcido.

3 Y batieron a martillo láminas de oro, y *las* cortaron en hilos para entretejer*las con* la *tela* azul, púrpura y escarlata y el lino fino, obra de hábil artífice.

4 Hicieron para el efod hombreras que se fijaban *al mismo,* y lo fijaron sobre sus dos extremos.

5 Y el cinto hábilmente tejido que estaba sobre él, era del mismo *material,* de la misma hechura: de oro, de *tela* azul, púrpura y escarlata y de lino fino torcido, tal como el SEÑOR había mandado a Moisés.

6 También labraron las piedras de ónice, montadas en *engastes de* filigrana de oro; fueron grabadas *como* las grabaduras de un sello, con los nombres de los hijos de Israel.

7 Y las puso sobre las hombreras del efod, *como* piedras memoriales para los hijos de Israel, tal como el SEÑOR había mandado a Moisés.

8 E hizo el pectoral, obra de hábil artífice como la obra del efod: de oro, de *tela* azul, púrpura y escarlata y de lino fino torcido.

9 Era cuadrado y doble; hicieron el pectoral de un palmo de largo y un palmo de ancho al ser doblado.

10 Y montaron en él cuatro hileras de piedras. La primera hilera *era* un rubí, un topacio y una esmeralda;

11 la segunda hilera, una turquesa, un zafiro y un diamante;

12 la tercera hilera, un jacinto, una ágata y una amatista;

13 la cuarta hilera, un berilo, un ónice y un jaspe. Estaban montadas en engaste de filigrana de oro.

14 Y las piedras correspondían a los nombres de los hijos de Israel; eran doce, conforme a sus nombres, *grabadas como* las grabaduras de un sello, cada una con su nombre conforme a las doce tribus.

15 Y en el pectoral hicieron cadenillas de oro puro en forma de cordones trenzados.

16 Hicieron también *engastes de* filigrana de oro y dos anillos de oro, y pusieron los dos anillos en los dos extremos del pectoral.

17 Y pusieron los dos cordones de oro en los anillos al extremo del pectoral.

18 Y colocaron los *otros* dos extremos de los dos cordones en los dos *engastes de* filigrana, y los fijaron en las hombreras del efod en su parte delantera.

19 Hicieron *otros* dos anillos de oro y *los*

colocaron en los dos extremos del pectoral, en el borde que da al lado interior del efod.

20 E hicieron otros dos anillos de oro, y los pusieron en la parte inferior de las dos hombreras del efod, delante, cerca de su unión, sobre el cinto tejido del efod.

21 Ataron el pectoral por sus anillos a los anillos del efod con un cordón azul, para que estuviera sobre el cinto tejido del efod y para que el pectoral no se desprendiera del efod, tal como el SEÑOR había mandado a Moisés.

22 Hizo asimismo el manto del efod de obra tejida, todo de *tela* azul;

23 y la abertura del manto estaba en el centro, como la abertura de una cota de malla, con una orla todo alrededor de la abertura para que no se rompiera.

24 Y en el borde inferior del manto hicieron granadas de *tela* azul, púrpura y escarlata *y de lino* torcido.

25 Hicieron también campanillas de oro puro, y pusieron las campanillas entre las granadas alrededor de todo el borde del manto,

26 alternando una campanilla y una granada alrededor de todo el borde del manto para el servicio, tal como el SEÑOR había mandado a Moisés.

27 Y para Aarón y sus hijos hicieron las túnicas de lino fino tejido,

28 la tiara de lino fino, los adornos de las mitras de lino fino, los calzoncillos de lino, de lino fino torcido,

29 y el cinturón de lino fino torcido, de azul, púrpura y escarlata, obra de tejedor, tal como el SEÑOR había mandado a Moisés.

30 E hicieron la lámina de la diadema santa de oro puro, y grabaron en ella como la grabadura de un sello: SANTIDAD AL SEÑOR.

31 Y le pusieron un cordón azul para sujetarla sobre la tiara por arriba, tal como el SEÑOR había mandado a Moisés.

32 Así fue acabada toda la obra del tabernáculo de la tienda de reunión. Los hijos de Israel hicieron conforme a todo lo que el SEÑOR había mandado a Moisés; así *lo* hicieron.

33 Y trajeron el tabernáculo a Moisés, la tienda con todo su mobiliario: sus broches, sus tablas, sus barras, sus columnas y sus basas;

34 la cubierta de pieles de carnero teñidas de rojo, la cubierta de pieles de marsopa y el velo de separación;

35 el arca del testimonio, sus varas y el propiciatorio;

36 la mesa, todos sus utensilios y el pan de la Presencia;

37 el candelabro de *oro* puro con su conjunto de lámparas y todos sus utensilios, y el aceite para el alumbrado;

38 el altar de oro, el aceite de la unción, el incienso aromático y la cortina para la entrada de la tienda;

39 el altar de bronce con su enrejado de bronce, sus varas y todos sus utensilios, la pila y su base;

40 las cortinas del atrio *con* sus columnas y sus basas, la cortina para la entrada del atrio, sus cuerdas, sus estacas y todos los utensilios del servicio del tabernáculo de la tienda de reunión;

41 las vestiduras tejidas para ministrar en el lugar santo y las vestiduras sagradas para el sacerdote Aarón y las vestiduras de sus hijos para ministrar como sacerdotes.

42 Los hijos de Israel hicieron toda la obra conforme a todo lo que el SEÑOR había ordenado a Moisés.

43 Y Moisés examinó toda la obra, y he aquí, la habían llevado a cabo; tal como el SEÑOR había ordenado, así *la* habían hecho. Y Moisés los bendijo.

Moisés erige el tabernáculo

40 Entonces habló el SEÑOR a Moisés, diciendo:

2 El primer día del mes primero levantarás el tabernáculo de la tienda de reunión.

3 Pondrás allí el arca del testimonio y cubrirás el arca con el velo.

4 Y meterás la mesa, y pondrás en orden lo que va sobre ella; meterás también el candelabro y colocarás encima sus lámparas.

5 Asimismo pondrás el altar de oro para el incienso delante del arca del testimonio, y colocarás la cortina a la entrada del tabernáculo.

6 Y pondrás el altar del holocausto delante de la entrada del tabernáculo de la tienda de reunión.

7 Después colocarás la pila entre la tienda de reunión y el altar, y pondrás agua en ella.

8 Pondrás el atrio alrededor y colgarás el velo a la entrada del atrio.

9 Luego tomarás el aceite de la unción, y ungirás el tabernáculo y todo lo que hay en él; y lo consagrarás con todos sus utensilios, y será santo.

10 Ungirás además el altar del holocausto y todos sus utensilios; y consagrarás el altar, y el altar será santísimo.

11 Ungirás también la pila con su base, y la consagrarás.

12 Entonces harás que Aarón y sus hijos se acerquen a la entrada de la tienda de reunión, y los lavarás con agua.

13 Y vestirás a Aarón con las vestiduras sagradas, lo ungirás y lo consagrarás para que me sirva como sacerdote.

14 También harás que sus hijos se acerquen y les pondrás las túnicas;

15 y los ungirás, como ungiste a su padre, para que me sirvan como sacerdotes; y su unción les servirá para sacerdocio perpetuo por todas sus generaciones.

16 Y Moisés hizo conforme a todo lo que el SEÑOR le había mandado; así *lo* hizo.

17 Y aconteció que en el primer mes del año segundo, el *día* primero del mes, el tabernáculo fue levantado.

18 Moisés levantó el tabernáculo y puso sus basas, colocó sus tablas, metió sus barras y erigió sus columnas.

19 Y extendió la tienda sobre el tabernáculo y puso la cubierta de la tienda arriba, sobre él, tal como el SEÑOR había mandado a Moisés.

20 Entonces tomó el testimonio y *lo* puso en el arca, colocó las varas en el arca y puso el propiciatorio arriba, sobre el arca.

21 Y metió el arca en el tabernáculo y puso un velo por cortina y cubrió el arca del testimonio, tal como el SEÑOR había mandado a Moisés.

22 Puso también la mesa en la tienda de

reunión, en el lado norte del tabernáculo, fuera del velo;

23 y puso en orden sobre ella los panes delante del SEÑOR, tal como el SEÑOR había mandado a Moisés.

24 Entonces colocó el candelabro en la tienda de reunión, frente a la mesa, en el lado sur del tabernáculo,

25 y encendió las lámparas delante del SEÑOR, tal como el SEÑOR había mandado a Moisés.

26 Luego colocó el altar de oro en la tienda de reunión, delante del velo;

27 y quemó en él incienso aromático, tal como el SEÑOR había ordenado a Moisés.

28 Después colocó la cortina para la entrada del tabernáculo,

29 y puso el altar del holocausto *delante de* la entrada del tabernáculo de la tienda de reunión, y ofreció sobre él el holocausto y la ofrenda de cereal, tal como el SEÑOR había ordenado a Moisés.

30 Puso la pila entre la tienda de reunión y el altar, y puso en ella agua para las abluciones,

31 y con ella Moisés, Aarón y sus hijos se lavaban las manos y los pies.

32 Cuando entraban en la tienda de reunión y cuando se acercaban al altar, se lavaban, tal como el SEÑOR había ordenado a Moisés.

33 Y *Moisés* levantó el atrio alrededor del tabernáculo y del altar, y colgó la cortina para la entrada del atrio. Así acabó Moisés la obra.

34 Entonces la nube cubrió la tienda de reunión y la gloria del SEÑOR llenó el tabernáculo.

35 Y Moisés no podía entrar en la tienda de reunión porque la nube estaba sobre ella y la gloria del SEÑOR llenaba el tabernáculo.

36 Y en todas sus jornadas cuando la nube se alzaba de sobre el tabernáculo, los hijos de Israel se ponían en marcha;

37 pero si la nube no se alzaba, ellos no se ponían en marcha hasta el día en que se alzaba.

38 Porque la nube del SEÑOR estaba de día sobre el tabernáculo, y de noche había fuego allí a la vista de toda la casa de Israel en todas sus jornadas.

LEVITICO

La ley de los holocaustos

1 El SEÑOR llamó a Moisés y le habló desde la tienda de reunión, diciendo:

2 Habla a los hijos de Israel y diles: "Cuando alguno de vosotros traiga una ofrenda al SEÑOR, traeréis vuestra ofrenda de animales del ganado o del rebaño.

3 "Si su ofrenda es un holocausto del ganado, ofrecerá un macho sin defecto; lo ofrecerá a la entrada de la tienda de reunión, para que sea aceptado delante del SEÑOR.

4 "Pondrá su mano sobre la cabeza del holocausto, y le será aceptado para hacer expiación por él.

5 "Entonces degollará el novillo delante del SEÑOR; y los sacerdotes hijos de Aarón ofrecerán la sangre y la rociarán por todos los lados sobre el altar que está a la entrada de la tienda de reunión.

6 "Después desollará el holocausto y lo dividirá en sus piezas.

7 "Y los hijos del sacerdote Aarón pondrán fuego en el altar, y colocarán leña sobre el fuego.

8 "Luego los sacerdotes hijos de Aarón arreglarán las piezas, la cabeza y el sebo sobre la leña que está en el fuego sobre el altar.

9 "Pero las entrañas y las patas las lavará él con agua. Y el sacerdote *lo* quemará todo sobre el altar como holocausto; es ofrenda encendida de aroma agradable para el SEÑOR.

10 "Mas si su ofrenda para holocausto es del rebaño, de los corderos o de las cabras, ofrecerá un macho sin defecto.

11 "Y lo degollará al lado norte del altar, delante del SEÑOR; y los sacerdotes hijos de Aarón rociarán la sangre sobre el altar, por todos los lados.

12 "Después lo dividirá en sus piezas, con su cabeza y el sebo, y el sacerdote los colocará sobre la leña que está en el fuego sobre el altar.

13 "Pero las entrañas y las patas las lavará con agua, y el sacerdote *lo* ofrecerá todo, quemándolo sobre el altar; es holocausto, una ofrenda encendida de aroma agradable para el SEÑOR.

14 "Mas si su ofrenda para el SEÑOR es un holocausto de aves, entonces traerá su ofrenda de tórtolas o de pichones.

15 "Y el sacerdote la traerá al altar, le quitará la cabeza y la quemará sobre el altar; y su sangre será exprimida sobre el costado del altar.

16 "Le quitará también el buche con sus plumas y lo echará junto al altar, hacia el oriente, en el lugar de las cenizas.

17 "La henderá después por las alas, sin dividir*la*; y el sacerdote la quemará en el altar, sobre la leña que está en el fuego; es holocausto, una ofrenda encendida de aroma agradable para el SEÑOR.

La ley de las ofrendas de cereal

2 "Cuando alguien ofrezca una ofrenda de cereal como ofrenda al SEÑOR, su ofrenda será de flor de harina, sobre la cual echará aceite y pondrá incienso.

2 "Entonces la llevará a los sacerdotes hijos de Aarón; y *el sacerdote* tomará de ella un puñado de la flor de harina, con el aceite y con todo su incienso. Y el sacerdote *lo* quemará *como* memorial sobre el altar; es ofrenda encendida de aroma agradable para el SEÑOR.

3 "El resto de la ofrenda de cereal pertenece a Aarón y a sus hijos; es cosa santísima de las ofrendas encendidas para el SEÑOR.

4 "Cuando ofrezcas una oblación de ofrenda de cereal cocida al horno, *será de* tortas de flor de harina sin levadura, amasadas con aceite, o de hojaldres sin levadura, untados con aceite.

5 "Y si tu oblación es una ofrenda de cereal *preparada* en sartén, *será de* flor de harina sin levadura, amasada con aceite.

6"La partirás en pedazos y echarás aceite sobre ella; es una ofrenda de cereal.

7"Si tu oblación es una ofrenda de cereal *preparada* en cazuela, será hecha de flor de harina con aceite.

8"Cuando traigas al SEÑOR la ofrenda de cereal hecha de estas cosas, será presentada al sacerdote y él la llevará al altar.

9"Y el sacerdote tomará de la ofrenda de cereal su porción *como* memorial, y *la* quemará sobre el altar *como* ofrenda encendida de aroma agradable para el SEÑOR.

10"Y el resto de la ofrenda de cereal pertenece a Aarón y a sus hijos; es cosa santísima de las ofrendas encendidas para el SEÑOR.

11"Ninguna ofrenda de cereal que ofrezcáis al SEÑOR será hecha con levadura, porque no quemaréis ninguna levadura ni ninguna miel como ofrenda encendida para el SEÑOR.

12"Como ofrenda de primicias las ofreceréis al SEÑOR, pero no ascenderán como aroma agradable sobre el altar.

13"Además, toda ofrenda de cereal tuya sazonarás con sal, para que la sal del pacto de tu Dios no falte de tu ofrenda de cereal; con todas tus ofrendas ofrecerás sal.

14"Pero si ofreces al SEÑOR una ofrenda de cereal de los primeros frutos, ofrecerás espigas verdes tostadas al fuego, granos tiernos desmenuzados, como ofrenda de cereal de tus primeros frutos.

15"Luego echarás aceite y pondrás incienso sobre ella; es ofrenda de cereal.

16"Y el sacerdote quemará como memorial parte de los granos desmenuzados, con su aceite y con todo su incienso; es ofrenda encendida para el SEÑOR.

La ley de las ofrendas de paz

3 "Si su ofrenda es un sacrificio de las ofrendas de paz, si la ofrece del ganado, sea macho o hembra, sin defecto la ofrecerá delante del SEÑOR.

2"Pondrá su mano sobre la cabeza de su ofrenda y la degollará a la puerta de la tienda de reunión, y los sacerdotes hijos de Aarón rociarán la sangre sobre el altar por todos los lados.

3"Y el sacrificio de las ofrendas de paz presentará una ofrenda encendida al SEÑOR: el sebo que cubre las entrañas y todo el sebo que hay sobre las entrañas,

4 los dos riñones con el sebo que *está* sobre ellos y sobre los lomos, y el lóbulo del hígado, que quitará con los riñones.

5"Y los hijos de Aarón lo quemarán en el altar, sobre el holocausto que está sobre la leña en el fuego; es una ofrenda encendida de aroma agradable para el SEÑOR.

6"Pero si su ofrenda como sacrificio de las ofrendas de paz para el SEÑOR es del rebaño, sea macho o hembra, sin defecto la ofrecerá.

7"Si ha de presentar un cordero como su ofrenda, lo ofrecerá delante del SEÑOR.

8"Pondrá su mano sobre la cabeza de su ofrenda y la degollará delante de la tienda de reunión, y los hijos de Aarón rociarán su sangre sobre el altar por todos los lados.

9"Y del sacrificio de las ofrendas de paz, traerá una ofrenda encendida al SEÑOR: el sebo, la cola entera, que cortará cerca del espinazo, el sebo

que cubre las entrañas y todo el sebo que hay sobre las entrañas,

10 los dos riñones con el sebo que *está* sobre ellos y sobre los lomos, y el lóbulo del hígado, que quitará con los riñones.

11"Y el sacerdote lo quemará sobre el altar *como* alimento; es ofrenda encendida para el SEÑOR.

12"Si su ofrenda es una cabra, la ofrecerá delante del SEÑOR;

13 pondrá su mano sobre su cabeza y la degollará delante de la tienda de reunión, y los hijos de Aarón rociarán su sangre sobre el altar por todos los lados.

14"Y de ella presentará su oblación como ofrenda encendida para el SEÑOR: el sebo que cubre las entrañas y todo el sebo que hay sobre las entrañas,

15 los dos riñones con el sebo que *está* sobre ellos y sobre los lomos, y el lóbulo del hígado, que quitará con los riñones.

16"Y el sacerdote los quemará sobre el altar *como* alimento; es ofrenda encendida como aroma agradable. Todo el sebo es del SEÑOR.

17"Estatuto perpetuo será por todas vuestras generaciones, dondequiera que habitéis: ningún sebo ni ninguna sangre comeréis."

La ley de las ofrendas por el pecado

4 El SEÑOR habló a Moisés, diciendo: 2 Habla a los hijos de Israel, diciendo: "Si alguien peca inadvertidamente en cualquiera de las cosas que el SEÑOR ha mandado que no se hagan, y hace alguna de ellas;

3 si el que peca es el sacerdote ungido, trayendo culpa sobre el pueblo, que entonces ofrezca al SEÑOR un novillo sin defecto como ofrenda por el pecado, por el pecado que ha cometido.

4"Traerá el novillo a la puerta de la tienda de reunión delante del SEÑOR, pondrá su mano sobre la cabeza del novillo y lo degollará delante del SEÑOR.

5"Luego el sacerdote ungido tomará de la sangre del novillo y la traerá a la tienda de reunión,

6 y el sacerdote mojará su dedo en la sangre y rociará de la sangre siete veces delante del SEÑOR, frente al velo del santuario.

7"El sacerdote pondrá también de esa sangre sobre los cuernos del altar del incienso aromático que está en la tienda de reunión delante del SEÑOR, y derramará toda la sangre del novillo al pie del altar del holocausto que está a la puerta de la tienda de reunión.

8"Y quitará todo el sebo del novillo de la ofrenda por el pecado: el sebo que cubre las entrañas, todo el sebo que *está* sobre las entrañas,

9 los dos riñones con el sebo que *está* sobre ellos y sobre los lomos, y el lóbulo del hígado, que quitará con los riñones

10 (de la manera que se quita del buey del sacrificio de las ofrendas de paz); y el sacerdote los quemará sobre el altar del holocausto.

11"Pero la piel del novillo y toda su carne, con su cabeza, sus patas, sus entrañas y su estiércol,

12 es decir, todo *el resto del* novillo, lo llevará a un lugar limpio fuera del campamento, donde se echan las cenizas, y lo quemará al fuego sobre la leña; lo quemará donde se echan las cenizas.

13"Si es toda la congregación de Israel la que

comete error, y el asunto pasa desapercibido a la asamblea, y hacen cualquiera de las cosas que el SEÑOR ha mandado que no se hagan, haciéndose así culpables,

14 cuando se llegue a saber el pecado que ellos han cometido, entonces la asamblea ofrecerá un novillo del ganado como ofrenda por el pecado, y lo traerán delante de la tienda de reunión.

15"Los ancianos de la congregación pondrán sus manos sobre la cabeza del novillo delante del SEÑOR, y el novillo será degollado delante del SEÑOR.

16"Entonces el sacerdote ungido traerá sangre del novillo a la tienda de reunión;

17 mojará el sacerdote su dedo en la sangre y *la* rociará siete veces delante del SEÑOR, frente al velo.

18"Pondrá sangre sobre los cuernos del altar que está delante del SEÑOR en la tienda de reunión, y derramará toda la sangre al pie del altar del holocausto, que está a la puerta de la tienda de reunión.

19"Le quitará todo el sebo y lo quemará sobre el altar,

20 y hará con el novillo lo mismo que hizo con el novillo de la ofrenda por el pecado; hará lo mismo con él. Así el sacerdote hará expiación por ellos, y ellos serán perdonados.

21"Sacará el novillo fuera del campamento y lo quemará como quemó el primer novillo; es la ofrenda por el pecado de la asamblea.

22"Cuando es un jefe el que peca e inadvertidamente hace cualquiera de las cosas que el SEÑOR su Dios ha mandado que no se hagan, haciéndose así culpable,

23 y se le hace saber el pecado que ha cometido, traerá como su ofrenda un macho cabrío sin defecto.

24"Pondrá su mano sobre la cabeza del macho cabrío y lo degollará en el lugar donde se degüella el holocausto delante del SEÑOR; es una ofrenda por el pecado.

25"Entonces el sacerdote tomará con su dedo de la sangre de la ofrenda por el pecado y *la* pondrá sobre los cuernos del altar del holocausto, y derramará *el resto de* la sangre al pie del altar del holocausto.

26"Y quemará todo el sebo sobre el altar como *en el caso* del sebo del sacrificio de las ofrendas de paz. Así el sacerdote hará expiación por él, por su pecado, y será perdonado.

27"Y si es alguno del pueblo el que peca inadvertidamente, haciendo cualquiera de las cosas que el SEÑOR ha mandado que no se hagan, y se hace así culpable,

28 y se le hace saber el pecado que ha cometido, traerá como su ofrenda una cabra sin defecto por el pecado que ha cometido.

29"Pondrá su mano sobre la cabeza de la ofrenda por el pecado y la degollará en el lugar del holocausto.

30"Entonces el sacerdote tomará con su dedo de la sangre y *la* pondrá sobre los cuernos del altar del holocausto, y derramará todo *el resto de* la sangre al pie del altar.

31"Luego quitará todo el sebo, de la manera que se quitó el sebo del sacrificio de las ofrendas de paz, y el sacerdote *lo* quemará sobre el altar como aroma agradable para el SEÑOR. Así hará el sacerdote expiación por él y será perdonado.

32"Pero si trae un cordero como su ofrenda por el pecado, que traiga una hembra sin defecto.

33"Pondrá su mano sobre la cabeza de la ofrenda por el pecado y la degollará como ofrenda por el pecado en el lugar donde se degüella el holocausto.

34"Entonces el sacerdote tomará con su dedo de la sangre de la ofrenda por el pecado y *la* pondrá sobre los cuernos del altar del holocausto, y derramará todo *el resto de* la sangre al pie del altar.

35"Luego quitará todo el sebo de la misma manera que se quita el sebo del cordero del sacrificio de las ofrendas de paz; y el sacerdote lo quemará en el altar con las ofrendas encendidas para el SEÑOR. Así hará el sacerdote expiación por él, por el pecado que ha cometido, y será perdonado.

Casos particulares de ofrendas por el pecado

5 "Si alguien peca al ser llamado a testificar, siendo testigo de lo que ha visto o sabe, y no *lo* declara, será culpable.

2"O si alguien toca cualquier cosa inmunda, ya sea el cadáver de una fiera inmunda, o el cadáver de ganado inmundo, o el cadáver de un reptil inmundo, aunque no se dé cuenta de ello y se contamina, será culpable.

3"O si toca inmundicia humana, de cualquier *clase* que *sea* la inmundicia con que se contamine, sin darse cuenta, y después llega a saber*lo*, será culpable.

4"O si alguien, sin pensar, jura con sus labios hacer mal o hacer bien, en cualquier asunto que el hombre hable sin pensar con juramento, sin darse cuenta, y luego llega a saber*lo*, será culpable de cualquiera de estas cosas.

5"Así será que cuando llegue a ser culpable de cualquiera de estas cosas, confesará aquello en que ha pecado.

6"Traerá también al SEÑOR su ofrenda por la culpa, por el pecado que ha cometido, una hembra del rebaño, una cordera o una cabra como ofrenda por el pecado. Y el sacerdote le hará expiación por su pecado.

7"Pero si no tiene lo suficiente para ofrecer un cordero, entonces traerá al SEÑOR como ofrenda por la culpa de aquello en que ha pecado, dos tórtolas o dos pichones, uno como ofrenda por el pecado y el otro como holocausto.

8"Los traerá al sacerdote, el cual ofrecerá primero el que es para ofrenda por el pecado, y le cortará la cabeza por la cerviz sin arrancar*la*.

9"Rociará también de la sangre de la ofrenda por el pecado al costado del altar, y el resto de la sangre será exprimida al pie del altar; es ofrenda por el pecado.

10"Entonces preparará el segundo como holocausto según la ordenanza. Así el sacerdote hará expiación por él, por el pecado que ha cometido, y le será perdonado.

11"Pero si no tiene lo suficiente para dos tórtolas o dos pichones, entonces, como ofrenda por el pecado que ha cometido, traerá la décima parte de un efa de flor de harina como ofrenda por el pecado; no pondrá aceite ni incienso en ella, pues es ofrenda por el pecado.

12"Y la traerá al sacerdote, y el sacerdote tomará de ella un puñado como memorial, y *la* quemará sobre el altar con las ofrendas encendidas para el Señor; es ofrenda por el pecado.

13"Así el sacerdote hará expiación por él, por el pecado que ha cometido en alguna de estas cosas, y le será perdonado; *el resto* será del sacerdote, como *en* la ofrenda de cereal."

14 Habló el Señor a Moisés, diciendo:

15 Si alguno comete una falta y peca inadvertidamente en las cosas sagradas del Señor, traerá su ofrenda por la culpa al Señor: un carnero sin defecto del rebaño, conforme a tu valuación en siclos de plata, según el siclo del santuario, como ofrenda por la culpa.

16 Hará restitución por aquello en que ha pecado en las cosas sagradas, y añadirá a ello la quinta parte, y se lo dará al sacerdote. Y el sacerdote hará expiación por él con el carnero de la ofrenda por la culpa, y le será perdonado.

17 Si alguno peca y hace cualquiera de las cosas que el Señor ha mandado que no se hagan, aunque no se dé cuenta, será culpable y llevará su castigo.

18 Entonces traerá al sacerdote un carnero sin defecto del rebaño, conforme a tu valuación, como ofrenda por la culpa. Así el sacerdote hará expiación por él por su error mediante el cual ha pecado inadvertidamente sin saberlo, y le será perdonado.

19 Es ofrenda por la culpa; ciertamente era culpable delante del Señor.

6 Entonces habló el Señor a Moisés, diciendo: 2 Cuando alguien peque y cometa una falta contra el Señor, engañando a su prójimo en cuanto a un depósito o alguna cosa *que se le ha* confiado, o por robo, o *por haber* extorsionado a su prójimo,

3 o ha encontrado lo que estaba perdido y ha mentido acerca de ello, y ha jurado falsamente, de manera que peca en cualquiera de las cosas que suele hacer el hombre,

4 será, entonces, que cuando peque y sea culpable, devolverá lo que tomó al robar, o lo que obtuvo mediante extorsión, o el depósito que le fue confiado, o la cosa perdida que ha encontrado,

5 o cualquier cosa acerca de la cual juró falsamente; hará completa restitución de ello y le añadirá una quinta parte más. Se la dará al que le pertenece en el día *en que presente* su ofrenda por la culpa.

6 Entonces traerá al sacerdote su ofrenda por la culpa para el Señor, un carnero sin defecto del rebaño, conforme a tu valuación como ofrenda por la culpa,

7 y el sacerdote hará expiación por él delante del Señor, y le será perdonada cualquier cosa que haya hecho por la cual sea culpable.

8 Y el Señor habló a Moisés, diciendo:

9 Ordena a Aarón y a sus hijos, diciendo: "Esta es la ley del holocausto: el holocausto mismo *permanecerá* sobre el fuego, sobre el altar, toda la noche hasta la mañana, y el fuego del altar ha de mantenerse encendido en él.

10"El sacerdote vestirá su túnica de lino y se pondrá calzoncillos de lino fino sobre su cuerpo. Tomará las cenizas *a* que el fuego ha reducido el holocausto sobre el altar y las pondrá junto al altar.

11"Después se quitará sus vestiduras, se pondrá otras vestiduras y llevará las cenizas fuera del campamento a un lugar limpio.

12"El fuego del altar se mantendrá encendido sobre él; no se apagará, sino que el sacerdote quemará leña en él todas las mañanas, y pondrá sobre él el holocausto, y quemará sobre él el sebo de las ofrendas de paz.

13"El fuego se mantendrá encendido continuamente en el altar; no se apagará.

14"Esta es la ley de la ofrenda de cereal: los hijos de Aarón la presentarán delante del Señor frente al altar.

15"Entonces uno *de ellos* tomará de ella un puñado de flor de harina de la ofrenda de cereal, con su aceite y todo el incienso que *hay* en la ofrenda de cereal, y *la* quemará sobre el altar; es aroma agradable, su ofrenda memorial para el Señor.

16"Y lo que quede de ella, Aarón y sus hijos lo comerán. Debe comerse como tortas sin levadura en lugar santo; en el atrio de la tienda de reunión lo comerán.

17"No se cocerá con levadura. Se la he dado como parte de mis ofrendas encendidas; es *cosa* santísima, lo mismo que la ofrenda por el pecado y la ofrenda por la culpa.

18"Todo varón entre los hijos de Aarón puede comerla; es una ordenanza perpetua por *todas* vuestras generaciones tocante a las ofrendas encendidas para el Señor. Todo lo que las toque quedará consagrado."

19 Entonces habló el Señor a Moisés, diciendo:

20 Esta es la ofrenda que Aarón y sus hijos han de ofrecer al Señor el día de su unción: la décima parte de un efa de flor de harina como ofrenda perpetua de cereal, la mitad por la mañana y la mitad por la tarde.

21 En sartén se preparará con aceite, y cuando se haya mezclado *bien* la traerás. Ofrecerás la ofrenda de cereal en pedazos cocidos al horno como aroma agradable para el Señor.

22 El sacerdote, que de entre los hijos de Aarón sea ungido en su lugar, la ofrecerá. Por ordenanza perpetua será totalmente quemada para el Señor.

23 Así que toda ofrenda de cereal del sacerdote será totalmente quemada. No se comerá.

24 Y el Señor habló a Moisés, diciendo:

25 Habla a Aarón y a sus hijos y diles: "Esta es la ley de la ofrenda por el pecado: la ofrenda por el pecado será ofrecida delante del Señor en el *mismo* lugar donde el holocausto es ofrecido; es *cosa* santísima.

26"El sacerdote que la ofrezca por el pecado la comerá. Se comerá en un lugar santo, en el atrio de la tienda de reunión.

27"Todo el que toque su carne quedará consagrado; y si la sangre salpica sobre una vestidura, en un lugar santo lavarás lo que fue salpicado.

28"Y la vasija de barro en la cual fue hervida, será quebrada; y si se hirvió en una vasija de bronce, se fregará y se lavará con agua.

29"Todo varón de entre los sacerdotes puede comer de ella; es *cosa* santísima.

30"Pero no se comerá de ninguna ofrenda por el pecado, cuya sangre se haya traído a la tienda de reunión para hacer expiación en el lugar santo; al fuego será quemada.

La ley de la ofrenda por la culpa

7 "Esta es la ley de la ofrenda por la culpa; es *cosa santísima.*

2 "En el lugar donde degüellan el holocausto han de degollar la ofrenda por la culpa, y él rociará su sangre sobre el altar por todos los lados.

3 "Luego ofrecerá de ella todo el sebo: la cola gorda, el sebo que cubre las entrañas,

4 los dos riñones con el sebo que hay sobre ellos y sobre los lomos, y quitará el lóbulo del hígado con los riñones.

5 "Y el sacerdote los quemará sobre el altar como ofrenda encendida para el SEÑOR; es ofrenda por la culpa.

6 "Todo varón de entre los sacerdotes puede comer de ella. Se comerá en un lugar santo; es *cosa santísima.*

7 "La ofrenda por la culpa es como la ofrenda por el pecado, hay una *misma* ley para ambas; al sacerdote que hace expiación con ella, le pertenecerá.

8 "También el sacerdote que presente el holocausto de alguno, la piel del holocausto que haya presentado será para él.

9 "De la misma manera, toda ofrenda de cereal que sea cocida al horno, y todo lo que sea preparado en cazuela o en sartén, pertenecerá al sacerdote que la presente.

10 "Y toda ofrenda de cereal mezclado con aceite, o seco, pertenecerá a todos los hijos de Aarón, a todos por igual.

11 "Esta es la ley del sacrificio de la ofrenda de paz que será ofrecido al SEÑOR:

12 "Si lo ofrece en acción de gracias, entonces, juntamente con el sacrificio de acción de gracias, ofrecerá tortas sin levadura amasadas con aceite, y hojaldres sin levadura untados con aceite, y tortas de flor de harina *bien* mezclada amasadas con aceite.

13 "Con el sacrificio de sus ofrendas de paz en acción de gracias, presentará su ofrenda con tortas de pan leudado.

14 "Y de ello presentará una *parte* de cada ofrenda como contribución al SEÑOR; será para el sacerdote que rocía la sangre de las ofrendas de paz.

15 "*En cuanto a* la carne del sacrificio de sus ofrendas de paz en acción de gracias, se comerá el día que la ofrezca; no dejará nada hasta la mañana *siguiente.*

16 "Pero si el sacrificio de su ofrenda es por un voto o una ofrenda voluntaria, se comerá en el día que ofrezca el sacrificio; y al día siguiente se podrá comer lo que quede;

17 pero lo que quede de la carne del sacrificio será quemado en el fuego al tercer día.

18 "De manera que si se come de la carne del sacrificio de sus ofrendas de paz al tercer día, el que la ofrezca no será acepto, ni se le tendrá en cuenta. Será cosa ofensiva, y la persona que coma de ella llevará su *propia* iniquidad.

19 "La carne que toque cualquier cosa inmunda no se comerá; se quemará en el fuego. En cuanto a *otra* carne, cualquiera que esté limpio puede comer de ella.

20 "Pero la persona que coma la carne del sacrificio de las ofrendas de paz que pertenecen al SEÑOR, estando inmunda, esa persona será cortada de entre su pueblo.

21 "Y cuando alguien toque alguna cosa inmunda, ya sea inmundicia humana o un animal inmundo, o cualquier cosa abominable *e* inmunda y coma de la carne del sacrificio de la ofrenda de paz que pertenece al SEÑOR, esa persona será cortada de entre su pueblo."

22 Después habló el SEÑOR a Moisés, diciendo:

23 Habla a los hijos de Israel y diles: "Ningún sebo de buey, ni de cordero, ni de cabra, comeréis.

24 "El sebo de *un animal* muerto y el sebo de un animal despedazado *por las bestias* podrá servir para cualquier uso, mas ciertamente no debéis comerlo.

25 "Porque cualquiera que coma sebo del animal del cual se ofrece una ofrenda encendida al SEÑOR, la persona que coma será cortada de entre su pueblo.

26 "Y no comeréis sangre, ni de ave ni de animal, en ningún lugar en que habitéis.

27 "Toda persona que coma cualquier *clase de* sangre, esa persona será cortada de entre su pueblo."

28 Entonces habló el SEÑOR a Moisés, diciendo:

29 Habla a los hijos de Israel y diles: "El que ofrezca el sacrificio de sus ofrendas de paz al SEÑOR, traerá su ofrenda al SEÑOR del sacrificio de sus ofrendas de paz.

30 "Sus propias manos traerán ofrendas encendidas al SEÑOR. Traerá el sebo con el pecho, para que el pecho sea presentado como ofrenda mecida delante del SEÑOR.

31 "Y el sacerdote quemará el sebo sobre el altar; pero el pecho pertenecerá a Aarón y a sus hijos.

32 "Y daréis al sacerdote la pierna derecha como contribución de los sacrificios de vuestras ofrendas de paz.

33 "Aquel que de entre los hijos de Aarón ofrezca la sangre de las ofrendas de paz y el sebo, recibirá la pierna derecha como *su* porción.

34 "Pues yo he tomado de los hijos de Israel, de los sacrificios de sus ofrendas de paz, el pecho de la ofrenda mecida y la pierna de la contribución, y los he dado al sacerdote Aarón y a sus hijos, como *su* porción para siempre de *parte de* los hijos de Israel.

35 "Esta es la porción consagrada a Aarón y la porción consagrada a sus hijos de las ofrendas encendidas para el SEÑOR, desde el día en que él los presentó para ministrar como sacerdotes al SEÑOR,

36 la cual el SEÑOR había ordenado que se les diera de *parte de* los hijos de Israel el día en que El los ungió. Es la porción *de ellos* para siempre, por todas sus generaciones."

37 Esta es la ley del holocausto, de la ofrenda de cereal, de la ofrenda por el pecado, de la ofrenda por la culpa, de la ofrenda de consagración y del sacrificio de las ofrendas de paz,

38 que el SEÑOR ordenó a Moisés en el monte Sinaí, el día en que El mandó a los hijos de Israel que presentaran sus ofrendas al SEÑOR en el desierto de Sinaí.

Consagración de Aarón y de sus hijos

8 Y el Señor habló a Moisés, diciendo:
2 Toma a Aarón y con él a sus hijos, y las vestiduras, el aceite de la unción, el novillo de la ofrenda por el pecado, los dos carneros y la cesta del pan sin levadura;

3 y reúne a toda la congregación a la entrada de la tienda de reunión.

4 Y Moisés hizo tal como el Señor le ordenó, y cuando la congregación se había reunido a la entrada de la tienda de reunión,

5 Moisés dijo a la congregación: Esto es lo que el Señor ha ordenado hacer.

6 Entonces Moisés hizo que Aarón y sus hijos se acercaran, y los lavó con agua.

7 Y puso sobre él la túnica, lo ciñó con el cinturón, lo vistió con el manto y le puso el efod; y lo ciñó con el cinto tejido del efod, con el cual se lo ató.

8 Después le puso el pectoral, y dentro del pectoral puso el Urim y el Tumim[1].

9 Puso también la tiara sobre su cabeza, y sobre la tiara, al frente, puso la lámina de oro, la diadema santa, tal como el Señor había ordenado a Moisés.

10 Y Moisés tomó el aceite de la unción y ungió el tabernáculo y todo lo que en él había, y los consagró.

11 Con el aceite roció el altar siete veces y ungió el altar y todos sus utensilios, y la pila y su base, para consagrarlos.

12 Y derramó del aceite de la unción sobre la cabeza de Aarón y lo ungió, para consagrarlo.

13 Luego Moisés hizo que los hijos de Aarón se acercaran y los vistió con túnicas, los ciñó con cinturones, y les ajustó las tiaras tal como el Señor había ordenado a Moisés.

14 Entonces trajo el novillo de la ofrenda por el pecado, y Aarón y sus hijos pusieron sus manos sobre la cabeza del novillo de la ofrenda por el pecado.

15 Después Moisés lo degolló y tomó la sangre y con su dedo puso parte de ella en los cuernos del altar por todos los lados, y purificó el altar. Luego derramó el resto de la sangre al pie del altar y lo consagró, para hacer expiación por él.

16 Tomó también todo el sebo que había en las entrañas y el lóbulo del hígado, y los dos riñones con su sebo, y los quemó Moisés sobre el altar.

17 Pero el novillo, con su piel, su carne y su estiércol, lo quemó en el fuego fuera del campamento, tal como el Señor había mandado a Moisés.

18 Entonces presentó el carnero del holocausto, y Aarón y sus hijos pusieron sus manos sobre la cabeza del carnero.

19 Y Moisés lo degolló y roció la sangre sobre el altar, por todos los lados.

20 Después de haber cortado el carnero en pedazos, Moisés quemó la cabeza, los pedazos y el sebo.

21 Después de lavar las entrañas y las patas con agua, Moisés quemó todo el carnero sobre el altar. Fue holocausto de aroma agradable; fue ofrenda encendida para el Señor, tal como el Señor había ordenado a Moisés.

22 Luego presentó el segundo carnero, el carnero de la consagración, y Aarón y sus hijos pusieron sus manos sobre la cabeza del carnero.

23 Y Moisés lo degolló y tomó de la sangre y la puso en el lóbulo de la oreja derecha de Aarón, en el pulgar de su mano derecha y en el pulgar de su pie derecho.

24 Hizo también que se acercaran los hijos de Aarón; y Moisés puso sangre en el lóbulo de la oreja derecha de ellos, en el pulgar de su mano derecha y en el pulgar de su pie derecho. Entonces Moisés roció el resto de la sangre sobre el altar, por todos los lados.

25 Y tomó el sebo y la cola gorda, y todo el sebo que estaba en las entrañas, el lóbulo del hígado, los dos riñones con su sebo y la pierna derecha.

26 Y de la cesta del pan sin levadura que estaba delante del Señor, tomó una torta sin levadura, una torta de pan mezclada con aceite y un hojaldre, y los puso sobre las porciones de sebo y sobre la pierna derecha.

27 Entonces lo puso todo en las manos de Aarón y en las manos de sus hijos, y lo presentó como una ofrenda mecida delante del Señor.

28 Después Moisés tomó todo esto de las manos de ellos y lo quemó en el altar con el holocausto. Fue ofrenda de consagración como aroma agradable, ofrenda encendida para el Señor.

29 Tomó también Moisés el pecho y lo presentó como ofrenda mecida delante del Señor; era la porción del carnero de la consagración que pertenecía a Moisés, tal como el Señor le había ordenado.

30 Y tomó Moisés del aceite de la unción y de la sangre que estaba sobre el altar, y roció a Aarón y sus vestiduras, y a sus hijos y las vestiduras de sus hijos; y consagró a Aarón y sus vestiduras, y a sus hijos y las vestiduras de sus hijos con él.

31 Entonces Moisés dijo a Aarón y a sus hijos: Hervid la carne a la entrada de la tienda de reunión, y comedla allí junto con el pan que está en la cesta de la ofrenda de consagración, tal como lo he ordenado, diciendo: "Aarón y sus hijos lo comerán."

32 Y el resto de la carne y del pan lo quemaréis en el fuego.

33 Y no saldréis de la entrada de la tienda de reunión por siete días, hasta que termine el período de vuestra consagración; porque por siete días seréis consagrados.

34 El Señor ha mandado hacer tal como se ha hecho hoy, para hacer expiación a vuestro favor.

35 Además, permaneceréis a la entrada de la tienda de reunión día y noche por siete días, y guardaréis la ordenanza del Señor para que no muráis, porque así se me ha ordenado.

36 Y Aarón y sus hijos hicieron todas las cosas que el Señor había ordenado por medio de Moisés.

Primeros sacrificios de Aarón

9 Aconteció en el octavo día que Moisés llamó a Aarón, a sus hijos y a los ancianos de Israel;
2 y dijo a Aarón: Toma un becerro de la vacada para la ofrenda por el pecado, y un carnero para el holocausto, ambos sin defecto, y ofrécelos delante del Señor.

3 Luego hablarás a los hijos de Israel, diciendo: "Tomad un macho cabrío para la ofrenda por el

1. I.e., las luces y las perfecciones

pecado, y un becerro y un cordero, ambos de un
año, sin defecto, para el holocausto,

4 y un buey y un carnero para las ofrendas de
paz, para sacrificar delante del SEÑOR, y una
ofrenda de cereal mezclado con aceite; porque
hoy se aparecerá el SEÑOR a vosotros."

5 Llevaron, pues, al frente de la tienda de
reunión lo que Moisés había ordenado, y toda la
congregación se acercó y permaneció de pie
delante del SEÑOR.

6 Y Moisés dijo: Esto es lo que el SEÑOR ha
mandado que hagáis, para que la gloria del
SEÑOR se aparezca a vosotros.

7 Entonces Moisés dijo a Aarón: Acércate al
altar y presenta tu ofrenda por el pecado y tu
holocausto, para que hagas expiación por ti
mismo y por el pueblo; luego presenta la ofrenda
por el pueblo, para que puedas hacer expiación
por ellos, tal como el SEÑOR ha ordenado.

8 Se acercó, pues, Aarón al altar y degolló el
becerro de la ofrenda por el pecado que era por sí
mismo.

9 Y los hijos de Aarón le presentaron la sangre;
y él mojó su dedo en la sangre, puso *parte de ella*
sobre los cuernos del altar, y derramó *el resto de*
la sangre al pie del altar.

10 Después quemó sobre el altar el sebo, los
riñones y el lóbulo del hígado de la ofrenda por el
pecado, tal como el SEÑOR había ordenado a
Moisés.

11 Sin embargo, la carne y la piel las quemó en
el fuego fuera del campamento.

12 Luego degolló el holocausto; y los hijos de
Aarón le dieron la sangre y la roció sobre el altar,
por todos los lados.

13 Y le dieron el holocausto en pedazos, con la
cabeza, y *los* quemó sobre el altar.

14 Lavó también las entrañas y las patas, y *las*
quemó con el holocausto sobre el altar.

15 Luego presentó la ofrenda por el pueblo, y
tomó el macho cabrío para la ofrenda por el
pecado que era por el pueblo, lo degolló y lo
ofreció por los pecados, como el primero.

16 Presentó también el holocausto, y lo ofreció
conforme a la ordenanza.

17 Después presentó la ofrenda de cereal, y llenó
de ella su mano, y *la* quemó sobre el altar,
además del holocausto de la mañana.

18 Luego degolló el buey y el carnero, el sacrificio de las ofrendas de paz que era por el pueblo; y
los hijos de Aarón le dieron la sangre y la roció
sobre el altar, por todos los lados.

19 En cuanto a los pedazos de sebo del buey y
del carnero, la cola gorda, el *sebo* que cubre *las
entrañas*, los riñones y el lóbulo del hígado,

20 los pusieron sobre los pechos *de los animales
sacrificados;* y él quemó los pedazos de sebo sobre
el altar.

21 Pero Aarón presentó los pechos y la pierna
derecha como ofrenda mecida delante del SEÑOR,
tal como Moisés había ordenado.

22 Entonces Aarón alzó sus manos hacia el
pueblo y lo bendijo, y después de ofrecer la
ofrenda por el pecado, el holocausto y las
ofrendas de paz, descendió.

23 Y Moisés y Aarón entraron en la tienda de
reunión, y cuando salieron y bendijeron al
pueblo, la gloria del SEÑOR apareció a todo el
pueblo.

24 Y salió fuego de la presencia del SEÑOR que
consumió el holocausto y los pedazos de sebo
sobre el altar. Al verlo, todo el pueblo gritó y se
postró rostro en tierra.

El pecado de Nadab y Abiú

10 Nadab y Abiú, hijos de Aarón, tomaron
sus respectivos incensarios, y después de
poner en ellos fuego y echar incienso sobre él,
ofrecieron delante del SEÑOR fuego extraño, que
El no les había ordenado.

2 Y de la presencia del SEÑOR salió fuego que
los consumió, y murieron delante del SEÑOR.

3 Entonces Moisés dijo a Aarón: *Esto* es lo que
el SEÑOR habló, diciendo:

"Como santo seré tratado por los que se
    acercan a mí,
y en presencia de todo el pueblo seré
    honrado."

Y Aarón guardó silencio.

4 Llamó también Moisés a Misael y a Elzafán,
hijos de Uziel, tío de Aarón, y les dijo: Acercaos,
llevaos a vuestros parientes de delante del
santuario, fuera del campamento.

5 Y ellos se acercaron y los llevaron fuera del
campamento todavía en sus túnicas, como
Moisés había dicho.

6 Luego Moisés dijo a Aarón y a sus hijos
Eleazar e Itamar: No descubráis vuestra cabeza
ni rasguéis vuestros vestidos, para que no muráis
y para que El no desate todo su enojo contra toda
la congregación. Pero vuestros hermanos, toda la
casa de Israel, se lamentarán por el incendio que
el SEÑOR ha traído.

7 Ni siquiera saldréis de la entrada de la tienda
de reunión, no sea que muráis; porque el aceite
de unción del SEÑOR está sobre vosotros. Y ellos
hicieron conforme al mandato de Moisés.

8 El SEÑOR habló a Aarón, diciendo:

9 No beberéis vino ni licor, tú ni tus hijos
contigo, cuando entréis en la tienda de reunión,
para que no muráis (es estatuto perpetuo por
todas vuestras generaciones),

10 y para que hagáis distinción entre lo santo y
lo profano, entre lo inmundo y lo limpio,

11 y para que enseñéis a los hijos de Israel todos
los estatutos que el SEÑOR les ha dicho por medio
de Moisés.

12 Y Moisés dijo a Aarón y a los hijos que le
quedaban, Eleazar e Itamar: Tomad la ofrenda
de cereal que queda de las ofrendas encendidas
para el SEÑOR, y comedla sin levadura junto al
altar, porque es santísima.

13 La comeréis, pues, en lugar santo, porque es
la porción tuya y la porción de tus hijos de las
ofrendas encendidas al SEÑOR; porque así se me
ha ordenado.

14 Sin embargo, el pecho de la ofrenda mecida y
la pierna de la ofrenda podéis comer en un lugar
limpio, tú, y tus hijos y tus hijas contigo; porque
han sido dadas como la porción tuya y la de tus
hijos de los sacrificios de las ofrendas de paz de
los hijos de Israel.

15 La pierna *que fue* ofrecida levantándola, y el
pecho *que fue* ofrecido meciéndolo, los traerán
junto con las ofrendas encendidas de los pedazos
de sebo, para presentarlos como ofrenda mecida
delante del SEÑOR; así será para siempre la

porción tuya y la de tus hijos contigo, tal como el SEÑOR ha ordenado.

16 Y Moisés preguntó con diligencia por el macho cabrío de la ofrenda por el pecado, y he aquí que había sido quemado. Y se enojó con Eleazar e Itamar, los hijos que le habían quedado a Aarón, diciendo:

17 ¿Por qué no comisteis la ofrenda por el pecado en el lugar santo? Porque es santísima y os ha sido dada para quitar la culpa de la congregación, para hacer expiación por ellos delante del SEÑOR.

18 He aquí, puesto que la sangre no había sido traída dentro, al santuario, ciertamente debíais haber comido la ofrenda en el santuario, tal como yo ordené.

19 Pero Aarón dijo a Moisés: Mira, hoy mismo han presentado ellos su ofrenda por el pecado y su holocausto delante del SEÑOR. Ya que esto me ha sucedido, si yo hubiera comido hoy de la ofrenda por el pecado, ¿hubiera sido grato a los ojos del SEÑOR?

20 Cuando Moisés oyó *esto,* quedó satisfecho.

Animales limpios e inmundos

11 El SEÑOR habló a Moisés y a Aarón, diciéndoles:

2 Hablad a los hijos de Israel, y decidles: "Estos son los animales que podréis comer de entre todos los animales que hay sobre la tierra.

3 "De entre los animales, todo el que tiene pezuña dividida, formando así cascos hendidos, *y* rumia, éste comeréis.

4 "Sin embargo, de los que rumian o tienen pezuña dividida, no comeréis éstos: el camello, porque aunque rumia no tiene pezuña dividida; *será* inmundo para vosotros;

5 el damán, porque aunque rumia, no tiene pezuña dividida; *será* inmundo para vosotros;

6 el conejo, porque aunque rumia, no tiene pezuña dividida; *será* inmundo para vosotros;

7 y el cerdo, porque aunque tiene pezuña dividida, formando así un casco hendido, no rumia; *será* inmundo para vosotros.

8 "No comeréis de su carne ni tocaréis sus cadáveres; *serán* inmundos para vosotros.

9 "De todos los animales que hay en las aguas, podréis comer éstos: todos los que tienen aletas y escamas en las aguas, en los mares o en los ríos, podréis comer.

10 "Pero todos los que no tienen aletas ni escamas en los mares y en los ríos, entre todo lo que se mueve en las aguas y entre todas las criaturas vivientes que están en el agua, os serán abominación;

11 os serán abominación, no comeréis de su carne y abominaréis sus cadáveres.

12 "Todo lo que en las aguas no tenga aletas ni escamas, os *será* abominación.

13 "Además, éstas abominaréis de entre las aves, no se comerán, son abominación: el águila, el buitre y el buitre negro,

14 el milano y el halcón según su especie;

15 todo cuervo según su especie;

16 el avestruz, la lechuza, la gaviota y el gavilán según su especie;

17 el búho, el somormujo, el búho real,

18 la lechuza blanca, el pelícano, el buitre común,

19 la cigüeña, la garza según su especie; la abubilla y el murciélago.

20 "Todo insecto alado que ande sobre cuatro *patas* os será abominación.

21 "Sin embargo, éstos podéis comer de entre todos los insectos alados que andan sobre cuatro *patas:* los que tienen, además de sus patas, piernas con coyunturas para saltar con ellas sobre la tierra.

22 "De ellos podéis comer éstos: la langosta según sus especies, la langosta destructora según sus especies, el grillo según sus especies y el saltamontes según sus especies.

23 "Pero todos los demás insectos alados que tengan cuatro patas os *serán* abominación.

24 "Por estos *animales,* pues, seréis inmundos; todo el que toque sus cadáveres quedará inmundo hasta el atardecer,

25 y todo el que levante parte de sus cadáveres lavará sus vestidos y quedará inmundo hasta el atardecer.

26 "En cuanto a todo animal de pezuña dividida, pero que no forma *pezuña* hendida, o que no rumian, *serán* inmundos para vosotros; todo el que los toque quedará inmundo.

27 "Y de entre los animales que andan sobre cuatro *patas,* los que andan sobre sus garras son inmundos para vosotros; todo el que toque sus cadáveres quedará inmundo hasta el atardecer,

28 y el que levante sus cadáveres lavará sus ropas y quedará inmundo hasta el atardecer; os son inmundos.

29 "Y de entre los animales que se mueven sobre la tierra, éstos *serán* inmundos para vosotros: el topo, el ratón y el lagarto según sus especies;

30 el erizo, el cocodrilo, el lagarto, la lagartija de arena y el camaleón.

31 "Estos *serán* inmundos para vosotros de entre todos los *animales* que pululan; todo el que los toque cuando estén muertos quedará inmundo hasta el atardecer.

32 "También quedará inmunda cualquier cosa sobre la cual caiga muerto uno de ellos, incluso cualquier artículo de madera, ropa, piel, saco, o cualquier utensilio de trabajo; será puesto en el agua y quedará inmundo hasta el atardecer; entonces quedará limpio.

33 "Respecto a cualquier vasija de barro en la cual caiga uno de ellos, lo que está en la vasija quedará inmundo y quebraréis la vasija.

34 "Todo alimento que se come, sobre el cual caiga *de esta* agua, estará inmundo, y todo líquido que se beba en tales vasijas estará inmundo.

35 "Todo aquello sobre lo cual caiga parte de sus cadáveres quedará inmundo; el horno o fogón será derribado; son inmundos y seguirán siendo inmundos para vosotros.

36 "Sin embargo, una fuente o cisterna donde se recoge agua será limpia, pero lo que toque sus cadáveres quedará inmundo.

37 "Y si parte de sus cadáveres cae sobre cualquier semilla que se ha de sembrar, *quedará* limpia.

38 "Pero si se pone agua en la semilla, y una parte de sus cadáveres cae en ella, *será* inmunda para vosotros.

39 "Si muere uno de los animales que tenéis para

comer, el que toque su cadáver quedará inmundo hasta el atardecer.

40"Y el que coma parte de su cadáver lavará sus vestidos y quedará inmundo hasta el atardecer; y el que levante el cadáver lavará sus vestidos y quedará inmundo hasta el atardecer.

41"Todo animal que se arrastra sobre la tierra es abominable; no se comerá.

42"Todo lo que anda sobre su vientre, todo lo que camina sobre cuatro *patas*, todo lo que tiene muchos pies, con respecto a todo lo que se arrastra sobre la tierra, no los comeréis porque es abominación.

43"No os hagáis abominables por causa de ningún animal que se arrastra; ni os contaminéis con ellos para que no seáis inmundos.

44"Porque yo soy el Señor vuestro Dios. Por tanto, consagraos y sed santos, porque yo soy santo. No os contaminéis, pues, con ningún animal que se arrastra sobre la tierra.

45"Porque yo soy el Señor, que os he hecho subir de la tierra de Egipto para ser vuestro Dios; seréis, pues, santos porque yo soy santo."

46 Esta es la ley acerca de los animales, de las aves, de todo ser viviente que se mueve en las aguas y de todo animal que se arrastra sobre la tierra,

47 para hacer distinción entre lo inmundo y lo limpio, entre el animal que se puede comer y el animal que no se puede comer.

Purificación de la mujer después del parto

12 Y el Señor habló a Moisés, diciendo:
2 Habla a los hijos de Israel y diles: "Cuando una mujer dé a luz y tenga varón, quedará impura por siete días; como en los días de su menstruación, será impura.

3"Al octavo día la carne del prepucio *del niño* será circuncidada.

4"Y ella permanecerá en la sangre de su purificación por treinta y tres días; no tocará ninguna cosa consagrada ni entrará al santuario hasta que los días de su purificación sean cumplidos.

5"Pero si da a luz una niña, quedará impura por dos semanas, como en *los días de* su menstruación; y permanecerá en la sangre de su purificación por sesenta y seis días.

6"Cuando se cumplan los días de su purificación por un hijo o por una hija, traerá al sacerdote, a la entrada de la tienda de reunión, un cordero de un año como holocausto, y un pichón o una tórtola como ofrenda por el pecado.

7"Entonces él los ofrecerá delante del Señor y hará expiación por ella, y quedará limpia del flujo de su sangre. Esta es la ley para la que da a *luz, sea* hijo o hija.

8"Pero si no le alcanzan los recursos para ofrecer un cordero, entonces tomará dos tórtolas o dos pichones, uno para el holocausto y el otro para la ofrenda por el pecado; y el sacerdote hará expiación por ella, y quedará limpia."

Leyes acerca de la lepra

13 El Señor habló a Moisés y a Aarón, diciendo:
2 Cuando un hombre tenga en la piel de su cuerpo hinchazón, o erupción, o mancha *blanca* lustrosa, y se convierta en infección de lepra en la piel de su cuerpo, será traído al sacerdote Aarón o a uno de sus hijos, los sacerdotes.

3 Y el sacerdote mirará la infección en la piel del cuerpo; y si el pelo en la infección se ha vuelto blanco, y la infección parece más profunda que la piel de su cuerpo, es una infección de lepra; cuando el sacerdote lo haya examinado lo declarará inmundo.

4 Pero si la mancha lustrosa es blanca en la piel de su cuerpo, y no parece ser más profunda que la piel, y el pelo en ella no se ha vuelto blanco, entonces el sacerdote aislará por siete días *al que tiene* la infección.

5 Al séptimo día el sacerdote lo examinará, y si en su parecer la infección no ha cambiado, *y si* la infección no se ha extendido en la piel, entonces el sacerdote lo aislará por otros siete días.

6 El sacerdote lo examinará de nuevo al séptimo día; y si la infección ha oscurecido, y la infección no se ha extendido en la piel, entonces el sacerdote lo declarará limpio; es *sólo* una postilla. Y lavará sus vestidos y quedará limpio.

7 Pero si la postilla se extiende en la piel después que él se haya mostrado al sacerdote para su purificación, volverá a presentarse al sacerdote.

8 Y el sacerdote *lo* examinará, y si la postilla se ha extendido en la piel, entonces el sacerdote lo declarará inmundo; es lepra.

9 Cuando haya infección de lepra en un hombre, será traído al sacerdote.

10 Entonces el sacerdote lo examinará, y si hay hinchazón blanca en la piel, y el pelo se ha vuelto blanco, y hay carne viva en la hinchazón,

11 es lepra crónica en la piel de su cuerpo, y el sacerdote lo declarará inmundo; no lo aislará, porque es inmundo.

12 Y si la lepra brota y se extiende en la piel, y la lepra cubre toda la piel *del que tenía* la infección, desde su cabeza hasta sus pies, hasta donde pueda ver el sacerdote,

13 entonces el sacerdote mirará, y he aquí, *si* la lepra ha cubierto todo su cuerpo, declarará limpio *al que tenía* la infección; se ha vuelto toda blanca *y* él es limpio.

14 Pero cuando aparezca en él carne viva, será inmundo.

15 Y el sacerdote mirará la carne viva, y lo declarará inmundo; la carne viva es inmunda, es lepra.

16 Mas si la carne viva cambia nuevamente y se vuelve blanca, entonces vendrá al sacerdote,

17 y el sacerdote lo mirará, y he aquí, *si* la infección se ha vuelto blanca, el sacerdote declarará limpio *al que tenía* la infección; limpio es.

18 Cuando el cuerpo tenga una úlcera en su piel, y se sane,

19 y en el lugar de la úlcera haya hinchazón blanca, o una mancha lustrosa, blanca rojiza, será mostrada al sacerdote,

20 y el sacerdote la examinará, y he aquí, *si* parece estar a un nivel más bajo que la piel y su pelo se ha vuelto blanco, el sacerdote lo declarará inmundo; es infección de lepra, ha brotado en la úlcera.

21 Pero si el sacerdote la examina, y he aquí, no hay pelos blancos en ella, y no está a nivel más

bajo que la piel y se ha oscurecido, el sacerdote lo aislará por siete días;

22 y si se extiende en la piel, el sacerdote lo declarará inmundo: es infección.

23 Pero si la mancha lustrosa permanece en su lugar y no se extiende, es *sólo* la cicatriz de la úlcera; el sacerdote lo declarará limpio.

24 Asimismo, si el cuerpo sufre en su piel una quemadura de fuego, y la *carne* viva de la quemadura se vuelve una mancha lustrosa, blanca rojiza o *sólo* blanca,

25 entonces el sacerdote la examinará. Y si el pelo en la mancha lustrosa se ha vuelto blanco, y la mancha parece estar más profunda que la piel, es lepra; ha brotado en la quemadura. Por tanto, el sacerdote lo declarará inmundo; es infección de lepra.

26 Pero si el sacerdote la examina, y he aquí, no hay pelo blanco en la mancha lustrosa y no está más profunda que la piel, pero está oscura, entonces el sacerdote lo aislará por siete días.

27 Al séptimo día el sacerdote lo examinará. Si se ha extendido en la piel, el sacerdote lo declarará inmundo; es infección de lepra.

28 Pero si la mancha lustrosa permanece en su lugar y no se ha extendido en la piel, sino que está oscura, es la hinchazón de la quemadura; y el sacerdote lo declarará limpio, pues es *sólo* la cicatriz de la quemadura.

29 Si un hombre o una mujer tiene una infección en la cabeza o en la barba,

30 el sacerdote le examinará la infección, y si parece estar más profunda que la piel y hay en ella pelo fino amarillento, entonces el sacerdote lo declarará inmundo; es tiña, es lepra de la cabeza o de la barba.

31 Pero si el sacerdote examina la infección de la tiña, y he aquí, no parece ser más profunda que la piel y no hay en ella pelo negro, el sacerdote aislará por siete días *a la persona* con la infección de la tiña.

32 Al séptimo día el sacerdote examinará la infección, y si la tiña no se ha extendido, ni ha crecido en ella pelo amarillento, ni la tiña parece ser más profunda que la piel,

33 entonces se rasurará, pero no rasurará la *parte con* tiña; y el sacerdote aislará *al que tiene* la tiña por otros siete días.

34 Al séptimo día el sacerdote examinará la tiña, y si ésta no se ha extendido en la piel y no parece estar más profunda que la piel, el sacerdote *lo* declarará limpio; entonces lavará sus vestidos y quedará limpio.

35 Pero si la tiña se extiende en la piel después de su purificación,

36 el sacerdote *lo* examinará, y si la tiña se ha extendido en la piel, el sacerdote no tiene que buscar pelo amarillento; es inmundo.

37 Mas si en su parecer la tiña ha permanecido *igual* y ha crecido pelo negro en ella, la tiña ha sanado; es limpio, y el sacerdote *lo* declarará limpio.

38 Cuando un hombre o una mujer tenga manchas lustrosas en la piel de su cuerpo, manchas blancas lustrosas,

39 el sacerdote *las* examinará, y si las manchas lustrosas en la piel de su cuerpo son de color blanquecino, es eczema que ha brotado en la piel; *la persona* es limpia.

40 Si un hombre pierde el pelo de la cabeza, es calvo, *pero* limpio.

41 Y si su cabeza pierde el pelo por delante y por los lados, es calvo en la frente; es limpio.

42 Pero si en la calva de la cabeza o de la frente aparece una infección blanca rojiza, es lepra que brota en la calva de su cabeza o en la calva de su frente.

43 Entonces el sacerdote *lo* examinará; y si la hinchazón de la infección es blanca rojiza en la calva de la cabeza o en la calva de la frente, como la apariencia de la lepra en la piel del cuerpo,

44 es un leproso, es inmundo. El sacerdote ciertamente *lo* declarará inmundo; su infección está en su cabeza.

45 En cuanto al leproso que tenga la infección, sus vestidos estarán rasgados, el cabello de su cabeza estará descubierto, se cubrirá el bozo y gritará: ¡Inmundo, inmundo!

46 Permanecerá inmundo todos los días que tenga la infección; es inmundo. Vivirá solo; su morada estará fuera del campamento.

47 Cuando un vestido tenga una marca de lepra, sea un vestido de lana o de lino,

48 sea en la urdimbre o en la trama, de lino o de lana, en cuero o en cualquier artículo hecho de cuero,

49 si la marca en el vestido o en el cuero, en la urdimbre o en la trama, o en cualquier artículo de cuero, es verdosa o rojiza, es marca de lepra y le será mostrada al sacerdote.

50 Entonces el sacerdote examinará la marca, y aislará el artículo con marca por siete días.

51 Al séptimo día examinará la marca; si la marca se ha extendido en el vestido, sea en la urdimbre o en la trama, o en el cuero, cualquiera que sea el uso que se le dé al cuero, la marca es una lepra maligna, es inmunda.

52 Quemará, pues, el vestido, ya sea la urdimbre o la trama, en lana o en lino, o cualquier artículo de cuero en el cual aparezca la marca, porque es una lepra maligna; en el fuego será quemado.

53 Pero si el sacerdote la examina, y la marca no se ha extendido en el vestido, en la urdimbre o en la trama, o en cualquier artículo de cuero,

54 entonces el sacerdote les ordenará lavar aquello donde aparezca la marca, y lo aislará por otros siete días.

55 Después que el artículo con la marca haya sido lavado, el sacerdote lo examinará otra vez, y si la marca no ha cambiado de aspecto, aun cuando la marca no se haya extendido, es inmundo; en el fuego lo quemarás, ya sea que la corrosión lo haya raído por el derecho o el revés.

56 Entonces el sacerdote *lo* examinará, y si la marca se ha oscurecido después de haber sido lavada, la arrancará del vestido o del cuero, sea de la urdimbre o de la trama;

57 y si aparece otra vez en el vestido, sea en la urdimbre o en la trama, o en cualquier artículo de cuero, es una erupción; el artículo con la marca será quemado en el fuego.

58 El vestido, sea *en* la urdimbre o *en* la trama, o cualquier artículo de cuero del cual se haya quitado la marca después de haberlo lavado, será lavado por segunda vez y quedará limpio.

59 Esta es la ley para la marca de lepra en un vestido de lana o de lino, sea en la urdimbre o en

la trama, o en cualquier artículo de cuero, para declararlo limpio o inmundo.

La purificación de los leprosos

14 El Señor habló a Moisés, diciendo:
2 Esta será la ley del leproso en los días de su purificación. Será llevado al sacerdote,

3 y el sacerdote saldrá fuera del campamento. El sacerdote lo examinará, y si la infección ha sido sanada en el leproso,

4 el sacerdote mandará tomar dos avecillas vivas y limpias, madera de cedro, un cordón escarlata e hisopo para el que ha de ser purificado.

5 Después el sacerdote mandará degollar una de las avecillas en una vasija de barro sobre agua corriente.

6 *En cuanto a* la avecilla viva, la tomará junto con la madera de cedro, el cordón escarlata y el hisopo, y los mojará *juntamente* con la avecilla viva en la sangre del ave muerta sobre el agua corriente.

7 Después rociará siete veces al que ha de ser purificado de la lepra, lo declarará limpio, y soltará al ave viva en campo abierto.

8 Luego el que ha de ser purificado lavará su ropa, se rasurará todo el cabello, se bañará en agua y quedará limpio. Después podrá entrar al campamento, pero por siete días permanecerá fuera de su tienda.

9 Y sucederá que en el séptimo día se rasurará todo el cabello: se rasurará la cabeza, la barba y las cejas; todo su cabello. Entonces lavará su ropa y se lavará el cuerpo en agua, y quedará limpio.

10 En el octavo día tomará dos corderos sin defecto, una cordera de un año sin defecto, tres décimas *de un efa* de flor de harina mezclada con aceite como ofrenda de cereal y un log de aceite;

11 y el sacerdote que lo declare limpio, presentará delante del Señor al hombre que ha de ser purificado, con las ofrendas, a la entrada de la tienda de reunión.

12 Entonces el sacerdote tomará uno de los corderos y lo traerá como ofrenda por la culpa, con el log de aceite, y los presentará como ofrenda mecida delante del Señor.

13 Enseguida degollará el cordero en el lugar donde degüellan la ofrenda por el pecado y el holocausto, en el lugar del santuario, porque la ofrenda por la culpa, lo mismo que la ofrenda por el pecado, pertenece al sacerdote; es *cosa santísima*.

14 Entonces el sacerdote tomará de la sangre de la ofrenda por la culpa, y *la* pondrá el sacerdote sobre el lóbulo de la oreja derecha del que ha de ser purificado, sobre el pulgar de su mano derecha y sobre el pulgar de su pie derecho.

15 El sacerdote tomará también del log de aceite, y *lo* derramará en la palma de su mano izquierda;

16 después el sacerdote mojará el dedo de su mano derecha en el aceite que está en la palma de su mano izquierda, y con el dedo rociará del aceite siete veces delante del Señor.

17 Y de lo que quede del aceite que está en su mano, el sacerdote pondrá un poco sobre el lóbulo de la oreja derecha del que se ha de purificar, sobre el pulgar de su mano derecha y

sobre el pulgar de su pie derecho, encima de la sangre de la ofrenda por la culpa;

18 y lo que quede del aceite que está en la mano del sacerdote, lo pondrá sobre la cabeza del que ha de ser purificado. Así el sacerdote hará expiación por él delante del Señor.

19 Después el sacerdote ofrecerá el sacrificio por el pecado y hará expiación por el que se ha de purificar de su inmundicia. Y después, degollará el holocausto.

20 Y el sacerdote ofrecerá sobre el altar el holocausto y la ofrenda de cereal. Así hará expiación el sacerdote por él, y quedará limpio.

21 Pero si es pobre y no tiene suficiente recursos, entonces tomará un cordero como ofrenda por la culpa, como ofrenda mecida, a fin de hacer expiación por él, y una décima *de un efa* de flor de harina mezclada con aceite para ofrenda de cereal, y un log de aceite,

22 y dos tórtolas o dos pichones, según sus recursos, uno será como ofrenda por el pecado y el otro para holocausto.

23 Al octavo día los llevará al sacerdote para *ofrecerlos por* su purificación, a la entrada de la tienda de reunión, delante del Señor.

24 Y el sacerdote tomará el cordero de la ofrenda por la culpa y el log de aceite, y los presentará como ofrenda mecida delante del Señor.

25 Luego degollará el cordero de la ofrenda por la culpa, y el sacerdote tomará de la sangre de la ofrenda por la culpa y *la* pondrá sobre el lóbulo de la oreja derecha del que ha de ser purificado, sobre el pulgar de su mano derecha y sobre el pulgar de su pie derecho.

26 El sacerdote derramará también del aceite sobre la palma de su mano izquierda;

27 y con el dedo de su mano derecha rociará el sacerdote un poco del aceite que está en la palma de su mano izquierda siete veces delante del Señor.

28 Después el sacerdote pondrá del aceite que está en su mano sobre el lóbulo de la oreja derecha del que ha de ser purificado, sobre el pulgar de su mano derecha y sobre el pulgar de su pie derecho, en el lugar de la sangre de la ofrenda por la culpa.

29 Y el resto del aceite que está en la mano del sacerdote lo pondrá en la cabeza del que ha de ser purificado, a fin de hacer expiación por él delante del Señor.

30 Entonces ofrecerá una de las tórtolas o de los pichones, según sus recursos.

31 *Ofrecerá* lo que pueda, uno como ofrenda por el pecado, y el otro como holocausto, junto con la ofrenda de cereal. Así el sacerdote hará expiación delante del Señor en favor del que ha de ser purificado.

32 Esta es la ley para *el que* tenga infección de lepra, cuyos recursos para su purificación sean limitados.

33 Habló también el Señor a Moisés y a Aarón, diciendo:

34 Cuando entréis en la tierra de Canaán, que os doy en posesión, y ponga yo una marca de lepra sobre una casa en la tierra de vuestra posesión,

35 el dueño de la casa irá y le avisará al sacerdote: "*Algo así* como la marca *de la lepra* ha aparecido en mi casa."

36 El sacerdote entonces ordenará que

desocupen la casa antes de que él entre para examinar la marca, a fin de que nada se contamine en la casa; y después el sacerdote entrará y examinará la casa.

37 Examinará la marca, y si la marca sobre las paredes de la casa tiene depresiones verdosas o rojizas, y parece más profunda que la superficie,

38 el sacerdote saldrá a la puerta de la casa, y cerrará la casa por siete días.

39 Y al séptimo día el sacerdote regresará y *la* inspeccionará. Si la marca se ha extendido en las paredes de la casa,

40 el sacerdote les ordenará quitar las piedras que tienen la marca y arrojarlas a un lugar inmundo fuera de la ciudad.

41 Y hará raspar la casa toda por dentro, y arrojarán fuera de la ciudad, a un lugar inmundo, el polvo que raspen.

42 Luego tomarán otras piedras y reemplazarán aquellas piedras; y él tomará otra mezcla y volverá a recubrir la casa.

43 Sin embargo, si la marca vuelve a aparecer en la casa después de que él haya quitado las piedras y raspado la casa, y después de haberla recubierto con mezcla,

44 el sacerdote entrará y *la* examinará. Si ve que la marca se ha extendido en la casa, será una lepra maligna en la casa; es inmunda.

45 Derribará, pues, la casa, sus piedras, sus maderas y todo el emplaste de la casa, y *los* llevará fuera de la ciudad a un lugar inmundo.

46 Además, cualquiera que entre a la casa durante el tiempo que él la cerró, quedará inmundo hasta el atardecer.

47 También, el que duerma en la casa lavará sus ropas, y el que coma en la casa lavará sus ropas.

48 Pero si el sacerdote entra y *la* examina, y la marca no se ha extendido en la casa después de que la casa fue recubierta, el sacerdote declarará la casa limpia, porque la marca no ha vuelto a aparecer.

49 Entonces, para purificar la casa, tomará dos avecillas, madera de cedro, un cordón escarlata e hisopo,

50 y degollará una de las avecillas en una vasija de barro sobre agua corriente.

51 Después tomará la madera de cedro, el hisopo y el cordón escarlata, *juntamente* con la avecilla viva, y los mojará en la sangre de la avecilla muerta y en el agua corriente, y rociará la casa siete veces.

52 Así purificará la casa con la sangre de la avecilla y con el agua corriente, juntamente con la avecilla viva, con la madera de cedro, con el hisopo y con el cordón escarlata.

53 Sin embargo, a la avecilla viva la dejará ir en libertad, fuera de la ciudad, hacia el campo abierto. Así hará expiación por la casa, y quedará purificada.

54 Esta es la ley acerca de toda infección de lepra, o de tiña;

55 y para la ropa o la casa con lepra,

56 para una hinchazón, una erupción o una mancha blanca lustrosa,

57 para enseñar cuándo son inmundas y cuándo son limpias. Esta es la ley sobre la lepra.

Purificación de impurezas físicas

15 Habló el SEÑOR a Moisés y a Aarón, diciendo:

2 Hablad a los hijos de Israel y decidles: "Cuando cualquier hombre tenga flujo de su cuerpo, su flujo *será* inmundo.

3 "Esta será, por tanto, su inmundicia en su flujo: será su inmundicia, ya sea que su cuerpo permita su flujo o que su cuerpo obstruya su flujo.

4 "Toda cama sobre la cual la persona con flujo se acueste será inmunda, y todo sobre lo que se siente será inmundo.

5 "Además, cualquiera que toque su cama lavará su ropa, se bañará en agua y quedará inmundo hasta el atardecer;

6 y cualquiera que se siente en aquello sobre lo cual el hombre con el flujo ha estado sentado, lavará su ropa, se bañará en agua y quedará inmundo hasta el atardecer.

7 "También, cualquiera que toque a la persona con el flujo lavará su ropa, se bañará en agua y quedará inmundo hasta el atardecer.

8 "O si el hombre con el flujo escupe sobre uno que es limpio, éste también lavará su ropa, se bañará en agua y quedará inmundo hasta el atardecer.

9 "Y. toda montura sobre la cual cabalgue la persona con el flujo será inmunda.

10 "Todo el que toque cualquiera de las cosas que han estado debajo de él quedará inmundo hasta el atardecer, y el que las lleve lavará su ropa, se bañará en agua y quedará inmundo hasta el atardecer.

11 "Asimismo, a quien toque el que tiene el flujo sin haberse lavado las manos con agua, lavará su ropa, se bañará en agua y quedará inmundo hasta el atardecer.

12 "Sin embargo, una vasija de barro que toque la persona con el flujo será quebrada, y toda vasija de madera será lavada con agua.

13 "Cuando el hombre con el flujo quede limpio de su flujo, contará para sí siete días para su purificación; entonces lavará su ropa, bañará su cuerpo en agua corriente y quedará limpio.

14 "Y al octavo día tomará para sí dos tórtolas o dos pichones, y vendrá delante del SEÑOR a la entrada de la tienda de reunión y los dará al sacerdote;

15 y el sacerdote los ofrecerá, uno como ofrenda por el pecado y el otro como holocausto. Así el sacerdote hará expiación por él delante del SEÑOR a causa de su flujo.

16 "Y si un hombre tiene emisión de semen, bañará todo su cuerpo en agua y quedará inmundo hasta el atardecer.

17 "En cuanto a cualquier vestidura o piel sobre la cual haya emisión de semen, será lavada con agua y quedará inmunda hasta el atardecer.

18 "Si un hombre se acuesta con una mujer y hay emisión de semen, ambos se bañarán en agua y quedarán inmundos hasta el atardecer.

19 "Cuando una mujer tenga flujo, *si* el flujo en su cuerpo es sangre, ella permanecerá en su impureza menstrual por siete días; y cualquiera que la toque quedará inmundo hasta el atardecer.

20 "También todo aquello sobre lo que ella se acueste durante su impureza menstrual quedará

inmundo, y todo aquello sobre lo que ella se siente quedará inmundo.

21"Cualquiera que toque su cama lavará su ropa, se bañará en agua y quedará inmundo hasta el atardecer.

22"Y todo el que toque cualquier cosa sobre la que ella se siente, lavará su ropa, se bañará en agua y quedará inmundo hasta el atardecer.

23"Sea que esté sobre la cama o sobre aquello en lo cual ella se haya sentado, el que lo toque quedará inmundo hasta el atardecer.

24"Y si un hombre se acuesta con ella y su impureza menstrual lo mancha, quedará inmundo por siete días, y toda cama sobre la que él se acueste quedará inmunda.

25"Si una mujer tiene un flujo de sangre por muchos días, no en el período de su impureza menstrual, o si tiene un flujo después de ese período, todos los días de su flujo impuro continuará como en los días de su impureza menstrual; es inmunda.

26"Toda cama sobre la cual ella se acueste durante los días de su flujo será para ella como la cama durante su menstruación, y todo sobre lo que ella se siente quedará inmundo, como la impureza de su impureza menstrual.

27"Cualquiera que toque esas *cosas* quedará inmundo; lavará su ropa, se bañará en agua y quedará inmundo hasta el atardecer.

28"Cuando ella quede limpia de su flujo, contará siete días; después quedará limpia.

29"Al octavo día ella tomará consigo dos tórtolas o dos pichones, y los traerá al sacerdote a la entrada de la tienda de reunión.

30"El sacerdote ofrecerá uno *de ellos* como ofrenda por el pecado y el otro como holocausto. Así hará expiación el sacerdote por ella delante del Señor a causa de su flujo impuro."

31 Así mantendréis a los hijos de Israel separados de sus impurezas, para que no mueran en sus impurezas por haber contaminado mi tabernáculo que está entre ellos.

32 Esta es la ley para el que tiene flujo y para el hombre que tiene una emisión de semen, contaminándose por él,

33 y para la mujer que está enferma por causa de su impureza menstrual, para el que tenga un flujo, sea hombre o mujer, y para el hombre que se acueste con una mujer inmunda.

El día de la expiación

16 El Señor habló a Moisés después de la muerte de los hijos de Aarón, cuando se acercaron a la presencia del Señor y murieron.

2 Dijo el Señor a Moisés: Di a tu hermano Aarón que no en todo tiempo entre en el lugar santo detrás del velo, delante del propiciatorio¹ que está sobre el arca, no sea que muera; porque yo apareceré en la nube sobre el propiciatorio.

3 Aarón podrá entrar en el lugar santo con esto: con un novillo para ofrenda por el pecado y un carnero para holocausto.

4 Se vestirá la túnica sagrada de lino, los calzoncillos de lino estarán sobre sus carnes, y se ceñirá con el cinturón de lino y se cubrirá con la tiara de lino (estas son vestiduras sagradas). Lavará, pues, su cuerpo con agua y se vestirá con ellas.

5 Y tomará de la congregación de los hijos de Israel dos machos cabríos para ofrenda por el pecado y un carnero para holocausto.

6 Entonces Aarón ofrecerá el novillo como ofrenda por el pecado, que es por sí mismo, para hacer expiación por sí mismo y por su casa.

7 Y tomará los dos machos cabríos y los presentará delante del Señor a la entrada de la tienda de reunión.

8 Y echará suertes Aarón sobre los dos machos cabríos, una suerte por el Señor, y otra suerte para el macho cabrío expiatorio.

9 Aarón ofrecerá el macho cabrío sobre el cual haya caído la suerte para el Señor, haciéndolo ofrenda por el pecado.

10 Pero el macho cabrío sobre el cual cayó la suerte para el macho cabrío expiatorio, será presentado vivo delante del Señor para hacer expiación sobre él, para enviarlo como macho cabrío expiatorio al desierto.

11 Entonces Aarón ofrecerá el novillo de la ofrenda por el pecado, que es por sí mismo, y hará expiación por sí mismo y por su casa, y degollará el novillo de la ofrenda por el pecado hecha por sí mismo.

12 Y tomará un incensario lleno de brasas de fuego de sobre el altar *que está* delante del Señor, y dos puñados de incienso aromático molido, y *lo* llevará detrás del velo.

13 Pondrá el incienso sobre el fuego delante del Señor, para que la nube del incienso cubra el propiciatorio que está sobre el *arca* del testimonio, no sea que *Aarón* muera.

14 Tomará además de la sangre del novillo y *la* rociará con su dedo en el *lado* oriental del propiciatorio; también delante del propiciatorio rociará con su dedo siete veces de la sangre.

15 Después degollará el macho cabrío de la ofrenda por el pecado que es por el pueblo, y llevará su sangre detrás del velo y hará con ella como hizo con la sangre del novillo, y la rociará sobre el propiciatorio y delante del propiciatorio.

16 Hará, pues, expiación por el lugar santo a causa de las impurezas de los hijos de Israel y a causa de sus transgresiones, por todos sus pecados; así hará también con la tienda de reunión que permanece con ellos en medio de sus impurezas.

17 Cuando *Aarón* entre a hacer expiación en el lugar santo, nadie estará en la tienda de reunión hasta que él salga, para que haga expiación por sí mismo, por su casa y por toda la asamblea de Israel.

18 Entonces saldrá al altar que está delante del Señor y hará expiación por él, y tomará de la sangre del novillo y de la sangre del macho cabrío y la pondrá en los cuernos del altar por todos los lados.

19 Y rociará sobre él de la sangre siete veces con su dedo, y lo limpiará, y lo santificará de las impurezas de los hijos de Israel.

20 Cuando acabe de hacer expiación por el lugar santo, la tienda de reunión y el altar, presentará el macho cabrío vivo.

21 Después Aarón pondrá ambas manos sobre la cabeza del macho cabrío y confesará sobre él todas las iniquidades de los hijos de Israel y todas sus transgresiones, todos sus pecados, y

---

1. O, *asiento de la misericordia*, y así en el resto del cap.

poniéndolos sobre la cabeza del macho cabrío, *lo* enviará al desierto por medio de un hombre preparado *para esto.*

22 El macho cabrío llevará sobre sí todas sus iniquidades a una tierra solitaria; y *el hombre* soltará el macho cabrío en el desierto.

23 Entonces Aarón entrará en la tienda de reunión y se quitará las vestiduras de lino que se había puesto al entrar en el lugar santo, y las dejará allí.

24 Lavará su cuerpo con agua en un lugar sagrado, se pondrá sus vestidos, y saldrá y ofrecerá su holocausto y el holocausto del pueblo, y hará expiación por sí mismo y por el pueblo.

25 Luego quemará en el altar el sebo de la ofrenda por el pecado.

26 Y el que soltó el macho cabrío como macho cabrío expiatorio, lavará sus ropas y lavará su cuerpo con agua, y después entrará en el campamento.

27 Pero el novillo de la ofrenda por el pecado y el macho cabrío de la ofrenda por el pecado, cuya sangre fue llevada dentro del lugar santo para hacer expiación, serán llevados fuera del campamento, y quemarán en el fuego su piel, su carne y su estiércol.

28 Y el que los queme lavará sus ropas y lavará su cuerpo con agua, y después entrará en el campamento.

29 Y *esto* os será un estatuto perpetuo: en el mes séptimo, a los diez *días* del mes, humillaréis vuestras almas y no haréis obra alguna, ni el nativo ni el forastero que reside entre vosotros;

30 porque en este día se hará expiación por vosotros para que seáis limpios; seréis limpios de todos vuestros pecados delante del SEÑOR.

31 Os será día de reposo, de descanso solemne, para que humilléis vuestras almas; es estatuto perpetuo.

32 Así que el sacerdote que es ungido y ordenado para ministrar como sacerdote en lugar de su padre hará expiación; se pondrá así las vestiduras de lino, las vestiduras sagradas,

33 y hará expiación por el santo santuario; hará expiación también por la tienda de reunión y por el altar. Hará expiación además por los sacerdotes y por todo el pueblo de la asamblea.

34 Tendrás esto por estatuto perpetuo para hacer expiación por los hijos de Israel, por todos sus pecados, una vez cada año. Tal como el SEÑOR lo ordenó a Moisés, *así* lo hizo.

Más leyes sobre sacrificios

17 Entonces habló el SEÑOR a Moisés, diciendo:

2 Habla a Aarón y a sus hijos, y a todos los hijos de Israel, y diles: "Esto es lo que el SEÑOR ha ordenado, diciendo:

3"Cualquier hombre de la casa de Israel que degüelle un buey, un cordero o una cabra en el campamento, o el que *lo* degüelle fuera del campamento,

4 sin llevarlo a la puerta de la tienda de reunión para presentar*lo* como una ofrenda al SEÑOR, delante del tabernáculo del SEÑOR, ese hombre será culpable de la sangre. Ha derramado sangre y ese hombre será cortado de entre su pueblo.

5"*Esto es* para que los hijos de Israel traigan los sacrificios que sacrificaban en campo abierto, los traigan al SEÑOR a la puerta de la tienda de reunión, al sacerdote, y los sacrifiquen como sacrificios de las ofrendas de paz al SEÑOR.

6"Y el sacerdote rociará la sangre sobre el altar del SEÑOR a la puerta de la tienda de reunión, y quemará el sebo como aroma agradable al SEÑOR.

7"Y ya no sacrificarán sus sacrificios a los demonios[1] con los cuales se prostituyen. Esto les será estatuto perpetuo por todas sus generaciones."

8 Entonces les dirás: "Cualquier hombre de la casa de Israel, o de los forasteros que residen entre ellos, que ofrezca holocausto o sacrificio,

9 y no lo traiga a la entrada de la tienda de reunión para ofrecerlo al SEÑOR, ese hombre también será cortado de su pueblo.

10"Si cualquier hombre de la casa de Israel, o de los forasteros que residen entre ellos, come sangre, yo pondré mi rostro contra esa persona que coma sangre, y la cortaré de entre su pueblo.

11"Porque la vida de la carne está en la sangre, y yo os la he dado sobre el altar para hacer expiación por vuestras almas; porque es la sangre, por razón de la vida, la que hace expiación."

12 Por tanto dije a los hijos de Israel: "Ninguna persona entre vosotros comerá sangre; tampoco comerá sangre ningún forastero que reside entre vosotros."

13 Y cuando algún hombre de los hijos de Israel o de los forasteros que residen entre ellos, que al cazar capture un animal o un ave que sea permitido comer, derramará su sangre y la cubrirá con tierra.

14 Porque *en cuanto a la* vida de toda carne, su sangre es su vida. Por tanto, dije a los hijos de Israel: No comeréis la sangre de ninguna carne, porque la vida de toda carne es su sangre; cualquiera que la coma será exterminado.

15 Y cuando alguna persona, sea nativo o forastero, coma *de un animal* muerto, o que haya sido despedazado *por fieras*, lavará sus vestidos y se bañará en agua, y quedará inmundo hasta el atardecer; entonces será limpio.

16 Pero si no *los* lava o no baña su cuerpo, llevará su culpa.

Leyes sobre el incesto y otras inmoralidades

18 Y el SEÑOR habló a Moisés, diciendo:

2 Habla a los hijos de Israel y diles: "Yo soy el SEÑOR vuestro Dios.

3"No haréis como hacen en la tierra de Egipto en la cual moristeis, ni haréis como hacen en la tierra de Canaán adonde yo os llevo; no andaréis en sus estatutos.

4"Habréis de cumplir mis leyes y guardaréis mis estatutos para vivir según ellos; yo soy el SEÑOR vuestro Dios.

5"Por tanto, guardaréis mis estatutos y mis leyes, por los cuales el hombre vivirá si los cumple; yo soy el SEÑOR.

6"Ninguno de vosotros se acercará a una parienta cercana suya para descubrir *su* desnudez; yo soy el SEÑOR.

7"No descubrirás la desnudez de tu padre, o la

---

1. O, *ídolos en forma de machos cabríos*

desnudez de tu madre. Es tu madre, no descubrirás su desnudez.

8"No descubrirás la desnudez de la mujer de tu padre; es la desnudez de tu padre.

9"La desnudez de tu hermana, *sea* hija de tu padre o de tu madre, nacida en casa o nacida fuera, su desnudez no descubrirás.

10"La desnudez de la hija de tu hijo, o de la hija de tu hija, su desnudez no descubrirás; porque su desnudez es *la* tuya.

11"La desnudez de la hija de la mujer de tu padre, engendrada de tu padre, su desnudez no descubrirás; tu hermana es.

12"No descubrirás la desnudez de la hermana de tu padre; parienta de tu padre es.

13"No descubrirás la desnudez de la hermana de tu madre; parienta de tu madre es.

14"No descubrirás la desnudez del hermano de tu padre; no te acercarás a su mujer, tu tía es.

15"No descubrirás la desnudez de tu nuera; es mujer de tu hijo, no descubrirás su desnudez.

16"No descubrirás la desnudez de la mujer de tu hermano; es la desnudez de tu hermano.

17"No descubrirás la desnudez de una mujer y *la* de su hija, ni tomarás la hija de su hijo ni la hija de su hija para descubrir su desnudez; son parientas. Es maldad.

18"No tomarás mujer juntamente con su hermana, para que sea rival *suya,* descubriendo su desnudez mientras *ésta* viva.

19"Y no te acercarás a una mujer para descubrir su desnudez durante su impureza menstrual.

20"No te acostarás con la mujer de tu prójimo, contaminándote con ella.

21"Tampoco darás hijo tuyo para ofrecerlo a Moloc, ni profanarás el nombre de tu Dios; yo soy el Señor.

22"No te acostarás con varón como los que se acuestan con mujer; es una abominación.

23"No te ayuntarás con ningún animal, contaminándote con él, ni mujer alguna se pondrá delante de un animal para ayuntarse con él; es una perversión.

24"No os contaminéis con ninguna de estas cosas, porque por todas estas cosas se han contaminado las naciones que voy a echar de delante de vosotros.

25"Porque esta tierra se ha corrompido, por tanto, he castigado su iniquidad sobre ella, y la tierra ha vomitado a sus moradores.

26"Pero en cuanto a vosotros, guardaréis mis estatutos y mis juicios y no haréis ninguna de estas abominaciones, *ni* el nativo ni el forastero que reside entre vosotros

27 (porque los hombres de esta tierra que *fueron* antes de vosotros han hecho todas estas abominaciones, y la tierra se ha contaminado),

28 no sea que la tierra os vomite por haberla contaminado, como vomitó a la nación que *estuvo* antes de vosotros.

29"Porque todo el que haga cualquiera de estas abominaciones, aquellas personas que *las* hagan, serán cortadas de entre su pueblo.

30"Por tanto, guardaréis mi ordenanza, no practicando ninguna de las costumbres abominables que practicaron antes de vosotros, para que no os contaminéis con ellas; yo soy el Señor vuestro Dios."

Varias leyes y ordenanzas

19 Entonces habló el Señor a Moisés, diciendo:

2 Habla a toda la congregación de los hijos de Israel y diles: "Seréis santos porque yo, el Señor vuestro Dios, soy santo.

3"Cada uno de vosotros ha de reverenciar a su madre y a su padre. Y guardaréis mis días de reposo; yo soy el Señor vuestro Dios.

4"No os volváis a los ídolos, ni hagáis para vosotros dioses de fundición; yo soy el Señor vuestro Dios.

5"Cuando ofrezcáis sacrificio de ofrendas de paz al Señor, ofrecedlo de tal manera que seáis aceptos.

6"Será comido el mismo día que *lo* ofrezcáis y al día siguiente; pero lo que quede hasta el tercer día será quemado en el fuego.

7"Y si se come algo *de él* en el tercer día, es una abominación; no será acepto.

8"Y todo el que lo coma llevará su iniquidad, porque ha profanado lo santo del Señor; y esa persona será cortada de entre su pueblo.

9"Cuando siegues la mies de tu tierra, no segarás hasta los últimos rincones de tu campo, ni espigarás el sobrante de tu mies.

10"Tampoco rebuscarás tu viña, ni recogerás el fruto caído de tu viña; lo dejarás para el pobre y para el forastero. Yo soy el Señor tu Dios.

11"No hurtaréis, ni engañaréis, ni os mentiréis unos a otros.

12"Y no juraréis en falso por mi nombre, profanando así el nombre de tu Dios; yo soy el Señor.

13"No oprimirás a tu prójimo, ni *le* robarás. El salario de un jornalero no ha de quedar contigo toda la noche hasta la mañana.

14"No maldecirás al sordo, ni pondrás tropiezo delante del ciego, sino que tendrás temor de tu Dios; yo soy el Señor.

15"No harás injusticia en el juicio; no favorecerás al pobre ni complacerás al rico, *sino que* con justicia juzgarás a tu prójimo.

16"No andarás de calumniador entre tu pueblo; no harás nada contra la vida de tu prójimo; yo soy el Señor.

17"No odiarás a tu compatriota en tu corazón; podrás ciertamente reprender a tu prójimo, pero no incurrirás en pecado a causa de él.

18"No te vengarás, ni guardarás rencor a los hijos de tu pueblo, sino que amarás a tu prójimo como a ti mismo; yo soy el Señor.

19"Mis estatutos guardaréis. No ayuntarás dos clases *distintas* de tu ganado; no sembrarás tu campo con dos clases de semilla, ni te pondrás un vestido con mezcla de dos clases de material.

20"Si un hombre se acuesta con una mujer que sea sierva adquirida para *otro* hombre, que no haya sido redimida ni se le haya dado su libertad, habrá castigo; *sin embargo* no se les dará muerte, porque ella no era libre.

21"Y él traerá al Señor su ofrenda por la culpa a la entrada de la tienda de reunión; *traerá* un carnero como ofrenda por la culpa.

22"Y el sacerdote hará expiación por él con el carnero de la ofrenda por la culpa, delante del Señor, por el pecado que ha cometido; y el pecado que ha cometido le será perdonado.

23"Cuando entréis en la tierra y plantéis toda clase de árboles frutales, tendréis por prohibido su fruto. Por tres años os será prohibido; no *se* comerá.

24"Pero en el cuarto año todo su fruto os será santo, una ofrenda de alabanza al Señor.

25"Mas en el quinto año comeréis de su fruto, para que os aumente su rendimiento; yo soy el Señor vuestro Dios.

26"No comeréis *cosa alguna* con su sangre, ni seréis adivinos ni agoreros.

27"No cortaréis en forma circular los extremos de vuestra cabellera, ni dañaréis los bordes de vuestra barba.

28"No haréis sajaduras en vuestro cuerpo por un muerto, ni os haréis tatuajes; yo soy el Señor.

29"No degradarás a tu hija haciendo que se prostituya, para que la tierra no se entregue a la prostitución ni se llene de corrupción.

30"Mis días de reposo guardaréis y tendréis mi santuario en reverencia; yo soy el Señor.

31"No os volváis a los médium ni a los espiritistas, ni los busquéis para ser contaminados por ellos. Yo soy el Señor vuestro Dios.

32"Delante de las canas te pondrás en pie; honrarás al anciano, y a tu Dios temerás; yo soy el Señor.

33"Cuando un extranjero resida con vosotros en vuestra tierra, no lo maltrataréis.

34"El extranjero que resida con vosotros os será como uno nacido entre vosotros, y lo amarás como a ti mismo, porque extranjeros fuisteis vosotros en la tierra de Egipto; yo soy el Señor vuestro Dios.

35"No haréis injusticia en los juicios, ni en las medidas de peso ni de capacidad.

36"Tendréis balanzas justas, pesas justas, un efa justo y un hin justo. Yo soy el Señor vuestro Dios que os saqué de la tierra de Egipto.

37"Así pues, observaréis todos mis estatutos y todas mis ordenanzas, y los cumpliréis; yo soy el Señor."

Penas por actos de inmoralidad

20 Y el Señor habló a Moisés, diciendo: 2 Dirás también a los hijos de Israel: "Cualquier hombre de los hijos de Israel, o de los extranjeros que residen en Israel, que dé alguno de sus hijos a Moloc, ciertamente se le dará muerte; el pueblo de la tierra lo matará a pedradas.

3"Yo pondré mi rostro contra ese hombre y lo cortaré de entre su pueblo, porque ha dado de sus hijos a Moloc, contaminando así mi santuario y profanando mi santo nombre.

4"Pero si el pueblo de la tierra cierra sus ojos con respecto a ese hombre, cuando él ofrezca alguno de sus hijos a Moloc, para no darle muerte,

5 entonces yo mismo pondré mi rostro contra ese hombre y contra su familia; y lo cortaré de entre su pueblo, a él y a todos los que con él se prostituyan, fornicando en pos de Moloc.

6"En cuanto a la persona que se va a los médium o a los espiritistas, para prostituirse en pos de ellos, también pondré mi rostro contra esa persona y la cortaré de entre su pueblo.

7"Santificaos, pues, y sed santos, porque yo soy el Señor vuestro Dios.

8"Guardad mis estatutos y cumplidlos. Yo soy el Señor que os santifico.

9"Todo aquel que maldiga a su padre o a su madre, ciertamente se le dará muerte; ha maldecido a su padre o a su madre, su culpa de sangre sea sobre él.

10"Si un hombre comete adulterio con la mujer de *otro* hombre, (que cometa adulterio con la mujer de su prójimo), el adúltero y la adúltera ciertamente han de morir.

11"Si alguno se acuesta con la mujer de su padre, ha descubierto la desnudez de su padre; ciertamente han de morir los dos; su culpa de sangre sea sobre ellos.

12"Si alguno se acuesta con su nuera, ciertamente han de morir los dos, han cometido *grave* perversión; su culpa de sangre sea sobre ellos.

13"Si alguno se acuesta con varón como los que se acuestan con mujer, los dos han cometido abominación; ciertamente han de morir. Su culpa de sangre sea sobre ellos.

14"Si alguno toma a una mujer y a la madre de ella, es una inmoralidad; él y ellas serán quemados para que no haya inmoralidad entre vosotros.

15"Si alguno se ayunta con un animal, ciertamente se le dará muerte; también mataréis al animal.

16"Si alguna mujer se llega a un animal para ayuntarse con él, matarás a la mujer y al animal; ciertamente han de morir. Su culpa de sangre sea sobre ellos.

17"Si alguno toma a su hermana, hija de su padre o hija de su madre, viendo la desnudez de ella, y ella ve la desnudez de él, es cosa abominable; serán exterminados a la vista de los hijos de su pueblo. El ha descubierto la desnudez de su hermana, lleva su culpa.

18"Si alguno se acuesta con mujer menstruosa y descubre su desnudez, ha descubierto su flujo, y ella ha puesto al descubierto el flujo de su sangre; por tanto, ambos serán cortados de entre su pueblo.

19"No descubrirás tampoco la desnudez de la hermana de tu madre, ni *la* de la hermana de tu padre, porque el que lo haga ha desnudado a su pariente carnal, ellos llevarán su culpa.

20"Si alguno se acuesta con la mujer de su tío, ha descubierto la desnudez de su tío; ellos llevarán su pecado. Sin hijos morirán.

21"Si alguno toma a la mujer de su hermano, es cosa aborrecible; ha descubierto la desnudez de su hermano. Serán sin hijos.

22"Guardad, por tanto, todos mis estatutos y todas mis ordenanzas, y cumplidlos, a fin de que no os vomite la tierra a la cual yo llevo para morar en ella.

23"Además, no andéis en las costumbres de la nación que yo echaré de delante de vosotros; porque ellos hicieron todas estas cosas, y los aborrecí.

24"Por eso os he dicho: 'Vosotros poseeréis su tierra, y yo mismo os la daré para que la poseáis, una tierra que mana leche y miel.' Yo soy el Señor vuestro Dios, que os he apartado de los pueblos.

25"Vosotros haréis una distinción entre el animal limpio y el inmundo, entre el ave limpia y la inmunda; no hagáis, pues, vuestras almas abominables por causa de animal o de ave o de cosa alguna que se arrastra sobre la tierra, los cuales yo he apartado de vosotros por inmundos.

26"Me seréis, pues, santos, porque yo, el SEÑOR, soy santo, y os he apartado de los pueblos para que seáis míos.

27"Si hay médium o espiritista entre ellos, hombre o mujer, ciertamente han de morir; serán apedreados; su culpa de sangre sea sobre ellos."

Leyes para el sacerdocio

21 El SEÑOR dijo a Moisés: Habla a los sacerdotes, los hijos de Aarón, y diles: "Ninguno se contamine con persona *muerta* entre su pueblo,

2 salvo por sus parientes más cercanos, su madre, su padre, su hijo, su hija o su hermano,

3 o por su hermana virgen, que está cerca de él, por no haber tenido marido; por ella puede contaminarse.

4"No se contaminará como pariente por matrimonio entre su pueblo, pues se profanaría.

5"No se harán tonsura en la cabeza, ni se rasurarán los bordes de la barba, ni se harán sajaduras en su carne.

6"Serán santos a su Dios y no profanarán el nombre de su Dios, porque presentarán las ofrendas encendidas al SEÑOR, el alimento de su Dios; por tanto, serán santos.

7"No tomarán mujer *que haya sido* profanada como ramera, ni tomarán mujer divorciada de su marido; porque el sacerdote es santo a su Dios.

8"Lo consagrarás, pues, porque él ofrece el alimento de tu Dios; será santo para ti; porque yo, el SEÑOR que os santifico, soy santo.

9"Y la hija de un sacerdote, si se profana como ramera, a su padre profana; en el fuego será quemada.

10"Y el que sea sumo sacerdote entre sus hermanos, sobre cuya cabeza haya sido derramado el aceite de la unción y que haya sido consagrado para llevar las vestiduras, no descubrirá su cabeza ni rasgará sus vestiduras,

11 ni se acercará a ningún muerto, ni *aun* por su padre o por su madre se contaminará;

12 no saldrá del santuario ni profanará el santuario de su Dios, porque la consagración del aceite de la unción de su Dios está sobre él; yo soy el SEÑOR.

13"Tomará por mujer a una virgen.

14"De éstas no tomará: viuda, divorciada o una profanada como ramera, sino que tomará por mujer a una virgen de su propio pueblo,

15 para que no profane a su descendencia entre su pueblo; porque yo soy el SEÑOR que lo santifico."

16 Entonces habló el SEÑOR a Moisés, diciendo:

17 Habla a Aarón y dile: "Ningún hombre de tu descendencia, por todas sus generaciones, que tenga algún defecto se acercará para ofrecer el alimento de su Dios.

18"Porque ninguno que tenga defecto se acercará: ni ciego, ni cojo, ni uno que tenga el *rostro* desfigurado, o *extremidad* deformada,

19 ni hombre que tenga pie quebrado o mano quebrada,

20 ni jorobado, ni enano, ni *uno que tenga* defecto en un ojo, o sarna, o postillas, ni castrado.

21"Ningún hombre de la descendencia del sacerdote Aarón que tenga defecto se acercará para ofrecer las ofrendas encendidas del SEÑOR; *porque* tiene defecto no se acercará para ofrecer el alimento de su Dios.

22"Podrá comer el alimento de su Dios, *tanto de* las cosas santísimas como de las sagradas,

23 sólo que no ha de entrar hasta el velo o acercarse al altar, porque tiene defecto, para que no profane mis santuarios; porque yo soy el SEÑOR que los santifico."

24 Así habló Moisés a Aarón, a sus hijos y a todos los hijos de Israel.

Leyes sobre la pureza sacerdotal

22 Habló el SEÑOR a Moisés, diciendo:

2 Di a Aarón y a sus hijos que tengan cuidado con las cosas sagradas que los hijos de Israel me consagran, para que no profanen mi santo nombre; yo soy el SEÑOR.

3 Diles: "Si alguno de entre vuestros descendientes en todas vuestras generaciones, se acerca a las cosas sagradas que los hijos de Israel consagran al SEÑOR, estando inmundo, esa persona será cortada de mi presencia. Yo soy el SEÑOR.

4"Ningún varón de los descendientes de Aarón que sea leproso, o que tenga flujo, podrá comer de las cosas sagradas hasta que sea limpio. Y si alguno toca alguna cosa contaminada por un cadáver, o si un hombre tiene una emisión seminal,

5 si alguno toca ciertos animales por los cuales se pueda contaminar, o a cualquier hombre que lo contamine, cualquiera que sea su inmundicia,

6 la persona que toque a cualquiera de éstos quedará inmunda hasta el atardecer; no comerá de las cosas sagradas a menos que haya lavado su cuerpo con agua.

7"Cuando el sol se ponga quedará limpio, y después comerá de las cosas sagradas, porque son su alimento.

8"No comerá *animal* que muera o sea despedazado *por fieras*, contaminándose por ello; yo soy el SEÑOR.

9"Guardarán, pues, mi ordenanza para que no se carguen de pecado por ello, y mueran porque la profanen; yo soy el SEÑOR que los santifico.

10"Ningún extraño[1] comerá cosa sagrada; ni huésped del sacerdote, ni jornalero comerán cosa sagrada.

11"Pero si un sacerdote compra con su dinero un esclavo como propiedad *suya*, éste sí puede comer de ella, y también los nacidos en su casa podrán comer de su alimento.

12"Y si la hija del sacerdote se casa con un extraño, ella no comerá de la ofrenda de las cosas sagradas.

13"Pero si la hija del sacerdote queda viuda o se divorcia, y no tiene hijo y regresa a la casa de su padre como en su juventud, podrá comer del alimento de su padre; pero ningún extraño comerá de él.

14"Y si un hombre come inadvertidamente cosa sagrada, entonces añadirá a ella una quinta parte y restituirá la cosa sagrada al sacerdote.

15"No profanarán las cosas sagradas que los hijos de Israel ofrecen al SEÑOR,

---

1. O, *laico*

16 causándoles *así* sufrir castigo por la culpa al comer sus cosas sagradas; porque yo soy el Señor que los santifico."

17 Y el Señor habló a Moisés, diciendo:

18 Habla a Aarón y a sus hijos y a todos los hijos de Israel, y diles: "Cualquier hombre de la casa de Israel o de los forasteros en Israel, que presente su ofrenda, ya sea de sus ofrendas votivas o de sus ofrendas voluntarias, las cuales presenta al Señor como holocausto,

19 para que os sea aceptada, *ésta debe ser* macho sin defecto del ganado, de los corderos o de las cabras.

20 "Lo que tenga defecto, no ofreceréis, porque no os será aceptado.

21 "Cuando alguno ofrezca sacrificio de ofrenda de paz al Señor para cumplir un voto especial o como ofrenda voluntaria, del ganado o del rebaño, tiene que ser sin defecto para ser aceptado; no habrá imperfección en él.

22 "Los *que estén* ciegos, quebrados, mutilados, o con llagas purulentas, sarna o roña, no los ofreceréis al Señor, ni haréis de ellos una ofrenda encendida sobre el altar al Señor.

23 "En cuanto al buey o carnero que tenga un miembro deformado o atrofiado, podréis presentarlo como ofrenda voluntaria, pero por voto no será aceptado.

24 "También cualquier *animal con sus testículos* magullados, aplastados, rasgados o cortados, no lo ofreceréis al Señor ni lo sacrificaréis en vuestra tierra;

25 tampoco aceptaréis tales *animales* de mano de un extranjero por ofrenda como alimento para vuestro Dios; porque su corrupción está en ellos, tienen defecto y no os serán aceptados."

26 Y habló el Señor a Moisés, diciendo:

27 Cuando nazca un ternero, un cordero o un cabrito, quedará siete días con su madre, y desde el octavo día en adelante será aceptable como sacrificio de ofrenda encendida al Señor.

28 Mas, *ya* sea vaca u oveja, no mataréis a ella y a su cría en el mismo día.

29 Y cuando ofrezcáis sacrificio de acción de gracias al Señor, lo sacrificaréis para que seáis aceptados.

30 Lo comeréis en el mismo día, no dejaréis nada de él para la mañana siguiente; yo soy el Señor.

31 Así, pues, guardaréis mis mandamientos y los cumpliréis; yo soy el Señor.

32 No profanaréis mi santo nombre, sino que seré santificado entre los hijos de Israel; yo soy el Señor que os santifico,

33 que os saqué de la tierra de Egipto para ser vuestro Dios; yo soy el Señor.

Leyes de las fiestas religiosas

23 Habló el Señor a Moisés, diciendo: 2 Habla a los hijos de Israel y diles: "Las fiestas señaladas del Señor, que vosotros habréis de proclamar como santas convocaciones, son éstas:

3 "Seis días se trabajará, pero el séptimo día será día de completo reposo, santa convocación en que no haréis trabajo alguno; es día de reposo al Señor dondequiera que habitéis.

4 "Estas son las fiestas señaladas por el Señor, santas convocaciones que vosotros proclamaréis en sus fechas señaladas:

5 "En el mes primero, el *día* catorce del mes, al anochecer, es la Pascua del Señor.

6 "El día quince del mismo mes es la fiesta de los panes sin levadura para el Señor; por siete días comeréis pan sin levadura.

7 "En el primer día tendréis una santa convocación; no haréis ningún trabajo servil.

8 "Y durante siete días presentaréis al Señor una ofrenda encendida. El séptimo día es santa convocación; no haréis ningún trabajo servil."

9 Entonces habló el Señor a Moisés, diciendo:

10 Habla a los hijos de Israel y diles: "Cuando entréis en la tierra que yo os daré, y seguís su mies, entonces traeréis al sacerdote una gavilla de las primicias de vuestra cosecha.

11 "Y él mecerá la gavilla delante del Señor, a fin de que seáis aceptados; el día siguiente al día de reposo la mecerá.

12 "El mismo día en que meciereis la gavilla, ofreceréis un cordero de un año sin defecto como holocausto al Señor.

13 "La ofrenda de cereal será de dos décimas *de un efa* de flor de harina mezclada con aceite, ofrenda encendida para el Señor, *como* aroma agradable, con su libación, un cuarto de hin de vino.

14 "Hasta ese mismo día, hasta que hayáis traído la ofrenda de vuestro Dios, no comeréis pan, ni grano tostado, ni espiga tierna. Estatuto perpetuo será para todas vuestras generaciones dondequiera que habitéis.

15 "Contaréis desde el día que sigue al día de reposo, desde el día en que trajisteis la gavilla de la ofrenda mecida; contaréis siete semanas completas.

16 "Contaréis cincuenta días hasta el día siguiente al séptimo día de reposo; entonces presentaréis una ofrenda de espiga tierna al Señor.

17 "Traeréis de vuestras moradas dos panes para ofrenda mecida, hechos de dos décimas *de un efa*; serán de flor de harina, amasados con levadura, como primeros frutos al Señor.

18 "Juntamente con el pan presentaréis siete corderos de un año sin defecto, un novillo del ganado y dos carneros; serán holocausto al Señor, junto con sus ofrendas de cereal y sus libaciones, una ofrenda encendida como aroma agradable al Señor.

19 "Ofreceréis también un macho cabrío como ofrenda por el pecado y dos corderos de un año como sacrificio de las ofrendas de paz.

20 "Entonces el sacerdote los mecerá junto con el pan de los primeros frutos y los dos corderos, como ofrenda mecida delante del Señor; serán *cosa* sagrada del Señor para el sacerdote.

21 "En este mismo día haréis también una proclamación; habréis de tener una santa convocación. No haréis ningún trabajo servil. Estatuto perpetuo será para todas vuestras generaciones dondequiera que habitéis.

22 "Cuando seguéis la mies de vuestra tierra, no segaréis hasta el último rincón de ella ni espigaréis el sobrante de vuestra mies; los dejaréis para el pobre y para el forastero. Yo soy el Señor vuestro Dios."

23 Otra vez el Señor habló a Moisés, diciendo:

24 Habla a los hijos de Israel y diles: "En el

séptimo mes, el primer día del mes, tendréis día de reposo, un memorial al son *de trompetas,* una santa convocación.

25"No haréis ningún trabajo servil, pero presentaréis una ofrenda encendida al SEÑOR."

26 Y el SEÑOR habló a Moisés, diciendo:

27 A los diez *días* de este séptimo mes será el día de expiación; será santa convocación para vosotros, y humillaréis vuestras almas y presentaréis una ofrenda encendida al SEÑOR.

28 Tampoco haréis ningún trabajo en este día, porque es día de expiación, para hacer expiación por vosotros delante del SEÑOR vuestro Dios.

29 Si alguna persona no se humilla en este mismo día, será cortada de su pueblo.

30 Y a cualquier persona que haga trabajo alguno en este mismo día, a esa persona la exterminaré de entre su pueblo.

31 No haréis, pues, trabajo alguno. Estatuto perpetuo será para vuestras generaciones dondequiera que habitéis.

32 Será día de completo reposo para vosotros, y humillaréis vuestras almas; a los nueve días del mes por la tarde, de una tarde a otra tarde, guardaréis vuestro reposo.

33 Y el SEÑOR habló a Moisés, diciendo:

34 Habla a los hijos de Israel, y diles: "El día quince de este mes séptimo es la fiesta de los tabernáculos; *se celebrará* al SEÑOR por siete días.

35"El primer día es santa convocación; no haréis ninguna clase de trabajo servil.

36"Durante siete días presentaréis al SEÑOR una ofrenda encendida. El octavo día tendréis una santa convocación, y presentaréis al SEÑOR una ofrenda encendida; es asamblea solemne. No haréis ningún trabajo servil.

37"Estas son las fiestas señaladas del SEÑOR que proclamaréis como santas convocaciones, para presentar ofrendas encendidas al SEÑOR, holocaustos y ofrendas de cereal, sacrificios y libaciones, *cada* asunto en su propio día,

38 además *de las ofrendas de* los días de reposo del SEÑOR, además de vuestros dones, y además de todos vuestros votos y ofrendas voluntarias que deis al SEÑOR.

39"El día quince del séptimo mes, cuando hayáis recogido el fruto de la tierra, celebraréis la fiesta del SEÑOR por siete días, con reposo en el primer día y reposo en el octavo día.

40"Y el primer día tomaréis para vosotros frutos de árboles hermosos, hojas de palmera y ramas de árboles frondosos, y sauces de río; y os alegraréis delante del SEÑOR vuestro Dios por siete días.

41"Así la celebraréis *como* fiesta al SEÑOR por siete días en el año. *Será* estatuto perpetuo para todas vuestras generaciones; la celebraréis en el séptimo mes.

42"Habitaréis en tabernáculos por siete días; todo nativo de Israel vivirá en tabernáculos,

43 para que vuestras generaciones sepan que yo hice habitar en tabernáculos a los hijos de Israel cuando los saqué de la tierra de Egipto. Yo soy el SEÑOR vuestro Dios."

44 Así declaró Moisés a los hijos de Israel las fiestas señaladas del SEÑOR.

Las lámparas y los panes del santuario

24 Entonces habló el SEÑOR a Moisés, diciendo:

2 Manda a los hijos de Israel que te traigan aceite puro de olivas machacadas para el alumbrado, para hacer arder la lámpara continuamente.

3 Fuera del velo del testimonio, en la tienda de reunión, Aarón las dispondrá para que ardan desde el anochecer hasta la mañana delante del SEÑOR continuamente; *será* estatuto perpetuo para todas vuestras generaciones.

4 Mantendrá las lámparas en orden en el candelabro de *oro* puro, continuamente delante del SEÑOR.

5 Tomarás flor de harina y con ella cocerás doce tortas; *en* cada torta habrá dos décimas *de efa.*

6 Y las colocarás *en* dos hileras, seis *en* cada hilera, sobre la mesa de *oro* puro delante del SEÑOR.

7 Y en cada hilera pondrás incienso puro, para que sea porción memorial del pan, una ofrenda encendida para el SEÑOR.

8 Cada día de reposo, continuamente, se pondrá en orden delante del SEÑOR; es un pacto eterno para los hijos de Israel.

9 Y será para Aarón y para sus hijos, y lo comerán en un lugar santo; porque lo tendrá como cosa muy sagrada de las ofrendas encendidas del SEÑOR, *por* derecho perpetuo.

10 El hijo de una mujer israelita, cuyo padre era egipcio, salió entre los hijos de Israel; y el hijo de la israelita y un hombre de Israel lucharon en el campamento.

11 Y el hijo de la israelita blasfemó el Nombre, y maldijo. Entonces lo llevaron a Moisés. (El nombre de su madre *era* Selomit, hija de Dibri, de la tribu de Dan.)

12 Y lo pusieron en la cárcel, hasta que se les aclarara la palabra del SEÑOR.

13 Entonces habló el SEÑOR a Moisés, diciendo:

14 Saca fuera del campamento al que maldijo, y que todos los que *lo* oyeron pongan las manos sobre su cabeza, y que toda la congregación lo apedree.

15 Y hablarás a los hijos de Israel, diciendo: "Si alguien maldice a su Dios, llevará su pecado.

16"Además, el que blasfeme el nombre del SEÑOR, ciertamente ha de morir; toda la congregación ciertamente lo apedreará. Tanto el forastero como el nativo, cuando blasfeme el Nombre, ha de morir.

17"Si un hombre quita la vida a cualquier ser humano, ciertamente ha de morir.

18"Y el que quite la vida a un animal lo restituirá, vida por vida.

19"Si un hombre hiere a su prójimo, según hizo, así se le hará:

20 fractura por fractura, ojo por ojo, diente por diente; según la lesión que haya hecho a otro, así se le hará.

21"El que mate un animal, lo restituirá, pero el que mate a un hombre, ha de morir.

22"Habrá una misma ley para vosotros; será tanto para el forastero como para el nativo, porque yo soy el SEÑOR vuestro Dios."

23 Moisés entonces habló a los hijos de Israel, y ellos sacaron fuera del campamento al que había

maldecido, y lo apedrearon. Los hijos de Israel hicieron tal como el SEÑOR había mandado a Moisés.

25 Entonces el SEÑOR habló a Moisés en el monte Sinaí, diciendo:

2 Habla a los hijos de Israel, y diles: "Cuando entréis a la tierra que yo os daré, la tierra guardará reposo para el SEÑOR.

3"Seis años sembrarás la tierra, seis años podarás tu viña y recogerás sus frutos,

4 pero el séptimo año la tierra tendrá completo descanso, un reposo para el SEÑOR; no sembrarás tu campo ni podarás tu viña.

5"Lo que nazca espontáneamente *después* de tu cosecha no lo segarás, y las uvas de los sarmientos de tu viñedo no recogerás; la tierra tendrá un año de reposo.

6"Y *el fruto* del reposo de la tierra os servirá de alimento: a ti, a tus siervos, a tus siervas, a tu jornalero y al extranjero, a los que residen contigo.

7"También a tu ganado y a los animales que están en tu tierra todas sus cosechas les servirán de alimento.

8"Contarás también siete semanas de años para ti, siete veces siete años, para que tengas el tiempo de siete semanas de años, *es decir*, cuarenta y nueve años.

9"Entonces tocarás fuertemente el cuerno de carnero el décimo *día* del séptimo mes; en el día de la expiación tocaréis el cuerno por toda la tierra.

10"Así consagraréis el quincuagésimo año y proclamaréis libertad por[1] toda la tierra para sus habitantes. Será de jubileo para vosotros, y cada uno de vosotros volverá a su posesión, y cada uno de vosotros volverá a su familia.

11"Tendréis el quincuagésimo año como *año de* jubileo: no sembraréis, ni segaréis lo que nazca espontáneamente, ni vendimiaréis sus viñas sin podar.

12"Porque es jubileo, os será santo. De lo que produzca el campo, comeréis.

13"En este año de jubileo cada uno de vosotros volverá a su propia posesión.

14"Asimismo, si vendéis algo a vuestro prójimo, o compráis algo de la mano de vuestro prójimo, no os hagáis mal uno a otro.

15"Conforme al número de años después del jubileo, comprarás de tu prójimo, *y* él te venderá conforme al número de años de cosecha.

16"Si son muchos los años, aumentarás su precio, y si son pocos los años, disminuirás su precio; porque *es* un número de cosechas *lo que* te está vendiendo.

17"Así que no os hagáis mal uno a otro, sino temed a vuestro Dios; porque yo soy el SEÑOR vuestro Dios.

18"Cumpliréis, pues, mis estatutos y guardaréis mis juicios, para ejecutarlos, para que habitéis seguros en la tierra.

19"Entonces la tierra dará su fruto, comeréis hasta que os saciéis y habitaréis en ella con seguridad.

20"Pero si decís: '¿Qué vamos a comer el séptimo año si no sembramos ni recogemos nuestras cosechas?',

21 yo entonces os enviaré mi bendición en el sexto año, de modo que producirá fruto para tres años.

22"Cuando estéis sembrando en el octavo año, todavía podréis comer cosas añejas de la cosecha, comiendo de lo viejo hasta el noveno año cuando venga la cosecha.

23"Además, la tierra no se venderá en forma permanente, pues la tierra es mía; porque vosotros sois *sólo* forasteros y peregrinos *para* conmigo.

24"Así que de toda tierra de vuestra posesión otorgaréis a la tierra el derecho de ser redimida.

25"Si uno de tus hermanos llega a ser tan pobre que tiene que vender parte de su posesión, su pariente más cercano vendrá y redimirá lo que su hermano haya vendido.

26"Y en caso de que un hombre no tenga redentor, pero consiga los medios suficientes para su redención,

27 entonces computará los años desde la venta y devolverá el resto al hombre a quien había vendido la tierra, y así volverá a su posesión.

28"Pero si no ha hallado medios suficientes para recobrarla por sí mismo, entonces lo que ha vendido permanecerá en manos del comprador hasta el año de jubileo; pero en el jubileo saldrá *de su poder*, y el vendedor volverá a su posesión.

29"Si un hombre vende una casa de vivienda en una ciudad amurallada, su derecho a redimirla es válido hasta que se cumpla un año de su venta; su derecho de redención dura todo un año.

30"Pero si no se la redimen en el espacio de un año, la casa que está en la ciudad amurallada pasará para siempre a su comprador por todas sus generaciones; no saldrá *de su poder* en el jubileo.

31"Mas las casas de las aldeas que no tienen muro alrededor, serán consideradas como campo abierto; tienen derechos de redención, y son recuperadas en el jubileo.

32"En cuanto a las ciudades de los levitas, ellos tienen un derecho permanente de redención para las casas de las ciudades que son propiedad suya.

33"Así que lo que pertenece a los levitas se puede redimir, y una casa de su propiedad vendida en la ciudad es recuperada en el jubileo, porque las casas de las ciudades de los levitas son propiedad suya entre los hijos de Israel.

34"Pero las tierras de pasto de sus ciudades no se venderán porque son propiedad suya para siempre.

35"En caso de que un hermano tuyo empobrezca y sus medios para contigo decaigan, tú lo sustentarás como a un forastero o peregrino, para que viva contigo.

36"No tomes interés y usura de él, mas teme a tu Dios, para que tu hermano viva contigo.

37"No le darás tu dinero a interés, ni tus víveres a ganancia.

38"Yo soy el SEÑOR vuestro Dios, que os saqué de la tierra de Egipto para daros la tierra de Canaán *y* para ser vuestro Dios.

39"Y si un hermano tuyo llega a ser tan pobre para contigo que se vende a ti, no lo someterás a trabajo de esclavo.

40"Estará contigo como jornalero, como si fuera un peregrino; él servirá contigo hasta el año de jubileo.

41"Entonces saldrá *libre* de ti, él y sus hijos con

---

1. I.e., devolución de

él, y volverá a su familia, para que pueda regresar a la propiedad de sus padres.

42"Porque ellos son mis siervos, los cuales saqué de la tierra de Egipto; no serán vendidos *en* venta de esclavos.

43"No te enseñorearás de él con severidad, más bien, teme a tu Dios.

44"En cuanto a los esclavos y esclavas que puedes tener de las naciones paganas que os rodean, de ellos podréis adquirir esclavos y esclavas.

45"También podréis adquirir*los* de los hijos de los extranjeros que residen con vosotros, y de sus familias que están con vosotros, que hayan sido engendradas en vuestra tierra; éstos también pueden ser posesión vuestra.

46"Aun podréis dejarlos en herencia a vuestros hijos después de vosotros, como posesión; os podréis servir de ellos como esclavos para siempre. Pero en cuanto a vuestros hermanos, los hijos de Israel, no os enseñorearéis unos de otros con severidad.

47"Si aumentan los bienes del forastero o del peregrino que *mora* contigo, y si empobrece tu hermano que está con él, y se vende al forastero que mora contigo, o *se vende* a los descendientes de la familia de un forastero,

48 él tendrá derecho de redención después de ser vendido; uno de sus hermanos podrá redimirlo;

49 o su tío o el hijo de su tío podrán redimirlo; *o* un pariente cercano de su familia podrá redimirlo; o si prospera, él mismo podrá redimirse.

50"Entonces él, con su comprador, calculará desde el año en que se vendió a él hasta el año de jubileo, y el precio de su venta corresponderá al número de años. Los días *que* estará con él *serán* como los días de un jornalero.

51"Si aún le quedan muchos años, devolverá parte de su precio de compra en proporción a ellos para su propia redención;

52 y si quedan pocos años hasta el año de jubileo, así los calculará con él. En proporción a los años devolverá *la cantidad* de su redención.

53"Lo tratará como quien trabaja a jornal año por año; no se enseñoreará de él con severidad delante de sus ojos.

54"Aunque no sea redimido por estos *medios*, todavía saldrá *libre* en el año de jubileo, él y sus hijos con él.

55"Pues los hijos de Israel son mis siervos; siervos míos son, a quienes saqué de la tierra de Egipto. Yo soy el SEÑOR vuestro Dios.

Bendiciones de la obediencia

26 "No os haréis ídolos, ni os levantaréis imagen tallada ni pilares *sagrados*, ni pondréis en vuestra tierra piedra grabada para inclinaros ante ella; porque yo soy el SEÑOR vuestro Dios.

2"Guardaréis mis días de reposo, y tendréis en reverencia mi santuario; yo soy el SEÑOR.

3"Si andáis en mis estatutos y guardáis mis mandamientos para ponerlos por obra,

4 yo os daré lluvias en su tiempo, de manera que la tierra dará sus productos, y los árboles del campo darán su fruto.

5"Ciertamente, vuestra trilla os durará hasta la vendimia, y la vendimia hasta el tiempo de la siembra. Comeréis, pues, vuestro pan hasta que os saciéis y habitaréis seguros en vuestra tierra.

6"Daré también paz en la tierra, para que durmáis sin que nadie *os* atemorice. Asimismo eliminaré bestias dañinas de vuestra tierra, y no pasará espada por vuestra tierra.

7"Y vosotros perseguiréis a vuestros enemigos y caerán a espada delante de vosotros;

8 cinco de vosotros perseguirán a cien, y cien de vosotros perseguirán a diez mil, y vuestros enemigos caerán a espada delante de vosotros.

9"Me volveré hacia vosotros y os haré fecundos y os multiplicaré y confirmaré mi pacto con vosotros.

10"Y comeréis las provisiones viejas y sacaréis lo añejo para guardar lo nuevo.

11"Además, haré mi morada[1] en medio de vosotros, y mi alma no os aborrecerá.

12"Andaré entre vosotros y seré vuestro Dios, y vosotros seréis mi pueblo.

13"Yo soy el SEÑOR vuestro Dios, que os saqué de la tierra de Egipto para que no fuerais esclavos de ellos; rompí las varas de vuestro yugo y os hice andar erguidos.

14"Pero si no me obedecéis y no ponéis por obra todos estos mandamientos,

15 si despreciáis mis estatutos y si aborrece vuestra alma mis ordenanzas para no poner por obra todos mis mandamientos, quebrantando así mi pacto,

16 yo, por mi parte, os haré esto: Pondré sobre vosotros terror súbito, tisis y fiebre que consuman los ojos y hagan languidecer el alma. En vano sembraréis vuestra semilla, pues vuestros enemigos la comerán.

17"Fijaré mi rostro contra vosotros, para que seáis derrotados delante de vuestros enemigos; los que os aborrecen os dominarán y huiréis sin que nadie os persiga.

18"Y si aun con todas estas cosas no me obedecéis, entonces os castigaré siete veces más por vuestros pecados.

19"También quebrantaré el orgullo de vuestro poderío, y haré vuestros cielos como hierro y vuestra tierra como bronce.

20"Y vuestras fuerzas se consumirán en vano, porque vuestra tierra no dará su producto y los árboles de la tierra no darán su fruto.

21"Y si procedéis con hostilidad contra mí y no queréis obedecerme, aumentaré la plaga sobre vosotros siete veces conforme a vuestros pecados.

22"Soltaré entre vosotros las fieras del campo que os privarán de vuestros hijos, destruirán vuestro ganado y os reducirán en número de manera que vuestros caminos queden desiertos.

23"Y si con estas cosas no os enmendáis ante mí, sino que procedéis con hostilidad contra mí,

24 entonces yo procederé con hostilidad contra vosotros; y yo mismo os heriré siete veces por vuestros pecados.

25"Y traeré sobre vosotros una espada que ejecutará venganza a causa del pacto; y cuando os reunáis en vuestras ciudades, enviaré pestilencia entre vosotros, para que seáis entregados en manos del enemigo.

26"Cuando yo os quite el sustento del pan, diez mujeres cocerán vuestro pan en un horno, y os

---

1. O, *tabernáculo*

darán vuestro pan en cantidades medidas, de modo que comeréis y no os saciaréis.

27"Si a pesar de todo esto no me obedecéis, sino que procedéis con hostilidad contra mí,

28 entonces yo procederé con hostilidad airada contra vosotros, y yo mismo os castigaré siete veces por vuestros pecados.

29"Comeréis la carne de vuestros hijos, y la carne de vuestras hijas comeréis.

30"Y destruiré vuestros lugares altos, derribaré vuestros altares de incienso y amontonaré vuestros cadáveres sobre los cadáveres de vuestros ídolos, pues mi alma os aborrecerá.

31"También dejaré en ruinas vuestras ciudades, desolaré vuestros santuarios y no oleré vuestros suaves aromas.

32"Asolaré la tierra de modo que vuestros enemigos que se establezcan en ella queden pasmados.

33"A vosotros, sin embargo, os esparciré entre las naciones y desenvainaré la espada en pos de vosotros, y vuestra tierra será asolada y vuestras ciudades quedarán en ruinas.

34"Entonces la tierra gozará de sus días de reposo durante todos los días de su desolación, mientras que habitéis en la tierra de vuestros enemigos; entonces descansará la tierra y gozará de sus días de reposo.

35"Durante todos los días de *su* desolación *la tierra* guardará el descanso que no guardó en vuestros días de reposo mientras habitabais en ella.

36"En cuanto a los que queden de vosotros, infundiré cobardía en sus corazones en la tierra de sus enemigos; y el sonido de una hoja que se mueva los ahuyentará, y aun cuando nadie los persiga, huirán como quien huye de la espada, y caerán.

37"Tropezarán unos con otros como si *huyeran* de la espada aunque nadie *los* persiga; no tendréis *fuerza* para hacer frente a vuestros enemigos.

38"Y pereceréis entre las naciones y os devorará la tierra de vuestros enemigos.

39"Así que los que sobrevivan de vosotros se pudrirán a causa de su iniquidad en la tierra de vuestros enemigos; también a causa de las iniquidades de sus antepasados se pudrirán juntamente con ellos.

40"Si confiesan su iniquidad y la iniquidad de sus antepasados, por las infidelidades que cometieron contra mí, y también porque procedieron con hostilidad contra mí

41 (yo también procedía con hostilidad contra ellos para llevarlos a la tierra de sus enemigos), o si su corazón incircunciso se humilla, y reconocen sus iniquidades,

42 entonces yo me acordaré de mi pacto con Jacob, me acordaré también de mi pacto con Isaac y de mi pacto con Abraham, y me acordaré de la tierra.

43"Porque la tierra será abandonada por ellos, y gozará de sus días de reposo mientras quede desolada con su ausencia. Entretanto, ellos pagarán su iniquidad, porque despreciaron mis ordenanzas y su alma aborreció mis estatutos.

44"Sin embargo, a pesar de esto, cuando estén en la tierra de sus enemigos no los desecharé ni los aborreceré tanto como para destruirlos, que-

brantando mi pacto con ellos, porque yo soy el SEÑOR su Dios,

45 sino que por ellos me acordaré del pacto con sus antepasados, que yo saqué de la tierra de Egipto a la vista de las naciones, para ser su Dios. Yo soy el SEÑOR."

46 Estos son los estatutos, ordenanzas y leyes que el SEÑOR estableció entre El y los hijos de Israel por medio de Moisés en el monte Sinaí.

Leyes sobre votos personales

27 El SEÑOR habló a Moisés, diciendo:
2 Habla a los hijos de Israel y diles: "Cuando un hombre haga un voto difícil *de cumplir*, él *será evaluado* según tu valuación de personas pertenecientes al SEÑOR.

3"Si tu valuación es de varón de veinte hasta sesenta años, entonces tu valuación será de cincuenta siclos de plata, según el siclo del santuario.

4"O si es de una mujer, tu valuación será de treinta siclos.

5"Si es una *persona* de cinco hasta veinte años, entonces tu valuación será de veinte siclos para un varón y de diez siclos para una mujer.

6"Pero si *son* de un mes hasta cinco años, entonces tu valuación será de cinco siclos de plata para el varón, y para la mujer tu valuación *será* de tres siclos de plata.

7"Y si *son* de sesenta años o más, si es varón, tu valuación será de quince siclos, y para la mujer, de diez siclos.

8"Pero si es más pobre que tu valuación, entonces será llevado delante del sacerdote, y éste lo valuará; según los recursos del que hizo el voto, el sacerdote lo valuará.

9"Y si es un animal de los que se pueden presentar como ofrenda al SEÑOR, cualquiera de los tales que uno dé al SEÑOR, será sagrado.

10"No lo reemplazará ni lo cambiará, el bueno por el malo, o el malo por el bueno; pero si cambia un animal por *otro* animal, entonces ambos, el animal y su sustituto serán sagrados.

11"Sin embargo, si es algún animal inmundo de la clase que no se puede presentar como ofrenda al SEÑOR, entonces pondrá el animal delante del sacerdote;

12 y el sacerdote lo valuará como bueno o como malo; como tú, el sacerdote, lo valúes, así será.

13"Pero si alguna vez él lo *quiere* redimir, él añadirá la quinta parte a tu valuación.

14"Si un hombre consagra su casa como cosa sagrada al SEÑOR, el sacerdote la valuará como buena o como mala; como el sacerdote la valúe, así será.

15"Pero si el que la consagra *quisiera* redimir su casa, añadirá a tu valuación la quinta parte del valor de ella; y así será suya.

16"También, si un hombre consagra al SEÑOR parte de las tierras de su propiedad, entonces tu valuación será en proporción a la semilla que se necesite para ella: cada homer de semilla de cebada a cincuenta siclos de plata.

17"Si consagra su campo durante el año de jubileo, conforme a tu valuación quedará.

18"Pero si consagra su campo después del jubileo, entonces el sacerdote le calculará el precio en proporción a los años que quedan hasta el año de jubileo, y será rebajado de tu valuación.

19"Y si el que lo consagra quiere redimir el campo, le añadirá una quinta parte al precio de tu valuación para que pase a su posesión.

20"Pero si no quiere redimir el campo, y se vende el campo a otro, ya no podrá redimirlo;

21 y cuando quede libre en el jubileo, el campo será consagrado al Señor, como campo dedicado; será para el sacerdote como posesión suya.

22"Y si consagra al Señor un campo que ha comprado, que no es parte del campo de su propiedad,

23 entonces el sacerdote le calculará la cantidad de tu valuación hasta el año de jubileo; y en ese día dará tu valuación como cosa consagrada al Señor.

24"En el año de jubileo el campo volverá a aquél de quien lo compró, a quien pertenece la posesión de la tierra.

25"Toda valuación que hagas será conforme al siclo del santuario. Veinte geras son un siclo.

26"Sin embargo, el primogénito de los animales, que por su primogenitura pertenece al Señor, nadie puede consagrarlo; ya sea buey u oveja, es del Señor.

27"Pero si está entre los animales inmundos, entonces lo redimirá conforme a tu valuación, y añadirá sobre ella una quinta parte; pero si no es redimido, será vendido conforme a tu valuación.

28"Sin embargo, cualquier cosa dedicada que alguno separe para el Señor de lo que posee, sea hombre o animal, o campos de su propiedad, no se venderá ni redimirá. Toda cosa dedicada es santísima al Señor.

29"Ninguna persona que haya sido dedicada como anatema será redimida; ciertamente se le dará muerte.

30"Así pues, todo el diezmo de la tierra, de la semilla de la tierra o del fruto del árbol, es del Señor; es cosa consagrada al Señor.

31"Y si un hombre quiere redimir parte de su diezmo, le añadirá la quinta parte.

32"Todo diezmo del ganado o del rebaño, *o sea,* de todo lo que pasa debajo del cayado, la décima *cabeza* será cosa consagrada al Señor.

33"No debe considerar si es bueno o malo, tampoco lo cambiará; si lo cambia, tanto el animal como su sustituto serán sagrados. No podrán ser redimidos."

34 Estos son los mandamientos que el Señor ordenó a Moisés para los hijos de Israel en el monte Sinaí.

NUMEROS

Censo de los guerreros de Israel

1 El Señor habló a Moisés en el desierto de Sinaí, en la tienda de reunión, el primer *día* del segundo mes, en el segundo año de su salida de la tierra de Egipto, diciendo:

2 Haz un censo de toda la congregación de los hijos de Israel por sus familias, por sus casas paternas, según el número de nombres, todo varón, uno por uno;

3 de veinte años arriba, todos *los que pueden* salir a la guerra en Israel, tú y Aarón los contaréis por sus ejércitos.

4 Con vosotros estará además, un hombre de cada tribu, cada uno jefe de su casa paterna.

5 Estos son los nombres de los hombres que estarán con vosotros: de Rubén, Elisur, hijo de Sedeur;

6 de Simeón, Selumiel, hijo de Zurisadai;

7 de Judá, Naasón, hijo de Aminadab;

8 de Isacar, Natanael, hijo de Zuar;

9 de Zabulón, Eliab, hijo de Helón;

10 de los hijos de José: de Efraín, Elisama, hijo de Amiud, y de Manasés, Gamaliel, hijo de Pedasur;

11 de Benjamín, Abidán, hijo de Gedeoni;

12 de Dan, Ahiezer, hijo de Amisadai;

13 de Aser, Pagiel, hijo de Ocrán;

14 de Gad, Eliasaf, hijo de Deuel;

15 de Neftalí, Ahira, hijo de Enán.

16 Estos son los que fueron llamados de la congregación, los principales de las tribus de sus padres; ellos fueron los jefes de las divisiones de Israel.

17 Entonces Moisés y Aarón tomaron a estos hombres que habían sido designados por sus nombres,

18 y reunieron a toda la congregación el primer *día* del mes segundo. Y se registraron según sus antepasados por familias, por sus casas paternas, según el número de nombres, de veinte años arriba, uno por uno.

19 Tal como el Señor lo había mandado a Moisés, los contó en el desierto de Sinaí.

20 De los hijos de Rubén, primogénito de Israel, *fueron contados por* su registro genealógico, por sus familias, por sus casas paternas, según el número de nombres, uno por uno, todo varón de veinte años arriba, todo *el que podía* salir a la guerra;

21 los enumerados de la tribu de Rubén *fueron* cuarenta y seis mil quinientos.

22 De los hijos de Simeón, *fueron contados por* su registro genealógico, por sus familias, por sus casas paternas, sus enumerados, según el número de nombres, uno por uno, todo varón de veinte años arriba, todo *el que podía* salir a la guerra;

23 los enumerados de la tribu de Simeón *fueron* cincuenta y nueve mil trescientos.

24 De los hijos de Gad, *fueron contados por* su registro genealógico, por sus familias, por sus casas paternas, según el número de nombres, de veinte años arriba, todo *el que podía* salir a la guerra;

25 los enumerados de la tribu de Gad *fueron* cuarenta y cinco mil seiscientos cincuenta.

26 De los hijos de Judá, *fueron contados por* su registro genealógico, por sus familias, por sus casas paternas, según el número de nombres, de veinte años arriba, todo *el que podía* salir a la guerra;

27 los enumerados de la tribu de Judá *fueron* setenta y cuatro mil seiscientos.

28 De los hijos de Isacar, *fueron contados por* su registro genealógico, por sus familias, por sus casas paternas, según el número de nombres, de

veinte años arriba, todo *el que podía* salir a la guerra;

29 los enumerados de la tribu de Isacar *fueron* cincuenta y cuatro mil cuatrocientos.

30 De los hijos de Zabulón, *fueron contados por* su registro genealógico, por sus familias, por sus casas paternas, según *el número de nombres*, de veinte años arriba, todo *el que podía* salir a la guerra;

31 los enumerados de la tribu de Zabulón *fueron* cincuenta y siete mil cuatrocientos.

32 De los hijos de José: de los hijos de Efraín, *fueron contados por* su registro genealógico, por sus familias, por sus casas paternas, según el número de nombres, de veinte años arriba, todo *el que podía* salir a la guerra;

33 los enumerados de la tribu de Efraín *fueron* cuarenta mil quinientos.

34 De los hijos de Manasés, *fueron contados por* su registro genealógico, por sus familias, por sus casas paternas, según el número de nombres, de veinte años arriba, todo *el que podía* salir a la guerra;

35 los enumerados de la tribu de Manasés *fueron* treinta y dos mil doscientos.

36 De los hijos de Benjamín, *fueron contados por* su registro genealógico, por sus familias, por sus casas paternas, según el número de nombres, de veinte años arriba, todo *el que podía* salir a la guerra;

37 los enumerados de la tribu de Benjamín *fueron* treinta y cinco mil cuatrocientos.

38 De los hijos de Dan, *fueron contados por* su registro genealógico, por sus familias, por sus casas paternas, según el número de nombres, de veinte años arriba, todo *el que podía* salir a la guerra;

39 los enumerados de la tribu de Dan *fueron* sesenta y dos mil setecientos.

40 De los hijos de Aser, *fueron contados por* su registro genealógico, por sus familias, por sus casas paternas, según el número de nombres, de veinte años arriba, todo *el que podía* salir a la guerra;

41 los enumerados de la tribu de Aser *fueron* cuarenta y un mil quinientos.

42 De los hijos de Neftalí, *fueron contados por* su registro genealógico, por sus familias, por sus casas paternas, según el número de nombres, de veinte años arriba, todo *el que podía* salir a la guerra;

43 los enumerados de la tribu de Neftalí *fueron* cincuenta y tres mil cuatrocientos.

44 Estos son los que fueron enumerados, los que Moisés y Aarón contaron con los jefes de Israel, doce hombres, cada uno de los cuales era *jefe* de su casa paterna.

45 Y todos los enumerados de los hijos de Israel por sus casas paternas, de veinte años arriba, todo *el que podía* salir a la guerra en Israel,

46 fueron seiscientos tres mil quinientos cincuenta.

47 Pero los levitas no fueron enumerados con ellos según la tribu de sus padres.

48 Porque el SEÑOR había hablado a Moisés, diciendo:

49 Solamente la tribu de Leví no enumerarás, ni los contarás con los hijos de Israel;

50 sino que pondrás a los levitas a cargo del tabernáculo[1] del testimonio, de todos sus utensilios y de todo lo que le pertenece. Ellos llevarán el tabernáculo y todos sus utensilios, y lo cuidarán; además, acamparán alrededor del tabernáculo.

51 Y cuando el tabernáculo haya de ser trasladado, los levitas lo desarmarán; y cuando el tabernáculo acampe, los levitas lo armarán. Pero el extraño que se acerque, morirá.

52 Y acamparán los hijos de Israel, cada uno en su campamento, y cada uno junto a su bandera, según sus ejércitos.

53 Pero los levitas acamparán alrededor del tabernáculo del testimonio, para que no venga la ira sobre la congregación de los hijos de Israel. Los levitas, pues, tendrán a *su* cargo el tabernáculo del testimonio.

54 Así hicieron los hijos de Israel; conforme a todo lo que el SEÑOR había mandado a Moisés, así hicieron.

Campamentos y jefes de las tribus

2 Y habló el SEÑOR a Moisés y a Aarón, diciendo:

2 Los hijos de Israel acamparán, cada uno junto a su bandera, bajo las insignias de sus casas paternas; acamparán alrededor de la tienda de reunión, a cierta distancia.

3 Los que acampen al oriente, hacia la salida del sol, *serán los* de la bandera del campamento de Judá, según sus ejércitos. El jefe de los hijos de Judá, Naasón, hijo de Aminadab,

4 y su ejército, los enumerados, setenta y cuatro mil seiscientos.

5 Y junto a él acampará la tribu de Isacar. El jefe de los hijos de Isacar, Natanael, hijo de Zuar,

6 y su ejército, los enumerados, cincuenta y cuatro mil cuatrocientos.

7 *Después,* la tribu de Zabulón. El jefe de los hijos de Zabulón, Eliab, hijo de Helón,

8 y su ejército, los enumerados, cincuenta y siete mil cuatrocientos.

9 El total de los enumerados del campamento de Judá: ciento ochenta y seis mil cuatrocientos, según sus ejércitos. Ellos partirán primero.

10 Al sur *estará* la bandera del campamento de Rubén, según sus ejércitos. El jefe de los hijos de Rubén, Elisur, hijo de Sedeur,

11 y su ejército, los enumerados, cuarenta y seis mil quinientos.

12 Y junto a él acampará la tribu de Simeón. El jefe de los hijos de Simeón, Selumiel, hijo de Zurisadai,

13 y su ejército, los enumerados, cincuenta y nueve mil trescientos.

14 Después, la tribu de Gad. El jefe de los hijos de Gad, Eliasaf, hijo de Deuel,

15 y su ejército, los enumerados, cuarenta y cinco mil seiscientos cincuenta.

16 El total de los enumerados del campamento de Rubén: ciento cincuenta y un mil cuatrocientos cincuenta, según sus ejércitos. Ellos partirán en segundo *lugar.*

17 Entonces partirá la tienda de reunión *con* el campamento de levitas en medio de los campamentos; tal como acampan así partirán, cada uno en su lugar, por sus banderas.

18 Al occidente *estará* la bandera del

---

1. O, *la morada,* y así en el resto del cap.

campamento de Efraín, según sus ejércitos. El jefe de los hijos de Efraín, Elisama, hijo de Amiud,

19 y su ejército, los enumerados, cuarenta mil quinientos.

20 Y junto a él *estará* la tribu de Manasés. El jefe de los hijos de Manasés, Gamaliel, hijo de Pedasur,

21 y su ejército, los enumerados, treinta y dos mil doscientos.

22 Después, la tribu de Benjamín. El jefe de los hijos de Benjamín, Abidán, hijo de Gedeoni,

23 y su ejército, los enumerados, treinta y cinco mil cuatrocientos.

24 El total de los enumerados del campamento de Efraín: ciento ocho mil cien, según sus ejércitos. Y ellos partirán en tercer *lugar.*

25 Al norte *estará* la bandera del campamento de Dan, según sus ejércitos. El jefe de los hijos de Dan, Ahiezer, hijo de Amisadai,

26 y su ejército, los enumerados, sesenta y dos mil setecientos.

27 Y junto a él acampará la tribu de Aser. El jefe de los hijos de Aser, Pagiel, hijo de Ocrán,

28 y su ejército, los enumerados, cuarenta y un mil quinientos.

29 Después, la tribu de Neftalí. El jefe de los hijos de Neftalí, Ahira, hijo de Enán,

30 y su ejército, los enumerados, cincuenta y tres mil cuatrocientos.

31 El total de los enumerados del campamento de Dan: ciento cincuenta y siete mil seiscientos. Ellos serán los últimos en partir, según sus banderas.

32 Estos son los enumerados de los hijos de Israel, por sus casas paternas; el total de los enumerados de los campamentos, según sus ejércitos: seiscientos tres mil quinientos cincuenta.

33 Pero los levitas no fueron contados entre los hijos de Israel, tal como el Señor había ordenado a Moisés.

34 Y los hijos de Israel hicieron conforme a todo lo que el Señor había ordenado a Moisés; así acamparon por sus banderas y así partieron, cada uno según su familia, conforme a su casa paterna.

Censo de los levitas

3 Y estos son *los registros* de los descendientes de Aarón y Moisés, el día en que el Señor habló con Moisés en el monte Sinaí.

2 Estos son los nombres de los hijos de Aarón: Nadab, el primogénito, Abiú, Eleazar e Itamar.

3 Estos son los nombres de los hijos de Aarón, los sacerdotes ungidos, a quienes él ordenó para que ministraran como sacerdotes.

4 Pero Nadab y Abiú murieron delante del Señor cuando ofrecieron fuego extraño ante el Señor en el desierto de Sinaí; y no tuvieron hijos. Y Eleazar e Itamar ejercieron el sacerdocio durante la vida de su padre Aarón.

5 Entonces habló el Señor a Moisés, diciendo:

6 Haz que se acerque la tribu de Leví y ponlos delante del sacerdote Aarón, para que le sirvan.

7 Y se encargarán de las obligaciones para con él y para con toda la congregación delante de la tienda de reunión, para cumplir *con* el servicio del tabernáculo.

8 Y guardarán también todos los utensilios de la tienda de reunión, junto con las obligaciones de los hijos de Israel, para cumplir *con* el servicio del tabernáculo.

9 Darás, pues, los levitas a Aarón y a sus hijos; le son dedicados por completo de entre los hijos de Israel.

10 Y designarás a Aarón y a sus hijos para que se encarguen de su sacerdocio; pero el extraño que se acerque será muerto.

11 El Señor habló además a Moisés, diciendo:

12 Mira, yo he tomado a los levitas de entre los hijos de Israel en lugar de todos los primogénitos, los que abren el seno materno de entre los hijos de Israel. Los levitas, pues, serán míos.

13 Porque mío es todo primogénito; el día en que herí a todos los primogénitos en la tierra de Egipto, consagré para mí a todos los primogénitos en Israel, desde el hombre hasta el animal. Míos serán; yo soy el Señor.

14 Después el Señor habló a Moisés en el desierto de Sinaí, diciendo:

15 Cuenta los hijos de Leví por sus casas paternas, por sus familias; contarás todo varón de un mes arriba.

16 Entonces los contó Moisés conforme a la orden del Señor, tal como se le había ordenado.

17 Estos, pues, son los hijos de Leví por sus nombres: Gersón, Coat y Merari.

18 Y estos son los nombres de los hijos de Gersón por sus familias: Libni y Simei;

19 y los hijos de Coat, por sus familias: Amram, Izhar, Hebrón y Uziel;

20 y los hijos de Merari, por sus familias: Mahli y Musi. Estas son las familias de los levitas conforme a sus casas paternas.

21 De Gersón *era* la familia de Libni y la familia de Simei; éstas *eran* las familias de los gersonitas.

22 Los enumerados en la cuenta de todos los varones de un mes arriba, los enumerados de ellos *fueron* siete mil quinientos.

23 Las familias de los gersonitas habían de acampar detrás del tabernáculo, al occidente;

24 el jefe de las casas paternas de los gersonitas *era* Eliasaf, hijo de Lael.

25 Las responsabilidades de los hijos de Gersón en la tienda de reunión *incluían* el tabernáculo y la tienda, su cubierta, el velo de la entrada de la tienda de reunión,

26 las cortinas del atrio, el velo para la entrada del atrio que está alrededor del tabernáculo y del altar, y sus cuerdas, conforme a todo su servicio.

27 Y de Coat *eran* la familia de los amramitas, la familia de los izharitas, la familia de los hebronitas y la familia de los uzielitas; éstas eran las familias de los coatitas.

28 Según el censo de todos los varones de un mes arriba, *había* ocho mil seiscientos, que desempeñaban los deberes del santuario.

29 Las familias de los hijos de Coat habían de acampar al lado sur del tabernáculo;

30 el jefe de las casas paternas de las familias coatitas era Elizafán, hijo de Uziel.

31 A cargo de ellos *estaban* el arca, la mesa, el candelabro, los altares, los utensilios del santuario con que ministran, el velo y todo su servicio.

32 El principal de los jefes de Leví *era* Eleazar,

hijo del sacerdote Aarón, encargado de los guardas que cuidaban el santuario.

33 De Merari *eran* la familia de los mahlitas y la familia de los musitas; éstas *eran* las familias de Merari.

34 Los enumerados en el censo de todos los varones de un mes arriba *eran* seis mil doscientos.

35 Y el jefe de las casas paternas de las familias de Merari *era* Zuriel, hijo de Abihail. Habían de acampar al lado norte del tabernáculo.

36 A cargo de los hijos de Merari *estaban* el maderaje del tabernáculo, sus barras, sus columnas, sus basas, todos sus enseres y el servicio relacionado con ellos,

37 las columnas alrededor del atrio con sus basas, sus estacas y sus cuerdas.

38 Los que habían de acampar delante del tabernáculo al oriente, delante de la tienda de reunión hacia la salida del sol, *eran* Moisés, Aarón y sus hijos, desempeñando los deberes del santuario para *cumplir* la obligación de los hijos de Israel; pero el extraño que se acercara, moriría.

39 Todos los enumerados de los levitas, que Moisés y Aarón contaron por sus familias por mandato del SEÑOR, todos los varones de un mes arriba, *eran* veintidós mil.

40 Entonces el SEÑOR dijo a Moisés: Cuenta a todos los primogénitos varones de los hijos de Israel de un mes arriba, y haz una lista de sus nombres.

41 Y tomarás a los levitas para mí, yo soy el SEÑOR, en lugar de todos los primogénitos entre los hijos de Israel, y el ganado de los levitas en lugar de todos los primogénitos del ganado de los hijos de Israel.

42 Y contó Moisés a todos los primogénitos de los hijos de Israel, tal como el SEÑOR le había ordenado;

43 y todos los primogénitos varones conforme al número de sus nombres de un mes arriba, los enumerados, eran veintidós mil doscientos setenta y tres.

44 Entonces habló el SEÑOR a Moisés, diciendo:

45 Toma a los levitas en lugar de todos los primogénitos entre los hijos de Israel, y el ganado de los levitas. Los levitas serán míos; yo soy el SEÑOR.

46 Y como precio de rescate por los doscientos setenta y tres de los primogénitos de los hijos de Israel que exceden a los levitas,

47 tomarás cinco siclos por cada uno, por cabeza; *los* tomarás conforme al siclo del santuario (el siclo tiene veinte geras),

48 y da el dinero, el rescate de los que hay en exceso entre ellos, a Aarón y a sus hijos.

49 Moisés, pues, tomó el dinero de rescate de los que excedían *el número de* los redimidos por los levitas;

50 de los primogénitos de los hijos de Israel tomó el dinero conforme al siclo del santuario, mil trescientos sesenta y cinco *siclos*.

51 Entonces Moisés dio a Aarón y a sus hijos el dinero del rescate, por mandato del SEÑOR, tal como el SEÑOR había ordenado a Moisés.

Deberes de los coatitas

4 Entonces el SEÑOR habló a Moisés y a Aarón, diciendo:

2 Haced un censo de los descendientes de Coat, de entre los hijos de Leví, por sus familias, conforme a sus casas paternas,

3 de treinta años arriba hasta los cincuenta, todos los que se enlistan para servir en la tienda de reunión.

4 Este *será* el servicio de los descendientes de Coat en la tienda de reunión, *con relación* a las cosas más sagradas:

5 Cuando el campamento se traslade, Aarón y sus hijos entrarán y quitarán el velo de separación, y con él cubrirán el arca del testimonio;

6 y colocarán sobre ella una cubierta de piel de marsopa, y extenderán encima un paño todo de azul puro, y *luego* colocarán sus varas.

7 Sobre la mesa *del pan* de la Presencia tenderán también un paño azul, y en él pondrán las fuentes, las cucharas, los tazones para los sacrificios y los jarros para *hacer* libación; el pan perpetuo estará sobre él.

8 Y extenderán sobre ellos un paño carmesí, y los cubrirán con una cubierta de piel de marsopa, y *luego* colocarán sus varas.

9 Tomarán entonces un paño azul y cubrirán el candelabro del alumbrado, las lámparas, las despabiladeras, los platillos y todos los utensilios para el aceite con que sirven;

10 lo pondrán con todos sus utensilios en una cubierta de piel de marsopa, y lo colocarán sobre las parihuelas.

11 Y extenderán sobre el altar de oro un paño azul, y lo cubrirán con una cubierta de piel de marsopa, y colocarán sus varas;

12 y tomarán todos los utensilios para el ministerio con que sirven en el santuario, los pondrán en un paño azul, los cubrirán con una cubierta de piel de marsopa y los colocarán sobre las parihuelas.

13 Quitarán entonces las cenizas del altar y extenderán sobre él un paño de púrpura.

14 Y le pondrán encima todos los utensilios con que sirven en relación con él: los braseros, los garfios, las palas y los tazones, todos los utensilios del altar. Y extenderán sobre él una cubierta de piel de marsopa y colocarán sus varas.

15 Cuando Aarón y sus hijos hayan terminado de cubrir los *objetos* sagrados y todos los utensilios del santuario, cuando el campamento esté para trasladarse, vendrán después los hijos de Coat para transportar*los*, pero que no toquen los *objetos* sagrados pues morirían. Estas son las cosas que transportarán los hijos de Coat en la tienda de reunión.

16 Pero la responsabilidad de Eleazar, hijo del sacerdote Aarón, será el aceite para el alumbrado, el incienso aromático, la ofrenda continua de cereal y el aceite para ungir. *Tendrá* la responsabilidad de todo el tabernáculo y de todo lo que en él hay, con el santuario y sus enseres.

17 Después el SEÑOR habló a Moisés y a Aarón, diciendo:

18 No permitáis que la tribu de las familias de los coatitas sea cortada de entre los levitas.

19 Esto haréis con ellos para que vivan y no perezcan cuando se acerquen a los *objetos* santísimos: Aarón y sus hijos entrarán y señalarán a cada uno de ellos su trabajo y su carga;

20 pero no entrarán, ni por un momento, a ver los *objetos* sagrados, para que no mueran.

21 Y habló el SEÑOR a Moisés, diciendo:

22 Haz también un censo de los hijos de Gersón por sus casas paternas, según sus familias;

23 los contarás desde los treinta hasta los cincuenta años de edad; todos los que se enlisten para cumplir el servicio, para hacer la obra en la tienda de reunión.

24 Este será el ministerio de las familias de los gersonitas para servir y para transportar:

25 llevarán las cortinas del tabernáculo, de la tienda de reunión, *con* su cubierta, la cubierta de piel de marsopa que está encima de él, el velo de la entrada de la tienda de reunión,

26 las cortinas del atrio, el velo para la entrada del atrio que está alrededor del tabernáculo y del altar, con sus cuerdas y todos los utensilios para el servicio de ellos; todo lo que se deba hacer, ellos lo harán.

27 Bajo las órdenes de Aarón y de sus hijos *estará* todo el ministerio de los hijos de los gersonitas, en relación con todas sus cargas y todo su trabajo; y tú les asignarás como responsabilidad todas sus cargas.

28 Este es el servicio de las familias de los hijos de los gersonitas en la tienda de reunión; sus deberes *estarán* bajo la dirección de Itamar, hijo del sacerdote Aarón.

29 A los hijos de Merari los contarás por sus familias, por sus casas paternas;

30 los contarás desde los treinta hasta los cincuenta años de edad, todos los que se enlisten para servir en la tienda de reunión.

31 Esta es su responsabilidad de lo que han de transportar, para todo su servicio en la tienda de reunión: las tablas del tabernáculo, sus barras, sus columnas, sus basas,

32 las columnas alrededor del atrio y sus basas, sus estacas y sus cuerdas, con todos sus utensilios y con todo su servicio; y *les* asignarás por nombre los objetos que han de transportar.

33 Este es el servicio de las familias de los hijos de Merari. Para todo su servicio en la tienda de reunión *estarán* bajo las órdenes de Itamar, hijo del sacerdote Aarón.

34 Entonces Moisés y Aarón y los jefes de la congregación contaron a los hijos de los coatitas por sus familias y por sus casas paternas,

35 de treinta años en adelante hasta los cincuenta, todo el que se enlistó para servir en la tienda de reunión.

36 Y los enumerados por sus familias fueron dos mil setecientos cincuenta.

37 Estos son los enumerados de las familias coatitas, todos los que servían en la tienda de reunión, a quienes Moisés y Aarón contaron conforme al mandamiento del SEÑOR por medio de Moisés.

38 *Estos son* los enumerados de los hijos de Gersón por sus familias y por sus casas paternas,

39 de treinta años en adelante hasta los cincuenta, todo el que se enlistó para servir en la tienda de reunión;

40 los enumerados, por sus familias, por sus casas paternas, fueron dos mil seiscientos treinta.

41 Estos son los enumerados de las familias de los hijos de Gersón, todos los que servían en la tienda de reunión, a quienes Moisés y Aarón contaron conforme al mandamiento del SEÑOR.

42 Y *estos son* los enumerados de las familias de los hijos de Merari por sus familias *y* por sus casas paternas,

43 de treinta años en adelante hasta los cincuenta, todo el que se enlistó para servir en la tienda de reunión;

44 los enumerados por sus familias, fueron tres mil doscientos.

45 Estos son los enumerados de las familias de los hijos de Merari, a quienes Moisés y Aarón contaron conforme al mandamiento del SEÑOR por medio de Moisés.

46 Todos los enumerados de los levitas a quienes Moisés y Aarón y los jefes de Israel contaron, por sus familias y por sus casas paternas,

47 de treinta años en adelante hasta los cincuenta, todo el que podía enlistarse para servir y hacer el trabajo de transportar la tienda de reunión,

48 fueron ocho mil quinientos ochenta.

49 Fueron contados conforme al mandamiento del SEÑOR dado por medio de Moisés, cada uno según su ministerio o según su cargo; y *éstos fueron* los enumerados, tal como el SEÑOR había ordenado a Moisés.

Leyes sobre los inmundos

5 Y habló el SEÑOR a Moisés, diciendo:

2 Manda a los hijos de Israel que echen del campamento a todo leproso, a todo el que padece de flujo y a todo el que es inmundo por causa de un muerto.

3 Echaréis tanto a hombres como a mujeres; los echaréis fuera del campamento para que no contaminen su campamento, donde yo habito en medio de ellos.

4 Y así *lo* hicieron los hijos de Israel, y los echaron fuera del campamento; tal como el SEÑOR había dicho a Moisés, así *lo* hicieron los hijos de Israel.

5 Entonces el SEÑOR habló a Moisés, diciendo:

6 Habla a los hijos de Israel: "El hombre o la mujer que cometa cualquiera de los pecados de la humanidad, actuando pérfidamente contra el SEÑOR, esa persona es culpable;

7 entonces confesará los pecados que ha cometido, y hará completa restitución por el daño *causado*, añadirá un quinto y *lo* dará al que él perjudicó.

8 "Pero si la persona no tiene pariente[1] a quien se le haga la restitución por el daño, la restitución hecha por el daño *debe ir* al SEÑOR, para el sacerdote, además del carnero de expiación, con el cual se hace expiación por él.

9 "También toda ofrenda correspondiente a todas las cosas consagradas de los hijos de Israel que ofrecen al sacerdote, serán suyas.

10 "Las cosas consagradas de toda persona serán del sacerdote; lo que una persona dé al sacerdote será de él."

11 El SEÑOR habló además a Moisés, diciendo:

12 Habla a los hijos de Israel, y diles: "Si la mujer de alguno se desvía y le es infiel,

13 teniendo alguno relaciones carnales con ella sin que su marido se dé cuenta, ni sea descubierta (aunque ella se haya contaminado y no haya

---

1. Lit., *redentor*

testigo contra ella, ni haya sido sorprendida en el acto *mismo*),

14 y un espíritu de celo viene sobre él y tiene celos de su mujer, habiéndose ella contaminado, o si viene un espíritu de celos sobre él y tiene celos de su mujer, no habiéndose ella contaminado,

15 el hombre llevará su mujer al sacerdote y llevará *como* ofrenda por ella un décimo de un efa de harina de cebada; no derramará aceite sobre la ofrenda, ni pondrá sobre ella incienso, porque es una ofrenda de cereal, de celos, una ofrenda memorial de cereal, un recordatorio de iniquidad.

16"Entonces el sacerdote hará que ella se acerque y la pondrá delante del SEÑOR,

17 y el sacerdote tomará agua santa en una vasija de barro; y tomará del polvo que está sobre el piso del tabernáculo, y *lo* pondrá en el agua.

18"Luego el sacerdote hará que la mujer esté delante del SEÑOR y descubrirá la cabeza de la mujer, y pondrá en sus manos la ofrenda memorial de cereal, que es la ofrenda de celos, y en la mano del sacerdote estará el agua de amargura que trae maldición.

19"Y el sacerdote hará que ella pronuncie juramento, y dirá a la mujer: 'Si ningún hombre se ha acostado contigo, y si no te has desviado a la inmundicia, *estando* sujeta a tu marido, sé inmune a esta agua de amargura que trae maldición;

20 pero si te has desviado, *estando* sujeta a tu marido, y te has corrompido, y otro hombre que no es tu marido se ha llegado a ti',

21 (entonces el sacerdote hará que la mujer jure con el juramento de maldición, y el sacerdote dirá a la mujer): 'El SEÑOR te haga maldición y juramento entre tu pueblo, haciendo el SEÑOR que tu muslo se enjute y tu vientre se hinche;

22 y esta agua que trae maldición entrará en tus entrañas, y hará que tu vientre se hinche y tu muslo se enjute.' Y la mujer dirá: 'Amén, amén.'

23"Entonces el sacerdote escribirá estas maldiciones en un rollo, y las lavará en el agua de amargura.

24"Después hará que la mujer beba el agua de amargura que trae maldición, para que el agua que trae maldición entre a ella para *causar* amargura.

25"Y el sacerdote tomará la ofrenda de cereal de los celos de la mano de la mujer, y mecerá la ofrenda de cereal delante del SEÑOR y la llevará al altar;

26 tomará el sacerdote un puñado de la ofrenda de cereal como su ofrenda memorial y *la* quemará en el altar, y después hará que la mujer beba el agua.

27"Cuando le haya hecho beber el agua, sucederá que si ella se ha contaminado y ha sido infiel a su marido, el agua que trae maldición entrará en ella para *producir* amargura, y su vientre se hinchará, su muslo se enjutará y la mujer vendrá a ser una maldición en medio de su pueblo.

28"Mas si la mujer no se ha contaminado y es limpia, quedará libre y concebirá hijos.

29"Esta es la ley de los celos: cuando una mujer *que esté* sujeta a su marido, se desvíe y se contamine,

30 o cuando un espíritu de celos venga sobre alguno y esté celoso de su mujer, entonces hará que la mujer se presente delante del SEÑOR, y el sacerdote le aplicará a ella toda esta ley.

31"Además, el marido quedará libre de culpa, pero la mujer llevará su culpa."

La ley del nazareato

6 Y el SEÑOR habló a Moisés, diciendo:
2 Habla a los hijos de Israel, y diles: "El hombre o la mujer que haga un voto especial, el voto de nazareo[1], para dedicarse al SEÑOR,

3 se abstendrá de vino y licor; no beberá vinagre, ya sea de vino o de licor, tampoco beberá ningún jugo de uva, ni comerá uvas frescas ni secas.

4"Todos los días de su nazareato no comerá nada de lo que se hace de la vid, desde las semillas hasta el hollejo.

5"*Durante* todos los días del voto de su nazareato no pasará navaja sobre su cabeza. Hasta que se cumplan los días por los cuales se apartó a sí mismo para el SEÑOR, será santo; dejará crecer las guedejas del cabello de su cabeza.

6"*Durante* todos los días de su nazareato para el SEÑOR, no se acercará a persona muerta.

7"Ni por su padre, ni por su madre, ni por su hermano, ni por su hermana se contaminará de ellos cuando mueran, pues su nazareato para Dios está sobre su cabeza.

8"Todos los días de su nazareato él es santo al SEÑOR.

9"Pero si alguno muere repentinamente junto a él, y *el nazareo* contamina su cabeza consagrada, entonces se rasurará la cabeza el día de su purificación; el día séptimo se la rasurará.

10"Y el octavo día traerá al sacerdote dos tórtolas o dos pichones a la entrada de la tienda de reunión.

11"El sacerdote ofrecerá uno como ofrenda por el pecado y *el* otro como holocausto, y hará expiación por él, por su pecado, a causa de la persona *muerta*. Y consagrará su cabeza ese mismo día,

12 y dedicará al SEÑOR los días de su nazareato, y traerá un cordero de un año como ofrenda por su culpa; pero los primeros días quedarán anulados, por cuanto su nazareato fue contaminado.

13"Esta es la ley del nazareo cuando se hayan cumplido los días de su nazareato: llevará la ofrenda a la entrada de la tienda de reunión,

14 y presentará su ofrenda delante del SEÑOR, un cordero de un año, sin defecto, como holocausto, y una cordera de un año, sin defecto, como ofrenda por el pecado, y un carnero sin defecto, como ofrenda de paz,

15 y una cesta de tortas sin levadura de flor de harina mezcladas con aceite, y hojaldres sin levadura untados con aceite, junto con sus ofrendas de cereal y sus libaciones.

16"Entonces el sacerdote ofrecerá *todo esto* delante del SEÑOR, y presentará su ofrenda por el pecado y el holocausto.

17"Hará con el carnero un sacrificio de las

1. I.e., uno que se separa o se consagra

ofrendas de paz al Señor, junto con la cesta de los panes sin levadura; asimismo, el sacerdote presentará su ofrenda de cereal y su libación.

18 "Entonces el nazareo se rasurará *el cabello* de su cabeza consagrada a la entrada de la tienda de reunión, y tomará el cabello de su cabeza consagrada y *lo* pondrá en el fuego que *arde* debajo del sacrificio de las ofrendas de paz.

19 "Y el sacerdote tomará la espaldilla hervida, y un pan sin levadura de la cesta, y un hojaldre sin levadura, y *los* pondrá en las manos del nazareo cuando *éste* se haya rasurado su *cabello de nazareo.*

20 "Después el sacerdote los mecerá como ofrenda mecida delante del Señor. Es cosa sagrada para el sacerdote, junto con el pecho mecido y la pierna levantada; después el nazareo podrá beber vino."

21 Esta es la ley del nazareo que *hace* voto de su ofrenda al Señor, según su nazareato, además de lo que sus recursos le permitan; según el voto que tome, así hará conforme a la ley de su nazareato.

22 Entonces habló el Señor a Moisés, diciendo:
23 Habla a Aarón y a sus hijos, y diles: "Así bendeciréis a los hijos de Israel. Les diréis:

24 'El Señor te bendiga y te guarde;

25 el Señor haga resplandecer su rostro sobre ti,
y tenga de ti misericordia;

26 el Señor alce sobre ti su rostro,
y te dé paz.' "

27 Así invocarán mi nombre sobre los hijos de Israel, y yo los bendeciré.

Las ofrendas de los jefes

7 Y sucedió que el día en que Moisés terminó de levantar el tabernáculo, lo ungió y lo consagró con todos sus muebles; también ungió y consagró el altar y todos sus utensilios.

2 Entonces los jefes de Israel, las cabezas de sus casas paternas, presentaron *una ofrenda* (ellos eran los jefes de las tribus, los que estaban sobre los enumerados).

3 Y ellos trajeron su ofrenda delante del Señor: seis carretas cubiertas y doce bueyes, una carreta por *cada* dos jefes y un buey por *cada* uno. Los presentaron ante el tabernáculo.

4 Entonces habló el Señor a Moisés, diciendo:
5 Acepta de ellos *estas cosas,* para que sean usadas en el servicio de la tienda de reunión, y las darás a los levitas, a cada uno conforme a su ministerio.

6 Entonces Moisés tomó las carretas y los bueyes, y se los dio a los levitas.

7 Dos carretas y cuatro bueyes dio a los hijos de Gersón, conforme a su ministerio,

8 y cuatro carretas y ocho bueyes dio a los hijos de Merari, conforme a su ministerio, bajo la dirección de Itamar, hijo del sacerdote Aarón.

9 Pero a los hijos de Coat no les dio *nada,* porque su ministerio *consistía en* llevar sobre sus hombros los *objetos* sagrados.

10 Y los jefes presentaron *la ofrenda* de dedicación del altar el día que fue ungido; los jefes presentaron su ofrenda ante el altar.

11 Entonces el Señor dijo a Moisés: Que presenten su ofrenda, un jefe cada día, para la dedicación del altar.

12 Y el que presentó su ofrenda el primer día fue Naasón, hijo de Aminadab, de la tribu de Judá.

13 Y su ofrenda *fue* una fuente de plata de ciento treinta *siclos* de peso, un tazón de plata de setenta siclos conforme al siclo del santuario, ambos llenos de flor de harina mezclada con aceite como ofrenda de cereal;

14 un recipiente de oro de diez *siclos,* lleno de incienso;

15 un novillo, un carnero *y* un cordero de un año, como holocausto;

16 un macho cabrío como ofrenda por el pecado;

17 y para el sacrificio de las ofrendas de paz, dos bueyes, cinco carneros, cinco machos cabríos *y* cinco corderos de un año. Esta *fue* la ofrenda de Naasón, hijo de Aminadab.

18 El segundo día, Natanael, hijo de Zuar, jefe de Isacar, presentó *su ofrenda.*

19 Y él presentó *como* su ofrenda una fuente de plata *de* ciento treinta *siclos* de peso, un tazón de plata de setenta siclos, conforme al siclo del santuario, ambos llenos de flor de harina mezclada con aceite como ofrenda de cereal;

20 un recipiente de oro de diez *siclos* lleno de incienso;

21 un novillo, un carnero *y* un cordero de un año, como holocausto;

22 un macho cabrío como ofrenda por el pecado;

23 y para el sacrificio de las ofrendas de paz, dos bueyes, cinco carneros, cinco machos cabríos *y* cinco corderos de un año. Esta *fue* la ofrenda de Natanael, hijo de Zuar.

24 El tercer día *se presentó* Eliab, hijo de Helón, jefe de los hijos de Zabulón.

25 Y su ofrenda *fue* una fuente de plata de ciento treinta *siclos* de peso, un tazón de plata de setenta siclos, conforme al siclo del santuario, ambos llenos de flor de harina mezclada con aceite como ofrenda de cereal;

26 un recipiente de oro de diez *siclos,* lleno de incienso;

27 un novillo, un carnero *y* un cordero de un año, como holocausto;

28 un macho cabrío como ofrenda por el pecado;

29 y para el sacrificio de las ofrendas de paz, dos bueyes, cinco carneros, cinco machos cabríos *y* cinco corderos de un año. Esta *fue* la ofrenda de Eliab, hijo de Helón.

30 El cuarto día *se presentó* Elisur, hijo de Sedeur, jefe de los hijos de Rubén.

31 Y su ofrenda *fue* una fuente de plata de ciento treinta *siclos* de peso, un tazón de plata de setenta siclos, conforme al siclo del santuario, ambos llenos de flor de harina mezclada con aceite como ofrenda de cereal;

32 un recipiente de oro de diez *siclos,* lleno de incienso;

33 un novillo, un carnero *y* un cordero de un año, como holocausto;

34 un macho cabrío como ofrenda por el pecado;

35 y para el sacrificio de las ofrendas de paz, dos bueyes, cinco carneros, cinco machos cabríos *y* cinco corderos de un año. Esta *fue* la ofrenda de Elisur, hijo de Zedeur.

36 El quinto día *se presentó* Selumiel, hijo de Zurisadai, jefe de los hijos de Simeón.

37 Y su ofrenda *fue* una fuente de plata de ciento treinta *siclos* de peso, un tazón de plata de setenta siclos, conforme al siclo del santuario, ambos llenos de flor de harina mezclada con aceite como ofrenda de cereal;

38 un recipiente de oro de diez *siclos*, lleno de incienso;

39 un novillo, un carnero y un cordero de un año, como holocausto;

40 un macho cabrío como ofrenda por el pecado;

41 y para el sacrificio de las ofrendas de paz, dos bueyes, cinco carneros, cinco machos cabríos y cinco corderos de un año. Esta *fue* la ofrenda de Selumiel, hijo de Zurisadai.

42 El sexto día *se presentó* Eliasaf, hijo de Deuel, jefe de los hijos de Gad.

43 Y su ofrenda *fue* una fuente de plata de ciento treinta *siclos* de peso, un tazón de plata de setenta siclos, conforme al siclo del santuario, ambos llenos de flor de harina mezclada con aceite como ofrenda de cereal;

44 un recipiente de oro de diez *siclos*, lleno de incienso;

45 un novillo, un carnero y un cordero de un año, como holocausto;

46 un macho cabrío como ofrenda por el pecado;

47 y para el sacrificio de las ofrendas de paz, dos bueyes, cinco carneros, cinco machos cabríos y cinco corderos de un año. Esta *fue* la ofrenda de Eliasaf, hijo de Deuel.

48 El séptimo día *se presentó* Elisama, hijo de Amiud, jefe de los hijos de Efraín.

49 Y su ofrenda *fue* una fuente de plata de ciento treinta *siclos* de peso, un tazón de plata de setenta siclos, conforme al siclo del santuario, ambos llenos de flor de harina mezclada con aceite como ofrenda de cereal;

50 un recipiente de oro de diez *siclos*, lleno de incienso;

51 un novillo, un carnero y un cordero de un año, como holocausto;

52 un macho cabrío como ofrenda por el pecado;

53 y para el sacrificio de las ofrendas de paz, dos bueyes, cinco carneros, cinco machos cabríos y cinco corderos de un año. Esta *fue* la ofrenda de Elisama, hijo de Amiud.

54 El octavo día *se presentó* Gamaliel, hijo de Pedasur, jefe de los hijos de Manasés.

55 Y su ofrenda *fue* una fuente de plata de ciento treinta *siclos* de peso, un tazón de plata de setenta siclos, conforme al siclo del santuario, ambos llenos de flor de harina mezclada con aceite como ofrenda de cereal;

56 un recipiente de oro de diez *siclos*, lleno de incienso;

57 un novillo, un carnero y un cordero de un año, como holocausto;

58 un macho cabrío como ofrenda por el pecado;

59 y para el sacrificio de las ofrendas de paz, dos bueyes, cinco carneros, cinco machos cabríos y cinco corderos de un año. Esta *fue* la ofrenda de Gamaliel, hijo de Pedasur.

60 El noveno día *se presentó* Abidán, hijo de Gedeoni, jefe de los hijos de Benjamín.

61 Y su ofrenda *fue* una fuente de plata de ciento treinta *siclos* de peso, un tazón de plata de setenta siclos, conforme al siclo del santuario, ambos llenos de flor de harina mezclada con aceite como ofrenda de cereal;

62 un recipiente de oro de diez *siclos*, lleno de incienso;

63 un novillo, un carnero y un cordero de un año, como holocausto;

64 un macho cabrío como ofrenda por el pecado;

65 y para el sacrificio de las ofrendas de paz, dos bueyes, cinco carneros, cinco machos cabríos y cinco corderos de un año. Esta *fue* la ofrenda de Abidán, hijo de Gedeoni.

66 El décimo día *se presentó* Ahiezer, hijo de Amisadai, jefe de los hijos de Dan.

67 Y su ofrenda *fue* una fuente de plata de ciento treinta *siclos* de peso, un tazón de plata de setenta siclos, conforme al siclo del santuario, ambos llenos de flor de harina mezclada con aceite como ofrenda de cereal;

68 un recipiente de oro de diez *siclos*, lleno de incienso;

69 un novillo, un carnero y un cordero de un año, como holocausto;

70 un macho cabrío como ofrenda por el pecado;

71 y para el sacrificio de las ofrendas de paz, dos bueyes, cinco carneros, cinco machos cabríos y cinco corderos de un año. Esta *fue* la ofrenda de Ahiezer, hijo de Amisadai.

72 El undécimo día *se presentó* Pagiel, hijo de Ocrán, jefe de los hijos de Aser.

73 Y su ofrenda *fue* una fuente de plata de ciento treinta *siclos* de peso, un tazón de plata de setenta siclos, conforme al siclo del santuario, ambos llenos de flor de harina mezclada con aceite como ofrenda de cereal;

74 un recipiente de oro de diez *siclos*, lleno de incienso;

75 un novillo, un carnero y un cordero de un año, como holocausto;

76 un macho cabrío como ofrenda por el pecado;

77 y para el sacrificio de *las* ofrendas de paz, dos bueyes, cinco carneros, cinco machos cabríos y cinco corderos de un año. Esta *fue* la ofrenda de Pagiel, hijo de Ocrán.

78 El duodécimo día *se presentó* Ahira, hijo de Enán, jefe de los hijos de Neftalí.

79 Y su ofrenda *fue* una fuente de plata de ciento treinta *siclos* de peso, un tazón de plata de setenta siclos, conforme al siclo del santuario, ambos llenos de flor de harina mezclada con aceite como ofrenda de cereal;

80 un recipiente de oro de diez *siclos*, lleno de incienso;

81 un novillo, un carnero y un cordero de un año, como holocausto;

82 un macho cabrío como ofrenda por el pecado;

83 y para el sacrificio de las ofrendas de paz, dos bueyes, cinco carneros, cinco machos cabríos y cinco corderos de un año. Esta *fue* la ofrenda de Ahira, hijo de Enán.

84 Esta *fue* la *ofrenda* de dedicación del altar presentadas por los jefes de Israel cuando lo ungieron: doce fuentes de plata, doce tazones de plata, doce recipientes de oro,

85 cada fuente de plata *pesaba* ciento treinta *siclos*, y cada tazón setenta *siclos;* toda la plata de los utensilios *era* dos mil cuatrocientos *siclos*, conforme al siclo del santuario;

86 los doce recipientes de oro, llenos de incienso, *pesaban* diez *siclos* cada uno, conforme al siclo del santuario. Todo el oro de los recipientes *era* ciento veinte *siclos*.

87 El total de los animales para el holocausto *fue* de doce novillos; los carneros, doce; los corderos de un año con sus ofrendas de cereal, doce; y los machos cabríos para la ofrenda por el pecado, doce.

88 El total de los animales para el sacrificio de las ofrendas de paz, fue de veinticuatro novillos; los carneros, sesenta; los machos cabríos, sesenta; y los corderos de un año, sesenta. Esta *fue* la *ofrenda* de la dedicación del altar después que fue ungido.

89 Y al entrar Moisés en la tienda de reunión para hablar con el Señor, oyó la voz que le hablaba desde encima del propiciatorio que *estaba* sobre el arca del testimonio, de entre los dos querubines, y El le habló.

Las siete lámparas

8 Entonces el Señor habló a Moisés, diciendo: 2 Habla a Aarón y dile: "Cuando pongas las lámparas, las siete lámparas alumbrarán hacia el frente del candelabro."

3 Y así lo hizo Aarón; puso las lámparas frente al candelabro, como el Señor había ordenado a Moisés.

4 Y esta era la hechura del candelabro: de oro labrado a martillo; desde su base hasta sus flores fue obra labrada a martillo; según el modelo que el Señor le mostró a Moisés, así hizo el candelabro.

5 De nuevo el Señor habló a Moisés, diciendo:

6 Toma de entre los hijos de Israel a los levitas y purifícalos.

7 Así harás con ellos para su purificación: rociarás sobre ellos agua purificadora, y que ellos hagan pasar una navaja sobre todo su cuerpo, laven sus ropas y quedarán purificados.

8 Tomarán entonces un novillo con su ofrenda de cereal, flor de harina mezclada con aceite; y tú tomarás otro novillo como ofrenda por el pecado.

9 Y harás que se acerquen los levitas delante de la tienda de reunión. Reunirás también a toda la congregación de los hijos de Israel,

10 y presentarás a los levitas delante del Señor; y los hijos de Israel pondrán sus manos sobre los levitas.

11 Entonces Aarón presentará a los levitas delante del Señor, como ofrenda mecida de los hijos de Israel, para que ellos puedan cumplir el ministerio del Señor.

12 Los levitas pondrán sus manos sobre la cabeza de los novillos, y entonces ofrecerán uno como ofrenda por el pecado y el otro como holocausto al Señor, para hacer expiación por los levitas.

13 Harás que los levitas estén de pie delante de Aarón y delante de sus hijos, para presentarlos como ofrenda mecida al Señor.

14 Así separarás a los levitas de entre los hijos de Israel, y los levitas serán míos.

15 Y después de eso, los levitas podrán entrar para ministrar en la tienda de reunión, tú los purificarás y los presentarás como ofrenda mecida;

16 porque son enteramente dedicados para mí de entre los hijos de Israel. Los he tomado para mí en lugar de todo primer fruto de la matriz, los primogénitos de todos los hijos de Israel.

17 Porque míos son todos los primogénitos de entre los hijos de Israel, tanto de hombres como de animales; el día en que herí a todo primogénito en la tierra de Egipto, los santifiqué para mí.

18 Pero he tomado a los levitas en lugar de los primogénitos de entre los hijos de Israel.

19 Y he dado a los levitas como un don a Aarón y a sus hijos de entre los hijos de Israel, para cumplir el ministerio de los hijos de Israel en la tienda de reunión y para hacer expiación en favor de los hijos de Israel, para que no haya plaga entre los hijos de Israel al acercarse al santuario.

20 Así hicieron a los levitas Moisés, Aarón y toda la congregación de los hijos de Israel; conforme a todo lo que el Señor había mandado a Moisés acerca de los levitas, así hicieron con ellos los hijos de Israel.

21 Los levitas se purificaron a sí mismos de pecados, y lavaron sus ropas; y Aarón los presentó como ofrenda mecida delante del Señor. También Aarón hizo expiación por ellos para purificarlos.

22 Entonces, después de eso, los levitas entraron para cumplir su ministerio en la tienda de reunión delante de Aarón y delante de sus hijos; como el Señor había ordenado a Moisés acerca de los levitas, así hicieron con ellos.

23 Y habló el Señor a Moisés, diciendo:

24 Esto es lo que *se refiere* a los levitas: desde los veinticinco años en adelante entrarán a cumplir el servicio en el ministerio de la tienda de reunión.

25 Pero a los cincuenta años se jubilarán de ejercer el ministerio, y no trabajarán más.

26 Sin embargo, pueden ayudar a sus hermanos en la tienda de reunión a cumplir sus obligaciones, pero no a ejercer el ministerio. Así harás con los levitas en cuanto a sus obligaciones.

La Pascua

9 El Señor habló a Moisés en el desierto del Sinaí, en el primer mes del segundo año de su salida de la tierra de Egipto, diciendo:

2 Que los hijos de Israel celebren la Pascua a su tiempo señalado.

3 En el día catorce de este mes, al atardecer, la celebraréis a su tiempo señalado; la celebraréis conforme a todos sus estatutos y conforme a todas sus ordenanzas.

4 Mandó, pues, Moisés a los hijos de Israel que celebraran la Pascua.

5 Y celebraron la Pascua en el *mes* primero, en el día catorce del mes, al atardecer, en el desierto de Sinaí; tal como el Señor había ordenado a Moisés, así *lo* hicieron los hijos de Israel.

6 Pero había *algunos* hombres que estaban inmundos por causa de una persona muerta, y no pudieron celebrar la Pascua aquel día. Y vinieron ante Moisés y Aarón aquel día,

7 y aquellos hombres les dijeron: *Aunque estemos inmundos por causa de una persona muerta, ¿por qué se nos impide presentar la ofrenda del Señor en su tiempo señalado entre los hijos de Israel?*

8 Entonces Moisés les dijo: Esperad, y oiré lo que el Señor ordene acerca de vosotros.

9 Y habló el Señor a Moisés, diciendo:

10 Habla a los hijos de Israel y diles: "Si alguno de vosotros o de vuestros descendientes está inmundo por causa de un muerto, o anda de viaje lejos, puede, sin embargo, celebrar la Pascua al Señor.

11"La celebrarán a los catorce días del segundo

mes, al atardecer; la comerán con pan sin levadura y hierbas amargas.

12"Nada dejarán de ella hasta la mañana, ni quebrarán hueso de ella; conforme a todos los estatutos de la Pascua la celebrarán.

13"Pero si alguno que está limpio y no anda de viaje, deja de celebrar la Pascua, esa persona será cortada de entre su pueblo, porque no presentó la ofrenda del SEÑOR a su tiempo señalado. Ese hombre llevará su pecado.

14"Y si un forastero reside entre vosotros y celebra la Pascua al SEÑOR, conforme al estatuto de la Pascua y conforme a su ordenanza lo hará; tendréis un solo estatuto, tanto para el forastero como para el nativo de la tierra."

15 Y el día que fue erigido el tabernáculo, la nube cubrió el tabernáculo, la tienda del testimonio, y al atardecer estaba sobre el tabernáculo como una apariencia de fuego, hasta la mañana.

16 Así sucedía continuamente; la nube lo cubría de día, y la apariencia de fuego de noche.

17 Y cuando la nube se levantaba de sobre la tienda, enseguida los hijos de Israel partían; y en el lugar donde la nube se detenía, allí acampaban los hijos de Israel.

18 Al mandato del SEÑOR los hijos de Israel partían, y al mandato del SEÑOR acampaban; mientras la nube estaba sobre el tabernáculo, permanecían acampados.

19 Aun cuando la nube se detenía sobre el tabernáculo por muchos días, los hijos de Israel guardaban la ordenanza del SEÑOR y no partían.

20 Y sucedía que cuando la nube permanecía algunos días sobre el tabernáculo, según la orden del SEÑOR, permanecían acampados; y según la orden del SEÑOR, partían.

21 Y sucedía que cuando la nube permanecía desde el atardecer hasta la mañana, cuando la nube se levantaba por la mañana, ellos partían; y si permanecía durante el día y durante la noche, cuando la nube se levantaba, ellos partían.

22 Ya fuera que la nube se detuviera sobre el tabernáculo permaneciendo sobre él dos días, o un mes, o un año, los hijos de Israel permanecían acampados y no partían; pero cuando se levantaba, partían.

23 Y al mandato del SEÑOR acampaban, y al mandato del SEÑOR partían; guardaban la ordenanza del SEÑOR según el mandato del SEÑOR por medio de Moisés.

Las trompetas de plata

10 Y siguió el SEÑOR hablando a Moisés, diciendo:

2 Hazte dos trompetas de plata; las harás labradas a martillo. Y te servirán para convocar a la congregación y para dar la orden de poner en marcha los campamentos.

3 Cuando se toquen las dos, toda la congregación se reunirá junto a ti a la puerta de la tienda de reunión.

4 Cuando se toque una sola, entonces se reunirán junto a ti los principales, los jefes de las divisiones de Israel.

5 Pero cuando toquéis alarma, partirán los que estén acampados al oriente.

6 Y cuando toquéis alarma la segunda vez, partirán los acampados al sur; se tocará una alarma para que ellos se pongan en marcha.

7 Sin embargo, cuando se convoque la asamblea, tocaréis, pero no con toque de alarma.

8 Además, los hijos de Aarón, los sacerdotes, tocarán las trompetas; y os será por estatuto perpetuo por vuestras generaciones.

9 Cuando vayáis a la guerra en vuestra tierra contra el adversario que os ataque, tocaréis alarma con las trompetas a fin de que el SEÑOR vuestro Dios se acuerde de vosotros, y seáis salvados de vuestros enemigos.

10 Asimismo, en el día de vuestra alegría, en vuestras fiestas señaladas y en el primer día de vuestros meses, tocaréis las trompetas durante vuestros holocaustos y vuestros sacrificios de vuestras ofrendas de paz; y serán para vosotros como recordatorio delante de vuestro Dios. Yo soy el SEÑOR vuestro Dios.

11 Y sucedió que en el año segundo, en el mes segundo, el día veinte del mes, la nube se levantó de sobre el tabernáculo del testimonio;

12 y los hijos de Israel partieron, según su orden de marcha, del desierto de Sinaí. Y la nube se detuvo en el desierto de Parán.

13 Así partieron la primera vez conforme al mandamiento del SEÑOR por medio de Moisés.

14 La bandera del campamento de los hijos de Judá, según sus ejércitos, partió primero, con Naasón, hijo de Aminadab, al frente de su ejército;

15 y Natanael, hijo de Zuar, al frente del ejército de la tribu de los hijos de Isacar;

16 y Eliab, hijo de Helón, al frente del ejército de la tribu de los hijos de Zabulón.

17 Entonces el tabernáculo fue desarmado; y los hijos de Gersón, y los hijos de Merari, que llevaban el tabernáculo, partieron.

18 Después partió la bandera del campamento de Rubén, según sus ejércitos, con Elisur, hijo de Sedeur, al frente de su ejército;

19 y Selumiel, hijo de Zurisadai, al frente del ejército de la tribu de los hijos de Simeón,

20 y Eliasaf, hijo de Deuel, estaba al frente del ejército de la tribu de los hijos de Gad.

21 Luego se pusieron en marcha los coatitas llevando los objetos sagrados; y el tabernáculo fue erigido antes de que ellos llegaran.

22 Después partió la bandera del campamento de los hijos de Efraín, según sus ejércitos, con Elisama, hijo de Amiud, al frente de su ejército;

23 y Gamaliel, hijo de Pedasur, al frente del ejército de la tribu de los hijos de Manasés;

24 y Abidán, hijo de Gedeoni, al frente del ejército de la tribu de los hijos de Benjamín.

25 Después partió la bandera del campamento de los hijos de Dan, según sus ejércitos, los cuales formaban la retaguardia de todos los campamentos, con Ahiezer, hijo de Amisadai, al frente de su ejército;

26 y Pagiel, hijo de Ocrán, al frente del ejército de la tribu de los hijos de Aser;

27 y Ahira, hijo de Enán, al frente del ejército de la tribu de los hijos de Neftalí.

28 Este fue el orden de marcha de los hijos de Israel por sus ejércitos cuando partieron.

29 Entonces Moisés dijo a Hobab, hijo de Reuel madianita, suegro de Moisés: Nosotros partimos hacia el lugar del cual el SEÑOR dijo: "Yo os lo daré." Ven con nosotros y te haremos bien, pues el SEÑOR ha prometido el bien a Israel.

30 Pero él le dijo: No iré, sino que me iré a mi tierra y a mi parentela.

31 Después dijo *Moisés:* Te ruego que no nos dejes, puesto que tú sabes dónde debemos acampar en el desierto, y serás como ojos para nosotros.

32 Y será que si vienes con nosotros, el bien que el Señor nos haga, nosotros te haremos.

33 Así partieron desde el monte del Señor tres días de camino, y el arca del pacto del Señor iba delante de ellos por los tres días, buscándoles un lugar dónde descansar.

34 Y la nube del Señor iba sobre ellos de día desde que partieron del campamento.

35 Y sucedía que cuando el arca se ponía en marcha, Moisés decía:

¡Levántate, oh Señor!

y sean dispersados tus enemigos,

huyan de tu presencia los que te aborrecen.

36 Y cuando *el arca* descansaba, él decía:

Vuelve, oh Señor,

a los millares de millares de Israel.

El pueblo se queja contra el Señor

11 Y el pueblo comenzó a quejarse en la adversidad a oídos del Señor; y cuando el Señor *lo* oyó, se encendió su ira, y el fuego del Señor ardió entre ellos y consumió un extremo del campamento.

2 Entonces clamó el pueblo a Moisés, y Moisés oró al Señor y el fuego se apagó.

3 Y se le dio a aquel lugar el nombre de Tabera[1], porque el fuego del Señor había ardido entre ellos.

4 Y el populacho que estaba entre ellos tenía un deseo insaciable; y también los hijos de Israel volvieron a llorar, y dijeron: ¿Quién nos dará carne para comer?

5 Nos acordamos del pescado que comíamos gratis en Egipto, de los pepinos, de los melones, los puerros, las cebollas y los ajos;

6 pero ahora no tenemos apetito. Nada hay para nuestros ojos excepto este maná.

7 Y el maná era como una semilla de cilantro, y su aspecto como el del bedelio.

8 El pueblo iba, *lo* recogía y *lo* molía entre dos piedras de molino, o *lo* machacaba en el mortero, y *lo* hervía en el caldero y hacía tortas con él; y tenía el sabor de tortas cocidas con aceite.

9 Cuando el rocío caía en el campamento por la noche, con él caía el maná.

10 Y Moisés oyó llorar al pueblo, por sus familias, cada una a la puerta de su tienda; y la ira del Señor se encendió en gran manera, y a Moisés no le agradó.

11 Entonces Moisés dijo al Señor: ¿Por qué has tratado tan mal a tu siervo? ¿Y por qué no he hallado gracia ante tus ojos para que hayas puesto la carga de todo este pueblo sobre mí?

12 ¿Acaso concebí yo a todo este pueblo? ¿Fui yo quien lo dio a luz para que me dijeras: "Llévalo en tu seno, como la nodriza lleva al niño de pecho, a la tierra que yo juré a sus padres"?

13 ¿De dónde he de conseguir carne para dar a todo este pueblo? Porque claman a mí, diciendo: "Danos carne para que comamos."

14 Yo solo no puedo llevar a todo este pueblo, porque es mucha carga para mí.

15 Y si así me vas a tratar, te ruego que me mates si he hallado gracia ante tus ojos, y no me permitas ver mi desventura.

16 Entonces el Señor dijo a Moisés: Reúneme a setenta hombres de los ancianos de Israel, a quienes tú conozcas como los ancianos del pueblo y a sus oficiales, y tráelos a la tienda de reunión y que permanezcan allí contigo.

17 Entonces descenderé y hablaré contigo allí, y tomaré del Espíritu que está sobre ti y *lo* pondré sobre ellos, y llevarán contigo la carga del pueblo para que no *la* lleves tú solo.

18 Y di al pueblo: "Consagraos para mañana, y comeréis carne, pues habéis llorado a oídos del Señor, diciendo: '¡Quién nos diera a comer carne! Porque nos iba mejor en Egipto.' El Señor, pues, os dará carne y comeréis.

19 "No comeréis un día, ni dos días, ni cinco días, ni diez días, ni veinte días,

20 sino todo un mes, hasta que os salga por las narices y os sea aborrecible, porque habéis rechazado al Señor, que está entre vosotros, y habéis llorado delante de El, diciendo: '¿Por qué salimos de Egipto?' "

21 Pero Moisés dijo: El pueblo, en medio del cual estoy, *llega a* seiscientos mil de a pie; y tú has dicho: "Les daré carne a fin de que coman, por todo un mes."

22 ¿Sería suficiente degollar para ellos las ovejas y los bueyes? ¿O sería suficiente juntar para ellos todos los peces del mar?

23 Y el Señor dijo a Moisés: ¿Está limitado el poder del Señor? Ahora verás si mi palabra se te cumple o no.

24 Salió Moisés y dijo al pueblo las palabras del Señor. Reunió después a setenta hombres de los ancianos del pueblo y los colocó alrededor de la tienda.

25 Entonces el Señor descendió en la nube y le habló; y tomó del Espíritu que estaba sobre él y *lo* colocó sobre los setenta ancianos. Y sucedió que cuando el Espíritu reposó sobre ellos, profetizaron; pero no volvieron a hacer*lo más.*

26 Pero dos hombres habían quedado en el campamento; uno se llamaba Eldad, y el otro se llamaba Medad. Y el Espíritu reposó sobre ellos (ellos estaban entre los que se habían inscrito, pero no habían salido a la tienda), y profetizaron en el campamento.

27 Y un joven corrió y avisó a Moisés, diciendo: Eldad y Medad están profetizando en el campamento.

28 Entonces respondió Josué, hijo de Nun, ayudante de Moisés desde su juventud, y dijo: Moisés, señor mío, detenlos.

29 Pero Moisés le dijo: ¿Tienes celos por causa mía? ¡Ojalá todo el pueblo del Señor fuera profeta, que el Señor pusiera su Espíritu sobre ellos!

30 Después Moisés volvió al campamento, y con él los ancianos de Israel.

31 Y salió de parte del Señor un viento que trajo codornices desde el mar y *las* dejó caer junto al campamento, como un día de camino de este lado, y un día de camino del otro lado, por todo alrededor del campamento, como dos codos *de espesor* sobre la superficie de la tierra.

32 Y el pueblo *estuvo* levantado todo el día, toda

---

1. I.e., encendido

la noche, y todo el día siguiente, y recogieron las codornices (el que recogió menos, recogió diez homeres), y *las* tendieron para sí por todos los alrededores del campamento.

33 Pero mientras la carne estaba aún entre sus dientes, antes que la masticaran, la ira del SEÑOR se encendió contra el pueblo, y el SEÑOR hirió al pueblo con una plaga muy mala.

34 Por eso llamaron a aquel lugar Kibrot-hataava¹, porque allí sepultaron a los que habían sido codiciosos.

35 Y de Kibrot-hataava el pueblo partió para Hazerot, y permaneció en Hazerot.

Murmuración contra Moisés

12 Entonces Miriam y Aarón hablaron contra Moisés por causa de la mujer cusita con quien se había casado (pues se había casado con una mujer cusita);

2 y dijeron: ¿Es cierto que el SEÑOR ha hablado sólo mediante Moisés? ¿No ha hablado también mediante nosotros? Y el SEÑOR *lo* oyó.

3 (Moisés era un hombre muy humilde, más que cualquier otro hombre sobre la faz de la tierra.)

4 Y el SEÑOR de repente dijo a Moisés, a Aarón y a Miriam: Salid vosotros tres a la tienda de reunión. Y salieron los tres.

5 Entonces el SEÑOR descendió en una columna de nube y se puso a la puerta de la tienda; y llamó a Aarón y a Miriam. Y cuando los dos se adelantaron,

6 El dijo:
Oíd ahora mis palabras:
Si entre vosotros hay profeta,
yo, el SEÑOR, me manifestaré a él en visión.
Hablaré con él en sueños.

7 No así con mi siervo Moisés;
en toda mi casa él es fiel.

8 Cara a cara hablo con él,
abiertamente y no en dichos oscuros,
y él contempla la imagen del SEÑOR.
¿Por qué, pues, no temisteis
hablar contra mi siervo, contra Moisés?

9 Y se encendió la ira del SEÑOR contra ellos, y El se fue.

10 Pero cuando la nube se retiró de sobre la tienda, he aquí *que* Miriam *estaba* leprosa, *blanca* como la nieve. Y cuando Aarón se volvió hacia Miriam, vio que *estaba* leprosa.

11 Entonces Aarón dijo a Moisés: Señor mío, te ruego que no nos cargues *este* pecado, en el cual hemos obrado neciamente y con el cual hemos pecado.

12 No permitas que ella sea como *quien nace* muerto, que cuando sale del vientre de su madre su carne está ya medio consumida.

13 Y Moisés clamó al SEÑOR, diciendo: Oh Dios, sánala ahora, te ruego.

14 Pero el SEÑOR dijo a Moisés: Si su padre le hubiera escupido a ella en el rostro, ¿no llevaría su vergüenza por siete días? Que sea echada fuera del campamento por siete días, y después puede ser admitida de nuevo.

15 Miriam fue confinada fuera del campamento por siete días y el pueblo no se puso en marcha hasta que Miriam volvió.

16 Después el pueblo partió de Hazerot y acampó en el desierto de Parán.

Los doce espías

13 Y el SEÑOR habló a Moisés, diciendo:
2 Tú mismo envía hombres a fin de que reconozcan la tierra de Canaán, que voy a dar a los hijos de Israel; enviarás un hombre de cada una de las tribus de sus padres, cada uno de ellos jefe entre ellos.

3 Entonces Moisés los envió desde el desierto de Parán, al mandato del SEÑOR; todos aquellos hombres eran jefes de los hijos de Israel.

4 Y estos *eran* sus nombres: de la tribu de Rubén, Samúa, hijo de Zacur;

5 de la tribu de Simeón, Safat, hijo de Hori;

6 de la tribu de Judá, Caleb, hijo de Jefone;

7 de la tribu de Isacar, Igal, hijo de José;

8 de la tribu de Efraín, Oseas, hijo de Nun;

9 de la tribu de Benjamín, Palti, hijo de Rafú;

10 de la tribu de Zabulón, Gadiel, hijo de Sodi;

11 de la tribu de José y de la tribu de Manasés, Gadi, hijo de Susi;

12 de la tribu de Dan, Amiel, hijo de Gemali;

13 de la tribu de Aser, Setur, hijo de Micael;

14 de la tribu de Neftalí, Nahbi, hijo de Vapsi;

15 de la tribu de Gad, Geuel, hijo de Maqui.

16 Así se llamaban los hombres a quienes Moisés envió a reconocer la tierra; pero a Oseas, hijo de Nun, Moisés lo llamó Josué.

17 Cuando Moisés los envió a reconocer la tierra de Canaán, les dijo: Subid allá, al Neguev²; después subid a la región montañosa.

18 Ved cómo es la tierra, y si la gente que habita en ella es fuerte o débil, si son pocos o muchos;

19 y cómo es la tierra que ven viven, si es buena o mala; y cómo son las ciudades en que habitan, si son como campamentos *abiertos* o con fortificaciones;

20 y cómo es el terreno, si fértil o estéril. ¿Hay allí árboles o no? Procurad obtener algo del fruto de la tierra. (Aquel tiempo era el tiempo de las primeras uvas maduras.)

21 Entonces ellos subieron y reconocieron la tierra desde el desierto de Zin hasta Rehob, en Lebo-hamat.

22 Y subieron por el Neguev, y llegaron hasta Hebrón, donde estaban Ahimán, Sesai y Talmai, los descendientes de Anac. (Hebrón fue edificada siete años antes que Zoán en Egipto.)

23 Y llegaron hasta el valle de Escol³ y de allí cortaron un sarmiento con un solo racimo de uvas; y lo llevaban en un palo entre dos *hombres*, con algunas de las granadas y de los higos.

24 A aquel lugar se le llamó el valle de Escol por razón del racimo que los hijos de Israel cortaron allí.

25 Y volvieron de reconocer la tierra al cabo de cuarenta días,

26 y fueron y se presentaron a Moisés y a Aarón, y a toda la congregación de los hijos de Israel en el desierto de Parán, en Cades; y les dieron un informe a ellos y a toda la congregación, y les enseñaron el fruto de la tierra.

27 Y le contaron, y *le* dijeron: Fuimos a la tierra adonde nos enviaste; ciertamente mana leche y miel, y este es el fruto de ella.

28 Sólo que es fuerte el pueblo que habita en la

---

1. l.e., las tumbas de la codicia 2. l.e., región del sur 3. l.e., racimo

tierra, y las ciudades, fortificadas y muy grandes; y además vimos allí a los descendientes de Anac. 29 Amalec habita en la tierra del Neguev, y los heteos, los jebuseos y los amorreos habitan en la región montañosa, y los cananeos habitan junto al mar y a la ribera del Jordán.

30 Entonces Caleb calmó al pueblo delante de Moisés, y dijo: Debemos ciertamente subir y tomar posesión de ella, porque sin duda la conquistaremos.

31 Pero los hombres que habían subido con él dijeron: No podemos subir contra ese pueblo, porque es más fuerte que nosotros.

32 Y dieron un mal informe a los hijos de Israel de la tierra que habían reconocido, diciendo: La tierra por la que hemos ido para reconocerla es una tierra que devora a sus habitantes, y toda la gente que vimos en ella son hombres de *gran* estatura.

33 Vimos allí también a los gigantes (los hijos de Anac son parte de *la raza de* los gigantes); y a nosotros nos parecía que éramos como langostas; y así parecíamos ante sus ojos.

El pueblo se rebela

14 Entonces toda la congregación levantó la voz y clamó, y el pueblo lloró aquella noche.

2 Y murmuraron contra Moisés y Aarón todos los hijos de Israel; y les dijo toda la congregación: ¡Ojalá hubiéramos muerto en la tierra de Egipto! ¡Ojalá hubiéramos muerto en este desierto!

3 ¿Y por qué nos trae el SEÑOR a esta tierra para caer a espada? Nuestras mujeres y nuestros hijos vendrán a ser presa. ¿No sería mejor que nos volviéramos a Egipto?

4 Y se decían unos a otros: Nombremos un jefe y volvamos a Egipto.

5 Entonces Moisés y Aarón cayeron sobre sus rostros en presencia de toda la asamblea de la congregación de los hijos de Israel.

6 Y Josué, hijo de Nun, y Caleb, hijo de Jefone, *que eran* de los que habían reconocido la tierra, rasgaron sus vestidos;

7 y hablaron a toda la congregación de los hijos de Israel, diciendo: La tierra por la que pasamos para reconocerla es una tierra buena en gran manera.

8 Si el SEÑOR se agrada de nosotros, nos llevará a esa tierra y nos la dará; es una tierra que mana leche y miel.

9 Sólo que no os rebeléis contra el SEÑOR, ni tengáis miedo de la gente de la tierra, pues serán presa nuestra. Su protección les ha sido quitada, y el SEÑOR está con nosotros; no les tengáis miedo.

10 Pero toda la congregación dijo que los apedrearan. Entonces la gloria del SEÑOR apareció en la tienda de reunión a todos los hijos de Israel.

11 Y el SEÑOR dijo a Moisés: ¿Hasta cuándo me desdeñará este pueblo? ¿Y hasta cuándo no creerán en mí a pesar de todas las señales que he hecho en medio de ellos?

12 Los heriré con pestilencia y los desalojaré, y a ti te haré una nación más grande y poderosa que ellos.

13 Pero Moisés respondió al SEÑOR: Entonces lo oirán los egipcios, pues tú sacaste a este pueblo de en medio de ellos con tu poder,

14 y se lo dirán a los habitantes de esta tierra. Estos han oído que tú, oh SEÑOR, estás en medio de tu pueblo, porque tú, oh SEÑOR, eres visto cara a cara cuando tu nube está sobre ellos; y tú vas delante de ellos de día en una columna de nube, y de noche en una columna de fuego.

15 Pero si tú destruyes a este pueblo como a un solo hombre, entonces las naciones que han oído de tu fama, dirán:

16"Porque el SEÑOR no pudo introducir a este pueblo a la tierra que les había prometido con juramento, por eso los mató en el desierto."

17 Pero ahora, yo te ruego que sea engrandecido el poder del Señor, tal como tú lo has declarado, diciendo:

18"El SEÑOR es lento para la ira y abundante en misericordia, y perdona la iniquidad y la transgresión; mas de ninguna manera tendrá por inocente *al culpable*; *sino que* castigará la iniquidad de los padres sobre los hijos hasta la tercera y la cuarta *generación.*"

19 Perdona, te ruego, la iniquidad de este pueblo conforme a la grandeza de tu misericordia, así como has perdonado a este pueblo desde Egipto hasta aquí.

20 Entonces el SEÑOR dijo: *Los* he perdonado según tu palabra;

21 pero ciertamente, vivo yo, que toda la tierra será llena de la gloria del SEÑOR;

22 ciertamente todos los que han visto mi gloria y las señales que hice en Egipto y en el desierto, y *que* me han puesto a prueba estas diez veces y no han oído mi voz,

23 no verán la tierra que juré a sus padres, ni la verá ninguno de los que me desdeñaron.

24 Pero a mi siervo Caleb, porque ha habido en él un espíritu distinto y me ha seguido plenamente, lo introduciré a la tierra donde entró, y su descendencia tomará posesión de ella.

25 Ahora bien, los amalecitas y los cananeos moran en los valles. Mañana volveos y partid para el desierto, camino del mar Rojo.

26 Y habló el SEÑOR a Moisés y a Aarón, diciendo:

27 ¿Hasta cuándo *tendré que sobrellevar a* esta congregación malvada que murmura contra mí? He oído las quejas de los hijos de Israel, que murmuran contra mí.

28 Diles: "Vivo yo—declara el SEÑOR— "*que* tal como habéis hablado a mis oídos, así haré yo con vosotros.

29"En este desierto caerán vuestros cadáveres, todos vuestros enumerados de todos los contados de veinte años arriba, que han murmurado contra mí.

30"De cierto que vosotros no entraréis en la tierra en la cual juré estableceros, excepto Caleb, hijo de Jefone, y Josué, hijo de Nun.

31"Sin embargo, vuestros pequeños, de quienes dijisteis que serían presa *del enemigo* a ellos los introduciré, y conocerán la tierra que vosotros habéis despreciado.

32"Pero en cuanto a vosotros, vuestros cadáveres caerán en este desierto.

33"Y vuestros hijos serán pastores por cuarenta años en el desierto, y sufrirán *por* vuestra infidelidad, hasta que vuestros cadáveres queden en el desierto.

34"Según el número de los días que reconocisteis

la tierra, cuarenta días, por cada día llevaréis vuestra culpa un año, *hasta* cuarenta años, y conoceréis mi enemistad.

35"Yo, el Señor, he hablado; ciertamente esto haré a toda esta perversa congregación que se han juntado contra mí. En este desierto serán destruidos, y aquí morirán.

36 En cuanto a los hombres a quienes Moisés envió a reconocer la tierra, y que volvieron e hicieron a toda la congregación murmurar contra él dando un mal informe acerca de la tierra,

37 aquellos hombres que dieron el mal informe acerca de la tierra, murieron debido a una plaga delante del Señor.

38 Pero Josué, hijo de Nun, y Caleb, hijo de Jefone, sobrevivieron de entre aquellos hombres que fueron a reconocer la tierra.

39 Y cuando Moisés habló estas palabras a todos los hijos de Israel, el pueblo lloró mucho.

40 Y muy de mañana se levantaron y subieron a la cumbre del monte, y dijeron: Aquí estamos; subamos al lugar que el Señor ha dicho, porque hemos pecado.

41 Mas Moisés dijo: ¿Por qué, entonces, quebrantáis el mandamiento del Señor, si no *os* saldrá bien?

42 No subáis, no sea que seáis derribados delante de vuestros enemigos, pues el Señor no está entre vosotros.

43 Pues los amalecitas y los cananeos estarán allí frente a vosotros, y caeréis a espada por cuanto os habéis negado a seguir al Señor. Y el Señor no estará con vosotros.

44 Pero ellos se obstinaron en subir a la cumbre del monte; *mas* ni el arca del pacto del Señor ni Moisés se apartaron del campamento.

45 Entonces descendieron los amalecitas y los cananeos que habitaban en la región montañosa, y los hirieron y los derrotaron *persiguiéndolos* hasta Horma.

Leyes sobre varias ofrendas

15 Y el Señor habló a Moisés, diciendo:
2 Habla a los hijos de Israel, y diles: "Cuando entréis en la tierra que yo os doy por morada,

3 y presentéis, de vacas o de ovejas, una ofrenda encendida al Señor en holocausto o sacrificio para cumplir un voto especial, o como ofrenda voluntaria, o para ofrecer en vuestras fiestas señaladas aroma agradable al Señor,

4 entonces el que presente su ofrenda, traerá al Señor una ofrenda de cereal de una décima *de un efa* de flor de harina mezclada con un cuarto de un hin de aceite.

5"Tú prepararás vino para la libación, un cuarto de un hin con el holocausto o para el sacrificio, por cada cordero.

6"O por un carnero prepararás como ofrenda de cereal dos décimas *de un efa* de flor de harina mezclada con la tercera parte de un hin de aceite;

7 y para la libación ofrecerás la tercera parte de un hin de vino, como aroma suave al Señor.

8"Y cuando prepares un novillo, como holocausto o sacrificio para cumplir un voto especial, o para las ofrendas de paz al Señor,

9 entonces ofrecerás con el novillo una ofrenda de cereal de tres décimas *de un efa* de flor de

harina mezclada con la mitad de un hin de aceite;

10 y ofrecerás como libación medio hin de vino como ofrenda encendida, como aroma agradable al Señor.

11"Así se hará con cada buey, o con cada carnero, o con cada uno de los corderos o de las cabras.

12"Según el número que preparéis, así haréis con cada uno conforme a su número.

13"Todo nativo hará estas cosas en esta forma al presentar una ofrenda encendida, como aroma agradable al Señor.

14"Y si un extranjero reside con vosotros, o uno que esté entre vosotros por vuestras generaciones, y *desea* presentar una ofrenda encendida como aroma agradable al Señor, como lo hacéis vosotros, así lo hará él.

15"*En cuanto a* la asamblea, un estatuto habrá para vosotros y para el extranjero que reside *con vosotros*, un estatuto perpetuo por vuestras generaciones; como vosotros sois, así será el extranjero delante del Señor.

16"Una sola ley habrá, una sola ordenanza, para vosotros y para el extranjero que reside con vosotros."

17 Después el Señor habló a Moisés, diciendo:
18 Habla a los hijos de Israel, y diles: "Cuando entréis en la tierra adonde os llevo,

19 será que cuando comáis de la comida de la tierra, elevaréis una ofrenda al Señor.

20"De las primicias de vuestra masa elevaréis una torta como ofrenda; como la ofrenda de la era, así la elevaréis.

21"De las primicias de vuestra masa daréis al Señor una ofrenda por vuestras generaciones.

22"Pero cuando erréis y no observéis todos estos mandamientos que el Señor ha hablado a Moisés,

23 todo lo que el Señor os ha mandado por medio de Moisés, desde el día en que el Señor dio mandamiento, en el futuro, por todas vuestras generaciones,

24 entonces sucederá que si se hizo inadvertidamente, sin el conocimiento de la congregación, toda la congregación ofrecerá un novillo como holocausto, como aroma agradable al Señor, con su ofrenda de cereal y su libación, según la ordenanza, y un macho cabrío como ofrenda por el pecado.

25"Entonces el sacerdote hará expiación por toda la congregación de los hijos de Israel, y serán perdonados, pues fue un error. Cuando presenten su ofrenda, una ofrenda encendida al Señor, y su ofrenda por el pecado delante del Señor por su error,

26 será perdonada toda la congregación de los hijos de Israel, y el extranjero que reside entre ellos, pues *sucedió* a todo el pueblo por error.

27"También, si una persona peca inadvertidamente, ofrecerá una cabra de un año como ofrenda por el pecado.

28"Y el sacerdote hará expiación delante del Señor por la persona que ha cometido error, cuando peca inadvertidamente, haciendo expiación por él, y será perdonado.

29"Para el que es nativo entre los hijos de Israel y para el extranjero que reside entre ellos, tendréis una sola ley para el que haga *algo* inadvertidamente.

30 "Pero aquél que obre con desafío, ya sea nativo o extranjero, ése blasfema *contra* el Señor, y esa persona será cortada de entre su pueblo.

31 "Porque ha menospreciado la palabra del Señor, y ha quebrantado su mandamiento, esa persona será enteramente cortada; su culpa *caerá* sobre ella."

32 Cuando los hijos de Israel estaban en el desierto, encontraron a un hombre que recogía leña en el día de reposo.

33 Los que lo encontraron recogiendo leña, lo llevaron a Moisés y a Aarón y a toda la congregación;

34 y lo pusieron bajo custodia, porque no se había aclarado qué debería hacerse con él.

35 Entonces el Señor dijo a Moisés: Ciertamente al hombre se le dará muerte; toda la congregación lo apedreará fuera del campamento.

36 Y toda la congregación lo sacó fuera del campamento y lo apedrearon, y murió, tal como el Señor había ordenado a Moisés.

37 También habló el Señor a Moisés, diciendo:

38 Habla a los hijos de Israel y diles que se hagan flecos en los bordes de sus vestidos, por sus generaciones, y que pongan en el fleco de cada borde un cordón azul.

39 Y os servirá el fleco, para que cuando lo veáis os acordéis de todos los mandamientos del Señor, a fin de que los cumpláis y no sigáis vuestro corazón ni vuestros ojos, tras los cuales os habéis prostituido,

40 para que os acordéis de cumplir todos mis mandamientos y seáis santos a vuestro Dios.

41 Yo soy el Señor vuestro Dios que os saqué de la tierra de Egipto para ser vuestro Dios. Yo soy el Señor vuestro Dios.

La rebelión de Coré

16 Y se rebeló Coré, hijo de Izhar, hijo de Coat, hijo de Leví, con Datán y Abiram, hijos de Eliab, y On, hijo de Pelet, hijos de Rubén,

2 y se alzaron contra Moisés, junto con algunos de los hijos de Israel, doscientos cincuenta jefes de la congregación, escogidos en la asamblea, hombres de renombre.

3 Y se juntaron contra Moisés y Aarón, y les dijeron: ¡Basta ya de vosotros! Porque toda la congregación, todos ellos son santos, y el Señor está en medio de ellos. ¿Por qué, entonces, os levantáis por encima de la asamblea del Señor?

4 Cuando Moisés escuchó *esto*, cayó sobre su rostro;

5 y habló a Coré y a todo su grupo, diciendo: Mañana temprano el Señor mostrará quién es de El, y quién es santo, y *lo* acercará a sí; aquel a quien El escoja, *lo* acercará a sí.

6 Haced esto, Coré y todo vuestro grupo: tomad incensarios para vosotros,

7 y poned fuego en ellos, y echad incienso sobre ellos mañana en la presencia del Señor; y el hombre a quien el Señor escoja *será* el que es santo. ¡Basta ya de vosotros, hijos de Leví!

8 Entonces Moisés dijo a Coré: Oíd ahora, hijos de Leví.

9 ¿No os es suficiente que el Dios de Israel os haya separado del *resto de* la congregación de

Israel, para acercaros a sí, a fin de cumplir el ministerio del tabernáculo del Señor, y para estar ante la congregación para ministrarles,

10 y que se te ha acercado a ti, *Coré*, y a todos tus hermanos, hijos de Leví, contigo? ¿Y pretendéis también el sacerdocio?

11 Por tanto, tú y toda tu compañía os habéis juntado contra el Señor; pues en cuanto a Aarón, ¿quién es él para que murmuréis contra él?

12 Entonces Moisés mandó llamar a Datán y a Abiram, hijos de Eliab, pero ellos dijeron: No iremos.

13 ¿No es suficiente que nos hayas sacado de una tierra que mana leche y miel para que muramos en el desierto, sino que también quieras enseñorearte sobre nosotros?

14 En verdad, tú no nos has traído a una tierra que mana leche y miel, ni nos has dado herencia de campos y viñas. ¿Les sacarías los ojos a estos hombres? ¡No iremos!

15 Moisés se enojó mucho y dijo al Señor: ¡No aceptes su ofrenda! No he tomado de ellos ni un solo asno, ni les he hecho daño a ninguno de ellos.

16 Y dijo Moisés a Coré: Tú y toda tu compañía presentaos mañana delante del Señor; tú, ellos y Aarón.

17 Cada uno de vosotros tome su incensario y ponga incienso en él, y cada uno de vosotros traiga su incensario delante del Señor, doscientos cincuenta incensarios; tú también, y Aarón, cada uno *traiga* su incensario.

18 Y cada uno tomó su incensario y puso fuego en él, y echó incienso en él; y se pusieron a la puerta de la tienda de reunión con Moisés y Aarón.

19 Así reunió Coré a toda la congregación en contra de ellos a la puerta de la tienda de reunión, y la gloria del Señor apareció a toda la congregación.

20 Entonces el Señor habló a Moisés y a Aarón, diciendo:

21 Apartaos de entre esta congregación, para que yo la destruya en un instante.

22 Pero ellos cayeron sobre sus rostros, y dijeron: Oh Dios, Dios de los espíritus de toda carne, cuando un hombre peque, ¿te enojarás con toda la congregación?

23 Entonces respondió el Señor a Moisés, diciendo:

24 Habla a la congregación, y diles: "Alejaos de los alrededores de las tiendas de Coré, Datán y Abiram."

25 Entonces se levantó Moisés y fue a Datán y a Abiram, y le seguían los ancianos de Israel,

26 y habló a la congregación, diciendo: Apartaos ahora de las tiendas de estos malvados, y no toquéis nada que les pertenezca, no sea que perezcáis con todo su pecado.

27 Se retiraron, pues, de los alrededores de las tiendas de Coré, Datán y Abiram; y Datán y Abiram salieron y se pusieron a la puerta de sus tiendas, junto con sus mujeres, sus hijos y sus pequeños.

28 Y Moisés dijo: En esto conoceréis que el Señor me ha enviado para hacer todas estas obras, y que no es iniciativa mía:

29 si éstos mueren como mueren todos los

hombres o si sufren la suerte de todos los hombres, *entonces* el Señor no me envió.

30 Pero si el Señor hace algo enteramente nuevo y la tierra abre su boca y los traga con todo lo que les pertenece, y descienden vivos al Seol[1], entonces sabréis que estos hombres han menospreciado al Señor.

31 Y aconteció que cuando terminó de hablar todas estas palabras, la tierra debajo de ellos se partió,

32 y la tierra abrió su boca y se los tragó, a ellos y a sus casas y a todos los hombres de Coré con todos *sus* bienes.

33 Ellos y todo lo que les pertenecía descendieron vivos al Seol; y la tierra los cubrió y perecieron de en medio de la asamblea.

34 Y todos los israelitas que *estaban* alrededor de ellos huyeron a sus gritos, pues decían: ¡No sea que la tierra nos trague!

35 Salió también fuego del Señor y consumió a los doscientos cincuenta hombres que ofrecían el incienso.

36 Entonces habló el Señor a Moisés, diciendo:

37 Di a Eleazar, hijo del sacerdote Aarón, que levante los incensarios de en medio de la hoguera, pues son santos; y esparce allí las brasas.

38 En cuanto a los incensarios de estos que han pecado a costa de sus vidas, que se hagan de ellos láminas batidas para cubrir el altar, puesto que los presentaron ante el Señor y son santos; y serán por señal a los hijos de Israel.

39 El sacerdote Eleazar tomó los incensarios de bronce que habían presentado los que fueron quemados, y a martillo los hicieron una cubierta para el altar,

40 *como* recordatorio para los hijos de Israel de que ningún laico, que no fuera descendiente de Aarón, debería acercarse a quemar incienso delante del Señor, para que no le sucediera como a Coré y a su grupo, tal como el Señor se lo había dicho por medio de Moisés.

41 Pero al día siguiente, toda la congregación de los hijos de Israel murmuró contra Moisés y Aarón, diciendo: Vosotros sois los que habéis sido la causa de la muerte del pueblo del Señor.

42 Sucedió, sin embargo, que cuando la congregación se había juntado contra Moisés y Aarón, se vieron hacia la tienda de reunión, y he aquí, la nube la cubría y la gloria del Señor apareció.

43 Y Moisés y Aarón fueron al frente de la tienda de reunión,

44 y el Señor habló a Moisés, diciendo:

45 Apartaos de en medio de esta congregación, para que yo la destruya en un instante. Entonces ellos cayeron sobre sus rostros.

46 Y Moisés le dijo a Aarón: Toma tu incensario y pon en él fuego del altar, y echa incienso *en él;* tráelo entonces pronto a la congregación y haz expiación por ellos, porque la ira ha salido de parte del Señor. ¡La plaga ha comenzado!

47 Aarón *lo* tomó como Moisés le había dicho, y corrió hacia el medio de la asamblea, pues he aquí que la plaga ya había comenzado entre el pueblo. Y echó el incienso e hizo expiación por el pueblo.

48 Y se colocó entre los muertos y los vivos, y la plaga se detuvo.

49 Y los que murieron a causa de la plaga fueron catorce mil setecientos, sin contar los que murieron por causa de Coré.

50 Después Aarón regresó a Moisés a la puerta de la tienda de reunión, pues la plaga había sido detenida.

La vara de Aarón florece

17 Entonces habló el Señor a Moisés, diciendo:

2 Habla a los hijos de Israel y toma de ellos una vara por cada una de las casas paternas: doce varas de todos los jefes conforme a sus casas paternas. Y escribirás el nombre de cada uno en su vara,

3 y escribirás el nombre de Aarón en la vara de Leví; porque hay una vara para *cada* jefe de sus casas paternas.

4 Y las pondrás en la tienda de reunión delante del testimonio donde me encuentro contigo.

5 Y acontecerá que la vara del hombre que yo escoja, retoñará. Así disminuiré de sobre mí las quejas de los hijos de Israel que murmuran contra vosotros.

6 Habló, pues, Moisés a los hijos de Israel, y todos los jefes de ellos le dieron varas, una por cada jefe según sus casas paternas; doce varas, con la vara de Aarón entre sus varas.

7 Y Moisés colocó las varas en la tienda del testimonio delante del Señor.

8 Y aconteció que el día siguiente, Moisés entró en la tienda del testimonio, y he aquí, la vara de Aarón de la casa de Leví había retoñado y echado botones, y había producido flores, y almendras maduras.

9 Moisés entonces sacó todas las varas de la presencia del Señor y las llevó a los hijos de Israel; y ellos las miraron y cada uno tomó su vara.

10 Pero el Señor dijo a Moisés: Vuelve a poner la vara de Aarón delante del testimonio para guardarla por señal a los rebeldes, para que hagas cesar sus murmuraciones contra mí, y no mueran.

11 Así lo hizo Moisés; como el Señor le había ordenado, así lo hizo.

12 Entonces los hijos de Israel hablaron a Moisés, diciendo: He aquí, perecemos, estamos perdidos; todos nosotros estamos perdidos.

13 Cualquiera que se acerca al tabernáculo del Señor, muere. ¿Hemos de perecer todos?

Oficio de los sacerdotes

18 Entonces el Señor dijo a Aarón: Tú y tus hijos, y tu casa paterna contigo, llevaréis la culpa en relación con el santuario; y tú y tus hijos contigo llevaréis la culpa en relación con vuestro sacerdocio.

2 Toma también a tus hermanos, la tribu de Leví, la tribu de tu padre, haz que se acerquen para que se junten contigo y te sirvan, mientras que tú y tus hijos contigo estéis delante de la tienda del testimonio.

3 Y atenderán a lo que tú ordenes y a las obligaciones de toda la tienda, pero no se acercarán a los utensilios del santuario y del altar, para que no mueran, tanto ellos como vosotros.

4 Y ellos se juntarán contigo, y atenderán a las

---

1. I.e., región de los muertos

obligaciones de la tienda de reunión, para todo el servicio de la tienda; pero ningún extraño se acercará a vosotros.

5 Así atenderéis a las obligaciones del santuario y a las obligaciones del altar, a fin de que la ira no venga más sobre los hijos de Israel.

6 He aquí, yo mismo he tomado a vuestros hermanos, los levitas, de entre los hijos de Israel; son un regalo para vosotros, dedicados al SEÑOR, para servir en el ministerio de la tienda de reunión.

7 Pero tú y tus hijos contigo atenderéis a vuestro sacerdocio en todo lo concerniente al altar y a *lo que está* dentro del velo, y ministraréis. Os doy el sacerdocio como un regalo para servir, pero el extraño que se acerque morirá.

8 Entonces habló el SEÑOR a Aarón. He aquí que yo te he dado el cuidado de mis ofrendas, todas las cosas consagradas de los hijos de Israel; te las he dado a ti como porción, y a tus hijos como provisión perpetua.

9 Esto será tuyo de las *ofrendas* santísimas *preservadas* del fuego: toda ofrenda de ellos, aun toda ofrenda de cereal y toda ofrenda por el pecado y toda ofrenda por la culpa, que ellos me han de presentar, será santísima para ti y para tus hijos.

10 Como *ofrenda* santísima la comerás; todo varón la comerá. *Cosa* santa será para ti.

11 Esto también *será* para ti: la ofrenda de sus dádivas, todas las ofrendas mecidas de los hijos de Israel; las he dado a ti, a tus hijos y a tus hijas contigo, como porción perpetua. Todo el que esté limpio en tu casa podrá comerla.

12 Todo lo mejor del aceite nuevo y todo lo mejor del mosto y del cereal, las primicias que presenten al SEÑOR, te las daré a ti.

13 Los primeros frutos maduros de todo lo que hay en su tierra, que traigan al SEÑOR, serán tuyos. Todo el que esté limpio en tu casa podrá comer de ello.

14 Toda cosa dedicada en Israel, será tuya.

15 Todo lo que abre la matriz de toda carne, ya sea hombre o animal, que presenten al SEÑOR, será tuyo; sin embargo, el primogénito de hombre ciertamente redimirás, y el primogénito de animales inmundos redimirás.

16 En cuanto a su redención, de un mes los redimirás, según tu valuación, por cinco siclos en plata, según el siclo del santuario que es de veinte geras.

17 Pero no redimirás el primogénito de buey, ni el primogénito de oveja, ni el primogénito de cabra; son sagrados. Rociarás su sangre en el altar y quemarás su grosura *como* ofrenda encendida, como aroma agradable al SEÑOR.

18 Y su carne será para ti; así como el pecho de la ofrenda mecida y la pierna derecha son tuyas.

19 Todas las ofrendas de lo que es santo, que los hijos de Israel ofrezcan al SEÑOR, las he dado a ti, a tus hijos y a tus hijas contigo, como porción perpetua; es un pacto permanente delante del SEÑOR para ti y para tu descendencia contigo.

20 Entonces el SEÑOR dijo a Aarón: No tendrás heredad en su tierra, ni tendrás posesión entre ellos; yo soy tu porción y tu herencia entre los hijos de Israel.

21 Y he aquí que yo he dado a los hijos de Leví todos los diezmos en Israel por heredad, a cambio de su ministerio en el cual sirven, el ministerio de la tienda de reunión.

22 Y los hijos de Israel no se acercarán más a la tienda de reunión, no sea que carguen con un pecado y mueran.

23 Sólo los levitas servirán en el ministerio de la tienda de reunión, y ellos cargarán con la iniquidad del pueblo; será estatuto perpetuo por todas vuestras generaciones, y entre los hijos de Israel no tendrán heredad.

24 Porque el diezmo de los hijos de Israel, el cual ofrecen como ofrenda al SEÑOR, yo lo he dado a los levitas por heredad; por tanto, he dicho en cuanto a ellos: "Entre los hijos de Israel no tendrán heredad."

25 Entonces el SEÑOR habló a Moisés, diciendo:

26 También hablarás a los levitas y les dirás: "Cuando recibáis de los hijos de Israel los diezmos que de ellos os he dado por vuestra heredad, ofreceréis de ello una ofrenda al SEÑOR, el diezmo de los diezmos.

27 "Y vuestra ofrenda os será considerada como los cereales de la era o como el producto del lagar.

28 "Así también vosotros presentaréis al SEÑOR una ofrenda de vuestros diezmos que recibís de los hijos de Israel; y de ellos daréis la ofrenda del SEÑOR al sacerdote Aarón.

29 "De todos los dones que recibís presentaréis las ofrendas que le pertenecen al SEÑOR, de lo mejor de ellas, la parte consagrada de ellas."

30 Y les dirás: "Cuando hayáis ofrecido de ello lo mejor, entonces *el resto* será contado a los levitas como el producto de la era o como el producto del lagar.

31 "Lo comeréis en cualquier lugar, vosotros y vuestras casas, porque es vuestra remuneración a cambio de vuestro ministerio en la tienda de reunión.

32 "Y no llevaréis pecado por ello, cuando hayáis ofrecido lo mejor; así no profanaréis las cosas consagradas de los hijos de Israel, y no moriréis."

La purificación de los inmundos

19 Después el SEÑOR habló a Moisés y a Aarón, diciendo:

2 Este es el estatuto de la ley que el SEÑOR ha ordenado, diciendo: "Di a los hijos de Israel que te traigan una novilla alazana sin defecto, en la cual no tenga manchas *y* sobre la cual nunca se haya puesto yugo.

3 "Y la daréis al sacerdote Eleazar, y él la sacará fuera del campamento, y será degollada en su presencia.

4 "Entonces el sacerdote Eleazar tomará con su dedo de la sangre, y rociará un poco de sangre hacia el frente de la tienda de reunión, siete veces.

5 "Luego la novilla será quemada en su presencia; *todo* se quemará, su cuero, su carne, su sangre y su estiércol.

6 "Y el sacerdote tomará madera de cedro, e hisopo y escarlata, y los echará en medio del fuego en que arde la novilla.

7 "Luego el sacerdote lavará su ropa y bañará su cuerpo en agua, y después entrará en el campamento, pero el sacerdote quedará inmundo hasta el atardecer.

8"Asimismo, el que la haya quemado lavará su ropa con agua y bañará su cuerpo con agua, y quedará inmundo hasta el atardecer.

9"Entonces un hombre que esté limpio juntará las cenizas de la novilla y las depositará fuera del campamento en un lugar limpio, y la congregación de los hijos de Israel las guardará para el agua para la impureza; es *agua* para purificar del pecado.

10"Y el que haya recogido las cenizas de la novilla lavará su ropa y quedará inmundo hasta el atardecer; y será un estatuto perpetuo para los hijos de Israel y para el extranjero que reside entre ellos.

11"El que toque el cadáver de una persona quedará inmundo por siete días.

12"Y aquél se purificará a sí mismo de *su* inmundicia con el agua al tercer día y al séptimo día, *y entonces* quedará limpio; pero si no se purifica a sí mismo al tercer día y al séptimo día, no quedará limpio.

13"Cualquiera que toque un cadáver, el cuerpo de un hombre que ha muerto, y no se purifique a sí mismo, contamina el tabernáculo del SEÑOR; y esa persona será cortada de Israel. Será inmundo porque el agua para la impureza no se roció sobre él; su impureza aún permanece sobre él.

14"Esta es la ley para cuando un hombre muera en una tienda; todo el que entre en la tienda y todo el que esté en la tienda, quedará inmundo por siete días.

15"Y toda vasija abierta que no tenga la cubierta atada sobre ella, será inmunda.

16"De igual manera, todo el que en campo abierto toque a uno que ha sido muerto a espada, o que ha muerto *de causas naturales*, o que toque hueso humano, o tumba, quedará inmundo durante siete días.

17"Entonces para la *persona* inmunda tomarán de las cenizas de lo que se quemó *para* purificación del pecado, y echarán sobre ella agua corriente en una vasija.

18"Y una persona limpia tomará hisopo y *lo* mojará en el agua, y *lo* rociará sobre la tienda y sobre todos los muebles, y sobre las personas que estuvieron allí, sobre aquel que tocó el hueso, o al muerto, o al que moría *por causas naturales*, o la tumba.

19"Entonces la *persona* limpia rociará sobre el inmundo el tercero y el séptimo día; y el séptimo día lo purificará de la inmundicia, y él lavará su ropa y *se* bañará en agua, y quedará limpio al llegar la tarde.

20"Pero el hombre que sea inmundo y que no se haya purificado a sí mismo de *su* inmundicia, esa persona será cortada de en medio de la asamblea, porque ha contaminado el santuario del SEÑOR; el agua para la impureza no se ha rociado sobre él; es inmundo.

21"Por tanto será estatuto perpetuo para ellos. Y el que rocíe el agua para la impureza lavará su ropa, y el que toque el agua para impureza quedará inmundo hasta el atardecer.

22"Y todo lo que la *persona* inmunda toque quedará inmundo; y la persona que *lo* toque quedará inmunda hasta el atardecer."

Dios da al pueblo agua de una roca

20 Los hijos de Israel, toda la congregación, llegaron al desierto de Zin en el mes primero; y el pueblo se quedó en Cades. Allí murió Miriam y allí la sepultaron.

2 Y no había agua para la congregación; y se juntaron contra Moisés y Aarón.

3 El pueblo contendió con Moisés y *le* habló, diciendo: ¡Ojalá hubiéramos perecido cuando nuestros hermanos murieron delante del SEÑOR!

4 ¿Por qué, pues, has traído al pueblo del SEÑOR a este desierto, para que nosotros y nuestros animales muramos aquí?

5 ¿Y por qué nos hiciste subir de Egipto, para traernos a este miserable lugar? No es lugar de sementeras, ni de higueras, ni de viñas, ni de granados, ni *aun* hay agua para beber.

6 Entonces Moisés y Aarón fueron de delante de la asamblea a la puerta de la tienda de reunión, y se postraron sobre sus rostros; y se les apareció la gloria del SEÑOR.

7 Y habló el SEÑOR a Moisés, diciendo:

8 Toma la vara y reúne a la congregación, tú y tu hermano Aarón, y hablad a la peña a la vista de ellos, para que *la peña* dé su agua. Así sacarás para ellos agua de la peña, y beban la congregación y sus animales.

9 Tomó Moisés la vara de la presencia del SEÑOR, tal como El se lo había ordenado;

10 y Moisés y Aarón reunieron al pueblo ante la peña. Y él les dijo: Oíd, ahora, rebeldes. ¿Sacaremos agua de esta peña para vosotros?

11 Entonces Moisés levantó su mano y golpeó la peña dos veces con su vara, y brotó agua en abundancia, y bebió el pueblo y sus animales.

12 Y el SEÑOR dijo a Moisés y a Aarón: Porque vosotros no me creísteis a fin de tratarme como santo ante los ojos de los hijos de Israel, por tanto no conduciréis a este pueblo a la tierra que les he dado.

13 Aquellas *fueron* las aguas de Meriba[1] porque los hijos de Israel contendieron con el SEÑOR, y El manifestó *su* santidad entre ellos.

14 Moisés envió mensajeros desde Cades al rey de Edom, *diciendo:* Así ha dicho tu hermano Israel: "Tú sabes todas las dificultades que nos han sobrevenido;

15 que nuestros padres descendieron a Egipto, y estuvimos por largo tiempo en Egipto, y los egipcios nos maltrataron a nosotros y a nuestros padres.

16"Pero cuando clamamos al SEÑOR, El oyó nuestra voz y envió un ángel y nos sacó de Egipto. Ahora, mira, estamos en Cades, un pueblo de la frontera de tu territorio.

17"Permítenos, por favor, pasar por tu tierra. No pasaremos por campo *labrado* ni por viñedo; ni siquiera beberemos agua de pozo. Iremos por el camino real, sin volver a la derecha ni a la izquierda hasta que crucemos tu territorio."

18 Pero, Edom le respondió: Tú no pasarás por mi *tierra;* para que no salga yo con espada a tu encuentro.

19 Entonces los hijos de Israel le contestaron: Iremos por el camino *principal,* y si yo y mi ganado bebemos de tu agua, entonces *te* pagaré su precio. Solamente déjame pasar a pie, nada *más.*

---

1. I.e., contienda

20 Pero él dijo: Tú no pasarás. Y Edom salió a su encuentro con mucha gente y con mano fuerte.

21 Rehusó, pues, Edom dejar pasar a Israel por su territorio, así que Israel tuvo que desviarse de él.

22 Partiendo de Cades los hijos de Israel, toda la congregación, llegaron al monte Hor.

23 Y habló el Señor a Moisés y a Aarón en el monte Hor, en la frontera de la tierra de Edom, diciendo:

24 Aarón será reunido a su pueblo, pues no entrará a la tierra que yo he dado a los hijos de Israel, porque vosotros os rebelasteis contra mi orden en las aguas de Meriba.

25 Toma a Aarón y a su hijo Eleazar y tráelos al monte Hor;

26 y quita a Aarón sus vestidos y ponlos sobre su hijo Eleazar. Entonces Aarón será reunido *a su pueblo*, y morirá allí.

27 Moisés hizo tal como el Señor le ordenó, y subieron al monte Hor ante los ojos de toda la congregación.

28 Y después que Moisés le quitó a Aarón sus vestidos y se los puso a su hijo Eleazar, Aarón murió allí sobre la cumbre del monte, y Moisés y Eleazar descendieron del monte.

29 Cuando toda la congregación vio que Aarón había muerto, toda la casa de Israel lloró a Aarón por treinta días.

Conquista de Arad

21 Cuando el cananeo, el rey de Arad, que habitaba en el Neguev, oyó que Israel subía por el camino de Atarim, peleó contra Israel y le tomó algunos prisioneros.

2 Entonces Israel hizo un voto al Señor y dijo: Si en verdad entregas a este pueblo en mis manos, yo destruiré por completo sus ciudades.

3 Y oyó el Señor la voz de Israel y *les* entregó a los cananeos; y ellos los destruyeron por completo a ellos y a sus ciudades. Por eso se llamó a aquel lugar Horma[1].

4 Partieron del monte de Hor, por el camino del mar Rojo, para rodear la tierra de Edom, y el pueblo se impacientó por causa del viaje.

5 Y el pueblo habló contra Dios y Moisés: ¿Por qué nos habéis sacado de Egipto para morir en el desierto? Pues no hay comida ni agua, y detestamos este alimento tan miserable.

6 Y el Señor envió serpientes abrasadoras entre el pueblo, y mordieron al pueblo, y mucha gente de Israel murió.

7 Entonces el pueblo vino a Moisés y dijo: Hemos pecado, porque hemos hablado contra el Señor y contra ti; intercede con el Señor para que quite las serpientes de entre nosotros. Y Moisés intercedió por el pueblo.

8 Y el Señor dijo a Moisés: Hazte una *serpiente* abrasadora y ponla sobre un asta; y acontecerá que cuando todo el que sea mordido la mire, vivirá.

9 Y Moisés hizo una serpiente de bronce y la puso sobre el asta; y sucedía que cuando una serpiente mordía a alguno, y éste miraba a la serpiente de bronce, vivía.

10 Después los hijos de Israel partieron y acamparon en Obot.

11 Y partieron de Obot y acamparon en Ije-abarim, en el desierto que está frente a Moab, al oriente.

12 De allí partieron y acamparon en el valle[2] de Zered.

13 De allí partieron y acamparon al otro lado del Arnón, que está en el desierto *y* que sale del territorio de los amorreos, pues el Arnón es la frontera de Moab, entre Moab y los amorreos.

14 Por tanto se dice en el Libro de las Guerras del Señor:

Vaheb *que está* en Sufa
y los arroyos del Arnón,

15 y la ladera de los arroyos
que llega hasta el sitio de Ar
y se apoya en la frontera de Moab.

16 Y de allí *continuaron* hasta Beer[3]; este es el pozo donde el Señor le dijo a Moisés: Reúne al pueblo y les daré agua.

17 Entonces cantó Israel este cántico:
¡Salta, oh pozo! A él cantad;

18 El pozo que cavaron los jefes,
que los nobles del pueblo hicieron
con el cetro *y* con sus báculos.

Y desde el desierto *fueron* a Mataná.

19 Y de Mataná a Nahaliel, y de Nahaliel a Bamot,

20 y de Bamot al valle que está en la tierra de Moab, en la cumbre del Pisga, que da al desierto.

21 Entonces Israel envió mensajeros a Sehón, rey de los amorreos, diciendo:

22 Déjame pasar por tu tierra. No nos desviaremos, ni por campos ni por viñedos, ni beberemos agua de pozo. Iremos por el camino real hasta que hayamos cruzado tus fronteras.

23 Pero Sehón no permitió a Israel pasar por su territorio. Y reunió Sehón a todo su pueblo y salió al encuentro de Israel en el desierto, y llegó a Jahaza y peleó contra Israel.

24 Pero Israel lo hirió a filo de espada y tomó posesión de su tierra desde el Arnón hasta el Jaboc, hasta *la frontera con* los hijos de Amón, porque Jazer era la frontera de los hijos de Amón.

25 Israel tomó todas estas ciudades, y habitó Israel en todas las ciudades de los amorreos, en Hesbón y en todas sus aldeas.

26 Porque Hesbón era la ciudad de Sehón, rey de los amorreos, quien había peleado contra el rey anterior de Moab y le había quitado de su mano toda su tierra, hasta el Arnón.

27 Por eso dicen los que usan proverbios:
Venid a Hesbón. Sea edificada.
Sea establecida la ciudad de Sehón.

28 Porque fuego salió de Hesbón,
una llama del pueblo de Sehón;
devoró a Ar de Moab,
a los señores de las alturas del Arnón.

29 ¡Ay de ti, Moab!
¡Destruido eres, oh pueblo de Quemos!
Ha dado a sus hijos como fugitivos
y a sus hijas a la cautividad,
a un rey amorreo, Sehón.

30 Mas nosotros los hemos arrojado;
Hesbón está destruido hasta Dibón;
después también asolamos hasta Nofa,
la que *llega* hasta Medeba.

31 Así habitó Israel en la tierra de los amorreos.

1. I.e., cosa dedicada o destrucción   2. O, *torrente*   3. I.e., un pozo

32 Y Moisés envió a reconocer a Jazer, y tomaron sus villas y expulsaron a los amorreos que *vivían* allí.

33 Después se volvieron y subieron por el camino de Basán; y Og, rey de Basán, salió con todo su pueblo para presentarles batalla en Edrei.

34 Pero el SEÑOR dijo a Moisés: No le tengas miedo porque lo he entregado en tu mano, y a todo su pueblo y a su tierra; y harás con él como hiciste con Sehón, rey de los amorreos, el que habitaba en Hesbón.

35 Así que lo mataron a él, a sus hijos y a todo su pueblo, hasta que no le quedó remanente; y tomaron posesión de su tierra.

Balac y Balaam

22 Después partieron los hijos de Israel y acamparon en las llanuras de Moab, al otro lado del Jordán, *frente a* Jericó.

2 Y Balac, hijo de Zipor, vio todo lo que Israel había hecho a los amorreos.

3 Entonces Moab tuvo mucho temor a causa del pueblo, porque eran muchos; y Moab tuvo miedo ante los hijos de Israel.

4 Y Moab dijo a los ancianos de Madián: Esta multitud lamerá todo lo que hay a nuestro derredor, como el buey lame la hierba del campo. Y en aquel tiempo Balac, hijo de Zipor, era rey de Moab.

5 Y envió mensajeros a Balaam, hijo de Beor, en Petor, que está cerca del río[1], *en* la tierra de los hijos de su pueblo, para llamarle, diciendo: Mira, un pueblo salió de Egipto y he aquí, cubren la faz de la tierra y habitan frente a mí.

6 Ven ahora, te ruego, y maldíceme a este pueblo porque es demasiado poderoso para mí; quizá pueda derrotarlos y echarlos de la tierra. Porque yo sé que a quien tú bendices es bendecido, y a quien tú maldices es maldecido.

7 Y los ancianos de Moab y los ancianos de Madián fueron con *el precio de* la adivinación en la mano; y llegaron a Balaam, y le repitieron las palabras de Balac.

8 Y él les dijo: Pasad la noche aquí y yo os traeré palabra según lo que el SEÑOR me diga. Y los jefes de Moab se quedaron con Balaam.

9 Entonces Dios vino a Balaam y le dijo: ¿Quiénes son estos hombres *que están* contigo?

10 Y Balaam dijo a Dios: Balac, hijo de Zipor, rey de Moab, me ha enviado un *mensaje:*

11 "Mira, el pueblo que salió de Egipto cubre la faz de la tierra; ven ahora, maldícemelos; quizá yo pueda pelear contra ellos y expulsarlos."

12 Y Dios dijo a Balaam: No vayas con ellos; no maldecirás al pueblo, porque es bendito.

13 Balaam se levantó de mañana y dijo a los jefes de Balac: Volved a vuestra tierra, porque el SEÑOR ha rehusado dejarme ir con vosotros.

14 Y los jefes de Moab se levantaron y volvieron a Balac, y le dijeron: Balaam rehusó venir con nosotros.

15 Entonces Balac envió jefes otra vez, más numerosos y más distinguidos que los anteriores.

16 Y fueron a Balaam, y le dijeron: Así dice Balac, hijo de Zipor: "Te ruego que no rehúses venir a mí;

17 porque en verdad te honraré en gran manera, y haré cualquier cosa que me digas. Ven, pues, te ruego, y maldíceme a este pueblo."

18 Y Balaam respondió, y dijo a los siervos de Balac: Aunque Balac me diera su casa llena de plata y oro, yo no podría traspasar el mandamiento del SEÑOR mi Dios para hacer ni poco ni mucho.

19 Pero, os ruego que permanezcáis aquí también esta noche, y sabré que más me dice el SEÑOR.

20 Y Dios vino a Balaam de noche, y le dijo: Si los hombres han venido a llamarte, levántate y ve con ellos; pero sólo dirás la palabra que yo te hable.

21 Y Balaam se levantó muy de mañana, aparejó su asna y se fue con los jefes de Moab.

22 Pero Dios se airó porque él iba, y el ángel del SEÑOR se puso en el camino como un adversario contra él. Y *Balaam* iba montado sobre su asna, y sus dos sirvientes con él.

23 Cuando el asna vio al ángel del SEÑOR de pie en el camino con la espada desenvainada en la mano, el asna se salió del camino y se fue por medio del campo; pero Balaam golpeó el asna para hacerla volver al camino.

24 Entonces el ángel del SEÑOR se puso en una senda estrecha de los viñedos, *con* una pared a un lado y otra pared al otro lado.

25 Al ver el asna al ángel del SEÑOR, se pegó contra la pared y presionó el pie de Balaam contra la pared; entonces él la golpeó otra vez.

26 Y el ángel del SEÑOR se fue más lejos, y se puso en un sitio estrecho donde no había manera de volverse ni a la derecha ni a la izquierda.

27 Y viendo el asna al ángel del SEÑOR, se echó debajo de Balaam; y Balaam se enojó y golpeó al asna con su palo.

28 Entonces el SEÑOR abrió la boca del asna, la cual dijo a Balaam: ¿Qué te he hecho yo que me has golpeado estas tres veces?

29 Y Balaam respondió al asna: Porque te has burlado de mí. Ojalá tuviera una espada en mi mano, que ahora *mismo* te mataba.

30 Y el asna dijo a Balaam: ¿No soy yo tu asna, y sobre mí has cabalgado toda tu vida hasta hoy? ¿He tenido la costumbre de portarme así contigo? Y él dijo: No.

31 Entonces el SEÑOR abrió los ojos de Balaam, y él vio al ángel del SEÑOR de pie en el camino, con la espada desenvainada en su mano, e inclinándose, se postró rostro en tierra.

32 y el ángel del SEÑOR le dijo: ¿Por qué has golpeado a tu asna estas tres veces? Mira, yo he salido como adversario, porque tu camino me era contrario;

33 pero el asna me vio y se apartó de mí estas tres veces. Si no se hubiera apartado de mí, ciertamente yo te hubiera matado ahora mismo, y a ella la hubiera dejado vivir.

34 Y Balaam dijo al ángel del SEÑOR: He pecado, pues no sabía que tú estabas en el camino para enfrentarte a mí. Pero ahora, si te desagrada, me volveré.

35 El ángel del SEÑOR respondió a Balaam: Ve con los hombres, pero hablarás sólo la palabra que yo te diga. Y Balaam se fue con los jefes de Balac.

36 Al oír Balac que Balaam se acercaba, salió a

---

1. I.e., el Eufrates

recibirlo en una ciudad de Moab, que está sobre la frontera del Arnón, al extremo de la frontera.

37 Entonces Balac dijo a Balaam: ¿No envié a llamarte con urgencia? ¿Por qué no viniste a mí? ¿Acaso no soy capaz de honrarte?

38 Balaam respondió a Balac: Mira, ahora he venido a ti. ¿Hay algo, acaso, que pueda decir? La palabra que Dios ponga en mi boca, ésa diré.

39 Balaam fue con Balac, y llegaron a Quiriat-huzot.

40 Y Balac sacrificó bueyes y ovejas, y envió *algunos* a Balaam y a los jefes que estaban con él.

41 Y sucedió que a la mañana siguiente, Balac tomó a Balaam y lo hizo subir a los lugares altos de Baal, y desde allí vio un extremo del pueblo.

Primera profecía de Balaam

23 Entonces Balaam dijo a Balac: Constrúyeme aquí siete altares y prepárame aquí siete novillos y siete carneros.

2 Y Balac hizo tal como Balaam le había dicho, y Balac y Balaam ofrecieron un novillo y un carnero en cada altar.

3 Entonces Balaam dijo a Balac: Ponte junto a tu holocausto, y yo iré; quizá vaya el Señor venga a mi encuentro, y lo que me manifieste te lo haré saber. Y se fue a un cerro pelado.

4 Dios salió al encuentro de Balaam, y éste le dijo: He preparado los siete altares y he ofrecido un novillo y un carnero sobre cada altar.

5 Y el Señor puso palabra en la boca de Balaam, y *le* dijo: Vuelve a Balac y así hablarás.

6 El entonces volvió a Balac, y he aquí que estaba junto a su holocausto, él y todos los jefes de Moab.

7 Y comenzó su profecía, y dijo:
Desde Aram me ha traído Balac,
rey de Moab, desde los montes del oriente:
"Ven, y maldíceme a Jacob;
ven, y condena a Israel."

8 ¿Cómo maldeciré a quien Dios no ha maldecido?
¿Cómo condenaré a quien el Señor no ha condenado?

9 Porque desde la cumbre de las peñas lo veo,
y desde los montes lo observo.
He aquí, *es* un pueblo *que* mora aparte,
y *que* no será contado entre las naciones.

10 ¿Quién puede contar el polvo de Jacob,
o numerar la cuarta parte de Israel?
Muera yo la muerte de los rectos,
y sea mi fin como el suyo.

11 Entonces Balac dijo a Balaam: ¿Qué me has hecho? Te tomé para maldecir a mis enemigos, pero mira, ¡los has llenado de bendiciones!

12 Y él respondió y dijo: ¿No debo tener cuidado de hablar lo que el Señor pone en mi boca?

13 Balac le dijo entonces: Te ruego que vengas conmigo a otro sitio desde donde podrás verlos, aunque sólo verás el extremo de ellos, y no los verás a todos; y desde allí maldícemelos.

14 Lo llevó al campo de Zofim, sobre la cumbre del Pisga, y edificó siete altares y ofreció un novillo y un carnero en *cada* altar.

15 Y él dijo a Balac: Ponte aquí junto a tu holocausto, mientras voy allá a encontrarme *con el* Señor.

16 El Señor salió al encuentro de Balaam y puso palabra en su boca y *le* dijo: Vuelve a Balac y así hablarás.

17 Y él volvió a Balac, y he aquí, estaba de pie junto a su holocausto, y los jefes de Moab con él. Y Balac le dijo: ¿Qué ha dicho el Señor?

18 Y comenzó su profecía, y dijo:
Levántate, Balac, y escucha;
dame oídos, hijo de Zipor.

19 Dios no es hombre, para que mienta,
ni hijo de hombre, para que se arrepienta.
¿Lo ha dicho El, y no lo hará?,
¿ha hablado, y no lo cumplirá?

20 Mira, he recibido *orden* de bendecir;
si El ha bendecido, yo no lo puedo anular.

21 El no ha observado iniquidad en Jacob,
ni ha visto malicia en Israel;
está en él el Señor su Dios,
y el júbilo de un rey está en él.

22 Dios lo saca de Egipto;
es para él como los cuernos del búfalo.

23 Porque no hay agüero contra Jacob,
ni hay adivinación contra Israel.
A su tiempo se le dirá a Jacob
y a Israel: ¡*Ved* lo que ha hecho Dios!

24 He aquí, un pueblo se levanta como leona,
y se yergue como león;
no se echará hasta que devore la presa
y beba la sangre de los *que ha* matado.

25 Entonces Balac dijo a Balaam: ¡De ninguna manera los maldigas ni los bendigas!

26 Pero Balaam respondió y dijo a Balac: ¿No te dije que todo lo que el Señor habla, eso debo hacer?

27 Y Balac dijo a Balaam: Ven, te ruego, te llevaré a otro lugar; quizá le plazca a Dios que me los maldigas desde allí.

28 Entonces Balac llevó a Balaam a la cumbre del Peor, que da hacia el desierto.

29 Y Balaam dijo a Balac: Constrúyeme aquí siete altares y prepárame aquí siete novillos y siete carneros.

30 Balac hizo tal como Balaam le había dicho y ofreció un novillo y un carnero en *cada* altar.

Tercera profecía de Balaam

24 Cuando Balaam vio que agradaba al Señor bendecir a Israel, no fue como otras veces a buscar agüeros, sino que puso su rostro hacia el desierto.

2 Y levantó Balaam sus ojos y vio a Israel acampado por tribus; y vino sobre él el Espíritu de Dios.

3 Y comenzando su profecía, dijo:
Oráculo de Balaam, hijo de Beor,
y oráculo del hombre de ojos abiertos;

4 oráculo del que escucha las palabras de Dios,
del que ve la visión del Todopoderoso;
caído, pero con los ojos descubiertos.

5 ¡Cuán hermosas son tus tiendas, oh Jacob;
tus moradas, oh Israel!

6 Como valles que se extienden,
como jardines junto al río,
como áloes plantados por el Señor,
como cedros junto a las aguas.

7 Agua correrá de sus baldes,
y su simiente *estará* junto a muchas aguas;
más grande que Agag será su rey,
y su reino será exaltado.

8 Dios lo saca de Egipto;

es para él como los cuernos del búfalo.
Devorará a las naciones *que son* sus
    adversarios,
y desmenuzará sus huesos,
y *los* traspasará con sus saetas.
9 Se agazapa, se echa como león,
    o como leona ¿quién se atreverá a
     despertarlo?
Benditos los que te bendigan,
    y malditos los que te maldigan.

10 Entonces se encendió la ira de Balac contra
Balaam, y palmoteando, dijo Balac a Balaam: Te
llamé para maldecir a mis enemigos, pero he
aquí, los has llenado de bendiciones estas tres
veces.

11 Ahora pues, huye a tu lugar. Yo dije que te
colmaría de honores, pero mira, el SEÑOR te ha
privado de honores.

12 Y Balaam dijo a Balac: ¿No les hablé yo
también a los mensajeros que me enviaste,
diciendo:

13"Aunque Balac me diera su casa llena de plata
y oro, no podría yo traspasar el mandamiento del
SEÑOR para hacer lo bueno o lo malo de mi
propia iniciativa. Lo que hable el SEÑOR, eso
hablaré"?

14 Ahora, mira, me voy a mi pueblo; *pero* ven, *y*
te advertiré lo que este pueblo hará a tu pueblo
en los días venideros.

15 Y comenzando su profecía, dijo:
Oráculo de Balaam, hijo de Beor,
    y oráculo del hombre de ojos abiertos.

16 Oráculo del que escucha las palabras de
    Dios,
y conoce la sabiduría del Altísimo;
del que ve la visión del Todopoderoso,
caído, pero con los ojos descubiertos.

17 Lo veo, pero no ahora;
lo contemplo, pero no cerca;
una estrella saldrá de Jacob,
y un cetro se levantará de Israel
que aplastará la frente de Moab
y derrumbará a todos los hijos de Set[1].

18 Edom será una posesión,
también será una posesión Seir, su enemigo;
mientras que Israel se conducirá con valor.

19 De Jacob *saldrá* el que tendrá dominio,
y destruirá al remanente de la ciudad.

20 Al ver a Amalec, continuó su profecía, y dijo:
Amalec fue la primera de las naciones,
pero su fin *será* destrucción.

21 Después vio al ceneo, y continuó su profecía,
y dijo:
Perdurable es tu morada,
y en la peña está puesto tu nido.

22 No obstante, el ceneo será consumido;
¿hasta cuándo te tendrá cautivo Asiria?

23 Y continuando su profecía, dijo:
¡Ay! ¿Quién puede vivir, si Dios no lo ha
    ordenado?

24 Pero las naves *vendrán* de la costa de Quitim,
y afligirán a Asiria y afligirán a Heber;
pero él también perecerá para siempre.

25 Entonces se levantó Balaam y se marchó, y
volvió a su lugar; también Balac se fue por su
camino.

1. l.e., tumulto

El pueblo peca en Sitim

25 Mientras Israel habitaba en Sitim, el
pueblo comenzó a prostituirse con las
hijas de Moab.

2 Y éstas invitaron al pueblo a los sacrificios
que hacían a sus dioses, y el pueblo comió y se
postró ante sus dioses.

3 Así Israel se unió a Baal de Peor, y se
encendió la ira del SEÑOR contra Israel.

4 Y el SEÑOR dijo a Moisés: Toma a todos los
jefes del pueblo y ejecútalos delante del SEÑOR a
plena luz del día, para que se aparte de Israel la
ardiente ira del SEÑOR.

5 Entonces Moisés dijo a los jueces de Israel:
Cada uno de vosotros mate a aquellos de los
suyos que se han unido a Baal de Peor.

6 Y he aquí que un hombre, uno de los hijos de
Israel, vino y presentó una madianita a sus
parientes, a la vista de Moisés y a la vista de toda
la congregación de los hijos de Israel, que
lloraban a la puerta de la tienda de reunión.

7 Y cuando lo vio Finees, hijo de Eleazar, hijo
del sacerdote Aarón, se levantó de en medio de la
congregación, y tomando una lanza en su mano,

8 fue tras el hombre de Israel, entró en la
alcoba y los traspasó a los dos, al hombre de
Israel y a la mujer por su vientre. Y así cesó la
plaga sobre los hijos de Israel.

9 Y los que murieron por la plaga fueron veinticuatro mil.

10 Entonces habló el SEÑOR a Moisés, diciendo:

11 Finees, hijo de Eleazar, hijo del sacerdote
Aarón, ha apartado mi furor de los hijos de Israel
porque demostró su celo por mí entre ellos, y en
mi celo no he destruido a los hijos de Israel.

12 Por tanto, di: "He aquí, yo le doy mi pacto de
paz;

13 y será para él y para su descendencia después
de él, un pacto de sacerdocio perpetuo, porque
tuvo celo por su Dios e hizo expiación por los
hijos de Israel."

14 El nombre del hombre de Israel que fue
muerto con la madianita era Zimri, hijo de Salu,
jefe de una casa paterna de Simeón.

15 Y el nombre de la mujer madianita que fue
muerta era Cozbi, hija de Zur, el cual era cabeza
del pueblo de una casa paterna en Madián.

16 Entonces habló el SEÑOR a Moisés, diciendo:

17 Hostigad a los madianitas y heridlos;

18 pues ellos os han sido hostiles con sus
engaños, con los que os engañaron en el asunto
de Peor, y en el asunto de Cozbi, hija del jefe de
Madián, su hermana, que fue muerta el día de la
plaga por causa de Peor.

Censo del pueblo en Moab

26 Y aconteció después de la plaga, que el
SEÑOR habló a Moisés y a Eleazar, hijo del
sacerdote Aarón, diciendo:

2 Levantad un censo de toda la congregación
de los hijos de Israel de veinte años arriba por sus
casas paternas, todo el que en Israel pueda salir a
la guerra.

3 Entonces Moisés y el sacerdote Eleazar
hablaron con ellos en las llanuras de Moab, junto
al Jordán, *frente a* Jericó, diciendo:

4 *Haced un censo del pueblo* de veinte años
arriba, como el SEÑOR ordenó a Moisés.

Y los hijos de Israel que salieron de la tierra de Egipto *fueron:*

5 Rubén, primogénito de Israel. Los hijos de Rubén: *de* Enoc, la familia de los enoquitas; de Falú, la familia de los faluitas;

6 de Hezrón, la familia de los hezronitas; de Carmi, la familia de los carmitas.

7 Estas son las familias de los rubenitas, y los que fueron contados de ellas eran cuarenta y tres mil setecientos treinta.

8 El hijo de Falú: Eliab.

9 Y los hijos de Eliab: Nemuel, Datán y Abiram. Estos son el Datán y *el* Abiram que fueron escogidos por la congregación, *y* que contendieron contra Moisés y contra Aarón con el grupo de Coré, cuando contendieron contra el SEÑOR,

10 y la tierra abrió su boca y los tragó a ellos junto con Coré cuando aquel grupo murió, *y* cuando el fuego devoró a doscientos cincuenta hombres, y sirvieron de escarmiento.

11 Pero los hijos de Coré no murieron.

12 Los hijos de Simeón según sus familias: de Nemuel, la familia de los nemuelitas; de Jamín, la familia de los jaminitas; de Jaquín, la familia de los jaquinitas;

13 de Zera, la familia de los zeraítas; de Saúl, la familia de los saulitas.

14 Estas son las familias de los simeonitas: veintidós mil doscientos.

15 Los hijos de Gad según sus familias: de Zefón, la familia de los zefonitas; de Hagui, la familia de los haguitas; de Suni, la familia de los sunitas;

16 de Ozni, la familia de los oznitas; de Eri, la familia de los eritas;

17 de Arod, la familia de los aroditas; de Areli, la familia de los arelitas.

18 Estas son las familias de los hijos de Gad según los que fueron contados en ellas: cuarenta mil quinientos.

19 Los hijos de Judá: Er y Onán; pero Er y Onán murieron en la tierra de Canaán.

20 Y los hijos de Judá según sus familias fueron: de Sela, la familia de los selaítas; de Fares, la familia de los faresitas; de Zera, la familia de los zeraítas.

21 Y los hijos de Fares fueron: de Hezrón, la familia de los hezronitas; de Hamul, la familia de los hamulitas.

22 Estas son las familias de Judá según los que fueron contados en ellas: setenta y seis mil quinientos.

23 Los hijos de Isacar según sus familias: *de* Tola, la familia de los tolaítas; de Fúa, la familia de los funitas;

24 de Jasub, la familia de los jasubitas; de Simrón, la familia de los simronitas.

25 Estas son las familias de Isacar según los que fueron contados en ellas: sesenta y cuatro mil trescientos.

26 Los hijos de Zabulón según sus familias: de Sered, la familia de los sereditas; de Elón, la familia de los elonitas; de Jahleel, la familia de los jahleelitas.

27 Estas son las familias de los zabulonitas según los que fueron contados en ellas: sesenta mil quinientos.

28 Los hijos de José según sus familias: Manasés y Efraín.

29 Los hijos de Manasés: de Maquir, la familia de los maquiritas; y Maquir engendró a Galaad; de Galaad, la familia de los galaaditas.

30 Estos son los hijos de Galaad: *de* Jezer, la familia de los jezeritas; de Helec, la familia de los helequitas;

31 y *de* Asriel, la familia de los asrielitas; *de* Siquem, la familia de los siquemitas;

32 y *de* Semida, la familia de los semidaítas; *de* Hefer, la familia de los heferitas.

33 Pero Zelofehad, hijo de Hefer, no tuvo hijos, sino sólo hijas; y los nombres de las hijas de Zelofehad fueron Maala, Noa, Hogla, Milca y Tirsa.

34 Estas son las familias de Manasés, y los que fueron contados de ellas: cincuenta y dos mil setecientos.

35 Estos son los hijos de Efraín según sus familias: de Sutela, la familia de los sutelaítas; de Bequer, la familia de los bequeritas; de Tahán, la familia de los tahanitas.

36 Y estos son los hijos de Sutela: de Erán, la familia de los eranitas.

37 Estas son las familias de los hijos de Efraín según los que fueron contados de ellas: treinta y dos mil quinientos. Estos son los hijos de José según sus familias.

38 Los hijos de Benjamín según sus familias: de Bela, la familia de los belaítas; de Asbel, la familia de los asbelitas; de Ahiram, la familia de los ahiramitas;

39 de Sufam, la familia de los sufamitas; de Hufam, la familia de los hufamitas.

40 Y los hijos de Bela fueron Ard y Naamán: *de* Ard, la familia de los arditas; de Naamán, la familia de los naamitas.

41 Estos son los hijos de Benjamín según sus familias, y de ellos los que fueron contados: cuarenta y cinco mil seiscientos.

42 Estos son los hijos de Dan según sus familias: de Súham, la familia de los suhamitas. Estas son las familias de Dan según sus familias.

43 Todas las familias de los suhamitas, según los que fueron contados en ellas: sesenta y cuatro mil cuatrocientos.

44 Los hijos de Aser según sus familias: de Imna, la familia de los imnitas; de Isúi, la familia de los isuitas; de Bería, la familia de los beriaítas.

45 De los hijos de Bería: de Heber, la familia de los heberitas; de Malquiel, la familia de los malquielitas.

46 Y el nombre de la hija de Aser *era* Sera.

47 Estas son las familias de los hijos de Aser según los que fueron contados en ellas: cincuenta y tres mil cuatrocientos.

48 Los hijos de Neftalí según sus familias: de Jahzeel, la familia de los jahzeelitas; de Guni, la familia de los gunitas;

49 de Jezer, la familia de los jezeritas; de Silem, la familia de los silemitas.

50 Estas son las familias de Neftalí según sus familias, y los que fueron contados en ellas: cuarenta y cinco mil cuatrocientos.

51 Estos son los que fueron contados de los hijos de Israel: seiscientos un mil setecientos treinta.

52 Entonces habló el SEÑOR a Moisés, diciendo:

53 La tierra se dividirá entre éstos por heredad según el número de nombres.

54 Al *grupo* más grande aumentarás su heredad, y al *grupo* más pequeño disminuirás su heredad; a cada uno se le dará su heredad según los que fueron contados de ellos.

55 Pero la tierra se dividirá por suerte. Recibirán su heredad según los nombres de las tribus de sus padres.

56 Según la selección por suerte se dividirá la heredad entre el *grupo* más grande y el más pequeño.

57 Y estos son los que fueron contados de los levitas según sus familias: de Gersón, la familia de los gersonitas; de Coat, la familia de los coatitas; de Merari, la familia de los meraritas.

58 Estas son las familias de Leví: la familia de los libnitas, la familia de los hebronitas, la familia de los mahlitas, la familia de los musitas, la familia de los coreítas. Y Coat engendró a Amram.

59 Y el nombre de la mujer de Amram *era* Jocabed, hija de Leví, que *le* nació a Leví en Egipto; y ella dio a luz de Amram, a Aarón, a Moisés y a su hermana Miriam.

60 Y a Aarón le nacieron Nadab, Abiú, Eleazar e Itamar.

61 Pero Nadab y Abiú murieron cuando ofrecieron fuego extraño delante del SEÑOR.

62 Y los contados de los levitas fueron veintitrés mil, todo varón de un mes en adelante. Pues no fueron contados entre los hijos de Israel, ya que ninguna heredad les fue dada entre los hijos de Israel.

63 Estos son los que fueron contados por Moisés y el sacerdote Eleazar, los cuales contaron a los hijos de Israel en los llanos de Moab, junto al Jordán, *frente a* Jericó.

64 Pero entre éstos no había ninguno de los que fueron contados por Moisés y el sacerdote Aarón, cuando contaron a los hijos de Israel en el desierto de Sinaí.

65 Porque el SEÑOR había dicho de ellos: Ciertamente morirán en el desierto. Y no quedó ninguno de ellos, sino Caleb, hijo de Jefone, y Josué, hijo de Nun.

Las hijas de Zelofehad

27 Entonces las hijas de Zelofehad, hijo de Hefer, hijo de Galaad, hijo de Maquir, hijo de Manasés, de las familias de Manasés, hijo de José, se acercaron; y estos eran los nombres de sus hijas: Maala, Noa, Hogla, Milca y Tirsa.

2 Y se présentaron delante de Moisés, delante del sacerdote Eleazar, delante de los jefes y *de* toda la congregación, a la entrada de la tienda de reunión, diciendo:

3 Nuestro padre murió en el desierto, aunque no estuvo entre el grupo de los que se juntaron contra el SEÑOR, en el grupo de Coré, sino que murió por su pecado, y no tuvo hijos.

4 ¿Por qué ha de desaparecer el nombre de nuestro padre de entre su familia *sólo* porque no tuvo hijo? Dadnos herencia entre los hermanos de nuestro padre.

5 Y Moisés presentó su caso ante el SEÑOR.

6 Entonces el SEÑOR habló a Moisés, diciendo:

7 Las hijas de Zelofehad tienen razón en lo que dicen. Ciertamente les darás herencia entre los hermanos de su padre, y pasarás a ellas la herencia de su padre.

8 Además, hablarás a los hijos de Israel, diciendo: "Si un hombre muere y no tiene hijo, pasaréis su herencia a su hija.

9 "Y si no tiene hija, entonces daréis su herencia a sus hermanos.

10 "Y si no tiene hermanos, entonces daréis su herencia a los hermanos de su padre.

11 "Y si su padre no tiene hermanos, entonces daréis su herencia al pariente más cercano en su familia, y él la poseerá. Y será norma de derecho para los hijos de Israel, tal como el SEÑOR ordenó a Moisés."

12 Entonces el SEÑOR dijo a Moisés: Sube a este monte Abarim, y mira la tierra que yo he dado a los hijos de Israel.

13 Y cuando la hayas visto, tú también te reunirás a tu pueblo, como se reunió tu hermano Aarón.

14 Porque cuando os rebelasteis contra mi mandamiento en el desierto de Zin durante la contienda de la congregación, debisteis santificarme en las aguas ante sus ojos. (Esas son las aguas de Meriba, de Cades, en el desierto de Zin.)

15 Entonces Moisés habló al SEÑOR, diciendo:

16 Ponga el SEÑOR, Dios de los espíritus de toda carne, un hombre sobre la congregación,

17 que salga y entre delante de ellos, y que los haga salir y entrar a fin de que la congregación del SEÑOR no sea como ovejas que no tienen pastor.

18 Y el SEÑOR dijo a Moisés: Toma a Josué, hijo de Nun, hombre en quien está el Espíritu, y pon tu mano sobre él;

19 y haz que se ponga delante del sacerdote Eleazar, y delante de toda la congregación, e impártele autoridad a la vista de ellos.

20 Y pondrás sobre él parte de tu dignidad a fin de que *le* obedezca toda la congregación de los hijos de Israel.

21 El se presentará delante del sacerdote Eleazar, quien inquirirá por él por medio del juicio del Urim delante del SEÑOR. A su palabra saldrán y a su palabra entrarán, él y todos los hijos de Israel con él, *es decir*, toda la congregación.

22 Y Moisés hizo tal como el SEÑOR le ordenó; tomó a Josué y lo puso delante del sacerdote Eleazar y delante de toda la congregación.

23 Luego puso sus manos sobre él y le impartió autoridad, tal como el SEÑOR había hablado por medio de Moisés.

Leyes de las ofrendas

28 Después habló el SEÑOR a Moisés, diciendo:

2 Ordena a los hijos de Israel, y diles: "Tendréis cuidado de presentar mi ofrenda, mi alimento para mis ofrendas encendidas, aroma agradable para mí, a su tiempo señalado."

3 Y les dirás: "Esta es la ofrenda encendida que ofreceréis al SEÑOR: dos corderos de un año, sin defecto, cada día *como* holocausto continuo.

4 "Ofrecerás un cordero por la mañana, y ofrecerás el otro cordero al atardecer;

5 y como ofrenda de cereal, una décima de un

efa de flor de harina mezclada con la cuarta parte de un hin de aceite batido.

6"Es un holocausto continuo instituido en el monte Sinaí como aroma agradable, ofrenda encendida al Señor.

7"Y su libación *será* la cuarta parte de un hin por cada cordero; en el lugar santo derramarás una libación de bebida fermentada al Señor.

8"Y el segundo cordero lo ofrecerás al atardecer; como la ofrenda de cereal de la mañana y como su libación *lo* ofrecerás, ofrenda encendida, aroma agradable al Señor.

9"El día de reposo, ofrecerás dos corderos de un año, sin defecto, y dos décimas *de un efa* de flor de harina mezclada con aceite, como ofrenda de cereal y su libación.

10"El holocausto de cada día de reposo será además del holocausto continuo y *de* su libación.

11"También, al principio de cada mes, presentaréis un holocausto al Señor: dos novillos y un carnero, y siete corderos de un año, sin defecto,

12 y tres décimas *de un efa* de flor de harina, como ofrenda de cereal, mezclada con aceite, por cada novillo; y dos décimas de flor de harina como ofrenda de cereal, mezclada con aceite, por el carnero,

13 y una décima *de un efa* de flor de harina mezclada con aceite como ofrenda de cereal por cada cordero, como holocausto de aroma agradable, ofrenda encendida al Señor.

14"Sus libaciones serán medio hin de vino por novillo, la tercera parte de un hin por el carnero y la cuarta parte de un hin por cordero; este es el holocausto de cada mes por los meses del año.

15"Y un macho cabrío como ofrenda por el pecado al Señor, se ofrecerá con su libación además del holocausto continuo.

16"El mes primero, el día catorce del mes, será la Pascua del Señor.

17"Y el día quince de este mes *habrá* fiesta; por siete días se comerá pan sin levadura.

18"El primer día *habrá* santa convocación; no haréis trabajo servil.

19"Y presentaréis una ofrenda encendida, holocausto al Señor: dos novillos, un carnero y siete corderos de un año; serán sin defecto.

20"Y como su ofrenda de cereal, prepararéis flor de harina mezclada con aceite: tres décimas *de un efa* por novillo y dos décimas por el carnero;

21 una décima *de un efa* prepararéis por cada uno de los siete corderos;

22 y un macho cabrío como ofrenda por el pecado, para hacer expiación por vosotros.

23"Estos prepararéis además del holocausto de la mañana, el cual es como holocausto continuo.

24"De esta manera prepararéis cada día, por siete días, el alimento de la ofrenda encendida, como aroma agradable al Señor; se preparará con su libación además del holocausto continuo.

25"Y al séptimo día tendréis santa convocación; no haréis trabajo servil.

26"También, el día de los primeros frutos, cuando presentéis una ofrenda de cereal nuevo al Señor en vuestra *fiesta de las* semanas, tendréis santa convocación; no haréis trabajo servil.

27"Y ofreceréis un holocausto como aroma agradable al Señor: dos novillos, un carnero, siete corderos de un año;

28 y su ofrenda de cereal, flor de harina mezclada con aceite: tres décimas *de un efa* por cada novillo, dos décimas por el carnero,

29 una décima por cada uno de los siete corderos,

30 *y* un macho cabrío para hacer expiación por vosotros.

31"Esto haréis además del holocausto continuo con su ofrenda de cereal y sus libaciones. Serán sin defecto.

Ofrendas del séptimo mes

29 "En el séptimo mes, el primer *día* del mes, tendréis también santa convocación; no haréis trabajo servil. Será para vosotros día de tocar las trompetas.

2"Y ofreceréis un holocausto como aroma agradable al Señor: un novillo, un carnero y siete corderos de un año, sin defecto;

3 y su ofrenda de cereal, flor de harina mezclada con aceite: tres décimas *de un efa* por el novillo, dos décimas por el carnero,

4 una décima por cada uno de los siete corderos;

5 y un macho cabrío como ofrenda por el pecado, para hacer expiación por vosotros;

6 *esto,* además del holocausto de la luna nueva y de su ofrenda de cereal, y del holocausto continuo y de su ofrenda de cereal y sus libaciones, según su ordenanza, como aroma agradable, ofrenda encendida al Señor.

7"El décimo *día* de este mes séptimo tendréis santa convocación y os humillaréis; no haréis ningún trabajo.

8"Y ofreceréis al Señor un holocausto *como* aroma agradable: un novillo, un carnero, siete corderos de un año, sin defecto;

9 y su ofrenda de cereal, flor de harina mezclada con aceite: tres décimas *de un efa* por el novillo, dos décimas por el carnero,

10 una décima por cada uno de los siete corderos;

11 *y* un macho cabrío como ofrenda por el pecado, además de la ofrenda de expiación por el pecado y del holocausto continuo, de su ofrenda de cereal y de sus libaciones.

12"Después, el día quince del séptimo mes, tendréis santa convocación; no haréis trabajo servil, y por siete días celebraréis una fiesta al Señor.

13"Y ofreceréis un holocausto, una ofrenda encendida como aroma agradable al Señor: trece novillos, dos carneros, catorce corderos de un año, que sean sin defecto;

14 y su ofrenda de cereal, flor de harina mezclada con aceite: tres décimas *de un efa* por cada uno de los trece novillos, dos décimas por cada uno de los dos carneros,

15 y una décima por cada uno de los catorce corderos;

16 y un macho cabrío como ofrenda por el pecado, además del holocausto continuo, de su ofrenda de cereal y de su libación.

17"El segundo día: doce novillos, dos carneros, catorce corderos de un año, sin defecto;

18 y su ofrenda de cereal, y sus libaciones por los novillos, por los carneros y por los corderos, por su número según la ordenanza;

19 y un macho cabrío como ofrenda por el

pecado, además del holocausto continuo, de su ofrenda de cereal y de sus libaciones.

20"El tercer día: once novillos, dos carneros, catorce corderos de un año, sin defecto;

21 y su ofrenda de cereal, y sus libaciones por los novillos, por los carneros y por los corderos, por su número según la ordenanza;

22 y un macho cabrío como ofrenda por el pecado, además del holocausto continuo, de su ofrenda de cereal y de su libación.

23"El cuarto día: diez novillos, dos carneros, catorce corderos de un año, sin defecto;

24 y su ofrenda de cereal, y sus libaciones por los novillos, por los carneros y por los corderos, por su número según la ordenanza;

25 y un macho cabrío como ofrenda por el pecado, además del holocausto continuo, de su ofrenda de cereal y de su libación.

26"El quinto día: nueve novillos, dos carneros, catorce corderos de un año, sin defecto;

27 y su ofrenda de cereal, y sus libaciones por los novillos, por los carneros y por los corderos, por su número según la ordenanza;

28 y un macho cabrío como ofrenda por el pecado, además del holocausto continuo, de su ofrenda de cereal y de su libación.

29"El sexto día: ocho novillos, dos carneros, catorce corderos de un año, sin defecto;

30 y su ofrenda de cereal, y sus libaciones por los novillos, por los carneros y por los corderos, por su número según la ordenanza;

31 y un macho cabrío como ofrenda por el pecado, además del holocausto continuo, de su ofrenda de cereal y de sus libaciones.

32"El séptimo día: siete novillos, dos carneros, catorce corderos de un año, sin defecto;

33 y su ofrenda de cereal, y sus libaciones por los novillos, por los carneros y por sus corderos, por su número según la ordenanza;

34 y un macho cabrío como ofrenda por el pecado, además del holocausto continuo, de su ofrenda de cereal y de su libación.

35"El octavo día tendréis asamblea solemne; no haréis trabajo servil.

36"Mas ofreceréis un holocausto, una ofrenda encendida como aroma agradable al SEÑOR: un novillo, un carnero, siete corderos de un año, sin defecto;

37 y su ofrenda de cereal, y sus libaciones por el novillo, por el carnero y por los corderos, por su número según la ordenanza;

38 y un macho cabrío como ofrenda por el pecado, además del holocausto continuo, de su ofrenda de cereal y de su libación.

39"Esto prepararéis para el SEÑOR en vuestras fechas señaladas, además de vuestras ofrendas votivas y de vuestras ofrendas de buena voluntad, para vuestros holocaustos, para vuestras ofrendas de cereal, para vuestras libaciones y para vuestras ofrendas de paz."

40 Y habló Moisés a los hijos de Israel conforme a todo lo que el SEÑOR había ordenado a Moisés.

La ley de los votos

30 Entonces Moisés habló a los jefes de las tribus de los hijos de Israel, diciendo: Esto es lo que el SEÑOR ha ordenado.

2 Si un hombre hace un voto al SEÑOR, o hace un juramento para imponerse una obligación, no faltará a su palabra; hará conforme a todo lo que salga de su boca.

3 Asimismo, si una mujer hace un voto al SEÑOR, y se impone una obligación en su juventud estando en casa de su padre,

4 y su padre escucha su voto y la obligación que se ha impuesto, y su padre no le dice nada, entonces todos los votos de ella serán firmes, y toda obligación que se ha impuesto será firme.

5 Pero si su padre se lo prohíbe el día en que se entera *de ello*, ninguno de sus votos ni las obligaciones que se ha impuesto serán firmes. El SEÑOR la perdonará porque su padre *se* lo prohibió.

6 Mas si se casa mientras está bajo sus votos o *bajo* la declaración imprudente de sus labios con que se ha atado,

7 y su marido se entera de ello y no le dice nada el día en que *lo* oye, entonces su voto permanecerá firme, y las obligaciones que se ha impuesto, serán firmes.

8 Pero si el día en que su marido se entera *de ello, se lo* prohíbe, entonces él anulará el voto bajo el cual ella está, y la declaración imprudente de sus labios con que se ha comprometido, y el SEÑOR la perdonará.

9 Pero el voto de una viuda o de una divorciada, todo aquello por lo cual se ha comprometido, será firme contra ella.

10 Sin embargo, si hizo el voto en casa de su marido, o se impuso una obligación por juramento,

11 y su marido *lo* oyó, pero no le dijo nada *y* no se lo prohibió, entonces sus votos serán firmes, y toda obligación que se impuso será firme.

12 Pero si el marido en verdad los anula el día en que se entera *de ello*, entonces todo lo que salga de los labios de ella en relación con sus votos, o en relación con la obligación de sí misma, no será firme; su marido los ha anulado, y el SEÑOR la perdonará.

13 Todo voto y todo juramento de obligación para humillarse a sí misma, su marido puede confirmarlo o su marido puede anularlo.

14 Pero si en verdad el marido nunca le dice nada a ella, entonces confirma todos sus votos o todas sus obligaciones que están sobre ella; las ha confirmado porque no le dijo nada el día en que se enteró *de ello*.

15 Pero si en verdad él los anula después de haberlos oído, entonces él llevará la culpa de ella.

16 Estos son los estatutos que el SEÑOR mandó a Moisés, entre un marido y su mujer, *y* entre un padre y su hija que durante su juventud *está aún* en casa de su padre.

Venganza sobre Madián

31 Entonces habló el SEÑOR a Moisés, diciendo:

2 Toma venganza completa sobre los madianitas por los hijos de Israel; después serás reunido a tu pueblo.

3 Y habló Moisés al pueblo, diciendo: Armad a algunos hombres de entre vosotros para la guerra, a fin de que suban contra Madián para ejecutar la venganza del SEÑOR en Madián.

4 Enviaréis a la guerra mil de cada tribu, de todas las tribus de Israel.

5 Entonces se prepararon de entre los miles de

Israel, mil de cada tribu, doce mil *hombres* armados para la guerra.

6 Y Moisés los envió a la guerra, mil de cada tribu, y a Finees, hijo del sacerdote Eleazar, a la guerra con ellos, con los vasos sagrados y las trompetas en su mano para la alarma.

7 E hicieron guerra contra Madián, tal como el SEÑOR había ordenado a Moisés, y mataron a todos los varones.

8 Y junto con sus muertos, mataron a los reyes de Madián: Evi, Requem, Zur, Hur y Reba, los cinco reyes de Madián. También mataron a espada a Balaam, hijo de Beor.

9 Y los hijos de Israel tomaron cautivas a las mujeres de Madián y a sus pequeños; y saquearon todo su ganado, todos sus rebaños y todos sus bienes.

10 Después prendieron fuego a todas las ciudades donde habitaban y a todos sus campamentos.

11 Y tomaron todo el despojo y todo el botín, tanto de hombres como de animales.

12 Y trajeron los cautivos, el botín y los despojos a Moisés, al sacerdote Eleazar y a la congregación de los hijos de Israel, al campamento en las llanuras de Moab que están junto al Jordán, *frente a* Jericó.

13 Moisés y el sacerdote Eleazar, y todos los jefes de la congregación salieron a recibirlos fuera del campamento.

14 Moisés se enojó con los oficiales del ejército, los capitanes de miles y los capitanes de cientos, que volvían del servicio en la guerra,

15 y les dijo Moisés: ¿Habéis dejado con vida a todas las mujeres?

16 He aquí, éstas fueron la causa de que los hijos de Israel, por el consejo de Balaam, fueran infieles al SEÑOR en el asunto de Peor, por lo que hubo plaga entre la congregación del SEÑOR.

17 Ahora pues, matad a todo varón entre los niños, y matad a toda mujer que haya conocido varón acostándose con él.

18 Pero a todas las jóvenes que no hayan conocido varón acostándose con él, las dejaréis con vida para vosotros.

19 Y vosotros, acampad fuera del campamento *por* siete días; todo el que haya matado a una persona y todo el que haya tocado a un muerto, purificaos, vosotros y vuestros cautivos, el tercero y el séptimo día.

20 Y purificaréis todo vestido, todo artículo de cuero y toda obra de *pelo de* cabra y todo objeto de madera.

21 Entonces el sacerdote Eleazar dijo a los hombres de guerra que habían ido a la batalla: Este es el estatuto de la ley que el SEÑOR ha ordenado a Moisés:

22 sólo el oro, la plata, el bronce, el hierro, el estaño y el plomo,

23 todo lo que resiste el fuego, pasaréis por el fuego y será limpio, pero será purificado con el agua para la impureza. Mas todo lo que no resiste el fuego lo pasaréis por agua.

24 Y en el séptimo día lavaréis vuestra ropa y seréis limpios; después podréis entrar en el campamento.

25 Entonces habló el SEÑOR a Moisés, diciendo:

26 Cuenta el botín que fue tomado tanto de hombres como de animales; tú con el sacerdote Eleazar, y los jefes de *las casas* paternas de la congregación,

27 y divide en mitades el botín entre los guerreros que salieron a la batalla y toda la congregación.

28 Y toma un tributo para el SEÑOR de los hombres de guerra que salieron a la batalla, uno por cada quinientos, tanto de las personas como de los bueyes, de los asnos y de las ovejas;

29 tómalo de la mitad de ellos, y dáselo al sacerdote Eleazar, como ofrenda al SEÑOR.

30 Y de la mitad de los hijos de Israel tomarás uno de cada cincuenta, tanto de las personas como de los bueyes, de los asnos y de las ovejas, de cualquier animal, y los darás a los levitas que guardan el tabernáculo del SEÑOR.

31 Moisés y el sacerdote Eleazar hicieron tal como el SEÑOR había ordenado a Moisés.

32 Y el botín que quedó del despojo que los hombres de guerra habían tomado fue de seiscientas setenta y cinco mil ovejas,

33 setenta y dos mil *cabezas de* ganado,

34 y sesenta y un mil asnos;

35 y de los seres humanos, de las mujeres que no habían conocido varón acostándose *con él,* fueron en total treinta y dos mil.

36 Y la mitad, la porción para los que salieron a la guerra, fue de trescientas treinta y siete mil quinientas ovejas en número;

37 el tributo al SEÑOR fue de seiscientas setenta y cinco ovejas;

38 y *las cabezas* de ganado, treinta y seis mil, de las cuales el tributo al SEÑOR fue de setenta y dos;

39 y los asnos, treinta mil quinientos, de las cuales el tributo al SEÑOR fue de sesenta y uno.

40 Y los seres humanos, dieciséis mil, de los cuales el tributo al SEÑOR fue de treinta y dos personas.

41 Y Moisés dio el tributo, *que era* la ofrenda del SEÑOR, al sacerdote Eleazar, tal como el SEÑOR había ordenado a Moisés.

42 En cuanto a la mitad *para* los hijos de Israel, que Moisés había apartado de los hombres que habían ido a la guerra,

43 la mitad *del botín* de la congregación fue de trescientas treinta y siete mil quinientas ovejas,

44 treinta y seis mil *cabezas de* ganado,

45 treinta mil quinientos asnos,

46 y dieciséis mil seres humanos;

47 Y de la mitad *del botín* de los hijos de Israel, Moisés tomó uno de cada cincuenta, tanto de hombres como de animales, y se los dio a los levitas, los cuales estaban encargados del tabernáculo del SEÑOR, tal como el SEÑOR había ordenado a Moisés.

48 Entonces los oficiales que estaban sobre los miles del ejército, los capitanes de miles y los capitanes de cientos, se acercaron a Moisés,

49 y dijeron a Moisés: Tus siervos han levantado un censo de los hombres de guerra que están a nuestro cargo, y ninguno de nosotros falta.

50 Por tanto, hemos traído al SEÑOR, como ofrenda, lo que cada hombre ha hallado: objetos de oro, pulseras, brazaletes, anillos, pendientes y collares, para hacer expiación por nosotros ante el SEÑOR.

51 Y Moisés y el sacerdote Eleazar recibieron de ellos el oro *y* toda clase de objetos labrados.

52 Y el total del oro de la ofrenda que ellos

ofrecieron al Señor, de los capitanes de miles y de los capitanes de cientos, fue de dieciséis mil setecientos cincuenta siclos.

53 Los hombres de guerra habían tomado botín, cada hombre *algo* para sí mismo.

54 Moisés y el sacerdote Eleazar recibieron el oro de los capitanes de miles y cientos y lo llevaron a la tienda de reunión como memorial para los hijos de Israel delante del Señor.

Rubén y Gad se establecen en Galaad

32 Los hijos de Rubén y los hijos de Gad tenían una cantidad muy grande de ganado. Por eso, cuando vieron la tierra de Jazer y la tierra de Galaad, que en verdad era un lugar bueno para ganado,

2 los hijos de Gad y los hijos de Rubén fueron y hablaron a Moisés, al sacerdote Eleazar y a los jefes de la congregación, diciendo:

3 Atarot, Dibón, Jazer, Nimra, Hesbón, Eleale, Sebam, Nebo y Beón,

4 la tierra que el Señor conquistó delante de la congregación de Israel es tierra para ganado; y vuestros siervos tienen ganado.

5 Y dijeron: Si hemos hallado gracia ante tus ojos, que se dé esta tierra a tus siervos como posesión; no nos hagas pasar el Jordán.

6 Pero Moisés dijo a los hijos de Gad y a los hijos de Rubén: ¿Irán vuestros hermanos a la guerra, mientras vosotros os quedáis aquí?

7 ¿Por qué desalentáis a los hijos de Israel a fin de que no pasen a la tierra que el Señor les ha dado?

8 Esto es lo que vuestros padres hicieron cuando los envié de Cades-barnea a ver la tierra.

9 Pues cuando subieron hasta el valle de Escol, y vieron la tierra, desalentaron a los hijos de Israel para que no entraran a la tierra que el Señor les había dado.

10 Y la ira del Señor se encendió aquel día y juró, diciendo:

11"Ninguno de estos hombres que salieron de Egipto, de veinte años arriba, verá la tierra que juré a Abraham, a Isaac y a Jacob, porque no me siguieron fielmente,

12 sino Caleb, hijo de Jefone cenezeo, y Josué, hijo de Nun, pues ellos *sí* han seguido fielmente al Señor."

13 Y se encendió la ira del Señor contra Israel, y los hizo vagar en el desierto por cuarenta años, hasta que fue acabada toda la generación de los que habían hecho mal ante los ojos del Señor.

14 Y he aquí, vosotros os habéis levantado en lugar de vuestros padres, prole de hombres pecadores, para añadir aún más a la ardiente ira del Señor contra Israel.

15 Pues si dejáis de seguirle, otra vez os abandonará en el desierto, y destruiréis a todo este pueblo.

16 Entonces ellos se acercaron a él, y le dijeron: Edificaremos aquí apriscos para nuestro ganado y ciudades para nuestros pequeños;

17 pero nosotros nos armaremos *para ir* delante de los hijos de Israel hasta que los introduzcamos en su lugar, mientras que nuestros pequeños se quedarán en las ciudades fortificadas por causa de los habitantes de la tierra.

18 No volveremos a nuestros hogares hasta que cada uno de los hijos de Israel haya ocupado su heredad.

19 Porque no tendremos heredad con ellos al otro lado del Jordán y más allá, pues nuestra heredad nos ha tocado de este lado del Jordán, al oriente.

20 Y Moisés les dijo: Si hacéis esto, si os armáis delante del Señor para la guerra,

21 y todos vuestros guerreros cruzan el Jordán delante del Señor hasta que El haya expulsado a sus enemigos delante de El,

22 y la tierra quede sojuzgada delante del Señor; después volveréis y quedaréis libres de obligación para con el Señor y para con Israel; esta tierra será vuestra en posesión delante del Señor.

23 Pero si no lo hacéis así, mirad, habréis pecado ante el Señor, y tened por seguro que vuestro pecado os alcanzará.

24 Edificaos ciudades para vuestros pequeños, y apriscos para vuestras ovejas; y haced lo que habéis prometido.

25 Y los hijos de Gad y los hijos de Rubén hablaron a Moisés, diciendo: Tus siervos harán tal como mi señor ordena.

26 Nuestros pequeños, nuestras mujeres, nuestro ganado y nuestros rebaños quedarán allí en las ciudades de Galaad;

27 mientras tus siervos, todos los que están armados para la guerra, cruzarán delante del Señor para la batalla, tal como mi señor dice.

28 Así lo ordenó Moisés en relación a ellos, al sacerdote Eleazar, a Josué, hijo de Nun, y a los jefes *de las casas* paternas de las tribus de los hijos de Israel.

29 Y Moisés les dijo: Si los hijos de Gad y los hijos de Rubén, todos los que están armados para la batalla, cruzan con vosotros el Jordán en presencia del Señor, y la tierra es sojuzgada delante de vosotros, entonces les daréis la tierra de Galaad en posesión;

30 pero si no cruzan armados con vosotros, tendrán la herencia entre vosotros en la tierra de Canaán.

31 Y respondieron los hijos de Gad y los hijos de Rubén, diciendo: Como el Señor ha dicho a vuestros siervos, así haremos.

32 Nosotros cruzaremos armados en la presencia del Señor a la tierra de Canaán, y la posesión de nuestra heredad *quedará* con nosotros de este lado del Jordán.

33 Y Moisés dio a los hijos de Gad, y a los hijos de Rubén, y a la media tribu de Manasés, hijo de José, el reino de Sehón, rey de los amorreos, y el reino de Og, rey de Basán: la tierra con sus ciudades, con *sus* territorios, *y* las ciudades de la tierra circunvecina.

34 Y los hijos de Gad construyeron a Dibón, Atarot, Aroer,

35 Atarot-sofán, Jazer, Jogbeha,

36 Bet-nimra y Bet-arán, ciudades fortificadas, y apriscos para las ovejas;

37 y los hijos de Rubén construyeron a Hesbón, Eleale y Quiriataim,

38 y Nebo, y Baal-meón (cambiando *sus* nombres), y Sibma; y dieron *otros* nombres a las ciudades que edificaron.

39 Y los hijos de Maquir, hijo de Manasés,

fueron a Galaad y la tomaron, y expulsaron a los amorreos que estaban en ella.

40 Entonces Moisés dio Galaad a Maquir, hijo de Manasés, y éste habitó en ella.

41 Y Jair, hijo de Manasés, fue y conquistó sus pueblos, y los llamó Havot-jair.

42 También Noba fue y conquistó a Kenat y sus aldeas, y la llamó Noba, igual que él.

De Ramsés al Jordán

33 Estas son las jornadas de los hijos de Israel, que salieron de la tierra de Egipto por sus ejércitos, bajo la dirección de Moisés y Aarón.

2 Y Moisés anotó los puntos de partida según sus jornadas, por el mandamiento del SEÑOR, y estas son sus jornadas, conforme a sus puntos de partida.

3 El mes primero partieron de Ramsés el día quince del mes primero; el día después de la Pascua, los hijos de Israel marcharon con mano poderosa a la vista de todos los egipcios,

4 mientras los egipcios sepultaban a todos sus primogénitos, a quienes el SEÑOR había herido entre ellos. El SEÑOR también había ejecutado juicios contra sus dioses.

5 Entonces los hijos de Israel partieron de Ramsés y acamparon en Sucot.

6 Partieron de Sucot y acamparon en Etam, que está en el extremo del desierto.

7 Partieron de Etam, se volvieron a Pi-hahirot, frente a Baal-zefón, y acamparon delante de Migdol.

8 Partieron de delante de Hahirot y pasaron por en medio del mar al desierto; y anduvieron tres días en el desierto de Etam y acamparon en Mara.

9 Partieron de Mara y llegaron a Elim; y en Elim había doce fuentes de agua y setenta palmeras; y acamparon allí.

10 Partieron de Elim y acamparon junto al mar Rojo.

11 Partieron del mar Rojo y acamparon en el desierto de Sin.

12 Partieron del desierto de Sin y acamparon en Dofca.

13 Partieron de Dofca y acamparon en Alús.

14 Partieron de Alús y acamparon en Refidim; allí fue donde el pueblo no tuvo agua para beber.

15 Partieron de Refidim y acamparon en el desierto de Sinaí.

16 Partieron del desierto de Sinaí y acamparon en Kibrot-hataava.

17 Partieron de Kibrot-hataava y acamparon en Hazerot.

18 Partieron de Hazerot y acamparon en Ritma.

19 Partieron de Ritma y acamparon en Rimón-peres.

20 Partieron de Rimón-peres y acamparon en Libna.

21 Partieron de Libna y acamparon en Rissa.

22 Partieron de Rissa y acamparon en Ceelata.

23 Partieron de Ceelata y acamparon en el monte Sefer.

24 Partieron del monte Sefer y acamparon en Harada.

25 Partieron de Harada y acamparon en Macelot.

26 Partieron de Macelot y acamparon en Tahat.

27 Partieron de Tahat y acamparon en Tara.

28 Partieron de Tara y acamparon en Mitca.

29 Partieron de Mitca y acamparon en Hasmona.

30 Partieron de Hasmona y acamparon en Moserot.

31 Partieron de Moserot y acamparon en Bene-jaacán.

32 Partieron de Bene-jaacán y acamparon en Hor-haggidgad.

33 Partieron de Hor-haggidgad y acamparon en Jotbata.

34 Partieron de Jotbata y acamparon en Abrona.

35 Partieron de Abrona y acamparon en Ezión-geber.

36 Partieron de Ezión-geber y acamparon en el desierto de Zin, esto es, Cades.

37 Partieron de Cades y acamparon en el monte Hor, al extremo de la tierra de Edom.

38 Entonces el sacerdote Aarón subió al monte Hor por mandato del SEÑOR, y allí murió, el año cuarenta después que los hijos de Israel habían salido de la tierra de Egipto, el primer *día* del mes quinto.

39 Aarón tenía ciento veintitrés años de edad cuando murió en el monte Hor.

40 Y el cananeo, el rey de Arad que habitaba en el Neguev, en la tierra de Canaán, oyó de la llegada de los hijos de Israel.

41 Entonces partieron del monte Hor y acamparon en Zalmona.

42 Partieron de Zalmona y acamparon en Punón.

43 Partieron de Punón y acamparon en Obot.

44 Partieron de Obot y acamparon en Ije-abarim, en la frontera con Moab.

45 Partieron de Ije-abarim y acamparon en Dibón-gad.

46 Partieron de Dibón-gad y acamparon en Almón-diblataim.

47 Partieron de Almón-diblataim y acamparon en los montes de Abarim, frente a Nebo.

48 Partieron de los montes de Abarim y acamparon en las llanuras de Moab, junto al Jordán, *frente a* Jericó.

49 Y acamparon junto al Jordán, desde Bet-jesimot hasta Abel-sitim, en las llanuras de Moab.

50 Entonces habló el SEÑOR a Moisés en las llanuras de Moab, junto al Jordán, *frente a* Jericó, diciendo:

51 Habla a los hijos de Israel, y diles: "Cuando crucéis el Jordán a la tierra de Canaán,

52 expulsaréis a todos los habitantes de la tierra delante de vosotros, y destruiréis todas sus piedras grabadas, y destruiréis todas sus imágenes fundidas, y demoleréis todos sus lugares altos;

53 y tomaréis posesión de la tierra y habitaréis en ella, porque os he dado la tierra para que la poseáis.

54 "Y heredaréis la tierra por sorteo, por vuestras familias; a las más grandes daréis más heredad, y a las más pequeñas daréis menos heredad. Donde la suerte caiga a cada uno, eso será suyo. Heredaréis conforme a las tribus de vuestros padres.

55 "Pero si no expulsáis de delante de vosotros a

los habitantes de la tierra, entonces sucederá que los que de ellos dejéis *serán* como aguijones en vuestros ojos y como espinas en vuestros costados, y os hostigarán en la tierra en que habitéis.

56"Y sucederá que como pienso hacerles a ellos, os haré a vosotros."

Instrucciones sobre el reparto de Canaán

34 Entonces habló el Señor a Moisés, diciendo:

2 Manda a los hijos de Israel y diles: "Cuando entréis en la tierra de Canaán, esta es la tierra que os tocará como herencia, la tierra de Canaán según sus fronteras.

3"Vuestro límite sur será desde el desierto de Zin, por la frontera de Edom, y vuestra frontera sur será desde el extremo del mar Salado hacia el oriente.

4"Luego, vuestra frontera cambiará *de dirección*, del sur a la subida de Acrabim y continuará a Zin, y su término será al sur de Cades-barnea; y llegará a Hasaradar y continuará hasta Asmón.

5"Y la frontera cambiará *de dirección* de Asmón al torrente de Egipto, y su término será el mar.

6"En cuanto a la frontera occidental, tendréis el mar Grande, esto es, *su* costa; esta será vuestra frontera occidental.

7"Y esta será vuestra frontera norte: trazaréis la línea *fronteriza* desde el mar Grande hasta el monte Hor.

8"Trazaréis una línea desde el monte Hor hasta Lebo-hamat, y el término de la frontera será Zedad;

9 y la frontera seguirá hacia Zifrón, y su término será Hazar-enán. Esta será vuestra frontera norte.

10"Para vuestra frontera oriental, trazaréis también una línea desde Hazar-enán hasta Sefam,

11 y la frontera descenderá de Sefam a Ribla, sobre el lado oriental de Aín; y la frontera descenderá y alcanzará la ribera sobre el lado oriental del mar de Cineret.

12"Y la frontera descenderá al Jordán, y su término será el mar Salado. Esta será vuestra tierra, según sus fronteras alrededor."

13 Entonces Moisés dio órdenes a los hijos de Israel, diciendo: Esta es la tierra que repartiréis por sorteo entre vosotros como posesión, la cual el Señor ha ordenado dar a las nueve tribus y a la media tribu.

14 Pues la tribu de los hijos de Rubén ha recibido *lo suyo* según sus casas paternas, y la tribu de los hijos de Gad según sus casas paternas y la media tribu de Manasés han recibido su posesión.

15 Las dos tribus y la media tribu han recibido su posesión al otro lado del Jordán, frente a Jericó, al oriente, hacia la salida del sol.

16 Entonces habló el Señor a Moisés, diciendo:

17 Estos son los nombres de los hombres que os repartirán la tierra por heredad: el sacerdote Eleazar y Josué, hijo de Nun.

18 De cada tribu tomarás un jefe para repartir la tierra por heredad.

19 Y estos son los nombres de los hombres: de la tribu de Judá, Caleb, hijo de Jefone.

20 De la tribu de los hijos de Simeón, Semuel, hijo de Amiud.

21 De la tribu de Benjamín, Elidad, hijo de Quislón.

22 De la tribu de los hijos de Dan, un jefe: Buqui, hijo de Jogli.

23 De los hijos de José: de la tribu de los hijos de Manasés, un jefe: Haniel, hijo de Efod.

24 De la tribu de los hijos de Efraín, un jefe: Kemuel, hijo de Siftán.

25 De la tribu de los hijos de Zabulón, un jefe: Elizafán, hijo de Parnac.

26 De la tribu de los hijos de Isacar, un jefe: Paltiel, hijo de Azán.

27 De la tribu de los hijos de Aser, un jefe: Ahiud, hijo de Selomi.

28 Y de la tribu de los hijos de Neftalí, un jefe: Pedael, hijo de Amiud.

29 Estos son los que el Señor mandó que repartieran la heredad a los hijos de Israel en la tierra de Canaán.

Ciudades para los levitas y ciudades de refugio

35 El Señor habló a Moisés en las llanuras de Moab, junto al Jordán, *frente a* Jericó, diciendo:

2 Manda a los hijos de Israel que de la herencia de su posesión den a los levitas ciudades en que puedan habitar; también daréis a los levitas tierras de pasto alrededor de las ciudades.

3 Y las ciudades serán suyas para habitar; y sus tierras de pasto serán para sus animales, para sus ganados y para todas sus bestias.

4 Las tierras de pasto de las ciudades que daréis a los levitas *se extenderán* desde la muralla de la ciudad hacia afuera mil codos alrededor.

5 Mediréis también afuera de la ciudad, al lado oriental dos mil codos, al lado sur dos mil codos, al lado occidental dos mil codos, y al lado norte dos mil codos, con la ciudad en el centro. Esto será de ellos como tierras de pasto para las ciudades.

6 Las ciudades que daréis a los levitas *serán* las seis ciudades de refugio, las que daréis para que el homicida huya a ellas; además de ellas *les* daréis cuarenta y dos ciudades.

7 Todas las ciudades que daréis a los levitas *serán* cuarenta y ocho ciudades, junto con sus tierras de pasto.

8 En cuanto a las ciudades que daréis de la posesión de los hijos de Israel, tomaréis más del más grande y tomaréis menos del más pequeño; cada uno dará algunas de sus ciudades a los levitas en proporción a la posesión que herede.

9 Luego el Señor habló a Moisés, diciendo:

10 Habla a los hijos de Israel, y diles: "Cuando crucéis el Jordán a la tierra de Canaán,

11 escogeréis para vosotros ciudades para que sean vuestras ciudades de refugio, a fin de que pueda huir allí el homicida que haya matado a alguna persona sin intención.

12"Las ciudades serán para vosotros como refugio del vengador, para que el homicida no muera hasta que comparezca delante de la congregación para juicio.

13"Las ciudades que daréis serán vuestras seis ciudades de refugio.

14"Daréis tres ciudades al otro lado del Jordán y tres ciudades en la tierra de Canaán; serán ciudades de refugio.

15"Estas seis ciudades serán por refugio para los hijos de Israel, y para el forastero y para el peregrino entre ellos, para que huya allí cualquiera que sin intención mate a una persona.

16"Pero si lo hirió con un objeto de hierro, y murió, es un asesino; al asesino ciertamente se le dará muerte.

17"Y si lo hirió con una piedra en la mano, por la cual pueda morir, y muere, es un asesino; al asesino ciertamente se le dará muerte.

18"O si lo golpeó con un objeto de madera en la mano, por lo cual pueda morir, y muere, es un asesino; al asesino ciertamente se le dará muerte.

19"El vengador de sangre, él mismo dará muerte al asesino; le dará muerte cuando se encuentre con él.

20"Y si lo empujó con odio, o le arrojó algo *mientras* lo acechaba, y murió,

21 o si lo hirió con la mano en enemistad, y murió, al que lo hirió ciertamente se le dará muerte; es un asesino. El vengador de sangre dará muerte al asesino cuando se encuentre con él.

22"Pero si lo empujó súbitamente sin enemistad, o le arrojó algo sin acecharlo,

23 o *tiró* cualquier piedra que pudo matarlo, y sin ver que le cayó encima, murió, no siendo su enemigo ni procurando herirlo,

24 entonces la congregación juzgará entre el homicida y el vengador de la sangre conforme a estas ordenanzas.

25"Y la congregación librará al homicida de la mano del vengador de sangre, y la congregación lo restaurará a la ciudad de refugio a la cual huyó; y vivirá en ella hasta la muerte del sumo sacerdote que fue ungido con óleo santo.

26"Pero si el homicida sale en cualquier tiempo de los límites de la ciudad de refugio a la cual pudo huir,

27 y el vengador de sangre lo halla fuera de los límites de la ciudad de refugio, y el vengador de sangre mata al homicida, no será culpable de sangre,

28 porque *el homicida* debió haber permanecido en la ciudad de refugio hasta la muerte del sumo sacerdote. Pero después de la muerte del sumo sacerdote, el homicida volverá a su tierra.

29"Estas cosas serán por norma de derecho para vosotros por vuestras generaciones en todas vuestras moradas.

30"Si alguno mata a una persona, al asesino se le dará muerte ante la evidencia de testigos, pero a ninguna persona se le dará muerte por el testimonio de un solo testigo.

31"Además, no tomaréis rescate por la vida de un asesino que es culpable de muerte, sino que de cierto se le dará muerte;

32 y no tomaréis rescate por el que ha huido a la ciudad de refugio para que vuelva y habite en la tierra antes de la muerte del sacerdote.

33"Así que no contaminaréis la tierra en que estáis; porque la sangre contamina la tierra, y no se puede hacer expiación por la tierra, por la sangre derramada en ella, excepto mediante la sangre del que la derramó.

34"Y no contaminaréis la tierra en que habitáis, en medio de la cual yo moro, pues yo, el SEÑOR, habito en medio de los hijos de Israel."

Ley del matrimonio de una heredera

36 Y los jefes *de las casas* paternas de la familia de los hijos de Galaad, hijo de Maquir, hijo de Manasés, de las familias de los hijos de José, se acercaron y hablaron ante Moisés y ante los jefes, las cabezas *de las casas* paternas de los hijos de Israel.

2 Y dijeron: El SEÑOR ordenó a mi señor dar la tierra por sorteo a los hijos de Israel por heredad, y el SEÑOR ordenó a mi señor dar la heredad de Zelofehad, nuestro hermano, a sus hijas.

3 Pero si ellas se casan con alguno de los hijos de las *otras* tribus de los hijos de Israel, su heredad será quitada de la herencia de nuestros padres, y será añadida a la heredad de la tribu a la que ellos pertenezcan; y así será quitada de nuestra heredad.

4 Y cuando llegue el jubileo de los hijos de Israel, entonces su heredad será añadida a la heredad de la tribu a la que ellos pertenezcan; así su heredad será quitada de la heredad de la tribu de nuestros padres.

5 Entonces Moisés ordenó a los hijos de Israel, conforme a la palabra del SEÑOR, diciendo: La tribu de los hijos de José tiene razón en lo que dice.

6 Esto es lo que el SEÑOR ha ordenado tocante a las hijas de Zelofehad, diciendo: "Cásense con el que bien les parezca; pero deben casarse dentro de la familia de la tribu de su padre."

7 Así, ninguna heredad de los hijos de Israel será traspasada de tribu a tribu, pues los hijos de Israel retendrán cada uno la heredad de la tribu de sus padres.

8 Y toda hija que entre en posesión de una heredad en alguna de las tribus de los hijos de Israel, se casará con alguno de la familia de la tribu de su padre, a fin de que los hijos de Israel posean cada una la heredad de sus padres.

9 De esta manera, ninguna heredad será traspasada de una tribu a otra tribu, pues las tribus de los hijos de Israel retendrán cada una su propia heredad.

10 Y las hijas de Zelofehad hicieron tal como el SEÑOR había ordenado a Moisés,

11 pues Maala, Tirsa, Hogla, Milca y Noa, las hijas de Zelofehad, se casaron con los hijos de sus tíos.

12 Se casaron *con los* de las familias de los hijos de Manasés, hijo de José, y su heredad permaneció con la tribu de la familia de su padre.

13 Estos son los mandamientos y las ordenanzas que el SEÑOR dio a los hijos de Israel por medio de Moisés en las llanuras de Moab, junto al Jordán, *frente a* Jericó.

DEUTERONOMIO

Dios ordena a Israel que entre a la Tierra Prometida

1 Estas son las palabras que Moisés habló a todo Israel al otro lado del Jordán, en el desierto, en el Arabá, frente a Suf, entre Parán, Tofel, Labán, Hazerot y Dizahab.

2 Hay once días *de camino* desde Horeb, por el camino del monte Seir, hasta Cades-barnea.

3 Y sucedió que en el año cuarenta, el mes undécimo, el primer *día* del mes, Moisés habló a los hijos de Israel conforme a todo lo que el SEÑOR le había ordenado que les *diera*,

4 después de haber derrotado a Sehón, rey de los amorreos, que habitaba en Hesbón, y a Og, rey de Basán, que habitaba en Astarot y en Edrei.

5 Al otro lado del Jordán, en la tierra de Moab, Moisés comenzó a explicar esta ley, diciendo:

6 El SEÑOR nuestro Dios nos habló en Horeb, diciendo: "Bastante habéis permanecido en este monte.

7 "Volveos; partid e id a la región montañosa de los amorreos, y a todos sus vecinos, en el Arabá, en la región montañosa, en el valle, en el Neguev, y por la costa del mar, la tierra de los cananeos y el Líbano, hasta el gran río, el río Eufrates.

8 "Mirad, he puesto la tierra delante de vosotros; entrad y tomad posesión de la tierra que el SEÑOR juró dar a vuestros padres Abraham, Isaac y Jacob, a ellos y a su descendencia después de ellos."

9 Y en aquel tiempo os hablé, diciendo: "Yo solo no puedo llevar *la carga de todos* vosotros.

10 "El SEÑOR vuestro Dios os ha multiplicado y he aquí que hoy sois como las estrellas del cielo en multitud.

11 "Que el SEÑOR, el Dios de vuestros padres, os multiplique mil veces más de lo que sois y os bendiga, tal como os ha prometido.

12 "¿Cómo puedo yo solo llevar el peso y la carga de vosotros y vuestros litigios?

13 "Escoged de entre vuestras tribus hombres sabios, entendidos y expertos, y yo los nombraré como vuestros jefes."

14 Y vosotros me respondisteis, y dijisteis: "Bueno es que se haga lo que has dicho."

15 Entonces tomé a los principales de vuestras tribus, hombres sabios y expertos, y los nombré como dirigentes vuestros, jefes de mil, de cien, de cincuenta, y de diez, y oficiales para vuestras tribus.

16 Y en aquella ocasión mandé a vuestros jueces, diciendo: "Oíd *los pleitos* entre vuestros hermanos, y juzgad justamente entre un hombre y su hermano o el forastero que está con él.

17 "No mostraréis parcialidad en el juicio; lo mismo oiréis al pequeño que al grande. No tendréis temor del hombre, porque el juicio es de Dios. Y el caso que sea muy difícil para vosotros, me *lo* traeréis a mí, y yo lo oiré."

18 En aquella misma ocasión os mandé todas las cosas que deberíais hacer.

19 Partimos de Horeb y pasamos por todo aquel vasto y terrible desierto que visteis, camino de la región montañosa de los amorreos, tal como el SEÑOR nuestro Dios nos había mandado, y llegamos a Cades-barnea.

20 Y os dije: "Habéis llegado a la región montañosa de los amorreos que el SEÑOR nuestro Dios va a darnos.

21 "Mira, *Israel*, el SEÑOR tu Dios ha puesto la tierra delante de ti; sube, toma posesión de ella, como el SEÑOR, el Dios de tus padres, te ha dicho. No temas ni te acobardes."

22 Entonces todos vosotros os acercasteis a mí, y dijisteis: "Enviemos hombres delante de nosotros, que nos exploren la tierra, y nos traigan noticia del camino por el cual hemos de subir y de las ciudades a las cuales entraremos."

23 Y me agradó el plan, y tomé a doce hombres de entre vosotros, un hombre por cada tribu.

24 Y ellos partieron y subieron a la región montañosa, y llegaron hasta el valle de Escol, y reconocieron la tierra.

25 Tomaron en sus manos del fruto de la tierra y nos lo trajeron; y nos dieron un informe, diciendo: "Es una tierra buena que el SEÑOR nuestro Dios nos da."

26 Sin embargo, no quisisteis subir, y os rebelasteis contra el mandato del SEÑOR vuestro Dios.

27 Y murmurasteis en vuestras tiendas, diciendo: "Porque el SEÑOR nos aborrece, nos ha sacado de la tierra de Egipto para entregarnos en manos de los amorreos y destruirnos.

28 "¿Adónde subiremos? Nuestros hermanos nos han atemorizado, diciendo: 'El pueblo es más grande y más alto que nosotros; las ciudades son grandes y fortificadas hasta el cielo. Y además vimos allí a los hijos de Anac.'"

29 Entonces yo os dije: "No os aterréis ni tengáis miedo de ellos.

30 "El SEÑOR vuestro Dios, que va delante de vosotros, El peleará por vosotros, así como lo hizo delante de vuestros ojos en Egipto,

31 y en el desierto, donde has visto cómo el SEÑOR tu Dios te llevó, como un hombre lleva a su hijo, por todo el camino que habéis andado hasta llegar a este lugar."

32 Pero con todo esto, no confiasteis en el SEÑOR vuestro Dios,

33 que iba delante de vosotros en el camino para buscaros lugar dónde acampar, con fuego de noche y nube de día, para mostraros el camino por donde debíais andar.

34 Entonces oyó el SEÑOR la voz de vuestras palabras, y se enojó y juró, diciendo:

35 "Ninguno de estos hombres, esta generación perversa, verá la buena tierra que juré dar a vuestros padres,

36 excepto Caleb, hijo de Jefone; él la verá, y a él y a sus hijos daré la tierra que ha pisado, pues él ha seguido fielmente al SEÑOR."

37 Y el SEÑOR se enojó también contra mí por causa vuestra, diciendo: "Tampoco tú entrarás allá.

38 "Josué, hijo de Nun, que está delante de ti, él entrará allá; anímale, porque él hará que Israel la posea.

39 "Y vuestros pequeños, que dijisteis que vendrían a ser presa, y vuestros hijos, que hoy no tienen conocimiento del bien ni del mal, entrarán allá, y a ellos yo la daré, y ellos la poseerán.

40"Pero vosotros, volveos y partid hacia el desierto por el camino del mar Rojo."

41 Entonces respondisteis y me dijisteis: "Hemos pecado contra el Señor; nosotros subiremos y pelearemos tal como el Señor nuestro Dios nos ha mandado." Y cada uno de vosotros se ciñó sus armas de guerra, y pensasteis que era fácil subir a la región montañosa.

42 Pero el Señor me dijo: "Diles: 'No subáis, ni peleéis, pues yo no estoy entre vosotros; para que no seáis derrotados por vuestros enemigos.'"

43 Y os hablé, pero no quisisteis escuchar. Al contrario, os rebelasteis contra el mandamiento del Señor, y obrasteis con presunción, y subisteis a la región montañosa.

44 Y los amorreos que moraban en aquella región montañosa salieron contra vosotros, y os persiguieron como lo hacen las abejas, y os derrotaron desde Seir hasta Horma.

45 Entonces volvisteis y llorasteis delante del Señor, pero el Señor no escuchó vuestra voz, ni os prestó oído.

46 Por eso permanecisteis en Cades muchos días, los días que pasasteis *allí*.

La providencia del Señor

2 Después nos volvimos y partimos hacia el desierto por el camino del mar Rojo, como el Señor me había mandado, y por muchos días dimos vuelta al monte Seir.

2 Y el Señor me habló, diciendo:

3"Bastantes vueltas habéis dado ya alrededor de este monte. Volveos *ahora* hacia el norte,

4 y da orden al pueblo, diciendo: 'Vais a pasar por el territorio de vuestros hermanos, los hijos de Esaú que habitan en Seir, y os tendrán miedo. Así que tened mucho cuidado;

5 no los provoquéis, porque nada de su tierra os daré, ni siquiera la huella de un pie, porque a Esaú he dado el monte Seir por posesión.

6 'Les compraréis con dinero los alimentos para comer, y también con dinero compraréis de ellos agua para beber.

7 'Pues el Señor tu Dios te ha bendecido en todo lo que has hecho; El ha conocido tu peregrinar a través de este inmenso desierto. Por cuarenta años el Señor tu Dios ha estado contigo; nada te ha faltado.'"

8 Pasamos, pues, de largo a nuestros hermanos, los hijos de Esaú que habitan en Seir, lejos del camino de Arabá, lejos de Elat y de Ezión-geber. Y nos volvimos, y pasamos por el camino del desierto de Moab.

9 Entonces el Señor me dijo: "No molestes a Moab, ni los provoques a la guerra, porque no te daré nada de su tierra por posesión, pues he dado Ar a los hijos de Lot por posesión.

10 (Antes habitaron allí los emitas, un pueblo tan grande, numeroso y alto como los anaceos.

11 Como los anaceos, ellos también son considerados gigantes, pero los moabitas los llaman emitas.

12 Los horeos habitaron antes en Seir, pero los hijos de Esaú los desalojaron y los destruyeron delante de ellos, y se establecieron en su lugar, tal como Israel hizo con la tierra que el Señor les dio en posesión.)

13"Levantaos ahora, y cruzad el torrente de Zered." Y cruzamos el torrente de Zered.

14 Y el tiempo que nos llevó para venir de Cades-barnea, hasta que cruzamos el torrente de Zered, fue de treinta y ocho años; hasta que pereció toda la generación de los hombres de guerra de en medio del campamento, como el Señor les había jurado.

15 Además, la mano del Señor fue contra ellos, para destruirlos de en medio del campamento, hasta que todos perecieron.

16 Y aconteció que cuando todos los hombres de guerra habían ya perecido de entre el pueblo,

17 el Señor me habló, diciendo:

18"Tú cruzarás hoy por Ar la frontera de Moab.

19"Y cuando llegues frente a los hijos de Amón, no los molestes ni los provoques, porque no te daré nada de la tierra de los hijos de Amón en posesión, pues se la he dado a los hijos de Lot por heredad."

20 (Es también conocida como la tierra de los gigantes, *porque* antiguamente habitaban en ella gigantes, a los que los amonitas llaman zomzomeos,

21 pueblo grande, numeroso y alto como los anaceos, pero que el Señor destruyó delante de ellos. Y *los amonitas* los desalojaron y se establecieron en su lugar,

22 tal como *Dios* hizo con los hijos de Esaú, que habitan en Seir, cuando destruyó a los horeos delante de ellos; ellos los desalojaron, y se establecieron en su lugar hasta hoy.

23 Y a los aveos que habitaban en aldeas hasta Gaza, los caftoreos[1], que salieron de Caftor[2], los destruyeron y se establecieron en su lugar.)

24"Levantaos; partid y pasad por el valle del Arnón. Mira, he entregado en tu mano a Sehón amorreo, rey de Hesbón, y a su tierra; comienza a tomar posesión y entra en batalla con él.

25"Hoy comenzaré a infundir el espanto y temor tuyo entre los pueblos debajo del cielo, quienes, al oír tu fama, temblarán y se angustiarán a causa de ti."

26 Entonces envié mensajeros desde el desierto de Cademot a Sehón, rey de Hesbón, con palabras de paz, diciendo:

27"Déjame pasar por tu tierra; iré solamente por el camino, sin apartarme ni a la derecha ni a la izquierda.

28"Me venderás comestibles por dinero para que yo pueda comer, y me darás agua por dinero para que pueda beber; déjame tan sólo pasar a pie,

29 tal como hicieron conmigo los hijos de Esaú que habitan en Seir, y los moabitas que habitan en Ar, hasta que cruce el Jordán a la tierra que el Señor nuestro Dios nos da."

30 Pero Sehón, rey de Hesbón, no quiso dejarnos pasar por su tierra porque el Señor tu Dios endureció su espíritu e hizo obstinado su corazón, a fin de entregarlo en tus manos, como *lo está* hoy.

31 Y el Señor me dijo: "Mira, he comenzado a entregar a Sehón y su tierra en tus manos. Comienza a ocupar*la* para que poseas la tierra."

32 Entonces Sehón salió con todo su pueblo a encontrarnos en batalla en Jahaza.

33 Y el Señor nuestro Dios lo entregó a

---

1. I.e., filisteos 2. I.e., Creta

nosotros; y lo derrotamos a él, a sus hijos y a todo su pueblo.

34 En aquel tiempo tomamos todas sus ciudades, y exterminamos a hombres, mujeres y niños de cada ciudad. No dejamos ningún sobreviviente.

35 Tomamos solamente como nuestro botín los animales y los despojos de las ciudades que habíamos capturado.

36 Desde Aroer, que está a la orilla del valle del Arnón, y *desde* la ciudad que está en el valle, aun hasta Galaad, no hubo ciudad inaccesible para nosotros; el SEÑOR nuestro Dios nos *las* entregó todas.

37 Solamente no te acercaste a la tierra de los hijos de Amón, a todo lo largo del arroyo Jaboc, ni a las ciudades del monte, todo lo que el SEÑOR nuestro Dios había prohibido.

Derrota del rey de Basán

3 Volvimos, pues, y subimos por el camino de Basán, y Og, rey de Basán, nos salió al encuentro con todo su pueblo para pelear en Edrei.

2 Pero el SEÑOR me dijo: "No le tengas miedo, porque en tu mano yo lo he entregado a él, y a todo su pueblo y su tierra; y harás con él tal como hiciste con Sehón, rey de los amorreos, que habitaba en Hesbón."

3 Así que el SEÑOR nuestro Dios entregó también a Og, rey de Basán, con todo su pueblo en nuestra mano, y lo herimos hasta que no quedaron sobrevivientes.

4 Y tomamos en aquel entonces todas sus ciudades; no quedó ciudad que no les tomáramos: sesenta ciudades, toda la región de Argob, el reino de Og en Basán.

5 Todas éstas eran ciudades fortificadas con altas murallas, puertas y barras, aparte de muchos otros pueblos sin murallas.

6 Las destruimos totalmente, como hicimos con Sehón, rey de Hesbón, exterminando a todos los hombres, mujeres y niños de cada ciudad;

7 pero tomamos como nuestro botín todos los animales y los despojos de las ciudades.

8 Así tomamos entonces la tierra de mano de los dos reyes de los amorreos que estaban del otro lado del Jordán, desde el valle del Arnón hasta el monte Hermón

9 (los sidonios llaman a Hermón, Sirión, y los amorreos lo llaman Senir):

10 todas las ciudades de la meseta, todo Galaad y todo Basán, hasta Salca y Edrei, ciudades del reino de Og en Basán.

11 (Porque sólo Og, rey de Basán, quedaba de los gigantes. Su cama era una cama de hierro; está en Rabá de los hijos de Amón. Tenía nueve codos de largo y cuatro codos de ancho, según el codo de un hombre.)

12 Tomamos posesión, pues, de esta tierra en aquel tiempo. Desde Aroer, que está en el valle del Arnón, y la mitad de la región montañosa de Galaad y sus ciudades, se la di a los rubenitas y a los gaditas.

13 Y el resto de Galaad y todo Basán, el reino de Og, toda la región de Argob, se la di a la media tribu de Manasés. (En cuanto a todo Basán, se le llama la tierra de los gigantes.

14 Jair, hijo de Manasés, tomó toda la región de Argob hasta la frontera con Gesur y Maaca, y la llamó, *es decir a* Basán, según su propio nombre, Havot-jair[1], *como se llama* hasta hoy.)

15 Y a Maquir le di Galaad.

16 A los rubenitas y a los gaditas les di desde Galaad hasta el valle del Arnón, el medio del valle como frontera, hasta el arroyo Jaboc, frontera de los hijos de Amón;

17 también el Arabá, con el Jordán como frontera, desde el Cineret[2] hasta el mar del Arabá, el mar Salado, al pie de las laderas del Pisga al oriente.

18 Y en aquel tiempo yo os ordené, diciendo: "El SEÑOR vuestro Dios os ha dado esta tierra para poseerla; todos vosotros, hombres valientes, cruzaréis armados delante de vuestros hermanos, los hijos de Israel.

19 "Pero vuestras mujeres, vuestros pequeños y vuestro ganado (yo sé que tenéis mucho ganado), permanecerán en las ciudades que os he dado,

20 hasta que el SEÑOR dé reposo a vuestros compatriotas como a vosotros, y posean ellos también la tierra que el SEÑOR vuestro Dios les dará al otro lado del Jordán. Entonces podréis volver cada hombre a la posesión que os he dado."

21 Y ordené a Josué en aquel tiempo, diciendo: "Tus ojos han visto todo lo que el SEÑOR vuestro Dios ha hecho a estos dos reyes; así hará el SEÑOR a todos los reinos por los cuales vas a pasar.

22 "No les temáis, porque el SEÑOR vuestro Dios es el que pelea por vosotros."

23 Yo también supliqué al SEÑOR en aquel tiempo, diciendo:

24 "Oh Señor DIOS, tú has comenzado a mostrar a tu siervo tu grandeza y tu mano poderosa; porque ¿qué dios hay en los cielos o en la tierra que pueda hacer obras y hechos *tan* poderosos como los tuyos?

25 "Permíteme, te suplico, cruzar y ver la buena tierra que está al otro lado del Jordán, aquella buena región montañosa y el Líbano."

26 Pero el SEÑOR se enojó conmigo a causa de vosotros, y no me escuchó; y el SEÑOR me dijo: "¡Basta! No me hables más de esto.

27 "Sube a la cumbre del Pisga y alza tus ojos al occidente, al norte, al sur y al oriente, y *mírala* con tus propios ojos, porque tú no cruzarás este Jordán.

28 "Pero encarga a Josué, y anímale y fortalécele, porque él pasará a la cabeza de este pueblo, y él les dará por heredad la tierra que tú verás."

29 Y nos quedamos en el valle frente a Bet-peor.

Moisés exhorta al pueblo a la obediencia

4 Ahora pues, oh Israel, escucha los estatutos y los juicios que yo os enseño para que los ejecutéis, a fin de que viváis y entréis a tomar posesión de la tierra que el SEÑOR, el Dios de vuestros padres, os da.

2 No añadiréis *nada* a la palabra que yo os mando, ni quitaréis *nada* de ella, para que guardéis los mandamientos del SEÑOR vuestro Dios que yo os mando.

3 Vuestros ojos han visto lo que hizo el SEÑOR en el caso de Baal-peor, pues a todo hombre que

---

1. I.e., las aldeas de Jair   2. I.e., mar de Galilea

siguió a Baal-peor, el Señor vuestro Dios lo destruyó de en medio de ti.

4 Mas vosotros, que permanecisteis fieles al Señor vuestro Dios, todos estáis vivos hoy.

5 Mirad, yo os he enseñado estatutos y juicios tal como el Señor mi Dios me ordenó, para que hagáis así en medio de la tierra en que vais a entrar para poseerla.

6 Así que guardad*los* y poned*los* por obra, porque esta será vuestra sabiduría y vuestra inteligencia ante los ojos de los pueblos que al escuchar todos estos estatutos, dirán: "Ciertamente esta gran nación es un pueblo sabio e inteligente."

7 Porque, ¿qué nación grande hay que tenga un dios tan cerca de ella como está el Señor nuestro Dios siempre que le invocamos?

8 ¿O qué nación grande hay que tenga estatutos y juicios tan justos como toda esta ley que yo pongo hoy delante de vosotros?

9 Por tanto, cuídate y guarda tu alma con diligencia, para que no te olvides de las cosas que tus ojos han visto, y no se aparten de tu corazón todos los días de tu vida; sino que las hagas saber a tus hijos y a tus nietos.

10 *Recuerda* el día que estuviste delante del Señor tu Dios en Horeb, cuando el Señor me dijo: "Reúneme el pueblo para que yo les haga oír mis palabras, a fin de que aprendan a temerme[1] todos los días que vivan sobre la tierra y *las* enseñen a sus hijos."

11 Os acercasteis, pues, y permanecisteis al pie del monte, y el monte ardía en fuego hasta el mismo cielo: oscuridad, nube y densas tinieblas.

12 Entonces el Señor os habló de en medio del fuego; oísteis su voz, sólo la voz, pero no visteis figura alguna.

13 Y El os declaró su pacto, el cual os mandó poner por obra: *esto es,* los diez mandamientos, y los escribió en dos tablas de piedra.

14 Y el Señor me ordenó en aquella ocasión que os enseñara estatutos y juicios, a fin de que los pusierais por obra en la tierra a la cual vais a entrar para poseerla.

15 Así que guardaos bien, ya que no visteis ninguna figura el día en que el Señor os habló en Horeb de en medio del fuego;

16 no sea que os corrompáis y hagáis para vosotros una imagen tallada semejante a cualquier figura: semejanza de varón o hembra,

17 semejanza de cualquier animal que está en la tierra, semejanza de cualquier ave que vuela en el cielo,

18 semejanza de cualquier animal que se arrastra sobre la tierra, semejanza de cualquier pez que *hay* en las aguas debajo de la tierra.

19 No sea que levantes los ojos al cielo y veas el sol, la luna, las estrellas y todo el ejército del cielo, y seas impulsado a adorarlos y servirlos, *cosas que* el Señor tu Dios ha concedido a todos los pueblos debajo de todos los cielos.

20 Pero a vosotros el Señor os ha tomado y os ha sacado del horno de hierro, de Egipto, para que seáis pueblo de su heredad como *lo sois* ahora.

21 Y el Señor se enojó conmigo a causa de vosotros, y juró que yo no pasaría el Jordán, ni entraría en la buena tierra que el Señor tu Dios te da por heredad.

22 Porque yo moriré en esta tierra, no cruzaré el Jordán; mas vosotros pasaréis y tomaréis posesión de esta buena tierra.

23 Guardaos, pues, no sea que olvidéis el pacto que el Señor vuestro Dios hizo con vosotros, y os hagáis imagen tallada en forma de cualquier cosa que el Señor tu Dios te ha prohibido.

24 Porque el Señor vuestro Dios es fuego consumidor, un Dios celoso.

25 Cuando hayáis engendrado hijos y nietos, y hayáis permanecido largo *tiempo* en la tierra, y os corrompáis y hagáis un ídolo en forma de cualquier cosa, y hagáis lo que es malo ante los ojos del Señor vuestro Dios para provocarle a ira,

26 pongo hoy por testigo contra vosotros al cielo y a la tierra, que pronto seréis totalmente exterminados de la tierra donde vais a pasar el Jordán para poseerla. No viviréis por mucho tiempo en ella, sino que seréis totalmente destruidos.

27 Y el Señor os dispersará entre los pueblos, y quedaréis pocos en número entre las naciones adonde el Señor os llevará.

28 Allí serviréis a dioses hechos por manos de hombre, de madera y de piedra, que no ven, ni oyen, ni comen, ni huelen.

29 Pero de allí buscarás al Señor tu Dios, y *lo* hallarás si lo buscas con todo tu corazón y con toda tu alma.

30 En los postreros días, cuando estés angustiado y todas esas cosas te sobrevengan, volverás al Señor tu Dios y escucharás su voz.

31 Pues el Señor tu Dios es Dios compasivo; no te abandonará, ni te destruirá, ni olvidará el pacto que El juró a tus padres.

32 Ciertamente, pregunta ahora acerca de los tiempos pasados que fueron antes de ti, desde el día en que Dios creó al hombre sobre la tierra; *inquiere* desde un extremo de los cielos hasta el otro. ¿Se ha hecho cosa tan grande como ésta, o se ha oído *algo* como esto?

33 ¿Ha oído pueblo *alguno* la voz de Dios, hablando de en medio del fuego, como tú *la* has oído, y ha sobrevivido?

34 ¿O ha intentado dios *alguno* tomar para sí una nación de en medio de *otra* nación, con pruebas, con señales y maravillas, con guerra y mano fuerte y con brazo extendido y hechos aterradores, como el Señor tu Dios hizo por ti en Egipto delante de tus ojos?

35 A ti te fue mostrado, para que supieras que el Señor, El es Dios; ningún otro hay fuera de El.

36 Desde los cielos te hizo oír su voz para disciplinarte; y sobre la tierra te hizo ver su gran fuego, y oíste sus palabras de en medio del fuego.

37 Porque El amó a tus padres, por eso escogió a su descendencia después de ellos; y personalmente te sacó de Egipto con su gran poder,

38 expulsando delante de ti naciones más grandes y más poderosas que tú, para hacerte entrar *y* darte la tierra de ellos por heredad, como *sucede* hoy.

39 Por tanto, reconoce hoy y reflexiona en tu corazón, que el Señor es Dios arriba en los cielos y abajo en la tierra; no hay otro.

40 Así pues, guardarás sus estatutos y sus

---

1. O, *reverenciarme*

mandamientos que yo te ordeno hoy, a fin de que te vaya bien a ti y a tus hijos después de ti, y para que prolongues tus días sobre la tierra que el Señor tu Dios te da para siempre.

41 Entonces Moisés designó tres ciudades al otro lado del Jordán, al oriente,

42 para que huyera allí el homicida que involuntariamente hubiera matado a su vecino sin haber tenido enemistad contra él en el pasado; y huyendo a una de estas ciudades, salvara su vida:

43 Beser en el desierto, sobre la meseta, para los rubenitas, y Ramot en Galaad para los gaditas, y Golán en Basán para los de Manasés.

44 Esta es, pues, la ley que Moisés puso delante de los hijos de Israel.

45 Estos son los testimonios, los estatutos y las ordenanzas que Moisés dio a los hijos de Israel cuando salieron de Egipto,

46 al otro lado del Jordán en el valle frente a Bet-peor, en la tierra de Sehón, rey de los amorreos, que habitaba en Hesbón, a quien Moisés y los hijos de Israel derrotaron cuando salieron de Egipto.

47 Y tomaron posesión de su tierra y de la tierra de Og, rey de Basán, los dos reyes de los amorreos que estaban al otro lado del Jordán hacia el oriente,

48 desde Aroer, que está a la orilla del valle del Arnón, hasta el monte Sion, es decir, Hermón,

49 con todo el Arabá al otro lado del Jordán, al oriente, hasta el mar del Arabá, al pie de las laderas del Pisga.

Los Diez Mandamientos

5 Entonces llamó Moisés a todo Israel y les dijo: Oye, oh Israel, los estatutos y ordenanzas que hablo hoy a vuestros oídos, para que los aprendáis y pongáis por obra.

2 El Señor nuestro Dios hizo un pacto con nosotros en Horeb.

3 No hizo el Señor este pacto con nuestros padres, sino con nosotros, con todos aquellos de nosotros que estamos vivos aquí hoy.

4 Cara a cara habló el Señor con vosotros en el monte de en medio del fuego,

5 mientras yo estaba en aquella ocasión entre el Señor y vosotros para declararos la palabra del Señor, porque temíais a causa del fuego y no subisteis al monte. Y El dijo:

6 "Yo soy el Señor tu Dios, que te saqué de la tierra de Egipto, de la casa de servidumbre.

7 "No tendrás otros dioses delante de mí.

8 "No te harás ningún ídolo, ni semejanza alguna de lo que está arriba en el cielo, ni abajo en la tierra, ni en las aguas debajo de la tierra.

9 "No los adorarás ni los servirás; porque yo, el Señor tu Dios, soy Dios celoso, que castigo la iniquidad de los padres sobre los hijos, y sobre la tercera y la cuarta generación de los que me aborrecen,

10 pero que muestro misericordia a millares, a los que me aman y guardan mis mandamientos.

11 "No tomarás en vano el nombre del Señor tu Dios, porque el Señor no tendrá por inocente a quien tome su nombre en vano.

12 "Guardarás el día de reposo para santificarlo, como el Señor tu Dios lo ha mandado.

13 "Seis días trabajarás y harás todo tu trabajo,

14 mas el séptimo día es día de reposo para el Señor tu Dios; no harás en él ningún trabajo, tú, ni tu hijo, ni tu hija, ni tu siervo, ni tu sierva, ni tu buey, ni tu asno, ni ninguno de tus animales, ni el forastero que está contigo, para que tu siervo y tu sierva también descansen como tú.

15 "Y acuérdate que fuiste esclavo en la tierra de Egipto, y que el Señor tu Dios te sacó de allí con mano fuerte y brazo extendido; por lo tanto, el Señor tu Dios te ha ordenado que guardes el día de reposo.

16 "Honra a tu padre y a tu madre, como el Señor tu Dios te ha mandado, para que tus días sean prolongados y te vaya bien en la tierra que el Señor tu Dios te da.

17 "No matarás.

18 "No cometerás adulterio.

19 "No hurtarás.

20 "No darás falso testimonio contra tu prójimo.

21 "No codiciarás la mujer de tu prójimo, y no desearás la casa de tu prójimo, ni su campo, ni su siervo, ni su sierva, ni su buey, ni su asno, ni nada que sea de tu prójimo."

22 Estas palabras el Señor habló a toda vuestra asamblea en el monte, de en medio del fuego, de la nube y de las densas tinieblas con una gran voz, y no añadió más. Y las escribió en dos tablas de piedra y me las dio.

23 Y aconteció que cuando oísteis la voz de en medio de las tinieblas, mientras el monte ardía con fuego, os acercasteis a mí, todos los jefes de vuestras tribus y vuestros ancianos,

24 y me dijisteis: "He aquí, el Señor nuestro Dios nos ha mostrado su gloria y su grandeza, y hemos oído su voz de en medio del fuego; hoy hemos visto que Dios habla con el hombre, y éste aún vive.

25 "Ahora pues, ¿por qué hemos de morir? Porque este gran fuego nos consumirá; si seguimos oyendo la voz del Señor nuestro Dios, entonces moriremos.

26 "Porque, ¿qué hombre hay que haya oído la voz del Dios vivo hablando de en medio del fuego, como nosotros, y haya sobrevivido?

27 "Acércate tú, y oye lo que el Señor nuestro Dios dice; entonces dinos todo lo que el Señor nuestro Dios te diga; y lo escucharemos y lo haremos."

28 Y el Señor oyó la voz de vuestras palabras cuando me hablasteis y el Señor me dijo: "He oído la voz de las palabras de este pueblo, que ellos te han hablado. Han hecho bien en todo lo que han dicho.

29 "¡Oh si ellos tuvieran tal corazón que me temieran, y guardaran siempre todos mis mandamientos, para que les fuera bien a ellos y a sus hijos para siempre!

30 "Ve y diles: 'Volved a vuestras tiendas.'

31 "Pero tú, quédate aquí conmigo, para que yo te diga todos los mandamientos, los estatutos y los juicios que les enseñarás, a fin de que los practiquen en la tierra que les doy en posesión."

32 Y cuidad de hacer tal como el Señor vuestro Dios os ha mandado; no os desviéis a la derecha ni a la izquierda.

33 Andad en todo el camino que el Señor vuestro Dios os ha mandado, a fin de que viváis y os vaya bien, y prolonguéis vuestros días en la tierra que vais a poseer.

Exhortaciones y advertencias

6 Estos, pues, son los mandamientos, los estatutos y los juicios que el Señor vuestro Dios *me* ha mandado que os enseñe, para que *los* pongáis por obra en la tierra que vais a poseer,

2 para que temas al Señor tu Dios, guardando todos sus estatutos y sus mandamientos que yo te ordeno, tú y tus hijos y tus nietos, todos los días de tu vida, para que tus días sean prolongados.

3 Escucha, pues, oh Israel, y cuida de hacer*lo*, para que te vaya bien y te multipliques en gran manera, *en* una tierra que mana leche y miel, tal como el Señor, el Dios de tus padres, te ha prometido.

4 Escucha, oh Israel, el Señor es nuestro Dios, el Señor uno es.

5 Amarás al Señor tu Dios con todo tu corazón, con toda tu alma y con toda tu fuerza.

6 Y estas palabras que yo te mando hoy, estarán sobre tu corazón;

7 y diligentemente las enseñarás a tus hijos, y hablarás de ellas cuando te sientes en tu casa y cuando andes por el camino, cuando te acuestes y cuando te levantes.

8 Y las atarás como una señal a tu mano, y serán por insignias entre tus ojos.

9 Y las escribirás en los postes de tu casa y en tus puertas.

10 Y sucederá que cuando el Señor tu Dios te traiga a la tierra que juró a tus padres Abraham, Isaac y Jacob que te daría, *una tierra con* grandes y espléndidas ciudades que tú no edificaste,

11 y casas llenas de toda buena cosa que tú no llenaste, y cisternas cavadas que tú no cavaste, viñas y olivos que tú no plantaste, y comas y te sacies;

12 entonces ten cuidado, no sea que te olvides del Señor que te sacó de la tierra de Egipto, de la casa de servidumbre.

13 Temerás *sólo* al Señor tu Dios; y a Él adorarás, y jurarás por su nombre.

14 No seguiréis a otros dioses, a ninguno de los dioses de los pueblos que os rodean,

15 porque el Señor tu Dios, que está en medio de ti, es Dios celoso, no sea que se encienda la ira del Señor tu Dios contra ti, y Él te borre de la faz de la tierra.

16 No tentaréis al Señor vuestro Dios, como *le* tentasteis en Masah.

17 Debéis guardar diligentemente los mandamientos del Señor vuestro Dios, y sus testimonios y estatutos que te ha mandado.

18 Y harás lo que es justo y bueno a los ojos del Señor, para que te vaya bien, y para que entres y tomes posesión de la buena tierra que el Señor juró *que daría* a tus padres,

19 echando fuera a todos tus enemigos de delante de ti, como el Señor ha dicho.

20 Cuando en el futuro tu hijo te pregunte, diciendo: "¿Qué *significan* los testimonios y los estatutos y los juicios que el Señor nuestro Dios os ha mandado?",

21 entonces dirás a tu hijo: "Éramos esclavos de Faraón en Egipto, y el Señor nos sacó de Egipto con mano fuerte.

22 "Además, el Señor hizo grandes y temibles señales y maravillas delante de nuestros ojos contra Egipto, contra Faraón y contra toda su casa;

23 y nos sacó de allí para traernos y darnos la tierra que Él había jurado *dar* a nuestros padres."

24 Y el Señor nos mandó que observáramos todos estos estatutos, y que temiéramos siempre al Señor nuestro Dios para nuestro bien y para preservarnos la vida, como *hasta* hoy.

25 Y habrá justicia para nosotros si nos cuidamos en observar todos estos mandamientos delante del Señor nuestro Dios, tal como Él nos ha mandado.

7 Cuando el Señor tu Dios te haya introducido en la tierra donde vas a entrar para poseerla y haya echado de delante de ti a muchas naciones: los heteos, los gergeseos, los amorreos, los cananeos, los ferezeos, los heveos y los jebuseos, siete naciones más grandes y más poderosas que tú,

2 y cuando el Señor tu Dios los haya entregado delante de ti, y los hayas derrotado, los destruirás por completo. No harás alianza con ellos ni te apiadarás de ellos.

3 Y no contraerás matrimonio con ellos; no darás tus hijas a sus hijos, ni tomarás sus hijas para tus hijos.

4 Porque ellos apartarán a tus hijos de seguirme para servir a otros dioses; entonces la ira del Señor se encenderá contra ti, y Él pronto te destruirá.

5 Mas así haréis con ellos: derribaréis sus altares, destruiréis sus pilares *sagrados*, y cortaréis sus imágenes de Asera, y quemaréis a fuego sus imágenes talladas.

6 Porque tú eres pueblo santo para el Señor tu Dios; el Señor tu Dios te ha escogido para ser pueblo suyo de entre todos los pueblos que están sobre la faz de la tierra.

7 El Señor no puso su amor en vosotros ni os escogió por ser vosotros más numerosos que otro pueblo, pues erais el más pequeño de todos los pueblos;

8 mas porque el Señor os amó y guardó el juramento que hizo a vuestros padres, el Señor os sacó con mano fuerte y os redimió de casa de servidumbre, de la mano de Faraón, rey de Egipto.

9 Reconoce, pues, que el Señor tu Dios es Dios, el Dios fiel, que guarda su pacto y su misericordia hasta mil generaciones con aquellos que le aman y guardan sus mandamientos;

10 pero al que le odia le da el pago en su misma cara, destruyéndolo; *y* no se tarda *en castigar* al que le odia, en su misma cara le dará el pago.

11 Guarda, por tanto, el mandamiento y los estatutos y los juicios que yo te mando hoy, para ponerlos por obra.

12 Y sucederá que porque escuchas estos juicios y los guardas y los pones por obra, el Señor tu Dios guardará su pacto contigo y su misericordia que juró a tus padres.

13 Y te amará, y te bendecirá y te multiplicará; también bendecirá el fruto de tu vientre y el fruto de tu tierra, tu cereal, tu mosto, tu aceite, el aumento de tu ganado y las crías de tu rebaño en la tierra que Él juró a tus padres que te daría.

14 Bendito serás más que todos los pueblos; no

habrá varón ni hembra estéril en ti, ni en tu ganado.

15 Y el SEÑOR apartará de ti toda enfermedad; y no pondrá sobre ti ninguna de las enfermedades malignas de Egipto que has conocido, sino que las pondrá sobre los que te odian.

16 Y destruirás a todos los pueblos que el SEÑOR tu Dios te entregue; tu ojo no tendrá piedad de ellos; tampoco servirás a sus dioses, porque esto *sería* un tropiezo para ti.

17 Si dijeras en tu corazón: "Estas naciones son más poderosas que yo, ¿cómo podré desposeerlas?",

18 no tengas temor de ellas; recuerda bien lo que el SEÑOR tu Dios hizo a Faraón y a todo Egipto:

19 las grandes pruebas que tus ojos vieron, las señales y maravillas, y la mano poderosa y el brazo extendido con el cual el SEÑOR tu Dios te sacó. Así el SEÑOR tu Dios hará con todos los pueblos a los cuales temes.

20 Además, el SEÑOR tu Dios enviará la avispa contra ellos, hasta que perezcan los que queden y se escondan de ti.

21 No te espantes de ellos, porque el SEÑOR tu Dios está en medio de ti, Dios grande y temible.

22 Y el SEÑOR tu Dios echará estas naciones de delante de ti poco a poco; no podrás acabar con ellas rápidamente, no sea que las bestias del campo lleguen a ser demasiado numerosas para ti.

23 Pero el SEÑOR tu Dios las entregará delante de ti, y producirá entre ellas gran confusión hasta que perezcan.

24 Y entregará en tus manos a sus reyes de modo que harás perecer sus nombres de debajo del cielo; ningún hombre podrá hacerte frente hasta que tú los hayas destruido.

25 Las esculturas de sus dioses quemarás a fuego; no codiciarás la plata o el oro que las recubren, ni lo tomarás para ti, no sea que por ello caigas en un lazo, porque es abominación al SEÑOR tu Dios.

26 Y no traerás cosa abominable a tu casa, pues serás anatema como ella; ciertamente la aborrecerás y la abominarás, pues es anatema.

Descripción de la Tierra Prometida

8 Todos los mandamientos que yo os ordeno hoy, tendréis cuidado de poner*los* por obra, a fin de que viváis y os multipliquéis, y entréis y toméis posesión de la tierra que el SEÑOR juró *dar* a vuestros padres.

2 Y te acordarás de todo el camino por donde el SEÑOR tu Dios te ha traído por el desierto *durante* estos cuarenta años, para humillarte, probándote, a fin de saber lo que había en tu corazón, si guardarías o no sus mandamientos.

3 Y te humilló, y te dejó tener hambre, y te alimentó con el maná que no conocías, ni tus padres habían conocido, para hacerte entender que el hombre no sólo vive de pan, sino que vive de todo lo que procede de la boca del SEÑOR.

4 Tu ropa no se gastó sobre ti, ni se hinchó tu pie *durante* estos cuarenta años.

5 Por tanto, debes comprender en tu corazón que el SEÑOR tu Dios te estaba disciplinando así como un hombre disciplina a su hijo.

6 Guardarás, pues, los mandamientos del SEÑOR tu Dios, para andar en sus caminos y para temerle.

7 Porque el SEÑOR tu Dios te trae a una tierra buena, a una tierra de corrientes de aguas, de fuentes y manantiales que fluyen por valles y colinas;

8 una tierra de trigo y cebada, de viñas, higueras y granados; una tierra de aceite de oliva y miel;

9 una tierra donde comerás el pan sin escasez, donde nada te faltará; una tierra cuyas piedras son hierro, y de cuyos montes puedes sacar cobre.

10 Cuando hayas comido y te hayas saciado, bendecirás al SEÑOR tu Dios por la buena tierra que El te ha dado.

11 Cuídate de no olvidar al SEÑOR tu Dios dejando de guardar sus mandamientos, sus ordenanzas y sus estatutos que yo te ordeno hoy;

12 no sea que cuando hayas comido y te hayas saciado, y hayas construido buenas casas y habitado *en ellas*,

13 y cuando tus vacas y tus ovejas se multipliquen, y tu plata y oro se multipliquen, y todo lo que tengas se multiplique,

14 entonces tu corazón se enorgullezca, y te olvides del SEÑOR tu Dios que te sacó de la tierra de Egipto de la casa de servidumbre.

15 El te condujo a través del inmenso y terrible desierto, *con sus* serpientes abrasadoras y escorpiones, tierra sedienta donde no había agua; El sacó para ti agua de la roca de pedernal.

16 En el desierto te alimentó con el maná que tus padres no habían conocido, para humillarte y probarte, y para finalmente hacerte bien.

17 No sea que digas en tu corazón: "Mi poder y la fuerza de mi mano me han producido esta riqueza."

18 Mas acuérdate del SEÑOR tu Dios, porque El es el que te da poder para hacer riquezas, a fin de confirmar su pacto, el cual juró a tus padres como en este día.

19 Y sucederá que si alguna vez te olvidas del SEÑOR tu Dios, y vas en pos de otros dioses, y los sirves y los adoras, yo testifico contra vosotros hoy, que ciertamente pereceréis.

20 Como las naciones que el SEÑOR destruye delante de vosotros, así pereceréis, porque no oísteis a la voz del SEÑOR vuestro Dios.

Dios destruirá a las naciones de Canaán

9 Oye, Israel: Hoy vas a pasar el Jordán para entrar a desposeer a naciones más grandes y más poderosas que tú, ciudades grandes y fortificadas hasta el cielo,

2 un pueblo grande y alto, los hijos de los anaceos, a quienes conoces y de quienes has oído *decir*: "¿Quién puede resistir ante los hijos de Anac?"

3 Comprende, pues, hoy, que es el SEÑOR tu Dios el que pasa delante de ti como fuego consumidor. El los destruirá y los humillará delante de ti, para que los expulses y los destruyas rápidamente, tal como el SEÑOR te ha dicho.

4 No digas en tu corazón cuando el SEÑOR tu Dios los haya echado de delante de ti: "Por mi justicia el SEÑOR me ha hecho entrar para poseer esta tierra", sino *que es* a causa de la maldad de estas naciones *que* el SEÑOR las expulsa de delante de ti.

5 No es por tu justicia ni por la rectitud de tu corazón que vas a poseer su tierra, sino que por la maldad de estas naciones el SEÑOR tu Dios las expulsa de delante de ti, para confirmar el pacto que el SEÑOR juró a tus padres Abraham, Isaac y Jacob.

6 Comprende, pues, que no *es* por tu justicia *que* el SEÑOR tu Dios te da esta buena tierra para poseerla, pues eres un pueblo de dura cerviz.

7 Acuérdate; no olvides cómo provocaste a ira al SEÑOR tu Dios en el desierto; desde el día en que saliste de la tierra de Egipto hasta que llegasteis a este lugar, habéis sido rebeldes contra el SEÑOR.

8 Hasta en Horeb provocasteis a ira al SEÑOR, y el SEÑOR se enojó tanto contra vosotros que estuvo a punto de destruiros.

9 Cuando subí al monte para recibir las tablas de piedra, las tablas del pacto que el SEÑOR había hecho con vosotros, me quedé en el monte cuarenta días y cuarenta noches; no comí pan ni bebí agua.

10 Y el SEÑOR me dio las dos tablas de piedra escritas por el dedo de Dios; y en ellas *estaban* todas las palabras que el SEÑOR os había dicho en el monte, de en medio del fuego, el día de la asamblea.

11 Y aconteció al cabo de cuarenta días y cuarenta noches, que el SEÑOR me dio las dos tablas de piedra, las tablas del pacto.

12 Entonces el SEÑOR me dijo: "Levántate; baja aprisa de aquí, porque tu pueblo que sacaste de Egipto se ha corrompido. Pronto se han apartado del camino que yo les había ordenado; se han hecho un ídolo de fundición."

13 También me habló el SEÑOR, diciendo: "He visto a este pueblo, y en verdad es un pueblo de dura cerviz.

14"Déjame que los destruya y borre su nombre de debajo del cielo; y de ti haré una nación más grande y más poderosa que ellos."

15 Y volví, y descendí del monte mientras el monte ardía con fuego, y las dos tablas del pacto estaban en mis dos manos.

16 Y vi que en verdad habíais pecado contra el SEÑOR vuestro Dios. Os habíais hecho un becerro de fundición; pronto os habíais apartado del camino que el SEÑOR os había ordenado.

17 Tomé las dos tablas, las arrojé de mis manos y las hice pedazos delante de vuestros ojos.

18 Y me postré delante del SEÑOR como al principio, por cuarenta días y cuarenta noches; no comí pan ni bebí agua, a causa de todo el pecado que habíais cometido al hacer lo malo ante los ojos del SEÑOR, provocándole a ira.

19 Porque temí la ira y el furor con que el SEÑOR estaba enojado contra vosotros para destruiros, pero el SEÑOR me escuchó también esta vez.

20 Y el SEÑOR se enojó tanto con Aarón que quiso destruirlo; y también intercedí por Aarón al mismo tiempo.

21 Y tomé *el objeto de* vuestro pecado, el becerro que os habíais hecho, y lo quemé en el fuego, y lo hice pedazos, desmenuzándolo hasta que quedó tan fino como el polvo; y eché su polvo al arroyo que bajaba del monte.

22 Nuevamente, en Tabera, en Masah y en Kibrot-hataava, provocasteis a ira al SEÑOR.

23 Y cuando el SEÑOR os envió de Cades-barnea,

diciendo: "Subid y tomad posesión de la tierra que yo os he dado", entonces os rebelasteis contra la orden del SEÑOR vuestro Dios; no le creísteis, ni escuchasteis su voz.

24 Vosotros habéis sido rebeldes al SEÑOR desde el día en que os conocí.

25 Entonces me postré delante del SEÑOR los cuarenta días y cuarenta noches, lo cual hice porque el SEÑOR había dicho que os iba a destruir.

26 Y oré al SEÑOR, y dije: "Oh Señor DIOS, no destruyas a tu pueblo, a tu heredad, que tú has redimido con tu grandeza, que tú has sacado de Egipto con mano fuerte.

27"Acuérdate de tus siervos Abraham, Isaac y Jacob; no mires la dureza de este pueblo ni su maldad ni su pecado.

28"De otra manera los de la tierra de donde tú nos sacaste dirán: 'Por cuanto el SEÑOR no pudo hacerlos entrar en la tierra que les había prometido y porque los aborreció, los sacó para hacerlos morir en el desierto.'

29"Sin embargo, ellos son tu pueblo, tu heredad, a quien tú has sacado con tu gran poder y tu brazo extendido."

Renovación del pacto

10 En aquel tiempo el SEÑOR me dijo: "Lábrate dos tablas de piedra como las anteriores, y sube a mí al monte, y hazte un arca de madera.

2"Y yo escribiré sobre las tablas las palabras que estaban sobre las primeras tablas que quebraste, y las pondrás en el arca."

3 Hice, pues, un arca de madera de acacia y labré dos tablas de piedra como las anteriores, y subí al monte con las dos tablas en mi mano.

4 Y El escribió sobre las tablas, conforme a la escritura anterior, los diez mandamientos que el SEÑOR os había hablado en el monte de en medio del fuego el día de la asamblea; y el SEÑOR me las dio.

5 Entonces me volví y descendí del monte, y puse las tablas en el arca que yo había hecho; y allí están tal como el SEÑOR me ordenó.

6 (Después los hijos de Israel partieron de Beerot-bene-jaacán hacia Mosera. Allí murió Aarón y allí fue sepultado, y su hijo Eleazar ministró como sacerdote en su lugar.

7 De allí partieron hacia Gudgoda; y de Gudgoda hacia Jotbata, una tierra de corrientes de aguas.

8 En aquel tiempo el SEÑOR apartó la tribu de Leví para que llevara el arca del pacto del SEÑOR, y para que estuviera delante del SEÑOR, sirviéndole y bendiciendo en su nombre hasta el día de hoy.

9 Por tanto, Leví no tiene porción o herencia con sus hermanos; el SEÑOR es su herencia, así como el SEÑOR tu Dios le habló.)

10 Y me quedé en el monte cuarenta días y cuarenta noches como la primera vez, y el SEÑOR me escuchó también esta vez; y el SEÑOR no quiso destruirte.

11 Entonces me dijo el SEÑOR: "Levántate, continúa tu marcha al frente del pueblo, para que entren y tomen posesión de la tierra que yo juré a sus padres que les daría."

12 Y ahora, Israel, ¿qué requiere de ti el SEÑOR

tu Dios, sino que temas al SEÑOR tu Dios, que andes en todos sus caminos, que le ames y que sirvas al SEÑOR tu Dios con todo tu corazón y con toda tu alma,

13 y que guardes los mandamientos del SEÑOR y sus estatutos que yo te ordeno hoy para tu bien?

14 He aquí, al SEÑOR tu Dios pertenecen los cielos y los cielos de los cielos, la tierra y todo lo que en ella hay.

15 Sin embargo, el SEÑOR se agradó de tus padres, los amó, y escogió a su descendencia después de ellos, *es decir*, a vosotros, de entre todos los pueblos, como *se ve* hoy.

16 Circuncidad, pues, vuestro corazón, y no endurezcáis más vuestra cerviz.

17 Porque el SEÑOR vuestro Dios es Dios de dioses y Señor de señores, Dios grande, poderoso y temible que no hace acepción de personas ni acepta soborno.

18 El hace justicia al huérfano y a la viuda, y muestra su amor al extranjero dándole pan y vestido.

19 Mostrad, pues, amor al extranjero, porque vosotros fuisteis extranjeros en la tierra de Egipto.

20 Temerás al SEÑOR tu Dios; le servirás, te allegarás a El y *sólo* en su nombre jurarás.

21 El es *el objeto de* tu alabanza y El es tu Dios, que ha hecho por ti estas cosas grandes y portentosas que tus ojos han visto.

22 *Cuando* tus padres descendieron a Egipto *eran* setenta personas, y ahora el SEÑOR tu Dios te ha hecho tan numeroso como las estrellas del cielo.

Grandeza y poder del SEÑOR

11 Amarás, pues, al SEÑOR tu Dios, y guardarás siempre sus mandatos, sus estatutos, sus ordenanzas y sus mandamientos.

2 Y comprended hoy que no *estoy hablando* con vuestros hijos, los cuales no han visto la disciplina del SEÑOR vuestro Dios: su grandeza, su mano poderosa, su brazo extendido,

3 sus señales y sus obras que hizo en medio de Egipto a Faraón, rey de Egipto, y a toda su tierra;

4 lo que hizo al ejército de Egipto, a sus caballos y a sus carros, al hacer que el agua del mar Rojo los cubriera cuando os perseguían, y el SEÑOR los destruyó completamente;

5 lo que os hizo en el desierto hasta que llegasteis a este lugar,

6 y lo que hizo a Datán y Abiram, los hijos de Eliab, hijo de Rubén, cuando la tierra abrió su boca y los tragó a ellos, a sus familias, a sus tiendas y a todo ser viviente que los seguía, en medio de todo Israel.

7 Pero vuestros ojos han visto toda la gran obra que el SEÑOR ha hecho.

8 Guardad, pues, todos los mandamientos que os ordeno hoy, para que seáis fuertes, y entréis y toméis posesión de la tierra a la cual entráis para poseerla;

9 para que prolonguéis *vuestros* días en la tierra que el SEÑOR juró dar a vuestros padres y a su descendencia, una tierra que mana leche y miel.

10 Porque la tierra a la cual entras para poseerla, no es como la tierra de Egipto de donde vinisteis, donde sembrabas tu semilla, y la regabas con el pie[1] como una huerta de hortalizas,

11 sino que la tierra a la cual entráis para poseerla, tierra de montes y valles, bebe el agua de las lluvias del cielo.

12 Es una tierra que el SEÑOR tu Dios cuida; los ojos del SEÑOR tu Dios están siempre sobre ella, desde el principio hasta el fin del año.

13 Y sucederá que si obedecéis mis mandamientos que os ordeno hoy, de amar al SEÑOR vuestro Dios y de servirle con todo vuestro corazón y con toda vuestra alma,

14 El dará a vuestra tierra la lluvia a su tiempo, lluvia temprana y lluvia tardía[2], para que recojas tu grano, tu mosto y tu aceite.

15 Y El dará hierba en tus campos para tu ganado, y comerás y te saciarás.

16 Cuidaos, no sea que se engañe vuestro corazón y os desviéis y sirváis a otros dioses, y los adoréis.

17 No sea que la ira del SEÑOR se encienda contra vosotros, y cierre los cielos y no haya lluvia y la tierra no produzca su fruto, y pronto perezcáis en la buena tierra que el SEÑOR os da.

18 Grabad, pues, estas mis palabras en vuestro corazón y en vuestra alma; atadlas como una señal a vuestra mano, y serán por insignias entre vuestros ojos.

19 Y enseñadlas a vuestros hijos, hablando de ellas cuando te sientes en tu casa y cuando andes por el camino, cuando te acuestes y cuando te levantes.

20 Y escríbelas en los postes de tu casa y en tus puertas.

21 para que tus días y los días de tus hijos sean multiplicados en la tierra que el SEÑOR juró dar a tus padres, por todo el tiempo que los cielos *permanezcan* sobre la tierra.

22 Porque si guardáis cuidadosamente todo este mandamiento que os ordeno para cumplirlo, amando al SEÑOR vuestro Dios, andando en todos sus caminos y allegándoos a El,

23 entonces el SEÑOR expulsará de delante de vosotros a todas estas naciones, y vosotros desposeeréis a naciones más grandes y más poderosas que vosotros.

24 Todo lugar donde pise la planta de vuestro pie será vuestro; vuestras fronteras serán desde el desierto hasta el Líbano, *y* desde el río, el río Eufrates, hasta el mar occidental[3].

25 Nadie os podrá hacer frente; el SEÑOR vuestro Dios infundirá, como El os ha dicho, espanto y temor de vosotros en toda la tierra que pise vuestro pie.

26 He aquí, hoy pongo delante de vosotros una bendición y una maldición:

27 la bendición, si escucháis los mandamientos del SEÑOR vuestro Dios que os ordeno hoy;

28 y la maldición, si no escucháis los mandamientos del SEÑOR vuestro Dios, sino que os apartáis del camino que os ordeno hoy, para seguir a otros dioses que no habéis conocido.

29 Y acontecerá, que cuando el SEÑOR tu Dios te lleve a la tierra donde entras para poseerla, pondrás la bendición sobre el monte Gerizim y la maldición sobre el monte Ebal.

---

1. I.e., posiblemente una rueda hidráulica movida con el pie 2. I.e., lluvia de otoño y de primavera 3. I.e., el Mediterráneo

30 ¿No están ellos al otro lado del Jordán, detrás del camino del poniente, en la tierra de los cananeos que habitan en el Arabá, frente a Gilgal, junto al encinar de More?

31 Porque vais a pasar el Jordán para ir a poseer la tierra que el SEÑOR vuestro Dios os da, y la tomaréis y habitaréis en ella;

32 y tendréis cuidado de cumplir todos los estatutos y decretos que hoy pongo delante de vosotros.

El único lugar de culto

12 Estos son los estatutos y los decretos que observaréis cuidadosamente en la tierra que el SEÑOR, el Dios de tus padres, te ha dado para que la poseáis todos los días que viváis sobre su suelo.

2 Destruiréis completamente todos los lugares donde las naciones que desposeeréis sirven a sus dioses: sobre los montes altos, sobre las colinas y debajo de todo árbol frondoso.

3 Y demoleréis sus altares, quebraréis sus pilares *sagrados*, quemaréis a fuego sus *imágenes de* Asera, derribaréis las imágenes talladas de sus dioses y borraréis su nombre de aquel lugar.

4 No procederéis así con el SEÑOR vuestro Dios,

5 sino que buscaréis *al* SEÑOR en el lugar en que el SEÑOR vuestro Dios escoja de todas vuestras tribus, para poner allí su nombre para su morada, y allí vendréis.

6 Y allí traeréis vuestros holocaustos, vuestros sacrificios, vuestros diezmos, la contribución de vuestra mano, vuestras ofrendas votivas, vuestras ofrendas voluntarias, y el primogénito de vuestras vacas y de vuestras ovejas.

7 Allí también vosotros y vuestras familias comeréis en presencia del SEÑOR vuestro Dios, y os alegraréis en todas vuestras empresas en las cuales el SEÑOR vuestro Dios os ha bendecido.

8 De ninguna manera haréis lo que hacemos aquí hoy, que cada cual *hace* lo que le parece bien a sus propios ojos;

9 porque todavía no habéis llegado al lugar de reposo y a la heredad que el SEÑOR vuestro Dios os da.

10 Cuando crucéis el Jordán y habitéis en la tierra que el SEÑOR vuestro Dios os da en heredad, y El os dé descanso de todos vuestros enemigos alrededor *de vosotros* para que habitéis seguros,

11 entonces sucederá que al lugar que el SEÑOR vuestro Dios escoja para morada de su nombre, allí traeréis todo lo que yo os mando: vuestros holocaustos y vuestros sacrificios, vuestros diezmos y la ofrenda alzada de vuestra mano, y todo lo más selecto de vuestras ofrendas votivas que habéis prometido al SEÑOR.

12 Y os alegraréis en presencia del SEÑOR vuestro Dios, vosotros, vuestros hijos y vuestras hijas, vuestros siervos y vuestras siervas, y el levita que vive dentro de vuestras puertas, ya que no tiene parte ni heredad entre vosotros.

13 Cuídate de no ofrecer tus holocaustos en cualquier lugar que veas,

14 sino en el lugar que el SEÑOR escoja en una de tus tribus, allí ofrecerás tus holocaustos, y allí harás todo lo que yo te mando.

15 Sin embargo, podrás matar y comer carne dentro de todas tus puertas, conforme a tu deseo, según la bendición que el SEÑOR tu Dios te ha dado; el inmundo y el limpio podrán comerla, como *si fuera* de gacela o de ciervo.

16 Sólo que no comeréis la sangre; la derramaréis como agua sobre la tierra.

17 No te es permitido comer dentro de tus ciudades el diezmo de tu grano, de tu mosto, o de tu aceite, ni de los primogénitos de tus vacas o de tus ovejas, ni ninguna de las ofrendas votivas que prometas, ni tus ofrendas voluntarias, ni la ofrenda alzada de tu mano,

18 sino que lo comerás en presencia del SEÑOR tu Dios en el lugar que el SEÑOR tu Dios escoja, tú, tu hijo y tu hija, tu siervo y tu sierva, y el levita que vive dentro de tus puertas; y te alegrarás en presencia del SEÑOR tu Dios de toda la obra de tus manos.

19 Cuídate de no desamparar al levita mientras vivas en tu tierra.

20 Cuando el SEÑOR tu Dios haya extendido tus fronteras como te ha prometido, y tú digas: "Comeré carne", porque deseas comer carne, *entonces* podrás comer carne, toda la que desees.

21 Si el lugar que el SEÑOR tu Dios escoge para poner su nombre está muy lejos de ti, entonces podrás matar de tus vacas y de tus ovejas que el SEÑOR te ha dado, como te he ordenado, y podrás comer dentro de tus ciudades todo lo que desees.

22 Tal como se come la gacela y el ciervo, así la podrás comer; el inmundo y el limpio podrán comer de ella.

23 Sólo cuídate de no comer la sangre, porque la sangre es la vida, y no comerás la vida con la carne.

24 No la comerás; la derramarás como agua sobre la tierra.

25 No la comerás, para que te vaya bien a ti y a tus hijos después de ti, porque estarás haciendo lo que es justo delante del SEÑOR.

26 Solamente las cosas sagradas que tengas y tus ofrendas votivas, las tomarás e irás al lugar que el SEÑOR escoja.

27 Y ofrecerás tus holocaustos, la carne y la sangre, sobre el altar del SEÑOR tu Dios; y la sangre de tus sacrificios será derramada sobre el altar del SEÑOR tu Dios, y podrás comer la carne.

28 Escucha con cuidado todas estas palabras que te mando, para que te vaya bien a ti y a tus hijos después de ti para siempre, porque estarás haciendo lo que es bueno y justo delante del SEÑOR tu Dios.

29 Cuando el SEÑOR tu Dios haya destruido delante de ti las naciones que vas a desposeer, y las hayas desposeído y habites en su tierra,

30 cuídate de no caer en una trampa imitándolas, después que hayan sido destruidas delante de ti, y de no buscar sus dioses, diciendo: "¿Cómo servían estas naciones a sus dioses para que yo haga lo mismo?"

31 No procederás así para con el SEÑOR tu Dios, porque toda acción abominable que el SEÑOR odia ellos *la* han hecho en honor de sus dioses; porque aun a sus hijos y a sus hijas queman en el fuego *en honor* a sus dioses.

32 Cuidarás de hacer todo lo que te mando; nada le añadirás ni le quitarás.

Advertencia contra falsos profetas e idólatras

13 Si se levanta en medio de ti un profeta o soñador de sueños, y te anuncia una señal o un prodigio,

2 y la señal o el prodigio se cumple, acerca del cual él te había hablado, diciendo: "Vamos en pos de otros dioses (a los cuales no has conocido) y sirvámosles",

3 no darás oído a las palabras de ese profeta o de ese soñador de sueños; porque el Señor tu Dios te está probando para ver si amas al Señor tu Dios con todo tu corazón y con toda tu alma.

4 En pos del Señor vuestro Dios andaréis y a El temeréis; guardaréis sus mandamientos, escucharéis su voz, le serviréis y a El os uniréis.

5 Pero a ese profeta o a ese soñador de sueños se le dará muerte, por cuanto ha aconsejado rebelión contra el Señor vuestro Dios que te sacó de la tierra de Egipto y te redimió de casa de servidumbre, para apartarte del camino en el cual el Señor tu Dios te mandó andar. Así quitarás el mal de en medio de ti.

6 Si tu hermano, el hijo de tu madre, o tu hijo, o tu hija, o la mujer que amas, o tu amigo entrañable, te incita en secreto, diciendo: "Vamos y sirvamos a otros dioses" (a quienes ni tú ni tus padres habéis conocido),

7 de los dioses de los pueblos que te rodean, cerca o lejos de ti, de un término de la tierra al otro),

8 no cederás ni le escucharás; y tu ojo no tendrá piedad de él, tampoco lo perdonarás ni lo encubrirás,

9 sino que ciertamente lo matarás; tu mano será la primera contra él para matarlo, y después la mano de todo el pueblo.

10 Lo apedrearás hasta la muerte porque él trató de apartarte del Señor tu Dios que te sacó de la tierra de Egipto, de la casa de servidumbre.

11 Entonces todo Israel oirá y temerá, y nunca volverá a hacer tal maldad en medio de ti.

12 Si oyes decir *que* en alguna de las ciudades que el Señor tu Dios te da para habitar,

13 han salido hombres indignos de en medio de ti y han seducido a los habitantes de su ciudad, diciendo: "Vamos y sirvamos a otros dioses" (a quienes no has conocido),

14 entonces inquirirás, buscarás y preguntarás con diligencia. Y si es verdad *y* se comprueba que se ha hecho tal abominación en medio de ti,

15 irremisiblemente herirás a filo de espada a los habitantes de esa ciudad, destruyéndola por completo con todo lo que hay en ella, y *también* su ganado a filo de espada.

16 Entonces amontonarás todo su botín en medio de su plaza, y prenderás fuego a la ciudad con todo su botín, todo ello como ofrenda encendida al Señor tu Dios; y será montón de ruinas para siempre. Nunca será reconstruida.

17 Y nada de lo dedicado al anatema quedará en tu mano, para que el Señor se aparte del ardor de su ira y sea misericordioso contigo, tenga compasión de ti y te multiplique, tal como El juró a tus padres,

18 porque escuchas la voz del Señor tu Dios, guardando todos sus mandamientos que yo te ordeno hoy, haciendo lo que es justo ante los ojos del Señor tu Dios.

Animales limpios e inmundos

14 Vosotros sois hijos del Señor vuestro Dios; no os sajaréis ni os rasuraréis la frente a causa de un muerto.

2 Porque eres pueblo santo para el Señor tu Dios; y el Señor te ha escogido para que le seas un pueblo de su exclusiva posesión de entre los pueblos que están sobre la faz de la tierra.

3 No comerás nada abominable.

4 Estos son los animales que podréis comer: el buey, la oveja, la cabra,

5 el ciervo, la gacela, el corzo, la cabra montés, el íbice, el antílope y el carnero montés.

6 Y cualquier animal de pezuña dividida que tenga la *pezuña* hendida en dos mitades *y* que rumie, lo podréis comer.

7 Pero éstos no comeréis de entre los que rumian o de entre los que tienen la pezuña dividida en dos: el camello, el conejo y el damán; pues aunque rumian, no tienen la pezuña dividida; para vosotros serán inmundos.

8 Y el cerdo, aunque tiene la pezuña dividida, no rumia; será inmundo para vosotros. No comeréis de su carne ni tocaréis sus cadáveres.

9 De todo lo que vive en el agua, éstos podréis comer: todos los que tienen aletas y escamas,

10 pero no comeréis nada que no tenga aletas ni escamas; será inmundo para vosotros.

11 Toda ave limpia podréis comer.

12 Pero éstas no comeréis: el águila, el buitre y el buitre negro;

13 el azor, el halcón y el milano según su especie;

14 todo cuervo según su especie;

15 el avestruz, la lechuza, la gaviota y el gavilán según su especie;

16 el búho, el búho real, la lechuza blanca,

17 el pelícano, el buitre, el somormujo,

18 la cigüeña y la garza según su especie; la abubilla y el murciélago.

19 Todo insecto alado será inmundo para vosotros; no se comerá.

20 Toda ave limpia podréis comer.

21 No comeréis ningún animal que se muera. Lo podrás dar al forastero que está en tus ciudades, para que lo coma, o lo podrás vender a un extranjero, porque tú eres un pueblo santo al Señor tu Dios. No cocerás el cabrito en la leche de su madre.

22 Diezmarás fielmente todo el producto de tu sementera, lo que rinde tu campo cada año.

23 Y comerás en la presencia del Señor tu Dios, en el lugar que El escoja para poner allí su nombre, el diezmo de tu grano, de tu mosto y de tu aceite, y los primogénitos de tus vacas y de tus ovejas, para que aprendas a temer siempre al Señor tu Dios.

24 Mas si el camino es tan largo para ti, que seas incapaz de llevar *el diezmo* por estar lejos el lugar donde el Señor tu Dios escoja para poner allí su nombre, cuando el Señor tu Dios te haya bendecido,

25 entonces *lo* cambiarás por dinero, y atarás el dinero en tu mano e irás al lugar que el Señor tu Dios escoja.

26 Y podrás gastar el dinero en todo lo que tu corazón apetezca: en vacas u ovejas, en vino o sidra, o en cualquier *otra* cosa que tu corazón

desee; allí comerás en presencia del Señor tu Dios, y te alegrarás tú y tu casa.

27 Tampoco desampararás al levita que habite en tus ciudades, porque él no tiene parte ni heredad contigo.

28 Al fin de cada tercer año, sacarás todo el diezmo de tus productos de aquel año y *lo* depositarás en tus ciudades.

29 Y vendrá el levita, que no tiene parte ni herencia contigo, y el forastero, el huérfano y la viuda que habitan en tus ciudades, y comerán y se saciarán, para que el Señor tu Dios te bendiga en toda obra que tu mano haga.

Año de remisión

15 Al cabo de *cada* siete años harás remisión de deudas.

2 Así se hará la remisión: todo acreedor hará remisión de lo que haya prestado a su prójimo; no lo exigirá de su prójimo ni de su hermano, porque se ha proclamado la remisión del Señor.

3 De un extranjero *lo* puedes exigir, mas tu mano perdonará cualquier cosa tuya que tu hermano tenga.

4 Y no habrá menesteroso entre vosotros, ya que el Señor de cierto te bendecirá en la tierra que el Señor tu Dios te da por heredad para poseerla,

5 si sólo escuchas fielmente la voz del Señor tu Dios, para guardar cuidadosamente todo este mandamiento que te ordeno hoy.

6 Pues el Señor tu Dios te bendecirá como te ha prometido, y tú prestarás a muchas naciones, pero tú no tomarás prestado; y tendrás dominio sobre muchas naciones, pero ellas no tendrán dominio sobre ti.

7 Si hay un menesteroso contigo, uno de tus hermanos, en cualquiera de tus ciudades en la tierra que el Señor tu Dios te da, no endurecerás tu corazón, ni cerrarás tu mano a tu hermano pobre,

8 sino que le abrirás libremente tu mano, y con generosidad le prestarás lo que le haga falta para *cubrir* sus necesidades.

9 Cuídate de que no haya pensamiento perverso en tu corazón, diciendo: "El séptimo año, el año de remisión, está cerca", y mires con malos ojos a tu hermano pobre, y no le des nada; porque él podrá clamar al Señor contra ti, y esto te será pecado.

10 Con generosidad le darás, y no te dolerá el corazón cuando le des, ya que el Señor tu Dios te bendecirá por esto en todo tu trabajo y en todo lo que emprendas.

11 Porque nunca faltarán pobres en tu tierra; por eso te ordeno, diciendo: "Con liberalidad abrirás tu mano a tu hermano, al necesitado y al pobre en tu tierra."

12 Si un hermano tuyo, hebreo o hebrea, te es vendido, te servirá por seis años, pero al séptimo año lo pondrás en libertad.

13 Y cuando lo libertes, no lo enviarás con las manos vacías.

14 Le abastecerás liberalmente de tu rebaño, de tu era y de tu lagar; le darás conforme te haya bendecido el Señor tu Dios.

15 Y te acordarás que fuiste esclavo en la tierra de Egipto, y que el Señor tu Dios te redimió; por eso te ordeno esto hoy.

16 Y sucederá que si él te dice: "No me iré de tu lado", porque te ama a ti y a tu casa, pues le va bien contigo,

17 entonces tomarás una lezna y horadarás su oreja contra la puerta, y será tu siervo para siempre. Y lo mismo harás a tu sierva.

18 No te parezca duro cuando lo dejes en libertad, porque te ha dado seis años *con el* doble del servicio de un jornalero; y el Señor tu Dios te bendecirá en todo lo que hagas.

19 Todo primogénito que nazca de tu ganado y de tu rebaño consagrarás al Señor tu Dios; no trabajarás con el primogénito de tu ganado ni trasquilarás el primogénito de tu rebaño.

20 Lo comerás tú y tu casa cada año delante del Señor tu Dios en el lugar que el Señor escoja.

21 Pero si tiene algún defecto, *si es* cojo o ciego o con cualquier *otro* defecto grave, no lo sacrificarás al Señor tu Dios.

22 Lo comerás dentro de tus ciudades; el inmundo lo mismo que el limpio *pueden comerlo*, como *se come* una gacela o un ciervo.

23 Sólo que no comerás su sangre; la derramarás como agua sobre la tierra.

Fiesta de la Pascua

16 Observarás el mes de Abib y celebrarás la Pascua al Señor tu Dios, porque en el mes de Abib el Señor tu Dios te sacó de Egipto de noche.

2 Y sacrificarás la Pascua al Señor tu Dios *con ofrendas* de tus rebaños y de tus manadas, en el lugar que el Señor escoja para poner allí su nombre.

3 No comerás con ella pan con levadura; siete días comerás con ella pan sin levadura, pan de aflicción (porque aprisa saliste de la tierra de Egipto), para que recuerdes todos los días de tu vida el día que saliste de la tierra de Egipto.

4 Durante siete días no se verá contigo levadura en todo tu territorio; y de la carne que sacrifiques en la tarde del primer día, no quedará nada para la mañana *siguiente*.

5 No podrás sacrificar la Pascua en ninguna de las ciudades que el Señor tu Dios te da,

6 sino que en el lugar que el Señor tu Dios escoja para poner allí su nombre sacrificarás la Pascua, al atardecer, al ponerse el sol, a la hora en que saliste de Egipto.

7 Y *la* asarás y *la* comerás en el lugar que el Señor tu Dios escoja. Luego, por la mañana, regresarás a tu habitación.

8 Seis días comerás pan sin levadura, y en el séptimo día habrá una asamblea solemne para el Señor tu Dios. Ningún trabajo harás *en él*.

9 Siete semanas contarás; comenzarás a contar siete semanas desde el momento en que empieces a meter la hoz a la mies.

10 Entonces celebrarás la fiesta de las semanas al Señor tu Dios con el tributo de una ofrenda voluntaria de tu mano, la cual darás según lo que el Señor tu Dios te haya bendecido.

11 Y te alegrarás delante del Señor tu Dios, tú, tu hijo, tu hija, tu siervo, tu sierva, el levita que *habita* en tus ciudades, y el forastero, el huérfano y la viuda que están en medio de ti, en el lugar donde el Señor tu Dios escoja para poner allí su nombre.

12 Y te acordarás de que tú fuiste esclavo en Egipto; cuídate de guardar estos estatutos.

13 *Durante* siete días celebrarás la fiesta de los tabernáculos, cuando hayas recogido *el producto* de tu era y de tu lagar.

14 Y te alegrarás en tu fiesta, tú, tu hijo y tu hija, tu siervo y tu sierva, el levita y el forastero, el huérfano y la viuda que están en tus ciudades.

15 Siete días celebrarás fiesta al Señor tu Dios en el lugar que escoja el Señor; porque el Señor tu Dios te bendecirá en todos tus productos y en toda la obra de tus manos; por tanto, estarás verdaderamente alegre.

16 Tres veces al año se presentarán todos tus varones delante del Señor tu Dios en el lugar que El escoja: en la fiesta de los panes sin levadura, en la fiesta de las semanas y en la fiesta de los tabernáculos; y no se presentarán con las manos vacías delante del Señor.

17 Cada hombre dará lo que pueda, de acuerdo con la bendición que el Señor tu Dios te haya dado.

18 Nombrarás para ti jueces y oficiales en todas las ciudades que el Señor tu Dios te da, según tus tribus, y ellos juzgarán al pueblo con justo juicio.

19 No torcerás la justicia; no harás acepción de personas, ni tomarás soborno, porque el soborno ciega los ojos del sabio y pervierte las palabras del justo.

20 La justicia, *y sólo* la justicia buscarás, para que vivas y poseas la tierra que el Señor tu Dios te da.

21 No plantarás para ti Asera de ninguna clase de árbol junto al altar del Señor tu Dios que harás para ti.

22 Ni levantarás para ti pilar *sagrado*, lo cual aborrece el Señor tu Dios.

17 No sacrificarás al Señor tu Dios buey o cordero que tenga defecto *o* alguna imperfección, porque es cosa abominable al Señor tu Dios.

2 Si se encuentra en medio de ti, en cualquiera de las ciudades que el Señor tu Dios te da, un hombre o una mujer que hace lo malo ante los ojos del Señor tu Dios, violando su pacto,

3 y que haya ido y servido a otros dioses, adorándolos, o *adorando* al sol, a la luna o a cualquiera de las huestes celestiales, lo cual yo no he mandado,

4 y si te lo dicen y has oído *hablar* de ello, harás una investigación minuciosa. Y he aquí, si es verdad y es cierto el hecho que esta abominación ha sido cometida en Israel,

5 entonces sacarás a tus puertas a ese hombre o a esa mujer que han cometido esta mala acción; *sacarás* al hombre o a la mujer, y los apedrearás hasta que mueran.

6 Al que ha de morir se le dará muerte por la declaración de dos o tres testigos; no se le dará muerte por la declaración de un solo testigo.

7 La mano de los testigos caerá primero contra él para darle muerte, y después la mano de todo el pueblo. Así quitarás el mal de en medio de ti.

8 Si un caso es demasiado difícil para que puedas juzgar, *como* entre una clase de homicidio y otra, entre una clase de pleito y otra, o entre una clase de asalto y otra, siendo casos de litigio en tus puertas, te levantarás y subirás al lugar que el Señor tu Dios escoja,

9 y vendrás al sacerdote levita o al juez que *oficie* en aquellos días, e inquirirás *de ellos*, y ellos te declararán el fallo del caso.

10 Y harás conforme a los términos de la sentencia que te declaren desde aquel lugar que el Señor escoja; y cuidarás de observar todo lo que ellos te enseñen.

11 Según los términos de la ley que ellos te enseñen, y según la sentencia que te declaren, así harás; no te apartarás a la derecha ni a la izquierda de la palabra que ellos te declaren.

12 Y el hombre que proceda con presunción, no escuchando al sacerdote que está allí para servir al Señor tu Dios, ni al juez, ese hombre morirá; así quitarás el mal de en medio de Israel.

13 Entonces todo el pueblo escuchará y temerá, y no volverá a proceder con presunción.

14 Cuando entres en la tierra que el Señor tu Dios te da, y la poseas y habites en ella, y digas: "Pondré un rey sobre mí, como todas las naciones que me rodean",

15 ciertamente pondrás sobre ti al rey que el Señor tu Dios escoja, a *uno* de entre tus hermanos pondrás por rey sobre ti; no pondrás sobre ti a un extranjero que no sea hermano tuyo.

16 Además, él no tendrá muchos caballos, ni hará que el pueblo vuelva a Egipto para tener muchos caballos, pues el Señor te ha dicho: "Jamás volveréis por ese camino."

17 Tampoco tendrá muchas mujeres, no sea que su corazón se desvíe; tampoco tendrá grandes cantidades de plata u oro.

18 Y sucederá que cuando él se siente sobre el trono de su reino, escribirá para sí una copia de esta ley en un libro, en presencia de los sacerdotes levitas.

19 La tendrá consigo y la leerá todos los días de su vida, para que aprenda a temer al Señor tu Dios, observando cuidadosamente todas las palabras de esta ley y estos estatutos,

20 para que no se eleve su corazón sobre sus hermanos y no se desvíe del mandamiento ni a la derecha ni a la izquierda, a fin de que prolongue sus días en su reino, él y sus hijos, en medio de Israel.

Provisión para los levitas

18 Los sacerdotes levitas, toda la tribu de Leví, no tendrán porción ni heredad con *el resto de* Israel; comerán *de* las ofrendas encendidas al Señor y *de* su porción.

2 Y no tendrán heredad entre sus hermanos; el Señor es su heredad, como se las ha prometido.

3 Y este será el derecho de los sacerdotes *de parte* del pueblo, de los que ofrecen *como* sacrificio buey u oveja: darán para el sacerdote la espaldilla, las quijadas y el cuajar.

4 Le darás las primicias de tu grano, de tu mosto, de tu aceite y del primer esquileo de tus ovejas.

5 Porque el Señor tu Dios le ha escogido a él y a sus hijos de *entre* todas tus tribus, para que esté *allí* y sirva en el nombre del Señor, para siempre.

6 Y si un levita sale de alguna de tus ciudades, de cualquier parte de Israel en que resida, y llega con todo el deseo de su alma al lugar que el Señor escoja,

7 él ministrará en el nombre del Señor su Dios, como todos sus hermanos levitas que están allí delante del Señor.

8 Comerán porciones iguales, excepto *lo que reciban* de la venta de sus patrimonios.

9 Cuando entres en la tierra que el Señor tu Dios te da, no aprenderás a hacer las cosas abominables de esas naciones.

10 No sea hallado en ti nadie que haga pasar a su hijo o a su hija por el fuego, ni quien practique adivinación, ni hechicería, o sea agorero, o hechicero,

11 o encantador, o médium, o espiritista, ni quien consulte a los muertos.

12 Porque cualquiera que hace estas cosas es abominable al Señor; y por causa de estas abominaciones el Señor tu Dios expulsará a esas naciones de delante de ti.

13 Serás intachable delante del Señor tu Dios.

14 Porque esas naciones que vas a desalojar escuchan a los que practican hechicería y a los adivinos, pero a ti el Señor tu Dios no te lo ha permitido.

15 Un profeta de en medio de ti, de tus hermanos, como yo, te levantará el Señor tu Dios; a él oiréis.

16 Esto es conforme a todo lo que pediste al Señor tu Dios en Horeb el día de la asamblea, diciendo: "No vuelva yo a oír la voz del Señor mi Dios, no vuelva a ver este gran fuego, no sea que muera."

17 Y el Señor me dijo: "Bien han hablado en lo que han dicho.

18 "Un profeta como tú levantaré de entre sus hermanos, y pondré mis palabras en su boca, y él les hablará todo lo que yo le mande.

19 "Y sucederá que a cualquiera que no oiga mis palabras que él ha de hablar en mi nombre, yo mismo le pediré cuenta.

20 "Pero el profeta que hable con presunción en mi nombre una palabra que yo no le haya mandado hablar, o que hable en el nombre de otros dioses, ese profeta morirá."

21 Y si dices en tu corazón: "¿Cómo conoceremos la palabra que el Señor no ha hablado?"

22 Cuando un profeta hable en el nombre del Señor, si la cosa no acontece ni se cumple, ésa es la palabra que el Señor no ha hablado; con presunción la ha hablado el profeta; no tendrás temor de él.

Ciudades de refugio

19 Cuando el Señor tu Dios destruya las naciones cuya tierra el Señor tu Dios te da, y las desalojes, y habites en sus ciudades y en sus casas,

2 te reservarás tres ciudades en medio de tu tierra que el Señor tu Dios te da en posesión.

3 Prepararás los caminos, y dividirás en tres partes el territorio de tu tierra que el Señor tu Dios te dé en posesión, para que huya allí todo homicida.

4 Y este será el caso del homicida que huya allí y viva: cuando mate a su amigo sin querer, sin haberlo odiado anteriormente

5 (como cuando *un hombre* va al bosque con su amigo para cortar leña, y su mano blande el hacha para cortar el árbol, y el hierro salta del mango y golpea a su amigo, y éste muere), él puede huir a una de estas ciudades y vivir;

6 no sea que el vengador de la sangre en el furor de su ira persiga al homicida, y lo alcance porque el camino es largo, y le quite la vida aunque él no merecía la muerte, porque no lo había odiado anteriormente.

7 Por tanto, te mando, diciendo: Reservarás para ti tres ciudades.

8 Y si el Señor tu Dios ensancha tu territorio, como ha jurado a tus padres, y te da toda la tierra que ha prometido dar a tus padres

9 (si guardas cuidadosamente todos estos mandamientos que te mando hoy, de amar al Señor tu Dios y de andar siempre en sus caminos), entonces te añadirás tres ciudades más, además de estas tres.

10 Para que no se derrame sangre inocente en medio de tu tierra que el Señor tu Dios te da por heredad, y no seas culpable de derramar sangre.

11 Pero si hay un hombre que odia a su prójimo, y acechándolo, se levanta contra él, lo hiere, y *éste* muere, y *después* él huye a una de estas ciudades,

12 entonces los ancianos de su ciudad enviarán a sacarlo de allí, y lo entregarán en mano del vengador de la sangre para que muera.

13 No tendrás piedad de él; mas limpiarás de Israel la sangre del inocente, para que te vaya bien.

14 No moverás los linderos de tu prójimo, fijados por los antepasados, en la herencia que recibirás en la tierra que el Señor tu Dios te da en posesión.

15 No se levantará un solo testigo contra un hombre por cualquier iniquidad o por cualquier pecado que haya cometido; el caso será confirmado por el testimonio de dos o tres testigos.

16 Si un testigo falso se levanta contra un hombre para acusarle de transgresión,

17 los dos litigantes se presentarán delante del Señor, delante de los sacerdotes y de los jueces que haya en esos días.

18 Y los jueces investigarán minuciosamente; y si el testigo es un testigo falso *y* ha acusado a su hermano falsamente,

19 entonces le haréis a él lo que él intentaba hacer a su hermano. Así quitarás el mal de en medio de ti.

20 Los demás oirán y temerán, y nunca más volverán a hacer una maldad semejante en medio de ti.

21 Y no tendrás piedad: vida por vida, ojo por ojo, diente por diente, mano por mano, pie por pie.

Leyes sobre la guerra

20 Cuando salgas a la batalla contra tus enemigos y veas caballos y carros, *y* pueblo más numeroso que tú, no tengas temor de ellos; porque el Señor tu Dios que te sacó de la tierra de Egipto está contigo.

2 Y sucederá que cuando os acerquéis a la batalla, el sacerdote se llegará y hablará al pueblo,

3 y les dirá: "Oye, Israel, hoy os acercáis a la batalla contra vuestros enemigos; no desmaye vuestro corazón; no temáis ni os alarméis, ni os aterroricéis delante de ellos,

4 porque el Señor vuestro Dios es el que va con vosotros, para pelear por vosotros contra vuestros enemigos, para salvaros."

5 Y los oficiales hablarán al pueblo, diciendo: "¿Quién es el hombre que ha edificado una casa nueva y no la ha estrenado? Que salga y regrese a su casa, no sea que muera en la batalla y otro la estrene.

6"¿Quién es el hombre que ha plantado una viña y no ha tomado *aún* de su fruto? Que salga y regrese a su casa, no sea que muera en la batalla y otro goce de su fruto.

7"¿Y quién es el hombre que está comprometido con una mujer y no se ha casado? Que salga y regrese a su casa, no sea que muera en la batalla y otro se case con ella."

8 Entonces los oficiales hablarán otra vez al pueblo, y dirán: "¿Quién es hombre medroso y de corazón apocado? Que salga y regrese a su casa para que no haga desfallecer el corazón de sus hermanos como *desfallece* el corazón suyo."

9 Y sucederá que cuando los oficiales acaben de hablar al pueblo, nombrarán capitanes de tropas a la cabeza del pueblo.

10 Cuando te acerques a una ciudad para pelear contra ella, le ofrecerás primero la paz.

11 Y sucederá que si ella está de acuerdo en hacer la paz contigo y te abre *sus puertas*, entonces todo el pueblo que se encuentra en ella estará sujeto a ti para trabajos forzados y te servirá.

12 Sin embargo, si no hace la paz contigo, sino que emprende la guerra contra ti, entonces la sitiarás.

13 Cuando el Señor tu Dios la entregue en tu mano, herirás a filo de espada a todos sus hombres.

14 Sólo las mujeres y los niños, los animales y todo lo que haya en la ciudad, todos sus despojos, tomarás para ti como botín. Comerás *del* botín de tus enemigos, que el Señor tu Dios te ha dado.

15 Así harás a todas las ciudades que están muy lejos de ti, que no sean de las ciudades de estas naciones cercanas.

16 Pero en las ciudades de estos pueblos que el Señor tu Dios te da en heredad, no dejarás con vida nada que respire,

17 sino que los destruirás por completo: a los heteos, amorreos, cananeos, ferezeos, heveos y jebuseos, tal como el Señor tu Dios te ha mandado,

18 para que ellos no os enseñen a imitar todas las abominaciones que ellos han hecho con sus dioses y no pequéis contra el Señor vuestro Dios.

19 Cuando sities una ciudad por muchos días, peleando contra ella para tomarla, no destruirás sus árboles metiendo el hacha contra ellos; no los talarás, pues de ellos puedes comer. Porque, ¿es acaso el árbol del campo un hombre para que le pongas sitio?

20 Sólo los árboles que sabes que no dan fruto podrás destruir y talar, para construir máquinas de sitio contra la ciudad que está en guerra contigo, hasta que caiga.

Expiación en caso de asesinato

21 Si en la tierra que el Señor tu Dios te da para que la poseas, fuera encontrado alguien asesinado, tendido en el campo, *y* no se sabe quién lo mató,

2 entonces tus ancianos y tus jueces irán y medirán *la distancia* a las ciudades que están alrededor del muerto.

3 Y sucederá que los ancianos de la ciudad más próxima al lugar donde fue hallado el muerto, tomarán de la manada una novilla que no haya trabajado y que no haya llevado yugo;

4 y los ancianos de esa ciudad traerán la novilla a un valle de aguas perennes, el cual no haya sido arado ni sembrado, y quebrarán la cerviz de la novilla allí en el valle.

5 Entonces se acercarán los sacerdotes, hijos de Leví, porque el Señor tu Dios los ha escogido para servirle y para bendecir en el nombre del Señor, y ellos decidirán todo litigio y toda ofensa;

6 y todos los ancianos de la ciudad más cercana al lugar donde fue hallado el muerto, lavarán sus manos sobre la novilla cuya cerviz fue quebrada en el valle;

7 y responderán y dirán: "Nuestras manos no han derramado esta sangre, ni nuestros ojos han visto *nada*.

8"Perdona a tu pueblo Israel, al cual has redimido, oh Señor, y no imputes la sangre inocente a tu pueblo Israel." Y la culpa de la sangre les será perdonada.

9 Así limpiarás la culpa de sangre inocente de en medio de ti, cuando hagas lo que es recto a los ojos del Señor.

10 Cuando salgas a la guerra contra tus enemigos, y el Señor tu Dios los entregue en tus manos, y los tomes en cautiverio,

11 y veas entre los cautivos una mujer hermosa, y la desees, y la tomes para ti por mujer,

12 la traerás a tu casa, y ella se rasurará la cabeza y se cortará sus uñas.

13 También se quitará el vestido de su cautiverio, permanecerá en tu casa y llorará por su padre y por su madre por todo un mes; después de eso podrás llegarte a ella y ser su marido, y ella será tu mujer.

14 Pero sucederá que si no te agrada, la dejarás ir adonde quiera; mas ciertamente no la venderás por dinero, ni la maltratarás, porque la has humillado.

15 Si un hombre tiene dos mujeres, una amada y otra aborrecida, y *tanto* la amada como la aborrecida le han dado hijos, si el primogénito es de la aborrecida,

16 el día que reparta lo que tiene entre sus hijos, no puede él hacer primogénito al hijo de la amada con preferencia al hijo de la aborrecida, que es el primogénito,

17 sino que reconocerá al primogénito, al hijo de la aborrecida, dándole una porción doble de todo lo que tiene, porque él es el principio de su vigor; a él pertenece el derecho de primogenitura.

18 Si un hombre tiene un hijo terco y rebelde que no obedece a su padre ni a su madre, y cuando lo castigan, ni aun así les hace caso,

19 el padre y la madre lo tomarán y lo llevarán fuera a los ancianos de su ciudad, a la puerta de su ciudad natal,

20 y dirán a los ancianos de la ciudad: "Este hijo nuestro es terco y rebelde, no nos obedece, es glotón y borracho."

21 Entonces todos los hombres de la ciudad lo apedrearán hasta que muera; así quitarás el mal de en medio de ti, y todo Israel oirá *esto* y temerá.

22 Y si un hombre ha cometido pecado digno de muerte, y se le ha dado muerte, y lo has colgado de un árbol,

23 su cuerpo no colgará del árbol toda la noche, sino que ciertamente lo enterrarás el mismo día (pues el colgado es maldito de Dios), para que no contamines la tierra que el SEÑOR tu Dios te da en heredad.

Leyes diversas

22 No verás extraviado el buey de tu hermano, o su oveja, sin que te ocupes de ellos; sin falta los llevarás a tu hermano.

2 Y si tu hermano no *vive* cerca de ti, o si no lo conoces, entonces lo traerás a tu casa, y estará contigo hasta que tu hermano lo busque; entonces se lo devolverás.

3 Así harás con su asno, y asimismo harás con su vestido; lo mismo harás con cualquier cosa perdida que tu hermano haya perdido y que tú halles. No te es permitido ignorarlos.

4 No verás el asno de tu hermano, o su buey, caído en el camino sin ocuparte de ellos; sin falta le ayudarás a levantar*los*.

5 La mujer no vestirá ropa de hombre, ni el hombre se pondrá ropa de mujer; porque cualquiera que hace esto es abominación al SEÑOR tu Dios.

6 Si encuentras un nido de pájaros por el camino, en un árbol o en la tierra, con polluelos o con huevos, y la madre echada sobre los polluelos o sobre los huevos, no tomarás la madre con los hijos;

7 sin falta dejarás ir a la madre, mas a los hijos los puedes tomar para ti, para que te vaya bien y prolongues tus días.

8 Cuando edifiques casa nueva, harás pretil a tu azotea, para que no traigas culpa de sangre sobre tu casa si alguno se cayera de ella.

9 No sembrarás tu viña con dos clases de semilla, no sea que todo el fruto de la semilla que hayas sembrado y el producto de la viña queden inservibles.

10 No ararás con buey y asno juntos.

11 No vestirás ropa de material mezclado de lana y lino.

12 Te harás borlas en las cuatro puntas del manto con que te cubras.

13 Si un hombre toma a una mujer y se llega a ella, y *después* la aborrece,

14 y la acusa de actos vergonzosos y la difama públicamente, diciendo: "Tomé a esta mujer, *pero* al llegarme a ella no la encontré virgen",

15 entonces el padre y la madre de la joven tomarán las *pruebas* de la virginidad de la joven y las llevarán a los ancianos de la ciudad, a la puerta.

16 Y el padre de la joven dirá a los ancianos: "Di mi hija por mujer a este hombre, pero él la aborreció;

17 y he aquí, él le atribuye actos vergonzosos, diciendo: 'No encontré virgen a tu hija.' Pero esta es *la prueba* de la virginidad de mi hija." Y extenderán la ropa delante de los ancianos de la ciudad.

18 Y los ancianos de la ciudad tomarán al hombre y lo castigarán,

19 y le pondrán una multa de cien *siclos* de plata, que darán al padre de la joven, porque difamó públicamente a una virgen de Israel. Y ella seguirá siendo su mujer; no podrá despedirla en todos sus días.

20 Pero si el asunto es verdad, que la joven no fue hallada virgen,

21 entonces llevarán a la joven a la puerta de la casa de su padre, y los hombres de su ciudad la apedrearán hasta que muera, porque ella ha cometido una infamia en Israel prostituyéndose en la casa de su padre; así quitarás el mal de en medio de ti.

22 Si se encuentra a un hombre acostado con una mujer casada, los dos morirán, el hombre que se acostó con la mujer, y la mujer; así quitarás el mal de Israel.

23 Si hay una joven virgen que está comprometida a un hombre, y *otro* hombre la encuentra en la ciudad y se acuesta con ella,

24 entonces llevaréis a los dos a la puerta de esa ciudad y los apedrearéis hasta que mueran; la joven, porque no dio voces en la ciudad, y el hombre, porque ha violado a la mujer de su prójimo; así quitarás el mal de en medio de ti.

25 Pero si el hombre encuentra en el campo a la joven que está comprometida, y el hombre la fuerza y se acuesta con ella; entonces morirá sólo el que se acuesta con ella,

26 no harás nada a la joven; no hay en la joven pecado digno de muerte, porque como cuando un hombre se levanta contra su vecino y lo mata, así es este caso;

27 cuando él la encontró en el campo, la joven comprometida dio voces, pero no había nadie que la salvara.

28 Si un hombre encuentra a una joven virgen que no está comprometida, y se apodera de ella y se acuesta con ella, y son descubiertos,

29 entonces el hombre que se acostó con ella dará cincuenta *siclos* de plata al padre de la joven, y ella será su mujer porque la ha violado; no podrá despedirla en todos sus días.

30 Ninguno tomará a la mujer de su padre para que no descubra la vestidura de su padre.

Los excluidos de la asamblea

23 Ninguno que haya sido castrado o que tenga cortado su miembro viril entrará en la asamblea del SEÑOR.

2 Ningún bastardo entrará en la asamblea del SEÑOR, ninguno de sus *descendientes*, aun hasta la décima generación, entrará en la asamblea del SEÑOR.

3 Ningún amonita ni moabita entrará en la asamblea del SEÑOR; ninguno de sus *descendientes*, aun hasta la décima generación, entrará jamás en la asamblea del SEÑOR,

4 porque no fueron a vuestro encuentro con pan y agua en el camino cuando salisteis de Egipto, y porque alquilaron contra ti a Balaam, hijo de Beor, de Petor en Mesopotamia, para maldecirte.

5 Mas el SEÑOR tu Dios no quiso escuchar a Balaam, sino que el SEÑOR tu Dios te cambió la maldición en bendición, porque el SEÑOR tu Dios te ama.

6 Nunca buscarás su paz ni su prosperidad en todos tus días.

7 No aborrecerás al edomita, porque es tu hermano; no aborrecerás al egipcio, porque fuiste extranjero en su tierra.

8 Los hijos de la tercera generación que les nazcan podrán entrar en la asamblea del SEÑOR.

9 Cuando salgas como ejército contra tus enemigos, te guardarás de toda cosa mala.

10 Si hay en medio de ti un hombre inmundo a causa de una emisión nocturna, debe salir fuera del campamento; no volverá a entrar al campamento.

11 Pero al llegar la tarde se bañará con agua, y cuando se ponga el sol, podrá entrar de nuevo al campamento.

12 Tendrás también un lugar fuera del campamento y saldrás allí;

13 y tendrás entre tus herramientas una pala, y cuando te sientes allá fuera, cavarás con ella, y te darás vuelta para cubrir tu excremento.

14 Porque el SEÑOR tu Dios anda en medio de tu campamento para librarte y para derrotar a tus enemigos de delante de ti, por tanto, tu campamento debe ser santo; y El no debe ver nada indecente en medio de ti, no sea que se aparte de ti.

15 No entregarás a su amo un esclavo que venga a ti huyendo de su señor.

16 Contigo habitará en medio de ti, en el lugar que él escoja en una de tus ciudades donde le parezca bien; no lo maltratarás.

17 Ninguna de las hijas de Israel será ramera de culto pagano; tampoco ninguno de los hijos de Israel será sodomita de culto pagano.

18 No traerás la paga de una ramera ni el sueldo de un perro[1] a la casa del SEÑOR tu Dios para cualquier ofrenda votiva, porque los dos son abominación para el SEÑOR tu Dios.

19 No cobrarás interés a tu hermano: interés sobre dinero, alimento, o cualquier cosa que pueda ser prestado a interés.

20 Podrás cobrar interés a un extranjero, pero a tu hermano no le cobrarás interés a fin de que el SEÑOR tu Dios te bendiga en todo lo que emprendas en la tierra que vas a entrar para poseerla.

21 Cuando hagas un voto al SEÑOR tu Dios, no tardarás en pagarlo, porque el SEÑOR tu Dios ciertamente te lo reclamará, y sería pecado en ti.

22 Sin embargo, si te abstienes de hacer un voto, no sería pecado en ti.

23 Lo que salga de tus labios, cuidarás de cumplirlo, tal como voluntariamente has hecho voto al SEÑOR tu Dios, lo cual has prometido con tu boca.

24 Cuando entres en la viña de tu prójimo, entonces podrás comer las uvas que desees hasta saciarte, pero no pondrás ninguna en tu cesto.

25 Cuando entres en la mies de tu prójimo, entonces podrás arrancar espigas con tu mano, pero no meterás la hoz a la mies de tu prójimo.

24 Cuando alguno toma una mujer y se casa con ella, si sucede que no le es agradable porque ha encontrado algo reprochable en ella, y le escribe certificado de divorcio, lo pone en su mano y la despide de su casa,

2 y ella sale de su casa y llega a ser *mujer* de otro hombre;

3 si el segundo marido la aborrece y le escribe certificado de divorcio, lo pone en su mano y la despide de su casa, o si muere este último marido que la tomó para ser su mujer,

4 al primer marido que la despidió no le es permitido tomarla nuevamente como mujer, porque ha sido menospreciada; pues eso es abominación ante el SEÑOR. No traerás pecado sobre la tierra que el SEÑOR tu Dios te da por heredad.

5 Cuando un hombre es recién casado, no saldrá con el ejército, ni se le impondrá ningún deber; quedará libre en su casa por un año para hacer feliz a la mujer que ha tomado.

6 Ninguno tomará en prenda el molino de mano ni la muela del molino, porque sería tomar en prenda la vida *del hombre*.

7 Si se encuentra a un hombre que haya secuestrado a alguno de sus hermanos de los hijos de Israel, y lo haya tratado con violencia, o lo haya vendido, entonces ese ladrón morirá; así quitarás el mal de en medio de ti.

8 Cuídate de una infección de lepra, para que observes diligentemente y hagas conforme a todo lo que los sacerdotes levitas os enseñen; como les he ordenado, así cuidaréis de hacer.

9 Recuerda lo que el SEÑOR tu Dios hizo a Miriam en el camino, cuando salíais de Egipto.

10 Cuando prestes cualquier cosa a tu prójimo, no entrarás en su casa para tomarle prenda;

11 te quedarás afuera, y el hombre a quien hiciste el préstamo te traerá la prenda.

12 Y si es un hombre pobre, no te acostarás *reteniendo aún* su prenda;

13 sin falta le devolverás la prenda al ponerse el sol, para que se acueste con su ropa, y te bendiga; y te será justicia delante del SEÑOR tu Dios.

14 No oprimirás al jornalero pobre y necesitado, ya sea uno de tus conciudadanos o uno de los extranjeros que habita en tu tierra y en tus ciudades.

15 En su día le darás su jornal antes de la puesta del sol, porque es pobre y ha puesto su corazón en él; para que él no clame contra ti al SEÑOR, y llegue a ser pecado en ti.

16 Los padres no morirán por *sus* hijos, ni los hijos morirán por *sus* padres; cada uno morirá por su propio pecado.

17 No pervertirás la justicia debida al forastero *ni* al huérfano, ni tomarás en prenda la ropa de la viuda,

18 sino que recordarás que fuiste esclavo en Egipto y que el SEÑOR tu Dios te rescató de allí; por tanto, yo te mando que hagas esto.

19 Cuando siegues tu mies en tu campo y olvides alguna gavilla en el campo, no regresarás a recogerla; será para el forastero, para el huérfano y para la viuda, para que el SEÑOR tu Dios te bendiga en toda obra de tus manos.

20 Cuando sacudas tus olivos, no recorrerás las ramas que hayas dejado tras de ti, serán para el forastero, para el huérfano y para la viuda.

21 Cuando vendimies tu viña, no la repasarás; será para el forastero, para el huérfano y para la viuda.

1. i.e., sodomita

22 Recordarás que tú fuiste esclavo en la tierra de Egipto; por tanto, yo te mando que hagas esto.

25 Si hay pleito entre *dos* hombres y van a la corte, y los jueces deciden el caso, y absuelven al justo y condenan al culpable,

2 sucederá que si el culpable merece ser azotado, entonces el juez le hará tenderse, y será azotado en su presencia con el número de azotes de acuerdo con su culpa.

3 Puede darle cuarenta azotes, *pero* no más, no sea que le dé muchos más azotes que éstos, y tu hermano quede degradado ante tus ojos.

4 No pondrás bozal al buey mientras trilla.

5 Cuando *dos* hermanos habitan juntos y uno de ellos muere y no tiene hijo, la mujer del fallecido no se *casará fuera de la familia* con un extraño. El cuñado se allegará a ella y la tomará para sí como mujer, y cumplirá con ella su deber de cuñado.

6 Y será que el primogénito que ella dé a luz llevará el nombre de su hermano difunto, para que su nombre no sea borrado de Israel.

7 Pero si el hombre no quiere tomar a su cuñada, entonces su cuñada irá a la puerta, a los ancianos, y dirá: "Mi cuñado se niega a establecer un nombre para su hermano en Israel; no quiere cumplir para conmigo su deber de cuñado."

8 Entonces los ancianos de su ciudad lo llamarán y le hablarán. Y *si* él persiste y dice: "No deseo tomarla",

9 entonces su cuñada vendrá a él a la vista de los ancianos, le quitará la sandalia de su pie y le escupirá en la cara; y ella declarará: "Así se hace al hombre que no quiere edificar la casa de su hermano."

10 Y en Israel se le llamará: "La casa del de la sandalia quitada."

11 Si *dos* hombres luchan entre sí, un hombre y su conciudadano, y la mujer de uno se acerca para librar a su marido de la mano del que lo golpea, y ella extiende su mano y le agarra sus partes vergonzosas,

12 entonces le cortarás su mano; no tendrás piedad.

13 No tendrás en tu bolsa pesas diferentes, una grande y una pequeña.

14 No tendrás en tu casa medidas diferentes, una grande y una pequeña.

15 Tendrás peso completo y justo; tendrás medida completa y justa, para que se prolonguen tus días en la tierra que el Señor tu Dios te da.

16 Porque todo el que hace estas cosas, todo el que comete injusticia, es abominación para el Señor tu Dios.

17 Acuérdate de lo que te hizo Amalec en el camino cuando saliste de Egipto,

18 cómo te salió al encuentro en el camino, y atacó entre los tuyos a todos los agotados en tu retaguardia cuando tú *estabas* fatigado y cansado; y él no temió a Dios.

19 Por tanto, sucederá que cuando el Señor tu Dios te haya dado descanso de todos tus enemigos alrededor, en la tierra que el Señor tu Dios te da en heredad para poseerla, borrarás de debajo del cielo la memoria de Amalec; no lo olvides.

Ofrendas de las primicias

26 Y sucederá que cuando entres en la tierra que el Señor tu Dios te da por herencia, tomes posesión de ella y habites en ella,

2 tomarás las primicias de todos los frutos del suelo que recojas de la tierra que el Señor tu Dios te da, y *las* pondrás en una canasta e irás al lugar que el Señor tu Dios escoja para establecer su nombre.

3 Y te presentarás al sacerdote que esté en funciones en esos días y le dirás: "Declaro hoy al Señor mi Dios que he entrado en la tierra que el Señor juró a nuestros padres que nos daría."

4 Entonces el sacerdote tomará la canasta de tu mano, y la pondrá delante del altar del Señor tu Dios.

5 Y responderás y dirás delante del Señor tu Dios: "Mi padre fue un arameo errante y descendió a Egipto y residió allí, *siendo* pocos en número; pero allí llegó a ser una nación grande, fuerte y numerosa.

6 "Y los egipcios nos maltrataron y nos afligieron y pusieron sobre nosotros dura servidumbre.

7 "Entonces clamamos al Señor, el Dios de nuestros padres, y el Señor oyó nuestra voz y vio nuestra aflicción, nuestro trabajo y nuestra opresión;

8 y el Señor nos sacó de Egipto con mano fuerte y brazo extendido, con gran terror, con señales y milagros;

9 y nos ha traído a este lugar y nos ha dado esta tierra, una tierra que mana leche y miel.

10 "Ahora, he aquí, he traído las primicias de los frutos de la tierra que tú, oh Señor, me has dado." Entonces las pondrás delante del Señor tu Dios, y adorarás delante del Señor tu Dios.

11 Y te alegrarás, tú y también el levita y el forastero que está en medio de ti, por todo el bien que el Señor tu Dios te ha dado a ti y a tu casa.

12 Cuando acabes de pagar todo el diezmo de tus frutos en el tercer año, el año del diezmo, entonces lo darás al levita, al forastero, al huérfano y a la viuda, para que puedan comer en tus ciudades y sean saciados.

13 Y dirás delante del Señor tu Dios: "He sacado de *mi* casa la *porción* consagrada y también la he dado al levita, al forastero, al huérfano y a la viuda conforme a todos tus mandamientos que me has mandado; no he violado ni olvidado ninguno de tus mandamientos.

14 "No he comido de ella estando de luto, ni he tomado de ella mientras estaba inmundo, ni he ofrecido de ella a los muertos. He escuchado la voz del Señor mi Dios; he hecho conforme a todo lo que me has mandado.

15 "Mira desde tu morada santa, desde el cielo, y bendice a tu pueblo Israel y a la tierra que nos has dado, una tierra que mana leche y miel, como juraste a nuestros padres."

16 El Señor tu Dios te manda hoy que cumplas estos estatutos y ordenanzas. Cuidarás, pues, de cumplirlos con todo tu corazón y con toda tu alma.

17 Has declarado hoy que el Señor es tu Dios y que andarás en sus caminos y guardarás sus estatutos, sus mandamientos y sus ordenanzas, y que escucharás su voz.

18 Y el Señor ha declarado hoy que tú eres su pueblo, su exclusiva posesión, como El te

prometió, y que debes guardar todos sus mandamientos;

19 y que Él te pondrá en alto sobre todas las naciones que ha hecho, para alabanza, renombre y honor; y serás un pueblo consagrado al SEÑOR tu Dios, como Él ha dicho.

La inscripción de la ley en Ebal

27 Y Moisés y los ancianos de Israel dieron orden al pueblo, diciendo: Guardad todos los mandamientos que yo os ordeno hoy.

2 Y sucederá que el día que paséis el Jordán a la tierra que el SEÑOR tu Dios te da, levantarás para ti piedras grandes, y las blanquearás con cal,

3 y escribirás en ellas todas las palabras de esta ley, cuando hayas pasado, para entrar en la tierra que el SEÑOR tu Dios te da, una tierra que mana leche y miel, tal como el SEÑOR, el Dios de tus padres, te prometió.

4 Y sucederá que cuando pases el Jordán, levantarás estas piedras en el monte Ebal, como yo te ordeno hoy, y las blanquearás con cal.

5 Además, edificarás allí un altar al SEÑOR tu Dios, un altar de piedras; y no alzarás sobre ellas *herramientas* de hierro.

6 Construirás el altar del SEÑOR tu Dios de piedras enteras; y sobre él ofrecerás holocaustos al SEÑOR tu Dios;

7 y sacrificarás ofrendas de paz y comerás allí, y te alegrarás delante del SEÑOR tu Dios.

8 Escribirás claramente en las piedras todas las palabras de esta ley.

9 Entonces Moisés y los sacerdotes levitas hablaron a todo Israel, diciendo: Guarda silencio y escucha, oh Israel. Hoy te has convertido en pueblo del SEÑOR tu Dios.

10 Por tanto, obedecerás al SEÑOR tu Dios, y cumplirás sus mandamientos y sus estatutos que te ordeno hoy.

11 También Moisés ordenó al pueblo en aquel día, diciendo:

12 Cuando pases el Jordán, éstos estarán sobre el monte Gerizim para bendecir al pueblo: Simeón, Leví, Judá, Isacar, José y Benjamín.

13 Y para la maldición, éstos estarán en el monte Ebal: Rubén, Gad, Aser, Zabulón, Dan y Neftalí.

14 Entonces los levitas responderán y dirán en alta voz a todos los hombres de Israel:

15 "Maldito el hombre que haga ídolo o imagen de fundición, abominación al SEÑOR, obra de las manos del artífice, y *la* erige en secreto." Y todo el pueblo responderá, y dirá: "Amén."

16 "Maldito el que desprecie a su padre o a su madre." Y todo el pueblo dirá: "Amén."

17 "Maldito el que cambie el lindero de su vecino." Y todo el pueblo dirá: "Amén."

18 "Maldito el que haga errar al ciego en el camino." Y todo el pueblo dirá: "Amén."

19 "Maldito el que pervierta el derecho del forastero, del huérfano y de la viuda." Y todo el pueblo dirá: "Amén."

20 "Maldito el que se acueste con la mujer de su padre, porque ha descubierto la vestidura de su padre." Y todo el pueblo dirá: "Amén."

21 "Maldito el que se eche con cualquier animal." Y todo el pueblo dirá: "Amén."

22 "Maldito el que se acueste con su hermana, la hija de su padre o de su madre." Y todo el pueblo dirá: "Amén."

23 "Maldito el que se acueste con su suegra." Y todo el pueblo dirá: "Amén."

24 "Maldito el que hiera a su vecino secretamente." Y todo el pueblo dirá: "Amén."

25 "Maldito el que acepte soborno para quitar la vida a un inocente." Y todo el pueblo dirá: "Amén."

26 "Maldito el que no confirme las palabras de esta ley, poniéndolas por obra." Y todo el pueblo dirá: "Amén."

Bendiciones de la obediencia

28 Y sucederá que si obedeces diligentemente al SEÑOR tu Dios, cuidando de cumplir todos sus mandamientos que yo te mando hoy, el SEÑOR tu Dios te pondrá en alto sobre todas las naciones de la tierra.

2 Y todas estas bendiciones vendrán sobre ti y te alcanzarán, si obedeces al SEÑOR tu Dios:

3 Bendito *serás* en la ciudad, y bendito *serás* en el campo.

4 Bendito el fruto de tu vientre, el producto de tu suelo, el fruto de tu ganado, el aumento de tus vacas y las crías de tus ovejas.

5 Benditas *serán* tu canasta y tu artesa.

6 Bendito *serás* cuando entres, y bendito *serás* cuando salgas.

7 El SEÑOR hará que los enemigos que se levanten contra ti sean derrotados delante de ti; saldrán contra ti por un camino y huirán delante de ti por siete caminos.

8 El SEÑOR mandará que la bendición sea contigo en tus graneros y en todo aquello en que pongas tu mano, y te bendecirá en la tierra que el SEÑOR tu Dios te da.

9 Te establecerá el SEÑOR como pueblo santo para sí, como te juró, si guardas los mandamientos del SEÑOR tu Dios y andas en sus caminos.

10 Entonces verán todos los pueblos de la tierra que sobre ti es invocado el nombre del SEÑOR; y te temerán.

11 Y el SEÑOR te hará abundar en bienes, en el fruto de tu vientre, en el fruto de tu ganado y en el producto de tu suelo, en la tierra que el SEÑOR juró a tus padres que te daría.

12 Abrirá el SEÑOR para ti su buen tesoro, los cielos, para dar lluvia a tu tierra a su tiempo y para bendecir toda la obra de tu mano; y tú prestarás a muchas naciones, pero no tomarás prestado.

13 Y te pondrá el SEÑOR a la cabeza y no a la cola, sólo estarás encima y nunca estarás debajo, si escuchas los mandamientos del SEÑOR tu Dios que te ordeno hoy, para que *los* guardes cuidadosamente,

14 no te desvíes de ninguna de las palabras que te ordeno hoy, ni a la derecha ni a la izquierda, para ir tras otros dioses y servirles.

15 Pero sucederá que si no obedeces al SEÑOR tu Dios, guardando todos sus mandamientos y estatutos que te ordeno hoy, vendrán sobre ti todas estas maldiciones y te alcanzarán:

16 Maldito *serás* en la ciudad, y maldito *serás* en el campo.

17 Malditas *serán* tu canasta y tu artesa.

18 Maldito el fruto de tu vientre y el producto de

tu suelo, el aumento de tu ganado y las crías de tu rebaño.

19 Maldito *serás* cuando entres y maldito *serás* cuando salgas.

20 Enviará el Señor sobre ti maldición, confusión y censura en todo lo que emprendas, hasta que seas destruido y hasta que perezcas rápidamente, a causa de la maldad de tus hechos, porque me has abandonado.

21 El Señor hará que la peste se te pegue hasta que te haya consumido de sobre la tierra adonde vas a entrar para poseerla.

22 Te herirá el Señor de tisis, de fiebre, de inflamación y de gran ardor, con la espada, con tizón y con añublo; y te perseguirán hasta que perezcas.

23 Y el cielo que está encima de tu cabeza será de bronce, y la tierra que está debajo de ti, de hierro.

24 Y el Señor hará que la lluvia de tu tierra sea polvo y ceniza; descenderá del cielo sobre ti hasta que seas destruido.

25 El Señor hará que seas derrotado delante de tus enemigos; saldrás contra ellos por un camino, pero huirás por siete caminos delante de ellos, y serás *ejemplo de* terror para todos los reinos de la tierra.

26 Y tus cadáveres serán alimento para todas las aves del cielo y para los animales de la tierra, y no habrá nadie que *los* espante.

27 Te herirá el Señor con los furúnculos de Egipto y con tumores, sarna y comezón, de los que no podrás ser sanado.

28 Te herirá el Señor con locura, con ceguera y con turbación de corazón;

29 y andarás a tientas a mediodía como el ciego anda a tientas en la oscuridad, y no serás prosperado en tus caminos; más bien serás oprimido y robado continuamente, sin que nadie te salve.

30 Te desposarás con una mujer, pero otro hombre se acostará con ella; edificarás una casa, pero no habitarás en ella; plantarás una viña, pero no aprovecharás su fruto.

31 Tu buey será degollado delante de tus ojos, pero no comerás de él; tu asno será arrebatado, y no te será devuelto; tu oveja será dada a tus enemigos, y no tendrás quien te salve.

32 Tus hijos y tus hijas serán dados a otro pueblo, mientras tus ojos miran y desfallecen por ellos continuamente, pero no habrá nada que puedas hacer.

33 Un pueblo que no conoces comerá el producto de tu suelo y de todo tu trabajo, y no serás más que *un pueblo* oprimido y quebrantado todos los días.

34 Y te volverás loco por lo que verán tus ojos.

35 Te herirá el Señor en las rodillas y en las piernas con pústulas malignas de las que no podrás ser sanado, desde la planta de tu pie hasta la coronilla.

36 El Señor te llevará a ti y a tu rey, al que hayas puesto sobre ti, a una nación que ni tú ni tus padres habéis conocido, y allí servirás a otros dioses de madera y de piedra.

37 Y vendrás a ser *motivo de* horror, proverbio y burla entre todos los pueblos donde el Señor te lleve.

38 Sacarás mucha semilla al campo, pero recogerás poco, porque la langosta la devorará.

39 Plantarás y cultivarás viñas, pero no beberás del vino ni recogerás *las uvas*, porque el gusano se las comerá.

40 Tendrás olivos por todo tu territorio pero no te ungirás con el aceite, porque tus aceitunas se caerán.

41 Tendrás hijos e hijas, pero no serán tuyos, porque irán al cautiverio.

42 Todos tus árboles y el fruto de tu suelo los consumirá la langosta.

43 El forastero que esté en medio de ti se elevará sobre ti cada vez más alto, pero tú descenderás cada vez más bajo.

44 El te prestará, pero tú no le prestarás a él; él será la cabeza y tú serás la cola.

45 Y todas estas maldiciones vendrán sobre ti y te perseguirán y te alcanzarán hasta que seas destruido, porque tú no escuchaste la voz del Señor tu Dios, no guardando los mandamientos y estatutos que El te mandó.

46 Y serán señal y maravilla sobre ti y sobre tu descendencia para siempre.

47 Por cuanto no serviste al Señor tu Dios con alegría y con gozo de corazón, cuando tenías la abundancia de todas las cosas,

48 por tanto servirás a tus enemigos, los cuales el Señor enviará contra ti, en hambre, en sed, en desnudez y en escasez de todas las cosas; El pondrá yugo de hierro sobre tu cuello hasta que te haya destruido.

49 El Señor levantará contra ti una nación de lejos, desde el extremo de la tierra, *que* descenderá rauda como águila, una nación cuya lengua no entenderás,

50 una nación de rostro fiero que no tendrá respeto al anciano ni tendrá compasión del niño.

51 Se comerá la cría de tu ganado y el fruto de tu suelo, hasta que seas destruido; tampoco te dejará grano, ni mosto, ni aceite, ni el aumento de tu ganado, ni las crías de tu rebaño, hasta que te haya hecho perecer.

52 Y te pondrá sitio en todas tus ciudades, hasta que tus muros altos y fortificados en los cuales tú confiabas caigan por toda tu tierra; y te sitiará en todas tus ciudades, por toda la tierra que el Señor tu Dios te ha dado.

53 Entonces comerás el fruto de tu vientre, la carne de tus hijos y de tus hijas que el Señor tu Dios te ha dado, en el asedio y en la angustia con que tu enemigo te oprimirá.

54 El hombre que es tierno y muy delicado en medio de ti, será hostil hacia su hermano, hacia la mujer que ama y hacia el resto de sus hijos que le queden,

55 y no dará a ninguno de ellos nada de la carne de sus hijos que se comerá, ya que no le quedará nada en el asedio y en la angustia con que tu enemigo te oprimirá en todas tus ciudades.

56 La *mujer* tierna y delicada en medio tuyo, que no osaría poner la planta de su pie en tierra por ser delicada y tierna, será hostil hacia el esposo que ama, también hacia su hijo, hacia su hija,

57 hacia la placenta que salga de su seno y hacia los hijos que dé a luz; porque se los comerá en secreto por falta de otra *cosa*, en el asedio y en la angustia con que tu enemigo te oprimirá en tus ciudades.

58 Si no cuidas de poner en práctica todas las

palabras de esta ley que están escritas en este libro, temiendo este nombre glorioso y temible, el SEÑOR tu Dios,

59 entonces el SEÑOR hará horribles tus plagas y las plagas de tus descendientes, plagas severas y duraderas, y enfermedades perniciosas y crónicas.

60 Y traerá de nuevo sobre ti todas las enfermedades de Egipto de las cuales tenías temor, y no te dejarán.

61 También toda enfermedad y toda plaga que no están escritas en el libro de esta ley, el SEÑOR traerá sobre ti hasta que seas destruido.

62 Y quedaréis pocos en número, aunque erais multitud como las estrellas del cielo; porque no obedecisteis al SEÑOR tu Dios.

63 Y sucederá que tal como el SEÑOR se deleitaba en vosotros para prosperaros y multiplicaros, así el SEÑOR se deleitará en vosotros para haceros perecer y destruiros; y seréis arrancados de la tierra en la cual entráis para poseerla.

64 Además, el SEÑOR te dispersará entre todos los pueblos de un extremo de la tierra hasta el otro extremo de la tierra; y allí servirás a otros dioses, de madera y de piedra, que ni tú ni tus padres habéis conocido.

65 Y entre esas naciones no hallarás descanso, y no habrá reposo para la planta de tu pie, sino que allí el SEÑOR te dará un corazón temeroso, desfallecimiento de ojos y desesperación de alma.

66 Y tendrás la vida pendiente de un hilo; y estarás aterrado de noche y de día, y no tendrás seguridad de tu vida.

67 Por la mañana dirás: "¡Oh, si fuera la tarde!" Y por la tarde dirás: "¡Oh, si fuera la mañana!" por causa del espanto de tu corazón con que temerás y por lo que verán tus ojos.

68 Y te hará volver el SEÑOR a Egipto en naves, por el camino del cual yo te había dicho: "Nunca más volverás a verlo." Y allí os ofreceréis en venta como esclavos y esclavas a vuestros enemigos, pero no habrá comprador.

El pacto hecho en Moab

29 Estas son las palabras del pacto que el SEÑOR mandó a Moisés que hiciera con los hijos de Israel en la tierra de Moab, además del pacto que El había hecho con ellos en Horeb.

2 Y convocó Moisés a todo Israel y les dijo: Habéis visto todo lo que el SEÑOR hizo delante de vuestros ojos en la tierra de Egipto a Faraón, a todos sus siervos y a toda su tierra,

3 las grandes pruebas que vieron vuestros ojos, aquellas grandes señales y maravillas.

4 Pero hasta el día de hoy el SEÑOR no os ha dado corazón para entender, ni ojos para ver, ni oídos para oír.

5 Yo os he conducido *durante* cuarenta años en el desierto; no se han gastado los vestidos sobre vosotros y no se ha gastado la sandalia en vuestro pie.

6 No habéis comido pan ni habéis bebido vino ni sidra, para que sepáis que yo soy el SEÑOR vuestro Dios.

7 Cuando llegasteis a este lugar, Sehón, rey de Hesbón, y Og, rey de Basán, salieron a nuestro encuentro para pelear, pero los derrotamos.

8 y tomamos su tierra y la dimos en herencia a los rubenitas, a los gaditas y a la media tribu de Manasés.

9 Guardad, pues, las palabras de este pacto y ponedlas en práctica, para que prosperéis en todo lo que hagáis.

10 Hoy estáis todos vosotros en presencia del SEÑOR vuestro Dios: vuestros jefes, vuestras tribus, vuestros ancianos y vuestros oficiales, todos los hombres de Israel,

11 vuestros pequeños, vuestras mujeres, y el forastero que está dentro de tus campamentos, desde tu leñador hasta el que saca tu agua,

12 para que entres en el pacto con el SEÑOR tu Dios, y en su juramento que el SEÑOR tu Dios hace hoy contigo,

13 a fin de establecerte hoy como su pueblo y que El sea tu Dios, tal como te lo ha dicho y como lo juró a tus padres Abraham, Isaac y Jacob.

14 Y no hago sólo con vosotros este pacto y este juramento,

15 sino también con los que están hoy aquí con nosotros en la presencia del SEÑOR nuestro Dios, y con los que no están hoy aquí con nosotros

16 (pues vosotros sabéis cómo habitamos en la tierra de Egipto y cómo pasamos en medio de las naciones por las cuales habéis pasado;

17 además, habéis visto sus abominaciones y los ídolos de madera y de piedra, de plata y de oro, que *tenían* con ellos);

18 no sea que haya entre vosotros hombre o mujer, familia o tribu, cuyo corazón se aleje hoy del SEÑOR nuestro Dios para ir y servir a los dioses de aquellas naciones; no sea que haya entre vosotros una raíz que produzca fruto venenoso y ajenjo.

19 Y sucederá que cuando él oiga las palabras de esta maldición, se envanecerá, diciendo: "Tendré paz aunque ande en la terquedad de mi corazón, a fin de destruir la *tierra* regada junto con la seca."

20 El SEÑOR jamás querrá perdonarlo, sino que la ira del SEÑOR y su celo arderán contra ese hombre, y toda maldición que está escrita en este libro caerá sobre él, y el SEÑOR borrará su nombre de debajo del cielo.

21 Entonces el SEÑOR lo señalará para adversidad de entre todas las tribus de Israel, según todas las maldiciones del pacto que están escritas en este libro de la ley.

22 Y la generación venidera, vuestros hijos que se levanten después de vosotros y el extranjero que venga de tierra lejana, cuando vean las plagas de la tierra y las enfermedades con las que el SEÑOR la ha afligido, dirán:

23 "Toda su tierra es azufre, sal y calcinación, sin sembrar, nada germina y el pasto no crece en ella, como en la destrucción de Sodoma y Gomorra, de Adma y de Zeboim que el SEÑOR destruyó en su ira y en su furor."

24 Y dirán todas las naciones: "¿Por qué ha hecho así el SEÑOR a esta tierra? ¿Por qué esta gran explosión de ira?"

25 Y *los hombres* dirán: "Porque abandonaron el pacto que el SEÑOR, el Dios de los padres, hizo con ellos cuando los sacó de la tierra de Egipto.

26 "Y ellos fueron y sirvieron a otros dioses y los adoraron, dioses que no habían conocido y los cuales El no les había dado.

27 "Por eso, ardió la ira del SEÑOR contra aquella

tierra, para traer sobre ella toda maldición que está escrita en este libro;

28 y el Señor los desarraigó de su tierra con ira, con furor y con gran enojo, y los arrojó a otra tierra, hasta hoy."

29 Las cosas secretas pertenecen al Señor nuestro Dios, mas las cosas reveladas nos pertenecen a nosotros y a nuestros hijos para siempre, a fin de que guardemos todas las palabras de esta ley.

Promesa de restauración

30 Y sucederá que cuando todas estas cosas hayan venido sobre ti, la bendición y la maldición que he puesto delante de ti, y tú *las* recuerdes en todas las naciones adonde el Señor tu Dios te haya desterrado,

2 y vuelvas al Señor tu Dios, tú y tus hijos, y le obedezcas con todo tu corazón y con toda tu alma conforme a todo lo que yo te ordeno hoy,

3 entonces el Señor tu Dios te hará volver de tu cautividad, y tendrá compasión de ti y te recogerá de nuevo de entre todos los pueblos adonde el Señor tu Dios te haya dispersado.

4 Si tus desterrados están en los confines de la tierra, de allí el Señor tu Dios te recogerá y de allí te hará volver.

5 Y el Señor tu Dios te llevará a la tierra que tus padres poseyeron, y tú la poseerás; y El te prosperará y te multiplicará más que a tus padres.

6 Además, el Señor tu Dios circuncidará tu corazón y el corazón de tus descendientes, para que ames al Señor tu Dios con todo tu corazón y con toda tu alma, a fin de que vivas.

7 El Señor tu Dios pondrá todas estas maldiciones sobre los enemigos y sobre los aborrecedores que te persiguieron.

8 Y tú volverás a escuchar la voz del Señor, y guardarás todos sus mandamientos que yo te ordeno hoy.

9 Entonces el Señor tu Dios te hará prosperar abundantemente en toda la obra de tu mano, en el fruto de tu vientre, en el fruto de tu ganado y en el producto de tu tierra, pues el Señor de nuevo se deleitará en ti para bien, tal como se deleitó en tus padres,

10 si obedeces a la voz del Señor tu Dios, guardando sus mandamientos y sus estatutos que están escritos en este libro de la ley, y si te vuelves al Señor tu Dios con todo tu corazón y con toda tu alma.

11 Este mandamiento que yo te ordeno hoy no es muy difícil para ti, ni fuera de tu alcance.

12 No está en el cielo, para que digas: "¿Quién subirá por nosotros al cielo para traérnoslo y hacérnoslo oír a fin de que lo guardemos?"

13 Ni está más allá del mar, para que digas: "¿Quién cruzará el mar por nosotros para traérnoslo y para hacérnoslo oír, a fin de que lo guardemos?"

14 Pues la palabra está muy cerca de ti, en tu boca y en tu corazón, para que la guardes.

15 Mira, yo he puesto delante de ti la vida y el bien, la muerte y el mal;

16 pues te ordeno hoy amar al Señor tu Dios, andar en sus caminos y guardar sus mandamientos, sus estatutos y sus juicios, para que vivas y te multipliques, a fin de que el Señor tu Dios te bendiga en la tierra que vas a entrar para poseerla.

17 Pero si tu corazón se desvía y no escuchas, sino que te dejas arrastrar y te postras ante otros dioses y los sirves,

18 yo os declaro hoy que ciertamente pereceréis. No prolongaréis *vuestros* días en la tierra adonde tú *vas*, cruzando el Jordán para entrar en ella y poseerla.

19 Al cielo y a la tierra pongo hoy como testigos contra vosotros de que he puesto ante ti la vida y la muerte, la bendición y la maldición. Escoge, pues, la vida para que vivas, tú y tu descendencia,

20 amando al Señor tu Dios, escuchando su voz y allegándote a El; porque eso es tu vida y la largura de tus días, para que habites en la tierra que el Señor juró dar a tus padres Abraham, Isaac y Jacob.

Josué sucesor de Moisés

31 Fue Moisés y habló estas palabras a todo Israel.

2 y les dijo: Hoy tengo ciento veinte años; ya no puedo ir ni venir, y el Señor me ha dicho: "No pasarás este Jordán."

3 El Señor tu Dios pasará delante de ti; El destruirá estas naciones delante de ti y las desalojarás. Josué es el que pasará delante de ti, tal como el Señor ha dicho.

4 Y el Señor hará con ellos como hizo con Sehón y con Og, reyes de los amorreos, y con su tierra cuando El los destruyó.

5 Y los entregará el Señor delante de vosotros y haréis con ellos conforme a los mandamientos que os he ordenado.

6 Sed firmes y valientes, no temáis ni os aterroricéis ante ellos, porque el Señor tu Dios es el que va contigo; no te dejará ni te desamparará.

7 Entonces llamó Moisés a Josué y le dijo en presencia de todo Israel: Sé firme y valiente, porque tú entrarás con este pueblo en la tierra que el Señor ha jurado a sus padres que les daría, y se la darás en heredad.

8 El Señor irá delante de ti; El estará contigo, no te dejará ni te desamparará; no temas ni te acobardes.

9 Y escribió Moisés esta ley y la dio a los sacerdotes, hijos de Leví, que llevaban el arca del pacto del Señor, y a todos los ancianos de Israel.

10 Entonces Moisés les ordenó, diciendo: Al fin de *cada* siete años, durante el tiempo del año de la remisión de deudas, en la fiesta de los tabernáculos,

11 cuando todo Israel venga a presentarse delante del Señor tu Dios en el lugar que El escoja, leerás esta ley delante de todo Israel, a oídos de ellos.

12 Congrega al pueblo, hombres, mujeres y niños, y al forastero que está en tu ciudad, para que escuchen, aprendan a temer al Señor tu Dios, y cuiden de observar todas las palabras de esta ley.

13 Y sus hijos, que no *la* conocen, *la* oirán y aprenderán a temer al Señor vuestro Dios, mientras viváis en la tierra adonde vosotros *vais*, cruzando al otro lado del Jordán para poseerla.

14 Entonces dijo el Señor a Moisés: He aquí, el tiempo de tu muerte está cerca; llama a Josué y

presentaos en la tienda de reunión para que yo le dé *mis* órdenes. Fueron, pues, Moisés y Josué y se presentaron en la tienda de reunión.

15 Y se apareció el Señor en la tienda en una columna de nube, y la columna de nube se puso a la entrada de la tienda.

16 Y el Señor dijo a Moisés: He aquí, tú vas a dormir con tus padres; y este pueblo se levantará y fornicará tras los dioses extranjeros de la tierra en la cual va a entrar, y me dejará y quebrantará mi pacto que hice con él.

17 Y se encenderá mi ira contra él en aquel día; los abandonaré y esconderé mi rostro de ellos. Será consumido, y muchos males y tribulaciones vendrán sobre él, por lo que dirá en aquel día: "¿No será porque mi Dios no está en medio de mí que me han alcanzado estos males?"

18 Pero ciertamente esconderé mi rostro en aquel día por todo el mal que habrá hecho, pues se volverá a otros dioses.

19 Ahora pues, escribid este cántico para vosotros, y tú, enséñaselo a los hijos de Israel; ponlo en su boca, para que este cántico me sea por testigo contra los hijos de Israel.

20 Porque cuando yo los introduzca en la tierra que mana leche y miel, la cual juré a sus padres, y ellos coman y se sacien y prosperen, se volverán a otros dioses y los servirán, y me despreciarán y quebrantarán mi pacto.

21 Sucederá entonces que cuando muchos males y tribulaciones vengan sobre ellos, este cántico declarará contra ellos como testigo (pues no lo olvidarán los labios de sus descendientes); porque yo conozco el plan que ahora están urdiendo antes de que los traiga a la tierra que juré *darles*.

22 Y escribió Moisés este cántico aquel mismo día, y lo enseñó a los hijos de Israel.

23 Entonces El nombró a Josué, hijo de Nun, y *le* dijo: Sé fuerte y valiente, pues tú llevarás a los hijos de Israel a la tierra que les he jurado, y yo estaré contigo.

24 Y sucedió que cuando Moisés terminó de escribir las palabras de esta ley en un libro, hasta su conclusión,

25 Moisés ordenó a los levitas que llevaban el arca del pacto del Señor, diciendo:

26 Tomad este libro de la ley y colocadlo junto al arca del pacto del Señor vuestro Dios, para que permanezca allí como testigo contra vosotros.

27 Porque conozco vuestra rebelión y vuestra obstinación; he aquí, estando yo hoy todavía vivo con vosotros, habéis sido rebeldes contra el Señor; ¿cuánto más *lo seréis* después de mi muerte?

28 Reunid ante mí a todos los ancianos de vuestras tribus y a vuestros oficiales, para que hable estas palabras a sus oídos, y ponga a los cielos y a la tierra como testigos en su contra.

29 Porque yo sé que después de mi muerte os corromperéis y os apartaréis del camino que os he mandado; y el mal vendrá sobre vosotros en los postreros días, pues haréis lo que es malo a la vista del Señor, provocándole a ira con la obra de vuestras manos.

30 Entonces habló Moisés a oídos de toda la asamblea de Israel las palabras de este cántico hasta terminarlas.

Cántico de Moisés

32 Oíd, oh cielos, y dejadme hablar;
y escuche la tierra las palabras de mi
boca.

2 Caiga como la lluvia mi enseñanza,
y destile como el rocío mi discurso,
como llovizna sobre el verde prado
y como aguacero sobre la hierba.

3 Porque yo proclamo el nombre del Señor;
atribuid grandeza a nuestro Dios.

4 ¡La Roca! Su obra es perfecta,
porque todos sus caminos son justos;
Dios de fidelidad y sin injusticia,
justo y recto es El.

5 Corrompidamente se han portado con El.
No *son* sus hijos, debido a la falta de ellos;
sino una generación perversa y torcida.

6 ¿Así pagáis al Señor,
oh pueblo insensato e ignorante?
¿No es El tu padre que te compró?
El te hizo y te estableció.

7 Acuérdate de los días de antaño;
considera los años de todas las generaciones.
Pregunta a tu padre, y él te lo hará saber;
a tus ancianos, y ellos te *lo* dirán.

8 Cuando el Altísimo dio a las naciones su
herencia,
cuando separó los hijos del hombre,
fijó los límites de los pueblos
según el número de los hijos de Israel.

9 Pues la porción del Señor es su pueblo;
Jacob es la parte de su heredad.

10 Lo encontró en tierra desierta,
en la horrenda soledad de un desierto;
lo rodeó, cuidó de él,
lo guardó como a la niña de sus ojos.

11 Como un águila que despierta su nidada,
que revolotea sobre sus polluelos,
extendió sus alas y los tomó,
los llevó sobre su plumaje.

12 El Señor solo lo guió,
y con él no hubo dios extranjero.

13 Lo hizo cabalgar sobre las alturas de la tierra,
y comió el producto del campo;
le hizo gustar miel de la peña,
y aceite del pedernal,

14 cuajada de vacas y leche de ovejas,
con grosura de corderos,
y carneros de raza de Basán y machos
cabríos,
con lo mejor del trigo;
y de la sangre de uvas bebiste vino.

15 Pero Jesurún[1] engordó y dio coces
(has engordado, estás cebado *y* rollizo);
entonces abandonó a Dios que lo hizo,
y menospreció a la Roca de su salvación.

16 Le provocaron a celos con *dioses* extraños,
con abominaciones le provocaron a ira.

17 Ofrecieron sacrificios a demonios, no a Dios,
a dioses que no habían conocido,
dioses nuevos que vinieron recientemente,
a los que vuestros padres no temieron.

18 Despreciaste la Roca que te engendró,
y olvidaste al Dios que te dio a luz.

19 Y el Señor vio *esto*, y se llenó de ira
a causa de la provocación de sus hijos y de
sus hijas.

---

1. I.e., Israel

20 Entonces El dijo: "Esconderé de ellos mi rostro,
veré cuál *será* su fin;
porque son una generación perversa,
hijos en los cuales no hay fidelidad.
21 "Ellos me han provocado a celo con *lo que* no es Dios;
me han irritado con sus ídolos.
Yo, pues, los provocaré a celos con *los que* no son un pueblo;
los irritaré con una nación insensata,
22 porque fuego se ha encendido en mi ira,
que quema hasta las profundidades del Seol,
consume la tierra con su fruto,
e incendia los fundamentos de los montes.
23 "Amontonaré calamidades sobre ellos,
emplearé en ellos mis saetas.
24 "*Serán* debilitados por el hambre, y
consumidos por la plaga
y destrucción amarga;
dientes de fieras enviaré sobre ellos,
con veneno de *serpientes* que se arrastran en el polvo.
25 "Afuera traerá duelo la espada,
y dentro el terror,
tanto al joven como a la virgen,
al niño de pecho como al hombre encanecido.
26 "Yo hubiera dicho: 'Los haré pedazos,
borraré la memoria de ellos de entre los hombres',
27 si no hubiera temido la provocación del enemigo,
no sea que entendieran mal sus adversarios,
no sea que dijeran: 'Nuestra mano ha triunfado,
y el SEÑOR no ha hecho todo esto.' "
28 Porque son una nación privada de consejo,
y no hay en ellos inteligencia.
29 Ojalá que fueran sabios, que comprendieran esto,
que discernieran su futuro.
30 ¿Cómo pudiera uno perseguir a mil,
y dos hacer huir a diez mil,
si su Roca no los hubiera vendido,
y el SEÑOR no los hubiera entregado?
31 En verdad, su roca no es como nuestra Roca;
aun nuestros *mismos* enemigos *así* lo juzgan.
32 Porque su vid es de la vid de Sodoma
y de los campos de Gomorra;
sus uvas son uvas venenosas,
sus racimos, amargos.
33 Su vino es veneno de serpientes,
y ponzoña mortal de cobras.
34 "¿No tengo yo esto guardado conmigo,
sellado en mis tesoros?
35 "Mía es la venganza y la retribución;
a su tiempo el pie de ellos resbalará,
porque el día de su calamidad está cercano,
ya se precipita lo que les está preparado."
36 Porque el SEÑOR vindicará a su pueblo
y tendrá compasión de sus siervos,
cuando vea que *su* fuerza se ha ido,
y que nadie *queda*, ni siervo ni libre.
37 Dirá El entonces: "¿Dónde están sus dioses,
la roca en que buscaban refugio,
38 los que comían la grosura de sus sacrificios,
y bebían el vino de su libación?
¡Que se levanten y os ayuden!
¡Que sean ellos vuestro refugio!

39 "Ved ahora que yo, yo soy el Señor,
y fuera de mí no hay dios.
Yo hago morir y hago vivir.
Yo hiero y yo sano,
y no hay quien pueda librar de mi mano.
40 "Ciertamente, alzo a los cielos mi mano,
y digo: Como que vivo yo para siempre,
41 cuando afile mi espada flameante
y mi mano empuñe la justicia,
me vengaré de mis adversarios
y daré el pago a los que me aborrecen.
42 "Embriagaré mis saetas con sangre,
y mi espada se hartará de carne,
de sangre de muertos y cautivos,
de los jefes de larga cabellera del enemigo."
43 Regocijaos, naciones, *con* su pueblo,
porque El vengará la sangre de sus siervos;
traerá venganza sobre sus adversarios,
y hará expiación por su tierra *y* su pueblo.
44 Entonces llegó Moisés y habló todas las palabras de este cántico a oídos del pueblo, él, con Josué, hijo de Nun.
45 Cuando terminó Moisés de hablar todas estas palabras a todo Israel,
46 les dijo: Fijad en vuestro corazón todas las palabras con que os advierto hoy, las cuales ordenaréis a vuestros hijos que *las* obedezcan cuidadosamente, todas las palabras de esta ley.
47 Porque no es una palabra inútil para vosotros; ciertamente es vuestra vida. Por esta palabra prolongaréis vuestros días en la tierra adonde vosotros *vais*, cruzando el Jordán a fin de poseerla.
48 En aquel mismo día, habló el SEÑOR a Moisés, diciendo:
49 Sube a estos montes de Abarim, al monte Nebo, que está en la tierra de Moab frente a Jericó, y mira hacia la tierra de Canaán, la cual doy a los hijos de Israel en posesión.
50 Morirás en el monte al cual subes, y serás reunido a tu pueblo, así como murió tu hermano Aarón sobre el monte Hor, y fue reunido a su pueblo;
51 porque me fuisteis infieles en medio de los hijos de Israel en las aguas de Meriba de Cades, en el desierto de Zin, porque no me santificasteis en medio de los hijos de Israel.
52 Por tanto, sólo de lejos verás la tierra, pero allí no entrarás, a la tierra que doy a los hijos de Israel.

Moisés bendice a las doce tribus

33 Esta es la bendición con la que Moisés, varón de Dios, bendijo a los hijos de Israel antes de morir.
2 Dijo:
El SEÑOR vino del Sinaí
y les esclareció desde Seir;
resplandeció desde el monte Parán,
y vino de en medio de diez millares de santos;
a su diestra había fulgor centellante para ellos.
3 En verdad, El ama al pueblo;
todos tus santos están en tu mano,
y siguen en tus pasos;
todos reciben de tus palabras.
4 Una ley nos prescribió Moisés,
una herencia para la asamblea de Jacob.
5 El era rey en Jesurún,

cuando se reunieron los jefes del pueblo,
juntamente con las tribus de Israel.

6 Viva Rubén, y no muera,
y no sean pocos sus hombres.

7 En cuanto a Judá, esto dijo:
Escucha, oh SEÑOR, la voz de Judá,
y tráelo a su pueblo.
Con sus manos luchó por ellos;
sé tú su ayuda contra sus adversarios.

8 Y de Leví dijo:
Tu Tumim y tu Urim *sean* para tu varón
santo,
a quien pusiste a prueba en Masah,
con quien luchaste en las aguas de Meriba;

9 el que dijo de su padre y de su madre:
"No los conozco";
y no reconoció a sus hermanos,
ni consideró a sus propios hijos,
porque obedecieron tu palabra,
y guardaron tu pacto.

10 Ellos enseñarán tus ordenanzas a Jacob
y tu ley a Israel.
Pondrán incienso delante de ti,
y holocaustos perfectos sobre tu altar.

11 Bendice, oh SEÑOR, sus esfuerzos,
y acepta la obra de sus manos;
quebranta los lomos de los que se levantan
contra él
y de los que le odian, para que no se levanten
más.

12 De Benjamín, dijo:
Habite el amado del SEÑOR en seguridad
junto a aquel
que le protege todo el día,
y entre cuyos hombros mora.

13 Y de José, dijo:
Bendita del SEÑOR *sea* su tierra,
con lo mejor de los cielos, con el rocío
y con las profundidades que están debajo;

14 con lo mejor de los frutos del sol
y con los mejores productos de los meses;

15 con lo mejor de los montes antiguos
y con lo escogido de los collados eternos;

16 con lo mejor de la tierra y cuanto contiene
y el favor del que habitaba en la zarza.
Descienda *la bendición* sobre la cabeza de
José,
y sobre la coronilla del consagrado entre sus
hermanos.

17 Su majestad es como la del primogénito del
toro,
y sus cuernos son los cuernos del búfalo;
con ellos empujará a los pueblos,
todos juntos, *hasta* los confines de la tierra.
Tales son los diez millares de Efraín,
y tales los millares de Manasés.

18 Y de Zabulón, dijo:
Alégrate, Zabulón, en tus salidas
e Isacar, en tus tiendas.

19 Llamarán a los pueblos *al* monte;
allí ofrecerán sacrificios de justicia,
pues disfrutarán de la abundancia de los
mares,
y de los tesoros escondidos en la arena.

20 Y de Gad, dijo:
Bendito el que ensancha a Gad;
se echa como león,
y desgarra el brazo y también la coronilla.

21 Entonces reservó para sí la primera *parte*,
pues allí la porción de gobernante *le* estaba
reservada.
Y él vino *con* los jefes del pueblo;
ejecutó la justicia del SEÑOR,
y sus ordenanzas con Israel.

22 Y de Dan, dijo:
Dan es cachorro de león
que salta desde Basán.

23 Y de Neftalí, dijo:
Neftalí, colmado de favores,
y lleno de la bendición del SEÑOR,
toma posesión del mar y del sur.

24 Y de Aser, dijo:
Más bendito que hijos es Aser;
sea favorecido por sus hermanos,
y moje su pie en aceite.

25 De hierro y de bronce *serán* tus cerrojos,
y tan largo como tus días *será* tu reposo.

26 Nadie hay como el Dios de Jesurún,
que cabalga los cielos *para venir* en tu ayuda,
y las nubes, en su majestad.

27 El eterno Dios es *tu* refugio,
y debajo están los brazos eternos.
El echó al enemigo delante de ti,
y dijo: "¡Destruye!"

28 Por eso Israel habita confiado,
la fuente de Jacob *habita* separada
en una tierra de grano y mosto;
sus cielos también destilan rocío.

29 Dichoso tú, Israel.
¿Quién como tú, pueblo salvado por el SEÑOR?
El es escudo de tu ayuda,
y espada de tu gloria.
Tus enemigos simularán someterse ante ti,
y tú hollarás sus lugares altos.

Muerte de Moisés

34 Y subió Moisés desde la llanura de Moab
al monte Nebo, a la cumbre del Pisga, que
está frente a Jericó, y el SEÑOR le mostró toda la
tierra: Galaad hasta Dan,

2 todo Neftalí, la tierra de Efraín y de Manasés,
toda la tierra de Judá hasta el mar Occidental,

3 el Neguev y la llanura del valle de Jericó, la
ciudad de las palmeras, hasta Zoar.

4 Entonces le dijo el SEÑOR: Esta es la tierra
que juré *dar* a Abraham, a Isaac y a Jacob,
diciendo: "Yo la daré a tu descendencia". Te he
permitido ver*la* con tus ojos, pero no pasarás a
ella.

5 Y allí murió Moisés, siervo del SEÑOR, en la
tierra de Moab, conforme a la palabra del SEÑOR.

6 Y El lo enterró en el valle, en la tierra de
Moab, frente a Bet-peor; pero nadie sabe hasta
hoy el lugar de su sepultura.

7 Aunque Moisés tenía ciento veinte años
cuando murió, no se habían apagado sus ojos, ni
había perdido su vigor.

8 Y los hijos de Israel lloraron a Moisés por
treinta días en la llanura de Moab; así se cumplieron los días de llanto *y* duelo por Moisés.

9 Y Josué, hijo de Nun, estaba lleno del espíritu
de sabiduría, porque Moisés había puesto sus
manos sobre él; y los hijos de Israel le escucharon
e hicieron tal como el SEÑOR había mandado a
Moisés.

10 Desde entonces no ha vuelto a surgir en Israel un profeta como Moisés, a quien el SEÑOR conocía cara a cara,

11 *nadie como él* por todas las señales y prodigios que el SEÑOR le mandó hacer en la tierra de Egipto, contra Faraón, contra todos sus siervos y contra toda su tierra,

12 y por la mano poderosa y por todos los hechos grandiosos y terribles que Moisés realizó ante los ojos de todo Israel.

Libro de JOSUE

Comisión de Dios a Josué

1 Sucedió después de la muerte de Moisés, siervo del SEÑOR, que el SEÑOR habló a Josué, hijo de Nun, y ayudante de Moisés, diciendo:

2 Mi siervo Moisés ha muerto; ahora pues, levántate, cruza este Jordán, tú y todo este pueblo, a la tierra que yo les doy a los hijos de Israel.

3 Todo lugar que pise la planta de vuestro pie os he dado, tal como dije a Moisés.

4 Desde el desierto y este Líbano hasta el gran río, el río Eufrates, toda la tierra de los heteos hasta el mar Grande *que está* hacia la puesta del sol, será vuestro territorio.

5 Nadie te *podrá* hacer frente en todos los días de tu vida. Así como estuve con Moisés, estaré contigo; no te dejaré ni te abandonaré.

6 Sé fuerte y valiente, porque tú darás a este pueblo posesión de la tierra que juré a sus padres que les daría.

7 Solamente sé fuerte y muy valiente; cuídate de cumplir toda la ley que Moisés mi siervo te mandó; no te desvíes de ella ni a la derecha ni a la izquierda, para que tengas éxito dondequiera que vayas.

8 Este libro de la ley no se apartará de tu boca, sino que meditarás en él día y noche, para que cuides de hacer todo lo que en él está escrito; porque entonces harás prosperar tu camino y tendrás éxito.

9 ¿No te *lo* he ordenado yo? ¡Sé fuerte y valiente! No temas ni te acobardes, porque el SEÑOR tu Dios *estará* contigo dondequiera que vayas.

10 Entonces Josué dio órdenes a los oficiales del pueblo, diciendo:

11 Pasad por medio del campamento y ordenad al pueblo, diciendo: "Preparad provisiones para vosotros, porque dentro de tres días cruzaréis el Jordán para entrar a poseer la tierra que el SEÑOR vuestro Dios os da en posesión."

12 Y a los rubenitas, a los gaditas y a la media tribu de Manasés, Josué dijo:

13 Recordad la palabra que Moisés, siervo del SEÑOR, os dio, diciendo: "El SEÑOR vuestro Dios os da reposo y os dará esta tierra."

14 Vuestras mujeres, vuestros pequeños y vuestro ganado permanecerán en la tierra que Moisés os dio al otro lado del Jordán; pero vosotros, todos los valientes guerreros, pasaréis en orden de batalla delante de vuestros hermanos, y los ayudaréis,

15 hasta que el SEÑOR dé reposo a vuestros hermanos como a vosotros, y ellos también posean la tierra que el SEÑOR vuestro Dios les da.

Entonces volveréis a vuestra tierra y poseeréis lo que Moisés, siervo del SEÑOR, os dio al otro lado del Jordán hacia el oriente.

16 Y ellos respondieron a Josué, diciendo: Haremos todo lo que nos has mandado, y adondequiera que nos envíes, iremos.

17 Como obedecimos en todo a Moisés, así te obedeceremos a ti, con tal que el SEÑOR tu Dios esté contigo como estuvo con Moisés.

18 Cualquiera que se rebele contra tu mandato y no obedezca tus palabras en todo lo que le mandes, se le dará muerte; solamente sé fuerte y valiente.

Rahab y los espías de Josué

2 Y Josué, hijo de Nun, envió secretamente desde Sitim a dos espías, diciendo: Id, reconoced la tierra, especialmente Jericó. Fueron, pues, y entraron en la casa de una ramera que se llamaba Rahab, y allí se hospedaron.

2 Y se le dio aviso al rey de Jericó, diciendo: He aquí, unos hombres de los hijos de Israel han venido aquí esta noche para reconocer toda la tierra.

3 Entonces el rey de Jericó mandó decir a Rahab: Saca a los hombres que han venido a ti, que han entrado en tu casa, porque han venido para reconocer toda la tierra.

4 Pero la mujer había tomado a los dos hombres y los había escondido, y dijo: Sí, los hombres vinieron a mí, pero yo no sabía de dónde eran.

5 Y sucedió que *a la hora de* cerrar la puerta, al oscurecer, los hombres salieron; no sé adónde fueron. Id de prisa tras ellos, que los alcanzaréis.

6 Pero ella los había hecho subir al terrado, y los había escondido entre los tallos de lino que había puesto en orden en el terrado.

7 Y ellos los persiguieron por el camino al Jordán hasta los vados, y tan pronto como los que los perseguían habían salido, fue cerrada la puerta.

8 Y antes que se acostaran, ella subió al terrado *donde* ellos *estaban,*

9 y dijo a los hombres: Sé que el SEÑOR os ha dado la tierra, y que el terror vuestro ha caído sobre nosotros, y que todos los habitantes de la tierra se han acobardado ante vosotros.

10 Porque hemos oído cómo el SEÑOR secó el agua del mar Rojo delante de vosotros cuando salisteis de Egipto, y de lo que hicisteis a los dos reyes de los amorreos que estaban al otro lado del Jordán, a Sehón y a Og, a quienes destruisteis por completo.

11 Y cuando *lo* oímos, se acobardó nuestro corazón, no quedando ya valor en hombre alguno por causa de vosotros; porque el SEÑOR vuestro Dios, El es Dios arriba en los cielos y abajo en la tierra.

12 Ahora pues, juradme por el SEÑOR, ya que os he tratado con bondad, que vosotros trataréis con bondad a la casa de mi padre, y dadme una promesa segura,

13 que dejaréis vivir a mi padre y a mi madre, a mis hermanos y a mis hermanas, con todos los suyos, y que libraréis nuestras vidas de la muerte.

14 Y los hombres le dijeron: Nuestra vida responderá por la vuestra, si no reveláis nuestro propósito; y sucederá que cuando el SEÑOR nos dé la tierra, te trataremos con bondad y lealtad.

15 Entonces ella los hizo descender con una cuerda por la ventana, porque su casa estaba en la muralla de la ciudad, y ella vivía en la muralla.

16 Y les dijo: Id a la región montañosa, no sea que los perseguidores os encuentren, y escondeos allí por tres días hasta que los perseguidores regresen. Entonces podéis seguir vuestro camino.

17 Y los hombres le dijeron: Nosotros *quedaremos* libres de este juramento que nos has hecho jurarte,

18 a menos que, cuando entremos en la tierra, ates este cordón de hilo escarlata a la ventana por la cual nos dejas bajar, y reúnas contigo en la casa a tu padre y a tu madre, a tus hermanos y a toda la casa de tu padre.

19 Y sucederá que cualquiera que salga de las puertas de tu casa a la calle, su sangre *caerá* sobre su propia cabeza, y *quedaremos* libres. Pero la sangre de cualquiera que esté en la casa contigo *caerá* sobre nuestra cabeza si alguien pone su mano sobre él.

20 Pero si divulgas nuestro propósito, quedaremos libres del juramento que nos has hecho jurar.

21 Y ella respondió: Conforme a vuestras palabras, así sea. Y los envió, y se fueron; y ella ató el cordón escarlata a la ventana.

22 Y ellos se fueron y llegaron a la región montañosa, y permanecieron allí por tres días, hasta que los perseguidores regresaron. Y los perseguidores *los* habían buscado por todo el camino, pero no los habían encontrado.

23 Entonces los dos hombres regresaron y bajaron de la región montañosa, y pasaron y vinieron a Josué, hijo de Nun, y le contaron todo lo que les había acontecido.

24 Y dijeron a Josué: Ciertamente, el SEÑOR ha entregado toda la tierra en nuestras manos, y además, todos los habitantes de la tierra se han acobardado ante nosotros.

El paso del Jordán

3 Y Josué se levantó muy de mañana; y él y todos los hijos de Israel partieron de Sitim y llegaron al Jordán, y acamparon allí antes de cruzar.

2 Y sucedió que al cabo de tres días los oficiales pasaron por medio del campamento;

3 y dieron órdenes al pueblo, diciendo: Cuando veáis el arca del pacto del SEÑOR vuestro Dios y a los sacerdotes levitas llevándola, partiréis de vuestro lugar y la seguiréis.

4 Sin embargo, dejaréis entre vosotros y ella una distancia de unos dos mil codos. No os acerquéis a ella para saber el camino por donde debéis ir, porque no habéis pasado antes por este camino.

5 Entonces Josué dijo al pueblo: Consagraos, porque mañana el SEÑOR hará maravillas entre vosotros.

6 Y habló Josué a los sacerdotes, diciendo: Tomad el arca del pacto y pasad delante del pueblo. Y ellos tomaron el arca del pacto y fueron delante del pueblo.

7 Y el SEÑOR dijo a Josué: Hoy comenzaré a exaltarte a los ojos de todo Israel, para que sepan que tal como estuve con Moisés, estaré contigo.

8 Además, ordenarás a los sacerdotes que llevan el arca del pacto, diciendo: "Cuando lleguéis a la orilla de las aguas del Jordán, os detendréis en el Jordán."

9 Entonces Josué dijo a los hijos de Israel: Acercaos y oíd las palabras del SEÑOR vuestro Dios.

10 Y Josué añadió: En esto conoceréis que el Dios vivo está entre vosotros, y que ciertamente expulsará de delante de vosotros a los cananeos, a los heteos, a los heveos, a los ferezeos, a los gergeseos, a los amorreos y a los jebuseos.

11 He aquí, el arca del pacto del Señor de toda la tierra va a pasar el Jordán delante de vosotros.

12 Ahora pues, tomad doce hombres de las tribus de Israel, un hombre de cada tribu.

13 Y sucederá que cuando las plantas de los pies de los sacerdotes que llevan el arca del SEÑOR, el Señor de toda la tierra, se asienten en las aguas del Jordán, las aguas del Jordán quedarán cortadas, y las aguas que fluyen de arriba se detendrán en un montón.

14 Y aconteció que cuando el pueblo salió de sus tiendas para pasar el Jordán con los sacerdotes llevando el arca del pacto delante del pueblo,

15 y cuando los que llevaban el arca entraron en el Jordán y los pies de los sacerdotes que llevaban el arca se mojaron en la orilla del agua (porque el Jordán se desborda por todas sus riberas todos los días de la cosecha),

16 las aguas que venían de arriba se detuvieron *y* se elevaron en un montón, a una gran distancia en Adam, la ciudad que está al lado de Saretán; y las que descendían hacia el mar de Arabá, el mar Salado, fueron cortadas completamente. Y el pueblo pasó frente a Jericó.

17 Y los sacerdotes que llevaban el arca del pacto del SEÑOR estuvieron en tierra seca en medio del Jordán mientras que todo Israel cruzaba sobre tierra seca, hasta que todo el pueblo acabó de pasar el Jordán.

Doce piedras conmemorativas

4 Y sucedió que cuando todo el pueblo acabó de pasar el Jordán, el SEÑOR habló a Josué, diciendo:

2 Escoged doce hombres del pueblo, uno de cada tribu,

3 y ordenadles, diciendo: "Tomad doce piedras de aquí, de en medio del Jordán, del lugar donde los pies de los sacerdotes están firmes, y llevadlas con vosotros y colocadlas en el alojamiento donde habéis de pasar la noche."

4 Llamó, pues, Josué a los doce hombres que

había señalado de entre los hijos de Israel, uno de cada tribu;

5 y Josué les dijo: Pasad delante del arca del SEÑOR vuestro Dios al medio del Jordán, y alce cada uno una piedra sobre su hombro, de acuerdo con el número de las tribus de los hijos de Israel.

6 Sea esto una señal entre vosotros, y más tarde cuando vuestros hijos pregunten, diciendo: "¿Qué significan estas piedras para vosotros?",

7 les diréis: "Es que las aguas del Jordán quedaron cortadas delante del arca del pacto del SEÑOR; cuando ésta pasó el Jordán, las aguas del Jordán quedaron cortadas." Así que estas piedras servirán como recuerdo a los hijos de Israel para siempre.

8 Y lo hicieron así los hijos de Israel, tal como Josué ordenó, y alzaron doce piedras de en medio del Jordán, como el SEÑOR dijo a Josué, según el número de las tribus de los hijos de Israel; y las llevaron consigo al alojamiento y allí las depositaron.

9 Entonces Josué levantó doce piedras en medio del Jordán, en el lugar donde había estado los pies de los sacerdotes que llevaban el arca del pacto, y allí permanecen hasta hoy.

10 Porque los sacerdotes que llevaban el arca estuvieron parados en medio del Jordán hasta que se cumpliera todo lo que el SEÑOR había mandado a Josué que dijera al pueblo, de acuerdo con todo lo que Moisés había mandado a Josué. Y el pueblo se apresuró y pasó;

11 y sucedió que cuando todo el pueblo había acabado de pasar, el arca del SEÑOR y los sacerdotes pasaron delante del pueblo.

12 Y los hijos de Rubén, los hijos de Gad y la media tribu de Manasés pasaron en orden de batalla delante de los hijos de Israel, tal como Moisés les había dicho;

13 como cuarenta mil, equipados para la guerra, pasaron delante del SEÑOR hacia los llanos de Jericó, *listos* para la batalla.

14 Aquel día el SEÑOR exaltó a Josué ante los ojos de todo Israel; y le temieron[1], tal como habían temido a Moisés todos los días de su vida.

15 Entonces habló el SEÑOR a Josué, diciendo:

16 Ordena a los sacerdotes que llevan el arca del testimonio que suban del Jordán.

17 Y Josué mandó a los sacerdotes, diciendo: Subid del Jordán.

18 Y sucedió que cuando los sacerdotes que llevaban el arca del pacto del SEÑOR subieron de en medio del Jordán, y las plantas de los pies de los sacerdotes salieron a tierra seca, las aguas del Jordán volvieron a su lugar y corrieron sobre todas sus riberas como antes.

19 El pueblo subió del Jordán el día diez del mes primero y acamparon en Gilgal al lado oriental de Jericó.

20 Y aquellas doce piedras que habían sacado del Jordán, Josué las erigió en Gilgal.

21 Y habló a los hijos de Israel, diciendo: Cuando vuestros hijos pregunten a sus padres el día de mañana, diciendo: "¿Qué significan estas piedras?",

22 entonces lo explicaréis a vuestros hijos, diciendo: "Israel cruzó este Jordán en tierra seca."

23 Porque el SEÑOR vuestro Dios secó las aguas del Jordán delante de vosotros hasta que pasasteis, tal como el SEÑOR vuestro Dios había hecho al mar Rojo, el cual El secó delante de nosotros hasta que pasamos,

24 para que todos los pueblos de la tierra conozcan que la mano del SEÑOR es poderosa, a fin de que temáis al SEÑOR vuestro Dios para siempre.

Circuncisión de los israelitas y primera Pascua en Canaán

5 Y aconteció que cuando todos los reyes de los amorreos que *estaban* al otro lado del Jordán hacia el occidente, y todos los reyes de los cananeos que *estaban* junto al mar, oyeron cómo el SEÑOR había secado las aguas del Jordán delante de los hijos de Israel hasta que ellos habían pasado, sus corazones se acobardaron, y ya no había aliento en ellos a causa de los hijos de Israel.

2 En aquel tiempo el SEÑOR dijo a Josué: Hazte cuchillos de pedernal y vuelve a circuncidar, por segunda vez, a los hijos de Israel.

3 Y Josué se hizo cuchillos de pedernal y circuncidó a los hijos de Israel en el collado de Aralot[2].

4 Esta es la razón por la cual Josué los circuncidó: todos los del pueblo que salieron de Egipto que eran varones, todos los hombres de guerra, murieron en el desierto, por el camino, después que salieron de Egipto.

5 Porque todos los del pueblo que salieron fueron circuncidados, pero todos los del pueblo que nacieron en el desierto, por el camino, después de salir de Egipto, no habían sido circuncidados.

6 Pues los hijos de Israel anduvieron por el desierto cuarenta años, hasta que pereció toda la nación, *es decir,* los hombres de guerra que salieron de Egipto, porque no escucharon la voz del SEÑOR; a ellos el SEÑOR les juró que no les permitiría ver la tierra que el SEÑOR había jurado a sus padres que nos daría, una tierra que mana leche y miel.

7 Y a los hijos de ellos, que El levantó en su lugar, Josué los circuncidó; pues eran incircuncisos, porque no los habían circuncidado en el camino.

8 Y sucedió que cuando terminaron de circuncidar a toda la nación, permanecieron en sus lugares en el campamento hasta que sanaron.

9 Entonces el SEÑOR dijo a Josué: Hoy he quitado de vosotros el oprobio de Egipto. Por eso aquel lugar se ha llamado Gilgal[3] hasta hoy.

10 Estando los hijos de Israel acampados en Gilgal, celebraron la Pascua en la noche del día catorce del mes en los llanos de Jericó.

11 Y el día después de la Pascua, ese mismo día, comieron del producto de la tierra, panes sin levadura y cereal tostado.

12 Y el maná cesó el día después que habían comido del producto de la tierra, y los hijos de Israel no tuvieron más maná, sino que comieron del producto de la tierra de Canaán durante aquel año.

13 Y sucedió que cuando Josué estaba cerca de Jericó, levantó los ojos y miró, y he aquí, un

---

1. O, *reverenciaron* 2. I.e., de los prepucios 3. I.e., rueda, del heb. *galal*; i.e., rodar

hombre estaba frente a él con una espada desenvainada en la mano, y Josué fue hacia él y le dijo: ¿Eres de los nuestros o de nuestros enemigos?

14 Y él respondió: No; más bien yo vengo ahora *como* capitán del ejército del Señor. Y Josué se postró en tierra, le hizo reverencia, y dijo: ¿Qué dice mi señor a su siervo?

15 Entonces el capitán del ejército del Señor dijo a Josué: Quítate las sandalias de tus pies, porque el lugar donde estás es santo. Y así lo hizo Josué.

La conquista de Jericó

6 Pero Jericó estaba muy bien cerrada a causa de los hijos de Israel; nadie salía ni entraba.

2 Y el Señor dijo a Josué: Mira, he entregado a Jericó en tu mano, y a su rey *con sus* valientes guerreros.

3 Marcharéis alrededor de la ciudad todos los hombres de guerra rodeando la ciudad una vez. Así lo harás por seis días.

4 Y siete sacerdotes llevarán siete trompetas de cuerno de carnero delante del arca; y al séptimo día marcharéis alrededor de la ciudad siete veces, y los sacerdotes tocarán las trompetas.

5 Y sucederá que cuando toquen un sonido prolongado con el cuerno de carnero, y cuando oigáis el sonido de la trompeta, todo el pueblo gritará a gran voz, y la muralla de la ciudad se vendrá abajo; entonces el pueblo subirá, cada hombre derecho hacia adelante.

6 Y Josué, hijo de Nun, llamó a los sacerdotes, y les dijo: Tomad el arca del pacto, y que siete sacerdotes lleven siete trompetas de cuerno de carnero delante del arca del Señor.

7 Entonces dijo al pueblo: Pasad, y marchad alrededor de la ciudad, y que los hombres armados vayan delante del arca del Señor.

8 Y sucedió que después que Josué había hablado al pueblo, los siete sacerdotes que llevaban las siete trompetas de cuerno de carnero delante del Señor, se adelantaron y tocaron las trompetas; y el arca del pacto del Señor los seguía.

9 Los hombres armados iban delante de los sacerdotes que tocaban las trompetas, y la retaguardia iba detrás del arca, mientras ellos continuaban tocando las trompetas.

10 Pero Josué dio órdenes al pueblo, diciendo: No gritaréis ni dejaréis oír vuestra voz, ni saldrá palabra de vuestra boca, hasta el día que yo os diga: "¡Gritad!" Entonces gritaréis.

11 Así hizo que el arca del Señor fuera alrededor de la ciudad, rodeándo*la* una vez; entonces volvieron al campamento, y pasaron la noche en el campamento.

12 Y Josué se levantó muy de mañana, y los sacerdotes tomaron el arca del Señor.

13 Y los siete sacerdotes llevando las siete trompetas de cuerno de carnero iban delante del arca del Señor, andando continuamente y tocando las trompetas; y los hombres armados iban delante de ellos y la retaguardia iba detrás del arca del Señor mientras ellos seguían tocando las trompetas.

14 Así marcharon una vez alrededor de la ciudad el segundo día y volvieron al campamento; así lo hicieron por seis días.

15 Al séptimo día se levantaron temprano, al despuntar el día, y marcharon alrededor de la ciudad de la misma manera siete veces. Sólo aquel día marcharon siete veces alrededor de la ciudad.

16 Y sucedió que, a la séptima vez, cuando los sacerdotes tocaron las trompetas, Josué dijo al pueblo: ¡Gritad! Pues el Señor os ha dado la ciudad.

17 Y la ciudad será dedicada al anatema, ella y todo lo que hay en ella pertenece al Señor; sólo Rahab la ramera y todos los que están en su casa vivirán, porque ella escondió a los mensajeros que enviamos.

18 Pero en cuanto a vosotros, guardaos ciertamente de las cosas dedicadas al anatema, no sea que *las* codiciéis y tomando de las cosas del anatema, hagáis maldito el campamento de Israel y traigáis desgracia sobre él.

19 Mas toda la plata y el oro, y los utensilios de bronce y de hierro, están consagrados al Señor; entrarán en el tesoro del Señor.

20 Entonces el pueblo gritó y *los sacerdotes* tocaron las trompetas; y sucedió que cuando el pueblo oyó el sonido de la trompeta, el pueblo gritó a gran voz y la muralla se vino abajo, y el pueblo subió a la ciudad, cada hombre derecho hacia adelante, y tomaron la ciudad.

21 Y destruyeron por completo, a filo de espada, todo lo que había en la ciudad: hombres y mujeres, jóvenes y ancianos, bueyes, ovejas y asnos.

22 Pero Josué dijo a los dos hombres que habían reconocido la tierra: Entrad en la casa de la ramera, y sacad de allí a la mujer y todo lo que posea, tal como se lo jurasteis.

23 Entraron, pues, los jóvenes espías y sacaron a Rahab, a su padre, a su madre, a sus hermanos y todo lo que poseía; también sacaron a todos sus parientes, y los colocaron fuera del campamento de Israel.

24 Y prendieron fuego a la ciudad y a todo lo que en ella había. Sólo pusieron en el tesoro de la casa del Señor, la plata, el oro y los utensilios de bronce y de hierro.

25 Pero Josué dejó vivir a Rahab la ramera, a la casa de su padre y todo lo que ella tenía; y ella ha habitado en medio de Israel hasta hoy, porque escondió a los mensajeros a quienes Josué había enviado a reconocer a Jericó.

26 Entonces Josué les hizo un juramento en aquel tiempo, diciendo: Maldito sea delante del Señor el hombre que se levante y reedifique esta ciudad de Jericó; con *la pérdida de* su primogénito echará su cimiento, y con *la pérdida de* su hijo menor colocará sus puertas.

27 Y el Señor estaba con Josué, y su fama se extendió por toda la tierra.

Derrota de Israel en Hai

7 Mas los hijos de Israel fueron infieles en cuanto al anatema, porque Acán, hijo de Carmi, hijo de Zabdi, hijo de Zera, de la tribu de Judá, tomó de las cosas dedicadas al anatema; y la ira del Señor se encendió contra los hijos de Israel.

2 Y Josué envió hombres desde Jericó a Hai, que está cerca de Bet-avén al este de Betel, y les dijo: Subid y reconoced la tierra. Y los hombres subieron y reconocieron a Hai.

3 Cuando volvieron a Josué, le dijeron: Que no suba todo el pueblo; sólo dos o tres mil hombres subirán a Hai; no hagas cansar a todo el pueblo subiendo allá, porque ellos son pocos.

4 Así que subieron allá unos tres mil hombres del pueblo, pero huyeron ante los hombres de Hai.

5 Y los hombres de Hai hirieron de ellos a unos treinta y seis hombres, y los persiguieron desde la puerta hasta Sebarim, y los derrotaron en la bajada; y el corazón del pueblo desfalleció y se hizo como agua.

6 Entonces Josué rasgó sus vestidos y postró su rostro en tierra delante del arca del SEÑOR hasta el anochecer, él y los ancianos de Israel; y echaron polvo sobre sus cabezas.

7 Y Josué dijo: ¡Ah, Señor DIOS! ¿Por qué hiciste pasar a este pueblo el Jordán, para entregarnos después en manos de los amorreos y destruirnos? ¡Ojalá nos hubiéramos propuesto habitar al otro lado del Jordán!

8 ¡Ah, Señor! ¿Qué puedo decir, ya que Israel ha vuelto la espalda ante sus enemigos?

9 Porque los cananeos y todos los habitantes de la tierra se enterarán de ello, y nos rodearán y borrarán nuestro nombre de la tierra. ¿Y qué harás tú por tu gran nombre?

10 Y el SEÑOR dijo a Josué: ¡Levántate! ¿Por qué te has postrado rostro en tierra?

11 Israel ha pecado y también ha transgredido mi pacto que les ordené. Y hasta han tomado de las cosas dedicadas al anatema, y también han robado y mentido, y además *las* han puesto entre sus propias cosas.

12 No pueden, pues, los hijos de Israel hacer frente a sus enemigos; vuelven la espalda delante de sus enemigos porque han venido a ser anatema. No estaré más con vosotros a menos que destruyáis las cosas dedicadas al anatema de en medio de vosotros.

13 Levántate, consagra al pueblo y di: "Consagraos para mañana, porque así ha dicho el SEÑOR, Dios de Israel: 'Hay anatema en medio de ti, oh Israel. No podrás hacer frente a tus enemigos hasta que quitéis el anatema de en medio de vosotros.'

14 "Por la mañana os acercaréis, pues, por tribus. Y será que la tribu que el SEÑOR señale se acercará por familias, y la familia que el SEÑOR señale se acercará por casas, y la casa que el SEÑOR señale se acercará hombre por hombre.

15 "Y será que el *hombre* que sea sorprendido con las cosas dedicadas al anatema será quemado, él y todo lo que le pertenece, porque ha quebrantado el pacto del SEÑOR, y ha cometido infamia en Israel."

16 Y Josué se levantó muy de mañana, e hizo acercar a Israel por tribus, y fue designada la tribu de Judá.

17 Mandó acercar a las familias de Judá, y fue designada la familia de los de Zera; e hizo acercar a la familia de Zera, hombre por hombre, y Zabdi fue designado.

18 Mandó acercar su casa hombre por hombre; y fue designado Acán, hijo de Carmi, hijo de Zabdi, hijo de Zera, de la tribu de Judá.

19 Entonces Josué dijo a Acán: Hijo mío, te ruego, da gloria al SEÑOR, Dios de Israel, y dale

alabanza; y declárame ahora lo que has hecho. No me lo ocultes.

20 Y Acán respondió a Josué, y dijo: En verdad he pecado contra el SEÑOR, Dios de Israel, y esto es lo que he hecho:

21 cuando vi entre el botín un hermoso manto de Sinar y doscientos siclos de plata y una barra de oro del peso de cincuenta siclos, los codicié y los tomé; y he aquí, están escondidos en la tierra dentro de mi tienda con la plata debajo.

22 Y Josué envió emisarios, que fueron corriendo a la tienda, y he aquí que *el manto* estaba escondido en su tienda con la plata debajo.

23 Y los sacaron de la tienda, los llevaron a Josué y a todos los hijos de Israel, y los pusieron delante del SEÑOR.

24 Entonces Josué, y con él todo Israel, tomó a Acán, hijo de Zera, y la plata, el manto, la barra de oro, sus hijos, sus hijas, sus bueyes, sus asnos, sus ovejas, su tienda y todo lo que le pertenecía, y los llevaron al valle de Acor.

25 Y Josué dijo: ¿Por qué nos has turbado? El SEÑOR te turbará hoy. Y todo Israel los apedreó y los quemaron después de haberlos apedreado.

26 Y levantaron sobre él un gran montón de piedras que permanece hasta hoy; y el SEÑOR se volvió del furor de su ira. Por eso se ha llamado aquel lugar el valle de Acor hasta el día de hoy.

La conquista de Hai

8 Entonces el SEÑOR dijo a Josué: No temas ni te acobardes. Toma contigo a todo el pueblo de guerra y levántate, sube a Hai; mira, he entregado en tu mano al rey de Hai, su pueblo, su ciudad y su tierra.

2 Harás con Hai y con su rey lo mismo que hiciste con Jericó y con su rey; tomaréis para vosotros como botín solamente los despojos y el ganado. Prepara una emboscada a la ciudad detrás de ella.

3 Y Josué se levantó con todo el pueblo de guerra para subir a Hai. Escogió Josué treinta mil hombres, valientes guerreros, los envió de noche,

4 y les *dio* órdenes, diciendo: Mirad, vais a poner emboscada a la ciudad por detrás de ella. No os alejéis mucho de la ciudad, sino estad todos alerta.

5 Y yo y todo el pueblo que me acompaña nos acercaremos a la ciudad. Y sucederá que cuando ellos salgan a nuestro encuentro como la primera vez, nosotros huiremos delante de ellos,

6 y ellos saldrán tras nosotros hasta que los hayamos alejado de la ciudad, porque dirán: "Huyen ante nosotros como la primera vez." Huiremos, pues, ante ellos.

7 Vosotros saldréis de la emboscada y os apoderaréis de la ciudad, porque el SEÑOR vuestro Dios la entregará en vuestras manos.

8 Y será que cuando hayáis tomado la ciudad, le prenderéis fuego. *Lo* haréis conforme a la palabra del SEÑOR. Mirad que yo os lo he mandado.

9 Josué los envió, y fueron al lugar de la emboscada y se quedaron entre Betel y Hai, al occidente de Hai; pero Josué pasó la noche entre el pueblo.

10 Y se levantó Josué muy de mañana, pasó

revista al pueblo y subió con los ancianos de Israel frente al pueblo de Hai.

11 Entonces todos los hombres de guerra que *estaban* con él subieron y se acercaron, y llegaron frente a la ciudad, y acamparon al lado norte de Hai. Y *había* un valle entre él y Hai.

12 Tomó unos cinco mil hombres y los puso en emboscada entre Betel y Hai, al occidente de la ciudad.

13 Y apostaron al pueblo: todo el ejército que *estaba* al norte de la ciudad, y su retaguardia *que estaba* al occidente de la ciudad. Y Josué pasó aquella noche en medio del valle.

14 Y aconteció que al ver *esto* el rey de Hai, los hombres de la ciudad se apresuraron, se levantaron temprano y salieron para enfrentarse a Israel en batalla, él y todo su pueblo, en el lugar señalado frente a la llanura del desierto; pero no sabía que *había* una emboscada contra él por detrás de la ciudad.

15 Y Josué y todo Israel se fingieron vencidos delante de ellos, y huyeron camino del desierto.

16 Y todo el pueblo que estaba en la ciudad fue llamado para perseguirlos, y persiguieron a Josué, y se alejaron de la ciudad.

17 No quedó hombre en Hai o Betel que no saliera tras Israel, y dejaron la ciudad sin protección por perseguir a Israel.

18 Entonces el SEÑOR dijo a Josué: Extiende la jabalina que está en tu mano hacia Hai, porque la entregaré en tu mano. Y extendió Josué hacia la ciudad la jabalina que estaba en su mano.

19 Y los *que estaban* emboscados se levantaron rápidamente de su lugar, y corrieron cuando él extendió su mano, entraron en la ciudad y se apoderaron de ella, y se apresuraron a prender fuego a la ciudad.

20 Cuando los hombres de Hai se volvieron y miraron, he aquí, el humo de la ciudad subía al cielo, y no tenían lugar adónde huir, ni por un lado ni por otro, porque el pueblo que iba huyendo hacia el desierto se volvió contra sus perseguidores.

21 Al ver Josué y todo Israel que los emboscados habían tomado la ciudad y que el humo de la ciudad subía, se volvieron y mataron a los hombres de Hai.

22 Y los otros salieron de la ciudad a su encuentro así que *los de Hai* quedaron en medio de Israel, unos por un lado y otros por el otro; y los mataron hasta no quedar de ellos sobreviviente ni fugitivo.

23 Pero tomaron vivo al rey de Hai, y lo trajeron a Josué.

24 Y sucedió que cuando Israel acabó de matar a todos los habitantes de Hai en el campo *y* en el desierto, adonde ellos los habían perseguido y todos habían caído a filo de espada hasta ser exterminados, todo Israel volvió a Hai y la hirieron a filo de espada.

25 Y todos los que cayeron aquel día, tanto hombres como mujeres, fueron doce mil; todo el pueblo de Hai.

26 Josué no retiró su mano con la cual tenía extendida la jabalina, hasta que hubo destruido por completo a todos los habitantes de Hai.

27 Sólo el ganado y los despojos de aquella ciudad tomó para sí Israel como botín, conforme a la palabra que el SEÑOR había ordenado a Josué.

28 Y quemó Josué a Hai y la convirtió en un montón *de ruinas* para siempre, en una desolación hasta el día de hoy.

29 Y colgó al rey de Hai en un árbol hasta la tarde; y a la puesta del sol Josué dio orden que bajaran su cadáver del árbol; lo arrojaron a la entrada de la puerta de la ciudad y levantaron sobre él un gran montón de piedras *que permanece* hasta el día de hoy.

30 Entonces edificó Josué un altar al SEÑOR, Dios de Israel, en el monte Ebal,

31 tal como Moisés, siervo del SEÑOR, había ordenado a los hijos de Israel, como está escrito en el libro de la ley de Moisés, un altar de piedras sin labrar, sobre las cuales nadie había alzado *herramienta* de hierro; y sobre él ofrecieron holocaustos al SEÑOR, y sacrificaron ofrendas de paz.

32 Y escribió allí, sobre las piedras, una copia de la ley que Moisés había escrito, en presencia de los hijos de Israel.

33 Todo Israel, con sus ancianos, oficiales y jueces, estaba de pie a ambos lados del arca delante de los sacerdotes levitas que llevaban el arca del pacto del SEÑOR, tanto el forastero como el nativo. La mitad de ellos *estaba* frente al monte Gerizim, y la otra mitad frente al monte Ebal, tal como Moisés, siervo del SEÑOR, había ordenado la primera vez, para que bendijeran al pueblo de Israel.

34 Después Josué leyó todas las palabras de la ley, la bendición y la maldición, conforme a todo lo que está escrito en el libro de la ley.

35 No hubo ni una palabra de todo lo que había ordenado Moisés que Josué no leyera delante de toda la asamblea de Israel, incluyendo las mujeres, los niños y los forasteros que vivían entre ellos.

Astucia de los gabaonitas

9 Y aconteció que cuando se enteraron todos los reyes que *estaban* al otro lado del Jordán, en los montes, en los valles y en toda la costa del mar Grande hacia el Líbano, *los reyes* de los heteos, amorreos, cananeos, ferezeos, heveos y jebuseos,

2 a una se reunieron y se pusieron de acuerdo para pelear contra Josué y contra Israel.

3 Cuando los habitantes de Gabaón se enteraron de lo que Josué había hecho a Jericó y a Hai,

4 ellos también usaron de astucia y fueron como embajadores, y llevaron alforjas viejas sobre sus asnos, y odres de vino viejos, rotos y remendados,

5 y sandalias gastadas y remendadas en sus pies, y vestidos viejos sobre sí; y todo el pan de su provisión estaba seco *y* desmenuzado.

6 Vinieron a Josué al campamento en Gilgal, y le dijeron a él y a los hombres de Israel: Hemos venido de un país lejano; haced, pues, pacto con nosotros.

7 Y los hombres de Israel dijeron a los heveos: Quizá habitáis en nuestra tierra, ¿cómo, pues, haremos pacto con vosotros?

8 Respondieron ellos a Josué: Somos tus siervos. Y Josué les dijo: ¿Quiénes sois, y de dónde venís?

9 Y le dijeron: Tus siervos han venido de un país muy lejano a causa de la fama del SEÑOR tu Dios; porque hemos oído hablar de El, de todo lo que hizo en Egipto,

10 y de todo lo que hizo a los dos reyes de los amorreos que *estaban* al otro lado del Jordán, a Sehón, rey de Hesbón, y a Og, rey de Basán, que *estaba* en Astarot.

11 Y nuestros ancianos y todos los habitantes de nuestro país nos hablaron, diciendo: "Tomad provisiones en vuestra mano para el camino, id a su encuentro y decidles: 'Somos vuestros siervos; haced, pues, pacto con nosotros.' "

12 Este nuestro pan *estaba* caliente *cuando* lo sacamos de nuestras casas para provisión el día que salimos para venir a vosotros; pero he aquí, ahora está seco y desmenuzado.

13 Estos odres de vino que llenamos eran nuevos, y he aquí, están rotos; y estos vestidos nuestros y nuestras sandalias están gastados a causa de lo muy largo del camino.

14 Y los hombres *de Israel* tomaron de sus provisiones, y no pidieron el consejo del SEÑOR.

15 Josué hizo paz con ellos y celebró pacto con ellos para conservarles la vida; también los jefes de la congregación se *lo* juraron.

16 Y sucedió que al cabo de tres días después de haber hecho pacto con ellos, oyeron que eran vecinos y que habitaban en su tierra.

17 Y partieron los hijos de Israel, y al tercer día llegaron a sus ciudades. Sus ciudades *eran* Gabaón, Cafira, Beerot y Quiriat-jearim.

18 Los hijos de Israel no los mataron porque los jefes de la congregación les habían jurado por el SEÑOR, Dios de Israel. Y toda la congregación murmuraba contra los jefes.

19 Pero todos los jefes dijeron a la congregación: Nosotros les hemos jurado por el SEÑOR, Dios de Israel, y ahora no podemos tocarlos.

20 Esto es lo que haremos con ellos: los dejaremos vivir, para que no venga sobre nosotros la ira por el juramento que les hemos hecho.

21 Y los jefes les dijeron: Dejadlos vivir. Y fueron leñadores y aguadores para toda la congregación, tal como los jefes les habían dicho.

22 Entonces Josué los mandó llamar y les habló, diciendo: ¿Por qué nos habéis engañado, diciendo: "Habitamos muy lejos de vosotros", cuando habitáis en nuestra tierra?

23 Ahora pues, malditos sois y nunca dejaréis de ser esclavos, leñadores y aguadores para la casa de mi Dios.

24 Y ellos respondieron a Josué, y dijeron: Porque ciertamente tus siervos fueron informados de que el SEÑOR tu Dios había mandado a su siervo Moisés que os diera toda la tierra, y que destruyera a todos los habitantes de la tierra delante de vosotros; por tanto, temimos en gran manera por nuestras vidas a causa de vosotros, y hemos hecho esto.

25 Ahora pues, he aquí estamos en tus manos; haz con nosotros lo que te parezca bueno y justo.

26 Y así hizo él con ellos, y los libró de las manos de los hijos de Israel, y *éstos* no los mataron.

27 Y aquel día Josué los hizo leñadores y aguadores para la congregación y para el altar del SEÑOR, en el lugar que el *SEÑOR* escogiera, hasta el día de hoy.

Derrota de los amorreos

10 Y sucedió que cuando Adonisedec, rey de Jerusalén, oyó que Josué había capturado a Hai y que la había destruido por completo (como había hecho con Jericó y con su rey, así había hecho con Hai y con su rey), y que los habitantes de Gabaón habían concertado la paz con Israel y estaban dentro de su tierra,

2 tuvo gran temor, porque Gabaón *era* una gran ciudad, como una de las ciudades reales, y porque era más grande que Hai, y todos sus hombres *eran* valientes.

3 Por tanto, Adonisedec, rey de Jerusalén, envió *mensaje* a Hoham, rey de Hebrón, a Pieram, rey de Jarmut, a Jafía, rey de Laquis y a Debir, rey de Eglón, diciendo:

4 Subid a mí y ayudadme, y ataquemos a Gabaón, porque ha hecho paz con Josué y con los hijos de Israel.

5 Se reunieron, pues, los cinco reyes de los amorreos, el rey de Jerusalén, el rey de Hebrón, el rey de Jarmut, el rey de Laquis y el rey de Eglón, y subieron ellos con todos sus ejércitos, y acamparon junto a Gabaón y lucharon contra ella.

6 Entonces los hombres de Gabaón enviaron *mensaje* a Josué al campamento de Gilgal, diciendo: No abandones a tus siervos; sube rápidamente a nosotros, sálvanos y ayúdanos, porque todos los reyes de los amorreos que habitan en los montes se han reunido contra nosotros.

7 Y Josué subió de Gilgal, él y toda la gente de guerra con él, y todos los valientes guerreros.

8 Y el SEÑOR dijo a Josué: No les tengas miedo, porque los he entregado en tus manos; ninguno de ellos te podrá resistir.

9 Vino, pues, Josué sobre ellos de repente, habiendo marchado toda la noche desde Gilgal.

10 Y el SEÑOR los desconcertó delante de Israel, y los hirió con gran matanza en Gabaón, y los persiguió por el camino de la subida de Bet-horón, y los hirió hasta Azeca y Maceda.

11 Y sucedió que mientras huían delante de Israel, *cuando* estaban en la bajada de Bet-horón, el SEÑOR arrojó desde el cielo grandes piedras sobre ellos hasta Azeca, y murieron; y *fueron* más los que murieron por las piedras del granizo que los que mataron a espada los hijos de Israel.

12 Entonces Josué habló al SEÑOR el día en que el SEÑOR entregó a los amorreos delante de los hijos de Israel, y dijo en presencia de Israel:

Sol, detente en Gabaón,
y *tú* luna, en el valle de Ajalón.

13 Y el sol se detuvo, y la luna se paró,
hasta que la nación se vengó de sus
    enemigos.

¿No está esto escrito en el libro de Jaser? Y el sol se detuvo en medio del cielo y no se apresuró a ponerse como por un día entero.

14 Y ni antes ni después hubo día como aquel, cuando el SEÑOR prestó atención a la voz de un hombre; porque el SEÑOR peleó por Israel.

15 Entonces Josué, y todo Israel con él, volvió al campamento en Gilgal.

16 Y aquellos cinco reyes habían huido y se habían escondido en la cueva de Maceda.

17 Y fue dado aviso a Josué, diciendo: Los cinco reyes han sido hallados escondidos en la cueva de Maceda.

18 Y Josué dijo: Rodad piedras grandes hacia la entrada de la cueva, y poned junto a ella hombres que los vigilen,

19 pero vosotros no os quedéis *ahí;* perseguid a vuestros enemigos y atacadlos por la retaguardia. No les permitáis entrar en sus ciudades, porque el Señor vuestro Dios los ha entregado en vuestras manos.

20 Y sucedió que cuando Josué y los hijos de Israel terminaron de herirlos con gran matanza, hasta que fueron destruidos, y que los sobrevivientes que de ellos quedaron habían entrado en las ciudades fortificadas,

21 el pueblo volvió en paz al campamento *y* a Josué en Maceda. Nadie profirió palabra alguna contra ninguno de los hijos de Israel.

22 Entonces Josué dijo: Abrid la entrada de la cueva y sacadme de ella a esos cinco reyes.

23 Así lo hicieron, y le trajeron de la cueva a estos cinco reyes: el rey de Jerusalén, el rey de Hebrón, el rey de Jarmut, el rey de Laquis *y* el rey de Eglón.

24 Y sucedió que cuando llevaron estos reyes a Josué, Josué llamó a todos los hombres de Israel, y dijo a los jefes de los hombres de guerra que habían ido con él: Acercaos, poned vuestro pie sobre el cuello de estos reyes. Ellos se acercaron y pusieron los pies sobre sus cuellos.

25 Entonces Josué les dijo: No temáis ni os acobardéis. Sed fuertes y valientes, porque así hará el Señor a todos vuestros enemigos con quienes lucháis.

26 Después Josué los hirió, les dio muerte y los colgó de cinco árboles, y quedaron colgados de los árboles hasta la tarde.

27 Y sucedió que a la hora de la puesta del sol, Josué dio órdenes y los bajaron de los árboles, y los echaron en la cueva donde se habían escondido; y sobre la boca de la cueva pusieron grandes piedras *que permanecen* hasta el día de hoy.

28 Y aquel día Josué conquistó a Maceda, y la hirió a filo de espada junto con su rey; la destruyó por completo con todas las personas que había en ella. No dejó ningún sobreviviente; e hizo con el rey de Maceda como había hecho con el rey de Jericó.

29 Josué, y todo Israel con él, pasó de Maceda a Libna, y peleó contra Libna;

30 y el Señor la entregó también, junto con su rey, en manos de Israel, que la hirió a filo de espada con todas las personas que *había* en ella. No dejó ningún sobreviviente en ella, e hizo con su rey como había hecho con el rey de Jericó.

31 Josué, y todo Israel con él, pasó de Libna a Laquis, acampó cerca de ella y la atacó.

32 Y el Señor entregó a Laquis en manos de Israel, la cual conquistó al segundo día, y la hirió a filo de espada con todas las personas que *había* en ella, conforme a todo lo que había hecho a Libna.

33 Entonces Horam, rey de Gezer, subió en ayuda de Laquis, y Josué lo derrotó a él y a su pueblo, hasta no dejar sobreviviente alguno.

34 Josué, y todo Israel con él, pasó de Laquis a Eglón, y acamparon cerca de ella y la atacaron.

35 La conquistaron aquel mismo día y la hirieron a filo de espada; y destruyó por completo aquel día a todas las personas que *había* en ella, conforme a todo lo que había hecho a Laquis.

36 Entonces subió Josué, y todo Israel con él, de Eglón a Hebrón, y pelearon contra ella.

37 La conquistaron y la hirieron a filo de espada, con su rey, todas sus ciudades y todas las personas que *había* en ella. No dejó ningún sobreviviente, conforme a todo lo que había hecho a Eglón. La destruyó por completo con todas las personas que *había* en ella.

38 Después Josué, y todo Israel con él, se volvió *contra* Debir y peleó contra ella.

39 La conquistó, con su rey y todas sus ciudades, hiriéndolas a filo de espada; y destruyó por completo a todas las personas que *había* en ella. No dejó sobreviviente alguno. Como había hecho con Hebrón, *y* como había hecho también con Libna y su rey, así hizo con Debir y su rey.

40 Hirió, pues, Josué toda la tierra: la región montañosa, el Neguev, la tierra baja y las laderas, y a todos sus reyes. No dejó ningún sobreviviente, sino que destruyó por completo a todo el que tenía vida, tal como el Señor, Dios de Israel, había mandado.

41 Josué los hirió desde Cades-barnea hasta Gaza, y todo el territorio de Gosén hasta Gabaón.

42 A todos estos reyes y sus territorios los capturó Josué de una vez, porque el Señor, Dios de Israel, combatía por Israel.

43 Y volvió Josué, y todo Israel con él, al campamento en Gilgal.

Derrota de Jabín y sus aliados

11 Y aconteció que cuando se enteró Jabín, rey de Hazor, envió a Jobab, rey de Madón, al rey de Simrón, al rey de Acsaf,

2 y a los reyes que *estaban* al norte en la región montañosa, en el Arabá al sur de Cineret[1], y en las tierras bajas y en las alturas de Dor al occidente;

3 al cananeo *que estaba* al oriente y al occidente, al amorreo, al heteo, al ferezeo y al jebuseo en la región montañosa, y al heveo al pie del Hermón en la tierra de Mizpa.

4 Y salieron ellos, y todos sus ejércitos con ellos, tanta gente como la arena que está a la orilla del mar, con muchísimos caballos y carros.

5 Así que todos estos reyes, habiendo acordado unirse, vinieron y acamparon juntos cerca de las aguas de Merom para pelear contra Israel.

6 Entonces dijo el Señor a Josué: No temas a causa de ellos, porque mañana a esta hora yo entregaré a todos ellos muertos delante de Israel; desjarretarás sus caballos y quemarás sus carros a fuego.

7 Y Josué, y toda la gente de guerra con él, vino de repente sobre ellos junto a las aguas de Merom, y los atacó.

8 Y el Señor los entregó en manos de Israel, los derrotaron y los persiguieron hasta Sidón la grande, hasta Misrefot-maim y hasta el valle de Mizpa al oriente; los hirieron hasta que no les quedó sobreviviente alguno.

9 Y Josué hizo con ellos como el Señor le había mandado: desjarretó sus caballos y quemó sus carros a fuego.

---

1. I.e., el mar de Galilea

10 Por ese mismo tiempo Josué volvió y se apoderó de Hazor e hirió a espada a su rey; porque Hazor antes había sido cabeza de todos estos reinos.

11 E hirieron a filo de espada a todas las personas que *había* en ella, destruyéndo*las* por completo; no quedó nadie con vida, y a Hazor le prendió fuego.

12 Y tomó Josué todas las ciudades de estos reyes, y a todos sus reyes, los hirió a filo de espada *y* los destruyó por completo; tal como Moisés, siervo del SEÑOR, había ordenado.

13 Sin embargo, Israel no quemó ninguna de las ciudades que estaban sobre sus colinas, con la única excepción de Hazor, *la cual* Josué quemó.

14 Y los hijos de Israel tomaron como botín todos los despojos de estas ciudades y el ganado; mas a los hombres hirieron a filo de espada hasta destruirlos. No dejaron a ninguno con vida.

15 Tal como el SEÑOR había ordenado a Moisés su siervo, así Moisés lo ordenó a Josué, y así Josué lo hizo; no dejó de hacer nada de todo lo que el SEÑOR había ordenado a Moisés.

16 Tomó, pues, Josué toda la tierra: la región montañosa, todo el Neguev, toda la tierra de Gosén, las tierras bajas, el Arabá, la región montañosa de Israel y sus tierras bajas,

17 desde el monte de Halac, que se levanta hacia Seir, hasta Baal-gad en el valle del Líbano, al pie del monte Hermón. Capturó a todos sus reyes, los hirió y los mató.

18 Por mucho tiempo Josué estuvo en guerra con todos estos reyes.

19 No hubo ciudad que hiciera paz con los hijos de Israel, excepto los heveos que vivían en Gabaón; de todas se apoderaron por la fuerza.

20 Porque fue *la intención* del SEÑOR endurecer el corazón de ellos, para que se enfrentaran en batalla con Israel, a fin de que fueran destruidos por completo, sin que tuviera piedad de ellos y los exterminara, tal como el SEÑOR había ordenado a Moisés.

21 Y por aquel tiempo Josué fue y destruyó a los anaceos de la región montañosa, de Hebrón, de Debir, de Anab, de toda la región montañosa de Judá y de toda la región montañosa de Israel. Josué los destruyó por completo con sus ciudades.

22 No quedaron anaceos en la tierra de los hijos de Israel; sólo quedaron algunos en Gaza, en Gat y en Asdod.

23 Tomó, pues, Josué toda la tierra de acuerdo con todo lo que el SEÑOR había dicho a Moisés. Y Josué la dio por heredad a Israel conforme a sus divisiones por sus tribus. Y la tierra descansó de la guerra.

Reyes derrotados por Moisés y Josué

12 Estos, pues, son los reyes de la tierra a quienes los hijos de Israel derrotaron, y cuya tierra poseyeron al otro lado del Jordán, hacia el oriente, desde el valle del Arnón hasta el monte Hermón, y todo el Arabá hacia el oriente:

2 Sehón, rey de los amorreos, que habitaba en Hesbón *y* gobernaba desde Aroer, que está al borde del valle del Arnón, el medio del valle y la mitad de Galaad, hasta el arroyo de Jaboc, límite de los hijos de Amón;

3 y el Arabá hasta el mar de Cineret hacia el oriente, y hasta el mar de Arabá, el mar Salado, al oriente hacia Bet-jesimot, y al sur, al pie de las laderas del Pisga;

4 y el territorio de Og, rey de Basán, uno de los que quedaba de los refaítas, que habitaba en Astarot y en Edrei,

5 y gobernaba en el monte Hermón, en Salca y en todo Basán, hasta los límites del gesureo y del maacateo, y la mitad de Galaad, *hasta* el límite de Sehón, rey de Hesbón.

6 *A éstos* Moisés, siervo del SEÑOR, y los hijos de Israel los derrotaron; y Moisés, siervo del SEÑOR, dio su tierra en posesión a los rubenitas, a los gaditas y a la media tribu de Manasés.

7 Estos, pues, son los reyes de la tierra que Josué y los hijos de Israel derrotaron al otro lado del Jordán, hacia el occidente, desde Baal-gad en el valle del Líbano hasta el monte Halac que se levanta hacia Seir; y Josué dio la tierra en posesión a las tribus de Israel según sus divisiones,

8 en la región montañosa, en las tierras bajas, en el Arabá, en las laderas, en el desierto y en el Neguev; de los heteos, amorreos, cananeos, ferezeos, heveos y jebuseos:

9 el rey de Jericó, uno; el rey de Hai, que está al lado de Betel, uno;

10 el rey de Jerusalén, uno; el rey de Hebrón, uno;

11 el rey de Jarmut, uno; el rey de Laquis, uno;

12 el rey de Eglón, uno; el rey de Gezer, uno;

13 el rey de Debir, uno; el rey de Geder, uno;

14 el rey de Horma, uno; el rey de Arad, uno;

15 el rey de Libna, uno; el rey de Adulam, uno;

16 el rey de Maceda, uno; el rey de Betel, uno;

17 el rey de Tapúa, uno; el rey de Hefer, uno;

18 el rey de Afec, uno; el rey de Sarón, uno;

19 el rey de Madón, uno; el rey de Hazor, uno;

20 el rey de Simron-merón, uno; el rey de Acsaf, uno;

21 el rey de Taanac, uno; el rey de Meguido, uno;

22 el rey de Cedes, uno; el rey de Jocneam del Carmelo, uno;

23 el rey de Dor, en las alturas de Dor, uno; el rey de Goim en Gilgal, uno;

24 el rey de Tirsa, uno. Treinta y un reyes en total.

Tierra aún sin conquistar

13 Era Josué ya viejo *y* entrado en años cuando el SEÑOR le dijo: Tú eres viejo *y* entrado en años, y *todavía* queda mucha tierra por conquistar.

2 Esta es la tierra que queda: todos los distritos *de* los filisteos y todos *los de* los gesureos;

3 desde el Sihor, que está al oriente de Egipto, hasta la frontera de Ecrón al norte (que se considera de los cananeos); los cinco príncipes de los filisteos: el gazeo, el asdodeo, el ascaloneo, el geteo, y el ecroneo; también los aveos,

4 hacia el sur, toda la tierra de los cananeos, y Mehara que pertenece a los sidonios, hasta Afec, hasta la frontera de los amorreos;

5 y la tierra de los giblitas, y todo el Líbano hacia el oriente, desde Baal-gad al pie del monte Hermón, hasta Lebo-hamat.

6 A todos los habitantes de la región montañosa desde el Líbano hasta Misrefot-maim, a todos los sidonios, los expulsaré de delante de los hijos de Israel; solamente reparte la tierra por suerte a Israel como heredad tal como te he mandado.

7 Ahora pues, reparte esta tierra como heredad a las nueve tribus, y a la media tribu de Manasés.

8 Los rubenitas y los gaditas con la otra media tribu habían recibido *ya* su heredad, la cual Moisés les había dado al otro lado del Jordán, hacia el oriente, tal como se *la* había dado Moisés, siervo del SEÑOR:

9 desde Aroer, que está a la orilla del valle del Arnón, con la ciudad que está en medio del valle, y toda la llanura de Medeba, hasta Dibón;

10 todas las ciudades de Sehón, rey de los amorreos, que reinaba en Hesbón, hasta la frontera de los hijos de Amón;

11 también Galaad y el territorio de los gesureos y los maacateos, y todo el monte Hermón, y todo Basán hasta Salca;

12 todo el reino de Og en Basán, el cual reinaba en Astarot y en Edrei (sólo él quedaba del remanente de los refaítas); porque Moisés los hirió y los desposeyó.

13 Pero los hijos de Israel no desposeyeron a los gesureos ni a los maacateos; pues Gesur y Maaca habitan en medio de Israel hasta hoy.

14 Sólo a la tribu de Leví no dio heredad; las ofrendas encendidas al SEÑOR, Dios de Israel, son su heredad, como El le había dicho.

15 Dio, pues, Moisés *una heredad* a la tribu de los hijos de Rubén conforme a sus familias.

16 Y el territorio de ellos fue desde Aroer, que está a la orilla del valle del Arnón, con la ciudad que está en medio del valle, y toda la llanura hasta Medeba;

17 Hesbón y todas sus ciudades que están en la llanura: Dibón, Bamot-baal, Bet-baal-meón,

18 Jahaza, Cademot, Mefaat,

19 Quiriataim, Sibma, Zaret-sahar en el monte del valle,

20 Bet-peor, las laderas de Pisga, Bet-jesimot,

21 todas las ciudades de la llanura, y todo el reino de Sehón, rey de los amorreos, que reinaba en Hesbón, al cual Moisés hirió con los jefes de Madián, Evi, Requem, Zur, Hur y Reba, príncipes de Sehón que habitaban en aquella tierra.

22 Entre los que mataron los hijos de Israel, también dieron muerte a espada al adivino Balaam, hijo de Beor.

23 Y el límite de los hijos de Rubén fue el Jordán. Esta fue la heredad de los hijos de Rubén según sus familias: las ciudades y sus aldeas.

24 Moisés dio también *una heredad* a la tribu de Gad, a los hijos de Gad, conforme a sus familias.

25 Y su territorio fue Jazer, todas las ciudades de Galaad y la mitad de la tierra de los hijos de Amón hasta Aroer, que está frente a Rabá;

26 desde Hesbón hasta Ramat-mizpa y Betonim, y desde Mahanaim hasta el límite de Debir;

27 y en el valle, Bet-aram, Bet-nimra, Sucot y Zafón, el resto del reino de Sehón, rey de Hesbón, *con* el Jordán como límite, hasta el extremo del mar de Cineret al otro lado del Jordán, al oriente.

28 Esta es la heredad de los hijos de Gad según sus familias, las ciudades y sus aldeas.

29 Moisés dio también *una heredad* a la media tribu de Manasés; y fue para la media tribu de los hijos de Manasés, conforme a sus familias.

30 Y su territorio fue desde Mahanaim, todo Basán, todo el reino de Og, rey de Basán, y todos los pueblos de Jair que están en Basán, sesenta ciudades;

31 también la mitad de Galaad con Astarot y Edrei, ciudades del reino de Og en Basán, *fueron* para los hijos de Maquir, hijo de Manasés, para la mitad de los hijos de Maquir conforme a sus familias.

32 Estos *son los territorios* que Moisés repartió por heredad en las llanuras de Moab, al otro lado del Jordán, al oriente de Jericó.

33 Pero a la tribu de Leví, Moisés no le dio heredad; el SEÑOR, Dios de Israel, es su heredad, como El les había prometido.

14 Estos *son los territorios* que los hijos de Israel recibieron como heredad en la tierra de Canaán, los cuales les repartieron como heredad el sacerdote Eleazar y Josué, hijo de Nun, y las cabezas de las casas de las tribus de los hijos de Israel,

2 por suerte *recibieron* su heredad tal como el SEÑOR había ordenado por medio de Moisés, a las nueve tribus y a la media tribu.

3 Pues Moisés había dado la heredad de las dos tribus y de la media tribu al otro lado del Jordán; pero no dio heredad entre ellos a los levitas.

4 Porque los hijos de José eran dos tribus, Manasés y Efraín; y ellos no dieron a los levitas ninguna porción en *su* tierra, sino ciudades donde habitar, con sus tierras de pasto para sus ganados y para sus posesiones.

5 Tal como el SEÑOR había ordenado a Moisés, así hicieron los hijos de Israel, y repartieron la tierra.

6 Entonces los hijos de Judá vinieron a Josué en Gilgal, y Caleb, hijo de Jefone cenezeo, le dijo: Tú sabes lo que el SEÑOR dijo a Moisés, hombre de Dios, acerca de ti y de mí en Cades-barnea.

7 Yo tenía cuarenta años cuando Moisés, siervo del SEÑOR, me envió de Cades-barnea a reconocer la tierra, y le informé como yo *lo sentía* en mi corazón.

8 Sin embargo, mis hermanos que subieron conmigo, hicieron atemorizar el corazón del pueblo; pero yo seguí plenamente al SEÑOR mi Dios.

9 Y aquel día Moisés juró, diciendo: "Ciertamente, la tierra que ha pisado tu pie será herencia tuya y de tus hijos para siempre, porque has seguido plenamente al SEÑOR mi Dios."

10 Y ahora, he aquí, el SEÑOR me ha permitido vivir, tal como prometió, estos cuarenta y cinco años, desde el día en que el SEÑOR habló estas palabras a Moisés, cuando Israel caminaba en el desierto; y he aquí, ahora tengo ochenta y cinco años.

11 Todavía estoy tan fuerte como el día en que Moisés me envió; como era entonces mi fuerza, así es ahora mi fuerza para la guerra, y para salir y para entrar.

12 Ahora pues, dame esta región montañosa de la cual el SEÑOR habló aquel día, porque tú oíste aquel día que allí *había* anaceos con grandes ciudades fortificadas; tal vez el SEÑOR esté conmigo y los expulsaré como el SEÑOR ha dicho.

13 Y Josué lo bendijo, y dio Hebrón por heredad a Caleb, hijo de Jefone.

14 Por tanto, Hebrón vino a ser hasta hoy heredad de Caleb, hijo de Jefone cenezeo, porque siguió plenamente al SEÑOR, Dios de Israel.

15 Y el nombre de Hebrón antes era Quiriat-arba; *pues Arba era* el hombre más grande entre los anaceos. Entonces la tierra descansó de la guerra.

Territorio de Judá

15 La *parte* que tocó en suerte a la tribu de los hijos de Judá conforme a sus familias, llegaba hasta la frontera de Edom, hacia el sur, hasta el desierto de Zin al extremo sur.

2 Y su límite al sur se extendía desde el extremo del mar Salado, desde la bahía que da hacia el sur,

3 y seguía por el sur hacia la subida de Acrabim y continuaba hasta Zin; entonces subía por el lado sur de Cades-barnea hasta Hezrón, y subía hasta Adar y volvía a Carca.

4 Y pasaba por Asmón y seguía hasta el torrente de Egipto; y el límite terminaba en el mar. Este será vuestro límite meridional.

5 El límite oriental *era* el mar Salado hasta la desembocadura del Jordán. El límite por el lado norte *era* desde la bahía del mar en la desembocadura del Jordán.

6 Entonces el límite subía hasta Bet-hogla y seguía al norte de Bet-arabá y subía hasta la piedra de Bohán, hijo de Rubén.

7 Y el límite subía hasta Debir desde el valle de Acor, y volvía hacia el norte, hacia Gilgal que está frente a la subida de Adumín, al sur del valle, y seguía hasta las aguas de En-semes y terminaba en En-rogel.

8 Después el límite subía por el valle de Ben-hinom hasta la ladera del jebuseo al sur, es decir, Jerusalén, y subía hasta la cumbre del monte que está frente al valle de Hinom hacia el occidente, que está al extremo del valle de Refaim hacia el norte.

9 Y desde la cumbre del monte el límite doblaba hacia la fuente de las aguas de Neftoa, y seguía hasta las ciudades del monte Efrón, girando hacia Baala, es decir, Quiriat-jearim.

10 De Baala el límite giraba hacia el occidente, hasta el monte Seir, y continuaba hasta la ladera del monte Jearim al norte, es decir, Quesalón, y bajaba a Bet-semes, y continuaba por Timna.

11 Y hacia el norte el límite seguía por el lado de Ecrón, girando hacia Sicrón, y continuaba hasta el monte Baala, seguía hasta Jabneel y terminaba en el mar.

12 El límite occidental *era* el mar Grande, es decir, *su* costa. Este es el límite alrededor de los hijos de Judá conforme a sus familias.

13 Y dio a Caleb, hijo de Jefone, una porción entre los hijos de Judá, según el mandato del SEÑOR a Josué, *es decir,* Quiriat-arba, *siendo Arba* el padre de Anac, es decir, Hebrón.

14 Y Caleb expulsó de allí a los tres hijos de Anac: Sesai, Ahimán y Talmai, hijos de Anac.

15 De allí subió contra los habitantes de Debir (el nombre de Debir antes *era* Quiriat-séfer).

16 Y Caleb dijo: Al que ataque a Quiriat-séfer y la tome, yo le daré a mi hija Acsa por mujer.

17 Y Otoniel, hijo de Cenaz, hermano de Caleb, la tomó, y él le dio a su hija Acsa por mujer.

18 Y sucedió que cuando ella vino *a él,* éste la persuadió a que pidiera un campo a su padre. Ella entonces se bajó del asno, y Caleb le dijo: ¿Qué quieres?

19 Y ella dijo: Dame una bendición; ya que me has dado la tierra del Neguev, dame también fuentes de agua. Y él le dio las fuentes de arriba y las fuentes de abajo.

20 Esta es la heredad de la tribu de los hijos de Judá conforme a sus familias.

21 Y las ciudades al extremo de la tribu de los hijos de Judá, hacia el límite de Edom en el sur, fueron: Cabseel, Edar, Jagur,

22 Cina, Dimona, Adada,

23 Cedes, Hazor, Itnán,

24 Zif, Telem, Bealot,

25 Hazor-hadata, Queriot-hezrón, es decir, Hazor,

26 Amam, Sema, Molada,

27 Hazar-gada, Hesmón, Bet-pelet,

28 Hazar-sual, Beerseba, Bizotia,

29 Baala, Iim, Esem,

30 Eltolad, Quesil, Horma,

31 Siclag, Madmana, Sansana,

32 Lebaot, Silhim, Aín y Rimón; en total veintinueve ciudades con sus aldeas.

33 En las tierras bajas: Estaol, Zora, Asena,

34 Zanoa, En-ganim, Tapúa, Enam,

35 Jarmut, Adulam, Soco, Azeca,

36 Saaraim, Aditaim, Gedera y Gederotaim; catorce ciudades con sus aldeas.

37 Zenán, Hadasa, Migdal-gad,

38 Dileán, Mizpa, Jocteel,

39 Laquis, Boscat, Eglón,

40 Cabón, Lahmam, Quitlis,

41 Gederot, Bet-dagón, Naama y Maceda; dieciséis ciudades con sus aldeas.

42 Libna, Eter, Asán,

43 Jifta, Asena, Nezib,

44 Keila, Aczib y Maresa; nueve ciudades con sus aldeas.

45 Ecrón con sus pueblos y sus aldeas;

46 desde Ecrón hasta el mar, todas las que estaban cerca de Asdod, con sus aldeas.

47 Asdod, sus pueblos y sus aldeas; Gaza, sus pueblos y sus aldeas; hasta el torrente de Egipto y el mar Grande y sus costas.

48 Y en la región montañosa: Samir, Jatir, Soco,

49 Dana, Quiriat-sana, es decir, Debir,

50 Anab, Estemoa, Anim,

51 Gosén, Holón y Gilo; once ciudades con sus aldeas.

52 Arab, Duma, Esán,

53 Janum, Bet-tapúa, Afeca,

54 Humta, Quiriat-arba, es decir, Hebrón, y Sior; nueve ciudades con sus aldeas.

55 Maón, Carmel, Zif, Juta,

56 Jezreel, Jocdeam, Zanoa,

57 Caín, Guibeá y Timna; diez ciudades con sus aldeas.

58 Halhul, Bet-sur, Gedor,

59 Maarat, Bet-anot y Eltecón; seis ciudades con sus aldeas.

60 Quiriat-baal, es decir, Quiriat-jearim, y Rabá; dos ciudades con sus aldeas.

61 En el desierto: Bet-arabá, Midín, Secaca,

62 Nibsán, la Ciudad de la Sal y Engadi; seis ciudades con sus aldeas.

63 Mas a los jebuseos, habitantes de Jerusalén, los hijos de Judá no pudieron expulsarlos; por tanto, los jebuseos habitan hasta hoy en Jerusalén con los hijos de Judá.

Territorio de Efraín

16 Tocó en suerte a los hijos de José desde el Jordán *frente a* Jericó (las aguas de Jericó) al oriente, hacia el desierto, subiendo desde Jericó por la región montañosa a Betel.

2 Seguía desde Betel a Luz, y continuaba hasta el límite de los arquitas en Atarot.

3 Y descendía hacia el occidente al territorio de los jafletitas, hasta el territorio de Bet-horón de abajo, y hasta Gezer, y terminaba en el mar.

4 Recibieron, pues, su heredad los hijos de José, Manasés y Efraín.

5 Y *este* fue el territorio de los hijos de Efraín conforme a sus familias: el límite de su heredad hacia el oriente era Atarot-adar, hasta Bet-horón de arriba,

6 Y el límite iba hacia el occidente en Micmetat al norte, girando hacia el oriente en Taanat-silo, y continuaba *más allá* al oriente de Janoa.

7 Descendía de Janoa a Atarot y a Naarat, llegaba a Jericó y salía al Jordán.

8 De Tapúa el límite continuaba hacia el occidente hasta el arroyo de Caná, y terminaba en el mar. Esta es la heredad de la tribu de los hijos de Efraín, conforme a sus familias,

9 *junto* con las ciudades que fueron apartadas para los hijos de Efraín en medio de la heredad de los hijos de Manasés, todas las ciudades con sus aldeas.

10 Pero no expulsaron a los cananeos que habitaban en Gezer; por tanto, los cananeos habitan en medio de Efraín hasta hoy, pero fueron sometidos a trabajos forzados.

Territorio de Manasés

17 Esta fue la suerte *que le tocó* a la tribu de Manasés, porque él era el primogénito de José: a Maquir, primogénito de Manasés, padre de Galaad, por cuanto era hombre de guerra, se le otorgó Galaad y Basán;

2 y echaron suertes para el resto de los hijos de Manasés conforme a sus familias: para los hijos de Abiezer, para los hijos de Helec, para los hijos de Asriel, para los hijos de Siquem, para los hijos de Hefer y para los hijos de Semida; estos *eran* los descendientes varones de Manasés, hijo de José, conforme a sus familias.

3 Sin embargo, Zelofehad, hijo de Hefer, hijo de Galaad, hijo de Maquir, hijo de Manasés, no tenía hijos, sino sólo hijas; y estos son los nombres de sus hijas: Maala, Noa, Hogla, Milca y Tirsa.

4 Y ellas vinieron delante del sacerdote Eleazar, delante de Josué, hijo de Nun, y delante de los principales, diciendo: El SEÑOR mandó a Moisés que nos diera una heredad entre nuestros hermanos. Así que según el mandato del SEÑOR, él les dio heredad entre los hermanos de su padre.

5 Y a Manasés le tocaron diez porciones, además de la tierra de Galaad y Basán que está al otro lado del Jordán,

6 porque las hijas de Manasés recibieron heredad entre sus hijos. Y la tierra de Galaad perteneció al resto de los hijos de Manasés.

7 Y el límite de Manasés se extendía desde Aser hasta Micmetat, que estaba al oriente de Siquem; entonces el límite iba hacia el sur hasta los habitantes de En-tapúa.

8 La tierra de Tapúa pertenecía a Manasés, pero Tapúa en el límite con Manasés *pertenecía a* los hijos de Efraín.

9 Y el límite descendía hasta el arroyo de Caná, hacia el sur del arroyo (estas ciudades *pertenecían* a Efraín entre las ciudades de Manasés). Y el límite de Manasés *estaba* al lado norte del arroyo, y terminaba en el mar.

10 El lado sur *pertenecía* a Efraín, el lado norte a Manasés y el mar era su límite; y lindaban con Aser al norte y con Isacar al oriente.

11 En Isacar y en Aser, Manasés tenía Bet-seán y sus aldeas, Íbleam y sus aldeas, los habitantes de Dor y sus aldeas, los habitantes de Endor y sus aldeas, los habitantes de Taanac y sus aldeas, y los habitantes de Meguido y sus aldeas; la tercera es Náfet.

12 Pero los hijos de Manasés no pudieron tomar posesión de estas ciudades, porque los cananeos persistieron en habitar en esa tierra.

13 Y sucedió que cuando los hijos de Israel se hicieron fuertes, sometieron a los cananeos a trabajos forzados, pero no los expulsaron totalmente.

14 Entonces los hijos de José hablaron a Josué, diciendo: ¿Por qué me has dado sólo una suerte y una porción como heredad, siendo yo un pueblo numeroso que hasta ahora el SEÑOR ha bendecido?

15 Y Josué les dijo: Si sois pueblo tan numeroso, subid al bosque y limpiad un lugar para vosotros allí en la tierra de los ferezeos y los refaítas, ya que la región montañosa de Efraín es demasiado estrecha para vosotros.

16 Y los hijos de José respondieron: La región montañosa no es suficiente para nosotros, y todos los cananeos que viven en la tierra del valle tienen carros de hierro, tanto los que están en Bet-seán y sus aldeas, como los que están en el valle de Jezreel.

17 Y habló Josué a la casa de José, a Efraín y a Manasés, diciendo: Eres un pueblo numeroso y tienes gran poder; no te tocará *sólo* una suerte,

18 sino que la región montañosa será tuya. Porque aunque es bosque, la desmontarás, y será tuya hasta sus límites más lejanos; porque expulsarás a los cananeos, aunque tengan carros de hierro y aunque sean fuertes.

División del resto del territorio

18 Entonces toda la congregación de los hijos de Israel se reunió en Silo, y levantaron allí la tienda de reunión; y la tierra estaba sometida delante de ellos.

2 Y quedaban siete tribus de los hijos de Israel que no habían repartido su heredad.

3 Dijo, pues, Josué a los hijos de Israel: ¿Hasta cuándo pospondréis el entrar a tomar posesión de la tierra que el SEÑOR, el Dios de vuestros padres, os ha dado?

4 Escoged tres hombres de cada tribu, a quienes yo enviaré, y ellos se levantarán y

recorrerán la tierra, y harán una descripción de ella según su heredad; entonces volverán a mí.

5 Y la dividirán en siete partes; Judá se quedará en su territorio en el sur, y la casa de José se quedará en su territorio en el norte.

6 Y describiréis la tierra en siete partes, y me traeréis aquí *la descripción*. Y yo os echaré suertes aquí delante del Señor nuestro Dios.

7 Pues los levitas no tienen porción entre vosotros porque el sacerdocio del Señor es su herencia. Gad, Rubén y la media tribu de Manasés también han recibido su herencia al otro lado del Jordán hacia el oriente, la cual les dio Moisés, siervo del Señor.

8 Entonces los hombres se levantaron y partieron, y Josué ordenó a los que salieron a describir la tierra, diciendo: Id y recorred la tierra, y describidla y volved a mí; entonces os echaré suertes aquí en Silo delante del Señor.

9 Y los hombres fueron y recorrieron la tierra y la describieron por ciudades en siete partes en un libro; y vinieron a Josué en el campamento en Silo.

10 Y Josué les echó suertes en Silo delante del Señor, y allí Josué repartió la tierra a los hijos de Israel conforme a sus divisiones.

11 Y salió la suerte de la tribu de los hijos de Benjamín conforme a sus familias, y el territorio de su suerte estaba entre los hijos de Judá y los hijos de José.

12 Y su límite por el lado norte comenzaba en el Jordán, subía por el lado de Jericó al norte, ascendía por la región montañosa hacia el occidente y terminaba en el desierto de Bet-avén.

13 De allí el límite seguía hasta Luz, por el lado sur de Luz, es decir, Betel; y el límite bajaba hasta Atarot-adar, cerca del monte que está al sur de Bet-horón de abajo.

14 Y el límite doblaba *allí* y se extendía hacia el sur por el lado occidental, desde el monte que está frente a Bet-horón hacia el sur; y terminaba en Quiriat-baal, es decir, Quiriat-jearim, ciudad de los hijos de Judá. Este *era* el límite occidental.

15 Y por el lado sur, desde el extremo de Quiriat-jearim, el límite seguía hacia el occidente e iba hasta la fuente de las aguas de Neftoa.

16 Entonces el límite bajaba hasta la orilla del monte que está en el valle de Ben-hinom, que está en el valle de Refaim hacia el norte; y bajaba al valle de Hinom, hasta la ladera del jebuseo hacia el sur, y bajaba hasta En-rogel.

17 Luego doblaba hacia el norte e iba hasta En-semes y hasta Gelitot, que está frente a la subida de Adumín, y bajaba hasta la piedra de Bohán, hijo de Rubén.

18 continuaba por el lado frente al Arabá hacia el norte y bajaba hasta el Arabá.

19 El límite seguía por el lado de Bet-hogla hacia el norte, y terminaba en la bahía norte del mar Salado, en el extremo sur del Jordán. Este *era* el límite sur.

20 El Jordán era su límite al lado oriental. Esta *fue* la heredad de los hijos de Benjamín, conforme a sus familias *y* conforme a sus límites alrededor.

21 Y las ciudades de la tribu de los hijos de Benjamín, conforme a sus familias, eran: Jericó, Bet-hogla, Emec-casis,

22 Bet-arabá, Zemaraim, Betel,

23 Avim, Pará, Ofra,

24 Quefar-haamoni, Ofni y Geba; doce ciudades con sus aldeas.

25 Gabaón, Ramá, Beerot,

26 Mizpa, Cafira, Mozah,

27 Requem, Irpeel, Tarala,

28 Zela, Elef, Jebús, es decir, Jerusalén, Guibeá y Quiriat; catorce ciudades con sus aldeas. Esta *fue* la heredad de los hijos de Benjamín conforme a sus familias.

Territorio de Simeón

19 La segunda suerte tocó a Simeón, a la tribu de los hijos de Simeón conforme a sus familias, y su heredad estaba en medio de la heredad de los hijos de Judá.

2 Y les correspondió por heredad: Beerseba, Seba, Molada,

3 Hazar-sual, Bala, Ezem,

4 Eltolad, Betul, Horma,

5 Siclag, Bet-marcabot, Hazar-susa,

6 Bet-lebaot y Saruhén; trece ciudades con sus aldeas;

7 Aín, Rimón, Eter y Asán; cuatro ciudades con sus aldeas;

8 y todas las aldeas que *estaban* alrededor de estas ciudades hasta Baalat-beer, Ramat del Neguev. Esta *fue* la heredad de la tribu de los hijos de Simeón conforme a sus familias.

9 La heredad de los hijos de Simeón *se tomó* de la porción de los hijos de Judá, porque la porción de los hijos de Judá era demasiado grande para ellos; los hijos de Simeón recibieron, pues, heredad en medio de la heredad de Judá.

10 La tercera suerte tocó a los hijos de Zabulón conforme a sus familias. Y el territorio de su heredad llegaba hasta Sarid.

11 Y su límite subía hacia el occidente hasta Marala, tocaba a Dabeset y llegaba hasta el arroyo que está frente a Jocneam.

12 Luego doblaba desde Sarid al oriente hacia la salida del sol hasta el límite de Quislot-tabor, seguía hasta Daberat y subía hasta Jafía.

13 Y desde allí continuaba al oriente hacia la salida del sol hasta Gat-hefer a Ita-cazín, y seguía hasta Rimón rodeando a Nea.

14 Y por el lado norte el límite la rodeaba hasta Hanatón y terminaba en el valle del Jefte-el.

15 También *estaban incluidas* Catat, Naalal, Simrón, Idalá y Belén; doce ciudades con sus aldeas.

16 Esta *fue* la heredad de los hijos de Zabulón conforme a sus familias; estas ciudades con sus aldeas.

17 La cuarta suerte tocó a Isacar, a los hijos de Isacar conforme a sus familias.

18 Y su territorio llegaba hasta Jezreel e *incluía* Quesulot, Sunem,

19 Hafaraim, Sihón, Anaharat,

20 Rabit, Quisión, Abez,

21 Remet, En-ganim, En-hada y Bet-pases.

22 Y el límite llegaba hasta Tabor, Sahazima y Bet-semes y terminaba en el Jordán; dieciséis ciudades con sus aldeas.

23 Esta *fue* la heredad de la tribu de los hijos de Isacar conforme a sus familias; estas ciudades con sus aldeas.

24 La quinta suerte tocó a la tribu de los hijos de Aser conforme a sus familias.

25 Y su territorio *fue:* Helcat, Halí, Betén, Acsaf,
26 Alamelec, Amad y Miseal; y al occidente
llegaba hasta el Carmelo y hasta Sihor-libnat.
27 Y doblaba hacia el oriente hasta Bet-dagón, y
llegaba hasta Zabulón y hacia el norte al valle del
Jefte-el hasta Bet-emec y Neiel; entonces continuaba hacia el norte hasta Cabul,
28 Hebrón, Rehob, Hamón y Caná, hasta la
gran Sidón.
29 Y el límite doblaba hacia Ramá y la ciudad
fortificada de Tiro; entonces el límite doblaba
hacia Hosa y terminaba en el mar por la región
de Aczib.
30 También *estaban incluidas* Uma, Afec y
Rehob; veintidós ciudades con sus aldeas.
31 Esta *fue* la heredad de la tribu de los hijos de
Aser conforme a sus familias, estas ciudades con
sus aldeas.
32 La sexta suerte tocó a los hijos de Neftalí; a
los hijos de Neftalí conforme a sus familias.
33 Y su límite era desde Helef, desde la encina
de Saananim, Adami-neceb y Jabneel hasta
Lacum; y terminaba en el Jordán.
34 Entonces el límite doblaba al occidente hacia
Aznot-tabor, y de allí seguía a Hucoc; alcanzaba
a Zabulón en el sur, tocaba a Aser en el occidente
y a Judá en el Jordán hacia el oriente.
35 Y las ciudades fortificadas *eran* Sidim, Zer,
Hamat, Racat, Cineret,
36 Adama, Ramá, Hazor,
37 Cedes, Edrei, En-hazor,
38 Irón, Migdal-el, Horem, Bet-anat y
Bet-semes; diecinueve ciudades con sus aldeas.
39 Esta *fue* la heredad de la tribu de los hijos de
Neftalí conforme a sus familias; estas ciudades
con sus aldeas.
40 La séptima suerte tocó a la tribu de los hijos
de Dan conforme a sus familias.
41 Y el territorio de su herencia fue: Zora,
Estaol, Irsemes,
42 Saalabín, Ajalón, Jetla,
43 Elón, Timnat, Ecrón,
44 Elteque, Gibetón, Baalat,
45 Jehúd, Bene-berac, Gat-rimón,
46 Mejarcón y Racón, con el territorio junto a
Jope.
47 Pero el territorio de los hijos de Dan continuaba más allá de éstas; porque los hijos de Dan
subieron y lucharon contra Lesem y la capturaron. Y la hirieron a filo de espada, la poseyeron y
se establecieron en ella; y a Lesem la llamaron
Dan, según el nombre de Dan su padre.
48 Esta *fue* la heredad de la tribu de los hijos de
Dan conforme a sus familias; estas ciudades con
sus aldeas.
49 Cuando terminaron de repartir la tierra en
heredad según sus límites, los hijos de Israel
dieron heredad en medio de ellos a Josué, hijo de
Nun.
50 De acuerdo con el mandato del SEÑOR le
dieron la ciudad que él pidió, Timnat-sera, en la
región montañosa de Efraín. Y él reconstruyó la
ciudad y se estableció en ella.
51 Estas son las heredades que el sacerdote
Eleazar, Josué, hijo de Nun, y los jefes de las
casas de las tribus de los hijos de Israel repartieron por suertes en Silo, en presencia del SEÑOR, a
la entrada de la tienda de reunión. Así terminó-
ron de repartir la tierra.

Las ciudades de refugio

20 Y el SEÑOR habló a Josué, diciendo:
2 Habla a los hijos de Israel, y diles:
"Designad las ciudades de refugio de las cuales
os hablé por medio de Moisés,
3 para que huya allí el homicida que haya
matado a cualquier persona sin intención *y* sin
premeditación; ellas os servirán de refugio contra
el vengador de la sangre.
4 "Huirá a una de estas ciudades, se presentará
a la entrada de la puerta de la ciudad y expondrá
su caso a oídos de los ancianos de la ciudad; *éstos*
lo llevarán con ellos dentro de la ciudad y le
darán un lugar para que habite en medio de ellos.
5 "Y si el vengador de la sangre lo persigue, ellos
no entregarán al homicida en su mano, porque
hirió a su prójimo sin premeditación y sin odiarlo
de antemano.
6 "Y habitará en esa ciudad hasta que comparezca en juicio delante de la congregación, *y*
hasta la muerte del que sea sumo sacerdote en
aquellos días. Entonces el homicida volverá a su
ciudad y a su casa, a la ciudad de donde huyó."
7 Y ellos separaron a Cedes en Galilea, en la
región montañosa de Neftalí, y a Siquem en la
región montañosa de Efraín, y a Quiriat-arba, es
decir, Hebrón, en la región montañosa de Judá.
8 Y más allá del Jordán, al oriente de Jericó,
designaron a Beser en el desierto, en la llanura de
la tribu de Rubén, a Ramot en Galaad, de la
tribu de Gad, y a Golán en Basán, de la tribu de
Manasés.
9 Estas fueron las ciudades designadas para
todos los hijos de Israel y para el forastero que
resida entre ellos, para que cualquiera que
hubiera matado a cualquier persona sin
intención, pudiera huir allí, y no muriera a mano
del vengador de la sangre hasta que hubiera
comparecido ante la congregación.

Ciudades de los levitas

21 Los jefes de las casas de los levitas se
acercaron al sacerdote Eleazar, a Josué,
hijo de Nun, y a los jefes de las casas de las tribus
de los hijos de Israel,
2 y les hablaron en Silo en la tierra de Canaán,
diciendo: El SEÑOR ordenó por medio de Moisés
que se nos dieran ciudades donde habitar, con
sus tierras de pasto para nuestro ganado.
3 Entonces los hijos de Israel dieron de su
heredad a los levitas estas ciudades con sus
tierras de pasto, de acuerdo al mandato del
SEÑOR.
4 Y la suerte cayó en las familias de los
coatitas. Y a los hijos del sacerdote Aarón, que
eran de los levitas, les tocaron en suerte trece
ciudades de la tribu de Judá, de la tribu de
Simeón y de la tribu de Benjamín;
5 y al resto de los hijos de Coat les tocaron en
suerte diez ciudades de las familias de la tribu de
Efraín, de la tribu de Dan y de la media tribu de
Manasés.
6 A los hijos de Gersón les tocaron en suerte
trece ciudades de las familias de la tribu de
Isacar, de la tribu de Aser, de la tribu de Neftalí y
de la media tribu de Manasés en Basán.
7 A los hijos de Merari les tocaron, según sus
familias, doce ciudades de la tribu de Rubén, de
la tribu de Gad y de la tribu de Zabulón.

8 Y los hijos de Israel dieron por suerte a los levitas estas ciudades con sus tierras de pasto, como el Señor había ordenado por medio de Moisés.

9 Les dieron estas ciudades que *aquí* se mencionan por nombre, de la tribu de los hijos de Judá y de la tribu de los hijos de Simeón;

10 y fueron para los hijos de Aarón, una de las familias de los coatitas, de los hijos de Leví, porque la suerte *fue* de ellos primero.

11 Les dieron Quiriat-arba, *siendo Arba* el padre de Anac, es decir, Hebrón, en la región montañosa de Judá, con las tierras de pasto alrededor.

12 Mas los campos de la ciudad y sus aldeas los dieron a Caleb, hijo de Jefone, como propiedad suya.

13 Y a los hijos del sacerdote Aarón les dieron Hebrón, la ciudad de refugio para el homicida, con sus tierras de pasto, Libna con sus tierras de pasto,

14 Jatir con sus tierras de pasto, Estemoa con sus tierras de pasto,

15 Holón con sus tierras de pasto, Debir con sus tierras de pasto,

16 Aín con sus tierras de pasto, Juta con sus tierras de pasto *y* Bet-semes con sus tierras de pasto; nueve ciudades de estas dos tribus.

17 Y de la tribu de Benjamín, Gabaón con sus tierras de pasto, Geba con sus tierras de pasto,

18 Anatot con sus tierras de pasto y Almón con sus tierras de pasto; cuatro ciudades.

19 Todas las ciudades de los sacerdotes, hijos de Aarón, eran trece ciudades con sus tierras de pasto.

20 Y las ciudades de la tribu de Efraín fueron dadas por suerte a las familias de los hijos de Coat, los levitas, el resto de los hijos de Coat.

21 Y les dieron Siquem, la ciudad de refugio para el homicida, con sus tierras de pasto, en la región montañosa de Efraín y Gezer con sus tierras de pasto,

22 Kibsaim con sus tierras de pasto y Bet-horón con sus tierras de pasto; cuatro ciudades.

23 Y de la tribu de Dan, Elteque con sus tierras de pasto, Gibetón con sus tierras de pasto,

24 Ajalón con sus tierras de pasto y Gat-rimón con sus tierras de pasto; cuatro ciudades.

25 Y de la media tribu de Manasés, *les dieron* por suertes Taanac con sus tierras de pasto y Gat-rimón con sus tierras de pasto; dos ciudades.

26 Todas las ciudades con sus tierras de pasto para las familias del resto de los hijos de Coat fueron diez.

27 Y para los hijos de Gersón, una de las familias de los levitas, de la media tribu de Manasés, *les dieron* Golán en Basán, la ciudad de refugio para el homicida, con sus tierras de pasto y Beestera con sus tierras de pasto; dos ciudades.

28 Y de la tribu de Isacar, *les dieron* Quisión con sus tierras de pasto, Daberat con sus tierras de pasto,

29 Jarmut con sus tierras de pasto y Enganim con sus tierras de pasto; cuatro ciudades.

30 Y de la tribu de Aser, *les dieron* Miseal con sus tierras de pasto, Abdón con sus tierras de pasto,

31 Helcat con sus tierras de pasto y Rehob con sus tierras de pasto; cuatro ciudades.

32 Y de la tribu de Neftalí, *les dieron* Cedes en Galilea, la ciudad de refugio para el homicida, con sus tierras de pasto, Hamot-dor con sus tierras de pasto y Cartán con sus tierras de pasto; tres ciudades.

33 Todas las ciudades de los gersonitas, conforme a sus familias, eran trece ciudades con sus tierras de pasto.

34 Y a las familias de los hijos de Merari, el resto de los levitas, *les dieron* de la tribu de Zabulón, Jocneam con sus tierras de pasto, Carta con sus tierras de pasto,

35 Dimna con sus tierras de pasto *y* Naalal con sus tierras de pasto; cuatro ciudades.

36 Y de la tribu de Rubén, *les dieron* Beser con sus tierras de pasto, Jahaza con sus tierras de pasto,

37 Cademot con sus tierras de pasto y Mefaat con sus tierras de pasto; cuatro ciudades.

38 Y de la tribu de Gad, *les dieron* Ramot en Galaad, la ciudad de refugio para el homicida, con sus tierras de pasto, Mahanaim con sus tierras de pasto,

39 Hesbón con sus tierras de pasto *y* Jazer con sus tierras de pasto; cuatro ciudades en total.

40 Todas *estas fueron* las ciudades de los hijos de Merari conforme a sus familias, el resto de las familias de los levitas y su suerte *fue* doce ciudades.

41 Todas las ciudades de los levitas en medio de la posesión de los hijos de Israel *fueron* cuarenta y ocho ciudades con sus tierras de pasto.

42 Cada una de estas ciudades tenía sus tierras de pasto alrededor; así *fue* con todas estas ciudades.

43 De esa manera el Señor dio a Israel toda la tierra que había jurado dar a sus padres, y la poseyeron y habitaron en ella.

44 Y el Señor les dio reposo en derredor, conforme a todo lo que había jurado a sus padres; y ninguno de sus enemigos pudo hacerles frente; el Señor entregó a todos sus enemigos en sus manos.

45 No faltó ni una palabra de las buenas promesas que el Señor había hecho a la casa de Israel; todas se cumplieron.

Retorno de las tribus del otro lado del Jordán

22 Entonces Josué llamó a los rubenitas, a los gaditas y a la media tribu de Manasés,

2 y les dijo: Habéis guardado todo lo que Moisés, siervo del Señor, os mandó, y habéis escuchado mi voz en todo lo que os mandé.

3 Hasta el día de hoy no habéis abandonado a vuestros hermanos durante este largo tiempo, sino que habéis cuidado de guardar el mandamiento del Señor vuestro Dios.

4 Y ahora, el Señor vuestro Dios ha dado descanso a vuestros hermanos, como El les había dicho; volved, pues, e id a vuestras tiendas, a la tierra de vuestra posesión que Moisés, siervo del Señor, os dio al otro lado del Jordán.

5 Solamente guardad cuidadosamente el mandamiento y la ley que Moisés, siervo del Señor, os mandó, de amar al Señor vuestro Dios, andar en todos sus caminos, guardar sus mandamientos y de allegarse a El y servirle con todo vuestro corazón y con toda vuestra alma.

6 Y Josué los bendijo y los despidió, y se fueron a sus tiendas.

7 Moisés había dado a la media tribu de Manasés *una posesión* en Basán, pero a la otra media *tribu* Josué dio *una posesión* entre sus hermanos hacia el occidente, al otro lado del Jordán. Y cuando Josué los mandó a sus tiendas, los bendijo,

8 y les dijo: Volved a vuestras tiendas con grandes riquezas, con mucho ganado, con plata, oro, bronce, hierro y con muchos vestidos; repartid con vuestros hermanos el botín de vuestros enemigos.

9 Y los hijos de Rubén, los hijos de Gad y la media tribu de Manasés, volvieron y se separaron de los hijos de Israel en Silo, que está en la tierra de Canaán, para ir a la tierra de Galaad, a la tierra de su posesión la cual ellos habían poseído, conforme al mandato del SEÑOR por medio de Moisés.

10 Y cuando llegaron a la región del Jordán que está en la tierra de Canaán, los hijos de Rubén, los hijos de Gad y la media tribu de Manasés, edificaron allí un altar junto al Jordán, un altar de aspecto grande.

11 Y los hijos de Israel oyeron decir: He aquí, los hijos de Rubén, los hijos de Gad y la media tribu de Manasés han edificado un altar en el límite de la tierra de Canaán, en la región del Jordán, en el lado *que pertenece a* los hijos de Israel.

12 Al oír *esto* los hijos de Israel, toda la congregación de los hijos de Israel se reunió en Silo para subir a pelear contra ellos.

13 Entonces los hijos de Israel enviaron a los hijos de Rubén, a los hijos de Gad y a la media tribu de Manasés, a la tierra de Galaad, a Finees, hijo del sacerdote Eleazar,

14 y con él a diez jefes, un jefe por cada casa paterna de cada tribu de Israel; cada uno de ellos *era* cabeza de la casa de sus padres entre los millares de Israel.

15 Y vinieron a los hijos de Rubén, a los hijos de Gad y a la media tribu de Manasés, a la tierra de Galaad, y les hablaron, diciendo:

16 Así dice toda la congregación del SEÑOR: "¿Qué infidelidad es ésta que habéis cometido contra el Dios de Israel, apartándoos hoy de seguir al SEÑOR, edificándoos un altar, y rebelándoos hoy contra el SEÑOR?

17 "¿No nos es suficiente la iniquidad de Peor, de la cual no nos hemos limpiado hasta hoy, a pesar de que vino una plaga sobre la congregación del SEÑOR,

18 para que también vosotros os apartéis hoy de seguir al SEÑOR? Y sucederá que si hoy os rebeláis contra el SEÑOR, mañana El se enojará con toda la congregación de Israel.

19 "Mas si la tierra de vuestra posesión es inmunda, entonces pasad a la tierra de la posesión del SEÑOR, donde está el tabernáculo del SEÑOR, y tomad posesión entre nosotros. Pero no os rebeléis contra el SEÑOR, ni os rebeléis contra nosotros edificándoos una altar aparte del altar del SEÑOR nuestro Dios.

20 "¿No fue infiel Acán, hijo de Zera, en cuanto al anatema, y vino la ira sobre toda la congregación de Israel? Y aquel hombre no pereció solo en su iniquidad."

21 Entonces los hijos de Rubén, los hijos de Gad y la media tribu de Manasés respondieron, y dijeron a las cabezas de las familias de Israel:

22 ¡El Poderoso Dios, el SEÑOR, el Poderoso Dios, el SEÑOR! El lo sabe; que Israel mismo lo sepa. Si *fue* rebelión, o una infidelidad contra el SEÑOR, que no nos salve hoy.

23 Si nos hemos edificado un altar para apartarnos de seguir al SEÑOR, o para ofrecer holocausto u ofrenda de cereal sobre él, o para ofrecer en él sacrificios de ofrendas de paz, que el SEÑOR mismo *nos* lo demande.

24 En verdad, hemos hecho esto más bien por temor, diciendo: "El día de mañana vuestros hijos pudieran decir a nuestros hijos: '¿Qué tenéis que ver vosotros con el SEÑOR, Dios de Israel?

25 'Porque el SEÑOR ha puesto el Jordán por límite entre nosotros y vosotros, hijos de Rubén e hijos de Gad; vosotros no tenéis parte con el SEÑOR.' Así vuestros hijos podrían hacer que nuestros hijos dejaran de temer al SEÑOR."

26 Por tanto, dijimos: "Construyamos ahora un altar, no para holocaustos ni para sacrificios,

27 sino para que sea testigo entre nosotros y vosotros, y entre nuestras generaciones después de nosotros, que hemos de cumplir el servicio del SEÑOR delante de El con nuestros holocaustos, con nuestros sacrificios y con nuestras ofrendas de paz, para que en el día de mañana vuestros hijos no digan a nuestros hijos: 'No tenéis porción en el SEÑOR.' "

28 Nosotros, pues, dijimos: "Sucederá el día de mañana, que si nos dicen *esto* a nosotros o a nuestras generaciones, entonces diremos: 'Ved la réplica del altar del SEÑOR que nuestros padres edificaron, no para holocaustos ni para sacrificios, sino más bien como testigo entre nosotros y vosotros.' "

29 Lejos esté de nosotros que nos rebelemos contra el SEÑOR y nos apartemos de seguir hoy al SEÑOR, construyendo un altar para holocaustos, para ofrenda de cereal o para sacrificios, aparte del altar del SEÑOR nuestro Dios que está frente a su tabernáculo.

30 Y cuando el sacerdote Finees y los principales de la congregación, es decir, las cabezas de las familias de Israel que *estaban* con él, oyeron las palabras que dijeron los hijos de Rubén, los hijos de Gad y los hijos de Manasés, les pareció bien.

31 Y Finees, hijo del sacerdote Eleazar, dijo a los hijos de Rubén, a los hijos de Gad y a los hijos de Manasés: Hoy sabemos que el SEÑOR está en medio de nosotros, porque no habéis cometido esta infidelidad contra el SEÑOR; ahora habéis librado a los hijos de Israel de la mano del SEÑOR.

32 Entonces Finees, hijo del sacerdote Eleazar, y los jefes, dejaron a los hijos de Rubén y a los hijos de Gad, y regresaron de la tierra de Galaad a la tierra de Canaán, a los hijos de Israel, y les dieron respuesta.

33 Y la respuesta agradó a los hijos de Israel; y los hijos de Israel bendijeron a Dios, y no hablaron más de subir a pelear contra ellos para destruir la tierra en que habitaban los hijos de Rubén y los hijos de Gad.

34 Y los hijos de Rubén y los hijos de Gad llamaron al altar *Testigo;* pues *dijeron:* Es testigo entre nosotros de que el SEÑOR es Dios.

JOSUE 23

160

Discurso de despedida de Josué

23 Y aconteció muchos días después de haber dado el Señor reposo a Israel de todos sus enemigos de alrededor, siendo Josué ya viejo y avanzado en años,

2 que Josué llamó a todo Israel, a sus ancianos, a sus jefes, a sus jueces y a sus oficiales, y les dijo: Yo ya soy viejo *y* avanzado en años.

3 Y vosotros habéis visto todo lo que el Señor vuestro Dios ha hecho a todas estas naciones por causa de vosotros, porque el Señor vuestro Dios es quien ha peleado por vosotros.

4 Mirad, os he asignado por suerte, como heredad para vuestras tribus, estas naciones que aún quedan *junto* con todas las naciones que he destruido, desde el Jordán hasta el mar Grande, hacia la puesta del sol.

5 Y el Señor vuestro Dios las echará de delante de vosotros y las expulsará de vuestra presencia; y vosotros poseeréis su tierra, tal como el Señor vuestro Dios os ha prometido.

6 Esforzaos, pues, en guardar y en hacer todo lo que está escrito en el libro de la ley de Moisés, para que no os apartéis de ella ni a la derecha ni a la izquierda,

7 a fin de que no os juntéis con estas naciones, las que quedan entre vosotros. No mencionéis el nombre de sus dioses, ni hagáis a *nadie* jurar *por ellos*, ni los sirváis, ni os inclinéis ante ellos,

8 sino que al Señor vuestro Dios os allegaréis, como lo habéis hecho hasta hoy.

9 Porque el Señor ha expulsado a naciones grandes y poderosas de delante de vosotros; y en cuanto a vosotros, nadie os ha podido hacer frente hasta hoy.

10 Un solo hombre de vosotros hace huir a mil, porque el Señor vuestro Dios es quien pelea por vosotros, tal como El os ha prometido.

11 Tened sumo cuidado, por vuestra vida, de amar al Señor vuestro Dios.

12 Porque si os volvéis, y os unís al resto de estos pueblos que permanecen entre vosotros, y contraéis matrimonio con ellos, y os juntáis con ellos, y ellos con vosotros,

13 ciertamente sabed que el Señor vuestro Dios no continuará expulsando a estas naciones de delante de vosotros, sino que serán como lazo y trampa para vosotros, como azote en vuestros costados y como espinas en vuestros ojos, hasta que perezcáis de sobre esta buena tierra que el Señor vuestro Dios os ha dado.

14 He aquí, hoy me voy por el camino de toda la tierra, y vosotros sabéis con todo vuestro corazón y con toda vuestra alma que ninguna de las buenas palabras que el Señor vuestro Dios habló acerca de vosotros ha faltado; todas os han sido cumplidas, ninguna de ellas ha faltado.

15 Y sucederá que así como han venido sobre vosotros todas las buenas palabras que el Señor vuestro Dios os habló, de la misma manera el Señor traerá sobre vosotros toda amenaza, hasta que os haya destruido de sobre esta buena tierra que el Señor vuestro Dios os ha dado.

16 Cuando quebrantéis el pacto que el Señor vuestro Dios os ordenó, y vayáis y sirváis a otros dioses, y os inclinéis ante ellos, entonces la ira del Señor se encenderá contra vosotros, y pereceréis prontamente de sobre esta buena tierra que El os ha dado.

Discurso de Josué en Siquem

24 Entonces Josué reunió a todas las tribus de Israel en Siquem, llamó a los ancianos de Israel, a sus jefes, a sus jueces y a sus oficiales, y ellos se presentaron delante de Dios.

2 Y Josué dijo a todo el pueblo: Así dice el Señor, Dios de Israel: "Al otro lado del río[1] habitaban antiguamente vuestros padres, *es decir*, Taré, padre de Abraham y de Nacor, y servían a otros dioses.

3 "Entonces tomé a vuestro padre Abraham del otro lado del río y lo guié por toda la tierra de Canaán, multipliqué su descendencia y le di a Isaac.

4 "Y a Isaac le di a Jacob y a Esaú, y a Esaú le di el monte Seir para que lo poseyera; pero Jacob y sus hijos descendieron a Egipto.

5 "Entonces envié a Moisés y a Aarón, y herí con plagas a Egipto conforme a lo que hice en medio de él; y después os saqué.

6 "Saqué a vuestros padres de Egipto y llegasteis al mar, y Egipto persiguió a vuestros padres con carros y caballería hasta el mar Rojo.

7 "Pero cuando clamaron al Señor, El puso tinieblas entre vosotros y los egipcios, e hizo venir sobre ellos el mar, que los cubrió; y vuestros propios ojos vieron lo que hice en Egipto. Y por mucho tiempo vivisteis en el desierto.

8 "Entonces os traje a la tierra de los amorreos que habitaban al otro lado del Jordán, y ellos pelearon contra vosotros; los entregué en vuestras manos, y tomasteis posesión de su tierra cuando yo los destruí delante de vosotros.

9 "Entonces Balac, hijo de Zipor, rey de Moab, se levantó y peleó contra Israel, y envió a llamar a Balaam, hijo de Beor, para que os maldijera.

10 "Pero yo no quise escuchar a Balaam; y él tuvo que bendeciros, y os libré de su mano.

11 "Pasasteis el Jordán y llegasteis a Jericó; y los habitantes de Jericó pelearon contra vosotros, *y también* los amorreos, los ferezeos, los cananeos, los heteos, los gergeseos, los heveos y los jebuseos. Y los entregué en vuestras manos.

12 "Entonces envié delante de vosotros avispas que expulsaron a los dos reyes de los amorreos de delante de vosotros, *pero* no fue por vuestra espada ni por vuestro arco.

13 "Y os di una tierra en que no habíais trabajado, y ciudades que no habíais edificado, y habitáis en ellas; de viñas y olivares que no plantasteis, coméis."

14 Ahora pues, temed al Señor y servidle con integridad y con fidelidad; quitad los dioses que vuestros padres sirvieron al otro lado del río y en Egipto, y servid al Señor.

15 Y si no os parece bien servir al Señor, escoged hoy a quién habéis de servir: si a los dioses que sirvieron vuestros padres, que *estaban* al otro lado del río, o a los dioses de los amorreos en cuya tierra habitáis; pero yo y mi casa, serviremos al Señor.

16 Y el pueblo respondió, y dijo: Lejos esté de nosotros abandonar al Señor para servir a otros dioses;

17 porque el Señor nuestro Dios es el que nos

1. I.e., el Eufrates, y así en el resto del cap.

sacó, a nosotros y a nuestros padres, de la tierra de Egipto, de la casa de servidumbre, el que hizo estas grandes señales delante de nosotros y nos guardó por todo el camino en que anduvimos y entre todos los pueblos por entre los cuales pasamos.

18 Y el Señor echó de delante de nosotros a todos los pueblos, incluso a los amorreos, que moraban en la tierra. Nosotros, *pues,* también serviremos al Señor, porque El es nuestro Dios.

19 Entonces Josué dijo al pueblo: No podréis servir al Señor, porque El es Dios santo, El es Dios celoso; El no perdonará vuestra transgresión ni vuestros pecados.

20 Si abandonáis al Señor y servís a dioses extranjeros, El se volverá y os hará daño, y os consumirá después de haberos hecho bien.

21 Respondió el pueblo a Josué: No, sino que serviremos al Señor.

22 Y Josué dijo al pueblo: Vosotros sois testigos contra vosotros mismos de que habéis escogido al Señor para servirle. Y dijeron: Testigos somos.

23 Ahora pues, quitad los dioses extranjeros que están en medio de vosotros, e inclinad vuestro corazón al Señor, Dios de Israel.

24 Y el pueblo respondió a Josué: Al Señor nuestro Dios serviremos y su voz obedeceremos.

25 Entonces Josué hizo un pacto con el pueblo aquel día, y les impuso estatutos y ordenanzas en Siquem.

26 Y escribió Josué estas palabras en el libro de la ley de Dios; y tomó una gran piedra y la colocó allí debajo de la encina que estaba junto al santuario del Señor.

27 Y dijo Josué a todo el pueblo: He aquí, esta piedra servirá de testigo contra nosotros, porque ella ha oído todas las palabras que el Señor ha hablado con nosotros; será, pues, testigo contra vosotros para que no neguéis a vuestro Dios.

28 Entonces Josué despidió al pueblo, cada uno a su heredad.

29 Y sucedió que después de estas cosas Josué, hijo de Nun, siervo del Señor, murió a la edad de ciento diez años.

30 Y lo sepultaron en la tierra de su heredad, en Timnat-sera, que está en la región montañosa de Efraín, al norte del monte Gaas.

31 Y sirvió Israel al Señor todos los días de Josué y todos los días de los ancianos que sobrevivieron a Josué y que habían conocido todas las obras que el Señor había hecho por Israel.

32 Los huesos de José, que los hijos de Israel habían traído de Egipto, fueron sepultados en Siquem, en la parcela de campo que Jacob había comprado a los hijos de Hamor, padre de Siquem, por cien monedas de plata; y pasaron a ser posesión de los hijos de José.

33 Y murió Eleazar, hijo de Aarón; y lo sepultaron en el collado de su hijo Finees, que le había sido dado en la región montañosa de Efraín.

Libro de los JUECES

Derrota de Adoni-bezec

1 Después de la muerte de Josué, los hijos de Israel consultaron al Señor, diciendo: ¿Quién de nosotros subirá primero contra los cananeos para pelear contra ellos?

2 Y el Señor respondió: Judá subirá; he aquí, yo he entregado el país en sus manos.

3 Entonces Judá dijo a su hermano Simeón: Sube conmigo al territorio que me ha tocado, para que peleemos contra los cananeos; yo también iré contigo al territorio que te ha tocado. Y Simeón fue con él.

4 Subió Judá, y el Señor entregó en sus manos a los cananeos y a los ferezeos, y derrotaron a diez mil hombres en Bezec.

5 Hallaron a Adoni-bezec en Bezec y pelearon contra él, y derrotaron a los cananeos y a los ferezeos.

6 Huyó Adoni-bezec, pero lo persiguieron, lo prendieron y le cortaron los pulgares de las manos y de los pies.

7 Y Adoni-bezec dijo: Setenta reyes, con los pulgares de sus manos y de sus pies cortados, recogían *migajas* debajo de mi mesa; como yo he hecho, así me ha pagado Dios. Lo llevaron a Jerusalén, y allí murió.

8 Y pelearon los hijos de Judá contra Jerusalén y la tomaron, la pasaron a filo de espada y prendieron fuego a la ciudad.

9 Después descendieron los hijos de Judá a pelear contra los cananeos que vivían en la región montañosa, en el Neguev y en las tierras bajas.

10 Y Judá marchó contra los cananeos que habitaban en Hebrón (el nombre de Hebrón antes *era* Quiriat-arba); e hirieron a Sesai, a Ahimán y a Talmai.

11 De allí fue contra los habitantes de Debir (el nombre de Debir antes *era* Quiriat-séfer).

12 Y Caleb dijo: Al que ataque a Quiriat-séfer y la tome, yo le daré a mi hija Acsa por mujer.

13 Y Otoniel, hijo de Cenaz, hermano menor de Caleb, la tomó, y él le dio a su hija Acsa por mujer.

14 Y sucedió que cuando ella vino *a él,* éste la persuadió a que pidiera un campo a su padre. Ella entonces se bajó del asno, y Caleb le dijo: ¿Qué quieres?

15 Y ella le dijo: Dame una bendición, ya que me has dado la tierra del Neguev, dame también fuentes de agua. Y Caleb le dio las fuentes de arriba y las fuentes de abajo.

16 Y los descendientes del ceneo, suegro de Moisés, subieron de la ciudad de las palmeras con los hijos de Judá, al desierto de Judá que está al sur de Arad; y fueron y habitaron con el pueblo.

17 Entonces Judá fue con Simeón su hermano, y derrotaron a los cananeos que vivían en Sefat, y la destruyeron por completo. Por eso pusieron por nombre a la ciudad, Horma[1].

18 Y Judá tomó a Gaza con su territorio, a

1. I.e., destrucción

Ascalón con su territorio y a Ecrón con su territorio.

19 El Señor estaba con Judá, que tomó posesión de la región montañosa, pero no pudo expulsar a los habitantes del valle porque éstos tenían carros de hierro.

20 Entonces dieron Hebrón a Caleb, como Moisés había prometido; y él expulsó de allí a los tres hijos de Anac.

21 Pero los hijos de Benjamín no expulsaron a los jebuseos que vivían en Jerusalén; así que los jebuseos han vivido con los hijos de Benjamín en Jerusalén hasta el día de hoy.

22 De igual manera la casa de José subió contra Betel; y el Señor estaba con ellos.

23 Y la casa de José envió espías a Betel (el nombre de la ciudad antes *era* Luz).

24 Y vieron los espías a un hombre que salía de la ciudad y le dijeron: Te rogamos que nos muestres la entrada de la ciudad y te trataremos con misericordia.

25 El les mostró la entrada de la ciudad; e hirieron la ciudad a filo de espada, mas dejaron ir al hombre y a toda su familia.

26 Y el hombre fue a la tierra de los heteos y edificó una ciudad a la que llamó Luz; y este es su nombre hasta hoy.

27 Pero Manasés no tomó posesión de Bet-seán y sus aldeas, ni de Taanac y sus aldeas, ni de los habitantes de Dor y sus aldeas, ni de los habitantes de Ibleam y sus aldeas, ni de los habitantes de Meguido y sus aldeas; y los cananeos persistían en habitar en aquella tierra.

28 Y sucedió que cuando Israel se hizo fuerte, sometieron a los cananeos a trabajos forzados, pero no los expulsaron totalmente.

29 Tampoco Efraín expulsó a los cananeos que habitaban en Gezer; y los cananeos habitaron en medio de ellos en Gezer.

30 Zabulón no expulsó a los habitantes de Quitrón, ni a los habitantes de Naalal; de manera que los cananeos habitaron en medio de ellos y fueron sometidos a trabajos forzados.

31 Aser no expulsó a los habitantes de Aco, ni a los habitantes de Sidón, ni de Ahalb, ni de Aczib, ni de Helba, ni de Afec, ni de Rehob.

32 Así que los de Aser habitaron entre los cananeos, los habitantes de aquella tierra, porque no los expulsaron.

33 Neftalí no expulsó a los habitantes de Bet-semes, ni a los habitantes de Bet-anat, sino que habitó entre los cananeos, los habitantes de aquella tierra; y los habitantes de Bet-semes y de Bet-anat fueron sometidos a trabajos forzados.

34 Entonces los amorreos forzaron a los hijos de Dan hacia la región montañosa, y no los dejaron descender al valle.

35 Y los amorreos persistieron en habitar en el monte de Heres, en Ajalón y en Saalbim; pero cuando el poder de la casa de José se fortaleció, fueron sometidos a trabajos forzados.

36 El límite de los amorreos fue desde la subida de Acrabim, desde Sela hacia arriba.

El ángel del Señor en Boquim

2 Y el ángel del Señor subió de Gilgal a Boquim y dijo: Yo os saqué de Egipto y os conduje a la tierra que había prometido a vuestros padres y dije: "Jamás quebrantaré mi pacto con vosotros,

2 y en cuanto a vosotros, no haréis pacto con los habitantes de esta tierra; sus altares derribaréis." Pero vosotros no me habéis obedecido; ¿qué es esto que habéis hecho?

3 Por lo cual también dije: "No los echaré de delante de vosotros, sino que serán *como espinas* en vuestro costado, y sus dioses serán lazo para vosotros."

4 Y sucedió que cuando el ángel del Señor habló estas palabras a todos los hijos de Israel, el pueblo alzó su voz y lloró.

5 Y llamaron a aquel lugar Boquim[1]; y allí ofrecieron sacrificio al Señor.

6 Después que Josué despidió al pueblo, los hijos de Israel fueron cada uno a su heredad para tomar posesión de la tierra.

7 Y el pueblo sirvió al Señor todos los días de Josué, y todos los días de los ancianos que sobrevivieron a Josué, los cuales habían sido testigos de la gran obra que el Señor había hecho por Israel.

8 Josué, hijo de Nun, siervo del Señor, murió a la edad de ciento diez años.

9 Y lo sepultaron en el territorio de su heredad, en Timnat-sera, en la región montañosa de Efraín, al norte del monte Gaas.

10 También toda aquella generación fue reunida a sus padres; y se levantó otra generación después de ellos que no conocía al Señor, ni la obra que El había hecho por Israel.

11 Entonces los hijos de Israel hicieron lo malo ante los ojos del Señor y sirvieron[2] a los baales,

12 y abandonaron al Señor, el Dios de sus padres, que los había sacado de la tierra de Egipto, y siguieron a otros dioses de *entre* los dioses de los pueblos que *estaban* a su derredor; se postraron ante ellos y provocaron a ira al Señor.

13 Y dejaron al Señor y sirvieron a Baal y a Astarot.

14 Y se encendió la ira del Señor contra Israel, y los entregó en manos de salteadores que los saquearon; y los vendió en mano de sus enemigos de alrededor, y ya no pudieron hacer frente a sus enemigos.

15 Por dondequiera que iban, la mano del Señor estaba contra ellos para mal, tal como el Señor había dicho y como el Señor les había jurado, y se angustiaron en gran manera.

16 Entonces el Señor levantó jueces que los libraron de la mano de los que los saqueaban.

17 Con todo no escucharon a sus jueces, porque se prostituyeron siguiendo a otros dioses, y se postraron ante ellos. Se apartaron pronto del camino en que sus padres habían andado en obediencia a los mandamientos del Señor; no hicieron como *sus padres*.

18 Cuando el Señor les levantaba jueces, el Señor estaba con el juez y los libraba de mano de sus enemigos todos los días del juez; porque el Señor se compadecía por sus gemidos a causa de los que los oprimían y afligían.

19 Pero acontecía que al morir el juez, ellos volvían atrás y se corrompían aún más que sus padres, siguiendo a otros dioses, sirviéndoles e

---

1. I.e., llorones 2. O, *adoraron*

inclinándose ante ellos; no dejaban sus costumbres ni su camino obstinado.

20 Y se encendió la ira del Señor contra Israel, y dijo: Por cuanto esta nación ha quebrantado el pacto que ordené a sus padres, y no ha escuchado mi voz,

21 tampoco yo volveré a expulsar de delante de ellos a ninguna de las naciones que Josué dejó cuando murió,

22 para probar por medio de ellas a Israel, a ver si guardan o no el camino del Señor, y andan en él como lo hicieron sus padres.

23 Así pues, el Señor permitió que aquellas naciones se quedaran allí, sin expulsarlas enseguida, y no las entregó en manos de Josué.

Israel probado por medio de otras naciones

3 Y estas son las naciones que el Señor dejó para probar con ellas a Israel, es decir, a los que no habían experimentado ninguna de las guerras de Canaán

2 (esto fue sólo para que las generaciones de los hijos de Israel conocieran la guerra, aquellos que antes no la habían experimentado):

3 los cinco príncipes de los filisteos, todos los cananeos, los sidonios y los heveos que habitaban en el monte Líbano, desde el monte de Baal-hermón hasta Lebo-hamat.

4 Y eran para probar a Israel, para ver si obedecían los mandamientos del Señor había ordenado a sus padres por medio de Moisés.

5 Y los hijos de Israel habitaron entre los cananeos, los heteos, los amorreos, los ferezeos, los heveos y los jebuseos;

6 tomaron para sí a sus hijas por mujeres, y dieron sus propias hijas a los hijos de ellos, y sirvieron a sus dioses.

7 Y los hijos de Israel hicieron lo malo ante los ojos del Señor, y olvidaron al Señor su Dios, y sirvieron a los baales y a las imágenes de Asera.

8 Entonces se encendió la ira del Señor contra Israel, y los vendió en manos de Cusán-risataim, rey de Mesopotamia; y los hijos de Israel sirvieron a Cusán-risataim por ocho años.

9 Cuando los hijos de Israel clamaron al Señor, el Señor levantó un libertador a los hijos de Israel para que los librara, a Otoniel, hijo de Cenaz, hermano menor de Caleb.

10 Y vino sobre él el Espíritu del Señor, y juzgó a Israel. Cuando salió a la guerra, el Señor entregó en su mano a Cusán-risataim, rey de Mesopotamia, y su poder prevaleció sobre Cusán-risataim.

11 Y la tierra tuvo descanso por cuarenta años. Y murió Otoniel, hijo de Cenaz.

12 Volvieron los hijos de Israel a hacer lo malo ante los ojos del Señor. Entonces el Señor fortaleció a Eglón, rey de Moab, contra Israel, porque habían hecho lo malo ante los ojos del Señor.

13 Y Eglón reunió consigo a los hijos de Amón y de Amalec; y fue y derrotó a Israel, y se apoderaron de la ciudad de las palmeras.

14 Y los hijos de Israel sirvieron a Eglón, rey de Moab, por dieciocho años.

15 Pero los hijos de Israel clamaron al Señor, y el Señor les levantó un libertador, a Aod, hijo de Gera, benjamita, el cual era zurdo. Y los hijos de Israel enviaron tributo con él a Eglón, rey de Moab.

16 Aod se hizo una espada de dos filos, de un codo de largo, y la ató a su muslo derecho debajo de la ropa.

17 Y presentó el tributo a Eglón, rey de Moab; y Eglón era un hombre muy grueso.

18 Y aconteció que cuando terminó de presentar el tributo, despidió a la gente que había traído el tributo.

19 Pero él se volvió desde los ídolos que estaban en Gilgal, y dijo: Tengo un mensaje secreto para ti, oh rey. Y éste dijo: Guarda silencio. Y todos los que le servían salieron.

20 Aod vino a él cuando estaba sentado solo en su sala de verano. Y Aod dijo: Tengo un mensaje de Dios para ti. Y él se levantó de su silla.

21 Aod alargó la mano izquierda, tomó la espada de su muslo derecho, y se la hundió en el vientre.

22 Y la empuñadura entró también tras la hoja, y la gordura se cerró sobre la hoja, pues no sacó la espada de su vientre; y se le salieron los excrementos.

23 Entonces salió Aod al corredor, cerró tras sí las puertas de la sala de la terraza y les pasó el cerrojo.

24 Después de haber salido, vinieron los siervos y miraron, y he aquí, las puertas de la sala de la terraza tenían pasado el cerrojo, y dijeron: Sin duda está haciendo su necesidad en la sala de verano.

25 Y esperaron hasta sentir inquietud, pues he aquí que él no abría las puertas de la sala de la terraza. Entonces tomaron la llave y las abrieron, y he aquí, su señor caído en el suelo, muerto.

26 Mas Aod había escapado mientras ellos esperaban; pasando por los ídolos, había escapado a Seirat.

27 Y cuando llegó, tocó la trompeta en la región montañosa de Efraín; y los hijos de Israel descendieron con él de la región montañosa, estando él al frente de ellos.

28 Y les dijo: Perseguidlos, porque el Señor ha entregado en vuestras manos a vuestros enemigos, los moabitas. Y descendieron tras él y se apoderaron de los vados del Jordán frente a Moab, y no dejaron pasar a nadie.

29 En aquella ocasión mataron a unos diez mil moabitas, todos hombres robustos y valientes; ninguno escapó.

30 Y fue subyugado Moab aquel día bajo la mano de Israel. Y la tierra tuvo descanso por ochenta años.

31 Después de Aod vino Samgar, hijo de Anat, el cual hirió a seiscientos filisteos con una aguijada de bueyes; y él también salvó a Israel.

Débora y Barac

4 Cuando murió Aod, los hijos de Israel volvieron a hacer lo malo ante los ojos del Señor.

2 Y el Señor los vendió en mano de Jabín, rey de Canaán, que reinaba en Hazor. El comandante de su ejército era Sísara, que vivía en Haroset-goim.

3 Y los hijos de Israel clamaron al Señor, porque aquél tenía novecientos carros de hierro y había oprimido duramente a los hijos de Israel por veinte años.

4 Débora, profetisa, mujer de Lapidot, juzgaba a Israel en aquel tiempo;

5 y se sentaba debajo de la palmera de Débora entre Ramá y Betel, en la región montañosa de Efraín; y los hijos de Israel subían a ella a *pedir* juicio.

6 Y ella mandó llamar a Barac, hijo de Abinoam, de Cedes de Neftalí, y le dijo: Esto ha ordenado el SEÑOR, Dios de Israel: "Ve, marcha al monte Tabor y lleva contigo a diez mil hombres de los hijos de Neftalí y de los hijos de Zabulón.

7 "Y yo atraeré hacia ti a Sísara, comandante del ejército de Jabín, con sus carros y sus muchas tropas al torrente Cisón, y lo entregaré en tus manos."

8 Le respondió Barac: Si tú vas conmigo, yo iré; pero si no vas conmigo, no iré.

9 Y ella dijo: Ciertamente iré contigo; sin embargo, el honor no será tuyo en la jornada que vas a emprender, porque el SEÑOR venderá a Sísara en manos de una mujer. Entonces Débora se levantó y fue con Barac a Cedes.

10 Y Barac convocó a Zabulón y a Neftalí en Cedes, y subieron con él diez mil hombres; Débora también subió con él.

11 Y Heber ceneo, se había separado de los ceneos, de los hijos de Hobab, suegro de Moisés, y había plantado su tienda cerca de la encina en Zaanaim, que está junto a Cedes.

12 Avisaron a Sísara que Barac, hijo de Abinoam, había subido al monte Tabor.

13 Y juntó Sísara todos sus carros, novecientos carros de hierro, y a todo el pueblo que *estaba* con él, desde Haroset-goim hasta el torrente Cisón.

14 Entonces Débora dijo a Barac: ¡Levántate!, porque este es el día en que el SEÑOR ha entregado a Sísara en tus manos; he aquí, el SEÑOR ha salido delante de ti. Bajó, pues, Barac del monte Tabor seguido de diez mil hombres.

15 Y el SEÑOR derrotó a Sísara, con todos *sus* carros y todo *su* ejército, a filo de espada delante de Barac; y Sísara bajó de *su* carro, y huyó a pie.

16 Mas Barac persiguió los carros y el ejército hasta Haroset-goim, y todo el ejército de Sísara cayó a filo de espada; no quedó ni uno.

17 Pero Sísara huyó a pie a la tienda de Jael, mujer de Heber ceneo; porque *había* paz entre Jabín, rey de Hazor, y la casa de Heber ceneo.

18 Y Jael salió al encuentro de Sísara, y le dijo: Ven, señor mío, ven a mí; no temas. Y él fue hacia ella a la tienda, y ella le cubrió con una manta.

19 Y él le dijo: Te ruego que me des de beber un poco de agua, porque tengo sed. Y ella abrió un odre de leche y le dio de beber; entonces lo cubrió.

20 Entonces él le dijo: Ponte a la entrada de la tienda, y si alguien viene, y te pregunta, y te dice: "¿Hay alguien aquí?", tú responderás: "No."

21 Pero Jael, mujer de Heber, tomó una estaca de la tienda y tomando en la mano un martillo, se le acercó silenciosamente y le clavó la estaca en las sienes, la cual penetró en la tierra, pues él estaba profundamente dormido y agotado, y murió.

22 Y he aquí, cuando Barac perseguía a Sísara, Jael salió a su encuentro, y le dijo: Ven, y te mostraré al hombre que buscas. Y él entró con ella, y he aquí que Sísara yacía muerto con la estaca en la sien.

23 Así sometió Dios en aquel día a Jabín, rey de Canaán, delante de los hijos de Israel.

24 Y la mano de los hijos de Israel se hizo más y más dura sobre Jabín, rey de Canaán, hasta que lo destruyeron.

Cántico de Débora y Barac

5 Entonces Débora y Barac, hijo de Abinoam, cantaron en aquel día, diciendo:

2 ¡Por haberse puesto al frente los jefes en Israel,
por haberse ofrecido el pueblo voluntariamente,
bendecid al SEÑOR!

3 ¡Oíd, reyes; prestad oído, príncipes!
Yo al SEÑOR, cantaré,
cantaré alabanzas al SEÑOR, Dios de Israel.

4 SEÑOR, cuando saliste de Seir,
cuando marchaste del campo de Edom,
la tierra tembló, también cayeron gotas del cielo,
y las nubes destilaron agua.

5 Los montes se estremecieron ante la presencia del SEÑOR,
aquel Sinaí, ante la presencia del SEÑOR, Dios de Israel.

6 En los días de Samgar, hijo de Anat,
en los días de Jael, quedaron desiertos los caminos,
y los viajeros andaban por sendas tortuosas.

7 Cesaron los campesinos, cesaron en Israel,
hasta que yo, Débora, me levanté,
hasta que me levanté, *como* madre en Israel.

8 Escogieron nuevos dioses;
entonces la guerra *estaba* a las puertas.
No se veía escudo ni lanza
entre cuarenta mil en Israel.

9 Mi corazón está con los jefes de Israel,
los voluntarios entre el pueblo.
¡Bendecid al SEÑOR!

10 Los que cabalgáis en asnas blancas,
los que os sentáis en *ricos* tapices,
los que viajáis por el camino, cantad.

11 Al sonido de los que dividen las *manadas*
entre los abrevaderos,
allí repetirán los actos de justicia del SEÑOR,
los actos de justicia para con sus campesinos en Israel.
Entonces el pueblo del SEÑOR descendió a las puertas.

12 Despierta, despierta, Débora;
despierta, despierta, entona un cántico.
Levántate, Barac, y lleva a tus cautivos, hijo de Abinoam.

13 Entonces los sobrevivientes descendieron sobre los nobles;
el pueblo del SEÑOR vino a mí como guerreros.

14 De Efraín *descendieron* los radicados en Amalec,
en pos de ti, Benjamín, con tus pueblos;
de Maquir descendieron jefes,
y de Zabulón los que manejan vara de mando.

15 Los príncipes de Isacar *estaban* con Débora;
como Isacar, así *también* Barac;

al valle se apresuraron pisándole los talones;
entre las divisiones de Rubén
había grandes resoluciones de corazón.
16 ¿Por qué te sentaste entre los rediles,
escuchando los toques de flauta para los
rebaños?
Entre las divisiones de Rubén
había gran escudriñamiento de corazón.
17 Galaad se quedó al otro lado del Jordán.
¿Y por qué se quedó Dan en *las* naves?
Aser se sentó a la orilla del mar,
y se quedó junto a sus puertos.
18 Zabulón *era* pueblo que despreció su vida
hasta la muerte.
Y también Neftalí, en las alturas del campo.
19 Vinieron los reyes *y* pelearon;
pelearon entonces los reyes de Canaán
en Taanac, cerca de las aguas de Meguido;
no tomaron despojos de plata.
20 Desde los cielos las estrellas pelearon,
desde sus órbitas pelearon contra Sísara.
21 El torrente Cisón los barrió,
el antiguo torrente, el torrente Cisón.
Marcha, alma mía con poder.
22 Entonces resonaron los cascos de los caballos
por el galopar, el galopar de sus valientes
corceles.
23 "Maldecid a Meroz", dijo el ángel del SEÑOR,
"maldecid, maldecid a sus moradores;
porque no vinieron en ayuda del SEÑOR,
en ayuda del SEÑOR contra los guerreros."
24 Bendita entre las mujeres es Jael,
mujer de Heber ceneo;
bendita sea entre las mujeres de la tienda.
25 El pidió agua, *y* ella le dio leche;
en taza de nobles le trajo cuajada.
26 Extendió ella la mano hacia la estaca de la
tienda,
y su diestra hacia el martillo de trabajadores.
Entonces golpeó a Sísara, desbarató su
cabeza;
destruyó y perforó sus sienes.
27 A sus pies él se encorvó, cayó, quedó tendido;
a sus pies se encorvó *y* cayó;
donde se encorvó, allí quedó muerto.
28 Miraba por la ventana y se lamentaba
la madre de Sísara, por las celosías:
"¿Por qué se tarda en venir su carro?
¿Por qué se retrasa el trotar de sus carros?"
29 Sus sabias princesas le respondían,
aun a sí misma ella repite sus palabras:
30 "¿Acaso no han hallado el botín *y se lo* están
repartiendo?
¿Una doncella, dos doncellas para cada
guerrero;
para Sísara un botín de tela de colores,
un botín de tela de colores bordada,
tela de colores de doble bordadura en el
cuello del victorioso?"
31 Así perezcan todos tus enemigos, oh SEÑOR;
mas sean los que te aman como la salida del
sol en su fuerza.
Y el país tuvo descanso por cuarenta años.

Opresión de Israel por los madianitas

6 Los hijos de Israel hicieron lo malo ante los
ojos del SEÑOR, y el SEÑOR los entregó en
manos de Madián por siete años.
2 Y el poder de Madián prevaleció sobre Israel.
Por causa de los madianitas, los hijos de Israel se
hicieron escondites en las montañas y en las
cavernas y en los lugares fortificados.
3 Porque sucedía que cuando *los hijos de* Israel
sembraban, los madianitas venían con los amalecitas y los hijos del oriente y subían contra ellos;
4 acampaban frente a ellos y destruían el
producto de la tierra hasta Gaza, y no dejaban
sustento alguno en Israel, ni oveja, ni buey, ni
asno.
5 Porque subían con su ganado y sus tiendas, y
entraban como langostas en multitud, tanto ellos
como sus camellos eran innumerables; y
entraban en la tierra para devastarla.
6 Así fue empobrecido Israel en gran manera
por causa de Madián, y los hijos de Israel
clamaron al SEÑOR.
7 Y cuando los hijos de Israel clamaron al
SEÑOR a causa de Madián,
8 el SEÑOR envió a los hijos de Israel un profeta
que les dijo: Así dice el SEÑOR, Dios de Israel:
"Fui yo el que os hice subir de Egipto, y os saqué
de la casa de servidumbre.
9 "Os libré de la mano de los egipcios y de la
mano de todos vuestros opresores; los desalojé
delante de vosotros, os di su tierra,
10 y os dije: 'Yo soy el SEÑOR vuestro Dios. No
temeréis a los dioses de los amorreos en cuya
tierra habitáis.' Pero no me habéis obedecido."
11 Y vino el ángel del SEÑOR y se sentó debajo de
la encina que *estaba* en Ofra, la cual pertenecía a
Joás abiezerita; y su hijo Gedeón estaba sacudiendo el trigo en el lagar, para esconderlo de los
madianitas.
12 Y el ángel del SEÑOR se le apareció, y le dijo:
El SEÑOR está contigo, valiente guerrero.
13 Entonces Gedeón le respondió: Ah señor mío,
si el SEÑOR está con nosotros, ¿por qué nos ha
ocurrido todo esto? ¿Y dónde están todas sus
maravillas que nuestros padres nos han contado,
diciendo: "¿No nos hizo el SEÑOR subir de
Egipto?" Pero ahora el SEÑOR nos ha abandonado, y nos ha entregado en mano de los madianitas.
14 Y el SEÑOR lo miró, y dijo: Ve con esta tu
fuerza, y libra a Israel de la mano de los madianitas. ¿No te he enviado yo?
15 Y él respondió: Ah Señor, ¿cómo libraré a
Israel? He aquí que mi familia es la más pobre en
Manasés, y yo el menor de la casa de mi padre.
16 Pero el SEÑOR le dijo: Ciertamente yo estaré
contigo, y derrotarás a Madián como a un solo
hombre.
17 *Gedeón* le dijo: Si he hallado gracia ante
tus ojos, muéstrame una señal de que eres tú el
que hablas conmigo.
18 Te ruego que no te vayas de aquí hasta que yo
vuelva a ti, y traiga mi ofrenda y la ponga
delante de ti. Y él respondió: Me quedaré hasta
que vuelvas.
19 Y Gedeón entró y preparó un cabrito y pan
sin levadura de un efa de harina; puso la carne
en una cesta y el caldo en un caldero, y se *los*
llevó a él debajo de la encina y *se los* presentó.
20 Y el ángel de Dios le dijo: Toma la carne y el
pan sin levadura, ponlos sobre esta peña y
derrama el caldo. Y así lo hizo.
21 Entonces el ángel del SEÑOR extendió la
punta de la vara que estaba en su mano y tocó la

carne y el pan sin levadura; y subió fuego de la roca que consumió la carne y el pan sin levadura. Y el ángel del Señor desapareció de su vista.

22 Al ver Gedeón que era el ángel del Señor, dijo: ¡Ay de mí, Señor Dios! Porque ahora he visto al ángel del Señor cara a cara.

23 Y el Señor le dijo: La paz *sea* contigo, no temas; no morirás.

24 Y Gedeón edificó allí un altar al Señor y lo llamó El Señor es Paz, el cual permanece en Ofra de los abiezeritas hasta hoy.

25 Sucedió que aquella misma noche el Señor le dijo: Toma el novillo de tu padre y otro novillo de siete años; derriba el altar de Baal que pertenece a tu padre y corta la Asera que está junto a él;

26 edifica después, en debida forma, un altar al Señor tu Dios sobre la cumbre de este peñasco; toma el segundo novillo y ofrece holocausto con la leña de la Asera que has cortado.

27 Gedeón tomó diez hombres de sus siervos e hizo como el Señor le había dicho; y sucedió, que como temía mucho a la casa de su padre y a los hombres de la ciudad para hacerlo de día, lo hizo de noche.

28 Cuando los hombres de la ciudad se levantaron temprano en la mañana, he aquí, el altar de Baal había sido derribado y cortada la Asera que estaba junto a él, y el segundo novillo había sido ofrecido en el altar que se había edificado.

29 Y se dijeron unos a otros: ¿Quién ha hecho esto? Y cuando buscaron e inquirieron, dijeron: Gedeón, hijo de Joás, ha hecho esto.

30 Entonces los hombres de la ciudad dijeron a Joás: Saca a tu hijo para que muera, porque ha derribado el altar de Baal, y ciertamente ha cortado la Asera que estaba a su lado.

31 Pero Joás dijo a todos los que estaban contra él: ¿Contenderéis vosotros por Baal, o lo libraréis? A cualquiera que contienda por él, se le dará muerte antes de llegar la mañana. Si es un dios, que contienda por sí mismo, porque alguien ha derribado su altar.

32 Por tanto, aquel día Gedeón fue llamado Jerobaal, es decir, que Baal contienda contra él, porque había derribado su altar.

33 Pero todos los madianitas, los amalecitas y los hijos del oriente se reunieron, y cruzaron y acamparon en el valle de Jezreel.

34 Y el Espíritu del Señor vino sobre Gedeón, y *éste* tocó la trompeta y los abiezeritas se juntaron para seguirle.

35 Envió mensajeros por todo Manasés, que también se juntó para seguirle; y envió mensajeros a Aser, a Zabulón y a Neftalí, que subieron a su encuentro.

36 Entonces Gedeón dijo a Dios: Si has de librar a Israel por mi mano, como has dicho,

37 he aquí, yo pondré un vellón de lana en la era. Si hay rocío solamente en el vellón y toda la tierra queda seca, entonces sabré que librarás a Israel por mi mano, como has dicho.

38 Y así sucedió. Cuando se levantó temprano en la mañana, exprimió el vellón y escurrió el rocío del vellón, un tazón lleno de agua.

39 Y Gedeón dijo a Dios: No se encienda tu ira contra mí si hablo otra vez; te ruego que me permitas hacer otra vez una prueba con el vellón; que ahora quede seco el vellón y haya rocío en toda la tierra.

40 Así lo hizo Dios aquella noche, porque solamente quedó seco el vellón y había rocío en toda la tierra.

El ejército de Gedeón reducido

7 Entonces se levantó temprano Jerobaal, es decir Gedeón, y todo el pueblo que *estaba* con él, y acamparon junto a la fuente de Harod; y el campamento de Madián estaba al norte de ellos, *cerca* de la colina de More, en el valle.

2 Y el Señor dijo a Gedeón: El pueblo que está contigo es demasiado numeroso para que yo entregue a Madián en sus manos; no sea que Israel se vuelva orgulloso, diciendo: "Mi propia fortaleza me ha librado."

3 Ahora pues, proclama a oídos del pueblo, diciendo: "Cualquiera que tenga miedo y tiemble, que regrese y parta del monte Galaad." Y veintidós mil personas regresaron, pero quedaron diez mil.

4 Y el Señor dijo a Gedeón: Todavía el pueblo es demasiado numeroso; hazlos bajar al agua y allí te los probaré. Y será que de quien yo te diga: "Éste irá contigo", ése irá contigo; pero todo aquel de quien yo te diga: "Este no irá contigo", ése no irá.

5 E hizo bajar el pueblo al agua. Y el Señor dijo a Gedeón: Pondrás a un lado a todo aquel que lamiere el agua con su lengua, como lame el perro, y a todo el que se arrodille para beber.

6 Y fue el número de los que lamieron, poniendo la mano a su boca, trescientos hombres; pero todo el resto del pueblo se arrodilló para beber.

7 Entonces el Señor dijo a Gedeón: Os salvaré con los trescientos hombres que lamieron y entregaré a los madianitas en tus manos; que todos los *demás* del pueblo se vayan, cada uno a su casa.

8 Y *los trescientos hombres* tomaron en sus manos las provisiones del pueblo y sus trompetas. Y *Gedeón* envió a todos los *demás* hombres de Israel, cada uno a su tienda, pero retuvo a los trescientos hombres; y el campamento de Madián le quedaba abajo en el valle.

9 Y aconteció que aquella misma noche, el Señor le dijo: Levántate, desciende contra el campamento porque lo he entregado en tus manos.

10 Pero si tienes temor de descender, baja al campamento con tu criado Fura,

11 y oirás lo que dicen; entonces tus manos serán fortalecidas para descender contra el campamento. Y descendió con su criado Fura hasta los puestos avanzados del ejército que *estaban* en el campamento.

12 Y los madianitas, los amalecitas y todos los hijos del oriente estaban tendidos en el valle, numerosos como langostas; y sus camellos eran muchos, innumerables, como la arena que está a la orilla del mar.

13 Cuando llegó Gedeón, he aquí que un hombre estaba contando un sueño a su amigo, y decía: He aquí, tuve un sueño; un pan de cebada iba rodando hasta el campamento de Madián, y llegó hasta la tienda y la golpeó de manera que cayó, y la volcó de arriba abajo y la tienda quedó extendida.

14 Respondió su amigo, y dijo: Esto no es otra

cosa que la espada de Gedeón, hijo de Joás, varón de Israel; Dios ha entregado en su mano a Madián y a todo el campamento.

15 Y cuando Gedeón oyó el relato del sueño y su interpretación, se inclinó y adoró. Volvió al campamento de Israel, y dijo: Levantaos, porque el SEÑOR ha entregado en vuestras manos el campamento de Madián.

16 Y dividió los trescientos hombres en tres compañías, y puso trompetas y cántaros vacíos en las manos de todos ellos, con antorchas dentro de los cántaros.

17 Y les dijo: Miradme, y haced lo mismo que yo. Y he aquí, cuando yo llegue a las afueras del campamento, como yo haga, así haréis vosotros.

18 Cuando yo y todos los que estén conmigo toquemos la trompeta, entonces también vosotros tocaréis las trompetas alrededor de todo el campamento, y decid: "Por el SEÑOR y por Gedeón."

19 Y llegó Gedeón con los cien hombres que estaban con él a las afueras del campamento, al principio de la guardia de media*noche,* cuando apenas habían apostado la guardia; tocaron las trompetas y rompieron los cántaros que tenían en las manos.

20 Cuando las tres compañías tocaron las trompetas, rompieron los cántaros, y sosteniendo las antorchas en la mano izquierda y las trompetas en la mano derecha para tocarlas, gritaron: ¡La espada del SEÑOR y de Gedeón!

21 Cada uno se mantuvo en su lugar alrededor del campamento; y todo el ejército echó a correr gritando mientras huían.

22 Cuando tocaron las trescientas trompetas, el SEÑOR puso la espada del uno contra el otro por todo el campamento; y el ejército huyó hasta Bet-sita, en dirección de Zerera, hasta la orilla de Abel-mehola, junto a Tabat.

23 Y los hombres de Israel se reunieron, de Neftalí, de Aser y de todo Manasés, y persiguieron a los madianitas.

24 Y Gedeón envió mensajeros por toda la región montañosa de Efraín, diciendo: Descended contra Madián y tomad antes que ellos los vados, hasta Bet-bara y el Jordán. Y todos los hombres de Efraín se reunieron y tomaron los vados hasta Bet-bara y el Jordán.

25 Y capturaron a los dos jefes de Madián, Oreb y Zeeb; mataron a Oreb en la peña de Oreb y mataron a Zeeb en el lagar de Zeeb, cuando perseguían a Madián. Y trajeron a Gedeón las cabezas de Oreb y Zeeb del otro lado del Jordán.

Derrota de Zeba y Zalmuna

8 Entonces los hombres de Efraín le dijeron: ¿Qué es esto que nos has hecho, al no llamarnos cuando fuiste a pelear contra Madián? Y le criticaron duramente.

2 Pero él les dijo: ¿Qué he hecho yo ahora en comparación con vosotros? ¿No es mejor el rebusco de Efraín que la vendimia de Abiezer?

3 Dios ha entregado en vuestras manos a los jefes de Madián, Oreb y Zeeb; ¿y qué pude hacer yo en comparación con vosotros? Entonces se aplacó la ira de ellos contra él cuando dijo esto.

4 Y Gedeón y los trescientos hombres que *iban* con él llegaron al Jordán *y* lo cruzaron, cansados, mas continuando la persecución.

5 Y dijo a los hombres de Sucot: Os ruego que deis pan a la gente que me sigue, porque están cansados, y estoy persiguiendo a Zeba y a Zalmuna, reyes de Madián.

6 Y los jefes de Sucot dijeron: ¿Están ya las manos de Zeba y Zalmuna en tu poder, para que demos pan a tu ejército?

7 Y Gedeón respondió: Muy bien, cuando el SEÑOR haya entregado en mi mano a Zeba y a Zalmuna, trillaré vuestras carnes con espinos del desierto y con abrojos.

8 De allí subió a Peniel, y les habló de la misma manera; y los hombres de Peniel le respondieron tal como los de Sucot le habían contestado.

9 Y habló también a los hombres de Peniel, diciendo: Cuando yo vuelva sano y salvo, derribaré esta torre.

10 Ahora bien, Zeba y Zalmuna estaban en Carcor, y sus ejércitos con ellos, unos quince mil hombres, los que habían quedado de todo el ejército de los hijos del oriente; porque los que habían caído eran ciento veinte mil hombres que sacaban espada.

11 Y subió Gedeón por el camino de los que habitaban en tiendas al este de Noba y Jogbeha, y atacó el campamento cuando el campamento estaba desprevenido.

12 Cuando Zeba y Zalmuna huyeron, los persiguió; capturó a los dos reyes de Madián, Zeba y Zalmuna y llenó de terror a todo el ejército.

13 Después Gedeón, hijo de Joás, volvió de la batalla por la subida a Heres.

14 Y capturó a un joven de Sucot y lo interrogó. Entonces *el joven* le dio por escrito *los nombres de* los príncipes de Sucot y de sus ancianos, setenta y siete hombres.

15 Y fue a los hombres de Sucot y dijo: He aquí a Zeba y a Zalmuna, acerca de los cuales me injuriasteis, diciendo: "¿Están ya las manos de Zeba y Zalmuna en tu mano para que demos pan a tus hombres que están fatigados?"

16 Entonces tomó a los ancianos de la ciudad, y espinos del desierto y abrojos, y con ellos castigó a los hombres de Sucot.

17 Derribó la torre de Peniel y mató a los hombres de la ciudad.

18 Después dijo a Zeba y a Zalmuna: ¿Qué clase de hombres *eran* los que matasteis en Tabor? Y ellos respondieron: Eran como tú, cada uno parecía hijo de rey.

19 Y él dijo: *Eran* mis hermanos, hijos de mi madre. Vive el SEÑOR, que si los hubierais dejado con vida, yo no os quitaría la vida.

20 Y dijo a Jeter su primogénito: Levántate y mátalos. Pero el joven no sacó la espada porque tenía temor, pues todavía era muchacho.

21 Entonces Zeba y Zalmuna dijeron: Levántate tú y cae sobre nosotros; porque como es el hombre, así es su fortaleza. Y se levantó Gedeón y mató a Zeba y a Zalmuna, y tomó los adornos de media luna que sus camellos llevaban al cuello.

22 Y los hombres de Israel dijeron a Gedeón: Reina sobre nosotros, tú y tus hijos, y también el hijo de tu hijo, porque nos has librado de la mano de Madián.

23 Pero Gedeón les dijo: No reinaré sobre vosotros, ni tampoco reinará sobre vosotros mi hijo; el SEÑOR reinará sobre vosotros.

24 Les dijo también Gedeón: Quisiera pediros que cada uno de vosotros me dé un zarcillo de su botín (pues tenían zarcillos de oro, porque eran ismaelitas).

25 Y ellos dijeron: De cierto *te los* daremos. Y tendieron un manto, y cada uno de ellos echó allí un zarcillo de su botín.

26 El peso de los zarcillos de oro que él pidió fue de mil setecientos *siclos* de oro, sin contar los adornos de media luna, los pendientes y los vestidos de púrpura que *llevaban* los reyes de Madián y sin contar los collares que *llevaban* sus camellos al cuello.

27 Y Gedeón hizo de ello un efod, y lo colocó en Ofra, su ciudad, con el cual todo Israel se prostituyó allí, y esto vino a ser ruina para Gedeón y su casa.

28 Así fue subyugado Madián delante de los hijos de Israel, y ya no volvieron a levantar cabeza. Y el país tuvo descanso por cuarenta años en los días de Gedeón.

29 Entonces Jerobaal, hijo de Joás, fue y habitó en su casa.

30 Y tuvo Gedeón setenta hijos que fueron sus descendientes directos, porque tuvo muchas mujeres.

31 La concubina que *tenía* en Siquem también le dio un hijo, y le puso por nombre Abimelec.

32 Y murió Gedeón, hijo de Joás, a una edad avanzada y fue sepultado en el sepulcro de su padre Joás, en Ofra de los abiezeritas.

33 Y sucedió que al morir Gedeón, los hijos de Israel volvieron a prostituirse con los baales e hicieron a Baal-berit su dios.

34 Y los hijos de Israel se olvidaron del SEÑOR su Dios que los había librado de manos de todos sus enemigos en derredor;

35 tampoco mostraron bondad a la casa de Jerobaal, *es decir*, Gedeón, conforme a todo el bien que él había hecho a Israel.

Conspiración de Abimelec

9 Y Abimelec, hijo de Jerobaal, fue a Siquem, a los parientes de su madre, y les habló a ellos y a toda la familia de la casa del padre de su madre, diciendo:

2 Hablad ahora a oídos de todos los habitantes de Siquem: "¿Qué es mejor para vosotros, que todos los hijos de Jerobaal, setenta hombres, reinen sobre vosotros, o que reine sobre vosotros un solo hombre?" Además, acordaos que yo soy hueso vuestro y carne vuestra.

3 Y los parientes de su madre hablaron todas estas palabras por él a oídos de todos los habitantes de Siquem; y ellos se inclinaron a seguir a Abimelec, porque dijeron: Es pariente nuestro.

4 Y le dieron setenta *piezas* de plata de la casa de Baal-berit, con las cuales Abimelec tomó a sueldo hombres indignos y temerarios que lo siguieron.

5 Luego fue a la casa de su padre en Ofra y mató a sus hermanos, los hijos de Jerobaal, setenta hombres, sobre una piedra. Pero Jotam, el hijo menor de Jerobaal, se libró porque se escondió.

6 Y se reunieron todos los habitantes de Siquem y todo Bet-milo[1], y fueron e hicieron rey a Abimelec, junto a la encina del pilar que había en Siquem.

7 Cuando se lo informaron a Jotam, fue y se paró en la cumbre del monte Gerizim, y alzando su voz, clamó y les dijo: Escuchadme, habitantes de Siquem, para que os oiga Dios.

8 Una vez los árboles fueron a ungir un rey sobre ellos, y dijeron al olivo: "Reina sobre nosotros."

9 Mas el olivo les respondió: "¿He de dejar mi aceite con el cual se honra a Dios y a los hombres, para ir a ondear sobre los árboles?"

10 Entonces los árboles dijeron a la higuera: "Ven, reina sobre nosotros."

11 Pero la higuera les respondió: "¿He de dejar mi dulzura y mi buen fruto, para ir a ondear sobre los árboles?"

12 Después los árboles dijeron a la vid: "Ven tú, reina sobre nosotros."

13 Pero la vid les respondió: "¿He de dejar mi mosto, que alegra a Dios y a los hombres, para ir a ondear sobre los árboles?"

14 Dijeron entonces todos los árboles a la zarza: "Ven tú, reina sobre nosotros."

15 Y la zarza dijo a los árboles: "Si en verdad me ungís por rey sobre vosotros, venid y refugiaos a mi sombra; y si no, salga fuego de la zarza y consuma los cedros del Líbano."

16 Ahora pues, si habéis procedido con verdad e integridad al hacer rey a Abimelec, y si habéis procedido bien con Jerobaal y su casa, y si habéis procedido con él como él merecía

17 (pues mi padre peleó por vosotros, y arriesgó su vida y os libró de la mano de Madián,

18 pero vosotros os habéis rebelado hoy contra la casa de mi padre y habéis matado a sus hijos, setenta hombres, sobre una piedra, y habéis hecho rey sobre los habitantes de Siquem a Abimelec, el hijo de su sierva, porque es vuestro pariente);

19 si habéis, pues, procedido hoy en verdad e integridad *para* con Jerobaal y su casa, regocijaos en Abimelec, y que él también se regocije en vosotros.

20 Y si no, salga fuego de Abimelec y consuma a los habitantes de Siquem y de Bet-milo; y salga fuego de los habitantes de Siquem y de Bet-milo y consuma a Abimelec.

21 Entonces Jotam escapó y huyó, y se fue a Beer y permaneció allí a causa de su hermano Abimelec.

22 Y reinó Abimelec tres años sobre Israel.

23 Pero Dios envió un espíritu de discordia entre Abimelec y los habitantes de Siquem; y los habitantes de Siquem procedieron pérfidamente con Abimelec,

24 para que viniera la violencia hecha a los setenta hijos de Jerobaal, y recayera la sangre de ellos sobre su hermano Abimelec que los mató, y sobre los habitantes de Siquem que fortalecieron las manos de él para matar a sus hermanos.

25 Y los habitantes de Siquem pusieron emboscadas contra él en las cumbres de los montes y robaban a todos los que pasaban cerca de ellos por el camino; y se lo hicieron saber a Abimelec.

26 Y Gaal, hijo de Ebed, vino con sus parientes, y pasaron a Siquem; y los habitantes de Siquem pusieron su confianza en él.

1. O, *toda la casa de Milo*

27 Y salieron al campo y vendimiaron sus viñedos, pisaron las uvas e hicieron fiesta; y entrando a la casa de su dios, comieron y bebieron y maldijeron a Abimelec.

28 Entonces Gaal, hijo de Ebed, dijo: ¿Quién es Abimelec y quién es Siquem para que le sirvamos? ¿No es acaso hijo de Jerobaal, y *no es* Zebul su oficial? Servid a los hombres de Hamor, padre de Siquem; pero ¿por qué hemos de servirle a él?

29 ¡Quién pusiera este pueblo en mis manos! Entonces yo quitaría a Abimelec. Diría a Abimelec: Aumenta tu ejército, y sal.

30 Y cuando Zebul, gobernante de la ciudad, oyó las palabras de Gaal, hijo de Ebed, se encendió en ira.

31 Y envió encubiertamente mensajeros a Abimelec, diciendo: He aquí que Gaal, hijo de Ebed, y sus parientes han venido a Siquem, y he aquí que están incitando a la ciudad contra ti.

32 Ahora pues, levántate de noche, tú y el pueblo que está contigo, y pon emboscada en el campo.

33 Y sucederá en la mañana, en cuanto salga el sol, que te levantarás temprano y arremeterás contra la ciudad; y he aquí, que cuando él y el pueblo que está con él salga contra ti, harás con ellos lo que te venga a mano.

34 Se levantó, pues, de noche Abimelec, y todo el pueblo que *estaba* con él, y pusieron emboscada contra Siquem con cuatro compañías.

35 Y Gaal, hijo de Ebed, salió y se paró a la entrada de la puerta de la ciudad; y Abimelec y el pueblo que *estaba* con él salieron de la emboscada.

36 Al ver Gaal a la gente, dijo a Zebul: Mira, viene gente bajando de las cumbres de los montes. Pero Zebul le dijo: Estás viendo la sombra de los montes como *si fueran* hombres.

37 Y volvió a hablar Gaal y dijo: He aquí, gente que baja de la parte más alta de la tierra, y una compañía viene por el camino de la encina de los adivinos.

38 Entonces Zebul le dijo: ¿Dónde está ahora tu jactancia con la cual decías: "¿Quién es Abimelec para que le sirvamos?" ¿No es éste el pueblo que despreciabas? Ahora pues, sal y pelea contra él.

39 Y salió Gaal delante de los habitantes de Siquem y peleó contra Abimelec.

40 Abimelec lo persiguió pero Gaal huyó delante de él; y muchos cayeron heridos hasta la entrada de la puerta.

41 Y Abimelec se quedó en Aruma, pero Zebul expulsó a Gaal y a sus parientes para que no se quedaran en Siquem.

42 Aconteció al día siguiente que el pueblo salió al campo, y se lo hicieron saber a Abimelec.

43 Y él tomó a su gente, la dividió en tres compañías y puso emboscada en el campo; cuando miró y vio al pueblo salir de la ciudad, se levantó contra ellos y los mató.

44 Entonces Abimelec y la compañía que *estaba* con él se lanzaron con ímpetu y se situaron a la entrada de la puerta de la ciudad, y las otras dos compañías se lanzaron contra todos los que *estaban* en el campo y los mataron.

45 Y peleó Abimelec contra la ciudad todo aquel día, capturó la ciudad y mató a la gente que *había* en ella; entonces arrasó la ciudad y la sembró de sal.

46 Al oír *esto* todos los habitantes de la torre de Siquem, se metieron en la fortaleza del templo de El-berit.

47 Y le dijeron a Abimelec que todos los habitantes de la torre de Siquem estaban reunidos.

48 Abimelec subió entonces al monte Salmón, él y toda la gente que *estaba* con él; y tomando Abimelec un hacha en su mano, cortó una rama de los árboles, la levantó y *la* puso sobre su hombro. Y dijo a la gente que *estaba* con él: Lo que me habéis visto hacer, apresuraos y haced lo mismo.

49 Y todo el pueblo cortó también cada uno su rama y siguió a Abimelec, y *las* pusieron sobre la fortaleza; prendieron fuego a la fortaleza sobre los que estaban *adentro*, y murieron también todos los de la torre de Siquem, como mil hombres y mujeres.

50 Después Abimelec fue a Tebes, la sitió y la tomó.

51 Pero había una torre fortificada en el centro de la ciudad, y todos los hombres y mujeres, todos los habitantes de la ciudad, huyeron allí, se encerraron y subieron al techo de la torre.

52 Y Abimelec vino a la torre, la atacó y se acercó a la entrada de la torre para prenderle fuego.

53 Pero una mujer arrojó una muela de molino sobre la cabeza de Abimelec rompiéndole el cráneo.

54 Entonces él llamó apresuradamente al muchacho que era su escudero, y le dijo: Saca tu espada y mátame, no sea que se diga de mí: "Una mujer lo mató." Y el muchacho lo traspasó, y murió.

55 Cuando los hombres de Israel vieron que Abimelec había muerto, cada cual partió para su casa.

56 Así pagó Dios a Abimelec por la maldad que había hecho a su padre al matar a sus setenta hermanos.

57 Dios también hizo volver sobre sus cabezas toda la maldad de los hombres de Siquem, y vino sobre ellos la maldición de Jotam, hijo de Jerobaal.

Tola y Jair jueces de Israel

10 Después de *la muerte de* Abimelec se levantó, para salvar a Israel, Tola, hijo de Puá, hijo de Dodo, varón de Isacar; y habitó en Samir, en la región montañosa de Efraín.

2 Y juzgó a Israel veintitrés años. Y murió y fue sepultado en Samir.

3 Y tras él se levantó Jair galaadita, y juzgó a Israel veintidós años.

4 *Este* tuvo treinta hijos que cabalgaban en treinta asnos, y tenían treinta ciudades en la tierra de Galaad que se llaman Havot-jair hasta hoy.

5 Y murió Jair, y fue sepultado en Camón.

6 Los hijos de Israel volvieron a hacer lo malo ante los ojos del Señor, sirvieron a los baales, a Astarot, a los dioses de Aram, a los dioses de Sidón, a los dioses de Moab, a los dioses de los hijos de Amón y a los dioses de los filisteos; abandonaron, pues, al Señor y no le sirvieron.

7 Y se encendió la ira del Señor contra Israel, y

los entregó en manos de los filisteos y en manos de los hijos de Amón.

8 Y ellos afligieron y quebrantaron a los hijos de Israel ese año; por dieciocho años *oprimieron* a todos los hijos de Israel que *estaban* al otro lado del Jordán, en Galaad, en la tierra de los amorreos.

9 Y los hijos de Amón cruzaron el Jordán para pelear también contra Judá, contra Benjamín y contra la casa de Efraín, y se angustió Israel en gran manera.

10 Entonces los hijos de Israel clamaron al SEÑOR, diciendo: Hemos pecado contra ti, porque ciertamente hemos abandonado a nuestro Dios y servido a los baales.

11 Y el SEÑOR respondió a los hijos de Israel: ¿No *os libré yo* de los egipcios, de los amorreos, de los hijos de Amón y de los filisteos?

12 Cuando los sidonios, los amalecitas y los maonitas os oprimían, clamasteis a mí, y yo os libré de sus manos.

13 Mas vosotros me habéis dejado y habéis servido a otros dioses; por tanto, no os libraré más.

14 Id y clamad a los dioses que habéis escogido; que ellos os libren en el tiempo de vuestra aflicción.

15 Y los hijos de Israel respondieron al SEÑOR: Hemos pecado, haz con nosotros como bien te parezca; sólo te rogamos que nos libres en este día.

16 Y quitaron los dioses extranjeros de en medio de ellos y sirvieron al SEÑOR; y El no pudo soportar más la angustia de Israel.

17 Entonces los hijos de Amón se reunieron y acamparon en Galaad. Y los hijos de Israel se juntaron y acamparon en Mizpa.

18 Y el pueblo, los jefes de Galaad, se dijeron unos a otros: ¿Quién es el hombre que comenzará la batalla contra los hijos de Amón? El será caudillo de todos los habitantes de Galaad.

Jefté libra a Israel

11 Y Jefté galaadita era un guerrero valiente, hijo de una ramera. Y Galaad era el padre de Jefté.

2 Y la mujer de Galaad le dio hijos; y cuando los hijos de su mujer crecieron, echaron fuera a Jefté, y le dijeron: No tendrás heredad en la casa de nuestro padre, porque eres hijo de otra mujer.

3 Jefté huyó de sus hermanos y habitó en la tierra de Tob; y hombres indignos se juntaron con Jefté y salían con él.

4 Después de cierto tiempo sucedió que los hijos de Amón pelearon contra Israel.

5 Y cuando los hijos de Amón pelearon contra Israel, los ancianos de Galaad fueron a traer a Jefté de la tierra de Tob.

6 Y dijeron a Jefté: Ven y sé nuestro jefe para que peleemos contra los hijos de Amón.

7 Entonces Jefté dijo a los ancianos de Galaad: ¿No me odiasteis y me echasteis de la casa de mi padre? ¿Por qué, pues, habéis venido a mí ahora cuando estáis en apuros?

8 Y los ancianos de Galaad dijeron a Jefté: Por esta causa hemos vuelto a ti: para que vengas con nosotros y pelees contra los hijos de Amón y seas jefe sobre todos los habitantes de Galaad.

9 Y Jefté dijo a los ancianos de Galaad: Si me

hacéis volver para pelear contra los hijos de Amón y el SEÑOR me los entrega, ¿seré yo vuestro jefe?

10 Y los ancianos de Galaad dijeron a Jefté: El SEÑOR es testigo entre nosotros; ciertamente haremos como has dicho.

11 Jefté fue con los ancianos de Galaad, y el pueblo le hizo cabeza y jefe sobre ellos; y Jefté habló todas sus palabras delante del SEÑOR en Mizpa.

12 Y envió Jefté mensajeros al rey de los hijos de Amón, diciendo: ¿Qué hay entre tú y yo, que has venido a mí para pelear contra mi tierra?

13 Y el rey de los hijos de Amón dijo a los mensajeros de Jefté: Porque Israel tomó mi tierra, cuando subieron de Egipto, desde el Arnón hasta el Jaboc y el Jordán; por tanto devuélvela ahora en paz.

14 Pero Jefté volvió a enviar mensajeros al rey de los hijos de Amón,

15 que le dijeron: Así dice Jefté: "Israel no tomó la tierra de Moab, ni la tierra de los hijos de Amón.

16 "Porque cuando subieron de Egipto, e Israel pasó por el desierto hasta el mar Rojo y llegó a Cades,

17 Israel envió mensajeros al rey de Edom, diciendo: 'Permítenos, te rogamos, pasar por tu tierra', pero el rey de Edom no les escuchó. También enviaron *mensajeros* al rey de Moab pero él no consintió, así que Israel permaneció en Cades.

18 'Luego atravesaron el desierto y rodearon la tierra de Edom y de Moab, llegaron al lado oriental de la tierra de Moab y acamparon al otro lado del Arnón; pero no entraron en el territorio de Moab, porque el Arnón *era* la frontera de Moab.

19 'Y envió Israel mensajeros a Sehón, rey de los amorreos, rey de Hesbón, y le dijo Israel: 'Permítenos, te rogamos, pasar por tu tierra a nuestro lugar.'

20 'Pero Sehón no confió en Israel para darle paso por su territorio; reunió, pues, Sehón a todo su pueblo y acampó en Jahaza, y peleó contra Israel.

21 "Y el SEÑOR, Dios de Israel, entregó a Sehón y a todo su pueblo en manos de Israel, y los derrotaron, e Israel tomó posesión de toda la tierra de los amorreos, los habitantes de esa región.

22 "Y poseyeron todo el territorio de los amorreos desde el Arnón hasta el Jaboc, y desde el desierto hasta el Jordán.

23 "Y puesto que el SEÑOR, Dios de Israel, expulsó a los amorreos de delante de su pueblo Israel, ¿has tú de poseerla?

24 "¿No posees tú lo que Quemos, tu dios, te ha dado para poseer? De modo que todo el territorio que el SEÑOR nuestro Dios ha desposeído delante de nosotros, lo poseeremos.

25 "Ahora pues, ¿eres tú mejor que Balac, hijo de Zipor, rey de Moab? ¿Acaso luchó él con Israel, o acaso peleó contra ellos?

26 "Mientras Israel habitaba en Hesbón y sus pueblos, y en Aroer y sus aldeas, y en todas las ciudades que están a orillas del Arnón, trescientos años, ¿por qué no los recuperaste durante ese tiempo?

27 "Por tanto, yo no he pecado contra ti, pero tú

me estás haciendo mal al hacer guerra contra mí; que el SEÑOR, el Juez, juzgue hoy entre los hijos de Israel y los hijos de Amón."

28 Pero el rey de los hijos de Amón no hizo caso al mensaje que Jefté le envió.

29 Y el Espíritu del SEÑOR vino sobre Jefté, y pasó por Galaad y Manasés; luego pasó por Mizpa de Galaad, y de Mizpa de Galaad fue adonde *estaban* los hijos de Amón.

30 Y Jefté hizo un voto al SEÑOR, y dijo: Si en verdad entregas en mis manos a los hijos de Amón,

31 sucederá que cualquiera que salga de las puertas de mi casa a recibirme cuando yo vuelva en paz de los hijos de Amón, será del SEÑOR, o lo ofreceré como holocausto.

32 Y Jefté cruzó adonde *estaban* los hijos de Amón para pelear contra ellos; y el SEÑOR los entregó en su mano.

33 Y los hirió con una gran matanza desde Aroer hasta la entrada de Minit, veinte ciudades, hasta Abel-keramim. Y los hijos de Amón fueron sometidos delante de los hijos de Israel.

34 Cuando Jefté llegó a su casa en Mizpa, he aquí, su hija salió a recibirlo con panderos y con danzas. Era ella su única hija; fuera de ella no tenía hijo ni hija.

35 Y cuando la vio, él rasgó sus ropas y dijo: ¡Ay, hija mía! Me has abatido y estás entre los que me afligen; porque he dado mi palabra al SEÑOR, y no me puedo retractar.

36 Entonces ella le dijo: Padre mío, has dado tu palabra al SEÑOR; haz conmigo conforme a lo que has dicho, ya que el SEÑOR te ha vengado de tus enemigos, los hijos de Amón.

37 Y ella dijo a su padre: Que se haga esto por mí; déjame sola por dos meses, para que vaya yo a los montes y llore por mi virginidad, yo y mis compañeras.

38 Y él dijo: Ve, y la dejó ir por dos meses; y ella se fue con sus compañeras, y lloró su virginidad por los montes.

39 Al cabo de los dos meses ella regresó a su padre, que hizo con ella conforme al voto que había hecho; y ella no tuvo relaciones con ningún hombre. Y se hizo costumbre en Israel,

40 que de año en año las hijas de Israel fueran cuatro días en el año a conmemorar a la hija de Jefté galaadita.

Muerte de Jefté

12 Los hombres de Efraín se reunieron y cruzaron *el Jordán* hacia el norte, y dijeron a Jefté: ¿Por qué cruzaste a pelear contra los hijos de Amón sin llamarnos para que fuéramos contigo? Quemaremos tu casa sobre ti.

2 Y Jefté les respondió: Yo y mi pueblo estábamos en gran contienda con los hijos de Amón, y cuando os llamé, no me librasteis de sus manos.

3 Viendo, pues, que no *me* ibais a librar, arriesgué mi vida y crucé contra los hijos de Amón, y el SEÑOR los entregó en mi mano. ¿Por qué, pues, habéis subido hoy a pelear contra mí?

4 Entonces Jefté reunió a todos los hombres de Galaad y peleó contra Efraín; y los hombres de Galaad derrotaron a Efraín, porque *éstos* decían: Sois fugitivos de Efraín, vosotros los galaaditas, en medio de Efraín y en medio de Manasés.

5 Y se apoderaron los galaaditas de los vados del Jordán al lado opuesto de Efraín. Y aconteció que cuando *alguno de* los fugitivos de Efraín decía: Dejadme cruzar, los hombres de Galaad le decían: ¿Eres efrateo? Si él respondía: No,

6 entonces, le decían: Di, pues, *la palabra* Shibolet; pero él decía Sibolet, porque no podía pronunciarla correctamente. Entonces le echaban mano y lo mataban junto a los vados del Jordán. Y cayeron en aquella ocasión cuarenta y dos mil de los de Efraín.

7 Jefté juzgó a Israel seis años. Y murió Jefté galaadita, y fue sepultado en *una de* las ciudades de Galaad.

8 Después de Jefté juzgó a Israel Ibzán de Belén.

9 Y tuvo treinta hijos y treinta hijas, *a éstas las* casó fuera *de la familia*, y trajo de afuera treinta hijas para sus hijos. Y juzgó a Israel siete años.

10 Y murió Ibzán, y fue sepultado en Belén.

11 Después de él juzgó a Israel Elón zabulonita; y juzgó a Israel diez años.

12 Y murió Elón zabulonita, y fue sepultado en Ajalón, en la tierra de Zabulón.

13 Entonces Abdón, hijo de Hilel piratonita, juzgó a Israel después de Elón.

14 Y tuvo cuarenta hijos y treinta nietos que cabalgaban en setenta asnos. Y juzgó a Israel ocho años.

15 Y murió Abdón, hijo de Hilel piratonita, y fue sepultado en Piratón, en la tierra de Efraín, en la región montañosa de los amalecitas.

Opresión filistea

13 Y los hijos de Israel volvieron a hacer lo malo ante los ojos del SEÑOR, y el SEÑOR los entregó en manos de los filisteos por cuarenta años.

2 Y había un hombre de Zora, de la familia de los danitas, el cual se llamaba Manoa; su mujer era estéril y no había tenido hijos.

3 Entonces el ángel del SEÑOR se le apareció a la mujer, y le dijo: He aquí, tú eres estéril y no has tenido hijos, pero concebirás y darás a luz un hijo.

4 Ahora pues, cuídate de no beber vino ni licor, y de no comer ninguna cosa inmunda.

5 Pues he aquí, concebirás y darás a luz un hijo; no pasará navaja sobre su cabeza, porque el niño será nazareo para Dios desde el seno materno; y él comenzará a salvar a Israel de manos de los filisteos.

6 Y la mujer fue y se lo dijo a su marido, diciendo: Un hombre de Dios vino a mí, y su aspecto era como el aspecto del ángel de Dios, muy imponente. Yo no le pregunté de dónde *venía*, ni él me hizo saber su nombre.

7 Pero él me dijo: "He aquí, concebirás y darás a luz un hijo; desde ahora no beberás vino ni licor, ni comerás cosa inmunda, porque el niño será nazareo para Dios desde el seno materno hasta el día de su muerte."

8 Entonces Manoa imploró al SEÑOR, y dijo: Te ruego Señor, que el hombre de Dios que tú enviaste venga otra vez a nosotros, para que nos enseñe lo que hemos de hacer con el niño que ha de nacer.

9 Y Dios escuchó la voz de Manoa. Y el ángel de Dios vino otra vez a la mujer cuando estaba

sentada en el campo; y Manoa su marido no estaba con ella.

10 Y la mujer corrió rápidamente y avisó a su marido, y le dijo: He aquí, se me ha aparecido el hombre que vino el *otro* día.

11 Manoa se levantó y siguió a su mujer, y cuando llegó al hombre, le dijo: ¿Eres el hombre que habló a la mujer? Y él respondió: Yo soy.

12 Y Manoa dijo: Cuando tus palabras se cumplan, ¿cómo debe ser el modo de vivir del muchacho y cuál su vocación?

13 Y el ángel del Señor dijo a Manoa: Que la mujer atienda a todo lo que *le* dije.

14 No comerá nada que venga de la vid, no *beberá* vino ni licor, ni comerá nada inmundo; que guarde ella todo lo que *le* he mandado.

15 Entonces Manoa dijo al ángel del Señor: Permítenos detenerte y prepararte un cabrito.

16 Y el ángel del Señor respondió a Manoa: Aunque me detengas, no comeré de tu alimento, mas si preparas un holocausto, ofrécelo al Señor. Y Manoa no sabía que era el ángel del Señor.

17 Y Manoa dijo al ángel del Señor: ¿Cuál es tu nombre, para que cuando se cumplan tus palabras, te honremos?

18 Y el ángel del Señor le respondió: ¿Por qué preguntas mi nombre, viendo que es maravilloso[1]?

19 Y Manoa tomó el cabrito con la ofrenda de cereal y los ofreció sobre una piedra al Señor, y *el ángel* hizo maravillas mientras que Manoa y su mujer observaban.

20 Pues sucedió que cuando la llama subía del altar hacia el cielo, el ángel del Señor ascendió en la llama del altar. Al ver *esto*, Manoa y su mujer cayeron rostro en tierra.

21 Y el ángel del Señor no volvió a aparecer a Manoa ni a su mujer. Entonces Manoa supo que era el ángel del Señor.

22 Y Manoa dijo a su mujer: Ciertamente moriremos, porque hemos visto a Dios.

23 Pero su mujer le dijo: Si el Señor hubiera deseado matarnos, no habría aceptado el holocausto ni la ofrenda de cereal de nuestras manos; tampoco nos habría mostrado todas estas cosas, ni nos habría permitido ahora oír *cosas* como éstas.

24 Y la mujer dio a luz un hijo y le puso por nombre Sansón. Y el niño creció y el Señor lo bendijo.

25 Y el Espíritu del Señor comenzó a manifestarse en él en Mahne-dan[2], entre Zora y Estaol.

El matrimonio de Sansón

14 Y Sansón descendió a Timnat y vio allí a una mujer de las hijas de los filisteos.

2 Cuando regresó, se lo contó a su padre y a su madre, diciendo: Vi en Timnat a una mujer de las hijas de los filisteos; ahora pues, tomádmela por mujer.

3 Le respondieron su padre y su madre: ¿No hay mujer entre las hijas de tus parientes o entre todo nuestro pueblo, para que vayas a tomar mujer de los filisteos incircuncisos? Pero Sansón dijo a su padre: Tómala para mí, porque ella me agrada.

4 Y su padre y su madre no sabían que esto era del Señor, porque Él buscaba ocasión contra los filisteos, pues en aquel tiempo los filisteos dominaban a Israel.

5 Y Sansón descendió a Timnat con su padre y con su madre, y llegó hasta los viñedos de Timnat; y he aquí, un león joven *venía* rugiendo hacia él.

6 Y el Espíritu del Señor vino sobre él con gran poder, y lo despedazó como se despedaza un cabrito, aunque no tenía nada en su mano; pero no contó a su padre ni a su madre lo que había hecho.

7 Descendió y habló con la mujer; y ella le agradó a Sansón.

8 Cuando regresó más tarde para tomarla, se apartó *del camino* para ver el cadáver del león; y he aquí que había un enjambre de abejas y miel en el cuerpo del león.

9 Recogió la miel en sus manos y siguió adelante, comiénd*ola* mientras caminaba. Cuando llegó *adonde estaban* su padre y su madre, les dio *miel* y ellos comieron; pero no les contó que había recogido la miel del cuerpo del león.

10 Entonces el padre descendió adonde *estaba* la mujer; y Sansón hizo allí un banquete, porque así acostumbraban hacer los jóvenes.

11 Y sucedió que cuando lo vieron, trajeron a treinta compañeros para que estuvieran con él.

12 Y Sansón les dijo: Permitidme proponeros ahora un enigma; y si en verdad me lo declaráis dentro de los siete días del banquete, y lo descifráis, entonces os daré treinta vestidos de lino y treinta mudas de ropa.

13 Pero si no podéis declarármelo, entonces vosotros me daréis treinta vestidos de lino y treinta mudas de ropa. Y ellos le dijeron: Propón tu enigma, para que lo escuchemos.

14 Y él les dijo:

Del que come salió comida,
y del fuerte salió dulzura.

Y no pudieron declararle el enigma en tres días.

15 Y al cuarto día dijeron a la mujer de Sansón: Induce a tu marido a que nos declare el enigma, o te quemaremos a fuego a ti y a la casa de tu padre. Nos habéis invitado para empobrecernos. ¿No es *así*?

16 Y la mujer de Sansón lloró delante de él, y dijo: Sólo me aborreces y no me quieres; has propuesto un enigma a los hijos de mi pueblo, y no me *lo* has declarado. Y él le dijo: He aquí que no *lo* he declarado ni a mi padre ni a mi madre; ¿y te lo he de declarar a ti?

17 Mas ella lloró delante de él los siete días que duró su banquete. Y sucedió el séptimo día que él se lo declaró porque ella le presionaba mucho. Entonces ella declaró el enigma a los hijos de su pueblo.

18 Y al séptimo día, antes de ponerse el sol, los hombres de la ciudad le dijeron:

¿Qué es más dulce que la miel?

¿Y qué es más fuerte que un león?

Y él les dijo:

Si no hubiereis arado con mi novilla,
no habríais descubierto mi enigma.

19 Entonces el Espíritu del Señor vino sobre él con gran poder, y descendió a Ascalón y mató a treinta de ellos y tomando sus despojos, dio la mudas *de ropa* a los que habían declarado el

---

1. O, *incomprensible* 2. I.e., el campamento de Dan

enigma. Y ardiendo en ira, subió a la casa de su padre.

20 Pero la mujer de Sansón fue *dada* al compañero que había sido su amigo íntimo.

Las zorras incendiarias

15 Después de algún tiempo, en los días de la siega del trigo, sucedió que Sansón visitó a su mujer con un cabrito, y dijo: Llegaré a mi mujer en *su* recámara. Pero el padre de ella no lo dejó entrar.

2 Y el padre dijo: Realmente pensé que la odiabas intensamente y se la di a tu compañero. ¿No es su hermana menor más hermosa que ella? Te ruego que la tomes en su lugar.

3 Entonces Sansón le respondió: Esta vez no tendré culpa en cuanto a los filisteos cuando les haga daño.

4 Y Sansón fue y capturó trescientas zorras, tomó antorchas, juntó *las zorras* cola con cola y puso una antorcha en medio de cada dos colas.

5 Después de prender fuego a las antorchas, soltó las zorras en los sembrados de los filisteos, quemando la mies recogida, la mies en pie, y además las viñas *y* los olivares.

6 Entonces los filisteos dijeron: ¿Quién hizo esto? Y les respondieron: Sansón, el yerno del timnateo, porque *éste* tomó a su mujer y se la dio a su compañero. Y los filisteos vinieron y la quemaron a ella y a su padre.

7 Y Sansón les dijo: Ya que actuáis así, ciertamente me vengaré de vosotros, y después de eso, cesaré.

8 Y sin piedad los hirió con gran mortandad; y descendió y habitó en la hendidura de la peña de Etam.

9 Subieron los filisteos y acamparon en Judá, y se esparcieron por Lehi.

10 Y los hombres de Judá dijeron: ¿Por qué habéis subido contra nosotros? Y ellos dijeron: Hemos subido para prender a Sansón a fin de hacerle como él nos ha hecho.

11 Tres mil hombres de Judá descendieron a la hendidura de la peña de Etam, y dijeron a Sansón: ¿No sabes que los filisteos reinan sobre nosotros? ¿Qué, pues, es esto que nos has hecho? Y él les dijo: Como ellos me hicieron, así les he hecho.

12 Y ellos le dijeron: Hemos descendido para prenderte y entregarte en manos de los filisteos. Y Sansón les dijo: Juradme que no me mataréis.

13 Ellos le respondieron: No, sino que te ataremos bien y te entregaremos en sus manos; ciertamente no te mataremos. Entonces lo ataron con dos sogas nuevas y lo sacaron de la peña.

14 Al llegar él a Lehi, los filisteos salieron a su encuentro gritando. Y el Espíritu del Señor vino sobre él con poder, y las sogas que estaban en sus brazos fueron como lino quemado con fuego y las ataduras cayeron de sus manos.

15 Y halló una quijada de asno fresca *aún*, y extendiendo su mano, la tomó y mató a mil hombres con ella.

16 Entonces Sansón dijo:
Con la quijada de un asno,
montones sobre montones,
con la quijada de un asno
he matado a mil hombres.

17 Y al terminar de hablar, arrojó la quijada de su mano, y llamó a aquel lugar Ramat-lehi[1].

18 Después sintió una gran sed, y clamando al Señor, dijo: Tú has dado esta gran liberación por mano de tu siervo, y ahora, ¿moriré yo de sed y caeré en manos de los incircuncisos?

19 Y abrió Dios la cuenca que está en Lehi y salió agua de ella. Cuando bebió, recobró sus fuerzas y se reanimó. Por eso llamó a aquel lugar En-hacore[2], el cual está en Lehi hasta el día de hoy.

20 *Sansón* juzgó a Israel veinte años en los días de los filisteos.

Sansón y Dalila

16 Y Sansón fue a Gaza, y allí vio a una ramera y se llegó a ella.

2 Entonces fue dicho a los de Gaza: Sansón ha venido acá. Y ellos cercaron *el lugar* y se apostaron a la puerta de la ciudad toda la noche, acechándole. Y estuvieron callados toda la noche, diciendo: *Esperemos* hasta que amanezca, entonces lo mataremos.

3 Pero Sansón permaneció acostado hasta la medianoche, y a la medianoche se levantó, y tomando las puertas de la ciudad con los dos postes, las arrancó junto con las trancas; entonces se las echó sobre los hombros y las llevó hasta la cumbre del monte que está frente a Hebrón.

4 Después de esto sucedió que se enamoró de una mujer del valle de Sorec, que se llamaba Dalila.

5 Y los príncipes de los filisteos fueron a ella y le dijeron: Persuádelo, y ve dónde está su gran fuerza, y cómo podríamos dominarlo para atarlo y castigarlo. Entonces cada uno de nosotros te dará mil cien *piezas* de plata.

6 Dijo, pues, Dalila a Sansón: Te ruego que me declares dónde está tu gran fuerza y cómo se te puede atar para castigarte.

7 Y Sansón le dijo: Si me atan con siete cuerdas frescas que no se hayan secado, me debilitaré y seré como cualquier *otro* hombre.

8 Los príncipes de los filisteos le llevaron siete cuerdas frescas que no se habían secado, y *Dalila* lo ató con ellas.

9 Y tenía ella *hombres* al acecho en un aposento interior. Entonces le dijo: ¡Sansón, los filisteos se te echan encima! Pero él rompió las cuerdas como se rompe un hilo de estopa cuando toca el fuego. Y no se descubrió *el secreto* de su fuerza.

10 Entonces Dalila dijo a Sansón: Mira, me has engañado y me has dicho mentiras; ahora pues, te ruego que me declares cómo se te puede atar.

11 Y él le respondió: Si me atan fuertemente con sogas nuevas que no se hayan usado, me debilitaré y seré como cualquier *otro* hombre.

12 Dalila tomó sogas nuevas, lo ató con ellas, y le dijo: ¡Sansón, los filisteos se te echan encima! Pues los *hombres* estaban al acecho en el aposento interior. Pero él rompió las sogas de sus brazos como un hilo.

13 Entonces Dalila dijo a Sansón: Hasta ahora me has engañado y me has dicho mentiras; declárame, ¿cómo se te puede atar? Y él le dijo: Si tejes siete trenzas de mi cabellera con la tela [3]y

---

1. I.e., el alto de la quijada   2. I.e., el manantial del que llamó   3. Las palabras: *y la aseguras...con la tela* (vers. 14), están en la Sept., pero en ningún ms. heb.

la aseguras con una clavija, entonces me debilitaré y seré como cualquier *otro* hombre.

14 Y mientras él dormía Dalila tomó las siete trenzas de su cabellera y las tejió con la tela, y *la* aseguró con la clavija, y le dijo: ¡Sansón, los filisteos se te echan encima! Pero él despertó de su sueño y arrancó la clavija del telar y la tela.

15 Entonces ella le dijo: ¿Cómo puedes decir: "Te quiero", cuando tu corazón no está conmigo? Me has engañado estas tres veces y no me has declarado dónde reside tu gran fuerza.

16 Y como ella le presionaba diariamente con sus palabras y le apremiaba, su alma se angustió hasta la muerte.

17 El le reveló, pues, todo *lo que había* en su corazón, diciéndole: Nunca ha pasado navaja sobre mi cabeza, pues he sido nazareo para Dios desde el vientre de mi madre. Si me cortan el cabello, mi fuerza me dejará y me debilitaré y seré como cualquier *otro* hombre.

18 Viendo Dalila que él le había declarado todo *lo que había* en su corazón, mandó llamar a los príncipes de los filisteos, diciendo: Venid una vez más, porque él me ha declarado todo *lo que hay* en su corazón. Entonces los príncipes de los filisteos vinieron a ella y trajeron el dinero en sus manos.

19 Y ella lo hizo dormir sobre sus rodillas, y mandó llamar a un hombre que le rasuró las siete trenzas de su cabellera. Luego comenzó a afligirle y su fuerza lo dejó.

20 Ella entonces dijo: ¡Sansón, los filisteos se te echan encima! Y él despertó de su sueño, y dijo: Saldré como las otras veces y escaparé. Pero no sabía que el Señor se había apartado de él.

21 Los filisteos lo prendieron y le sacaron los ojos; y llevándolo a Gaza, lo ataron con cadenas de bronce y lo pusieron a girar el molino en la prisión.

22 Pero el cabello de su cabeza comenzó a crecer de nuevo después de rasurado.

23 Y los príncipes de los filisteos se reunieron para ofrecer un gran sacrificio a su dios Dagón, y para regocijarse, pues decían:

Nuestro dios ha entregado a nuestro enemigo
Sansón en nuestras manos.

24 Y cuando la gente lo vio, alabaron a su dios, pues decían:

Nuestro dios ha entregado en nuestras
manos a nuestro enemigo,
al que asolaba nuestra tierra,
y multiplicaba nuestros muertos.

25 Y sucedió que cuando estaban alegres, dijeron: Llamad a Sansón para que nos divierta. Llamaron, pues, a Sansón de la cárcel, y él los divertía. Y lo pusieron de pie entre las columnas.

26 Entonces Sansón dijo al muchacho que lo tenía de la mano: Déjame palpar las columnas sobre las que el edificio descansa, para apoyarme en ellas.

27 Y el edificio estaba lleno de hombres y mujeres, y todos los príncipes de los filisteos estaban allí. Y sobre la azotea *había* como tres mil hombres y mujeres mirando mientras Sansón *los* divertía.

28 Sansón invocó al Señor y dijo: Señor Dios, te ruego que te acuerdes de mí, y te suplico que me des fuerzas sólo esta vez, oh Dios, para vengarme ahora de los filisteos por mis dos ojos.

29 Y Sansón asió las dos columnas del medio sobre las que el edificio descansaba y se apoyó contra ellas, con su mano derecha sobre una y con su mano izquierda sobre la otra.

30 Y dijo Sansón: ¡Muera yo con los filisteos! Y se inclinó con todas sus fuerzas y el edificio se derrumbó sobre los príncipes y sobre todo el pueblo que *estaba* en él. Así que los que mató al morir fueron más que los que había matado durante su vida.

31 Entonces descendieron sus hermanos y toda la casa de su padre, y tomándolo, lo llevaron y lo sepultaron entre Zora y Estaol en la tumba de Manoa, su padre. El había juzgado a Israel veinte años.

Idolatría de Micaía

17 Había un hombre de la región montañosa de Efraín, llamado Micaía.

2 Y él dijo a su madre: Las mil cien *piezas* de plata que te quitaron, acerca de las cuales proferiste una maldición a mis oídos, he aquí, la plata está en mi poder; yo la tomé. Y su madre dijo: Bendito sea mi hijo por el Señor.

3 Entonces él devolvió las mil cien *piezas* de plata a su madre, y su madre dijo: Yo de corazón dedico la plata de mi mano al Señor por mi hijo, para hacer una imagen tallada y una de fundición; ahora, por tanto, yo te las devuelvo.

4 Cuando él devolvió la plata a su madre, su madre tomó doscientas *piezas* de plata y se las dio al platero que las convirtió en una imagen tallada y una de fundición, y quedaron en casa de Micaía.

5 Y este hombre Micaía tenía un santuario[1], e hizo un efod e ídolos domésticos, y consagró a uno de sus hijos para que fuera su sacerdote.

6 En aquellos días no había rey en Israel; cada uno hacía lo que a sus ojos le parecía bien.

7 Y había un joven de Belén de Judá, de la familia de Judá, que era levita y forastero allí.

8 Y el hombre salió de la ciudad, de Belén de Judá, para residir donde encontrara *lugar;* y mientras proseguía su camino, llegó a la región montañosa de Efraín, a la casa de Micaía.

9 Y Micaía le dijo: ¿De dónde vienes? Y él le respondió: Soy un levita de Belén de Judá; y voy a residir donde encuentre *lugar.*

10 Entonces Micaía le dijo: Quédate conmigo y sé padre y sacerdote para mí, y yo te daré diez *piezas* de plata por año, el vestido y la comida. Y el levita entró.

11 Consintió el levita en quedarse con el hombre; y el joven fue para él como uno de sus hijos.

12 Micaía consagró al levita, y el joven vino a ser su sacerdote, y moró en la casa de Micaía.

13 Y Micaía dijo: Ahora sé que el Señor me prosperará, porque tengo un levita por sacerdote.

Los danitas en busca de heredad

18 En aquellos días no había rey en Israel. Y por aquel tiempo la tribu de los danitas buscaba para sí una heredad donde habitar, porque hasta entonces ésta no se le había asignado como posesión entre las tribus de Israel.

1. Lit., *una casa de dioses*

2 Y los hijos de Dan enviaron de su tribu, de entre todos ellos, a cinco hombres, hombres valientes de Zora y Estaol, a reconocer la tierra y explorarla; y les dijeron: Id, explorad la tierra. Y llegaron a la región montañosa de Efraín, a la casa de Micaía, y se hospedaron allí.

3 Cuando estaban cerca de la casa de Micaía, reconocieron la voz del joven levita; y llegándose allá, le dijeron: ¿Quién te trajo aquí? ¿Qué estás haciendo en este *lugar* y qué tienes aquí?

4 Y él les dijo: Así y de esta manera me ha hecho Micaía, me ha tomado a sueldo y ahora soy su sacerdote.

5 Y le dijeron: Te rogamos que consultes a Dios para saber si el camino en que vamos será próspero.

6 Y el sacerdote les dijo: Id en paz; el camino en que andáis tiene la aprobación del SEÑOR.

7 Entonces los cinco hombres salieron y llegaron a Lais y vieron al pueblo que *había* en ella viviendo en seguridad, tranquilo y confiado, según la costumbre de los sidonios; porque no había gobernante humillándo*los* en nada en aquella tierra, y estaban lejos de los sidonios, y no tenían relaciones con nadie.

8 Al regresar a sus hermanos en Zora y Estaol, sus hermanos les dijeron: ¿Qué hay?

9 Y ellos respondieron: Levantaos, subamos contra ellos; porque hemos visto la tierra, y he aquí, es muy buena. ¿Estaréis, pues, quietos? No os demoréis en ir, para entrar a tomar posesión de la tierra.

10 Cuando entréis, llegaréis a un pueblo confiado, con una tierra espaciosa que Dios la ha entregado en vuestras manos; es un lugar donde no falta nada de lo que hay sobre la tierra.

11 Entonces de la familia de los danitas, de Zora y de Estaol, partieron seiscientos hombres con armas de guerra.

12 Subieron y acamparon en Quiriat-jearim en Judá. Por tanto, llamaron aquel lugar el campamento de Dan hasta hoy; he aquí, está al occidente de Quiriat-jearim.

13 De allí pasaron a la región montañosa de Efraín y llegaron a la casa de Micaía.

14 Y los cinco hombres que fueron a reconocer la región de Lais, respondieron y dijeron a sus parientes: ¿No sabéis que en estas casas hay un efod, ídolos domésticos, una imagen tallada y una imagen de fundición? Ahora pues, considerad lo que debéis hacer.

15 Allí se desviaron y llegaron a la casa del joven levita, a la casa de Micaía, y le preguntaron cómo estaba.

16 Y los seiscientos hombres armados con sus armas de guerra, que *eran* de los hijos de Dan, se pusieron a la entrada de la puerta.

17 Y los cinco hombres que fueron a reconocer la tierra subieron y entraron allí, *y* tomaron la imagen tallada, el efod, los ídolos domésticos y la imagen de fundición, mientras el sacerdote estaba junto a la entrada de la puerta con los seiscientos hombres con armas de guerra.

18 Cuando aquéllos entraron a la casa de Micaía y tomaron la imagen tallada, el efod, los ídolos domésticos y la imagen de fundición, el sacerdote les dijo: ¿Qué hacéis?

19 Y ellos le respondieron: Calla, pon la mano sobre tu boca y ven con nosotros, y sé padre y sacerdote para nosotros. ¿Te es mejor ser sacerdote para la casa de un hombre, o ser sacerdote para una tribu y una familia de Israel?

20 Y se alegró el corazón del sacerdote, y tomó el efod, los ídolos domésticos y la imagen tallada, y se fue en medio del pueblo.

21 Entonces ellos se volvieron y partieron, y pusieron los niños, el ganado y sus bienes por delante.

22 Cuando se alejaron de la casa de Micaía, los hombres que *estaban* en las casas cerca de la casa de Micaía, se juntaron y alcanzaron a los hijos de Dan.

23 Y gritaron a los hijos de Dan, y éstos se volvieron y dijeron a Micaía: ¿Qué te pasa que has juntado *gente*?

24 Y él respondió: Os habéis llevado mis dioses que yo hice, y al sacerdote, y os habéis marchado, ¿y qué me queda? ¿Cómo, pues, me decís: "¿Qué pasa?"

25 Y los hijos de Dan le dijeron: Que no se oiga tu voz entre nosotros, no sea que caigan sobre ti hombres fieros y pierdas tu vida y las vidas de *los de* tu casa.

26 Y los hijos de Dan prosiguieron su camino; y cuando Micaía vio que eran muy fuertes para él, dio la vuelta y regresó a su casa.

27 Entonces ellos tomaron lo que Micaía había hecho, y al sacerdote que le había pertenecido, y llegaron a Lais, a un pueblo tranquilo y confiado, y los hirieron a filo de espada e incendiaron la ciudad.

28 Y no había nadie que la librara, porque estaba lejos de Sidón, en el valle que está cerca de Bet-rehob, y ellos no tenían trato con nadie. Y reedificaron la ciudad y habitaron en ella.

29 Le pusieron el nombre de Dan a la ciudad, según el nombre de Dan su padre, que le nació a Israel; pero el nombre de la ciudad anteriormente era Lais.

30 Y los hijos de Dan levantaron para sí la imagen tallada; y Jonatán, hijo de Gersón, hijo de Manasés, y sus hijos fueron sacerdotes para la tribu de los danitas, hasta el día del cautiverio de la tierra.

31 Levantaron, pues, para sí la imagen tallada que Micaía había hecho, todo el tiempo que la casa de Dios estuvo en Silo.

El levita y su concubina

19 En aquellos días, cuando no había rey en Israel, había un levita que residía en la parte más remota de la región montañosa de Efraín, el cual tomó para sí una concubina de Belén de Judá.

2 Pero su concubina cometió adulterio contra él, y ella se fue de su lado, a la casa de su padre en Belén de Judá, y estuvo allí por espacio de cuatro meses.

3 Su marido se levantó y fue tras ella para hablarle cariñosamente y hacerla volver, llevando consigo a su criado y un par de asnos. Y ella lo llevó dentro de la casa de su padre, y cuando el padre de la joven lo vio, se alegró de conocerlo.

4 Y su suegro, el padre de la joven, lo retuvo, y se quedó con él tres días. Y comieron, bebieron y se alojaron allí.

5 Y al cuarto día se levantaron muy de mañana

y él se preparó para irse; y el padre de la joven dijo a su yerno: Aliméntate con un bocado de pan y después os podéis ir.

6 Se sentaron, pues, los dos y comieron y bebieron juntos; y el padre de la joven dijo al hombre: Te ruego que te dignes pasar la noche, y que se alegre tu corazón.

7 El hombre se levantó para irse, pero su suegro insistió, de modo que pasó allí la noche otra vez.

8 Y al quinto día se levantó muy de mañana para irse, y el padre de la joven dijo: Aliméntate, te ruego, y espera hasta la tarde; y los dos comieron.

9 Cuando el hombre se levantó para irse con su concubina y su criado, su suegro, el padre de la joven, le dijo: He aquí, ya ha declinado el día; te ruego que pases la noche. Mira, el día llega a su fin; pasa la noche aquí para que se alegre tu corazón. Y mañana os levantaréis temprano para vuestro viaje y te irás a tu casa.

10 Pero el hombre no quiso pasar la noche, así que se levantó y partió, y fue hasta *un lugar* frente a Jebús, es decir, Jerusalén. Y estaban con él un par de asnos aparejados; también con él estaba su concubina.

11 Cuando *estaban* cerca de Jebús, el día casi había declinado; y el criado dijo a su señor: Te ruego que vengas, nos desviemos, y entremos en esta ciudad de los jebuseos y pasemos la noche en ella.

12 Pero su señor le dijo: No nos desviaremos para entrar en la ciudad de extranjeros que no son de los hijos de Israel, sino que iremos hasta Guibeá.

13 Y dijo a su criado: Ven, acerquémonos a uno de estos lugares; y pasaremos la noche en Guibeá o en Ramá.

14 Así que pasaron de largo y siguieron su camino, y el sol se puso sobre ellos cerca de Guibeá que pertenece a Benjamín.

15 Y se desviaron allí para entrar *y* alojarse en Guibeá. Cuando entraron, se sentaron en la plaza de la ciudad porque nadie los llevó a *su* casa para pasar la noche.

16 Entonces, he aquí, un anciano venía de su trabajo del campo al anochecer. Y el hombre era de la región montañosa de Efraín y se alojaba en Guibeá, pero los hombres del lugar eran benjamitas.

17 Y alzó sus ojos y vio al viajero en la plaza de la ciudad; y el anciano dijo: ¿A dónde vas y de dónde vienes?

18 Y él le dijo: Estamos pasando de Belén de Judá a la parte más remota de la región montañosa de Efraín, *pues* soy de allí. Fui hasta Belén de Judá, y *ahora* voy a mi casa, pero no hay quien me reciba en su casa.

19 Sin embargo, tenemos paja y forraje para nuestros asnos, y también pan y vino para mí, para tu sierva y para el joven que está con tu siervo; no *nos* falta nada.

20 Y el anciano dijo: Paz sea contigo. Permíteme *suplir* todas tus necesidades; pero no pases la noche en la plaza.

21 Y lo llevó a su casa y dio forraje a los asnos; y ellos se lavaron los pies, comieron y bebieron.

22 Mientras ellos se alegraban, he aquí, los hombres de la ciudad, hombres perversos, rodearon la casa; *y* golpeando la puerta, hablaron al dueño de la casa, al anciano, diciendo: Saca al hombre que entró en tu casa para que tengamos relaciones con él.

23 Entonces el hombre, el dueño de la casa, salió a ellos y les dijo: No, hermanos míos, no os portéis tan vilmente; puesto que este hombre ha entrado en mi casa, no cometáis esta infamia.

24 Aquí está mi hija virgen y la concubina de él. Permitidme que las saque para que abuséis de ellas y hagáis con ellas lo que queráis, pero no cometáis semejante infamia contra este hombre.

25 Pero los hombres no quisieron escucharle, así que el levita tomó a su concubina y *la* trajo a ellos. Y ellos la ultrajaron y abusaron de ella toda la noche hasta la mañana; entonces la dejaron libre al amanecer.

26 Cuando amanecía, la mujer vino y cayó a la entrada de la casa del hombre donde estaba su señor hasta *que se hizo* de día.

27 Al levantarse su señor por la mañana, abrió las puertas de la casa y salió para seguir su camino, y he aquí que su concubina estaba tendida a la entrada de la casa, con sus manos en el umbral.

28 Y él le dijo: Levántate y vámonos; pero ella no respondió. Entonces la recogió, y colocándola sobre el asno, el hombre se levantó y se fue a su casa.

29 Cuando entró en su casa tomó un cuchillo, y tomando a su concubina, la cortó en doce pedazos, miembro por miembro, y la envió por todo el territorio de Israel.

30 Y todos los que *lo* veían, decían: Nada como esto *jamás* ha sucedido ni se ha visto desde el día en que los hijos de Israel subieron de la tierra de Egipto hasta el día de hoy. Consideradlo, tomad consejo y hablad.

Guerra contra Benjamín

20 Entonces salieron todos los hijos de Israel, desde Dan hasta Beerseba, incluyendo la tierra de Galaad, y la congregación se reunió al Señor como un solo hombre en Mizpa.

2 Y los jefes de todo el pueblo, de todas las tribus de Israel, tomaron su puesto en la asamblea del pueblo de Dios, cuatrocientos mil soldados de a pie que sacaban espada.

3 (Y los hijos de Benjamín oyeron que los hijos de Israel habían subido a Mizpa.) Y los hijos de Israel dijeron: Decid*nos*, ¿cómo ocurrió esta maldad?

4 Entonces el levita, marido de la mujer que había sido asesinada, respondió y dijo: Vine con mi concubina a pasar la noche en Guibeá de Benjamín.

5 Mas los hombres de Guibeá se levantaron contra mí, y rodearon la casa por la noche por causa mía. Tenían intención de matarme; pero en vez de esto, violaron a mi concubina de tal manera que murió.

6 Tomé entonces a mi concubina, la corté en pedazos, y la envié por todo el territorio de la heredad de Israel; porque han cometido lascivia e infamia en Israel.

7 He aquí, todos vosotros, hijos de Israel, dad aquí vuestro parecer y consejo.

8 Entonces todo el pueblo se levantó como un solo hombre, diciendo: Ninguno de nosotros irá a

su tienda, ni ninguno de nosotros volverá a su casa.

9 Y ahora esto es lo que haremos a Guibeá: *subiremos* contra la ciudad por sorteo;

10 tomaremos diez hombres de cada cien por todas las tribus de Israel, y cien de cada mil, y mil de cada diez mil para proveer víveres para el pueblo, para que cuando vayan a Guibeá de Benjamín *los* castiguen por toda la infamia que han cometido en Israel.

11 Así se juntaron contra la ciudad todos los hombres de Israel, como un solo hombre.

12 Entonces las tribus de Israel enviaron hombres por toda la tribu de Benjamín, diciendo: ¿Qué es esta infamia que se ha cometido entre vosotros?

13 Ahora pues, entregad a los hombres, los hombres perversos en Guibeá, para que les demos muerte y quitemos *esta* infamia de Israel. Pero los hijos de Benjamín no quisieron escuchar la voz de sus hermanos, los hijos de Israel.

14 Y los hijos de Benjamín, de sus ciudades, se reunieron en Guibeá para salir a combatir contra los hijos de Israel.

15 Y de las ciudades fueron contados en aquel día, de los hijos de Benjamín, veintiséis mil hombres que sacaban espada, además de los habitantes de Guibeá que fueron contados, setecientos hombres escogidos.

16 De toda esta gente, setecientos hombres escogidos eran zurdos; capaces cada uno de lanzar *con la honda* una piedra a un cabello sin errar.

17 Entonces los hombres de Israel, fuera de Benjamín, fueron contados, cuatrocientos mil hombres que sacaban espada; todos estos eran hombres de guerra.

18 Los hijos de Israel se levantaron, subieron a Betel, y consultaron a Dios, y dijeron: ¿Quién de nosotros subirá primero a pelear contra los hijos de Benjamín? Entonces el Señor dijo: Judá *subirá* primero.

19 Los hijos de Israel se levantaron por la mañana y acamparon contra Guibeá.

20 Y los hombres de Israel salieron a combatir contra Benjamín, y los hombres de Israel se pusieron en orden de batalla contra ellos en Guibeá.

21 Pero los hijos de Benjamín salieron de Guibeá y derribaron por tierra en aquel día veintidós mil hombres de Israel.

22 Pero el pueblo, los hombres de Israel, se reanimaron, y se pusieron otra vez en orden de batalla en el lugar donde se habían puesto el primer día.

23 Y subieron los hijos de Israel y lloraron delante del Señor hasta la noche, y consultaron al Señor, diciendo: ¿Nos acercaremos otra vez para combatir contra los hijos de mi hermano Benjamín? Y el Señor dijo: Subid contra él.

24 Entonces los hijos de Israel fueron contra los hijos de Benjamín el segundo día.

25 Y salió Benjamín de Guibeá contra ellos el segundo día y otra vez hizo caer dieciocho mil hombres de los hijos de Israel; todos éstos sacaban espada.

26 Todos los hijos de Israel y todo el pueblo subieron y vinieron a Betel y lloraron; y permanecieron allí delante del Señor y ayunaron ese día hasta la noche. Y ofrecieron holocaustos y ofrendas de paz delante del Señor.

27 Y consultaron los hijos de Israel al Señor (porque el arca del pacto de Dios *estaba* allí en aquellos días,

28 y Finees, hijo de Eleazar, hijo de Aarón, estaba delante de ella para *ministrar* en aquellos días), diciendo: ¿Volveré a salir otra vez a combatir contra los hijos de mi hermano Benjamín, o desistiré? Y el Señor dijo: Subid, porque mañana lo entregaré en tu mano.

29 Puso, pues, Israel emboscadas alrededor de Guibeá.

30 Los hijos de Israel subieron contra los hijos de Benjamín al tercer día, y se pusieron en orden de batalla contra Guibeá como las otras veces.

31 Y salieron los hijos de Benjamín contra el pueblo, siendo alejados de la ciudad; y comenzaron como las otras veces a herir y a matar a algunos del pueblo por los caminos, uno de los cuales sube a Betel y el otro a Guibeá, en campo abierto; *mataron a* unos treinta hombres de Israel.

32 Y los hijos de Benjamín dijeron: Están derrotados delante de nosotros como la primera vez. Pero los hijos de Israel dijeron: Huyamos para que los alejemos de la ciudad hacia los caminos.

33 Entonces todos los hombres de Israel se levantaron de sus puestos y se pusieron en orden de batalla en Baal-tamar; y los emboscados de Israel salieron de sus puestos, de Maareh-geba.

34 Cuando diez mil hombres escogidos de todo Israel fueron contra Guibeá, la batalla se hizo reñida; pero Benjamín no sabía que el desastre se le acercaba.

35 Y el Señor hirió a Benjamín delante de Israel, de modo que los hijos de Israel destruyeron ese día a veinticinco mil cien hombres de Benjamín, todos los que sacaban espada.

36 Y los hijos de Benjamín vieron que estaban derrotados. Cuando los hombres de Israel cedieron terreno a Benjamín porque confiaban en las emboscadas que habían puesto contra Guibeá,

37 los emboscados se apresuraron y se lanzaron contra Guibeá, y se desplegaron e hirieron toda la ciudad a filo de espada.

38 Y fue la señal convenida entre los hombres de Israel y los emboscados, que ellos harían que se levantara una gran nube de humo de la ciudad.

39 Entonces los hombres de Israel regresaron a la batalla, y Benjamín empezó a herir y matar a unos treinta hombres de Israel, porque dijeron: Ciertamente están derrotados delante de nosotros como en la primera batalla.

40 Pero cuando la nube de humo como columna empezó a levantarse de la ciudad, Benjamín miró tras sí; y he aquí, de toda la ciudad subía *humo* al cielo.

41 Entonces los hombres de Israel se volvieron, y los hombres de Benjamín se aterrorizaron porque vieron que el desastre se les acercaba.

42 Por tanto, volvieron la espalda ante los hombres de Israel en dirección al desierto, pero la batalla los alcanzó, y los que salían de las ciudades los destruían en medio de ellos.

43 Cercaron a Benjamín, lo persiguieron sin tregua y lo aplastaron frente a Guibeá, hacia el oriente.

44 Cayeron dieciocho mil hombres de Benjamín; todos ellos eran valientes guerreros.

45 Y los demás se volvieron y huyeron al desierto, a la peña de Rimón, pero capturaron a cinco mil de ellos en los caminos, y a otros los persiguieron muy de cerca hasta Gidom y mataron a dos mil de ellos.

46 El total de los de Benjamín que cayeron aquel día fue de veinticinco mil hombres que sacaban espada, todos ellos valientes guerreros.

47 Pero seiscientos hombres se volvieron y huyeron al desierto, a la peña de Rimón, y permanecieron en la peña de Rimón cuatro meses.

48 Entonces los hombres de Israel se volvieron contra los hijos de Benjamín y los hirieron a filo de espada, a toda la ciudad, así como el ganado y todo lo que encontraron; también prendieron fuego a todas las ciudades que hallaron.

Mujeres para los de Benjamín

21 Los hombres de Israel habían jurado en Mizpa, diciendo: Ninguno de nosotros dará su hija por mujer a los de Benjamín.

2 Entonces el pueblo vino a Betel, y permaneció allí delante de Dios hasta la noche; y alzaron sus voces y lloraron amargamente.

3 Y dijeron: ¿Por qué, oh SEÑOR, Dios de Israel, ha sucedido esto en Israel, que falte hoy una tribu en Israel?

4 Y al día siguiente el pueblo se levantó temprano, y edificaron allí un altar y ofrecieron holocaustos y ofrendas de paz.

5 Después los hijos de Israel dijeron: ¿Quién de entre todas las tribus de Israel no subió a la asamblea del SEÑOR? Porque habían hecho gran juramento en cuanto a todo aquel que no subiera al SEÑOR en Mizpa, diciendo: Ciertamente se le dará muerte.

6 Los hijos de Israel se entristecieron por su hermano Benjamín, y dijeron: Ha sido cortada hoy una tribu de Israel.

7 ¿Qué haremos para conseguir mujeres para los que han quedado, ya que hemos jurado por el SEÑOR no darles ninguna de nuestras hijas en matrimonio?

8 Y dijeron: ¿Cuál de las tribus de Israel no subió al SEÑOR en Mizpa? Y he aquí que ninguno de Jabes-galaad había venido al campamento, a la asamblea.

9 Porque cuando contaron al pueblo, he aquí, ninguno de los habitantes de Jabes-galaad estaba allí.

10 La congregación envió a doce mil de los hombres de guerra allá, y les mandaron diciendo: Id y herid a los habitantes de Jabes-galaad a filo de espada, con las mujeres y los niños.

11 Y esto es lo que haréis: destruiréis a todo hombre y a toda mujer que se haya acostado con varón.

12 Y hallaron entre los habitantes de Jabes-galaad a cuatrocientas doncellas que no se habían acostado con varón; y las llevaron al campamento en Silo, que está en la tierra de Canaán.

13 Toda la congregación envió palabra, y hablaron a los hijos de Benjamín que estaban en la peña de Rimón, y les hablaron de paz.

14 Volvieron entonces los de Benjamín, y les dieron las mujeres que habían guardado vivas de entre las mujeres de Jabes-galaad; mas no había suficientes para todos.

15 Y el pueblo tuvo tristeza por Benjamín, porque el SEÑOR había abierto una brecha en las tribus de Israel.

16 Entonces los ancianos de la congregación dijeron: ¿Qué haremos para conseguir mujeres para los que quedan, ya que las mujeres de Benjamín fueron destruidas?

17 Y dijeron: Debe haber herencia para los de Benjamín que han escapado, para que no sea exterminada una tribu de Israel.

18 Pero nosotros no le podemos dar mujeres de nuestras hijas. Porque los hijos de Israel habían jurado diciendo: Maldito el que dé mujer a los de Benjamín.

19 Y dijeron: He aquí, cada año hay una fiesta del SEÑOR en Silo, que está al norte de Betel, al lado oriental del camino que sube de Betel a Siquem, y al sur de Lebona.

20 Y mandaron a los hijos de Benjamín, diciendo: Id, y emboscaos en las viñas,

21 y velad; y he aquí, si las hijas de Silo salen a tomar parte en las danzas, entonces saldréis de las viñas y tomaréis cada uno una mujer de las hijas de Silo, y volved a la tierra de Benjamín.

22 Y sucederá que cuando sus padres o sus hermanos vengan a quejarse a nosotros, les diremos: Dádnoslas voluntariamente, porque no pudimos tomar en batalla una mujer para cada hombre de Benjamín, tampoco vosotros se las disteis, pues entonces seríais culpables.

23 Lo hicieron así los hijos de Benjamín, y tomaron mujeres conforme a su número de entre las que danzaban, de las cuales se apoderaron. Y se fueron y volvieron a su heredad, y reedificaron las ciudades y habitaron en ellas.

24 Los hijos de Israel se fueron entonces de allí, cada uno a su tribu y a su familia, y todos ellos salieron de allí para su heredad.

25 En esos días no había rey en Israel; cada uno hacía lo que le parecía bien ante sus ojos.

Libro de
RUT

Rut y Noemí

1 Aconteció que en los días en que gobernaban los jueces, hubo hambre en el país. Y un hombre de Belén de Judá fue a residir en los campos de Moab con su mujer y sus dos hijos.

2 Aquel hombre se llamaba Elimelec, y su mujer se llamaba Noemí. Los nombres de sus dos hijos *eran* Mahlón y Quelión, efrateos de Belén de Judá. Y llegaron a los campos de Moab y allí se quedaron.

3 Y murió Elimelec, marido de Noemí, y quedó ella con sus dos hijos.

4 Y ellos se casaron con mujeres moabitas; el nombre de una *era* Orfa y el nombre de la otra Rut. Y habitaron allí unos diez años.

5 Murieron también los dos, Mahlón y Quelión, y la mujer quedó privada de sus dos hijos y de su marido.

6 Entonces se levantó con sus nueras para regresar de la tierra de Moab, porque ella había oído en la tierra de Moab que el SEÑOR había visitado a su pueblo dándole alimento.

7 Salió, pues, del lugar donde estaba, y sus dos nueras con ella, y se pusieron en camino para volver a la tierra de Judá.

8 Y Noemí dijo a sus dos nueras: Id, volveos cada una a la casa de vuestra madre. Que el SEÑOR tenga misericordia de vosotras como vosotras la habéis tenido con los muertos y conmigo.

9 Que el SEÑOR os conceda que halléis descanso, cada una en la casa de su marido. Entonces las besó, y ellas alzaron sus voces y lloraron,

10 y le dijeron: *No*, sino que ciertamente volveremos contigo a tu pueblo.

11 Pero Noemí dijo: Volveos, hijas mías. ¿Por qué queréis ir conmigo? ¿Acaso tengo aún hijos en mis entrañas para que sean vuestros maridos?

12 Volveos, hijas mías. Id, porque soy demasiado vieja para tener marido. Si dijera que tengo esperanza, si aun tuviera un marido esta noche y también diera a luz hijos,

13 ¿esperaríais por eso hasta que fueran mayores? ¿Dejaríais vosotras de casaros por eso? No, hijas mías, porque eso es más difícil para mí que para vosotras, pues la mano del SEÑOR se ha levantado contra mí.

14 Y ellas alzaron sus voces y lloraron otra vez; y Orfa besó a su suegra, pero Rut se quedó con ella.

15 Entonces *Noemí* dijo: Mira, tu cuñada ha regresado a su pueblo y a sus dioses; vuelve tras tu cuñada.

16 Pero Rut dijo: No insistas que te deje *o* que deje de seguirte; porque adonde tú vayas, iré yo, y donde tú mores, moraré. Tu pueblo *será* mi pueblo, y tu Dios mi Dios.

17 Donde tú mueras, *allí* moriré, y allí seré sepultada. Así haga el SEÑOR conmigo, y aún peor, si *algo, excepto* la muerte, nos separa.

18 Al ver *Noemí* que *Rut* estaba decidida a ir con ella, no le insistió más.

19 Caminaron, pues, las dos hasta que llegaron a Belén. Y sucedió que cuando llegaron a Belén, toda la ciudad se conmovió a causa de ellas, y las *mujeres* decían: ¿No es ésta Noemí?

20 Y ella les dijo: No me llaméis Noemí[1], llamadme Mara[2], porque el trato del Todopoderoso me ha llenado de amargura.

21 Llena me fui, pero vacía me ha hecho volver el SEÑOR. ¿Por qué me llamáis Noemí, ya que el SEÑOR ha dado testimonio contra mí y el Todopoderoso me ha afligido?

22 Y volvió Noemí, y con ella su nuera Rut la moabita, regresando así de los campos de Moab. Llegaron a Belén al comienzo de la siega de la cebada.

Rut en el campo de Booz

2 Y tenía Noemí un pariente de su marido, un hombre de mucha riqueza, de la familia de Elimelec, el cual se llamaba Booz.

2 Y Rut la moabita dijo a Noemí: Te ruego que me dejes ir al campo a recoger espigas en pos de aquel a cuyos ojos halle gracia. Y ella le respondió: Ve, hija mía.

3 Partió, pues, y fue y espigó en el campo en pos de los segadores; y aconteció que fue a la parte del campo que pertenecía a Booz, que *era* de la familia de Elimelec.

4 Y he aquí que vino Booz de Belén, y dijo a los segadores: El SEÑOR sea con vosotros. Y ellos le respondieron: Que el SEÑOR te bendiga.

5 Entonces Booz dijo a su siervo que estaba a cargo de los segadores: ¿De quién es esta joven?

6 Y el siervo a cargo de los segadores respondió y dijo: Es la joven moabita que volvió con Noemí de la tierra de Moab.

7 Y ella dijo: "Te ruego que me dejes espigar y recoger tras los segadores entre las gavillas." Y vino y ha permanecido desde la mañana hasta ahora; *sólo* se ha sentado en la casa por un momento.

8 Entonces Booz dijo a Rut: Oye, hija mía. No vayas a espigar a otro campo; tampoco pases de aquí, sino quédate con mis criadas.

9 Fíjate en el campo donde ellas siegan y síguelas, pues he ordenado a los siervos que no te molesten. Cuando tengas sed, ve a las vasijas y bebe *del agua* que sacan los siervos.

10 Ella bajó su rostro, se postró en tierra y le dijo: ¿Por qué he hallado gracia ante tus ojos para que te fijes en mí, siendo yo extranjera?

11 Y Booz le respondió, y dijo: Todo lo que has hecho por tu suegra después de la muerte de tu esposo me ha sido informado en detalle, y *cómo* dejaste a tu padre, a tu madre y tu tierra natal, y viniste a un pueblo que antes no conocías.

12 Que el SEÑOR recompense tu obra y que tu remuneración sea completa de parte del SEÑOR, Dios de Israel, bajo cuyas alas has venido a refugiarte.

13 Entonces ella dijo: Señor mío, he hallado gracia ante tus ojos, porque me has consolado y en verdad has hablado con bondad a la sierva, aunque yo no soy como una de tus siervas.

14 Y a la hora de comer Booz le dijo: Ven acá

---

1. I.e., placentera   2. I.e., amarga

para que comas del pan y mojes tu pedazo de pan en el vinagre. Así pues ella se sentó junto a los segadores; y él le sirvió grano tostado, y ella comió hasta saciarse y *aún* le sobró.

15 Cuando ella se levantó para espigar, Booz ordenó a sus siervos, diciendo: Dejadla espigar aun entre las gavillas y no la avergoncéis.

16 También sacaréis a propósito para ella *un poco de grano* de los manojos y *lo* dejaréis para que ella *lo* recoja, y no la reprendáis.

17 Y *lo* espigó en el campo hasta el anochecer, y desgranó lo que había espigado y fue como un efa de cebada.

18 Y *lo* tomó y fue a la ciudad, y su suegra vio lo que había recogido. Y sacó también lo que le había sobrado después de haberse saciado y se lo dio a Noemí.

19 Entonces su suegra le dijo: ¿Dónde espigaste y dónde trabajaste hoy? Bendito sea aquel que se fijó en ti. Y ella informó a su suegra con quién había trabajado, y dijo: El hombre con el que trabajé hoy se llama Booz.

20 Y Noemí dijo a su nuera: Sea él bendito del SEÑOR, porque no ha rehusado su bondad ni a los vivos ni a los muertos. Le dijo también Noemí: El hombre es nuestro pariente; es uno de nuestros parientes más cercanos.

21 Entonces Rut la moabita dijo: Además, él me dijo: "Debes estar cerca de mis siervos hasta que hayan terminado toda mi cosecha."

22 Y Noemí dijo a Rut su nuera: Es bueno, hija mía, que salgas con sus criadas, no sea que en otro campo te maltraten.

23 Y ella se quedó cerca de las criadas de Booz espigando hasta que se acabó la cosecha de cebada y de trigo. Y vivía con su suegra.

Rut pide a Booz que sirva de redentor

3 Después su suegra Noemí le dijo: Hija mía, ¿no he de buscar seguridad para ti, para que te vaya bien?

2 Ahora pues, ¿no es Booz nuestro pariente, con cuyas criadas estabas? He aquí, él avienta cebada en la era esta noche.

3 Lávate, pues, úngete y ponte tu *mejor* vestido y baja a la era; *pero* no te des a conocer al hombre hasta que haya acabado de comer y beber.

4 Y sucederá que cuando él se acueste, notarás el lugar donde se acuesta; irás, descubrirás sus pies y te acostarás; entonces él te dirá lo que debes hacer.

5 Y ella le respondió: Todo lo que *me* dices, haré.

6 Descendió, pues, a la era e hizo todo lo que su suegra le había mandado.

7 Cuando Booz hubo comido y bebido, y su corazón estaba contento, fue a acostarse al pie del montón de *grano*; y ella vino calladamente, descubrió sus pies y se acostó.

8 Y sucedió que a medianoche el hombre se asustó, se volvió, y he aquí que una mujer estaba acostada a sus pies.

9 Y él dijo: ¿Quién eres? Y ella respondió: Soy Rut, tu sierva. Extiende, pues, tu manto sobre tu sierva, por cuanto eres pariente cercano[1].

10 Entonces él dijo: Bendita seas del SEÑOR, hija mía. Has hecho tu última bondad mejor que la

primera, al no ir en pos de *los* jóvenes, ya sean pobres o ricos.

11 Ahora hija mía, no temas. Haré por ti todo lo que *me* pidas, pues todo mi pueblo en la ciudad sabe que eres una mujer virtuosa.

12 Ahora bien, es verdad que soy pariente cercano, pero hay un pariente más cercano que yo.

13 Quédate esta noche, y cuando venga la mañana, si él quiere redimirte, bien, que te redima. Pero si no quiere redimirte, entonces yo te redimiré, vive el SEÑOR. Acuéstate hasta la mañana.

14 Y ella se acostó a sus pies hasta la mañana, y se levantó antes que una *persona* pudiera reconocer a otra; y él dijo: Que no se sepa que ha venido mujer a la era.

15 Dijo además: Dame el manto que tienes puesto y sujétalo. Y ella lo sujetó, y él midió seis *medidas* de cebada y se *las* puso encima. Entonces ella entró en la ciudad.

16 Cuando llegó a *donde estaba* su suegra, *ésta* dijo: ¿Cómo te fue, hija mía? Y le contó todo lo que el hombre había hecho por ella.

17 Y dijo: Me dio estas seis *medidas* de cebada, pues dijo: "No vayas a tu suegra con las manos vacías."

18 Entonces *Noemí* dijo: Espera, hija mía, hasta que sepas cómo se resolverá el asunto; porque el hombre no descansará hasta que lo haya arreglado hoy.

Booz redime la heredad de Elimelec

4 Y Booz subió a la puerta y allí se sentó, y he aquí que el pariente más cercano de quien Booz había hablado iba pasando, y le dijo: Eh, tú, ven acá y siéntate. Y él vino ya se sentó.

2 Y *Booz* tomó diez hombres de los ancianos de la ciudad, y *les* dijo: Sentaos aquí. Y ellos se sentaron.

3 Entonces dijo al pariente más cercano: Noemí, que volvió de la tierra de Moab, tiene que vender la parte de la tierra que pertenecía a nuestro hermano Elimelec.

4 Y pensé informarte, diciéndo*te*: "Cómpra*la* en presencia de los que están *aquí* sentados, y en presencia de los ancianos de mi pueblo. Si *la* vas a redimir, redíme*la*; y si no, díme*lo* para que yo *lo* sepa; porque no hay otro aparte de ti que *la* redima, y yo después de ti." Y él dijo: *La* redimiré.

5 Entonces Booz dijo: El día que compres el campo de manos de Noemí, debes adquirir también a Rut la moabita, viuda del difunto, a fin de conservar el nombre del difunto en su heredad.

6 Y el pariente más cercano respondió: No puedo redimir*la* para mí mismo, no sea que perjudique mi heredad. Redíme*la* para ti; *usa* tú mi derecho de redención, pues yo no puedo redimir*la*.

7 Y *la* costumbre en tiempos pasados en Israel tocante a la redención y el intercambio *de tierras* para confirmar cualquier asunto era ésta: uno se quitaba la sandalia y se la daba al otro; y esta era la *manera* de confirmar en Israel.

8 El pariente más cercano dijo a Booz: Cómpra*la* para ti. Y se quitó la sandalia.

---

1. O, *redentor*

9 Entonces Booz dijo a los ancianos y a todo el pueblo: Vosotros sois testigos hoy que he comprado de la mano de Noemí todo lo que pertenecía a Elimelec y todo lo que pertenecía a Quelión y a Mahlón.

10 Además, he adquirido a Rut la moabita, la viuda de Mahlón, para que sea mi mujer a fin de preservar el nombre del difunto en su heredad, para que el nombre del difunto no sea cortado de sus hermanos, ni del atrio de su lugar *de nacimiento;* vosotros sois testigos hoy.

11 Y todo el pueblo que *estaba* en el atrio, y los ancianos, dijeron: Testigos *somos.* Haga el SEÑOR a la mujer que entra en tu casa como a Raquel y a Lea, las cuales edificaron la casa de Israel; y que tú adquieras riquezas en Efrata y seas célebre en Belén.

12 Además, sea tu casa como la casa de Fares, el que Tamar dio a luz a Judá, por medio de la descendencia que el SEÑOR te dará de esta joven.

13 Booz tomó a Rut y ella fue su mujer, y se llegó a ella. Y el SEÑOR hizo que concibiera, y ella dio a luz un hijo.

14 Entonces las mujeres dijeron a Noemí: Bendito sea el SEÑOR que no te ha dejado hoy sin redentor; que su nombre sea célebre en Israel.

15 Sea él también para ti restaurador de *tu* vida y sustentador de tu vejez; porque tu nuera, que te ama y es de más valor para ti que siete hijos, le ha dado a luz.

16 Entonces Noemí tomó al niño, lo puso en su regazo y fue su nodriza.

17 Y las mujeres vecinas le dieron un nombre, diciendo: Le ha nacido un hijo a Noemí. Y lo llamaron Obed. Él es el padre de Isaí, padre de David.

18 Estas son las generaciones de Fares: Fares engendró a Hezrón,

19 Hezrón engendró a Ram, Ram engendró a Aminadab,

20 Aminadab engendró a Naasón, Naasón engendró a Salmón,

21 Salmón engendró a Booz, Booz engendró a Obed,

22 Obed engendró a Isaí e Isaí engendró a David.

Primer Libro de
SAMUEL

Oración de Ana

1 Había un hombre de Ramataim de Zofim, de la región montañosa de Efraín, que se llamaba Elcana, hijo de Jeroham, hijo de Eliú, hijo de Tohu, hijo de Zuf, efrateo.

2 Y tenía dos mujeres: el nombre de una *era* Ana y el de la otra Penina; y Penina tenía hijos, pero Ana no los tenía.

3 Este hombre subía todos los años de su ciudad para adorar y ofrecer sacrificio al SEÑOR de los ejércitos en Silo. Y los dos hijos de Elí, Ofni y Finees, eran sacerdotes del SEÑOR allí.

4 Cuando llegaba el día en que Elcana ofrecía sacrificio, daba porciones a Penina su mujer y a todos sus hijos e hijas;

5 pero a Ana le daba una doble porción, pues él amaba a Ana, aunque el SEÑOR no le había dado hijos.

6 Y su rival la provocaba amargamente para irritarla, porque el SEÑOR no le había dado hijos.

7 Esto sucedía año tras año; siempre que ella subía a la casa del SEÑOR, la otra la provocaba. *Y Ana* lloraba y no comía.

8 Entonces Elcana su marido le dijo: Ana, ¿por qué lloras y no comes? ¿Por qué está triste tu corazón? ¿No soy yo para ti mejor que diez hijos?

9 Y Ana se levantó después de haber comido y bebido en Silo, y *mientras* el sacerdote Elí estaba sentado en la silla junto al poste de la puerta del templo del SEÑOR,

10 ella, muy angustiada, oraba al SEÑOR y lloraba amargamente.

11 E hizo voto y dijo: Oh SEÑOR de los ejércitos, si tú te dignas mirar la aflicción de tu sierva, te acuerdas de mí y no te olvidas de tu sierva, sino que das un hijo a tu sierva, yo lo dedicaré al SEÑOR por todos los días de su vida y nunca pasará navaja sobre su cabeza.

12 Y mientras ella continuaba en oración delante del SEÑOR, Elí estaba observando la boca.

13 Pero Ana hablaba en su corazón, sólo sus labios se movían y su voz no se oía. Elí, pues, pensó que estaba ebria.

14 Entonces Elí le dijo: ¿Hasta cuándo estarás embriagada? Echa de ti tu vino.

15 Pero Ana respondió y dijo: No, señor mío, soy una mujer angustiada en espíritu; no he bebido vino ni licor, sino que he derramado mi alma delante del SEÑOR.

16 No tengas a tu sierva por mujer indigna; porque hasta ahora he orado a causa de mi gran congoja y aflicción.

17 Respondió Elí y dijo: Ve en paz; y que el Dios de Israel te conceda la petición que le has hecho.

18 Y ella dijo: Halle tu sierva gracia ante tus ojos. Y la mujer se puso en camino, comió y ya no estaba *triste* su semblante.

19 Y se levantaron de mañana, adoraron delante del SEÑOR y regresaron de nuevo a su casa en Ramá. Y Elcana se llegó a Ana su mujer, y el SEÑOR se acordó de ella.

20 Y a su debido tiempo, después de haber concebido, Ana dio a luz un hijo, y le puso por nombre Samuel[1], *diciendo:* Porque se lo he pedido al SEÑOR.

21 Subió el varón Elcana con toda su casa a ofrecer al SEÑOR el sacrificio anual y *a pagar* su voto,

22 pero Ana no subió, pues dijo a su marido: *No subiré* hasta que el niño sea destetado; entonces lo llevaré para que se presente delante del SEÑOR y se quede allí para siempre.

23 Y Elcana su marido le dijo: Haz lo que mejor te parezca. Quédate hasta que lo hayas destetado; solamente confirme el SEÑOR su

---

1. I.e., oído por Dios

palabra. La mujer se quedó y crió a su hijo hasta que lo destetó.

24 Después de haberlo destetado, lo llevó consigo, con un novillo de tres años, un efa de harina y un odre de vino, y lo trajo a la casa del Señor en Silo, aunque el niño era pequeño.

25 Entonces sacrificaron el novillo, y trajeron el niño a Elí.

26 Y ella dijo: ¡Oh señor mío! Vive tu alma, señor mío, yo soy la mujer que estuvo aquí junto a ti orando al Señor.

27 Por este niño oraba, y el Señor me ha concedido la petición que le hice.

28 Por lo cual yo también lo he dedicado al Señor; todos los días de su vida estará dedicado al Señor. Y adoró allí al Señor.

Cántico de Ana

2 Entonces Ana oró y dijo:
Mi corazón se regocija en el Señor,
mi fortaleza[1] en el Señor se exalta;
mi boca sin temor habla contra mis
　　enemigos,
por cuanto me regocijo en tu salvación.
2 No hay santo como el Señor;
en verdad, no hay otro fuera de ti,
ni hay roca como nuestro Dios.
3 No os jactéis más con tanto orgullo,
no salga la arrogancia de vuestra boca;
porque el Señor es Dios de sabiduría,
y por El son pesadas las acciones.
4 Quebrados son los arcos de los fuertes,
pero los débiles se ciñen de poder.
5 Los que estaban saciados se alquilan por pan,
y dejan de tener hambre los que estaban
　　hambrientos.
Aun la estéril da a luz a siete,
mas la que tiene muchos hijos languidece.
6 El Señor da muerte y da vida;
hace bajar al Seol y hace subir.
7 El Señor empobrece y enriquece;
humilla y también exalta.
8 Levanta del polvo al pobre,
del muladar levanta al necesitado
para hacerlos sentar con los príncipes,
y heredar un sitio de honor;
pues las columnas de la tierra son del Señor,
y sobre ellas ha colocado el mundo.
9 El guarda los pies de sus santos,
mas los malvados son acallados en tinieblas,
pues no por la fuerza ha de prevalecer el
　　hombre.
10 Los que contienden con el Señor serán
　　quebrantados,
El tronará desde los cielos contra ellos.
El Señor juzgará los confines de la tierra,
a su rey dará fortaleza,
y ensalzará el poder de su ungido.

11 Entonces Elcana se fue a Ramá, a su casa. Y el niño servía al Señor delante del sacerdote Elí.

12 Los hijos de Elí eran hombres indignos; no conocían al Señor.

13 ni la costumbre de los sacerdotes con el pueblo: cuando algún hombre ofrecía sacrificio, venía el criado del sacerdote con un tenedor de tres dientes en su mano mientras se cocía la carne,

14 lo introducía en la cazuela, la olla, la caldera o el caldero, y todo lo que el tenedor sacaba, lo tomaba el sacerdote para sí. Así hacían en Silo con todos los israelitas que allí iban.

15 Asimismo, antes de quemar la grosura, el criado del sacerdote venía y decía al hombre que ofrecía sacrificio: Da al sacerdote carne para asar, pues no aceptará de ti carne cocida, sino solamente cruda.

16 Y si el hombre le decía: Ciertamente deben quemar primero la grosura y después toma todo lo que quieras; él respondía: No, sino que me la darás ahora, y si no la tomaré por la fuerza.

17 El pecado de los jóvenes era muy grande delante del Señor, porque los hombres menospreciaban la ofrenda del Señor.

18 Samuel siendo niño, ministraba delante del Señor, usando un efod de lino.

19 Su madre le hacía una túnica pequeña cada año, y se la traía cuando subía con su marido a ofrecer el sacrificio anual.

20 Entonces Elí bendecía a Elcana y a su mujer, y decía: Que el Señor te dé hijos de esta mujer en lugar del que ella dedicó al Señor. Y regresaban a su casa.

21 Y el Señor visitó a Ana, y ella concibió y dio a luz tres hijos y dos hijas. Y el niño Samuel crecía delante del Señor.

22 Elí era ya muy anciano; oyó todo lo que sus hijos estaban haciendo a todo Israel, y cómo se acostaban con las mujeres que servían a la entrada de la tienda de reunión,

23 y les dijo: ¿Por qué hacéis estas cosas, las cosas malas de que oigo hablar a todo este pueblo?

24 No, hijos míos; porque no es bueno el informe que oigo circular por el pueblo del Señor.

25 Si un hombre peca contra otro, Dios mediará por él; pero si un hombre peca contra el Señor, ¿quién intercederá por él? Pero ellos no escucharon la voz de su padre, porque el Señor quería que murieran.

26 Y el niño Samuel crecía en estatura y en gracia para con el Señor y para con los hombres.

27 Entonces un hombre de Dios vino a Elí y le dijo: Así dice el Señor: "¿No me revelé ciertamente a la casa de tu padre cuando ellos estaban en Egipto, esclavos de la casa de Faraón?

28 ¿No los escogí de entre todas las tribus de Israel para ser mis sacerdotes, para subir a mi altar, para quemar incienso, para llevar un efod delante de mí? ¿No di a la casa de tu padre todas las ofrendas encendidas de los hijos de Israel?

29 ¿Por qué pisoteáis mi sacrificio y mi ofrenda que he ordenado en mi morada, y honras a tus hijos más que a mí, engordándoos con lo mejor de cada ofrenda de mi pueblo Israel?"

30 Por tanto, el Señor, Dios de Israel, declara: "Ciertamente yo había dicho que tu casa y la casa de tu padre andarían delante de mí para siempre"; pero ahora el Señor declara: "Lejos esté esto de mí, porque yo honraré a los que me honran, y los que me menosprecian serán tenidos en poco.

31 "He aquí, vienen días cuando cortaré tu fuerza, y la fuerza de la casa de tu padre, y no habrá anciano en tu casa.

32 "Y verás la angustia de mi morada, a pesar de

---

1. Lit., cuerno

todo el bien que hago a Israel; y nunca habrá anciano en tu casa.

33"Sin embargo, a algunos de los tuyos no cortaré de mi altar para que tus ojos se consuman *llorando* y tu alma sufra; pero todos los nacidos en tu casa morirán en la flor de la juventud.

34"Y para ti, ésta será la señal que vendrá en cuanto a tus dos hijos, Ofni y Finees: en el mismo día morirán los dos.

35"Pero levantaré para mí un sacerdote fiel que hará conforme a *los deseos* de mi corazón y de mi alma; y le edificaré una casa duradera, y él andará siempre delante de mi ungido.

36"Y acontecerá que todo aquel que haya quedado de tu casa vendrá y se postrará ante él por una moneda de plata o una torta de pan, y dirá: 'Asígname a uno de los oficios sacerdotales para *que pueda* comer un bocado de pan.' "

Dios llama a Samuel

3 El joven Samuel servía al SEÑOR en presencia de Elí. La palabra del SEÑOR escaseaba en aquellos días, las visiones no eran frecuentes.

2 Y aconteció un día, estando Elí acostado en su aposento (sus ojos habían comenzado a oscurecerse *y* no podía ver *bien*),

3 cuando la lámpara de Dios aún no se había apagado y Samuel estaba acostado en el templo del SEÑOR donde *estaba* el arca de Dios,

4 que el SEÑOR llamó a Samuel, y él respondió: Aquí estoy.

5 Entonces corrió a Elí y *le* dijo: Aquí estoy, pues me llamaste. Pero Elí *le* respondió: Yo no he llamado, vuelve a acostarte. Y él fue y se acostó.

6 El SEÑOR volvió a llamar: ¡Samuel! Y Samuel se levantó, fue a Elí y dijo: Aquí estoy, pues me llamaste. Pero él respondió: Yo no he llamado, hijo mío, vuelve a acostarte.

7 Y Samuel no conocía aún al SEÑOR, ni se le había revelado aún la palabra del SEÑOR.

8 El SEÑOR volvió a llamar a Samuel por tercera vez. Y él se levantó, fue a Elí y dijo: Aquí estoy, pues me llamaste. Entonces Elí comprendió que el SEÑOR estaba llamando al muchacho.

9 Y Elí dijo a Samuel: Ve y acuéstate, y si El te llama, dirás: "Habla, SEÑOR, que tu siervo escucha." Y Samuel fue y se acostó en su aposento.

10 Entonces vino el SEÑOR y se detuvo, y llamó como en las otras ocasiones: ¡Samuel, Samuel! Y Samuel respondió: Habla, que tu siervo escucha.

11 Y el SEÑOR dijo a Samuel: He aquí, estoy a punto de hacer una cosa en Israel la cual hará retiñir ambos oídos a todo aquel que la oiga.

12 Ese día cumpliré contra Elí todo lo que he hablado sobre su casa, desde el principio hasta el fin.

13 Porque le he hecho saber que estoy a punto de juzgar su casa para siempre a causa de la iniquidad que él conocía, pues sus hijos trajeron sobre sí una maldición, y él no los reprendió.

14 Por eso he jurado a la casa de Elí que la iniquidad de su casa no será expiada jamás, ni por sacrificio ni por ofrenda.

15 Samuel se acostó hasta la mañana; entonces abrió las puertas de la casa del SEÑOR; pero Samuel temía contar la visión a Elí.

16 Pero Elí llamó a Samuel, y *le* dijo: Samuel, hijo mío. Y él respondió: Heme aquí.

17 Y *Elí* dijo: ¿Cuál es la palabra que *el* SEÑOR te habló? Te ruego que no me la ocultes. Así te haga Dios, y aún más, si me ocultas algo de todas las palabras que te habló.

18 Entonces Samuel se lo contó todo, sin ocultarle nada. Y *Elí* dijo: El SEÑOR es; que haga lo que bien le parezca.

19 Samuel creció, y el SEÑOR estaba con él; no dejó sin cumplimiento ninguna de sus palabras.

20 Y todo Israel, desde Dan hasta Beerseba, supo que Samuel había sido confirmado como profeta del SEÑOR.

21 Y el SEÑOR se volvió a aparecer en Silo; porque el SEÑOR se revelaba a Samuel en Silo por la palabra del SEÑOR.

Los filisteos derrotan a Israel

4 Y llegaba la palabra de Samuel a todo Israel. Y salió Israel para enfrentarse en batalla con los filisteos y acampó junto a Eben-ezer, mientras que los filisteos habían acampado en Afec.

2 Los filisteos se pusieron en orden de batalla para enfrentarse a Israel. Entablado el combate, Israel fue derrotado delante de los filisteos, quienes mataron como a cuatro mil hombres en el campo de batalla.

3 Cuando el pueblo volvió al campamento, los ancianos de Israel dijeron: ¿Por qué nos ha derrotado hoy el SEÑOR delante de los filisteos? Tomemos con nosotros, de Silo, el arca del pacto del SEÑOR, para que vaya en medio de nosotros y nos libre del poder de nuestros enemigos.

4 Y el pueblo envió a Silo, y trajeron de allí el arca del pacto del SEÑOR de los ejércitos que está *sobre* los querubines; y los dos hijos de Elí, Ofni y Finees, *estaban* allí con el arca del pacto de Dios.

5 Y aconteció que cuando el arca del pacto del SEÑOR entró al campamento, todo Israel gritó con voz tan fuerte que la tierra vibró.

6 Al oír los filisteos el ruido del clamor, dijeron: ¿Qué *significa* el ruido de este gran clamor en el campamento de los hebreos? Entonces comprendieron que el arca del SEÑOR había llegado al campamento.

7 Y los filisteos tuvieron temor, pues dijeron: Dios ha venido al campamento. Y añadieron: ¡Ay de nosotros! Porque nada como esto ha sucedido antes.

8 ¡Ay de nosotros! ¿Quién nos librará de la mano de estos dioses poderosos? Estos son los dioses que hirieron a los egipcios en el desierto con toda *clase de* plagas.

9 Cobrad ánimo y sed hombres, oh filisteos, para que no lleguéis a ser esclavos de los hebreos como ellos han sido esclavos de vosotros; sed hombres, pues, y pelead.

10 Y pelearon los filisteos, Israel fue derrotado y cada cual huyó a su tienda; la mortandad fue muy grande, pues de Israel cayeron treinta mil soldados de a pie.

11 El arca de Dios fue capturada, y murieron los dos hijos de Elí, Ofni y Finees.

12 Y un hombre de Benjamín corrió del campo de batalla, y llegó aquel mismo día a Silo, con sus vestidos rotos y polvo sobre su cabeza.

13 Cuando llegó, he aquí que Elí estaba sentado en *su* asiento junto al camino esperando ansiosamente, porque su corazón temblaba por causa del arca de Dios. Así pues, el hombre fue a

anunciar*lo* en la ciudad, y toda la ciudad pro-
rrumpió en gritos.

14 Cuando Elí oyó el ruido de los gritos, dijo:
¿Qué *significa* el ruido de este tumulto? Entonces
el hombre se acercó apresuradamente y dio la
noticia a Elí.

15 Elí tenía noventa y ocho años, sus ojos se
habían cegado y no podía ver.

16 Y el hombre dijo a Elí: Yo soy el que vine del
campo de batalla. Hoy escapé del campo de
batalla. Y Elí preguntó: ¿Cómo fueron las cosas,
hijo mío?

17 Respondió el que trajo la noticia y dijo: Israel
ha huido delante de los filisteos, además ha
habido gran matanza entre el pueblo, también
han muerto tus dos hijos, Ofni y Finees, y el arca
de Dios ha sido tomada.

18 Y sucedió que cuando mencionó el arca de
Dios, *Elí* cayó de su asiento hacia atrás, junto a la
puerta, se rompió la nuca y murió, pues *era*
entrado en años y pesaba mucho. Había juzgado
a Israel cuarenta años.

19 Y su nuera, la mujer de Finees, estaba encinta
y a punto de dar a luz, y al oír la noticia que el
arca de Dios había sido tomada y que su suegro y
su marido habían muerto, se arrodilló y dio a luz,
porque le sobrevinieron los dolores.

20 Al tiempo que moría, las mujeres que estaban
junto a ella le dijeron: No temas, porque has
dado a luz un hijo. Pero ella no respondió ni
prestó atención.

21 Y llamó al niño Icabod[1], diciendo: ¡Se ha ido
la gloria de Israel!, por haber sido tomada el arca
de Dios, y por *la muerte de* su suegro y de su
marido.

22 Y dijo: Se ha ido la gloria de Israel, porque el
arca de Dios ha sido tomada.

El arca en manos de los filisteos

5 Los filisteos tomaron el arca de Dios y la
llevaron de Eben-ezer a Asdod.

2 Entonces tomaron los filisteos el arca de Dios
y la introdujeron en el templo de Dagón, y la
pusieron junto a Dagón.

3 A la mañana siguiente, cuando los de Asdod
se levantaron temprano, he aquí que Dagón
había caído rostro en tierra delante del arca del
Señor. Y tomaron a Dagón y lo pusieron otra
vez en su lugar.

4 Pero al levantarse temprano al día siguiente,
he aquí que Dagón había caído rostro en tierra
delante del arca del Señor. Y la cabeza de Dagón
y las dos palmas de sus manos *estaban* cortadas
sobre el umbral; sólo el tronco le quedaba a
Dagón.

5 Por tanto, hasta hoy, ni los sacerdotes de
Dagón ni ninguno de los que entran en el templo
de Dagón, pisan el umbral de Dagón en Asdod.

6 Y la mano del Señor se hizo pesada sobre los
de Asdod, y los desoló y los hirió con tumores,
tanto a Asdod como a sus territorios.

7 Cuando los hombres de Asdod vieron lo que
les sucedía, dijeron: El arca del Dios de Israel no
debe quedar con nosotros, pues su mano es dura
sobre nosotros y sobre Dagón nuestro dios.

8 Enviaron, pues, e hicieron venir a ellos a
todos los príncipes de los filisteos, y dijeron: ¿Qué
haremos con el arca del Dios de Israel? Y ellos
respondieron: Que se traslade el arca del Dios de
Israel a Gat. Y trasladaron el arca del Dios de
Israel.

9 Y sucedió que cuando la habían trasladado,
la mano del Señor estuvo contra la ciudad
causando gran confusión; e hirió a los hombres
de la ciudad, desde el menor hasta el mayor,
saliéndoles tumores.

10 Entonces enviaron el arca de Dios a Ecrón. Y
sucedió que cuando el arca de Dios llegó a Ecrón,
los ecronitas clamaron, diciendo: Han traído el
arca del Dios de Israel hasta nosotros para
matarnos a nosotros y a nuestro pueblo.

11 Enviaron, pues, y reunieron a todos los
príncipes de los filisteos, y dijeron: Sacad de aquí
el arca del Dios de Israel, y que vuelva a su sitio,
para que no nos mate a nosotros y a nuestro
pueblo. Porque había un pánico mortal por toda
la ciudad; la mano de Dios se hizo muy pesada
allí.

12 Y los hombres que no murieron fueron
heridos con tumores, y el clamor de la ciudad
subió hasta el cielo.

Los filisteos devuelven el arca

6 El arca del Señor estuvo en la tierra de los
filisteos siete meses.

2 Entonces los filisteos llamaron a los sacerdotes y a los adivinos, diciendo: ¿Qué haremos con
el arca del Señor? Decidnos cómo la hemos de
enviar a su lugar.

3 Y ellos dijeron: Si enviáis el arca del Dios de
Israel, no la enviéis vacía; sino que ciertamente
devolveréis a El una ofrenda por la culpa.
Entonces seréis sanados y conoceréis por qué su
mano no se ha apartado de vosotros.

4 Y *los filisteos* preguntaron: ¿Cuál será la
ofrenda por la culpa que hemos de devolverle? Y
ellos dijeron: Cinco tumores de oro y cinco
ratones de oro *conforme* al número de los
príncipes de los filisteos, porque la misma plaga
estuvo sobre todos vosotros y sobre vuestros
príncipes.

5 Haréis, pues, semejanzas de vuestros
tumores, y semejanzas de vuestros ratones que
asolan la tierra, y daréis gloria al Dios de Israel;
quizá El aliviará su mano de sobre vosotros, de
sobre vuestros dioses y de sobre vuestra tierra.

6 ¿Por qué entonces endurecéis vuestros
corazones, como endurecieron sus corazones los
egipcios y Faraón? Cuando El los trató severamente, ¿no dejaron ir al pueblo, y se fueron?

7 Ahora pues, tomad y preparad un carro
nuevo y dos vacas con crías sobre las cuales no se
haya puesto yugo; uncid las vacas al carro y
llevad sus becerros a casa, lejos de ellas.

8 Y tomad el arca del Señor y colocadla en el
carro; y poned en una caja a su lado los objetos
de oro que le entregaréis como ofrenda por la
culpa. Luego, dejadla ir, y que se vaya.

9 Y observad: si sube por el camino de su territorio a Bet-semes, entonces El nos ha hecho este
gran mal. Pero si no, entonces sabremos que no
fue su mano la que nos hirió; nos sucedió por
casualidad.

10 Entonces los hombres lo hicieron así; tomaron
dos vacas con crías, las uncieron al carro y encerraron sus becerros en casa.

---

1. I.e., sin gloria

11 Colocaron el arca del Señor en el carro, y la caja con los ratones de oro y las semejanzas de sus tumores.

12 Y las vacas tomaron el camino recto en dirección a Bet-semes; iban por el camino, mugiendo mientras iban, y no se desviaron ni a la derecha ni a la izquierda. Y los príncipes de los filisteos las siguieron hasta el límite de Bet-semes.

13 *El pueblo de* Bet-semes estaba segando el trigo en el valle, y alzaron sus ojos y vieron el arca, y se alegraron de ver*la*.

14 Y el carro llegó al campo de Josué el bet-semita y se detuvo allí donde *había* una gran piedra; y ellos partieron la madera del carro y ofrecieron las vacas en holocausto al Señor.

15 Los levitas bajaron el arca del Señor y la caja que estaba con ella, en la cual estaban los objetos de oro, y las colocaron sobre la gran piedra; y los hombres de Bet-semes ofrecieron holocaustos e hicieron sacrificios aquel día al Señor.

16 Cuando los cinco príncipes de los filisteos vieron *esto*, regresaron a Ecrón el mismo día.

17 Estos son los tumores de oro que los filisteos entregaron como ofrenda por la culpa al Señor: uno por Asdod, uno por Gaza, uno por Ascalón, uno por Gat y uno por Ecrón;

18 y ratones de oro *conforme* al número de todas las ciudades de los filisteos que pertenecían a los cinco príncipes, tanto de ciudades fortificadas como de aldeas sin murallas. La gran piedra sobre la cual colocaron el arca del Señor *es testigo* hasta el día de hoy en el campo de Josué el bet-semita.

19 *El Señor* hirió a los hombres de Bet-semes porque habían mirado dentro del arca del Señor. De todo el pueblo hirió a cincuenta mil setenta hombres, y el pueblo lloró porque el Señor había herido al pueblo con gran mortandad.

20 Y los hombres de Bet-semes dijeron: ¿Quién puede estar delante del Señor, este Dios santo? ¿Y a quién subirá *al alejarse* de nosotros?

21 Y enviaron mensajeros a los habitantes de Quiriat-jearim, diciendo: Los filisteos han devuelto el arca del Señor; descended, *y* subidla con vosotros.

El arca en Quiriat-jearim

7 Y vinieron los hombres de Quiriat-jearim, tomaron el arca del Señor y la llevaron a la casa de Abinadab en la colina, y consagraron a Eleazar su hijo para que guardara el arca del Señor.

2 Y sucedió que pasó mucho tiempo, veinte años, desde el día en que el arca quedó en Quiriat-jearim; y toda la casa de Israel añoraba al Señor.

3 Entonces Samuel habló a toda la casa de Israel, diciendo: Si os volvéis al Señor con todo vuestro corazón, quitad de entre vosotros los dioses extranjeros y Astarot, y dirigid vuestro corazón al Señor, y servidle sólo a El; y El os librará de la mano de los filisteos.

4 Los hijos de Israel quitaron a los baales y a Astarot, y sirvieron sólo al Señor.

5 Y Samuel dijo: Reunid en Mizpa a todo Israel, y yo oraré al Señor por vosotros.

6 Y se reunieron en Mizpa, y sacaron agua y *la* derramaron delante del Señor, ayunaron aquel día y dijeron allí: Hemos pecado contra el Señor. Y Samuel juzgó a los hijos de Israel en Mizpa.

7 Cuando los filisteos oyeron que los hijos de Israel se habían reunido en Mizpa, los príncipes de los filisteos subieron contra Israel. Cuando oyeron esto los hijos de Israel, tuvieron temor de los filisteos.

8 Entonces los hijos de Israel dijeron a Samuel: No dejes de clamar al Señor nuestro Dios por nosotros, para que El nos libre de la mano de los filisteos.

9 Tomó Samuel un cordero de leche y lo ofreció como completo holocausto al Señor; y clamó Samuel al Señor por Israel y el Señor le respondió.

10 Mientras Samuel estaba ofreciendo el holocausto, los filisteos se acercaron para pelear con Israel. Mas el Señor tronó con gran estruendo aquel día contra los filisteos y los confundió, y fueron derrotados delante de Israel.

11 Saliendo de Mizpa los hombres de Israel, persiguieron a los filisteos, hiriéndolos hasta más allá de Bet-car.

12 Entonces Samuel tomó una piedra y la colocó entre Mizpa y Sen, y la llamó Eben-ezer[1], diciendo: Hasta aquí nos ha ayudado el Señor.

13 Los filisteos fueron sometidos y no volvieron más dentro de los límites de Israel. Y la mano del Señor estuvo contra los filisteos todos los días de Samuel.

14 Las ciudades que los filisteos habían tomado de Israel fueron restituidas a Israel, desde Ecrón hasta Gat, e Israel libró su territorio de la mano de los filisteos. Y hubo paz entre Israel y los amorreos.

15 Samuel juzgó a Israel todos los días de su vida.

16 Cada año acostumbraba hacer un recorrido por Betel, Gilgal y Mizpa, y juzgaba a Israel en todos estos lugares.

17 Después volvía a Ramá, pues allí *estaba* su casa, y allí juzgaba a Israel; y edificó allí un altar al Señor.

El pueblo pide rey

8 Y aconteció que cuando Samuel era *ya* viejo, puso a sus hijos como jueces sobre Israel.

2 El nombre de su primogénito era Joel, y el nombre del segundo, Abías; *éstos* juzgaban en Beerseba.

3 Pero sus hijos no anduvieron por los caminos de él, sino que se desviaron tras ganancias deshonestas, aceptaron sobornos y pervirtieron el derecho.

4 Entonces se reunieron todos los ancianos de Israel y fueron a Samuel en Ramá,

5 y le dijeron: Mira, has envejecido y tus hijos no andan en tus caminos. Ahora pues, danos un rey para que nos juzgue, como todas las naciones.

6 Pero fue desagradable a los ojos de Samuel que dijeran: Danos un rey que nos juzgue. Y Samuel oró al Señor.

7 Y el Señor dijo a Samuel: Escucha la voz del pueblo en cuanto a todo lo que te digan, pues no te han desechado a ti, sino que me han desechado a mí para que no sea rey sobre ellos.

8 Así como todas las obras que han hecho

---

1. I.e., piedra de ayuda

desde el día en que los saqué de Egipto hasta hoy, abandonándome y sirviendo a otros dioses, así lo están haciendo contigo también.

9 Ahora pues, oye su voz. Sin embargo, les advertirás solemnemente y les harás saber el proceder del rey que reinará sobre ellos.

10 Entonces Samuel habló todas las palabras del SEÑOR al pueblo que le había pedido rey.

11 Y dijo: Así será el proceder del rey que reinará sobre vosotros: tomará a vuestros hijos, *los* pondrá a su servicio en sus carros y entre su gente de a caballo, y correrán delante de sus carros.

12 Nombrará para su servicio jefes de mil y de cincuenta, y *a otros* para labrar sus campos y recoger sus cosechas, y hacer sus armas de guerra y pertrechos para sus carros.

13 Tomará también a vuestras hijas para perfumistas, cocineras y panaderas.

14 Tomará lo mejor de vuestros campos, de vuestros viñedos y de vuestros olivares y *los* dará a sus siervos.

15 De vuestro grano y de vuestras viñas tomará el diezmo, para dar*lo* a sus oficiales y a sus siervos.

16 Tomará también vuestros siervos y vuestras siervas, vuestros mejores jóvenes y vuestros asnos, y *los* usará para su servicio.

17 De vuestros rebaños tomará el diezmo, y vosotros mismos vendréis a ser sus siervos.

18 Ese día clamaréis por causa de vuestro rey a quien escogisteis para vosotros, pero el SEÑOR no os responderá en ese día.

19 No obstante, el pueblo rehusó oír la voz de Samuel, y dijeron: No, sino que habrá rey sobre nosotros,

20 a fin de que seamos como todas las naciones, para que nuestro rey nos juzgue, salga delante de nosotros y dirija nuestras batallas.

21 Después que Samuel escuchó todas las palabras del pueblo, las repitió a oídos del SEÑOR.

22 Y el SEÑOR dijo a Samuel: Oye su voz y nómbrales un rey. Entonces Samuel dijo a los hombres de Israel: Váyase cada uno a su ciudad.

Saúl y Samuel

9 Había un hombre de Benjamín que se llamaba Cis, hijo de Abiel, hijo de Zeror, hijo de Becorat, hijo de Afía, hijo de un benjamita, un hombre poderoso *e* influyente.

2 Y tenía un hijo que se llamaba Saúl, favorecido y hermoso. No había otro más hermoso que él entre los hijos de Israel; de los hombros arriba sobrepasaba a cualquiera del pueblo.

3 Y las asnas de Cis, padre de Saúl, se habían perdido, por lo cual dijo Cis a su hijo Saúl: Toma ahora contigo a uno de los criados, levántate, y ve en busca de las asnas.

4 Y *Saúl* pasó por la región montañosa de Efraín y recorrió la tierra de Salisa, pero no *las* hallaron. Luego pasaron por la tierra de Saalim, mas no *estaban allí*. Después atravesaron la tierra de los benjamitas, pero no *las* encontraron.

5 Cuando llegaron a la tierra de Zuf, Saúl dijo al criado que estaba con él: Ven, regresemos, no sea que mi padre deje *de preocuparse* por las asnas y se angustie por nosotros.

6 Y él le respondió: He aquí que hay un hombre de Dios en esta ciudad, el cual es tenido en alta estima; todo lo que él dice se cumple sin falta. Vayamos ahora, quizá pueda orientarnos acerca de la jornada que hemos emprendido.

7 Entonces Saúl dijo a su criado: Pero he aquí, *si* vamos, ¿qué le llevaremos al hombre? Porque el pan de nuestras alforjas se ha acabado y no hay presente para llevar al hombre de Dios. ¿Qué tenemos?

8 Y el criado volvió a responder a Saúl, y dijo: He aquí, tengo en mi mano la cuarta parte de un siclo de plata; se *lo* daré al hombre de Dios, y él nos indicará nuestro camino.

9 (Antiguamente en Israel, cuando uno iba a consultar a Dios, decía: Venid, vamos al vidente; porque al que hoy *se le llama* profeta, antes se le llamaba vidente.)

10 Entonces Saúl dijo a su criado: Bien dicho; anda, vamos. Y fueron a la ciudad donde *estaba* el hombre de Dios.

11 Según subían por la cuesta de la ciudad, se encontraron con unas muchachas que salían a sacar agua y les dijeron: ¿Está aquí el vidente?

12 Y ellas les respondieron, y dijeron: Sí, he aquí *está* delante de ti. Apresúrate ahora, pues hoy ha venido a la ciudad porque el pueblo tiene hoy un sacrificio en el lugar alto.

13 Cuando entréis en la ciudad lo encontraréis antes que suba al lugar alto a comer, pues el pueblo no comerá hasta que él llegue, porque él tiene que bendecir el sacrificio; después comerán los convidados. Subid ahora, que lo encontraréis enseguida.

14 Ellos, pues, subieron a la ciudad. Cuando entraban a la ciudad, he aquí que Samuel salía hacia ellos para subir al lugar alto.

15 Ahora bien, un día antes de la llegada de Saúl, el SEÑOR había revelado esto a Samuel diciendo:

16 Mañana como a esta hora te enviaré un hombre de la tierra de Benjamín, lo ungirás para que sea príncipe sobre mi pueblo Israel, y él librará a mi pueblo de la mano de los filisteos. Porque yo he visto la aflicción de mi pueblo, pues su clamor ha llegado hasta mí.

17 Cuando Samuel vio a Saúl, el SEÑOR le dijo: He aquí el hombre de quien te hablé. Este gobernará a mi pueblo.

18 Entonces Saúl se acercó a Samuel en medio de la puerta y *le* dijo: Te ruego que me enseñes dónde está la casa del vidente.

19 Respondió Samuel a Saúl y dijo: Yo soy el vidente. Sube delante de mí al lugar alto, pues hoy comerás conmigo, y por la mañana te dejaré ir y te declararé todo lo que está en tu corazón.

20 En cuanto a tus asnas que se perdieron hace tres días, no te preocupes por ellas pues han sido halladas; ¿y para quién es todo lo deseable en Israel? ¿No es para ti y para toda la casa de tu padre?

21 Saúl respondió, y dijo: ¿No soy yo benjamita, de la más pequeña de las tribus de Israel, y *no es* mi familia la menos importante de todas las familias de la tribu de Benjamín? ¿Por qué, pues, me hablas de esta manera?

22 Entonces Samuel tomó a Saúl y a su criado, los llevó a la sala y les dio un lugar a la cabecera de los invitados que eran unos treinta hombres.

23 Y dijo Samuel al cocinero: Trae la porción que te di, de la cual te dije: "Ponla aparte."

24 Entonces el cocinero alzó el pernil con lo que estaba en él y *lo* colocó delante de Saúl. Y *Samuel* dijo: He aquí lo que estaba reservado. Pon*lo* delante de ti *y* come, porque ha sido guardado para ti hasta el momento señalado, ya que dije: He invitado al pueblo. Y Saúl comió con Samuel aquel día.

25 Descendieron del lugar alto a la ciudad, y *Samuel* habló con Saúl en el terrado.

26 Se levantaron temprano, y al romper el alba Samuel llamó a Saúl en el terrado, diciendo: Levántate, para que yo te despida. Saúl se levantó, y ambos, Saúl y Samuel, salieron a la calle.

27 Mientras descendían a las afueras de la ciudad, Samuel dijo a Saúl: Di al criado que pase delante de nosotros y siga, pero tú quédate para que yo te declare la palabra de Dios.

Saúl ungido por Samuel

10 Tomó entonces Samuel la redoma de aceite, la derramó sobre la cabeza de Saúl, lo besó y le dijo: ¿No te ha ungido el SEÑOR por príncipe sobre su heredad?

2 Cuando te apartes hoy de mí, hallarás a dos hombres cerca del sepulcro de Raquel, en el territorio de Benjamín, en Selsa, y te dirán: "Las asnas que fuiste a buscar han sido halladas. Y he aquí, tu padre ha dejado de preocuparse por las asnas y está angustiado por vosotros, diciendo: '¿Qué haré en cuanto a mi hijo?' "

3 De allí seguirás más adelante, llegarás hasta la encina de Tabor, y allí te encontrarás con tres hombres que suben a Dios en Betel, uno llevando tres cabritos, otro llevando tres tortas de pan y otro llevando un odre de vino;

4 ellos te saludarán y te darán dos *tortas* de pan, las cuales recibirás de sus manos.

5 Después llegarás a la colina de Dios donde está la guarnición de los filisteos; y sucederá que cuando llegues a la ciudad, allá encontrarás a un grupo de profetas que descienden del lugar alto con arpa, pandero, flauta y lira delante de ellos, y estarán profetizando.

6 Entonces el Espíritu del SEÑOR vendrá sobre ti con gran poder, profetizarás con ellos y serás cambiado en otro hombre.

7 Cuando estas señales te hayan sucedido, haz lo que la situación requiera, porque Dios está contigo.

8 Descenderás delante de mí a Gilgal, y he aquí, yo descenderé a ti para ofrecer holocaustos y sacrificar ofrendas de paz. Esperarás siete días hasta que venga a ti y te muestre lo que debes hacer.

9 Y sucedió que cuando él volvió la espalda para dejar a Samuel, Dios le cambió el corazón, y todas aquellas señales le acontecieron en aquel día.

10 Cuando llegaron allá a la colina, he aquí, un grupo de profetas *salió* a su encuentro; y el Espíritu de Dios vino sobre él con gran poder, y profetizó entre ellos.

11 Y sucedió que cuando todos los que le conocían de antes vieron que ahora profetizaba con los profetas, los del pueblo se decían unos a otros: ¿Qué le ha sucedido al hijo de Cis? ¿Está Saúl también entre los profetas?

12 Y un hombre de allí respondió, y dijo: ¿Y quién es el padre de ellos? Por lo cual esto se hizo proverbio: ¿Está Saúl también entre los profetas?

13 Cuando acabó de profetizar vino al lugar alto.

14 Y un tío de Saúl le dijo a él y a su criado: ¿Adónde fuisteis? Y él respondió: A buscar las asnas. Cuando vimos que no aparecían, fuimos a Samuel.

15 Y el tío de Saúl dijo: Te ruego que me cuentes qué os dijo Samuel.

16 Y Saúl respondió a su tío: Nos hizo saber claramente que las asnas habían sido halladas. Pero *Saúl* no le contó acerca del asunto del reino que Samuel *le* había mencionado.

17 Después Samuel convocó al pueblo delante del SEÑOR en Mizpa;

18 y dijo a los hijos de Israel: Así dice el SEÑOR, Dios de Israel: "Yo saqué a Israel de Egipto, y os libré del poder de los egipcios y del poder de todos los reinos que os oprimían."

19 Pero vosotros habéis rechazado hoy a vuestro Dios, que os libra de todas vuestras calamidades y vuestras angustias, y habéis dicho: "No, sino pon un rey sobre nosotros." Ahora pues, presentaos delante del SEÑOR por vuestras tribus y por vuestras familias.

20 Samuel hizo que se acercaran todas las tribus de Israel, y fue escogida por sorteo la tribu de Benjamín.

21 Entonces hizo que se acercara la tribu de Benjamín por sus familias, y fue escogida la familia de Matri. Y Saúl, hijo de Cis, fue escogido; pero cuando lo buscaron no lo pudieron hallar.

22 Volvieron, pues, a inquirir del SEÑOR: ¿Ha llegado ya el hombre aquí? Y el SEÑOR respondió: "He aquí, está escondido junto al bagaje."

23 Corrieron y lo trajeron de allí, y cuando estuvo en medio del pueblo, de los hombros arriba sobrepasaba a todo el pueblo.

24 Y Samuel dijo a todo el pueblo: ¿Veis al que el SEÑOR ha escogido? En verdad que no hay *otro* como él entre todo el pueblo. Entonces todo el pueblo gritó, y dijo: ¡Viva el rey!

25 Entonces Samuel dio al pueblo las ordenanzas del reino, y *las* escribió en el libro, el cual puso delante del SEÑOR. Y despidió Samuel a todo el pueblo, cada uno a su casa.

26 También Saúl se fue a su casa en Guibeá, y con él fueron los valientes cuyos corazones Dios había tocado.

27 Pero *ciertos* hombres indignos dijeron: ¿Cómo puede éste salvarnos? Y lo menospreciaron y no le trajeron presente alguno. Mas él guardó silencio.

Saúl asume el reinado

11 Y subió Nahas amonita y sitió a Jabes de Galaad, y todos los hombres de Jabes dijeron a Nahas: Haz un pacto con nosotros y te serviremos.

2 Pero Nahas amonita les dijo: *Lo* haré con esta condición: que a todos vosotros os saque yo el ojo derecho; así haré que esto sea una afrenta sobre todo Israel.

3 Y los ancianos de Jabes le dijeron: Danos siete días para que enviemos mensajeros por todo el territorio de Israel. Y si no hay quien nos libre, nos entregaremos a ti.

4 Entonces los mensajeros fueron a Guibeá de Saúl y hablaron estas palabras a oídos del pueblo, y todo el pueblo alzó la voz y lloró.

5 Y sucedió que Saúl regresaba del campo detrás de los bueyes, y dijo: ¿Qué *pasa* con el pueblo que está llorando? Entonces le contaron las palabras de los mensajeros de Jabes.

6 Y el Espíritu de Dios vino con poder sobre Saúl al escuchar estas palabras, y Saúl se enojó grandemente.

7 Y tomando una yunta de bueyes, los cortó en pedazos y *los* mandó por todo el territorio de Israel por medio de mensajeros, diciendo: Así se hará a los bueyes del que no salga en pos de Saúl y en pos de Samuel. Entonces el terror del Señor cayó sobre el pueblo, y salieron como un solo hombre.

8 Y los contó en Bezec, y los hijos de Israel eran trescientos mil y los hombres de Judá treinta mil.

9 Y dijeron a los mensajeros que habían venido: Así diréis a los hombres de Jabes de Galaad: "Mañana cuando caliente el sol seréis librados." Entonces los mensajeros fueron y *lo* anunciaron a los hombres de Jabes, y *éstos* se regocijaron.

10 Entonces los hombres de Jabes dijeron *a Nahas:* Mañana saldremos a vosotros y podréis hacernos lo que os parezca bien.

11 A la mañana siguiente Saúl dispuso al pueblo en tres compañías; y entraron en medio del campamento a la vigilia de la mañana, e hirieron a los amonitas hasta que calentó el día. Y sucedió que los que quedaron fueron dispersados, no quedando dos de ellos juntos.

12 Y el pueblo dijo a Samuel: ¿Quién es el que dijo: "¿Ha de reinar Saúl sobre nosotros?" Traed a esos hombres para que los matemos.

13 Pero Saúl dijo: A nadie se matará hoy, porque hoy el Señor ha hecho liberación en Israel.

14 Entonces Samuel dijo al pueblo: Venid, vayamos a Gilgal y renovemos el reino allí.

15 Así que todo el pueblo fue a Gilgal, y allí en Gilgal, hicieron rey a Saúl delante del Señor. Allí también ofrecieron sacrificios de las ofrendas de paz delante del Señor; y se regocijaron grandemente allí Saúl y todos los hombres de Israel.

Samuel habla al pueblo

12 Entonces Samuel dijo a todo Israel: He aquí, yo he escuchado vuestra voz en todo lo que me dijisteis, y he puesto rey sobre vosotros.

2 Y he aquí, ahora el rey va delante de vosotros. Yo *ya* soy viejo y lleno de canas, y he aquí, mis hijos están con vosotros. Yo he andado delante de vosotros desde mi juventud hasta hoy.

3 Aquí estoy; testificad contra mí delante del Señor y delante de su ungido. ¿A quién he quitado buey, o a quién he quitado asno, o a quién he defraudado? ¿A quién he oprimido, o de mano de quién he tomado soborno para cegar mis ojos con él? *Testificad, y os lo* restituiré.

4 Y ellos dijeron: Tú no nos has defraudado ni oprimido, ni has tomado nada de mano de ningún hombre.

5 Y él les respondió: El Señor es testigo contra vosotros, y su ungido es testigo en este día que nada habéis hallado en mi mano. Y ellos dijeron: *El es* testigo.

6 Entonces Samuel dijo al pueblo: El Señor es

el que designó a Moisés y a Aarón, y el que sacó a vuestros padres de la tierra de Egipto.

7 Ahora pues, presentaos para que yo argumente con vosotros delante del Señor acerca de todos los hechos de justicia del Señor que El ha hecho por vosotros y *por* vuestros padres.

8 Cuando Jacob fue a Egipto y vuestros padres clamaron al Señor, el Señor envió a Moisés y a Aarón, quienes sacaron a vuestros padres de Egipto y los establecieron en este lugar.

9 Pero ellos olvidaron al Señor su Dios, y El los vendió en manos de Sísara, jefe del ejército de Hazor, en manos de los filisteos y en manos del rey de Moab, los cuales pelearon contra ellos.

10 Y clamaron al Señor, y dijeron: "Hemos pecado porque hemos dejado al Señor y hemos servido a los baales y a Astarot; pero ahora, líbranos de la mano de nuestros enemigos, y te serviremos."

11 Entonces el Señor envió a Jerobaal, a Bedán, a Jefté y a Samuel, y os libró de la mano de vuestros enemigos en derredor, de manera que habitasteis con seguridad.

12 Cuando visteis que Nahas, rey de los hijos de Amón, venía contra vosotros, me dijisteis: "No, sino que un rey ha de reinar sobre nosotros", aunque el Señor vuestro Dios *era* vuestro rey.

13 Ahora pues, aquí está el rey que habéis escogido, a quien habéis pedido; he aquí que el Señor ha puesto rey sobre vosotros.

14 Si teméis al Señor y le servís, escucháis su voz y no os rebeláis contra el mandamiento del Señor, entonces vosotros, como el rey que reine sobre vosotros, estaréis siguiendo al Señor vuestro Dios.

15 Pero si no escucháis la voz del Señor, sino que os rebeláis contra el mandamiento del Señor, entonces la mano del Señor estará contra vosotros, *como estuvo* contra vuestros padres.

16 Presentaos ahora, y ved esta gran cosa que el Señor hará delante de vuestros ojos.

17 ¿No es ahora la siega del trigo? Yo clamaré al Señor, para que mande truenos y lluvia. Entonces conoceréis y veréis que es grande la maldad que habéis hecho ante los ojos del Señor, al pedir para vosotros un rey.

18 Clamó Samuel al Señor, y el Señor envió aquel día truenos y lluvia; y todo el pueblo temió grandemente al Señor y a Samuel.

19 Entonces todo el pueblo dijo a Samuel: Ruega por tus siervos al Señor tu Dios para que no muramos, porque hemos añadido *este* mal a todos nuestros pecados al pedir para nosotros un rey.

20 Y Samuel dijo al pueblo: No temáis; aunque vosotros habéis hecho todo este mal, no os apartéis de seguir al Señor, sino servid al Señor con todo vuestro corazón.

21 No os debéis apartar, porque *entonces iríais* tras vanidades que ni aprovechan ni libran, pues son vanidades.

22 Porque el Señor, a causa de su gran nombre, no desamparará a su pueblo, pues el Señor se ha complacido en haceros pueblo suyo.

23 Y en cuanto a mí, lejos esté de mí que peque contra el Señor cesando de orar por vosotros, antes bien, os instruiré en el camino bueno y recto.

24 Solamente temed al Señor y servidle en verdad con todo vuestro corazón; pues habéis visto cuán grandes cosas ha hecho por vosotros.
25 Mas si perseveráis en hacer mal, vosotros y vuestro rey pereceréis.

Guerra contra los filisteos

13 Saúl tenía *treinta* años cuando comenzó a reinar, y reinó *cuarenta* y dos años sobre Israel.
2 Saúl escogió para sí tres mil hombres de Israel, de los cuales dos mil estaban con Saúl en Micmas y en la región montañosa de Betel, y mil estaban con Jonatán en Geba de Benjamín. Y al resto del pueblo le despidió cada uno a su tienda.
3 Y Jonatán hirió la guarnición de los filisteos que *estaba* en Geba, y *lo* supieron los filisteos. Entonces Saúl tocó la trompeta por toda la tierra diciendo: Oigan los hebreos.
4 Y todo Israel oyó decir que Saúl había herido la guarnición de los filisteos, y también que Israel se había hecho odioso a los filisteos. Entonces el pueblo se reunió con Saúl en Gilgal.
5 Y los filisteos se reunieron para pelear contra Israel: treinta mil carros, seis mil hombres de a caballo y gente tan numerosa como la arena a la orilla del mar; y subieron y acamparon en Micmas, al oriente de Bet-avén.
6 Cuando los hombres de Israel vieron que estaban en un apuro (pues el pueblo estaba en gran aprieto), el pueblo se escondió en cuevas, en matorrales, en peñascos, en sótanos y en fosos.
7 También *algunos de* los hebreos pasaron el Jordán a la tierra de Gad y de Galaad. Pero Saúl *estaba* todavía en Gilgal, y todo el pueblo le seguía tembloroso.
8 El esperó siete días, conforme al tiempo que Samuel había señalado, pero Samuel no llegaba a Gilgal, y el pueblo se le dispersaba.
9 Entonces Saúl dijo: Traedme el holocausto y las ofrendas de paz. Y él ofreció el holocausto.
10 Y sucedió que tan pronto como terminó de ofrecer el holocausto, he aquí que Samuel vino; y Saúl salió a su encuentro para saludarle.
11 Pero Samuel dijo: ¿Qué has hecho? Y Saúl respondió: Como vi que el pueblo se me dispersaba, que tú no llegabas dentro de los días señalados y que los filisteos estaban reunidos en Micmas,
12 me dije: "Ahora los filisteos descenderán contra mí en Gilgal, y no he implorado el favor del Señor." Así que me vi forzado, y ofrecí el holocausto.
13 Y Samuel dijo a Saúl: Has obrado neciamente; no has guardado el mandamiento que el Señor tu Dios te ordenó, pues ahora el Señor hubiera establecido tu reino sobre Israel para siempre.
14 Pero ahora tu reino no perdurará. El Señor ha buscado para sí un hombre conforme a su corazón, y el Señor le ha designado como príncipe sobre su pueblo porque tú no guardaste lo que el Señor te ordenó.
15 Entonces Samuel se levantó y subió de Gilgal a Guibeá de Benjamín. Y Saúl contó el pueblo que se hallaba con él, como seiscientos hombres.
16 Y Saúl, su hijo Jonatán y el pueblo que se hallaba con ellos, estaban situados en Geba de Benjamín, mientras los filisteos acampaban en Micmas.
17 Y salieron los merodeadores del campamento de los filisteos en tres compañías; una compañía se dirigió por el camino de Ofra, a la tierra de Sual,
18 otra compañía se dirigió por el camino de Bet-horón y la otra compañía se dirigió por el camino de la frontera que mira sobre el valle de Zeboim, hacia el desierto.
19 En toda la tierra de Israel no podía hallarse ningún herrero, pues los filisteos decían: No sea que los hebreos hagan espadas o lanzas.
20 Y todo Israel tenía que descender a los filisteos, cada cual para afilar la reja de su arado, su azuela, su hacha o su aguijada.
21 El precio era dos tercios de siclo por las rejas de arado, las azuelas, las horquillas, las hachas, y para arreglar las aguijadas.
22 Y sucedió que en el día de la batalla, no había espada ni lanza en mano de ninguna de la gente que *estaba* con Saúl y Jonatán, pero *sí las* había *en mano* de Saúl y de su hijo Jonatán.
23 Y la guarnición de los filisteos salió hacia el paso de Micmas.

Victoria de Jonatán en Micmas

14 Y aconteció que un día Jonatán, hijo de Saúl, dijo al joven que llevaba su armadura: Ven y pasemos a la guarnición de los filisteos que está al otro lado. Pero no se lo hizo saber a su padre.
2 Saúl estaba situado en las afueras de Guibeá, debajo del granado que está en Migrón, y la gente que *estaba* con él *eran* unos seiscientos hombres;
3 y Ahías, hijo de Ahitob, hermano de Icabod, hijo de Finees, hijo de Elí, el sacerdote del Señor en Silo, llevaba un efod. Y el pueblo no sabía que Jonatán se había ido.
4 Y entre los desfiladeros por donde Jonatán intentaba cruzar a la guarnición de los filisteos, había un peñasco agudo por un lado, y un peñasco agudo por el otro lado; el nombre de uno era Boses y el nombre del otro Sene.
5 Uno de los peñascos se levantaba al norte, frente a Micmas, y el otro al sur, frente a Geba.
6 Y Jonatán dijo al joven que llevaba su armadura: Ven y pasemos a la guarnición de estos incircuncisos; quizá el Señor obrará por nosotros, pues el Señor no está limitado a salvar con muchos o con pocos.
7 Y su escudero le respondió: Haz todo lo que tengas en tu corazón; ve, *pues* aquí estoy contigo a tu disposición.
8 Entonces dijo Jonatán: Mira, vamos a pasar hacia esos hombres y nos mostraremos a ellos.
9 Si nos dicen: "Esperad hasta que lleguemos a vosotros", entonces nos quedaremos en nuestro lugar y no subiremos a ellos.
10 Pero si dicen: "Subid a nosotros", entonces subiremos, porque el Señor los ha entregado en nuestras manos; ésta será la señal para nosotros.
11 Cuando ambos se mostraron a la guarnición de los filisteos, éstos dijeron: Mirad, los hebreos salen de las cavernas donde se habían escondido.
12 Los hombres de la guarnición saludaron a Jonatán y a su escudero y dijeron: Subid a nosotros y os diremos algo. Y Jonatán dijo a su

escudero: Sube tras mí, pues el Señor los ha entregado en manos de Israel.

13 Entonces Jonatán trepó con manos y pies, y tras él su escudero; y caían *los filisteos* delante de Jonatán, y tras él su escudero *los* remataba.

14 La primera matanza que hicieron Jonatán y su escudero fue de unos veinte hombres en el espacio de una media yugada de tierra.

15 Y hubo estremecimiento en el campamento, en el campo y entre todo el pueblo. Aun la guarnición y los merodeadores se estremecieron, y la tierra tembló; fue un gran temblor.

16 Y miraron los centinelas de Saúl en Guibeá de Benjamín, y he aquí que la multitud se dispersaba yendo en todas direcciones.

17 Y Saúl dijo al pueblo que *estaba* con él: Pasad lista ahora y ved quien ha salido de entre nosotros. Cuando ellos pasaron lista, he aquí que Jonatán y su escudero no estaban.

18 Entonces Saúl dijo a Ahías: Trae el arca de Dios. Porque en ese tiempo el arca de Dios estaba con los hijos de Israel.

19 Y sucedió que mientras Saúl hablaba con el sacerdote, el alboroto en el campamento de los filisteos continuaba y aumentaba. Entonces Saúl dijo al sacerdote: Retira tu mano.

20 Y Saúl y todo el pueblo que *estaba* con él se agruparon y fueron a la batalla, y he aquí que la espada de cada hombre se volvía contra su compañero, *y había* gran confusión.

21 Entonces los hebreos que de antes estaban con los filisteos *y* que habían subido con ellos de los alrededores al campamento, aun ellos también *se unieron* con los israelitas que *estaban* con Saúl y Jonatán.

22 Cuando todos los hombres de Israel que se habían escondido en la región montañosa de Efraín oyeron que los filisteos habían huido, ellos también los persiguieron muy de cerca en la batalla.

23 Así libró el Señor a Israel en aquel día. La batalla se extendió más allá de Bet-avén.

24 Mas los hombres de Israel estaban en gran aprieto aquel día, porque Saúl había puesto al pueblo bajo juramento, diciendo: Maldito sea el hombre que tome alimento antes del anochecer, *antes* que me haya vengado de mis enemigos. Y nadie del pueblo probó alimento.

25 Y todo *el pueblo de* la tierra entró en el bosque, y había miel en el suelo.

26 Y al entrar el pueblo en el bosque, he aquí que la miel fluía, pero nadie se llevó la mano a la boca, porque el pueblo temía el juramento.

27 Pero Jonatán no había oído cuando su padre puso al pueblo bajo juramento; por lo cual extendió la punta de la vara que *llevaba* en su mano, la metió en un panal de miel y se llevó la mano a la boca, y brillaron sus ojos.

28 Entonces uno del pueblo *le* habló, y dijo: Tu padre puso bajo estricto juramento al pueblo, diciendo: "Maldito sea el hombre que tome alimento hoy." Y el pueblo estaba desfallecido.

29 Entonces Jonatán dijo: Mi padre ha traído dificultades a esta tierra. Ved ahora cómo brillan mis ojos porque probé un poco de esta miel.

30 Cuánto más, si el pueblo hubiera comido hoy libremente del despojo que encontraron de sus enemigos. Pues hasta ahora la matanza entre los filisteos no ha sido grande.

31 Aquel día, después de herir a los filisteos desde Micmas hasta Ajalón, el pueblo estaba muy cansado.

32 Entonces el pueblo se lanzó sobre el despojo, y tomó ovejas, bueyes y becerros y *los* mataron en el suelo; y el pueblo *los* comió con la sangre.

33 Y avisaron a Saúl, diciénd*ole:* He aquí, el pueblo está pecando contra el Señor, comiendo *carne* con la sangre. Y él dijo: Habéis obrado pérfidamente. Traedme hoy una piedra grande.

34 Y Saúl añadió: Dispersaos entre el pueblo, y decidles: "Tráigame cada uno de vosotros su buey o su oveja; matad*los* aquí y comed, pero no pequéis contra el Señor comiendo *carne* con sangre." Y aquella noche todo el pueblo trajo cada cual su buey consigo, y *los* mataron allí.

35 Y edificó Saúl un altar al Señor; este fue el primer altar que él edificó al Señor.

36 Entonces Saúl dijo: Descendamos contra los filisteos de noche, tomemos despojo de entre ellos hasta el amanecer, y no dejemos *ni* uno de ellos. Y ellos dijeron: Haz lo que te parezca bien. Entonces el sacerdote dijo: Acerquémonos a Dios aquí.

37 Y consultó Saúl a Dios: ¿Descenderé contra los filisteos? ¿Los entregarás en manos de Israel? Pero El no le contestó en aquel día.

38 Y Saúl dijo: Acercaos aquí todos vosotros, jefes del pueblo, y averiguad y ved cómo este pecado ha acontecido hoy.

39 Porque vive el Señor que libra a Israel, que aunque *la culpa* esté en mi hijo Jonatán, ciertamente morirá. Pero nadie, en todo el pueblo, le respondió.

40 Entonces dijo a todo Israel: Vosotros estaréis a un lado, y yo y mi hijo Jonatán estaremos al otro lado. Y el pueblo dijo a Saúl: Haz lo que bien te parezca.

41 Saúl entonces dijo al Señor, Dios de Israel: Da *suerte* perfecta. Y fueron señalados Jonatán y Saúl, pero el pueblo quedó libre.

42 Y Saúl dijo: Echad *suertes* entre mí y Jonatán mi hijo. Y Jonatán fue señalado.

43 Dijo, pues, Saúl a Jonatán: Cuéntame lo que has hecho. Y Jonatán le respondió, y dijo: En verdad probé un poco de miel con la punta de la vara que *tenía* en la mano. Heme aquí, debo morir.

44 Y dijo Saúl: Que Dios *me* haga esto, y aun más, pues ciertamente morirás, Jonatán.

45 Pero el pueblo dijo a Saúl: ¿Debe morir Jonatán, el que ha obtenido esta gran liberación en Israel? No sea así. Vive el Señor que ni un cabello de su cabeza caerá a tierra, porque el ha obrado con Dios en este día. Así el pueblo rescató a Jonatán, y no murió.

46 Luego Saúl subió, dejando de perseguir a los filisteos, y los filisteos se fueron a su tierra.

47 Cuando Saúl asumió el reinado sobre Israel, luchó contra todos sus enemigos en derredor: contra Moab, contra los hijos de Amón, contra Edom, contra los reyes de Soba y contra los filisteos; adondequiera que se volvía, resultaba vencedor.

48 Obró con valentía derrotando a los amalecitas, y libró a Israel de manos de los que lo saqueaban.

49 Los hijos de Saúl fueron Jonatán, Isúi y Malquisúa. Y *estos eran* los nombres de sus dos hijas: el nombre de la mayor, Merab, y el nombre de la menor, Mical.

50 El nombre de la mujer de Saúl *era* Ahinoam, hija de Ahimaas. Y el nombre del jefe de su ejército *era* Abner, hijo de Ner, tío de Saúl.

51 Cis, padre de Saúl, y Ner, padre de Abner, *eran* hijos de Abiel.

52 La guerra contra los filisteos fue encarnizada todos los días de Saúl. Cuando Saúl veía algún hombre fuerte o valiente, lo unía a su servicio.

Desobediencia de Saúl

15 Samuel dijo a Saúl: El Señor me envió a que te ungiera por rey sobre su pueblo, sobre Israel; ahora pues, está atento a las palabras del Señor.

2 Así dice el Señor de los ejércitos: "Yo castigaré a Amalec *por* lo que hizo a Israel, cuando se puso contra él en el camino mientras subía de Egipto.

3 "Ve ahora, y ataca a Amalec, y destruye por completo todo lo que tiene, y no te apiades de él; antes bien, da muerte tanto a hombres como a mujeres, a niños como a niños de pecho, a bueyes como a ovejas, a camellos como a asnos."

4 Entonces Saúl convocó al pueblo, y los contó en Telaim: doscientos mil soldados de a pie, y diez mil hombres de Judá.

5 Saúl fue a la ciudad de Amalec y se emboscó en el valle.

6 Y dijo Saúl a los ceneos: Idos, apartaos, descended de entre los amalecitas, para que no os destruya con ellos; porque vosotros mostrasteis misericordia a todos los hijos de Israel cuando subían de Egipto. Y los ceneos se apartaron de entre los amalecitas.

7 Saúl derrotó a los amalecitas desde Havila en dirección a Shur, que está al oriente de Egipto.

8 Capturó vivo a Agag, rey de los amalecitas, y destruyó por completo a todo el pueblo a filo de espada.

9 Pero Saúl y el pueblo perdonaron a Agag, y a lo mejor de las ovejas, de los bueyes, de los animales engordados, de los corderos y de todo lo bueno, y no lo quisieron destruir por completo; pero todo lo despreciable y sin valor lo destruyeron totalmente.

10 Entonces vino la palabra del Señor a Samuel, diciendo:

11 Me pesa haber hecho rey a Saúl, porque ha dejado de seguirme y no ha cumplido mis mandamientos. Y Samuel se conmovió, y clamó al Señor toda la noche.

12 Y se levantó Samuel muy de mañana para *ir* al encuentro de Saúl; y se le dio aviso a Samuel, diciendo: Saúl se ha ido a Carmel, y he aquí que ha levantado un monumento para sí, y dando la vuelta, ha seguido adelante bajando a Gilgal.

13 Entonces Samuel vino a Saúl, y Saúl le dijo: ¡Bendito seas del Señor! He cumplido el mandamiento del Señor.

14 Pero Samuel dijo: ¿Qué es este balido de ovejas en mis oídos y el mugido de bueyes que oigo?

15 Y Saúl respondió: Los han traído de los amalecitas, porque el pueblo perdonó lo mejor de las ovejas y de los bueyes, para sacrificar al Señor tu Dios; pero lo demás lo destruimos por completo.

16 Dijo entonces Samuel a Saúl: Espera, déjame declararte lo que el Señor me dijo anoche. Y él le dijo: Habla.

17 Y Samuel dijo: ¿No es verdad que aunque eras pequeño a tus propios ojos, fuiste *nombrado* jefe de las tribus de Israel y el Señor te ungió rey sobre Israel?

18 Y el Señor te envió en una misión, y dijo: "Ve, y destruye por completo a los pecadores, los amalecitas, y lucha contra ellos hasta que sean exterminados."

19 ¿Por qué, pues, no obedeciste la voz del Señor, sino que te lanzaste sobre el botín e hiciste lo malo ante los ojos del Señor?

20 Entonces Saúl dijo a Samuel: Yo obedecí la voz del Señor, y fui en la misión a la cual el Señor me envió, y he traído a Agag, rey de Amalec, y he destruido por completo a los amalecitas.

21 Mas el pueblo tomó del botín ovejas y bueyes, lo mejor de las cosas dedicadas al anatema, para ofrecer sacrificio al Señor tu Dios en Gilgal.

22 Y Samuel dijo:
¿Se complace el Señor *tanto*
en holocaustos y sacrificios
como en la obediencia a la voz del Señor?
He aquí, el obedecer es mejor que un
sacrificio,
y el prestar atención, que la grosura de los
carneros.

23 Porque la rebelión *es como* pecado de
adivinación,
y la desobediencia, *como* iniquidad e
idolatría.
Por cuanto has desechado la palabra del
Señor,
Él también te ha desechado para que no seas
rey.

24 Entonces Saúl dijo a Samuel: He pecado; en verdad he quebrantado el mandamiento del Señor y tus palabras, porque temí al pueblo y escuché su voz.

25 Ahora pues, te ruego que perdones mi pecado y vuelvas conmigo para que adore al Señor.

26 Pero Samuel respondió a Saúl: No volveré contigo; porque has desechado la palabra del Señor, y el Señor te ha desechado para que no seas rey sobre Israel.

27 Cuando Samuel se volvía para irse, *Saúl* asió el borde de su manto, y *éste* se rasgó.

28 Entonces Samuel le dijo: Hoy el Señor ha arrancado de ti el reino de Israel, y lo ha dado a un prójimo tuyo que es mejor que tú.

29 También la Gloria de Israel no mentirá ni cambiará su propósito, porque Él no es hombre para que cambie de propósito.

30 Y *Saúl* dijo: He pecado, *pero* te ruego que me honres ahora delante de los ancianos de mi pueblo y delante de Israel y que regreses conmigo para que yo adore al Señor tu Dios.

31 Volvió Samuel tras Saúl, y Saúl adoró al Señor.

32 Entonces Samuel dijo: Traedme a Agag, rey de los amalecitas. Y Agag vino a él alegremente. Y Agag dijo: Ciertamente, la amargura de la muerte ha pasado *ya.*

33 Pero Samuel dijo: Como tu espada ha dejado a las mujeres sin hijos, así *también* tu madre será sin hijo entre las mujeres. Y Samuel despedazó a Agag delante del Señor en Gilgal.

34 Luego Samuel se fue a Ramá, pero Saúl subió a su casa en Guibeá de Saúl.

35 Samuel no vio más a Saúl hasta el día de su muerte. Y Samuel lloraba por Saúl, pues el Señor se había arrepentido de haber puesto a Saúl por rey sobre Israel.

David ungido por Samuel

16 Y el Señor dijo a Samuel: ¿Hasta cuándo te lamentarás por Saúl, después que yo lo he desechado para que no reine sobre Israel? Llena tu cuerno de aceite y ve; te enviaré a Isaí, el de Belén, porque de entre sus hijos he escogido un rey para mí.

2 Y Samuel respondió: ¿Cómo puedo ir? Cuando Saúl *lo* sepa, me matará. Y el Señor dijo: Toma contigo una novilla y di: "He venido a ofrecer sacrificio al Señor."

3 Invitarás a Isaí al sacrificio y yo te mostraré lo que habrás de hacer; entonces me ungirás a aquel que yo te indique.

4 Samuel hizo lo que el Señor dijo, y fue a Belén. Y los ancianos de la ciudad vinieron a su encuentro temblando y dijeron: ¿Vienes en paz?

5 Y él respondió: En paz. He venido a ofrecer sacrificio al Señor. Consagraos y venid conmigo al sacrificio. *Samuel* consagró también a Isaí y a sus hijos y los invitó al sacrificio.

6 Y aconteció que cuando ellos entraron, vio a Eliab, y *se* dijo: Ciertamente el ungido del Señor está delante de Él.

7 Pero el Señor dijo a Samuel: No mires a su apariencia, ni a lo alto de su estatura, porque lo he desechado; pues Dios ve no como el hombre ve, pues el hombre mira la apariencia exterior, pero el Señor mira el corazón.

8 Entonces Isaí llamó a Abinadab y lo hizo pasar delante de Samuel. Y éste dijo: Tampoco a éste ha escogido el Señor.

9 Después Isaí hizo pasar a Sama. Y él dijo: Tampoco a éste ha escogido el Señor.

10 Isaí hizo pasar a siete de sus hijos delante de Samuel. Pero Samuel dijo a Isaí: El Señor no ha escogido a éstos.

11 Y Samuel dijo a Isaí: ¿Son *éstos* todos tus hijos? Y él respondió: Aún queda el menor, que está apacentando las ovejas. Entonces Samuel dijo a Isaí: Manda a buscarlo, pues no nos sentaremos *a la mesa* hasta que él venga acá.

12 Y envió *por él* y lo hizo entrar. Era rubio, de ojos hermosos y bien parecido. Y el Señor dijo: Levántate, úngele; porque éste es.

13 Entonces Samuel tomó el cuerno de aceite y lo ungió en medio de sus hermanos; y el Espíritu del Señor vino poderosamente sobre David desde aquel día en adelante. Luego Samuel se levantó y se fue a Ramá.

14 El Espíritu del Señor se apartó de Saúl, y un espíritu malo de parte del Señor le atormentaba.

15 Entonces los siervos de Saúl le dijeron: He aquí ahora, un espíritu malo de parte de Dios te está atormentando.

16 Ordene ahora nuestro señor a tus siervos que están delante de ti, que busquen un hombre que sepa tocar el arpa, y cuando el espíritu malo de parte de Dios esté sobre ti, él tocará *el arpa* con su mano y te pondrás bien.

17 Entonces Saúl dijo a sus siervos: Buscadme ahora un hombre que toque bien y traédme*lo*.

18 Y respondió uno de los mancebos y dijo: He aquí, he visto a un hijo de Isaí, el de Belén, que sabe tocar, es poderoso y valiente, un hombre de guerra, prudente en su hablar, hombre bien parecido y el Señor está con él.

19 Entonces Saúl envió mensajeros a Isaí y dijo: Envíame a tu hijo David, el que está con el rebaño.

20 Tomó Isaí un asno *cargado de* pan, un odre de vino y un cabrito, y *los* envió a Saúl con su hijo David.

21 David fue a Saúl y le servía; y *Saúl* lo amó grandemente y lo hizo su escudero.

22 Y Saúl envió a decir a Isaí: Te ruego que David se quede delante de mí, pues ha hallado gracia ante mis ojos.

23 Sucedía que cuando el espíritu *malo* de parte de Dios venía a Saúl, David tomaba el arpa, *la* tocaba con su mano, y Saúl se calmaba y se ponía bien, y el espíritu malo se apartaba de él.

Desafío de Goliat

17 Los filisteos reunieron sus ejércitos para la guerra, y se concentraron en Soco, que pertenece a Judá; y acamparon entre Soco y Azeca, en Efes-damim.

2 Y Saúl y los hombres de Israel se reunieron y acamparon en el valle de Ela, y se pusieron en orden de batalla para enfrentarse a los filisteos.

3 Los filisteos estaban a un lado del monte, e Israel estaba al otro lado del monte, y entre ellos, el valle.

4 Entonces de los ejércitos de los filisteos salió un campeón llamado Goliat, de Gat, cuya altura era de seis codos y un palmo.

5 *Tenía* un yelmo de bronce sobre la cabeza y llevaba una cota de malla, y el peso de la cota era de cinco mil siclos de bronce.

6 *Tenía* también grebas[1] de bronce en las piernas y una jabalina de bronce *colgada* entre los hombros.

7 El asta de su lanza *era* como un rodillo de telar y la punta de su lanza *pesaba* seiscientos siclos de hierro; y su escudero iba delante de él.

8 Y *Goliat* se paró y gritó a las filas de Israel, diciéndoles: ¿Para qué habéis salido a poneros en orden de batalla? ¿Acaso no soy yo filisteo y vosotros siervos de Saúl? Escogeos un hombre y que venga contra mí.

9 Si es capaz de pelear conmigo y matarme, entonces seremos vuestros siervos; pero si yo lo venzo y lo mato, entonces seréis nuestros siervos y nos serviréis.

10 De nuevo el filisteo dijo: Hoy desafío a las filas de Israel; dadme un hombre para que luchemos mano a mano.

11 Cuando Saúl y todo Israel oyeron estas palabras del filisteo, se acobardaron y tuvieron gran temor.

12 David *era* hijo del efrateo de Belén de Judá, llamado Isaí, y *éste* tenía ocho hijos. Y en los días de Saúl era *ya* viejo, avanzado *en años* entre los hombres.

13 Y los tres hijos mayores de Isaí habían ido con Saúl a la guerra. Los nombres de los tres

---

1. I.e., pieza de la armadura que protege la pierna

hijos que fueron a la guerra *eran:* Eliab, el primogénito, Abinadab, el segundo, y Sama, el tercero.
14 David era el menor. Los tres mayores
siguieron, pues, a Saúl,
15 pero David iba y venía de donde estaba Saúl
a Belén para apacentar el rebaño de su padre.
16 Durante cuarenta días el filisteo vino
mañana y tarde, presentándose *en desafío.*
17 Y dijo Isaí a su hijo David: Lleva ahora a tus
hermanos un efa de grano tostado y estos diez
panes, y corre al campamento a *donde están* tus
hermanos.
18 Lleva también estos diez quesos al jefe de los
mil, y mira a ver cómo están tus hermanos y trae
noticias de ellos.
19 Pues Saúl y ellos y todos los hombres de
Israel están en el valle de Ela, peleando contra
los filisteos.
20 Y se levantó David muy de mañana, dejó el
rebaño con un guarda, y tomando *las provisiones,*
se fue como Isaí le había mandado. Llegó al
perímetro del campamento cuando el ejército
salía en orden de batalla, lanzando el grito de
guerra.
21 E Israel y los filisteos se pusieron en orden de
batalla, ejército contra ejército.
22 Entonces David dejó su carga al cuidado del
que guardaba el bagaje y corrió a la línea de
combate y entró a saludar a sus hermanos.
23 Mientras hablaba con ellos, he aquí, el
campeón, el filisteo de Gat llamado Goliat, subió
de entre las filas de los filisteos y habló las
mismas palabras, y David *las* oyó.
24 Cuando todos los hombres de Israel vieron al
hombre, huyeron de él, y tenían gran temor.
25 Y los hombres de Israel decían: ¿Habéis visto
a ese hombre que sube? Ciertamente sube para
desafiar a Israel. El rey colmará con grandes
riquezas al que lo mate, le dará su hija y hará
libre[1] en Israel a la casa de su padre.
26 Entonces David habló a los que estaban junto
a él, diciendo: ¿Qué harán por el hombre que
mate a este filisteo y quite el oprobio de Israel?
¿Quién es este filisteo incircunciso para desafiar
a los escuadrones del Dios viviente?
27 Y el pueblo le respondió según aquella
palabra, diciendo: Así se hará al hombre que lo
mate.
28 Y Eliab, su hermano mayor, oyó cuando él
hablaba con los hombres; y se encendió la ira de
Eliab contra David, y dijo: ¿Para qué has descendido *acá?* ¿Con quién has dejado aquellas pocas
ovejas en el desierto? Yo conozco tu soberbia y la
maldad de tu corazón, que has descendido para
ver la batalla.
29 Pero David respondió: ¿Qué he hecho yo
ahora? ¿No fue sólo una pregunta?
30 Entonces se apartó de su lado hacia otro y
preguntó lo mismo; y el pueblo respondió lo
mismo que antes.
31 Cuando se supieron las palabras que David
había hablado, se *lo* dijeron a Saúl, y él lo hizo
venir.
32 Y dijo David a Saúl: No se desaliente el
corazón de nadie a causa de él; tu siervo irá y
peleará con este filisteo.
33 Entonces Saúl dijo a David: Tú no puedes ir
contra este filisteo a pelear con él, porque tú eres

un muchacho y él ha sido un guerrero desde su
juventud.
34 Pero David respondió a Saúl: Tu siervo apacentaba las ovejas de su padre, y cuando un león
o un oso venía y se llevaba un cordero del rebaño,
35 yo salía tras él, lo atacaba, y *lo* rescataba de
su boca; y cuando se levantaba contra mí, *lo*
tomaba por la quijada, lo hería y lo mataba.
36 Tu siervo ha matado tanto al león como al
oso; y este filisteo incircunciso será como uno de
ellos, porque ha desafiado a los escuadrones del
Dios viviente.
37 Y David añadió: El Señor, que me ha librado
de las garras del león y de las garras del oso, me
librará de la mano de este filisteo. Y Saúl dijo a
David: Ve, y que el Señor sea contigo.
38 Saúl vistió a David con sus ropas militares, le
puso un yelmo de bronce en la cabeza y lo cubrió
con una armadura.
39 David se ciñó la espada sobre sus ropas
militares y trató de caminar, pues no se *las* había
probado *antes.* Entonces David dijo a Saúl: No
puedo caminar con esto, pues no tengo experiencia con *ellas.* David se las quitó,
40 y tomando su cayado en la mano, escogió del
arroyo cinco piedras lisas y las puso en el saco de
pastor que traía, en el zurrón, y con la honda en
la mano se acercó al filisteo.
41 El filisteo vino, y se fue acercando a David,
con su escudero delante de él.
42 Cuando el filisteo miró y vio a David, lo tuvo
en poco porque era un muchacho, rubio y bien
parecido.
43 Y el filisteo dijo a David: ¿Acaso soy un
perro, que vienes contra mí con palos? Y el
filisteo maldijo a David por sus dioses.
44 También dijo el filisteo a David: Ven a mí, y
daré tu carne a las aves del cielo y a las fieras del
campo.
45 Entonces dijo David al filisteo: Tú vienes a
mí con espada, lanza y jabalina, pero yo vengo a
ti en el nombre del Señor de los ejércitos, el Dios
de los escuadrones de Israel, a quien tú has
desafiado.
46 El Señor te entregará hoy en mis manos, y yo
te derribaré y te cortaré la cabeza. Y daré hoy los
cadáveres del ejército de los filisteos a las aves
del cielo y a las fieras de la tierra, para que toda
la tierra sepa que hay Dios en Israel,
47 y para que sepa toda esta asamblea que el
Señor no libra ni con espada ni con lanza;
porque la batalla es del Señor y El os entregará
en nuestras manos.
48 Sucedió que cuando el filisteo se levantó y se
fue acercando para enfrentarse a David, éste
corrió rápidamente hacia el frente de batalla
para enfrentarse al filisteo.
49 David metió la mano en su saco, sacó de él
una piedra, *la* lanzó *con la honda,* y hirió al
filisteo en la frente. La piedra se hundió en su
frente y *Goliat* cayó a tierra sobre su rostro.
50 Así venció David al filisteo con una honda y
una piedra, e hirió al filisteo y lo mató; mas no
había espada en la mano de David.
51 Entonces David corrió y se puso sobre el
filisteo, tomó su espada, la sacó de la vaina y lo
mató, cortándole la cabeza con ella. Cuando los

---

1. I.e., libre de impuestos y de servicio público

filisteos vieron que su campeón estaba muerto, huyeron.

52 Y levantándose los hombres de Israel y de Judá, gritaron y persiguieron a los filisteos hasta el valle y hasta las puertas de Ecrón. Los filisteos muertos yacían a lo largo del camino a Saaraim, aun hasta Gat y Ecrón.

53 Regresaron los hijos de Israel de perseguir a los filisteos y saquearon sus campamentos.

54 Entonces David tomó la cabeza del filisteo y la llevó a Jerusalén, pero puso sus armas en su tienda.

55 Cuando Saúl vio a David salir contra el filisteo, dijo a Abner, el comandante del ejército: Abner, ¿de quién es hijo este joven? Y Abner dijo: Por tu vida, oh rey, no sé.

56 Y el rey dijo: Pregunta de quién es hijo el joven.

57 Cuando regresó David de matar al filisteo, Abner lo tomó y lo llevó ante Saúl, con la cabeza del filisteo en su mano.

58 Y Saúl le dijo: Joven, ¿de quién eres hijo? Y David respondió: *Yo soy* hijo de tu siervo Isaí el de Belén.

Amistad de David y Jonatán

18 Y aconteció que cuando él acabó de hablar con Saúl, el alma de Jonatán quedó ligada al alma de David, y Jonatán lo amó como a sí mismo.

2 Y Saúl lo tomó aquel día y no lo dejó volver a casa de su padre.

3 Entonces Jonatán hizo un pacto con David, porque lo amaba como a sí mismo.

4 Jonatán se quitó el manto que llevaba puesto y se lo dio a David con sus ropas militares, incluyendo su espada, su arco y su cinturón.

5 Y salía David adondequiera que Saúl le enviaba, *y* prosperaba; y Saúl lo puso sobre hombres de guerra. Y esto fue agradable a los ojos de todo el pueblo y también a los ojos de los siervos de Saúl.

6 Y aconteció que cuando regresaban, al volver David de matar al filisteo, las mujeres de todas las ciudades de Israel salían cantando y danzando al encuentro del rey Saúl, con panderos, con *cánticos de* júbilo y con instrumentos musicales[1].

7 Las mujeres cantaban mientras tocaban, y decían:

Saúl ha matado a sus miles,
y David a sus diez miles.

8 Entonces Saúl se enfureció, pues este dicho le desagradó, y dijo: Han atribuido a David diez miles, pero a mí me han atribuido miles. ¿Y qué más le falta sino el reino?

9 De aquel día en adelante Saúl miró a David con recelo.

10 Y aconteció al día siguiente que un espíritu malo *de parte* de Dios se apoderó de Saúl, y éste deliraba en medio de la casa, mientras David tocaba *el arpa* con su mano como de costumbre. Saúl *tenía* la lanza en la mano,

11 y arrojó Saúl la lanza, pues *se* dijo: Clavaré a David en la pared. Pero David lo evadió dos veces.

12 Mas Saúl temía a David, porque el SEÑOR estaba con él y se había apartado de Saúl.

13 Por tanto, Saúl lo alejó de su presencia nombrándolo jefe de mil hombres; y salía y entraba al frente de la tropa.

14 Y David prosperaba en todos sus caminos, pues el SEÑOR *estaba* con él.

15 Cuando Saúl vio que él prosperaba mucho, le tuvo terror.

16 Pero todo Israel y Judá amaba a David, porque él salía y entraba delante de ellos.

17 Entonces Saúl dijo a David: He aquí, Merab, mi hija mayor; te la daré por mujer, con tal que me seas hombre valiente y pelees las batallas del SEÑOR. Porque Saúl *se* decía: No será mi mano contra él, sino sea contra él la mano de los filisteos.

18 Pero David respondió a Saúl: ¿Quién soy yo, o qué es mi vida, *o quién es* la familia de mi padre en Israel, para que yo sea yerno del rey?

19 Y aconteció que llegado el tiempo en que Merab, hija de Saúl, debía ser dada a David, ésta fue dada por mujer a Adriel el meholatita.

20 Y Mical, *otra* hija de Saúl, amaba a David. Cuando se lo informaron a Saúl, el asunto le agradó.

21 Y Saúl *se* dijo: Se la daré para que le sirva de lazo y para que la mano de los filisteos sea contra él. Saúl, pues, dijo a David por segunda vez: Serás mi yerno hoy.

22 Entonces Saúl ordenó a sus siervos: Hablad en secreto a David, diciendo: "He aquí, el rey se deleita en ti y todos sus siervos te aman; ahora pues, sé yerno del rey."

23 Y los siervos de Saúl hablaron estas palabras a oídos de David. Pero David dijo: ¿Os parece poca cosa llegar a ser yerno del rey, siendo yo un hombre pobre y de poca estima?

24 Y los siervos de Saúl le informaron conforme a estas palabras *que* David había hablado.

25 Entonces Saúl dijo: Así diréis a David: "El rey no desea dote alguna, sino cien prepucios de los filisteos, para tomar venganza de los enemigos del rey." Pero Saúl pensaba hacer caer a David por mano de los filisteos.

26 Cuando sus siervos contaron a David estas palabras, agradó a David llegar a ser yerno del rey. Y antes que el plazo se cumpliera,

27 se levantó David y se fue con sus hombres, y mató a doscientos hombres de entre los filisteos. Entonces David trajo sus prepucios y se los dio todos al rey a fin de ser yerno del rey. Y Saúl le dio a su hija Mical por mujer.

28 Cuando Saúl vio y comprendió que el SEÑOR *estaba* con David, y *que* Mical, hija de Saúl, lo amaba,

29 temió Saúl aún más a David. Y Saúl fue siempre enemigo de David.

30 Y salían los jefes de los filisteos *a campaña*, y sucedía que cada vez que salían, David se comportaba con más sabiduría que todos los siervos de Saúl, por lo cual su nombre era muy estimado.

Jonatán intercede por David

19 Saúl dijo a su hijo Jonatán y a todos sus siervos que dieran muerte a David; pero Jonatán, hijo de Saúl, apreciaba grandemente a David.

2 Y avisó Jonatán a David, diciendo: Saúl mi padre procura matarte. Ahora pues, te ruego que

---

1. I.e., triángulos, o, instrumentos de tres cuerdas

estés alerta por la mañana, y permanezcas en un lugar secreto y te escondas.

3 Yo saldré y me pondré al lado de mi padre en el campo donde tú te encuentres, y hablaré con mi padre de ti; si descubro algo, te avisaré.

4 Entonces Jonatán habló bien de David a Saúl su padre, y le dijo: No peque el rey contra David su siervo, puesto que él no ha pecado contra ti, y puesto que sus hechos *han sido* de mucho beneficio para ti.

5 Porque puso su vida en peligro e hirió al filisteo, y el SEÑOR trajo una gran liberación a todo Israel; tú *lo* viste y te regocijaste. ¿Por qué, pues, pecarás contra sangre inocente, dando muerte a David sin causa?

6 Y escuchó Saúl la voz de Jonatán, y juró: Vive el SEÑOR que no morirá.

7 Entonces Jonatán llamó a David y le comunicó todas estas palabras. Y Jonatán llevó a David ante Saúl, y estuvo en su presencia como antes.

8 Cuando hubo guerra de nuevo, David salió y peleó contra los filisteos, y los derrotó con gran matanza, y huyeron delante de él.

9 Y vino un espíritu malo *de parte* del SEÑOR sobre Saúl; y estaba él sentado en su casa con su lanza en la mano mientras David tocaba *el arpa*.

10 Y trató Saúl de clavar a David en la pared con la lanza, pero *éste* se escurrió de la presencia de Saúl, y la lanza se clavó en la pared; David huyó y escapó aquella noche.

11 Saúl envió mensajeros a la casa de David para vigilarle a fin de matarlo por la mañana; pero Mical, mujer de David, le avisó, diciendo: Si no pones a salvo tu vida esta noche, mañana te darán muerte.

12 Mical descolgó a David por una ventana, y él salió, huyó y escapó.

13 Y tomó Mical el ídolo doméstico y *lo* puso en la cama, puso a su cabecera una almohada de *pelo de* cabra y *lo* cubrió con ropa.

14 Cuando Saúl envió mensajeros para llevarse a David, ella dijo: Está enfermo.

15 Entonces Saúl envió mensajeros a ver a David, diciendo: Traédmelo en la cama, para que yo lo mate.

16 Cuando los mensajeros entraron, he aquí, el ídolo doméstico *estaba* sobre la cama con la almohada de *pelo de* cabra a su cabecera.

17 Y Saúl dijo a Mical: ¿Por qué me has engañado de esta manera y has dejado ir a mi enemigo, de modo que ha escapado? Y Mical dijo a Saúl: El me dijo: "Déjame ir, porque *si no* te mato."

18 Huyó, pues, David y escapó, y fue a *donde estaba* Samuel en Ramá, y le contó todo lo que Saúl le había hecho. Y él y Samuel fueron y se quedaron en Naiot.

19 Y se le informó a Saúl diciendo: He aquí, David está en Naiot, en Ramá.

20 Saúl envió mensajeros para llevarse a David, pero cuando vieron al grupo de los profetas profetizando, y a Samuel de pie presidiéndolos, el Espíritu de Dios vino sobre los mensajeros de Saúl, y ellos también profetizaron.

21 Cuando se lo dijeron a Saúl, envió otros mensajeros, y también ellos profetizaron. Y por tercera vez Saúl envió mensajeros, y ellos también profetizaron.

22 Entonces él mismo fue a Ramá, y llegó hasta el pozo grande que está en Secú; y preguntó, diciendo: ¿Dónde están Samuel y David? Y *alguien* dijo: He aquí, están en Naiot en Ramá.

23 Y él prosiguió hasta Naiot en Ramá; y vino también el Espíritu de Dios sobre él, e iba profetizando continuamente hasta llegar a Naiot en Ramá.

24 Se quitó además la ropa, también profetizó delante de Samuel, y estuvo echado desnudo todo aquel día y toda la noche. Por lo que suele decirse: ¿También está Saúl entre los profetas?

Jonatán ayuda a David

20 Entonces David huyó de Naiot en Ramá, vino ante Jonatán, y dijo: ¿Qué he hecho yo? ¿Cuál es mi maldad y cuál es mi pecado contra tu padre para que busque mi vida?

2 Y él le respondió: De ninguna manera; no morirás. He aquí, mi padre no hace ninguna cosa, grande o pequeña, sin revelármela. ¿Por qué, pues, me ha de ocultar esto mi padre? No será así.

3 Pero David volvió a jurar, diciendo: Tu padre sabe bien que he hallado gracia ante tus ojos, y ha dicho: "Que no lo sepa Jonatán para que no se entristezca." Pero ciertamente, vive el SEÑOR y vive tu alma, que apenas hay un paso entre mí y la muerte.

4 Entonces Jonatán dijo a David: Lo que tú digas, haré por ti.

5 Y David respondió a Jonatán: He aquí, mañana es luna nueva y debo sentarme a comer con el rey, pero déjame ir para que me esconda en el campo hasta el atardecer del tercer día.

6 Si tu padre me echa de menos, entonces di: "David me rogó mucho *que le dejara* ir a toda prisa a Belén su ciudad, porque allá *se celebra* el sacrificio anual por toda la familia."

7 Si él dice: "Está bien", tu siervo *estará* seguro; pero si se enoja, sabrás que ha decidido *hacer* el mal.

8 Trata entonces con misericordia a tu siervo, ya que has hecho entrar a tu siervo en un pacto del SEÑOR contigo. Pero si hay maldad en mí, mátame tú, pues, ¿por qué llevarme a tu padre?

9 Respondió Jonatán: ¡Nunca tal te suceda! Porque si yo me entero que mi padre ha decidido que el mal caiga sobre ti, ¿no te lo avisaría yo?

10 David respondió a Jonatán: ¿Quién me avisará si tu padre te responde ásperamente?

11 Y Jonatán dijo a David: Ven, salgamos al campo. Y ambos salieron al campo.

12 Entonces Jonatán dijo a David: El SEÑOR, Dios de Israel, *sea testigo*. Cuando yo haya hablado con mi padre como a esta hora mañana, *o* al tercer *día*, he aquí, si hay buen *ánimo* para con David, ¿no habré de enviar a ti para hacértelo saber?

13 Si mi padre quiere hacerte mal, que así haga el SEÑOR a Jonatán y aun le añada si no le hago saber y te envío para que vayas en paz. Y que el SEÑOR sea contigo, como ha sido con mi padre.

14 Y si todavía vivo, ¿no me mostrarás la misericordia del SEÑOR, para que no muera?

15 No quitarás tu misericordia de mi casa para siempre, ni aun cuando el SEÑOR haya quitado de

la faz de la tierra a cada uno de los enemigos de David.

16 Jonatán, pues, hizo *un pacto* con la casa de David, *diciendo:* El Señor *lo* demande de la mano de los enemigos de David.

17 Y Jonatán hizo jurar a David otra vez a causa de su amor por él, pues le amaba como a sí mismo.

18 Entonces Jonatán le dijo: Mañana es luna nueva y serás echado de menos, porque tu asiento estará vacío.

19 Cuando hayas estado *ausente* tres días, descenderás aprisa y vendrás al lugar donde te escondiste el día de *aquel* suceso, y permanecerás junto a la piedra de Ezel.

20 Yo tiraré tres saetas hacia un lado, como tirando al blanco.

21 Y he aquí, enviaré al muchacho, *diciendo:* "Ve, busca las saetas." Si digo claramente al muchacho: "He aquí, las saetas están más acá de ti, tómalas", entonces ven porque hay seguridad para ti y no *habrá* mal, vive el Señor.

22 Pero si digo al joven: "He aquí, las saetas están más allá de ti", vete, porque el Señor te ha enviado.

23 En cuanto al acuerdo del cual tú y yo hemos hablado, he aquí, el Señor está entre nosotros dos para siempre.

24 Se escondió, pues, David en el campo. Cuando vino la luna nueva, el rey se sentó a comer.

25 El rey se sentó en su asiento como de costumbre, el asiento junto a la pared; entonces Jonatán se levantó, y Abner se sentó al lado de Saúl, pero el lugar de David estaba vacío.

26 Sin embargo, Saúl no dijo nada aquel día, porque *se* dijo: Es una casualidad, no estará limpio; de seguro que no se ha purificado.

27 Y sucedió al día siguiente, el segundo *día* de la luna nueva, que el lugar de David estaba aún vacío; entonces Saúl dijo a su hijo Jonatán: ¿Por qué no ha venido el hijo de Isaí a la comida ni ayer ni hoy?

28 Y Jonatán respondió a Saúl: David me rogó encarecidamente que le dejara *ir* a Belén,

29 y dijo: "Te ruego que me dejes ir, pues nuestra familia tiene sacrificio en la ciudad y mi hermano me ha mandado que asista. Ahora pues, si he hallado gracia ante tus ojos, te ruego me dejes ir para ver a mis hermanos." Por este motivo no ha venido a la mesa del rey.

30 Se encendió la ira de Saúl contra Jonatán, y le dijo: ¡Hijo de perversa *y* rebelde! ¿Acaso no sé yo que prefieres al hijo de Isaí, para tu propia vergüenza y para vergüenza de la desnudez de tu madre?

31 Pues mientras viva sobre la tierra el hijo de Isaí, ni tú ni tu reino serán establecidos. Ahora pues, manda a traérmelo, porque ciertamente ha de morir.

32 Pero Jonatán respondió a su padre Saúl, y le dijo: ¿Por qué ha de morir? ¿Qué ha hecho?

33 Entonces Saúl le arrojó la lanza para matarlo; así Jonatán supo que su padre había decidido matar a David.

34 Jonatán se levantó de la mesa ardiendo en ira y no comió pan el segundo día de la luna nueva, pues estaba entristecido por David, porque su padre le había afrentado.

35 A la mañana *siguiente* Jonatán salió al campo para reunirse con David, y un muchacho pequeño *iba* con él.

36 Y dijo al muchacho: Corre, busca ahora las saetas que voy a tirar. Y mientras el muchacho corría, tiró una saeta más allá de él.

37 Cuando el muchacho llegó a la saeta que Jonatán había tirado, Jonatán le gritó al muchacho, y dijo: ¿No está la saeta más allá de ti?

38 Y Jonatán llamó al muchacho: Corre, date prisa, no te detengas. Y el muchacho de Jonatán recogió la saeta y volvió a su señor.

39 Pero el muchacho no estaba al tanto de nada; sólo Jonatán y David sabían del asunto.

40 Entonces Jonatán dio sus armas al muchacho y le dijo: Vete, lléva*las* a la ciudad.

41 Cuando el muchacho se fue, David se levantó del lado del sur, y cayendo rostro en tierra, se postró tres veces. Y se besaron el uno al otro y lloraron juntos, pero David *lloró* más.

42 Y Jonatán dijo a David: Vete en paz, ya que nos hemos jurado el uno al otro en el nombre del Señor, diciendo: "El Señor esté entre tú y yo, y entre mi descendencia y tu descendencia para siempre." *David* se levantó y se fue, y Jonatán entró en la ciudad.

David huye de Saúl

21 Entonces llegó David a Nob, al sacerdote Ahimelec; y Ahimelec vino tembloroso al encuentro de David, y le dijo: ¿Por qué estás solo y *no hay* nadie contigo?

2 Y David respondió al sacerdote Ahimelec: El rey me ha encomendado cierto asunto y me ha dicho: "Que no sepa nadie acerca del asunto por el cual te envío y que te he encomendado; y yo he citado a los jóvenes a cierto lugar."

3 Ahora pues, ¿qué tienes a mano? Dame cinco panes, o lo que tengas.

4 Respondió el sacerdote a David, y dijo: No hay pan común a mano, pero hay pan consagrado; siempre que los jóvenes se hayan abstenido de mujer.

5 Y David respondió al sacerdote, y le dijo: Ciertamente las mujeres nos han sido vedadas; como anteriormente, cuando he salido *en campaña,* los cuerpos de los jóvenes se han mantenido puros, aunque haya sido un viaje profano; ¿cuánto más puros estarán sus cuerpos hoy?

6 Entonces el sacerdote le dio *pan* consagrado; porque allí no había *otro* pan, sino el pan de la Presencia que había sido quitado de delante del Señor para colocar pan caliente *en su lugar* al ser retirado.

7 Y uno de los siervos de Saúl estaba allí aquel día, detenido delante del Señor; se llamaba Doeg edomita, jefe de los pastores de Saúl.

8 Y David dijo a Ahimelec: ¿No tienes aquí a mano una lanza o una espada? Pues no traje ni espada ni armas conmigo, porque el asunto del rey era urgente.

9 Entonces el sacerdote dijo: He aquí, la espada de Goliat el filisteo, a quien mataste en el valle de Ela, está envuelta en un paño detrás del efod; si *quieres* llevártela, tóma*la,* porque aquí no hay otra sino ésa. Y David dijo: Como ésa no hay otra; dámela.

10 David se levantó y huyó aquel día de Saúl, y fue a *donde estaba* Aquis, rey de Gat.

11 Pero los siervos de Aquis le dijeron: ¿No es éste David, el rey de la tierra? ¿No cantaban de él en las danzas, diciendo:

"Saúl mató a sus miles,
   y David a sus diez miles"?

12 David tomó en serio estas palabras y temió grandemente a Aquis, rey de Gat.

13 Y se fingió demente ante sus ojos y actuaba como loco en medio de ellos; escribía garabatos en las puertas de la entrada y dejaba que su saliva le corriera por la barba.

14 Entonces Aquis dijo a sus siervos: He aquí, veis al hombre portándose como un loco. ¿Por qué me lo traéis?

15 ¿Acaso me hacen falta locos, que me habéis traído a éste para que haga de loco en mi presencia? ¿Va a entrar éste en mi casa?

22 David se fue de allí y se refugió en la cueva de Adulam. Cuando sus hermanos y toda la casa de su padre *lo* supieron, descendieron a él allá.

2 Todo el que estaba en apuros, todo el que estaba endeudado y todo el que estaba descontento se unió a él, y él vino a ser jefe sobre ellos. Y había con él unos cuatrocientos hombres.

3 De allí fue David a Mizpa de Moab, y dijo al rey de Moab: Permite que mi padre y mi madre vengan *y se queden* con vosotros hasta que yo sepa lo que Dios hará por mí.

4 Los dejó, pues, con el rey de Moab, y se quedaron con él todo el tiempo que David estuvo en el refugio.

5 Y el profeta Gad dijo a David: No te quedes en el refugio; vete y entra en la tierra de Judá. Y David se fue y entró en el bosque de Haret.

6 Entonces oyó Saúl que David y los hombres que *estaban* con él habían sido descubiertos. Saúl estaba en Guibeá, sentado bajo un tamarisco, en el alto, con su lanza en la mano, y todos sus siervos estaban de pie alrededor de él.

7 Y Saúl dijo a sus siervos que estaban a su alrededor: Oíd*me* ahora, hijos de Benjamín. ¿Os dará también el hijo de Isaí a todos vosotros campos y viñas? ¿Os hará a todos jefes de miles y jefes de cientos?

8 Porque todos vosotros habéis conspirado contra mí y no hay quien me revele cuando mi hijo hace *un pacto* con el hijo de Isaí, tampoco hay entre vosotros quien tenga piedad de mí ni me revele que mi hijo ha instigado a mi siervo contra mí para tenderme una emboscada, como *sucede* hoy.

9 Entonces respondió Doeg edomita, que estaba junto a los siervos de Saúl, y dijo: Yo vi al hijo de Isaí venir a Nob, a *donde estaba* Ahimelec, hijo de Ahitob.

10 Y consultó al SEÑOR por él, y le dio provisiones y le dio la espada de Goliat el filisteo.

11 El rey mandó llamar al sacerdote Ahimelec, hijo de Ahitob, y a toda la casa de su padre, los sacerdotes que *estaban* en Nob, y todos ellos vinieron al rey.

12 Y Saúl dijo: Escucha ahora, hijo de Ahitob. Y *éste* respondió: Heme aquí, mi señor.

13 Y le dijo Saúl: ¿Por qué tú y el hijo de Isaí habéis conspirado contra mí, dándole pan y una espada, y has consultado a Dios por él para que

se rebelara contra mí, tendiéndome una emboscada como *sucede* hoy?

14 Respondió Ahimelec al rey y dijo: ¿Y quién entre todos tus siervos es tan fiel como David, yerno del rey, jefe de tu guardia y se le honra en tu casa?

15 ¿Acaso comencé hoy a consultar a Dios por él? Lejos esté esto de mí. No culpe el rey de nada a su siervo *ni* a ninguno de la casa de mi padre, porque tu siervo no sabe nada de todo este asunto.

16 Pero el rey dijo: Ciertamente morirás, Ahimelec, tú y toda la casa de tu padre.

17 Y entonces a los guardias que le asistían: Volveos y dad muerte a los sacerdotes del SEÑOR, porque la mano de ellos también está con David, y porque sabían que él estaba huyendo y no me lo revelaron. Pero los siervos del rey no quisieron levantar la mano para atacar a los sacerdotes del SEÑOR.

18 Entonces el rey dijo a Doeg: Vuélvete y ataca a los sacerdotes. Y Doeg edomita, se volvió y atacó a los sacerdotes, y mató aquel día a ochenta y cinco hombres que vestían el efod de lino.

19 Y a Nob, ciudad de los sacerdotes, la hirió a filo de espada, tanto a hombres como a mujeres, tanto a niños como a niños de pecho; también *hirió* a filo de espada bueyes, asnos y ovejas.

20 Pero un hijo de Ahimelec, hijo de Ahitob, llamado Abiatar, escapó y huyó tras David.

21 Y Abiatar avisó a David que Saúl había matado a los sacerdotes del SEÑOR.

22 Entonces David dijo a Abiatar: Yo sabía aquel día, cuando Doeg edomita *estaba* allí, que de seguro se *lo* haría saber a Saúl. He causado *la muerte* de todas las personas en la casa de tu padre.

23 Quédate conmigo, no temas, porque el que busca mi vida, busca tu vida; pues conmigo estarás a salvo.

David libra a Keila

23 Y dieron aviso a David, diciendo: He aquí, los filisteos están atacando a Keila, y están saqueando las eras.

2 Entonces consultó David al SEÑOR, diciendo: ¿Debo ir a atacar a estos filisteos? Y el SEÑOR dijo a David: Ve, ataca a los filisteos y libra a Keila.

3 Pero los hombres de David le dijeron: He aquí, estamos con temor aquí en Judá. ¿Cuánto más si vamos a Keila contra las filas de los filisteos?

4 De nuevo David consultó al SEÑOR; y el SEÑOR le respondió, y dijo: Levántate, desciende a Keila, pues entregaré a los filisteos en tu mano.

5 Y David y sus hombres fueron a Keila y pelearon contra los filisteos; y él se llevó sus ganados y los hirió con gran mortandad. Así libró David a los habitantes de Keila.

6 Y sucedió que cuando Abiatar, hijo de Ahimelec, huyó a *donde estaba* David en Keila, descendió *con* un efod en la mano.

7 Cuando se avisó a Saúl que David había ido a Keila, Saúl dijo: Dios lo ha entregado en mi mano, pues se ha encerrado entrando en una ciudad con doble puerta y barras.

8 Y convocó Saúl a todo el pueblo a la guerra,

para descender a Keila a fin de cercar a David y sus hombres.

9 Y David supo que Saúl tramaba el mal contra él; así que le dijo al sacerdote Abiatar: Trae el efod.

10 Entonces David dijo: Oh SEÑOR, Dios de Israel, tu siervo ciertamente ha oído que Saúl procura venir a Keila para destruir la ciudad por causa mía.

11 ¿Me entregarán en su mano los hombres de Keila? ¿Descenderá Saúl tal como tu siervo ha oído? Oh SEÑOR, Dios de Israel, te ruego que *lo* hagas saber a tu siervo. Y el SEÑOR dijo: Descenderá.

12 Entonces David dijo: ¿Me entregarán los hombres de Keila a mí y a mis hombres en manos de Saúl? Y el SEÑOR dijo: *Os* entregarán.

13 Se levantó, pues, David con sus hombres, como seiscientos, y salieron de Keila y anduvieron de un lugar a otro. Cuando a Saúl le informaron que David se había escapado de Keila, cesó de perseguirlo.

14 David se quedó en el desierto en los refugios, y permaneció en la región montañosa en el desierto de Zif. Saúl lo buscaba todos los días, pero Dios no lo entregó en su mano.

15 Y se dio cuenta David que Saúl había salido para quitarle la vida; y David *se encontraba* en el desierto de Zif, en Hores.

16 Y Jonatán, hijo de Saúl, se levantó y fue a *donde estaba* David en Hores, y le fortaleció en Dios.

17 Y le dijo: No temas, porque la mano de Saúl mi padre no te encontrará, y tú reinarás sobre Israel y yo seré segundo después de ti; Saúl mi padre también sabe esto.

18 Hicieron los dos un pacto delante del SEÑOR; y David permaneció en Hores mientras Jonatán se fue a su casa.

19 Entonces subieron los de Zif a Saúl en Guibeá diciendo: ¿No está David escondido entre nosotros en los refugios en Hores, en la colina de Haquila que está al sur de Jesimón[1]?

20 Ahora bien, oh rey, desciende conforme a todo el deseo de tu alma para hacerlo; y nuestra parte *será* entregarlo en manos del rey.

21 Y Saúl dijo: Benditos seáis del SEÑOR, porque os compadecisteis de mí.

22 Id ahora, aseguraos, investigad y ved dónde está su escondite, *y* quién le ha visto allí, porque me han dicho que es muy astuto.

23 Mirad entonces, reconoced todos los escondites donde se oculta, regresad a mí cuando estéis seguros, y yo iré con vosotros; y sucederá que si estuviera en la tierra, he de hallarle entre todos los miles de Judá.

24 Ellos se levantaron y fueron a Zif delante de Saúl. Y David y sus hombres *estaban* en el desierto de Maón, en el Arabá, al sur de Jesimón.

25 Saúl fue con sus hombres a buscar*lo*, pero le avisaron a David, y *éste* bajó a la peña y permaneció en el desierto de Maón. Cuando Saúl *lo* supo, persiguió a David en el desierto de Maón.

26 Saúl iba por un lado del monte y David y sus hombres por el otro lado del monte; y David se apresuraba para huir de Saúl, pues Saúl y sus hombres estaban rodeando a David y a sus hombres para apresarlos.

27 Pero un mensajero vino a Saúl diciendo: Apresúrate y ven, pues los filisteos han hecho una incursión en la tierra.

28 Regresó entonces Saúl, *dejando* de perseguir a David, y fue al encuentro de los filisteos; por eso llamaron a aquel lugar la Peña de Escape.

29 Y subió David de allí, y permaneció en los refugios de En-gadi.

David perdona la vida a Saúl

24 Y aconteció que cuando Saúl volvió de perseguir a los filisteos, le dieron aviso, diciendo: He aquí, David está en el desierto de En-gadi.

2 Entonces Saúl tomó de todo Israel tres mil hombres escogidos, y fue en busca de David y de sus hombres por los peñascos de las cabras monteses.

3 Llegó a unos rediles de ovejas en el camino, donde *había* una cueva, y Saúl entró *en ella* para hacer sus necesidades. Y David y sus hombres estaban sentados en los rincones de la cueva.

4 Y los hombres de David le dijeron: Mira, *este es* el día del que te habló el SEÑOR: "He aquí, voy a entregar a tu enemigo en tu mano, y harás con él como bien te parezca." Entonces David se levantó y cortó a escondidas la orilla del manto de Saúl.

5 Aconteció después de esto que la conciencia de David le remordía, porque había cortado la orilla *del manto* de Saúl.

6 Y dijo a sus hombres: El SEÑOR me guarde de hacer tal cosa contra mi rey, el ungido del SEÑOR, de extender contra él mi mano, porque es el ungido del SEÑOR.

7 David contuvo a sus hombres con *estas* palabras y no les permitió que se levantaran contra Saúl. Y Saúl se levantó, *salió* de la cueva, y siguió *su* camino.

8 Después *de esto* David se levantó, salió de la cueva y dio voces tras Saúl, diciendo: ¡Mi señor el rey! Y cuando Saúl miró hacia atrás, David inclinó su rostro a tierra y se postró.

9 Y dijo David a Saúl: ¿Por qué escuchas las palabras de los hombres, que dicen: "Mira que David procura tu mal"?

10 He aquí, hoy han visto tus ojos que el SEÑOR te ha puesto en mis manos en la cueva en este día; y algunos me dijeron que te matara, pero *mis ojos* tuvieron piedad de ti, y dije: "No extenderé mi mano contra mi rey, porque es el ungido del SEÑOR."

11 Y mira, padre mío, mira la orilla de tu manto en mi mano. Puesto que corté la orilla de tu manto y no te maté, reconoce y ve que no hay maldad ni rebelión en mis manos y que no he pecado contra ti, a pesar de que tú acechas mi vida para quitármela.

12 Juzgue el SEÑOR entre tú y yo y que el SEÑOR me vengue de ti, pero mi mano no será contra ti.

13 Como dice el proverbio de los antiguos: "De los malos procede la maldad", pero mi mano no será contra ti.

14 ¿Tras quién ha salido el rey de Israel? ¿A quién persigues? ¿A un perro muerto? ¿A una pulga?

15 Sea el SEÑOR juez y decida entre tú y yo; que

---

1. O, *del desierto*

El vea y defienda mi causa y me libre de tu mano.

16 Y sucedió que cuando David acabó de decir a Saúl estas palabras, Saúl dijo: ¿Es ésta tu voz, David, hijo mío? Entonces Saúl alzó su voz y lloró.

17 Y dijo a David: Eres más justo que yo, porque tú me has tratado bien mientras que yo te he tratado con maldad.

18 Tú has demostrado hoy que me has hecho bien, ya que el Señor me entregó en tu mano y *sin embargo* no me diste muerte.

19 Porque si un hombre halla a su enemigo, ¿lo dejará ir sano y salvo? Que el Señor, por tanto, te recompense con bien por lo que has hecho por mí hoy.

20 Y he aquí, ahora sé que ciertamente serás rey, y que el reino de Israel será establecido en tu mano.

21 Ahora pues, júrame por el Señor que no cortarás mi descendencia después de mí, y que no borrarás mi nombre de la casa de mi padre.

22 Y David se *lo* juró a Saúl. Y Saúl se fue a su casa, pero David y sus hombres subieron al refugio.

Muerte de Samuel

25 Murió Samuel, y se reunió todo Israel y lo lloraron, y lo sepultaron en su casa en Ramá. Después David se levantó y descendió al desierto de Parán.

2 Y *había* un hombre en Maón que tenía sus bienes en Carmel; el hombre era muy rico y tenía tres mil ovejas y mil cabras; y estaba en Carmel trasquilando sus ovejas.

3 El hombre se llamaba Nabal, y su mujer se llamaba Abigail. Y la mujer *era* inteligente y de hermosa apariencia, pero el hombre *era* áspero y malo en *sus* tratos, y *era* calebita.

4 Y oyó David en el desierto que Nabal estaba trasquilando sus ovejas.

5 Entonces David envió diez jóvenes, y les dijo: Subid a Carmel, visitad a Nabal y saludadle en mi nombre;

6 y *le* diréis así: "Ten una larga vida, paz para ti, paz para tu casa y paz para todo lo que tienes.

7 "He oído que tienes esquiladores; ahora bien, tus pastores han estado con nosotros, y no los hemos maltratado, ni les ha faltado nada todos los días que estuvieron en Carmel.

8 "Pregunta a tus mozos, y ellos te *lo* dirán. Por tanto, permite que *mis* mozos hallen gracia ante tus ojos, porque hemos llegado en un día de fiesta. Te ruego que de lo que tengas a mano, des a tus siervos y a tu hijo David."

9 Cuando llegaron los jóvenes de David, dijeron a Nabal todas estas palabras en nombre de David; entonces esperaron.

10 Pero Nabal respondió a los siervos de David, y dijo: ¿Quién es David y quién es el hijo de Isaí? Hay muchos siervos hoy día que huyen de su señor.

11 ¿He de tomar mi pan, mi agua y la carne que he preparado para mis esquiladores, y he de dárselos a hombres cuyo origen no conozco?

12 Entonces los jóvenes de David se volvieron por su camino, y regresaron; y llegaron y le comunicaron todas estas palabras.

13 Y David dijo a sus hombres: Cíñase cada uno su espada. Y cada hombre se ciñó su espada. David también se ciñó su espada, y unos cuatrocientos hombres subieron tras David, mientras que doscientos se quedaron con el bagaje.

14 Mas uno de los mozos avisó a Abigail, mujer de Nabal, diciendo: He aquí, David envió mensajeros desde el desierto a saludar a nuestro señor, y él los desdeñó.

15 Sin embargo, los hombres *fueron* muy buenos con nosotros; no nos maltrataron ni nos faltó nada cuando andábamos con ellos, mientras estábamos en el campo.

16 Como muro fueron para nosotros tanto de noche como de día, todo el tiempo que estuvimos con ellos apacentando las ovejas.

17 Ahora pues, reflexiona y mira lo que has de hacer, porque el mal *ya* está determinado contra nuestro señor y contra toda su casa, y él es un hombre tan indigno que nadie puede hablarle.

18 Entonces Abigail se dio prisa y tomó doscientos panes, dos odres de vino, cinco ovejas ya preparadas, cinco medidas de grano tostado, cien racimos de uvas pasas, y doscientas tortas de higos, y *los* puso sobre asnos.

19 Y dijo a sus mozos: Id delante de mí; he aquí, yo os seguiré. Pero nada dijo a su marido Nabal.

20 Y sucedió que cuando ella cabalgaba en su asno y descendía por la parte encubierta del monte, he aquí que David y sus hombres venían bajando hacia ella, y se encontró con ellos.

21 Y David había dicho: Ciertamente, en vano he guardado todo lo que este *hombre* tiene en el desierto, de modo que nada se perdió de todo lo suyo; y él me ha devuelto mal por bien.

22 Así haga Dios a los enemigos de David, y aun más, si al *llegar* la mañana he dejado *tan sólo* un varón de los suyos.

23 Cuando Abigail vio a David se dio prisa y bajó de su asno, y cayendo sobre su rostro delante de David, se postró en tierra.

24 Y se echó a sus pies y dijo: Señor mío, sólo sobre mí sea la culpa. Te ruego que permitas que tu sierva te hable, y que escuches las palabras de tu sierva.

25 Ruego a mi señor que no haga caso a este hombre indigno, Nabal, porque conforme a su nombre, así es. Se llama Nabal, y la insensatez está con él; mas yo tu sierva no vi a los jóvenes que tú, mi señor, enviaste.

26 Ahora pues, señor mío, vive el Señor y vive tu alma; puesto que el Señor te ha impedido derramar sangre y vengarte por tu propia mano, sean pues como Nabal tus enemigos y los que buscan el mal contra mi señor.

27 Y ahora permite que este presente que tu sierva ha traído para mi señor se dé a los jóvenes que acompañan a mi señor.

28 Te ruego que perdones la ofensa de tu sierva, porque el Señor ciertamente establecerá una casa duradera para mi señor, pues mi señor pelea las batallas del Señor, y el mal no se hallará en ti en todos tus días.

29 Y si alguno se levanta para perseguirte y buscar tu vida, entonces la vida de mi señor será ligada en el haz de los que viven con el Señor tu Dios; pero El lanzará la vida de tus enemigos como de en medio de una honda.

30 Y sucederá que cuando el Señor haga por mí

señor conforme a todo el bien que El ha hablado de ti, y te ponga por príncipe sobre Israel,

31 esto no causará pesar ni remordimiento a mi señor, tanto por haber derramado sangre sin causa como por haberse vengado mi señor. Cuando el Señor haya hecho bien a mi señor, entonces acuérdate de tu sierva.

32 Entonces David dijo a Abigail: Bendito sea el Señor, Dios de Israel, que te envió hoy a encontrarme,

33 bendito sea tu razonamiento, y bendita seas tú, que me has impedido hoy derramar sangre y vengarme por mi propia mano.

34 Sin embargo, vive el Señor, Dios de Israel, que me ha impedido hacerte mal, que si tú no hubieras venido pronto a encontrarme, ciertamente, para la luz del alba, no le hubiera quedado a Nabal *ni* un varón.

35 Recibió David de su mano lo que ella había traído y le dijo: Sube en paz a tu casa. Mira, te he escuchado y te he concedido tu petición.

36 Entonces Abigail regresó a Nabal, y he aquí, él tenía un banquete en su casa, como el banquete de un rey. Y el corazón de Nabal estaba alegre, pues estaba muy ebrio, por lo cual ella no le comunicó nada hasta el amanecer.

37 Pero sucedió que por la mañana, cuando se le pasó el vino a Nabal, su mujer le contó estas cosas, y su corazón se quedó *como* muerto dentro de él, y se puso *como* una piedra.

38 Y unos diez días después, sucedió que el Señor hirió a Nabal, y murió.

39 Cuando David supo que Nabal había muerto, dijo: Bendito sea el Señor, que ha defendido la causa de mi afrenta el manos de Nabal, y ha preservado a su siervo del mal. El Señor también ha devuelto la maldad de Nabal sobre su propia cabeza. Entonces David envió a hablar con Abigail, para tomarla para sí por mujer.

40 Y los siervos de David fueron a *casa de* Abigail en Carmel, y le hablaron diciendo: David nos ha enviado a ti, para tomarte para sí por mujer.

41 Y ella se levantó y postrándose rostro en tierra, dijo: He aquí, vuestra sierva es una criada para lavar los pies de los siervos de mi señor.

42 Abigail se levantó apresuradamente, montó en un asno, y con sus cinco doncellas que la atendían siguió a los mensajeros de David, y fue su mujer.

43 David había tomado también a Ahinoam de Jezreel, y ambas fueron mujeres suyas.

44 Pues Saúl había dado a su hija Mical, mujer de David, a Palti, hijo de Lais, que *era* de Galim.

David perdona de nuevo la vida a Saúl

26 Entonces vinieron los zifeos a Saúl en Guibeá, diciendo: ¿No está David escondido en la colina de Haquila, *que está* frente a Jesimón?

2 Se levantó, pues, Saúl y descendió al desierto de Zif, teniendo consigo tres mil hombres escogidos de Israel, para buscar a David en el desierto de Zif.

3 Y acampó Saúl en la colina de Haquila, que está frente a Jesimón, junto al camino, y David permanecía en el desierto. Cuando vio que Saúl venía tras él al desierto,

4 David envió espías, y supo que Saúl en verdad se acercaba.

5 Se levantó David y vino al lugar donde Saúl había acampado. Y vio David el lugar donde estaban acostados Saúl y Abner, hijo de Ner, el jefe de su ejército; Saúl dormía en medio del campamento y el pueblo estaba acampado alrededor de él.

6 Entonces habló David a Ahimelec heteo y a Abisai, hijo de Sarvia, hermano de Joab, diciendo: ¿Quién descenderá conmigo a *donde está* Saúl en el campamento? Y Abisai dijo: Yo descenderé contigo.

7 Y David y Abisai llegaron de noche al campamento, y he aquí, Saúl estaba durmiendo en medio del campamento, con su lanza clavada en tierra a su cabecera; y Abner y la gente estaban acostados alrededor de él.

8 Entonces Abisai dijo a David: Hoy Dios ha entregado a tu enemigo en tu mano; ahora pues, déjame clavarlo a la tierra de un solo golpe; no tendré que darle por segunda vez.

9 Pero David dijo a Abisai: No lo mates, pues, ¿quién puede extender su mano contra el ungido del Señor y quedar impune?

10 Dijo también David: Vive el Señor, que ciertamente el Señor lo herirá, o llegará el día en que muera, o descenderá a la batalla y perecerá.

11 No permita el Señor que yo extienda mi mano contra el ungido del Señor; pero ahora, te ruego, toma la lanza que está a su cabecera y la vasija de agua, y vámonos.

12 Tomó, pues, David la lanza y la vasija de agua de *junto* a la cabecera de Saúl, y se fueron; pero nadie *lo* vio ni *lo* supo, tampoco nadie se despertó, pues todos estaban dormidos, ya que un sueño profundo de parte del Señor había caído sobre ellos.

13 David pasó al otro lado y se colocó en la cima del monte a *cierta* distancia, *con* un gran espacio entre ellos.

14 Y David dio voces al pueblo y a Abner, hijo de Ner, diciendo: ¿No responderás, Abner? Entonces respondió Abner y dijo: ¿Quién eres tú que llamas al rey?

15 Y David dijo a Abner: ¿No eres tú un hombre? ¿Quién es como tú en Israel? ¿Por qué, pues, no has protegido a tu señor el rey? Porque uno del pueblo vino para matar a tu señor el rey.

16 Esto que has hecho no es bueno. Vive el Señor, *todos* vosotros ciertamente deberíais morir, porque no protegisteis a vuestro señor, el ungido del Señor. Y ahora, mira dónde está la lanza del rey y la vasija de agua que *estaba* a su cabecera.

17 Entonces Saúl reconoció la voz de David y dijo: ¿Es ésta tu voz, David, hijo mío? Y David respondió: Mi voz es, mi señor el rey.

18 También dijo: ¿Por qué persigue mi señor a su siervo? ¿Pues qué he hecho? ¿Qué maldad hay en mi mano?

19 Ahora pues, ruego a mi señor el rey que escuche las palabras de su siervo. Si el Señor te ha incitado contra mí, que El acepte una ofrenda, pero si son hombres, malditos sean delante del Señor, porque me han expulsado hoy para que yo no tenga parte en la heredad del Señor, diciendo: "Ve, sirve a otros dioses."

20 Ahora pues, no caiga mi sangre a tierra, lejos

de la presencia del Señor; porque el rey de Israel ha salido en busca de una pulga, como quien va a la caza de una perdiz en los montes.

21 Y Saúl dijo: He pecado. Vuelve, David, hijo mío, porque no volveré a hacerte daño pues mi vida fue muy estimada en tus ojos hoy. He aquí, he actuado neciamente y he cometido un grave error.

22 Respondió David, y dijo: He aquí la lanza del rey. Que pase acá uno de los jóvenes y la recoja.

23 El Señor pagará a cada uno *según* su justicia y su fidelidad; pues el Señor te entregó hoy en *mi* mano, pero yo no quise extender mi mano contra el ungido del Señor.

24 He aquí, como tu vida fue preciosa ante mis ojos hoy, así sea preciosa mi vida ante los ojos del Señor, y que Él me libre de toda aflicción.

25 Y Saúl dijo a David: Bendito seas, David, hijo mío; ciertamente harás *grandes cosas* y prevalecerás. David siguió por su camino y Saúl se volvió a su lugar.

David entre los filisteos

27 Entonces David se dijo: Ahora bien, voy a perecer algún día por la mano de Saúl. Lo mejor para mí es huir a la tierra de los filisteos. Saúl se cansará, *y no* me buscará más en todo el territorio de Israel, y escaparé de su mano.

2 Se levantó, pues, David y se pasó con los seiscientos hombres que *estaban* con él a Aquis, hijo de Maoc, rey de Gat.

3 Y moró David con Aquis en Gat, él y sus hombres, cada cual con los de su casa; David con sus dos mujeres Ahinoam jezreelita, y Abigail la de Carmel, viuda de Nabal.

4 Y le dieron la noticia a Saúl que David había huido a Gat, y no lo buscó más.

5 Y David dijo a Aquis: Si he hallado ahora gracia ante tus ojos, que me den una lugar en una de las aldeas en el campo para que habite allí; pues, ¿por qué ha de morar tu siervo contigo en la ciudad real?

6 Aquis le dio Siclag aquel día; por eso Siclag ha pertenecido a los reyes de Judá hasta hoy.

7 El número de los días que David habitó en el territorio de los filisteos fue un año y cuatro meses.

8 Y subieron David y sus hombres e hicieron incursiones contra los gesuritas, los gezritas y los amalecitas; porque ellos eran los habitantes de la tierra desde tiempos antiguos, según se va a Shur, hasta la tierra de Egipto.

9 David atacaba el territorio, y no dejaba con vida hombre ni mujer, y se llevaba las ovejas, el ganado, los asnos, los camellos y la ropa. Entonces regresaba y venía a Aquis.

10 Y Aquis decía: ¿Dónde atacasteis hoy? Y David respondía: Contra el Neguev de Judá, contra el Neguev de Jerameel y contra el Neguev de los ceneos.

11 David no dejaba con vida hombre ni mujer para traer a Gat, diciendo: No sea que nos descubran, diciendo: "Así ha hecho David, y así *ha sido* su costumbre todo el tiempo que ha morado en el territorio de los filisteos."

12 Aquis confiaba en David diciendo: En verdad que se ha hecho odioso a su pueblo Israel y será mi servidor para siempre.

Saúl y la adivina de Endor

28 Aconteció en aquellos días que los filisteos reunieron sus ejércitos para la guerra, para pelear contra Israel. Y dijo Aquis a David: Bien sabes que saldrás conmigo a campaña, tú y tus hombres.

2 Respondió David a Aquis: Muy bien, tú sabrás lo que puede hacer tu siervo. Y Aquis dijo a David: Muy bien, te haré mi guarda personal de por vida.

3 Samuel había muerto, y todo Israel lo había llorado, y lo habían sepultado en Ramá su ciudad. Y Saúl había echado de la tierra a los médium y espiritistas.

4 Y se reunieron los filisteos y fueron y acamparon en Sunem; y Saúl reunió a todo Israel y acamparon en Gilboa.

5 Al ver Saúl el campamento de los filisteos, tuvo miedo y su corazón se turbó en gran manera.

6 Y Saúl consultó al Señor, pero el Señor no le respondió ni por sueños, ni por Urim, ni por profetas.

7 Entonces Saúl dijo a sus siervos: Buscadme una mujer que sea médium para ir a consultarla. Y sus siervos le dijeron: He aquí, hay una mujer en Endor que es médium.

8 Saúl se disfrazó poniéndose otras ropas y fue con dos hombres; llegaron a la mujer de noche, y él dijo: Te ruego que evoques por mí a un espíritu, y que hagas subir al que yo te diga.

9 Pero la mujer le dijo: He aquí, tú sabes lo que Saúl ha hecho, cómo ha echado de la tierra a los que son médium y espiritistas. ¿Por qué, pues, pones trampa contra mi vida para hacerme morir?

10 Y Saúl le juró por el Señor diciendo: Vive el Señor que ningún castigo vendrá sobre ti por esto.

11 Entonces la mujer dijo: ¿A quién debo hacerte subir? Y él respondió: Tráeme a Samuel.

12 Cuando la mujer vio a Samuel, clamó a gran voz; y la mujer habló a Saúl diciendo: ¿Por qué me has engañado? ¡Tú eres Saúl!

13 Y el rey le dijo: No temas; pero, ¿qué ves? Y la mujer respondió a Saúl: Veo a un ser divino subiendo de la tierra.

14 Y él le dijo: ¿Qué forma tiene? Y ella dijo: Un anciano sube, y está envuelto en un manto. Y Saúl conoció que era Samuel, e inclinando su rostro a tierra, se postró ante él.

15 Entonces Samuel dijo a Saúl: ¿Por qué me has perturbado haciéndome subir? Y Saúl respondió: Estoy en gran angustia, pues los filisteos hacen guerra contra mí; Dios se ha apartado de mí y ya no me responde ni por los profetas ni por sueños; por esto te he llamado, para que me reveles lo que debo hacer.

16 Y Samuel dijo: ¿Entonces, por qué me preguntas a mí, ya que el Señor se ha apartado de ti y se ha hecho tu enemigo?

17 El Señor ha hecho conforme a lo que dijo por medio de mí; el Señor ha arrancado el reino de tu mano, y se lo ha dado a tu prójimo, a David.

18 Porque tú no obedeciste al Señor, ni llevaste a cabo su gran ira contra Amalec, el Señor te ha hecho esto hoy.

19 Además, el Señor entregará a Israel contigo en manos de los filisteos; por tanto, mañana tú y tus hijos *estaréis* conmigo. Ciertamente, el SEÑOR entregará el ejército de Israel en manos de los filisteos.

20 Al instante Saúl cayó por tierra cuan largo era, y tuvo gran temor por las palabras de Samuel; además estaba sin fuerzas, porque no había comido nada en todo el día y toda la noche.

21 La mujer se acercó a Saúl, y viendo que estaba aterrorizado, le dijo: He aquí, tu sierva te ha obedecido y he puesto mi vida en peligro al oír las palabras que tú me hablaste.

22 Ahora pues, te ruego que también escuches la voz de tu sierva, y me permitas poner delante de ti un bocado de pan para que comas y tengas fuerzas cuando sigas *tu* camino.

23 Pero él rehusó, y dijo: No comeré. Sin embargo, sus siervos juntamente con la mujer le insistieron, y él los escuchó. Se levantó, pues, del suelo y se sentó en la cama.

24 La mujer tenía en casa un ternero engordado y se apresuró a matarlo; y tomando harina, la amasó y coció de ella pan sin levadura.

25 Y *lo* trajo delante de Saúl y de sus siervos, y comieron. Después se levantaron y se fueron aquella noche.

Los filisteos desconfían de David

29 Reunieron los filisteos todos sus ejércitos en Afec, mientras los israelitas acamparon junto a la fuente que está en Jezreel.

2 Y los príncipes de los filisteos iban avanzando por cientos y por miles, y David y sus hombres marchaban en la retaguardia con Aquis.

3 Entonces los jefes de los filisteos dijeron: ¿Qué *hacen aquí* estos hebreos? Y Aquis dijo a los jefes de los filisteos: ¿No es éste David, el siervo de Saúl, rey de Israel, que ha estado conmigo estos días, o *más bien* estos años, y no he hallado falta en él desde el día en que se pasó *a mí* hasta hoy?

4 Pero los jefes de los filisteos se enojaron contra él, y le dijeron: Haz volver a ese hombre y que se vuelva al lugar que le asignaste, y no le permitas que descienda a la batalla con nosotros, no sea que en la batalla se convierta en nuestro adversario. Pues, ¿con qué podría hacerse él aceptable a su señor? ¿No *sería* con las cabezas de estos hombres?

5 ¿No es éste David, de quien cantaban en las danzas, diciendo:

"Saúl mató a sus miles,
    y David a sus diez miles"?

6 Aquis llamó a David y le dijo: Vive el SEÑOR que tú *has sido* recto; tu salir y tu entrar en el ejército conmigo son agradables a mis ojos, pues no he hallado mal en ti desde el día en que te pasaste a mí hasta hoy. Sin embargo, no eres agradable a los ojos de los príncipes.

7 Ahora pues, vuelve y vete en paz, para que no desagrades a los príncipes de los filisteos.

8 Y David dijo a Aquis: Pero, ¿qué he hecho? ¿Y qué has hallado en tu siervo desde el día en que estuve delante de ti hasta hoy, para que yo no vaya y pelee contra los enemigos de mi señor el rey?

9 Respondió Aquis y dijo a David: Yo sé que eres grato a mis ojos como un ángel de Dios; sin embargo, los jefes de los filisteos han dicho: "No debe subir con nosotros a la batalla."

10 Por tanto, levántate muy de mañana con los siervos de tu señor que han venido contigo, y luego que os hayáis levantado temprano y haya claridad, partid.

11 David, pues, se levantó temprano, él y sus hombres, para salir por la mañana y regresar a la tierra de los filisteos. Y los filisteos subieron a Jezreel.

David contra los amalecitas

30 Y aconteció que cuando David y sus hombres llegaron a Siclag al tercer día, los amalecitas habían hecho una incursión en el Neguev y contra Siclag, y habían asolado a Siclag y la habían incendiado;

2 y se llevaron cautivas las mujeres *y a todos* los que *estaban* en ella, grandes y pequeños, sin dar muerte a nadie; se *los* llevaron y siguieron su camino.

3 Cuando llegaron David y sus hombres a la ciudad, he aquí que había sido quemada, y que sus mujeres, sus hijos y sus hijas habían sido llevados cautivos.

4 Entonces David y la gente que *estaba* con él alzaron su voz y lloraron, hasta que no les quedaron fuerzas para llorar.

5 Las dos mujeres de David, Ahinoam jezreelita y Abigail, la viuda de Nabal, el de Carmel, habían sido llevadas cautivas.

6 Y David estaba muy angustiado porque la gente hablaba de apedrearlo, pues todo el pueblo estaba amargado, cada uno a causa de sus hijos y de sus hijas. Mas David se fortaleció en el SEÑOR su Dios.

7 Entonces dijo David al sacerdote Abiatar, hijo de Ahimelec: Te ruego que me traigas el efod. Y Abiatar llevó el efod a David.

8 Y David consultó al SEÑOR, diciendo: ¿Perseguiré a esta banda? ¿Podré alcanzarlos? Y El le respondió: Persígue*los*, porque de cierto los alcanzarás y sin duda rescatarás *a todos*.

9 Partió, pues, David, él y los seiscientos hombres que *estaban* con él, y llegaron hasta el torrente Besor, *donde* se quedaron algunos rezagados.

10 Pero David siguió adelante, él y cuatrocientos hombres, porque doscientos, que estaban demasiado fatigados para cruzar el torrente Besor, se quedaron *atrás*.

11 Y hallaron en el campo a un egipcio y se lo llevaron a David; le dieron pan y comió, y le dieron a beber agua;

12 *También* le dieron un pedazo de torta de higos y dos racimos de uvas pasas y comió, y su espíritu se reanimó; porque no había comido pan ni bebido agua en tres días y tres noches.

13 Y David le dijo: ¿De quién eres tú, y de dónde eres? Y él dijo: Soy un joven de Egipto, siervo de un amalecita; mi amo me dejó atrás cuando me enfermé hace tres días.

14 Hicimos una incursión contra el Neguev de los cereteos, contra el de Judá y contra el Neguev de Caleb, y pusimos fuego a Siclag.

15 Entonces David le dijo: ¿Me llevarás a esa banda? Y él respondió: Júrame por Dios que no me matarás ni me entregarás en manos de mi amo, y te llevaré a esa banda.

16 Cuando lo llevó, he aquí que estaban desparramados sobre toda aquella tierra, comiendo, bebiendo y bailando por el gran botín que habían tomado de la tierra de los filisteos y de la tierra de Judá.

17 Y los hirió David desde el anochecer hasta el atardecer del día siguiente, ninguno de ellos escapó, excepto cuatrocientos jóvenes que montaron en camellos y huyeron.

18 David recuperó todo lo que los amalecitas habían tomado, también rescató a sus dos mujeres.

19 Nada de lo *que era* de ellos les faltó, pequeño o grande, hijos o hijas, botín o cualquier cosa que habían tomado para sí; David lo recuperó todo.

20 David tomó también todas las ovejas y el ganado *de los amalecitas*, llevándolos delante de los otros ganados, y decían: Este es el botín de David.

21 Cuando David llegó a *donde estaban* los doscientos hombres que, demasiado fatigados para seguir a David, se habían quedado en el torrente Besor, *éstos* salieron al encuentro de David y del pueblo que *estaba* con él, y David se acercó al pueblo y los saludó.

22 Entonces todos los hombres malvados e indignos de entre los que habían ido con David respondieron, y dijeron: Porque no fueron con nosotros, no les daremos nada del botín que hemos recuperado, sino a cada hombre su mujer y sus hijos, para que *los* lleven y se vayan.

23 Pero David dijo: No debéis hacer así, hermanos míos, con lo que nos ha dado el SEÑOR, quien nos ha guardado y ha entregado en nuestra mano la banda que vino contra nosotros.

24 ¿Y quién os escuchará sobre este asunto? Porque conforme a la parte del que desciende a la batalla, así será la parte del que queda con el bagaje; ellos recibirán lo mismo.

25 Y así ha sido desde aquel día en adelante, en que él lo estableció como estatuto y ordenanza para Israel hasta el día de hoy.

26 Cuando llegó David a Siclag, mandó *parte* del botín a los ancianos de Judá, sus amigos, diciendo: He aquí un presente para vosotros del botín de los enemigos del SEÑOR.

27 *Y lo envió* a los de Betel, a los de Ramot del Neguev, a los de Jatir,

28 a los de Aroer, a los de Sifmot, a los de Estemoa,

29 a los de Racal, a los de las ciudades de Jerameel, a los de las ciudades del ceneo,

30 a los de Horma, a los de Corasán, a los de Atac,

31 a los de Hebrón y a todos los lugares por donde David y sus hombres habían andado.

Muerte de Saúl y de sus hijos

31 Los filisteos pelearon contra Israel y los hombres de Israel huyeron delante de los filisteos y cayeron muertos en el monte Gilboa.

2 Los filisteos persiguieron muy de cerca a Saúl y a sus hijos, y mataron a Jonatán, a Abinadab y a Malquisúa, hijos de Saúl.

3 Y arreció la batalla contra Saúl, los arqueros lo alcanzaron y fue gravemente herido por ellos.

4 Entonces Saúl dijo a su escudero: Saca tu espada y traspásame con ella, no sea que vengan estos incircuncisos y me traspasen y hagan burla de mí. Pero su escudero no quiso, porque tenía mucho miedo. Por lo cual Saúl tomó su espada y se echó sobre ella.

5 Al ver su escudero que Saúl había muerto, él también se echó sobre su espada y murió con él.

6 Así murió Saúl aquel día, junto con sus tres hijos, su escudero y todos sus hombres.

7 Cuando los hombres de Israel que *estaban* al otro lado del valle, con los que *estaban* más allá del Jordán, vieron que los hombres de Israel habían huido y que Saúl y sus hijos habían muerto, abandonaron las ciudades y huyeron; entonces vinieron los filisteos y habitaron en ellas.

8 Y sucedió que al día siguiente, cuando vinieron los filisteos a despojar a los muertos, hallaron a Saúl y a sus tres hijos caídos en el monte Gilboa.

9 Le cortaron la cabeza y lo despojaron de sus armas, y enviaron *mensajeros* por *toda* la tierra de los filisteos, para que llevaran las buenas nuevas a la casa de sus ídolos y al pueblo.

10 Pusieron sus armas en el templo de Astarot, y ataron su cuerpo al muro de Bet-sán.

11 Cuando oyeron los habitantes de Jabes de Galaad lo que los filisteos habían hecho a Saúl,

12 se levantaron todos los hombres valientes, y caminando toda la noche, tomaron el cuerpo de Saúl y los cuerpos de sus hijos del muro de Bet-sán, y volviendo a Jabes, los quemaron allí.

13 Y tomando sus huesos, los enterraron debajo del tamarisco en Jabes, y ayunaron siete días.

David oye de la muerte de Saúl

1 Sucedió que después de la muerte de Saúl, habiendo regresado David de la derrota de los amalecitas, David permaneció dos días en Siclag.

2 Y al tercer día, he aquí, un hombre llegó del campamento de Saúl con sus ropas rasgadas y polvo sobre su cabeza, y al llegar ante David, cayó en tierra y se postró.

3 Y David le dijo: ¿De dónde vienes? Y él le respondió: Me he escapado del campamento de Israel.

4 David le preguntó: ¿Qué aconteció? Te ruego que me lo digas. Y él respondió: El pueblo ha huido de la batalla, y también muchos del pueblo han caído y han muerto; también Saúl y su hijo Jonatán han muerto.

5 Dijo David al joven que se lo había contado: ¿Cómo sabes que Saúl y su hijo Jonatán han muerto?

6 El joven que se lo había contado, dijo: Yo estaba por casualidad en el monte Gilboa, y he aquí, Saúl estaba apoyado sobre su lanza. Y he aquí que los carros y los jinetes lo perseguían de cerca.

7 Al mirar él hacia atrás, me vio y me llamó. Y dije: "Heme aquí."

8 Y él me dijo: "¿Quién eres?" Y le respondí: "Soy amalecita."

9 Entonces me dijo: "Te ruego que te pongas junto a mí y me mates, pues la agonía se ha apoderado de mí, porque todavía estoy con vida."

10 Me puse, pues, junto a él y lo maté, porque yo sabía que él no podía vivir después de haber caído. Tomé la corona que *estaba* en su cabeza y la pulsera que *estaba* en su brazo, y los he traído aquí a mi señor.

11 Entonces David agarró sus ropas y las rasgó, y *así hicieron* también todos los hombres que *estaban* con él.

12 Y se lamentaron y lloraron y ayunaron hasta el atardecer por Saúl y por su hijo Jonatán, por el pueblo del SEÑOR y *por* la casa de Israel, porque habían caído a espada.

13 Dijo David al joven que se lo había contado: ¿De dónde eres? Y él respondió: Soy hijo de un extranjero, un amalecita.

14 Y David le dijo: ¿Cómo es que no tuviste temor de extender tu mano para destruir al ungido del SEÑOR?

15 Llamando David a uno de los jóvenes, *le* dijo: Ve, mátalo. Y él lo hirió, y murió.

16 Y David le dijo: Tu sangre sea sobre tu cabeza, porque tu boca ha testificado contra ti, al decir: "Yo he matado al ungido del SEÑOR."

17 David entonó esta elegía por Saúl y por su hijo Jonatán,

18 y ordenó que enseñaran a los hijos de Judá el *cántico* del arco; he aquí, está escrito en el libro de Jaser.

19 Tu hermosura, oh Israel, ha perecido sobre tus montes.

¡Cómo han caído los valientes!

20 No *lo* anunciéis en Gat,
no lo proclaméis en las calles de Ascalón;
para que no se regocijen las hijas de los filisteos,
para que no se alegren las hijas de los incircuncisos.

21 Oh montes de Gilboa,
no haya sobre vosotros rocío ni lluvia, ni campos de ofrendas;
porque allí fue deshonrado el escudo de los valientes,
el escudo de Saúl, no ungido con aceite.

22 De la sangre de los muertos, de la grosura de los poderosos,
el arco de Jonatán no volvía atrás,
y la espada de Saúl no volvía vacía.

23 Saúl y Jonatán, amados y amables en su vida,
y en su muerte no fueron separados;
más ligeros eran que águilas,
más fuertes que leones.

24 Hijas de Israel, llorad por Saúl,
que os vestía lujosamente de escarlata,
que ponía adornos de oro en vuestros vestidos.

25 ¡Cómo han caído los valientes en medio de la batalla!
Jonatán, muerto en tus alturas.

26 Estoy afligido por ti, Jonatán, hermano mío;
tú me has sido muy estimado.
Tu amor fue para mí más maravilloso
que el amor de las mujeres.

27 ¡Cómo han caído los valientes,
y perecido las armas de guerra!

David proclamado rey de Judá

2 Después de esto sucedió que David consultó al SEÑOR, diciendo: ¿Subiré a alguna de las ciudades de Judá? Y el SEÑOR le dijo: Sube. Y David dijo: ¿Adónde subiré? Y Él dijo: A Hebrón.

2 Entonces David subió allá, y también sus dos mujeres, Ahinoam jezreelita y Abigail, viuda de Nabal, el de Carmel.

3 Y trajo David a los hombres que *estaban* con él, cada uno con su familia; y habitaron en las ciudades de Hebrón.

4 Vinieron los hombres de Judá y ungieron allí a David como rey sobre la casa de Judá.

Y avisaron a David, diciendo: Fueron los hombres de Jabes de Galaad los que sepultaron a Saúl.

5 Y David envió mensajeros a los hombres de Jabes de Galaad, a decirles: Benditos seáis del SEÑOR, porque habéis mostrado esta bondad a Saúl vuestro señor, y lo habéis sepultado.

6 Ahora, que el SEÑOR os muestre misericordia y verdad; y yo también os haré bien por esto que habéis hecho.

7 Fortaleced, pues, vuestras manos, y sed valientes porque Saúl vuestro señor ha muerto, y la casa de Judá me ha ungido rey sobre ellos.

8 Pero Abner, hijo de Ner, comandante del ejército de Saúl, había tomado a Is-boset[1], hijo de Saúl, y lo llevó a Mahanaim.

9 Y le hizo rey sobre Galaad, sobre Gesuri, sobre Jezreel, sobre Efraín, sobre Benjamín y sobre todo Israel.

10 Is-boset, hijo de Saúl, tenía cuarenta años cuando comenzó a reinar sobre Israel, y reinó dos años. La casa de Judá, sin embargo, siguió a David.

11 El tiempo que David reinó en Hebrón sobre la casa de Judá fue siete años y seis meses.

12 Abner, hijo de Ner, salió de Mahanaim a Gabaón con los siervos de Is-boset, hijo de Saúl.

13 Y Joab, hijo de Sarvia, y los siervos de David salieron y los encontraron junto al estanque de Gabaón; y se sentaron, unos a un lado del estanque y los otros al otro lado.

14 Entonces Abner dijo a Joab: Que se levanten ahora los jóvenes y compitan delante de nosotros. Y Joab respondió: Que se levanten.

15 Se levantaron y pasaron en igual número, doce por Benjamín e Is-boset, hijo de Saúl, y doce de los siervos de David.

16 Y cada uno asió a su adversario por la cabeza, y *metió* su espada en el costado del adversario de manera que cayeron juntos. Por eso aquel lugar fue llamado Helcat-hazurim[1], el cual está en Gabaón.

17 Aquel día la batalla fue muy reñida, y Abner y los hombres de Israel fueron derrotados delante de los siervos de David.

18 Estaban allí los tres hijos de Sarvia: Joab, Abisai y Asael. Y Asael *era tan* ligero de pies como una gacela del campo.

19 Y persiguió Asael a Abner, y no se desvió ni a derecha ni a izquierda de *ir* tras Abner.

20 Y miró atrás Abner, y dijo: ¿Eres tú Asael? Y él respondió: Yo soy.

21 Abner le dijo: Desvíate a tu derecha o a tu izquierda, apodérate de uno de los jóvenes y toma para ti sus despojos. Pero Asael no quería dejar de perseguirlo.

22 Volvió a decir Abner a Asael: Deja de perseguirme. ¿Por qué he de derribarte en tierra? ¿Cómo podría entonces levantar mi rostro ante tu hermano Joab?

23 Pero él rehusó apartarse; por tanto, Abner lo hirió en el estómago con el regatón de la lanza, y la lanza le salió por la espalda; allí cayó, y allí mismo murió. Y sucedió que todos los que venían al lugar donde Asael había caído y muerto, se detenían.

24 Joab y Abisai persiguieron a Abner, y cuando el sol se ponía, llegaron a la colina de Amma, que está frente a Gía junto al camino del desierto de Gabaón.

25 Los hijos de Benjamín se agruparon detrás de Abner formando una sola banda, y se detuvieron en la cumbre de una colina.

26 Abner llamó a Joab, y dijo: ¿Devorará la espada para siempre? ¿No sabes que el final será amargo? ¿Hasta cuándo esperarás para decirles que se vuelvan de perseguir a sus hermanos?

27 Respondió Joab: Vive Dios, que si no hubieras hablado, ciertamente el pueblo *no* se hubiera ido hasta la mañana después de perseguir cada cual a su hermano.

28 Entonces Joab tocó la trompeta y todo el pueblo se detuvo; no persiguieron más a Israel ni continuaron peleando más.

29 Abner y sus hombres marcharon toda aquella noche por el Arabá, cruzaron el Jordán, y caminando toda la mañana, llegaron a Mahanaim.

30 Joab volvió también de perseguir a Abner, y cuando reunió a todo el pueblo, faltaban de los siervos de David, diecinueve hombres, además de Asael.

31 Pero los siervos de David habían herido de Benjamín y de los hombres de Abner, a trescientos sesenta hombres, *los cuales* murieron.

32 Se llevaron a Asael y lo sepultaron en el sepulcro de su padre, que *estaba* en Belén. Joab y sus hombres caminaron toda la noche hasta que les amaneció en Hebrón.

3 Hubo larga guerra entre la casa de Saúl y la casa de David; pero David se iba fortaleciendo, mientras que la casa de Saúl se iba debilitando.

2 A David le nacieron hijos en Hebrón; su primogénito fue Amnón, *hijo* de Ahinoam la jezreelita;

3 el segundo, Quileab, de Abigail, viuda de Nabal de Carmel; el tercero, Absalón, hijo de Maaca, hija de Talmai, rey de Gesur;

4 el cuarto, Adonías, hijo de Haguit; el quinto, Sefatías, hijo de Abital;

5 y el sexto, Itream, de Egla, mujer de David. Estos le nacieron a David en Hebrón.

6 Sucedió que durante la guerra que había entre la casa de Saúl y la casa de David, Abner se fortaleció en la casa de Saúl.

7 Y Saúl había tenido una concubina cuyo nombre era Rizpa, hija de Aja; y dijo Is-boset a Abner: ¿Por qué te has llegado a la concubina de mi padre?

8 Entonces Abner se enojó mucho por las palabras de Is-boset, y dijo: ¿Acaso soy yo cabeza de perro que pertenece a Judá? Hoy he mostrado bondad hacia la casa de tu padre Saúl, hacia sus hermanos y hacia sus amigos, y no te he entregado en manos de David; sin embargo, tú me acusas hoy de una ofensa con esta mujer.

9 Así haga Dios a Abner, y aún más, si lo que el SEÑOR ha jurado a David no lo obtengo para él:

10 transferir el reino de la casa de Saúl y establecer el trono de David sobre Israel y sobre Judá desde Dan hasta Beerseba.

11 Y él ya no pudo responder a Abner ni una palabra, porque le temía.

12 Entonces Abner envió mensajeros a David de su parte, diciendo: ¿De quién es la tierra? Y que dijeran *también:* Haz tu pacto conmigo, y he aquí, mi mano será contigo para traer a ti a todo Israel.

13 Y él respondió: Muy bien. Haré pacto contigo, pero una cosa demando de ti: No verás mi rostro a menos de que cuando vengas a verme traigas a Mical, la hija de Saúl.

14 Y David envió mensajeros a Is-boset, el hijo de Saúl, diciendo: Dame a mi mujer Mical, con la cual me desposé por cien prepucios de los filisteos.

15 Is-boset, pues, envió a quitársela a *su* marido, a Paltiel, hijo de Lais.

16 Pero su marido fue con ella, llorando mientras iba, y la siguió hasta Bahurim.

1. I.e., el campo de filos de espada

Entonces Abner le dijo: Ve, vuélvete. Y él se volvió.

17 Abner consultó con los ancianos de Israel, diciendo: Hace tiempo que buscabais a David para que fuera rey sobre vosotros.

18 Ahora pues, haced*lo*. Porque el Señor ha hablado acerca de David, diciendo: "Por mano de mi siervo David salvaré a mi pueblo Israel de mano de los filisteos y de mano de todos sus enemigos."

19 Habló también Abner a oídos de *los de* Benjamín; fue además a hablar a oídos de David en Hebrón de todo lo que parecía bien a Israel y a toda la casa de Benjamín.

20 Llegó Abner adonde *estaba* David, en Hebrón, y con él veinte hombres. Y David preparó un banquete para Abner y los hombres que le acompañaban.

21 Y Abner dijo a David: Me levantaré e iré a reunir a todo Israel junto a mi señor el rey para que hagan un pacto contigo, y seas rey sobre todo lo que tu corazón desea. Entonces David despidió a Abner, y él se fue en paz.

22 He aquí, los siervos de David y Joab vinieron de hacer una incursión trayendo consigo mucho botín; pero Abner no estaba con David en Hebrón, porque él lo había despedido y se había ido en paz.

23 Cuando llegó Joab y todo el ejército que *estaba* con él, le dieron aviso a Joab, diciendo: Abner, hijo de Ner, vino al rey, y él lo ha despedido y se ha ido en paz.

24 Entonces vino Joab al rey y dijo: ¿Qué has hecho? He aquí, Abner vino a ti; ¿por qué, pues, lo has despedido y él ya se ha ido?

25 Conoces a Abner, hijo de Ner, que vino a engañarte y saber de tus salidas y de tus entradas, y a enterarse de todo lo que haces.

26 Y saliendo Joab de donde estaba David, envió mensajeros tras Abner, y lo hicieron volver desde el pozo de Sira; pero David no *lo* sabía.

27 Cuando Abner regresó a Hebrón, Joab lo llevó aparte en medio de la puerta para hablarle en privado, y allí, por causa de la sangre de Asael su hermano, lo hirió en el vientre y murió.

28 Cuando David lo supo después, dijo: Yo y mi reino somos inocentes para siempre delante del Señor de la sangre de Abner, hijo de Ner.

29 Caiga *su sangre* sobre la cabeza de Joab y sobre la casa de su padre, y nunca falte en la casa de Joab quien padezca flujo, ni quien sea leproso, ni quien se sostenga con báculo, ni quien muera a espada, ni quien carezca de pan.

30 Así pues, Joab y su hermano Abisai mataron a Abner porque él había dado muerte a Asael, hermano de ellos, en la batalla de Gabaón.

31 Entonces David dijo a Joab y a todo el pueblo que estaba con él: Rasgad vuestros vestidos, y ceñíos de cilicio, y haced duelo delante de Abner. Y el rey David iba detrás del féretro.

32 Sepultaron, pues, a Abner en Hebrón; y el rey alzó su voz y lloró junto al sepulcro de Abner, y lloró *también* todo el pueblo.

33 Y entonó el rey una *elegía* por Abner, y dijo:
¿Había de morir Abner como muere un insensato?

34 Tus manos no estaban atadas, ni tus pies puestos en grillos;

como el que cae delante de los malvados, has caído.
Y todo el pueblo volvió a llorar por él.

35 Entonces todo el pueblo se llegó a David para persuadirlo a que comiera pan mientras era de día; pero David juró, diciendo: Así me haga Dios y aun más, si pruebo pan o cosa alguna antes de ponerse el sol.

36 Y todo el pueblo reparó *en ello*, y les agradó, pues todo lo que el rey hacía agradaba a todo el pueblo.

37 Así todo el pueblo y todo Israel comprendió aquel día que no había sido el deseo del rey de que se diera muerte a Abner, hijo de Ner.

38 Entonces el rey dijo a sus siervos: ¿No sabéis que un príncipe y un gran hombre ha caído hoy en Israel?

39 Hoy soy débil, aunque ungido rey; y estos hombres, hijos de Sarvia, son más duros que yo. Que el Señor pague al malhechor conforme a su maldad.

Duelo de David por la muerte de Is-boset

4 Cuando oyó Is-boset, hijo de Saúl, que Abner había sido muerto en Hebrón, se amedrentó, y todo Israel se turbó.

2 Y el hijo de Saúl *tenía* dos hombres que eran jefes de bandas: el nombre de uno era Baana, y el del otro Recab, hijos de Rimón beerotita, de los hijos de Benjamín (porque Beerot es también considerado *parte* de Benjamín,

3 pues los beerotitas habían huido a Gitaim y han sido forasteros allí hasta el día de hoy).

4 Y Jonatán, hijo de Saúl, tenía un hijo lisiado de los pies. *Este* tenía cinco años cuando de Jezreel llegaron las noticias *de la muerte* de Saúl y Jonatán, y su nodriza lo tomó y huyó, pero sucedió que en su prisa por huir, él se cayó y quedó cojo. Su nombre *era* Mefiboset.

5 Y los hijos de Rimón beerotita, Recab y Baana, fueron y entraron en la casa de Is-boset en el calor del día, mientras él dormía la siesta.

6 Y llegaron hasta la mitad de la casa como si fueran a buscar trigo, y lo hirieron en el vientre; y Recab y su hermano Baana escaparon.

7 Habían entrado en la casa mientras Is-boset estaba acostado en su lecho, en su alcoba; lo hirieron y lo mataron, y le cortaron la cabeza. Y tomando su cabeza, anduvieron toda la noche camino del Arabá.

8 Trajeron la cabeza de Is-boset a David en Hebrón, y dijeron al rey: He aquí la cabeza de Is-boset, hijo de tu enemigo Saúl, el que buscaba tu vida; de esta manera el Señor ha concedido hoy a mi señor el rey venganza sobre Saúl y sus descendientes.

9 Respondiendo David a Recab y a su hermano Baana, hijos de Rimón beerotita, les dijo: Vive el Señor que ha redimido mi vida de toda angustia,

10 que cuando uno me avisó, diciendo: "He aquí, Saúl ha muerto", pensando que me traía buenas noticias, yo lo prendí y lo maté en Siclag, lo cual fue el pago que le di por *sus* noticias.

11 ¿Cuánto más, cuando hombres malvados han matado a un hombre justo en su propia casa y sobre su cama, no demandaré ahora su sangre de vuestras manos, borrándoos de la tierra?

12 Y David dio una orden a los jóvenes, y ellos los mataron y les cortaron las manos y los pies y

los colgaron junto al estanque en Hebrón. Pero tomaron la cabeza de Is-boset y *la* sepultaron en el sepulcro de Abner, en Hebrón.

David, rey de Israel y de Judá

5 Entonces todas las tribus de Israel fueron a David, en Hebrón, y dijeron: Henos aquí, hueso tuyo y carne tuya somos.

2 Ya de antes, cuando Saúl aún era rey sobre nosotros, eras tú el que guiabas a Israel en *sus* salidas y entradas. Y el SEÑOR te dijo: "Tú pastorearás a mi pueblo Israel, y serás príncipe sobre Israel."

3 Vinieron, pues, todos los ancianos de Israel al rey en Hebrón, y el rey David hizo un pacto con ellos en Hebrón delante del SEÑOR; luego ungieron a David como rey sobre Israel.

4 Treinta años *tenía* David cuando llegó a ser rey, *y* reinó cuarenta años.

5 En Hebrón reinó sobre Judá siete años y seis meses, y en Jerusalén reinó treinta y tres años sobre todo Israel y Judá.

6 Y el rey y sus hombres fueron a Jerusalén contra los jebuseos, los habitantes de la tierra, y éstos dijeron a David: No entrarás aquí; aun los ciegos y los cojos te rechazarán; pues pensaban: David no puede entrar aquí.

7 No obstante, David conquistó la fortaleza de Sion, es decir, la ciudad de David.

8 Y dijo David aquel día: Todo el que quiera herir a los jebuseos, que suba por el túnel del agua y llegue a los cojos y a los ciegos, a los cuales el alma de David aborrece. Por eso se dice: Ni los ciegos ni los cojos entrarán en la casa.

9 David habitó en la fortaleza, y la llamó la ciudad de David. Y edificó David *la muralla* en derredor desde el Milo[1] hacia adentro.

10 David se engrandecía cada vez más, porque el SEÑOR, Dios de los ejércitos, *estaba* con él.

11 Y envió Hiram, rey de Tiro, mensajeros a David con madera de cedros, carpinteros y canteros, y construyeron una casa para David.

12 Y comprendió David que el SEÑOR lo había confirmado por rey sobre Israel, y que había exaltado su reino por amor a su pueblo Israel.

13 Después que vino de Hebrón, David tomó más concubinas y mujeres de Jerusalén; y le nacieron a David más hijos e hijas.

14 Estos son los nombres de los que le nacieron en Jerusalén: Samúa, Sobab, Natán, Salomón,

15 Ibhar, Elisúa, Nefeg, Jafía,

16 Elisama, Eliada y Elifelet.

17 Al oír los filisteos que David había sido ungido rey sobre Israel, todos los filisteos subieron a buscar a David; y cuando David se enteró, bajó a la fortaleza;

18 y los filisteos llegaron y se esparcieron por el valle de Refaim.

19 David consultó al SEÑOR, diciendo: ¿Subiré contra los filisteos? ¿Los entregarás en mi mano? Y el SEÑOR dijo a David: Sube, porque ciertamente entregaré a los filisteos en tu mano.

20 David fue a Baal-perazim, y allí los derrotó; y dijo: El SEÑOR ha abierto brecha entre mis enemigos delante de mí, como brecha de aguas. Por eso llamó a aquel lugar Baal-perazim[2].

21 Y ellos abandonaron allí sus ídolos, y David y sus hombres se los llevaron.

22 Después los filisteos subieron de nuevo, y se esparcieron por el valle de Refaim.

23 Cuando David consultó al SEÑOR, El dijo: No subas *directamente;* da un rodeo por detrás de ellos y sal a ellos frente a las balsameras.

24 Y cuando oigas el sonido de marcha en las copas de las balsameras, entonces actuarás rápidamente, porque entonces el SEÑOR habrá salido delante de ti para herir al ejército de los filisteos.

25 David lo hizo así, tal como el SEÑOR le había ordenado, e hirió a los filisteos desde Geba hasta Gezer.

David lleva el arca a Jerusalén

6 Volvió David a reunir a todos los hombres escogidos de Israel, treinta mil.

2 Y David se levantó y fue con todo el pueblo que *estaba* con él a Baala de Judá, para hacer subir desde allí el arca de Dios, la cual es llamada por el Nombre, el nombre del SEÑOR de los ejércitos, que está sobre los querubines.

3 Pusieron el arca de Dios sobre un carro nuevo, para que la pudieran llevar de la casa de Abinadab que *estaba* en la colina. Uza y Ahío, hijos de Abinadab, guiaban el carro nuevo.

4 Y lo llevaron con el arca de Dios de la casa de Abinadab que *estaba* en la colina, y Ahío iba delante del arca.

5 David y toda la casa de Israel se regocijaban delante del SEÑOR con toda clase *de instrumentos hechos* de madera de abeto, y con liras, arpas, panderos, castañuelas y címbalos.

6 Pero cuando llegaron a la era de Nacón, Uza extendió *la mano* hacia el arca de Dios, y la sostuvo porque los bueyes casi *la* volcaron.

7 Y se encendió la ira del SEÑOR contra Uza, y Dios lo hirió allí por su irreverencia; y allí murió junto al arca de Dios.

8 Entonces David se enojó porque el SEÑOR había estallado en ira contra Uza, y llamó aquel lugar Pérez-uza[3] hasta el día de hoy.

9 David tuvo temor del SEÑOR aquel día, y dijo: ¿Cómo podrá venir a mí el arca del SEÑOR?

10 Y David no quiso trasladar el arca del SEÑOR con él a la ciudad de David, sino que la hizo llevar a la casa de Obed-edom geteo.

11 Por tres meses permaneció el arca del SEÑOR en la casa de Obed-edom geteo; y bendijo el SEÑOR a Obed-edom y a toda su casa.

12 Y se dio aviso al rey David, diciéndo*le*: El SEÑOR ha bendecido la casa de Obed-edom y todo lo que le pertenece a causa del arca de Dios. Entonces David fue, y con alegría hizo subir el arca de Dios de la casa de Obed-edom a la ciudad de David.

13 Y sucedió que cuando los portadores del arca del SEÑOR habían andado seis pasos, él sacrificó un buey y un carnero cebado.

14 David danzaba con toda *su* fuerza delante del SEÑOR, y estaba vestido con un efod de lino.

15 David y toda la casa de Israel hacían subir el arca del SEÑOR con aclamación y sonido de trompeta.

16 Sucedió que cuando el arca del SEÑOR entraba a la ciudad de David, Mical, hija de Saúl, miró desde la ventana y vio al rey David saltando y danzando delante del SEÑOR, y lo menospreció en su corazón.

---

1. I.e., la ciudadela 2. I.e., el señor que abre brecha 3. I.e., la brecha de Uza

17 Metieron el arca del Señor y la colocaron en su lugar dentro de la tienda que David había levantado para ella, y David ofreció holocaustos y ofrendas de paz delante del Señor.
18 Cuando David terminó de ofrecer el holocausto y las ofrendas de paz, bendijo al pueblo en el nombre del Señor de los ejércitos.
19 Después repartió a todo el pueblo, a toda la multitud de Israel, tanto a hombres como a mujeres, una torta de pan, una de dátiles y una de pasas a cada uno. Entonces todo el pueblo se fue, cada uno a su casa.
20 Pero al regresar David para bendecir su casa, Mical, hija de Saúl, salió al encuentro de David, y *le* dijo: ¡Cómo se ha distinguido hoy el rey de Israel! Se descubrió hoy ante los ojos de las criadas de sus siervos, como se descubriría sin decoro un insensato.
21 Y David dijo a Mical: *Eso fue* delante del Señor que me escogió en preferencia a tu padre y a toda su casa para constituirme por príncipe sobre el pueblo del Señor, sobre Israel. Por tanto, *lo* celebraré delante del Señor.
22 Y aún más menos estimado que esto, y seré humillado ante mis propios ojos, pero con las criadas de quienes has hablado, ante ellas seré honrado.
23 Y Mical, hija de Saúl, no tuvo hijos hasta el día de su muerte.

Promesa del Señor a David

7 Sucedió que cuando el rey *ya* moraba en su casa, y el Señor le había dado descanso de sus enemigos por todos lados,
2 el rey dijo al profeta Natán: Mira, yo habito en una casa de cedro, pero el arca de Dios mora en medio de cortinas.
3 Entonces Natán dijo al rey: Ve, haz todo lo que está en tu corazón, porque el Señor está contigo.
4 Y sucedió que esa misma noche la palabra del Señor vino a Natán, diciendo:
5 Ve y di a mi siervo David: "Así dice el Señor: ¿Eres tú el que me va a edificar una casa para morar *en ella*?
6 'Pues no he morado en una casa desde el día en que saqué de Egipto a los hijos de Israel hasta hoy, sino que he andado errante en una tienda, en un tabernáculo.
7 'Dondequiera que he ido con todos los hijos de Israel, ¿hablé palabra a alguna de las tribus de Israel, a la cual haya ordenado que pastoreara a mi pueblo Israel, diciendo: "¿Por qué no me habéis edificado una casa de cedro?" '
8 Ahora pues, así dirás a mi siervo David: "Así dice el Señor de los ejércitos: 'Yo te tomé del pastizal, de seguir las ovejas, para que fueras príncipe sobre mi pueblo Israel;
9 'Y he estado contigo por dondequiera que has ido y he exterminado a todos tus enemigos de delante de ti, y haré de ti un gran nombre como el nombre de los grandes que hay en la tierra.
10 'Asignaré también un lugar para mi pueblo Israel, y lo plantaré *allí* a fin de que habite en su propio lugar y no sea perturbado de nuevo, ni le aflijan más los malvados como antes,
11 y como desde el día en que ordené *que hubiera* jueces sobre mi pueblo Israel; te daré reposo de todos tus enemigos, y el Señor

también te hace saber que el Señor te edificará una casa.
12 'Cuando tus días se cumplan y reposes con tus padres, levantaré a tu descendiente después de ti, el cual saldrá de tus entrañas, y estableceré su reino.
13 'El edificará casa a mi nombre, y yo estableceré el trono de su reino para siempre.
14 'Yo seré padre para él y él será hijo para mí. Cuando cometa iniquidad, lo corregiré con vara de hombres y con azotes de hijos de hombres,
15 pero mi misericordia no se apartará de él, como *la* aparté de Saúl a quien quité de delante de ti.
16 'Tu casa y tu reino permanecerán para siempre delante de mí; tu trono será establecido para siempre.' "
17 Conforme a todas estas palabras y conforme a toda esta visión, así habló Natán a David.
18 Entonces el rey David entró y se sentó delante del Señor y dijo: ¿Quién soy yo, oh Señor Dios, y qué es mi casa para que me hayas traído hasta aquí?
19 Y aun esto fue insignificante ante tus ojos, oh Señor Dios, pues también has hablado de la casa de tu siervo concerniente a un futuro lejano. Y esta es la ley de los hombres, oh Señor Dios.
20 ¿Y qué más podría decirte David? Pues tú conoces a tu siervo, oh Señor Dios.
21 A causa de tu palabra, conforme a tu propio corazón, tú has hecho toda esta grandeza, para que lo sepa tu siervo.
22 Oh Señor Dios, por eso tú eres grande; pues no hay nadie como tú, ni hay Dios fuera de ti, conforme a todo lo que hemos oído con nuestros oídos.
23 ¿Y qué otra nación en la tierra es como tu pueblo Israel, al cual viniste a redimir para ti como pueblo, a fin de darte un nombre, y hacer grandes cosas a su favor y cosas portentosas para tu tierra, ante tu pueblo que rescataste para ti de Egipto, *de* naciones y *de* sus dioses?
24 Pues tú has establecido para ti a tu pueblo Israel como pueblo tuyo para siempre, y tú, Señor, has venido a ser su Dios.
25 Y ahora, oh Señor Dios, confirma para siempre la palabra que has hablado acerca de tu siervo y acerca de su casa, y haz según has hablado.
26 Y sea engrandecido tu nombre para siempre, al decirse: "El Señor de los ejércitos es Dios sobre Israel"; y que la casa de tu siervo David sea establecida delante de ti.
27 Porque tú, oh Señor de los ejércitos, Dios de Israel, has revelado a tu siervo, diciendo: "Yo te edificaré casa"; por tanto, tu siervo ha hallado ánimo para elevar esta oración a ti.
28 Ahora pues, oh Señor Dios, tú eres Dios, tus palabras son verdad y tú has prometido este bien a tu siervo.
29 Y ahora, ten a bien bendecir la casa de tu siervo, a fin de que permanezca para siempre delante de ti; porque tú, oh Señor Dios, has hablado y con tu bendición será bendita para siempre la casa de tu siervo.

Victorias de David

8 Después de esto, sucedió que David derrotó a los filisteos y los sometió, y David tomó el

mando de la ciudad principal de mano de los filisteos.

2 Y derrotó a Moab, y los midió con cordel, haciéndolos tenderse en tierra; y midió dos cordeles para dar*les* muerte, y un cordel entero para dejar*los* vivos. Y los moabitas fueron siervos de David, trayéndo*le* tributo.

3 David derrotó también a Hadad-ezer, hijo de Rehob, rey de Soba, cuando éste iba a restaurar su dominio en el río[1].

4 David le tomó mil setecientos hombres de a caballo y veinte mil soldados de a pie; David desjarretó los caballos de los carros, pero dejó *suficientes* de ellos para cien carros.

5 Cuando vinieron los arameos de Damasco en ayuda de Hadad-ezer, rey de Soba, David mató a veintidós mil hombres de los arameos.

6 Entonces David puso guarniciones entre los arameos de Damasco, y los arameos fueron siervos de David, trayéndo*le* tributo. Y el Señor ayudaba a David dondequiera que iba.

7 Tomó David los escudos de oro que llevaban los siervos de Hadad-ezer, y los trajo a Jerusalén.

8 Y de Beta y de Berotai, ciudades de Hadad-ezer, el rey David tomó una gran cantidad de bronce.

9 Cuando Toi, rey de Hamat, oyó que David había derrotado a todo el ejército de Hadad-ezer,

10 Toi envió a su hijo Joram al rey David, para saludarlo y bendecirlo, porque había peleado contra Hadad-ezer y lo había derrotado; pues Hadad-ezer había estado en guerra con Toi. Y *Joram* trajo consigo objetos de plata, de oro y de bronce,

11 que el rey David dedicó también al Señor, junto con la plata y el oro que había dedicado de todas las naciones que él había sometido:

12 de Aram y Moab, de los hijos de Amón, de los filisteos y de Amalec, y del botín de Hadad-ezer, hijo de Rehob, rey de Soba.

13 Y *se* hizo David de renombre cuando regresó de derrotar a dieciocho mil arameos en el valle de la Sal.

14 Puso guarniciones en Edom; por todo Edom puso guarniciones, y todos los edomitas fueron siervos de David. Y el Señor daba la victoria a David dondequiera que iba.

15 David reinó sobre todo Israel, y administraba justicia y derecho a todo su pueblo.

16 Joab, hijo de Sarvia, *era* jefe del ejército, y Josafat, hijo de Ahilud, *era* cronista;

17 Sadoc, hijo de Ahitob, y Ahimelec, hijo de Abiatar, *eran* sacerdotes, y Seraías *era* secretario;

18 Benaía, hijo de Joiada, *era jefe* de los cereteos y peleteos; y los hijos de David eran ministros principales[2].

Bondad de David hacia Mefiboset

9 Dijo David: ¿Hay todavía alguno que haya quedado de la casa de Saúl, para que yo le muestre bondad por amor a Jonatán?

2 Y *había* un siervo de la casa de Saúl que se llamaba Siba, y lo llamaron ante David. Y el rey le dijo: ¿Eres tú Siba? Y él respondió: Tu servidor.

3 Y dijo el rey: ¿No queda aún alguien de la casa de Saúl a quien yo pueda mostrar la bondad

de Dios? Y Siba respondió al rey: Aún queda un hijo de Jonatán lisiado de ambos pies.

4 El rey le dijo: ¿Dónde está? Y Siba respondió al rey: He aquí, está en casa de Maquir, hijo de Amiel, en Lodebar.

5 Entonces el rey David mandó traerlo de la casa de Maquir, hijo de Amiel, de Lodebar.

6 Y Mefiboset, hijo de Jonatán, hijo de Saúl, vino a David, y cayendo sobre su rostro, se postró. Y David dijo: Mefiboset. Y *éste* respondió: He aquí tu siervo.

7 David le dijo: No temas, porque ciertamente te mostraré bondad por amor a tu padre Jonatán, y te devolveré toda la tierra de tu abuelo Saúl; y tú comerás siempre a mi mesa.

8 Se postró él de nuevo, y dijo: ¿Quién es tu siervo, para que tomes en cuenta a un perro muerto como yo?

9 Entonces el rey llamó a Siba, siervo de Saúl, y le dijo: Todo lo que pertenecía a Saúl y a su casa, lo he dado al nieto de tu señor.

10 Y tú, tus hijos y tus siervos cultivaréis la tierra para él, y le llevarás *los frutos* para que el nieto de tu señor tenga alimento; sin embargo, Mefiboset, nieto de tu señor, comerá siempre a mi mesa. Siba tenía quince hijos y veinte siervos.

11 Respondió Siba al rey: Conforme a todo lo que mi señor el rey mande a su siervo, así hará tu siervo. Y Mefiboset comió a la mesa de David como uno de los hijos del rey.

12 Mefiboset tenía un hijo pequeño que se llamaba Micaía. Todos los que moraban en la casa de Siba *eran* siervos de Mefiboset;

13 pero Mefiboset moraba en Jerusalén, porque siempre comía a la mesa del rey. Estaba lisiado de ambos pies.

Humillación de los siervos de David

10 Sucedió después de esto que murió el rey de los hijos de Amón, y su hijo Hanún reinó en su lugar.

2 Y David dijo: Seré bondadoso con Hanún, hijo de Nahas, tal como su padre fue bondadoso conmigo. Envió, pues, David algunos de sus siervos para consolarlo por *la muerte de* su padre. Pero cuando los siervos de David llegaron a la tierra de los amonitas,

3 los príncipes de los amonitas dijeron a Hanún su señor: ¿Crees tú que David está honrando a tu padre porque te ha enviado consoladores? ¿No te ha enviado David sus siervos para reconocer la ciudad, para espiarla y conquistarla?

4 Entonces Hanún tomó a los siervos de David, les rasuró la mitad de la barba, les cortó los vestidos por la mitad hasta las caderas, y los despidió.

5 Cuando *le* avisaron a David, envió a encontrarlos, porque los hombres estaban sumamente avergonzados. Y el rey *les* dijo: Quedaos en Jericó hasta que os crezca la barba, y *después* volved.

6 Al ver los hijos de Amón que se habían hecho odiosos a David, los hijos de Amón mandaron a tomar a sueldo a los arameos de Bet-rehob y a los arameos de Soba, veinte mil soldados de a pie, y del rey de Maaca mil hombres, y de Is-tob doce mil hombres.

---

1. I.e., el Eufrates   2. Lit., *sacerdotes*

7 Cuando David se enteró, envió a Joab y a todo el ejército de los valientes.

8 Y los hijos de Amón salieron y se pusieron en orden de batalla a la entrada de la ciudad, mientras que los arameos de Soba y de Rehob y los *hombres* de Is-tob y de Maaca *estaban* aparte en el campo.

9 Viendo Joab que se le presentaba batalla por el frente y por la retaguardia, escogió de entre todos los mejores hombres de Israel, y *los* puso en orden de batalla contra los arameos.

10 Al resto del pueblo lo colocó al mando de su hermano Abisai y *lo* puso en orden de batalla contra los hijos de Amón.

11 Y dijo: Si los arameos son demasiado fuertes para mí, entonces tú me ayudarás, y si los hijos de Amón son demasiado fuertes para ti, entonces vendré en tu ayuda.

12 Esfuérzate, y mostrémonos valientes por amor a nuestro pueblo y por amor a las ciudades de nuestro Dios; y que el SEÑOR haga lo que le parezca bien.

13 Entonces se acercó Joab con el pueblo que *estaba* con él para pelear contra los arameos, y *éstos* huyeron delante de él.

14 Cuando los hijos de Amón vieron que los arameos huían, ellos *también* huyeron delante de Abisai y entraron en la ciudad. Entonces Joab se volvió de *pelear* contra los hijos de Amón y vino a Jerusalén.

15 Al ver los arameos que habían sido derrotados por Israel, volvieron a concentrarse.

16 Hadad-ezer mandó sacar a los arameos que *estaban* al otro lado del río y fueron a Helam; y Sobac, jefe del ejército de Hadad-ezer, *iba* al frente de ellos.

17 Cuando se dio aviso a David, *éste* reunió a todo Israel, cruzó el Jordán y llegó a Helam. Los arameos se pusieron en orden de batalla para enfrentarse a David, y pelearon contra él.

18 Pero los arameos huyeron delante de Israel, y David mató a setecientos hombres de los carros de los arameos, y a cuarenta mil hombres de a caballo, e hirió a Sobac, jefe de su ejército, el cual murió allí.

19 Cuando todos los reyes, siervos de Hadad-ezer, vieron que habían sido derrotados por Israel, hicieron la paz con Israel y le sirvieron. Y los arameos tuvieron temor de ayudar más a los hijos de Amón.

David y Betsabé

11 Aconteció que en la primavera, en el tiempo cuando los reyes salen *a la batalla*, David envió a Joab y con él a sus siervos y a todo Israel, y destruyeron a los hijos de Amón y sitiaron a Rabá. Pero David permaneció en Jerusalén.

2 Y al atardecer David se levantó de su lecho y se paseaba por el terrado de la casa del rey, y desde el terrado vio a una mujer que se estaba bañando; y la mujer era de aspecto muy hermoso.

3 David mandó a preguntar acerca de aquella mujer. Y alguien dijo: ¿No es ésta Betsabé, hija de Eliam, mujer de Urías heteo?

4 David envió mensajeros y la tomó; y cuando ella vino a él, él durmió con ella. Después que ella se purificó de su inmundicia, regresó a su casa.

5 Y la mujer concibió; y envió aviso a David, diciendo: Estoy encinta.

6 Entonces David envió *a decir* a Joab: Envíame a Urías heteo. Y Joab envió a Urías a David.

7 Cuando Urías vino a él, David le preguntó por Joab, por el pueblo y por el estado de la guerra.

8 Después dijo David a Urías: Desciende a tu casa, y lava tus pies. Salió Urías de la casa del rey, y tras él fue enviado un obsequio del rey.

9 Pero Urías durmió a la entrada de la casa del rey con todos los siervos de su señor, y no bajó a su casa.

10 Cuando *se lo* contaron a David, diciendo: Urías no bajó a su casa, David dijo a Urías: ¿No has venido de hacer un viaje? ¿Por qué no bajaste a tu casa?

11 Y Urías respondió a David: El arca, Israel y Judá están bajo tiendas, y mi señor Joab y los siervos de mi señor acampan a campo abierto. ¿He de ir yo a mi casa para comer, beber y acostarme con mi mujer? Por tu vida y la vida de tu alma, que no haré tal cosa.

12 Entonces David dijo a Urías: Quédate aquí hoy también, y mañana te dejaré ir. Y se quedó Urías en Jerusalén aquel día y el siguiente.

13 Y David lo convidó a comer y a beber con él, y lo embriagó. Al anochecer *Urías* salió a acostarse en su cama con los siervos de su señor, pero no descendió a su casa.

14 Y aconteció a la mañana siguiente que David escribió una carta a Joab, y *la* envió por mano de Urías.

15 En la carta había escrito: Poned a Urías al frente de la batalla más reñida y retiraos de él, para que sea herido y muera.

16 Así que, cuando Joab asediaba la ciudad, puso a Urías en el lugar donde sabía que *había* hombres valientes.

17 Y los hombres de la ciudad salieron y pelearon contra Joab, y algunos de los siervos de David cayeron, y murió también Urías heteo.

18 Joab envió a informar a David de todos los sucesos de la guerra,

19 y dio orden al mensajero, diciendo: Cuando hayas acabado de contar al rey todos los sucesos de la guerra,

20 si sucede que el furor del rey se enciende y te dice: "¿Por qué os acercasteis tanto a la ciudad para pelear? ¿No sabíais que dispararían desde el muro?

21 "¿Quién mató a Abimelec, hijo de Jerobaal? ¿No arrojó una mujer sobre él una muela de molino desde *lo alto del* muro de manera que murió en Tebes? ¿Por qué os acercasteis *tanto* al muro?" Entonces le dirás: "También tu siervo Urías heteo ha muerto."

22 Partió, pues, el mensajero, y llegó e informó a David todo lo que Joab le había enviado *a decir.*

23 Y el mensajero dijo a David: Los hombres prevalecieron contra nosotros y salieron al campo contra nosotros, pero los rechazamos hasta la entrada de la puerta.

24 Pero los arqueros tiraron contra tus siervos desde la muralla; y algunos de los siervos del rey han muerto, y también tu siervo Urías heteo es muerto.

25 Entonces David dijo al mensajero: Así dirás a

Joab: "No tengas pesar por esto, porque la espada devora tanto a uno como al otro; haz más fuerte tu combate contra la ciudad y destrúyela"; y tú aliéntale.

26 Al oír la mujer de Urías que su marido Urías había muerto, hizo duelo por su marido.

27 Cuando pasó el luto, David mandó traerla a su casa, y ella fue su mujer; y le dio a luz un hijo. Pero lo que David había hecho fue malo a los ojos del SEÑOR.

Natán reprende a David

12 Entonces el SEÑOR envió a Natán a David. Y vino a él y le dijo:
Había dos hombres en una ciudad, el uno rico, y el otro pobre.

2 El rico tenía muchas ovejas y vacas.

3 Pero el pobre no tenía más que una corderita que él había comprado y criado,
la cual había crecido junto con él y con sus hijos.
Comía de su pan, bebía de su copa y dormía en su seno,
y era como una hija para él.

4 Vino un viajero al hombre rico
y éste no quiso tomar de sus ovejas ni de sus vacas
para preparar *comida* para el caminante que había venido a él,
sino que tomó la corderita de aquel hombre pobre y la preparó para el hombre que había venido a él.

5 Y se encendió la ira de David en gran manera contra aquel hombre, y dijo a Natán: Vive el SEÑOR, que ciertamente el hombre que hizo esto merece morir;

6 y debe pagar cuatro veces por la cordera, porque hizo esto y no tuvo compasión.

7 Entonces Natán dijo a David: Tú eres aquel hombre. Así dice el SEÑOR, Dios de Israel: "Yo te ungí rey sobre Israel y te libré de la mano de Saúl.

8 "Yo también entregué a tu cuidado la casa de tu señor y las mujeres de tu señor, y te di la casa de Israel y de Judá; y si *eso hubiera sido* poco, te hubiera añadido muchas cosas como éstas.

9 "¿Por qué has despreciado la palabra del SEÑOR haciendo lo malo a sus ojos? Has matado a espada a Urías heteo, has tomado su mujer para que sea mujer tuya, y lo has matado con la espada de los hijos de Amón.

10 "Ahora pues, la espada nunca se apartará de tu casa, porque me has despreciado y has tomado la mujer de Urías heteo para que sea tu mujer."

11 Así dice el SEÑOR: "He aquí, de tu misma casa levantaré el mal contra ti; y aun tomaré tus mujeres delante de tus ojos y *las* daré a tu compañero, y éste se acostará con tus mujeres a plena luz del día.

12 "En verdad, tú lo hiciste en secreto, pero yo haré esto delante de todo Israel, y a plena luz del sol."

13 Entonces David dijo a Natán: He pecado contra el SEÑOR. Y Natán dijo a David: El SEÑOR ha quitado tu pecado; no morirás.

14 Sin embargo, por cuanto con este hecho has dado ocasión de blasfemar a los enemigos del SEÑOR, ciertamente morirá el niño que te ha nacido.

15 Y Natán regresó a su casa.
Y el SEÑOR hirió al niño que la viuda de Urías dio a David, y se puso muy enfermo.

16 David rogó a Dios por el niño; y ayunó, y fue y pasó la noche acostado en el suelo.

17 Y los ancianos de su casa se pusieron a su lado para levantarlo del suelo, mas él no quiso, y no comió pan con ellos.

18 Sucedió que al séptimo día el niño murió; y los siervos de David temían informarle que el niño había muerto, pues se decían: He aquí, cuando el niño estaba *todavía* vivo, le hablábamos y no nos escuchaba. ¿Cómo, pues, vamos a decirle que el niño ha muerto? Puede hacer*se* daño.

19 Pero viendo David que sus siervos susurraban entre sí, comprendió que el niño había muerto, y dijo a sus siervos: ¿Ha muerto el niño? Y ellos respondieron: Ha muerto.

20 Entonces David se levantó del suelo, se lavó, *se* ungió y se cambió de ropa; entró en la casa del SEÑOR y adoró. Después vino a su casa y cuando pidió, le pusieron comida delante y comió.

21 Y sus siervos le dijeron: ¿Qué es esto que has hecho? Mientras el niño vivía, ayunabas y llorabas, pero cuando el niño murió, te levantaste y comiste pan.

22 Y él respondió: Mientras el niño *aún* vivía, yo ayunaba y lloraba, pues me decía: "¿Quién sabe si el SEÑOR tendrá compasión de mí y el niño viva?"

23 Pero ahora que ha muerto, ¿por qué he de ayunar? ¿Podré hacer que vuelva? Yo iré a él, pero él no volverá a mí.

24 Y David consoló a Betsabé su mujer, y vino a ella y se acostó con ella; y ella dio a luz un hijo; y él le puso por nombre Salomón. Y el SEÑOR lo amó,

25 y envió *un mensaje* por medio del profeta Natán, y le puso el nombre de Jedidías[1], por causa del SEÑOR.

26 Joab combatió contra Rabá de los hijos de Amón, y conquistó la ciudad real.

27 Entonces Joab envió mensajeros a David que *le* dijeran: He combatido contra Rabá, *y* también he tomado la ciudad de las aguas.

28 Ahora pues, reúne el resto del pueblo y acampa contra la ciudad y tómala, no sea que tome yo la ciudad y se le llame por mi nombre.

29 Reunió David a todo el pueblo y fue a Rabá, y peleó contra ella y la tomó.

30 Quitó luego la corona de la cabeza de su rey, la cual pesaba un talento de oro y *tenía* una piedra preciosa, y fue puesta sobre la cabeza de David. Y él sacó botín de la ciudad en grandes cantidades.

31 Y la gente que *había* en ella, la sacó y la puso *a trabajar* con sierras, con trillos de hierro y con hachas de hierro, también los puso a trabajar en los hornos de ladrillos. Así hizo a todas las ciudades de los hijos de Amón. Entonces regresó David con todo el pueblo *a* Jerusalén.

Amnón y Tamar

13 Después de esto aconteció que teniendo Absalón, hijo de David, una hermana *muy*

---
1. I.e., amado del SEÑOR

hermosa que se llamaba Tamar, se enamoró de ella Amnón, hijo de David.

2 Y Amnón estaba tan atormentado a causa de su hermana Tamar que se enfermó, porque ella era virgen, y le parecía difícil a Amnón hacerle cosa alguna.

3 Pero Amnón tenía un amigo que se llamaba Jonadab, hijo de Simea, hermano de David; y Jonadab era un hombre muy astuto.

4 Y *éste* le dijo: Hijo del rey, ¿por qué estás tan deprimido día tras día? ¿No me *lo* contarás? Y Amnón le dijo: Estoy enamorado de Tamar, hermana de mi hermano Absalón.

5 Entonces Jonadab le dijo: Acuéstate en tu cama, y finge que estás enfermo; y cuando tu padre venga a verte, dile: "Te ruego que dejes que mi hermana Tamar venga y me dé *algún* alimento para comer, y que prepare la comida delante de mí para que yo *la* vea y la coma de su mano."

6 Amnón se acostó y se fingió enfermo. Cuando el rey vino a verlo, Amnón dijo al rey: Te ruego que venga mi hermana Tamar y haga dos tortas delante de mí para que yo coma de su mano.

7 Y David envió *mensaje* a Tamar, a *su* casa, diciendo: Ve ahora a la casa de tu hermano Amnón, y prepárale la comida.

8 Fue, pues, Tamar a la casa de su hermano Amnón, y él estaba acostado. Y ella tomó masa, *la* amasó, hizo tortas delante de él y las coció.

9 Y tomando la sartén, *las* sirvió delante de él, pero él rehusó comer. Y Amnón dijo: Que salgan todos de aquí. Y todos salieron de allí.

10 Entonces Amnón dijo a Tamar: Trae la comida a la alcoba para que yo coma de tu mano. Y Tamar tomó las tortas que había hecho y *las* llevó a su hermano Amnón a la alcoba.

11 Cuando ella se *las* llevó para que comiera, él le echó mano, y le dijo: Ven, acuéstate conmigo, hermana mía.

12 Pero ella le respondió: No, hermano mío, no abuses de mí, porque tal cosa no se hace en Israel; no cometas esta infamia.

13 Pues, ¿adónde iría yo con mi deshonra? Y tú serías como uno de los insensatos de Israel. Ahora pues, te ruego que hables al rey, que él no me negará a ti.

14 Pero él no quiso escucharla; como era más fuerte que ella, la forzó, y se acostó con ella.

15 Entonces Amnón la aborreció con un odio muy grande; porque el odio con que la aborreció fue mayor que el amor con que la había amado. Y Amnón le dijo: Levántate, vete.

16 Pero ella le respondió: No, porque esta injusticia *que me haces*, echándome fuera, es mayor que la otra que me has hecho. Mas él no quiso oírla.

17 Llamó, pues, a su criado que le servía y *le* dijo: Echa a esta mujer fuera de aquí, y cierra la puerta tras ella.

18 (Llevaba ella un vestido de manga larga, porque así se vestían con túnicas las hijas vírgenes del rey.) Su criado la echó fuera, y cerró la puerta tras ella.

19 Entonces Tamar se puso ceniza sobre la cabeza, rasgó el vestido de manga larga que llevaba puesto, y se fue gritando con las manos sobre la cabeza.

20 Su hermano Absalón le dijo: ¿Ha estado contigo tu hermano Amnón? Guarda silencio ahora, hermana mía; tu hermano es; no se angustie tu corazón por este asunto. Tamar, pues, se quedó desconsolada en casa de su hermano Absalón.

21 Cuando el rey David se enteró de todas estas cosas, se enojó mucho.

22 Pero Absalón no le habló a Amnón ni bien ni mal; pues Absalón odiaba a Amnón, porque había violado a su hermana Tamar.

23 Después de dos años, aconteció que teniendo Absalón esquiladores de ovejas en Baal-hazor, que está junto a Efraín, Absalón invitó a todos los hijos del rey.

24 Y vino Absalón al rey y dijo: He aquí, ahora tu siervo tiene esquiladores de ovejas; ruego que venga el rey y sus siervos con tu siervo.

25 Mas el rey respondió a Absalón: No, hijo mío, no debemos ir todos, para no ser carga para ti. Y aunque le insistió, no quiso ir, mas lo bendijo.

26 Entonces Absalón dijo: Pues si no, te ruego que dejes ir a mi hermano Amnón con nosotros. Y el rey le respondió: ¿Por qué ha de ir contigo?

27 Mas cuando Absalón le insistió, dejó ir con él a Amnón y a todos los hijos del rey.

28 Absalón ordenó a sus siervos, diciendo: Mirad, cuando el corazón de Amnón esté alegre por el vino, y cuando yo os diga: "Herid a Amnón", entonces matadle. No temáis; ¿no os lo he mandado yo? Tened ánimo y sed valientes.

29 Y los siervos de Absalón hicieron a Amnón tal como Absalón *les* había mandado. Entonces todos los hijos del rey se levantaron, y montándose cada uno en su mulo, huyeron.

30 Estando aún ellos en el camino, llegó a David el rumor que decía: Absalón ha dado muerte a todos los hijos del rey, y no ha quedado ni uno de ellos.

31 Entonces el rey se levantó, rasgó sus vestidos y se echó en tierra; y todos sus siervos estaban a su lado con los vestidos rasgados.

32 Y Jonadab, hijo de Simea, hermano de David, dijo: No crea mi señor que han dado muerte a todos los jóvenes, hijos del rey, pues sólo ha muerto Amnón; porque esto había sido determinado por decisión de Absalón desde el día en que Amnón violó a su hermana Tamar.

33 Ahora pues, no tome en serio mi señor el rey el rumor que dice: "todos los hijos del rey murieron", porque sólo Amnón ha muerto.

34 Entre tanto Absalón había huido. Y el joven que estaba de atalaya alzó los ojos y miró, y he aquí, mucha gente que venía por el camino *que estaba* a sus espaldas del lado del monte.

35 Y Jonadab dijo al rey: He aquí, son los hijos del rey que vienen; conforme a la palabra de tu siervo, así ha sucedido.

36 Y aconteció que apenas había acabado de hablar, he aquí, los hijos del rey llegaron, alzaron su voz y lloraron; y también el rey y todos sus siervos lloraron muy amargamente.

37 Huyó Absalón y fue a Talmai, hijo de Amiud, rey de Gesur. Y *David* lloraba por su hijo todos los días.

38 Así fue que Absalón huyó a Gesur, y estuvo allí tres años.

39 Y el rey David ansiaba ir adonde *estaba*

Absalón, pues con respecto a Amnón que había muerto, ya se había consolado.

Joab y la mujer de Tecoa

14 Joab, hijo de Sarvia, comprendió que el corazón del rey *se inclinaba* hacia Absalón.

2 Y Joab envió a Tecoa a traer a una mujer sabia de allí, y le dijo: Te ruego que finjas estar de duelo, te pongas ahora ropas de luto y no te unjas con óleo, sino pórtate como una mujer que por muchos días ha estado de duelo por un muerto;

3 después ve al rey y háblale de esta manera. Y Joab puso las palabras en su boca.

4 Cuando la mujer de Tecoa habló al rey, cayó sobre su rostro en tierra, y postrándose, dijo: ¡Socorro, oh rey!

5 Y el rey le dijo: ¿Qué te sucede? Y ella respondió: Ciertamente soy viuda, pues mi marido ha muerto.

6 Tu sierva tenía dos hijos; lucharon entre sí en el campo, y no habiendo quien los apartara, uno hirió al otro y lo mató.

7 Y he aquí que toda la familia se ha levantado contra tu sierva, y dicen: "Entrega al que hirió a su hermano, para que le demos muerte por la vida de su hermano a quien mató, y destruyamos al heredero también." Así extinguirán el ascua que me queda, no dejando a mi marido nombre ni remanente sobre la faz de la tierra.

8 Respondió el rey a la mujer: Ve a tu casa, y daré órdenes respecto a ti.

9 Y la mujer de Tecoa dijo al rey: Oh rey mi señor, la iniquidad sea sobre mí y sobre la casa de mi padre, pero el rey y su trono sean sin culpa.

10 Entonces el rey dijo: Cualquiera que te hable, tráemelo, y no te molestará más.

11 Y ella dijo: Te ruego, oh rey, que te acuerdes del Señor tu Dios, *para que* el vengador de sangre no aumente el daño, no sea que destruya a mi hijo. Y él dijo: Vive el Señor, ni un pelo de tu hijo caerá a tierra.

12 Dijo entonces la mujer: Permite que tu sierva diga una palabra a mi señor el rey. Y él dijo: Habla.

13 Y la mujer dijo: ¿Por qué, pues, has pensado tal cosa contra el pueblo de Dios? Porque al decir esta palabra, el rey *se hace* como uno que es culpable, *ya que* el rey no hace volver a su desterrado.

14 Pues ciertamente moriremos; somos como el agua derramada en tierra que no se vuelve a recoger. Pero Dios no quita la vida, sino designa medios para que el desterrado no sea alejado de él.

15 Ahora, la razón por la cual he venido a decir esta palabra a mi señor el rey, es porque el pueblo me ha atemorizado; por eso tu sierva se dijo: "Hablaré ahora al rey, tal vez el rey cumpla la petición de su sierva.

16 "Pues el rey oirá y librará a su sierva de mano del hombre que destruiría a ambos, a mí y a mi hijo, de la heredad de Dios."

17 Se dijo además tu sierva: "Sea consuelo la palabra de mi señor el rey, pues como el ángel de Dios, así es mi señor el rey para discernir el bien y el mal. ¡Que el Señor tu Dios sea contigo!"

18 Respondió el rey y dijo a la mujer: Te ruego que no me ocultes nada de lo que voy a preguntarte. Y la mujer dijo: Hable mi señor el rey.

19 Y el rey dijo: ¿Está contigo la mano de Joab en todo esto? Y la mujer respondió y dijo: Vive tu alma, mi señor el rey, nadie *puede desviarse* ni a la derecha ni a la izquierda de todo lo que mi señor el rey ha hablado. En verdad fue tu siervo Joab quien me mandó, y fue él quien puso todas estas palabras en boca de tu sierva;

20 tu siervo Joab ha hecho esto con el fin de cambiar el aspecto de las cosas. Pero mi señor es sabio, como *con* la sabiduría del ángel de Dios, para saber todo lo que hay en la tierra.

21 Entonces el rey dijo a Joab: He aquí, ciertamente ahora haré esto; ve y trae al joven Absalón.

22 Joab cayó rostro en tierra, y postrándose, bendijo al rey; entonces Joab dijo: Oh rey mi señor, hoy tu siervo sabe que he hallado gracia ante tus ojos, puesto que el rey ha concedido la petición de su siervo.

23 Joab se levantó, fue a Gesur y trajo a Absalón a Jerusalén.

24 Pero el rey dijo: Que vuelva a su casa y no vea mi rostro. Y Absalón volvió a su casa, y no vio el rostro del rey.

25 En todo Israel no había nadie tan bien parecido ni tan celebrado como Absalón; desde la planta de su pie hasta su coronilla no había defecto en él.

26 Cuando se cortaba el cabello (y era al final de cada año que se *lo* cortaba, pues le pesaba mucho y por eso se *lo* cortaba), el cabello pesaba doscientos siclos según el peso real.

27 Y a Absalón le nacieron tres hijos y una hija que se llamaba Tamar; era ella una mujer de hermosa apariencia.

28 Absalón residió dos años completos en Jerusalén sin ver el rostro del rey.

29 Entonces Absalón mandó a buscar a Joab para enviarlo al rey, pero él no quiso venir. Y por segunda vez envió por él, pero no quiso venir.

30 Dijo, pues, a sus siervos: Mirad, el campo de Joab está junto al mío, y allí tiene cebada; id y prendedle fuego. Y los siervos de Absalón prendieron fuego al campo.

31 Entonces Joab se levantó, vino a la casa de Absalón y le dijo: ¿Por qué tus siervos han prendido fuego a mi campo?

32 Y Absalón respondió a Joab: He aquí, envié por ti, diciendo: "Ven acá, para enviarte al rey a decir*le*: '¿Para qué vine de Gesur? Mejor me hubiera sido estar aún allá.' " Ahora pues, vea yo el rostro del rey; y si hay iniquidad en mí, que me dé muerte.

33 Cuando Joab vino al rey y se *lo* hizo saber, *éste* llamó a Absalón, y *éste* vino ante el rey y se postró sobre su rostro en tierra delante del rey. Y el rey besó a Absalón.

Conspiración de Absalón

15 Aconteció después de esto que Absalón se hizo de un carro y caballos, y de cincuenta hombres que corrieran delante de él.

2 Y Absalón se levantaba temprano y se situaba junto al camino de la puerta; y sucedía que todo aquel que tenía un pleito y venía al rey para juicio, Absalón lo llamaba y decía: ¿De qué ciudad eres? Y *éste* respondía: Tu siervo es de una de las tribus de Israel.

3 Entonces Absalón le decía: Mira, tu causa es buena y justa, pero nadie te va a escuchar de parte del rey.

4 Decía además Absalón: ¡Quién me nombrara juez en la tierra! Entonces todo hombre que tuviera pleito o causa alguna podría venir a mí y yo le haría justicia.

5 Y sucedía que cuando alguno se acercaba y se postraba ante él, él extendía su mano, lo levantaba y lo besaba.

6 De esta manera Absalón trataba a todo israelita que venía al rey para juicio; así Absalón robó el corazón de los hombres de Israel.

7 Y aconteció que al cabo de cuatro años Absalón dijo al rey: Te ruego me dejes ir a Hebrón a pagar mi voto que he hecho al SEÑOR.

8 Pues tu siervo prometió un voto mientras habitaba en Gesur, en Aram, diciendo: "Si en verdad el SEÑOR me hace volver a Jerusalén, entonces yo serviré al SEÑOR."

9 Y el rey le dijo: Vete en paz. Y él se levantó y fue a Hebrón.

10 Pero Absalón envió espías por todas las tribus de Israel, diciendo: Tan pronto oigáis el sonido de la trompeta, entonces diréis: "Absalón es rey en Hebrón."

11 Con Absalón fueron doscientos hombres de Jerusalén como invitados; fueron inocentemente, sin saber nada.

12 Y Absalón envió por Ahitofel gilonita, consejero de David, desde Gilo su ciudad, cuando ofrecía los sacrificios. Y la conspiración se hacía fuerte porque constantemente aumentaba la gente que seguía a Absalón.

13 Entonces un mensajero vino a David, diciendo: El corazón de los hombres de Israel está con Absalón.

14 Y David dijo a todos sus siervos que *estaban* con él en Jerusalén: Levantaos y huyamos, porque *si no*, ninguno de nosotros escapará de Absalón. Id de prisa, no sea que nos alcance pronto, traiga desgracia sobre nosotros y hiera la ciudad a filo de espada.

15 Y los siervos del rey le dijeron: He aquí, tus siervos *están listos para hacer* todo lo que nuestro señor el rey quiera.

16 Salió el rey, y toda su casa con él, dejando al rey a diez concubinas para cuidar la casa.

17 Salió, pues, el rey y toda la gente con él, y se detuvieron en la última casa.

18 Todos sus siervos pasaron junto a él, todos los cereteos, peleteos y todos los geteos, seiscientos hombres que habían venido con él desde Gat; *todos* pasaron delante del rey.

19 Y el rey dijo a Itai geteo: ¿Por qué has de venir tú también con nosotros? Regresa y quédate con el rey, porque eres un extranjero y también un desterrado; *regresa* a tu lugar.

20 Llegaste *apenas* ayer, ¿y he de hacer que vagues hoy con nosotros mientras yo voy por donde quiera ir? Regresa y haz volver a tus hermanos, y que sean contigo la misericordia y la verdad.

21 Pero Itai respondió al rey, y dijo: Vive el SEÑOR y vive mi señor el rey, ciertamente dondequiera que esté mi señor el rey, ya sea para muerte o para vida, allí también estará tu siervo.

22 Entonces David dijo a Itai: Ve y pasa adelante. Así Itai geteo pasó con todos sus hombres y con todos los pequeños que *estaban* con él.

23 Mientras todo el país lloraba en alta voz, todo el pueblo cruzó. El rey también cruzó el torrente Cedrón, y todo el pueblo pasó en dirección al desierto.

24 Y he aquí, Sadoc *pasó* también, y todos los levitas con él, llevando el arca del pacto de Dios. Y asentaron el arca de Dios, y Abiatar subió después que había terminado de pasar todo el pueblo *que salía* de la ciudad.

25 Y el rey dijo a Sadoc: Haz volver el arca de Dios a la ciudad, que si hallo gracia ante los ojos del SEÑOR, me hará volver y me mostrará tanto el arca como su morada.

26 Pero si El dijera así: "No me complazco en ti", mira, aquí estoy, que haga conmigo lo que bien le parezca.

27 También el rey dijo al sacerdote Sadoc: ¿No eres vidente? Regresa en paz a la ciudad, y vuestros dos hijos con vosotros, tu hijo Ahimaas, y Jonatán, hijo de Abiatar.

28 Mirad, esperaré en los vados del desierto hasta que venga palabra vuestra para informarme.

29 Sadoc y Abiatar hicieron volver el arca de Dios a Jerusalén, y se quedaron allí.

30 Subía David la cuesta del *monte de los* Olivos, y mientras iba, lloraba con la cabeza cubierta y *los pies* descalzos. Y todo el pueblo que *iba* con él cubrió cada uno su cabeza, e iban llorando mientras subían.

31 *Alguien* dio aviso a David, diciendo: Ahitofel está entre los conspiradores con Absalón. Y David dijo: Oh SEÑOR, te ruego, haz necio el consejo de Ahitofel.

32 Sucedió que mientras David se acercaba a la cumbre donde se adoraba a Dios, he aquí, Husai arquita salió a su encuentro con su manto desgarrado y polvo sobre la cabeza.

33 Y David le dijo: Si pasas conmigo, entonces me serás una carga.

34 Pero si regresas a la ciudad, y dices a Absalón: "Seré tu siervo, oh rey; como en el pasado he sido siervo de tu padre, así ahora seré tu siervo", entonces harás nulo el consejo de Ahitofel en favor mío.

35 ¿Y no están allí contigo Sadoc y Abiatar los sacerdotes? Por tanto, todo lo que oigas de la casa del rey lo comunicarás a los sacerdotes Sadoc y Abiatar.

36 He aquí, sus dos hijos están allí con ellos, Ahimaas, hijo de Sadoc, y Jonatán, hijo de Abiatar, y por medio de ellos me comunicarás todo lo que oigas.

37 Husai, amigo de David, entró en la ciudad cuando Absalón entraba en Jerusalén.

Simei maldice a David

16 Cuando David pasó un poco más allá de la cumbre, he aquí que Siba, el criado de Mefiboset, *salió* a su encuentro con un par de asnos aparejados, y sobre ellos *había* doscientos panes, cien racimos de uvas pasas, cien frutas de verano y un odre de vino.

2 Y el rey dijo a Siba: ¿Para qué tienes esto? Y Siba respondió: Los asnos son para que la familia del rey monte, y el pan y la fruta de verano para

que los jóvenes coman, y el vino para que beba cualquiera que se fatigue en el desierto.

3 Entonces el rey dijo: ¿Y dónde está el hijo de tu señor? Y Siba respondió al rey: He aquí, está en Jerusalén, pues ha dicho: "Hoy la casa de Israel me devolverá el reino de mi padre."

4 Y el rey dijo a Siba: He aquí, todo lo que pertenece a Mefiboset es tuyo. Y Siba dijo: Me inclino; que halle yo gracia ante tus ojos, oh rey, mi señor.

5 Al llegar el rey David a Bahurim, he aquí, salió de allí un hombre de la familia de la casa de Saúl que se llamaba Simei, hijo de Gera. Cuando salió, iba maldiciendo;

6 y tiraba piedras a David y a todos los siervos del rey David, aunque todo el pueblo y todos los *hombres* valientes *estaban* a su derecha y a su izquierda.

7 Así decía Simei mientras maldecía: ¡Fuera, fuera, hombre sanguinario e indigno!

8 El SEÑOR ha hecho volver sobre ti toda la sangre derramada de la casa de Saúl, en cuyo lugar has reinado; el SEÑOR ha entregado el reino en mano de tu hijo Absalón. He aquí, estás *prendido* en tu propia maldad, porque eres hombre sanguinario.

9 Entonces Abisai, hijo de Sarvia, dijo al rey: ¿Por qué ha de maldecir este perro muerto a mi señor el rey? Déjame que vaya ahora y le corte la cabeza.

10 Pero el rey dijo: ¿Qué tengo yo que ver con vosotros, hijos de Sarvia? Si él maldice, y si el SEÑOR le ha dicho: "Maldice a David", ¿quién, pues, le dirá: "¿Por qué has hecho esto?"

11 Y David dijo a Abisai y a todos sus siervos: He aquí, mi hijo que salió de mis entrañas busca mi vida; ¿cuánto más entonces este benjamita? Dejadlo, que siga maldiciendo, porque el SEÑOR se lo ha dicho.

12 Quizá el SEÑOR mire mi aflicción y me devuelva bien por su maldición de hoy.

13 Así pues, David y sus hombres siguieron su camino; y Simei iba por el lado del monte paralelo a él, y mientras iba *lo* maldecía, le tiraba piedras y *le* arrojaba polvo.

14 Y el rey y todo el pueblo que *iba* con él llegaron al Jordán fatigados, y allí descansaron.

15 Entonces Absalón y todo el pueblo, los hombres de Israel, entraron en Jerusalén, y Ahitofel con él.

16 Sucedió que cuando Husai arquita, amigo de David, vino a Absalón, Husai dijo a Absalón: ¡Viva el rey! ¡Viva el rey!

17 Y Absalón dijo a Husai: ¿Es esta tu lealtad para con tu amigo? ¿Por qué no fuiste con tu amigo?

18 Respondió Husai a Absalón: No, pues a quien el SEÑOR, este pueblo y todos los hombres de Israel han escogido, de él seré, y con él me quedaré.

19 Además, ¿a quién debería yo servir? ¿No *habría de ser* en la presencia de su hijo? Tal como he servido delante de tu padre, así seré delante de ti.

20 Entonces Absalón dijo a Ahitofel: Dad vuestro consejo. ¿Qué debemos hacer?

21 Y Ahitofel respondió a Absalón: Llégate a las concubinas de tu padre, a quienes él ha dejado para guardar la casa; entonces todo Israel sabrá

que te has hecho odioso a tu padre, y las manos de todos los que están contigo se fortalecerán.

22 Levantaron, pues, para Absalón una tienda en el terrado, y Absalón se llegó a las concubinas de su padre a la vista de todo Israel.

23 El consejo que Ahitofel daba en aquellos días *era* como si uno consultara la palabra de Dios; así era *considerado* todo consejo de Ahitofel tanto por David como por Absalón.

Consejos de Ahitofel y de Husai

17 Ahitofel dijo a Absalón: Te ruego que me dejes escoger doce mil hombres, y esta noche me levantaré y perseguiré a David.

2 caeré sobre él cuando esté cansado y fatigado, le infundiré terror y huirá todo el pueblo que está con él; entonces heriré al rey solamente,

3 y haré volver a ti a todo el pueblo. El regreso de todos depende del hombre a quien buscas; *después* todo el pueblo estará en paz.

4 Y el plan agradó a Absalón y a todos los ancianos de Israel.

5 Entonces Absalón dijo: Llama también ahora a Husai arquita y escuchemos lo que él tiene que decir.

6 Cuando Husai vino a Absalón, éste le dijo: Ahitofel ha hablado de esta manera, ¿Llevaremos a cabo su plan? Si no, habla.

7 Y Husai dijo a Absalón: Esta vez el consejo que Ahitofel ha dado no es bueno.

8 Dijo además Husai: Tú conoces a tu padre y a sus hombres, que son hombres valientes y que están enfurecidos como una osa privada de sus cachorros en el campo. Tu padre es un experto en la guerra, y no pasará la noche con el pueblo.

9 He aquí, él ahora se habrá escondido en una de las cuevas o en algún *otro* lugar; y sucederá que si en el primer *asalto* caen algunos de los tuyos, cualquiera que se entere, dirá: "Ha habido una matanza en el pueblo que sigue a Absalón."

10 Y aun el valiente, cuyo corazón es como el corazón de un león, se desanimará completamente, pues todo Israel sabe que tu padre es un hombre poderoso y que todos los que están con él son valientes.

11 Pero yo aconsejo que todo Israel se reúna contigo, desde Dan hasta Beerseba, abundantes como la arena que está a la orilla del mar, y que tú personalmente vayas al combate.

12 Iremos a él en cualquiera de los lugares donde se encuentre, y descenderemos sobre él como cae el rocío sobre la tierra; y de él y de todos los hombres que están con él no quedará ni uno.

13 Si se refugia en una ciudad, todo Israel traerá sogas a aquella ciudad y la arrastraremos al valle hasta que no se encuentre en ella ni una piedra pequeña.

14 Absalón y todos los hombres de Israel dijeron: El consejo de Husai arquita es mejor que el consejo de Ahitofel. Pues el SEÑOR había ordenado que se frustrara el buen consejo de Ahitofel para que el SEÑOR trajera calamidad sobre Absalón.

15 Dijo después Husai a los sacerdotes Sadoc y Abiatar: Esto es lo que Ahitofel aconsejó a Absalón y a los ancianos de Israel, y esto es lo que yo he aconsejado.

16 Ahora pues, enviad inmediatamente y avisad

a David, diciendo: No pases la noche en los vados del desierto sino pasa al otro lado sin falta, no sea que el rey y el pueblo que está con él sean destruidos.

17 Y Jonatán y Ahimaas aguardaban en En-rogel; una criada iría a avisarles y ellos irían a avisar al rey David, porque no debían verse entrando a la ciudad.

18 Pero un muchacho los vio y avisó a Absalón; así que los dos salieron rápidamente y fueron a la casa de un hombre en Bahurim que tenía un pozo en su patio, al cual descendieron.

19 Y tomando la mujer una manta, la extendió sobre la boca del pozo y esparció grano sobre ella, de modo que nada se notaba.

20 Entonces los siervos de Absalón fueron a la casa de la mujer y dijeron: ¿Dónde están Ahimaas y Jonatán? Y la mujer les dijo: Ellos han pasado el arroyo. Buscaron, y al no encontra*los*, regresaron a Jerusalén.

21 Sucedió que después que se habían ido, salieron del pozo, y fueron y dieron aviso al rey David, diciéndole: Levantaos y pasad aprisa las aguas, porque así Ahitofel ha aconsejado contra vosotros.

22 Entonces David y todo el pueblo que *estaba* con él se levantaron y pasaron el Jordán; ya al amanecer no quedaba ninguno que no hubiera pasado el Jordán.

23 Viendo Ahitofel que no habían seguido su consejo, aparejó *su* asno, se levantó y fue a su casa, a su ciudad, puso en orden su casa y se ahorcó. Así murió, y fue sepultado en la tumba de su padre.

24 Llegando David a Mahanaim, Absalón pasó el Jordán y con él todos los hombres de Israel.

25 Absalón nombró a Amasa jefe del ejército en lugar de Joab. Amasa *era* hijo de un hombre que se llamaba Itra, israelita, el cual se había llegado a Abigail, hija de Nahas, hermana de Sarvia, madre de Joab.

26 Y acampó Israel con Absalón en la tierra de Galaad.

27 Cuando David llegó a Mahanaim, Sobi, hijo de Nahas de Rabá, de los hijos de Amnón, Maquir, hijo de Amiel de Lodebar, y Barzilai galaadita de Rogelim,

28 trajeron camas, copas, vasijas de barro, trigo, cebada, harina, *grano* tostado, habas, lentejas, *semillas* tostadas,

29 miel, cuajada, ovejas, y queso de vaca, para que comieran David y el pueblo que *estaba* con él, pues decían: El pueblo está hambriento, cansado y sediento en el desierto.

Derrota y muerte de Absalón

18 David contó el pueblo que *estaba* con él, y puso sobre ellos jefes de mil y jefes de cien.

2 Y envió David al pueblo: una tercera parte bajo el mando de Joab, una tercera parte bajo el mando de Abisai, hijo de Sarvia, hermano de Joab, y una tercera parte bajo el mando de Itai geteo. Y el rey dijo al pueblo: Ciertamente yo también saldré con vosotros.

3 Pero el pueblo dijo: No debes salir; porque si tenemos que huir, no harán caso de nosotros; aunque muera la mitad de nosotros, no harán caso de nosotros. Pero tú vales *por* diez mil de nosotros; ahora pues, será mejor que tú *estés listo* para ayudarnos desde la ciudad.

4 Entonces el rey les dijo: Yo haré lo que os parezca mejor. Y el rey se puso junto a la puerta, y todo el pueblo salió por centenares y por millares.

5 Y el rey mandó a Joab, a Abisai y a Itai, diciendo: Por amor a mí *tratad* bien al joven Absalón. Y todo el pueblo oyó cuando el rey mandó a todos los jefes acerca de Absalón.

6 El pueblo salió al campo al encuentro de Israel, y se entabló la batalla en el bosque de Efraín.

7 Allí fue derrotado el pueblo de Israel delante de los siervos de David, y la matanza aquel día allí fue grande: veinte mil hombres.

8 La batalla se extendió por toda aquella región, y el bosque devoró más gente aquel día que la que devoró la espada.

9 Y Absalón se encontró con los siervos de David; y Absalón iba montado en *su* mulo, y pasó el mulo debajo del espeso ramaje de una gran encina, y se le trabó la cabeza *a Absalón* en la encina, y quedó colgado entre el cielo y la tierra, mientras que el mulo que estaba debajo de él siguió de largo.

10 Cuando uno de los hombres vio *esto,* avisó a Joab, diciendo: He aquí, vi a Absalón colgado de una encina.

11 Joab dijo al hombre que le había avisado: He aquí, *tú lo* viste, ¿por qué no lo heriste al *derribándolo* a tierra? Yo te hubiera dado diez *piezas* de plata y un cinturón.

12 Respondió el hombre a Joab: Aunque yo recibiera mil *piezas* de plata en la mano, no extendería la mano contra el hijo del rey; porque ante nuestros oídos el rey te ordenó a ti, a Abisai y a Itai, diciendo: "Protegedme al joven Absalón."

13 De otro modo, si yo hubiera hecho traición contra su vida (y no hay nada oculto al rey), tú mismo te hubieras mostrado indiferente.

14 Respondió Joab: No malgastaré mi tiempo aquí contigo. Y tomando tres dardos en la mano, los clavó en el corazón de Absalón mientras todavía estaba vivo en medio de la encina.

15 Y diez jóvenes escuderos de Joab rodearon e hirieron a Absalón y lo remataron.

16 Entonces Joab tocó la trompeta, y el pueblo regresó de perseguir a Israel, porque Joab detuvo al pueblo.

17 Y tomaron a Absalón, lo echaron en una fosa profunda en el bosque y levantaron sobre él un gran montón de piedras. Y todo Israel huyó, cada uno a su tienda.

18 En vida, Absalón había tomado y erigido para sí una columna que está en el Valle del Rey, pues se había dicho: No tengo hijo para perpetuar mi nombre. Y llamó la columna por su propio nombre, y hasta hoy día se llama Monumento de Absalón.

19 Y Ahimaas, hijo de Sadoc, dijo: Te ruego que me dejes correr y llevar las noticias al rey de que el SEÑOR lo ha liberado de la mano de sus enemigos.

20 Pero Joab le dijo: Tú no eres el hombre para llevar hoy las noticias, las llevarás otro día; no llevarás noticias hoy, porque el hijo del rey ha muerto.

21 Entonces Joab dijo al cusita: Ve, anuncia al rey lo que has visto. Y el cusita se inclinó ante Joab, y corrió.

22 Y Ahimaas, hijo de Sadoc, volvió a decir a Joab: Pase lo que pase, te ruego que me dejes correr tras el cusita. Y Joab dijo: ¿Por qué correrás, hijo mío, ya que no tendrás recompensa por ir?

23 Pero *él dijo:* Pase lo que pase, correré. Entonces le dijo: Corre. Y Ahimaas corrió por el camino de la llanura, y pasó al cusita.

24 David estaba sentado entre las dos puertas; y el atalaya subió al terrado de la puerta en el muro, y alzando los ojos miró, y he aquí, un hombre que corría solo.

25 Y el atalaya llamó y avisó al rey. Y el rey dijo: Si viene solo hay buenas noticias en su boca. Mientras se acercaba más y más,

26 el atalaya vio a otro hombre corriendo; y el atalaya dio voces al portero, y dijo: He aquí, *otro* hombre corriendo solo. Y el rey dijo: Este también trae buenas noticias.

27 Y el atalaya dijo: Creo que el correr del primero es como el correr de Ahimaas, hijo de Sadoc. Y el rey dijo: Este es un buen hombre y viene con buenas noticias.

28 Y Ahimaas dio voces, y dijo al rey: Todo está bien. Se postró rostro en tierra delante del rey, y dijo: Bendito es el Señor tu Dios, que ha entregado a los hombres que levantaron sus manos contra mi señor el rey.

29 Y el rey dijo: ¿Le va bien al joven Absalón? Y Ahimaas respondió: Cuando Joab envió al siervo del rey y a tu siervo, vi un gran tumulto, pero no supe *era.*

30 Entonces el rey dijo: Ponte a un lado, y quédate aquí. Y él se puso a un lado, y se quedó allí.

31 Y he aquí, llegó el cusita, y dijo: Reciba mi señor el rey buenas noticias, porque el Señor te ha librado hoy de la mano de todos aquellos que se levantaron contra ti.

32 Dijo el rey al cusita: ¿Le va bien al joven Absalón? Y el cusita respondió: Sean como ese joven los enemigos de mi señor el rey, y todos los que se levantan contra ti para mal.

33 Y el rey se conmovió profundamente, y subió al aposento *que había* encima de la puerta y lloró. Y decía así mientras caminaba: ¡Hijo mío Absalón; hijo mío, hijo mío Absalón! ¡Quién me diera haber muerto yo en tu lugar! ¡Absalón, hijo mío, hijo mío!

Joab reprende a David

19 Entonces dieron aviso a Joab: He aquí, el rey llora y se lamenta por Absalón.

2 Y la victoria aquel día se convirtió en duelo para todo el pueblo, porque el pueblo oyó decir aquel día: El rey está entristecido por su hijo.

3 Aquel día el pueblo entró calladamente en la ciudad, como pueblo que humillado, entra a escondidas cuando huye de la batalla.

4 Y el rey con su rostro cubierto, clamaba en alta voz: ¡Oh hijo mío Absalón, oh Absalón, hijo mío, hijo mío!

5 Joab entró en la casa del rey, y dijo: Hoy has cubierto de vergüenza el rostro de todos tus siervos que han salvado hoy tu vida, la vida de tus hijos e hijas, la vida de tus mujeres y la vida de tus concubinas,

6 al amar a aquellos que te odian y al odiar a aquellos que te aman. Pues hoy has demostrado que príncipes y siervos no son nada para ti; porque ahora en este día sé que si Absalón estuviera vivo y todos nosotros hoy estuviéramos muertos, entonces tú estarías complacido.

7 Ahora pues, levántate, sal y habla bondadosamente a tus siervos, porque juro por el Señor que si no sales, ciertamente ni un solo hombre pasará la noche contigo, y esto te será peor que todo el mal que ha venido sobre ti desde tu juventud hasta ahora.

8 Entonces el rey se levantó y se sentó a la puerta. Y cuando avisaron a todo el pueblo, diciendo: He aquí, el rey está sentado a la puerta, entonces todo el pueblo vino delante del rey.

Pero *los de* Israel habían huido, cada uno a su tienda.

9 Y todo el pueblo reñía en todas las tribus de Israel, diciendo: El rey nos ha librado de mano de nuestros enemigos y nos ha salvado de mano de los filisteos, pero ahora ha huido de la tierra, de Absalón.

10 Sin embargo, Absalón, a quien ungimos sobre nosotros, ha muerto en combate. Ahora pues, ¿por qué guardáis silencio *respecto a* restaurar al rey?

11 Entonces el rey David envió *mensaje a* los sacerdotes Sadoc y Abiatar, diciendo: Hablad a los ancianos de Judá, y decidles: "¿Por qué sois los últimos en hacer volver al rey a su casa, ya que la palabra de todo Israel ha llegado al rey, a su casa?

12 "Sois mis hermanos; mi hueso y mi carne sois. ¿Por qué, pues, sois los últimos en hacer volver al rey?"

13 Y decid a Amasa: "¿No eres hueso mío y carne mía? Así haga Dios conmigo y aun más si no has de ser jefe del ejército delante de mí para siempre en lugar de Joab."

14 Así inclinó el corazón de todos los hombres de Judá como el de un solo hombre, y enviaron *palabra* al rey, *diciendo:* Regresa, tú y todos tus siervos.

15 Volvió el rey y llegó hasta el Jordán. Y Judá vino a Gilgal para ir al encuentro del rey, para conducir al rey al otro lado del Jordán.

16 Entonces Simei, hijo de Gera, el benjamita que *era* de Bahurim, se dio prisa y descendió con los hombres de Judá al encuentro del rey David.

17 Con él *había* mil hombres de Benjamín, y Siba, siervo de la casa de Saúl, y con él sus quince hijos y sus veinte siervos; y se apresuraron a *pasar* el Jordán delante del rey.

18 Y seguían cruzando el vado para pasar a *toda* la casa del rey, y hacer lo que le pareciera bien. Y Simei, hijo de Gera, se postró ante el rey cuando *éste* iba a pasar el Jordán.

19 Y dijo al rey: No me considere culpable mi señor, ni te acuerdes del mal que tu siervo hizo el día en que mi señor el rey salió de Jerusalén; que el rey *no lo* guarde en su corazón.

20 Pues yo tu siervo reconozco que he pecado; por tanto, he aquí que hoy he venido, el primero de toda la casa de José, para descender al encuentro de mi señor el rey.

21 Pero Abisai, hijo de Sarvia, respondió, y dijo:

¿No ha de morir Simei por esto, porque maldijo al ungido del SEÑOR?

22 Entonces David dijo: ¿Qué tengo yo que ver con vosotros, hijos de Sarvia, para que en este día me seáis adversarios? ¿Ha de morir hoy hombre alguno en Israel? ¿Acaso no sé que hoy soy rey sobre Israel?

23 Y el rey dijo a Simei: No morirás. Así el rey se lo juró.

24 También Mefiboset, hijo[1] de Saúl, descendió al encuentro del rey; y no se había aseado los pies, ni recortado el bigote, ni lavado la ropa, desde el día en que el rey se marchó hasta el día en que volvió en paz.

25 Y sucedió que cuando vino de Jerusalén al encuentro del rey, éste le dijo: ¿Por qué no fuiste conmigo, Mefiboset?

26 Y él respondió: Oh rey, señor mío, mi siervo me engañó; pues tu siervo se dijo: "Me aparejaré un asno para montar en él e ir con el rey", porque tu siervo es cojo.

27 Además, ha calumniado a tu siervo ante mi señor el rey; pero mi señor el rey es como el ángel de Dios; haz, pues, lo que te parezca bien.

28 Porque toda la casa de mi padre no era más que hombres muertos ante mi señor el rey; con todo, pusiste a tu siervo entre los que comían a tu propia mesa. ¿Qué derecho tengo todavía para quejarme más al rey?

29 Y el rey le dijo: ¿Por qué sigues hablando de tus asuntos? Yo he decidido: "Tú y Siba os repartiréis las tierras."

30 Y Mefiboset dijo al rey: Que él las tome todas, ya que mi señor el rey ha vuelto en paz a su propia casa.

31 Barzilai galaadita también había descendido de Rogelim, y había cruzado el Jordán con el rey para despedirlo en el Jordán.

32 Barzilai era muy anciano, de ochenta años, y había dado provisiones al rey mientras *éste* permanecía en Mahanaim, porque era hombre muy poderoso.

33 Y el rey dijo a Barzilai: Pasa conmigo y yo te sustentaré junto a mí en Jerusalén.

34 Pero Barzilai respondió al rey: ¿Cuánto tiempo me queda de vida para que yo suba con el rey a Jerusalén?

35 Tengo ahora ochenta años. ¿Puedo distinguir entre lo bueno y lo malo? ¿Puede tu siervo saborear lo que como o bebe? ¿Puedo oír aún la voz de los cantores o de las cantoras? ¿Por qué, pues, ha de ser tu siervo otra carga más para mi señor el rey?

36 Tu siervo no haría más que pasar el Jordán con el rey. ¿Por qué ha de concederme el rey esta recompensa?

37 Permite que tu siervo vuelva, para morir en mi ciudad junto al sepulcro de mi padre y de mi madre. Sin embargo, aquí *tienes* a tu siervo Quimam; que pase él con mi señor el rey, y haz por él lo que te parezca bien.

38 Y el rey respondió: Quimam pasará conmigo, y haré por él lo que te parezca bien; y todo lo que me pidas, *lo* haré por ti.

39 Todo el pueblo pasó el Jordán y el rey también pasó. Entonces el rey besó a Barzilai y lo bendijo, y *éste* regresó a su lugar.

40 El rey siguió hasta Gilgal y Quimam fue con él; y todo el pueblo de Judá y también la mitad del pueblo de Israel acompañaban al rey.

41 Y he aquí, todos los hombres de Israel vinieron al rey y le dijeron: ¿Por qué te han secuestrado nuestros hermanos, los hombres de Judá, y han hecho pasar el Jordán al rey y a su casa, y a todos los hombres de David con él?

42 Entonces todos los hombres de Judá respondieron a los hombres de Israel: Porque el rey es pariente cercano nuestro. ¿Por qué, pues, estáis enojados por esto? ¿Acaso hemos comido algo *a costa* del rey, o se nos ha dado algo?

43 Pero los hombres de Israel respondieron a los hombres de Judá, y dijeron: Nosotros tenemos diez partes en el rey, y por eso también tenemos más *derecho* que vosotros sobre David. ¿Por qué, pues, nos habéis menospreciado? ¿No fue nuestro consejo el primero que se dio para hacer volver a nuestro rey? Pero las palabras de los hombres de Judá fueron más duras que las palabras de los hombres de Israel.

Rebelión y muerte de Seba

20 Y se encontraba allí un hombre indigno que se llamaba Seba, hijo de Bicri, benjamita; y *éste* tocó la trompeta y dijo:

No tenemos parte en David,
ni tenemos heredad en el hijo de Isaí;
¡Israel, cada uno a sus tiendas!

2 Y todos los hombres de Israel dejaron de seguir a David, *y* siguieron a Seba, hijo de Bicri; pero los hombres de Judá permanecieron fieles a su rey, desde el Jordán hasta Jerusalén.

3 Cuando David llegó a su casa en Jerusalén, el rey tomó las diez mujeres, las concubinas que había dejado para guardar la casa, las puso bajo custodia y les dio alimento, pero no se llegó a ellas; y estuvieron encerradas hasta el día de su muerte, viviendo como viudas.

4 Y el rey dijo a Amasa: Convócame a los hombres de Judá dentro de tres días, y tú también preséntate aquí.

5 Amasa fue para convocar a *los hombres de* Judá, pero tardó más que el tiempo que él le había señalado.

6 Y David dijo a Abisai: Ahora Seba, hijo de Bicri, nos hará más daño que Absalón; toma a los siervos de tu señor y persíguelo, no sea que halle para sí ciudades fortificadas y se nos escape.

7 Entonces los hombres de Joab salieron tras él, junto con los cereteos, los peleteos y todos los hombres valientes; salieron de Jerusalén para perseguir a Seba, hijo de Bicri.

8 Estaban junto a la piedra grande que está en Gabaón, cuando Amasa vino a su encuentro. Y Joab estaba vestido con su ropa militar, y sobre ella llevaba un cinturón atado a la cintura con espada en la vaina y mientras avanzaba, se le cayó *la espada.*

9 Y Joab dijo a Amasa: ¿Te va bien, hermano mío? Y Joab tomó a Amasa por la barba con su mano derecha para besarlo.

10 Pero Amasa no se protegió de la espada que estaba en la mano de Joab y *éste* le dio en el vientre con ella y derramó sus entrañas por tierra, sin *herirlo* de nuevo, y murió. Entonces Joab y Abisai su hermano siguieron tras Seba, hijo de Bicri.

1. I.e., nieto

11 Y junto a él estaba uno de los jóvenes de Joab, y dijo: Quien esté por Joab y quien esté por David, que siga a Joab.

12 Y Amasa yacía revolcándose en *su* sangre en medio del camino. Al ver el hombre que todo el pueblo se detenía, trasladó a Amasa del camino al campo, y echó sobre él una vestidura porque vio que todo el que pasaba junto a él se detenía.

13 Cuando *Amasa* fue apartado del camino, todos los hombres pasaron tras Joab para perseguir a Seba, hijo de Bicri.

14 Y pasó *Seba* por todas las tribus de Israel *hasta* Abel-bet-maaca y todo Barim, *que* se reunieron y fueron también tras él.

15 Y llegaron *los de Joab* y lo sitiaron en Abel-bet-maaca, y levantaron un terraplén contra la ciudad, y *éste* estaba junto al baluarte; y todo el pueblo que *iba* con Joab se puso a socavar el muro para derribarlo.

16 Entonces una mujer sabia gritó desde la ciudad: Oíd, oíd; ruego que digáis a Joab: "Ven acá para que hable contigo."

17 Y él se acercó a ella, y la mujer dijo: ¿Eres tú Joab? Y él respondió: Yo soy. Entonces ella le dijo: Escucha las palabras de tu sierva. Y él respondió: Escucho.

18 Habló ella, diciendo: Antes acostumbraban decir: "Ellos ciertamente pedirán *consejo* en Abel", y así terminaban *la querella.*

19 Yo soy de las pacíficas *y* fieles en Israel. Tú procuras destruir una ciudad madre en Israel. ¿Por qué has de destruir la heredad del SEÑOR?

20 Y Joab respondió, y dijo: Lejos, lejos esté de mí que yo destruya o extermine.

21 Este no es el caso, sino que un hombre de la región montañosa de Efraín, llamado Seba, hijo de Bicri, ha levantado su mano contra el rey David. Solamente entregadlo, y yo me iré de la ciudad. Y la mujer dijo a Joab: He aquí, su cabeza te será arrojada por encima del muro.

22 Entonces la mujer, con su sabiduría, fue *a hablar* a todo el pueblo; y ellos le cortaron la cabeza a Seba, hijo de Bicri, y se *la* arrojaron a Joab. El, pues, tocó la trompeta y se retiraron de la ciudad, cada uno a su tienda. Joab también regresó al rey en Jerusalén.

23 Joab *era jefe* sobre todo el ejército de Israel, y Benaía, hijo de Joiada, *era jefe* sobre los cereteos y peleteos;

24 Adoram *estaba* a cargo de los trabajos forzados, y Josafat, hijo de Ahilud, *era* cronista;

25 Seva *era* escriba, y Sadoc y Abiatar *eran* sacerdotes;

26 Ira el jaireo era también un sacerdote de David.

Venganza de los gabaonitas

21 En los días de David hubo hambre por tres años consecutivos, y David buscó la presencia del SEÑOR. Y el SEÑOR dijo: Es por causa de Saúl y de su casa sangrienta, porque él dio muerte a los gabaonitas.

2 Y llamó el rey a los gabaonitas y les habló. (Los gabaonitas no eran de los hijos de Israel, sino del remanente de los amorreos, y los hijos de Israel habían hecho un pacto con ellos, pero Saúl había procurado matarlos en su celo por los hijos de Israel y de Judá.)

3 Dijo, pues, David a los gabaonitas: ¿Qué debo hacer por vosotros? ¿Y cómo haré restitución para que bendigáis la heredad del SEÑOR?

4 Los gabaonitas le respondieron: No nos importa la plata ni el oro de Saúl o de su casa, ni nos corresponde dar muerte a ningún hombre en Israel. Y él dijo: Haré por vosotros lo que digáis.

5 Y ellos dijeron al rey: Del hombre que nos consumió y que trató de exterminarnos para que no quedáramos dentro del territorio de Israel,

6 que nos entreguen siete hombres de entre sus hijos, y los ahorcaremos delante del SEÑOR en Guibeá de Saúl, el elegido del SEÑOR. Y el rey dijo: *Los* entregaré.

7 Pero el rey perdonó a Mefiboset, hijo de Jonatán, hijo de Saúl, a causa del pacto del SEÑOR que había entre ellos, entre David y Jonatán, hijo de Saúl.

8 El rey tomó a los dos hijos de Rizpa, hija de Aja, Armoni y Mefiboset, que ella había dado a Saúl, y a los cinco hijos de Merab, hija de Saúl, que ella había dado a Adriel, hijo de Barzilai meholatita,

9 y los entregó en manos de los gabaonitas, que los ahorcaron en el monte delante del SEÑOR, de modo que los siete cayeron a la vez; les dieron muerte en los primeros días de la cosecha, al comienzo de la cosecha de la cebada.

10 Y Rizpa, hija de Aja, tomó tela de cilicio y la tendió para sí sobre la roca, desde el comienzo de la cosecha hasta que llovió del cielo sobre ellos; y no permitió que las aves del cielo se posaran sobre ellos de día ni las fieras del campo de noche.

11 Cuando le fue contado a David lo que Rizpa, hija de Aja, concubina de Saúl, había hecho,

12 David fue y recogió los huesos de Saúl y los huesos de Jonatán su hijo *en posesión* de los hombres de Jabes de Galaad, quienes los habían robado de la plaza de Bet-sán, donde los filisteos los habían colgado el día que los filisteos mataron a Saúl en Gilboa,

13 y trajo de allí los huesos de Saúl y los huesos de su hijo Jonatán, y recogieron los huesos de los ahorcados.

14 Y sepultaron los huesos de Saúl y de su hijo Jonatán en tierra de Benjamín, en Zela, en el sepulcro de su padre Cis, e hicieron todo lo que el rey había ordenado; después de esto Dios fue movido a misericordia para con la tierra.

15 Hubo de nuevo guerra de los filisteos contra Israel. Descendió David con sus siervos, y mientras peleaban contra los filisteos, David se cansó.

16 Entonces Isbi-benob, que *era* de los descendientes del gigante, y cuya lanza pesaba trescientos *siclos* de bronce, y que estaba ceñido con una *espada* nueva, trató de matar a David;

17 pero Abisai, hijo de Sarvia, vino en su ayuda, e hirió al filisteo y lo mató. Entonces los hombres de David le juraron, diciendo: Nunca más saldrás a la batalla con nosotros, para que no apagues la lámpara de Israel.

18 Sucedió después de esto que hubo otra vez guerra en Gob contra los filisteos; entonces Sibecai husatita mató a Saf, que *era* de los descendientes del gigante.

19 De nuevo hubo guerra contra los filisteos en Gob, y Elhanán, hijo de Jaare-oregim, de Belén,

mató a Goliat geteo; el asta de su lanza *era* como un rodillo de tejedor.

20 Y hubo guerra otra vez en Gat, donde había un hombre de *gran* estatura que tenía seis dedos en cada mano y seis dedos en cada pie, veinticuatro en total; él también descendía del gigante.

21 Cuando desafió a Israel, lo mató Jonatán, hijo de Simea, hermano de David.

22 Estos cuatro descendían del gigante en Gat y cayeron por mano de David y por mano de sus siervos.

Salmo de alabanza de David

22 Habló David las palabras de este cántico al Señor el día que el Señor lo libró de la mano de todos sus enemigos y de la mano de Saúl.

2 Y dijo:
El Señor es mi roca, mi baluarte y mi libertador;

3 mi Dios, mi roca en quien me refugio;
mi escudo y el cuerno de mi salvación, mi altura inexpugnable y mi refugio;
salvador mío, tú me salvas de la violencia.

4 Invoco al Señor, que es digno de ser alabado,
y soy salvo de mis enemigos.

5 Las ondas de la muerte me cercaron,
los torrentes de iniquidad me atemorizaron;

6 los lazos del Seol me rodearon,
las redes de la muerte surgieron ante mí.

7 En mi angustia invoqué al Señor,
sí, clamé a mi Dios;
desde su templo oyó mi voz,
y mi clamor *llegó* a sus oídos.

8 Entonces la tierra se estremeció y tembló,
los cimientos de los cielos temblaron
y fueron sacudidos, porque El se indignó.

9 Humo subió de su nariz,
y el fuego de su boca consumía;
carbones fueron por él encendidos.

10 Inclinó también los cielos, y descendió
con densas tinieblas debajo de sus pies.

11 Cabalgó sobre un querubín, y voló;
y apareció sobre las alas del viento.

12 De tinieblas hizo pabellones a su alrededor,
abundantes aguas, densos nubarrones.

13 Del fulgor de su presencia
ascuas de fuego se encendieron.

14 Tronó el Señor desde los cielos,
y el Altísimo dio su voz.

15 Y envió saetas, y los dispersó,
relámpagos, y los confundió.

16 Entonces los abismos del mar aparecieron,
los cimientos del mundo quedaron al descubierto,
por la reprensión del Señor,
por el soplo del aliento de su nariz.

17 Extendió *la mano* desde lo alto *y* me tomó;
me sacó de las muchas aguas.

18 Me libró de mi poderoso enemigo,
de los que me aborrecían, pues eran más fuertes que yo.

19 Se enfrentaron a mí el día de mi infortunio,
mas el Señor fue mi sostén.

20 También me sacó a un lugar espacioso;
me rescató, porque se complació en mí.

21 El Señor me ha premiado conforme a mi justicia;

conforme a la pureza de mis manos me ha recompensado.

22 Porque he guardado los caminos del Señor,
y no me he apartado impíamente de mi Dios.

23 Pues todas sus ordenanzas *estaban* delante de mí,
y *en cuanto a* sus estatutos, no me aparté de ellos.

24 También fui íntegro para con El,
y me guardé de mi iniquidad.

25 Por tanto el Señor me ha recompensado
conforme a mi justicia,
conforme a mi pureza delante de sus ojos.

26 Con el benigno te muestras benigno,
con el hombre íntegro te muestras íntegro;

27 con el puro eres puro,
y con el perverso eres sagaz.

28 Salvas al pueblo afligido,
pero tus ojos están sobre los altivos
a quienes tú humillas.

29 Porque tú eres mi lámpara, oh Señor;
el Señor alumbra mis tinieblas.

30 Pues contigo aplastaré ejércitos,
con mi Dios escalaré murallas.

31 En cuanto a Dios, su camino es perfecto;
acrisolada es la palabra del Señor;
El es escudo a todos los que a El se acogen.

32 Pues ¿quién es Dios, fuera del Señor?
¿Y quién es roca, sino sólo nuestro Dios?

33 Dios es mi fortaleza poderosa,
y *el que* pone al íntegro en su camino.

34 El hace mis pies como de ciervas,
y me afirma en mis alturas.

35 El adiestra mis manos para la batalla,
y mis brazos para tensar el arco de bronce.

36 Tú me has dado también el escudo de tu salvación,
y tu ayuda me engrandece.

37 Ensanchas mis pasos debajo de mí,
y mis pies no han resbalado.

38 Perseguí a mis enemigos y los destruí,
y no me volví hasta acabarlos.

39 Los he consumido y los he destrozado, y no pudieron levantarse;
cayeron debajo de mis pies.

40 Pues tú me has ceñido con fuerza para la batalla;
has subyugado debajo de mí a los que contra mí se levantaron.

41 También has hecho que mis enemigos me vuelvan las espaldas,
y destruí a los que me odiaban.

42 Clamaron, mas no hubo quién *los* salvara;
aun al Señor *clamaron*, mas no les respondió.

43 Entonces los pulvericé, como polvo de la tierra,
como lodo de las calles los trituré *y* los pisé.

44 Tú me has librado también de las contiendas de mi pueblo;
me has guardado para ser cabeza de naciones;
pueblo que yo no conocía me sirve.

45 Los extranjeros me fingen obediencia,
al oír*me*, me obedecen.

46 Los extranjeros desfallecen,
y salen temblando de sus fortalezas.

47 El Señor vive, bendita sea mi roca,
y ensalzado sea Dios, roca de mi salvación,

48 el Dios que por mí hace venganza,
   y hace caer pueblos debajo de mí;
49 el que me libra de mis enemigos.
   Tú me exaltas sobre los que se levantan
      contra mí;
   me rescatas del hombre violento.
50 Por tanto, te alabaré, oh SEÑOR, entre las
      naciones,
   y cantaré alabanzas a tu nombre.
51 *El* es torre de salvación[1] a su rey,
   y muestra misericordia a su ungido,
   a David y a su descendencia para siempre.

Ultimas palabras de David

23 Estas son las últimas palabras de David.
      Declara David, el hijo de Isaí,
   y declara el hombre que fue exaltado,
   el ungido del Dios de Jacob,
   el dulce salmista de Israel:
2 El Espíritu del SEÑOR habló por mí,
   y su palabra *estuvo* en mi lengua.
3 Dijo el Dios de Israel,
   me habló la Roca de Israel:
   "El que con justicia gobierna sobre los
      hombres,
   que en el temor de Dios gobierna,
4 es como la luz de la mañana *cuando* se
      levanta el sol
   en una mañana sin nubes,
   cuando brota de la tierra la tierna hierba
   por el resplandor *del sol* tras la lluvia."
5 En verdad, ¿no es así mi casa para con Dios?
   Pues El ha hecho conmigo un pacto eterno,
   ordenado en todo y seguro.
   Porque toda mi salvación y todo *mi* deseo,
   ¿no *los* hará ciertamente germinar?
6 Mas los indignos, todos ellos serán arrojados
      como espinos,
   porque no pueden ser tomados con la mano;
7 y el hombre que los toque
   ha de estar armado con hierro y con asta de
      lanza,
   y por fuego serán consumidos
   completamente en *su* lugar.

8 Estos son los nombres de los valientes que
tenía David: Joseb-basebet tacmonita, principal
de los capitanes; éste era *llamado* Adino eznita,
por los ochocientos que mató una vez;

9 y después de él, Eleazar, hijo de Dodo
ahohíta, uno de los tres valientes *que estaban* con
David cuando desafiaron a los filisteos que se
habían reunido allí para la batalla y se habían
retirado los hombres de Israel.

10 El se levantó e hirió a los filisteos hasta que
su mano se cansó y quedó pegada a la espada;
aquel día el SEÑOR concedió una gran victoria; el
pueblo volvió en pos de él, *pero* sólo para
despojar *a los muertos*.

11 Después de él, *fue* Sama, hijo de Age ararita.
Los filisteos se habían concentrado en tropa
donde había un terreno lleno de lentejas, y el
pueblo había huido de los filisteos.

12 Pero él se puso en medio del terreno, lo
defendió e hirió a los filisteos; y el SEÑOR
concedió una gran victoria.

13 Descendieron tres de los treinta jefes y fueron
a David en la cueva de Adulam al tiempo de la
cosecha, mientras la tropa de los filisteos
acampaba en el valle de Refaím.

14 David *estaba* entonces en la fortaleza,
mientras la guarnición de los filisteos *estaba* en
Belén.

15 David sintió un gran deseo, y dijo: ¡Quién me
diera a beber agua del pozo de Belén que está
junto a la puerta!

16 Entonces los tres valientes se abrieron paso
por el campamento de los filisteos, y sacando
agua del pozo de Belén que *estaba* junto a la
puerta, *se la* llevaron y *la* trajeron a David; pero
él no quiso beberla, sino que la derramó para el
SEÑOR,

17 y dijo: Lejos esté de mí, oh SEÑOR, que yo
haga esto. ¿*Beberé* la sangre de los hombres que
fueron con *riesgo de* sus vidas? Por eso no quiso
beberla. Estas cosas hicieron los tres valientes.

18 Y Abisai, hermano de Joab, hijo de Sarvia,
era jefe de los treinta. Y éste blandió su lanza
contra trescientos y los mató, y tuvo tanto
renombre como los tres.

19 El *era* el más distinguido de los treinta, por
eso llegó a ser su jefe; pero no igualó a los tres
primeros.

20 Benaía, hijo de Joiada, hijo de un valiente de
Cabseel, de grandes hazañas, mató a los dos *hijos
de* Ariel de Moab. Y él descendió y mató a un
león en medio de un foso un día que estaba
nevando.

21 También mató a un egipcio, un hombre de
apariencia *impresionante*. El egipcio *tenía* una
lanza en la mano, pero *Benaía* descendió a él con
un palo, y arrebatando la lanza de la mano del
egipcio, lo mató con su propia lanza.

22 Estas *cosas* hizo Benaía, hijo de Joiada, y
tuvo tanto renombre como los tres valientes.

23 Fue el más distinguido entre los treinta, pero
no igualó a los tres; y David lo puso sobre su
guardia.

24 Asael, hermano de Joab, *estaba* entre los
treinta; *también,* Elhanán, hijo de Dodo de
Belén,
25 Sama harodita, Elica harodita,
26 Heles paltita, Ira, hijo de Iques tecoíta,
27 Abiezer anatotita, Mebunai husatita,
28 Salmón ahohíta, Maharai netofatita,
29 Heleb, hijo de Baana netofatita, Itai, hijo de
Ribai de Guibeá de los hijos de Benjamín,
30 Benaía piratonita, Hidai de los arroyos de
Gaas,
31 Abi-albón arbatita, Azmavet barhumita,
32 Eliaba saalbonita, los hijos de Jasén, Jonatán,
33 Sama ararita, Ahíam, hijo de Sarar ararita,
34 Elifelet, hijo de Ahasbai, hijo de Maaca,
Eliam, hijo de Ahitofel gilonita,
35 Hezrai carmelita, Paarai arbita,
36 Igal, hijo de Natán de Soba, Bani gadita,
37 Selec amonita, Naharai beerotita, escuderos
de Joab, hijo de Sarvia,
38 Ira itrita, Gareb itrita,
39 Urías heteo; treinta y siete en total.

Censo del pueblo y castigo de Dios

24 De nuevo la ira del SEÑOR se encendió
      contra Israel, e incitó a David contra ellos,
diciendo: Ve, haz un censo de Israel y de Judá.

2 Y el rey dijo a Joab, jefe del ejército, que

---

1. I.e., de victorias

estaba con él: Recorre todas las tribus de Israel, desde Dan hasta Beerseba, y haz un censo del pueblo para que yo sepa el número de la gente.

3 Pero Joab respondió al rey: Que el SEÑOR tu Dios añada al pueblo cien veces más de lo que son, mientras *todavía* vean los ojos de mi señor el rey; pero, ¿por qué se complace mi señor el rey en esto?

4 Sin embargo, la palabra del rey prevaleció contra Joab y contra los jefes del ejército. Salieron, pues, Joab y los jefes del ejército de la presencia del rey para hacer el censo del pueblo de Israel.

5 Pasaron el Jordán y acamparon en Aroer, a la derecha de la ciudad que está en medio del valle de Gad, y en dirección a Jazer.

6 Luego fueron a Galaad y a la tierra de Tahtim-hodsi; fueron a Dan-jaán y doblaron para Sidón;

7 fueron a la fortaleza de Tiro y a todas las ciudades de los heveos y de los cananeos, saliendo *finalmente* hacia el sur de Judá, *a* Beerseba.

8 Habiendo recorrido todo el país, volvieron a Jerusalén al cabo de nueve meses y veinte días.

9 Joab dio al rey la cifra del censo del pueblo: había en Israel ochocientos mil hombres valientes que sacaban espada, y los de Judá *eran* quinientos mil hombres.

10 Después que David contó el pueblo le pesó en su corazón. Dijo, pues, David al SEÑOR: He pecado en gran manera por lo que he hecho. Pero ahora, oh SEÑOR, te ruego que quites la iniquidad de tu siervo, porque he obrado muy neciamente.

11 Cuando David se levantó por la mañana, la palabra del SEÑOR vino al profeta Gad, vidente de David, diciendo:

12 Ve y di a David: "Así dice el SEÑOR: 'Te ofrezco tres cosas; escoge para ti una de ellas, para que yo la haga.' "

13 Así que Gad fue a David y se lo hizo saber, dicién*dole*: ¿Quieres *que* te vengan siete años de hambre en tu tierra, o que huyas por tres meses delante de tus enemigos mientras te persiguen, o que haya tres días de pestilencia en tu tierra? Considera ahora, y mira qué respuesta he de dar al que me envió.

14 Respondió David a Gad: Estoy muy angustiado. Te ruego que nos dejes caer en manos del SEÑOR porque grandes son sus misericordias, pero no caiga yo en manos de hombre.

15 Y el SEÑOR envió pestilencia sobre Israel desde la mañana hasta el tiempo señalado; y desde Dan hasta Beerseba murieron setenta mil hombres del pueblo.

16 Cuando el ángel extendió su mano hacia Jerusalén para destruirla, el SEÑOR se arrepintió del mal, y dijo al ángel que destruía al pueblo: ¡Basta! ¡Detén ahora tu mano! Y el ángel del SEÑOR estaba junto a la era de Arauna jebuseo.

17 Entonces David habló al SEÑOR, cuando vio al ángel que hería al pueblo, y dijo: He aquí, yo soy el que ha pecado, y yo soy el que ha hecho mal; pero estas ovejas, ¿qué han hecho? Te ruego que tu mano caiga sobre mí y sobre la casa de mi padre.

18 Y Gad vino a David aquel día y le dijo: Sube, edifica un altar al SEÑOR en la era de Arauna jebuseo.

19 David subió conforme a la palabra de Gad, tal como el SEÑOR había ordenado.

20 Y Arauna miró y vio al rey y a sus siervos que venían hacia él; y saliendo Arauna, se postró rostro en tierra delante del rey.

21 Entonces Arauna dijo: ¿Por qué ha venido mi señor el rey a su siervo? Y David respondió: A comprarte la era para edificar un altar al SEÑOR a fin de detener la plaga del pueblo.

22 Y Arauna dijo a David: Tome y ofrezca mi señor el rey lo *que parezca* bien a sus ojos. Mira, los bueyes para el holocausto, y los trillos y los yugos de los bueyes para la leña.

23 Todo, oh rey, Arauna lo da al rey. Y Arauna dijo al rey: Que el SEÑOR tu Dios te sea propicio.

24 Pero el rey dijo a Arauna: No, sino que ciertamente por precio te *lo* compraré, pues no ofreceré al SEÑOR mi Dios holocausto que no me cueste nada. Y David compró la era y los bueyes por cincuenta siclos de plata.

25 Y allí edificó David un altar al SEÑOR, y ofreció holocaustos y ofrendas de paz. El SEÑOR escuchó la súplica por la tierra y la plaga fue detenida en Israel.

Primer Libro de los
REYES

Ancianidad de David

1 El rey David era ya viejo, entrado en días, y lo cubrían de ropas pero no entraba en calor.

2 Entonces sus siervos le dijeron: Que se busque para mi señor el rey una doncella para que atienda al rey y sea quien lo cuide; que ella se acueste en tu seno y entrará en calor mi señor el rey.

3 Se buscó a una joven hermosa por toda la tierra de Israel, y hallaron a Abisag sunamita y la trajeron al rey.

4 La joven era muy hermosa; ella cuidaba al rey y le servía, pero el rey no la conoció.

5 Entretanto Adonías, hijo de Haguit, se ensalzaba diciendo: Yo seré rey. Y preparó para sí carros y hombres de a caballo y cincuenta hombres que corrieran delante de él.

6 Su padre nunca lo había contrariado preguntándole: ¿Por qué has hecho esto? Era también hombre de muy hermoso parecer, y había nacido después de Absalón.

7 Y había consultado con Joab, hijo de Sarvia, y con el sacerdote Abiatar, que respaldaban a Adonías.

8 Pero el sacerdote Sadoc, Benaía, hijo de Joiada, el profeta Natán, Simei, Rei y los valientes que tenía David, no estaban con Adonías.

9 Y Adonías sacrificó ovejas, bueyes y animales cebados junto a la piedra de Zohélet[1], que está al lado de En-rogel; e invitó a todos sus hermanos, los hijos del rey, y a todos los hombres de Judá, siervos del rey.

10 Pero no invitó al profeta Natán, ni a Benaía, ni a los valientes, ni a Salomón su hermano.

11 Entonces Natán habló a Betsabé, madre de Salomón, diciendo: ¿No has oído que Adonías, hijo de Haguit, se ha hecho rey y que David nuestro señor no *lo* sabe?

12 Ahora pues, ven, voy a darte un consejo para que salves tu vida y la vida de tu hijo Salomón.

13 Ve ahora mismo al rey David y dile: "¿No has jurado tú, oh rey mi señor, a tu sierva, diciendo: 'Ciertamente tu hijo Salomón será rey después de mí y se sentará en mi trono'? ¿Por qué, pues, se ha hecho rey Adonías?"

14 He aquí, mientras estés aún hablando con el rey, yo entraré tras de ti y confirmaré tus palabras.

15 Y Betsabé vino a *ver* al rey en la alcoba. El rey era muy anciano, y Abisag sunamita le servía.

16 Entonces Betsabé se inclinó y se postró ante el rey. Y el rey dijo: ¿Qué deseas?

17 Ella le respondió: Mi señor, tú juraste a tu sierva por el SEÑOR tu Dios, *diciendo:* "Ciertamente tu hijo Salomón será rey después de mí y se sentará en mi trono".

18 Y he aquí, ahora Adonías es rey; y *tú*, mi señor el rey, *hasta* ahora no *lo* sabes.

19 El ha sacrificado bueyes, animales cebados y ovejas en abundancia, y ha invitado a todos los hijos del rey, al sacerdote Abiatar y a Joab, jefe

del ejército, pero no ha invitado a Salomón tu siervo.

20 Y en cuanto a ti, mi señor el rey, los ojos de todo Israel están sobre ti, para que les hagas saber quién ha de sentarse en el trono de mi señor el rey después de él.

21 Pues sucederá que en cuanto mi señor el rey duerma con sus padres, yo y mi hijo Salomón seremos tenidos por culpables.

22 Y he aquí que mientras ella estaba aún hablando con el rey, entró el profeta Natán.

23 E informaron al rey, diciendo: Aquí está el profeta Natán. Cuando *éste* entró a la presencia del rey, se postró ante el rey rostro en tierra.

24 Entonces Natán dijo: Mi señor el rey, ¿has dicho tú: "Adonías será rey después de mí y se sentará en mi trono"?

25 Porque él ha descendido hoy y ha sacrificado bueyes, animales cebados y ovejas en abundancia, ha invitado a todos los hijos del rey, a los jefes del ejército y al sacerdote Abiatar, y he aquí, están comiendo y bebiendo en su presencia, y gritan: "¡Viva el rey Adonías!"

26 Pero ni a mí, tu siervo, ni al sacerdote Sadoc, ni a Benaía, hijo de Joiada, ni a tu siervo Salomón ha invitado.

27 ¿Ha sido hecho esto por mi señor el rey, y no has declarado a tus siervos quién había de sentarse en el trono de mi señor el rey después de él?

28 Entonces el rey David respondió y dijo: Llamadme a Betsabé. Y ella entró a la presencia del rey, y se puso delante del rey.

29 Y él le juró, diciendo: Vive el SEÑOR, que ha redimido mi vida de toda angustia,

30 que ciertamente como te juré por el SEÑOR, Dios de Israel, diciendo: "Tu hijo Salomón será rey después de mí, y él se sentará sobre mi trono en mi lugar", así lo haré hoy mismo.

31 Betsabé se inclinó rostro en tierra, se postró ante el rey y dijo: Viva para siempre mi señor el rey David.

32 Entonces el rey David dijo: Llamadme al sacerdote Sadoc, al profeta Natán y a Benaía, hijo de Joiada. Ellos entraron a la presencia del rey,

33 y el rey les dijo: Tomad con vosotros a los siervos de vuestro señor, haced montar a mi hijo Salomón en mi propia mula y bajadle a Gihón.

34 Que allí el sacerdote Sadoc y el profeta Natán lo unjan como rey sobre Israel; y tocad trompeta y decid: "¡Viva el rey Salomón!"

35 Después subiréis tras él, y él vendrá, se sentará en mi trono y reinará en mi lugar; porque le he escogido para que sea príncipe sobre Israel y sobre Judá.

36 Y Benaía, hijo de Joiada, respondió al rey y dijo: ¡Amén! Así *lo* diga *también* el SEÑOR, el Dios de mi señor el rey.

37 Como el SEÑOR ha estado con mi señor el rey, así esté con Salomón, y haga su trono más grande que el trono de mi señor el rey David.

38 Entonces el sacerdote Sadoc, el profeta Natán, Benaía, hijo de Joiada, los cereteos y los

---

1. I.e., piedra de la serpiente

peleteos, descendieron e hicieron que Salomón montara en la mula del rey David, y lo llevaron a Gihón.

39 El sacerdote Sadoc tomó el cuerno de aceite de la tienda y ungió a Salomón. Entonces tocaron trompeta, y todo el pueblo gritó: ¡Viva el rey Salomón!

40 Luego todo el pueblo subió tras él; y el pueblo tocaba flautas y se regocijaba con gran alegría, de modo que la tierra se estremecía con su sonido.

41 Y *lo* oyó Adonías y todos los invitados que *estaban* con él cuando habían terminado de comer. Al oír Joab el sonido de la trompeta, dijo: ¿Por qué hace la ciudad tal alboroto?

42 Estaba aún hablando, cuando he aquí, llegó Jonatán, hijo del sacerdote Abiatar. Y Adonías *le* dijo: Entra, pues tú eres hombre valiente y traerás buenas noticias.

43 Pero Jonatán respondió y dijo a Adonías: Al contrario. Nuestro señor el rey David ha hecho rey a Salomón.

44 El rey también ha enviado con él al sacerdote Sadoc, al profeta Natán, a Benaía, hijo de Joiada, a los ceretos y a los peleteos, y ellos lo han montado en la mula del rey.

45 Y el sacerdote Sadoc y el profeta Natán lo han ungido rey en Gihón, y de allí han subido gozosos y se ha alborotado la ciudad. Este es el ruido que habéis oído.

46 Además, Salomón *ya* se ha sentado en el trono del reino,

47 y aun los siervos del rey han ido a bendecir a nuestro señor el rey David, diciendo: "Que tu Dios haga el nombre de Salomón más célebre que tu nombre y tu trono más grande que tu trono." Y el rey ha adorado en el lecho.

48 El rey también ha dicho así: Bendito sea el Señor, Dios de Israel, que ha concedido que se siente hoy en mi trono un descendiente mío mientras mis ojos *lo* ven.

49 Entonces todos los invitados de Adonías se aterrorizaron, y se levantaron y cada uno se fue por su camino.

50 Adonías tuvo miedo de Salomón, y se levantó, se fue y se asió de los cuernos del altar.

51 Y avisaron a Salomón, diciéndo*le*: He aquí, Adonías tiene miedo del rey Salomón, y se ha asido de los cuernos del altar, diciendo: "Que el rey Salomón me jure hoy que no matará a espada a su siervo."

52 Y Salomón dijo: Si es hombre digno, ni uno de sus cabellos caerá en tierra; pero si se halla maldad en él, morirá.

53 Entonces el rey Salomón envió que lo hicieran descender del altar. Y él vino y se postró ante el rey Salomón, y Salomón le dijo: Vete a tu casa.

Ultimas palabras de David

2 Y acercándose los días de la muerte de David, dio órdenes a su hijo Salomón, diciendo:

2 Yo voy por el camino de todos *en* la tierra. Sé, pues, fuerte y sé hombre.

3 Guarda los mandatos del Señor tu Dios, andando en sus caminos, guardando sus estatutos, sus mandamientos, sus ordenanzas y sus testimonios, conforme a lo que está escrito en la ley de Moisés, para que prosperes en todo lo que hagas y dondequiera que vayas,

4 para que el Señor cumpla la promesa que me hizo, diciendo: "Si tus hijos guardan su camino, andando delante de mí con fidelidad, con todo su corazón y con toda su alma, no te faltará hombre sobre el trono de Israel."

5 También sabes lo que me hizo Joab, hijo de Sarvia, lo que hizo a los dos jefes de los ejércitos de Israel, a Abner, hijo de Ner, y a Amasa, hijo de Jeter, a los cuales mató; también derramó sangre de guerra en *tiempo de* paz. Y puso sangre de guerra en el cinturón que le ceñía y en las sandalias que tenía en sus pies.

6 Haz, pues, conforme a tu sabiduría, y no permitas que sus canas desciendan al Seol en paz.

7 Mas muestra bondad a los hijos de Barzilai galaadita, y que estén entre los que comen a tu mesa; porque ellos me ayudaron cuando huía de tu hermano Absalón.

8 Y he aquí, está contigo Simei, hijo de Gera, benjamita de Bahurim; él fue el que me maldijo con una terrible maldición el día que yo iba a Mahanaim. Mas cuando descendió a mi encuentro en el Jordán, le juré por el Señor, diciendo: "No te mataré a espada."

9 Pero ahora, no lo dejes sin castigo, porque eres hombre sabio; sabrás lo que debes hacer con él y harás que desciendan sus canas con sangre al Seol.

10 Y durmió David con sus padres y fue sepultado en la ciudad de David.

11 Los días que David reinó sobre Israel *fueron* cuarenta años: siete años reinó en Hebrón, y treinta y tres años reinó en Jerusalén.

12 Salomón se sentó en el trono de David su padre y su reino se afianzó en gran manera.

13 Entonces Adonías, hijo de Haguit, vino a Betsabé, madre de Salomón; y ella *le* dijo: ¿Vienes en paz? Y él respondió: En paz.

14 Y añadió: Tengo algo que decirte. Y ella dijo: Habla.

15 Y él dijo: Tú sabes que el reino era mío y que todo Israel esperaba que yo fuera rey; pero el reino ha cambiado *de manos* y ha venido a ser de mi hermano, porque *por voluntad* del Señor era suyo.

16 Ahora yo te hago una petición, no me la niegues. Y ella le dijo: Habla.

17 El entonces dijo: Te ruego que hables al rey Salomón, pues él no te lo negará, para que me dé por mujer a Abisag sunamita.

18 Y Betsabé dijo: Muy bien; hablaré por ti al rey.

19 Betsabé fue al rey Salomón para hablarle por Adonías. El rey se levantó a recibirla, se inclinó delante de ella, y se sentó en su trono; hizo colocar un trono para la madre del rey y ella se sentó a su diestra.

20 Entonces ella dijo: Te hago una pequeña petición; no me la niegues. Y el rey le dijo: Pide, madre mía, porque no te la negaré.

21 Y ella dijo: Que se dé a Abisag sunamita por mujer a tu hermano Adonías.

22 El rey Salomón respondió, y dijo a su madre: ¿Por qué pides a Abisag sunamita para Adonías? Pide para él también el reino, pues es mi

hermano mayor, y con él están el sacerdote Abiatar y Joab, hijo de Sarvia.

23 Y el rey Salomón juró por el SEÑOR, diciendo: Así me haga Dios y aun más, si Adonías no ha hablado esta palabra contra su propia vida.

24 Ahora pues, vive el SEÑOR que me ha confirmado y me ha puesto en el trono de mi padre David, y que me ha hecho una casa como había prometido, que Adonías morirá hoy mismo.

25 El rey Salomón envió a Benaía, hijo de Joiada, y *éste* arremetió contra Adonías y lo mató.

26 Entonces dijo el rey al sacerdote Abiatar: Vete a Anatot, a tu campo, porque mereces morir; pero no te daré muerte en esta ocasión porque llevaste el arca del Señor DIOS delante de mi padre David, y porque fuiste afligido con todas las cosas con que mi padre fue afligido.

27 Así Salomón privó a Abiatar de ser sacerdote del SEÑOR, para que se cumpliera la palabra que el SEÑOR había hablado acerca de la casa de Elí en Silo.

28 Cuando las noticias llegaron a Joab (porque Joab había seguido a Adonías, aunque no había seguido a Absalón), Joab huyó a la tienda del SEÑOR y se asió a los cuernos del altar.

29 Y se le informó al rey Salomón que Joab había huido a la tienda del SEÑOR, y que estaba junto al altar. Entonces Salomón envió a Benaía, hijo de Joiada, diciendo: Ve y arremete contra él.

30 Benaía entró en la tienda del SEÑOR y le dijo: Así ha dicho el rey: "Sal *de ahí*." Pero él dijo: No, pues moriré aquí. Benaía llevó la respuesta al rey, diciendo: Así habló Joab y así me respondió.

31 Y el rey le dijo: Haz como él ha dicho; arremete contra él, *mátalo* y entiérralo, para que quites de mí y de la casa de mi padre la sangre que Joab derramó sin causa.

32 El SEÑOR hará volver su sangre sobre su propia cabeza, porque él arremetió contra dos hombres más justos y mejores que él y los mató a espada sin que mi padre David *lo* supiera: a Abner, hijo de Ner, jefe del ejército de Israel, y a Amasa, hijo de Jeter, jefe del ejército de Judá.

33 Su sangre, pues, recaerá sobre la cabeza de Joab y sobre la cabeza de su descendencia para siempre; pero para David y su descendencia, para su casa y su trono, haya paz de parte del SEÑOR para siempre.

34 Entonces subió Benaía, hijo de Joiada, arremetió contra él y lo mató; y fue sepultado en su casa en el desierto.

35 En su lugar el rey nombró sobre el ejército a Benaía, hijo de Joiada, y el rey nombró al sacerdote Sadoc en lugar de Abiatar.

36 Después el rey envió a llamar a Simei, y le dijo: Edifícate una casa en Jerusalén, vive ahí y no salgas de allí a ninguna parte.

37 Porque el día que salgas y pases el torrente Cedrón, ten por cierto que sin duda morirás; tu sangre recaerá sobre tu cabeza.

38 Entonces Simei dijo al rey: La palabra es buena; como ha dicho el rey mi señor, así lo hará tu siervo. Y vivió Simei en Jerusalén muchos días.

39 Pero aconteció al cabo de tres años, que dos de los siervos de Simei huyeron a Aquis, hijo de Maaca, rey de Gat. Le avisaron a Simei, diciéndo*le*: He aquí, tus siervos están en Gat.

40 Simei se levantó, ensilló su asno y fue a Gat *a ver* a Aquis para buscar a sus siervos. Fue, pues, Simei y trajo sus siervos de Gat.

41 Pero informaron a Salomón que Simei había ido de Jerusalén hasta Gat y había vuelto.

42 Entonces el rey envió a llamar a Simei y le dijo: ¿No te hice jurar por el SEÑOR y te advertí seriamente, diciendo: "El día que salgas y vayas a cualquier parte, ten por seguro que ciertamente morirás"? Y tú me dijiste: "La palabra que he oído es buena."

43 ¿Por qué, entonces, no guardaste el juramento del SEÑOR y el mandamiento que te impuse?

44 Dijo además el rey a Simei: Tú sabes todo el mal que hiciste a mi padre David, que tú reconoces en tu corazón; el SEÑOR, pues, hará recaer tu mal sobre tu propia cabeza.

45 Pero el rey Salomón será bendito, y el trono de David será firme delante del SEÑOR para siempre.

46 Entonces el rey mandó a Benaía, hijo de Joiada, y *éste* salió y arremetió contra Simei y lo mató. Así fue confirmado el reino en las manos de Salomón.

3 Salomón se emparentó con Faraón, rey de Egipto, pues tomó la hija de Faraón y la trajo a la ciudad de David mientras acababa de edificar su casa, la casa del SEÑOR y la muralla alrededor de Jerusalén.

2 Sólo el pueblo sacrificaba en los lugares altos, porque en aquellos días aún no se había edificado casa al nombre del SEÑOR.

3 Salomón amaba al SEÑOR, andando en los estatutos de su padre David, aunque sacrificaba y quemaba incienso en los lugares altos.

4 El rey fue a Gabaón a sacrificar allí, porque ese era el lugar alto principal. Salomón ofreció mil holocaustos sobre ese altar.

5 Y en Gabaón el SEÑOR se apareció a Salomón de noche en sueños, y Dios *le* dijo: Pide lo que *quieras que* yo te dé.

6 Entonces Salomón dijo: Tú has usado de gran misericordia con tu siervo David mi padre, según él anduvo delante de ti con fidelidad, justicia y rectitud de corazón hacia ti; y has guardado para él esta gran misericordia, en que le has dado un hijo que se siente en su trono, como *sucede* hoy.

7 Y ahora, SEÑOR Dios mío, has hecho a tu siervo rey en lugar de mi padre David, aunque soy un muchacho y no sé cómo salir ni entrar.

8 Tu siervo está en medio de tu pueblo al cual escogiste, un pueblo inmenso que no se puede numerar ni contar por *su* multitud.

9 Da, pues, a tu siervo un corazón con entendimiento para juzgar a tu pueblo *y* para discernir entre el bien y el mal. Pues ¿quién será capaz de juzgar a este pueblo tuyo tan grande?

10 Y fue del agrado a los ojos del Señor que Salomón pidiera esto.

11 Y Dios le dijo: Porque has pedido esto y no has pedido para ti larga vida, ni has pedido para ti riquezas, ni has pedido la vida de tus enemigos, sino que has pedido para ti inteligencia para administrar justicia,

12 he aquí, he hecho conforme a tus palabras. He aquí, te he dado un corazón sabio y entendido, de modo que no ha habido ninguno

como tú antes de ti, ni se levantará ninguno como tú después de ti.

13 También te he dado lo que no has pedido, tanto riquezas como gloria, de modo que no habrá entre los reyes ninguno como tú en todos tus días.

14 Y si andas en mis caminos, guardando mis estatutos y mis mandamientos como tu padre David anduvo, entonces prolongaré tus días.

15 Salomón se despertó y vio que había sido un sueño. Entró en Jerusalén y se puso delante del arca del pacto del SEÑOR; ofreció holocaustos e hizo ofrendas de paz, y también dio un banquete para todos sus siervos.

16 Por ese tiempo dos mujeres *que eran* rameras, vinieron al rey y se presentaron delante de él.

17 Y una de las mujeres dijo: Oh, mi señor, yo y esta mujer vivimos en la misma casa; y yo di a luz *estando* con ella en la casa.

18 Y sucedió que al tercer día después de dar yo a luz, esta mujer también dio a luz; estábamos juntas, nadie de fuera estaba con nosotras en la casa, solamente nosotras dos.

19 Y el hijo de esta mujer murió durante la noche, porque ella se durmió sobre él.

20 Entonces ella se levantó a medianoche, tomó a mi hijo de mi lado mientras tu sierva estaba dormida y lo puso en su regazo, y a su hijo muerto lo puso en mi regazo.

21 Cuando me levanté al amanecer para dar el pecho a mi hijo, he aquí que estaba muerto; pero cuando lo observé con cuidado por la mañana, vi que no era mi hijo, el que yo había dado a luz.

22 Entonces la otra mujer dijo: No, pues mi hijo es el que vive y tu hijo es el muerto. Pero la primera mujer dijo: No, tu hijo es el muerto y mi hijo es el que vive. Así hablaban ellas delante del rey.

23 Entonces el rey dijo: Esta dice: "Este es mi hijo que está vivo y tu hijo es el muerto"; y la otra dice: "No, porque tu hijo es el muerto y mi hijo es el que vive."

24 Y el rey dijo: Traedme una espada. Y trajeron una espada al rey.

25 Entonces el rey dijo: Partid al niño vivo en dos, y dad la mitad a una y la otra mitad a la otra.

26 Entonces la mujer de quien *era* el niño vivo habló al rey, pues estaba profundamente conmovida por su hijo, y dijo: Oh, mi señor, dale a ella el niño vivo, y de ninguna manera lo mates. Pero la otra decía: No será ni mío ni tuyo; partid*lo.*

27 Entonces el rey respondió y dijo: Dad el niño vivo a la primera mujer, y de ninguna manera lo matéis. Ella es la madre.

28 Cuando todo Israel oyó del juicio que el rey había pronunciado, temieron al rey, porque vieron que la sabiduría de Dios estaba en él para administrar justicia.

Oficiales del gobierno de Salomón

4 El rey Salomón fue, pues, rey sobre todo Israel.

2 Y estos eran sus oficiales: Azarías, hijo de Sadoc, era el sacerdote;

3 Elihoref y Ahías, hijos de Sisa, *eran* secretarios; Josafat, hijo de Ahilud, *era* el cronista;

4 Benaía, hijo de Joiada, *estaba* sobre el ejército; y Sadoc y Abiatar *eran* sacerdotes;

5 Azarías, hijo de Natán, *estaba* sobre los oficiales; y Zabud, hijo de Natán, un sacerdote, *era* amigo del rey;

6 Ahisar, *era* el mayordomo; y Adoniram, hijo de Abda, *estaba* sobre los hombres sujetos a trabajos forzados.

7 Salomón tenía doce oficiales sobre todo Israel, los cuales abastecían al rey y a su casa. Cada uno tenía que hacerlo un mes en el año.

8 Y estos son sus nombres: Ben-hur, en la región montañosa de Efraín;

9 Ben-decar en Macaz, en Saalbim, en Bet-semes y en Elón-bet-hanán;

10 Ben-hesed en Arubot (de él *eran* Soco y toda la tierra de Hefer);

11 Ben-abinadab, *en* toda la altura de Dor (Tafat, hija de Salomón, era su mujer);

12 Baana, hijo de Ahilud, *en* Taanac y Meguido y todo Bet-seán, que está junto a Saretán, más abajo de Jezreel, desde Bet-seán hasta Abel-mehola, hasta el otro lado de Jocmeam;

13 Ben-geber en Ramot de Galaad (las aldeas de Jair, hijo de Manasés, que están en Galaad *eran* de él: la región de Argob que está en Basán, sesenta grandes ciudades con muros y cerrojos de bronce *eran* de él);

14 Ahinadab, hijo de Iddo, *en* Mahanaim;

15 Ahimaas en Neftalí (también se casó con Basemat, hija de Salomón);

16 Baana, hijo de Husai, en Aser y Bealot;

17 Josafat, hijo de Parúa, en Isacar;

18 Simei, hijo de Ela, en Benjamín;

19 Geber, hijo de Uri, en la tierra de Galaad, la región de Sehón, rey de los amorreos, y de Og, rey de Basán; *él era* el único gobernador que *estaba* en aquella tierra.

20 Judá e Israel *eran* tan numerosos como la arena que está en abundancia a *la orilla del* mar; comían, bebían y se alegraban.

21 Salomón gobernaba todos los reinos desde el río[1] *hasta* la tierra de los filisteos y hasta el límite con Egipto; ellos trajeron tributo y sirvieron a Salomón todos los días de su vida.

22 La provisión de Salomón para un día era de treinta coros de flor de harina y sesenta coros de harina,

23 diez bueyes cebados, veinte bueyes de pasto y cien ovejas, sin contar los ciervos, gacelas, corzos y aves cebadas.

24 Porque él tenía señorío sobre todo el occidente del río, desde Tifsa hasta Gaza, sobre todos los reyes al occidente del río; y tuvo paz por todos lados a su alrededor.

25 Y Judá e Israel vivieron seguros, cada uno bajo su parra y bajo su higuera, desde Dan hasta Beerseba, todos los días de Salomón.

26 Salomón tenía cuarenta mil establos de caballos para sus carros y doce mil jinetes.

27 Y los gobernadores abastecían, cada uno un mes, al rey Salomón y a todos los que venían a la mesa del rey Salomón; no dejaban que faltara nada.

28 También llevaban, cada uno según su obligación, cebada y paja para los caballos *de tiro* y los corceles al lugar donde debieran estar.

29 Dios dio a Salomón sabiduría, gran

---

1. I.e., el Eufrates

discernimiento y amplitud de corazón como la arena que está a la orilla del mar.

30 Y la sabiduría de Salomón sobrepasó la sabiduría de todos los hijos del oriente y toda la sabiduría de Egipto.

31 Porque era más sabio que todos los hombres, *más* que Etán ezraíta, Hemán, Calcol y Darda, hijos de Mahol; y su fama fue *conocida* por todas las naciones de alrededor.

32 También pronunció tres mil proverbios, y sus cantares fueron mil cinco.

33 Disertó sobre los árboles, desde el cedro que está en el Líbano hasta el hisopo que crece en la pared; también habló de ganados, aves, reptiles y peces.

34 Y venían de todos los pueblos para oír la sabiduría de Salomón, de parte de todos los reyes de la tierra que habían oído de su sabiduría.

Pacto de Salomón con Hiram

5 Hiram, rey de Tiro, envió sus siervos a Salomón, cuando oyó que le habían ungido rey en lugar de su padre, pues Hiram siempre había sido amigo de David.

2 Entonces Salomón envió *palabra* a Hiram, diciendo:

3 Tú sabes que mi padre David no pudo edificar una casa al nombre del SEÑOR su Dios a causa de las guerras en que se vio envuelto, hasta que el SEÑOR puso a sus enemigos bajo las plantas de sus pies.

4 Mas ahora el SEÑOR mi Dios me ha dado paz por todas partes; no hay adversario ni calamidad.

5 Y he aquí, pienso edificar una casa al nombre del SEÑOR mi Dios, como el SEÑOR habló a mi padre David, diciendo: "Tu hijo, a quien pondré sobre el trono en tu lugar, él edificará la casa a mi nombre."

6 Ahora pues, ordena que me corten cedros del Líbano, y mis siervos estarán con tus siervos; y te daré salarios para tus siervos conforme a todo lo que tú digas, pues sabes que no hay nadie entre nosotros que sepa labrar madera como los sidonios.

7 Y sucedió que cuando Hiram oyó las palabras de Salomón, se alegró mucho y dijo: Bendito sea hoy el SEÑOR, que ha dado a David un hijo sabio sobre este pueblo tan numeroso.

8 Y envió Hiram *respuesta* a Salomón, diciendo: He oído *el mensaje* que me enviaste; haré lo que tú quieras en cuanto a las maderas de cedro y de ciprés.

9 Mis siervos *las* bajarán desde el Líbano hasta el mar; y haré de ellas balsas *para ir* por mar hasta el lugar adonde me indiques, y allí haré que las desaten y tú te *las* llevarás. Entonces cumplirás mi deseo dando alimento a mi casa.

10 Dio, pues, Hiram a Salomón todo lo que deseaba de las maderas de cedro y de ciprés.

11 Y Salomón daba a Hiram veinte mil coros de trigo como alimento para su casa, y veinte coros de aceite batido; esto daba Salomón a Hiram año tras año.

12 El SEÑOR dio sabiduría a Salomón, tal como le había prometido, y hubo paz entre Hiram y Salomón, y los dos hicieron un pacto.

13 El rey Salomón impuso una·leva a todo Israel, y la leva fue de treinta mil hombres.

14 Y los envió al Líbano, en relevos de diez mil cada mes; y se quedaban un mes en el Líbano *y* dos meses en su casa. Y Adoniram *estaba* al frente de la leva.

15 Salomón tenía setenta mil *hombres* que llevaban las cargas, y ochenta mil canteros en las montañas,

16 además de los tres mil trescientos oficiales de Salomón que *estaban* al frente de la obra *y* que gobernaban la gente que hacía el trabajo.

17 Entonces el rey dio órdenes, y sacaron grandes piedras, piedras costosas, para echar los cimientos de la casa con piedras labradas.

18 Y los constructores de Salomón, los constructores de Hiram y los giblitas cortaron y prepararon las maderas y las piedras para edificar la casa.

6 Y sucedió que en el año cuatrocientos ochenta después que los hijos de Israel salieron de la tierra de Egipto, en el cuarto año del reinado de Salomón sobre Israel, en el mes de Zif, que es el segundo mes, comenzó él a edificar la casa del SEÑOR.

2 La casa que el rey Salomón edificó para el SEÑOR *tenía* sesenta codos de largo, veinte *codos* de ancho y treinta codos de alto.

3 Y el pórtico delante de la nave del templo *tenía* veinte codos de largo, conforme al ancho de la casa, *y* su ancho al frente de la casa *era* de diez codos.

4 También para la casa hizo ventanas con celosías.

5 Junto a la pared de la casa edificó pisos alrededor de las paredes de la casa, tanto de la nave como del santuario interior, e hizo cámaras laterales en derredor.

6 El piso inferior *tenía* cinco codos de ancho, y el del medio *tenía* seis codos de ancho, y el tercero *tenía* siete codos de ancho; porque por fuera hizo rebajos *en la pared* de la casa por todo alrededor para no empotrar *las vigas* en las paredes de la casa.

7 La casa, mientras se edificaba, se construía de piedras preparadas en la cantera; y no se oyó ni martillo ni hacha ni ningún instrumento de hierro en la casa mientras la construían.

8 La entrada a la cámara lateral inferior *estaba* al lado derecho de la casa; y se subía por una escalera de caracol al *piso* del medio, y del medio al tercero.

9 Edificó, pues, la casa y la terminó; y cubrió la casa con vigas y tablas de cedro.

10 También edificó pisos junto a toda la casa, cada uno de cinco codos de alto, y estaban asegurados a la casa con vigas de cedro.

11 Y la palabra del SEÑOR vino a Salomón, diciendo:

12 *En cuanto a* esta casa que estás edificando, si tú andas en mis estatutos, cumples mis ordenanzas y guardas todos mis mandamientos andando en ellos, yo cumpliré mi palabra contigo, la cual hablé a David tu padre,

13 habitaré en medio de los hijos de Israel, y no abandonaré a mi pueblo Israel.

14 Salomón, pues, edificó la casa y la terminó.

15 Luego construyó las paredes de la casa por dentro con tablas de cedro; desde el suelo de la casa hasta el techo recubrió *las paredes* interiores

de madera; recubrió también el piso de la casa con tablas de ciprés.

16 Edificó los veinte codos del fondo de la casa con tablas de cedro desde el suelo hasta el techo; así le edificó el santuario interior, el lugar santísimo.

17 La casa, es decir, la nave delante del *santuario interior* tenía cuarenta codos *de largo.*

18 Y por dentro la casa *estaba revestida* de cedro tallado *en forma* de calabazas y flores; todo era cedro, no se veía la piedra.

19 Entonces preparó por dentro el santuario interior, al fondo de la casa, para colocar allí el arca del pacto del SEÑOR.

20 Y el santuario interior *tenía* veinte codos de largo, veinte codos de ancho y veinte codos de alto, y lo revistió de oro puro; y el altar lo recubrió de cedro.

21 Salomón revistió el interior de la casa de oro puro. Puso cadenas de oro a lo largo del frente del santuario interior, y lo revistió de oro.

22 Revistió de oro toda la casa, hasta que toda la casa estuvo terminada. También revistió de oro todo el altar que estaba junto al santuario interior.

23 También en el santuario interior hizo dos querubines de madera de olivo, cada uno de diez codos de alto.

24 Un ala del querubín *tenía* cinco codos y la otra ala del querubín cinco codos; desde la punta de una de sus alas hasta la punta de la otra de sus alas *había* diez codos.

25 El otro querubín también *medía* diez codos; ambos querubines tenían la misma medida y la misma forma.

26 La altura de uno de los querubines *era* de diez codos, y asimismo la del otro querubín.

27 Colocó los querubines en medio de la casa interior; las alas de los querubines se extendían de modo que el ala del uno tocaba *una* pared y el ala del otro querubín tocaba la otra pared. Sus *otras dos* alas se tocaban ala con ala en el centro de la casa.

28 También revistió de oro los querubines.

29 Luego talló todas las paredes de la casa en derredor con grabados de figuras de querubines, palmeras y flores, el *santuario* interior y el exterior.

30 Revistió de oro el piso de la casa, el *santuario* interior y el exterior.

31 Y para la entrada del santuario interior hizo puertas de madera de olivo, el dintel *y* postes pentagonales.

32 Las dos puertas eran de madera de olivo, y talló en ellas figuras de querubines, palmeras y flores, y las revistió de oro; cubrió también de oro los querubines y las palmeras.

33 Hizo además para la entrada de la nave postes cuadrangulares de madera de olivo,

34 y dos puertas de madera de ciprés; las dos hojas de una puerta *eran* giratorias, y las dos hojas de la otra puerta *también eran* giratorias.

35 Talló *en ellas* querubines, palmeras y flores, y *las* revistió de oro bien ajustado a la talladura.

36 Edificó el atrio interior con tres hileras de piedra labrada y una hilera de vigas de cedro.

37 En el cuarto año, en el mes de Zif, se echaron los cimientos de la casa del SEÑOR,

38 y en el año undécimo, en el mes de Bul, que es el mes octavo, la casa fue acabada en todas sus partes y conforme a todos sus planos. La edificó, pues, en siete años.

El palacio de Salomón

7 Salomón edificó su propia casa, *y* en trece años la terminó toda.

2 Edificó la casa del bosque del Líbano, de cien codos de largo, cincuenta codos de ancho y treinta codos de alto, sobre cuatro hileras de columnas de cedro con vigas de cedro sobre las columnas.

3 Estaba cubierta de cedro sobre las cámaras laterales que estaban sobre las cuarenta y cinco columnas, quince en cada hilera.

4 Y *había* tres hileras de *ventanas con* celosías, una ventana frente a la otra en tres filas.

5 Todas las puertas y los postes *tenían* marcos cuadrados, una ventana frente a la otra en tres filas.

6 Hizo el pórtico de las columnas de cincuenta codos de largo y treinta codos de ancho, y *había otro* pórtico delante de ellas, con columnas y un umbral delante de ellas.

7 También hizo el pórtico del trono donde había de juzgar, el pórtico del juicio, y fue cubierto de cedro desde el suelo hasta el techo.

8 Y la casa donde él había de morar, *en* otro atrio dentro del pórtico, era de la misma hechura. Hizo también una casa como este pórtico para la hija de Faraón que Salomón había tomado *por mujer.*

9 Todas estas *obras* eran de piedras valiosas, cortadas a la medida, cortadas con sierras por dentro y por fuera, desde el cimiento hasta la cornisa, y por fuera hasta el gran atrio.

10 El cimiento era de piedras valiosas, piedras grandes, piedras de diez codos y piedras de ocho codos.

11 Y más arriba había piedras valiosas, cortadas a la medida, y cedro.

12 El gran atrio *tenía* en derredor tres hileras de piedras talladas y una hilera de vigas de cedro, igual que el atrio interior de la casa del SEÑOR y el pórtico de la casa.

13 Y el rey Salomón envió a buscar a Hiram de Tiro.

14 Este era hijo de una viuda de la tribu de Neftalí, y su padre era un hombre de Tiro, artífice en bronce; *estaba* lleno de sabiduría, inteligencia y pericia para hacer cualquier obra en bronce. Y él vino al rey Salomón e hizo toda su obra.

15 Fundió las dos columnas de bronce; la altura de una columna era de dieciocho codos, y un cordel de doce codos medía la circunferencia de las dos.

16 Hizo también dos capiteles de bronce fundido para colocarlos en las cabezas de las columnas; la altura de un capitel era de cinco codos y la del otro capitel era de cinco codos.

17 *Había* redes de obra de malla y trenzas de obra de cadenilla para los capiteles que estaban en la cima de las columnas; siete para un capitel y siete para el otro capitel.

18 Así hizo las columnas y dos hileras alrededor de la malla que cubría los capiteles que estaban sobre las granadas; y así hizo para el otro capitel.

19 Los capiteles que *estaban* en las cabezas de

las columnas del pórtico tenían forma de lirios, *y medían* cuatro codos.

20 Y *había* también capiteles sobre las dos columnas, junto a la protuberancia que *estaba* al lado de la malla; y *había* doscientas granadas en hileras alrededor de los dos capiteles.

21 Erigió, pues, las columnas en el pórtico de la nave; erigió la columna derecha y la llamó Jaquín[1], y erigió la columna izquierda y la llamó Boaz[2].

22 Y en lo alto de las columnas había lirios tallados. Así fue terminada la obra de las columnas.

23 Hizo asimismo el mar de *metal* fundido de diez codos de borde a borde, en forma circular; su altura *era de* cinco codos, y tenía treinta codos de circunferencia.

24 Y debajo del borde había calabazas alrededor, diez en cada codo, rodeando por completo el mar; las calabazas *estaban* en dos hileras, fundidas en una sola pieza.

25 *El mar* descansaba sobre doce bueyes; tres mirando al norte, tres mirando al occidente, tres mirando al sur y tres mirando al oriente; el mar *descansaba* sobre ellos y todas sus ancas *estaban* hacia adentro.

26 El grueso era de un palmo, y el borde estaba hecho como el borde de un cáliz, *como* una flor de lirio; cabían en él dos mil batos.

27 Entonces hizo las diez basas de bronce; la longitud de cada basa era de cuatro codos, su anchura de cuatro codos y su altura de tres codos.

28 El diseño de las basas *era* éste: tenían bordes y los bordes estaban entre las molduras,

29 y en los bordes que *estaban* entre las molduras *había* leones, bueyes y querubines; y en las molduras *había* un pedestal arriba, y debajo de los leones y bueyes *había* guirnaldas a bajo relieve.

30 Cada basa tenía cuatro ruedas de bronce, con ejes de bronce, y sus cuatro patas tenían soportes; debajo de la pila *había* soportes fundidos con guirnaldas a cada lado.

31 La boca *de la pila* dentro de la corona en la parte superior *medía* un codo, y su boca *era* redonda como el diseño de un pedestal, de un codo y medio; también en su boca *había* entalladuras, y sus bordes eran cuadrados, no redondos.

32 Las cuatro ruedas *estaban* debajo de los bordes, y los ejes de las ruedas *estaban* en la basa. La altura de una rueda *era* de un codo y medio.

33 La hechura de las ruedas *era* como la hechura de una rueda de carro. Sus ejes, sus aros, sus rayos y sus cubos *eran* todos de fundición.

34 Y *había* cuatro soportes en las cuatro esquinas de cada basa; sus soportes *eran* parte de la basa misma.

35 Y en la parte superior de la basa *había* una *pieza* redonda de medio codo de alto, y en la parte superior de la basa sus soportes y sus bordes *formaban* parte de ella.

36 Y en las planchas de sus soportes y en sus bordes grabó querubines, leones y palmeras, conforme al espacio *disponible* de cada una, con guirnaldas alrededor.

37 Hizo las diez basas de esta manera: todas

ellas eran de una misma fundición, de una misma medida y de una misma forma.

38 También hizo diez pilas de bronce; en cada pila cabían cuarenta batos, cada pila *medía* cuatro codos, *y* sobre cada una de las diez basas *había* una pila.

39 Entonces colocó las basas, cinco al lado derecho de la casa y cinco al lado izquierdo de la casa; y colocó el mar *de metal fundido* al lado derecho de la casa hacia el sureste.

40 Hiram hizo también los calderos, las palas y los tazones. Así terminó Hiram toda la obra que hizo para el rey Salomón *en* la casa del Señor:

41 las dos columnas y los tazones de los capiteles que *estaban* en lo alto de las dos columnas, las dos mallas para cubrir los dos tazones de los capiteles que *estaban* en lo alto de las columnas;

42 las cuatrocientas granadas para las dos mallas, dos hileras de granadas por cada malla para cubrir los dos tazones de los capiteles que *estaban* en lo alto de las columnas;

43 las diez basas con las diez pilas sobre las basas;

44 el mar y los doce bueyes debajo del mar;

45 los calderos, las palas y los tazones; todos estos utensilios que Hiram hizo para el rey Salomón *en* la casa del Señor *eran* de bronce bruñido.

46 El rey los fundió en la llanura del Jordán, en la tierra arcillosa entre Sucot y Saretán.

47 Salomón dejó todos los utensilios *sin pesarlos* porque *eran* demasiados; el peso del bronce no se pudo determinar.

48 Y Salomón hizo todos los utensilios que *estaban en* la casa del Señor: el altar de oro y la mesa de oro sobre la cual *estaba* el pan de la Presencia;

49 los candelabros de oro puro, cinco a mano derecha y cinco a mano izquierda, frente al santuario interior; las flores, las lámparas y las tenazas de oro;

50 las copas, las despabiladeras, los tazones, las cucharas y los incensarios de oro puro; y los goznes para las puertas de la casa interior, el lugar santísimo, y para las puertas de la casa, *es decir*, de la nave, *también* de oro.

51 Así fue terminada toda la obra que el rey Salomón hizo *en* la casa del Señor. Y Salomón trajo las cosas consagradas por su padre David, es decir, la plata, el oro y los utensilios, *y los* puso en los tesoros de la casa del Señor.

Traslado del arca al templo

8 Entonces Salomón reunió a los ancianos de Israel, a todos los jefes de las tribus *y* a los principales de las casas paternas de los hijos de Israel ante él en Jerusalén, para hacer subir el arca del pacto del Señor de la ciudad de David, la cual es Sion.

2 Y se reunieron ante el rey Salomón todos los hombres de Israel en la fiesta, en el mes de Etanim, que es el mes séptimo.

3 Cuando llegaron todos los ancianos de Israel, los sacerdotes alzaron el arca.

4 Subieron el arca del Señor, la tienda de reunión y todos los utensilios sagrados que *estaban* en la tienda; los sacerdotes y los levitas los subieron.

---

1. I.e., él afirmará 2. I.e., en ella hay fortaleza

5 Y el rey Salomón y toda la congregación de Israel que estaba reunida ante él, *estaban* con él delante del arca, sacrificando tantas ovejas y bueyes que no se podían contar ni numerar.

6 Entonces los sacerdotes trajeron el arca del pacto del SEÑOR a su lugar, al santuario interior de la casa, al lugar santísimo, bajo las alas de los querubines.

7 Porque los querubines extendían las alas sobre el lugar del arca, y los querubines cubrían el arca y sus barras por encima.

8 Pero las barras eran tan largas que los extremos de las barras se podían ver desde el lugar santo, *que estaba* delante del santuario interior, mas no se podían ver *desde* afuera; y allí están hasta hoy.

9 En el arca no había más que las dos tablas de piedra que Moisés puso allí en Horeb, donde el SEÑOR hizo *pacto* con los hijos de Israel cuando salieron de la tierra de Egipto.

10 Y sucedió que cuando los sacerdotes salieron del lugar santo, la nube llenó la casa del SEÑOR

11 y los sacerdotes no pudieron quedarse a ministrar a causa de la nube, porque la gloria del SEÑOR llenaba la casa del SEÑOR.

12 Entonces Salomón dijo:
El SEÑOR ha dicho que El moraría en la densa nube.

13 Ciertamente yo te he edificado una casa majestuosa,
un lugar para tu morada para siempre.

14 Después el rey se volvió y bendijo a toda la asamblea de Israel, mientras toda la asamblea de Israel estaba de pie;

15 y dijo: Bendito sea el SEÑOR, Dios de Israel, que habló por su boca a mi padre David y por su mano *lo* ha cumplido, cuando dijo:

16 "Desde el día en que saqué a mi pueblo Israel de Egipto, no escogí ninguna ciudad de entre todas las tribus de Israel *en la cual* edificar una casa para que mi nombre estuviera allí, mas escogí a David para que estuviera sobre mi pueblo Israel."

17 Y mi padre David tuvo en su corazón edificar una casa al nombre del SEÑOR, Dios de Israel.

18 Pero el SEÑOR dijo a mi padre David: "Por cuanto tuviste en tu corazón edificar una casa a mi nombre, bien hiciste en desearlo en tu corazón.

19 "Sin embargo, tú no edificarás la casa, sino que tu hijo que te nacerá, él edificará la casa a mi nombre."

20 Ahora el SEÑOR ha cumplido la palabra que había dicho, pues yo me he levantado en lugar de mi padre David y me he sentado en el trono de Israel, como el SEÑOR prometió, y he edificado la casa al nombre del SEÑOR, Dios de Israel.

21 Y he puesto allí un lugar para el arca, en la cual está el pacto del SEÑOR que El hizo con nuestros padres cuando los trajo de la tierra de Egipto.

22 Entonces Salomón se puso delante del altar del SEÑOR en presencia de toda la asamblea de Israel y extendió las manos al cielo.

23 Y dijo: Oh SEÑOR, Dios de Israel, no hay Dios como tú ni arriba en los cielos ni abajo en la tierra, que guardas el pacto y *muestras*

misericordia a tus siervos que andan delante de ti con todo su corazón,

24 que has cumplido con tu siervo David mi padre lo que le prometiste; ciertamente has hablado con tu boca y lo has cumplido con tu mano como *sucede* hoy.

25 Ahora pues, oh SEÑOR, Dios de Israel, cumple con tu siervo David mi padre lo que le prometiste, diciendo: "No te faltará quien se siente en el trono de Israel, con tal que tus hijos guarden su camino para andar delante de mí como tú has andado delante de mí."

26 Ahora pues, oh Dios de Israel, te ruego que se cumpla tu palabra que hablaste a tu siervo, mi padre David.

27 Pero, ¿morará verdaderamente Dios sobre la tierra? He aquí, los cielos y los cielos de los cielos no te pueden contener, cuánto menos esta casa que yo he edificado.

28 No obstante, atiende a la oración de tu siervo y a su súplica, oh SEÑOR Dios mío, para que oigas el clamor y la oración que tu siervo hace hoy delante de ti;

29 que tus ojos estén abiertos noche y día sobre esta casa, hacia el lugar del cual has dicho: "Mi nombre estará allí," para que oigas la oración que tu siervo hará sobre este lugar.

30 Y escucha la súplica de tu siervo y de tu pueblo Israel cuando oren hacia este lugar; escucha tú en el lugar de tu morada, en los cielos; escucha y perdona.

31 Si alguno peca contra su prójimo y se le exige juramento, y viene *y* jura delante de tu altar en esta casa,

32 escucha tú *desde* los cielos y obra y juzga a tus siervos, condenando al impío haciendo recaer su conducta sobre su cabeza, y justificando al justo dándole conforme a su justicia.

33 Cuando tu pueblo Israel sea derrotado delante de un enemigo por haber pecado contra ti, si se vuelven a ti y confiesan tu nombre, y oran y te hacen súplica en esta casa,

34 escucha tú *desde* los cielos y perdona el pecado de tu pueblo Israel, y hazlos volver a la tierra que diste a sus padres.

35 Cuando los cielos estén cerrados y no haya lluvia por haber ellos pecado contra ti, y oren hacia este lugar y confiesen tu nombre, y se vuelvan de su pecado cuando tú los aflijas,

36 escucha tú *desde* los cielos y perdona el pecado de tus siervos y de tu pueblo Israel; sí, enséñales el buen camino por el que deben andar. Y envía lluvia sobre tu tierra, la que diste a tu pueblo por heredad.

37 Si hay hambre en la tierra, si hay pestilencia, si hay tizón *o* añublo, langosta *o* saltamontes, si su enemigo los sitia en la tierra de sus ciudades, cualquier plaga, cualquier enfermedad *que haya*,

38 toda oración *o* toda súplica que sea hecha por cualquier hombre *o* por todo tu pueblo Israel, conociendo cada cual la aflicción de su corazón, y extendiendo sus manos hacia esta casa,

39 escucha tú *desde* los cielos, el lugar de tu morada, y perdona, actúa y da a cada uno conforme a todos sus caminos, *ya que* conoces su corazón (porque sólo tú conoces el corazón de todos los hijos de los hombres),

40 para que te teman[1] todos los días que vivan

1. O, *reverencien*

sobre la faz de la tierra que diste a nuestros padres.

41 También en cuanto al extranjero que no es de tu pueblo Israel, cuando venga de una tierra lejana a causa de tu nombre

42 (porque oirán de tu gran nombre, de tu mano poderosa y de tu brazo extendido), y venga a orar a esta casa,

43 escucha tú *desde* los cielos, el lugar de tu morada, y haz conforme a todo lo que el extranjero te pida, para que todos los pueblos de la tierra conozcan tu nombre para que te teman, como *te teme* tu pueblo Israel, y para que sepan que tu nombre es invocado sobre esta casa que he edificado.

44 Cuando tu pueblo salga a la batalla contra su enemigo, por *cualquier* camino que tú los envíes, y oren al SEÑOR vueltos hacia la ciudad que tú has escogido y *hacia* la casa que he edificado a tu nombre,

45 escucha *desde* los cielos su oración y su súplica, y hazles justicia.

46 Cuando pequen contra ti (pues no hay hombre que no peque) y estés airado contra ellos, y los entregues delante del enemigo, y éstos los lleven cautivos a la tierra del enemigo, lejos o cerca,

47 si recapacitan en la tierra adonde hayan sido llevados cautivos, y se arrepienten y te hacen súplica en la tierra de los que los llevaron cautivos, diciendo: "Hemos pecado y hemos cometido iniquidad, hemos obrado perversamente",

48 si se vuelven a ti con todo su corazón y con toda su alma en la tierra de sus enemigos que los llevaron cautivos, y oran a ti vueltos hacia la tierra que diste a sus padres, *hacia* la ciudad que has escogido, y *hacia* la casa que he edificado a tu nombre,

49 entonces escucha tú *desde* los cielos, el lugar de tu morada, su oración y su súplica y hazles justicia,

50 y perdona a tu pueblo que ha pecado contra ti, todas las transgresiones que hayan cometido contra ti, y hazlos *objeto* de compasión ante los que los llevaron cautivos, para que tengan compasión de ellos

51 (porque ellos son tu pueblo y tu heredad que sacaste de Egipto, de en medio del horno de hierro).

52 Que tus ojos estén abiertos a la súplica de tu siervo y a la súplica de tu pueblo Israel, para escucharles siempre que te invoquen.

53 Pues tú los has separado de entre todos los pueblos de la tierra como tu heredad, como lo dijiste por medio de tu siervo Moisés, cuando sacaste a nuestros padres de Egipto, oh Señor DIOS.

54 Y sucedió que cuando Salomón terminó de decir toda esta oración y súplica al SEÑOR, se levantó de delante del altar del SEÑOR, de estar de rodillas con sus manos extendidas hacia el cielo.

55 Y se puso de pie y bendijo a toda la asamblea de Israel en alta voz, diciendo:

56 Bendito sea el SEÑOR, que ha dado reposo a su pueblo Israel, conforme a todo lo que prometió; ninguna palabra ha fallado de toda su buena promesa que hizo por medio de su siervo Moisés.

57 Que el SEÑOR nuestro Dios esté con nosotros, como estuvo con nuestros padres; que no nos deje ni nos abandone,

58 para que incline nuestro corazón hacia El, para que andemos en todos sus caminos y para que guardemos sus mandamientos, sus estatutos y sus preceptos que ordenó a nuestros padres.

59 Y que estas palabras mías, con las que he suplicado delante del SEÑOR, estén cerca del SEÑOR nuestro Dios día y noche, para que El haga justicia a su siervo y justicia a su pueblo Israel, según las necesidades de cada día,

60 a fin de que todos los pueblos de la tierra sepan que el SEÑOR es Dios; no hay otro.

61 Estén, pues, vuestros corazones enteramente dedicados al SEÑOR nuestro Dios, para que andemos en sus estatutos y guardemos sus mandamientos, como en este día.

62 Y el rey y todo Israel con él ofrecieron sacrificios delante del SEÑOR.

63 Y Salomón ofreció como sacrificio de las ofrendas de paz, que él ofreció al SEÑOR, veintidós mil bueyes y ciento veinte mil ovejas. Así dedicaron la casa del SEÑOR el rey y todos los hijos de Israel.

64 Aquel día el rey consagró la parte central del atrio que *estaba* delante de la casa del SEÑOR, pues allí ofreció el holocausto, la ofrenda de cereal y la grosura de las ofrendas de paz; porque el altar de bronce que *estaba* delante del SEÑOR *era* demasiado pequeño para contener el holocausto, la ofrenda de cereal y la grosura de las ofrendas de paz.

65 Así Salomón celebró la fiesta en aquella ocasión, y todo Israel con él, una gran asamblea desde la entrada de Hamat hasta el torrente de Egipto, delante del SEÑOR nuestro Dios, por siete días y siete días *más, o sea* catorce días.

66 Al octavo día despidió al pueblo. Ellos bendijeron al rey, y se fueron a sus tiendas gozosos y alegres de corazón por todo el bien que el SEÑOR había mostrado a su siervo David y a su pueblo Israel.

Pacto de Dios con Salomón

9 Y sucedió que cuando Salomón había acabado de edificar la casa del SEÑOR, la casa del rey y todo lo que Salomón deseaba hacer,

2 el SEÑOR se apareció a Salomón por segunda vez, tal como se le había aparecido en Gabaón.

3 Y el SEÑOR le dijo: He oído tu oración y tu súplica que has hecho delante de mí; he consagrado esta casa que has edificado, poniendo allí mi nombre para siempre; en ella estarán mis ojos y mi corazón perpetuamente.

4 Y en cuanto a ti, si andas delante de mí como anduvo tu padre David, en integridad de corazón y en rectitud, haciendo conforme a todo lo que te he mandado, *y* guardas mis estatutos y mis ordenanzas,

5 yo afirmaré el trono de tu reino sobre Israel para siempre, tal como prometí a tu padre David, diciendo: "No te faltará hombre sobre el trono de Israel."

6 *Pero* si en verdad vosotros o vuestros hijos os apartáis de mí y no guardáis mis mandamientos

y mis estatutos que he puesto delante de vosotros, y os vais y servís a otros dioses y los adoráis,

7 entonces cortaré a Israel de sobre la faz de la tierra que les he dado; y la casa que he consagrado a mi nombre *la* echaré de mi presencia, e Israel se convertirá en refrán y escarnio entre todos los pueblos.

8 Y esta casa se convertirá en un montón de ruinas, todo el que pase quedará atónito y silbará; y dirán: "¿Por qué ha hecho así el Señor a esta tierra y a esta casa?"

9 Y responderán: "Porque abandonaron al Señor su Dios, que sacó a sus padres de la tierra de Egipto, y tomaron para sí otros dioses, los adoraron y los sirvieron; por eso el Señor ha traído toda esta adversidad sobre ellos."

10 Y sucedió al cabo de los veinte años, en los cuales Salomón había edificado las dos casas, la casa del Señor y la casa del rey

11 (Hiram, rey de Tiro, había proporcionado a Salomón maderas de cedro y de ciprés y oro conforme a todo su deseo), que el rey Salomón dio a Hiram veinte ciudades en la tierra de Galilea.

12 Y salió Hiram de Tiro para ver las ciudades que Salomón le había dado, y no le gustaron.

13 Y dijo: ¿Qué son estas ciudades que me has dado, hermano mío? Por eso fueron llamadas tierra de Cabul[1] hasta hoy.

14 Hiram había enviado al rey ciento veinte talentos de oro.

15 Y este es el motivo de la leva que el rey Salomón impuso para edificar la casa del Señor, su propia casa, el Milo, el muro de Jerusalén, Hazor, Meguido y Gezer.

16 *Pues* Faraón, rey de Egipto, había subido y capturado Gezer, le había prendido fuego, había matado a los cananeos que habitaban en la ciudad, y la había dado *en* dote a su hija, la mujer de Salomón.

17 Y Salomón reconstruyó Gezer y Bet-horón de abajo,

·18 y Baalat y Tadmor en el desierto, en la tierra *de Judá*,

19 y todas las ciudades de almacenaje que Salomón tenía, y las ciudades de sus carros y las ciudades para sus hombres de a caballo, y todo lo que Salomón quiso edificar en Jerusalén, en el Líbano y en toda la tierra de su dominio.

20 A todo el pueblo que había quedado de los amorreos, heteos, ferezeos, heveos y jebuseos, que no *eran* de los hijos de Israel,

21 *es decir*, a sus descendientes que habían quedado en la tierra después de ellos, a quienes los hijos de Israel no habían podido destruir completamente, Salomón les impuso leva de servidumbre hasta el día de hoy.

22 Mas de los hijos de Israel Salomón no hizo esclavos, porque ellos eran hombres de guerra, sus servidores, sus príncipes, sus capitanes, los comandantes de sus carros y sus hombres de a caballo.

23 Estos *eran* los oficiales que *estaban* al frente de la obra de Salomón, quinientos cincuenta, quienes supervisaban al pueblo que hacía la obra.

24 Tan pronto como la hija de Faraón subió de la ciudad de David a la casa que le había construido *Salomón*, entonces él edificó el Milo.

25 Y tres veces al año Salomón ofrecía holocaustos y ofrendas de paz sobre el altar que él había edificado al Señor, quemando incienso al mismo tiempo *sobre el altar* que *estaba* delante del Señor después que terminó la casa.

26 El rey Salomón también construyó una flota en Ezión-geber, que está cerca de Elot, en la ribera del mar Rojo, en la tierra de Edom.

27 Y envió Hiram a sus siervos con la flota, marineros que conocían el mar, junto con los siervos de Salomón.

28 Y fueron a Ofir, y de allí tomaron cuatrocientos veinte talentos de oro que llevaron al rey Salomón.

Salomón y la reina de Sabá

10 Cuando la reina de Sabá oyó de la fama de Salomón, por causa del nombre del Señor, vino a probarle con preguntas difíciles.

2 Y vino a Jerusalén con un séquito muy grande, con camellos cargados de especias, y gran cantidad de oro y piedras preciosas. Cuando vino a Salomón, habló con él de todo lo que tenía en su corazón.

3 Y Salomón contestó todas sus preguntas; no hubo nada tan oscuro que el rey no pudiera explicárselo.

4 Cuando la reina de Sabá vio toda la sabiduría de Salomón, la casa que él había edificado,

5 los manjares de su mesa, las habitaciones de sus siervos, el porte de sus ministros y sus vestiduras, sus coperos, y la escalinata por la cual subía a la casa del Señor, se quedó sin aliento.

6 Entonces dijo al rey: Era verdad lo que había oído en mi tierra acerca de tus palabras y de tu sabiduría.

7 Pero yo no creía lo que me decían, hasta que he venido y mis ojos lo han visto. Y he aquí, no se me había contado ni la mitad. Tú superas *en* sabiduría y prosperidad la fama que había oído.

8 Bienaventurados tus hombres, bienaventurados estos tus siervos que están delante de ti continuamente *y* oyen tu sabiduría.

9 Bendito sea el Señor tu Dios que se agradó de ti para ponerte sobre el trono de Israel; por el amor que el Señor ha tenido siempre a Israel, te ha puesto por rey para hacer derecho y justicia.

10 Entonces ella dio al rey ciento veinte talentos de oro, y gran cantidad de especias aromáticas y piedras preciosas. Nunca más entró tanta abundancia de especias aromáticas como las que la reina de Sabá dio al rey Salomón.

11 También las naves de Hiram, que habían traído oro de Ofir, trajeron de allí gran cantidad de madera de sándalo y piedras preciosas.

12 Con la madera de sándalo el rey hizo balaustres para la casa del Señor y para el palacio del rey; también liras y arpas para los cantores; esa clase de madera de sándalo no ha entrado *más* ni se ha vuelto a ver hasta hoy.

13 El rey Salomón dio a la reina de Sabá todo cuanto ella quiso pedirle, además de lo que le dio conforme a su real magnificencia. Después ella se volvió, y regresó a su tierra con sus siervos.

14 El peso del oro que llegaba a Salomón en un año era de seiscientos sesenta y seis talentos de oro,

15 sin contar *lo* de los mercaderes, las

---

1. I.e., como nada

mercancías de los comerciantes, de todos los reyes de Arabia y de los gobernadores de la tierra.

16 Y el rey Salomón hizo doscientos escudos grandes de oro batido, usando seiscientos *siclos de* oro en cada escudo.

17 También *hizo* trescientos escudos de oro batido, usando tres minas de oro en cada escudo; y el rey los puso en la casa del bosque del Líbano.

18 El rey hizo además, un gran trono de marfil y lo revistió de oro finísimo.

19 *Había* seis gradas hasta el trono, y por detrás, la parte superior del trono era redonda, con brazos a cada lado del asiento y dos leones de pie junto a los brazos.

20 Y doce leones estaban de pie allí en las seis gradas a uno y otro lado; nada semejante se hizo para ningún *otro* reino.

21 Todos los vasos de beber del rey Salomón *eran* de oro, también todas las vasijas de la casa del bosque del Líbano *eran* de oro puro, ninguna era de plata; *ésta* no se consideraba de ningún valor en los días de Salomón,

22 porque le rey tenía en el mar las naves de Tarsis con las naves de Hiram, *y* cada tres años las naves de Tarsis venían trayendo oro, plata, marfil, monos y pavos reales.

23 Así el rey Salomón llegó a ser más grande que todos los reyes de la tierra en riqueza y sabiduría.

24 Y toda la tierra procuraba ver a Salomón, para oír la sabiduría que Dios había puesto en su corazón.

25 Cada uno de ellos traía su presente: objetos de plata y objetos de oro, vestidos, armas, especias, caballos y mulos; *y* así año tras año.

26 Salomón reunió carros y hombres de a caballo; y tenía mil cuatrocientos carros y doce mil hombres de a caballo, y los situó en las ciudades de carros y en Jerusalén, junto al rey.

27 El rey hizo la plata *tan común* en Jerusalén como las piedras, e hizo los cedros tan abundantes como los sicómoros que *están* en el llano.

28 Los caballos de Salomón eran importados de Egipto y de Coa, y los mercaderes del rey *los* adquirían de Coa por cierto precio.

29 Y se importaba un carro de Egipto por seiscientos *siclos* de plata, y un caballo por ciento cincuenta, y de la misma forma *los* exportaban a todos los reyes de los heteos y a los reyes de Aram.

Apostasía y dificultades de Salomón

11 Pero el rey Salomón, además de la hija de Faraón, amó a muchas mujeres extranjeras, moabitas, amonitas, edomitas, sidonias y heteas,

2 de las naciones acerca de las cuales el SEÑOR había dicho a los hijos de Israel: No os uniréis a ellas, ni ellas se unirán a vosotros, *porque* ciertamente desviarán vuestro corazón tras sus dioses. *Pero* Salomón se apegó a ellas con amor.

3 Y tuvo setecientas mujeres *que eran* princesas y trescientas concubinas, y sus mujeres desviaron su corazón.

4 Pues sucedió que cuando Salomón era ya viejo, sus mujeres desviaron su corazón tras otros dioses, y su corazón no estuvo dedicado por entero al SEÑOR su Dios, como *había estado* el corazón de David su padre.

5 Porque Salomón siguió a Astoret, diosa de los sidonios, y a Milcom, ídolo abominable de los amonitas.

6 Salomón hizo lo malo a los ojos del SEÑOR, y no siguió plenamente al SEÑOR, como *le había seguido* su padre David.

7 Entonces Salomón edificó un lugar alto a Quemos, ídolo abominable de Moab, en el monte que está frente a Jerusalén, y a Moloc, ídolo abominable de los hijos de Amón.

8 Así hizo también para todas sus mujeres extranjeras, las cuales quemaban incienso y ofrecían sacrificios a sus dioses.

9 Y el SEÑOR se enojó con Salomón porque su corazón se había apartado del SEÑOR, Dios de Israel, que se le había aparecido dos veces,

10 y le había ordenado en cuanto a esto que no siguiera a otros dioses, pero él no guardó lo que el SEÑOR le había ordenado.

11 Y el SEÑOR dijo a Salomón: Porque has hecho esto, y no has guardado mi pacto y mis estatutos que te he ordenado, ciertamente arrancaré el reino de ti, y lo daré a tu siervo.

12 Sin embargo, no lo haré en tus días, por amor a tu padre David, *sino que* lo arrancaré de la mano de tu hijo.

13 Tampoco arrancaré todo el reino, sino que daré una tribu a tu hijo por amor a mi siervo David y por amor a Jerusalén la cual he escogido.

14 Entonces el SEÑOR levantó un adversario a Salomón, Hadad edomita; éste era de linaje real en Edom.

15 Sucedió que cuando David estaba en Edom, y Joab, el jefe del ejército, subió a enterrar a los muertos y mató a todos los varones de Edom

16 (pues Joab y todo Israel permanecieron allí seis meses hasta que dieron muerte a todos los varones en Edom),

17 Hadad huyó a Egipto, él y algunos edomitas de los siervos de su padre con él, *siendo* Hadad aún un muchacho.

18 Salieron de Madián y fueron a Parán; tomaron consigo hombres de Parán y fueron a Egipto, a Faraón, rey de Egipto, que dio a Hadad una casa, le asignó alimentos y le dio tierra.

19 Y halló Hadad gran favor ante los ojos de Faraón, que le dio por mujer a la hermana de su esposa, la hermana de la reina Tahpenes.

20 Y la hermana de Tahpenes le dio a luz a su hijo Genubat, a quien Tahpenes destetó en casa de Faraón; y Genubat permaneció en casa de Faraón entre los hijos de Faraón.

21 Pero cuando Hadad oyó en Egipto que David había dormido con sus padres, y que Joab, jefe del ejército, había muerto, Hadad dijo a Faraón: Despídeme para que vaya a mi tierra.

22 Entonces Faraón le dijo: ¿Qué te ha faltado junto a mí, que ahora procuras irte a tu tierra? Y él respondió: Nada; sin embargo, debes dejarme ir.

23 Dios también le levantó *otro* adversario *a* Salomón, a Rezón, hijo de Eliada, el cual había huido de su señor Hadad-ezer, rey de Soba;

24 y había reunido consigo hombres y se había hecho jefe de una banda de merodeadores, después que David mató a los de Soba; y fueron a Damasco y permanecieron allí, y reinaron en Damasco.

25 Fue adversario de Israel durante todos los días de Salomón, además de la maldad *hecha* por Hadad; y aborreció a Israel y reinó sobre Aram.

26 Y Jeroboam, hijo de Nabat, un efrateo de Sereda, cuya madre, una mujer viuda, se llamaba Zerúa, era siervo de Salomón y se rebeló contra el rey.

27 Y esta fue la causa por la cual se rebeló contra el rey: Salomón había edificado el Milo *y* cerrado la brecha de la ciudad de su padre David.

28 Este Jeroboam era guerrero valiente, y cuando Salomón vio que el joven era industrioso, lo puso al frente de todo el trabajo forzado de la casa de José.

29 Y sucedió en aquel tiempo que cuando Jeroboam salió de Jerusalén, el profeta Ahías silonita lo encontró en el camino. Ahías se había puesto un manto nuevo y los dos estaban solos en el campo.

30 Entonces Ahías tomó el manto nuevo que *llevaba* sobre sí, lo rasgó en doce pedazos,

31 y dijo a Jeroboam: Toma para ti diez pedazos; porque así dice el Señor, Dios de Israel: "He aquí, arrancaré el reino de la mano de Salomón y a ti te daré diez tribus

32 (pero él tendrá una tribu, por amor a mi siervo David y por amor a Jerusalén, la ciudad que he escogido de entre todas las tribus de Israel),

33 porque me han abandonado, y han adorado a Astoret, diosa de los sidonios, a Quemos, dios de Moab, y a Milcom, dios de los hijos de Amón, y no han andado en mis caminos, para hacer lo recto delante de mis ojos y *guardar* mis estatutos y mis ordenanzas, como *lo hizo* su padre David.

34"Sin embargo, no quitaré todo el reino de su mano, sino que lo haré príncipe todos los días de su vida, por amor a mi siervo David a quien escogí, el cual guardó mis mandamientos y mis estatutos;

35 pero quitaré el reino de mano de su hijo y te lo daré a ti, *es decir*, las diez tribus.

36"Y a su hijo daré una tribu, para que mi siervo David tenga siempre una lámpara delante de mí en Jerusalén, la ciudad que yo he escogido para poner allí mi nombre.

37"Y a ti te tomaré, y reinarás sobre todo lo que deseas, y serás rey sobre Israel.

38"Y sucederá que si escuchas todo lo que te ordeno y andas en mis caminos, y haces lo recto delante de mis ojos, guardando mis estatutos y mis mandamientos, como hizo David mi siervo, entonces estaré contigo y te edificaré una casa perdurable como la que edifiqué a David, y yo te entregaré Israel;

39 y afligiré la descendencia de David por esto, mas no para siempre."

40 Salomón procuró dar muerte a Jeroboam, pero Jeroboam se levantó y huyó a Egipto, a Sisac, rey de Egipto, y estuvo allí hasta la muerte de Salomón.

41 Los demás hechos de Salomón, todo lo que hizo y su sabiduría, ¿no están escritos en el libro de los hechos de Salomón?

42 El tiempo que Salomón reinó en Jerusalén sobre todo Israel *fue de* cuarenta años.

43 Y durmió Salomón con sus padres, y fue sepultado en la ciudad de su padre David; y su hijo Roboam reinó en su lugar.

División del reino

12 Entonces Roboam fue a Siquem, porque todo Israel había ido a Siquem para hacerlo rey.

2 Y cuando *lo* oyó Jeroboam, hijo de Nabat, viviendo en Egipto (porque todavía estaba en Egipto, adonde había huido de la presencia del rey Salomón),

3 enviaron a llamarle. Entonces vino Jeroboam con toda la asamblea de Israel, y hablaron a Roboam, diciendo:

4 Tu padre hizo pesado nuestro yugo; ahora pues, aligera la dura servidumbre de tu padre y el pesado yugo que puso sobre nosotros y te serviremos.

5 Entonces él les dijo: Idos por tres días, después volved a mí. Y el pueblo se fue.

6 El rey Roboam pidió consejo a los ancianos que habían servido a su padre Salomón cuando aún vivía, diciendo: ¿Qué *me* aconsejáis que responda a este pueblo?

7 Y ellos le respondieron, diciendo: Si hoy te haces servidor de este pueblo, y les sirves y les concedes su petición y les dices buenas palabras, entonces ellos serán tus siervos para siempre.

8 Pero él abandonó el consejo que le habían dado los ancianos, y pidió consejo a los jóvenes que habían crecido con él y le servían.

9 Y les dijo: ¿Qué aconsejáis que respondamos a este pueblo que me ha hablado, diciendo: "Aligera el yugo que tu padre puso sobre nosotros"?

10 Y los jóvenes que se habían criado con él le respondieron, diciendo: Así dirás a este pueblo que te ha hablado, diciendo: "Tu padre hizo pesado nuestro yugo; pero tú hazlo más ligero para nosotros." Así les hablarás: "Mi dedo meñique es más grueso que los lomos de mi padre.

11"Por cuanto mi padre os cargó con un pesado yugo, yo añadiré a vuestro yugo; mi padre os castigó con látigos, pero yo os castigaré con escorpiones."

12 Entonces vino Jeroboam con todo el pueblo a Roboam al tercer día como el rey había dicho, diciendo: Volved a mí al tercer día.

13 Y el rey respondió con dureza al pueblo, pues había menospreciado el consejo que los ancianos le habían dado,

14 y les habló conforme al consejo de los jóvenes, diciendo: Mi padre hizo pesado vuestro yugo, pero yo añadiré a vuestro yugo; mi padre os castigó con látigos, pero yo os castigaré con escorpiones.

15 El rey no escuchó al pueblo, porque lo que había sucedido era del Señor, para que Él confirmara la palabra que el Señor había hablado por medio de Ahías silonita a Jeroboam, hijo de Nabat.

16 Cuando todo Israel *vio* que el rey no les escuchaba, el pueblo respondió al rey, diciendo:

¿Qué parte tenemos nosotros con David?
No *tenemos* herencia con el hijo de Isaí.
¡A tus tiendas, Israel!
¡Mira ahora por tu casa, David!
Y todo Israel se fue a sus tiendas.

17 Pero en cuanto a los hijos de Israel que habitaban en las ciudades de Judá, Roboam reinó sobre ellos.

18 Entonces el rey Roboam envió a Adoram, que *estaba* a cargo de los trabajos forzados, pero todo Israel lo mató a pedradas; y el rey Roboam se apresuró a subir a *su* carro para huir a Jerusalén.

19 Así Israel ha estado en rebeldía contra la casa de David hasta hoy.

20 Y aconteció que cuando todo Israel supo que Jeroboam había vuelto, enviaron a llamarlo a la asamblea y lo hicieron rey sobre todo Israel. No hubo quien siguiera a la casa de David, sino sólo la tribu de Judá.

21 Cuando Roboam llegó a Jerusalén, reunió a toda la casa de Judá y a la tribu de Benjamín, ciento ochenta mil hombres, guerreros escogidos, para pelear contra la casa de Israel y restituir el reino a Roboam, hijo de Salomón.

22 Pero la palabra de Dios vino a Semaías, hombre de Dios, diciendo:

23 Habla a Roboam, hijo de Salomón, rey de Judá, y a toda la casa de Judá y de Benjamín, y al resto del pueblo, dicién*doles*:

24"Así dice el SEÑOR: 'No subiréis ni pelearéis contra vuestros hermanos los hijos de Israel; vuelva cada uno a su casa, porque de mí ha venido esto.' " Y ellos escucharon la palabra del SEÑOR, y se volvieron para irse conforme a la palabra del SEÑOR.

25 Entonces Jeroboam edificó Siquem en la región montañosa de Efraín, y habitó allí. De allí salió y edificó Penuel.

26 Y Jeroboam se dijo en su corazón: Ahora el reino volverá a la casa de David

27 si este pueblo continúa subiendo a ofrecer sacrificios en la casa del SEÑOR en Jerusalén, porque el corazón de este pueblo se volverá a su señor, *es decir* a Roboam, rey de Judá, y me matarán y volverán a Roboam, rey de Judá.

28 Y el rey tomó consejo, hizo dos becerros de oro, y dijo al pueblo: Es mucho para vosotros subir a Jerusalén; he aquí vuestros dioses, oh Israel, los cuales te hicieron subir de la tierra de Egipto.

29 Puso uno en Betel y el otro lo puso en Dan.

30 Y esto fue motivo de pecado, porque el pueblo iba *aun* hasta Dan a adorar delante de uno *de ellos.*

31 Hizo también casas en los lugares altos, e hizo sacerdotes de entre el pueblo que no eran de los hijos de Leví.

32 Y Jeroboam instituyó una fiesta en el mes octavo, en el día quince del mes, como la fiesta que hay en Judá, y subió al altar. Así hizo en Betel, ofreciendo sacrificio a los becerros que había hecho. Y puso en Betel a los sacerdotes de los lugares altos que él había construido.

33 Entonces subió al altar que había hecho en Betel el día quince del mes octavo, es decir en el mes que él había planeado en su propio corazón; e instituyó una fiesta para los hijos de Israel, y subió al altar para quemar incienso.

Jeroboam y el hombre de Dios

13 Y he aquí, un hombre de Dios fue de Judá a Betel por palabra del SEÑOR, cuando Jeroboam estaba junto al altar para quemar incienso.

2 Y clamó contra el altar por palabra del SEÑOR, y dijo: Oh altar, altar, así dice el SEÑOR: "He aquí, a la casa de David le nacerá un hijo, que se llamará Josías; y él sacrificará sobre ti a los sacerdotes de los lugares altos que queman incienso sobre ti, y sobre ti serán quemados huesos humanos."

3 Aquel mismo día dio una señal, diciendo: Esta es la señal de que el SEÑOR ha hablado: "He aquí, el altar se romperá y las cenizas que están sobre él se derramarán."

4 Y aconteció que cuando el rey oyó la palabra que el hombre de Dios había clamado contra el altar de Betel, extendió su mano desde el altar, diciendo: ¡Prendedlo! Pero la mano que extendió contra él se secó, de modo que no podía volverla hacia sí.

5 Y el altar se rompió y las cenizas se derramaron del altar, conforme a la señal que el hombre de Dios había dado por palabra del SEÑOR.

6 El rey respondió, y dijo al hombre de Dios: Te ruego que supliques al SEÑOR tu Dios, y ores por mí, para que mi mano me sea restaurada. El hombre de Dios suplicó al SEÑOR y la mano del rey le fue restaurada, y quedó como antes.

7 Entonces el rey dijo al hombre de Dios: Ven conmigo a casa y refréscate, y te daré una recompensa.

8 Pero el hombre de Dios dijo al rey: Aunque me dieras la mitad de tu casa no iría contigo, y no comería pan ni bebería agua en este lugar.

9 Porque así se me ordenó por palabra del SEÑOR, que me dijo: "No comerás pan, ni beberás agua, ni volverás por el camino que fuiste."

10 Y se fue por otro camino, no regresó por el camino por donde había ido a Betel.

11 Moraba entonces en Betel un anciano profeta; y sus hijos fueron y le contaron todo lo que el hombre de Dios había hecho aquel día en Betel; las palabras que él había hablado al rey, las contaron también a su padre.

12 Y su padre les dijo: ¿Por dónde se fue? Y sus hijos le mostraron el camino por donde se había ido el hombre de Dios que había venido de Judá.

13 Entonces dijo a sus hijos: Aparejadme el asno. Le aparejaron el asno, se montó sobre él,

14 y fue tras el hombre de Dios; lo halló sentado debajo de una encina, y le dijo: ¿Eres tú el hombre de Dios que vino de Judá? Y él respondió: Yo soy.

15 Entonces le dijo: Ven conmigo a casa y come pan.

16 Y él respondió: No puedo volver contigo ni ir contigo; tampoco comeré pan ni beberé agua contigo en este lugar.

17 Porque me *vino* un mandato por palabra del SEÑOR: "No comerás pan ni beberás agua allí, ni volverás por el camino que fuiste."

18 Y *el otro* le respondió: Yo también soy profeta como tú, y un ángel me habló por palabra del SEÑOR, diciendo: "Tráelo contigo a tu casa, para que coma pan y beba agua." *Pero* le estaba mintiendo.

19 Entonces se volvió con él, comió pan en su casa y bebió agua.

20 Y sucedió que cuando ellos estaban a la mesa, la palabra del SEÑOR vino al profeta que le había hecho volver;

21 y él clamó al hombre de Dios que vino de

Judá, diciendo: Así dice el Señor: "Porque has desobedecido el mandato del Señor, y no has guardado el mandamiento que el Señor tu Dios te ha ordenado,

22 sino que has vuelto y has comido pan y bebido agua en el lugar del cual El te dijo: 'No comerás pan ni beberás agua', tu cadáver no entrará en el sepulcro de tus padres."

23 Y sucedió que después de haber comido pan y de haber bebido *agua*, aparejó el asno para él, para el profeta que había hecho volver.

24 Y cuando *éste* había partido, un león lo encontró en el camino y lo mató, y su cadáver quedó tirado en el camino y el asno estaba junto a él; también el león estaba junto al cadáver.

25 Y he aquí, pasaron unos hombres y vieron el cadáver tirado en el camino y el león que estaba junto al cadáver; y fueron y *lo* dijeron en la ciudad donde vivía el anciano profeta.

26 Y cuando el profeta que le había hecho volver del camino *lo* oyó, dijo: Es el hombre de Dios, que desobedeció el mandato del Señor; por tanto el Señor lo ha entregado al león que lo ha desgarrado y matado, conforme a la palabra que el Señor le había hablado.

27 Entonces habló a sus hijos, diciendo: Aparejadme el asno. Y *se lo* aparejaron.

28 Fue y halló el cadáver tirado en el camino, y el asno y el león estaban junto al cadáver; el león no había comido el cadáver ni desgarrado el asno.

29 El profeta levantó el cadáver del hombre de Dios, lo puso sobre el asno y lo trajo. Vino a la ciudad del anciano profeta para hacer duelo por él y enterrarlo.

30 Puso el cadáver en su propio sepulcro, e hicieron duelo por él, diciendo: ¡Ay, hermano mío!

31 Y sucedió que después de haberlo enterrado, habló a sus hijos, diciendo: Cuando yo muera, enterradme en el sepulcro donde está enterrado el hombre de Dios; poned mis huesos junto a sus huesos.

32 Porque ciertamente sucederá lo que él clamó por palabra del Señor contra el altar en Betel y contra todas las casas de los lugares altos que están en las ciudades de Samaria.

33 Después de este hecho Jeroboam no se volvió de su mal camino, sino que volvió a hacer sacerdotes para los lugares altos de entre el pueblo; al que lo deseaba lo investía para que fuera sacerdote de los lugares altos.

34 Y esto fue motivo de pecado para la casa de Jeroboam, por lo que fue borrada y destruida de sobre la faz de la tierra.

Profecía de Ahías contra Jeroboam

14 Por aquel tiempo Abías, hijo de Jeroboam, se enfermó.

2 Y Jeroboam dijo a su mujer: Levántate ahora y disfrázate para que no conozcan que eres la mujer de Jeroboam, y ve a Silo; he aquí, allí está el profeta Ahías, que dijo de mí *que yo sería* rey sobre este pueblo.

3 Toma en tus manos diez panes, tortas y un jarro de miel, y ve a él. El te dirá lo que le ha de suceder al niño.

4 Así lo hizo la mujer de Jeroboam; se levantó, fue a Silo y llegó a casa de Ahías. Y Ahías no podía ver porque sus ojos se habían nublado a causa de su vejez.

5 Mas el Señor había dicho a Ahías: He aquí, la mujer de Jeroboam viene a consultarte sobre su hijo, pues está enfermo. Esto y esto le dirás, pues será que cuando ella venga, fingirá ser otra mujer.

6 Y sucedió que cuando Ahías oyó el ruido de los pasos de ella al entrar por la puerta, dijo: Entra, mujer de Jeroboam. ¿Por qué finges ser otra mujer? Pues he sido enviado a ti *con* un duro *mensaje.*

7 Ve, di a Jeroboam: "Así dice el Señor, Dios de Israel: 'Por cuanto te levanté de entre el pueblo y te hice príncipe sobre mi pueblo Israel,

8 y arranqué el reino de la casa de David y te lo di a ti, pero tú no has sido como mi siervo David, que guardó mis mandamientos y me siguió de todo corazón, para hacer sólo lo que era recto a mis ojos;

9 sino que has hecho más mal que todos los que fueron antes de ti, y fuiste e hiciste para ti otros dioses e imágenes fundidas para provocarme a ira, y me arrojaste detrás de tus espaldas;

10 por tanto, he aquí, traigo mal sobre la casa de Jeroboam, y cortaré de Jeroboam a todo varón, tanto esclavo como libre en Israel; barreré completamente la casa de Jeroboam, como se barre el estiércol hasta que desaparece del todo.

11 'Cualquiera de los de Jeroboam que muera en la ciudad, se lo comerán los perros. Y el que muera en el campo, se lo comerán las aves del cielo; porque el Señor ha hablado.' "

12 Y tú, levántate, vete a tu casa. Cuando tus pies entren en la ciudad, el niño morirá.

13 Y todo Israel hará duelo por él y lo sepultarán, pues sólo éste de *la familia de* Jeroboam irá a la sepultura, porque de la casa de Jeroboam, *sólo* en él fue hallado algo bueno hacia el Señor, Dios de Israel.

14 Y el Señor levantará para sí un rey sobre Israel que destruirá la casa de Jeroboam en este día, y de ahora en adelante.

15 El Señor, pues, herirá a Israel, como se agita una caña en el agua, y El arrancará a Israel de esta buena tierra que dio a sus padres, y los esparcirá más allá del río *Eufrates,* porque han hecho sus Aseras, provocando a ira al Señor.

16 Y abandonará a Israel a causa de los pecados que cometió Jeroboam y con los cuales hizo pecar a Israel.

17 Entonces la mujer de Jeroboam se levantó, se fue y llegó a Tirsa. *Y* al entrar ella por el umbral de la casa, el niño murió.

18 Y todo Israel lo sepultó e hizo duelo por él, conforme a la palabra que el Señor había hablado por medio de su siervo, el profeta Ahías.

19 Los demás hechos de Jeroboam, cómo guerreó y cómo reinó, he aquí, están escritos en el libro de las Crónicas de los reyes de Israel.

20 El tiempo que Jeroboam reinó *fue* veintidós años, y durmió con sus padres; y su hijo Nadab reinó en su lugar.

21 Y Roboam, hijo de Salomón, reinó en Judá. Roboam *tenía* cuarenta y un años cuando comenzó a reinar, y reinó diecisiete años en Jerusalén, la ciudad que el Señor había escogido de entre todas las tribus de Israel para poner allí

su nombre. El nombre de su madre *era* Naama, amonita.

22 Judá hizo lo malo ante los ojos del Señor, y le provocaron a celos más que todo lo que sus padres le habían provocado con los pecados que habían hecho.

23 Porque ellos también edificaron para sí lugares altos, pilares *sagrados* y Aseras en toda colina alta y bajo todo árbol frondoso.

24 Hubo también en la tierra sodomitas de cultos paganos. Hicieron conforme a todas las abominaciones de las naciones que el Señor había echado delante de los hijos de Israel.

25 Y sucedió que en el quinto año del rey Roboam, Sisac, rey de Egipto, subió contra Jerusalén.

26 Y tomó los tesoros de la casa del Señor y los tesoros del palacio del rey; se apoderó de todo, llevándose aun todos los escudos de oro que había hecho Salomón.

27 Entonces el rey Roboam hizo escudos de bronce en su lugar, y los entregó al cuidado de los jefes de la guardia que custodiaban la entrada de la casa del rey.

28 Y sucedía que cuando el rey entraba en la casa del Señor, los de la guardia los llevaban; después los devolvían a la sala de los de la guardia.

29 Los demás hechos de Roboam y todo lo que hizo, ¿no están escritos en el libro de las Crónicas de los reyes de Judá?

30 Y hubo guerra continua entre Roboam y Jeroboam.

31 Y durmió Roboam con sus padres y fue sepultado con sus padres en la ciudad de David; y el nombre de su madre *era* Naama, amonita. Y su hijo Abiam reinó en su lugar.

Reinado de Abiam

15 En el año dieciocho del rey Jeroboam, hijo de Nabat, Abiam comenzó a reinar sobre Judá.

2 Reinó tres años en Jerusalén; y el nombre de su madre *era* Maaca, hija de Abisalom.

3 Y anduvo en todos los pecados que su padre había cometido antes de él; y su corazón no estuvo dedicado por entero al Señor su Dios, como el corazón de su padre David.

4 Pero por amor a David, el Señor su Dios le dio una lámpara en Jerusalén, levantando a su hijo después de él y sosteniendo a Jerusalén;

5 porque David había hecho lo recto ante los ojos del Señor, y no se había apartado de nada de lo que El le había ordenado durante todos los días de su vida, excepto en el caso de Urías heteo.

6 Y hubo guerra entre Roboam y Jeroboam todos los días de su vida.

7 Los demás hechos de Abiam y todo lo que hizo, ¿no están escritos en el libro de las Crónicas de los reyes de Judá? Y hubo guerra entre Abiam y Jeroboam.

8 Y durmió Abiam con sus padres y lo sepultaron en la ciudad de David; y su hijo Asa reinó en su lugar.

9 En el año veinte de Jeroboam, rey de Israel, Asa comenzó a reinar sobre Judá.

10 Reinó cuarenta y un años en Jerusalén; y el nombre de su madre *era* Maaca, hija de Abisalom.

11 Asa hizo lo recto ante los ojos del Señor, como David su padre.

12 También expulsó de la tierra a los sodomitas de cultos paganos, y quitó todos los ídolos que sus padres habían hecho.

13 También quitó a Maaca su madre de *ser* reina madre, porque ella había hecho una horrible imagen de Asera; Asa derribó su horrible imagen y *la* quemó junto al torrente Cedrón.

14 Pero los lugares altos no fueron quitados; sin embargo el corazón de Asa estuvo dedicado por entero al Señor todos sus días.

15 Y trajo a la casa del Señor las cosas consagradas por su padre y sus propias cosas consagradas: plata, oro y utensilios.

16 Y hubo guerra entre Asa y Baasa, rey de Israel, todos sus días.

17 Y Baasa, rey de Israel, subió contra Judá y fortificó Ramá para prevenir que *nadie* saliera o entrara en ayuda de Asa, rey de Judá.

18 Entonces Asa tomó toda la plata y el oro que había quedado en los tesoros de la casa del Señor y en los tesoros de la casa del rey, y los entregó en manos de sus siervos. Y el rey Asa los envió a Ben-adad, hijo de Tabrimón, hijo de Hezión, rey de Aram, que habitaba en Damasco, diciendo:

19 *Haya* alianza entre tú y yo, *como hubo* entre mi padre y tu padre. He aquí, te he enviado un presente de plata y de oro; ve, rompe tu alianza con Baasa, rey de Israel, para que se aparte de mí.

20 Ben-adad escuchó al rey Asa y envió a los jefes de sus ejércitos contra las ciudades de Israel, y conquistó Ijón, Dan, Abel-bet-maaca, y toda Cineret, además de toda la tierra de Neftalí.

21 Y sucedió que cuando Baasa *lo* oyó, dejó de fortificar Ramá, y se quedó en Tirsa.

22 Entonces el rey Asa hizo proclamación a todo Judá, sin excepción, y se llevaron las piedras de Ramá y la madera con que Baasa había estado edificando. Y con ellas el rey Asa fortificó Geba de Benjamín y Mizpa.

23 Los demás hechos de Asa y todo su poderío, todo lo que hizo y las ciudades que edificó, ¿no están escritos en el libro de las Crónicas de los reyes de Judá? Sólo que en el tiempo de su vejez se enfermó de los pies.

24 Y durmió Asa con sus padres y fue sepultado con sus padres en la ciudad de David su padre; y su hijo Josafat reinó en su lugar.

25 Y Nadab, hijo de Jeroboam, comenzó a reinar sobre Israel en el segundo año de Asa, rey de Judá, y reinó sobre Israel dos años.

26 E hizo lo malo ante los ojos del Señor, y anduvo en el camino de su padre y en el pecado con que hizo pecar a Israel.

27 Entonces Baasa, hijo de Ahías, de la casa de Isacar, conspiró contra él, y Baasa lo hirió en Gibetón, que pertenecía a los filisteos, mientras Nadab y todo Israel sitiaban a Gibetón.

28 Baasa lo mató en el tercer año de Asa, rey de Judá, y reinó en su lugar.

29 Y sucedió que en cuanto fue rey, hirió a toda la casa de Jeroboam. No dejó con vida a ninguno de los de Jeroboam, hasta destruirlos, conforme a la palabra que el Señor había hablado por medio de su siervo Ahías silonita.

30 por los pecados que Jeroboam había cometido, y con los cuales había hecho pecar a

Israel, y por la provocación con que provocó a ira al SEÑOR, Dios de Israel.

31 Los demás hechos de Nadab y todo lo que hizo, ¿no están escritos en el libro de las Crónicas de los reyes de Israel?

32 Hubo guerra entre Asa y Baasa, rey de Israel, todos los días *que vivieron.*

33 En el tercer año de Asa, rey de Judá, Baasa, hijo de Ahías, comenzó a reinar sobre todo Israel en Tirsa, *y reinó* veinticuatro años.

34 E hizo lo malo ante los ojos del SEÑOR, y anduvo en el camino de Jeroboam y en el pecado con que hizo pecar a Israel.

16 Y la palabra del SEÑOR vino a Jehú, hijo de Hananí, contra Baasa, diciendo:

2 Por cuanto te levanté del polvo y te hice príncipe sobre mi pueblo Israel, y has andado en el camino de Jeroboam, y has hecho pecar a mi pueblo Israel provocándome a ira con sus pecados,

3 he aquí, consumiré a Baasa y a su casa, y haré tu casa como la casa de Jeroboam, hijo de Nabat.

4 El que de Baasa muera en la ciudad, se lo comerán los perros, y el que de él muera en el campo, se lo comerán las aves del cielo.

5 Los demás hechos de Baasa, lo que hizo y su poderío, ¿no están escritos en el libro de las Crónicas de los reyes de Israel?

6 Y durmió Baasa con sus padres y fue sepultado en Tirsa; y su hijo Ela reinó en su lugar.

7 También fue la palabra del SEÑOR por medio del profeta Jehú, hijo de Hananí, contra Baasa y su casa, no sólo por todo el mal que hizo ante los ojos del SEÑOR, provocándole a ira con la obra de sus manos, siendo semejante a la casa de Jeroboam, sino también por haber destruido a ésta.

8 En el año veintiséis de Asa, rey de Judá, Ela, hijo de Baasa, comenzó a reinar sobre Israel en Tirsa *y reinó* dos años.

9 Y su siervo Zimri, jefe de la mitad de sus carros, conspiró contra él. Y *Ela estaba* en Tirsa bebiendo *hasta* emborracharse en la casa de Arsa, que *era* mayordomo de la casa en Tirsa.

10 Entonces Zimri entró, lo hirió, y le dio muerte, en el año veintisiete de Asa, rey de Judá, y reinó en su lugar.

11 Y sucedió que cuando comenzó a reinar, tan pronto como se sentó en su trono, mató a toda la casa de Baasa; no dejó ni un solo varón, ni de sus parientes ni de sus amigos.

12 Así Zimri destruyó toda la casa de Baasa, conforme a la palabra que el SEÑOR había hablado contra Baasa por medio del profeta Jehú,

13 por todos los pecados de Baasa y por los pecados de su hijo Ela, con los cuales pecaron y con los que hicieron pecar a Israel, provocando a ira con sus ídolos al SEÑOR, Dios de Israel.

14 Los demás hechos de Ela y todo lo que hizo, ¿no están escritos en el libro de las Crónicas de los reyes de Israel?

15 En el año veintisiete de Asa, rey de Judá, Zimri reinó siete días en Tirsa. Y el pueblo estaba acampado contra Gibetón, que pertenecía a los filisteos.

16 El pueblo que estaba acampado oyó decir: Zimri ha conspirado y también ha matado al rey. Entonces, ese mismo día en el campamento, todo Israel hizo a Omri, jefe del ejército, rey sobre Israel.

17 Entonces Omri subió desde Gibetón, y todo Israel con él, y sitiaron a Tirsa.

18 Y sucedió que cuando Zimri vio que la ciudad era tomada, entró en la ciudadela de la casa del rey, prendió fuego sobre sí a la casa del rey y murió,

19 a causa de los pecados que había cometido, haciendo lo malo ante los ojos del SEÑOR, andando en el camino de Jeroboam, y por el pecado que cometió, haciendo pecar a Israel.

20 Los demás hechos de Zimri, y la conspiración que llevó a cabo, ¿no están escritos en el libro de las Crónicas de los reyes de Israel?

21 Entonces el pueblo de Israel se dividió en dos partes: la mitad del pueblo siguió a Tibni, hijo de Ginat, para hacerle rey; la *otra* mitad siguió a Omri.

22 Pero el pueblo que siguió a Omri prevaleció sobre el pueblo que siguió a Tibni, hijo de Ginat. Y Tibni murió, y Omri comenzó a reinar.

23 En el año treinta y uno de Asa, rey de Judá, Omri comenzó a reinar sobre Israel, *y reinó* doce años; seis años reinó en Tirsa.

24 Y compró a Semer el monte Samaria por dos talentos de plata; edificó sobre el monte, y a la ciudad que edificó puso por nombre Samaria, del nombre de Semer, dueño del monte.

25 Y Omri hizo lo malo ante los ojos del SEÑOR, y obró más perversamente que todos los que *fueron* antes que él;

26 pues anduvo en todos los caminos de Jeroboam, hijo de Nabat, y en los pecados con que hizo pecar a Israel, provocando al SEÑOR, Dios de Israel, con sus ídolos.

27 Los demás hechos que Omri hizo y el poderío que mostró ¿no están escritos en el libro de las Crónicas de los reyes de Israel?

28 Y durmió Omri con sus padres y fue sepultado en Samaria; y su hijo Acab reinó en su lugar.

29 Acab, hijo de Omri, comenzó a reinar sobre Israel en el año treinta y ocho de Asa, rey de Judá, y reinó Acab, hijo de Omri, sobre Israel en Samaria veintidós años.

30 Y Acab, hijo de Omri, hizo lo malo a los ojos del SEÑOR más que todos los que *fueron* antes que él.

31 Y como si fuera poco el andar en los pecados de Jeroboam, hijo de Nabat, tomó por mujer a Jezabel, hija de Et-baal, rey de los sidonios, y fue a servir a Baal y lo adoró.

32 Y edificó un altar a Baal en la casa de Baal que edificó en Samaria.

33 Acab hizo también una Asera. Así Acab hizo más para provocar al SEÑOR, Dios de Israel, que todos los reyes de Israel que *fueron* antes que él.

34 En su tiempo Hiel de Betel reedificó Jericó; *a costa de la vida* de Abiram su primogénito puso sus cimientos, y *a costa de la vida* de su hijo menor Segub levantó sus puertas, conforme a la palabra que el SEÑOR había hablado por Josué, hijo de Nun.

Elías predice la sequía

17 Entonces Elías tisbita, *que era* de los moradores de Galaad, dijo a Acab: Vive el SEÑOR, Dios de Israel, delante de quien estoy, que ciertamente no habrá rocío ni lluvia en estos años, sino por la palabra de mi boca.

2 Y vino a Elías la palabra del SEÑOR, diciendo:

3 Sal de aquí y dirígete hacia el oriente, y escóndete junto al arroyo Querit, que está al oriente del Jordán.

4 Y beberás del arroyo, y he ordenado a los cuervos que te sustenten allí.

5 El fue e hizo conforme a la palabra del SEÑOR, pues fue y habitó junto al arroyo Querit, que está al oriente del Jordán.

6 Y los cuervos le traían pan y carne por la mañana, y pan y carne al atardecer, y bebía del arroyo.

7 Y sucedió que después de algún tiempo el arroyo se secó, porque no había caído lluvia en la tierra.

8 Vino después a él la palabra del SEÑOR, diciendo:

9 Levántate, ve a Sarepta, que pertenece a Sidón, y quédate allí; he aquí, yo he mandado a una viuda de allí que te sustente.

10 El se levantó y fue a Sarepta. Cuando llegó a la entrada de la ciudad, he aquí, allí estaba una viuda recogiendo leña, y la llamó y *le* dijo: Te ruego que me consigas un poco de agua en un vaso para que yo beba.

11 Cuando ella iba a conseguir*la,* la llamó y *le* dijo: Te ruego que me traigas *también* un bocado de pan en tu mano.

12 Pero ella respondió: Vive el SEÑOR tu Dios, que no tengo pan, sólo *tengo* un puñado de harina en la tinaja y un poco de aceite en la vasija y estoy recogiendo unos trozos de leña para entrar y prepararlo para mí y para mi hijo, para que comamos y muramos.

13 Entonces Elías le dijo: No temas; ve, haz como has dicho, pero primero hazme una pequeña torta de eso y tráeme*la;* después harás para ti y para tu hijo.

14 Porque así dice el SEÑOR, Dios de Israel: "No se acabará la harina en la tinaja ni se agotará el aceite en la vasija, hasta el día en que el SEÑOR mande lluvia sobre la faz de la tierra."

15 Entonces ella fue e hizo conforme a la palabra de Elías, y ella, él y la casa de ella comieron por *muchos* días.

16 La harina de la tinaja no se acabó ni se agotó el aceite de la vasija, conforme a la palabra que el SEÑOR había hablado por medio de Elías.

17 Y sucedió que después de estas cosas, se enfermó el hijo de la mujer dueña de la casa; y su enfermedad fue tan grave que no quedó aliento en él.

18 Y ella dijo a Elías: ¿Qué tengo que ver contigo, oh varón de Dios? ¿Has venido para traer a memoria mis iniquidades y hacer morir a mi hijo?

19 Y él le respondió: Dame a tu hijo. Y él lo tomó de su regazo y lo llevó a la cámara alta donde él vivía, y lo acostó sobre su propia cama.

20 Clamó al SEÑOR y dijo: Oh SEÑOR, Dios mío, ¿has traído también mal a la viuda con quien estoy hospedado haciendo morir a su hijo?

21 Entonces se tendió tres veces sobre el niño, clamó al SEÑOR y dijo: Oh SEÑOR, Dios mío, te ruego que el alma de este niño vuelva a él.

22 El SEÑOR escuchó la voz de Elías, y el alma del niño volvió a él y revivió.

23 Y Elías tomó al niño, lo bajó de la cámara alta a la casa y se lo dio a su madre; y Elías dijo: Mira, tu hijo vive.

24 Entonces la mujer dijo a Elías: Ahora conozco que tú eres hombre de Dios, y que la palabra del SEÑOR en tu boca es verdad.

Encuentro de Elías y Acab

18 Y sucedió que *después de* muchos días, la palabra del SEÑOR vino a Elías en el tercer año, diciendo: Ve, muéstrate a Acab, y enviaré lluvia sobre la faz de la tierra.

2 Y Elías fue a mostrarse a Acab. Y el hambre *era* intensa en Samaria.

3 Y Acab llamó a Abdías que *era* mayordomo de la casa. (Y Abdías temía en gran manera al SEÑOR;

4 pues sucedió que cuando Jezabel destruyó a los profetas del SEÑOR, Abdías tomó a cien profetas y los escondió de cincuenta en cincuenta en una cueva, y los sustentó con pan y agua.)

5 Entonces Acab dijo a Abdías: Ve por la tierra a todas las fuentes de agua y a todos los valles; quizá hallaremos hierba y conservaremos con vida los caballos y los mulos, y no tendremos que matar parte del ganado.

6 Y dividieron la tierra entre ellos para recorrerla; Acab se fue solo por un camino, y Abdías se fue solo por otro.

7 Y estando Abdías en el camino, he aquí, Elías le salió al encuentro, y *Abdías* lo reconoció y cayó sobre su rostro, y dijo: ¿Eres tú Elías, mi señor?

8 Y él le respondió: Yo soy. Ve, di a tu señor: "Aquí está Elías."

9 Y él dijo: ¿Qué pecado he cometido, que entregas a tu siervo en manos de Acab para que me mate?

10 Vive el SEÑOR tu Dios, que no hay nación ni reino adonde mi señor no haya enviado a buscarte; y cuando decían: "No está *aquí",* hacía jurar al reino o a la nación que no te habían hallado.

11 Y ahora dices: "Ve, di a tu señor: 'Aquí está Elías.' "

12 Y sucederá que cuando te deje, el Espíritu del SEÑOR te llevará adonde yo no sepa; así que cuando yo vaya y se lo diga a Acab y él no pueda encontrarte, me matará, aunque *yo* tu siervo he temido al SEÑOR desde mi juventud.

13 ¿No le han contado a mi señor lo que hice cuando Jezabel mató a los profetas del SEÑOR, que escondí a cien de los profetas del SEÑOR de cincuenta en cincuenta en una cueva, y los sustenté con pan y agua?

14 Y ahora dices: "Ve, di a tu señor: 'Aquí está Elías' "; entonces me matará.

15 Y Elías dijo: Vive el SEÑOR de los ejércitos, delante de quien estoy, que hoy ciertamente me mostraré a él.

16 Abdías fue al encuentro de Acab, y le dio aviso; y Acab fue al encuentro de Elías.

17 Y sucedió que cuando Acab vio a Elías, Acab le dijo: ¿Eres tú, perturbador de Israel?

18 Y él respondió: Yo no he perturbado a Israel, sino tú y la casa de tu padre, porque habéis

abandonado los mandamientos del Señor y habéis seguido a los baales.

19 Ahora pues, envía a reunir conmigo a todo Israel en el monte Carmelo, *junto* con cuatrocientos cincuenta profetas de Baal y cuatrocientos profetas de la Asera que comen a la mesa de Jezabel.

20 Acab envió *mensaje* a todos los hijos de Israel y reunió a los profetas en el monte Carmelo.

21 Elías se acercó a todo el pueblo y dijo: ¿Hasta cuándo vacilaréis entre dos opiniones? Si el Señor es Dios, seguidle; y si Baal, seguidle a él. Pero el pueblo no le respondió ni una palabra.

22 Entonces Elías dijo al pueblo: Solo yo he quedado *como* profeta del Señor, pero los profetas de Baal son cuatrocientos cincuenta hombres.

23 Que nos den, pues, dos novillos; que escojan un novillo para ellos y lo despedacen, y lo coloquen sobre la leña, pero que no *le* pongan fuego *debajo;* y yo prepararé el otro novillo y lo colocaré sobre la leña, y no *le* pondré fuego.

24 Entonces invocad el nombre de vuestro dios, y yo invocaré el nombre del Señor; y el Dios que responda por fuego, ése es Dios. Y todo el pueblo respondió y dijo: La idea es buena.

25 Y Elías dijo a los profetas de Baal: Escoged un novillo para vosotros y preparadlo primero, pues sois los más, e invocad el nombre de vuestro dios, pero no *le* pongáis fuego.

26 Entonces tomaron el novillo que les dieron y *lo* prepararon, e invocaron el nombre de Baal desde la mañana hasta el mediodía, diciendo: Oh Baal, respondenos. Pero no hubo voz ni nadie respondió. Y danzaban alrededor del altar que habían hecho.

27 Y sucedió que *ya* al mediodía, Elías se burlaba de ellos y decía: Clamad en voz alta, pues es un dios; tal vez *estará* meditando o se habrá desviado, o estará de viaje, quizá esté dormido y habrá que despertarlo.

28 Y gritaban a grandes voces y se sajaban, según su costumbre, con espadas y lanzas hasta que la sangre chorreaba sobre ellos.

29 Y sucedió que pasado el mediodía, se pusieron a gritar frenéticamente hasta la hora de ofrecerse el sacrificio *de la tarde;* pero no hubo voz, ni nadie respondió ni nadie hizo caso.

30 Entonces Elías dijo a todo el pueblo: Acercaos a mí. Y todo el pueblo se acercó a él. Y reparó el altar del Señor que había sido derribado.

31 Elías tomó doce piedras conforme al número de las tribus de los hijos de Jacob, a quien había venido la palabra del Señor, diciendo: Israel será tu nombre.

32 Y con las piedras edificó un altar en el nombre del Señor, e hizo una zanja alrededor del altar, suficientemente grande para contener dos *medidas* de semilla.

33 Dispuso después la leña, cortó el novillo en pedazos y *lo* colocó sobre la leña.

34 Y dijo: Llenad cuatro cántaros de agua y derrama*dla* sobre el holocausto y sobre la leña. Después dijo: Hacedlo por segunda vez; y lo hicieron por segunda vez. Y añadió: Hacedlo por tercera vez; y lo hicieron por tercera vez.

35 El agua corría alrededor del altar, y también llenó la zanja de agua.

36 Y sucedió que a la hora de ofrecerse el sacrificio de la *tarde*, el profeta Elías se acercó y dijo: Oh Señor, Dios de Abraham, de Isaac y de Israel, que se sepa hoy que tú eres Dios en Israel, que yo soy tu siervo y que he hecho todas estas cosas por palabra tuya.

37 Respóndeme, oh Señor, respóndeme, para que este pueblo sepa que tú, oh Señor, eres Dios, y *que* has vuelto a hacer sus corazones.

38 Entonces cayó el fuego del Señor, y consumió el holocausto, la leña, las piedras y el polvo, y lamió el agua de la zanja.

39 Cuando todo el pueblo *lo* vio, se postraron sobre su rostro y dijeron: El Señor, El es Dios; el Señor, El es Dios.

40 Entonces Elías les dijo: Prended a los profetas de Baal, que no se escape ninguno de ellos. Los prendieron, y Elías los hizo bajar al torrente Cisón y allí los degolló.

41 Y Elías dijo a Acab: Sube, come y bebe; porque se oye el estruendo de *mucha* lluvia.

42 Acab subió a comer y a beber, pero Elías subió a la cumbre del Carmelo; y allí se agachó en tierra y puso su rostro entre las rodillas.

43 Y dijo a su criado: Sube ahora, *y* mira hacia el mar. Y él subió, miró y dijo: No hay nada. Y Elías dijo siete veces: Vuelve *a* mirar.

44 Y sucedió que a la séptima *vez*, él dijo: He aquí, una nube tan pequeña como la mano de un hombre sube del mar. Y dijo: Sube, *y* di a Acab: "Prepara *tu carro* y desciende, para que la *fuerte* lluvia no te detenga."

45 Y sucedió que al poco tiempo, el cielo se oscureció con nubes y viento, y hubo gran lluvia. Y Acab montó *en su carro* y fue a Jezreel.

46 Y la mano del Señor estaba sobre Elías, el cual ciñó sus lomos y corrió delante de Acab hasta Jezreel.

Elías huye de Jezabel

19 Y Acab le contó a Jezabel todo lo que Elías había hecho y cómo había matado a espada a todos los profetas.

2 Entonces Jezabel envió un mensajero a Elías, diciendo: Así me hagan los dioses y aun me añadan, si mañana a estas horas yo no he puesto tu vida[1] como la vida de uno de ellos.

3 El tuvo miedo, y se levantó y se fue para *salvar* su vida; y vino a Beerseba de Judá y dejó allí a su criado.

4 El anduvo por el desierto un día de camino, y vino y se sentó bajo un enebro; pidió morirse y dijo: Basta ya, Señor, toma mi vida porque yo no soy mejor que mis padres.

5 Y acostándose bajo el enebro, se durmió; y he aquí, un ángel lo tocó y le dijo: Levántate, come.

6 Entonces miró, y he aquí que a su cabecera había una torta *cocida sobre* piedras calientes y una vasija de agua. Comió y bebió, y volvió a acostarse.

7 Y el ángel del Señor volvió por segunda vez, lo tocó y *le* dijo: Levántate, come, porque es muy largo el camino para ti.

8 Se levantó, pues, y comió y bebió, y con la fuerza de aquella comida caminó cuarenta días y cuarenta noches hasta Horeb, el monte de Dios.

---

1. Lit., *(el) alma*, y así en el resto del cap.

9 Allí entró en una cueva y pasó en ella la noche; y he aquí, *vino* a él la palabra del SEÑOR, y El le dijo: ¿Qué haces aquí, Elías?

10 Y él respondió: He tenido mucho celo por el SEÑOR, Dios de los ejércitos; porque los hijos de Israel han abandonado tu pacto, han derribado tus altares y han matado a espada a tus profetas. He quedado yo solo y buscan mi vida para quitármela.

11 Entonces El dijo: Sal y ponte en el monte delante del SEÑOR. Y he aquí que el SEÑOR pasaba. Y un grande y poderoso viento destrozaba los montes y quebraba las peñas delante del SEÑOR; *pero* el SEÑOR no *estaba* en el viento. Después del viento, un terremoto; *pero* el SEÑOR no *estaba* en el terremoto.

12 Después del terremoto, un fuego; *pero* el SEÑOR no *estaba* en el fuego. Y después del fuego, el susurro de una brisa apacible.

13 Y sucedió que cuando Elías *lo* oyó, se cubrió el rostro con su manto, y salió y se puso a la entrada de la cueva. Y he aquí, una voz *vino* a él y *le* dijo: ¿Qué haces aquí, Elías?

14 Y él respondió: He tenido mucho celo por el SEÑOR, Dios de los ejércitos; porque los hijos de Israel han abandonado tu pacto, han derribado tus altares y han matado a espada a tus profetas. He quedado yo solo y buscan mi vida para quitármela.

15 Y el SEÑOR le dijo: Ve, regresa por tu camino al desierto de Damasco y cuando hayas llegado, ungirás a Hazael por rey sobre Aram;

16 y a Jehú, hijo de Nimsi, ungirás por rey sobre Israel; y a Eliseo, hijo de Safat de Abel-mehola, ungirás por profeta en tu lugar.

17 Y sucederá que al que escape de la espada de Hazael, Jehú lo matará, y al que escape de la espada de Jehú, Eliseo lo matará.

18 Pero dejaré siete mil en Israel, todas las rodillas que no se han doblado ante Baal y toda boca que no lo ha besado.

19 Y partió de allí y encontró a Eliseo, hijo de Safat, que estaba arando con doce yuntas de *bueyes* delante de él, y él *estaba* con la última. Elías pasó adonde él estaba y le echó su manto encima.

20 Dejando él los bueyes, corrió tras Elías, y dijo: Permíteme besar a mi padre y a mi madre, entonces te seguiré. Y él le dijo: Ve, vuélvete, pues, ¿qué te he hecho yo?

21 Entonces se volvió, dejando de seguirle, tomó el par de bueyes y los sacrificó, y con los aparejos de los bueyes coció su carne, y *la* dio a la gente y ellos comieron. Después se levantó y fue tras Elías, y le servía.

Guerra contra Ben-adad

20 Y Ben-adad, rey de Aram, reunió todo su ejército, y tenía con él treinta y dos reyes con caballos y carros; y subió, sitió a Samaria y peleó contra ella.

2 Entonces envió mensajeros a la ciudad, a Acab, rey de Israel, diciéndole: Así dice Ben-adad:

3 "Tu plata y tu oro son míos; míos son también tus mujeres y tus hijos más hermosos."

4 Y el rey de Israel respondió, y dijo: *Sea* conforme a tu palabra, oh rey, señor mío; tuyo soy yo y todo lo que tengo.

5 Después volvieron los mensajeros y dijeron: Así dice Ben-adad: "Por cierto que envié a decirte: 'Me darás tu plata, tu oro, tus mujeres y tus hijos.'

6 "Pero mañana como a esta hora te enviaré mis siervos, y registrarán tu casa y las casas de tus siervos; y sucederá que todo lo que sea agradable a tus ojos *lo* tomarán en su mano y se *lo* llevarán."

7 El rey de Israel llamó a todos los ancianos del país, y *les* dijo: Reconoced ahora y ved que éste *sólo* busca hacer daño; pues él envió a *pedir*me mis mujeres, mis hijos, mi plata y mi oro, y no se *los* negué.

8 Y todos los ancianos y todo el pueblo le dijeron: No escuches ni consientas.

9 Entonces él respondió a los mensajeros de Ben-adad: Decid a mi señor el rey: "Haré todo lo que mandaste a tu siervo la primera vez, pero esto *otro* no lo puedo hacer." Se fueron los mensajeros y le llevaron la respuesta.

10 Y Ben-adad envió a decirle: Así me hagan los dioses y aun me añadan, si el polvo de Samaria bastará para llenar las manos de todo el pueblo que me sigue.

11 Respondió el rey de Israel y dijo: Decid*le:* "No se jacte del que se ciñe *las armas* como el que se *las* desciñe."

12 Y cuando *Ben-adad* oyó esta palabra, estaba bebiendo con los reyes en las tiendas, y dijo a sus siervos: Tomad posiciones. Y tomaron posiciones contra la ciudad.

13 Y he aquí, un profeta se acercó a Acab, rey de Israel, y *le* dijo: Así dice el SEÑOR: "¿Has visto toda esta gran multitud? He aquí, la entregaré hoy en tu mano, y sabrás que yo soy el SEÑOR."

14 Y Acab dijo: ¿Por medio de quién? Y él dijo: Así dice el SEÑOR: "Por medio de los jóvenes de los jefes de las provincias." Entonces dijo: ¿Quién comenzará la batalla? Y él respondió: Tú.

15 Entonces pasó revista a los jóvenes de los jefes de las provincias y eran doscientos treinta y dos; después de ellos, pasó revista a todo el pueblo, *es decir,* todos los hijos de Israel, siete mil.

16 Salieron al mediodía, mientras Ben-adad estaba bebiendo hasta emborracharse en las tiendas junto con los treinta y dos reyes que lo ayudaban.

17 Los jóvenes de los jefes de las provincias salieron primero; y envió Ben-adad *mensajeros* que le avisaron, diciendo: Han salido hombres de Samaria.

18 Entonces dijo: Si en paz han salido, prendedlos vivos; o si en guerra han salido, prendedlos vivos.

19 Salieron, pues, aquéllos de la ciudad, los jóvenes de los jefes de las provincias y el ejército que los seguía.

20 Y mató cada uno a su hombre; los arameos huyeron e Israel los persiguió, y Ben-adad, rey de Aram, escapó a caballo con *algunos* jinetes.

21 Y el rey de Israel salió y atacó los caballos y los carros, y derrotó a los arameos *causándoles* gran matanza.

22 Entonces el profeta se acercó al rey de Israel, y le dijo: Ve, fortalécete, y entiende y mira lo que tienes que hacer; porque a la vuelta del año el rey de Aram subirá contra ti.

23 Y los siervos del rey de Aram le dijeron: Sus dioses son dioses de los montes, por eso fueron más fuertes que nosotros; mejor peleemos contra ellos en la llanura, pues ¿no seremos más fuertes que ellos?

24 Haz, pues, esto: quita a los reyes, cada uno de su puesto, y pon capitanes en su lugar,

25 y alista un ejército como el ejército que perdiste, caballo por caballo y carro por carro. Entonces pelearemos contra ellos en la llanura, pues ¿no seremos más fuertes que ellos? El escuchó su consejo y lo hizo así.

26 Y sucedió que a la vuelta del año, Ben-adad alistó a los arameos y subió a Afec para pelear contra Israel.

27 Y los hijos de Israel fueron alistados y provistos de raciones, y fueron a su encuentro; los hijos de Israel acamparon delante de ellos como dos rebañuelos de cabras pero los arameos llenaban la tierra.

28 Entonces un hombre de Dios se acercó y habló al rey de Israel, y dijo: Así dice el Señor: "Porque los arameos han dicho: 'El Señor es un dios de los montes, pero no es un dios de los valles; por tanto, entregaré a toda esta gran multitud en tu mano, y sabrás que yo soy el Señor.' "

29 Acamparon unos frente a otros por siete días. Y sucedió que al séptimo día comenzó la batalla, y los hijos de Israel mataron de los arameos a cien mil hombres de a pie en un solo día.

30 Los demás huyeron a Afec, a la ciudad, y el muro cayó sobre los veintisiete mil hombres que quedaban. También Ben-adad huyó y se refugió en la ciudad en un aposento interior.

31 Y sus siervos le dijeron: He aquí, hemos oído que los reyes de la casa de Israel son reyes misericordiosos; te rogamos que nos dejes poner cilicio en nuestros lomos y cuerdas sobre nuestras cabezas, y salgamos al rey de Israel; quizás él salve tu vida.

32 Se ciñeron cilicio en sus lomos, pusieron cuerdas sobre sus cabezas y vinieron al rey de Israel, y dijeron: Tu siervo Ben-adad dice: "Te ruego que me perdones la vida." Y él dijo: ¿Vive todavía? Es mi hermano.

33 Y los hombres tomaron esto como señal, y tomando de él la palabra prestamente dijeron: Tu hermano Ben-adad *vive*. Y él dijo: Id, traedlo. Entonces Ben-adad salió a él, y él le hizo subir en el carro.

34 Y *Ben-adad* le dijo: Devolveré las ciudades que mi padre tomó de tu padre, y te harás calles en Damasco, como mi padre hizo en Samaria. Y yo, *dijo Acab*, con este pacto te dejaré ir. Hizo, pues, pacto con él y lo dejó ir.

35 Y cierto hombre de los hijos de los profetas dijo a otro por palabra del Señor: Te ruego que me hieras. Pero el hombre se negó a herirlo.

36 Entonces le dijo: Porque no has atendido a la voz del Señor, he aquí, tan pronto como te apartes de mí, un león te matará. Y tan pronto se apartó de él, un león lo encontró y lo mató.

37 Entonces halló a otro hombre y le dijo: Te ruego que me hieras. Y el hombre le dio un golpe, hiriéndolo.

38 Y el profeta se fue y esperó al rey en el camino; se había disfrazado con una venda sobre los ojos.

39 Cuando el rey pasaba, clamó al rey y dijo: Tu siervo fue al centro de la batalla; y he aquí, un hombre se apartó *de las filas* y me trajo a uno, y *me* dijo: "Guarda a este hombre; si por alguna razón llega a faltar, entonces tu vida responderá por su vida o pagarás un talento de plata."

40 Y mientras tu siervo estaba ocupado aquí y allá, él desapareció. Y el rey de Israel le dijo: Así será tu sentencia; tú mismo *lo* has decidido.

41 Entonces él se apresuró a quitarse la venda de los ojos, y el rey de Israel lo reconoció como uno de los profetas.

42 Y él le dijo: Así dice el Señor: "Porque has dejado salir de *tu* mano al hombre a quien yo había destinado a la destrucción, he aquí, tu vida responderá por su vida y tu pueblo por su pueblo."

43 El rey de Israel se fue a su casa disgustado y molesto, y entró en Samaria.

La viña de Nabot

21 Y sucedió que después de estas cosas, Nabot de Jezreel tenía una viña que *estaba* en Jezreel, junto al palacio de Acab, rey de Samaria.

2 Y Acab habló a Nabot, diciendo: Dame tu viña para que me sirva de huerta para hortaliza porque está cerca, al lado de mi casa, y yo te daré en su lugar una viña mejor; si prefieres, te daré su precio en dinero.

3 Pero Nabot le dijo a Acab: No permita el Señor que te dé la herencia de mis padres.

4 Acab entonces se fue a su casa disgustado y molesto a causa de la palabra que Nabot de Jezreel le había dicho; pues dijo: No te daré la herencia de mis padres. Y se acostó en su cama, volvió su rostro y no comió.

5 Pero Jezabel su mujer se acercó a él, y le dijo: ¿Por qué está tu espíritu tan decaído que no comes?

6 Entonces él le respondió: Porque le hablé a Nabot de Jezreel, y le dije: "Dame tu viña por dinero; o, si prefieres, te daré una viña en su lugar." Pero él dijo: "No te daré mi viña."

7 Y su mujer Jezabel le dijo: ¿No reinas ahora sobre Israel? Levántate, come, y alégrese tu corazón. Yo te daré la viña de Nabot de Jezreel.

8 Y ella escribió cartas en nombre de Acab, las selló con su sello y envió las cartas a los ancianos y a los nobles que vivían en la ciudad con Nabot.

9 Y escribió en las cartas, diciendo: Proclamad ayuno y sentad a Nabot a la cabeza del pueblo.

10 Sentad a dos hombres malvados delante de él que testifiquen contra él, diciendo: "Tú has blasfemado a Dios y al rey." Entonces sacadlo y apedreadlo para que muera.

11 Los hombres de su ciudad, los ancianos y los nobles que vivían en su ciudad, hicieron como Jezabel les había mandado, tal como estaba escrito en las cartas que ella les había enviado.

12 Proclamaron ayuno y sentaron a Nabot a la cabeza del pueblo.

13 Entonces entraron los dos hombres malvados y se sentaron delante de él; y los dos hombres malvados testificaron contra él, es decir, contra Nabot delante del pueblo, diciendo: Nabot ha blasfemado a Dios y al rey. Y lo llevaron fuera de la ciudad, lo apedrearon y murió.

14 Después enviaron *un mensaje* a Jezabel, diciendo: Nabot ha sido apedreado y ha muerto.

15 Y cuando Jezabel oyó que Nabot había sido apedreado y había muerto, Jezabel dijo a Acab: Levántate, toma posesión de la viña de Nabot de Jezreel, la cual él se negó a darte por dinero, porque Nabot no está vivo, sino muerto.

16 Y sucedió que cuando Acab oyó que Nabot había muerto, se levantó para descender a la viña de Nabot de Jezreel, para tomar posesión de ella.

17 Entonces vino la palabra del SEÑOR a Elías tisbita, diciendo:

18 Levántate, desciende al encuentro de Acab, rey de Israel, que está en Samaria; he aquí, él está en la viña de Nabot, adonde ha descendido a tomar posesión de ella.

19 Le hablarás, diciendo: "Así dice el SEÑOR: '¿Has asesinado, y además has tomado posesión *de la viña*?' " También le hablarás, diciendo: "Así dice el SEÑOR: 'En el lugar donde los perros lamieron la sangre de Nabot, los perros lamerán tu sangre, tu misma *sangre*.' "

20 Y Acab dijo a Elías: ¿Me has encontrado, enemigo mío? Y él respondió: *Te* he encontrado, porque te has vendido para hacer el mal ante los ojos del SEÑOR.

21 He aquí, traeré mal sobre ti, te barreré completamente y cortaré de Acab todo varón, tanto siervo como libre en Israel;

22 haré tu casa como la casa de Jeroboam, hijo de Nabat, y como la casa de Baasa, hijo de Ahías, por la provocación con la que *me* has provocado a ira y *porque* has hecho pecar a Israel.

23 También de Jezabel ha hablado el SEÑOR, diciendo: "Los perros comerán a Jezabel en la parcela de Jezreel."

24 Cualquiera de Acab que muera en la ciudad, lo comerán los perros, y el que muera en el campo, lo comerán las aves del cielo.

25 Ciertamente no hubo ninguno como Acab que se vendiera para hacer lo malo ante los ojos del SEÑOR, porque Jezabel su mujer lo había incitado.

26 Su conducta fue muy abominable, *pues* fue tras los ídolos conforme a todo lo que habían hecho los amorreos, a los que el SEÑOR había echado de delante de los hijos de Israel.

27 Y sucedió que cuando Acab oyó estas palabras, rasgó sus vestidos, puso cilicio sobre sus carnes y ayunó, se acostó con el cilicio y andaba abatido.

28 Entonces la palabra del SEÑOR vino a Elías tisbita, diciendo:

29 ¿Ves como Acab se ha humillado delante de mí? Porque se ha humillado delante de mí, no traeré el mal en sus días; pero en los días de su hijo traeré el mal sobre su casa.

Micaías y los falsos profetas

22 Pasaron tres años sin que hubiera guerra entre Aram e Israel.

2 Y sucedió que al tercer año, Josafat, rey de Judá, descendió *a visitar* al rey de Israel.

3 Y el rey de Israel dijo a sus siervos: ¿Sabéis que Ramot de Galaad nos pertenece, y no estamos haciendo nada para quitarla de mano del rey de Aram?

4 Y dijo a Josafat: ¿Quieres venir conmigo a pelear *contra* Ramot de Galaad? Respondió Josafat al rey de Israel: Yo soy como tú, mi pueblo como tu pueblo, mis caballos como tus caballos.

5 Josafat dijo además al rey de Israel: Te ruego que consultes primero la palabra del SEÑOR.

6 Entonces el rey de Israel reunió a los profetas, unos cuatrocientos hombres, y les dijo: ¿Debo ir a pelear contra Ramot de Galaad o debo desistir? Y ellos respondieron: Sube porque el Señor *la* entregará en manos del rey.

7 Pero Josafat dijo: ¿No queda aún aquí *algún* profeta del SEÑOR, para que le consultemos?

8 Y el rey de Israel dijo a Josafat: Todavía queda un hombre por medio de quien podemos consultar al SEÑOR, pero lo aborrezco, porque no profetiza lo bueno en cuanto a mí, sino lo malo. Es Micaías, hijo de Imla. Pero Josafat dijo: No hable el rey así.

9 Entonces el rey de Israel llamó a un oficial, y le dijo: Trae pronto a Micaías, hijo de Imla.

10 El rey de Israel y Josafat, rey de Judá, estaban sentados cada uno en su trono, vestidos con *sus* mantos, en la era a la entrada de la puerta de Samaria; y todos los profetas estaban profetizando delante de ellos.

11 Y Sedequías, hijo de Quenaana, se había hecho unos cuernos de hierro y decía: Así dice el SEÑOR: "Con éstos acornearás a los arameos hasta acabarlos."

12 Y todos los profetas profetizaban así, diciendo: Sube a Ramot de Galaad y tendrás éxito, pues el SEÑOR *la* entregará en manos del rey.

13 Y el mensajero que fue a llamar a Micaías le habló, diciendo: He aquí, las palabras de los profetas son unánimes en favor del rey. Te ruego que tu palabra sea como la palabra de uno de ellos, y que hables favorablemente.

14 Pero Micaías dijo: Vive el SEÑOR que lo que el SEÑOR me diga, eso hablaré.

15 Y cuando llegó al rey, el rey le dijo: Micaías, ¿iremos a Ramot de Galaad a pelear, o debemos desistir? Y él le respondió: Sube, y tendrás éxito, y el SEÑOR *la* entregará en manos del rey.

16 Entonces el rey le dijo: ¿Cuántas veces he de tomarte juramento de que no me digas más que la verdad en el nombre del SEÑOR?

17 Y él respondió:

Vi a todo Israel
esparcido por los montes,
como ovejas sin pastor;
y el SEÑOR dijo: "Estos no tienen señor,
que cada uno vuelva a su casa en paz."

18 Y el rey de Israel dijo a Josafat: ¿No te dije que no profetizaría lo bueno acerca de mí, sino lo malo?

19 Respondió *Micaías:* Por tanto, escucha la palabra del SEÑOR. Yo vi al SEÑOR sentado en su trono, y todo el ejército de los cielos estaba junto a El, a su derecha y a su izquierda.

20 Y el SEÑOR dijo: "¿Quién inducirá a Acab para que suba y caiga en Ramot de Galaad?" Y uno decía de una manera, y otro de otra.

21 Entonces un espíritu se adelantó, y se puso delante del SEÑOR, y dijo: "Yo le induciré."

22 Y el SEÑOR le dijo: "¿Cómo?" Y él respondió:

"Saldré y seré espíritu de mentira en boca de todos sus profetas." Entonces El dijo: "*Le* inducirás y también prevalecerás. Ve y hazlo así."

23 Y ahora, he aquí que el SEÑOR ha puesto un espíritu de mentira en boca de todos estos tus profetas; pues el SEÑOR ha decretado el mal contra ti.

24 Entonces se acercó Sedequías, hijo de Quenaana, y golpeó a Micaías en la mejilla y dijo: ¿Cómo es que el Espíritu del SEÑOR pasó de mí para hablarte a ti?

25 Respondió Micaías: He aquí, tú *lo* verás aquel día en que entres en un aposento interior para esconderte.

26 Y el rey de Israel dijo: Toma a Micaías y devuélvelo a Amón, gobernador de la ciudad, y a Joás, hijo del rey,

27 y di: "Así dice el rey: 'Echad a éste a la cárcel, y alimentadlo con poco pan y poca agua hasta que yo vuelva en paz.' "

28 Y Micaías dijo: Si en verdad vuelves en paz, el SEÑOR no ha hablado por mí. Y añadió: Oíd, pueblos todos.

29 Y el rey de Israel y Josafat, rey de Judá, subieron contra Ramot de Galaad.

30 Y el rey de Israel dijo a Josafat: Yo me disfrazaré para entrar en la batalla, pero tú ponte tus ropas *reales*. El rey de Israel se disfrazó y entró en la batalla.

31 Pero el rey de Aram había ordenado a los treinta y dos capitanes de sus carros, diciendo: No peleéis contra chico ni contra grande, sino sólo contra el rey de Israel.

32 Y sucedió que cuando los capitanes de los carros vieron a Josafat, dijeron: Ciertamente éste es el rey de Israel, y se desviaron para pelear contra él, pero Josafat gritó.

33 Y sucedió que cuando los capitanes de los carros vieron que no era el rey de Israel, dejaron de perseguirlo.

34 Y un hombre disparó su arco al azar e hirió al rey de Israel por entre la juntura de la armadura. Y él dijo a su cochero: Da la vuelta y sácame de la batalla, pues estoy gravemente herido.

35 Pero la batalla arreció aquel día, y el rey fue sostenido en su carro frente a los arameos y al atardecer murió; la sangre de la herida corría hasta el fondo del carro.

36 A la puesta del sol, pasó un grito por el ejército que decía: Cada hombre a su ciudad y cada uno a su tierra.

37 Murió, pues, el rey y fue llevado a Samaria, y sepultaron al rey en Samaria.

38 Lavaron el carro junto al estanque de Samaria y los perros lamieron su sangre (y *allí* se bañaban las rameras), conforme a la palabra que el SEÑOR había hablado.

39 Los demás hechos de Acab y todo lo que hizo, la casa de marfil que edificó y todas las ciudades que edificó, ¿no están escritos en el libro de las Crónicas de los reyes de Israel?

40 Durmió, pues, Acab con sus padres; y su hijo Ocozías reinó en su lugar.

41 Y Josafat, hijo de Asa, comenzó a reinar sobre Judá en el cuarto año de Acab, rey de Israel.

42 Josafat *tenía* treinta y cinco años cuando comenzó a reinar, y reinó veinticinco años en Jerusalén. Y el nombre de su madre *era* Azuba, hija de Silhi.

43 Y anduvo en todo el camino de su padre Asa; no se desvió de él, haciendo lo recto ante los ojos del SEÑOR. Sin embargo, los lugares altos no fueron quitados; todavía el pueblo sacrificaba y quemaba incienso en los lugares altos.

44 También Josafat hizo la paz con el rey de Israel.

45 Los demás hechos de Josafat, el poderío que mostró y cómo guerreó, ¿no están escritos en el libro de las Crónicas de los reyes de Judá?

46 Y echó fuera de la tierra al resto de los sodomitas que habían quedado en los días de su padre Asa.

47 No había entonces ningún rey en Edom; había gobernador *en lugar de* rey.

48 Josafat se construyó naves de Tarsis para ir a Ofir por oro, pero no fueron porque las naves se rompieron en Ezión-geber.

49 Y Ocozías, hijo de Acab, dijo a Josafat: Permite que mis siervos vayan con tus siervos en las naves. Pero Josafat no quiso.

50 Y Josafat durmió con sus padres y fue sepultado con sus padres en la ciudad de su padre David; y su hijo Joram reinó en su lugar.

51 Ocozías, hijo de Acab, comenzó a reinar sobre Israel en Samaria en el año diecisiete de Josafat, rey de Judá, y reinó dos años sobre Israel.

52 E hizo lo malo ante los ojos del SEÑOR, y anduvo en el camino de su padre, en el camino de su madre y en el camino de Jeroboam, hijo de Nabat, el que hizo pecar a Israel.

53 Sirvió, pues, a Baal y lo adoró, y provocó a ira al SEÑOR, Dios de Israel, conforme a todo lo que había hecho su padre.

Muerte de Ocozías

1 Moab se rebeló contra Israel después de la muerte de Acab.

2 Y Ocozías se cayó por la celosía del aposento alto que *tenía* en Samaria, y se enfermó. Y envió mensajeros, a los que dijo: Id, consultad a Baal-zebub, dios de Ecrón, si he de sanar de esta enfermedad.

3 Entonces el ángel del Señor dijo a Elías tisbita: Levántate, sube al encuentro de los mensajeros del rey de Samaria y diles: "¿No hay acaso Dios en Israel para que vayáis a consultar a Baal-zebub, dios de Ecrón?"

4 Por tanto, así dice el Señor: "No bajarás del lecho al que has subido, sino que ciertamente morirás." Entonces Elías se fue.

5 Cuando volvieron los mensajeros al rey, él les dijo: ¿Por qué habéis vuelto?

6 Y ellos respondieron: Un hombre subió a nuestro encuentro y nos dijo: "Id, volved al rey que os envió, y decidle: 'Así dice el Señor: "¿Acaso porque no hay Dios en Israel envías a consultar a Baal-zebub, dios de Ecrón? Por tanto, no bajarás del lecho al que has subido, sino que ciertamente morirás." ' "

7 Y él les dijo: ¿Qué aspecto tenía el hombre que subió a vuestro encuentro y os habló estas palabras?

8 Ellos le respondieron: *Era* un hombre cubierto de pelo, con un cinturón de cuero ceñido a sus lomos. Y él dijo: Es Elías tisbita.

9 Entonces *el rey* envió a él un capitán de cincuenta con sus cincuenta *hombres*. Y *éste* subió a él, y he aquí, *Elías* estaba sentado en la cumbre del monte, y le dijo: Hombre de Dios, el rey dice: "Desciende."

10 Respondió Elías y dijo al capitán de cincuenta: Si yo soy hombre de Dios, que descienda fuego del cielo y te consuma a ti y a tus cincuenta. Entonces descendió fuego del cielo, y lo consumió a él y a sus cincuenta.

11 De nuevo envió a él otro capitán de cincuenta con sus cincuenta que le habló y le dijo: Hombre de Dios, así dice el rey: "Desciende inmediatamente."

12 Y respondió Elías y les dijo: Si yo soy hombre de Dios, que descienda fuego del cielo y te consuma a ti y a tus cincuenta. Entonces el fuego de Dios descendió del cielo y lo consumió a él y a sus cincuenta.

13 De nuevo *el rey* le envió al tercer capitán de cincuenta con sus cincuenta. Y cuando el tercer capitán de cincuenta subió, vino y se postró de rodillas delante de Elías y le rogó, diciéndole: Hombre de Dios, te ruego que mi vida y la vida de estos cincuenta siervos tuyos sean preciosas ante tus ojos.

14 He aquí que ha descendido fuego del cielo y ha consumido a los dos primeros capitanes de cincuenta con sus cincuenta; mas ahora, sea mi vida preciosa ante tus ojos.

15 Entonces el ángel del Señor dijo a Elías: Desciende con él y no le tengas miedo. Se levantó *Elías* y descendió con él al rey,

16 y le dijo: Así dice el Señor: "Por cuanto has enviado mensajeros a consultar a Baal-zebub, dios de Ecrón, ¿acaso porque no hay Dios en Israel para consultar su palabra?, no bajarás por tanto del lecho al que has subido, sino que ciertamente morirás."

17 Ocozías murió conforme a la palabra del Señor que Elías había hablado. Y Joram reinó en su lugar en el año segundo de Joram, hijo de Josafat, rey de Judá, porque *Ocozías* no tenía ningún hijo.

18 Los demás hechos de Ocozías, lo que hizo, ¿no están escritos en el libro de las Crónicas de los reyes de Israel?

Eliseo sucesor de Elías

2 Y sucedió que cuando el Señor iba a llevarse a Elías al cielo en un torbellino, Elías venía de Gilgal con Eliseo.

2 Y Elías dijo a Eliseo: Te ruego que te quedes aquí, porque el Señor me ha enviado hasta Betel. Pero Eliseo dijo: Vive el Señor y vive tu alma, que no me apartaré de ti. Y descendieron a Betel.

3 Entonces los hijos de los profetas que *estaban en* Betel salieron al *encuentro* de Eliseo y le dijeron: ¿Sabes que hoy el Señor te quitará a tu señor de sobre ti? Y él dijo: Sí, yo lo sé; callad.

4 Elías entonces le dijo: Eliseo, te ruego que te quedes aquí, porque el Señor me ha enviado a Jericó. Pero él dijo: Vive el Señor y vive tu alma, que no me apartaré de ti. Y fueron a Jericó.

5 Y los hijos de los profetas que *estaban* en Jericó se acercaron a Eliseo y le dijeron: ¿Sabes que hoy el Señor te quitará a tu señor de sobre ti? Y él respondió: Sí, yo lo sé; callad.

6 Entonces Elías le dijo: Te ruego que te quedes aquí, porque el Señor me ha enviado al Jordán. Pero él dijo: Vive el Señor y vive tu alma, que no me apartaré de ti. Siguieron, pues, los dos.

7 Y cincuenta hombres de los hijos de los profetas fueron y se pararon frente a *ellos*, a lo lejos, mientras ellos dos se pararon junto al Jordán.

8 Entonces Elías tomó su manto, lo dobló y golpeó las aguas, y *éstas* se dividieron a uno y a otro lado, y los dos pasaron por tierra seca.

9 Y cuando habían pasado, Elías dijo a Eliseo: Pide lo *que quieras* que yo haga por ti antes de que yo sea separado de ti. Y Eliseo dijo: Te ruego que una doble porción de tu espíritu sea sobre mí.

10 Y él dijo: Has pedido una cosa difícil. *Sin embargo*, si me ves cuando sea llevado de ti, así te sucederá; pero si no, no será *así*.

11 Y aconteció que mientras ellos iban andando y hablando, he aquí, *apareció* un carro de fuego y caballos de fuego que separó a los dos. Y Elías subió al cielo en un torbellino.

12 *Lo vio* Eliseo y clamó: Padre mío, padre mío, los carros de Israel y su gente de a caballo. Y no lo vio más. Entonces tomó sus vestidos y los rasgó en dos pedazos.

13 También recogió el manto de Elías que se le había caído, y regresó y se paró a la orilla del Jordán.

14 Y tomando el manto de Elías que se le había

caído, golpeó las aguas, y dijo: ¿Dónde está el Señor, el Dios de Elías? Y cuando él golpeó también las aguas, éstas se dividieron a uno y a otro lado, y pasó Eliseo.

15 Cuando lo vieron los hijos de los profetas que *estaban* en Jericó frente *a él*, dijeron: El espíritu de Elías reposa sobre Eliseo. Y fueron a su encuentro y se postraron en tierra ante él.

16 Y le dijeron: He aquí, ahora hay con tus siervos cincuenta hombres fuertes; te rogamos que los dejes ir a buscar a tu señor; tal vez el Espíritu del Señor lo ha levantado y lo ha echado en algún monte o en algún valle. Y él dijo: No *los* enviéis.

17 Pero cuando le insistieron hasta la saciedad, dijo: Enviad*los*. Entonces enviaron cincuenta hombres; y buscaron durante tres días, pero no lo hallaron.

18 Y volvieron a Eliseo que se había quedado en Jericó, y él les dijo: ¿No os dije: "No vayáis"?

19 Entonces los hombres de la ciudad dijeron a Eliseo: He aquí, ahora el emplazamiento de esta ciudad es bueno, como mi señor ve, pero el agua es mala y la tierra estéril.

20 Y él dijo: Traedme una vasija nueva, y poned sal en ella. Y se *la* trajeron.

21 Y él salió al manantial de las aguas, echó sal en él, y dijo: Así dice el Señor: "He purificado estas aguas; de allí no saldrá más muerte ni esterilidad."

22 Y las aguas han quedado purificadas hasta hoy, conforme a la palabra que habló Eliseo.

23 Después subió de allí a Betel; y mientras subía por el camino, unos muchachos salieron de la ciudad y se burlaban de él, y le decían: ¡Sube, calvo; sube, calvo!

24 Cuando él miró hacia atrás y los vio, los maldijo en el nombre del Señor. Entonces salieron dos osas del bosque y despedazaron de ellos a cuarenta y dos muchachos.

25 De allí fue al monte Carmelo, y desde allí regresó a Samaria.

Rebelión y derrota de Moab

3 Joram, hijo de Acab, comenzó a reinar sobre Israel en Samaria en el año dieciocho de Josafat, rey de Judá; y reinó doce años.

2 E hizo lo malo ante los ojos del Señor, aunque no como su padre y su madre, pues quitó el pilar *sagrado* de Baal que su padre había hecho.

3 Sin embargo, se aferró a los pecados de Jeroboam, hijo de Nabat, *con* los que hizo pecar a Israel, y no se apartó de ellos.

4 Y Mesa, rey de Moab, era criador de ovejas, y pagaba al rey de Israel cien mil corderos y la lana de cien mil carneros.

5 Pero sucedió que cuando Acab murió, el rey de Moab se rebeló contra el rey de Israel.

6 Y aquel mismo día el rey Joram salió de Samaria y alistó a todo Israel.

7 Entonces fue y envió *palabra* a Josafat, rey de Judá, diciendo: El rey de Moab se ha rebelado contra mí. ¿Irás conmigo a pelear contra Moab? Y él respondió: Subiré; yo soy como tú, mi pueblo como tu pueblo, mis caballos como tus caballos.

8 Y dijo: ¿Por qué camino subiremos? Y él respondió: Por el camino del desierto de Edom.

9 Fue el rey de Israel con el rey de Judá y el rey de Edom; y dando un rodeo anduvieron siete días de camino; y no había agua para el ejército ni para los animales que los seguían.

10 Entonces el rey de Israel dijo: ¡Ah! Porque el Señor ha llamado a estos tres reyes para entregarlos en manos de Moab.

11 Pero Josafat dijo: ¿No hay aquí un profeta del Señor para que consultemos al Señor por medio de él? Y uno de los siervos del rey de Israel respondió, y dijo: Aquí está Eliseo, hijo de Safat, el que vertía agua en las manos de Elías.

12 Y Josafat dijo: La palabra del Señor está con él. Y el rey de Israel y Josafat y el rey de Edom descendieron a él.

13 Entonces Eliseo dijo al rey de Israel: ¿Qué tengo que ver contigo? Ve a los profetas de tu padre y a los profetas de tu madre. Y el rey de Israel le dijo: No, porque el Señor ha llamado a estos tres reyes para entregarlos en mano de Moab.

14 Y Eliseo dijo: Vive el Señor de los ejércitos, ante quien estoy, que si no fuera por respeto a la presencia de Josafat, rey de Judá, no te miraría ni te vería.

15 Mas traedme ahora un tañedor. Y sucedió que mientras el tañedor tocaba, la mano del Señor vino sobre Eliseo.

16 Y él dijo: Así dice el Señor: "Haced en este valle muchas zanjas."

17 Pues así dice el Señor: "No veréis viento, ni veréis lluvias; sin embargo ese valle se llenará de agua, y beberéis vosotros y vuestros ganados y vuestras bestias."

18 Aun esto es poco ante los ojos del Señor; también entregará en vuestras manos a los moabitas.

19 Y destruiréis toda ciudad fortificada y toda ciudad principal, y talaréis todo árbol bueno, cegaréis todas las fuentes de agua y dañaréis con piedras todo terreno fértil.

20 Y aconteció que por la mañana, a la hora de ofrecer el sacrificio, he aquí, el agua vino por el camino de Edom, y la tierra se llenó de agua.

21 Y todos los moabitas oyeron que los reyes habían subido a pelear contra ellos. Y convocaron a todos, desde los que podían ceñir armadura para arriba, y se pusieron en la frontera.

22 Se levantaron muy de mañana, y cuando el sol brilló sobre el agua, los moabitas vieron el agua frente *a ellos* tan roja como la sangre.

23 Entonces dijeron: Esto es sangre; sin duda los reyes han peleado entre sí, y se han matado unos a otros. Ahora pues, ¡Moab, al despojo!

24 Pero cuando llegaron al campamento de Israel, los israelitas se levantaron y hirieron a los moabitas, y *éstos* huyeron delante de ellos; y *los israelitas* se adentraron en el país matando a los moabitas.

25 Destruyeron las ciudades, y cada uno arrojó su piedra en toda parcela de tierra buena, y las llenaron. Cegaron todas las fuentes de agua y talaron todos los árboles buenos, hasta dejar en Kir-hareset *sólo* sus piedras; no obstante, los honderos *la* rodearon y la destruyeron.

26 Al ver el rey de Moab que la batalla arreciaba contra él, tomó consigo setecientos hombres que sacaban espada, para abrir brecha hacia el rey de Edom, mas no pudieron.

27 Entonces tomó a su hijo primogénito que

había de reinar en su lugar, y lo ofreció en holocausto sobre la muralla. Y hubo gran ira contra los israelitas, quienes se apartaron de allí y regresaron a *su* tierra.

Eliseo y la viuda

4 Y una mujer de las mujeres de los hijos de los profetas clamó a Eliseo, diciendo: Tu siervo, mi marido, ha muerto, y tú sabes que tu siervo temía al Señor; y ha venido el acreedor a tomar a mis dos hijos para esclavos suyos.

2 Y Eliseo le dijo: ¿Qué puedo hacer por ti? Dime qué tienes en casa. Y ella respondió: Tu sierva no tiene en casa más que una vasija de aceite.

3 Entonces él *le* dijo: Ve, pide vasijas prestadas por todas partes de todos tus vecinos, vasijas vacías; no pidas pocas.

4 Luego entra y cierra la puerta detrás de ti y de tus hijos y echa *el aceite* en todas estas vasijas, poniendo aparte las que estén llenas.

5 Y ella se fue de su lado, y cerró la puerta tras sí y de sus hijos; y ellos traían *las vasijas* y ella echaba *el aceite.*

6 Y sucedió que cuando las vasijas estuvieron llenas, dijo ella a un hijo suyo: Tráeme otra vasija. Y él le dijo: No hay más vasijas. Y cesó el aceite.

7 Entonces ella fue y se lo contó al hombre de Dios. Y él *le* dijo: Ve, vende el aceite y paga tu deuda, y tú *y* tus hijos podéis vivir de lo que quede.

8 Y aconteció que un día pasaba Eliseo por Sunem, donde había una mujer distinguida, y ella le persuadió a que comiera. Y así fue que siempre que pasaba, entraba allí a comer.

9 Y ella dijo a su marido: He aquí, ahora entiendo que éste que siempre pasa por nuestra *casa,* es un hombre santo de Dios.

10 Te ruego que hagamos un pequeño aposento alto, con paredes, y pongamos allí para él una cama, una mesa, una silla y un candelero; y será que cuando venga a nosotros, se podrá retirar allí.

11 Y aconteció que un día vino él por allí, se retiró al aposento alto y allí se acostó.

12 Entonces dijo a Giezi su criado: Llama a esta sunamita. Y cuando la llamó, ella se presentó delante de él.

13 Y él le dijo *a Giezi:* Dile ahora: "He aquí, te has preocupado por nosotros con todo este cuidado; ¿qué puedo hacer por ti? ¿Quieres que hable por ti al rey o al jefe del ejército?" Y ella respondió: Yo vivo en medio de mi pueblo.

14 El entonces dijo: ¿Qué, pues, se puede hacer por ella? Y Giezi respondió: En verdad ella no tiene ningún hijo y su marido es viejo.

15 Y él dijo: Llámala. Cuando él la llamó, ella se detuvo a la entrada.

16 Entonces él *le* dijo: Por este tiempo, el año que viene, abrazarás un hijo. Y ella dijo: No, señor mío, hombre de Dios, no engañes a tu sierva.

17 Pero la mujer concibió y dio a luz un hijo al año siguiente en el tiempo que Eliseo le había dicho.

18 Y cuando el niño creció, llegó el día en que salió al campo adonde estaba su padre con los segadores,

19 y dijo a su padre: ¡Ay, mi cabeza, mi cabeza! Y *el padre* dijo a un criado: Llévalo a su madre.

20 Y tomándolo, lo llevó a su madre, y estuvo sentado en sus rodillas hasta el mediodía, y murió.

21 Entonces ella subió y lo puso sobre la cama del hombre de Dios, cerró *la puerta* detrás de él y salió.

22 Luego llamó a su marido y *le* dijo: Te ruego que me envíes uno de los criados y una de las asnas, para que yo vaya corriendo al hombre de Dios y regrese.

23 Y él dijo: ¿Por qué vas hoy a él? No es luna nueva ni día de reposo. Y ella respondió: Quédate en paz.

24 Entonces ella aparejó el asna y dijo a su criado: Arrea y anda; no detengas el paso por mí a menos que yo te lo diga.

25 Y ella fue y llegó al hombre de Dios en el monte Carmelo. Y sucedió que cuando el hombre de Dios la vio a lo lejos, dijo a Giezi su criado: He aquí, allá viene la sunamita.

26 Te ruego que corras ahora a su encuentro y le digas: "¿Te va bien a ti? ¿Le va bien a tu marido? ¿Le va bien al niño?" Y ella respondió: Bien.

27 Cuando ella llegó al monte, al hombre de Dios, se asió de sus pies. Y Giezi se acercó para apartarla, pero el hombre de Dios dijo: Déjala, porque su alma está angustiada y el Señor me lo ha ocultado y no me lo ha revelado.

28 Entonces ella dijo: ¿Acaso pedí un hijo a mi señor? ¿No dije: "No me engañes?"

29 Entonces él dijo a Giezi: Ciñe tus lomos y toma mi báculo en tu mano, y vete; si encuentras a alguno, no lo saludes, y si alguien te saluda, no le respondas, y pon mi báculo sobre el rostro del niño.

30 Y la madre del niño dijo: Vive el Señor y vive tu alma, que no me apartaré de ti. Entonces él se levantó y la siguió.

31 Y Giezi se adelantó a ellos y puso el báculo sobre el rostro del niño, mas no hubo voz ni reacción. Así que volvió para encontrarlo, y le dijo: No ha despertado.

32 Cuando Eliseo entró en la casa, he aquí, el niño estaba muerto, tendido sobre su cama.

33 Y entrando, cerró la puerta tras ambos y oró al Señor.

34 Entonces subió y se acostó sobre el niño, y puso la boca sobre su boca, los ojos sobre sus ojos y las manos sobre sus manos, y se tendió sobre él; y la carne del niño entró en calor.

35 Entonces *Eliseo* volvió y caminó por la casa de un lado para otro, y subió y se tendió sobre él; y el niño estornudó siete veces y abrió sus ojos.

36 Y *Eliseo* llamó a Giezi y *le* dijo: Llama a la sunamita. Y él la llamó. Y cuando ella vino a Eliseo, él dijo: Toma a tu hijo.

37 Entonces ella entró, cayó a sus pies y se postró en tierra, y tomando a su hijo, salió.

38 Cuando Eliseo regresó a Gilgal, había hambre en la tierra. Y estando sentados los hijos de los profetas delante de él, dijo a su criado: Pon la olla grande y cuece potaje para los hijos de los profetas.

39 Entonces uno *de ellos* salió al campo a recoger hierbas, y encontró una viña silvestre y de ella recogió su falda llena de calabazas

silvestres, y vino y las cortó en pedazos en la olla de potaje, porque no sabía *lo que eran.*

40 Y *lo* sirvieron para que los hombres comieran. Y sucedió que cuando comían el potaje, clamaron y dijeron: ¡Oh hombre de Dios, hay muerte en la olla! Y no pudieron comer.

41 Pero él dijo: Traedme harina. Y la echó en la olla, y dijo: Sírve*lo* a la gente para que coman. Y *ya* no había nada malo en la olla.

42 Y vino un hombre de Baal-salisa y trajo al hombre de Dios panes de primicias, veinte panes de cebada y espigas de grano nuevo en su bolsa. Y él dijo: Da*los* a la gente para que coman.

43 Y su sirviente dijo: ¿Cómo pondré esto delante de cien hombres? Pero él respondió: Da*los* a la gente para que coman, porque así dice el Señor: "Comerán y sobrará."

44 Y *lo* puso delante de ellos y comieron, y sobró conforme a la palabra del Señor.

Eliseo y Naamán

5 Y Naamán, capitán del ejército del rey de Aram, era un gran hombre delante de su señor y tenido en alta estima, porque por medio de él el Señor había dado la victoria a Aram. También el hombre era un guerrero valiente, *pero* leproso.

2 Y habían salido los arameos en bandas y habían tomado cautiva a una muchacha muy joven de la tierra de Israel, y ella estaba al servicio de la mujer de Naamán.

3 Y ella dijo a su señora: ¡Ah, si mi señor estuviera con el profeta que está en Samaria! El entonces lo curaría de su lepra.

4 Y *Naamán* entró y habló a su señor, diciendo: Esto y esto ha dicho la muchacha que es de la tierra de Israel.

5 Entonces el rey de Aram dijo: Ve ahora, y enviaré una carta al rey de Israel. Y él fue y llevó consigo diez talentos de plata y seis mil *siclos* de oro y diez mudas de ropa.

6 También llevó al rey de Israel la carta que decía: Y ahora, cuando llegue a ti esta carta, he aquí, *verás* que te he enviado a mi siervo Naamán para que lo cures de su lepra.

7 Y sucedió que cuando el rey de Israel leyó la carta, rasgó sus vestidos, y dijo: ¿Acaso soy yo Dios, para dar muerte y para dar vida, para que éste me mande *a decir* que cure a un hombre de su lepra? Pero considerad ahora, y ved cómo busca pleito conmigo.

8 Y al oír Eliseo, el hombre de Dios, que el rey de Israel había rasgado sus vestidos, envió *aviso* al rey diciendo: ¿Por qué has rasgado tus vestidos? Que venga él a mí ahora, y sabrá que hay profeta en Israel.

9 Vino, pues, Naamán con sus caballos y con su carro, y se paró a la entrada de la casa de Eliseo.

10 Y Eliseo le envió un mensajero, diciendo: Ve y lávate en el Jordán siete veces, y tu carne se te restaurará, y *quedarás* limpio.

11 Pero Naamán se enojó, y se iba diciendo: He aquí, yo pensé: "Seguramente él vendrá a mí, y se detendrá e invocará el nombre del Señor su Dios, moverá su mano sobre la parte *enferma* y curará la lepra."

12 ¿No son el Abaná y el Farfar, ríos de Damasco, mejor que todas las aguas de Israel? ¿No pudiera yo lavarme en ellos y ser limpio? Y dio la vuelta, y se fue enfurecido.

13 Pero sus siervos se le acercaron y le hablaron, diciendo: Padre mío, si el profeta te hubiera dicho *que* hicieras *alguna* gran cosa, ¿no *la* hubieras hecho? ¡Cuánto más cuando te dice: "Lávate, y quedarás limpio"!

14 Entonces él bajó y se sumergió siete veces en el Jordán conforme a la palabra del hombre de Dios; y su carne se volvió como la carne de un niño pequeño, y quedó limpio.

15 Y regresó al hombre de Dios con toda su compañía, y fue y se puso delante de él, y dijo: He aquí, ahora conozco que no hay Dios en toda la tierra, sino en Israel. Te ruego, pues, que recibas ahora un presente de tu siervo.

16 Pero él respondió: Vive el Señor, delante de quien estoy, que no aceptaré nada. Y *Naamán* le insistió para que *lo* recibiera, pero él rehusó.

17 Y Naamán dijo: Pues si no, te ruego que de esta tierra, se le dé a tu siervo la carga de un par de mulos, porque tu siervo ya no ofrecerá holocausto ni sacrificará a otros dioses, sino al Señor.

18 Que el Señor perdone a tu siervo en esto: Cuando mi señor entre en el templo de Rimón para adorar allí y se apoye en mi mano, y yo me incline en el templo de Rimón cuando tenga que adorar allí, que el Señor perdone a tu siervo por esto.

19 Y él le dijo: Vete en paz. Y se alejó de él a cierta distancia.

20 Pero Giezi, criado de Eliseo, el hombre de Dios, dijo *para sí:* He aquí, mi señor ha dispensado a este Naamán arameo al no recibir de sus manos lo que él trajo. Vive el Señor que correré tras él y tomaré algo de él.

21 Y Giezi siguió a Naamán. Cuando Naamán vio a uno corriendo tras él, bajó de su carro a encontrarle, y dijo: ¿Está todo bien?

22 Y él dijo: Todo está bien. Mi señor me ha enviado, diciendo: He aquí, en este momento dos jóvenes de los hijos de los profetas han venido a mí de la región montañosa de Efraín. Te ruego que les des un talento de plata y dos mudas de ropa."

23 Y Naamán dijo: Dígnate aceptar dos talentos. Y le insistió y ató dos talentos de plata en dos bolsas con dos mudas de ropa, y los entregó a dos de sus criados; y éstos *los* llevaron delante de él.

24 Cuando llegó al monte, los tomó de sus manos y los guardó en la casa, luego despidió a los hombres y ellos se fueron.

25 Entonces él entró y se puso delante de su señor. Y Eliseo le dijo: ¿Dónde has estado, Giezi? Y él respondió: Tu siervo no ha ido a ninguna parte.

26 Entonces él le dijo: ¿No iba *contigo* mi corazón, cuando el hombre se volvió de su carro para encontrarte? ¿Acaso es tiempo de aceptar dinero y de aceptar ropa, olivares, viñas, ovejas, bueyes, siervos y siervas?

27 Por tanto, la lepra de Naamán se te pegará a ti y a tus descendientes para siempre. Y él salió de su presencia leproso, *blanco* como la nieve.

Eliseo y el hacha perdida

6 Y los hijos de los profetas dijeron a Eliseo: Mira, el lugar en que habitamos contigo es muy estrecho para nosotros.

2 Te rogamos que nos dejes ir al Jordán, para que cada uno de nosotros tome de allí una viga, y nos hagamos allí un lugar donde habitar. Y él dijo: Id.

3 Entonces uno dijo: Te rogamos que consientas en ir con tus siervos. Y él respondió: Yo iré.

4 Fue, pues, con ellos; y cuando llegaron al Jordán, cortaron árboles.

5 Pero sucedió que cuando uno *de ellos* estaba derribando un tronco, el hierro *del hacha* se le cayó al agua; y gritó, y dijo: ¡Ah, señor mío, era prestado!

6 Entonces el hombre de Dios dijo: ¿Dónde cayó? Y cuando le mostró el lugar, cortó un palo y *lo* echó allí, e hizo flotar el hierro.

7 Y dijo: Tómalo. Y él extendió la mano y lo tomó.

8 Y el rey de Aram estaba en guerra con Israel; y consultó con sus siervos, diciendo: En tal y tal lugar estará mi campamento.

9 Y el hombre de Dios envió *palabra* al rey de Israel, diciendo: Guárdate de no pasar por tal lugar, porque los arameos van a bajar allí.

10 Entonces el rey de Israel envió *gente* al lugar que el hombre de Dios le había dicho; así que, al prevenirlo él, se cuidó *de ir* allí, *y esto* no una ni dos veces.

11 Y se enfureció el corazón del rey de Aram por este hecho; y llamando a sus siervos, les dijo: ¿No me vais a revelar quién de los nuestros está a favor del rey de Israel?

12 Y uno de sus siervos dijo: No, rey señor mío, sino que Eliseo, el profeta que está en Israel, le dice al rey de Israel las palabras que tú hablas en el interior de tu alcoba.

13 Y él dijo: Id y ved donde está, y enviaré a prenderlo. Y le avisaron, diciendo: He aquí, está en Dotán.

14 Entonces envió allá caballos, carros y un gran ejército; y llegaron de noche y cercaron la ciudad.

15 Y cuando el que servía al hombre de Dios se levantó temprano y salió, he aquí que un ejército con caballos y carros rodeaba la ciudad. Y su criado le dijo: ¡Ah, señor mío! ¿Qué haremos?

16 Y él respondió: No temas, porque los que están con nosotros son más que los que están con ellos.

17 Eliseo entonces oró, y dijo: Oh SEÑOR, te ruego que abras sus ojos para que vea. Y el SEÑOR abrió los ojos del criado, y miró, y he aquí que el monte estaba lleno de caballos y carros de fuego alrededor de Eliseo.

18 Cuando descendieron hacia él *los* arameos, Eliseo oró al SEÑOR, y dijo: Te ruego que hieras a esta gente con ceguera. Y El los hirió con ceguera conforme a la palabra de Eliseo.

19 Entonces Eliseo les dijo: No es éste el camino, ni es ésta la ciudad; seguidme y yo os guiaré al hombre que buscáis. Y los llevó a Samaria.

20 Y sucedió que cuando llegaron a Samaria, dijo Eliseo: Oh Señor, abre los ojos de éstos para que vean. Y el SEÑOR abrió sus ojos y vieron; y he aquí que estaban en medio de Samaria.

21 Cuando el rey de Israel los vio, dijo a Eliseo: ¿Los mato, padre mío? ¿Los mato?

22 Y él respondió: No *los* mates. ¿Matarías a los que has tomado cautivos con tu espada y con tu arco? Pon delante de ellos pan y agua para que coman y beban y se vuelvan a su señor.

23 Entonces les preparó un gran banquete; y después que comieron y bebieron, los despidió, y se volvieron a su señor. Y las bandas armadas de arameos no volvieron a entrar más en la tierra de Israel.

24 Y aconteció que después de esto, Ben-adad, rey de Aram, reunió a todo su ejército, y subió y sitió a Samaria.

25 Y hubo gran hambre en Samaria; y he aquí, la sitiaron, hasta que la cabeza de un asno se vendía por ochenta *siclos* de plata, y la cuarta parte de un cab de estiércol de paloma por cinco *siclos* de plata.

26 Pasando el rey de Israel por la muralla, una mujer le gritó, diciendo: ¡Ayúda*me*, oh rey señor mío!

27 Y él respondió: Si el SEÑOR no te ayuda, ¿de dónde te podré ayudar? ¿De la era o del lagar?

28 Y el rey le dijo: ¿Qué te pasa? Y ella respondió: Esta mujer me dijo: "Da tu hijo para que lo comamos hoy, y mi hijo lo comeremos mañana."

29 Así que cocimos a mi hijo y nos lo comimos; y al día siguiente, le dije a ella: "Da tu hijo, para que lo comamos"; pero ella ha escondido a su hijo.

30 Y sucedió que cuando el rey oyó las palabras de la mujer, rasgó sus vestidos y como él pasaba por la muralla, la gente miró, y vio que interiormente, llevaba cilicio sobre su cuerpo.

31 Entonces él dijo: Así me haga Dios, y aun me añada, si la cabeza de Eliseo, hijo de Safat, se mantiene sobre sus hombros hoy.

32 Y Eliseo estaba sentado en su casa, y los ancianos estaban sentados con él. Y *el rey* envió a un hombre de *los que estaban en* su presencia; pero antes de que el mensajero llegara a Eliseo, *éste* dijo a los ancianos: ¿Veis cómo este hijo de asesino ha enviado a cortarme la cabeza? Mirad, cuando el mensajero llegue, cerrad la puerta y mantenedla cerrada contra él. ¿No *se oye* tras él el ruido de los pasos de su señor?

33 Estaba aún hablando con ellos, cuando he aquí que el mensajero descendió a él, y le dijo: Mira, este mal viene del SEÑOR; ¿por qué he de esperar más en el SEÑOR?

Eliseo predice abundancia de pan

7 Entonces Eliseo dijo: Oíd la palabra del SEÑOR. Así dice el SEÑOR: "Mañana como a esta hora en la puerta de Samaria, una medida de flor de harina se *venderá* a un siclo, y dos medidas de cebada a un siclo."

2 Y el oficial real en cuyo brazo se apoyaba el rey, respondió a el hombre de Dios, y dijo: Mira, aunque el SEÑOR hiciera ventanas en los cielos, ¿podría suceder tal cosa? Entonces *Eliseo* dijo: He aquí, tú lo verás con tus propios ojos, pero no comerás de ello.

3 Y había cuatro leprosos a la entrada de la puerta, y se dijeron el uno al otro: ¿Por qué estamos aquí sentados esperando la muerte?

4 Si decimos: "Entraremos en la ciudad," como el hambre está en la ciudad, moriremos allí; y si nos sentamos aquí, también moriremos. Ahora

pues, vayamos y pasemos al campamento de los arameos. Si nos perdonan la vida, viviremos; y si nos matan, pues moriremos.

5 Y se levantaron al anochecer para ir al campamento de los arameos. Y cuando llegaron a las afueras del campamento de los arameos, he aquí, no había allí nadie.

6 Porque el Señor había hecho que el ejército de los arameos oyera estruendo de carros y ruido de caballos, el estruendo de un gran ejército, de modo que se dijeron el uno al otro: He aquí, el rey de Israel ha tomado a sueldo contra nosotros a los reyes de los heteos y a los reyes de los egipcios, para que vengan contra nosotros.

7 Por lo cual se levantaron y huyeron al anochecer, y abandonaron sus tiendas, sus caballos y sus asnos y el campamento tal como estaba, y huyeron para *salvar* sus vidas.

8 Cuando llegaron los leprosos a las afueras del campamento, entraron en una tienda y comieron y bebieron, y se llevaron de allí plata y oro y ropas, y fueron y *lo* escondieron; y volvieron y entraron en otra tienda y de allí *también* se llevaron *botín*, y fueron y *lo* escondieron.

9 Entonces se dijeron el uno al otro: No estamos haciendo bien. Hoy es día de buenas nuevas, pero nosotros estamos callados; si esperamos hasta la luz de la mañana, nos vendrá castigo. Vamos pues, ahora, y entremos a dar la noticia a la casa del rey.

10 Y fueron y llamaron a los guardas de la puerta de la ciudad, y les informaron, diciendo: Fuimos al campamento de los arameos, y he aquí que no había allí nadie, ni siquiera voz de hombre; solamente los caballos atados, también los asnos atados y las tiendas intactas.

11 Y los porteros de la puerta llamaron, y lo anunciaron dentro de la casa del rey.

12 Entonces el rey se levantó de noche y dijo a sus siervos: Ahora os diré lo que los arameos nos han hecho. Saben que estamos hambrientos; por tanto han salido del campamento para esconderse en el campo, diciendo: "Cuando salgan de la ciudad, los tomaremos vivos y entraremos en la ciudad."

13 Y uno de sus siervos respondió, y dijo: Deja que algunos *hombres* tomen cinco de los caballos que quedan, *de* los que quedan en la ciudad. He aquí, ya que *les sucederá* como a toda la multitud de Israel que queda en la ciudad (como a toda la multitud de Israel que *ya* ha perecido), he aquí, vamos a enviar*los* y veamos.

14 Entonces tomaron dos carros con caballos, y el rey *los* envió en pos del ejército de los arameos, diciendo: Id y ved.

15 Y los siguieron hasta el Jordán, y he aquí, todo el camino estaba lleno de vestidos e impedimenta que los arameos habían arrojado en su prisa. Entonces los mensajeros volvieron e informaron al rey.

16 Y el pueblo salió y saqueó el campamento de los arameos. Entonces una medida de flor de harina se vendió a un siclo y dos medidas de cebada a un siclo, conforme a la palabra del Señor.

17 Y el rey puso a cargo de la puerta al oficial real en cuyo brazo se apoyaba; pero el pueblo lo atropelló a la puerta y murió, tal como había

dicho el hombre de Dios, el cual habló cuando el rey descendió a él.

18 Aconteció tal como el hombre de Dios había hablado al rey, cuando dijo: Mañana a estas horas a la puerta de Samaria serán *vendidas* dos medidas de cebada a un siclo y una medida de flor de harina a un siclo.

19 Y el oficial real, había respondido al hombre de Dios, diciendo: Mira, aunque el Señor hiciera ventanas en los cielos, ¿podría suceder tal cosa? Y *Eliseo* dijo: He aquí, tú lo verás con tus propios ojos, pero no comerás de ello.

20 Y así sucedió, porque el pueblo lo atropelló a la puerta, y murió.

Devolución de los bienes a la sunamita

8 Y Eliseo habló a la mujer, a cuyo hijo él había devuelto la vida, diciendo: Levántate y vete, tú y tu casa, y reside donde puedas residir, porque el Señor ha llamado al hambre que vendrá sobre la tierra por siete años.

2 Entonces la mujer se levantó e hizo conforme a la palabra del hombre de Dios, y se fue ella con los de su casa y residió en la tierra de los filisteos siete años.

3 Y aconteció que al cabo de los siete años, la mujer volvió de la tierra de los filisteos; y salió a implorar al rey por su casa y por su campo.

4 Y el rey estaba hablando con Giezi, criado del hombre de Dios, diciéndole: Te ruego que me cuentes todas las grandes cosas que ha hecho Eliseo.

5 Y sucedió que mientras él contaba al rey cómo había devuelto la vida a un muerto, he aquí, la mujer a cuyo hijo había devuelto la vida, imploró al rey por su casa y por su campo. Y Giezi dijo: Oh rey señor mío, ésta es la mujer y éste es su hijo, al que Eliseo devolvió la vida.

6 Cuando el rey preguntó a la mujer, ella se *lo* contó. Entonces el rey le asignó un oficial, diciendo: Restáura*le* todo lo que era suyo y todo el fruto del campo desde el día que dejó el país hasta ahora.

7 Entonces Eliseo fue a Damasco. Y Ben-adad, rey de Aram, estaba enfermo, y le dieron aviso, diciendo: El hombre de Dios ha venido acá.

8 Y el rey dijo a Hazael: Toma un presente en tu mano y ve al encuentro del hombre de Dios y consulta al Señor por medio de él, diciendo: "¿Sanaré de esta enfermedad?"

9 Y Hazael fue a recibirle, y tomó un presente en su mano de todo lo bueno de Damasco, la carga de cuarenta camellos; y vino y se puso delante de él y dijo: Tu hijo Ben-adad, rey de Aram, me ha enviado a ti, diciendo: "¿Sanaré de esta enfermedad?"

10 Entonces Eliseo le dijo: Ve y dile: "Ciertamente sanarás"; pero el Señor me ha mostrado que ciertamente morirá.

11 Y puso rígido su rostro y fijó *sus ojos en él* hasta que se sintió avergonzado, y el hombre de Dios lloró.

12 Y Hazael dijo: ¿Por qué llora mi señor? Entonces respondió: Porque sé el mal que harás a los hijos de Israel: incendiarás sus fortalezas, matarás a espada a sus jóvenes, estrellarás a sus niños y rasgarás *el vientre* a sus mujeres encinta.

13 Entonces Hazael dijo: Pero, ¿qué es tu siervo, *sino* un perro, para que haga tan enorme cosa? Y

Eliseo respondió: El SEÑOR me ha mostrado que tú serás rey de Aram.

14 Entonces él se alejó de Eliseo y regresó a su señor, quien le dijo: ¿Qué te dijo Eliseo? Y él respondió: Me dijo que ciertamente sanarás.

15 Y sucedió que al día siguiente tomó la manta, la empapó en agua y se la puso sobre la cara, y murió. Y Hazael reinó en su lugar.

16 En el año quinto de Joram, hijo de Acab, rey de Israel, siendo Josafat rey de Judá, comenzó a reinar Joram, hijo de Josafat, rey de Judá.

17 Tenía treinta y dos años cuando comenzó a reinar, y reinó ocho años en Jerusalén.

18 Y anduvo en el camino de los reyes de Israel, tal como había hecho la casa de Acab (porque la hija de Acab era su mujer); e hizo lo malo ante los ojos del SEÑOR.

19 Sin embargo, el SEÑOR no quiso destruir a Judá por amor a David su siervo, ya que le había prometido darle una lámpara por medio de sus hijos para siempre.

20 En sus días se rebeló Edom contra el dominio de Judá, y pusieron rey sobre ellos.

21 Entonces pasó Joram a Zair, y todos sus carros con él. Y aconteció que se levantó de noche y atacó a los edomitas que lo tenían cercado a él y a los jefes de los carros, pero su ejército huyó a sus tiendas.

22 Y Edom se rebeló contra el dominio de Judá, hasta el día de hoy. Entonces Libna se rebeló en ese mismo tiempo.

23 Los demás hechos de Joram y todo lo que hizo, ¿no están escritos en el libro de las Crónicas de los reyes de Judá?

24 Y durmió Joram con sus padres y fue sepultado con sus padres en la ciudad de David; y su hijo Ocozías reinó en su lugar.

25 En el año doce de Joram, hijo de Acab, rey de Israel, comenzó a reinar Ocozías, hijo de Joram, rey de Judá.

26 Ocozías *tenía* veintidós años cuando comenzó a reinar, y reinó un año en Jerusalén. Y el nombre de su madre *era* Atalía, nieta de Omri, rey de Israel.

27 El también anduvo en el camino de la casa de Acab, e hizo lo malo ante los ojos del SEÑOR, como *había hecho* la casa de Acab, porque era yerno de Acab.

28 Entonces fue con Joram, hijo de Acab, a la guerra contra Hazael, rey de Aram, en Ramot de Galaad; y los arameos hirieron a Joram.

29 Y el rey Joram regresó a Jezreel para ser curado de las heridas que los arameos le habían hecho en Ramot, cuando peleó contra Hazael, rey de Aram. Entonces Ocozías, hijo de Joram, rey de Judá, descendió para visitar a Joram, hijo de Acab, en Jezreel porque estaba enfermo.

Jehú rey de Israel

9 Y el profeta Eliseo llamó a uno de los hijos de los profetas, y le dijo: Ciñe tus lomos y toma este frasco de aceite en tu mano y ve a Ramot de Galaad.

2 Cuando llegues allá, busca a Jehú, hijo de Josafat, hijo de Nimsi. Entra y haz que se levante de entre sus hermanos, y llévalo a un aposento interior.

3 Entonces toma el frasco de aceite, derrámalo sobre su cabeza, y di: "Así dice el SEÑOR: 'Yo te

he ungido rey sobre Israel.' " Abre luego la puerta y huye, no esperes.

4 Y el joven, el siervo del profeta, fue a Ramot de Galaad.

5 Cuando llegó, he aquí, los jefes del ejército estaban sentados, y él dijo: Jefe, tengo un mensaje para ti. Y Jehú dijo: ¿Para cuál de nosotros? Y él dijo: Para ti, jefe.

6 Entonces él se levantó y entró en la casa, y *el joven* derramó el aceite sobre su cabeza y le dijo: Así dice el SEÑOR, Dios de Israel: "Yo te he ungido rey sobre el pueblo del SEÑOR, sobre Israel.

7 "Tú herirás la casa de Acab tu señor, para que yo vengue la sangre de mis siervos los profetas, y la sangre de todos los siervos del SEÑOR *derramada* por mano de Jezabel.

8 "Y toda la casa de Acab perecerá, y cortaré de Acab todo varón, tanto siervo como libre en Israel.

9 "Yo pondré la casa de Acab como la casa de Jeroboam, hijo de Nabat, y como la casa de Baasa, hijo de Ahías.

10 "Y los perros se comerán a Jezabel en el campo de Jezreel, y nadie *la* sepultará." Entonces abrió la puerta y huyó.

11 Entonces Jehú salió a los siervos de su señor, y *uno* le dijo: ¿Va todo bien? ¿Por qué vino a ti este loco? Y él les dijo: Vosotros conocéis *bien* al hombre y sus palabras.

12 Y ellos dijeron: Mentira; cuéntanos ahora. Y él dijo: Así y así me habló, diciendo: "Así dice el SEÑOR: 'Yo te he ungido rey sobre Israel.' "

13 Entonces se apresuraron y cada uno tomó su manto y lo puso bajo Jehú sobre las gradas desnudas, y tocaron la trompeta y dijeron: Jehú es rey.

14 Y Jehú, hijo de Josafat, hijo de Nimsi, conspiró contra Joram. Y estaba Joram con todo de Galaad,

15 pero el rey Joram había regresado a Jezreel para ser curado de las heridas que los arameos le habían hecho cuando peleó contra Hazael, rey de Aram. Y Jehú dijo: Si es vuestro deseo, que nadie se escape ni salga de la ciudad para ir a anunciar*lo* en Jezreel.

16 Entonces Jehú montó en un carro y fue a Jezreel, porque Joram estaba allí en cama. Y Ocozías, rey de Judá, había descendido para ver a Joram.

17 Y el centinela que estaba en la torre de Jezreel vio la comitiva de Jehú que venía, y dijo: Veo una comitiva. Y Joram dijo: Toma un jinete y envíalo a su encuentro, y que diga: "¿Hay paz?"

18 Fue el jinete a su encuentro, y dijo al rey: "¿Hay paz?" Y Jehú dijo: ¿Qué tienes tú que ver con la paz? Ven en pos de mí. Y el centinela avisó, diciendo: El mensajero llegó hasta ellos, pero no regresó.

19 Entonces envió un segundo jinete, que vino a ellos, y dijo: Así dice el rey: "¿Hay paz?" Y Jehú respondió: ¿Qué tienes tú que ver con la paz? Ven en pos de mí.

20 Y avisó el centinela, diciendo: El llegó hasta ellos, y no regresó; y el *modo de* guiar es como el guiar de Jehú, hijo de Nimsi, porque guía alocadamente.

21 Entonces Joram dijo: Preparad el carro. Y

prepararon su carro. Y salieron Joram, rey de Israel, y Ocozías, rey de Judá, cada uno en su carro, y fueron al encuentro de Jehú, y lo hallaron en el campo de Nabot de Jezreel.

22 Y sucedió que cuando Joram vio a Jehú, dijo: ¿Hay paz, Jehú? Y él respondió: ¿Qué paz, mientras sean tantas las prostituciones de tu madre Jezabel y sus hechicerías?

23 Entonces Joram volvió las riendas y huyó, y dijo a Ocozías: ¡Traición, Ocozías!

24 Y Jehú entesó su arco con toda su fuerza e hirió a Joram en la espalda; y la saeta salió por su corazón y se desplomó en su carro.

25 Entonces *Jehú* dijo a su oficial Bidcar: Tóma*lo* y tíralo en la porción del campo de Nabot de Jezreel, pues recuerdo cuando tú y yo íbamos juntos montados detrás de su padre Acab, que el Señor pronunció esta sentencia contra él:

26 "Ayer ciertamente he visto la sangre de Nabot y la sangre de sus hijos," declaró el Señor, "y te recompensaré en este campo," declaró el Señor. Ahora pues, tóma*lo* y tíralo en el campo, conforme a la palabra del Señor.

27 Cuando Ocozías, rey de Judá, vio *esto*, huyó por el camino de la casa del huerto. Y Jehú lo persiguió y dijo: Matadlo a él también en el carro. *Y lo hirieron* a la subida de Gur, que está en Ibleam. Y huyó a Meguido, y murió allí.

28 Entonces sus siervos lo llevaron en carro a Jerusalén, y lo sepultaron en su sepulcro con sus padres en la ciudad de David.

29 En el año once de Joram, hijo de Acab, Ocozías había comenzado a reinar sobre Judá.

30 Y llegó Jehú a Jezreel, y cuando Jezabel *lo* oyó, se pintó los ojos, adornó su cabeza y se asomó por la ventana.

31 Y cuando entraba Jehú por la puerta, ella dijo: ¿Le va bien a Zimri, asesino de tu señor?

32 Entonces él alzó su rostro hacia la ventana y dijo: ¿Quién está conmigo? ¿Quién? Y dos o tres oficiales se asomaron desde arriba.

33 Y él dijo: Echadla abajo. Y la echaron abajo y parte de su sangre salpicó la pared y los caballos, y él la pisoteó.

34 Cuando él entró, comió y bebió; entonces dijo: Encargaos ahora de esta maldita y enterradla, pues es hija de rey.

35 Y fueron para enterrarla, pero de ella no encontraron más que el cráneo, los pies y las palmas de sus manos.

36 Entonces, volvieron y se lo hicieron saber. Y él dijo: Esta es la palabra que el Señor había hablado por medio de su siervo Elías tisbita, diciendo: "En la parcela de Jezreel los perros comerán la carne de Jezabel;

37 y el cadáver de Jezabel será como estiércol sobre la superficie del campo en la parcela de Jezreel, para que no puedan decir: 'Esta es Jezabel.' "

Reinado de Jehú

10 Acab tenía setenta hijos en Samaria. Y Jehú escribió cartas y *las* envió a Samaria, a los príncipes de Jezreel, a los ancianos y a los ayos *de los hijos* de Acab, diciendo:

2 Ahora, cuando esta carta llegue a vosotros, como los hijos de vuestro señor están con vosotros, así como también los carros y los caballos y una ciudad fortificada y las armas,

3 escoged al mejor y más capaz de entre los hijos de vuestro señor, y poned*lo* en el trono de su padre, y luchad por la casa de vuestro señor.

4 Pero ellos temieron en gran manera y dijeron: He aquí, los dos reyes no pudieron sostenerse delante de él; ¿cómo, pues, podremos sostenernos nosotros?

5 Y el que *estaba* a cargo de la casa, y el que *estaba* sobre la ciudad, los ancianos, y los ayos *de los hijos*, enviaron *palabra* a Jehú, diciendo: Somos tus siervos, haremos todo lo que nos digas, a nadie proclamaremos rey; haz lo que te parezca bien.

6 Entonces por segunda vez les escribió una carta, diciendo: Si estáis de mi parte y escucháis mi voz, tomad las cabezas de los hombres, de los hijos de vuestro señor, y venid a mí a Jezreel mañana a estas horas. Y los hijos del rey, setenta personas, *estaban* con los principales de la ciudad, *que* los criaban.

7 Y sucedió que cuando la carta llegó a ellos, tomaron a los hijos del rey, y *los* mataron, setenta personas, y pusieron sus cabezas en canastas y se *las* enviaron a Jezreel.

8 Cuando el mensajero vino y le avisó, diciendo: Han traído las cabezas de los hijos del rey, él dijo: Ponedlas en dos montones a la entrada de la puerta hasta la mañana.

9 Y por la mañana, él salió, y estando en pie, dijo a todo el pueblo: Vosotros sois inocentes; aquí, yo conspiré contra mi señor y lo maté, pero, ¿quién mató a todos éstos?

10 Sabed entonces que no caerá a tierra ninguna de las palabras del Señor, las cuales el Señor habló acerca de la casa de Acab. El Señor ha hecho lo que habló por medio de su siervo Elías.

11 Y Jehú mató a todos los que quedaban de la casa de Acab en Jezreel, y a todos sus grandes, a sus amigos íntimos y a sus sacerdotes, hasta que no le dejó ningún sobreviviente.

12 Entonces se levantó y partió, y fue a Samaria. En el camino mientras estaba en Bet-eked[1] de los pastores,

13 Jehú encontró a los parientes de Ocozías, rey de Judá, y dijo: ¿Quiénes sois vosotros? Y ellos respondieron: Somos parientes de Ocozías; y hemos descendido para saludar a los hijos del rey y a los hijos de la reina madre.

14 Y él dijo: Tomadlos vivos. Y los tomaron vivos, y los mataron en el foso de Bet-eked, cuarenta y dos hombres; no dejó ninguno de ellos.

15 Cuando partió de allí, encontró a Jonadab, hijo de Recab, *que venía* a su encuentro, lo saludó y le dijo: ¿Es recto tu corazón como mi corazón es con el tuyo? Y Jonadab respondió: Lo es. Y *Jehú dijo*: Si lo es, da*me* la mano. Y le dio su mano y lo hizo subir al carro.

16 Y él dijo: Ven conmigo y verás mi celo por el Señor. Y lo hizo ir con él en su carro.

17 Y cuando llegó a Samaria, mató a todos los que quedaban de Acab en Samaria, hasta que los destruyó, conforme a la palabra que el Señor había hablado a Elías.

18 Entonces Jehú reunió a todo el pueblo, y les

---

1. I.e., casa de esquileo

dijo: Acab sirvió a Baal un poco, Jehú lo servirá mucho.

19 Llamad ahora a todos los profetas de Baal, a todos sus adoradores y a todos sus sacerdotes; que no falte ninguno, porque tengo un gran sacrificio para Baal; todo el que falte no vivirá. Pero Jehú lo hizo con astucia para poder destruir a los adoradores de Baal.

20 Y Jehú dijo: Santificad una asamblea solemne para Baal. Y ellos *la* convocaron.

21 Entonces Jehú envió *aviso* por todo Israel y vinieron todos los adoradores de Baal, y no quedó ninguno que no viniera. Y cuando entraron en la casa de Baal, la casa de Baal se llenó de un extremo al otro.

22 Y dijo al que *estaba* encargado del vestuario: Saca vestiduras para todos los adoradores de Baal. Y él les sacó vestiduras.

23 Y entró Jehú en la casa de Baal con Jonadab, hijo de Recab; y dijo a los adoradores de Baal: Buscad y ved que no haya aquí con vosotros ninguno de los siervos del SEÑOR, sino sólo los adoradores de Baal.

24 Entonces entraron a ofrecer sacrificios y holocaustos. Y Jehú había colocado ochenta hombres afuera, y había dicho: El que permita escapar a uno de los hombres que yo ponga en vuestras manos, dará su vida por la de él.

25 Y tan pronto como acabó de ofrecer el holocausto, Jehú dijo a la guardia y a los oficiales reales: Entrad, matadlos; que ninguno salga. Y los mataron a filo de espada; y la guardia y los oficiales reales *los* echaron fuera, y llegaron hasta el aposento interior de la casa de Baal.

26 Y sacaron los pilares *sagrados* de la casa de Baal, y los quemaron.

27 También derribaron el pilar *sagrado* de Baal y demolieron la casa de Baal, y la convirtieron en una letrina, hasta hoy.

28 Así Jehú extirpó a Baal de Israel.

29 Sin embargo, *en cuanto a* los pecados con que Jeroboam, hijo de Nabat, hizo pecar a Israel, Jehú no se apartó de éstos, *o sea,* de los becerros de oro que *estaban* en Betel y en Dan.

30 Y el SEÑOR dijo a Jehú: Porque has hecho bien al hacer lo recto ante mis ojos, *y* has hecho a la casa de Acab conforme a todo lo que *estaba* en mi corazón, tus hijos hasta la cuarta generación se sentarán en el trono de Israel.

31 Pero Jehú no se cuidó de andar en la ley del SEÑOR, Dios de Israel, con todo su corazón, ni se apartó de los pecados con que Jeroboam hizo pecar a Israel.

32 En aquellos días el SEÑOR comenzó a cortar *partes* de Israel; *y* Hazael los derrotó por todo el territorio de Israel:

33 desde el Jordán hacia el oriente, toda la tierra de Galaad, de Gad, de Rubén y de Manasés; desde Aroer, que está junto al valle del Arnón, y *hasta* Galaad y Basán.

34 Y los demás hechos de Jehú, y todo lo que hizo y todo su poder, ¿no están escritos en el libro de las Crónicas de los reyes de Israel?

35 Y durmió Jehú con sus padres, y lo sepultaron en Samaria. Y su hijo Joacaz reinó en su lugar.

36 Y el tiempo que Jehú reinó sobre Israel en Samaria *fue* de veintiocho años.

Atalía usurpa el trono

11 Cuando Atalía, madre de Ocozías, vio que su hijo había muerto, se levantó y exterminó a toda la descendencia real.

2 Pero Josaba, hija del rey Joram, hermana de Ocozías, tomó a Joás, hijo de Ocozías, y lo sacó furtivamente de entre los hijos del rey a quienes estaban dando muerte, y lo puso a él y a su nodriza en la alcoba. Así lo escondieron de Atalía, y no le dieron muerte.

3 Y estuvo escondido con ella en la casa del SEÑOR seis años, mientras Atalía reinaba en el país.

4 Pero en el séptimo año Joiada mandó a buscar e hizo venir a los capitanes de centenas de los cariteos y de la guardia, y los hizo venir a él en la casa del SEÑOR. Entonces hizo un pacto con ellos en la casa del SEÑOR y les puso bajo juramento, y les mostró al hijo del rey.

5 Y les dio orden, diciendo: Esto es lo que haréis: una tercera parte de vosotros, los que entran en el día de reposo y hacen la guardia en la casa del rey,

6 harán la guardia en la casa para su defensa; también una tercera parte *estará* en la puerta Sur, y otra tercera parte en la puerta detrás de los guardias.

7 Dos partes de vosotros, *es decir,* todos los que salen el día de reposo, también harán la guardia en la casa del SEÑOR junto al rey.

8 Entonces rodearéis al rey, cada uno con sus armas en la mano; y cualquiera que penetre las filas será muerto. Y estad con el rey cuando salga y cuando entre.

9 Y los capitanes de centenas hicieron conforme a todo lo que había ordenado el sacerdote Joiada. Y cada uno de ellos tomó sus hombres, los que habían de entrar en el día de reposo, junto con los que habían de salir el día de reposo, y vinieron al sacerdote Joiada.

10 Entonces el sacerdote dio a los capitanes de centenas las lanzas y los escudos que *habían sido* del rey David, que *estaban* en la casa del SEÑOR.

11 Y los guardias se colocaron cada uno con sus armas en la mano, desde el lado derecho de la casa hasta el lado izquierdo de la misma, junto al altar y junto a la casa, alrededor del rey.

12 Entonces *Joiada* sacó al hijo del rey y le puso la corona, y *le dio el libro* del testimonio; lo hicieron rey y lo ungieron, y batiendo palmas, gritaron: ¡Viva el rey!

13 Al oír Atalía el ruido de la guardia *y* del pueblo, se llegó al pueblo en la casa del SEÑOR,

14 y miró, y he aquí el rey estaba de pie junto a la columna, según la costumbre, y los capitanes y los trompetas estaban al lado del rey; y todo el pueblo del país se regocijaba y tocaba trompetas. Entonces Atalía rasgó sus vestidos, y gritó: ¡Traición, traición!

15 Pero el sacerdote Joiada dio orden a los capitanes de centenas que estaban al mando del ejército, y les dijo: Sacadla de entre las filas, y al que la siga, matadlo a espada. Porque el sacerdote había dicho: No la matéis en la casa del SEÑOR.

16 Y le echaron mano; y cuando ella llegó a la entrada de los caballos de la casa del rey, allí la mataron.

17 Entonces Joiada hizo un pacto entre el SEÑOR

y el rey y el pueblo, de que ellos serían el pueblo del Señor; asimismo entre el rey y el pueblo.

18 Y todo el pueblo del país fue a la casa de Baal y la derribaron, destruyeron completamente sus altares y sus imágenes y mataron delante de los altares a Matán, sacerdote de Baal. Y el sacerdote nombró oficiales sobre la casa del Señor.

19 Y tomó a los capitanes de centenas, a los cariteos, a los guardias y a todo el pueblo del país, e hicieron descender al rey de la casa del Señor, y vinieron por el camino de la puerta de los guardias a la casa del rey. Y él se sentó en el trono de los reyes.

20 Y todo el pueblo del país se regocijó, y la ciudad quedó tranquila, porque Atalía había sido muerta a espada en la casa del rey.

21 Joás *tenía* siete años cuando comenzó a reinar.

Reinado de Joás de Judá

12 En el séptimo año de Jehú, Joás comenzó a reinar, y reinó cuarenta años en Jerusalén; y el nombre de su madre *era* Sibia de Beerseba.

2 Y Joás hizo lo recto ante los ojos del Señor todos los días en que el sacerdote Joiada lo dirigió.

3 Sólo que los lugares altos no fueron quitados; el pueblo aún sacrificaba y quemaba incienso en los lugares altos.

4 Entonces Joás dijo a los sacerdotes: Todo el dinero de las cosas sagradas que se trae a la casa del Señor en moneda corriente, *tanto* todo el dinero estipulado a cada persona, *como* todo el dinero que cada uno voluntariamente traiga a la casa del Señor,

5 que los sacerdotes lo tomen para sí, cada cual de sus conocidos; y ellos repararán los daños de la casa dondequiera que se encuentre algún daño.

6 Pero en el año veintitrés del rey Joás, los sacerdotes *aún* no habían reparado los daños de la casa.

7 Entonces el rey Joás llamó al sacerdote Joiada y a los *otros* sacerdotes, y les dijo: ¿Por qué no repararéis los daños de la casa? Ahora pues, no toméis *más* dinero de vuestros conocidos, sino entregadlo para los daños de la casa.

8 Y consintieron los sacerdotes en no tomar *más* dinero del pueblo, ni reparar ellos los daños de la casa.

9 Entonces el sacerdote Joiada tomó un cofre e hizo un agujero en la tapa, y lo puso junto al altar, al lado derecho conforme uno entra a la casa del Señor; y los sacerdotes que custodiaban el umbral, depositaban en él todo el dinero que se traía a la casa del Señor.

10 Y cuando veían que había mucho dinero en el cofre, el escriba del rey y el sumo sacerdote subían y *lo* ataban en sacos, y contaban el dinero que se encontraba en la casa del Señor.

11 Y entregaban el dinero que había sido contado en manos de los que hacían el trabajo, los cuales tenían a su cargo la casa del Señor, y ellos lo traían *para pagar* a los carpinteros y a los constructores que trabajaban en la casa del Señor,

12 y a los albañiles y canteros, y para comprar madera y piedra de cantería para reparar los daños de la casa del Señor, y para todo lo que se gastaba para la casa, a fin de repararla.

13 Pero del dinero que se traía a la casa del Señor, no se hicieron ni copas de plata, ni despabiladeras, ni tazones, ni trompetas, ni ninguna vasija de oro, ni vasijas de plata para la casa del Señor;

14 porque lo daban a los que hacían el trabajo, y con él reparaban la casa del Señor.

15 Y no se pedían cuentas a los hombres en cuyas manos se ponía el dinero para dárselo a los que hacían el trabajo, porque procedían fielmente.

16 No se traía a la casa del Señor el dinero de las ofrendas por la culpa ni el dinero de las ofrendas por el pecado; era para los sacerdotes.

17 Entonces Hazael, rey de Aram, subió y peleó contra Gat y la tomó; y Hazael se propuso subir contra Jerusalén.

18 Y Joás, rey de Judá, tomó todas las cosas sagradas que Josafat, Joram y Ocozías, sus padres, reyes de Judá, habían consagrado, y sus propias cosas sagradas y todo el oro que se encontraba en las tesorerías de la casa del Señor y de la casa del rey, y *las* envió a Hazael, rey de Aram. Entonces él se retiró de Jerusalén.

19 Los demás hechos de Joás, y todo lo que hizo, ¿no están escritos en el libro de las Crónicas de los reyes de Judá?

20 Y sus siervos se levantaron y tramaron una conspiración, y mataron a Joás en la casa de Milo, *cuando* descendía a Sila.

21 Pues sus siervos Josacar, hijo de Simeat, y Jozabad, hijo de Somer, *lo* hirieron y murió; y lo sepultaron con sus padres en la ciudad de David, y Amasías su hijo reinó en su lugar.

Otros reyes de Israel

13 En el año veintitrés de Joás, hijo de Ocozías, rey de Judá, comenzó a reinar Joacaz, hijo de Jehú, sobre Israel en Samaria, *y reinó* diecisiete años.

2 E hizo lo malo ante los ojos del Señor, y siguió tras los pecados con que Jeroboam, hijo de Nabat, hizo pecar a Israel; no se apartó de ellos.

3 Y se encendió la ira del Señor contra Israel, y los entregó día tras día en mano de Hazael, rey de Aram, y en mano de Ben-adad, hijo de Hazael.

4 Entonces Joacaz imploró el favor del Señor, y el Señor lo oyó; porque Él vio la opresión de Israel, de cómo el rey de Aram los oprimía.

5 Y el Señor dio a Israel un libertador[1], y escaparon del poder de los arameos; y habitaron los hijos de Israel en sus tiendas como antes.

6 Con todo, no se apartaron de los pecados con que la casa de Jeroboam hizo pecar a Israel, sino que anduvieron en ellos; y también la Asera permaneció en pie en Samaria.

7 Pues a Joacaz no le había quedado del ejército más que cincuenta hombres de a caballo, diez carros y diez mil hombres de a pie, porque el rey de Aram los había destruido y los había hecho como polvo de trilla.

8 Los demás hechos de Joacaz y todo lo que

---

1. O, *salvador*

hizo y su poder, ¿no están escritos en el libro de las Crónicas de los reyes de Israel?

9 Y durmió Joacaz con sus padres y lo sepultaron en Samaria, y su hijo Joás reinó en su lugar.

10 En el año treinta y siete de Joás, rey de Judá, Jeoás, hijo de Joacaz, comenzó a reinar sobre Israel en Samaria, *y reinó* dieciséis años.

11 E hizo lo malo ante los ojos del SEÑOR; no se apartó de todos los pecados con que Jeroboam, hijo de Nabat, hizo pecar a Israel, sino que anduvo en ellos.

12 Los demás hechos de Joás, y todo lo que hizo, y el poder con que peleó contra Amasías, rey de Judá, ¿no están escritos en el libro de las Crónicas de los reyes de Israel?

13 Y durmió Joás con sus padres, y Jeroboam se sentó en su trono; y Joás fue sepultado en Samaria con los reyes de Israel.

14 Cuando Eliseo se enfermó con la enfermedad de la cual había de morir, Jeoás, rey de Israel, descendió a él y lloró sobre su rostro, y dijo: ¡Padre mío, padre mío, los carros de Israel y sus hombres de a caballo!

15 Y Eliseo le dijo: Toma un arco y flechas. Y él tomó un arco y flechas.

16 Entonces dijo al rey de Israel: Pon tu mano en el arco. Y él puso su mano *sobre el arco;* entonces Eliseo colocó sus manos sobre las manos del rey.

17 Y dijo: Abre la ventana hacia el oriente, y él *la* abrió. Entonces Eliseo dijo: Tira. Y él tiró. Y *Eliseo* dijo: Flecha de victoria del SEÑOR, y flecha de victoria sobre Aram, porque derrotarás a los arameos en Afec hasta exterminar*los.*

18 Entonces añadió: Toma las flechas; y él las tomó. Y dijo al rey de Israel: Golpea la tierra; y él la golpeó tres veces y se detuvo.

19 Y el hombre de Dios se enojó con él, y dijo: Deberías haber golpeado cinco o seis veces, entonces hubieras herido a Aram hasta exterminar*lo.* Pero ahora herirás a Aram *sólo* tres veces.

20 Y murió Eliseo y lo sepultaron. Y las bandas de los moabitas solían invadir la tierra en la primavera de *cada* año.

21 Y cuando estaban sepultando a un hombre, he aquí, vieron una banda de merodeadores y arrojaron al hombre en la tumba de Eliseo. Y cuando el hombre cayó y tocó los huesos de Eliseo, revivió, y se puso en pie.

22 Y Hazael, rey de Aram, había oprimido a Israel todos los días de Joacaz.

23 Pero el SEÑOR tuvo piedad de ellos, y les tuvo compasión y se volvió a ellos a causa de su pacto con Abraham, Isaac y Jacob, y no quiso destruirlos ni echarlos de su presencia hasta hoy.

24 Al morir Hazael, rey de Aram, su hijo Ben-adad reinó en su lugar.

25 Entonces Jeoás, hijo de Joacaz, recobró de nuevo de mano de Ben-adad, hijo de Hazael, las ciudades que *éste* había tomado en guerra de mano de su padre Joacaz. Tres veces Jeoás lo derrotó y recobró las ciudades de Israel.

Amasías rey de Judá

14 En el año segundo de Jeoás, hijo de Joacaz, rey de Israel, comenzó a reinar Amasías, hijo de Joás, rey de Judá.

2 *Tenía* veinticinco años cuando comenzó a reinar, y reinó veintinueve años en Jerusalén. El nombre de su madre *era* Joadán, de Jerusalén.

3 E hizo lo recto ante los ojos del SEÑOR, pero no como su padre David; hizo conforme a todo lo que su padre Joás había hecho.

4 Sólo que los lugares altos no fueron quitados; todavía el pueblo sacrificaba y quemaba incienso en los lugares altos.

5 Y sucedió que una vez afianzado el reino en su mano, mató a los siervos suyos que habían asesinado al rey su padre.

6 Pero a los hijos de los asesinos no les dio muerte, conforme a lo que está escrito en el libro de la ley de Moisés, tal como el SEÑOR ordenó, diciendo: No se dará muerte a los padres por los hijos, ni se dará muerte a los hijos por los padres, sino que a cada uno se le dará muerte por su propio pecado.

7 El mató a diez mil *de* Edom en el valle de Sal y tomó a Sela en batalla, y la llamó Jocteel, hasta hoy.

8 Entonces Amasías envió mensajeros a Jeoás, hijo de Joacaz, hijo de Jehú, rey de Israel, diciendo: Ven, veámonos cara a cara.

9 Y Jeoás, rey de Israel, envió *mensaje* a Amasías, rey de Judá, diciendo: El cardo que estaba en el Líbano envió a decir al cedro que estaba en el Líbano, diciendo: "Da tu hija por mujer a mi hijo." Pero pasó una fiera que estaba en el Líbano, y pisoteó el cardo.

10 Ciertamente has derrotado a Edom, y tu corazón se ha envanecido. Disfruta tu gloria y quédate en tu casa; pues, ¿por qué quieres provocar el mal de modo que caigas tú y Judá contigo?

11 Pero Amasías no quiso escuchar. Y subió Jeoás, rey de Israel; y él y Amasías, rey de Judá, se enfrentaron en Bet-semes, que pertenece a Judá.

12 Y Judá fue derrotado por Israel, y huyeron cada uno a su tienda.

13 Entonces Jeoás, rey de Israel, capturó a Amasías, rey de Judá, hijo de Joás, hijo de Ocozías, en Bet-semes; y vino a Jerusalén y derribó la muralla de Jerusalén desde la puerta de Efraín hasta la puerta del Angulo, cuatrocientos codos.

14 Y tomó todo el oro, la plata y todos los utensilios que se encontraban en la casa del SEÑOR y en los tesoros de la casa del rey, también los rehenes; y volvió a Samaria.

15 Los demás hechos de Jeoás, cuanto hizo y su poder, y cómo peleó contra Amasías, rey de Judá; ¿no están escritos en el libro de las Crónicas de los reyes de Israel?

16 Y durmió Jeoás con sus padres, y fue sepultado en Samaria con los reyes de Israel; y su hijo Jeroboam reinó en su lugar.

17 Y Amasías, rey de Judá, vivió quince años después de la muerte de Jeoás, hijo de Joacaz, rey de Israel.

18 Los demás hechos de Amasías, ¿no están escritos en el libro de las Crónicas de los reyes de Judá?

19 Y conspiraron contra él en Jerusalén, y huyó a Laquis; pero lo persiguieron hasta Laquis y allí lo mataron.

20 Lo trajeron sobre caballos y fue sepultado en Jerusalén con sus padres en la ciudad de David.

21 Y todo el pueblo de Judá tomó a Azarías, que *tenía* dieciséis años, y lo hicieron rey en lugar de su padre Amasías.

22 Él edificó a Elat y la restituyó a Judá, después que el rey durmió con sus padres.

23 En el año quince de Amasías, hijo de Joás, rey de Judá, Jeroboam, hijo de Jeoás, rey de Israel, comenzó a reinar en Samaria, y *reinó* cuarenta y un años.

24 E hizo lo malo ante los ojos del Señor; no se apartó de todos los pecados con que Jeroboam, hijo de Nabat, hizo pecar a Israel.

25 Él restableció la frontera de Israel desde la entrada de Hamat hasta el mar de Arabá, conforme a la palabra que el Señor, Dios de Israel, había hablado por medio de su siervo el profeta Jonás, hijo de Amitai, que *era* de Gat-hefer.

26 Porque el Señor había visto la aflicción de Israel, *que era* muy amarga; pues no había siervo ni libre, ni nadie que ayudara a Israel.

27 Pero el Señor no había decidido borrar el nombre de Israel de debajo del cielo, y los salvó por mano de Jeroboam, hijo de Jeoás.

28 Los demás hechos de Jeroboam y todo lo que hizo y su poder, cómo peleó y cómo recobró para Israel a Damasco y a Hamat, *que habían pertenecido* a Judá, ¿no están escritos en el libro de las Crónicas de los reyes de Israel?

29 Y durmió Jeroboam con sus padres, con los reyes de Israel, y su hijo Zacarías reinó en su lugar.

Reinado de Azarías en Judá

15 En el año veintisiete de Jeroboam, rey de Israel, comenzó a reinar Azarías, hijo de Amasías, rey de Judá.

2 Tenía dieciséis años cuando comenzó a reinar, y reinó cincuenta y dos años en Jerusalén. El nombre de su madre *era* Jecolía, de Jerusalén.

3 E hizo lo recto ante los ojos del Señor, conforme a todo lo que su padre Amasías había hecho.

4 Sólo que los lugares altos no fueron quitados; el pueblo todavía sacrificaba y quemaba incienso en los lugares altos.

5 Y el Señor hirió al rey, y quedó leproso hasta el día de su muerte. Y habitó en una casa separada, mientras Jotam, hijo del rey, *estaba* al frente de la casa, gobernando al pueblo de la tierra.

6 Los demás hechos de Azarías y todo lo que hizo, ¿no están escritos en el libro de las Crónicas de los reyes de Judá?

7 Y durmió Azarías con sus padres, y lo sepultaron con sus padres en la ciudad de David, y su hijo Jotam reinó en su lugar.

8 En el año treinta y ocho de Azarías, rey de Judá, Zacarías, hijo de Jeroboam, reinó seis meses sobre Israel en Samaria.

9 E hizo lo malo ante los ojos del Señor, como habían hecho sus padres; no se apartó de los pecados con que Jeroboam, hijo de Nabat, hizo pecar a Israel.

10 Entonces Salum, hijo de Jabes, conspiró contra él y lo hirió delante del pueblo y lo mató, y reinó en su lugar.

11 Los demás hechos de Zacarías, he aquí, están

escritos en el libro de las Crónicas de los reyes de Israel.

12 Esta es la palabra que el Señor habló a Jehú, diciendo: Tus hijos hasta la cuarta generación se sentarán en el trono de Israel. Y así fue.

13 Salum, hijo de Jabes, comenzó a reinar en el año treinta y nueve de Uzías, rey de Judá, y reinó un mes en Samaria.

14 Entonces Manahem, hijo de Gadi, subió de Tirsa y vino a Samaria, e hirió a Salum, hijo de Jabes, en Samaria, y lo mató y reinó en su lugar.

15 Los demás hechos de Salum y la conspiración que tramó, he aquí, están escritos en el libro de las Crónicas de los reyes de Israel.

16 Entonces Manahem hirió a Tifsa y a todos los que *estaban* en ella y en sus alrededores desde Tirsa, porque no *le* abrieron *las puertas*, por eso *la* hirió; y abrió *el vientre* a todas las mujeres que estaban encintas.

17 En el año treinta y nueve de Azarías, rey de Judá, Manahem, hijo de Gadi, comenzó a reinar sobre Israel; *y reinó* diez años en Samaria.

18 E hizo lo malo ante los ojos del Señor; todos sus días no se apartó de los pecados con que Jeroboam, hijo de Nabat, hizo pecar a Israel.

19 Pul, rey de Asiria, vino contra el país, y Manahem dio a Pul mil talentos de plata para que su mano estuviera con él para fortalecer el reino bajo su mando.

20 Entonces Manahem exigió el dinero a Israel, a todos los ricos poderosos, de cada uno cincuenta siclos de plata para pagar al rey de Asiria. Y el rey de Asiria se volvió y no se detuvo allí en el país.

21 Los demás hechos de Manahem y todo lo que hizo, ¿no están escritos en el libro de las Crónicas de los reyes de Israel?

22 Y durmió Manahem con sus padres, y su hijo Pekaía reinó en su lugar.

23 En el año cincuenta de Azarías, rey de Judá, Pekaía, hijo de Manahem, comenzó a reinar sobre Israel en Samaria, *y reinó* dos años.

24 E hizo lo malo ante los ojos del Señor; no se apartó de los pecados con que Jeroboam, hijo de Nabat, hizo pecar a Israel.

25 Entonces su oficial, Peka, hijo de Remalías, conspiró contra él y lo hirió en Samaria, en la ciudadela de la casa del rey, *y también* a Argob y a Arie; y con él estaban cincuenta hombres de los hijos de los galaaditas. Y lo mató y reinó en su lugar.

26 Los demás hechos de Pekaía y todo lo que hizo, he aquí, están escritos en el libro de las Crónicas de los reyes de Israel.

27 En el año cincuenta y dos de Azarías, rey de Judá, Peka, hijo de Remalías, comenzó a reinar sobre Israel en Samaria, *y reinó* veinte años.

28 E hizo lo malo ante los ojos del Señor; no se apartó de los pecados con que Jeroboam, hijo de Nabat, hizo pecar a Israel.

29 En los días de Peka, rey de Israel, vino Tiglat-pileser, rey de Asiria, y tomó Ijón, Abel-bet-maaca, Janoa, Cedes, Hazor, Galaad y Galilea, toda la tierra de Neftalí; y los llevó cautivos a Asiria.

30 Y Oseas, hijo de Ela, tramó una conspiración contra Peka, hijo de Remalías, y lo hirió y le dio muerte; y reinó en su lugar, en el año veinte de Jotam, hijo de Uzías.

31 Los demás hechos de Peka y todo lo que hizo, he aquí, están escritos en el libro de las Crónicas de los reyes de Israel.

32 En el segundo año de Peka, hijo de Remalías, rey de Israel, comenzó a reinar Jotam, hijo de Uzías, rey de Judá.

33 Tenía veinticinco años cuando comenzó a reinar, y reinó dieciséis años en Jerusalén; y el nombre de su madre *era* Jerusa, hija de Sadoc.

34 E hizo lo recto ante los ojos del Señor; hizo conforme a todo lo que su padre Uzías había hecho.

35 Sólo que los lugares altos no fueron quitados; el pueblo todavía sacrificaba y quemaba incienso en los lugares altos. El edificó la puerta superior de la casa del Señor.

36 Los demás hechos de Jotam y *todo* lo que hizo, ¿no están escritos en el libro de las Crónicas de los reyes de Judá?

37 En aquellos días el Señor comenzó a enviar a Rezín, rey de Aram, y a Peka, hijo de Remalías, contra Judá.

38 Y durmió Jotam con sus padres, y fue sepultado con sus padres en la ciudad de su padre David; y su hijo Acaz reinó en su lugar.

Reinado de Acaz

16 En el año diecisiete de Peka, hijo de Remalías, comenzó a reinar Acaz, hijo de Jotam, rey de Judá.

2 Acaz *tenía* veinte años cuando comenzó a reinar, y reinó dieciséis años en Jerusalén; pero no hizo lo recto ante los ojos del Señor su Dios como su padre David *había hecho,*

3 sino que anduvo en el camino de los reyes de Israel, y aun hizo pasar a su hijo por el fuego, conforme a las abominaciones de las naciones que el Señor había arrojado de delante de los hijos de Israel.

4 Y sacrificó y quemó incienso en los lugares altos, en las colinas y debajo de todo árbol frondoso.

5 Entonces Rezín, rey de Aram, y Peka, hijo de Remalías, rey de Israel, subieron a Jerusalén para *hacer* guerra y sitiaron a Acaz; pero no lo podían vencer.

6 En aquel tiempo Rezín, rey de Aram, recuperó a Elat para Aram, y echó a los judíos de Elat completamente; y los arameos vinieron a Elat y allí han morado hasta hoy.

7 Y envió Acaz mensajeros a Tiglat-pileser, rey de Asiria, diciendo: Yo soy tu siervo y tu hijo; sube y líbrame de la mano del rey de Aram y de la mano del rey de Israel que se han levantado contra mí.

8 Y Acaz tomó la plata y el oro que se hallaba en la casa del Señor y en los tesoros de la casa del rey, y envió un presente al rey de Asiria.

9 El rey de Asiria lo escuchó, y el rey de Asiria subió contra Damasco y la tomó, y se llevó a *su pueblo* al destierro en Kir, y dio muerte a Rezín.

10 Y el rey Acaz fue a Damasco a ver a Tiglat-pileser, rey de Asiria, y vio el altar que *estaba* en Damasco; y el rey Acaz envió al sacerdote Urías el diseño del altar y su réplica, conforme a toda su hechura.

11 Y el sacerdote Urías edificó un altar; conforme a todo lo que el rey Acaz había enviado de Damasco, así *lo* hizo el sacerdote Urías antes del regreso del rey Acaz de Damasco.

12 Cuando vino el rey de Damasco y vio el altar, el rey se acercó al altar y subió hasta él;

13 quemó su holocausto y su ofrenda de cereal, derramó su libación y roció la sangre de sus ofrendas de paz sobre el altar;

14 y el altar de bronce, que *estaba* delante del Señor, lo trajo de delante de la casa, de entre *su* altar y la casa del Señor, y lo puso al lado norte de *su* altar.

15 Entonces el rey Acaz dio órdenes al sacerdote Urías, diciendo: Quema sobre el gran altar el holocausto de la mañana y la ofrenda de cereal de la tarde, el holocausto del rey y su ofrenda de cereal, con el holocausto de todo el pueblo de la tierra y con su ofrenda de cereal y sus libaciones; y rocía sobre él toda la sangre del holocausto y toda la sangre del sacrificio. Pero el altar de bronce será para mí para consultar.

16 Y el sacerdote Urías hizo conforme a todo lo que el rey Acaz le había ordenado.

17 Entonces el rey Acaz cortó los bordes de las basas, y quitó de ellas la pila; también bajó el mar de sobre los bueyes de bronce que *estaban* debajo de él y lo puso sobre un enlosado de piedra.

18 Y el pórtico para el día de reposo, que habían edificado en la casa, y la entrada exterior del rey, *los* quitó de la casa del Señor a causa del rey de Asiria.

19 Los demás hechos de Acaz, lo que hizo, ¿no están escritos en el libro de las Crónicas de los reyes de Judá?

20 Y durmió Acaz con sus padres, y fue sepultado con sus padres en la ciudad de David; y su hijo Ezequías reinó en su lugar.

Causas de la caída del reino de Israel

17 En el año doce de Acaz, rey de Judá, Oseas, hijo de Ela, comenzó a reinar sobre Israel en Samaria, *y reinó* nueve años.

2 E hizo lo malo ante los ojos del Señor, aunque no como los reyes de Israel que habían sido antes de él.

3 Subió contra él Salmanasar, rey de Asiria, y Oseas fue hecho su siervo, y le pagaba tributo.

4 Pero el rey de Asiria descubrió una conspiración de Oseas, quien había enviado mensajeros a So, rey de Egipto, y no había pagado tributo al rey de Asiria como *había hecho* año tras año; por tanto el rey de Asiria lo detuvo y lo encadenó en la cárcel.

5 Entonces el rey de Asiria invadió todo el país y subió a Samaria, y le puso sitio por tres años.

6 En el año noveno de Oseas, el rey de Asiria tomó Samaria y se llevó a Israel al destierro en Asiria, y los puso en Halah y en Habor, río de Gozán, y en las ciudades de los medos.

7 Esto sucedió porque los hijos de Israel habían pecado contra el Señor su Dios, que los había sacado de la tierra de Egipto de bajo la mano de Faraón, rey de Egipto, y habían reverenciado a otros dioses;

8 y anduvieron en las costumbres de las naciones que el Señor había arrojado de delante de los hijos de Israel, *y en las costumbres* de los reyes de Israel que ellos habían introducido.

9 Y los hijos de Israel secretamente hicieron cosas que no eran rectas contra el Señor su Dios.

Además se edificaron lugares altos en todas sus ciudades, desde las torres de atalaya hasta las ciudades fortificadas.

10 Se erigieron pilares *sagrados* y Aseras sobre toda colina alta y bajo todo árbol frondoso,

11 y quemaron incienso allí en todos los lugares altos, como las naciones que el Señor se había llevado al destierro de delante de ellos; e hicieron cosas malas provocando al Señor.

12 Y sirvieron a ídolos, acerca de los cuales el Señor les había dicho: Vosotros no haréis esto.

13 Y el Señor amonestaba a Israel y a Judá por medio de todos sus profetas *y* de todo vidente, diciendo: Volveos de vuestros malos caminos y guardad mis mandamientos, mis estatutos conforme a toda la ley que ordené a vuestros padres y que os envié por medio de mis siervos los profetas.

14 Sin embargo, ellos no escucharon, sino que endurecieron su cerviz como sus padres, que no creyeron en el Señor su Dios.

15 Desecharon sus estatutos y el pacto que Él había hecho con sus padres, y sus advertencias con las cuales les había amonestado. Y siguieron la vanidad y se hicieron vanos, *y fueron* en pos de las naciones que los rodeaban, respecto de las cuales el Señor les había ordenado que no hicieran como ellas.

16 Y abandonaron todos los mandamientos del Señor su Dios, y se hicieron imágenes fundidas de dos becerros; hicieron una Asera, adoraron a todo el ejército de los cielos y sirvieron a Baal.

17 Hicieron pasar por el fuego a sus hijos y a sus hijas, practicaron la adivinación y los augurios, y se entregaron a hacer lo malo ante los ojos del Señor, provocándole.

18 Y el Señor se airó en gran manera contra Israel y los quitó de su presencia; no quedó sino sólo la tribu de Judá.

19 Tampoco Judá guardó los mandamientos del Señor su Dios, sino que anduvieron en las costumbres que Israel había introducido.

20 Y el Señor desechó a toda la descendencia de Israel, y los afligió y los entregó en mano de saqueadores, hasta que los echó de su presencia.

21 Cuando Él arrancó a Israel de la casa de David, ellos hicieron rey a Jeroboam, hijo de Nabat. Entonces Jeroboam apartó a Israel de seguir al Señor, y les hizo cometer un gran pecado.

22 Y los hijos de Israel anduvieron en todos los pecados que había cometido Jeroboam; no se apartaron de ellos,

23 hasta que el Señor quitó a Israel de su presencia, como Él había hablado por medio de todos sus siervos los profetas. E Israel fue llevado de su propia tierra al destierro, a Asiria, hasta hoy.

24 Y el rey de Asiria trajo *hombres* de Babilonia, de Cuta, de Ava, de Hamat y de Sefarvaim, y *los* puso en las ciudades de Samaria en lugar de los hijos de Israel. Y tomaron posesión de Samaria y habitaron en sus ciudades.

25 Y aconteció que *como* al principio de habitar ellos allí, no temieron al Señor, el Señor envió leones entre ellos que mataron a *muchos* de ellos.

26 Entonces hablaron al rey de Asiria, diciendo: Las naciones que has llevado al destierro a las ciudades de Samaria, no conocen la costumbre del dios de la tierra; por eso él ha enviado leones entre ellos, y he aquí, *los leones* los matan porque ellos no conocen la costumbre del dios de la tierra.

27 Y el rey de Asiria ordenó, diciendo: Llevad allá a uno de los sacerdotes que llevasteis al destierro, y que él vaya y habite allí; y que les enseñe la costumbre del dios de la tierra.

28 Y vino uno de los sacerdotes que habían llevado al destierro desde Samaria, y habitó en Betel, y les enseñó cómo habían de temer al Señor.

29 Pero cada nación continuó haciendo sus propios dioses, y los pusieron en las casas de los lugares altos que los samaritanos habían hecho, cada nación en las ciudades en que habitaban.

30 Y los hombres de Babilonia hicieron a Sucot-benot; los hombres de Cuta hicieron a Nergal; los hombres de Hamat hicieron a Asima;

31 y los aveos hicieron a Nibhaz y a Tartac; y los de Sefarvaim quemaban a sus hijos en el fuego *como ofrenda* a Adramelec y Anamelec, dioses de Sefarvaim.

32 También temían al Señor y nombraron de entre sí sacerdotes de los lugares altos, que oficiaban por ellos en las casas de los lugares altos.

33 Temían al Señor y servían a sus dioses conforme a la costumbre de las naciones de donde habían sido llevados al destierro.

34 Hasta el día de hoy siguen haciendo conforme a sus antiguas costumbres. No temen al Señor, ni siguen sus estatutos ni sus ordenanzas ni la ley ni el mandamiento que el Señor había ordenado a los hijos de Jacob, a quien puso el nombre de Israel.

35 con los cuales el Señor hizo un pacto y les ordenó, diciendo: No temeréis a otros dioses ni os inclinaréis ante ellos, no los serviréis ni les ofreceréis sacrificios.

36 Sino que al Señor, que os hizo subir de la tierra de Egipto con gran poder y con brazo extendido, a Él temeréis y ante Él os inclinaréis y a Él ofreceréis sacrificios.

37 Y los estatutos, las ordenanzas, la ley y el mandamiento que Él os escribió, cuidaréis de cumplir*los* siempre, y no temeréis a otros dioses.

38 Y el pacto que he hecho con vosotros, no lo olvidaréis, ni temeréis a otros dioses.

39 Sino que al Señor vuestro Dios temeréis, y Él os librará de la mano de todos vuestros enemigos.

40 Pero ellos no escucharon, sino que hicieron conforme a su antigua costumbre.

41 Y aunque estas naciones temían al Señor, también servían a sus ídolos; *y* de la misma manera que hicieron sus padres, así hacen hasta hoy sus hijos y sus nietos.

Ezequías rey de Judá

18 Y aconteció que en el año tercero de Oseas, hijo de Ela, rey de Israel, comenzó a reinar Ezequías, hijo de Acaz, rey de Judá.

2 Tenía veinticinco años cuando comenzó a reinar, y reinó veintinueve años en Jerusalén. El nombre de su madre *era* Abi, hija de Zacarías.

3 Él hizo lo recto ante los ojos del Señor, conforme a todo lo que su padre David había hecho.

4 Quitó los lugares altos, derribó los pilares

sagrados y cortó la Asera. También hizo pedazos la serpiente de bronce que Moisés había hecho, porque hasta aquellos días los hijos de Israel le quemaban incienso; y la llamaban Nehustán[1].

5 Confió en el SEÑOR, Dios de Israel; y después de él, no hubo ninguno como él entre todos los reyes de Judá, ni *entre los* que fueron antes de él,

6 porque se apegó al SEÑOR; no se apartó de El, sino que guardó los mandamientos que el SEÑOR había ordenado a Moisés.

7 Y el SEÑOR estaba con él; adondequiera que iba prosperaba. Se rebeló contra el rey de Asiria y no le sirvió.

8 Derrotó a los filisteos hasta Gaza y su territorio, desde las torres de atalaya hasta las ciudades fortificadas.

9 Y aconteció que en el año cuarto del rey Ezequías, que era el año séptimo de Oseas, hijo de Ela, rey de Israel, Salmanasar, rey de Asiria, subió contra Samaria y la sitió,

10 y al cabo de tres años la tomaron. En el año sexto de Ezequías, que era el año noveno de Oseas, rey de Israel, Samaria fue tomada.

11 Y el rey de Asiria llevó a Israel al destierro en Asiria, y los puso en Halah y el Habor, río de Gozán, y en las ciudades de los medos,

12 porque no obedecieron la voz del SEÑOR su Dios, sino que quebrantaron su pacto, *es decir,* todo lo que Moisés, siervo del SEÑOR, había ordenado; no escucharon, ni *lo* cumplieron.

13 Y en el año catorce del rey Ezequías, subió Senaquerib, rey de Asiria, contra todas las ciudades fortificadas de Judá, y las tomó.

14 Entonces Ezequías, rey de Judá, envió a decir al rey de Asiria en Laquis: He hecho lo malo. Retírate de mí; lo que me impongas, aceptaré. Y el rey de Asiria impuso a Ezequías, rey de Judá, trescientos talentos de plata y treinta talentos de oro.

15 Y Ezequías *le* dio toda la plata que se hallaba en la casa del SEÑOR y en los tesoros de la casa del rey.

16 En aquel tiempo Ezequías quitó *el oro de* las puertas del templo del SEÑOR, y *de los postes de las puertas* que *el mismo* Ezequías, rey de Judá, había revestido *de oro,* y lo entregó al rey de Asiria.

17 Entonces el rey de Asiria envió, desde Laquis a Jerusalén, al Tartán, al Rabsaris y al Rabsaces con un gran ejército contra el rey Ezequías. Y subieron y llegaron a Jerusalén. Y cuando subieron, llegaron y se colocaron junto al acueducto del estanque superior que está en la calzada del campo del Batanero[2].

18 Llamaron al rey, y salió a ellos Eliaquim, hijo de Hilcías, que era mayordomo, con el escriba Sebna y el cronista Joa, hijo de Asaf.

19 Y el Rabsaces les dijo: Decid ahora a Ezequías: "Así dice el gran rey, el rey de Asiria: '¿Qué confianza es ésta que tú tienes?

20 'Tú dices (pero sólo *son* palabras vanas): "*Tengo* consejo y poder para la guerra." *Mas* ahora, ¿en quién confías que te has rebelado contra mí?

21 'He aquí, tú confías en el báculo de esta caña quebrada, *es decir,* en Egipto, en el cual, si un hombre se apoya, penetrará en su mano y la traspasará. Así es Faraón, rey de Egipto, para todos los que confían en él.

22 'Pero si me decís: "Nosotros confiamos en el SEÑOR nuestro Dios," ¿no es El aquel cuyos lugares altos y cuyos altares Ezequías ha quitado y ha dicho a Judá y a Jerusalén: "Adoraréis delante de este altar en Jerusalén"?

23 'Ahora pues, te ruego que llegues a un acuerdo con mi señor el rey de Asiria, y yo te daré dos mil caballos, si por tu parte puedes poner jinetes sobre ellos.

24 ¿Cómo, pues, puedes rechazar a un oficial de los menores de los siervos de mi señor, y confiar en Egipto para *tener* carros y hombres de a caballo?

25 ¿He subido ahora sin el *consentimiento del* SEÑOR contra este lugar para destruirlo? El SEÑOR me dijo: "Sube contra esta tierra y destrúyela." '

26 Entonces Eliaquim, hijo de Hilcías, Sebna y Joa dijeron al Rabsaces: Te rogamos que hables a tus siervos en arameo, porque nosotros *lo* entendemos, y no nos hables en la lengua de Judá a oídos del pueblo que está sobre la muralla.

27 Pero el Rabsaces les dijo: ¿Acaso me ha enviado mi señor para hablar estas palabras *sólo* a tu señor y a ti, y no a los hombres que están sentados en la muralla, *condenados* a comer sus propios excrementos y beber su propia orina con vosotros?

28 El Rabsaces se puso en pie, gritó a gran voz en la lengua de Judá, y dijo: Escuchad la palabra del gran rey, el rey de Asiria.

29 Así dice el rey: "Que no os engañe Ezequías, porque él no os podrá librar de mi mano;

30 ni que Ezequías os haga confiar en el SEÑOR, diciendo: 'Ciertamente el SEÑOR nos librará, y esta ciudad no será entregada en manos del rey de Asiria.'

31 "No escuchéis a Ezequías, porque así dice el rey de Asiria: 'Haced la paz conmigo y salid a mí, y coma cada uno de su vid y cada uno de su higuera, y beba cada cual de las aguas de su cisterna,

32 hasta que yo venga y os lleve a una tierra como vuestra tierra, tierra de grano y de mosto, tierra de pan y de viñas, tierra de olivos y de miel, para que viváis y no muráis.' Pero no escuchéis a Ezequías porque os engaña, diciendo: 'El SEÑOR nos librará.'

33 "¿Acaso alguno de los dioses de las naciones ha librado su tierra de la mano del rey de Asiria?

34 "¿Dónde están los dioses de Hamat y de Arfad? ¿Dónde están los dioses de Sefarvaim, de Hena y de Iva? ¿Cuándo han librado ellos a Samaria de mi mano?

35 "¿Quiénes de entre todos los dioses de estas tierras han librado su tierra de mi mano, para que el SEÑOR libre a Jerusalén de mi mano?"

36 Pero el pueblo se quedó callado y no le respondió palabra alguna, porque la orden del rey era: No le respondáis.

37 Entonces Eliaquim, hijo de Hilcías, mayordomo de la casa *real,* el escriba Sebna y el cronista Joa, hijo de Asaf, fueron a Ezequías con sus vestidos rasgados, y le relataron las palabras del Rabsaces.

1. I.e., pedazo de bronce   2. O, *Lavandero*

Ezequías y el profeta Isaías

19 Y sucedió que cuando oyó *esto* el rey Ezequías, rasgó sus vestidos, se cubrió de cilicio y entró en la casa del Señor.

2 Envió entonces a Eliaquim, mayordomo de la casa *real*, con el escriba Sebna y los ancianos de los sacerdotes, cubiertos de cilicio, al profeta Isaías, hijo de Amoz.

3 Y ellos le dijeron: Así dice Ezequías: "Este día es día de angustia, de represión y de desprecio, pues hijos están para nacer, pero no hay fuerzas para dar a luz.

4 "Tal vez el Señor tu Dios oirá todas las palabras del Rabsaces, a quien su señor, el rey de Asiria, ha enviado para injuriar al Dios vivo, y *lo* reprenderá por las palabras que el Señor tu Dios ha oído. Eleva, pues, una oración por el remanente que aún queda."

5 Cuando llegaron los siervos del rey Ezequías ante Isaías,

6 éste les dijo: Así diréis a vuestro señor: "Así dice el Señor: 'No temas por las palabras que has oído, con las que los criados del rey de Asiria me han blasfemado.

7 'He aquí, pondré en él un espíritu, oirá un rumor y se volverá a su tierra; y en su tierra lo haré caer a espada.' "

8 Entonces el Rabsaces volvió y halló al rey de Asiria peleando contra Libna, pues había oído que *el rey* había partido de Laquis.

9 Y *les* oyó decir acerca de Tirhaca, rey de Etiopía: He aquí, ha salido a pelear contra ti. Entonces envió de nuevo mensajeros a Ezequías, diciendo:

10 Así diréis a Ezequías, rey de Judá: "No te engañe tu Dios en quien tú confías, diciendo: 'Jerusalén no será entregada en mano del rey de Asiria.'

11 "He aquí, tú has oído lo que los reyes de Asiria han hecho a todas las naciones, destruyéndolas por completo, ¿y serás tú librado?

12 "¿Acaso los libraron los dioses de las naciones que mis padres destruyeron, *es decir,* Gozán, Harán, Resef y a los hijos de Edén que *estaban* en Telasar?

13 "¿Dónde está el rey de Hamat, el rey de Arfad, el rey de la ciudad de Sefarvaim, de Hena y de Iva?"

14 Entonces Ezequías tomó la carta de mano de los mensajeros y la leyó, y subió a la casa del Señor y la extendió delante del Señor.

15 Y oró Ezequías delante del Señor, y dijo: Oh Señor, Dios de Israel, que estás *sobre* los querubines, sólo tú eres Dios de todos los reinos de la tierra. Tú hiciste los cielos y la tierra.

16 Inclina, oh Señor, tu oído y escucha; abre, oh Señor, tus ojos y mira; escucha las palabras que Senaquerib ha enviado para injuriar al Dios vivo.

17 En verdad, oh Señor, los reyes de Asiria han asolado las naciones y sus tierras,

18 y han echado sus dioses al fuego, porque no eran dioses, sino obra de manos de hombre, de madera y piedra; por eso los han destruido.

19 Y ahora, oh Señor, Dios nuestro, líbranos, te ruego, de su mano para que todos los reinos de la tierra sepan que sólo tú, oh Señor, eres Dios.

20 Entonces Isaías, hijo de Amoz, envió a decir a Ezequías: Así dice el Señor, Dios de Israel: "Lo que me has rogado acerca de Senaquerib, rey de Asiria, he escuchado."

21 Esta es la palabra que el Señor ha hablado contra él:

"Te ha despreciado y se ha burlado de ti
la virgen hija de Sion;
ha movido la cabeza a tus espaldas
la hija de Jerusalén.

22 "¿A quién has injuriado y blasfemado?
¿Y contra quién has alzado la voz
y levantado con altivez tus ojos?
¡Contra el Santo de Israel!

23 "Por mano de tus mensajeros has injuriado al Señor,
y has dicho: 'Con mis numerosos carros
subí a las cumbres de los montes,
a las partes más remotas del Líbano;
corté sus altos cedros y sus mejores cipreses,
y entré en su morada más lejana, en su más frondoso bosque.

24 'Yo cavé *pozos* y bebí aguas extranjeras,
y sequé con la planta de mi pie
todos los ríos de Egipto.'

25 "¿No has oído?
Hace mucho tiempo que lo hice,
desde la antigüedad lo había planeado.
Ahora lo he realizado,
para que conviertas las ciudades fortificadas
en montones de ruinas.

26 "Sus habitantes, faltos de fuerzas,
fueron desalentados y humillados;
vinieron a ser *como* la vegetación del campo
y *como* la hierba verde,
como la hierba en los techos que se quema
antes de que haya crecido.

27 "Pero conozco tu sentarte,
tu salir y tu entrar,
y tu furor contra mí.

28 "Porque te has airado contra mí,
y porque tu arrogancia ha subido hasta mis oídos,
pondré, pues, mi garfio en tu nariz
y mi freno en tus labios,
y te haré volver por el camino por donde viniste.

29 "Esto te será por señal: Este año comeréis lo que crezca espontáneamente; el segundo año lo que nazca de por sí, y en el tercer año sembrad, segad, plantad viñas y comed su fruto.

30 "Y el remanente de la casa de Judá que se salve, echará de nuevo raíces por debajo y dará fruto por arriba.

31 "Porque de Jerusalén saldrá un remanente, y del monte Sion sobrevivientes. El celo del Señor de los ejércitos hará esto.

32 "Por tanto, así dice el Señor acerca del rey de Asiria: 'El no entrará en esta ciudad, ni lanzará allí flecha alguna; tampoco vendrá delante de ella con escudo, ni levantará terraplén contra ella.

33 'Por el camino que vino, por él se volverá, y no entrará en esta ciudad'—declara el Señor.

34 "Porque defenderé esta ciudad para salvarla por amor a mí mismo y por amor a mi siervo David."

35 Y aconteció que aquella misma noche salió el ángel del Señor e hirió a ciento ochenta y cinco mil en el campamento de los asirios; cuando *los*

demás se levantaron por la mañana, he aquí, todos eran cadáveres.

36 Senaquerib, rey de Asiria, partió y regresó *a su tierra,* y habitó en Nínive.

37 Y sucedió que mientras él adoraba en la casa de su dios Nisroc, Adramelec y Sarezer lo mataron a espada y huyeron a la tierra de Ararat. Y su hijo Esar-hadón reinó en su lugar.

Enfermedad y curación de Ezequías

20 En aquellos días Ezequías cayó enfermo de muerte. Y vino a él el profeta Isaías, hijo de Amoz, y le dijo: Así dice el SEÑOR: "Pon tu casa en orden, porque morirás y no vivirás."

2 Entonces él volvió su rostro hacia la pared y oró al SEÑOR, diciendo:

3 Te ruego, oh SEÑOR, que te acuerdes ahora de cómo yo he andado delante de ti en verdad y con corazón íntegro, y he hecho lo bueno ante tus ojos. Y Ezequías lloró amargamente.

4 Y aconteció que antes que Isaías hubiera salido del patio central, vino a él la palabra del SEÑOR, diciendo:

5 Vuelve y di a Ezequías, príncipe de mi pueblo: "Así dice el SEÑOR, Dios de tu padre David: 'He escuchado tu oración y he visto tus lágrimas; he aquí, te sanaré. Al tercer día subirás a la casa del SEÑOR.

6 'Y añadiré quince años a tu vida, y te libraré a ti y a esta ciudad de la mano del rey de Asiria; y defenderé esta ciudad por amor a mí mismo y por amor a mi siervo David.' "

7 Entonces Isaías dijo: Tomad una masa de higos. *La* tomaron y *la* pusieron sobre la úlcera, y sanó.

8 Y Ezequías dijo a Isaías: ¿Cuál será la señal de que el SEÑOR me sanará, y de que subiré a la casa del SEÑOR al tercer día?

9 Respondió Isaías: Esta será la señal del SEÑOR para ti, de que el SEÑOR hará lo que ha dicho: ¿avanzará la sombra diez grados o retrocederá diez grados?

10 Y Ezequías respondió: Es fácil que la sombra decline diez grados; *pero* no que la sombra vuelva atrás diez grados.

11 El profeta Isaías clamó al SEÑOR, y Él hizo volver atrás la sombra diez grados en las gradas las que había declinado, en las gradas de Acaz.

12 En aquel tiempo Berodac-baladán, hijo de Baladán, rey de Babilonia, envió cartas y un regalo a Ezequías, porque oyó que Ezequías había estado enfermo.

13 Y Ezequías los escuchó y les mostró toda su casa del tesoro: la plata y el oro, las especias y el aceite precioso, su arsenal y todo lo que se hallaba en sus tesoros. No hubo nada en su casa ni en todo su dominio que Ezequías no les mostrara.

14 Entonces el profeta Isaías vino al rey Ezequías, y le dijo: ¿Qué han dicho esos hombres y de dónde han venido a ti? Y Ezequías respondió: Han venido de un país lejano, de Babilonia.

15 Y él dijo: ¿Qué han visto en tu casa? Y Ezequías respondió: Han visto todo lo que hay en mi casa; no hay nada entre mis tesoros que yo no les haya mostrado.

16 Entonces Isaías dijo a Ezequías: Oye la palabra del SEÑOR:

17"He aquí, vienen días cuando todo lo que hay en tu casa y todo lo que tus padres han atesorado hasta el día de hoy, será llevado a Babilonia; nada quedará"—dice el SEÑOR.

18"Y *algunos* de tus hijos que saldrán de ti, los que engendrarás, serán llevados, y serán oficiales en el palacio del rey de Babilonia."

19 Entonces Ezequías dijo a Isaías: La palabra del SEÑOR que has hablado es buena. Pues pensaba: ¿No es así, si hay paz y seguridad en mis días?

20 Los demás hechos de Ezequías y todo su poderío, y cómo hizo el estanque y el acueducto, y trajo agua a la ciudad, ¿no están escritos en el libro de las Crónicas de los reyes de Judá?

21 Y durmió Ezequías con sus padres; y su hijo Manasés reinó en su lugar.

Reinado de Manasés

21 Manasés *tenía* doce años cuando comenzó a reinar, y reinó cincuenta y cinco años en Jerusalén. El nombre de su madre *era* Hepsiba.

2 E hizo lo malo ante los ojos del SEÑOR, conforme a las abominaciones de las naciones que el SEÑOR había desposeído delante de los hijos de Israel.

3 Porque reedificó los lugares altos que su padre Ezequías había destruido; levantó también altares a Baal e hizo una Asera, como había hecho Acab, rey de Israel, y adoró a todo el ejército de los cielos y los sirvió.

4 Edificó además altares en la casa del SEÑOR, de la cual el SEÑOR había dicho: En Jerusalén pondré mi nombre.

5 Edificó altares a todo el ejército de los cielos en los dos atrios de la casa del SEÑOR.

6 Hizo pasar por fuego a su hijo, practicó la hechicería, usó la adivinación y trató con médium y espiritistas. Hizo mucho mal ante los ojos del SEÑOR, provocándol*e* a ira.

7 Colocó la imagen tallada de Asera que él había hecho, en la casa de la cual el SEÑOR había dicho a David y a su hijo Salomón: En esta casa y en Jerusalén, que he escogido de entre todas las tribus de Israel, pondré mi nombre para siempre.

8 Y haré que nunca más los pies de Israel vaguen *fuera* de la tierra que di a sus padres, con tal de que cuiden de hacer conforme a todo lo que les he mandado, y conforme a toda la ley que mi siervo Moisés les ordenó.

9 Pero ellos no escucharon, y Manasés los hizo extraviar para que hicieran lo malo más que las naciones que el SEÑOR había destruido delante de los hijos de Israel.

10 Y habló el SEÑOR por medio de sus siervos los profetas, diciendo:

11 Por cuanto Manasés, rey de Judá, ha hecho estas abominaciones, habiendo hecho lo malo más que todo lo que hicieron los amorreos antes de él, haciendo pecar también a Judá con sus ídolos;

12 por tanto, así dice el SEÑOR, Dios de Israel: "He aquí, voy a traer *tal* calamidad sobre Jerusalén y Judá, que a todo el que oiga de ello le retiñirán ambos oídos.

13"Extenderé sobre Jerusalén el cordel de Samaria y la plomada de la casa de Acab, y limpiaré a Jerusalén como se limpia un plato, limpiándolo y volviéndolo boca abajo.

14"Abandonaré al remanente de mi heredad y los entregaré en mano de sus enemigos, y serán para presa y despojo para todos sus enemigos;

15 porque han hecho lo malo ante mis ojos, y han estado provocándome a ira desde el día en que sus padres salieron de Egipto, hasta el día de hoy."

16 Además, Manasés derramó muchísima sangre inocente hasta llenar a Jerusalén de un extremo a otro, aparte de su pecado con el que hizo pecar a Judá para que hiciera lo malo ante los ojos del Señor.

17 Los demás hechos de Manasés, todo lo que hizo y el pecado que cometió, ¿no están escritos en el libro de las Crónicas de los reyes de Judá?

18 Y durmió Manasés con sus padres, y fue sepultado en el jardín de su casa, en el jardín de Uza; y su hijo Amón reinó en su lugar.

19 Amón *tenía* veintidós años cuando comenzó a reinar, y reinó dos años en Jerusalén. El nombre de su madre *era* Mesulemet, hija de Haruz, de Jotba.

20 E hizo lo malo ante los ojos del Señor, como había hecho su padre Manasés.

21 Pues anduvo en todo el camino en que su padre había andado, sirvió a los ídolos a los que su padre había servido y los adoró.

22 Y abandonó al Señor, el Dios de sus padres, y no anduvo en el camino del Señor.

23 Y conspiraron contra él los siervos de Amón y mataron al rey en su casa.

24 Pero el pueblo de la tierra mató a todos los que habían conspirado contra el rey Amón, y en su lugar el pueblo de la tierra hizo rey a su hijo Josías.

25 Los demás hechos que Amón hizo, ¿no están escritos en el libro de las Crónicas de los reyes de Judá?

26 Y fue sepultado en su sepulcro en el jardín de Uza; y su hijo Josías reinó en su lugar.

Reinado de Josías

22 Josías *tenía* ocho años cuando comenzó a reinar, y reinó treinta y un años en Jerusalén. El nombre de su madre *era* Jedida, hija de Adaía, de Boscat.

2 E hizo lo recto ante los ojos del Señor y anduvo en todo el camino de su padre David; no se apartó ni a la derecha ni a la izquierda.

3 Y en el año dieciocho del rey Josías, el rey envió al escriba Safán, hijo de Azalía, de Mesulam, a la casa del Señor, diciendo:

4 Ve al sumo sacerdote Hilcías para que cuente el dinero traído a la casa del Señor, que los guardianes del umbral han recogido del pueblo,

5 y que lo pongan en mano de los obreros encargados de supervisar la casa del Señor, y que ellos lo den a los obreros que están asignados en la casa del Señor para reparar los daños de la casa,

6 a los carpinteros, a los constructores y a los albañiles, y para comprar maderas y piedra de cantería para reparar la casa.

7 Pero no se les pedirá cuenta del dinero entregado en sus manos porque obran con fidelidad.

8 Entonces el sumo sacerdote Hilcías dijo al escriba Safán: He hallado el libro de la ley en la casa del Señor. E Hilcías dio el libro a Safán, y *éste* lo leyó.

9 Y el escriba Safán vino al rey, y trajo palabra al rey, diciendo: Tus siervos han tomado el dinero que se halló en la casa, y lo han puesto en mano de los obreros encargados de supervisar la casa del Señor.

10 El escriba Safán informó también al rey, diciendo: El sacerdote Hilcías me ha dado un libro. Y Safán lo leyó en la presencia del rey.

11 Y sucedió que cuando el rey oyó las palabras del libro de la ley, rasgó sus vestidos.

12 Entonces el rey ordenó al sacerdote Hilcías, a Ahicam, hijo de Safán, a Acbor, hijo de Micaías, al escriba Safán y a Asaías, siervo del rey, diciendo:

13 Id, consultad al Señor por mí, por el pueblo y por todo Judá acerca de las palabras de este libro que se ha encontrado, porque grande es la ira del Señor que se ha encendido contra nosotros, por cuanto nuestros padres no han escuchado las palabras de este libro, haciendo conforme a todo lo que está escrito sobre nosotros.

14 Entonces el sacerdote Hilcías, y Ahicam, Acbor, Safán y Asaías fueron a la profetisa Hulda, mujer de Salum, hijo de Ticva, hijo de Harhas, encargado del vestuario; ella habitaba en Jerusalén en el segundo sector; y hablaron con ella.

15 Y ella les dijo: Así dice el Señor, Dios de Israel: "Decid al hombre que os ha enviado a mí:

16 'Así dice el Señor: "He aquí, voy a traer mal sobre este lugar y sobre sus habitantes, *según* todas las palabras del libro que ha leído el rey de Judá.

17 "Por cuanto me han abandonado y han quemado incienso a otros dioses para provocarme a ira con toda la obra de sus manos, por tanto mi ira arde contra este lugar y no se apagará." ' "

18 Pero al rey de Judá que os envió a consultar al Señor, así le diréis: "Así dice el Señor, Dios de Israel: 'En cuanto a las palabras que has oído,

19 porque se enterneció tu corazón y te humillaste delante del Señor cuando oíste lo que hablé contra este lugar y contra sus habitantes, que vendrían a ser desolación y maldición, y has rasgado tus vestidos y has llorado delante de mí, ciertamente te he oído'—declara el Señor.

20 'Por tanto, he aquí, te reuniré con tus padres y serás recogido en tu sepultura en paz, y tus ojos no verán todo el mal que yo voy a traer sobre este lugar.' " Y llevaron la respuesta al rey.

Reformas del rey Josías

23 Entonces el rey mandó reunir con él a todos los ancianos de Judá y Jerusalén.

2 Y subió el rey a la casa del Señor, y con él todos los hombres de Judá, todos los habitantes de Jerusalén, los sacerdotes, los profetas y todo el pueblo, desde el menor hasta el mayor; y leyó en su presencia todas las palabras del libro del pacto que había sido hallado en la casa del Señor.

3 Después el rey se puso en pie junto a la columna e hizo pacto delante del Señor de andar en pos del Señor y de guardar sus mandamientos, sus testimonios y sus estatutos con todo *su* corazón y con toda *su* alma, para cumplir las

palabras de este pacto escritas en este libro. Y todo el pueblo confirmó el pacto.

4 Entonces el rey ordenó que el sumo sacerdote Hilcías y los sacerdotes de segundo orden y los guardianes del umbral, sacaran del templo del Señor todas las vasijas que se habían hecho para Baal, para la Asera y para todo el ejército de los cielos, y los quemó fuera de Jerusalén en los campos del Cedrón y llevó sus cenizas a Betel.

5 Quitó a los sacerdotes idólatras que los reyes de Judá habían nombrado para quemar incienso en los lugares altos en las ciudades de Judá y en los alrededores de Jerusalén, también a los que quemaban incienso a Baal, al sol y a la luna, a las constelaciones y a todo el ejército de los cielos.

6 Y sacó la Asera de la casa del Señor fuera de Jerusalén, al torrente Cedrón, y la quemó junto al torrente Cedrón; *la* redujo a polvo y arrojó el polvo sobre los sepulcros de los hijos del pueblo.

7 También derribó las casas de los dedicados a la prostitución que *estaban* en la casa del Señor, donde las mujeres tejían pabellones para la Asera.

8 Entonces trajo a todos los sacerdotes de las ciudades de Judá, y profanó los lugares altos donde los sacerdotes habían quemado incienso, desde Geba hasta Beerseba, y derribó los lugares altos de las puertas que *estaban* a la entrada de la puerta de Josué, gobernador de la ciudad, a la izquierda de la puerta de la ciudad.

9 Sin embargo, los sacerdotes de los lugares altos no podían subir al altar del Señor en Jerusalén, sino que comían panes sin levadura entre sus hermanos.

10 También profanó al Tofet[1] que está en el valle de Ben-hinom, para que nadie hiciera pasar por fuego a su hijo o a su hija para *honrar a Moloc*.

11 A la entrada de la casa del Señor, junto a la cámara de Natán-melec, el oficial que *estaba* en las dependencias, quitó los caballos que los reyes de Judá habían dedicado al sol, y prendió fuego a los carros del sol.

12 Y los altares que *estaban* sobre el techo, el aposento alto de Acaz que habían hecho los reyes de Judá, y los altares que había hecho Manasés en los dos atrios de la casa del Señor el rey los derribó, los destrozó allí y arrojó su polvo al torrente Cedrón.

13 El rey también profanó los lugares altos que *estaban* frente a Jerusalén, los que *estaban* a la derecha del monte de destrucción, que Salomón, rey de Israel, había edificado a Astoret, abominación de los sidonios, a Quemos, abominación de Moab, y a Milcom, ídolo abominable de los hijos de Amón.

14 Asimismo hizo pedazos los pilares *sagrados*, derribó las Aseras y llenó sus lugares con huesos humanos.

15 Además, derribó el altar que *estaba* en Betel y el lugar alto que había hecho Jeroboam, hijo de Nabat, *el* que hizo pecar a Israel, *o sea, derribó* también aquel altar y el lugar alto, destruyó sus piedras, las redujo a polvo y quemó la Asera.

16 Al volverse Josías, vio los sepulcros que *estaban* allí en el monte, y envió a recoger los huesos de los sepulcros y *los* quemó sobre el altar, profanándolo, conforme a la palabra del Señor

que había proclamado el hombre de Dios que había anunciado estas cosas.

17 Entonces dijo: ¿Qué monumento es éste que veo? Y los hombres de la ciudad le dijeron: Es el sepulcro del hombre de Dios que vino de Judá y proclamó estas cosas que has hecho contra el altar de Betel.

18 Y él dijo: Dejadlo en paz; que nadie moleste sus huesos. Así dejaron sus huesos intactos con los huesos del profeta que vino de Samaria.

19 Josías quitó también todas las casas de los lugares altos que *estaban* en las ciudades de Samaria, las cuales habían hecho los reyes de Israel provocando a ira al Señor; les hizo tal y como había hecho en Betel.

20 Y mató sobre los altares a todos los sacerdotes de los lugares altos que *estaban* allí, y quemó huesos humanos sobre ellos. Y regresó a Jerusalén.

21 Entonces el rey ordenó a todo el pueblo, diciendo: Celebrad la Pascua al Señor vuestro Dios como está escrito en este libro del pacto.

22 *En verdad* que tal Pascua no se había celebrado desde los días de los jueces que gobernaban a Israel, ni en ninguno de los días de los reyes de Israel y de los reyes de Judá.

23 Sólo en el año dieciocho del rey Josías fue celebrada esta Pascua al Señor en Jerusalén.

24 Josías también quitó los médium y los espiritistas, los ídolos domésticos y los *otros* ídolos, y todas las abominaciones que se veían en la tierra de Judá y en Jerusalén, con el fin de confirmar las palabras de la ley que estaban escritas en el libro que el sacerdote Hilcías había hallado en la casa del Señor.

25 Y antes de él no hubo rey como él que se volviera al Señor con todo su corazón, con toda su alma y con todas sus fuerzas, conforme a toda la ley de Moisés, ni otro como él se levantó después de él.

26 Sin embargo, el Señor no desistió del furor de su gran ira, *ya* que ardía su ira contra Judá a causa de todas las provocaciones con que Manasés le había provocado.

27 Y el Señor dijo: También quitaré a Judá de mi presencia, como he quitado a Israel. Y desecharé a esta ciudad que yo había escogido, a Jerusalén, y al templo del cual dije: "Mi nombre estará allí."

28 Los demás hechos de Josías y todo lo que hizo, ¿no están escritos en el libro de las Crónicas de los reyes de Judá?

29 En sus días subió Faraón Necao, rey de Egipto, contra el rey de Asiria junto al río Eufrates. Y el rey Josías fue a su encuentro, pero *Faraón Necao* lo mató en Meguido en cuanto lo vio.

30 Sus siervos llevaron su cuerpo en carro desde Meguido, lo trajeron a Jerusalén y lo sepultaron en su sepulcro. Entonces el pueblo de aquella tierra tomó a Joacaz, hijo de Josías, y lo ungieron y lo hicieron rey en lugar de su padre.

31 Joacaz *tenía* veintitrés años cuando comenzó a reinar, y reinó tres meses en Jerusalén. El nombre de su madre *era* Hamutal, hija de Jeremías, de Libna.

32 E hizo lo malo ante los ojos del Señor, conforme a todo lo que habían hecho sus padres.

1. I.e., lugar para quemar

33 Y Faraón Necao lo puso en prisión en Ribla,
en la tierra de Hamat, para que no reinara en
Jerusalén; e impuso una multa sobre la tierra de
cien talentos de plata y un talento de oro.
34 Faraón Necao hizo rey a Eliaquim, hijo de
Josías, en lugar de Josías su padre, y cambió su
nombre por el de Joacim. Pero tomó a Joacaz y
lo llevó a Egipto, y allí murió.
35 Y Joacim dio la plata y el oro a Faraón, e
impuso contribuciones al país para entregar el
dinero conforme al mandato de Faraón. Exigió la
plata y el oro del pueblo de la tierra, a cada uno
conforme a sus bienes, para dárselo a Faraón
Necao.
36 Joacim *tenía* veinticinco años cuando
comenzó a reinar, y reinó once años en Jerusalén.
El nombre de su madre *era* Zebuda, hija de
Pedaías, de Ruma.
37 E hizo lo malo ante los ojos del SEÑOR,
conforme a todo lo que habían hecho sus padres.

Invasión de Judá por Nabucodonosor

24 En los días *de Joacim* subió Nabucodonosor, rey de Babilonia, y Joacim fue su
siervo *por* tres años; después se levantó y se
rebeló contra él.
2 Y el SEÑOR envió contra Joacim bandas de
caldeos, bandas de arameos, bandas de moabitas
y bandas de amonitas. Y las envió contra Judá
para destruirla, conforme a la palabra que el
SEÑOR había hablado por medio de sus siervos los
profetas.
3 Ciertamente por mandato del SEÑOR sucedió
esto contra Judá para quitarlos de su presencia,
por los pecados de Manasés, por todo lo que
había hecho,
4 y también por la sangre inocente que
derramó, pues llenó a Jerusalén de sangre
inocente, y el SEÑOR no quiso perdonar.
5 Los demás hechos de Joacim y todo lo que
hizo ¿no están escritos en el libro de las Crónicas
de los reyes de Judá?
6 Y durmió Joacim con sus padres; y su hijo
Joaquín reinó en su lugar.
7 Y el rey de Egipto no salió más de su tierra,
porque el rey de Babilonia había tomado todo lo
que pertenecía al rey de Egipto desde el torrente
de Egipto hasta el río Eufrates.
8 Joaquín *tenía* dieciocho años cuando
comenzó a reinar, y reinó tres meses en
Jerusalén. El nombre de su madre *era* Nehusta,
hija de Elnatán, de Jerusalén.
9 E hizo lo malo ante los ojos del SEÑOR,
conforme a todo lo que había hecho su padre.
10 En aquel tiempo los siervos de Nabucodonosor, rey de Babilonia, subieron a Jerusalén, y la
ciudad fue sitiada.
11 Nabucodonosor, rey de Babilonia, llegó a la
ciudad mientras sus siervos la tenían sitiada.
12 Y Joaquín, rey de Judá, se rindió al rey de
Babilonia, él y su madre, sus siervos, sus jefes y
sus oficiales. El rey de Babilonia lo apresó en el
año octavo de su reinado.
13 Sacó de allí todos los tesoros de la casa del
SEÑOR, los tesoros de la casa del rey, y destrozó
todos los utensilios de oro que Salomón, rey de
Israel, había hecho en el templo del SEÑOR, tal
como el SEÑOR había dicho.
14 Y se llevó en cautiverio a todo Jerusalén: a
todos los jefes, a todos los hombres valientes, diez
mil cautivos, y a todos los artesanos y herreros.
Nadie quedó, excepto la gente más pobre del
país.
15 También se llevó a Joaquín en cautiverio a
Babilonia; asimismo a la madre del rey y a las
mujeres del rey, a sus oficiales y a los poderosos
del país, se los llevó en cautiverio de Jerusalén a
Babilonia.
16 Todos los hombres valientes, siete mil, y los
artesanos y herreros, mil, todos fuertes y aptos
para la guerra, también a éstos el rey de
Babilonia llevó en cautiverio a Babilonia.
17 Entonces el rey de Babilonia puso por rey en
lugar de Joaquín, a su tío Matanías y cambió su
nombre por el de Sedequías.
18 Sedequías *tenía* veintiún años cuando
comenzó a reinar, y reinó once años en Jerusalén.
El nombre de su madre *era* Hamutal, hija de
Jeremías, de Libna.
19 E hizo lo malo ante los ojos del SEÑOR,
conforme a todo lo que había hecho Joacim.
20 Por causa de la ira del SEÑOR sucedió *esto* en
Jerusalén y en Judea, hasta que los echó de su
presencia. Y Sedequías se rebeló contra el rey de
Babilonia.

Sitio de Jerusalén

25 Y aconteció que en el noveno año de su
reinado, en el décimo mes, el *día* diez del
mes, vino Nabucodonosor, rey de Babilonia, él y
todo su ejército contra Jerusalén, acampó contra
ella y construyó un muro de asedio alrededor de
ella.
2 Y la ciudad estuvo sitiada hasta el undécimo
año del rey Sedequías.
3 A los nueve *días* del mes *cuarto* el hambre era
tan grande en la ciudad que no había alimento
para el pueblo de la tierra.
4 Y al ser abierta una brecha en la ciudad,
todos los hombres de guerra *huyeron* de noche
por el camino de la puerta entre las dos murallas,
junto al jardín del rey, estando los caldeos
alrededor de la ciudad, y se fueron por el camino
del Arabá.
5 Pero el ejército de los caldeos persiguió al rey
y lo alcanzó en los llanos de Jericó, y todo su
ejército se dispersó de su lado.
6 Entonces capturaron al rey y lo trajeron al
rey de Babilonia en Ribla, y éste lo sentenció.
7 Y degollaron a los hijos de Sedequías en su
presencia, y a Sedequías le sacó los ojos, lo ató
con cadenas de bronce y lo llevó a Babilonia.
8 En el mes quinto, a los siete *días* del mes, en
el año diecinueve de Nabucodonosor, rey de
Babilonia, vino a Jerusalén Nabuzaradán,
capitán de la guardia, siervo del rey de Babilonia.
9 Y quemó la casa del SEÑOR, la casa del rey y
todas las casas de Jerusalén; prendió fuego a
toda casa grande.
10 Todo el ejército de los caldeos que *estaba con*
el capitán de la guardia derribó las murallas
alrededor de Jerusalén;
11 y al resto del pueblo que había quedado en la
ciudad, a los desertores que se habían pasado al
rey de Babilonia y al resto de la multitud, *los*
llevó en cautiverio Nabuzaradán, capitán de la
guardia.

12 Pero el capitán de la guardia dejó a algunos de los más pobres del país para *que fueran* viñadores y labradores.

13 Los caldeos hicieron pedazos las columnas de bronce que *estaban* en la casa del SEÑOR, y las basas y el mar de bronce que *estaban* en la casa del SEÑOR, y llevaron el bronce a Babilonia.

14 También se llevaron las ollas, las palas, las despabiladeras, las cucharas, y todos los utensilios de bronce que se usaban en el servicio *del templo.*

15 El capitán de la guardia se llevó además los incensarios y los tazones, lo que era de oro puro y lo que era de plata pura.

16 *En cuanto a* las dos columnas, el mar y las basas que Salomón había hecho para la casa del SEÑOR; no era posible calcular el peso del bronce de todos estos objetos.

17 La altura de una columna era de dieciocho codos, y *tenía* sobre ella un capitel de bronce; la altura del capitel era de tres codos, con una *obra de* malla y granadas alrededor del capitel, todo de bronce. Y la segunda columna era igual con *obra de* malla.

18 Entonces el capitán de la guardia tomó al sumo sacerdote Seraías y al segundo sacerdote Sofonías y a los tres oficiales del templo.

19 Y de la ciudad tomó a un oficial que estaba encargado de los hombres de guerra, y a cinco hombres de los consejeros del rey que se hallaban en la ciudad, y al escriba del capitán del ejército, que alistaba a la gente del país, y a sesenta hombres del pueblo de la tierra que se hallaban en la ciudad.

20 Nabuzaradán, capitán de la guardia, los tomó y los llevó al rey de Babilonia en Ribla.

21 Entonces los hirió el rey de Babilonia y les dio muerte en Ribla, en la tierra de Hamat. Así Judá fue llevado al cautiverio, lejos de su tierra.

22 Y *en cuanto* al pueblo que quedó en la tierra de Judá, al que Nabucodonosor, rey de Babilonia, había dejado, puso sobre ellos a Gedalías, hijo de Ahicam, hijo de Safán.

23 Cuando todos los jefes de tropas, ellos y *sus* hombres, oyeron que el rey de Babilonia había nombrado *gobernador* a Gedalías, vinieron a éste en Mizpa: Ismael, hijo de Netanías, Johanán, hijo de Carea, Seraías, hijo de Tanhumet netofatita, y Jaazanías, hijo del maacateo, ellos y sus hombres.

24 Y Gedalías les hizo un juramento, a ellos y a sus hombres, y les dijo: No temáis a los siervos de los caldeos; habitad en la tierra y servid al rey de Babilonia, y os irá bien.

25 Pero sucedió que en el séptimo mes, Ismael, hijo de Netanías, hijo de Elisama, de la familia real, vino con diez hombres e hirió a Gedalías, y éste murió junto con los judíos y los caldeos que estaban con él en Mizpa.

26 Entonces todo el pueblo, desde el menor hasta el mayor, y los jefes de las tropas se levantaron y se fueron a Egipto, porque temían a los caldeos.

27 Y aconteció que en el año treinta y siete del cautiverio de Joaquín, rey de Judá, en el mes duodécimo, a los veintisiete *días* del mes, Evil-merodac, rey de Babilonia, en el año en que comenzó a reinar, sacó de la prisión a Joaquín, rey de Judá;

28 y le habló con benevolencia y puso su trono por encima de los tronos de los reyes que *estaban* con él en Babilonia.

29 Le cambió sus vestidos de prisión, y comió en la presencia del rey siempre, todos los días de su vida;

30 y *para* su sustento, se le dio de continuo una ración de parte del rey, una porción para cada día, todos los días de su vida.

Descendientes de Adán y Noé

1 Adán, Set, Enós,
2 Cainán, Mahalaleel, Jared,
3 Enoc, Matusalén, Lamec,
4 Noé, Sem, Cam y Jafet.

5 Los hijos de Jafet *fueron* Gomer, Magog, Madai, Javán, Tubal, Mesec y Tiras.

6 Los hijos de Gomer *fueron* Askenaz, Difat y Togarmá.

7 Los hijos de Javán *fueron* Elisa, Tarsis, Quitim y Rodanim.

8 Los hijos de Cam *fueron* Cus, Mizraim, Fut y Canaán.

9 Los hijos de Cus *fueron* Seba, Havila, Sabta, Raama y Sabteca; y los hijos de Raama *fueron* Seba y Dedán.

10 Y Cus engendró a Nimrod; éste llegó a ser poderoso sobre la tierra.

11 Y Mizraim engendró al pueblo de Ludim, Anamim, Lehabim, Neftuhim,

12 Patrusim y Casluhim, de los cuales vinieron los filisteos, y Caftor.

13 Y Canaán engendró a Sidón su primogénito, y a Het,

14 y a los jebuseos, a los amorreos, a los gergeseos,

15 a los heveos, a los araceos, a los sineos,

16 a los arvadeos, a los zemareos y a los hamateos.

17 Los hijos de Sem *fueron* Elam, Asur, Arfaxad, Lud, Aram, Uz, Hul, Geter y Mesec.

18 Y Arfaxad engendró a Sela, y Sela engendró a Heber.

19 Y le nacieron dos hijos a Heber, el nombre de uno fue Peleg, porque en sus días fue repartida la tierra, y el nombre de su hermano *era* Joctán.

20 Y Joctán engendró a Almodad, a Selef, a Hazar-mavet, a Jera,

21 a Adoram, a Uzal, a Dicla,

22 a Ebal, a Abimael, a Seba,

23 a Ofir, a Havila y a Jobab; todos estos *fueron* los hijos de Joctán.

24 Sem, Arfaxad, Sela,

25 Heber, Peleg, Reu,

26 Serug, Nacor, Taré,

27 Abram, es decir, Abraham.

28 Los hijos de Abraham *fueron* Isaac e Ismael.

29 Estas son sus genealogías: el primogénito de Ismael, Nebaiot, luego Cedar, Adbeel, Mibsam,

30 Misma, Duma, Massa, Hadad, Tema,

31 Jetur, Nafis y Cedema; estos *fueron* los hijos de Ismael.

32 Los hijos *que* Cetura, concubina de Abraham, dio a luz, *fueron* Zimram, Jocsán, Medán, Madián, Isbac y Súa. Y los hijos de Jocsán *fueron* Seba y Dedán.

33 Los hijos de Madián *fueron* Efa, Efer, Hanoc, Abida y Elda. Todos estos *fueron* los hijos de Cetura.

34 Y Abraham engendró a Isaac. Los hijos de Isaac *fueron* Esaú e Israel.

35 Los hijos de Esaú *fueron* Elifaz, Reuel, Jeús, Jaalam y Coré.

36 Los hijos de Elifaz *fueron* Temán, Omar, Zefi, Gatam, Cenaz, Timna y Amalec.

37 Los hijos de Reuel *fueron* Nahat, Zera, Sama y Miza.

38 Los hijos de Seir *fueron* Lotán, Sobal, Zibeón, Aná, Disón, Ezer y Disán.

39 Los hijos de Lotán *fueron* Hori y Homam, y la hermana de Lotán *fue* Timna.

40 Los hijos de Sobal *fueron* Alián, Manahat, Ebal, Sofi y Onam. Y los hijos de Zibeón *fueron* Aja y Aná.

41 El hijo de Aná *fue* Disón. Y los hijos de Disón *fueron* Amram, Esbán, Itrán y Querán.

42 Los hijos de Ezer *fueron* Bilhán, Zaaván y Jaacán. Los hijos de Disán *fueron* Uz y Arán.

43 Y estos son los reyes que reinaron en la tierra de Edom antes que reinara rey alguno de los hijos de Israel. Bela *fue* hijo de Beor, y el nombre de su ciudad *era* Dinaba.

44 Cuando murió Bela, reinó en su lugar Jobab, hijo de Zera, de Bosra.

45 Cuando murió Jobab, reinó en su lugar Husam de la tierra de los temanitas.

46 Cuando murió Husam, reinó en su lugar Hadad, hijo de Bedad, que derrotó a Madián en el campo de Moab; y el nombre de su ciudad *era* Avit.

47 Cuando murió Hadad, reinó en su lugar Samla de Masreca.

48 Cuando murió Samla, reinó en su lugar Saúl de Rehobot, *que está* junto al río.

49 Cuando murió Saúl, reinó en su lugar Baal-hanán, hijo de Acbor.

50 Cuando murió Baal-hanán, reinó en su lugar Hadad; y el nombre de su ciudad *era* Pai, y el nombre de su mujer *era* Mehetabel, hija de Matred, hija de Mezaab.

51 Y Hadad murió. Y los jefes de Edom fueron: el jefe Timna, el jefe Alya, el jefe Jetet,

52 el jefe Aholibama, el jefe Ela, el jefe Pinón,

53 el jefe Cenaz, el jefe Temán, el jefe Mibzar,

54 el jefe Magdiel, el jefe Iram. Estos *fueron* los jefes de Edom.

Descendientes de Jacob

2 Estos son los hijos de Israel: Rubén, Simeón, Leví, Judá, Isacar, Zabulón,

2 Dan, José, Benjamín, Neftalí, Gad y Aser.

3 Los hijos de Judá *fueron* Er, Onán, y Sela; *estos* tres le nacieron de Bet-súa la cananea. Y Er, primogénito de Judá, fue malo ante los ojos del SEÑOR, quien le dio muerte.

4 Y Tamar, su nuera, le dio a luz a Pérez y a Zera. Judá tuvo cinco hijos en total.

5 Los hijos de Pérez *fueron* Hezrón y Hamul.

6 Los hijos de Zera *fueron* Zimri, Etán, Hemán, Calcol y Dara: cinco en total.

7 El hijo de Carmi *fue* Acar, el perturbador de Israel, que prevaricó en cuanto al anatema.

8 El hijo de Etán *fue* Azarías.

9 Los hijos que le nacieron a Hezrón, *fueron* Jerameel, Ram y Quelubai.

10 Ram engendró a Aminadab y Aminadab engendró a Naasón, jefe de los hijos de Judá;

11 Naasón engendró a Salmón y Salmón engendró a Booz;

12 Booz engendró a Obed y Obed engendró a Isaí,

13 e Isaí engendró a Eliab su primogénito, luego Abinadab el segundo y Simea el tercero,

14 Natanael el cuarto, Radai el quinto,

15 Ozem el sexto, y David el séptimo;

16 y sus hermanas fueron Sarvia y Abigail. Y los tres hijos de Sarvia fueron Abisai, Joab y Asael.

17 Y Abigail dio a luz a Amasa, y el padre de Amasa fue Jeter ismaelita.

18 Y Caleb, hijo de Hezrón, engendró hijos de Azuba su mujer, y de Jeriot; y estos fueron los hijos de ella: Jeser, Sobab y Ardón.

19 Cuando Azuba murió, Caleb tomó por mujer a Efrata, la cual dio a luz a Hur.

20 Hur engendró a Uri y Uri engendró a Bezaleel.

21 Después Hezrón se unió a la hija de Maquir, padre de Galaad, y la tomó por mujer cuando él tenía sesenta años; y ella dio a luz a Segub.

22 Y Segub engendró a Jair, que tuvo veintitrés ciudades en la tierra de Galaad.

23 Pero Gesur y Aram les tomaron las aldeas de Jair, con Kenat y sus aldeas, sesenta ciudades. Todos estos fueron los hijos de Maquir, padre de Galaad.

24 Y después de la muerte de Hezrón en Caleb-efrata, Abías, mujer de Hezrón, dio a luz a Asur, padre de Tecoa.

25 Los hijos de Jerameel, primogénito de Hezrón, fueron Ram el primogénito, luego Buna, Orén, Ozem y Ahías.

26 Y Jerameel tuvo otra mujer, cuyo nombre era Atara; ella fue la madre de Onam.

27 Los hijos de Ram, primogénito de Jerameel, fueron Maaz, Jamín y Equer.

28 Los hijos de Onam fueron Samai y Jada. Y los hijos de Samai fueron Nadab y Abisur.

29 Y el nombre de la mujer de Abisur era Abihail, y ella dio a luz a Ahbán y a Molid.

30 Los hijos de Nadab fueron Seled y Apaim, y Seled murió sin hijos.

31 El hijo de Apaim fue Isi, el hijo de Isi fue Sesán, y el hijo de Sesán fue Ahlai.

32 Los hijos de Jada, hermano de Samai, fueron Jeter y Jonatán; y Jeter murió sin hijos.

33 Los hijos de Jonatán fueron Pelet y Zaza. Estos fueron los hijos de Jerameel.

34 Sesán no tuvo hijos, sino hijas. Y Sesán tenía un siervo egipcio cuyo nombre era Jarha.

35 Sesán dio a su hija por mujer a Jarha su siervo, y ella dio a luz a Atai.

36 Atai engendró a Natán y Natán engendró a Zabad,

37 Zabad engendró a Eflal y Eflal engendró a Obed,

38 Obed engendró a Jehú y Jehú engendró a Azarías,

39 Azarías engendró a Heles y Heles engendró a Elasa,

40 Elasa engendró a Sismai y Sismai engendró a Salum,

41 Salum engendró a Jecamías y Jecamías engendró a Elisama.

42 Los hijos de Caleb, hermano de Jerameel, fueron Mesa su primogénito, que engendró a Zif; y su hijo fue Maresa, padre de Hebrón.

43 Los hijos de Hebrón fueron Coré, Tapúa, Requem y Sema.

44 Y Sema engendró a Raham, padre de Jorcoam; y Requem engendró a Samai.

45 El hijo de Samai fue Maón, y Maón engendró a Bet-sur.

46 Y Efa, concubina de Caleb, dio a luz a Harán, a Mosa y a Gazez. Y Harán engendró a Gazez.

47 Los hijos de Jahdai fueron Regem, Jotam, Gesam, Pelet, Efa y Saaf.

48 Maaca, concubina de Caleb, dio a luz a Seber y a Tirhana.

49 También dio a luz a Saaf, padre de Madmana, a Seva, padre de Macbena y padre de Gibea; y la hija de Caleb fue Acsa.

50 Estos fueron los hijos de Caleb.

Los hijos de Hur, primogénito de Efrata, fueron Sobal, padre de Quiriat-jearim,

51 Salma, padre de Belén, y Haref, padre de Bet-gader.

52 Y Sobal, padre de Quiriat-jearim, tuvo hijos: Haroe, la mitad de los manahetitas;

53 y las familias de Quiriat-jearim: los itritas, los futitas, los sumatitas y los misraítas; de éstos salieron los zoratitas y los estaolitas.

54 Los hijos de Salma fueron Belén y los netofatitas, Atrot-bet-joab y la mitad de los manahetitas, los zoraítas.

55 Y las familias de los escribas que habitaron en Jabes fueron los tirateos, los simeateos y los sucateos. Esos son los ceneos que vinieron de Hamat, padre de la casa de Recab.

Hijos de David

3 Estos fueron los hijos de David que le nacieron en Hebrón: el primogénito, Amnón, de Ahinoam jezreelita; el segundo, Daniel, de Abigail carmelita;

2 el tercero, Absalón, hijo de Maaca, hija de Talmai, rey de Gesur; el cuarto, Adonías, hijo de Haguit;

3 el quinto, Sefatías, de Abital; el sexto, Itream, de Egla su mujer.

4 Seis hijos le nacieron en Hebrón. Allí reinó siete años y seis meses, y en Jerusalén reinó treinta y tres años.

5 Y éstos le nacieron en Jerusalén: Simea, Sobab, Natán y Salomón: los cuatro de Bet-súa, hija de Amiel.

6 También Ibhar, Elisama, Elifelet,

7 Noga, Nefeg y Jafía,

8 Elisama, Eliada y Elifelet: nueve.

9 Todos estos fueron los hijos de David, además de los hijos de las concubinas; y Tamar fue hermana de ellos.

10 Y el hijo de Salomón fue Roboam; Abías fue su hijo, Asa su hijo, Josafat su hijo,

11 Joram su hijo, Ocozías su hijo, Joás su hijo,

12 Amasías su hijo, Azarías su hijo, Jotam su hijo,

13 Acaz su hijo, Ezequías su hijo, Manasés su hijo,

14 Amón su hijo, Josías su hijo.

15 Los hijos de Josías fueron Johanán el primogénito, y el segundo fue Joacim, el tercero Sedequías, el cuarto Salum.

16 Los hijos de Joacim fueron Jeconías su hijo, Sedequías su hijo.

17 Los hijos de Jeconías, el cautivo, *fueron* Salatiel su hijo,

18 y Malquiram, Pedaías, Senazar, Jecamías, Hosama y Nedabías.

19 Los hijos de Pedaías *fueron* Zorobabel y Simei. Y los hijos de Zorobabel *fueron* Mesulam y Hananías, y Selomit *fue* su hermana;

20 y Hasuba, Ohel, Berequías, Hasadías y Jusab-hesed: cinco.

21 Los hijos de Hananías *fueron* Pelatías y Jesaías, los hijos de Refaías, los hijos de Arnán, los hijos de Abdías, los hijos de Secanías.

22 Los descendientes de Secanías *fueron* Semaías, y los hijos de Semaías: Hatús, Igal, Barías, Nearías y Safat: seis.

23 Los hijos de Nearías *fueron* Elioenai, Ezequías y Azricam: tres.

24 Los hijos de Elioenai *fueron* Hodavías, Eliasib, Pelaías, Acub, Johanán, Dalaías y Anani: siete.

Descendientes de Judá

4 Los hijos de Judá *fueron* Pérez, Hazrón, Carmi, Hur y Sobal.

2 Y Reaía, hijo de Sobal, engendró a Jahat, y Jahat engendró a Ahumai y a Lahad. Estas *fueron* las familias de los zoratitas.

3 Estos *fueron* los hijos de Etam: Jezreel, Isma e Ibdas; y el nombre de su hermana *era* Haze-lelponi.

4 Penuel *fue* padre de Gedor, y Ezer, padre de Husa. Estos *fueron* los hijos de Hur, primogénito de Efrata, padre de Belén.

5 Asur, padre de Tecoa, tuvo dos mujeres: Hela y Naara.

6 Y Naara le dio a luz a Ahuzam, Hefer, Temeni y Ahastari. Estos *fueron* los hijos de Naara.

7 Los hijos de Hela *fueron* Zeret, Izhar y Etnán.

8 Y Cos engendró a Anub y Zobeba y las familias de Aharhel, hijo de Harum.

9 Y Jabes fue más ilustre que sus hermanos, y su madre lo llamó Jabes, diciendo: Porque *lo* di a luz con dolor.

10 Jabes invocó al Dios de Israel, diciendo: ¡Oh, si en verdad me bendijeras, ensancharas mi territorio, y tu mano estuviera conmigo y *me* guardaras del mal para que no me causara dolor! Y Dios le concedió lo que pidió.

11 Quelub, hermano de Súa, engendró a Mehir, que fue padre de Estón.

12 Y Estón engendró a Bet-rafa, a Paseah y a Tehina, padre de Ir-nahas. Estos son los hombres de Reca.

13 Los hijos de Cenaz *fueron* Otoniel y Seraías. Y los hijos de Otoniel *fueron* Hatat y Meonotai.

14 Meonotai engendró a Ofra, y Seraías engendró a Joab, padre de Gue-jarasim[1], porque eran artífices.

15 Los hijos de Caleb, hijo de Jefone, *fueron* Iru, Ela y Naam; y el hijo de Ela fue Cenaz.

16 Los hijos de Jehalelel *fueron* Zif y Zifa, Tirías y Asareel.

17 Los hijos de Esdras *fueron* Jeter, Mered, Efer y Jalón. (Estos son los hijos de Bitia, hija de Faraón, que Mered tomó *por mujer.*) *Bitia*

concibió y *dio a luz* a Miriam, a Samai y a Isba, padre de Estemoa.

18 Y su mujer Jehudaía dio a luz a Jered, padre de Gedor, a Heber, padre de Soco, y a Jecutiel, padre de Zanoa.

19 Los hijos de la mujer de Hodías, hermana de Naham, *fueron* los padres de Keila garmita y Estemoa maacateo.

20 Los hijos de Simón *fueron* Amnón y Rina, Ben-hanán y Tilón. Y los hijos de Isi *fueron* Zohet y Benzohet.

21 Los hijos de Sela, hijo de Judá, *fueron* Er, padre de Leca, y Laada, padre de Maresa, y las familias de la casa de los que trabajaban el lino en Bet-asbea;

22 y Joacim, los hombres de Cozeba, Joás y Saraf, que gobernaban en Moab, y Jasubi-lehem. Y los registros son antiguos.

23 Estos *eran* alfareros y habitantes de Netaím y Gedera; moraban allí con el rey para hacer su trabajo.

24 Los hijos de Simeón *fueron* Nemuel, Jamín, Jarib, Zera, Saúl;

25 Salum su hijo, Mibsam su hijo, Misma su hijo.

26 Los hijos de Misma *fueron* Hamuel su hijo, Zacur su hijo, Simei su hijo.

27 Y Simei tuvo dieciséis hijos y seis hijas, pero sus hermanos no tuvieron muchos hijos, ni se multiplicaron todas sus familias como los hijos de Judá.

28 Y habitaron en Beerseba, Molada y Hazar-sual,

29 en Bilha, Ezem, Tolad,

30 Betuel, Horma, Siclag,

31 Bet-marcabot, Hazar-susim, Bet-birai y Saaraim. Estas *fueron* sus ciudades hasta el reinado de David.

32 Y sus aldeas *fueron* Etam, Aín, Rimón, Toquén y Asán, cinco ciudades;

33 y todas sus aldeas que *estaban* alrededor de las mismas ciudades hasta Baal. Estas *fueron* sus moradas, y tienen su genealogía.

34 Y Mesobab, Jamlec, Josías, hijo de Amasías,

35 Joel, Jehú, hijo de Josibías, hijo de Seraías, hijo de Asiel,

36 Elioenai, Jaacoba, Jesohaía, Asaías, Adiel, Jesimiel, Benaía,

37 Ziza, hijo de Sifi, hijo de Alón, hijo de Jedaías, hijo de Simri, hijo de Semaías;

38 éstos, mencionados por nombre, *fueron* jefes de sus familias; y sus casas paternas aumentaron en gran manera.

39 Y fueron a la entrada de Gedor, hasta el lado oriental del valle, para buscar pastos para sus ganados.

40 Y encontraron pastos abundantes y buenos, y la tierra era espaciosa, tranquila y reposada, porque los que habitaban antes allí *eran* los de Cam.

41 Y éstos, registrados por nombre, llegaron en los días de Ezequías, rey de Judá, y atacaron sus tiendas y a los meunitas que se encontraban allí, y los destruyeron completamente hasta el día de hoy, y habitaron en su lugar, porque había allí pastos para sus ganados.

42 Y de ellos, de los hijos de Simeón, quinientos hombres fueron al monte de Seir, con Pelatías,

---

1. I.e., valle de los artífices

Nearías, Refaías y Uziel, hijos de Isi, como sus jefes.

43 Y destruyeron al remanente de los de Amalec, que habían escapado, y allí han habitado hasta el día de hoy.

Descendientes de Rubén

5 Y los hijos de Rubén, el primogénito de Israel (porque él era el primogénito, mas como profanó la cama de su padre, sus derechos de primogenitura fueron dados a los hijos de José, hijo de Israel; de modo que no está inscrito en la genealogía conforme a los derechos de primogenitura;

2 aunque Judá prevaleció sobre sus hermanos, y de él *procedió* el príncipe, los derechos de primogenitura pertenecían a José),

3 *fueron, pues,* los hijos de Rubén, el primogénito de Israel: Hanoc, Falú, Hezrón y Carmi.

4 Los hijos de Joel *fueron* Semaías su hijo, Gog su hijo, Simei su hijo,

5 Micaía su hijo, Reaía su hijo, Baal su hijo,

6 Beera su hijo, a quien Tilgat-pilneser, rey de los asirios, se llevó al destierro; éste fue jefe de los rubenitas.

7 Sus parientes, por sus familias, en la genealogía de sus generaciones, *fueron* Jeiel el jefe, después Zacarías

8 y Bela, hijo de Azaz, hijo de Sema, hijo de Joel, que habitó en Aroer hasta Nebo y Baal-meón.

9 Y hacia el oriente habitó hasta la entrada del desierto desde el río Eufrates, porque su ganado había aumentado en la tierra de Galaad.

10 En los días de Saúl hicieron guerra contra los agarenos, los cuales cayeron en sus manos, de modo que ellos ocuparon sus tiendas por toda la tierra al oriente de Galaad.

11 Y los hijos de Gad habitaron frente a ellos en la tierra de Basán, hasta Salca.

12 Joel *fue* el jefe, y Safán el segundo, después Jaanai y Safat en Basán.

13 Y los parientes de sus casas paternas *fueron* Micael, Mesulam, Seba, Jorai, Jacán, Zía y Heber: siete.

14 Estos *fueron* los hijos de Abihail, hijo de Huri, hijo de Jaroa, hijo de Galaad, hijo de Micael, hijo de Jesisai, hijo de Jahdo, hijo de Buz;

15 Ahí, hijo de Abdiel, hijo de Guni, *fue* jefe de sus casas paternas.

16 Y habitaron en Galaad, en Basán y en sus ciudades, y en todos los ejidos de Sarón, hasta sus fronteras.

17 Todos éstos fueron inscritos por genealogías en los días de Jotam, rey de Judá, y en los días de Jeroboam, rey de Israel.

18 Los hijos de Rubén y de Gad y la media tribu de Manasés, hombres valientes, hombres que traían escudo y espada y tiraban con arco, y que *eran* diestros en batalla, *fueron* cuarenta y cuatro mil setecientos sesenta que salían a la batalla.

19 E hicieron guerra contra los agarenos, Jetur, Nafis y Nodab.

20 Y Dios les ayudó contra ellos, y los agarenos y todos los que *estaban* con ellos fueron entregados en sus manos; porque clamaron a Dios en la batalla, y El fue propicio a ellos porque confiaron en El.

21 Y tomaron sus ganados: cincuenta mil camellos, doscientas cincuenta mil ovejas, dos mil asnos; también cien mil hombres.

22 Muchos, pues, cayeron muertos, porque la guerra *era* de Dios. Y habitaron en su lugar hasta el destierro.

23 Los hijos de la media tribu de Manasés habitaron en la tierra; eran muy numerosos desde Basán hasta Baal-hermón, Senir y el monte Hermón.

24 Y estos *fueron* los jefes de sus casas paternas: Efer, Isi, Eliel, Azriel, Jeremías, Hodavías y Jahdiel, hombres fuertes de *gran* valor, hombres de renombre, jefes de sus casas paternas.

25 Pero traicionaron al Dios de sus padres, y se prostituyeron con los dioses de los pueblos de la tierra, los cuales Dios había destruido delante de ellos.

26 Por lo cual el Dios de Israel movió el espíritu de Pul, rey de Asiria, o sea, el espíritu de Tilgat-pilneser, rey de Asiria, y los llevó al destierro, es decir, a los rubenitas, a los gaditas y a la media tribu de Manasés, y los llevó a Halah, a Habor, a Hara y al río de Gozán, hasta el día de hoy.

Descendientes de Leví

6 Los hijos de Leví *fueron* Gersón, Coat y Merari.

2 Los hijos de Coat *fueron* Amram, Izhar, Hebrón y Uziel.

3 Los hijos de Amram *fueron* Aarón, Moisés y Miriam. Y los hijos de Aarón *fueron* Nadab, Abiú, Eleazar e Itamar.

4 Eleazar engendró a Finees y Finees engendró a Abisúa,

5 Abisúa engendró a Buqui y Buqui engendró a Uzi,

6 Uzi engendró a Zeraías y Zeraías engendró a Meraiot,

7 Meraiot engendró a Amarías y Amarías engendró a Ahitob,

8 Ahitob engendró a Sadoc y Sadoc engendró a Ahimaas,

9 Ahimaas engendró a Azarías y Azarías engendró a Johanán,

10 Johanán engendró a Azarías (éste fue el que sirvió como sacerdote en la casa que Salomón había edificado en Jerusalén),

11 Azarías engendró a Amarías y Amarías engendró a Ahitob,

12 Ahitob engendró a Sadoc y Sadoc engendró a Salum,

13 Salum engendró a Hilcías e Hilcías engendró a Azarías,

14 Azarías engendró a Seraías y Seraías engendró a Josadac,

15 y Josadac fue al destierro cuando el SEÑOR llevó a Judá y a Jerusalén por mano de Nabucodonosor.

16 Los hijos de Leví *fueron* Gersón, Coat y Merari.

17 Y estos son los nombres de los hijos de Gersón: Libni y Simei.

18 Los hijos de Coat *fueron* Amram, Izhar, Hebrón y Uziel.

19 Los hijos de Merari *fueron* Mahli y Musi. Y estas son las familias de los levitas conforme a sus *casas* paternas.

20 De Gersón: Libni su hijo, Jahat su hijo, Zima su hijo,
21 Joa su hijo, Iddo su hijo, Zera su hijo, Zeatrai su hijo.
22 Los hijos de Coat *fueron* Aminadab su hijo, Coré su hijo, Asir su hijo,
23 Elcana su hijo, Ebiasaf su hijo, Asir su hijo,
24 Tahat su hijo, Uriel su hijo, Uzías su hijo, Saúl su hijo.
25 Los hijos de Elcana *fueron* Amasai y Ahimot.
26 *En cuanto a* Elcana, los hijos de Elcana *fueron* Zofai su hijo, Nahat su hijo.
27 Eliab su hijo, Jeroham su hijo, Elcana su hijo.
28 Los hijos de Samuel *fueron* Joel el primogénito, y Abías el segundo.
29 Los hijos de Merari *fueron* Mahli, Libni su hijo, Simei su hijo, Uza su hijo,
30 Simea su hijo, Haguía su hijo, Asasías su hijo.
31 Y estos son los que David puso sobre el servicio del canto en la casa del Señor, después que el arca descansó *allí*.
32 Ministraban con el canto delante del tabernáculo de la tienda de reunión, hasta que Salomón edificó la casa del Señor en Jerusalén, y servían en su oficio conforme a su orden.
33 Y estos son los que servían con sus hijos: de los hijos de los coatitas *eran* Hemán el cantor, hijo de Joel, hijo de Samuel,
34 hijo de Elcana, hijo de Jeroham, hijo de Eliel, hijo de Toa,
35 hijo de Zuf, hijo de Elcana, hijo de Mahat, hijo de Amasai,
36 hijo de Elcana, hijo de Joel, hijo de Azarías, hijo de Sofonías,
37 hijo de Tahat, hijo de Asir, hijo de Abiasaf, hijo de Coré,
38 hijo de Izhar, hijo de Coat, hijo de Leví, hijo de Israel.
39 Y el hermano *de Hemán*, Asaf, estaba a su mano derecha: Asaf, hijo de Berequías, hijo de Simea,
40 hijo de Micael, hijo de Baasías, hijo de Malquías,
41 hijo de Etni, hijo de Zera, hijo de Adaía,
42 hijo de Etán, hijo de Zima, hijo de Simei,
43 hijo de Jahat, hijo de Gersón, hijo de Leví.
44 Y a la mano izquierda *estaban* sus parientes, hijos de Merari: Etán, hijo de Quisi, hijo de Abdi, hijo de Maluc,
45 hijo de Hasabías, hijo de Amasías, hijo de Hilcías,
46 hijo de Amsi, hijo de Bani, hijo de Semer,
47 hijo de Mahli, hijo de Musi, hijo de Merari, hijo de Leví.
48 Y sus parientes, los levitas, fueron designados para todo el servicio del tabernáculo de la casa de Dios.
49 Aarón y sus hijos sacrificaban sobre el altar del holocausto y sobre el altar del incienso, para toda la obra del lugar santísimo y para hacer expiación por Israel, conforme a todo lo que Moisés, siervo de Dios, había ordenado.
50 Y estos son los hijos de Aarón: Eleazar su hijo, Finees su hijo, Abisúa su hijo,
51 Buqui su hijo, Uzi su hijo, Zeraías su hijo,
52 Meraiot su hijo, Amarías su hijo, Ahitob su hijo,
53 Sadoc su hijo, Ahimaas su hijo.
54 Y estas son sus moradas, conforme a sus campamentos dentro de sus territorios. A los hijos de Aarón, de las familias de los coatitas (pues a ellos les tocó la *primera* suerte),
55 a ellos les dieron Hebrón, en la tierra de Judá, y sus tierras de pastos alrededor de ella;
56 pero dieron los campos de la ciudad y sus aldeas a Caleb, hijo de Jefone.
57 Y a los hijos de Aarón dieron las *siguientes* ciudades de refugio: Hebrón, Libna con sus tierras de pastos, Jatir, Estemoa con sus tierras de pastos,
58 Hilén con sus tierras de pastos, Debir con sus tierras de pastos,
59 Asán con sus tierras de pastos y Bet-semes con sus tierras de pastos.
60 Y de la tribu de Benjamín: Geba con sus tierras de pastos, Alemet con sus tierras de pastos y Anatot con sus tierras de pastos. Todas sus ciudades repartidas entre sus familias *fueron* trece ciudades.
61 Y a los demás hijos de Coat *fueron dadas* por suerte diez ciudades de la familia de la tribu de Efraín, de la tribu de Dan y de la media tribu de Manasés.
62 A los hijos de Gersón, según sus familias, *fueron dadas* de la tribu de Isacar, de la tribu de Aser, de la tribu de Neftalí y de la tribu de Manasés en Basán, trece ciudades.
63 A los hijos de Merari *fueron dadas* por suerte, según sus familias, de la tribu de Rubén, de la tribu de Gad y de la tribu de Zabulón, doce ciudades.
64 Así los hijos de Israel dieron a los levitas las ciudades con sus tierras de pastos.
65 Dieron por suerte de la tribu de los hijos de Judá, de la tribu de los hijos de Simeón y de la tribu de los hijos de Benjamín, estas ciudades que se mencionan por nombre.
66 Algunas de las familias de los hijos de Coat tuvieron ciudades de sus territorios de la tribu de Efraín.
67 Y les dieron las *siguientes* ciudades de refugio: Siquem con sus tierras de pastos en la tierra montañosa de Efraín, también Gezer con sus tierras de pastos,
68 Jocmeam con sus tierras de pastos, Bet-horón con sus tierras de pastos,
69 Ajalón con sus tierras de pastos y Gat-rimón con sus tierras de pastos;
70 y de la media tribu de Manasés: Aner con sus tierras de pastos y Bileam con sus tierras de pastos, para el resto de la familia de los hijos de Coat.
71 A los hijos de Gersón *fueron dadas*, de la familia de la media tribu de Manasés: Golán en Basán con sus tierras de pastos y Astarot con sus tierras de pastos;
72 y de la tribu de Isacar: Cedes con sus tierras de pastos, Daberat con sus tierras de pastos,
73 Ramot con sus tierras de pastos y Anem con sus tierras de pastos;
74 y de la tribu de Aser: Masal con sus tierras de pastos, Abdón con sus tierras de pastos,
75 Hucoc con sus tierras de pastos y Rehob con sus tierras de pastos;
76 y de la tribu de Neftalí: Cedes en Galilea con sus tierras de pastos, Hamón con sus tierras de pastos y Quiriataim con sus tierras de pastos.
77 A los demás *levitas*, los hijos de Merari,

fueron dadas, de la tribu de Zabulón: Rimón con sus tierras de pastos, Tabor con sus tierras de pastos;

78 y más allá del Jordán en Jericó, al lado oriental del Jordán, les fueron dadas, de la tribu de Rubén: Beser en el desierto con sus tierras de pastos, Jaza con sus tierras de pastos,

79 Cademot con sus tierras de pastos y Mefaat con sus tierras de pastos;

80 y de la tribu de Gad: Ramot en Galaad con sus tierras de pastos, Mahanaim con sus tierras de pastos,

81 Hesbón con sus tierras de pastos y Jazer con sus tierras de pastos.

Descendientes de Isacar y de Benjamín

7 Los hijos de Isacar fueron cuatro: Tola, Fúa, Jasub y Simrón.

2 Los hijos de Tola fueron Uzi, Refaías, Jeriel, Jahmai, Jibsam y Samuel, jefes de sus casas paternas. Los hijos de Tola fueron hombres fuertes y valientes en sus generaciones; su número en los días de David era de veintidós mil seiscientos.

3 El hijo de Uzi fue Israhías. Y los hijos de Israhías fueron Micael, Obadías, Joel e Isías; los cinco eran todos jefes.

4 Y con ellos por sus generaciones, conforme a sus casas paternas, fueron treinta y seis mil tropas del ejército para la guerra, porque tenían muchas mujeres e hijos.

5 Y sus parientes entre todas las familias de Isacar eran hombres fuertes y valientes, inscritos por genealogía, ochenta y siete mil en total.

6 Los hijos de Benjamín fueron tres: Bela, Bequer y Jediael.

7 Los hijos de Bela fueron cinco: Ezbón, Uzi, Uziel, Jerimot e Iri. Ellos fueron jefes de sus casas paternas, hombres fuertes y valientes, y fueron veintidós mil treinta y cuatro inscritos por genealogía.

8 Los hijos de Bequer fueron Zemira, Joás, Eliezer, Elioenai, Omri, Jerimot, Abías, Anatot y Alamet. Todos estos fueron los hijos de Bequer.

9 Y fueron inscritos por genealogía, conforme a sus generaciones, jefes de sus casas paternas, veinte mil doscientos hombres fuertes y valientes.

10 El hijo de Jediael fue Bilhán. Y los hijos de Bilhán fueron Jeús, Benjamín, Aod, Quenaana, Zetán, Tarsis y Ahisahar.

11 Todos estos fueron hijos de Jediael, conforme a los jefes de sus casas paternas, diecisiete mil doscientos hombres fuertes y valientes, que estaban listos para salir con el ejército a la guerra.

12 Y Supim y Hupim fueron hijos de Hir; Husim fue hijo de Aher.

13 Los hijos de Neftalí fueron Jahzeel, Guni, Jezer y Salum, hijos de Bilha.

14 Los hijos de Manasés fueron Asriel, a quien su concubina aramea dio a luz; ella dio a luz también a Maquir, padre de Galaad.

15 Y Maquir tomó mujer para Hupim y Supim, y el nombre de su hermana fue Maaca. Y el nombre del segundo fue Zelofehad, y Zelofehad tuvo hijas.

16 Y Maaca, mujer de Maquir, dio a luz un hijo, y le llamó Peres; y el nombre de su hermano fue Seres, y sus hijos fueron Ulam y Requem.

17 El hijo de Ulam fue Bedán. Estos fueron los hijos de Galaad, hijo de Maquir, hijo de Manasés.

18 Y su hermana Hamolequet dio a luz a Isod y Abiezer y Mahala.

19 Los hijos de Semida fueron Ahián, Siquem, Likhi y Aniam.

20 Los hijos de Efraín fueron Sutela y Bered su hijo, Tahat su hijo, Elada su hijo, Tahat su hijo, 21 Zabad su hijo, Sutela su hijo, Ezer y Elad. Los hombres de Gat que nacieron en la tierra los mataron, porque descendieron a tomar sus ganados.

22 Y su padre Efraín hizo duelo por muchos días, y sus parientes vinieron a consolarlo.

23 Después se unió a su mujer, y ella concibió y dio a luz un hijo, y él lo llamó Bería[1], porque la calamidad había venido sobre su casa.

24 Y su hija fue Seera, que edificó a Bet-horón la de abajo y la de arriba, y también Uzen-seera.

25 Y Refa fue su hijo junto con Resef, Telah su hijo, Tahán su hijo,

26 Laadán su hijo, Amiud su hijo, Elisama su hijo,

27 Non su hijo, y Josué su hijo.

28 Sus posesiones y moradas fueron Betel con sus aldeas, y hacia el oriente Naarán, y hacia el occidente Gezer con sus aldeas, y Siquem con sus aldeas hasta Aya con sus aldeas;

29 y junto a los límites de los hijos de Manasés, Bet-seán con sus aldeas, Taanac con sus aldeas, Meguido con sus aldeas, Dor con sus aldeas. En éstas habitaron los hijos de José, hijo de Israel.

30 Los hijos de Aser fueron Imna, Isúa, e Isúi, Bería y su hermana Sera.

31 Los hijos de Bería fueron Heber y Malquiel, que fue padre de Birzavit.

32 Y Heber engendró a Jaflet, a Somer y a Hotam, y a Súa su hermana.

33 Los hijos de Jaflet fueron Pasac, Bimhal y Asvat. Estos fueron los hijos de Jaflet.

34 Los hijos de Semer fueron Ahí y Rohga, Jehúba y Aram.

35 Los hijos de su hermano Helem fueron Zofa, Imna, Seles y Amal.

36 Los hijos de Zofa fueron Súa, Harnefer, Súal, Beri e Imra,

37 Beser, Hod, Sama, Silsa, Itrán y Beera.

38 Los hijos de Jeter fueron Jefone, Pispa y Ara.

39 Los hijos de Ula fueron Ara, Haniel y Rezia.

40 Todos estos fueron los hijos de Aser, jefes de las casas paternas, escogidos, fuertes y valientes, jefes de príncipes. Y el número de ellos inscritos por genealogía para el servicio en la guerra fue de veintiséis mil hombres.

Descendientes de Benjamín

8 Benjamín engendró a Bela su primogénito, Asbel el segundo, Ahara el tercero,

2 Noha el cuarto, y Rafa el quinto.

3 Y Bela tuvo hijos: Adar, Gera, Abiud,

4 Abisúa, Naamán, Ahoa,

5 Gera, Sefufán e Hiram.

6 Y estos son los hijos de Aod: estos son los jefes de las casas paternas de los habitantes de Geba, y que fueron llevados al destierro a Manahat,

1. I.e., en calamidad

7 es decir, Naamán, Ahías y Gera; éste los llevó al destierro, y engendró a Uza y a Ahiud.

8 Y Saharaim engendró hijos en la tierra de Moab, después de repudiar a sus mujeres Husim y Baara.

9 Y de su mujer Hodes engendró a Jobab, Sibia, Mesa, Malcam,

10 Jeúz, Saquías y Mirma. Estos *fueron* sus hijos, jefes de las *casas* paternas.

11 Y de Husim engendró a Abitob y a Elpaal.

12 Los hijos de Elpaal *fueron* Heber, Misam y Semed, que edificó a Ono y Lod con sus aldeas;

13 y Bería y Sema, que *fueron* jefes de las *casas* paternas de los habitantes de Ajalón, que hizo huir a los habitantes de Gat;

14 y Ahío, Sasac y Jeremot.

15 Y Zebadías, Arad, Ader,

16 Micael, Ispa y Joha *fueron* los hijos de Bería.

17 Y Zebadías, Mesulam, Hizqui, Heber,

18 Ismerai, Jezlías y Jobab *fueron* los hijos de Elpaal.

19 Y Jaquim, Zicri, Zabdi,

20 Elienai, Ziletai, Eliel,

21 Adaías, Beraías y Simrat *fueron* los hijos de Simei.

22 E Ispán, Heber, Eliel,

23 Abdón, Zicri, Hanán,

24 Hananías, Elam, Anatotías,

25 Ifdaías y Peniel *fueron* los hijos de Sasac.

26 Y Samserai, Seharías, Atalías,

27 Jaresías, Elías y Zicri *fueron* los hijos de Jeroham.

28 Estos *fueron* jefes de las *casas* paternas conforme a sus generaciones, hombres principales que vivieron en Jerusalén.

29 Y en Gabaón habitaba *Jehiel,* padre de Gabaón, y el nombre de su mujer *era* Maaca;

30 y su primogénito *fue* Abdón; después Zur, Cis, Baal, Nadab,

31 Gedor, Ahío y Zequer.

32 Y Miclot engendró a Simea. Y habitaban también con sus parientes en Jerusalén enfrente de sus *otros* parientes.

33 Ner engendró a Cis, Cis engendró a Saúl y Saúl engendró a Jonatán, Malquisúa, Abinadab y Es-baal.

34 El hijo de Jonatán *fue* Merib-baal, y Merib-baal engendró a Micaía.

35 Los hijos de Micaía *fueron* Pitón, Melec, Tarea y Acaz.

36 Acaz engendró a Joada, Joada engendró a Alemet, Azmavet y Zimri, y Zimri engendró a Mosa;

37 y Mosa engendró a Bina; Rafa *fue* su hijo, Elasa su hijo, Azel su hijo.

38 Azel tuvo seis hijos y estos *eran* sus nombres: Azricam, Bocru, Ismael, Searías, Obadías y Hanán. Todos estos *fueron* hijos de Azel.

39 Los hijos de Esec su hermano *fueron* Ulam su primogénito, Jehús el segundo, y Elifelet el tercero.

40 Y los hijos de Ulam eran hombres fuertes de *gran* valor, arqueros, y tuvieron muchos hijos y nietos, ciento cincuenta *en total.* Todos éstos *fueron* de los hijos de Benjamín.

Los que regresaron de Babilonia

9 Todo Israel fue inscrito por genealogías; y he aquí, están escritos en el libro de los reyes de Israel. Y Judá fue llevado al destierro a Babilonia por su infidelidad.

2 Los primeros que habitaron en sus posesiones en sus ciudades *fueron* Israel, los sacerdotes, los levitas y los sirvientes del templo.

3 Algunos de los hijos de Judá, de los hijos de Benjamín, y de los hijos de Efraín y Manasés habitaron en Jerusalén:

4 Utai, hijo de Amiud, hijo de Omri, hijo de Imri, hijo de Bani, de los hijos de Pérez, hijo de Judá.

5 De los silonitas: Asaías el primogénito, y sus hijos.

6 De los hijos de Zera: Jeuel y sus parientes: seiscientos noventa *de ellos.*

7 De los hijos de Benjamín: Salú, hijo de Mesulam, hijo de Hodavías, hijo de Asenúa,

8 e Ibneías, hijo de Jeroham, y Ela, hijo de Uzi, hijo de Micri, y Mesulam, hijo de Sefatías, hijo de Reuel, hijo de Ibnías;

9 y sus parientes, conforme a sus generaciones, novecientos cincuenta y seis. Todos estos *fueron* jefes de las *casas* paternas conforme a las casas de sus padres.

10 De los sacerdotes: Jedaías, Joiarib, Jaquín,

11 y Azarías, hijo de Hilcías, hijo de Mesulam, hijo de Sadoc, hijo de Meraiot, hijo de Ahitob, oficial *principal* de la casa de Dios;

12 y Adaía, hijo de Jeroham, hijo de Pasur, hijo de Malquías, y Masai, hijo de Adiel, hijo de Jazera, hijo de Mesulam, hijo de Mesilemit, hijo de Imer;

13 y sus parientes, jefes de sus casas paternas, mil setecientos sesenta hombres, muy capaces para la obra del servicio de la casa de Dios.

14 De los levitas: Semaías, hijo de Hasub, hijo de Azricam, hijo de Hasabías, de los hijos de Merari;

15 y Bacbacar, Heres y Galal, y Matanías, hijo de Micaía, hijo de Zicri, hijo de Asaf;

16 y Obadías, hijo de Semaías, hijo de Galal, hijo de Jedutún, y Berequías, hijo de Asa, hijo de Elcana, que habitó en las aldeas de los netofatitas.

17 Los porteros *eran:* Salum, Acub, Talmón, Ahimán y sus parientes (Salum el jefe,

18 *estacionado* hasta ahora a la puerta del rey, al oriente). Estos *eran* los porteros del campamento de los hijos de Leví.

19 Y Salum, hijo de Coré, hijo de Ebiasaf, hijo de Corá, y sus parientes, de la casa de su padre, los coraítas, *estaban* encargados de la obra del servicio, guardianes de los umbrales de la tienda; sus padres *habían estado* encargados del campamento del SEÑOR como guardianes de la entrada.

20 Finees, hijo de Eleazar, antes había sido jefe de ellos, *y* el SEÑOR *estaba* con él.

21 Zacarías, hijo de Meselemías, *era* portero a la entrada de la tienda de reunión.

22 El total de los que fueron escogidos para porteros en los umbrales *era* de doscientos doce. Estos fueron inscritos por genealogías en sus aldeas, a los cuales David y el vidente Samuel pusieron en sus puestos de confianza.

23 Así pues, ellos y sus hijos *estuvieron* encargados de las puertas de la casa del SEÑOR, *es decir,* la casa de la tienda.

24 Los porteros estaban en los cuatro lados: al oriente, al occidente, al norte y al sur.

25 Y sus parientes en sus aldeas *tenían* que

entrar cada siete días para *estar* con ellos de tiempo en tiempo;

26 porque los cuatro jefes de los porteros que *eran* levitas estaban en puestos de confianza, y estaban encargados de las cámaras y de los tesoros de la casa de Dios.

27 Pasaban la noche alrededor de la casa de Dios, porque la guardia *estaba* a su cargo; y ellos *estaban* encargados de abrir*la* cada mañana.

28 Y algunos de ellos *estaban* encargados de los utensilios del servicio y los contaban cuando los entraban y cuando los sacaban.

29 Algunos de ellos también fueron puestos a cargo del mobiliario, de todos los utensilios del santuario, de la flor de harina, del vino, del aceite, del incienso y de las especias.

30 Y algunos de los hijos de los sacerdotes preparaban la mezcla de las especias aromáticas.

31 Matatías, uno de los levitas, el primogénito de Salum coreíta, era responsable de las cosas que se preparaban en sartenes.

32 Y algunos de sus parientes, de los hijos de Coat, *estaban* encargados del pan de la proposición para prepararlo cada día de descanso.

33 Y había cantores, jefes de *casas* paternas de los levitas, *que habitaban* en las cámaras *del templo*, libres *de* todo otro *servicio*, porque estaban ocupados en su trabajo día y noche.

34 Estos eran jefes de *casas* paternas de los levitas conforme a sus generaciones, jefes que habitaban en Jerusalén.

35 Y en Gabaón habitaba Jehiel, padre de Gabaón, y el nombre de su mujer *era* Maaca,

36 su hijo primogénito *fue* Abdón; después Zur, Cis, Baal, Ner, Nadab,

37 Gedor, Ahío, Zacarías y Miclot.

38 Y Miclot engendró a Simeam. Y habitaban también con sus parientes en Jerusalén enfrente de sus *otros* parientes.

39 Ner engendró a Cis, Cis engendró a Saúl y Saúl engendró a Jonatán, Malquisúa, Abinadab y Es-baal.

40 El hijo de Jonatán *fue* Merib-baal, y Merib-baal engendró a Micaía.

41 Los hijos de Micaía *fueron* Pitón, Melec, Tarea y *Acaz.*

42 Acaz engendró a Jara, Jara engendró a Alemet, Azmavet y Zimri, y Zimri engendró a Mosa;

43 y Mosa engendró a Bina y a Refaías su hijo, Elasa su hijo, Azel su hijo.

44 Azel tuvo seis hijos y estos *eran* sus nombres: Azricam, Bocru, Ismael, Searías, Obadías y Hanán. Estos *fueron* los hijos de Azel.

Muerte de Saúl y de sus hijos

10 Los filisteos pelearon contra Israel y los hombres de Israel huyeron delante de los filisteos y cayeron muertos en el monte Gilboa.

2 Los filisteos persiguieron muy de cerca a Saúl y a sus hijos, y mataron a Jonatán, a Abinadab y a Malquisúa, hijos de Saúl.

3 Y arreció la batalla contra Saúl, los arqueros lo alcanzaron y fue herido por ellos.

4 Entonces Saúl dijo a su escudero: Saca tu espada y traspásame con ella, no sea que vengan estos incircuncisos y hagan burla de mí. Pero su escudero no quiso, porque tenía mucho miedo.

Por lo cual Saúl tomó su espada y se echó sobre ella.

5 Al ver su escudero que Saúl había muerto, él también se echó sobre su espada y murió.

6 Así murió Saúl con sus tres hijos, y todos *los* de su casa murieron juntamente con él.

7 Cuando todos los hombres de Israel que *estaban* en el valle, vieron que ellos habían huido y que Saúl y sus hijos habían muerto, abandonaron sus ciudades y huyeron; entonces los filisteos vinieron y habitaron en ellas.

8 Y sucedió que al día siguiente, cuando vinieron los filisteos para despojar a los muertos, hallaron a Saúl y a sus hijos caídos en el monte Gilboa.

9 Lo despojaron, tomaron su cabeza y sus armas y enviaron *mensajeros* por toda la tierra de los filisteos para que llevaran las buenas nuevas a sus ídolos y al pueblo.

10 Pusieron su armadura en la casa de sus dioses y clavaron su cabeza en la casa de Dagón.

11 Cuando oyeron los de Jabes de Galaad todo lo que los filisteos habían hecho a Saúl,

12 se levantaron todos los hombres valientes y se llevaron el cuerpo de Saúl y los cuerpos de sus hijos, los trajeron a Jabes y enterraron sus huesos bajo la encina en Jabes, y ayunaron siete días.

13 Así murió Saúl por la transgresión que cometió contra el SEÑOR por no haber guardado la palabra del SEÑOR, y también porque consultó y pidió consejo a una médium,

14 y no consultó al SEÑOR. Por tanto, El le quitó la vida y transfirió el reino a David, hijo de Isaí.

Comienzo del reinado de David

11 Entonces se congregó todo Israel en torno a David en Hebrón, y dijeron: He aquí, hueso tuyo y carne tuya somos.

2 Ya de antes, cuando Saúl aún era rey, *eras* tú el que sacabas y el que volvías a traer a Israel. Y el SEÑOR tu Dios te dijo: "Tú pastorearás a mi pueblo Israel, y serás príncipe sobre mi pueblo Israel."

3 Vinieron, pues, todos los ancianos de Israel al rey en Hebrón, y David hizo un pacto con ellos en Hebrón delante del SEÑOR; luego ungieron a David como rey sobre Israel, conforme a la palabra del SEÑOR por medio de Samuel.

4 Entonces fue David con todo Israel a Jerusalén, es decir, Jebús, y estaban allí los jebuseos, habitantes de la tierra.

5 Y los habitantes de Jebús dijeron a David: No entrarás aquí. Pero David capturó la fortaleza de Sion, es decir, la ciudad de David.

6 Y David había dicho: El que primero hiera a un jebuseo será jefe y capitán. Y Joab, hijo de Sarvia, subió primero, y fue hecho jefe.

7 David habitó en la fortaleza; por tanto fue llamada la ciudad de David.

8 Y edificó la ciudad alrededor, desde el Milo[1] hasta la *muralla* circundante; y Joab reparó el resto de la ciudad.

9 David se engrandecía cada vez más, y el SEÑOR de los ejércitos *estaba* con él.

10 Estos son los jefes de los valientes que tenía David, quienes le dieron fuerte apoyo en su reino, junto con todo Israel, para hacerlo rey, conforme a la palabra del SEÑOR concerniente a Israel.

---

1. I.e., la ciudadela

11 Y éstos *constituyen* la lista de los valientes que tenía David: Jasobeam, hijo de Hacmoni, jefe de los treinta; él blandió su lanza contra trescientos a los cuales mató de una sola vez.

12 Y después de él, Eleazar, hijo de Dodo ahohíta; él *era uno* de los tres valientes.

13 El estaba con David en Pasdamim cuando los filisteos se reunieron allí para la batalla; y había una parcela llena de cebada, y el pueblo huyó delante de los filisteos,

14 y se apostaron en medio de la parcela, y la defendieron e hirieron a los filisteos; y el SEÑOR los salvó con una gran victoria.

15 Descendieron tres de los treinta jefes a la roca *donde estaba* David, en la cueva de Adulam, mientras el ejército de los filisteos acampaba en el valle de Refaim.

16 David *estaba* entonces en la fortaleza, mientras la guarnición de los filisteos *estaba* en Belén.

17 David sintió un gran deseo, y dijo: ¡Quién me diera de beber agua del pozo de Belén que está junto a la puerta!

18 Entonces los tres se abrieron paso por el campamento de los filisteos, y sacando agua del pozo de Belén que *estaba* junto a la puerta, *se la* llevaron y *la* trajeron a David; pero David no quiso beberla, sino que la derramó para el SEÑOR,

19 y dijo: Lejos esté de mí que haga tal cosa delante de mi Dios. ¿Beberé la sangre de estos hombres *que fueron* con riesgo de sus vidas? Porque con riesgo de sus vidas la trajeron. Por eso no quiso beberla. Estas cosas hicieron los tres valientes.

20 Y Abisai, hermano de Joab, era el primero de los treinta, y blandió su lanza contra trescientos y los mató; y él tuvo tanto renombre como los tres.

21 De los treinta en el segundo *grupo*, él fue el más distinguido y llegó a ser capitán de ellos; pero no igualó a los tres *primeros*.

22 Benaía, hijo de Joiada, hijo de un valiente de Cabseel, de grandes hazañas, mató a los *dos hijos de* Ariel de Moab. Y él descendió y mató a un león en medio de un foso un día que estaba nevando.

23 También mató a un egipcio, un hombre grande de cinco codos de estatura; y en la mano del egipcio *había* una lanza como un rodillo de tejedor, pero *Benaía* descendió a él con un palo, y arrebatando la lanza de la mano del egipcio, lo mató con su propia lanza.

24 Estas *cosas* hizo Benaía, hijo de Joiada, y tuvo tanto renombre como los tres valientes.

25 He aquí, fue el más distinguido entre los treinta, pero no igualó a los tres; y David lo puso sobre su guardia.

26 Y los valientes de los ejércitos *fueron* Asael, hermano de Joab, Elhanan, hijo de Dodo de Belén,

27 Samot harodita, Heles pelonita,

28 Ira, hijo de Iques tecoíta, Abiezer anatotita,

29 Sibecai husatita, Ilai ahohíta,

30 Maharai netofatita, Heled, hijo de Baana netofatita,

31 Itai, hijo de Ribai de Guibeá de los hijos de Benjamín, Benaía piratonita,

32 Hurai de los arroyos de Gaas, Abiel arbatita,

33 Azmavet barhumita, Eliaba saalbonita,

34 los hijos de Hasem gizonita, Jonatán, hijo de Sage ararita,

35 Ahíam, hijo de Sacar ararita, Elifal, hijo de Ur,

36 Hefer megueratita, Ahías pelonita,

37 Hezro carmelita, Naarai, hijo de Ezbai,

38 Joel, hermano de Natán, Mibhar, hijo de Hagrai,

39 Selec amonita, Naharai beerotita, escudero de Joab, hijo de Sarvia,

40 Ira itrita, Gareb itrita,

41 Urías heteo, Zabad, hijo de Ahlai,

42 Adina, hijo de Siza rubenita, jefe de los rubenitas, y treinta con él.

43 Hanán, hijo de Maaca, y Josafat mitnita,

44 Uzías astarotita, Sama y Jehiel, hijos de Hotam aroerita,

45 Jediael, hijo de Simri, y Joha su hermano, tizita,

46 Eliel mahavita, Jerebai y Josavía, hijos de Elnaam, Itma moabita,

47 Eliel, Obed y Jaasiel mesobaíta.

El ejército de David

12 Y estos son los que vinieron a David en Siclag, mientras aún se ocultaba por causa de Saúl, hijo de Cis. Eran de los hombres valientes que *le* ayudaron en la guerra.

2 Estaban armados con arcos, y usaban tanto la mano derecha como la izquierda *para lanzar* piedras y *tirar* flechas con el arco. *Eran* parientes de Saúl de Benjamín.

3 El jefe era Ahiezer, después Joás, hijos de Semaa guibeatita; Jeziel y Pelet, hijos de Azmavet; Beraca y Jehú anatotita;

4 Ismaías gabaonita, hombre valiente entre los treinta, y jefe de los treinta. Después Jeremías, Jahaziel, Johanán, Jozabad gederatita,

5 Eluzai, Jerimot, Bealías, Semarías, Sefatías harufita,

6 Elcana, Isías, Azareel, Joezer, Jasobeam, coreítas,

7 y Joela y Zebadías, hijos de Jeroham de Gedor.

8 También de los de Gad se pasaron a David en la fortaleza en el desierto, hombres fuertes y valientes, entrenados para la guerra, diestros con el escudo y la lanza, cuyos rostros eran como rostros de leones, y *eran* tan ligeros como las gacelas sobre los montes.

9 Ezer *fue* el primero, Obadías el segundo, Eliab el tercero,

10 Mismana el cuarto, Jeremías el quinto,

11 Atai el sexto, Eliel el séptimo,

12 Johanán el octavo, Elzabad el noveno,

13 Jeremías el décimo, Macbanai el undécimo.

14 De los hijos de Gad, éstos fueron capitanes del ejército; el menor valía por cien y el mayor por mil.

15 Estos son los que cruzaron el Jordán en el primer mes, cuando inundaba todas sus riberas, y pusieron en fuga a todos los de los valles, tanto al oriente como al occidente.

16 Entonces vinieron algunos de los hijos de Benjamín y Judá a David a la fortaleza.

17 Y salió David a su encuentro, y les habló, diciendo: Si venís a mí en paz para ayudarme, mi corazón se unirá con vosotros; pero si *venís* para

entregarme a mis enemigos, ya que no hay maldad en mis manos, que el Dios de nuestros padres lo vea y decida.

18 Entonces el Espíritu vino sobre Amasai, jefe de los treinta, el cual dijo:

Tuyos somos, oh David,

y contigo estamos, hijo de Isaí.

Paz, paz a ti,

y paz al que te ayuda;

ciertamente tu Dios te ayuda.

Entonces David los recibió y los hizo capitanes del grupo.

19 Algunos de Manasés se pasaron también a David, cuando éste iba con los filisteos a la batalla contra Saúl. Pero éstos no les ayudaron, porque los príncipes de los filisteos, después de tomar consejo, lo despidieron, diciendo: A costa de nuestras cabezas se pasará a su señor Saúl.

20 Y cuando él iba a Siclag, se pasaron a él de Manasés: Adnas, Jozabad, Jediaiel, Micael, Jozabad, Eliú y Ziletai, capitanes de miles que eran de Manasés.

21 Ellos ayudaron a David contra la banda de merodeadores, pues todos eran hombres fuertes y valientes, y fueron capitanes en el ejército.

22 Porque día tras día se pasaban hombres a David para ayudarlo, hasta que hubo un gran ejército, como un ejército de Dios.

23 Y estos son los números de los escuadrones equipados para la guerra, que vinieron a David en Hebrón para transferirle el reino de Saúl, conforme a la palabra del SEÑOR:

24 Los hijos de Judá que llevaban escudo y lanza eran seis mil ochocientos, equipados para la guerra.

25 De los hijos de Simeón, hombres fuertes y valientes para la guerra, siete mil cien.

26 De los hijos de Leví, cuatro mil seiscientos.

27 Y Joiada, príncipe de la casa de Aarón, y con él tres mil setecientos;

28 también Sadoc, joven fuerte y valiente, y de la casa de su padre veintidós capitanes.

29 De los hijos de Benjamín, parientes de Saúl, tres mil; porque hasta entonces la mayor parte de ellos habían permanecido fieles a la casa de Saúl.

30 De los hijos de Efraín, veinte mil ochocientos, hombres fuertes y valientes, famosos en sus casas paternas.

31 De la media tribu de Manasés, dieciocho mil, que por nombre fueron designados para venir y hacer rey a David.

32 De los hijos de Isacar, expertos en discernir los tiempos, con conocimiento de lo que Israel debía hacer, sus jefes eran doscientos; y todos sus parientes estaban bajo sus órdenes.

33 De Zabulón había cincuenta mil que salieron con el ejército, que podían ponerse en orden de batalla con toda clase de armas de guerra y que ayudaron a David sin doblez de corazón.

34 De Neftalí había mil capitanes, y con ellos treinta y siete mil con escudo y lanza.

35 De los de Dan que podían ponerse en orden de batalla, había veintiocho mil seiscientos.

36 De Aser había cuarenta mil que salieron con el ejército para ponerse en orden de batalla.

37 Y del otro lado del Jordán de los rubenitas y gaditas y de la media tribu de Manasés, había

ciento veinte mil con toda clase de armas de guerra para la batalla.

38 Todos éstos, hombres de guerra, que podían ponerse en orden de batalla, vinieron con corazón perfecto a Hebrón, para hacer rey a David sobre todo Israel; también todos los demás de Israel eran de un mismo parecer para hacer rey a David.

39 Y estuvieron allí con David tres días, comiendo y bebiendo, porque sus parientes habían hecho provisión para ellos.

40 También, los que estaban cerca de ellos, y hasta Isacar, Zabulón y Neftalí, trajeron víveres en asnos, camellos, mulos y bueyes; grandes cantidades de tortas de harina, tortas de higos y racimos de uvas pasas, vino, aceite, bueyes y ovejas. Verdaderamente había alegría en Israel.

Traslado del arca

13 Entonces David consultó con los capitanes de millares y de centenas, es decir, con todos los jefes.

2 Y David dijo a toda la asamblea de Israel: Si os parece bien, y si es del SEÑOR nuestro Dios, enviemos mensaje a todas partes, a nuestros parientes que permanecen en toda la tierra de Israel, y también a los sacerdotes y a los levitas que están con ellos en sus ciudades y tierras de pastos, para que se reúnan con nosotros;

3 y traigamos a nosotros el arca de nuestro Dios, porque no la consultamos en los días de Saúl.

4 Toda la asamblea dijo que así lo harían, porque esto pareció bien a todo el pueblo.

5 Entonces David congregó a todo Israel, desde Sihor de Egipto hasta la entrada de Hamat, para traer el arca de Dios de Quiriat-jearim.

6 Y subió David con todo Israel a Baala, es decir, a Quiriat-jearim, que pertenece a Judá, para hacer subir desde allí el arca de Dios del SEÑOR, que está sobre los querubines, donde se invoca su nombre.

7 Y llevaron el arca de Dios de la casa de Abinadab en un carro nuevo, y Uza y Ahío guiaban el carro.

8 David y todo Israel se regocijaban delante de Dios con todas sus fuerzas, con cánticos y liras, con arpas, panderos, con címbalos y trompetas.

9 Pero cuando llegaron a la era de Quidón, Uza extendió su mano para sostener el arca, porque los bueyes casi la volcaron.

10 Y se encendió la ira del SEÑOR contra Uza, y lo hirió porque había extendido su mano al arca; y allí murió delante de Dios.

11 Entonces David se enojó porque el SEÑOR había estallado en ira contra Uza; y llamó aquel lugar Pérez-uza[1] hasta el día de hoy.

12 David tuvo temor a Dios aquel día, y dijo: ¿Cómo puedo traer a mí el arca de Dios?

13 Así que David no llevó consigo el arca a la ciudad de David, sino que la hizo llevar a la casa de Obed-edom geteo.

14 Así que el arca de Dios permaneció con la familia de Obed-edom, en su casa tres meses; y bendijo el SEÑOR a la familia de Obed-edom y todo lo que tenía.

---

1. I.e., la brecha de Uza

David y su familia

14 Hiram, rey de Tiro, envió mensajeros a David, con madera de cedro, albañiles y carpinteros, para edificarle una casa.

2 Y comprendió David que el SEÑOR lo había confirmado por rey sobre Israel, *y* que su reino había sido exaltado en gran manera por amor a su pueblo Israel.

3 Entonces David tomó más mujeres en Jerusalén, y engendró David más hijos e hijas.

4 Y estos son los nombres de los hijos que *le* nacieron en Jerusalén: Samúa, Sobab, Natán, Salomón,

5 Ibhar, Elisúa, Elpelet,

6 Noga, Nefeg, Jafía,

7 Elisama, Beeliada y Elifelet.

8 Al oír los filisteos que David había sido ungido rey sobre todo Israel, todos los filisteos subieron en busca de David; y cuando David se enteró, salió contra ellos.

9 Los filisteos habían venido y hecho una incursión en el valle de Refaim.

10 David consultó a Dios, diciendo: ¿Subiré contra los filisteos? ¿Los entregarás en mi mano? Y el SEÑOR le dijo: Sube, porque los entregaré en tu mano.

11 Entonces subieron a Baal-perazim, y David los derrotó allí. Y dijo David: Dios ha abierto brecha entre mis enemigos por mi mano, como brecha de aguas. Por eso llamó aquel lugar Baal-perazim[1].

12 Y ellos abandonaron allí sus dioses, y David ordenó que fueran quemados.

13 Después los filisteos hicieron de nuevo otra incursión en el valle.

14 David volvió a consultar a Dios, y Dios le dijo: No subas contra ellos; dales un rodeo por detrás, y sal a ellos frente a las balsameras.

15 Y cuando oigas el sonido de marcha en las copas de las balsameras, entonces saldrás a la batalla, porque Dios ya habrá salido delante de ti para herir al ejército de los filisteos.

16 David hizo tal como Dios le había mandado, e hirieron al ejército de los filisteos desde Gabaón hasta Gezer.

17 La fama de David se extendió por todas aquellas tierras, y el SEÑOR puso el terror de David sobre todas las naciones.

El arca llevada a Jerusalén

15 Y *David* hizo para sí casas en la ciudad de David, y preparó un lugar para el arca de Dios y levantó una tienda para ella.

2 Entonces David dijo: Nadie ha de llevar el arca de Dios sino los levitas; porque el SEÑOR los escogió para llevar el arca de Dios y servirle para siempre.

3 Y congregó David a todo Israel en Jerusalén para subir el arca del SEÑOR al lugar que había preparado para ella.

4 Y reunió David a los hijos de Aarón y a los levitas:

5 de los hijos de Coat: Uriel el jefe, y ciento veinte de sus parientes;

6 de los hijos de Merari: Asaías el jefe, y doscientos veinte de sus parientes;

7 de los hijos de Gersón: Joel el jefe, y ciento treinta de sus parientes;

8 de los hijos de Elizafán: Semaías el jefe, y doscientos de sus parientes;

9 de los hijos de Hebrón: Eliel el jefe, y ochenta de sus parientes;

10 de los hijos de Uziel: Aminadab el jefe, y ciento doce de sus parientes.

11 Entonces David hizo llamar a los sacerdotes Sadoc y Abiatar y a los levitas Uriel, Asaías, Joel, Semaías, Eliel y Aminadab,

12 y les dijo: Vosotros sois los jefes de las *casas* paternas de los levitas; santificaos, tanto vosotros como vuestros parientes, para que subáis el arca del SEÑOR, Dios de Israel, al *lugar* que le he preparado.

13 Puesto que no *la llevasteis* la primera vez, el SEÑOR nuestro Dios estalló *en ira* contra nosotros, ya que no le buscamos conforme a la ordenanza.

14 Se santificaron, pues, los sacerdotes y los levitas para subir el arca del SEÑOR, Dios de Israel.

15 Y los hijos de los levitas llevaron el arca de Dios sobre sus hombros, con las barras puestas, como Moisés había ordenado conforme a la palabra del SEÑOR.

16 Entonces David habló a los jefes de los levitas para que designaran a sus parientes los cantores, con instrumentos de música, arpas, liras y címbalos muy resonantes, alzando la voz con alegría.

17 Y los levitas designaron a Hemán, hijo de Joel; y de sus parientes, a Asaf, hijo de Berequías; y de los hijos de Merari, sus parientes, a Etán, hijo de Cusaías,

18 y con ellos en segundo lugar a sus parientes: Zacarías, Ben, Jaaziel, Semiramot, Jehiel, Uni, Eliab, Benaía, Maasías, Matatías, Elifelehu, Micnías, Obed-edom y Jeiel, los porteros.

19 Los cantores Hemán, Asaf y Etán *fueron designados* para hacer resonar címbalos de bronce;

20 y Zacarías, Aziel, Semiramot, Jehiel, Uni, Eliab, Maasías y Benaía, con arpas *templadas* para alamot[2];

21 y Matatías, Elifelehu, Micnías, Obed-edom, Jeiel y Azazías, para dirigir con liras templadas para el seminit[3].

22 Y Quenanías, jefe de los levitas, estaba *a cargo del* canto; él dirigía el canto, porque era hábil.

23 Y Berequías y Elcana eran porteros del arca.

24 Y Sebanías, Josafat, Natanael, Amasai, Zacarías, Benaía y Eliezer, los sacerdotes, tocaban las trompetas delante del arca de Dios. Obed-edom y Jehías también *eran* porteros del arca.

25 Fue, pues, David con los ancianos de Israel y los capitanes sobre miles a traer con alegría el arca del pacto del SEÑOR desde la casa de Obed-edom.

26 Y sucedió que como Dios ayudaba a los levitas que llevaban el arca del pacto del SEÑOR, ellos sacrificaron siete novillos y siete carneros.

27 David iba vestido de un manto de lino fino, también todos los levitas que llevaban el arca, asimismo los cantores y Quenanías, director de canto *entre* los cantores. David además llevaba encima un efod de lino.

---

1. i.e., el señor de la brecha   2. O, *para voces de soprano*   3. O, *templadas en la octava*

28 Así todo Israel iba subiendo el arca del pacto del SEÑOR con aclamaciones, con sonido de bocina, con trompetas, con címbalos muy resonantes, con arpas y liras.

29 Y sucedió que cuando el arca del pacto del SEÑOR entró en la ciudad de David, Mical, hija de Saúl, miró por la ventana, y vio al rey David saltando y regocijándose; y lo despreció en su corazón.

16 Y trajeron el arca de Dios y la colocaron en medio de la tienda que David había levantado para ella, y ofrecieron holocaustos y ofrendas de paz delante de Dios.

2 Cuando David terminó de ofrecer el holocausto y las ofrendas de paz, bendijo al pueblo en el nombre del SEÑOR.

3 Y repartió a todos en Israel, tanto hombre como mujer, a cada uno una torta de pan, una porción *de carne* y una torta de pasas.

4 Y designó a algunos levitas *como* ministros delante del arca del SEÑOR, para que celebraran, dieran gracias y alabaran al SEÑOR, Dios de Israel:

5 Asaf el jefe, y segundo después de él, Zacarías; *después* Jeiel, Semiramot, Jehiel, Matatías, Eliab, Benaía, Obed-edom y Jeiel, con instrumentos musicales, arpas, liras; también Asaf *tocaba* címbalos muy resonantes,

6 y los sacerdotes Benaía y Jahaziel *tocaban* trompetas continuamente delante del arca del pacto de Dios.

7 Entonces en aquel día David, por primera vez, puso en manos de Asaf y sus parientes *este salmo* para dar gracias al SEÑOR:

8 Dad gracias al SEÑOR, invocad su nombre; dad a conocer sus obras entre los pueblos.

9 Cantadle, cantadle alabanzas; hablad de todas sus maravillas.

10 Gloriaos en su santo nombre; alégrese el corazón de los que buscan al SEÑOR.

11 Buscad al SEÑOR y su fortaleza; buscad su rostro continuamente.

12 Recordad las maravillas que El ha hecho, sus prodigios y los juicios de su boca,

13 oh simiente de Israel, su siervo, hijos de Jacob, sus escogidos.

14 El es el SEÑOR nuestro Dios; sus juicios están en toda la tierra.

15 Acordaos de su pacto para siempre, de la palabra que ordenó a mil generaciones,

16 *del pacto* que hizo con Abraham, y de su juramento a Isaac.

17 También lo confirmó a Jacob por estatuto, a Israel como pacto eterno,

18 diciendo: A ti te daré la tierra de Canaán como porción de vuestra heredad.

19 Cuando eran pocos en número, muy pocos, y forasteros en ella,

20 y vagaban de nación en nación, y de un reino a otro pueblo,

21 El no permitió que nadie los oprimiera, y por amor a ellos reprendió a reyes, *diciendo:*

22 No toquéis a mis ungidos, ni hagáis mal a mis profetas.

23 Cantad al SEÑOR, toda la tierra; proclamad de día en día las buenas nuevas de su salvación.

24 Contad su gloria entre las naciones, sus maravillas entre todos los pueblos.

25 Porque grande es el SEÑOR, y muy digno de ser alabado; temible es El también sobre todos los dioses.

26 Porque todos los dioses de los pueblos son ídolos, mas el SEÑOR hizo los cielos.

27 Gloria y majestad están delante de El; poder y alegría en su morada.

28 Tributad al SEÑOR, oh familias de los pueblos, tributad al SEÑOR gloria y poder.

29 Tributad al SEÑOR la gloria debida a su nombre; traed ofrenda, y venid delante de El; adorad al SEÑOR en la majestad de la santidad.

30 Temblad ante su presencia, toda la tierra; ciertamente el mundo está bien afirmado, será inconmovible.

31 Alégrense los cielos y regocíjese la tierra; y digan entre las naciones: El SEÑOR reina.

32 Ruja el mar y cuanto contiene; regocíjese el campo y todo lo que en él hay.

33 Entonces los árboles del bosque cantarán con gozo delante del SEÑOR; porque viene a juzgar la tierra.

34 Dad gracias al SEÑOR, porque *El es* bueno; porque para siempre es su misericordia.

35 Entonces decid: Sálvanos, oh Dios de nuestra salvación, y júntanos y líbranos de las naciones, para que demos gracias a tu santo nombre, y nos gloriemos en tu alabanza.

36 Bendito sea el SEÑOR, Dios de Israel, desde la eternidad hasta la eternidad.
Entonces todo el pueblo dijo: Amén; y alabó al SEÑOR.

37 Y dejó allí, delante del arca del pacto del SEÑOR, a Asaf y a sus parientes para ministrar continuamente delante del arca, según demandaba el trabajo de cada día;

38 y a Obed-edom con sus sesenta y ocho parientes; a Obed-edom, también hijo de Jedutún, y a Hosa como porteros.

39 Y *dejó* a Sadoc el sacerdote y a sus parientes los sacerdotes delante del tabernáculo del SEÑOR en el lugar alto que *estaba* en Gabaón,

40 para ofrecer continuamente holocaustos al SEÑOR sobre el altar del holocausto, por la mañana y por la noche, conforme a todo lo que está escrito en la ley del SEÑOR, que El ordenó a Israel.

41 Con ellos *estaban* Hemán y Jedutún, y los demás que fueron escogidos, que fueron designados por nombre, para dar gracias al SEÑOR, porque para siempre es su misericordia.

42 Con ellos *estaban* también Hemán y Jedutún *con* trompetas y címbalos para los que harían resonancia, y *con* instrumentos *para* los cánticos de Dios, y *designó a* los hijos de Jedutún para la puerta.

43 Entonces todo el pueblo se fue, cada uno a su casa, y David se volvió para bendecir su casa.

Promesa de Dios a David

17 Sucedió que cuando David *ya* moraba en su casa, dijo David al profeta Natán: He aquí, yo habito en una casa de cedro, pero el arca del pacto del SEÑOR está debajo de una tienda.

2 Entonces Natán dijo a David: Haz todo lo que está en tu corazón, porque Dios está contigo.

3 Y sucedió que esa misma noche la palabra de Dios vino a Natán, diciendo:

4 Ve y di a mi siervo David: "Así dice el SEÑOR: 'Tú no me edificarás casa para que yo habite en ella.

5 'No he morado en una casa desde el día en que hice subir a Israel hasta hoy, sino que he ido de tienda en tienda y de morada *en morada.*

6 'En todos los lugares donde he andado con todo Israel, ¿he hablado alguna palabra con alguno de los jueces de Israel, a quienes mandé apacentar a mi pueblo, diciendo: "Por qué no me habéis edificado una casa de cedro?" ' "

7 Ahora pues, así dirás a mi siervo David: "Así dice el SEÑOR de los ejércitos: 'Yo te tomé del pastizal, de seguir las ovejas, para que fueras príncipe sobre mi pueblo Israel.

8 'He estado contigo por dondequiera que has ido y he exterminado a todos tus enemigos de delante de ti, y haré de ti un nombre como el nombre de los grandes que hay en la tierra.

9 'Asignaré también un lugar para mi pueblo Israel, y lo plantaré *allí* para que habite en su propio lugar y no sea removido más; tampoco los malvados los oprimirán más como antes,

10 como desde los días que ordené *que hubiera* jueces sobre mi pueblo Israel; y someteré a todos tus enemigos. Además te hago saber que el SEÑOR te edificará una casa.

11 'Y sucederá que cuando se cumplan tus días para que vayas *a estar* con tus padres, levantaré *a uno* de tus descendientes después de ti, que será de tus hijos; y estableceré su reino.

12 'El me edificará una casa, y yo estableceré su trono para siempre.

13 'Yo seré padre para él y él será hijo para mí; y no quitaré de él mi misericordia, como la quité de aquel que estaba antes de ti.

14 'Sino que lo confirmaré en mi casa y en mi reino para siempre, y su trono será establecido para siempre.' "

15 Conforme a todas estas palabras y conforme a toda esta visión, así habló Natán a David.

16 Entonces el rey David entró y se sentó delante del SEÑOR, y dijo: ¿Quién soy yo, oh SEÑOR Dios, y qué es mi casa para que me hayas traído hasta aquí?

17 Y *aun* esto fue poco ante tus ojos, oh Dios, pues *también* has hablado de la casa de tu siervo concerniente a un futuro lejano, y me has considerado conforme a la medida de un hombre excelso, oh SEÑOR Dios.

18 ¿Qué más te puede *decir* David en cuanto al honor *concedido* a tu siervo? Porque tú conoces a tu siervo.

19 Oh SEÑOR, por amor a tu siervo y según tu corazón, tú has hecho esta gran cosa para manifestar todas estas grandezas.

20 Oh SEÑOR, no hay nadie como tú, ni hay Dios fuera de ti, conforme a todo lo que hemos oído con nuestros oídos.

21 ¿Y qué otra nación en la tierra es como tu pueblo Israel, al cual Dios vino a redimir *como* pueblo para sí, a fin de darte un nombre *por medio* de cosas grandes y terribles, al echar naciones de delante de tu pueblo, al que rescataste de Egipto?

22 Pues hiciste a tu pueblo Israel pueblo tuyo para siempre, y tú, SEÑOR, has venido a ser su Dios.

23 Y ahora, SEÑOR, que la palabra que tú has hablado acerca de tu siervo y acerca de su casa sea afirmada para siempre, y haz según has hablado.

24 Y sea confirmado y engrandecido tu nombre para siempre, al decirse: "El SEÑOR de los ejércitos, el Dios de Israel, es Dios para Israel; y que la casa de tu siervo David sea establecida delante de ti."

25 Porque tú, Dios mío, has revelado a tu siervo que le edificarás una casa; por tanto tu siervo ha hallado *ánimo* para orar delante de ti.

26 Ahora pues, SEÑOR, tú eres Dios, y has prometido bien a tu siervo.

27 Y ahora, ten a bien bendecir la casa de tu siervo, a fin de que permanezca para siempre delante de ti; porque tú, SEÑOR, *la* has bendecido, y es bendecida para siempre.

Victorias de David

18 Después de esto, sucedió que David derrotó a los filisteos y los sometió, y tomó Gat y sus aldeas de mano de los filisteos.

2 Y derrotó a Moab, y los moabitas fueron siervos de David, trayéndo*le* tributo.

3 David derrotó también a Hadad-ezer, rey de Soba, *cerca de* Hamat, cuando éste iba a establecer su dominio en el río Eufrates.

4 David le tomó mil carros y siete mil hombres de a caballo y veinte mil soldados de a pie; David desjarretó todos los caballos de los carros, pero dejó *suficientes* de ellos para cien carros.

5 Cuando vinieron los arameos de Damasco en ayuda de Hadad-ezer, rey de Soba, David mató a veintidós mil hombres de los arameos.

6 Entonces David puso *guarniciones* en Aram de Damasco; y los arameos fueron siervos de David, trayéndo*le* tributo. Y el SEÑOR ayudaba a David dondequiera que iba.

7 Tomó David los escudos de oro que llevaban los siervos de Hadad-ezer, y los trajo a Jerusalén.

8 Asimismo tomó David una gran cantidad de bronce de Tibhat y de Cun, ciudades de Hadad-ezer, con el cual Salomón hizo el mar de bronce, las columnas y los utensilios de bronce.

9 Y cuando Tou, rey de Hamat, oyó que David había derrotado a todo el ejército de Hadad-ezer, rey de Soba,

10 envió a su hijo Adoram al rey David para saludarlo y bendecirlo, porque había peleado contra Hadad-ezer y lo había derrotado, pues Hadad-ezer había estado en guerra con Tou. Y *Adoram trajo* toda clase de objetos de oro, de plata y de bronce,

11 que el rey David dedicó también al SEÑOR, junto con la plata y el oro que había tomado de todas estas naciones: de Edom, de Moab, de los hijos de Amón, de los filisteos y de Amalec.

12 Además Abisai, hijo de Sarvia, derrotó a dieciocho mil edomitas en el valle de la Sal.

13 Puso guarniciones en Edom, y todos los edomitas fueron siervos de David. Y el SEÑOR daba la victoria a David dondequiera que iba.

14 David reinó sobre todo Israel, y administraba justicia y derecho a todo su pueblo.

15 Joab, hijo de Sarvia, *era* jefe del ejército; y Josafat, hijo de Ahilud, *era* cronista;

16 y Sadoc, hijo de Ahitob, y Abimelec, hijo de Abiatar, *eran* sacerdotes, y Savsá *era* escriba;

17 y Benaía, hijo de Joiada, *era* jefe de los cereteos y peleteos; y los hijos de David *eran* los primeros junto al rey.

Derrota de los amonitas y de los arameos

19 Sucedió después de esto que murió Nahas, rey de los hijos de Amón, y su hijo reinó en su lugar.

2 Y David dijo: Seré bondadoso con Hanún, hijo de Nahas, porque su padre fue bondadoso conmigo. Envió, pues, David mensajeros para consolarlo por *la muerte de* su padre. Pero cuando los siervos de David llegaron a la tierra de los amonitas a *ver a* Hanún para consolarlo,

3 los príncipes de los amonitas dijeron a Hanún: ¿Crees tú que David está honrando a tu padre porque te ha enviado consoladores? ¿No han venido a ti sus siervos para reconocer, para destruir y para espiar la tierra?

4 Entonces Hanún tomó a los siervos de David y los rapó, les cortó los vestidos por la mitad hasta las caderas, y los despidió.

5 Y *algunos* fueron y le avisaron a David acerca de los hombres. Y él envió *gente* a su encuentro, porque los hombres estaban muy humillados. Y el rey dijo: Quedaos en Jericó hasta que os crezca la barba, y *después* volved.

6 Y viendo los hijos de Amón que se habían hecho odiosos a David, Hanún y los hijos de Amón enviaron mil talentos de plata para tomar a sueldo carros y hombres de a caballo de Mesopotamia, de Aram-maaca y de Soba.

7 Y tomaron a sueldo treinta y dos mil carros, y al rey de Maaca y a su pueblo, los cuales vinieron y acamparon delante de Medeba. También los hijos de Amón se reunieron desde sus ciudades y vinieron a la batalla.

8 Cuando David se enteró, envió a Joab y a todo el ejército de los valientes.

9 Y los hijos de Amón salieron y se pusieron en orden de batalla a la entrada de la ciudad, y los reyes que habían venido *estaban* aparte en el campo.

10 Viendo Joab que se le presentaba batalla por el frente y por la retaguardia, escogió de entre los mejores hombres de Israel y *los* puso en orden de batalla contra los arameos.

11 Al resto del pueblo lo colocó al mando de su hermano Abisai; y se pusieron en orden de batalla contra los hijos de Amón.

12 Y dijo: Si los arameos son demasiado fuertes para mí, entonces tú me ayudarás, y si los hijos de Amón son demasiado fuertes para ti, entonces yo te ayudaré.

13 Esfuérzate, y mostrémonos valientes por amor a nuestro pueblo y por amor a las ciudades de nuestro Dios; y que el Señor haga lo que le parezca bien.

14 Entonces se acercó Joab con el pueblo que *estaba* con él para enfrentarse en combate con los arameos, y *éstos* huyeron delante de él.

15 Cuando los hijos de Amón vieron que los arameos huían, ellos también huyeron delante de su hermano Abisai y entraron en la ciudad. Entonces Joab volvió a Jerusalén.

16 Al ver los arameos que habían sido derrotados por Israel, enviaron mensajeros, y trajeron a los arameos que *estaban* al otro lado del río, con Sofac, jefe del ejército de Hadad-ezer, al frente de ellos.

17 Cuando se dio aviso a David, *éste* reunió a todo Israel, cruzó el Jordán y llegó *frente* a ellos y se puso en orden de batalla contra ellos. Y cuando David se puso en orden de batalla para enfrentarse a los arameos, *éstos* pelearon contra él.

18 Pero los arameos huyeron delante de Israel, y David mató de los arameos a siete mil *hombres* de los carros y cuarenta mil hombres de a pie, también dio muerte a Sofac, jefe del ejército.

19 Cuando los siervos de Hadad-ezer vieron que habían sido derrotados por Israel, hicieron la paz con David y le sirvieron. Y los arameos no quisieron ayudar más a los hijos de Amón.

Derrota de Rabá y de los gigantes

20 Y aconteció que en la primavera, en el tiempo en que los reyes salen *a la guerra*, Joab sacó el ejército y devastó la tierra de los hijos de Amón, y fue y puso sitio a Rabá; pero David se quedó en Jerusalén. Y Joab hirió a Rabá y la destruyó.

2 David tomó la corona de la cabeza de su rey, y halló que pesaba un talento de oro y que tenía en ella una piedra preciosa; y fue puesta sobre la cabeza de David. Sacó además una gran cantidad de botín de la ciudad.

3 Y a la gente que *había* en ella, *la* sacó y *la* puso *a trabajar* con sierras, con trillos de hierro y con hachas. Y así hizo David a todas las ciudades de los hijos de Amón. Entonces regresó David con todo el pueblo *a* Jerusalén.

4 Sucedió después de esto que se suscitó guerra en Gezer contra los filisteos; entonces Sibecai husatita mató a Sipai, uno de los descendientes de los gigantes, los cuales fueron dominados.

5 De nuevo hubo guerra contra los filisteos, y Elhanán, hijo de Jair, mató a Lahmi, hermano de Goliat geteo; el asta de su lanza *era* como un rodillo de tejedor.

6 Y hubo guerra otra vez en Gat, donde había un hombre *de gran* estatura que tenía veinticuatro dedos, seis *en cada mano* y seis *en cada pie;* él también descendía de los gigantes.

7 Cuando desafió a Israel, lo mató Jonatán, hijo de Simea, hermano de David.

8 Estos descendían de los gigantes en Gat y cayeron por mano de David y por mano de sus siervos.

David ordena un censo

21 Y se levantó Satanás contra Israel e incitó a David a hacer un censo de Israel.

2 Dijo, pues, David a Joab y a los jefes del pueblo: Id, contad a Israel desde Beerseba hasta Dan, y traedme *el resultado* para que yo sepa el número de ellos.

3 Pero Joab dijo: Añada el Señor a su pueblo cien veces más de lo que son. Mas, oh rey, señor mío, ¿no son todos ellos siervos de mi señor? ¿Por qué procura esto mi señor? ¿Por qué ha de ser él motivo de culpa para Israel?

4 Sin embargo, la palabra del rey prevaleció contra Joab. Salió, pues, Joab y recorrió todo Israel, y volvió a Jerusalén.

5 Y Joab dio a David el total del censo de *todo* el pueblo. Y en todo Israel había un millón cien mil hombres que sacaban espada; y en Judá *había* cuatrocientos setenta mil hombres que sacaban espada.

6 Pero entre ellos no hizo un censo de Leví ni de Benjamín, porque la orden del rey era detestable para Joab.

7 También el censo desagradó a Dios, e hirió a Israel.

8 Entonces dijo David a Dios: He pecado gravemente al hacer esto. Pero ahora te ruego que quites la iniquidad de tu siervo, porque he obrado muy neciamente.

9 Y el SEÑOR habló a Gad, vidente de David, diciendo:

10 Ve y habla a David, y dile: "Así dice el SEÑOR: 'Te propongo tres cosas; escoge para ti una de ellas, para que yo te *la* haga.'"

11 Entonces vino Gad a David y le dijo: Así dice el SEÑOR: "Escoge para ti:

12 tres años de hambre, o tres meses de derrota delante de tus adversarios mientras *te* alcanza la espada de tus enemigos, o tres días de la espada del SEÑOR, esto es, la pestilencia en la tierra y el ángel del SEÑOR haciendo estragos por todo el territorio de Israel." Ahora pues, considera qué respuesta he de llevar al que me envió.

13 Respondió David a Gad: Estoy muy angustiado. Te ruego que me dejes caer en manos del SEÑOR, porque muy grandes son sus misericordias; pero no caiga yo en manos de hombre.

14 Y el SEÑOR envió pestilencia sobre Israel, y cayeron setenta mil hombres de Israel.

15 Y envió Dios un ángel a Jerusalén para destruir*la*; pero cuando estaba a punto de destruir*la*, miró el SEÑOR y sintió pesar por la calamidad, y dijo al ángel destructor: Basta, detén ahora tu mano. Y el ángel del SEÑOR estaba junto a la era de Ornán jebuseo.

16 Y alzando David sus ojos, vio al ángel del SEÑOR que estaba entre la tierra y el cielo, con una espada desenvainada en su mano, extendida sobre Jerusalén. Entonces David y los ancianos, vestidos de cilicio, cayeron sobre sus rostros.

17 Y David dijo a Dios: ¿No soy yo el que ordené enumerar al pueblo? Ciertamente yo soy el que ha pecado y obrado muy perversamente, pero estas ovejas, ¿qué han hecho? Oh SEÑOR, Dios mío, te ruego que tu mano sea contra mí y contra la casa de mi padre, pero no contra tu pueblo, para que no haya plaga entre ellos.

18 Luego el ángel del SEÑOR ordenó a Gad que dijera a David que subiera y edificara un altar al SEÑOR en la era de Ornán jebuseo.

19 David subió según la palabra que Gad había hablado en nombre del SEÑOR.

20 Y volviéndose Ornán, vio al ángel, y sus cuatro hijos *que estaban* con él se escondieron. Y Ornán estaba trillando trigo.

21 Y cuando David llegó junto a Ornán, éste miró, y al ver a David, salió de la era y se postró ante David rostro en tierra.

22 Entonces David dijo a Ornán: Dame el lugar de *esta* era, para que edifique en él un altar al SEÑOR; me lo darás por su justo precio, para que se retire la plaga del pueblo.

23 Y Ornán dijo a David: Tóma*lo* para ti, y que mi señor el rey haga lo que sea bueno ante sus ojos. Mira, daré los bueyes para holocaustos y los trillos para leña y el trigo para la ofrenda de cereal; *lo* daré todo.

24 Pero el rey David dijo a Ornán: No, sino que ciertamente *lo* compraré por su justo precio; porque no tomaré para el SEÑOR lo que es tuyo, ni ofreceré un holocausto que no me cueste nada.

25 Y David dio a Ornán el peso de seiscientos siclos de oro por el lugar.

26 Entonces David edificó allí un altar al SEÑOR, y ofreció holocaustos y ofrendas de paz. E invocó al SEÑOR, y El le respondió con fuego del cielo sobre el altar del holocausto.

27 Y el SEÑOR ordenó al ángel, y éste volvió su espada a la vaina.

28 En aquel tiempo, viendo David que el SEÑOR le había respondido en la era de Ornán jebuseo, ofreció sacrificio allí;

29 porque el tabernáculo del SEÑOR que Moisés había hecho en el desierto y el altar del holocausto *estaban* en aquel tiempo en el lugar alto en Gabaón.

30 Pero David no pudo ir *allá*, delante de él, para consultar a Dios, porque estaba aterrado a causa de la espada del ángel del SEÑOR.

Preparativos de David para el templo

22 Entonces David dijo: Esta es la casa del SEÑOR Dios, y este es el altar del holocausto para Israel.

2 Y dio órdenes David de reunir a los extranjeros que *estaban* en la tierra de Israel, y designó canteros para labrar piedras para edificar la casa de Dios.

3 Preparó David grandes cantidades de hierro para hacer clavos para las puertas de la entrada y las grapas, y más bronce del que podía pesarse;

4 y madera de cedro incalculable, porque los sidonios y los tirios trajeron grandes cantidades de madera de cedro a David.

5 Y dijo David: Mi hijo Salomón es joven y sin experiencia, y la casa que ha de edificarse al SEÑOR será de gran magnificencia, de renombre y de gloria por todas las tierras. Por tanto haré preparativos para ella. Y David hizo grandes preparativos antes de su muerte.

6 Entonces llamó a su hijo Salomón, y le encargó que edificara una casa al SEÑOR, Dios de Israel.

7 Y dijo David a Salomón: Hijo mío, yo tenía el propósito de edificar una casa al nombre del SEÑOR mi Dios.

8 Pero vino a mí la palabra del SEÑOR, diciendo: "Tú has derramado sangre en abundancia, y has emprendido grandes guerras; no edificarás una casa a mi nombre, porque has derramado mucha sangre en la tierra delante de mí.

9 "He aquí, te nacerá un hijo, que será hombre de paz; yo le daré paz de todos sus enemigos en derredor, pues Salomón[1] será su nombre y en sus días daré paz y reposo a Israel.

10 "El edificará una casa a mi nombre, y él será

1. I.e., pacífico

mi hijo y yo seré su padre; y estableceré el trono de su reino sobre Israel para siempre."

11 Ahora pues, hijo mío, el SEÑOR sea contigo para que prosperes y edifiques la casa del SEÑOR tu Dios tal como El ha hablado de ti.

12 Que el SEÑOR te dé prudencia y entendimiento, y te dé dominio sobre Israel, para que guardes la ley del SEÑOR tu Dios.

13 Entonces prosperarás, si te cuidas de observar los estatutos y ordenanzas que el SEÑOR ordenó a Moisés para Israel. Esfuérzate y sé valiente, no temas ni te acobardes.

14 He aquí, con grandes esfuerzos he preparado para la casa del SEÑOR cien mil talentos de oro y un millón de talentos de plata, y bronce y hierro sin medida, porque hay en abundancia; también he preparado madera y piedra, a lo cual tú podrás añadir.

15 Además, contigo *hay* muchos obreros, canteros, albañiles, carpinteros y todo experto en toda clase de obra.

16 Del oro, de la plata, del bronce y del hierro no hay límite. Levántate y trabaja, y que el SEÑOR sea contigo.

17 David también ordenó a todos los jefes de Israel que ayudaran a su hijo Salomón, *diciendo:*

18 ¿No está con vosotros el SEÑOR vuestro Dios? ¿Y no os ha dado paz por todos lados? Pues El ha entregado en mi mano a los habitantes de la tierra, y la tierra está sojuzgada delante del SEÑOR y delante de su pueblo.

19 Disponed ahora vuestro corazón y vuestra alma para buscar al SEÑOR vuestro Dios; levantaos, pues, y edificad el santuario del SEÑOR Dios, para que traigáis el arca del pacto del SEÑOR y los utensilios sagrados de Dios a la casa que se ha de edificar para el nombre del SEÑOR.

Organización de los levitas

23 Cuando David era ya viejo y colmado de días, puso a su hijo Salomón como rey sobre Israel.

2 Y reunió a todos los principales de Israel con los sacerdotes y los levitas.

3 Los levitas fueron contados de treinta años para arriba, y su número, según el censo de los hombres, fue de treinta y ocho mil.

4 De éstos, veinticuatro mil debían dirigir la obra de la casa del SEÑOR, seis mil *eran* oficiales y jueces,

5 cuatro mil *eran* porteros y cuatro mil alababan al SEÑOR con los instrumentos que David había hecho para rendir alabanza.

6 Y David los dividió en clases conforme a los hijos de Leví: Gersón, Coat y Merari.

7 De los de Gersón *fueron* Laadán y Simei.

8 Los hijos de Laadán *fueron* Jehiel el primero, Zetam y Joel: tres.

9 Los hijos de Simei *fueron* Selomit, Haziel y Harán: tres. Estos fueron los jefes de las *casas* paternas de Laadán.

10 Y los hijos de Simei *fueron* Jahat, Zina, Jeús y Bería. Estos cuatro *fueron* los hijos de Simei.

11 Jahat fue el primero y Zina el segundo; pero Jeús y Bería no tuvieron muchos hijos, por lo cual constituyeron una casa paterna, un grupo.

12 Los hijos de Coat *fueron* cuatro: Amram, Izhar, Hebrón y Uziel.

13 Los hijos de Amram *fueron* Aarón y Moisés.

Y Aarón fue separado para ser santificado como el más santo, él y sus hijos para siempre, para quemar incienso delante del SEÑOR, para servirle y para bendecir en su nombre para siempre.

14 Mas *en cuanto a* Moisés el hombre de Dios, sus hijos fueron contados entre la tribu de Leví.

15 Los hijos de Moisés *fueron* Gersón y Eliezer.

16 El hijo de Gersón *fue* Sebuel el jefe.

17 El hijo de Eliezer fue Rehabías el jefe; y Eliezer no tuvo más hijos, pero los hijos de Rehabías fueron muchos.

18 El hijo de Izhar *fue* Selomit el jefe.

19 Los hijos de Hebrón *fueron* Jerías el primero, Amarías el segundo, Jahaziel el tercero, y Jecamán el cuarto.

20 Los hijos de Uziel *fueron* Micaía el primero, e Isías el segundo.

21 Los hijos de Merari *fueron* Mahli y Musi. Los hijos de Mahli *fueron* Eleazar y Cis.

22 Y Eleazar murió y no tuvo hijos, sino sólo hijas, de modo que sus parientes, los hijos de Cis, las tomaron *por mujeres.*

23 Los hijos de Musi *fueron* tres: Mahli, Eder y Jeremot.

24 Estos fueron los hijos de Leví conforme a sus casas paternas, *es decir,* los jefes de las *casas* paternas de los que fueron contados, en la cuenta de nombres según su censo, de veinte años para arriba, *los cuales* hacían la obra del servicio de la casa del SEÑOR.

25 Porque dijo David: El SEÑOR, Dios de Israel, ha dado reposo a su pueblo, y El habita en Jerusalén para siempre.

26 Y además los levitas ya no tendrán que llevar el tabernáculo y todos los utensilios para su servicio.

27 Pues de acuerdo con las últimas palabras de David, los hijos de Leví *fueron* contados de veinte años para arriba;

28 porque su oficio era ayudar a los hijos de Aarón en el servicio de la casa del SEÑOR, en los atrios y en las cámaras y en la purificación de todas las cosas sagradas y en la obra del servicio de la casa de Dios;

29 y *también* con los panes de la proposición, la flor de harina para la ofrenda de cereal, los hojaldres sin levadura, *lo preparado* en sartén, lo *bien* mezclado y todas las medidas de capacidad y longitud.

30 Y han de estar presentes cada mañana para dar gracias y para alabar al SEÑOR, y asimismo por la noche,

31 y para ofrecer todos los holocaustos al SEÑOR todos los días de reposo, las lunas nuevas y las fiestas señaladas según el número *fijado* por la ordenanza que las prescribe, continuamente delante del SEÑOR.

32 Así estarán encargados de la custodia de la tienda de reunión, de la custodia del lugar santo y de la custodia de los hijos de Aarón sus parientes, para el servicio de la casa del SEÑOR.

Organización de los sacerdotes

24 Y *estas fueron* las clases de los descendientes de Aarón. Los hijos de Aarón *fueron* Nadab, Abiú, Eleazar e Itamar.

2 Pero Nadab y Abiú murieron antes que su padre y no tuvieron hijos. De modo que Eleazar e Itamar sirvieron como sacerdotes.

3 Y David, con Sadoc de los hijos de Eleazar y Ahimelec de los hijos de Itamar, los dividió según sus oficios para su ministerio.

4 Puesto que se encontraron más hombres principales entre los descendientes de Eleazar que entre los descendientes de Itamar, los dividieron así: de los descendientes de Eleazar, dieciséis jefes de casas paternas, y ocho de los descendientes de Itamar según sus casas paternas.

5 Así fueron divididos por suerte los unos y los otros; porque eran funcionarios del santuario y funcionarios de *la casa de* Dios, tanto los descendientes de Eleazar como los descendientes de Itamar.

6 Y Semaías, hijo del escriba Natanael, de los levitas, los inscribió en la presencia del rey, los príncipes, el sacerdote Sadoc, Ahimelec, hijo de Abiatar, y de los jefes de *las casas* paternas de los sacerdotes y de los levitas; una casa paterna designada para Eleazar y otra designada para Itamar.

7 La primera suerte tocó a Joiarib, la segunda a Jedaías,

8 la tercera a Harim, la cuarta a Seorim,

9 la quinta a Malquías, la sexta a Mijamín,

10 la séptima a Cos, la octava a Abías,

11 la novena a Jesúa, la décima a Secanías,

12 la undécima a Eliasib, la duodécima a Jaquim,

13 la decimotercera a Hupa, la decimocuarta a Jesebeab,

14 la decimoquinta a Bilga, la decimosexta a Imer,

15 la decimoséptima a Hezir, la decimoctava a Afisés,

16 la decimonovena a Petaías, la vigésima a Hezequiel,

17 la vigesimoprimera a Jaquín, la vigesimosegunda a Gamul,

18 la vigesimotercera a Delaía, la vigesimocuarta a Maazías.

19 Estos *fueron* sus deberes para su ministerio cuando entraron en la casa del SEÑOR según la ordenanza que les *fue dada* por medio de su padre Aarón, tal como el SEÑOR, Dios de Israel, le había mandado.

20 Y para el resto de los hijos de Leví: de los hijos de Amram, Subael; de los hijos de Subael, Jehedías.

21 De Rehabías: de los hijos de Rehabías, Isías el primero.

22 De los izharitas, Selomot; de los hijos de Selomot, Jahat.

23 Y *de* los hijos *de Hebrón:* Jerías *el primero*, Amarías el segundo, Jahaziel el tercero, Jecamán el cuarto.

24 *De* los hijos de Uziel, Micaía; de los hijos de Micaía, Samir.

25 El hermano de Micaía, Isías; de los hijos de Isías, Zacarías.

26 Los hijos de Merari: Mahli y Musi; de los hijos de Jaazías, Beno.

27 Los hijos de Merari por Jaazías: Beno, Soham, Zacur e Ibri.

28 Por Mahli: Eleazar, que no tuvo hijos.

29 Por Cis: de los hijos de Cis, Jerameel.

30 Y los hijos de Musi: Mahli, Edar y Jerimot.

Estos *fueron* los hijos de los levitas conforme a sus casas paternas.

31 Estos también echaron suertes como sus parientes, los hijos de Aarón, en la presencia del rey David, de Sadoc, de Ahimelec y de los jefes de las *casas* paternas de los sacerdotes y de los levitas; el principal de las *casas* paternas *fue tratado* igual que el menor de sus hermanos.

Organización de los cantores

25 Además, David y los jefes del ejército separaron para el servicio *a algunos* de los hijos de Asaf, de Hemán y de Jedutún, que *habían* de profetizar con liras, arpas y címbalos; y el número de éstos, conforme a su servicio fue:

2 de los hijos de Asaf: Zacur, José, Netanías y Asarela; los hijos de Asaf *estaban* bajo la dirección de Asaf, que profetizaba bajo la dirección del rey.

3 De Jedutún, los hijos de Jedutún: Gedalías, Zeri, Jesaías, Simei, Hasabías y Matatías: seis, bajo la dirección de su padre Jedutún con la lira, que profetizaban dando gracias y alabando al SEÑOR.

4 De Hemán, los hijos de Hemán: Buquías, Matanías, Uziel, Sebuel, Jeremot, Hananías, Hananí, Eliata, Gidalti, Romanti-ezer, Josbecasa, Maloti, Hotir y Mahaziot.

5 Todos éstos *fueron* los hijos de Hemán, el vidente del rey, para ensalzarle conforme a las palabras de Dios, porque Dios dio a Hemán catorce hijos y tres hijas.

6 Todos éstos *estaban* bajo la dirección de su padre para cantar en la casa del SEÑOR, con címbalos, arpas y liras, para el servicio de la casa de Dios. Asaf, Jedutún y Hemán *estaban* bajo la dirección del rey.

7 El número de los que fueron instruidos en el canto al SEÑOR, con sus parientes[1], todos los que eran hábiles, *fue de* doscientos ochenta y ocho.

8 Y echaron suertes para *designar* sus cargos, todos por igual, tanto el pequeño como el grande, *tanto* el maestro *como* el discípulo.

9 La primera suerte salió para José, de *la casa de* Asaf; la segunda para Gedalías que con sus parientes e hijos *fueron* doce;

10 la tercera para Zacur, sus hijos y sus parientes: doce;

11 la cuarta para Izri, sus hijos y sus parientes: doce;

12 la quinta para Netanías, sus hijos y sus parientes: doce;

13 la sexta para Buquías, sus hijos y sus parientes: doce;

14 la séptima para Jesarela, sus hijos y sus parientes: doce;

15 la octava para Jesahías, sus hijos y sus parientes: doce;

16 la novena para Matanías, sus hijos y sus parientes: doce;

17 la décima para Simei, sus hijos y sus parientes: doce;

18 la undécima para Azareel, sus hijos y sus parientes: doce;

19 la duodécima para Hasabías, sus hijos y sus parientes: doce;

20 para la decimotercera, Subael, sus hijos y sus parientes: doce;

1. Lit., *hermanos*, y así en el resto del cap.

21 para la decimocuarta, Matatías, sus hijos y sus parientes: doce;

22 para la decimoquinta, a Jeremot, sus hijos y sus parientes: doce;

23 para la decimosexta, a Hananías, sus hijos y sus parientes: doce;

24 para la decimoséptima, a Josbecasa, sus hijos y sus parientes: doce;

25 para la decimoctava, a Hananí, sus hijos y sus parientes: doce;

26 para la decimonovena, a Maloti, sus hijos y sus parientes: doce;

27 para la vigésima, a Eliata, sus hijos y sus parientes: doce;

28 para la vigesimoprimera, a Hotir, sus hijos y sus parientes: doce;

29 para la vigesimosegunda, a Gidalti, sus hijos y sus parientes: doce;

30 para la vigesimotercera, a Mahaziot, sus hijos y sus parientes: doce;

31 para la vigesimocuarta, a Romanti-ezer, sus hijos y sus parientes: doce.

Organización de los porteros

26 Para las clases de porteros: de los coreítas, Meselemías, hijo de Coré, de los hijos de Asaf.

2 Y Meselemías tuvo hijos: Zacarías el primogénito, Jediael el segundo, Zebadías el tercero, Jatniel el cuarto,

3 Elam el quinto, Johanán el sexto, Elioenai el séptimo.

4 Y Obed-edom tuvo hijos: Semaías el primogénito, Jozabad el segundo, Joa el tercero, Sacar el cuarto, Natanael el quinto,

5 Amiel el sexto, Isacar el séptimo *y* Paultai el octavo; porque Dios le había bendecido.

6 Y a Semaías también le nacieron hijos que gobernaron la casa de su padre, porque eran hombres fuertes y valientes.

7 Los hijos de Semaías *fueron* Otni, Rafael, Obed y Elzabad, *y* sus hermanos, los valientes Eliú y Samaquías.

8 Todos éstos *fueron* de los hijos de Obed-edom; ellos, sus hijos y sus parientes *fueron* hombres capaces con fuerza para el servicio: sesenta y dos de Obed-edom.

9 Meselemías tuvo hijos y parientes: dieciocho hombres valientes.

10 También Hosa, *uno* de los hijos de Merari, tuvo hijos: Simri el primero (aunque no era el primogénito, su padre lo hizo el primero),

11 Hilcías el segundo, Tebalías el tercero, Zacarías el cuarto; todos los hijos y parientes de Hosa *fueron* trece.

12 A estas clases de los porteros, a los hombres principales, *se les dieron* deberes, al igual que a sus parientes, para servir en la casa del SEÑOR.

13 Y echaron suertes, tanto los pequeños como los grandes, conforme a sus casas paternas, para cada puerta.

14 Y la suerte para la oriental cayó a Selemías. Entonces echaron suertes *para* su hijo Zacarías, consejero entendido, y le tocó en suerte la del norte.

15 A Obed-edom *le tocó* la del sur, y a sus hijos los almacenes.

16 Para Supim y Hosa *les tocó* la del occidente,

junto a la puerta de Salequet, en el camino de subida. Guardia con guardia se correspondían:

17 al oriente *había* seis levitas, al norte cuatro por día, al sur cuatro por día, y en el almacén de dos en dos;

18 en el Parbar[1], al occidente, *había* cuatro en el camino y dos en el Parbar.

19 Estas *fueron* las clases de los porteros de los hijos de Coré y de los hijos de Merari.

20 Y los levitas, sus parientes, *estaban* a cargo de los tesoros de la casa de Dios y de los tesoros de los presentes consagrados.

21 Los hijos de Laadán, hijos de los gersonitas de Laadán, *es decir,* los jehielitas, *eran* los jefes de las *casas* paternas de Laadán gersonita.

22 Los hijos de Jehieli, Zetam y su hermano Joel, estaban a cargo de los tesoros de la casa del SEÑOR.

23 De los amramitas, los izharitas, los hebronitas y los uzielitas,

24 Sebuel *hijo* de Gersón, hijo de Moisés, era oficial sobre los tesoros.

25 Y sus parientes de parte de Eliezer *fueron* Rehabías su hijo, Jesaías su hijo, Joram su hijo, Zicri su hijo y Selomit su hijo.

26 Este Selomit y sus parientes *estaban* a cargo de todos los tesoros de las cosas sagradas que el rey David, los jefes de las *casas* paternas, los oficiales de millares y centenares y los oficiales del ejército habían consagrado.

27 Consagraron parte del botín ganado en batalla para reparar la casa del SEÑOR.

28 Y todo lo que había consagrado el vidente Samuel, y Saúl, hijo de Cis, y Abner, hijo de Ner, y Joab, hijo de Sarvia, todo lo consagrado *estaba* a cargo de Selomit y sus parientes.

29 En cuanto a los izharitas, Quenanías y sus hijos fueron *asignados* para los negocios exteriores de Israel, como oficiales y jueces.

30 En cuanto a los hebronitas, Hasabías y sus parientes, mil setecientos hombres de valor, *estaban* a cargo de los negocios de Israel al occidente del Jordán, de toda la obra del SEÑOR y del servicio del rey.

31 En cuanto a los hebronitas, Jerías *era* el jefe (estos hebronitas fueron investigados en relación con sus genealogías *y casas* paternas en el año cuarenta del reinado de David, y hombres muy capaces fueron hallados entre ellos en Jazer de Galaad)

32 y sus parientes, hombres valientes, *eran* dos mil setecientos en número, jefes de *casas* paternas. Y el rey David los constituyó jefes sobre los rubenitas, los gaditas y la media tribu de Manasés para todos los asuntos de Dios y del rey.

Oficiales del ejército

27 Y *esta es* la enumeración de los hijos de Israel, los jefes de *casas* paternas, los jefes de miles y de cientos, y sus oficiales que servían al rey en todos los asuntos de las divisiones que entraban y salían, mes por mes durante todos los meses del año; cada división *tenía* veinticuatro mil.

2 A cargo de la primera división para el primer mes *estaba* Jasobeam, hijo de Zabdiel; y en su división *había* veinticuatro mil.

---

1. Posiblemente, *atrio*

3 El *era* de los hijos de Pérez, *y fue* jefe de todos los jefes del ejército para el primer mes.

4 A cargo de la división para el segundo mes *estaba* Dodai ahohíta con su división, *siendo* Miclot el jefe *principal*; y en su división *había* veinticuatro mil.

5 El tercer comandante del ejército para el tercer mes *era* Benaía, hijo del sacerdote Joiada, *como* jefe; y en su división *había* veinticuatro mil.

6 Este Benaía *era* un valiente de los treinta, y *estaba* sobre los treinta, y en su división *estaba* su hijo Amisabad.

7 El cuarto para el cuarto mes *era* Asael, hermano de Joab, y después de él Zebadías su hijo; y en su división *había* veinticuatro mil.

8 El quinto para el quinto mes *era* el jefe Samhut izraíta; y en su división *había* veinticuatro mil.

9 El sexto para el sexto mes *era* Ira, hijo de Iques tecoíta; y en su división *había* veinticuatro mil.

10 El séptimo para el séptimo mes *era* Heles pelonita, de los hijos de Efraín; y en su división *había* veinticuatro mil.

11 El octavo para el octavo mes *era* Sibecai husatita, de los zeraítas; y en su división *había* veinticuatro mil.

12 El noveno para el noveno mes *era* Abiezer anatotita, de los benjamitas; y en su división *había* veinticuatro mil.

13 El décimo para el décimo mes *era* Maharai netofatita, de los zeraítas; y en su división *había* veinticuatro mil.

14 El undécimo para el undécimo mes *era* Benaía piratonita, de los hijos de Efraín; y en su división *había* veinticuatro mil.

15 El duodécimo para el duodécimo mes *era* Heldai netofatita, de Otoniel; y en su división *había* veinticuatro mil.

16 Y a cargo de las tribus de Israel *estaban:* Eliezer, hijo de Zicri, jefe *principal* de los rubenitas; de los simeonitas, Sefatías, hijo de Maaca;

17 de Leví, Hasabías, hijo de Kemuel; de Aarón, Sadoc;

18 de Judá, Eliú, *uno* de los hermanos de David; de Isacar, Omri, hijo de Micael;

19 de Zabulón, Ismaías, hijo de Abdías; de Neftalí, Jerimot, hijo de Azriel;

20 de los hijos de Efraín, Oseas, hijo de Azazías; de la media tribu de Manasés, Joel, hijo de Pedaías;

21 de la media tribu de Manasés en Galaad, Iddo, hijo de Zacarías; de Benjamín, Jaasiel, hijo de Abner;

22 de Dan, Azareel, hijo de Jeroham. Estos *eran* los príncipes de las tribus de Israel.

23 Pero David no enumeró a los de veinte años para abajo, porque el SEÑOR había dicho que El multiplicaría a Israel como las estrellas del cielo.

24 Joab, hijo de Sarvia, había comenzado a contarlos, pero no acabó; y debido a esto, la ira cayó sobre Israel, y el número no fue incluido en el registro de las crónicas del rey David.

25 A cargo de los almacenes del rey *estaba* Azmavet, hijo de Adiel. Y a cargo de los almacenes en el campo, en las ciudades, en las aldeas y en las torres *estaba* Jonatán, hijo de Uzías.

26 Sobre los obreros agrícolas que labraban la tierra *estaba* Ezri, hijo de Quelub.

27 A cargo de las viñas *estaba* Simei ramatita; y a cargo del producto de las viñas *guardado* en las bodegas *estaba* Zabdi sifmita.

28 A cargo de los olivares y sicómoros en la Sefela[1] *estaba* Baal-hanán gederita; y a cargo de los depósitos de aceite *estaba* Joás.

29 A cargo del ganado que pastaba en Sarón *estaba* Sitrai saronita; y a cargo del ganado en los valles *estaba* Safat, hijo de Adlai.

30 A cargo de los camellos *estaba* Obil ismaelita; y a cargo de las asnas *estaba* Jehedías meronotita.

31 A cargo de las ovejas *estaba* Jaziz agareno. Todos éstos eran administradores de las propiedades del rey David.

32 También Jonatán, hombre de entendimiento, tío de David, *era* consejero y escriba; y Jehiel, hijo de Hacmoni, instruía a los hijos del rey.

33 Ahitofel *era* consejero del rey, y Husai arquita *era* amigo del rey.

34 Y Joiada, hijo de Benaía, y Abiatar sucedieron a Ahitofel. Y Joab *era* el jefe del ejército del rey.

Instrucciones de David tocante al templo

28 David reunió en Jerusalén a todos los oficiales de Israel, los jefes de las tribus, los jefes de las divisiones que servían al rey, los jefes de millares, los jefes de centenas y los administradores de toda la hacienda y del ganado del rey y de sus hijos, con los oficiales y los poderosos, es decir, a todos los hombres valientes.

2 Entonces el rey David se puso en pie y dijo: Escuchadme, hermanos míos y pueblo mío; había pensado edificar una casa permanente para el arca del pacto del SEÑOR para estrado de nuestro Dios. Así había hecho arreglos para edificarla.

3 Pero Dios me dijo: "No edificarás casa a mi nombre, porque eres hombre de guerra y has derramado mucha sangre."

4 Sin embargo, el SEÑOR, Dios de Israel, me escogió de toda la casa de mi padre para ser rey de Israel para siempre. Porque El escogió a Judá para ser jefe; y de la casa de Judá, la casa de mi padre; y entre los hijos de mi padre, El se agradó de mí para hacer*me* rey sobre todo Israel.

5 Y de todos mis hijos (porque el SEÑOR me ha dado muchos hijos), El ha escogido a mi hijo Salomón para que se siente en el trono del reino del SEÑOR sobre Israel.

6 Y El me dijo: "Tu hijo Salomón es quien edificará mi casa y mis atrios; porque lo he escogido por hijo mío, y yo le seré por padre.

7 "Estableceré su reino para siempre si se mantiene firme en cumplir mis mandamientos y mis ordenanzas, como en este día."

8 De manera que ahora, en presencia de todo Israel, asamblea del SEÑOR, y a oídos de nuestro Dios, guardad y buscad todos los mandamientos del SEÑOR vuestro Dios para que poseáis la buena tierra y *la* dejéis como heredad a vuestros hijos después de vosotros para siempre.

1. O, *las tierras bajas*

9 En cuanto a ti, Salomón, hijo mío, reconoce al Dios de tu padre, y sírvele de todo corazón y con ánimo dispuesto; porque el Señor escudriña todos los corazones, y entiende todo intento de los pensamientos. Si le buscas, El te dejará encontrarle; pero si le abandonas, El te rechazará para siempre.

10 Ahora pues, considera que el Señor te ha escogido para edificar una casa para el santuario; esfuérzate y ha*z*la.

11 Entonces David dio a su hijo Salomón el plano del pórtico *del templo*, de sus edificios, almacenes, aposentos altos, cámaras interiores y del lugar del propiciatorio;

12 y el plano de todo lo que tenía en mente para los atrios de la casa del Señor y para todas las cámaras alrededor, para los almacenes de la casa de Dios y para los almacenes de las cosas consagradas;

13 también para las clases de los sacerdotes y de los levitas y para toda la obra del servicio de la casa del Señor y para todos los utensilios del servicio en la casa del Señor;

14 para los *utensilios* de oro, el peso del oro para todos los utensilios para toda clase de servicio; para los utensilios de plata, el peso *de la plata* para todos los utensilios para toda clase de servicio;

15 y el peso *del oro* para los candelabros de oro y sus lámparas de oro, con el peso de cada candelabro y sus lámparas; y *el peso de la plata* para los candelabros de plata, con el peso de cada candelabro y sus lámparas conforme al uso de cada candelabro;

16 y para cada mesa, el oro por peso para las mesas de los panes de la proposición; y la plata para las mesas de plata;

17 y los garfios, los tazones, y los jarros de oro puro; y para las tazas de oro con el peso de cada taza; y para las tazas de plata con el peso de cada taza;

18 y oro acrisolado por peso para el altar del incienso; y oro para el diseño del carro, *es decir*, de los querubines, que extendían *sus alas* y cubrían el arca del pacto del Señor.

19 Todo *esto, dijo David*, me fue trazado por mano del Señor, haciéndo*me* entender todos los detalles del diseño.

20 Entonces David dijo a su hijo Salomón: Esfuérzate, sé valiente y haz *la obra*; no temas ni te acobardes, porque el Señor Dios, mi Dios, está contigo. El no te fallará ni te abandonará, hasta que toda la obra del servicio de la casa del Señor sea acabada.

21 Y he aquí, *tienes* las clases de los sacerdotes y los levitas para todo el servicio de la casa de Dios; y todo voluntario con alguna habilidad estará contigo en toda la obra para toda clase de servicio. También los oficiales y todo el pueblo estarán completamente a tus órdenes.

Ofrendas para el templo

29 Entonces el rey David dijo a toda la asamblea: Mi hijo Salomón, el único que Dios ha escogido, es aún joven y sin experiencia, y la obra es grande; porque el templo no es para hombre, sino para el Señor Dios.

2 Con toda mi habilidad he provisto para la casa de mi Dios, el oro para las *cosas de* oro, la plata para las *cosas de* plata, el bronce para las *cosas de* bronce, el hierro para las *cosas de* hierro, la madera para las *cosas de* madera; *también* piedras de ónice, *piedras* de engaste, piedras de antimonio, piedras de varios colores, toda clase de piedras preciosas y piedras de alabastro en abundancia.

3 Y además, en mi amor por la casa de mi Dios, el tesoro que tengo de oro y de plata, *lo* doy a la casa de mi Dios, además de todo lo que ya he provisto para la santa casa,

4 *es decir*, tres mil talentos de oro, del oro de Ofir, y siete mil talentos de plata acrisolada para revestir las paredes de los edificios;

5 de oro para las *cosas de* oro, y de plata para las *cosas de* plata, es decir, para toda la obra hecha por los artesanos. ¿Quién, pues, está dispuesto a dar su ofrenda hoy al Señor?

6 Entonces los jefes de las *casas* paternas, y los jefes de las tribus de Israel, y los jefes de millares y de centenares, con los supervisores sobre la obra del rey, ofrecieron voluntariamente *sus donativos*;

7 y para el servicio de la casa de Dios dieron cinco mil talentos y diez mil monedas de oro, diez mil talentos de plata, dieciocho mil talentos de bronce y cien mil talentos de hierro.

8 Y todos los que tenían piedras *preciosas* las dieron al tesoro de la casa del Señor a cargo de Jehiel gersonita.

9 Entonces el pueblo se alegró porque habían contribuido voluntariamente, porque de todo corazón hicieron su ofrenda al Señor; y también el rey David se alegró en gran manera.

10 Y bendijo David al Señor en presencia de toda la asamblea. Y David dijo: Bendito eres, oh Señor, Dios de Israel, nuestro padre por los siglos de los siglos.

11 Tuya es, oh Señor, la grandeza y el poder y la gloria y la victoria y la majestad, en verdad, todo lo que hay en los cielos y en la tierra; tuyo es el dominio, oh Señor, y tú te exaltas como soberano sobre todo.

12 De ti *proceden* la riqueza y el honor; tú reinas sobre todo y en tu mano están el poder y la fortaleza, y en tu mano está engrandecer y fortalecer a todos.

13 Ahora pues, Dios nuestro, te damos gracias y alabamos tu glorioso nombre.

14 Pero ¿quién soy yo y quién es mi pueblo para que podamos ofrecer tan generosamente todo esto? Porque de ti *proceden* todas las cosas, y de lo *recibido* de tu mano te damos.

15 Porque somos forasteros y peregrinos delante de ti, como lo fueron todos nuestros padres; como una sombra son nuestros días sobre la tierra, y no hay esperanza.

16 Oh Señor, Dios nuestro, toda esta abundancia que hemos preparado para edificarte una casa para tu santo nombre procede de tu mano, y todo es tuyo.

17 Sabiendo yo, Dios mío, que tú pruebas el corazón y te deleitas en la rectitud, yo he ofrecido voluntariamente todas estas *cosas* en la integridad de mi corazón; y ahora he visto con alegría a tu pueblo, que está aquí, hacer *sus* ofrendas a ti voluntariamente.

18 Oh Señor, Dios de nuestros padres Abraham, Isaac e Israel, preserva esto para

siempre en las intenciones del corazón de tu pueblo, y dirige su corazón hacia ti;

19 y da a mi hijo Salomón un corazón perfecto para que guarde tus mandamientos, tus testimonios y tus estatutos, para que *los* cumpla todos y edifique el templo, para el cual he provisto.

20 Entonces David dijo a toda la asamblea: Bendecid ahora al SEÑOR vuestro Dios. Y toda la asamblea bendijo al SEÑOR, al Dios de sus padres, y se inclinaron y se postraron ante el SEÑOR y ante el rey.

21 Y al día siguiente sacrificaron víctimas al SEÑOR y le ofrecieron holocaustos: mil novillos, mil carneros *y* mil corderos, con sus libaciones y sacrificios en abundancia por todo Israel.

22 Comieron, pues, y bebieron aquel día delante del SEÑOR con gran alegría.

Y por segunda vez proclamaron rey a Salomón, hijo de David, y *lo* ungieron como príncipe para el SEÑOR, y a Sadoc como sacerdote.

23 Entonces Salomón se sentó en el trono delSEÑOR como rey en lugar de su padre David; prosperó y le obedeció todo Israel.

24 Y todos los oficiales, los hombres valientes, y también todos los hijos del rey David juraron obediencia al rey Salomón.

25 Y el SEÑOR engrandeció en gran manera a Salomón ante los ojos de todo Israel, y le confirió un reinado glorioso como nunca había tenido ningún rey en Israel antes de él.

26 David, hijo de Isaí, reinó, pues, sobre todo Israel;

27 el tiempo que reinó sobre Israel *fue* de cuarenta años; reinó en Hebrón siete años y en Jerusalén reinó treinta y tres.

28 Y murió en buena vejez, lleno de días, riquezas y gloria; y su hijo Salomón reinó en su lugar.

29 Los hechos del rey David, desde el primero hasta el último, están escritos en las crónicas del vidente Samuel, en las crónicas del profeta Natán y en las crónicas del vidente Gad,

30 con todo su reinado, su poder y *todos* los acontecimientos que vinieron sobre él, sobre Israel y sobre todos los reinos de aquellas tierras.

Segundo Libro de las
CRONICAS

El rey Salomón pide sabiduría

1 Y Salomón, hijo de David, se estableció firmemente en su reino, y el SEÑOR su Dios *estaba* con él y lo engrandeció sobremanera.

2 Y Salomón habló a todo Israel, a los jefes de miles y de cientos, a los jueces y a todos los príncipes de todo Israel, jefes de *casas* paternas.

3 Entonces Salomón y toda la asamblea con él fueron al lugar alto que *había* en Gabaón, porque allí estaba la tienda de reunión de Dios, que Moisés, siervo del SEÑOR, había hecho en el desierto.

4 Pero David había traído el arca de Dios de Quiriat-jearim al lugar que había preparado para ella, porque le había levantado una tienda en Jerusalén.

5 Y el altar de bronce que había hecho Bezaleel, hijo de Uri, hijo de Hur, estaba delante del tabernáculo del SEÑOR, al cual consultaron Salomón y la asamblea.

6 Subió Salomón allí, delante del SEÑOR, al altar de bronce que *estaba* en la tienda de reunión, y ofreció sobre él mil holocaustos.

7 Aquella noche Dios se apareció a Salomón y le dijo: Pide lo que *quieras que* yo te dé.

8 Entonces Salomón dijo a Dios: Tú has mostrado gran misericordia con mi padre David, y me has hecho rey en su lugar.

9 Ahora, oh SEÑOR Dios, tu promesa a mi padre David se ha cumplido, porque me has hecho rey sobre un pueblo tan numeroso como el polvo de la tierra.

10 Dame ahora sabiduría y conocimiento, para que pueda salir y entrar delante de este pueblo; porque, ¿quién podrá juzgar a este pueblo tuyo tan grande?

11 Y dijo Dios a Salomón: Por cuanto esto estaba en tu corazón, y no has pedido riquezas, ni bienes, ni gloria, ni la vida de los que te odian, ni

aun has pedido larga vida, sino que has pedido para ti sabiduría y conocimiento para poder gobernar a mi pueblo sobre el cual te he hecho rey,

12 sabiduría y conocimiento te han sido concedidos. Y te daré riquezas y bienes y gloria, tales como no las tuvieron ninguno de los reyes que fueron antes de ti, ni los que vendrán después de ti.

13 Y Salomón salió del lugar alto que estaba en Gabaón, de la tienda de reunión, a Jerusalén, y reinó sobre Israel.

14 Y juntó Salomón carros y hombres de a caballo; y tenía mil cuatrocientos carros y doce mil hombres de a caballo, y los apostó en las ciudades de los carros, y en Jerusalén, junto al rey.

15 El rey hizo la plata y el oro *tan común* en Jerusalén como las piedras, e hizo los cedros tan abundantes como los sicómoros en el llano.

16 Los caballos de Salomón eran importados de Egipto y de Coa, y los mercaderes del rey los adquirían de Coa por cierto precio.

17 Y se importaba un carro de Egipto por seiscientos *siclos* de plata, y un caballo por ciento cincuenta, y de la misma manera *los* exportaban a todos los reyes de los heteos y a los reyes de Aram.

Preparativos para edificar el templo y el palacio

2 Y Salomón decidió edificar una casa al nombre del SEÑOR, y un palacio real para sí.

2 Y designó Salomón setenta mil hombres para llevar cargas, ochenta mil para labrar *piedra* en los montes y tres mil seiscientos para dirigirlos.

3 Entonces Salomón envió *un* mensaje a Hiram, rey de Tiro, diciendo: Haz conmigo como hiciste con mi padre David, enviándole cedros para edificarle una casa donde habitar.

4 He aquí, voy a edificar una casa al nombre

del Señor mi Dios, para consagrársela, para quemar incienso aromático delante de El, *para colocar* continuamente el pan de la proposición y para ofrecer holocaustos por la mañana y por la tarde, en los días de reposo, en las lunas nuevas y en las fiestas señaladas del Señor nuestro Dios; esto *será ordenanza* perpetua en Israel.

5 Y la casa que voy a edificar *será* grande; porque nuestro Dios es grande, más que todos los dioses.

6 Pero ¿quién será capaz de edificarle una casa, cuando los cielos y los cielos de los cielos no pueden contenerle? ¿Quién soy yo para que le edifique una casa, aunque sólo sea para quemar *incienso* delante de El?

7 Ahora pues, envíame un hombre diestro para trabajar en oro, en plata, en bronce, en hierro, y en *material de* púrpura, carmesí y violeta, que sepa hacer grabados, para *trabajar* con los expertos que tengo en Judá y en Jerusalén, los cuales mi padre David proveyó.

8 Envíame también del Líbano madera de cedro, ciprés y sándalo, porque yo sé que tus siervos saben cortar la madera del Líbano; y he aquí, mis siervos *trabajarán* con tus siervos,

9 para que me preparen madera en abundancia, porque la casa que voy a edificar *será* grande y maravillosa.

10 Y he aquí, daré a tus siervos, los trabajadores que cortan la madera, veinte mil coros de trigo en grano, y veinte mil coros de cebada, y veinte mil batos de vino, y veinte mil batos de aceite.

11 Entonces Hiram, rey de Tiro, respondió en una carta que envió a Salomón: Por cuanto el Señor ama a su pueblo, te ha hecho rey sobre ellos.

12 Y añadió Hiram: Bendito sea el Señor, Dios de Israel, que ha hecho los cielos y la tierra, que ha dado al rey David un hijo sabio, dotado de prudencia y entendimiento, que edificará una casa para el Señor y un palacio real para sí.

13 Y ahora envío a Hiram-abí, hombre hábil, dotado de entendimiento,

14 hijo de una mujer de las hijas de Dan y cuyo padre es de Tiro, el cual sabe trabajar en oro, en plata, en bronce, en hierro, en piedra, en madera *y en material de* púrpura, violeta, lino y carmesí, y *sabe* hacer toda clase de grabados y cualquier diseño que se le asigne, *para trabajar* con tus expertos y con los expertos de mi señor David, tu padre.

15 Ahora pues, envíe mi señor a sus siervos el trigo, la cebada, el aceite y el vino, de los cuales ha hablado.

16 Y nosotros cortaremos toda la madera que necesites del Líbano, te la traeremos en balsas por el mar hasta Jope y tú la harás llevar a Jerusalén.

17 Y contó Salomón todos los extranjeros que *estaban* en la tierra de Israel, después del censo que su padre David había tomado; y se hallaron ciento cincuenta y tres mil seiscientos.

18 Puso setenta mil de ellos a llevar cargas, ochenta mil a labrar *piedras* en los montes y tres mil seiscientos *como* capataces para hacer trabajar al pueblo.

3 Entonces Salomón comenzó a edificar la casa del Señor en Jerusalén en el monte Moriah, donde *el* Señor se había aparecido a su padre David, en el lugar que David había preparado en la era de Ornán jebuseo.

2 Y comenzó a edificar en el segundo *día* del segundo mes, del año cuarto de su reinado.

3 Estos son los cimientos que Salomón puso para la edificación de la casa de Dios. La longitud en codos, conforme a la medida antigua, *era de* sesenta codos, y la anchura de veinte codos.

4 Y el pórtico que estaba al frente del templo tenía la misma longitud que la anchura de la casa, veinte codos, y la altura, ciento veinte; y lo revistió por dentro de oro puro.

5 Recubrió el salón principal de madera de ciprés, la revistió de oro fino y la adornó con palmas y cadenillas.

6 Adornó además la casa con piedras preciosas; y el oro era oro de Parvaim.

7 También revistió de oro la casa: las vigas, los umbrales, sus paredes y sus puertas; y esculpió querubines en las paredes.

8 Hizo asimismo la habitación del lugar santísimo; su longitud, correspondiente a la anchura de la casa, *era de* veinte codos, y su anchura *era de* veinte codos; la revistió de oro fino, que *ascendía* a seiscientos talentos.

9 El peso de los clavos era *de* cincuenta siclos de oro. También revistió de oro los aposentos altos.

10 Entonces hizo dos querubines de obra tallada en la habitación del lugar santísimo y los revistió de oro.

11 Y las alas de los dos querubines medían veinte codos; el ala de uno, de cinco codos, tocaba la pared de la casa, y *su* otra ala, de cinco codos, tocaba el ala del otro querubín.

12 Y el ala del otro querubín, de cinco codos, tocaba la pared de la casa; y *su* otra ala, de cinco codos, se unía al ala del primer querubín.

13 Las alas de estos querubines se extendían veinte codos; estaban de pie, con sus rostros *vueltos* hacia el salón *principal*.

14 Hizo después el velo de violeta, púrpura, carmesí y lino fino, e hizo bordar querubines en él.

15 Hizo también dos columnas para el frente de la casa, de treinta y cinco codos de alto, y el capitel encima de cada una *era de* cinco codos.

16 Hizo asimismo cadenillas en el santuario interior, y *las* puso encima de las columnas; e hizo cien granadas y *las* puso en las cadenillas.

17 Y erigió las columnas delante del templo, una a la derecha y otra a la izquierda, y llamó a la de la derecha Jaquín y a la de la izquierda Boaz.

Mobiliario del templo

4 Entonces hizo un altar de bronce de veinte codos de largo, de veinte codos de ancho y de diez codos de alto.

2 Hizo también el mar de *metal* fundido, de diez codos de borde a borde, en forma circular; su altura *era de* cinco codos y su circunferencia de treinta codos.

3 Y *había* figuras *como* de bueyes debajo de él y todo alrededor, diez en *cada* codo, rodeando por completo el mar. Los bueyes *estaban* en dos hileras, fundidos en una sola pieza.

4 *El mar* descansaba sobre doce bueyes; tres mirando al norte, tres mirando al occidente, tres mirando al sur y tres mirando al oriente; el mar *descansaba* sobre ellos y todas sus ancas *estaban* hacia adentro.

5 Su grueso era de un palmo, y su borde estaba hecho como el borde de un cáliz, *como* una flor de lirio; cabían en él tres mil batos.

6 Hizo también diez pilas para lavar, y puso cinco a la derecha y cinco a la izquierda para lavar las cosas para el holocausto; pero el mar *era* para que los sacerdotes se lavaran en él.

7 Entonces hizo los diez candelabros de oro según su diseño y *los* puso en el templo, cinco a la derecha y cinco a la izquierda.

8 Hizo además diez mesas y *las* colocó en el templo, cinco a la derecha y cinco a la izquierda. Hizo también cien tazones de oro.

9 Después hizo el atrio de los sacerdotes, el gran atrio y las puertas para el atrio, y revistió las puertas de bronce.

10 Y puso el mar al lado derecho *de la casa,* hacia el sureste.

11 Hiram hizo también los calderos, las palas y los tazones. Así terminó Hiram la obra que hizo para el rey Salomón en la casa de Dios:

12 las dos columnas, los tazones y los capiteles en lo alto de las dos columnas, y las dos mallas para cubrir los dos tazones de los capiteles que *estaban* encima de las columnas,

13 y las cuatrocientas granadas para las dos mallas, dos hileras de granadas para cada malla, para cubrir los dos tazones de los capiteles que *estaban* sobre las columnas.

14 Hizo también las basas, e hizo la pilas sobre las basas,

15 *y* el mar con los doce bueyes debajo de él.

16 Los calderos, las palas, los garfios y todos sus utensilios los hizo Hiram-abí para el rey Salomón, para la casa del Señor, de bronce pulido.

17 El rey los fundió en la llanura del Jordán, en la tierra arcillosa entre Sucot y Seredata.

18 Y Salomón hizo todos estos utensilios en gran cantidad, de tal manera que el peso del bronce no se pudo determinar.

19 También hizo Salomón todas las cosas que *estaban en* la casa de Dios: el altar de oro, las mesas con el pan de la Presencia sobre ellas,

20 los candelabros con sus lámparas de oro puro, para que ardieran frente al santuario interior en la manera designada;

21 las flores, las lámparas y las tenazas de oro, de oro purísimo;

22 y las despabiladeras, los tazones, las cucharas y los incensarios de oro puro. La entrada de la casa, sus puertas interiores para el lugar santísimo y las puertas de la casa para la nave *eran también* de oro.

Traslado del arca al templo

5 Así fue terminada toda la obra que Salomón hizo para la casa del Señor. Y Salomón trajo las cosas consagradas por su padre David, es decir, la plata, el oro y todos los utensilios, *y los* puso en los tesoros de la casa de Dios.

2 Entonces Salomón reunió en Jerusalén a los ancianos de Israel, a todos los jefes de las tribus *y* a los principales de las casas paternas de los hijos de Israel, para subir el arca del pacto del Señor de la ciudad de David, la cual es Sion.

3 Y se reunieron ante el rey todos los hombres de Israel en la fiesta del mes séptimo.

4 Cuando llegaron todos los ancianos de Israel, los levitas alzaron el arca;

5 y llevaron el arca y la tienda de reunión y todos los utensilios sagrados que *estaban* en la tienda; los sacerdotes levitas los llevaron.

6 Y el rey Salomón y toda la congregación de Israel, que estaba reunida con él delante del arca, sacrificaban *tantas* ovejas y bueyes que no se podían contar ni numerar.

7 Los sacerdotes trajeron el arca del pacto del Señor a su lugar, al santuario interior de la casa, al lugar santísimo, bajo las alas de los querubines.

8 Porque los querubines extendían las alas sobre el lugar del arca, y los querubines cubrían el arca y sus barras por encima.

9 Pero las barras eran tan largas que los extremos de las barras del arca se podían ver delante del santuario interior, mas no se podían ver *desde* afuera; y allí están hasta hoy.

10 En el arca no había más que las dos tablas que Moisés puso *allí* en Horeb, donde el Señor hizo *pacto* con los hijos de Israel cuando salieron de Egipto.

11 Y sucedió que cuando los sacerdotes salieron del lugar santo (porque todos los sacerdotes que estaban presentes se habían santificado sin tener en cuenta las clases),

12 y todos los levitas cantores, Asaf, Hemán, Jedutún y sus hijos y sus parientes, vestidos de lino fino, con címbalos, arpas y liras, *estaban* de pie al oriente del altar, y con ellos ciento veinte sacerdotes que tocaban trompetas.

13 Cuando los trompeteros y los cantores, al unísono, se hacían oír a una voz alabando y glorificando al Señor, cuando levantaban sus voces acompañados por trompetas y címbalos e instrumentos de música, cuando alababan al Señor *diciendo:* Ciertamente *El es* bueno porque su misericordia es para siempre, entonces la casa, la casa del Señor, se llenó de una nube,

14 y los sacerdotes no pudieron quedarse a ministrar a causa de la nube, porque la gloria del Señor llenaba la casa de Dios.

Dedicación del templo

6 Entonces Salomón dijo:
El Señor ha dicho que El moraría en la densa nube.

2 Yo, pues, te he edificado una casa majestuosa,
un lugar donde mores para siempre.

3 Después el rey se volvió y bendijo a toda la asamblea de Israel, mientras toda la asamblea de Israel estaba de pie,

4 y dijo: Bendito sea el Señor, Dios de Israel, que habló por su boca a mi padre David y por su mano *lo* ha cumplido, cuando dijo:

5 "Desde el día en que saqué a mi pueblo de la tierra de Egipto, no escogí ninguna ciudad de entre todas las tribus de Israel *en la cual* edificar una casa para que estuviera allí mi nombre, ni escogí a hombre alguno por príncipe sobre mi pueblo Israel;

6 mas escogí a Jerusalén para que mi nombre

estuviera allí, y escogí a David para que estuviera sobre mi pueblo Israel."

7 Y mi padre David tuvo en su corazón edificar una casa al nombre del Señor, Dios de Israel.

8 Pero el Señor dijo a mi padre David: "Por cuanto tuviste en tu corazón edificar una casa a mi nombre, bien hiciste en desearlo en tu corazón.

9 "Sin embargo, tú no edificarás la casa, sino que tu hijo que te nacerá, él edificará la casa a mi nombre.

10 Ahora el Señor ha cumplido la palabra que había dicho; pues yo me he levantado en lugar de mi padre David y me he sentado en el trono de Israel, como el Señor prometió, y he edificado la casa al nombre del Señor, Dios de Israel.

11 Y he puesto allí el arca, en la cual está el pacto del Señor que hizo con los hijos de Israel.

12 Entonces *Salomón* se puso delante del altar del Señor en presencia de toda la asamblea de Israel y extendió las manos.

13 Porque Salomón había hecho un estrado de bronce de cinco codos de largo, cinco codos de ancho y tres codos de alto, y lo había puesto en medio del atrio; se puso sobre él, se hincó de rodillas en presencia de toda la asamblea de Israel y extendiendo las manos al cielo,

14 dijo: Oh Señor, Dios de Israel, no hay Dios como tú ni en el cielo ni en la tierra, que guardas el pacto y *muestras* misericordia a tus siervos que andan delante de ti con todo su corazón;

15 que has cumplido con tu siervo David mi padre lo que le prometiste; ciertamente has hablado con tu boca y lo has cumplido con tu mano, como *sucede* hoy.

16 Ahora pues, oh Señor, Dios de Israel, cumple con tu siervo David mi padre lo que le prometiste, diciendo: "No te faltará quién se siente en el trono de Israel, con tal que tus hijos guarden sus caminos para andar en mi ley como tú has andado delante de mí."

17 Ahora pues, oh Señor, Dios de Israel, que se cumpla la palabra que hablaste a tu siervo David.

18 Pero, ¿morará verdaderamente Dios con los hombres en la tierra? He aquí, los cielos y los cielos de los cielos no te pueden contener, cuánto menos esta casa que yo he edificado.

19 No obstante, atiende a la oración de tu siervo y a su súplica, oh Señor Dios mío, para que oigas el clamor y la oración que tu siervo hace delante de ti.

20 Que tus ojos estén abiertos día y noche sobre esta casa, sobre el lugar del cual has dicho que pondrías allí tu nombre, para que oigas la oración que tu siervo hará sobre este lugar.

21 Y escucha las súplicas de tu siervo y de tu pueblo Israel cuando oren hacia este lugar; escucha tú desde el lugar de tu morada, desde los cielos; escucha y perdona.

22 Si alguno peca contra su prójimo, y se le exige juramento, y viene y jura delante de tu altar en esta casa,

23 escucha tú desde los cielos y obra y juzga a tus siervos, castigando al impío, haciendo recaer su conducta sobre su cabeza, y justificando al justo dándole conforme a su justicia.

24 Y si tu pueblo Israel es derrotado delante del enemigo por haber pecado contra ti, y se vuelven a ti y confiesan tu nombre, y oran y hacen súplica delante de ti en esta casa,

25 escucha tú desde los cielos y perdona el pecado de tu pueblo Israel, y hazlos volver a la tierra que diste a ellos y a sus padres.

26 Cuando los cielos estén cerrados y no haya lluvia por haber ellos pecado contra ti, y oren hacia este lugar y confiesen tu nombre, y se vuelvan de su pecado cuando tú los aflijas,

27 escucha tú *desde* los cielos y perdona el pecado de tus siervos y de tu pueblo Israel; sí, enséñales el buen camino por el que deben andar, y envía lluvia sobre tu tierra, la que diste a tu pueblo por heredad.

28 Si hay hambre en la tierra, si hay pestilencia, si hay tizón o añublo, langosta o saltamontes, si sus enemigos los sitian en la tierra de sus ciudades, cualquier plaga o cualquier enfermedad *que haya*,

29 toda oración *o* toda súplica que sea hecha por cualquier hombre o por todo tu pueblo Israel, conociendo cada cual su aflicción y su dolor, y extendiendo sus manos hacia esta casa,

30 escucha tú desde los cielos, el lugar de tu morada, y perdona y da a cada uno conforme a todos sus caminos, ya que conoces su corazón (porque sólo tú conoces el corazón de los hijos de los hombres),

31 para que te teman[1] y anden en tus caminos todos los días que vivan sobre la faz de la tierra que diste a nuestros padres.

32 También en cuanto al extranjero que no es de tu pueblo Israel, cuando venga de una tierra lejana a causa de tu gran nombre y de tu mano poderosa y de tu brazo extendido, cuando ellos vengan a orar a esta casa,

33 escucha tú desde los cielos, desde el lugar de tu morada, y haz conforme a todo lo que el extranjero te pida, para que todos los pueblos de la tierra conozcan tu nombre, para que te teman, como *te teme* tu pueblo Israel, y para que sepan que tu nombre es invocado sobre esta casa que he edificado.

34 Cuando salga tu pueblo a la batalla contra sus enemigos, por *cualquier* camino que los envíes, y oren a ti vueltos hacia esta ciudad que has escogido, y *hacia* la casa que he edificado a tu nombre,

35 escucha desde los cielos su oración y su súplica, y hazles justicia.

36 Cuando pequen contra ti (pues no hay hombre que no peque) y estés airado contra ellos, y los entregues delante del enemigo, y éstos los lleven cautivos a una tierra, lejana o cercana,

37 si recapacitan en la tierra adonde hayan sido llevados cautivos, y se arrepienten y te suplican en la tierra de su cautiverio, diciendo: "Hemos pecado, hemos cometido iniquidad y hemos obrado perversamente";

38 si se vuelven a ti con todo su corazón y con toda su alma en la tierra de su cautiverio adonde hayan sido llevados cautivos, y oran vueltos hacia la tierra que diste a sus padres, *hacia* la ciudad que has escogido y hacia la casa que he edificado a tu nombre,

39 escucha tú desde los cielos, desde el lugar de tu morada, su oración y sus súplicas, hazles

---

1. O, *reverencien*

justicia y perdona a tu pueblo que ha pecado contra ti.

40 Ahora, oh Dios mío, te ruego que tus ojos estén abiertos y tus oídos atentos a la oración *elevada* en este lugar.

41 Ahora pues, levántate, oh SEÑOR Dios, hacia tu reposo, tú y el arca de tu poder; que tus sacerdotes, oh SEÑOR Dios, se revistan de salvación y tus santos se regocijen en lo que es bueno.

42 Oh SEÑOR Dios, no rechaces el rostro de tu ungido; acuérdate de *tus* misericordias para con tu siervo David.

La fiesta de dedicación

7 Y cuando Salomón terminó de orar, descendió fuego desde el cielo y consumió el holocausto y los sacrificios, y la gloria del SEÑOR llenó la casa.

2 Los sacerdotes no podían entrar en la casa del SEÑOR, porque la gloria del SEÑOR llenaba la casa del SEÑOR.

3 Y todos los hijos de Israel, viendo descender el fuego y la gloria del SEÑOR sobre la casa, se postraron rostro en tierra sobre el pavimento y adoraron y alabaron al SEÑOR, *diciendo:* Ciertamente El es bueno; ciertamente su misericordia es para siempre.

4 Entonces el rey y todo el pueblo ofrecieron sacrificio delante del SEÑOR.

5 Y el rey Salomón ofreció un sacrificio de veintidós mil bueyes y ciento veinte mil ovejas. Así dedicaron la casa de Dios, el rey y todo el pueblo.

6 Los sacerdotes estaban en ʾsus debidos lugares, también los levitas con los instrumentos de música para el SEÑOR, los cuales había hecho el rey David para alabar al SEÑOR (porque para siempre es su misericordia), cuando David ofrecía alabanza por medio de ellos. Los sacerdotes tocaban trompetas frente a ellos, y todo Israel estaba de pie.

7 Salomón consagró también la parte central del atrio que *estaba* delante de la casa del SEÑOR, pues allí había ofrecido los holocaustos y la grosura de las ofrendas de paz, porque el altar de bronce que Salomón había hecho no podía contener el holocausto, la ofrenda de cereal y la grosura.

8 Salomón celebró la fiesta en aquella ocasión por siete días, y todo Israel con él, una asamblea muy grande, *que vinieron* desde la entrada de Hamat hasta el torrente de Egipto.

9 Y al octavo día tuvieron una asamblea solemne; porque habían celebrado la dedicación del altar por siete días y la fiesta por siete días.

10 Entonces, el día veintitrés del mes séptimo, *Salomón* envió al pueblo a sus tiendas, gozosos y alegres de corazón por el bien que el SEÑOR había mostrado a David, a Salomón y a su pueblo Israel.

11 Así acabó Salomón la casa del SEÑOR y el palacio del rey, y llevó a cabo todo lo que se había propuesto hacer en la casa del SEÑOR y en su palacio.

12 Y el SEÑOR se apareció a Salomón de noche y le dijo: He oído tu oración, y he escogido para mí este lugar como casa de sacrificio.

13 Si cierro los cielos para que no haya lluvia, o si mando la langosta a devorar la tierra, o si envío la pestilencia entre mi pueblo,

14 y se humilla mi pueblo sobre el cual es invocado mi nombre, y oran, buscan mi rostro y se vuelven de sus malos caminos, entonces yo oiré desde los cielos, perdonaré su pecado y sanaré su tierra.

15 Ahora mis ojos estarán abiertos y mis oídos atentos a la oración que *se haga* en este lugar,

16 pues ahora he escogido y consagrado esta casa para que mi nombre esté allí para siempre, y mis ojos y mi corazón estarán allí todos los días.

17 Y en cuanto a ti, si andas delante de mí como anduvo tu padre David, haciendo conforme a todo lo que te he mandado, y guardas mis estatutos y mis ordenanzas,

18 yo afirmaré el trono de tu reino como pacté con tu padre David, diciendo: "No te faltará hombre que gobierne en Israel."

19 Pero si vosotros os apartáis y abandonáis mis estatutos y mis mandamientos que he puesto delante de vosotros, y vais y servís a otros dioses y los adoráis,

20 yo os arrancaré de mi tierra que os he dado, y echaré de mi presencia esta casa que he consagrado a mi nombre, y la convertiré en refrán y escarnio entre todos los pueblos.

21 *Y en cuanto a* esta casa, que ha sido exaltada, todo el que pase cerca de ella, se asombrará y dirá: "¿Por qué ha hecho así el SEÑOR a esta tierra y a esta casa?"

22 Y responderán: "Porque abandonaron al SEÑOR, Dios de sus padres, que los sacó de la tierra de Egipto, y tomaron otros dioses, los adoraron y los sirvieron; por eso El ha traído toda esta adversidad sobre ellos."

Otras actividades de Salomón

8 Y sucedió que al cabo de los veinte años, en los cuales Salomón había edificado la casa del SEÑOR y su propia casa,

2 reedificó las ciudades que Hiram le había dado, y estableció allí a los hijos de Israel.

3 Después Salomón fue a Hamat de Soba y la tomó.

4 Y reedificó Tadmor en el desierto y todas las ciudades de almacenaje que había edificado en Hamat.

5 También reedificó Bet-horón de arriba y Bet-horón de abajo, ciudades fortificadas, *con* muros, puertas y barras;

6 y Baalat y todas las ciudades de almacenaje que Salomón tenía, y todas las ciudades para sus carros, y las ciudades para sus hombres de a caballo, y todo lo que Salomón quiso edificar en Jerusalén, en el Líbano y en toda la tierra de su dominio.

7 A todo el pueblo que había quedado de los heteos, amorreos, ferezeos, heveos y de los jebuseos, que no eran de Israel,

8 *es decir,* a sus descendientes que habían quedado en la tierra después de ellos, a quienes los hijos de Israel no habían destruido, Salomón les impuso leva de *servidumbre* hasta el día de hoy.

9 Mas de los hijos de Israel Salomón no hizo esclavos para su obra, porque ellos eran hombres de guerra, sus capitanes escogidos, los comandantes de sus carros y sus hombres de a caballo.

10 Y estos eran los principales oficiales del rey Salomón, doscientos cincuenta que gobernaban sobre el pueblo.

11 Y Salomón hizo subir a la hija de Faraón de la ciudad de David a la casa que él le había edificado; pues dijo: Mi mujer no habitará en la casa de David, rey de Israel, porque son sagrados los lugares donde el arca del SEÑOR ha entrado.

12 Entonces Salomón ofreció holocaustos al SEÑOR sobre el altar del SEÑOR que había edificado delante del pórtico;

13 y *lo hizo* conforme a lo prescrito para cada día, *ofreciéndolos* conforme al mandamiento de Moisés, para los días de reposo, las lunas nuevas y las tres fiestas anuales: la fiesta de los panes sin levadura, la fiesta de las semanas y la fiesta de los tabernáculos.

14 Y conforme a las ordenanzas de su padre David, designó las clases sacerdotales en sus servicios, a los levitas en sus deberes de alabar y ministrar delante de los sacerdotes según lo prescrito para cada día, y a los porteros por sus clases para cada puerta; porque así lo había ordenado David, hombre de Dios.

15 Y no se apartaron del mandamiento del rey tocante a los sacerdotes y a los levitas en cosa alguna, ni tocante a los almacenes.

16 Así fue llevada a cabo toda la obra de Salomón desde el día en que se echaron los cimientos de la casa del SEÑOR hasta que fue terminada. Así fue acabada la casa del SEÑOR.

17 Entonces Salomón fue a Ezión-geber y a Elot junto a la costa en la tierra de Edom.

18 Y por medio de sus siervos, Hiram le envió naves y marinos conocedores del mar; y *éstos* fueron con los siervos de Salomón a Ofir, y de allí tomaron cuatrocientos cincuenta talentos de oro, que llevaron al rey Salomón.

Salomón y la reina de Sabá

9 Cuando la reina de Sabá oyó de la fama de Salomón, vino a Jerusalén a probar a Salomón con preguntas difíciles. Ella tenía un séquito muy grande, con camellos cargados de especias y gran cantidad de oro y piedras preciosas. Cuando vino a Salomón, habló con él de todo lo que tenía en su corazón.

2 Y Salomón contestó todas sus preguntas; no hubo nada tan oscuro que Salomón no pudiera explicárselo.

3 Cuando la reina de Sabá vio la sabiduría de Salomón, la casa que él había edificado,

4 los manjares de su mesa, las habitaciones de sus siervos, el porte de sus ministros y sus vestiduras, sus coperos y sus vestiduras, y la escalinata por la cual él subía a la casa del SEÑOR, se quedó sin aliento.

5 Entonces dijo al rey: Era verdad lo que había oído en mi tierra acerca de tus palabras y de tu sabiduría.

6 Pero yo no creía lo que me decían, hasta que he venido y mis ojos lo han visto. Y he aquí, no se me había contado ni la mitad de la grandeza de tu sabiduría. Tú superas todo lo que había oído.

7 Bienaventurados tus hombres, bienaventurados estos tus siervos que están delante de ti continuamente y oyen tu sabiduría.

8 Bendito sea el SEÑOR tu Dios que se agradó en ti, poniéndote sobre su trono como rey para el SEÑOR tu Dios; porque tu Dios amó a Israel afirmándolo para siempre, por lo cual te ha puesto por rey sobre ellos para hacer derecho y justicia.

9 Entonces ella dio al rey ciento veinte talentos de oro, y gran cantidad de especias aromáticas y piedras preciosas. Nunca hubo especias aromáticas como las que la reina de Sabá dio al rey Salomón.

10 Y los siervos de Hiram y los siervos de Salomón que habían traído oro de Ofir, trajeron también madera de sándalo y piedras preciosas.

11 Con la madera de sándalo el rey hizo gradas para la casa del SEÑOR y para el palacio del rey; también liras y arpas para los cantores; no se había visto en la tierra de Judá madera como ésa.

12 El rey Salomón dio a la reina de Sabá todo cuanto ella quiso pedirle, además de lo que había traído al rey. Después ella se volvió y regresó a su tierra con sus siervos.

13 El peso del oro que llegaba a Salomón en un solo año era de seiscientos sesenta y seis talentos de oro,

14 sin contar lo que los mercaderes y los comerciantes traían. Todos los reyes de Arabia y los gobernadores de la tierra traían oro y plata a Salomón.

15 Y el rey Salomón hizo doscientos escudos grandes de oro batido, usando seiscientos *siclos de oro* batido en cada escudo.

16 También *hizo* trescientos escudos de oro batido, usando trescientos siclos de oro en cada escudo; y el rey los puso en la casa del bosque del Líbano.

17 El rey hizo además un gran trono de marfil y lo revistió de oro puro.

18 Y *había* seis gradas hasta el trono y un estrado de oro unido al trono, con brazos a cada lado del asiento, y dos leones de pie junto a los brazos.

19 Y doce leones estaban allí de pie en las seis gradas a uno y otro lado; nada semejante se hizo para ningún *otro* reino.

20 Todos los vasos de beber del rey Salomón *eran* de oro, y todas las vasijas de la casa del bosque del Líbano *eran* de oro puro. A la plata no se le atribuía valor en los días de Salomón,

21 porque el rey tenía naves que iban a Tarsis con los siervos de Hiram, *y* cada tres años las naves de Tarsis venían trayendo oro, plata, marfil, monos y pavos reales.

22 Así el rey Salomón llegó a ser más grande que todos los reyes de la tierra en riqueza y sabiduría.

23 Y todos los reyes de la tierra procuraban ver a Salomón, para oír la sabiduría que Dios había puesto en su corazón.

24 Cada uno de ellos traía su presente: objetos de plata y objetos de oro, vestidos, armas, especias, caballos y mulos; *y* así año tras año.

25 Salomón tenía cuatro mil establos para los caballos y carros y doce mil hombres de a caballo, y los situó en las ciudades de carros y en Jerusalén, junto al rey.

26 El tenía dominio sobre todos los reyes desde

el Eufrates hasta la tierra de los filisteos, y hasta la frontera de Egipto.

27 El rey hizo la plata *tan común* en Jerusalén como las piedras, e hizo los cedros tan abundantes como los sicómoros que *están* en el llano.

28 Y traían para Salomón caballos de Egipto y de todos los países.

29 Los demás hechos de Salomón, los primeros y los postreros, ¿no están escritos en las palabras del profeta Natán y en la profecía de Ahías silonita, en las visiones del vidente Iddo acerca de Jeroboam, hijo de Nabat?

30 Y reinó Salomón en Jerusalén sobre todo Israel cuarenta años.

31 Y durmió Salomón con sus padres, y fue sepultado en la ciudad de su padre David; y su hijo Roboam reinó en su lugar.

Roboam y la rebelión de Israel

10 Entonces Roboam fue a Siquem, porque todo Israel había ido a Siquem para hacerlo rey.

2 Y cuando *lo* oyó Jeroboam, hijo de Nabat, (porque él estaba en Egipto adonde había huido de la presencia del rey Salomón), volvió Jeroboam de Egipto.

3 Y enviaron a llamarle. Entonces vino con todo Israel, y hablaron a Roboam, diciendo:

4 Tu padre hizo pesado nuestro yugo; ahora pues, aligera la dura servidumbre de tu padre y el pesado yugo que puso sobre nosotros y te serviremos.

5 Entonces él les dijo: Volved otra vez a mí dentro de tres días. Y el pueblo se fue.

6 El rey Roboam pidió consejo a los ancianos que habían servido a su padre Salomón cuando aún vivía, diciendo: ¿Qué *me* aconsejáis que responda a este pueblo?

7 Y ellos le respondieron, diciendo: Si eres bueno con este pueblo y les complaces y les dices buenas palabras, entonces ellos serán tus siervos para siempre.

8 Pero él abandonó el consejo que le habían dado los ancianos, y pidió consejo a los jóvenes que se habían criado con él y le servían.

9 Y les dijo: ¿Qué aconsejáis que respondamos a este pueblo que me ha hablado, diciendo: "Aligera el yugo que tu padre puso sobre nosotros"?

10 Y los jóvenes que se habían criado con él le respondieron: Así dirás al pueblo que te ha hablado, diciendo: "Tu padre hizo pesado nuestro yugo, pero tú hazlo más ligero para nosotros." Así les dirás: "Mi dedo meñique es más grueso que los lomos de mi padre.

11"Por cuanto mi padre os cargó con un pesado yugo, yo añadiré a vuestro yugo; mi padre os castigó con látigos, pero yo *os castigaré* con escorpiones."

12 Entonces vino Jeroboam con todo el pueblo a Roboam al tercer día como el rey lo había dicho, diciendo: Volved a mí al tercer día.

13 El rey les respondió con dureza, pues el rey Roboam había menospreciado el consejo de los ancianos,

14 y les habló conforme al consejo de los jóvenes, diciendo: Mi padre hizo pesado vuestro yugo, pero yo lo haré más *pesado*; mi padre os castigó con látigos, pero yo *os castigaré* con escorpiones.

15 El rey no escuchó al pueblo, porque esto venía de parte de Dios, para que el SEÑOR confirmara la palabra que Él había hablado por medio de Ahías silonita a Jeroboam, hijo de Nabat.

16 Cuando todo Israel *vio* que el rey no los escuchaba, el pueblo respondió al rey, diciendo:
¿Qué parte tenemos nosotros con David?
No *tenemos* herencia con el hijo de Isaí.
¡Cada uno a su tienda, Israel!
¡Mira ahora por tu casa, David!
Y todo Israel se fue a sus tiendas.

17 Pero en cuanto a los hijos de Israel que habitaban en las ciudades de Judá, Roboam reinó sobre ellos.

18 Entonces el rey Roboam envió a Adoram, que *estaba* a cargo de los trabajos forzados, pero los hijos de Israel lo mataron a pedradas; y el rey Roboam se apresuró a subir a *su* carro para huir a Jerusalén.

19 Así Israel ha estado en rebeldía contra la casa de David hasta hoy.

Reinado de Roboam

11 Cuando Roboam llegó a Jerusalén, reunió la casa de Judá y Benjamín, ciento ochenta mil hombres, guerreros escogidos, para pelear contra Israel y restituir el reino a Roboam.

2 Pero la palabra del SEÑOR vino a Semaías, hombre de Dios, diciendo:

3 Habla a Roboam, hijo de Salomón, rey de Judá, y a todo Israel en Judá y Benjamín, diciéndo*les*:

4"Así dice el SEÑOR: 'No subiréis ni pelearéis contra vuestros hermanos; vuelva cada uno a su casa, porque de mí ha venido esto.' " Y ellos escucharon las palabras del SEÑOR y desistieron de ir contra Jeroboam.

5 Y Roboam habitó en Jerusalén, y edificó ciudades para defensa en Judá.

6 Así edificó Belén, Etam, Tecoa,

7 Bet-sur, Soco, Adulam,

8 Gat, Maresa, Zif,

9 Adoraim, Laquis, Azeca,

10 Zora, Ajalón y Hebrón, que son ciudades fortificadas en Judá y en Benjamín.

11 También reforzó las fortalezas y puso comandantes en ellas, y provisiones de víveres, aceite y vino.

12 Y *puso* escudos y lanzas en todas las ciudades y las reforzó en gran manera. Así mantuvo a su lado a Judá y a Benjamín.

13 Y los sacerdotes y los levitas que *estaban* en todo Israel se pasaron a él desde todos sus distritos.

14 Porque los levitas dejaron sus tierras de pastos y sus propiedades y vinieron a Judá y a Jerusalén, pues Jeroboam y sus hijos les habían excluido de servir al SEÑOR como sacerdotes.

15 Y Jeroboam designó sus propios sacerdotes para los lugares altos, para los demonios, y para los becerros que él había hecho.

16 Aquellos de entre todas las tribus de Israel que habían resuelto en su corazón buscar al SEÑOR, Dios de Israel, les siguieron a Jerusalén para sacrificar al SEÑOR, Dios de sus padres.

17 Y fortalecieron el reino de Judá y apoyaron a Roboam, hijo de Salomón, por tres años, pues anduvieron en el camino de David y de Salomón por tres años.

18 Entonces Roboam tomó por mujer a Mahalat, hija de Jerimot, hijo de David *y de* Abihail, hija de Eliab, hijo de Isaí,

19 y ella le dio hijos: Jeús, Semarías y Zaham.

20 Después de ella tomó a Maaca, hija de Absalón, y ella le dio a Abías, Atai, Ziza y Selomit.

21 Y amó Roboam a Maaca, hija de Absalón, más que a todas sus *otras* mujeres y concubinas. Porque había tomado dieciocho mujeres y sesenta concubinas, y engendró veintiocho hijos y sesenta hijas.

22 Roboam puso a Abías, hijo de Maaca, por cabeza y jefe entre sus hermanos, porque *quería* hacerlo rey.

23 Y obró sabiamente, y distribuyó a algunos de sus hijos por todos los territorios de Judá y de Benjamín, por todas las ciudades fortificadas, les dio alimento en abundancia, y *les* buscó muchas mujeres.

Sisac invade Judá

12 Cuando el reino de Roboam se había afianzado y fortalecido, él abandonó la ley del Señor y todo Israel con él.

2 Y sucedió que en el año quinto del rey Roboam, debido a que ellos habían sido infieles al Señor, Sisac, rey de Egipto, subió contra Jerusalén

3 con mil doscientos carros y sesenta mil hombres de a caballo. Y era innumerable el pueblo que vino con él de Egipto: libios, suquienos y etíopes.

4 Y tomó las ciudades fortificadas de Judá y llegó hasta Jerusalén.

5 Entonces el profeta Semaías vino a Roboam y a los príncipes de Judá que se habían reunido en Jerusalén por causa de Sisac, y les dijo: Así dice el Señor: "Vosotros me habéis abandonado, por eso también yo os abandono en manos de Sisac."

6 Y los príncipes de Israel y el rey se humillaron y dijeron: Justo es el Señor.

7 Cuando el Señor vio que se habían humillado, vino la palabra del Señor a Semaías, diciendo: Se han humillado; no los destruiré, sino que les concederé cierta libertad y mi furor no se derramará sobre Jerusalén por medio de Sisac.

8 Pero serán sus siervos para que aprendan *la diferencia entre* servirme a mí y servir a los reinos de los países.

9 Subió, pues, Sisac, rey de Egipto, contra Jerusalén y tomó los tesoros de la casa del Señor y los tesoros del palacio del rey. De todo se apoderó, tomó hasta los escudos de oro que había hecho Salomón.

10 Entonces el rey Roboam hizo en su lugar escudos de bronce, y los entregó al cuidado de los jefes de la guardia que custodiaban la entrada de la casa del rey.

11 Y sucedía que cuando el rey entraba en la casa del Señor, venían los de la guardia y los llevaban, y *después* los devolvían a la sala de los de la guardia.

12 Cuando él se humilló, la ira del Señor se apartó de él para no destruir*lo* totalmente; además las cosas mejoraron en Judá.

13 Se fortaleció, pues, el rey Roboam en Jerusalén, y reinó. Y Roboam *tenía* cuarenta y un años cuando comenzó a reinar, y reinó diecisiete años en Jerusalén, la ciudad que el Señor había escogido de entre todas las tribus de Israel para poner allí su nombre. Y el nombre de su madre *era* Naama, amonita.

14 Y él hizo lo malo porque no dispuso su corazón para buscar al Señor.

15 Los hechos de Roboam, los primeros y los postreros, ¿no están escritos en los libros del profeta Semaías y del vidente Iddo, conforme al registro genealógico? Y *hubo* guerras continuamente entre Roboam y Jeroboam.

16 Y durmió Roboam con sus padres, y fue sepultado en la ciudad de David; y su hijo Abías reinó en su lugar.

Reinado de Abías

13 En el año dieciocho del rey Jeroboam, Abías comenzó a reinar sobre Judá.

2 Reinó tres años en Jerusalén; y el nombre de su madre *era* Micaías, hija de Uriel, de Guibeá. Y hubo guerra entre Abías y Jeroboam.

3 Y Abías comenzó la batalla con un ejército de valientes guerreros, cuatrocientos mil hombres escogidos, mientras que Jeroboam se puso en orden de batalla contra él con ochocientos mil hombres escogidos, valientes y fuertes.

4 Entonces Abías se levantó en el monte Zemaraim que está en la región montañosa de Efraín, y dijo: Escuchadme, Jeroboam y todo Israel:

5 ¿No sabéis que el Señor, Dios de Israel, dio a David el reino sobre Israel para siempre, a él y a sus hijos con pacto de sal?

6 Pero Jeroboam, hijo de Nabat, siervo de Salomón, hijo de David, se alzó y se rebeló contra su señor,

7 y se juntaron con él hombres indignos y malvados que prevalecieron sobre Roboam, hijo de Salomón, cuando Roboam era joven y tímido, y no pudo prevalecer contra ellos.

8 Y ahora vosotros intentáis resistir al reinado del Señor que está en manos de los hijos de David, porque sois una gran multitud y *tenéis* con vosotros los becerros de oro que Jeroboam os hizo por dioses.

9 ¿No habéis echado fuera a los sacerdotes del Señor, los hijos de Aarón y los levitas, y os habéis hecho sacerdotes como los pueblos de *otras* tierras? Cualquiera que venga a consagrarse con un novillo y siete carneros, aun éste puede llegar a ser sacerdote de *los que* no *son* dioses.

10 Mas en cuanto a nosotros, el Señor es nuestro Dios y no le hemos abandonado; y los hijos de Aarón sirven al Señor como sacerdotes, y los levitas en *sus* funciones.

11 Y cada mañana y cada tarde queman holocaustos e incienso aromático al Señor; y el pan está colocado sobre la mesa limpia, y el candelabro de oro con sus lámparas para ser encendidas cada tarde; porque nosotros guardamos la ordenanza del Señor nuestro Dios, pero vosotros le habéis abandonado.

12 Y he aquí, Dios está con nosotros a la cabeza, y sus sacerdotes con las trompetas de aviso para tocar la alarma contra vosotros. ¡Oh hijos de Israel!, no luchéis contra el Señor, Dios de vuestros padres, porque nada lograréis.

13 Pero Jeroboam había puesto una emboscada

para llegar a ellos por detrás, de manera que *Israel* estaba frente a Judá, y la emboscada estaba detrás de éstos.

14 Cuando Judá se volvió, he aquí que eran atacados por delante y por detrás. Clamaron, pues, al SEÑOR, y los sacerdotes tocaron las trompetas.

15 Entonces los hombres de Judá lanzaron el grito de guerra; y sucedió que mientras los hombres de Judá lanzaban el grito de guerra, Dios hirió a Jeroboam y a todo Israel delante de Abías y de Judá.

16 Y huyeron los hijos de Israel delante de Judá, y Dios los entregó en sus manos.

17 Y Abías y su gente los derrotaron con una gran matanza; y cayeron muertos quinientos mil hombres escogidos de Israel.

18 Así los hijos de Israel fueron humillados en aquel tiempo, y los hijos de Judá prevalecieron porque se apoyaron en el SEÑOR, Dios de sus padres.

19 Y Abías persiguió a Jeroboam, y le tomó *varias* ciudades, Betel con sus aldeas, Jesana con sus aldeas y Efraín con sus aldeas.

20 Jeroboam no volvió a recuperar poder en los días de Abías; y el SEÑOR lo hirió, y murió.

21 Abías se hizo poderoso, y tomó para sí catorce mujeres; y engendró a veintidós hijos y dieciséis hijas.

22 Y los demás hechos de Abías, y sus caminos y sus palabras están escritos en la historia del profeta Iddo.

Reinado de Asa

14 Y Abías durmió con sus padres, y lo sepultaron en la ciudad de David, y su hijo Asa reinó en su lugar. Y el país estuvo en paz por diez años durante sus días.

2 Y Asa hizo lo bueno y lo recto ante los ojos del SEÑOR su Dios,

3 porque quitó los altares extranjeros y los lugares altos, destruyó los pilares *sagrados*, derribó las Aseras,

4 y ordenó a Judá que buscara al SEÑOR, Dios de sus padres y cumpliera la ley y el mandamiento.

5 También quitó los lugares altos y los altares de incienso de todas las ciudades de Judá. Y bajo él, el reino estuvo en paz.

6 Y edificó ciudades fortificadas en Judá, ya que el país estaba en paz y nadie estaba en guerra con él durante aquellos años, porque el SEÑOR le había dado tranquilidad.

7 Dijo, pues, a Judá: Edifiquemos estas ciudades y cerquémos*las* de murallas y torres, puertas y barras. La tierra es aún nuestra, porque hemos buscado al SEÑOR nuestro Dios; le hemos buscado, y El nos ha dado tranquilidad por todas partes. Edificaron, pues, y prosperaron.

8 Asa tenía un ejército de trescientos mil *hombres* de Judá que llevaban escudos grandes y lanzas, y doscientos ochenta mil de Benjamín que llevaban escudos y usaban arcos; todos ellos valientes guerreros.

9 Y salió contra ellos Zera el etíope con un ejército de un millón *de hombres* y trescientos carros, y vino hasta Maresa.

10 Y Asa salió a su encuentro, y se pusieron en orden de batalla en el valle de Sefata junto a Maresa.

11 Entonces Asa invocó al SEÑOR su Dios, y dijo: SEÑOR, no hay nadie más que tú para ayudar *en la batalla* entre el poderoso y los que no tienen fuerza; ayúdanos, oh SEÑOR Dios nuestro, porque en ti nos apoyamos y en tu nombre hemos venido contra esta multitud. Oh SEÑOR, tú eres nuestro Dios; que no prevalezca hombre alguno contra ti.

12 Y el SEÑOR derrotó a los etíopes delante de Asa y delante de Judá, y los etíopes huyeron.

13 Y Asa y el pueblo que *estaba* con él los persiguieron hasta Gerar; y cayeron tantos etíopes que no pudieron rehacerse, porque fueron destrozados delante del SEÑOR y delante de su ejército. Y recogieron muchísimo botín.

14 Destruyeron todas las ciudades alrededor de Gerar, porque el terror del SEÑOR había caído sobre ellos; y saquearon todas las ciudades pues había mucho botín en ellas.

15 También hirieron a los que poseían ganado, y se llevaron gran cantidad de ovejas y camellos. Entonces regresaron a Jerusalén.

Reformas religiosas de Asa

15 Y el Espíritu de Dios vino sobre Azarías, hijo de Oded,

2 y salió al encuentro de Asa y le dijo: Oídme, Asa y todo Judá y Benjamín: el SEÑOR estará con vosotros mientras vosotros estéis con El. Y si le buscáis, se dejará encontrar por vosotros; pero si le abandonáis, os abandonará.

3 Y por muchos días Israel estuvo sin el Dios verdadero, y sin sacerdote que enseñara, y sin ley.

4 Pero en su angustia se volvieron al SEÑOR, Dios de Israel, y le buscaron, y El se dejó encontrar por ellos.

5 Y en aquellos tiempos no había paz para el que salía ni para el que entraba, sino muchas tribulaciones sobre todos los habitantes de las tierras.

6 Y era destruida nación por nación, y ciudad por ciudad, porque Dios los afligió con toda clase de adversidades.

7 Mas vosotros, esforzaos y no desmayéis, porque hay recompensa por vuestra obra.

8 Y cuando Asa oyó estas palabras y la profecía del profeta Azarías, hijo de Oded, se animó y quitó los ídolos abominables de toda la tierra de Judá y de Benjamín, y de las ciudades que había conquistado en la región montañosa de Efraín. Entonces restauró el altar del SEÑOR que estaba delante del pórtico del SEÑOR.

9 Y reunió a todo Judá y Benjamín y a los de Efraín, Manasés y Simeón que residían con ellos, porque muchos de Israel se pasaron a él cuando vieron que el SEÑOR su Dios estaba con él.

10 Se reunieron, pues, en Jerusalén en el tercer mes del año quince del reinado de Asa.

11 Y aquel día sacrificaron al SEÑOR setecientos bueyes y siete mil ovejas del botín que habían traído.

12 E hicieron pacto para buscar al SEÑOR, Dios de sus padres, con todo su corazón y con toda su alma;

13 y que todo el que no buscara al SEÑOR, Dios de Israel, moriría, ya fuera pequeño o grande, hombre o mujer.

14 Además, *lo* juraron al Señor con gran voz, con gritos, con trompetas y con cuernos.

15 Y todo Judá se alegró en cuanto al juramento, porque habían jurado de todo corazón y le habían buscado sinceramente, y El se dejó encontrar por ellos. Y el Señor les dio tranquilidad por todas partes.

16 Y él también depuso a Maaca, su madre, de ser reina madre, porque ella había hecho una horrible imagen de Asera, y Asa derribó la horrible imagen, *la* hizo pedazos y *la* quemó junto al torrente Cedrón.

17 Pero los lugares altos no fueron quitados de Israel; sin embargo, el corazón de Asa fue intachable todos sus días.

18 Y trajo a la casa de Dios las cosas consagradas por su padre y sus propias cosas consagradas: plata, oro y utensilios.

19 Y no hubo más guerra hasta el año treinta y cinco del reinado de Asa.

Guerra entre Asa y Baasa

16 En el año treinta y seis del reinado de Asa, subió Baasa, rey de Israel, contra Judá y fortificó Ramá para prevenir *que nadie* saliera o entrara *en ayuda* de Asa, rey de Judá.

2 Entonces Asa sacó plata y oro de los tesoros de la casa del Señor y de la casa del rey, y los envió a Ben-adad, rey de Aram, que habitaba en Damasco, diciendo:

3 *Haya* alianza entre tú y yo, *como hubo* entre mi padre y tu padre. He aquí, te he enviado plata y oro; ve, rompe tu alianza con Baasa, rey de Israel, para que se aparte de mí.

4 Y escuchó Ben-adad al rey Asa y envió a los jefes de sus ejércitos contra las ciudades de Israel, y conquistaron Ijón, Dan, Bel-maim y todas las ciudades de almacenaje de Neftalí.

5 Y sucedió que cuando Baasa *lo* oyó, dejó de fortificar Ramá, y abandonó su obra.

6 Entonces el rey Asa trajo a todo Judá, y se llevaron las piedras de Ramá y la madera con que Baasa había estado edificando, y con ellas fortificó Geba y Mizpa.

7 En aquel tiempo el vidente Hananí vino a Asa, rey de Judá, y le dijo: Por cuanto te has apoyado en el rey de Aram y no te has apoyado en el Señor tu Dios, por eso el ejército del rey de Aram ha escapado de tu mano.

8 ¿No eran los etíopes y los libios un ejército numeroso con muchísimos carros y hombres de a caballo? Sin embargo, porque te apoyaste en el Señor, El los entregó en tu mano.

9 Porque los ojos del Señor recorren toda la tierra para fortalecer a aquellos cuyo corazón es completamente suyo. Tú has obrado neciamente en esto. Ciertamente, desde ahora habrá guerras contra ti.

10 Entonces Asa se irritó contra el vidente y lo metió en la cárcel, porque *estaba* enojado contra él por esto. Y por ese tiempo, Asa oprimió a algunos del pueblo.

11 Los hechos de Asa, los primeros y los postreros, he aquí, están escritos en el libro de los reyes de Judá y de Israel.

12 En el año treinta y nueve de su reinado, Asa se enfermó de los pies. Su enfermedad era grave, pero aun en su enfermedad no buscó al Señor, sino a los médicos.

13 Y Asa durmió con sus padres. Murió el año cuarenta y uno de su reinado.

14 Y lo sepultaron en el sepulcro que él había excavado para sí en la ciudad de David, y lo pusieron sobre el lecho que él había llenado de especias de varias clases, mezcladas según el arte de los perfumistas; y le encendieron una hoguera muy grande.

Reinado de Josafat

17 Entonces su hijo Josafat reinó en su lugar, y afirmó su dominio sobre Israel.

2 Puso tropas en todas las ciudades fortificadas de Judá, y puso guarniciones en la tierra de Judá y en las ciudades de Efraín que su padre Asa había tomado.

3 Y el Señor estuvo con Josafat porque anduvo en los primeros caminos de su padre David y no buscó a los baales,

4 sino que buscó al Dios de su padre, anduvo en sus mandamientos y no hizo como Israel.

5 El Señor, pues, afirmó el reino bajo su mano; y todo Judá trajo tributo a Josafat, y tuvo grandes riquezas y honores.

6 Y su corazón se entusiasmó en los caminos del Señor, y además quitó de Judá los lugares altos y las Aseras.

7 En el año tercero de su reinado envió a sus oficiales Ben-hail, Abdías, Zacarías, Natanael y Micaías, para que enseñaran en las ciudades de Judá;

8 y con ellos a los levitas Semaías, Netanías, Zebadías, Asael, Semiramot, Jonatán, Adonías, Tobías y Tobadonías, levitas *todos;* y con éstos a los sacerdotes Elisama y Joram.

9 Ellos enseñaron en Judá, teniendo consigo el libro de la ley del Señor; y recorrieron todas las ciudades de Judá y enseñaron al pueblo.

10 Y el terror del Señor vino sobre todos los reinos de las tierras que *estaban* alrededor de Judá, y no hicieron guerra contra Josafat.

11 Y algunos de los filisteos trajeron presentes y plata como tributo a Josafat; también los árabes le trajeron rebaños: siete mil setecientos carneros y siete mil setecientos machos cabríos.

12 Josafat se engrandecía más y más, y edificó fortalezas y ciudades de almacenaje en Judá.

13 Y tenía muchas provisiones en las ciudades de Judá, y hombres de guerra, valientes guerreros, en Jerusalén.

14 Este era su número según sus casas paternas: de Judá, de los jefes de millares, Adnas *era* el jefe, y con él trescientos mil valientes guerreros;

15 después de él *estaba* el jefe Johanán, y con él doscientos ochenta mil;

16 y tras éste, Amasías, hijo de Zicri, que se ofreció voluntariamente al Señor, y con él doscientos mil valientes guerreros;

17 y de Benjamín, Eliada, un valiente guerrero, y con él doscientos mil armados de arco y escudo;

18 y después de éste, Jozabad, y con él ciento ochenta mil armados para la guerra.

19 Estos son los que sirvieron al rey, sin contar los que el rey puso en las ciudades fortificadas por todo Judá.

Profecía de Micaías contra Acab

18 Josafat tenía grandes riquezas y gloria; se emparentó con Acab,

2 y algunos años después descendió a Samaria *para visitar* a Acab. Y Acab mató muchas ovejas y bueyes para él y para el pueblo que *estaba* con él, y lo persuadió a que subiera contra Ramot de Galaad.

3 Y Acab, rey de Israel, dijo a Josafat, rey de Judá: ¿Irás conmigo *contra* Ramot de Galaad? Y él le respondió: Yo soy como tú, y tu pueblo como mi pueblo; *estaremos* contigo en la batalla.

4 Dijo además Josafat al rey de Israel: Te ruego que primero consultes la palabra del Señor.

5 Entonces el rey de Israel reunió a los profetas, cuatrocientos hombres, y les dijo: ¿Iremos a pelear contra Ramot de Galaad, o debo desistir? Y ellos dijeron: Sube, porque Dios *la* entregará en mano del rey.

6 Pero Josafat dijo: ¿No queda aún aquí *algún* profeta del Señor para que le consultemos?

7 Y el rey de Israel dijo a Josafat: Todavía queda un hombre por medio de quien podemos consultar al Señor, pero lo aborrezco, porque nunca profetiza lo bueno en cuanto a mí, sino siempre lo malo. Es Micaías, hijo de Imla. Pero Josafat dijo: No hable el rey así.

8 Entonces el rey de Israel llamó a un oficial, y *le* dijo: Trae pronto a Micaías, hijo de Imla.

9 El rey de Israel y Josafat, rey de Judá, estaban sentados cada uno en su trono, vestidos con *sus* mantos, en la era a la entrada de la puerta de Samaria; y todos los profetas estaban profetizando delante de ellos.

10 Y Sedequías, hijo de Quenaana, se había hecho cuernos de hierro y decía: Así dice el Señor: "Con éstos acornearás a los arameos hasta acabarlos."

11 Y todos los profetas profetizaban así, diciendo: Sube a Ramot de Galaad y tendrás éxito, pues el Señor *la* entregará en manos del rey.

12 Y el mensajero que fue a llamar a Micaías le habló, diciendo: He aquí, las palabras de los profetas son unánimes en favor del rey. Por esto te ruego que tu palabra sea como la de uno de ellos, y hables favorablemente.

13 Pero Micaías dijo: Vive el Señor, que lo que mi Dios *me* diga, eso hablaré.

14 Y cuando llegó al rey, el rey le dijo: Micaías, ¿iremos a Ramot de Galaad a pelear, o debo desistir? El respondió: Sube y tendrás éxito, porque serán entregados en tu mano.

15 Entonces el rey le dijo: ¿Cuántas veces he de tomarte juramento de que no me digas más que la verdad en el nombre del Señor?

16 Y él respondió:
Vi a todo Israel
esparcido por los montes,
como ovejas sin pastor;
y el Señor dijo:
"Estos no tienen señor;
que cada uno vuelva a su casa en paz."

17 Y el rey de Israel dijo a Josafat: ¿No te dije que no profetizaría lo bueno acerca de mí, sino lo malo?

18 Respondió *Micaías:* Por tanto, escuchad la palabra del Señor. Yo vi al Señor sentado en su trono, y todo el ejército de los cielos estaba a su derecha y a su izquierda.

19 Y el Señor dijo: "¿Quién inducirá a Acab, rey de Israel, para que suba y caiga en Ramot de Galaad?" Y uno decía de una manera, y otro de otra.

20 Entonces se adelantó un espíritu y se puso delante del Señor, y dijo: "Yo le induciré." Y el Señor le dijo: "¿Cómo?"

21 Y él respondió: "Saldré y seré un espíritu de mentira en boca de todos sus profetas." Entonces El dijo: "*Le* inducirás y también prevalecerás. Ve y *hazlo* así."

22 Y ahora, he aquí, el Señor ha puesto un espíritu de mentira en boca de estos tus profetas, pues el Señor ha decretado el mal contra ti.

23 Entonces se acercó Sedequías, hijo de Quenaana, y golpeó a Micaías en la mejilla, y dijo: ¿Cómo pasó el Espíritu del Señor de mí para hablarte a ti?

24 Respondió Micaías: He aquí, tú *lo* verás aquél día en que entres en un aposento interior para esconderte.

25 Y el rey de Israel dijo: Tomad a Micaías y devolvedlo a Amón, gobernador de la ciudad, y a Joás, hijo del rey;

26 y decid: "Así dice el rey: 'Echad a éste en la cárcel, y alimentadlo con poco pan y poca agua hasta que yo vuelva en paz.'"

27 Y Micaías dijo: Si en verdad vuelves en paz, el Señor no ha hablado por mí. Y *añadió:* Oíd, pueblos todos.

28 Y subió el rey de Israel con Josafat, rey de Judá, contra Ramot de Galaad.

29 Y el rey de Israel dijo a Josafat: Yo me disfrazaré para entrar en la batalla, pero tú ponte tus ropas *reales.* Y el rey de Israel se disfrazó y entraron en la batalla.

30 Pero el rey de Aram había ordenado a los capitanes de sus carros, diciendo: No peleéis contra chico ni contra grande, sino sólo contra el rey de Israel.

31 Y sucedió que cuando los capitanes de los carros vieron a Josafat, dijeron: Este es el rey de Israel; y se desviaron para pelear contra él. Pero Josafat clamó, y el Señor vino en su ayuda, y Dios los apartó de él,

32 pues al ver los capitanes de los carros que no era el rey de Israel, dejaron de perseguirlo.

33 Y un hombre disparó su arco al azar e hirió al rey de Israel por entre la juntura de la armadura. Y él dijo al cochero: Da la vuelta y sácame de la batalla pues estoy gravemente herido.

34 Pero la batalla arreció aquel día, y el rey de Israel fue sostenido en el carro frente a los arameos hasta la tarde; y murió al ponerse el sol.

Josafat y los jueces

19 Entonces Josafat, rey de Judá, regresó en paz a su casa en Jerusalén.

2 Y salió a su encuentro el vidente Jehú, hijo de Hananí, y dijo al rey Josafat: ¿Vas a ayudar al impío y amar a los que odian al Señor, y con esto *traer* sobre ti la ira del Señor?

3 Sin embargo, se han hallado en ti cosas buenas, porque has quitado las Aseras de la tierra y has dispuesto tu corazón para buscar a Dios.

4 Y habitó Josafat en Jerusalén, y volvió a salir por entre el pueblo, desde Beerseba hasta la región montañosa de Efraín, y los hizo volver al Señor, Dios de sus padres.

5 Puso jueces en el país en todas las ciudades fortificadas de Judá, ciudad por ciudad,

6 y dijo a los jueces: Mirad lo que hacéis, pues no juzgáis en lugar de los hombres, sino en lugar del SEÑOR que está con vosotros cuando hacéis justicia.

7 Ahora pues, que el temor del SEÑOR esté sobre vosotros; tened cuidado en lo que hacéis, porque con el SEÑOR nuestro Dios no hay injusticia ni acepción de personas ni soborno.

8 También en Jerusalén Josafat puso *algunos* de los levitas y de los sacerdotes y *algunos* de los jefes de las familias de Israel, para el juicio del SEÑOR y para juzgar querellas entre los habitantes de Jerusalén.

9 Y les dio órdenes, diciendo: Así haréis en el temor del SEÑOR, con fidelidad y de todo corazón.

10 Cuando llegue a vosotros cualquier querella de vuestros hermanos que habitan en sus ciudades, entre sangre y sangre, entre ley y mandamiento, estatutos y ordenanzas, vosotros los amonestaréis para que no sean culpables delante del SEÑOR, y la ira *no* venga sobre vosotros ni sobre vuestros hermanos. Así haréis y no seréis culpables.

11 Y he aquí, Amarías, el sumo sacerdote, presidirá sobre vosotros en todos los asuntos del SEÑOR, y Zebadías, hijo de Ismael, jefe de la casa de Judá, en todos los asuntos del rey. También los levitas serán oficiales delante de vosotros. Sed valientes y obrad, y sea el SEÑOR con el bueno.

Victorias de Josafat

20 Y aconteció después de esto, que los hijos de Moab y los hijos de Amón, y con ellos *algunos* de los meunitas, vinieron a pelear contra Josafat.

2 Entonces vinieron algunos y dieron aviso a Josafat, diciendo: Viene contra ti una gran multitud de más allá del mar, de Aram y, he aquí, están en Hazezón-tamar, es decir, En-gadi.

3 Y Josafat tuvo miedo y se dispuso a buscar al SEÑOR, y proclamó ayuno en todo Judá.

4 Y se reunió Judá para buscar *ayuda* del SEÑOR; aun de todas las ciudades de Judá vinieron para buscar al SEÑOR.

5 Entonces Josafat se puso en pie en la asamblea de Judá y de Jerusalén, en la casa del SEÑOR, delante del atrio nuevo,

6 y dijo: Oh SEÑOR, Dios de nuestros padres, ¿no eres tú Dios en los cielos? ¿Y no gobiernas tú sobre todos los reinos de las naciones? En tu mano hay poder y fortaleza y no hay quien pueda resistirte.

7 ¿No fuiste tú, oh Dios nuestro, el que echaste a los habitantes de esta tierra delante de tu pueblo Israel, y la diste para siempre a la descendencia de tu amigo Abraham?

8 Y han habitado en ella, y allí te han edificado un santuario a tu nombre, diciendo:

9 "Si viene mal sobre nosotros, espada, juicio, pestilencia o hambre, nos presentaremos delante de esta casa y delante de ti (porque tu nombre está en esta casa), y clamaremos a ti en nuestra angustia, y tú oirás y *nos* salvarás."

10 Y ahora, he aquí, los hijos de Amón y de Moab y del monte Seir, a quienes no permitiste que Israel invadiera cuando salió de la tierra de Egipto (por lo cual se apartaron de ellos y no los destruyeron),

11 mira *cómo* nos pagan, viniendo a echarnos de tu posesión, la que nos diste en heredad.

12 Oh Dios nuestro, ¿no los juzgarás? Porque no tenemos fuerza alguna delante de esta gran multitud que viene contra nosotros, y no sabemos qué hacer; pero nuestros ojos están vueltos hacia ti.

13 Y todo Judá estaba de pie delante del SEÑOR, con sus niños, sus mujeres y sus hijos.

14 Entonces el Espíritu del SEÑOR vino en medio de la asamblea sobre Jahaziel, hijo de Zacarías, hijo de Benaía, hijo de Jeiel, hijo de Matanías, levita de los hijos de Asaf,

15 y dijo: Prestad atención, todo Judá, habitantes de Jerusalén y *tú*, rey Josafat: así os dice el SEÑOR: "No temáis, ni os acobardéis delante de esta gran multitud, porque la batalla no es vuestra, sino de Dios.

16 "Descended mañana contra ellos. He aquí ellos subirán por la cuesta de Sis, y los hallaréis en el extremo del valle, frente al desierto de Jeruel.

17 "No *necesitáis* pelear en esta *batalla*; apostaos y estad quietos, y ved la salvación del SEÑOR con vosotros, oh Judá y Jerusalén." No temáis ni os acobardéis; salid mañana al encuentro de ellos porque el SEÑOR está con vosotros.

18 Y Josafat se inclinó rostro en tierra, y todo Judá y los habitantes de Jerusalén se postraron delante del SEÑOR, adorando al SEÑOR.

19 Y se levantaron los levitas, de los hijos de Coat y de los hijos de Coré, para alabar al SEÑOR, Dios de Israel, en voz muy alta.

20 Se levantaron muy de mañana y salieron al desierto de Tecoa; y cuando salían, Josafat se puso en pie y dijo: Oídme, Judá y habitantes de Jerusalén, confiad en el SEÑOR vuestro Dios, y estaréis seguros. Confiad en sus profetas y triunfaréis.

21 Y habiendo consultado con el pueblo, designó a algunos que cantaran al SEÑOR y a algunos que *le* alabaran en vestiduras santas, conforme salían delante del ejército y que dijeran: Dad gracias al SEÑOR, porque para siempre es su misericordia.

22 Y cuando comenzaron a entonar cánticos y alabanzas, el SEÑOR puso emboscadas contra los hijos de Amón, de Moab y del monte Seir, que habían venido contra Judá, y fueron derrotados.

23 Porque los hijos de Amón y de Moab se levantaron contra los habitantes del monte Seir destruyéndo*los* completamente, y cuando habían acabado con los habitantes de Seir, cada uno ayudó a destruir a su compañero.

24 Cuando Judá llegó a la atalaya del desierto, miraron hacia la multitud, y he aquí, *sólo había* cadáveres tendidos por tierra, ninguno había escapado.

25 Al llegar Josafat y su pueblo para recoger el botín, hallaron mucho entre ellos, incluyendo mercaderías, vestidos y objetos preciosos que tomaron para sí, más de los que podían llevar. Y estuvieron tres días recogiendo el botín, pues había mucho.

26 Al cuarto día se reunieron en el valle de Beraca; porque allí bendijeron al SEÑOR. Por tanto llamaron aquel lugar el Valle de Beraca hasta hoy.

27 Y todos los hombres de Judá y de Jerusalén regresaron, con Josafat al frente de ellos, regresando a Jerusalén con alegría, porque el Señor les había hecho regocijarse sobre sus enemigos.

28 Entraron en Jerusalén, en la casa del Señor, con arpas, liras y trompetas.

29 Y vino el terror de Dios sobre todos los reinos de aquellas tierras cuando oyeron que el Señor había peleado contra los enemigos de Israel.

30 El reino de Josafat estuvo en paz, porque su Dios le dio tranquilidad por todas partes.

31 Y reinó Josafat sobre Judá. Tenía treinta y cinco años cuando comenzó a reinar, y reinó veinticinco años en Jerusalén. Y el nombre de su madre *era* Azuba, hija de Silhi.

32 Y anduvo en el camino de su padre Asa, y no se apartó de él, haciendo lo recto ante los ojos del Señor.

33 Sin embargo, los lugares altos no fueron quitados, pues el pueblo no había vuelto aún su corazón al Dios de sus padres.

34 Los demás hechos de Josafat, los primeros y los postreros, he aquí, están escritos en los anales de Jehú, hijo de Hananí, que están mencionados en el libro de los reyes de Israel.

35 Después de esto Josafat, rey de Judá, se alió con Ocozías, rey de Israel. Al hacer esto obró impíamente.

36 Y se alió con él para hacer naves que fueran a Tarsis, y construyeron las naves en Ezión-geber.

37 Entonces Eliezer, hijo de Dodava de Maresa, profetizó contra Josafat, diciendo: Por cuanto te has aliado con Ocozías, el Señor ha destruido tus obras. Y las naves fueron destruidas y no pudieron ir a Tarsis.

Reinado de Joram

21 Y Josafat durmió con sus padres, y fue sepultado con sus padres en la ciudad de David, y su hijo Joram reinó en su lugar.

2 Y tuvo hermanos, los hijos de Josafat: Azarías, Jehiel, Zacarías, Azaryahu, Micael y Sefatías. Todos estos *eran* hijos de Josafat, rey de Israel.

3 Su padre les había dado muchos presentes de plata, oro y cosas preciosas, y ciudades fortificadas en Judá, pero dio el reino a Joram porque era el primogénito.

4 Cuando Joram tomó posesión del reino de su padre y se hizo fuerte, mató a espada a todos sus hermanos, y también *a algunos* de los jefes de Israel.

5 Joram *tenía* treinta y dos años cuando comenzó a reinar, y reinó ocho años en Jerusalén.

6 Y anduvo en el camino de los reyes de Israel, tal como había hecho la casa de Acab (pues la hija de Acab era su mujer), e hizo lo malo ante los ojos del Señor.

7 Sin embargo el Señor no quiso destruir la casa de David a causa del pacto que había hecho con David, y porque le había prometido darle una lámpara a él y a sus hijos para siempre.

8 En sus días se rebeló Edom contra el dominio de Judá, y pusieron rey sobre ellos.

9 Entonces pasó Joram con sus jefes, y todos sus carros con él. Y aconteció que se levantó de noche y atacó a los edomitas que los tenían cercado a él y a los jefes de los carros.

10 Y Edom se rebeló contra el dominio de Judá hasta el día de hoy. Entonces Libna se rebeló en ese mismo tiempo contra su dominio, porque él había abandonado al Señor, Dios de sus padres.

11 Hizo además lugares altos en los montes de Judá, haciendo que los habitantes de Jerusalén se prostituyeran y que Judá se desviara.

12 Y le llegó una carta del profeta Elías, que decía: Así dice el Señor, Dios de tu padre David: "Por cuanto no has andado en los caminos de Josafat tu padre, ni en los caminos de Asa, rey de Judá,

13 sino que has andado en el camino de los reyes de Israel, y has hecho que Judá y los habitantes de Israel se hayan prostituido como se prostituyó la casa de Acab, y también has matado a tus hermanos, tu propia familia, que eran mejores que tú,

14 he aquí, el Señor herirá con gran azote a tu pueblo, a tus hijos, a tus mujeres y a todas tus posesiones;

15 y tú sufrirás una grave enfermedad, una enfermedad de los intestinos, hasta que día tras día se te salgan a causa de la enfermedad."

16 Entonces el Señor incitó contra Joram el espíritu de los filisteos y de los árabes que eran vecinos de los etíopes;

17 y subieron contra Judá y la invadieron, y se llevaron todas las posesiones que se hallaban en la casa del rey, y también a sus hijos y a sus mujeres, de modo que no le quedó más hijo que Joacaz, el menor de sus hijos.

18 Después de todo esto, el Señor lo hirió en los intestinos con una enfermedad incurable.

19 Y aconteció que con el correr del tiempo, al cabo de dos años, los intestinos se le salieron a causa de su enfermedad, y murió con grandes dolores. Y su pueblo no le encendió una hoguera como la hoguera *que habían encendido* por sus padres.

20 Tenía treinta y dos años cuando comenzó a reinar, y reinó ocho años en Jerusalén; y murió sin que nadie lo lamentara, y lo sepultaron en la ciudad de David, pero no en los sepulcros de los reyes.

Reinado de Ocozías

22 Entonces los habitantes de Jerusalén hicieron rey en su lugar a Ocozías, su hijo menor, porque la banda de hombres que vinieron con los árabes al campamento había matado a todos los *hijos* mayores. Por lo cual Ocozías, hijo de Joram, rey de Judá, comenzó a reinar.

2 Ocozías *tenía* veintidós años cuando comenzó a reinar, y reinó un año en Jerusalén. El nombre de su madre *era* Atalía, nieta de Omri.

3 El también anduvo en los caminos de la casa de Acab, porque su madre fue su consejera para que hiciera lo malo.

4 E hizo lo malo ante los ojos del Señor, como *había hecho* la casa de Acab, porque después de la muerte de su padre ellos fueron sus consejeros para perdición suya.

5 Anduvo también conforme al consejo de ellos, y fue con Joram, hijo de Acab, rey de Israel, a hacer guerra contra Hazael, rey de Aram, en Ramot de Galaad. Los arameos hirieron a Joram,

6 y *éste* volvió a Jezreel para ser curado de las

heridas que le habían hecho en Ramot, cuando peleó contra Hazael, rey de Aram. Entonces Ocozías, hijo de Joram, rey de Judá, descendió a visitar a Joram, hijo de Acab, en Jezreel, porque estaba enfermo.

7 La destrucción de Ocozías vino de Dios, por ir a *visitar* a Joram. Pues cuando llegó, salió con Joram contra Jehú, hijo de Nimsi, a quien el SEÑOR había ungido para exterminar la casa de Acab.

8 Y sucedió que cuando Jehú estaba ejecutando justicia contra la casa de Acab, encontró a los príncipes de Judá y a los hijos de los hermanos de Ocozías sirviendo a Ocozías, y los mató.

9 También buscó a Ocozías, y lo prendieron cuando estaba escondido en Samaria; lo llevaron a Jehú y lo mataron, pero le dieron sepultura, pues decían: Es hijo de Josafat, que buscó al SEÑOR con todo su corazón. Y no quedó nadie de la casa de Ocozías para retener el poder del reino.

10 Cuando Atalía, madre de Ocozías, vio que su hijo había muerto, se levantó y exterminó toda la descendencia real de la casa de Judá.

11 Pero Josabet, hija del rey, tomó a Joás, hijo de Ocozías, y lo sacó furtivamente de entre los hijos del rey a quienes estaban dando muerte, y lo puso a él y a su nodriza en la alcoba. Así Josabet, hija del rey Joram, mujer del sacerdote Joiada (pues era hermana de Ocozías), lo escondió de Atalía para que no le diera muerte.

12 Y estuvo escondido con ellos en la casa de Dios seis años, mientras Atalía reinaba en el país.

Coronación de Joás

23 En el séptimo año Joiada cobró ánimo, y tomó a capitanes de centenas: Azarías, hijo de Jeroham, Ismael, hijo de Johanán, Azarías, hijo de Obed, Maasías, hijo de Adaía, y Elisafat, hijo de Zicri, *los cuales hicieron* pacto con él.

2 Y recorrieron Judá y reunieron a los levitas de todas las ciudades de Judá y a los jefes de las *casas* paternas de Israel, y vinieron a Jerusalén.

3 Entonces toda la asamblea hizo pacto con el rey en la casa de Dios. Y *Joiada* les dijo: He aquí, el hijo del rey reinará, como el SEÑOR ha hablado respecto a los hijos de David.

4 Esto es lo que haréis: una tercera parte de vosotros, de los sacerdotes y los levitas que entran en el día de reposo *estarán de* porteros;

5 otra tercera parte *estará* en la casa del rey, y otra tercera parte en la puerta del Cimiento; y todo el pueblo *estará* en los atrios de la casa del SEÑOR.

6 Pero que nadie entre en la casa del SEÑOR sino los sacerdotes y los levitas que ministran; éstos pueden entrar porque son santos. Y que todo el pueblo guarde el precepto del SEÑOR.

7 Los levitas rodearán al rey, cada uno con sus armas en la mano; y cualquiera que entre en la casa será muerto. Estaréis con el rey cuando entre y cuando salga.

8 Y los levitas y todo Judá hicieron conforme a todo lo que había ordenado el sacerdote Joiada. Cada uno de ellos tomó sus hombres, junto con los que habían de entrar en el día de reposo, junto con los que habían de salir el día de reposo, porque el sacerdote Joiada no despidió a *ninguno* de los grupos.

9 Entonces el sacerdote Joiada dio a los capitanes de cientos las lanzas y los escudos grandes y pequeños que *habían sido* del rey David, que *estaban* en la casa de Dios.

10 Y colocó a todo el pueblo, cada hombre con su arma en la mano, desde el lado derecho de la casa hasta el lado izquierdo de la misma, junto al altar y junto a la casa, alrededor del rey.

11 Entonces sacaron al hijo del rey y le pusieron la corona, *le dieron el libro* del testimonio y lo proclamaron rey. Y Joiada y sus hijos lo ungieron, y gritaron: ¡Viva el rey!

12 Al oír Atalía el estruendo del pueblo que corría y alababa al rey, se llegó al pueblo en la casa del SEÑOR,

13 y miró, y he aquí, el rey estaba de pie junto a su columna a la entrada, y los capitanes y los trompetas *estaban* junto al rey. Y todo el pueblo del país se regocijaba y tocaba trompetas, y los cantores con *sus* instrumentos de música dirigían la alabanza. Entonces Atalía rasgó sus vestidos, y gritó: ¡Traición! ¡Traición!

14 Pero el sacerdote Joiada sacó a los capitanes de centenas que estaban al mando del ejército, y les dijo: Sacadla de entre las filas; y al que la siga, matadlo a espada. Porque el sacerdote había dicho: No la matéis en la casa del SEÑOR.

15 Y le echaron mano, y cuando ella llegó a la entrada de la puerta de los Caballos de la casa del rey, allí la mataron.

16 Entonces Joiada hizo un pacto entre todo el pueblo y el rey, de que ellos serían el pueblo del SEÑOR.

17 Y todo el pueblo fue a la casa de Baal y la derribaron, hicieron pedazos sus altares y sus imágenes y mataron delante de los altares a Matán, sacerdote de Baal.

18 Además Joiada puso los oficios de la casa del SEÑOR bajo la autoridad de los sacerdotes levitas, a quienes David había designado sobre la casa del SEÑOR para ofrecer los holocaustos del SEÑOR, como está escrito en la ley de Moisés, con alegría y con cánticos conforme a la disposición de David.

19 Colocó porteros junto a las puertas de la casa del SEÑOR, de modo que no entrara ninguno *que* por alguna causa *estuviera* inmundo.

20 Tomó a los capitanes de cientos, a los nobles, a los gobernantes del pueblo y a todo el pueblo del país, e hizo descender al rey de la casa del SEÑOR, y entraron por la puerta superior a la casa del rey. Y sentaron al rey sobre el trono real.

21 Y todo el pueblo del país se regocijó, y la ciudad quedó tranquila, porque Atalía había sido muerta a espada.

Reinado de Joás

24 Joás *tenía* siete años cuando comenzó a reinar, y reinó cuarenta años en Jerusalén. El nombre de su madre *era* Sibia de Beerseba.

2 Y Joás hizo lo recto ante los ojos del SEÑOR todos los días del sacerdote Joiada.

3 Y Joiada escogió dos mujeres para el rey, y *éste* engendró hijos e hijas.

4 Y sucedió después de esto que Joás decidió restaurar la casa del SEÑOR.

5 Reunió, pues, a los sacerdotes y a los levitas,

y les dijo: Salid a las ciudades de Judá, y recoged dinero de todo Israel para reparar anualmente la casa de vuestro Dios; y daos prisa en esto, pero los levitas no se apresuraron.

6 Entonces el rey llamó al sumo *sacerdote* Joiada, y le dijo: ¿Por qué no has exigido a los levitas que traigan de Judá y de Jerusalén la contribución que Moisés, siervo del SEÑOR, *impuso* sobre la congregación de Israel para la tienda del testimonio?

7 Porque los hijos de la perversa Atalía habían forzado la entrada a la casa de Dios y aun habían usado para los baales las cosas sagradas de la casa del SEÑOR.

8 Entonces el rey, mandó que hicieran un arca y la colocaron afuera, junto a la puerta de la casa del SEÑOR.

9 Y proclamaron en Judá y en Jerusalén que trajeran al SEÑOR la contribución que Moisés, siervo de Dios, *impuso* sobre Israel en el desierto.

10 Todos los oficiales y todo el pueblo se regocijaron y trajeron sus contribuciones y *las* echaron en el arca hasta llenarla.

11 Y sucedía que siempre que el arca era traída al oficial del rey por los levitas, y cuando veían que había mucho dinero, entonces el escriba del rey y el oficial del sumo sacerdote venían, vaciaban el arca, la tomaban y la volvían a su lugar. Así hacían diariamente y recogían mucho dinero.

12 Y el rey y Joiada lo daban a los que hacían la obra del servicio de la casa del SEÑOR; y contrataron canteros y carpinteros para reparar la casa del SEÑOR, y también artífices en hierro y bronce para reparar la casa del SEÑOR.

13 Los obreros trabajaron, y el trabajo de reparación progresó en sus manos, y restauraron la casa de Dios conforme a sus planos y la reforzaron.

14 Cuando terminaron, trajeron el resto del dinero delante del rey y de Joiada; lo convirtieron en utensilios para la casa del SEÑOR, utensilios para el ministerio y para el holocausto, y recipientes y utensilios de oro y de plata. Y todos los días de Joiada ofrecieron holocaustos en la casa del SEÑOR continuamente.

15 Envejeció Joiada y a una edad muy avanzada murió; *tenía* ciento treinta años cuando murió.

16 Y lo sepultaron en la ciudad de David con los reyes, porque había hecho bien en Israel, y a Dios y a su templo.

17 Pero después de la muerte de Joiada vinieron los oficiales de Judá y se inclinaron ante el rey, y el rey los escuchó.

18 Y abandonaron la casa del SEÑOR, el Dios de sus padres, y sirvieron a las Aseras y a los ídolos; entonces vino la ira *de Dios* sobre Judá y Jerusalén a causa de esta culpa suya.

19 No obstante, El les envió profetas para hacerlos volver al SEÑOR; y aunque *éstos* dieron testimonio contra ellos, ellos no escucharon.

20 Entonces el Espíritu de Dios vino sobre Zacarías, hijo del sacerdote Joiada; y él se puso en pie, *en un lugar* más alto que el pueblo, y les dijo: Así ha dicho Dios: "¿Por qué quebrantáis los mandamientos del SEÑOR y no prosperáis? Por haber abandonado al SEÑOR, El también os ha abandonado."

21 Mas ellos conspiraron contra él, y por orden del rey lo mataron a pedradas en el atrio de la casa del SEÑOR.

22 No se acordó el rey Joás de la bondad que Joiada, padre de Zacarías, le había mostrado, sino que asesinó a su hijo. Y *éste* al morir dijo: Que *lo* vea el SEÑOR y tome venganza.

23 Y aconteció que a la vuelta del año, el ejército de los arameos subió contra él, y vinieron a Judá y a Jerusalén, destruyeron de entre la población a todos los oficiales del pueblo, y enviaron todo el botín al rey de Damasco.

24 Ciertamente, el ejército de los arameos vino con pocos hombres; sin embargo, el SEÑOR entregó a un ejército muy grande en sus manos, porque habían abandonado al SEÑOR, Dios de sus padres. Así ejecutaron juicio contra Joás.

25 Y cuando ellos se alejaron de él (dejándolo muy herido), sus mismos siervos conspiraron contra él a causa de la sangre del hijo del sacerdote Joiada, y lo mataron en su cama. Y murió, y lo sepultaron en la ciudad de David, pero no lo sepultaron en los sepulcros de los reyes.

26 Estos son los que conspiraron contra él: Zabad, hijo de Simeat la amonita, y Jozabad, hijo de Simrit la moabita.

27 En cuanto a sus hijos, los muchos oráculos contra él y la restauración de la casa de Dios, he aquí, están escritos en la historia del libro de los reyes. Entonces su hijo Amasías reinó en su lugar.

Reinado de Amasías

25 Amasías *tenía* veinticinco años cuando comenzó a reinar, y reinó veintinueve años en Jerusalén. El nombre de su madre *era* Joadán, de Jerusalén.

2 E hizo lo recto ante los ojos del SEÑOR, aunque no de todo corazón.

3 Y sucedió que una vez afianzado el reino en su mano, mató a los siervos suyos que habían asesinado al rey su padre.

4 Pero a sus hijos no les dio muerte, sino que *hizo* conforme a lo que está escrito en la ley en el libro de Moisés, tal como el SEÑOR ordenó, diciendo: No se dará muerte a los padres por los hijos, ni se dará muerte a los hijos por los padres, sino que a cada uno se le dará muerte por su propio pecado.

5 Además, Amasías reunió a Judá, y conforme a *sus* casas paternas los puso bajo jefes de miles y jefes de cientos por todo Judá y Benjamín; e hizo un censo de los de veinte años arriba, y halló trescientos mil *hombres* escogidos, *hábiles* para ir a la guerra y para manejar lanza y escudo.

6 Y tomó a sueldo a cien mil guerreros valientes de Israel por cien talentos de plata.

7 Pero un hombre de Dios vino a él, diciendo: Oh rey, no dejes que el ejército de Israel vaya contigo, porque el SEÑOR no está con Israel *ni con* ninguno de los hijos de Efraín.

8 Pero si tú vas, haz*lo*, esfuérzate para la batalla; *sin embargo* Dios te derribará delante del enemigo, porque Dios tiene poder para ayudar y para derribar.

9 Y Amasías dijo al hombre de Dios: ¿Y qué hacer con los cien talentos que he dado a las tropas de Israel? Y el hombre de Dios respondió: El SEÑOR tiene mucho más que darte que esto.

10 Entonces Amasías despidió las tropas que vinieron a él de Efraín, para que se fueran a sus casas; y se encendió en gran manera la ira de ellos contra Judá, y regresaron a sus casas ardiendo en ira.

11 Y Amasías se fortaleció, y al frente de su pueblo fue al valle de la Sal y mató a diez mil de los hijos de Seir.

12 También los hijos de Judá capturaron vivos a diez mil y los llevaron a la cumbre de la peña, los echaron abajo desde la cumbre de la peña y todos fueron despedazados.

13 Pero las tropas que Amasías había hecho volver para que no fueran con él a la batalla, saquearon las ciudades de Judá desde Samaria hasta Bet-horón, mataron a tres mil de ellos y tomaron mucho botín.

14 Y aconteció que después que Amasías regresó de la matanza de los edomitas, trajo los dioses de los hijos de Seir y los puso como sus dioses, se postró delante de ellos y les quemó incienso.

15 Entonces se encendió la ira del SEÑOR contra Amasías, y le envió un profeta que le dijo: ¿Por qué has buscado a los dioses de *otro* pueblo, que no han podido librar a su propio pueblo de tu mano?

16 Y mientras hablaba con él, el *rey* le dijo: ¿Acaso te hemos constituido consejero real? Detente. ¿Por qué *buscas que* te maten? Entonces el profeta se detuvo, y dijo: Yo sé que Dios ha determinado destruirte, porque has hecho esto y no has escuchado mi consejo.

17 Entonces Amasías, rey de Judá, tomó consejo y envió *mensajeros* a Joás, hijo de Joacaz, hijo de Jehú, rey de Israel, diciendo: Ven, veámonos cara a cara.

18 Y Joás, rey de Israel, envió *mensaje* a Amasías, rey de Judá, diciendo: El cardo que estaba en el Líbano, envió a decir al cedro que estaba en el Líbano, diciendo: "Da tu hija por mujer a mi hijo." Pero pasó una fiera que estaba en el Líbano, y pisoteó el cardo.

19 Tú dijiste: "He aquí, he derrotado a Edom"; y tu corazón se ha envanecido para gloriarte. Quédate ahora en tu casa; ¿por qué quieres provocar el mal, de modo que caigas tú y Judá contigo?

20 Pero Amasías no quiso escuchar, porque esto *venía* de Dios, para entregarlos en mano *de Joás*, pues ellos habían buscado los dioses de Edom.

21 Y subió Joás, rey de Israel, y él y Amasías, rey de Judá, se enfrentaron en Bet-semes, que pertenece a Judá.

22 Y Judá fue derrotado por Israel, y huyeron, cada uno a su tienda.

23 Entonces Joás, rey de Israel, capturó en Bet-semes a Amasías, rey de Judá, hijo de Joás, hijo de Joacaz, y lo llevó a Jerusalén; y derribó la muralla de Jerusalén desde la puerta de Efraín hasta la puerta del Angulo, cuatrocientos codos.

24 Y *tomó* todo el oro y la plata, todos los utensilios que se encontraban con Obed-edom en la casa de Dios, los tesoros de la casa del rey y *también* los rehenes, y se volvió a Samaria.

25 Y Amasías, hijo de Joás, rey de Judá, vivió quince años después de la muerte de Joás, hijo de Joacaz, rey de Israel.

26 Los demás hechos de Amasías, desde el primero hasta el postrero, he aquí, ¿no están escritos en el libro de los reyes de Judá y de Israel?

27 Y desde el día en que Amasías se apartó de seguir al SEÑOR, conspiraron contra él en Jerusalén, y él huyó a Laquis; pero lo persiguieron hasta Laquis y allí lo mataron.

28 Lo trajeron en caballos y lo sepultaron con sus padres en la ciudad de David.

Reinado de Uzías

26 Y todo el pueblo de Judá tomó a Uzías, que *tenía* dieciséis años, y lo hicieron rey en lugar de su padre Amasías.

2 El edificó a Elot y la restituyó a Judá después que el rey durmió con sus padres.

3 Uzías *tenía* dieciséis años cuando comenzó a reinar, y reinó cincuenta y dos años en Jerusalén. El nombre de su madre *era* Jecolías, de Jerusalén.

4 E hizo lo recto ante los ojos del SEÑOR, conforme a todo lo que su padre Amasías había hecho.

5 Y persistió en buscar a Dios en los días de Zacarías, quien tenía entendimiento por medio de la visión de Dios; y mientras buscó al SEÑOR, Dios le prosperó.

6 Salió y peleó contra los filisteos, y derribó la muralla de Gat, la muralla de Jabnia y la muralla de Asdod; y edificó ciudades en *la región de* Asdod y entre los filisteos.

7 Y Dios *lo* ayudó contra los filisteos, contra los árabes que habitaban en Gurbaal y *contra* los meunitas.

8 Los amonitas pagaron tributo a Uzías, y su fama se divulgó hasta la frontera de Egipto, pues llegó a ser muy poderoso.

9 Uzías edificó además torres en Jerusalén en la puerta del Angulo, en la puerta del Valle y en la esquina *de la muralla*, y las fortificó.

10 Edificó también torres en el desierto y excavó muchas cisternas, porque tenía mucho ganado, tanto en las tierras bajas como en la llanura. *También tenía* labradores y viñadores en la región montañosa y en los campos fértiles porque amaba la tierra.

11 Tenía también Uzías un ejército listo para la batalla, que salía al combate por divisiones conforme al número de su alistamiento, preparado por el escriba Jeiel y el oficial Maasías, bajo la dirección de Hananías, uno de los oficiales del rey.

12 El número total de los jefes de familia, guerreros valientes, era de dos mil seiscientos.

13 Y bajo su mando estaba un ejército poderoso de trescientos siete mil quinientos, que hacían la guerra con gran poder, para ayudar al rey contra el enemigo.

14 Uzías proveyó además a todo el ejército de escudos, lanzas, yelmos, corazas, arcos y hondas para *tirar* piedras.

15 Y en Jerusalén hizo máquinas *de guerra* inventadas por hombres hábiles para poner*las* en las torres y en las esquinas, para arrojar flechas y grandes piedras. Por eso su fama se extendió lejos, porque fue ayudado en forma prodigiosa hasta que se hizo fuerte.

16 Pero cuando llegó a ser fuerte, su corazón se hizo tan orgulloso que obró corruptamente, y fue infiel al SEÑOR su Dios, pues entró al templo del

SEÑOR para quemar incienso sobre el altar del incienso.

17 Entonces el sacerdote Azarías entró tras él, y con él ochenta sacerdotes del SEÑOR, hombres valientes,

18 y se opusieron al rey Uzías, y le dijeron: No te corresponde a ti, Uzías, quemar incienso al SEÑOR, sino a los sacerdotes, hijos de Aarón, que son consagrados para quemar incienso. Sal del santuario, porque has sido infiel y no recibirás honra del SEÑOR Dios.

19 Pero Uzías, con un incensario en su mano para quemar incienso, se llenó de ira; y mientras estaba airado contra los sacerdotes, la lepra le brotó en la frente, delante de los sacerdotes en la casa del SEÑOR, junto al altar del incienso.

20 Y el sumo sacerdote Azarías y todos los sacerdotes lo miraron, y he aquí, *tenía* lepra en la frente; y le hicieron salir de allí a toda prisa, y también él mismo se apresuró a salir, porque el SEÑOR lo había herido.

21 Y el rey Uzías quedó leproso hasta el día de su muerte, y habitó en una casa separada, ya que era leproso, porque fue excluido de la casa del SEÑOR. Y su hijo Jotam *estaba* al frente de la casa del rey gobernando al pueblo de la tierra.

22 Los demás hechos de Uzías, los primeros y los postreros, fueron escritos por el profeta Isaías, hijo de Amoz.

23 Y durmió Uzías con sus padres, y lo sepultaron con sus padres en el campo del sepulcro que pertenecía a los reyes, porque dijeron: Es leproso. Y su hijo Jotam reinó en su lugar.

Reinado de Jotam

27 Jotam *tenía* veinticinco años cuando comenzó a reinar, y reinó dieciséis años en Jerusalén. El nombre de su madre *era* Jerusa, hija de Sadoc.

2 E hizo lo recto ante los ojos del SEÑOR, conforme a todo lo que su padre Uzías había hecho; pero no entró en el templo del SEÑOR. Y el pueblo seguía corrompiéndose.

3 El edificó la puerta superior de la casa del SEÑOR, y edificó extensamente en la muralla de Ofel.

4 Edificó además ciudades en la región montañosa de Judá, y edificó fortalezas y torres en los bosques.

5 También guerreó contra el rey de los amonitas y los venció, y los amonitas le dieron aquel año cien talentos de plata, diez mil coros de trigo y diez mil de cebada. Los amonitas le pagaron también esto en el segundo y en el tercer año.

6 Y Jotam se hizo poderoso porque ordenó sus caminos delante del SEÑOR su Dios.

7 Los demás hechos de Jotam y todas sus guerras y sus obras, he aquí, están escritos en el libro de los reyes de Israel y de Judá.

8 Tenía veinticinco años cuando comenzó a reinar, y reinó dieciséis años en Jerusalén.

9 Y durmió Jotam con sus padres, y lo sepultaron en la ciudad de David; y su hijo Acaz reinó en su lugar.

Reinado de Acaz

28 Acaz *tenía* veinte años cuando comenzó a reinar, y reinó dieciséis años en Jerusalén; pero no hizo lo recto ante los ojos del SEÑOR como su padre David *había hecho*,

2 sino que anduvo en los caminos de los reyes de Israel; también hizo imágenes fundidas para los baales.

3 Quemó además incienso en el valle de Ben-hinom, e hizo pasar a sus hijos por fuego, conforme a las abominaciones de las naciones que el SEÑOR había arrojado de delante de los hijos de Israel.

4 Y sacrificó y quemó incienso en los lugares altos, en los montes y debajo de todo árbol frondoso.

5 Por lo cual el SEÑOR su Dios lo entregó en manos del rey de los arameos, que lo derrotaron, tomaron de él gran número de cautivos y *los* llevaron a Damasco. Y también él fue entregado en manos del rey de Israel, el cual lo hirió con gran mortandad.

6 Porque Peka, hijo de Remalías, mató en Judá a ciento veinte mil en un día, todos hombres valientes, porque habían abandonado al SEÑOR, Dios de sus padres.

7 Y Zicri, hombre poderoso de Efraín, mató a Maasías, hijo del rey, y a Azricam, mayordomo de la casa, y a Elcana, segundo después del rey.

8 Y los hijos de Israel se llevaron cautivos de sus hermanos a doscientos mil, mujeres, hijos e hijas; y tomaron también mucho botín de ellos y se llevaron el botín a Samaria.

9 Pero había allí un profeta del SEÑOR llamado Oded, y *éste* salió al encuentro del ejército que venía a Samaria, y les dijo: He aquí, porque el SEÑOR, Dios de vuestros padres, estaba airado con Judá, los ha entregado en vuestras manos, y los habéis matado con una furia *que* ha llegado hasta el cielo.

10 Y ahora os proponéis subyugar a los hijos de Judá y de Jerusalén como esclavos y esclavas vuestros. ¿No *tenéis* ciertamente transgresiones de parte vuestra contra el SEÑOR vuestro Dios?

11 Ahora pues, oídme, y devolved a los cautivos que capturasteis de vuestros hermanos, porque el furor de la ira del SEÑOR está contra vosotros.

12 Entonces algunos de los jefes de los hijos de Efraín: Azarías, hijo de Johanán, Berequías, hijo de Mesilemot, Ezequías, hijo de Salum, y Amasa, hijo de Hadlai, se levantaron contra los que venían de la batalla,

13 y les dijeron: No traigáis aquí a los cautivos; porque os proponéis *traer* sobre nosotros culpa contra el SEÑOR, añadiendo a nuestros pecados y a nuestra culpa; porque nuestra culpa es grande y el furor de *su* ira está contra Israel.

14 Entonces los hombres armados dejaron los cautivos y el botín delante de los oficiales y de toda la asamblea.

15 Y se levantaron los hombres que habían sido designados por nombre y tomaron a los cautivos, y del botín vistieron a todos los desnudos y les dieron vestidos y sandalias; les dieron de comer y de beber y los ungieron, y condujeron en asnos a todos los débiles y los llevaron a Jericó, ciudad de las palmeras, junto a sus hermanos; entonces volvieron a Samaria.

16 En aquel tiempo el rey Acaz envió a pedir ayuda a los reyes de Asiria.

17 Porque los edomitas habían venido de nuevo

y atacado a Judá y se habían llevado *algunos* cautivos.

18 También los filisteos habían invadido las ciudades de las tierras bajas y del Neguev de Judá, y habían tomado Bet-semes, Ajalón, Gederot y Soco con sus aldeas, Timna con sus aldeas, y Gimzo con sus aldeas; y se establecieron allí.

19 Porque el Señor humilló a Judá a causa de Acaz, rey de Israel, pues él había permitido el desenfreno en Judá, y fue muy infiel al Señor.

20 Y vino contra él Tilgat-pilneser, rey de Asiria, y lo afligió en vez de fortalecerlo.

21 Pues Acaz había tomado una porción *del tesoro* de la casa del Señor, del palacio del rey y de los príncipes, y *la* había dado al rey de Asiria; pero no le sirvió de nada.

22 Y en el tiempo de su angustia este rey Acaz fue aún más infiel al Señor;

23 sacrificaba a los dioses de Damasco que lo habían derrotado, y decía: Por cuanto los dioses de los reyes de Aram los ayudaron, sacrificaré a ellos para que me ayuden. Pero ellos fueron su ruina y la de todo Israel.

24 Además, cuando Acaz recogió los utensilios de la casa de Dios, hizo pedazos los utensilios de la casa de Dios; cerró las puertas de la casa del Señor e hizo para sí altares en cada rincón de Jerusalén.

25 Y en cada ciudad de Judá hizo lugares altos para quemar incienso a otros dioses, y provocó a ira al Señor, Dios de sus padres.

26 Los demás de sus hechos y todos sus caminos, los primeros y los postreros, he aquí, están escritos en el libro de los reyes de Judá y de Israel.

27 Y durmió Acaz con sus padres, y lo sepultaron en la ciudad, en Jerusalén, pues no lo pusieron en los sepulcros de los reyes de Israel; y su hijo Ezequías reinó en su lugar.

Reinado de Ezequías

29 Ezequías comenzó a reinar *cuando tenía* veinticinco años, y reinó veintinueve años en Jerusalén. El nombre de su madre *era* Abías, hija de Zacarías.

2 E hizo lo recto ante los ojos del Señor, conforme a todo lo que su padre David había hecho.

3 En el primer año de su reinado, en el mes primero, abrió las puertas de la casa del Señor y las reparó.

4 Hizo venir a los sacerdotes y a los levitas y los reunió en la plaza oriental.

5 Entonces les dijo: Oídme, levitas. Santificaos ahora, y santificad la casa del Señor, Dios de vuestros padres, y sacad lo inmundo del lugar santo.

6 Porque nuestros padres han sido infieles y han hecho lo malo ante los ojos del Señor nuestro Dios, le han abandonado, han apartado sus rostros de la morada del Señor y le han vuelto las espaldas.

7 También han cerrado las puertas del pórtico y han apagado las lámparas, y no han quemado incienso ni ofrecido holocaustos en el lugar santo al Dios de Israel.

8 Y vino la ira del Señor contra Judá y Jerusalén, y El los ha hecho objeto de espanto, de horror y de burla, como *lo* veis con vuestros propios ojos.

9 Porque he aquí, nuestros padres han caído a espada, y nuestros hijos y nuestras hijas y nuestras mujeres están en cautividad a causa de esto.

10 Ahora *he decidido* en mi corazón hacer un pacto con el Señor, Dios de Israel, para que el ardor de su ira se aparte de nosotros.

11 Hijos míos, no seáis ahora negligentes, porque el Señor os ha escogido a fin de que estéis delante de El, para servirle y para ser sus ministros y quemar incienso.

12 Entonces se levantaron los levitas: Mahat, hijo de Amasai, y Joel, hijo de Azarías, de los hijos de los coatitas; y de los hijos de Merari, Cis, hijo de Abdi, y Azarías, hijo de Jehalelel; y de los gersonitas, Joa, hijo de Zima, y Edén, hijo de Joa;

13 de los hijos de Elizafán, Simri y Jeiel; y de los hijos de Asaf, Zacarías y Matanías;

14 de los hijos de Hemán, Jehiel y Simei; y de los hijos de Jedutún, Semaías y Uziel.

15 Y *éstos* reunieron a sus hermanos, se santificaron y entraron para limpiar la casa del Señor, conforme al mandamiento del rey según las palabras del Señor.

16 Entraron los sacerdotes al interior de la casa del Señor para limpiar*la,* y sacaron al atrio de la casa del Señor toda la inmundicia que hallaron en el templo del Señor. Entonces los levitas *la* recogieron para llevar*la* fuera al torrente Cedrón.

17 Comenzaron la santificación el primer *día* del mes primero, y el octavo día del mes entraron al pórtico del Señor; entonces santificaron la casa del Señor en ocho días, y terminaron el día dieciséis del mes primero.

18 Y fueron al rey Ezequías, y *le* dijeron: Hemos limpiado toda la casa del Señor, el altar del holocausto con todos sus utensilios, y la mesa *del pan* de la proposición con todos sus utensilios.

19 Además, todos los utensilios que el rey Acaz en su infidelidad había desechado durante su reino los hemos preparado y santificado, y he aquí, están delante del altar del Señor.

20 Entonces el rey Ezequías se levantó temprano y reunió a los príncipes de la ciudad y subió a la casa del Señor.

21 Y trajeron siete novillos, siete carneros, siete corderos y siete machos cabríos como ofrenda por el pecado del reino, por el santuario y por Judá. Y *el rey* ordenó a los sacerdotes, los hijos de Aarón, que *los* ofrecieran sobre el altar del Señor.

22 Mataron los novillos, y los sacerdotes recogieron la sangre y la esparcieron sobre el altar. También mataron los carneros y esparcieron la sangre sobre el altar; asimismo mataron los corderos y esparcieron la sangre sobre el altar.

23 Después trajeron los machos cabríos de la ofrenda por el pecado del rey y de la asamblea, y pusieron sus manos sobre ellos.

24 Los sacerdotes los mataron y purificaron el altar con su sangre como expiación por todo Israel, porque el rey había ordenado el holocausto y la ofrenda por el pecado por todo Israel.

25 Luego situó a los levitas en la casa del Señor con címbalos, con arpas y con liras, conforme al mandamiento de David y de Gad, el vidente del

rey, y del profeta Natán; porque el mandamiento procedía del SEÑOR por medio de sus profetas.

26 Los levitas se colocaron con los instrumentos *musicales* de David, y los sacerdotes con las trompetas.

27 Entonces Ezequías mandó ofrecer el holocausto sobre el altar. Cuando el holocausto comenzó, también comenzó el canto al SEÑOR con las trompetas, acompañado por los instrumentos de David, rey de Israel.

28 Mientras toda la asamblea adoraba, también los cantores cantaban y las trompetas sonaban; todo esto *continuó* hasta que se consumió el holocausto.

29 Después de consumido el holocausto, el rey y todos los que estaban con él se inclinaron y adoraron.

30 Entonces el rey Ezequías y los oficiales ordenaron a los levitas que cantaran alabanzas al SEÑOR con las palabras de David y del vidente Asaf. Cantaron alabanzas con alegría, y se inclinaron y adoraron.

31 Y Ezequías habló, y dijo: Ahora *que* vosotros os habéis consagrado al SEÑOR, acercaos y traed sacrificios y ofrendas de gratitud a la casa del SEÑOR. Y la asamblea trajo sacrificios y ofrendas de gratitud, y todos los que quisieron *trajeron* holocaustos.

32 El número de los holocaustos que la asamblea trajo fue de setenta bueyes, cien carneros y doscientos corderos; todos estos fueron para el holocausto al SEÑOR.

33 Y las cosas consagradas fueron seiscientos bueyes y tres mil ovejas.

34 Pero los sacerdotes eran pocos, y no pudieron desollar todos los holocaustos; por eso sus hermanos los levitas los ayudaron hasta que se acabó la obra y hasta que los *otros* sacerdotes se hubieron santificado. Porque los levitas fueron más cuidadosos para santificarse que los sacerdotes.

35 Y *hubo* también holocaustos en abundancia con grosura de las ofrendas de paz y con libaciones para los holocaustos. Así quedó restablecido el servicio de la casa del SEÑOR.

36 Entonces se regocijó Ezequías con todo el pueblo por lo que Dios había preparado para el pueblo, pues todo sucedió rápidamente.

Celebración de la Pascua

30 Entonces Ezequías envió *aviso* por todo Israel y Judá, y también escribió cartas a Efraín y a Manasés, para que vinieran a la casa del SEÑOR en Jerusalén a fin de celebrar la Pascua al SEÑOR, Dios de Israel.

2 Pues el rey y sus príncipes y toda la asamblea en Jerusalén habían decidido celebrar la Pascua en el mes segundo;

3 porque no la habían podido celebrar a su debido tiempo, pues los sacerdotes no se habían santificado en número suficiente, ni el pueblo se había reunido en Jerusalén.

4 Y esto pareció bien a los ojos del rey y de toda la asamblea.

5 Así que proclamaron un decreto para hacer correr la voz por todo Israel, desde Beerseba hasta Dan, para que vinieran a celebrar la Pascua al SEÑOR, Dios de Israel, en Jerusalén. Porque muchos no *la* habían celebrado como estaba escrito.

6 Y los correos fueron por todo Israel y Judá con cartas de mano del rey y de sus príncipes, conforme al mandamiento del rey, diciendo: Hijos de Israel, volveos al SEÑOR, Dios de Abraham, de Isaac y de Israel, para que El se vuelva a aquellos de vosotros que escapasteis *y* que habéis quedado de la mano de los reyes de Asiria.

7 No seáis como vuestros padres y vuestros hermanos, que fueron infieles al SEÑOR, Dios de sus padres, de modo que El los ha hecho objeto de horror, como vosotros veis.

8 Y no endurezcáis vuestra cerviz como vuestros padres, sino someteos al SEÑOR y entrad en su santuario, que El ha santificado para siempre, y servid al SEÑOR vuestro Dios para que su ardiente ira se aparte de vosotros.

9 Porque si os volvéis al SEÑOR, vuestros hermanos y vuestros hijos *hallarán* compasión delante de los que los llevaron cautivos, y volverán a esta tierra. Porque el SEÑOR vuestro Dios es clemente y compasivo, y no apartará *su* rostro de vosotros si os volvéis a El.

10 Pasaron, pues, los correos de ciudad en ciudad por la tierra de Efraín y de Manasés y hasta Zabulón, pero los escarnecían y se burlaban de ellos.

11 No obstante, algunos hombres de Aser, de Manasés y de Zabulón se humillaron y vinieron a Jerusalén.

12 También sobre Judá estuvo la mano de Dios para darles un *solo* corazón a fin de hacer lo que el rey y los príncipes ordenaron conforme a la palabra del SEÑOR.

13 Y se reunió mucha gente en Jerusalén en el mes segundo para celebrar la fiesta de los panes sin levadura; una asamblea muy grande.

14 Y se levantaron y quitaron los altares que *había* en Jerusalén; también quitaron todos los altares de incienso y *los* arrojaron al torrente Cedrón.

15 Entonces mataron *los corderos de* la Pascua el *día* catorce del mes segundo. Y los sacerdotes y los levitas, avergonzados, se santificaron y trajeron holocaustos a la casa del SEÑOR.

16 Y se colocaron en sus puestos según su costumbre, conforme a la ley de Moisés, hombre de Dios; los sacerdotes rociaban la sangre *que recibían* de mano de los levitas.

17 Porque *había* muchos en la asamblea que no se habían santificado; por eso los levitas *estaban* encargados de la matanza de los *corderos de* la Pascua por todo el que *estaba* inmundo, para santificar*los* al SEÑOR.

18 Pues una *gran* multitud del pueblo, es decir, muchos de Efraín y de Manasés, de Isacar y de Zabulón, no se habían purificado; no obstante, comieron la Pascua contrario a lo escrito. Empero Ezequías oró por ellos, diciendo: Que el buen SEÑOR perdone

19 a todo el que prepare su corazón para buscar a Dios el SEÑOR, Dios de sus padres, aunque no *lo haga* conforme a *los ritos* de purificación del santuario.

20 Y oyó el SEÑOR a Ezequías y sanó al pueblo.

21 Y los hijos de Israel que se hallaban en Jerusalén celebraron con gran alegría la fiesta de

los panes sin levadura *por* siete días; y los levitas y los sacerdotes alababan al Señor día tras día, *cantando* con instrumentos resonantes al Señor.

22 Entonces Ezequías habló al corazón de todos los levitas que mostraban buen entendimiento *en las cosas* del Señor. Y comieron durante los siete días señalados, sacrificando ofrendas de paz y dando gracias al Señor, Dios de sus padres.

23 Y toda la asamblea determinó celebrar *la fiesta* otros siete días; y celebraron los siete días con alegría.

24 Porque Ezequías, rey de Judá, había contribuido a la asamblea mil novillos y siete mil ovejas; y los príncipes habían contribuido a la asamblea mil novillos y diez mil ovejas; y gran número de sacerdotes se santificaron.

25 Y se regocijó toda la asamblea de Judá, junto con los sacerdotes, los levitas y todo el pueblo que vino de Israel, tanto los peregrinos que vinieron de la tierra de Israel como los que habitaban en Judá.

26 Y hubo gran regocijo en Jerusalén, porque desde los días de Salomón, hijo de David, rey de Israel, no había habido cosa semejante en Jerusalén.

27 Entonces los sacerdotes levitas se levantaron y bendijeron al pueblo; y se oyó su voz, y su oración llegó hasta su santa morada, hasta los cielos.

Reformas religiosas de Ezequías

31 Y cuando todo esto había terminado, todos *los de* Israel que estaban presentes, salieron a las ciudades de Judá, despedazaron los pilares *sagrados,* cortaron las Aseras y derribaron los lugares altos y los altares por todo Judá y Benjamín, y también en Efraín y Manasés, hasta acabar con todos ellos. Entonces todos los hijos de Israel volvieron a sus ciudades, cada cual a su posesión.

2 Y Ezequías designó las clases de los sacerdotes y de los levitas, cada uno en su clase, según su servicio, *tanto* sacerdotes *como* levitas, para los holocaustos y para las ofrendas de paz, para que ministraran, dieran gracias y alabaran en las puertas del campamento del Señor.

3 También *designó* de sus *propios* bienes la porción del rey para los holocaustos, *es decir,* para los holocaustos de la mañana y de la tarde, y los holocaustos de los días de reposo, de las lunas nuevas y de las fiestas señaladas, como está escrito en la ley del Señor.

4 También ordenó al pueblo que habitaba en Jerusalén que diera la porción correspondiente a los sacerdotes y levitas, a fin de que se dedicaran a la ley del Señor.

5 Tan pronto como se divulgó la orden, los hijos de Israel proveyeron en abundancia las primicias de grano, mosto, aceite, miel y de todo producto del campo; y trajeron el diezmo de todo en abundancia.

6 Y los hijos de Israel y de Judá que habitaban en las ciudades de Judá, también trajeron el diezmo de bueyes y ovejas y el diezmo de las cosas sagradas consagradas al Señor su Dios, y *los* depositaron en montones.

7 En el mes tercero comenzaron a formar los montones y *los* terminaron en el mes séptimo.

8 Cuando Ezequías y los jefes vinieron y vieron los montones, bendijeron al Señor y a su pueblo Israel.

9 Ezequías preguntó a los sacerdotes y a los levitas acerca de los montones,

10 y el sumo sacerdote Azarías, de la casa de Sadoc, le dijo: Desde que se comenzaron a traer las ofrendas a la casa del Señor, hemos tenido bastante para comer y nos ha sobrado mucho, porque el Señor ha bendecido a su pueblo; y esta gran cantidad ha sobrado.

11 Entonces Ezequías ordenó que prepararan cámaras en la casa del Señor, y *las* prepararon.

12 Fielmente llevaron *allí* las ofrendas y los diezmos y las cosas consagradas; y el levita Conanías *era* el intendente encargado de ellas, y su hermano Simei *era* el segundo.

13 Y Jehiel, Azazías, Nahat, Asael, Jerimot, Jozabad, Eliel, Ismaquías, Mahat y Benaía *eran* inspectores bajo el mando de Conanías y de Simei, su hermano, por nombramiento del rey Ezequías, y Azarías *era* el oficial *principal* de la casa de Dios.

14 Y el levita Coré, hijo de Imna, portero de la *puerta* oriental, *estaba* a cargo de las ofrendas voluntarias *hechas* a Dios, para repartir las ofrendas *dedicadas* al Señor y las cosas santísimas.

15 Bajo su mando *estaban* Edén, Miniamín, Jesúa, Semaías, Amarías y Secanías en las ciudades de los sacerdotes, para distribuir fielmente *las porciones,* por clases, a sus hermanos, fueran grandes o pequeños,

16 sin tener en cuenta su registro genealógico, a los varones de treinta años arriba, todos los que entraban en la casa del Señor para las tareas diarias, por su trabajo en sus oficios según sus clases;

17 así como a los sacerdotes que estaban inscritos genealógicamente conforme a sus casas paternas, y a los levitas de veinte años arriba, según sus oficios *y* sus clases.

18 Y el registro genealógico *incluía* todos los niños, las mujeres, los hijos y las hijas de toda la asamblea, porque se consagraban fielmente en santidad.

19 También para los hijos de Aarón, los sacerdotes *que estaban* en las tierras de pasto de sus ciudades, o en cualquiera de las ciudades, *había* hombres que estaban designados por nombre para distribuir porciones a todo varón entre los sacerdotes, y a todos los inscritos genealógicamente entre los levitas.

20 Así hizo Ezequías por todo Judá; y él hizo lo bueno, *lo* recto y *lo* verdadero delante del Señor su Dios.

21 Y toda obra que emprendió en el servicio de la casa de Dios por ley y por mandamiento, buscando a su Dios, lo hizo con todo su corazón y prosperó.

Invasión de Senaquerib

32 Después de estos actos de fidelidad, Senaquerib, rey de Asiria, vino e invadió a Judá y sitió las ciudades fortificadas, y mandó conquistarlas para sí.

2 Cuando vio Ezequías que Senaquerib había venido y que se proponía hacer guerra contra Jerusalén,

3 decidió con sus oficiales y guerreros cortar el

agua de las fuentes que *estaban* fuera de la ciudad, y ellos le ayudaron.

4 Y se reunió mucha gente y cegaron todas las fuentes y el arroyo que fluía por la región, diciendo: ¿Por qué han de venir los reyes de Asiria y hallar tanta agua?

5 Y él cobró ánimo y reedificó toda la muralla que había sido derribada y levantó torres en ella, *edificó* otra muralla exterior, fortificó el Milo *en* la ciudad de David, e hizo armas arrojadizas y escudos en gran cantidad.

6 Puso también oficiales militares sobre el pueblo, los reunió a su lado en la plaza a la puerta de la ciudad y habló dándoles ánimo, diciendo:

7 Sed fuertes y valientes; no temáis ni os acobardéis a causa del rey de Asiria, ni a causa de toda la multitud que está con él, porque el que está con nosotros es más *poderoso* que el que está con él.

8 Con él está *sólo* un brazo de carne, pero con nosotros está el Señor nuestro Dios para ayudarnos y pelear nuestras batallas. Y el pueblo confió en las palabras de Ezequías, rey de Judá.

9 Después de esto, Senaquerib, rey de Asiria, mientras *estaba* sitiando a Laquis con todas sus fuerzas, envió sus siervos a Jerusalén, a Ezequías, rey de Judá, y a todos los de Judá que estaban en Jerusalén, diciendo:

10 Así dice Senaquerib, rey de Asiria, "¿En qué estáis confiando para que permanezcáis bajo sitio en Jerusalén?

11 "¿No os engaña Ezequías para entregaros a morir de hambre y de sed, diciendo: 'El Señor nuestro Dios nos librará de la mano del rey de Asiria'?

12 "¿El mismo Ezequías no ha quitado sus lugares altos y sus altares, y ha dicho a Judá y a Jerusalén: 'Delante de un altar adoraréis, y sobre él quemaréis incienso?'

13 "¿No sabéis lo que yo y mis padres hemos hecho a todos los pueblos de estas tierras? ¿Pudieron los dioses de las naciones de las tierras librar su tierra de mi mano?

14 "¿Quién de entre todos los dioses de aquellas naciones que mis padres destruyeron completamente pudo librar a su pueblo de mi mano, para que vuestro Dios pueda libraros de mi mano?

15 "Ahora pues, no dejéis que Ezequías os engañe y os extravíe en esta forma, y no creáis en él, porque ningún dios de ninguna nación ni reino pudo librar a su pueblo de mi mano ni de la mano de mis padres. ¿Cuánto menos os librará de mi mano vuestro Dios?"

16 Y sus siervos hablaron aún más contra el Señor Dios y contra su siervo Ezequías.

17 También escribió cartas para insultar al Señor, Dios de Israel, y para hablar contra El, diciendo: Como los dioses de las naciones de las tierras no han librado a sus pueblos de mi mano, así el Dios de Ezequías no librará a su pueblo de mi mano.

18 Y proclamaron esto a gran voz en la lengua de Judá al pueblo de Jerusalén que *estaba* sobre la muralla, para espantarlos y aterrorizarlos, para así poder tomar la ciudad.

19 Y hablaron del Dios de Jerusalén como de los dioses de los pueblos de la tierra, obra de manos de hombres.

20 Pero el rey Ezequías y el profeta Isaías, hijo de Amoz, oraron sobre esto, y clamaron al cielo.

21 Y el Señor envió un ángel que destruyó a todo guerrero valiente, comandante y jefe en el campamento del rey de Asiria. Así regresó avergonzado a su propia tierra. Y cuando había entrado al templo de su dios, algunos de sus propios hijos lo mataron allí a espada.

22 Así salvó el Señor a Ezequías y a los habitantes de Jerusalén de mano de Senaquerib, rey de Asiria, y de mano de todos *los demás,* y los guió por todas partes.

23 Y muchos traían presentes al Señor en Jerusalén y presentes valiosos a Ezequías, rey de Judá, de modo que después de esto fue engrandecido delante de todas las naciones.

24 En aquellos días Ezequías cayó enfermo de muerte; y oró al Señor, y El le habló y le dio una señal.

25 Mas Ezequías no correspondió al bien que había recibido, porque su corazón era orgulloso; por tanto, la ira vino sobre él, sobre Judá y sobre Jerusalén.

26 Pero después Ezequías humilló el orgullo de su corazón, tanto él como los habitantes de Jerusalén, de modo que no vino sobre ellos la ira del Señor en los días de Ezequías.

27 Y tenía Ezequías inmensas riquezas y honores. Hizo para sí depósitos para plata, oro, piedras preciosas, especias, escudos y toda clase de objetos de valor.

28 *Hizo* también almacenes para el producto de granos, vino y aceite, corrales para toda clase de ganado y apriscos para los rebaños.

29 Se edificó ciudades y adquirió rebaños y ganados en abundancia, porque Dios le había dado muchísimas riquezas.

30 Ezequías fue el que cegó la salida superior de las aguas de Gihón y las condujo al lado occidental de la ciudad de David. Ezequías prosperó en todo lo que hizo.

31 Aun *en el asunto* de los enviados de los gobernantes de Babilonia, que mandaron a él para investigar la maravilla que había acontecido en la tierra, Dios lo dejó *solo* para probarle, a fin de saber El todo lo que había en su corazón.

32 Los demás hechos de Ezequías y sus obras piadosas, he aquí, están escritos en la visión del profeta Isaías, hijo de Amoz, y en el libro de los reyes de Judá y de Israel.

33 Y durmió Ezequías con sus padres, y lo sepultaron en la parte superior de los sepulcros de los hijos de David; y todo Judá y los habitantes de Jerusalén le rindieron honores en su muerte. Y su hijo Manasés reinó en su lugar.

Reinado de Manasés

33 Manasés *tenía* doce años cuando comenzó a reinar, y reinó cincuenta y cinco años en Jerusalén.

2 E hizo lo malo ante los ojos del Señor conforme a las abominaciones de las naciones que el Señor había desposeído delante de los hijos de Israel.

3 Porque reedificó los lugares altos que su padre Ezequías había derribado; levantó también altares a los Baales e hizo Aseras, y adoró a todo el ejército de los cielos y los sirvió.

4 Edificó además altares en la casa del Señor,

de la cual el Señor había dicho: Mi nombre estará en Jerusalén para siempre.

5 Edificó altares a todo el ejército de los cielos en los dos atrios de la casa del Señor.

6 Hizo pasar por el fuego a sus hijos en el valle de Ben-hinom; practicó la hechicería, usó la adivinación, practicó la brujería y trató con médium y espiritistas. Hizo mucho mal ante los ojos del Señor, provocándole a ira.

7 Colocó la imagen tallada del ídolo que había hecho, en la casa de Dios, de la cual Dios había dicho a David y a su hijo Salomón: En esta casa y en Jerusalén, que he escogido de entre todas las tribus de Israel, pondré mi nombre para siempre,

8 y no volveré a quitar el pie de Israel de la tierra que yo he asignado para vuestros padres, con tal de que cuiden de hacer todo lo que les he mandado conforme a toda la ley, los estatutos y las ordenanzas *dados* por medio de Moisés.

9 Así hizo extraviar Manasés a Judá y a los habitantes de Jerusalén para que hicieran lo malo más que las naciones que el Señor había destruido delante de los hijos de Israel.

10 Y el Señor habló a Manasés y a su pueblo, pero ellos no hicieron caso.

11 Por eso el Señor hizo venir contra ellos a los jefes del ejército del rey de Asiria, que capturaron a Manasés con garfios[1], lo ataron con *cadenas* de bronce y lo llevaron a Babilonia.

12 Cuando estaba en angustia, imploró al Señor su Dios, y se humilló grandemente delante del Dios de sus padres.

13 Y cuando oró a El, *Dios* se conmovió por su ruego, oyó su súplica y lo trajo de nuevo a Jerusalén, a su reino. Entonces Manasés supo que el Señor *era* Dios.

14 Después de esto, edificó la muralla exterior de la ciudad de David al occidente de Gihón, en el valle, hasta la entrada de la puerta del Pescado; y rodeó *con ella* el Ofel y la hizo muy alta. Entonces puso jefes del ejército en todas las ciudades fortificadas de Judá.

15 También quitó los dioses extranjeros y el ídolo de la casa del Señor, así como todos los altares que había edificado en el monte de la casa del Señor y en Jerusalén, y *los* arrojó fuera de la ciudad.

16 Y reparó el altar del Señor, y sacrificó sobre él ofrendas de paz y ofrendas de gratitud; y ordenó a Judá que sirviera al Señor, Dios de Israel.

17 Sin embargo, el pueblo aún sacrificaba en los lugares altos, *aunque* sólo al Señor su Dios.

18 Los demás hechos de Manasés, y su oración a su Dios, y las palabras de los videntes que le hablaron en el nombre del Señor, Dios de Israel, he aquí, están en los registros de los reyes de Israel.

19 También su oración y *cómo* fue oído, todo su pecado y su infidelidad, y los sitios donde edificó lugares altos y levantó las Aseras y las imágenes talladas antes de humillarse, he aquí, están escritos en los registros de los Hozai.

20 Y durmió Manasés con sus padres, y lo sepultaron en su casa; y su hijo Amón reinó en su lugar.

21 Amón *tenía* veintidós años cuando comenzó a reinar, y reinó dos años en Jerusalén.

22 E hizo lo malo ante los ojos del Señor, como había hecho su padre Manasés; y Amón ofreció sacrificios a todas las imágenes talladas que su padre Manasés había hecho, y las sirvió.

23 Además, no se humilló delante del Señor como su padre Manasés se había humillado, sino que Amón aumentó *su* culpa.

24 Y conspiraron contra él sus siervos y le dieron muerte en su casa.

25 Pero el pueblo de la tierra mató a todos los que habían conspirado contra el rey Amón; y en su lugar el pueblo de la tierra hizo rey a su hijo Josías.

Reinado de Josías

34 Josías *tenía* ocho años cuando comenzó a reinar, y reinó treinta y un años en Jerusalén.

2 E hizo lo recto ante los ojos del Señor y anduvo en los caminos de su padre David; no se apartó ni a la derecha ni a la izquierda.

3 Porque en el octavo año de su reinado, siendo aún joven, comenzó a buscar al Dios de su padre David; y en el año doce empezó a purificar a Judá y a Jerusalén de los lugares altos, de las Aseras, de las imágenes talladas y de las imágenes fundidas.

4 Y derribaron en su presencia los altares de los baales; destrozó los altares del incienso que *estaban* puestos en alto, encima de ellos; despedazó también las Aseras, las imágenes talladas y las imágenes fundidas y las redujo a polvo, *lo* esparció sobre las sepulturas de los que les habían ofrecido sacrificios.

5 Entonces quemó los huesos de los sacerdotes sobre sus altares y purificó a Judá y a Jerusalén.

6 Y en las ciudades de Manasés, Efraín, Simeón y hasta en Neftalí, *y* en sus ruinas alrededor,

7 derribó también los altares y redujo a polvo las Aseras y las imágenes talladas, y destrozó todos los altares de incienso por todas las tierras de Israel. Y regresó a Jerusalén.

8 Y en el año dieciocho de su reinado, cuando había purificado la tierra y la casa, envió a Safán, hijo de Azalía, y a Maasías, un oficial de la ciudad, y a Joa, hijo de Joacaz, escriba, para que repararan la casa del Señor su Dios.

9 Y vinieron ellos al sumo sacerdote Hilcías y le entregaron el dinero que había sido traído a la casa de Dios, y que los levitas guardianes del umbral habían recogido de Manasés y de Efraín y de todo el remanente de Israel, y de todo Judá y Benjamín y de los habitantes de Jerusalén.

10 Y *lo* entregaron en manos de los obreros que estaban encargados de la casa del Señor; y los obreros que trabajaban en la casa del Señor lo usaron para restaurar y reparar la casa.

11 Ellos a su vez *lo* dieron a los carpinteros y a los constructores para comprar piedra de cantería y maderas para trabazones, y hacer vigas para los edificios que los reyes de Judá habían dejado que se arruinaran.

12 Y los hombres hicieron el trabajo fielmente con capataces sobre ellos para dirigir*los*: Jahat y Abdías, levitas de los hijos de Merari, y Zacarías y Mesulam, de los hijos de Coat, y de los levitas,

1. I.e., tiras de cuero pasadas por la nariz

todos los que eran hábiles con instrumentos musicales.

13 También *estaban* sobre los cargadores y dirigían a todos los obreros en cualquier clase de trabajo; y *algunos* de los levitas *eran* escribas, oficiales y porteros.

14 Y mientras ellos sacaban el dinero que habían traído a la casa del SEÑOR, el sacerdote Hilcías encontró el libro de la ley del SEÑOR *dado* por Moisés.

15 Entonces Hilcías dijo al escriba Safán: He hallado el libro de la ley en la casa del SEÑOR; e Hilcías dio el libro a Safán.

16 Y Safán llevó el libro al rey y le dio más noticias, diciendo: Todo lo que fue encomendado a tus siervos, lo están haciendo.

17 También han tomado el dinero que se encontraba en la casa del SEÑOR, y lo han entregado en manos de los encargados y de los obreros.

18 El escriba Safán informó también al rey, diciendo: El sacerdote Hilcías me ha dado un libro. Y Safán leyó de él en la presencia del rey.

19 Y sucedió que cuando el rey oyó las palabras de la ley, rasgó sus vestidos.

20 Entonces el rey ordenó a Hilcías, a Ahicam, hijo de Safán, a Abdón, hijo de Micaía, al escriba Safán y a Asaías, siervo del rey, diciendo:

21 Id, consultad al SEÑOR por mí y por los que quedan en Israel y en Judá, acerca de las palabras del libro que se ha encontrado; porque grande es el furor del SEÑOR que se derrama sobre nosotros, por cuanto nuestros padres no han guardado la palabra del SEÑOR, haciendo conforme a todo lo que está escrito en este libro.

22 Entonces fue Hilcías con los que el rey había dicho a la profetisa Hulda, mujer de Salum, hijo de Ticva, hijo de Harhas, encargado del vestuario; y ella habitaba en Jerusalén en el segundo sector, y hablaron con ella acerca de esto.

23 Y ella les dijo: Así dice el SEÑOR, Dios de Israel: "Decid al hombre que os ha enviado a mí:

24 así dice el SEÑOR: 'He aquí, voy a traer mal sobre este lugar y sobre sus habitantes, *es decir,* todas las maldiciones escritas en el libro que ellos han leído en presencia del rey de Judá.

25 'Por cuanto me han abandonado y han quemado incienso a otros dioses para provocarme a ira con todas las obras de sus manos, por tanto mi furor se derramará sobre este lugar, y no se apagará.' "

26 Pero al rey de Judá que os envió a consultar al SEÑOR, así le diréis: "Así dice el SEÑOR, Dios de Israel: 'En cuanto a las palabras que has oído,

27 porque se enterneció tu corazón y te humillaste delante de Dios cuando oíste sus palabras contra este lugar y contra sus habitantes, y te humillaste delante de mí, y rasgaste tus vestidos y lloraste delante de mí, ciertamente te he oído—declara el SEÑOR.

28 'He aquí, te reuniré con tus padres y serás recogido en tu sepultura en paz, y tus ojos no verán todo el mal que yo voy a traer sobre este lugar y sobre sus habitantes.' " Y llevaron la respuesta al rey.

29 Entonces el rey mandó reunir a todos los ancianos de Judá y de Jerusalén.

30 Y subió el rey a la casa del SEÑOR con todos los hombres de Judá, los habitantes de Jerusalén,

los sacerdotes, los levitas y todo el pueblo, desde el mayor hasta el menor, y leyó en su presencia todas las palabras del libro del pacto que había sido hallado en la casa del SEÑOR.

31 Después el rey se puso en pie en su lugar e hizo pacto delante del SEÑOR de andar en pos del SEÑOR y de guardar sus mandamientos, sus testimonios y sus estatutos con todo su corazón y con toda su alma, para cumplir las palabras del pacto escritas en este libro.

32 Además, hizo suscribir *el pacto* a todos los que se encontraban en Jerusalén y en Benjamín. Y los habitantes de Jerusalén hicieron conforme al pacto de Dios, el Dios de sus padres.

33 Y Josías quitó todas las abominaciones de todas las tierras que pertenecían a los hijos de Israel, e hizo que todos los que se encontraban en Israel sirvieran al SEÑOR su Dios. Mientras él vivió no se apartaron de seguir al SEÑOR, Dios de sus padres.

La Pascua celebrada por Josías

35 Entonces Josías celebró la Pascua al SEÑOR en Jerusalén, y mataron los *animales de* la Pascua el *día* catorce del mes primero.

2 Y puso a los sacerdotes en sus oficios y los animó al servicio de la casa del SEÑOR.

3 También dijo a los levitas que enseñaban a todo Israel y que estaban consagrados al SEÑOR: Poned el arca santa en la casa que edificó Salomón, hijo de David, rey de Israel; no será más una carga sobre *vuestros* hombros. Ahora servid al SEÑOR vuestro Dios y a su pueblo Israel.

4 Y preparaos según vuestras casas paternas en vuestras clases, conforme a lo escrito por David, rey de Israel, y conforme a lo escrito por su hijo Salomón.

5 Además, estad en el lugar santo conforme a las secciones de las casas paternas de vuestros hermanos, los hijos del pueblo, y conforme a los levitas, según la división de una casa paterna.

6 Ahora pues, matad los *animales de* la Pascua, santificaos y haced las preparaciones para que vuestros hermanos hagan conforme a la palabra del SEÑOR *dada* por Moisés.

7 Y Josías contribuyó para los hijos del pueblo, para todos los que estaban presentes, rebaños de corderos y cabritos en número de treinta mil, más tres mil bueyes, todo para las ofrendas de la Pascua; todo ello de las posesiones del rey.

8 También sus jefes contribuyeron con una ofrenda voluntaria al pueblo, a los sacerdotes y a los levitas. Hilcías, Zacarías y Jehiel, oficiales de la casa de Dios, dieron a los sacerdotes dos mil seiscientas *ovejas* y trescientos bueyes para las ofrendas de la Pascua.

9 Asimismo Conanías, y Semaías y Natanael sus hermanos, y Hasabías, Jeiel y Josabad, jefes de los levitas, contribuyeron para los levitas cinco mil *ovejas* y quinientos bueyes para las ofrendas de la Pascua.

10 Así fue preparado el servicio; los sacerdotes se colocaron en sus puestos y los levitas según sus clases, conforme al mandato del rey.

11 Y *los levitas* mataron *los animales de* la Pascua, y mientras los sacerdotes rociaban la sangre *recibida* de la mano de ellos, los levitas *los* desollaban.

12 Entonces quitaron los holocaustos para dárselos a las secciones de las casas paternas de los hijos del pueblo, para que *los* presentaran al SEÑOR, como está escrito en el libro de Moisés. Hicieron esto también con los bueyes.

13 Y asaron *los animales de* la Pascua sobre el fuego conforme a la ordenanza, y cocieron las cosas consagradas en calderos, ollas y sartenes, y *las* llevaron rápidamente a todos los hijos del pueblo.

14 Después hicieron las preparaciones, para sí y para los sacerdotes, porque los sacerdotes, hijos de Aarón, *estuvieron* ofreciendo los holocaustos y la grosura hasta la noche; por eso los levitas prepararon para sí y para los sacerdotes, hijos de Aarón.

15 También los cantores, los hijos de Asaf, *estaban* en sus puestos conforme a lo ordenado por David, Asaf, Hemán, y Jedutún, vidente del rey; y los porteros en cada puerta no tenían que apartarse de su servicio, porque sus hermanos los levitas preparaban para ellos.

16 Así se preparó todo el servicio del SEÑOR en aquel día para celebrar la Pascua y para ofrecer holocaustos sobre el altar del SEÑOR, conforme al mandato del rey Josías.

17 Y los hijos de Israel que estaban presentes celebraron la Pascua en ese tiempo, y la fiesta de los panes sin levadura *por* siete días.

18 No se había celebrado una Pascua como ésta en Israel desde los días del profeta Samuel; tampoco ninguno de los reyes de Israel había celebrado una Pascua como la que celebró Josías con los sacerdotes, los levitas y todos los de Judá e Israel que estaban presentes, y los habitantes de Jerusalén.

19 Esta Pascua se celebró en el año dieciocho del reinado de Josías.

20 Después de todo esto, cuando Josías había reparado el templo, Necao, rey de Egipto, subió para combatir en Carquemis junto al Eufrates, y Josías salió para enfrentarse a él.

21 Pero él le envió mensajeros, diciendo: ¿Qué tenemos que ver el uno con el otro, oh rey de Judá? No *vengo* hoy contra ti, sino contra la casa con la que estoy en guerra, y Dios me ha ordenado que me apresure. Por tu propio bien, deja de *oponerte a* Dios, que está conmigo, para que El no te destruya.

22 Sin embargo, Josías no quiso retirarse de él, sino que se disfrazó para combatir contra él; tampoco escuchó las palabras de Necao *que venían* de boca de Dios, sino que vino a entablar batalla en la llanura de Meguido.

23 Y los arqueros hirieron al rey Josías, y el rey dijo a sus siervos: Llevadme, porque estoy gravemente herido.

24 Sus siervos lo sacaron del carro y lo llevaron en el segundo carro que él tenía, y lo trajeron a Jerusalén donde murió, y fue sepultado en los sepulcros de sus padres. Y todo Judá y Jerusalén hicieron duelo por Josías.

25 Entonces Jeremías entonó una elegía por Josías. Y todos los cantores y cantoras en sus lamentaciones hablan de Josías hasta hoy. Y las establecieron como ordenanza en Israel; he aquí, también están escritas en las Lamentaciones.

26 Los demás hechos de Josías y sus obras piadosas conforme a lo escrito en la ley del SEÑOR,

27 y sus hechos, primeros y postreros, he aquí, están escritos en el libro de los reyes de Israel y de Judá.

Ultimos reyes de Judá

36 Entonces el pueblo de la tierra tomó a Joacaz, hijo de Josías, y lo proclamó rey en Jerusalén en lugar de su padre.

2 Joacaz *tenía* veintitrés años cuando comenzó a reinar, y reinó tres meses en Jerusalén.

3 Entonces el rey de Egipto lo destituyó en Jerusalén, e impuso a la tierra una multa de cien talentos de plata y un talento de oro.

4 Y el rey de Egipto puso por rey sobre Judá y Jerusalén, a Eliaquim, hermano de Joacaz, y cambió su nombre por el de Joacim; pero a su hermano Joacaz, lo tomó Necao y lo llevó a Egipto.

5 Joacim *tenía* veinticinco años cuando comenzó a reinar, y reinó once años en Jerusalén; e hizo lo malo ante los ojos del SEÑOR su Dios.

6 Subió contra él Nabucodonosor, rey de Babilonia, y lo ató con *cadenas de* bronce para llevarlo a Babilonia.

7 Nabucodonosor también llevó *algunos* de los objetos de la casa del SEÑOR a Babilonia, y los puso en su templo en Babilonia.

8 Los demás hechos de Joacim, las abominaciones que hizo y lo que fue hallado contra él, he aquí, están escritos en el libro de los reyes de Israel y de Judá. Su hijo Joaquín reinó en su lugar.

9 Joaquín *tenía* ocho años cuando comenzó a reinar, y reinó tres meses y diez días en Jerusalén, e hizo lo malo ante los ojos del SEÑOR.

10 Y a la vuelta del año el rey Nabucodonosor mandó que lo trajeran a Babilonia con los objetos preciosos de la casa del SEÑOR, e hizo a su pariente Sedequías rey sobre Judá y Jerusalén.

11 Sedequías *tenía* veintiún años cuando comenzó a reinar, y reinó once años en Jerusalén.

12 E hizo lo malo ante los ojos del SEÑOR su Dios; y no se humilló delante del profeta Jeremías que le hablaba por boca del SEÑOR.

13 También se rebeló contra el rey Nabucodonosor que le había hecho jurar *fidelidad* por Dios. Pero endureció su cerviz y obstinó su corazón *en vez de* volverse al SEÑOR, Dios de Israel.

14 Asimismo todos los jefes de los sacerdotes y el pueblo fueron infieles en gran manera, *y siguieron* todas las abominaciones de las naciones, y profanaron la casa del SEÑOR que El había consagrado en Jerusalén.

15 Y el SEÑOR, Dios de sus padres, les envió *palabra* repetidas veces por sus mensajeros, porque El tenía compasión de su pueblo y de su morada;

16 pero ellos *continuamente* se burlaban de los mensajeros de Dios, despreciaban sus palabras y se mofaban de sus profetas, hasta que subió el furor del SEÑOR contra su pueblo, y ya no hubo remedio.

17 Entonces El hizo subir contra ellos al rey de los caldeos, que mató a espada a sus jóvenes en la casa de su santuario, y no tuvo compasión del

joven ni de la virgen, del viejo ni del débil; a todos ellos *los* entregó en su mano.

18 Y todos los objetos de la casa de Dios, grandes y pequeños, los tesoros de la casa del SEÑOR y los tesoros del rey y de sus oficiales, todo *lo* llevó a Babilonia.

19 Y quemaron la casa de Dios, derribaron la muralla de Jerusalén, prendieron fuego a todos sus palacios y destruyeron todos sus objetos valiosos.

20 Y a los que habían escapado de la espada se llevó a Babilonia; y fueron siervos de él y de sus hijos hasta el dominio del reino de Persia,

21 para que se cumpliera la palabra del SEÑOR por boca de Jeremías, hasta que la tierra hubiera gozado de sus días de reposo. Todos los días de su desolación reposó hasta que se cumplieron los setenta años.

22 Y en el primer año de Ciro, rey de Persia, para que se cumpliera la palabra del SEÑOR por boca de Jeremías, el SEÑOR movió el espíritu de Ciro, rey de Persia, y éste envió a proclamar de palabra y también por escrito, por todo su reino, diciendo:

23 Así dice Ciro, rey de Persia: "El SEÑOR, el Dios de los cielos, me ha dado todos los reinos de la tierra, y me ha designado para que yo le edifique una casa en Jerusalén, que está en Judá. Quien de entre vosotros sea de su pueblo, el SEÑOR su Dios sea con él, y suba."

Libro de ESDRAS

Proclamación de Ciro

1 En el primer año de Ciro, rey de Persia, para que se cumpliera la palabra del SEÑOR por boca de Jeremías, el SEÑOR movió el espíritu de Ciro, rey de Persia, y *éste* hizo proclamar por todo su reino y también por escrito, diciendo:

2 Así dice Ciro, rey de Persia: "El SEÑOR, el Dios de los cielos, me ha dado todos los reinos de la tierra, y El me ha designado para que le edifique una casa en Jerusalén, que está en Judá.

3 "Quien de entre todos vosotros *pertenezca* a su pueblo, sea su Dios con él. Que suba a Jerusalén, que está en Judá, y edifique la casa del SEÑOR, Dios de Israel; El es el Dios que está en Jerusalén.

4 "Y a todo sobreviviente, en cualquier lugar que habite, que los hombres de aquel lugar lo ayuden con plata y oro, con bienes y ganado, junto con una ofrenda voluntaria para la casa de Dios que está en Jerusalén."

5 Entonces se levantaron los jefes de las *casas* paternas de Judá y de Benjamín, y los sacerdotes y los levitas, y todos aquellos cuyo espíritu Dios había movido a subir para edificar la casa del SEÑOR que está en Jerusalén.

6 Y todos los que *habitaban* alrededor de ellos les ayudaron con objetos de plata, con oro, con bienes, con ganado y con objetos preciosos, además de todo lo que fue dado como ofrenda voluntaria.

7 También el rey Ciro sacó los objetos de la casa del SEÑOR que Nabucodonosor se había llevado de Jerusalén y había puesto en la casa de sus dioses;

8 Ciro, rey de Persia, los hizo sacar por mano del tesorero Mitrídates, que los dio contados a Sesbasar, príncipe de Judá.

9 Y este *fue* su número: treinta platos de oro, mil platos de plata, veintinueve duplicados;

10 tazas de oro, treinta; tazas de plata de otra clase, cuatrocientas diez; *y* otros objetos, mil.

11 Todos los objetos de oro y de plata *fueron* cinco mil cuatrocientos. Sesbasar los trajo todos con los desterrados que subieron de Babilonia a Jerusalén.

Los que volvieron con Zorobabel

2 Estos son los hijos de la provincia que subieron de la cautividad, de los desterrados que Nabucodonosor, rey de Babilonia, había llevado cautivos a Babilonia y que volvieron a Jerusalén y a Judá, cada uno a su ciudad,

2 los cuales vinieron con Zorobabel, Jesúa, Nehemías, Seraías, Reelaías, Mardoqueo, Bilsán, Mispar, Bigvai, Rehum *y* Baana.
El número de hombres del pueblo de Israel:

3 los hijos de Paros, dos mil ciento setenta y dos;

4 los hijos de Sefatías, trescientos setenta y dos;

5 los hijos de Ara, setecientos setenta y cinco;

6 los hijos de Pahat-moab, de los hijos de Jesúa *y* de Joab, dos mil ochocientos doce;

7 los hijos de Elam, mil doscientos cincuenta y cuatro;

8 los hijos de Zatu, novecientos cuarenta y cinco;

9 los hijos de Zacai, setecientos sesenta;

10 los hijos de Bani, seiscientos cuarenta y dos;

11 los hijos de Bebai, seiscientos veintitrés;

12 los hijos de Azgad, mil doscientos veintidós;

13 los hijos de Adonicam, seiscientos sesenta y seis;

14 los hijos de Bigvai, dos mil cincuenta y seis;

15 los hijos de Adín, cuatrocientos cincuenta y cuatro;

16 los hijos de Ater, de Ezequías, noventa y ocho;

17 los hijos de Bezai, trescientos veintitrés;

18 los hijos de Jora, ciento doce;

19 los hijos de Hasum, doscientos veintitrés;

20 los hijos de Gibar, noventa y cinco;

21 los hijos de Belén, ciento veintitrés;

22 los hombres de Netofa, cincuenta y seis;

23 los hombres de Anatot, ciento veintiocho;

24 los hijos de Azmavet, cuarenta y dos;

25 los hijos de Quiriat-jearim, Cafira y Beerot, setecientos cuarenta y tres;

26 los hijos de Ramá y Geba, seiscientos veintiuno;

27 los hombres de Micmas, ciento veintidós;

28 los hombres de Betel y Hai, doscientos veintitrés;

29 los hijos de Nebo, cincuenta y dos;

30 los hijos de Magbis, ciento cincuenta y seis;
31 los hijos del otro Elam, mil doscientos cincuenta y cuatro;
32 los hijos de Harim, trescientos veinte;
33 los hijos de Lod, Hadid y Ono, setecientos veinticinco;
34 los hijos de Jericó, trescientos cuarenta y cinco;
35 los hijos de Senaa, tres mil seiscientos treinta.
36 Los sacerdotes: los hijos de Jedaías, de la casa de Jesúa, novecientos setenta y tres;
37 los hijos de Imer, mil cincuenta y dos;
38 los hijos de Pasur, mil doscientos cuarenta y siete;
39 los hijos de Harim, mil diecisiete.
40 Los levitas: los hijos de Jesúa y de Cadmiel, de los hijos de Hodavías, setenta y cuatro.
41 Los cantores: los hijos de Asaf, ciento veintiocho.
42 Los hijos de los porteros: los hijos de Salum, los hijos de Ater, los hijos de Talmón, los hijos de Acub, los hijos de Hatita, los hijos de Sobai, en total ciento treinta y nueve.
43 Los sirvientes del templo: los hijos de Ziha, los hijos de Hasufa, los hijos de Tabaot,
44 los hijos de Queros, los hijos de Siaha, los hijos de Padón,
45 los hijos de Lebana, los hijos de Hagaba, los hijos de Acub,
46 los hijos de Hagab, los hijos de Salmai, los hijos de Hanán,
47 los hijos de Gidel, los hijos de Gahar, los hijos de Reaía,
48 los hijos de Rezín, los hijos de Necoda, los hijos de Gazam,
49 los hijos de Uza, los hijos de Paseah, los hijos de Besai,
50 los hijos de Asena, los hijos de Mehunim, los hijos de Nefusim,
51 los hijos de Bacbuc, los hijos de Hacufa, los hijos de Harhur,
52 los hijos de Bazlut, los hijos de Mehída, los hijos de Harsa,
53 los hijos de Barcos, los hijos de Sísara, los hijos de Tema,
54 los hijos de Nezía, los hijos de Hatifa.
55 Los hijos de los siervos de Salomón: los hijos de Sotai, los hijos de Soferet, los hijos de Peruda,
56 los hijos de Jaala, los hijos de Darcón, los hijos de Gidel,
57 los hijos de Sefatías, los hijos de Hatil, los hijos de Poqueret-hazebaim, los hijos de Ami.
58 El total de los sirvientes del templo y de los hijos de los siervos de Salomón, *era de* trescientos noventa y dos.
59 Y estos *fueron* los que subieron de Tel-mela, Tel-harsa, Querub, Addán *e* Imer, aunque no pudieron demostrar si sus casas paternas o su descendencia eran de Israel:
60 los hijos de Delaía, los hijos de Tobías, los hijos de Necoda, seiscientos cincuenta y dos;
61 y de los hijos de los sacerdotes: los hijos de Habaía, los hijos de Cos, los hijos de Barzilai, que había tomado por mujer a una de las hijas de Barzilai galaadita, con cuyo nombre fue llamado.
62 Estos buscaron *en* su registro de genealogías, pero no se hallaron, y fueron considerados inmundos *y excluidos* del sacerdocio.
63 Y el gobernador les dijo que no comieran de las cosas santísimas hasta que un sacerdote se levantara con Urim y Tumim.

64 Toda la asamblea reunida *era de* cuarenta y dos mil trescientos sesenta,
65 sin contar sus siervos y siervas, que *eran* siete mil trescientos treinta y siete; y tenían doscientos cantores y cantoras.
66 Sus caballos *eran* setecientos treinta y seis; sus mulos, doscientos cuarenta y cinco;
67 sus camellos, cuatrocientos treinta y cinco; *sus* asnos, seis mil setecientos veinte.
68 Y algunos de los jefes de *casas* paternas, cuando llegaron a la casa del Señor que está en Jerusalén, hicieron ofrendas voluntarias en la casa de Dios para reedificarla sobre sus *mismos* cimientos.
69 Según sus medios dieron al tesoro para la obra sesenta y un mil dracmas de oro, cinco mil minas de plata y cien túnicas sacerdotales.
70 Y los sacerdotes y los levitas, algunos del pueblo, los cantores, los porteros y los sirvientes del templo habitaban en sus ciudades, y el resto de Israel en sus ciudades.

Restauración del culto

3 Cuando llegó el mes séptimo, y los hijos de Israel *estaban ya* en las ciudades, el pueblo se reunió como un solo hombre en Jerusalén.
2 Entonces Jesúa, hijo de Josadac, con sus hermanos los sacerdotes, y Zorobabel, hijo de Salatiel, con sus hermanos, se levantaron y edificaron el altar del Dios de Israel, para ofrecer holocaustos sobre él, como está escrito en la ley de Moisés, hombre de Dios.
3 Y asentaron el altar sobre su base, porque estaban aterrorizados a causa de los pueblos de aquellas tierras; y sobre él ofrecieron holocaustos al Señor, los holocaustos de la mañana y de la tarde.
4 Y celebraron la fiesta de los tabernáculos como está escrito, con el número diario de holocaustos, conforme a lo prescrito para cada día;
5 y después *ofrecieron* el holocausto continuo, y los de las lunas nuevas, los de todas las fiestas señaladas del Señor que habían sido consagradas, y los de todos aquellos que ofrecían una ofrenda voluntaria al Señor.
6 Desde el primer día del mes séptimo comenzaron a ofrecer holocaustos al Señor, pero los cimientos del templo del Señor no se habían echado todavía.
7 Entonces dieron dinero a los canteros y a los carpinteros, y alimento, bebida y aceite a los sidonios y a los tirios para que trajeran madera de cedro desde el Líbano por mar a Jope, conforme al permiso que tenían de Ciro, rey de Persia.
8 Y en el segundo año de su llegada a la casa de Dios en Jerusalén, en el mes segundo, Zorobabel, hijo de Salatiel, y Jesúa, hijo de Josadac, y los demás de sus hermanos los sacerdotes y los levitas, y todos los que habían venido de la cautividad a Jerusalén, comenzaron *la obra* y designaron a los levitas de veinte años arriba para dirigir la obra de la casa del Señor.
9 Entonces Jesúa *con* sus hijos y sus hermanos, Cadmiel con sus hijos, los hijos de Judá *y* los hijos de Henadad *con* sus hijos y sus hermanos

los levitas, se presentaron *todos* a una para dirigir a los obreros en la casa de Dios.

10 Cuando los albañiles habían echado los cimientos del templo del Señor, se presentaron los sacerdotes en sus vestiduras, con trompetas, y los levitas, hijos de Asaf, con címbalos, para alabar al Señor conforme a las instrucciones del rey David de Israel.

11 Y cantaban, alabando y dando gracias al Señor: Porque Él es bueno, porque para siempre es su misericordia sobre Israel. Y todo el pueblo aclamaba a gran voz alabando al Señor porque se habían echado los cimientos de la casa del Señor.

12 Pero muchos de los sacerdotes y levitas y jefes de *casas* paternas, los ancianos que habían visto el primer templo, cuando se echaban los cimientos de este templo delante de sus ojos, lloraban en alta voz mientras muchos daban gritos de alegría;

13 y el pueblo no podía distinguir el clamor de los gritos de alegría del clamor del llanto del pueblo, porque el pueblo gritaba en voz alta, y se oía el clamor desde lejos.

Oposición a la construcción

4 Cuando se enteraron los enemigos de Judá y de Benjamín de que el pueblo del destierro estaba edificando un templo al Señor, Dios de Israel,

2 se llegaron a Zorobabel y a los jefes de *casas* paternas, y les dijeron: Vamos a edificar con vosotros, porque, como vosotros, buscamos a vuestro Dios, y le hemos estado ofreciendo sacrificios desde los días de Esar-hadón, rey de Asiria, que nos trajo aquí.

3 Pero Zorobabel y Jesúa y los demás jefes de *casas* paternas de Israel les dijeron: No tenéis nada en común con nosotros para que *juntos* edifiquemos una casa a nuestro Dios, sino que nosotros unidos *la* edificaremos al Señor, Dios de Israel, como nos ordenó el rey Ciro, rey de Persia.

4 Entonces el pueblo de aquella tierra se puso a desanimar al pueblo de Judá, y a atemorizarlos para que dejaran de edificar;

5 y tomaron a sueldo contra ellos consejeros para frustrar sus propósitos, todos los días de Ciro, rey de Persia, hasta el reinado de Darío, rey de Persia.

6 En el reinado de Asuero[1], al principio de su reinado, escribieron una acusación contra los habitantes de Judá y de Jerusalén.

7 Y en los días de Artajerjes, Bislam, Mitrídates, Tabeel y sus demás compañeros escribieron a Artajerjes, rey de Persia, y el texto de la carta estaba en escritura aramea y traducido al arameo.

8 [2]Rehum, el gobernador, y Simsai, el escriba, escribieron una carta al rey Artajerjes contra Jerusalén, de esta manera:

9 Rehum, el gobernador, Simsai, el escriba, y sus demás compañeros, los jueces y los gobernadores de menos categoría, los oficiales, los secretarios, los hombres de Erec, los babilonios, los hombres de Susa, es decir, los elamitas,

10 y las demás naciones que el grande y noble Asnapar deportó y estableció en la ciudad de Samaria, y en el resto *de la provincia* al otro lado del río[3]. (Y ahora

11 esta es la copia de la carta que le enviaron.) Al rey Artajerjes, de tus siervos, los hombres *de la provincia* al otro lado del río: Y ahora

12 sepa el rey que los judíos que subieron de ti han venido a nosotros en Jerusalén; están reedificando la ciudad rebelde y perversa, y están terminando las murallas y reparando los cimientos.

13 Ahora sepa el rey, que si esa ciudad es reedificada y las murallas terminadas, ellos no pagarán tributo, ni impuesto, ni peaje, lo cual perjudicará los ingresos de los reyes.

14 Y debido a que estamos en el servicio del palacio, y no es apropiado que veamos el menosprecio del rey, por eso hemos enviado para hacerlo saber al rey,

15 a fin de que se investigue en el libro de las Memorias de tus padres. Y en el libro de las Memorias hallarás y sabrás que esa ciudad es una ciudad rebelde y perjudicial a los reyes y a las provincias, y que en tiempos pasados se han incitado rebeliones dentro de ella; por eso fue devastada esa ciudad.

16 Nosotros informamos al rey que si esa ciudad es reedificada y las murallas terminadas, como resultado, el territorio más allá del río no será tuyo.

17 *Entonces* el rey envió respuesta a Rehum, el gobernador, a Simsai, el escriba, y a sus demás compañeros que habitan en Samaria y en las demás *provincias* al otro lado del río: Paz. Y ahora

18 el documento que nos enviasteis ha sido leído claramente delante de mí.

19 Y por mí fue proclamado un decreto; se investigaron los hechos, y se ha descubierto que esa ciudad en tiempos pasados se ha levantado contra los reyes, y que en ella se ha fomentado rebelión e insurrección;

20 que reyes poderosos han reinado sobre Jerusalén, gobernando todas *las provincias* más allá del río, y que se les pagaba tributo, impuesto y peaje.

21 Ahora pues, proclamad un decreto para que estos hombres paren *la obra* y que esa ciudad no sea reedificada hasta que salga un decreto de mí.

22 Y cuidaos de no ser negligentes en cumplir este *asunto*; ¿por qué se ha de aumentar el daño en perjuicio de los reyes?

23 Entonces, tan pronto como la copia del documento del rey Artajerjes fue leída delante de Rehum, del escriba Simsai, y sus compañeros, fueron a toda prisa a Jerusalén, a los judíos, y los hicieron parar por la fuerza.

24 Entonces cesó la obra en la casa de Dios que *estaba* en Jerusalén, y quedó suspendida hasta el año segundo del reinado de Darío, rey de Persia.

La construcción se reanuda

5 Cuando los profetas Hageo y Zacarías, hijo de Iddo, profetizaron a los judíos que *estaban* en Judá y en Jerusalén, en el nombre del Dios de Israel que *estaba* sobre ellos,

2 Zorobabel, hijo de Salatiel, y Jesúa, hijo de Josadac, se levantaron entonces y comenzaron a reedificar la casa de Dios en Jerusalén; y los profetas de Dios estaban con ellos apoyándolos.

---

1. O, *Jerjes*; heb., *Ajashverosh* 2. Los vers. 4:8 hasta 6:18 están escritos en arameo 3. I.e., el Eufrates, y así en el resto del cap.

3 En aquel tiempo Tatnai, gobernador de *la provincia* al otro lado del río, y Setar-boznai y sus compañeros vinieron a ellos y les hablaron así: ¿Quién os dio orden de reedificar este templo y de terminar este edificio?

4 También les dijeron así: ¿Cuáles son los nombres de los hombres que están reedificando este edificio?

5 Pero el ojo de su Dios velaba sobre los ancianos de los judíos, y no les detuvieron *la obra* hasta que un informe llegara a Darío, y volviera una respuesta escrita tocante al asunto.

6 *Esta es* la copia de la carta que Tatnai, gobernador de *la provincia* al otro lado del río, y Setar-boznai y sus compañeros los oficiales que *estaban* al otro lado del río, enviaron al rey Darío.

7 Le enviaron un informe que estaba escrito así: Al rey Darío, toda paz.

8 Sepa el rey que hemos ido a la provincia de Judá, a la casa del gran Dios, que está siendo edificada con piedras enormes y vigas empotradas en las paredes; y esta obra se adelanta con gran esmero y prospera en sus manos.

9 Entonces preguntamos a aquellos ancianos, *y* les dijimos así: "¿Quién os dio orden de reedificar este templo y de terminar este edificio?"

10 También les preguntamos sus nombres para informarte, *y* para dar por escrito los nombres de los hombres que eran sus jefes.

11 Y así nos respondieron, diciendo: "Somos los siervos del Dios del cielo y de la tierra, y estamos reedificando el templo que fue construido hace muchos años, el cual un gran rey de Israel edificó y terminó.

12 Pero como nuestros padres provocaron a ira al Dios del cielo, Él los entregó en mano de Nabucodonosor, rey de Babilonia, el caldeo, *quien* destruyó este templo, y deportó al pueblo a Babilonia.

13 Sin embargo, en el año primero de Ciro, rey de Babilonia, el rey Ciro proclamó un decreto de que se reedificara esta casa de Dios.

14 También los utensilios de oro y de plata de la casa de Dios, que Nabucodonosor había sacado del templo que *estaba* en Jerusalén y llevado al templo de Babilonia, los sacó el rey Ciro del templo de Babilonia, y fueron entregados a Sesbasar, a quien había puesto por gobernador.

15 Y le dijo: "Toma estos utensilios, ve *y* colócalos en el templo que *está* en Jerusalén, y que sea la casa de Dios reedificada en su lugar.

16 Entonces aquel Sesbasar vino *y* puso los cimientos de la casa de Dios que *está* en Jerusalén; y desde entonces hasta ahora se sigue construyendo, pero aún no está terminada."

17 Y ahora, si al rey *le parece* bien, que se busque en la casa del tesoro del rey que *está* allí en Babilonia, *a ver* si es que fue proclamado un decreto de parte del rey Ciro para reedificar esta casa de Dios en Jerusalén; y que se nos envíe la decisión del rey en cuanto a este *asunto.*

Decreto de Darío

6 Entonces el rey Darío proclamó un decreto, y buscaron en los archivos donde se guardaban los tesoros allí en Babilonia.

2 Y en Acmeta, en la fortaleza que está en la provincia de Media, hallaron un rollo en el que estaba escrito lo siguiente: Memorándum:

3 En el año primero del rey Ciro, el rey Ciro proclamó un decreto: "*En cuanto* a la casa de Dios en Jerusalén, que sea reedificado el templo, el lugar donde se ofrecen los sacrificios, y que se conserven sus cimientos, con altura de sesenta codos y su anchura de sesenta codos;

4 con tres hileras de piedras enormes y una hilera de madera; y que los gastos se paguen del tesoro real.

5 "Y que también se devuelvan los utensilios de oro y de plata de la casa de Dios, los cuales Nabucodonosor sacó del templo en Jerusalén y trajo a Babilonia, y que se lleven a sus lugares en el templo en Jerusalén y sean colocados en la casa de Dios."

6 Ahora pues, Tatnai, gobernador de *la provincia* al otro lado del río, Setar-boznai, y vuestros compañeros, los oficiales del otro lado del río, alejaos de allí.

7 No impidáis esta obra de la casa de Dios, y que el gobernador de los judíos y los ancianos de los judíos reedifiquen esta casa de Dios en su lugar.

8 Además, este es mi decreto en cuanto a lo que habéis de hacer por estos ancianos de Judá en la reedificación de esta casa de Dios: del tesoro real de los tributos del otro lado del río se han de pagar todos los gastos a este pueblo, y esto sin demora.

9 Y todo lo que se necesite: novillos, carneros y corderos para holocausto al Dios del cielo, *y* trigo, sal, vino y aceite de unción, según lo pidan los sacerdotes que *están* en Jerusalén, se les dará día por día sin falta,

10 para que puedan ofrecer sacrificios agradables al Dios del cielo y orar por la vida del rey y de sus hijos.

11 Y he proclamado un decreto de que cualquiera que quebrante este edicto, de su casa se arranque un madero, y levantándolo, sea colgado en él, y que su casa sea reducida a escombros a causa de esto.

12 Y que el Dios que ha hecho morar allí su nombre derribe a todo rey o pueblo que trate de cambiar*lo* para destruir esta casa de Dios en Jerusalén. Yo, Darío, he proclamado *este* decreto; que sea ejecutado con toda exactitud.

13 Entonces Tatnai, gobernador de *la provincia* al otro lado del río, Setar-boznai y sus compañeros ejecutaron *el decreto* con toda exactitud, tal como el rey Darío había ordenado.

14 Y los ancianos de los judíos tuvieron éxito en la edificación según la profecía del profeta Hageo y de Zacarías, hijo de Iddo. Y terminaron de edificar conforme al mandato del Dios de Israel y al decreto de Ciro, de Darío y de Artajerjes, rey de Persia.

15 Y este templo fue terminado el tercer día del mes de Adar; era el año sexto del reinado del rey Darío.

16 Y los hijos de Israel, los sacerdotes, los levitas y los demás desterrados, celebraron con júbilo la dedicación de esta casa de Dios.

17 Y para la dedicación de esta casa de Dios ofrecieron cien novillos, doscientos carneros, cuatrocientos corderos, y como ofrenda por el pecado por todo Israel, doce machos cabríos, conforme al número de las tribus de Israel.

18 Entonces asignaron a los sacerdotes en sus secciones y a los levitas en sus clases para el servicio de Dios en Jerusalén, como está escrito en el libro de Moisés.

19 Los desterrados celebraron la Pascua el *día* catorce del mes primero.

20 Ya que los sacerdotes y los levitas se habían purificado juntamente, todos ellos estaban purificados, entonces mataron *al cordero* de la Pascua para todos los desterrados, tanto para sus hermanos los sacerdotes como para sí mismos.

21 Comieron *la Pascua* los hijos de Israel que habían vuelto del destierro y todos aquellos que se habían apartado de la impureza de las naciones de la tierra para *unirse* a ellos, para buscar al SEÑOR, Dios de Israel.

22 Y con gozo celebraron por siete días la fiesta de los panes sin levadura, porque el SEÑOR los había llenado de regocijo, y había vuelto hacia ellos el corazón del rey de Asiria para animarlos en la obra de la casa de Dios, el Dios de Israel.

Llegada de Esdras a Jerusalén

7 Después de estas cosas, en el reinado de Artajerjes, rey de Persia, *subió* Esdras hijo de Seraías, hijo de Azarías, hijo de Hilcías,

2 hijo de Salum, hijo de Sadoc, hijo de Ahitob,

3 hijo de Amarías, hijo de Azarías, hijo de Meraiot,

4 hijo de Zeraías, hijo de Uzi, hijo de Buqui,

5 hijo de Abisúa, hijo de Finees, hijo de Eleazar, hijo de Aarón, sumo sacerdote.

6 Este Esdras subió de Babilonia, y *era* escriba experto en la ley de Moisés, que el SEÑOR, Dios de Israel, había dado; y el rey le concedió todo lo que pedía porque la mano del SEÑOR su Dios *estaba* sobre él.

7 También *algunos* de los hijos de Israel y de los sacerdotes, levitas, cantores, porteros y sirvientes del templo subieron a Jerusalén en el año séptimo del rey Artajerjes.

8 Y él llegó a Jerusalén en el quinto mes; era el año séptimo del rey.

9 Porque el primer *día* del mes primero comenzó a subir de Babilonia; y el primer *día* del mes quinto llegó a Jerusalén, pues la mano bondadosa de su Dios *estaba* sobre él.

10 Ya que Esdras había dedicado su corazón a estudiar la ley del SEÑOR, y a practicar*la*, y a enseñar *sus* estatutos y ordenanzas en Israel.

11 Esta es la copia del decreto que el rey Artajerjes dio al sacerdote Esdras, el escriba, instruido en las palabras de los mandamientos del SEÑOR y de sus estatutos para Israel:

12 ¹Artajerjes, rey de reyes, al sacerdote Esdras, escriba de la ley del Dios del cielo: Paz perfecta. Y ahora

13 yo he proclamado un decreto de que cualquiera del pueblo de Israel, de sus sacerdotes y de los levitas en mi reino que esté dispuesto a ir a Jerusalén, puede ir contigo.

14 Por cuanto eres enviado por el rey y sus siete consejeros para investigar acerca de Judá y de Jerusalén conforme a la ley de tu Dios que está en tu mano,

15 y para llevar la plata y el oro que el rey y sus

consejeros han ofrendado voluntariamente al Dios de Israel, cuya morada *está* en Jerusalén,

16 y toda la plata y el oro que halles en toda la provincia de Babilonia, con la ofrenda voluntaria que el pueblo y los sacerdotes hayan ofrecido voluntariamente para la casa de su Dios que *está* en Jerusalén.

17 Con este dinero, pues, comprarás diligentemente novillos, carneros y corderos, con sus ofrendas de cereal y sus libaciones *correspondientes*, y los ofrecerás sobre el altar de la casa de vuestro Dios que está en Jerusalén.

18 Y lo que a ti y a tus hermanos os parezca bien hacer con la plata y el oro que quede, hacedlo conforme a la voluntad de vuestro Dios.

19 También los utensilios que te son entregados para el servicio de la casa de tu Dios, entrégalos todos delante del Dios de Jerusalén.

20 Y lo demás que se necesite para la casa de tu Dios, para lo cual tengas ocasión de proveer, provéelo del tesoro real.

21 Yo, el rey Artajerjes, proclamo un decreto a todos los tesoreros que están *en las provincias* más allá del río, que todo lo que os pida el sacerdote Esdras, escriba de la ley del Dios del cielo, sea hecho puntualmente,

22 hasta cien talentos de plata, cien coros de trigo, cien batos de vino, cien batos de aceite y sal sin medida.

23 Todo cuanto ordene el Dios del cielo, sea hecho con esmero para la casa del Dios del cielo, no sea que venga la ira contra el reino del rey y sus hijos.

24 También os hacemos saber que no se permite cobrar tributo, impuesto o peaje a ninguno de los sacerdotes, levitas, cantores, porteros, sirvientes, o ministros de esta casa de Dios.

25 Y tú, Esdras, conforme a la sabiduría de tu Dios que posees, nombra magistrados y jueces para juzgar a todo el pueblo que *está en la provincia* más allá del río, a todos los que conocen las leyes de tu Dios; y a cualquiera que *las* ignore, *le* enseñarás.

26 Y todo aquel que no cumpla la ley de tu Dios y la ley del rey, que la justicia se le aplique severamente, sea para muerte o destierro o confiscación de bienes o encarcelamiento.

27 Bendito sea el SEÑOR, Dios de nuestros padres, que ha puesto *esto* en el corazón del rey, para embellecer la casa del SEÑOR que *está* en Jerusalén,

28 y que me ha extendido misericordia delante del rey y de sus consejeros y delante de todos los príncipes poderosos del rey. Así fui fortalecido según *estaba* la mano del SEÑOR mi Dios sobre mí, y reuní a los jefes de Israel para que subieran conmigo.

Los que volvieron con Esdras

8 Y estos son los jefes de sus *casas* paternas, con su genealogía, que subieron conmigo de Babilonia en el reinado del rey Artajerjes:

2 de los hijos de Finees, Gersón; de los hijos de Itamar, Daniel; de los hijos de David, Hatús;

3 de los hijos de Secanías, *que era* de los hijos de Paros, Zacarías, y con él ciento cincuenta varones *que estaban en* la lista genealógica;

---

1. Los vers. 7:12-26 están escritos en arameo

4 de los hijos de Pahat-moab, Elioenai, hijo de Zeraías, y con él doscientos varones;

5 de los hijos de Zatu, Secanías, hijo de Jahaziel, y con él trescientos varones;

6 de los hijos de Adín, Ebed, hijo de Jonatán, y con él cincuenta varones;

7 de los hijos de Elam, Jesaías, hijo de Atalías, y con él setenta varones;

8 de los hijos de Sefatías, Zebadías, hijo de Micael, y con él ochenta varones;

9 de los hijos de Joab, Obadías, hijo de Jehiel, y con él doscientos dieciocho varones;

10 de los hijos de Bani, Selomit, hijo de Josifías, y con él ciento sesenta varones;

11 de los hijos de Bebai, Zacarías, hijo de Bebai, y con él veintiocho varones;

12 de los hijos de Azgad, Johanán, hijo de Hacatán, y con él ciento diez varones;

13 de los hijos de Adonicam, los postreros, cuyos nombres son estos: Elifelet, Jeiel y Semaías, y con ellos sesenta varones;

14 y de los hijos de Bigvai, Utai y Zabud, y con ellos setenta varones.

15 Y los reuní junto al río que corre a Ahava, donde acampamos tres días; y habiendo buscado entre el pueblo y los sacerdotes, no hallé ninguno de los hijos de Leví allí.

16 Por eso envié a llamar a Eliezer, Ariel, Semaías, Elnatán, Jarib, Elnatán, Natán, Zacarías y Mesulam, jefes, y a Joiarib y a Elnatán, *hombres* sabios;

17 y los envié a Iddo, jefe en la localidad de Casifia; puse en boca de ellos las palabras que debían decir a Iddo y a sus hermanos, los sirvientes del templo en la localidad de Casifia, para que nos trajeran ministros para la casa de nuestro Dios.

18 Y conforme a la mano bondadosa de nuestro Dios sobre nosotros, nos trajeron a un hombre de entendimiento de los hijos de Mahli, hijo de Leví, hijo de Israel, es decir, a Serebías, con sus hijos y hermanos, dieciocho *hombres;*

19 y a Hasabías y a Jesaías de los hijos de Merari, con sus hermanos y sus hijos, veinte *hombres;*

20 y de los sirvientes del templo, a quienes David y los príncipes habían puesto para el servicio de los levitas, doscientos veinte sirvientes del templo, todos ellos designados por sus nombres.

21 Entonces proclamé allí, junto al río Ahava, un ayuno para que nos humilláramos delante de nuestro Dios a fin de implorar de El un viaje feliz para nosotros, para nuestros pequeños y para todas nuestras posesiones.

22 Porque tuve vergüenza de pedir al rey tropas y hombres a caballo para protegernos del enemigo en el camino, pues habíamos dicho al rey: La mano de nuestro Dios es propicia para con todos los que le buscan, mas su poder y su ira contra todos los que le abandonan.

23 Ayunamos, pues, y pedimos a nuestro Dios acerca de esto, y El escuchó nuestra súplica.

24 Entonces aparté a doce de los sacerdotes principales, a Serebías, a Hasabías, y con ellos diez de sus hermanos;

25 y les pesé la plata, el oro y los utensilios, la ofrenda para la casa de nuestro Dios que habían ofrecido el rey, sus consejeros, sus príncipes y todo Israel que *allí* estaba.

26 Pesé, pues, y *entregué* en sus manos seiscientos cincuenta talentos de plata, y utensilios de plata *que valían* cien talentos, *y* cien talentos de oro;

27 también veinte tazas de oro *que valían* mil dáricos, y dos utensilios de fino y reluciente bronce, valiosos como el oro.

28 Y les dije: Vosotros estáis consagrados al Señor, y los utensilios son sagrados; y la plata y el oro son ofrenda voluntaria al Señor, Dios de vuestros padres.

29 Velad y guardad*los* hasta que *los* peséis delante de los principales sacerdotes, los levitas y los jefes de *casas* paternas de Israel en Jerusalén, *en* las cámaras de la casa del Señor.

30 Los sacerdotes y los levitas recibieron la plata, el oro y los utensilios *ya* pesados, para traer*los* a Jerusalén a la casa de nuestro Dios.

31 Partimos del río Ahava el *día* doce del mes primero para ir a Jerusalén; y la mano de nuestro Dios estaba sobre nosotros, y nos libró de mano del enemigo y de las emboscadas en el camino.

32 Y llegamos a Jerusalén y nos quedamos allí tres días.

33 Y al cuarto día la plata y el oro y los utensilios fueron pesados en la casa de nuestro Dios *y entregados* en mano de Meremot, hijo del sacerdote Urías, y con él *estaba* Eleazar, hijo de Finees; y con ellos *estaban* los levitas Jozabad, hijo de Jesúa, y Noadías, hijo de Binúi.

34 Todo *fue* contado y pesado, y todo el peso fue anotado en aquel tiempo.

35 Los desterrados que habían venido de la cautividad ofrecieron holocaustos al Dios de Israel: doce novillos por todo Israel, noventa y seis carneros, setenta y siete corderos, doce machos cabríos como ofrenda por el pecado; todo como holocausto al Señor.

36 Entonces entregaron los edictos del rey a los sátrapas del rey, y a los gobernadores del otro lado del río; y éstos apoyaron al pueblo y a la casa de Dios.

Oración de Esdras

9 Y acabadas estas cosas, se me acercaron los príncipes, diciendo: El pueblo de Israel, los sacerdotes y los levitas no se han separado de los pueblos de las tierras y sus abominaciones: de los cananeos, heteos, ferezeos, jebuseos, amonitas, moabitas, egipcios y amorreos;

2 sino que han tomado mujeres de entre las hijas de ellos para sí y para sus hijos, y el linaje santo se ha mezclado con los pueblos de las tierras; es más, la mano de los príncipes y de los gobernantes ha sido la primera en *cometer* esta infidelidad.

3 Y cuando oí de este asunto, rasgué mi vestido y mi manto, y arranqué pelo de mi cabeza y de mi barba, y me senté atónito.

4 Entonces se reunieron conmigo todos los que temblaban ante las palabras del Dios de Israel por causa de la infidelidad de los desterrados, y estuve sentado atónito hasta la ofrenda de la tarde.

5 Pero a *la hora de* la ofrenda de la tarde, me levanté de mi humillación con mi vestido y mi

manto rasgados, y caí de rodillas y extendí mis manos al Señor mi Dios;

6 y dije: Dios mío, estoy avergonzado y confuso para *poder* levantar mi rostro a ti, mi Dios, porque nuestras iniquidades se han multiplicado por encima de *nuestras* cabezas, y nuestra culpa ha crecido hasta los cielos.

7 Desde los días de nuestros padres hasta el día de hoy *hemos estado* bajo gran culpa, y a causa de nuestras iniquidades, nosotros, nuestros reyes *y* nuestros sacerdotes hemos sido entregados en mano de los reyes de estas tierras, a la espada, al cautiverio, al saqueo y a la vergüenza pública, como en este día.

8 Pero ahora, por un breve momento, ha habido misericordia de parte del Señor nuestro Dios, para dejarnos un remanente *que ha* escapado y darnos un refugio en su lugar santo, para que nuestro Dios ilumine nuestros ojos y nos conceda un poco de vida en nuestra servidumbre.

9 Porque siervos somos; mas en nuestra servidumbre, nuestro Dios no nos ha abandonado, sino que ha extendido *su* misericordia sobre nosotros ante los ojos de los reyes de Persia, dándonos ánimo para levantar la casa de nuestro Dios y para restaurar sus ruinas, y dándonos una muralla en Judá y en Jerusalén.

10 Y ahora, Dios nuestro, ¿qué diremos después de esto? Porque hemos abandonado tus mandamientos,

11 que por medio de tus siervos los profetas ordenaste, diciendo: "La tierra a la cual entráis para poseerla es una tierra inmunda con la inmundicia de los pueblos de estas tierras, con sus abominaciones que la han llenado de un extremo a otro, *y* con su impureza.

12"Ahora pues, no deis vuestras hijas a sus hijos ni toméis sus hijas para vuestros hijos, y nunca procuréis su paz ni su prosperidad, para que seáis fuertes y comáis lo mejor de la tierra y *la* dejéis por heredad a vuestros hijos para siempre."

13 Y después de todo lo que nos ha sobrevenido a causa de nuestras malas obras y nuestra gran culpa, puesto que tú, nuestro Dios, *nos* has pagado menos de *lo que* nuestras iniquidades *merecen*, y nos has dado un *remanente* que ha escapado como éste,

14 ¿hemos de quebrantar de nuevo tus mandamientos emparentándo*nos* con los pueblos que cometen estas abominaciones? ¿No te enojarías con nosotros hasta destruir*nos*, sin que quedara remanente ni quien escapara?

15 Oh Señor, Dios de Israel, tú eres justo, porque hemos quedado un *remanente* que ha escapado, como en este día; he aquí, estamos delante de ti en nuestra culpa, porque nadie puede estar delante de ti a causa de esto.

Expulsión de las mujeres extranjeras

10 Mientras Esdras oraba y hacía confesión, llorando y postrándose delante de la casa de Dios, una gran asamblea de Israel, hombres, mujeres y niños se juntó a él; y el pueblo lloraba amargamente.

2 Y Secanías, hijo de Jehiel, uno de los hijos de Elam, respondió, y dijo a Esdras: Hemos sido infieles a nuestro Dios, y nos hemos casado con mujeres extranjeras de los pueblos de esta tierra; pero todavía hay esperanza para Israel a pesar de esto.

3 Hagamos ahora un pacto con nuestro Dios de despedir a todas las mujeres y a sus hijos, conforme al consejo de mi señor[1] y de los que tiemblan ante el mandamiento de nuestro Dios; y que sea hecho conforme a la ley.

4 Levántate, porque *este* asunto es tu responsabilidad, pero estaremos contigo; anímate y *hazlo*.

5 Esdras se levantó e hizo jurar a los principales sacerdotes, a los levitas y a todo Israel que harían conforme a esta propuesta; y ellos juraron.

6 Después se levantó Esdras de delante de la casa de Dios y entró en la cámara de Johanán, hijo de Eliasib. Aunque entró allí, no comió pan ni bebió agua, porque hacía duelo a causa de la infidelidad de los desterrados.

7 E hicieron una proclama en Judá y Jerusalén a todos los desterrados para que se reunieran en Jerusalén,

8 y a cualquiera que no viniera dentro de tres días, conforme al consejo de los jefes y de los ancianos, le serían confiscadas todas sus posesiones y él mismo sería excluido de la asamblea de los desterrados.

9 Se reunieron, pues, todos los hombres de Judá y Benjamín en Jerusalén dentro de los tres días. Era el mes noveno, el *día* veinte del mes, y todo el pueblo se sentó en la plaza *delante* de la casa de Dios, temblando a causa de este asunto y de la intensa lluvia.

10 Entonces se levantó el sacerdote Esdras y les dijo: Vosotros habéis sido infieles y os habéis casado con mujeres extranjeras añadiendo *así* a la culpa de Israel.

11 Ahora pues, confesad al Señor, Dios de vuestros padres, y haced su voluntad; separaos de los pueblos de esta tierra y de las mujeres extranjeras.

12 Y toda la asamblea respondió, y dijo a gran voz: ¡Está bien! Tal como has dicho es nuestro deber hacer.

13 Sólo que el pueblo es numeroso, y es la temporada de lluvia, y no podemos permanecer fuera. Tampoco se puede hacer todo en un solo día ni en dos, porque hemos pecado en gran manera en este asunto.

14 Que nuestros jefes representen toda la asamblea y que todos aquellos en nuestras ciudades que se han casado con mujeres extranjeras vengan en tiempos señalados, junto con los ancianos y jueces de cada ciudad, hasta que la tremenda ira de nuestro Dios a causa de este asunto se aparte de nosotros.

15 Solamente Jonatán, hijo de Asael, y Jahazías, hijo de Ticva, se opusieron a esto, con Mesulam y el levita Sabetai respaldándolos.

16 Pero los desterrados sí lo hicieron. Y el sacerdote Esdras designó a hombres jefes de *casas* paternas por cada una de sus casas paternas, todos ellos por nombre. Y se reunieron el primer día del décimo mes para investigar el asunto.

17 Terminaron *de investigar* a todos los hombres

---

1. O, *del Señor*

que se habían casado con mujeres extranjeras el primer día del mes primero.

18 Entre los hijos de los sacerdotes que se habían casado con mujeres extranjeras se encontraron, de los hijos de Jesúa, hijo de Josadac, y de sus hermanos: Maasías, Eliezer, Jarib y Gedalías.

19 (Ellos juraron despedir a sus mujeres, y siendo culpables, *ofrecieron* un carnero del rebaño por su delito).

20 De los hijos de Imer: Hananí y Zebadías;

21 de los hijos de Harim: Maasías, Elías, Semaías, Jehiel y Uzías;

22 de los hijos de Pasur: Elioenai, Maasías, Ismael, Natanael, Jozabad y Elasa.

23 Entre los levitas: Jozabad, Simei, Kelaía, (es decir, Kelita), Petaías, Judá y Eliezer.

24 De los cantores: Eliasib, y de los porteros: Salum, Telem y Uri.

25 También entre los de Israel: de los hijos de Paros: Ramía, Jezías, Malquías, Mijamín, Eleazar, Malquías y Benaía;

26 de los hijos de Elam: Matanías, Zacarías, Jehiel, Abdi, Jeremot y Elías;

27 de los hijos de Zatu: Elioenai, Eliasib, Matanías, Jeremot, Zabad y Aziza;

28 de los hijos de Bebai: Johanán, Hananías, Zabai y Atlai;

29 de los hijos de Bani: Mesulam, Maluc, Adaía, Jasub, Seal y Ramot;

30 de los hijos de Pahat-moab: Adna, Quelal, Benaía, Maasías, Matanías, Bezaleel, Binúi y Manasés;

31 *de* los hijos de Harim: Eliezer, Isías, Malquías, Semaías, Simeón,

32 Benjamín, Maluc y Semarías;

33 de los hijos de Hasum: Matenai, Matata, Zabad, Elifelet, Jeremai, Manasés y Simei;

34 de los hijos de Bani: Madai, Amram, Uel,

35 Benaía, Bedías, Quelúhi,

36 Vanías, Meremot, Eliasib,

37 Matanías, Matenai, Jaasai,

38 Bani, Binúi, Simei,

39 Selemías, Natán, Adaía,

40 Macnadebai, Sasai, Sarai,

41 Azareel, Selemías, Semarías,

42 Salum, Amarías y José;

43 de los hijos de Nebo: Jeiel, Matatías, Zabad, Zebina, Jadau, Joel y Benaía.

44 Todos éstos se habían casado con mujeres extranjeras, y algunos de ellos *tenían* mujeres que *les* habían dado a luz hijos.

Libro de NEHEMIAS

Oración de Nehemías por los desterrados

1 Palabras de Nehemías, hijo de Hacalías.
Aconteció que en el mes de Quisleu, en el año veinte, estando yo en la fortaleza de Susa,

2 vino Hananí, uno de mis hermanos, con *algunos* hombres de Judá, y les pregunté por los judíos, los que habían escapado y habían sobrevivido a la cautividad, y por Jerusalén.

3 Y me dijeron: El remanente, los que sobrevivieron a la cautividad allí en la provincia, están en gran aflicción y oprobio, y la muralla de Jerusalén está derribada y sus puertas quemadas a fuego.

4 Y cuando oí estas palabras, me senté y lloré, e hice duelo *algunos* días, y estuve ayunando y orando delante del Dios del cielo.

5 Y dije: Te ruego, oh SEÑOR, Dios del cielo, el grande y temible Dios, que guarda el pacto y la misericordia para con aquellos que le aman y guardan sus mandamientos,

6 que estén atentos tus oídos y abiertos tus ojos para oír la oración de tu siervo, que yo hago ahora delante de ti día y noche por los hijos de Israel tus siervos, confesando los pecados que los hijos de Israel hemos cometido contra ti; sí, yo y la casa de mi padre hemos pecado.

7 Hemos procedido perversamente contra ti y no hemos guardado los mandamientos, ni los estatutos, ni las ordenanzas que mandaste a tu siervo Moisés.

8 Acuérdate ahora de la palabra que ordenaste a tu siervo Moisés, diciendo: "*Si* sois infieles, yo os dispersaré entre los pueblos;

9 pero *si* volvéis a mí y guardáis mis mandamientos y los cumplís, aunque vuestros

desterrados estén en los confines de los cielos, de allí los recogeré y los traeré al lugar que he escogido para hacer morar allí mi nombre."

10 Y ellos son tus siervos y tu pueblo, los que tú redimiste con tu gran poder y con tu mano poderosa.

11 Te ruego, oh Señor, que tu oído esté atento ahora a la oración de tu siervo y a la oración de tus siervos que se deleitan en reverenciar tu nombre; haz prosperar hoy a tu siervo, y concédele favor delante de este hombre.

Era yo entonces copero del rey.

Nehemías enviado a Jerusalén

2 Aconteció que en el mes de Nisán, en el año veinte del rey Artajerjes, *estando ya* el vino delante de él, tomé el vino y se lo di al rey. Yo nunca había estado triste en su presencia,

2 y el rey me dijo: ¿Por qué está triste tu rostro? Tú no estás enfermo; eso no es más que tristeza de corazón. Entonces tuve mucho temor,

3 y dije al rey: Viva para siempre el rey. ¿Cómo no ha de estar triste mi rostro cuando la ciudad, lugar de los sepulcros de mis padres, está desolada y sus puertas han sido consumidas por el fuego?

4 El rey me dijo: ¿Qué es lo que pides? Entonces oré al Dios del cielo,

5 y respondí al rey: Si le place al rey, y si tu siervo ha hallado gracia delante de ti, envíame a Judá, a la ciudad de los sepulcros de mis padres, para que yo la reedifique.

6 Entonces el rey me dijo, estando la reina sentada junto a él: ¿Cuánto durará tu viaje, y

cuándo volverás? Y le agradó al rey enviarme, y
yo le di un plazo fijo.

7 Y dije al rey: Si le agrada al rey, que se me
den cartas para los gobernadores *de las provincias* más allá del río, para que me dejen pasar
hasta que llegue a Judá,

8 y una carta para Asaf, guarda del bosque del
rey, a fin de que me dé madera para hacer las
vigas de las puertas de la fortaleza que está junto
al templo, para la muralla de la ciudad y para la
casa a la cual iré. Y el rey me *lo* concedió, porque
la mano bondadosa de mi Dios *estaba* sobre mí.

9 Fui entonces a los gobernadores de más allá
del río y les entregué las cartas del rey. Y el rey
había enviado conmigo oficiales del ejército y
hombres de a caballo.

10 Cuando se enteraron Sanbalat horonita y
Tobías el oficial amonita, les disgustó mucho que
alguien hubiera venido a procurar el bienestar de
los hijos de Israel.

11 Y llegué a Jerusalén y estuve allí tres días.

12 Y me levanté de noche, yo y unos pocos
hombres conmigo, pero no informé a nadie lo que
mi Dios había puesto en mi corazón que hiciera
por Jerusalén, y no había ningún animal
conmigo excepto el animal sobre el cual iba yo
montado.

13 Salí de noche por la puerta del Valle hacia la
fuente del Dragón y hacia la puerta del Muladar,
inspeccionando las murallas de Jerusalén que
estaban derribadas y sus puertas que estaban
consumidas por el fuego.

14 Pasé luego hacia la puerta de la Fuente y
hacia el estanque del Rey, pero no había lugar
para que pasara mi cabalgadura.

15 Y subí de noche por el torrente e inspeccioné
la muralla. Entonces entré de nuevo por la
puerta del Valle y regresé.

16 Los oficiales no sabían adónde yo había ido ni
qué había hecho, ni tampoco se lo había hecho
saber todavía a los judíos, ni a los sacerdotes, ni a
los nobles, ni a los oficiales, ni a los demás que
hacían la obra.

17 Entonces les dije: Vosotros veis la mala
situación en que estamos, que Jerusalén está
desolada y sus puertas quemadas a fuego. Venid,
reedifiquemos la muralla de Jerusalén para que
ya no seamos un oprobio.

18 Y les conté cómo la mano de mi Dios había
sido bondadosa conmigo, y también las palabras
que el rey me había dicho. Entonces dijeron:
Levantémonos y edifiquemos. Y esforzaron sus
manos en la buena *obra*.

19 Pero cuando se enteraron Sanbalat horonita,
Tobías el oficial amonita y Gesem el árabe, se
burlaron de nosotros, nos despreciaron y dijeron:
¿Qué es esto que estáis haciendo? ¿Os rebeláis
contra el rey?

20 Y yo les respondí, y les dije: El Dios del cielo
nos dará éxito; por tanto, nosotros sus siervos nos
levantaremos y edificaremos, pero vosotros no
tenéis parte ni derecho ni memorial en Jerusalén.

La obra de reedificación

3 Entonces el sumo sacerdote Eliasib se levantó
con sus hermanos los sacerdotes y edificaron
la puerta de las Ovejas; la consagraron y
asentaron sus hojas. Consagraron la muralla

hasta la torre de los Cien *y* hasta la torre de
Hananeel.

2 Y junto a él edificaron los hombres de Jericó,
y a su lado edificó Zacur, hijo de Imri.

3 La puerta del Pescado la edificaron los hijos
de Senaa; colocaron sus vigas y asentaron sus
hojas, sus cerrojos y sus barras.

4 Y junto a ellos hizo reparaciones Meremot,
hijo de Urías, hijo de Cos. A su lado hizo reparaciones Mesulam, hijo de Berequías, hijo de Mesezabeel; y junto a éste hizo reparaciones Sadoc,
hijo de Baana.

5 A su lado hicieron también reparaciones los
tecoítas, pero sus nobles no apoyaron la obra de
sus señores.

6 La puerta Vieja la repararon Joiada, hijo de
Paseah, y Mesulam, hijo de Besodías; colocaron
sus vigas y asentaron sus hojas con sus cerrojos y
sus barras.

7 Junto a ellos Melatías gabaonita y Jadón
meronotita, hombres de Gabaón y de Mizpa,
hicieron también reparaciones para la sede
oficial del gobernador *de la provincia* más allá del
río.

8 A su lado hizo reparaciones Uziel, hijo de
Harhaía, de los orfebres; y junto a él hizo reparaciones Hananías, uno de los perfumistas; ellos
restauraron a Jerusalén hasta la muralla Ancha.

9 Y junto a ellos hizo reparaciones Refaías, hijo
de Hur, oficial de la mitad del distrito de
Jerusalén.

10 A su lado Jedaías, hijo de Harumaf, hizo
reparaciones frente a su casa. Y junto a él hizo
reparaciones Hatús, hijo de Hasabnías.

11 Malquías, hijo de Harim, y Hasub, hijo de
Pahat-moab, repararon otra sección y la torre de
Hornos.

12 Y junto a él hizo reparaciones Salum, hijo de
Halohes, oficial de la mitad del distrito de
Jerusalén, él con sus hijas.

13 Hanún y los habitantes de Zanoa repararon
la puerta del Valle. La edificaron y asentaron sus
hojas con sus cerrojos y sus barras, y mil codos de
la muralla hasta la puerta del Muladar.

14 Y Malquías, hijo de Recab, oficial del distrito
de Bet-haquerem reparó la puerta del Muladar.
La edificó y asentó sus hojas, sus cerrojos y sus
barras.

15 Salum, hijo de Col-hoze, oficial del distrito de
Mizpa, reparó la puerta de la Fuente. La edificó,
la revistió y asentó sus hojas, sus cerrojos y sus
barras, y la muralla del estanque de Siloé en el
jardín del rey hasta las gradas que descienden de
la ciudad de David.

16 Después de él hizo reparaciones Nehemías,
hijo de Azbuc, oficial de la mitad del distrito de
Bet-sur, hasta *un punto* frente a los sepulcros de
David, hasta el estanque artificial y hasta la casa
de los Valientes.

17 Tras él hicieron reparaciones los levitas *bajo*
Rehum, hijo de Bani. Junto a él Hasabías, oficial
de la mitad del distrito de Keila, hizo reparaciones por su distrito.

18 Después de él hicieron reparaciones sus
hermanos *bajo* Bavai, hijo de Henadad, oficial de
la otra mitad del distrito de Keila.

19 Y junto a él Ezer, hijo de Jesúa, oficial de
Mizpa, reparó otra sección, enfrente de la subida
al arsenal del Angulo.

20 Después de él Baruc, hijo de Zabai, con todo fervor reparó otra sección, desde el Angulo hasta la puerta de la casa del sumo sacerdote Eliasib.

21 Tras él Meremot, hijo de Urías, hijo de Cos, reparó otra sección, desde la puerta de la casa de Eliasib hasta el extremo de su casa.

22 Y después de él hicieron reparaciones los sacerdotes, los hombres del valle[1].

23 Tras ellos Benjamín y Hasub hicieron reparaciones frente a su casa. Después de ellos Azarías, hijo de Maasías, hijo de Ananías, hizo reparaciones junto a su casa.

24 Tras él Binúi, hijo de Henadad, reparó otra sección, desde la casa de Azarías hasta el Angulo y hasta la esquina.

25 Palal, hijo de Uzai, *hizo reparaciones* frente al Angulo y la torre que sobresale de la casa alta del rey, que está junto al atrio de la guardia. Después de él *hizo reparaciones* Pedaías, hijo de Faros.

26 Y los sirvientes del templo que habitaban en Ofel *hicieron reparaciones* hasta el frente de la puerta de las Aguas, hacia el oriente y hasta la torre sobresaliente.

27 Después de ellos los tecoítas repararon otra sección frente a la gran torre sobresaliente y hasta el muro de Ofel.

28 Más arriba de la puerta de los Caballos, los sacerdotes hicieron reparaciones cada uno frente a su casa.

29 Después de ellos Sadoc, hijo de Imer, hizo reparaciones frente a su casa. Y tras él hizo reparaciones Semaías, hijo de Secanías, portero de la puerta Oriental.

30 Después de él Hananías, hijo de Selemías, y Hanún, sexto hijo de Salaf, repararon otra sección. Tras ellos Mesulam, hijo de Berequías, hizo reparaciones frente a su vivienda.

31 Después de él, Malquías, uno de los orfebres, hizo reparaciones hasta la casa de los sirvientes del templo y de los mercaderes, frente a la puerta de la Inspección y hasta el aposento alto de la esquina.

32 Y los orfebres y los mercaderes hicieron reparaciones entre el aposento alto de la esquina y la puerta de las Ovejas.

Oposición de los enemigos

4 Y sucedió que cuando Sanbalat se enteró de que estábamos reedificando la muralla, se enfureció y se enojó mucho. Y burlándose de los judíos,

2 habló en presencia de sus hermanos y de los ricos de Samaria, y dijo: ¿Qué hacen estos débiles judíos? ¿*La* restaurarán para sí mismos? ¿Podrán ofrecer sacrificios? ¿Terminarán en un día? ¿Harán revivir las piedras de los escombros polvorientos, aun las quemadas?

3 Tobías el amonita *estaba* cerca de él, y dijo: Aun lo que están edificando, si un zorro saltara sobre *ello*, derribaría su muralla de piedra.

4 Oye, oh Dios nuestro, cómo somos despreciados. Devuelve su oprobio sobre sus cabezas y entrégalos por despojo en una tierra de cautividad.

5 No perdones su iniquidad, ni su pecado sea borrado de delante de ti, porque han desmoralizado a los que edifican.

6 Y edificamos la muralla hasta que toda la muralla estaba unida hasta la mitad de su *altura*, porque el pueblo tuvo ánimo para trabajar.

7 Acontecío que cuando Sanbalat, Tobías, los árabes, los amonitas y los de Asdod se enteraron que continuaba la reparación de las murallas de Jerusalén, que las brechas comenzaban a ser cerradas, se enojaron mucho.

8 Y todos ellos conspiraron juntos para venir a luchar contra Jerusalén y causar disturbio en ella.

9 Entonces oramos a nuestro Dios, y para defendernos montamos guardia contra ellos de día y de noche.

10 Pero se decía en Judá:
Desfallecen las fuerzas de los cargadores,
    y queda mucho escombro;
nosotros no podemos
    reedificar la muralla.

11 Y nuestros enemigos decían: No sabrán ni verán hasta que entremos en medio de ellos y los matemos y hagamos cesar la obra.

12 Y sucedió que cuando los judíos que habitaban cerca de ellos vinieron y nos dijeron diez veces: Subirán contra nosotros de todo lugar adonde os volváis,

13 entonces aposté *hombres* en las partes más bajas del lugar, detrás de la muralla y en los sitios descubiertos; aposté al pueblo por familias con sus espadas, sus lanzas y sus arcos.

14 Cuando vi *su temor,* me levanté y dije a los nobles, a los oficiales y al resto del pueblo: No les tengáis miedo; acordaos del Señor, que es grande y temible, y luchad por vuestros hermanos, vuestros hijos, vuestras hijas, vuestras mujeres y vuestras casas.

15 Sucedió que nuestros enemigos se enteraron que lo sabíamos y que Dios había desbaratado sus planes; entonces todos nosotros volvimos a la muralla, cada uno a su trabajo.

16 Y sucedió que desde aquel día la mitad de mis hombres trabajaban en la obra mientras que la otra mitad portaba las lanzas, los escudos, los arcos y las corazas; y los capitanes *estaban* detrás de toda la casa de Judá.

17 Los que reedificaban la muralla y los que llevaban cargas llevaban la carga en una mano trabajando en la obra, y en la otra empuñaban un arma.

18 Cada uno de los que reedificaban tenía ceñida al lado su espada mientras edificaba. El que tocaba la trompeta *estaba* junto a mí.

19 Y dije a los nobles, a los oficiales y al resto del pueblo: La obra es grande y extensa, y estamos separados en la muralla, lejos el uno del otro.

20 En el lugar que oigáis el sonido de la trompeta, reuníos allí con nosotros; nuestro Dios peleará por nosotros.

21 Hacíamos el trabajo con la mitad empuñando lanzas desde el despuntar del alba hasta que salían las estrellas.

22 En aquel tiempo dije también al pueblo: Cada hombre con su criado pase la noche dentro de Jerusalén, para que nos sirvan de guarda por la noche y de obrero por el día.

23 Ni yo, ni mis hermanos, ni mis mozos, ni los hombres de la guardia que me seguían, ninguno

1. Lit., *círculo;* i.e., parte baja del valle del Jordán

de nosotros se quitó la ropa; cada uno *llevaba* su arma *aun* en el agua.

Abolición de la usura

5 Y hubo gran clamor del pueblo y de sus mujeres contra sus hermanos judíos.

2 Había quienes decían: Nosotros, nuestros hijos y nuestras hijas somos muchos; por tanto, que se nos dé trigo para que comamos y vivamos.

3 Había *otros* que decían: Nosotros tenemos que empeñar nuestros campos, nuestras viñas y nuestras casas para conseguir grano, a causa del hambre.

4 También había *otros* que decían: Hemos pedido dinero prestado para el impuesto del rey *sobre* nuestros campos y nuestras viñas.

5 Ahora bien, nuestra carne es como la carne de nuestros hermanos, *y* nuestros hijos como sus hijos. Sin embargo, he aquí, estamos obligando a nuestros hijos y a nuestras hijas a que sean esclavos, y *algunas* de nuestras hijas *ya* están sometidas a servidumbre, y no podemos hacer nada porque nuestros campos y nuestras viñas pertenecen à otros.

6 Entonces me enojé en gran manera cuando oí su clamor y estas palabras.

7 Se rebeló mi corazón dentro de mí, y contendí con los nobles y con los oficiales y les dije: Estáis cobrando usura cada uno a su hermano. Y congregué contra ellos una gran asamblea.

8 Y les dije: Nosotros, conforme a nuestras posibilidades, hemos redimido a nuestros hermanos judíos que fueron vendidos a las naciones; y ahora, ¿venderéis a vuestros hermanos para que sean vendidos a nosotros? Entonces se quedaron callados y no hallaron respuesta.

9 Y agregué: No está bien lo que hacéis; ¿no debéis andar en el temor de nuestro Dios a causa del oprobio de las naciones enemigas nuestras?

10 También yo *y* mis hermanos y mis siervos les hemos prestado dinero y grano. Os ruego, *pues*, que abandonemos esta usura.

11 Os ruego que hoy mismo les devolváis sus campos, sus viñas, sus olivares y sus casas; también la centésima *parte* del dinero y del grano, del mosto y del aceite que estáis exigiendo de ellos.

12 Entonces ellos dijeron: *Lo* devolveremos y no les exigiremos nada; haremos tal como has dicho. Y llamé a los sacerdotes y les hice jurar que harían conforme a esta promesa.

13 También sacudí los pliegues de mi manto y dije: Así sacuda Dios de su casa y de sus bienes a todo hombre que no cumpla esta promesa; así sea sacudido y despojado. Y toda la asamblea dijo: ¡Amén! Y alabaron al SEÑOR. Entonces el pueblo hizo conforme a esta promesa.

14 Además, desde el día en que *el rey* me mandó que fuera gobernador en la tierra de Judá, desde el año veinte hasta el año treinta y dos del rey Artajerjes, doce años, ni yo ni mis hermanos hemos comido del pan del gobernador.

15 Pero los gobernadores anteriores que me precedieron gravaban al pueblo y tomaban de ellos cuarenta siclos de plata además del pan y del vino; también sus sirvientes oprimían al pueblo. Pero yo no hice así, a causa del temor de Dios.

16 También yo me dediqué a la obra en esta muralla, y no compramos terrenos, y todos mis siervos estaban reunidos allí para la obra.

17 Y había a mi mesa ciento cincuenta judíos y oficiales, sin contar los que vinieron a nosotros de las naciones que nos rodeaban.

18 Lo que se preparaba para cada día era un buey *y* seis ovejas escogidas, también eran preparadas aves para mí; cada diez días toda clase de vino *se proveía* en abundancia. Y con todo esto, no reclamé el pan del gobernador, porque era pesada la servidumbre sobre este pueblo.

19 Acuérdate de mí, Dios mío, para bien, *conforme a* todo lo que he hecho por este pueblo.

Conspiración contra Nehemías

6 Y aconteció que cuando se les informó a Sanbalat, a Tobías, a Gesem el árabe y a los demás enemigos nuestros que yo había reedificado la muralla y que no quedaba ninguna brecha en ella, aunque en aquel tiempo yo no había asentado todavía las hojas en las puertas,

2 Sanbalat y Gesem me enviaron *un mensaje*, diciendo: Ven, reunámonos en Quefirim en el llano de Ono. Pero ellos tramaban hacerme daño.

3 Y les envié mensajeros, diciendo: Yo estoy haciendo una gran obra y no puedo descender. ¿Por qué ha de detenerse la obra mientras la dejo y desciendo a vosotros?

4 Y cuatro veces me enviaron *mensajes* en la misma forma, y yo les respondí de la misma manera.

5 Entonces Sanbalat me envió su siervo en la misma forma por quinta vez, con una carta abierta en su mano.

6 En ella estaba escrito: Se ha oído entre las naciones, y Gasmu dice, que tú y los judíos estáis tramando rebelaros; por eso reedificas la muralla. Y según estos informes tú vas a ser su rey.

7 También has puesto profetas para anunciar en Jerusalén *en* cuanto a ti: "Un rey está en Judá." Y ahora llegarán a oídos del rey estos informes. Ahora pues, ven, consultemos juntos.

8 Entonces le envié *un mensaje*, diciendo: No han sucedido esas cosas que tú dices, sino que las estás inventando en tu corazón.

9 Porque todos ellos *querían* amedrentarnos, pensando: Ellos se desanimarán con la obra y no será hecha. Pero ahora, *oh Dios*, fortalece mis manos.

10 Cuando entré yo en casa de Semaías, hijo de Delaía, hijo de Mehetabel, que estaba encerrado *allí*, él dijo: Reunámonos en la casa de Dios, dentro del templo, y cerremos las puertas del templo, porque vienen a matarte, vienen de noche a matarte.

11 Pero yo dije: ¿Huir un hombre como yo? ¿Y quién que sea como yo entraría al templo para salvar su vida? No entraré.

12 Entonces me di cuenta de que ciertamente Dios no lo había enviado, sino que había dicho su profecía contra mí porque Tobías y Sanbalat le habían pagado.

13 Le pagaron por esta razón, para que yo me atemorizara y obrara de esa manera y pecara, y ellos tuvieran un mal informe *de mí* y pudieran reprocharme.

14 Acuérdate, Dios mío, de Tobías y de Sanbalat conforme a estas obras suyas, también de la

profetisa Noadías y de los demás profetas que estaban atemorizándome.

15 La muralla fue terminada el veinticinco *del mes de* Elul, en cincuenta y dos días.

16 Y aconteció que cuando se enteraron todos nuestros enemigos y *lo* vieron todas las naciones que *estaban* alrededor nuestro, desfalleció su ánimo; porque reconocieron que esta obra había sido hecha *con la ayuda* de nuestro Dios.

17 También en aquellos días iban muchas cartas de los nobles de Judá a Tobías, y de Tobías venían *cartas* a ellos.

18 Porque muchos en Judá estaban unidos a él bajo juramento porque él era yerno de Secanías, hijo de Ara, y su hijo Johanán se había casado con la hija de Mesulam, hijo de Berequías.

19 Además, hablaban de sus buenas obras en mi presencia y a él le informaban de mis palabras. *Y* Tobías me enviaba cartas para atemorizarme.

Censo de los primeros que volvieron

7 Aconteció que cuando la muralla fue reedificada y había yo asentado las puertas y habían sido designados los porteros, los cantores y los levitas,

2 puse al frente de Jerusalén a mi hermano Hanani y a Hananías, jefe de la fortaleza, porque éste *era* hombre fiel y temeroso de Dios más que muchos;

3 y les dije: No se abrirán las puertas de Jerusalén hasta que caliente el sol; y estando todavía los porteros en sus puestos, se cerrarán y atrancarán las puertas. Designad también guardias de los habitantes de Jerusalén, unos en su *puesto de* guardia, y otros delante de su casa.

4 Y la ciudad era espaciosa y grande, pero el pueblo dentro de ella era poco y no había casas reedificadas.

5 Entonces mi Dios puso en mi corazón reunir a los nobles, a los oficiales y al pueblo para que fueran inscritos por genealogías. Y encontré el libro de la genealogía de los que habían subido primero, y hallé escrito en él:

6 Estos son los hijos de la provincia que subieron de la cautividad, *aquellos* que Nabucodonosor, rey de Babilonia, había llevado cautivos y que volvieron a Jerusalén y a Judá, cada uno a su ciudad,

7 los cuales vinieron con Zorobabel, Jesúa, Nehemías, Azarías, Raamías, Nahamaní, Mardoqueo, Bilsán, Misperet, Bigvai, Nehum y Baana.

El número de hombres del pueblo de Israel:

8 los hijos de Paros, dos mil ciento setenta y dos;

9 los hijos de Sefatías, trescientos setenta y dos;

10 los hijos de Ara, seiscientos cincuenta y dos;

11 los hijos de Pahat-moab, de los hijos de Jesúa y de Joab, dos mil ochocientos dieciocho;

12 los hijos de Elam, mil doscientos cincuenta y cuatro;

13 los hijos de Zatu, ochocientos cuarenta y cinco;

14 los hijos de Zacai, setecientos sesenta;

15 los hijos de Binúi, seiscientos cuarenta y ocho;

16 los hijos de Bebai, seiscientos veintiocho;

17 los hijos de Azgad, dos mil trescientos veintidós;

18 los hijos de Adonicam, seiscientos sesenta y siete;

19 los hijos de Bigvai, dos mil sesenta y siete;

20 los hijos de Adín, seiscientos cincuenta y cinco;

21 los hijos de Ater, de Ezequías, noventa y ocho;

22 los hijos de Hasum, trescientos veintiocho;

23 los hijos de Bezai, trescientos veinticuatro;

24 los hijos de Harif, ciento doce;

25 los hijos de Gabaón, noventa y cinco;

26 los hombres de Belén y Netofa, ciento ochenta y ocho;

27 los hombres de Anatot, ciento veintiocho;

28 los hombres de Bet-azmavet, cuarenta y dos;

29 los hombres de Quiriat-jearim, Cafira y Beerot, setecientos cuarenta y tres;

30 los hombres de Ramá y Geba, seiscientos veintiuno;

31 los hombres de Micmas, ciento veintidós;

32 los hombres de Betel y Hai, ciento veintitrés;

33 los hombres del otro Nebo, cincuenta y dos;

34 los hijos del otro Elam, mil doscientos cincuenta y cuatro;

35 los hijos de Harim, trescientos veinte;

36 los hombres de Jericó, trescientos cuarenta y cinco;

37 los hijos de Lod, Hadid y Ono, setecientos veintiuno;

38 los hijos de Senaa, tres mil novecientos treinta.

39 Los sacerdotes: los hijos de Jedaías de la casa de Jesúa, novecientos setenta y tres;

40 los hijos de Imer, mil cincuenta y dos;

41 los hijos de Pasur, mil doscientos cuarenta y siete;

42 los hijos de Harim, mil diecisiete.

43 Los levitas: los hijos de Jesúa y de Cadmiel, de los hijos de Hodavías, setenta y cuatro.

44 Los cantores: los hijos de Asaf, ciento cuarenta y ocho.

45 Los porteros: los hijos de Salum, los hijos de Ater, los hijos de Talmón, los hijos de Acub, los hijos de Hatita, los hijos de Sobai, ciento treinta y ocho.

46 Los sirvientes del templo: los hijos de Ziha, los hijos de Hasufa, los hijos de Tabaot,

47 los hijos de Queros, los hijos de Siaha, los hijos de Padón,

48 los hijos de Lebana, los hijos de Hagaba, los hijos de Salmai,

49 los hijos de Hanán, los hijos de Gidel, los hijos de Gahar,

50 los hijos de Reaía, los hijos de Rezín, los hijos de Necoda,

51 los hijos de Gazam, los hijos de Uza, los hijos de Paseah,

52 los hijos de Besai, los hijos de Mehunim, los hijos de Nefisesim,

53 los hijos de Bacbuc, los hijos de Hacufa, los hijos de Harhur,

54 los hijos de Bazlut, los hijos de Mehída, los hijos de Harsa,

55 los hijos de Barcos, los hijos de Sísara, los hijos de Tema,

56 los hijos de Nezía, los hijos de Hatifa.

57 Los hijos de los siervos de Salomón: los hijos de Sotai, los hijos de Soferet, los hijos de Perida, **58** los hijos de Jaala, los hijos de Darcón, los hijos de Gidel,

59 los hijos de Sefatías, los hijos de Hatil, los hijos de Poqueret-hazebaim, los hijos de Amón.

60 El total de los sirvientes del templo y de los hijos de los siervos de Salomón, *era de* trescientos noventa y dos.

61 Y estos *fueron* los que subieron de Tel-mela, Tel-harsa, Querub, Adón e Imer, aunque no pudieron demostrar si sus casas paternas o su descendencia eran de Israel:

62 los hijos de Delaía, los hijos de Tobías, los hijos de Necoda, seiscientos cuarenta y dos;

63 y de los sacerdotes: los hijos de Habaía, los hijos de Cos, los hijos de Barzilai, que había tomado por mujer a una de las hijas de Barzilai galaadita, con cuyo nombre fue llamado.

64 Estos buscaron *en* su registro de genealogías pero no se hallaron, y fueron considerados inmundos *y excluidos* del sacerdocio.

65 Y el gobernador les dijo que no comieran de las cosas santísimas hasta que un sacerdote se levantara con Urim y Tumim.

66 Toda la asamblea reunida *era de* cuarenta y dos mil trescientos sesenta,

67 sin contar sus siervos y siervas, que *eran* siete mil trescientos treinta y siete; y tenían doscientos cuarenta y cinco cantores y cantoras.

68 Sus caballos *eran* setecientos treinta y seis; sus mulos, doscientos cuarenta y cinco;

69 *sus* camellos, cuatrocientos treinta y cinco; *sus* asnos, seis mil setecientos veinte.

70 Algunos de los jefes de *casas* paternas contribuyeron para la obra. El gobernador dio para el tesoro mil dracmas de oro, cincuenta tazones *y* quinientas treinta túnicas sacerdotales.

71 Los jefes de *casas* paternas dieron para el tesoro de la obra veinte mil dracmas de oro y dos mil doscientas minas de plata.

72 Lo que dio el resto del pueblo *fue* veinte mil dracmas de oro, dos mil minas de plata y sesenta y siete túnicas sacerdotales.

73 Y habitaron en sus ciudades, los sacerdotes, los levitas, los porteros, los cantores, *algunos* del pueblo, los sirvientes del templo y el resto de Israel.

Cuando llegó el mes séptimo, los hijos de Israel *ya estaban* en sus ciudades.

Esdras lee la ley

8 Se reunió todo el pueblo como un solo hombre en la plaza que *estaba* delante de la puerta de las Aguas, y pidieron al escriba Esdras que trajera el libro de la ley de Moisés que el SEÑOR había dado a Israel.

2 Entonces el sacerdote Esdras trajo la ley delante de la asamblea de hombres y mujeres y de todos los que *podían* entender lo que oían. Era el primer día del mes séptimo.

3 Y leyó en el libro frente a la plaza que *estaba* delante de la puerta de las Aguas, desde el amanecer hasta el mediodía, en presencia de hombres y mujeres y de los que podían entender; y los oídos de todo el pueblo estaban atentos al libro de la ley.

4 El escriba Esdras estaba sobre un estrado de madera que habían hecho para *esta* ocasión.

Junto a él, a su derecha, estaban Matatías, Sema, Anías, Urías, Hilcías y Maasías; y a su izquierda, Pedaías, Misael, Malquías, Hasum, Hasbadana, Zacarías y Mesulam.

5 Y abrió Esdras el libro a la vista de todo el pueblo, pues él estaba más alto que todo el pueblo; y cuando lo abrió, todo el pueblo se puso en pie.

6 Entonces Esdras bendijo al SEÑOR, el gran Dios. Y todo el pueblo respondió: ¡Amén, Amén!, mientras alzaban las manos; después se postraron y adoraron al SEÑOR rostro en tierra.

7 También Jesúa, Bani, Serebías, Jamín, Acub, Sabetai, Hodías, Maasías, Kelita, Azarías, Jozabed, Hanán, Pelaías, y los levitas, explicaban la ley al pueblo mientras el pueblo *permanecía* en su lugar.

8 Y leyeron en el libro de la ley de Dios, traduciéndo*lo* y dándo*le* el sentido para que entendieran la lectura.

9 Entonces Nehemías, que era el gobernador, y Esdras, el sacerdote *y* escriba, y los levitas que enseñaban al pueblo, dijeron a todo el pueblo: Este día es santo para el SEÑOR vuestro Dios; no os entristezcáis, ni lloréis; porque todo el pueblo lloraba al oír las palabras de la ley.

10 También les dijo: Id, comed de la grosura, bebed de lo dulce, y mandad raciones a los que no tienen nada preparado; porque este día es santo para nuestro Señor. No os entristezcáis, porque la alegría del SEÑOR es vuestra fortaleza.

11 Los levitas calmaron a todo el pueblo diciendo: Callad, porque el día es santo, no os entristezcáis.

12 Y todo el pueblo se fue a comer, a beber, a mandar porciones y a celebrar una gran fiesta, porque comprendieron las palabras que les habían enseñado.

13 Al segundo día los jefes de *casas* paternas de todo el pueblo, los sacerdotes y los levitas se reunieron *junto* al escriba Esdras para entender las palabras de la ley.

14 Y encontraron escrito en la ley que el SEÑOR había mandado por medio de Moisés que los hijos de Israel habitaran en tabernáculos durante la fiesta del mes séptimo.

15 Y ellos proclamaron y circularon pregón en todas sus ciudades y en Jerusalén, diciendo: Salid al monte y traed ramas de olivo, ramas de olivo silvestre, ramas de mirto, ramas de palmera y ramas de *otros* árboles frondosos, para hacer tabernáculos, como está escrito.

16 El pueblo salió y *las* trajeron e hicieron tabernáculos para sí, cada uno en su terrado, en sus patios, en los patios de la casa de Dios, en la plaza de la puerta de las Aguas y en la plaza de la puerta de Efraín.

17 Toda la asamblea de los que habían regresado de la cautividad hicieron tabernáculos y habitaron en ellos. Los hijos de Israel ciertamente no habían hecho de esta manera desde los días de Josué, hijo de Nun, hasta aquel día. Y hubo gran regocijo.

18 Y leyó *Esdras* del libro de la ley de Dios cada día, desde el primer día hasta el último día. Celebraron la fiesta siete días, y al octavo día *hubo* una asamblea solemne según lo establecido.

Arrepentimiento y confesión

9 El día veinticuatro de este mes se congregaron los hijos de Israel en ayuno, *vestidos* de cilicio y con polvo sobre sí.

2 Y los descendientes de Israel se separaron de todos los extranjeros, y se pusieron en pie, confesando sus pecados y las iniquidades de sus padres.

3 Puestos de pie, *cada uno* en su lugar, leyeron en el libro de la ley del SEÑOR su Dios por una cuarta parte del día; y por *otra* cuarta parte confesaron y adoraron al SEÑOR su Dios.

4 Y sobre el estrado de los levitas se levantaron Jesúa, Bani, Cadmiel, Sebanías, Buni, Serebías, Bani y Quenani, y clamaron en alta voz al SEÑOR su Dios.

5 Entonces los levitas, Jesúa, Cadmiel, Bani, Hasabnías, Serebías, Hodías, Sebanías y Petaías, dijeron: Levantaos, bendecid al SEÑOR vuestro Dios por siempre y para siempre.

Sea bendito tu glorioso nombre
y exaltado sobre toda bendición y alabanza.

6 Sólo tú eres el SEÑOR.
Tú hiciste los cielos,
los cielos de los cielos con todo su ejército,
la tierra y todo lo que en ella hay,
los mares y todo lo que en ellos hay.
Tú das vida a todos ellos
y el ejército de los cielos se postra ante ti.

7 Tú eres el SEÑOR Dios
que escogiste a Abram,
lo sacaste de Ur de los Caldeos
y le diste por nombre Abraham.

8 Hallaste fiel su corazón delante de ti,
e hiciste con él un pacto
para dar*le* la tierra del cananeo,
del heteo, del amorreo,
del ferezeo, del jebuseo y del gergeseo,
para darla a su descendencia.
Y has cumplido tu palabra, porque eres justo.

9 Tú viste la aflicción de nuestros padres en Egipto,
y escuchaste su clamor junto al mar Rojo.

10 Entonces hiciste señales y maravillas contra Faraón,
contra todos sus siervos y contra todo el pueblo de su tierra;
pues supiste que ellos los trataban con soberbia,
y te hiciste un nombre como el de hoy.

11 Dividiste el mar delante de ellos,
y pasaron por medio del mar sobre tierra firme;
y echaste en los abismos a sus perseguidores,
como a una piedra en aguas turbulentas.

12 Con columna de nube los guiaste de día,
y con columna de fuego de noche,
para alumbrarles el camino
en que debían andar.

13 Luego bajaste sobre el monte Sinaí,
y desde el cielo hablaste con ellos;
les diste ordenanzas justas y leyes verdaderas,
estatutos y mandamientos buenos.

14 Les hiciste conocer tu santo día de reposo,
y les prescribiste mandamientos, estatutos y la ley
por medio de tu siervo Moisés.

15 Les proveíste pan del cielo para su hambre,
les sacaste agua de la peña para su sed,
y les dijiste que entraran a poseer
la tierra que tú habías jurado darles.

16 Pero ellos, nuestros padres, obraron con soberbia,
endurecieron su cerviz y no escucharon tus mandamientos.

17 Rehusaron escuchar,
y no se acordaron de las maravillas que hiciste entre ellos;
endurecieron su cerviz y eligieron un jefe
para volver a su esclavitud en Egipto.
Pero tú eres un Dios de perdón,
clemente y compasivo,
lento para la ira y abundante en misericordia,
y no los abandonaste.

18 Ni siquiera cuando se hicieron
un becerro de metal fundido
y dijeron: "Este es tu Dios
que te sacó de Egipto",
y cometieron grandes blasfemias[1],

19 tú, en tu gran compasión,
no los abandonaste en el desierto;
la columna de nube no los dejó de día,
para guiarlos en el camino,
ni la columna de fuego de noche, para
alumbrarles el camino por donde debían andar.

20 Y diste tu buen Espíritu para instruirles,
no retiraste tu maná de su boca,
y les diste agua para su sed.

21 Por cuarenta años proveíste para ellos en el desierto *y* nada les faltó,
sus vestidos no se gastaron ni se hincharon sus pies.

22 También les diste reinos y pueblos,
y se *los* repartiste con *sus* límites.
Y tomaron posesión de la tierra de Sehón, rey de Hesbón,
y la tierra de Og, rey de Basán.

23 Y multiplicaste sus hijos como las estrellas del cielo,
y los llevaste a la tierra
que habías dicho a sus padres que entraran a poseer*la*.

24 Y entraron los hijos y poseyeron la tierra.
Y tú sometiste delante de ellos a los habitantes de la tierra, a los cananeos,
y los entregaste en su mano, con sus reyes y los pueblos de la tierra,
para hacer con ellos como quisieran.

25 Y capturaron ciudades fortificadas y una tierra fértil.
Tomaron posesión de casas llenas de toda cosa buena,
cisternas excavadas, viñas y olivares,
y árboles frutales en abundancia.
Y comieron, se saciaron, engordaron
y se deleitaron en tu gran bondad.

26 Pero fueron desobedientes y se rebelaron contra ti,
echaron tu ley a sus espaldas,
mataron a tus profetas que los amonestaban
para que se volvieran a ti,
y cometieron grandes blasfemias.

1. Lit., *provocaciones*

27 Entonces los entregaste en mano de sus
  enemigos, que los oprimieron,
  pero en el tiempo de su angustia clamaron a
    ti,
  y tú escuchaste desde el cielo, y conforme a
    tu gran compasión
  les diste libertadores que los libraron de
    mano de sus opresores.
28 Pero cuando tenían descanso, volvían a hacer
    lo malo delante de ti;
  por eso tú los abandonabas en mano de sus
    enemigos para que los dominaran;
  y cuando clamaban de nuevo a ti, tú oías
    desde el cielo
  y muchas veces los rescataste conforme a tu
    compasión.
29 Los amonestaste para que volvieran a tu ley,
  pero ellos obraron con soberbia y no
    escucharon tus mandamientos, sino que
    pecaron contra tus ordenanzas,
  las cuales si el hombre las cumple, por ellas
    vivirá.
  Y dieron la espalda en rebeldía, endurecieron
    su cerviz y no escucharon.
30 Sin embargo, tú los soportaste por muchos
    años,
  y los amonestaste con tu Espíritu por medio
    de tus profetas,
  pero no prestaron oído.
  Entonces los entregaste en mano de los
    pueblos de estas tierras.
31 Pero en tu gran compasión no los
    exterminaste ni los abandonaste,
  porque tú eres un Dios clemente y
    compasivo.
32 Ahora pues, Dios nuestro, Dios grande,
    poderoso y temible, que guardas el pacto y
    la misericordia,
  no parezca insignificante ante ti toda la
    aflicción
  que nos ha sobrevenido, a nuestros reyes, a
    nuestros príncipes, a nuestros sacerdotes, a
    nuestros profetas, a nuestros padres y a
    todo tu pueblo,
  desde los días de los reyes de Asiria hasta el
    día de hoy.
33 Mas tú eres justo en todo lo que ha venido
    sobre nosotros,
  porque tú has obrado fielmente,
  pero nosotros perversamente.
34 Nuestros reyes, nuestros jefes, nuestros
    sacerdotes y nuestros padres no han
    observado tu ley
  ni han hecho caso a tus mandamientos ni a
    tus amonestaciones con que los
    amonestabas.
35 Pero ellos en su propio reino,
  con los muchos bienes que tú les diste,
  con la espaciosa y rica tierra que pusiste
    delante de ellos,
  no te sirvieron ni se convirtieron de sus malas
    obras.
36 He aquí, hoy somos esclavos,
  y en cuanto a la tierra que diste a nuestros
    padres
  para comer de sus frutos y de sus bienes,
  he aquí, somos esclavos en ella.
37 Y su abundante fruto es para los reyes

que tú pusiste sobre nosotros a causa de
  nuestros pecados,
los cuales dominan nuestros cuerpos
y nuestros ganados como les place,
y en gran angustia estamos.
38 A causa de todo esto, nosotros hacemos un
pacto fiel por escrito; y en el documento sellado
están los nombres de nuestros jefes, nuestros
levitas y nuestros sacerdotes.

Pacto del pueblo

10 En el documento sellado *estaban los
nombres de* Nehemías el gobernador, hijo
de Hacalías, y Sedequías,
  2 Seraías, Azarías, Jeremías,
  3 Pasur, Amarías, Malquías,
  4 Hatús, Sebanías, Maluc,
  5 Harim, Meremot, Obadías,
  6 Daniel, Ginetón, Baruc,
  7 Mesulam, Abías, Mijamín,
  8 Maazías, Bilgaí y Semaías. Estos *eran* los
sacerdotes.
  9 Y los levitas: Jesúa, hijo de Azanías, Binúi, de
los hijos de Henadad, Cadmiel;
10 también sus hermanos Sebanías, Hodías,
Kelita, Pelaías, Hanán,
11 Micaía, Rehob, Hasabías,
12 Zacur, Serebías, Sebanías,
13 Hodías, Bani y Beninu.
14 Los jefes del pueblo: Paros, Pahat-moab,
Elam, Zatu, Bani,
15 Buni, Azgad, Bebai,
16 Adonías, Bigvai, Adín,
17 Ater, Ezequías, Azur,
18 Hodías, Hasum, Bezai,
19 Harif, Anatot, Nebai,
20 Magpías, Mesulam, Hezir,
21 Mesezabeel, Sadoc, Jadúa,
22 Pelatías, Hanán, Anaías,
23 Oseas, Hananías, Hasub,
24 Halohes, Pilha, Sobec,
25 Rehum, Hasabna, Maasías,
26 Ahías, Hanán, Anán,
27 Maluc, Harim y Baana.
28 Y el resto del pueblo, los sacerdotes, los
levitas, los porteros, los cantores, los sirvientes
del templo, y todos los que se han apartado de los
pueblos de las tierras a la ley de Dios, sus
mujeres, sus hijos y sus hijas, todos los que tienen
conocimiento y entendimiento,
29 se adhieren a sus parientes[1], sus nobles, y
toman sobre sí un voto y un juramento de andar
en la ley de Dios que fue dada por medio de
Moisés, siervo de Dios, y de guardar y cumplir
todos los mandamientos de Dios nuestro Señor, y
sus ordenanzas y sus estatutos;
30 y que no daremos nuestras hijas a los pueblos
de la tierra ni tomaremos sus hijas para nuestros
hijos.
31 En cuanto a los pueblos de la tierra que
traigan mercancías o cualquier *clase de* grano
para vender en el día de reposo, no compraremos
de ellos en día de reposo ni en día santo; y renun-
ciaremos a *las cosechas* del año séptimo y a la
exigencia de toda deuda.
32 También nos imponemos la obligación de
contribuir con un tercio de un siclo al año para el
servicio de la casa de nuestro Dios:

---

1. Lit., *hermanos*

33 para el pan de la proposición y la ofrenda continua de cereal; para el holocausto continuo, los días de reposo, las lunas nuevas y las fiestas señaladas; para las cosas sagradas, para las ofrendas por el pecado para hacer expiación por Israel y *para* toda la obra de la casa de nuestro Dios.

34 Asimismo echamos suertes para la provisión de madera *entre* los sacerdotes, los levitas y el pueblo para que la traigan a la casa de nuestro Dios, conforme a nuestras casas paternas, en los tiempos fijados cada año, para quemar sobre el altar del SEÑOR nuestro Dios, como está escrito en la ley;

35 y para traer cada año los primeros frutos de nuestra tierra y los primeros frutos de todo árbol a la casa del SEÑOR,

36 y traer a la casa de nuestro Dios los primogénitos de nuestros hijos y de nuestros ganados como está escrito en la ley; los primogénitos de nuestras vacas y de nuestras ovejas son para los sacerdotes que ministran en la casa de nuestro Dios.

37 También traeremos las primicias de nuestra harina y nuestras ofrendas del fruto de todo árbol, del mosto y del aceite para los sacerdotes a las cámaras de la casa de nuestro Dios, y el diezmo de nuestro suelo a los levitas, porque los levitas son los que reciben los diezmos en todas las ciudades donde trabajamos.

38 Y un sacerdote, hijo de Aarón, estará con los levitas cuando los levitas reciban los diezmos, y los levitas llevarán la décima parte de los diezmos a la casa de nuestro Dios, a las cámaras del almacén;

39 pues los hijos de Israel y los hijos de Leví llevan la contribución del cereal, del mosto y del aceite a las cámaras; allí están los utensilios del santuario, los sacerdotes que ministran, los porteros y los cantores. Así no descuidaremos la casa de nuestro Dios.

Los habitantes de Jerusalén

11 Los jefes del pueblo habitaron en Jerusalén, pero el resto del pueblo echó suertes a fin de traer uno de cada diez para que habitara en Jerusalén, la ciudad santa, mientras los otros nueve *se quedarían* en las *otras* ciudades.

2 Y bendijo el pueblo a todos los hombres que se ofrecieron para habitar en Jerusalén.

3 Estos son los jefes de la provincia que habitaron en Jerusalén (en las ciudades de Judá cada cual habitó en su propiedad, en sus ciudades; los israelitas, los sacerdotes, los levitas, los sirvientes del templo, los descendientes de los siervos de Salomón,

4 algunos de los hijos de Judá y algunos de los hijos de Benjamín habitaron en Jerusalén): De los hijos de Judá: Ataías, hijo de Uzías, hijo de Zacarías, hijo de Amarías, hijo de Sefatías, hijo de Mahalaleel, de los hijos de Fares,

5 y Maasías, hijo de Baruc, hijo de Col-hoze, hijo de Hazaías, hijo de Adaías, hijo de Joiarib, hijo de Zacarías, hijo de Siloni.

6 Todos los hijos de Fares que habitaron en Jerusalén *fueron* cuatrocientos sesenta y ocho hombres fuertes.

7 Y estos son los hijos de Benjamín: Salú, hijo de Mesulam, hijo de Joed, hijo de Pedaías, hijo de Colaías, hijo de Maasías, hijo de Itiel, hijo de Jesaías;

8 y después de él, Gabai *y* Salai, novecientos veintiocho.

9 Y Joel, hijo de Zicri, *era* su superintendente, y Judá, hijo de Senúa, *era* segundo en el mando de la ciudad.

10 De los sacerdotes: Jedaías, hijo de Joiarib, Jaquín,

11 Seraías, hijo de Hilcías, hijo de Mesulam, hijo de Sadoc, hijo de Meraiot, hijo de Ahitob, jefe de la casa de Dios,

12 y sus parientes que hacían la obra del templo, ochocientos veintidós; y Adaías, hijo de Jeroham, hijo de Pelalías, hijo de Amsi, hijo de Zacarías, hijo de Pasur, hijo de Malquías,

13 y sus parientes, jefes de *casas* paternas, doscientos cuarenta y dos; y Amasai, hijo de Azareel, hijo de Azai, hijo de Mesilemot, hijo de Imer,

14 y sus parientes, guerreros valientes, ciento veintiocho. Y su superintendente *era* Zabdiel, hijo de Gedolim.

15 De los levitas: Semaías, hijo de Hasub, hijo de Azricam, hijo de Hasabías, hijo de Buni;

16 y Sabetai y Jozabad, de los jefes de los levitas, encargados de la obra fuera de la casa de Dios;

17 y Matanías, hijo de Micaía, hijo de Zabdi, hijo de Asaf, que era jefe para comenzar la acción de gracias en la oración, y Bacbuquías, el segundo entre sus hermanos; y Abda, hijo de Samúa, hijo de Galal, hijo de Jedutún.

18 El total de los levitas en la ciudad santa *era* de doscientos ochenta y cuatro.

19 Y los porteros, Acub, Talmón y sus parientes, que guardaban las puertas, *eran* ciento setenta y dos.

20 El resto de Israel, de los sacerdotes *y* de los levitas *estaban* en todas las ciudades de Judá, cada uno en su heredad.

21 Pero los sirvientes del templo habitaban en Ofel; y Ziha y Gispa estaban encargados de los sirvientes del templo.

22 El superintendente de los levitas en Jerusalén *era* Uzi, hijo de Bani, hijo de Hasabías, hijo de Matanías, hijo de Micaía, de los hijos de Asaf, cantores para el servicio de la casa de Dios;

23 porque *había* un mandato del rey acerca de ellos y un reglamento fijo para los cantores de cada día.

24 Y Petaías, hijo de Mesezabeel, de los hijos de Zera, hijo de Judá, *era* representante del rey en todos los asuntos del pueblo.

25 En cuanto a las aldeas con sus campos, algunos de los hijos de Judá habitaron en Quiriat-arba y sus ciudades, en Dibón y sus ciudades, en Jecabseel y sus aldeas,

26 en Jesúa, en Molada y Bet-pelet,

27 en Hazar-sual, en Beerseba y sus ciudades,

28 en Siclag, en Mecona y sus ciudades,

29 en En-rimón, en Zora, en Jarmut,

30 Zanoa, Adulam y sus aldeas, Laquis y sus campos, Azeca y sus ciudades. Y ellos acamparon desde Beerseba hasta el valle de Hinom.

31 Los hijos de Benjamín *habitaron* también desde Geba, en Micmas y Aía, en Betel y sus ciudades,

32 en Anatot, Nob, Ananías,

33 Hazor, Ramá, Gitaim,

34 Hadid, Seboim, Nebalat,

35 Lod y Ono, el valle de los artífices.

36 Y de los levitas, *algunos* grupos de Judá *habitaban en* Benjamín.

Sacerdotes y levitas

12 Estos son los sacerdotes y los levitas que subieron con Zorobabel, hijo de Salatiel, y con Jesúa: Seraías, Jeremías, Esdras,

2 Amarías, Maluc, Hatús,

3 Secanías, Rehum, Meremot,

4 Iddo, Gineto, Abías,

5 Mijamín, Maadías, Bilga,

6 Semaías, Joiarib, Jedaías,

7 Salú, Amoc, Hilcías y Jedaías. Estos *eran* los jefes de los sacerdotes y sus parientes en los días de Jesúa.

8 Y los levitas *eran* Jesúa, Binúi, Cadmiel, Serebías, Judá *y* Matanías, encargado, él y sus hermanos, de los cánticos de acción de gracias.

9 También Bacbuquías y Uni, sus hermanos, *estaban* frente a ellos en *sus* ministerios *respectivos*.

10 Y Jesúa engendró a Joiacim, y Joiacim engendró a Eliasib, y Eliasib engendró a Joiada,

11 y Joiada engendró a Jonatán, y Jonatán engendró a Jadúa.

12 En los días de Joiacim, los sacerdotes jefes de *casas* paternas fueron: de Seraías, Meraías; de Jeremías, Hananías;

13 de Esdras, Mesulam; de Amarías, Johanán;

14 de Melicú, Jonatán; de Sebanías, José;

15 de Harim, Adna; de Meraiot, Helcai;

16 de Iddo, Zacarías; de Ginetón, Mesulam;

17 de Abías, Zicri; de Miniamín *y* de Moadías, Piltai;

18 de Bilga, Samúa; de Semaías, Jonatán;

19 de Joiarib, Matenai; de Jedaías, Uzi;

20 de Salai, Calai; de Amoc, Eber;

21 de Hilcías, Hasabías; de Jedaías, Natanael.

22 En cuanto a los levitas, jefes de *casas* paternas, fueron inscritos en los días de Eliasib, Joiada, Johanán y Jadúa; también los sacerdotes hasta el reinado de Darío el persa.

23 Los hijos de Leví, jefes de *casas* paternas, fueron inscritos en el libro de las Crónicas hasta los días de Johanán, hijo de Eliasib.

24 Y los principales de los levitas *eran* Hasabías, Serebías y Jesúa, hijo de Cadmiel, con sus hermanos frente a ellos, para alabar *y* dar gracias, según lo prescrito por David, hombre de Dios, sección frente a sección.

25 Matanías, Bacbuquías, Obadías, Mesulam, Talmón y Acub *eran* porteros que mantenían guardia en los almacenes junto a las puertas.

26 Estos *sirvieron* en los días de Joiacim, hijo de Jesúa, hijo de Josadac, y en los días de Nehemías, el gobernador, y de Esdras, el sacerdote *y* escriba.

27 En la dedicación de la muralla de Jerusalén buscaron a los levitas de todos sus lugares para traerlos a Jerusalén, a fin de celebrar la dedicación con alegría, con himnos de acción de gracias y con cánticos, *acompañados* de címbalos, arpas y liras.

28 Y se reunieron los hijos de los cantores del distrito alrededor de Jerusalén, de las aldeas de los netofatitas,

29 de Bet-gilgal y de los campos de Geba y Azmavet, pues los cantores se habían edificado aldeas alrededor de Jerusalén.

30 Y los sacerdotes y los levitas se purificaron; también purificaron al pueblo, las puertas y la muralla.

31 Entonces hice subir a los jefes de Judá sobre la muralla, y formé dos grandes coros; el primero marchaba hacia la derecha, por encima de la muralla, hacia la puerta del Muladar.

32 Y tras ellos iban Osaías y la mitad de los jefes de Judá,

33 con Azarías, Esdras, Mesulam,

34 Judá, Benjamín, Semaías, Jeremías,

35 así como *algunos* de los hijos de los sacerdotes con trompetas; *y* Zacarías, hijo de Jonatán, hijo de Semaías, hijo de Matanías, hijo de Micaías, hijo de Zacur, hijo de Asaf,

36 y sus parientes, Semaías, Azareel, Milalai, Gilalai, Maai, Natanael, Judá *y* Hananí, con los instrumentos musicales de David, hombre de Dios. Y el escriba Esdras *iba* delante de ellos.

37 Y a la puerta de la Fuente subieron directamente las gradas de la ciudad de David por la escalera de la muralla, por encima de la casa de David hasta la puerta de las Aguas al oriente.

38 El segundo coro marchaba hacia la izquierda, y yo *iba* tras ellos con la mitad del pueblo por encima de la muralla, pasando por la torre de los Hornos, hasta la muralla Ancha,

39 y por la puerta de Efraín, junto a la puerta Vieja, junto a la puerta del Pescado, y la torre de Hananeel, y la torre de los Cien, hasta la puerta de las Ovejas, y se detuvieron en la puerta de la Guardia.

40 Luego los dos coros tomaron su lugar en la casa de Dios. También yo, y la mitad de los oficiales conmigo,

41 y los sacerdotes Eliacim, Maasías, Miniamín, Micaías, Elioenai, Zacarías y Hananías, con trompetas,

42 y Maasías, Semaías, Eleazar, Uzi, Johanán, Malquías, Elam y Ezer. Los cantores cantaban, con su director Izrahías,

43 y ofrecieron aquel día grandes sacrificios y se regocijaron porque Dios les había dado gran alegría; también las mujeres y los niños se regocijaron; y el regocijo de Jerusalén se oía desde lejos.

44 Aquel día fueron designados hombres a cargo de las cámaras destinadas a almacenes de las contribuciones, de las primicias y de los diezmos, para que recogieran en ellas, de los campos de las ciudades, las porciones dispuestas por la ley para los sacerdotes y levitas. Pues Judá se regocijaba por los sacerdotes y levitas que servían.

45 Ellos ministraban en la adoración de su Dios y en el ministerio de la purificación, junto con los cantores y los porteros, conforme al mandato de David *y* de su hijo Salomón.

46 Porque en los días de David y Asaf, en tiempos antiguos, *había* directores de los cantores, cánticos de alabanza e himnos de acción de gracias a Dios.

47 Y todo Israel, en días de Zorobabel y en días de Nehemías, daba las porciones correspondientes a los cantores y a los porteros como se

demandaba para cada día, y consagraban *parte* para los levitas, y los levitas consagraban *parte* para los hijos de Aarón.

Reformas de Nehemías

13 Aquel día leyeron el libro de Moisés a oídos del pueblo; y se encontró escrito en él que los amonitas y los moabitas no debían entrar jamás en la asamblea de Dios,

2 porque no recibieron a los hijos de Israel con pan y agua, sino que contrataron contra ellos a Balaam para maldecirlos; pero nuestro Dios convirtió la maldición en bendición.

3 Y sucedió que cuando oyeron la ley, excluyeron de Israel a todo extranjero.

4 Antes de esto, el sacerdote Eliasib, encargado de los aposentos de la casa de nuestro Dios, *y que era* pariente de Tobías,

5 le había preparado un gran aposento, donde anteriormente colocaban las ofrendas de cereal, el incienso, los utensilios, y los diezmos del cereal, del mosto y del aceite prescritos para los levitas, los cantores y los porteros, y las contribuciones para los sacerdotes.

6 Pero durante todo este *tiempo* yo no estaba en Jerusalén, porque en el año treinta y dos de Artajerjes, rey de Babilonia, yo había ido al rey; pero después de algún tiempo, pedí permiso al rey;

7 y vine a Jerusalén y me enteré del mal que Eliasib había hecho por *favorecer a* Tobías, al prepararle un aposento en los atrios de la casa de Dios.

8 Esto me desagradó mucho, por lo cual arrojé todos los muebles de la casa de Tobías fuera del aposento.

9 Entonces ordené que limpiaran los aposentos; y puse de nuevo allí los utensilios de la casa de Dios con las ofrendas de cereal y el incienso.

10 También descubrí que las porciones de los levitas no se *les* habían dado, por lo que los levitas y los cantores que hacían el servicio se habían ido, cada uno a su campo.

11 Por tanto, reprendí a los oficiales, y dije: ¿Por qué está la casa de Dios abandonada? Entonces reuní a los levitas y los restablecí en sus puestos.

12 Entonces todo Judá trajo el diezmo del cereal, del mosto y del aceite a los almacenes.

13 Y puse al frente de los almacenes al sacerdote Selemías, al escriba Sadoc, y a Pedaías, uno de los levitas; además de éstos estaba Hanán, hijo de Zacur, hijo de Matanías; porque se les consideraba dignos de confianza, y su responsabilidad *era* repartir *las raciones* a sus parientes.

14 Acuérdate de mí por esto, Dios mío, y no borres las obras de misericordia que he hecho por la casa de mi Dios y por sus servicios.

15 En aquellos días vi en Judá a algunos que pisaban los lagares en el día de reposo, y traían haces de trigo y *los* cargaban en asnos, y también vino, uvas, higos y toda clase de carga, y *los* traían a Jerusalén en el día de reposo. Y *les* amonesté por el día en que vendían los víveres.

16 También habitaban allí, en Jerusalén, tirios, *que* importaban pescado y toda clase de mercancías, y los vendían a los hijos de Judá en el día de reposo.

17 Entonces reprendí a los nobles de Judá, y les dije: ¿Qué acción tan mala es esta que cometéis profanando el día de reposo?

18 ¿No hicieron lo mismo vuestros padres, y nuestro Dios trajo sobre nosotros y sobre esta ciudad toda esta aflicción? Vosotros, pues, aumentáis *su* furor contra Israel al profanar el día de reposo.

19 Y aconteció que cuando iba oscureciendo a las puertas de Jerusalén, antes del día de reposo, ordené que se cerraran las puertas y que no las abrieran hasta después del día de reposo. Entonces puse algunos de mis siervos a las puertas *para que* no entrara ninguna carga en día de reposo.

20 Pero una o dos veces, los mercaderes y vendedores de toda clase de mercancía pasaron la noche fuera de Jerusalén.

21 Entonces les advertí, y les dije: ¿Por qué pasáis la noche delante de la muralla? Si lo hacéis de nuevo, usaré fuerza contra vosotros. Desde entonces no vinieron más en el día de reposo.

22 Y ordené a los levitas que se purificaran y que vinieran a guardar las puertas para santificar el día de reposo. *Por* esto también acuérdate de mí, Dios mío, y ten piedad de mí conforme a la grandeza de tu misericordia.

23 Vi también en aquellos días a judíos que se habían casado con mujeres asdoditas, amonitas *y* moabitas.

24 De sus hijos, la mitad hablaban la lengua de Asdod, y ninguno de ellos podía hablar la lengua de Judá, sino la lengua de su propio pueblo.

25 Y contendí con ellos y los maldije, herí a algunos de ellos y les arranqué el cabello, y les hice jurar por Dios, *diciendo:* No daréis vuestras hijas a sus hijos; tampoco tomaréis de sus hijas para vuestros hijos ni para vosotros mismos.

26 ¿No pecó por esto Salomón, rey de Israel? Sin embargo, entre tantas naciones no hubo rey como él, y era amado por su Dios, y Dios le había hecho rey sobre todo Israel; pero aún a él le hicieron pecar las mujeres extranjeras.

27 ¿Y se debe oír de vosotros que habéis cometido todo este gran mal obrando infielmente contra nuestro Dios casándoos con mujeres extranjeras?

28 Aun uno de los hijos de Joiada, hijo del sumo sacerdote Eliasib, *era* yerno de Sanbalat horonita, y lo eché de mi lado.

29 Acuérdate de ellos, Dios mío, porque han profanado el sacerdocio y el pacto del sacerdocio y de los levitas.

30 Así los purifiqué de todo lo extranjero, y designé oficios para los sacerdotes y levitas, cada uno en su ministerio,

31 e *hice arreglos* para la provisión de leña en los tiempos señalados y para las primicias. ¡Acuérdate de mí, Dios mío, para bien!

Banquetes del rey Asuero

1 Aconteció en los días de Asuero, el *rey* Asuero que reinó desde la India hasta Etiopía *sobre* ciento veintisiete provincias,

2 que en aquellos días, estando el rey Asuero sentado en su trono real, en la fortaleza de Susa,

3 en el año tercero de su reinado, hizo un banquete para todos sus príncipes y servidores, estando en su presencia *los oficiales* del ejército de Persia y Media, los nobles y los príncipes de sus provincias.

4 Y él mostró las riquezas de la gloria de su reino y el esplendor de su gran majestad *durante* muchos días, ciento ochenta días.

5 Cuando se cumplieron estos días, el rey hizo para todo el pueblo que se encontraba en la fortaleza de Susa, desde el mayor hasta el menor, un banquete de siete días en el atrio del jardín del palacio del rey.

6 *Había colgaduras* de lino blanco y violeta sostenidas por cordones de lino fino y púrpura en anillos de plata y columnas de mármol, *y* lechos de oro y plata sobre un pavimento mosaico de pórfido, de mármol, de alabastro y de piedras preciosas.

7 Las bebidas *se servían* en vasijas de oro de diferentes formas, y el vino real abundaba conforme a la liberalidad del rey.

8 Y se bebía conforme a la ley, no había obligación, porque el rey así había dado órdenes a todos los oficiales de su casa para que hicieran conforme a los deseos de cada persona.

9 La reina Vasti también hizo un banquete para las mujeres en el palacio que pertenecía al rey Asuero.

10 Al séptimo día, cuando el corazón del rey estaba alegre por el vino, él ordenó a Mehumán, a Bizta, a Harbona, a Bigta, a Abagta, a Zetar y a Carcas, los siete eunucos que servían en la presencia del rey Asuero,

11 que trajeran a la reina Vasti a la presencia del rey con su corona real, para mostrar al pueblo y a los príncipes su belleza, porque era muy hermosa.

12 Pero la reina Vasti rehusó venir al mandato del rey *transmitido* por los eunucos. Entonces el rey se enojó mucho y se encendió su furor en él.

13 Y el rey dijo a los sabios que conocían los tiempos (pues *era* costumbre del rey *consultar* así a todos los que conocían la ley y el derecho,

14 y estaban junto a él Carsena, Setar, Admata, Tarsis, Meres, Marsena y Memucán, los siete príncipes de Persia y Media que tenían entrada a la presencia del rey y que ocupaban los primeros puestos en el reino):

15 Conforme a la ley, ¿qué se debe hacer con la reina Vasti, por no haber obedecido el mandato del rey Asuero *transmitido* por los eunucos?

16 Y en presencia del rey y de los príncipes, Memucán dijo: La reina Vasti no sólo ha ofendido al rey sino *también* a todos los príncipes y a todos los pueblos que están en todas las provincias del rey Asuero.

17 Porque la conducta de la reina llegará a conocerse por todas las mujeres y hará que ellas miren con desdén a sus maridos, y digan: "El rey Asuero ordenó que la reina Vasti fuera llevada a su presencia, pero ella no fue."

18 Y *desde* hoy las señoras de Persia y Media que han oído de la conducta de la reina hablarán de *la misma manera* a todos los príncipes del rey, y *habrá* mucho desdén y enojo.

19 Si le place al rey, proclame él un decreto real y que se escriba en las leyes de Persia y Media para que no sea revocado, que Vasti no entre más a la presencia del rey Asuero, y que el rey dé su título de reina a otra que sea más digna que ella.

20 Y cuando el decreto que haga el rey sea oído por todo su reino, inmenso que es, entonces todas las mujeres darán honra a sus maridos, a mayores y a menores.

21 *Esta* palabra pareció bien al rey y a los príncipes, y el rey hizo conforme a lo dicho por Memucán.

22 Y envió cartas a todas las provincias del rey, a cada provincia conforme a su escritura y a cada pueblo conforme a su lengua, para que todo hombre fuera señor en su casa y que *en ella* se hablara la lengua de su pueblo.

Ester elegida reina

2 Después de estas cosas, cuando el furor del rey Asuero se había aplacado, él se acordó de Vasti, de lo que ella había hecho y de lo que se había decretado contra ella.

2 Entonces los cortesanos al servicio del rey, dijeron: Búsquense para el rey jóvenes vírgenes y de buen parecer.

3 Y que el rey nombre oficiales en todas las provincias de su reino para que reúnan a todas las jóvenes vírgenes y de buen parecer en la fortaleza de Susa, en el harén, bajo la custodia de Hegai, eunuco del rey, encargado de las mujeres, y que *les* den sus cosméticos.

4 Y la joven que agrade al rey sea reina en lugar de Vasti. Y esto le pareció bien al rey, y así lo hizo.

5 *Y* había en la fortaleza de Susa un judío que se llamaba Mardoqueo, hijo de Jair, hijo de Simei, hijo de Cis, benjamita,

6 que había sido deportado de Jerusalén con los cautivos que habían sido deportados con Jeconías, rey de Judá, a quien había deportado Nabucodonosor, rey de Babilonia.

7 Y él estaba criando a Hadasa, es decir, Ester, hija de su tío, pues ella no tenía ni padre ni madre. La joven era de hermosa figura y de buen parecer, y cuando su padre y su madre murieron, Mardoqueo la tomó como hija suya.

8 Y sucedió que cuando el mandato y el decreto del rey fueron oídos, muchas jóvenes fueron reunidas en la fortaleza de Susa bajo la custodia de Hegai; y Ester *también* fue llevada al palacio del rey, bajo la custodia de Hegai, encargado de las mujeres.

9 La joven le agradó y halló favor delante de él, por lo que se apresuró en proveerle cosméticos y alimentos; le dio siete doncellas escogidas del

palacio del rey, y la trasladó con sus doncellas al mejor lugar del harén.

10 Ester no dio a conocer ni su pueblo ni su parentela, porque Mardoqueo le había mandado que no *los* diera a conocer.

11 Y todos los días Mardoqueo se paseaba delante del patio del harén para enterarse de cómo estaba Ester y qué le sucedía.

12 Cuando le tocaba a cada joven venir al rey Asuero, al cumplirse sus doce meses, según las ordenanzas para las mujeres, pues los días de su embellecimiento se cumplían así: seis meses con óleo de mirra y seis meses con especias y cosméticos para las mujeres,

13 entonces la joven venía al rey de esta manera: cualquier cosa que ella deseaba se le concedía para que la llevara consigo del harén al palacio del rey.

14 Ella entraba por la tarde y a la mañana *siguiente* volvía al segundo harén, bajo la custodia de Saasgaz, eunuco del rey, encargado de las concubinas. Ella no venía otra vez al rey a menos que el rey se complaciera en ella y fuera llamada por nombre.

15 Cuando a Ester, hija de Abihail, tío de Mardoqueo, que la había tomado como hija, le tocó venir al rey, ella no pidió cosa alguna sino lo que le aconsejó Hegai, eunuco del rey, encargado de las mujeres. Y Ester hallaba favor ante los ojos de cuantos la veían.

16 Ester fue llevada al rey Asuero a su palacio real el mes décimo, que es el mes Tebet, en el año séptimo de su reinado.

17 Y el rey amó a Ester más que a todas las *otras* mujeres, y ella halló gracia y bondad con él más que todas las *demás* vírgenes, y él puso la corona real sobre su cabeza y la hizo reina en lugar de Vasti.

18 Entonces el rey hizo un gran banquete para todos sus príncipes y siervos, el banquete de Ester. También concedió un día de descanso para las provincias y dio presentes conforme a la liberalidad del rey.

19 Cuando las vírgenes fueron reunidas por segunda vez, Mardoqueo estaba sentado a la puerta del rey.

20 Ester todavía no había dado a conocer ni su parentela ni su pueblo, tal como Mardoqueo le había mandado, porque Ester hizo lo que le había dicho Mardoqueo, como cuando estaba bajo su tutela.

21 En aquellos días, estando Mardoqueo sentado a la puerta del rey, Bigtán y Teres, dos eunucos del rey, guardianes del umbral, se enojaron y procuraban echar mano al rey Asuero.

22 Pero el asunto llegó a conocimiento de Mardoqueo, y él se lo comunicó a la reina Ester, y Ester informó al rey en nombre de Mardoqueo.

23 Y cuando fue investigado el asunto y hallado *cierto*, los dos fueron colgados en una horca; y *esto* fue escrito en el libro de las Crónicas en presencia del rey.

Conspiración de Amán

3 Después de esto el rey Asuero engrandeció a Amán, hijo de Hamedata agagueo, y lo ensalzó y estableció su autoridad sobre todos los príncipes que *estaban* con él.

2 Y todos los siervos del rey que *estaban* a la puerta del rey se inclinaban y se postraban ante Amán, porque así había ordenado el rey en cuanto a él; pero Mardoqueo ni se inclinaba ni se postraba.

3 Entonces los siervos del rey, que *estaban* a la puerta del rey, dijeron a Mardoqueo: ¿Por qué traspasas el mandato del rey?

4 Y sucedió que después que ellos le habían hablado día tras día y él se había negado a escucharlos, se *lo* informaron a Amán para ver si la palabra de Mardoqueo era firme; porque él les había declarado que era judío.

5 Cuando Amán vio que Mardoqueo no se inclinaba ni se postraba ante él, Amán se llenó de furor.

6 Y él no se contentó con echar mano sólo a Mardoqueo, pues le habían informado *cuál era* el pueblo de Mardoqueo; por tanto Amán procuró destruir a todos los judíos, el pueblo de Mardoqueo, que *estaban* por todo el reino de Asuero.

7 En el mes primero, que es el mes de Nisán, el año doce del rey Asuero, se echó el Pur, es decir la suerte, delante de Amán para cada día y cada mes hasta el mes doce, que es el mes de Adar.

8 Y Amán dijo al rey Asuero: Hay un pueblo esparcido y diseminado entre los pueblos en todas las provincias de tu reino; sus leyes son diferentes de *las* de todos *los demás* pueblos, y no guardan las leyes del rey, así que no conviene al rey dejarlos *vivos*.

9 Si al rey le parece bien, decrétese que sean destruidos, y yo pagaré diez mil talentos de plata en manos de los que manejan los negocios *del rey*, para que *los* pongan en los tesoros del rey.

10 El rey tomó de su mano el anillo de sellar y se lo dio a Amán, hijo de Hamedata agagueo, enemigo de los judíos.

11 Y el rey dijo a Amán: Quédate con la plata, y *también* con el pueblo, para que hagas con él lo que te parezca bien.

12 Entonces fueron llamados los escribas del rey el día trece del mes primero, y conforme a todo lo que Amán había ordenado, fue escrito a los sátrapas del rey, a los gobernadores que estaban sobre cada provincia y a los príncipes de cada pueblo, a cada provincia conforme a su escritura, a cada pueblo conforme a su lengua, escrito en el nombre del rey Asuero y sellado con el anillo del rey.

13 Y se enviaron cartas por medio de los correos a todas las provincias del rey para destruir, matar y exterminar a todos los judíos, jóvenes y ancianos, niños y mujeres, en un solo día, el *día* trece del mes doce, que es el mes de Adar, y sus posesiones dadas al saqueo.

14 La copia del edicto que sería promulgada ley en cada provincia fue publicada a todos los pueblos para que estuvieran preparados para ese día.

15 Salieron los correos apremiados por la orden del rey. El decreto fue promulgado en la fortaleza de Susa, y mientras el rey y Amán se sentaron a beber, la ciudad de Susa estaba consternada.

Mardoqueo pide a Ester que interceda

4 Cuando Mardoqueo supo todo lo que se había hecho, rasgó sus vestidos, se vistió de

cilicio y ceniza, y salió por la ciudad, lamentándose con grande y amargo clamor.

2 Y llegó hasta la puerta del rey, porque nadie podía entrar por la puerta del rey vestido de cilicio.

3 Y en cada una de las provincias *y* en todo lugar donde llegaba la orden del rey y su decreto, había entre los judíos gran duelo y ayuno, llanto y lamento; y muchos se acostaban sobre cilicio y ceniza.

4 Vinieron las doncellas de Ester y sus eunucos y se *lo* comunicaron, y la reina se angustió en gran manera. Y envió ropa para que Mardoqueo se vistiera y se quitara el cilicio de encima, pero él no *la* aceptó.

5 Entonces Ester llamó a Hatac, uno de los eunucos que el rey había puesto a su servicio, y le ordenó *ir* a Mardoqueo para saber qué *era* aquello y por qué.

6 Y salió Hatac a *donde estaba* Mardoqueo en la plaza de la ciudad, frente a la puerta del rey.

7 Y Mardoqueo le informó de todo lo que le había acontecido, y la cantidad exacta de dinero que Amán había prometido pagar a los tesoros del rey por la destrucción de los judíos.

8 Le dio también una copia del texto del decreto que había sido promulgado en Susa para la destrucción de los judíos, para que *se la* mostrara a Ester y le informara, y le mandara que ella fuera al rey para implorar su favor y para interceder ante él por su pueblo.

9 Regresó Hatac y contó a Ester las palabras de Mardoqueo.

10 Entonces Ester habló a Hatac y le ordenó *que respondiera* a Mardoqueo:

11 Todos los siervos del rey y el pueblo de las provincias del rey saben que para cualquier hombre o mujer que venga al rey en el atrio interior, sin ser llamado, él tiene una sola ley, que se le dé muerte, a menos que el rey le extienda el cetro de oro para que viva. Y yo no he sido llamada para ir al rey por estos treinta días.

12 Y contaron a Mardoqueo las palabras de Ester.

13 Entonces Mardoqueo *les* dijo que respondieran a Ester: No pienses que *estando* en el palacio del rey *sólo* tú escaparás entre todos los judíos.

14 Porque si permaneces callada en este tiempo, alivio y liberación vendrán de otro lugar para los judíos, pero tú y la casa de tu padre pereceréis. ¿Y quién sabe si para una ocasión como ésta tú habrás llegado a ser reina?

15 Y Ester *les* dijo que respondieran a Mardoqueo:

16 Ve, reúne a todos los judíos que se encuentran en Susa y ayunad por mí; no comáis ni bebáis por tres días, ni de noche ni de día. También yo y mis doncellas ayunaremos. Y así iré al rey, lo cual no es conforme a la ley; y si perezco, perezco.

17 Y Mardoqueo se fue e hizo conforme a todo lo que Ester le había ordenado.

El banquete de Ester

5 Y aconteció al tercer día que Ester se vistió con sus vestiduras reales y se puso en el atrio interior del palacio del rey delante de los aposentos del rey, y el rey estaba sentado en su trono real en el aposento del trono, frente a la entrada del palacio.

2 Y cuando el rey vio a la reina Ester de pie en el atrio, ella obtuvo gracia ante sus ojos; y el rey extendió hacia Ester el cetro de oro que *estaba* en su mano. Ester entonces se acercó y tocó el extremo del cetro.

3 Y el rey le dijo: ¿Qué te *preocupa,* reina Ester? ¿Y cuál es tu petición? Hasta la mitad del reino se te dará.

4 Ester respondió: Si le place al rey, venga hoy el rey con Amán al banquete que le he preparado.

5 Entonces el rey dijo: Traed pronto a Amán para que hagamos como Ester desea. Y el rey vino con Amán al banquete que Ester había preparado.

6 Y mientras bebían el vino en el banquete, el rey dijo a Ester: ¿Cuál es tu petición?, pues te será concedida. ¿Y cuál es tu deseo? Aun hasta la mitad del reino, se te dará.

7 Respondió Ester, y dijo: Mi petición y mi deseo es:

8 si he hallado gracia ante los ojos del rey, y si le place al rey conceder mi petición y hacer lo que yo pido, que venga el rey con Amán al banquete que yo les prepararé, y mañana haré conforme a la palabra del rey.

9 Salió Amán aquel día alegre y con corazón contento; pero cuando Amán vio a Mardoqueo en la puerta del rey y que éste no se levantaba ni temblaba delante de él, Amán se llenó de furor contra Mardoqueo.

10 Amán, sin embargo, se contuvo, fue a su casa, y mandó traer a sus amigos y a su mujer Zeres.

11 Entonces Amán les contó la gloria de sus riquezas, la multitud de sus hijos, y todas *las ocasiones* en que el rey le había engrandecido, y cómo le había exaltado sobre los príncipes y siervos del rey.

12 Y Amán añadió: Aun la reina Ester no permitió que nadie, excepto yo, viniera con el rey al banquete que ella había preparado; y también para mañana estoy invitado por ella junto con el rey.

13 Sin embargo nada de esto me satisface mientras vea al judío Mardoqueo sentado a la puerta del rey.

14 Su mujer Zeres y todos sus amigos le dijeron: Haz que se prepare una horca de cincuenta codos de alto, y por la mañana pide al rey que ahorquen a Mardoqueo en ella; entonces ve gozoso con el rey al banquete. Y el consejo agradó a Amán, e hizo preparar la horca.

Mardoqueo honrado por el rey

6 Aquella noche el rey no podía dormir y dio orden que trajeran el libro de las Memorias, las crónicas, y que las leyeran delante del rey.

2 Y fue hallado escrito lo que Mardoqueo había informado acerca de Bigtán y Teres, dos de los eunucos del rey, guardianes del umbral, de que ellos habían procurado echar mano al rey Asuero.

3 Y el rey preguntó: ¿Qué honor o distinción se le ha dado a Mardoqueo por esto? Respondieron los siervos del rey que le servían: Nada se ha hecho por él.

4 Entonces el rey preguntó: ¿Quién está en el atrio? Y Amán acababa de entrar al atrio exterior

del palacio del rey, para pedir al rey que hiciera ahorcar a Mardoqueo en la horca que él le había preparado.

5 Y los siervos del rey le respondieron: He aquí, Amán está en el atrio. Y el rey dijo: Que entre.

6 Cuando Amán entró, el rey le preguntó: ¿Qué se debe hacer para el hombre a quien el rey quiere honrar? Y Amán se dijo: ¿A quién desearía el rey honrar más que a mí?

7 Y Amán respondió al rey: Para el hombre a quien el rey quiere honrar,

8 traigan un manto real con que se haya vestido el rey, y un caballo en el cual el rey haya montado y en cuya cabeza se haya colocado una diadema real;

9 y el manto y el caballo sean entregados en mano de uno de los príncipes más nobles del rey, y vistan al hombre a quien el rey quiere honrar, lo lleven a caballo por la plaza de la ciudad y pregonen delante de él: "Así se hace al hombre a quien el rey quiere honrar."

10 Entonces el rey dijo a Amán: Toma presto el manto y el caballo como has dicho, y hazlo así con el judío Mardoqueo, que está sentado a la puerta del rey; no omitas nada de todo lo que has dicho.

11 Y Amán tomó el manto y el caballo, vistió a Mardoqueo y lo llevó *a caballo* por la plaza de la ciudad, y pregonó delante de él: Así se hace al hombre a quien el rey quiere honrar.

12 Después Mardoqueo regresó a la puerta del rey, pero Amán se apresuró *a volver* a su casa, lamentándose, con la cabeza cubierta.

13 Y Amán contó a su mujer Zeres y a todos sus amigos todo lo que le había acontecido. Entonces sus sabios y su mujer Zeres le dijeron: Si Mardoqueo, delante de quien has comenzado a caer, es de descendencia judía, no podrás con él, sino que ciertamente caerás delante de él.

14 Aún estaban hablando con él, cuando llegaron los eunucos del rey y llevaron aprisa a Amán al banquete que Ester había preparado.

Amán denunciado y ahorcado

7 Y el rey y Amán fueron *al banquete* a beber *vino* con la reina Ester.

2 También el segundo día, mientras bebían vino en el banquete, el rey dijo a Ester: ¿Cuál es tu petición, reina Ester? Te será concedida. ¿Cuál es tu deseo? Hasta la mitad del reino se te dará.

3 Respondió la reina Ester, y dijo: Si he hallado gracia ante tus ojos, oh rey, y si le place al rey, que me sea concedida la vida según mi petición, y la de mi pueblo según mi deseo;

4 porque hemos sido vendidos, yo y mi pueblo, para el exterminio, para la matanza y para la destrucción. Y si *sólo* hubiéramos sido vendidos como esclavos o esclavas, hubiera permanecido callada, porque el mal no se podría comparar con el disgusto del rey.

5 Entonces el rey Asuero preguntó a la reina Ester: ¿Quién es, y dónde está el que pretende hacer tal cosa?

6 Y Ester respondió: ¡El adversario y enemigo es este malvado Amán! Entonces Amán se sobrecogió de terror delante del rey y de la reina.

7 Y dejando de beber vino, el rey se levantó lleno de furor *y salió* al jardín del palacio; pero Amán se quedó para rogar por su vida a la reina Ester, porque vio que el mal había sido determinado contra él por el rey.

8 Cuando el rey volvió del jardín del palacio al lugar donde estaban bebiendo vino, Amán se había dejado caer sobre el lecho donde *se hallaba* Ester. Entonces el rey dijo: ¿Aún se atreve a hacer violencia a la reina estando yo en la casa? Al salir la palabra de la boca del rey, cubrieron el rostro a Amán.

9 Entonces Harbona, uno de los eunucos que *estaban* delante del rey, dijo: He aquí precisamente, la horca de cincuenta codos de alto está en la casa de Amán, la cual había preparado Amán para Mardoqueo, quien había hablado bien en favor del rey. Y el rey dijo: Ahorcadlo en ella.

10 Colgaron, pues, a Amán en la horca que había preparado para Mardoqueo, y se aplacó el furor del rey.

Decreto a favor de los judíos

8 Aquel mismo día el rey Asuero dio a la reina Ester la casa de Amán, enemigo de los judíos; y Mardoqueo vino delante del rey, porque Ester *le* había revelado lo que era él para ella.

2 Entonces el rey se quitó el anillo que había recobrado de Amán, y se lo dio a Mardoqueo. Y Ester puso a Mardoqueo sobre la casa de Amán.

3 Ester habló de nuevo delante del rey, cayó a sus pies, y llorando, le imploró que impidiera los *propósitos* perversos de Amán agagueo y el plan que había tramado contra los judíos.

4 Extendió el rey hacia Ester el cetro de oro, y Ester se levantó y se puso delante del rey,

5 y dijo: Si le place al rey, y si he hallado gracia delante de él, si el asunto le parece bien al rey y yo soy grata ante sus ojos, que se escriba para revocar las cartas concebidas por Amán, hijo de Hamedata, agagueo, las cuales escribió para destruir a los judíos que están en todas las provincias del rey.

6 Porque ¿cómo podría yo ver la calamidad que caería sobre mi pueblo? ¿Cómo podría yo ver la destrucción de mi gente?

7 Entonces el rey Asuero dijo a la reina Ester y al judío Mardoqueo: He aquí, he dado a Ester la casa de Amán, y a él le han colgado en la horca porque extendió su mano contra los judíos.

8 Vosotros, pues, escribid acerca de los judíos como os parezca bien, en nombre del rey, y sellad*lo* con el anillo del rey; porque un decreto que está escrito en nombre del rey y sellado con el anillo del rey no puede ser revocado.

9 Y fueron llamados los escribas del rey en aquel momento en el mes tercero (es decir, el mes de Siván), en el *día* veintitrés; y conforme a todo lo que ordenó Mardoqueo se escribió a los judíos, a los sátrapas, a los gobernadores y a los príncipes de las provincias que *se extendían* desde la India hasta Etiopía, ciento veintisiete provincias, a cada provincia conforme a su escritura, y a cada pueblo conforme a su lengua, y a los judíos conforme a su escritura y a su lengua.

10 Y se escribió en el nombre del rey Asuero y se selló con el anillo del rey, y se enviaron las cartas por medio de correos a caballo, que montaban en corceles engendrados por caballos reales.

11 En ellas el rey concedía a los judíos que *estaban* en cada ciudad *el derecho* de reunirse y defender su vida, de destruir, de matar y de exterminar al ejército de cualquier pueblo o provincia que los atacara, incluso a niños y mujeres, y de saquear sus bienes,

12 en un mismo día en todas las provincias del rey Asuero, el *día* trece del mes doce (es decir, el mes de Adar).

13 Una copia del edicto que había de promulgarse como ley en cada provincia fue publicado a todos los pueblos, para que los judíos estuvieran listos para ese día a fin de vengarse de sus enemigos.

14 Los correos, apresurados y apremiados por la orden del rey, salieron montados en los corceles reales; y el decreto fue promulgado en la fortaleza de Susa.

15 Entonces Mardoqueo salió de la presencia del rey en vestiduras reales de azul y blanco, con una gran corona de oro y un manto de lino fino y púrpura; y la ciudad de Susa dio vivas y se regocijó.

16 Para los judíos fue *día* de luz y alegría, de gozo y gloria.

17 En cada provincia, en cada ciudad y en todo lugar adonde llegaba el mandato del rey y su decreto había alegría y gozo para los judíos, banquete y día festivo. Y muchos de entre los pueblos de la tierra se hicieron judíos, porque había caído sobre ellos el temor de los judíos.

Venganza de los judíos

9 En el mes doce (es decir, el mes de Adar), el día trece cuando estaban para ejecutarse el mandato y edicto del rey, el *mismo* día que los enemigos de los judíos esperaban obtener dominio sobre ellos, sucedió lo contrario, porque fueron los judíos los que obtuvieron dominio sobre los que los odiaban.

2 Se reunieron los judíos en sus ciudades por todas las provincias del rey Asuero para echar mano a los que buscaban su daño; y nadie podía oponérseles, porque el temor a ellos había caído sobre todos los pueblos.

3 Y todos los príncipes de las provincias, los sátrapas, los gobernadores y los que manejaban los negocios del rey ayudaron a los judíos, porque el temor a Mardoqueo había caído sobre ellos,

4 pues Mardoqueo era grande en la casa del rey, y su fama se había extendido por todas las provincias, porque Mardoqueo se hacía más y más grande.

5 Y los judíos hirieron a todos sus enemigos a filo de espada, con matanza y destrucción; e hicieron lo que quisieron con los que los odiaban.

6 En la fortaleza de Susa los judíos mataron y destruyeron a quinientos hombres,

7 también a Parsandata, Dalfón, Aspata,

8 Porata, Adalía, Aridata,

9 Parmasta, Arisai, Aridai y Vaizata,

10 los diez hijos de Amán, hijo de Hamedata, enemigo de los judíos; pero no echaron mano a los bienes.

11 Aquel mismo día comunicaron al rey el número de los que fueron muertos en la fortaleza de Susa.

12 Y el rey dijo a la reina Ester: En la fortaleza de Susa los judíos han matado y exterminado a quinientos hombres y a los diez hijos de Amán. ¡Qué habrán hecho en las demás provincias del rey! ¿Cuál es tu petición *ahora?* Pues te será concedida. ¿Qué más quieres? También *te* será hecho.

13 Entonces Ester dijo: Si le place al rey, que mañana también se conceda a los judíos que están en Susa hacer conforme al edicto de hoy; y que los diez hijos de Amán sean colgados en la horca.

14 El rey ordenó que así se hiciera; y un edicto fue promulgado en Susa, y los diez hijos de Amán fueron colgados.

15 Los judíos que *se hallaban* en Susa se reunieron también el día catorce del mes de Adar y mataron a trescientos hombres en Susa, pero no echaron mano a los bienes.

16 Y los demás judíos que *se hallaban* en las provincias del rey se reunieron para defender sus vidas y librarse de sus enemigos; y mataron a setenta y cinco mil de los que los odiaban, pero no echaron mano a los bienes.

17 *Esto sucedió* el día trece del mes de Adar, y el *día* catorce descansaron, y lo proclamaron día de banquete y de regocijo.

18 Pero los judíos que *se hallaban* en Susa se reunieron el trece y el catorce del mismo mes, y descansaron el *día* quince y lo proclamaron día de banquete y de regocijo.

19 Por eso los judíos de las áreas rurales, que habitan en las ciudades abiertas, proclaman el día catorce del mes de Adar día festivo para regocijarse, hacer banquetes y enviarse porciones *de comida* unos a otros.

20 Entonces Mardoqueo escribió estos hechos, y envió cartas a todos los judíos que *se hallaban* en todas las provincias del rey Asuero, tanto cercanas como lejanas,

21 ordenándoles que celebraran anualmente el día catorce del mes de Adar, y el día quince del mismo mes,

22 porque en esos días los judíos se libraron de sus enemigos, y fue para ellos un mes que se convirtió de tristeza en alegría y de duelo en día festivo; para que hicieran días de banquete y de regocijo y para que se enviaran porciones *de comida* unos a otros, e hicieran donativos a los pobres.

23 Así los judíos llevaron a cabo lo que habían comenzado a hacer, y lo que Mardoqueo les había escrito.

24 Pues Amán, hijo de Hamedata, agagueo, enemigo de todos los judíos, había hecho planes contra los judíos para destruirlos, y había echado el Pur, es decir, la suerte, para su ruina y destrucción.

25 Pero cuando esto llegó al conocimiento del rey, *éste* ordenó por carta que el perverso plan que había tramado contra los judíos recayera sobre su cabeza, y que él y sus hijos fueran colgados en la horca.

26 Por eso estos días son llamados Purim, por el nombre Pur. Y a causa de las instrucciones en esta carta, tanto por lo que habían visto sobre este asunto y por lo que les había acontecido,

27 los judíos establecieron e hicieron una costumbre para ellos, para sus descendientes y para todos los que se aliaban con ellos, para que no dejaran de celebrar estos dos días conforme a

su ordenanza y conforme a su tiempo señalado cada año.

28 Y estos días debían ser recordados y celebrados por todas las generaciones, por cada familia, cada provincia y cada ciudad; y que estos días de Purim no dejaran de celebrarse entre los judíos, ni su memoria se extinguiera entre sus descendientes.

29 Entonces la reina Ester, hija de Abihail, y el judío Mardoqueo escribieron con toda autoridad para confirmar esta segunda carta acerca de Purim.

30 Y se enviaron cartas a todos los judíos, a las ciento veintisiete provincias del reino de Asuero, palabras de paz y de verdad,

31 para establecer estos días de Purim en sus tiempos señalados, tal como habían establecido para ellos el judío Mardoqueo y la reina Ester, según habían fijado para ellos y sus descendientes con instrucciones para sus tiempos de ayuno y de lamentaciones.

32 El mandato de Ester estableció estas costumbres acerca de Purim, y esto fue escrito en el libro.

Grandeza de Mardoqueo

10 El rey Asuero impuso tributo sobre la tierra y sobre las costas del mar.

2 Y todos los actos de su autoridad y poder, y todo el relato de la grandeza de Mardoqueo, con que el rey le engrandeció, ¿no están escritos en el libro de las Crónicas de los reyes de Media y Persia?

3 Porque el judío Mardoqueo era el segundo *después* del rey Asuero, grande entre los judíos y estimado por la multitud de sus hermanos, el cual buscó el bien de su pueblo y procuró el bienestar de toda su gente.

Libro de
JOB

Integridad y riquezas de Job

1 Hubo un hombre en la tierra de Uz llamado Job; y era aquel hombre intachable, recto, temeroso de Dios y apartado del mal.

2 Y le nacieron siete hijos y tres hijas.

3 Su hacienda era de siete mil ovejas, tres mil camellos, quinientas yuntas de bueyes, quinientas asnas y muchísima servidumbre; y era aquel hombre el más grande de todos los hijos del oriente.

4 Sus hijos solían ir y hacer un banquete en la casa de cada uno por turno, e invitaban a sus tres hermanas para que comieran y bebieran con ellos.

5 Y sucedía que cuando los días del banquete habían pasado, Job enviaba *por ellos* y los santificaba, y levantándose temprano, ofrecía holocaustos *conforme* al número de todos ellos. Porque Job decía: Quizá mis hijos hayan pecado y maldecido a Dios en sus corazones. Así hacía Job siempre.

6 Hubo un día cuando los hijos de Dios vinieron a presentarse delante del Señor, y Satanás[1] vino también entre ellos.

7 Y el Señor dijo a Satanás: ¿De dónde vienes? Entonces Satanás respondió al Señor, y dijo: De recorrer la tierra y de andar por ella.

8 Y el Señor dijo a Satanás: ¿Te has fijado en mi siervo Job? Porque no hay ninguno como él sobre la tierra, hombre intachable y recto, temeroso de Dios y apartado del mal.

9 Respondió Satanás al Señor: ¿Acaso teme Job a Dios de balde?

10 ¿No has hecho tú una valla alrededor de él, de su casa y de todo lo que tiene, por todos lados? Has bendecido el trabajo de sus manos y sus posesiones han aumentado en la tierra.

11 Pero extiende ahora tu mano y toca todo lo que tiene, *verás* si no te maldice en tu *misma* cara.

12 Entonces el Señor dijo a Satanás: He aquí, todo lo que tiene está en tu poder; pero no extiendas tu mano sobre él. Y Satanás salió de la presencia del Señor.

13 Y aconteció que un día en que sus hijos y sus hijas estaban comiendo y bebiendo vino en la casa del hermano mayor,

14 vino un mensajero a Job y dijo: Los bueyes estaban arando y las asnas paciendo junto a ellos,

15 y los sabeos atacaron y se los llevaron. También mataron a los criados a filo de espada; sólo yo escapé para contárte*lo*.

16 Mientras estaba éste hablando, vino otro y dijo: Fuego de Dios cayó del cielo y quemó las ovejas y a los criados y los consumió; sólo yo escapé para contárte*lo*.

17 Mientras estaba éste hablando, vino otro y dijo: Los caldeos formaron tres cuadrillas y atacaron los camellos y se los llevaron, y mataron a los criados a filo de espada; sólo yo escapé para contárte*lo*.

18 Mientras estaba éste hablando, vino otro y dijo: Tus hijos y tus hijas estaban comiendo y bebiendo vino en la casa de su hermano mayor,

19 y he aquí, vino un gran viento del otro lado del desierto y azotó las cuatro esquinas de la casa, y *ésta* cayó sobre los jóvenes y murieron; sólo yo escapé para contárte*lo*.

20 Entonces Job se levantó, rasgó su manto, se rasuró la cabeza, y postrándose en tierra, adoró,

21 y dijo:
Desnudo salí del vientre de mi madre
y desnudo volveré allá.
El Señor dio y el Señor quitó;
bendito sea el nombre del Señor.

22 En todo esto Job no pecó ni culpó a Dios.

Job pierde su salud

2 Y sucedió que un día cuando los hijos de Dios vinieron a presentarse delante del Señor, vino también Satanás entre ellos para presentarse delante del Señor.

2 Y el Señor dijo a Satanás: ¿De dónde vienes?

---

1. I.e., el adversario, y así en el resto del cap.

Entonces Satanás respondió al SEÑOR, y dijo: De recorrer la tierra y de andar por ella.

3 Y el SEÑOR dijo a Satanás: ¿Te has fijado en mi siervo Job? Porque no hay otro como él sobre la tierra, hombre intachable, recto, temeroso de Dios y apartado del mal. Y él todavía conserva su integridad, aunque tú me incitaste contra él para que lo arruinara sin causa.

4 Respondió Satanás al SEÑOR, y dijo: ¡Piel por piel! Sí, todo lo que el hombre tiene dará por su vida.

5 Sin embargo, extiende ahora tu mano y toca su hueso y su carne, *verás* si no te maldice en tu *misma* cara.

6 Y el SEÑOR dijo a Satanás: He aquí, él está en tu mano; pero guarda su vida.

7 Satanás salió de la presencia del SEÑOR, e hirió a Job con llagas malignas desde la planta del pie hasta la coronilla.

8 Y *Job* tomó un tiesto para rascarse mientras estaba sentado entre las cenizas.

9 Entonces su mujer le dijo: ¿Aún conservas tu integridad? Maldice a Dios y muérete.

10 Pero él le dijo: Como habla cualquier mujer necia, has hablado. ¿Aceptaremos el bien de Dios y no aceptaremos el mal? En todo esto Job no pecó con sus labios.

11 Cuando tres amigos de Job, Elifaz temanita, Bildad suhita y Zofar naamatita, oyeron de todo este mal que había venido sobre él, vinieron cada uno de su lugar, pues se habían puesto de acuerdo para ir juntos a condolerse de él y a consolarlo.

12 Y cuando alzaron los ojos desde lejos y no lo reconocieron, levantaron sus voces y lloraron. Cada uno de ellos rasgó su manto y esparcieron polvo hacia el cielo sobre sus cabezas.

13 Entonces se sentaron en el suelo con él por siete días y siete noches sin que nadie le dijera una palabra, porque veían que *su* dolor era muy grande.

Lamentos de Job

3 Después abrió Job su boca y maldijo el día de su nacimiento.

2 Y Job dijo:

3 Perezca el día en que yo nací,
   y la noche *que* dijo: "Un varón ha sido concebido."

4 Sea ese día tinieblas,
   no lo tome en cuenta Dios desde lo alto,
   ni resplandezca sobre él la luz.

5 Apodérense de él tinieblas y densa oscuridad,
   pósese sobre él una nube,
   llénelo de terror la negrura del día.

6 *Y en cuanto a* aquella noche, apodérense de ella las tinieblas;
   que no se alegre entre los días del año,
   ni se cuente en el número de los meses.

7 He aquí, sea estéril aquella noche,
   no entren en ella gritos de júbilo.

8 Maldíganla los que maldicen el día,
   los que están listos para despertar a Leviatán.

9 Oscurézcanse las estrellas de su alba;
   que espere la luz mas no la tenga,
   que tampoco vea el rayar de la aurora;

10 porque no cerró las puertas del vientre *de mi madre,*

ni escondió la aflicción de mis ojos.

11 ¿Por qué no morí yo al nacer,
   o expiré al salir del vientre?

12 ¿Por qué me recibieron las rodillas,
   y para qué los pechos que me dieron de mamar?

13 Porque ahora yo yacería tranquilo;
   dormiría, *y* entonces tendría descanso

14 con los reyes y los consejeros de la tierra,
   que reedificaron ruinas para sí;

15 o con príncipes que tenían oro,
   que llenaban sus casas de plata.

16 O como aborto desechado, yo no existiría,
   como los niños que nunca vieron la luz.

17 Allí los impíos cesan de airarse,
   y allí reposan los cansados.

18 Juntos reposan los prisioneros;
   no oyen la voz del capataz.

19 Allí están los pequeños y los grandes,
   y el esclavo es libre de su señor.

20 ¿Por qué se da luz al que sufre,
   y vida al amargado de alma,

21 a los que ansían la muerte, pero no llega,
   y cavan por ella más que por tesoros;

22 que se alegran sobremanera,
   y se regocijan cuando encuentran el sepulcro?

23 ¿*Por qué dar luz* al hombre cuyo camino está escondido,
   y a quien Dios ha cercado?

24 Porque al ver mi alimento salen mis gemidos,
   y mis clamores se derraman como agua.

25 Pues lo que temo viene sobre mí,
   y lo que me aterroriza me sucede.

26 No tengo reposo ni estoy tranquilo,
   no descanso, sino que *me* viene turbación.

Reproches de Elifaz

4 Entonces respondió Elifaz temanita, y dijo:

2 Si alguien osara hablarte, ¿te pondrías impaciente?
   Pero ¿quién puede abstenerse de hablar?

3 He aquí, tú has exhortado a muchos,
   y las manos débiles has fortalecido.

4 Al que tropezaba tus palabras han levantado,
   y las rodillas débiles has robustecido.

5 Pero ahora que te ha llegado a ti, te impacientas;
   te toca a ti, y te desalientas.

6 ¿No es tu temor[1] *a Dios* tu confianza,
   y la integridad de tus caminos tu esperanza?

7 Recuerda ahora, ¿quién siendo inocente ha perecido *jamás?*
   ¿O dónde han sido destruidos los rectos?

8 Por lo que yo he visto, los que aran iniquidad
   y los que siembran aflicción, eso siegan.

9 Por el aliento de Dios perecen,
   y por la explosión de su ira son consumidos.

10 El rugido del león, el bramido de la fiera
   y los dientes de los leoncillos son quebrantados.

11 El león perece por falta de presa,
   y los cachorros de la leona se dispersan.

12 Una palabra me fue traída furtivamente,
   y mi oído percibió un susurro de ella.

13 Entre pensamientos inquietantes de visiones nocturnas,

---

1. O, *reverencia*

cuando el sueño profundo cae sobre los hombres,

14 me sobrevino un espanto, un temblor
que hizo estremecer todos mis huesos.

15 Entonces un espíritu pasó cerca de[1] mi rostro,
y el pelo de mi piel se erizó.

16 Se detuvo, pero no pude reconocer su aspecto;
una figura *estaba* delante de mis ojos,
hubo silencio, después oí una voz:

17 "¿Es el mortal justo *delante* de Dios?
¿Es el hombre puro *delante* de su Hacedor?

18 "El no confía ni aún en sus siervos;
y a sus ángeles atribuye errores.

19 "¡Cuánto más a los que habitan en casas de barro,
cuyos cimientos están en el polvo,
que son aplastados como la polilla!

20 "Entre la mañana y la tarde son hechos pedazos,
sin que nadie se dé cuenta, perecen para siempre.

21 "¿No les es arrancada la cuerda de su tienda?
Mueren, mas sin sabiduría."

5 Llama ahora, ¿habrá quién te responda?
¿Y a cuál de los santos te volverás?

2 Porque el enojo mata al insensato,
y la ira da muerte al necio.

3 Yo he visto al insensato echar raíces,
y al instante maldije su morada.

4 Sus hijos no tienen seguridad alguna,
aun en la puerta son oprimidos,
y no hay quien les libre.

5 Su cosecha devoran los hambrientos,
la toman aun de *entre* los espinos,
y el intrigante ansía su riqueza.

6 Porque la aflicción no viene del polvo,
ni brota el infortunio de la tierra;

7 porque el hombre nace para la aflicción,
como las chispas vuelan hacia arriba.

8 Pero yo buscaría a Dios,
y delante de Dios presentaría mi causa;

9 El hace cosas grandes e inescrutables,
maravillas sin número.

10 El da la lluvia sobre la faz de la tierra,
y envía las aguas sobre los campos.

11 Para poner en alto a los humildes,
y a los que lloran levantarlos a lugar seguro,

12 El frustra las tramas de los astutos,
para que sus manos no tengan éxito.

13 El prende a los sabios en su propia astucia,
y el consejo de los sagaces pronto se frustra.

14 De día tropiezan con las tinieblas,
y a mediodía andan a tientas como de noche.

15 Pero El salva al pobre de la espada, de sus bocas
y de la mano del poderoso.

16 El desamparado, pues, tiene esperanza,
y la injusticia tiene que cerrar su boca.

17 He aquí, cuán bienaventurado es el hombre a quien Dios reprende;
no desprecies, pues, la disciplina del Todopoderoso.

18 Porque El inflige dolor, y da alivio;
El hiere, y sus manos *también* sanan.

19 De seis aflicciones te librará,
y en siete no te tocará el mal.

20 En el hambre te salvará de la muerte,
y en la guerra del poder de la espada.

21 Estarás a cubierto del azote de la lengua,
y no temerás la violencia cuando venga.

22 De la violencia y del hambre te reirás,
y no temerás a las fieras de la tierra.

23 Pues con las piedras del campo harás tu alianza,
y las fieras del campo estarán en paz contigo.

24 Y sabrás que tu tienda está segura,
porque visitarás tu morada y no temerás pérdida alguna.

25 También sabrás que tu descendencia será numerosa,
y tus vástagos como la hierba de la tierra.

26 En pleno vigor llegarás al sepulcro,
como se hacinan las gavillas a su tiempo.

27 He aquí, esto lo hemos examinado, *y* así es;
óyelo, y conóce*lo* para tu bien.

Respuesta de Job a Elifaz

6 Entonces respondió Job y dijo:
2 ¡Oh, si pudiera pesarse mi sufrimiento,
y ponerse en la balanza junto con mi calamidad!

3 Porque pesarían ahora más que la arena de los mares;
por eso mis palabras han sido precipitadas.

4 Porque las flechas del Todopoderoso están *clavadas* en mí,
cuyo veneno bebe mi espíritu,
y contra mí se juntan los terrores de Dios.

5 ¿Rebuzna el asno montés junto a *su* hierba,
o muge el buey junto a su forraje?

6 ¿Se come sin sal lo insípido,
o hay gusto en la clara del huevo?

7 Mi alma se niega a tocar estas cosas;
son para mí alimento repugnante.

8 ¡Quién me diera que mi petición se cumpliera,
que Dios me concediera mi anhelo,

9 que Dios consintiera en aplastarme,
que soltara su mano y acabara conmigo!

10 Mas aún es mi consuelo,
y me regocijo en el dolor sin tregua,
que no he negado las palabras del Santo.

11 ¿Cuál es mi fuerza, para que yo espere,
y cuál es mi fin, para que yo resista?

12 ¿Es mi fuerza la fuerza de las piedras,
o es mi carne de bronce?

13 ¿Es que mi ayuda no está dentro de mí,
y está alejado de mí *todo* auxilio?

14 Para el abatido, *debe haber* compasión de parte de su amigo;
no sea que abandone el temor del Todopoderoso.

15 Mis hermanos han obrado engañosamente como un torrente,
como las corrientes de los arroyos que se desvanecen,

16 que a causa del hielo están turbios
y en los que la nieve se derrite.

17 Cuando se quedan sin agua, están silenciosos,
cuando hace calor, desaparecen de su lugar.

18 Serpentean las sendas de su curso,
se evaporan en la nada y perecen.

19 Las caravanas de Temán *los* buscaron,
los viajeros de Sabá contaban con ellos.

[1] O, *aliento pasó sobre*

20 Quedaron frustrados porque habían
     confiado,
   llegaron allí y fueron confundidos.
21 Ciertamente, así sois vosotros ahora,
   veis algo aterrador y os espantáis.
22¿Acaso he dicho: "Dadme *algo*",
   "De vuestra riqueza ofrecedme un soborno",
23"Libradme de la mano del adversario",
   o: "Rescatadme de la mano de los tiranos"?
24 Instruidme, y yo callaré;
   mostradme en qué he errado.
25 ¡Cuán dolorosas son las palabras sinceras!
   Pero ¿qué prueba vuestro argumento?
26¿Pensáis censurar *mis* palabras,
   cuando las palabras del desesperado *se las
     lleva* el viento?
27 Aun echaríais *suerte* sobre los huérfanos,
   y especularíais con vuestro amigo.
28 Y ahora, tratad de mirarme
   y *ved* si miento en vuestra cara.
29 Desistid, por favor; que no haya injusticia;
   sí, desistid; en ello está aún mi justicia.
30¿Acaso hay injusticia en mi lengua?
   ¿No puede mi paladar discernir calamidades?

Miserias de la vida

7¿No está el hombre obligado a trabajar sobre
   la tierra?
   ¿*No son* sus días como los días de un
     jornalero?
2 Como esclavo que suspira por la sombra,
   y como jornalero que espera con ansias su
     paga,
3 así me han dado en herencia meses inútiles,
   y noches de aflicción me han asignado.
4 Cuando me acuesto, digo:
   "¿Cuándo me levantaré?"
   Pero la noche sigue,
   y estoy dando vueltas continuamente hasta el
     amanecer.
5 Mi carne está cubierta de gusanos y de una
     costra de tierra;
   mi piel se endurece y supura.
6 Mis días pasan más veloces que la lanzadera,
   y llegan a su fin sin esperanza.
7 Recuerda que mi vida es un soplo,
   mis ojos no volverán a ver el bien.
8 El ojo del que me ve no me verá más;
   tus ojos *estarán* sobre mí, pero yo no existiré.
9 Como una nube se desvanece y pasa,
   así el que desciende al Seol no subirá;
10 no volverá más a su casa,
   ni su lugar lo verá más.
11 Por tanto, no refrenaré mi boca,
   hablaré en la angustia de mi espíritu,
   me quejaré en la amargura de mi alma.
12¿Soy yo el mar, o un monstruo marino,
   para que me pongas guardia?
13 Si digo: "Mi cama me consolará,
   mi lecho atenuará mi queja",
14 entonces tú me asustas con sueños
   y me aterrorizas con visiones;
15 mi alma, pues, escoge la asfixia,
   la muerte, en lugar de mis dolores.
16 Languidezco; no he de vivir para siempre.
   Déjame solo, pues mis días son un soplo.
17¿Qué es el hombre para que lo engrandezcas,
   para que te preocupes por él,
18 para que lo examines cada mañana,

y a cada momento lo pongas a prueba?
19¿Nunca apartarás de mí tu mirada,
   ni me dejarás solo hasta que trague mi
     saliva?
20¿He pecado? ¿Qué te he hecho a ti,
   oh guardián de los hombres?
   ¿Por qué has hecho de mí tu blanco,
   de modo que soy una carga para mí mismo?
21 Entonces, ¿por qué no perdonas mi
     transgresión
   y quitas mi iniquidad?
   Porque ahora dormiré en el polvo;
   y tú me buscarás, pero ya no existiré.

Discurso de Bildad

8 Entonces respondió Bildad suhita, y dijo:
2¿Hasta cuándo hablarás estas cosas,
   y serán viento impetuoso las palabras de tu
     boca?
3¿Acaso tuerce Dios la justicia
   o tuerce el Todopoderoso lo que es justo?
4 Si tus hijos pecaron contra El,
   entonces El los entregó al poder de su
     transgresión.
5 Si tú buscaras a Dios
   e implorarás la misericordia del
     Todopoderoso,
6 si fueras puro y recto,
   ciertamente El se despertaría ahora en tu
     favor
   y restauraría tu justa condición.
7 Aunque tu principio haya sido insignificante,
   con todo, tu final aumentará sobremanera.
8 Pregunta, te ruego, a las generaciones
     pasadas,
   y considera las cosas escudriñadas por sus
     padres.
9 Porque nosotros somos de ayer y nada
     sabemos,
   pues nuestros días sobre la tierra son como
     una sombra.
10¿No te instruirán ellos y te hablarán,
   y de sus corazones sacarán palabras?
11 ¿Puede crecer el papiro sin cenagal?
   ¿Puede el junco crecer sin agua?
12 Estando aún verde y sin cortar,
   con todo, se seca antes que cualquier *otra*
     planta.
13 Así son las sendas de todos los que se olvidan
     de Dios,
   y la esperanza del impío perecerá,
14 porque es frágil su confianza,
   y una tela de araña su seguridad.
15 Confía en su casa, pero *ésta* no se sostiene;
   se aferra a ella, pero *ésta* no perdura.
16 Crece con vigor delante del sol,
   y sus renuevos brotan sobre su jardín.
17 Sus raíces se entrelazan sobre un montón de
     rocas;
   vive en una casa de piedras.
18 Si se le arranca de su lugar,
   éste le negará, *diciendo:* "Nunca te vi."
19 He aquí, este es el gozo de su camino;
   y del polvo brotarán otros.
20 He aquí, Dios no rechaza *al* íntegro,
   ni sostiene a los malhechores.
21 Aún ha de llenar de risa tu boca,
   y tus labios de gritos de júbilo.

22 Los que te odian serán cubiertos de
    vergüenza,
   y la tienda de los impíos no existirá más.

Respuesta de Job a Bildad

9 Entonces respondió Job y dijo:
2 En verdad yo sé que es así,
   pero ¿cómo puede un hombre ser justo
   delante de Dios?
3 Si alguno quisiera contender con El,
   no podría contestarle ni una *vez* entre mil.
4 Sabio de corazón y robusto de fuerzas,
   ¿quién le ha desafiado sin sufrir daño?
5 *El es* el que remueve los montes, y *éstos* no
   saben *cómo*
   cuando los vuelca en su furor;
6 el que sacude la tierra de su lugar,
   y sus columnas tiemblan;
7 el que manda al sol que no brille,
   y pone sello a las estrellas;
8 el que solo extiende los cielos,
   y holla las olas del mar;
9 el que hace la Osa, el Orión y las Pléyades,
   y las cámaras del sur;
10 el que hace grandes cosas, inescrutables,
   y maravillas sin número.
11 Si El pasara junto a mí, no *le* vería;
   si me pasara adelante, no le percibiría.
12 Si El arrebatara algo, ¿quién le estorbaría?
   Quién podrá decirle: "¿Qué haces?"
13 Dios no retirará su ira;
   debajo de El se abaten los que ayudan a
   Rahab.
14 ¿Cómo puedo yo responderle,
   y escoger mis palabras delante de El?
15 Porque aunque yo tuviera razón, no podría
   responder;
   tendría que implorar la misericordia de mi
   juez.
16 Si yo llamara y El me respondiera,
   no podría creer que escuchara mi voz.
17 Porque El me quebranta con tempestad,
   y sin causa multiplica mis heridas.
18 No me permite cobrar aliento,
   sino que me llena de amarguras.
19 Si *es cuestión* de poder, he aquí, *El es*
   poderoso;
   y si *es cuestión* de justicia, ¿quién le citará?
20 Aunque soy justo, mi boca me condenará;
   aunque soy inocente, El me declarará
   culpable.
21 Inocente soy,
   no hago caso de mí mismo,
   desprecio mi vida.
22 *Todo* es lo mismo, por tanto digo:
   "El destruye al inocente y al malvado."
23 Si el azote mata de repente,
   El se burla de la desesperación del inocente.
24 La tierra es entregada en manos de los
   impíos;
   El cubre el rostro de sus jueces;
   si no *es El,* ¿quién será?
25 Mis días son más ligeros que un corredor;
   huyen, no ven el bien.
26 Se deslizan como barcos de juncos,
   como águila que se arroja sobre su presa.
27 Aunque yo diga: "Olvidaré mi queja,
   cambiaré mi *triste* semblante y me alegraré",
28 temeroso estoy de todos mis dolores,

   sé que tú no me absolverás.
29 *Si* soy impío,
   ¿para qué, pues, esforzarme en vano?
30 Si me lavara con nieve
   y limpiara mis manos con lejía,
31 aun así me hundirías en la fosa,
   y mis propios vestidos me aborrecerían.
32 Porque *El* no *es* hombre como yo, para que le
   responda,
   para que juntos vengamos a juicio.
33 No hay árbitro entre nosotros,
   que ponga su mano sobre ambos.
34 Que El quite de mí su vara,
   y no me espante su terror.
35 *Entonces* yo hablaré y no le temeré;
   porque en mi opinión yo no soy así.

Job se queja de su condición

10 Hastiado estoy de mi vida:
   daré rienda suelta a mi queja,
   hablaré en la amargura de mi alma.
2 Le diré a Dios: "No me condenes,
   hazme saber por qué contiendes conmigo.
3 "¿Es justo para ti oprimir,
   rechazar la obra de tus manos,
   y mirar con favor los designios de los malos?
4 "¿Acaso tienes tú ojos de carne,
   o ves como el hombre ve?
5 "¿Son tus días como los días de un mortal,
   o tus años como los años del hombre,
6 para que andes averiguando mi culpa,
   y buscando mi pecado?
7 "Según tu conocimiento ciertamente no soy
   culpable;
   sin embargo no hay salvación de tu mano.
8 "Tus manos me formaron y me hicieron,
   ¿y me destruirás?
9 "Acuérdate ahora que me has modelado como
   a barro,
   ¿y me harás volver al polvo?
10 "¿No me derramaste como leche,
   y como queso me cuajaste?
11 "¿No me vestiste de piel y de carne,
   y me entretejiste con huesos y tendones?
12 "Vida y misericordia me has concedido,
   y tu cuidado ha guardado mi espíritu.
13 "Sin embargo, tienes escondidas estas cosas en
   tu corazón,
   yo sé que esto está dentro de ti:
14 si pecara, me lo tomarías en cuenta,
   y no me absolverías de mi culpa.
15 "Si soy malvado, ¡ay de mí!,
   y *si* soy justo, no me atrevo a levantar la
   cabeza.
   Estoy harto de deshonra y consciente de mi
   aflicción.
16 "Si *mi cabeza* se levantara, como león me
   cazarías,
   y mostrarías tu poder contra mí.
17 "Renuevas tus pruebas contra mí,
   y te ensañas conmigo;
   tropas de relevo vienen contra mí.
18 "¿Por qué, pues, me sacaste de la matriz?
   ¡Ojalá que hubiera muerto y nadie me hubiera
   visto!
19 "Sería como si no hubiera existido,
   llevado del vientre a la sepultura."
20 ¿No dejará El *en paz* mis breves días?

Apártate de mí para que me consuele un
poco
21 antes que me vaya, para no volver,
a la tierra de tinieblas y sombras profundas;
22 tierra tan lóbrega como las *mismas* tinieblas,
de sombras profundas, sin orden,
y *donde* la luz es como las tinieblas.

Acusación de Zofar contra Job

11 Entonces respondió Zofar naamatita, y
dijo:
2 ¿Quedará sin respuesta esa multitud de
palabras,
y será absuelto el que mucho habla?
3 ¿Harán tus jactancias callar a los hombres?
¿Harás escarnio sin que nadie *te* reprenda?
4 Pues has dicho: "Mi enseñanza es pura,
y soy inocente ante tus ojos."
5 Mas, ¡quién diera que Dios hablara,
abriera sus labios contra ti
6 y te declarara los secretos de la sabiduría!;
porque la verdadera sabiduría tiene dos
lados.
Sabrías entonces que Dios olvida parte de tu
iniquidad.
7 ¿Descubrirás tú las profundidades de Dios?
¿Descubrirás los límites del Todopoderoso?
8 Altos son como los cielos; ¿qué harás tú?
Más profundos son que el Seol; ¿qué puedes
tú saber?
9 Más extensa que la tierra es su dimensión,
y más ancha que el mar.
10 Si El pasa, o encierra,
o convoca una asamblea, ¿quién podrá
estorbarle?
11 Porque El conoce a los hombres falsos,
y ve la iniquidad sin investigar.
12 Y el hombre tonto se hará inteligente
cuando el pollino de un asno montés nazca
hombre.
13 Si diriges bien tu corazón
y extiendes a El tu mano,
14 si en tu mano hay iniquidad *y* la alejas *de ti*
y no permites que la maldad more en tus
tiendas,
15 entonces, ciertamente levantarás tu rostro sin
mancha,
estarás firme y no temerás.
16 Porque olvidarás *tu* aflicción,
como aguas que han pasado *la* recordarás.
17 Tu vida será más radiante que el mediodía,
y hasta la oscuridad será como la mañana.
18 Entonces confiarás, porque hay esperanza,
mirarás alrededor y te acostarás seguro.
19 Descansarás y nadie *te* atemorizará,
y muchos procurarán tu favor.
20 Pero los ojos de los malvados languidecerán,
y no habrá escape para ellos;
su esperanza es dar su último suspiro.

Job declara el poder de Dios

12 Entonces respondió Job, y dijo:
2 En verdad que sois el pueblo,
y con vosotros morirá la sabiduría.
3 *Pero* yo también tengo inteligencia como
vosotros,
no soy inferior a vosotros.
¿Y quién no sabe esto?
4 Soy motivo de burla para mis amigos,

el que clamó a Dios, y El le respondió.
Motivo de burla es el justo *e* intachable.
5 El que está en holgura desprecia la
calamidad,
como *cosa* preparada para aquellos cuyos
pies resbalan.
6 Las tiendas de los destructores prosperan,
y los que provocan a Dios están seguros,
a quienes Dios ha dado el poder que tienen.
7 Y ahora pregunta a las bestias, y que ellas te
enseñen,
y a las aves de los cielos, y que ellas te
informen.
8 O habla a la tierra y que ella te instruya,
y que los peces del mar te *lo* declaren.
9 ¿Quién entre todos ellos no sabe
que la mano del Señor ha hecho esto,
10 que en su mano está la vida de todo ser
viviente,
y el aliento de toda carne de hombre?
11 ¿No distingue el oído las palabras
como el paladar prueba la comida?
12 En los ancianos está la sabiduría,
y *en* largura de días el entendimiento.
13 En El están la sabiduría y el poder,
y el consejo y el entendimiento son suyos.
14 He aquí, El derriba, y no se puede reedificar;
aprisiona a un hombre, y no hay liberación.
15 He aquí, El retiene las aguas, y todo se seca,
y las envía e inundan la tierra.
16 En El están la fuerza y la prudencia,
suyos son el engañado y el engañador.
17 El hace que los consejeros anden descalzos,
y hace necios a los jueces.
18 Rompe las cadenas de los reyes
y ata sus lomos con cuerda.
19 Hace que los sacerdotes anden descalzos
y derriba a los que están seguros.
20 Priva del habla a los hombres de confianza
y quita a los ancianos el discernimiento.
21 Vierte desprecio sobre los nobles
y afloja el cinto de los fuertes.
22 Revela los misterios de las tinieblas
y saca a la luz la densa oscuridad.
23 Engrandece las naciones, y las destruye;
ensancha las naciones, y las dispersa.
24 Priva de inteligencia a los jefes de la gente de
la tierra
y los hace vagar por un yermo sin camino;
25 andan a tientas en tinieblas, sin luz,
y los hace tambalearse como ebrios.

Defensa de Job

13 He aquí todo *esto* han visto mis ojos,
lo ha escuchado y entendido mi oído.
2 Lo que vosotros sabéis yo también lo sé;
no soy menos que vosotros.
3 Pero quiero hablar al Todopoderoso,
y deseo argumentar con Dios.
4 Mas vosotros sois forjadores de mentiras;
todos vosotros sois médicos inútiles.
5 ¡Quién diera que guardarais completo silencio
y se convirtiera esto en vuestra sabiduría!
6 Oíd, os ruego, mi razonamiento,
y prestad atención a los argumentos de mis
labios.
7 ¿Hablaréis por Dios lo que es injusto
y diréis por El lo que es engañoso?
8 ¿Mostraréis por El parcialidad?

¿Contenderéis por Dios?
9 ¿Os irá bien cuando Él os escudriñe,
   o le engañaréis como se engaña a un
     hombre?
10 Ciertamente Él os reprenderá
   si en secreto mostráis parcialidad.
11 ¿No os llenará de temor su majestad,
   y no caerá sobre vosotros su terror?
12 Vuestras máximas son proverbios de ceniza,
   vuestras defensas son defensas de barro.
13 Callad delante de mí para que pueda hablar
     yo;
   y venga sobre mí lo que *venga*.
14 ¿Por qué me he de quitar la carne con mis
     dientes,
   y poner mi vida en mis manos?
15 Aunque Él me mate,
   en Él esperaré;
   pero defenderé mis caminos delante de Él.
16 Él también será mi salvación,
   porque un impío no comparece en su
     presencia.
17 Escuchad atentamente mis palabras,
   y que mi declaración *llene* vuestros oídos.
18 He aquí ahora, yo he preparado mi causa;
   sé que seré justificado.
19 ¿Quién contenderá conmigo?,
   porque entonces me callaría y moriría.
20 Sólo dos cosas no hagas conmigo,
   y no me esconderé de tu rostro:
21 retira de mí tu mano,
   y tu terror no me espante.
22 Entonces llama, y yo responderé;
   o déjame hablar, y respóndeme tú.
23 ¿Cuántas son mis iniquidades y pecados?
   Hazme conocer mi rebelión y mi pecado.
24 ¿Por qué escondes tu rostro
   y me consideras tu enemigo?
25 ¿Harás que tiemble una hoja llevada *por el
     viento*,
   o perseguirás a la paja seca?
26 Pues escribes contra mí cosas amargas,
   y me haces responsable de las iniquidades de
     mi juventud.
27 Pones mis pies en el cepo,
   y vigilas todas mis sendas;
   pones límite a las plantas de mis pies,
28 mientras me deshago como cosa podrida,
   como vestido comido de polilla.

Job habla sobre la brevedad de la vida

14 El hombre, nacido de mujer,
     corto de días y lleno de turbaciones,
2 como una flor brota y se marchita,
   y como una sombra huye y no permanece.
3 Sobre él ciertamente abres tus ojos,
   y lo traes a juicio contigo.
4 ¿Quién hará *algo* limpio de lo inmundo?
   ¡Nadie!
5 Ya que sus días están determinados,
   el número de sus meses te es conocido,
   y has fijado sus límites para que no pueda
     pasar*los*.
6 Aparta de él tu mirada para que descanse,
   hasta que cumpla su día como jornalero.
7 Porque hay esperanza para un árbol
   cuando es cortado, que volverá a retoñar,
   y sus renuevos no *le* faltarán.
8 Aunque envejezcan sus raíces en la tierra,

y muera su tronco en el polvo,
9 al olor del agua reverdecerá
   y como una planta *joven* echará renuevos.
10 Pero el hombre muere y yace inerte.
   El hombre expira, ¿y dónde está?
11 *Como* las aguas se evaporan del mar,
   como un río se agota y se seca,
12 así el hombre yace y no se levanta;
   hasta que los cielos ya no sean
   no se despertará ni se levantará de su sueño.
13 ¡Oh, si me escondieras en el Seol,
   si me ocultaras hasta que tu ira se pasara,
   si me pusieras un plazo, y de mí te acordaras!
14 Si el hombre muere, ¿volverá a vivir?
   Todos los días de mi batallar esperaré
   hasta que llegue mi relevo.
15 Tú llamarás, y yo te responderé;
   añorarás la obra de tus manos.
16 Porque ahora cuentas mis pasos,
   no observas mi pecado.
17 Sellada está en un saco mi transgresión,
   y tienes cubierta mi iniquidad.
18 Pero el monte que cae se desmorona,
   y se cambia la roca de su lugar;
19 el agua desgasta las piedras,
   sus torrentes se llevan el polvo de la tierra;
   así destruyes tú la esperanza del hombre.
20 Prevaleces para siempre contra él, y se va;
   cambias su apariencia, y lo despides.
21 Alcanzan honra sus hijos, pero él no *lo* sabe;
   o son humillados, pero él no lo percibe.
22 Mas su cuerpo le da dolores,
   y se lamenta sólo por sí mismo.

Elifaz reprende de nuevo a Job

15 Entonces respondió Elifaz temanita, y
     dijo:
2 ¿Debe responder un sabio con hueca sabiduría
   y llenarse de viento solano?
3 ¿Debe argumentar con razones inútiles
   o con palabras sin provecho?
4 Ciertamente, tú rechazas el temor,
   e impides la meditación delante de Dios.
5 Porque tu iniquidad enseña a tu boca,
   y escoges el lenguaje de los astutos.
6 Tu *propia* boca, y no yo, te condena,
   y tus *propios* labios testifican contra ti.
7 ¿Fuiste tú el primer hombre en nacer,
   o fuiste dado a luz antes que las colinas?
8 ¿Oyes tú el secreto de Dios,
   y retienes para ti la sabiduría?
9 ¿Qué sabes tú que nosotros no sepamos?
   ¿Qué entiendes tú que nosotros no
     entendamos?
10 También entre nosotros hay canosos y
     ancianos
   de más edad que tu padre.
11 ¿Te parecen poco los consuelos de Dios,
   y la palabra *hablada* a ti con dulzura?
12 ¿Por qué te arrebata el corazón,
   y por qué centellean tus ojos,
13 para volver tu espíritu contra Dios
   y dejar salir de tu boca *tales* palabras?
14 ¿Qué es el hombre para que sea puro,
   o el nacido de mujer para que sea justo?
15 He aquí, *Dios* no confía en sus santos,
   y ni los cielos son puros ante sus ojos;
16 ¡cuánto menos el hombre, *un ser* abominable
   y corrompido,

que bebe como agua la iniquidad!

17 Yo te mostraré, escúchame,
y te contaré lo que he visto;
18 lo que los sabios han dado a conocer,
sin ocultar nada de sus padres;
19 a ellos solos se les dio la tierra,
y ningún extranjero pasó entre ellos.
20 Todos *sus* días el impío se retuerce de dolor,
y contados están los años reservados para el
tirano.
21 Ruidos de espanto hay en sus oídos,
mientras está en paz, el destructor viene
sobre él.
22 El no cree que volverá de las tinieblas,
y que está destinado para la espada.
23 Vaga en busca de pan, diciendo: "¿Dónde
está?"
Sabe que es inminente el día de las tinieblas.
24 La ansiedad y la angustia lo aterran,
lo dominan como rey dispuesto para el
ataque;
25 porque él ha extendido su mano contra Dios,
y se porta con soberbia contra el
Todopoderoso.
26 Corre contra El con cuello erguido,
con su escudo macizo;
27 porque ha cubierto su rostro de grosura,
se le han hecho pliegues de grasa sobre sus
lomos,
28 y ha vivido en ciudades desoladas,
en casas inhabitables,
destinadas a convertirse en ruinas.
29 No se enriquecerá, ni sus bienes perdurarán,
ni su espiga se inclinará a tierra.
30 No escapará de las tinieblas,
secará la llama sus renuevos,
y por el soplo de su boca desaparecerá.
31 Que no confíe en la vanidad, engañándose a
sí mismo,
pues vanidad será su recompensa.
32 Antes de su tiempo se cumplirá,
y la hoja de su palmera no reverdecerá.
33 Dejará caer su agraz como la vid,
y como el olivo arrojará su flor.
34 Porque estéril es la compañía de los impíos,
y el fuego consume las tiendas del corrupto.
35 Conciben malicia, dan a luz iniquidad,
y en su mente traman engaño.

Queja de Job

16 Entonces respondió Job, y dijo:
2 He oído muchas cosas como éstas;
consoladores gravosos sois todos vosotros.
3 ¿*No* hay fin a las palabras vacías?
¿O qué te provoca para que *así* respondas?
4 Yo también hablaría como vosotros,
si vuestra alma estuviera en lugar de mi
alma.
Podría hilvanar palabras contra vosotros,
y menear ante vosotros la cabeza.
5 Os podría alentar con mi boca,
y el consuelo de mis labios podría aliviar
vuestro dolor.
6 Si hablo, mi dolor no disminuye,
y si callo, no se aparta de mí.
7 Pero ahora El me ha agobiado;
tú has asolado toda mi compañía,
8 y me has llenado de arrugas
que en testigo se han convertido;

mi flacura se levanta contra mí,
testifica en mi cara.
9 Su ira me ha despedazado y me ha
perseguido,
contra mí El ha rechinado los dientes;
mi adversario aguza los ojos contra mí.
10 Han abierto contra mí su boca,
con injurias me han abofeteado;
a una se aglutinan contra mí.
11 Dios me entrega a los impíos,
y me echa en manos de los malvados.
12 Estaba yo tranquilo, y El me sacudió,
me agarró por la nuca y me hizo pedazos;
también me hizo su blanco.
13 Me rodean sus flechas,
parte mis riñones sin compasión,
derrama por tierra mi hiel.
14 Abre en mí brecha tras brecha;
arremete contra mí como un guerrero.
15 Sobre mi piel he cosido cilicio,
y he hundido en el polvo mi poder.
16 Mi rostro está enrojecido por el llanto,
y cubren mis párpados densa oscuridad,
17 aunque no hay violencia en mis manos,
y es pura mi oración.
18 ¡Oh tierra, no cubras mi sangre,
y no haya lugar para mi clamor!
19 He aquí, aun ahora mi testigo está en el cielo,
y mi defensor está en las alturas.
20 Mis amigos son mis escarnecedores;
mis ojos lloran a Dios.
21 ¡Ah, si un hombre pudiera argüir con Dios
como un hombre con su vecino!
22 Porque cuando hayan pasado unos pocos
años,
me iré por el camino sin retorno.

17 Mi espíritu está quebrantado, mis días
extinguidos,
el sepulcro *está preparado* para mí.
2 No hay sino escarnecedores conmigo,
y mis ojos miran su provocación.
3 Coloca, pues, contigo una fianza para mí;
¿quién hay que sea mi fiador?
4 Porque has escondido su corazón del
entendimiento,
por tanto no *los* exaltarás.
5 Al que denuncie a *sus* amigos por una parte
del botín,
a sus hijos se les debilitarán los ojos.
6 Porque El me ha hecho proverbio del pueblo,
y soy uno a quien los hombres escupen.
7 Mis ojos se oscurecen también por el
sufrimiento,
y mis miembros todos son como una sombra.
8 Los rectos se quedarán pasmados de esto,
y el inocente se indignará contra el impío.
9 Sin embargo el justo se mantendrá en su
camino,
y el de manos limpias más y más se
fortalecerá.
10 Pero volveos todos vosotros, y venid ahora,
pues no hallo entre vosotros a ningún sabio.
11 Mis días han pasado, se deshicieron mis
planes,
los deseos de mi corazón.
12 *Algunos* convierten la noche en día, *diciendo:*
"La luz está cerca", en presencia de las
tinieblas.
13 Si espero que el Seol sea mi casa,

hago mi lecho en las tinieblas;

14 si digo al hoyo: "Mi padre eres tú",
y al gusano: "Mi madre y mi hermana",
15 ¿dónde está, pues, mi esperanza?,
y mi esperanza ¿quién la verá?
16 ¿Descenderá conmigo al Seol?
¿Nos hundiremos juntos en el polvo?

Bildad describe al impío

18 Entonces respondió Bildad suhita y dijo:
2 ¿Hasta cuándo estaréis rebuscando
palabras?
Mostrad entendimiento y entonces
hablaremos.
3 ¿Por qué somos considerados como bestias,
y torpes a vuestros ojos?
4 ¡Oh tú, que te desgarras en tu ira!
¿Ha de ser abandonada la tierra por tu causa,
o removida la roca de su lugar?
5 Ciertamente la luz de los impíos se apaga,
y no brillará la llama de su fuego.
6 La luz en su tienda se oscurece,
y su lámpara sobre él se apaga.
7 Su vigoroso paso es acortado,
y su propio designio lo hace caer.
8 Porque es arrojado en la red por sus propios
pies,
y sobre mallas camina.
9 Por el calcañar lo aprisiona un lazo,
y una trampa se cierra sobre él.
10 Escondido está en la tierra un lazo para él,
y una trampa le aguarda en la senda.
11 Por todas partes le atemorizan terrores,
y le hostigan a cada paso.
12 Se agota por el hambre su vigor,
y la desgracia está presta a su lado.
13 Devora su piel la enfermedad,
devora sus miembros el primogénito de la
muerte.
14 Es arrancado de la seguridad de su tienda,
y se le conduce al rey de los terrores.
15 Nada suyo mora en su tienda;
azufre es esparcido sobre su morada.
16 Por abajo se secan sus raíces,
y por arriba se marchita su ramaje.
17 Su memoria perece de la tierra,
y no tiene nombre en toda la región.
18 Es lanzado de la luz a las tinieblas,
y de la tierra habitada lo echan.
19 No tiene descendencia ni posteridad entre su
pueblo,
ni sobreviviente alguno donde él peregrinó.
20 De su destino se asombran los del occidente,
y los del oriente se sobrecogen de terror.
21 Ciertamente tales son las moradas del impío,
este es el lugar del que no conoce a Dios.

Job argumenta su fe

19 Entonces respondió Job y dijo:
2 ¿Hasta cuándo me angustiaréis
y me aplastaréis con palabras?
3 Estas diez veces me habéis insultado,
¿no os da vergüenza perjudicarme?
4 Aunque en verdad yo haya errado,
mi error queda conmigo.
5 Si en verdad os jactáis contra mí,
y comprobáis mi oprobio,
6 sabed ahora que Dios me ha agraviado
y me ha envuelto en su red.

7 He aquí, yo grito: "¡Violencia!", pero no
obtengo respuesta;
clamo pidiendo ayuda, pero no hay justicia.
8 El ha amurallado mi camino y no puedo
pasar,
y ha puesto tinieblas en mis sendas.
9 Me ha despojado de mi honor
y quitado la corona de mi cabeza.
10 Me destruye por todos lados, y perezco,
y como a un árbol ha arrancado mi
esperanza.
11 También ha encendido su ira contra mí
y me ha considerado su enemigo.
12 Se concentran a una sus ejércitos,
preparan su camino de asalto contra mí,
y alrededor de mi tienda acampan.
13 El ha alejado de mí a mis hermanos,
y mis conocidos están apartados
completamente de mí.
14 Mis parientes me fallaron
y mis íntimos amigos me han olvidado.
15 Los moradores de mi casa y mis criadas me
tienen por extraño,
extranjero soy a sus ojos.
16 Llamo a mi siervo, y no responde,
con mi propia boca tengo que rogarle.
17 Mi aliento es odioso a mi mujer,
y soy repugnante a mis propios hermanos.
18 Hasta los niños me desprecian,
me levanto, y hablan contra mí.
19 Todos mis compañeros me aborrecen,
y los que amo se han vuelto contra mí.
20 Mis huesos se pegan a mi piel y a mi carne,
y sólo he escapado con la piel de mis dientes.
21 Tened piedad, tened piedad de mí, vosotros
mis amigos,
porque la mano de Dios me ha herido.
22 ¿Por qué me perseguís como Dios lo hace,
y no os saciáis ya de mi carne?
23 ¡Oh, si mis palabras se escribieran,
si se grabaran en un libro!
24 ¡Si con cincel de hierro y con plomo
fueran esculpidas en piedra para siempre!
25 Yo sé que mi Redentor vive,
y al final se levantará sobre el polvo.
26 Y después de deshecha mi piel,
aun en mi carne veré a Dios;
27 al cual yo mismo contemplaré,
y a quien mis ojos verán y no los de otro.
¡Desfallece mi corazón dentro de mí!
28 Si decís: "¿Cómo le perseguiremos?",
y: "¿Qué pretexto hallaremos contra él?",
29 temed la espada por vosotros mismos,
porque el furor trae el castigo de la espada
para que sepáis que hay juicio.

Zofar describe a los impíos

20 Entonces respondió Zofar naamatita, y
dijo:
2 Por esto mis pensamientos me hacen
responder,
a causa de mi inquietud interior.
3 He escuchado la reprensión que me insulta,
y el espíritu de mi entendimiento me hace
responder.
4 ¿Acaso sabes esto, que desde la antigüedad,
desde que el hombre fue puesto sobre la
tierra,
5 es breve el júbilo de los malvados,

y un instante dura la alegría del impío?

6 Aunque su presunción llegue a los cielos,
  y su cabeza toque las nubes,
7 como su propio estiércol perece para
  siempre;
  los que lo han visto dirán: "¿Dónde está?"
8 Huye como un sueño, y no lo pueden
  encontrar,
  y como visión nocturna es ahuyentado.
9 El ojo que lo veía, ya no lo ve,
  y su lugar no lo contempla más.
10 Sus hijos favorecen a los pobres,
  y sus manos devuelven sus riquezas.
11 Sus huesos están llenos de vigor juvenil,
  mas con él en el polvo yacen.
12 Aunque el mal sea dulce en su boca,
  y lo oculte bajo su lengua,
13 *aunque* lo desee y no lo deje ir,
  sino que lo retenga en su paladar,
14 *con todo* la comida en sus entrañas se
  transforma
  en veneno de cobras dentro de él.
15 Traga riquezas,
  pero las vomitará;
  de su vientre se las hará echar Dios.
16 Chupa veneno de cobras,
  lengua de víbora lo mata.
17 No mira a los arroyos,
  a los ríos que fluyen miel y cuajada.
18 Devuelve lo que ha ganado,
  no *lo* puede tragar;
  en cuanto a las riquezas de su comercio,
  no *las* puede disfrutar.
19 Pues ha oprimido *y* abandonado a los pobres;
  se ha apoderado de una casa que no
  construyó.
20 Porque no conoció sosiego en su interior,
  no retiene nada de lo que desea.
21 Nada le quedó por devorar,
  por eso no dura su prosperidad.
22 En la plenitud de su abundancia estará en
  estrechez;
  la mano de todo el que sufre vendrá *contra*
  él.
23 Cuando llene su vientre,
  Dios enviará contra él el ardor de su ira
  y *la* hará llover sobre él mientras come.
24 Tal vez huya del arma de hierro,
  pero el arco de bronce lo atravesará.
25 *La* saeta lo traspasa y sale por su espalda,
  y la punta relumbrante por su hiel.
  Vienen sobre él terrores;
26 completas tinieblas están reservadas para sus
  tesoros;
  fuego no atizado lo devorará,
  y consumirá al que quede en su tienda.
27 Los cielos revelarán su iniquidad,
  y la tierra se levantará contra él.
28 Las riquezas de su casa se perderán;
  serán arrasadas en el día de su ira.
29 Esta es la porción de Dios para el hombre
  impío,
  y la herencia decretada por Dios para él.

Respuesta de Job a Zofar

21 Entonces respondió Job, y dijo:
  2 Escuchad atentamente mis palabras,
  y que sea éste vuestro consuelo para mí.

3 Tened paciencia y hablaré;
  y después que haya hablado, os podréis
  burlar.
4 En cuanto a mí, ¿me quejo yo al hombre?
  ¿Y por qué no he de ser impaciente?
5 Miradme, y quedaos atónitos,
  y poned la mano sobre *vuestra* boca.
6 Aún cuando me acuerdo, me perturbo,
  y el horror se apodera de mi carne.
7 ¿Por qué siguen viviendo los impíos,
  envejecen, también se hacen muy poderosos?
8 En su presencia se afirman con ellos sus
  descendientes,
  y sus vástagos delante de sus ojos;
9 sus casas están libres de temor,
  y no está la vara de Dios sobre ellos.
10 Su toro engendra sin fallar,
  su vaca pare y no aborta.
11 Envían fuera a sus pequeños cual rebaño,
  y sus niños andan saltando.
12 Cantan con pandero y arpa,
  y al son de la flauta se regocijan.
13 Pasan sus días en prosperidad,
  y de repente descienden al Seol.
14 Y dicen a Dios: "¡Apártate de nosotros!
  No deseamos el conocimiento de tus
  caminos.
15 ¿Quién es el Todopoderoso, para que le
  sirvamos,
  y qué ganaríamos con rogarle?"
16 He aquí, no está en mano de ellos su
  prosperidad;
  el consejo de los impíos lejos está de mí.
17 ¿Cuántas veces es apagada la lámpara de los
  impíos,
  o cae sobre ellos su calamidad?
  ¿Reparte Dios dolores en su ira?
18 ¿Son como paja delante del viento,
  y como tamo que arrebata el torbellino?
19 Decís: "Dios guarda la iniquidad de un
  hombre para sus hijos."
  Que Dios le pague para que aprenda.
20 Vean sus ojos su ruina,
  y beba de la furia del Todopoderoso.
21 Pues ¿qué le importa la suerte de su casa
  después de él[1]
  cuando el número de sus meses haya sido
  cortado?
22 ¿Puede enseñarse a Dios sabiduría,
  siendo que El juzga a los encumbrados?
23 Uno muere en pleno vigor,
  estando completamente tranquilo y
  satisfecho;
24 sus ijares están repletos de grosura,
  húmeda está la médula de sus huesos,
25 mientras otro muere con alma amargada,
  y sin haber probado nada bueno.
26 Juntos yacen en el polvo,
  y los gusanos los cubren.
27 He aquí, yo conozco vuestros pensamientos,
  y los designios con los cuales me dañaríais.
28 Porque decís: "¿Dónde está la casa del noble,
  y dónde la tienda donde moraban los
  impíos?"
29 ¿No habéis preguntado a los caminantes,
  y no reconocéis su testimonio?
30 Porque el impío es preservado para el día de
  la destrucción;

1. I.e., después que él muera

ellos serán conducidos en el día de la ira.
31 ¿Quién le declarará en su cara sus acciones,
y quién le pagará por lo que ha hecho?
32 Mientras es llevado al sepulcro,
velarán sobre *su* túmulo.
33 Los terrones del valle suavemente le
cubrirán,
y le seguirán todos los hombres,
e innumerables otros *irán* delante de él.
34 ¿Cómo, pues, me consoláis en vano?
Vuestras respuestas están *llenas de* falsedad.

Elifaz acusa a Job

22 Entonces respondió Elifaz temanita, y
dijo:
2 ¿Puede un hombre ser útil a Dios,
o un sabio útil para sí mismo?
3 ¿Es de algún beneficio al Todopoderoso que tú
seas justo,
o gana *algo* si haces perfectos tus caminos?
4 ¿Es a causa de tu piedad que El te reprende,
que entra en juicio contigo?
5 ¿No es grande tu maldad,
y sin fin tus iniquidades?
6 Porque sin razón tomabas prendas de tus
hermanos,
y has despojado de *sus* ropas a los desnudos.
7 No dabas de beber agua al cansado,
y le negabas pan al hambriento.
8 Mas la tierra es del poderoso,
y el privilegiado mora en ella.
9 Despedías a las viudas *con las manos* vacías
y quebrabas los brazos de los huérfanos.
10 Por eso te rodean lazos,
y te aterra temor repentino,
11 o tinieblas, y no puedes ver,
y abundancia de agua te cubre.
12 ¿No está Dios en lo alto de los cielos?
Mira también las más lejanas estrellas, ¡cuán
altas están!
13 Y tú dices: "¿Qué sabe Dios?
¿Puede El juzgar a través de las densas
tinieblas?
14 "Las nubes le ocultan, y no puede ver,
y se pasea por la bóveda del cielo."
15 ¿Seguirás en la senda antigua
en que anduvieron los hombres malvados,
16 que fueron arrebatados antes de su tiempo,
y cuyos cimientos fueron arrasados por un
río?
17 Ellos dijeron a Dios: "Apártate de nosotros"
y: "¿Qué puede hacernos el Todopoderoso?"
18 El había colmado de bienes sus casas,
pero el consejo de los malos está lejos de mí.
19 Los justos ven y se alegran,
y el inocente se burla de ellos,
20 *diciendo:* "Ciertamente nuestros adversarios
son destruidos,
y el fuego ha consumido su abundancia."
21 Cede ahora y haz la paz con El,
así te vendrá el bien.
22 Recibe, te ruego, la instrucción de su boca,
y pon sus palabras en tu corazón.
23 Si vuelves al Todopoderoso, serás restaurado.
Si alejas de tu tienda la injusticia,
24 y pones *tu* oro en el polvo,
y *el oro de* Ofir entre las piedras de los
arroyos,
25 el Todopoderoso será para ti tu oro

y tu plata escogida.
26 Porque entonces te deleitarás en el
Todopoderoso,
y alzarás a Dios tu rostro.
27 Orarás a El y te escuchará,
y cumplirás tus votos.
28 Decidirás una cosa, y se te cumplirá,
y en tus caminos resplandecerá la luz.
29 Cuando estés abatido, hablarás con
confianza
y El salvará al humilde.
30 El librará *aun* al que no es inocente,
que será librado por la pureza de tus manos.

Respuesta de Job

23 Entonces respondió Job, y dijo:
2 Aun hoy mi queja es rebelión;
su mano es pesada no obstante mi gemido.
3 ¡Quién me diera saber dónde encontrarle,
para poder llegar hasta su trono!
4 Expondría ante El *mi* causa,
llenaría mi boca de argumentos.
5 Aprendería yo las palabras *que* El me
respondiera,
y entendería lo que me dijera.
6 ¿Contendería El conmigo con la grandeza de
su poder?
No, ciertamente me prestaría atención.
7 Allí el justo razonaría con El,
y yo sería librado para siempre de mi Juez.
8 He aquí, me adelanto, y El no está *allí*,
retrocedo, pero no le puedo percibir;
9 cuando se manifiesta a la izquierda, no *le*
distingo,
se vuelve a la derecha, y no le veo.
10 Pero El sabe el camino que tomo;
cuando me haya probado, saldré como el oro.
11 Mi pie ha seguido firme en tu senda,
su camino he guardado y no me he desviado.
12 Del mandamiento de sus labios no me he
apartado,
he atesorado las palabras de su boca más que
mi comida.
13 Pero El es único, ¿y quién le hará cambiar?
Lo que desea su alma, eso hace.
14 Porque El hace lo que está determinado para
mí,
y muchos *decretos* como éstos hay con El.
15 Por tanto, me espantaría ante su presencia;
cuando lo pienso, siento terror de El.
16 *Es* Dios *el que* ha hecho desmayar mi
corazón,
y el Todopoderoso *el que* me ha perturbado;
17 pero no me hacen callar las tinieblas,
ni la densa oscuridad *que* me cubre.

Queja de Job

24 ¿Por qué no se reserva los tiempos el
Todopoderoso,
y por qué no ven sus días los que le conocen?
2 *Algunos* quitan los linderos,
roban y devoran los rebaños.
3 Se llevan los asnos de los huérfanos,
toman en prenda el buey de la viuda.
4 Apartan del camino a los necesitados,
hacen que se escondan enteramente los
pobres de la tierra.
5 He aquí, como asnos monteses en el desierto,
salen con afán en busca de alimento

y de pan para *sus* hijos en el yermo.

6 Cosechan su forraje en el campo,
y vendimian la viña del impío.

7 Pasan la noche desnudos, sin ropa,
y no tienen cobertura contra el frío.

8 Mojados están con los aguaceros de los
montes,
y se abrazan a la peña por falta de abrigo.

9 *Otros* arrancan al huérfano del pecho,
y contra el pobre exigen prenda.

10 Hacen que *el pobre* ande desnudo, sin ropa,
y al hambriento quitan las gavillas.

11 Entre sus paredes producen aceite;
pisan los lagares, pero pasan sed.

12 Desde la ciudad gimen los hombres,
y claman las almas de los heridos,
pero Dios no hace caso a *su* oración.

13 *Otros* han estado con los que se rebelan
contra la luz;
no quieren conocer sus caminos,
ni morar en sus sendas.

14 Al amanecer se levanta el asesino;
mata al pobre y al necesitado,
y de noche es como un ladrón.

15 El ojo del adúltero espera el anochecer,
diciendo: "Ningún ojo me verá",
y disfraza su rostro.

16 En la oscuridad minan las casas,
y de día se encierran;
no conocen la luz.

17 Porque para él la mañana es como densa
oscuridad,
pues está acostumbrado a los terrores de la
densa oscuridad.

18 Sobre la superficie de las aguas son
insignificantes;
maldita es su porción sobre la tierra,
nadie se vuelve hacia las viñas.

19 La sequía y el calor consumen las aguas de la
nieve,
y el Seol *a los que* han pecado.

20 La madre lo olvidará;
el gusano *lo* saboreará hasta que nadie se
acuerde de él,
y la iniquidad será quebrantada como un
árbol.

21 Maltrata a la mujer estéril,
y no hace ningún bien a la viuda.

22 Pero El arrastra a los poderosos con su
poder;
cuando se levanta, nadie está seguro de la
vida.

23 Les provee seguridad y son sostenidos,
y los ojos de El están en sus caminos.

24 Son exaltados por poco tiempo, después
desaparecen;
además son humillados y como todo,
recogidos;
como las cabezas de las espigas son cortados.

25 Y si no, ¿quién podrá desmentirme,
y reducir a nada mi discurso?

Bildad declara la inferioridad del hombre

25 Entonces respondió Bildad suhita, y dijo:
2 Dominio y pavor pertenecen
al que establece la paz en sus alturas.

3 ¿Tienen número sus ejércitos?
¿Y sobre quién no se levanta su luz?

4 ¿Cómo puede un hombre, pues, ser justo con
Dios?
¿O cómo puede ser limpio el que nace de
mujer?

5 Si aun la luna no tiene brillo
y las estrellas no son puras a sus ojos,

6 ¡cuánto menos el hombre, *esa* larva,
y el hijo del hombre, *ese* gusano!

Job afirma la soberanía de Dios

26 Entonces respondió Job, y dijo:
2 ¡Qué ayuda eres para el débil!
¡Cómo has salvado al brazo sin fuerza!

3 ¡Qué consejos has dado *al que* no tiene
sabiduría,
y qué útil conocimiento has dado en
abundancia!

4 ¿A quién has proferido palabras,
y de quién es el espíritu que habló en ti?

5 Las sombras tiemblan
bajo las aguas y sus habitantes.

6 Desnudo está el Seol ante El,
y el Abadón[1] no tiene cobertura.

7 El extiende el norte sobre el vacío,
y cuelga la tierra sobre la nada.

8 Envuelve las aguas en sus nubes,
y la nube no se rompe bajo ellas.

9 Oscurece la faz de la luna llena,
y extiende sobre ella su nube.

10 Ha trazado un círculo sobre la superficie de
las aguas,
en el límite de la luz y las tinieblas.

11 Las columnas del cielo tiemblan,
y se espantan ante su reprensión.

12 Al mar agitó con su poder,
y a Rahab quebrantó con su entendimiento.

13 Con su soplo se limpian los cielos;
su mano ha traspasado la serpiente huidiza.

14 He aquí, estos son los bordes de sus caminos;
¡y cuán leve es la palabra que de El oímos!
Pero su potente trueno, ¿quién lo puede
comprender?

Job describe al impío

27 Entonces Job continuó su discurso y dijo:
2 ¡Vive Dios, que ha quitado mi derecho,
y el Todopoderoso, que ha amargado mi
alma!

3 Porque mientras haya vida en mí,
y el aliento de Dios esté en mis narices,

4 mis labios, ciertamente, no hablarán
injusticia,
ni mi lengua proferirá engaño.

5 Lejos esté de mí que os dé la razón;
hasta que muera, no abandonaré mi
integridad.

6 Me aferraré a mi justicia y no la soltaré.
Mi corazón no reprocha ninguno de mis días.

7 Sea como el impío mi enemigo,
y como el injusto mi adversario.

8 Porque, ¿cuál es la esperanza del impío
cuando es cortado,
cuando Dios reclama su alma?

9 ¿Oirá Dios su clamor,
cuando venga sobre él la angustia?

10 ¿Se deleitará en el Todopoderoso?
¿Invocará a Dios en todo tiempo?

11 Os instruiré en el poder de Dios;

---

1. I.e., lugar de destrucción

no ocultaré lo que concierne al
    Todopoderoso.
12 He aquí, todos vosotros *lo* habéis visto;
    ¿por qué, entonces, obráis neciamente?
13 Esta es la porción de parte de Dios para el
    hombre impío,
    y la herencia *que* los tiranos reciben del
    Todopoderoso.
14 Aunque sean muchos sus hijos, están
    destinados a la espada,
    y sus vástagos no se saciarán de pan.
15 Sus sobrevivientes serán sepultados a causa
    de la plaga,
    y sus viudas no podrán llorar.
16 Aunque amontone plata como polvo,
    y prepare vestidos *abundantes* como el barro;
17 él *los* puede preparar, pero el justo *los*
    vestirá,
    y el inocente repartirá la plata.
18 Edifica su casa como tela de araña,
    o como choza *que* el guarda construye.
19 Rico se acuesta, pero no volverá a serlo;
    abre sus ojos, y ya no hay nada.
20 Le alcanzan los terrores como una
    inundación;
    de noche le arrebata un torbellino.
21 Se lo lleva el viento solano, y desaparece,
    pues *como* torbellino lo arranca de su lugar.
22 Sin compasión se arrojará contra él;
    ciertamente él tratará de huir de su poder.
23 Batirán palmas por su ruina,
    y desde su propio lugar le silbarán.

Los tesoros de la tierra y la sabiduría

28 Ciertamente hay una mina para la plata,
    y un lugar donde se refina el oro.
2 El hierro se saca de la tierra,
    y de la piedra se funde el cobre.
3 *El hombre* pone fin a las tinieblas,
    y hasta los límites más remotos escudriña
    la roca que está en lobreguez y densa
    oscuridad.
4 Abren minas lejos de lo habitado,
    olvidado por el pie;
    suspendidos se balancean lejos de los
    hombres.
5 De la tierra viene el alimento,
    y abajo está revuelta como por fuego.
6 Sus piedras son yacimientos de zafiros,
    y su polvo *contiene* oro.
7 Senda que ave de rapiña no conoce,
    ni que ojo de halcón ha alcanzado a ver;
8 las orgullosas bestias no la han pisado,
    ni el *fiero* león ha pasado por ella.
9 Pone *el hombre* su mano en el pedernal;
    vuelca de raíz los montes.
10 Abre canales en las rocas,
    y su ojo ve todo lo preciado.
11 Detiene los arroyos para que no corran,
    y saca a luz lo oculto.
12 Mas la sabiduría, ¿dónde se hallará?
    ¿Y dónde está el lugar de la inteligencia?
13 No conoce el hombre su valor,
    ni se halla en la tierra de los vivientes.
14 El abismo dice: "No está en mí";
    y el mar dice: "No está conmigo."
15 No se puede dar oro puro por ella,
    ni peso de plata por su precio.
16 No puede evaluarse con oro de Ofir,

ni con ónice precioso, ni zafiro.
17 No la pueden igualar ni el oro ni el vidrio,
    ni se puede cambiar por artículos de oro
    puro.
18 Coral y cristal ni se mencionen;
    la adquisición de la sabiduría es mejor que
    las perlas.
19 El topacio de Etiopía no puede igualarla,
    ni con oro puro se puede evaluar.
20 ¿De dónde, pues, viene la sabiduría?
    ¿Y dónde está el lugar de la inteligencia?
21 Está escondida de los ojos de todos los
    vivientes,
    y oculta a todas las aves del cielo.
22 El Abadón y la muerte dicen:
    "Con nuestros oídos hemos oído su fama."
23 Dios entiende el camino de ella,
    y conoce su lugar.
24 Porque El contempla los confines de la tierra,
    y ve todo bajo los cielos.
25 Cuando El dio peso al viento
    y determinó las aguas por medida;
26 cuando puso límite a la lluvia
    y camino para el rayo,
27 entonces El la vio y la declaró,
    la estableció y también la escudriñó.
28 Y dijo al hombre: "He aquí, el temor del
    Señor es sabiduría,
    y apartarse del mal, inteligencia."

Job recuerda días felices

29 Y reanudó Job su discurso, y dijo:
2 ¡Quién me diera volver a ser como en
    meses pasados,
    como en los días en que Dios velaba sobre mí;
3 cuando su lámpara resplandecía sobre mi
    cabeza,
    y a su luz caminaba yo en las tinieblas;
4 como era yo en los días de mi juventud,
    cuando el favor de Dios *estaba* sobre mi
    tienda;
5 cuando el Todopoderoso estaba aún
    conmigo,
    y mis hijos en derredor mío;
6 cuando en leche se bañaban mis pies,
    y la roca me derramaba ríos de aceite!
7 Cuando yo salía a la puerta de la ciudad,
    cuando en la plaza tomaba mi asiento,
8 me veían los jóvenes y se escondían,
    y los ancianos se levantaban y permanecían
    en pie.
9 Los príncipes dejaban de hablar
    y ponían la mano sobre su boca;
10 la voz de los nobles se apagaba,
    y la lengua se les pegaba al paladar.
11 Porque el oído que oía me llamaba
    bienaventurado,
    y el ojo que veía daba testimonio de mí;
12 porque yo libraba al pobre que clamaba,
    y al huérfano que no tenía quien le ayudara.
13 Venía sobre mí la bendición del que estaba a
    punto de perecer,
    y el corazón de la viuda llenaba de gozo.
14 De justicia me vestía, y ella me cubría;
    como manto y turbante era mi derecho.
15 Ojos era yo para el ciego,
    y pies para el cojo.
16 Padre era para los necesitados,
    y examinaba la causa que no conocía.

17 Quebraba los colmillos del impío,
y de sus dientes arrancaba la presa.

18 Entonces pensaba: "En mi nido moriré,
y multiplicaré *mis* días como la arena.

19 "Mi raíz se extiende hacia las aguas,
y el rocío se posa de noche en mi rama.

20 "Conmigo es *siempre* nueva mi gloria,
y mi arco en mi mano se renueva."

21 Me escuchaban y esperaban,
y guardaban silencio para *oír* mi consejo.

22 Después de mis palabras no hablaban de
nuevo,
y sobre ellos caía gota a gota mi discurso.

23 Me esperaban como a la lluvia,
y abrían su boca como a lluvia de primavera.

24 Yo les sonreía cuando ellos no creían,
y no abatían la luz de mi rostro.

25 Les escogía el camino y me sentaba como
jefe,
y moraba como rey entre las tropas,
como el que consuela a los que lloran.

Lamento de Job

30 Pero ahora se burlan de mí
los que son más jóvenes que yo,
a cuyos padres no consideraba yo dignos
de poner con los perros de mi ganado.

2 En verdad, la fuerza de sus manos ¿de qué
me servía?
Había desaparecido de ellos el vigor.

3 De miseria y hambre estaban extenuados;
roían la tierra seca de noche en desierto y
desolación;

4 arrancaban malvas[1] junto a los matorrales,
y raíz de retama era su alimento.

5 De la comunidad fueron expulsados,
gritaban contra ellos como contra un ladrón.

6 Moraban en valles de terror,
en las cuevas de la tierra y de las peñas.

7 Entre los matorrales clamaban;
bajo las ortigas se reunían.

8 Necios, sí, hijos sin nombre,
echados a latigazos de la tierra.

9 Y ahora he venido a ser su escarnio,
y soy para ellos refrán.

10 Me aborrecen y se alejan de mí,
y no se retraen de escupirme a la cara.

11 Por cuanto El ha aflojado la cuerda de su
arco y me ha afligido,
se han quitado el freno delante de mí.

12 A *mi* derecha se levanta el populacho,
arrojan *lazos* a mis pies
y preparan contra mí sus caminos de
destrucción.

13 Arruinan mi senda,
a causa de mi destrucción se benefician,
nadie los detiene.

14 Como *por* ancha brecha vienen,
en medio de la tempestad siguen rodando.

15 Contra mí se vuelven los terrores,
como el viento persiguen mi honor,
y como nube se ha disipado mi prosperidad.

16 Y ahora en mí se derrama mi alma;
se han apoderado de mí días de aflicción.

17 De noche El traspasa mis huesos dentro de
mí,
y los *dolores* que me roen no descansan.

18 Una gran fuerza deforma mi vestidura,
me aprieta como el cuello de mi túnica.

19 El me ha arrojado al lodo,
y soy como el polvo y la ceniza.

20 Clamo a ti, y no me respondes;
me pongo en pie, y no me prestas atención.

21 Te has vuelto cruel conmigo,
con el poder de tu mano me persigues.

22 Me alzas al viento, me haces cabalgar *en él,*
y me deshaces en la tempestad.

23 Pues sé que a la muerte me llevarás,
a la casa de reunión de todos los vivientes.

24 Sin embargo ¿no extiende la mano *el que está*
en un montón de ruinas,
cuando clama en su calamidad?

25 ¿No he llorado por aquél cuya vida es difícil?
¿No se angustió mi alma por el necesitado?

26 Cuando esperaba yo el bien, vino el mal,
cuando esperaba la luz, vino la oscuridad.

27 Por dentro me hierven las entrañas, y no
puedo descansar;
me vienen al encuentro días de aflicción.

28 Ando enlutado, sin consuelo;
me levanto en la asamblea *y* clamo.

29 He venido a ser hermano de chacales,
y compañero de avestruces.

30 Mi piel se ennegrece sobre mí,
y mis huesos se queman por la fiebre.

31 Se ha convertido en duelo mi arpa,
y mi flauta en voz de los que lloran.

Job afirma su integridad

31 Hice un pacto con mis ojos,
¿cómo podía entonces mirar a una virgen?

2 ¿Y cuál es la porción de Dios desde arriba,
o la heredad del Todopoderoso desde las
alturas?

3 ¿No es la calamidad para el injusto,
y el infortunio para los que obran iniquidad?

4 ¿No ve El mis caminos,
y cuenta todos mis pasos?

5 Si he caminado con la mentira,
y *si* mi pie se ha apresurado tras el engaño,

6 que El me pese en balanzas de justicia,
y que Dios conozca mi integridad.

7 Si mi paso se ha apartado del camino,
si mi corazón se ha ido tras mis ojos,
y *si* alguna mancha se ha pegado en mis
manos,

8 que yo siembre y otro coma,
y sean arrancadas mis cosechas.

9 Si mi corazón fue seducido por mujer,
o he estado al acecho a la puerta de mi
prójimo,

10 que muela para otro mi mujer,
y otros se encorven sobre ella.

11 Porque eso sería una infamia,
y una iniquidad *castigada por* los jueces;

12 porque sería fuego que consume hasta el
Abadón,
y arrancaría toda mi ganancia.

13 Si he menospreciado el derecho de mi siervo
o de mi sierva
cuando presentaron queja contra mí,

14 ¿qué haré cuando Dios se levante?
Y cuando El me pida cuentas, ¿qué le
responderé?

---

1. I.e., plantas de los pantanos salados

15 ¿Acaso el que me hizo a mí en el seno
    materno, no lo hizo *también* a él?
   ¿No fue uno mismo el que nos formó en la
    matriz?
16 Si he impedido a los pobres *su* deseo,
   o he hecho desfallecer los ojos de la viuda,
17 o *si* he comido mi bocado solo,
   y el huérfano no ha comido de él
18 (aunque desde mi juventud él creció conmigo
    como con un padre,
   y a la viuda la guié desde mi infancia);
19 si he visto a alguno perecer por falta de ropa,
   y sin abrigo al necesitado,
20 si sus lomos no me han expresado gratitud,
   pues *no* se ha calentado con el vellón de mis
    ovejas,
21 si he alzado contra el huérfano mi mano,
   porque vi que yo tenía apoyo en la puerta,
22 que mi hombro se caiga de la coyuntura,
   y mi brazo se quiebre en el codo.
23 Porque el castigo de Dios es terror para mí,
   y ante su majestad nada puedo *hacer*.
24 Si he puesto *en* el oro mi confianza,
   y he dicho al oro fino: *Tú eres* mi seguridad;
25 si me he alegrado porque mi riqueza era
    grande,
   y porque mi mano había adquirido mucho;
26 si he mirado al sol cuando brillaba,
   o a la luna marchando en esplendor,
27 y fue mi corazón seducido en secreto,
   y mi mano tiró un beso de mi boca,
28 eso también hubiera sido iniquidad *que
    merecía* juicio,
   porque habría negado al Dios de lo alto.
29 ¿Acaso me he alegrado en la destrucción de
    mi enemigo,
   o me he regocijado cuando el mal le
    sobrevino?
30 No, no he permitido que mi boca peque
   pidiendo su vida en una maldición.
31 ¿Acaso no han dicho los hombres de mi
    tienda:
   "¿Quién puede hallar a alguno que no se haya
    saciado con su carne?"
32 El forastero no pasa la noche afuera,
   porque al viajero he abierto mis puertas.
33 ¿Acaso he cubierto mis transgresiones como
    Adán,
   ocultando en mi seno mi iniquidad,
34 porque temí a la gran multitud,
   o el desprecio de las familias me aterró,
   y guardé silencio y no salí de *mi* puerta?
35 ¡Quién me diera que alguien me oyera!
   He aquí mi firma.
   ¡Que me responda el Todopoderoso!
   Y la acusación que ha escrito mi adversario,
36 ciertamente yo la llevaría sobre mi hombro,
   y me la ceñiría como una corona.
37 Del número de mis pasos yo le daría cuenta,
   como a un príncipe me acercaría a Él.
38 Si mi tierra clama contra mí,
   y sus surcos lloran juntos;
39 si he comido su fruto sin dinero,
   o si he causado que sus dueños pierdan sus
    vidas,
40 ¡que en lugar de trigo crezcan abrojos,
   y en lugar de cebada hierba maloliente!
Aquí terminan las palabras de Job.

Intervención de Eliú

32 Entonces estos tres hombres dejaron de
   responder a Job porque él era justo a sus
propios ojos.
2 Pero se encendió la ira de Eliú, hijo de
Baraquel buzita, de la familia de Ram. Se
encendió su ira contra Job porque se justificaba
delante de Dios.
3 Su ira se encendió también contra sus tres
amigos porque no habían hallado respuesta, y sin
embargo habían condenado a Job.
4 Eliú había esperado para hablar a Job porque
los otros eran de más edad que él.
5 Pero cuando vio Eliú que no había respuesta
en la boca de los tres hombres, se encendió su ira.
6 Y respondió Eliú, hijo de Baraquel buzita, y
dijo:
   Yo soy joven, y vosotros ancianos;
    por eso tenía timidez y me atemorizaba
     declararos lo que pienso.
7 Yo pensé que los días hablarían,
   y los muchos años enseñarían sabiduría.
8 Pero hay un espíritu en el hombre,
   y el soplo del Todopoderoso le da
    entendimiento.
9 Los de muchos *años quizá* no sean sabios,
   ni los ancianos entiendan justicia.
10 Por eso digo: "Escuchadme,
   también yo declararé lo que pienso."
11 He aquí, esperé vuestras palabras,
   escuché vuestros argumentos,
   mientras buscabais qué decir;
12 os presté además mucha atención.
   He aquí, no hubo ninguno que refutara a Job,
   ninguno de vosotros que respondiera a sus
    palabras.
13 No digáis:
   "Hemos hallado sabiduría;
   Dios lo derrotará, no el hombre."
14 Pero no ha dirigido *sus* palabras contra mí,
   ni yo le responderé con vuestros argumentos.
15 Están desconcertados, ya no responden;
   les han faltado las palabras.
16 ¿Y he de esperar porque ellos no hablan,
   porque se detienen *y* ya no responden?
17 Yo también responderé mi parte,
   yo también declararé lo que pienso.
18 Porque estoy lleno de palabras;
   dentro de mí el espíritu me constriñe.
19 He aquí, mi vientre es como vino sin
    respiradero,
   está a punto de reventar como odres nuevos.
20 Dejadme hablar para que encuentre alivio,
   dejadme abrir los labios y responder.
21 Que no haga yo acepción de persona,
   ni use lisonja con nadie.
22 Porque no sé lisonjear,
   de otra manera mi Hacedor me llevaría
    pronto.

Eliú censura a Job

33 Por tanto, Job, oye ahora mi discurso,
   y presta atención a todas mis palabras.
2 He aquí, ahora abro mi boca,
   en mi paladar habla mi lengua.
3 Mis palabras *proceden de* la rectitud de mi
    corazón,
   y con sinceridad mis labios hablan lo que
    saben.

4 El Espíritu de Dios me ha hecho,
    y el aliento del Todopoderoso me da vida.
5 Contradíceme si puedes;
    colócate delante de mí, ponte en pie.
6 He aquí, yo como tú, pertenezco a Dios;
    del barro yo también he sido formado.
7 He aquí, mi temor no te debe espantar,
    ni mi mano agravarse sobre ti.
8 Ciertamente has hablado a oídos míos,
    y el sonido de *tus* palabras he oído:
9 "Yo soy limpio, sin transgresión;
    soy inocente y en mí no hay culpa.
10 "He aquí, El busca pretextos contra mí;
    me tiene por enemigo suyo.
11 "Pone mis pies en el cepo;
    vigila todas mis sendas."
12 He aquí, déjame decirte que no tienes razón
    en esto,
    porque Dios es más grande que el hombre.
13 ¿Por qué te quejas contra El,
    diciendo que no da cuenta de todas sus
    acciones?
14 Ciertamente Dios habla una vez,
    y otra vez, *pero* nadie se da cuenta de ello.
15 En un sueño, en una visión nocturna,
    cuando un sueño profundo cae sobre los
    hombres,
    mientras dormitan en sus lechos,
16 entonces El abre el oído de los hombres,
    y sella su instrucción,
17 para apartar al hombre *de sus* obras,
    y del orgullo guardarlo;
18 libra su alma de la fosa
    y su vida de pasar al Seol.
19 *El hombre* es castigado también con dolor en
    su lecho,
    y con queja continua en sus huesos,
20 para que su vida aborrezca el pan,
    y su alma el alimento favorito.
21 Su carne desaparece a la vista,
    y sus huesos que no se veían, aparecen.
22 Entonces su alma se acerca a la fosa,
    y su vida a los que causan la muerte.
23 Si hay un ángel *que sea* su mediador,
    uno entre mil,
    para declarar al hombre lo que es bueno para
    él,
24 y que tenga piedad de él, y diga:
    "Líbralo de descender a la fosa,
    he hallado *su* rescate";
25 que su carne se vuelva más tierna que en su
    juventud,
    que regrese a los días de su vigor juvenil.
26 Entonces orará a Dios, y El lo aceptará,
    para que vea con gozo su rostro,
    y restaure su justicia al hombre.
27 Cantará él a los hombres y dirá:
    "He pecado y pervertido lo que es justo,
    y no es apropiado para mí.
28 "El ha redimido mi alma de descender a la
    fosa,
    y mi vida verá la luz."
29 He aquí, Dios hace todo esto a menudo con
    los hombres,
30 para rescatar su alma de la fosa,
    para que sea iluminado con la luz de la vida.
31 Pon atención, Job, escúchame;
    calla, y déjame hablar.
32 Si algo tienes que decir, respóndeme;

habla, porque deseo justificarte.
33 Si no, escúchame;
    calla, y te enseñaré sabiduría.

Eliú justifica a Dios

34 Entonces prosiguió Eliú, y dijo:
2 Oíd, sabios, mis palabras,
    y vosotros los que sabéis, prestadme atención.
3 Porque el oído distingue las palabras,
    como el paladar prueba la comida.
4 Escojamos para nosotros lo que es justo;
    conozcamos entre nosotros lo que es bueno.
5 Porque Job ha dicho: "Yo soy justo,
    pero Dios me ha quitado mi derecho.
6 "¿He de mentir respecto a mi derecho?
    Mi herida es incurable, sin *haber yo cometido*
    transgresión."
7 ¿Qué hombre es como Job,
    que bebe el escarnio como agua,
8 que va en compañía de los que hacen
    iniquidad,
    y anda con hombres perversos?
9 Porque ha dicho: "Nada gana el hombre
    cuando se complace en Dios."
10 Por tanto, escuchadme, hombres de
    entendimiento.
    Lejos esté de Dios la iniquidad,
    y del Todopoderoso la maldad.
11 Porque El paga al hombre *conforme a* su
    trabajo,
    y retribuye a cada cual conforme a su
    conducta.
12 Ciertamente, Dios no obrará perversamente,
    y el Todopoderoso no pervertirá el juicio.
13 ¿Quién le dio autoridad sobre la tierra?
    ¿Y quién ha puesto *a su cargo* el mundo
    entero?
14 Si El determinara hacerlo así,
    si hiciera volver a sí mismo su espíritu y su
    aliento,
15 toda carne a una perecería,
    y el hombre volvería al polvo.
16 Pero si *tienes* inteligencia, oye esto,
    escucha la voz de mis palabras.
17 ¿Gobernará el que aborrece la justicia?
    ¿Y condenarás al Justo poderoso,
18 que dice a un rey: "Indigno",
    a los nobles: "Perversos";
19 que no hace acepción de príncipes,
    ni considera al rico sobre el pobre,
    ya que todos son obra de sus manos?
20 En un momento mueren, y a medianoche
    se estremecen los pueblos y pasan,
    y los poderosos son quitados sin esfuerzo.
21 Porque sus ojos observan los caminos del
    hombre,
    y El ve todos sus pasos.
22 No hay tinieblas ni densa oscuridad
    donde puedan esconderse los que hacen
    iniquidad.
23 Porque El no *necesita* considerar más al
    hombre,
    para que vaya ante Dios en juicio.
24 El quebranta a los poderosos sin indagar,
    y pone a otros en su lugar.
25 Pues El conoce sus obras,
    de noche *los* derriba
    y son aplastados.
26 Como a malvados los azota

en un lugar público,

27 porque se apartaron de seguirle,
y no consideraron ninguno de sus caminos,

28 haciendo que el clamor del pobre llegara a
El,
y que oyera el clamor de los afligidos.

29 Cuando está quieto, ¿quién puede
condenar*le?*;
y cuando esconde su rostro, ¿quién puede
contemplarle?;
esto es, tanto nación como hombre,

30 para que no gobiernen hombres impíos,
ni sean lazos para el pueblo.

31 Porque ¿ha dicho alguno a Dios:
"He sufrido *castigo,*
ya no ofenderé *más;*

32 enséñame lo que no veo;
si he obrado mal,
no lo volveré *a hacer?"*

33 ¿Ha de retribuir El según tus condiciones,
porque tú has rehusado?
Porque tú tienes que escoger y no yo,
por tanto, declara lo que sabes.

34 Los hombres entendidos me dirán,
y *también* el sabio que me oiga:

35 "Job habla sin conocimiento,
y sus palabras no tienen sabiduría.

36 "Job debe ser juzgado hasta el límite,
porque responde como los hombres
perversos.

37 "Porque a su pecado añade rebelión;
bate palmas entre nosotros,
y multiplica sus palabras contra Dios."

Eliú censura de nuevo a Job

35 Entonces continuó Eliú, y dijo:
2 ¿Piensas que esto es justo?
Dices: "Mi justicia es más que la de Dios."

3 Porque dices: "¿Qué ventaja será para ti?
¿Qué ganaré yo por no haber pecado?"

4 Yo te daré razones,
y a tus amigos contigo.

5 Mira a los cielos y ve,
contempla las nubes, son más altas que tú.

6 Si has pecado, ¿qué logras tú contra El?
Y si tus transgresiones son muchas, ¿qué le
haces?

7 Si eres justo, ¿qué le das,
o qué recibe El de tu mano?

8 Para un hombre como tú es tu maldad,
y para un hijo de hombre tu justicia.

9 A causa de la multitud de opresiones claman
los hombres;
gritan a causa del brazo de los poderosos.

10 Pero ninguno dice: "¿Dónde está Dios mi
Hacedor,
que inspira cánticos en la noche,

11 que nos enseña más que a las bestias de la
tierra,
y nos hace más sabios que las aves de los
cielos?"

12 Allí claman, pero El no responde
a causa del orgullo de los malos.

13 Ciertamente el *clamor* vano no escuchará
Dios,
el Todopoderoso no lo tomará en cuenta.

14 Cuánto menos cuando dices que no le
contemplas,

que la causa está delante de El y tienes que
esperarle.

15 Y ahora, porque El no ha castigado *con* su
ira,
ni se ha fijado bien en la transgresión,

16 Job abre vanamente su boca,
multiplica palabras sin sabiduría.

Eliú describe la grandeza de Dios

36 Entonces continuó Eliú, y dijo:
2 Espérame un poco, y te mostraré
que todavía hay más que decir en favor de
Dios.

3 Traeré mi conocimiento desde lejos,
y atribuiré justicia a mi Hacedor.

4 Porque en verdad no son falsas mis palabras;
uno perfecto en conocimiento está contigo.

5 He aquí, Dios es poderoso pero no desprecia
a nadie,
es poderoso en la fuerza del entendimiento.

6 No mantiene vivo al impío,
mas da justicia al afligido.

7 No aparta sus ojos del justo,
sino que, con los reyes sobre el trono,
los ha sentado para siempre, y son
ensalzados.

8 Y si están aprisionados con cadenas,
y son atrapados en las cuerdas de aflicción,

9 entonces les muestra su obra
y sus transgresiones, porque ellos se han
engrandecido.

10 El abre sus oídos para la instrucción,
y ordena que se vuelvan del mal.

11 Si escuchan y *le* sirven,
acabarán sus días en prosperidad
y sus años en delicias.

12 Pero si no escuchan, perecerán a espada,
y morirán sin conocimiento.

13 Mas los impíos de corazón acumulan la ira;
no claman pidiendo ayuda cuando El los ata.

14 Mueren en su juventud,
y su vida *perece* entre los sodomitas de cultos
paganos.

15 El libra al afligido en medio de su aflicción,
y abre su oído en *tiempos de* opresión.

16 Entonces, en verdad, El te atrajo de la boca
de la angustia,
a un lugar espacioso, sin limitaciones, en
lugar de aquélla;
y lo que se puso sobre tu mesa estaba lleno de
grosura.

17 Pero tú estabas lleno de juicio sobre el
malvado;
el juicio y la justicia se apoderan *de ti.*

18 *Ten cuidado,* no sea que el furor te induzca a
burlarte;
no dejes que la grandeza del rescate te
extravíe.

19 ¿Te protegerán tus riquezas de la angustia,
o todas las fuerzas de *tu* poder?

20 No anheles la noche,
cuando los pueblos desaparecen de su lugar.

21 Ten cuidado, no te inclines al mal;
pues has preferido éste a la aflicción.

22 He aquí, Dios es exaltado en su poder,
¿quién es maestro como El?

23 ¿Quién le ha señalado su camino,
y quién *le* ha dicho: "Has hecho mal"?

24 Recuerda que debes ensalzar su obra,

la cual han cantado los hombres.

25 Todos los hombres la han visto;
el hombre desde lejos *la* contempla.

26 He aquí, Dios es exaltado, y no *le* conocemos;
el número de sus años es inescrutable.

27 Porque El atrae las gotas de agua,
y ellas, del vapor, destilan lluvia,

28 que derraman las nubes,
y en abundancia gotean sobre el hombre.

29 ¿Puede alguno comprender la extensión de las nubes,
o el tronar de su pabellón?

30 He aquí, El extiende su relámpago en derredor suyo,
y cubre los abismos del mar.

31 Pues por estos *medios* El juzga a los pueblos,
y da alimento en abundancia.

32 El cubre *sus* manos con el relámpago,
y le ordena dar en el blanco.

33 Su trueno anuncia su presencia;
también su ira, respecto a lo que se levanta.

37 Ante esto también tiembla mi corazón,
y salta de su lugar.

2 Escuchad atentamente el estruendo de su voz,
y el rugido que sale de su boca.

3 Bajo todos los cielos lo suelta,
y su relámpago hasta los confines de la tierra.

4 Tras él, ruge una voz;
truena El con su majestuosa voz,
y no retiene los relámpagos mientras se oye su voz.

5 Maravillosamente truena Dios con su voz,
haciendo grandes cosas que no comprendemos.

6 Porque a la nieve dice: "Cae sobre la tierra",
y al aguacero y a la lluvia: "Sed fuertes."

7 El sella la mano de todo hombre,
para que todos conozcan su obra.

8 La fiera entra en su guarida,
y permanece en su madriguera.

9 Del sur viene el torbellino,
y del norte el frío.

10 Del soplo de Dios se forma el hielo,
y se congela la extensión de las aguas.

11 También El carga de humedad la densa nube,
y esparce la nube *con* su relámpago;

12 aquélla gira y da vueltas por su sabia dirección,
para hacer todo lo que El le ordena
sobre la faz de toda la tierra.

13 Ya sea por corrección, o por el mundo suyo,
o por misericordia, El hace que suceda.

14 Escucha esto, Job,
detente y considera las maravillas de Dios.

15 ¿Sabes tú cómo Dios las establece,
y hace resplandecer el relámpago de su nube?

16 ¿Sabes tú la posición de las densas nubes,
maravillas del perfecto en conocimiento,

17 tú, cuyos vestidos están calientes
cuando la tierra está en calma a causa del viento del sur?

18 ¿Puedes con El extender el firmamento,
fuerte como espejo de *metal* fundido?

19 Enséñanos qué le hemos de decir a Dios;
no podemos ordenar *nuestro argumento* a causa de las tinieblas.

20 ¿Habrá que contarle que yo quiero hablar?
¿O debe un hombre decir que quiere ser tragado?

21 Ahora *los hombres* no ven la luz que brilla en el firmamento;
pero pasa el viento y lo despeja.

22 Del norte viene dorado *esplendor:*
majestad impresionante alrededor de Dios.

23 Es el Todopoderoso; no le podemos alcanzar;
El es grande en poder,
y no pervertirá el juicio ni la abundante justicia.

24 Por eso le temen los hombres;
El no estima a ninguno *que se cree* sabio de corazón.

Dios convence a Job de su ignorancia

38 Entonces el Señor respondió a Job desde el torbellino y dijo:

2 ¿Quién es éste que oscurece el consejo
con palabras sin conocimiento?

3 Ciñe ahora tus lomos como un hombre,
y yo te preguntaré, y tú me instruirás.

4 ¿Dónde estabas tú cuando yo echaba los cimientos de la tierra?
Dí*melo,* si tienes inteligencia.

5 ¿Quién puso sus medidas?, ya que sabes,
¿o quién extendió sobre ella cordel?

6 ¿Sobre qué se asientan sus basas,
o quién puso su piedra angular

7 cuando cantaban juntas las estrellas del alba,
y todos los hijos de Dios gritaban de gozo?

8 ¿O *quién* encerró con puertas el mar,
cuando, irrumpiendo, se salió de *su* seno;

9 cuando hice de una nube su vestidura,
y de espesa oscuridad sus pañales;

10 cuando sobre él establecí límites,
puse puertas y cerrojos,

11 y dije: "Hasta aquí llegarás, pero no más allá;
aquí se detendrá el orgullo de tus olas"?

12 ¿Alguna vez en tu vida has mandado a la mañana,
y hecho conocer al alba su lugar,

13 para que ella eche mano a los confines de la tierra,
y de ella sean sacudidos los impíos?

14 Ella cambia como barro *bajo* el sello;
y como con vestidura se presenta.

15 Mas se quita la luz a los impíos,
y se quiebra el brazo levantado.

16 ¿Has entrado hasta las fuentes del mar,
o andado en las profundidades del abismo?

17 ¿Te han sido reveladas las puertas de la muerte,
o has visto las puertas de la densa oscuridad?

18 ¿Has comprendido la extensión de la tierra?
Dí*melo,* si tú sabes todo esto.

19 ¿Dónde está el camino a la morada de la luz?
Y la oscuridad, ¿dónde está su lugar,

20 para que la lleves a su territorio,
y para que disciernas los senderos de su casa?

21 ¡Tú lo sabes, porque entonces ya habías nacido,
y grande es el número de tus días!

22 ¿Has entrado en los depósitos de la nieve,
o has visto los depósitos del granizo,

23 que he reservado para el tiempo de angustia,

para el día de guerra y de batalla?
24 ¿Dónde está el camino en que se divide la luz,
   o el viento solano esparcido sobre la tierra?
25 ¿Quién ha abierto un canal para el turbión,
   o un camino para el rayo,
26 para traer lluvia sobre tierra despoblada,
   sobre un desierto sin hombre alguno,
27 para saciar la tierra desierta y desolada,
   y hacer brotar las semillas de la hierba?
28 ¿Tiene padre la lluvia?
   ¿Quién ha engendrado las gotas de rocío?
29 ¿Del vientre de quién ha salido el hielo?
   Y la escarcha del cielo, ¿quién la ha dado a
   luz?
30 El agua se endurece como la piedra,
   y aprisionada está la superficie del abismo.
31 ¿Puedes tú atar las cadenas de las Pléyades,
   o desatar las cuerdas de Orión?
32 ¿Haces aparecer una constelación a su tiempo,
   y conduces la Osa con sus hijos?
33 ¿Conoces tú las ordenanzas de los cielos,
   o fijas su dominio en la tierra?
34 ¿Puedes levantar tu voz a las nubes,
   para que abundancia de agua te cubra?
35 ¿Envías los relámpagos para que vayan
   y te digan: "Aquí estamos?"
36 ¿Quién ha puesto sabiduría en lo más íntimo
   del ser,
   o ha dado a la mente inteligencia?
37 ¿Quién puede contar las nubes con sabiduría,
   o inclinar los odres de los cielos,
38 cuando el polvo en masa se endurece,
   y los terrones se pegan entre sí?
39 ¿Puedes cazar la presa para la leona,
   o saciar el apetito de los leoncillos,
40 cuando se agachan en *sus* madrigueras,
   o están al acecho en *sus* guaridas?
41 ¿Quién prepara para el cuervo su alimento,
   cuando sus crías claman a Dios,
   y vagan sin comida?

Dios habla de la naturaleza y sus criaturas

39 ¿Conoces tú el tiempo en que paren las
      cabras monteses?
   ¿Has observado el parto de las ciervas?
2 ¿Puedes contar los meses de su preñez,
   o conoces el tiempo en que han de parir?
3 Se encorvan, paren sus crías,
   y se libran de sus dolores de parto.
4 Sus crías se fortalecen, crecen en campo
   abierto;
   se van y no vuelven a ellas.
5 ¿Quién dejó en libertad al asno montés?
   ¿Y quién soltó las ataduras del asno veloz,
6 al cual di por hogar el desierto,
   y por morada la tierra salada?
7 Se burla del tumulto de la ciudad,
   no escucha los gritos del arriero.
8 Explora los montes *buscando* su pasto,
   y anda tras toda *hierba* verde.
9 ¿Consentirá en servirte el búfalo,
   o pasará la noche en tu pesebre?
10 ¿Puedes atar al búfalo con coyunda en el
   surco,
   o rastrillará los valles en pos de ti?
11 ¿Confiarás en él por ser grande su fuerza
   y le confiarás tu labor?
12 ¿Tendrás fe en él de que te devolverá tu grano,
   y *de que lo* recogerá *de* tu era?

13 Baten alegres las alas del avestruz,
   ¿acaso con el ala y plumaje del amor?
14 Porque abandona sus huevos en la tierra,
   y sobre el polvo los calienta;
15 se olvida de que *algún* pie los puede aplastar,
   o una bestia salvaje los puede pisotear.
16 Trata a sus hijos con crueldad, como si no
   fueran suyos;
   aunque su trabajo sea en vano, le es
   indiferente;
17 porque Dios le ha hecho olvidar la sabiduría,
   y no le ha dado su porción de inteligencia.
18 Pero cuando se levanta en alto,
   se burla del caballo y de su jinete.
19 ¿Das tú al caballo *su* fuerza?
   ¿Revistes su cuello de crin?
20 ¿Le haces saltar como la langosta?
   Terrible es su formidable resoplido;
21 escarba en el valle, y se regocija en *su* fuerza;
   sale al encuentro de las armas.
22 Se burla del temor y no se acobarda,
   ni retrocede ante la espada.
23 Resuena contra él la aljaba,
   la lanza reluciente y la jabalina.
24 Con ímpetu y furor corre sobre la tierra;
   y no se está quieto al sonido de la trompeta.
25 Cada vez que la trompeta suena, *como que*
   dice: "¡Ea!",
   y desde lejos olfatea la batalla,
   las voces atronadoras de los capitanes y el
   grito de guerra.
26 ¿Acaso por tu sabiduría se eleva el gavilán,
   extendiendo sus alas hacia el sur?
27 ¿Acaso a tu mandato se remonta el águila
   y hace en las alturas su nido?
28 En la peña mora y se aloja,
   sobre la cima del despeñadero, lugar
   inaccesible.
29 Desde allí acecha la presa;
   desde muy lejos sus ojos *la* divisan.
30 Sus polluelos chupan la sangre;
   y donde hay muertos, allí está ella.

Reto de Dios a Job

40 Entonces continuó el SEÑOR y dijo a Job:
  2 ¿Podrá el que censura contender con el
   Todopoderoso?
   El que reprende a Dios, responda a esto.
3 Entonces Job respondió al SEÑOR y dijo:
4 He aquí, yo soy insignificante; ¿qué puedo yo
   responderte?
   Mi mano pongo sobre la boca.
5 Una vez he hablado, y no responderé;
   aun dos veces, y no añadiré más.
6 Entonces el SEÑOR respondió a Job desde la
   tormenta y dijo:
7 Ciñe ahora tus lomos como un hombre;
   yo te preguntaré, y tú me instruirás.
8 ¿Anularás realmente mi juicio?
   ¿Me condenarás para justificarte tú?
9 ¿Acaso tienes tú un brazo como el de Dios,
   y truenas con una voz como la suya?
10 Adórnate ahora de majestad y dignidad,
   y vístete de gloria y de esplendor.
11 Derrama los torrentes de tu ira,
   mira a todo soberbio y abátelo.
12 mira a todo soberbio *y* humíllalo,
   y pisotea a los impíos donde están.
13 Escóndelos juntos en el polvo;

átalos en el *lugar* oculto.

14 Entonces yo también te confesaré
  que tu mano derecha te puede salvar.

15 He aquí ahora, Behemot[1], al cual hice como a ti,
  que come hierba como el buey.

16 He aquí ahora, su fuerza está en sus lomos,
  y su vigor en los músculos de su vientre.

17 Mueve su cola como un cedro;
  entretejidos están los tendones de sus muslos.

18 Sus huesos son tubos de bronce;
  sus miembros como barras de hierro.

19 Es la primera de las obras de Dios;
  que *sólo* su hacedor *le* acerque su espada.

20 Ciertamente alimento le traen los montes,
  y todas las bestias del campo retozan allí.

21 Bajo los lotos se echa,
  en lo oculto de las cañas y del pantano.

22 Lo cubren los lotos con su sombra;
  los sauces del arroyo lo rodean.

23 Si el río ruge, él no se alarma;
  tranquilo está, aunque el Jordán se lance contra su boca.

24 ¿Lo capturará alguien cuando está vigilando?
  ¿Perforará *alguien* su nariz con garfios?

41 ¿Sacarás tú a Leviatán[2] con anzuelo,
  o sujetarás con cuerda su lengua?

2 ¿Pondrás una soga en su nariz,
  o perforarás su quijada con gancho?

3 ¿Acaso te hará muchas súplicas,
  o te hablará palabras sumisas?

4 ¿Hará un pacto contigo?
  ¿Lo tomarás como siervo para siempre?

5 ¿Jugarás con él como con un pájaro,
  o lo atarás para tus doncellas?

6 ¿Traficarán el él los comerciantes?
  ¿Lo repartirán entre los mercaderes?

7 ¿Podrás llenar su piel de arpones,
  o de lanzas de pescar su cabeza?

8 Pon tu mano sobre él;
  te acordarás de la batalla y no lo volverás a hacer.

9 He aquí, falsa es tu esperanza;
  con sólo verlo serás derribado.

10 Nadie hay tan audaz que lo despierte.
  ¿quién, pues, podrá estar delante de mí?

11 ¿Quién me ha dado *algo* para que yo *se lo* restituya?
  Cuanto existe debajo de todo el cielo es mío.

12 No dejaré de hablar de sus miembros,
  ni de su gran poder, ni de su agraciada figura.

13 ¿Quién lo desnudará de su armadura exterior?
  ¿Quién penetrará su doble malla?

14 ¿Quién abrirá las puertas de sus fauces?
  Alrededor de sus dientes hay terror.

15 *Sus* fuertes escamas son *su* orgullo,
  cerradas *como con* apretado sello.

16 La una está tan cerca de la otra
  que el aire no puede penetrar entre ellas.

17 Unidas están la una a la otra;
  se traban entre sí y no pueden separarse.

18 Sus estornudos dan destellos de luz,
  y sus ojos son como los párpados del alba.

19 De su boca salen antorchas,
  chispas de fuego saltan.

20 De sus narices sale humo,

como *de* una olla que hierve sobre juncos *encendidos.*

21 Su aliento enciende carbones,
  y una llama sale de su boca.

22 En su cuello reside el poder,
  y salta el desaliento delante de él.

23 Unidos están los pliegues de su carne,
  firmes *están* en él e inamovibles.

24 Su corazón es duro como piedra,
  duro como piedra de molino.

25 Cuando él se levanta, los poderosos tiemblan;
  a causa del estruendo quedan confundidos.

26 La espada que lo alcance no puede prevalecer,
  ni la lanza, el dardo, o la jabalina.

27 Estima el hierro como paja,
  el bronce como madera carcomida.

28 No lo hace huir la flecha;
  en hojarasca se convierten para él las piedras de la honda.

29 Como hojarasca son estimadas las mazas;
  se ríe del blandir de la jabalina.

30 Por debajo *tiene como* tiestos puntiagudos;
  se extiende *como* trillo sobre el lodo.

31 Hace hervir las profundidades como olla;
  hace el mar como redoma de ungüento.

32 Detrás de sí hace brillar una estela;
  se diría que el abismo es canoso.

33 Nada en la tierra es semejante a él,
  que fue hecho sin temor.

34 Desafía a todo ser altivo;
  él es rey sobre todos los hijos de orgullo.

Confesión y restauración de Job

42 Entonces Job respondió al Señor, y dijo:

2 Yo sé que tú puedes hacer todas las cosas,
  y que ningún propósito tuyo puede ser estorbado.

3 "¿Quién es éste que oculta el consejo sin entendimiento?"
  Por tanto, he declarado lo que no comprendía,
  cosas demasiado maravillosas para mí, que yo no sabía.

4 "Escucha ahora, y hablaré;
  te preguntaré y tú me instruirás."

5 He sabido de ti *sólo* de oídas,
  pero ahora mis ojos te ven.

6 Por eso me retracto,
  y me arrepiento en polvo y ceniza.

7 Y sucedió que después que el Señor habló estas palabras a Job, el Señor dijo a Elifaz temanita: Se ha encendido mi ira contra ti y contra tus dos amigos, porque no habéis hablado de mí lo que es recto, como mi siervo Job.

8 Ahora pues, tomad siete novillos y siete carneros, id a mi siervo Job y ofreced holocausto por vosotros, y mi siervo Job orará por vosotros. Porque ciertamente a él atenderé para no hacer con vosotros *conforme a vuestra* insensatez, porque no habéis hablado de mí lo que es recto, como mi siervo Job.

9 Y Elifaz temanita y Bildad suhita y Zofar naamatita fueron e hicieron tal como el Señor les había dicho; y el Señor aceptó a Job.

---

1. O, *el hipopótamo* 2. O, *al monstruo marino*

10 Y el Señor restauró el bienestar de Job cuando *éste* oró por sus amigos; y el Señor aumentó al doble todo lo que Job había poseído.
11 Entonces todos sus hermanos y todas sus hermanas y todos los que le habían conocido antes, vinieron a él y comieron pan con él en su casa; se condolieron de él y lo consolaron por todo el mal que el Señor había traído sobre él. Cada uno le dio una moneda de plata, y cada uno un anillo de oro.
12 El Señor bendijo los últimos *días* de Job más que los primeros; y tuvo catorce mil ovejas, seis mil camellos, mil yuntas de bueyes y mil asnas.
13 Y tuvo siete hijos y tres hijas.
14 Llamó a la primera Jemina, a la segunda Cesia y a la tercera Keren-hapuc.
15 Y en toda la tierra no se encontraban mujeres tan hermosas como las hijas de Job; y su padre les dio herencia entre sus hermanos.
16 Después de esto vivió Job ciento cuarenta años, y vio a sus hijos y a los hijos de sus hijos, *hasta* cuatro generaciones.
17 Y murió Job, anciano y lleno de días.

LOS SALMOS

Las expresiones siguientes ocurren con frecuencia en los Salmos:

Selah	Posiblemente, *Pausa, Crescendo,* o *Interludio*
Masquil	Posiblemente, *Salmo didáctico,* o *contemplativo*
Mictam	Término de significado incierto; posiblemente, *Poema epigramático, Salmo de expiación*
Seol	Región de los muertos

LIBRO PRIMERO

SALMO 1

1 ¡Cuán bienaventurado es el hombre que no
    anda en el consejo de los impíos,
  ni se detiene en el camino de los pecadores,
  ni se sienta en la silla de los escarnecedores,
2 sino que en la ley del Señor está su deleite,
  y en su ley medita de día y de noche!
3 Será como árbol *firmemente* plantado junto a
    corrientes de agua,
  que da su fruto a su tiempo,
  y su hoja no se marchita;
  en todo lo que hace, prospera.
4 No así los impíos,
  que son como paja que se lleva el viento.
5 Por tanto, no se sostendrán los impíos en el
    juicio,
  ni los pecadores en la congregación de los
    justos.
6 Porque el Señor conoce el camino de los
    justos,
  mas el camino de los impíos perecerá.

SALMO 2

1 ¿Por qué se sublevan las naciones,
  y los pueblos traman cosas vanas?
2 Se levantan los reyes de la tierra,
  y los gobernantes traman unidos
  contra el Señor y contra su Ungido[1],
  diciendo:
3 ¡Rompamos sus cadenas
  y echemos de nosotros sus cuerdas!
4 El que se sienta en los cielos se ríe,
  el Señor se burla de ellos.
5 Luego les hablará en su ira,
  y en su furor los aterrará.
6 Pero yo he consagrado a mi Rey
  sobre Sion, mi santo monte.
7 Ciertamente anunciaré el decreto del Señor
  que me dijo: "Mi Hijo eres tú,
  yo te he engendrado hoy.
8 "Pídeme, y *te* daré las naciones como herencia
    tuya,
  y como posesión tuya los confines de la
    tierra.
9 "Tú los quebrantarás con vara de hierro;
  los desmenuzarás como vaso de alfarero."
10 Ahora pues, oh reyes, mostrad
    discernimiento;
  recibid amonestación, oh jueces de la tierra.
11 Adorad al Señor con reverencia,
  y alegraos con temblor.
12 Honrad al Hijo para que no se enoje y
    perezcáis *en* el camino,
  pues puede inflamarse de repente su ira.
  ¡Cuán bienaventurados son todos los que en
    El se refugian!

SALMO 3

Salmo de David, cuando huía delante
de su hijo Absalón.

1 ¡Oh Señor, cómo se han multiplicado mis
    adversarios!
  Muchos se levantan contra mí.
2 Muchos dicen de mi alma:
  Para él no hay salvación en Dios.   (Selah[2])
3 Mas tú, Señor, eres escudo en derredor mío,
  mi gloria, y el que levanta mi cabeza.
4 Con mi voz clamé al Señor,
  y El me respondió desde su santo monte.
                                      (Selah)
5 Yo me acosté y me dormí;
  desperté, pues el Señor me sostiene.
6 No temeré a los diez millares de enemigos
  que se han puesto en derredor contra mí.

1. O, *Mesías* 2. Posiblemente, *Pausa, Crescendo,* o *Interludio*

7 ¡Levántate, Señor! ¡Sálvame, Dios mío!
Porque tú hieres a todos mis enemigos en la
mejilla;
rompes los dientes de los impíos.
8 La salvación es del Señor.
¡*Sea* sobre tu pueblo tu bendición!   (Selah)

SALMO 4

Para el director del coro; para instrumentos de
cuerda. Salmo de David.

1 Cuando clamo, respóndeme, oh Dios de mi
justicia.
En la angustia me has aliviado;
ten piedad de mí, escucha mi oración.
2 Hijos de hombres, ¿hasta cuándo *cambiaréis
mi* honra en deshonra?
¿*Hasta cuándo* amaréis la vanidad y buscaréis
la mentira?   (Selah)
3 Sabed, pues, que el Señor ha apartado al
piadoso para sí;
el Señor oye cuando a El clamo.
4 Temblad, y no pequéis;
meditad en vuestro corazón sobre vuestro
lecho, y callad.   (Selah)
5 Ofreced sacrificios de justicia,
y confiad en el Señor.
6 Muchos dicen: ¿Quién nos mostrará el bien?
¡Alza, oh Señor, sobre nosotros la luz de tu
rostro!
7 Alegría pusiste en mi corazón,
mayor que *la de ellos* cuando abundan su
grano y su mosto.
8 En paz me acostaré y así también dormiré;
porque sólo tú, Señor, me haces habitar
seguro.

SALMO 5

Para el director del coro; para acompañamiento
de flauta. Salmo de David.

1 Escucha mis palabras, oh Señor;
considera mi lamento.
2 Está atento a la voz de mi clamor, Rey mío y
Dios mío,
porque *es* a ti *a quien* oro.
3 Oh Señor, de mañana oirás mi voz;
de mañana presentaré *mi oración* a ti,
y *con ansias* esperaré.
4 Porque tú no eres un Dios que se complace
en la maldad;
el mal no mora contigo.
5 Los que se jactan no estarán delante de tus
ojos;
aborreces a todos los que hacen iniquidad.
6 Destruyes a los que hablan falsedad;
el Señor abomina al hombre sanguinario y
engañador.
7 Mas yo, por la abundancia de tu misericordia
entraré en tu casa;
me postraré en tu santo templo con
reverencia.
8 Señor, guíame en tu justicia por causa de
mis enemigos;
allana delante de mí tu camino.
9 Porque no hay sinceridad en lo que dicen;
destrucción son sus entrañas,
sepulcro abierto es su garganta;
con su lengua hablan lisonjas.

10 Tenlos por culpables, oh Dios;
¡que caigan por sus mismas intrigas!
Echalos fuera por la multitud de sus
transgresiones,
porque se rebelan contra ti.
11 Pero alégrense todos los que en ti se refugian;
para siempre canten con júbilo,
porque tú los proteges;
regocíjense en ti los que aman tu nombre.
12 Porque tú, oh Señor, bendices al justo,
como *con* un escudo lo rodeas de tu favor.

SALMO 6

Para el director del coro; con instrumentos de
cuerda, sobre una lira de ocho cuerdas. Salmo
de David.

1 Señor, no me reprendas en tu ira,
ni me castigues en tu furor.
2 Ten piedad de mí, Señor, pues languidezco;
sáname, Señor, porque mis huesos se
estremecen.
3 Mi alma también está muy angustiada;
y tú, oh Señor, ¿hasta cuándo?
4 Vuélvete, Señor, rescata mi alma[1];
sálvame por tu misericordia.
5 Porque no hay en la muerte memoria de ti;
en el Seol ¿quién te alabará?
6 Cansado estoy de mis gemidos;
todas las noches inundo *de llanto* mi lecho,
con mis lágrimas riego mi cama.
7 Se consumen de sufrir mis ojos;
han envejecido a causa de todos mis
adversarios.
8 Apartaos de mí, todos los que hacéis
iniquidad,
porque el Señor ha oído la voz de mi llanto.
9 El Señor ha escuchado mi súplica;
el Señor recibe mi oración.
10 Todos mis enemigos serán avergonzados y se
turbarán en gran manera;
se volverán, *y* de repente serán avergonzados.

SALMO 7

Sigaión[2] de David, que cantó al Señor acerca
de Cus, el Benjamita.

1 Oh Señor, Dios mío, en ti me refugio;
sálvame de todos los que me persiguen, y
líbrame,
2 no sea que *alguno* desgarre mi alma cual
león,
despedazándola sin que haya quien *me* libre.
3 Oh Señor, Dios mío, si yo he hecho esto,
si hay en mis manos injusticia,
4 si he pagado con el mal al que estaba en paz
conmigo,
o he despojado al que sin causa era mi
adversario,
5 que persiga el enemigo mi alma y *la* alcance;
que pisotee en tierra mi vida,
y eche en el polvo mi gloria.   (Selah)
6 Levántate, oh Señor, en tu ira;
álzate contra la furia de mis adversarios,
y despiértate en favor mío; tú has establecido
juicio.
7 Que te rodee la asamblea de los pueblos,
y tú en lo alto regresa sobre ella.
8 El Señor juzga a los pueblos;

1. O, *vida* 2. I.e., Ditirambo, canto vehemente

355   SALMO 10

a la integridad que hay en mí.

9 Acabe la maldad de los impíos, mas establece
tú al justo,
pues el Dios justo prueba los corazones y las
mentes[1].

10 Mi escudo está en Dios,
que salva a los rectos de corazón.

11 Dios es juez justo,
y un Dios que se indigna cada día *contra el
impío*.

12 Y si *el impío* no se arrepiente, El afilará su
espada;
tensado y preparado está su arco.

13 Ha preparado también sus armas de muerte;
hace de sus flechas saetas ardientes.

14 He aquí, con la maldad sufre dolores,
y concibe la iniquidad y da a luz el engaño.

15 Ha cavado una fosa y la ha ahondado,
y ha caído en el hoyo que hizo.

16 Su iniquidad volverá sobre su cabeza,
y su violencia descenderá sobre su coronilla.

17 Daré gracias al Señor conforme a su justicia,
y cantaré alabanzas al nombre del Señor, el
Altísimo.

SALMO 8

Para el director del coro; sobre Gitit.
Salmo de David.

1 ¡Oh Señor, Señor nuestro,
cuán glorioso es tu nombre en toda la tierra,
que has desplegado tu gloria sobre los cielos!

2 Por boca de los infantes y de los niños de
pecho has establecido *tu* fortaleza,
por causa de tus adversarios,
para hacer cesar al enemigo y al vengativo.

3 Cuando veo tus cielos, obra de tus dedos,
la luna y las estrellas que tú has establecido,

4 *digo:* ¿Qué es el hombre para que de él te
acuerdes,
y el hijo del hombre para que lo cuides?

5 ¡Sin embargo, lo has hecho un poco menor
que los ángeles,
y lo coronas de gloria y majestad!

6 Tú le haces señorear sobre las obras de tus
manos;
todo lo has puesto bajo sus pies:

7 ovejas y bueyes, todos ellos,
y también las bestias del campo,

8 las aves de los cielos y los peces del mar,
cuanto atraviesa las sendas de los mares.

9 ¡Oh Señor, Señor nuestro,
cuán glorioso es tu nombre en toda la tierra!

SALMO 9

Para el director del coro; sobre Mut-laben.
Salmo de David.

1 Alabaré al Señor con todo mi corazón.
Todas tus maravillas contaré;

2 en ti me alegraré y me regocijaré;
cantaré alabanzas a tu nombre, oh Altísimo.

3 Cuando mis enemigos retroceden,
tropiezan y perecen delante de ti.

4 Porque tú has mantenido mi derecho y mi
causa;
te sientas en el trono juzgando con justicia.

5 Has reprendido a las naciones, has destruido
al impío,
has borrado su nombre para siempre jamás.

6 El enemigo ha llegado a *su* fin en desolación
eterna,
y tú has destruido *sus* ciudades;
su recuerdo ha perecido con ellas.

7 Pero el Señor permanece para siempre;
ha establecido su trono para juicio,

8 y juzgará al mundo con justicia,
con equidad ejecutará juicio sobre los
pueblos.

9 Será también el Señor baluarte para el
oprimido,
baluarte en tiempos de angustia.

10 En ti pondrán su confianza los que conocen
tu nombre,
porque tú, oh Señor, no abandonas a los que
te buscan.

11 Cantad alabanzas al Señor, que mora en
Sion;
proclamad entre los pueblos sus proezas.

12 Porque el que pide cuentas de la sangre
derramada, se acuerda de ellos;
no olvida el clamor de los afligidos.

13 Oh Señor, ten piedad de mí;
mira mi aflicción *por causa* de los que me
aborrecen,
tú que me levantas de las puertas de la
muerte;

14 para que yo cuente todas tus alabanzas,
para que en las puertas de la hija de Sion
me regocije en tu salvación.

15 Las naciones se han hundido en el foso que
hicieron;
en la red que escondieron, quedó prendido su
pie.

16 El Señor se ha dado a conocer;
ha ejecutado juicio.
El impío es atrapado en la obra de sus
manos.   (Higaion[2] Selah)

17 Los impíos volverán al Seol,
todas las naciones que se olvidan de Dios.

18 Pues el necesitado no será olvidado para
siempre,
ni la esperanza de los afligidos perecerá
eternamente.

19 Levántate, oh Señor; no prevalezca el
hombre;
sean juzgadas las naciones delante de ti.

20 Pon temor en ellas, oh Señor;
aprendan las naciones que no son sino
hombres.   (Selah)

SALMO 10

1 ¿Por qué, oh Señor, te mantienes alejado,
y te escondes en tiempos de tribulación?

2 Con arrogancia el impío acosa al afligido;
¡que sea atrapado en las trampas que ha
urdido!

3 Porque del deseo de su corazón se jacta el
impío,
y el codicioso maldice *y* desprecia al Señor.

4 El impío, en la altivez de su rostro, no busca
a Dios.
Todo su pensamiento es: No hay Dios.

5 Sus caminos prosperan en todo tiempo;

---

1. Lit., *los riñones;* i.e., el hombre interior 2. Posiblemente, *Música resonante,* o *Meditación*

tus juicios, *oh Dios,* están en lo alto, lejos de
su vista;
a todos sus adversarios los desprecia.

6 Dice en su corazón: No hay quien me mueva;
por todas las generaciones no sufriré
adversidad.

7 Llena está su boca de blasfemia, engaño y
opresión;
bajo su lengua hay malicia e iniquidad.

8 Se sienta al acecho en las aldeas,
en los escondrijos mata al inocente;
sus ojos espían al desvalido.

9 Acecha en el escondrijo como león en su
guarida;
acecha para atrapar al afligido,
y atrapa al afligido arrastrándolo a su red.

10 Se agazapa, se encoge,
y los desdichados caen en sus garras.

11 Dice en su corazón: Dios se ha olvidado;
ha escondido su rostro; no *lo* verá jamás.

12 Levántate, oh Señor; alza, oh Dios, tu mano.
No te olvides de los pobres.

13 ¿Por qué ha despreciado el impío a Dios?
Ha dicho en su corazón: Tú no *lo* requerirás.

14 Tú *lo* has visto, porque has contemplado la
malicia y la vejación, para hacer justicia
con tu mano.
A ti se acoge el desvalido;
tú has sido amparo del huérfano.

15 Quiebra tú el brazo del impío y del malvado;
persigue su maldad *hasta que* desaparezca.

16 El Señor es Rey eternamente y para
siempre;
las naciones han perecido de su tierra.

17 Oh Señor, tú has oído el deseo de los
humildes;
tú fortalecerás su corazón *e* inclinarás tu oído

18 para vindicar al huérfano y al afligido;
para que no vuelva a causar terror el hombre
de la tierra.

SALMO 11

Para el director del coro. *Salmo* de David.

1 En el Señor me refugio;
¿cómo decís a mi alma: Huye *cual* ave a tu
monte?

2 Porque, he aquí, los impíos tensan el arco,
preparan su saeta sobre la cuerda
para flechar en lo oscuro a los rectos de
corazón.

3 Si los fundamentos son destruidos;
¿qué puede hacer el justo?

4 El Señor está en su santo templo, el trono
del Señor está en los cielos;
sus ojos contemplan, sus párpados examinan
a los hijos de los hombres.

5 El Señor prueba al justo y al impío,
y su alma aborrece al que ama la violencia.

6 Sobre los impíos hará llover carbones
encendidos[1];
fuego, azufre y viento abrasador será la
porción de su copa.

7 Pues el Señor es justo; Él ama la justicia;
los rectos contemplarán su rostro.

SALMO 12

Para el director del coro; sobre una lira de ocho
cuerdas. Salmo de David.

1 Salva, Señor, porque el piadoso deja de ser;
porque los fieles desaparecen de entre los
hijos de los hombres.

2 Falsedad habla cada uno a su prójimo;
hablan con labios lisonjeros y con doblez de
corazón.

3 Corte el Señor todo labio lisonjero,
la lengua que habla con exageración;

4 *a los* que han dicho: Con nuestra lengua
prevaleceremos,
nuestros labios nos defienden; ¿quién es
señor sobre nosotros?

5 Por la desolación del afligido, por los
gemidos del menesteroso,
me levantaré ahora, dice el Señor; lo pondré
en la seguridad que anhela.

6 Las palabras del Señor son palabras puras,
plata probada en un crisol en la tierra, siete
veces refinada.

7 Tú, Señor, los guardarás;
de esta generación los preservarás para
siempre.

8 En torno se pasean los impíos,
cuando la vileza[2] es exaltada entre los hijos
de los hombres.

SALMO 13

Para el director del coro. Salmo de David.

1 ¿Hasta cuándo, oh Señor? ¿Me olvidarás para
siempre?
¿Hasta cuándo esconderás de mí tu rostro?

2 ¿Hasta cuándo he de tomar consejo en mi
alma,
teniendo pesar en mi corazón todo el día?
¿Hasta cuándo mi enemigo se enaltecerá sobre
mí?

3 Considera *y* respóndeme, oh Señor, Dios
mío;
ilumina mis ojos, no sea que duerma *el sueño
de* la muerte;

4 no sea que mi enemigo diga: Lo he vencido;
y mis adversarios se regocijen cuando yo sea
sacudido.

5 Mas yo en tu misericordia he confiado;
mi corazón se regocijará en tu salvación.

6 Cantaré al Señor,
porque me ha colmado de bienes.

SALMO 14

Para el director del coro. *Salmo* de David.

1 El necio ha dicho en su corazón: No hay
Dios.
Se han corrompido, han cometido hechos
abominables;
no hay quien haga el bien.

2 El Señor ha mirado desde los cielos sobre los
hijos de los hombres
para ver si hay alguno que entienda,
alguno que busque a Dios.

3 Todos se han desviado, a una se han
corrompido;
no hay quien haga el bien, no hay ni siquiera
uno.

---

1. O, *trampas*　2. O, *frivolidad,* o, *lo inútil*

4 ¿No tienen conocimiento todos los que hacen
  iniquidad,
  que devoran a mi pueblo *como si* comieran
  pan,
  y no invocan al Señor?
5 Allí tiemblan de espanto,
  pues Dios está con la generación justa.
6 Del consejo del afligido os burlaríais,
  pero el Señor es su refugio.
7 ¡Oh, si de Sion saliera la salvación de Israel!
  Cuando el Señor restaure a su pueblo
  cautivo,
  se regocijará Jacob *y* se alegrará Israel.

SALMO 15

Salmo de David.

1 Señor, ¿quién habitará en tu tabernáculo?
  ¿Quién morará en tu santo monte?
2 El que anda en integridad y obra justicia,
  que habla verdad en su corazón.
3 *El que* no calumnia con su lengua,
  no hace mal a su prójimo,
  ni toma reproche contra su amigo;
4 en cuyos ojos el perverso es menospreciado,
  pero honra a los que temen al Señor;
  el que aun jurando en perjuicio propio, no
  cambia;
5 *el que* su dinero no da a interés[1],
  ni acepta soborno contra el inocente.
  El que hace estas cosas permanecerá firme.

SALMO 16

Mictam[2] de David.

1 Protégeme, oh Dios, pues en ti me refugio.
2 Yo dije al Señor: Tú eres mi Señor;
  ningún bien tengo fuera de ti.
3 En cuanto a los santos que están en la tierra,
  ellos son los nobles en quienes está toda mi
  delicia.
4 Se multiplicarán las aflicciones de aquellos
  que han corrido tras otro *dios*;
  no derramaré yo sus libaciones de sangre,
  ni sus nombres pronunciarán mis labios.
5 El Señor es la porción de mi herencia y de
  mi copa;
  tú sustentas mi suerte.
6 Las cuerdas cayeron para mí en lugares
  agradables;
  en verdad mi herencia es hermosa para mí.
7 Bendeciré al Señor que me aconseja;
  en verdad, en las noches mi corazón me
  instruye.
8 Al Señor he puesto continuamente delante
  de mí;
  porque está a mi diestra, permaneceré firme.
9 Por tanto, mi corazón se alegra y mi alma se
  regocija;
  también mi carne morará segura,
10 pues tú no abandonarás mi alma en el Seol,
  ni permitirás a tu Santo ver corrupción.
11 Me darás a conocer la senda de la vida;
  en tu presencia hay plenitud de gozo;
  en tu diestra, deleites para siempre.

SALMO 17

Oración de David.

1 Oye, oh Señor, una causa justa; atiende a mi
  clamor;
  presta oído a mi oración, que no es de labios
  engañosos.
2 Que mi vindicación venga de tu presencia;
  que tus ojos vean con rectitud.
3 Tú has probado mi corazón,
  me has visitado de noche;
  me has puesto a prueba y nada hallaste;
  he resuelto que mi boca no peque.
4 En cuanto a las obras de los hombres, por la
  palabra de tus labios
  yo me he guardado de las sendas de los
  violentos.
5 Mis pasos se han mantenido firmes en tus
  senderos.
  No han resbalado mis pies.
6 Yo te he invocado, oh Dios, porque tú me
  responderás;
  inclina a mí tu oído, escucha mi palabra.
7 Muestra maravillosamente tu misericordia,
  tú que salvas a los que se refugian a tu
  diestra
  de los que se levantan *contra ellos*.
8 Guárdame como a la niña de tus ojos[3];
  escóndeme a la sombra de tus alas
9 de los impíos que me despojan,
  de mis enemigos mortales que me rodean.
10 Han cerrado su insensible *corazón*;
  hablan arrogantemente con su boca.
11 Ahora nos han cercado en nuestros pasos;
  fijan sus ojos para echar*nos* por tierra,
12 como león que ansía despedazar,
  como leoncillo que acecha en los escondrijos.
13 Levántate, Señor, sal a su encuentro,
  derríbalo;
  con tu espada libra mi alma del impío,
14 de los hombres, con tu mano, oh Señor,
  de los hombres del mundo, cuya porción está
  en *esta* vida,
  y cuyo vientre llenas llenas de tu tesoro;
  se llenan de hijos,
  y dejan lo que les sobra a sus pequeños.
15 En cuanto a mí, en justicia contemplaré tu
  rostro;
  al despertar, me saciaré cuando *contemple* tu
  imagen.

SALMO 18

Para el director del coro. *Salmo* de David,
siervo del Señor, el cual dirigió al Señor las
palabras de este cántico el día que el Señor lo
libró de la mano de todos sus enemigos, y de la
mano de Saúl. Y dijo:

1 Yo te amo, Señor, fortaleza mía.
2 El Señor es mi roca, mi baluarte y mi
  libertador;
  mi Dios, mi roca en quien me refugio;
  mi escudo y el cuerno de mi salvación, mi
  altura inexpugnable.
3 Invoco al Señor, que es digno de ser alabado,
  y soy salvo de mis enemigos.
4 Los lazos de la muerte me cercaron,
  y los torrentes de iniquidad me atemorizaron;

---

1. I.e., a un compatriota israelita (véase Ex. 22:25; Deut. 23:20)   2. Posiblemente, *Poema epigramático, Salmo de expiación*
3. Lit., *la pupila, la niña del ojo*

5 los lazos del Seol me rodearon;
  las redes de la muerte surgieron ante mí.
6 En mi angustia invoqué al Señor,
  y clamé a mi Dios;
  desde su templo oyó mi voz,
  y mi clamor delante de El llegó a sus oídos.
7 Entonces la tierra se estremeció y tembló;
  los cimientos de los montes temblaron
  y fueron sacudidos, porque El se indignó.
8 Humo subió de su nariz,
  y el fuego de su boca consumía;
  carbones fueron por él encendidos.
9 También inclinó los cielos, y descendió
  con densas tinieblas debajo de sus pies.
10 Cabalgó sobre un querubín, y voló;
   y raudo voló sobre las alas del viento.
11 De las tinieblas hizo su escondedero, su
   pabellón a su alrededor;
   tinieblas de las aguas, densos nubarrones.
12 Por el fulgor de su presencia se
   desvanecieron sus densas nubes
   en granizo y carbones encendidos.
13 El Señor también tronó en los cielos,
   y el Altísimo dio su voz:
   granizo y carbones encendidos.
14 Y envió sus saetas, y los dispersó,
   y muchos relámpagos, y los confundió.
15 Entonces apareció el lecho de las aguas,
   y los cimientos del mundo quedaron al
   descubierto
   a tu represión, oh Señor,
   al soplo del aliento de tu nariz.
16 Extendió *la mano* desde lo alto y me tomó;
   me sacó de las muchas aguas.
17 Me libró de mi poderoso enemigo,
   y de los que me aborrecían, pues eran más
   fuertes que yo.
18 Se enfrentaron a mí el día de mi infortunio,
   mas el Señor fue mi sostén.
19 También me sacó a un lugar espacioso;
   me rescató, porque se complació en mí.
20 El Señor me ha premiado conforme a mi
   justicia;
   conforme a la pureza de mis manos me ha
   recompensado.
21 Porque he guardado los caminos del Señor,
   y no me he apartado impíamente de mi Dios.
22 Pues todas sus ordenanzas *estaban* delante
   de mí,
   y no alejé de mí sus estatutos.
23 También fui íntegro para con El,
   y me guardé de mi iniquidad.
24 Por tanto el Señor me ha recompensado
   conforme a mi justicia,
   conforme a la pureza de mis manos delante
   de sus ojos.
25 Con el benigno te muestras benigno,
   con el íntegro te muestras íntegro.
26 Con el puro eres puro,
   y con el perverso eres sagaz.
27 Porque tú salvas al pueblo afligido,
   pero humillas los ojos altivos.
28 Tú enciendes mi lámpara, oh Señor;
   mi Dios que alumbra mis tinieblas.
29 Pues contigo aplastaré ejércitos,
   y con mi Dios escalaré murallas.
30 En cuanto a Dios, su camino es perfecto;
   acrisolada es la palabra del Señor;

El es escudo a todos los que a El se acogen.
31 Pues, ¿quién es Dios, fuera del Señor?
   ¿Y quién es roca, sino sólo nuestro Dios,
32 el Dios que me ciñe de poder,
   y ha hecho perfecto mi camino?
33 El hace mis pies como de ciervas,
   y me afirma en mis alturas.
34 El adiestra mis manos para la batalla,
   y mis brazos para tensar el arco de bronce.
35 Tú me has dado también el escudo de tu
   salvación;
   tu diestra me sostiene,
   y tu benevolencia me engrandece.
36 Ensanchas mis pasos debajo de mí,
   y mis pies no han resbalado.
37 Perseguí a mis enemigos y los alcancé;
   y no me volví hasta acabarlos.
38 Los destrocé y no pudieron levantarse;
   cayeron debajo de mis pies.
39 Pues tú me has ceñido con fuerza para la
   batalla;
   has subyugado debajo de mí a los que contra
   mí se levantaron.
40 También has hecho que mis enemigos me
   vuelvan las espaldas,
   y destruí a los que me odiaban.
41 Clamaron, mas no hubo quién *los* salvara;
   aun al Señor *clamaron*, mas no les
   respondió.
42 Entonces los desmenucé como polvo delante
   del viento;
   los arrojé como lodo de las calles.
43 Tú me has librado de las contiendas del
   pueblo;
   me has puesto por cabeza de las naciones;
   pueblo que yo no conocía me sirve.
44 Al oírme, me obedecen;
   los extranjeros me fingen obediencia.
45 Los extranjeros desfallecen,
   y salen temblando de sus fortalezas.
46 El Señor vive, bendita sea mi roca,
   y ensalzado sea el Dios de mi salvación,
47 el Dios que por mí ejecuta venganza,
   y subyuga pueblos debajo de mí;
48 el que me libra de mis enemigos.
   Ciertamente tú me exaltas sobre los que se
   levantan contra mí;
   me rescatas del hombre violento.
49 Por tanto, te alabaré, oh Señor, entre las
   naciones,
   y cantaré alabanzas a tu nombre.
50 Grandes victorias da El a su rey,
   y muestra misericordia a su ungido,
   a David y a su descendencia para siempre.

SALMO 19

Para el director del coro. Salmo de David.

1 Los cielos proclaman la gloria de Dios,
  y la expansión anuncia la obra de sus manos.
2 *Un* día transmite el mensaje al *otro* día,
  y *una* noche a *la otra* noche revela sabiduría.
3 No hay mensaje, no hay palabras;
  no se oye su voz.
4 *Mas* por toda la tierra salió su voz[1],
  y hasta los confines del mundo sus palabras.
  En ellos puso una tienda para el sol,
5 y éste, como un esposo que sale de su alcoba,

---
1. Otra posible lectura es: *su hilo*

se regocija cual hombre fuerte al correr su
carrera.

6 De un extremo de los cielos es su salida,
y su curso hasta el otro extremo de ellos;
y nada hay que se esconda de su calor.

7 La ley del SEÑOR es perfecta, que restaura el
alma;
el testimonio del SEÑOR es seguro, que hace
sabio al sencillo.

8 Los preceptos del SEÑOR son rectos, que
alegran el corazón;
el mandamiento del SEÑOR es puro, que
alumbra los ojos.

9 El temor del SEÑOR es limpio, que permanece
para siempre;
los juicios del SEÑOR son verdaderos, todos
ellos justos;

10 deseables más que el oro; sí, *más* que mucho
oro fino,
más dulces que la miel y que el destilar del
panal.

11 Además, tu siervo es amonestado por ellos;
en guardarlos hay gran recompensa.

12 ¿Quién puede discernir *sus propios* errores?
Absuélveme de los *que me son* ocultos.

13 Guarda también a tu siervo *de pecados* de
soberbia;
que no se enseñoreen de mí.
Entonces seré íntegro,
y seré absuelto de gran transgresión.

14 Sean gratas las palabras de mi boca y la
meditación de mi corazón delante de ti,
oh SEÑOR, roca mía y redentor mío.

SALMO 20

Para el director del coro. Salmo de David.

1 Que el SEÑOR te responda en el día de la
angustia.
Que el nombre del Dios de Jacob te ponga en
alto.

2 Que desde el santuario te envíe ayuda,
y desde Sion te sostenga.

3 Que se acuerde de todas tus ofrendas,
y halle aceptable tu holocausto.   (Selah)

4 Que te conceda el deseo de tu corazón,
y cumpla todos tus anhelos[1].

5 Nosotros cantaremos con gozo por tu
victoria,
y en el nombre de nuestro Dios alzaremos
bandera.
Que el SEÑOR cumpla todas tus peticiones.

6 Ahora sé que el SEÑOR salva a su ungido;
le responderá desde su santo cielo,
con la potencia salvadora de su diestra.

7 Algunos *confían* en carros, y otros en
caballos;
mas nosotros en el nombre del SEÑOR nuestro
Dios confiaremos.

8 Ellos se doblegaron y cayeron;
pero nosotros nos hemos levantado y nos
mantenemos en pie.

9 ¡Salva, oh SEÑOR!
Que el Rey nos responda el día que
clamemos.

SALMO 21

Para el director del coro. Salmo de David.

1 Oh SEÑOR, en tu fortaleza se alegrará el rey,
¡y cuánto se regocijará en tu salvación!

2 Tú le has dado el deseo de su corazón,
y no le has negado la petición de sus labios.
(Selah)

3 Porque le sales al encuentro con bendiciones
de bien;
corona de oro fino colocas en su cabeza.

4 Vida te pidió *y* tú se la diste,
largura de días eternamente y para siempre.

5 Grande es su gloria por tu salvación,
esplendor y majestad has puesto sobre él.

6 Pues le haces bienaventurado para siempre;
con tu presencia le deleitas con alegría.

7 Porque el rey confía en el SEÑOR,
y por la misericordia del Altísimo no será
conmovido.

8 Hallará tu mano a todos tus enemigos;
tu diestra hallará a aquellos que te odian.

9 Los harás como horno de fuego en el tiempo
de tu enojo;
el SEÑOR en su ira los devorará,
y fuego los consumirá.

10 Su descendencia destruirás de *la faz de* la
tierra,
y sus descendientes de entre los hijos de los
hombres.

11 Aunque intentaron el mal contra ti,
y fraguaron una conspiración,
no prevalecerán;

12 pues tú los pondrás en fuga,
apuntarás a sus rostros con tu arco.

13 Engrandécete, oh SEÑOR, en tu poder;
cantaremos y alabaremos tu poderío.

SALMO 22

Para el director del coro; sobre ajelet-hasahar[2].
Salmo de David.

1 Dios mío, Dios mío, ¿por qué me has
abandonado?
¿*Por qué estás tan* lejos de mi salvación *y* de
las palabras de mi clamor?

2 Dios mío, de día clamo y no respondes;
y de noche, pero no hay para mí reposo.

3 Sin embargo, tú eres santo,
que habitas entre las alabanzas de Israel.

4 En ti confiaron nuestros padres;
confiaron, y tú los libraste.

5 A ti clamaron, y fueron librados;
en ti confiaron, y no fueron decepcionados.

6 Pero yo soy gusano, y no hombre;
oprobio de los hombres, y despreciado del
pueblo.

7 Todos los que me ven, de mí se burlan;
hacen muecas[3] con los labios, menean la
cabeza, *diciendo*:

8 Que se encomiende[4] al SEÑOR; que El lo libre,
que El lo rescate, puesto que en El se deleita.

9 Porque tú me sacaste del seno *materno*;
me hiciste confiar desde los pechos de mi
madre.

10 A ti fui entregado desde mi nacimiento;
desde el vientre de mi madre tú eres mi Dios.

11 No estés lejos de mí, porque la angustia está
cerca,

---

1. O, *propósitos*   2. Lit., *la cierva de la aurora*   3. Lit., *abren*   4. Otra posible lectura es: *Encomiénda*te

pues no hay quien ayude.
12 Muchos toros me han rodeado;
 toros fuertes de Basán me han cercado.
13 Ávidos abren su boca contra mí,
 como un león rapaz y rugiente.
14 Soy derramado como agua,
 y todos mis huesos están descoyuntados;
 mi corazón es como cera;
 se derrite en medio de mis entrañas.
15 Como un tiesto se ha secado mi vigor,
 y la lengua se me pega al paladar,
 y me has puesto en el polvo de la muerte.
16 Porque perros me han rodeado;
 me ha cercado cuadrilla de malhechores;
 me horadaron las manos y los pies.
17 Puedo contar todos mis huesos.
 Ellos me miran, me observan;
18 reparten mis vestidos entre sí,
 y sobre mi ropa echan suertes.
19 Pero tú, oh Señor, no estés lejos;
 fuerza mía, apresúrate a socorrerme.
20 Libra mi alma de la espada,
 mi única *vida* de las garras del perro.
21 Sálvame de la boca del león
 y de los cuernos de los búfalos; respóndeme.
22 Hablaré de tu nombre a mis hermanos;
 en medio de la congregación te alabaré.
23 Los que teméis al Señor, alabadle;
 descendencia toda de Jacob, glorificadle,
 temedle, descendencia toda de Israel.
24 Porque El no ha despreciado ni aborrecido la
 aflicción del angustiado,
 ni le ha escondido su rostro;
 sino que cuando clamó al Señor, *lo* escuchó.
25 De ti *viene* mi alabanza en la gran
 congregación;
 mis votos cumpliré delante de los que le
 temen.
26 Los pobres comerán y se saciarán;
 los que buscan al Señor, le alabarán.
 ¡Viva vuestro corazón para siempre!
27 Todos los términos de la tierra se acordarán
 y se volverán al Señor,
 y todas las familias de las naciones adorarán
 delante de ti.
28 Porque del Señor es el reino,
 y El gobierna las naciones.
29 Todos los grandes de la tierra comerán y
 adorarán;
 se postrarán ante El todos los que descienden
 al polvo,
 aun aquel que no puede conservar viva su
 alma.
30 La posteridad le servirá;
 esto se dirá del Señor hasta la generación
 venidera.
31 Vendrán y anunciarán su justicia;
 a un pueblo por nacer, *anunciarán* que El ha
 hecho *esto*.

SALMO 23

Salmo de David.

1 El Señor es mi pastor,
 nada me faltará.
2 En *lugares de* verdes pastos me hace
 descansar;
 junto a aguas de reposo me conduce.
3 El restaura mi alma;
 me guía por senderos de justicia

por amor de su nombre.
4 Aunque pase por el valle de sombra de
 muerte,
 no temeré mal alguno, porque tú estás
 conmigo;
 tu vara y tu cayado me infunden aliento.
5 Tú preparas mesa delante de mí en presencia
 de mis enemigos;
 has ungido mi cabeza con aceite;
 mi copa está rebosando.
6 Ciertamente el bien y la misericordia me
 seguirán todos los días de mi vida,
 y en la casa del Señor moraré por largos
 días.

SALMO 24

Salmo de David.

1 Del Señor es la tierra y todo lo que hay en
 ella;
 el mundo y los que en él habitan.
2 Porque El la fundó sobre los mares,
 y la asentó sobre los ríos.
3 ¿Quién subirá al monte del Señor?
 ¿Y quién podrá estar en su lugar santo?
4 El de manos limpias y corazón puro;
 el que no ha alzado su alma a la falsedad,
 ni jurado con engaño.
5 Ese recibirá bendición del Señor,
 y justicia del Dios de su salvación.
6 Tal es la generación de los que le buscan,
 de los que buscan tu rostro, *como* Jacob.
(Selah)
7 Alzad, oh puertas, vuestras cabezas,
 alzaos vosotras, puertas eternas,
 para que entre el Rey de la gloria.
8 ¿Quién es este Rey de la gloria?
 El Señor, fuerte y poderoso;
 el Señor, poderoso en batalla.
9 Alzad, oh puertas, vuestras cabezas,
 alzad*las*, puertas eternas,
 para que entre el Rey de la gloria.
10 ¿Quién es este Rey de la gloria?
 El Señor de los ejércitos,
 El es el Rey de la gloria.   (Selah)

SALMO 25

Salmo de David.

1 A ti, oh Señor, elevo mi alma.
2 Dios mío, en ti confío;
 no sea yo avergonzado,
 que no se regocijen sobre mí mis enemigos.
3 Ciertamente ninguno de los que esperan en ti
 será avergonzado;
 sean avergonzados los que sin causa se
 rebelan.
4 Señor, muéstrame tus caminos,
 y enséñame tus sendas.
5 Guíame en tu verdad y enséñame,
 porque tú eres el Dios de mi salvación;
 en ti espero todo el día.
6 Acuérdate, oh Señor, de tu compasión y de
 tus misericordias,
 que son eternas.
7 No te acuerdes de los pecados de mi
 juventud ni de mis transgresiones;
 acuérdate de mí conforme a tu misericordia,
 por tu bondad, oh Señor.
8 Bueno y recto es el Señor;

por tanto, El muestra a los pecadores el
  camino.
9 Dirige a los humildes en la justicia,
  y enseña a los humildes su camino.
10 Todas las sendas del Señor son misericordia
  y verdad
  para aquellos que guardan su pacto y sus
    testimonios.
11 Oh Señor, por amor de tu nombre,
  perdona mi iniquidad, porque es grande.
12 ¿Quién es el hombre que teme al Señor?
  El le instruirá en el camino que debe escoger.
13 En prosperidad habitará su alma,
  y su descendencia poseerá la tierra.
14 Los secretos del Señor son para los que le
  temen,
  y El les dará a conocer su pacto.
15 De continuo están mis ojos hacia el Señor,
  porque El sacará mis pies de la red.
16 Vuélvete a mí y tenme piedad,
  porque estoy solitario y afligido.
17 Las angustias de mi corazón han aumentado;
  sácame de mis congojas.
18 Mira mi aflicción y mis trabajos,
  y perdona todos mis pecados.
19 Mira mis enemigos, que son muchos,
  y con odio violento me detestan.
20 Guarda mi alma y líbrame;
  no sea yo avergonzado, porque en ti me
    refugio.
21 La integridad y la rectitud me preserven,
  porque en ti espero.
22 Oh Dios, redime a Israel
  de todas sus angustias.

SALMO 26

Salmo de David.

1 Hazme justicia, oh Señor, porque yo en mi
  integridad he andado,
  y en el Señor he confiado sin titubear.
2 Examíname, oh Señor, y pruébame;
  escudriña mi mente y mi corazón.
3 Porque delante de mis ojos está tu
  misericordia,
  y en tu verdad he andado.
4 Con los falsos no me he sentado,
  ni con los hipócritas iré.
5 Aborrezco la reunión de los malhechores,
  y no me sentaré con los impíos.
6 Lavaré en inocencia mis manos,
  y andaré en torno a tu altar, oh Señor,
7 proclamando con voz de acción de gracias
  y contando todas tus maravillas.
8 Oh Señor, yo amo la habitación de tu casa,
  y el lugar donde habita tu gloria.
9 No juntes mi alma con pecadores,
  ni mi vida con hombres sanguinarios,
10 en cuyas manos hay ardides inicuos,
  y cuya diestra está llena de sobornos.
11 Mas yo en mi integridad andaré;
  redímeme, y ten piedad de mí.
12 Sobre tierra firme está mi pie;
  en las congregaciones bendeciré al Señor.

SALMO 27

Salmo de David.

1 El Señor es mi luz y mi salvación;
  ¿a quién temeré?

El Señor es la fortaleza de mi vida;
  ¿de quién tendré temor?
2 Cuando para devorar mis carnes vinieron
  sobre mí los malhechores,
  mis adversarios y mis enemigos, ellos
    tropezaron y cayeron.
3 Aunque un ejército acampe contra mí,
  no temerá mi corazón;
  aunque en mi contra se levante guerra,
  a pesar de ello, estaré confiado.
4 Una cosa he pedido al Señor, *y* ésa buscaré:
  que habite yo en la casa del Señor todos los
    días de mi vida,
  para contemplar la hermosura del Señor,
  y para meditar en su templo.
5 Porque en el día de la angustia me esconderá
  en su tabernáculo;
  en lo secreto de su tienda me ocultará;
  sobre una roca me pondrá en alto.
6 Entonces será levantada mi cabeza sobre mis
  enemigos que me cercan;
  y en su tienda ofreceré sacrificios con voces
    de júbilo;
  cantaré, sí, cantaré alabanzas al Señor.
7 Escucha, oh Señor, mi voz cuando clamo;
  ten piedad de mí, y respóndeme.
8 *Cuando dijiste:* Buscad mi rostro, mi corazón
  te respondió:
  Tu rostro, Señor, buscaré.
9 No escondas tu rostro de mí;
  no rechaces con ira a tu siervo;
  tú has sido mi ayuda.
  No me abandones ni me desampares,
  oh Dios de mi salvación.
10 Porque *aunque* mi padre y mi madre me
  hayan abandonado,
  el Señor me recogerá.
11 Señor, enséñame tu camino,
  y guíame por senda llana
  por causa de mis enemigos.
12 No me entregues a la voluntad de mis
  adversarios;
  porque testigos falsos se han levantado
    contra mí,
  y los que respiran violencia.
13 *Hubiera yo desmayado,* si no hubiera creído
  que había de ver la bondad del Señor
  en la tierra de los vivientes.
14 Espera al Señor;
  esfuérzate y aliéntese tu corazón.
  Sí, espera al Señor.

SALMO 28

Salmo de David.

1 A ti clamo, oh Señor;
  roca mía, no seas sordo para conmigo,
  no sea que si guardas silencio hacia mí,
  venga a ser semejante a los que descienden a
    la fosa.
2 Escucha la voz de mis súplicas cuando a ti
  pido auxilio;
  cuando levanto mis manos hacia el lugar
    santísimo de tu santuario.
3 No me arrastres con los impíos
  ni con los que obran iniquidad,
  que hablan de paz con su prójimo,
  mientras hay maldad en su corazón.
4 Dales conforme a su obra y según la maldad
  de sus hechos;

dales conforme a la obra de sus manos;
págales su merecido.

5 Porque no tienen en cuenta los hechos del
Señor
ni la obra de sus manos,
El los derribará y no los edificará.

6 Bendito sea el Señor,
porque ha oído la voz de mis súplicas.

7 El Señor es mi fuerza y mi escudo;
en El confía mi corazón, y soy socorrido;
por tanto, mi corazón se regocija,
y le daré gracias con mi cántico.

8 El Señor es la fuerza de su pueblo,
y El es defensa salvadora de su ungido.

9 Salva a tu pueblo y bendice a tu heredad,
pastoréalos y llévalos para siempre.

SALMO 29

Salmo de David.

1 Tributad al Señor, oh hijos de los poderosos,
tributad al Señor gloria y poder.

2 Tributad al Señor la gloria debida a su
nombre;
adorad al Señor en la majestad de la
santidad.

3 Voz del Señor sobre las aguas.
El Dios de gloria truena,
el Señor está sobre las muchas aguas.

4 La voz del Señor es poderosa,
la voz del Señor es majestuosa.

5 La voz del Señor rompe los cedros;
sí, el Señor hace pedazos los cedros del
Líbano;

6 y como becerro hace saltar al Líbano;
y al Sirión como cría de búfalo.

7 La voz del Señor levanta llamas de fuego.

8 La voz del Señor hace temblar el desierto;
el Señor hace temblar el desierto de Cades.

9 La voz del Señor hace parir a las ciervas,
y deja los bosques desnudos,
y en su templo todo dice: ¡Gloria!

10 El Señor se sentó *como rey* cuando el
diluvio;
sí, como rey se sienta el Señor para siempre.

11 El Señor dará fuerza a su pueblo;
el Señor bendecirá a su pueblo con paz.

SALMO 30

Salmo. Cántico para la dedicación de la Casa.
Salmo de David.

1 Te ensalzaré, oh Señor, porque me has
elevado,
y no has permitido que mis enemigos se rían
de mí.

2 Oh Señor, Dios mío,
a ti pedí auxilio y me sanaste.

3 Oh Señor, has sacado mi alma del Seol;
me has guardado con vida, para que no
descienda al sepulcro.

4 Cantad alabanzas al Señor, vosotros sus
santos,
y alabad su santo nombre.

5 Porque su ira es sólo por un momento,
pero su favor es por toda una vida;
el llanto puede durar toda la noche,
pero a la mañana *vendrá* el grito de alegría.

6 Y en mi prosperidad yo dije:
Jamás seré conmovido.

7 Oh Señor, con tu favor has hecho que mi
monte permanezca fuerte;
tú escondiste tu rostro, fui conturbado.

8 A ti, oh Señor, clamé,
y al Señor dirigí mi súplica:

9 ¿Qué provecho hay en mi sangre si desciendo
al sepulcro?
¿*Acaso* te alabará el polvo? ¿Anunciará tu
fidelidad?

10 Escucha, oh Señor, y ten piedad de mí;
oh Señor, sé tú mi socorro.

11 Tú has cambiado mi lamento en danza;
has desatado mi cilicio y me has ceñido de
alegría;

12 para que *mi* alma te cante alabanzas y no
esté callada.
Oh Señor, Dios mío, te alabaré por siempre.

SALMO 31

Para el director del coro. Salmo de David.

1 En ti, oh Señor, me refugio;
jamás sea yo avergonzado;
líbrame en tu justicia.

2 Inclina a mí tu oído, rescátame pronto;
sé para mí roca fuerte,
fortaleza para salvarme.

3 Porque tú eres mi roca y mi fortaleza,
y por amor de tu nombre me conducirás y
me guiarás.

4 Me sacarás de la red que en secreto me han
tendido;
porque tú eres mi refugio.

5 En tu mano encomiendo mi espíritu;
tú me has redimido, oh Señor, Dios de
verdad.

6 Aborrezco a los que confían en ídolos vanos;
mas yo confío en el Señor.

7 Me gozaré y me alegraré en tu misericordia,
porque tú has visto mi aflicción;
has conocido las angustias de mi alma,

8 y no me has entregado en manos del
enemigo;
tú has puesto mis pies en lugar espacioso.

9 Ten piedad de mí, oh Señor, porque estoy en
angustia;
se consumen de sufrir mis ojos, mi alma y
mis entrañas.

10 Pues mi vida se gasta en tristeza,
y mis años en suspiros;
mis fuerzas se agotan a causa de mi
iniquidad,
y se ha consumido mi cuerpo.

11 A causa de todos mis adversarios, he llegado
a ser objeto de oprobio,
especialmente para mis vecinos,
y causa de espanto para mis conocidos;
los que me ven en la calle huyen de mí.

12 Como un muerto soy olvidado, sin ser
recordado,
soy semejante a un vaso roto.

13 Porque he oído la calumnia de muchos,
el terror está por todas partes;
mientras traman juntos contra mí,
planean quitarme la vida.

14 Pero yo, oh Señor, en ti confío;
digo: Tú eres mi Dios.

15 En tu mano están mis años;
líbrame de la mano de mis enemigos, y de los
que me persiguen.

16 Haz resplandecer tu rostro sobre tu siervo;
   sálvame en tu misericordia.
17 Oh Señor, no sea yo avergonzado, porque a
   ti clamo;
   sean avergonzados los impíos; que
   desciendan en silencio al Seol.
18 Enmudezcan los labios mentirosos,
   que arrogantes hablan contra el justo
   con soberbia y desprecio.
19 ¡Cuán grande es tu bondad,
   que has guardado para los que te temen,
   que has obrado para los que en ti se refugian,
   delante de los hijos de los hombres!
20 De las conspiraciones de los hombres tú los
   escondes en lo secreto de tu presencia;
   en un refugio los pondrás a cubierto de los
   enredos de las lenguas.
21 Bendito sea el Señor,
   porque ha hecho maravillosa su misericordia
   para mí en ciudad asediada.
22 Y yo alarmado, decía:
   ¡Cortado soy de delante de tus ojos!
   Empero tú oíste la voz de mis súplicas
   cuando a ti clamaba.
23 ¡Amad al Señor, todos sus santos!
   El Señor preserva a los fieles,
   y retribuye plenamente a los que obran con
   soberbia.
24 Esforzaos, y aliéntese vuestro corazón,
   todos vosotros que esperáis en el Señor.

SALMO 32

Salmo de David. Masquil[1].

1 ¡Cuán bienaventurado es aquel cuya
   transgresión es perdonada,
   cuyo pecado es cubierto!
2 ¡Cuán bienaventurado es el hombre a quien el
   Señor no culpa de iniquidad,
   y en cuyo espíritu no hay engaño!
3 Mientras callé *mi pecado*, mi cuerpo se
   consumió
   con mi gemir durante todo el día.
4 Porque día y noche tu mano pesaba sobre mí;
   mi vitalidad se desvanecía con el calor del
   verano.   (Selah)
5 Te manifesté mi pecado,
   y no encubrí mi iniquidad.
   Dije: Confesaré mis transgresiones al Señor;
   y tú perdonaste la culpa de mi pecado.
                                        (Selah)
6 Por eso, que todo santo ore a ti en el tiempo
   en que puedas ser hallado;
   ciertamente, en la inundación de muchas
   aguas, no llegarán *éstas* a él.
7 Tú eres mi escondedero; de la angustia me
   preservarás;
   con cánticos de liberación me rodearás.
                                        (Selah)
8 Yo te haré saber y te enseñaré el camino en
   que debes andar;
   te aconsejaré con mis ojos *puestos* en ti.
9 No seáis como el caballo o como el mulo, que
   no tienen entendimiento;
   cuyos arreos incluyen bocado y freno para
   sujetarlos,
   porque si no, no se acercan a ti.
10 Muchos son los dolores del impío,

pero al que confía en el Señor, la
   misericordia lo rodeará.
11 Alegraos en el Señor y regocijaos, justos;
   dad voces de júbilo, todos los rectos de
   corazón.

SALMO 33

1 Cantad de júbilo en el Señor, oh justos;
   apropiada es para los rectos la alabanza.
2 Dad gracias al Señor con la lira;
   cantadle alabanzas con el arpa de diez
   cuerdas.
3 Cantadle cántico nuevo;
   tañed con arte, con voz de júbilo.
4 Porque la palabra del Señor es recta;
   y toda su obra es *hecha* con fidelidad.
5 El ama la justicia y el derecho;
   llena está la tierra de la misericordia del
   Señor.
6 Por la palabra del Señor fueron hechos los
   cielos,
   y todo su ejército por el aliento de su boca.
7 El junta las aguas del mar como un montón;
   pone en almacenes los abismos.
8 Tema al Señor toda la tierra;
   tiemblen en su presencia todos los habitantes
   del mundo.
9 Porque El habló, y fue hecho;
   El mandó, y *todo* se confirmó.
10 El Señor hace nulo el consejo de las
   naciones;
   frustra los designios de los pueblos.
11 El consejo del Señor permanece para
   siempre,
   los designios de su corazón de generación en
   generación.
12 Bienaventurada la nación cuyo Dios es el
   Señor,
   el pueblo que El ha escogido como herencia
   para sí.
13 El Señor mira desde los cielos;
   El ve a todos los hijos de los hombres.
14 Desde el lugar de su morada El observa
   a todos los habitantes de la tierra,
15 El, que modela el corazón de cada uno de
   ellos;
   El, que todas las obras de ellos entiende.
16 El rey no se salva por gran ejército;
   ni es librado el valiente por la mucha fuerza.
17 Falsa esperanza de victoria es el caballo,
   ni con su mucha fuerza puede librar.
18 He aquí, los ojos del Señor están sobre los
   que le temen,
   sobre los que esperan en su misericordia,
19 para librar su alma de la muerte,
   y conservarlos con vida en *tiempos de*
   hambre.
20 Nuestra alma espera al Señor;
   El es nuestra ayuda y nuestro escudo;
21 pues en El se regocija nuestro corazón,
   porque en su santo nombre hemos confiado.
22 Sea sobre nosotros tu misericordia, oh
   Señor,
   según hemos esperado en ti.

1. Posiblemente, *Salmo didáctico, o contemplativo*

SALMO 34

Salmo de David cuando se fingió loco delante de Abimelec, quien lo echó, y él se fue.

1 Bendeciré al Señor en todo tiempo;
  continuamente estará su alabanza en mi boca.

2 En el Señor se gloriará mi alma;
  lo oirán los humildes y se regocijarán.

3 Engrandeced al Señor conmigo,
  y exaltemos a una su nombre.

4 Busqué al Señor, y El me respondió,
  y me libró de todos mis temores.

5 *Los que* a El miraron, fueron iluminados;
  sus rostros jamás serán avergonzados.

6 Este pobre clamó, y el Señor le oyó,
  y lo salvó de todas sus angustias.

7 El ángel del Señor acampa alrededor de los que le temen,
  y los rescata.

8 Probad y ved que el Señor es bueno.
  ¡Cuán bienaventurado es el hombre que en El se refugia!

9 Temed al Señor, vosotros sus santos,
  pues nada les falta a aquellos que le temen.

10 Los leoncillos pasan necesidad y tienen hambre,
   mas los que buscan al Señor no carecerán de bien alguno.

11 Venid, hijos, escuchadme;
   os enseñaré el temor del Señor.

12 ¿Quién es el hombre que desea vida
   y quiere *muchos* días para ver el bien?

13 Guarda tu lengua del mal,
   y tus labios de hablar engaño.

14 Apártate del mal y haz el bien,
   busca la paz y síguela.

15 Los ojos del Señor están sobre los justos,
   y sus oídos *atentos* a su clamor.

16 El rostro del Señor está contra los que hacen mal,
   para cortar de la tierra su memoria.

17 Claman *los justos*, y el Señor *los* oye,
   y los libra de todas sus angustias.

18 Cercano está el Señor a los quebrantados de corazón,
   y salva a los abatidos de espíritu.

19 Muchas son las aflicciones del justo,
   pero de todas ellas lo libra el Señor.

20 El guarda todos sus huesos;
   ni uno de ellos es quebrantado.

21 La maldad dará muerte al impío,
   y los que aborrecen al justo serán condenados.

22 El Señor redime el alma de sus siervos;
   y no será condenado ninguno de los que en El se refugian.

SALMO 35

Salmo de David.

1 Combate, oh Señor, a los que me combaten;
  ataca a los que me atacan.

2 Echa mano del broquel y del escudo,
  y levántate en mi ayuda.

3 Empuña también la lanza y el hacha para enfrentarte a los que me persiguen;
  di a mi alma: Yo soy tu salvación.

4 Sean avergonzados y confundidos los que buscan mi vida;

sean puestos en fuga y humillados los que traman el mal contra mí.

5 Sean como paja delante del viento,
  con el ángel del Señor acosándo*los*.

6 Sea su camino tenebroso y resbaladizo,
  con el ángel del Señor persiguiéndolos.

7 Porque sin causa me tendieron su red;
  sin causa cavaron fosa para mi alma.

8 Que venga destrucción sobre él sin darse cuenta,
  y la red que él mismo tendió lo prenda,
  ¡que caiga en esa misma destrucción!

9 Y mi alma se regocijará en el Señor;
  en su salvación se gozará.

10 Dirán todos mis huesos: Señor, ¿quién como tú,
   que libras al afligido de aquel que es más fuerte que él,
   sí, al afligido y al necesitado de aquel que lo despoja?

11 Se levantan testigos malvados,
   y de lo que no sé me preguntan.

12 Me devuelven mal por bien
   para aflicción de mi alma.

13 Pero yo, cuando ellos estaban enfermos,
   vestía de cilicio;
   humillé mi alma con ayuno,
   y mi oración se repetía en mi pecho.

14 Como por mi amigo, como por mi hermano,
   andaba de aquí para allá;
   como el que está de duelo por la madre,
   enlutado me encorvaba.

15 Pero ellos se alegraron en mi tropiezo, y se reunieron;
   los agresores, a quienes no conocía, se juntaron contra mí;
   me despedazaban sin cesar.

16 Como bufones impíos en una fiesta,
   rechinaban sus dientes contra mí.

17 ¿Hasta cuándo, Señor, estarás mirando?
   Rescata mi alma de sus estragos,
   mi única *vida* de los leones.

18 En la gran congregación te daré gracias;
   entre mucha gente te alabaré.

19 No permitas que se regocijen a costa mía los que injustamente son mis enemigos,
   ni que guiñen el ojo con malicia los que sin causa me aborrecen.

20 Porque ellos no hablan paz,
   sino que piensan palabras engañosas contra los pacíficos de la tierra,

21 y abrieron bien grande su boca contra mí;
   dijeron: ¡Ajá, ajá, nuestros ojos lo han visto! -

22 Tú lo has visto, Señor, no calles;
   Señor, no estés lejos de mí.

23 Despierta y levántate para mi defensa
   y para mi causa, Dios mío y Señor mío.

24 Júzgame conforme a tu justicia, oh Señor, Dios mío;
   que no se rían de mí.

25 Que no digan en su corazón: ¡Ajá, lo que queríamos!
   Que no digan: ¡Lo hemos devorado!

26 Sean avergonzados y humillados a una los que se alegran de mi mal;
   cúbranse de vergüenza y deshonra los que se engrandecen contra mí.

27 Canten de júbilo y regocíjense los que favorecen mi vindicación;

y digan continuamente: Engrandecido sea el
Señor,
que se deleita en la paz de su siervo.
28 Y mi lengua hablará de tu justicia
y de tu alabanza todo el día.

SALMO 36

Para el director del coro. *Salmo* de David,
siervo del Señor.

1 La transgresión habla al impío dentro de su
corazón;
no hay temor de Dios delante de sus ojos.
2 Porque en sus propios ojos *la transgresión* le
engaña
en cuanto a descubrir su iniquidad *y*
aborrecer*la*.
3 Las palabras de su boca son iniquidad y
engaño;
ha dejado de ser sabio *y* de hacer el bien.
4 Planea la iniquidad en su cama;
se obstina en un camino que no es bueno;
no aborrece el mal.
5 Tu misericordia, oh Señor, se extiende hasta
los cielos,
tu fidelidad, hasta el firmamento.
6 Tu justicia es como los montes de Dios;
tus juicios son *como* profundo abismo.
Tú preservas, oh Señor, al hombre y al
animal.
7 ¡Cuán preciosa es, oh Dios, tu misericordia!
Por eso los hijos de los hombres se refugian a
la sombra de tus alas.
8 Se sacian de la abundancia de tu casa,
y les das a beber del río de tus delicias.
9 Porque en ti está la fuente de la vida;
en tu luz vemos la luz.
10 Continúa tu misericordia para con los que te
conocen,
y tu justicia para con los rectos de corazón.
11 Que no me alcance el pie del orgullo,
ni me mueva la mano de los impíos.
12 Allí han caído los que obran iniquidad;
han sido derribados y no se pueden levantar.

SALMO 37

Salmo de David.

1 No te irrites a causa de los malhechores;
no tengas envidia de los que practican la
iniquidad.
2 Porque como la hierba pronto se secarán,
y se marchitarán como la hierba verde.
3 Confía en el Señor, y haz el bien;
habita en la tierra, y cultiva la fidelidad.
4 Pon tu delicia en el Señor,
y El te dará las peticiones de tu corazón.
5 Encomienda al Señor tu camino,
confía en El, que El actuará;
6 hará resplandecer tu justicia como la luz,
y tu derecho como el mediodía.
7 Confía callado en el Señor y espérale con
paciencia;
no te irrites a causa del que prospera en su
camino,
por el hombre que lleva a cabo *sus* intrigas.
8 Deja la ira y abandona el furor;
no te irrites, sólo harías lo malo.
9 Porque los malhechores serán exterminados,

mas los que esperan en el Señor poseerán la
tierra.
10 Un poco más y no existirá el impío;
buscarás con cuidado su lugar, pero él no
estará *allí*.
11 Mas los humildes poseerán la tierra,
y se deleitarán en abundante prosperidad.
12 El impío trama contra el justo,
y contra él rechina sus dientes.
13 El Señor se ríe de él,
porque ve que su día se acerca.
14 Los impíos han sacado la espada y entesado
el arco,
para abatir al afligido y al necesitado,
para matar a los de recto proceder.
15 Su espada penetrará en su propio corazón,
y sus arcos serán quebrados.
16 Mejor es lo poco del justo
que la abundancia de muchos impíos.
17 Porque los brazos de los impíos serán
quebrados,
mas el Señor sostiene a los justos.
18 El Señor conoce los días de los íntegros,
y su herencia será perpetua.
19 No serán avergonzados en el tiempo malo,
y en días de hambre se saciarán.
20 Pero los impíos perecerán,
y los enemigos del Señor *serán* como la
hermosura[1] de los prados;
desaparecen, se desvanecen como el humo.
21 El impío pide prestado y no paga,
mas el justo es compasivo y da.
22 Porque los que son bendecidos por el Señor
poseerán la tierra,
pero los maldecidos por El serán
exterminados.
23 Por el Señor son ordenados los pasos del
hombre,
y el Señor se deleita en su camino.
24 Cuando caiga, no quedará derribado,
porque el Señor sostiene su mano.
25 Yo fui joven, y ya soy viejo,
y no he visto al justo desamparado,
ni a su descendencia mendigando pan.
26 Todo el día es compasivo y presta,
y su descendencia es para bendición.
27 Apártate del mal y haz el bien,
y tendrás morada para siempre.
28 Porque el Señor ama la justicia,
y no abandona a sus santos;
ellos son preservados para siempre,
pero la descendencia de los impíos será
exterminada.
29 Los justos poseerán la tierra,
y para siempre morarán en ella.
30 La boca del justo profiere sabiduría
y su lengua habla rectitud.
31 La ley de su Dios está en su corazón;
no vacilan sus pasos.
32 El impío acecha al justo
y procura matarlo.
33 El Señor no dejará al justo en sus manos,
ni permitirá que lo condenen cuando sea
juzgado.
34 Espera en el Señor y guarda su camino,
y El te exaltará para que poseas la tierra;
cuando los impíos sean exterminados, tú lo
verás.

---

1. I.e., las flores

35 He visto al impío, violento,
extenderse como frondoso árbol en su propio suelo.
36 Luego pasó, y he aquí, ya no estaba;
lo busqué, pero no se le halló.
37 Observa al que es íntegro, mira al que es recto;
porque el hombre de paz tendrá descendencia.
38 Pero los transgresores serán destruidos a una;
la posteridad de los impíos será exterminada.
39 Mas la salvación de los justos viene del SEÑOR;
El es su fortaleza en el tiempo de la angustia.
40 El SEÑOR los ayuda y los libra;
los libra de los impíos y los salva,
porque en El se refugian.

SALMO 38

Salmo de David. Para conmemorar.

1 SEÑOR, no me reprendas en tu enojo,
ni me castigues en tu furor.
2 Porque tus saetas se han clavado en mí,
y sobre mí ha descendido tu mano.
3 Nada hay sano en mi carne a causa de tu indignación;
en mis huesos no hay salud a causa de mi pecado.
4 Porque mis iniquidades han sobrepasado mi cabeza;
como pesada carga, pesan mucho para mí.
5 Mis llagas hieden y supuran.
A causa de mi necedad,
6 estoy encorvado y abatido en gran manera,
y ando sombrío todo el día.
7 Porque mis lomos están inflamados de fiebre,
y nada hay sano en mi carne.
8 Estoy entumecido y abatido en gran manera;
gimo a causa de la agitación de mi corazón.
9 Señor, todo mi anhelo está delante de ti,
y mi suspiro no te es oculto.
10 Palpita mi corazón, mis fuerzas me abandonan,
y aun la luz de mis ojos se ha ido de mí.
11 Mis amigos y mis compañeros se mantienen lejos de mi plaga,
y mis parientes se mantienen a distancia.
12 Los que buscan mi vida *me* tienden lazos;
los que procuran mi mal hablan *de mi* destrucción,
y traman traición todo el día.
13 Mas yo, como el sordo, no oigo;
soy como el mudo que no abre la boca.
14 Sí, soy como el hombre que no oye,
y en cuya boca no hay réplica.
15 Porque en ti espero, oh SEÑOR;
tú responderás, Señor, Dios mío.
16 Pues dije: Que no se alegren de mí
los que, cuando mi pie resbala, se engrandecen sobre mí.
17 Porque yo estoy a punto de caer,
y mi dolor está continuamente delante de mí.
18 Confieso, pues, mi iniquidad;
afligido estoy a causa de mi pecado.
19 Pero mis enemigos son vigorosos y fuertes;
muchos son los que sin causa me aborrecen.
20 Y los que pagan mal por bien
se me oponen, porque yo sigo lo bueno.

21 No me abandones, oh SEÑOR;
Dios mío, no estés lejos de mí.
22 Apresúrate a socorrerme,
oh Señor, salvación mía.

SALMO 39

Para el director del coro, para Jedutún. Salmo de David.

1 Yo dije: Guardaré mis caminos,
para no pecar con mi lengua;
guardaré mi boca como con mordaza,
mientras el impío esté en mi presencia.
2 Enmudecí y callé;
guardé silencio *aun acerca* de lo bueno,
y se agravó mi dolor.
3 Ardía mi corazón dentro de mí;
mientras meditaba, se encendió el fuego,
entonces dije con mi lengua:
4 SEÑOR, hazme saber mi fin,
y cuál es la medida de mis días,
para que yo sepa cuán efímero soy.
5 He aquí, tú has hecho mis días muy breves,
y mi existencia es como nada delante de ti;
ciertamente, todo hombre, aun en la plenitud de su vigor, es sólo un soplo. (Selah)
6 Sí, como una sombra anda el hombre;
ciertamente en vano se afana;
acumula *riquezas*, y no sabe quién las recogerá.
7 Y ahora, Señor, ¿qué espero?
En ti está mi esperanza.
8 Líbrame de todas mis transgresiones;
no me hagas la burla de los necios.
9 Mudo me he quedado, no abro la boca,
porque tú eres el que ha obrado.
10 Quita de mí tu plaga;
por la dureza de tu mano estoy pereciendo.
11 Con castigos corriges al hombre por *su* iniquidad;
como la polilla, consumes lo que es más precioso para él;
ciertamente, todo hombre es sólo un soplo.
(Selah)
12 Escucha mi oración, oh SEÑOR, y presta oído a mi clamor;
no guardes silencio ante mis lágrimas;
porque extranjero soy junto a ti,
peregrino, como todos mis padres.
13 Aparta de mí tu mirada, para poder alegrarme,
antes de que me vaya *de aquí*, y ya no exista.

SALMO 40

Para el director del coro. Salmo de David.

1 Al SEÑOR esperé pacientemente,
y El se inclinó a mí y oyó mi clamor.
2 Me sacó del hoyo de la destrucción, del lodo cenagoso;
asentó mis pies sobre una roca y afirmó mis pasos.
3 Puso en mi boca un cántico nuevo, un canto de alabanza a nuestro Dios;
muchos verán *esto*, y temerán,
y confiarán en el SEÑOR.
4 Cuán bienaventurado es el hombre que ha puesto en el SEÑOR su confianza,
y no se ha vuelto a los soberbios ni a los que caen en falsedad.

5 Muchas son, SEÑOR, Dios mío, las maravillas
   que tú has hecho,
   y *muchos* tus designios para con nosotros;
   nadie hay que se compare contigo;
   si *los* anunciara, y hablara de ellos,
   no podrían ser enumerados.
6 Sacrificio y ofrenda de cereal no has deseado;
   has abierto mis oídos;
   holocausto y ofrenda por el pecado no has
   requerido.
7 Entonces dije: He aquí, vengo;
   en el rollo del libro está escrito de mí;
8 me deleito en hacer tu voluntad, Dios mío;
   tu ley está dentro de mi corazón.
9 He proclamado buenas nuevas de justicia en
   la gran congregación;
   he aquí, no refrenaré mis labios,
   oh SEÑOR, tú lo sabes.
10 No he escondido tu justicia dentro de mi
   corazón;
   he proclamado tu fidelidad y tu salvación;
   no he ocultado a la gran congregación tu
   misericordia y tu verdad.
11 Tú, oh SEÑOR, no retengas tu compasión de
   mí;
   tu misericordia y tu verdad me guarden
   continuamente,
12 porque me rodean males sin número;
   mis iniquidades me han alcanzado, y no
   puedo ver;
   son más numerosas que los cabellos de mi
   cabeza,
   y el corazón me falla.
13 Ten a bien, oh SEÑOR, libertarme;
   apresúrate, SEÑOR, a socorrerme.
14 Sean avergonzados y humillados a una
   los que buscan mi vida para destruirla;
   sean vueltos atrás y cubiertos de ignominia
   los que se complacen en mi mal.
15 Queden atónitos a causa de su vergüenza
   los que me dicen: ¡Ajá, ajá!
16 Regocíjense y alégrense en ti todos los que te
   buscan;
   que digan continuamente: ¡Engrandecido sea
   el SEÑOR!
   los que aman tu salvación.
17 Por cuanto yo estoy afligido y necesitado,
   el Señor me tiene en cuenta.
   Tú eres mi socorro y mi libertador;
   Dios mío, no te tardes.

SALMO 41

Para el director del coro. Salmo de David.

1 Bienaventurado el que piensa en el pobre;
   en el día del mal el SEÑOR lo librará.
2 El SEÑOR lo protegerá y lo mantendrá con
   vida,
   y será bienaventurado sobre la tierra;
   y no lo entregarás a la voluntad de sus
   enemigos.
3 El SEÑOR lo sostendrá en su lecho de
   enfermo;
   en su enfermedad, restaurarás su salud.
4 Yo dije: Oh SEÑOR, ten piedad de mí;
   sana mi alma, porque contra ti he pecado.
5 Mis enemigos hablan mal contra mí,
   diciendo:
   ¿Cuándo morirá y perecerá su nombre?

6 Y si *alguno* viene a ver*me*, habla falsedades;
   su corazón recoge iniquidad para sí;
   cuando sale fuera, lo publica.
7 Todos los que me odian murmuran a una
   contra mí;
   traman hacerme daño, *diciendo:*
8 Una cosa del demonio ha sido derramada
   sobre él,
   así que cuando se acueste, no volverá a
   levantarse.
9 Aun mi íntimo amigo en quien yo confiaba,
   el que de mi pan comía,
   contra mí ha levantado su calcañar.
10 Pero tú, oh SEÑOR, ten piedad de mí y
   levántame,
   para que yo les pague *como se merecen.*
11 Por esto sé que conmigo te complaces,
   porque mi enemigo no canta victoria sobre
   mí.
12 En cuanto a mí, me mantienes en mi
   integridad,
   y me afirmas en tu presencia para siempre.
13 Bendito sea el SEÑOR, Dios de Israel,
   desde la eternidad hasta la eternidad.
   Amén y amén.

LIBRO SEGUNDO

SALMO 42

Para el director del coro. Masquil de
los hijos de Coré.

1 Como el ciervo anhela las corrientes de agua,
   así suspira por ti, oh Dios, el alma mía.
2 Mi alma tiene sed de Dios, del Dios viviente;
   ¿cuándo vendré y me presentaré delante de
   Dios?
3 Mis lágrimas han sido mi alimento de día y
   de noche,
   mientras me dicen todo el día: ¿Dónde está
   tu Dios?
4 Me acuerdo de estas cosas y derramo mi
   alma dentro de mí;
   de cómo iba yo con la multitud y la guiaba
   hasta la casa de Dios,
   con voz de alegría y de acción de gracias, *con*
   la muchedumbre en fiesta.
5 ¿Por qué te abates, alma mía,
   y *por qué* te turbas dentro de mí?
   Espera en Dios, pues he de alabarle otra vez
   por la salvación de su presencia.
6 Dios mío, mi alma está en mí deprimida;
   por eso me acuerdo de ti desde la tierra del
   Jordán,
   y *desde* las cumbres del Hermón, desde el
   monte Mizar.
7 Un abismo llama a *otro* abismo a la voz de
   tus cascadas;
   todas tus ondas y tus olas han pasado sobre
   mí.
8 De día mandará el SEÑOR su misericordia,
   y de noche su cántico *estará* conmigo;
   elevaré una oración al Dios de mi vida.
9 A Dios, mi roca, diré: ¿Por qué me has
   olvidado?
   ¿Por qué ando sombrío por la opresión del
   enemigo?
10 Como quien quebranta mis huesos, mis
   adversarios me afrentan,

mientras me dicen todo el día: ¿Dónde está
tu Dios?

11 ¿Por qué te abates, alma mía,
y por qué te turbas dentro de mí?
Espera en Dios, pues he de alabarle otra vez.
¡*El es* la salvación de mi ser, y mi Dios!

SALMO 43

1 Hazme justicia, oh Dios, y defiende mi causa
contra una nación impía;
líbrame del hombre engañoso e injusto.

2 Ya que tú eres el Dios de mi fortaleza, ¿por
qué me has rechazado?
¿Por qué ando sombrío por la opresión del
enemigo?

3 Envía tu luz y tu verdad; que ellas me guíen,
que me lleven a tu santo monte,
y a tus moradas.

4 Entonces llegaré al altar de Dios,
a Dios, mi supremo gozo;
y al son de la lira te alabaré, oh Dios, Dios
mío.

5 ¿Por qué te abates, alma mía,
y por qué te turbas dentro de mí?
Espera en Dios, pues he de alabarle otra vez.
¡*El es* la salvación de mi ser, y mi Dios!

SALMO 44

Para el director del coro. Masquil
de los hijos de Coré.

1 Oh Dios, con nuestros oídos hemos oído,
nuestros padres nos han contado
la obra que hiciste en sus días,
en los tiempos antiguos.

2 Tú con tu mano echaste fuera las naciones,
y a ellos los plantaste.
Afligiste a los pueblos,
y a ellos los hiciste crecer.

3 Pues no por su espada tomaron posesión de
la tierra,
ni su brazo los salvó,
sino tu diestra y tu brazo, y la luz de tu
presencia,
porque te complaciste en ellos.

4 Tú eres mi rey, oh Dios;
manda victorias a Jacob.

5 Contigo rechazaremos a nuestros
adversarios;
en tu nombre hollaremos a los que contra
nosotros se levanten.

6 Porque yo no confiaré en mi arco,
ni me salvará mi espada;

7 pues tú nos has salvado de nuestros
adversarios,
y has avergonzado a los que nos aborrecen.

8 En Dios nos hemos gloriado todo el día,
y por siempre alabaremos tu nombre. (Selah)

9 Sin embargo, tú *nos* has rechazado y nos has
confundido,
y no sales con nuestros ejércitos.

10 Nos haces retroceder ante el adversario,
y los que nos aborrecen tomaron botín para
sí.

11 Nos entregas como ovejas para ser
devoradas,
y nos has esparcido entre las naciones.

12 Vendes a tu pueblo a bajo precio,
y no te has beneficiado con su venta.

13 Nos haces el oprobio de nuestros vecinos,
escarnio y burla de los que nos rodean.

14 Nos pones por proverbio entre las naciones,
causa de risa entre los pueblos.

15 Todo el día mi ignominia está delante de mí,
y la vergüenza de mi rostro me ha abrumado,

16 por la voz del que *me* reprocha y vitupera,
por la presencia del enemigo y del vengativo.

17 Todo esto nos ha sobrevenido, pero no nos
hemos olvidado de ti,
ni hemos faltado a tu pacto.

18 No se ha vuelto atrás nuestro corazón,
ni se han desviado nuestros pasos de tu
senda;

19 sin embargo, nos has quebrantado en la
región de los chacales,
y nos has cubierto con la sombra de la
muerte.

20 Si nos hubiéramos olvidado del nombre de
nuestro Dios,
o extendido nuestras manos a un dios
extraño,

21 ¿no se habría dado cuenta Dios de esto?
Pues El conoce los secretos del corazón.

22 Pero por causa tuya nos matan cada día;
se nos considera como ovejas para el
matadero.

23 ¡Despierta! ¿Por qué duermes, Señor?
¡Levántate! No *nos* rechaces para siempre.

24 ¿Por qué escondes tu rostro
y te olvidas de nuestra aflicción y de nuestra
opresión?

25 Porque nuestra alma se ha hundido en el
polvo;
nuestro cuerpo está pegado a la tierra.

26 ¡Levántate! Sé nuestra ayuda,
y redímenos por amor de tu misericordia.

SALMO 45

Para el director del coro; según Sosanim[1].
Masquil de los hijos de Coré. Canción de amor.

1 Rebosa en mi corazón un tema bueno;
al rey dirijo mis versos;
mi lengua es *como* pluma de escribiente muy
ligero.

2 Eres el más hermoso de los hijos de los
hombres;
la gracia se derrama en tus labios;
por tanto, Dios te ha bendecido para
siempre.

3 Ciñe tu espada sobre el muslo, oh valiente,
en tu esplendor y tu majestad.

4 En tu majestad cabalga en triunfo,
por la causa de la verdad, de la humildad *y*
de la justicia;
que tu diestra te enseñe cosas tremendas.

5 Tus saetas son agudas;
los pueblos caen debajo de ti;
en el corazón de los enemigos del rey *están
tus flechas*.

6 Tu trono, oh Dios, es eterno y para siempre;
cetro de equidad es el cetro de tu reino.

7 Has amado la justicia y aborrecido la
iniquidad;
por tanto Dios, tu Dios, te ha ungido
con óleo de alegría más que a tus
compañeros.

1. Posiblemente, *Lirios*

8 Todas tus vestiduras están *perfumadas* con
mirra, áloe *y* casia;
desde palacios de marfil te han alegrado *con*
instrumentos de cuerda.
9 Hijas de reyes hay entre tus damas nobles;
a tu diestra, en oro de Ofir, está la reina.
10 Escucha, hija, presta atención e inclina tu
oído;
olvídate de tu pueblo y de la casa de tu
padre.
11 Entonces el rey deseará tu hermosura;
inclínate ante él, porque él es tu señor.
12 Y la hija de Tiro *vendrá* con presentes;
los ricos del pueblo suplicarán tu favor.
13 Toda radiante está la hija del rey dentro *de
su palacio;*
recamado de oro está su vestido.
14 En vestido bordado será conducida al rey;
las doncellas, sus compañeras que la siguen,
serán llevadas a ti.
15 Serán conducidas con alegría y regocijo;
entrarán al palacio del rey.
16 En lugar de tus padres estarán tus hijos;
los harás príncipes en toda la tierra.
17 Haré que tu nombre sea recordado por todas
las generaciones;
por tanto, los pueblos te alabarán
eternamente y para siempre.

SALMO 46

Para el director del coro. *Salmo* de los hijos de
Coré, compuesto para Alamot. Cántico.

1 Dios es nuestro refugio y fortaleza,
nuestro pronto auxilio en las tribulaciones.
2 Por tanto, no temeremos aunque la tierra
sufra cambios,
y aunque los montes se deslicen al fondo de
los mares;
3 *aunque* bramen *y* se agiten sus aguas,
aunque tiemblen los montes con creciente
enojo.   (Selah)
4 *Hay* un río cuyas corrientes alegran la ciudad
de Dios,
las moradas santas del Altísimo.
5 Dios está en medio de ella, no será sacudida;
Dios la ayudará al romper el alba.
6 Bramaron las naciones, se tambalearon los
reinos;
dio El su voz, *y* la tierra se derritió.
7 El SEÑOR de los ejércitos está con nosotros;
nuestro baluarte es el Dios de Jacob. (Selah)
8 Venid, contemplad las obras del SEÑOR,
que ha hecho asolamientos en la tierra;
9 que hace cesar las guerras hasta los confines
de la tierra;
quiebra el arco, parte la lanza,
y quema los carros en el fuego.
10 Estad quietos, y sabed que yo soy Dios;
exaltado seré entre las naciones, exaltado
seré en la tierra.
11 El SEÑOR de los ejércitos está con nosotros;
nuestro baluarte es el Dios de Jacob. (Selah)

SALMO 47

Para el director del coro. Salmo
de los hijos de Coré.

1 Batid palmas, pueblos todos;
aclamad a Dios con voz de júbilo.

2 Porque el SEÑOR, el Altísimo, es *digno* de ser
temido;
Rey grande es sobre toda la tierra.
3 El somete pueblos debajo de nosotros,
y naciones bajo nuestros pies.
4 El nos escoge nuestra heredad,
la gloria de Jacob a quien El ama.   (Selah)
5 Dios ha ascendido entre aclamaciones,
el SEÑOR, al son de trompeta.
6 Cantad alabanzas a Dios, cantad alabanzas;
cantad alabanzas a nuestro Rey, cantad
alabanzas.
7 Porque Dios es Rey de toda la tierra;
cantad alabanzas con armonioso salmo.
8 Dios reina sobre las naciones;
sentado está Dios en su santo trono.
9 Se han reunido los príncipes de los pueblos
como el pueblo del Dios de Abraham;
porque de Dios son los escudos de la tierra;
El es ensalzado en gran manera.

SALMO 48

Cántico. Salmo de los hijos de Coré.

1 Grande es el SEÑOR, y muy digno de ser
alabado
en la ciudad de nuestro Dios, su santo monte.
2 Hermoso en *su* elevación, el gozo de toda la
tierra
es el monte Sion, *en* el extremo norte,
la ciudad del gran Rey.
3 Dios en sus palacios
se dio a conocer como baluarte.
4 Pues, he aquí, los reyes se reunieron;
pasaron juntos.
5 Ellos *la* vieron *y* quedaron pasmados;
se aterrorizaron *y* huyeron alarmados.
6 Allí se apoderó de ellos un temblor;
dolor como el de mujer que está de parto.
7 Con el viento solano
tú destrozas las naves de Tarsis.
8 Como lo hemos oído, así *lo* hemos visto
en la ciudad del SEÑOR de los ejércitos, en la
ciudad de nuestro Dios;
Dios la afirmará para siempre.   (Selah)
9 En tu misericordia, oh Dios, hemos
meditado,
en medio de tu templo.
10 Oh Dios, como es tu nombre,
así es tu alabanza hasta los confines de la
tierra;
llena de justicia está tu diestra.
11 Alégrese el monte Sion,
regocíjense las hijas de Judá,
a causa de tus juicios.
12 Andad por Sion e id alrededor de ella;
contad sus torres;
13 considerad atentamente sus murallas,
recorred sus palacios,
para que *lo* contéis a la generación venidera.
14 Porque este es Dios,
nuestro Dios por siempre jamás;
El nos guiará hasta la muerte.

SALMO 49

Para el director del coro. Salmo
de los hijos de Coré.

1 Oíd esto, pueblos todos;
escuchad, habitantes todos del mundo,

2 tanto humildes como encumbrados,
  ricos y pobres juntamente.

3 Mi boca hablará sabiduría,
  y la meditación de mi corazón *será*
  entendimiento.

4 Inclinaré al proverbio mi oído,
  con el arpa declararé mi enigma.

5 ¿Por qué he de temer en *los* días de adversidad
  cuando la iniquidad de mis enemigos me
  rodee,

6 *de* los que confían en sus bienes
  y se jactan de la abundancia de sus riquezas?

7 Nadie puede en manera alguna redimir a *su*
  hermano,
  ni dar a Dios rescate por él,

8 porque la redención de su alma es muy
  costosa,
  y debe abandonar *el intento* para siempre,

9 para que viva eternamente,
  para que no vea corrupción.

10 Porque él ve *que aun* los sabios mueren;
  el torpe y el necio perecen de igual manera,
  y dejan sus riquezas a otros.

11 Su íntimo pensamiento es *que* sus casas serán
  eternas,
  y sus moradas por todas las generaciones;
  y a sus tierras han dado sus nombres.

12 Mas el hombre, en *su* vanagloria, no
  permanecerá;
  es como las bestias que perecen.

13 Este es el camino de los insensatos,
  y de los que después de ellos aprueban sus
  palabras.   (Selah)

14 Como ovejas son destinados para el Seol,
  la muerte los pastoreará,
  los rectos los regirán por la mañana;
  su forma será para que el Seol la consuma,
  de modo que no tienen morada.

15 Pero Dios redimirá mi alma del poder del
  Seol,
  pues El me recibirá.   (Selah)

16 No temas cuando alguno se enriquece,
  cuando la gloria de su casa aumenta;

17 porque nada se llevará cuando muera,
  ni su gloria descenderá con él.

18 Aunque mientras viva, a sí mismo se felicite
  (y aunque *los hombres* te alaben cuando
  prosperes),

19 irá a *reunirse con* la generación de sus
  padres,
  quienes nunca verán la luz.

20 El hombre en *su* vanagloria, pero sin
  entendimiento,
  es como las bestias que perecen.

SALMO 50

Salmo de Asaf.

1 El poderoso Dios, el SEÑOR, ha hablado,
  y convocado a la tierra, desde el nacimiento
  del sol hasta su ocaso.

2 Desde Sion, perfección de hermosura,
  Dios ha resplandecido.

3 Que venga nuestro Dios y no calle;
  el fuego consume delante de El,
  y a su derredor hay gran tempestad.

4 El convoca a los cielos desde lo alto,
  y a la tierra, para juzgar a su pueblo,

5 *y dice:* Juntadme a mis santos,

los que han hecho conmigo pacto con
  sacrificio.

6 Y los cielos declaran su justicia,
  porque Dios mismo es el juez.   (Selah)

7 Oye, pueblo mío, y hablaré;
  Israel, yo testificaré contra ti.
  Yo soy Dios, tu Dios.

8 No te reprendo por tus sacrificios,
  ni *por* tus holocaustos, que están
  continuamente delante de mí.

9 No tomaré novillo de tu casa,
  ni machos cabríos de tus apriscos.

10 Porque mío es todo animal del bosque,
  y el ganado sobre mil colinas.

11 Toda ave de los montes conozco,
  y mío es todo lo que en el campo se mueve.

12 Si yo tuviera hambre, no te lo diría a ti;
  porque mío es el mundo y todo lo que en él
  hay.

13 ¿Acaso he de comer carne de toros,
  o beber sangre de machos cabríos?

14 Ofrece a Dios sacrificio de acción de gracias,
  y cumple tus votos al Altísimo;

15 e invócame en el día de la angustia;
  yo te libraré, y tú me honrarás.

16 Pero al impío Dios le dice:
  ¿Qué derecho tienes tú de hablar de mis
  estatutos,
  y de tomar mi pacto en tus labios?

17 Pues tú aborreces la disciplina,
  y a tus espaldas echas mis palabras.

18 Cuando ves a un ladrón, te complaces con él,
  y con adúlteros te asocias.

19 Das rienda suelta a tu boca para el mal,
  y tu lengua trama engaño.

20 Te sientas y hablas contra tu hermano;
  al hijo de tu propia madre calumnias.

21 Estas cosas has hecho, y yo he guardado
  silencio;
  pensaste que yo era tal como tú;
  pero te reprenderé, y delante de tus ojos
  expondré *tus delitos*.

22 Entended ahora esto, los que os olvidáis de
  Dios,
  no sea que *os* despedace, y no haya quien *os*
  libre.

23 El que ofrece sacrificio de acción de gracias
  me honra;
  y al que ordena *bien su* camino,
  le mostraré la salvación de Dios.

SALMO 51

Para el director del coro. Salmo de David,
cuando después que se llegó a Betsabé, el
profeta Natán lo visitó.

1 Ten piedad de mí, oh Dios, conforme a tu
  misericordia;
  conforme a lo inmenso de tu compasión,
  borra mis transgresiones.

2 Lávame por completo de mi maldad,
  y límpiame de mi pecado.

3 Porque yo reconozco mis transgresiones,
  y mi pecado está siempre delante de mí.

4 Contra ti, contra ti sólo he pecado,
  y he hecho lo malo delante de tus ojos,
  de manera que eres justo cuando hablas,
  y sin reproche cuando juzgas.

5 He aquí, yo nací en iniquidad,
  y en pecado me concibió mi madre.

6 He aquí, tú deseas la verdad en lo más
     íntimo,
   y en lo secreto me harás conocer sabiduría.
7 Purifícame con hisopo, y seré limpio;
   lávame, y seré más blanco que la nieve.
8 Hazme oír gozo y alegría;
   que se regocijen los huesos que has
     quebrantado.
9 Esconde tu rostro de mis pecados,
   y borra todas mis iniquidades.
10 Crea en mí, oh Dios, un corazón limpio,
   y renueva un espíritu recto dentro de mí.
11 No me eches de tu presencia,
   y no quites de mí tu santo Espíritu.
12 Restitúyeme el gozo de tu salvación,
   y sostenme con un espíritu de poder.
13 *Entonces* enseñaré a los transgresores tus
     caminos,
   y los pecadores se convertirán a ti.
14 Líbrame de delitos de sangre, oh Dios, Dios
     de mi salvación;
   entonces mi lengua cantará con gozo tu
     justicia.
15 Abre mis labios, oh Señor,
   para que mi boca anuncie tu alabanza.
16 Porque no te deleitas en sacrificio, de lo
     contrario yo lo ofrecería;
   no te agrada el holocausto.
17 Los sacrificios de Dios son el espíritu
     contrito;
   al corazón contrito y humillado, oh Dios, no
     despreciarás.
18 Haz bien con tu benevolencia a Sion;
   edifica los muros de Jerusalén.
19 Entonces te agradarán los sacrificios de
     justicia,
   el holocausto y el sacrificio perfecto;
   entonces se ofrecerán novillos sobre tu altar.

SALMO 52

Para el director del coro. Masquil de David,
cuando fue Doeg el edomita e informó a Saúl,
diciéndole: David está en casa de Ahimelec.

1 ¿Por qué te jactas del mal, oh poderoso?
   La misericordia de Dios es continua.
2 Tu lengua maquina destrucción
   como afilada navaja, oh artífice de engaño.
3 Amas el mal más que el bien,
   la mentira más que decir lo que es justo.
                                              (Selah)
4 Amas toda palabra destructora,
   oh lengua de engaño.
5 Pero Dios te destruirá para siempre;
   te arrebatará y te arrancará de *tu* tienda,
   y te desarraigará de la tierra de los vivientes.
                                              (Selah)
6 Los justos verán *esto* y temerán,
   y se reirán de él, *diciendo:*
7 He aquí el hombre que no quiso hacer de
     Dios su refugio,
   sino que confió en la abundancia de sus
     riquezas
   y se hizo fuerte en sus *malos* deseos.
8 Pero yo soy como olivo verde en la casa de
     Dios;
   en la misericordia de Dios confío
     eternamente y para siempre.

9 Te alabaré para siempre por lo que has
     hecho,
   y esperaré en tu nombre, porque *es* bueno
     delante de tus santos.

SALMO 53

Para el director del coro; según Mahalat[1].
              Masquil de David.

1 El necio ha dicho en su corazón: No hay
     Dios.
   Se han corrompido, han cometido injusticias
     abominables;
   no hay quien haga el bien.
2 Dios ha mirado desde los cielos sobre los
     hijos de los hombres
   para ver si hay alguno que entienda,
   alguno que busque a Dios.
3 Todos se han desviado, a una se han
     corrompido;
   no hay quien haga el bien, no hay ni siquiera
     uno.
4 ¿No tienen conocimiento los que hacen
     iniquidad,
   que devoran a mi pueblo *como si* comieran
     pan,
   y no invocan a Dios?
5 *Donde antes* no había terror, allí tiemblan de
     espanto,
   porque Dios esparció los huesos del que
     acampaba contra ti;
   tú *los* avergonzaste, porque Dios los había
     rechazado.
6 ¡Oh, si de Sion saliera la salvación de Israel!
   Cuando Dios restaure a su pueblo cautivo,
   se regocijará Jacob y se alegrará Israel.

SALMO 54

Para el director del coro; con instrumentos de
cuerda. Masquil de David, cuando los zifeos
vinieron y dijeron a Saúl: ¿No está David
escondido entre nosotros?

1 ¡Sálvame! Oh Dios, por tu nombre,
   y hazme justicia con tu poder.
2 Escucha mi oración, oh Dios,
   presta oído a las palabras de mi boca.
3 Porque extraños se han levantado contra mí,
   y hombres violentos buscan mi vida;
   no han puesto a Dios delante de sí.   (Selah)
4 He aquí, Dios es el que me ayuda;
   el Señor es el que sostiene mi alma.
5 El devolverá el mal a mis enemigos;
   destrúyelos por tu fidelidad.
6 Voluntariamente sacrificaré a ti;
   alabaré tu nombre, oh SEÑOR, porque es
     bueno.
7 Porque El me ha librado de toda angustia,
   y mis ojos han visto a mis enemigos
     derrotados.

SALMO 55

Para el director del coro; con instrumentos de
cuerda. Masquil de David.

1 Escucha, oh Dios, mi oración,
   y no te escondas de mi súplica.
2 Atiéndeme y respóndeme;
   conmovido estoy en mi queja y muy
     conturbado,

---

1. I.e., enfermedad, tonada triste

3 a causa de la voz del enemigo,
   por la opresión del impío;
   pues echan iniquidad sobre mí,
   y con furia me persiguen.
4 Angustiado está mi corazón dentro de mí,
   y sobre mí han caído los terrores de la
     muerte.
5 Terror y temblor me invaden,
   y horror me ha cubierto.
6 Y dije: ¡Quién me diera alas como de
    paloma!
   Volaría y hallaría reposo.
7 Ciertamente huiría muy lejos;
   moraría en el desierto.   (Selah)
8 Me apresuraría *a buscar*me un lugar de
    refugio
   contra el viento borrascoso *y* la tempestad.
9 Confunde, Señor, divide sus lenguas,
   porque he visto violencia y rencilla en la
    ciudad.
10 Día y noche la rondan sobre sus muros,
    y en medio de ella hay iniquidad y malicia.
11 Hay destrucción en medio de ella,
    y la opresión y el engaño no se alejan de sus
     calles.
12 Porque no es un enemigo el que me reprocha,
    si así fuera, podría soportar*lo;*
    ni es uno que me odia el que se ha alzado
     contra mí,
    si así fuera, podría ocultarme de él;
13 sino tú, que eres mi igual,
    mi compañero, mi íntimo amigo;
14 nosotros que juntos teníamos dulce
    comunión,
    que con la multitud andábamos en la casa de
    Dios.
15 Que la muerte los sorprenda,
    que desciendan vivos al Seol,
    porque la maldad está en su morada, en
    medio de ellos.
16 En cuanto a mí, a Dios invocaré,
    y el Señor me salvará.
17 Tarde, mañana y mediodía me lamentaré y
    gemiré,
    y Él oirá mi voz.
18 En paz redimirá mi alma de la guerra *que*
    hay contra mí,
    pues son muchos los que están contra mí.
19 Dios oirá y les responderá,
    Él, que reina desde la antigüedad,   (Selah)
    porque no hay cambio en ellos
    ni temen a Dios.
20 Aquel ha extendido sus manos contra los que
    estaban en paz con él,
    ha violado su pacto.
21 Las palabras de su boca eran más blandas
    que la mantequilla,
    pero en su corazón *había* guerra;
    más suaves que el aceite eran sus palabras,
    sin embargo, eran espadas desnudas.
22 Echa sobre el Señor tu carga, y Él te
    sustentará;
    Él nunca permitirá que el justo sea sacudido.
23 Pero tú, oh Dios, los harás caer al pozo de la
    destrucción;
    los hombres sanguinarios y engañadores no
    vivirán la mitad de sus días;
    mas yo en ti confiaré.

SALMO 56

Para el director del coro; según la tonada de La
paloma silenciosa de los que están lejos. Mictam
de David cuando los filisteos lo prendieron en
Gat.

1 Ten piedad de mí, oh Dios, porque el hombre
   me ha pisoteado;
   me oprime combatiéndome todo el día.
2 Mis enemigos me han pisoteado todo el día,
   porque muchos son los que con soberbia
   pelean contra mí.
3 El día en que temo,
   yo en ti confío.
4 En Dios, cuya palabra alabo,
   en Dios he confiado, no temeré.
   ¿Qué puede hacerme el hombre?
5 Todo el día pervierten mis palabras;
   todos sus pensamientos contra mí son para
   mal.
6 Atacan, se esconden,
   espían mis pasos,
   como esperando *para quitarme* la vida.
7 Por causa de la iniquidad, arrójalos,
   en *tu* ira humilla a los pueblos, oh Dios.
8 Tú has tomado en cuenta mi vida errante;
   pon mis lágrimas en tu redoma;
   ¿*acaso* no están en tu libro?
9 Entonces mis enemigos retrocederán el día
   en que yo *te* invoque.
   Esto sé: que Dios está a favor mío.
10 En Dios, *cuya* palabra alabo,
    en el Señor, *cuya* palabra honro;
11 en Dios he confiado, no temeré.
    ¿Qué puede hacerme el hombre?
12 Están sobre mí, oh Dios, los votos que te hice;
    ofrendas de acción de gracias te ofreceré.
13 Pues tú has librado mi alma de la muerte,
    y mis pies de tropiezo,
    para que yo pueda andar delante de Dios
    en la luz de la vida.

SALMO 57

Para el director del coro; *según tonada de* No
destruyas. Mictam de David, en la cueva,
cuando huía de Saúl.

1 Ten piedad de mí, oh Dios, ten piedad de mí,
   porque en ti se refugia mi alma;
   en la sombra de tus alas me ampararé
   hasta que la destrucción pase.
2 Clamaré al Dios Altísimo,
   al Dios que *todo* lo hace para mí.
3 Él enviará desde los cielos y me salvará;
   Él reprocha al que me pisotea.   (Selah)
   Dios enviará su misericordia y su verdad.
4 Mi alma está entre leones;
   tengo que acostarme entre los que vomitan
    fuego;
   entre los hijos de los hombres, cuyos dientes
    son lanzas y saetas,
   y cuya lengua es espada afilada.
5 Exaltado seas sobre los cielos, oh Dios;
   sea tu gloria sobre toda la tierra.
6 Han tendido una red para mis pasos;
   mi alma está abatida;
   han cavado una fosa delante de mí,
   pero ellos *mismos* han caído en medio de ella.
                             (Selah)

7 Firme está mi corazón, oh Dios, mi corazón
   está firme;
   ¡cantaré y entonaré salmos!
8 ¡Despierta, gloria mía!
   ¡Despertad, arpa y lira!
   ¡A la aurora despertaré!
9 Te alabaré entre los pueblos, Señor;
   te cantaré alabanzas entre las naciones.
10 Porque grande, hasta los cielos, es tu
    misericordia,
   y hasta el firmamento tu verdad.
11 Exaltado seas sobre los cielos, oh Dios;
   sobre toda la tierra *sea* tu gloria.

SALMO 58

Para el director del coro; *según tonada de* No
destruyas. Mictam de David.

1 ¿Habláis en verdad justicia, oh dioses[1]?
   ¿Juzgáis rectamente, hijos de los hombres?
2 No, *pues* en *el* corazón cometéis iniquidad;
   la violencia de vuestras manos repartís en la
   tierra.
3 Desde la matriz están desviados los impíos;
   desde su nacimiento se descarrían los que
   hablan mentiras.
4 Tienen veneno como veneno de serpiente;
   son como una cobra sorda que cierra su oído,
5 que no oye la voz de los que encantan,
   ni siquiera al *más* diestro encantador.
6 Oh Dios, rompe los dientes de su boca;
   quiebra las muelas de los leoncillos, SEÑOR.
7 Que se diluyan como las aguas que corren;
   cuando disparen sus saetas, que sean como si
   estuvieran sin punta.
8 *Que sean* como el caracol, que se deslíe según
   se arrastra,
   como los que nacen muertos, que nunca ven
   el sol.
9 Antes que vuestras ollas puedan sentir *el
   fuego* de los espinos,
   tanto los verdes como los que arden, los
   barrerá Él con torbellino.
10 El justo se alegrará cuando vea la venganza,
   se lavará los pies en la sangre de los impíos;
11 y los hombres dirán: Ciertamente hay
   recompensa para el justo,
   ciertamente hay un Dios que juzga en la
   tierra.

SALMO 59

Para el director del coro; *según tonada de* No
destruyas. Mictam de David, cuando Saúl envió
hombres y vigilaron la casa para matarlo.

1 Líbrame de mis enemigos, Dios mío;
   ponme *a salvo* en lo alto, lejos de los que se
   levantan contra mí.
2 Líbrame de los que hacen iniquidad,
   y sálvame de los hombres sanguinarios.
3 Porque, he aquí, han puesto emboscada
   contra mi vida;
   hombres feroces me atacan,
   pero no es por mi transgresión, ni por mi
   pecado, SEÑOR.
4 Sin culpa *mía*, corren y se preparan contra
   mí.
   Despierta para ayudarme, y mira.

5 Tú, SEÑOR, Dios de los ejércitos, Dios de
   Israel,
   despierta para castigar a todas las naciones;
   no tengas piedad de ningún inicuo traidor.
                                            (Selah)
6 Regresan al anochecer, aúllan como perros,
   y rondan *por* la ciudad.
7 He aquí, se jactan con su boca;
   espadas hay en sus labios,
   pues *dicen:* ¿Quién oye?
8 Mas tú, oh SEÑOR, te ríes de ellos;
   te burlas de todas las naciones.
9 *A causa de* su fuerza esperaré en ti,
   porque Dios es mi baluarte.
10 Mi Dios en su misericordia vendrá a mi
   encuentro;
   Dios me permitirá mirar *victorioso* a mis
   enemigos.
11 No los mates, para que mi pueblo no se
   olvide;
   dispérsalos con tu poder, y humíllalos,
   oh Señor, escudo nuestro.
12 *Por* el pecado de su boca *y* la palabra de sus
   labios,
   sean presos en su orgullo,
   y por las maldiciones y mentiras que
   profieren.
13 Acába*los* en *tu* furor, acába*los,* para que ya
   no existan;
   para que *los hombres* sepan que Dios
   gobierna en Jacob,
   hasta los confines de la tierra.   (Selah)
14 Regresan al anochecer, aúllan como perros,
   y rondan *por* la ciudad;
15 merodean *buscando* qué devorar,
   y si no se sacian, gruñen.
16 Pero yo cantaré de tu poder;
   sí, gozoso cantaré por la mañana tu
   misericordia;
   porque tú has sido mi baluarte,
   y un refugio en el día de mi angustia.
17 Oh fortaleza mía, a ti cantaré alabanzas;
   porque mi baluarte es Dios, el Dios que me
   muestra misericordia.

SALMO 60

Para el director del coro; *según la tonada de* El
lirio del testimonio. Mictam de David para
enseñar, cuando luchó con Aram-naharaim y
contra Aram-soba, y volvió Joab e hirió a doce
mil edomitas en el valle de la Sal.

1 Oh Dios, tú nos has rechazado, nos has
   quebrantado,
   te has airado. Restáuranos, oh *Dios.*
2 Has hecho temblar la tierra, la has hendido;
   sana sus hendiduras, porque se tambalea.
3 Cosas duras has hecho ver a tu pueblo;
   nos has dado a beber vino embriagador.
4 Has dado un estandarte a los que te temen,
   para que sea alzado por causa de la verdad.
                                            (Selah)
5 Para que sean librados tus amados,
   salva con tu diestra, y respóndeme.
6 Dios ha hablado en su santidad:
   Me alegraré, repartiré a Siquem,
   y mediré el valle de Sucot.
7 Mío es Galaad, mío es Manasés,
   Efraín es el yelmo de mi cabeza,

---

1. O, *poderosos,* o, *jueces;* otra posible lectura es: *en silencio*

Judá es mi cetro.

8 Moab es la vasija en que me lavo;
sobre Edom arrojaré mi zapato;
clama a gritos, oh Filistea, a causa de mí.

9 ¿Quién me conducirá a la ciudad fortificada?
¿Quién me guiará hasta Edom?

10 ¿No eres tú, oh Dios, el que nos ha rechazado?
¿No saldrás, oh Dios, con nuestros ejércitos?

11 Danos ayuda contra el adversario,
pues vano es el auxilio del hombre.

12 En Dios haremos proezas,
y El hollará a nuestros adversarios.

SALMO 61

Para el director del coro. Sobre instrumentos
de cuerdas. *Salmo* de David.

1 Oye, oh Dios, mi clamor;
atiende a mi oración.

2 Desde los confines de la tierra te invoco,
cuando mi corazón desmaya.
Condúceme a la roca que es más alta que yo.

3 Porque tú has sido refugio para mí,
torre fuerte frente al enemigo.

4 Que more yo en tu tienda para siempre;
y me abrigue en el refugio de tus alas. (Selah)

5 Porque tú, oh Dios, has escuchado mis votos;
tú *me* has dado la heredad de los que temen
tu nombre.

6 Tú añadirás días a los días del rey;
sus años serán como muchas generaciones.

7 El reinará para siempre delante de Dios;
concéde*le* misericordia y verdad para que lo
guarden.

8 Así cantaré alabanzas a tu nombre para
siempre,
cumpliendo mis votos día tras día.

SALMO 62

Para el director del coro; según Jedutún.
Salmo de David.

1 En Dios solamente *espera* en silencio mi
alma;
de El *viene* mi salvación.

2 Sólo El es mi roca y mi salvación,
mi baluarte, nunca seré sacudido.

3 ¿Hasta cuándo atacaréis a un hombre,
vosotros todos, para derribar*lo*,
como pared inclinada, como cerca que se
tambalea?

4 Solamente consultan para derribarlo de su
eminencia;
en la falsedad se deleitan;
bendicen con la boca,
pero por dentro maldicen.   (Selah)

5 Alma mía, espera en silencio solamente en
Dios,
pues de El *viene* mi esperanza.

6 Sólo El es mi roca y mi salvación,
mi refugio, nunca seré sacudido.

7 En Dios *descansan* mi salvación y mi gloria;
la roca de mi fortaleza, mi refugio, está en
Dios.

8 Confiad en El en todo tiempo, oh pueblo;
derramad vuestro corazón delante de El;
Dios es nuestro refugio.   (Selah)

9 Los hombres de baja condición sólo son
vanidad, y los de alto rango son mentira;
en la balanza suben,

todos juntos *pesan menos* que un soplo.

10 No confiéis en la opresión,
ni en el robo pongáis vuestra esperanza;
si las riquezas aumentan, no pongáis el
corazón *en ellas*.

11 Una vez ha hablado Dios;
dos veces he oído esto:
Que de Dios es el poder;

12 y tuya es, oh Señor, la misericordia,
pues tú pagas al hombre conforme a sus
obras.

SALMO 63

Salmo de David, cuando estaba en
el desierto de Judá.

1 Oh Dios, tú eres mi Dios; te buscaré con afán.
Mi alma tiene sed de ti, mi carne te anhela
cual tierra seca y árida donde no hay agua.

2 Así te contemplaba en el santuario,
para ver tu poder y tu gloria.

3 Porque tu misericordia es mejor que la vida,
mis labios te alabarán.

4 Así te bendeciré mientras viva,
en tu nombre alzaré mis manos.

5 Como con médula y grosura está saciada mi
alma;
y con labios jubilosos te alaba mi boca.

6 Cuando en mi lecho me acuerdo de ti,
en ti medito durante las vigilias de la noche.

7 Porque tú has sido mi socorro,
y a la sombra de tus alas canto gozoso.

8 A ti se aferra mi alma;
tu diestra me sostiene.

9 Pero los que buscan mi vida para destruirla,
caerán a las profundidades de la tierra.

10 Serán entregados al poder de la espada;
presa serán de las zorras.

11 Mas el rey se regocijará en Dios;
y todo el que por El jura se gloriará,
porque la boca de los que dicen mentiras será
cerrada.

SALMO 64

Al director del coro. Salmo de David.

1 Escucha mi voz, oh Dios, en mi queja;
guarda mi vida del terror del enemigo.

2 Escóndeme de los planes secretos de los
malhechores,
del asalto de los obradores de iniquidad,

3 que afilan su lengua como espada,
y lanzan palabras amargas *como* saeta,

4 para herir en oculto al íntegro;
lo hieren repentinamente, y no temen.

5 Se aferran en propósitos malignos;
hablan de tender trampas en secreto,
y dicen: ¿Quién las verá?

6 Traman injusticias, *diciendo:*
Estamos listos con una trama bien concebida;
pues los pensamientos del hombre y *su*
corazón son profundos.

7 Pero Dios les disparará con saeta;
repentinamente serán heridos.

8 Vuelven su lengua tropezadero contra sí
mismos;
todos los que los vean menearán la cabeza.

9 Entonces todos los hombres temerán,
y declararán la obra de Dios,
y considerarán sus hechos.

10 El justo se alegrará en el Señor, y en El se
   refugiará;
   y todos los rectos de corazón se gloriarán.

SALMO 65

Para el director del coro. Salmo de David.
Cántico.

1 Silencio habrá delante de ti, y alabanza en
   Sion, oh Dios;
   y a ti se cumplirá el voto.
2 ¡Oh tú, que escuchas la oración!
   Hasta ti viene todo hombre.
3 Las iniquidades prevalecen contra mí;
   mas nuestras transgresiones tú las perdonas.
4 Cuán bienaventurado es el que tú escoges, y
   acercas *a ti*,
   para que more en tus atrios.
   Seremos saciados con el bien de tu casa,
   tu santo templo.
5 Con grandes *prodigios* nos respondes en
   justicia,
   oh Dios de nuestra salvación,
   confianza de todos los términos de la tierra, y
   del más lejano mar;
6 tú, el que afirma los montes con su poder,
   ceñido de potencia;
7 el que calma el rugido de los mares,
   el estruendo de las olas,
   y el tumulto de los pueblos.
8 Por eso los que moran en los confines *de la
   tierra* temen tus obras,
   tú haces cantar de júbilo a la aurora y al
   ocaso.
9 Tú visitas la tierra y *la riegas* en abundancia,
   en gran manera la enriqueces;
   el río de Dios rebosa de agua;
   tú les preparas su grano, porque así preparas
   la tierra.
10 Riegas sus surcos abundantemente,
   allanas sus camellones,
   la ablandas con lluvias,
   bendices sus renuevos.
11 Tú has coronado el año con tus bienes,
   y tus huellas destilan grosura.
12 Destilan los pastos del desierto,
   y los collados se ciñen de alegría.
13 Las praderas se visten de rebaños,
   y los valles se cubren de grano;
   dan voces de júbilo, sí, cantan.

SALMO 66

Para el director del coro. Cántico. Salmo.

1 Aclamad con júbilo a Dios, toda la tierra;
2 cantad la gloria de su nombre;
   haced gloriosa su alabanza.
3 Decid a Dios: ¡Cuán portentosas son tus
   obras!
   Por la grandeza de tu poder, tus enemigos
   fingirán obedecerte.
4 Toda la tierra te adorará,
   y cantará alabanzas a ti,
   cantará alabanzas a tu nombre.   (Selah)
5 Venid y ved las obras de Dios,
   admirable en *sus* hechos a favor de los hijos
   de los hombres.
6 Convirtió el mar en tierra seca;
   cruzaron el río a pie;
   regocijémonos allí en El.

7 El domina con su poder para siempre;
   sus ojos velan sobre las naciones;
   no se enaltezcan los rebeldes.   (Selah)
8 Bendecid, oh pueblos, a nuestro Dios,
   y haced oír la voz de su alabanza.
9 El es quien nos guarda con vida,
   y no permite que nuestros pies resbalen.
10 Porque tú nos has probado, oh Dios;
   nos has refinado como se refina la plata.
11 Nos metiste en la red;
   carga pesada pusiste sobre nuestros lomos.
12 Hiciste cabalgar hombres sobre nuestras
   cabezas;
   pasamos por el fuego y por el agua,
   pero tú nos sacaste a *un lugar de* abundancia.
13 Entraré en tu casa con holocaustos;
   a ti cumpliré mis votos,
14 los que pronunciaron mis labios
   y habló mi boca cuando yo estaba en
   angustia.
15 Te ofreceré holocaustos de animales
   engordados,
   con sahumerio de carneros;
   haré *una ofrenda de* bueyes y machos
   cabríos.   (Selah)
16 Venid y oíd, todos los que a Dios teméis,
   y contaré lo que El ha hecho por mi alma.
17 Con mi boca clamé a El,
   y ensalzado fue con mi lengua.
18 Si observo iniquidad en mi corazón,
   el Señor no *me* escuchará.
19 Pero ciertamente Dios *me* ha oído;
   El atendió a la voz de mi oración.
20 Bendito sea Dios,
   que no ha desechado mi oración,
   ni *apartado* de mí su misericordia.

SALMO 67

Para el director del coro; con instrumentos
de cuerda. Salmo. Cántico.

1 Dios tenga piedad de nosotros y nos bendiga,
   y haga resplandecer su rostro sobre nosotros;
                                       (Selah)
2 para que sea conocido en la tierra tu camino,
   entre todas las naciones tu salvación.
3 Te den gracias los pueblos, oh Dios,
   todos los pueblos te den gracias.
4 Alégrense y canten con júbilo las naciones,
   porque tú juzgarás a los pueblos con equidad,
   y guiarás a las naciones en la tierra.   (Selah)
5 Te den gracias los pueblos, oh Dios,
   todos los pueblos te den gracias.
6 La tierra ha dado su fruto;
   Dios, nuestro Dios, nos bendice.
7 Dios nos bendice,
   para que le teman todos los términos de la
   tierra.

SALMO 68

Para el director del coro. Salmo de David.
Cántico.

1 Levántese Dios; sean esparcidos sus
   enemigos,
   y huyan delante de El los que le aborrecen.
2 Como se disipa el humo, disípa*los*;
   como la cera se derrite delante del fuego,
   así perezcan los impíos delante de Dios.

3 Pero alégrense los justos, regocíjense delante
de Dios;
sí, que rebosen de alegría.
4 Cantad a Dios, cantad alabanzas a su
nombre;
abrid paso al que cabalga por los desiertos,
cuyo nombre es el SEÑOR; regocijaos delante
de Él.
5 Padre de los huérfanos y defensor de las
viudas
es Dios en su santa morada.
6 Dios prepara un hogar para los solitarios;
conduce a los cautivos a prosperidad;
sólo los rebeldes habitan en una tierra seca.
7 Oh Dios, cuando saliste al frente de tu
pueblo,
cuando marchaste por el desierto,   (Selah)
8 tembló la tierra;
también se derramaron los cielos ante la
presencia de Dios;
el Sinaí mismo *tembló* delante de Dios, el
Dios de Israel.
9 Tú esparciste lluvia abundante, oh Dios,
tú fortaleciste tu heredad cuando estaba
extenuada.
10 Los de tu pueblo se establecieron en ella;
en tu bondad, oh Dios, proveíste para el
pobre.
11 El Señor da la palabra;
las *mujeres* que anuncian las *buenas* nuevas
son gran multitud:
12 Los reyes de los ejércitos huyen; *sí* huyen,
y la que se queda en casa repartirá el botín.
13 Cuando os acostáis en los apriscos,
sois como alas de paloma cubiertas de plata,
y sus plumas de oro resplandeciente.
14 Cuando el Omnipotente dispersó allí a los
reyes,
nevaba en *el monte* Salmón.
15 Monte de Dios es el monte de Basán;
monte de *muchos* picos es el monte de Basán.
16 ¿Por qué miráis con envidia, oh montes de
muchos picos,
al monte que Dios ha deseado para morada
suya?
Ciertamente el SEÑOR habitará *allí* para
siempre.
17 Los carros de Dios son miríadas, millares y
millares;
el Señor está entre ellos en santidad, *como en
el* Sinaí.
18 Tú has ascendido a lo alto, has llevado en
cautividad a *tus* cautivos;
has recibido dones entre los hombres,
y aun *entre* los rebeldes, para que el SEÑOR
Dios habite *entre ellos.*
19 Bendito sea el Señor, que cada día lleva
nuestra carga,
el Dios *que* es nuestra salvación.   (Selah)
20 Dios es para nosotros un Dios de salvación,
y a DIOS el Señor pertenece el librar de la
muerte.
21 Ciertamente Dios herirá la cabeza de sus
enemigos,
la testa cabelluda del que anda en sus delitos.
22 Dijo el Señor: De Basán *los* haré volver;
los haré volver de las profundidades del mar;
23 para que tu pie los aplaste en sangre,

y la lengua de tus perros *tenga* la porción de
tus enemigos.
24 Ellos han visto tu procesión, oh Dios,
la procesión de mi Dios, mi Rey, hacia el
santuario.
25 Los cantores iban delante, los músicos detrás,
en medio de las doncellas tocando panderos.
26 Bendecid a Dios en las congregaciones,
al SEÑOR, *vosotros* del linaje de Israel.
27 Allí *va* Benjamín, el más joven, dirigiéndolos,
los príncipes de Judá *con* su grupo,
los príncipes de Zabulón, los príncipes de
Neftalí.
28 El Dios tuyo ha mandado tu fuerza;
muestra tu poder, oh Dios, tú que has obrado
por nosotros.
29 Por causa de tu templo en Jerusalén
te traerán presentes los reyes.
30 Reprende las fieras de las cañas,
la manada de toros con los becerros de los
pueblos,
pisoteando las piezas de plata;
Él ha dispersado a los pueblos que se deleitan
en la guerra.
31 De Egipto saldrán mensajeros;
Etiopía se apresurará a extender sus manos
hacia Dios.
32 Cantad a Dios, oh reinos de la tierra;
cantad alabanzas al Señor.   (Selah)
33 *Cantad* al que cabalga sobre los cielos de los
cielos, que son desde la antigüedad;
he aquí, Él da su voz, voz poderosa.
34 Atribuid a Dios fortaleza;
su majestad es sobre Israel,
y su poder está en los cielos.
35 Imponente eres, oh Dios, desde tu santuario.
El Dios mismo de Israel da fortaleza y poder
al pueblo.
¡Bendito sea Dios!

SALMO 69

Para el director del coro; según Sosanim.
Salmo de David.

1 Sálvame, oh Dios,
porque las aguas *me* han llegado hasta el
alma.
2 Me he hundido en cieno profundo, y no hay
donde hacer pie;
he llegado a lo profundo de las aguas, y la
corriente me anega.
3 Cansado estoy de llorar; reseca está mi
garganta;
mis ojos desfallecen mientras espero a mi
Dios.
4 Más que los cabellos de mi cabeza son los que
sin causa me aborrecen;
poderosos son los que quieren destruirme,
sin razón son mis enemigos,
me hacen devolver aquello que no robé.
5 Oh Dios, tú conoces mi insensatez,
y mis transgresiones no te son ocultas.
6 ¡No se avergüencen de mí los que en ti
esperan, oh Señor, DIOS de los ejércitos!
¡No sean humillados por mí los que te buscan,
oh Dios de Israel!
7 Pues por amor de ti he sufrido vituperio;
la ignominia ha cubierto mi rostro.
8 Me he convertido en extraño para mis
hermanos,

y en extranjero para los hijos de mi madre.

9 Porque el celo por tu casa me ha consumido,
y los vituperios de los que te injurian han
caído sobre mí.

10 Cuando lloraba *afligiendo* con ayuno mi
alma,
eso se convirtió en afrenta para mí.

11 Cuando hice de cilicio mi vestido,
me convertí en proverbio para ellos.

12 Hablan de mí los que se sientan a la puerta,
y *soy* la canción de los borrachos.

13 Pero yo *elevo* a ti mi oración, oh Señor, en
tiempo propicio;
oh Dios, en la grandeza de tu misericordia,
respóndeme con tu verdad salvadora.

14 Sácame del cieno y no me dejes hundir;
sea yo librado de los que me odian, y de lo
profundo de las aguas.

15 No me cubra la corriente de las aguas,
ni me trague el abismo,
ni el pozo cierre sobre mí su boca.

16 Respóndeme, oh Señor, pues buena es tu
misericordia;
vuélvete a mí, conforme a tu inmensa
compasión,

17 y no escondas tu rostro de tu siervo,
porque estoy en angustia; respóndeme
pronto.

18 Acércate a mi alma *y* redímela;
por causa de mis enemigos, rescátame.

19 Tú conoces mi afrenta, mi vergüenza y mi
ignominia;
todos mis adversarios están delante de ti.

20 La afrenta ha quebrantado mi corazón, y
estoy enfermo;
esperé compasión, pero no *la* hubo;
busqué consoladores, pero no *los* hallé.

21 Y por comida me dieron hiel,
y para mi sed me dieron a beber vinagre.

22 Que la mesa delante de ellos se convierta en
lazo,
y cuando estén en paz, *se vuelva* una trampa.

23 Núblense sus ojos para que no puedan ver,
y haz que sus lomos tiemblen continuamente.

24 Derrama sobre ellos tu indignación,
y que el ardor de tu ira los alcance.

25 Sea desolado su campamento,
y nadie habite en sus tiendas.

26 Porque han perseguido al que *ya* tú has
herido,
y cuentan del dolor de aquellos que tú has
traspasado.

27 Añade iniquidad a su iniquidad,
y que no entren en tu justicia.

28 Sean borrados del libro de la vida,
y no sean inscritos con los justos.

29 Pero yo estoy afligido y adolorido;
tu salvación, oh Dios, me ponga en alto.

30 Con cántico alabaré el nombre de Dios,
y con acción de gracias le exaltaré.

31 Y *esto* agradará al Señor más que *el
sacrificio* de un buey,
o de un novillo con cuernos y pezuñas.

32 *Esto* han visto los humildes *y* se alegran.
Viva vuestro corazón, los que buscáis a Dios.

33 Porque el Señor oye a los necesitados,
y no menosprecia a los suyos *que están*
presos.

34 Alábenle los cielos y la tierra,

los mares y todo lo que en ellos se mueve.

35 Porque Dios salvará a Sion y edificará las
ciudades de Judá,
para que ellos moren allí y la posean.

36 Y la descendencia de sus siervos la heredará,
y los que aman su nombre morarán en ella.

SALMO 70

Para el director del coro. *Salmo* de David.
Para conmemorar.

1 Oh Dios, *apresúrate* a librarme;
apresúrate, oh Señor, a socorrerme.

2 Sean avergonzados y humillados
los que buscan mi vida;
sean vueltos atrás y cubiertos de ignominia
los que se complacen en mi mal.

3 Sean vueltos atrás por causa de su vergüenza
los que dicen: ¡Ajá, ajá!

4 Regocíjense y alégrense en ti todos los que te
buscan;
que digan continuamente: ¡Engrandecido sea
Dios!
los que aman tu salvación.

5 Mas yo estoy afligido y necesitado;
oh Dios, ven pronto a mí.
Tú eres mi socorro y mi libertador;
Señor, no te tardes.

SALMO 71

1 En ti, oh Señor, me refugio;
jamás sea yo avergonzado.

2 Líbrame en tu justicia, y rescátame;
inclina a mí tu oído, y sálvame.

3 Sé para mí una roca de refugio, a la cual
pueda ir continuamente;
tú has dado mandamiento para salvarme,
porque tú eres mi roca y mi fortaleza.

4 Dios mío, rescátame de la mano del impío,
de la mano del malhechor y del implacable,

5 porque tú eres mi esperanza;
oh Señor Dios, *tú eres* mi confianza desde mi
juventud.

6 De ti he recibido apoyo desde *mi* nacimiento;
tú eres el que me sacó del seno de mi madre;
para ti es continuamente mi alabanza.

7 He llegado a ser el asombro de muchos,
pero tú eres mi refugio fuerte.

8 Llena está mi boca de tu alabanza
y de tu gloria todo el día.

9 No me rechaces en el tiempo de la vejez;
no me desampares cuando me falten las
fuerzas.

10 Porque mis enemigos han hablado de mí;
y los que acechan mi vida han consultado
entre sí,

11 diciendo: Dios lo ha desamparado;
perseguidlo y apresadlo, pues no hay quien *lo*
libre.

12 Oh Dios, no estés lejos de mí;
Dios mío, apresúrate a socorrerme.

13 Sean avergonzados *y* consumidos los
enemigos de mi alma;
sean cubiertos de afrenta y de ignominia los
que procuran mi mal.

14 Mas yo esperaré continuamente,
y aún te alabaré más y más.

15 Todo el día contará mi boca
de tu justicia *y* de tu salvación,
porque son innumerables.

16 Vendré con los hechos poderosos de Dios el
   Señor;
   haré mención de tu justicia, de la tuya sola.
17 Oh Dios, tú me has enseñado desde mi
   juventud,
   y hasta ahora he anunciado tus maravillas.
18 Y aun en la vejez y las canas, no me
   desampares, oh Dios,
   hasta que anuncie tu poder a *esta*
   generación,
   tu poderío a todos los que han de venir.
19 Porque tu justicia, oh Dios, *alcanza* hasta los
   cielos,
   tú que has hecho grandes cosas;
   oh Dios, ¿quién como tú?
20 Tú que me has hecho ver muchas angustias y
   aflicciones,
   me volverás a dar vida,
   y me levantarás de nuevo de las
   profundidades de la tierra.
21 Aumenta tú mi grandeza,
   y vuelve *a* consolarme.
22 Y yo te daré gracias con el arpa,
   cantaré tu verdad, Dios mío;
   a ti cantaré alabanzas con la lira,
   oh Santo de Israel.
23 Darán voces de júbilo mis labios, cuando te
   cante alabanzas,
   y mi alma, que tú has redimido.
24 También mi lengua hablará de tu justicia
   todo el día,
   porque han sido avergonzados, porque han
   sido humillados, los que procuran mi mal.

SALMO 72

Salmo a Salomón.

1 Oh Dios, da tus juicios al rey,
   y tu justicia al hijo del rey.
2 Juzgue él a tu pueblo con justicia,
   y a tus afligidos con equidad.
3 Traigan paz los montes al pueblo,
   y justicia los collados.
4 Haga él justicia a los afligidos del pueblo,
   salve a los hijos de los pobres,
   y aplaste al opresor.
5 Que le teman mientras duren el sol y la luna,
   por todas las generaciones.
6 Descienda él como la lluvia sobre la hierba
   cortada,
   como aguaceros que riegan la tierra.
7 Florezca la justicia en sus días,
   y abundancia de paz hasta que no haya luna.
8 Domine él de mar a mar,
   y desde el río hasta los confines de la tierra.
9 Dobléguense ante él los moradores del
   desierto,
   y sus enemigos laman el polvo.
10 Los reyes de Tarsis y de las islas traigan
   presentes;
   los reyes de Sabá y de Seba ofrezcan tributo;
11 y póstrense ante él todos los reyes *de la tierra*;
   sírvanle todas las naciones.
12 Porque él librará al necesitado cuando clame,
   también al afligido y al que no tiene quien le
   auxilie.
13 Tendrá compasión del pobre y del
   necesitado,
   y la vida de los necesitados salvará.

14 Rescatará su vida de la opresión y de la
   violencia,
   y su sangre será preciosa ante sus ojos.
15 Que viva, pues, y se le dé del oro de Sabá,
   y que se ore por él continuamente;
   que todo el día se le bendiga.
16 Haya abundancia de grano en la tierra, en las
   cumbres de los montes;
   su fruto se mecerá como *los cedros del*
   Líbano;
   y los de la ciudad florezcan como la hierba de
   la tierra.
17 Sea su nombre para siempre;
   que su nombre se engrandezca mientras dure
   el sol,
   y sean benditos por él *los hombres*;
   llámenlo bienaventurado todas las naciones.
18 Bendito sea el Señor Dios, el Dios de Israel,
   el único que hace maravillas.
19 Bendito sea su glorioso nombre para siempre,
   sea llena de su gloria toda la tierra.
   Amén y amén.
20 *Aquí* terminan las oraciones de David, hijo
   de Isaí.

LIBRO TERCERO

SALMO 73

Salmo de Asaf.

1 Ciertamente Dios es bueno para con Israel,
   para con los de puro corazón.
2 En cuanto a mí, mis pies estuvieron a punto
   de tropezar,
   casi resbalaron mis pasos.
3 Porque tuve envidia de los arrogantes,
   al ver la prosperidad de los impíos.
4 Porque no hay dolores en su muerte,
   y su cuerpo es robusto.
5 No sufren penalidades *como* los mortales,
   ni son azotados como los *demás* hombres.
6 Por tanto, el orgullo es su collar;
   el manto de la violencia los cubre.
7 Los ojos se les saltan de gordura;
   se desborda *su* corazón con sus antojos.
8 Se mofan, y con maldad hablan de opresión;
   hablan desde su encumbrada posición.
9 Contra el cielo han puesto su boca,
   y su lengua se pasea por la tierra.
10 Por eso el pueblo de Dios vuelve a este lugar,
   y beben las aguas de la abundancia.
11 Y dicen: ¿Cómo *lo* sabe Dios?
   ¿Y hay conocimiento en el Altísimo?
12 He aquí, estos son los impíos,
   y, siempre desahogados, han aumentado *sus*
   riquezas.
13 Ciertamente en vano he guardado puro mi
   corazón
   y lavado mis manos en inocencia;
14 pues he sído azotado todo el día
   y castigado cada mañana.
15 Si yo hubiera dicho: Así hablaré,
   he aquí, habría traicionado a la generación
   de tus hijos.
16 Cuando pensaba, tratando de entender esto,
   fue difícil para mí,
17 hasta que entré en el santuario de Dios;
   entonces comprendí el fin de ellos.
18 Ciertamente tú los pones en lugares
   resbaladizos;

los arrojas a la destrucción.

19 ¡Cómo son destruidos en un momento!
Son totalmente consumidos por terrores
repentinos.

20 Como un sueño del que despierta,
oh Señor, cuando te levantes, despreciarás su
apariencia.

21 Cuando mi corazón se llenó de amargura,
y en mi interior sentía punzadas,

22 entonces era yo torpe y sin entendimiento;
era *como* una bestia delante de ti.

23 Sin embargo, yo siempre estoy contigo;
tú me has tomado de la mano derecha.

24 Con tu consejo me guiarás,
y después me recibirás en gloria.

25¿A quién tengo yo en los cielos, *sino a ti?*
Y fuera de ti, nada deseo en la tierra.

26 Mi carne y mi corazón pueden desfallecer,
pero Dios es la fortaleza de mi corazón y mi
porción para siempre.

27 Porque he aquí, los que están lejos de ti
perecerán;
tú has destruido a todos los que te son
infieles.

28 Mas para mí, estar cerca de Dios es mi bien;
en Dios el Señor he puesto mi refugio,
para contar todas tus obras.

SALMO 74

Masquil de Asaf.

1 Oh Dios, ¿por qué *nos* has rechazado para
siempre?
¿*Por qué* se enciende tu ira contra las ovejas
de tu prado?

2 Acuérdate de tu congregación, la que
adquiriste desde los tiempos antiguos,
la que redimiste para que sea la tribu de tu
heredad,
y de este monte Sion donde has habitado.

3 Dirige tus pasos hacia las ruinas eternas;
todo lo que hay en el santuario lo ha dañado
el enemigo.

4 Tus adversarios han rugido en medio de tu
lugar de reunión;
han puesto sus estandartes por señales.

5 Parece como si alguien hubiera levantado
el hacha en espeso bosque.

6 Y ahora, toda su obra de talla
hacen pedazos con hachas y martillos.

7 Han quemado tu santuario hasta los
cimientos;
han profanado la morada de tu nombre.

8 Dijeron en su corazón: Arrasémoslos por
completo.
Han quemado todos los santuarios de Dios
en la tierra.

9 No vemos nuestras señales;
ya no queda profeta,
ni hay entre nosotros quien sepa hasta
cuándo.

10¿Hasta cuándo, oh Dios, blasfemará el
adversario?
¿Despreciará el enemigo tu nombre para
siempre?

11¿Por qué retiras tu mano, tu diestra?
¡*Sácala* de dentro de tu seno, destrúye*los*!

12 Con todo, Dios es mi rey desde la
antigüedad,

el que hace obras de salvación en medio de la
tierra.

13 Tú dividiste el mar con tu poder;
quebraste las cabezas de los monstruos en las
aguas.

14 Tú aplastaste las cabezas de Leviatán;
lo diste por comida a los moradores del
desierto.

15 Tú abriste fuentes y torrentes;
tú secaste ríos inagotables.

16 Tuyo es el día, tuya es también la noche;
tú has preparado la lumbrera y el sol.

17 Tú has establecido todos los términos de la
tierra;
tú has hecho el verano y el invierno.

18 Acuérdate de esto, SEÑOR: que el enemigo ha
blasfemado,
y que un pueblo insensato ha despreciado tu
nombre.

19 El alma de tu tórtola no entregues a la fiera;
no olvides para siempre la vida de tus
afligidos.

20 Mira el pacto, *SEÑOR*,
porque los lugares tenebrosos de la tierra
están llenos de moradas de violencia.

21 No vuelva avergonzado el oprimido;
alaben tu nombre el afligido y el necesitado.

22 Levántate, oh Dios, defiende tu causa;
acuérdate de cómo el necio te injuria todo el
día.

23 No te olvides del vocerío de tus adversarios,
del tumulto de los que se levantan contra ti,
que sube continuamente.

SALMO 75

Para el director del coro; *según tonada de* No destruyas. Salmo de Asaf. Cántico.

1 Te damos gracias, oh Dios, *te* damos gracias,
pues cercano está tu nombre;
los hombres declaran tus maravillas.

2 Cuando yo escoja el tiempo oportuno,
seré yo quien juzgará con equidad.

3 Tiemblan la tierra y todos sus moradores,
mas yo sostengo sus columnas.   (Selah)

4 Dije a los orgullosos: No os jactéis;
y a los impíos: No alcéis la frente;

5 no levantéis en alto vuestra frente;
no habléis con orgullo insolente.

6 Porque ni del oriente ni del occidente,
ni del desierto *viene* el enaltecimiento;

7 sino que Dios es el juez;
a uno humilla y a otro ensalza.

8 Porque hay un cáliz en la mano del SEÑOR, y
el vino fermenta,
lleno de mixtura, y de éste El sirve;
ciertamente lo sorberán hasta las heces *y* lo
beberán todos los impíos de la tierra.

9 Pero yo *lo* anunciaré para siempre;
cantaré alabanzas al Dios de Jacob.

10 Quebraré todos los cuernos de los impíos,
pero el poderío del justo será ensalzado.

SALMO 76

Para el director del coro; con instrumentos de cuerdas. Salmo de Asaf. Cántico.

1 Dios es conocido en Judá;
grande es su nombre en Israel.

2 En Salem está su tabernáculo,

y en Sion su morada.
3 Allí quebró las saetas encendidas del arco,
el escudo, la espada y las armas de guerra.
(Selah)
4 Resplandeciente eres,
más majestuoso que los montes de caza.
5 Fueron despojados los fuertes de corazón;
durmieron su sueño,
y ninguno de los guerreros pudo usar sus
manos.
6 A tu reprensión, oh Dios de Jacob,
auriga y caballo cayeron en profundo sueño.
7 Tú, *sólo* tú, has de ser temido;
¿y quién podrá estar en pie en tu presencia en
el momento de tu ira?
8 Hiciste oír juicio desde los cielos;
temió la tierra y enmudeció
9 al levantarse Dios para juzgar,
para salvar a todos los humildes de la tierra.
(Selah)
10 Pues el furor del hombre te alabará;
con un residuo de furor te ceñirás.
11 Haced votos al SEÑOR vuestro Dios, y
cumplid*los*;
todos los que están alrededor de El traigan
presentes al que debe ser temido.
12 El cortará el espíritu de los príncipes;
temido es por los reyes de la tierra.

SALMO 77

Para el director del coro; según Jedutún.
Salmo de Asaf.

1 Mi voz *se eleva* a Dios, y *a El* clamaré;
mi voz *se eleva* a Dios, y El me oirá.
2 En el día de mi angustia busqué al Señor;
en la noche mi mano se extendía sin
cansarse;
mi alma rehusaba ser consolada.
3 Me acuerdo de Dios, y me siento turbado;
me lamento, y mi espíritu desmaya. (Selah)
4 Has mantenido *abiertos* mis párpados;
estoy tan turbado que no puedo hablar.
5 He pensado en los días pasados,
en los años antiguos.
6 De noche me acordaré de mi canción;
en mi corazón meditaré;
y mi espíritu inquiere.
7 ¿Rechazará el Señor para siempre,
y no mostrará más *su* favor?
8 ¿Ha cesado para siempre su misericordia?
¿Ha terminado para siempre *su* promesa?
9 ¿Ha olvidado Dios tener piedad,
o ha retirado con su ira su compasión?
(Selah)
10 Entonces dije: Este es mi dolor:
que la diestra del Altísimo ha cambiado.
11 Me acordaré de las obras del SEÑOR;
ciertamente me acordaré de tus maravillas
antiguas.
12 Meditaré en toda tu obra,
y reflexionaré en tus hechos.
13 Santo es, oh Dios, tu camino;
¿qué dios hay grande como *nuestro* Dios?
14 Tú eres el Dios que hace maravillas,
has hecho conocer tu poder entre los pueblos.
15 Con tu brazo has redimido a tu pueblo,
a los hijos de Jacob y de José. (Selah)
16 Las aguas te vieron, oh Dios,

te vieron las aguas y temieron,
los abismos también se estremecieron.
17 Derramaron aguas las nubes,
tronaron los nubarrones,
también tus saetas centellearon por doquier.
18 La voz de tu trueno *estaba* en el torbellino,
los relámpagos iluminaron al mundo,
la tierra se estremeció y tembló.
19 En el mar *estaba* tu camino,
y tus sendas en las aguas inmensas,
y no se conocieron tus huellas.
20 Como rebaño guiaste a tu pueblo
por mano de Moisés y de Aarón.

SALMO 78

Masquil de Asaf.

1 Escucha, pueblo mío, mi enseñanza;
inclinad vuestro oído a las palabras de mi
boca.
2 En parábolas abriré mi boca;
hablaré proverbios de la antigüedad,
3 que hemos oído y conocido,
y que nuestros padres nos han contado.
4 No *lo* ocultaremos a sus hijos,
sino que contaremos a la generación venidera
las alabanzas del SEÑOR,
su poder y las maravillas que hizo.
5 Porque El estableció un testimonio en Jacob,
y puso una ley en Israel,
la cual ordenó a nuestros padres
que enseñaran a sus hijos;
6 para que la generación venidera *lo* supiera,
aun los hijos que habían de nacer;
y éstos se levantaran y lo contaran a sus
hijos,
7 para que ellos pusieran su confianza en Dios,
y no se olvidaran de las obras de Dios,
sino que guardaran sus mandamientos;
8 y no fueran como sus padres,
una generación porfiada y rebelde,
generación que no preparó su corazón,
y cuyo espíritu no fue fiel a Dios.
9 Los hijos de Efraín eran arqueros bien
equipados,
pero volvieron las espaldas el día de la
batalla.
10 No guardaron el pacto de Dios,
y rehusaron andar en su ley;
11 olvidaron sus obras,
y los milagros que les había mostrado.
12 El hizo maravillas en presencia de sus
padres,
en la tierra de Egipto, en el campo de Zoán.
13 Dividió el mar y los hizo pasar,
y contuvo las aguas como en un montón.
14 Después los guió de día con la nube,
y toda la noche con un resplandor de fuego.
15 Partió las rocas en el desierto,
y *les* dio agua tan abundante como las
profundidades *del océano;*
16 hizo salir corrientes de la peña,
e hizo descender aguas como ríos.
17 Pero aún siguieron pecando contra El,
rebelándose contra el Altísimo en el desierto.
18 Y en sus corazones tentaron a Dios,
pidiendo comida a su gusto.
19 Hablaron contra Dios,
y dijeron: ¿Podrá Dios preparar mesa en el
desierto?

20 He aquí, hirió la roca y brotaron aguas,
y torrentes se desbordaron;
¿podrá también dar pan?,
¿proveerá carne para su pueblo?

21 Por tanto, al oírlo, el Señor se indignó;
un fuego se encendió contra Jacob,
y aumentó también la ira contra Israel,

22 porque no creyeron en Dios,
ni confiaron en su salvación.

23 Sin embargo, dio órdenes a las nubes arriba,
y abrió las puertas de los cielos;

24 hizo llover sobre ellos maná para comer,
y les dio comida del cielo.

25 Pan de ángeles comió el hombre;
Dios les mandó comida hasta saciarlos.

26 Hizo soplar en el cielo el viento solano,
y con su poder dirigió el viento del sur,

27 El hizo llover sobre ellos carne como polvo,
aladas aves como la arena de los mares,

28 y *las* hizo caer en medio del campamento,
alrededor de sus viviendas.

29 Comieron y quedaron bien saciados,
y les concedió su deseo.

30 Antes de que hubieran satisfecho su deseo,
mientras la comida aún estaba en su boca,

31 la ira de Dios se alzó contra ellos
y mató a algunos de los más robustos,
y subyugó a los escogidos de Israel.

32 A pesar de todo esto, todavía pecaron
y no creyeron en sus maravillas.

33 El, pues, hizo terminar sus días en vanidad,
y sus años en terror súbito.

34 Cuando los hería de muerte, entonces le
buscaban,
y se volvían y buscaban con diligencia a Dios;

35 se acordaban de que Dios era su roca,
y el Dios Altísimo su Redentor.

36 Mas con su boca le engañaban,
y con su lengua le mentían.

37 Pues su corazón no era leal para con El,
ni eran fieles a su pacto.

38 Mas El, siendo compasivo, perdonaba *sus*
iniquidades y no *los* destruía;
muchas veces contuvo su ira,
y no despertó todo su furor.

39 Se acordaba de que ellos eran carne,
un soplo que pasa y no vuelve.

40 ¡Cuántas veces se rebelaron contra El en el
desierto,
y le entristecieron en las soledades!

41 Tentaron[1] a Dios una y otra vez,
y afligieron al Santo de Israel.

42 No se acordaron de su poder,
del día en que los redimió del adversario,

43 cuando hizo sus señales en Egipto,
y sus prodigios en el campo de Zoán.

44 Convirtió en sangre sus ríos
y sus corrientes, *y* no pudieron beber.

45 Envió entre ellos enjambres de moscas que
los devoraban,
y ranas que los destruían.

46 Entregó también sus cosechas al saltamontes,
y el fruto de su trabajo a la langosta.

47 Con granizo destruyó sus vides,
y sus sicómoros con escarcha.

48 Entregó también al granizo sus ganados,
y sus rebaños a los rayos.

49 Envió sobre ellos el ardor de su ira,

furia, indignación y angustia,
un ejército de ángeles destructores.

50 Preparó senda para su ira;
no eximió sus almas de la muerte,
sino que entregó sus vidas a la plaga,

51 e hirió a todos los primogénitos en Egipto,
las primicias de su virilidad en las tiendas de
Cam.

52 Mas a su pueblo lo sacó como a ovejas,
como a rebaño los condujo en el desierto;

53 los guió con seguridad, de modo que no
temieron,
pero el mar se tragó a sus enemigos.

54 Los trajo, pues, a su tierra santa,
a esta tierra montañosa que su diestra había
adquirido.

55 Y expulsó a las naciones de delante de ellos;
las repartió con medida por herencia,
e hizo habitar en sus tiendas a las tribus de
Israel.

56 Empero ellos tentaron y provocaron al Dios
Altísimo,
y no guardaron sus testimonios,

57 sino que se volvieron atrás y fueron desleales
como sus padres;
se desviaron como arco engañoso.

58 Pues le provocaron con sus lugares altos,
y despertaron sus celos con sus imágenes
talladas.

59 Al oírlo Dios, se indignó,
y aborreció a Israel en gran manera.

60 Abandonó la morada en Silo,
la tienda que había levantado entre los
hombres,

61 y entregó al cautiverio su poderío,
y su gloria en manos del adversario.

62 Entregó también su pueblo a la espada,
y se indignó contra su heredad.

63 El fuego consumió a sus jóvenes,
y no tuvieron canciones de bodas sus
doncellas.

64 Sus sacerdotes cayeron a espada,
y sus viudas no pudieron llorar.

65 Entonces despertó el Señor como *de un*
sueño,
como guerrero vencido por el vino,

66 e hizo retroceder a sus adversarios,
poniendo sobre ellos una afrenta perpetua.

67 Desechó también la tienda de José,
y no escogió a la tribu de Efraín,

68 sino que escogió a la tribu de Judá,
al monte Sion que El amaba.

69 Y edificó su santuario como las alturas,
como la tierra que ha fundado para siempre.

70 Escogió también a David su siervo,
lo tomó de entre los apriscos de las ovejas;

71 lo trajo de cuidar las ovejas con *sus*
corderitos,
para pastorear a Jacob, su pueblo,
y a Israel, su heredad.

72 Y él los pastoreó según la integridad de su
corazón,
y los guió con la destreza de sus manos.

SALMO 79

Salmo de Asaf.

1 Oh Dios, las naciones han invadido tu
heredad;

---

1. O, *Pusieron a prueba*

han profanado tu santo templo;
han dejado a Jerusalén en ruinas.
2 Han dado los cadáveres de tus siervos por
   comida a las aves del cielo,
   la carne de tus santos a las fieras de la tierra.
3 Como agua han derramado su sangre
   alrededor de Jerusalén;
   y no hubo quien les diera sepultura.
4 Hemos sido el oprobio de nuestros vecinos,
   escarnio y burla de los que nos rodean.
5 ¿Hasta cuándo, SEÑOR? ¿Estarás airado para
   siempre?
   ¿Arderán como fuego tus celos?
6 Derrama tu furor sobre las naciones que no
   te conocen,
   y sobre los reinos que no invocan tu nombre.
7 Pues han devorado a Jacob,
   y han asolado su morada.
8 No recuerdes contra nosotros las iniquidades
   de *nuestros* antepasados;
   venga pronto a nuestro encuentro tu
   compasión,
   porque estamos muy abatidos.
9 Ayúdanos oh Dios de nuestra salvación,
   por la gloria de tu nombre;
   líbranos y perdona nuestros pecados por
   amor de tu nombre.
10 ¿Por qué han de decir las naciones: Dónde
   está su Dios?
   Sea notoria entre las naciones, a nuestra
   vista,
   la venganza por la sangre derramada de tus
   siervos.
11 Llegue a tu presencia el gemido del cautivo;
   conforme a la grandeza de tu poder preserva
   a los condenados a muerte.
12 Y devuelve a nuestros vecinos siete veces en
   su seno
   la afrenta con que te han ofendido, Señor.
13 Y nosotros, pueblo tuyo y ovejas de tu prado,
   te daremos gracias para siempre;
   a todas las generaciones hablaremos de tu
   alabanza.

SALMO 80

Para el director del coro; *según la tonada* a los
Lirios; Testimonio. Salmo de Asaf.

1 Presta oído, oh Pastor de Israel;
   tú que guías a José como un rebaño;
   tú que estás sentado *más alto que* los
   querubines; ¡resplandece!
2 Delante de Efraín, de Benjamín y de
   Manasés, despierta tu poder
   y ven a salvarnos.
3 Restáuranos, oh Dios,
   y haz resplandecer tu rostro *sobre nosotros*, y
   seremos salvos.
4 Oh SEÑOR, Dios de los ejércitos,
   ¿hasta cuándo estarás airado contra la oración
   de tu pueblo?
5 Les has dado a comer pan de lágrimas,
   y les has hecho beber lágrimas en gran
   abundancia.
6 Nos haces objeto de contienda para nuestros
   vecinos,
   y nuestros enemigos se ríen entre sí.
7 Oh Dios de los ejércitos, restáuranos,
   haz resplandecer tu rostro *sobre nosotros*, y
   seremos salvos.

8 Tú removiste una vid de Egipto;
   expulsaste las naciones y la plantaste.
9 Limpiaste *el terreno* delante de ella;
   echó profundas raíces y llenó la tierra.
10 Los montes fueron cubiertos con su sombra,
   y los cedros de Dios con sus ramas.
11 Extendía sus ramas hasta el mar,
   y sus renuevos hasta el río.
12 ¿Por qué has derribado sus vallados,
   de modo que la vendimian todos los que
   pasan de camino?
13 El puerco montés la devora,
   y de ella se alimenta todo lo que se mueve en
   el campo.
14 Oh Dios de los ejércitos, vuelve ahora, te
   rogamos;
   mira y ve desde el cielo, y cuida esta vid,
15 la cepa que tu diestra ha plantado
   y el vástago que para ti has fortalecido.
16 Está quemada con fuego, *y* cortada;
   ante el reproche de tu rostro perecen.
17 Sea tu mano sobre el hombre de tu diestra,
   sobre el hijo de hombre que para ti
   fortaleciste.
18 Entonces no nos apartaremos de ti;
   avívanos, e invocaremos tu nombre.
19 Oh SEÑOR, Dios de los ejércitos, restáuranos;
   haz resplandecer tu rostro *sobre nosotros* y
   seremos salvos.

SALMO 81

Para el director del coro; sobre Gitit.
Salmo de Asaf.

1 Cantad con gozo a Dios, fortaleza nuestra;
   aclamad con júbilo al Dios de Jacob.
2 Entonad canto de alabanza, y tocad el
   pandero,
   la melodiosa lira con el arpa.
3 Tocad la trompeta en la luna nueva,
   en la luna llena, en el día de nuestra fiesta.
4 Porque es estatuto para Israel,
   ordenanza del Dios de Jacob.
5 El lo estableció por testimonio en José,
   cuando salió sobre la tierra de Egipto.
   Un lenguaje que yo no conocía, oí:
6 Yo libré su hombro de la carga,
   sus manos se libraron de las canastas.
7 En la angustia llamaste, y yo te rescaté;
   te respondí en el escondite del trueno;
   en las aguas de Meriba te probé.   (Selah)
8 Oye, pueblo mío, y te amonestaré.
   ¡Oh Israel, si tú me oyeras!
9 No haya en ti dios ajeno,
   ni adores a dios extranjero.
10 Yo, el SEÑOR, soy tu Dios,
   que te saqué de la tierra de Egipto;
   abre bien tu boca y la llenaré.
11 Pero mi pueblo no escuchó mi voz;
   Israel no me obedeció.
12 Por eso los entregué a la dureza de su
   corazón,
   para que anduvieran en sus propias intrigas.
13 ¡Oh, si mi pueblo me oyera,
   si Israel anduviera en mis caminos!
14 En un momento yo subyugaría a sus
   enemigos
   y volvería mi mano contra sus adversarios.
15 Los que aborrecen al SEÑOR le fingirían
   obediencia,

y el tiempo de su *castigo* sería para siempre.
16 Pero yo te alimentaría con lo mejor del trigo,
   y con miel de la peña te saciaría.

SALMO 82

Salmo de Asaf.

1 Dios ocupa su lugar en su congregación;
   El juzga en medio de los jueces.
2 ¿Hasta cuándo juzgaréis injustamente
   y favoreceréis a los impíos?   (Selah)
3 Defended al débil y al huérfano;
   haced justicia al afligido y al menesteroso.
4 Rescatad al débil y al necesitado;
   librad*los* de la mano de los impíos.
5 No saben ni entienden;
   caminan en tinieblas;
   son sacudidos todos los cimientos de la tierra.
6 Yo dije: Vosotros sois dioses,
   y todos sois hijos del Altísimo.
7 Sin embargo, como hombres moriréis,
   y caeréis como uno de los príncipes.
8 ¡Levántate, oh Dios, juzga la tierra!
   Porque tú posees todas las naciones.

SALMO 83

Cántico. Salmo de Asaf.

1 Oh Dios, no permanezcas en silencio;
   no calles, oh Dios, ni te quedes quieto.
2 Porque, he aquí, tus enemigos rugen,
   y los que te aborrecen se han enaltecido.
3 Hacen planes astutos contra tu pueblo,
   y juntos conspiran contra tus protegidos.
4 Han dicho: Venid, y destruyámoslos como
   nación,
   para que ya no haya memoria del nombre de
   Israel.
5 Porque de corazón han conspirado a una;
   hacen pacto contra ti:
6 las tiendas de Edom y de los ismaelitas,
   Moab y los agarenos,
7 Gebal, Amón y Amalec,
   Filistea con los habitantes de Tiro;
8 Asiria también se ha unido a ellos;
   se han convertido en ayuda para los hijos de
   Lot.   (Selah)
9 Trátalos como a Madián,
   como a Sísara, como a Jabín en el torrente
   Cisón,
10 que fueron destruidos en Endor,
   que quedaron *como* estiércol para la tierra.
11 Pon a sus nobles como a Oreb y Zeeb,
   y a todos sus príncipes como a Zeba y
   Zalmuna,
12 que dijeron: apoderémonos
   de los prados de Dios.
13 Oh Dios mío, ponlos como polvo en
   remolino;
   como paja ante el viento.
14 Como fuego que consume el bosque,
   y como llama que incendia las montañas,
15 así persíguelos con tu tempestad,
   y aterrorízalos con tu torbellino.
16 Cubre sus rostros de ignominia,
   para que busquen tu nombre, oh Señor.
17 Sean avergonzados y turbados para siempre;
   sean humillados y perezcan,

18 para que sepan que sólo tú, que te llamas el
   Señor,
   eres el Altísimo sobre toda la tierra.

SALMO 84

Para el director del coro; sobre Gitit. Salmo de los hijos de Coré.

1 ¡Cuán preciosas son tus moradas,
   oh Señor de los ejércitos!
2 Anhelaba mi alma, y aun deseaba con ansias
   los atrios del Señor;
   mi corazón y mi carne cantan con gozo al
   Dios vivo.
3 Aun el ave ha hallado casa,
   y la golondrina nido para sí donde poner sus
   polluelos:
   ¡tus altares, oh Señor de los ejércitos,
   Rey mío y Dios mío!
4 ¡Cuán bienaventurados son los que moran en
   tu casa!
   Continuamente te alaban.   (Selah)
5 ¡Cuán bienaventurado es el hombre cuyo
   poder está en ti,
   en cuyo corazón están los caminos *a Sion*!
6 Pasando por el valle de Baca[1] lo convierten
   en manantial,
   también las lluvias tempranas lo cubren de
   bendiciones.
7 Van de poder en poder,
   cada uno de ellos comparece ante Dios en
   Sion.
8 ¡Oh Señor, Dios de los ejércitos, oye mi
   oración;
   escucha, oh Dios de Jacob!   (Selah)
9 Mira, oh Dios, escudo nuestro,
   y contempla el rostro de tu ungido.
10 Porque mejor es un día en tus atrios que mil
   fuera de ellos.
   Prefiero estar en el umbral de la casa de mi
   Dios
   que morar en las tiendas de impiedad.
11 Porque sol y escudo es el Señor Dios;
   gracia y gloria da el Señor;
   nada bueno niega a los que andan en
   integridad.
12 Oh Señor de los ejércitos,
   ¡cuán bienaventurado es el hombre que en ti
   confía!

SALMO 85

Para el director del coro. Salmo de los hijos de Coré.

1 Oh Señor, tú mostraste favor a tu tierra,
   cambiaste la cautividad de Jacob.
2 Perdonaste la iniquidad de tu pueblo,
   cubriste todo su pecado.   (Selah)
3 Retiraste toda tu furia,
   te apartaste del ardor de tu ira.
4 Restáuranos, oh Dios de nuestra salvación,
   haz cesar tu indignación contra nosotros.
5 ¿Estarás airado con nosotros para siempre?
   ¿Prolongarás tu ira de generación en
   generación?
6 ¿No volverás a darnos vida
   para que tu pueblo se regocije en ti?
7 Muéstranos, oh Señor, tu misericordia,
   y danos tu salvación.

---

1. Probablemente, *de Lágrimas*, o, *de Arboles de bálsamo*

8 Escucharé lo que dirá Dios el Señor,
   porque hablará paz a su pueblo, a sus santos;
   pero que no vuelvan ellos a la insensatez.
9 Ciertamente cercana está su salvación para
   los que le temen,
   para que more *su* gloria en nuestra tierra.
10 La misericordia y la verdad se han
   encontrado,
   la justicia y la paz se han besado.
11 La verdad brota de la tierra,
   y la justicia mira desde los cielos.
12 Ciertamente el Señor dará lo que es bueno,
   y nuestra tierra dará su fruto.
13 La justicia irá delante de El,
   y sus pasos pondrá por camino.

SALMO 86
Oración de David.

1 Inclina, oh Señor, tu oído *y* respóndeme,
   porque estoy afligido y necesitado.
2 Guarda mi alma, pues soy piadoso;
   tú eres mi Dios; salva a tu siervo que en ti
   confía.
3 Ten piedad de mí, oh Señor,
   porque a ti clamo todo el día.
4 Alegra el alma de tu siervo,
   porque a ti, oh Señor, elevo mi alma.
5 Pues tú, Señor, eres bueno y perdonador,
   abundante en misericordia para con todos los
   que te invocan.
6 Escucha, oh Señor, mi oración,
   y atiende a la voz de mis súplicas.
7 En el día de la angustia te invocaré,
   porque tú me responderás.
8 No hay nadie como tú entre los dioses, oh
   Señor,
   ni hay obras como las tuyas.
9 Todas las naciones que tú has hecho vendrán
   y adorarán delante de ti, Señor,
   y glorificarán tu nombre.
10 Porque tú eres grande y haces maravillas;
   sólo tú eres Dios.
11 Enséñame, oh Señor, tu camino;
   andaré en tu verdad;
   unifica mi corazón para que tema tu nombre.
12 Te daré gracias, Señor mi Dios, con todo mi
   corazón,
   y glorificaré tu nombre para siempre.
13 Porque grande es tu misericordia para
   conmigo,
   y has librado mi alma de las profundidades
   del Seol.
14 Oh Dios, los arrogantes se han levantado
   contra mí,
   y una banda de violentos ha buscado mi vida,
   y no te han tenido en cuenta.
15 Mas tú, Señor, eres un Dios compasivo y
   lleno de piedad,
   lento para la ira y abundante en misericordia
   y verdad.
16 Vuélvete hacia mí, y tenme piedad;
   da tu poder a tu siervo,
   y salva al hijo de tu sierva.
17 Muéstrame una señal de bondad,
   para que *la* vean los que me aborrecen y se
   avergüencen,
   porque tú, oh Señor, me has ayudado y
   consolado.

SALMO 87
Salmo de los hijos de Coré. Cántico.

1 En los montes santos están sus cimientos.
2 El Señor ama las puertas de Sion
   más que todas las *otras* moradas de Jacob.
3 Cosas gloriosas se dicen de ti,
   oh ciudad de Dios: (Selah)
4 Mencionaré a Rahab[1] y a Babilonia entre los
   que me conocen;
   he aquí, Filistea y Tiro con Etiopía; *de sus
   moradores se dirá:*
   "Este nació allí."
5 Pero de Sion se dirá: Este y aquél nacieron en
   ella;
   y el Altísimo mismo la establecerá.
6 El Señor contará al inscribir los pueblos:
   Este nació allí.   (Selah)
7 Entonces tanto los cantores como los
   flautistas, *dirán:*
   En ti están todas mis fuentes *de gozo.*

SALMO 88
Cántico. Salmo de los hijos de Coré. Para el
director del coro; sobre Mahalat Leannot.
Masquil de Hemán ezraíta.

1 Oh Señor, Dios de mi salvación,
   de día y de noche he clamado delante de ti.
2 Llegue mi oración a tu presencia;
   inclina tu oído a mi clamor.
3 Porque saturada está mi alma de males,
   y mi vida se ha acercado al Seol.
4 Soy contado entre los que descienden a la
   fosa;
   he llegado a ser como hombre sin fuerza,
5 abandonado entre los muertos;
   como los caídos a espada que yacen en el
   sepulcro,
   de quienes ya no te acuerdas,
   y que han sido arrancados de tu mano.
6 Me has puesto en la fosa más profunda,
   en lugares tenebrosos, en las profundidades.
7 Ha reposado sobre mí tu furor,
   y me has afligido con todas tus olas.   (Selah)
8 Has alejado de mí mis amistades,
   me has hecho objeto de repugnancia para
   ellos;
   encerrado estoy y no puedo salir.
9 Han languidecido mis ojos a causa de la
   aflicción;
   oh Señor, cada día te he invocado,
   he extendido mis manos hacia ti.
10 ¿Harás maravillas a los muertos?
   ¿Se levantarán los muertos *y* te alabarán?
                                          (Selah)
11 ¿Se hablará de tu misericordia en el sepulcro,
   y de tu fidelidad en el Abadón?
12 ¿Se darán a conocer tus maravillas en las
   tinieblas,
   y tu justicia en la tierra del olvido?
13 Mas yo, a ti pido auxilio, Señor,
   y mi oración llega ante ti por la mañana.
14 ¿Por qué, Señor, rechazas mi alma?
   ¿*Por qué* escondes de mí tu rostro?
15 He estado afligido y a punto de morir desde
   mi juventud;
   sufro tus terrores, estoy abatido.
16 Sobre mí ha pasado tu ardiente ira;

1. I.e., Egipto

tus terrores me han destruido.

17 Me han rodeado como aguas todo el día;
a una me han cercado.

18 Has alejado de mí al compañero y al amigo;
mis amistades son las tinieblas.

SALMO 89

Masquil de Etán ezraíta.

1 Por siempre cantaré de las misericordias del
SEÑOR;
con mi boca daré a conocer tu fidelidad a
todas las generaciones.

2 Porque dije: Para siempre será edificada la
misericordia;
en los cielos mismos establecerás tu fidelidad.

3 Yo he hecho un pacto con mi escogido,
he jurado a David mi siervo:

4 Estableceré tu descendencia para siempre,
y edificaré tu trono por todas las
generaciones.   (Selah)

5 Los cielos alabarán tus maravillas, SEÑOR,
y también tu fidelidad en la asamblea de los
santos.

6 Porque, ¿quién en el firmamento se puede
comparar al SEÑOR?
¿Quién entre los hijos de los poderosos es
como el SEÑOR,

7 Dios muy temido en el consejo de los santos,
e imponente sobre todos los que están en su
derredor?

8 Oh SEÑOR, Dios de los ejércitos, ¿quién como
tú, poderoso SEÑOR?
Tu fidelidad también te rodea.

9 Tú dominas la soberbia del mar;
cuando sus olas se levantan, tú las calmas.

10 Tú aplastaste a Rahab como a uno herido de
muerte;
esparciste a tus enemigos con tu brazo
poderoso.

11 Tuyos son los cielos, tuya también la tierra;
el mundo y todo lo que en él hay, tú lo
fundaste.

12 El norte y el sur, tú los creaste;
el Tabor y el Hermón aclamarán con gozo a
tu nombre.

13 Tú tienes un brazo fuerte;
tu mano es poderosa, tu diestra es exaltada.

14 La justicia y el derecho son el fundamento de
tu trono;
la misericordia y la verdad van delante de ti.

15 ¡Cuán bienaventurado es el pueblo que sabe
lo que es la voz de júbilo!
Andan, SEÑOR, a la luz de tu rostro.

16 En tu nombre se regocijan todo el día,
y por tu justicia son enaltecidos.

17 Porque tú eres la gloria de su potencia,
y por tu gracia es exaltado nuestro poder.

18 Pues del SEÑOR es nuestro escudo,
y del Santo de Israel nuestro rey.

19 Una vez hablaste en visión a tus santos,
y dijiste: He ayudado a un poderoso;
he exaltado a uno escogido de entre el
pueblo.

20 He hallado a David mi siervo;
lo he ungido con mi óleo santo,

21 y con él estará siempre mi mano;
mi brazo también lo fortalecerá.

22 No lo engañará el enemigo,
ni lo afligirá el hijo de maldad.

23 Sino que yo aplastaré a sus adversarios
delante de él,
y heriré a los que lo aborrecen.

24 Con él estarán mi fidelidad y mi
misericordia,
y en mi nombre será exaltado su poder.

25 Pondré también su mano sobre el mar,
y su diestra sobre los ríos.

26 El clamará a mí: Mi Padre eres tú,
mi Dios y la roca de mi salvación.

27 Yo también lo haré *mi* primogénito,
el más excelso de los reyes de la tierra.

28 Para siempre conservaré mi misericordia
hacia él,
y mi pacto le será confirmado.

29 Así estableceré su descendencia para
siempre,
y su trono como los días de los cielos.

30 Si sus hijos abandonan mi ley
y no andan en mis juicios,

31 si violan mis estatutos
y no guardan mis mandamientos,

32 entonces castigaré con vara su transgresión,
y con azotes su iniquidad.

33 Pero no quitaré de él mi misericordia,
ni obraré falsamente en mi fidelidad.

34 No quebrantaré mi pacto,
ni cambiaré la palabra de mis labios.

35 Una vez he jurado por mi santidad;
no mentiré a David.

36 Su descendencia será para siempre,
y su trono como el sol delante de mí.

37 Será establecido para siempre como la luna,
fiel testigo en el cielo.   (Selah)

38 Pero tú *lo* has rechazado y desechado,
contra tu ungido te has enfurecido.

39 Has despreciado el pacto de tu siervo;
has profanado su corona *echándola* por
tierra.

40 Has derribado todos sus muros;
has convertido en ruinas sus fortalezas.

41 Todos los que pasan por el camino lo
saquean;
ha venido a ser una afrenta para sus vecinos.

42 Tú has exaltado la diestra de sus adversarios;
has hecho regocijarse a todos sus enemigos.

43 Has retirado también el filo de su espada,
y no le has hecho estar firme en la batalla.

44 Has hecho cesar su esplendor,
y has echado por tierra su trono.

45 Has acortado los días de su juventud;
lo has cubierto de ignominia.   (Selah)

46 ¿Hasta cuándo, SEÑOR?
¿Te esconderás para siempre?
¿Arderá como el fuego tu furor?

47 Recuerda cuán breve es mi vida;
¡con qué propósito vano has creado a todos
los hijos de los hombres!

48 ¿Qué hombre podrá vivir y no ver la muerte?
¿Podrá librar su alma del poder del Seol?
(Selah)

49 ¿Dónde están, Señor, tus misericordias de
antes,
que en tu fidelidad juraste a David?

50 Recuerda, Señor, el oprobio de tus siervos;
cómo llevo dentro de mí *el oprobio de*
muchos pueblos,

51 con el cual tus enemigos, oh SEÑOR, han
injuriado,

con el cual han injuriado los pasos de tu
ungido.

52 ¡Bendito sea el Señor para siempre!
Amén y amén.

LIBRO CUARTO

SALMO 90

Oración de Moisés, hombre de Dios.

1 Señor, tú has sido un refugio para nosotros
de generación en generación.

2 Antes que los montes fueran engendrados,
y nacieran la tierra y el mundo,
desde la eternidad y hasta la eternidad, tú
eres Dios.

3 Haces que el hombre vuelva a ser polvo,
y dices: Volved, hijos de los hombres.

4 Porque mil años ante tus ojos
son como el día de ayer que *ya* pasó,
y *como* una vigilia de la noche.

5 Tú los has barrido como un torrente, son
como un sueño;
son como la hierba que por la mañana
reverdece;

6 por la mañana florece y reverdece;
al atardecer se marchita y se seca.

7 Porque hemos sido consumidos con tu ira,
y por tu furor hemos sido conturbados.

8 Has puesto nuestras iniquidades delante de
ti,
nuestros *pecados* secretos a la luz de tu
presencia.

9 Porque por tu furor han declinado todos
nuestros días;
acabamos nuestros años como un suspiro.

10 Los días de nuestra vida llegan a setenta
años;
y en caso de *mayor* vigor, a ochenta años.
Con todo, su orgullo es *sólo* trabajo y pesar,
porque pronto pasa, y volamos.

11 ¿Quién conoce el poder de tu ira,
y tu furor conforme al temor que se te debe?

12 Enséñanos a contar de tal modo nuestros
días,
que traigamos al corazón sabiduría.

13 Vuelve, Señor; ¿hasta cuándo?
y compadécete de tus siervos.

14 Sácianos por la mañana con tu misericordia,
y cantaremos con gozo y nos alegraremos
todos nuestros días.

15 Alégranos conforme a los días que nos
afligiste,
y a los años en que vimos adversidad.

16 Manifiéstese tu obra a tus siervos,
y tu majestad a sus hijos,

17 y sea la gracia del Señor nuestro Dios sobre
nosotros.
Confirma, pues, sobre nosotros la obra de
nuestras manos;
sí, la obra de nuestras manos confirma.

SALMO 91

1 El que habita al abrigo del Altísimo
morará a la sombra del Omnipotente.

2 Diré yo al Señor: Refugio mío y fortaleza
mía,
mi Dios, en quien confío.

3 Porque El te libra del lazo del cazador
y de la pestilencia mortal.

4 Con sus plumas te cubre,
y bajo sus alas hallas refugio;
escudo y baluarte es su fidelidad.

5 No temerás el terror de la noche,
ni la flecha que vuela de día,

6 ni la pestilencia que anda en tinieblas,
ni la destrucción que hace estragos en medio
del día.

7 Aunque caigan mil a tu lado
y diez mil a tu diestra,
a ti no se acercará.

8 Con tus ojos mirarás
y verás la paga de los impíos.

9 Porque has puesto al Señor, *que es* mi
refugio,
al Altísimo, *por* tu habitación.

10 No te sucederá *ningún* mal,
ni plaga se acercará a tu morada.

11 Pues El dará órdenes a sus ángeles acerca de
ti,
para que te guarden en todos tus caminos.

12 En sus manos te llevarán,
para que tu pie no tropiece en piedra.

13 Sobre el león y la cobra pisarás;
hollarás al cachorro de león y a la serpiente.

14 Porque en mí ha puesto su amor, yo entonces
lo libraré;
lo exaltaré, porque ha conocido mi nombre.

15 Me invocará, y le responderé;
yo estaré con él en la angustia;
lo rescataré y lo honraré;

16 lo saciaré de larga vida,
y le haré ver mi salvación.

SALMO 92

Salmo. Cántico para el día de reposo.

1 Bueno es dar gracias al Señor,
y cantar alabanzas a tu nombre, oh Altísimo;

2 anunciar por la mañana tu bondad,
y tu fidelidad por las noches,

3 con el decacordio y con el arpa,
con la música sonora de la lira.

4 Porque tú, oh Señor, me has alegrado con
tus obras,
cantaré con gozo ante las obras de tus manos.

5 ¡Qué grandes son tus obras, oh Señor,
cuán profundos tus pensamientos!

6 El hombre torpe no tiene conocimiento,
y el necio no entiende esto:

7 que cuando los impíos brotaron como la
hierba,
y florecieron todos los que hacían iniquidad,
sólo fue para ser destruidos para siempre.

8 Mas tú, oh Señor, excelso eres eternamente.

9 Porque he aquí, tus enemigos, Señor,
porque he aquí, tus enemigos perecerán;
serán esparcidos todos los que hacen
iniquidad.

10 Pero tú has exaltado mi poder como *el del*
búfalo;
he sido ungido con aceite fresco.

11 Mis ojos *satisfechos* han mirado a los que me
acechaban,
y oyen mis oídos de los malhechores que se
levantan contra mí.

12 El justo florecerá como la palma,
crecerá *como* cedro en el Líbano.

13 Plantados en la casa del Señor,

florecerán en los atrios de nuestro Dios.

14 Aun en la vejez darán fruto;
   estarán vigorosos y muy verdes,
15 para anunciar cuán recto es el Señor,
   mi roca, y que no hay injusticia en El.

SALMO 93

1 El Señor reina, vestido está de majestad;
  el Señor se ha vestido y ceñido de poder;
  ciertamente el mundo está bien afirmado,
  será inconmovible.
2 Desde la antigüedad está establecido tu
  trono;
  tú eres desde la eternidad.
3 Los torrentes han alzado, oh Señor,
  los torrentes han alzado su voz;
  los torrentes alzan sus batientes olas.
4 Más que el fragor de muchas aguas,
  más que las poderosas olas del mar,
  es poderoso el Señor en las alturas.
5 Tus testimonios son muy fidedignos;
  la santidad conviene a tu casa,
  eternamente, oh Señor.

SALMO 94

1 Oh Señor, Dios de las venganzas,
  oh Dios de las venganzas, ¡resplandece!
2 Levántate, Juez de la tierra;
  da *su* merecido a los soberbios.
3 ¿Hasta cuándo los impíos, Señor,
  hasta cuándo los impíos se regocijarán?
4 Charlan, hablan con arrogancia;
  todos los que hacen iniquidad se vanaglorían.
5 Aplastan a tu pueblo, Señor,
  y afligen a tu heredad.
6 Matan a la viuda y al extranjero,
  y asesinan a los huérfanos.
7 Y dicen: El Señor no *lo* ve,
  ni hace caso el Dios de Jacob.
8 Haced caso, torpes del pueblo;
  necios, ¿cuándo entenderéis?
9 El que hizo el oído, ¿no oye?
  El que dio forma al ojo, ¿no ve?
10 ¿No reprenderá el que castiga a las naciones,
  el que enseña conocimiento al hombre?
11 El Señor conoce los pensamientos del
  hombre,
  sabe que son *sólo* un soplo.
12 Bienaventurado el hombre a quien corriges,
  Señor,
  y lo instruyes en tu ley;
13 para darle descanso en los días de aflicción,
  hasta que se cave una fosa para el impío.
14 Porque el Señor no abandonará a su pueblo,
  ni desamparará a su heredad.
15 Porque el juicio volverá a ser justo,
  y todos los rectos de corazón lo seguirán.
16 ¿Quién se levantará por mí contra los
  malhechores?
  ¿Quién me defenderá de los que hacen
  iniquidad?
17 Si el Señor no hubiera sido mi socorro,
  pronto habría habitado mi alma en el *lugar
  del* silencio.
18 Si digo: Mi pie ha resbalado,
  tu misericordia, oh Señor, me sostendrá.
19 Cuando mis inquietudes se multiplican
  dentro de mí,
  tus consuelos deleitan mi alma.

20 ¿Puede ser aliado tuyo un trono de
  destrucción,
  que planea el mal por decreto?
21 Se unen contra la vida del justo,
  y condenan a muerte al inocente.
22 Pero el Señor ha sido mi baluarte,
  y mi Dios la roca de mi refugio.
23 El ha hecho volver sobre ellos su *propia*
  iniquidad,
  y los destruirá en su maldad;
  el Señor, nuestro Dios, los destruirá.

SALMO 95

1 Venid, cantemos con gozo al Señor,
  aclamemos con júbilo a la roca de nuestra
  salvación.
2 Vengamos ante su presencia con acción de
  gracias;
  aclamémosle con salmos.
3 Porque Dios grande es el Señor,
  y Rey grande sobre todos los dioses,
4 en cuya mano están las profundidades de la
  tierra;
  suyas son también las cumbres de los montes.
5 Suyo es el mar, pues El lo hizo,
  y sus manos formaron la tierra firme.
6 Venid, adoremos y postrémonos;
  doblemos la rodilla ante el Señor nuestro
  Hacedor.
7 Porque El es nuestro Dios,
  y nosotros el pueblo de su prado y las ovejas
  de su mano.
  Si oís hoy su voz,
8 no endurezcáis vuestro corazón como en
  Meriba,
  como en el día de Masah en el desierto,
9 cuando vuestros padres me tentaron,
  me probaron, aunque habían visto mi obra.
10 Por cuarenta años me repugnó *aquella*
  generación,
  y dije: Es un pueblo que se desvía en su
  corazón
  y no conocen mis caminos.
11 Por tanto, juré en mi ira:
  Ciertamente no entrarán en mi reposo.

SALMO 96

1 Cantad al Señor un cántico nuevo;
  cantad al Señor, toda la tierra.
2 Cantad al Señor, bendecid su nombre;
  proclamad de día en día las buenas nuevas
  de su salvación.
3 Contad su gloria entre las naciones,
  sus maravillas entre todos los pueblos.
4 Porque grande es el Señor, y muy digno de
  ser alabado;
  temible es El sobre todos los dioses.
5 Porque todos los dioses de los pueblos son
  ídolos,
  mas el Señor hizo los cielos.
6 Gloria y majestad están delante de El;
  poder y hermosura en su santuario.
7 Tributad al Señor, oh familias de los
  pueblos,
  tributad al Señor gloria y poder.
8 Tributad al Señor la gloria debida a su
  nombre;
  traed ofrenda y entrad en sus atrios.
9 Adorad al Señor en vestiduras santas;

temblad ante su presencia, toda la tierra.

10 Decid entre las naciones: El Señor reina;
ciertamente el mundo está bien afirmado,
será inconmovible;
El juzgará a los pueblos con equidad.

11 Alégrense los cielos y regocíjese la tierra;
ruja el mar y cuanto contiene;

12 gócese el campo y todo lo que en él hay.
Entonces todos los árboles del bosque
cantarán con gozo

13 delante del Señor, porque El viene;
porque El viene a juzgar la tierra:
juzgará al mundo con justicia
y a los pueblos con su fidelidad.

SALMO 97

1 El Señor reina; regocíjese la tierra;
alégrense las muchas islas.

2 Nubes y densas tinieblas le rodean,
justicia y derecho son el fundamento de su
trono.

3 Fuego va delante de El,
y quema a sus adversarios en derredor.

4 Sus relámpagos iluminaron el mundo;
la tierra vio y se estremeció.

5 Como cera se derritieron los montes ante la
presencia del Señor,
ante la presencia del Señor de toda la tierra.

6 Los cielos proclaman su justicia,
y todos los pueblos han visto su gloria.

7 Sean avergonzados todos los que sirven a
imágenes talladas,
los que se glorían en los ídolos;
adórenle todos los dioses.

8 Oyó Sion *esto* y se alegró,
y las hijas de Judá se han regocijado
a causa de tus juicios, oh Señor.

9 Porque tú eres el Señor, el Altísimo sobre
toda la tierra,
muy excelso sobre todos los dioses.

10 Los que amáis al Señor, aborreced el mal;
El guarda las almas de sus santos;
los libra de la mano de los impíos.

11 Luz se ha sembrado para el justo,
y alegría para los rectos de corazón.

12 Justos, alegraos en el Señor,
y alabad su santo nombre.

SALMO 98

Salmo.

1 Cantad al Señor un cántico nuevo,
porque ha hecho maravillas,
su diestra y su santo brazo le han dado la
victoria.

2 El Señor ha dado a conocer su salvación;
a la vista de las naciones ha revelado su
justicia.

3 Se ha acordado de su misericordia y de su
fidelidad para con la casa de Israel;
todos los términos de la tierra han visto la
salvación de nuestro Dios.

4 Aclamad con júbilo al Señor, toda la tierra;
prorrumpid y cantad con gozo, cantad
alabanzas.

5 Cantad alabanzas al Señor con la lira,
con la lira y al son de la melodía.

6 Con trompetas y sonido de cuerno,
dad voces ante el Rey, el Señor.

7 Ruja el mar y cuanto contiene,
el mundo y los que en él habitan.

8 Batan palmas los ríos;
a una canten jubilosos los montes

9 delante del Señor, pues viene a juzgar la
tierra;
El juzgará al mundo con justicia,
y a los pueblos con equidad.

SALMO 99

1 El Señor reina, estremézcanse los pueblos;
sentado está *sobre* los querubines, tiemble la
tierra.

2 El Señor es grande en Sion,
y exaltado sobre todos los pueblos.

3 Alaben tu nombre grande y temible;
El es santo.

4 El poder del rey ama la justicia;
tú has establecido la equidad;
has hecho juicio y justicia en Jacob.

5 Exaltad al Señor nuestro Dios,
y postraos ante el estrado de sus pies;
El es santo.

6 Moisés y Aarón *estaban* entre sus sacerdotes,
y Samuel entre los que invocaron su nombre;
ellos clamaron al Señor, y El les respondió.

7 Les habló en la columna de nube;
guardaron sus testimonios,
y el estatuto que El les dio.

8 Oh Señor, Dios nuestro, tú les respondiste;
fuiste para ellos un Dios perdonador,
mas también vengador de sus *malas* obras.

9 Exaltad al Señor nuestro Dios,
y postraos ante su santo monte,
porque santo es el Señor nuestro Dios.

SALMO 100

Salmo de acción de gracias.

1 Aclamad con júbilo al Señor, toda la tierra.

2 Servid al Señor con alegría;
venid ante El con cánticos de júbilo.

3 Sabed que El, El, es Dios;
El nos hizo, y no nosotros *a nosotros mismos;*
pueblo suyo *somos* y ovejas de su prado.

4 Entrad por sus puertas con acción de gracias,
y a sus atrios con alabanza.
Dadle gracias, bendecid su nombre.

5 Porque el Señor es bueno;
para siempre es su misericordia,
y su fidelidad por todas las generaciones.

SALMO 101

Salmo de David.

1 La misericordia y la justicia cantaré;
a ti, oh Señor, cantaré alabanzas.

2 Prestaré atención al camino de integridad.
¿Cuándo vendrás, *Señor,* a mí?
En la integridad de mi corazón andaré
dentro de mi casa.

3 No pondré cosa indigna delante de mis ojos;
aborrezco la obra de los que se desvían;
no se aferrará a mí.

4 El corazón perverso se alejará de mí;
no conoceré maldad.

5 Destruiré al que en secreto calumnia a su
prójimo;
no toleraré al de ojos altaneros y de corazón
arrogante.

6 Mis ojos estarán sobre los fieles de la tierra,
para que moren conmigo;
el que anda en camino de integridad me
servirá.
7 El que practica el engaño no morará en mi
casa;
el que habla mentiras no permanecerá en mi
presencia.
8 Cada mañana destruiré a todos los impíos de
la tierra,
para extirpar de la ciudad del Señor a todos
los que hacen iniquidad.

SALMO 102

*Plegaria de uno que sufre, cuando desmaya y
expone su queja ante el Señor.*

1 Oh Señor, escucha mi oración,
y llegue a ti mi clamor.
2 No escondas de mí tu rostro en el día de mi
angustia;
inclina hacia mí tu oído;
el día en que te invoco, respóndeme pronto.
3 Porque mis días han sido consumidos en
humo,
y como brasero han sido quemados mis
huesos.
4 Mi corazón ha sido herido como la hierba y
se ha secado,
y *hasta* me olvido de comer mi pan.
5 A causa de la intensidad de mi gemido
mis huesos se pegan a la piel.
6 Me parezco al pelícano del desierto;
como el búho de las soledades he llegado a
ser.
7 No puedo dormir;
soy cual pájaro solitario sobre un tejado.
8 Mis enemigos me han afrentado todo el día;
los que me escarnecen han usado mi *nombre*
como maldición.
9 Porque cenizas he comido por pan,
y con lágrimas he mezclado mi bebida,
10 a causa de tu indignación y de tu enojo;
pues tú me has levantado y me has
rechazado.
11 Mis días son como sombra que se alarga;
y yo me seco como la hierba.
12 Mas tú, Señor, permaneces para siempre,
y tu nombre por todas las generaciones.
13 Tú te levantarás *y* tendrás compasión de
Sion,
porque es tiempo de apiadarse de ella,
pues ha llegado la hora.
14 Ciertamente tus siervos se deleitan en sus
piedras,
y se apiadan de su polvo.
15 Y las naciones temerán el nombre del Señor,
y todos los reyes de la tierra, tu gloria.
16 Porque el Señor ha edificado a Sion,
y se ha manifestado en su gloria.
17 Ha considerado la oración de los
menesterosos,
y no ha despreciado su plegaria.
18 Esto se escribirá para las generaciones
futuras;
para que un pueblo aún por crear alabe al
Señor.
19 Pues El miró desde su excelso santuario;
desde el cielo el Señor se fijó en la tierra,

20 para oír el gemido de los prisioneros,
para poner en libertad a los condenados a
muerte;
21 para que *los hombres* anuncien en Sion el
nombre del Señor,
y su alabanza en Jerusalén,
22 cuando los pueblos y los reinos se congreguen
a una
para servir al Señor.
23 El debilitó mis fuerzas en el camino;
acortó mis días.
24 Dije: Dios mío, no me lleves en la mitad de
mis días;
tus años son por todas las generaciones.
25 Desde la antigüedad tú fundaste la tierra,
y los cielos son la obra de tus manos.
26 Ellos perecerán, pero tú permaneces;
y todos ellos como una vestidura se
desgastarán;
como vestido los mudarás, y serán
cambiados.
27 Pero tú eres el mismo,
y tus años no tendrán fin.
28 Los hijos de tus siervos permanecerán,
y su descendencia será establecida delante
de ti.

SALMO 103

Salmo de David.

1 Bendice, alma mía, al Señor,
y *bendiga* todo mi ser su santo nombre.
2 Bendice, alma mía, al Señor,
y no olvides ninguno de sus beneficios.
3 El es el que perdona todas tus iniquidades,
el que sana todas tus enfermedades;
4 el que rescata de la fosa tu vida,
el que te corona de bondad y compasión;
5 el que colma de bienes tus años,
para que tu juventud se renueve como el
águila.
6 El Señor hace justicia,
y juicios a favor de todos los oprimidos.
7 A Moisés dio a conocer sus caminos,
y a los hijos de Israel sus obras.
8 Compasivo y clemente es el Señor,
lento para la ira y grande en misericordia.
9 No contenderá *con nosotros* para siempre,
ni para siempre guardará *su enojo.*
10 No nos ha tratado según nuestros pecados,
ni nos ha pagado conforme a nuestras
iniquidades.
11 Porque como están de altos los cielos sobre la
tierra,
así es de grande su misericordia para los que
le temen.
12 Como está de lejos el oriente del occidente,
así alejó de nosotros nuestras transgresiones.
13 Como un padre se compadece de *sus* hijos,
así se compadece el Señor de los que le
temen.
14 Porque El sabe de qué estamos hechos[1],
se acuerda de que somos *sólo* polvo.
15 El hombre, como la hierba son sus días;
como la flor del campo, así florece;
16 cuando el viento pasa sobre ella, deja de ser,
. y su lugar ya no la reconoce.
17 Mas la misericordia del Señor es desde la

---

1. Lit., *conoce nuestra estructura*

eternidad hasta la eternidad, para los que
le temen,
y su justicia para los hijos de los hijos,
18 para los que guardan su pacto
y se acuerdan de sus preceptos para
cumplirlos.
19 El Señor ha establecido su trono en los
cielos,
y su reino domina sobre todo.
20 Bendecid al Señor, vosotros sus ángeles,
poderosos en fortaleza, que ejecutáis su
mandato,
obedeciendo la voz de su palabra.
21 Bendecid al Señor, vosotros todos sus
ejércitos,
que le servís haciendo su voluntad.
22 Bendecid al Señor, vosotras todas sus obras,
en todos los lugares de su dominio.
Bendice, alma mía, al Señor.

SALMO 104

1 Bendice, alma mía, al Señor.
Señor, Dios mío, cuán grande eres;
te has vestido de esplendor y de majestad,
2 cubriéndote de luz como con un manto,
extendiendo los cielos como una cortina.
3 *El es* el que pone las vigas de sus altos
aposentos en las aguas;
el que hace de las nubes su carroza;
el que anda sobre las alas del viento;
4 que hace de los vientos sus mensajeros,
y de las llamas de fuego sus ministros.
5 El estableció la tierra sobre sus cimientos,
para que jamás sea sacudida.
6 La cubriste con el abismo como con un
vestido;
las aguas estaban sobre los montes.
7 A tu reprensión huyeron;
al sonido de tu trueno se precipitaron.
8 Se levantaron los montes, se hundieron los
valles,
al lugar que tú estableciste para ellos.
9 Pusiste un límite que no pueden cruzar,
para que no vuelvan a cubrir la tierra.
10 El hace brotar manantiales en los valles,
corren entre los montes;
11 dan de beber a todas las bestias del campo,
los asnos monteses mitigan su sed.
12 Junto a ellos habitan las aves de los cielos,
elevan *sus* trinos entre las ramas.
13 El riega los montes desde sus aposentos,
del fruto de sus obras se sacia la tierra.
14 El hace brotar la hierba para el ganado,
y las plantas para el servicio del hombre,
para que él saque alimento de la tierra,
15 y vino que alegra el corazón del hombre,
para que haga brillar con aceite *su* rostro,
y alimento que fortalece el corazón del
hombre.
16 Los árboles del Señor se sacian,
los cedros del Líbano que El plantó,
17 donde hacen sus nidos las aves,
y la cigüeña, cuya morada está en los
cipreses.
18 Los montes altos son para las cabras
monteses;
las peñas son refugio para los tejones.
19 El hizo la luna para *medir* las estaciones;

el sol conoce el lugar de su ocaso.
20 Tú ordenas la oscuridad y se hace de noche,
en ella andan todas las bestias del bosque.
21 Rugen los leoncillos tras su presa,
y buscan de Dios su comida.
22 *Al* salir el sol se esconden,
y se echan en sus guaridas.
23 Sale el hombre a su trabajo,
y a su labor hasta el atardecer.
24 ¡Cuán numerosas son tus obras, oh Señor!
Con sabiduría las has hecho todas;
llena está la tierra de tus posesiones.
25 He allí el mar, grande y anchuroso,
en el cual hay un hervidero innumerable
de animales tanto pequeños como grandes.
26 Allí surcan las naves,
y el Leviatán que hiciste para jugar en él.
27 Todos ellos esperan en ti,
para que les des su comida a su tiempo.
28 Tú les das, ellos recogen;
abres tu mano, se sacian de bienes.
29 Escondes tu rostro, se turban;
les quitas el aliento[1], expiran,
y vuelven al polvo.
30 Envías tu Espíritu[2], son creados,
y renuevas la faz de la tierra.
31 ¡Sea para siempre la gloria del Señor!
¡Alégrese el Señor en sus obras!
32 El mira a la tierra, y ella tiembla;
toca los montes, y humean.
33 Al Señor cantaré mientras yo viva;
cantaré alabanzas a mi Dios mientras yo
exista.
34 Séale agradable mi meditación;
yo me alegraré en el Señor.
35 Sean consumidos de la tierra los pecadores,
y los impíos dejen de ser.
Bendice, alma mía, al Señor.
¡Aleluya!

SALMO 105

1 Dad gracias al Señor, invocad su nombre;
dad a conocer sus obras entre los pueblos.
2 Cantadle, cantadle alabanzas;
hablad de todas sus maravillas.
3 Gloriaos en su santo nombre;
alégrese el corazón de los que buscan al
Señor.
4 Buscad al Señor y su fortaleza;
buscad su rostro continuamente.
5 Recordad las maravillas que El ha hecho,
sus prodigios y los juicios de su boca,
6 oh simiente de Abraham, su siervo,
hijos de Jacob, sus escogidos.
7 El es el Señor nuestro Dios;
sus juicios están en toda la tierra.
8 Para siempre se ha acordado de su pacto,
de la palabra que ordenó a mil generaciones,
9 *del pacto* que hizo con Abraham,
y de su juramento a Isaac.
10 También lo confirmó a Jacob por estatuto,
a Israel como pacto eterno,
11 diciendo: A ti te daré la tierra de Canaán
como porción de vuestra heredad.
12 Cuando eran pocos en número,
muy pocos, y forasteros en ella,
13 y vagaban de nación en nación,
y de un reino a otro pueblo,

---

1. O, *espíritu* 2. O, *aliento*

14 El no permitió que nadie los oprimiera,
y por amor a ellos reprendió a reyes,
diciendo:
15 No toquéis a mis ungidos,
ni hagáis mal a mis profetas.
16 Y llamó al hambre sobre la tierra,
quebró todo sustento de pan.
17 Envió a un hombre delante de ellos,
a José, vendido como esclavo.
18 Con grillos afligieron sus pies,
él mismo fue puesto en cadenas,
19 hasta que su predicción se cumplió;
la palabra del Señor lo puso a prueba.
20 El rey envió, y lo soltó,
el soberano de los pueblos, lo puso en
libertad.
21 Lo puso por señor de su casa,
y administrador sobre todos sus bienes,
22 para que encarcelara a sus príncipes a
voluntad suya,
y a sus ancianos enseñara sabiduría.
23 También Israel entró en Egipto,
así peregrinó Jacob en la tierra de Cam.
24 E hizo que su pueblo se multiplicara mucho,
y los hizo más fuertes que sus adversarios.
25 Tornó el corazón de ellos para que odiaran a
su pueblo,
para que obraran astutamente contra sus
siervos.
26 Envió a Moisés su siervo,
y a Aarón a quien había escogido.
27 Estos hicieron las maravillas de Dios entre
ellos,
y prodigios en la tierra de Cam.
28 Mandó tinieblas e hizo que se oscureciera,
y ellos no se rebelaron contra sus palabras.
29 Convirtió sus aguas en sangre,
e hizo morir sus peces.
30 Pululó su tierra de ranas
hasta en las alcobas de sus reyes.
31 El habló, y vinieron enjambres de moscas
y mosquitos por todo su territorio.
32 Les dio granizo por lluvia,
y llamas de fuego en su tierra.
33 Devastó también sus vides y sus higueras,
y destrozó los árboles de sus territorios.
34 El habló, y vinieron langostas,
y orugas sin número;
35 que devoraron toda la vegetación de su país,
y se comieron el fruto de su suelo.
36 También hirió *de muerte* a todo primogénito
de su tierra;
las primicias de todo su vigor.
37 Pero a ellos los sacó con plata y oro,
y entre sus tribus no hubo quien tropezara.
38 Egipto se alegró cuando se fueron,
porque su terror había caído sobre ellos.
39 Extendió una nube para cubrirlos,
y fuego para iluminar*los* de noche.
40 Pidieron, y les mandó codornices,
y los sació de pan del cielo.
41 Abrió la roca, y brotaron las aguas;
corrieron *como* un río en tierra seca.
42 Porque se acordó de su santa palabra
dada a Abraham su siervo,
43 y sacó a su pueblo con alegría,
y a sus escogidos con gritos de júbilo.
44 También les dio las tierras de las naciones,

y poseyeron *el fruto del* trabajo de los
pueblos,
45 a fin de que guardaran sus estatutos,
y observaran sus leyes.
¡Aleluya!

SALMO 106

1 ¡Aleluya!
Dad gracias al Señor, porque es bueno;
porque para siempre es su misericordia.
2 ¿Quién puede relatar los poderosos hechos del
Señor,
o expresar toda su alabanza?
3 Bienaventurados los que guardan el juicio,
los que practican la justicia en todo tiempo.
4 Acuérdate de mí, oh Señor, en *tu* bondad
hacia tu pueblo;
visítame con tu salvación,
5 para que yo vea la prosperidad de tus
escogidos,
para que me regocije en la alegría de tu
nación,
para que me gloríe con tu heredad.
6 Nosotros hemos pecado como nuestros
padres,
hemos hecho iniquidad, nos hemos
conducido impíamente.
7 Nuestros padres en Egipto no entendieron
tus maravillas;
no se acordaron de tu infinito amor,
sino que se rebelaron junto al mar, en el mar
Rojo.
8 No obstante, los salvó por amor de su
nombre,
para manifestar su poder.
9 Reprendió, pues, al mar Rojo, y se secó;
y los condujo por las profundidades, como
por un desierto.
10 Los salvó de mano del que *los* odiaba,
y los redimió de mano del enemigo.
11 Las aguas cubrieron a sus adversarios,
ni uno de ellos escapó.
12 Entonces creyeron en sus palabras,
y cantaron su alabanza.
13 *Pero* pronto se olvidaron de sus obras;
no esperaron su consejo.
14 Tuvieron apetitos desenfrenados en el
desierto,
y tentaron a Dios en las soledades.
15 El les concedió lo que pedían,
pero envió una plaga mortal sobre ellos.
16 Cuando en el campamento tuvieron envidia
de Moisés,
y de Aarón, el santo del Señor,
17 la tierra se abrió y tragó a Datán,
y se cerró sobre el grupo de Abiram.
18 Un fuego ardió contra su grupo,
la llama consumió a los impíos.
19 Hicieron un becerro en Horeb,
y adoraron una imagen de fundición;
20 cambiaron su gloria
por la imagen de un buey que come hierba.
21 Se olvidaron de Dios su Salvador,
que había hecho grandes cosas en Egipto,
22 maravillas en la tierra de Cam,
y cosas asombrosas en el mar Rojo.
23 El dijo que los hubiera destruido,
de no haberse puesto Moisés, su escogido, en
la brecha delante de El,

a fin de apartar su furor para que no *los* destruyera.

24 Aborrecieron la tierra deseable,
no creyeron en su palabra,

25 sino que murmuraron en sus tiendas,
y no escucharon la voz del SEÑOR.

26 Por tanto, les juró
abatirlos en el desierto,

27 y esparcir su simiente entre las naciones,
y dispersarlos por las tierras.

28 Se unieron también a Baal-peor,
y comieron sacrificios ofrecidos a los muertos.

29 *Le* provocaron, pues, a ira con sus actos,
y la plaga se desató entre ellos.

30 Entonces Finees se levantó e intervino,
y cesó la plaga.

31 Y le fue contado por justicia
por todas las generaciones para siempre.

32 También *le* hicieron enojarse en las aguas de Meriba,
y le fue mal a Moisés por culpa de ellos,

33 puesto que fueron rebeldes contra su Espíritu,
y él habló precipitadamente con sus labios.

34 No destruyeron a los pueblos,
como el SEÑOR les había mandado,

35 sino que se mezclaron con las naciones,
aprendieron sus costumbres,

36 y sirvieron a sus ídolos
que se convirtieron en lazo para ellos.

37 Sacrificaron a sus hijos y a sus hijas a los demonios,

38 y derramaron sangre inocente,
la sangre de sus hijos y de sus hijas,
a quienes sacrificaron a los ídolos de Canaán,
y la tierra fue contaminada con sangre.

39 Así se contaminaron en sus costumbres,
y fueron infieles en sus hechos.

40 Entonces se encendió la ira del SEÑOR contra su pueblo,
y El aborreció su heredad.

41 Los entregó en mano de las naciones,
y los que los aborrecían se enseñorearon sobre ellos.

42 Sus enemigos también los oprimieron,
y fueron subyugados bajo su poder.

43 Muchas veces los libró;
ellos, sin embargo, fueron rebeldes a su consejo,
y se hundieron en su iniquidad.

44 Sin embargo, El vio su angustia
al escuchar su clamor;

45 y por amor a ellos se acordó de su pacto,
y se arrepintió conforme a la grandeza de su misericordia.

46 Les hizo también *objeto* de compasión
en presencia de todos los que los tenían cautivos.

47 Sálvanos, oh SEÑOR, Dios nuestro,
y reúnenos de entre las naciones,
para dar gracias a tu santo nombre,
y para gloriarnos en tu alabanza.

48 Bendito sea el SEÑOR, Dios de Israel,
desde la eternidad y hasta la eternidad.
Y todo el pueblo diga: Amén.
¡Aleluya!

LIBRO QUINTO

SALMO 107

1 Dad gracias al SEÑOR, porque El es bueno;
porque para siempre es su misericordia.

2 Dígan*lo* los redimidos del SEÑOR,
a quienes ha redimido de la mano del adversario,

3 y los ha reunido de las tierras,
del oriente y del occidente,
del norte y del sur.

4 Vagaron por el desierto, por lugar desolado,
no hallaron camino a ciudad habitada;

5 hambrientos y sedientos,
su alma desfallecía en ellos.

6 Entonces en su angustia clamaron al SEÑOR,
y El los libró de sus aflicciones;

7 y los guió por camino recto,
para que fueran a una ciudad habitada.

8 Den gracias al SEÑOR por su misericordia
y por sus maravillas para con los hijos de los hombres.

9 Porque El ha saciado al alma sedienta,
y ha llenado de bienes al alma hambrienta.

10 Moradores de tinieblas y de sombra de muerte,
prisioneros en miseria y en cadenas,

11 porque fueron rebeldes a las palabras de Dios
y despreciaron el consejo del Altísimo;

12 humilló pues, sus corazones con trabajos,
tropezaron y no hubo quien *los* socorriera.

13 Entonces en su angustia clamaron al SEÑOR
y El los salvó de sus aflicciones;

14 los sacó de las tinieblas y de la sombra de muerte
y rompió sus ataduras.

15 Den gracias al SEÑOR por su misericordia
y por sus maravillas para con los hijos de los hombres.

16 Porque El rompió las puertas de bronce
e hizo pedazos las barras de hierro.

17 Por causa de sus caminos rebeldes,
y por causa de sus iniquidades, los insensatos fueron afligidos.

18 Su alma aborreció todo alimento,
y se acercaron hasta las puertas de la muerte.

19 Entonces en su angustia clamaron al SEÑOR
y El los salvó de sus aflicciones.

20 El envió su palabra y los sanó
y los libró de la muerte.

21 Den gracias al SEÑOR por su misericordia
y por sus maravillas para con los hijos de los hombres.

22 Ofrezcan también sacrificios de acción de gracias
y pregonen sus obras con cantos de júbilo.

23 Los que descienden al mar en naves
y hacen negocio sobre las grandes aguas

24 ellos han visto las obras del SEÑOR
y sus maravillas en lo profundo.

25 Pues El habló, y levantó un viento tempestuoso
que encrespó las olas del mar.

26 Subieron a los cielos, descendieron a las profundidades,
sus almas se consumían por el mal.

27 Temblaban y se tambaleaban como ebrios,
y toda su pericia desapareció.

28 Entonces en su angustia clamaron al Señor
   y El los sacó de sus aflicciones.
29 Cambió la tempestad en calma
   y las olas del mar callaron.
30 Entonces se alegraron porque *las olas* se
     habían aquietado,
   y El los guió al puerto anhelado.
31 Den gracias al Señor por su misericordia
   y por sus maravillas para con los hijos de los
     hombres.
32 Exáltenle también en la congregación del
     pueblo,
   y alábenle en la reunión de los ancianos.
33 El convierte los ríos en desierto
   y los manantiales en secadales;
34 la tierra fértil en salinas,
   por la maldad de los que moran en ella.
35 Transforma el desierto en estanque de aguas,
   y la tierra seca en manantiales;
36 en ella hace morar a los hambrientos,
   para que establezcan una ciudad donde vivir,
37 y siembren campos, planten viñas,
   y recojan una cosecha abundante.
38 Los bendice también y se multiplican mucho,
   y no disminuye su ganado.
39 Cuando son disminuidos y abatidos
   por la opresión, la calamidad y la aflicción,
40 vierte desprecio sobre los príncipes,
   y los hace vagar por un yermo sin camino.
41 Pero al pobre levanta de la miseria y lo pone
     seguro en alto,
   y multiplica *sus* familias como un rebaño.
42 Los rectos lo ven y se alegran,
   pero toda iniquidad cierra su boca.
43 ¿Quién es sabio? Que preste atención a estas
     cosas,
   y considere las bondades del Señor.

SALMO 108

Cántico. Salmo de David.

1 Mi corazón está firme, oh Dios;
   cantaré, cantaré alabanzas, aun con mi alma.
2 ¡Despertad, arpa y lira!
   ¡A la aurora despertaré!
3 Te alabaré entre los pueblos, Señor;
   te cantaré alabanzas entre las naciones.
4 Porque grande, por encima de los cielos, es tu
     misericordia;
   y hasta el firmamento tu verdad.
5 Exaltado seas sobre los cielos, oh Dios,
   sobre toda la tierra *sea* tu gloria.
6 Para que sean librados tus amados,
   salva con tu diestra, y respóndeme.
7 Dios ha hablado en su santidad:
   Me alegraré, repartiré a Siquem
   y mediré el valle de Sucot.
8 Mío es Galaad, mío es Manasés,
   Efraín es el yelmo de mi cabeza,
   Judá es mi cetro.
9 Moab es la vasija en que me lavo;
   sobre Edom arrojaré mi zapato;
   sobre Filistea lanzaré gritos.
10 ¿Quién me conducirá a la ciudad fortificada?
   ¿Quién me guiará hasta Edom?
11 ¿No eres tú, oh Dios, el que nos ha rechazado?
   ¿No saldrás, oh Dios, con nuestros ejércitos?
12 Danos ayuda contra el adversario,
   pues vano es el auxilio del hombre.

13 En Dios haremos proezas,
   y El hollará a nuestros adversarios.

SALMO 109

Para el director del coro. Salmo de David.

1 Oh Dios de mi alabanza,
   no calles.
2 Porque contra mí han abierto *su* boca impía
     y engañosa;
   con lengua mentirosa han hablado contra mí.
3 Me han rodeado también con palabras de
     odio,
   y sin causa han luchado contra mí.
4 En pago de mi amor, obran como mis
     acusadores,
   pero yo oro.
5 Así me han pagado mal por bien,
   y odio por mi amor.
6 Pon a un impío sobre él,
   y que un acusador[1] esté a su diestra.
7 Cuando sea juzgado, salga culpable,
   y su oración se convierta en pecado.
8 Sean pocos sus días,
   y que otro tome su cargo;
9 sean huérfanos sus hijos,
   y viuda su mujer;
10 vaguen errantes sus hijos, y mendiguen,
   y busquen *el sustento* lejos de sus hogares en
     ruinas.
11 Que el acreedor se apodere de todo lo que
     tiene,
   y extraños saqueen el fruto de su trabajo.
12 Que no haya quien le extienda misericordia,
   ni haya quien se apiade de sus huérfanos;
13 sea exterminada su posteridad,
   su nombre sea borrado en la siguiente
     generación.
14 Sea recordada ante el Señor la iniquidad de
     sus padres,
   y no sea borrado el pecado de su madre.
15 Estén continuamente delante del Señor,
   para que El corte de la tierra su memoria;
16 porque él no se acordó de mostrar
     misericordia,
   sino que persiguió al afligido, al necesitado
   y al de corazón decaído para matar*los*.
17 También amaba la maldición, y *ésta* vino
     sobre él;
   no se deleitó en la bendición, y ella se alejó de
     él.
18 Se vistió de maldición como *si fuera* su
     manto,
   y entró como agua en su cuerpo,
   y como aceite en sus huesos.
19 Séale como vestidura con que se cubra,
   y por cinto con que se ciña siempre.
20 Sea esta la paga del Señor para mis
     acusadores,
   y para los que hablan mal contra mi alma.
21 Mas tú, oh Dios, Señor, por amor de tu
     nombre hazme *bien;*
   líbrame, pues es buena tu misericordia;
22 porque afligido y necesitado estoy,
   y mi corazón está herido dentro de mí.
23 Voy pasando como sombra que se alarga;
   soy sacudido como la langosta.
24 Mis rodillas están débiles por el ayuno,
   y mi carne sin gordura ha enflaquecido.

1. O, *Satanás*

25 Me he convertido también en objeto de
     oprobio para ellos;
     cuando me ven, menean la cabeza.
26 Ayúdame, SEÑOR, Dios mío,
     sálvame conforme a tu misericordia;
27 y que sepan que esta es tu mano,
     que tú, SEÑOR, lo has hecho.
28 Maldigan ellos, pero tú bendice;
     cuando se levanten, serán avergonzados,
     mas tu siervo se alegrará.
29 Sean vestidos de oprobio mis acusadores,
     y cúbranse con su propia vergüenza como
     con un manto.
30 Con mi boca daré abundantes gracias al
     SEÑOR,
     y en medio de la multitud le alabaré.
31 Porque El está a la diestra del pobre,
     para salvarle de los que juzgan su alma.

SALMO 110

Salmo de David.

1 Dice el SEÑOR a mi Señor:
     Siéntate a mi diestra,
     hasta que ponga a tus enemigos por estrado
     de tus pies.
2 El SEÑOR extenderá desde Sion tu poderoso
     cetro, *diciendo:*
     Domina en medio de tus enemigos.
3 Tu pueblo se ofrecerá voluntariamente en el
     día de tu poder;
     en el esplendor de la santidad, desde el seno
     de la aurora;
     tu juventud es para ti *como* el rocío.
4 El SEÑOR ha jurado y no se retractará:
     Tú eres sacerdote para siempre
     según el orden de Melquisedec.
5 El Señor está a tu diestra;
     quebrantará reyes en el día de su ira.
6 Juzgará entre las naciones,
     las llenará de cadáveres,
     quebrantará cabezas sobre la ancha tierra.
7 Beberá del arroyo en el camino;
     por tanto El levantará *la* cabeza.

SALMO 111

1 ¡Aleluya!
     Daré gracias al SEÑOR con todo *mi* corazón,
     en la compañía de los rectos y en la
     congregación.
2 Grandes son las obras del SEÑOR,
     buscadas por todos los que se deleitan en
     ellas.
3 Esplendor y majestad es su obra,
     y su justicia permanece para siempre.
4 Ha hecho sus maravillas para ser recordadas;
     clemente y compasivo es el SEÑOR.
5 Ha dado alimento a los que le temen;
     recordará su pacto para siempre.
6 Ha hecho conocer a su pueblo el poder de sus
     obras,
     al darle la heredad de las naciones.
7 Las obras de sus manos son verdad y justicia,
     fieles todos sus preceptos.
8 Son afirmados para siempre jamás,
     ejecutados con fidelidad y rectitud.
9 El ha enviado redención a su pueblo,
     ha ordenado su pacto para siempre;
     santo y temible es su nombre.

10 El principio de la sabiduría es el temor del
     SEÑOR;
     buen entendimiento tienen todos los que
     practican sus mandamientos;
     su alabanza permanece para siempre.

SALMO 112

1 ¡Aleluya!
     Cuán bienaventurado es el hombre que teme
     al SEÑOR,
     que mucho se deleita en sus mandamientos.
2 Poderosa en la tierra será su descendencia;
     la generación de los rectos será bendita.
3 Bienes y riquezas hay en su casa,
     y su justicia permanece para siempre.
4 Luz resplandece en las tinieblas para el que
     es recto;
     El *es* clemente, compasivo y justo.
5 Bien le va al hombre que se apiada y presta;
     arreglará sus asuntos con juicio.
6 Porque nunca será sacudido;
     para siempre será recordado el justo.
7 No temerá *recibir* malas noticias;
     su corazón está firme, confiado en el SEÑOR.
8 Su corazón está seguro, no temerá,
     hasta que vea *vencidos* a sus adversarios.
9 Con liberalidad ha dado a los pobres;
     su justicia permanece para siempre;
     su poder será exaltado con honor.
10 Lo verá el impío y se irritará;
     rechinará los dientes y se consumirá;
     el deseo de los impíos perecerá.

SALMO 113

1 ¡Aleluya!
     Alabad, siervos del SEÑOR,
     alabad el nombre del SEÑOR.
2 Bendito sea el nombre del SEÑOR
     desde ahora y para siempre.
3 Desde el nacimiento del sol hasta su ocaso,
     alabado sea el nombre del SEÑOR.
4 Excelso sobre todas las naciones es el SEÑOR;
     su gloria está sobre los cielos.
5 ¿Quién es como el SEÑOR nuestro Dios,
     que está sentado en las alturas,
6 que se humilla para mirar
     lo que hay en el cielo y en la tierra?
7 El levanta al pobre del polvo,
     y al necesitado saca del muladar,
8 para sentar*los* con príncipes,
     con los príncipes de su pueblo.
9 Hace habitar en casa a la mujer estéril,
     gozosa *de ser* madre de hijos.
     ¡Aleluya!

SALMO 114

1 Cuando Israel salió de Egipto,
     la casa de Jacob de entre un pueblo de
     lengua extraña,
2 Judá vino a ser su santuario,
     Israel, su dominio.
3 *Lo* miró el mar, y huyó;
     el Jordán se volvió atrás.
4 Los montes saltaron como carneros,
     y los collados como corderitos.
5 ¿Qué te pasa, oh mar, que huyes,
     y a ti, Jordán, que te vuelves atrás,
6 *a vosotros*, montes, que saltáis como
     carneros,

y a vosotros, collados, *que saltáis* como
corderitos?

7 Tiembla, oh tierra, ante la presencia del
Señor,
ante la presencia del Dios de Jacob,

8 que convirtió la roca en estanque de agua,
y en fuente de aguas el pedernal.

SALMO 115

1 No a nosotros, SEÑOR, no a nosotros,
sino a tu nombre da gloria,
por tu misericordia, por tu verdad.

2 ¿Por qué han de decir las naciones:
¿Dónde está ahora su Dios?

3 Nuestro Dios está en los cielos;
El hace lo que le place.

4 Los ídolos de ellos son plata y oro,
obra de manos de hombre.

5 Tienen boca, y no hablan;
tienen ojos, y no ven;

6 tienen oídos, y no oyen;
tienen nariz, y no huelen;

7 tienen manos, y no palpan;
tienen pies, y no caminan;
no emiten sonido alguno con su garganta.

8 Se volverán como ellos, los que los hacen,
y todos los que en ellos confían.

9 Oh Israel, confía en el SEÑOR;
El es tu ayuda y tu escudo.

10 Oh casa de Aarón, confiad en el SEÑOR;
El es vuestra ayuda y vuestro escudo.

11 Los que teméis al SEÑOR, confiad en el
SEÑOR;
El es vuestra ayuda y vuestro escudo.

12 El SEÑOR se ha acordado de nosotros; El *nos*
bendecirá;
bendecirá a la casa de Israel;
bendecirá a la casa de Aarón.

13 El bendecirá a los que temen al SEÑOR,
tanto a pequeños como a grandes.

14 El SEÑOR os prospere,
a vosotros y a vuestros hijos.

15 Benditos seáis del SEÑOR,
que hizo los cielos y la tierra.

16 Los cielos son los cielos del SEÑOR;
pero la tierra la ha dado a los hijos de los
hombres.

17 Los muertos no alaban al SEÑOR,
ni ninguno de los que descienden al silencio.

18 Pero nosotros bendeciremos al SEÑOR
desde ahora y para siempre.
¡Aleluya!

SALMO 116

1 Amo al SEÑOR, porque oye
mi voz *y* mis súplicas.

2 Porque a mí ha inclinado su oído;
por tanto *le* invocaré mientras yo viva.

3 Los lazos de la muerte me rodearon,
y los terrores del Seol vinieron sobre mí;
angustia y tristeza encontré.

4 Invoqué entonces el nombre del SEÑOR,
diciendo:
Te ruego, oh SEÑOR: salva mi vida.

5 Clemente y justo es el SEÑOR;
sí, compasivo es nuestro Dios.

6 El SEÑOR guarda a los sencillos;
estaba yo postrado y me salvó.

7 Vuelve, alma mía, a tu reposo,

porque el SEÑOR te ha colmado de bienes.

8 Pues tú has rescatado mi alma de la muerte,
mis ojos de lágrimas,
mis pies de tropezar.

9 Andaré delante del SEÑOR
en la tierra de los vivientes.

10 Yo creía, *aun* cuando decía:
Estoy muy afligido.

11 Dije alarmado:
Todo hombre es mentiroso.

12 ¿Qué daré al SEÑOR
por todos sus beneficios para conmigo?

13 Alzaré la copa de la salvación,
e invocaré el nombre del SEÑOR.

14 Cumpliré mis votos al SEÑOR,
sí, en presencia de todo su pueblo.

15 Estimada a los ojos del SEÑOR
es la muerte de sus santos.

16 ¡Ah, SEÑOR! Ciertamente yo soy tu siervo,
siervo tuyo soy, hijo de tu sierva;
tú desataste mis ataduras.

17 Te ofreceré sacrificio de acción de gracias,
e invocaré el nombre del SEÑOR.

18 Al SEÑOR cumpliré mis votos,
sí, en presencia de todo su pueblo,

19 en los atrios de la casa del SEÑOR,
en medio de ti, oh Jerusalén.
¡Aleluya!

SALMO 117

1 Alabad al SEÑOR, naciones todas;
alabadle, pueblos todos.

2 Porque grande es su misericordia para con
nosotros,
y la verdad del SEÑOR es eterna.
¡Aleluya!

SALMO 118

1 Dad gracias al SEÑOR, porque El es bueno;
porque para siempre es su misericordia.

2 Diga ahora Israel:
Para siempre es su misericordia.

3 Diga ahora la casa de Aarón:
Para siempre es su misericordia.

4 Digan ahora los que temen al SEÑOR:
Para siempre es su misericordia.

5 En medio de *mi* angustia invoqué al SEÑOR;
el SEÑOR me respondió *y me puso* en un lugar
espacioso.

6 El SEÑOR está a mi favor; no temeré.
¿Qué puede hacerme el hombre?

7 El SEÑOR está por mí entre los que me
ayudan;
por tanto, miraré *triunfante* sobre los que me
aborrecen.

8 Es mejor refugiarse en el SEÑOR
que confiar en el hombre.

9 Es mejor refugiarse en el SEÑOR
que confiar en príncipes.

10 Todas las naciones me rodearon;
en el nombre del SEÑOR ciertamente las
destruí.

11 Me rodearon, sí, me rodearon;
en el nombre del SEÑOR ciertamente las
destruí.

12 Me rodearon como abejas;
fueron extinguidas como fuego de espinos;
en el nombre del SEÑOR ciertamente las
destruí.

13 Me empujaste con violencia para que cayera,
    pero el Señor me ayudó.
14 El Señor es mi fortaleza y mi canción,
    y ha sido para mí salvación.
15 Voz de júbilo y de salvación hay en las
    tiendas de los justos;
    la diestra del Señor hace proezas.
16 La diestra del Señor es exaltada;
    la diestra del Señor hace proezas.
17 No moriré, sino que viviré,
    y contaré las obras del Señor.
18 El Señor me ha reprendido severamente,
    pero no me ha entregado a la muerte.
19 Abridme las puertas de la justicia;
    entraré por ellas *y* daré gracias al Señor.
20 Esta es la puerta del Señor;
    los justos entrarán por ella.
21 Te daré gracias porque me has respondido,
    y has sido mi salvación.
22 La piedra que desecharon los edificadores
    ha venido a ser la *piedra* principal del
    ángulo.
23 Obra del Señor es esto;
    admirable a nuestros ojos.
24 Este es el día que el Señor ha hecho;
    regocijémonos y alegrémonos en él.
25 Te rogamos, oh Señor: sálva*nos* ahora;
    te rogamos, oh Señor: prospéra*nos* ahora.
26 Bendito el que viene en el nombre del Señor;
    desde la casa del Señor os bendecimos.
27 El Señor es Dios y nos ha dado luz;
    atad el sacrificio de la fiesta con cuerdas a los
    cuernos del altar.
28 Tú eres mi Dios, y gracias te doy;
    tú eres mi Dios, yo te exalto.
29 Dad gracias al Señor, porque El es bueno;
    porque para siempre es su misericordia.

SALMO 119

Alef.

1 ¡Cuán bienaventurados son los de camino
    perfecto,
    los que andan en la ley del Señor!
2 ¡Cuán bienaventurados son los que guardan
    sus testimonios,
    y con todo el corazón le buscan!
3 No cometen iniquidad,
    sino que andan en sus caminos.
4 Tú has ordenado tus preceptos,
    para que *los* guardemos con diligencia.
5 ¡Ojalá mis caminos sean afirmados
    para guardar tus estatutos!
6 Entonces no seré avergonzado,
    al considerar todos tus mandamientos.
7 Con rectitud de corazón te daré gracias,
    al aprender tus justos juicios.
8 Tus estatutos guardaré;
    no me dejes en completo desamparo.

Bet.

9 ¿Cómo puede el joven guardar puro su
    camino?
    Guardando tu palabra.
10 Con todo mi corazón te he buscado;
    no dejes que me desvíe de tus mandamientos.
11 En mi corazón he atesorado tu palabra,
    para no pecar contra ti.
12 Bendito tú, oh Señor;
    enséñame tus estatutos.

13 He contado con mis labios
    de todas las ordenanzas de tu boca.
14 Me he gozado en el camino de tus
    testimonios,
    más que en todas las riquezas.
15 Meditaré en tus preceptos,
    y consideraré tus caminos.
16 Me deleitaré en tus estatutos,
    y no olvidaré tu palabra.

Guímel.

17 Favorece a tu siervo,
    para que viva y guarde tu palabra.
18 Abre mis ojos, para que vea
    las maravillas de tu ley.
19 Peregrino soy en la tierra,
    no escondas de mí tus mandamientos.
20 Quebrantada está mi alma anhelando
    tus ordenanzas en todo tiempo.
21 Tú reprendes a los soberbios, los malditos,
    que se desvían de tus mandamientos.
22 Quita de mí el oprobio y el desprecio,
    porque yo guardo tus testimonios.
23 Aunque los príncipes se sienten *y* hablen
    contra mí,
    tu siervo medita en tus estatutos.
24 También tus testimonios son mi deleite;
    ellos son mis consejeros.

Dálet.

25 Postrada está mi alma en el polvo;
    vivifícame conforme a tu palabra.
26 De mis caminos *te* conté, y tú me has
    respondido;
    enséñame tus estatutos.
27 Hazme entender el camino de tus preceptos,
    y meditaré en tus maravillas.
28 De tristeza llora mi alma;
    fortaléceme conforme a tu palabra.
29 Quita de mí el camino de la mentira,
    y en *tu* bondad concédeme tu ley.
30 He escogido el camino de la verdad;
    he puesto tus ordenanzas *delante de mí.*
31 Me apego a tus testimonios;
    Señor, no me avergüences.
32 Por el camino de tus mandamientos correré,
    porque tú ensancharás mi corazón.

He.

33 Enséñame, oh Señor, el camino de tus
    estatutos,
    y lo guardaré hasta el fin.
34 Dame entendimiento para que guarde tu ley
    y la cumpla de todo corazón.
35 Hazme andar por la senda de tus
    mandamientos,
    porque en ella me deleito.
36 Inclina mi corazón a tus testimonios
    y no a la ganancia deshonesta.
37 Aparta mis ojos de mirar la vanidad,
    y vivifícame en tus caminos.
38 Confirma a tu siervo tu palabra,
    que inspira reverencia por ti.
39 Quita de mí el oprobio que me causa temor,
    porque tus juicios son buenos.
40 He aquí, anhelo tus preceptos;
    vivifícame por tu justicia.

Vav.

41 Venga también a mí tu misericordia, oh
SEÑOR,
tu salvación, conforme a tu palabra.

42 Y tendré respuesta para el que me afrenta,
pues confío en tu palabra.

43 No quites jamás de mi boca la palabra de
verdad,
porque yo espero *en* tus ordenanzas.

44 Y guardaré continuamente tu ley,
para siempre y eternamente.

45 Y andaré en libertad,
porque busco tus preceptos.

46 Hablaré también de tus testimonios delante
de reyes,
y no me avergonzaré.

47 Y me deleitaré en tus mandamientos,
los cuales amo.

48 Levantaré mis manos a tus mandamientos,
los cuales amo,
y meditaré en tus estatutos.

Zain.

49 Acuérdate de la palabra *dada* a tu siervo,
en la cual me has hecho esperar.

50 Este es mi consuelo en la aflicción:
que tu palabra me ha vivificado.

51 Los soberbios me insultaron en gran manera,
sin embargo, no me he apartado de tu ley.

52 Me acuerdo de tus ordenanzas antiguas, oh
SEÑOR,
y me consuelo.

53 Profunda indignación se ha apoderado de mí
por causa de los impíos
que abandonan tu ley.

54 Cánticos para mí son tus estatutos
en la casa de mi peregrinación.

55 Por la noche me acuerdo de tu nombre, oh
SEÑOR,
y guardo tu ley.

56 Esto se ha hecho parte de mí:
guardar tus preceptos.

Jet.

57 El SEÑOR es mi porción;
he prometido guardar tus palabras.

58 Supliqué tu favor con todo *mi* corazón;
ten piedad de mí conforme a tu promesa.

59 Consideré mis caminos,
y volví mis pasos a tus testimonios.

60 Me apresuré y no me tardé
en guardar tus mandamientos.

61 Los lazos de los impíos me han rodeado,
mas no me he olvidado de tu ley.

62 A medianoche me levantaré para darte
gracias
por tus justas ordenanzas.

63 Compañero soy de todos los que te temen,
y de los que guardan tus preceptos.

64 La tierra, oh SEÑOR, está llena de tu
misericordia;
enséñame tus estatutos.

Tet.

65 Bien has obrado con tu siervo,
oh SEÑOR, conforme a tu palabra.

66 Enséñame buen juicio y conocimiento,
pues creo en tus mandamientos.

67 Antes que fuera afligido, yo me descarrié,
mas ahora guardo tu palabra.

68 Bueno eres tú, y bienhechor;
enséñame tus estatutos.

69 Los soberbios han forjado mentira contra mí,
pero de todo corazón guardaré tus preceptos.

70 Su corazón está cubierto de grasa,
pero yo me deleito en tu ley.

71 Bueno es para mí ser afligido,
para que aprenda tus estatutos.

72 Mejor es para mí la ley de tu boca
que millares *de piezas* de oro y de plata.

Yod.

73 Tus manos me hicieron y me formaron;
dame entendimiento para que aprenda tus
mandamientos.

74 Que los que te temen, me vean y se alegren,
porque espero *en* tu palabra.

75 Yo sé, SEÑOR, que tus juicios son justos,
y que en tu fidelidad me has afligido.

76 Sea ahora tu misericordia para consuelo mío,
conforme a tu promesa *dada* a tu siervo.

77 Venga a mí tu compasión, para que viva,
porque tu ley es mi deleite.

78 Sean avergonzados los soberbios, porque me
agravian con mentira;
pero yo en tus preceptos meditaré.

79 Vuélvanse a mí los que te temen
y conocen tus testimonios.

80 Sea íntegro mi corazón en tus estatutos,
para que no sea yo avergonzado.

Caf.

81 Mi alma desfallece por tu salvación;
en tu palabra espero.

82 Mis ojos desfallecen *esperando* tu palabra,
mientras digo: ¿Cuándo me consolarás?

83 Aunque he llegado a ser como odre al humo,
no me olvido de tus estatutos.

84 ¿Cuántos son los días de tu siervo?
¿Cuándo harás juicio contra mis
perseguidores?

85 Fosas me han cavado los soberbios,
los que no están de acuerdo con tu ley.

86 Todos tus mandamientos son fieles;
con mentira me han perseguido; ¡ayúdame!

87 Casi me destruyen en la tierra,
mas yo no abandoné tus preceptos.

88 Vivifícame conforme a tu misericordia,
para que guarde el testimonio de tu boca.

Lámed.

89 Para siempre, oh SEÑOR,
tu palabra está firme en los cielos.

90 Tu fidelidad *permanece* por todas las
generaciones;
tú estableciste la tierra, y ella permanece.

91 Por tus ordenanzas permanecen hasta hoy,
pues todas las cosas te sirven.

92 Si tu ley no hubiera sido mi deleite,
entonces habría perecido en mi aflicción.

93 Jamás me olvidaré de tus preceptos,
porque por ellos me has vivificado.

94 Tuyo soy, *Señor,* sálvame,
pues tus preceptos he buscado.

95 Los impíos me esperan para destruirme;
tus testimonios consideraré.

96 He visto un límite a toda perfección;
tu mandamiento es sumamente amplio.

Mem.

97 ¡Cuánto amo tu ley!
Todo el día es ella mi meditación.

98 Tus mandamientos me hacen más sabio que
mis enemigos,
porque son míos para siempre.

99 Tengo más discernimiento que todos mis
maestros,
porque tus testimonios son mi meditación.

100 Entiendo más que los ancianos,
porque tus preceptos he guardado.

101 De todo mal camino he refrenado mis pies,
para guardar tu palabra.

102 No me he desviado de tus ordenanzas,
porque tú me has enseñado.

103 ¡Cuán dulces son a mi paladar tus
palabras!,
más que la miel a mi boca.

104 De tus preceptos recibo entendimiento,
por tanto aborrezco todo camino de
mentira.

Nun.

105 Lámpara es a mis pies tu palabra,
y luz para mi camino.

106 He jurado, y lo confirmaré,
que guardaré tus justas ordenanzas.

107 Estoy profundamente afligido;
SEÑOR, vivifícame conforme a tu palabra.

108 Te ruego aceptes las ofrendas voluntarias
de mi boca, oh SEÑOR,
y enséñame tus ordenanzas.

109 En peligro[1] continuo está mi vida,
con todo, no me olvido de tu ley.

110 Los impíos me han tendido lazo,
pero no me he desviado de tus preceptos.

111 Tus testimonios he tomado como herencia
para siempre,
porque son el gozo de mi corazón.

112 He inclinado mi corazón para cumplir tus
estatutos
por siempre, *y* hasta el fin.

Sámec.

113 Aborrezco a los hipócritas,
empero amo tu ley.

114 Tú eres mi escondedero y mi escudo;
en tu palabra espero.

115 Apartaos de mí, malhechores,
para que guarde yo los mandamientos de
mi Dios.

116 Sostenme conforme a tu promesa, para que
viva,
y no dejes que me avergüence de mi
esperanza.

117 Sostenme, para estar seguro,
y que continuamente preste atención a tus
estatutos.

118 Has rechazado a todos los que se desvían de
tus estatutos,
porque su engaño es en vano.

119 *Como* escoria has quitado de la tierra a
todos los impíos,
por tanto amo tus testimonios.

120 Mi carne se estremece por temor a ti,
y de tus juicios tengo miedo.

Ayin.

121 He practicado el juicio y la justicia;
no me abandones a mis opresores.

122 Sé fiador de tu siervo para bien;
que no me opriman los soberbios.

123 Desfallecen mis ojos por tu salvación,
y por la promesa de tu justicia.

124 Haz con tu siervo según tu misericordia,
y enséñame tus estatutos.

125 Yo soy tu siervo, dame entendimiento
para que conozca tus testimonios.

126 Es tiempo de que actúe el SEÑOR,
porque han quebrantado tu ley.

127 Por tanto, amo tus mandamientos
más que el oro, sí, más que el oro fino.

128 Por tanto, estimo rectos todos *tus* preceptos
acerca de todas las cosas,
y aborrezco todo camino de mentira.

Pe.

129 Maravillosos son tus testimonios,
por lo que los guarda mi alma.

130 La exposición de tus palabras imparte luz;
da entendimiento a los sencillos.

131 Abrí mi boca y suspiré,
porque anhelaba tus mandamientos.

132 Vuélvete a mí y tenme piedad,
como acostumbras con los que aman tu
nombre.

133 Afirma mis pasos en tu palabra,
y que ninguna iniquidad me domine.

134 Rescátame de la opresión del hombre,
para que yo guarde tus preceptos.

135 Haz resplandecer tu rostro sobre tu siervo,
y enséñame tus estatutos.

136 Ríos de lágrimas vierten mis ojos,
porque ellos no guardan tu ley.

Tsade.

137 Justo eres tú, SEÑOR,
y rectos tus juicios.

138 Has ordenado tus testimonios con justicia,
y con suma fidelidad.

139 Mi celo me ha consumido,
porque mis adversarios han olvidado tus
palabras.

140 Es muy pura tu palabra,
y tu siervo la ama.

141 Pequeño soy, y despreciado,
mas no me olvido de tus preceptos.

142 Tu justicia es justicia eterna,
y tu ley verdad.

143 Angustia y aflicción han venido sobre mí,
mas tus mandamientos son mi deleite.

144 Tus testimonios son justos para siempre;
dame entendimiento para que yo viva.

Cof.

145 He clamado con todo mi corazón;
¡respóndeme, SEÑOR!
Guardaré tus estatutos.

146 A ti clamé; sálvame,
y guardaré tus testimonios.

147 Me anticipo al alba y clamo;
en tus palabras espero.

148 Mis ojos se anticipan a las vigilias de la
noche,
para meditar en tu palabra.

---

1. Lit., *En mi palma de*

149 Oye mi voz conforme a tu misericordia;
      vivifícame, oh SEÑOR, conforme a tus
      ordenanzas.
150 Se *me* acercan los que siguen la maldad;
      lejos están de tu ley.
151 Tú estás cerca, SEÑOR,
      y todos tus mandamientos son verdad.
152 Desde hace tiempo he sabido de tus
      testimonios,
      que para siempre los has fundado.

Resh.

153 Mira mi aflicción y líbrame,
      porque no me olvido de tu ley.
154 Defiende mi causa y redímeme;
      vivifícame conforme a tu palabra.
155 Lejos está de los impíos la salvación,
      porque no buscan tus estatutos.
156 Muchas son, oh SEÑOR, tus misericordias;
      vivifícame conforme a tus ordenanzas.
157 Muchos son mis perseguidores y mis
      adversarios,
      pero yo no me aparto de tus testimonios.
158 Veo a los pérfidos y me repugnan,
      porque no guardan tu palabra.
159 Mira cuánto amo tus preceptos;
      vivifícame, SEÑOR, conforme a tu
      misericordia.
160 La suma de tu palabra es verdad,
      y cada una de tus justas ordenanzas es
      eterna.

Sin.

161 Príncipes me persiguen sin causa,
      pero mi corazón teme tus palabras.
162 Me regocijo en tu palabra,
      como quien halla un gran botín.
163 Aborrezco y desprecio la mentira,
      pero amo tu ley.
164 Siete veces al día te alabo,
      a causa de tus justas ordenanzas.
165 Mucha paz tienen los que aman tu ley,
      y nada los hace tropezar.
166 Espero tu salvación, SEÑOR,
      y cumplo tus mandamientos.
167 Mi alma guarda tus testimonios,
      y en gran manera los amo.
168 Guardo tus preceptos y tus testimonios,
      porque todos mis caminos están delante de
      ti.

Tau.

169 Llegue mi clamor ante ti, SEÑOR;
      conforme a tu palabra dame
      entendimiento.
170 Llegue mi súplica delante de ti;
      líbrame conforme a tu palabra.
171 Profieran mis labios alabanzas,
      pues tú me enseñas tus estatutos.
172 Que cante mi lengua de tu palabra,
      porque todos tus mandamientos son
      justicia.
173 Pronta esté tu mano a socorrerme,
      porque tus preceptos he escogido.
174 Anhelo tu salvación, SEÑOR,
      y tu ley es mi deleite.
175 Viva mi alma para alabarte,
      y que tus ordenanzas me ayuden.
176 Me he descarriado como oveja perdida;
      busca a tu siervo,
      porque no me olvido de tus mandamientos.

SALMO 120

Cántico de ascenso gradual.

1 En mi angustia clamé al SEÑOR,
      y El me respondió.
2 Libra mi alma, SEÑOR, de labios mentirosos,
      y de lengua engañosa.
3 ¿Qué se te dará, y qué se te añadirá,
      oh lengua engañosa?
4 Agudas flechas de guerrero,
      con brasas de enebro.
5 ¡Ay de mí, porque soy peregrino en Mesec,
      y habito entre las tiendas de Cedar!
6 Demasiado tiempo ha morado mi alma
      con los que odian la paz.
7 Yo *amo* la paz, mas cuando hablo,
      ellos están por la guerra.

SALMO 121

Cántico de ascenso gradual.

1 Levantaré mis ojos a los montes;
      ¿de dónde vendrá mi socorro?
2 Mi socorro *viene* del SEÑOR,
      que hizo los cielos y la tierra.
3 No permitirá que tu pie resbale;
      no se adormecerá el que te guarda.
4 He aquí, no se adormecerá ni dormirá
      el que guarda a Israel.
5 El SEÑOR es tu guardador;
      el SEÑOR es tu sombra a tu mano derecha.
6 El sol no te herirá de día,
      ni la luna de noche.
7 El SEÑOR te protegerá de todo mal;
      El guardará tu alma.
8 El SEÑOR guardará tu salida y tu entrada
      desde ahora y para siempre.

SALMO 122

Cántico de ascenso gradual; de David.

1 Yo me alegré cuando me dijeron:
      Vamos a la casa del SEÑOR.
2 Plantados están nuestros pies
      dentro de tus puertas, oh Jerusalén.
3 Jerusalén, que está edificada
      como ciudad compacta, bien unida,
4 a la cual suben las tribus, las tribus del
      SEÑOR,
      (*lo cual es* ordenanza para Israel)
      para alabar el nombre del SEÑOR.
5 Porque allí se establecieron tronos para
      juicio,
      los tronos de la casa de David.
6 Orad por la paz de Jerusalén:
      Sean prosperados los que te aman.
7 Haya paz dentro de tus muros,
      y prosperidad en tus palacios.
8 Por amor de mis hermanos y de mis amigos
      diré ahora: Sea la paz en ti.
9 Por amor de la casa del SEÑOR nuestro Dios
      procuraré tu bien.

SALMO 123

Cántico de ascenso gradual.

1 A ti levanto mis ojos,
      ¡oh tú que reinas en los cielos!

2 He aquí, como los ojos de los siervos *miran* a
la mano de su señor,
como los ojos de la sierva a la mano de su
señora,
así nuestros ojos *miran* al Señor nuestro
Dios
hasta que se apiade de nosotros.
3 Ten piedad de nosotros, oh Señor, ten
piedad de nosotros,
porque muy hartos estamos de desprecio.
4 Harta en extremo está nuestra alma
del escarnio de los que están en holgura,
y del desprecio de los soberbios.

SALMO 124

Cántico de ascenso gradual; de David.

1 Si el Señor no hubiera estado a nuestro
favor,
—diga ahora Israel—
2 si el Señor no hubiera estado a nuestro favor
cuando los hombres se levantaron contra
nosotros,
3 vivos nos hubieran tragado entonces
cuando su ira se encendió contra nosotros;
4 entonces las aguas nos hubieran anegado,
un torrente hubiera pasado sobre nuestra
alma,
5 hubieran pasado entonces sobre nuestra alma
las aguas impetuosas.
6 Bendito sea el Señor,
que no nos ha entregado como presa de los
dientes de ellos.
7 Nuestra alma ha escapado cual ave del lazo
de los cazadores;
el lazo se rompió y nosotros escapamos.
8 Nuestro socorro está en el nombre del Señor,
que hizo los cielos y la tierra.

SALMO 125

Cántico de ascenso gradual.

1 Los que confían en el Señor
son como el monte Sion, que es
inconmovible, que permanece para
siempre.
2 Como los montes rodean a Jerusalén,
así el Señor rodea a su pueblo
desde ahora y para siempre.
3 Pues el cetro de la impiedad no descansará
sobre la tierra de los justos,
para que los justos no extiendan sus manos
para hacer el mal.
4 Haz bien, Señor, a los buenos,
y a los rectos de corazón.
5 Mas a los que se desvían por sus caminos
torcidos,
el Señor los llevará con los que hacen
iniquidad.
Paz sea sobre Israel.

SALMO 126

Cántico de ascenso gradual.

1 Cuando el Señor hizo volver a los cautivos
de Sion,
éramos como los que sueñan.
2 Entonces nuestra boca se llenó de risa,
y nuestra lengua de gritos de alegría;
entonces dijeron entre las naciones:

Grandes cosas ha hecho el Señor con ellos.
3 Grandes cosas ha hecho el Señor con
nosotros;
estamos alegres.
4 Haz volver, Señor, a nuestros cautivos,
como las corrientes en el sur.
5 Los que siembran con lágrimas, segarán con
gritos de júbilo.
6 El que con lágrimas anda, llevando la semilla
de la siembra,
en verdad volverá con gritos de alegría,
trayendo sus gavillas.

SALMO 127

Cántico de ascenso gradual; de Salomón.

1 Si el Señor no edifica la casa,
en vano trabajan los que la edifican;
si el Señor no guarda la ciudad,
en vano vela la guardia.
2 Es en vano que os levantéis de madrugada,
que os acostéis tarde,
que comáis el pan de afanosa labor,
pues El da a su amado *aun mientras* duerme.
3 He aquí, don del Señor son los hijos;
y recompensa es el fruto del vientre.
4 Como flechas en la mano del guerrero,
así son los hijos *tenidos* en la juventud.
5 Bienaventurado el hombre que de ellos tiene
llena su aljaba;
no serán avergonzados
cuando hablen con sus enemigos en la
puerta.

SALMO 128

Cántico de ascenso gradual.

1 Bienaventurado todo aquel que teme al
Señor,
que anda en sus caminos.
2 Cuando comas del trabajo de tus manos[1],
dichoso *serás* y te irá bien.
3 Tu mujer será como fecunda vid
en el interior de tu casa;
tus hijos como plantas de olivo
alrededor de tu mesa.
4 He aquí que así será bendecido el hombre
que teme al Señor.
5 El Señor te bendiga desde Sion,
veas la prosperidad de Jerusalén todos los
días de tu vida,
6 y veas a los hijos de tus hijos.
¡Paz sea sobre Israel!

SALMO 129

Cántico de ascenso gradual.

1 Muchas veces me han perseguido desde mi
juventud,
—diga ahora Israel—
2 muchas veces me han perseguido desde mi
juventud,
pero no han prevalecido contra mí.
3 Sobre mis espaldas araron los aradores;
alargaron sus surcos.
4 El Señor es justo;
ha cortado las coyundas de los impíos.
5 Sean avergonzados y vueltos atrás
todos los que odian a Sion.
6 Sean como hierba en los techos,

---

1. Lit., *palmas*

que se seca antes de crecer.

7 Con la cual el segador no llena su mano,
ni el recogedor de gavillas sus brazos.

8 Y no *les* digan los que pasan:
La bendición del SEÑOR sea sobre vosotros;
os bendecimos en el nombre del SEÑOR.

SALMO 130

Cántico de ascenso gradual.

1 Desde lo *más* profundo, oh SEÑOR, he
clamado a ti.

2 ¡Señor, oye mi voz!
Estén atentos tus oídos
a la voz de mis súplicas.

3 SEÑOR, si tú tuvieras en cuenta las
iniquidades,
¿quién, oh Señor, podría permanecer?

4 Pero en ti hay perdón,
para que seas temido.

5 Espero en el SEÑOR; *en El* espera mi alma,
y en su palabra tengo mi esperanza.

6 Mi alma *espera* al Señor
más que los centinelas a la mañana;
sí, más que los centinelas a la mañana.

7 Oh Israel, espera en el SEÑOR,
porque en el SEÑOR hay misericordia,
y en El hay abundante redención;

8 El redimirá a Israel
de todas sus iniquidades.

SALMO 131

Cántico de ascenso gradual; de David.

1 Señor, mi corazón no es soberbio, ni mis ojos
altivos;
no ando tras las grandezas,
ni en cosas demasiado difíciles para mí;

2 sino que he calmado y acallado mi alma;
como niño destetado en *el regazo de* su
madre,
como niño destetado *reposa* en mí mi alma.

3 Espera, oh Israel, en el SEÑOR,
desde ahora y para siempre.

SALMO 132

Cántico de ascenso gradual.

1 Acuérdate, SEÑOR, de David,
de toda su aflicción;

2 de cómo juró al SEÑOR,
y prometió al Poderoso de Jacob:

3 Ciertamente no entraré en mi casa,
ni en mi lecho me acostaré;

4 no daré sueño a mis ojos,
ni a mis párpados adormecimiento,

5 hasta que halle un lugar para el SEÑOR,
una morada para el Poderoso de Jacob.

6 He aquí, oímos de ella en Efrata;
la hallamos en los campos de Jaar.

7 Entremos a sus moradas;
postrémonos ante el estrado de sus pies.

8 Levántate, SEÑOR, al lugar de tu reposo;
tú y el arca de tu poder.

9 Vístanse de justicia tus sacerdotes;
y canten con gozo tus santos.

10 Por amor a David tu siervo,
no hagas volver el rostro de tu ungido.

11 El SEÑOR ha jurado a David
una verdad de la cual no se retractará:
De tu descendencia pondré sobre tu trono.

12 Si tus hijos guardan mi pacto,
y mi testimonio que les enseñaré,
sus hijos también ocuparán tu trono para
siempre.

13 Porque el SEÑOR ha escogido a Sion;
la quiso para su habitación.

14 Este es mi lugar de reposo para siempre;
aquí habitaré, porque la he deseado.

15 Su provisión bendeciré en abundancia;
de pan saciaré a sus pobres.

16 A sus sacerdotes también vestiré de
salvación,
y sus santos darán voces de júbilo.

17 Allí haré surgir el poder de David;
he preparado una lámpara para mi ungido.

18 A sus enemigos cubriré de vergüenza,
mas sobre él resplandecerá su corona.

SALMO 133

Cántico de ascenso gradual; de David.

1 Mirad cuán bueno y cuán agradable es
que los hermanos habiten juntos en armonía.

2 Es como el óleo precioso sobre la cabeza,
el cual desciende sobre la barba,
la barba de Aarón,
que desciende hasta el borde de sus
vestiduras.

3 Es como el rocío de Hermón,
que desciende sobre los montes de Sion;
porque allí mandó el SEÑOR la bendición, la
vida para siempre.

SALMO 134

Cántico de ascenso gradual.

1 He aquí, bendecid al SEÑOR todos los siervos
del SEÑOR,
los que servís por la noche en la casa del
SEÑOR.

2 Alzad vuestras manos al santuario
y bendecid al SEÑOR.

3 Desde Sion te bendiga el SEÑOR,
que hizo los cielos y la tierra.

SALMO 135

1 ¡Aleluya!
Alabad el nombre del SEÑOR;
Alabad*le*, siervos del SEÑOR,

2 los que estáis en la casa del SEÑOR,
en los atrios de la casa de nuestro Dios.

3 ¡Aleluya!, porque el SEÑOR es bueno;
cantad alabanzas a su nombre, porque es
agradable.

4 Porque el SEÑOR ha escogido a Jacob para sí,
a Israel para posesión suya.

5 Porque yo sé que el SEÑOR es grande,
y que nuestro Señor está sobre todos los
dioses.

6 Todo cuanto el SEÑOR quiere, lo hace,
en los cielos y en la tierra, en los mares y en
todos los abismos.

7 El hace subir las nubes desde los extremos de
la tierra,
hace los relámpagos para la lluvia
y saca el viento de sus depósitos.

8 Hirió a los primogénitos de Egipto,
tanto de hombre como de animal.

9 Envió señales y prodigios en medio de ti, oh
Egipto,

sobre Faraón y todos sus siervos.
10 Hirió a muchas naciones
y mató a reyes poderosos;
11 a Sehón, rey de los amorreos,
a Og, rey de Basán,
y a todos los reinos de Canaán;
12 y dio sus tierras en herencia,
en herencia a Israel su pueblo.
13 Tu nombre, SEÑOR, es eterno;
tu memoria, SEÑOR, por todas las
generaciones.
14 Porque el SEÑOR juzgará a su pueblo,
y tendrá compasión de sus siervos.
15 Los ídolos de las naciones son plata y oro,
obra de manos de hombre.
16 Tienen boca, y no hablan;
tienen ojos, y no ven;
17 tienen oídos, y no oyen;
tampoco hay aliento en su boca.
18 Los que los hacen serán semejantes a ellos,
sí, todos los que en ellos confían.
19 Oh casa de Israel, bendecid al SEÑOR;
oh casa de Aarón, bendecid al SEÑOR;
20 oh casa de Leví, bendecid al SEÑOR;
los que teméis al SEÑOR, bendecid al SEÑOR.
21 Bendito sea el SEÑOR desde Sion,
quien mora en Jerusalén.
¡Aleluya!

SALMO 136

1 Dad gracias al SEÑOR porque Él es bueno,
porque para siempre es su misericordia.
2 Dad gracias al Dios de dioses,
porque para siempre es su misericordia.
3 Dad gracias al Señor de señores,
porque para siempre es su misericordia.
4 Al único que hace grandes maravillas,
porque para siempre es su misericordia.
5 Al que con sabiduría hizo los cielos,
porque para siempre es su misericordia.
6 Al que extendió la tierra sobre las aguas,
porque para siempre es su misericordia.
7 Al que hizo *las* grandes lumbreras,
porque para siempre es su misericordia:
8 el sol para que reine de día,
porque para siempre es su misericordia;
9 la luna y las estrellas para que reinen de
noche,
porque para siempre es su misericordia.
10 Al que hirió a Egipto en sus primogénitos,
porque para siempre es su misericordia;
11 y sacó a Israel de en medio de ellos,
porque para siempre es su misericordia,
12 con mano fuerte y brazo extendido,
porque para siempre es su misericordia.
13 Al que dividió en *dos* partes el mar Rojo,
porque para siempre es su misericordia;
14 e hizo pasar a Israel por en medio de él,
porque para siempre es su misericordia;
15 mas a Faraón y a su ejército destruyó en el
mar Rojo,
porque para siempre es su misericordia.
16 Al que condujo a su pueblo por el desierto,
porque para siempre es su misericordia;
17 al que hirió a grandes reyes,
porque para siempre es su misericordia;
18 y mató a reyes poderosos,
porque para siempre es su misericordia;
19 a Sehón, rey de los amorreos,

porque para siempre es su misericordia,
20 y a Og, rey de Basán,
porque para siempre es su misericordia;
21 y dio la tierra de ellos en heredad,
porque para siempre es su misericordia,
22 en heredad a Israel su siervo,
porque para siempre es su misericordia.
23 El que se acordó de nosotros en nuestra
humillación,
porque para siempre es su misericordia,
24 y nos rescató de nuestros adversarios,
porque para siempre es su misericordia.
25 El que da sustento a toda carne,
porque para siempre es su misericordia.
26 Dad gracias al Dios del cielo,
porque para siempre es su misericordia.

SALMO 137

1 Junto a los ríos de Babilonia,
nos sentábamos y llorábamos,
al acordarnos de Sion.
2 Sobre los sauces en medio de ella
colgamos nuestras arpas.
3 Pues allí los que nos habían llevado cautivos
nos pedían canciones,
y los que nos atormentaban *nos pedían*
alegría, *diciendo:*
Cantadnos *alguno* de los cánticos de Sion.
4 ¿Cómo cantaremos la canción del SEÑOR
en tierra extraña?
5 Si me olvido de ti, oh Jerusalén,
pierda mi diestra *su destreza.*
6 Péguese mi lengua al paladar
si no me acuerdo de ti,
si no enaltezco a Jerusalén
sobre mi supremo gozo.
7 Recuerda, oh SEÑOR, contra los hijos de
Edom
el día de Jerusalén,
quienes dijeron: Arrasadla, arrasadla
hasta sus cimientos.
8 Oh hija de Babilonia, la devastada,
bienaventurado el que te devuelva
el pago con que nos pagaste.
9 Bienaventurado será el que tome y estrelle
tus pequeños
contra la peña.

SALMO 138

Salmo de David.

1 Con todo mi corazón te daré gracias;
en presencia de los dioses te cantaré
alabanzas.
2 Me postraré hacia tu santo templo,
y daré gracias a tu nombre por tu
misericordia y tu verdad;
porque has engrandecido tu palabra
conforme a todo tu nombre.
3 En el día que invoqué, me respondiste;
me hiciste valiente con fortaleza en mi alma.
4 Todos los reyes de la tierra te alabarán,
SEÑOR,
cuando hayan oído los dichos de tu boca.
5 Y cantarán de los caminos del SEÑOR,
porque grande es la gloria del SEÑOR.
6 Porque el SEÑOR es excelso,
y atiende al humilde,
mas al altivo conoce de lejos.

7 Aunque yo ande en medio de la angustia, tú
     me vivificarás;
   extenderás tu mano contra la ira de mis
     enemigos,
   y tu diestra me salvará.
8 El Señor cumplirá su propósito en mí;
   eterna, oh Señor, es tu misericordia;
   no abandones las obras de tus manos.

SALMO 139

Para el director del coro. Salmo de David.

1 Oh Señor, tú me has escudriñado y
     conocido.
2 Tú conoces mi sentarme y mi levantarme;
   desde lejos comprendes mis pensamientos.
3 Tú escudriñas mi senda y mi descanso,
   y conoces bien todos mis caminos.
4 Aun antes de que haya palabra en mi boca,
   he aquí, oh Señor, tú *ya* la sabes toda.
5 Por detrás y por delante me has cercado,
   y tu mano pusiste sobre mí.
6 *Tal* conocimiento es demasiado maravilloso
     para mí;
   es *muy* elevado, no lo puedo alcanzar.
7 ¿Adónde me iré de tu Espíritu,
   o adónde huiré de tu presencia?
8 Si subo a los cielos, he aquí, *allí* estás tú;
   si en el Seol preparo mi lecho, allí estás tú.
9 *Si* tomo las alas del alba,
   y si habito en lo más remoto del mar,
10 aun allí me guiará tu mano,
   y me asirá tu diestra.
11 Si digo: Ciertamente las tinieblas me
     envolverán,
   y la luz en torno mío será noche;
12 ni aun las tinieblas son oscuras para ti,
   y la noche brilla como el día.
   Las tinieblas y la luz son iguales *para ti.*
13 Porque tú formaste mis entrañas;
   me hiciste en el seno de mi madre.
14 Te alabaré, porque asombrosa *y*
     maravillosamente he sido hecho;
   maravillosas son tus obras,
   y mi alma lo sabe muy bien.
15 No estaba oculto de ti mi cuerpo,
   cuando en secreto fui formado,
   y entretejido en las profundidades de la
     tierra.
16 Tus ojos vieron mi embrión,
   y en tu libro se escribieron todos
   los días que *me* fueron dados,
   cuando *no existía* ni uno solo de ellos.
17 ¡Cuán preciosos también son para mí, oh
     Dios, tus pensamientos!
   ¡Cuán inmensa es la suma de ellos!
18 Si los contara, serían más que la arena;
   al despertar aún estoy contigo.
19 ¡Oh Dios, si tú hicieras morir al impío!
   Por tanto, apartaos de mí, hombres
     sanguinarios.
20 Porque hablan contra ti perversamente,
   y tus enemigos toman *tu nombre* en vano.
21 ¿No odio a los que te aborrecen, Señor?
   ¿Y no me repugnan los que se levantan contra
     ti?
22 Los aborrezco con el más profundo odio;
   se han convertido en mis enemigos.
23 Escudríñame, oh Dios, y conoce mi corazón;
   pruébame y conoce mis inquietudes.

24 Y ve si hay en mí camino malo,
   y guíame en el camino eterno.

SALMO 140

Para el director del coro. Salmo de David.

1 Líbrame, oh Señor, de los hombres malignos;
   guárdame de los hombres violentos,
2 que traman maldades en *su* corazón;
   que cada día provocan guerras.
3 Aguzan su lengua como serpiente;
   veneno de víbora hay bajo sus labios.   (Selah)
4 Guárdame, Señor, de las manos del impío;
   protégeme de los hombres violentos,
   que se han propuesto hacerme tropezar.
5 Los soberbios han ocultado trampa y cuerdas
     para mí;
   han tendido red al borde del sendero;
   me han puesto lazos.   (Selah)
6 Dije al Señor: Tú eres mi Dios;
   escucha, oh Señor, la voz de mis súplicas.
7 Oh Dios, Señor, poder de mi salvación,
   tú cubriste mi cabeza en el día de la batalla.
8 No concedas, Señor, los deseos del impío;
   no hagas prosperar sus *malos* designios, *para
     que no* se exalten.   (Selah)
9 En cuanto a los que me rodean,
   que la malicia de sus labios los cubra.
10 Caigan sobre ellos carbones encendidos;
   sean arrojados en el fuego,
   en abismos profundos de donde no se puedan
     levantar.
11 Que el hombre de *mala* lengua no
     permanezca en la tierra;
   que al hombre violento lo persiga el mal
     implacablemente.
12 Yo sé que el Señor sostendrá la causa del
     afligido,
   y el derecho de los pobres.
13 Ciertamente los justos darán gracias a tu
     nombre,
   y los rectos morarán en tu presencia.

SALMO 141

Salmo de David.

1 Oh Señor, a ti clamo, apresúrate *a venir* a
     mí.
   Escucha mi voz cuando te invoco.
2 Sea puesta mi oración delante de ti como
     incienso,
   el alzar de mis manos como la ofrenda de la
     tarde.
3 Señor, pon guarda a mi boca;
   vigila la puerta de mis labios.
4 No dejes que mi corazón se incline a nada
     malo,
   para practicar obras impías
   con los hombres que hacen iniquidad,
   y no me dejes comer de sus manjares.
5 Que el justo me hiera con bondad y me
     reprenda;
   es aceite *sobre* la cabeza;
   no lo rechace mi cabeza,
   pues todavía mi oración es contra las obras
     impías.
6 Sus jueces son lanzados contra los costados
   de la peña,
   y oyen mis palabras, que son agradables.
7 Como cuando se ara y se rompe la tierra,

nuestros huesos han sido esparcidos a la boca del Seol.

8 Porque mis ojos *miran* hacia ti, oh Dios, Señor;
en ti me refugio, no me desampares.

9 Guárdame de las garras de la trampa que me han tendido,
y de los lazos de los que hacen iniquidad.

10 Caigan los impíos en sus propias redes,
mientras yo paso a salvo.

SALMO 142

Masquil de David, cuando estaba en la cueva. Plegaria.

1 Clamo al SEÑOR con mi voz;
con mi voz suplico al SEÑOR.

2 Delante de El expongo mi queja;
en su presencia manifiesto mi angustia.

3 Cuando mi espíritu desmayaba dentro de mí,
tú conociste mi senda.
En la senda en que camino
me han tendido una trampa.

4 Mira a la derecha, y ve,
porque no hay quien me tome en cuenta;
no hay refugio para mí;
no hay quien cuide de mi alma.

5 A ti he clamado, SEÑOR;
dije: Tú eres mi refugio,
mi porción en la tierra de los vivientes.

6 Atiende a mi clamor,
porque estoy muy abatido;
líbrame de los que me persiguen,
porque son más fuertes que yo.

7 Saca mi alma de la prisión,
para que yo dé gracias a tu nombre;
los justos me rodearán,
porque tú me colmarás de bendiciones.

SALMO 143

Salmo de David.

1 Oh SEÑOR, escucha mi oración,
presta oído a mis súplicas,
respóndeme por tu fidelidad, por tu justicia;

2 y no entres en juicio con tu siervo,
porque no es justo delante de ti ningún viviente.

3 Pues el enemigo ha perseguido mi alma,
ha aplastado mi vida contra la tierra;
me ha hecho morar en lugares tenebrosos,
como los que hace tiempo están muertos.

4 Y en mí languidece mi espíritu;
mi corazón está consternado dentro de mí.

5 Me acuerdo de los días antiguos,
en todas tus obras medito,
reflexiono en la obra de tus manos.

6 A ti extiendo mis manos;
mi alma te *anhela* como la tierra sedienta.
(Selah)

7 Respóndeme pronto, oh SEÑOR, *porque* mi espíritu desfallece;
no escondas de mí tu rostro,
para que no llegue yo a ser como los que descienden a la sepultura.

8 Por la mañana hazme oír tu misericordia,
porque en ti confío;
enséñame el camino por el que debo andar,
pues a ti elevo mi alma.

9 Líbrame de mis enemigos, oh SEÑOR;
en ti me refugio.

10 Enséñame a hacer tu voluntad,
porque tú eres mi Dios;
tu buen Espíritu me guíe a tierra firme.

11 Por amor a tu nombre, SEÑOR, vivifícame;
por tu justicia, saca mi alma de la angustia.

12 Y por tu misericordia, extirpa a mis enemigos,
y destruye a todos los que afligen mi alma;
pues yo soy tu siervo.

SALMO 144

Salmo de David.

1 Bendito sea el SEÑOR, mi roca,
que adiestra mis manos para la guerra,
y mis dedos para la batalla.

2 Misericordia mía y fortaleza mía,
mi baluarte y mi libertador,
escudo mío en quien me he refugiado,
el que sujeta a mi pueblo debajo de mí.

3 Oh SEÑOR, ¿qué es el hombre para que tú lo tengas en cuenta,
o el hijo del hombre para que pienses en él?

4 El hombre es semejante a un soplo;
sus días son como una sombra que pasa.

5 Oh SEÑOR, inclina tus cielos y desciende;
toca los montes para que humeen.

6 Despide relámpagos y dispérsalos;
lanza tus flechas y confúndelos.

7 Extiende tu mano desde lo alto;
rescátame y líbrame de las muchas aguas,
de la mano de extranjeros

8 cuya boca habla falsedad
y cuya diestra es diestra de mentira.

9 Oh Dios, un cántico nuevo te cantaré;
con arpa de diez cuerdas cantaré alabanzas a ti,

10 el que da la victoria a los reyes,
el que rescata a David su siervo de espada maligna.

11 Rescátame y líbrame de la mano de extranjeros,
cuya boca habla falsedad,
y cuya diestra es diestra de mentira.

12 Sean nuestros hijos en su juventud como plantíos florecientes,
y nuestras hijas como columnas de esquinas labradas como las de un palacio.

13 Estén llenos nuestros graneros,
suministrando toda clase de sustento,
y nuestros rebaños produzcan miles y diez miles en nuestros campos.

14 Esté cargado nuestro ganado,
sin fracasos y sin pérdida,
y no *haya* gritos en nuestras calles.

15 Bienaventurado el pueblo a quien así le sucede;
bienaventurado el pueblo cuyo Dios es el SEÑOR.

SALMO 145

Salmo de Alabanza; de David.

1 Te exaltaré mi Dios, oh Rey,
y bendeciré tu nombre eternamente y para siempre.

2 Todos los días te bendeciré,
y alabaré tu nombre eternamente y para siempre.

3 Grande es el Señor, y digno de ser alabado
  en gran manera;
  y su grandeza es inescrutable.
4 Una generación alabará tus obras a *otra*
  generación,
  y anunciará tus hechos poderosos.
5 En el glorioso esplendor de tu majestad,
  y en tus maravillosas obras meditaré.
6 *Los hombres* hablarán del poder de tus
  hechos portentosos,
  y yo contaré tu grandeza.
7 Ellos proclamarán con entusiasmo la
  memoria de tu mucha bondad,
  y cantarán con gozo de tu justicia.
8 Clemente y compasivo es el Señor,
  lento para la ira y grande en misericordia.
9 El Señor es bueno para con todos,
  y su compasión, sobre todas sus obras.
10 Señor, tus obras todas te darán gracias,
   y tus santos te bendecirán.
11 La gloria de tu reino dirán,
   y hablarán de tu poder,
12 para dar a conocer a los hijos de los hombres
   tus hechos poderosos,
   y la gloria de la majestad de tu reino.
13 Tu reino es reino por todos los siglos,
   y tu dominio *permanece* por todas las
   generaciones.
14 El Señor sostiene a todos los que caen,
   y levanta a todos los oprimidos.
15 A ti miran los ojos de todos,
   y a su tiempo tú les das su alimento.
16 Abres tu mano,
   y sacias el deseo de todo ser viviente.
17 Justo es el Señor en todos sus caminos,
   y bondadoso en todos sus hechos.
18 El Señor está cerca de todos los que le
   invocan,
   de todos los que le invocan en verdad.
19 Cumplirá el deseo de los que le temen,
   también escuchará su clamor y los salvará.
20 El Señor guarda a todos los que le aman,
   pero a todos los impíos destruirá.
21 Mi boca proclamará la alabanza del Señor;
   y toda carne bendecirá su santo nombre
   eternamente y para siempre.

SALMO 146

1 ¡Aleluya!
  Oh alma mía, alaba al Señor.
2 Alabaré al Señor mientras yo viva;
  cantaré alabanzas a mi Dios mientras yo
  exista.
3 No confiéis en príncipes,
  ni en hijo de hombre en quien no hay
  salvación.
4 Su espíritu exhala, él vuelve a la tierra;
  en ese mismo día perecen sus pensamientos.
5 Bienaventurado aquel cuya ayuda es el Dios
  de Jacob,
  cuya esperanza está en el Señor su Dios,
6 que hizo los cielos y la tierra,
  el mar y todo lo que en ellos hay;
  que guarda la verdad para siempre;
7 que hace justicia a los oprimidos,
  y da pan a los hambrientos.
  El Señor pone en libertad a los cautivos.
8 El Señor abre *los ojos* a los ciegos,
  el Señor levanta a los caídos,

el Señor ama a los justos.
9 El Señor protege a los extranjeros,
  sostiene al huérfano y a la viuda,
  pero trastorna el camino de los impíos.
10 El Señor reinará para siempre,
   tu Dios, oh Sion, por todas las generaciones.
   ¡Aleluya!

SALMO 147

1 ¡Aleluya!
  Porque bueno es cantar alabanzas a nuestro
  Dios,
  porque agradable *y* apropiada es la alabanza.
2 El Señor edifica a Jerusalén;
  congrega a los dispersos de Israel;
3 sana a los quebrantados de corazón,
  y venda sus heridas.
4 Cuenta el número de las estrellas,
  y a todas ellas les pone nombre.
5 Grande es nuestro Señor, y muy poderoso;
  su entendimiento es infinito.
6 El Señor sostiene al afligido
  y humilla a los impíos hasta la tierra.
7 Cantad al Señor con acción de gracias;
  cantad alabanzas con la lira a nuestro Dios,
8 el que cubre de nubes los cielos,
  el que provee lluvia para la tierra,
  el que hace brotar la hierba en los montes.
9 El da su alimento al ganado
  y a la cría de los cuervos cuando chillan.
10 No se deleita en la fuerza del caballo,
   ni se complace en las piernas *ágiles* del
   hombre.
11 El Señor favorece a los que le temen,
   a los que esperan en su misericordia.
12 ¡Alaba al Señor, oh Jerusalén!
   ¡Alaba a tu Dios, oh Sion!
13 Porque ha reforzado los cerrojos de tus
   puertas;
   ha bendecido a tus hijos dentro de ti.
14 El hace la paz en tus fronteras;
   te sacia con lo mejor del trigo.
15 Envía sus órdenes a la tierra;
   su palabra corre velozmente.
16 Manda la nieve como lana;
   esparce la escarcha cual ceniza.
17 Arroja su hielo como migas *de pan;*
   ¿Quién puede resistir ante su frío?
18 Envía su palabra y los derrite;
   hace soplar su viento y el agua corre.
19 Declara su palabra a Jacob,
   y sus estatutos y sus ordenanzas a Israel.
20 No ha hecho así con ninguna *otra* nación;
   y en cuanto a sus ordenanzas, no las han
   conocido.
   ¡Aleluya!

SALMO 148

1 ¡Aleluya!
  Alabad al Señor desde los cielos;
  alabadle en las alturas.
2 Alabadle, todos sus ángeles;
  alabadle, todos sus ejércitos.
3 Alabadle, sol y luna;
  alabadle, todas las estrellas luminosas.
4 Alabadle, cielos de los cielos,
  y las aguas que están sobre los cielos.
5 Alaben ellos el nombre del Señor,
  pues El ordenó y fueron creados;

6 los estableció eternamente y para siempre,
   les dio ley que no pasará.

7 Alabad al SEÑOR desde la tierra,
   monstruos marinos y todos los abismos;

8 fuego y granizo, nieve y bruma;
   viento tempestuoso que cumple su palabra;

9 los montes y todas las colinas;
   árboles frutales y todos los cedros;

10 las fieras y todo el ganado;
   reptiles y aves que vuelan;

11 reyes de la tierra y todos los pueblos;
   príncipes y todos los jueces de la tierra;

12 jóvenes y también doncellas;
   los ancianos junto con los niños.

13 Alaben ellos el nombre del SEÑOR,
   porque sólo su nombre es exaltado;
   su gloria es sobre tierra y cielos.

14 El ha exaltado el poder de su pueblo,
   alabanza para todos sus santos,
   para los hijos de Israel, pueblo a El cercano.
   ¡Aleluya!

SALMO 149

1 ¡Aleluya!
   Cantad al SEÑOR un cántico nuevo:
   su alabanza en la congregación de los santos.

2 Alégrese Israel en su Creador;
   regocíjense los hijos de Sion en su Rey.

3 Alaben su nombre con danza;
   cántenle alabanza con pandero y lira.

4 Porque el SEÑOR se deleita en su pueblo;
   adornará de salvación a los afligidos.

5 Regocíjense de gloria los santos;
   canten con gozo sobre sus camas.

6 *Sean* los loores de Dios en su boca,
   y una espada de dos filos en su mano,

7 para ejecutar venganza en las naciones,
   y castigo en los pueblos;

8 para atar a sus reyes con cadenas,
   y a sus nobles con grillos de hierro;

9 para ejecutar en ellos el juicio decretado:
   esto es gloria para todos sus santos.
   ¡Aleluya!

SALMO 150

1 ¡Aleluya!
   Alabad a Dios en su santuario;
   alabadle en su majestuoso firmamento.

2 Alabadle por sus hechos poderosos;
   alabadle según la excelencia de su grandeza.

3 Alabadle con sonido de trompeta;
   alabadle con arpa y lira.

4 Alabadle con pandero y danza;
   alabadle con instrumentos de cuerda y
   flauta.

5 Alabadle con címbalos sonoros;
   alabadle con címbalos resonantes.

6 Todo lo que respira alabe al SEÑOR.
   ¡Aleluya!

LOS PROVERBIOS

Propósito de los proverbios

1 Los proverbios de Salomón, hijo de David,
   rey de Israel;

2 para aprender sabiduría e instrucción,
   para discernir dichos profundos,

3 para recibir instrucción en sabia conducta,
   justicia, juicio y equidad;

4 para dar a los simples prudencia,
   y a los jóvenes conocimiento y discreción.

5 El sabio oirá y crecerá en conocimiento,
   y el inteligente adquirirá habilidad,

6 para entender proverbio y metáfora,
   las palabras de los sabios y sus enigmas.

7 El temor del SEÑOR es el principio de la
   sabiduría;
   los necios desprecian la sabiduría y la
   instrucción.

8 Oye, hijo mío, la instrucción de tu padre,
   y no abandones la enseñanza de tu madre;

9 porque guirnalda de gracia son para tu
   cabeza,
   y collares para tu cuello.

10 Hijo mío, si los pecadores te quieren seducir,
   no consientas.

11 Si dicen: Ven con nosotros,
   pongámonos al asecho para *derramar* sangre,
   sin causa asechemos al inocente,

12 devorémoslos vivos como el Seol,
   enteros, como los que descienden al abismo;

13 hallaremos toda *clase* de preciadas riquezas,
   llenaremos nuestras casas de botín;

14 echa tu suerte con nosotros,
   todos tendremos una bolsa;

15 hijo mío, no andes en el camino con ellos,
   aparta tu pie de su senda,

16 porque sus pies corren hacia el mal,
   y a derramar sangre se apresuran.

17 Porque es en vano tender la red
   ante los ojos de cualquier ave;

18 pero ellos a su propia sangre asechan,
   tienden lazo a sus propias vidas.

19 Tales son los caminos de todo el que se
   beneficia por la violencia:
   que quita la vida de sus poseedores.

20 La sabiduría clama en la calle,
   en las plazas alza su voz;

21 clama en las esquinas de las *calles*
   concurridas;
   a la entrada de las puertas de la ciudad
   pronuncia sus discursos:

22 ¿Hasta cuándo, oh simples, amaréis la
   simpleza,
   y los burladores se deleitarán en hacer burla,
   y los necios aborrecerán el conocimiento?

23 Volveos a mi represión:
   he aquí, derramaré mi espíritu sobre
   vosotros,
   os haré conocer mis palabras.

24 Porque he llamado y habéis rehusado *oír*,
   he extendido mi mano y nadie ha hecho caso;

25 habéis desatendido todo consejo mío,
   y no habéis deseado mi represión;

26 también yo me reiré de vuestra calamidad,
   me burlaré cuando sobrevenga lo que teméis,

27 cuando venga como tormenta lo que teméis,
y vuestra calamidad sobrevenga como
torbellino,
cuando vengan sobre vosotros tribulación y
angustia.
28 Entonces me invocarán, pero no responderé;
me buscarán con diligencia, pero no me
hallarán;
29 porque odiaron el conocimiento,
y no escogieron el temor del SEÑOR,
30 ni quisieron aceptar mi consejo,
y despreciaron toda mi reprensión;
31 comerán del fruto de su conducta,
y de sus propias artimañas se hartarán.
32 Porque el desvío de los simples los matará,
y la complacencia de los necios los destruirá.
33 Pero el que me escucha vivirá seguro,
y descansará, sin temor al mal.

La sabiduría protege del mal

2 Hijo mío, si recibes mis palabras,
y atesoras mis mandamientos dentro de ti,
2 da oído a la sabiduría,
inclina tu corazón al entendimiento;
3 porque si clamas a la inteligencia,
y alzas tu voz al entendimiento,
4 si la buscas como a plata,
y la procuras como a tesoros escondidos,
5 entonces entenderás el temor del SEÑOR,
y descubrirás el conocimiento de Dios.
6 Porque el SEÑOR da sabiduría,
de su boca vienen el conocimiento y la
inteligencia.
7 El reserva la prosperidad[1] para los rectos,
es escudo para los que andan en integridad,
8 guarda las sendas del juicio,
y preserva el camino de sus santos.
9 Entonces discernirás justicia y juicio,
equidad y todo buen sendero;
10 porque la sabiduría entrará en tu corazón,
y el conocimiento será grato a tu alma;
11 la discreción velará sobre ti,
el entendimiento te protegerá,
12 para librarte de la senda del mal,
del hombre que habla cosas perversas;
13 de los que dejan las sendas de rectitud,
para andar por los caminos tenebrosos;
14 de los que se deleitan en hacer el mal,
y se regocijan en las perversidades del mal,
15 cuyas sendas son torcidas,
y se extravían en sus senderos.
16 Ella te librará de la mujer extraña,
de la desconocida que lisonjea con sus
palabras,
17 la cual deja al compañero de su juventud,
y olvida el pacto de su Dios;
18 porque su casa se inclina hacia la muerte,
y sus senderos hacia los muertos;
19 todos los que a ella van, no vuelven,
ni alcanzan las sendas de la vida.
20 Por tanto andarás en el camino de los
buenos,
y guardarás las sendas de los justos;
21 porque los rectos morarán en la tierra,
y los íntegros permanecerán en ella;
22 pero los impíos serán cortados de la tierra,
y los pérfidos serán desarraigados de ella.

Exhortación a la sabiduría

3 Hijo mío, no te olvides de mi enseñanza,
y tu corazón guarde mis mandamientos,
2 porque largura de días y años de vida
y paz te añadirán.
3 La misericordia y la verdad nunca se aparten
de ti;
átalas a tu cuello,
escríbelas en la tabla de tu corazón.
4 Así hallarás favor y buena estimación
ante los ojos de Dios y de los hombres.
5 Confía en el SEÑOR con todo tu corazón,
y no te apoyes en tu propio entendimiento.
6 Reconócele en todos tus caminos,
y El enderezará tus sendas.
7 No seas sabio a tus propios ojos,
teme al SEÑOR y apártate del mal.
8 Será medicina para tu cuerpo
y refrigerio para tus huesos.
9 Honra al SEÑOR con tus bienes
y con las primicias de todos tus frutos;
10 entonces tus graneros se llenarán con
abundancia
y tus lagares rebosarán de mosto.
11 Hijo mío, no rechaces la disciplina del SEÑOR
ni aborrezcas su reprensión,
12 porque el SEÑOR a quien ama reprende,
como un padre al hijo en quien se deleita.
13 Bienaventurado el hombre que halla
sabiduría
y el hombre que adquiere entendimiento;
14 porque su ganancia es mejor que la ganancia
de la plata,
y sus utilidades mejor que el oro fino.
15 Es más preciosa que las joyas,
y nada de lo que deseas se compara con ella.
16 Larga vida hay en su mano derecha,
en su mano izquierda, riquezas y honra.
17 Sus caminos son caminos agradables
y todas sus sendas, paz.
18 Es árbol de vida para los que de ella echan
mano,
y felices son los que la abrazan.
19 Con sabiduría fundó el SEÑOR la tierra,
con inteligencia estableció los cielos.
20 Con su conocimiento los abismos fueron
divididos
y los cielos destilan rocío.
21 Hijo mío, no se aparten estas cosas de tus
ojos,
guarda la prudencia y la discreción,
22 y serán vida para tu alma,
y adorno para tu cuello.
23 Entonces andarás con seguridad por tu
camino,
y no tropezará tu pie.
24 Cuando te acuestes no tendrás temor,
sí, te acostarás y será dulce tu sueño.
25 No temerás el pavor repentino,
ni el ataque de los impíos cuando venga,
26 porque el SEÑOR será tu confianza,
y guardará tu pie de ser apresado.
27 No niegues el bien a quien se le debe,
cuando esté en tu mano el hacerlo.
28 No digas a tu prójimo: Ve y vuelve,
y mañana te lo daré,
cuando lo tienes contigo.
29 No trames el mal contra tu prójimo,

1. O, sabiduría

mientras habite seguro a tu lado.

30 No contiendas con nadie sin motivo,
si no te ha hecho daño.

31 No envidies al hombre violento,
y no escojas ninguno de sus caminos;

32 porque el *hombre* perverso es abominación
para el SEÑOR;
pero El es amigo íntimo de los rectos.

33 La maldición del SEÑOR está sobre la casa del
impío,
pero El bendice la morada del justo.

34 Ciertamente El se burla de los burladores,
pero da gracia a los afligidos.

35 El sabio heredará honra,
pero los necios hacen resaltar *su* deshonra.

Instrucciones de un padre

4 Oíd, hijos, la instrucción de un padre,
y prestad atención para que ganéis
entendimiento,

2 porque os doy buena enseñanza;
no abandonéis mi instrucción.

3 También yo fui hijo para mi padre,
tierno y único a los ojos de mi madre,

4 y él me enseñaba y me decía:
Retenga tu corazón mis palabras,
guarda mis mandamientos y vivirás.

5 Adquiere sabiduría, adquiere inteligencia;
no te olvides ni te apartes de las palabras de
mi boca.

6 No la abandones y ella velará sobre ti,
ámala y ella te protegerá.

7 Lo principal es la sabiduría; adquiere
sabiduría,
y con todo lo que obtengas adquiere
inteligencia.

8 Estímala, y ella te ensalzará;
ella te honrará si tú la abrazas;

9 guirnalda de gracia pondrá en tu cabeza,
corona de hermosura te entregará.

10 Oye, hijo mío, recibe mis palabras,
y muchos serán los años de tu vida.

11 Por el camino de la sabiduría te he
conducido,
por sendas de rectitud te he guiado.

12 Cuando andes, tus pasos no serán obstruidos,
y si corres, no tropezarás.

13 Aférrate a la instrucción, no la sueltes;
guárdala, porque ella es tu vida.

14 No entres en la senda de los impíos,
ni vayas por el camino de los malvados.

15 Evítalo, no pases por él;
apártate de él y pasa adelante.

16 Porque ellos no duermen a menos que hagan
el mal,
y pierden el sueño si no han hecho caer *a
alguno.*

17 Porque comen pan de maldad,
y beben vino de violencia.

18 Mas la senda de los justos es como la luz de
la aurora,
que va aumentando en resplandor hasta que
es pleno día.

19 El camino de los impíos es como las tinieblas,
no saben en qué tropiezan.

20 Hijo mío, presta atención a mis palabras,
inclina tu oído a mis razones,

21 que no se aparten de tus ojos,
guárdalas en medio de tu corazón.

22 Porque son vida para los que las hallan,
y salud para todo su cuerpo.

23 Con toda diligencia guarda tu corazón,
porque de él *brotan* los manantiales de la
vida.

24 Aparta de ti la boca perversa,
y aleja de ti los labios falsos.

25 Miren tus ojos hacia adelante,
y fíjese tu mirada en lo que está frente a ti.

26 Fíjate en el sendero de tus pies,
y todos tus caminos serán establecidos.

27 No te desvíes a la derecha ni a la izquierda;
aparta tu pie del mal.

Advertencias sobre la mujer extraña

5 Hijo mío, presta atención a mi sabiduría,
inclina tu oído a mi prudencia,

2 para que guardes la discreción,
y tus labios conserven el conocimiento.

3 Porque los labios de la extraña destilan miel,
y su lengua es más suave que el aceite;

4 pero al final es amarga como el ajenjo,
aguda como espada de dòs filos.

5 Sus pies descienden a la muerte,
sus pasos *sólo* logran el Seol.

6 No considera la senda de la vida;
sus senderos son inestables, *y no lo* sabe.

7 Ahora pues, hijos *míos,* escuchadme,
y no os apartéis de las palabras de mi boca.

8 Aleja de ella tu camino,
y no te acerques a la puerta de su casa;

9 no sea que des tu vigor a otros
y tus años al cruel;

10 no sea que se sacien los extraños de tus
bienes,
y tu esfuerzo *vaya* a casa del extranjero;

11 y al final te lamentes,
cuando tu carne y tu cuerpo se hayan
consumido,

12 y digas: ¡Cómo he aborrecido la instrucción,
y mi corazón ha despreciado la corrección!

13 No he escuchado la voz de mis maestros,
ni he inclinado mi oído a mis instructores.

14 He estado a punto de completa ruina
en medio de la asamblea y la congregación.

15 Bebe agua de tu cisterna
y agua fresca de tu pozo.

16 ¿Se derramarán por fuera tus manantiales,
tus arroyos de aguas por las calles?

17 Sean para ti solo,
y no para los extraños contigo.

18 Sea bendita tu fuente,
y regocíjate con la mujer de tu juventud,

19 amante cierva y graciosa gacela;
que sus senos te satisfagan en todo tiempo,
su amor te embriague para siempre.

20 ¿Por qué has de embriagarte, hijo mío, con
una extraña,
y abrazar el seno de una desconocida?

21 Pues los caminos del hombre están delante
de los ojos del SEÑOR,
y El observa todos sus senderos.

22 De sus propias iniquidades será presa el
impío,
y en los lazos de su pecado quedará
atrapado.

23 Morirá por falta de instrucción,
y por su mucha necedad perecerá.

Advertencias al fiador y al perezoso

6 Hijo mío, si has salido fiador por tu prójimo,
si has dado promesa a un extraño,

2 *si* te has enredado con las palabras de tu
boca,
si con las palabras de tu boca has sido
atrapado,

3 haz esto ahora, hijo mío, y líbrate,
ya que has caído en la mano de tu prójimo:
ve, humíllate e importuna a tu prójimo;

4 no des sueño a tus ojos
ni adormecimiento a tus párpados;

5 líbrate como la gacela de la mano *del
cazador*,
y como ave de la mano del que caza.

6 Ve, *mira* la hormiga, perezoso,
observa sus caminos, y sé sabio.

7 La cual sin tener jefe,
ni oficial ni señor,

8 prepara en el verano su alimento,
y recoge en la cosecha su sustento.

9 ¿Hasta cuándo, perezoso, estarás acostado?
¿Cuándo te levantarás de tu sueño?

10 Un poco de dormir, un poco de dormitar,
un poco de cruzar las manos para descansar,

11 y vendrá como vagabundo tu pobreza,
y tu necesidad como un hombre armado.

12 La persona indigna, el hombre inicuo,
es el que anda con boca perversa,

13 el que guiña los ojos, el que hace señas con
los pies,
el que señala con los dedos,

14 el que *con* perversidad en su corazón,
continuamente trama el mal,
el que siembra discordia.

15 Por tanto su desgracia vendrá de repente;
al instante será quebrantado, y no habrá
remedio.

16 Seis cosas hay que odia el Señor,
y siete son abominación para Él:

17 ojos soberbios, lengua mentirosa,
manos que derraman sangre inocente,

18 un corazón que maquina planes perversos,
pies que corren rápidamente hacia el mal,

19 un testigo falso *que* dice mentiras,
y el que siembra discordia entre hermanos.

20 Hijo mío, guarda el mandamiento de tu
padre,
y no abandones la enseñanza de tu madre;

21 átalos de continuo en tu corazón,
enlázalos a tu cuello.

22 Cuando andes, te guiarán;
cuando duermas, velarán por ti;
y al despertarte, hablarán contigo.

23 Porque el mandamiento es lámpara, y la
enseñanza luz,
y camino de vida las represiones de la
instrucción,

24 para librarte de la mujer mala,
de la lengua suave de la desconocida.

25 No codicies su hermosura en tu corazón,
ni dejes que te cautive con sus párpados.

26 Porque por causa de una ramera uno es
reducido a un pedazo de pan,
pero la adúltera anda a la caza de la vida
preciosa.

27 ¿Puede un hombre poner fuego en su seno
sin que arda su ropa?

28 ¿O puede caminar un hombre sobre carbones
encendidos
sin que se quemen sus pies?

29 Así es el que se llega a la mujer de su
prójimo;
cualquiera que la toque no quedará sin
castigo.

30 No se desprecia al ladrón si roba
para saciarse cuando tiene hambre;

31 mas cuando es sorprendido, paga siete veces;
tiene que dar todos los bienes de su casa.

32 El que comete adulterio no tiene
entendimiento;
destruye su alma el que lo hace.

33 Heridas y vergüenza hallará,
y su afrenta no se borrará.

34 Porque los celos enfurecen al hombre,
y no perdonará en el día de la venganza.

35 No aceptará ningún rescate,
ni se dará por satisfecho aunque *le* des
muchos presentes.

Artimañas de la ramera

7 Hijo mío, guarda mis palabras,
y atesora mis mandamientos contigo.

2 Guarda mis mandamientos y vivirás,
y mi enseñanza como la niña de tus ojos.

3 Átalos a tus dedos,
escríbelos en la tabla de tu corazón.

4 Di a la sabiduría: Tú eres mi hermana,
y llama a la inteligencia *tu* mejor amiga,

5 para que te guarden de la mujer extraña,
de la desconocida que lisonjea con sus
palabras.

6 Porque desde la ventana de mi casa
miraba por la celosía,

7 y vi entre los simples,
distinguí entre los muchachos
a un joven falto de juicio,

8 pasando por la calle cerca de su esquina;
iba camino de su casa,

9 al atardecer, al anochecer,
en medio de la noche y la oscuridad.

10 Y he aquí, una mujer le *sale* al encuentro,
vestida como ramera y astuta de corazón.

11 Es alborotadora y rebelde,
sus pies no permanecen en casa;

12 *está* ya en las calles, ya en las plazas,
y acecha por todas las esquinas.

13 Y lo agarra y lo besa,
y descarada le dice:

14 Tenía que ofrecer ofrendas de paz,
y hoy he cumplido mis votos;

15 por eso he salido a encontrarte,
buscando tu rostro con ansiedad, y te he
hallado.

16 He tendido mi lecho con colchas,
con linos de Egipto en colores;

17 he rociado mi cama
con mirra, áloes y canela.

18 Ven, embriaguémonos de amor hasta la
mañana,
deleitémonos con caricias.

19 Porque mi marido no está en casa,
se ha ido a un largo viaje;

20 se ha llevado en la mano la bolsa del dinero,
volverá a casa para la luna llena.

21 Con sus palabras persuasivas lo atrae,
lo seduce con sus labios lisonjeros.

22 Al instante la sigue,
como va el buey al matadero,
o como *uno en* grillos al castigo de un necio,
23 hasta que una flecha le traspasa el hígado;
como el ave que se precipita en la trampa,
y no sabe que esto *le costará* la vida.
24 Ahora pues, hijos *míos*, escuchadme,
y prestad atención a las palabras de mi boca.
25 No se desvíe tu corazón hacia sus caminos,
no te extravíes en sus sendas.
26 Porque muchas son las víctimas derribadas
por ella,
y numerosos los que ha matado.
27 Su casa es el camino al Seol,
que desciende a las cámaras de la muerte.

Llamamiento de la sabiduría

8 ¿No clama la sabiduría,
y levanta su voz la prudencia?
2 En la cima de las alturas, junto al camino,
donde cruzan las sendas, se coloca;
3 junto a las puertas, a la salida de la ciudad,
en el umbral de las puertas, da voces:
4 Oh hombres, a vosotros clamo,
para los hijos de los hombres es mi voz.
5 Oh simples, aprended prudencia;
y vosotros, necios, aprended sabiduría.
6 Escuchad, porque hablaré cosas excelentes,
y con el abrir de mis labios rectitud.
7 Porque mi boca proferirá la verdad,
abominación a mis labios es la impiedad.
8 Conforme a la justicia son todas las palabras
de mi boca,
no hay en ellas nada torcido ni perverso.
9 Todas son sinceras para el que entiende,
y rectas para los que han hallado
conocimiento.
10 Recibid mi instrucción y no la plata,
y conocimiento antes que el oro escogido;
11 porque mejor es la sabiduría que las joyas,
y todas las cosas deseables no pueden
compararse con ella.
12 Yo, la sabiduría, habito con la prudencia,
y he hallado conocimiento *y* discreción.
13 El temor del SEÑOR es aborrecer el mal.
El orgullo, la arrogancia, el mal camino
y la boca perversa, yo aborrezco.
14 Mío es el consejo y la prudencia,
yo soy la inteligencia, el poder es mío.
15 Por mí reinan los reyes,
y los gobernantes decretan justicia.
16 Por mí gobiernan los príncipes y los nobles,
todos los que juzgan con justicia.
17 Amo a los que me aman,
y los que me buscan con diligencia me
hallarán.
18 Conmigo están las riquezas y el honor,
la fortuna duradera y la justicia.
19 Mi fruto es mejor que el oro, que el oro puro,
y mi ganancia *es mejor* que la plata escogida.
20 Yo ando por el camino de la justicia,
por en medio de las sendas del derecho,
21 para otorgar heredad a los que me aman
y *así* llenar sus tesoros.
22 El SEÑOR me poseyó al principio de su
camino,
antes de sus obras de tiempos pasados.
23 Desde la eternidad fui establecida,

desde el principio, desde los orígenes de la
tierra.
24 Cuando no había abismos fui engendrada,
cuando no había manantiales abundantes en
aguas.
25 Antes que los montes fueran asentados,
antes que las colinas, fui engendrada,
26 cuando Él no había hecho aún la tierra y los
campos,
ni el polvo primero del mundo.
27 Cuando estableció los cielos, allí estaba yo;
cuando trazó un círculo sobre la faz del
abismo,
28 cuando arriba afirmó los cielos,
cuando las fuentes del abismo se afianzaron,
29 cuando al mar puso sus límites
para que las aguas no transgredieran su
mandato,
cuando señaló los cimientos de la tierra,
30 yo estaba entonces junto a Él, *como*
arquitecto;
y era *su* delicia de día en día,
regocijándome en todo tiempo en su
presencia,
31 regocijándome en el mundo, *en* su tierra,
y *teniendo* mis delicias con los hijos de los
hombres.
32 Ahora pues, hijos, escuchadme,
porque bienaventurados son los que guardan
mis caminos.
33 Escuchad la instrucción y sed sabios,
y no *la* menospreciéis.
34 Bienaventurado el hombre que me escucha,
velando a mis puertas día a día,
aguardando en los postes de mi entrada.
35 Porque el que me halla, halla la vida,
y alcanza el favor del SEÑOR.
36 Pero el que peca contra mí, a sí mismo se
daña;
todos los que me odian, aman la muerte.

La sabiduría y la insensatez

9 La sabiduría ha edificado su casa,
ha labrado sus siete columnas;
2 ha preparado su alimento, ha mezclado su
vino,
ha puesto también su mesa;
3 ha enviado a sus doncellas, *y* clama
desde los lugares más altos de la ciudad:
4 El que sea simple que entre aquí.
Al falto de entendimiento le dice:
5 Venid, comed de mi pan,
y bebed del vino que he mezclado.
6 Abandonad la necedad y viviréis,
y andad por el camino del entendimiento.
7 El que corrige al escarnecedor, atrae sobre sí
deshonra,
y el que reprende al impío *recibe* insultos.
8 No reprendas al escarnecedor, para que no te
aborrezca;
reprende al sabio, y te amará.
9 Da *instrucción* al sabio, y será aún más sabio,
enseña al justo, y aumentará *su* saber.
10 El principio de la sabiduría es el temor del
SEÑOR,
y el conocimiento del Santo es inteligencia.
11 Pues por mí se multiplicarán tus días,
y años de vida te serán añadidos.
12 Si eres sabio, eres sabio para provecho tuyo,

y si escarneces, tú sólo lo sufrirás.

13 La mujer insensata es alborotadora,
es simple y no sabe nada.

14 Y se sienta a la puerta de su casa,
en un asiento, en los lugares altos de la
ciudad,

15 llamando a los que pasan,
a los que van derechos por sus sendas:

16 El que sea simple, que entre aquí.
Y al falto de entendimiento, le dice:

17 Dulces son las aguas hurtadas,
y el pan *comido* en secreto es sabroso.

18 Pero él no sabe que allí están los muertos,
que sus invitados están en las profundidades
del Seol.

El justo y el impío

10 Los proverbios de Salomón.
El hijo sabio alegra al padre,
pero el hijo necio es tristeza para su madre.

2 Tesoros mal adquiridos no aprovechan,
mas la justicia libra de la muerte.

3 El SEÑOR no permitirá que el justo padezca
hambre,
pero rechazará la avidez de los impíos.

4 Pobre es el que trabaja con mano negligente,
mas la mano de los diligentes enriquece.

5 El que recoge en el verano es hijo sabio,
el que se duerme durante la siega es hijo que
avergüenza.

6 Hay bendiciones sobre la cabeza del justo,
pero la boca de los impíos oculta violencia.

7 La memoria del justo es bendita,
pero el nombre del impío se pudrirá.

8 El sabio de corazón aceptará mandatos,
mas el necio charlatán será derribado.

9 El que anda en integridad anda seguro,
mas el que pervierte sus caminos será
descubierto.

10 El que guiña el ojo causa disgustos,
y el necio charlatán será derribado.

11 Fuente de vida es la boca del justo,
pero la boca de los impíos encubre violencia.

12 El odio suscita rencillas,
pero el amor cubre todas las transgresiones.

13 En los labios del entendido se halla sabiduría,
pero la vara es para las espaldas del falto de
entendimiento.

14 Los sabios atesoran conocimiento,
pero la boca del necio es ruina cercana.

15 La fortuna del rico es su fortaleza,
la ruina de los pobres es su pobreza.

16 El salario del justo es vida,
la ganancia del impío, castigo.

17 *Por* senda de vida *va* el que guarda la
instrucción,
mas el que abandona la represión se
extravía.

18 El que oculta el odio *tiene* labios mentirosos,
y el que esparce calumnia es un necio.

19 En las muchas palabras, la transgresión es
inevitable,
mas el que refrena sus labios es prudente.

20 La lengua del justo es plata escogida,
pero el corazón de los impíos es poca cosa.

21 Los labios del justo apacientan a muchos,
pero los necios mueren por falta de
entendimiento.

22 La bendición del SEÑOR es la que enriquece,

y El no añade tristeza con ella.

23 Como diversión es para el necio el hacer
maldad,
y la sabiduría *lo es* para el hombre de
entendimiento.

24 Lo que el impío teme vendrá sobre él,
y el deseo de los justos será concedido.

25 Cuando pasa el torbellino, ya no existe el
impío,
pero el justo *tiene* cimiento eterno.

26 Como el vinagre a los dientes y el humo a los
ojos,
así es el perezoso para quienes lo envían.

27 El temor del SEÑOR multiplica los días,
mas los años de los impíos serán acortados.

28 La esperanza de los justos es alegría,
pero la expectación de los impíos perecerá.

29 Fortaleza para el íntegro es el camino del
SEÑOR,
pero ruina para los que obran iniquidad.

30 El justo nunca será conmovido,
mas los impíos no habitarán en la tierra.

31 La boca del justo emite sabiduría,
pero la lengua perversa será cortada.

32 Los labios del justo dan a conocer lo
agradable,
pero la boca de los impíos, lo perverso.

11 La balanza falsa es abominación al
SEÑOR,
pero el peso cabal es su deleite.

2 Cuando viene la soberbia, viene también la
deshonra;
pero con los humildes está la sabiduría.

3 La integridad de los rectos los guiará,
mas la perversidad de los pérfidos los
destruirá.

4 De nada sirven las riquezas el día de la ira,
pero la justicia libra de la muerte.

5 La justicia del íntegro enderezará su camino,
pero el impío caerá por su propia impiedad.

6 La justicia de los rectos los librará,
mas los pérfidos en *su* codicia serán
atrapados.

7 Cuando muere el hombre impío, *su*
esperanza se acaba,
y la expectación de los poderosos perece.

8 El justo es librado de tribulación,
y el impío toma su lugar.

9 Con la boca el impío destruye a su prójimo,
mas por el conocimiento los justos serán
librados.

10 Con el bien de los justos, se regocija la
ciudad,
y cuando perecen los impíos, hay gritos de
alegría.

11 Por la bendición de los rectos, se enaltece la
ciudad,
pero por la boca de los impíos, es derribada.

12 El que menosprecia a su prójimo carece de
entendimiento,
pero el hombre prudente guarda silencio.

13 El que anda en chismes revela secretos,
pero el de espíritu leal oculta las cosas.

14 Donde no hay buen consejo, el pueblo cae,
pero en la abundancia de consejeros está la
victoria.

15 Ciertamente sufrirá el que sale fiador por un
extraño,
pero el que odia salir fiador está seguro.

16 La mujer agraciada alcanza honra,
y los poderosos alcanzan riquezas.

17 El hombre misericordioso se hace bien a sí
mismo,
pero el cruel a sí mismo se hace daño.

18 El impío gana salario engañoso,
pero el que siembra justicia *recibe* verdadera
recompensa.

19 El que persiste en la justicia *alcanzará* la
vida,
y el que va en pos del mal, su propia muerte.

20 Los de corazón perverso son abominación al
Señor,
pero los de camino intachable son su deleite.

21 Ciertamente el malvado no quedará sin
castigo,
mas la descendencia de los justos será
librada.

22 Como anillo de oro en el hocico de un cerdo
es la mujer hermosa que carece de
discreción[1].

23 El deseo de los justos es sólo el bien,
la esperanza de los malvados es la ira.

24 Hay quien reparte, y le es añadido más,
y hay quien retiene lo que es justo, sólo para
venir a menos.

25 El alma generosa será prosperada,
y el que riega será también regado.

26 Al que retiene el grano, el pueblo lo
maldecirá,
pero habrá bendición sobre la cabeza del que
lo vende.

27 El que con diligencia busca el bien, se
procura favor,
pero el que busca el mal, le vendrá.

28 El que confía en sus riquezas, caerá,
pero los justos prosperarán como la hoja
verde.

29 El que turba su casa, heredará viento,
y el necio será siervo del sabio de corazón.

30 El fruto del justo es árbol de vida,
y el que gana almas es sabio.

31 Si el justo es recompensado en la tierra,
¡cuánto más el impío y el pecador!

12 El que ama a la instrucción ama el
conocimiento,
pero el que odia la represión es torpe.

2 El bueno alcanzará el favor del Señor,
mas El condenará al hombre de malos
designios.

3 El hombre no se afianzará por medio de la
impiedad,
y la raíz de los justos no será removida.

4 La mujer virtuosa es corona de su marido,
mas la que *lo* avergüenza es como
podredumbre en sus huesos.

5 Los pensamientos de los justos son rectos,
los consejos de los impíos, engañosos.

6 Las palabras de los impíos son asechanzas
sangrientas,
pero a los rectos su boca los librará.

7 Los impíos son derribados y ya no existen,
pero la casa de los justos permanecerá.

8 El hombre será alabado conforme a su
discernimiento,
pero el perverso de corazón será despreciado.

9 Más vale el poco estimado que tiene siervo,
que el que se alaba y carece de pan.

10 El justo se preocupa de la vida de su ganado,
pero las entrañas de los impíos son crueles.

11 El que labra su tierra se saciará de pan,
pero el que persigue lo vano carece de
entendimiento.

12 El impío codicia el botín de los malos,
pero la raíz de los justos da *fruto*.

13 En la transgresión de sus labios se enreda el
malvado,
pero el justo escapará del apuro.

14 Por el fruto de su boca cada cual se saciará
de bien,
y las obras de las manos del hombre volverán
a él.

15 El camino del necio es recto a sus propios
ojos,
mas el que escucha consejos es sabio.

16 El enojo del necio se conoce al instante,
mas el prudente oculta la deshonra.

17 El que habla verdad declara lo que es justo,
pero el testigo falso, falsedad.

18 Hay quien habla sin tino como golpes de
espada,
pero la lengua de los sabios sana.

19 Los labios veraces permanecerán para
siempre,
pero la lengua mentirosa, sólo por un
momento.

20 Hay engaño en el corazón de los que traman
el mal,
y gozo en los consejeros de paz.

21 Ningún daño sobreviene al justo,
mas los impíos están llenos de pesares.

22 Los labios mentirosos son abominación al
Señor,
pero los que obran fielmente son su deleite.

23 El hombre prudente oculta *su* conocimiento,
pero el corazón de los necios proclama *su*
necedad.

24 La mano de los diligentes gobernará,
pero la indolencia será sujeta a trabajos
forzados.

25 La ansiedad en el corazón del hombre lo
deprime,
mas la buena palabra lo alegra.

26 El justo es guía para su prójimo,
pero el camino de los impíos los extravía.

27 El indolente no asa su presa,
pero la posesión más preciosa del hombre es
la diligencia.

28 En la senda de la justicia está la vida,
y en *su* camino no hay muerte.

13 El hijo sabio *acepta* la disciplina de *su*
padre,
pero el escarnecedor no escucha la
represión.

2 Del fruto de su boca el hombre comerá el
bien,
pero el deseo de los pérfidos es la violencia.

3 El que guarda su boca, preserva su vida;
el que mucho abre sus labios, termina en
ruina.

4 El alma del perezoso desea, pero nada
consigue,
mas el alma de los diligentes queda
satisfecha.

5 El justo aborrece la falsedad,
mas el impío causa repugnancia y vergüenza.

1. Lit., *gusto*

6 La justicia guarda al íntegro *en su* camino,
   mas la maldad trastorna al pecador.
7 Hay quien pretende ser rico, y nada tiene;
   hay *quien* pretende ser pobre, y tiene una
   gran fortuna.
8 El rescate de la vida de un hombre está en
   sus riquezas,
   pero el pobre no oye amenazas.
9 La luz de los justos brilla alegremente[1],
   pero la lámpara de los impíos se apaga.
10 Por la soberbia sólo viene la contienda,
   mas con los que reciben consejos está la
   sabiduría.
11 La fortuna *obtenida* con fraude disminuye,
   pero el que la recoge con trabajo *la* aumenta.
12 La esperanza que se demora enferma el
   corazón,
   pero el deseo cumplido es árbol de vida.
13 El que desprecia la palabra pagará por ello,
   pero el que teme el mandamiento será
   recompensado.
14 La enseñanza del sabio es fuente de vida,
   para apartarse de los lazos de la muerte.
15 El buen entendimiento produce favor,
   mas el camino de los pérfidos es duro.
16 Todo hombre prudente obra con
   conocimiento,
   pero el necio ostenta necedad.
17 El mensajero perverso cae en la adversidad,
   pero el enviado fiel *trae* sanidad.
18 Pobreza y vergüenza *vendrán* al que
   menosprecia la instrucción,
   mas el que acepta la reprensión será
   honrado.
19 Deseo cumplido es dulzura para el alma,
   pero abominación para los necios es
   apartarse del mal.
20 El que anda con sabios será sabio,
   mas el compañero de los necios sufrirá daño.
21 A los pecadores los persigue el mal,
   pero los justos serán recompensados con el
   bien.
22 El hombre bueno deja herencia a los hijos de
   sus hijos,
   pero la riqueza del pecador está reservada
   para el justo.
23 El barbecho de los pobres tiene mucho de
   comer,
   pero es barrido por la injusticia.
24 El que escatima la vara odia a su hijo,
   mas el que lo ama lo disciplina con
   diligencia.
25 El justo come hasta saciar su alma,
   pero el vientre de los impíos sufre escasez.

14 La mujer sabia edifica su casa,
   pero la necia con sus manos la derriba.
2 El que anda en rectitud teme al SEÑOR,
   pero el de perversos caminos le desprecia.
3 En la boca del necio hay una vara para su
   espalda,
   pero los labios de los sabios los protegerán.
4 Donde no hay bueyes, el pesebre está limpio,
   pero mucho rendimiento *se obtiene* por la
   fuerza del buey.
5 El testigo veraz no mentirá,
   pero el testigo falso habla mentiras.
6 El escarnecedor busca sabiduría, y no la
   halla,
   pero para el hombre entendido el
   conocimiento es fácil.
7 Apártate de la presencia del necio,
   porque *en él* no discernirás palabras de
   conocimiento.
8 La sabiduría del prudente está en entender
   su camino,
   mas la necedad de los necios es engaño.
9 Los necios se mofan del pecado,
   pero entre los rectos hay buena voluntad.
10 El corazón conoce su propia amargura,
   y un extraño no comparte su alegría.
11 La casa de los impíos será destruida,
   pero la tienda de los rectos florecerá.
12 Hay camino que al hombre le *parece* derecho,
   pero al final, es camino de muerte.
13 Aun en la risa, el corazón puede tener dolor,
   y el final de la alegría puede ser tristeza.
14 El de corazón descarriado se saciará de sus
   caminos,
   pero el hombre bueno *estará satisfecho* con el
   suyo.
15 El simple todo lo cree,
   pero el prudente mira bien sus pasos.
16 El sabio teme y se aparta del mal,
   pero el necio es arrogante y descuidado.
17 El hombre pronto a la ira obra neciamente,
   y el hombre de malos designios es aborrecido.
18 Los simples heredan necedad,
   mas los prudentes son coronados de
   conocimiento.
19 Los malos se inclinarán ante los buenos,
   y los impíos, a las puertas del justo.
20 Aun por su vecino es odiado el pobre,
   pero son muchos los que aman al rico.
21 El que desprecia a su prójimo peca,
   pero es feliz el que se apiada de los pobres.
22 ¿No se perderán los que traman el mal?;
   pero misericordia y verdad *recibirán* los que
   planean el bien.
23 En todo trabajo hay ganancia,
   pero el vano hablar *conduce* sólo a la
   pobreza.
24 La corona de los sabios es su riqueza,
   mas la necedad de los necios es insensatez.
25 El testigo veraz salva vidas,
   pero el que habla mentiras es traidor.
26 En el temor del SEÑOR hay confianza segura,
   y a los hijos dará refugio.
27 El temor del SEÑOR es fuente de vida,
   para evadir los lazos de la muerte.
28 En la multitud del pueblo está la gloria del
   rey,
   pero en la falta de pueblo está la ruina del
   príncipe.
29 El lento para la ira tiene gran prudencia,
   pero el que es irascible ensalza la necedad.
30 Un corazón apacible es vida para el cuerpo,
   mas las pasiones son podredumbre de los
   huesos.
31 El que oprime al pobre afrenta a su Hacedor,
   pero el que se apiada del necesitado le honra.
32 El impío es derribado por su maldad,
   pero el justo tiene un refugio cuando muere.
33 En el corazón del prudente reposa la
   sabiduría,
   pero en medio de los necios no se da a
   conocer.

---

1. Lit., *se regocija*

34 La justicia engrandece a la nación,
   pero el pecado es afrenta para los pueblos.
35 El favor del rey es para el siervo que obra
   sabiamente,
   mas su enojo es contra el que obra
   vergonzosamente.

15 La suave respuesta aparta el furor,
   mas la palabra hiriente hace subir la ira.
2 La lengua del sabio hace grato el
   conocimiento,
   pero la boca de los necios habla necedades.
3 En todo lugar están los ojos del SEÑOR,
   observando a los malos y a los buenos.
4 La lengua apacible es árbol de vida,
   mas la perversidad en ella quebranta el
   espíritu.
5 El necio rechaza la disciplina de su padre,
   mas el que acepta la reprensión es prudente.
6 En la casa del justo hay mucha riqueza,
   pero en las ganancias del impío hay
   turbación.
7 Los labios de los sabios esparcen
   conocimiento,
   pero no así el corazón de los necios.
8 El sacrificio de los impíos es abominación al
   SEÑOR,
   mas la oración de los rectos es su deleite.
9 Abominación al SEÑOR es el camino del
   impío,
   y El ama al que sigue la justicia.
10 La disciplina severa es para el que abandona
   el camino;
   el que aborrece la reprensión morirá.
11 El Seol y el Abadón están delante del SEÑOR,
   ¡cuánto más los corazones de los hombres!
12 El escarnecedor no ama al que lo reprende,
   ni se allegará a los sabios.
13 El corazón gozoso alegra el rostro,
   pero en la tristeza del corazón se quebranta el
   espíritu.
14 El corazón inteligente busca conocimiento,
   mas la boca de los necios se alimenta de
   necedades.
15 Todos los días del afligido son malos,
   pero el de corazón alegre tiene un banquete
   continuo.
16 Mejor es lo poco con el temor del SEÑOR,
   que gran tesoro y turbación con él.
17 Mejor es un plato de legumbres donde hay
   amor,
   que buey engordado y odio con él.
18 El hombre irascible suscita riñas,
   pero el lento para la ira apacigua contiendas.
19 El camino del perezoso es como un seto de
   espinos,
   mas la senda de los rectos es una calzada.
20 El hijo sabio alegra al padre,
   pero el hombre necio desprecia a su madre.
21 La necedad es alegría para el insensato,
   pero el hombre inteligente anda rectamente.
22 Sin consulta, los planes se frustran,
   pero con muchos consejeros, triunfan.
23 El hombre se alegra con la respuesta
   adecuada,
   y una palabra a tiempo, ¡cuán agradable es!
24 La senda de vida para el sabio es hacia
   arriba,
   para que se aparte del Seol que está abajo.
25 El SEÑOR derribará la casa de los soberbios,

pero afianzará los linderos de la viuda.
26 Abominación al SEÑOR son los planes
   perversos,
   mas las palabras agradables son puras.
27 Perturba su casa el que tiene ganancias
   ilícitas,
   pero el que aborrece el soborno, vivirá.
28 El corazón del justo medita cómo responder,
   mas la boca de los impíos habla lo malo.
29 El SEÑOR está lejos de los impíos,
   pero escucha la oración de los justos.
30 La luz de los ojos alegra el corazón,
   y las buenas noticias fortalecen los huesos.
31 El oído que escucha las reprensiones de la
   vida,
   morará entre los sabios.
32 El que tiene en poco la disciplina se desprecia
   a sí mismo,
   mas el que escucha las reprensiones adquiere
   entendimiento.
33 El temor del SEÑOR es instrucción de
   sabiduría,
   y antes de la gloria está la humildad.

Vida y conducta

16 Del hombre son los propósitos del
   corazón,
   mas del SEÑOR es la respuesta de la lengua.
2 Todos los caminos del hombre son limpios
   ante sus propios ojos,
   pero el SEÑOR sondea los espíritus.
3 Encomienda tus obras al SEÑOR,
   y tus propósitos se afianzarán.
4 Todas las cosas hechas por el SEÑOR tienen
   su propio fin,
   aun el impío, para el día del mal.
5 Abominación al SEÑOR es todo el que es
   altivo de corazón;
   ciertamente no quedará sin castigo.
6 Con misericordia y verdad se expía la culpa,
   y con el temor del SEÑOR el hombre se aparta
   del mal.
7 Cuando los caminos del hombre son
   agradables al SEÑOR,
   aun a sus enemigos hace que estén en paz
   con él.
8 Mejor es poco con justicia,
   que gran ganancia con injusticia.
9 La mente del hombre planea su camino,
   pero el SEÑOR dirige sus pasos.
10 Oráculo hay en los labios del rey;
   en el juicio no debe errar su boca.
11 El peso y las balanzas justas son del SEÑOR;
   todas las pesas de la bolsa son obra suya.
12 Es abominación para los reyes cometer
   iniquidad,
   porque el trono se afianza en la justicia.
13 El agrado de los reyes son los labios justos,
   y amado será el que hable lo recto.
14 El furor del rey es como mensajero de
   muerte,
   pero el hombre sabio lo aplacará.
15 En el resplandor del rostro del rey hay vida,
   y su favor es como nube de lluvia tardía.
16 Adquirir sabiduría, cuánto mejor que el oro,
   y adquirir inteligencia es preferible a la plata.
17 La senda de los rectos es apartarse del mal;
   el que guarda su camino preserva su alma.
18 Delante de la destrucción va el orgullo,

y delante de la caída, la altivez de espíritu.

19 Mejor es ser de espíritu humilde con los pobres
que dividir el botín con los soberbios.

20 El que pone atención a la palabra hallará el bien,
y el que confía en el SEÑOR es bienaventurado.

21 El sabio de corazón será llamado prudente,
y la dulzura de palabras aumenta la persuasión.

22 El entendimiento es fuente de vida para el que lo posee,
mas la instrucción de los necios es necedad.

23 El corazón del sabio enseña a su boca
y añade persuasión a sus labios.

24 Panal de miel son las palabras agradables,
dulces al alma y salud para los huesos.

25 Hay camino que al hombre le *parece* derecho,
pero al final es camino de muerte.

26 El apetito del trabajador para él trabaja,
porque su boca lo impulsa.

27 El hombre indigno urde el mal,
y sus palabras son como fuego abrasador.

28 El hombre perverso provoca contiendas,
y el chismoso separa a los mejores amigos.

29 El hombre violento incita a su prójimo,
y lo guía por camino que no es bueno.

30 El que guiña los ojos *lo hace* para tramar perversidades;
el que aprieta sus labios ya hizo el mal.

31 La cabeza canosa es corona de gloria,
y se encuentra en el camino de la justicia.

32 Mejor es el lento para la ira que el poderoso,
y el que domina su espíritu que el que toma una ciudad.

33 La suerte se echa en el regazo,
mas del SEÑOR *viene* toda decisión.

17 Mejor es un bocado seco y con él tranquilidad,
que una casa llena de banquetes con discordia.

2 El siervo prudente prevalecerá sobre el hijo sin honra,
y con los hermanos participará de la herencia.

3 El crisol es para la plata y el horno para el oro,
pero el SEÑOR prueba los corazones.

4 El malhechor escucha a los labios perversos,
el mentiroso presta atención a la lengua detractora.

5 El que se mofa del pobre afrenta a su Hacedor;
el que se regocija de la desgracia no quedará sin castigo.

6 Corona de los ancianos son los hijos de los hijos,
y la gloria de los hijos son sus padres.

7 No convienen al necio las palabras elocuentes;
mucho menos al príncipe los labios mentirosos.

8 Talismán es el soborno a los ojos de su dueño;
dondequiera que se vuelva, prospera.

9 El que cubre una falta busca afecto,
pero el que repite el asunto separa a los mejores amigos.

10 La reprensión penetra más en el que tiene entendimiento
que cien azotes en el necio.

11 El rebelde sólo busca el mal,
y un cruel mensajero se enviará contra él.

12 Mejor es encontrarse con una osa privada de sus cachorros,
que con un necio en su necedad.

13 Al que devuelve mal por bien,
el mal no se apartará de su casa.

14 El comienzo de la contienda es *como* el soltar de las aguas;
deja, pues, la riña antes de que empiece.

15 El que justifica al impío, y el que condena al justo,
ambos son igualmente abominación al SEÑOR.

16 ¿De qué sirve el precio en la mano del necio para comprar sabiduría
cuando no tiene entendimiento?

17 En todo tiempo ama el amigo,
y el hermano nace *para tiempo* de angustia.

18 El hombre falto de entendimiento se compromete,
y sale fiador a favor de su prójimo.

19 El que ama la transgresión, ama la contienda;
el que alza su puerta, busca la destrucción.

20 El de corazón perverso nunca encuentra el bien,
y el de lengua pervertida cae en el mal.

21 El que engendra un necio, para su tristeza *lo engendra*,
y el padre del necio no tiene alegría.

22 El corazón alegre es buena medicina,
pero el espíritu quebrantado seca los huesos.

23 El impío recibe soborno bajo el manto,
para pervertir las sendas del derecho.

24 En presencia del que tiene entendimiento está la sabiduría,
pero los ojos del necio están en los extremos de la tierra.

25 El hijo necio es pesadumbre de su padre,
y amargura para la que lo dio a luz.

26 Ciertamente no es bueno multar al justo,
ni golpear a los nobles *por* su rectitud.

27 El que retiene sus palabras tiene conocimiento,
y el de espíritu sereno es hombre entendido.

28 Aun el necio, cuando calla, es tenido por sabio;
cuando cierra los labios, *por* prudente.

18 El que vive aislado busca *su propio* deseo,
contra todo consejo se encoleriza.

2 El necio no se deleita en la prudencia,
sino sólo en revelar su corazón.

3 Cuando llega el impío, llega también el desprecio,
y con la deshonra *viene* la afrenta.

4 Aguas profundas son las palabras de la boca del hombre;
arroyo que fluye, la fuente de sabiduría.

5 No es bueno mostrar preferencia por el impío,
para ignorar al justo en el juicio.

6 Los labios del necio provocan contienda,
y su boca llama a los golpes.

7 La boca del necio es su ruina,

y sus labios una trampa para su alma.

8 Las palabras del chismoso son como bocados
   deliciosos,
   y penetran hasta el fondo de las entrañas.

9 También el que es negligente en su trabajo
   es hermano del que destruye.

10 El nombre del SEÑOR es torre fuerte,
   a ella corre el justo y está a salvo.

11 La fortuna del rico es su ciudad fortificada,
   y como muralla alta en su imaginación.

12 Antes de la destrucción el corazón del
   hombre es altivo,
   pero a la gloria precede la humildad.

13 El que responde antes de escuchar,
   cosecha necedad y vergüenza.

14 El espíritu del hombre puede soportar su
   enfermedad,
   pero el espíritu quebrantado, ¿quién lo puede
   sobrellevar?

15 El corazón del prudente adquiere
   conocimiento,
   y el oído del sabio busca el conocimiento.

16 La dádiva del hombre le abre camino
   y lo lleva ante la presencia de los grandes.

17 Justo *parece* el primero que defiende su
   causa
   hasta que otro viene y lo examina.

18 La suerte pone fin a las contiendas
   y decide entre los poderosos.

19 El hermano ofendido *es más difícil de ganar*
   que una ciudad fortificada,
   y las contiendas son como cerrojos de
   fortaleza.

20 Con el fruto de su boca el hombre sacia su
   vientre,
   con el producto de sus labios se saciará.

21 Muerte y vida están en poder de la lengua,
   y los que la aman comerán su fruto.

22 El que halla esposa halla algo bueno
   y alcanza el favor del SEÑOR.

23 El pobre habla suplicando,
   pero el rico responde con dureza.

24 El hombre de *muchos* amigos se arruina,
   pero hay amigo más unido que un hermano.

19 Mejor es el pobre que anda en su
    integridad
   que el de labios perversos y necio.

2 Tampoco es bueno para una persona carecer
   de conocimiento,
   y el que se apresura con los pies peca.

3 La insensatez del hombre pervierte su
   camino,
   y su corazón se irrita contra el SEÑOR.

4 La riqueza añade muchos amigos,
   pero el pobre es separado de su amigo.

5 El testigo falso no quedará sin castigo,
   y el que cuenta mentiras no escapará.

6 Muchos buscan el favor del generoso,
   y todo hombre es amigo del que da.

7 Todos los hermanos del pobre lo aborrecen,
   ¡cuánto más sus amigos se alejarán de él!;
   los persigue *con* palabras, *pero* ellos se han
   ido.

8 El que adquiere cordura ama su alma;
   el que guarda la prudencia hallará el bien.

9 El testigo falso no quedará sin castigo,
   y el que cuenta mentiras perecerá.

10 Al necio no conviene la vida de lujo;

mucho menos a un siervo gobernar a los
   príncipes.

11 La discreción del hombre le hace lento para
   la ira,
   y su gloria es pasar por alto una ofensa.

12 Como rugido de león es la ira del rey,
   y su favor como rocío sobre la hierba.

13 El hijo necio es ruina de su padre,
   y gotera continua las contiendas de una
   esposa.

14 Casa y riqueza son herencia de los padres,
   pero la mujer prudente *viene* del SEÑOR.

15 La pereza hace caer en profundo sueño,
   y el alma ociosa sufrirá hambre.

16 El que guarda el mandamiento guarda su
   alma,
   mas el que menosprecia sus caminos morirá.

17 El que se apiada del pobre presta al SEÑOR,
   y Él lo recompensará por su buena obra.

18 Corrige a tu hijo mientras hay esperanza,
   pero no desee tu alma causarle la muerte.

19 El *hombre* de gran ira llevará el castigo,
   porque si tú *lo* rescatas, tendrás que hacerlo
   de nuevo.

20 Escucha el consejo y acepta la corrección,
   para que seas sabio el resto de tus días.

21 Muchos son los planes en el corazón del
   hombre,
   mas el consejo del SEÑOR permanecerá.

22 Lo que es deseable en un hombre es su
   bondad,
   y *es* mejor *ser* pobre que mentiroso.

23 El temor del SEÑOR *conduce* a la vida,
   para dormir satisfecho sin ser tocado por el
   mal.

24 El perezoso mete su mano en el plato,
   y ni aun a su boca la llevará.

25 Golpea al escarnecedor y el ingenuo se
   volverá astuto,
   pero reprende al inteligente y ganará
   conocimiento.

26 El que asalta a *su* padre *y* echa fuera a *su*
   madre
   es un hijo que trae vergüenza y desgracia.

27 Cesa, hijo mío, de escuchar la instrucción,
   y te desviarás de las palabras de sabiduría.

28 El testigo perverso se burla de la justicia,
   y la boca de los impíos esparce iniquidad.

29 Los juicios están preparados para los
   escarnecedores,
   y los azotes para la espalda de los necios.

20 El vino es escarnecedor, la bebida fuerte
    alborotadora,
   y cualquiera que con ellos se embriaga no es
   sabio.

2 Como rugido de león es el terror al rey,
   el que lo provoca a ira peca contra su propia
   alma.

3 Es honra para el hombre eludir las
   contiendas,
   pero cualquier necio se enredará en ellas.

4 Desde el otoño, el perezoso no ara,
   pide en la cosecha, y no hay nada.

5 *Como* aguas profundas es el consejo en el
   corazón del hombre,
   y el hombre de entendimiento lo sacará.

6 Muchos hombres proclaman su propia
   lealtad,

pero un hombre digno de confianza, ¿quién lo hallará?

7 El justo anda en su integridad;
¡cuán dichosos son sus hijos después de él!

8 El rey que se sienta sobre el trono del juicio, disipa con sus ojos todo mal.

9 ¿Quién puede decir: Yo he limpiado mi corazón,
limpio estoy de mi pecado?

10 Pesas desiguales y medidas desiguales, ambas cosas son abominables al SEÑOR.

11 Aun por sus hechos da a conocer un muchacho
si su conducta es pura y recta.

12 El oído que oye y el ojo que ve, ambos los ha hecho el SEÑOR.

13 No ames el sueño, no sea que te empobrezcas;
abre tus ojos y te saciarás de pan.

14 Malo, malo, dice el comprador, pero cuando se marcha, entonces se jacta.

15 Hay oro y abundancia de joyas, pero cosa más preciosa son los labios con conocimiento.

16 Tómale la ropa al que sale fiador del extraño; y tómale prenda por los extranjeros.

17 El pan obtenido con falsedad es dulce al hombre,
pero después su boca se llenará de grava.

18 Los proyectos con consejo se preparan, y con dirección sabia se hace la guerra.

19 El que anda murmurando revela secretos, por tanto no te asocies con el chismoso.

20 Al que maldice a su padre o a su madre, se le apagará su lámpara en medio de las tinieblas.

21 La herencia adquirida de prisa al principio, no será bendecida al final.

22 No digas: Yo pagaré mal por mal; espera en el SEÑOR, y El te salvará.

23 Pesas desiguales son abominación al SEÑOR, y una balanza falsa no es buena.

24 Por el SEÑOR son ordenados los pasos del hombre,
¿cómo puede, pues, el hombre entender su camino?

25 Lazo es para el hombre decir a la ligera: Es santo,
y después de los votos investigar.

26 El rey sabio avienta a los impíos, y hace pasar la rueda de trillar sobre ellos.

27 Lámpara del SEÑOR es el espíritu del hombre que escudriña lo más profundo de su ser.

28 Lealtad y verdad guardan al rey, y por la justicia sostiene su trono.

29 La gloria de los jóvenes es su fuerza, y la honra de los ancianos, sus canas.

30 Los azotes que hieren limpian del mal, y los golpes llegan a lo más profundo del cuerpo.

21 Como canales de agua es el corazón del rey en la mano del SEÑOR;
El lo dirige donde le place.

2 Todo camino del hombre es recto ante sus ojos,
pero el SEÑOR sondea los corazones.

3 El hacer justicia y derecho es más deseado por el SEÑOR que el sacrificio.

4 Ojos altivos y corazón arrogante,

lámpara de los impíos; eso es pecado.

5 Los proyectos del diligente ciertamente son ventaja,
mas todo el que se apresura, ciertamente llega a la pobreza.

6 Conseguir tesoros con lengua mentirosa es un vapor fugaz, es buscar la muerte.

7 La violencia de los impíos los arrastrará, porque se niegan a obrar con justicia.

8 Torcido es el camino del pecador mas el proceder del limpio es recto.

9 Mejor es vivir en un rincón del terrado que en una casa con mujer rencillosa.

10 El alma del impío desea el mal; su prójimo no halla favor a sus ojos.

11 Cuando el escarnecedor es castigado, el simple se hace sabio;
pero cuando se instruye al sabio, adquiere conocimiento.

12 El justo observa la casa del impío, llevando al impío a la ruina.

13 El que cierra su oído al clamor del pobre, también él clamará y no recibirá respuesta.

14 Una dádiva en secreto aplaca la ira, y el soborno bajo el manto, el furor violento.

15 El cumplimiento de la justicia es gozo para el justo,
pero terror para los que obran iniquidad.

16 El hombre que se aparta del camino del saber reposará en la asamblea de los muertos.

17 El que ama el placer será pobre; el que ama el vino y los ungüentos no se enriquecerá.

18 El impío es rescate para el justo, y el pérfido está en lugar de los rectos.

19 Mejor es habitar en tierra desierta que con mujer rencillosa y molesta.

20 Tesoro precioso y aceite hay en la casa del sabio,
pero el necio todo lo disipa.

21 El que sigue la justicia y la lealtad halla vida, justicia y honor.

22 El sabio escala la ciudad de los poderosos y derriba la fortaleza en que confiaban.

23 El que guarda su boca y su lengua, guarda su alma de angustias.

24 Altivo, arrogante y escarnecedor son los nombres
del que obra con orgullo insolente.

25 El deseo del perezoso lo mata, porque sus manos rehúsan trabajar;

26 todo el día codicia, mientras el justo da y nada retiene.

27 El sacrificio de los impíos es abominación, cuánto más trayéndolo con mala intención.

28 El testigo falso perecerá, mas el hombre que escucha, hablará siempre.

29 El hombre impío muestra audacia en su rostro,
pero el recto asegura su camino.

30 No vale sabiduría, ni entendimiento, ni consejo, frente al SEÑOR.

31 Se prepara al caballo para el día de la batalla,
pero la victoria es del SEÑOR.

22 Más vale el buen nombre que las muchas riquezas,
y el favor que la plata y el oro.

2 El rico y el pobre tienen un lazo común:

el que hizo a ambos es el SEÑOR.

3 El prudente ve el mal y se esconde,
mas los simples siguen adelante y son
castigados.

4 La recompensa de la humildad *y* el temor del
SEÑOR
son la riqueza, el honor y la vida.

5 Espinos *y* lazos hay en el camino del
perverso;
el que cuida su alma se alejará de ellos.

6 Enseña al niño en el camino en que debe andar,
y aún cuando sea viejo no se apartará de él.

7 El rico domina a los pobres,
y el deudor es esclavo del acreedor.

8 El que siembra iniquidad segará vanidad,
y la vara de su furor perecerá.

9 El generoso será bendito,
porque da de su pan al pobre.

10 Echa fuera al escarnecedor y saldrá la
discordia,
y cesarán *también* la contienda y la
ignominia.

11 El que ama la pureza de corazón
tiene gracia en sus labios, *y* el rey es su
amigo.

12 Los ojos del SEÑOR guardan el conocimiento,
pero El confunde las palabras del pérfido.

13 El perezoso dice: Hay un león afuera;
seré muerto en las calles.

14 Fosa profunda es la boca de las mujeres
extrañas;
el que es maldito del SEÑOR caerá en ella.

15 La necedad está ligada al corazón del niño;
la vara de la disciplina la alejará de él.

16 El que oprime al pobre para engrandecerse,
o da al rico, sólo *llegará a* la pobreza.

17 Inclina tu oído y oye las palabras de los
sabios,
y aplica tu corazón a mi conocimiento;

18 porque te será agradable si las guardas
dentro de ti,
para que estén listas en tus labios.

19 Para que tu confianza esté en el SEÑOR,
te he instruido hoy a ti también.

20 ¿No te he escrito cosas excelentes
de consejo y conocimiento,

21 para hacerte saber la certeza de las palabras
de verdad,
a fin de que respondas correctamente al que
te ha enviado?

22 No robes al pobre, porque es pobre,
ni aplastes al afligido en la puerta;

23 porque el SEÑOR defenderá su causa,
y quitará la vida de los que los roban.

24 No te asocies con el hombre iracundo;
ni andes con el hombre violento,

25 no sea que aprendas sus maneras,
y tiendas lazo para tu vida.

26 No estés entre los que dan fianzas,
entre los que salen de fiadores de préstamos.

27 Si no tienes con qué pagar,
¿por qué han de quitarte la cama de debajo de
ti?

28 No muevas el lindero antiguo
que pusieron tus padres.

29 ¿Has visto un hombre diestro en su trabajo?
Estará delante de los reyes;
no estará delante de hombres sin
importancia.

23 Cuando te sientes a comer con un
gobernante,
considera bien lo que está delante de ti,

2 y pon cuchillo a tu garganta,
si eres hombre de *mucho* apetito.

3 No desees sus manjares,
porque es alimento engañoso.

4 No te fatigues en adquirir riquezas,
deja de pensar *en ellas.*

5 Cuando pones tus ojos en ella, ya no está.
Porque *la riqueza* ciertamente se hace alas,
como águila que vuela *hacia* los cielos.

6 No comas el pan del egoísta,
ni desees sus manjares;

7 pues como piensa dentro de sí, así es.
El te dice: Come y bebe,
pero su corazón no está contigo.

8 Vomitarás el bocado que has comido,
y malgastarás tus cumplidos.

9 No hables a oídos del necio,
porque despreciará la sabiduría de tus
palabras.

10 No muevas el lindero antiguo,
ni entres en la heredad de los huérfanos,

11 porque su Redentor es fuerte;
El defenderá su causa contra ti.

12 Aplica tu corazón a la instrucción
y tus oídos a las palabras del conocimiento.

13 No escatimes la disciplina del niño;
aunque lo castigues con vara, no morirá.

14 Lo castigarás con vara,
y librarás su alma del Seol.

15 Hijo mío, si tu corazón es sabio,
mi corazón también se me alegrará;

16 y se regocijarán mis entrañas
cuando tus labios hablen lo que es recto.

17 No envidie tu corazón a los pecadores,
antes *vive* siempre en el temor del SEÑOR;

18 porque ciertamente hay un futuro,
y tu esperanza no será cortada.

19 Escucha, hijo mío, y sé sabio,
y dirige tu corazón por el *buen* camino.

20 No estés con los bebedores de vino,
ni con los comilones de carne,

21 porque el borracho y el glotón se
empobrecerán,
y la somnolencia se vestirá de harapos.

22 Escucha a tu padre, que te engendró,
y no desprecies a tu madre cuando envejezca.

23 Compra la verdad y no *la* vendas,
adquiere sabiduría, instrucción e inteligencia.

24 El padre del justo se regocijará en gran
manera,
y el que engendra un sabio se alegrará en él.

25 Alégrense tu padre y tu madre,
y regocíjese la que te dio a luz.

26 Dame, hijo mío, tu corazón,
y que tus ojos se deleiten en mis caminos.

27 Porque fosa profunda es la ramera,
y pozo angosto es la mujer desconocida.

28 Ciertamente como ladrón acecha,
y multiplica los infieles entre los hombres.

29 ¿De quién son los ayes? ¿De quién las
tristezas?
¿De quién las contiendas? ¿De quién las
quejas?
¿De quién las heridas sin causa?
¿De quién los ojos enrojecidos?

30 De los que se demoran mucho con el vino,
de los que van en busca de vinos mezclados.

31 No mires al vino cuando rojea,
cuando resplandece en la copa;
entra suavemente,

32 *pero* al final como serpiente muerde,
y como víbora pica.

33 Tus ojos verán cosas extrañas,
y tu corazón proferirá perversidades.

34 Y serás como el que se acuesta en medio del
mar,
o como el que se acuesta en lo alto de un
mástil.

35 *Y dirás:* me hirieron, *pero* no me dolió;
me golpearon, *pero* no lo sentí.
Cuando despierte,
volveré a buscar más.

24 No tengas envidia de los malvados,
ni desees estar con ellos;

2 porque su corazón trama violencia,
y sus labios hablan de *hacer* mal.

3 Con sabiduría se edifica una casa,
y con prudencia se afianza;

4 con conocimiento se llenan las cámaras
de todo bien preciado y deseable.

5 El hombre sabio es fuerte,
y el hombre de conocimiento aumenta *su*
poder.

6 Porque con dirección sabia harás la guerra,
y en la abundancia de consejeros está la
victoria.

7 Muy alta está la sabiduría para el necio,
en la puerta no abre su boca.

8 Al que planea hacer el mal,
lo llamarán intrigante.

9 El tramar necedad es pecado,
y el escarnecedor es abominación a los
hombres.

10 Si eres débil en día de angustia,
tu fuerza es limitada.

11 Libra a los que son llevados a la muerte,
y retén a los que van con pasos vacilantes a la
matanza.

12 Si dices: Mira, no sabíamos esto.
¿No *lo* tiene en cuenta el que sondea los
corazones?
¿No lo sabe el que guarda tu alma?
¿No dará a cada hombre según su obra?

13 Come miel, hijo mío, porque es buena;
sí, la miel del panal es dulce a tu paladar.

14 Sabe *que* así es la sabiduría para tu alma;
si *la* hallas, entonces habrá un futuro,
y tu esperanza no será cortada.

15 No aceches, oh impío, la morada del justo,
no destruyas su lugar de descanso;

16 porque el justo cae siete veces; y vuelve a
levantarse,
pero los impíos caerán en la desgracia.

17 No te regocijes cuando caiga tu enemigo,
y no se alegre tu corazón cuando tropiece;

18 no sea que el SEÑOR *lo* vea y le desagrade,
y aparte de él su ira.

19 No te impacientes a causa de los
malhechores,
ni tengas envidia de los impíos,

20 porque no habrá futuro para el malo.
La lámpara de los impíos será apagada.

21 Hijo mío, teme al SEÑOR y al rey,

no te asocies con los que son inestables;

22 porque de repente se levantará su desgracia,
y la destrucción *que vendrá* de ambos, ¿quién
la sabe?

23 También éstos son dichos de los sabios:
Hacer acepción de personas en el juicio no es
bueno.

24 Al que dice al impío: Justo eres,
lo maldecirán los pueblos, lo aborrecerán las
naciones;

25 mas los que *lo* reprenden tendrán felicidad,
y sobre ellos vendrá abundante bendición.

26 Besa los labios
el que da una respuesta correcta.

27 Ordena tus labores de fuera,
y tenlas listas para ti en el campo;
y después edifica tu casa.

28 No seas, sin causa, testigo contra tu prójimo,
y no engañes con tus labios.

29 No digas: Como él me ha hecho, así le haré;
pagaré al hombre según su obra.

30 He pasado junto al campo del perezoso,
y junto a la viña del hombre falto de
entendimiento,

31 y he aquí, estaba todo lleno de cardos,
su superficie cubierta de ortigas,
y su cerca de piedras, derribada.

32 Cuando *lo* vi, reflexioné sobre ello;
miré, *y* recibí instrucción.

33 Un poco de dormir, un poco de dormitar,
un poco de cruzar las manos para descansar,

34 y llegará tu pobreza *como* ladrón,
y tu necesidad como hombre armado.

Comparaciones y lecciones morales

25 También éstos son proverbios de Salomón,
que transcribieron los hombres de
Ezequías, rey de Judá:

2 Es gloria de Dios encubrir una cosa,
pero la gloria de los reyes es investigar un
asunto.

3 *Como* la altura de los cielos y la profundidad
de la tierra,
así es el corazón de los reyes, inescrutable.

4 Quita la escoria de la plata,
y saldrá un vaso para el orfebre;

5 quita al malo *de* delante del rey,
y su trono se afianzará en la justicia.

6 No hagas ostentación ante el rey,
y no te pongas en el lugar de los grandes;

7 porque es mejor que te digan: Sube acá,
a que te humillen delante del príncipe
a quien tus ojos han visto.

8 No te apresures a litigar;
pues ¿qué harás al final,
cuando tu prójimo te avergüence?

9 Discute tu caso con tu prójimo
y no descubras el secreto de otro,

10 no sea que te reproche el que *lo* oiga
y tu mala fama no se acabe.

11 *Como* manzanas de oro en engastes de plata
es la palabra dicha a su tiempo.

12 *Como* pendiente de oro y adorno de oro fino
es el sabio que reprende al oído atento.

13 Como frescura de nieve en tiempo de la siega
es el mensajero fiel para los que lo envían,
porque refresca el alma de sus señores.

14 *Como* las nubes y el viento sin lluvia

es el hombre que se jacta falsamente de sus dones.

15 Con la mucha paciencia se persuade al príncipe,
y la lengua suave quebranta los huesos.

16 ¿Has hallado miel? Come *sólo* lo que necesites,
no sea que te hartes y la vomites.

17 No frecuente tu pie la casa de tu vecino,
no sea que él se hastíe de ti y te aborrezca.

18 *Como* maza y espada y aguda saeta
es el hombre que levanta falso testimonio contra su prójimo.

19 *Como* diente malo y pie que resbala
es la confianza en el hombre pérfido en tiempo de angustia.

20 *Como* el que se quita la ropa en día de frío, *o como* el vinagre sobre la soda,
es el que canta canciones a un corazón afligido.

21 Si tu enemigo tiene hambre, dale de comer pan,
y si tiene sed, dale de beber agua;

22 porque *así* amontonarás brasas sobre su cabeza,
y el Señor te recompensará.

23 El viento del norte trae la lluvia,
y la lengua murmuradora, el semblante airado.

24 Mejor es vivir en un rincón del terrado
que en una casa con mujer rencillosa.

25 *Como* agua fría para el alma sedienta,
así son las buenas nuevas de una tierra lejana.

26 *Como* manantial hollado y pozo contaminado
es el justo que cede ante el impío.

27 No es bueno comer mucha miel,
ni el buscar la propia gloria es gloria.

28 *Como* ciudad invadida *y* sin murallas
es el hombre que no domina su espíritu.

26 Como nieve en el verano y como lluvia en la siega,
así la honra no es apropiada para el necio.

2 Como el gorrión en *su* vagar y la golondrina en *su* vuelo
así la maldición no viene sin causa.

3 El látigo es para el caballo, la brida para el asno,
y la vara para la espalda de los necios.

4 No respondas al necio de acuerdo con su necedad,
para que no seas tú también como él.

5 Responde al necio según su necedad,
para que no sea sabio ante sus propios ojos.

6 Se corta los pies *y* bebe violencia
el que envía recado por mano de necio.

7 *Como* las piernas que penden del lisiado,
así es el proverbio en boca de los necios.

8 *Como* el que ata la piedra a la honda
así es el que da honor al necio.

9 *Como* espina *que* se clava en la mano de un borracho,
tal es el proverbio en boca de los necios.

10 *Como* arquero que a todos hiere,
así es el que toma a sueldo al necio o a los que pasan.

11 Como perro que vuelve a su vómito
es el necio que repite su necedad.

12 ¿Has visto a un hombre que se tiene por sabio?
Más esperanza hay para el necio que para él.

13 El perezoso dice: Hay un león en el camino;
hay un león en medio de la plaza.

14 *Como* la puerta gira sobre sus goznes,
así *da vueltas* el perezoso en su cama.

15 El perezoso mete la mano en el plato,
pero se fatiga de llevársela a la boca.

16 El perezoso es más sabio ante sus propios ojos
que siete que den una respuesta discreta.

17 *Como* el que toma un perro por las orejas,
así es el que pasa *y* se entremete en contienda que no es suya.

18 Como el enloquecido que lanza
teas encendidas, flechas y muerte,

19 así es el hombre que engaña a su prójimo,
y dice: ¿Acaso no estaba yo bromeando?

20 Por falta de leña se apaga el fuego,
y donde no hay chismoso, se calma la contienda.

21 *Como* carbón para las brasas y leña para el fuego,
así es el hombre rencilloso para encender contiendas.

22 Las palabras del chismoso son como bocados deliciosos,
y penetran hasta el fondo de las entrañas.

23 *Como* vasija de barro revestida de escoria de plata,
así son los labios ardientes y el corazón perverso.

24 El que odia, disimula con sus labios,
mas en su corazón acumula engaño.

25 Cuando su voz sea agradable, no lo creas,
pues hay siete abominaciones en su corazón.

26 *Aunque su* odio se cubra con engaño,
su perversidad será descubierta en la asamblea.

27 El que cava un hoyo caerá en él,
y el que hace rodar una piedra, sobre él volverá.

28 La lengua mentirosa odia a los que oprime,
y la boca lisonjera causa ruina.

27 No te jactes del día de mañana,
porque no sabes qué traerá el día.

2 Que te alabe el extraño, y no tu boca;
el forastero, y no tus labios.

3 Pesada es la piedra y pesada la arena,
pero la provocación del necio es más pesada que ambas.

4 Cruel es el furor e inundación la ira;
pero ¿quién se mantendrá ante los celos?

5 Mejor es la represión franca
que el amor encubierto.

6 Fieles son las heridas del amigo,
pero engañosos los besos del enemigo.

7 El hombre saciado aborrece la miel,
pero para el hombre hambriento todo lo amargo es dulce.

8 Como pájaro que vaga lejos de su nido,
así es el hombre que vaga lejos de su hogar.

9 El ungüento y el perfume alegran el corazón,
y dulce para su amigo es el consejo del hombre.

10 No abandones a tu amigo ni al amigo de tu padre,
ni vayas a la casa de tu hermano el día de tu infortunio.

Mejor es un vecino cerca que un hermano
lejos.

11 Sé sabio, hijo mío, y alegra mi corazón,
para que yo responda al que me afrenta.

12 El hombre prudente ve el mal *y* se esconde,
los simples siguen adelante *y* pagan las
consecuencias.

13 Tómale la ropa al que sale fiador del extraño;
y tómale prenda por la mujer desconocida.

14 Al que muy de mañana bendice a su amigo
en alta voz,
le será contado como una maldición.

15 Gotera continua en día de lluvia
y mujer rencillosa, son semejantes;

16 el que trata de contenerla refrena al viento,
y recoge aceite con su mano derecha.

17 El hierro con hierro se afila,
y un hombre aguza a otro.

18 El que cuida la higuera comerá su fruto,
y el que atiende a su señor será honrado.

19 Como el agua *refleja* el rostro,
así el corazón del hombre *refleja* al hombre.

20 El Seol y el Abadón nunca se sacian;
tampoco se sacian los ojos del hombre.

21 El crisol es para la plata y el horno para el
oro,
y al hombre *se le prueba* por la alabanza que
recibe.

22 Aunque machaques con el mazo al necio en
un mortero entre el grano molido,
no se apartará de él su necedad.

23 Conoce bien la condición de tus rebaños,
y presta atención a tu ganado;

24 porque las riquezas no son eternas,
ni *perdurará* la corona por todas las
generaciones.

25 *Cuando* la hierba desaparece se ve el retoño,
y se recogen las hierbas de los montes;

26 los corderos *darán* para tu vestido,
y las cabras *para* el precio de un campo;

27 y *habrá* suficiente leche de cabra para tu
alimento,
para el alimento de tu casa,
y sustento para tus doncellas.

Proverbios antitéticos

28 El impío huye sin que nadie *lo* persiga,
mas los justos están confiados como un
león.

2 Por la transgresión de la tierra, muchos son
sus príncipes;
pero por el hombre entendido *y* de
conocimiento permanece estable.

3 El pobre que oprime a los humildes
es *como* lluvia torrencial que no deja pan.

4 Los que abandonan la ley alaban a los
impíos,
pero los que guardan la ley luchan contra
ellos.

5 Los hombres malvados no entienden de
justicia,
mas los que buscan al Señor lo entienden
todo.

6 Mejor es el pobre que anda en su integridad,
que el que es torcido, aunque sea rico.

7 El que guarda la ley es hijo entendido,
pero el que es compañero de glotones
avergüenza a su padre.

8 El que aumenta su riqueza por interés y
usura,
la recoge para el que se apiada de los pobres.

9 Al que aparta su oído para no oír la ley,
su oración también es abominación.

10 El que extravía a los rectos por el mal
camino,
en su propia fosa caerá;
pero los íntegros heredarán el bien.

11 El rico es sabio ante sus propios ojos,
mas el pobre que es entendido, lo sondea.

12 Cuando los justos triunfan, grande es la
gloria,
pero cuando los impíos se levantan, los
hombres se esconden.

13 El que encubre sus pecados no prosperará,
mas el que *los* confiesa y *los* abandona
hallará misericordia.

14 Cuán bienaventurado es el hombre que
siempre teme,
pero el que endurece su corazón caerá en el
infortunio.

15 *Cual* león rugiente y oso agresivo
es el gobernante perverso sobre el pueblo
pobre.

16 Al príncipe que es gran opresor le falta
entendimiento,
pero el que odia las ganancias injustas
prolongará *sus* días.

17 El hombre cargado con culpa de sangre
humana,
fugitivo será hasta la muerte; que nadie lo
apoye.

18 El que anda en integridad será salvo;
mas el que es de camino torcido caerá de
repente.

19 El que labra su tierra se saciará de pan,
pero el que sigue *propósitos* vanos se llenará
de pobreza.

20 El hombre fiel abundará en bendiciones,
pero el que se apresura a enriquecerse no
quedará sin castigo.

21 Hacer acepción de personas no es bueno,
pues por un bocado de pan el hombre pecará.

22 El hombre avaro corre tras la riqueza,
y no sabe que la miseria vendrá sobre él.

23 El que reprende al hombre hallará después
más favor
que el que *lo* lisonjea con la lengua.

24 El que roba a su padre o a su madre
y dice: "No es transgresión",
es compañero del hombre destructor.

25 El hombre arrogante suscita rencillas,
mas el que confía en el Señor prosperará.

26 El que confía en su propio corazón es un
necio,
pero el que anda con sabiduría será librado.

27 El que da al pobre no pasará necesidad,
pero el que cierra sus ojos tendrá muchas
maldiciones.

28 Cuando los impíos se levantan, los hombres
se esconden;
mas cuando perecen, los justos se
multiplican.

29 El hombre que después de mucha
reprensión endurece la cerviz,
de repente será quebrantado sin remedio.

2 Cuando los justos aumentan, el pueblo se
alegra;

pero cuando el impío gobierna, el pueblo
gime.
3 El que ama la sabiduría alegra a su padre,
pero el que anda con rameras malgasta *su*
fortuna.
4 El rey con la justicia afianza la tierra,
pero el hombre que acepta soborno la
destruye.
5 El hombre que adula a su prójimo
tiende una red ante sus pasos.
6 El hombre malo es atrapado en la
transgresión,
pero el justo canta y se regocija.
7 El justo se preocupa por la causa de los
pobres,
pero el impío no entiende *tal* preocupación.
8 Los escarnecedores agitan la ciudad,
pero los sabios alejan la ira.
9 Cuando un sabio tiene controversia con un
necio,
éste se enoja o se ríe, y no hay sosiego.
10 Los hombres sanguinarios odian al
intachable,
pero los rectos se preocupan por su alma.
11 El necio da rienda suelta a su ira,
pero el sabio la reprime.
12 Si un gobernante presta atención a palabras
mentirosas,
todos sus servidores *se vuelven* impíos.
13 El pobre y el opresor tienen esto en común:
el SEÑOR da la luz a los ojos de ambos.
14 El rey que juzga con verdad a los pobres
afianzará su trono para siempre.
15 La vara y la reprensión dan sabiduría,
pero el niño consentido avergüenza a su
madre.
16 Cuando aumentan los impíos, aumenta la
transgresión,
pero los justos verán su caída.
17 Corrige a tu hijo y te dará descanso,
y dará alegría a tu alma.
18 Donde no hay visión, el pueblo se desenfrena,
pero bienaventurado es el que guarda la ley.
19 Un siervo no se corrige *sólo* con palabras;
aunque entienda, no responderá.
20 ¿Ves a un hombre precipitado en sus
palabras?
Más esperanza hay para el necio que para él.
21 El que mima a su siervo desde la niñez,
al final lo tendrá por hijo.
22 El hombre airado suscita rencillas,
y el hombre violento abunda en
transgresiones.
23 El orgullo del hombre lo humillará,
pero el de espíritu humilde obtendrá honores.
24 El que se asocia con un ladrón aborrece su
propia vida;
oye la imprecación, pero no dice nada.
25 El temor al hombre es un lazo,
pero el que confía en el SEÑOR estará seguro.
26 Muchos buscan el favor del gobernante,
pero del SEÑOR *viene* la justicia para el
hombre.
27 Abominación para los justos es el inicuo,
y abominación para el impío el recto en su
camino.

Palabras de Agur

30 Palabras de Agur, hijo de Jaqué: el
oráculo.
Declaración del hombre a Itiel, a Itiel y a Ucal.
2 Ciertamente soy el más torpe de los hombres,
y no tengo inteligencia humana.
3 Y no he aprendido sabiduría,
ni tengo conocimiento del Santo.
4 ¿Quién subió al cielo y descendió?
¿Quién recogió los vientos en sus puños?
¿Quién envolvió las aguas en su manto?
¿Quién estableció todos los confines de la
tierra?
¿Cuál es su nombre o el nombre de su hijo?
Ciertamente tú lo sabes.
5 Probada es toda palabra de Dios;
El es escudo para los que en El se refugian.
6 No añadas a sus palabras,
no sea que El te reprenda y seas hallado
mentiroso.
7 Dos cosas te he pedido,
no me *las* niegues antes que muera:
8 Aleja de mí la mentira y las palabras
engañosas,
no me des pobreza ni riqueza;
dame a comer mi porción de pan,
9 no sea que me sacie y *te* niegue, y diga:
¿Quién es el SEÑOR?,
o que sea menesteroso y robe,
y profane el nombre de mi Dios.
10 No difames al esclavo ante su amo,
no sea que te acuse y seas hallado culpable.
11 *Hay* gente que maldice a su padre,
y no bendice a su madre;
12 gente que se tiene por pura,
pero no está limpia de su inmundicia;
13 gente de ojos altivos,
cuyos párpados se alzan *en arrogancia;*
14 gente cuyos dientes son espadas,
y sus muelas cuchillos,
para devorar a los pobres de la tierra,
y a los menesterosos de entre los hombres.
15 La sanguijuela tiene dos hijas, *que dicen:*
¡Dame! ¡Dame!
Hay tres cosas que no se saciarán,
y una cuarta que no dirá: ¡Basta!
16 El Seol, la matriz estéril,
la tierra que jamás se sacia de agua,
y el fuego que nunca dice: ¡Basta!
17 Al ojo que se mofa del padre,
y escarnece a la madre,
lo sacarán los cuervos del valle,
y lo comerán los aguiluchos.
18 Hay tres cosas que son incomprensibles para
mí,
y una cuarta que no entiendo:
19 el camino del águila en el cielo,
el camino de la serpiente sobre la roca,
el camino del barco en medio del mar,
y el camino del hombre en la doncella.
20 Así es el camino de la mujer adúltera:
come, se limpia la boca,
y dice: No he hecho nada malo.
21 Por tres cosas tiembla la tierra,
y por una cuarta no se puede sostener:
22 por el esclavo cuando llega a ser rey,
por el necio cuando se sacia de pan,

23 por la mujer odiada cuando se casa,
y por la sierva cuando suplanta a su señora.
24 Cuatro cosas son pequeñas en la tierra,
pero son sumamente sabias:
25 las hormigas, pueblo sin fuerza,
que preparan su alimento en el verano;
26 los tejones, pueblo sin poder,
que hacen su casa en la peña;
27 las langostas, que no tienen rey,
pero todas salen en escuadrones;
28 y el lagarto, que se puede agarrar con las
manos,
pero está en los palacios de los reyes.
29 Hay tres cosas majestuosas en *su* marcha,
y una cuarta de elegante caminar:
30 el león, poderoso entre las fieras,
que no retrocede ante ninguna;
31 el gallo, que se pasea erguido, asimismo el
macho cabrío,
y el rey *cuando* tiene el ejército con él.
32 Si has sido necio en ensalzarte,
o si has tramado *el mal, pon* la mano sobre tu
boca;
33 porque batiendo la leche se saca mantequilla,
y apretando la nariz sale sangre,
y forzando la ira se produce contienda.

Palabras del rey Lemuel

31 Palabras del rey Lemuel, oráculo que le
enseñó su madre.
2 ¿Qué, hijo mío?
¿Qué, hijo de mis entrañas?
¿Qué, hijo de mis votos?
3 No des tu vigor a las mujeres,
ni tus caminos a lo que destruye a los reyes.
4 No es para los reyes, oh Lemuel,
no es para los reyes beber vino,
ni para los gobernantes desear bebida fuerte;
5 no sea que beban y olviden lo que se ha
decretado,
y perviertan los derechos de todos los
afligidos.
6 Dad bebida fuerte al que está pereciendo,
y vino a los amargados de alma.
7 Que beba y se olvide de su pobreza,
y no recuerde más su aflicción.
8 Abre tu boca por los mudos,
por los derechos de todos los desdichados.
9 Abre tu boca, juzga con justicia,

y defiende los derechos del afligido y del
necesitado.
10 Mujer hacendosa, ¿quién *la* hallará?
Su valor supera en mucho al de las joyas.
11 En ella confía el corazón de su marido,
y no carecerá de ganancias.
12 Ella le trae bien y no mal
todos los días de su vida.
13 Busca lana y lino,
y con agrado trabaja con sus manos.
14 Es como las naves de mercader,
trae su alimento de lejos.
15 También se levanta cuando aún es de noche,
y da alimento a los de su casa,
y tarea a sus doncellas.
16 Evalúa un campo y lo compra;
con sus ganancias planta una viña.
17 Ella se ciñe de fuerza,
y fortalece sus brazos.
18 Nota que su ganancia es buena,
no se apaga de noche su lámpara.
19 Extiende sus manos a la rueca,
y sus manos toman el huso.
20 Extiende su mano al pobre,
y alarga sus manos al necesitado.
21 No tiene temor de la nieve por los de su casa,
porque todos los de su casa llevan ropa
escarlata.
22 Se hace mantos para sí;
su ropa es de lino fino y de púrpura.
23 Su marido es conocido en las puertas,
cuando se sienta con los ancianos de la tierra.
24 Hace telas de lino y *las* vende,
y provee cinturones a los mercaderes.
25 Fuerza y dignidad son su vestidura,
y sonríe al futuro.
26 Abre su boca con sabiduría,
y hay enseñanza de bondad en su lengua.
27 Ella vigila la marcha de su casa,
y no come el pan de la ociosidad.
28 Sus hijos se levantan y la llaman
bienaventurada,
también su marido, y la alaba *diciendo:*
29 Muchas mujeres han obrado con nobleza,
pero tú las superas a todas.
30 Engañosa es la gracia y vana la belleza,
pero la mujer que teme al Señor, ésa será
alabada.
31 Dadle el fruto de sus manos,
y que sus obras la alaben en las puertas.

Libro de
ECLESIASTES

Vanidad de todo esfuerzo

1 Palabras del Predicador, hijo de David, rey en Jerusalén.

2 Vanidad de vanidades, dice el Predicador, vanidad de vanidades, todo es vanidad.

3 ¿Qué provecho *recibe* el hombre de todo el trabajo
con que se afana bajo el sol?

4 Una generación va y *otra* generación viene,
mas la tierra permanece para siempre.

5 El sol sale y el sol se pone,
a su lugar se apresura, y de allí *vuelve* a salir.

6 Sopla hacia el sur,
y gira hacia el norte,
girando y girando va el viento;
y sobre sus giros el viento regresa.

7 Todos los ríos van hacia el mar,
y el mar no se llena;
al lugar donde los ríos fluyen,
allí vuelven a fluir.

8 Todas las cosas son fatigosas,
el hombre no puede expresar*las*.
No se sacia el ojo de ver,
ni se cansa el oído de oír.

9 Lo que fue, eso será,
y lo que se hizo, eso se hará;
no hay nada nuevo bajo el sol.

10 ¿Hay algo de que se pueda decir:
Mira, esto es nuevo?
Ya existía en los siglos
que nos precedieron.

11 No hay memoria de las cosas primeras
ni tampoco de las postreras que sucederán;
no habrá memoria de ellas
entre los que vendrán después.

12 Yo, el Predicador, he sido rey sobre Israel en Jerusalén.

13 Y apliqué mi corazón a buscar e investigar con sabiduría todo lo que se ha hecho bajo el cielo. Tarea dolorosa dada por Dios a los hijos de los hombres para ser afligidos con ella.

14 He visto todas las obras que se han hecho bajo el sol, y he aquí, todo es vanidad y correr tras el viento.

15 Lo torcido no puede enderezarse,
y lo que falta no se puede contar.

16 Yo hablé en mi corazón, diciendo: He aquí, yo he engrandecido y aumentado la sabiduría más que todos los que estuvieron antes de mí sobre Jerusalén; mi corazón ha contemplado mucha sabiduría y conocimiento.

17 Y apliqué mi corazón a conocer la sabiduría y a conocer la locura y la insensatez; me di cuenta de que esto también es correr tras el viento.

18 Porque en la mucha sabiduría hay mucha angustia,
y quien aumenta el conocimiento, aumenta el dolor.

Vanidad de las cosas terrenales

2 Dije yo en mi corazón: Ven ahora, te probaré con el placer; diviértete. Y he aquí, también esto era vanidad.

2 Dije de la risa: Es locura; y del placer: ¿Qué logra esto?

3 Consideré en mi corazón estimular mi cuerpo con el vino, mientras mi corazón *me* guiaba con sabiduría, de cómo echar mano de la insensatez, hasta que pudiera ver qué hay de bueno bajo el cielo que los hijos de los hombres hacen en los contados días de su vida.

4 Engrandecí mis obras, me edifiqué casas, planté viñas para mí;

5 me hice jardines y huertos, y planté en ellos toda clase de árboles frutales;

6 me hice estanques de aguas para regar el bosque con árboles en pleno crecimiento.

7 Compré esclavos y esclavas, y tuve esclavos nacidos en casa. Tuve también ganados, vacas y ovejas, más que todos los que me precedieron en Jerusalén.

8 Reuní también para mí plata y oro y el tesoro de los reyes y de las provincias. Me proveí de cantores y cantoras, y de los placeres de los hombres, de muchas concubinas.

9 Y me engrandecí y superé a todos los que me precedieron en Jerusalén; también la sabiduría permaneció conmigo.

10 Y de todo cuanto mis ojos deseaban, nada les negué, ni privé a mi corazón de ningún placer, porque mi corazón gozaba de todo mi trabajo, y ésta fue la recompensa de toda mi labor.

11 Consideré luego todas las obras que mis manos habían hecho y el trabajo en que me había empeñado, y he aquí, todo era vanidad y correr tras el viento, y sin provecho bajo el sol.

12 Yo volví, pues, a considerar la sabiduría, la locura y la insensatez, porque ¿qué *hará* el hombre que venga después del rey *sino* lo que ya ha sido hecho?

13 Y yo vi que la sabiduría sobrepasa a la insensatez, como la luz a las tinieblas.

14 El sabio *tiene* ojos en su cabeza,
mas el necio anda en tinieblas.
Pero yo sé también que ambos corren la misma suerte.

15 Entonces dije yo en mi corazón: Como la suerte del necio, así también será la mía. ¿Para qué, pues, me aprovecha haber sido tan sabio? Y me dije: También esto es vanidad.

16 Porque no hay memoria duradera *ni* del sabio *ni* del necio, ya que todos serán olvidados *en* los días venideros. ¡Cómo mueren tanto el sabio como el necio!

17 Y aborrecí la vida, porque me era penosa la obra que se hace bajo el sol, pues todo es vanidad y correr tras el viento.

18 Asimismo aborrecí todo *el fruto de* mi trabajo con que me había afanado bajo el sol, el cual tendré que dejar al hombre que vendrá después de mí.

19 ¿Y quién sabe si será sabio o necio? Sin embargo, él tendrá dominio sobre todo el fruto de mi trabajo con que me afané obrando sabiamente bajo el sol. También esto es vanidad.

20 Por tanto me desesperé en gran manera *por todo el fruto* de mi trabajo con que me había afanado bajo el sol.

21 Cuando hay un hombre que ha trabajado con sabiduría, con conocimiento y con destreza, y da su hacienda al que no ha trabajado en ella, esto también es vanidad y un gran mal.

22 Pues, ¿qué recibe el hombre de todo su trabajo y del esfuerzo de su corazón con que se afana bajo el sol?

23 Porque durante todos sus días su tarea es dolorosa y penosa; ni aun de noche descansa su corazón. También esto es vanidad.

24 Nada hay mejor para el hombre que comer y beber y decirse que su trabajo es bueno. Esto también yo he visto que es de la mano de Dios.

25 Porque ¿quién comerá y quién se alegrará sin El?

26 Porque a la persona que le agrada, El le ha dado sabiduría, conocimiento y gozo; mas al pecador le ha dado la tarea de recoger y amontonar para darlo al que agrada a Dios. Esto también es vanidad y correr tras el viento.

Todo tiene su tiempo

3 Hay un tiempo señalado para todo, y hay un tiempo para cada suceso bajo el cielo:

2 tiempo de nacer, y tiempo de morir;
tiempo de plantar, y tiempo de arrancar lo plantado;

3 tiempo de matar, y tiempo de curar;
tiempo de derribar, y tiempo de edificar;

4 tiempo de llorar, y tiempo de reír;
tiempo de lamentarse, y tiempo de bailar;

5 tiempo de lanzar piedras, y tiempo de recoger piedras;
tiempo de abrazar, y tiempo de rechazar el abrazo;

6 tiempo de buscar, y tiempo de dar por perdido;
tiempo de guardar, y tiempo de desechar;

7 tiempo de rasgar, y tiempo de coser;
tiempo de callar, y tiempo de hablar;

8 tiempo de amar, y tiempo de odiar;
tiempo de guerra, y tiempo de paz.

9 ¿Qué saca el trabajador de aquello en que se afana?

10 He visto la tarea que Dios ha dado a los hijos de los hombres para que en ella se ocupen.

11 El ha hecho todo apropiado a su tiempo. También ha puesto la eternidad en sus corazones, sin embargo el hombre no descubre la obra que Dios ha hecho desde el principio y hasta el fin.

12 Sé que no hay nada mejor para ellos que regocijarse y hacer el bien en su vida;

13 además, que todo hombre que coma y beba y vea lo bueno en todo su trabajo, eso es don de Dios.

14 Sé que todo lo que Dios hace será perpetuo;
no hay nada que añadirle
y no hay nada que quitarle;
Dios ha obrado *así*
para que delante de El teman *los hombres.*

15 Lo que es, ya ha sido,
y lo que será, ya fue,
y Dios busca lo que ha pasado.

16 Aun he visto más bajo el sol:
que en el lugar del derecho, está la impiedad,
y en el lugar de la justicia, está la iniquidad.

17 Yo dije en mi corazón:
al justo como al impío juzgará Dios,

porque *hay* un tiempo para cada cosa y para cada obra.

18 Dije *además* en mi corazón en cuanto a los hijos de los hombres: Ciertamente Dios los ha probado para que vean que son sólo animales.

19 Porque la suerte de los hijos de los hombres y la suerte de los animales es la misma: como muere el uno así muere el otro. Todos tienen un mismo aliento *de vida;* el hombre no tiene ventaja sobre los animales, porque todo es vanidad.

20 Todos van a un mismo lugar.
Todos han salido del polvo
y todos vuelven al polvo.

21 ¿Quién sabe que el aliento *de vida* del hombre asciende hacia arriba y el aliento *de vida* del animal desciende hacia abajo, a la tierra?

22 Y he visto que no hay nada mejor para el hombre que gozarse en sus obras, porque esa es su suerte. Porque ¿quién le hará ver lo que ha de suceder después de él?

Injusticias de la vida

4 Entonces yo me volví y observé todas las opresiones que se cometen bajo el sol:
Y he aquí, *vi* las lágrimas de los oprimidos,
sin que tuvieran consolador;
en mano de sus opresores estaba el poder,
sin que tuvieran consolador.

2 Y felicité a los muertos, los que ya murieron,
más que a los vivos, los que aún viven.

3 Pero mejor que ambos está el que nunca ha existido,
que nunca ha visto las malas obras que se cometen bajo el sol.

4 Y he visto que todo trabajo y toda *obra* hábil que se hace, es *el resultado de* la rivalidad entre el hombre y su prójimo. También esto es vanidad y correr tras el viento.

5 El necio se cruza de manos,
y devora su propia carne.

6 Más vale una mano llena de descanso
que dos puños llenos de trabajo y correr tras el viento.

7 Entonces yo me volví y observé la vanidad bajo el sol:

8 Había un *hombre* solo, sin sucesor,
que no tenía hijo ni hermano,
sin embargo, no había fin a todo su trabajo.
En verdad, sus ojos no se saciaban de las riquezas,
y nunca se preguntó: ¿Para quién trabajo yo
y privo a mi vida del placer?
También esto es vanidad y tarea penosa.

9 Más valen dos que uno solo,
pues tienen mejor remuneración por su trabajo.

10 Porque si uno de ellos cae, el otro levantará a su compañero;
pero ¡ay del que cae cuando no hay otro que lo levante!

11 Además, si dos se acuestan juntos se mantienen calientes,
pero uno solo ¿cómo se calentará?

12 Y si alguien puede prevalecer contra el que está solo,
dos lo resistirán.
Un cordel de tres *hilos* no se rompe fácilmente.

13 Mejor es un joven pobre y sabio,

que un rey viejo y necio,
que ya no sabe recibir consejos.

14 Porque ha salido de la cárcel para reinar,
aunque nació pobre en su reino.

15 He visto a todos los vivientes bajo el sol apre-
surarse a ir junto al joven sucesor que lo
reemplaza.

16 No tenía fin la multitud de todos los que lo
seguían, *y ni* aun los que vendrán después
estarán contentos con él; pues también esto es
vanidad y correr tras el viento.

Vanidad de las palabras

5 Guarda tus pasos cuando vas a la casa de
Dios, y acércate a escuchar en vez de ofrecer
el sacrificio de los necios, porque éstos no saben
que hacen el mal.

2 No te des prisa en hablar,
ni se apresure tu corazón a proferir palabra
delante de Dios.
Porque Dios está en el cielo y tú en la tierra;
por tanto sean pocas tus palabras.

3 Porque los sueños vienen de la mucha tarea,
y la voz del necio de las muchas palabras.

4 Cuando haces un voto a Dios, no tardes en
cumplirlo, porque El no se deleita en los necios.
El voto que haces, cúmplelo.

5 Es mejor que no hagas votos, a que hagas
votos y no los cumplas.

6 No permitas que tu boca te haga pecar, y no
digas delante del mensajero *de Dios* que fue un
error. ¿Por qué ha de enojarse Dios a causa de tu
voz y destruir la obra de tus manos?

7 Porque en los muchos sueños y *en* las muchas
palabras *hay* vanidades; tú, sin embargo, teme a
Dios.

8 Si ves la opresión del pobre y la negación del
derecho y de la justicia en la provincia, no te sor-
prendas del hecho, porque un oficial vigila sobre
otro oficial, y *hay oficiales* superiores sobre ellos.

9 Mas el beneficio del país, para todos, es que el
rey mantenga cultivado el campo.

10 El que ama el dinero no se saciará de dinero,
y el que ama la abundancia no *se saciará de*
ganancias.
También esto es vanidad.

11 Cuando aumentan los bienes,
aumentan *también* los que los consumen.
Así, pues, ¿cuál es la ventaja para sus
dueños, sino ver*los* con sus ojos?

12 Dulce es el sueño del trabajador,
coma mucho o *coma* poco;
pero la hartura del rico no le permite dormir.

13 Hay un grave mal *que* he visto bajo el sol:
las riquezas guardadas por su dueño para su
mal;

14 cuando esas riquezas se pierden por un mal
negocio,
y él engendra un hijo,
no queda nada para mantenerlo.

15 Como salió del vientre de su madre, desnudo,
así volverá, yéndose tal como vino;
nada saca del fruto de su trabajo
que pueda llevarse en la mano.

16 Y también esto es un grave mal:
que tal como vino, así se irá.
Por tanto, ¿qué provecho tiene el que trabaja
para el viento?

17 Además todos los días *de su vida* come en
tinieblas,
con mucha molestia, enfermedad y enojo.

18 He aquí lo que yo he visto que es bueno y conveniente: comer, beber y gozarse uno de todo el
trabajo en que se afana bajo el sol en los contados
días de la vida que Dios le ha dado; porque ésta
es su recompensa.

19 Igualmente, a todo hombre a quien Dios ha
dado riquezas y bienes, lo ha capacitado también
para comer de ellos, para recibir su recompensa y
regocijarse en su trabajo: esto es don de Dios.

20 Pues él no se acordará mucho de los días de
su vida, porque Dios lo mantiene ocupado con
alegría *en* su corazón.

6 Hay un mal que he visto bajo el sol, y muy
común entre los hombres:

2 un hombre a quien Dios ha dado riquezas,
bienes y honores, y nada le falta a su alma de
todo lo que desea, pero que Dios no le ha capacitado para disfrutar de ellos, porque un extraño
los disfruta. Esto es vanidad y penosa aflicción.

3 Si un hombre engendra cien *hijos* y vive
muchos años, por muchos que sean sus años, si
su alma no se ha saciado de cosas buenas, y
tampoco halla sepultura, *entonces* digo: Mejor es
el abortivo que él,

4 porque en vano viene, y a la oscuridad va; y
en la oscuridad su nombre quedará oculto.

5 Además, no ha visto el sol y nada sabe; más
reposo tiene éste que aquél.

6 Aunque el hombre viva dos veces mil años,
pero no disfruta de cosas buenas, ¿no van todos
al mismo lugar?

7 Todo el trabajo del hombre es para su boca,
sin embargo su apetito no se sacia.

8 Pues ¿qué ventaja tiene el sabio sobre el
necio?
¿Qué *ventaja* tiene el pobre que sabe
comportarse entre los vivientes?

9 Mejor es lo que ven los ojos que lo que el
alma desea.
También esto es vanidad y correr tras el
viento.

10 A lo que existe, ya se le ha dado nombre,
y se sabe lo que es un hombre:
no puede contender con el que es más fuerte
que él.

11 Cuando hay muchas palabras, aumenta la
vanidad.
¿Cuál es *entonces* la ventaja para el hombre?

12 Porque, ¿quién sabe lo que es bueno para el
hombre durante *su* vida, en los contados días de
su vana vida? Los pasará como una sombra.
Pues, ¿quién hará saber al hombre lo que
sucederá después de él bajo el sol?

Contraste entre la sabiduría y la insensatez

7 Mejor es el buen nombre que el buen
ungüento,
y el día de la muerte que el día del
nacimiento.

2 Mejor es ir a una casa de luto
que ir a una casa de banquete,
porque aquello es el fin de todo hombre,
y al que vive *lo* hará reflexionar en su
corazón.

3 Mejor es la tristeza que la risa,

porque cuando el rostro está triste el corazón
puede estar contento.

4 El corazón de los sabios está en la casa del
luto,
mientras que el corazón de los necios está en
la casa del placer.

5 Mejor es oír la represión del sabio
que oír la canción de los necios.

6 Porque como crepitar de espinos bajo la olla,
así es la risa del necio.
Y también esto es vanidad.

7 Ciertamente la opresión enloquece al sabio,
y el soborno corrompe el corazón.

8 Mejor es el fin de un asunto que su comienzo;
mejor es la paciencia de espíritu que la
altivez de espíritu.

9 No te apresures en tu espíritu a enojarte,
porque el enojo se anida en el seno de los
necios.

10 No digas: ¿Por qué fueron los días pasados
mejores que éstos?
Pues no es sabio que preguntes sobre esto.

11 Buena es la sabiduría con herencia,
y provechosa para los que ven el sol.

12 Porque la sabiduría protege *como* el dinero
protege;
pero la ventaja del conocimiento es que la
sabiduría preserva la vida de sus
poseedores.

13 Considera la obra de Dios:
porque ¿quién puede enderezar lo que El ha
torcido?

14 Alégrate en el día de la prosperidad,
y en el día de la adversidad considera:
Dios ha hecho tanto el uno como el otro
para que el hombre no descubra nada *que
suceda* después de él.

15 He visto todo durante mi vida de vanidad:
hay justo que perece en su justicia,
y hay impío que alarga *su vida* en su
perversidad.

16 No seas demasiado justo,
ni seas sabio en exceso.
¿Por qué has de destruirte?

17 No seas demasiado impío,
ni seas necio.
¿Por qué has de morir antes de tu tiempo?

18 Bueno es que retengas esto
sin soltar aquello de tu mano;
porque el que teme a Dios se sale con todo
ello.

19 La sabiduría hace más fuerte al sabio
que diez gobernantes que haya en una
ciudad.

20 Ciertamente no hay hombre justo en la tierra
que haga el bien y nunca peque.

21 Tampoco tomes en serio todas las palabras
que se hablan,
no sea que oigas a tu siervo maldecirte.

22 Porque tú también te das cuenta
que muchas veces has maldecido a otros de
la misma manera.

23 Todo esto probé con sabiduría, *y* dije:
Seré sabio; pero eso estaba lejos de mí.

24 Está lejos lo que ha sido,
y en extremo profundo.
¿Quién lo descubrirá?

25 Dirigí mi corazón a conocer,

a investigar y a buscar la sabiduría y la
razón,
y a reconocer la maldad de la insensatez
y la necedad de la locura.

26 Y hallé más amarga que la muerte
a la mujer cuyo corazón es lazos y redes,
cuyas manos son cadenas.
El que agrada a Dios escapará de ella,
pero el pecador será por ella apresado.

27 Mira—dice el Predicador—he descubierto
esto,
agregando una cosa a otra para hallar la
razón,

28 que mi alma está todavía buscando mas no
ha hallado:
He hallado a un hombre entre mil,
pero mujer entre todas éstas no he hallado.

29 Mira, sólo esto he hallado:
que Dios hizo rectos a los hombres,
pero ellos se buscaron muchas artimañas.

8 ¿Quién como el sabio?
¿Y quién *otro* sabe la explicación de un
asunto?
La sabiduría del hombre ilumina su faz
y hace que la dureza de su rostro cambie.

2 Yo digo: Guarda el mandato del rey por
causa del juramento de Dios.

3 No te apresures a irte de su presencia. No te
unas a una causa impía, porque él hará todo lo
que le plazca.

4 Puesto que la palabra del rey es soberana,
¿quién le dirá: Qué haces?

5 El que guarda el mandato *real* no
experimenta ningún mal;
y el corazón del sabio conoce el tiempo y el
modo.

6 Porque para cada deleite hay un tiempo y un
modo,
aunque la aflicción del hombre sea mucha
sobre él.

7 Si nadie sabe qué sucederá,
¿quién le anunciará cómo ha de suceder?

8 No hay hombre que tenga potestad para
refrenar el viento con el viento,
ni potestad sobre el día de la muerte;
y no se da licencia en tiempo de guerra,
ni la impiedad salvará a los que la practican.

9 Todo esto he visto, y he puesto mi corazón en
toda obra que se hace bajo el sol, cuando el
hombre domina a *otro* hombre para su mal.

10 Y también he visto a los impíos ser sepultados, los que entraban y salían del lugar santo, y
que fueron *pronto* olvidados en la ciudad en que
así habían actuado. También esto es vanidad.

11 Como la sentencia contra una mala obra no
se ejecuta enseguida, por eso el corazón de los
hijos de los hombres está en ellos entregado enteramente a hacer el mal.

12 Aunque el pecador haga el mal cien *veces* y
alargue su *vida*, con todo, yo sé que les irá bien a
los que temen a Dios, a los que temen ante su
presencia.

13 Pero no le irá bien al impío, ni alargará sus
días como una sombra, porque no teme ante la
presencia de Dios.

14 Hay una vanidad que se hace sobre la tierra:
hay justos a quienes les sucede conforme a las
obras de los impíos, y hay impíos a quienes les

sucede conforme a las obras de los justos. Digo que también esto es vanidad.

15 Por tanto yo alabé el placer, porque no hay nada bueno para el hombre bajo el sol sino comer, beber y divertirse, y esto le acompañará en sus afanes en los días de su vida que Dios le haya dado bajo el sol.

16 Cuando apliqué mi corazón a conocer la sabiduría y a ver la tarea que ha sido hecha sobre la tierra (aunque uno no durmiera ni de día ni de noche),

17 y vi toda la obra de Dios, decidí que el hombre no puede descubrir la obra que se ha hecho bajo el sol. Aunque el hombre busque con afán, no *la* descubrirá; y aunque el sabio diga que *la* conoce, no puede descubrir*la.*

Todo está en manos de Dios

9 Pues bien, he tomado todas estas cosas en mi corazón y declaro todo esto: que los justos y los sabios y sus hechos están en la mano de Dios. Los hombres no saben ni de amor ni de odio; todo está delante de ellos.

2 A todos sucede lo mismo:
Hay una misma suerte para el justo y para el impío;
para el bueno, para el limpio y para el inmundo;
para el que ofrece sacrificio y para el que no sacrifica.
Como el bueno, así es el pecador;
como el que jura, así es el que teme jurar.

3 Este mal hay en todo lo que se hace bajo el sol: que hay una misma suerte para todos. Además, el corazón de los hijos de los hombres está lleno de maldad y hay locura en su corazón toda su vida. Después *se van* a los muertos.

4 Para cualquiera que está unido con los vivos, hay esperanza; ciertamente un perro vivo es mejor que un león muerto.

5 Porque los que viven saben que han de morir,
pero los muertos no saben nada,
ni tienen ya ninguna recompensa,
porque su memoria está olvidada.

6 En verdad, su amor, su odio y su celo ya han perecido,
y nunca más tendrán parte en todo lo que se hace bajo el sol.

7 Vete, come tu pan con gozo,
y bebe tu vino con corazón alegre,
porque Dios ya ha aprobado tus obras.

8 En todo tiempo sean blancas tus ropas,
y que no falte ungüento sobre tu cabeza.

9 Goza de la vida con la mujer que amas, todos los días de tu vida fugaz que El te ha dado bajo el sol, todos los días de tu vanidad, porque esta es tu parte en la vida y en el trabajo con que te afanas bajo el sol.

10 Todo lo que tu mano halle para hacer, haz*lo* según tus fuerzas; porque no hay actividad ni propósito ni conocimiento ni sabiduría en el Seol adonde vas.

11 Vi además que bajo el sol
no es de los ligeros la carrera,
ni de los valientes la batalla;
y que tampoco de los sabios es el pan,
ni de los entendidos las riquezas,
ni de los hábiles el favor,

sino que el tiempo y la suerte les llegan a todos.

12 Porque el hombre tampoco conoce su tiempo:
como peces atrapados en la red traicionera,
y como aves apresadas en la trampa,
así son atrapados los hijos de los hombres en el tiempo malo
cuando cae de repente sobre ellos.

13 También esto llegué a ver como sabiduría bajo el sol, y me impresionó:

14 *Había* una pequeña ciudad con pocos hombres en ella. Llegó un gran rey, la cercó y construyó contra ella grandes baluartes;

15 pero en ella se hallaba un hombre pobre *y* sabio; y él con su sabiduría libró la ciudad; sin embargo, nadie se acordó de aquel hombre pobre.

16 Y yo *me* dije:
Mejor es la sabiduría que la fuerza;
pero la sabiduría del pobre se desprecia
y no se presta atención a sus palabras.

17 Las palabras del sabio oídas en quietud son *mejores*
que los gritos del gobernante entre los necios.

18 Mejor es la sabiduría que las armas de guerra,
pero un solo pecador destruye mucho bien.

10 Las moscas muertas hacen que el ungüento del perfumista dé mal olor;
un poco de insensatez pesa más que la sabiduría *y* el honor.

2 El corazón del sabio *lo guía* hacia la derecha,
y el corazón del necio, hacia la izquierda.

3 Aun cuando el necio ande por el camino,
le falta entendimiento
y demuestra a todos *que* es un necio.

4 Si la ira del gobernante se levanta contra ti,
no abandones tu puesto,
porque la serenidad suaviza grandes ofensas.

5 Hay un mal que he visto bajo el sol,
como error que procede del gobernante:

6 la necedad colocada en muchos lugares elevados,
mientras los ricos se sientan en lugares humildes.

7 He visto siervos a caballo
y príncipes caminando como siervos sobre la tierra.

8 El que cava un hoyo cae en él,
y al que abre brecha en un muro, lo muerde la serpiente.

9 El que saca piedras se lastima con ellas,
y el que raja leños, peligra en ello.

10 Si el hierro está embotado y él no ha amolado *su* filo,
entonces tiene que ejercer más fuerza;
la sabiduría tiene la ventaja de impartir éxito.

11 Si la serpiente muerde antes de ser encantada,
no hay ganancia para el encantador.

12 Llenas de gracia son las palabras de la boca del sabio,
mientras que los labios del necio a él consumen.

13 El comienzo de las palabras de su boca es insensatez,
y el final de su habla perversa locura.

14 El necio multiplica las palabras,
   pero nadie sabe lo que sucederá,
   ¿y quién le hará saber lo que ha de suceder
       después de él?
15 El trabajo del necio lo cansa *tanto*
   que no sabe ir a la ciudad.
16 ¡Ay de ti, tierra, cuyo rey es un muchacho,
   y cuyos príncipes banquetean de mañana!
17 Bienaventurada tú, tierra, cuyo rey es de
       noble cuna
   y cuyos príncipes comen a su debida hora,
   para fortalecerse y no para embriagarse.
18 Por negligencia se hunde el techo,
   y por pereza tiene goteras la casa.
19 Para el placer se prepara la comida,
   y el vino alegra la vida,
   y el dinero es la respuesta para todo.
20 Ni aun en tu recámara maldigas al rey,
   ni en tus alcobas maldigas al rico,
   porque un ave de los cielos llevará el rumor,
   y un ser alado hará conocer el asunto.

11 Echa tu pan sobre las aguas,
   que después de muchos días lo hallarás.
2 Reparte *tu* porción con siete, o aun con ocho,
   porque no sabes qué mal puede venir sobre la
       tierra.
3 Si las nubes están llenas,
   derraman lluvia sobre la tierra;
   y caiga el árbol al sur o al norte,
   donde cae el árbol allí se queda.
4 El que observa el viento no siembra,
   y el que mira las nubes no siega.
5 Como no sabes cuál es el camino del viento,
   o cómo se forman los huesos en el vientre de
       la mujer encinta,
   tampoco conoces la obra de Dios que hace
       todas las cosas.
6 De mañana siembra tu simiente
   y a la tarde no des reposo a tu mano,
   porque no sabes si esto o aquello prosperará,
   o si ambas cosas serán igualmente buenas.
7 Agradable es la luz,
   y bueno para los ojos ver el sol.
8 Ciertamente, si un hombre vive muchos
       años,
   que en todos ellos se regocije,
   pero recuerde que los días de tinieblas serán
       muchos.
   Todo lo por venir es vanidad.
9 Alégrate, joven, en tu mocedad,
   y tome placer tu corazón en los días de tu
       juventud.
   Sigue los impulsos de tu corazón y el gusto
       de tus ojos;
   mas sabe que por todas estas cosas, Dios te
       traerá a juicio.

10 Por tanto, aparta de tu corazón la congoja
   y aleja el sufrimiento de tu cuerpo,
   porque la mocedad y la primavera de la vida
       son vanidad.

12 Acuérdate, pues, de tu Creador en los días
   de tu juventud,
   antes que vengan los días malos,
   y se acerquen los años en que digas:
   No tengo en ellos placer;
2 antes que se oscurezcan el sol y la luz,
   la luna y las estrellas,
   y las nubes vuelvan tras la lluvia;
3 el día cuando tiemblen los guardas de la casa
   y los fuertes se encorven,
   los que muelen estén ociosas porque son
       pocas,
   y se nublen las que miran por las ventanas;
4 cuando se cierren las puertas de la calle
   por ser bajo el sonido del molino,
   y se levante uno al canto del ave,
   y todas las hijas del canto sean abatidas;
5 *cuando* también teman a la altura y a los
       terrores en el camino,
   y florezca el almendro, se arrastre la langosta
       y la alcaparra pierda su efecto;
   porque el hombre va a su morada eterna
   mientras los del duelo andan por la calle.
6 *Acuérdate de Él* antes que se rompa el hilo de
       plata,
   se quiebre el cuenco de oro,
   se rompa el cántaro junto a la fuente,
   y se haga pedazos la rueda junto al pozo;
7 entonces volverá el polvo a la tierra como lo
       que era,
   y el espíritu volverá a Dios que lo dio.
8 Vanidad de vanidades, dice el Predicador,
   todo es vanidad.

9 El Predicador, además de ser sabio, enseñó
también sabiduría al pueblo; y ponderó, investigó
y compuso muchos proverbios.
10 El Predicador trató de encontrar palabras
agradables, y de escribir correctamente palabras
de verdad.
11 Las palabras de los sabios son como aguijones,
y como clavos bien clavados *las* de los maestros
de colecciones, dadas por un Pastor.
12 Pero además de esto, hijo mío, estate
prevenido: el hacer muchos libros no tiene fin, y
demasiada dedicación *a ellos* es fatiga del
cuerpo.
13 La conclusión, cuando todo se ha oído, *es
ésta*:
   teme a Dios y guarda sus mandamientos,
   porque esto *concierne* a toda persona.
14 Porque Dios traerá toda obra a juicio,
   junto con todo lo oculto,
   sea bueno o sea malo.

Cantar de los
CANTARES

La esposa habla a las hijas de Jerusalén

1 El cantar[1] de los cantares de Salomón.
LA ESPOSA:

2 ¡Que me bese con los besos de su boca!
Porque mejores son tus amores que el vino.

3 Tus ungüentos tienen olor agradable,
tu nombre es *como* ungüento purificado;
por eso te aman las doncellas.

4 Llévame en pos de ti *y* corramos *juntos.*
El rey me ha conducido a sus cámaras.

EL CORO:
Nos regocijaremos y nos alegraremos en ti,
exaltaremos tu amor más que el vino.
Con razón te aman.

LA ESPOSA:

5 Soy morena pero preciosa,
oh hijas de Jerusalén,
como las tiendas de Cedar,
como las cortinas de Salomón.

6 No os fijéis en que soy morena,
porque el sol me ha quemado.
Los hijos de mi madre se enojaron conmigo;
me pusieron a guardar las viñas,
y mi propia viña no guardé.

7 Dime, amado de mi alma:
¿Dónde apacientas *tu rebaño?*
¿Dónde *lo* haces descansar al mediodía?
¿Por qué he de ser yo como una que se cubre
    con velo
junto a los rebaños de tus compañeros?

EL CORO:

8 Si tú no lo sabes,
¡oh la más hermosa de las mujeres!,
sal tras las huellas del rebaño,
y apacienta tus cabritas
junto a las cabañas de los pastores.

EL ESPOSO:

9 A mi yegua, entre los carros de Faraón,
yo te comparo, amada mía.

10 Hermosas son tus mejillas entre los adornos,
tu cuello entre los collares.

EL CORO:

11 Adornos de oro haremos para ti,
con cuentas de plata.

LA ESPOSA:

12 Mientras el rey estaba a la mesa,
mi perfume esparció su fragancia.

13 Bolsita de mirra es mi amado para mí,
que reposa toda la noche entre mis pechos.

14 Ramillete de flores de alheña es mi amado
    para mí
en las viñas de En-gadi.

EL ESPOSO:

15 Cuán hermosa eres, amada mía,
cuán hermosa eres.
Tus ojos son *como* palomas.

LA ESPOSA:

16 Cuán hermoso eres, amado mío,
y tan placentero.

Ciertamente nuestro lecho es de exuberante
    verdor.

17 Las vigas de nuestras casas son cedros,
nuestros artesonados, cipreses.

LA ESPOSA:

2 Yo soy la rosa de Sarón,
el lirio de los valles.

EL ESPOSO:

2 Como el lirio entre los espinos,
así es mi amada entre las doncellas.

LA ESPOSA:

3 Como el manzano entre los árboles del
    bosque,
así es mi amado entre los jóvenes.
A su sombra placentera me he sentado,
y su fruto es dulce a mi paladar.

4 El me ha traído a la sala del banquete,
y su estandarte sobre mí es el amor.

5 Sustentadme con tortas de pasas,
reanimadme con manzanas,
porque estoy enferma de amor.

6 Esté su izquierda bajo mi cabeza
y su derecha me abrace.

EL ESPOSO:

7 Yo os conjuro, oh hijas de Jerusalén,
por las gacelas o por las ciervas del campo,
que no levantéis ni despertéis a *mi* amor,
hasta que quiera.

LA ESPOSA:

8 ¡Una voz! ¡Mi amado!
He aquí, él viene,
saltando por los montes,
brincando por los collados.

9 Mi amado es semejante a una gacela o a un
    cervatillo.
He aquí, se detiene detrás de nuestro muro,
mirando por las ventanas,
atisbando por las celosías.

10 Mi amado habló, y me dijo:
"Levántate, amada mía, hermosa mía,
y ven conmigo.

11 "Pues mira, ha pasado el invierno,
ha cesado la lluvia *y* se ha ido.

12 "Han aparecido las flores en la tierra;
ha llegado el tiempo de la poda,
y se oye la voz de la tórtola en nuestra tierra.

13 "La higuera ha madurado sus higos,
y las vides en flor han esparcido *su* fragancia.
Levántate amada mía, hermosa mía,
y ven conmigo."

EL ESPOSO:

14 Paloma mía, en las grietas de la peña,
en lo secreto de la senda escarpada,
déjame ver tu semblante,
déjame oír tu voz;
porque tu voz es dulce,
y precioso tu semblante.

EL CORO:

15 Cazadnos las zorras,
las zorras pequeñas que arruinan las viñas,

---

1. O, *El mejor*

pues nuestras viñas están en flor.

LA ESPOSA:
16 Mi amado es mío, y yo soy suya;
   él apacienta *su rebaño* entre los lirios.
17 Hasta que sople *la brisa* del día y huyan las
   sombras,
   vuelve, amado mío, y sé semejante a una
   gacela
   o a un cervatillo sobre los montes de Beter.

Ensueño de la esposa

LA ESPOSA:
3 En mi lecho, por las noches, he buscado
   al que ama mi alma;
   lo busqué, mas no lo hallé.
2 "Me levantaré ahora, y andaré por la ciudad;
   por las calles y por las plazas
   buscaré al que ama mi alma."
   Lo busqué, mas no lo hallé.
3 Me hallaron los guardas que rondan la
   ciudad,
   y les dije: "¿Habéis visto al que ama mi
   alma?"
4 Apenas los había pasado
   cuando hallé al que ama mi alma;
   lo agarré y no quise soltarlo,
   hasta que lo introduje en la casa de mi madre
   y en la alcoba de la que me concibió.

EL ESPOSO:
5 Yo os conjuro, oh hijas de Jerusalén,
   por las gacelas o por las ciervas del campo,
   que no levantéis ni despertéis a *mi* amor,
   hasta que quiera.

EL CORO:
6 ¿Qué es eso que sube del desierto
   como columnas de humo,
   con perfume de mirra e incienso,
   con todos los polvos aromáticos del
   mercader?
7 He aquí, es la litera de Salomón;
   sesenta valientes la rodean,
   de los valientes de Israel.
8 Todos ellos manejan la espada,
   son diestros en la guerra,
   cada uno tiene la espada a su lado,
   contra los peligros de la noche.
9 El rey Salomón se ha hecho un palanquín
   de madera del Líbano.
10 Hizo sus columnas de plata,
   su respaldo de oro
   y su asiento de púrpura,
   su interior tapizado con amor
   por las hijas de Jerusalén.
11 Salid, hijas de Sion,
   y contemplad al rey Salomón con la corona
   con la cual su madre lo coronó
   el día de sus bodas,
   el día de la alegría de su corazón.

Alabanzas del esposo

EL ESPOSO:
4 Cuán hermosa eres, amada mía.
   Cuán hermosa eres.
   Tus ojos son *como* palomas detrás de tu velo;
   tu cabellera, como rebaño de cabras
   que descienden del monte Galaad.

2 Tus dientes son como rebaño de ovejas
   trasquiladas
   que suben del lavadero,
   todas tienen mellizas,
   y ninguna de ellas ha perdido su cría.
3 Tus labios son como hilo de escarlata,
   y tu boca, encantadora.
   Tus mejillas, como mitades de granada
   detrás de tu velo.
4 Tu cuello, como la torre de David
   edificada con hileras de piedras;
   miles de escudos cuelgan de ella,
   todos escudos de los valientes.
5 Tus dos pechos, como dos crías
   mellizas de gacela,
   que pacen entre lirios.
6 Hasta que sople *la brisa* del día
   y huyan las sombras,
   me iré al monte de la mirra
   y al collado del incienso.
7 Toda tú eres hermosa, amada mía,
   y no hay defecto en ti.
8 *Ven* conmigo desde el Líbano, esposa *mía*,
   ven conmigo desde el Líbano.
   Baja desde la cumbre del Amaná,
   desde la cumbre del Senir y del Hermón,
   desde las guaridas de leones,
   desde los montes de leopardos.
9 Has cautivado mi corazón, hermana mía,
   esposa *mía*;
   has cautivado mi corazón con una sola
   mirada de tus ojos,
   con una sola hebra de tu collar.
10 ¡Cuán hermosos son tus amores, hermana
   mía, esposa *mía!*
   ¡Cuánto mejores tus amores que el vino,
   y la fragancia de tus ungüentos
   que todos los bálsamos!
11 Miel virgen destilan tus labios, esposa *mía*,
   miel y leche hay debajo de tu lengua,
   y la fragancia de tus vestidos es como la
   fragancia del Líbano.
12 Huerto cerrado eres, hermana mía, esposa
   mía,
   huerto cerrado, fuente sellada.
13 Tus renuevos son paraíso de granados,
   con frutas escogidas, alheña y nardos,
14 nardo y azafrán, cálamo aromático y canela,
   con todos los árboles de incienso,
   mirra y áloes, con todos los mejores
   bálsamos.
15 *Tú eres* fuente de huertos,
   pozo de aguas vivas,
   y corrientes *que fluyen* del Líbano.

LA ESPOSA:
16 Despierta, *viento del* norte,
   y ven, *viento del* sur;
   haced que mi huerto exhale *fragancia*,
   que se esparzan sus aromas.
   Entre mi amado en su huerto
   y coma sus mejores frutas.

EL ESPOSO:
5 He entrado en mi huerto, hermana mía,
   esposa *mía*;
   he recogido mi mirra con mi bálsamo.
   He comido mi panal y mi miel;
   he bebido mi vino y mi leche.
   Comed, amigos;

bebed y embriagaos, oh amados.

LA ESPOSA:

2 Yo dormía, pero mi corazón velaba,
¡Una voz! ¡Mi amado toca *a la puerta!*
"Ábreme, hermana mía, amada mía,
paloma mía, perfecta mía,
pues mi cabeza está empapada de rocío,
mis cabellos *empapados* de la humedad de la
noche."

3 Me he quitado la ropa,
¿cómo he de vestirme *de nuevo?*
He lavado mis pies,
¿cómo los volveré a ensuciar?

4 Mi amado metió su mano por la abertura *de
la puerta,*
y se estremecieron por él mis entrañas.

5 Yo me levanté para abrir a mi amado;
y mis manos destilaron mirra,
y mis dedos mirra líquida,
sobre los pestillos de la cerradura.

6 Abrí yo a mi amado,
pero mi amado se había retirado, se había
ido.
Tras su hablar salió mi alma.
Lo busqué, y no lo hallé;
lo llamé, y no me respondió.

7 Me hallaron los guardas que rondan la
ciudad,
me golpearon *y* me hirieron;
me quitaron de encima mi chal los guardas
de las murallas.

8 Yo os conjuro, oh hijas de Jerusalén,
si encontráis a mi amado,
¿qué le habéis de decir?
Que estoy enferma de amor.

EL CORO:

9 ¿Qué clase de amado es tu amado,
oh la más hermosa de las mujeres?
¿Qué clase de amado es tu amado,
que así nos conjuras?

LA ESPOSA:

10 Mi amado es resplandeciente y rubio,
distinguido entre diez mil.

11 Su cabeza es *como* oro, oro puro,
sus cabellos, *como* racimos de dátiles,
negros como el cuervo.

12 Sus ojos son como palomas
junto a corrientes de agua,
bañados en leche,
colocados en *su* engaste.

13 Sus mejillas, como eras de bálsamo,
como riberas de hierbas aromáticas;
sus labios son lirios
que destilan mirra líquida.

14 Sus manos, barras de oro
engastadas de berilo;
su vientre, marfil tallado
recubierto de zafiros.

15 Sus piernas, columnas de alabastro
asentadas sobre basas de oro puro;
su aspecto, como el Líbano,
gallardo como los cedros.

16 Su paladar, dulcísimo,
y todo él, deseable.
Este es mi amado y éste es mi amigo,
hijas de Jerusalén.

Mutuo encanto de los esposos EL CORO:

6 ¿Adónde se ha ido tu amado,
oh la más hermosa de las mujeres?
¿Adónde se ha dirigido tu amado,
para que lo busquemos contigo?

LA ESPOSA:

2 Mi amado ha descendido a su huerto,
a las eras de bálsamo,
a apacentar *su rebaño* en los huertos
y recoger lirios.

3 Yo soy de mi amado y mi amado es mío,
él apacienta entre los lirios.

EL ESPOSO:

4 Eres hermosa como Tirsa, amada mía,
encantadora como Jerusalén,
imponente como ejército con estandartes.

5 Aparta de mí tus ojos,
porque ellos me han confundido;
tu cabellera es como rebaño de cabras
que descienden de Galaad.

6 Tus dientes son como rebaño de ovejas
que suben del lavadero,
todas tienen mellizas,
y ninguna de ellas ha perdido su cría.

7 Tus mejillas son como mitades de granada
detrás de tu velo.

8 Sesenta son las reinas y ochenta las
concubinas,
y las doncellas, sin número;

9 *pero* sin igual es mi paloma, mi perfecta,
es la *hija* única de su madre,
la preferida de la que la dio a luz.
Las doncellas la vieron y la llamaron
bienaventurada,
también las reinas y las concubinas, y la
alabaron, *diciendo:*

10 "¿Quién es ésta que se asoma como el alba,
hermosa como la luna llena,
refulgente como el sol,
imponente como *escuadrones* abanderados?"

11 Descendí al huerto de los nogales
para ver el verdor del valle,
para ver si la vid había retoñado,
si los granados habían florecido.

12 Sin que me diera cuenta, mi alma me colocó
sobre los carros de mi noble pueblo.

EL CORO:

13 Regresa, regresa, oh Sulamita;
regresa, regresa, para que te contemplemos.

EL ESPOSO:

¿Por qué habéis de contemplar a la Sulamita,
como en la danza de los dos coros?

7 ¡Cuán hermosos son tus pies en las
sandalias,
oh hija de príncipe!
Las curvas de tus caderas son como joyas,
obra de manos de artífice.

2 Tu ombligo, *como* una taza redonda
que nunca le falta vino mezclado;
tu vientre como montón de trigo
cercado de lirios.

3 Tus dos pechos, como dos crías
mellizas de gacela.

4 Tu cuello, como torre de marfil,
tus ojos, *como* los estanques en Hesbón

junto a la puerta de Bat-rabim;
tu nariz, *como* la torre del Líbano
que mira hacia Damasco.
5 Tu cabeza te corona como el Carmelo,
y la cabellera suelta de tu cabeza es como
hilos de púrpura;
el rey está preso en *tus* trenzas.
6 ¡Qué hermosa y qué encantadora eres,
amor *mío*, con *todos* tus encantos!
7 Tu estatura es semejante a la palmera,
y tus pechos, a *sus* racimos.
8 Yo dije: "Subiré a la palmera,
asiré sus frutos.
¡Sean tus pechos como racimos de la vid,
el perfume de tu aliento como manzanas,
9 y tu paladar como el mejor vino!

LA ESPOSA:
Entra suavemente *el vino* en mi amado,
como fluye por los labios de los que se
duermen.
10 Yo soy de mi amado,
y su deseo tiende hacia mí.
11 Ven, amado mío, salgamos al campo,
pasemos la noche en las aldeas.
12 Levantémonos temprano *y vayamos* a las
viñas;
veamos si la vid ha brotado,
si se han abierto *sus* flores,
y si han florecido los granados.
Allí te entregaré mi amor.
13 Las mandrágoras han exhalado su fragancia,
y a nuestras puertas hay toda clase de *frutas*
escogidas,
tanto nuevas como añejas,
que he guardado, amado mío, para ti.

8 ¡Ah, si tú fueras como mi hermano,
amamantado a los pechos de mi madre!
Si te encontrara afuera, te besaría,
y no me despreciarían.
2 Te llevaría *y* te introduciría
en la casa de mi madre, que me enseñaba;
te daría a beber vino sazonado del zumo de
mis granadas.
3 Esté su izquierda bajo mi cabeza
y su derecha me abrace.

EL ESPOSO:
4 Quiero que juréis, oh hijas de Jerusalén:
que no despertaréis ni levantaréis a *mi* amor,
hasta que quiera.

EL CORO:
5 ¿Quién es ésta que sube del desierto,
recostada sobre su amado?
EL ESPOSO:
Debajo del manzano te desperté;
allí tu madre tuvo dolores de parto por ti,
allí tuvo dolores de parto, *y* te dio a luz. *LA
ESPOSA:*
6 Ponme como sello sobre tu corazón,
como sello sobre tu brazo,
porque fuerte como la muerte es el amor,
inexorables como el Seol, los celos;
sus destellos, destellos de fuego,
la llama *misma* del SEÑOR.
7 Las muchas aguas no pueden extinguir el
amor,
ni los ríos lo anegarán;
si el hombre diera todos los bienes de su casa
por amor,
de cierto lo menospreciarían.

EL CORO:
8 Tenemos una hermana pequeña,
y todavía no tiene pechos;
¿qué haremos por nuestra hermana
el día en que sea pedida?
9 Si ella es una muralla,
edificaremos sobre ella un baluarte de plata;
pero si es una puerta,
la reforzaremos con tablas de cedro.

LA ESPOSA:
10 Yo soy una muralla, y mis pechos como
torres,
entonces fui a sus ojos como quien halla la
paz.
11 Salomón tenía una viña en Baal-hamón,
confió la viña a los guardas;
cada uno debía traer por su fruto mil *siclos*
de plata.
12 Mi viña, que es mía, está a mi disposición;
los mil *siclos* son para ti, Salomón,
y doscientos, para los que guardan su fruto.

EL ESPOSO:
13 Oh tú, que moras en los huertos,
mis compañeros están atentos a tu voz;
déjame que la oiga.

LA ESPOSA:
14 Apresúrate, amado mío,
y sé como una gacela o un cervatillo
sobre los montes de los aromas.

Rebelión del pueblo de Dios

1 Visión que tuvo Isaías, hijo de Amoz, concerniente a Judá y Jerusalén, en los días de Uzías, Jotam, Acaz *y* Ezequías, reyes de Judá.

2 Oíd, cielos, y escucha, tierra,
porque el Señor habla:
Hijos crié y los hice crecer,
mas ellos se han rebelado contra mí.

3 El buey conoce a su dueño
y el asno el pesebre de su amo;
pero Israel no conoce,
mi pueblo no tiene entendimiento.

4 ¡Ay, nación pecadora,
pueblo cargado de iniquidad,
generación de malvados,
hijos corrompidos!
Han abandonado al Señor,
han despreciado al Santo de Israel,
se han apartado de El.

5 ¿Dónde más seréis castigados?
¿Continuaréis en rebelión?
Toda cabeza está enferma,
y todo corazón desfallecido.

6 De la planta del pie a la cabeza
no hay en él nada sano,
sino golpes, verdugones y heridas recientes;
no han sido curadas, ni vendadas,
ni suavizadas con aceite.

7 Vuestra tierra está desolada,
vuestras ciudades quemadas por el fuego,
vuestro suelo lo devoran los extraños delante
de vosotros,
y es una desolación, como destruida por
extraños.

8 Y la hija de Sion ha quedado como cobertizo
en una viña,
como choza en un pepinar, como ciudad
sitiada.

9 Si el Señor de los ejércitos
no nos hubiera dejado algunos
sobrevivientes,
seríamos como Sodoma,
y semejantes a Gomorra.

10 Oíd la palabra del Señor,
gobernantes de Sodoma;
escuchad la instrucción de nuestro Dios,
pueblo de Gomorra:

11 ¿Qué es para mí la abundancia de vuestros
sacrificios?
—dice el Señor—
Harto estoy de holocaustos de carneros,
y de sebo de ganado cebado;
y la sangre de novillos, corderos y machos
cabríos no me complace.

12 Cuando venís a presentaros delante de mí,
¿quién demanda esto de vosotros, de que
pisoteéis mis atrios?

13 No traigáis más vuestras vanas ofrendas,
el incienso me es abominación.
Luna nueva y día de reposo, el convocar
asambleas:
¡no tolero iniquidad y asamblea solemne!

14 Vuestras lunas nuevas y vuestras fiestas
señaladas las aborrece mi alma;

se han vuelto una carga para mí,
estoy cansado de soportar*las.*

15 Y cuando extendáis vuestras manos,
esconderé mis ojos de vosotros;
sí, aunque multipliquéis las oraciones,
no escucharé.
Vuestras manos están llenas de sangre.

16 Lavaos, limpiaos,
quitad la maldad de vuestras obras de
delante de mis ojos;
cesad de hacer el mal,

17 aprended a hacer el bien,
buscad la justicia,
reprended al opresor,
defended al huérfano,
abogad por la viuda.

18 Venid ahora, y razonemos
—dice el Señor—
aunque vuestros pecados sean como la grana,
como la nieve serán emblanquecidos;
aunque sean rojos como el carmesí,
como *blanca* lana quedarán.

19 Si queréis y obedecéis,
comeréis lo mejor de la tierra;

20 pero si rehusáis y os rebeláis,
por la espada seréis devorados.
Ciertamente, la boca del Señor ha hablado.

21 ¡Cómo se ha convertido en ramera la ciudad
fiel,
la *que* estaba llena de justicia!
Moraba en ella la rectitud,
mas ahora, asesinos.

22 Tu plata se ha vuelto escoria,
tu vino está mezclado con agua.

23 Tus gobernantes son rebeldes
y compañeros de ladrones;
cada uno ama el soborno
y corre tras las dádivas.
No defienden al huérfano,
ni llega a ellos la causa de la viuda.

24 Por tanto, declara el Señor, Dios de los
ejércitos,
el Poderoso de Israel:
¡Ah!, me libraré de mis adversarios,
y me vengaré de mis enemigos.

25 También volveré mi mano contra ti,
te limpiaré de tu escoria como con lejía,
y quitaré toda tu impureza.

26 Entonces restauraré tus jueces como al
principio,
y tus consejeros como al comienzo;
después de lo cual serás llamada ciudad de
justicia,
ciudad fiel.

27 Sion será redimida con juicio,
y sus arrepentidos con justicia.

28 Pero los transgresores y los pecadores serán
aplastados a una,
y los que abandonan al Señor perecerán.

29 Ciertamente os avergonzaréis de las encinas
que habéis deseado,
y os abochornaréis de los jardines que habéis
escogido.

30 Porque seréis como encina cuya hoja está
      marchita,
   y como jardín en que no hay agua.
31 El fuerte se convertirá en estopa,
   y su trabajo en chispa.
   Arderán ambos a una,
   y no habrá quien los apague.

Reinado universal de Dios y su juicio

2 Lo que vio Isaías, hijo de Amoz, concerniente
   a Judá y Jerusalén.
 2 Y acontecerá en los postreros días,
   que el monte de la casa del SEÑOR
   será establecido como cabeza de los montes;
   se alzará sobre los collados,
   y confluirán a él todas las naciones.
 3 Vendrán muchos pueblos, y dirán:
   Venid, subamos al monte del SEÑOR,
   a la casa del Dios de Jacob;
   para que nos enseñe *acerca* de sus caminos,
   y andemos en sus sendas.
   Porque de Sion saldrá la ley,
   y de Jerusalén la palabra del SEÑOR.
 4 Juzgará entre las naciones,
   y hará decisiones por muchos pueblos.
   Forjarán sus espadas en rejas de arado,
   y sus lanzas en podaderas.
   No alzará espada nación contra nación,
   ni se adiestrarán más para la guerra.
 5 Casa de Jacob, venid y caminemos a la luz
   del SEÑOR.
 6 Ciertamente has abandonado a tu pueblo, la
   casa de Jacob,
   porque están llenos *de costumbres* del
   oriente,
   son adivinos como los filisteos,
   y hacen tratos con hijos de extranjeros.
 7 Se ha llenado su tierra de plata y de oro,
   y no tienen fin sus tesoros;
   su tierra se ha llenado de caballos,
   y no tienen fin sus carros.
 8 También su tierra se ha llenado de ídolos;
   adoran la obra de sus manos,
   lo que han hecho sus dedos.
 9 Ha sido humillado el hombre *común,*
   y ha sido abatido el hombre *de importancia*;
   pero no los perdones.
10 Métete en la roca, y escóndete en el polvo
   del terror del SEÑOR y del esplendor de su
   majestad.
11 La mirada altiva del hombre será abatida,
   y humillada la soberbia de los hombres;
   el SEÑOR solo será exaltado en aquel día.
12 Porque el día del SEÑOR de los ejércitos
   vendrá
   contra todo el que es soberbio y altivo,
   contra todo el que se ha ensalzado,
   y será abatido.
13 Y *esto será* contra todos los cedros del Líbano
   altos y erguidos,
   contra todas las encinas de Basán,
14 contra todos los montes encumbrados,
   contra todos los collados elevados,
15 contra toda torre alta,
   contra toda muralla fortificada,
16 contra todas las naves de Tarsis
   y contra toda obra de arte preciada.
17 Será humillado el orgullo del hombre
   y abatida la altivez de los hombres;

el SEÑOR solo será exaltado en aquel día,
18 y los ídolos desaparecerán por completo.
19 Se meterán *los hombres* en las cuevas de las
      rocas
   y en las hendiduras de la tierra,
   ante el terror del SEÑOR
   y *ante* el esplendor de su majestad,
   cuando se levante para hacer temblar la
      tierra.
20 Aquel día el hombre arrojará a los topos y a
      los murciélagos,
   sus ídolos de plata y sus ídolos de oro
   que se había hecho para adorar*los;*
21 y se meterá en las cavernas de las rocas y en
      las hendiduras de las peñas,
   ante el terror del SEÑOR y *ante* el esplendor
      de su majestad,
   cuando El se levante para hacer temblar la
      tierra.
22 Dejad de considerar al hombre, cuyo soplo *de
      vida* está en su nariz;
   pues ¿en qué ha de ser él estimado?

Juicio contra Jerusalén y Judá

3 Porque he aquí, el Señor, DIOS de los
   ejércitos, quitará de Jerusalén y de Judá
   el sustento y el apoyo: todo sustento de pan
   y todo sustento de agua;
 2 al poderoso y al guerrero,
   al juez y al profeta,
   al adivino y al anciano,
 3 al capitán de cincuenta y al hombre
      respetable,
   al consejero, al diestro artífice y al hábil
      encantador.
 4 Les daré muchachos por príncipes,
   y niños caprichosos gobernarán sobre ellos.
 5 Y el pueblo será oprimido,
   el uno por el otro y cada cual por su prójimo;
   el joven se alzará contra el anciano,
   y el indigno contra el honorable.
 6 Cuando un hombre eche mano a su hermano
      en la casa de su padre, *diciendo:*
   Tú tienes manto, serás nuestro jefe,
   y estas ruinas *estarán* bajo tu mando;
 7 ese día *el otro* se indignará, diciendo:
   No seré *vuestro* sanador,
   porque en mi casa no hay ni pan ni manto;
   no debéis nombrarme jefe del pueblo.
 8 Pues Jerusalén ha tropezado y Judá ha
      caído,
   porque su lengua y sus obras están contra el
      SEÑOR,
   rebelándose contra su gloriosa presencia.
 9 La expresión de su rostro testifica contra
      ellos,
   y como Sodoma publican su pecado;
   no *lo* encubren.
   ¡Ay de ellos!,
   porque han traído mal sobre sí mismos.
10 Decid a los justos que *les irá* bien,
   porque el fruto de sus obras comerán.
11 ¡Ay del impío! *Le irá* mal,
   porque lo que él merece se le hará.
12 ¡Oh pueblo mío! Sus opresores son
      muchachos,
   y mujeres lo dominan.
   Pueblo mío, los que te guían *te* hacen desviar
   y confunden el curso de tus sendas.

13 El Señor se levanta para contender,
está en pie para juzgar a los pueblos.
14 El Señor entra en juicio con los ancianos de
su pueblo y con sus príncipes:
Pues vosotros habéis devorado la viña,
el despojo del pobre está en vuestras casas.
15¿Qué pensáis al aplastar a mi pueblo
y al moler la cara de los pobres?
—declara el Señor, Dios de los ejércitos.

16 Además, dijo el Señor: Puesto que las hijas
de Sion son orgullosas,
andan con el cuello erguido y los ojos
seductores,
y caminan con paso menudo
haciendo tintinear las ajorcas en sus pies,
17 el Señor herirá con tiña el cráneo de las hijas
de Sion,
y el Señor desnudará su frente.
18 Aquel día el Señor *les* quitará el adorno de
las ajorcas, los tocados y las lunetas,
19 los pendientes, los brazaletes y los velos,
20 las redecillas, las cadenillas de los pies, las
cintas, las cajitas de perfume y los
amuletos,
21 los anillos y aretes de nariz,
22 las ropas de gala, las túnicas, los mantos y las
bolsas,
23 los espejos, la ropa interior, los turbantes y
los velos.
24 Y sucederá que en vez de perfume aromático
habrá podredumbre;
en vez de cinturón, cuerda;
en vez de peinado artificioso, calvicie;
en vez de ropa fina, ceñidor de cilicio;
cicatriz en vez de hermosura.
25 Tus hombres caerán a espada,
y tus poderosos en batalla.
26 Sus puertas se lamentarán y estarán de luto;
y ella, desolada, se sentará en tierra.

4 Porque siete mujeres echarán mano de un
hombre en aquel día, diciendo: Nuestro pan
comeremos y con nuestra ropa nos vestiremos;
tan sólo déjanos llevar tu nombre, quita nuestro
oprobio.
2 Aquel día el Renuevo del Señor será
hermoso y lleno de gloria, y el fruto de la tierra
será el orgullo y adorno de los sobrevivientes de
Israel.
3 Y acontecerá que el que sea dejado en Sion y
el que quede en Jerusalén será llamado santo:
todos los que estén inscritos para vivir en
Jerusalén.
4 Cuando el Señor haya lavado la inmundicia
de las hijas de Sion y haya limpiado la sangre
derramada de en medio de Jerusalén con el
espíritu del juicio y el espíritu abrasador,
5 entonces el Señor creará sobre todo lugar del
monte Sion y sobre sus asambleas, una nube
durante el día, o sea humo, y un resplandor de
llamas de fuego por la noche; porque sobre toda
la gloria habrá un dosel;
6 será un cobertizo para *dar* sombra contra el
calor del día, y refugio y protección contra la
tormenta y la lluvia.

Parábola de la viña

5 Cantaré ahora a mi amado,
el canto de mi amado acerca de su viña.

Mi bien amado tenía una viña en una fértil
colina.
2 La cavó por todas partes, quitó sus piedras,
y la plantó de vides escogidas.
Edificó una torre en medio de ella,
y también excavó en ella un lagar;
y esperaba que produjera uvas *buenas,*
pero *sólo* produjo uvas silvestres.
3 Y ahora, moradores de Jerusalén y hombres
de Judá,
juzgad entre mí y mi viña.
4¿Qué más se puede hacer por mi viña,
que yo no haya hecho en ella?
¿Por qué, cuando esperaba que produjera uvas
buenas,
produjo uvas silvestres?
5 Ahora pues, dejad que os diga
lo que yo he de hacer a mi viña:
quitaré su vallado y será consumida;
derribaré su muro y será hollada.
6 Y haré que quede desolada;
no será podada ni labrada,
y crecerán zarzas y espinos.
También mandaré a las nubes que no
derramen lluvia sobre ella.
7 Ciertamente, la viña del Señor de los
ejércitos es la casa de Israel,
y los hombres de Judá su plantío delicioso.
El esperaba equidad, pero he aquí
derramamiento de sangre;
justicia, pero he aquí clamor.
8 ¡Ay de los que juntáis casa con casa,
y añadís campo a campo
hasta que no queda sitio alguno,
para habitar vosotros solos en medio de la
tierra!
9 A mis oídos el Señor de los ejércitos *ha
jurado:*
Ciertamente muchas casas serán desoladas,
grandes y hermosas, *pero* sin moradores.
10 Porque diez yugadas de viña producirán *sólo*
un bato *de vino,*
y un homer de semilla producirá *sólo* un efa
de grano.
11 ¡Ay de los que se levantan muy de mañana
para ir tras la bebida,
de los que trasnochan para que el vino los
encienda!
12 En sus banquetes hay lira y arpa, pandero y
flauta, y vino,
y no contemplan las obras del Señor,
ni ven la obra de sus manos.
13 Por eso va cautivo mi pueblo por falta de
discernimiento;
sus notables están muertos de hambre
y su multitud reseca de sed.
14 Por tanto el Seol ha ensanchado su garganta
y ha abierto sin medida su boca;
y *a él* desciende el esplendor de Jerusalén, su
multitud, su alboroto y el que se divertía en
ella.
15 El hombre *común* será humillado y el
hombre *de importancia* abatido,
y los ojos de los altivos serán abatidos.
16 Pero el Señor de los ejércitos será exaltado
por *su* juicio,
y el Dios santo se mostrará santo por *su*
justicia.

17 Entonces pacerán los corderos como en su
     pastizal,
  y en los lugares desolados de los ricos,
     forasteros comerán.
18 ¡Ay de los que arrastran la iniquidad con
     cuerdas de falsedad
  y el pecado como con coyundas de carretas!
19 Los que dicen: Que se dé prisa, que apresure
     su obra, para que *la* veamos;
  que se acerque y venga el propósito del Santo
     de Israel,
  para que *lo* sepamos.
20 ¡Ay de los que llaman al mal bien y al bien
     mal,
  que tienen las tinieblas por luz y la luz por
     tinieblas,
  que tienen lo amargo por dulce y lo dulce por
     amargo!
21 ¡Ay de los sabios a sus propios ojos
  e inteligentes ante sí mismos!
22 ¡Ay de los héroes para beber vino
  y valientes para mezclar bebidas,
23 que justifican al impío por soborno
  y quitan al justo su derecho!
24 Por tanto, como consume el rastrojo la
     lengua de fuego,
  y la hierba seca cae ante la llama,
  su raíz como podredumbre se volverá y su
     flor como polvo será esparcida;
  porque desecharon la ley del Señor de los
     ejércitos,
  y despreciaron la palabra del Santo de Israel.
25 Por esta causa se ha encendido la ira del
     Señor contra su pueblo,
  y ha extendido su mano contra ellos y los ha
     herido;
  los montes temblaron y sus cadáveres yacen
     como desecho en medio de las calles.
  Con todo esto, no se ha agotado su ira,
  y aún está extendida su mano.
26 Alzará estandarte a la nación lejana,
  y le silbará desde los confines de la tierra,
  y he aquí, vendrá muy pronto, con rapidez.
27 En ella nadie está cansado ni nadie se
     tambalea,
  ninguno dormita ni duerme;
  a ninguno se le ha desatado el cinturón de la
     cintura,
  ni se le ha roto la correa de su sandalia.
28 Sus flechas están afiladas y todos sus arcos
     entesados;
  los cascos de sus caballos son como pedernal
     y las ruedas *de sus carros* como torbellino.
29 Su rugido es como de leona, ruge como
     leoncillos;
  gruñe y atrapa la presa,
  y se *la* lleva sin que nadie *la* libre.
30 En aquel día gruñirá sobre ella como el
     bramido del mar.
  Si se mira hacia la tierra, he aquí, hay
     tinieblas y angustia;
  aun la luz se oscurecida por sus nubes.

Visión de Isaías

6 En el año de la muerte del rey Uzías vi yo al
     Señor sentado sobre un trono alto y sublime,
y la orla de su manto llenaba el templo.

2 Por encima de El había serafines; cada uno
tenía seis alas: con dos cubrían sus rostros, con
dos cubrían sus pies y con dos volaban.
3 Y el uno al otro daba voces, diciendo:
  Santo, Santo, Santo, es el Señor de los
     ejércitos,
  llena está toda la tierra de su gloria.
4 Y se estremecieron los cimientos de los
umbrales a la voz del que clamaba, y la casa se
llenó de humo.
5 Entonces dije:
  ¡Ay de mí! Porque perdido estoy,
  pues soy hombre de labios inmundos
  y en medio de un pueblo de labios inmundos
     habito,
  porque han visto mis ojos al Rey, el Señor de
     los ejércitos.
6 Entonces voló hacia mí uno de los serafines
con un carbón encendido en su mano, que había
tomado del altar con las tenazas;
7 y *con él* tocó mi boca, y dijo: He aquí, esto ha
tocado tus labios, y es quitada tu iniquidad y
perdonado tu pecado.
8 Y oí la voz del Señor que decía: ¿A quién
enviaré, y quién irá por nosotros? Entonces
respondí: Heme aquí; envíame a mí.
9 Y El dijo:
  Ve, y di a este pueblo:
  "Escuchad bien, pero no entendáis;
  mirad bien, pero no comprendáis."
10 Haz insensible el corazón de este pueblo,
  endurece sus oídos,
  y nubla sus ojos,
  no sea que vea con sus ojos,
  y oiga con sus oídos,
  y entienda con su corazón,
  y se arrepienta y sea curado.
11 Entonces dije yo:
  ¿Hasta cuándo, Señor? Y El respondió:
  Hasta que las ciudades estén destruidas *y* sin
     habitantes,
  las casas sin gente,
  y la tierra completamente desolada;
12 *hasta que* el Señor haya alejado a los
     hombres,
  y sean muchos los lugares abandonados en
     medio de la tierra.
13 Pero aún quedará una décima parte en ella,
  y ésta volverá a ser consumida
  como el terebinto o la encina,
  cuyo tronco permanece cuando es cortado:
  la simiente santa *será* su tronco.

Mensaje a Acaz

7 Y aconteció que en los días de Acaz, hijo de
     Jotam, hijo de Uzías, rey de Judá, subió
Rezín, rey de Aram, con Peka, hijo de Remalías,
rey de Israel, a Jerusalén para combatir contra
ella, pero no pudieron tomarla.
2 Y se dio aviso a la casa de David, diciendo:
Los arameos han acampado en Efraín. Y se
estremeció el corazón del rey y el corazón de su
pueblo como se estremecen los árboles del bosque
ante el viento.
3 Entonces el Señor dijo a Isaías: Sal ahora al
encuentro de Acaz, tú, y tu hijo Sear-jasub, al
extremo del acueducto del estanque superior, en
la calzada del campo del Batanero,
4 y dile: "Estate alerta, y ten calma; no temas

ni desmaye tu corazón ante estos dos cabos de tizones humeantes, a causa de la ira encendida de Rezín de Aram y del hijo de Remalías.

5 "Porque Aram ha tramado mal contra ti, *junto con* Efraín y el hijo de Remalías, diciendo:

6 'Subamos contra Judá y aterroricémosla, hagamos una brecha en sus murallas y pongamos por rey en medio de ella al hijo de Tabeel.'

7 "Así dice el Señor Dios: 'No prevalecerá ni se cumplirá,

8 porque la cabeza de Aram es Damasco, y la cabeza de Damasco es Rezín (y dentro de otros sesenta y cinco años Efraín será destrozado, dejando de ser pueblo),

9 y la cabeza de Efraín es Samaria, y la cabeza de Samaria es el hijo de Remalías. Si no creéis, de cierto no permaneceréis.' "

10 El Señor habló de nuevo a Acaz, diciendo:

11 Pide para ti una señal del Señor tu Dios que sea tan profunda como el Seol o tan alta como el cielo.

12 Pero Acaz respondió: No pediré, ni tentaré al Señor.

13 Entonces *Isaías* dijo: Oíd ahora, casa de David: ¿Os parece poco cansar a los hombres, que también cansaréis a mi Dios?

14 Por tanto, el Señor mismo os dará una señal: He aquí, una virgen concebirá y dará a luz un hijo, y le pondrá por nombre Emmanuel[1].

15 Comerá cuajada y miel hasta que sepa lo suficiente para desechar lo malo y escoger lo bueno.

16 Porque antes que el niño sepa desechar lo malo y escoger lo bueno, será abandonada la tierra cuyos dos reyes tú temes.

17 El Señor hará venir sobre ti, sobre tu pueblo y sobre la casa de tu padre, días como nunca han venido desde el día en que Efraín se apartó de Judá, *es decir,* al rey de Asiria.

18 Y sucederá en aquel día que el Señor silbará a la mosca que está en lo más remoto de los ríos de Egipto, y a la abeja que está en la tierra de Asiria;

19 y todas ellas vendrán y se posarán en los precipicios de las barrancas, en las hendiduras de las peñas, en todos los espinos y en todos los abrevaderos.

20 En aquel día el Señor afeitará con navaja alquilada en las regiones más allá del Eufrates, *es decir,* con el rey de Asiria, la cabeza y el pelo de las piernas, y también quitará la barba.

21 En aquel día cada uno criará una novilla y un par de ovejas;

22 y por la abundancia de leche que darán, comerá cuajada, porque todo el que quede en la tierra comerá cuajada y miel.

23 En aquel día, *en* todo lugar donde había mil vides *valoradas* en mil *siclos* de plata, habrá zarzas y espinos.

24 Se irá allá con arcos y flechas, porque toda la tierra será zarzas y espinos.

25 Y en cuanto a todas las colinas que eran cultivadas con la azada, no irás allá por temor de las zarzas y espinos; se convertirán en lugar para soltar los bueyes y para ser hollado por las ovejas.

Invasión de Asiria

8 Entonces el Señor me dijo: Toma para ti una tabla grande y escribe sobre ella en caracteres comunes: Veloz es el botín, rápida la presa.

2 Y tomé conmigo como testigos fieles al sacerdote Urías y a Zacarías, hijo de Jeberequías.

3 Me acerqué a la profetisa, y ella concibió y dio a luz un hijo. Y el Señor me dijo: Ponle por nombre Maher-shalal-hash-baz[2];

4 porque antes que el niño sepa clamar "padre mío" o "madre mía", la riqueza de Damasco y el botín de Samaria serán llevados ante el rey de Asiria.

5 Y volvió el Señor a hablarme de nuevo, diciendo:

6 Por cuanto este pueblo ha rehusado las aguas
   de Siloé que corren mansamente,
   y se ha regocijado en Rezín y en el hijo de
   Remalías,

7 por tanto, he aquí, el Señor va a traer sobre
   ellos las aguas impetuosas y abundantes
   del Eufrates,
   es decir, al rey de Asiria con toda su gloria,
   que se saldrá de todos sus cauces y pasará
   sobre todas sus riberas.

8 Fluirá con ímpetu en Judá, inundará y
   seguirá adelante,
   hasta el cuello llegará,
   y la extensión de sus alas
   llenará la anchura de tu tierra, oh
   Emmanuel.

9 Quebrantaos, pueblos, que seréis destrozados;
   prestad oído, confines todos de la tierra;
   ceñíos, que seréis destrozados;
   ceñíos, que seréis destrozados.

10 Trazad un plan, y será frustrado;
   proferid una palabra, y no permanecerá,
   porque Dios está con nosotros.

11 Pues así me habló el Señor con gran poder y me instruyó para que no anduviera en el camino de este pueblo, diciendo:

12 No digáis: "*Es conspiración*",
   a todo lo que este pueblo llama conspiración,
   ni temáis lo que ellos temen, ni os
   aterroricéis.

13 Al Señor de los ejércitos es a quien debéis
   tener por santo.
   Sea El vuestro temor,
   y sea El vuestro terror.

14 Entonces El vendrá a ser santuario;
   pero piedra de tropiezo y roca de escándalo
   para ambas casas de Israel,
   y lazo y trampa para los habitantes de
   Jerusalén.

15 Muchos tropezarán allí,
   y caerán y serán quebrantados;
   serán enlazados y apresados.

16 Ata el testimonio, sella la ley entre mis discípulos.

17 Aguardaré al Señor que esconde su rostro de la casa de Jacob; sí, a El esperaré.

18 He aquí, yo y los hijos que el Señor me ha dado estamos por señales y prodigios en Israel, de parte del Señor de los ejércitos que mora en el monte Sion.

19 Y cuando os digan: Consultad a los médium y a los adivinos que susurran y murmuran, *decid:*

---

1. I.e., Dios con nosotros 2. I.e., veloz es el botín, rápida es la presa

¿No debe un pueblo consultar a su Dios? ¿*Acaso
consultará* a los muertos por los vivos?

20 ¡A la ley y al testimonio! Si no hablan
conforme a esta palabra, es porque no hay para
ellos amanecer.

21 Y pasarán por la tierra oprimidos y hambrientos; y sucederá que cuando tengan hambre,
se enojarán y maldecirán a su rey y a su Dios,
volviendo el rostro hacia arriba.

22 Después mirarán hacia la tierra, y he aquí,
tribulación y tinieblas, lobreguez *y* angustia, y
serán lanzados a la oscuridad.

Nacimiento y reinado del Príncipe de Paz

9 Pero no habrá *más* lobreguez para la que
estaba en angustia. Como en tiempos
pasados El trató con desprecio a la tierra de
Zabulón y a la tierra de Neftalí, pero después *la*
hará gloriosa por el camino del mar al otro lado
del Jordán, Galilea de los gentiles.

2 El pueblo que andaba en tinieblas
ha visto gran luz;
a los que habitaban en tierra de sombra de
muerte,
la luz ha resplandecido sobre ellos.

3 Multiplicaste la nación,
aumentaste su alegría;
se alegran en tu presencia
como con la alegría de la cosecha,
como se regocijan *los hombres* cuando se
reparten el botín.

4 Porque tú quebrarás el yugo de su carga, el
báculo de sus hombros,
y la vara de su opresor, como en la batalla de
Madián.

5 Porque toda bota que calza el guerrero en el
fragor *de la batalla*,
y el manto revolcado en sangre, serán para
quemar, combustible para el fuego.

6 Porque un niño nos ha nacido, un hijo nos ha
sido dado,
y la soberanía reposará sobre sus hombros;
y se llamará su nombre Admirable
Consejero, Dios Poderoso,
Padre Eterno, Príncipe de Paz.

7 El aumento de *su* soberanía y de la paz no
tendrán fin
sobre el trono de David y sobre su reino,
para afianzarlo y sostenerlo con el derecho y
la justicia
desde entonces y para siempre.
El celo del SEÑOR de los ejércitos hará esto.

8 El Señor envía mensaje contra Jacob,
y cae sobre Israel.

9 Y todo el pueblo *lo* sabe,
es decir, Efraín y los habitantes de Samaria,
los que con arrogancia y altivez de corazón
afirman:

10 Los ladrillos han caído,
pero con piedras labradas reedificaremos;
los sicómoros han sido cortados,
pero con cedros *los* reemplazaremos.

11 Por tanto el SEÑOR levanta adversarios de
Rezín contra ellos,
e incita a sus enemigos,

12 los arameos en el oriente y los filisteos en el
occidente,
que devoran a Israel a boca llena.
Con todo eso no se aparta su ira,

y aún está su mano extendida.

13 Pero el pueblo no ha vuelto al que los hirió,
no han buscado al SEÑOR de los ejércitos.

14 El SEÑOR, pues, corta de Israel la cabeza y la
cola,
la hoja de palmera y el junco en un mismo
día.

15 El anciano y venerable es la cabeza,
y el profeta que enseña la mentira, es la cola.

16 Porque los que guían a este pueblo *lo*
extravían;
y los guiados por ellos son confundidos.

17 Por eso no se complace el Señor en sus
jóvenes,
ni se compadece de sus huérfanos ni de sus
viudas;
porque todos ellos son impíos y malhechores,
y toda boca habla necedades.
Con todo eso no se aparta su ira,
y aún está su mano extendida.

18 Porque arde como fuego la impiedad,
zarzas y espinos consume,
y enciende la espesura del bosque;
como remolino suben en columna de humo.

19 Por el furor del SEÑOR de los ejércitos es
quemada la tierra,
y el pueblo es como combustible para el
fuego;
el hombre no perdona a su hermano.

20 Cortan de un tajo *lo que está* a la derecha,
pero *aún* tienen hambre,
y comen *lo que está* a la izquierda, pero no se
sacian;
cada cual come la carne de su propio brazo.

21 Manasés *devora* a Efraín, y Efraín a
Manasés,
y ambos están contra Judá.
Con todo eso no se ha apartado su ira,
y aún está su mano extendida.

10 ¡Ay de los que decretan estatutos inicuos,
y de los que constantemente escriben
decisiones injustas,

2 para privar de justicia a los necesitados,
para robar de *sus* derechos a los pobres de mi
pueblo,
para hacer de las viudas su botín,
y despojar a los huérfanos!

3 ¿Y que haréis en el día del castigo,
en la devastación que vendrá de lejos?
¿A quién huiréis por auxilio?
¿Y dónde dejaréis vuestra riqueza?

4 Sólo *queda* encorvarse entre los cautivos
o caer entre los muertos.
Con todo eso no se aparta su ira,
y aún está su mano extendida.

5 ¡Ay de Asiria, vara de mi ira
y báculo en cuyas manos está mi
indignación!

6 Contra una nación impía la envío
y contra el pueblo de mi furor la mandaré,
para que capture botín y tome despojos
y los pisotee como el lodo de las calles.

7 Pero ella no tiene tal intento,
ni piensa así en su corazón,
sino que su intención es destruir
y exterminar no pocas naciones.

8 Porque dice: ¿No son mis príncipes todos
ellos reyes?

9 ¿No es Calno como Carquemis?

¿No es Hamat como Arfad?
¿No es Samaria como Damasco?
10 Como alcanzó mi mano los reinos de los
ídolos,
cuyas imágenes talladas excedían a las de
Jerusalén y Samaria,
11 como hice a Samaria y a sus ídolos,
¿no haré así *también* a Jerusalén y a sus
imágenes?
12 Y sucederá que cuando el Señor haya
terminado toda su obra en el monte Sion y en
Jerusalén, *dirá:* Castigaré el fruto del corazón
orgulloso del rey de Asiria y la ostentación de su
altivez.
13 Porque ha dicho:
Con el poder de mi mano *lo* hice,
y con mi sabiduría, pues tengo
entendimiento;
quité las fronteras de los pueblos,
saqueé sus tesoros,
y como *hombre* fuerte abatí a *sus* habitantes.
14 Alcanzó mi mano las riquezas de los pueblos
como a un nido;
como se recogen los huevos abandonados, yo
junté toda la tierra,
y no hubo quien aleteara ni abriera el pico ni
gorgojeara.
15 ¿Ha de enaltecerse el hacha sobre el que corta
con ella?
¿Ha de engrandecerse la sierra sobre el que la
maneja?
¡Como si un báculo manejara a los que lo
levantan,
como si una vara levantara *al que* no es
madera!
16 Por eso el Señor, DIOS de los ejércitos,
enviará una enfermedad extenuante entre
sus robustos guerreros;
y debajo de su gloria encenderá una hoguera
como fuego abrasador.
17 La luz de Israel se convertirá en fuego y su
Santo en llama,
y quemará y consumirá sus espinos y sus
zarzas en un solo día.
18 El destruirá la gloria de su bosque y de su
fértil huerto, tanto el alma como el cuerpo,
y será como cuando un enfermo languidece;
19 y los árboles que queden de su bosque serán
tan pocos
que un niño podrá contarlos.
20 Sucederá en aquel día que el remanente de
Israel y los de la casa de Jacob que hayan
escapado, no volverán a apoyarse más en el que
los hirió, sino que en verdad se apoyarán en el
SEÑOR, el Santo de Israel.
21 Un remanente volverá, el remanente de
Jacob, al Dios poderoso.
22 Pues aunque tu pueblo, oh Israel, sea como la
arena del mar,
sólo un remanente de él volverá;
la destrucción está decidida, rebosando
justicia.
23 Pues una destrucción completa, ya
decretada, ejecutará el Señor, DIOS de los
ejércitos, en medio de toda la tierra.
24 Por tanto, así dice el Señor, DIOS de los
ejércitos: Pueblo mío que moras en Sion, no
temas al asirio que te hiere con vara y levanta su
báculo contra ti a la manera de Egipto.

25 Porque dentro de muy poco mi indignación
contra ti terminará, y mi ira *la dirigiré* a su destrucción.
26 Y el SEÑOR de los ejércitos levantará un azote
contra él como la matanza de Madián en la peña
de Oreb; su báculo estará sobre el mar y lo
levantará de la manera que *lo hizo en* Egipto.
27 Y sucederá en aquel día que su carga será
quitada de tus hombros y su yugo de tu cerviz, y
el yugo será quebrado a causa de la grosura.
28 El ha venido contra Ajat,
ha pasado por Migrón;
en Micmas dejó su bagaje.
29 Han pasado por el desfiladero, *diciendo:*
Geba será nuestro alojamiento.
Ramá está aterrada, y Guibeá de Saúl ha
huido.
30 ¡Clama a gran voz, oh hija de Galim!
¡Pon atención, Lais; desdichada *de ti,* Anatot!
31 Ha huido Madmena.
Los habitantes de Gebim han buscado
refugio.
32 *Hoy mismo* se detendrá él en Nob,
agitará su mano contra el monte de la hija de
Sion, la colina de Jerusalén.
33 He aquí, el Señor, DIOS de los ejércitos,
desgajará el ramaje con terrible crujido;
los *árboles* de gran altura serán cortados,
los elevados serán abatidos.
34 El cortará la espesura del bosque con *hacha
de* hierro,
y el Líbano caerá ante el Poderoso.

Reinado justo del Mesías

11 Y brotará un retoño del tronco de Isaí,
y un vástago de sus raíces dará fruto.
2 Y reposará sobre El el Espíritu del SEÑOR,
espíritu de sabiduría y de inteligencia,
espíritu de consejo y de poder,
espíritu de conocimiento y de temor del
SEÑOR.
3 Se deleitará en el temor del SEÑOR,
y no juzgará por lo que vean sus ojos,
ni sentenciará por lo que oigan sus oídos;
4 sino que juzgará al pobre con justicia,
y fallará con equidad por los afligidos de la
tierra;
herirá la tierra con la vara de su boca,
y con el soplo de sus labios matará al impío.
5 La justicia será ceñidor de sus lomos,
y la fidelidad ceñidor de su cintura.
6 El lobo morará con el cordero,
y el leopardo se echará con el cabrito;
el becerro, el leoncillo y el animal doméstico
andarán juntos,
y un niño los conducirá.
7 La vaca y la osa pacerán,
sus crías se echarán juntas,
y el león, como el buey, comerá paja.
8 El niño de pecho jugará junto a la cueva de
la cobra,
y el niño destetado extenderá su mano sobre
la guarida de la víbora.
9 No dañarán ni destruirán en todo mi santo
monte,
porque la tierra estará llena del conocimiento
del SEÑOR,
como las aguas cubren el mar.
10 Acontecerá en aquel día

que las naciones acudirán a la raíz de Isaí,
que estará puesta como señal para los
pueblos,
y será gloriosa su morada.
11 Entonces acontecerá en aquel día que el
Señor
ha de recobrar de nuevo con su mano, por
segunda vez,
al remanente de su pueblo que haya quedado
de Asiria, de Egipto, de Patros, de Cus, de
Elam, de Sinar, de Hamat
y de las islas del mar.
12 Alzará un estandarte ante las naciones,
reunirá a los desterrados de Israel,
y juntará a los dispersos de Judá
de los cuatro confines de la tierra.
13 Entonces se disipará la envidia de Efraín,
y los que hostigan a Judá serán
exterminados;
Efraín no envidiará a Judá,
y Judá no hostigará a Efraín.
14 Y ellos se lanzarán sobre el costado de los
filisteos al occidente,
juntos despojarán a los hijos del oriente;
Edom y Moab *estarán* bajo su dominio,
y los hijos de Amón les estarán sujetos.
15 Y el Señor destruirá
la lengua del mar de Egipto;
agitará su mano sobre el río
con su viento abrasador,
lo partirá en siete arroyos
y hará que se pueda pasar en sandalias.
16 Y habrá una calzada desde Asiria
para el remanente que quede de su pueblo,
así como la hubo para Israel
el día que subieron de la tierra de Egipto.

Cántico de acción de gracias

12 Y dirás en aquel día:
A ti doy gracias, oh Señor,
porque aunque estabas airado conmigo,
se ha apartado tu ira,
y me has consolado.
2 He aquí, Dios es mi salvador,
confiaré y no temeré;
porque mi fortaleza y mi canción es el Señor
Dios,
El ha sido mi salvación.
3 Con gozo sacarás agua
de los manantiales de salvación.
4 Y aquel día dirás:
Dad gracias al Señor, invocad su nombre,
haced conocer entre los pueblos sus obras,
haced recordar que su nombre es enaltecido.
5 Cantad alabanzas al Señor, porque ha hecho
cosas maravillosas;
sea conocido esto por toda la tierra.
6 Clama y grita de júbilo, habitante de Sion,
porque grande es en medio de ti el Santo de
Israel.

Profecía sobre Babilonia

13 Profecía sobre Babilonia que tuvo en
visión Isaías, hijo de Amoz:
2 Levantad estandarte sobre la colina pelada,
alzad a ellos la voz,
agitad la mano para que entren por las
puertas de los nobles.
3 Yo he dado órdenes a mis consagrados,

también he llamado a mis guerreros,
a los que se regocijan de mi gloria
para *ejecutar* mi ira.
4 Ruido de tumulto en los montes,
como de mucha gente.
Ruido de estruendo de reinos,
de naciones reunidas.
El Señor de los ejércitos pasa revista al
ejército para la batalla.
5 Vienen de una tierra lejana,
de los más lejanos horizontes,
el Señor y los instrumentos de su
indignación,
para destruir toda la tierra.
6 Gemid, porque cerca está el día del Señor;
vendrá como destrucción del Todopoderoso.
7 Por tanto todas las manos se debilitarán,
el corazón de todo hombre desfallecerá,
8 y se aterrarán;
dolores y angustias se apoderarán *de ellos*,
como mujer de parto se retorcerán;
se mirarán el uno al otro con asombro,
rostros en llamas *serán* sus rostros.
9 He aquí, el día del Señor viene,
cruel, con furia y ardiente ira,
para convertir en desolación la tierra
y exterminar de ella a sus pecadores.
10 Pues las estrellas del cielo y sus
constelaciones
no destellarán su luz;
se oscurecerá el sol al salir,
y la luna no irradiará su luz.
11 Castigaré al mundo por su maldad
y a los impíos por su iniquidad;
también pondré fin a la arrogancia de los
soberbios,
y abatiré la altivez de los despiadados.
12 Haré al mortal más escaso que el oro puro,
y a la humanidad más que el oro de Ofir.
13 Por tanto, haré estremecer los cielos,
y la tierra será removida de su lugar
ante la furia del Señor de los ejércitos,
en el día de su ardiente ira.
14 Y será como gacela perseguida,
o como ovejas que nadie reúne;
cada uno volverá a su pueblo,
y cada uno huirá a su tierra.
15 Cualquiera que sea hallado será traspasado,
y cualquiera que sea capturado caerá a
espada.
16 También sus pequeños serán estrellados
delante de sus ojos;
serán saqueadas sus casas
y violadas sus mujeres.
17 He aquí, incitaré contra ellos a los medos,
que no estiman la plata ni se deleitan en el
oro;
18 con arcos barrerán a los jóvenes,
no tendrán compasión del fruto del vientre,
ni de los niños tendrán piedad sus ojos.
19 Y Babilonia, hermosura de los reinos, gloria
del orgullo de los caldeos,
será como cuando Dios destruyó a Sodoma y
a Gomorra;
20 nunca más será poblada ni habitada de
generación en generación;
no pondrá tienda allí el árabe,
ni los pastores harán descansar allí *sus
rebaños*;

21 sino que allí descansarán los moradores del
desierto,
y llenas estarán sus casas de búhos;
también habitarán allí los avestruces, y allí
brincarán las cabras peludas.
22 Aullarán las hienas en sus torres fortificadas
y los chacales en sus lujosos palacios.
Está próximo a llegar su tiempo,
y sus días no se prolongarán.

Canto triunfal

14 Cuando el SEÑOR tenga compasión de
Jacob, escoja de nuevo a Israel y los establezca en su propia tierra, entonces se les
juntarán extranjeros que se unirán a la casa de
Jacob.
2 Los tomarán los pueblos y los llevarán a su
lugar, y la casa de Israel los poseerá como siervos
y siervas en la tierra del SEÑOR. Tomarán
cautivos a los que los habían llevado cautivos, y
dominarán sobre sus opresores.
3 Y el día en que el SEÑOR te dé descanso de tu
dolor, de tu desesperación y de la dura servidumbre a la que fuiste sometido,
4 pronunciarás esta burla contra el rey de
Babilonia, y dirás:
¡Cómo se ha acabado el opresor,
y cómo ha cesado el furor!
5 El SEÑOR ha quebrado el báculo de los
impíos,
el cetro de los gobernantes
6 que golpeaba con furia a los pueblos con
golpes incesantes,
que sometía con ira a las naciones en
persecución incesante.
7 Toda la tierra está en reposo, está quieta;
prorrumpe en gritos de júbilo.
8 Aun los cipreses y los cedros del Líbano se
alegran a causa de ti, diciendo:
"Desde que fuiste derribado, no ha subido
talador contra nosotros."
9 El Seol, desde abajo, se estremece por ti al
recibirte en tu venida;
por ti despierta a los espíritus de los muertos,
a todos los jefes de la tierra;
levanta de sus tronos a todos los reyes de las
naciones.
10 Todos ellos responderán y te dirán:
"También tú has sido debilitado como
nosotros,
has venido a ser semejante a nosotros.
11 "Han sido derribadas al Seol
tu ostentación y la música de tus arpas;
debajo de ti las larvas se extienden como
cama,
y los gusanos son tu cobertura."
12 ¡Cómo has caído del cielo,
oh lucero de la mañana, hijo de la aurora!
Has sido derribado por tierra,
tú que debilitabas a las naciones.
13 Pero tú dijiste en tu corazón:
"Subiré al cielo,
por encima de las estrellas de Dios levantaré
mi trono,
y me sentaré en el monte de la asamblea,
en el extremo norte.
14 "Subiré sobre las alturas de las nubes,
me haré semejante al Altísimo."
15 Sin embargo, has sido derribado al Seol,

a lo más remoto del abismo.
16 Los que te ven te observan,
te contemplan, y dicen:
"¿Es éste aquel hombre que hacía temblar la
tierra,
que sacudía los reinos,
17 que puso al mundo como un desierto,
que derribó sus ciudades,
que a sus prisioneros no abrió la cárcel?"
18 Todos los reyes de las naciones,
todos ellos yacen con gloria,
cada uno en su sepulcro.
19 Pero tú has sido echado de tu sepulcro
como vástago desechado,
como ropa de muertos traspasados a espada,
que descienden a las piedras de la fosa,
como cadáver pisoteado.
20 No estarás unido con ellos en el sepelio,
porque has destruido tu tierra,
has matado a tu pueblo.
Que no se nombre jamás la descendencia de
los malhechores.
21 Preparad para sus hijos el matadero
a causa de la iniquidad de sus padres;
que no se levanten y tomen posesión de la
tierra,
y llenen de ciudades la faz del mundo.
22 Yo me levantaré contra ellos—declara el
SEÑOR de los ejércitos—y cortaré de Babilonia
nombre y sobrevivientes, descendencia y posteridad—declara el SEÑOR.
23 La convertiré en posesión de erizos y en
aguas estancadas, y la barreré con la escoba de la
destrucción —declara el SEÑOR de los ejércitos.
24 Ha jurado el SEÑOR de los ejércitos, diciendo:
Ciertamente, tal como lo había pensado, así ha
sucedido; tal como lo había planeado, así se
cumplirá:
25 Quebrantaré a Asiria en mi tierra, y la
pisotearé sobre mis montes. Entonces su yugo se
les quitará de encima, y su carga será quitada de
sus hombros.
26 Este es el plan acordado contra toda la tierra,
y esta es la mano que está extendida contra todas
las naciones.
27 Si el SEÑOR de los ejércitos lo ha determinado, ¿quién puede frustrarlo? Y en cuanto a su
mano extendida, ¿quién puede volverla atrás?
28 El año en que murió el rey Acaz, vino esta
profecía:
29 No te alegres, toda tú, Filistea,
porque la vara que te hirió esté quebrada;
pues de la raíz de la serpiente saldrá una
víbora,
y su fruto será serpiente voladora.
30 Los más débiles comerán,
y los necesitados se acostarán seguros;
pero haré morir de hambre tu raíz,
y ésta matará tus sobrevivientes.
31 Gime, puerta; clama, ciudad;
derrítete, toda tú, Filistea;
porque del norte viene humo,
y nadie se rezaga de sus filas.
32 ¿Cómo, pues, se responderá a los mensajeros
de la nación?:
Que el SEÑOR ha fundado a Sion,
y en ella buscarán refugio los afligidos de su
pueblo.

Profecía sobre Moab

15 Profecía sobre Moab.
Ciertamente en una noche Ar de Moab
fue devastada y destruida,
ciertamente en una noche Kir de Moab fue
devastada y destruida,

2 Han subido al templo y a Dibón, a los lugares
altos a llorar.
Sobre Nebo y sobre Medeba gime Moab;
en todas sus cabezas, calvicie; toda barba,
rasurada.

3 En sus calles se han ceñido de cilicio;
en sus terrados y en sus plazas
todos gimen, deshechos en lágrimas.

4 También claman Hesbón y Eleale,
se oye su voz hasta Jahaza.
Por tanto, los hombres armados de Moab
gritarán,
su alma tiembla dentro de él.

5 Mi corazón clama por Moab;
sus fugitivos se extienden hasta Zoar y
Eglat-selisiya,
y suben la cuesta de Luhit llorando;
ciertamente en el camino a Horonaim dan
gritos de angustia por su ruina.

6 Porque las aguas de Nimrim se han agotado,
ciertamente la hierba está seca, la hierba
tierna ha muerto,
no hay nada verde.

7 Por tanto, la abundancia que han adquirido y
almacenado
se la llevan al otro lado del arroyo Arabim.

8 Porque el clamor ha dado vuelta por el
territorio de Moab;
hasta Eglaim llega su gemir, hasta Beer-elim
su gemido.

9 Porque las aguas de Dimón están llenas de
sangre;
ciertamente añadiré más sobre Dimón:
un león sobre los fugitivos de Moab y sobre el
remanente de la tierra.

16 Enviad el cordero del tributo al
gobernante de la tierra,
desde Sela en el desierto al monte de la hija
de Sion.

2 Y como aves fugitivas o nidada dispersa,
serán las hijas de Moab en los vados del
Arnón.

3 Danos consejo, toma una decisión;
da tu sombra como la noche en pleno
mediodía;
esconde a los desterrados, no entregues al
fugitivo.

4 Quédense contigo los desterrados de Moab;
sé para ellos escondedero ante el destructor.
Porque ha llegado a su fin el explotador, ha
cesado la destrucción,
han desaparecido los opresores de la tierra.

5 Se establecerá en la misericordia un trono,
y en él se sentará con fidelidad, en la tienda
de David,
un juez que busque lo justo
y esté presto a la justicia.

6 Hemos oído del orgullo de Moab, un gran
orgullo,
de su arrogancia, de su altivez y de su furor;
son falsas sus vanas jactancias.

7 Por tanto Moab gemirá por Moab; todo él
gemirá.

Por las tortas de pasas de Kir-hareset os
lamentaréis,
abatidos por completo.

8 Porque los campos de Hesbón se han
marchitado, también las vides de Sibma;
los señores de las naciones pisotearon sus
mejores racimos,
hasta Jazer alcanzaban y se extendían por el
desierto;
sus sarmientos se extendían y pasaban el
mar.

9 Por eso lloraré amargamente por Jazer, por
la viña de Sibma;
te bañaré con mis lágrimas, oh Hesbón y
Eleale,
porque sobre tus frutos de verano y sobre tu
cosecha se ha extinguido el clamor.

10 y se han retirado la alegría y el regocijo del
campo fértil.
En las viñas nadie canta de júbilo ni grita de
alegría.
No pisa vino en los lagares el pisador,
pues he hecho cesar el clamor.

11 Por eso mis entrañas vibran por Moab como
un arpa,
y mi interior por Kir-hareset.

12 Y sucederá que cuando Moab se presente,
cuando se fatigue sobre su lugar alto,
y venga a su santuario para orar,
no prevalecerá.

13 Esta es la palabra que el SEÑOR habló antes
acerca de Moab.

14 Pero ahora el SEÑOR habla, diciendo: Dentro
de tres años, como los contaría un jornalero, la
gloria de Moab será despreciada con toda su gran
muchedumbre, y su remanente será muy
pequeño y débil.

Profecía sobre Damasco

17 Profecía sobre Damasco.
He aquí, Damasco dejará de ser ciudad,
y vendrá a ser un montón de ruinas.

2 Abandonadas están las ciudades de Aroer;
serán para los rebaños, para que se echen en
ellas,
y no habrá quien los espante.

3 Desaparecerá la fortaleza de Efraín
y la soberanía de Damasco,
y el resto de Aram
vendrá a ser como la gloria de los hijos de
Israel
—declara el SEÑOR de los ejércitos.

4 Acontecerá en aquel día que la gloria de
Jacob menguará,
y enflaquecerá la gordura de su carne.

5 Será como cuando el segador recoge la mies,
y su brazo cosecha las espigas;
o será como el que recoge espigas
en el valle de Refaim.

6 Pero quedarán en él rebuscos como cuando
se varea el olivo:
dos o tres aceitunas en la rama más alta,
cuatro o cinco en las ramas de un árbol
fructífero
—declara el SEÑOR, Dios de Israel.

7 Aquel día el hombre tendrá en estima a su
Hacedor,
y sus ojos mirarán al Santo de Israel.

8 Y no tendrá en estima los altares, obra de sus
   manos,
   ni mirará a lo que sus dedos hicieron:
   las Aseras y los altares de incienso.
9 Aquel día sus ciudades fuertes serán como
   lugares
   abandonados en el bosque,
   o como ramas que fueron abandonadas
   delante de los hijos de Israel;
   la tierra será una desolación.
10 Porque te olvidaste del Dios de tu salvación
    y no te acordaste de la roca de tu refugio.
    Por tanto, siembras plantas deleitosas
    y les injertas sarmientos de un *dios* extraño.
11 El día que *las* plantes *las* cercarás con
    cuidado,
    y por la mañana harás que florezca tu
    semilla;
    pero la cosecha *será* un montón *inservible*
    en el día de enfermedad y de dolor incurable.
12 ¡Ay!, bramar de muchos pueblos
    que braman como el bramido de los mares;
    rugir de naciones
    que rugen como el rugido de violentas aguas.
13 Las naciones rugen como el rugido de
    muchas aguas,
    pero El las reprenderá y huirán lejos;
    serán perseguidas como el tamo de los
    montes delante del viento,
    y como polvo de torbellino delante del
    vendaval.
14 Al tiempo de la tarde, he aquí, *hay* terror.
    Antes de la mañana ya no existen.
    Tal *será* la porción de los que nos despojan,
    y la suerte de los que nos saquean.

Profecía sobre Etiopía

18 ¡Ay de la tierra del zumbido de alas
   que está más allá de los ríos de Etiopía[1]!
2 la que envía por el mar embajadores
   en naves de junco sobre la superficie de las
   aguas!
   Id, veloces mensajeros, a una nación
   de alta estatura y *de piel* brillante,
   a un pueblo temido por todas partes,
   una nación poderosa y opresora
   cuya tierra surcan los ríos.
3 Todos vosotros, habitantes del mundo y
   moradores de la tierra,
   tan pronto como se alce la bandera sobre los
   montes, *la* veréis,
   y tan pronto como la trompeta sea tocada, *la*
   oiréis.
4 Porque así me ha dicho el SEÑOR:
   Me estaré quieto y miraré desde mi morada,
   como calor resplandeciente al sol,
   como nube de rocío en el calor de la cosecha.
5 Pues antes de la cosecha, tan pronto como el
   botón se abra
   y la flor se convierta en uva madura,
   El cortará los pámpanos con podaderas
   y podará *y* quitará los sarmientos.
6 Juntos serán dejados para las aves de rapiña
   de los montes,
   y para las bestias de la tierra;
   pasarán allí el verano las aves de rapiña,
   y todas las bestias de la tierra allí invernarán.

7 En aquel tiempo será traído un obsequio al
   SEÑOR de los ejércitos
   de parte de un pueblo de alta estatura y *de
   piel* brillante,
   de un pueblo temido por todas partes,
   de una nación poderosa y opresora,
   cuya tierra surcan los ríos,
   al lugar del nombre del SEÑOR de los
   ejércitos, el monte Sion.

Profecía sobre Egipto

19 Profecía sobre Egipto.
   He aquí, el SEÑOR va montado sobre una
   nube veloz y llega a Egipto;
   se estremecen los ídolos de Egipto ante su
   presencia,
   y el corazón de los egipcios se derrite dentro
   de ellos.
2 Incitaré a egipcios contra egipcios,
   y cada uno peleará contra su hermano y cada
   cual contra su prójimo,
   ciudad contra ciudad *y* reino contra reino.
3 Entonces el espíritu de los egipcios se
   apocará dentro de ellos;
   confundiré sus planes,
   y ellos acudirán a los ídolos, a los espíritus de
   los muertos,
   a los médium y a los espiritistas.
4 Entregaré a los egipcios en manos de un amo
   cruel,
   y un rey poderoso gobernará sobre
   ellos—declara el Señor, DIOS de los
   ejércitos.
5 Se agotarán las aguas del mar,
   y el río se secará y quedará seco.
6 Hederán los canales,
   disminuirán y se secarán las corrientes de
   Egipto;
   la caña y el junco se marchitarán.
7 Las cañas junto al río, a orillas del Nilo,
   y todos los sembrados junto al Nilo
   se secarán, serán esparcidos, y no serán más.
8 Se lamentarán los pescadores,
   y harán duelo todos los que echan anzuelo en
   el Nilo;
   los que extienden sus redes sobre las aguas
   desfallecerán.
9 Serán confundidos los que trabajan el lino
   cardado
   y los tejedores de tela blanca.
10 Y las columnas *de Egipto* serán demolidas,
    todos los jornaleros *estarán* abatidos.
11 No son más que necios los príncipes de Zoán;
    el consejo de los más sabios consejeros de
    Faraón se ha vuelto torpe.
    ¿Cómo decís a Faraón:
    Yo soy hijo de los sabios, hijo de los antiguos
    reyes?
12 Pues bien, ¿dónde están tus sabios?
    Que ellos ahora te declaren,
    y te hagan saber lo que el SEÑOR de los
    ejércitos
    ha determinado contra Egipto.
13 Han obrado neciamente los príncipes de
    Zoán,
    se han engañado los príncipes de Menfis;
    han extraviado a Egipto
    los que son la piedra angular de sus tribus.

1. Heb., *Cush*

14 El Señor ha mezclado en medio de ella un
   espíritu de distorsión,
   y han hecho extraviar a Egipto en todas sus
   empresas,
   como se tambalea el ebrio en su vómito.
15 Y no habrá para Egipto obra alguna
   que pueda hacer su cabeza o su cola, su hoja
   de palmera o su junco.
16 En aquel día los egipcios serán como las
mujeres, temblarán y estarán aterrados ante la
mano alzada que el Señor de los ejércitos agitará
contra ellos.
17 Y la tierra de Judá será terror para Egipto;
todo aquel a quien se le mencionen quedará
aterrado de ella, a causa del propósito que el
Señor de los ejércitos ha determinado contra él.
18 Aquel día cinco ciudades en la tierra de
Egipto hablarán la lengua de Canaán y jurarán
lealtad al Señor de los ejércitos; una de ellas será
llamada Ciudad de Destrucción.
19 Aquel día habrá un altar al Señor en medio
de la tierra de Egipto, y un pilar al Señor cerca
de su frontera.
20 Y será por señal y por testimonio al Señor de
los ejércitos en la tierra de Egipto; porque
clamarán al Señor a causa de sus opresores, y El
les enviará un salvador y un poderoso, el cual los
librará.
21 Y el Señor se dará a conocer en Egipto, y los
egipcios conocerán al Señor en aquel día.
Adorarán con sacrificios y ofrendas, harán voto
al Señor y lo cumplirán.
22 Y el Señor herirá a Egipto; herirá pero
sanará; y ellos volverán al Señor, y El les responderá y los sanará.
23 Aquel día habrá una calzada desde Egipto
hasta Asiria; los asirios entrarán en Egipto y los
egipcios en Asiria, y los egipcios adorarán junto
con los asirios.
24 Aquel día Israel será un tercero con Egipto y
con Asiria, una bendición en medio de la tierra,
25 porque el Señor de los ejércitos lo ha
bendecido, diciendo: Bendito es Egipto mi
pueblo, y Asiria obra de mis manos, e Israel mi
heredad.

Profecía sobre Egipto y Cus

20 El año en que el comandante vino a
Asdod, cuando Sargón, rey de Asiria, lo
envió y peleó contra Asdod y la tomó,
2 en aquel tiempo el Señor habló por medio de
Isaías, hijo de Amoz, diciendo: Ve y quítate el
cilicio de tus lomos, y desata las sandalias de tus
pies. Así lo hizo, y anduvo desnudo y descalzo.
3 Y el Señor dijo: Tal como mi siervo Isaías ha
andado desnudo y descalzo por tres años como
señal y símbolo contra Egipto y contra Cus,
4 así el rey de Asiria llevará a los cautivos de
Egipto y a los desterrados de Cus, jóvenes y
viejos, desnudos, descalzos y descubiertas las
nalgas, para vergüenza de Egipto.
5 Entonces se desanimarán y se avergonzarán
a causa de Cus, su esperanza, y de Egipto, su
jactancia.
6 Y dirán los habitantes de esta costa en aquel
día: "He aquí, tal ha sido nuestra esperanza,
adonde huíamos por auxilio para ser librados del
rey de Asiria; ¿y cómo escaparemos nosotros?"

Profecía sobre Babilonia, Edom y Arabia

21 Profecía sobre el desierto del mar.
Como se lanzan los torbellinos en el
   Neguev,
así viene el invasor del desierto, de una tierra
   temible.
2 Una visión dura me ha sido mostrada:
el pérfido obra pérfidamente, y el destructor
   destruye.
Sube, Elam; sitia, Media.
He puesto fin a todo gemir que ella ha
   causado.
3 Por esta razón mis lomos están llenos de
   angustia;
dolores se han apoderado de mí como dolores
   de mujer de parto.
Estoy tan confundido que no oigo, tan
   aterrado que no veo.
4 Desvaría mi mente, el espanto me sobrecoge;
el anochecer que anhelaba se me convirtió en
   terror.
5 Ponen la mesa, extienden el mantel, comen,
   beben.
¡Levantaos, capitanes, engrasad los escudos!,
6 porque así me ha dicho el Señor:
Ve, pon centinela que dé aviso de lo que vea.
7 Cuando vea hombres montados, jinetes de
   dos en dos,
filas de asnos, filas de camellos,
que preste mucha atención, muchísima
   atención.
8 Entonces el centinela gritó:
Oh Señor, de día estoy yo continuamente en
   la atalaya,
y todas las noches permanezco en mi puesto
   de guardia.
9 He aquí, vienen hombres montados, jinetes
   de dos en dos.
Y uno respondió, y dijo: Cayó, cayó
   Babilonia,
y todas las imágenes de sus dioses están
   destrozadas sobre la tierra.
10 ¡Oh mi pueblo trillado y afligido de mi era!
Lo que he oído del Señor de los ejércitos,
Dios de Israel, os doy a conocer.
11 Profecía sobre Edom.
Alguien sigue llamándome desde Seir:
Centinela, ¿qué hora es de la noche?
Centinela, ¿qué hora es de la noche?
12 El centinela responde:
Viene la mañana y también la noche.
Si queréis preguntar, preguntad;
volved otra vez.
13 Profecía sobre Arabia.
En las espesuras de Arabia pasad la noche,
caravanas de dedanitas.
14 Traed agua para el sediento,
habitantes de la tierra de Tema,
salid con pan al encuentro del fugitivo.
15 Porque han huido ante las espadas,
ante la espada desnuda, ante el arco tendido
y ante la violencia de la batalla.
16 Pues así me ha dicho el Señor: En un año,
como lo contaría un jornalero, terminará todo el
esplendor de Cedar;
17 y del resto del número de los arqueros, los
poderosos de los hijos de Cedar, quedarán pocos,
porque ha hablado el Señor, Dios de Israel.

Profecía sobre el valle de la visión

22 Profecía sobre el valle de la visión.
¿Qué te pasa ahora, que has subido toda
tú a los terrados?

2 *Tú*, llena de bulla,
ciudad alborotada, ciudad divertida;
tus muertos no fueron muertos a espada,
tampoco murieron en batalla.

3 Todos tus gobernantes han huido juntos,
sin arco han sido capturados;
todos los tuyos que hallaron fueron
capturados a una,
aunque habían huido lejos.

4 Por tanto digo: Apartad de mí la mirada,
dejadme llorar amargamente;
no tratéis de consolarme por la destrucción
de la hija de mi pueblo.

5 Pues hay un día de pánico, servidumbre y
confusión de parte del Señor, Dios de los
ejércitos,
en el valle de la visión,
un derribar de murallas
y un clamor al monte.

6 Elam tomó la aljaba
con carros, infantería, *y* jinetes,
y Kir desnudó el escudo.

7 Tus mejores valles estaban llenos de carros,
y los jinetes tomaron posiciones a la puerta.

8 Entonces cayó la defensa de Judá.
Confiasteis aquel día en las armas de la casa
del bosque,

9 y visteis que eran muchas las brechas
en la muralla de la ciudad de David,
y recogisteis las aguas del estanque inferior.

10 Entonces contasteis las casas de Jerusalén,
y derribasteis casas para fortificar la muralla.

11 Hicisteis un depósito entre las dos murallas
para las aguas del estanque viejo.
Pero no confiasteis en el que lo hizo,
ni considerasteis al que hace mucho tiempo
lo planeó.

12 Por eso aquel día, el Señor, Dios de los
ejércitos, *os* llamó a llanto y a lamento,
a rapar la cabeza y a vestir de cilicio.

13 Sin embargo hay gozo y alegría,
matanza de bueyes y degüello de ovejas;
comiendo carne y bebiendo vino, *dicen:*
Comamos y bebamos, que mañana
moriremos.

14 Pero el Señor de los ejércitos me reveló al
oído:
Ciertamente esta iniquidad no os será
perdonada
hasta que muráis—dice el Señor, Dios de los
ejércitos.

15 Así dice el Señor, Dios de los ejércitos:
Anda, ve a ese mayordomo,
a Sebna, que está encargado de la casa *real, y
dile:*

16 "¿Qué es tuyo aquí,
y a quién tienes aquí,
que te has labrado aquí un sepulcro,
como el que labra en alto un sepulcro,
como el que esculpe una morada para sí en la
peña?

17 "He aquí, oh hombre, el Señor te arrojará con
violencia;
te asirá firmemente,

18 te enrollará bien como una pelota,
y te *lanzará* a una tierra muy espaciosa.
Allí morirás y allí quedarán tus magníficos
carros,
oh tú, vergüenza de la casa de tu Señor."

19 Te depondré de tu cargo,
y te derribaré de tu puesto.

20 Y sucederá en aquel día,
que llamaré a mi siervo Eliaquim, hijo de
Hilcías,

21 lo vestiré con tu túnica,
con tu cinturón lo ceñiré,
tu autoridad pondré en su mano,
y llegará a ser un padre para los habitantes
de Jerusalén
y para la casa de Judá.

22 Entonces pondré la llave de la casa de David
sobre su hombro;
cuando él abra, nadie cerrará,
cuando él cierre, nadie abrirá.

23 Lo clavaré *como* clavija en lugar seguro,
y será un trono de gloria para la casa de su
padre.

24 Y colgarán de él toda la gloria de la casa de
su padre, descendencia y prole, todas las vasijas
menores, desde los tazones hasta los cántaros.

25 En aquel día—declara el Señor de los
ejércitos—la clavija clavada en un lugar firme se
aflojará, se quebrará y caerá, y la carga colgada
de ella será destruida, porque el Señor ha
hablado.

Profecía sobre Tiro

23 Profecía sobre Tiro.
Gemid, naves de Tarsis,
porque *Tiro* ha sido destruida, sin casas *y* sin
puerto;
desde la tierra de Chipre les ha sido revelado.

2 Callad, moradores de la costa,
mercaderes de Sidón;
tus mensajeros cruzaron el mar,

3 y *estuvieron* en muchas aguas.
Sus ingresos eran el grano del Nilo y la
cosecha del río,
y ella era el mercado de las naciones.

4 Avergüénzate, Sidón,
porque habla el mar, la fortaleza del mar,
diciendo:
No he estado de parto, ni he dado a luz,
no he educado jóvenes, *ni* he criado vírgenes.

5 Cuando la noticia *llegue* a Egipto,
se angustiarán por las nuevas de Tiro.

6 Pasad a Tarsis;
gemid, moradores de la costa.

7 ¿Es ésta vuestra *ciudad* divertida
cuyos días se remontan a la antigüedad,
cuyos pies solían llevarla a establecerse en
lugares distantes?

8 ¿Quién ha planeado esto contra Tiro, la que
concedía coronas,
cuyos mercaderes eran príncipes, cuyos
comerciantes eran los nobles de la tierra?

9 El Señor de los ejércitos lo ha planeado para
abatir el orgullo de toda hermosura,
para humillar a todos los nobles de la tierra.

10 Inunda tu tierra como el Nilo, hija de Tarsis,
ya no hay más restricción.

11 Su mano ha extendido sobre el mar,
ha hecho temblar los reinos;

el Señor ha dado orden respecto a Canaán
para que destruyan sus fortalezas,
12 y ha dicho: No te divertirás más,
virgen oprimida, hija de Sidón.
Levántate, pasa a Chipre;
aun allí no hallarás descanso.
13 He aquí la tierra de los caldeos. Este pueblo
ya no existía; Asiria le designó para moradores
del desierto. Ellos levantaron sus torres de sitio,
despojaron sus palacios *y* la convirtieron en
ruinas.
14 Gemid, naves de Tarsis,
porque ha sido destruida vuestra fortaleza.
15 Y acontecerá en aquel día que Tiro será
olvidada por setenta años, como los días de un
rey. Al cabo de los setenta años le sucederá a Tiro
como *en* la canción de la ramera:
16 Toma la lira, anda por la ciudad,
oh ramera olvidada;
tañe hábilmente las cuerdas, canta muchas
canciones,
para que seas recordada.
17 Y sucederá al cabo de los setenta años que el
Señor visitará a Tiro. Entonces ella regresará a
su paga de ramera, y se prostituirá con todos los
reinos sobre la faz de la tierra.
18 Y sus ganancias y su paga de ramera serán
consagradas al Señor; no serán almacenadas ni
acumuladas, sino que su ganancia llegará a ser
suficiente alimento y vestidura selecta para
aquellos que habiten en la presencia del Señor.

Juicio de Dios contra las naciones

24 He aquí, el Señor arrasa la tierra, la
devasta, trastorna su superficie y dispersa
sus habitantes.
2 Y el pueblo será como el sacerdote, el siervo
como su amo, la doncella como su ama, el
comprador como el vendedor, el que presta como
el que toma prestado, el acreedor como el
deudor.
3 La tierra será totalmente arrasada y completamente saqueada, porque el Señor ha dicho esta
palabra.
4 De duelo *y* marchitada está la tierra, el
mundo languidece *y* se marchita, languidecen los
grandes del pueblo de la tierra.
5 También la tierra es profanada por sus habitantes, porque traspasaron las leyes, violaron los
estatutos, quebrantaron el pacto eterno.
6 Por eso, una maldición devora la tierra, y son
tenidos por culpables los que habitan en ella. Por
eso, son consumidos los habitantes de la tierra, y
pocos hombres quedan *en ella.*
7 El mosto está de duelo,
languidece la vid,
suspiran todos los de alegre corazón.
8 Cesa el júbilo de los panderos,
se acaba el alboroto de los que se divierten,
cesa el júbilo de la lira.
9 No beben vino con canción;
el licor es amargo a los que lo beben.
10 Derribada está la ciudad del caos,
toda casa está cerrada para que no entre
nadie.
11 Hay clamor por vino en las calles,
toda alegría se convierte en tinieblas,
desterrado está el júbilo de la tierra.
12 Desolación queda en la ciudad,

y la puerta está hecha pedazos, en ruinas.
13 Porque así será en medio de la tierra, entre
los pueblos,
como cuando se varea el olivo,
como en los rebuscos cuando se acaba la
vendimia.
14 Ellos alzan sus voces, gritan de júbilo;
desde el occidente dan voces por la majestad
del Señor.
15 Por tanto, glorificad al Señor en el oriente,
el nombre del Señor, Dios de Israel,
en las costas del mar.
16 Desde los confines de la tierra oímos
cánticos: Gloria al Justo.
Mas yo digo: ¡Pobre de mí! ¡Pobre de mí! ¡Ay
de mí!
Los pérfidos obran con perfidia,
con mucha perfidia obran los pérfidos.
17 Terror, foso y lazo
te asedian, oh morador de la tierra.
18 Y sucederá que el que huya del ruido del
terror, caerá en el foso,
y el que salga del foso, será atrapado en el
lazo;
porque las ventanas de arriba están abiertas,
y los cimientos de la tierra se estremecen.
19 Se hace pedazos la tierra,
en gran manera se agrieta,
con violencia tiembla la tierra.
20 Se tambalea, oscila la tierra como un ebrio,
se balancea como una choza,
pues pesa sobre ella su transgresión,
y caerá, y no volverá a levantarse.
21 Y sucederá en aquel día,
que el Señor castigará al ejército de lo alto
en lo alto,
y a los reyes de la tierra sobre la tierra.
22 Y serán agrupados en montón
como prisioneros en un calabozo;
serán encerrados en la cárcel
y después de muchos días serán castigados.
23 Entonces la luna se abochornará y el sol se
avergonzará
porque el Señor de los ejércitos reinará en el
monte Sion y en Jerusalén,
y delante de sus ancianos *estará su* gloria.

Cántico de alabanza por el favor de Dios

25 Oh Señor, tú eres mi Dios;
te ensalzaré, daré alabanzas a tu nombre,
porque has hecho maravillas,
designios *concebidos* desde tiempos antiguos
con toda fidelidad.
2 Porque has convertido la ciudad en un
montón de escombros,
la ciudad fortificada, en una ruina;
el palacio de extranjeros ya no es ciudad,
nunca será reedificado.
3 Por eso te glorificará un pueblo fuerte,
ciudades de crueles naciones te
reverenciarán.
4 Porque tú has sido baluarte para el desvalido,
baluarte para el necesitado en su angustia,
refugio contra la tormenta, sombra contra el
calor;
pues el aliento de los crueles
es como turbión *contra* el muro.
5 Como calor durante la sequía, tú aquietas el
estruendo de los extranjeros;

como el calor a la sombra de una nube, es
acallado el cántico de los tiranos.

6 Y el Señor de los ejércitos preparará en este
monte para todos los pueblos un banquete
de manjares suculentos,
un banquete de vino añejo, pedazos escogidos
con tuétano,
y vino añejo refinado.

7 Y destruirá en este monte la cobertura que
cubre todos los pueblos,
el velo que está extendido sobre todas las
naciones.

8 El destruirá la muerte para siempre;
el Señor Dios enjugará las lágrimas de todos
los rostros,
y quitará el oprobio de su pueblo de sobre
toda la tierra,
porque el Señor ha hablado.

9 Y en aquel día se dirá:
He aquí, éste es nuestro Dios a quien hemos
esperado para que nos salvara;
éste es el Señor a quien hemos esperado;
regocijémonos y alegrémonos en su
salvación.

10 Porque la mano del Señor reposará en este
monte,
y Moab será hollado en su sitio
como es hollada la paja en el agua del
muladar.

11 Y en medio de él, *Moab* extenderá sus manos
como el nadador extiende *sus manos* para
nadar,
pero *el Señor* abatirá su arrogancia y la
destreza de sus manos.

12 Y derribará las fortalezas inexpugnables de
tus murallas,
las humillará *y las* echará por tierra, hasta el
polvo.

Cántico de confianza

26 En aquel día se cantará este cántico en la
tierra de Judá:
Ciudad fuerte tenemos;
para protección El pone murallas y
baluartes.

2 Abrid las puertas para que pueda entrar la
nación justa,
la que permanece fiel.

3 Al de firme propósito guardarás en perfecta
paz,
porque en ti confía.

4 Confiad en el Señor para siempre,
porque en Dios el Señor, *tenemos* una Roca
eterna.

5 Porque El ha abatido a los que moran en lo
alto, a la ciudad inexpugnable;
la humilla, la humilla hasta la tierra, la
derriba hasta el polvo.

6 La hollará el pie:
los pies de los afligidos, las pisadas de los
desvalidos.

7 La senda del justo es rectitud;
tú, que eres recto, allana el sendero del justo.

8 Ciertamente, *siguiendo* la senda de tus
juicios,
oh Señor, te hemos esperado;
tu nombre y tu memoria son el anhelo del
alma.

9 En la noche te desea mi alma,

en verdad mi espíritu dentro de mí te busca
con diligencia;
porque cuando la tierra tiene *conocimiento*
de tus juicios,
aprenden justicia los habitantes del mundo.

10 *Aunque* se le muestre piedad al impío,
no aprende justicia;
obra injustamente en tierra de rectitud,
y no ve la majestad del Señor.

11 Oh Señor, alzada está tu mano, *mas* ellos no
la ven.
Que vean *tu* celo por el pueblo y se
avergüencen;
ciertamente el fuego devorará a tus
enemigos.

12 Señor, tú establecerás paz para nosotros,
ya que también todas nuestras obras tú las
hiciste por nosotros.

13 Oh Señor, Dios nuestro, otros señores fuera
de ti nos han gobernado;
pero en ti solo confesamos tu nombre.

14 Los muertos no vivirán, los espíritus no se
levantarán,
pues los castigaste y destruiste,
y has borrado todo recuerdo de ellos.

15 Has aumentado la nación, oh Señor,
has aumentado la nación, te has glorificado,
has ensanchado todos los límites de la tierra.

16 Oh Señor, en la angustia te buscaron;
apenas susurraban una oración,
cuando tu castigo estaba sobre ellos.

17 Como la mujer encinta, al acercarse el
momento de dar a luz,
se retuerce *y* grita en sus dolores de parto,
así éramos nosotros delante de ti, oh Señor.

18 Estábamos encinta, nos retorcíamos *en los
dolores,*
dimos a luz, al parecer, *sólo* viento.
No logramos liberación para la tierra,
ni nacieron habitantes del mundo.

19 Tus muertos vivirán,
sus cadáveres se levantarán.
¡Moradores del polvo, despertad y dad gritos
de júbilo!,
porque tu rocío es *como* el rocío del alba,
y la tierra dará a luz a los espíritus.

20 Ven, pueblo mío, entra en tus aposentos,
y cierra tras ti tus puertas;
escóndete por corto tiempo,
hasta que pase la indignación.

21 Porque he aquí, el Señor va a salir de su
lugar
para castigar la iniquidad de los habitantes
de la tierra contra El,
y la tierra pondrá de manifiesto su sangre
derramada
y no ocultará más a sus asesinados.

Liberación de Israel

27 Aquel día el Señor castigará
con su espada feroz, grande y poderosa,
a Leviatán, serpiente huidiza,
a Leviatán, serpiente tortuosa,
y matará al dragón que *vive* en el mar.

2 Aquel día *se dirá:*
Una viña de vino; de ella cantad.

3 Yo, el Señor, soy su guardador;
a cada momento la riego.
Para que nadie la dañe,

la guardo noche y día.
4 No tengo furor.
Si alguien me da zarzas y espinos en batalla,
los pisotearé, los quemaré completamente,
5 a no ser que él confíe en mi protección,
que haga la paz conmigo,
que conmigo haga la paz.
6 En los días venideros Jacob echará raíz,
Israel florecerá y brotará,
y llenarán el mundo entero de fruto.
7 ¿Acaso con la herida del que lo hirió fue
herido,
o como con la matanza de sus muertos fue
muerto?
8 Contendiste con ella desterrándola,
expulsándola.
Con su soplo violento la echó en el día del
viento solano.
9 Así pues, con esto la iniquidad de Jacob será
perdonada,
y este será todo el fruto del perdón de su
pecado;
cuando haga todas las piedras del altar como
piedras de cal pulverizadas;
cuando no estén en pie las Aseras y los
altares de incienso.
10 Porque solitaria está la ciudad fortificada,
una morada desamparada y abandonada
como un desierto;
allí pastará el becerro,
y allí se echará y se alimentará de sus ramas.
11 Cuando su ramaje está seco, es quebrado,
vienen las mujeres y le prenden fuego.
Porque no es pueblo de discernimiento,
por tanto su Hacedor no le tendrá
compasión,
y su Creador no tendrá piedad de él.
12 Y sucederá en aquel día que el Señor trillará
desde la corriente del Eufrates hasta el torrente
de Egipto, y vosotros seréis recogidos uno a uno,
oh hijos de Israel.
13 Sucederá también en aquel día que se tocará
una gran trompeta, y los que perecían en la tierra
de Asiria y los desterrados en la tierra de Egipto,
vendrán y adorarán al Señor en el monte santo
en Jerusalén.

Condenación de Efraín

28 ¡Ay de la corona de arrogancia de los
ebrios de Efraín,
y de la flor marchita de su gloriosa
hermosura,
que está sobre la cabeza del valle fértil
de los vencidos por el vino!
2 He aquí que uno, fuerte y poderoso, de parte
del Señor,
como tormenta de granizo, tempestad
destructora,
como tormenta de violentas aguas
desbordadas,
los ha lanzado a tierra con su mano.
3 Con los pies es hollada la corona de
arrogancia de los ebrios de Efraín.
4 Y la flor marchita de su gloriosa hermosura,
que está sobre la cabeza del valle fértil,
será como el primer higo maduro antes del
verano,
el cual uno ve,
y tan pronto está en su mano se lo traga.

5 En aquel día el Señor de los ejércitos será
hermosa corona,
gloriosa diadema para el remanente de su
pueblo,
6 espíritu de justicia para el que se sienta en
juicio,
y fuerza para aquellos que rechazan el asalto
en la puerta.
7 También estos se tambalean por el vino y
dan traspiés por el licor:
el sacerdote y el profeta por el licor se
tambalean,
están ofuscados por el vino, por el licor dan
traspiés;
vacilan en sus visiones,
titubean al pronunciar juicio.
8 Porque todas las mesas están llenas de
vómito asqueroso, sin un solo lugar limpio.
9 ¿A quién enseñará conocimiento,
o a quién interpretará el mensaje?
¿A los recién destetados?
¿A los recién quitados de los pechos?
10 Porque dice:
"Mandato sobre mandato, mandato sobre
mandato,
línea sobre línea, línea sobre línea,
un poco aquí, un poco allá."
11 En verdad, con tartamudez de labios
y en lengua extranjera, El hablará a este
pueblo,
12 al cual había dicho: Aquí hay reposo, dad
reposo al cansado;
y: Aquí hay descanso. Pero no quisieron
escuchar.
13 Por lo cual la palabra del Señor para ellos
será:
Mandato sobre mandato, mandato sobre
mandato,
línea sobre línea, línea sobre línea,
un poco aquí, un poco allá,
para que vayan y caigan de espaldas,
se quiebren los huesos,
y sean enlazados y apresados.
14 Por tanto, oíd la palabra del Señor, oh
escarnecedores,
gobernantes de este pueblo que está en
Jerusalén.
15 Porque habéis dicho: Hemos hecho un pacto
con la muerte,
hemos hecho un convenio con el Seol;
cuando pase el azote abrumador, no nos
alcanzará,
porque hemos hecho de la mentira nuestro
refugio
y en el engaño nos hemos escondido.
16 Por tanto, así dice el Señor Dios:
He aquí, pongo por fundamento en Sion una
piedra, una piedra probada,
angular, preciosa, fundamental, bien
colocada.
El que crea en ella no será perturbado.
17 Pondré el juicio por medida,
y la justicia por nivel;
el granizo barrerá el refugio de la mentira,
y las aguas cubrirán el escondite.
18 Y será abolido vuestro pacto con la muerte,
vuestro convenio con el Seol no quedará en
pie;
cuando pase el azote abrumador,

seréis su holladero.

19 Cuantas veces pase, os arrebatará,
porque pasará mañana tras mañana, de día y
de noche;
y será terrible espanto el comprender el
mensaje.

20 La cama es muy corta para estirarse en ella,
y la manta muy estrecha para envolverse en
ella.

21 Porque el SEÑOR se levantará como en el
monte Perazim,
se enojará como en el valle de Gabaón,
para hacer su tarea, su extraña tarea,
y para hacer su obra, su extraordinaria obra.

22 Y ahora, no continuéis como escarnecedores,
no sea que se hagan más fuertes vuestros
grillos,
pues de parte del Señor, DIOS de los ejércitos,
he oído
de una destrucción decretada sobre la tierra.

23 Escuchad y oíd mi voz,
prestad atención y oíd mis palabras.

24 ¿Acaso para sembrar se pasa arando el
labrador todo el día,
abriendo y rastrillando su tierra?

25 ¿No allana su superficie
y siembra eneldo y esparce comino,
y siembra trigo en hileras,
cebada en su debido lugar, y centeno dentro
de sus límites?

26 Porque su Dios le instruye y le enseña cómo
hacerlo.

27 Pues no se trilla el eneldo con el trillo,
ni se hace girar la rueda de carreta sobre el
comino;
sino que con vara se sacude el eneldo, y con
palo el comino.

28 El grano es triturado,
pero no se le seguirá trillando
indefinidamente;
debido a que la rueda de la carreta y sus
caballos *lo* dañarán,
no se le triturará *más*.

29 También esto procede del SEÑOR de los
ejércitos,
que ha hecho maravilloso *su* consejo y
grande *su* sabiduría.

Ariel y sus enemigos

29 ¡Ay, Ariel[1], Ariel la ciudad *donde*
acampó David!
Añadid año sobre año, celebrad las fiestas a
su tiempo.

2 Y traeré angustias a Ariel,
y será *una ciudad* de lamento y de duelo;
será para mí como un Ariel.

3 Acamparé contra ti rodeándote,
pondré contra ti vallas de asedio,
y levantaré contra ti baluartes.

4 Entonces serás humillada,
desde el suelo hablarás,
y desde el polvo *donde* estás postrada
saldrá tu habla.
Tu voz será también como la de un espíritu
de la tierra,
y desde el polvo susurrará tu habla.

5 Pero la multitud de tus enemigos será como
polvo fino,

y la multitud de los crueles como paja que se
va volando;
sucederá en un instante, de repente.

6 Serás castigada por el SEÑOR de los ejércitos
con truenos y terremotos y gran ruido,
con torbellino y tempestad y con llama de
fuego consumidor.

7 Y será como un sueño, una visión nocturna,
la multitud de todas las naciones que
combaten contra Ariel,
todos los que combaten contra ella y su
fortaleza, y los que la afligen.

8 Y será como cuando un hambriento sueña,
y he aquí, está comiendo;
pero cuando despierta, su hambre no ha sido
satisfecha.
O como cuando un sediento sueña,
y he aquí, está bebiendo;
pero cuando despierta, he aquí, está
desfallecido,
y su sed no ha sido aplacada.
Así será la multitud de todas las naciones
que combaten contra el monte Sion.

9 Deteneos y esperad,
cegaos y sed ciegos.
Se embriagan, pero no con vino;
se tambalean, pero no con licor.

10 Porque el SEÑOR ha derramado sobre
vosotros espíritu de sueño profundo,
El ha cerrado vuestros ojos: los profetas,
y ha cubierto vuestras cabezas: los videntes.

11 Y toda la visión será para vosotros como las
palabras de un libro sellado, que cuando se le da
al que sabe leer, diciéndole: Lee esto, por favor; y
él dirá: No puedo, porque está sellado.

12 Entonces el libro será dado al que no sabe
leer, diciéndole: Lee esto, por favor; y él dirá: No
sé leer.

13 Dijo entonces el Señor:
Por cuanto este pueblo se *me* acerca con sus
palabras
y me honra con sus labios,
pero aleja de mí su corazón,
y su veneración hacia mí es *sólo* una
tradición aprendida *de memoria*,

14 por tanto, he aquí, volveré a hacer maravillas
con este pueblo, prodigiosas maravillas;
y perecerá la sabiduría de sus sabios,
y se eclipsará el entendimiento de sus
entendidos.

15 ¡Ay de los que van muy hondo
para esconder sus planes al SEÑOR,
y realizan sus obras en tinieblas
y dicen: ¿Quién nos ve, o quién nos conoce?

16 ¡Qué equivocación la vuestra!
¿Es acaso el alfarero como el barro,
para que lo que está hecho diga a su hacedor:
El no me hizo;
o lo que está formado diga al que lo formó: El
no tiene entendimiento?

17 ¿Acaso no queda ya muy poco *tiempo*
para que el Líbano se convierta en campo
fértil,
y el campo fértil sea considerado bosque?

18 En aquel día los sordos oirán las palabras de
un libro,
y desde la oscuridad y desde las tinieblas los
ojos de los ciegos verán.

1. I.e., León de Dios; refiriéndose a Jerusalén

19 Los afligidos aumentarán también *su* alegría
   en el SEÑOR,
   y los necesitados de la humanidad se
   regocijarán en el Santo de Israel.
20 Porque el violento tendrá su fin, el
   escarnecedor será acabado,
   y serán cortados todos los que se desvelan *por
   hacer* el mal;
21 los que hacen que una persona sea acusada
   por una palabra,
   tienden lazos al que juzga en la puerta,
   y defraudan al justo con vanos argumentos.
22 Por tanto el SEÑOR, que redimió a Abraham,
   dice así acerca de la casa de Jacob:
   Jacob no será ahora avergonzado, ni
   palidecerá ahora su rostro;
23 porque cuando vea a sus hijos, la obra de mis
   manos, en medio suyo,
   ellos santificarán mi nombre;
   ciertamente, santificarán al Santo de Jacob,
   y tendrán temor al Dios de Israel.
24 Los descarriados de espíritu conocerán la
   verdad,
   y los murmuradores aceptarán instrucción.

Alianza inútil con Egipto

30 ¡Ay de los hijos rebeldes—declara el
   SEÑOR—
   que ejecutan planes, pero no los míos,
   y hacen alianza, pero no según mi Espíritu,
   para añadir pecado sobre pecado!
2 Los que descienden a Egipto
   sin consultarme,
   para refugiarse al amparo de Faraón,
   y buscar abrigo a la sombra de Egipto.
3 El amparo de Faraón será vuestra vergüenza,
   y el abrigo a la sombra de Egipto, vuestra
   humillación.
4 Porque sus príncipes están en Zoán,
   y sus embajadores llegan a Hanes.
5 Todos se avergonzarán a causa de un pueblo
   que no les trae provecho,
   no les sirve de ayuda ni de utilidad, sino de
   vergüenza y también de oprobio.
6 Profecía sobre las bestias del Neguev.
   Por tierra de tribulación y angustia,
   de donde *vienen* la leona y el león, la víbora y
   la serpiente voladora,
   llevan sus riquezas sobre lomos de pollinos
   y sus tesoros sobre gibas de camellos,
   a un pueblo que no *les* traerá provecho,
7 a Egipto, cuya ayuda es vana y vacía.
   Por tanto lo he llamado
   Rahab el destruido.
8 Ahora ve, escríbelo en una tablilla delante de
   ellos
   y grábalo en un rollo,
   para que sirva en el día postrero
   como testigo para siempre.
9 Porque este un pueblo rebelde, hijos falsos,
   hijos que no quieren escuchar
   la instrucción del SEÑOR;
10 que dicen a los videntes: No veáis *visiones;*
   y a los profetas: No nos profeticéis lo que es
   recto,
   decidnos palabras agradables,
   profetizad ilusiones.
11 Apartaos del camino, desviaos de la senda,
   no oigamos más acerca del Santo de Israel.

12 Por tanto, así dice el Santo de Israel:
   Ya que habéis desechado esta palabra,
   y habéis confiado en la opresión y en el
   engaño, y os habéis apoyado en ellos,
13 por eso esta iniquidad será para vosotros
   como muro agrietado a punto de caer,
   como abultamiento en una pared alta,
   cuya caída viene de repente, en un instante.
14 Su caída es como el romper de una vasija de
   alfarero,
   despedazada sin piedad;
   no se halla entre sus pedazos ni un tiesto
   para tomar fuego del hogar
   o para sacar agua de una cisterna.
15 Porque así ha dicho el Señor DIOS, el Santo
   de Israel:
   En arrepentimiento y en reposo seréis salvos;
   en quietud y confianza está vuestro poder.
   Pero no quisisteis,
16 y dijisteis: No, porque huiremos a caballo.
   Por tanto, huiréis.
   Y: Sobre *corceles* veloces cabalgaremos.
   Por tanto, serán veloces los que os persiguen.
17 Mil *huirán* ante la amenaza de uno *solo,*
   ante la amenaza de cinco huiréis;
   hasta que seáis dejados como una enseña en
   la cima de un monte,
   y como señal sobre una colina.
18 Por tanto, el SEÑOR espera para tener piedad
   de vosotros,
   y por eso se levantará para tener compasión
   de vosotros.
   Porque el SEÑOR es un Dios de justicia;
   ¡cuán bienaventurados son todos los que en El
   esperan!
19 Oh pueblo de Sion, morador de Jerusalén, no
   llorarás más. Ciertamente se apiadará de ti a la
   voz de tu clamor; cuando la oiga, te responderá.
20 Aunque el Señor os ha dado pan de escasez y
   agua de opresión, tu Maestro no se esconderá
   más, sino que tus ojos contemplarán a tu
   Maestro.
21 Tus oídos oirán detrás de ti una palabra: Este
   es el camino, andad en él, ya sea que vayáis a la
   derecha o a la izquierda.
22 Y profanarás tus imágenes talladas recubier-
   tas de plata, y tus imágenes fundidas revestidas
   de oro. Las esparcirás como cosa inmunda, *y* les
   dirás: ¡Fuera de aquí!
23 Entonces El dará lluvia para la semilla que
   sembrarás en la tierra, y pan del producto de la
   tierra, y será rico y abundante. En aquel día tus
   ganados serán apacentados en espaciosos pastizales.
24 También los bueyes y los asnos que labran la
   tierra comerán forraje salado, que ha sido
   aventado con pala y con bieldo.
25 Sobre todo monte alto y sobre toda colina
   elevada habrá arroyos de aguas perennes el día
   de la gran matanza, cuando caigan las torres.
26 Y será la luz de la luna como la luz del sol, y
   la luz del sol será siete veces *mayor,* como la luz
   de siete días, en el día que el SEÑOR venda la
   fractura de su pueblo y cure la llaga que El ha
   causado.
27 He aquí, el nombre del SEÑOR viene de lejos
   ardiente es su ira, y denso es *su* humo.
   Sus labios están llenos de indignación,
   su lengua es como fuego consumidor,

28 y su aliento como un torrente desbordado
que llega hasta el cuello,
para zarandear a las naciones en una
zaranda de destrucción,
y *poner* la brida que conduce a la ruina en las
mandíbulas de los pueblos.
29 Tendréis cánticos como en la noche en que
celebráis la fiesta,
y alegría de corazón como cuando uno
marcha al son de la flauta,
para ir al monte del SEÑOR, a la Roca de
Israel.
30 Y el SEÑOR hará oír la majestad de su voz,
y dejará ver el descenso de su brazo
con furia de ira y llama de fuego consumidor,
con turbión, aguacero y piedra de granizo.
31 Porque a la voz del SEÑOR, Asiria se aterrará
cuando El hiera con la vara.
32 Y cada golpe de la vara de castigo
que el SEÑOR descargue sobre ella,
será al son de panderos y liras;
y en batallas, blandiendo armas, El peleará
contra ellos.
33 Porque Tofet[1] está preparado desde hace
tiempo,
ciertamente, ha sido dispuesto para el rey.
El lo ha hecho profundo y ancho,
una pira de fuego con abundante leña;
el soplo del SEÑOR, como torrente de azufre,
lo enciende.

31 ¡Ay de los que descienden a Egipto por
ayuda!
En los caballos buscan apoyo,
y confían en los carros porque son muchos,
y en los jinetes porque son muy fuertes,
pero no miran al Santo de Israel, ni buscan al
SEÑOR.
2 Pero El también es sabio y traerá el mal,
y no se retractará de sus palabras;
sino que se levantará contra la casa de los
malhechores
y contra la ayuda de los que obran iniquidad.
3 Pues los egipcios son hombres, y no Dios,
y sus caballos son carne, y no espíritu;
el SEÑOR, pues, extenderá su mano,
y el que ayuda tropezará,
y el que recibe ayuda caerá;
todos ellos a una perecerán.
4 Porque así me dice el SEÑOR:
Tal como gruñe el león o el leoncillo sobre su
presa,
contra el que se reúne una multitud de
pastores,
y no se atemoriza de sus voces ni se acobarda
por su multitud,
así descenderá el SEÑOR de los ejércitos para
combatir sobre el monte Sion y sobre su
collado.
5 Como aves que vuelan, así protegerá el
SEÑOR de los ejércitos a Jerusalén;
la protegerá y *la* librará,
la perdonará y *la* rescatará.
6 Volved a aquel de quien tan profundamente
os habéis apartado, oh hijos de Israel.
7 Porque en aquel día cada uno repudiará sus
ídolos de plata y sus ídolos de oro, que os han
hecho vuestras manos pecadoras.
8 El asirio caerá por espada no de hombre,

y la espada no humana lo devorará;
no escapará de la espada,
y sus jóvenes serán sometidos a trabajos
forzados.
9 Su fortaleza a causa del terror pasará,
y sus príncipes se espantarán *ante* el
estandarte
—declara el SEÑOR, que tiene su fuego en
Sion y su horno en Jerusalén.

Reinado del Rey justo

32 He aquí, un rey reinará con justicia,
y príncipes gobernarán con rectitud.
2 Cada uno será como refugio contra el viento
y un abrigo contra la tormenta,
como corrientes de agua en tierra seca,
como la sombra de una gran peña en tierra
árida.
3 No se cegarán entonces los ojos de los que
ven,
y los oídos de los que oyen escucharán.
4 El corazón de los imprudentes discernirá la
verdad,
y la lengua de los tartamudos se apresurará a
hablar claramente.
5 Ya no se llamará noble al necio,
ni al tramposo se le dirá generoso.
6 Pues el necio habla necedades,
y su corazón se inclina hacia el mal,
para practicar la impiedad y hablar falsedad
contra el SEÑOR,
para mantener con hambre al hambriento
y para privar de bebida al sediento.
7 En cuanto al tramposo, sus armas son
malignas;
trama designios perversos
para destruir con calumnias a los afligidos,
aun cuando el necesitado hable lo que es
justo.
8 Pero el noble concibe cosas nobles,
y en las cosas nobles se afirma.
9 Levantaos, mujeres indolentes,
y oíd mi voz;
hijas confiadas,
prestad oído a mi palabra.
10 Dentro de un año y *algunos* días,
os conturbaréis, *hijas* confiadas,
porque se habrá acabado la vendimia,
y la recolección *del fruto* no vendrá.
11 Temblad, *mujeres* indolentes;
conturbaos, *hijas* confiadas;
desvestíos, desnudaos, y ceñid *cilicio* en la
cintura;
12 golpeaos el pecho, por los campos
agradables, por la vid fructífera,
13 por el suelo de mi pueblo *donde* crecerán
espinos *y* zarzas;
sí, por todas las casas alegres *y por* la ciudad
divertida.
14 Porque el palacio ha sido abandonado, hecha
un desierto la populosa ciudad.
Collado y atalaya se han convertido en
cuevas para siempre,
un deleite para asnos monteses, un pasto
para rebaños;
15 hasta que se derrame sobre nosotros el
Espíritu desde lo alto,
el desierto se convierta en campo fértil

---

1. I.e., lugar de sacrificios humanos a Moloc

y el campo fértil sea considerado como
bosque.

16 En el desierto morará el derecho,
y la justicia habitará en el campo fértil.

17 La obra de la justicia será paz,
y el servicio de la justicia, tranquilidad y
confianza para siempre.

18 Entonces habitará mi pueblo en albergue de
paz,
en mansiones seguras y en moradas de
reposo;

19 aunque caiga granizo cuando el bosque caiga,
y la ciudad sea derribada por completo.

20 ¡Cuán bienaventurados seréis vosotros los que
sembráis junto a todas las aguas,
y dejáis sueltos al buey y al asno!

Esperanza en el SEÑOR

33 ¡Ay de ti que destruyes,
y no has sido destruido;
y *de aquel* que es pérfido, cuando *otros* no
actuaron con perfidia contra él!
Cuando termines de destruir, serás
destruido;
cuando acabes de actuar con perfidia, con
perfidia actuarán contra ti.

2 Oh SEÑOR, ten piedad de nosotros; en ti
hemos esperado.
Sé nuestra fortaleza cada mañana,
también nuestra salvación en tiempo de
angustia.

3 Al estruendo del tumulto los pueblos huyen;
al levantarte tú las naciones se dispersan;

4 se recoge el botín *como* recoge la oruga,
se lanzan sobre él como se lanzan las
langostas.

5 Exaltado es el SEÑOR, pues mora en lo alto;
ha llenado a Sion de derecho y de justicia.

6 El será la seguridad de tus tiempos,
abundancia de salvación, sabiduría y
conocimiento;
el temor del SEÑOR es tu tesoro.

7 He aquí, sus valientes claman en las calles,
los mensajeros de paz lloran amargamente.

8 Las calzadas están desiertas, el transeúnte ya
no pasa;
ha quebrantado el pacto, ha despreciado las
ciudades,
no tiene en estima al hombre.

9 De duelo está la tierra y languidece,
el Líbano está avergonzado y se marchita;
Sarón es como una llanura desierta,
y pierden *su follaje* Basán y el Carmelo.

10 Ahora me levantaré—dice el SEÑOR—
ahora seré exaltado, ahora seré ensalzado.

11 Concebisteis paja, daréis a luz rastrojo;
mi aliento *como* fuego os consumirá.

12 Y los pueblos serán calcinados,
como espinos cortados que son quemados en
el fuego.

13 Oíd, los que estáis lejos, lo que he hecho;
y los que estáis cerca, reconoced mi poder.

14 Aterrados están los pecadores en Sion,
el temblor se ha apoderado de los impíos.
¿Quién de nosotros habitará con el fuego
consumidor?
¿Quién de nosotros habitará con las llamas
eternas?

15 El que anda en justicia y habla con
sinceridad,
el que rehúsa la ganancia injusta,
y se sacude las manos para que no retengan
soborno;
el que se tapa los oídos para no oír de
derramamiento de sangre,
y cierra los ojos para no ver el mal;

16 ése morará en las alturas,
en la peña inexpugnable estará su refugio;
se le dará su pan,
y *tendrá* segura su agua.

17 Tus ojos contemplarán al Rey en su
hermosura,
verán una tierra muy lejana.

18 Tu corazón meditará en el terror, *y dirá*:
¿Dónde está el que cuenta?
¿Dónde está el que pesa?
¿Dónde está el que cuenta las torres?

19 No verás más al pueblo feroz,
pueblo de habla incomprensible, que nadie
entiende,
de lengua tartamuda, que nadie comprende.

20 Contempla a Sion, ciudad de nuestras fiestas
señaladas;
tus ojos verán a Jerusalén, morada de
quietud,
tienda que no será plegada,
cuyas estacas no serán arrancadas nunca,
ni rotas ninguna de sus cuerdas.

21 Porque allí, el Majestuoso, el SEÑOR, *será*
para nosotros
lugar de ríos y de anchos canales,
por donde no andará embarcación de remos,
ni nave potente por él pasará.

22 Porque el SEÑOR es nuestro juez,
el SEÑOR es nuestro legislador,
el SEÑOR es nuestro rey;
El nos salvará.

23 Se han aflojado tus cuerdas;
no pueden sostener firme el mástil
ni entesar la vela.
Entonces será repartida la presa de un
abundante botín;
los cojos se llevarán los despojos.

24 Ningún habitante dirá: Estoy enfermo;
al pueblo que allí habita, le será perdonada
su iniquidad.

Juicio contra las naciones

34 Acercaos, naciones, para oír, y escuchad,
pueblos;
oiga la tierra y cuanto hay en ella, el mundo
y todo lo que de él brota.

2 Porque el enojo del SEÑOR es contra todas las
naciones,
y *su* furor contra todos sus ejércitos;
las ha destruido por completo,
las ha entregado a la matanza.

3 Sus muertos serán arrojados,
y de sus cadáveres subirá el hedor,
y las montañas serán empapadas con su
sangre.

4 Todo el ejército de los cielos se consumirá,
y los cielos se enrollarán como un pergamino;
también todos sus ejércitos se marchitarán
como se marchita la hoja de la vid,
o como se marchita *la* de la higuera.

5 Porque mi espada está embriagada en el
cielo,
he aquí, descenderá para hacer juicio sobre
Edom
y sobre el pueblo que yo he dedicado a la
destrucción.
6 La espada del Señor está llena de sangre,
está llena de sebo, de la sangre de corderos y
de machos cabríos,
de sebo de los riñones de carneros;
porque el Señor tiene un sacrificio en Bosra,
y una gran matanza en la tierra de Edom.
7 Con ellos caerán búfalos,
y novillos juntamente con toros;
así su tierra se embriagará de sangre,
y su polvo será engrasado de sebo.
8 Porque es día de venganza del Señor,
año de retribución para la causa de Sion.
9 Sus torrentes se convertirán en brea,
su polvo en azufre,
y su tierra será brea ardiente.
10 No se apagará ni de noche ni de día,
su humo subirá para siempre;
de generación en generación permanecerá
desolada,
nunca jamás pasará nadie por ella.
11 Mas el pelícano y el erizo la poseerán,
el búho y el cuervo habitarán en ella;
El extenderá sobre ella el cordel de
desolación
y la plomada del vacío.
12 Sus nobles (y allí no hay ninguno
a quien puedan proclamar rey)
y todos los príncipes serán nada.
13 Espinos crecerán en sus palacios,
ortigas y cardos en sus ciudades fortificadas;
será también guarida de chacales
y morada de crías de avestruz.
14 Las fieras del desierto se encontrarán con las
hienas,
el macho cabrío llamará a los de su especie;
sí, el monstruo nocturno se establecerá allí,
y encontrará para *sí* lugar de reposo.
15 Allí la serpiente anidará y pondrá *sus huevos,
los* incubará y juntará *su cría* bajo su sombra;
también allí se juntarán los halcones,
cada uno con su compañera.
16 Buscad en el libro del Señor, y leed:
Ninguno de ellos faltará,
ninguno carecerá de su compañera.
Porque su boca *lo* ha mandado,
y su Espíritu los ha reunido.
17 El les ha echado suertes,
y su mano les ha repartido la tierra con el
cordel.
La poseerán para siempre;
de generación en generación morarán en ella.

Futuro glorioso de Sion

35 El desierto y el yermo se alegrarán,
y se regocijará el Arabá y florecerá
como el azafrán;
2 florecerá copiosamente
y se regocijará en gran manera y gritará de
júbilo.
La gloria del Líbano le será dada,
la majestad del Carmelo y de Sarón.
Ellos verán la gloria del Señor,
la majestad de nuestro Dios.

3 Fortaleced las manos débiles
y afianzad las rodillas vacilantes.
4 Decid a los de corazón tímido:
Esforzaos, no temáis.
He aquí, vuestro Dios viene con venganza;
la retribución vendrá de Dios mismo,
mas El os salvará.
5 Entonces se abrirán los ojos de los ciegos,
y los oídos de los sordos se destaparán.
6 El cojo entonces saltará como un ciervo,
y la lengua del mudo gritará de júbilo,
porque aguas brotarán en el desierto
y arroyos en el Arabá.
7 La tierra abrasada se convertirá en laguna,
y el secadal en manantiales de aguas;
en la guarida de chacales, su lugar de
descanso,
la hierba se *convertirá en* cañas y juncos.
8 Allí habrá una calzada, un camino,
y será llamado Camino de Santidad;
el inmundo no transitará por él,
sino que *será* para el que ande *en ese* camino;
los necios no vagarán *por él.*
9 Allí no habrá león,
ni subirá por él bestia feroz;
éstos no se hallarán allí,
sino que *por él* andarán los redimidos.
10 Volverán los rescatados del Señor,
entrarán en Sion con gritos de júbilo,
con alegría eterna sobre sus cabezas.
Gozo y alegría alcanzarán,
y huirán la tristeza y el gemido.

Invasión de Senaquerib

36 Y aconteció que en el año catorce del rey
Ezequías, subió Senaquerib, rey de Asiria,
contra todas las ciudades fortificadas de Judá, y
las tomó.
2 Y el rey de Asiria envió desde Laquis a
Jerusalén, al Rabsaces con un gran ejército,
contra el rey Ezequías. Y se colocó junto al
acueducto del estanque superior *que está* en la
calzada del campo del Batanero.
3 Entonces Eliaquim, hijo de Hilcías,
mayordomo de la casa real, el escriba Sebna y el
cronista Joa, hijo de Asaf, salieron a él.
4 Y el Rabsaces les dijo: Decid ahora a
Ezequías: "Así dice el gran rey, el rey de Asiria:
'¿Qué confianza es ésta que tú tienes?
5 'Yo digo: *"Tu* consejo y poderío para la guerra
sólo son palabras vacías." Ahora pues, ¿en quién
confías que te has rebelado contra mí?
6 'He aquí, tú confías en el báculo de esta caña
quebrada, *es decir,* en Egipto, en el cual, si un
hombre se apoya, penetrará en su mano y la traspasará. Así es Faraón, rey de Egipto, para todos
los que confían en él.
7 'Pero si me decís: "Nosotros confiamos en el
Señor nuestro Dios," ¿no es El aquel cuyos
lugares altos y cuyos altares Ezequías ha quitado
y ha dicho a Judá y a Jerusalén: "Adoraréis
delante de este altar"?
8 'Ahora pues, te ruego que llegues a un
acuerdo con mi señor el rey de Asiria, y yo te
daré dos mil caballos, si por tu parte puedes
poner jinetes sobre ellos.
9 '¿Cómo, pues, puedes rechazar a un oficial de
los menores de los siervos de mi señor, y confiar

en Egipto para *tener* carros y hombres de a caballo?

10 '¿He subido ahora sin el *consentimiento* del Señor contra esta tierra para destruirla? El Señor me dijo: "Sube contra esta tierra y destrúyela." ' "

11 Entonces Eliaquim, Sebna y Joa dijeron al Rabsaces: Te rogamos que hables a tus siervos en arameo porque nosotros *lo* entendemos, y no nos hables en la lengua de Judá a oídos del pueblo que está sobre la muralla.

12 Pero el Rabsaces dijo: ¿Acaso me ha enviado mi señor para hablar estas palabras *sólo* a tu señor y a ti, *y* no a los hombres que están sentados en la muralla, *condenados* a comer sus propios excrementos y a beber su propia orina con vosotros?

13 El Rabsaces se puso en pie, gritó a gran voz en la lengua de Judá, y dijo: Escuchad las palabras del gran rey, el rey de Asiria.

14 Así dice el rey: "Que no os engañe Ezequías, porque él no os podrá librar;

15 ni que Ezequías os haga confiar en el Señor, diciendo: 'Ciertamente el Señor os librará, y esta ciudad no será entregada en manos del rey de Asiria.'

16"No escuchéis a Ezequías, porque así dice el rey de Asiria: 'Haced la paz conmigo y salid a mí, y coma cada uno de su vid y cada uno de su higuera, y beba cada cual de las aguas de su cisterna,

17 hasta que yo venga y os lleve a una tierra como vuestra tierra, tierra de grano y de mosto, tierra de pan y de viñas.'

18"*Cuidado*, no sea que Ezequías os engañe, diciendo: 'El Señor nos librará.' ¿Acaso alguno de los dioses de las naciones ha librado su tierra de la mano del rey de Asiria?

19"¿Dónde están los dioses de Hamat y de Arfad? ¿Dónde están los dioses de Sefarvaim? ¿Cuándo han librado ellos a Samaria de mi mano?

20"¿Quiénes de entre todos los dioses de estas tierras han librado su tierra de mi mano, para que el Señor libre a Jerusalén de mi mano?"

21 Pero ellos se quedaron callados y no le respondieron palabra alguna; porque el rey había dado un mandato, diciendo: No le respondáis.

22 Entonces Eliaquim, hijo de Hilcías, mayordomo de la casa *real*, el escriba Sebna y el cronista Joa, hijo de Asaf, fueron a Ezequías con sus vestidos rasgados, y le relataron las palabras del Rabsaces.

Ezequías y el profeta Isaías

37 Y sucedió que cuando oyó *esto* el rey Ezequías, rasgó sus vestidos, se cubrió de cilicio y entró en la casa del Señor.

2 Envió entonces a Eliaquim, mayordomo de la casa *real*, con el escriba Sebna y los ancianos de los sacerdotes, cubiertos de cilicio, al profeta Isaías, hijo de Amoz.

3 Y ellos le dijeron: Así dice Ezequías: "Este día es día de angustia, de represión y de desprecio, pues hijos están para nacer, pero no hay fuerzas para dar a luz.

4"Tal vez el Señor tu Dios oirá las palabras del Rabsaces, a quien su señor, el rey de Asiria, ha enviado para injuriar al Dios vivo, y *lo* reprenderá por las palabras que el Señor tu Dios ha oído. Eleva, pues, una oración por el remanente que aún queda."

5 Cuando llegaron los siervos del rey Ezequías ante Isaías,

6 éste les dijo: Así diréis a vuestro señor: "Así dice el Señor: 'No temas por las palabras que has oído, con las que los siervos del rey de Asiria me han blasfemado.

7 'He aquí, pondré en él un espíritu, oirá un rumor y se volverá a su tierra; y en su tierra lo haré caer a espada.' "

8 Entonces el Rabsaces volvió y halló al rey de Asiria peleando contra Libna, pues había oído que *el rey* había partido de Laquis.

9 Y *les* oyó decir acerca de Tirhaca, rey de Etiopía: Ha salido a pelear contra ti. Y cuando *lo* oyó, envió mensajeros a Ezequías, diciendo:

10 Así diréis a Ezequías, rey de Judá: "No te engañe tu Dios en quien tú confías, diciendo: 'Jerusalén no será entregada en mano del rey de Asiria.'

11"He aquí, tú has oído lo que los reyes de Asiria han hecho a todas las naciones, destruyéndolas por completo, ¿y serás tú librado?

12"¿Acaso los libraron los dioses de las naciones que mis padres destruyeron, *es decir*, Gozán, Harán, Resef y a los hijos de Edén que *estaban* en Telasar?

13"¿Dónde está el rey de Hamat, el rey de Arfad, el rey de la ciudad de Sefarvaim, de Hena y de Iva?"

14 Entonces Ezequías tomó la carta de mano de los mensajeros y la leyó, y subió a la casa del Señor y la extendió delante del Señor.

15 Y Ezequías oró al Señor, diciendo:

16 Oh Señor de los ejércitos, Dios de Israel, que estás *sobre* los querubines, sólo tú eres Dios de todos los reinos de la tierra. Tú hiciste los cielos y la tierra.

17 Inclina, oh Señor, tu oído y escucha; abre, oh Señor, tus ojos y mira; escucha todas las palabras que Senaquerib ha enviado para injuriar al Dios vivo.

18 En verdad, oh Señor, los reyes de Asiria han asolado todas las naciones y sus tierras,

19 y han echado sus dioses al fuego, porque no eran dioses, sino obra de manos de hombre, de madera y piedra; por eso los han destruido.

20 Y ahora, Señor, Dios nuestro, líbranos de su mano para que todos los reinos de la tierra sepan que solo tú, oh Señor, eres Dios.

21 Entonces Isaías, hijo de Amoz, envió a decir a Ezequías: Así dice el Señor, Dios de Israel: "Por cuanto me has rogado acerca de Senaquerib, rey de Asiria,

22 esta es la palabra que el Señor ha hablado contra él:

'Te ha despreciado y se ha burlado de ti
la virgen hija de Sion;
ha movido la cabeza a tus espaldas
la hija de Jerusalén.

23 '¿A quién has injuriado y blasfemado?
¿Y contra quién has alzado la voz
y levantado con altivez tus ojos?
¡Contra el Santo de Israel!

24 'Por mano de tus siervos has injuriado al Señor,
y has dicho: "Con mis numerosos carros

yo subí a las cumbres de los montes,
a las partes más remotas del Líbano,
y corté sus altos cedros *y* sus mejores
   cipreses;
iré a su más alta cima, a su más frondoso
   bosque.
25 "Yo cavé *pozos* y bebí aguas,
y sequé con la planta de mis pies
todos los ríos de Egipto."
26 ¿No has oído?
Hace mucho tiempo que lo hice,
desde la antigüedad lo había planeado.
Ahora he hecho que suceda,
para que conviertas las ciudades fortificadas
en montones de ruinas.
27 'Sus habitantes, faltos de fuerzas,
fueron desalentados y humillados;
vinieron a ser *como* la vegetación del campo
y *como* la hierba verde,
como la hierba en los techos que se quema
antes de que haya crecido.
28 'Pero conozco tu sentarte,
tu salir y tu entrar,
y tu furor contra mí.
29 'A causa de tu furor contra mí,
y porque tu arrogancia ha subido hasta mis
   oídos,
pondré, pues, mi garfio en tu nariz
y mi freno en tu boca,
y te haré volver por el camino por donde
   viniste.
30 'Esto te *será* por señal: Este año comeréis lo que crezca espontáneamente; el segundo año lo que nazca de por sí, y en el tercer año sembrad, segad, plantad viñas y comed su fruto.
31 'Y el remanente de la casa de Judá que se salve, echará de nuevo raíces por debajo y dará fruto por arriba.
32 'Porque de Jerusalén saldrá un remanente, y del monte Sion sobrevivientes. El celo del Señor de los ejércitos hará esto.' "
33 Por tanto, así dice el Señor acerca del rey de Asiria: "El no entrará en esta ciudad ni lanzará allí flecha alguna; tampoco vendrá delante de ella con escudo ni levantará terraplén contra ella.
34 "Por el camino que vino, por él se volverá, y no entrará en esta ciudad"—declara el Señor.
35 "Porque defenderé esta ciudad para salvarla por amor a mí mismo y por amor a mi siervo David."
36 Y salió el ángel del Señor e hirió a ciento ochenta y cinco mil en el campamento de los asirios; cuando *los demás* se levantaron por la mañana, he aquí, todos eran cadáveres.
37 Entonces Senaquerib, rey de Asiria, partió y regresó *a su tierra,* y habitó en Nínive.
38 Y sucedió que mientras él adoraba en la casa de su dios Nisroc, sus hijos Adramelec y Sarezaer lo mataron a espada y huyeron a la tierra de Ararat. Y su hijo Esar-hadón reinó en su lugar.

Enfermedad y curación de Ezequías

38 En aquellos días Ezequías cayó enfermo de muerte. Y vino a él el profeta Isaías, hijo de Amoz, y le dijo: Así dice el Señor: "Pon tu casa en orden, porque morirás y no vivirás."
2 Entonces Ezequías volvió su rostro hacia la pared y oró al Señor,
3 y dijo: Te ruego, oh Señor, que te acuerdes

ahora de cómo yo he andado delante de ti en verdad y con corazón íntegro, y he hecho lo bueno ante tus ojos. Y Ezequías lloró amargamente.
4 Entonces la palabra del Señor vino a Isaías, diciendo:
5 Ve y di a Ezequías: "Así dice el Señor, Dios de tu padre David: 'He escuchado tu oración *y* he visto tus lágrimas; he aquí, añadiré quince años a tus días.
6 'Y te libraré a ti y a esta ciudad de la mano del rey de Asiria, y defenderé esta ciudad.' "
7 Esta será para ti la señal del Señor, de que el Señor hará lo que ha dicho:
8 He aquí, haré que la sombra en las gradas, que ha descendido con el sol en las gradas de Acaz, vuelva atrás diez grados. Y la *sombra del* sol retrocedió diez grados en las gradas por las que había descendido.
9 Escritura de Ezequías, rey de Judá, cuando enfermó y sanó de su enfermedad.
10 Yo dije: A la mitad de mis días
he de entrar por las puertas del Seol;
se me priva del resto de mis años.
11 Dije: No veré al Señor,
al Señor en la tierra de los vivientes;
no veré más hombre alguno entre los
   habitantes del mundo.
12 Como tienda de pastor, mi morada es
   arrancada y alejada de mí;
como tejedor enrollé mi vida.
Del telar, El me cortó;
del día a la noche acabas conmigo.
13 Sosegué *mi alma* hasta la mañana.
Como león, El rompe todos mis huesos;
del día a la noche, acabas conmigo.
14 Como golondrina, *como* grulla, así me quejo,
gimo como una paloma;
mis ojos miran ansiosamente a las alturas.
Oh Señor, estoy oprimido, sé tú mi ayudador.
15 ¿Qué diré?
Pues El me ha hablado y El mismo *lo* ha
   hecho.
Andaré errante todos mis años a causa de la
   amargura de mi alma.
16 Oh Señor, por estas cosas viven *los hombres*,
y en todas ellas está la vida de mi espíritu.
Restabléceme la salud y haz que viva.
17 He aquí, por *mi* bienestar tuve gran
   amargura,
eres tú quien ha guardado mi alma del
   abismo de la nada,
porque echaste tras tus espaldas todos mis
   pecados.
18 Pues el Seol no te expresa gratitud,
ni la muerte te alaba.
Los que descienden a la fosa no pueden
   esperar tu fidelidad.
19 El que vive, el que vive es el que te da gracias,
como yo lo hago hoy.
El padre cuenta a sus hijos tu fidelidad.
20 El Señor me salvará;
y tocaremos mis canciones en instrumentos
   de cuerda
todos los días de nuestra vida en la casa del
   Señor.
21 E Isaías había dicho: Que tomen una masa de higos y la pongan en la llaga para que se recupere.

22 Entonces Ezequías había dicho: ¿Cuál será la señal de que subiré a la casa del Señor?

Predicción de la cautividad

39 En aquel tiempo Merodac-baladán, hijo de Baladán, rey de Babilonia, envió cartas y un regalo a Ezequías porque oyó que había estado enfermo y se había recuperado.

2 Se alegró por ello Ezequías y les mostró la casa de su tesoro: la plata y el oro, las especias y el aceite precioso, todo su arsenal y todo lo que se hallaba en sus tesoros. No hubo nada en su casa ni en todo su dominio que Ezequías no les mostrara.

3 Entonces el profeta Isaías vino al rey Ezequías, y le dijo: ¿Qué han dicho esos hombres y de dónde han venido a ti? Y Ezequías respondió: Han venido a mí de un país lejano, de Babilonia.

4 Y él dijo: ¿Qué han visto en tu casa? Y Ezequías respondió: Han visto todo lo que hay en mi casa; no hay nada entre mis tesoros que yo no les haya mostrado.

5 Entonces Isaías dijo a Ezequías: Oye la palabra del Señor de los ejércitos:

6 "He aquí, vienen días cuando todo lo que hay en tu casa y todo lo que tus padres han atesorado hasta el día de hoy, será llevado a Babilonia; nada quedará"—dice el Señor.

7 "Y *algunos* de tus hijos que saldrán de ti, los que engendrarás, serán llevados y serán oficiales en el palacio del rey de Babilonia."

8 Entonces Ezequías dijo a Isaías: La palabra del Señor que has hablado es buena. Pues pensaba: Porque habrá paz y seguridad en mis días.

Consolación de Israel

40 Consolad, consolad a mi pueblo—dice vuestro Dios.

2 Hablad al corazón de Jerusalén
y decidle a voces que su lucha ha terminado,
que su iniquidad ha sido quitada,
que ha recibido de la mano del Señor
el doble por todos sus pecados.

3 Una voz clama:
Preparad en el desierto camino al Señor;
allanad en la soledad calzada para nuestro
Dios.

4 Todo valle sea elevado,
y bajado todo monte y collado;
vuélvase llano el terreno escabroso,
y lo abrupto, ancho valle.

5 Entonces será revelada la gloria del Señor,
y toda carne a una *la* verá,
pues la boca del Señor ha hablado.

6 Una voz dijo: Clama.
Entonces él respondió: ¿Qué he de clamar?
Toda carne es hierba, y todo su esplendor es
como flor del campo.

7 Sécase la hierba, marchítase la flor
cuando el aliento del Señor sopla sobre ella;
en verdad el pueblo es hierba.

8 Sécase la hierba, marchítase la flor,
mas la palabra del Dios nuestro permanece
para siempre.

9 Súbete a un alto monte,
oh Sion, portador de buenas nuevas;
levanta con fuerza tu voz,
oh Jerusalén, portadora de buenas nuevas;
levánta*la*, no temas.
Di a las ciudades de Judá:
Aquí está vuestro Dios.

10 He aquí, el Señor Dios vendrá con poder,
y su brazo gobernará por El.
He aquí, con El está su galardón,
y delante de El su recompensa.

11 Como pastor apacentará su rebaño,
en su brazo recogerá los corderos,
y en su seno *los* llevará;
guiará con cuidado a las recién paridas.

12 ¿Quién midió las aguas en el hueco de su
mano,
con *su* palmo tomó la medida de los cielos,
con un tercio de medida calculó el polvo de
la tierra,
pesó los montes con la báscula,
y las colinas con la balanza?

13 ¿Quién guió al Espíritu del Señor,
o como consejero suyo le enseñó?

14 ¿A quién pidió consejo y *quién* le dio
entendimiento?
¿*Quién* le instruyó en la senda de la justicia, le
enseñó conocimiento,
y le mostró el camino de la inteligencia?

15 He aquí, las naciones son como gota en un
cubo,
y son estimadas como grano de polvo en la
balanza;
he aquí, El levanta las islas como al polvo
fino.

16 El Líbano no basta para el fuego,
ni bastan sus bestias para el holocausto.

17 Todas las naciones ante El son como nada,
menos que nada e insignificantes son
consideradas por El.

18 ¿A quién, pues, asemejaréis a Dios,
o con qué semejanza le compararéis?

19 El artífice funde el ídolo,
el orfebre lo recubre de oro
y el platero *le hace* cadenas de plata.

20 El que es muy pobre para *tal* ofrenda
escoge un árbol que no se pudra;
se busca un hábil artífice
para erigir un ídolo que no se tambalee.

21 ¿No sabéis? ¿No habéis oído?
¿No os lo han anunciado desde el principio?
¿No lo habéis entendido desde la fundación de
la tierra?

22 *El es* el que está sentado sobre la redondez de
la tierra,
cuyos habitantes son como langostas;
El es el que extiende los cielos como una
cortina
y los despliega como una tienda para morar.

23 *El es* el que reduce a la nada a los
gobernantes,
y hace insignificantes a los jueces de la tierra.

24 Apenas han sido plantados,
apenas han sido sembrados,
apenas ha arraigado en la tierra su tallo,
cuando El sopla sobre ellos, y se secan,
y la tempestad como hojarasca se los lleva.

25 ¿A quién, pues, me haréis semejante
para que yo sea *su* igual?—dice el Santo.

26 Alzad a lo alto vuestros ojos
y ved quién ha creado estos *astros*:
el que hace salir en orden a su ejército,

y a todos llama por *su* nombre.
Por la grandeza de su fuerza y la fortaleza de
su poder
no falta ni uno.

27 ¿Por qué dices, Jacob, y afirmas, Israel:
Escondido está mi camino del SEÑOR,
y mi derecho pasa *inadvertido* a mi Dios?

28 ¿Acaso no *lo* sabes? ¿Es que no *lo* has oído?
El Dios eterno, el SEÑOR, el creador de los
confines de la tierra
no se fatiga ni se cansa.
Su entendimiento es inescrutable.

29 El da fuerzas al fatigado,
y al que no tiene fuerzas, aumenta el vigor.

30 Aun los mancebos se fatigan y se cansan,
y los jóvenes tropiezan *y* vacilan,

31 pero los que esperan en el SEÑOR
renovarán sus fuerzas;
se remontarán *con* alas como las águilas,
correrán y no se cansarán,
caminarán y no se fatigarán.

Promesa de ayuda a Israel

41 Guardad silencio ante mí, costas,
y renueven sus fuerzas los pueblos;
acérquense *y* entonces hablen,
juntos vengamos a juicio.

2 ¿Quién ha levantado del oriente
al que El llama en justicia a sus pies?
Ante El entrega naciones,
y a reyes somete.
Los deja como polvo con su espada,
como hojarasca dispersa con su arco.

3 Los persigue, pasando seguros
por una senda por donde no habían andado
sus pies.

4 ¿Quién *lo* ha hecho y *lo* ha realizado,
llamando a las generaciones desde el
principio?
Yo, el SEÑOR, soy el primero, y con los
postreros soy.

5 Las costas han visto y temen,
tiemblan los confines de la tierra,
se han acercado y han venido.

6 Cada uno ayuda a su prójimo,
y dice a su hermano: Sé fuerte.

7 El artífice anima al fundidor,
y el que alisa a martillo al que bate el yunque,
diciendo de la soldadura: Está bien.
Entonces asegura *su* obra con clavos,
para que no se mueva.

8 Pero tú, Israel, siervo mío,
Jacob, a quien he escogido,
descendiente de Abraham, mi amigo;

9 tú, a quien tomé de los confines de la tierra,
y desde sus lugares más remotos te llamé,
y te dije: "Mi siervo eres tú;
yo te he escogido y no te he rechazado:"

10 No temas, porque yo estoy contigo;
no te desalientes, porque yo soy tu Dios.
Te fortaleceré, ciertamente te ayudaré,
sí, te sostendré con la diestra de mi justicia.

11 He aquí, todos los que se enojan contra ti
serán avergonzados y humillados;
los que contienden contigo serán como nada
y perecerán.

12 Buscarás a los que riñen contigo, pero no los
hallarás;

serán como nada, como si no existieran, los
que te hacen guerra.

13 Porque yo soy el SEÑOR tu Dios, que sostiene
tu diestra,
que te dice: "No temas, yo te ayudaré."

14 No temas, gusano de Jacob, *vosotros*
hombres de Israel;
yo te ayudaré—declara el SEÑOR—y tu
Redentor es el Santo de Israel.

15 He aquí, te he convertido en trillo nuevo,
cortante, de doble filo;
trillarás los montes y *los* harás polvo,
y los collados dejarás como hojarasca.

16 Los aventarás, el viento se los llevará,
y la tempestad los dispersará;
pero tú te regocijarás en el SEÑOR,
en el Santo de Israel te gloriarás.

17 Los afligidos y los necesitados buscan agua,
pero no la hay,
su lengua está reseca de sed.
Yo, el SEÑOR, les responderé,
yo, el Dios de Israel, no los abandonaré.

18 Abriré ríos en las alturas desoladas,
y manantiales en medio de los valles;
transformaré el desierto en estanque de
aguas,
y la tierra seca en manantiales.

19 Pondré en los desiertos el cedro,
la acacia, el mirto y el olivo;
pondré en el yermo el ciprés,
junto con el olmo y el boj,

20 para que vean y entiendan,
consideren y comprendan a una
que la mano del SEÑOR ha hecho esto,
que el Santo de Israel lo ha creado.

21 Presentad vuestra causa—dice el SEÑOR.
Exponed vuestros fuertes *argumentos*
—dice el Rey de Jacob.

22 Que expongan y nos declaren lo que ha de
suceder.
En cuanto a los *hechos* anteriores, declarad
lo que fueron,
para que los consideremos y sepamos su
resultado,
o bien, anunciadnos lo que ha de venir.

23 Declarad lo que ha de venir después,
para que sepamos que vosotros sois dioses.
Sí, haced *algo* bueno o malo, para que nos
desalentemos y temamos a una.

24 He aquí, vosotros nada sois,
y vuestra obra es vana;
abominación es el que os escoge.

25 Del norte levanté a uno, y ha venido;
del nacimiento del sol invocará mi nombre,
y vendrá sobre los gobernantes, como *sobre*
lodo,
como el alfarero pisotea el barro.

26 ¿Quién *lo* anunció desde el principio, para que
supiéramos,
o desde tiempos antiguos, para que
dijéramos: Tiene razón?
Ciertamente no había quien *lo* anunciara,
sí, no había quien *lo* proclamara,
ciertamente no había quien oyera vuestras
palabras.

27 *Dije* primero a Sion: "Mira, aquí están",
y a Jerusalén: "*Os* daré un mensajero de
buenas nuevas."

28 Pero cuando miro, no hay nadie,

y entre ellos no hay consejeros
a quienes, si les pregunto, puedan responder.

29 He aquí, todos ellos son falsos;
sus obras inútiles,
viento y vacuidad sus imágenes fundidas.

Promesa de Dios a su Siervo

42 He aquí mi Siervo, a quien yo sostengo,
mi escogido, *en quien* mi alma se
complace.
He puesto mi Espíritu sobre El;
El traerá justicia a las naciones.

2 No clamará ni alzará *su voz*,
ni hará oír su voz en la calle.

3 No quebrará la caña cascada,
ni apagará el pabilo mortecino;
con fidelidad traerá justicia.

4 No se desanimará ni desfallecerá
hasta que haya establecido en la tierra la
justicia,
y su ley esperarán las costas.

5 Así dice Dios el Señor,
que crea los cielos y los extiende,
que afirma la tierra y lo que de ella brota,
que da aliento al pueblo que hay en ella,
y espíritu a los que por ella andan:

6 Yo soy el Señor, en justicia te he llamado;
te sostendré por la mano y por ti velaré,
y te pondré como pacto para el pueblo,
como luz para las naciones.

7 para que abras los ojos a los ciegos,
para que saques de la cárcel a los presos,
y de la prisión a los que moran en tinieblas.

8 Yo soy el Señor, ése es mi nombre;
mi gloria a otro no daré,
ni mi alabanza a imágenes talladas.

9 He aquí, las cosas anteriores se han
cumplido,
y yo anuncio cosas nuevas;
antes que sucedan, os *las* anuncio.

10 Cantad al Señor un cántico nuevo,
cantad su alabanza desde los confines de la
tierra,
los que descendéis al mar y cuanto hay en él,
las islas y sus moradores.

11 Levanten *la voz* el desierto y sus ciudades,
las aldeas donde habita Cedar.
Canten de júbilo los habitantes de Sela,
desde las cimas de los montes griten de
alegría.

12 Den gloria al Señor,
y proclamen en las costas su alabanza.

13 El Señor como guerrero saldrá,
como hombre de guerra despertará *su* celo;
gritará, sí, lanzará un grito de guerra,
contra sus enemigos prevalecerá.

14 Por mucho tiempo he guardado silencio,
he estado callado y me he contenido.
Pero ahora grito como mujer de parto,
resuello y jadeo a la vez.

15 Asolaré montes y collados,
y secaré toda su vegetación;
convertiré los ríos en islas,
y las lagunas secaré.

16 Conduciré a los ciegos por un camino que no
conocen,
por sendas que no conocen los guiaré;
cambiaré delante de ellos las tinieblas en luz
y lo escabroso en llanura.

Estas cosas haré,
y no las dejaré *sin hacer*.

17 Serán vueltos atrás *y* completamente
avergonzados,
los que confían en ídolos,
los que dicen a las imágenes fundidas:
Vosotros sois nuestros dioses.

18 Sordos, oíd;
ciegos, mirad y ved.

19 ¿Quién es ciego sino mi siervo,
tan sordo como el mensajero a quien envío?
¿Quién es tan ciego como el que está en paz
conmigo,
tan ciego como el siervo del Señor?

20 Tú has visto muchas cosas, pero no *las*
observas;
los oídos están abiertos, pero nadie oye.

21 El Señor se complació por causa de su
justicia
en hacer la ley grande y gloriosa.

22 Mas este es un pueblo saqueado y despojado,
todos atrapados en cuevas,
o escondidos en prisiones;
se han convertido en presa sin que nadie *los*
libre
y en despojo sin que nadie diga: Devuélve*los*.

23 ¿Quién de vosotros prestará oído a esto?
¿Quién pondrá atención y escuchará en el
futuro?

24 ¿Quién entregó a Jacob al despojo,
y a Israel a los saqueadores?
¿No fue el Señor, contra quien pecamos?
En sus caminos no quisieron andar,
ni obedecieron su ley.

25 Por eso derramó sobre él el ardor de su ira
y la violencia de la batalla;
le prendió fuego por todos lados,
pero él no se dio cuenta;
lo consumió, pero él no hizo caso.

Dios, único libertador de Israel

43 Mas ahora, así dice el Señor tu Creador,
oh Jacob,
y el que te formó, oh Israel:
No temas, porque yo te he redimido,
te he llamado por tu nombre; mío eres tú.

2 Cuando pases por las aguas, yo *estaré*
contigo,
y si por los ríos, no te anegarán;
cuando pases por el fuego, no te quemarás,
ni la llama te abrasará.

3 Porque yo soy el Señor tu Dios,
el Santo de Israel, tu Salvador;
he dado a Egipto por tu rescate,
a Cus y a Seba en lugar tuyo.

4 Ya que eres precioso a mis ojos,
digno de honra, y yo te amo,
daré a *otros* hombres en lugar tuyo,
y a *otros* pueblos por tu vida.

5 No temas, porque yo *estoy* contigo;
del oriente traeré tu descendencia,
y del occidente te reuniré.

6 Diré al norte: "Entréga*los*;"
y al sur: "No *los* retengas."
Trae a mis hijos desde lejos,
y a mis hijas desde los confines de la tierra,

7 a todo el que es llamado por mi nombre
y a quien he creado para mi gloria,
a quien he formado y a quien he hecho.

8 Sacad al pueblo ciego, aunque tiene ojos,
   y a los sordos, aunque tienen oídos.
9 Todas las naciones a una se han reunido
   y se han congregado los pueblos.
   ¿Quién de ellos declarará esto
   y nos proclamará las cosas anteriores?
   Que presenten sus testigos y que se
      justifiquen,
   que oigan y digan: Es verdad.
10 Vosotros sois mis testigos—declara el
   SEÑOR—
   y mi siervo a quien he escogido,
   para que *me* conozcáis y creáis en mí,
   y entendáis que yo soy.
   Antes de mí no fue formado *otro* dios,
   ni después de mí *lo* habrá.
11 Yo, yo soy el SEÑOR,
   y fuera de mí no hay salvador.
12 Yo soy el que *lo* he anunciado, he salvado y
   lo he proclamado,
   y no hay entre vosotros *dios* extraño;
   vosotros, pues, sois mis testigos—declara el
   SEÑOR—
   y yo soy Dios.
13 Aun desde la eternidad, yo soy,
   y no hay quien libre de mi mano;
   yo actúo, ¿y quién lo revocará?
14 Así dice el SEÑOR vuestro Redentor, el Santo
   de Israel:
   Por vuestra causa envié a Babilonia
   e hice descender como fugitivos a todos ellos,
   es decir, a los caldeos, en las naves de las
      cuales se gloriaban.
15 Yo soy el SEÑOR, vuestro Santo,
   el Creador de Israel, vuestro Rey.
16 Así dice el SEÑOR,
   que abre camino en el mar
   y sendero en las aguas impetuosas;
17 el que hace salir carro y caballo,
   ejército y fuerza
   (a una se echarán *y* no se levantarán,
   como pabilo han sido apagados *y*
      extinguidos):
18 No recordéis las cosas anteriores
   ni consideréis las cosas del pasado.
19 He aquí, hago algo nuevo,
   ahora acontece;
   ¿no lo percibís?
   Aun en los desiertos haré camino
   y ríos en el yermo.
20 Me glorificarán las bestias del campo,
   los chacales y los avestruces,
   porque he puesto aguas en los desiertos
   y ríos en el yermo,
   para dar de beber a mi pueblo escogido.
21 El pueblo que yo he formado para mí
   proclamará mi alabanza.
22 Pero no me has invocado, Jacob,
   sino que te has cansado de mí, Israel.
23 No me has traído las ovejas de tus
      holocaustos,
   ni me has honrado con tus sacrificios.
   No te he abrumado exigiendo ofrendas,
   ni te he cansado exigiendo incienso.
24 No me has comprado con dinero caña
      aromática,
   ni con la grosura de tus sacrificios me has
      saciado;

por el contrario me has abrumado con tus
   pecados,
y me has cansado con tus iniquidades.
25 Yo, yo soy el que borro tus transgresiones por
   amor a mí mismo,
   y no recordaré tus pecados.
26 Hazme recordar, discutamos juntos nuestro
   caso;
   habla tú para justificarte.
27 Tu primer padre pecó,
   y tus voceros prevaricaron contra mí.
28 Por tanto, profanaré a los príncipes del
   santuario,
   y entregaré a Jacob al anatema y a Israel al
   oprobio.

El SEÑOR es el único Dios

44 Mas ahora escucha, Jacob, siervo mío,
   Israel, a quien yo he escogido.
2 Así dice el SEÑOR que te creó,
   que te formó desde el seno materno, y que te
      ayudará:
   "No temas, Jacob, siervo mío,
   ni tú, Jesurún, a quien he escogido.
3 "Porque derramaré agua sobre la *tierra*
      sedienta,
   y torrentes sobre la tierra seca;
   derramaré mi Espíritu sobre tu posteridad,
   y mi bendición sobre tus descendientes.
4 "Ellos brotarán entre la hierba
   como sauces junto a corrientes de agua."
5 Este dirá: "Yo soy del SEÑOR",
   otro invocará el nombre de Jacob,
   y otro escribirá *en* su mano: "Del SEÑOR *soy*"
   y se llamará con el nombre de Israel.
6 Así dice el SEÑOR, el Rey de Israel,
   y su Redentor, el SEÑOR de los ejércitos:
   "Yo soy el primero y yo soy el último,
   y fuera de mí no hay Dios.
7 "¿Y quién como yo? Que lo proclame y lo
      declare.
   Sí, que en orden lo relate ante mí,
   desde que establecí la antigua nación.
   Que les anuncien las cosas venideras
   y lo que va a acontecer.
8 "No tembléis ni temáis;
   ¿no os *lo* he hecho oír y *lo* he anunciado desde
      hace tiempo?
   Vosotros sois mis testigos.
   ¿Hay *otro* dios fuera de mí,
   o hay *otra* Roca?
   No conozco *ninguna*."
9 Los que dan forma a un ídolo todos ellos son
   nada, y las cosas más preciadas de nada sirven;
   aun sus propios testigos no ven ni entienden, por
   eso serán avergonzados.
10 ¿Quién ha dado forma a un dios o fundido un
   ídolo para no tener ganancia?
11 He aquí, todos sus compañeros serán avergonzados, pues los artífices son sólo hombres.
   Que se reúnan todos, que se levanten, que
   tiemblen, que sean a una avergonzados.
12 El herrero *hace* un instrumento cortante; *lo*
   trabaja sobre las brasas, lo forma con martillos y
   lo forja con su brazo fuerte. Después siente
   hambre y flaquean sus fuerzas; no bebe agua, y
   desfallece.
13 El carpintero extiende el cordel de medir,
   traza el diseño con tiza roja, lo labra con gubias,

lo traza con el compás y le da forma de hombre y belleza humana para colocarlo en una casa.

14 Corta cedros para sí, toma un ciprés o una encina, y hace que sea fuerte entre los árboles del bosque; planta un pino y la lluvia lo hace crecer.

15 Luego sirve para que el hombre haga fuego, y toma uno y se calienta; también hace fuego para cocer pan; además hace un dios y lo adora; hace de él una imagen tallada, y se postra delante de ella.

16 La mitad *del leño* quema en el fuego; sobre *esta* mitad prepara un asado, come carne y se sacia. También se calienta, y dice: ¡Ah!, me he calentado, he visto la llama.

17 Y del resto hace un dios, su ídolo. Se postra delante de él, *lo* adora, y le ruega, diciendo: Líbrame, pues mi dios eres tú.

18 Ellos no saben ni entienden, porque El ha cerrado sus ojos para que no vean y su corazón para que no comprendan.

19 Ninguno reflexiona; no tienen conocimiento ni inteligencia para decir: He quemado la mitad en el fuego, y también he cocido pan sobre sus brasas. He asado carne y *la* he comido; y del resto ¿haré una abominación? ¿Me postraré ante un pedazo de madera?

20 Se alimenta de cenizas; el corazón engañado le ha extraviado. A sí mismo no se puede librar, ni decir: ¿No es mentira *lo que tengo* en mi diestra?

21 Recuerda estas cosas, Jacob,
    y *tú* Israel, porque mi siervo eres.
    Yo te he formado, siervo mío eres;
    Israel, no me olvidaré de ti.

22 He disipado como una densa nube tus transgresiones,
    y como espesa niebla tus pecados.
    Vuélvete a mí, porque yo te he redimido.

23 Gritad de júbilo, cielos, porque el SEÑOR *lo* ha hecho.
    Gritad de alegría, profundidades de la tierra.
    Prorrumpid, montes, en gritos de júbilo,
    y el bosque, y todo árbol *que en él hay*,
    porque el SEÑOR ha redimido a Jacob
    y ha mostrado su gloria en Israel.

24 Así dice el SEÑOR, tu Redentor,
    el que te formó desde el seno materno:
    Yo, el SEÑOR, creador de todo,
    que extiendo los cielos yo solo
    y afirmo la tierra sin ayuda;

25 hago fallar los pronósticos de los impostores,
    hago necios a los adivinos,
    hago retroceder a los sabios,
    y convierto en necedad su sabiduría.

26 Yo soy el que confirmo la palabra de su siervo,
    y cumplo el propósito de sus mensajeros;
    el que dice de Jerusalén: "Será habitada";
    y de las ciudades de Judá: "Serán reedificadas,
    y sus ruinas levantaré";

27 el que dice a la profundidad del mar: "Sécate";
    y yo secaré tus ríos.

28 El que dice de Ciro: "*El es* mi pastor,
    y él cumplirá todos mis deseos",
    y dice de Jerusalén: "Será reedificada",
    y al templo: "Serás fundado."

Ciro, libertador de Israel

45 Así dice el SEÑOR a Ciro, su ungido,
    a quien he tomado por la diestra,
    para someter ante él naciones,
    y para desatar lomos de reyes,
    para abrir ante él las puertas,
    para que no queden cerradas las entradas:

2 Yo iré delante de ti y allanaré los lugares escabrosos;
    romperé las puertas de bronce y haré pedazos sus barras de hierro.

3 Te daré los tesoros ocultos,
    y las riquezas de los lugares secretos,
    para que sepas que soy yo,
    el SEÑOR, Dios de Israel, el que te llama por tu nombre.

4 Por amor a mi siervo Jacob
    y a Israel mi escogido,
    te he llamado por tu nombre;
    te he honrado,
    aunque no me conocías.

5 Yo soy el SEÑOR, y no hay ningún otro;
    fuera de mí no hay Dios.
    Yo te ceñiré, aunque no me has conocido,

6 para que se sepa que desde el nacimiento del sol hasta donde se pone,
    no hay ninguno fuera de mí.
    Yo soy el SEÑOR, y no hay otro;

7 el que forma la luz y crea las tinieblas,
    el que causa bienestar y crea calamidades,
    yo soy el SEÑOR, el que hace todo esto.

8 Destilad, oh cielos, desde lo alto,
    y derramen justicia las nubes;
    ábrase la tierra y dé fruto la salvación,
    y brote la justicia con ella.
    Yo, el SEÑOR, *todo* lo he creado.

9 ¡Ay del que contiende con su Hacedor,
    el tiesto entre los tiestos de tierra!
    ¿Dirá el barro al alfarero: "Qué haces"?
    ¿O tu obra *dirá:* "El no tiene manos"?

10 ¡Ay de aquel que diga al padre: "¿Qué engendras?"
    O a la mujer: "¿Qué das a luz?"

11 Así dice el SEÑOR, el Santo de Israel y su Hacedor:
    Preguntadme acerca de las cosas venideras tocante a mis hijos,
    y dejaréis a mi cuidado la obra de mis manos.

12 Yo hice la tierra y creé al hombre sobre ella.
    Yo extendí los cielos con mis manos,
    y di órdenes a todo su ejército.

13 Yo lo he despertado en justicia,
    y todos sus caminos allanaré.
    El edificará mi ciudad y dejará libres a mis desterrados
    sin pago ni recompensa—dice el SEÑOR de los ejércitos.

14 Así dice el SEÑOR:
    Los productos de Egipto, la mercadería de Cus
    y los sabeos, hombres de gran estatura,
    pasarán a ti y tuyos serán;
    detrás de ti caminarán, pasarán encadenados
    y ante ti se inclinarán.
    Te suplicarán:
    "Ciertamente Dios está contigo y no hay ningún otro,
    ningún otro dios."

15 En verdad, tú eres un Dios que te ocultas,
oh Dios de Israel, Salvador.
16 Avergonzados y aun humillados serán todos
ellos;
los fabricantes de ídolos a una se irán
humillados.
17 Israel ha sido salvado por el Señor
con salvación eterna;
no seréis avergonzados ni humillados
por toda la eternidad.
18 Porque así dice el Señor que creó los cielos
(El es el Dios que formó la tierra y la hizo,
El la estableció y no la hizo un lugar
desolado,
sino que la formó para ser habitada):
Yo soy el Señor y no hay ningún otro.
19 No he hablado en secreto,
en alguna tierra oscura;
no dije a la descendencia de Jacob:
"Buscadme en lugar desolado."
Yo, el Señor, hablo justicia
y declaro lo que es recto.
20 Reuníos y venid;
juntos acercaos, fugitivos de las naciones.
No tienen conocimiento
los que llevan su ídolo de madera
y suplican a un dios que no puede salvar.
21 Declarad y presentad vuestro caso;
sí, que deliberen juntos:
¿Quién ha anunciado esto desde la antigüedad
y lo ha declarado desde entonces?
¿No soy yo, el Señor?
No hay más Dios que yo,
un Dios justo y salvador;
no hay ninguno fuera de mí.
22 Volveos a mí y sed salvos, todos los términos
de la tierra;
porque yo soy Dios, y no hay ningún otro.
23 Por mí mismo he jurado,
ha salido de mi boca en justicia
una palabra que no será revocada:
Que ante mí se doblará toda rodilla, y toda
lengua jurará lealtad.
24 De mí dirán: "Sólo en el Señor hay justicia y
fuerza."
A El vendrán y serán avergonzados
todos los que contra El se enojaron.
25 En el Señor será justificada y se gloriará
toda la descendencia de Israel.

46 Se ha postrado Bel, se derrumba Nebo;
sus imágenes son puestas sobre bestias,
sobre animales de carga.
Vuestros fardos son pesados,
una carga para la bestia fatigada.
2 Se derrumbaron, a una se han postrado;
no pudieron salvar la carga,
sino que ellos mismos han ido en cautividad.
3 Escuchadme, casa de Jacob,
y todo el remanente de la casa de Israel,
los que habéis sido llevados por mí desde el
vientre,
cargados desde la matriz.
4 Aun hasta vuestra vejez, yo seré el mismo,
y hasta vuestros años avanzados, yo os
sostendré.
Yo lo he hecho, y yo os cargaré;
yo os sostendré, y yo os libraré.
5 ¿A quién me asemejaréis,
me igualaréis o me compararéis

para que seamos semejantes?
6 Los que derrochan el oro de la bolsa
y pesan la plata en la balanza
pagan a un orfebre para que haga un dios de
ello;
se postran y lo adoran.
7 Lo levantan en hombros y lo llevan;
lo colocan en su lugar y allí se está.
No se mueve de su lugar.
Aunque alguno clame a él, no responde,
de su angustia no lo libra.
8 Acordaos de esto, y estad confiados;
ponedlo en vuestro corazón, transgresores.
9 Acordaos de las cosas anteriores ya pasadas,
porque yo soy Dios, y no hay otro;
yo soy Dios, y no hay ninguno como yo,
10 que declaro el fin desde el principio
y desde la antigüedad lo que no ha sido
hecho.
Yo digo: "Mi propósito será establecido,
y todo lo que quiero realizaré."
11 Yo llamo del oriente un ave de rapiña,
y de tierra lejana al hombre de mi propósito.
En verdad he hablado, ciertamente haré que
suceda;
lo he planeado, así lo haré.
12 Escuchadme, duros de corazón,
que estáis lejos de la justicia.
13 Yo acerco mi justicia, no está lejos;
y mi salvación no tardará.
Pondré salvación en Sion,
para Israel será mi gloria.

Juicio sobre Babilonia

47 Desciende y siéntate en el polvo,
virgen hija de Babilonia.
Siéntate en la tierra, sin trono,
hija de los caldeos,
porque nunca más serás llamada tierna y
delicada.
2 Toma las piedras de molino y muele la
harina;
quítate el velo, despójate de la falda,
descubre tus piernas, pasa los ríos.
3 Será descubierta tu desnudez,
también será expuesta tu vergüenza;
tomaré venganza y no perdonaré a hombre
alguno.
4 Nuestro Redentor, el Señor de los ejércitos
es su nombre,
el Santo de Israel.
5 Siéntate en silencio y entra en las tinieblas,
hija de los caldeos,
porque nunca más te llamarán
soberana de reinos.
6 Estaba enojado contra mi pueblo,
profané mi heredad
y en tu mano los entregué;
no les mostraste compasión,
sobre el anciano hiciste muy pesado tu yugo.
7 y dijiste: "Seré soberana para siempre."
No consideraste esto en tu corazón,
ni te acordaste de su resultado.
8 Ahora pues, oye esto, voluptuosa,
tú que moras confiadamente,
que dices en tu corazón:
"Yo, y nadie más.
No me quedaré viuda,
ni sabré de pérdida de hijos."

9 Pero estas dos cosas vendrán de repente
    sobre ti en un mismo día:
    pérdida de hijos y viudez.
  Vendrán sobre ti en toda su plenitud
  a pesar de tus muchas hechicerías,
  a pesar del gran poder de tus
    encantamientos.
10 Te sentiste segura en tu maldad y dijiste:
  "Nadie me ve."
  Tu sabiduría y tu conocimiento te han
    engañado,
  y dijiste en tu corazón:
  "Yo, y nadie más."
11 Pero un mal vendrá sobre ti
  que no sabrás conjurar;
  caerá sobre ti un desastre
  que no podrás remediar;
  vendrá de repente sobre ti
  una destrucción que no conoces.
12 Permanece ahora en tus encantamientos
  y en tus muchas hechicerías
  en las cuales te has ocupado desde tu
    juventud;
  tal vez podrás sacar provecho,
  tal vez causarás temor.
13 Estás fatigada por los muchos consejos;
  que se levanten ahora los que contemplan los
    cielos,
  los que profetizan por medio de las estrellas,
  los que pronostican cada luna nueva,
  y te salven de lo que vendrá sobre ti.
14 He aquí, ellos se han vuelto como rastrojo,
  el fuego los quema;
  no librarán sus vidas del poder de la llama.
  No habrá brasas para calentarse,
  ni lumbre ante la cual sentarse.
15 Así han venido a ser para ti aquellos con
    quienes has trabajado,
  que han negociado contigo desde tu
    juventud;
  cada cual vaga por su camino,
  no hay nadie que te salve.

Represión a Israel y promesa de liberación

48 Oíd esto, casa de Jacob, los que lleváis el
    nombre de Israel
  y salisteis de las entrañas de Judá,
  los que juráis por el nombre del Señor
  y hacéis mención del Dios de Israel,
  pero no en verdad ni en justicia,
2 aunque lleváis *el nombre* de la ciudad santa,
  y os apoyáis en el Dios de Israel,
  cuyo nombre es Señor de los ejércitos.
3 Las cosas pasadas desde hace tiempo las
    declaré,
  de mi boca salieron y las proclamé.
  De repente actué y se cumplieron.
4 Por cuanto sé que eres obstinado,
  que tendón de hierro es tu cerviz
  y de bronce tu frente,
5 y, pues, te *las* declaré desde hace tiempo;
  antes de que sucedieran te *las* proclamé,
  no sea que dijeras: "Mi ídolo las ha hecho,
  y mi imagen tallada o fundida las ha
    ordenado."
6 *Lo* has oído; míra*lo* todo.
  Y vosotros, ¿no lo declararéis?
  Desde este momento te hago oír cosas nuevas
  y ocultas que no conocías.

7 Ahora han sido creadas, y no hace tiempo,
  y antes de hoy no las habías oído,
  para que no digas: "He aquí, yo las conocía."
8 Sí, tú no *las* oíste, ni nunca *las* conociste;
  ciertamente, no habían sido abiertos de
    antemano tus oídos,
  porque yo sabía que obrarías con mucha
    perfidia,
  y rebelde te han llamado desde el seno
    materno.
9 Por amor a mi nombre contengo mi ira,
  y *para* mi alabanza *la* reprimo contigo
  a fin de no destruirte.
10 He aquí, te he purificado, pero no como a
    plata;
  te he probado en el crisol de la aflicción.
11 Por amor mío, por amor mío, lo haré,
  porque ¿cómo podría ser profanado *mi
    nombre?*
  Mi gloria, pues, no la daré a otro.
12 Oyeme, Jacob, Israel a quien llamé:
  Yo soy, yo soy el primero *y* también soy el
    último.
13 Ciertamente mi mano fundó la tierra,
  y mi diestra extendió los cielos;
  cuando los llamo, comparecen juntos.
14 Congregaos, todos vosotros, y escuchad.
  ¿Quién de entre ellos ha declarado estas
    cosas?
  El Señor lo ama; él ejecutará su voluntad en
    Babilonia,
  y su brazo *será contra* los caldeos.
15 Yo, yo he hablado, en verdad lo he llamado,
  lo he traído; y su camino prosperará.
16 Acercaos a mí, escuchad esto:
  Desde el principio no he hablado en secreto,
  desde el momento en que sucedió, allí estaba
    yo.
  Y ahora me ha enviado el Señor Dios, y su
    Espíritu.
17 Así dice el Señor, tu Redentor, el Santo de
    Israel:
  Yo soy el Señor tu Dios, que te enseña para
    tu beneficio,
  que te conduce por el camino en que debes
    andar.
18 ¡Si tan sólo hubieras atendido a mis
    mandamientos!
  Entonces habría sido tu paz como un río,
  y tu justicia como las olas del mar.
19 Sería como la arena tu descendencia,
  y tus hijos como sus granos;
  nunca habría sido cortado ni borrado su
    nombre de mi presencia.
20 Salid de Babilonia, huid de los caldeos;
  con voz de júbilo anunciad, proclamad esto,
  publicadlo hasta los confines de la tierra;
  decid: El Señor ha redimido a su siervo
    Jacob.
21 No padecieron sed cuando El los condujo por
    los desiertos;
  hizo que brotara agua de la roca para ellos,
  partió la peña, y las aguas corrieron.
22 No hay paz para los malvados—dice el
    Señor.

Promesa de salvación

49 Escuchadme, islas,
    y atended, pueblos lejanos.

El Señor me llamó desde el seno materno,
desde las entrañas de mi madre mencionó mi
nombre.

2 Ha hecho mi boca como espada afilada,
en la sombra de su mano me ha escondido;
me ha hecho también como saeta escogida,
en su aljaba me ha escondido.

3 Y me dijo: Tú eres mi siervo, Israel,
en quien yo mostraré mi gloria.

4 Y yo dije: En vano he trabajado,
en vanidad y en nada he gastado mis fuerzas;
pero mi derecho está en el Señor,
y mi recompensa con mi Dios.

5 Y ahora dice el Señor (el que me formó
desde el seno materno para ser su siervo,
para hacer que Jacob vuelva a El y que Israel
se reúna con El,
porque honrado soy a los ojos del Señor
y mi Dios ha sido mi fortaleza),

6 dice El: Poca cosa es que tú seas mi siervo,
para levantar las tribus de Jacob y para
restaurar a los que quedaron de Israel;
también te haré luz de las naciones,
para que mi salvación alcance hasta los
confines de la tierra.

7 Así dice el Señor, el Redentor de Israel, el
Santo suyo,
al despreciado, al aborrecido de la nación,
al siervo de gobernantes:
Lo verán reyes y se levantarán,
príncipes, y se postrarán,
a causa del Señor que es fiel,
del Santo de Israel que te ha escogido.

8 Así dice el Señor: En tiempo propicio te he
respondido,
en día de salvación te he ayudado;
te guardaré y te daré por pacto del pueblo,
para restaurar la tierra, para repartir las
heredades asoladas,

9 para decir a los presos: "Salid";
a los que están en tinieblas: "Mostraos."
Por los caminos pacerán,
y en todas las alturas desoladas tendrán sus
pastos.

10 No pasarán hambre ni sed,
ni los herirá el calor abrasador ni el sol,
porque el que tiene compasión de ellos los
guiará,
y a manantiales de aguas los conducirá.

11 Convertiré todos mis montes en camino,
y mis calzadas serán levantadas.

12 Mira, éstos vendrán de lejos;
y he aquí, otros del norte y del occidente,
y otros de la tierra de Sinim.

13 Gritad de júbilo, cielos, y regocíjate, tierra.
Prorrumpid, montes, en gritos de alegría,
porque el Señor ha consolado a su pueblo,
y de sus afligidos tendrá compasión.

14 Pero Sion dijo: El Señor me ha abandonado,
el Señor se ha olvidado de mí.

15 ¿Puede una mujer olvidar a su niño de pecho,
sin compadecerse del hijo de sus entrañas?
Aunque ellas se olvidaran, yo no te olvidaré.

16 He aquí, en las palmas de mis manos, te he
grabado;
tus muros están constantemente delante de
mí.

17 Tus edificadores se apresuran;
tus destructores y tus devastadores

se alejarán de ti.

18 Levanta en derredor tus ojos y mira:
todos ellos se reúnen, vienen a ti.
Vivo yo—declara el Señor—
que a todos ellos como joyas te los pondrás, y
te ceñirás con ellos como una novia.

19 En cuanto a tus lugares desiertos y desolados
y tu tierra arruinada,
ahora serás ciertamente demasiado estrecha
para los moradores,
y tus devoradores estarán muy lejos.

20 Todavía te dirán al oído los hijos de los que
fuiste privada:
"El lugar es muy estrecho para mí;
hazme sitio para que yo more aquí."

21 Y dirás en tu corazón:
"¿Quién me ha engendrado éstos?
Pues yo había sido privada de mis hijos,
y era estéril, desterrada y errante.
Y a éstos, ¿quién los ha criado?
He aquí, yo había sido dejada sola;
y éstos, ¿dónde estaban?"

22 Así dice el Señor Dios:
He aquí, levantaré hacia las naciones mi
mano,
y hacia los pueblos alzaré mi estandarte;
traerán a tus hijos en brazos,
y tus hijas a hombros serán llevadas.

23 Reyes serán tus tutores,
y sus princesas, tus nodrizas.
Rostro en tierra te rendirán homenaje
y el polvo de tus pies lamerán.
Y sabrás que yo soy el Señor,
y que no se avergonzarán los que esperan en
mí.

24 ¿Se le podrá quitar la presa al poderoso,
o rescatar al cautivo del tirano?

25 Ciertamente así dice el Señor:
Aun los cautivos del poderoso serán
recobrados,
y rescatada será la presa del tirano;
con el que contienda contigo yo contenderé,
y salvaré a tus hijos.

26 Haré comer a tus opresores su propia carne,
y como con vino dulce, con su sangre se
embriagarán;
y toda carne sabrá que yo, el Señor, soy tu
Salvador
y tu Redentor, el Poderoso de Jacob.

Exhortación a confiar en el Señor

50 Así dice el Señor:
¿Dónde está esa carta de divorcio
con la que repudié a vuestra madre?
¿O a cuál de mis acreedores os vendí?
He aquí, por vuestras iniquidades fuisteis
vendidos,
y por vuestras transgresiones fue repudiada
vuestra madre.

2 ¿Por qué cuando vine no había nadie,
y cuando llamé no había quien respondiera?
¿Acaso es tan corta mi mano que no puede
rescatar,
o no tengo poder para librar?
He aquí, con mi reprensión seco el mar,
convierto los ríos en desierto;
sus peces hieden por falta de agua,
mueren de sed.

3 Yo visto de negrura los cielos,

y hago de cilicio su cobertura.

4 El Señor Dios me ha dado lengua de
   discípulo,
   para que yo sepa sostener con una palabra al
   fatigado.
   Mañana tras mañana *me* despierta,
   despierta mi oído para escuchar como los
   discípulos.
5 El Señor Dios me ha abierto el oído;
   y no fui desobediente,
   ni me volví atrás.
6 Di mis espaldas a los que *me* herían,
   y mis mejillas a los que *me* arrancaban la
   barba;
   no escondí mi rostro de injurias y esputos.
7 El Señor Dios me ayuda,
   por eso no soy humillado,
   por eso como pedernal he puesto mi rostro,
   y sé que no seré avergonzado.
8 Cercano está el que me justifica;
   ¿quién contenderá conmigo?
   Comparezcamos juntos;
   ¿quién es el enemigo de mi causa?
   Que se acerque a mí.
9 He aquí, el Señor Dios me ayuda;
   ¿quién es el que me condena?
   He aquí, todos ellos como un vestido se
   gastarán,
   la polilla se los comerá.
10 ¿Quién hay entre vosotros que tema al Señor,
   que oiga la voz de su siervo,
   que ande en tinieblas y no tenga luz?
   Confíe en el nombre del Señor y apóyese en
   su Dios.
11 He aquí, todos vosotros que encendéis fuego,
   que os rodeáis de teas,
   andad a la lumbre de vuestro fuego
   y entre las teas que habéis encendido.
   Esto os vendrá de mi mano:
   en tormento yaceréis.

Anuncio de salvación para Sion

51 Escuchadme, vosotros que seguís la
   justicia,
   los que buscáis al Señor.
   Mirad la roca de donde fuisteis tallados,
   y la cantera de donde fuisteis excavados.
2 Mirad a Abraham, vuestro padre,
   y a Sara, que os dio a luz;
   cuando *él era* uno solo lo llamé,
   y lo bendije y lo multipliqué.
3 Ciertamente el Señor consolará a Sion,
   consolará todos sus lugares desolados;
   convertirá su desierto en Edén,
   y su yermo en huerto del Señor;
   gozo y alegría se encontrarán en ella,
   acciones de gracias y voces de alabanza.
4 Prestadme atención, pueblo mío,
   y oídme, nación mía;
   porque de mí saldrá una ley,
   y estableceré mi justicia para luz de los
   pueblos.
5 Cerca está mi justicia, ha salido mi salvación,
   y mis brazos juzgarán a los pueblos;
   por mí esperan las costas,
   y en mi brazo ponen su esperanza.
6 Alzad vuestros ojos a los cielos,
   y mirad la tierra abajo;

porque los cielos como humo se
   desvanecerán,
   y la tierra como un vestido se gastará.
   Sus habitantes como mosquitos morirán,
   pero mi salvación será para siempre,
   y mi justicia no menguará.
7 Escuchadme, vosotros que conocéis la
   justicia,
   pueblo en cuyo corazón está mi ley.
   No temáis el oprobio del hombre,
   ni os desalentéis a causa de sus ultrajes.
8 Porque como a vestido se los comerá la
   polilla,
   y como a lana se los comerá la larva.
   Pero mi justicia durará para siempre,
   y mi salvación por todas las generaciones.
9 Despierta, despierta, vístete de poder, oh
   brazo del Señor;
   despierta como en los días de antaño, en las
   generaciones pasadas.
   ¿No eres tú el que despedazó a Rahab,
   el que traspasó al dragón?
10 ¿No eres tú el que secó el mar,
   las aguas del gran abismo;
   el que transformó en camino las
   profundidades del mar
   para que pasaran los redimidos?
11 Los rescatados del Señor volverán,
   entrarán en Sion con gritos de júbilo,
   con alegría eterna sobre sus cabezas.
   Gozo y alegría alcanzarán,
   y huirán la tristeza y el gemido.
12 Yo, yo soy vuestro consolador.
   ¿Quién eres tú que temes al hombre mortal,
   y al hijo del hombre que como hierba es
   tratado?
13 ¿Has olvidado al Señor, tu Hacedor,
   que extendió los cielos
   y puso los cimientos de la tierra,
   para que estés temblando sin cesar todo el
   día ante la furia del opresor,
   mientras éste se prepara para destruir?
   Pero ¿dónde está la furia del opresor?
14 El desterrado pronto será libertado, y no
   morirá en la cárcel, ni le faltará su pan.
15 Porque yo soy el Señor tu Dios, que agito el
   mar y hago bramar sus olas (el Señor de los
   ejércitos es su nombre),
16 y he puesto mis palabras en tu boca, y con la
   sombra de mi mano te he cubierto al establecer
   los cielos, poner los cimientos de la tierra y decir
   a Sion: "Tú eres mi pueblo."
17 ¡Despierta, despierta! Levántate, Jerusalén,
   tú, que has bebido de la mano del Señor la
   copa de su furor,
   que has bebido el cáliz del vértigo hasta
   vaciarlo.
18 No hay quien la guíe entre todos los hijos que
   dio a luz,
   ni hay quien la tome de la mano entre todos
   los hijos que crió.
19 Estas dos cosas te han acontecido,
   ¿quién te confortará?;
   desolación y destrucción, hambre y espada,
   ¿quién te consolará?
20 Tus hijos han desfallecido,
   yacen en las esquinas de todas las calles
   como antílope en la red,
   llenos del furor del Señor,

de la represión de tu Dios.

21 Por tanto, oye ahora esto, afligida,
que estás ebria, mas no de vino:
22 Así dice tu Señor, el SEÑOR tu Dios,
que contiende por su pueblo:
He aquí, he quitado de tu mano la copa del
vértigo,
el cáliz de mi furor,
nunca más lo beberás.
23 Lo pondré en las manos de los que te
atormentan,
que te han dicho: "Póstrate para que
pasemos."
Y tú pusiste tu espalda como suelo,
como calle para los que pasaban.

Promesas de restauración a Sion

52 Despierta, despierta,
vístete de tu poder, oh Sion;
vístete de tus ropajes hermosos,
oh Jerusalén, ciudad santa.
Porque el incircunciso y el inmundo
no volverán a entrar en ti.
2 Sal del polvo, levántate,
cautiva Jerusalén;
líbrate de las cadenas de tu cuello,
cautiva hija de Sion.
3 Porque así dice el SEÑOR: De balde fuisteis
vendidos y sin dinero seréis redimidos.
4 Porque así dice el Señor DIOS: Mi pueblo
descendió a Egipto al principio para residir allí;
después los asirios sin motivo los oprimieron.
5 Y ahora, ¿qué hago yo aquí—declara el
SEÑOR—viendo que se llevan a mi pueblo sin
causa? *También* declara el SEÑOR: Sus domina-
dores dan gritos, y sin cesar mi nombre es blasfemado todo el día.
6 Por tanto, mi pueblo conocerá mi nombre; así
que en aquel día *comprenderán* que yo soy el que
dice: "Heme aquí."
7 ¡Qué hermosos son sobre los montes
los pies del que trae buenas nuevas,
del que anuncia la paz,
del que trae las buenas nuevas de gozo,
del que anuncia la salvación,
y dice a Sion: Tu Dios reina!
8 ¡Una voz! Tus centinelas alzan la voz,
a una gritan de júbilo
porque verán con sus propios ojos
cuando el SEÑOR restaure a Sion.
9 Prorrumpid a una en gritos de júbilo,
lugares desolados de Jerusalén,
porque el SEÑOR ha consolado a su pueblo,
ha redimido a Jerusalén.
10 El SEÑOR ha desnudado su santo brazo
a la vista de todas las naciones,
y todos los confines de la tierra verán
la salvación de nuestro Dios.
11 Apartaos, apartaos, salid de allí,
nada inmundo toquéis;
salid de en medio de ella, purificaos,
vosotros que lleváis las vasijas del SEÑOR.
12 Pues no saldréis precipitadamente,
ni iréis como fugitivos;
porque delante de vosotros irá el SEÑOR,
y vuestra retaguardia *será* el Dios de Israel.
13 He aquí, mi siervo prosperará,
será enaltecido, levantado y en gran manera
exaltado.

14 De la manera que muchos se asombraron de
ti, *pueblo mío,*
así fue desfigurada su apariencia más que la
de *cualquier* hombre,
y su aspecto más que el de los hijos de los
hombres.
15 Ciertamente El asombrará a muchas
naciones,
los reyes cerrarán la boca ante El;
porque lo que no les habían contado verán,
y lo que no habían oído entenderán.

53 ¿Quién ha creído a nuestro mensaje?
¿A quién se ha revelado el brazo del
SEÑOR?
2 Creció delante de El como renuevo tierno,
como raíz de tierra seca;
no tiene aspecto *hermoso* ni majestad
para que le miremos,
ni apariencia para que le deseemos.
3 Fue despreciado y desechado de los hombres,
varón de dolores y experimentado en
aflicción;
y como uno de quien *los hombres* esconden el
rostro,
fue despreciado, y no le estimamos.
4 Ciertamente El llevó nuestras enfermedades,
y cargó con nuestros dolores;
con todo, nosotros le tuvimos por azotado,
por herido de Dios y afligido.
5 Mas El fue herido por nuestras
transgresiones,
molido por nuestras iniquidades.
El castigo, por nuestra paz, *cayó* sobre El,
y por sus heridas hemos sido sanados.
6 Todos nosotros nos descarriamos como
ovejas,
nos apartamos cada cual por su camino;
pero el SEÑOR hizo que cayera sobre El
la iniquidad de todos nosotros.
7 Fue oprimido y afligido,
pero no abrió su boca;
como cordero que es llevado al matadero,
y como oveja que ante sus trasquiladores
permanece muda,
no abrió El su boca.
8 Por opresión y juicio fue quitado;
y en cuanto a su generación, ¿quién tuvo en
cuenta
que El fuera cortado de la tierra de los
vivientes
por la transgresión de mi pueblo, a quien
correspondía la herida?
9 Se dispuso con los impíos su sepultura,
pero con el rico fue en su muerte,
aunque no había hecho violencia,
ni había engaño en su boca.
10 Pero quiso el SEÑOR
quebrantarle, sometiéndo*le* a padecimiento.
Cuando El se entregue a sí mismo *como*
ofrenda de expiación,
verá a *su* descendencia,
prolongará *sus* días,
y la voluntad del SEÑOR en su mano
prosperará.
11 Debido a la angustia de su alma,
El *lo* verá *y* quedará satisfecho.
Por su conocimiento, el Justo,
mi Siervo, justificará a muchos,
y cargará las iniquidades de ellos.

12 Por tanto, yo le daré parte con los grandes
  y con los fuertes repartirá despojos,
  porque derramó su alma hasta la muerte
  y con los transgresores fue contado,
  llevando El el pecado de muchos,
  e intercediendo por los transgresores.

Fecundidad de Jerusalén

54 Grita de júbilo, oh estéril, la que no ha
  dado a luz;
  prorrumpe en gritos de júbilo y clama en alta
  voz, la que no ha estado de parto;
  porque son más los hijos de la desolada
  que los hijos de la casada—dice el SEÑOR.

2 Ensancha el lugar de tu tienda,
  extiende las cortinas de tus moradas, no
  escatimes;
  alarga tus cuerdas,
  y refuerza tus estacas.

3 Porque te extenderás hacia la derecha y
  hacia la izquierda;
  tu descendencia poseerá naciones,
  y poblarán ciudades desoladas.

4 No temas, pues no serás avergonzada;
  ni te sientas humillada, pues no serás
  agraviada;
  sino que te olvidarás de la vergüenza de tu
  juventud,
  y del oprobio de tu viudez no te acordarás
  más.

5 Porque tu esposo es tu Hacedor,
  el SEÑOR de los ejércitos es su nombre;
  y tu Redentor es el Santo de Israel,
  que se llama Dios de toda la tierra.

6 Porque como a mujer abandonada y afligida
  de espíritu,
  te ha llamado el SEÑOR,
  y como a esposa de la juventud que es
  repudiada
  —dice tu Dios.

7 Por un breve momento te abandoné,
  pero con gran compasión te recogeré.

8 En un acceso de ira
  escondí mi rostro de ti por un momento,
  pero con misericordia eterna tendré
  compasión de ti
  —dice el SEÑOR tu Redentor.

9 Porque esto es para mí como en los días de
  Noé,
  cuando juré que las aguas de Noé
  nunca más inundarían la tierra;
  así he jurado que no me enojaré contra ti,
  ni te reprenderé.

10 Porque los montes serán quitados y las
  colinas temblarán,
  pero mi misericordia no se apartará de ti,
  y el pacto de mi paz no será quebrantado
  —dice el SEÑOR, que tiene compasión de ti.

11 Oh afligida, azotada por la tempestad, sin
  consuelo,
  he aquí, yo asentaré tus piedras en
  antimonio,
  y tus cimientos en zafiros.

12 Haré tus almenas de rubíes,
  tus puertas de cristal
  y todo tu muro de piedras preciosas.

13 Todos tus hijos *serán* enseñados por el
  SEÑOR,
  y grande *será* el bienestar de tus hijos.

14 En justicia serás establecida.
  Estarás lejos de la opresión, pues no temerás,
  y del terror, pues no se acercará a ti.

15 Si alguno *te* ataca ferozmente, no será de mi
  parte.
  Cualquiera que te ataque, por causa de ti
  caerá.

16 He aquí, yo he creado al herrero que sopla las
  brasas en el fuego
  y saca una herramienta para su trabajo;
  yo he creado al devastador para destruir.

17 Ningún arma forjada contra ti prosperará,
  y condenarás toda lengua que se alce contra
  ti en juicio.
  Esta es la herencia de los siervos del SEÑOR,
  y su justificación viene de mí—declara el
  SEÑOR.

Misericordia para todos

55 Todos los sedientos, venid a las aguas;
  y los que no tenéis dinero, venid,
  comprad y comed.
  Venid, comprad vino y leche
  sin dinero y sin costo alguno.

2 ¿Por qué gastáis dinero en lo que no es pan,
  y vuestro salario en lo que no sacia?
  Escuchadme atentamente, y comed lo que es
  bueno,
  y se deleitará vuestra alma en la abundancia.

3 Inclinad vuestro oído y venid a mí,
  escuchad y vivirá vuestra alma;
  y haré con vosotros un pacto eterno,
  conforme a las fieles misericordias mostradas
  a David.

4 He aquí, lo he puesto por testigo a los
  pueblos,
  por guía y jefe de las naciones.

5 He aquí, llamarás a una nación que no
  conocías,
  y una nación que no te conocía, correrá a ti
  a causa del SEÑOR tu Dios, el Santo de Israel;
  porque El te ha glorificado.

6 Buscad al SEÑOR mientras puede ser hallado,
  llamadle en tanto que está cerca.

7 Abandone el impío su camino,
  y el hombre inicuo sus pensamientos,
  y vuélvase al SEÑOR,
  que tendrá de él compasión,
  al Dios nuestro,
  que será amplio en perdonar.

8 Porque mis pensamientos no son vuestros
  pensamientos,
  ni vuestros caminos mis caminos—declara el
  SEÑOR.

9 Porque *como* los cielos son más altos que la
  tierra,
  así mis caminos son más altos que vuestros
  caminos,
  y mis pensamientos más que vuestros
  pensamientos.

10 Porque como descienden de los cielos la
  lluvia y la nieve,
  y no vuelven allá sino que riegan la tierra,
  haciéndola producir y germinar,
  dando semilla al sembrador y pan al que
  come,

11 así será mi palabra que sale de mi boca,
  no volverá a mí vacía
  sin haber realizado lo que deseo,

y logrado *el propósito* para el cual la envié.

12 Porque con alegría saldréis,
y con paz seréis conducidos;
los montes y las colinas prorrumpirán en
gritos de júbilo delante de vosotros,
y todos los árboles del campo batirán palmas.

13 En lugar del espino crecerá el ciprés,
y en lugar de la ortiga crecerá el mirto;
y esto será para gloria del SEÑOR,
para señal eterna que nunca será borrada.

Importancia de guardar el pacto de Dios

56 Así dice el SEÑOR:
Preservad el derecho y haced justicia,
porque mi salvación está para llegar
y mi justicia para ser revelada.

2 Cuán bienaventurado es el hombre que hace
esto,
y el hijo del hombre que a ello se aferra;
que guarda el día de reposo sin profanarlo,
y guarda su mano de hacer mal alguno.

3 Que el extranjero que se ha allegado al
SEÑOR, no diga:
Ciertamente el SEÑOR me separará de su
pueblo.
Ni diga el eunuco: He aquí, soy un árbol seco.

4 Porque así dice el SEÑOR:
A los eunucos que guardan mis días de
reposo,
escogen lo que me agrada
y se mantienen firmes en mi pacto,

5 les daré en mi casa y en mis muros un lugar,
y un nombre mejor que el de hijos e hijas;
les daré nombre eterno que nunca será
borrado.

6 Y a los extranjeros que se alleguen al SEÑOR
para servirle, y para amar el nombre del
SEÑOR,
para ser sus siervos, a todos los que guardan
el día de reposo sin profanarlo,
y se mantienen firmes en mi pacto,

7 yo los traeré a mi santo monte,
y los alegraré en mi casa de oración.
Sus holocaustos y sus sacrificios serán
aceptos sobre mi altar;
porque mi casa será llamada casa de oración
para todos los pueblos.

8 Declara el Señor DIOS que reúne a los
dispersos de Israel:
Todavía les juntaré *otros* a los *ya* reunidos.

9 Bestias todas del campo,
venid a comer,
bestias todas del bosque.

10 Sus centinelas son ciegos,
ninguno sabe nada.
Todos son perros mudos que no pueden
ladrar,
soñadores acostados, amigos de dormir;

11 y los perros son voraces, no se sacian.
Y ellos son pastores que no saben entender;
todos se han apartado por su camino,
cada cual, hasta el último, busca su propia
ganancia.

12 Venid—*dicen*—busquemos vino y
embriaguémonos de licor;
y mañana será como hoy, sólo que mucho
mejor.

La idolatría de Israel condenada

57 El justo perece, y no hay quien se
preocupe;
los hombres piadosos son arrebatados, sin
que nadie comprenda
que ante el mal es arrebatado el justo,

2 *y* entra en la paz.
Descansan en sus lechos,
los que andan en su camino recto.

3 Mas vosotros venid acá, hijos de hechicera,
descendientes de adúltero y ramera.

4 ¿De quién os burláis?
¿Contra quién abrís la boca
y sacáis la lengua?
¿No sois vosotros hijos de rebeldía,
descendientes de la mentira;

5 *que* ardéis con pasión entre los robles,
bajo todo árbol frondoso;
que sacrificáis los hijos en las quebradas,
debajo de las hendiduras de las peñas?

6 Entre las *piedras* lisas de la quebrada
está tu parte; ellas, ellas son tu suerte;
también para ellas has derramado libación,
has ofrecido ofrenda de cereal.
¿He de aplacarme con estas cosas?

7 Sobre un monte alto y encumbrado
has puesto tu cama;
allí también subiste a ofrecer sacrificio.

8 Y detrás de la puerta y del umbral
has puesto tu señal.
En verdad, bien lejos de mí te has
descubierto,
y has subido *y* ensanchado tu cama;
de ellos has logrado pacto a tu favor,
has amado su cama,
has contemplado *su* virilidad.

9 Has ido al rey con ungüento,
y has multiplicado tus perfumes;
has enviado tus emisarios a gran distancia,
y *los* has hecho descender al Seol.

10 Te cansaste por lo largo de tu camino,
pero no dijiste: "No hay esperanza."
Hallaste nuevas fuerzas,
por eso no desfalleciste.

11 ¿Y de quién te asustaste y tuviste miedo,
cuando mentiste y no te acordaste de mí,
ni pensaste en ello?
¿No es acaso porque he guardado silencio por
mucho tiempo
que no me temes?

12 Yo declararé tu justicia y tus hechos,
pero de nada te aprovecharán.

13 Cuando clames, que tus ídolos te libren;
pero a todos se los llevará el viento,
un soplo *los* arrebatará.
Pero el que en mí se refugie, heredará la
tierra,
y poseerá mi santo monte.

14 Y se dirá:
Construid, construid, preparad el camino,
quitad los obstáculos del camino de mi
pueblo.

15 Porque así dice el Alto y Sublime
que vive para siempre, cuyo nombre es
Santo:
Habito *en* lo alto y santo,
y *también* con el contrito y humilde de
espíritu,
para vivificar el espíritu de los humildes

y para vivificar el corazón de los contritos.

16 Porque no contenderé para siempre,
ni siempre estaré enojado,
pues el espíritu desfallecería ante mí,
y el aliento *de los que* yo he creado.

17 A causa de la iniquidad de su codicia, me
enojé y lo herí;
escondí *mi rostro* y me indigné,
y él siguió desviándose por el camino de su
corazón.

18 He visto sus caminos, pero lo sanaré;
lo guiaré y le daré consuelo a él y a los que
con él lloran,

19 poniendo alabanza en los labios.
Paz, paz al que está lejos y al que está cerca
—dice el SEÑOR—y yo lo sanaré.

20 Pero los impíos son como el mar agitado,
que no puede estar quieto,
y sus aguas arrojan cieno y lodo.

21 No hay paz—dice mi Dios—para los impíos.

El ayuno y el día de reposo

58 Clama a voz en cuello, no te detengas;
alza tu voz como trompeta,
declara a mi pueblo su transgresión
y a la casa de Jacob sus pecados.

2 Con todo me buscan día tras día y se deleitan
en conocer mis caminos,
como nación que hubiera hecho justicia,
y no hubiera abandonado la ley de su Dios.
Me piden juicios justos,
se deleitan en la cercanía de Dios.

3 *Dicen:* "¿Por qué hemos ayunado, y tú no *lo*
ves?
¿*Por qué* nos hemos humillado, y tú no haces
caso?"
He aquí, en el día de vuestro ayuno buscáis
vuestra conveniencia
y oprimís a todos vuestros trabajadores.

4 He aquí, ayunáis para contiendas y riñas,
y para herir con un puño malvado.
No ayunéis como hoy,
para que se oiga en lo alto vuestra voz.

5 ¿Es ése el ayuno que yo escogí para que un día
se humille el hombre?
¿Es acaso para que incline su cabeza como un
junco,
y para que se acueste en cilicio y ceniza?
¿Llamaréis a esto ayuno y día acepto al
SEÑOR?

6 ¿No es éste el ayuno que yo escogí:
desatar las ligaduras de impiedad,
soltar las coyundas del yugo,
dejar ir libres a los oprimidos,
y romper todo yugo?

7 ¿No es para que partas tu pan con el
hambriento,
y recibas en casa a los pobres sin hogar;
para que cuando veas al desnudo lo cubras,
y no te escondas de tu semejante?

8 Entonces tu luz despuntará como la aurora,
y tu recuperación brotará con rapidez;
delante de ti irá tu justicia;
y la gloria del SEÑOR será tu retaguardia.

9 Entonces invocarás, y el SEÑOR responderá;
clamarás, y El dirá: "Heme aquí."
Si quitas de en medio de ti el yugo,
el amenazar con el dedo y el hablar
iniquidad,

10 y si te ofreces al hambriento,
y sacias el deseo del afligido,
entonces surgirá tu luz en las tinieblas,
y tu oscuridad *será* como el mediodía.

11 Y el SEÑOR te guiará continuamente,
saciará tu deseo en los lugares áridos
y dará vigor a tus huesos;
serás como huerto regado
y como manantial cuyas aguas nunca faltan.

12 Y los tuyos reedificarán las ruinas antiguas;
levantarás los cimientos de generaciones
pasadas,
y te llamarán reparador de brechas,
restaurador de calles donde habitar.

13 Si por causa del día de reposo apartas tu pie
para no hacer lo que te plazca en mi día
santo,
y llamas al día de reposo delicia, al *día* santo
del SEÑOR, honorable,
y lo honras, no siguiendo tus caminos,
ni buscando tu placer,
ni hablando de *tus propios* asuntos,

14 entonces te deleitarás en el SEÑOR,
y yo te haré cabalgar sobre las alturas de la
tierra,
y te alimentaré *con* la heredad de tu padre
Jacob;
porque la boca del SEÑOR ha hablado.

Confesión de la maldad de Israel

59 He aquí, no se ha acortado la mano del
SEÑOR para salvar;
ni se ha endurecido su oído para oír.

2 Pero vuestras iniquidades han hecho
separación entre vosotros y vuestro Dios,
y vuestros pecados le han hecho esconder su
rostro de vosotros para no escucharos.

3 Porque vuestras manos están manchadas de
sangre,
y vuestros dedos de iniquidad;
vuestros labios hablan mentira,
vuestra lengua murmura maldad.

4 No hay quien clame con justicia ni quien
abogue con honestidad.
Confían en la confusión, y hablan falsedades;
conciben malicia, y dan a luz iniquidad.

5 Incuban huevos de áspides y tejen telas de
araña;
el que come de sus huevos muere,
y del que es aplastado sale una víbora.

6 Sus telas no servirán de vestidos,
ni se cubrirán con sus obras;
sus obras son obras de iniquidad,
y actos de violencia hay en sus manos.

7 Sus pies corren al mal,
y se apresuran a derramar sangre inocente;
sus pensamientos son pensamientos de
iniquidad,
desolación y destrucción hay en sus caminos.

8 Camino de paz no conocen,
y no hay justicia en sus senderos;
han torcido a su favor las sendas,
cualquiera que ande en ellas no conoce la
paz.

9 Por tanto el derecho está lejos de nosotros,
y no nos alcanza la justicia;
esperamos luz, y he aquí tinieblas,
claridad, *pero* andamos en oscuridad.

10 Vamos palpando la pared como ciegos,

y andamos a tientas como los que no tienen
ojos;
tropezamos al mediodía como al anochecer,
entre los robustos *somos* como muertos.

11 Todos nosotros gruñimos como osos,
y gemimos tristemente como palomas;
esperamos la justicia, pero no la hay,
la salvación, *pero* está lejos de nosotros.

12 Porque se han multiplicado nuestras
transgresiones delante de ti,
y nuestros pecados testifican contra nosotros;
porque nuestras transgresiones están con
nosotros,
y conocemos nuestras iniquidades:

13 transgredir y negar al SEÑOR,
apartarse de nuestro Dios,
hablar de opresión y rebelión,
concebir y proferir en el corazón palabras
mentirosas.

14 Se ha vuelto atrás el derecho,
y la justicia permanece lejos;
porque ha tropezado en la plaza la verdad,
y la rectitud no puede entrar.

15 Sí, falta la verdad,
y el que se aparta del mal es hecho presa.
Y *lo* vio el SEÑOR,
y desagradó a sus ojos que no hubiera
derecho.

16 Vio que no había nadie,
y se asombró de que no hubiera quien
intercediera.
Entonces su brazo le trajo salvación,
y su justicia le sostuvo.

17 Se puso la justicia como coraza,
y el yelmo de salvación en su cabeza;
como vestidura se puso ropas de venganza,
y se envolvió de celo como de un manto.

18 Conforme a los hechos, así El pagará:
furor para sus adversarios, justo pago para
sus enemigos;
a las islas dará *su* pago.

19 Y temerán desde el occidente el nombre del
SEÑOR
y desde el nacimiento del sol su gloria,
porque El vendrá como torrente impetuoso,
que el viento del SEÑOR impele.

20 Y vendrá un Redentor a Sion
y a los que en Jacob se aparten de la
transgresión—declara el SEÑOR.

21 En cuanto a mí—dice el SEÑOR—, este es mi
pacto con ellos: Mi Espíritu que está sobre ti, y
mis palabras que he puesto en tu boca, no se
apartarán de tu boca, ni de la boca de tu descendencia, ni de la boca de la descendencia de tu
descendencia—dice el SEÑOR—desde ahora y
para siempre.

Futura gloria de Jerusalén

60 Levántate, resplandece, porque ha
llegado tu luz
y la gloria del SEÑOR ha amanecido sobre ti.

2 Porque he aquí, tinieblas cubrirán la tierra
y densa oscuridad los pueblos;
pero sobre ti amanecerá el SEÑOR,
y sobre ti aparecerá su gloria.

3 Y acudirán las naciones a tu luz,
y los reyes al resplandor de tu amanecer.

4 Levanta tus ojos en derredor y mira:
todos se reúnen, vienen a ti;

tus hijos vendrán de lejos,
y tus hijas serán llevadas en brazos.

5 Entonces *lo* verás y resplandecerás,
y se estremecerá y se regocijará tu corazón,
porque vendrá sobre ti la abundancia del
mar,
las riquezas de las naciones vendrán a ti.

6 Una multitud de camellos te cubrirá,
camellos jóvenes de Madián y de Efa;
todos ellos vendrán de Sabá,
traerán oro e incienso,
y traerán buenas nuevas de las alabanzas del
SEÑOR.

7 Todos los rebaños de Cedar serán reunidos
para ti,
los carneros de Nebaiot estarán a tu servicio;
subirán como *ofrenda* agradable sobre mi
altar,
y yo glorificaré la casa de mi gloria.

8 ¿Quiénes son éstos que vuelan como nubes,
y como palomas a sus ventanas?

9 Ciertamente las costas me esperarán,
y las naves de Tarsis *vendrán* primero,
para traer a tus hijos de lejos,
y su plata y su oro con ellos,
por el nombre del SEÑOR tu Dios,
y por el Santo de Israel que El te ha
glorificado.

10 Extranjeros edificarán tus murallas,
y sus reyes te servirán;
porque en mi furor te herí,
pero en mi benevolencia he tenido compasión
de ti.

11 Tus puertas estarán abiertas de continuo;
ni de día ni de noche se cerrarán,
para que te traigan las riquezas de las
naciones,
con sus reyes llevados en procesión.

12 Porque la nación y el reino que no te sirvan,
perecerán,
y esas naciones serán ciertamente destruidas.

13 La gloria del Líbano vendrá a ti,
el ciprés, el olmo y el boj a una,
para hermosear el lugar de mi santuario;
y yo haré glorioso el lugar de mis pies.

14 Vendrán a ti humillados los hijos de los que
te afligieron,
se postrarán a las plantas de tus pies todos
los que te despreciaban,
y te llamarán Ciudad del SEÑOR,
Sion del Santo de Israel.

15 Por cuanto tú estabas abandonada y
aborrecida,
sin que nadie pasara *por ti,*
haré de ti gloria eterna,
gozo de generación en generación.

16 Y mamarás la leche de las naciones,
al pecho de los reyes mamarás;
entonces sabrás que yo, el SEÑOR, soy tu
Salvador
y tu Redentor, el Poderoso de Jacob.

17 En vez de bronce, traeré oro,
en vez de hierro, traeré plata,
en vez de madera, bronce,
y en vez de piedras, hierro.
Pondré como tus administradores la paz,
y como tus gobernantes la justicia.

18 No se oirá *hablar* más de violencia en tu
tierra,

ni de desolación, ni de destrucción dentro de
     tus límites;
sino que llamarás a tus murallas salvación y
     a tus puertas alabanza.
19 Ya el sol no será para ti luz del día,
ni el resplandor de la luna te alumbrará;
sino que tendrás al SEÑOR por luz eterna,
y a tu Dios por tu gloria.
20 Nunca más se pondrá tu sol,
ni menguará tu luna,
porque tendrás al SEÑOR por luz eterna,
y se habrán acabado los días de tu luto.
21 Entonces todos los de tu pueblo *serán* justos;
para siempre poseerán la tierra,
vástago de mi plantío,
obra de mis manos,
para que yo me glorifique.
22 El más pequeño llegará a ser un millar,
y el más insignificante una nación poderosa.
Yo, el SEÑOR, a su tiempo lo apresuraré.

Buenas nuevas de salvación

61 El Espíritu del Señor DIOS está sobre mí,
     porque me ha ungido el SEÑOR
para traer buenas nuevas a los afligidos;
me ha enviado para vendar a los
     quebrantados de corazón,
para proclamar libertad a los cautivos
y liberación a los prisioneros;
2 para proclamar el año favorable del SEÑOR,
y el día de venganza de nuestro Dios;
para consolar a todos los que lloran,
3 para conceder que a los que lloran *en* Sion
se les dé diadema en vez de ceniza,
aceite de alegría en vez de luto,
manto de alabanza en vez de espíritu
     abatido;
para que sean llamados robles de justicia,
plantío del SEÑOR, para que El sea
     glorificado.
4 Entonces reedificarán las ruinas antiguas,
levantarán los lugares devastados de antaño,
y restaurarán las ciudades arruinadas,
los lugares devastados de muchas
     generaciones.
5 Se presentarán extraños y apacentarán
     vuestros rebaños,
e hijos de extranjeros *serán* vuestros
     labradores y vuestros viñadores.
6 Y vosotros seréis llamados sacerdotes del
     SEÑOR;
ministros de nuestro Dios se os llamará.
Comeréis las riquezas de las naciones,
y en su gloria os jactaréis.
7 En vez de vuestra vergüenza *tendréis* doble
     porción,
y *en vez de* humillación ellos gritarán de
     júbilo por su herencia.
Por tanto poseerán el doble en su tierra,
y tendrán alegría eterna.
8 Porque yo, el SEÑOR, amo el derecho,
odio el latrocinio en el holocausto.
Fielmente les daré su recompensa,
y haré con ellos un pacto eterno.
9 Entonces su descendencia será conocida
     entre las naciones,
y sus vástagos en medio de los pueblos;
todos los que los vean los reconocerán,

porque son la simiente que el SEÑOR ha
     bendecido.
10 En gran manera me gozaré en el SEÑOR,
mi alma se regocijará en mi Dios;
porque El me ha vestido de ropas de
     salvación,
me ha envuelto en manto de justicia
como el novio se engalana con una corona,
como la novia se adorna con sus joyas.
11 Porque como la tierra produce sus renuevos,
y como el huerto hace brotar lo sembrado en
     él,
así el Señor DIOS hará que la justicia y la
     alabanza
broten en presencia de todas las naciones.

Certeza de la salvación

62 Por amor de Sion no callaré,
     y por amor de Jerusalén no me estaré
     quieto,
hasta que salga su justicia como resplandor,
y su salvación se encienda como antorcha.
2 Entonces verán las naciones tu justicia,
y todos los reyes tu gloria,
y te llamarán con un nombre nuevo,
que la boca del SEÑOR determinará.
3 Serás también corona de hermosura en la
     mano del SEÑOR,
y diadema real en la palma de tu Dios.
4 Nunca más se dirá de ti: Abandonada,
ni de tu tierra se dirá jamás: Desolada;
sino que se te llamará: Mi deleite está en ella,
y a tu tierra: Desposada;
porque en ti se deleita el SEÑOR,
y tu tierra será desposada.
5 Porque *como* el joven se desposa con la
     doncella,
te desposarán tus hijos;
y *como* se regocija el novio por la novia,
tu Dios se regocijará por ti.
6 Sobre tus murallas, oh Jerusalén, he puesto
     centinelas;
en todo el día y en toda la noche jamás
     callarán.
Los que hacéis que el SEÑOR recuerde, no os
     deis descanso,
7 ni le concedáis descanso hasta que la
     restablezca,
hasta que haga de Jerusalén una alabanza en
     la tierra.
8 El SEÑOR ha jurado por su diestra y por su
     fuerte brazo:
Nunca más daré tu grano por alimento a tus
     enemigos,
ni hijos de extranjeros beberán tu mosto, por
     el que trabajaste;
9 pero los que lo cosechen, lo comerán y
     alabarán al SEÑOR;
y los que lo recolecten, lo beberán en los
     atrios de mi santuario.
10 Pasad, pasad por las puertas;
abrid camino al pueblo.
Construid, construid la calzada;
quitad las piedras, alzad estandarte sobre los
     pueblos.
11 Y he aquí, el SEÑOR ha proclamado hasta los
     confines de la tierra:
Decid a la hija de Sion: "He aquí, tu
     salvación viene;

he aquí, su galardón está con El, y delante de
El su recompensa."

12 Y los llamarán: Pueblo Santo,
redimidos del SEÑOR.
Y a ti te llamarán: Buscada, ciudad no
abandonada.

El día de la venganza divina

63 ¿Quién es éste que viene de Edom,
de Bosra con vestiduras de colores
brillantes;
éste, majestuoso en su ropaje,
que marcha en la plenitud de su fuerza?
Soy yo que hablo en justicia, poderoso para
salvar.

2 ¿Por qué es rojo tu ropaje,
y tus vestiduras como *las* del que pisa en el
lagar?

3 El lagar lo he pisado yo solo;
de los pueblos, ningún hombre *estaba*
conmigo.
Los pisé en mi ira
y los hollé en mi furor;
su sangre salpicó mis vestiduras
y manché todo mi ropaje.

4 Porque el día de la venganza *estaba* en mi
corazón,
y el año de mi redención había llegado.

5 Miré, y no había quien ayudara,
me asombré de que no hubiera quien
apoyara;
entonces me salvó mi brazo,
y fue mi furor el que me sostuvo.

6 Pisoteé los pueblos en mi ira,
los embriagué en mi furor
y derramé su sangre por tierra.

7 Las misericordias del SEÑOR recordaré, las
alabanzas del SEÑOR,
conforme a todo lo que nos ha otorgado el
SEÑOR,
y la gran bondad hacia la casa de Israel,
que les ha otorgado conforme a su
compasión,
y conforme a la multitud de sus
misericordias.

8 Porque El dijo: Ciertamente, ellos son mi
pueblo,
hijos que no engañarán.
Y El fue su Salvador.

9 En todas sus angustias El fue afligido,
y el ángel de su presencia los salvó;
en su amor y en su compasión los redimió,
los levantó y los sostuvo todos los días de
antaño.

10 Mas ellos se rebelaron
y contristaron su santo Espíritu;
por lo cual El se convirtió en su enemigo
y peleó contra ellos.

11 Entonces su pueblo se acordó de los días
antiguos, de Moisés.
¿Dónde está el que los sacó del mar con los
pastores de su rebaño?
¿Dónde está el que puso su santo Espíritu en
medio de ellos,

12 el que hizo que su glorioso brazo fuera a la
diestra de Moisés,
el que dividió las aguas delante de ellos para
hacerse un nombre eterno,

13 el que los condujo por los abismos?

Como un caballo en el desierto, no
tropezaron;

14 como a ganado que desciende al valle,
el Espíritu del SEÑOR les dio descanso.
Así guiaste a tu pueblo,
para hacerte un nombre glorioso.

15 Mira desde el cielo, y ve desde tu santa y
gloriosa morada;
¿dónde está tu celo y tu poder?
La conmoción de tus entrañas y tu
compasión para conmigo se han
restringido.

16 Porque tú eres nuestro Padre, aunque
Abraham no nos conoce,
ni nos reconoce Israel.
Tú, oh SEÑOR, eres nuestro Padre,
desde la antigüedad tu nombre es Nuestro
Redentor.

17 ¿Por qué, oh SEÑOR, nos haces desviar de tus
caminos
y endureces nuestro corazón a tu temor?
Vuélvete por amor de tus siervos, las tribus
de tu heredad.

18 Por breve tiempo poseyó tu santuario tu
pueblo santo;
nuestros adversarios *lo* han pisoteado.

19 Hemos venido a ser *como* aquellos sobre los
que nunca gobernaste,
como aquellos que nunca fueron llamados
por tu nombre.

64 ¡Oh, si rasgaras los cielos *y* descendieras,
si los montes se estremecieran ante tu
presencia

2 (como el fuego enciende el matorral, *como* el
fuego hace hervir el agua),
para dar a conocer tu nombre a tus
adversarios,
para que ante tu presencia tiemblen las
naciones!

3 Cuando hiciste cosas terribles que no
esperábamos,
y descendiste, los montes se estremecieron
ante tu presencia.

4 Desde la antigüedad no habían escuchado ni
dado oídos,
ni el ojo había visto a un Dios fuera de ti
que obrara a favor del que esperaba en El.

5 Sales al encuentro del que se regocija y
practica la justicia,
de los que se acuerdan de ti en tus caminos.
He aquí, te enojaste porque pecamos;
continuamos en los pecados por mucho
tiempo,
¿y seremos salvos?

6 Todos nosotros somos como el inmundo,
y como trapo de inmundicia todas nuestras
obras justas;
todos nos marchitamos como una hoja,
y nuestras iniquidades, como el viento, nos
arrastran.

7 Y no hay quien invoque tu nombre,
quien se despierte para asirse de ti;
porque has escondido tu rostro de nosotros
y nos has entregado al poder de nuestras
iniquidades.

8 Mas ahora, oh SEÑOR, tú eres nuestro Padre,
nosotros el barro, y tú nuestro alfarero;
obra de tus manos somos todos nosotros.

9 No te enojes en exceso, oh SEÑOR,

ni para siempre te acuerdes de la iniquidad;
he aquí, mira, te rogamos, todos nosotros
somos tu pueblo.
10 Tus ciudades santas se han vuelto un
desierto;
Sion se ha convertido en un desierto,
Jerusalén en una desolación.
11 Nuestra casa santa y hermosa
donde te alababan nuestros padres,
ha sido quemada *por el* fuego
y todas nuestras cosas preciosas se han
convertido en ruinas.
12¿Te contendrás ante estas cosas, oh SEÑOR?
¿Guardarás silencio y nos afligirás sin
medida?

Castigo de los rebeldes

65 Me dejé buscar por los que no
preguntaban *por mí;*
me dejé hallar por los que no me buscaban.
Dije: "Heme aquí, heme aquí",
a una nación que no invocaba mi nombre.
2 Extendí mis manos todo el día hacia un
pueblo rebelde,
que anda por el camino que no es bueno, en
pos de sus pensamientos;
3 un pueblo que de continuo me provoca en mi
propio rostro,
sacrificando en huertos y quemando incienso
sobre ladrillos;
4 que se sientan entre sepulcros y pasan la
noche en lugares secretos;
que comen carne de cerdo,
y *en* sus ollas hay caldo de *carnes* inmundas;
5 que dicen: "Quédate donde estás, no te
acerques a mí,
porque soy más santo que tú."
Estos son humo en mi nariz,
fuego que arde todo el día.
6 He aquí, escrito está delante de mí:
no guardaré silencio, sino que *les* daré su
pago,
y *les* recompensaré en su seno,
7 por vuestras iniquidades y por las
iniquidades de vuestros padres
juntamente—dice el SEÑOR.
Porque quemaron incienso en los montes,
y en las colinas me injuriaron;
por tanto mediré en su seno su obra pasada.
8 Así dice el SEÑOR:
Como cuando se encuentra mosto en el
racimo
y *alguien* dice: "No lo destruyas,
porque en él hay bendición",
así haré yo por mis siervos
para ńo destruir*los* a todos.
9 Sacaré de Jacob descendencia
y de Judá heredero de mis montes;
mis escogidos la heredarán,
y mis siervos morarán allí.
10 Sarón será pastizal para ovejas,
y el valle de Acor para lugar de descanso de
vacas,
para mi pueblo que me busca.
11 Pero vosotros que abandonáis al SEÑOR,
que olvidáis mi santo monte,
que ponéis mesa para la Fortuna,
y que preparáis vino mezclado para el
Destino,

12 yo os destinaré a la espada,
y todos vosotros os encorvaréis para la
matanza.
Porque llamé, mas no respondisteis,
hablé, mas no oísteis;
hicisteis lo malo ante mis ojos
y escogisteis aquello que no me complacía.
13 Por tanto, así dice el Señor DIOS:
He aquí, mis siervos comerán, mas vosotros
tendréis hambre;
he aquí, mis siervos beberán, mas vosotros
tendréis sed;
he aquí, mis siervos se alegrarán, mas
vosotros seréis avergonzados;
14 he aquí, mis siervos darán gritos de júbilo
con corazón alegre,
mas vosotros clamaréis con corazón triste,
y con espíritu quebrantado gemiréis.
15 Y dejaréis vuestro nombre como maldición a
mis escogidos;
el Señor DIOS te matará,
pero mis siervos serán llamados por otro
nombre.
16 Porque el que es bendecido en la tierra,
será bendecido por el Dios de la verdad;
y el que jura en la tierra,
jurará por el Dios de la verdad;
porque han sido olvidadas las angustias
primeras,
y porque están ocultas a mis ojos.
17 Pues he aquí, yo creo cielos nuevos y una
tierra nueva,
y no serán recordadas las cosas primeras ni
vendrán a la memoria.
18 Pero gozaos y regocijaos para siempre en lo
que yo voy a crear;
porque he aquí, voy a crear a Jerusalén *para*
regocijo,
y a su pueblo *para* júbilo.
19 Me regocijaré por Jerusalén y me gozaré por
mi pueblo;
no se oirá más en ella
voz de lloro ni voz de clamor.
20 No habrá más allí niño *que viva pocos* días,
ni anciano que no complete sus días;
porque el joven morirá a los cien años,
y el que no alcance los cien años
será *considerado* maldito.
21 Construirán casas y *las* habitarán,
plantarán también viñas y comerán su fruto.
22 No edificarán para que otro habite,
ni plantarán para que otro coma;
porque como los días de un árbol, *así serán*
los días de mi pueblo,
y mis escogidos disfrutarán de la obra de sus
manos.
23 No trabajarán en vano,
ni darán a luz para desgracia,
porque son la simiente de los benditos del
SEÑOR,
ellos, y sus vástagos con ellos.
24 Y sucederá que antes que ellos clamen, yo
responderé; aún estarán hablando, y yo habré
oído.
25 El lobo y el cordero pacerán juntos, y el león,
como el buey, comerá paja, y para la serpiente el
polvo será su alimento. No harán mal ni dañarán
en todo mi santo monte—dice el SEÑOR.

Futuro glorioso de Sion

66 Así dice el Señor:
El cielo es mi trono y la tierra el estrado
de mis pies.
¿Dónde, pues, está la casa que podríais
edificarme?
¿Dónde está el lugar de mi reposo?
2 Todo esto lo hizo mi mano,
y así todas estas cosas llegaron a
ser—declara el Señor.
Pero a éste miraré:
al que es humilde y contrito de espíritu, y que
tiembla ante mi palabra.
3 El que mata un buey *es como* el que mata a
un hombre,
el que sacrifica un cordero *como* el que
desnuca un perro,
el que presenta ofrenda de cereal *como el que
ofrece* sangre de cerdo,
el que quema incienso *como* el que bendice a
un ídolo.
Como ellos han escogido sus *propios*
caminos,
y su alma se deleita en sus abominaciones,
4 también yo escogeré sus castigos,
y traeré sobre ellos lo que temen.
Porque llamé, mas nadie respondió,
hablé, mas no escucharon;
sino que hicieron lo malo ante mis ojos,
y escogieron aquello que no me complacía.
5 Oíd la palabra del Señor, vosotros que
tembláis ante su palabra:
Vuestros hermanos que os aborrecen, que os
excluyen por causa de mi nombre,
han dicho: "Sea el Señor glorificado, para
que veamos vuestra alegría."
Pero ellos serán avergonzados.
6 Voz de estruendo viene de la ciudad, una voz
sale del templo:
la voz del Señor que da el pago a sus
enemigos.
7 Antes que estuviera de parto, ella dio a luz;
antes que le vinieran los dolores, dio a luz un
niño.
8 ¿Quién ha oído cosa semejante? ¿Quién ha
visto tales cosas?
¿Es dado a luz un país en un solo día?
¿Nace una nación *toda* de una vez?
Pues Sion apenas estuvo de parto, dio a luz a
sus hijos.
9 Yo que hago que se abra la matriz, ¿no haré
nacer?—dice el Señor.
Yo que hago nacer, ¿cerraré *la matriz*?—dice
tu Dios.
10 Alegraos con Jerusalén y regocijaos por ella,
todos los que la amáis;
rebosad de júbilo con ella, todos los que por
ella hacéis duelo,
11 para que maméis y os saciéis del pecho de sus
consolaciones,
para que chupéis y os deleitéis de su seno
abundante.

12 Porque así dice el Señor: He aquí, yo
extiendo hacia ella paz como un río,
y la gloria de las naciones como torrente
desbordado;
y mamaréis, seréis llevados sobre la cadera y
acariciados sobre las rodillas.
13 Como uno a quien consuela su madre, así os
consolaré yo;
en Jerusalén seréis consolados.
14 Cuando *lo* veáis, se llenará de gozo vuestro
corazón,
y vuestros huesos florecerán como hierba
tierna;
la mano del Señor se dará a conocer a sus
siervos,
y *su* indignación a sus enemigos.
15 Porque he aquí, el Señor vendrá en fuego
y sus carros como torbellino,
para descargar con furor su ira
y su reprensión con llamas de fuego.
16 Porque el Señor juzgará con fuego
y con su espada a toda carne,
y serán muchos los muertos del Señor.
17 Los que se santifican y se purifican *para ir* a
los huertos,
tras uno *que está* en el centro,
que comen carne de cerdo, cosas detestables
y ratones,
a una perecerán—declara el Señor.
18 Mas yo conozco sus obras y sus pensamientos. Llegará *el tiempo* de juntar a todas las
naciones y lenguas, y vendrán y verán mi gloria.
19 Y pondré señal entre ellos y enviaré a sus
sobrevivientes a las naciones: a Tarsis, a Fut, a
Lud, a Mesec, a Ros, a Tubal y a Javán, a las
costas remotas que no han oído de mi fama ni
han visto mi gloria. Y ellos anunciarán mi gloria
entre las naciones.
20 Entonces traerán a todos vuestros hermanos
de todas las naciones como ofrenda al Señor, en
caballos, en carros, en literas, en mulos y en
camellos, a mi santo monte, Jerusalén—dice el
Señor—tal como los hijos de Israel traen su
ofrenda de grano en vasijas limpias a la casa del
Señor.
21 Y también tomaré *algunos* de ellos para
sacerdotes *y* para levitas—dice el Señor.
22 Porque como los cielos nuevos y la tierra
nueva
que yo hago permanecerán delante de
mí—declara el Señor—,
así permanecerá vuestra descendencia y
vuestro nombre.
23 Y sucederá que de luna nueva en luna nueva
y de día de reposo en día de reposo,
todo mortal vendrá a postrarse delante de
mí—dice el Señor.
24 Y cuando salgan, verán
los cadáveres de los hombres
que se rebelaron contra mí;
porque su gusano no morirá,
ni su fuego se apagará,
y serán el horror de toda la humanidad.

Libro de
JEREMIAS

Llamamiento y comisión de Jeremías

1 Palabras de Jeremías, hijo de Hilcías, de los sacerdotes que *habitaban* en Anatot, en la tierra de Benjamín,

2 a quien vino la palabra del SEÑOR en los días de Josías, hijo de Amón, rey de Judá, en el año trece de su reinado.

3 También vino *a él la palabra* en los días de Joacim, hijo de Josías, rey de Judá, hasta el fin del año once de Sedequías, hijo de Josías, rey de Judá, hasta el destierro de Jerusalén en el mes quinto.

4 Y vino a mí la palabra del SEÑOR, diciendo:

5 Antes que yo te formara en el seno materno,
te conocí,
y antes que nacieras, te consagré,
te puse por profeta a las naciones.

6 Entonces dije: ¡Ah, Señor DIOS!
He aquí, no sé hablar,
porque soy joven.

7 Pero el SEÑOR me dijo:
No digas: "Soy joven",
porque adondequiera que te envíe, irás,
y todo lo que te mande, dirás.

8 No tengas temor ante ellos,
porque contigo estoy para librarte—declara
el SEÑOR.

9 Entonces extendió el SEÑOR su mano y tocó mi boca. Y el SEÑOR me dijo:
He aquí, he puesto mis palabras en tu boca.

10 Mira, hoy te he dado autoridad sobre las naciones y sobre los reinos,
para arrancar y para derribar,
para destruir y para derrocar,
para edificar y para plantar.

11 Vino entonces a mí la palabra del SEÑOR, diciendo: ¿Qué ves tú, Jeremías? Y yo respondí: Veo una vara de almendro.

12 Y me dijo el SEÑOR: Bien has visto, porque yo velo sobre mi palabra para cumplirla.

13 Por segunda vez vino a mí la palabra del SEÑOR, diciendo: ¿Qué ves tú? Y respondí: Veo una olla hirviendo que se vuelca desde el norte.

14 Y me dijo el SEÑOR:
Desde el norte irrumpirá el mal
sobre todos los habitantes de *esta* tierra.

15 Porque he aquí, llamo
a todas las familias de los reinos del norte
—declara el SEÑOR—
y vendrán y cada uno pondrá su trono
a la entrada de las puertas de Jerusalén,
frente a todos sus muros alrededor
y frente a todas las ciudades de Judá.

16 Y yo pronunciaré mis juicios contra ellos
por toda su maldad, porque me
abandonaron,
ofrecieron sacrificios a otros dioses
y adoraron la obra de sus manos.

17 Tú, pues, ciñe tus lomos,
levántate y diles todo lo que yo te mande.
No temas ante ellos,
no sea que yo te infunda temor delante de
ellos.

18 He aquí, yo te he puesto hoy
como ciudad fortificada,
como columna de hierro y como muro de
bronce
contra toda esta tierra:
contra los reyes de Judá, sus príncipes,
sus sacerdotes y el pueblo de la tierra.

19 Pelearán contra ti, pero no te vencerán,
porque yo estoy contigo—declara el
SEÑOR—para librarte.

2 Y vino a mí la palabra del SEÑOR, diciendo:

2 Ve y clama a los oídos de Jerusalén, diciendo: "Así dice el SEÑOR:
'De ti recuerdo el cariño de tu juventud,
el amor de tu desposorio,
de cuando me seguías en el desierto,
por tierra no sembrada.

3 'Santo era Israel para el SEÑOR,
primicias de su cosecha;
todos los que comían de ella se hacían
culpables;
el mal venía sobre ellos'—declara el SEÑOR."

4 Oíd la palabra del SEÑOR, casa de Jacob, y todas las familias de la casa de Israel.

5 Así dice el SEÑOR:
¿Qué injusticia hallaron en mí vuestros
padres,
para que se alejaran de mí
y anduvieran tras lo vano y se hicieran
vanos?

6 Tampoco dijeron: ¿Dónde está el SEÑOR
que nos hizo subir de la tierra de Egipto,
que nos condujo por el desierto,
por una tierra de yermos y de barrancos,
por una tierra seca y tenebrosa,
una tierra por la que nadie pasó
y donde ningún hombre habitó?

7 Yo os traje a una tierra fértil,
para que comierais de su fruto y de sus
delicias;
pero vinisteis y contaminasteis mi tierra,
y de mi heredad hicisteis abominación.

8 Los sacerdotes no dijeron: "¿Dónde está el
SEÑOR?"
Los que se ocupaban de la ley no me
conocieron,
los gobernantes se rebelaron contra mí,
y los profetas profetizaban por Baal,
y andaban tras cosas que no aprovechan.

9 Por tanto, aún contenderé con
vosotros—declara el SEÑOR—
y con los hijos de vuestros hijos contenderé.

10 Pasad, pues, a las islas de Quitim[1] y ved,
enviad a Cedar y observad atentamente,
y ved si ha habido *cosa* semejante:

11 ¿Ha cambiado alguna nación sus dioses,
aunque *ésos* no son dioses?
Pues mi pueblo ha cambiado su gloria
por lo que no aprovecha.

12 Espantaos, oh cielos, por esto,
y temblad, quedad en extremo
desolados—declara el SEÑOR.

13 Porque dos males ha hecho mi pueblo:

---

1. I.e., Chipre y otras islas

me han abandonado a mí,
fuente de aguas vivas,
y han cavado para sí cisternas,
cisternas agrietadas que no retienen el agua.

14 ¿Es un esclavo Israel o un siervo nacido en
casa?
¿Por qué se ha convertido en presa?

15 Contra él rugieron los leoncillos,
fuertemente rugieron,
y han hecho de su tierra una desolación;
sus ciudades están quemadas, sin habitantes.

16 Incluso los hombres de Menfis y de Tafnes
te han afeitado la coronilla.

17 ¿No te ha sucedido esto
por haber dejado al Señor tu Dios,
cuando El te guiaba por el camino?

18 Y ahora, ¿qué haces en el camino a Egipto
para beber las aguas del Nilo?
¿O qué haces en el camino a Asiria
para beber las aguas del Eufrates?

19 Te castigará tu propia maldad,
y tus apostasías te condenarán.
Reconoce, pues, y ve que es malo y amargo
el dejar al Señor tu Dios,
y no tener temor de mí—declara el Señor,
Dios de los ejércitos.

20 Porque desde hace tiempo rompí tu yugo
y arranqué tus coyundas;
pero dijiste: "No serviré."
Porque sobre toda colina alta
y bajo todo árbol frondoso
te echabas como ramera.

21 Pero yo te planté como vid escogida,
toda ella de simiente genuina.
¿Cómo, pues, te has vuelto delante de mí
sarmiento degenerado de una vid extraña?

22 Aunque te laves con soda
y uses mucho jabón,
la mancha de tu iniquidad *está aún* delante
de mí —declara el Señor Dios.

23 ¿Cómo puedes decir: "No estoy manchada,
no he ido tras los baales"?
Mira tu proceder en el valle,
reconoce lo que has hecho.
Eres una camella joven y liviana que enreda
sus pasos,

24 asna montés acostumbrada al desierto,
que en su ardor olfatea el viento.
En la época de su celo ¿quién la puede
refrenar?
Todos los que la busquen, no se tienen que
fatigar,
en su mes la hallarán.

25 Guarda tus pies de andar descalzos
y tu garganta de la sed.
Mas dijiste: "Es en vano.
¡No! Porque amo a los extraños,
y tras ellos andaré."

26 Como se avergüenza el ladrón cuando es
descubierto,
así se ha avergonzado la casa de Israel:
ellos, sus reyes, sus príncipes,
sus sacerdotes y sus profetas;

27 los que dicen al leño: "Mi padre eres tú",
y a la piedra: "Tú me engendraste."
Porque ellos me han vuelto las espaldas,
y no el rostro;
pero en el tiempo de su calamidad dirán:
"Levántate y sálvanos."

28 Mas ¿dónde están tus dioses,
los que hiciste para ti?
Que se levanten, a ver si pueden salvarte
en el tiempo de tu calamidad;
porque según el número de tus ciudades
son tus dioses, oh Judá.

29 ¿Por qué contendéis conmigo?
Todos vosotros os habéis rebelado contra
mí—declara el Señor.

30 En vano he herido a vuestros hijos,
no han aceptado corrección.
Vuestra espada ha devorado a vuestros
profetas
como león destructor.

31 ¡Oh generación, atended a la palabra del
Señor!
¿He sido yo un desierto para Israel,
o una tierra de densa oscuridad?
¿Por qué dice mi pueblo: "Vaguemos;
no vendremos más a ti"?

32 ¿Se olvida una virgen de sus adornos,
o una novia de su atavío?
Pues mi pueblo me ha olvidado
por innumerables días.

33 ¡Qué bien preparas tu camino
para buscar amor!
Por eso aun a las malvadas
has enseñado tus caminos.

34 También en tus faldas se halla
sangre de la vida de pobres inocentes;
no los encontraste forzando la entrada.
Pero a pesar de todo esto,

35 aún dices: "Soy inocente,
ciertamente su ira se ha apartado de mí."
He aquí, entraré en juicio contigo
porque dices: "No he pecado."

36 ¿Por qué das tantas vueltas
cambiando tu camino?
También por Egipto serás avergonzada
como fuiste avergonzada por Asiria.

37 También de allí saldrás
con las manos en la cabeza;
porque el Señor ha desechado a aquellos en
quienes confías,
y no prosperarás con ellos.

3 Dios dice: Si un hombre se divorcia de su
mujer,
y ella se va de su lado
y llega a ser de otro hombre,
¿volverá él a ella?
¿No quedará esa tierra totalmente profanada?
Pues tú eres una ramera *con* muchos
amantes,
y sin embargo, vuelves a mí—declara el
Señor.

2 Alza tus ojos a las alturas desoladas y mira:
¿dónde no te has prostituido?
Junto a los caminos te sentabas para ellos
como el árabe en el desierto,
y has profanado la tierra
con tu prostitución y tu maldad.

3 Por eso fueron detenidas las lluvias,
y no hubo lluvia de primavera;
pero tú tenías frente de ramera,
no quisiste avergonzarte.

4 ¿No acabas de llamarme:
"Padre mío, tú eres el amigo de mi juventud",
pensando:

5 "¿Guardará rencor para siempre?

¿Estará indignado hasta el fin?"
He aquí, *así* has hablado,
pero has hecho lo malo,
y has hecho tu voluntad.

6 Y el SEÑOR me dijo en días del rey Josías:
¿Has visto lo que hizo la infiel Israel? Ella
andaba sobre todo monte alto y bajo todo árbol
frondoso, y allí fornicaba.

7 Y *me* dije: "Después que ella haya hecho
todas estas cosas, volverá a mí"; mas no regresó,
y lo vio su pérfida hermana Judá.

8 Y vio que a causa de todos los adulterios de la
infiel Israel, yo la había despedido, dándole carta
de divorcio; con todo, su pérfida hermana Judá
no tuvo temor, sino que ella también fue y se hizo
ramera.

9 Y sucedió que por la liviandad con que
fornicó, profanó la tierra, y cometió adulterio con
la piedra y con el leño.

10 A pesar de todo esto, su pérfida hermana
Judá tampoco se volvió a mí de todo corazón,
sino con engaño—declara el SEÑOR.

11 Y el SEÑOR me dijo: Más justa ha probado ser
la infiel Israel que la pérfida Judá.

12 Ve y proclama estas palabras al norte, y di:
"Regresa, infiel Israel"—declara el SEÑOR—,
"no te miraré con ira,
porque soy misericordioso"—declara el
SEÑOR—;
"no guardaré rencor para siempre.

13"Sólo reconoce tu iniquidad,
pues contra el SEÑOR tu Dios te has rebelado,
has repartido tus favores a los extraños bajo
todo árbol frondoso,
y no has obedecido mi voz"—declara el
SEÑOR.

14"Volved, hijos infieles"—declara el SEÑOR—,
"porque yo soy vuestro dueño, y os tomaré, uno
de *cada* ciudad y dos de *cada* familia, y os llevaré
a Sion."

15 Entonces os daré pastores según mi corazón,
que os apacienten con conocimiento y con inteligencia.

16 Y sucederá que en aquellos días, cuando os
multipliquéis y crezcáis en la tierra—declara el
SEÑOR—no se dirá más: "Arca del pacto del
SEÑOR"; no les vendrá a la mente ni la recordarán, no *la* echarán de menos ni será hecha de
nuevo.

17 En aquel tiempo llamarán a Jerusalén:
"Trono del SEÑOR"; y todas las naciones
acudirán a ella, a Jerusalén, a causa del nombre
del SEÑOR; y no andarán más tras la terquedad
de su malvado corazón.

18 En aquellos días andará la casa de Judá con
la casa de Israel, y vendrán juntas de la tierra del
norte a la tierra que di en heredad a vuestros
padres.

19 Yo había dicho:
"¡Cómo quisiera ponerte entre mis hijos,
y darte una tierra deseable,
la más hermosa heredad de las naciones!"
Y decía: "Padre mío me llamaréis,
y no os apartaréis de seguirme."

20 Ciertamente, como una mujer se aparta
pérfidamente de su amado,
así habéis obrado pérfidamente conmigo,
oh casa de Israel—declara el SEÑOR.

21 Se oye una voz sobre las alturas desoladas,

el llanto de las súplicas de los hijos de Israel;
porque han pervertido su camino,
han olvidado al SEÑOR su Dios.

22 Volved, hijos infieles,
yo sanaré vuestra infidelidad.
Aquí estamos, venimos a ti,
porque tú, el SEÑOR, eres nuestro Dios.

23 Ciertamente engaño son las colinas,
y el tumulto *sobre* los montes;
ciertamente, en el SEÑOR nuestro Dios
está la salvación de Israel.

24 Pero lo vergonzoso consumió el trabajo de
nuestros padres desde nuestra juventud: sus
ovejas y sus vacas, sus hijos y sus hijas.

25 Acostémonos en nuestra vergüenza, y que
nos cubra nuestra humillación; porque hemos
pecado contra el SEÑOR nuestro Dios, nosotros y
nuestros padres desde nuestra juventud hasta
hoy, y no hemos obedecido la voz del SEÑOR
nuestro Dios.

Un llamado al arrepentimiento

4 Si has de volver, oh Israel—declara el
SEÑOR—
vuélvete a mí.
Si quitas de mi presencia tus abominaciones,
y no vacilas,
2 y juras: "Vive el SEÑOR",
en verdad, en juicio y en justicia,
entonces se bendecirán en El las naciones,
y en El se gloriarán.

3 Porque así dice el SEÑOR a los hombres de
Judá y de Jerusalén:
Romped el barbecho,
y no sembréis entre espinos.

4 Circuncidaos para el SEÑOR,
y quitad los prepucios de vuestros corazones,
hombres de Judá y habitantes de Jerusalén,
no sea que mi furor salga como fuego
y arda y no haya quien *lo* apague,
a causa de la maldad de vuestras obras.

5 Declarad en Judá y proclamad en Jerusalén,
y decid:
Tocad la trompeta en la tierra;
clamad en alta voz, y decid:
"Reuníos y entremos
en las ciudades fortificadas."

6 Izad bandera hacia Sion;
buscad refugio, no os detengáis;
porque traigo del norte la calamidad,
una gran destrucción.

7 Ha salido el león de la espesura,
y el destructor de naciones se ha puesto en
marcha;
ha salido de su lugar
para convertir tu tierra en desolación.
Tus ciudades quedarán en ruinas, sin
habitantes.

8 Por eso, vestíos de cilicio,
lamentaos y gemid;
porque no se ha apartado de nosotros
la ardiente ira del SEÑOR.

9 Y sucederá en aquel día—declara el SEÑOR—
que fallará el corazón del rey
y el corazón de los príncipes;
se quedarán atónitos los sacerdotes
y los profetas se pasmarán.

10 Entonces dije: ¡Ah, Señor DIOS! Ciertamente
has engañado en gran manera a este pueblo y a

Jerusalén, diciendo: "Paz tendréis", cuando tienen la espada al cuello.

11 En aquel tiempo se dirá a este pueblo y a Jerusalén: Un viento abrasador de las alturas desoladas del desierto, en dirección a la hija de mi pueblo, no para aventar, ni para limpiar,

12 un viento demasiado fuerte para esto, vendrá a mi mandato. Ahora yo pronunciaré juicios contra ellos.

13 He aquí que él sube como las nubes,
y como un torbellino sus carros;
sus caballos son más ligeros que las águilas.
¡Ay de nosotros, porque estamos perdidos!

14 Lava de maldad tu corazón, Jerusalén,
para que seas salva.
¿Hasta cuándo morarán dentro de ti
pensamientos perversos?

15 Porque una voz *lo* anuncia desde Dan,
y proclama el mal desde los montes de
Efraín.

16 Avisad*lo* a las naciones: ¡Aquí están!
Proclamad sobre Jerusalén:
"Sitiadores vienen de tierra lejana
y alzan sus voces contra las ciudades de
Judá.

17"Como guardas de campo están apostados
contra ella por todos lados,
porque se ha rebelado contra mí"—declara el
SEÑOR.

18 Tu comportamiento y tus acciones
te han traído estas cosas.
Esta es tu maldad. ¡Qué amarga!
¡Cómo ha penetrado hasta tu corazón!

19 ¡Alma mía, alma mía!
Estoy angustiado, ¡oh corazón mío!
Mi corazón se agita dentro de mí;
no callaré,
porque has oído, alma mía,
el sonido de la trompeta,
el pregón de guerra.

20 Desastre sobre desastre se anuncia,
porque es arrasada toda la tierra;
de repente son arrasadas mis tiendas,
en un instante mis cortinas.

21 ¿Hasta cuándo he de ver la bandera
y he de oír el sonido de la trompeta?

22 Porque mi pueblo es necio,
no me conoce;
hijos torpes son,
no son inteligentes.
Astutos son para hacer el mal,
pero hacer el bien no saben.

23 Miré a la tierra, y he aquí que *estaba* sin
orden y vacía;
y a los cielos, y no tenían luz.

24 Miré a los montes, y he aquí que temblaban,
y todas las colinas se estremecían.

25 Miré, y he aquí que no había hombre alguno,
y todas las aves del cielo habían huido.

26 Miré, y he aquí que la tierra fértil era un
desierto,
y todas sus ciudades estaban arrasadas
delante del SEÑOR, delante del ardor de su
ira.

27 Porque así dice el SEÑOR:
Una desolación será toda la tierra,
pero no causaré una destrucción total.

28 Por eso se enlutará la tierra,
y se oscurecerán los cielos arriba,

porque he hablado, *lo* he decidido,
y no me arrepentiré, ni me retractaré de ello.

29 Al ruido de jinetes y arqueros huye toda la
ciudad;
entran en las espesuras y trepan por los
peñascos.
Toda ciudad está abandonada,
y no queda en ellas morador alguno.

30 Y tú, desolada, ¿qué harás?
Aunque te vistas de escarlata,
aunque te pongas adornos de oro,
aunque te agrandes con pintura los ojos,
en vano te embelleces;
te desprecian *tus* amantes,
sólo buscan tu vida.

31 Porque oí un grito como de mujer de parto,
angustia como de primeriza;
era el grito de la hija de Sion que se ahogaba,
y extendía sus manos, *diciendo:*
¡Ay ahora de mí, porque desfallezco ante los
asesinos!

Corrupción de Jerusalén y Judá

5 Recorred las calles de Jerusalén,
y mirad ahora, e informaos;
buscad en sus plazas,
a ver si halláis *algún* hombre,
si hay quien haga justicia, que busque la
verdad,
y yo la perdonaré.

2 Pues aunque digan: "Vive el SEÑOR",
de cierto juran falsamente.

3 Oh, SEÑOR, ¿no *buscan* tus ojos la verdad?
Tú los heriste,
mas no les dolió;
tú los consumiste,
mas ellos rehusaron recibir corrección.
Endurecieron sus rostros más que la roca,
rehusaron arrepentirse.

4 Entonces yo dije: Ciertamente estos *sólo* son
gente ignorante,
son necios,
porque no conocen el camino del SEÑOR
ni las ordenanzas de su Dios.

5 Me dirigiré a los grandes
y les hablaré,
porque ellos *sí* conocen el camino del SEÑOR
y las ordenanzas de su Dios.
Pero también *todos* ellos a una habían
quebrado el yugo
y roto las coyundas.

6 Por tanto los herirá el león de la selva,
el lobo de los desiertos los destruirá;
un leopardo acecha sus ciudades,
y todo el que salga de ellas será despedazado,
porque son muchas sus transgresiones,
y numerosas sus apostasías.

7 ¿Por qué he de perdonarte por esto?
Tus hijos me han abandonado
y han jurado por *lo que* no es Dios.
Cuando los sacié, cometieron adulterio
y fueron en tropel a casa de las rameras.

8 Eran caballos cebados *y* fogosos,
cada cual relinchando tras la mujer de su
prójimo.

9 ¿No he de castigar a este pueblo?—declara el
SEÑOR.
De una nación como ésta,
¿no he de vengarme?

10 Subid por entre sus hileras de vides y
destruid,
mas no hagáis destrucción total;
arrancad sus sarmientos,
pues no son del SEÑOR;
11 porque la casa de Israel y la casa de Judá
han obrado pérfidamente conmigo—declara
el SEÑOR.
12 Han mentido acerca del SEÑOR;
dijeron: El no *existe*;
ninguna calamidad vendrá sobre nosotros,
y no veremos ni espada ni hambre.
13 Los profetas son *como* el viento,
y la palabra no está en ellos.
Que así se les haga a ellos.
14 Por tanto, así dice el SEÑOR, Dios de los
ejércitos:
Por cuanto han hablado esta palabra,
he aquí, pongo mis palabras en tu boca por
fuego
y a este pueblo por leña, y los consumirá.
15 He aquí, voy a traer de lejos una nación
contra vosotros, oh casa de Israel—declara
el SEÑOR.
Es una nación fuerte,
es una nación antigua,
una nación cuya lengua no conoces,
y no podrás entender lo que hable.
16 Su aljaba es como sepulcro abierto,
todos ellos son valientes.
17 Devorará tu mies y tu pan,
devorará a tus hijos y a tus hijas,
devorará tus ovejas y tus vacas,
devorará tus viñas y tus higueras;
a espada destruirá tus ciudades fortificadas
en que confías.
18 Sin embargo, aun en aquellos días—declara el
SEÑOR—no llevaré a cabo una destrucción total
de vosotros.
19 Y cuando te pregunten: "¿Por qué el SEÑOR
nuestro Dios nos ha hecho todo esto?" Les dirás:
"Así como me dejasteis y servisteis a dioses
extraños en vuestra tierra, así serviréis a extranjeros en una tierra que no es vuestra."
20 Anunciad esto en la casa de Jacob
y proclamadlo en Judá, diciendo:
21"Oíd ahora esto, pueblo necio e insensible,
que tienen ojos y no ven,
tienen oídos y no oyen.
22"¿No me teméis?"—declara el SEÑOR.
"¿No tembláis delante de mí,
que puse la arena como frontera del mar,
límite perpetuo que no traspasará?
Aunque se agiten las olas, no prevalecerán;
aunque rujan, no pasarán sobre ella.
23"Pero este pueblo tiene un corazón terco y
rebelde;
se han desviado y se han ido.
24"Y no dicen su corazón:
'Temamos ahora al SEÑOR nuestro Dios,
que da la lluvia a su tiempo,
tanto la lluvia de otoño como la de
primavera,
y que reserva para nosotros
las semanas establecidas de la cosecha.'
25"Vuestras iniquidades han alejado estas cosas,
y vuestros pecados os han privado del bien.
26"Porque en mi pueblo se encuentran impíos

que vigilan como cazadores al acecho;
ponen trampa,
atrapan hombres.
27"Como una jaula llena de pájaros,
así están sus casas llenas de engaño;
por eso se engrandecieron y se enriquecieron.
28"Han engordado y se han puesto lustrosos.
También sobrepasan en obras de maldad;
no defienden la causa,
la causa del huérfano, para que prospere,
ni defienden los derechos del pobre.
29"¿No he de castigar por esto?"—declara el
SEÑOR.
"De una nación como ésta
¿no he de vengarme?"
30 Algo espantoso y terrible
ha sucedido en la tierra:
31 los profetas profetizan falsamente,
los sacerdotes gobiernan por su cuenta,
y a mi pueblo así le gusta.
Pero ¿qué haréis al final de esto?

Amenazas de invasión

6 Huid, hijos de Benjamín,
de en medio de Jerusalén;
tocad trompeta en Tecoa,
y alzad señal sobre Bet-haquerem[1],
porque desde el norte se asoma el mal
y una gran destrucción.
2 A la hermosa y delicada hija de Sion
destruiré.
3 A ella vendrán pastores con sus rebaños,
levantarán *sus* tiendas a su alrededor,
y cada uno apacentará en su lugar.
4 Preparad guerra contra ella;
levantaos y ataquemos al mediodía.
¡Ay de nosotros, porque el día declina,
porque se extienden las sombras del
anochecer!
5 Levantaos, ataquemos de noche
y destruyamos sus palacios.
6 Porque así dice el SEÑOR de los ejércitos:
Cortad sus árboles,
y poned sitio contra Jerusalén.
Esta es la ciudad que ha de ser castigada,
todo dentro de ella es opresión.
7 Como un pozo mantiene frescas sus aguas,
así ella mantiene fresca su maldad.
En ella se oyen violencia y destrucción;
ante mí hay de continuo enfermedades y
heridas.
8 Sé precavida, oh Jerusalén,
no sea que mi alma se aleje de ti;
no sea que yo te convierta en desolación,
en tierra despoblada.
9 Así dice el SEÑOR de los ejércitos:
Buscarán, rebuscarán como en una vid el
remanente de Israel;
vuelve a pasar tu mano como el vendimiador
por los sarmientos.
10¿A quiénes hablaré y advertiré, para que
oigan?
He aquí, sus oídos están cerrados,
y no pueden escuchar.
He aquí, la palabra del SEÑOR les es oprobio;
no se deleitan en ella.
11 Pero yo estoy lleno del furor del SEÑOR,
estoy cansado de retener*lo*.

1. I.e., casa de la viña

Derrám*a*lo sobre los niños en la calle,
y sobre la reunión de los jóvenes;
porque serán apresados tanto el marido
    como la mujer,
el viejo y el muy anciano.

12 Y sus casas serán entregadas a otros,
juntamente con sus campos y sus mujeres;
porque extenderé mi mano
contra los habitantes de esta tierra—declara
el Señor.

13 Porque desde el menor hasta el mayor,
todos ellos codician ganancias,
y desde el profeta hasta el sacerdote,
todos practican el engaño.

14 Y curan a la ligera el quebranto de mi
    pueblo,
diciendo: "Paz, paz",
pero no hay paz.

15¿Se han avergonzado de la abominación que
    han cometido?
Ciertamente no se han avergonzado,
ni aún han sabido ruborizarse;
por tanto caerán entre los que caigan;
en la hora que yo los castigue serán
    derribados—dice el Señor.

16 Así dice el Señor:
Paraos en los caminos y mirad,
y preguntad por los senderos antiguos
cuál es el buen camino, y andad por él;
y hallaréis descanso para vuestras almas.
Pero dijeron: "No andaremos *en él*."

17 Y puse centinelas sobre vosotros, *que dijeran:*
"Escuchad el sonido de la trompeta."
Pero dijeron: "No escucharemos."

18 Por tanto, oíd, naciones,
y entiende, congregación, lo que *se hará* entre
ellos.

19 Oye, tierra: he aquí, yo traigo una calamidad
    sobre este pueblo,
el fruto de sus planes,
porque no han escuchado mis palabras,
y han desechado mi ley.

20¿Para qué viene a mí este incienso de Sabá,
y la dulce caña de una tierra lejana?
Vuestros holocaustos no son aceptables,
y vuestros sacrificios no me agradan.

21 Por tanto, así dice el Señor:
He aquí, pongo piedras de tropiezo delante
    de este pueblo,
y tropezarán en ellas
padres e hijos a una;
el vecino y su prójimo perecerán.

22 Así dice el Señor:
He aquí, viene un pueblo de tierras del norte,
y una gran nación se levantará de los
    confines de la tierra.

23 Empuñan arco y jabalina,
crueles son, no tienen misericordia;
sus voces braman como el mar,
y montan a caballo
como hombres dispuestos para la guerra
contra ti, hija de Sion.

24 Hemos oído de su fama,
flaquean nuestras manos.
La angustia se ha apoderado de nosotros,
dolor como de mujer de parto.

25 No salgas al campo,
ni andes por el camino;
porque espada tiene el enemigo,
y hay terror por todas partes.

26 Hija de mi pueblo, cíñete el cilicio
y revuélcate en ceniza;
haz duelo como por hijo único,
lamento de gran amargura,
porque de pronto el destructor
vendrá sobre nosotros.

27 Te he puesto como observador *y* como
    examinador entre mi pueblo,
para que conozcas y examines su conducta.

28 Todos ellos son rebeldes obstinados
que andan calumniando.
Son hierro y bronce;
todos ellos están corrompidos.

29 El fuelle sopla con furor,
el plomo es consumido por el fuego;
en vano se sigue refinando,
pues los malvados no son separados.

30 Los llaman plata de desecho,
porque el Señor los ha desechado.

La adoración verdadera

7 Palabra que vino a Jeremías de parte del
Señor, diciendo:

2 Párate a la puerta de la casa del Señor y
proclama allí esta palabra, y di: "Oíd la palabra
del Señor, todos los de Judá, los que entráis por
estas puertas para adorar al Señor."

3 Así dice el Señor de los ejércitos, el Dios de
Israel: Enmendad vuestros caminos y vuestras
obras, y os haré morar en este lugar.

4 No confiéis en palabras engañosas, diciendo:
"Este es el templo del Señor, el templo del
Señor, el templo del Señor."

5 Porque si en verdad enmendáis vuestros
caminos y vuestras obras, si en verdad hacéis
justicia entre el hombre y su prójimo,

6 *y* no oprimís al extranjero, al huérfano y a la
viuda, ni derramáis sangre inocente en este
lugar, ni andáis en pos de otros dioses para
vuestra propia ruina,

7 entonces os haré morar en este lugar, en la
tierra que di a vuestros padres para siempre.

8 He aquí, vosotros confiáis en palabras
engañosas que no aprovechan,

9 para robar, matar, cometer adulterio, jurar
falsamente, ofrecer sacrificios a Baal y andar en
pos de otros dioses que no habíais conocido.

10 ¿Vendréis luego y os pondréis delante de mí
en esta casa, que es llamada por mi nombre, y
diréis: "Ya estamos salvos"; para *luego* seguir
haciendo todas estas abominaciones?

11 ¿Se ha convertido esta casa, que es llamada
por mi nombre, en cueva de ladrones delante de
vuestros ojos? He aquí, yo mismo *lo* he
visto—declara el Señor.

12 Ahora pues, id a mi lugar en Silo, donde al
principio hice morar mi nombre, y ved lo que
hice con él a causa de la maldad de mi pueblo
Israel.

13 Y ahora, por cuanto habéis hecho todas estas
obras —declara el Señor—y a pesar de que os
hablé desde temprano y hablando *sin cesar*, no
oísteis; os llamé, pero no respondisteis,

14 haré con la casa que es llamada por mi
nombre, en la cual confiáis, y al lugar que di a
vosotros y a vuestros padres, como hice con Silo.

15 Y os echaré de mi presencia, como eché a

todos vuestros hermanos, a toda la descendencia de Efraín.

16 En cuanto a ti, no ruegues por este pueblo, ni levantes por ellos clamor ni oración, ni intercedas ante mí, porque no te oiré.

17 ¿No ves lo que ellos hacen en las ciudades de Judá y en las calles de Jerusalén?

18 Los hijos recogen la leña, los padres encienden el fuego, las mujeres preparan la masa para hacer tortas a la reina del cielo, y derraman libaciones a otros dioses para ofenderme.

19 ¿Me ofenden a mí?—declara el SEÑOR— ¿No es a sí mismos que se ofenden para su propia vergüenza?

20 Por tanto, así dice el Señor DIOS: He aquí, mi ira y mi furor serán derramados sobre este lugar, sobre los hombres y sobre los animales, sobre los árboles del campo y sobre el fruto de la tierra; arderá y no se apagará.

21 Así dice el SEÑOR de los ejércitos, el Dios de Israel: Añadid vuestros holocaustos a vuestros sacrificios y comed la carne.

22 Porque yo no hablé a vuestros padres, ni les ordené *nada* en cuanto a los holocaustos y sacrificios, el día que los saqué de la tierra de Egipto.

23 Sino que esto es lo que les mandé, diciendo: "Escuchad mi voz y yo seré vuestro Dios y vosotros seréis mi pueblo, y andaréis en todo camino que yo os envíe para que os vaya bien.

24 Mas ellos no escucharon ni inclinaron su oído, sino que anduvieron en *sus propias* deliberaciones *y* en la terquedad de su malvado corazón, y fueron hacia atrás y no hacia adelante.

25 Desde el día que vuestros padres salieron de la tierra de Egipto hasta hoy, os he enviado a todos mis siervos los profetas, madrugando cada día y enviándo*los*.

26 Pero no me escucharon ni inclinaron su oído, sino que endurecieron su cerviz *e* hicieron peor que sus padres.

27 Les dirás, pues, todas estas palabras, mas no te escucharán; los llamarás, y no te responderán.

28 Entonces les dirás: "Esta es la nación que no escuchó la voz del SEÑOR su Dios, ni aceptó corrección; ha perecido la verdad, ha sido cortada de su boca.

29"Córtate el cabello y tíra*lo*,
y entona una endecha en las alturas
desoladas;
porque el SEÑOR ha desechado y abandonado
a la generación *objeto* de su furor."

30 Porque los hijos de Judá han hecho lo que es malo ante mis ojos—declara el SEÑOR—, han puesto sus abominaciones en la casa que es llamada por mi nombre, profanándola.

31 Y han edificado los lugares altos de Tofet, que está en el valle de Ben-hinom, para quemar a sus hijos y a sus hijas en el fuego, lo cual yo no mandé, ni me pasó por la mente.

32 Por tanto, he aquí vienen días—declara el SEÑOR—cuando no se dirá más Tofet, ni valle de Ben-hinom, sino el valle de la Matanza; porque enterrarán en Tofet por no haber *otro* lugar.

33 Y los cadáveres de este pueblo servirán de comida para las aves del cielo y para las bestias de la tierra, sin que nadie *las* espante.

34 Entonces haré cesar de las ciudades de Judá y de las calles de Jerusalén la voz de gozo y la voz de alegría, la voz del novio y la voz de la novia; porque la tierra quedará desolada.

8 En aquel tiempo—declara el SEÑOR— sacarán de sus tumbas los huesos de los reyes de Judá, los huesos de sus príncipes, los huesos de los sacerdotes, los huesos de los profetas y los huesos de los habitantes de Jerusalén;

2 y los esparcirán al sol, a la luna y a todo el ejército del cielo, a quienes amaron y sirvieron, y a quienes siguieron, a quienes buscaron y adoraron. No serán recogidos ni enterrados; serán como estiércol sobre la faz de la tierra.

3 Y escogerá la muerte en lugar de la vida todo el remanente que quede de este linaje malvado, los que queden en todos los lugares adonde los he arrojado—declara el SEÑOR de los ejércitos.

4 Y les dirás: "Así dice el SEÑOR:
'Los que caen ¿no se levantan?
El que se desvía ¿no se arrepiente?

5 '¿Por qué entonces este pueblo, Jerusalén,
se ha desviado en continua apostasía?
Se aferran al engaño,
rehúsan volver.

6 'He escuchado y oído,
han hablado lo que no es recto;
ninguno se arrepiente de su maldad,
diciendo: "¿Qué he hecho?"
Cada cual vuelve a su carrera,
como caballo que arremete en la batalla.

7 'Aun la cigüeña en el cielo
conoce sus estaciones,
y la tórtola, la golondrina y la grulla
guardan la época de sus migraciones;
pero mi pueblo no conoce
la ordenanza del SEÑOR.

8 '¿Cómo decís: "Somos sabios,
y la ley del SEÑOR está con nosotros"?,
cuando he aquí, *la* ha cambiado en mentira
la pluma mentirosa de los escribas.

9 'Los sabios son avergonzados,
están abatidos y atrapados;
he aquí, ellos han desechado la palabra del
SEÑOR,
¿y qué clase de sabiduría tienen?

10 'Por tanto, daré sus mujeres a otros,
y sus campos a nuevos dueños;
porque desde el menor hasta el mayor
todos ellos codician ganancias;
desde el profeta hasta el sacerdote
todos practican el engaño.

11 'Y curan a la ligera el quebranto de la hija de
mi pueblo,
diciendo: "Paz, paz",
pero no hay paz.

12 '¿Se han avergonzado de la abominación que
han cometido?
Ciertamente no se han avergonzado,
tampoco han sabido ruborizarse;
por tanto caerán entre los que caigan,
en la hora de su castigo serán
derribados'—dice el SEÑOR.

13 'Ciertamente los destruiré'—declara el
SEÑOR—;
'no habrá uvas en la vid,
ni higos en la higuera,
y la hoja se marchitará;
lo que les he dado, pasará de ellos.' "

14¿Por qué estamos *aún* sentados?

Congregaos, y entremos en las ciudades
   fortificadas,
y perezcamos allí,
pues el SEÑOR nuestro Dios nos hace perecer
y nos ha dado a beber agua envenenada,
porque hemos pecado contra el SEÑOR.
15 Esperábamos paz, y no hubo bien alguno;
   tiempo de curación, y he aquí, terror.
16 Desde Dan se oye el resoplido de sus
   caballos;
al sonido de los relinchos de sus corceles,
   tiembla toda la tierra;
vienen y devoran la tierra y cuanto hay en
   ella,
la ciudad y los que en ella habitan.
17 Porque he aquí, yo envío contra vosotros
   serpientes,
áspides contra los cuales no hay
   encantamiento,
y os morderán—declara el SEÑOR.
18 Mi tristeza no tiene remedio,
   mi corazón desfallece *en mí*.
19 He aquí la voz del clamor de la hija de mi
   pueblo desde una tierra lejana:
¿No está el SEÑOR en Sion? ¿No está su rey en
   ella?
¿Por qué me han provocado con sus imágenes
   talladas, con ídolos extranjeros?
20 Pasó la siega, terminó el verano,
   y nosotros no hemos sido salvados.
21 Por el quebrantamiento de la hija de mi
   pueblo estoy quebrantado;
ando enlutado, el espanto se ha apoderado
   de mí.
22 ¿No hay bálsamo en Galaad?
   ¿No hay allí médico?
¿Por qué, pues, no se ha restablecido la salud
   de la hija de mi pueblo?

9 Quién *me* diera que mi cabeza se hiciera
   aguas,
y mis ojos fuente de lágrimas,
para que yo llorara día y noche
por los muertos de la hija de mi pueblo.
2 Quién me diera en el desierto
   un albergue de caminantes,
para dejar a mi pueblo
y alejarme de ellos.
Porque todos ellos son adúlteros,
   una asamblea de traidores.
3 Tienden su lengua *como* su arco;
   la mentira y no la verdad prevalece en la
   tierra;
porque de mal en mal proceden,
   y a mí no me conocen—declara el SEÑOR.
4 Guárdese cada uno de su prójimo,
   y no confíe en ningún hermano;
porque todo hermano obra con engaño,
   y todo prójimo anda calumniando.
5 Cada uno engaña a su prójimo,
   y no habla la verdad,
han enseñado sus lenguas a hablar mentiras;
   se afanan por cometer iniquidad.
6 Tu morada está en medio del engaño;
   por causa del engaño rehúsan
conocerme—declara el SEÑOR.
7 Por tanto, así dice el SEÑOR de los ejércitos:
He aquí, los refinaré y los probaré,
   porque ¿qué *más* puedo hacer con la hija de
   mi pueblo?

8 Saeta mortífera es su lengua,
   engaño habla;
con su boca habla *cada uno* de paz a su
   prójimo,
pero dentro de sí le tiende emboscada.
9 Por estas cosas ¿no los castigaré?—declara el
   SEÑOR.
De una nación como ésta
¿no se vengará mi alma?

10 Alzad por los montes lloro y lamentación,
   y una elegía por los pastos del desierto,
porque han sido desolados; nadie pasa *por
   ellos*,
ni se oye el bramido del ganado;
desde las aves del cielo hasta las bestias han
   huido, se han ido.
11 Haré de Jerusalén un montón de ruinas,
   una guarida de chacales,
y de las ciudades de Judá una desolación, sin
   habitante.

12 ¿Quién es el hombre sabio que entienda esto?
¿A quién ha hablado la boca del SEÑOR que
pueda declararlo? ¿Por qué está arruinado el
país, desolado como un desierto sin que nadie
pase por él?
13 Respondió el SEÑOR: Porque han abandonado mi ley que puse delante de ellos, y no han
obedecido mi voz ni andado conforme a ella,
14 sino que han andado tras la terquedad de sus
corazones y tras los baales, tal como sus padres
les enseñaron.
15 Por tanto, así dice el SEÑOR de los ejércitos, el
Dios de Israel: He aquí, yo daré de comer ajenjo
a este pueblo y le daré de beber agua envenenada.
16 Los esparciré entre las naciones que no conocieron ni ellos ni sus padres, y enviaré tras ellos la
espada hasta aniquilarlos.
17 Así dice el SEÑOR de los ejércitos:
Considerad, llamad a las plañideras, que
   vengan;
enviad por las *más* hábiles, que vengan,
18 que se apresuren y eleven una lamentación
   por nosotros,
para que derramen lágrimas nuestros ojos
y fluya agua de nuestros párpados.
19 Porque voz de lamentación se oye desde
   Sion:
"¡Cómo hemos sido arrasados!
En gran manera estamos avergonzados,
porque tenemos que abandonar la tierra,
porque han derribado nuestras moradas."
20 Oíd, pues, mujeres, la palabra del SEÑOR,
y reciba vuestro oído la palabra de su boca;
enseñad la lamentación a vuestras hijas
y la endecha cada una a su vecina.
21 Porque la muerte ha subido por nuestras
   ventanas,
ha entrado en nuestros palacios,
exterminando a los niños de las calles,
a los jóvenes de las plazas.
22 Di: Así declara el SEÑOR:
"Los cadáveres de los hombres caerán
como estiércol sobre la faz del campo,
y como gavillas tras el segador,
y no habrá quien *las* recoja."
23 Así dice el SEÑOR:
No se gloríe el sabio de su sabiduría,
ni se gloríe el poderoso de su poder,

ni el rico se gloríe de su riqueza;

24 mas el que se gloríe, gloríese de esto:
de que me entiende y me conoce,
pues yo soy el SEÑOR que hago misericordia,
derecho y justicia en la tierra,
porque en estas cosas me
complazco—declara el SEÑOR.

25 He aquí, vienen días—declara el SEÑOR—en
que castigaré a todo *el que esté* circuncidado *sólo*
en la carne:

26 a Egipto, a Judá, a los hijos de Amón, a Moab
y a todos los que se rapan las sienes, a los que
habitan en el desierto; porque todas las naciones
son incircuncisas, y toda la casa de Israel es incircuncisa de corazón.

Los dioses falsos y el Dios verdadero

10 Oíd la palabra que el SEÑOR os habla, oh
casa de Israel.

2 Así dice el SEÑOR:
El camino de las naciones no aprendáis,
ni de las señales de los cielos os aterroricéis,
aunque las naciones les tengan terror.

3 Porque las costumbres de los pueblos son
vanidad;
pues un leño del bosque es cortado,
lo trabajan las manos de un artífice con la
azuela;

4 con plata y oro *lo* adornan,
con clavos y martillos lo aseguran
para que no se mueva.

5 Como los espantapájaros de un pepinar,
sus ídolos no hablan;
tienen que ser transportados,
porque no andan.
No les tengáis miedo,
porque no pueden hacer mal,
ni tampoco hacer bien alguno.

6 No hay nadie como tú, oh SEÑOR;
grande eres tú, y grande es tu nombre en
poderío.

7 ¿Quién no te temerá, oh Rey de las naciones?
Porque esto se te debe.
Porque entre todos los sabios de las naciones,
y en todos sus reinos,
no hay nadie como tú.

8 Mas ellos a una son torpes y necios
en su enseñanza de vanidades, *pues su ídolo*
es un leño.

9 Plata laminada es traída de Tarsis
y oro de Ufaz,
obra del artífice y de manos del orfebre;
su vestido es de violeta y púrpura;
todo ello obra de peritos.

10 Pero el SEÑOR es el Dios verdadero;
El es el Dios vivo y el Rey eterno.
Ante su enojo tiembla la tierra,
y las naciones son impotentes ante su
indignación.

11 Así les diréis: Los dioses que no hicieron los
cielos ni la tierra, perecerán de la tierra y de
debajo de los cielos.

12 *El es* el que hizo la tierra con su poder,
el que estableció el mundo con su sabiduría,
y con su inteligencia extendió los cielos.

13 Cuando El emite su voz, *hay* estruendo de
aguas en los cielos;
El hace subir las nubes desde los extremos de
la tierra,

hace los relámpagos para la lluvia
y saca el viento de sus depósitos.

14 Todo hombre es torpe, falto de conocimiento;
todo orfebre se avergüenza de su ídolo;
porque engañosas son sus imágenes
fundidas,
y no hay aliento en ellas.

15 Vanidad son, obra ridícula,
en el tiempo de su castigo perecerán.

16 No es como ésta la porción de Jacob;
porque El es el Hacedor de todo,
e Israel es la tribu de su heredad;
el SEÑOR de los ejércitos es su nombre.

17 Recoge del suelo tus pertenencias,
tú que moras sitiada.

18 Porque así dice el SEÑOR:
He aquí, en esta ocasión, tiro con honda a los
habitantes de la tierra,
y los afligiré
para que me puedan hallar.

19 ¡Ay de mí, por mi quebranto!
Mi herida es incurable.
Mas yo me dije: De cierto esta es una
enfermedad,
y debo soportarla.

20 Mi tienda ha sido destruida,
y todas mis cuerdas rotas;
mis hijos me han abandonado y no queda
ninguno.
No hay quien plante de nuevo mi tienda
ni coloque mis cortinas.

21 Porque los pastores se han entorpecido
y no han buscado al SEÑOR;
por tanto, no prosperaron,
y todo su rebaño se ha dispersado.

22 ¡Se oye un rumor! He aquí, viene
una gran conmoción desde la tierra del norte,
para convertir las ciudades de Judá
en desolación, en guarida de chacales.

23 Yo sé, oh SEÑOR, que no depende del hombre
su camino,
ni de quien anda el dirigir sus pasos.

24 Repréndeme, oh SEÑOR, pero con justicia,
no con tu ira, no sea que me reduzcas a nada.

25 Derrama furor sobre las naciones que no te
conocen,
y sobre los linajes que no invocan tu nombre;
porque han devorado a Jacob,
lo han devorado y lo han consumido,
y han asolado su morada.

Consecuencias por violar el pacto

11 La palabra que vino a Jeremías de parte
del SEÑOR, diciendo:

2 Oíd las palabras de este pacto, y decidlas a los
hombres de Judá y a los habitantes de Jerusalén.

3 Les diréis: "Así dice el SEÑOR, Dios de Israel:
'Maldito el hombre que no obedezca las palabras
de este pacto

4 que mandé a vuestros padres el día que los
saqué de la tierra de Egipto, del horno de hierro,
diciéndoles: "Escuchad mi voz, y haced
conforme a todo lo que yo os mando", y vosotros
seréis mi pueblo, y yo seré vuestro Dios",

5 para confirmar el juramento que juré a
vuestros padres, de darles una tierra que mana
leche y miel, como *lo es* hoy.' " Entonces
respondí y dije: Amén, SEÑOR.

6 Y el SEÑOR me dijo: Proclama todas estas

palabras en las ciudades de Judá y en las calles de Jerusalén, diciendo: "Oíd las palabras de este pacto y cumplidlas.

7"Porque bien advertí a vuestros padres el día que los hice subir de la tierra de Egipto, y hasta hoy los he amonestado con insistencia, diciéndoles: 'Escuchad mi voz.'

8"Pero no escucharon ni inclinaron su oído, sino que cada cual anduvo en la terquedad de su malvado corazón. Por tanto, hice caer sobre ellos todas las palabras de este pacto, que yo *les* mandé cumplir y no lo cumplieron."

9 Entonces el Señor me dijo: Se ha descubierto una conspiración entre los hombres de Judá y entre los habitantes de Jerusalén.

10 Se han vuelto a las iniquidades de sus antepasados, los cuales rehusaron escuchar mis palabras, y se han ido tras otros dioses para servirlos. La casa de Israel y la casa de Judá han violado mi pacto, que hice con sus padres.

11 Por tanto, así dice el Señor: He aquí, traigo sobre ellos una calamidad de la que no podrán escapar; aunque clamen a mí, no los escucharé.

12 Entonces irán las ciudades de Judá y los habitantes de Jerusalén, y clamarán a los dioses a quienes queman incienso, pero ellos ciertamente no podrán salvarlos en la hora de su aflicción.

13 Porque según el número de tus ciudades son tus dioses, oh Judá, y según el número de las calles de Jerusalén, son los altares que has levantado a lo vergonzoso, altares para quemar incienso a Baal.

14 Pero tú no ruegues por este pueblo, ni levantes por ellos clamor ni oración; porque no escucharé cuando clamen a mí a causa de su aflicción.

15¿Qué derecho tiene mi amada en mi casa
cuando ha hecho tantas vilezas?
¿Puede la carne consagrada quitar de ti tu calamidad
para *que* puedas regocijarte?

16 Olivo frondoso, hermoso en fruto y forma,
te puso por nombre el Señor.
Con ruido de un gran estrépito
ha prendido fuego en él,
y sus ramas son inservibles.

17 El Señor de los ejércitos, que te plantó, ha decretado una calamidad contra ti a causa de la maldad que la casa de Israel y la casa de Judá han hecho, provocándome al ofrecer sacrificios a Baal.

18 El Señor me *lo* hizo saber y *lo* comprendí. Entonces me hiciste ver sus obras.

19 Pero yo era como un cordero manso llevado al matadero, y no sabía que tramaban intrigas contra mí, *diciendo:* Destruyamos el árbol con su fruto, y cortémoslo de la tierra de los vivientes, para que no se le recuerde más su nombre.

20 Mas, oh Señor de los ejércitos, que juzgas rectamente,
que examinas los sentimientos y el corazón,
vea yo tu venganza contra ellos,
porque a ti he expuesto mi causa.

21 Por tanto, así dice el Señor en cuanto a los hombres de Anatot que buscan tu vida, diciendo: No profetices en el nombre del Señor, para que no mueras a manos nuestras;

22 así, pues, dice el Señor de los ejércitos: He aquí, voy a castigarlos. Los jóvenes morirán a espada, sus hijos e hijas morirán de hambre,

23 y no quedará de ellos remanente, porque traeré una calamidad sobre los hombres de Anatot, el año de su castigo.

Queja de Jeremías

12 Justo eres tú, oh Señor, cuando a ti
presento *mi* causa;
en verdad asuntos de justicia voy a discutir contigo.
¿Por qué prospera el camino de los impíos
y viven en paz todos los que obran con perfidia?

2 Tú los plantas, y echan raíces;
crecen, dan fruto.
Cerca estás tú de sus labios,
pero lejos de su corazón.

3 Pero tú me conoces, oh Señor,
tú me ves,
y compruebas *la actitud de* mi corazón para contigo.
Arrástralos como ovejas para el matadero
y sepáralos para el día de la matanza.

4¿Hasta cuándo estará de luto la tierra
y marchita la vegetación de todo el campo?
Por la maldad de los que moran en ella
han sido destruidos los animales y las aves,
porque han dicho: Dios no verá nuestro fin.

5 Si corriste con los de a pie y te cansaron,
¿cómo, pues, vas a competir con los caballos?
Si caes en tierra de paz,
¿cómo te irá en la espesura del Jordán?

6 Porque también tus hermanos y la casa de tu padre,
también ellos te han traicionado,
también ellos han dado gritos en pos de ti;
no les creas aunque te digan cosas agradables.

7 He dejado mi casa,
he abandonado mi heredad,
he entregado a la amada de mi alma
en manos de sus enemigos.

8 Mi heredad vino a ser para mí
como león en la selva;
rugió contra mí;
por tanto, la aborrecí.

9¿Es acaso mi heredad para mí como ave de rapiña de varios colores?
¿Están las aves de rapiña por todos lados contra ella?
Id, reunid a todas las bestias del campo,
traedlas para que *la* devoren.

10 Muchos pastores han arruinado mi viña,
han hollado mi heredad;
han hecho de mi hermosa heredad
un desierto desolado.

11 Fue hecha una desolación,
llora sobre mí desolada;
todo el país ha sido desolado,
porque no hubo nadie a quien le importara.

12 Sobre todas las alturas desoladas del desierto
han venido destructores,
porque la espada del Señor devora
de un extremo de la tierra al otro;
no hay paz para nadie.

13 Han sembrado trigo y han segado espinos,
se han esforzado sin provecho alguno.
Avergonzaos, pues, de vuestras cosechas

a causa de la ardiente ira del SEÑOR.

14 Así dice el SEÑOR en cuanto a todos mis malvados vecinos que atacan la heredad que he dado en posesión a mi pueblo Israel: He aquí los arrancaré de su tierra, y a la casa de Judá arrancaré de en medio de ellos.

15 Y sucederá que después que los haya arrancado, volveré y les tendré compasión, y los haré regresar cada uno a su heredad y cada cual a su tierra.

16 Y sucederá que si ellos de verdad aprenden los caminos de mi pueblo, jurando en mi nombre: "Vive el SEÑOR", así como ellos enseñaron a mi pueblo a jurar por Baal, serán restablecidos en medio de mi pueblo.

17 Pero si no escuchan, entonces arrancaré esa nación, *la* arrancaré y *la* destruiré—declara el SEÑOR.

13 Así me dijo el SEÑOR: Ve y cómprate un cinturón de lino y póntelo en la cintura, pero no lo metas en agua.

2 Compré, pues, el cinturón conforme a la palabra del SEÑOR, y me lo puse en la cintura.

3 Entonces vino a mí la palabra del SEÑOR por segunda vez, diciendo:

4 Toma el cinturón que has comprado, que llevas a la cintura, y levántate, vete al Eufrates y escóndelo allá en una hendidura de la peña.

5 Fui, pues, y lo escondí junto al Eufrates como el SEÑOR me había mandado.

6 Y sucedió que después de muchos días el SEÑOR me dijo: Levántate, vete al Eufrates y toma de allí el cinturón que te mandé que escondieras allá.

7 Fui, pues, al Eufrates y cavé, tomé el cinturón del lugar donde lo había escondido, y he aquí, el cinturón estaba podrido; no servía para nada.

8 Entonces vino a mí la palabra del SEÑOR, diciendo:

9 Así dice el SEÑOR: "De la misma manera haré que se pudra la soberbia de Judá y la gran soberbia de Jerusalén.

10 "Este pueblo malvado, que rehúsa escuchar mis palabras, que anda en la terquedad de su corazón y se ha ido tras otros dioses a servirles y a postrarse ante ellos, ha de ser como este cinturón que no sirve para nada.

11 "Porque como el cinturón se adhiere a la cintura del hombre, así hice adherirse a mí a toda la casa de Israel y a toda la casa de Judá"—declara el SEÑOR—"a fin de que fueran para mí por pueblo, por renombre, por alabanza y por gloria, pero no escucharon.

12 También les dirás esta palabra: "Así dice el SEÑOR, Dios de Israel: 'Todo cántaro se llenará de vino.' " Y cuando ellos te digan: "¿Acaso no sabemos bien que todo cántaro ha de llenarse de vino?",

13 entonces les dirás: "Así dice el SEÑOR: 'He aquí, voy a llenar de embriaguez a todos los habitantes de esta tierra: a los reyes sucesores de David que se sientan sobre su trono, a los sacerdotes, a los profetas y a todos los habitantes de Jerusalén;

14 y los estrellaré unos contra otros, los padres con los hijos por igual'—declara el SEÑOR. 'No tendré piedad, ni lástima, ni compasión, *para dejar* de destruirlos.' "

15 Escuchad y prestad atención, no seáis altaneros,
porque el SEÑOR ha hablado.
16 Dad gloria al SEÑOR vuestro Dios
antes que haga venir las tinieblas,
y antes que vuestros pies tropiecen
sobre los montes oscuros,
y estéis esperando la luz,
y El la transforme en profundas tinieblas,
la torne en lobreguez.
17 Pero si no escucháis esto,
mi alma sollozará en secreto por *tal* orgullo;
mis ojos llorarán amargamente
y se anegarán en lágrimas,
porque ha sido hecho cautivo el rebaño del
SEÑOR.
18 Di al rey y a la reina madre,
humillaos, sentaos *en el suelo*,
porque ha caído de vuestras cabezas
vuestra hermosa corona.
19 Las ciudades del Neguev han sido cerradas,
y no hay quien *las* abra:
todo Judá ha sido llevado al destierro,
llevado al cautiverio en su totalidad.
20 Alzad vuestros ojos, y ved
a los que vienen del norte.
¿Dónde está el rebaño que te fue confiado,
tus hermosas ovejas?
21 ¿Qué dirás cuando El ponga sobre ti
(a los que tú mismo habías enseñado)
a antiguos compañeros para ser cabeza tuya?
¿No te vendrán dolores
como de mujer de parto?
22 Y si dices en tu corazón:
"¿Por qué me han sucedido estas cosas?"
Por la magnitud de tu iniquidad
te han quitado las faldas
y descubierto tus calcañares.
23 ¿Puede el etíope mudar su piel,
o el leopardo sus manchas?
Así vosotros, ¿podréis hacer el bien
estando acostumbrados a hacer el mal?
24 Por tanto, os esparciré como paja arrastrada
por el viento del desierto.
25 Esta es tu suerte, la porción que ya he
medido para ti
—declara el SEÑOR—
porque me has olvidado,
y has confiado en la mentira.
26 Por lo cual yo también te levantaré las faldas
sobre tu rostro,
para que se vea tu vergüenza.
27 *En* tus adulterios y *en* tus relinchos,
en la bajeza de tu prostitución
sobre las colinas del campo,
he visto tus abominaciones.
¡Ay de ti, Jerusalén!
¿Hasta cuándo seguirás sin purificarte?

La gran sequía

14 Lo que vino como palabra del SEÑOR a Jeremías respecto a la sequía:
2 De luto está Judá,
y sus puertas languidecen,
están por tierra enlutadas,
y sube el clamor de Jerusalén.
3 Sus nobles enviaban a sus siervos por agua;
iban a las cisternas y no hallaban agua;
volvían con sus vasijas vacías.

Quedaron avergonzados y humillados,
y se cubrieron la cabeza.

4 El suelo está agrietado,
pues no ha habido lluvia sobre la tierra;
los labradores, avergonzados,
se han cubierto la cabeza.

5 Porque aun la cierva en el campo ha parido,
pero abandona *su cría*
porque no hay hierba.

6 Y los asnos monteses se paran en las alturas
desoladas,
jadeando por aire como chacales;
desfallecen sus ojos
porque no hay vegetación.

7 Aunque nuestras iniquidades testifican
contra nosotros,
oh SEÑOR, obra por amor de tu nombre.
En verdad han sido muchas nuestras
apostasías,
contra ti hemos pecado.

8 *Tú*, esperanza de Israel,
Salvador suyo en tiempo de angustia,
¿por qué has de ser como forastero en la tierra,
o como caminante que ha plantado su *tienda*
para pasar la noche?

9 ¿Por qué has de ser como hombre desalentado,
como guerrero incapaz de salvar?
Sin embargo tú estás en medio nuestro, oh
SEÑOR,
y por tu nombre somos llamados;
¡no nos abandones!

10 Así dice el SEÑOR de este pueblo: ¡Cómo les
ha gustado vagar! No han refrenado sus pies. El
SEÑOR, pues, no los acepta; ahora se acordará El
de su iniquidad y castigará sus pecados.

11 Y el SEÑOR me dijo: No ruegues por el
bienestar de este pueblo.

12 Cuando ayunen, no escucharé su clamor;
cuando ofrezcan holocausto y ofrenda de cereal,
no los aceptaré; sino que con espada, con hambre
y con pestilencia los destruiré.

13 Y yo dije: ¡Ah, Señor DIOS! He aquí, los
profetas les dicen: "No veréis espada ni tendréis
hambre, sino que os daré paz verdadera en este
lugar."

14 Entonces el SEÑOR me dijo: Mentira profetizan los profetas en mi nombre. Yo no los he
enviado, ni les he dado órdenes, ni les he
hablado; visión falsa, adivinación, vanidad y
engaño de sus corazones ellos os profetizan.

15 Por tanto, así dice el SEÑOR: En cuanto a los
profetas que profetizan en mi nombre sin que yo
los haya enviado, y que dicen: "No habrá espada
ni hambre en esta tierra", a espada y de hambre
esos profetas perecerán.

16 También el pueblo a quien profetizan estará
tirado por las calles de Jerusalén a causa del
hambre y de la espada; no habrá quien los
entierre a ellos, ni a sus mujeres, ni a sus hijos, ni
a sus hijas, pues derramaré sobre ellos su
maldad.

17 Y les dirás esta palabra:
"Viertan lágrimas mis ojos noche y día,
y no cesen,
porque de gran quebranto ha sido
quebrantada la virgen hija de mi pueblo,
de una dolorosa herida muy grave.

18 "Si salgo al campo,
he aquí, muertos a espada;

y si entro en la ciudad,
he aquí, enfermedades por el hambre.
Porque tanto el profeta como el sacerdote
andan errantes en una tierra que no
conocen."

19 ¿Has desechado por completo a Judá,
o ha aborrecido tu alma a Sion?
¿Por qué nos has herido sin que haya curación
para nosotros?
Esperábamos paz, y no hubo bien alguno;
tiempo de curación, y he aquí, terror.

20 Reconocemos, oh SEÑOR, nuestra impiedad,
la iniquidad de nuestros padres, pues hemos
pecado contra ti.

21 No *nos* desprecies, por amor a tu nombre,
no deshonres el trono de tu gloria;
acuérdate, no anules tu pacto con nosotros.

22 ¿Hay entre los ídolos de las naciones alguno
que haga llover?
¿O pueden los cielos *solos* dar lluvia?
¿No eres tú, oh SEÑOR, nuestro Dios?
En ti, pues, esperamos,
porque tú has hecho todas estas cosas.

Dios rechaza a su pueblo

15 Entonces el SEÑOR me dijo: Aunque
Moisés y Samuel se presentaran ante mí,
mi corazón no estaría con este pueblo; échalos de
mi presencia, y que se vayan.

2 Y será que cuando te digan: "¿Adónde
iremos?", les responderás: "Así dice el SEÑOR:
'Los *destinados* para la muerte, a la muerte;
los *destinados* para la espada, a la espada;
los *destinados* para el hambre, al hambre,
y los *destinados* para el cautiverio, al
cautiverio.' "

3 Y pondré sobre ellos cuatro géneros *de males*
—declara el SEÑOR—: la espada para matar, los
perros para despedazar, y las aves del cielo y las
bestias de la tierra para devorar y destruir.

4 Y los haré motivo de espanto para todos los
reinos de la tierra, a causa de Manasés, hijo de
Ezequías, rey de Judá, por lo que hizo en
Jerusalén.

5 Porque, ¿quién se compadecerá de ti, oh
Jerusalén?
¿Quién llorará por ti,
o quién se apartará *de su camino* para
preguntar por tu bienestar?

6 Tú me has dejado—declara el SEÑOR—,
sigues retrocediendo.
Extenderé, pues, mi mano contra ti y te
destruiré;
estoy cansado de compadecerme.

7 Los aventaré con el bieldo
en las puertas del país;
los privaré de hijos, destruiré a mi pueblo,
pues no se arrepintieron de sus caminos.

8 Por mí sus viudas serán más numerosas
que la arena de los mares.
Traeré contra la madre de sus jóvenes,
al destructor en pleno mediodía;
de repente traeré sobre ella
angustia y pavor.

9 Languidece la que dio a luz siete *hijos*;
exhala su alma.
Se puso su sol siendo aún de día,
ha sido avergonzada y humillada;
a sus sobrevivientes los entregaré a la espada

delante de sus enemigos—declara el Señor.

10 ¡Ay de mí, madre mía, porque me diste a luz
como hombre de contienda y hombre de
discordia para toda la tierra!
No he prestado ni me han prestado,
y todos me maldicen.

11 El Señor dijo:
Ciertamente te libraré para bien;
ciertamente haré que el enemigo te haga
súplica
en tiempo de calamidad y en tiempo de
angustia.

12 ¿Puede alguno destrozar el hierro,
el hierro del norte, y el bronce?

13 Tus riquezas y tus tesoros
entregaré al saqueo, sin costo alguno,
por todos tus pecados
en todas tus fronteras.

14 Y haré que tus enemigos *te* lleven
a una tierra que no conoces;
porque un fuego se ha encendido en mi ira
que sobre vosotros arderá.

15 Tú que *lo* sabes, oh Señor,
acuérdate de mí, atiéndeme,
y véngame de mis perseguidores.
Conforme a tu paciencia, no dejes que sea yo
arrebatado;
sabes que por ti sufro oprobio.

16 Cuando se presentaban tus palabras, yo las
comía;
tus palabras eran para mí el gozo y la alegría
de mi corazón,
porque se me llamaba por tu nombre,
oh Señor, Dios de los ejércitos.

17 No me senté en la asamblea de los que se
divierten, ni me regocijé.
A causa de tu mano, solitario me senté,
porque de indignación me llenaste.

18 ¿Por qué es mi dolor perpetuo
y mi herida incurable, que rehúsa sanar?
¿Serás en verdad para mí como *corriente*
engañosa,
como aguas en las que no se puede confiar?

19 Entonces dijo así el Señor:
Si vuelves, yo te restauraré,
en mi presencia estarás;
si apartas lo precioso de lo vil,
serás mi portavoz.
Que se vuelvan ellos a ti,
pero tú no te vuelvas a ellos.

20 Y te pondré para este pueblo
por muralla de bronce inexpugnable;
lucharán contra ti,
pero no te vencerán,
porque contigo estoy yo para salvarte
y librarte—declara el Señor.

21 Te libraré de la mano de los malos,
y te redimiré de la garra de los violentos.

16 Entonces la palabra del Señor vino a mí,
diciendo:

2 No tomes para ti mujer ni tengas hijos ni
hijas en este lugar.

3 Porque así dice el Señor acerca de los hijos e
hijas nacidos en este lugar, y acerca de las
madres que los dieron a luz, y de los padres que
los engendraron en esta tierra:

4 De muertes crueles morirán; no serán
llorados ni sepultados; serán como estiércol sobre
la faz de la tierra; a espada y por hambre serán
acabados, y sus cadáveres servirán de comida
para las aves del cielo y para las bestias de la
tierra.

5 Porque así dice el Señor: No entres en casa
de duelo, ni vayas a lamentar, ni los consueles;
pues he retirado mi paz de este pueblo—declara
el Señor—la misericordia y la compasión.

6 Morirán grandes y pequeños en esta tierra; no
serán enterrados, ni llorados, y nadie se sajará ni
se rapará por ellos;

7 no partirán *el pan* en el duelo para ellos, a fin
de consolarlos por el muerto, ni les darán a beber
la copa de consolación por su padre o por su
madre.

8 Tampoco entres en casa de banquete para
sentarte con ellos a comer y beber.

9 Porque así dice el Señor de los ejércitos, el
Dios de Israel: He aquí, voy a hacer que desaparezca de este lugar, ante vuestros ojos y en
vuestros días, la voz de gozo y la voz de alegría,
la voz del novio y la voz de la novia.

10 Y sucederá que cuando anuncies a este
pueblo todas estas palabras, ellos te dirán: "¿Por
qué el Señor ha pronunciado toda esta gran
calamidad contra nosotros? ¿Cuál es nuestra
iniquidad y cuál es nuestro pecado que hemos
cometido contra el Señor nuestro Dios?"

11 Entonces les dirás: "*Es* porque vuestros
padres me abandonaron"—declara el
Señor—"y siguieron a otros dioses y los
sirvieron y se postraron ante ellos, pero a mí me
abandonaron y no guardaron mi ley.

12 "Y vosotros habéis hecho peor que vuestros
padres, porque he aquí, cada uno de vosotros
anda tras la terquedad de su malvado corazón,
sin escucharme.

13 "Por tanto, yo os arrojaré de esta tierra a una
tierra que no habéis conocido, ni vosotros ni
vuestros padres; y allí serviréis a otros dioses día
y noche, pues no os mostraré clemencia."

14 Por tanto, he aquí, vienen días—declara el
Señor—cuando ya no se dirá: "Vive el Señor,
que sacó a los hijos de Israel de la tierra de
Egipto",

15 sino: "Vive el Señor, que hizo subir a los
hijos de Israel de la tierra del norte y de todos los
países adonde los había desterrado." Porque los
haré volver a su tierra, la cual di a sus padres.

16 He aquí, enviaré a muchos pescadores—declara el Señor—que los pescarán; y
después enviaré a muchos cazadores, que los
cazarán por todo monte y por todo collado y por
las hendiduras de las peñas.

17 Porque mis ojos *están puestos* sobre todos sus
caminos, que no se me ocultan, ni su iniquidad
está encubierta a mis ojos.

18 Pero primero, pagaré al doble su iniquidad y
su pecado, porque ellos han contaminado mi
tierra con los cadáveres de sus ídolos abominables y han llenado mi heredad con sus abominaciones.

19 ¡Oh Señor, fuerza mía y fortaleza mía,
refugio mío en el día de angustia!
A ti vendrán las naciones
desde los términos de la tierra y dirán:
Nuestros padres heredaron sólo mentira,
vanidad y cosas sin provecho.

20 ¿Puede hacer el hombre dioses para sí?
¡Pero no son dioses!

21 Por tanto, he aquí, voy a darles a conocer,
esta vez les haré conocer
mi mano y mi poder;
y sabrán que mi nombre es el Señor.

17 El pecado de Judá está escrito con cincel
de hierro,
con punta de diamante está grabado sobre la
tabla de su corazón
y en los cuernos de sus altares.

2 Como ellos se acuerdan de sus hijos,
así *se acuerdan* de sus altares y de sus Aseras
junto a los árboles frondosos, en las altas
colinas.

3 Oh montaña mía en el campo,
tus riquezas y todos tus tesoros entregaré al
saqueo,
a causa del pecado de tus lugares altos en
todo tu territorio.

4 Y por tu causa harás que se pierda la
heredad
que yo te di;
te haré servir a tus enemigos
en una tierra que no conoces;
porque habéis prendido un fuego en mi ira
que arderá para siempre.

5 Así dice el Señor:
Maldito el hombre que en el hombre confía,
y hace de la carne su fortaleza,
y del Señor se aparta su corazón.

6 Será como arbusto en el yermo
y no verá el bien cuando venga;
habitará en pedregales en el desierto,
tierra salada y sin habitantes.

7 Bendito es el hombre que confía en el Señor,
cuya confianza es el Señor.

8 Será como árbol plantado junto al agua,
que extiende sus raíces junto a la corriente;
no temerá cuando venga el calor,
y sus hojas estarán verdes;
en año de sequía no se angustiará
ni cesará de dar fruto.

9 Más engañoso que todo, es el corazón,
y sin remedio;
¿quién lo comprenderá?

10 Yo, el Señor, escudriño el corazón,
pruebo los pensamientos,
para dar a cada uno según sus caminos,
según el fruto de sus obras.

11 Como perdiz que incuba lo que no ha puesto,
es el que adquiere una fortuna, pero no con
justicia,
en la mitad de sus días lo abandonará,
y al final será un insensato.

12 Trono de gloria, enaltecido desde el principio
es el lugar de nuestro santuario.

13 Oh Señor, esperanza de Israel,
todos los que te abandonan serán
avergonzados.
Los que se apartan de ti serán escritos en el
polvo,
porque abandonaron al Señor, fuente de
aguas vivas.

14 Sáname, oh Señor, y seré sanado;
sálvame y seré salvo,
porque tú eres mi alabanza.

15 Mira, ellos me dicen:
¿Dónde está la palabra del Señor?
Que venga ahora.

16 Pero yo no me he apresurado *a dejar* de ser
tu pastor,
ni el día de angustia he anhelado;
tú sabes que lo que ha salido de mis labios
en tu presencia está.

17 No seas para mí terror;
tú eres mi refugio en el día de calamidad.

18 Sean avergonzados los que me persiguen,
pero no sea yo avergonzado;
sean atemorizados ellos, pero que no me
atemorice yo.
Trae sobre ellos el día de calamidad,
y destrúyelos con doble destrucción.

19 Así me dijo el Señor: Ve y ponte a la puerta
de los hijos del pueblo, por la cual entran y salen
los reyes de Judá, y asimismo en todas las
puertas de Jerusalén,
20 y diles: "Escuchad la palabra del Señor,
reyes de Judá, todo Judá y todos los habitantes
de Jerusalén que entráis por estas puertas:
21 "Así dice el Señor: 'Guardaos, por vuestra
vida, de llevar carga en día de reposo, y de
meterla por las puertas de Jerusalén.
22 'Tampoco saquéis carga de vuestras casas en
día de reposo, ni hagáis trabajo alguno, sino santificad el día de reposo, como mandé a vuestros
padres.
23 'Sin embargo, ellos no escucharon ni inclinaron sus oídos, sino que endurecieron su cerviz
para no oír ni recibir corrección.
24 'Pero sucederá que si me escucháis con
atención —declara el Señor—no metiendo carga
por las puertas de esta ciudad en día de reposo, y
santificáis el día de reposo, sin hacer en él trabajo
alguno,
25 entonces entrarán por las puertas de esta
ciudad reyes y príncipes que se sienten sobre el
trono de David; vendrán montados en carros y
caballos, ellos y sus príncipes, los hombres de
Judá y los habitantes de Jerusalén; y esta ciudad
será habitada para siempre.
26 'Vendrán de las ciudades de Judá y de los
alrededores de Jerusalén, de la tierra de
Benjamín, de la tierra baja, de la región
montañosa y del Neguev, trayendo holocaustos,
sacrificios, ofrendas de grano e incienso, y
trayendo sacrificios de acción de gracias a la casa
del Señor.
27 'Pero si no me escucháis en cuanto a santificar
el día de reposo, y traéis carga y entráis por las
puertas de Jerusalén en día de reposo, entonces
prenderé fuego a sus puertas, que consumirá los
palacios de Jerusalén, y no se apagará.' "

El alfarero y el barro

18 Palabra que vino a Jeremías de parte del
Señor, diciendo:
2 Levántate y desciende a la casa del alfarero, y
allí te haré oír mis palabras.
3 Entonces descendí a casa del alfarero, y he
aquí, estaba allí haciendo un trabajo sobre la
rueda.
4 Y la vasija de barro que estaba haciendo se
echó a perder en la mano del alfarero; así que
volvió a hacer de ella otra vasija, según le pareció
mejor al alfarero hacer*la.*
5 Entonces vino a mí la palabra del Señor,
diciendo:
6 ¿No puedo yo hacer con vosotros, casa de

Israel, lo mismo que *hace* este alfarero?—declara el SEÑOR. He aquí, como el barro en manos del alfarero, así sois vosotros en mi mano, casa de Israel.

7 En un momento yo puedo hablar contra una nación o contra un reino, de arrancar, de derribar y de destruir;

8 pero si esa nación contra la que he hablado se vuelve de su maldad, me arrepentiré del mal que pensaba traer sobre ella.

9 Y de pronto puedo hablar acerca de una nación o de un reino, de edificar y de plantar;

10 pero si hace lo malo ante mis ojos, no obedeciendo mi voz, entonces me arrepentiré del bien con que había prometido bendecirlo.

11 Ahora pues, habla a los hombres de Judá y a los habitantes de Jerusalén, diciendo: "Así dice el SEÑOR: 'He aquí, estoy preparando una calamidad contra vosotros y tramando un plan contra vosotros. Volveos, pues, cada uno de su mal camino y enmendad vuestros caminos y vuestras obras.' "

12 Mas ellos dirán: "Es en vano; porque vamos a seguir nuestros propios planes, y cada uno de nosotros obrará conforme a la terquedad de su malvado corazón."

13 Por tanto, así dice el SEÑOR:

"Preguntad ahora entre las naciones:
¿Quién ha oído cosa semejante?
Algo muy horrible ha hecho
la virgen de Israel.

14 "¿Faltará la nieve del Líbano de la roca agreste?
¿O se agotarán las aguas frías que fluyen de *tierras* lejanas?

15 "Pues bien, mi pueblo me ha olvidado,
queman incienso a dioses vanos,
y se han desviado de sus caminos,
de las sendas antiguas,
para andar por senderos,
no por calzada,

16 convirtiendo su tierra en una desolación,
en una burla perpetua.
Todo el que pase por ella se quedará atónito
y meneará la cabeza.

17 "Como viento solano los esparciré
delante del enemigo;
les mostraré la espalda y no el rostro
el día de su calamidad."

18 Entonces dijeron: Venid y urdamos planes contra Jeremías. Ciertamente la ley no le faltará al sacerdote, ni el consejo al sabio, ni la palabra al profeta. Venid e hirámoslo con la lengua, y no hagamos caso a ninguna de sus palabras.

19 Atiéndeme, oh SEÑOR,
y escucha lo que dicen mis contrarios.

20 ¿Acaso se paga mal por bien?
Pues han cavado fosa para mí.
Recuerda cómo me puse delante de ti
para hablar bien en favor de ellos,
para apartar de ellos tu furor.

21 Por tanto, entrega sus hijos al hambre,
y abandónalos al poder de la espada;
queden sus mujeres sin hijos y viudas,
sean sus maridos asesinados,
heridos a espada sus jóvenes en la batalla.

22 Oiganse los gritos desde sus casas,
cuando de repente traigas sobre ellos
saqueadores;

porque han cavado fosa para atraparme,
y han escondido trampas a mis pies.

23 Pero tú, oh SEÑOR, conoces
todos sus planes de muerte contra mí.
No perdones su iniquidad
ni borres de tu vista su pecado;
sean derribados delante de ti,
en el tiempo de tu ira actúa contra ellos.

La vasija rota

19 Así dijo el SEÑOR: Ve y compra una vasija de barro del alfarero, y toma contigo a algunos de los ancianos del pueblo y de los ancianos de los sacerdotes;

2 y sal al valle de Ben-hinom, que está a la entrada de la puerta de los tiestos, y proclama allí las palabras que yo te diré.

3 Dirás: 'Oíd la palabra del SEÑOR, reyes de Judá y habitantes de Jerusalén. Así dice el SEÑOR de los ejércitos, el Dios de Israel: 'He aquí, traeré tal calamidad sobre este lugar, que a todo el que oiga de ella le retiñirán los oídos.

4 'Porque me han abandonado, han hecho extraño este lugar y han ofrecido sacrificios en él a otros dioses, que ni ellos, ni sus padres, ni los reyes de Judá habían conocido, *y* han llenado este lugar de sangre de inocentes,

5 y han edificado los lugares altos de Baal para quemar a sus hijos en el fuego *como* holocaustos a Baal, cosa que nunca mandé, ni de la cual hablé, ni me pasó por la mente;

6 por tanto, he aquí, vienen días—declara el SEÑOR—cuando este lugar no se llamará más Tofet ni valle de Ben-hinom, sino Valle de la Matanza.

7 'Y haré nulo el consejo de Judá y de Jerusalén en este lugar, y los haré caer a espada delante de sus enemigos y a mano de los que buscan su vida, y entregaré sus cadáveres por comida a las aves del cielo y a las bestias de la tierra.

8 'También convertiré esta ciudad en desolación y burla; todo aquel que pase por ella se quedará atónito y silbará a causa de toda su destrucción.

9 'Y les haré comer la carne de sus hijos y la carne de sus hijas, y cada uno comerá la carne de su prójimo durante el sitio y en la aflicción con que les afligirán sus enemigos y los que buscan su vida.' "

10 Entonces romperás la vasija a la vista de los hombres que te acompañen,

11 y les dirás: "Así dice el SEÑOR de los ejércitos: 'De igual manera romperé yo a este pueblo y a esta ciudad, como quien rompe una vasija de alfarero, que no se puede reparar más; y *los* enterrarán en Tofet por no haber *otro* lugar donde enterrar.

12 'Así haré con este lugar y con sus habitantes—declara el SEÑOR—poniendo esta ciudad como Tofet.

13 'Y las casas de Jerusalén y las casas de los reyes de Judá serán como el lugar de Tofet, inmundas, a causa de todas las casas en cuyos terrados ofrecieron sacrificios a todo el ejército del cielo y derramaron libaciones a otros dioses.' "

14 Y volvió Jeremías de Tofet, adonde lo había enviado el SEÑOR a profetizar, y poniéndose en pie en el atrio de la casa del SEÑOR, dijo a todo el pueblo:

15 Así dice el Señor de los ejércitos, el Dios de Israel: "He aquí, voy a traer sobre esta ciudad y sobre todas sus aldeas la calamidad que he declarado contra ella, porque han endurecido su cerviz para no escuchar mis palabras."

Profecía contra Pasur

20 Cuando el sacerdote Pasur, hijo de Imer, que era el oficial principal en la casa del Señor, oyó a Jeremías profetizar estas cosas,

2 hizo azotar al profeta Jeremías y lo puso en el cepo que *estaba* en la puerta superior de Benjamín, la cual *conducía* a la casa del Señor.

3 Y al día siguiente, cuando Pasur soltó a Jeremías del cepo, Jeremías le dijo: No es Pasur el nombre con que el Señor *ahora* te llama, sino Magor-misabib[1].

4 Porque así dice el Señor: "He aquí, te voy a convertir en terror para ti mismo y para todos tus amigos; ellos caerán por la espada de tus enemigos, y tus ojos lo verán. Entregaré a todo Judá en manos del rey de Babilonia, y él los llevará como desterrados a Babilonia y los matará a espada.

5 "También entregaré toda la riqueza de esta ciudad, todos sus productos y cosas de gran valor, y todos los tesoros de los reyes de Judá, en manos de sus enemigos, que los saquearán, los tomarán y se los llevarán a Babilonia.

6 "Y tú, Pasur, con todos los moradores de tu casa, irás al cautiverio y entrarás en Babilonia; allí morirás y allí serás enterrado, tú y todos tus amigos a quienes has profetizado falsamente."

7 Me persuadiste, oh Señor, y quedé persuadido;
fuiste más fuerte que yo y prevaleciste.
He sido el hazmerreír cada día;
todos se burlan de mí.

8 Porque cada vez que hablo, grito;
proclamo: ¡Violencia, destrucción!
Pues la palabra del Señor ha venido a ser para mí
oprobio y escarnio cada día.

9 Pero si digo: No le recordaré
ni hablaré más en su nombre,
esto se convierte dentro de mí como fuego ardiente
encerrado en mis huesos;
hago esfuerzos por contener*lo*,
y no puedo.

10 Porque he oído las murmuraciones de muchos:
¡Terror por todas partes!
¡Denunciad*le*, denunciémosle!
Todos mis amigos de confianza,
esperando mi caída, *dicen:*
Tal vez será persuadido, prevaleceremos contra él
y tomaremos de él nuestra venganza.

11 Pero el Señor está conmigo como campeón temible;
por tanto, mis perseguidores tropezarán y no prevalecerán.
Quedarán muy avergonzados, pues no han triunfado,
tendrán afrenta perpetua que nunca será olvidada.

12 Oh Señor de los ejércitos, que pruebas al justo,
que ves las entrañas y el corazón,
vea yo tu venganza sobre ellos,
pues a ti he encomendado mi causa.

13 Cantad al Señor, alabad al Señor,
porque ha librado el alma del pobre
de manos de los malvados.

14 Maldito el día en que nací;
el día en que me dio a luz mi madre no sea bendito.

15 Maldito el hombre que dio la noticia
a mi padre, diciendo:
¡Te ha nacido un hijo varón!,
haciéndolo muy feliz.

16 Sea ese hombre como las ciudades
que el Señor destruyó sin piedad;
oiga gritos de mañana
y alaridos al mediodía,

17 porque no me mató en el vientre
para que mi madre hubiera sido mi sepultura,
y su vientre embarazado para siempre.

18 ¿Por qué salí del vientre
para ver pena y aflicción,
y que acaben en vergüenza mis días?

Profecía sobre la destrucción de Jerusalén

21 Palabra que vino a Jeremías de parte del Señor cuando el rey Sedequías lo envió a Pasur, hijo de Malquías, y al sacerdote Sofonías, hijo de Maasías, diciendo:

2 Consulta ahora de nuestra parte al Señor, porque Nabucodonosor, rey de Babilonia, nos hace la guerra; tal vez el Señor haga con nosotros conforme a todas sus maravillas, para que *el enemigo* se retire de nosotros.

3 Entonces Jeremías les dijo: Así diréis a Sedequías:

4 "Así dice el Señor, Dios de Israel: 'He aquí, yo haré volver atrás las armas de guerra que *tenéis* en vuestras manos, con las cuales peleáis contra el rey de Babilonia y contra los caldeos que os sitian fuera de los muros, y las reuniré en medio de esta ciudad.

5 'Y yo pelearé contra vosotros con mano extendida y brazo poderoso, y con ira, furor y gran enojo.

6 'Heriré a los habitantes de esta ciudad, y hombres y animales morirán de gran pestilencia.

7 'Y después'—declara el Señor—'a Sedequías, rey de Judá, a sus siervos, al pueblo y a los que sobrevivan en esta ciudad de la pestilencia, de la espada y del hambre, los entregaré en manos de Nabucodonosor, rey de Babilonia, en manos de sus enemigos y en manos de los que buscan sus vidas; y él los herirá a filo de espada. No los perdonará ni les tendrá piedad ni compasión.'

8 Y dirás a este pueblo: "Así dice el Señor: 'He aquí, pongo delante de vosotros el camino de la vida y el camino de la muerte.

9 'El que se quede en esta ciudad morirá a espada, de hambre y de pestilencia; pero el que salga y se entregue a los caldeos que os sitian, vivirá, y tendrá su propia vida como botín.

10 'Porque he puesto mi rostro contra esta ciudad para mal, y no para bien'—declara el

---

1. I.e., terror por todas partes

SEÑOR—. 'Será entregada en manos del rey de Babilonia, quien le prenderá fuego.' "

11 Y *di* a la casa del rey de Judá:
"Oíd la palabra del SEÑOR:

12 Casa de David, así dice el SEÑOR:
'Haced justicia cada mañana,
y librad al despojado de manos de *su* opresor,
no sea que salga como fuego mi furor,
y arda y no haya quien *lo* apague,
a causa de la maldad de vuestras obras.

13 'He aquí, yo estoy contra ti, moradora del valle,
roca de la llanura'—declara el SEÑOR—
'los que decís: "¿Quién descenderá contra nosotros?
¿Quién entrará en nuestras moradas?"

14 'Yo os castigaré conforme al fruto de vuestras obras'
—declara el SEÑOR—
'y prenderé fuego en su bosque
que consumirá todos sus alrededores.' "

Profecías contra los reyes de Judá

22 Así dice el SEÑOR: Desciende a la casa del rey de Judá y habla allí esta palabra,

2 y di: "Escucha la palabra del SEÑOR, oh rey de Judá, que te sientas sobre el trono de David, tú, tus siervos y tu pueblo, los que entran por estas puertas.

3 "Así dice el SEÑOR: 'Practicad el derecho y la justicia, y librad al despojado de manos de *su* opresor. Tampoco maltratéis *ni* hagáis violencia al extranjero, al huérfano o a la viuda, ni derraméis sangre inocente en este lugar.

4 'Porque si en verdad observáis este mandato, entonces entrarán reyes por las puertas de esta casa, y se sentarán en el lugar de David, en su trono; *entrarán* montados en carros y caballos, el rey, sus siervos y su pueblo.

5 'Pero si no obedecéis estas palabras, juro por mí mismo'—declara el SEÑOR—'que esta casa vendrá a ser una desolación.' "

6 Porque así dice el SEÑOR acerca de la casa del rey de Judá:
Como Galaad eres para mí,
como la cumbre del Líbano;
pero ciertamente te convertiré en un desierto,
como ciudades deshabitadas.

7 Designaré contra ti destructores,
cada uno con sus armas,
y cortarán tus cedros más selectos
y *los* echarán al fuego.

8 Pasarán muchas naciones junto a esta ciudad, y dirá cada cual a su prójimo: "¿Por qué ha hecho así el SEÑOR con esta ciudad?"

9 Entonces responderán: "Porque abandonaron el pacto del SEÑOR su Dios, y se postraron ante otros dioses y les sirvieron."

10 No lloréis por el muerto ni hagáis duelo por él,
llorad amargamente por el que se va,
porque jamás volverá
ni verá su tierra natal.

11 Porque así dice el SEÑOR acerca de Salum, hijo de Josías, rey de Judá, que reinó en lugar de su padre Josías, *y* que salió de este lugar: Nunca más volverá aquí;

12 sino que en el lugar adonde lo llevaron cautivo, allí morirá, y no verá más esta tierra.

13 Ay del que edifica su casa sin justicia
y sus aposentos altos sin derecho,
que a su prójimo hace trabajar de balde
y no le da su salario.

14 El que dice: "Me edificaré una casa espaciosa con amplios aposentos altos";
y le abre ventanas,
la recubre de cedro y *la* pinta de rojo.

15 ¿Acaso te harás rey porque compites en cedro?
¿No comió y bebió tu padre
y practicó el derecho y la justicia?
Por eso le fue bien.

16 Juzgó la causa del pobre y del necesitado;
entonces *le* fue bien.
¿No es esto conocerme?
—declara el SEÑOR.

17 Mas tus ojos y tu corazón
sólo están para tu propia ganancia,
para derramar sangre inocente,
y para practicar la opresión y la violencia.

18 Por tanto, así dice el SEÑOR acerca de Joacim, hijo de Josías, rey de Judá:
No llorarán por él:
"¡Ay, hermano mío!" o "¡Ay, hermana!"
No llorarán por él:
"¡Ay, Señor!" o "¡Ay, su gloria!"

19 Con entierro de asno, será enterrado:
arrastrado y tirado fuera de las puertas de Jerusalén.

20 Sube al Líbano y clama,
y da voces en Basán;
clama también desde Abarim,
porque han sido destruidos todos tus amantes.

21 Te hablé en tu prosperidad,
pero dijiste: "No escucharé."
Esta ha sido tu costumbre desde tu juventud,
que nunca has escuchado mi voz.

22 A todos tus pastores arrasará el viento,
y tus amantes irán al cautiverio;
entonces ciertamente serás avergonzada y humillada
a causa de toda tu maldad.

23 Tú que moras en el Líbano,
anidada en los cedros,
¡cómo gemirás cuando te vengan los dolores,
dolor como de mujer de parto!

24 Vivo yo—declara el SEÑOR—aunque Conías[1], hijo de Joacim, rey de Judá, fuera un anillo en mi mano derecha, aun de allí lo arrancaría.

25 Te entregaré en manos de los que buscan tu vida, sí, en manos de los que temes: en manos de Nabucodonosor, rey de Babilonia, y en manos de los caldeos.

26 Te arrojaré a ti y a la madre que te dio a luz a otro país donde no nacisteis, y allí moriréis.

27 Pero a la tierra a la cual con toda el alma anhelan volver, a ella no volverán.

28 ¿Es acaso este hombre Conías una vasija despreciada y rota?
¿Es un objeto indeseable?
¿Por qué han sido arrojados él y sus descendientes
y echados a una tierra que no conocían?

29 ¡Oh tierra, tierra, tierra!,
oye la palabra del SEÑOR.

---

1. I.e., Jeconías

30 Así dice el SEÑOR:
"Inscribid a este hombre *como* sin hijos,
hombre que no prosperará en sus días;
porque ninguno de sus descendientes logrará
sentarse sobre el trono de David
ni gobernar de nuevo en Judá."

Los malos pastores y regreso del remanente

23 ¡Ay de los pastores que destruyen y
dispersan las ovejas de mis prados!—
declara el SEÑOR.

2 Por tanto, así dice el SEÑOR, Dios de Israel,
acerca de los pastores que apacientan a mi
pueblo: Vosotros habéis dispersado mis ovejas y
las habéis ahuyentado, y no os habéis ocupado de
ellas; he aquí, yo me ocuparé de vosotros por la
maldad de vuestras obras—declara el SEÑOR.

3 Yo mismo reuniré el remanente de mis ovejas
de todas las tierras adonde las he echado, y las
haré volver a sus pastos; y crecerán y se multiplicarán.

4 Pondré sobre ellas pastores que las apacentarán, y nunca más tendrán temor, ni se aterrarán,
ni faltará ninguna—declara el SEÑOR.

5 He aquí, vienen días—declara el SEÑOR—
en que levantaré a David un Renuevo justo;
y El reinará *como* rey, actuará sabiamente,
y practicará el derecho y la justicia en la
tierra.

6 En sus días será salvo Judá,
e Israel morará seguro;
y este es su nombre por el cual será llamado:
"El SEÑOR, justicia nuestra."

7 Por tanto, he aquí, vienen días—declara el
SEÑOR—cuando no dirán más: "Vive el SEÑOR,
que hizo subir a los hijos de Israel de la tierra de
Egipto",

8 sino: "Vive el SEÑOR que hizo subir y trajo a
los descendientes de la casa de Israel de la tierra
del norte y de todas las tierras adonde los había
echado"; y habitarán en su propio suelo.

9 En cuanto a los profetas:
quebrantado está mi corazón dentro de mí,
tiemblan todos mis huesos;
estoy como un ebrio,
como un hombre a quien domina el vino,
por causa del SEÑOR
y por causa de sus santas palabras.

10 Porque la tierra está llena de adúlteros;
porque a causa de la maldición se ha
enlutado la tierra,
se han secado los pastos del desierto.
Pues es mala la carrera de ellos
y su poderío no es recto.

11 Porque tanto el profeta como el sacerdote
están corrompidos;
aun en mi casa he hallado su
maldad—declara el SEÑOR.

12 Por tanto, su camino será para ellos como
resbaladeros;
a las tinieblas serán empujados y caerán en
ellas;
porque traeré sobre ellos calamidad
el año de su castigo—declara el SEÑOR.

13 Además, entre los profetas de Samaria he
visto algo ofensivo:
profetizaban en *nombre de* Baal y
extraviaban a mi pueblo Israel.

14 También entre los profetas de Jerusalén he
visto algo horrible:
cometían adulterio y andaban en mentiras;
fortalecían las manos de los malhechores,
sin convertirse ninguno de su maldad.
Se me han vuelto todos ellos como Sodoma,
y sus habitantes como Gomorra.

15 Por tanto, así dice el SEÑOR de los ejércitos
acerca de los profetas:
"He aquí, les daré de comer ajenjo
y les daré de beber agua envenenada,
porque de los profetas de Jerusalén
ha salido la corrupción por toda la tierra."

16 Así dice el SEÑOR de los ejércitos:
No escuchéis las palabras de los profetas que
os profetizan.
Ellos os conducen hacia lo vano;
os cuentan la visión de su propia fantasía,
no de la boca del SEÑOR.

17 Dicen de continuo a los que me desprecian:
"El SEÑOR ha dicho: 'Tendréis paz' ";
y a todo el que anda en la terquedad de su
corazón
dicen: "No vendrá calamidad sobre
vosotros."

18 Pero ¿quién ha estado en el consejo del
SEÑOR,
y vio y oyó su palabra?
¿Quién ha prestado atención a su palabra y *la*
ha escuchado?

19 He aquí, la tempestad del SEÑOR ha salido
con furor,
un torbellino impetuoso
descargará sobre la cabeza de los impíos.

20 No se apartará la ira del SEÑOR
hasta que haya realizado y llevado a cabo los
propósitos de su corazón.
En los postreros días lo entenderéis
claramente.

21 Yo no envié a *esos* profetas,
pero ellos corrieron;
no les hablé,
mas ellos profetizaron.

22 Pero si ellos hubieran estado en mi consejo,
habrían hecho oír mis palabras a mi pueblo,
y les habrían hecho volver de su mal camino
y de la maldad de sus obras.

23 ¿Soy yo un Dios de cerca—declara el SEÑOR—
y no un Dios de lejos?

24 ¿Podrá alguno esconderse en escondites
de modo que yo no lo vea?—declara el
SEÑOR.
¿No lleno yo los cielos y la tierra?—declara el
SEÑOR.

25 He oído lo que dicen los profetas que profetizan mentira en mi nombre, diciendo: "¡He tenido
un sueño, he tenido un sueño!"

26 ¿Hasta cuándo? ¿Qué hay en los corazones de
los profetas que profetizan la mentira, de los
profetas *que proclaman* el engaño de su corazón,

27 que tratan de que mi pueblo se olvide de mi
nombre con los sueños que se cuentan unos a
otros, tal como sus padres olvidaron mi nombre a
causa de Baal?

28 El profeta que tenga un sueño, que cuente *su*
sueño, pero el que tenga mi palabra, que hable mi
palabra con fidelidad. ¿Qué tiene *que ver* la paja
con el grano?—declara el SEÑOR.

29 ¿No es mi palabra como fuego—declara el SEÑOR—y como martillo que despedaza la roca?

30 Por tanto, he aquí, estoy contra los profetas—declara el SEÑOR—que se roban mis palabras el uno al otro.

31 He aquí, estoy contra los profetas—declara el SEÑOR—que usan sus lenguas y dicen: "El SEÑOR declara."

32 He aquí, estoy contra los que profetizan sueños falsos—declara el SEÑOR—y los cuentan y hacen errar a mi pueblo con sus mentiras y sus presunciones, cuando yo no los envié ni les di órdenes, ni son de provecho alguno para este pueblo—declara el SEÑOR.

33 Y cuando te pregunte este pueblo, o el profeta, o sacerdote, diciendo: "¿Cuál es la profecía del SEÑOR?", les dirás: "¿Cuál profecía?" El SEÑOR declara: "Yo os abandonaré."

34 Y al profeta, al sacerdote o al pueblo que diga: "Profecía del SEÑOR", traeré castigo sobre tal hombre y sobre su casa.

35 Así diréis cada uno a su prójimo y cada uno a su hermano: "¿Qué ha respondido el SEÑOR? ¿Qué ha hablado el SEÑOR?

36 Y no os acordaréis más de la profecía del SEÑOR, porque la palabra de cada uno le será por profecía, pues habéis pervertido las palabras del Dios viviente, del SEÑOR de los ejércitos, nuestro Dios.

37 Así dirás al profeta: "¿Qué te ha respondido el SEÑOR? ¿Qué ha hablado el SEÑOR?"

38 Pero si decís: "¡Profecía del SEÑOR!", entonces así dice el SEÑOR: "Por cuanto habéis dicho esta palabra: '¡Profecía del SEÑOR!', habiendo yo enviado a deciros: 'No digáis: "¡Profecía del SEÑOR!" ' ",

39 por tanto, he aquí, ciertamente me olvidaré de vosotros y os echaré de mi presencia, junto con la ciudad que os di a vosotros y a vuestros padres;

40 y pondré sobre vosotros oprobio eterno y humillación eterna que nunca será olvidada.

Las dos cestas de higos

24 El SEÑOR me mostró dos cestas de higos colocadas delante del templo del SEÑOR después que Nabucodonosor, rey de Babilonia, desterró a Jeconías, hijo de Joacim, rey de Judá, y a los oficiales de Judá junto con los artesanos y herreros de Jerusalén, y los llevó a Babilonia.

2 Una cesta tenía higos muy buenos, como los primeros higos maduros; y la otra tenía higos muy malos, que de podridos no se podían comer.

3 Entonces el SEÑOR me dijo: ¿Qué ves, Jeremías? Y dije: Higos; los higos buenos son muy buenos, y los malos, muy malos, que de podridos no se pueden comer.

4 Y vino a mí la palabra del SEÑOR, diciendo:

5 Así dice el SEÑOR, Dios de Israel: "Como a estos higos buenos, así consideraré como buenos a los desterrados de Judá que yo he echado de este lugar a la tierra de los caldeos.

6 "Porque pondré mis ojos sobre ellos para bien, y los traeré de nuevo a esta tierra; los edificaré y no los derribaré, los plantaré y no los arrancaré.

7 "Y les daré un corazón para que me conozcan, porque yo soy el SEÑOR; y ellos serán mi pueblo y yo seré su Dios, pues volverán a mí de todo corazón.

8 "Pero como a los higos malos que de podridos no se pueden comer—así dice el SEÑOR—de la misma manera abandonaré a Sedequías, rey de Judá, a sus oficiales, al remanente de Jerusalén que queda en esta tierra y a los que habitan en la tierra de Egipto.

9 "Los haré motivo de espanto y de calamidad para todos los reinos de la tierra, de oprobio y refrán, de burla y maldición en todos los lugares adonde los dispersaré.

10 "Y enviaré sobre ellos espada, hambre y pestilencia hasta que sean exterminados de la tierra que les di a ellos y a sus padres."

Setenta años de cautiverio

25 Palabra que vino a Jeremías acerca de todo el pueblo de Judá, en el año cuarto de Joacim, hijo de Josías, rey de Judá (éste era el primer año de Nabucodonosor, rey de Babilonia),

2 la cual el profeta Jeremías habló a todo el pueblo de Judá y a todos los habitantes de Jerusalén, diciendo:

3 Desde el año trece de Josías, hijo de Amón, rey de Judá, hasta hoy, en estos veintitrés años ha venido a mí la palabra del SEÑOR, y os he hablado repetidas veces, pero no habéis escuchado.

4 Y el SEÑOR os envió repetidas veces a todos sus siervos los profetas (pero no escuchasteis ni inclinasteis vuestro oído para oír),

5 diciendo: "Volveos ahora cada cual de vuestro camino y de la maldad de vuestras obras, y habitaréis en la tierra que el SEÑOR os dio a vosotros y a vuestros padres para siempre;

6 no vayáis tras otros dioses para servirles y postraros ante ellos, no me provoquéis a ira con la obra de vuestras manos, y no os haré ningún mal."

7 Pero no me habéis escuchado—declara el SEÑOR—de modo que me provocasteis a ira con la obra de vuestras manos para vuestro propio mal.

8 Por tanto, así dice el SEÑOR de los ejércitos: "Por cuanto no habéis obedecido mis palabras,

9 he aquí, mandaré a buscar a todas las familias del norte—declara el SEÑOR—y a Nabucodonosor, rey de Babilonia, siervo mío, y los traeré contra esta tierra, contra sus habitantes y contra todas estas naciones de alrededor; los destruiré por completo y los haré objeto de horror, de burla y de eterna desolación.

10 "Y haré cesar de ellos la voz de gozo y la voz de alegría, la voz del novio y la voz de la novia, el sonido de las piedras de molino y la luz de la lámpara.

11 "Toda esta tierra será desolación y horror, y estas naciones servirán al rey de Babilonia setenta años.

12 "Después que se hayan cumplido los setenta años, castigaré al rey de Babilonia y a esa nación por su iniquidad—declara el SEÑOR—y a la tierra de los caldeos la haré una desolación eterna.

13 "Y traeré sobre esa tierra todas las palabras que he hablado contra ella, todo lo que está escrito en este libro que Jeremías ha profetizado contra todas las naciones.

14 "(Pues también a ellos los harán esclavos

muchas naciones y grandes reyes, y les pagaré conforme a sus hechos y conforme a la obra de sus manos)."

15 Porque así me ha dicho el Señor, Dios de Israel: Toma de mi mano esta copa del vino del furor, y haz que beban de ella todas las naciones a las cuales yo te envío.

16 Y beberán y se tambalearán y enloquecerán a causa de la espada que enviaré entre ellas.

17 Entonces tomé la copa de la mano del Señor, e hice beber *de ella* a todas las naciones a las cuales me envió el Señor:

18 a Jerusalén y a las ciudades de Judá, a sus reyes y a sus príncipes, para ponerlos por desolación, horror, burla y maldición, como hasta hoy;

19 a Faraón, rey de Egipto, a sus siervos, a sus príncipes y a todo su pueblo;

20 a todos los extranjeros, a todos los reyes de la tierra de Uz, a todos los reyes de la tierra de los filisteos (es decir, Ascalón, Gaza, Ecrón y al remanente de Asdod);

21 a Edom, a Moab y a los hijos de Amón;

22 a todos los reyes de Tiro, a todos los reyes de Sidón y a los reyes de las costas que están más allá del mar;

23 a Dedán, a Tema, a Buz y a todos los que se rapan las sienes;

24 a todos los reyes de Arabia y a todos los reyes de los extranjeros que habitan en el desierto;

25 a todos los reyes de Zimri, a todos los reyes de Elam y a todos los reyes de Media;

26 a todos los reyes del norte, los de cerca y los de lejos, los unos con los otros, y a todos los reinos del mundo que están sobre la faz de la tierra. El rey de Sesac beberá después de ellos.

27 Y les dirás: "Así dice el Señor de los ejércitos, el Dios de Israel: 'Bebed, embriagaos, vomitad, caed y no os levantéis a causa de la espada que yo enviaré entre vosotros.' "

28 Y sucederá que si rehúsan tomar la copa de tu mano para beber, les dirás: "Así dice el Señor de los ejércitos: 'Ciertamente vais a beber.

29 'Porque he aquí que comienzo a causar mal en *esta* ciudad que se llama por mi nombre, ¿y quedaréis vosotros sin castigo alguno? No quedaréis sin castigo, porque llamo a la espada contra todos los habitantes de la tierra'—declara el Señor de los ejércitos."

30 Tú, pues, profetizarás contra ellos todas estas palabras, y les dirás:

"El Señor rugirá desde lo alto,
  y dará su voz desde su santa morada;
  rugirá fuertemente contra su rebaño.
  Dará gritos como los que pisan *las uvas*
  contra todos los habitantes de la tierra.

31 "Ha llegado el estruendo hasta el fin de la
    tierra,
  porque el Señor tiene un pleito contra las
    naciones;
  entra en juicio contra toda carne;
  a los impíos, los entrega a la
    espada"—declara el Señor.

32 Así dice el Señor de los ejércitos:
  He aquí, el mal va
  de nación en nación,
  y una gran tempestad se levanta
  de los confines de la tierra.

33 Y los muertos por el Señor en aquel día estarán desde un extremo de la tierra hasta el otro. No los llorarán, ni los recogerán, ni los sepultarán; serán como estiércol sobre la faz de la tierra.

34 Gemid, pastores, y clamad;
  revolcaos *en ceniza*, mayorales del rebaño,
  porque se han cumplido los días de vuestra
    matanza y de vuestra dispersión,
  y caeréis como vaso precioso.

35 No habrá huida para los pastores,
  ni escape para los mayorales del rebaño.

36 *Se oye* el sonido del clamor de los pastores,
  y el gemido de los mayorales del rebaño,
  porque el Señor está destruyendo sus pastos,

37 y son silenciados los rebaños apacibles
  a causa de la ardiente ira del Señor.

38 Ha dejado como león su guarida,
  porque su tierra se ha convertido en horror
  por el furor de la *espada* opresora,
  y a causa de su ardiente ira.

Plan para matar a Jeremías

26 Al comienzo del reinado de Joacim, hijo de Josías, rey de Judá, vino esta palabra del Señor, diciendo:

2 Así dice el Señor: "Ponte en el atrio de la casa del Señor, y habla a todas las ciudades de Judá que vienen a adorar en la casa del Señor todas las palabras que te he mandado decirles. No omitas ni una palabra.

3 "Tal vez escuchen y cada uno se vuelva de su mal camino, y yo me arrepienta del mal que pienso hacerles a causa de la maldad de sus obras."

4 Les dirás: "Así dice el Señor: 'Si no me escucháis, para andar en mi ley que he puesto delante de vosotros,

5 escuchando las palabras de mis siervos los profetas que os he enviado repetidas veces, pero no los habéis escuchado,

6 entonces pondré esta casa como Silo, y esta ciudad la pondré por maldición para todas las naciones de la tierra.' "

7 Y los sacerdotes, los profetas y todo el pueblo oyeron a Jeremías decir estas palabras en la casa del Señor.

8 Cuando Jeremías terminó de decir todo lo que el Señor le había mandado que hablara a todo el pueblo, lo apresaron los sacerdotes, los profetas y todo el pueblo, diciendo: De cierto, morirás.

9 ¿Por qué has profetizado en nombre del Señor, diciendo: "Esta casa será como Silo y esta ciudad quedará desolada sin habitante alguno?" Y todo el pueblo se congregó contra Jeremías en la casa del Señor.

10 Y cuando los jefes de Judá oyeron estas cosas, subieron de la casa del rey a la casa del Señor, y se sentaron a la entrada de la puerta Nueva de la *casa* del Señor.

11 Y los sacerdotes y los profetas hablaron a los jefes y a todo el pueblo, diciendo: ¡Sentencia de muerte para este hombre!, porque ha profetizado contra esta ciudad, como habéis oído con vuestros propios oídos.

12 Entonces Jeremías habló a todos los jefes y a todo el pueblo, diciendo: El Señor me ha enviado a profetizar contra esta casa y contra esta ciudad todas las palabras que habéis oído.

13 Ahora bien, enmendad vuestros caminos y

vuestras obras, y oíd la voz del Señor vuestro Dios, y el Señor se arrepentirá del mal que ha pronunciado contra vosotros.

14 En cuanto a mí, he aquí estoy en vuestras manos; haced de mí como mejor y más recto sea a vuestros ojos.

15 Pero sabed bien que si me matáis, sangre inocente echaréis sobre vosotros y sobre esta ciudad y sobre sus habitantes; porque en verdad el Señor me ha enviado a vosotros para hablar en vuestros oídos todas estas palabras.

16 Dijeron los jefes y todo el pueblo a los sacerdotes y a los profetas: Que no haya sentencia de muerte para este hombre, porque en nombre del Señor nuestro Dios nos ha hablado.

17 Y se levantaron algunos de los ancianos del país y hablaron a toda la asamblea del pueblo, diciendo:

18 Miqueas de Moréset profetizó en días de Ezequías, rey de Judá, y habló a todo el pueblo de Judá, diciendo: "Así ha dicho el Señor de los ejércitos:

'Sion será arada *como* un campo,
Jerusalén se convertirá en un montón de ruinas,
y el monte del santuario *será* como los lugares altos de un bosque.' "

19 ¿Acaso le dieron muerte Ezequías, rey de Judá, y todo Judá? ¿No temió él al Señor y suplicó el favor del Señor, y el Señor se arrepintió del mal que había pronunciado contra ellos? Nosotros, pues, estamos cometiendo un gran mal contra nosotros mismos.

20 Y hubo también un hombre que profetizó en el nombre del Señor, Urías, hijo de Semaías de Quiriat-jearim, el cual profetizó contra esta ciudad y contra esta tierra palabras semejantes a todas las de Jeremías.

21 Cuando el rey Joacim y todos sus valientes y todos los jefes oyeron sus palabras, el rey procuró matarlo; pero Urías se enteró, tuvo miedo, huyó y se fue a Egipto.

22 Entonces el rey Joacim envió hombres a Egipto: a Elnatán, hijo de Acbor, y a *otros* hombres con él, a Egipto.

23 Y trajeron a Urías de Egipto y lo llevaron al rey Joacim, quien lo mató a espada y echó su cadáver a la fosa común.

24 Pero la mano de Ahicam, hijo de Safán, estaba con Jeremías, de manera que no fue entregado en manos del pueblo para que le dieran muerte.

Orden de someterse a Nabucodonosor

27 Al principio del reinado de Sedequías, hijo de Josías, rey de Judá, vino esta palabra de parte del Señor a Jeremías, diciendo:

2 Así me ha dicho el Señor: Hazte coyundas y yugos y póntelos al cuello,

3 y envía palabra al rey de Edom, al rey de Moab, al rey de los hijos de Amón, al rey de Tiro y al rey de Sidón por medio de los mensajeros que vienen a Jerusalén *a ver* a Sedequías, rey de Judá.

4 Y ordénales que digan a sus señores: "Así dice el Señor de los ejércitos, el Dios de Israel, así diréis a vuestros señores:

5 'Yo hice la tierra, los hombres y los animales que están sobre la faz de la tierra con mi gran poder y con mi brazo extendido, y la doy a quien me place.

6 Y ahora yo he puesto todas estas tierras en manos de mi siervo Nabucodonosor, rey de Babilonia, siervo mío, y también las bestias del campo le he dado para que le sirvan.

7 Y todas las naciones le servirán a él, a su hijo, y al hijo de su hijo, hasta que llegue también la hora a su propia tierra; entonces muchas naciones y grandes reyes lo harán su siervo.

8 Y sucederá que la nación o el reino que no sirva a Nabucodonosor, rey de Babilonia, y que no ponga su cerviz bajo el yugo del rey de Babilonia, con espada, con hambre y con pestilencia a esa nación castigaré—declara el Señor—'hasta que yo la haya destruido por su mano.

9 Vosotros, pues, no escuchéis a vuestros profetas, a vuestros adivinos, a vuestros soñadores, a vuestros agoreros ni a vuestros hechiceros que os hablan, diciendo: "No serviréis al rey de Babilonia."

10 Porque ellos os profetizan mentira, para alejaros de vuestra tierra, y para que yo os expulse y perezcáis.

11 Pero la nación que ponga su cerviz bajo el yugo del rey de Babilonia y le sirva, la dejaré en su tierra'—declara el Señor—'y la cultivará y habitará en ella.' "

12 Y a Sedequías, rey de Judá, hablé palabras como éstas, diciendo: Poned vuestra cerviz bajo el yugo del rey de Babilonia, y servidle a él y a su pueblo, y viviréis.

13 ¿Por qué habéis de morir, tú y tu pueblo, por la espada, el hambre y la pestilencia, tal como ha hablado el Señor de la nación que no sirva al rey de Babilonia?

14 No escuchéis, pues, las palabras de los profetas que os hablan, diciendo: "No serviréis al rey de Babilonia", porque os profetizan mentira.

15 Yo no los he enviado—declara el Señor—y ellos profetizan mentira en mi nombre, para que yo os expulse y perezcáis vosotros y los profetas que os profetizan.

16 Y hablé a los sacerdotes y a todo este pueblo, diciendo: Así dice el Señor: No escuchéis las palabras de vuestros profetas que os profetizan, diciendo: "He aquí, los utensilios de la casa del Señor serán devueltos en breve de Babilonia", porque ellos os profetizan mentira.

17 No los escuchéis; servid al rey de Babilonia y viviréis. ¿Por qué ha de convertirse en ruinas esta ciudad?

18 Mas si ellos son profetas, y si la palabra del Señor está con ellos, que supliquen ahora al Señor de los ejércitos para que los utensilios que quedan en la casa del Señor, en la casa del rey de Judá y en Jerusalén, no sean llevados a Babilonia.

19 Porque así dice el Señor de los ejércitos acerca de las columnas, del mar, de las basas y de los demás utensilios que quedan en esta ciudad,

20 los cuales no tomó Nabucodonosor, rey de Babilonia, cuando llevó al destierro a Jeconías, hijo de Joacim, rey de Judá, de Jerusalén a Babilonia con todos los nobles de Judá y de Jerusalén.

21 Sí, así dice el Señor de los ejércitos, el Dios de Israel, acerca de los utensilios que quedan en

la casa del Señor, en la casa del rey de Judá y en Jerusalén:

22"A Babilonia serán llevados, y allí quedarán hasta el día en que yo los visite"—declara el Señor—. "Entonces los traeré y los restituiré a este lugar."

Falsa profecía de Hananías

28 Y sucedió que el mismo año, al principio del reinado de Sedequías, rey de Judá, en el año cuarto, en el mes quinto, el profeta Hananías, hijo de Azur, que era de Gabaón, me habló en la casa del Señor en presencia de los sacerdotes y de todo el pueblo, diciendo:

2 Así dice el Señor de los ejércitos, el Dios de Israel: "He quebrado el yugo del rey de Babilonia.

3"Dentro de dos años haré volver a este lugar todos los utensilios de la casa del Señor, que Nabucodonosor, rey de Babilonia, tomó de este lugar y llevó a Babilonia.

4"Y a Jeconías, hijo de Joacim, rey de Judá, y a todos los desterrados de Judá que fueron a Babilonia, yo los haré volver a este lugar"—declara el Señor—"porque romperé el yugo del rey de Babilonia."

5 El profeta Jeremías respondió al profeta Hananías en presencia de los sacerdotes y en presencia de todo el pueblo que estaba de pie en la casa del Señor;

6 y el profeta Jeremías dijo: Amén, así lo haga el Señor. Confirme el Señor tus palabras, que has profetizado para que sean devueltos los utensilios de la casa del Señor y *vuelvan* todos los desterrados de Babilonia a este lugar.

7 Pero oye ahora esta palabra que voy a hablar a tus oídos y a oídos de todo el pueblo:

8 Los profetas que fueron antes de mí y antes de ti desde la antigüedad, profetizaron guerra, calamidad y pestilencia contra muchas tierras y contra grandes reinos.

9 Si un profeta profetiza paz, cuando la palabra del profeta se cumpla, entonces ese profeta será conocido *como* el que el Señor en verdad ha enviado.

10 Entonces el profeta Hananías quitó el yugo del cuello del profeta Jeremías y lo rompió.

11 Y Hananías habló en presencia de todo el pueblo, diciendo: Así dice el Señor: "De esta manera romperé el yugo de Nabucodonosor, rey de Babilonia, dentro de dos años, del cuello de todas las naciones." Y el profeta Jeremías se fue por su camino.

12 Entonces vino a Jeremías la palabra del Señor, después que Hananías había roto el yugo del cuello del profeta Jeremías, diciendo:

13 Ve y habla a Hananías, diciendo: "Así dice el Señor: 'Has roto yugos de madera, pero en su lugar harás yugos de hierro.'

14"Porque así dice el Señor de los ejércitos, el Dios de Israel: 'Yugo de hierro he puesto sobre el cuello de estas naciones, para que sirvan a Nabucodonosor, rey de Babilonia, y le servirán. Y le he dado también las bestias del campo.' "

15 Y el profeta Jeremías dijo al profeta Hananías: Escucha ahora, Hananías, el Señor no te ha enviado, y tú has hecho que este pueblo confíe en una mentira.

16 Por tanto, así dice el Señor: "He aquí, te voy a quitar de sobre la faz de la tierra. Este año morirás, porque has aconsejado la rebelión contra el Señor."

17 Y murió el profeta Hananías aquel mismo año, en el mes séptimo.

Carta a los desterrados

29 Estas son las palabras de la carta que el profeta Jeremías envió desde Jerusalén al resto de los ancianos del destierro, a los sacerdotes, a los profetas y a todo el pueblo que Nabucodonosor había llevado al destierro de Jerusalén a Babilonia.

2 (*Esto sucedió* después de salir de Jerusalén el rey Jeconías y la reina madre, los oficiales de la corte, los príncipes de Judá y de Jerusalén, los artífices y los herreros).

3 *La carta fue enviada* por mano de Elasa, hijo de Safán, y de Gemarías, hijo de Hilcías, a quienes Sedequías, rey de Judá, envió a Babilonia, a Nabucodonosor, rey de Babilonia, diciendo:

4 Así dice el Señor de los ejércitos, el Dios de Israel, a todos los desterrados que envié al destierro de Jerusalén a Babilonia:

5"Edificad casas y habita*dlas*, plantad huertos y comed su fruto.

6"Tomad mujeres y engendrad hijos e hijas, tomad mujeres para vuestros hijos y dad vuestras hijas a maridos para que den a luz hijos e hijas, y multiplicaos allí y no disminuyáis.

7"Y buscad el bienestar de la ciudad adonde os he desterrado, y rogad al Señor por ella; porque en su bienestar tendréis bienestar.

8 Porque así dice el Señor de los ejércitos, el Dios de Israel: "No os engañen vuestros profetas que están en medio de vosotros, ni vuestros adivinos, ni escuchéis los sueños que sueñan.

9"Porque os profetizan falsamente en mi nombre; no los he enviado"—declara el Señor.

10 Pues así dice el Señor: "Cuando se le hayan cumplido a Babilonia setenta años, yo os visitaré y cumpliré mi buena palabra de haceros volver a este lugar.

11"Porque yo sé los planes que tengo para vosotros"—declara el Señor—"planes de bienestar y no de calamidad, para daros un futuro y una esperanza.

12"Me invocaréis, y vendréis a rogarme, y yo os escucharé.

13"Me buscaréis y *me* encontraréis, cuando me busquéis de todo corazón.

14"Me dejaré hallar de vosotros"—declara el Señor—"y restauraré vuestro bienestar y os reuniré de todas las naciones y de todos los lugares adonde os expulsé"—declara el Señor—"y os traeré de nuevo al lugar de donde os envié al destierro."

15 Por cuanto habéis dicho: "El Señor nos ha levantado profetas en Babilonia"

16 (pues así dice el Señor acerca del rey que se sienta sobre el trono de David, y acerca de todo el pueblo que habita en esta ciudad, vuestros hermanos que no fueron con vosotros al destierro),

17 así dice el Señor de los ejércitos: "He aquí, yo envío contra ellos la espada, el hambre y la pestilencia, y los pondré como higos reventados que de podridos no se pueden comer.

18"Los perseguiré con la espada, con el hambre y con la pestilencia, y los haré motivo de espanto para todos los reinos de la tierra, para que sean maldición, horror, burla y oprobio entre todas las naciones adonde los he arrojado,

19 porque no han escuchado mis palabras"—declara el SEÑOR—"que les envié repetidas veces por medio de mis siervos los profetas; pero no escuchasteis"—declara el SEÑOR.

20 Oíd, pues, la palabra del SEÑOR, vosotros todos los desterrados, a quienes he enviado de Jerusalén a Babilonia.

21 Así dice el SEÑOR de los ejércitos, el Dios de Israel, acerca de Acab, hijo de Colaías, y acerca de Sedequías, hijo de Maasías, que os profetizan mentira en mi nombre: "He aquí, los entregaré en manos de Nabucodonosor, rey de Babilonia, y él los matará delante de vuestros ojos.

22"Y de ellos será tomada *esta* maldición por todos los desterrados de Judá que están en Babilonia, diciendo: 'Que el SEÑOR te haga como a Sedequías y como a Acab, a quienes el rey de Babilonia asó al fuego.'

23"Porque obraron neciamente en Israel, cometieron adulterio con las mujeres de sus prójimos y hablaron en mi nombre palabras falsas que no les mandé. Yo soy el que sabe y soy testigo—declara el SEÑOR."

24 Y a Semaías el nehelamita hablarás, diciendo:

25 Así dice el SEÑOR de los ejércitos, el Dios de Israel: "Por cuanto has enviado cartas en tu nombre a todo el pueblo que está en Jerusalén, y al sacerdote Sofonías, hijo de Maasías, y a todos los sacerdotes, diciendo *a Sofonías*:

26 'El SEÑOR te ha puesto por sacerdote en lugar del sacerdote Joiada, para estar encargado en la casa del SEÑOR de todo demente que profetice, a fin de que lo pongas en el cepo y la argolla.

27 'Pues entonces ¿por qué no has reprendido a Jeremías de Anatot que os profetiza?

28 'Porque él nos ha enviado *un mensaje* a Babilonia, diciendo: "*El destierro* será largo; edificad casas y habitad*las*, plantad huertos y comed su fruto." ' '

29 Y el sacerdote Sofonías leyó esta carta a oídos del profeta Jeremías.

30 Entonces vino la palabra del SEÑOR a Jeremías, diciendo:

31 Envía un *mensaje* a todos los desterrados, diciendo: "Así dice el SEÑOR acerca de Semaías el nehelamita: 'Por cuanto Semaías os ha profetizado sin que yo lo haya enviado, y os ha hecho confiar en una mentira',

32 por tanto, así dice el SEÑOR: 'He aquí, voy a castigar a Semaías el nehelamita y a su descendencia; no tendrá a nadie que habite en medio de este pueblo, ni verá el bien que voy a hacer a mi pueblo'—declara el SEÑOR— 'porque ha predicado rebelión contra el SEÑOR.' "

Promesa de liberación

30 Palabra que vino a Jeremías de parte del SEÑOR, diciendo:

2 Así dice el SEÑOR, Dios de Israel: "Escribe en un libro todas las palabras que te he hablado.

3"Porque, he aquí, vienen días",—declara el SEÑOR—"cuando restauraré el bienestar de mi pueblo, Israel y Judá." El SEÑOR dice: "También los haré volver a la tierra que di a sus padres, y la poseerán."

4 Estas son las palabras que el SEÑOR habló acerca de Israel y de Judá:

5 Porque así dice el SEÑOR:
"He oído voces de terror,
de pánico, y no de paz.

6"Preguntad ahora, y ved
si da a luz el varón.
¿Por qué veo a todos los hombres
con las manos sobre sus lomos, como mujer de parto
y se han puesto pálidos todos los rostros?

7"¡Ay! porque grande es aquel día,
no hay otro semejante a él;
es tiempo de angustia para Jacob,
mas de ella será librado.

8"Y acontecerá en aquel día"—declara el SEÑOR de los ejércitos—"que quebraré el yugo de su cerviz y romperé sus coyundas, y extraños no lo esclavizarán más,

9 sino que servirán al SEÑOR su Dios, y a David su rey, a quien yo levantaré para ellos.

10"Así que tú no temas, siervo mío Jacob"—declara el SEÑOR—
"ni te atemorices, Israel;
porque he aquí, te salvaré de lugar remoto,
y a tu descendencia de la tierra de su cautiverio.
Y volverá Jacob, y estará tranquilo
y seguro, y nadie *lo* atemorizará.

11"Porque yo estoy contigo"—declara el SEÑOR—"para salvarte;
pues acabaré con todas las naciones entre las que te he esparcido,
pero no acabaré contigo,
sino que te castigaré con justicia;
de ninguna manera te dejaré sin castigo."

12 Porque así dice el SEÑOR:
"Incurable es tu quebranto,
y grave tu herida.

13 No hay quien defienda tu causa;
para una llaga hay cura,
pero no hay mejoría para ti.

14"Todos tus amantes te han olvidado,
ya no te buscan;
porque con herida de enemigo te han herido,
con castigo de *hombre* cruel,
por lo grande de tu iniquidad
y lo numeroso de tus pecados.

15"¿Por qué gritas a causa de tu quebranto?
Tu dolor es incurable.
Por lo grande de tu iniquidad
y lo numeroso de tus pecados,
te he hecho esto.

16"Por tanto, todos los que te devoran serán devorados,
y todos tus adversarios, todos ellos, irán al cautiverio;
todos los que te saquean serán saqueados,
y a todos los que te despojan los daré al despojo.

17"Porque yo te devolveré la salud,
y te sanaré de tus heridas"—declara el SEÑOR—
"porque te han llamado desechada, diciendo:
'Esta es Sion, nadie se preocupa por ella.' "

18 Así dice el SEÑOR:

"He aquí, restauraré el bienestar de las tiendas
  de Jacob,
  y tendré misericordia de sus moradas;
será reedificada la ciudad sobre sus ruinas,
  y el palacio se asentará como estaba.
19"Saldrá de ellos *canto* de acción de gracias
  y voz de los que se divierten;
  los multiplicaré y no disminuirán,
  los honraré y no serán menospreciados.
20"Y serán sus hijos como antes,
  su congregación delante de mí será
    confirmada,
  y castigaré a todos sus opresores.
21"Será su guía uno de ellos,
  su gobernante de en medio de ellos saldrá,
  y lo haré acercarse y él se llegará a mí;
  porque ¿quién se atrevería a arriesgar su vida
    para llegarse a mí?"—declara el SEÑOR.
22"Y vosotros seréis mi pueblo,
  y yo seré vuestro Dios."
23 He aquí, la tempestad del SEÑOR
  con furor ha salido;
  una tempestad devastadora
  descargará sobre la cabeza de los malvados.
24 La ardiente ira del SEÑOR no se aplacará
  hasta que haya hecho y cumplido
  los propósitos de su corazón;
  en los postreros días entenderéis esto.

Gozo en lugar de duelo

31 En aquel tiempo—declara el SEÑOR—yo
seré el Dios de todas las familias de Israel,
y ellos serán mi pueblo.
2 Así dice el SEÑOR:
  Ha hallado gracia en el desierto
  el pueblo que escapó de la espada,
  Israel, cuando iba en busca de su reposo.
3 Desde lejos el SEÑOR se le apareció, *diciendo:*
  Con amor eterno te he amado,
  por eso te he atraído con misericordia.
4 De nuevo te edificaré, y serás reedificada,
  virgen de Israel;
  de nuevo tomarás tus panderos,
  y saldrás a las danzas con los que se
    divierten.
5 De nuevo plantarás viñas
  en los montes de Samaria;
  los plantadores *las* plantarán
  y *las* disfrutarán.
6 Porque habrá un día en que clamarán los
    guardas
  en la región montañosa de Efraín:
  "Levantaos y subamos *a* Sion,
  al SEÑOR nuestro Dios."
7 Porque así dice el SEÑOR:
  Gritad con alegría por Jacob,
  y dad voces por la primera de las naciones;
  proclamad, dad alabanza, y decid:
  "Oh SEÑOR, salva a tu pueblo,
  al remanente de Israel."
8 He aquí, yo los traigo del país del norte,
  y los reuniré de los confines de la tierra,
  entre ellos los ciegos y los cojos,
  la mujer encinta y también la que está dando
    a luz;
  una gran compañía volverá acá.
9 Con llanto vendrán,
  y entre súplicas los guiaré;
  los haré andar junto a arroyos de aguas,

por camino derecho en el cual no tropezarán;
  porque soy un padre para Israel,
  y Efraín es mi primogénito.
10 Oíd, naciones, la palabra del SEÑOR,
  anunciad en las costas lejanas,
  y decid: El que dispersó a Israel lo reunirá,
  y lo guardará como un pastor a su rebaño.
11 Porque el SEÑOR ha rescatado a Jacob,
  y lo ha redimido de manos más fuertes que
    él.
12 Vendrán y gritarán de júbilo en lo alto de
    Sion,
  y radiarán de gozo por la bondad del SEÑOR:
  por el grano, por el vino y por el aceite,
  y por las crías de las ovejas y de las vacas.
  Su alma será como huerto regado,
  y nunca más languidecerán.
13 Entonces la virgen se alegrará en la danza,
  y los jóvenes y los ancianos a una;
  cambiaré su duelo en gozo,
  los consolaré y los alegraré de su tristeza.
14 Y llenaré con abundancia el alma de los
    sacerdotes,
  y mi pueblo se saciará de mi
    bondad—declara el SEÑOR.
15 Así dice el SEÑOR:
  Se oye una voz en Ramá,
  lamento y llanto amargo.
  Raquel llora por sus hijos;
  rehúsa ser consolada, por sus hijos
  que ya no existen.
16 Así dice el SEÑOR:
  Reprime tu voz del llanto,
  y tus ojos de las lágrimas;
  hay pago para tu trabajo—declara el
    SEÑOR—,
  pues volverán de la tierra del enemigo.
17 Y hay esperanza para tu porvenir—declara
    el SEÑOR—,
  los hijos volverán a su territorio.
18 Ciertamente he oído a Efraín lamentarse:
  "Me has castigado, y castigado fui
  como becerro indómito.
  Hazme volver para que sea restaurado,
  pues tú, SEÑOR, eres mi Dios.
19"Porque después que me aparté, me arrepentí,
  y después que comprendí, me di golpes en el
    muslo;
  me avergoncé y también me humillé,
  porque llevaba el oprobio de mi juventud."
20¿No es Efraín mi hijo amado?
  ¿No es un niño encantador?
  Pues siempre que hablo contra él,
  lo recuerdo aún más;
  por eso mis entrañas se conmueven por él,
  ciertamente tendré de él
    misericordia—declara el SEÑOR.
21 Levanta para ti señales,
  coloca para ti majanos;
  presta atención a la calzada,
  al camino que anduviste.
  Vuelve, virgen de Israel,
  vuelve a estas tus ciudades.
22¿Hasta cuándo andarás errante,
  hija infiel?
  Porque el SEÑOR ha creado algo nuevo en la
    tierra:
  la mujer rodeará al hombre.
23 Así dice el SEÑOR de los ejércitos, el Dios de

Israel: Otra vez hablarán esta palabra en la tierra de Judá y en sus ciudades, cuando yo restaure su bienestar:

"El Señor te bendiga, morada de justicia,
monte santo."

24 Y morarán juntamente en ella Judá y todas sus ciudades, los labradores y los que van con los rebaños.

25 Porque yo he de satisfacer al alma cansada y he de saciar a toda alma atribulada.

26 En esto me desperté y miré, y mi sueño me resultó agradable.

27 He aquí, vienen días—declara el Señor—en que sembraré la casa de Israel y la casa de Judá de simiente de hombre y de simiente de animal.

28 Y como velé sobre ellos para arrancar y para derribar, para derrocar, para destruir y para traer calamidad, así velaré sobre ellos para edificar y para plantar—declara el Señor.

29 En aquellos días no dirán más:

"Los padres comieron uvas agrias,
y los dientes de los hijos tienen dentera",

30 sino que cada cual por su propia iniquidad morirá; los dientes de todo hombre que coma uvas agrias tendrán dentera.

31 He aquí, vienen días—declara el Señor—en que haré con la casa de Israel y con la casa de Judá un nuevo pacto,

32 no como el pacto que hice con sus padres el día que los tomé de la mano para sacarlos de la tierra de Egipto, mi pacto que ellos rompieron, aunque fui un esposo para ellos—declara el Señor;

33 porque este es el pacto que haré con la casa de Israel después de aquellos días—declara el Señor—. Pondré mi ley dentro de ellos, y sobre sus corazones la escribiré; y yo seré su Dios y ellos serán mi pueblo.

34 Y no tendrán que enseñar más cada uno a su prójimo y cada cual a su hermano, diciendo: "Conoce al Señor", porque todos me conocerán, desde el más pequeño de ellos hasta el más grande—declara el Señor—pues perdonaré su maldad, y no recordaré más su pecado.

35 Así dice el Señor,

el que da por luz del día,
y las leyes de la luna y de las estrellas para
luz de la noche,
el que agita el mar para que bramen sus olas;
el Señor de los ejércitos es su nombre:

36 Si se apartan estas leyes
de mi presencia—declara el Señor—
también la descendencia de Israel dejará
de ser nación en mi presencia para siempre.

37 Así dice el Señor:

Si los cielos arriba pueden medirse,
y explorarse abajo los cimientos de la tierra,
también yo desecharé toda la descendencia
de Israel
por todo lo que hicieron—declara el Señor.

38 He aquí, vienen días—declara el Señor—en que la ciudad será reedificada para el Señor, desde la torre de Hananeel hasta la puerta del Angulo.

39 Y el cordel de medir saldrá más allá, directamente hasta la colina de Gareb, y girará hasta Goa.

40 Y todo el valle de los cadáveres y de las cenizas, y todos los campos hasta el arroyo Cedrón, hasta la esquina de la puerta de los Caballos hacia el oriente, serán santos al Señor. *La ciudad* no será arrancada ni derribada nunca jamás.

Jeremías compra un campo en Anatot

32 Palabra que vino a Jeremías de parte del Señor en el año décimo de Sedequías, rey de Judá, que fue el año dieciocho de Nabucodonosor.

2 En aquel tiempo el ejército del rey de Babilonia tenía sitiada a Jerusalén, y el profeta Jeremías estaba encerrado en el patio de la guardia, que *estaba en* la casa del rey de Judá,

3 porque Sedequías, rey de Judá, lo había encerrado, diciendo: ¿Por qué profetizas, diciendo: "Así dice el Señor: 'He aquí, voy a entregar esta ciudad en manos del rey de Babilonia, y él la tomará;

4 y Sedequías, rey de Judá, no escapará de la mano de los caldeos, sino que ciertamente será entregado en manos del rey de Babilonia que hablará con él cara a cara, y sus ojos verán sus ojos;

5 y él llevará a Sedequías a Babilonia, y allí estará hasta que yo lo visite'—declara el Señor—'si peleáis contra los caldeos, no tendréis éxito' "?

6 Y Jeremías dijo: Vino a mí la palabra del Señor, diciendo:

7 "He aquí, Hanameel, hijo de tu tío Salum, viene a ti, diciendo: 'Cómprate el campo que tengo en Anatot, porque tú tienes el derecho de rescate para comprarlo.'

8 Y vino a mí Hanameel, hijo de mi tío, al patio de la guardia conforme a la palabra del Señor, y me dijo: "Te ruego que compres el campo que tengo en Anatot, que está en la tierra de Benjamín, porque tú tienes el derecho de posesión y el rescate es tuyo; cómpralo para ti." Entonces supe que esta era la palabra del Señor.

9 Y compré a Hanameel, hijo de mi tío, el campo que estaba en Anatot, y le pesé la plata, diecisiete siclos de plata.

10 Firmé la escritura y la sellé, llamé testigos y pesé la plata en la balanza.

11 Luego tomé la escritura de compra, la *copia* sellada con los términos y condiciones, y *también* la *copia* abierta;

12 y di la escritura de compra a Baruc, hijo de Nerías, hijo de Maasías, en presencia de Hanameel, hijo de mi tío, en presencia de los testigos que firmaron la escritura de compra y en presencia de todos los judíos que se encontraban en el patio de la guardia.

13 Y di orden a Baruc en presencia de ellos, diciendo:

14 "Así dice el Señor de los ejércitos, el Dios de Israel: 'Toma estas escrituras, esta escritura de compra sellada y esta escritura abierta, y ponlas en una vasija de barro para que duren mucho tiempo.'

15 "Porque así dice el Señor de los ejércitos, el Dios de Israel: 'De nuevo se comprarán casas, campos y viñas en esta tierra.' "

16 Entonces oré al Señor, después de haber dado la escritura de compra a Baruc, hijo de Nerías, diciendo:

17 "¡Ah, Señor Dios! He aquí, tú hiciste los cielos

y la tierra con tu gran poder y con tu brazo extendido; nada es imposible para ti,

18 que muestras misericordia a millares, pero que castigas la iniquidad de los padres en sus hijos después de ellos, oh grande y poderoso Dios, el SEÑOR de los ejércitos es su nombre;

19 grande en consejo y poderoso en obras, cuyos ojos están abiertos sobre todos los caminos de los hijos de los hombres, para dar a cada uno conforme a sus caminos y conforme al fruto de sus obras.

20 Tú realizaste señales y portentos en la tierra de Egipto hasta este día, y en Israel y entre los hombres, y te has hecho un nombre, como *se ve* hoy.

21"Y sacaste a tu pueblo Israel de la tierra de Egipto con señales y portentos, con mano fuerte y con brazo extendido y con gran terror,

22 y les diste esta tierra, que habías jurado dar a sus padres, tierra que mana leche y miel.

23"Y ellos entraron y tomaron posesión de ella, pero no obedecieron tu voz ni anduvieron en tu ley; no hicieron nada de todo lo que les mandaste hacer; por tanto tú has hecho venir sobre ellos toda esta calamidad.

24"He aquí, los terraplenes de asalto han llegado a la ciudad para tomarla, y la ciudad va a ser entregada en manos de los caldeos que pelean contra ella, por causa de la espada, el hambre y la pestilencia; lo que habías hablado ha venido a ser, y he aquí, tú *lo* estás viendo.

25"Y tú me has dicho, oh Señor DIOS: 'Cómprate el campo con dinero, y llama testigos'; aunque la ciudad sea entregada en manos de los caldeos."

26 Entonces vino palabra del SEÑOR a Jeremías, diciendo:

27 He aquí, yo soy el SEÑOR, el Dios de toda carne, ¿habrá algo imposible para mí?

28 Por tanto, así dice el SEÑOR: He aquí, entregaré esta ciudad en mano de los caldeos y en mano de Nabucodonosor, rey de Babilonia, y él la tomará.

29 Y entrarán los caldeos que atacan esta ciudad, prenderán fuego a la ciudad y la quemarán, junto con las casas en las que han ofrecido incienso a Baal sobre sus terrazas y han derramado libaciones a otros dioses para provocarme a ira.

30 Porque los hijos de Israel y los hijos de Judá sólo han hecho lo malo ante mis ojos desde su juventud; ciertamente los hijos de Israel no han hecho más que provocarme a ira con la obra de sus manos—declara el SEÑOR.

31 Porque motivo de mi ira y de mi furor ha sido esta ciudad para mí, desde el día en que la edificaron hasta hoy, de modo que será quitada de mi presencia

32 por todo el mal que los hijos de Israel y los hijos de Judá hicieron para provocarme a ira, ellos, sus reyes, sus jefes, sus sacerdotes, sus profetas, los hombres de Judá y los habitantes de Jerusalén.

33 Ellos me dieron la espalda, y no el rostro; aunque les enseñaba, enseñándoles una y otra vez, no escucharon ni aceptaron corrección,

34 sino que pusieron sus abominaciones en la casa que es llamada por mi nombre, profanándola.

35 Y edificaron los lugares altos de Baal que están en el valle de Ben-hinom, para hacer pasar *por el fuego* a sus hijos y a sus hijas *en honor de* Moloc, lo cual no les había mandado, ni me pasó por la mente que ellos cometieran esta abominación, para hacer que Judá pecara.

36 Ahora pues, así dice el SEÑOR, Dios de Israel, en cuanto a esta ciudad de la cual vosotros decís: "Va a ser entregada en mano del rey de Babilonia por la espada, por el hambre y por la pestilencia."

37 He aquí, los reuniré de todas las tierras a las cuales los he echado en mi ira, en mi furor y con gran enojo, y los haré volver a este lugar y los haré morar seguros.

38 Ellos serán mi pueblo, y yo seré su Dios;

39 y les daré un solo corazón y un solo camino, para que me teman siempre, para bien de ellos y de sus hijos después de ellos.

40 Haré con ellos un pacto eterno, por el que no me apartaré de ellos, para hacerles bien, e infundiré mi temor en sus corazones para que no se aparten de mí,

41 Me regocijaré en ellos haciéndoles bien, y ciertamente los plantaré en esta tierra, con todo mi corazón y con toda mi alma.

42 Porque así dice el SEÑOR: "Como he traído a este pueblo toda esta gran calamidad así he de traer sobre ellos todo el bien que les prometo.

43"Y se comprarán campos en esta tierra de la cual decís vosotros: 'Es una desolación, sin hombres ni animales; entregada está en mano de los caldeos.'

44"La gente comprará campos por dinero, firmarán y sellarán escrituras y llamarán a testigos, en la tierra de Benjamín, en los alrededores de Jerusalén, en las ciudades de Judá, en las ciudades de la región montañosa, en las ciudades de la llanura y en las ciudades del Neguev, porque restauraré su bienestar"—declara el SEÑOR.

Promesas de restauración

33 Vino la palabra del SEÑOR a Jeremías por segunda vez, mientras él estaba aún detenido en el patio de la guardia, diciendo:

2 Así dice el SEÑOR que hizo la tierra, el SEÑOR que la formó para establecerla; el SEÑOR es su nombre:

3"Clama a mí, y yo te responderé y te revelaré cosas grandes e inaccesibles, que tú no conoces."

4 Porque así dice el SEÑOR, Dios de Israel, acerca de las casas de esta ciudad y acerca de las casas de los reyes de Judá que han sido derribadas *para hacer defensas* contra los terraplenes de asalto y contra la espada:

5"Mientras *ellos* vienen a pelear contra los caldeos y a llenarlas con los cadáveres de los hombres que herí en mi ira y en mi furor, pues yo había escondido mi rostro de esta ciudad a causa de toda su maldad,

6 he aquí, yo le traeré salud y sanidad; los sanaré y les revelaré abundancia de paz y verdad.

7"Restauraré el bienestar de Judá y el bienestar de Israel y los reedificaré como eran al principio.

8"Los limpiaré de toda la maldad que cometieron contra mí, y perdonaré todas las iniquidades con que pecaron contra mí y con las que se rebelaron contra mí.

9"Y *la ciudad* será para mí un nombre de gozo, de alabanza y de gloria ante todas las naciones de la tierra, que oirán de todo el bien que yo le hago, y temerán y temblarán a causa de todo el bien y de toda la paz que yo le doy."

10 Así dice el SEÑOR: "En este lugar, del cual decís vosotros: 'Es una desolación, sin hombres y sin animales', en las ciudades de Judá y en las calles de Jerusalén que están desoladas, sin hombres, sin habitantes y sin animales, se oirá de nuevo

11 voz de gozo y voz de alegría, la voz del novio y la voz de la novia, la voz de los que dicen:

'Dad gracias al SEÑOR de los ejércitos,
　porque el SEÑOR es bueno,
　porque para siempre es su misericordia';

y de los que traen ofrenda de acción de gracias a la casa del SEÑOR. Porque restauraré el bienestar de *esta* tierra como fueron al principio"—dice el SEÑOR.

12 Así dice el SEÑOR de los ejércitos: "En este lugar desolado, sin hombres y sin animales, y en todas sus ciudades, habrá de nuevo morada de pastores que hagan descansar sus rebaños.

13"En las ciudades de la región montañosa, en las ciudades de la llanura, en las ciudades del Neguev, en la tierra de Benjamín, en los alrededores de Jerusalén y en las ciudades de Judá, volverán a pasar las ovejas bajo las manos del que las cuenta"—declara el SEÑOR.

14"He aquí, vienen días"—declara el SEÑOR—"en que cumpliré la buena palabra que he hablado a la casa de Israel y a la casa de Judá.

15"En aquellos días y en aquel tiempo haré brotar de David un Renuevo justo, y El hará juicio y justicia en la tierra.

16"En aquellos días estará a salvo Judá, y Jerusalén morará segura, y este *es el nombre* con el cual será llamada: el SEÑOR, justicia nuestra."

17 Porque así dice el SEÑOR: "Nunca le faltará a David quien se siente sobre el trono de la casa de Israel;

18 y a los sacerdotes levitas nunca les faltará quien en presencia mía ofrezca holocausto, queme ofrendas de cereal y prepare sacrificios todos los días."

19 Y vino palabra del SEÑOR a Jeremías, diciendo:

20 Así dice el SEÑOR: "Si pudierais romper mi pacto con el día y mi pacto con la noche, de modo que el día y la noche no vinieran a su tiempo,

21 entonces también se podría romper mi pacto con mi siervo David, y él no tendría hijo para reinar sobre su trono con los sacerdotes levitas, mis ministros.

22"Como no se puede contar el ejército del cielo, ni se puede medir la arena del mar, así multiplicaré la descendencia de mi siervo David y de los levitas que me sirven."

23 Y vino palabra del SEÑOR a Jeremías, diciendo:

24 ¿No has observado lo que este pueblo ha hablado, diciendo: "Las dos familias que el SEÑOR escogió, las ha desechado"? Desprecian a mi pueblo, ya no son una nación ante sus ojos.

25 Así dice el SEÑOR: "Si no *permanece* mi pacto con el día y *con* la noche, *y si* no he establecido las leyes del cielo y de la tierra,

26 entonces desecharé la descendencia de Jacob y de mi siervo David, para no tomar de su descendencia quien gobierne sobre la descendencia de Abraham, de Isaac y de Jacob. Pero yo restauraré su bienestar y tendré de ellos misericordia."

Profecía contra Sedequías

34 Palabra que vino a Jeremías de parte del SEÑOR, cuando Nabucodonosor, rey de Babilonia, y todo su ejército y todos los reinos de la tierra que estaban bajo su dominio y todos los pueblos peleaban contra Jerusalén y contra todas sus ciudades, diciendo:

2 Así dice el SEÑOR, Dios de Israel: "Ve y habla a Sedequías, rey de Judá, y dile: 'Así dice el SEÑOR: "He aquí, yo entrego esta ciudad en manos del rey de Babilonia, y él le prenderá fuego.

3"Y tú no escaparás de su mano, sino que ciertamente serás capturado y entregado en su mano; tus ojos verán los ojos del rey de Babilonia, y él te hablará cara a cara, y a Babilonia irás." ' "

4 Sin embargo oye la palabra del SEÑOR, oh Sedequías, rey de Judá. Así dice el SEÑOR acerca de ti: "No morirás a espada;

5 en paz morirás. Como quemaron *especias* por tus padres, los reyes anteriores que te precedieron, así quemarán *especias* por ti, y *con* '¡Ay, señor!' harán lamento por ti": Porque yo he hablado la palabra—declara el SEÑOR.

6 Entonces habló el profeta Jeremías a Sedequías, rey de Judá, todas estas palabras en Jerusalén

7 mientras el ejército del rey de Babilonia peleaba contra Jerusalén y contra todas las ciudades que quedaban en Judá, *es decir,* Laquis y Azeca, pues *sólo* éstas quedaban como ciudades fortificadas entre las ciudades de Judá.

8 Palabra que vino a Jeremías de parte del SEÑOR, después que el rey Sedequías había hecho un pacto con todo el pueblo que *había* en Jerusalén para proclamarles libertad:

9 que cada uno debía poner en libertad a su siervo y a su sierva hebreos, para que nadie retuviera a un judío, hermano suyo, en servidumbre.

10 Y obedecieron todos los oficiales y todo el pueblo que habían entrado en el pacto, de que cada uno dejara en libertad a su siervo y cada uno a su sierva, de modo que nadie los mantuviera más en servidumbre; obedecieron y *los* pusieron *en libertad.*

11 Pero después se arrepintieron y volvieron a tomar a los siervos y a las siervas a quienes habían dejado en libertad, y los redujeron a servidumbre como siervos y como siervas.

12 Entonces vino la palabra del SEÑOR a Jeremías, diciendo:

13 Así dice el SEÑOR, Dios de Israel: "Yo hice un pacto con vuestros padres el día que los saqué de la tierra de Egipto, de la casa de servidumbre, diciendo:

14'Al cabo de siete años cada uno de vosotros pondrá en libertad al hermano hebreo que le fue vendido y que se ha servido por seis años, y lo enviará libre de junto a sí; pero vuestros padres no me escucharon, ni inclinaron su oído.

15 'Aunque recientemente os habíais arrepentido

y habíais hecho lo que es recto ante mis ojos, cada uno proclamando libertad a su prójimo, habiendo hecho un pacto delante de mí en la casa que es llamada por mi nombre,

16 ahora os habéis vuelto atrás y profanado mi nombre, y cada uno ha tomado de nuevo a su siervo y cada uno a su sierva, a quienes habíais dejado libres según su deseo, y los habéis reducido a servidumbre como siervos y como siervas.' "

17 Por tanto, así dice el SEÑOR: "Vosotros no me habéis obedecido proclamando libertad cada uno a su hermano y cada uno a su prójimo. He aquí, proclamo contra vosotros libertad"—declara el SEÑOR—"a la espada, a la pestilencia y al hambre; y haré de vosotros motivo de espanto para todos los reinos de la tierra.

18"Y entregaré a los hombres que han transgredido mi pacto, que no han cumplido las palabras del pacto que hicieron delante de mí, *cuando* cortaron en dos el becerro y pasaron entre los pedazos,

19 a los oficiales de Judá, a los oficiales de Jerusalén, a los oficiales de la corte, a los sacerdotes y a todo el pueblo de la tierra que pasaron entre los pedazos del becerro;

20 y los entregaré en manos de sus enemigos y en manos de los que buscan su vida. Sus cadáveres servirán de comida para las aves del cielo y para las bestias de la tierra.

21"Y a Sedequías, rey de Judá, y a sus oficiales los entregaré en manos de sus enemigos, en manos de los que buscan su vida y en manos del ejército del rey de Babilonia, que se ha retirado de vosotros.

22"He aquí, daré órdenes"—declara el SEÑOR—"y los haré volver a esta ciudad, y pelearán contra ella, la tomarán y le prenderán fuego; y haré de las ciudades de Judá una desolación sin habitantes."

Ejemplo de los recabitas

35 Palabra que vino a Jeremías de parte del SEÑOR en los días de Joacim, hijo de Josías, rey de Judá, diciendo:

2 Ve a la casa de los recabitas, habla con ellos, llévalos a la casa del SEÑOR, a una de las cámaras, y dales a beber vino.

3 Entonces tomé a Jaazanías, hijo de Jeremías, hijo de Habasinías, y a sus hermanos, a todos sus hijos y a toda la casa de los recabitas,

4 y los llevé a la casa del SEÑOR, a la cámara de los hijos de Hanán, hijo de Igdalías, hombre de Dios, la cual *estaba* cerca de la cámara de los oficiales, que *estaba* encima de la cámara de Maasías, hijo de Salum, guarda del umbral.

5 Entonces puse delante de los hombres de la casa de los recabitas jarras llenas de vino y tazas, y les dije: Bebed vino.

6 Mas ellos dijeron: No beberemos vino, porque Jonadab, hijo de Recab, nuestro padre, nos ordenó, diciendo: "No beberéis vino jamás, ni vosotros ni vuestros hijos.

7"No edificaréis casa, ni sembraréis simiente, ni plantaréis viña, ni poseeréis ninguna, sino que habitaréis en tiendas todos vuestros días, para que viváis muchos días en la tierra donde sois peregrinos."

8 Y nosotros hemos obedecido la voz de Jonadab, hijo de Recab, nuestro padre, en todo lo que él nos mandó de no beber vino en todos nuestros días, ni nosotros, ni nuestras mujeres, ni nuestros hijos, ni nuestras hijas,

9 y de no edificarnos casa en donde morar, y de no tener viña, ni campo, ni sementera.

10 Hemos habitado solamente en tiendas, y hemos obedecido y hecho conforme a todo lo que nos mandó nuestro padre Jonadab.

11 Pero sucedió que cuando Nabucodonosor, rey de Babilonia, subió contra la tierra, dijimos: "Venid y huyamos a Jerusalén ante el ejército de los caldeos y ante el ejército de Aram." Por eso habitamos en Jerusalén.

12 Entonces vino palabra del SEÑOR a Jeremías, diciendo:

13 Así dice el SEÑOR de los ejércitos, el Dios de Israel: "Ve y di a los hombres de Judá y a los habitantes de Jerusalén: '¿No aprenderéis a escuchar mis palabras?'—declara el SEÑOR.

14 'Las palabras de Jonadab, hijo de Recab, que mandó a sus hijos de no beber vino, son guardadas. Por eso no beben *vino* hasta hoy, porque han obedecido el mandato de su padre. Pero yo os he hablado repetidas veces, con todo no me habéis escuchado.

15 'También os he enviado a todos mis siervos los profetas, enviándo*los* repetidas veces, a deciros: "Volveos ahora cada uno de vuestro mal camino, enmendad vuestras obras y no vayáis tras otros dioses para adorarlos, y habitaréis en la tierra que os he dado, a vosotros y a vuestros padres; pero no inclinasteis vuestro oído, ni me escuchasteis.

16"Ciertamente los hijos de Jonadab, hijo de Recab, han guardado el mandato que su padre les ordenó, pero este pueblo no me ha escuchado." ' "

17 Por tanto así dice el SEÑOR, Dios de los ejércitos, el Dios de Israel: "He aquí, traigo sobre Judá y sobre todos los habitantes de Jerusalén toda la calamidad que he pronunciado contra ellos, porque les hablé, pero no escucharon, y los llamé, pero no respondieron."

18 Entonces Jeremías dijo a la casa de los recabitas: Así dice el SEÑOR de los ejércitos, el Dios de Israel: "Por cuanto habéis obedecido el mandato de vuestro padre Jonadab, guardando todos sus mandatos y haciendo conforme a todo lo que él os ordenó,

19 por tanto, así dice el SEÑOR de los ejércitos, el Dios de Israel: 'A Jonadab, hijo de Recab, no le faltará hombre que esté delante de mí todos los días.' "

El rollo de Jeremías leído en el templo

36 Y sucedió que en el año cuarto de Joacim, hijo de Josías, rey de Judá, vino esta palabra a Jeremías de parte del SEÑOR, diciendo:

2 Toma un rollo y escribe en él todas las palabras que te he hablado acerca de Israel, acerca de Judá y acerca de todas las naciones, desde el día que te hablé, desde los días de Josías, hasta hoy.

3 Tal vez la casa de Judá oiga toda la calamidad que pienso traer sobre ellos, y se vuelva cada uno de su mal camino; entonces perdonaré su iniquidad y su pecado.

4 Llamó, pues, Jeremías a Baruc, hijo de

Nerías, y Baruc escribió al dictado de Jeremías, en un rollo, todas las palabras que el Señor le había hablado.

5 Y Jeremías dio órdenes a Baruc diciendo: Estoy detenido; no puedo entrar en la casa del Señor.

6 Ve, pues, y lee en el rollo que has escrito al dictado mío, las palabras del Señor a oídos del pueblo, en la casa del Señor un día de ayuno. Y también las leerás a oídos de todos *los de* Judá que vienen de sus ciudades.

7 Tal vez su súplica llegue delante del Señor, y todos se vuelvan de su mal camino, porque grande es la ira y el furor que el Señor ha pronunciado contra este pueblo.

8 Y Baruc, hijo de Nerías, hizo conforme a todo lo que el profeta Jeremías le había mandado, y leyó en el libro las palabras del Señor, en la casa del Señor.

9 Y en el año quinto de Joacim, hijo de Josías, rey de Judá, en el mes noveno, proclamaron ayuno delante del Señor a todo el pueblo en Jerusalén y a todo el pueblo que vino de las ciudades de Judá a Jerusalén.

10 Y Baruc leyó en el libro las palabras de Jeremías a oídos de todo el pueblo en la casa del Señor, en la cámara de Gemarías, hijo del escriba Safán, en el atrio superior, a la entrada de la puerta Nueva de la casa del Señor.

11 Al oír Micaías, hijo de Gemarías, hijo de Safán, todas las palabras del Señor *que estaban* en el libro,

12 descendió a la casa del rey, a la cámara del escriba. Y he aquí, estaban sentados allí todos los oficiales: el escriba Elisama, Delaía, hijo de Semaías, Elnatán, hijo de Acbor, Gemarías, hijo de Safán, Sedequías, hijo de Ananías, y todos los *demás* oficiales.

13 Y Micaías les declaró todas las palabras que había oído cuando Baruc leyó en el libro a oídos del pueblo.

14 Entonces todos los oficiales enviaron a Jehudí, hijo de Netanías, hijo de Selemías, hijo de Cusi, a decir a Baruc: Toma en tu mano el rollo en el que has leído a oídos del pueblo y ven. Y Baruc, hijo de Nerías, tomó el rollo en su mano y fue a ellos.

15 Y le dijeron: Siéntate ahora, y léenoslo. Y Baruc se lo leyó.

16 Y sucedió que cuando oyeron todas las palabras, se miraron unos a otros atemorizados, y dijeron a Baruc: Ciertamente haremos saber al rey todas estas palabras.

17 Y preguntaron a Baruc, diciendo: Cuéntanos ahora cómo escribiste todas estas palabras. ¿Fue al dictado suyo?

18 Baruc les respondió: El me dictó todas estas palabras y yo las escribí con tinta en el libro.

19 Entonces los oficiales dijeron a Baruc: Ve, escóndete, tú y Jeremías, y que nadie sepa dónde estáis.

20 Y entraron al atrio donde *estaba* el rey, después de haber depositado el rollo en la cámara del escriba Elisama, y contaron a oídos del rey todas las palabras.

21 Entonces envió el rey a Jehudí a buscar el rollo, y éste lo tomó de la cámara del escriba Elisama. Y Jehudí lo leyó al rey y a todos los oficiales que estaban junto al rey.

22 Y el rey estaba sentado en la casa de invierno (era el mes noveno), y había un brasero encendido delante de él.

23 Y sucedía que después que Jehudí había leído tres o cuatro columnas, *el rey* lo cortaba con el cuchillo del escriba y *lo* echaba al fuego que *estaba* en el brasero, hasta terminar con todo el rollo en el fuego que *estaba* en el brasero.

24 Ni el rey ni ninguno de sus siervos que oyeron todas estas palabras tuvieron temor ni rasgaron sus vestiduras.

25 Y aunque Elnatán y Delaía y Gemarías rogaron al rey que no quemara el rollo, él no les hizo caso.

26 Luego el rey ordenó a Jerameel, hijo del rey, a Seraías, hijo de Azriel, y a Selemías, hijo de Abdeel, prender al escriba Baruc y al profeta Jeremías, pero el Señor los escondió.

27 Entonces vino la palabra del Señor a Jeremías, después que el rey había quemado el rollo y las palabras que Baruc había escrito al dictado de Jeremías, diciendo:

28 Vuelve a tomar otro rollo y escribe en él todas las palabras que antes había en el primer rollo que quemó Joacim, rey de Judá.

29 Y a Joacim, rey de Judá, dirás: "Así dice el Señor: 'Tú has quemado este rollo, diciendo: "¿Por qué has escrito en él que ciertamente vendrá el rey de Babilonia y destruirá esta tierra, y hará desaparecer de ella a hombres y animales?" '

30 "Por tanto, así dice el Señor acerca de Joacim, rey de Judá: 'No tendrá quien se siente sobre el trono de David, y su cadáver quedará tirado al calor del día y a la escarcha de la noche.

31 'Lo castigaré, a él, a su descendencia y a sus siervos por su iniquidad, y traeré sobre ellos, sobre los habitantes de Jerusalén y sobre los hombres de Judá toda la calamidad que les he anunciado, sin que ellos escucharan.' "

32 Entonces Jeremías tomó otro rollo y se lo dio al escriba Baruc, hijo de Nerías, y éste escribió en él al dictado de Jeremías todas las palabras del libro que Joacim, rey de Judá, había quemado en el fuego, y aun se le añadieron muchas palabras semejantes.

Jeremías encarcelado

37 Y Sedequías, hijo de Josías, a quien Nabucodonosor, rey de Babilonia, había hecho rey en la tierra de Judá, reinó en lugar de Conías, hijo de Joacim.

2 Pero ni él, ni sus siervos, ni el pueblo de la tierra escucharon las palabras que el Señor había hablado por medio del profeta Jeremías.

3 Y el rey Sedequías envió a Jucal, hijo de Selemías, y al sacerdote Sofonías, hijo de Maasías, a decir al profeta Jeremías: Ruega ahora por nosotros al Señor nuestro Dios.

4 Y Jeremías entraba y salía en medio del pueblo, porque *todavía* no lo habían puesto en la cárcel.

5 Entretanto, el ejército de Faraón había salido de Egipto, y cuando los caldeos que tenían sitiada a Jerusalén oyeron la noticia acerca de ellos, levantaron el *sitio* de Jerusalén.

6 Entonces vino la palabra del Señor al profeta Jeremías, diciendo:

7 Así dice el Señor, Dios de Israel: "Así diréis

al rey de Judá, que os envió a mí para consultarme: 'He aquí, el ejército de Faraón que salió en vuestra ayuda, volverá a su tierra de Egipto.

8 'Y volverán los caldeos y pelearán contra esta ciudad, la capturarán y le prenderán fuego.'

9 Así dice el Señor: "No os engañéis, diciendo: 'Ciertamente los caldeos se apartarán de nosotros', porque no se apartarán.

10 "Pues aunque hubierais derrotado a todo el ejército de los caldeos que peleaba contra vosotros, y *sólo* quedaran heridos entre ellos, se levantaría cada uno en su tienda, y prenderían fuego a esta ciudad."

11 Y sucedió que cuando el ejército de los caldeos levantó *el sitio* de Jerusalén por causa del ejército de Faraón,

12 Jeremías salió de Jerusalén para ir a la tierra de Benjamín a tomar allí posesión de una propiedad en el pueblo.

13 Estando él a la puerta de Benjamín, *había* allí un capitán de la guardia que se llamaba Irías, hijo de Selemías, hijo de Hananías, el cual apresó al profeta Jeremías, diciendo: Tú vas a pasarte a los caldeos.

14 Pero Jeremías dijo: ¡No es verdad! No voy a pasarme a los caldeos. Sin embargo él no le hizo caso. Apresó, pues, Irías a Jeremías y lo llevó a los oficiales.

15 Y los oficiales se enojaron contra Jeremías y lo azotaron, y lo encarcelaron en la casa del escriba Jonatán, la cual habían convertido en prisión.

16 Entró, pues, Jeremías en el calabozo, es decir, en la celda abovedada; allí permaneció Jeremías muchos días.

17 Y el rey Sedequías envió a sacarlo, y en su palacio el rey le preguntó secretamente, y *le* dijo: ¿Hay palabra del Señor? Y Jeremías respondió: La hay. Y añadió: En manos del rey de Babilonia serás entregado.

18 Dijo también Jeremías al rey Sedequías: ¿*En* qué he pecado contra ti, o contra tus siervos, o contra este pueblo para que me hayas puesto en prisión?

19 ¿Dónde, pues, están vuestros profetas que os profetizaban, diciendo: "El rey de Babilonia no vendrá contra vosotros, ni contra esta tierra"?

20 Mas ahora, te ruego que escuches, oh rey mi señor; venga ahora mi súplica delante de ti, y no me hagas volver a la casa del escriba Jonatán, no sea que muera yo allí.

21 Entonces el rey Sedequías ordenó que pusieran a Jeremías en el patio de la guardia y le dieran una torta de pan al día de la calle de los panaderos, hasta que se acabara todo el pan en la ciudad. Y permaneció Jeremías en el patio de la guardia.

Jeremías en la cisterna

38 Y oyeron Sefatías, hijo de Matán, Gedalías, hijo de Pasur, Jucal, hijo de Selemías, y Pasur, hijo de Malquías, las palabras que Jeremías hablaba a todo el pueblo, diciendo:

2 Así dice el Señor: "El que se quede en esta ciudad morirá a espada, de hambre o de pestilencia, pero el que se pase a los caldeos, vivirá y tendrá su vida por botín y seguirá viviendo."

3 Así dice el Señor: "Ciertamente esta ciudad será entregada en manos del ejército del rey de Babilonia, y él la tomará."

4 Entonces dijeron los oficiales al rey: Den muerte ahora a este hombre, porque él desanima a los hombres de guerra que quedan en esta ciudad y a todo el pueblo diciéndoles tales palabras; pues este hombre no busca el bien de este pueblo, sino el mal.

5 Y el rey Sedequías dijo: He aquí, él está en vuestras manos; pues el rey nada puede *hacer* contra vosotros.

6 Tomando ellos a Jeremías, lo echaron en la cisterna de Malaquías, hijo del rey, que había en el patio de la guardia, y bajaron a Jeremías con cuerdas. En la cisterna no había agua, sino lodo, y Jeremías se hundió en el lodo.

7 Al oír Ebed-melec el etíope, eunuco del palacio del rey, que habían echado a Jeremías en la cisterna, estando el rey sentado a la puerta de Benjamín,

8 salió Ebed-melec del palacio real y habló al rey, diciendo:

9 Oh rey, mi señor, estos hombres han obrado mal en todo lo que han hecho al profeta Jeremías echándolo en la cisterna; morirá donde está a causa del hambre, porque no hay más pan en la ciudad.

10 Entonces el rey ordenó al etíope Ebed-melec, diciendo: Toma bajo tu mando tres hombres de aquí, y saca al profeta Jeremías de la cisterna antes que muera.

11 Ebed-melec tomó a los hombres bajo su mando, entró en el palacio del rey al *lugar* debajo del cuarto del tesoro y tomó de allí ropas raídas y trapos viejos, y con sogas los bajó a Jeremías en la cisterna.

12 Y el etíope Ebed-melec dijo a Jeremías: Ponte ahora estas ropas raídas y trapos bajo tus brazos, debajo de las sogas; y así lo hizo Jeremías.

13 Tiraron de Jeremías con las sogas y lo subieron de la cisterna. Y quedó Jeremías en el patio de la guardia.

14 Entonces el rey Sedequías mandó traer ante sí al profeta Jeremías a la entrada tercera que *había* en la casa del Señor; y dijo el rey a Jeremías: Voy a preguntarte una cosa; no me ocultes nada.

15 Y Jeremías dijo a Sedequías: Si te la hago saber, ¿no es cierto que me matarás? Y si te doy un consejo, no me escucharás.

16 Pero el rey Sedequías juró en secreto a Jeremías, diciendo: Vive el Señor, que nos dio esta vida, que ciertamente no te mataré ni te entregaré en manos de esos hombres que buscan tu vida.

17 Y Jeremías dijo a Sedequías: Así dice el Señor, Dios de los ejércitos, el Dios de Israel: "Si en verdad te pasas a los oficiales del rey de Babilonia, entonces vivirás, y esta ciudad no será incendiada, y vivirás, tú y tu casa.

18 Pero si no te pasas a los oficiales del rey de Babilonia, esta ciudad será entregada en manos de los caldeos; ellos la incendiarán y tú no escaparás de su mano."

19 Entonces dijo el rey Sedequías a Jeremías: Tengo temor de los judíos que se han pasado a los caldeos, no sea que me entreguen en sus manos y me maltraten.

20 Pero Jeremías dijo: No te entregarán. Te

ruego que escuches la voz del SEÑOR en lo que te digo, y te irá bien y vivirás.

21 Mas si sigues rehusando pasarte, esta es la palabra que el SEÑOR me ha mostrado:

22"He aquí, todas las mujeres que quedan en el palacio del rey de Judá, serán llevadas a los oficiales del rey de Babilonia, y ellas dirán:

'Te han engañado y han prevalecido contra ti;
tus buenos amigos,
mientras tus pies estaban hundidos en el
lodo,
se volvieron atrás.'

23"Y todas tus mujeres y tus hijos serán llevados a los caldeos, y tú no escaparás de sus manos, sino que serás apresado por la mano del rey de Babilonia, y esta ciudad será incendiada."

24 Entonces Sedequías dijo a Jeremías: Que nadie sepa de estas palabras, y no morirás.

25 Pero si los oficiales se enteran de que he hablado contigo, y vienen a ti y te dicen: "Dinos ahora lo que dijiste al rey y lo que el rey te dijo, no nos lo ocultes, y no te mataremos",

26 tú les dirás: "Presentaba al rey mi súplica de que no me hiciera volver a la casa de Jonatán, a morir allí."

27 Luego vinieron todos los oficiales a Jeremías y lo interrogaron. Y él les informó conforme a todas estas palabras que el rey le había ordenado; y no volvieron a preguntarle, ya que de la conversación no se sabía nada.

28 Así Jeremías quedó en el patio de la guardia hasta el día en que Jerusalén fue tomada.

Caída de Jerusalén

39 Y aconteció que Jerusalén fue tomada en el año noveno de Sedequías, rey de Judá, en el décimo mes, cuando vino Nabucodonosor, rey de Babilonia, con todo su ejército contra Jerusalén, y la sitiaron.

2 En el año undécimo de Sedequías, en el mes cuarto, a los nueve *días* del mes, se abrió brecha *en el muro* de la ciudad.

3 Y entraron todos los oficiales del rey de Babilonia y se sentaron en la puerta Central: Nergal-sarezer, Samgar-nebo, Sarse-quim el Rabsaris, Nergal-sarezer el Rabmag y todos los demás oficiales del rey de Babilonia.

4 Y sucedió que cuando los vieron Sedequías, rey de Judá, y todos los hombres de guerra, huyeron y salieron de la ciudad de noche por el camino del jardín del rey, por la puerta entre los dos muros; y se fueron por el camino del Arabá[1].

5 Pero el ejército de los caldeos los persiguió, y alcanzaron a Sedequías en los llanos de Jericó; lo apresaron y lo llevaron a Ribla en la tierra de Hamat, donde Nabucodonosor, rey de Babilonia, dictó sentencia contra él.

6 Entonces el rey de Babilonia degolló a los hijos de Sedequías ante sus ojos en Ribla; también el rey de Babilonia degolló a todos los nobles de Judá.

7 Después sacó los ojos a Sedequías y lo ató con grillos de bronce para llevarlo a Babilonia.

8 Y los caldeos prendieron fuego al palacio del rey y a las casas del pueblo y derribaron los muros de Jerusalén.

9 Y en cuanto al resto del pueblo que quedaba en la ciudad, a los desertores que se habían pasado a él, y los demás del pueblo que quedaban, Nabuzaradán, capitán de la guardia, *los* llevó cautivos a Babilonia.

10 Pero a algunos de los más pobres del pueblo que no tenían nada, Nabuzaradán, capitán de la guardia, los dejó en la tierra de Judá, y aquel día les dio viñas y campos.

11 Y dio órdenes Nabucodonosor, rey de Babilonia, a Nabuzaradán, capitán de la guardia, respecto a Jeremías, diciendo:

12 Tómalo y vela por él, y no le hagas daño alguno; sino que harás con él conforme a lo que él mismo te diga.

13 Entonces dio *órdenes* Nabuzaradán, capitán de la guardia, juntamente con Nebusazbán el Rabsaris, y Nergal-sarezer el Rabmag, y todos los oficiales principales del rey de Babilonia;

14 y enviaron a sacar a Jeremías del patio de la guardia y lo pusieron al cuidado de Gedalías, hijo de Ahicam, hijo de Safán, para que lo llevara a casa. Y se quedó en medio del pueblo.

15 Y la palabra del SEÑOR había venido a Jeremías mientras estaba detenido en el patio de la guardia, diciendo:

16 Ve y habla al etíope Ebed-melec, diciendo: "Así dice el SEÑOR de los ejércitos, el Dios de Israel: 'He aquí, traigo mis palabras sobre esta ciudad para mal y no para bien; y se cumplirán delante de ti en aquel día.

17 'Pero yo te libraré en aquel día'—declara el SEÑOR—'y no serás entregado en manos de los hombres que temes.

18 'Porque ciertamente te libraré, y no caerás a espada; antes bien, tendrás tu vida por botín, porque confiaste en mí'—declara el SEÑOR."

Jeremías y el gobernador Gedalías

40 Palabra que vino a Jeremías de parte del SEÑOR después que Nabuzaradán, capitán de la guardia, lo había dejado libre en Ramá, cuando lo había tomado estando él encadenado entre todos los desterrados de Jerusalén y Judá que iban deportados a Babilonia.

2 Tomó, pues, el capitán de la guardia a Jeremías, y le dijo: El SEÑOR tu Dios decretó esta calamidad contra este lugar,

3 y el SEÑOR *la* ha traído y hecho tal como había dicho. Porque vosotros pecasteis contra el SEÑOR y no escuchasteis su voz, por tanto os ha sucedido esto.

4 Mas ahora, he aquí, hoy te libro de las cadenas que están en tus manos. Si te parece bien venir conmigo a Babilonia, ven, y yo te cuidaré; pero si te parece mal venir conmigo a Babilonia, no te preocupes. Mira, toda la tierra está delante de ti; ve adonde mejor y más conveniente te parezca ir.

5 Como *Jeremías* aun no se volvía, *le dijo:* Vuelve a Gedalías, hijo de Ahicam, hijo de Safán, a quien el rey de Babilonia ha puesto para gobernar sobre las ciudades de Judá, y quédate con él en medio del pueblo; y si no, ve adonde te parezca más conveniente ir. Entonces el capitán de la guardia le dio una ración de alimentos y un regalo, y lo dejó ir.

6 Jeremías fue entonces a Gedalías, hijo de Ahicam, en Mizpa, y se quedó con él en medio del pueblo que había quedado en la tierra.

1. I.e., valle del Jordán

7 Y todos los jefes de las tropas que estaban en el campo, ellos y sus hombres, oyeron que el rey de Babilonia había puesto a Gedalías, hijo de Ahicam, para gobernar la tierra, y que le había encomendado los hombres, mujeres y niños y los más pobres de la tierra que no habían sido deportados a Babilonia.

8 Fueron, pues, a Gedalías en Mizpa, junto con Ismael, hijo de Netanías, y Johanán y Jonatán, hijos de Carea, y Seraías, hijo de Tanhumet, y los hijos de Efai netofatita, y Jezanías, hijo de un maacateo, ellos y sus hombres.

9 Entonces Gedalías, hijo de Ahicam, hijo de Safán, les juró a ellos y a sus hombres, diciendo: No temáis servir a los caldeos; quedaos en la tierra y servid al rey de Babilonia, y os irá bien.

10 Y he aquí, por mi parte, yo me quedaré en Mizpa para estar *en lugar vuestro* delante de los caldeos que vengan a nosotros; pero en cuanto a vosotros, recoged vino y frutos de verano y aceite, y guardad*los* en vuestras vasijas, y habitad en vuestras ciudades que habéis tomado.

11 Asimismo todos los judíos que estaban en Moab, y entre los hijos de Amón, y en Edom, y los que *estaban* en todos los *demás* países, oyeron que el rey de Babilonia había dejado un remanente en Judá y que había puesto para gobernar sobre ellos a Gedalías, hijo de Ahicam, hijo de Safán.

12 Entonces todos los judíos regresaron de todos los lugares adonde habían sido dispersados, y vinieron a la tierra de Judá, a Gedalías en Mizpa, y recogieron vino y frutos de verano en gran abundancia.

13 Y Johanán, hijo de Carea, y todos los jefes de las tropas que estaban en el campo vinieron a Gedalías en Mizpa,

14 y le dijeron: ¿Sabes que Baalis, rey de los hijos de Amón, ha enviado a Ismael, hijo de Netanías, para quitarte la vida? Pero Gedalías, hijo de Ahicam, no les creyó.

15 Entonces Johanán, hijo de Carea, habló en secreto a Gedalías en Mizpa, diciendo: Déjame ir a matar a Ismael, hijo de Netanías, y nadie lo sabrá. ¿Por qué te ha de quitar la vida y se dispersen *así* todos los judíos que se han reunido en torno a ti, y perezca el remanente de Judá?

16 Pero Gedalías, hijo de Ahicam, dijo a Johanán, hijo de Carea: No hagas eso, porque es mentira lo que dices de Ismael.

Gedalías asesinado

41 Y en el mes séptimo fue Ismael, hijo de Netanías, hijo de Elisama, de la familia real, y *uno* de los oficiales principales del rey, junto con diez hombres, adonde *estaba* Gedalías, hijo de Ahicam, en Mizpa. Y mientras comían pan juntos allí en Mizpa,

2 se levantó Ismael, hijo de Netanías, y los diez hombres que estaban con él, e hirieron a espada a Gedalías, hijo de Ahicam, hijo de Safán, y mataron al que el rey de Babilonia había puesto para gobernar sobre la tierra.

3 Ismael mató también a todos los judíos que estaban con él, *es decir*, con Gedalías, en Mizpa, y a los hombres de guerra caldeos que se encontraban allí.

4 Y sucedió que al siguiente día del asesinato de Gedalías, cuando nadie *lo* sabía *aún*,

5 ochenta hombres vinieron de Siquem, de Silo y de Samaria, con las barbas rapadas, las vestiduras rasgadas y cubiertos de incisiones, y *con* ofrendas de cereal e incienso en sus manos, para llevar*los* a la casa del Señor.

6 Entonces Ismael, hijo de Netanías, salió a su encuentro desde Mizpa, llorando mientras iba; y cuando los encontró, les dijo: Venid a Gedalías, hijo de Ahicam.

7 Y sucedió que cuando entraron en la ciudad, Ismael, hijo de Netanías, y los hombres que con él estaban, los degollaron *y los echaron* en la cisterna.

8 Pero diez hombres que se encontraban entre ellos, dijeron a Ismael: No nos mates; pues tenemos escondidos en el campo, depósitos de trigo, cebada, aceite y miel. Y él se contuvo y no los mató como a sus compañeros.

9 Y la cisterna donde Ismael había echado todos los cadáveres de los hombres que él había matado por causa de Gedalías, era la que el rey Asa había hecho por causa de Baasa, rey de Israel; Ismael, hijo de Netanías, la llenó de muertos.

10 Después Ismael tomó cautivo a todo el resto del pueblo que *estaba* en Mizpa, a las hijas del rey y a todo el pueblo que había quedado en Mizpa, a los cuales Nabuzaradán, capitán de la guardia, había puesto bajo el mando de Gedalías, hijo de Ahicam. Los tomó, pues, cautivos Ismael, hijo de Netanías, y fue a pasarse a los hijos de Amón.

11 Y oyó Johanán, hijo de Carea, y todos los jefes de las tropas que estaban con él de todo el mal que había hecho Ismael, hijo de Netanías.

12 Entonces tomaron a todos sus hombres y fueron a pelear contra Ismael, hijo de Netanías, y lo encontraron junto al gran estanque que está en Gabaón.

13 Y sucedió que cuando todo el pueblo que estaba con Ismael vio a Johanán, hijo de Carea, y a los jefes de las tropas que estaban con él, se alegraron.

14 Y todo el pueblo al que Ismael llevaba cautivo a Mizpa dio la vuelta y regresó y se fue con Johanán, hijo de Carea.

15 Pero Ismael, hijo de Netanías, escapó de Johanán con ocho hombres y se fue con los hijos de Amón.

16 Entonces Johanán, hijo de Carea, y todos los jefes de las tropas que estaban con él tomaron de Mizpa a todo el resto del pueblo que él había recobrado de Ismael, hijo de Netanías, después que *éste* había matado a Gedalías, hijo de Ahicam, *es decir*, a los hombres de guerra, las mujeres, los niños y los eunucos, que había traído de Gabaón.

17 Y fueron y se quedaron en Gerut-quimam, que está junto a Belén, a fin de ir y entrar en Egipto,

18 a causa de los caldeos, porque les temían, ya que Ismael, hijo de Netanías, había matado a Gedalías, hijo de Ahicam, a quien el rey de Babilonia había puesto para gobernar la tierra.

Jeremías se opone a la huida a Egipto

42 Entonces se acercaron todos los jefes de las tropas, Johanán, hijo de Carea,

Jezanías, hijo de Osaías, y todo el pueblo desde el menor hasta el mayor,

2 y dijeron al profeta Jeremías: Llegue ahora ante ti nuestra súplica, y ruega al SEÑOR tu Dios por nosotros, por todo este remanente, porque quedamos pocos de muchos que éramos, como pueden ver tus ojos,

3 para que el SEÑOR tu Dios nos indique el camino por donde debemos ir y lo que debemos hacer.

4 Entonces el profeta Jeremías les dijo: Os he oído. He aquí, voy a orar al SEÑOR vuestro Dios conforme a vuestras palabras, y todas las palabras que el SEÑOR os responda, yo os *las* declararé. No os ocultaré palabra alguna.

5 Y ellos dijeron a Jeremías: Que el SEÑOR sea un testigo veraz y fiel contra nosotros si no obramos conforme a toda palabra que el SEÑOR tu Dios te mande para nosotros.

6 Sea buena o mala, escucharemos la voz del SEÑOR nuestro Dios a quien te enviamos, para que nos vaya bien cuando escuchemos la voz del SEÑOR nuestro Dios.

7 Y sucedió que al cabo de diez días, vino la palabra del SEÑOR a Jeremías.

8 Entonces llamó a Johanán, hijo de Carea, y a todos los jefes de las tropas que estaban con él, y a todo el pueblo desde el menor hasta el mayor,

9 y les dijo: Así dice el SEÑOR, Dios de Israel, a quien me enviasteis para presentar delante de El vuestra súplica:

10 "Si os quedáis en esta tierra, entonces os edificaré y no os derribaré, os plantaré y no os arrancaré, porque estoy arrepentido del mal que os he hecho.

11 "No temáis al rey de Babilonia, a quien teméis; no le temáis"—declara el SEÑOR—"porque yo estoy con vosotros para salvaros y libraros de su mano.

12 "También tendré compasión de vosotros, para que él tenga compasión de vosotros y os restaure a vuestra tierra.

13 "Pero si decís: 'No nos quedaremos en esta tierra', no obedeciendo así la voz del SEÑOR vuestro Dios,

14 diciendo: 'No, sino que iremos a la tierra de Egipto, donde no veremos guerra, ni oiremos el sonido de la trompeta, ni tendremos hambre de pan, y allí nos quedaremos';

15 en este caso, oíd la palabra del SEÑOR, remanente de Judá. Así dice el SEÑOR de los ejércitos, el Dios de Israel: 'Si os obstináis en entrar en Egipto, y entráis para residir allí,

16 entonces sucederá que la espada que vosotros teméis, os alcanzará allí en la tierra de Egipto, y el hambre que os preocupa, os seguirá de cerca allí *en* Egipto, y allí moriréis.

17 'Así pues, todos los hombres que se obstinen en ir a Egipto para residir allí, morirán a espada, de hambre y de pestilencia; no les quedará sobreviviente ni quien escape del mal que voy a traer sobre ellos.' "

18 Porque así dice el SEÑOR de los ejércitos, el Dios de Israel: Como se derramó mi ira y mi furor sobre los habitantes de Jerusalén, así se derramará mi furor sobre vosotros cuando entréis en Egipto. Y seréis *motivo* de maldición, de horror, de imprecación y de oprobio; y no veréis más este lugar.

19 El SEÑOR os ha hablado, remanente de Judá: No entréis en Egipto. Sabedlo bien, que hoy *lo* he declarado contra vosotros.

20 Porque os engañáis a vosotros mismos, pues fuisteis vosotros los que me enviasteis al SEÑOR vuestro Dios, diciendo: Ruega por nosotros al SEÑOR nuestro Dios, y lo que el SEÑOR nuestro Dios diga, nos lo haces saber y lo haremos.

21 Y hoy os lo he declarado, pero no habéis escuchado la voz del SEÑOR vuestro Dios, ni en cosa alguna de lo que El me ha enviado a *deciros*.

22 Ahora pues, sabedlo bien, que moriréis a espada, de hambre y de pestilencia en el lugar adonde deseáis ir a residir.

Huida del pueblo a Egipto

43 Pero sucedió que cuando Jeremías terminó de hablar a todo el pueblo todas las palabras del SEÑOR su Dios, es decir, todas estas palabras con las cuales el SEÑOR su Dios le había enviado,

2 Azarías, hijo de Osaías, y Johanán, hijo de Carea, y todos los hombres arrogantes dijeron a Jeremías: Es mentira lo que dices. El SEÑOR nuestro Dios no te ha enviado a decir: "No debéis entrar en Egipto para residir allí";

3 sino que Baruc, hijo de Nerías, te incita contra nosotros para entregarnos en mano de los caldeos, a fin de que nos maten o nos deporten a Babilonia.

4 No obedeció, pues, Johanán, hijo de Carea, ni ninguno de los jefes de las tropas, ni nadie del pueblo, la voz del SEÑOR, de quedarse en la tierra de Judá.

5 sino que Johanán, hijo de Carea, y todos los jefes de las tropas, tomaron a todo el remanente de Judá que había vuelto de todas las naciones a las cuales habían sido dispersados, para residir en la tierra de Judá,

6 a hombres, mujeres y niños, a las hijas del rey y a toda persona que Nabuzaradán, capitán de la guardia, había dejado con Gedalías, hijo de Ahicam y nieto de Safán, y *también* al profeta Jeremías y a Baruc, hijo de Nerías,

7 y entraron en la tierra de Egipto (pues no escucharon la voz del SEÑOR) y se adentraron hasta Tafnes.

8 Entonces vino la palabra del SEÑOR a Jeremías en Tafnes, diciendo:

9 Toma en tus manos piedras grandes y escóndelas en la mezcla en la *terraza* de ladrillo que está a la entrada del palacio de Faraón en Tafnes, a vista de los judíos,

10 y diles: "Así dice el SEÑOR de los ejércitos, el Dios de Israel: 'He aquí, enviaré a traer a Nabucodonosor, rey de Babilonia, siervo mío, y pondré su trono sobre estas piedras que he escondido, y él extenderá su pabellón sobre ellas.

11 'Vendrá y herirá la tierra de Egipto; los que sean para la muerte, a la muerte, los que para el cautiverio, al cautiverio, y los que para la espada, a la espada.

12 'Y prenderá fuego a los templos de los dioses de Egipto, los quemará, y se llevará cautivos *a sus* ídolos. Y se envolverá de la tierra de Egipto como el pastor se envuelve con su capa, y saldrá de allí en paz.

13 'También quebrará los obeliscos de

Heliópolis[1], que está en la tierra de Egipto, y prenderá fuego a los templos de los dioses de Egipto.' "

Profecía de Jeremías a los judíos en Egipto

44 Palabra que vino a Jeremías para todos los judíos que moraban en la tierra de Egipto, los que moraban en Migdol, en Tafnes, en Menfis y en la tierra de Patros, diciendo:

2 Así dice el SEÑOR de los ejércitos, el Dios de Israel: "Vosotros habéis visto toda la calamidad que he traído sobre Jerusalén y sobre todas las ciudades de Judá, y que he aquí, hoy están en ruinas y no hay en ellas morador,

3 a causa de la maldad que ellos cometieron para provocarme a ira, quemando constantemente sacrificios *y* sirviendo a otros dioses que no habían conocido, *ni* ellos, *ni* vosotros, ni vuestros padres.

4 "Con todo, os envié a todos mis siervos los profetas repetidas veces, diciendo: 'No hagáis ahora esta cosa abominable que yo aborrezco.'

5 "Pero no escucharon ni inclinaron su oído para apartarse de su maldad, para dejar de quemar sacrificios a otros dioses.

6 "Por tanto, se derramó mi ira y mi furor y ardió en las ciudades de Judá y en las calles de Jerusalén, que fueron convertidas en ruinas y en desolación, como lo están hoy.

7 "Ahora pues, así dice el SEÑOR Dios de los ejércitos, el Dios de Israel: '¿Por qué os hacéis un daño tan grande a vosotros mismos cortando de entre vosotros a hombre y mujer, niño y lactante de en medio de Judá, sin que os quede remanente,

8 provocándome a ira con la obra de vuestras manos, quemando sacrificios a otros dioses en la tierra de Egipto, adonde habéis entrado a residir, de modo que seáis exterminados y vengáis a ser maldición y oprobio entre todas las naciones de la tierra?

9 ¿Habéis olvidado las maldades de vuestros padres, las maldades de los reyes de Judá y las maldades de sus mujeres, vuestras propias maldades y las maldades de vuestras mujeres, que cometieron en la tierra de Judá y en las calles de Jerusalén?

10 'Pero hasta hoy no se han humillado, ni han temido, ni han andado en mi ley ni en mis estatutos que puse delante de vosotros y delante de vuestros padres.' "

11 Por tanto, así dice el SEÑOR de los ejércitos, el Dios de Israel: "He aquí, volveré el rostro contra vosotros para mal, y para destruir a todo Judá.

12 "Y quitaré el remanente de Judá que ha decidido entrar en la tierra de Egipto para residir allí, y serán acabados en la tierra de Egipto; caerán a espada, por el hambre serán acabados. Tanto el pequeño como el grande morirán a espada y de hambre; seréis *motivo* de maldición, de horror, de imprecación y de oprobio.

13 "Y castigaré a los que moran en la tierra de Egipto, como he castigado a Jerusalén, con espada, con hambre y con pestilencia.

14 "Y no quedará quien escape ni quien sobreviva del remanente de Judá que ha entrado en la tierra de Egipto para residir allí, para *luego* volver a la tierra de Judá a la cual añoran volver

a fin de morar allí, porque ninguno volverá, excepto *algunos* fugitivos."

15 Entonces todos los hombres que sabían que sus mujeres quemaban sacrificios a otros dioses, junto con todas las mujeres que estaban presentes, una gran multitud, y todo el pueblo que moraba en la tierra de Egipto, en Patros, respondieron a Jeremías, diciendo:

16 En cuanto al mensaje que nos has hablado en el nombre del SEÑOR, no vamos a escucharte,

17 sino que ciertamente cumpliremos toda palabra que ha salido de nuestra boca, y quemaremos sacrificios a la reina del cielo, derramándole libaciones, como hacíamos nosotros, nuestros padres, nuestros reyes y nuestros príncipes en las ciudades de Judá y en las calles de Jerusalén. Entonces teníamos bastante alimento, prosperábamos y no veíamos mal alguno.

18 Pero desde que dejamos de quemar sacrificios a la reina del cielo y derramarle libaciones, carecemos de todo, y por la espada y por el hambre hemos sido acabados.

19 Y, *dijeron las mujeres*, cuando nosotras quemábamos sacrificios a la reina del cielo y le derramábamos libaciones, ¿acaso sin saberlo nuestros maridos le hacíamos tortas en su imagen y le derramábamos libaciones?

20 Entonces Jeremías habló a todo el pueblo, a hombres y a mujeres, a todo el pueblo que así le respondía, diciendo:

21 En cuanto a los sacrificios que habéis quemado en las ciudades de Judá y en las calles de Jerusalén, vosotros y vuestros padres, vuestros reyes y vuestros príncipes y el pueblo de la tierra, ¿no se ha acordado el SEÑOR de ellos, y no ha venido *esto* a su mente?

22 El SEÑOR no pudo soportar más, a causa de la maldad de vuestras obras *y* a causa de las abominaciones que habíais cometido; por eso vuestra tierra fue convertida en ruinas, objeto de horror y maldición, sin habitantes, como *está* hoy.

23 Porque quemasteis sacrificios y pecasteis contra el SEÑOR y no obedecisteis la voz del SEÑOR ni anduvisteis en su ley, ni en sus estatutos, ni en sus testimonios, por tanto, os ha sobrevenido esta calamidad, como *sucede* hoy.

24 Entonces Jeremías dijo a todo el pueblo y a todas las mujeres: Oíd la palabra del SEÑOR, todo Judá, los que estáis en la tierra de Egipto:

25 Así dice el SEÑOR de los ejércitos, el Dios de Israel: "Vosotros y vuestras mujeres habéis hablado con vuestra boca y *lo* habéis realizado con vuestras manos, diciendo: 'Ciertamente cumpliremos los votos que hemos hecho de quemar sacrificios a la reina del cielo y de derramarle libaciones.' ¡Id a cumplir vuestros votos! ¡Poned por obra vuestros votos!"

26 Pero oíd la palabra del SEÑOR, todo Judá, los que habitáis en la tierra de Egipto: "He aquí, he jurado por mi gran nombre"—dice el SEÑOR—"que nunca más será invocado mi nombre en toda la tierra de Egipto por boca de ningún hombre de Judá, diciendo: 'Vive el Señor DIOS.'

27 "He aquí, velo sobre ellos para mal y no para bien, y serán acabados todos los hombres de Judá que están en la tierra de Egipto por la espada y

1. Heb., *Bet-semes*, i.e., la casa del dios-sol

por el hambre hasta que sean totalmente exterminados.

28"Y los que escapen de la espada, pocos en número, volverán de la tierra de Egipto a la tierra de Judá. Entonces sabrá todo el remanente de Judá que ha ido a la tierra de Egipto para residir allí, qué palabra ha de permanecer, si la mía o la de ellos.

29"Y esta será la señal para vosotros"—declara el Señor—"de que os voy a castigar en este lugar, para que sepáis que ciertamente mis palabras permanecerán para mal contra vosotros."

30 Así dice el Señor: "He aquí, entregaré a Faraón Hofra, rey de Egipto, en manos de sus enemigos, en manos de los que buscan su vida, así como entregué a Sedequías, rey de Judá, en manos de Nabucodonosor, rey de Babilonia, su enemigo, que buscaba su vida."

Mensaje a Baruc

45 Palabra que habló el profeta Jeremías a Baruc, hijo de Nerías, cuando éste escribió estas palabras en un libro al dictado de Jeremías, en el año cuarto de Joacim, hijo de Josías, rey de Judá, diciendo:

2 Así dice el Señor, Dios de Israel, acerca de ti, oh Baruc:

3"Tú dijiste: '¡Ay, infeliz de mí!, porque el Señor ha añadido tristeza a mi dolor. Cansado estoy de gemir y no he hallado reposo.' '

4 Así le dirás: "Así dice el Señor: 'He aquí, lo que he edificado, lo derribo, y lo que he plantado, lo arranco, es decir, toda esta tierra.'

5"Pero tú, ¿buscas para ti grandes cosas? No las busques; porque he aquí, voy a traer calamidad sobre toda carne"—declara el Señor—"pero a ti te daré tu vida por botín en todos los lugares adonde vayas."

Profecía sobre Egipto

46 Palabra del Señor que vino al profeta Jeremías acerca de las naciones.

2 A Egipto, acerca del ejército de Faraón Necao, rey de Egipto, que estaba junto al río Eufrates en Carquemis, al cual derrotó Nabucodonosor, rey de Babilonia, en el año cuarto de Joacim, hijo de Josías, rey de Judá:

3 Preparad escudo y broquel,
y avanzad hacia la batalla.
4 Aparejad los caballos,
montad los corceles
y presentaos con los yelmos puestos.
Bruñid las lanzas,
vestíos las corazas.
5¿Pero qué es lo que veo?
Están aterrados,
retroceden,
y sus valientes están deshechos;
en la huida buscan refugio
sin mirar atrás.
Hay terror por todas partes
—declara el Señor.
6 Que no huya el ligero,
ni escape el poderoso;
en el norte, junto al río Eufrates,
han tropezado y caído.
7¿Quién es éste que sube como el Nilo,
cuyas aguas se agitan como ríos?

8 Egipto sube como el Nilo,
cuyas aguas se agitan como ríos,
pero El ha dicho: Subiré y cubriré esa tierra;
ciertamente destruiré la ciudad y sus habitantes.
9 Subid, caballos, y corred furiosos, carros,
para que avancen los poderosos:
Etiopía y Put, que manejan escudo,
y los de Lud, que manejan y entesan el arco.
10 Porque aquel día es para el Señor, Dios de los ejércitos,
día de venganza, para vengarse de sus enemigos;
la espada devorará y se saciará
y se empapará con su sangre;
pues habrá una matanza para el Señor, Dios de los ejércitos,
en la tierra del norte, junto al río Eufrates.
11 Sube a Galaad y consigue bálsamo,
virgen, hija de Egipto.
En vano has multiplicado los remedios;
no hay curación para ti.
12 Han oído las naciones de tu afrenta,
y tu clamor llena la tierra;
porque guerrero con guerrero ha tropezado,
y a una han caído ambos.
13 Palabra que el Señor habló al profeta Jeremías acerca de la venida de Nabucodonosor, rey de Babilonia, para herir la tierra de Egipto:
14 Anunciad en Egipto y hacedlo oír en Migdol,
hacedlo oír también en Menfis y en Tafnes;
decid: "Ponte en pie y prepárate,
porque la espada ha devorado a los que te rodean."
15¿Por qué han quedado postrados tus valientes?
No se mantienen en pie porque el Señor los ha derribado.
16 Han tropezado muchas veces;
en verdad, han caído uno sobre otro.
Entonces dijeron: "Levántate y volvamos
a nuestro pueblo y a nuestra tierra natal,
ante la espada opresora."
17 Allí gritaron: "Faraón, rey de Egipto, es sólo un gran ruido;
ha dejado pasar el tiempo señalado."
18 Vivo yo—declara el Rey
cuyo nombre es el Señor de los ejércitos—
que ciertamente como se destaca el Tabor
entre los montes,
o el Carmelo junto al mar, uno ha de venir.
19 Prepara tu equipaje para el destierro,
hija que moras en Egipto,
porque Menfis será convertida en desolación,
incendiada y despoblada.
20 Novilla hermosa es Egipto,
mas un tábano del norte viene; ya viene.
21 Sus mercenarios también son en medio de ella
como becerros engordados;
porque también ellos se han vuelto atrás,
y a una han huido, no resistieron;
porque el día de su ruina ha venido sobre ellos,
la hora de su castigo.
22 Se oye su sonido como el de una serpiente,
pues el enemigo avanza como un ejército;
con hachas, como leñadores, vienen contra ella.

23 Talan su bosque—declara el Señor—
aunque sea impenetrable,
aunque sean más numerosos que las
langostas,
innumerables.
24 Es avergonzada la hija de Egipto,
es entregada al poder del pueblo del norte.
25 Dice el Señor de los ejércitos, el Dios de
Israel: He aquí, castigaré a Amón de Tebas, a
Faraón y a Egipto junto con sus dioses y sus
reyes; a Faraón y a los que en él confían.
26 Y los entregaré en manos de los que buscan
su vida, en manos de Nabucodonosor, rey de
Babilonia, y en manos de su siervo. Mas después
será habitado como en los días de
antaño—declara el Señor.
27 Pero tú no temas, siervo mío Jacob,
ni te atemorices, Israel;
porque he aquí, te salvaré de lugar remoto,
y a tu descendencia de la tierra de su
cautiverio.
Y volverá Jacob, y estará tranquilo
y seguro, y nadie *lo* atemorizará.
28 Tú no temas, siervo mío Jacob—declara el
Señor—
porque yo estoy contigo;
pues acabaré con todas las naciones
adonde te he expulsado,
pero no acabaré contigo,
sino que te castigaré con justicia;
de ninguna manera te dejaré sin castigo.

Profecía sobre los filisteos

47 Palabra del Señor que vino al profeta
Jeremías acerca de los filisteos, antes que
Faraón conquistara Gaza.
2 Así dice el Señor:
He aquí que suben aguas del norte
y se convierten en torrente desbordante,
que inunda la tierra y su plenitud,
la ciudad y los que en ella habitan;
clamarán los hombres,
y gemirá todo habitante de la tierra
3 a causa del sonido de los cascos de sus
corceles,
del estruendo de sus carros *y* del estrépito de
sus ruedas.
No se vuelven los padres *para cuidar* a *sus*
hijos,
por la debilidad de *sus* brazos,
4 a causa del día que viene
para destruir a todos los filisteos,
para exterminar de Tiro y de Sidón
a todo aliado que quede;
porque el Señor destruirá a los filisteos,
al remanente de la costa de Caftor.
5 Le ha sobrevenido la calvicie a Gaza,
desolada ha sido Ascalón.
Remanente de su valle,
¿hasta cuándo te sajarás?
6 ¡Ay, espada del Señor!
¿Hasta cuándo estarás inquieta?
Vuélvete a tu vaina,
reposa y cálmate.
7 ¿Cómo puede estar quieta,
cuando el Señor *le* ha dado órdenes?
Contra Ascalón y contra la costa del mar,
allí la ha asignado.

Profecía sobre Moab

48 Acerca de Moab.
Así dice el Señor de los ejércitos, el Dios
de Israel:
¡Ay de Nebo, porque ha sido destruida!
Quiriataim ha sido avergonzada, ha sido
tomada;
la altiva fortaleza ha sido avergonzada y
destrozada.
2 Ya no hay alabanza para Moab,
en Hesbón han tramado mal contra ella:
"Venid y quitémosla de entre las naciones."
También tú, Madmena[1], serás silenciada,
la espada te seguirá.
3 Voz de clamor desde Horonaim:
"Devastación y gran destrucción."
4 Moab está quebrantada,
sus pequeños dejan oír gritos *de angustia.*
5 Porque la cuesta de Luhit
con llanto continuo la suben;
porque a la bajada de Horonaim
se oyen gritos angustiosos de destrucción.
6 Huid, salvad vuestras vidas,
sed como un enebro en el desierto.
7 Por cuanto pusiste tu confianza en tus
ganancias y en tus tesoros,
también tú serás conquistada,
y Quemos saldrá al destierro
junto con sus sacerdotes y sus príncipes.
8 Vendrá el destructor de cada ciudad,
y ninguna ciudad escapará;
también el valle será devastado,
y la meseta será destruida,
como ha dicho el Señor.
9 Dad alas a Moab,
para que se escape;
sus ciudades serán una desolación,
sin que nadie habite en ellas.
10 Maldito el que hace la obra del Señor con
engaño;
maldito el que retrae su espada de la sangre.
11 Reposado ha estado Moab desde su
juventud,
ha estado tranquilo sobre su sedimento;
no ha sido vaciado de vasija en vasija,
ni ha ido al destierro;
por eso retiene su sabor,
y su aroma no ha cambiado.
12 Por tanto, he aquí, vienen días—declara el
Señor—cuando le enviaré a trasvasadores que lo
trasvasarán; vaciarán sus vasijas y harán
pedazos sus cántaros.
13 Y Moab se avergonzará de Quemos, como la
casa de Israel se avergonzó de Betel, su
confianza.
14 ¿Cómo podéis decir: "Somos poderosos
guerreros,
y hombres valientes para la guerra"?
15 Es destruido Moab, *el devastador* ha subido a
sus ciudades;
la flor de sus jóvenes desciende a la matanza,
—declara el Rey, cuyo nombre es el Señor
de los ejércitos.
16 La ruina de Moab pronto vendrá,
y su calamidad se ha apresurado mucho.
17 Llorad por él, todos los que habitáis a su
alrededor,
y todos los que sabéis su nombre.

---

1. I.e., una ciudad de Moab

Decid: "¡Cómo se ha roto el poderoso cetro,
el báculo glorioso!"

18 Desciende de *tu* gloria,
siéntate en tierra reseca,
moradora hija de Dibón,
porque el destructor de Moab ha subido
contra ti,
para destruir tus fortalezas.

19 Párate junto al camino y vela,
moradora de Aroer;
pregunta al que huye y a la que escapa,
y di: "¿Qué ha sucedido?"

20 Avergonzado está Moab porque ha sido
destrozado.
Gemid y clamad;
anunciad junto al Arnón
que Moab ha sido destruido.

21 También ha venido juicio sobre la llanura,
sobre Holón, sobre Jahaza y contra Mefaat,

22 contra Dibón, contra Nebo y contra
Bet-deblataim,

23 contra Quiriataim, contra Bet-gamul y contra
Bet-meón,

24 contra Queriot, contra Bosra y contra todas
las ciudades de la tierra de Moab, las lejanas y las
cercanas.

25 El cuerno de Moab ha sido cortado y
quebrado su brazo—declara el SEÑOR.

26 Embriagadle, porque se ha vuelto arrogante
con el SEÑOR; Moab se revolcará en su vómito, y
será también objeto de burla.

27 ¿Y no fue Israel objeto de burla para ti? ¿O
fue sorprendido entre ladrones? Porque cada vez
que hablas de él, te burlas.

28 Abandonad las ciudades y morad en las
peñas,
moradores de Moab,
sed como paloma que anida
más allá de la boca de la caverna.

29 Hemos oído del orgullo de Moab (*es muy
orgulloso*),
de su soberbia, de su orgullo, de su
arrogancia y de su altivez.

30 Yo conozco su cólera—declara el SEÑOR—
pero es inútil;
sus vanas jactancias nada consiguen.

31 Por tanto, gemiré por Moab,
sí, por todo Moab clamaré;
sollozaré por los hombres de Kir-hares.

32 Más que el llanto por Jazer
lloraré por ti, viña de Sibma.
Tus sarmientos pasaron el mar,
llegaron hasta el mar de Jazer;
sobre tus frutos de verano y sobre tu
vendimia
ha caído el destructor,

33 y fueron quitados la alegría y el regocijo
del campo fértil, de la tierra de Moab.
He hecho que se acabe el vino de los lagares;
nadie con gritos los pisará,
y si hay gritos no *serán* gritos *de júbilo.*

34 El clamor de Hesbón llega hasta Eleale *y
hasta* Jahaza; levantaron su voz, desde Zoar
hasta Horonaim *y hasta* Eglat-selisiya; porque
también las aguas de Nimrim se secarán.

35 Y haré desaparecer de Moab—declara el
SEÑOR—al que ofrece *sacrificios* en lugar alto y al
que quema incienso a sus dioses.

36 Por tanto, mi corazón gime por Moab como

una flauta; mi corazón gime también como una
flauta por los hombres de Kir-hares, ya que
perdieron la abundancia que se había producido.

37 Porque toda cabeza está rapada y toda barba
rasurada; en todas las manos hay sajaduras y
sobre los lomos cilicio.

38 En todas las terrazas de Moab y en sus calles
todo es lamentación, porque he quebrado a Moab
como a vaso indeseable —declara el SEÑOR.

39 ¡Cómo ha sido destrozado! ¡*Cómo* ha
gemido! ¡Cómo ha vuelto la espalda Moab avergonzado! Moab será, pues, objeto de burla y de
terror para todos los que lo rodean.

40 Porque así dice el SEÑOR:
He aquí, como águila volará veloz,
y extenderá sus alas contra Moab.

41 Ha sido tomada Queriot
y las fortalezas han sido ocupadas;
será el corazón de los valientes de Moab en
aquel día
como el corazón de una mujer de parto.

42 Y Moab será destruido, *dejará de ser* pueblo
porque se engrandeció contra el SEÑOR.

43 Terror, foso y lazo *vienen* sobre ti,
morador de Moab—declara el SEÑOR.

44 El que huya del terror
caerá en el foso,
y el que suba del foso
caerá en el lazo;
porque yo traeré sobre él, sobre Moab,
el año de su castigo—declara el SEÑOR.

45 A la sombra de Hesbón
se paran sin fuerzas los fugitivos;
pues ha salido fuego de Hesbón,
y una llama de en medio de Sehón,
que ha consumido las sienes de Moab
y los cráneos de los hijos del tumulto.

46 ¡Ay de ti, Moab!
Ha perecido el pueblo de Quemos;
porque tus hijos han sido tomados en
cautiverio,
y tus hijas en cautividad.

47 Pero restauraré el bienestar de Moab
en los postreros días—declara el SEÑOR.
Hasta aquí, el juicio de Moab.

Profecía sobre Amón

49 Acerca de los hijos de Amón.
Así dice el SEÑOR:
¿No tiene hijos Israel?
¿No tiene heredero?
¿Por qué, pues, Milcom se ha apoderado de
Gad
y su pueblo se ha establecido en sus
ciudades?

2 Por tanto, he aquí, vienen días—declara el
SEÑOR—
en que haré que se oiga el grito de guerra
contra Rabá de los hijos de Amón,
y será convertida en montón de ruinas,
y sus ciudades serán incendiadas.
Entonces se apoderará Israel de los que lo
poseían—dice del SEÑOR.

3 Gime, Hesbón, porque Hai ha sido destruida.
Clamad, hijas de Rabá,
ceñíos de cilicio y lamentaos,
corred de un lado a otro por entre los muros,
porque Milcom irá al destierro
junto con sus sacerdotes y sus príncipes.

4 ¡Cómo te jactas de los valles!
  Tu valle se desvanece,
  hija infiel,
  la que confía en sus tesoros, *diciendo:*
  "¿Quién vendrá contra mí?"
5 He aquí, traigo sobre ti terror
  —declara el Señor, DIOS de los ejércitos—
  de todos tus alrededores,
  y seréis lanzados cada uno delante de sí,
  y no habrá quien reúna a los fugitivos.
6 Pero después restauraré
  el bienestar de los hijos de Amón
  —declara el SEÑOR.
7 Acerca de Edom.
Así dice el SEÑOR de los ejércitos:
  ¿No hay ya sabiduría en Temán?
  ¿Se ha perdido el consejo de los prudentes?
  ¿Se ha corrompido su sabiduría?
8 Huid, volved, morad en las profundidades,
  habitantes de Dedán,
  porque la ruina de Esaú traeré sobre él
  al momento de castigarlo.
9 Si vinieran a ti vendimiadores,
  ¿no dejarían rebuscos?
  Si *vinieran* ladrones de noche,
  sólo destruirían hasta que les bastara.
10 Pero yo he despojado totalmente a Esaú,
  he descubierto sus escondrijos
  y no podrá esconderse.
  Ha sido destruida su descendencia, sus
    hermanos
  y vecinos, y él ya no existe.
11 Deja a tus huérfanos, yo *los* conservaré con
    vida;
  que tus viudas confíen en mí.
12 Pues así dice el SEÑOR: He aquí, los que no
estaban condenados a beber la copa, ciertamente
la beberán, ¿y serás tú absuelto por completo? No
serás absuelto, sino que ciertamente *la* beberás.
13 Porque por mí he jurado—declara el
SEÑOR—que Bosra será *motivo* de horror, de
oprobio, de ruina y de maldición; todas sus
ciudades se convertirán en ruinas perpetuas.
14 He oído un mensaje de parte del SEÑOR,
  y un mensajero es enviado entre las naciones,
    diciendo:
  Reuníos y venid contra él,
  y levantaos para la guerra.
15 Pues he aquí, pequeño te he hecho entre las
    naciones,
  menospreciado entre los hombres.
16 En cuanto al terror que infundías,
  te ha engañado la soberbia de tu corazón;
  tú que vives en las hendiduras de las peñas,
  que ocupas la cumbre del monte.
  Aunque hagas tu nido tan alto como el del
    águila,
  de allí te haré bajar—declara el SEÑOR.
17 Y Edom se convertirá en objeto de horror;
todo el que pase por él se quedará atónito y
silbará a causa de todas sus heridas.
18 Como *en* la destrucción de Sodoma y
Gomorra y de sus *ciudades* vecinas—dice el
SEÑOR—nadie habitará allí, ni residirá en el hijo
de hombre.
19 He aquí que uno subirá como león de la
espesura del Jordán contra el pastizal de perenne
verdor, y en un instante lo haré huir de él, y al
que sea escogido nombraré sobre él. Porque

¿quién es como yo y quién me citará *a juicio*?
¿Quién es el pastor que me podrá resistir?
20 Por tanto, oíd el plan que el SEÑOR ha trazado
contra Edom, y los designios que ha decretado
contra los habitantes de Temán: ciertamente los
arrastrarán, *aun* a los más pequeños del rebaño;
ciertamente a causa de ellos hará una desolación
de su pastizal.
21 Al estruendo de su caída tiembla la tierra;
hay un clamor. Hasta el mar Rojo se oye su voz.
22 He aquí, se remonta, vuela veloz como un
águila y extiende sus alas contra Bosra. En aquel
día el corazón de los valientes de Edom será
como el corazón de una mujer de parto.
23 Acerca de Damasco.
  Avergonzadas están Hamat y Arfad.
  Porque han oído malas noticias
  están desalentadas.
  Hay ansiedad *como* en el mar
  que no se puede calmar.
24 Desamparada está Damasco;
  se ha vuelto para huir,
  y el pánico se ha apoderado de ella;
  angustia y dolores la oprimen
  como a mujer de parto.
25 ¿Cómo es que no ha sido abandonada la
    ciudad alabada,
  la ciudad de mi regocijo?
26 Por eso sus jóvenes caerán en sus calles,
  y todos los hombres de guerra serán
  silenciados en aquel día—declara el SEÑOR
    de los ejércitos.
27 Y prenderé fuego al muro de Damasco
  que consumirá los palacios de Ben-adad.
28 Acerca de Cedar y de los reinos de Hazor, que
derrotó Nabucodonosor, rey de Babilonia. Así
dice el SEÑOR:
  Levantaos, subid a Cedar
  y destruid a los hijos del oriente.
29 Sus tiendas y sus rebaños serán tomados;
  las cortinas de sus tiendas, todos sus bienes y
    sus camellos se los llevarán,
  y gritarán el uno al otro: "¡Terror por todas
    partes!"
30 Escapaos, huid; morad en las profundidades,
  habitantes de Hazor—declara el SEÑOR—,
  porque Nabucodonosor, rey de Babilonia, ha
    concebido un plan contra vosotros,
  ha trazado un designio contra vosotros.
31 Levantaos, subid contra una nación
    tranquila,
  que vive confiada—declara el SEÑOR.
  No tiene puertas ni cerrojos;
  viven solitarios.
32 Sus camellos serán el despojo,
  y la multitud de sus ganados el botín;
  esparciré a todos los vientos a los que se
    rapan las sienes,
  y de todos lados les traeré su ruina—declara
    el SEÑOR.
33 Y Hazor será guarida de chacales,
  una desolación para siempre;
  nadie habitará allí,
  ni residirá en ella hijo de hombre.
34 Palabra del SEÑOR que vino al profeta
Jeremías acerca de Elam al comienzo del reinado
de Sedequías, rey de Judá, diciendo:
35 Así dice el SEÑOR de los ejércitos:
  "He aquí, quebraré el arco de Elam,

lo mejor de su fortaleza.

36"Y traeré sobre Elam los cuatro vientos
desde los cuatro extremos del cielo,
y a todos estos vientos los esparciré;
no habrá nación
adonde no vayan los expulsados de Elam.

37"Destrozaré a Elam delante de sus enemigos
y delante de los que buscan sus vidas;
traeré sobre ellos calamidad,
el ardor de mi ira"—declara el SEÑOR—
"y enviaré tras ellos la espada
hasta que los haya acabado.

38"Entonces pondré mi trono en Elam,
y allí destruiré al rey y a los príncipes
—declara el SEÑOR.

39"Pero sucederá en los postreros días
que restauraré el bienestar de Elam"
—declara el SEÑOR.

Profecía sobre Babilonia

50 Palabra que el SEÑOR habló acerca de
Babilonia, la tierra de los caldeos, por
medio del profeta Jeremías:

2 Anunciadlo entre las naciones y hacedlo oír;
levantad estandarte, hacedlo oír.
No lo ocultéis, sino decid:
"Ha sido tomada Babilonia,
está avergonzado Bel, destrozado Merodac;
han sido avergonzadas sus imágenes,
destrozados sus ídolos."

3 Porque ha subido contra ella una nación del
norte
que hará de su tierra objeto de horror,
y no habrá habitante en ella.
Tanto hombres como animales habrán huido,
se habrán ido.

4 En aquellos días y en aquel tiempo—declara
el SEÑOR—
vendrán los hijos de Israel, ellos junto con los
hijos de Judá;
vendrán andando y llorando,
y al SEÑOR su Dios buscarán.

5 Preguntarán por el camino de Sion,
hacia donde volverán sus rostros;
vendrán para unirse al SEÑOR
en un pacto eterno que no será olvidado.

6 Ovejas perdidas han venido a ser mi pueblo;
sus pastores las han descarriado,
haciéndolas vagar por los montes;
han andado de monte en collado
y han olvidado su lugar de descanso.

7 Todos los que los hallaban, los devoraban;
y sus enemigos han dicho: "No somos
culpables,
porque ellos han pecado contra el SEÑOR,
morada de justicia,
el SEÑOR, esperanza de sus padres."

8 Huid de en medio de Babilonia,
y salid de la tierra de los caldeos;
sed como machos cabríos al frente del
rebaño.

9 Porque he aquí, yo hago despertar y subir
contra Babilonia
una horda de grandes naciones de la tierra
del norte,
que se alinearán para la batalla contra ella;
desde allí será llevada cautiva.
Sus flechas serán como de diestro guerrero

que no vuelve con las manos vacías.

10 Y Caldea se convertirá en botín;
todos los que la saqueen se saciarán—declara
el SEÑOR.

11 Porque os alegráis, porque os regocijáis,
saqueadores de mi heredad,
porque saltáis como novilla trilladora
y relincháis como caballos sementales,

12 vuestra madre se avergonzará en gran
manera,
será humillada la que os dio a luz.
He aquí, será la última de las naciones:
desierto, sequedal y yermo.

13 A causa del enojo del SEÑOR, no será
habitada,
sino que estará desolada toda ella;
todo el que pase por Babilonia se quedará
atónito
y silbará a causa de todas sus heridas.

14 Poneos en orden contra Babilonia en
derredor,
todos los que entesáis el arco;
tirad contra ella, no escatiméis las flechas,
porque ha pecado contra el SEÑOR.

15 Alzad grito de guerra contra ella en derredor.
Se ha rendido, caen sus columnas,
son derribadas sus murallas.
Porque esta es la venganza del SEÑOR:
tomad venganza de ella;
como ella ha hecho, así haced con ella.

16 Exterminad de Babilonia al sembrador
y al que maneja la hoz en tiempo de la siega;
ante la espada opresora,
cada uno volverá a su pueblo,
cada uno huirá a su tierra.

17 Rebaño descarriado es Israel; los leones lo
han ahuyentado. Primero lo devoró el rey de
Asiria, y después Nabucodonosor, rey de
Babilonia, quebró sus huesos.

18 Por tanto, así dice el SEÑOR de los ejércitos, el
Dios de Israel: "He aquí, castigaré al rey de
Babilonia y a su tierra, como castigué al rey de
Asiria.

19"Y volveré a traer a Israel a su pastizal, y
pacerá en el Carmelo y en Basán, y se saciarán
sus deseos en la región montañosa de Efraín y en
Galaad.

20"En aquellos días y en aquel tiempo"—declara
el SEÑOR—"se buscará la iniquidad de Israel,
pero no habrá ninguna, y los pecados de Judá,
pero no se hallarán; porque perdonaré a los que
yo haya dejado como remanente."

21 Sube contra la tierra de Merataim[1], contra
ella
y contra los habitantes de Pecod[2].
Mátalos y destrúyelos—declara el SEÑOR—
y haz conforme a todo lo que te he ordenado.

22 ¡Estruendo de guerra en el país,
y gran destrucción!

23 ¡Cómo ha sido cortado y quebrado
el martillo de toda la tierra!
¡Cómo se ha convertido Babilonia
en objeto de horror entre las naciones!

24 Babilonia, te puse lazo, y fuiste atrapada,
y tú no te diste cuenta;
has sido sorprendida y apresada
porque te pusiste a provocar al SEÑOR.

25 El SEÑOR ha abierto su arsenal

---

1. I.e., doble rebelión 2. I.e., castigo

y ha sacado las armas de su indignación,
porque esta es obra del Señor, Dios de los
   ejércitos,
en la tierra de los caldeos.
26 Venid contra ella desde los últimos confines;
abrid sus graneros,
convertidla en montones
y destruidla por completo;
que no le quede nada.
27 Pasad a espada todos sus novillos;
que desciendan al matadero.
¡Ay de ellos, porque ha llegado su día,
la hora de su castigo!
28 *Se oye* la voz de los fugitivos y evadidos de la
   tierra de Babilonia
anunciando en Sion la venganza del Señor
   nuestro Dios,
la venganza de su templo.
29 Reclutad arqueros contra Babilonia,
a todos los que entesan el arco;
acampad contra ella por todos lados,
que no haya escape.
Dadle el pago conforme a su obra;
conforme a todo lo que ha hecho, *así* haced
   con ella;
porque se ha vuelto insolente contra el
   Señor,
contra el Santo de Israel.
30 Por tanto sus jóvenes caerán en sus calles,
y todos sus hombres de guerra serán
   silenciados en aquel día—declara el Señor.
31 He aquí, estoy contra ti, arrogante,
   —declara el Señor, Dios de los ejércitos—
porque ha llegado tu día,
la hora en que te castigaré.
32 Y la arrogante tropezará y caerá
sin que nadie la levante;
y prenderé fuego a sus ciudades,
el cual devorará todos sus alrededores.
33 Así dice el Señor de los ejércitos:
Oprimidos están los hijos de Israel
y los hijos de Judá a una;
todos los que los tomaron cautivos los han
   retenido,
se han negado a soltarlos.
34 *Pero* su Redentor es fuerte, el Señor de los
   ejércitos es su nombre;
defenderá su causa con energía
para traer reposo a la tierra
y turbación a los habitantes de Babilonia.
35 Espada contra los caldeos—declara el
   Señor—
y contra los habitantes de Babilonia,
contra sus oficiales y sus sabios.
36 Espada contra los impostores, y se volverán
   necios.
Espada contra sus valientes, y serán
   destrozados.
37 Espada contra sus caballos y contra sus
   carros,
y contra todos los extranjeros que están en
   medio de ella,
y serán como mujeres.
Espada contra sus tesoros, y serán
   saqueados.
38 Sequía sobre sus aguas, y se secarán;
porque es una tierra de ídolos,
y se vuelven locos por sus horribles ídolos.

39 Por tanto, *allí* vivirán las fieras del desierto
   junto con las hienas,
también vivirán avestruces en ella;
nunca más será habitada
ni poblada por generación y generación.
40 Como cuando Dios destruyó a Sodoma,
a Gomorra y a sus *ciudades* vecinas—declara
   el Señor—
ningún hombre habitará allí,
ni residirá en ella hijo de hombre.
41 He aquí, un pueblo viene del norte,
una gran nación,
y muchos reyes se levantarán
de los confines de la tierra.
42 Empuñan arco y jabalina;
son crueles y no tienen misericordia.
Su voz ruge como el mar,
y a caballo van montados,
alineados como un solo hombre para la
   batalla
contra ti, hija de Babilonia.
43 Ha oído el rey de Babilonia noticias de ellos,
y flaquean sus manos;
la angustia se ha apoderado de él,
agonía como de mujer de parto.
44 He aquí que uno subirá como león
de la espesura del Jordán a un pastizal de
   perenne verdor,
y en un instante le haré huir de él,
y al que sea escogido nombraré sobre él.
Porque ¿quién es como yo y quién me citará *a
   juicio?*
¿Quién es el pastor que me podrá resistir?
45 Por tanto, oíd el plan que el Señor ha
trazado contra Babilonia, y los designios que ha
decretado contra la tierra de los caldeos; ciertamente los arrastrarán, *aun* a los más pequeños
del rebaño; ciertamente a causa de ellos hará una
desolación de su pastizal.
46 Al grito de ¡Babilonia ha sido tomada!, la
tierra tiembla y el clamor se oye entre las
naciones.

Juicios contra Babilonia

51 Así dice el Señor:
He aquí, levanto contra Babilonia
y contra los habitantes de Leb Camay[1]
el espíritu de un destructor.
2 Y enviaré extranjeros a Babilonia que la
   aventarán
y vaciarán su tierra;
porque estarán contra ella por todos lados
el día de *su* tribulación.
3 Que no entese el entesador su arco,
ni se levante con su coraza;
no perdonéis a sus jóvenes;
entregad a la destrucción todo su ejército.
4 Caerán muertos en la tierra de los caldeos,
y traspasados en sus calles.
5 Porque no ha sido abandonado Israel ni Judá
por su Dios, el Señor de los ejércitos,
aunque su tierra está llena de culpa
delante del Santo de Israel.
6 Huid de en medio de Babilonia,
y salve cada uno su vida.
No perezcáis por su culpa,
pues este es el tiempo de la venganza del
   Señor;

---

1. Nombre en clave para Caldea; o, *el corazón de los que se levantan contra mí*

El le dará su pago.

7 Copa de oro *ha sido* Babilonia en la mano del
    Señor,
que embriagaba toda la tierra.
De su vino bebieron las naciones;
se enloquecieron, por tanto, las naciones.

8 De repente cae Babilonia y se hace pedazos.
Gemid por ella,
traed bálsamo para su dolor;
quizá se cure.

9 Quisimos curar a Babilonia, pero no ha
    sanado;
dejadla, y vayamos cada cual a su tierra,
porque ha llegado al cielo su juicio,
se ha elevado hasta las nubes.

10 El Señor ha sacado *a la luz* nuestra justicia;
venid y contemos en Sion
la obra del Señor nuestro Dios.

11 Afilad las flechas, llenad las aljabas;
el Señor ha despertado el espíritu de los
    reyes de Media,
porque su plan contra Babilonia es
    destruirla;
porque esta es la venganza del Señor, la
    venganza de su templo.

12 Levantad bandera contra los muros de
    Babilonia;
reforzad la guardia,
apostad centinelas,
preparad emboscadas;
porque el Señor ha decidido, y también
    ejecutará
lo que habló acerca de los habitantes de
    Babilonia.

13 Oh, tú, que moras junto a muchas aguas,
rica en tesoros,
ha llegado tu fin,
el término de tu codicia.

14 El Señor de los ejércitos ha jurado por sí
    mismo:
Ciertamente te llenaré de hombres como
    langostas,
y entonarán contra ti gritos de victoria.

15 El es el que hizo la tierra con su poder,
el que estableció el mundo con su sabiduría,
y con su inteligencia extendió los cielos.

16 Cuando emite su voz, hay tumulto de aguas
    en los cielos,
y hace subir las nubes desde los confines de
    la tierra.
El produce los relámpagos para la lluvia,
y saca el viento de sus depósitos.

17 Toda la humanidad es necia, falta de
    conocimiento;
se avergüenza todo orfebre de sus ídolos,
porque sus imágenes fundidas son engaño,
y no hay aliento en ellas.

18 Vanidad son, obra ridícula;
en el tiempo de su castigo perecerán.

19 No es como estas *cosas* la porción de Jacob;
porque El es el Hacedor de todo,
y de la tribu de su heredad;
el Señor de los ejércitos es su nombre.

20 *El dice:* Eres mi maza, *mi* arma de guerra;
contigo destrozaré naciones,
contigo destruiré reinos,

21 contigo destrozaré el caballo y a su jinete,
contigo destrozaré al carro y al que lo
    conduce,

22 contigo destrozaré al hombre y a la mujer,
contigo destrozaré al viejo y al joven,
contigo destrozaré al mancebo y a la virgen,

23 contigo destrozaré al pastor y su rebaño,
contigo destrozaré al labrador y su yunta
y contigo destrozaré a los gobernadores y a
    los magistrados.

24 Y pagaré a Babilonia y a todos los habitantes
    de Caldea
todo el mal que han hecho en Sion
delante de vuestros ojos—declara el Señor.

25 He aquí, yo estoy contra ti, monte destructor,
que destruyes toda la tierra—declara el
    Señor.
Extenderé mi mano contra ti,
te haré rodar desde las peñas
y te reduciré a monte quemado.

26 Y no tomarán de ti piedra angular,
ni piedra para cimientos,
pues desolación eterna serás—declara el
    Señor.

27 Levantad señal en la tierra,
tocad trompeta entre las naciones.
Reunid las naciones contra ella,
convocad contra ella los reinos de Ararat,
    Mini y Asquenaz;
nombrad contra ella capitán,
haced subir caballos como langostas
    erizadas.

28 Reunid a las naciones contra ella,
a los reyes de Media,
a sus gobernadores, a todos sus magistrados
y a toda la tierra de su dominio.

29 La tierra tiembla y se retuerce,
porque se cumplen los designios del Señor
    contra Babilonia
de hacer de la tierra de Babilonia
una desolación, sin habitantes.

30 Han dejado de luchar los valientes de
    Babilonia,
permanecen en las fortalezas;
se han agotado sus fuerzas,
se han vuelto *como* mujeres;
han sido incendiadas sus moradas,
rotos están sus cerrojos.

31 Un correo corre al encuentro de otro
y un mensajero al encuentro de otro,
para decirle al rey de Babilonia
que su ciudad ha sido tomada de un extremo
    al otro;

32 también los vados han sido ocupados,
y quemados a fuego los juncos,
y los guerreros están aterrados.

33 Porque así dice el Señor de los ejércitos, el
    Dios de Israel:
La hija de Babilonia es como una era
al tiempo de ser hollada;
dentro de poco, le llegará el tiempo de la
    siega.

34 Me ha devorado *y* aplastado Nabucodonosor,
    rey de Babilonia,
me ha dejado *como* vaso vacío,
me ha tragado como un monstruo,
ha llenado su estómago de mis delicias,
me ha expulsado.

35 Caiga sobre Babilonia la violencia *hecha* a mí
    y a mi carne
—dirá la moradora de Sion.

Caiga mi sangre sobre los habitantes de
Caldea
—dirá Jerusalén.
36 Por tanto, así dice el SEÑOR:
He aquí, yo defenderé tu causa,
y ejecutaré tu venganza;
secaré su mar
y haré que se sequen sus manantiales.
37 Y Babilonia se convertirá en escombros, en
guarida de chacales,
en objeto de horror y de burla, sin habitantes.
38 A una como leones rugirán,
gruñirán como cachorros de león.
39 Cuando entren en calor, *les* serviré su
banquete
y los embriagaré, para que se diviertan,
duerman un sueño eterno
y no despierten—declara el SEÑOR.
40 Los haré bajar como corderos al matadero,
como carneros y machos cabríos.
41 ¡Cómo ha sido tomada Sesac[1],
y arrebatada la gloria de toda la tierra!
¡Cómo se ha convertido Babilonia en objeto
de horror entre las naciones!
42 El mar ha subido sobre Babilonia;
con la multitud de sus olas ha sido cubierta.
43 Sus ciudades se han convertido en
desolación,
en sequedal y yermo;
una tierra en la cual nadie habita,
y por la cual ningún hijo de hombre pasa.
44 Y castigaré a Bel en Babilonia,
sacaré de su boca lo que se ha tragado,
y no afluirán más a él las naciones.
Aun la muralla de Babilonia caerá.
45 Salid de en medio de ella, pueblo mío,
y salve cada uno su vida
del ardor de la ira del SEÑOR.
46 Y que no desmaye vuestro corazón,
ni temáis al rumor que se oirá en la tierra;
porque el rumor vendrá un año,
y después otro rumor en otro año,
y *habrá* violencia en la tierra
con gobernante contra gobernante.
47 Por tanto, he aquí, vienen días
en que castigaré a los ídolos de Babilonia;
será avergonzada toda su tierra,
y todos sus muertos caerán en medio de ella.
48 Entonces gritarán de gozo sobre Babilonia
el cielo y la tierra y todo lo que en ellos hay,
porque del norte vendrán a ella destructores
—declara el SEÑOR.
49 Ciertamente caerá Babilonia por los muertos
de Israel,
como también por Babilonia han caído los
muertos de toda la tierra.
50 Los que escapasteis de la espada,
partid, no os detengáis;
acordaos desde lejos del SEÑOR,
y venga Jerusalén a vuestra memoria.
51 Estamos avergonzados porque hemos oído la
afrenta;
la ignominia ha cubierto nuestros rostros,
porque extranjeros han entrado
en los santuarios de la casa del SEÑOR.
52 Por tanto, he aquí, vienen días—declara el
SEÑOR—
en que castigaré a sus ídolos,

y por toda su tierra gemirán los heridos de
muerte.
53 Aunque Babilonia ascienda a los cielos,
y aunque fortifique en lo alto su baluarte,
de mi parte llegarán destructores a
ella—declara el SEÑOR.
54 ¡Clamor de gritos desde Babilonia,
y de gran destrucción de la tierra de los
caldeos!
55 Porque el SEÑOR destruirá a Babilonia,
y hará desaparecer de ella *su* gran bullicio.
Bramarán sus olas como muchas aguas;
resonará el estruendo de sus voces.
56 Porque viene contra ella, contra Babilonia, el
destructor,
sus valientes serán apresados,
quebrados están sus arcos;
porque Dios de retribuciones es el SEÑOR,
ciertamente dará la paga.
57 Yo embriagaré a sus príncipes y a sus sabios,
a sus gobernantes, a sus magistrados y a sus
valientes,
y dormirán un sueño eterno y no despertarán
—declara el Rey cuyo nombre es el SEÑOR de
los ejércitos.
58 Así dice el SEÑOR de los ejércitos:
La ancha muralla de Babilonia será
totalmente arrasada,
y sus altas puertas quemadas;
los pueblos habrán trabajado en vano,
y las naciones *sólo* para el fuego se habrán
fatigado.
59 Mensaje que el profeta Jeremías mandó a
Seraías, hijo de Nerías, hijo de Maasías, cuando
fue con Sedequías, rey de Judá, a Babilonia en el
año cuarto de su reinado. (Seraías era jefe de
abastecimientos.)
60 Escribió, pues, Jeremías en un solo rollo toda
la calamidad que había de venir sobre Babilonia,
es decir, todas estas palabras que han sido
escritas acerca de Babilonia.
61 Y Jeremías dijo a Seraías: Tan pronto llegues
a Babilonia, lee en voz alta todas estas palabras,
62 y di: "Oh SEÑOR, tú *has* hablado acerca de
este lugar, de destruirlo hasta que no quede
morador en ella, ya sea hombre o animal, sino
que desolación eterna será."
63 Y tan pronto termines de leer este rollo, le
atarás una piedra y lo arrojarás en medio del
Eufrates,
64 y dirás: "Así se hundirá Babilonia y no se
levantará más, por la calamidad que traeré sobre
ella; extenuados *sucumbirán*." Hasta aquí las
palabras de Jeremías.

Caída de Jerusalén y la deportación

52 Sedequías *tenía* veintiún años cuando
comenzó a reinar, y reinó once años en
Jerusalén. El nombre de su madre *era* Hamutal,
hija de Jeremías, de Libna.
2 El hizo lo malo ante los ojos del SEÑOR
conforme a todo lo que había hecho Joacim.
3 Por causa de la ira del SEÑOR sucedió *esto* en
Jerusalén y en Judá, hasta que El los echó de su
presencia. Y Sedequías se rebeló contra el rey de
Babilonia.
4 Y aconteció que en el año noveno de su
reinado, en el mes décimo, a los diez *días* del mes,

---
1. Nombre en clave para Babilonia

vino Nabucodonosor, rey de Babilonia, él y todo su ejército, contra Jerusalén y acamparon contra ella, y edificaron un muro de asedio alrededor de ella.

5 Y la ciudad estuvo bajo sitio hasta el año once del rey Sedequías.

6 En el mes cuarto, a los nueve *días* del mes, cuando se agravó el hambre en la ciudad y no había alimento para el pueblo,

7 se abrió brecha en la ciudad, y todos los hombres de guerra huyeron y salieron de la ciudad de noche por el camino de la puerta entre los dos muros que *había* junto al jardín del rey, a pesar de que los caldeos *estaban* alrededor de la ciudad, y se fueron por el camino del Arabá.

8 Pero el ejército de los caldeos persiguió al rey y alcanzó a Sedequías en los llanos de Jericó, y todo su ejército se dispersó de su lado.

9 Entonces capturaron al rey y lo trajeron al rey de Babilonia en Ribla en la tierra de Hamat, y allí él lo sentenció.

10 Y el rey de Babilonia degolló a los hijos de Sedequías ante sus ojos y también degolló a todos los príncipes de Judá en Ribla.

11 Después sacó los ojos a Sedequías, y el rey de Babilonia lo ató con grillos de bronce y lo llevó a Babilonia y lo puso en prisión hasta el día de su muerte.

12 Y en el mes quinto, a los diez *días* del mes, siendo el año diecinueve del rey Nabucodonosor, rey de Babilonia, vino a Jerusalén Nabuzaradán, capitán de la guardia, que estaba al servicio del rey de Babilonia.

13 Y quemó la casa del SEÑOR, la casa del rey y todas las casas de Jerusalén; prendió fuego a toda casa grande.

14 Y todo el ejército de los caldeos que *estaba* con el capitán de la guardia derribó todas las murallas alrededor de Jerusalén.

15 Entonces Nabuzaradán, capitán de la guardia, llevó al destierro a algunos de los más pobres del pueblo, al resto del pueblo que había quedado en la ciudad, a los desertores que se habían pasado al rey de Babilonia, y al resto de los artesanos.

16 Pero Nabuzaradán, capitán de la guardia, dejó a algunos de los más pobres de la tierra para *que fueran* viñadores y labradores.

17 Y los caldeos rompieron en pedazos las columnas de bronce que *estaban* en la casa del SEÑOR, también las basas y el mar de bronce que *estaban* en la casa del SEÑOR, y llevaron todo su bronce a Babilonia.

18 Se llevaron además los calderos, las palas, las despabiladeras, los tazones, las cucharones y todos los utensilios de bronce que se usaban en el servicio *del templo*.

19 El capitán de la guardia también se llevó los cuencos, los braseros, los tazones, los calderos, los candelabros, los cucharones y los tazones de libación, lo que era de oro puro y lo que era de plata pura.

20 En cuanto a las dos columnas, el mar, los doce toros de bronce que estaban debajo del mar y las basas que el rey Salomón había hecho para la casa del SEÑOR, no era posible calcular el peso del bronce de todos estos objetos.

21 Respecto a las columnas, la altura de cada columna *era* de dieciocho codos, y *tenía* doce codos de circunferencia y cuatro dedos de espesor, *y era* hueca.

22 Y *había* sobre ella un capitel de bronce; la altura de cada capitel *era* de cinco codos, con una malla y granadas sobre el capitel, rodeándolo, todo de bronce. Y la segunda columna *era* igual, con las granadas.

23 Y había noventa y seis granadas que pendían; el total de las granadas *era* de cien en la malla alrededor.

24 Entonces el capitán de la guardia tomó a Seraías, el principal sacerdote, y a Sofonías, el segundo sacerdote, y a los tres oficiales del templo.

25 También tomó de la ciudad a un oficial que estaba encargado de los hombres de guerra, a siete de los consejeros del rey que se hallaban en la ciudad, al escriba del comandante del ejército que reclutaba al pueblo de la tierra, y a sesenta hombres del pueblo que se hallaban dentro de la ciudad.

26 Nabuzaradán, capitán de la guardia, los tomó y los llevó al rey de Babilonia en Ribla.

27 Entonces el rey de Babilonia los hirió y les dio muerte en Ribla en la tierra de Hamat. Así fue llevada Judá al destierro lejos de su tierra.

28 Este es el pueblo que Nabucodonosor llevó al destierro: en el año séptimo, tres mil veintitrés judíos;

29 en el año dieciocho de Nabucodonosor, ochocientas treinta y dos personas de Jerusalén;

30 en el año veintitrés de Nabucodonosor, Nabuzaradán, capitán de la guardia, llevó al destierro a setecientos cuarenta y cinco judíos; en total fueron cuatro mil seiscientas personas.

31 Y en el año treinta y siete del destierro de Joaquín, rey de Judá, en el mes doce, a los veinticinco *días* del mes, Evil-merodac, rey de Babilonia, en el año *primero* de su reino, favoreció a Joaquín, rey de Judá, y lo sacó de la cárcel.

32 Y le habló amigablemente y puso su trono por encima de los tronos de los reyes que *estaban* con él en Babilonia.

33 *Joaquín* se quitó sus vestidos de prisión y comió siempre en la presencia *del rey*, todos los días de su vida;

34 y *para* su sustento, se le dio de continuo una ración de parte del rey de Babilonia, una porción para cada día, todos los días de su vida hasta el día de su muerte.

LAMENTACIONES
De Jeremias

Tristezas de Sion

1 ¡Cómo yace solitaria
la ciudad de tanta gente!
Se ha vuelto como una viuda
la grande entre las naciones;
la princesa entre las provincias
se ha convertido en tributaria.

2 Amargamente llora en la noche,
y las lágrimas *corren* por sus mejillas;
no hay quien la consuele
entre todos sus amantes.
Todos sus amigos la han traicionado,
se le han convertido en enemigos.

3 Judá ha ido al destierro bajo aflicción
y bajo dura servidumbre.
Ella habita entre las naciones,
mas no halla descanso;
todos sus perseguidores la han alcanzado
en medio de la angustia.

4 Los caminos de Sion están de luto,
porque nadie viene a las fiestas solemnes.
Todas sus puertas están desoladas,
gimen sus sacerdotes,
sus vírgenes están afligidas,
y ella misma está amargada.

5 Sus adversarios se han convertido en sus
amos,
sus enemigos prosperan,
porque el Señor la ha afligido
por la multitud de sus transgresiones;
sus niños han ido cautivos
delante del adversario.

6 De la hija de Sion se ha ido
todo su esplendor.
Sus príncipes son como ciervos
que no hallan pasto,
y huyen sin fuerzas
delante del perseguidor.

7 Jerusalén recuerda en los días de su aflicción
y de su vagar
todos sus tesoros
que existían desde los tiempos antiguos,
cuando su pueblo cayó en mano del
adversario
sin que nadie la ayudara.
Al verla sus adversarios,
se burlaron de su ruina.

8 En gran manera ha pecado Jerusalén,
por lo cual se ha vuelto cosa inmunda.
Todos los que la honraban la desprecian
porque han visto su desnudez,
y ella gime y se vuelve de espaldas.

9 Su inmundicia está en sus faldas;
no consideró su futuro,
y ha caído de manera sorprendente;
no hay quien la consuele.
Mira, oh Señor, mi aflicción,
porque se ha engrandecido el enemigo.

10 El adversario ha extendido su mano
a todos sus tesoros;
ciertamente ella ha visto a las naciones
entrar en su santuario,
a las que tú ordenaste
que no entraran en tu congregación.

11 Todo su pueblo gime buscando pan;
han dado sus tesoros a cambio de comida
para restaurar sus vidas.
Mira, oh Señor, y observa
que estoy despreciada.

12 Vosotros todos los que pasáis por el camino,
¿no os importa esto?
Observad y ved si hay dolor como mi dolor,
con el que fui atormentada,
con el que el Señor *me* afligió el día de su
ardiente ira.

13 Desde lo alto El envió fuego
que penetró en mis huesos.
Ha tendido una red a mis pies,
me ha hecho volver atrás,
me ha dejado desolada,
desfallecida todo el día.

14 Atado ha sido el yugo de mis transgresiones,
por su mano han sido entrelazadas,
han caído sobre mi cuello.
El ha hecho que me falten las fuerzas;
el Señor me ha entregado en manos
contra las cuales no puedo resistir.

15 A todos mis valientes ha rechazado el Señor
de en medio de mí;
ha convocado contra mí un tiempo
determinado
para quebrantar a mis jóvenes;
el Señor ha hollado *como en* un lagar
a la virgen hija de Judá.

16 Por estas cosas lloro yo;
mi ojo, mi ojo derrama agua,
porque lejos de mí está el consolador,
el que reanima mi alma.
Mis hijos están desolados
porque ha prevalecido el enemigo.

17 Sion extiende sus manos,
no hay quien la consuele.
El Señor ha ordenado contra Jacob
que los que lo rodean sean sus adversarios;
Jerusalén se ha vuelto cosa inmunda en
medio de ellos.

18 El Señor es justo,
pues me he rebelado contra su mandamiento.
Oíd ahora, pueblos todos,
y ved mi dolor:
mis vírgenes y mis jóvenes
han ido al cautiverio.

19 Llamé a mis amantes, *mas* ellos me han
engañado.
Mis sacerdotes y mis ancianos han perecido
en la ciudad,
cuando buscaban alimento para sí a fin de
restaurar sus fuerzas.

20 Mira, oh Señor, que estoy angustiada;
hierven mis entrañas,
mi corazón se revuelve dentro de mí,
porque he sido muy rebelde.
En la calle la espada mata,
en la casa es como la muerte.

21 Han oído que gimo,
y no hay quien me consuele.

Todos mis enemigos han oído de mi mal,
se regocijan de que tú *lo* hayas hecho.
¡Oh, si tú trajeras el día que has anunciado,
para que sean ellos como yo!

22 Venga toda su maldad delante de ti,
y trátalos como a mí me has tratado
por todas mis transgresiones;
porque son muchos mis gemidos, y desfallece
mi corazón.

Juicio de Dios sobre Sion

2 ¡Cómo ha anublado, en su ira,
el Señor a la hija de Sion!
Ha arrojado del cielo a la tierra
la gloria de Israel,
y no se ha acordado del estrado de sus pies
en el día de su ira.

2 El Señor ha devorado, no ha perdonado
ninguna de las moradas de Jacob.
Ha derribado en su furor
las fortalezas de la hija de Judá,
las ha echado por tierra;
ha profanado al reino y a sus príncipes.

3 Ha exterminado en el ardor de *su* ira
todas las fuerzas de Israel;
ha echado atrás su diestra
en presencia del enemigo;
y se ha encendido en Jacob como llamas de
fuego
devorando *todo* en derredor.

4 Ha entesado su arco como enemigo,
ha afirmado su diestra como adversario
y ha matado todo lo que era agradable a la
vista;
en la tienda de la hija de Sion
ha derramado su furor como fuego.

5 Se ha vuelto el Señor como enemigo:
ha devorado a Israel,
ha devorado todos sus palacios,
ha destruido sus fortalezas
y ha multiplicado en la hija de Judá
el lamento y el duelo.

6 Y ha tratado con violencia a su tabernáculo,
como a *cabaña de* huerto;
ha destruido su lugar de reunión.
El Señor ha hecho olvidar en Sion
la fiesta solemne y el día de reposo,
y ha rechazado en el furor de su ira
al rey y al sacerdote.

7 El Señor ha rechazado su altar,
ha despreciado su santuario;
ha entregado en manos del enemigo
los muros de sus palacios.
Gritos se han dado en la casa del Señor
como en día de fiesta solemne.

8 El Señor determinó destruir
la muralla de la hija de Sion;
ha extendido el cordel,
no ha retraído su mano de destruir,
y ha hecho que se lamenten el antemuro y el
muro;
a una desfallecen.

9 Se han hundido en la tierra sus puertas,
El ha destruido y quebrado sus cerrojos.
Su rey y sus príncipes están entre las
naciones;
ya no hay ley;
tampoco sus profetas hallan

visión del Señor.

10 En tierra están sentados, en silencio,
los ancianos de la hija de Sion.
Han echado polvo sobre sus cabezas,
se han ceñido de cilicio.
Han inclinado a tierra sus cabezas
las vírgenes de Jerusalén.

11 Mis ojos se consumen por las lágrimas,
hierven mis entrañas;
mi hiel se derrama por tierra,
a causa de la destrucción de la hija de mi
pueblo,
mientras niños y lactantes desfallecen
en las plazas de la ciudad.

12 Dicen a sus madres:
¿Dónde hay grano y vino?,
mientras desfallecen como heridos
en las plazas de la ciudad,
mientras exhalan su espíritu
en el regazo de sus madres.

13 ¿Cómo he de amonestarte?
¿A qué te compararé,
hija de Jerusalén?
¿A qué te igualaré al consolarte,
virgen hija de Sion?
Porque grande como el mar es tu ruina,
¿quién te podrá sanar?

14 Tus profetas tuvieron para ti
visiones falsas y necias,
y no manifestaron tu iniquidad
para que regresaras de tu cautiverio,
sino que vieron para ti oráculos falsos y
engañosos.

15 Baten palmas contra ti
todos los que pasan por el camino;
silban y mueven sus cabezas
contra la hija de Jerusalén, *diciendo:*
¿Es ésta la ciudad de la cual decían:
"La perfección de la hermosura,
el gozo de toda la tierra"?

16 Han abierto contra ti su boca
todos tus enemigos;
silban y rechinan los dientes,
dicen: *La* hemos devorado.
Ciertamente este es el día que esperábamos;
lo hemos alcanzado, *lo* hemos visto.

17 El Señor ha hecho lo que se propuso,
ha cumplido su palabra
que había ordenado desde tiempos antiguos;
ha derribado sin perdonar,
ha hecho que se alegre el enemigo sobre ti,
ha exaltado el poder de tus adversarios.

18 Su corazón clamó al Señor:
Muralla de la hija de Sion,
corran tus lágrimas como un río día y noche,
no te des reposo,
no tengan descanso tus ojos.

19 Levántate, da voces en la noche
al comenzar las vigilias;
derrama como agua tu corazón
ante la presencia del Señor;
alza hacia El tus manos
por la vida de tus pequeños,
que desfallecen de hambre
en las esquinas de todas las calles.

20 Mira, oh Señor, y observa:
¿a quién has tratado así?

¿Habían de comer las mujeres el fruto *de sus entrañas,*
a los pequeños criados con cariño?
¿Habían de ser muertos en el santuario del Señor
el sacerdote y el profeta?

21 Yacen por tierra en las calles
jóvenes y viejos;
mis vírgenes y mis mancebos
han caído a espada.
Has matado en el día de tu ira,
has hecho matanza, no has perdonado.

22 Como en día de fiesta solemne convocaste
mis terrores de todas partes;
y no hubo en el día de la ira del Señor
quien escapara ni sobreviviera.
A los que crié y mantuve,
mi enemigo los exterminó.

Lamentación del afligido

3 Yo soy el hombre que ha visto la aflicción
bajo la vara de su furor.

2 El me ha llevado y me ha hecho andar
en tinieblas y no en luz.

3 Ciertamente contra mí ha vuelto *y* revuelto
su mano todo el día.

4 Ha hecho que se consuman mi carne y mi piel,
ha quebrado mis huesos.

5 Me ha sitiado y rodeado
de amargura y de fatiga.

6 En lugares tenebrosos me ha hecho morar,
como los que han muerto hace tiempo.

7 Con muro me ha cercado y no puedo salir,
ha hecho pesadas mis cadenas.

8 Aun cuando clamo y pido auxilio,
El cierra el paso a mi oración.

9 Ha cerrado mis caminos con piedra labrada,
ha hecho tortuosos mis senderos.

10 El es para mí como oso en acecho,
como león en lugares ocultos.

11 Ha desviado mis caminos y me ha destrozado,
me ha dejado desolado.

12 Ha entesado su arco
y me ha puesto como blanco de la flecha.

13 Hizo que penetraran en mis entrañas
las flechas de su aljaba.

14 He venido a ser objeto de burla de todo mi pueblo,
su copla todo el día.

15 El me ha llenado de amargura,
me ha embriagado con ajenjo.

16 Ha quebrado con guijarro mis dientes,
ha hecho que me revuelque en el polvo.

17 Y mi alma ha sido privada de la paz,
he olvidado la felicidad.

18 Digo, pues: Ha perecido mi vigor,
y mi esperanza *que venía* del Señor.

19 Acuérdate de mi aflicción y de mi vagar,
del ajenjo y de la amargura.

20 Ciertamente *lo* recuerda y se abate
mi alma dentro de mí.

21 Esto traigo a mi corazón,
por esto tengo esperanza.

22 Que las misericordias del Señor jamás terminan,
pues nunca fallan sus bondades;

23 son nuevas cada mañana;
¡grande es tu fidelidad!

24 El Señor es mi porción—dice mi alma—
por eso en El espero.

25 Bueno es el Señor para los que en El esperan,
para el alma que le busca.

26 Bueno es esperar en silencio
la salvación del Señor.

27 Bueno es para el hombre llevar
el yugo en su juventud.

28 Que se siente solo y en silencio
ya que El se *lo* ha impuesto;

29 que ponga su boca en el polvo,
quizá haya esperanza;

30 que dé la mejilla al que lo hiere;
que se sacie de oprobios.

31 Porque no rechaza para siempre el Señor,

32 antes bien, si aflige, también se compadecerá
según su gran misericordia.

33 Porque El no castiga por gusto,
ni aflige a los hijos de los hombres.

34 Aplastar bajo los pies
a todos los prisioneros de un país,

35 privar del derecho a un hombre
en presencia del Altísimo,

36 defraudar a un hombre en su litigio:
estas cosas no aprueba el Señor.

37 ¿Quién es aquel que habla y *así* sucede,
a menos que el Señor *lo* haya ordenado?

38 ¿No salen de la boca del Altísimo
tanto el mal como el bien?

39 ¿Por qué ha de quejarse el ser viviente?
¡Sea valiente frente a sus pecados!

40 Examinemos nuestros caminos y
escudriñémos*los,*
y volvamos al Señor;

41 alcemos nuestro corazón en nuestras manos
hacia Dios en los cielos.

42 Nosotros hemos transgredido y nos hemos rebelado;
tú no has perdonado.

43 *Te* has cubierto de ira y nos has perseguido;
has matado *y* no has perdonado.

44 Te has cubierto de una nube
para que no pase la oración.

45 Basura y escoria nos has hecho
en medio de los pueblos.

46 Han abierto su boca contra nosotros
todos nuestros enemigos.

47 Terror y foso nos han sobrevenido,
desolación y destrucción.

48 Arroyos de agua derraman mis ojos
a causa de la destrucción de la hija de mi pueblo.

49 Mis ojos fluyen sin cesar,
ya que no hay descanso

50 hasta que mire y vea
el Señor desde los cielos.

51 Mis ojos causan dolor a mi alma
por todas las hijas de mi ciudad.

52 Constantemente me han dado caza como a un ave
mis enemigos, sin haber causa;

53 silenciaron mi vida en la fosa,
pusieron piedra sobre mí.

54 Cubrieron las aguas mi cabeza,
dije: ¡Estoy perdido!

55 Invoqué tu nombre, oh SEÑOR,
desde la fosa más profunda.

56 Tú oíste mi voz: No escondas
tu oído a mi clamor, a mi grito de auxilio.

57 Te acercaste el día que te invoqué,
dijiste: No temas.

58 Tú has defendido, oh Señor, la causa de mi
alma,
tú has redimido mi vida.

59 Tú has visto, oh SEÑOR, mi opresión,
juzga mi causa.

60 Has visto toda su venganza,
todas sus tramas contra mí.

61 Has oído sus oprobios, oh SEÑOR,
todas sus tramas contra mí;

62 los labios de mis agresores y sus
murmuraciones
están contra mí todo el día.

63 Se sienten o se levanten, míra*los*,
yo soy el objeto de su copla.

64 Tú les darás su pago, oh SEÑOR,
conforme a la obra de sus manos.

65 Les darás dureza de corazón,
tu maldición será sobre ellos.

66 Los perseguirás con ira y los destruirás
de debajo de los cielos del SEÑOR.

Sufrimientos a causa del sitio

4 ¡Cómo se ha ennegrecido el oro,
cómo ha cambiado el oro puro!
Esparcidas están las piedras sagradas
por las esquinas de todas las calles.

2 Los hijos preciados de Sion,
que valían su peso en oro puro,
¡cómo son tenidos por vasijas de barro,
obra de manos de alfarero!

3 Aun los chacales dan las ubres,
dan de mamar a sus crías;
pero la hija de mi pueblo se ha vuelto cruel
como los avestruces en el desierto.

4 La lengua del niño de pecho se le pega
al paladar por la sed;
los pequeños piden pan,
pero no hay quien *lo* reparta.

5 Los que comían manjares
andan desolados por las calles;
los que se criaron entre púrpura
abrazan estercoleros.

6 La iniquidad de la hija de mi pueblo
es mayor que el pecado de Sodoma,
que fue derribada en un instante
sin que manos actuaran contra ella.

7 Sus consagrados eran más puros que la
nieve,
más blancos que la leche,
más rojizos de cuerpo que los corales,
como el zafiro su apariencia.

8 Más negro que el hollín es su aspecto,
no se les reconoce por las calles;
se ha pegado su piel a sus huesos,
se ha marchitado, se ha vuelto como madera.

9 Más dichosos son los muertos a espada
que los que murieron de hambre,
que se consumen, extenuados,
por falta de los frutos de los campos.

10 Las manos de mujeres compasivas
cocieron a sus propios hijos,
que les sirvieron de comida

a causa de la destrucción de la hija de mi
pueblo.

11 El SEÑOR ha cumplido su furor,
ha derramado su ardiente ira;
y ha encendido un fuego en Sion
que ha consumido sus cimientos.

12 No creyeron los reyes de la tierra,
ni ninguno de los habitantes del mundo,
que pudieran entrar el adversario y el
enemigo
por las puertas de Jerusalén.

13 A causa de los pecados de sus profetas
y de las iniquidades de sus sacerdotes,
quienes derramaron en medio de ella
la sangre de los justos,

14 vagaron ciegos por las calles,
manchados de sangre,
sin que nadie pudiera tocar sus vestidos.

15 ¡Apartaos! ¡Inmundos! gritaban de sí
mismos.
¡Apartaos, apartaos, no toquéis!
Así que huyeron y vagaron;
entre las naciones se decía:
No seguirán residiendo *entre nosotros*.

16 La presencia del SEÑOR los dispersó,
no volverá a mirarlos.
No honraron a los sacerdotes,
ni tuvieron piedad de los ancianos.

17 Aun nuestros ojos desfallecían,
buscar ayuda fue inútil.
En nuestro velar hemos aguardado
a una nación incapaz de salvar.

18 Ponían trampas a nuestros pasos
para que no anduviéramos por nuestras
plazas.
Se acercó nuestro fin,
se cumplieron nuestros días,
porque había llegado nuestro fin.

19 Nuestros perseguidores eran más veloces
que las águilas del cielo;
por los montes nos persiguieron,
en el desierto nos tendieron emboscadas.

20 El aliento de nuestras vidas, el ungido del
SEÑOR,
fue atrapado en sus fosos,
aquel de quien habíamos dicho: A su sombra
viviremos entre las naciones.

21 Regocíjate y alégrate, hija de Edom,
la que habitas en la tierra de Uz;
también a ti pasará la copa,
te embriagarás y te desnudarás.

22 Se ha completado *el castigo* de tu iniquidad,
hija de Sion;
no volverá El a desterrarte;
mas castigará tu iniquidad, hija de Edom;
pondrá al descubierto tus pecados.

Plegaria de Jeremías por el pueblo

5 Acuérdate, oh SEÑOR, de lo que nos ha
sucedido;
mira y ve nuestro oprobio.

2 Nuestra heredad ha pasado a extraños,
nuestras casas a extranjeros.

3 Hemos quedado huérfanos, sin padre,
nuestras madres, como viudas.

4 Por el agua que bebemos tenemos que pagar,
nuestra leña *nos* llega por precio.

5 Sobre nuestros cuellos están nuestros
perseguidores;
no hay descanso para nosotros, estamos
agotados.
6 A Egipto *y* a Asiria nos hemos sometido
para saciarnos de pan.
7 Nuestros padres pecaron, ya no existen,
y nosotros cargamos con sus iniquidades.
8 Esclavos dominan sobre nosotros,
no hay quien nos libre de su mano.
9 Con peligro de nuestras vidas conseguimos
nuestro pan,
enfrentándonos a la espada del desierto.
10 Nuestra piel quema como un horno,
a causa de los ardores del hambre.
11 Violaron a las mujeres en Sion,
a las vírgenes en las ciudades de Judá.
12 Los príncipes fueron colgados de sus manos,
los rostros de los ancianos no fueron
respetados.
13 Los jóvenes trabajaron en el molino,
y los muchachos cayeron bajo *el peso de* la
leña.

14 Los ancianos se han apartado de las puertas,
los jóvenes de su música.
15 Ha cesado el gozo de nuestro corazón,
se ha convertido en duelo nuestra danza.
16 Ha caído la corona de nuestra cabeza.
¡Ay de nosotros, pues hemos pecado!
17 Por esto está abatido nuestro corazón,
por estas cosas se nublan nuestros ojos,
18 por el monte Sion que está asolado;
las zorras merodean en él.
19 Mas tú, oh Señor, reinas para siempre,
tu trono *permanece* de generación en
generación.
20 ¿Por qué te olvidas para siempre de nosotros,
y nos abandonas a perpetuidad?
21 Restáuranos a ti, oh Señor, y seremos
restaurados;
renueva nuestros días como antaño,
22 a no ser que nos hayas desechado totalmente,
y estés enojado en gran manera contra
nosotros.

Libro de
EZEQUIEL

Visión de los seres vivientes y las ruedas

1 Sucedió que en el año treinta, al quinto *día*
del cuarto mes, estando yo entre los desterrados junto al río Quebar, los cielos se abrieron y vi
visiones de Dios.

2 (En aquel *día* cinco del mes, en el quinto año
del destierro del rey Joaquín,

3 la palabra del Señor fue dirigida al sacerdote
Ezequiel, hijo de Buzi, en la tierra de los caldeos
junto al río Quebar; y allí vino sobre él la mano
del Señor.)

4 Miré, y he aquí que un viento huracanado
venía del norte, una gran nube con fuego fulgurante y un resplandor a su alrededor, y en su
centro, algo como metal refulgente en medio del
fuego.

5 En su centro *había* figuras semejantes a
cuatro seres vivientes. Y este era su aspecto:
tenían forma humana.

6 Tenía cada uno cuatro caras, y cuatro alas
cada uno de ellos.

7 Sus piernas eran rectas, y la planta de sus
pies era como la planta de la pezuña del ternero,
y brillaban como bronce bruñido.

8 Bajo sus alas, a sus cuatro lados, *tenían*
manos humanas. En cuanto a las caras y a las
alas de los cuatro,

9 sus alas se tocaban una a la otra y *sus caras*
no se volvían cuando andaban; cada uno iba de
frente hacia adelante.

10 Y la forma de sus caras *era como* la cara de
un hombre; los cuatro tenían cara de león a la
derecha y cara de toro a la izquierda, y los cuatro
tenían cara de águila;

11 *así eran* sus caras. Sus alas se extendían por
encima; con dos se tocaban uno a otro y con dos
cubrían su cuerpo.

12 Y cada uno iba de frente hacia adelante;

adondequiera que iba el espíritu, iban ellos, sin
volverse cuando andaban.

13 En medio de los seres vivientes había algo
que parecía carbones encendidos en llamas,
como antorchas que se lanzaban de un lado a
otro entre los seres vivientes. El fuego resplandecía, y del fuego salían rayos.

14 Y los seres vivientes corrían de un lado a otro
como el fulgor del relámpago.

15 Miré a los seres vivientes, y he aquí, había una
rueda en la tierra junto a *cada uno de* los seres
vivientes de cuatro caras.

16 El aspecto de las ruedas y su hechura *era*
como el brillo del crisólito, y las cuatro tenían la
misma forma; su aspecto y su hechura *eran* como
si una rueda estuviera dentro de la *otra* rueda.

17 Cuando andaban, se movían en las cuatro
direcciones, sin volverse cuando andaban.

18 Sus aros eran altos e imponentes, y los aros
de las cuatro estaban llenos de ojos alrededor.

19 Y cuando los seres vivientes andaban, las
ruedas se movían con ellos. Y cuando los seres
vivientes se levantaban de la tierra, las ruedas
también se levantaban.

20 Y adondequiera que iba el espíritu, iban ellos
en esa dirección. Y las ruedas se levantaban juntamente con ellos; porque el espíritu de los seres
vivientes *estaba* en las ruedas.

21 Cuando ellos andaban, andaban ellas, y
cuando ellos se detenían, se detenían ellas. Y
cuando ellos se levantaban de la tierra, las ruedas
se levantaban juntamente con ellos, porque el
espíritu de los seres vivientes *estaba* en las
ruedas.

22 Sobre las cabezas de los seres vivientes *había*
algo semejante a un firmamento con el brillo des-
lumbrante de un cristal, extendido por encima de
sus cabezas.

23 Y debajo del firmamento sus alas *se*

extendían derechas, la una hacia la otra; cada uno tenía dos que cubrían sus cuerpos por un lado y por el otro.

24 Y oí el ruido de sus alas cuando andaban, como el estruendo de muchas aguas, como la voz del Todopoderoso, un ruido de tumulto como el ruido de un campamento militar; cuando se detenían, bajaban sus alas.

25 También hubo un ruido por encima del firmamento que *había* sobre sus cabezas; cuando se detenían, bajaban sus alas.

26 Y sobre el firmamento que *estaba* por encima de sus cabezas *había* algo semejante a un trono, de aspecto como de piedra de zafiro; y en lo que se asemejaba a un trono, sobre él, en lo más alto, *había* una figura con apariencia de hombre.

27 Entonces vi en lo que parecían sus lomos y hacia arriba, algo como metal refulgente que lucía como fuego dentro de ella en derredor, y en lo que parecían sus lomos y hacia abajo vi algo como fuego, y *había* un resplandor a su alrededor.

28 Como el aspecto del arco iris que aparece en las nubes en un día lluvioso, así *era* el aspecto del resplandor en derredor. Tal *era* el aspecto de la semejanza de la gloria del Señor. Cuando *lo* vi, caí rostro en tierra y oí una voz que hablaba.

Llamamiento de Ezequiel

2 Y me dijo: Hijo de hombre, ponte en pie para que yo te hable.

2 Y el Espíritu entró en mí mientras me hablaba y me puso en pie; y oí al que me hablaba.

3 Entonces me dijo: Hijo de hombre, yo te envío a los hijos de Israel, a una nación de rebeldes que se ha rebelado contra mí; ellos y sus padres se han levantado contra mí hasta este mismo día.

4 A los hijos de duro semblante y corazón empedernido, a quienes te envío, les dirás: Así dice el Señor Dios.

5 Y ellos, escuchen o dejen de *escuchar,* porque son una casa rebelde, sabrán que un profeta ha estado entre ellos.

6 Y tú, hijo de hombre, no temas, no temas ni a ellos ni a sus palabras aunque haya contigo cardos y espinas y te sientes en escorpiones; no temas sus palabras ni te atemorices ante ellos, porque son una casa rebelde.

7 Les hablarás mis palabras, escuchen o dejen de *escuchar,* porque son rebeldes.

8 Y tú, hijo de hombre, escucha lo que te hablo; no seas rebelde como *esa* casa rebelde. Abre tu boca y come lo que te doy.

9 Entonces miré, y he aquí, una mano estaba extendida hacia mí, y en ella *había* un libro en rollo.

10 El lo desenrolló delante de mí, y estaba escrito por delante y por detrás; y en él estaban escritas lamentaciones, gemidos y ayes.

Comisión del profeta

3 Y él me dijo: Hijo de hombre, come lo que tienes delante; come este rollo, y ve, habla a la casa de Israel.

2 Abrí, pues, mi boca, y me dio a comer el rollo.

3 Entonces me dijo: Hijo de hombre, alimenta tu estómago y llena tu cuerpo de este rollo que te

doy. Y *lo* comí, y fue en mi boca dulce como la miel.

4 Me dijo además: Hijo de hombre, ve a la casa de Israel y háblales con mis palabras.

5 Porque no eres enviado a un pueblo de habla incomprensible y lengua difícil, *sino* a la casa de Israel;

6 tampoco a pueblos numerosos de habla incomprensible y lengua difícil cuyas palabras no puedes entender. Sino que te he enviado a ellos; ellos te escucharán.

7 Pero la casa de Israel no te querrá escuchar, ya que no quieren escucharme a mí. Ciertamente toda la casa de Israel es terca y de duro corazón.

8 He aquí, he hecho tu rostro tan duro como sus rostros, y tu frente tan dura como sus frentes.

9 Como esmeril, más duro que el pedernal, he hecho tu frente. No les temas ni te atemorices ante ellos, porque son casa rebelde.

10 Además me dijo: Hijo de hombre, recibe en tu corazón todas mis palabras que yo te hablo, y escúcha*las* atentamente.

11 Y ve a los desterrados, a los hijos de tu pueblo; háblales y diles, escuchen o dejen de *escuchar:* "Así dice el Señor Dios."

12 Entonces el Espíritu me levantó, y oí detrás de mí un gran ruido atronador: Bendita sea la gloria del Señor desde su lugar.

13 *Oí* el ruido de las alas de los seres vivientes que se tocaban una a la otra, y el ruido de las ruedas junto a ellos, un gran ruido atronador.

14 Y el Espíritu me levantó y me tomó; yo iba con amargura en la indignación de mi espíritu, y la mano del Señor era fuerte sobre mí.

15 Entonces vine a los desterrados de Tel-abib que habitaban junto al río Quebar, y allí donde ellos vivían, estuve sentado siete días, atónito, en medio de ellos.

16 Y sucedió que al cabo de los siete días vino a mí la palabra del Señor, diciendo:

17 Hijo de hombre, te he puesto por centinela de la casa de Israel; cuando oigas la palabra de mi boca, adviérteles de mi parte.

18 Cuando yo diga al impío: "Ciertamente morirás", si no le adviertes, si no hablas para advertir al impío de su mal camino a fin de que viva, ese impío morirá por su iniquidad, pero yo demandaré su sangre de tu mano.

19 Pero si tú has advertido al impío, y éste no se aparta de su impiedad ni de su camino impío, morirá él por su iniquidad, pero tú habrás librado tu vida.

20 Y cuando un justo se desvíe de su justicia y cometa iniquidad, yo pondré un obstáculo delante de él, *y* morirá; porque tú no le advertiste, él morirá por su pecado, y las obras de justicia que había hecho no serán recordadas, pero yo demandaré su sangre de tu mano.

21 Sin embargo, si tú has advertido al justo para que el justo no peque, y él no peca, ciertamente vivirá porque aceptó la advertencia, y tú habrás librado tu vida.

22 Allí vino sobre mí la mano del Señor, y El me dijo: Levántate y ve a la llanura, y allí te hablaré.

23 Entonces me levanté y salí a la llanura; y he aquí, la gloria del Señor estaba parada allí, como la gloria que vi junto al río Quebar, y caí rostro en tierra.

24 Y el Espíritu entró en mí, me hizo ponerme

en pie y habló conmigo, y me dijo: Ve, enciérrate en tu casa.

25 Y tú, hijo de hombre, mira, te echarán cuerdas y con ellas te atarán, para que no salgas en medio de ellos.

26 Y haré que tu lengua se te pegue al paladar y enmudecerás, y no serás para ellos el hombre que reprenda, porque son una casa rebelde.

27 Pero cuando yo te hable, te abriré la boca, y les dirás: "Así dice el Señor Dios". El que oye, que oiga; el que rehúse oír, que rehúse; porque son una casa rebelde.

Símbolos del sitio de Jerusalén

4 Y tú, hijo de hombre, toma una tableta de barro, ponla delante de ti y graba en ella una ciudad, Jerusalén.

2 Y pon sitio contra ella: edifica un muro de asedio contra ella, echa un terraplén contra ella, pon campamentos delante de ella, y coloca contra ella arietes alrededor.

3 Entonces toma una sartén de hierro y colócala como un muro de hierro entre ti y la ciudad, dirige tu rostro hacia ella y quedará bajo sitio: tú la sitiarás. Esta es una señal para la casa de Israel.

4 Y tú acuéstate sobre el lado izquierdo, y pon sobre él la iniquidad de la casa de Israel; por el número de días que estés acostado sobre él, llevarás su iniquidad.

5 Porque yo te he asignado un número de días igual a los días de su iniquidad, trescientos noventa días; tú cargarás, pues, con la iniquidad de la casa de Israel.

6 Cuando los hayas cumplido, te acostarás por segunda vez, pero sobre el lado derecho, y llevarás la iniquidad de la casa de Judá; te la he asignado por cuarenta días, un día por cada año.

7 Entonces dirigirás tu rostro y tu brazo desnudo hacia el sitio de Jerusalén, y profetizarás contra ella.

8 He aquí, te ataré con cuerdas para que no puedas volverte de un lado a otro, hasta que hayas cumplido los días de tu sitio.

9 Y tú toma trigo, cebada, habas, lentejas, millo y centeno; ponlos en una vasija y hazte con ellos pan; conforme al número de días que estés acostado sobre tu lado, trescientos noventa días, lo comerás.

10 El alimento que comas será de veinte siclos de peso por día; lo comerás de tiempo en tiempo.

11 Y beberás el agua por medida: la sexta parte de un hin; la beberás de tiempo en tiempo.

12 Comerás torta de cebada, habiéndola cocido sobre excrementos humanos a la vista de ellos.

13 Entonces el Señor dijo: Así comerán los hijos de Israel su pan inmundo entre las naciones donde yo los arrojaré.

14 Y yo dije: ¡Ah, Señor Dios! He aquí, nunca me he contaminado; porque desde mi juventud hasta ahora nunca he comido animal muerto o despedazado, ni jamás ha entrado en mi boca carne inmunda.

15 Entonces El me dijo: Mira, te concedo que prepares tu pan sobre estiércol de vaca en lugar de sobre excremento humano.

16 Me dijo además: Hijo de hombre, he aquí, voy a romper la provisión de pan en Jerusalén, y comerán el pan por peso y con angustia, y beberán el agua por medida y con terror,

17 para que al escasear el pan y el agua, se aterren unos a otros y se consuman en su iniquidad.

La destrucción de Jerusalén predicha

5 Y tú, hijo de hombre, toma una espada afilada; tómala y hazla pasar sobre tu cabeza y sobre tu barba como navaja de barbero. Toma luego una balanza y divide el pelo cortado.

2 Una tercera parte quemarás a fuego en medio de la ciudad cuando terminen los días del sitio. Otra tercera parte tomarás y golpearás con la espada alrededor de la ciudad; y la otra tercera parte esparcirás al viento, y yo desenvainaré la espada detrás de ellos.

3 Toma también de allí unos pocos en número y átalos en la orla de tu manto.

4 Y toma otra vez algunos de ellos, échalos en medio del fuego, y quémalos en el fuego. De ahí saldrá el fuego hacia toda la casa de Israel.

5 Así dice el Señor Dios: "Esta es Jerusalén; yo la coloqué en el centro de las naciones y de los territorios a su alrededor.

6 "Pero ella se ha rebelado contra mis ordenanzas con más impiedad que las naciones, y contra mis estatutos más que los territorios alrededor de ella; porque ellos han desechado mis ordenanzas y no han andado en mis estatutos."

7 Por tanto, así dice el Señor Dios: "Porque vuestra rebelión es mayor que la de las naciones que os rodean, y no habéis andado en mis estatutos ni observado mis ordenanzas, ni tampoco observado las ordenanzas de las naciones que os rodean",

8 por eso, así dice el Señor Dios: "He aquí, yo, yo mismo, estoy contra ti, y yo ejecutaré juicios en medio de ti a la vista de las naciones.

9 "Y yo haré en ti lo que no he hecho y lo que no volveré a hacer jamás a causa de todas tus abominaciones.

10 "Por eso, los padres se comerán a sus hijos en medio de ti, y los hijos se comerán a sus padres; ejecutaré juicios en ti y esparciré cuantos te queden a todos los vientos.

11 "Por tanto, ¡vivo yo!—declara el Señor Dios—que por haber profanado mi santuario con todos tus ídolos detestables y con todas tus abominaciones, yo me retiraré, mi ojo no tendrá piedad, y tampoco perdonaré.

12 "Una tercera parte de ti morirá de pestilencia o será consumida por el hambre en medio de ti, otra tercera parte caerá a espada alrededor de ti y la otra tercera parte esparciré a todos los vientos, y yo desenvainaré la espada tras ellos.

13 "Se desahogará mi ira, saciaré en ellos mi furor y me vengaré; entonces sabrán que yo, el Señor, he hablado en mi celo cuando desahogue mi furor contra ellos.

14 "Te haré desolación y oprobio entre las naciones que te rodean, a los ojos de todos los que pasen.

15 "Y serás oprobio, escarnio, advertencia y objeto de horror para las naciones que te rodean, cuando haga juicios contra ti con ira, furor y terribles represiones. Yo, el Señor, he hablado.

16 "Cuando envíe contra ellos las saetas mortíferas del hambre para destrucción, las cuales

enviaré para destruiros, entonces también aumentaré el hambre sobre vosotros y romperé la provisión de pan.

17"Enviaré también sobre vosotros hambre y fieras, y te dejarán sin hijos; y la plaga y la sangre pasarán por ti, y mandaré sobre ti la espada. Yo, el SEÑOR, he hablado."

Condenación de la idolatría

6 Y vino a mí la palabra del SEÑOR, diciendo: 2 Hijo de hombre, pon tu rostro hacia los montes de Israel, profetiza contra ellos,

3 y di: "Montes de Israel, escuchad la palabra del Señor DIOS. Así dice el Señor DIOS a los montes, a las colinas, a las barrancas y a los valles: 'He aquí, yo mismo traeré sobre vosotros la espada y destruiré vuestros lugares altos.

4 'Vuestros altares serán devastados, vuestros altares de incienso serán destrozados y haré que caigan vuestros muertos delante de vuestros ídolos.

5 'También pondré los cadáveres de los hijos de Israel delante de sus ídolos, y esparciré vuestros huesos alrededor de vuestros altares.

6 'Dondequiera *que tengáis* vuestras moradas, las ciudades quedarán desoladas y los lugares altos devastados, para que queden desolados y devastados vuestros altares, rotos y eliminados vuestros ídolos, derribados vuestros altares de incienso y borradas vuestras obras.

7 'Los muertos caerán en medio de vosotros, y sabréis que yo soy el SEÑOR.

8 'Sin embargo dejaré un remanente, porque tendréis entre las naciones a los que escaparon de la espada cuando seáis esparcidos por las tierras.

9 'Entonces los que de vosotros escapen me recordarán entre las naciones adonde serán llevados cautivos, porque he sufrido a causa de sus corazones adúlteros que se apartaron de mí, y a causa de sus ojos que se prostituyeron tras sus ídolos; y se aborrecerán a sí mismos por los males que han cometido, por todas sus abominaciones.

10 'Y sabrán que yo soy el SEÑOR; no en vano he dicho que les haría este mal.' "

11 Así dice el Señor DIOS: "Bate tus manos, golpea con tu pie, y di: ¡Ay!, a causa de todas las graves abominaciones de la casa de Israel, que a espada, de hambre y de pestilencia caerán.

12 'El que esté lejos morirá de pestilencia, el que esté cerca caerá a espada, y el que quede y esté sitiado de hambre morirá. Así desahogaré mi furor sobre ellos.

13 'Y sabréis que yo soy el SEÑOR, cuando sus muertos estén en medio de sus ídolos alrededor de sus altares, en toda colina elevada, en todas las cumbres de los montes, bajo todo árbol verde y bajo toda encina frondosa, lugares donde ofrecían aroma agradable a todos sus ídolos.

14 'Y por todas sus moradas extenderé mi mano contra ellos, y haré la tierra más desolada y devastada que el desierto hacia Diblat; y sabrán que yo soy el SEÑOR.' "

7 Y vino a mí la palabra del SEÑOR, diciendo: 2 Y tú, hijo de hombre, di: "Así dice el Señor DIOS a la tierra de Israel: ¡El fin, el fin viene sobre los cuatro extremos de la tierra!

3 "Ahora *viene* el fin sobre ti y enviaré mi ira contra ti; te juzgaré conforme a tus caminos y traeré sobre ti todas tus abominaciones.

4 "Mi ojo no tendrá piedad de ti ni yo *te* perdonaré; sino que te pagaré conforme a tus caminos, y tus abominaciones en medio de ti quedarán; y sabréis que yo soy el SEÑOR.' "

5 Así dice el Señor DIOS: "¡Un desastre!, ¡he aquí que viene un desastre sin igual!

6 "El fin viene, viene el fin; se ha despertado contra ti; he aquí, ha venido.

7 "Te ha llegado tu turno, oh habitante de la tierra. Ha llegado el tiempo, se acerca el día; pánico, y no júbilo, en los montes.

8 "Ahora pronto derramaré mi furor sobre ti y descargaré mi ira contra ti; te juzgaré conforme a tus caminos y traeré sobre ti todas tus abominaciones.

9 "Mi ojo no tendrá piedad ni yo perdonaré. Te pagaré conforme a tus caminos, y tus abominaciones quedarán en medio de ti; y sabréis que soy yo, el SEÑOR, el que hiere.

10 "He aquí el día; he aquí que viene. Ha salido *tu* turno, ha florecido la vara, ha reverdecido la arrogancia.

11 "Se ha levantado la violencia para *hacerse* vara de impiedad. Nada quedará de ellos, ni de su multitud, ni de su riqueza, ni gloria entre ellos.

12 "El tiempo ha venido, ha llegado el día. No se alegre el que compra ni se lamente el que vende, porque el furor está sobre toda su multitud.

13 "Ciertamente el vendedor no recuperará lo vendido mientras ambos vivan, porque la visión acerca de toda su multitud no será revocada; y nadie, por su iniquidad, podrá conservar su vida.

14 "Han tocado la trompeta y lo han preparado todo, pero nadie va a la batalla; porque mi furor está contra toda su multitud.

15 "La espada está afuera, y la plaga y el hambre están dentro. El que esté en el campo morirá a espada, y al que esté en la ciudad, la plaga y el hambre lo consumirán.

16 "Aun cuando escapen los sobrevivientes, estarán sobre los montes como palomas de los valles, todos ellos gimiendo por su iniquidad.

17 "Todas las manos se debilitarán, y todas las rodillas serán *como* de agua.

18 "Se ceñirán de cilicio y los cubrirá el terror; *habrá* en todos los rostros vergüenza y todas las cabezas estarán rapadas.

19 "Arrojarán su plata en las calles y su oro se convertirá en cosa abominable; ni su plata ni su oro podrán librarlos el día de la ira del SEÑOR. No saciarán su apetito ni llenarán sus estómagos, porque su iniquidad ha llegado a ser ocasión de tropiezo.

20 "Cambiaron la belleza de sus ornamentos en orgullo, y de ellos hicieron las imágenes de sus abominaciones *y* de sus cosas detestables; por tanto haré que esto sea cosa abominable para ellos.

21 "La entregaré en manos de extraños por botín y a los impíos de la tierra por despojo, y la profanarán.

22 "Apartaré de ellos mi rostro y profanarán mi lugar secreto; entrarán en él ladrones y lo profanarán.

23 "Haz la cadena, porque la tierra está llena de crímenes sangrientos y la ciudad llena de violencia.

24 "Por tanto, traeré a las más perversas de las naciones, que se apoderarán de sus casas; y haré

cesar el orgullo de los poderosos y sus santuarios serán profanados.

25 "Cuando llegue la angustia, buscarán la paz, pero no *la* habrá.

26 "Vendrá calamidad sobre calamidad, y habrá rumor tras rumor; entonces buscarán visión del profeta, y la ley desaparecerá del sacerdote y el consejo de los ancianos.

27 "El rey hará duelo, el príncipe se vestirá de horror y temblarán las manos del pueblo de la tierra. Según su conducta los trataré y por sus juicios los juzgaré; y sabrán que yo soy el SEÑOR."

Visión de las abominaciones en Jerusalén

8 Y sucedió en el año sexto, en el *día* cinco del sexto mes, que estando yo sentado en mi casa y los ancianos de Judá sentados ante mí, bajó allí sobre mí la mano del Señor DIOS.

2 Entonces miré, y he aquí, una figura con aspecto de hombre; desde sus lomos para abajo *tenía* la apariencia de fuego, y desde sus lomos para arriba la apariencia de un resplandor, como el aspecto de un metal refulgente.

3 Y extendió *algo* semejante a una mano y me tomó por un mechón de mi cabello; y el Espíritu me alzó entre la tierra y el cielo y me llevó a Jerusalén en visiones de Dios, a la entrada de la puerta que mira al norte del *atrio* interior, allí donde *estaba* la morada del ídolo de los celos que provoca los celos.

4 Y he aquí, la gloria del Dios de Israel *estaba* allí, como la visión que yo había visto en la llanura.

5 Y El me dijo: Hijo de hombre, levanta ahora tus ojos hacia el norte. Y levanté mis ojos hacia el norte, y he aquí, al norte de la puerta del altar, *estaba* el ídolo de los celos a la entrada.

6 Entonces me dijo: Hijo de hombre, ¿ves lo que hacen éstos, las grandes abominaciones que comete aquí la casa de Israel para que me aleje de mi santuario? Pero aún verás mayores abominaciones.

7 Después me llevó a la entrada del atrio, y cuando miré, he aquí, *había* un agujero en el muro.

8 Y me dijo: Hijo de hombre, cava ahora en el muro. Cavé en el muro, y he aquí una entrada.

9 Entonces me dijo: Entra y ve las perversas abominaciones que ellos cometen aquí.

10 Entré, pues, y miré; y he aquí, *había* toda clase de reptiles y bestias *y* cosas abominables, y todos los ídolos de la casa de Israel estaban grabados en el muro por todo alrededor.

11 Y de pie frente a ellos, estaban setenta hombres de los ancianos de la casa de Israel, y Jaazanías, hijo de Safán, de pie entre ellos, cada uno con su incensario en la mano; y el aroma de la nube de incienso subía.

12 Me dijo entonces: Hijo de hombre, ¿has visto lo que hacen en la oscuridad los ancianos de la casa de Israel, cada uno en su cámara de imágenes grabadas? Porque ellos dicen: "El SEÑOR no nos ve; el SEÑOR ha abandonado la tierra."

13 Y me dijo: Aún verás que cometen mayores abominaciones.

14 Entonces me llevó a la entrada de la puerta de la casa del SEÑOR que está al norte; y he aquí, *había* allí mujeres sentadas llorando a Tamuz.

15 Y me dijo: ¿Has visto, hijo de hombre? Aún verás mayores abominaciones que éstas.

16 Entonces me llevó al atrio interior de la casa del SEÑOR. Y he aquí, a la entrada del templo del SEÑOR, entre el pórtico y el altar, *había* unos veinticinco hombres de espaldas al templo del SEÑOR y de cara al oriente, y se postraban hacia el oriente, hacia el sol.

17 Y El me dijo: ¿Has visto, hijo de hombre? ¿Le parece poco a la casa de Judá cometer las abominaciones que aquí han cometido, que han llenado la tierra de violencia y me han provocado repetidas veces? Porque he aquí, se llevan el ramo a la nariz.

18 Por tanto, yo ciertamente obraré con furor. Mi ojo no tendrá piedad, ni yo perdonaré; y aunque griten a mis oídos con gran voz, no los escucharé.

Visión de la matanza de los culpables

9 Entonces gritó a mis oídos con gran voz, diciendo: Acercaos, verdugos de la ciudad, cada uno con su arma destructora en la mano.

2 Y he aquí, seis hombres venían por el camino de la puerta superior que mira al norte, cada uno con su arma destructora en la mano; y entre ellos había un hombre vestido de lino con una cartera de escribano a la cintura. Y entraron y se pusieron junto al altar de bronce.

3 Entonces la gloria del Dios de Israel subió del querubín sobre el cual había estado, hacia el umbral del templo. Y llamó al hombre vestido de lino que tenía la cartera de escribano a la cintura;

4 y el SEÑOR le dijo: Pasa por en medio de la ciudad, por en medio de Jerusalén, y pon una señal en la frente de los hombres que gimen y lamentan por todas las abominaciones que se cometen en medio de ella.

5 Pero a los otros dijo, y yo lo oí: Pasad por la ciudad en pos de él y herid; no tenga piedad vuestro ojo, no perdonéis.

6 Matad a viejos, jóvenes, doncellas, niños y mujeres hasta el exterminio, pero no toquéis a ninguno sobre quien esté la señal. Comenzaréis por mi santuario. Comenzaron, pues, con los ancianos que *estaban* delante del templo.

7 Entonces les dijo: Profanad el templo y llenad de muertos los atrios. ¡Salid! Y salieron, y fueron hiriendo por la ciudad.

8 Y sucedió que mientras herían, quedé yo *solo* y caí sobre mi rostro; clamé y dije: ¡Ah, Señor DIOS! ¿Destruirás a todo el remanente de Israel derramando tu furor sobre Jerusalén?

9 Entonces me dijo: La iniquidad de la casa de Israel y de Judá es grande en extremo, la tierra está llena de sangre, y la ciudad está llena de perversión; porque dicen: "El SEÑOR ha abandonado la tierra, el SEÑOR nada ve."

10 Mas en cuanto a mí, tampoco mi ojo tendrá piedad, ni yo perdonaré, sino que haré recaer su conducta sobre sus cabezas.

11 Y he aquí, el hombre vestido de lino que tenía la cartera a la cintura, trajo un informe, diciendo: He hecho tal como me ordenaste.

Visión de la gloria de Dios

10 Entonces miré, y he aquí, en el firmamento que *estaba* sobre las cabezas de los

querubines, como una piedra de zafiro de apariencia semejante a un trono apareció sobre ellos.

2 Y El habló al hombre vestido de lino y dijo: Entra en medio de las ruedas debajo de los querubines, llena tus manos de carbones encendidos de entre los querubines y espárce*los* sobre la ciudad. Y ante mis ojos entró.

3 Los querubines estaban de pie a la derecha del templo cuando el hombre entró, y la nube llenaba el atrio interior.

4 Entonces la gloria del Señor subió del querubín hacia el umbral del templo, y el templo se llenó de la nube, y el atrio se llenó del resplandor de la gloria del Señor.

5 El ruido de las alas de los querubines se oía hasta el atrio exterior, como la voz del Dios Todopoderoso cuando habla.

6 Y sucedió que cuando ordenó al hombre vestido de lino, diciendo: Toma fuego de entre las ruedas, de entre los querubines, él entró y se paró junto a una rueda.

7 El querubín extendió su mano de entre los querubines hacia el fuego que *estaba* entre ellos, *lo* tomó y *lo* puso en las manos del que estaba vestido de lino, el cual *lo* tomó y salió.

8 Y los querubines parecían tener la forma de la mano de un hombre debajo de sus alas.

9 Entonces miré, y he aquí, *había* cuatro ruedas junto a los querubines, cada rueda junto a cada querubín; el aspecto de las ruedas *era* como el brillo de una piedra de Tarsis.

10 En cuanto a su apariencia, las cuatro tenían la misma semejanza, como si una rueda estuviera dentro de la *otra* rueda.

11 Cuando andaban, se movían en las cuatro direcciones, sin volverse cuando andaban, sino que seguían la dirección en que ponían el rostro, sin volverse cuando andaban.

12 Y todo su cuerpo, sus espaldas, sus manos, sus alas y las ruedas estaban llenos de ojos alrededor, las ruedas de los cuatro.

13 A las ruedas se les llamó torbellino, y yo lo oí.

14 Y tenía cada uno cuatro caras. La primera cara *era* la cara de un querubín, la segunda, la cara de un hombre, la tercera, la cara de un león y la cuarta, la cara de un águila.

15 Entonces los querubines se levantaron. Estos eran los seres vivientes que yo había visto en el río Quebar.

16 Cuando los querubines andaban, las ruedas andaban a su lado; y cuando los querubines alzaban sus alas para elevarse del suelo, las ruedas no se apartaban de su lado.

17 Cuando los querubines se detenían, se detenían *las ruedas,* y cuando se levantaban, se levantaban *las ruedas* con ellos, porque el espíritu de los seres vivientes *estaba* en ellas.

18 Y la gloria del Señor salió de sobre el umbral del templo y se puso sobre los querubines.

19 Cuando los querubines alzaron sus alas y se elevaron del suelo ante mis ojos salieron con las ruedas a su lado, y se detuvieron a la entrada de la puerta oriental de la casa del Señor. Y la gloria del Dios de Israel estaba por encima, sobre ellos.

20 Estos eran los seres vivientes que yo había visto debajo del Dios de Israel junto al río Quebar; entonces supe que eran querubines.

21 Cada uno tenía cuatro caras y cada uno cuatro alas, y *había* una semejanza de manos de hombre debajo de sus alas.

22 En cuanto a la forma de sus caras, eran las mismas caras cuya apariencia yo había visto junto al río Quebar. Cada uno caminaba derecho hacia adelante.

Castigo de los gobernantes

11 Entonces el Espíritu me levantó y me llevó a la puerta oriental de la casa del Señor que mira al oriente. Y he aquí, a la entrada de la puerta *había* veinticinco hombres, y entre ellos vi a Jaazanías, hijo de Azur, y a Pelatías, hijo de Benaía, jefes del pueblo.

2 Y El me dijo: Hijo de hombre, estos son los hombres que maquinan iniquidad y dan malos consejos en esta ciudad,

3 los cuales dicen: "¿No está cerca *el tiempo de* edificar casas? Esta *ciudad* es la olla y nosotros la carne."

4 Por tanto, profetiza contra ellos, profetiza, hijo de hombre.

5 Entonces el Espíritu del Señor cayó sobre mí, y me dijo: Di: "Así dice el Señor: 'Así habéis dicho, casa de Israel, yo conozco vuestros pensamientos.

6 'Habéis multiplicado vuestros muertos en esta ciudad, habéis llenado sus calles de muertos.'

7 "Por tanto, así dice el Señor Dios: 'Vuestros muertos, los que habéis dejado en medio de la ciudad, son la carne, y ella es la olla; pero yo os sacaré de ella.

8 'Habéis temido la espada, y espada traeré sobre vosotros'—declara el Señor Dios.

9 'Y os sacaré de en medio de la ciudad, os entregaré en manos de extraños y traeré juicios contra vosotros.

10 'A espada caeréis; en los confines de Israel os juzgaré; y sabréis que yo soy el Señor.

11 'Esta *ciudad* no será olla para vosotros, ni vosotros seréis carne en medio de ella; hacia los confines de Israel os juzgaré.

12 'Y sabréis que yo soy el Señor; porque no habéis andado en mis estatutos ni habéis ejecutado mis ordenanzas, sino que habéis obrado conforme a las costumbres de las naciones que os rodean.' "

13 Y sucedió que mientras yo profetizaba, Pelatías, hijo de Benaía, murió. Entonces caí sobre mi rostro, y clamé a gran voz y dije: ¡Ah, Señor Dios! ¿Vas a acabar por completo con el remanente de Israel?

14 Entonces vino a mí la palabra del Señor, diciendo:

15 Hijo de hombre, tus hermanos, tus parientes, los hombres en el destierro contigo y toda la casa de Israel, todos ellos, *son aquellos* a quienes los habitantes de Jerusalén han dicho: "Alejaos del Señor; a nosotros se nos ha dado esta tierra en posesión."

16 Por tanto, di: "Así dice el Señor Dios: 'Aunque yo los había echado lejos entre las naciones, y aunque yo los había dispersado por las tierras, sin embargo fui para ellos un santuario por poco tiempo en las tierras adonde habían ido.' "

17 Por tanto di: "Así dice el Señor Dios: 'Yo os recogeré de entre los pueblos y os reuniré de las

tierras entre las cuales habéis sido dispersados, y os daré la tierra de Israel.' "

18 Cuando lleguen allí, quitarán de ella todas sus cosas detestables y todas sus abominaciones.

19 Yo les daré un solo corazón y pondré un espíritu nuevo dentro de ellos. Y quitaré de su carne el corazón de piedra y les daré un corazón de carne,

20 para que anden en mis estatutos, guarden mis ordenanzas y los cumplan. Entonces serán mi pueblo y yo seré su Dios.

21 Pero en cuanto a aquellos cuyo corazón va detrás de sus cosas detestables y abominaciones, haré recaer su conducta sobre su cabeza—declara el Señor Dios.

22 Entonces los querubines alzaron sus alas con las ruedas a su lado, y la gloria del Dios de Israel *estaba* por encima, sobre ellos.

23 La gloria del Señor se elevó de en medio de la ciudad, y se detuvo sobre el monte que está al oriente de la ciudad.

24 Y el Espíritu me levantó y me llevó a Caldea, a los desterrados, en visión por el Espíritu de Dios. Y se alejó de mí la visión que había visto.

25 Entonces hablé a los desterrados de todas las cosas que el Señor me había mostrado.

Destierro del príncipe

12 Y vino a mí la palabra del Señor, diciendo:

2 Hijo de hombre, habitas en medio de la casa rebelde; tienen ojos para ver y no ven, oídos para oír y no oyen, porque son una casa rebelde.

3 Y tú, hijo de hombre, prepárate el equipaje del destierro y sal al destierro de día, ante sus ojos; sal al destierro desde tu lugar a otro lugar, ante sus ojos. Quizá entiendan, aunque son una casa rebelde.

4 Saca tu equipaje como equipaje del destierro, de día, ante sus ojos. Entonces sal tú por la tarde, ante sus ojos, como los que salen al destierro.

5 Ante sus ojos haz un hueco en el muro y sal por él.

6 Ante sus ojos carga *el equipaje* sobre los hombros *y sácalo* en la oscuridad. Cúbrete el rostro para no ver la tierra, porque por señal te he puesto a la casa de Israel.

7 Yo hice tal como se me había mandado. Saqué mi equipaje de día como el equipaje de un desterrado; y al atardecer cavé con mis manos a través del muro; salí en la oscuridad y cargué *el equipaje* sobre los hombros, ante sus ojos.

8 Y vino a mí la palabra del Señor por la mañana, diciendo:

9 Hijo de hombre, ¿no te ha dicho la casa de Israel, *esa* casa rebelde: "¿Qué estás haciendo?"

10 Diles: "Así dice el Señor Dios: 'Este oráculo *se refiere* al príncipe en Jerusalén y a toda la casa de Israel que está en medio de ella.' "

11 Di: "Yo soy vuestra señal; como he hecho, así se hará con ellos; irán al destierro, a la cautividad."

12 Y el príncipe que está en medio de ellos, cargará *su equipaje* sobre los hombros en la oscuridad, y saldrá. Cavarán un hueco en el muro para sacar*lo*. Cubrirá su rostro para no ver la tierra con sus ojos.

13 Extenderé mi red sobre él y quedará preso en mi trampa. Lo llevaré a Babilonia, a la tierra de los caldeos; pero no la verá, y morirá allí.

14 Y a todos los que lo rodean, sus servidores y todas sus tropas, esparciré a todos los vientos y sacaré la espada tras ellos.

15 Y sabrán que yo soy el Señor cuando los disperse entre las naciones y los esparza por las tierras.

16 Pero preservaré a algunos de ellos de la espada, del hambre y de la pestilencia, para que cuenten todas sus abominaciones entre las naciones adonde vayan, y sepan que yo soy el Señor.

17 Y vino a mí la palabra del Señor, diciendo:

18 Hijo de hombre, come tu pan con temblor y bebe tu agua con estremecimiento y angustia.

19 Y di a la gente de la tierra: "Así dice el Señor Dios acerca de los habitantes de Jerusalén sobre el suelo de Israel: 'Comerán su pan con angustia y beberán su agua con terror, porque su tierra será despojada de su abundancia a causa de la violencia de todos los que habitan en ella.

20 'Las ciudades habitadas serán devastadas y la tierra vendrá a ser una desolación; y sabréis que yo soy el Señor.' "

21 Y vino a mí la palabra del Señor, diciendo:

22 Hijo de hombre, ¿qué proverbio es ése que vosotros tenéis acerca de la tierra de Israel, que dice: "Se alargan los días y desaparece toda visión"?

23 Por tanto, diles: "Así dice el Señor Dios: 'Haré cesar este proverbio para que ya no lo usen como proverbio en Israel.' Diles, pues: 'Se acercan los días y el cumplimiento de toda visión.

24 'Porque ya no habrá ninguna visión falsa ni adivinación lisonjera en medio de la casa de Israel.

25 'Porque yo, el Señor, hablaré, y toda palabra que diga se cumplirá. No se demorará más, sino que en vuestros días, oh casa rebelde, hablaré la palabra y la cumpliré—declara el Señor Dios.' "

26 Y vino a mí la palabra del Señor, diciendo:

27 Hijo de hombre, he aquí, la casa de Israel dice: "La visión que él ve es para *dentro de muchos* días, y para tiempos lejanos él profetiza."

28 Por tanto, diles: "Así dice el Señor Dios: 'Ninguna de mis palabras se demorará más. Toda palabra que diga se cumplirá' "—declara el Señor Dios.

Condenación de los profetas falsos

13 Y vino a mí la palabra del Señor, diciendo:

2 Hijo de hombre, profetiza contra los profetas de Israel que profetizan, y di a los que profetizan por su propia inspiración: "Escuchad la palabra del Señor.

3 "Así dice el Señor Dios: '¡Ay de los profetas necios que siguen su propio espíritu y no han visto nada!

4 'Como zorras entre ruinas han sido tus profetas, oh Israel.

5 'No habéis subido a las brechas, ni habéis levantado un muro alrededor de la casa de Israel, para que pueda resistir en la batalla en el día del Señor.

6 'Han visto falsedad y adivinación mentirosa

los que dicen: "El SEÑOR declara", cuando el SEÑOR no los ha enviado; no obstante, esperan el cumplimiento de *su* palabra.

7 "¿No habéis visto una visión falsa y habéis hablado una adivinación mentirosa cuando decís: "El SEÑOR declara", y yo no he hablado?" "

8 Por tanto, así dice el Señor DIOS: Por cuanto habéis hablado falsedad y habéis visto mentira, por tanto, he aquí, yo estoy contra vosotros—declara el Señor DIOS.

9 Y estará mi mano contra los profetas que ven visiones falsas y hablan adivinaciones mentirosas. No estarán en el consejo de mi pueblo, no serán inscritos en el libro de la casa de Israel, ni entrarán en la tierra de Israel; y sabréis que yo soy el Señor DIOS.

10 Sí, porque han engañado a mi pueblo, diciendo: "¡Paz!", cuando no hay paz. Y cuando alguien edifica un muro, he aquí, ellos lo recubren con cal;

11 di, *pues*, a los que *lo* recubren con cal, que caerá; vendrá una lluvia torrencial y caeréis vosotras, piedras de granizo, y se desencadenará un viento huracanado.

12 He aquí, cuando el muro haya caído, ¿no se os preguntará: "¿Dónde está la cal con que *lo* recubristeis?"

13 Por tanto, así dice el Señor DIOS: En mi enojo haré que un viento huracanado se desencadene; también por mi ira vendrá una lluvia torrencial y granizo para consumirlo con furor.

14 Así derribaré el muro que habéis recubierto con cal, lo echaré a tierra y quedará al descubierto su cimiento. Y cuando caiga, seréis destruidos en medio de él; y sabréis que yo soy el SEÑOR.

15 Desahogaré así mi furor contra el muro y contra los que lo han recubierto con cal, y os diré: "No existe el muro ni existen los que lo recubrieron,

16 *ni* los profetas de Israel que profetizaban acerca de Jerusalén y que veían para ella visiones de paz cuando no había paz"—declara el Señor DIOS.

17 Y tú, hijo de hombre, pon tu rostro contra las hijas de tu pueblo que profetizan por su propia inspiración, profetiza contra ellas

18 y di: "Así dice el Señor DIOS": ¡Ay de las que cosen cintas *mágicas* para todas las coyunturas de la mano y hacen velos para las cabezas de *personas* de toda talla con el fin de cazar almas! ¿Cazaréis las vidas de mi pueblo y preservaréis vuestras vidas?

19 'Me habéis profanado ante mi pueblo por puñados de cebada y por pedazos de pan, dando muerte a algunos que no debían morir y dejando con vida a otros que no debían vivir, mintiendo a mi pueblo que escucha la mentira.' "

20 Por tanto, así dice el Señor DIOS: He aquí, yo estoy contra vuestras cintas *mágicas* con las que allí cazáis vidas como aves; las arrancaré de vuestros brazos y dejaré ir las vidas, las vidas que cazáis como aves.

21 También rasgaré vuestros velos y libraré a mi pueblo de vuestras manos, y no serán más presa en vuestras manos; y sabréis que yo soy el SEÑOR.

22 Porque habéis entristecido el corazón del justo con falsedad, cuando yo no lo he entristecido, y habéis fortalecido las manos del impío

para que no se aparte de su mal camino a fin de preservar su vida,

23 por tanto, no veréis más visiones falsas ni practicaréis más la adivinación, y libraré a mi pueblo de vuestra mano; y sabréis que yo soy el SEÑOR.

Condenación de la idolatría

14 Entonces vinieron a mí algunos de los ancianos de Israel y se sentaron delante de mí.

2 Y vino a mí la palabra del SEÑOR, diciendo:

3 Hijo de hombre, estos hombres han erigido sus ídolos en su corazón, y han puesto delante de su rostro lo que los hace caer en su iniquidad. ¿Me dejaré yo consultar por ellos?

4 Por tanto, háblales y diles: "Así dice el Señor DIOS: 'Cualquier hombre de la casa de Israel que erija sus ídolos en su corazón, y que ponga delante de su rostro lo que le hace caer en su iniquidad, y *después* venga al profeta, yo, el SEÑOR, le responderé entonces de acuerdo con la multitud de sus ídolos,

5 a fin de alcanzar a la casa de Israel en sus corazones, que están apartados de mí a causa de todos sus ídolos.' "

6 Por tanto, di a la casa de Israel: "Así dice el Señor DIOS: 'Arrepentíos y apartaos de vuestros ídolos, y de todas vuestras abominaciones apartad vuestros rostros.

7 'Porque a cualquiera de la casa de Israel, o de los forasteros que residen en Israel, que se aleje de mí y erija sus ídolos en su corazón, que ponga delante de su rostro lo que le hace caer en su iniquidad, y *después* venga al profeta para consultarme por medio de él, yo, el SEÑOR, le responderé por mí mismo.

8 'Y pondré mi rostro contra ese hombre, haré de él señal y proverbio, y lo cortaré de en medio de mi pueblo; y sabréis que yo soy el SEÑOR.

9 'Pero si el profeta se deja engañar y dice algo, soy yo, el SEÑOR, el que he engañado a ese profeta, y extenderé mi mano contra él y lo exterminaré de en medio de mi pueblo Israel.

10 'Llevarán *ambos el castigo de* su iniquidad; la iniquidad del que consulta será la iniquidad del profeta,

11 a fin de que la casa de Israel no se desvíe más de mí ni se contamine más con todas sus transgresiones. Y ellos serán mi pueblo y yo seré su Dios' "—declara el Señor DIOS.

12 Entonces vino a mí la palabra del SEÑOR, diciendo:

13 Hijo de hombre, si un país peca contra mí cometiendo infidelidad, y yo extiendo mi mano contra él, destruyo su provisión de pan y envío hambre contra él y corto de él hombres y animales,

14 y *aunque* estos tres hombres, Noé, Daniel y Job, estuvieran en medio de él, ellos, por su justicia, *sólo* se librarían a sí mismos—declara el Señor DIOS.

15 Si yo hiciera pasar por la tierra fieras y ellas la despoblaran, y se volviera desolada sin que nadie pasara *por ella* a causa de las fieras,

16 *aunque* estos tres hombres estuvieran en medio de ella, vivo yo—declara el Señor DIOS—, ni a *sus* hijos ni a *sus* hijas podrían librar; sólo ellos serían librados, pero el país sería desolado.

17 O *si* yo trajera la espada contra ese país, y dijera: "Pase la espada por el país", y corto de él hombres y animales,

18 y estos tres hombres estuvieran en medio de él, vivo yo—declara el Señor DIOS—, que no podrían librar ni a *sus* hijos ni a *sus* hijas; sino que sólo ellos serían librados.

19 O *si* yo enviara una plaga contra ese país y derramara mi furor sobre él con sangre, para cortar de él hombres y animales,

20 aunque Noé, Daniel y Job estuvieran en medio de él, vivo yo—declara el Señor DIOS—, que ni a *su* hijo ni a *su* hija podrían librar; ellos, por su justicia, *sólo* se librarían a sí mismos.

21 Porque así dice el Señor DIOS: ¡Cuánto más cuando yo envíe mis cuatro terribles juicios contra Jerusalén: espada, hambre, fieras y plaga para cortar de ella hombres y animales!

22 Sin embargo, he aquí, en ella quedarán sobre-vivientes, hijos e hijas que serán sacados. He aquí, saldrán hacia vosotros y veréis su conducta y sus obras; entonces seréis consolados de la calamidad que he traído contra Jerusalén, de todo lo que he traído sobre ella.

23 Y ellos os consolarán cuando veáis sus caminos y sus obras, y sabréis que no he hecho en vano lo que hice en ella —declara el Señor DIOS.

Jerusalén, una vid inútil

15 Entonces vino a mí la palabra del Señor, diciendo:

2 Hijo de hombre, ¿en qué *es mejor* la madera de la vid que cualquier *otra* rama de árbol que haya entre los árboles del bosque?

3 ¿Se toma madera de ella para hacer alguna obra? ¿Se toma acaso una estaca de ella para colgar alguna vasija?

4 Si en el fuego se ha puesto para consumirla *y* el fuego ha consumido los dos extremos, también la parte de en medio ha sido quemada, ¿es *aún* útil para algo?

5 Si cuando estaba intacta, no se utilizaba para nada, ¡cuánto menos, cuando la haya consumido el fuego y esté quemada, se podrá hacer aún algo de ella!

6 Por tanto, así dice el Señor DIOS: "Como la madera de la vid entre los árboles del bosque, que he entregado al fuego para consumirla, así he entregado yo a los habitantes de Jerusalén.

7 "He puesto mi rostro contra ellos; del fuego han escapado, pero el fuego los consumirá. Y sabréis que yo soy el Señor, cuando ponga mi rostro contra ellos.

8 "Y convertiré la tierra en desolación, por cuanto han cometido infidelidad"—declara el Señor DIOS.

Orígenes de Jerusalén

16 Entonces vino a mí la palabra del Señor, diciendo:

2 Hijo de hombre, haz saber a Jerusalén sus abominaciones,

3 y di: "Así dice el Señor DIOS a Jerusalén: 'Por tu origen y tu nacimiento *eres* de la tierra del cananeo, tu padre *era* amorreo y tu madre hetea.

4 'En cuanto a tu nacimiento, el día que naciste no fue cortado tu cordón umbilical, ni fuiste lavada con agua para limpiarte; no fuiste frotada con sal, ni envuelta en pañales.

5 'Ningún ojo se apiadó de ti para hacer por ti alguna de estas cosas, para compadecerse de ti; sino que fuiste echada al campo abierto, porque fuiste aborrecida el día en que naciste.

6 'Yo pasé junto a ti y te vi revolcándote en tu sangre. Mientras *estabas* en tu sangre, te dije: "¡Vive!" Sí, te dije, mientras *estabas* en tu sangre: "¡Vive!"

7 'Te hice tan numerosa como la hierba del campo. Y creciste, te hiciste grande y llegaste a la plenitud de tu hermosura; se formaron *tus* pechos y creció tu pelo, pero estabas desnuda y descubierta.

8 'Entonces pasé junto a ti y te vi, y he aquí, tu tiempo era tiempo de amores; extendí mi manto sobre ti y cubrí tu desnudez. Te hice juramento y entré en pacto contigo'—declara el Señor DIOS—'y fuiste mía.

9 'Te lavé con agua, te limpié la sangre y te ungí con aceite.

10 'Te vestí con tela bordada y puse en tus pies sandalias de piel de marsopa; te envolví con lino fino y te cubrí con seda.

11 'Te engalané con adornos, puse brazaletes en tus manos y un collar a tu cuello.

12 'Puse un anillo en tu nariz, pendientes en tus orejas y una hermosa corona en tu cabeza.

13 'Estabas adornada con oro y plata, y tu vestido era de lino fino, seda y tela bordada. Comías flor de harina, miel y aceite; eras hermosa en extremo y llegaste a la realeza.

14 'Entonces tu fama se divulgó entre las naciones por tu hermosura, que era perfecta, gracias al esplendor que yo puse en ti'—declara el Señor DIOS.

15 'Pero tú confiaste en tu hermosura, te prosti-tuiste a causa de tu fama y derramaste tus prosti-tuciones a todo el que pasaba, fuera quien fuera.

16 'Tomaste *algunos* de tus vestidos y te hiciste lugares altos de varios colores, y te prostituiste en ellos, cosa que nunca debiera haber sucedido ni jamás sucederá.

17 'Tomaste también tus bellas joyas de oro y de plata que yo te había dado, y te hiciste imágenes de hombres para prostituirte con ellas.

18 'Tomaste tu tela bordada y las cubriste, y ofreciste ante ellas mi aceite y mi incienso.

19 'También de ti mi pan, la flor de harina, el aceite y la miel con que yo te alimentaba, y lo ofrecías ante ellas como aroma agradable. Así sucedió'—declara el Señor DIOS.

20 'Tomaste además a tus hijos y a tus hijas que habías dado a luz para mí, y se los sacrificaste como alimento. ¿Acaso eran poca cosa tus prosti-tuciones,

21 para que mataras a mis hijos y se los ofrecie-ras haciéndolos pasar *por fuego?*

22 'Y en todas tus abominaciones y prostitucio-nes no te acordaste de los días de tu juventud, cuando estabas desnuda y descubierta y revol-cándote en tu sangre.

23 'Y sucedió que después de toda tu maldad ("¡Ay, ay de ti!"—declara el Señor DIOS)

24 te edificaste un santuario y te hiciste un lugar alto en todas las plazas.

25 'En toda cabecera de camino te edificaste tu lugar alto, y abominable hiciste tu hermosura; y te entregaste a todo el que pasaba y multiplicaste tu prostitución.

26 'También te prostituiste a los egipcios, tus vecinos de cuerpos robustos, y multiplicaste tu prostitución para provocarme a ira.

27 'Y he aquí, yo extendí mi mano contra ti y disminuí tus raciones. Y te entregué al deseo de las que te odiaban, las hijas de los filisteos, que se avergonzaban de tu conducta deshonesta.

28 'Además, te prostituiste a los asirios porque no te habías saciado; te prostituiste a ellos y ni aun entonces te saciaste.

29 'También multiplicaste tu prostitución en la tierra de los mercaderes, Caldea, y ni aun con esto te saciaste.' "

30 ¡Qué débil es tu corazón—declara el Señor Dios—cuando haces todas estas cosas, las acciones de una ramera desvergonzada!

31 Cuando edificaste tu santuario en toda cabecera de camino y te hiciste tu lugar alto en cada plaza, al desdeñar la paga, no eras como la ramera.

32 ¡Mujer adúltera, que en lugar de su marido recibe a extraños!

33 A todas las rameras les dan regalos, pero tú dabas regalos a todos tus amantes y los sobornabas para que vinieran a ti de todas partes para tus prostituciones.

34 En tus prostituciones eras lo contrario de las *otras* mujeres: nadie te solicitaba para fornicar; tú dabas la paga, pero a ti ninguna paga se te daba. Eras distinta.

35 Por tanto, ramera, oye la palabra del Señor.

36 Así dice el Señor Dios: Por cuanto fue derramada tu lascivia y descubierta tu desnudez en tus prostituciones con tus amantes y con todos tus detestables ídolos, y a causa de la sangre de tus hijos que les ofreciste,

37 por tanto, he aquí, yo reuniré a todos tus amantes con quienes te gozaste, a todos los que amaste *y* a todos los que aborreciste; los reuniré de todas partes contra ti, descubriré tu desnudez ante ellos y ellos verán toda tu desnudez.

38 Te juzgaré como son juzgadas las adúlteras y las que derraman sangre, y traeré sobre ti sangre de furor y de celos.

39 También te entregaré en manos de tus amantes y ellos derribarán tus santuarios, destruirán tus lugares altos, te despojarán de tus vestidos, te quitarán tus bellas joyas y te dejarán desnuda y descubierta.

40 Incitarán contra ti una multitud, y te apedrearán y te harán pedazos con sus espadas.

41 Prenderán fuego a tus casas y ejecutarán juicios contra ti a la vista de muchas mujeres. Y haré que dejes de ser ramera y no darás más paga *a tus amantes.*

42 Desahogaré mi furor en ti; mis celos se apartarán de ti, me apaciguaré y no me enojaré más.

43 Por cuanto no te has acordado de los días de tu juventud, sino que me has irritado con todas estas cosas, he aquí, también yo haré recaer tu conducta sobre *tu* cabeza—declara el Señor Dios—para que no cometas esta lascivia con todas tus *otras* abominaciones.

44 He aquí, todo aquel que cita proverbios repetirá *este* proverbio acerca de ti, diciendo: "Cual la madre, tal la hija."

45 Eres hija de tu madre que aborreció a su marido y a sus hijos, y hermana de tus hermanas que aborrecieron a sus maridos y a sus hijos. Vuestra madre era hetea y vuestro padre amorreo.

46 Tu hermana mayor es Samaria que con sus hijas habita al norte de ti, y tu hermana menor es Sodoma que habita al sur de ti con sus hijas.

47 Pero no *sólo* has andado en sus caminos y has hecho según sus abominaciones, sino que, como si eso fuera muy poco, te has corrompido más que ellas en todos tus caminos.

48 Vivo yo—declara el Señor Dios—que tu hermana Sodoma y sus hijas no han hecho como tú y tus hijas habéis hecho.

49 He aquí, esta fue la iniquidad de tu hermana Sodoma: arrogancia, abundancia de pan y completa ociosidad tuvieron ella y sus hijas; pero no ayudaron al pobre ni al necesitado,

50 y se enorgullecieron y cometieron abominaciones delante de mí. Y cuando *lo* vi las hice desaparecer.

51 Ni aún Samaria ha cometido ni la mitad de tus pecados, pues tú has multiplicado tus abominaciones más que ellas, y has hecho aparecer justas a tus hermanas con todas las abominaciones que has cometido.

52 También tú, carga con tu ignominia ya que has hecho juicios favorables de tus hermanas. A causa de tus pecados, en los que obraste en forma más abominable que ellas, ellas son más justas que tú. Tú pues, avergüénzate también y carga con tu ignominia, ya que hiciste parecer justas a tus hermanas.

53 Y cambiaré su suerte, la suerte de Sodoma y de sus hijas, la suerte de Samaria y de sus hijas, y junto con ellas, tu propia suerte,

54 para que cargues con tu humillación y te avergüences de todo lo que has hecho cuando seas consuelo para ellas.

55 Y tus hermanas, Sodoma con sus hijas y Samaria con sus hijas, volverán a su estado anterior; también tú y tus hijas volveréis a vuestro estado anterior.

56 *El nombre de* tu hermana Sodoma no era mencionado en tu boca el día de tu soberbia,

57 antes que fuera descubierta tu maldad. Como ella has venido a ser tú el oprobio de las hijas de Edom y de todas sus vecinas *y* de las hijas de los filisteos que te desprecian por todos lados.

58 Llevas sobre ti *el castigo* de tu lascivia y de tus abominaciones—declara el Señor.

59 Porque así dice el Señor Dios: Yo haré contigo como has hecho tú, que has despreciado el juramento violando el pacto.

60 Yo recordaré sin embargo mi pacto contigo en los días de tu juventud, y estableceré para ti un pacto eterno.

61 Entonces te acordarás de tus caminos y te avergonzarás cuando recibas a tus hermanas, las mayores que tú *y* las menores que tú; y te las daré por hijas, pero no por causa de tu pacto.

62 Estableceré mi pacto contigo; y sabrás que yo soy el Señor;

63 para que recuerdes y te avergüences, y nunca más abras la boca a causa de tu humillación, cuando yo te haya perdonado por todo lo que has hecho—declara el Señor Dios.

Parábola de las águilas y la vid

17 Y vino a mí la palabra del Señor, diciendo:

2 Hijo de hombre, propón un enigma y relata una parábola a la casa de Israel.

3 Y dirás: "Así dice el Señor Dios:

'Una gran águila de grandes alas,
largos piñones y espeso plumaje de muchos
colores,
vino al Líbano y se llevó la cima del cedro;

4 arrancó el más alto de sus renuevos,
lo llevó a una tierra de mercaderes
y lo puso en una ciudad de comerciantes.

5 'Después tomó de la semilla de la tierra
y la plantó en terreno fértil.
La puso junto a aguas abundantes;
la plantó *como* un sauce.

6 'Brotó y se hizo una vid
muy extendida, de poca altura,
con sus sarmientos vueltos hacia el águila,
pero sus raíces quedaron debajo de ella.
Así se hizo una vid,
echó pámpanos y se hizo frondosa.

7 'Pero había otra gran águila
de grandes alas y abundante plumaje,
y he aquí, esta vid dobló sus raíces hacia ella,
y hacia ella extendió sus sarmientos
desde los surcos donde estaba plantada para
que la regara.

8 'En tierra fértil, junto a aguas abundantes
estaba plantada,
para echar ramas y dar fruto,
para hacerse una vid excelente.' "

9 Di: "Así dice el Señor Dios: '¿Prosperará?
¿No arrancará sus raíces y cortará su fruto
para que se seque y se sequen todas sus hojas
tiernas?
Y no *hará falta* gran poder ni mucha gente
para arrancarla de sus raíces.

10 'He aquí, está plantada, ¿prosperará?
Cuando el viento solano la azote, ¿no se
secará totalmente?
En los surcos donde creció se secará.' "

11 Y vino a mí la palabra del Señor, diciendo:

12 Di ahora a la casa rebelde: "¿No sabéis lo que *significan* estas cosas?" Di: "He aquí, el rey de Babilonia vino a Jerusalén, tomó a su rey y a sus príncipes y los llevó consigo a Babilonia.

13"Y tomó *a uno* de la familia real, hizo un pacto con él y le hizo prestar juramento. Se llevó también a los poderosos de la tierra,

14 para que el reino quedara sometido sin poder levantarse, a fin de que guardando su pacto se mantuviera.

15"Pero se ha rebelado contra él enviando embajadores a Egipto para que le den caballos y muchas tropas. ¿Tendrá éxito? ¿Escapará el que hace tales cosas? ¿Puede romper el pacto y escapar?

16"Vivo yo"—declara el Señor Dios—"que ciertamente en la tierra del rey que lo puso en el trono, cuyo juramento despreció y cuyo pacto rompió, allí, en medio de Babilonia, morirá.

17"Ni con poderoso ejército ni con gran compañía lo ayudará Faraón en la guerra, cuando levanten terraplenes y construyan muros de asedio para cortar muchas vidas.

18"Pues ha despreciado el juramento al romper el pacto; he aquí, juró fidelidad pero hizo todas estas cosas. No escapará."

19 Por tanto, así dice el Señor Dios: Vivo yo, que ciertamente mi juramento que él despreció, mi pacto que él rompió, lo haré recaer sobre su cabeza.

20 Y tenderé sobre él mi red y será atrapado en mi trampa. Entonces lo llevaré a Babilonia y allí entraré en juicio con él *por* la infidelidad que ha cometido contra mí.

21 Y todos los escogidos de todas sus tropas a espada caerán, y los sobrevivientes serán esparcidos a todos los vientos; y sabréis que yo, el Señor, he hablado.

22 Así dice el Señor Dios: Yo también tomaré *un renuevo* de lo más alto de la copa del cedro y *lo* plantaré; arrancaré de la punta de sus renuevos uno tierno y *lo* plantaré en un monte alto y eminente.

23 En el alto monte de Israel lo plantaré; extenderá ramas y dará fruto, y llegará a ser un cedro majestuoso. Debajo de él anidarán toda clase de aves, a la sombra de sus ramas anidarán.

24 Y todos los árboles del campo sabrán que yo soy el Señor; humillo al árbol elevado y elevo al árbol humilde; seco al árbol verde y hago reverdecer al árbol seco. Yo, el Señor, he hablado y *lo* haré.

La responsabilidad individual

18 Y vino a mí la palabra del Señor, diciendo:

2 ¿Qué queréis decir al usar este proverbio acerca de la tierra de Israel, que dice:

"Los padres comen las uvas agrias,
y los dientes de los hijos tienen dentera"?

3 Vivo yo—declara el Señor Dios—que no volveréis a usar más este proverbio en Israel.

4 He aquí, todas las almas son mías; tanto el alma del padre como el alma del hijo mías son. El alma que peque, ésa morirá.

5 Pero el hombre que es justo, y practica el derecho y la justicia,

6 *y* no come en *los santuarios de* los montes ni levanta sus ojos a los ídolos de la casa de Israel, ni amancilla a la mujer de su prójimo, ni se acerca a una mujer durante su menstruación;

7 el hombre que no oprime a nadie, sino que devuelve al deudor su prenda; que no comete robo, *sino que* da su pan al hambriento y cubre al desnudo con ropa,

8 que no presta *dinero* a interés ni exige *con* usura, que retrae su mano de la maldad *y* hace juicio verdadero entre hombre y hombre,

9 que anda en mis estatutos y mis ordenanzas obrando fielmente, ése es justo; ciertamente vivirá—declara el Señor Dios.

10 Pero si engendra un hijo violento que derrama sangre y que hace cualquiera de estas cosas a un hermano

11 (aunque él mismo no hizo ninguna de estas cosas), que también come en *los santuarios de* los montes y amancilla a la mujer de su prójimo,

12 oprime al pobre y al necesitado, comete robo, no devuelve la prenda, que levanta sus ojos a los ídolos *y* comete abominación,

13 que presta a interés y exige *con* usura; ¿vivirá? ¡No vivirá! Ha cometido todas estas

abominaciones, ciertamente morirá; su sangre será sobre él.

14 Mas he aquí, si engendra un hijo que observa todos los pecados que su padre ha cometido, y viéndo*lo* no hace lo mismo,

15 no come en *los santuarios de* los montes, ni levanta sus ojos a los ídolos de la casa de Israel, ni amancilla a la mujer de su prójimo,

16 que no oprime a nadie, ni retiene la prenda, ni comete robo, *sino que* da su pan al hambriento y cubre al desnudo con ropa,

17 que retrae su mano del pobre, no cobra interés ni usura, cumple mis ordenanzas y anda en mis estatutos, ése no morirá por la iniquidad de su padre, ciertamente vivirá.

18 Su padre, que practicó la extorsión, robó *a su* hermano e hizo lo que no era bueno en medio de su pueblo, he aquí, morirá por su iniquidad.

19 Y vosotros decís: "¿Por qué no carga el hijo con la iniquidad de su padre?" Cuando el hijo ha practicado el derecho y la justicia, ha observado todos mis estatutos y los ha cumplido, ciertamente vivirá.

20 El alma que peque, ésa morirá. El hijo no cargará con la iniquidad del padre, ni el padre cargará con la iniquidad del hijo; la justicia del justo será sobre él y la maldad del impío será sobre él.

21 Pero si el impío se aparta de todos los pecados que ha cometido, guarda todos mis estatutos y practica el derecho y la justicia, ciertamente vivirá, no morirá.

22 Ninguna de las transgresiones que ha cometido le serán recordadas; por la justicia que ha practicado, vivirá.

23 ¿Acaso me complazco yo en la muerte del impío—declara el Señor Dios—y no en que se aparte de sus caminos y viva?

24 Pero si el justo se aparta de su justicia y comete iniquidad, actuando conforme a todas las abominaciones que comete el impío, ¿vivirá? Ninguna de las obras justas que ha hecho le serán recordadas; por la infidelidad que ha cometido y el pecado que ha cometido, por ellos morirá.

25 Y vosotros decís: "No es recto el camino del Señor." Oíd ahora, casa de Israel: ¿No es recto mi camino? ¿No son vuestros caminos los que no son rectos?

26 Cuando el justo se aparta de su justicia, comete iniquidad y muere a causa de ello, por la iniquidad que ha cometido, morirá.

27 Y cuando el impío se aparta de la maldad que ha cometido y practica el derecho y la justicia, salvará su vida.

28 Porque consideró y se apartó de todas las transgresiones que había cometido, ciertamente vivirá, no morirá.

29 Pero la casa de Israel dice: "El camino del Señor no es recto." ¿No son rectos mis caminos, oh casa de Israel? ¿No son vuestros caminos los que no son rectos?

30 Por tanto, os juzgaré, a cada uno conforme a su conducta, oh casa de Israel—declara el Señor Dios—. Arrepentíos y apartaos de todas vuestras transgresiones, para que la iniquidad no os sea piedra de tropiezo.

31 Arrojad de vosotros todas las transgresiones que habéis cometido, y haceos un corazón nuevo y un espíritu nuevo. ¿Por qué habéis de morir, casa de Israel?

32 Pues yo no me complazco en la muerte de nadie —declara el Señor Dios—. Arrepentíos y vivid.

Elegía por los príncipes de Israel

19 Y tú, eleva una elegía por los príncipes de Israel,

2 y di:
    "¿Qué era tu madre?
    una leona entre leones.
    Echada en medio de leoncillos,
    crió a sus cachorros.

3 "Cuando exaltó a uno de sus cachorros,
    éste se hizo león,
    y aprendió a desgarrar *su* presa;
    devoró hombres.

4 "Entonces oyeron de él las naciones;
    en su foso fue capturado,
    y lo llevaron con garfios
    a la tierra de Egipto.

5 "Cuando ella vio, mientras aguardaba,
    que su esperanza estaba perdida,
    tomó otro de sus cachorros
    y lo hizo un leoncillo.

6 "Y él andaba entre los leones;
    hecho *ya* un leoncillo,
    y aprendió a desgarrar *su* presa;
    devoró hombres;

7 destruyó sus torres fortificadas
    y asoló sus ciudades;
    la tierra y cuanto había en ella estaban
        aterrados
    por el estruendo de sus rugidos.

8 "Entonces se pusieron contra él los pueblos
    de las provincias de alrededor,
    y tendieron sobre él su red;
    en su foso fue capturado.

9 "Lo pusieron en una jaula con garfios
    y lo llevaron al rey de Babilonia;
    lo llevaron enjaulado
    para que no se oyera más su voz
    en los montes de Israel.

10 "Tu madre era como una vid en tu viña,
    plantada junto a las aguas;
    estaba llena de frutos y ramas
    por la abundancia de aguas.

11 "Tenía ramas fuertes
    propias para cetros de gobernantes,
    y su estatura se elevó
    hasta en medio de las nubes,
    y fue vista a causa de su altura
    y por sus muchos sarmientos.

12 "Pero fue arrancada con furor,
    derribada a tierra,
    y el viento solano secó su fruto;
    su rama fuerte fue quebrada
    y se secó;
    el fuego la consumió.

13 "Y ahora está plantada en el desierto,
    en una tierra árida y reseca.

14 "Y ha salido fuego de *su* rama,
    ha consumido sus pámpanos *y* su fruto,
    y no queda en ella rama fuerte,
    para cetro de gobernante."

Esta es una elegía, y de elegía servirá.

Relato de la infidelidad de Israel

20 Y sucedió que en el año séptimo, el *día* diez del quinto mes, vinieron algunos de los ancianos de Israel a consultar al Señor, y se sentaron delante de mí.

2 Y vino a mí la palabra del Señor, diciendo:

3 Hijo de hombre, habla a los ancianos de Israel y diles: "Así dice el Señor Dios: '¿Venís a consultarme? Vivo yo, que no me dejaré consultar por vosotros' —declara el Señor Dios.

4 ¿Los juzgarás? ¿*Los* juzgarás, hijo de hombre? Hazles saber las abominaciones de sus padres,

5 y diles: "Así dice el Señor Dios: 'El día que escogí a Israel y juré a los descendientes de la casa de Jacob, me di a conocer a ellos en la tierra de Egipto, y les juré diciendo: Yo soy el Señor vuestro Dios;

6 aquel día les juré que los sacaría de la tierra de Egipto a una tierra que yo había escogido para ellos, que mana leche y miel y que es la más hermosa de todas las tierras.

7 'Y les dije: "Arroje cada uno las cosas detestables que os atraen, y no os contaminéis con los ídolos de Egipto; yo soy el Señor vuestro Dios."

8 'Pero se rebelaron contra mí y no quisieron escucharme; no arrojaron las cosas detestables que les atraían, ni abandonaron los ídolos de Egipto.

Entonces decidí derramar mi furor sobre ellos, para desahogar contra ellos mi ira en medio de la tierra de Egipto.

9 'Pero actué en consideración a mi nombre, para que no fuera profanado ante los ojos de las naciones en medio de las cuales estaban, *y* a cuya vista me había dado a conocer sacándolos de la tierra de Egipto.

10 'Los saqué, pues, de la tierra de Egipto y los llevé al desierto.

11 'Les di mis estatutos y les hice conocer mis decretos, por los cuales el hombre vivirá si los cumple.

12 'También les di mis días de reposo por señal entre ellos y yo, para que supieran que yo soy el Señor, que los santifica.

13 'Pero la casa de Israel se rebeló contra mí en el desierto; no anduvieron en mis estatutos y desecharon mis decretos, por los cuales el hombre que los cumple vivirá, y mis días de reposo profanaron en gran manera. Entonces decidí derramar mi furor sobre ellos en el desierto, para exterminarlos.

14 'Pero actué en consideración a mi nombre, para que no fuera profanado ante los ojos de las naciones a cuya vista los había sacado.

15 'También les juré en el desierto que no los llevaría a la tierra que les había dado, que mana leche y miel y que es la más hermosa de todas las tierras,

16 porque desecharon mis decretos, no anduvieron en mis estatutos y profanaron mis días de reposo, porque su corazón se iba tras sus ídolos.

17 'Sin embargo, mi ojo los perdonó para no destruirlos, y no los hice exterminar en el desierto.

18 'Y dije a sus hijos en el desierto: "No andéis en los estatutos de vuestros padres, ni guardéis sus decretos, ni os contaminéis con sus ídolos.

19 Yo soy el Señor vuestro Dios; andad en mis estatutos, guardad mis decretos y ponedlos por obra.

20 Y santificad mis días de reposo; y que sean una señal entre yo y vosotros, para que sepáis que yo soy el Señor vuestro Dios."

21 'Pero los hijos se rebelaron contra mí, no anduvieron en mis estatutos, ni tuvieron cuidado de cumplir mis decretos, por los cuales el hombre que los cumple vivirá, y profanaron mis días de reposo. Entonces decidí derramar mi furor sobre ellos, para desahogar contra ellos mi ira en el desierto.

22 'Pero retiré mi mano y actué en consideración a mi nombre, para que no fuera profanado ante los ojos de las naciones a cuya vista los había sacado.

23 'También yo les juré en el desierto que los dispersaría entre las naciones y los esparciría por las tierras,

24 porque no habían cumplido mis decretos, habían desechado mis estatutos y habían profanado mis días de reposo, y tras los ídolos de sus padres se iban sus ojos.

25 'También les di estatutos que no eran buenos y decretos por los cuales no podrían vivir;

26 y los declaré inmundos en sus ofrendas, pues hicieron pasar *por el fuego* a todos sus primogénitos, a fin de llenarlos de terror, para que supieran que yo soy el Señor.' "

27 Por tanto, hijo de hombre, habla a la casa de Israel, y diles: "Así dice el Señor Dios: 'Aun en esto me han blasfemado vuestros padres actuando deslealmente contra mí.

28 'Cuando los traje a la tierra que había jurado darles, miraron a toda colina alta y todo árbol frondoso, y allí ofrecieron sus sacrificios y allí presentaron sus ofrendas provocativas; allí presentaron también su aroma agradable y allí derramaron sus libaciones.

29 'Entonces les dije: "¿Qué es el lugar alto adonde vais?" Y se le dio el nombre de Bama[1] hasta el día de hoy.' "

30 Por tanto, di a la casa de Israel: "Así dice el Señor Dios: '¿Os contaminaréis a la manera de vuestros padres y os prostituiréis tras sus abominaciones?

31 'Cuando ofrecéis vuestras ofrendas, cuando hacéis pasar por el fuego a vuestros hijos, os contamináis con todos vuestros ídolos hasta el día de hoy. ¿Y me dejaré consultar yo por vosotros, casa de Israel? Vivo yo'—declara el Señor Dios—'que no me dejaré consultar por vosotros.

32 'Y no sucederá lo que estáis pensando, cuando decís: "Seremos como las naciones, como las tribus de otras tierras, que sirven a la madera y a la piedra."

33 'Vivo yo'—declara el Señor Dios—'que con mano fuerte, con brazo extendido y con furor derramado yo seré rey sobre vosotros.

34 'Y os sacaré de entre los pueblos y os reuniré de las tierras donde estáis dispersos con mano fuerte, con brazo extendido y con furor derramado;

35 'y os llevaré al desierto de los pueblos y allí entraré en juicio con vosotros cara a cara.

36 'Como entré en juicio con vuestros padres en el desierto de la tierra de Egipto, así entraré en juicio con vosotros'—declara el Señor Dios.

---

1. I.e., lugar alto

37 'Y os haré pasar bajo la vara y os haré entrar en el vínculo del pacto;

38 y separaré de vosotros a los rebeldes, a los que han transgredido contra mí; y los sacaré de la tierra donde peregrinan, pero no entrarán en la tierra de Israel. Y sabréis que yo soy el SEÑOR.

39 'En cuanto a vosotros, casa de Israel'—así dice el Señor DIOS—'vaya cada uno a servir a sus ídolos; pero más tarde ciertamente me escucharéis y no profanaréis más mi santo nombre con vuestras ofrendas y con vuestros ídolos.

40 'Porque en mi santo monte, en el alto monte de Israel'—declara el Señor DIOS—'allí me servirá toda la casa de Israel, toda ella, en *esta* tierra; allí los aceptaré y allí reclamaré vuestras ofrendas y las primicias de vuestros dones con todas vuestras cosas sagradas.

41 'Como aroma agradable os aceptaré, cuando os haya sacado de entre los pueblos y os haya recogido de las tierras donde estáis dispersos; y mostraré mi santidad entre vosotros a la vista de las naciones.

42 'Y sabréis que yo soy el SEÑOR, cuando os traiga a la tierra de Israel, a la tierra que juré dar a vuestros padres.

43 'Allí os acordaréis de vuestros caminos y de todas vuestras obras con las que os habéis contaminado, y os aborreceréis a vosotros mismos por todas las iniquidades que habéis cometido.

44 'Y sabréis que yo soy el SEÑOR, cuando actúe con vosotros en consideración a mi nombre, y no conforme a vuestros malos caminos ni conforme a vuestras perversas obras, casa de Israel' "—declara el Señor DIOS.

45 Y vino a mí la palabra del SEÑOR, diciendo:

46 Hijo de hombre, pon tu rostro hacia Temán y habla contra el sur, profetiza contra el bosque del Neguev,

47 y di al bosque del Neguev: "Oye la palabra del SEÑOR. Así dice el Señor DIOS: 'He aquí, voy a prenderte un fuego que consumirá en ti todo árbol verde y todo árbol seco; no se apagará la llama abrasadora, y será quemada por ella toda la superficie, desde el sur hasta el norte.

48 'Y toda carne verá que yo, el SEÑOR, lo he encendido; no se apagará.' "

49 Entonces dije: ¡Ah, Señor DIOS! Ellos dicen de mí: "¿No habla éste *más que* parábolas?"

La espada del SEÑOR

21 Vino a mí la palabra del SEÑOR, diciendo:
2 Hijo de hombre, pon tu rostro hacia Jerusalén y habla contra los santuarios, profetiza contra la tierra de Israel,

3 y di a la tierra de Israel: "Así dice el SEÑOR: 'He aquí, estoy contra ti; sacaré mi espada de la vaina y cortaré de ti al justo y al impío.

4 'Puesto que he de cortar de ti al justo y al impío, por tanto mi espada saldrá de la vaina contra toda carne desde el sur *hasta* el norte.

5 'Así sabrá toda carne que yo, el SEÑOR, he sacado mi espada de la vaina. No volverá más *a su vaina.*'

6 Y tú, hijo de hombre, gime con corazón quebrantado; con amargura gemirás a la vista de ellos.

7 Y cuando te digan: "¿Por qué gimes?", dirás: "Por la noticia que viene, todo corazón desfallecerá, toda mano se debilitará, todo espíritu se apagará y toda rodilla flaqueará. He aquí, viene y sucederá"—declara el Señor DIOS.

8 Y vino a mí la palabra del SEÑOR, diciendo:

9 Hijo de hombre, profetiza, y di: "Así dice el SEÑOR." Di:

"Espada, espada afilada
y también pulida.

10 Para la matanza ha sido afilada,
para brillar como el rayo ha sido pulida."
¿Acaso hemos de alegrarnos, cuando el cetro de mi hijo desprecia toda vara?

11 Es dada para que sea pulida, para que sea empuñada;
ha sido afilada la espada, ha sido pulida,
para ponerla en manos del matador.

12 Clama y gime, hijo de hombre,
porque ella está contra mi pueblo,
está contra todos los príncipes de Israel;
ellos son entregados a la espada *junto* con mi pueblo;
por tanto, golpéa*te* el muslo.

13 Porque la prueba *está hecha;* ¿y qué si el cetro mismo que desprecia *la espada* deja de existir?—declara el Señor DIOS.

14 Tú, pues, hijo de hombre, profetiza y bate palmas;
sea la espada duplicada *y* triplicada,
la espada para los muertos.
Es la espada de la gran víctima,
que los tiene rodeados,

15 para que *sus* corazones se acobarden y caigan muchos.
En todas sus puertas he puesto la espada reluciente.
¡Ah!, hecha para centellear,
pulida para la matanza.

16 Muéstrate afilada, ve a la derecha; prepárate, ve a la izquierda,
adondequiera que tu filo sea dirigido.

17 También yo batiré palmas,
y aplacaré mi furor.
Yo, el SEÑOR, he hablado.

18 Y vino a mí la palabra del SEÑOR, diciendo:

19 Y tú, hijo de hombre, traza dos caminos por donde venga la espada del rey de Babilonia; ambos saldrán de una misma tierra. Haz una señal y ponla al comienzo del camino a la ciudad.

20 Trazarás el camino por donde venga la espada hacia Rabá de los hijos de Amón, y hacia Judá, que en Jerusalén *tiene su* fortaleza.

21 Porque el rey de Babilonia se ha detenido en la bifurcación del camino, al comienzo de los dos caminos, para emplear la adivinación; sacude las saetas, consulta con los ídolos domésticos, observa el hígado.

22 En su mano derecha vino el vaticinio: Jerusalén. ¡A colocar arietes, a llamar a la matanza, a alzar la voz en grito de guerra, a poner arietes contra las puertas, a levantar terraplenes, a edificar muro de asedio!

23 Pero fue para los judíos como vaticinio falso a sus ojos, *pues* habían hecho juramentos solemnes. Pero él *les* hará recordar *su* iniquidad y serán apresados.

24 Por tanto, así dice el Señor DIOS: "Por cuanto habéis hecho que vuestra iniquidad sea recordada poniendo al descubierto vuestras transgresiones, de modo que se manifiestan vuestros pecados en todas vuestras obras, por

cuanto habéis sido recordados, seréis apresados por *su* mano.

25 "Y tú, infame *y* malvado príncipe de Israel, cuyo día ha llegado, la hora del castigo final",

26 así dice el Señor Dios: "Quítate la tiara y depón la corona; esto cambiará; lo humilde será ensalzado y lo ensalzado será humillado.

27 "A ruina, a ruina, a ruina lo reduciré; tampoco esto sucederá hasta que venga aquel a quien pertenece el derecho, y *a quien yo se* lo daré."

28 Y tú, hijo de hombre, profetiza y di: "Así dice el Señor Dios acerca de los hijos de Amón y de su oprobio". Dirás: "La espada, la espada está desenvainada, para la matanza está pulida, para hacer exterminio, para centellear

29 (mientras ellos ven para ti visiones falsas, mientras adivinan para ti mentiras), para ponerla sobre los cuellos de los infames malvados cuyo día ha llegado en la hora del castigo final.

30 "Vuélve*la* a su vaina. En el lugar donde fuiste creada, en tu tierra de origen, te juzgaré.

31 "Y derramaré sobre ti mi indignación, soplaré sobre ti el fuego de mi furor y te entregaré en mano de hombres brutales, expertos en destrucción.

32 "Serás pasto del fuego, tu sangre quedará en medio de la tierra; no quedará memoria de ti, porque yo, el Señor, he hablado."

Pecado y castigo de Jerusalén

22 Y vino a mí la palabra del Señor, diciendo:

2 Tú, hijo de hombre, ¿Vas a juzgar? ¿Vas a juzgar a la ciudad sanguinaria? Hazle saber todas sus abominaciones.

3 Así dice el Señor Dios: 'Ciudad que derrama sangre en medio de sí misma para que llegue su hora, y que se hace ídolos para contaminarse,

4 por la sangre que has derramado te has hecho culpable, y con los ídolos que has hecho te has contaminado. Has hecho acercar tu día y has llegado al término de tus años. Por tanto te he hecho oprobio de las naciones y objeto de burla de todas las tierras.

5 'Las que están cerca de ti y las que están lejos se burlarán de ti, *ciudad* de mala fama, llena de confusión.

6 'He aquí, los príncipes de Israel, cada uno según su poder, han estado en ti para derramar sangre.

7 'En ti despreciaron al padre y a la madre, en medio de ti trataron con violencia al extranjero y en ti oprimieron al huérfano y a la viuda.

8 'Has despreciado mis cosas sagradas y profanado mis días de reposo.

9 'En ti han estado calumniadores para derramar sangre, en ti han comido en *los santuarios de* los montes *y* en ti han cometido perversidades.

10 'En ti se ha descubierto la desnudez del padre, en ti han humillado a la que estaba impura por su menstruación.

11 'Uno ha cometido abominación con la mujer de su prójimo, otro ha manchado a su nuera con lascivia, y en ti otro ha humillado a su hermana, la hija de su padre.

12 'En ti se ha recibido soborno para derramar sangre; has tomado interés y usura, y has dañado a tus prójimos, extorsionándolos y de mí te has olvidado'—declara el Señor Dios.

13 'Y he aquí, bato palmas contra las ganancias deshonestas que has adquirido y contra el derramamiento de sangre que hay en medio de ti.

14 ¿Aguantará tu corazón o serán fuertes tus manos en los días que yo actúe contra ti? Yo, el Señor, he hablado y *lo* haré.

15 'Yo te dispersaré entre las naciones, te esparciré por las tierras y haré desaparecer de ti tu inmundicia.

16 'Y por ti misma quedarás profanada a la vista de las naciones; y sabrás que yo soy el Señor.' "

17 Y vino a mí la palabra del Señor, diciendo:

18 Hijo de hombre, la casa de Israel se ha convertido en escoria para mí; todos ellos son bronce, estaño, hierro y plomo en medio del horno; escoria de plata son.

19 Por tanto, así dice el Señor Dios: "Por cuanto todos vosotros os habéis convertido en escoria, por tanto, he aquí, os voy a reunir en medio de Jerusalén.

20 "Como se junta plata, bronce, hierro, plomo y estaño en medio del horno, y se atiza el fuego en él para fundir*los*, así *os* juntaré yo en mi ira y en mi furor, os pondré *allí* y os fundiré.

21 "Os reuniré y atizaré sobre vosotros el fuego de mi furor, y seréis fundidos en medio de ella.

22 "Como se funde la plata en el horno, así seréis fundidos en medio de ella; y sabréis que yo, el Señor, he derramado mi furor sobre vosotros."

23 Y vino a mí la palabra del Señor, diciendo:

24 Hijo de hombre, dile: "Tú eres tierra que no ha sido lavada ni mojada con la lluvia el día de la indignación."

25 Hay conspiración de sus profetas en medio de ella, como león rugiente que desgarra la presa. Han devorado almas, de las riquezas y cosas preciosas se han apoderado, las viudas se han multiplicado en medio de ella.

26 Sus sacerdotes han violado mi ley y han profanado mis cosas sagradas; entre lo sagrado y lo profano no han hecho diferencia, y entre lo inmundo y lo limpio no han enseñado a distinguir; han escondido sus ojos de mis días de reposo, y he sido profanado entre ellos.

27 Sus príncipes en medio de ella son como lobos que desgarran la presa, derramando sangre *y* destruyendo vidas para obtener ganancias injustas.

28 Y sus profetas los han recubierto con cal, viendo visiones falsas y adivinándoles mentiras, diciendo: "Así dice el Señor Dios", cuando el Señor no ha hablado.

29 Las gentes de la tierra han hecho violencia y cometido robo, han oprimido al pobre y al necesitado y han maltratado injustamente al extranjero.

30 Busqué entre ellos alguno que levantara un muro y se pusiera en pie en la brecha delante de mí a favor de la tierra, para que yo no la destruyera, pero no *lo* hallé.

31 He derramado, pues, mi indignación sobre ellos; con el fuego de mi furor los he consumido; he hecho recaer su conducta sobre sus cabezas—declara el Señor Dios.

Parábola de las dos hermanas

23

Y vino a mí la palabra del Señor, diciendo:

2 Hijo de hombre, había dos mujeres, hijas de una madre,

3 que se prostituyeron en Egipto; se prostituyeron en su juventud. Allí fueron palpados sus pechos y allí fueron acariciados sus senos virginales.

4 Sus nombres eran Aholá, la mayor, y Aholibá, su hermana. Vinieron a ser mías y dieron a luz hijos e hijas. Y *en cuanto a* sus nombres, Aholá es Samaria y Aholibá es Jerusalén.

5 Y Aholá se prostituyó cuando era mía; y se apasionó de sus amantes, los asirios, vecinos suyos,

6 vestidos de púrpura, gobernadores y oficiales, todos ellos jóvenes apuestos, jinetes montados a caballo.

7 Cometió sus prostituciones con ellos, con lo más selecto de los asirios; y con todos los que se había apasionado, con todos sus ídolos se contaminó.

8 Y no abandonó sus prostituciones de Egipto; pues con ella *muchos* en su juventud se habían acostado, y acariciaron sus senos virginales y derramaron sobre ella su pasión.

9 Por tanto, la entregué en manos de sus amantes, en mano de los asirios, de los que se había apasionado.

10 Ellos descubrieron su desnudez, se llevaron a sus hijos y a sus hijas, y a ella la mataron a espada. Y vino a ser ejemplo para las mujeres, pues se ejecutaron juicios contra ella.

11 Y aunque su hermana Aholibá vio *esto,* se corrompió en su pasión más que ella, y sus prostituciones fueron mayores que las prostituciones de su hermana.

12 Se apasionó de los asirios, gobernadores y oficiales, vecinos *suyos,* lujosamente vestidos, jinetes montados a caballo, todos ellos jóvenes apuestos.

13 Y vi que ella se había contaminado; un mismo camino seguían las dos.

14 Y aumentó sus prostituciones. Vio hombres pintados en la pared, figuras de caldeos pintadas con bermellón,

15 ceñidos sus lomos con cinturones *y* amplios turbantes en sus cabezas, con aspecto de oficiales todos ellos, semejantes a los babilonios de Caldea, tierra de su nacimiento.

16 Cuando los vio se apasionó de ellos y les envió mensajeros a Caldea.

17 Y vinieron a ella los babilonios, al lecho de amores, y la contaminaron con sus prostituciones. Y después de haber sido contaminada con ellos, su alma se hastió de ellos.

18 Reveló sus prostituciones y descubrió su desnudez; entonces me hastié de ella como me había hastiado de su hermana.

19 Pero ella multiplicó sus prostituciones, recordando los días de su juventud, cuando se prostituía en la tierra de Egipto.

20 Y se apasionó de sus amantes, cuya carne es *como* la carne de los asnos y cuyo flujo es *como* el flujo de los caballos.

21 Añoraste así la lujuria de tu juventud, cuando los egipcios palpaban tu seno, acariciando los pechos de tu juventud.

22 Por tanto, Aholibá, así dice el Señor Dios: "He aquí, incitaré contra ti a tus amantes, de los que te alejaste, y los traeré contra ti de todos lados:

23 los babilonios y todos los caldeos, *los de* Pecod, Soa y Coa, y con ellos todos los asirios, jóvenes apuestos, todos ellos gobernadores y oficiales, capitanes y de renombre, todos montados a caballo.

24 Y vendrán contra ti con armas, carros y carretas, y con multitud de pueblos. Se apostarán contra ti de todos lados con coraza, escudo y yelmo; a ellos les encargaré el juicio y ellos te juzgarán conforme a sus costumbres.

25 Pondré contra ti mi celo, y te tratarán con furor; te arrancarán la nariz y las orejas, y tus sobrevivientes caerán a espada; te quitarán tus hijos y tus hijas, y los que queden serán consumidos por el fuego.

26 También te despojarán de tus vestidos y te quitarán tus bellas joyas.

27 Así pondré fin a tu lujuria y a tu prostitución *traídas* de la tierra de Egipto, y no levantarás *más* tus ojos hacia ellos ni recordarás más a Egipto."

28 Porque así dice el Señor Dios: "He aquí, yo te entregaré en manos de los que odias, en manos de aquellos de los que te alejaste.

29 Ellos te tratarán con odio, te quitarán todas tus posesiones y te dejarán desnuda y descubierta. Y será descubierta la vergüenza de tus prostituciones; tanto tu lujuria como tus prostituciones.

30 Estas cosas se harán contigo porque te has prostituido con las naciones, porque te has contaminado con sus ídolos."

31 "Has andado en el camino de tu hermana; por eso yo te pondré su cáliz en tu mano."

32 Así dice el Señor Dios:

"Beberás el cáliz de tu hermana,
    que es hondo y ancho;
servirá de risa y de escarnio
    porque es de gran capacidad.

33 De embriaguez y de dolor te llenarás.
El cáliz de horror y desolación
es el cáliz de tu hermana Samaria.

34 Lo beberás y lo agotarás;
    roerás sus fragmentos,
    y te desgarrarás los pechos.

Porque yo he hablado"—declara el Señor Dios.

35 Por tanto, así dice el Señor Dios: "Porque me has olvidado y me has arrojado a tus espaldas, carga ahora con el *castigo de* tu lujuria y *de* tus prostituciones."

36 También me dijo el Señor: Hijo de hombre, ¿juzgarás a Aholá y a Aholibá? Hazles saber, pues, sus abominaciones.

37 Porque han cometido adulterio y hay sangre en sus manos; han cometido adulterio con sus ídolos, y aún a sus hijos, que dieron a luz para mí, han hecho pasar por *el fuego* como alimento para los ídolos.

38 Además me han hecho esto: han contaminado mi santuario en ese día y han profanado mis días de reposo;

39 después de sacrificar sus hijos a sus ídolos, entraron en mi santuario el mismo día para

profanarlo; y he aquí, así hicieron en medio de mi casa.

40 Aún más, mandaron *llamar* a hombres que vinieran de lejos, a quienes se les envió un mensajero; y he aquí, vinieron. Para ellos te bañaste, te pintaste los ojos y te ataviaste con adornos;

41 luego te sentaste en un suntuoso diván ante el cual estaba preparada una mesa en la que habías puesto mi incienso y mi aceite.

42 Y el ruido de una multitud despreocupada *se oía* allí, multitud de hombres, bebedores traídos del desierto. Y pusieron brazaletes en las manos de las mujeres y hermosas coronas sobre sus cabezas.

43 Entonces dije acerca de aquella que estaba consumida por *sus* adulterios: "¿Cometerán ahora fornicaciones con ella, estando ella *así?*"

44 Y se llegaron a ella como quien se llega a una ramera. Así se llegaron a Aholá y a Aholibá, mujeres depravadas.

45 Pero los hombres justos los juzgarán en el juicio de las adúlteras y en el juicio de las mujeres que derraman sangre, por ser ellas adúlteras y haber sangre en sus manos.

46 Porque así dice el Señor Dios: "Tráigase una multitud contra ellas, y sean entregadas al terror y al pillaje.

47"Y la multitud las apedreará y las cortará con sus espadas; matará a sus hijos y a sus hijas y prenderán fuego a sus casas.

48"Y haré cesar la lascivia de la tierra, y todas las mujeres serán advertidas y no cometerán lascivia como vosotras.

49"Y recaerá vuestra lascivia sobre vosotras, y cargaréis el castigo de *haber adorado* a vuestros ídolos; así sabréis que yo soy el Señor Dios."

La olla hirviente

24 Y vino a mí la palabra del Señor en el año noveno, el mes décimo, a los diez *días* del mes, diciendo:

2 Hijo de hombre, escribe la fecha del día, del día de hoy. Este mismo día el rey de Babilonia ha avanzado contra Jerusalén.

3 Relata una parábola a la casa rebelde y diles: "Así dice el Señor Dios:

'Pon la olla, pon*la*, y echa también en ella agua;

4 pon en ella los trozos, todo trozo bueno, pierna y espalda; llén*ala* de huesos escogidos.

5 'Toma lo mejor del rebaño, y apila también la leña debajo de ella; hazla hervir a borbotones, cuece también sus huesos en ella.'

6"Porque así dice el Señor Dios:
'¡Ay de la ciudad sanguinaria, de la olla que tiene herrumbre, cuya herrumbre no se le va! Trozo por trozo sácala, sin echar suertes sobre ella.

7 'Porque su sangre está en medio de ella, la puso sobre la roca desnuda; no la derramó sobre la tierra para que el polvo la cubriera.

8 'Para hacer subir el furor, para tomar venganza, he puesto yo su sangre sobre la roca desnuda, para que no sea cubierta.'

9"Por tanto, así dice el Señor Dios:
'¡Ay de la ciudad sanguinaria! Yo también haré grande el montón *de leña.*

10 'Aumenta la leña, enciende el fuego, hierve bien la carne, mézcla*le* las especias, y que se quemen los huesos.

11 'Luego pon la olla vacía sobre las brasas, para que se caliente, se ponga al rojo su bronce, se funda en ella su inmundicia, y sea consumida su herrumbre.

12 'De trabajos *me* ha fatigado, y no se le ha ido su mucha herrumbre. ¡*Consúmase* en el fuego su herrumbre!

13 'En tu inmundicia hay lujuria. Por cuanto yo quise limpiarte pero no te dejaste limpiar, no volverás a ser purificada de tu inmundicia, hasta que yo haya saciado mi furor sobre ti.

14 'Yo, el Señor, he hablado. *Esto* viene y yo actuaré; no me volveré atrás, no me apiadaré y no me arrepentiré. Según tus caminos y según tus obras te juzgaré—declara el Señor Dios."

15 Y vino a mí la palabra del Señor, diciendo:

16 Hijo de hombre, he aquí, voy a quitarte de golpe el encanto de tus ojos; pero no te lamentarás, ni llorarás, ni correrán tus lágrimas.

17 Gime en silencio, no hagas duelo por los muertos; átate el turbante, ponte el calzado en los pies y no te cubras los bigotes ni comas pan de duelo.

18 Y hablé al pueblo por la mañana, y por la tarde murió mi mujer; y a la mañana *siguiente* hice como me fue mandado.

19 Y el pueblo me dijo: ¿No nos declararás lo que significan para nosotros estas cosas que estás haciendo?

20 Entonces les respondí: La palabra del Señor vino a mí, diciendo:

21"Habla a la casa de Israel: 'Así dice el Señor Dios: "He aquí, voy a profanar mi santuario, orgullo de vuestra fuerza, encanto de vuestros ojos y deleite de vuestra alma; y vuestros hijos y vuestras hijas a quienes habéis dejado detrás, caerán a espada.

22"Haréis como yo he hecho; no cubriréis vuestros bigotes ni comeréis pan de duelo.

23"Vuestros turbantes *estarán* sobre vuestras cabezas y vuestro calzado en vuestros pies. No os lamentaréis ni lloraréis, sino que os pudriréis en vuestras iniquidades y gemiréis unos con otros.

24"Os servirá, pues, Ezequiel de señal; según todo lo que él ha hecho, haréis vosotros; cuando *esto* suceda, sabréis que yo soy el Señor Dios." '

25"Y tú, hijo de hombre, ¿no será que el día en que les quite su fortaleza, el gozo de su gloria, el encanto de sus ojos, el anhelo de su alma, y a sus hijos y a sus hijas,

26 en ese día el que escape vendrá a ti con noticias para *tus* oídos?

27"En ese día se abrirá tu boca para el que escapó, y hablarás y dejarás de estar mudo. Y servirás para ellos de señal, y sabrán que yo soy el Señor."

25

Y vino a mí la palabra del Señor, diciendo:

2 Hijo de hombre, pon tu rostro hacia los hijos de Amón, y profetiza contra ellos,

3 y di a los hijos de Amón: "Oíd la palabra del Señor Dios. Así dice el Señor Dios: 'Por cuanto dijiste: "¡Ajá!" contra mi santuario cuando era profanado, y contra la tierra de Israel cuando era desolada, y contra la casa de Judá cuando iba en cautiverio,

4 por tanto, he aquí, te entregaré por posesión a los hijos del oriente, y asentarán en ti sus campamentos y pondrán en ti sus tiendas; ellos comerán tus frutos y ellos beberán tu leche.

5 'Yo haré de Rabá un pastizal para camellos, y *de las ciudades* de los hijos de Amón un descansadero para rebaños. Y sabréis que yo soy el Señor.'

6 "Porque así dice el Señor Dios: 'Por haber batido palmas y golpeado con tus pies, por haberte alegrado con todo el escarnio de tu alma contra la tierra de Israel,

7 por tanto, he aquí, yo he extendido mi mano contra ti y te daré por despojo a las naciones; te cortaré de entre los pueblos y te exterminaré de entre las tierras. Te destruiré; y sabrás que yo soy el Señor.'

8 "Así dice el Señor Dios: 'Por cuanto Moab y Seir dicen: "He aquí, la casa de Judá es como todas las naciones",

9 por tanto, he aquí, voy a abrir el flanco de Moab *y privarla* de sus ciudades, de las ciudades que están en sus fronteras, la gloria de la tierra, Bet-jesimot, Baal-meón y Quiriataim,

10 y la daré en posesión a los hijos del oriente, junto con los hijos de Amón, para que los hijos de Amón no sean recordados más entre las naciones.

11 'Haré juicios contra Moab, y sabrán que yo soy el Señor.'

12 "Así dice el Señor Dios: 'Por cuanto Edom ha obrado vengativamente contra la casa de Judá, ha incurrido en grave culpa y se ha vengado de ellos,'

13 por tanto, así dice el Señor Dios: 'Yo extenderé también mi mano contra Edom y cortaré de ella hombres y animales y la dejaré en ruinas; desde Temán hasta Dedán caerán a espada.

14 'Pondré mi venganza contra Edom en mano de mi pueblo Israel, y harán en Edom conforme a mi ira y conforme a mi furor; así conocerán mi venganza'—declara el Señor Dios.

15 "Así dice el Señor Dios: 'Por cuanto los filisteos han obrado vengativamente y con desprecio de alma han tomado venganza, destruyendo por causa de perpetua enemistad,'

16 por tanto, así dice el Señor Dios: 'He aquí, yo extenderé mi mano contra los filisteos, y cortaré a los cereteos y haré perecer a los que quedan en la costa del mar.

17 'Y ejecutaré contra ellos grandes venganzas con terribles represiones; y sabrán que yo soy el Señor cuando haga venir mi venganza sobre ellos.' "

26

Y sucedió que en el undécimo año, el día primero del mes, vino a mí la palabra del Señor, diciendo:

2 Hijo de hombre, por cuanto Tiro ha dicho acerca de Jerusalén: "¡Ajá!, la puerta de los pueblos está rota, se abrió para mí, me llenaré, *ya que* ella está asolada",

3 por tanto, así dice el Señor Dios: "He aquí, estoy contra ti, Tiro, y haré subir contra ti muchas naciones, como el mar hace subir sus olas.

4 "Y destruirán las murallas de Tiro y demolerán sus torres; barreré de ella sus escombros y la haré una roca desnuda.

5 "Será tendedero de redes en medio del mar, porque yo he hablado—declara el Señor Dios—"y ella será despojo para las naciones.

6 "Y sus hijas que están tierra adentro, serán muertas a espada; y sabrán que yo soy el Señor."

7 Porque así dice el Señor Dios: He aquí, traeré por el norte sobre Tiro a Nabucodonosor, rey de Babilonia, rey de reyes, con caballos, carros, jinetes y un gran ejército.

8 Matará a espada a tus hijas que están tierra adentro. Edificará contra ti muros de asedio, levantará contra ti un terraplén y alzará contra ti un escudo grande.

9 Y dirigirá el golpe de sus arietes contra tus murallas, y con sus hachas demolerá tus torres.

10 Por la multitud de sus caballos, su polvo te cubrirá; por el estruendo de la caballería, de las carretas y de los carros, se estremecerán tus murallas cuando entre él por tus puertas como se entra en una ciudad en que se ha hecho brecha.

11 Con los cascos de sus caballos hollará todas tus calles, a tu pueblo matará a espada, y tus fuertes columnas caerán por tierra.

12 También saquearán tus riquezas y robarán tus mercancías; demolerán tus murallas y destruirán tus casas suntuosas, y arrojarán al agua tus piedras, tus maderas y tus escombros.

13 Así haré cesar el ruido de tus canciones, y el son de tus arpas no se oirá más.

14 Y haré de ti una roca desnuda; serás un tendedero de redes. No volverás a ser edificada, porque yo, el Señor, he hablado—declara el Señor Dios.

15 Así dice el Señor Dios a Tiro: Al estruendo de tu caída, cuando giman los heridos, cuando se haga la matanza en medio de ti, ¿no se estremecerán las costas?

16 Entonces descenderán de sus tronos todos los príncipes del mar, se quitarán sus mantos y se despojarán de sus vestiduras bordadas. Se vestirán de temores, se sentarán en tierra, temblarán a cada momento y se horrorizarán a causa de ti.

17 Elevarán una elegía por ti, y te dirán:
   "'¡Cómo has perecido, habitada de los mares,
   la ciudad renombrada,
   que era poderosa en el mar!
   Ella y sus habitantes,
   infundían terror
   a todos sus vecinos.

18 "Ahora tiemblan las costas
   por el día de tu caída;
   sí, las costas del mar se espantan de tu fin."

19 Porque así dice el Señor Dios: Cuando yo te

convierta en una ciudad desolada, como las ciudades despobladas; cuando haga subir sobre ti el abismo, y te cubran las grandes aguas,

20 entonces te haré descender en los que descienden a la fosa, con el pueblo de antaño, y te haré habitar en las profundidades de la tierra, como las antiguas ruinas, con los que descienden a la fosa, para que no seas habitada; y pondré gloria en la tierra de los vivientes.

21 Traeré sobre ti terrores, y no existirás más; aunque seas buscada, no serás encontrada jamás—declara el Señor Dios.

Lamentación sobre Tiro

27 Y vino a mí la palabra del Señor, diciendo:

2 Tú, hijo de hombre, eleva una elegía por Tiro;

3 y di a Tiro, que está asentada en las entradas del mar, negociante de los pueblos de muchas costas: "Así dice el Señor Dios:

'Tiro, tú has dicho: "Soy de perfecta hermosura."

4 'En el corazón de los mares están tus límites;
tus edificadores perfeccionaron tu hermosura.

5 'De los cipreses de Senir te han hecho todas tus tablas;
del Líbano han tomado un cedro para hacerte un mástil.

6 'De encinas de Basán han hecho tus remos;
tu cubierta de boj de las costas de Chipre han incrustado con marfil.

7 'De lino fino bordado de Egipto era tu vela para que te sirviera de distintivo;
de azul y púrpura de las costas de Elisa era tu pabellón.

8 'Los habitantes de Sidón y de Arvad eran tus remeros;
tus sabios, Tiro, estaban a bordo; eran tus pilotos.

9 'Los ancianos de Gebal y sus mejores obreros estaban contigo
reparando tus junturas;
todas las naves del mar y sus marineros estaban contigo
para negociar con tus productos.

10 'Los persas, los de Lud y los de Fut eran en tu ejército tus hombres de guerra. Colgaban en ti el escudo y el yelmo, manifestaban tu esplendor.

11 'Los hijos de Arvad, con tu ejército, *estaban* en tus murallas *todo* alrededor, y los gamadeos estaban en tus torres. Colgaban sus escudos en tus murallas *todo* alrededor; ellos perfeccionaban tu hermosura.

12 'Tarsis era tu cliente por la abundancia de toda riqueza; con plata, hierro, estaño y plomo pagaban tus mercancías.

13 'Javán, Tubal y Mesec comerciaban contigo; con hombres y con utensilios de bronce pagaban tus productos.

14 'Los de Bet-togarmá daban caballos y corceles de guerra y mulos por tus mercancías.

15 'Los hijos de Dedán comerciaban contigo. Muchas costas *eran* clientes tuyas; colmillos de marfil y *madera de* ébano te traían como pago.

16 'Aram era tu cliente por la abundancia de tus productos; pagaban tus mercancías con turquesas, púrpura, bordados, lino fino, corales y rubíes.

17 'Judá y la tierra de Israel comerciaban contigo; con trigo de Minit, tortas, miel, aceite y bálsamo pagaban tus productos.

18 'Damasco era tu cliente por la abundancia de tus productos, por la abundancia de toda riqueza, por el vino de Helbón y la lana blanca.

19 'Vedán y Javán pagaban tus mercancías desde Uzal; hierro forjado, casia y caña dulce estaban entre tus productos.

20 'Dedán comerciaba contigo en mantas para cabalgaduras.

21 'Arabia y todos los príncipes de Cedar eran clientes tuyos: comerciaban en corderos, carneros y machos cabríos; en estas cosas *eran* tus clientes.

22 'Los comerciantes de Sabá y de Raama comerciaban contigo; con lo mejor de todas las especias, y con toda *clase* de piedras preciosas y oro pagaban tus mercancías.

23 'Harán, Cane, Edén, los comerciantes de Sabá, de Asiria *y* de Quilmad comerciaban contigo.

24 'Ellos comerciaban contigo en lujosos vestidos, en mantos de azul y bordados, en tapices multicolores, en cordones firmemente trenzados, *que había* entre tus mercancías.

25 'Las naves de Tarsis eran las portadoras de tus productos.
Fuiste repleta y muy gloriosa
en el corazón de los mares.

26 'A muchas aguas te condujeron tus remeros;
el viento solano te destrozó
en el corazón de los mares.

27 'Tus riquezas, tus mercancías, tu comercio,
tus marineros y tus pilotos,
tus calafates y tus agentes comerciales,
y todos los hombres de guerra que hay en ti,
con toda tu tripulación que en medio de ti está,
caerán en el corazón de los mares
el día de tu derrota.

28 'A la voz del grito de tus pilotos
se estremecerán las praderas.

29 'Y descenderán de sus naves
todos los que empuñan el remo;
los marineros *y* todos los pilotos del mar
se quedarán en tierra;

30 harán oír su voz por ti
y gritarán amargamente.
Echarán polvo sobre sus cabezas,
se revolcarán en ceniza;

31 se raparán la cabeza por tu causa
y se ceñirán de cilicio;
llorarán por ti, en la amargura de *su* alma,
con amargo duelo.

32 'Elevarán por ti una elegía en su llanto
y se lamentarán por ti:
"¿Quién como Tiro,
como la silenciosa en medio del mar?

33 "Cuando tus mercancías salían por los mares
saciabas a muchos pueblos;
con la abundancia de tus riquezas y de tus productos
enriquecías a los reyes de la tierra.

34 "Ahora que estás destrozada por los mares
en las profundidades de las aguas,
tu carga y toda tu tripulación
se han hundido contigo.

35 "Todos los habitantes de las costas

están pasmados por causa tuya;
sus reyes están aterrorizados sobremanera,
demudados *sus* rostros.
36"Los mercaderes entre los pueblos te silban;
te has convertido en terrores,
y ya no serás más." ' "

Profecía contra el rey de Tiro

28 Y vino a mí la palabra del SEÑOR,
diciendo:
2 Hijo de hombre, di al príncipe de Tiro: "Así
dice el Señor DIOS:
'Aun cuando tu corazón se ha enaltecido
y has dicho: "Un dios soy,
sentado estoy en el trono de los dioses,
en el corazón de los mares",
no eres más que un hombre y no Dios,
aunque hayas igualado tu corazón al corazón
de Dios.
3 'He aquí, tú eres más sabio que Daniel;
ningún secreto te es oculto.
4 'Con tu sabiduría y tu entendimiento
has adquirido riquezas para ti,
y has adquirido oro y plata para tus tesoros.
5 'Con tu gran sabiduría, con tu comercio,
has aumentado tus riquezas,
y se ha enaltecido tu corazón a causa de tus
riquezas.
6 'Por lo cual, así dice el Señor DIOS:
"Por cuanto has igualado tu corazón
al corazón de Dios,
7 por tanto, he aquí, traeré sobre ti extranjeros,
los más crueles de *entre* las naciones.
Y ellos desenvainarán sus espadas
contra la hermosura de tu sabiduría
y profanarán tu esplendor.
8"Te harán bajar al sepulcro,
y morirás con la muerte de los que mueren
en el corazón de los mares.
9"¿Dirás aún: 'Un dios soy',
en presencia de tu verdugo,
tú que eres un hombre y no Dios,
en manos de los que te hieren?
10"Con la muerte de los incircuncisos morirás
a manos de extraños,
porque yo he hablado"—declara el Señor
DIOS.' "
11 Y vino a mí la palabra del SEÑOR, diciendo:
12 Hijo de hombre, eleva una elegía sobre el rey
de Tiro y dile: "Así dice el Señor DIOS:
'Tú eras el sello de la perfección,
lleno de sabiduría y perfecto en hermosura.
13 'En el Edén estabas, *en* el huerto de Dios;
toda piedra preciosa era tu vestidura:
el rubí, el topacio y el diamante,
el berilo, el ónice y el jaspe,
el zafiro, la turquesa y la esmeralda;
y el oro, la hechura de tus engastes y de tus
encajes,
estaba en ti.
El día que fuiste creado
fueron preparados.
14 'Tú, querubín protector *de alas* desplegadas,
yo te puse *allí.*
Estabas en el santo monte de Dios,
andabas en medio de las piedras de fuego.
15 'Perfecto eras en tus caminos
desde el día que fuiste creado
hasta que la iniquidad se halló en ti.

16 'A causa de la abundancia de tu comercio
te llenaste de violencia,
y pecaste;
yo, pues, te he expulsado por profano
del monte de Dios,
y te he eliminado, querubín protector,
de en medio de las piedras de fuego.
17 'Se enalteció tu corazón a causa de tu
hermosura;
corrompiste tu sabiduría a causa de tu
esplendor.
Te arrojé en tierra,
te puse delante de los reyes,
para que vieran en ti *un ejemplo.*
18 'Por la multitud de tus iniquidades,
por la injusticia de tu comercio,
profanaste tus santuarios.
Y yo he sacado fuego de en medio de ti,
que te ha consumido;
y te he reducido a ceniza sobre la tierra
a los ojos de todos los que te miran.
19 'Todos los que entre los pueblos te conocen
están asombrados de ti;
te has convertido en terrores,
y ya no serás más.' "
20 Y vino a mí la palabra del SEÑOR, diciendo:
21 Hijo de hombre, pon tu rostro hacia Sidón,
profetiza contra ella,
22 y di: "Así dice el Señor DIOS:
'He aquí, estoy contra ti, Sidón,
y seré glorificado en medio de ti;
y sabrán que yo soy el SEÑOR, cuando ejecute
juicios en ella,
y manifieste en ella mi santidad.
23 'Enviaré a ella pestilencia
y sangre a sus calles;
los heridos caerán en medio de ella
por la espada *que está* sobre ella por todos
lados;
y sabrán que yo soy el SEÑOR.
24 'Y no habrá más zarza punzante ni espina
dolorosa para la casa de Israel de ninguno de los
que la rodean *y* la desprecian; y sabrán que yo
soy el Señor DIOS.'
25"Así dice el Señor DIOS: 'Cuando yo recoja a la
casa de Israel de los pueblos donde está dispersa,
y manifieste en ellos mi santidad a los ojos de las
naciones, entonces habitarán en su tierra que di a
mi siervo Jacob.
26 'Y habitarán en ella seguros; edificarán casas,
plantarán viñas, y habitarán seguros, cuando yo
haga juicios sobre todos los que a su alrededor la
desprecian. Y sabrán que yo soy el SEÑOR su
Dios.' "

Profecía contra Egipto

29 En el décimo año, el décimo *mes,* a los
doce *días* del mes, vino a mí la palabra del
SEÑOR, diciendo:
2 Hijo de hombre, pon tu rostro contra Faraón,
rey de Egipto, y profetiza contra él y contra todo
Egipto.
3 Habla y di: "Así dice el Señor DIOS:
'He aquí, estoy contra ti, Faraón, rey de
Egipto,
el gran monstruo que yace en medio de sus
ríos,
que ha dicho: "Mío es el Nilo, yo mismo me
lo hice."

4 'Pondré garfios en tus quijadas,
   y haré que se peguen los peces de tus ríos a
   tus escamas;
   te sacaré de en medio de tus ríos,
   con todos los peces de tus ríos pegados a tus
   escamas.

5 'Y te abandonaré en el desierto,
   a ti y a todos los peces de tus ríos.
   Caerás en campo abierto,
   no serás juntado ni recogido.
   A las fieras de la tierra y a las aves del cielo
   te he dado por alimento.

6 'Entonces sabrán todos los habitantes de
   Egipto que yo soy el SEÑOR,
   porque han sido *sólo* vara de caña para la
   casa de Israel.

7 'Cuando te tomaron en la mano,
   te quebraste, y desgarraste todas sus manos;
   y cuando se apoyaron en ti,
   te quebraste y les hiciste estremecer todos sus
   lomos.'

8 "Por tanto, así dice el Señor DIOS: 'He aquí,
traeré contra ti la espada, y cortaré de ti hombres
y animales.

9 'Y la tierra de Egipto se convertirá en desolación y ruina. Entonces sabrán que yo soy el
SEÑOR.
   Porque dijiste: "El Nilo es mío y yo *lo* he
hecho",

10 por eso, he aquí, estoy contra ti y contra tus
ríos, y haré de la tierra de Egipto una ruina
completa, una desolación, desde Migdol *hasta*
Sevene y hasta la frontera de Etiopía.

11 'No pasará por ella pie de hombre, ni pie de
animal pasará por ella, ni será habitada por
cuarenta años.

12 'Y haré de la tierra de Egipto una desolación
en medio de tierras desoladas; y sus ciudades, en
medio de ciudades devastadas, estarán desoladas
por cuarenta años. Dispersaré a los egipcios entre
las naciones y los esparciré por las tierras.'

13 "Porque así dice el Señor DIOS: 'Al cabo de
cuarenta años recogeré a los egipcios de entre los
pueblos donde estaban dispersos;

14 y cambiaré la suerte de Egipto y los haré
volver a la tierra de Patros, a la tierra de su
origen; y allí serán un reino humilde.

15 'Será el más humilde de los reinos y jamás se
levantará sobre las naciones; y los empequeñe-
ceré para que no dominen a las naciones.

16 'Y nunca más será la confianza de la casa de
Israel, al recordar la iniquidad de haber vuelto a
Egipto. Entonces sabrán que yo soy el Señor
DIOS.' "

17 En el año veintisiete, el primer *mes*, el *día*
primero del mes, vino a mí la palabra del SEÑOR,
diciendo:

18 Hijo de hombre, Nabucodonosor, rey de
Babilonia, hizo que su ejército realizara una gran
campaña contra Tiro; toda cabeza ha quedado
calva y toda espalda desollada. Pero él y su
ejército no recibieron pago de Tiro por la
campaña que había realizado contra ella.

19 Por tanto, así dice el Señor DIOS: He aquí,
daré la tierra de Egipto a Nabucodonosor, rey de
Babilonia. Se llevará sus riquezas, capturará su
botín y tomará su despojo; y esto será la paga
para su ejército.

20 Le he dado la tierra de Egipto *por* la obra que
realizó contra Tiro, porque trabajaron para
mí—declara el Señor DIOS.

21 Aquel día haré brotar el poderío de la casa de
Israel, y abriré tu boca en medio de ellos; y
sabrán que yo soy el SEÑOR.

Egipto caerá en manos de Babilonia

30 Y vino a mí la palabra del SEÑOR,
diciendo:

2 Hijo de hombre, profetiza y di: "Así dice el
   Señor DIOS:
   'Gemid: "¡Ay de aquel día!"

3 'Porque cerca está el día,
   sí, está cerca el día del SEÑOR;
   día de nubarrones,
   la hora de las naciones.

4 'La espada vendrá sobre Egipto
   y habrá angustia en Etiopía,
   cuando caigan traspasados en Egipto,
   se lleven sus riquezas
   y sean derribados sus cimientos.

5 'Etiopía, Put, Lud, toda Arabia, Libia, y el
pueblo de la tierra en alianza caerán a espada
con ellos.'

6 "Así dice el SEÑOR:
   'Ciertamente caerán los que apoyan a Egipto,
   y se vendrá abajo el orgullo de su poder;
   desde Migdol *hasta* Sevene
   caerán a espada con él'
   —declara el Señor DIOS.

7 'Estarán desolados
   en medio de las tierras desoladas,
   y sus ciudades, en medio de las ciudades
   devastadas estarán.

8 'Y sabrán que yo soy el SEÑOR,
   cuando ponga fuego a Egipto
   y sean destrozados todos los que le ayudan.

9 'Aquel día saldrán de mi presencia mensajeros
en naves para aterrorizar a la confiada Etiopía; y
vendrá angustia sobre ellos como en el día de
Egipto; porque he aquí, viene.'

10 "Así dice el Señor DIOS:
   'Acabaré con la multitud de Egipto
   por mano de Nabucodonosor, rey de
   Babilonia.

11 'Él, y su pueblo con él,
   la más cruel de las naciones,
   será traída para destruir la tierra;
   sacarán sus espadas contra Egipto
   y llenarán de traspasados la tierra.

12 'Convertiré en sequeal los canales del Nilo
   y venderé la tierra en manos de malvados;
   desolaré la tierra
   y cuanto hay en ella por mano de extraños.
   Yo, el SEÑOR, he hablado.'

13 "Así dice el Señor DIOS:
   'Destruiré también los ídolos
   y haré cesar las imágenes de Menfis.
   Ya no habrá príncipe en la tierra de Egipto,
   y pondré temor en la tierra de Egipto.

14 'Asolaré a Patros,
   pondré fuego en Zoán,
   y ejecutaré juicios contra Tebas.

15 'Derramaré mi furor sobre Sin[1],
   la fortaleza de Egipto;
   también exterminaré a la multitud de Tebas.

16 'Y pondré fuego en Egipto;

---

1. O, *Pelusium*

Sin se retorcerá de dolor,
Tebas será destruida,
y Menfis *tendrá* angustias cada día.
17 'Los jóvenes de On y de Pi-beset
caerán a espada,
y las mujeres irán al cautiverio.
18 'En Tafnes el día se oscurecerá
cuando yo quiebre allí los yugos de Egipto,
y cesará en ella la soberbia de su poderío;
una nube la cubrirá,
y sus hijas irán al cautiverio.
19 'Así ejecutaré juicios en Egipto,
y sabrán que yo soy el Señor.' "
20 Y sucedió en el año once, el *mes* primero, el
día siete del mes, que vino a mí la palabra del
Señor, diciendo:
21 Hijo de hombre, he quebrado el brazo de
Faraón, rey de Egipto, y he aquí, no ha sido
vendado para curarlo, ni ligado con vendas de
modo que cobre fuerzas para empuñar la espada.
22 Por tanto, así dice el Señor Dios: "He aquí,
estoy en contra de Faraón, rey de Egipto;
quebraré sus brazos, tanto el fuerte como el frac-
turado, y haré que la espada caiga de su mano.
23 "Dispersaré a los egipcios entre las naciones y
los esparciré por las tierras.
24 "Fortaleceré los brazos del rey de Babilonia y
pondré mi espada en su mano; y quebraré los
brazos de Faraón, que delante de él gemirá con
gemidos de un mal herido.
25 "Fortaleceré, pues, los brazos del rey de
Babilonia, pero los brazos de Faraón caerán.
Entonces sabrán que yo soy el Señor, cuando
ponga mi espada en la mano del rey de Babilonia
y él la esgrima contra la tierra de Egipto.
26 "Cuando yo disperse a los egipcios entre las
naciones y los esparza por las tierras, entonces
sabrán que yo soy el Señor."

Destino de Asiria

31 Y sucedió en el undécimo año, el tercer
mes, el *día* primero del mes, que vino a mí
la palabra del Señor, diciendo:
2 Hijo de hombre, di a Faraón, rey de Egipto, y
a su multitud:
   "¿A quién te pareces en tu grandeza?
3 "He aquí, Asiria *era* un cedro en el Líbano
   de hermosas ramas y frondoso, de sombra
      abundante
   y de elevada estatura,
   y su copa estaba entre las nubes.
4 "Las aguas lo hicieron crecer y las *corrientes*
      profundas lo encumbraron;
   con sus ríos se extendía en torno al lugar
      donde estaba plantado,
   y enviaba sus corrientes a todos los árboles
      del campo.
5 "Por eso su altura era mayor que la de todos
      los árboles del campo;
   se multiplicaban sus ramas y se alargaba su
      ramaje,
   extendiéndose a causa de las muchas aguas.
6 "En sus ramas anidaban todas las aves del
      cielo,
   bajo su ramaje parían todas las bestias del
      campo,
   y a su sombra habitaban todas las grandes
      naciones.

7 "Era, pues, hermoso en su grandeza, por la
      extensión de sus ramas;
   porque sus raíces estaban junto a muchas
      aguas.
8 "Los cedros no lo igualaban en el huerto de
      Dios;
   los cipreses no se podían comparar con su
      ramaje,
   y los plátanos no igualaban sus ramas.
   Ningún árbol en el huerto de Dios podía
      compararse a él en su hermosura.
9 "Hermoso lo hice por la multitud de sus
      ramas,
   y lo envidiaban todos los árboles del Edén
      que estaban en el huerto de Dios.
10 "Por tanto, así dice el Señor Dios: 'Porque es
de elevada estatura, y ha puesto su copa entre las
nubes, y su corazón es altivo por su altura,
11 lo entregaré, pues, en manos del déspota
de las naciones *que* lo tratará con dureza.
Conforme a su maldad lo he echado fuera.
12 'Y extranjeros, los más crueles de entre las
naciones, lo han derribado y abandonado; sobre
los montes y en todos los valles han caído sus
ramas, y su ramaje ha sido quebrado en todas las
barrancas de la tierra; todos los pueblos de la
tierra se han retirado de su sombra y lo han
abandonado.
13 'Sobre sus ruinas habitarán todas las aves del
cielo, y sobre su ramaje *derribado* estarán todas
las bestias del campo,
14 para que no se exalten en su altura ninguno
de los árboles junto a las aguas, ni alcen su copa
entre las nubes, ni confíen en su altura sus
poderosos bien regados. Porque todos han sido
entregados a la muerte, a las profundidades de la
tierra, entre los hijos de los hombres, con los que
descienden a la fosa.'
15 "Así dice el Señor Dios: 'El día en que
descendió al Seol causé lamentaciones, le cerré
las *corrientes* profundas y detuve sus ríos. Sus
muchas aguas cesaron, e hice que el Líbano se
lamentara por él y por él todos los árboles del
campo se marchitaron.
16 'Al estruendo de su caída hice temblar a las
naciones, cuando lo hice descender al Seol con
los que descienden a la fosa; entonces todos los
árboles bien regados del Edén, los escogidos y los
mejores del Líbano, se consolaron en las profundidades de la tierra.
17 'También ellos descendieron con él al Seol,
con los que murieron a espada; y *los que eran* su
fuerza habitaban bajo su sombra en medio de las
naciones.
18 '¿A quién, pues, eres semejante en gloria y
grandeza entre los árboles del Edén? Sin
embargo, serás derribado con los árboles del
Edén a las profundidades de la tierra; yacerás en
medio de los incircuncisos, con los que fueron
muertos a espada. Así es Faraón y toda su
multitud' "—declara el Señor Dios.

Lamentación por Faraón

32 Y sucedió en el año duodécimo, el *mes*
duodécimo, el *día* primero del mes, que
vino a mí la palabra del Señor, diciendo:
2 Hijo de hombre, eleva una elegía por Faraón,
rey de Egipto, y dile:
   "Parecías un leoncillo de las naciones

pero eras como el monstruo de los mares;
prorrumpías en tus ríos,
enturbiabas las aguas con tus pies
y ensuciabas sus ríos."

3 Así dice el Señor Dios:
Mi red sobre ti tenderé
en compañía de muchos pueblos,
y ellos te alzarán en mi red.
4 Te dejaré en tierra,
te echaré en campo abierto,
y haré que habiten sobre ti todas las aves del
cielo,
y saciaré de ti a las bestias de toda la tierra.
5 Pondré tu carne sobre los montes,
y llenaré los valles de tu carroña.
6 También haré que la tierra se empape con el
derramamiento de tu sangre
hasta los montes,
y las barrancas se llenarán de ti.
7 Cuando te hayas extinguido, cubriré los
cielos
y oscureceré sus estrellas;
cubriré el sol de nubes,
y la luna no dará su luz.
8 Todos los astros brillantes del cielo
oscureceré por causa tuya,
y pondré tinieblas sobre tu tierra
—declara el Señor Dios.
9 También turbaré el corazón de muchos
pueblos, cuando haga llegar *la noticia de* tu destrucción entre las naciones hasta tierras que no
has conocido.
10 Y haré que muchos pueblos se queden
pasmados por causa tuya, y sus reyes en gran
manera se aterrorizarán de ti cuando yo blanda
mi espada ante ellos; temblarán constantemente,
cada uno por su vida, el día de tu caída.
11 Pues así dice el Señor Dios: La espada del rey
de Babilonia vendrá sobre ti.
12 Con las espadas de los poderosos haré caer tu
multitud, tiranos todos ellos de las naciones,
que asolarán el orgullo de Egipto,
y toda su multitud será destruida.
13 También destruiré todo su ganado junto a
aguas abundantes;
no las enturbiará más pie de hombre,
ni pezuñas de animales las enturbiarán.
14 Entonces haré asentarse sus aguas,
y haré correr sus ríos como el aceite
—declara el Señor Dios.
15 Cuando yo haga de la tierra de Egipto una
desolación,
y la tierra quede despojada de lo que la
llenaba,
cuando yo hiera a todos los que en ella viven,
entonces sabrán que yo soy el Señor.
16 Esta es la lamentación y la cantarán; las hijas
de las naciones la cantarán. Sobre Egipto y sobre
toda su multitud la cantarán—declara el Señor
Dios.
17 Y sucedió en el año duodécimo, el quince del
mes, que vino a mí la palabra del Señor,
diciendo:
18 Hijo de hombre, laméntate por la multitud de
Egipto, hazla descender, a ella y a las hijas de las
naciones poderosas, a las profundidades de la
tierra, con los que descienden a la fosa;
19"¿A quién superas en hermosura?
Desciende, y yace con los incircuncisos."

20 En medio de los muertos a espada caerán. A
la espada es entregada; la han arrastrado con
toda su multitud.
21 Los fuertes entre los poderosos hablarán de
Egipto *y* de sus auxiliares de en medio del Seol:
"Han descendido, yacen los incircuncisos
muertos a espada."
22 Allí está Asiria con toda su multitud, sus
tumbas la rodean; todos ellos muertos, caídos a
espada.
23 Sus tumbas están en las partes más
profundas de la fosa, y su multitud está
alrededor de su tumba; todos ellos muertos,
caídos a espada, los cuales infundían terror en la
tierra de los vivientes.
24 Allí está Elam y toda su multitud alrededor
de su tumba; todos ellos muertos, caídos a
espada, los cuales descendieron incircuncisos a
las profundidades de la tierra; ellos que
infundían su terror en la tierra de los vivientes,
cargaron su ignominia con los que descienden a
la fosa.
25 Le han hecho un lecho en medio de los
muertos con toda su multitud. Sus tumbas lo
rodean; todos son incircuncisos, muertos a
espada, por haber infundido su terror en la tierra
de los vivientes, cargaron su ignominia con los
que descienden a la fosa; fueron puestos en
medio de los muertos.
26 Mesec, Tubal y toda su multitud están allí;
sus tumbas los rodean; todos ellos incircuncisos,
fueron muertos a espada, por haber infundido su
terror en la tierra de los vivientes.
27 Y no yacen junto a los héroes caídos de entre
los incircuncisos que descendieron al Seol con sus
armas de guerra, cuyas espadas estaban
colocadas debajo de sus cabezas; pero el castigo
de su iniquidad cayó sobre sus huesos, porque el
terror de *estos* héroes *prevalecía* en la tierra de
los vivientes.
28 Pero tú, en medio de los incircuncisos serás
quebrantado, y yacerás con los muertos a espada.
29 Allí está Edom, sus reyes y todos sus
príncipes, quienes con *todo* su poderío fueron
puestos con los muertos a espada; ellos yacen con
los incircuncisos y con los que descienden a la
fosa.
30 Allí están los jefes del norte, todos ellos y
todos los sidonios, quienes a pesar del terror
causado por su poderío, descendieron avergonzados con los muertos. Yacen incircuncisos con los
muertos a espada y cargaron su ignominia con
los que descienden a la fosa.
31 A éstos verá Faraón y se consolará con respecto a toda su multitud muerta a espada,
Faraón y todo su ejército—declara el Señor Dios.
32 Porque yo infundí terror a él en la tierra de
los vivientes, se le hará yacer entre los incircuncisos con los muertos a espada, a Faraón y a toda
su multitud—declara el Señor Dios.

El deber del centinela

33 Y vino a mí la palabra del Señor,
diciendo:
2 Hijo de hombre, habla a los hijos de tu pueblo
y diles: "Si yo traigo una espada sobre un país, y
la gente del país toma a un hombre de entre ellos
y lo ponen de centinela,

3 y *éste* ve venir la espada sobre el país, y toca la trompeta y advierte al pueblo,

4 y el que oye el sonido de la trompeta no se da por advertido, y viene una espada y se lo lleva, su sangre recaerá sobre su propia cabeza.

5 "Oyó el sonido de la trompeta pero no se dio por advertido; su sangre recaerá sobre él. Pero si hubiera hecho caso, habría salvado su vida.

6 "Pero si el centinela ve venir la espada y no toca la trompeta, y el pueblo no es advertido, y una espada viene y se lleva a uno de entre ellos, él será llevado por su iniquidad; pero yo demandaré su sangre de mano del centinela."

7 Y a ti, hijo de hombre, te he puesto por centinela de la casa de Israel: oirás, pues, la palabra de mi boca, y les advertirás de mi parte.

8 Cuando yo diga al impío: "Impío, ciertamente morirás", si tú no hablas para advertir al impío de su camino, ese impío morirá por su iniquidad, pero yo demandaré su sangre de tu mano.

9 Pero si tú, de tu parte adviertes al impío para que se aparte de su camino, y él no se aparta de su camino, morirá por su iniquidad, pero tú habrás librado tu vida.

10 Y tú, hijo de hombre, di a la casa de Israel: "Así habéis hablado, diciendo: 'Ciertamente nuestras transgresiones y nuestros pecados están sobre nosotros, y por ellos nos estamos consumiendo; ¿cómo, pues, podremos vivir?' "

11 Diles: "Vivo yo"—declara el Señor Dios—"que no me complazco en la muerte del impío, sino en que el impío se aparte de su camino y viva. Volveos, volveos de vuestros malos caminos. ¿Por qué habéis de morir, oh casa de Israel?"

12 Y tú, hijo de hombre, di a los hijos de tu pueblo: "La justicia del justo no lo salvará el día de su transgresión, y la maldad del impío no le será tropiezo el día que se aparte de su maldad; como tampoco el justo podrá vivir por su justicia el día que peque."

13 Cuando yo diga al justo que ciertamente vivirá, si él confía *tanto* en su justicia que hace iniquidad, ninguna de sus obras justas le será recordada, sino que por la misma iniquidad que cometió morirá.

14 Pero cuando yo diga al impío: "Ciertamente morirás", si él se aparta de su pecado y practica el derecho y la justicia,

15 *si* el impío devuelve la prenda, restituye lo que ha robado, anda en los preceptos de vida sin cometer iniquidad, ciertamente vivirá, no morirá.

16 Ninguno de los pecados que ha cometido le será recordado. El ha practicado el derecho y la justicia; ciertamente vivirá.

17 Pero los hijos de tu pueblo dicen: "No es recto el camino del Señor", pero es su propio camino el que no es recto.

18 Cuando el justo se aparta de su justicia y hace iniquidad, morirá por ello.

19 Pero cuando el impío se aparta de su maldad y practica el derecho y la justicia, vivirá por ello.

20 Y decís: "No es recto el camino del Señor." Yo os juzgaré a cada uno de vosotros según sus caminos, oh casa de Israel.

21 En el año duodécimo de nuestro destierro, a los cinco *días* del décimo mes, vino a mí un fugitivo de Jerusalén, diciendo: La ciudad ha sido tomada.

22 Y la mano del Señor había venido sobre mí la tarde antes de llegar el fugitivo. Y El abrió mi boca cuando *aquel* llegó a mí por la mañana; mi boca se abrió y dejé de estar mudo.

23 Entonces vino a mí la palabra del Señor, diciendo:

24 Hijo de hombre, los que viven en estos lugares desolados de la tierra de Israel, dicen: Uno solo era Abraham, y poseyó la tierra; así que a nosotros que somos muchos se nos ha dado la tierra en posesión.

25 Por tanto, diles: "Así dice el Señor Dios: 'Coméis *carne* con sangre, alzáis los ojos a vuestros ídolos mientras derramáis sangre. ¿Poseeréis entonces la tierra?

26 Confiáis en vuestra espada, cometéis abominaciones, cada uno contamina la mujer de su prójimo. ¿Poseeréis entonces la tierra?' "

27 Así les dirás: "Así dice el Señor Dios: 'Vivo yo, que los que están en los lugares desolados caerán a espada, y los que están en campo abierto los entregaré a las fieras para ser devorados, y los que están en los refugios y en las cuevas, de pestilencia morirán.

28 'Y convertiré la tierra en desolación y en soledad, y cesará el orgullo de su poder; los montes de Israel serán desolados, y nadie pasará *por ellos.*

29 'Y sabrán que yo soy el Señor, cuando yo convierta la tierra en desolación y en soledad por todas las abominaciones que han cometido.' "

30 Pero en cuanto a ti, hijo de hombre, los hijos de tu pueblo hablan de ti junto a los muros y en las entradas de las casas; hablan el uno al otro, cada cual a su hermano, diciendo: Venid ahora, y oíd cual es la palabra que viene del Señor.

31 Y vienen a ti como viene el pueblo, y se sientan delante de ti *como* pueblo mío, oyen tus palabras y no las hacen sino que siguen los deseos sensuales *expresados* por su boca, y sus corazones andan tras sus ganancias.

32 Y he aquí, tú eres para ellos como la canción de amor de uno que tiene una voz hermosa y toca bien un instrumento; oyen tus palabras, pero no las ponen en práctica.

33 Y cuando suceda, como ciertamente sucederá, sabrán que hubo un profeta en medio de ellos.

Profecía contra los pastores de Israel

34 Y vino a mí la palabra del Señor, diciendo:

2 Hijo de hombre, profetiza contra los pastores de Israel; profetiza y di a los pastores: "Así dice el Señor Dios: '¡Ay de los pastores de Israel que se apacientan a sí mismos! ¿No deben los pastores apacentar el rebaño?

3 'Coméis la grosura, os habéis vestido con la lana, degolláis la *oveja* engordada, *pero* no apacentáis el rebaño.

4 'Las débiles no habéis fortalecido, la enferma no habéis curado, la perniquebrada no habéis vendado, la descarriada no habéis hecho volver, la perdida no habéis buscado; sino que las habéis dominado con dureza y con severidad.

5 'Y han sido dispersadas por falta de pastor, y

se han convertido en alimento para toda fiera del campo; se han dispersado.

6 'Mis ovejas andaban errantes por todos los montes y por todo collado alto; mis ovejas han sido dispersadas por toda la faz de la tierra, sin haber quien las busque ni pregunte *por ellas*.' "

7 Por tanto, pastores, oíd la palabra del Señor:

8 Vivo yo—declara el Señor Dios—, ya que mi rebaño se ha convertido en presa, que incluso mi rebaño se ha convertido en alimento para todas las fieras del campo por falta de pastor, y que mis pastores no han buscado mis ovejas, sino que los pastores se han apacentado a sí mismos y no han apacentado mi rebaño,

9 por tanto, pastores, oíd la palabra del Señor:

10"Así dice el Señor Dios: 'He aquí, yo estoy contra mis pastores y demandaré mi rebaño de su mano y los haré dejar de apacentar el rebaño. Así los pastores ya no se apacentarán más a sí mismos, sino que yo libraré mis ovejas de su boca, y no serán más alimento para ellos.' "

11 Porque así dice el Señor Dios: He aquí, yo mismo buscaré mis ovejas y velaré por ellas.

12 Como un pastor vela por su rebaño el día que está en medio de sus ovejas dispersas, así yo velaré por mis ovejas y las libraré de todos los lugares adonde fueron dispersadas un día nublado y sombrío.

13 Las sacaré de los pueblos y las juntaré de las tierras; las traeré a su propia tierra, y las apacentaré en los montes de Israel, por las barrancas y por todos los lugares habitados del país.

14 Las apacentaré en buenos pastos, y en los altos montes de Israel estará su apacentadero. Allí reposarán en apacentadero bueno, y apacentarán en ricos pastos sobre los montes de Israel.

15 Yo apacentaré mis ovejas y las llevaré a reposar—declara el Señor Dios.

16 Buscaré la perdida, haré volver la descarriada, vendaré la perniquebrada y fortaleceré la enferma; pero destruiré la engordada y la fuerte. Las apacentaré con justicia.

17 Mas en cuanto a vosotras, ovejas mías, así dice el Señor Dios: "He aquí, yo juzgaré entre oveja y oveja, entre carneros y machos cabríos.

18"¿Os parece poco pacer en los buenos pastos, para que holléis con vuestros pies el resto de vuestros pastos; o que bebáis de las aguas claras, para que enturbiéis el resto con vuestros pies?

19"Y en cuanto a mis ovejas, tienen que comer lo que habéis hollado con vuestros pies, y tienen que beber lo que con vuestros pies habéis enturbiado."

20 Por tanto, así les dice el Señor Dios: He aquí, yo mismo juzgaré entre la oveja engordada y la oveja flaca.

21 Por cuanto vosotros habéis empujado con el flanco y con el hombro, y habéis embestido con vuestros cuernos a todas las débiles hasta dispersarlas fuera,

22 libraré mis ovejas y ya no serán presa; juzgaré entre oveja y oveja.

23 Entonces pondré sobre ellas un solo pastor que las apacentará, mi siervo David; él las apacentará y será su pastor.

24 Y yo, el Señor, seré su Dios, y mi siervo David será príncipe en medio de ellas. Yo, el Señor, he hablado.

25 Haré un pacto de paz con ellos y eliminaré de la tierra las bestias feroces, para que habiten seguros en el desierto y duerman en los bosques.

26 Y haré de ellos y de los alrededores de mi collado una bendición. Haré descender lluvias a su tiempo; serán lluvias de bendición.

27 El árbol del campo dará su fruto y la tierra dará sus productos, y ellos estarán seguros en su tierra. Y sabrán que yo soy el Señor cuando yo quiebre las varas de su yugo y los libre de la mano de los que los han esclavizado.

28 No serán más presa de las naciones, y las fieras de la tierra no los devorarán; sino que habitarán seguros y nadie *los* atemorizará.

29 Y estableceré para ellos un plantío de renombre, y no serán más víctimas del hambre en la tierra, ni sufrirán más los insultos de las naciones.

30 Entonces sabrán que yo, el Señor su Dios, estoy con ellos, y que ellos, la casa de Israel, son mi pueblo—declara el Señor Dios.

31 Vosotras, ovejas mías, sois el rebaño de mi prado, hombres sois, *y* yo soy vuestro Dios—declara el Señor Dios.

Profecía contra Edom

35 Y vino a mí la palabra del Señor, diciendo:

2 Hijo de hombre, pon tu rostro hacia el monte Seir, y profetiza contra él,

3 y dile: "Así dice el Señor Dios:
'He aquí, estoy contra ti, monte Seir,
extenderé mi mano contra ti,
y te convertiré en desolación y en soledad.

4 'Dejaré en ruinas tus ciudades,
y serás convertida en desolación;
y sabrás que yo soy el Señor.

5 'Por cuanto tuviste enemistad perpetua y entregaste a los hijos de Israel al poder de la espada en el tiempo de su calamidad, en el tiempo del castigo final,

6 por tanto, vivo yo—declara el Señor Dios—, que a sangre te entregaré y la sangre te perseguirá; ya que no has odiado el derramamiento de sangre, la sangre te perseguirá.

7 'Haré del monte Seir desierto y desolación, y cortaré de él al que vaya y al que venga.

8 'Y llenaré sus montes de sus muertos; en tus collados y en tus valles y en todas tus barrancas caerán los muertos a espada.

9 'Te haré desolación perpetua, y tus ciudades no serán habitadas; y sabréis que yo soy el Señor.

10 'Por cuanto has dicho: "Las dos naciones y las dos tierras serán mías, y las poseeremos", aunque el Señor estaba allí.

11 'Por tanto, vivo yo'—declara el Señor Dios—, 'haré *contigo* conforme a tu ira y conforme al celo que mostraste a causa de tu odio contra ellos, y me haré conocer entre ellos cuando te juzgue.

12 'Entonces sabrás que yo, el Señor, he oído todas las injurias que has hablado contra los montes de Israel, diciendo: "Están desolados; nos han sido dados para alimento."

13 'Con arrogancia habéis hablado contra mí y habéis multiplicado vuestras palabras contra mí; *yo lo he oído.*'

14"Así dice el Señor Dios: 'Para alegría de toda la tierra, yo haré de ti una desolación.

15 'Como te alegraste sobre la heredad de la casa

de Israel porque fue asolada, así te haré yo a ti. Serás una desolación, monte Seir, y todo Edom, todo él; y sabrán que yo soy el Señor.' "

Los montes de Israel bendecidos

36 Y tú, hijo de hombre, profetiza a los montes de Israel, y di: "Montes de Israel, oíd la palabra del Señor.

2 "Así dice el Señor Dios: 'Por cuanto el enemigo ha dicho contra vosotros: "¡Ajá!" y: "Las alturas eternas han pasado a ser posesión nuestra',

3 por tanto, profetiza y di: "Así dice el Señor Dios: 'Porque os han asolado y aplastado por todos lados, para que fuerais posesión de las demás naciones, os han hecho el blanco de la habladuría y de la calumnia del pueblo.' " '

4 "Por tanto, montes de Israel, oíd la palabra del Señor Dios. Así dice el Señor Dios a los montes y a los collados, a las barrancas y a los valles, a las ruinas desoladas y a las ciudades abandonadas, que han venido a ser presa y escarnio de las demás naciones alrededor;

5 por eso, así dice el Señor Dios: 'Ciertamente en el fuego de mi celo he hablado contra las demás naciones y contra todo Edom, que se han apropiado para sí de mi tierra como posesión, con alegría, de todo corazón y con desprecio de alma, para dejarla como presa.'

6 "Por tanto, profetiza acerca de la tierra de Israel, y di a los montes y a los collados, a las barrancas y a los valles: 'Así dice el Señor Dios: "He aquí, yo he hablado en mi celo y en mi furor porque habéis soportado los insultos de las naciones."

7 'Por lo cual, así dice el Señor Dios: "Yo he jurado que las naciones que os rodean, ellas mismas soportarán sus insultos.

8 "Pero vosotros, montes de Israel, echaréis vuestras ramas y produciréis vuestro fruto para mi pueblo Israel; porque pronto vendrán.

9 "Pues, he aquí, estoy por vosotros y me volveré a vosotros, y seréis labrados y sembrados.

10 "Multiplicaré hombres en vosotros, toda la casa de Israel, toda ella; y las ciudades serán habitadas, y las ruinas reedificadas.

11 "Multiplicaré en vosotros hombres y animales, y se multiplicarán y serán fecundos. Haré que seáis habitados como lo fuisteis anteriormente y os trataré mejor que al principio; y sabréis que yo soy el Señor.

12 "Sí, haré andar hombres sobre vosotros, a mi pueblo Israel. Ellos tomarán posesión de ti, y serás su heredad, y nunca más les privarás de sus hijos."

13 'Así dice el Señor Dios: "Porque os dicen: 'Eres devoradora de hombres y has privado de hijos a tu nación',

14 por tanto, ya no devorarás hombres y ya no privarás de hijos a tu nación"—declara el Señor Dios.

15 'Y nunca más te haré oír el ultraje de las naciones, ni soportarás más los insultos de los pueblos, ni harás que tu nación tropiece más'—declara el Señor Dios."

16 Entonces vino a mí la palabra del Señor, diciendo:

17 Hijo de hombre, cuando la casa de Israel habitaba en su propia tierra, ellos mismos la contaminaron con su conducta y con sus obras; como la impureza de una *mujer* en su menstruación fue su conducta delante de mí.

18 Por tanto, derramé mi furor sobre ellos por la sangre que habían derramado sobre la tierra y por haberla contaminado con sus ídolos.

19 Los esparcí entre las naciones y fueron dispersados por las tierras. Conforme a sus caminos y a sus obras los juzgué.

20 Cuando llegaron a las naciones adonde fueron, profanaron mi santo nombre, porque de ellos se decía: Estos son el pueblo del Señor, y han salido de su tierra.

21 Pero yo he tenido compasión de mi santo nombre, que la casa de Israel había profanado entre las naciones adonde fueron.

22 Por tanto, dí a la casa de Israel: "Así dice el Señor Dios: 'No es por vosotros, casa de Israel, que voy a actuar, sino por mi santo nombre, que habéis profanado entre las naciones adonde fuisteis.

23 'Vindicaré la santidad de mi gran nombre profanado entre las naciones, el cual vosotros habéis profanado en medio de ellas. Entonces las naciones sabrán que yo soy el Señor—declara el Señor Dios—'cuando demuestre mi santidad entre vosotros a la vista de ellas.

24 'Porque os tomaré de las naciones, os recogeré de todas las tierras y os llevaré a vuestra propia tierra.

25 'Entonces os rociaré con agua limpia y quedaréis limpios; de todas vuestras inmundicias y de todos vuestros ídolos os limpiaré.

26 'Además, os daré un corazón nuevo y pondré un espíritu nuevo dentro de vosotros; quitaré de vuestra carne el corazón de piedra y os daré un corazón de carne.

27 'Pondré dentro de vosotros mi espíritu y haré que andéis en mis estatutos, y que cumpláis cuidadosamente mis ordenanzas.

28 'Habitaréis en la tierra que di a vuestros padres; y seréis mi pueblo y yo seré vuestro Dios.

29 'Os libraré de todas vuestras inmundicias; llamaré al trigo y lo multiplicaré, y no traeré hambre sobre vosotros.

30 'Y multiplicaré el fruto de los árboles y el producto del campo, para que no recibáis más el oprobio del hambre entre las naciones.

31 'Entonces os acordaréis de vuestros malos caminos y de vuestras obras que no *eran* buenas, y os aborreceréis a vosotros mismos por vuestras iniquidades y por vuestras abominaciones.

32 'No hago *esto* por vosotros'—declara el Señor Dios—'sabedlo bien. Avergonzaos y abochornaos de vuestra conducta, casa de Israel.'

33 "Así dice el Señor Dios: 'En el día que yo os limpie de todas vuestras iniquidades, haré que las ciudades sean habitadas y las ruinas reedificadas.

34 'La tierra desolada será cultivada en vez de ser desolación a la vista de todo el que pasa.

35 'Y dirán: Esta tierra desolada se ha hecho como el huerto del Edén; y las ciudades desiertas, desoladas y arruinadas están fortificadas y habitadas.

36 'Y las naciones que quedan a vuestro alrededor sabrán que yo, el Señor, he reedificado los lugares en ruinas y plantado lo que estaba desolado; yo, el Señor, he hablado y lo haré.'

37 "Así dice el Señor Dios: 'Aún permitiré a la casa de Israel que me pida hacer esto por ellos: Multiplicar sus hombres como un rebaño.

38 'Como el rebaño para los sacrificios, como el rebaño en Jerusalén en sus fiestas señaladas, así se llenarán las ciudades desiertas de rebaños de hombres. Entonces sabrán que yo soy el Señor.' "

Visión de los huesos secos

37 La mano del Señor vino sobre mí, y me sacó en el Espíritu del Señor, y me puso en medio del valle que estaba lleno de huesos.

2 Y El me hizo pasar en derredor de ellos, y he aquí, *eran* muchísimos sobre la superficie del valle; y he aquí, *estaban* muy secos.

3 Y El me dijo: Hijo de hombre, ¿vivirán estos huesos? Y yo respondí: Señor Dios, tú lo sabes.

4 Entonces me dijo: Profetiza sobre estos huesos, y diles: "Huesos secos, oíd la palabra del Señor.

5 "Así dice el Señor Dios a estos huesos: 'He aquí, haré entrar en vosotros espíritu[1], y viviréis.

6 'Y pondré tendones sobre vosotros, haré crecer carne sobre vosotros, os cubriré de piel y pondré espíritu en vosotros, y viviréis; y sabréis que yo soy el Señor.' "

7 Profeticé, pues, como me fue mandado; y mientras yo profetizaba hubo un ruido, y luego un estremecimiento, y los huesos se juntaron cada hueso con su hueso.

8 Y miré, y he aquí, *había* tendones sobre ellos, creció la carne y la piel los cubrió, pero no *había* espíritu en ellos.

9 Entonces El me dijo: Profetiza al espíritu, profetiza, hijo de hombre, y di al espíritu: "Así dice el Señor Dios: 'Ven de los cuatro vientos, oh espíritu, y sopla sobre estos muertos, y vivirán.' "

10 Y profeticé como El me había ordenado, y el espíritu entró en ellos, y vivieron y se pusieron en pie, un enorme e inmenso ejército.

11 Entonces El me dijo: Hijo de hombre, estos huesos son toda la casa de Israel; he aquí, ellos dicen: "Nuestros huesos se han secado, y nuestra esperanza ha perecido. Estamos completamente destruidos."

12 Por tanto, profetiza, y diles: "Así dice el Señor Dios: 'He aquí, abriré vuestros sepulcros y os haré subir de vuestros sepulcros, pueblo mío, y os llevaré a la tierra de Israel.

13 'Y sabréis que yo soy el Señor, cuando abra vuestros sepulcros y os haga subir de vuestros sepulcros, pueblo mío.

14 'Pondré mi Espíritu en vosotros, y viviréis, y os pondré en vuestra tierra. Entonces sabréis que yo, el Señor, he hablado y lo he hecho'—declara el Señor."

15 Y vino a mí la palabra del Señor, diciendo:

16 Y tú, hijo de hombre, toma una vara y escribe en ella: "Para Judá y para los hijos de Israel, sus compañeros." Toma luego otra vara y escribe en ella: "Para José, vara de Efraín, y *para* toda la casa de Israel, sus compañeros."

17 Júntalas la una con la otra en una sola vara para que sean una sola en tu mano.

18 Y cuando los hijos de tu pueblo te hablen, diciendo: "¿No nos explicarás qué quieres decir con esto?",

19 diles: "Así dice el Señor Dios: 'He aquí, tomaré la vara de José, que está en la mano de Efraín, y las tribus de Israel, sus compañeros; las pondré con aquélla, con la vara de Judá, y las haré una sola vara, y serán una en mi mano.' "

20 Y las varas en que escribas estarán en tu mano a la vista de ellos,

21 y diles: "Así dice el Señor Dios: 'He aquí, tomaré a los hijos de Israel de entre las naciones adonde han ido, los recogeré de todas partes y los traeré a su propia tierra.

22 'Y haré de ellos una nación en la tierra, en los montes de Israel; un solo rey será rey de todos ellos; nunca más serán dos naciones, y nunca más serán divididos en dos reinos.

23 'No se contaminarán más con sus ídolos, ni con sus abominaciones, ni con ninguna de sus transgresiones; sino que los libraré de todos los lugares[2] en que pecaron y los limpiaré. Y ellos serán mi pueblo y yo seré su Dios.

24 'Mi siervo David *será* rey sobre ellos, y todos ellos tendrán un solo pastor; andarán en mis ordenanzas y guardarán mis estatutos y los cumplirán.

25 'Y habitarán en la tierra que di a mi siervo Jacob, en la cual habitaron vuestros padres; en ella habitarán ellos y sus hijos, y los hijos de sus hijos para siempre; y mi siervo David *será* su príncipe para siempre.

26 'Y haré con ellos un pacto de paz; será un pacto eterno con ellos. Y los estableceré, los multiplicaré y pondré mi santuario en medio de ellos para siempre.

27 'Mi morada estará también junto a ellos, y yo seré su Dios y ellos serán mi pueblo.

28 'Y las naciones sabrán que yo, el Señor, santifico a Israel, cuando mi santuario esté en medio de ellos para siempre.' "

Profecía contra Gog

38 Y vino a mí la palabra del Señor, diciendo:

2 Hijo de hombre, pon tu rostro hacia Gog, de la tierra de Magog, príncipe de Ros, Mesec y Tubal, y profetiza contra él,

3 y di: "Así dice el Señor Dios: 'He aquí estoy contra ti, oh Gog, príncipe de Ros, Mesec y Tubal.

4 'Te haré dar vuelta, pondré garfios en tus quijadas y te sacaré con todo tu ejército, caballos y jinetes, todos ellos bien equipados; una gran compañía *con* pavés y escudo, todos ellos empuñando espada;

5 Persia, Etiopía y Fut con ellos, todos *con* escudo y yelmo;

6 Gomer con todas sus tropas, Bet-togarmá, *de* las partes remotas del norte, con todas sus tropas; muchos pueblos están contigo.

7 'Disponte y prepárate, tú y toda la multitud que se ha reunido alrededor tuyo, y sé para ellos guarda.

8 'Al cabo de muchos días recibirás órdenes; al fin de los años vendrás a la tierra recuperada de la espada, *cuyos habitantes* han sido recogidos de muchas naciones en los montes de Israel, que habían sido una desolación continua. *Este pueblo* fue sacado de entre las naciones y habitan seguros todos ellos.

---

1. O, *aliento*, y así en el resto del cap. 2. Lit., *moradas*; muchos mss. dicen: *rebeliones*

9 'Tú subirás y vendrás como una tempestad; serás como una nube *que* cubre la tierra, tú y todas tus tropas, y muchos pueblos contigo.'

10"Así dice el Señor Dios: 'Sucederá en aquel día que pensamientos vendrán a tu mente y concebirás un plan malvado,

11 y dirás: "Subiré contra una tierra indefensa. Iré *contra* los que *viven* tranquilos, que habitan confiados, que habitan todos ellos sin murallas, sin cerrojos ni puertas;

12 para tomar botín y para proceder al saqueo, para volver tu mano contra los lugares desolados, *ahora* poblados, y contra el pueblo reunido de entre las naciones, que ha adquirido ganado y posesiones, que habita en medio de la tierra."

13 'Sabá y Dedán, y los mercaderes de Tarsis con todos sus pueblos te dirán: "¿Has venido para tomar botín? ¿Has reunido tu compañía para saquear, para llevar plata y oro, para llevar ganado y posesiones, para tomar gran botín?" ' '

14 Por tanto, profetiza, hijo de hombre, y di a Gog: "Así dice el Señor Dios: 'En aquel día cuando mi pueblo Israel habite seguro, ¿no lo sabrás tú?

15 'Vendrás de tu lugar de las partes remotas del norte, tú y mucha gente contigo, todos montados a caballo, una gran multitud y un poderoso ejército;

16 y subirás contra mi pueblo Israel como una nube para cubrir la tierra. Sucederá en los postreros días que te traeré contra mi tierra, para que las naciones me conozcan cuando yo sea santificado por medio de ti ante sus ojos, oh Gog.'

17"Así dice el Señor Dios: '¿Eres tú aquel de quien hablé en tiempos pasados por medio de mis siervos los profetas de Israel, que profetizaron en aquellos días, durante años, que yo te traería contra ellos?

18 'Sucederá en aquel día cuando venga Gog contra la tierra de Israel'—declara el Señor Dios—'que subirá mi furor y mi ira.

19 'Y en mi celo y en el fuego de mi furor declaro *que* ciertamente en aquel día habrá un gran terremoto en la tierra de Israel.

20 'Y los peces del mar, las aves del cielo, las bestias del campo y todos los animales que se arrastran sobre la tierra, y todos los hombres sobre la faz de la tierra temblarán en mi presencia; también se derrumbarán los montes, se desplomarán los precipicios y todo muro caerá por tierra.

21 'Y en todos mis montes llamaré contra él la espada'—declara el Señor Dios. 'La espada de cada cual se volverá contra su hermano.

22 'Con pestilencia y con sangre haré juicio contra él; haré caer una lluvia torrencial, de piedras de granizo, fuego y azufre sobre él, sobre sus tropas, y sobre los muchos pueblos que están con él.

23 'Y mostraré mi grandeza y santidad, y me daré a conocer a los ojos de muchas naciones; y sabrán que yo soy el Señor.' "

Destrucción de Gog

39 Y tú, hijo de hombre, profetiza contra Gog, y di: "Así dice el Señor Dios: 'He aquí, yo estoy contra ti, Gog, príncipe de Ros, Mesec, y Tubal.

2 'Te haré dar vuelta y te empujaré, te recogeré de las partes remotas del norte y te traeré contra los montes de Israel.

3 'Romperé el arco de tu mano izquierda, y derribaré las saetas de tu mano derecha.

4 'Sobre los montes de Israel caerás, tú y todas tus tropas y los pueblos que están contigo. Te daré por comida a toda clase de ave de rapiña y a las bestias del campo.

5 'Sobre el campo abierto caerás; porque soy yo el que ha hablado'—declara el Señor Dios.

6 'Enviaré fuego sobre Magog y sobre los que habitan seguros en las costas; y sabrán que yo soy el Señor.

7 'Mi santo nombre daré a conocer en medio de mi pueblo Israel, y nunca más permitiré que mi santo nombre sea profanado; y sabrán las naciones que yo soy el Señor, el Santo en Israel.

8 'He aquí que viene y se cumplirá'—declara el Señor Dios. 'Este es el día del cual he hablado.

9 'Entonces saldrán los habitantes de las ciudades de Israel y harán hogueras con las armas, y quemarán escudos, paveses, arcos y saetas, mazas y lanzas, y harán fuego con ellos durante siete años.

10 'No tomarán leña del campo ni la recogerán de los bosques, porque harán hogueras con las armas; despojarán a sus despojadores y saquearán a sus saqueadores'—declara el Señor Dios.

11 'Y sucederá en aquel día que daré a Gog un lugar para sepultura allí en Israel, el valle de los que pasan al oriente del mar, y cortaré el paso a los viajeros. Allí enterrarán a Gog con toda su multitud, y *lo* llamarán el valle de Hamón-gog.

12 'Durante siete meses la casa de Israel los estará enterrando para limpiar la tierra.

13 'Todo el pueblo de la tierra *los* enterrará; y será para ellos memorable el día en que yo me glorifique'—declara el Señor Dios.

14 'Y escogerán hombres que constantemente recorran la tierra y entierren a los que pasen, a los que queden sobre la superficie de la tierra, para limpiarla. Al cabo de siete meses harán un reconocimiento.

15 'Y cuando pasen los que recorran la tierra, el que vea un hueso humano, pondrá señal junto a él, hasta que los sepultureros lo entierren en el valle de Hamón-gog.

16 'Y el nombre de la ciudad será Hamona; y dejarán limpia la tierra.' "

17 En cuanto a ti, hijo de hombre, así dice el Señor Dios: "Di a toda clase de ave y a toda bestia del campo: 'Congregaos y venid, juntaos de todas partes al sacrificio que voy a preparar para vosotros, un gran sacrificio sobre los montes de Israel, y comeréis carne y beberéis sangre.

18 'Comeréis carne de poderosos y beberéis sangre de los príncipes de la tierra, *como si fueran* carneros, corderos, machos cabríos y toros, engordados todos en Basán.

19 'Comeréis grosura hasta que os hartéis, y beberéis sangre hasta que os embriaguéis, del sacrificio que he preparado para vosotros.

20 'Os hartaréis a mi mesa de caballos y jinetes, de poderosos y de todos los hombres de guerra'—declara el Señor Dios.

21 'Y pondré mi gloria entre las naciones; y todas

las naciones verán el juicio que he hecho y mi mano que he puesto sobre ellos.

22 'Y sabrá la casa de Israel que yo soy el SEÑOR su Dios desde ese día en adelante.

23 'Y sabrán las naciones que la casa de Israel fue al cautiverio por su iniquidad porque actuaron pérfidamente contra mí; escondí, pues, mi rostro de ellos, los entregué en manos de sus adversarios y todos ellos cayeron a espada.

24 'Conforme a su inmundicia y conforme a sus transgresiones, *así* los traté, y de ellos escondí mi rostro.' "

25 Por tanto, así dice el Señor DIOS: Ahora restauraré el bienestar de Jacob, y tendré misericordia de toda la casa de Israel, y me mostraré celoso de mi santo nombre.

26 Y ellos olvidarán su ignominia y todas las infidelidades que cometieron contra mí, cuando habiten seguros en su tierra sin que nadie *los* atemorice.

27 Cuando yo los traiga de entre los pueblos y los reúna de las tierras de sus enemigos, seré santificado en ellos ante los ojos de muchas naciones.

28 Entonces sabrán que yo soy el SEÑOR su Dios, porque los hice ir al cautiverio entre las naciones, y después los reuní *de nuevo* en su propia tierra, sin dejar allí a ninguno de ellos.

29 No les ocultaré más mi rostro, porque habré derramado mi Espíritu sobre la casa de Israel—declara el Señor DIOS.

Visión del templo futuro

40 En el año veinticinco de nuestro destierro, al principio del año, a los diez *días* del mes, catorce años después de haber sido tomada la ciudad, en aquel mismo día vino sobre mí la mano del SEÑOR, y me llevó allá.

2 En visiones de Dios, El me llevó a la tierra de Israel y me puso sobre un monte muy alto, sobre el cual, hacia el sur, *había* una construcción parecida a una ciudad.

3 Me llevó allá; y he aquí, *había allí* un hombre cuyo aspecto era semejante al bronce, con un cordel de lino y una caña de medir en la mano, y estaba de pie en la puerta.

4 Y el hombre me dijo: Hijo de hombre, mira con tus ojos, oye con tus oídos y presta atención a todo lo que te voy a mostrar; porque para mostrár*telo* has sido traído aquí. Declara todo lo que ves a la casa de Israel.

5 Y he aquí, por el exterior del templo *había* un muro, todo alrededor, y en la mano del hombre *había* una caña de medir de seis codos (*cada codo* de un codo y un palmo menor). Midió el espesor del muro, *y tenía* una caña; y la altura, una caña.

6 Entonces fue a la puerta que miraba al oriente, subió las gradas, y midió el umbral de la puerta, *y tenía* una caña de ancho, y el otro umbral, una caña de ancho.

7 La cámara *tenía* una caña de largo y una caña de ancho; y entre las cámaras *había* cinco codos; el umbral de la puerta junto al vestíbulo de la puerta hacia el interior *tenía* una caña *de fondo*.

8 Entonces midió el vestíbulo de la puerta, hacia el interior, *y tenía* una caña.

9 Midió el vestíbulo de la puerta, *y tenía* ocho codos, y sus pilares, dos codos. Y el vestíbulo de la puerta *estaba* hacia el interior.

10 Las cámaras de la puerta hacia el oriente *eran* tres por cada lado; las tres *tenían* la misma medida. Los pilares a cada lado *tenían* también la misma medida.

11 Midió la anchura del vestíbulo, *y tenía* diez codos, y la longitud de la puerta, trece codos.

12 Y *había* una barrera frente a las cámaras de un codo por un lado, y de un codo por el otro; *cada* cámara *tenía* seis codos por un lado y seis codos por el otro.

13 Midió la puerta desde el techo de una cámara al techo de la otra; una anchura de veinticinco codos desde una puerta hasta la puerta opuesta.

14 Midió también los pilares, *y tenía* sesenta codos *de altura*. El atrio alrededor de la puerta *se extendía* hasta el pilar lateral.

15 Y desde el frente de la puerta de entrada hasta el frente del vestíbulo de la puerta interior *había* cincuenta codos.

16 Y *había* ventanas estrechas *que daban* hacia las habitaciones, hacia sus pilares de dentro de la puerta por todo alrededor y asimismo para los pórticos. *Había* ventanas todo alrededor por dentro, y en *cada* pilar *había* figuras de palmeras.

17 Entonces me llevó al atrio exterior, y he aquí, *había* cámaras y un pavimento construido todo alrededor del atrio; treinta cámaras *daban* al pavimento.

18 El pavimento (*esto es*, el pavimento inferior) *estaba* al lado de las puertas, correspondiendo a la longitud de las puertas.

19 Midió el ancho desde el frente de la puerta inferior hasta el frente del atrio interior por fuera, *y tenía* cien codos al oriente y al norte.

20 Y *con respecto a* la puerta del atrio exterior que daba al norte, midió su longitud y su anchura.

21 Había tres cámaras en cada lado, y sus pilares y sus pórticos eran de la misma medida que la primera puerta. Su longitud *era* de cincuenta codos, y la anchura de veinticinco codos.

22 Sus ventanas, sus pórticos y sus figuras de palmeras *tenían* las mismas medidas de la puerta que daba al oriente; se subía a ella por siete gradas, y su pórtico *estaba* delante de ellas.

23 El atrio interior tenía una puerta frente a la puerta del norte así como también *a la puerta* del oriente; y midió cien codos de puerta a puerta.

24 Luego me llevó hacia el sur, y he aquí, *había* una puerta hacia el sur; y midió sus pilares y sus pórticos conforme a aquellas mismas medidas.

25 La puerta y sus pórticos tenían ventanas todo alrededor como las otras ventanas; la longitud *era* de cincuenta codos y la anchura de veinticinco codos.

26 Y *había* siete gradas para subir a ella, y sus pórticos *estaban* delante de ellas; y tenía figuras de palmeras sobre sus pilares, una a cada lado.

27 El atrio interior tenía una puerta hacia el sur; y midió de puerta a puerta hacia el sur, *y eran* cien codos.

28 Después me llevó al atrio interior por la puerta del sur, y midió la puerta del sur conforme a aquellas mismas medidas.

29 También sus cámaras, sus pilares y sus pórticos *eran* conforme a aquellas mismas

medidas. Y la puerta y sus pórticos tenían ventanas todo alrededor; *era* de cincuenta codos de largo y veinticinco codos de ancho.

30 Y *había* pórticos todo alrededor de veinticinco codos de largo y cinco codos de ancho.

31 Sus pórticos *daban* al atrio exterior; y *había* figuras de palmeras en sus pilares, y se subía *por* ocho gradas.

32 Entonces me llevó al atrio interior que daba al oriente, y midió la puerta conforme a aquellas mismas medidas.

33 También sus cámaras, sus pilares, y sus pórticos *eran* conforme a aquellas mismas medidas. Y la puerta y sus pórticos tenían ventanas todo alrededor; *era* de cincuenta codos de largo y veinticinco codos de ancho.

34 Y sus pórticos *daban* al atrio exterior; y *había* figuras de palmeras en sus pilares a cada lado, y se subía *por* ocho gradas.

35 Me llevó luego a la puerta del norte, y *la* midió conforme a aquellas mismas medidas,

36 *con* sus cámaras, sus pilares y sus pórticos. La puerta tenía ventanas todo alrededor; *era* de cincuenta codos de largo y veinticinco codos de ancho.

37 Sus pilares *daban* al atrio exterior; y *había* figuras de palmeras en sus pilares a cada lado, y se subía *por* ocho gradas.

38 *Había* una cámara con su entrada junto a los pilares de las puertas; allí lavaban el holocausto.

39 Y en el vestíbulo de la puerta *había* a cada lado dos mesas, en las cuales se degollaban el holocausto, la ofrenda por el pecado y la ofrenda por la culpa.

40 Y por el lado de afuera, conforme uno subía a la entrada de la puerta, hacia el norte, *había* dos mesas; y al otro lado del vestíbulo de la puerta *había* dos mesas.

41 *Había* cuatro mesas a un lado y cuatro mesas al otro lado, junto a la puerta: ocho mesas sobre las cuales degollaban *los sacrificios.*

42 Y para el holocausto *había* cuatro mesas de piedra labrada de un codo y medio de largo, un codo y medio de ancho y un codo de alto, sobre las cuales se colocaban los instrumentos con que degollaban el holocausto y el sacrificio.

43 Ganchos dobles, de un palmo menor de longitud, estaban colocados en el interior, todo alrededor; y sobre las mesas estaba la carne de la ofrenda.

44 Fuera de la puerta interior, en el atrio interior, *había* dos cámaras, *una de* las cuales *estaba* al lado de la puerta del norte con su fachada hacia el sur, *y* una al lado de la puerta del sur con *su* fachada hacia el norte.

45 Y él me dijo: Esta cámara cuya fachada da al sur, es para los sacerdotes encargados del templo;

46 y la cámara cuya fachada da al norte, es para los sacerdotes encargados del altar. Estos son los hijos de Sadoc, que, de los hijos de Leví, se acercan al SEÑOR para servirle.

47 Y midió el atrio, un cuadrado de cien codos de largo y cien codos de ancho; y el altar *estaba* delante del templo.

48 Me llevó después al pórtico del templo y midió *cada* pilar del pórtico, cinco codos por un lado y cinco por el otro; y la anchura de la

puerta, tres codos por un lado y tres codos por el otro.

49 La longitud del pórtico *era* de veinte codos y la anchura de once codos; y junto a las gradas por donde se subía a él, *había* columnas junto a los pilares, una a un lado y otra al otro.

41 Entonces me llevó a la nave y midió los pilares; seis codos de ancho por un lado y seis codos de ancho por el otro *era* la anchura de cada pilar.

2 Y la anchura de la entrada *era* de diez codos, y los lados de la entrada *eran* de cinco codos por un lado y cinco codos por el otro. Midió la longitud *de la nave y tenía* cuarenta codos, y la anchura, veinte codos.

3 Luego entró al interior y midió *cada* pilar de la entrada, *y tenían* dos codos, la entrada tenía seis codos de *altura*, y la anchura de la entrada, siete codos.

4 Midió su longitud *y tenía* veinte codos, y la anchura, veinte codos delante de la nave. Entonces él me dijo: Este es el *lugar* santísimo.

5 Después midió *la anchura* del muro del templo *y tenía* seis codos, y la anchura de las cámaras laterales, cuatro codos por todos los lados alrededor del templo.

6 Las cámaras laterales estaban superpuestas en tres pisos, treinta en cada piso; y las cámaras laterales se extendían hasta el muro que *estaba* en su lado interior, todo alrededor, para que fueran aseguradas sin que fueran aseguradas al muro del templo.

7 Las cámaras laterales alrededor *del templo* se ensanchaban en cada piso sucesivo. Debido a que *la estructura* alrededor del templo se ensanchaba por etapas por todos los lados del templo, la anchura del templo *aumentaba* según se subía. Así se podía subir del *piso* inferior al más alto por el *piso* intermedio.

8 También vi que el templo tenía todo alrededor una plataforma elevada; los cimientos de las cámaras laterales tenían *de alto* una caña entera de seis codos largos.

9 La anchura del muro exterior de las cámaras laterales *era* de cinco codos. Pero el espacio libre entre las cámaras laterales que pertenecían al templo

10 y las cámaras *exteriores era* de veinte codos de anchura por todos los lados alrededor del templo.

11 Y las entradas de las cámaras laterales que *daban* hacia el espacio libre consistían en *una* entrada hacia el norte y otra entrada hacia el sur; y la anchura del espacio libre *era* de cinco codos, todo alrededor.

12 El edificio que *estaba* enfrente de la zona separada, hacia el lado occidental, *tenía* setenta codos de ancho; y el muro del edificio *tenía* cinco codos de ancho, todo alrededor, y su longitud *era* de noventa codos.

13 Midió el templo *y tenía* cien codos de largo; la zona separada con el edificio y sus muros *tenían* también cien codos de largo.

14 La anchura del frente del templo y *la de* las zonas separadas a lo largo del *lado* oriental también *sumaban* cien codos.

15 Midió la longitud del edificio a lo largo del frente de la zona separada *que había* detrás de él, con una galería a cada lado, *y era* de cien codos;

también *midió* la nave interior y los pórticos del atrio.

16 Los umbrales, las ventanas con celosías y las galerías alrededor de sus tres pisos, frente al umbral, estaban recubiertos de madera todo alrededor, *desde* el suelo hasta las ventanas (mas las ventanas *estaban* cubiertas *con celosías*),

17 sobre la entrada, hasta el santuario interior y el exterior, y alrededor de todo el muro, por dentro y por fuera, *según sus* medidas.

18 Y *había* esculpidos querubines y palmeras; una palmera entre querubín y querubín, y cada querubín tenía dos caras:

19 cara de hombre hacia la palmera por un lado y cara de leoncillo hacia la palmera por el otro lado; estaban esculpidos alrededor de todo el templo.

20 Desde el suelo hasta encima de la entrada *había* esculpidos querubines y palmeras, así como *en* la pared de la nave.

21 Los postes de la nave eran cuadrados, también *los* del frente del santuario; el aspecto de uno *era* como el aspecto del otro.

22 El altar *era* de madera de tres codos de alto, y su longitud de dos codos; sus esquinas, su base y sus lados *eran* de madera. Y él me dijo: Esta es la mesa que está delante del Señor.

23 La nave y el santuario tenían puertas dobles.

24 Las puertas tenían dos hojas, dos hojas giratorias; dos hojas una puerta y dos la otra.

25 También estaban esculpidos en ellas, en las puertas de la nave, querubines y palmeras como los esculpidos en las paredes; y *había* un portal de madera en la fachada del vestíbulo por el exterior.

26 Y *había* ventanas con celosías y palmeras a uno y otro lado, a los dos lados del vestíbulo; así *eran* las cámaras laterales del templo y los umbrales.

42 Luego me sacó al atrio exterior, hacia el norte, y me llevó a la cámara que *estaba* frente a la zona separada y frente al edificio hacia el norte.

2 A lo largo de la longitud, *que era* de cien codos, *estaba* la puerta del norte; la anchura *era* de cincuenta codos.

3 Frente a los veinte *codos* del atrio interior, y frente al pavimento del atrio exterior, *había* una galería frente a la otra galería en los tres pisos.

4 Y delante de las cámaras *había* un corredor interior de diez codos de ancho, una vía de *cien* codos; y sus entradas *daban* al norte.

5 Las cámaras superiores *eran* más estrechas porque las galerías les quitaban más *espacio* que a las inferiores y a las intermedias del edificio.

6 Pues *estaban* en tres pisos y no tenían pilares como los pilares de los atrios; por tanto *las cámaras superiores* se estrechaban a partir del suelo más que las inferiores y las intermedias.

7 Y el muro exterior a lo largo de las cámaras, en dirección al atrio exterior frente a las cámaras, *tenía* cincuenta codos de largo.

8 Porque la longitud de las cámaras que *estaban* en el atrio exterior *era* de cincuenta codos; y *las que estaban* frente al templo *tenían* cien codos.

9 Y debajo de estas cámaras *estaba* la entrada del lado oriental, para entrar en ellas desde el atrio exterior.

10 A lo ancho del muro del atrio hacia el oriente, frente a la zona separada y frente al edificio, *había* cámaras.

11 Y el corredor delante de ellas *era* semejante al de las cámaras que *estaban* al norte; su longitud era igual a su anchura; y todas sus salidas, así como sus disposiciones y sus entradas, *eran iguales.*

12 Y correspondiendo a las entradas de las cámaras que daban hacia el sur, *había* una entrada al comienzo del corredor, el corredor frente al muro que daba al oriente, según se entra a ellas.

13 Entonces él me dijo: Las cámaras del norte y las cámaras del sur que están frente a la zona separada, son las cámaras santas donde los sacerdotes que están cerca del Señor, comerán las cosas santísimas. Allí pondrán las cosas santísimas, la ofrenda de cereal, la ofrenda por el pecado y la ofrenda por la culpa; porque el lugar es santo.

14 Cuando entren los sacerdotes allí, no saldrán al atrio exterior desde el santuario sin haber dejado las vestiduras con que ministran, porque son santas. Se pondrán otras vestiduras para poder acercarse a lo que es del pueblo.

15 Cuando acabó de medir el interior del templo, me sacó por el camino de la puerta que daba al oriente, y lo midió todo alrededor.

16 Midió el lado oriental con la caña de medir, y *tenía* alrededor quinientas cañas de la caña de medir.

17 Midió el lado norte con la caña de medir, y *tenía* alrededor quinientas cañas.

18 Al lado sur midió quinientas cañas con la caña de medir.

19 Se volvió al lado occidental y midió quinientas cañas con la caña de medir.

20 Por los cuatro lados lo midió; tenía un muro todo alrededor de quinientas *cañas* de largo y quinientas de ancho, para dividir entre lo sagrado y lo profano.

La gloria de Dios llena el templo

43 Entonces me llevó a la puerta, la puerta que mira hacia el oriente;

2 y he aquí, la gloria del Dios de Israel venía de la parte del oriente. Su voz *era* como el sonido de muchas aguas, y la tierra resplandecía de su gloria.

3 Y tenía el aspecto de la visión que vi, como la visión que había visto cuando Él vino a destruir la ciudad; y las visiones *eran* como la visión que yo había visto junto al río Quebar. Entonces me postré sobre mi rostro.

4 La gloria del Señor entró en el templo por el camino de la puerta que da hacia el oriente.

5 Y el Espíritu me levantó y me llevó al atrio interior, y he aquí, la gloria del Señor llenó el templo.

6 Y oí a uno que me hablaba desde el templo, mientras el hombre estaba de pie junto a mí,

7 y me dijo: Hijo de hombre, *este es* el lugar de mi trono, el lugar de las plantas de mis pies, donde habitaré entre los hijos de Israel para siempre. Y la casa de Israel no volverá a profanar mi santo nombre, ni ellos ni sus reyes, con sus prostituciones y con los cadáveres de sus reyes cuando mueran,

8 poniendo su umbral junto a mi umbral, y sus postes junto a mis postes con *sólo* un muro entre ellos y yo. Ellos han profanado mi santo nombre con las abominaciones que han cometido; por eso los he consumido en mi ira.

9 Que alejen ahora de mí sus prostituciones y los cadáveres de sus reyes, y yo habitaré entre ellos para siempre.

10 Y tú, hijo de hombre, describe el templo a la casa de Israel, para que se avergüencen de sus iniquidades, y tomen las medidas de *su* plano.

11 Y si se avergüenzan de todo lo que han hecho, enséñales el diseño del templo, su estructura, sus salidas, sus entradas, todos sus diseños, todos sus estatutos y todas sus leyes. Y escribe *esto* ante sus ojos para que guarden todas sus leyes y todos sus estatutos, y los cumplan.

12 Esta es la ley del templo: todo su territorio sobre la cumbre del monte por todo alrededor *será* santísimo. He aquí, ésta es la ley del templo.

13 Estas son las medidas del altar en codos (*cada codo de un codo y un palmo menor*): la base, un codo, el ancho, un codo; su reborde en la orilla por todo alrededor, un palmo. Y ésta *será* la altura del altar:

14 desde la base en el suelo hasta el zócalo inferior *será* de dos codos, por un codo de ancho; y desde el zócalo menor hasta el zócalo mayor *será* de cuatro codos, por un codo de ancho.

15 El hogar del altar *será* de cuatro codos, y del hogar del altar *se extenderán* hacia arriba cuatro cuernos.

16 El hogar del altar *será* de doce *codos* de largo por doce de ancho, cuadrado por sus cuatro lados.

17 Y el zócalo *será* de catorce *codos* de largo por catorce de ancho por sus cuatro lados; el borde alrededor *será* de medio codo, y su base, de un codo alrededor; sus gradas mirarán al oriente.

18 Y me dijo: Hijo de hombre, así dice el Señor DIOS: "Estos son los estatutos para el altar en el día que sea construido, para ofrecer holocaustos sobre él y para esparcir sobre él sangre.

19 "A los sacerdotes levitas que son de la descendencia de Sadoc, que se acercan a mí para servirme"—declara el Señor DIOS—"darás un novillo de la vacada para la ofrenda por el pecado.

20 "Y tomarás de su sangre y la pondrás sobre sus cuatro cuernos, en los cuatro ángulos del zócalo y en el borde todo alrededor; así lo limpiarás y harás expiación por él.

21 "Luego tomarás el novillo para la ofrenda por el pecado, y *será* quemado en el lugar señalado del templo, fuera del santuario.

22 "Al segundo día ofrecerás un macho cabrío sin defecto para la ofrenda por el pecado, y purificarás el altar como lo purificaron con el novillo.

23 "Cuando hayas terminado de purificar*lo*, ofrecerás un novillo sin defecto de la vacada y un carnero sin defecto del rebaño.

24 "Los ofrecerás delante del SEÑOR, y los sacerdotes echarán sal sobre ellos y los ofrecerán en holocausto al SEÑOR.

25 "Durante siete días prepararás diariamente un macho cabrío para la ofrenda por el pecado; también serán preparados un novillo de la vacada y un carnero sin defecto del rebaño.

26 "Durante siete días harán expiación por el altar y lo purificarán; así lo consagrarán.

27 "Cuando hayan terminado estos días, sucederá que del octavo día en adelante, los sacerdotes ofrecerán sobre el altar vuestros holocaustos y vuestras ofrendas de paz; y yo me complaceré en vosotros"—declara el Señor DIOS.

Deberes de los levitas y sacerdotes

44 Entonces me hizo volver por el camino de la puerta exterior del santuario que da hacia el oriente, y estaba cerrada.

2 Y el SEÑOR me dijo: Esta puerta estará cerrada; no se abrirá y nadie entrará por ella, porque el SEÑOR, Dios de Israel, ha entrado por ella; por eso permanecerá cerrada.

3 En cuanto al príncipe, él, como príncipe, se sentará allí para comer pan delante del SEÑOR; entrará por el camino del vestíbulo de la puerta y por el mismo camino saldrá.

4 Luego me llevó por el camino de la puerta del norte al frente del templo; miré, y he aquí, la gloria del SEÑOR llenaba la casa del SEÑOR, y me postré sobre mi rostro.

5 Y el SEÑOR me dijo: Hijo de hombre, pon atención, mira con tus ojos y oye con tus oídos todo lo que te digo acerca de todos los estatutos de la casa del SEÑOR y acerca de todas sus leyes; y fíjate bien en cuanto a la entrada del templo *y* a todas las salidas del santuario.

6 Y dirás a los rebeldes, a la casa de Israel: "Así dice el Señor DIOS: 'Son ya demasiadas todas vuestras abominaciones, oh casa de Israel,

7 cuando introdujisteis extranjeros, incircuncisos de corazón e incircuncisos de carne, para que estuvieran en mi santuario y profanaran mi casa; cuando *les* ofrecisteis mi alimento, la grosura y la sangre; invalidasteis, pues, mi pacto; *esto* además de todas vuestras abominaciones.

8 'No os habéis ocupado de guardar mis cosas sagradas, sino que habéis puesto *extranjeros* como guardas de mis ordenanzas en mi santuario.'

9 "Así dice el Señor DIOS: 'Ningún extranjero, incircunciso de corazón e incircunciso de carne, entrará en mi santuario; ninguno de los extranjeros que están entre los hijos de Israel.

10 'Y los levitas que se alejaron de mí cuando Israel se descarriaba, que se alejaron de mí tras sus ídolos, llevarán *el castigo por* su iniquidad.

11 'Serán servidores en mi santuario, encargados de las puertas del templo y servidores en el templo; ofrecerán el holocausto y el sacrificio para el pueblo, y estarán delante de ellos para servirles.

12 'Por cuanto les sirvieron delante de sus ídolos, y fueron tropezadero de iniquidad para la casa de Israel, por tanto he jurado contra ellos,'—declara el Señor DIOS—'que llevarán *el castigo por* su iniquidad.

13 'No se acercarán a mí para servirme de sacerdotes, ni se acercarán a ninguna de mis cosas santas, *ni* a las cosas santísimas, sino que cargarán su ignominia y las abominaciones que han cometido.

14 'Los pondré como guardas de las ordenanzas del templo, de todo su servicio y de todo lo que se ha de hacer en él.

15 'Pero los sacerdotes levitas, hijos de Sadoc,

que se ocupaban de guardar mi santuario cuando los hijos de Israel se alejaron de mí, se acercarán a mí para servirme, y estarán delante de mí para ofrecerme la grosura y la sangre'—declara el Señor Dios.

16 'Ellos entrarán en mi santuario, y se acercarán a mi mesa para servirme y guardar mis ordenanzas.

17 'Y cuando entren por las puertas del atrio interior, se pondrán vestiduras de lino; no se pondrán lana mientras estén sirviendo en las puertas del atrio interior y en el templo.

18 'Llevarán turbantes de lino sobre sus cabezas, y calzoncillos de lino sobre sus lomos; no se ceñirán de *nada que los haga* sudar.

19 'Cuando salgan al atrio exterior, al atrio exterior donde está el pueblo, se quitarán las vestiduras con que han estado sirviendo y las dejarán en las cámaras sagradas, y se pondrán otras vestiduras a fin de no santificar al pueblo con sus vestiduras.

20 'No se afeitarán la cabeza, ni se dejarán crecer el cabello; sólo se recortarán *el pelo de* su cabeza.

21 'Ningún sacerdote beberá vino cuando entre al atrio interior.

22 'No tomará por mujer ni a viuda ni a divorciada, sino que tomará a una virgen del linaje de la casa de Israel, o a una viuda que sea viuda de sacerdote.

23 'Enseñarán a mi pueblo a discernir entre lo sagrado y lo profano, y harán que ellos sepan *distinguir* entre lo inmundo y lo limpio.

24 'En un pleito actuarán como jueces; lo decidirán conforme a mis ordenanzas. También guardarán mis leyes y mis estatutos en todas mis fiestas señaladas, y santificarán mis días de reposo.

25 'No se acercarán a persona muerta para *no* contaminar*se;* pero por el padre, la madre, el hijo, la hija, el hermano, la hermana que no tenga marido, *sí* podrán contaminarse.

26 'Después de haberse purificado, se le contarán siete días.

27 'Y el día que entre en el santuario, en el atrio interior, para ministrar en el santuario, ofrecerá su ofrenda por el pecado'—declara el Señor Dios.

28 'Y con respecto a la heredad para ellos, yo soy su heredad; no les daréis posesión en Israel: yo soy su posesión.

29 'Comerán la ofrenda de cereal, la ofrenda por el pecado y la ofrenda por la culpa; toda cosa consagrada en Israel será de ellos.

30 'Y las primicias de todos los primeros frutos de todo, y de toda clase de ofrenda de vuestras ofrendas, serán para los sacerdotes; también daréis al sacerdote las primicias de vuestras masas para que haga reposar una bendición sobre vuestra casa.

31 'Los sacerdotes no comerán el cuerpo muerto o despedazado de ninguna ave ni de ningún animal.

Tierra para los sacerdotes

45 'Cuando repartáis por suertes la tierra en heredad, ofreceréis una parte al Señor, una porción sagrada de la tierra; la longitud será de veinticinco mil *codos,* y la anchura será de veinte mil. Será sagrada en toda su extensión alrededor.

2 'De ella se tomará para el santuario quinientos *codos* por quinientos, en cuadro alrededor, y un espacio abierto en derredor de cincuenta codos.

3 'Y de esta área medirás una longitud de veinticinco mil *codos,* y una anchura de diez mil; y en ella estará el santuario, el lugar santísimo.

4 'Esta será la *porción* consagrada de la tierra para los sacerdotes, ministros del santuario, que se acercan para ministrar al Señor; será un lugar para sus casas y un *lugar* sagrado para el santuario.

5 'Y un *área* de veinticinco mil *codos* de largo y de diez mil de ancho será para los levitas, ministros del templo, para su posesión, con ciudades donde habitar.

6 'Daréis a la ciudad en posesión *un área* de cinco mil codos de ancho y de veinticinco mil *codos* de largo junto a la parte reservada de la porción sagrada; *ésta* será para toda la casa de Israel.

7 'Y el príncipe tendrá *tierra* a ambos lados de la parte sagrada y de la propiedad de la ciudad, a lo largo de la parte sagrada y de la propiedad de la ciudad; por el lado occidental hacia el occidente y por el lado oriental hacia el oriente, *su* longitud corresponderá a una de las porciones, desde el límite occidental hasta el límite oriental.

8 'Esta tierra será su posesión en Israel; así mis príncipes no oprimirán más a mi pueblo, sino que darán *el resto* de la tierra a la casa de Israel según sus tribus.'

9 "Así dice el Señor Dios: 'Basta ya, príncipes de Israel; dejad la violencia y la destrucción, y practicad el derecho y la justicia. Acabad con las extorsiones que hacéis a mi pueblo'—declara el Señor Dios.

10 'Tendréis balanzas justas, efa justo y bato justo.

11 'El efa y el bato serán de la misma cantidad, de modo que el bato contenga un décimo del homer y el efa un décimo del homer; se les medirá de acuerdo con el homer.

12 'Y el siclo *será* de veinte geras. Veinte siclos, veinticinco siclos y quince siclos serán una mina para vosotros.

13 'Esta es la ofrenda que ofreceréis: la sexta parte de un efa por *cada* homer de trigo; la sexta parte de un efa por cada homer de cebada;

14 y la ordenanza para el aceite, para el bato de aceite, *será* la décima parte de un bato por *cada* coro; *éste equivale a* diez batos o un homer (porque diez batos son un homer);

15 'y una oveja por *cada* rebaño de doscientas de los abrevaderos de Israel, para la ofrenda de cereal, para el holocausto y para las ofrendas de paz, a fin de hacer expiación por ellos'—declara el Señor Dios.

16 'Todo el pueblo de la tierra contribuirá a esta ofrenda para el príncipe en Israel.

17 'Y al príncipe *le* corresponderá *proveer* los holocaustos, las ofrendas de cereal y las libaciones en las fiestas, en las lunas nuevas y en los días de reposo, en todas las fiestas señaladas de la casa de Israel. El proveerá la ofrenda por el pecado, la ofrenda de cereal, el holocausto y las

ofrendas de paz para hacer expiación por la casa de Israel.'

18"Así dice el Señor Dios: 'En el *mes* primero, el primer *día* del mes, tomarás de la vacada un novillo sin defecto y purificarás el santuario.

19 'Y el sacerdote tomará de la sangre de la ofrenda por el pecado y *la* pondrá sobre los postes de la puerta del templo, en los cuatro ángulos del zócalo del altar y sobre los postes de la puerta del atrio interior.

20 'Y así harás el *día* séptimo del mes para todo aquel que se desvíe o que sea ingenuo. Así haréis expiación por el templo.

21 'En el *mes* primero, a los catorce días del mes, será para vosotros la Pascua, fiesta de siete días; en ella se comerá el pan sin levadura.

22 'En ese día, el príncipe ofrecerá por sí mismo y por todo el pueblo de la tierra un novillo en ofrenda por el pecado.

23 'Y en los siete días de la fiesta ofrecerá en holocausto al Señor siete novillos y siete carneros sin defecto, cada día de los siete días, y en ofrenda por el pecado un macho cabrío cada día.

24 'Y proveerá como ofrenda de cereal un efa por novillo, un efa por carnero, y un hin de aceite por efa.

25 'En el *mes* séptimo, a los quince días del mes, en la fiesta, proveerá de igual manera por siete días para la ofrenda por el pecado, para el holocausto, para la ofrenda de cereal y para el aceite.'

46 "Así dice el Señor Dios: 'La puerta del atrio interior que mira al oriente estará cerrada los seis días de trabajo; pero se abrirá el día de reposo; también se abrirá el día de la luna nueva.

2 'Y el príncipe entrará desde el exterior por el camino del vestíbulo de la puerta y se detendrá junto al poste de la puerta. Entonces los sacerdotes ofrecerán su holocausto y sus ofrendas de paz, y él adorará junto al umbral de la puerta y luego saldrá, pero no se cerrará la puerta hasta la tarde.

3 'El pueblo de la tierra también adorará a la entrada de esa puerta delante del Señor los días de reposo y en las lunas nuevas.

4 'El holocausto que el príncipe ofrecerá al Señor el día de reposo *será* de seis corderos sin defecto y un carnero sin defecto;

5 y la ofrenda de cereal *será* de un efa por carnero, y la ofrenda de cereal con los corderos según lo que pueda dar, y un hin de aceite por efa.

6 'El día de la luna nueva *ofrecerá* un novillo sin defecto de la vacada, también seis corderos y un carnero, *que* serán sin defecto.

7 'Y proveerá una ofrenda de cereal, un efa por novillo y un efa por carnero, y con los corderos según lo que pueda, y un hin de aceite por efa.

8 'Y cuando el príncipe entre, entrará por el camino del vestíbulo de la puerta y saldrá por el mismo camino.

9 'Pero cuando el pueblo de la tierra venga delante del Señor en las fiestas señaladas, el que entre por la puerta del norte para adorar, saldrá por la puerta del sur, y el que entre por la puerta del sur, saldrá por la puerta del norte. Nadie saldrá por la puerta por la cual entró, sino que saldrá por el lado opuesto.

10 'Y cuando entren, el príncipe entrará en medio de ellos; y cuando ellos salgan, saldrá él.

11 'En los días festivos y en las fiestas señaladas la ofrenda de cereal será de un efa por novillo y de un efa por cordero, y con los corderos, según lo que pueda dar, y de un hin de aceite por efa.

12 'Y cuando el príncipe ofrezca una ofrenda voluntaria, un holocausto u ofrendas de paz *como* ofrenda voluntaria al Señor, le abrirán la puerta que da al oriente, y ofrecerá su holocausto y sus ofrendas de paz como lo hace en el día de reposo. Luego saldrá, y cerrarán la puerta después que él salga.

13 'Cada día ofrecerás un cordero de un año sin defecto para holocausto al Señor; mañana tras mañana lo ofrecerás.

14 'También con él ofrecerás cada mañana una ofrenda de cereal, la sexta parte de un efa y la tercera parte de un hin de aceite para humedecer la flor de harina; es la ofrenda continua de cereal al Señor como ordenanza perpetua.

15 'Ofrecerán, pues, el cordero, la ofrenda de cereal y el aceite, mañana tras mañana, como un holocausto continuo.'

16"Así dice el Señor Dios: 'Si de su heredad el príncipe hace un regalo a alguno de sus hijos, será para sus hijos; es posesión de ellos por heredad.

17 'Pero si de su heredad hace un regalo a uno de sus siervos, será de él hasta el año del jubileo; después volverá al príncipe. Su heredad *será* sólo de sus hijos; a ellos pertenecerá.

18 'Y el príncipe no tomará nada de la heredad del pueblo, despojándolos de su posesión; dará heredad a sus hijos de su propia posesión, para que ninguno de mi pueblo sea echado de su posesión.' "

19 Después me llevó por la entrada que *estaba* al lado de la puerta, a las cámaras sagradas de los sacerdotes que daban al norte; y he aquí, *había* allí un lugar al fondo, hacia el occidente.

20 Y me dijo: Este es el lugar donde los sacerdotes cocerán la ofrenda por la culpa y la ofrenda por el pecado, *y* donde cocerán la ofrenda de cereal, para que no tengan que sacar*las* al atrio exterior, y santifiquen *así* al pueblo.

21 Entonces me sacó al atrio exterior y me llevó por los cuatro ángulos del atrio; y he aquí, en cada ángulo del atrio *había* un atrio *pequeño*.

22 En los cuatro ángulos del atrio *había* atrios cercados, de cuarenta *codos* de largo y treinta de ancho; los cuatro *atrios* en los ángulos *tenían* una misma medida.

23 Y *había* un muro alrededor de ellos, alrededor de los cuatro, y debajo *había* fogones construidos alrededor de los muros.

24 Y me dijo: Estos son los fogones donde los servidores de la casa cocerán los sacrificios del pueblo.

El río del santuario

47 Después me hizo volver a la entrada del templo; y he aquí, brotaban aguas de debajo del umbral del templo hacia el oriente, porque la fachada del templo daba hacia el oriente. Y las aguas descendían de debajo, del lado derecho del templo, al sur del altar.

2 Me sacó por la puerta del norte y me hizo dar la vuelta por fuera hasta la puerta exterior, por *la*

puerta que da al oriente. Y he aquí, las aguas fluían del lado sur.

3 Cuando el hombre salió *hacia* el oriente con un cordel en la mano, midió mil codos, y me hizo pasar por las aguas, con el agua *hasta* los tobillos.

4 Midió *otros* mil, y me hizo pasar por las aguas, con el agua *hasta* las rodillas. De nuevo midió *otros* mil y me hizo pasar por *las aguas,* con el agua *hasta* la cintura.

5 Y midió *otros* mil; *y ya era* un río que yo no pude vadear, porque las aguas habían crecido, aguas *que tenían que pasarse* a nado, un río que no se podía vadear.

6 Entonces me dijo: ¿Has visto, hijo de hombre? Me llevó y me hizo volver a la orilla del río.

7 Y cuando volví, he aquí, en la orilla del río *había* muchísimos árboles a uno y otro lado.

8 Y me dijo: Estas aguas salen hacia la región oriental y descienden al Arabá; luego siguen hacia el mar y desembocan en el mar; entonces las aguas *del mar* quedan purificadas.

9 Y sucederá que dondequiera que pase el río, todo ser viviente que en él se mueve, vivirá. Y habrá muchísimos peces, porque estas aguas van allá, y *las otras* son purificadas; así vivirá todo por donde pase el río.

10 Y junto a él se pararán los pescadores, y desde En-gadi hasta En-eglaim habrá un lugar para tender las redes. Sus peces serán según sus especies, como los peces del mar Grande, numerosísimos.

11 Pero sus pantanos y marismas no serán purificados; serán dejados para salinas.

12 Junto al río, en su orilla, a uno y otro lado, crecerán toda *clase* de árboles *que den fruto* para comer. Sus hojas no se marchitarán, ni faltará su fruto. Cada mes darán fruto porque sus aguas fluyen del santuario; su fruto será para comer y sus hojas para sanar.

13 Así dice el Señor Dios: Estos *serán* los límites según los cuales repartiréis la tierra por heredad entre las doce tribus de Israel; José *tendrá* dos partes.

14 La repartiréis por heredad a cada uno en igual proporción que a su hermano; porque juré darla a vuestros padres, esta tierra os tocará en heredad.

15 Y estos *serán* los límites de la tierra: Por el lado norte, desde el mar Grande, camino de Hetlón, hasta la entrada de Zedad;

16 Hamat, Berota, Sibraim, que está entre el límite de Damasco y el límite de Hamat; Hazar-haticón, que está en el límite de Haurán.

17 Y el límite se extenderá desde el mar *hasta* Hazar-enán en el límite de Damasco, y en el norte, hacia el norte, al límite de Hamat; este es el lado norte.

18 Y por el lado oriental, entre Haurán, Damasco, Galaad y la tierra de Israel, al Jordán; mediréis desde el límite *norte* hasta el mar oriental; este es el lado oriental.

19 Y el lado sur, hacia el sur, *se extenderá* desde Tamar hasta las aguas de Meriba de Cades, *hacia* el torrente *de Egipto,* hasta el mar Grande; este es el lado sur, hacia el sur.

20 Y el lado occidental *será* el mar Grande, desde el límite *sur* hasta enfrente de Lebo-hamat; este es el lado occidental.

21 Repartiréis, pues, esta tierra entre vosotros según las tribus de Israel.

22 La sortearéis como heredad entre vosotros y entre los forasteros que residen en medio de vosotros *y* que hayan engendrado hijos entre vosotros. Y serán para vosotros como nativos entre los hijos de Israel; se les sorteará herencia con vosotros entre las tribus de Israel.

23 En la tribu en la cual el forastero resida, allí *le* daréis su herencia—declara el Señor Dios.

48 Estos son los nombres de las tribus: desde el extremo norte, junto al camino de Hetlón a Lebo-hamat, hasta Hazar-enán *en* el límite de Damasco al norte, junto a Hamat, desde el lado oriental hasta el occidental: Dan, una *parte.*

2 Junto al límite de Dan, desde el lado oriental hasta el lado occidental: Aser, una *parte.*

3 Junto al límite de Aser, desde el lado oriental hasta el lado occidental: Neftalí, una *parte.*

4 Junto al límite de Neftalí, desde el lado oriental hasta el lado occidental: Manasés, una *parte.*

5 Junto al límite de Manasés, desde el lado oriental hasta el lado occidental: Efraín, una *parte.*

6 Junto al límite de Efraín, desde el lado oriental hasta el lado occidental: Rubén, una *parte.*

7 Junto al límite de Rubén, desde el lado oriental hasta el lado occidental: Judá, una *parte.*

8 Y junto al límite de Judá, desde el lado oriental hasta el lado occidental estará la porción que separaréis, de veinticinco mil *codos* de ancho, y de largo como una de las *demás* partes, desde el lado oriental hasta el lado occidental; y el santuario estará en medio de ella.

9 La porción que separaréis para el Señor *será de* veinticinco mil *codos* de largo y diez mil de ancho.

10 Y la porción sagrada será para éstos, *es decir,* para los sacerdotes, hacia el norte, de veinticinco mil *codos de largo,* hacia el occidente de diez mil de ancho, hacia el oriente de diez mil de ancho, y hacia el sur de veinticinco mil de largo; y el santuario del Señor estará en medio de ella.

11 *Esta será* para los sacerdotes santificados de los hijos de Sadoc, que han guardado mi ordenanza, que no se descarriaron cuando los hijos de Israel se descarriaron, como se descarriaron los levitas.

12 Y será para ellos una porción de la porción de la tierra, un lugar santísimo, junto al límite de los levitas.

13 A lo largo del límite de los sacerdotes, los levitas *tendrán* veinticinco mil *codos* de largo y diez mil de ancho. La longitud total *será de* veinticinco mil *codos* y la anchura de diez mil.

14 No venderán nada de ella ni la cambiarán, ni cederán esta porción escogida de la tierra, porque es consagrada para el Señor.

15 El resto de cinco mil *codos* de ancho y de veinticinco mil de largo será para uso común de la ciudad, para viviendas y para pastizales; y la ciudad estará en medio de ella.

16 Y éstas *serán* sus medidas: al lado norte, cuatro mil quinientos *codos,* al lado sur, cuatro mil quinientos *codos,* al lado oriental, cuatro mil

quinientos *codos,* y al lado occidental, cuatro mil quinientos *codos.*

17 Y la ciudad tendrá pastizales: al norte, doscientos cincuenta *codos,* al sur, doscientos cincuenta *codos,* al oriente, doscientos cincuenta *codos,* y al occidente, doscientos cincuenta *codos.*

18 Lo que quede de la longitud a lo largo de la porción sagrada *será* de diez mil *codos* hacia el oriente y de diez mil hacia el occidente; y estará a lo largo de la porción sagrada. Y sus productos servirán de alimento para los trabajadores de la ciudad.

19 Y los trabajadores de la ciudad, de todas las tribus de Israel, la cultivarán.

20 Toda la porción *será de* veinticinco mil *codos* por veinticinco mil; separaréis la porción sagrada, un cuadrado, junto con la propiedad de la ciudad.

21 Y lo que quede *será* para el príncipe, a uno y otro lado de la porción santa y de la propiedad de la ciudad; a lo largo de los veinticinco mil *codos* de la porción hasta el límite oriental y hacia el occidente enfrente de los veinticinco mil, hacia el límite occidental, a lo largo de las partes, *será* para el príncipe. Y la porción sagrada y el santuario del templo estarán en medio de ella.

22 Y excluyendo la propiedad de los levitas y la propiedad de la ciudad *que* están en medio de lo que pertenece al príncipe, *todo lo que* está entre el límite de Judá y el límite de Benjamín, será para el príncipe.

23 En cuanto a las demás tribus, desde el lado oriental hasta el lado occidental: Benjamín, una *parte.*

24 Junto al límite de Benjamín, desde el lado oriental hasta el lado occidental: Simeón, una *parte.*

25 Junto al límite de Simeón, desde el lado oriental hasta el lado occidental: Isacar, una *parte.*

26 Junto al límite de Isacar, desde el lado oriental hasta el lado occidental: Zabulón, una *parte.*

27 Y junto al límite de Zabulón, desde el lado oriental hasta el lado occidental: Gad, una *parte.*

28 Y junto al límite de Gad, al lado sur, hacia el sur, el límite será desde Tamar hasta las aguas de Meriba de Cades, hacia el torrente *de Egipto* hasta el mar Grande.

29 Esta es la tierra que sorteáis como herencia para las tribus de Israel, y éstas serán sus porciones—declara el Señor Dios.

30 Y estas son las salidas de la ciudad: al lado norte, cuatro mil quinientos *codos* por medida.

31 Las puertas de la ciudad llevarán los nombres de las tribus de Israel; tres puertas al norte: la puerta de Rubén, una; la puerta de Judá, otra; la puerta de Leví, otra.

32 Al lado oriental, cuatro mil quinientos *codos,* y tres puertas: la puerta de José, una; la puerta de Benjamín, otra; la puerta de Dan, otra.

33 Al lado sur, cuatro mil quinientos *codos* por medida, y tres puertas: la puerta de Simeón, una; la puerta de Isacar, otra; la puerta de Zabulón, otra.

34 Y al lado occidental, cuatro mil quinientos *codos y* sus tres puertas: la puerta de Gad, una; la puerta de Aser, otra; la puerta de Neftalí, otra.

35 *La ciudad tendrá* dieciocho mil *codos* en derredor; y el nombre de la ciudad desde *ese* día *será:* el Señor está allí.

Libro de DANIEL

Daniel y sus compañeros en la corte de Nabucodonosor

1 En el año tercero del reinado de Joacim, rey de Judá, vino Nabucodonosor, rey de Babilonia, a Jerusalén y la sitió.

2 Y el Señor entregó en sus manos a Joacim, rey de Judá, y algunos de los utensilios de la casa de Dios; los llevó a la tierra de Sinar, a la casa de su dios, colocando los utensilios en la casa del tesoro de su dios.

3 Entonces el rey mandó a Aspenaz, jefe de sus oficiales, que trajera de los hijos de Israel *a algunos* de la familia real y de los nobles,

4 jóvenes en quienes no hubiera defecto alguno, de buen parecer, inteligentes en toda *rama del* saber, dotados de entendimiento y habilidad para discernir y que tuvieran la capacidad para servir en el palacio del rey; y *le mandó* que les enseñara la escritura y la lengua de los caldeos.

5 El rey les asignó una ración diaria de los manjares del rey y del vino que él bebía, y *mandó* que los educaran por tres años, al cabo de los cuales entrarían al servicio del rey.

6 Entre éstos estaban Daniel, Ananías, Misael y Azarías, de los hijos de Judá.

7 Y el jefe de los oficiales les puso *nuevos* nombres: a Daniel le puso Beltsasar; a Ananías, Sadrac; a Misael, Mesac; y a Azarías, Abed-nego.

8 Se propuso Daniel en su corazón no contaminarse con los manjares del rey ni con el vino que él bebía, y pidió al jefe de los oficiales que *le permitiera* no contaminarse.

9 Dios concedió a Daniel hallar favor y gracia ante el jefe de los oficiales,

10 y el jefe de los oficiales dijo a Daniel: Temo a mi señor el rey, porque él ha asignado vuestra comida y vuestra bebida; ¿por qué ha de ver vuestros rostros más macilentos que los de los *demás* jóvenes de vuestra edad? Así pondríais en peligro mi cabeza ante el rey.

11 Pero Daniel dijo al mayordomo a quien el jefe de los oficiales había nombrado sobre Daniel, Ananías, Misael y Azarías:

12 Te ruego que pongas a prueba a tus siervos por diez días, y que nos den legumbres para comer y agua para beber.

13 Que se compare después nuestra apariencia en tu presencia con la apariencia de los jóvenes que comen los manjares del rey, y haz con tus siervos según lo que veas.

14 Los escuchó, pues, en esto y los puso a prueba por diez días.

15 Al cabo de los diez días su aspecto parecía mejor y estaban más rollizos que todos los jóvenes que habían estado comiendo los manjares del rey.

16 Así que el mayordomo siguió suprimiendo los manjares y el vino que debían beber, y les daba legumbres.

17 A estos cuatro jóvenes Dios les dio conocimiento e inteligencia en toda *clase de* literatura y sabiduría; además Daniel entendía toda *clase de* visiones y sueños.

18 Al cabo de los días que el rey había fijado para que fueran presentados, el jefe de los oficiales los trajo ante Nabucodonosor.

19 El rey habló con ellos, y de entre todos ellos no se halló ninguno como Daniel, Ananías, Misael y Azarías; entraron, pues, al servicio del rey.

20 Y en todo asunto de sabiduría y conocimiento que el rey les consultó, los encontró diez veces superiores a todos los magos[1] y encantadores que *había* en todo su reino.

21 Daniel estuvo *allí* hasta el año primero del rey Ciro.

El sueño del rey

2 En el año segundo del reinado de Nabucodonosor, éste tuvo sueños, y se turbó su espíritu y no podía dormir.

2 Mandó llamar el rey a los magos, los encantadores, los hechiceros y a los caldeos[2], para que le explicaran al rey sus sueños. Vinieron, pues, y se presentaron ante el rey.

3 Y el rey les dijo: He tenido un sueño, y mi espíritu se ha turbado por *el deseo de* entender el sueño.

4 Y hablaron los caldeos al rey en arameo: ¡Oh rey, vive para siempre! Cuenta el sueño a tus siervos, y nosotros te declararemos la interpretación.

5 El rey respondió y dijo a los caldeos: Mis órdenes son firmes: si no me dais a conocer el sueño y su interpretación, seréis descuartizados y vuestras casas serán reducidas a escombros.

6 Pero si me declaráis el sueño y su interpretación, recibiréis de mí regalos, recompensas y grandes honores; por tanto, declaradme el sueño y su interpretación.

7 Respondieron ellos por segunda vez, y dijeron: Refiera el rey su sueño a sus siervos, y declararemos la interpretación.

8 Respondió el rey, y dijo: Ciertamente sé que queréis ganar tiempo, porque veis que mis órdenes son firmes,

9 que si no me declaráis el sueño, hay una sola sentencia para vosotros. Porque os habéis concertado para hablar delante de mí palabras falsas y perversas hasta que cambie la situación. Por tanto, decidme el sueño para que yo sepa que me podéis dar su interpretación.

10 Los caldeos respondieron al rey, y dijeron: No hay hombre sobre la tierra que pueda declarar el asunto al rey, puesto que ningún gran rey o gobernante *jamás* ha pedido cosa semejante a ningún mago, encantador o caldeo.

11 Lo que el rey demanda es difícil y no hay nadie que lo pueda declarar al rey sino los dioses cuya morada no está entre los hombres.

12 A causa de esto el rey se indignó y se enfureció en gran manera y mandó matar a todos los sabios de Babilonia.

13 Y se publicó el decreto de que mataran a todos los sabios; buscaron también a Daniel y a sus amigos para matar*los*.

14 Entonces Daniel habló con discreción y sensatez a Arioc, capitán de la guardia del rey, que había salido para matar a los sabios de Babilonia;

15 habló y dijo a Arioc, capitán del rey: ¿Por qué es *tan* riguroso el decreto del rey? Entonces Arioc informó a Daniel sobre el asunto.

16 Y Daniel fue a pedirle al rey que le diera tiempo para declarar la interpretación al rey.

17 Entonces Daniel fue a su casa e informó el asunto a sus amigos Ananías, Misael y Azarías,

18 para que pidieran misericordia del Dios del cielo acerca de este misterio, a fin de que no perecieran Daniel y sus amigos con el resto de los sabios de Babilonia.

19 Entonces el misterio fue revelado a Daniel en una visión de noche. Daniel entonces bendijo al Dios del cielo.

20 Daniel habló, y dijo:
Sea el nombre de Dios bendito por los siglos de los siglos,
porque la sabiduría y el poder son de El.

21 El es quien cambia los tiempos y las edades;
quita reyes y pone reyes;
da sabiduría a los sabios,
y conocimiento a los entendidos.

22 El es quien revela lo profundo y lo escondido;
conoce lo que está en tinieblas,
y la luz mora con El.

23 A ti, Dios de mis padres, doy yo gracias y alabo,
porque me has dado sabiduría y poder,
y ahora me has revelado lo que te habíamos pedido,
pues el asunto del rey nos has dado a conocer.

24 Después fue Daniel adonde *estaba* Arioc, a quien el rey había designado para dar muerte a los sabios de Babilonia. Fue y le habló así: No des muerte a los sabios de Babilonia; llévame ante el rey, y declararé al rey la interpretación.

25 Entonces Arioc se apresuró a llevar a Daniel ante el rey, y le dijo así: He hallado a un hombre entre los deportados de Judá que dará a conocer al rey la interpretación.

26 El rey respondió, y dijo a Daniel, a quien llamaban Beltsasar: ¿Eres tú capaz de darme a conocer el sueño que he visto y su interpretación?

27 Respondió Daniel ante el rey, y dijo: En cuanto al misterio que el rey quiere saber, no *hay* sabios, encantadores, magos *ni* adivinos que puedan declarar*lo* al rey.

28 Pero hay un Dios en el cielo que revela los misterios, y El ha dado a conocer al rey Nabucodonosor lo que sucederá al fin de los días. Tu sueño y las visiones que has tenido en tu cama eran éstos:

29 A ti, oh rey, en tu cama te surgieron pensamientos sobre lo que habrá de suceder en el futuro, y el que revela los misterios te ha dado a conocer lo que sucederá.

30 En cuanto a mí, me ha sido revelado este

---

1. O, *sacerdotes adivinos* 2. O, *astrólogos*, y así en el resto del cap.

misterio, no porque yo tenga más sabiduría que cualquier *otro* viviente, sino con el fin de dar a conocer al rey la interpretación, y para que tú entiendas los pensamientos de tu corazón.

31 Tú, oh rey, tuviste una visión, y he aquí, *había* una gran estatua; esa estatua *era* enorme y su brillo extraordinario; estaba en pie delante de ti y su aspecto *era* terrible.

32 La cabeza de esta estatua *era* de oro puro, su pecho y sus brazos de plata, y su vientre y sus muslos de bronce,

33 sus piernas de hierro, sus pies en parte de hierro y en parte de barro.

34 Estuviste mirando hasta que una piedra fue cortada sin ayuda de manos, y golpeó la estatua en sus pies de hierro y de barro, y los desmenuzó.

35 Entonces fueron desmenuzados, todos a la vez, el hierro, el barro, el bronce, la plata y el oro; quedaron como el tamo de las eras en verano, y el viento se los llevó sin que quedara rastro alguno de ellos. Y la piedra que había golpeado la estatua se convirtió en un gran monte que llenó toda la tierra.

36 Este es el sueño; ahora diremos ante el rey su interpretación.

37 Tú, oh rey, eres rey de reyes, a quien el Dios del cielo ha dado el reino, el poder, la fuerza y la gloria;

38 y dondequiera que habiten los hijos de los hombres, las bestias del campo o las aves del cielo, El los ha entregado en tu mano y te ha hecho soberano de todos ellos; tú eres la cabeza de oro.

39 Después de ti se levantará otro reino, inferior a ti, y luego un tercer reino, de bronce, que gobernará sobre toda la tierra.

40 Y habrá un cuarto reino, tan fuerte como el hierro; y así como el hierro desmenuza y destroza todas las cosas, como el hierro que tritura, así él desmenuzará y triturará a todos éstos.

41 Y lo que viste, los pies y los dedos, parte de barro de alfarero y parte de hierro, será un reino dividido; pero tendrá la solidez del hierro, ya que viste el hierro mezclado con barro corriente.

42 Y *así como* los dedos de los pies *eran* parte de hierro y parte de barro cocido, *así* parte del reino será fuerte y parte será frágil.

43 En cuanto al hierro mezclado con barro corriente que has visto, se mezclarán mediante simiente humana; pero no se unirán el uno con el otro, como no se mezcla el hierro con el barro.

44 En los días de estos reyes, el Dios del cielo levantará un reino que jamás será destruido, y *este* reino no será entregado a otro pueblo; desmenuzará y pondrá fin a todos aquellos reinos, y él permanecerá para siempre,

45 tal como viste que una piedra fue cortada del monte sin *ayuda de* manos y que desmenuzó el hierro, el bronce, el barro, la plata y el oro. El gran Dios ha hecho saber al rey lo que sucederá en el futuro. Así, pues, el sueño es verdadero y la interpretación fiel.

46 Entonces el rey Nabucodonosor cayó sobre su rostro, se postró ante Daniel, y ordenó que le ofrecieran presentes e incienso.

47 El rey habló a Daniel, y dijo: En verdad que vuestro Dios es Dios de dioses, Señor de reyes y revelador de misterios, ya que tú has podido revelar este misterio.

48 Entonces el rey engrandeció a Daniel y le dio muchos y espléndidos regalos, y le hizo gobernador sobre toda la provincia de Babilonia y jefe supremo sobre todos los sabios de Babilonia.

49 Por solicitud de Daniel, el rey puso sobre la administración de la provincia de Babilonia a Sadrac, Mesac y a Abed-nego, mientras que Daniel *quedó* en la corte del rey.

La imagen de oro

3 El rey Nabucodonosor hizo una estatua de oro cuya altura *era* de sesenta codos *y* su anchura de seis codos; la levantó en el llano de Dura, en la provincia de Babilonia.

2 Y el rey Nabucodonosor mandó reunir a los sátrapas, prefectos y gobernadores, los consejeros, tesoreros, jueces, magistrados y todos los gobernantes de las provincias para que vinieran a la dedicación de la estatua que el rey Nabucodonosor había levantado.

3 Entonces se reunieron los sátrapas, prefectos y gobernadores, los consejeros, tesoreros, jueces, magistrados y todos los gobernantes de las provincias para la dedicación de la estatua que el rey Nabucodonosor había levantado; y *todos* estaban de pie delante de la estatua que Nabucodonosor había levantado.

4 Y el heraldo proclamó con fuerza: Se os ordena a vosotros, pueblos, naciones y lenguas,

5 que en el momento en que oigáis el sonido del cuerno, la flauta, la lira, el arpa, el salterio, la gaita y toda clase de música, os postréis y adoréis la estatua de oro que el rey Nabucodonosor ha levantado;

6 pero el que no se postre y adore, será echado inmediatamente en un horno de fuego ardiente.

7 Por tanto, en el momento en que todos los pueblos oyeron el sonido del cuerno, la flauta, la lira, el arpa, el salterio, la gaita y toda clase de música, todos los pueblos, naciones y lenguas se postraron y adoraron la estatua de oro que el rey Nabucodonosor había levantado.

8 Sin embargo en aquel tiempo algunos caldeos se presentaron y acusaron a los judíos.

9 Hablaron y dijeron al rey Nabucodonosor: ¡Oh rey, vive para siempre!

10 Tú, oh rey, has proclamado un decreto de que todo hombre que oiga el sonido del cuerno, la flauta, la lira, el arpa, el salterio, la gaita y toda clase de música, se postre y adore la estatua de oro,

11 y el que no se postre y adore, será echado en un horno de fuego ardiente.

12 *Pero* hay algunos judíos a quienes has puesto sobre la administración de la provincia de Babilonia, *es decir*, Sadrac, Mesac y Abed-nego, estos hombres, oh rey, no te hacen caso; no sirven a tus dioses ni adoran la estatua de oro que has levantado.

13 Entonces Nabucodonosor, enojado y furioso, dio orden de traer a Sadrac, Mesac y Abed-nego; estos hombres, pues, fueron conducidos ante el rey.

14 Habló Nabucodonosor y les dijo: ¿Es verdad Sadrac, Mesac y Abed-nego que no servís a mis dioses ni adoráis la estatua de oro que he levantado?

15 ¿Estáis dispuestos ahora, para que cuando oigáis el sonido del cuerno, la flauta, la lira, el arpa, el salterio, la gaita y toda clase de música, os postréis y adoréis la estatua que he hecho? Porque si no *la* adoráis, inmediatamente seréis echados en un horno de fuego ardiente; ¿y qué dios será el que os libre de mis manos?

16 Sadrac, Mesac y Abed-nego respondieron y dijeron al rey Nabucodonosor: No necesitamos darte una respuesta acerca de este asunto.

17 Ciertamente nuestro Dios a quien servimos puede librarnos del horno de fuego ardiente; y de tu mano, oh rey, nos librará.

18 Pero si no *lo hace*, has de saber, oh rey, que no serviremos a tus dioses ni adoraremos la estatua de oro que has levantado.

19 Entonces Nabucodonosor se llenó de furor, y demudó su semblante contra Sadrac, Mesac y Abed-nego. Respondió ordenando que se calentara el horno siete veces más de lo que se acostumbraba calentar.

20 Y mandó que algunos valientes guerreros de su ejército ataran a Sadrac, Mesac y Abed-nego, *y los* echaran en el horno de fuego ardiente.

21 Entonces estos hombres fueron atados y arrojados con sus mantos, sus túnicas, sus gorros y sus *otras* ropas en el horno de fuego ardiente.

22 Como la orden del rey era apremiante y el horno había sido calentado excesivamente, la llama del fuego mató a los que habían alzado a Sadrac, Mesac y Abed-nego.

23 Pero estos tres hombres, Sadrac, Mesac y Abed-nego cayeron, atados, en medio del horno de fuego ardiente.

24 Entonces el rey Nabucodonosor se espantó, y levantándose apresuradamente preguntó a sus altos oficiales: ¿No eran tres los hombres que echamos atados en medio del fuego? Ellos respondieron y dijeron al rey: Ciertamente, oh rey.

25 *El rey* respondió y dijo: ¡Mirad! Veo a cuatro hombres sueltos que se pasean en medio del fuego sin sufrir daño alguno, y el aspecto del cuarto es semejante al de un hijo de los dioses.

26 Entonces Nabucodonosor se acercó a la puerta del horno de fuego ardiente y dijo: Sadrac, Mesac y Abed-nego, siervos del Dios Altísimo, salid y venid acá. Entonces Sadrac, Mesac y Abed-nego salieron de en medio del fuego.

27 Y los sátrapas, los prefectos, los gobernadores y los altos oficiales del rey se reunieron para ver a estos hombres, cómo el fuego no había tenido efecto alguno sobre sus cuerpos, ni el cabello de sus cabezas se había chamuscado, ni sus mantos habían sufrido daño alguno, ni *aun* olor del fuego había quedado en ellos.

28 Habló Nabucodonosor y dijo: Bendito sea el Dios de Sadrac, Mesac y Abed-nego que ha enviado a su ángel y ha librado a sus siervos que, confiando en El, desobedecieron la orden del rey y entregaron sus cuerpos antes de servir y adorar a ningún *otro* dios excepto a su Dios.

29 Por tanto, proclamo un decreto de que todo pueblo, nación o lengua que diga blasfemia contra el Dios de Sadrac, Mesac y Abed-nego sea descuartizado y sus casas reducidas a escombros, ya que no hay otro dios que pueda librar de esta manera.

30 Entonces el rey hizo prosperar a Sadrac, Mesac y Abed-nego en la provincia de Babilonia.

Sueño y locura de Nabucodonosor

4 Nabucodonosor, rey, a todos los pueblos, naciones y lenguas que habitan en toda la tierra: Que abunde vuestra paz.

2 Me ha parecido bien declarar las señales y maravillas que ha hecho conmigo el Dios Altísimo.

3 ¡Cuán grandes son sus señales,
y cuán poderosas sus maravillas!
Su reino es un reino eterno,
y su dominio de generación en generación.

4 Yo, Nabucodonosor, estaba tranquilo en mi casa y próspero en mi palacio.

5 Tuve un sueño que me hizo temblar; y *estas* fantasías, *estando* en mi cama, y las visiones de mi mente me aterraron.

6 Por lo cual di órdenes que trajeran ante mí a todos los sabios de Babilonia para que me dieran a conocer la interpretación del sueño.

7 Entonces vinieron los magos, los encantadores, los caldeos y los adivinos y les conté el sueño; pero no pudieron darme su interpretación.

8 Pero al fin vino ante mí Daniel, cuyo nombre es Beltsasar, como el nombre de mi dios, en quien está el espíritu de los dioses santos[1], y yo le conté el sueño, *diciendo:*

9 "Oh Beltsasar, jefe de los magos, ya que sé que en ti está el espíritu de los dioses santos y que ningún misterio te confunde, decláreme las visiones del sueño que he visto, y su interpretación.

10 "Y las visiones de mi mente, que vi *estando* en mi cama, fueron así:
Vi un árbol en medio de la tierra,
cuya altura *era* muy grande.

11 "El árbol creció y se hizo fuerte,
su copa llegaba hasta el cielo,
y *era* visible desde los confines de la tierra.

12 "Su follaje *era* hermoso y su fruto abundante,
y en él *había* alimento para todos.
Debajo de él hallaban sombra las bestias del campo,
las aves del cielo hacían morada en sus ramas,
y de él se alimentaban todos los seres vivientes.

13 "En las visiones de mi mente que vi *estando* en mi cama, he aquí, un vigilante, un santo, descendió del cielo.

14 "Clamando fuertemente, dijo así:
'Derribad el árbol, cortad sus ramas,
arrancad su follaje, desparramad su fruto;
huyan las bestias que están debajo de él,
y las aves de sus ramas.

15 'Pero dejad en tierra el tocón con sus raíces,
con ataduras de hierro y bronce
entre la hierba del campo;
que se empape con el rocío del cielo,
y comparta con las bestias la hierba de la tierra.

16 'Sea cambiado su corazón de hombre,
y séale dado corazón de bestia,
y pasen sobre él siete tiempos.

17 'Esta sentencia es por decreto de los vigilantes,
y la orden es por decisión de los santos,
con el fin de que sepan los vivientes

1. O posiblemente, *el espíritu del Dios santo,* y así en el resto del cap.

que el Altísimo domina sobre el reino de los
hombres,
y se lo da a quien le place,
y pone sobre él al más humilde de los
hombres'.

18"Este es el sueño *que* yo, el rey Nabucodonosor, he tenido. Y tú, Beltsasar, di*me* su interpretación, ya que ninguno de los sabios de mi reino ha podido darme a conocer su interpretación; pero tú puedes, porque el espíritu de los dioses santos está en ti."

19 Entonces Daniel, a quien llamaban Beltsasar, se quedó atónito por un momento, y le turbaron sus pensamientos. El rey habló, y dijo: "Beltsasar, no dejes que el sueño ni su interpretación te turben." Beltsasar respondió, y dijo: "Señor mío; sea el sueño para los que te odian, y su interpretación para tus adversarios.

20"El árbol que viste, que se hizo fuerte y corpulento, cuya copa llegaba hasta el cielo y que era visible en toda la tierra,

21 y cuyo follaje *era* hermoso y su fruto abundante, y en el que había alimento para todos, debajo del cual moraban las bestias del campo y en cuyas ramas anidaban las aves del cielo,

22 eres tú, oh rey, que te has hecho grande y fuerte, y tu grandeza ha crecido y ha llegado hasta el cielo, y tu dominio hasta los confines de la tierra.

23"Y en cuanto al vigilante, al santo que el rey vio, que descendía del cielo y decía: 'Derribad el árbol y destruidlo, pero dejad el tocón con sus raíces en la tierra, con ataduras de hierro y bronce en la hierba del campo, y que se empape con el rocío del cielo, y que comparta con las bestias del campo, hasta que pasen sobre él siete tiempos,'

24 esta es la interpretación, oh rey, y este es el decreto del Altísimo que ha venido sobre mi señor el rey:

25 Serás echado de entre los hombres, y tu morada estará con las bestias del campo, y te darán hierba para comer como al ganado, y serás empapado con el rocío del cielo; y siete tiempos pasarán sobre ti, hasta que reconozcas que el Altísimo domina sobre el reino de los hombres y que lo da a quien le place.

26"Y en cuanto a la orden de dejar el tocón con las raíces del árbol, tu reino te será afirmado después que reconozcas que es el Cielo *el que* gobierna.

27"Por tanto, oh rey, que mi consejo te sea grato: pon fin a tus pecados *haciendo* justicia, y a tus iniquidades mostrando misericordia a los pobres; quizás sea prolongada tu prosperidad."

28 Todo *esto* le sucedió al rey Nabucodonosor.

29 Doce meses después, paseándose por la azotea del palacio real de Babilonia,

30 el rey reflexionó, y dijo: "¿No es ésta la gran Babilonia que yo he edificado como residencia real con la fuerza de mi poder y para gloria de mi majestad?"

31 Aún *estaba* la palabra en la boca del rey, cuando una voz vino del cielo: "Rey Nabucodonosor, a ti se te declara: El reino te ha sido quitado,

32 y serás echado de entre los hombres, y tu morada *estará* con las bestias del campo; te darán hierba para comer como al ganado, y siete tiempos pasarán sobre ti, hasta que reconozcas que el Altísimo domina sobre el reino de los hombres, y que lo da a quien le place."

33 En aquel mismo instante se cumplió la palabra acerca de Nabucodonosor: fue echado de entre los hombres, comía hierba como el ganado y su cuerpo se empapó con el rocío del cielo hasta que sus cabellos crecieron como *las plumas* de las águilas y sus uñas como las de las aves.

34 Pero al fin de los días, yo, Nabucodonosor, alcé mis ojos al cielo, y recobré mi razón, y bendije al Altísimo y alabé y glorifiqué al que vive para siempre;
porque su dominio es un dominio eterno,
y su reino *permanece* de generación en
generación.

35 Y todos los habitantes de la tierra son
considerados como nada,
mas El actúa conforme a su voluntad en el
ejército del cielo
y *entre* los habitantes de la tierra;
nadie puede detener su mano,
ni decirle: "¿Qué has hecho?"

36 En ese momento recobré mi razón. Y mi majestad y mi esplendor me fueron devueltos para gloria de mi reino, y mis consejeros y mis nobles vinieron a buscarme; y fui restablecido en mi reino, y mayor grandeza me fue añadida.

37 Ahora yo, Nabucodonosor, alabo, ensalzo y glorifico al Rey del cielo, porque sus obras son todas verdaderas y justos sus caminos; El puede humillar a los que caminan con soberbia.

El festín y la escritura en la pared

5 El rey Belsasar dio un gran banquete a mil de sus nobles, y en presencia de los mil se puso a beber vino.

2 Mientras saboreaba el vino, Belsasar ordenó traer los vasos de oro y plata que Nabucodonosor su padre había sacado del templo que *estaba* en Jerusalén, para que bebieran en ellos el rey y sus nobles, sus mujeres y sus concubinas.

3 Entonces trajeron los vasos de oro que habían sido sacados del templo, la casa de Dios que *estaba* en Jerusalén, y el rey y sus nobles, sus mujeres y sus concubinas bebieron en ellos.

4 Bebieron vino y alabaron a los dioses de oro y plata, de bronce, hierro, madera y piedra.

5 De pronto aparecieron los dedos de una mano humana y comenzaron a escribir frente al candelabro sobre lo encalado de la pared del palacio del rey, y el rey vio el dorso de la mano que escribía.

6 Entonces *el rostro* del rey palideció, y sus pensamientos lo turbaron, las coyunturas de sus caderas se le relajaron y sus rodillas comenzaron a chocar una contra otra.

7 El rey gritó fuertemente que trajeran a los encantadores, a los caldeos y a los adivinos. El rey habló, y dijo a los sabios de Babilonia: Cualquiera que pueda leer esta inscripción y declararme su interpretación, será vestido de púrpura, *llevará* un collar de oro al cuello y tendrá autoridad como tercero en el reino.

8 Entonces entraron todos los sabios del rey, pero no pudieron leer la inscripción ni dar a conocer al rey su interpretación.

9 Y el rey Belsasar se turbó en gran manera, su

rostro palideció aún más; también sus nobles quedaron perplejos.

10 La reina, al enterarse de las palabras del rey y de sus nobles, entró en la sala del banquete y tomando la palabra, dijo: ¡Oh rey, vive para siempre! No te turben tus pensamientos ni se mude tu semblante.

11 Hay un hombre en tu reino en quien está el espíritu de los dioses santos; y en los días de tu padre se halló en él luz, inteligencia y sabiduría como la sabiduría de los dioses. Y tu padre, el rey Nabucodonosor, tu padre el rey, lo nombró jefe de los magos, encantadores, caldeos y adivinos,

12 debido a que se halló un espíritu extraordinario, ciencia e inteligencia, interpretación de sueños, explicación de enigmas y solución de problemas difíciles en este *hombre*, Daniel, a quien el rey llamaba Beltsasar. Llámese, pues ahora, a Daniel, y él declarará la interpretación.

13 Entonces Daniel fue traído ante el rey. El rey habló y dijo a Daniel: ¿Eres tú aquel Daniel de los deportados de Judá, que el rey mi padre trajo de Judá?

14 He oído de ti que el espíritu de los dioses está en ti, y que luz, inteligencia y extraordinaria sabiduría se hallan en ti.

15 Ahora mismo los sabios *y* encantadores fueron traídos delante de mí para que leyeran esta inscripción y me dieran a conocer su interpretación, pero no pudieron declarar la interpretación del escrito.

16 Mas yo he oído decir de ti que puedes dar interpretaciones y resolver problemas difíciles. Ahora, si puedes leer la inscripción y darme a conocer su interpretación, serás vestido de púrpura y *llevarás* un collar de oro al cuello, y tendrás autoridad como tercero en el reino.

17 Entonces Daniel respondió, y dijo delante del rey: Sean para ti tus regalos y da tus recompensas a otro. Yo leeré, sin embargo, la inscripción al rey y le daré a conocer *su* interpretación.

18 Oh rey, el Dios Altísimo concedió a tu padre Nabucodonosor soberanía, grandeza, gloria y majestad.

19 Y a causa de la grandeza que El le concedió, todos los pueblos, naciones y lenguas temían y temblaban delante de él; a quien quería, mataba, y a quien quería, dejaba con vida; exaltaba a quien quería, y a quien quería humillaba.

20 Pero cuando su corazón se enalteció y su espíritu se endureció en *su* arrogancia, fue depuesto de su trono real y *su* gloria le fue quitada.

21 Y fue echado de entre los hombres, su corazón se hizo semejante *al de las* bestias y con los asnos monteses *tuvo* su morada. Se le dio a comer hierba como al ganado y su cuerpo se empapó con el rocío del cielo, hasta que reconoció que el Dios Altísimo domina sobre el reino de los hombres y que pone sobre él a quien le place.

22 Mas tú, su hijo Belsasar, no has humillado tu corazón aunque sabías todo esto,

23 sino que te has ensalzado contra el Señor del cielo; y han traído delante de ti los vasos de su templo, y tú y tus nobles, tus mujeres y tus concubinas, habéis estado bebiendo vino en ellos y habéis alabado a los dioses de plata y oro, de bronce, hierro, madera y piedra, que ni ven, ni oyen, ni entienden; pero al Dios que tiene en su mano tu propio aliento y es dueño de todos tus caminos, no has glorificado;

24 por lo cual El envió de su presencia la mano que trazó esta inscripción.

25 Y ésta es la inscripción que fue trazada: MENE, MENE, TEKEL, UFARSIN.

26 Esta es la interpretación del escrito: MENE: Dios ha contado tu reino y le ha puesto fin.

27 TEKEL: has sido pesado en la balanza y hallado falto *de peso.*

28 PERES: tu reino ha sido dividido y entregado a los medos y persas.

29 Entonces Belsasar ordenó que vistieran a Daniel de púrpura y *le pusieran* un collar de oro al cuello, y que proclamaran acerca de él, que él tenía *ahora* autoridad como tercero en el reino.

30 Aquella misma noche fue asesinado Belsasar, rey de los caldeos.

31 Y Darío el medo recibió el reino cuando tenía sesenta y dos años.

Daniel en el foso de los leones

6 Le pareció bien a Darío constituir sobre el reino ciento veinte sátrapas que gobernaran en todo el reino,

2 y sobre ellos, tres funcionarios (uno de los cuales era Daniel) a quienes estos sátrapas rindieran cuenta, para que el rey no fuera perjudicado.

3 Pero este mismo Daniel sobresalía entre los funcionarios y sátrapas porque había en él un espíritu extraordinario, de modo que el rey pensó ponerlo sobre todo el reino.

4 Entonces los funcionarios y sátrapas buscaron un motivo para acusar a Daniel con respecto a los asuntos del reino; pero no pudieron encontrar ningún motivo de acusación ni *evidencia alguna de* corrupción, por cuanto él era fiel, y ninguna negligencia ni corrupción *podía* hallarse en él.

5 Entonces estos hombres dijeron: No encontraremos ningún motivo de acusación contra este Daniel a menos que encontremos *algo* contra él en relación con la ley de su Dios.

6 Estos funcionarios y sátrapas, de común acuerdo, fueron entonces al rey y le dijeron así: ¡Rey Darío, vive para siempre!

7 Todos los funcionarios del reino, prefectos, sátrapas, altos oficiales y gobernadores, han acordado que el rey promulgue un edicto y ponga en vigor el mandato de que cualquiera que en el término de treinta días haga petición a cualquier dios u hombre fuera de ti, oh rey, sea echado en el foso de los leones.

8 Ahora pues, oh rey, promulga el mandato y firma el documento para que no sea modificado, conforme a la ley de los medos y persas, que no puede ser revocada.

9 Por tanto, el rey Darío firmó el documento, esto es, el mandato.

10 Cuando Daniel supo que había sido firmado el documento, entró en su casa (en su aposento superior tenía ventanas abiertas en dirección a Jerusalén), y como lo solía hacer antes, continuó arrodillándose tres veces al día, orando y dando gracias delante de su Dios.

11 Entonces estos hombres, de común acuerdo,

fueron y encontraron a Daniel orando y suplicando delante de su Dios;

12 por lo cual se presentaron ante el rey y *le* hablaron tocante al mandato real: ¿No firmaste un mandato que cualquier hombre que en el término de treinta días hiciera petición a cualquier dios u hombre fuera de ti, oh rey, fuera echado en el foso de los leones? El rey respondió, y dijo: La orden es cierta, conforme a la ley de los medos y persas, que no puede ser revocada.

13 Entonces ellos respondieron y dijeron al rey: Daniel, que es uno de los deportados de Judá, no te hace caso, oh rey, ni del mandato que firmaste, sino que tres veces al día hace su oración.

14 Al oír estas palabras, el rey se afligió mucho y se propuso librar a Daniel; y hasta la puesta del sol estuvo buscando la manera de librarlo.

15 Entonces aquellos hombres vinieron de común acuerdo al rey y le dijeron: Reconoce, oh rey, que es ley de los medos y persas que ningún mandato o edicto que el rey establezca, puede ser revocado.

16 El rey entonces dio órdenes que trajeran a Daniel y lo echaran en el foso de los leones. El rey habló a Daniel y *le* dijo: Tu Dios, a quien sirves con perseverancia, Él te librará.

17 Trajeron una piedra y la pusieron sobre la boca del foso; el rey la selló con su anillo y con los anillos de sus nobles, para que nada pudiera cambiarse de lo ordenado en cuanto a Daniel.

18 Después el rey se fue a su palacio y pasó la noche en ayuno; ningún entretenimiento fue traído ante él y se le fue el sueño.

19 Entonces el rey se levantó al amanecer, al rayar el alba, y fue a toda prisa al foso de los leones.

20 Y acercándose al foso, gritó a Daniel con voz angustiada. El rey habló a Daniel y le dijo: Daniel, siervo del Dios viviente, tu Dios, a quien sirves con perseverancia, ¿te ha podido librar de los leones?

21 Entonces Daniel respondió al rey: Oh rey, vive para siempre.

22 Mi Dios envió su ángel, que cerró la boca de los leones, y no me han hecho daño alguno porque fui hallado inocente ante Él; y tampoco ante ti, oh rey, he cometido crimen alguno.

23 El rey entonces se alegró mucho y mandó sacar a Daniel del foso. Cuando Daniel fue sacado del foso, no se encontró en él lesión alguna, porque había confiado en su Dios.

24 El rey dio órdenes que trajeran a aquellos hombres que habían acusado falsamente a Daniel, y que los echaran, a ellos, a sus hijos y a sus mujeres en el foso de los leones. No habían llegado aún al fondo del foso, cuando ya los leones se habían apoderado de ellos y triturado todos sus huesos.

25 Entonces el rey Darío escribió a todos los pueblos, naciones y lenguas que habitaban en toda la tierra: Que abunde vuestra paz.

26 De parte mía se proclama un decreto de que en todo el dominio de mi reino *todos* teman y tiemblen delante del Dios de Daniel,

  porque Él es el Dios viviente que permanece
    para siempre,
  y su reino no será destruido
  y su dominio *durará* para siempre.

27 Él es el que libra y rescata, hace señales y
    maravillas
  en el cielo y en la tierra,
  el que ha librado a Daniel del poder de los
    leones.

28 Y este mismo Daniel prosperó durante el reinado de Darío y durante el reinado de Ciro el Persa.

Visión de las cuatro bestias

7 En el año primero del rey Belsasar de Babilonia, Daniel tuvo un sueño y visiones en su mente, *estando* en su cama. Entonces escribió el sueño *y* relató el resumen de él.

2 Habló Daniel, y dijo: Miraba yo en mi visión nocturna, y he aquí, los cuatro vientos del cielo agitaban el gran mar;

3 y cuatro bestias enormes, diferentes unas de otras, subían del mar.

4 La primera *era* como un león y tenía alas de águila. Mientras yo miraba, sus alas le fueron arrancadas, fue levantada del suelo y puesta sobre dos pies, como un hombre, y le fue dado corazón de hombre.

5 Y he aquí, otra segunda bestia, semejante a un oso, estaba levantada de un costado, y en su boca, entre sus dientes, *tenía* tres costillas; y le dijeron así: "Levántate, y devora mucha carne."

6 Después de esto seguí mirando, y he aquí, otra más, semejante a un leopardo que tenía sobre su dorso cuatro alas de ave; la bestia tenía cuatro cabezas, y le fue dado dominio.

7 Después de esto seguí mirando en las visiones nocturnas, y he aquí, una cuarta bestia, terrible, espantosa y en gran manera fuerte que tenía enormes dientes de hierro; devoraba, desmenuzaba y hollaba los restos con sus pies. Era diferente de todas las bestias que le antecedieron y tenía diez cuernos.

8 Mientras yo contemplaba los cuernos, he aquí, otro cuerno, uno pequeño, surgió entre ellos, y tres de los primeros cuernos fueron arrancados delante de él; y he aquí, este cuerno tenía ojos como los ojos de un hombre, y una boca que hablaba con mucha arrogancia.

9 Seguí mirando
  hasta que se establecieron tronos,
  y el Anciano de Días se sentó.
  Su vestidura era blanca como la nieve,
  y el cabello de su cabeza como lana pura,
  su trono, llamas de fuego,
  y sus ruedas, fuego abrasador.
10 Un río de fuego corría,
  saliendo de delante de Él.
  Miles de millares le servían,
  y miríadas de miríadas estaban en pie
    delante de Él.
  El tribunal se sentó,
  y se abrieron los libros.
11 Entonces yo seguí mirando a causa del ruido de las palabras arrogantes que el cuerno decía; seguí mirando hasta que mataron a la bestia, destrozaron su cuerpo y *lo* echaron a las llamas del fuego.

12 A las demás bestias, se les quitó el dominio, pero les fue concedida una prolongación de la vida por un tiempo determinado.

13 Seguí mirando en las visiones nocturnas,
  y he aquí, con las nubes del cielo

venía uno como un Hijo de Hombre,
que se dirigió al Ançiano de Días
y fue presentado ante El.

14 Y le fue dado dominio,
gloria y reino,
para que todos los pueblos, naciones y
lenguas
le sirvieran.
Su dominio es un dominio eterno
que nunca pasará,
y su reino uno
que no será destruido.

15 A mí, Daniel, se me angustió por dentro el
espíritu, y las visiones de mi mente seguían tur-
bándome.

16 Me acerqué a uno de los que estaban allí de
pie y le pedí que me dijera la verdad acerca de
todo esto. Y me respondió, dándome a conocer la
interpretación de estas cosas:

17"Estas bestias enormes, que son cuatro, son
cuatro reyes *que* se levantarán de la tierra.

18"Pero los santos del Altísimo recibirán el reino
y poseerán el reino para siempre, por los siglos de
los siglos."

19 Entonces quise saber la verdad acerca de la
cuarta bestia, que era diferente de todas las
demás, y en gran manera terrible, con sus dientes
de hierro y sus garras de bronce, *y que* devoraba,
desmenuzaba y hollaba los restos con sus pies,

20 *y la verdad* acerca de los diez cuernos que
tenía en su cabeza, y del otro *cuerno* que había
surgido, delante del cual cayeron tres de ellos, es
decir, el cuerno que tenía ojos y una boca que
hablaba con mucha arrogancia, y cuya apariencia era mayor que la de sus compañeros.

21 Mientras yo miraba, este cuerno hacía guerra
contra los santos y prevalecía sobre ellos,

22 hasta que vino el Anciano de Días y se hizo
justicia a favor de los santos del Altísimo, y llegó
el tiempo cuando los santos tomaron posesión del
reino.

23 Dijo así: "La cuarta bestia será un cuarto
reino en la tierra, que será diferente de todos los
otros reinos; devorará toda la tierra, la hollará y
la desmenuzará.

24"Y los diez cuernos de este reino son diez reyes
que se levantarán, y otro se levantará después de
ellos; él será diferente de los anteriores y
subyugará a tres reyes.

25"Y él proferirá palabras contra el Altísimo y
afligirá a los santos del Altísimo, e intentará
cambiar los tiempos y la ley; y le serán entregados en sus manos por un tiempo, por tiempos y
por medio tiempo.

26"Pero el tribunal se sentará *para juzgar*, y su
dominio le será quitado, aniquilado y destruido
para siempre.

27"Y la soberanía, el dominio y la grandeza de
todos los reinos debajo de todo el cielo serán
entregados al pueblo de los santos del Altísimo.
Su reino *será* un reino eterno, y todos los
dominios le servirán y le obedecerán."

28 Hasta aquí la revelación. En cuanto a mí,
Daniel, mis pensamientos me turbaron en gran
manera y mi rostro palideció, pero guardé el
asunto en mi corazón.

Visión del carnero y del macho cabrío

8 En el año tercero del reinado del rey
Belsasar, se me apareció a mí, Daniel, una
visión, después de aquella que se me había
aparecido anteriormente.

2 Cuando miré en la visión, sucedió que al
mirar, yo *me encontraba* en la ciudadela de Susa,
que *está* en la provincia de Elam, y vi en la visión
que yo estaba junto al río Ulai.

3 Alcé, pues, mis ojos y miré, y he aquí que un
carnero estaba delante del río. Tenía dos cuernos,
y los dos cuernos *eran* altos, pero uno *era* más
alto que el otro, y el más alto creció el último.

4 Vi al carnero dando cornadas al oeste, al
norte y al sur, y ninguna bestia podía mantenerse
en pie delante de él, y nadie podía librarse de su
poder. Hacía lo que quería, y *se* engrandeció.

5 Estando yo observando, he aquí, un macho
cabrío venía del occidente sobre la superficie de
toda la tierra sin tocar el suelo; el macho cabrío
tenía un cuerno prominente entre los ojos.

6 Se dirigió al carnero que tenía los dos
cuernos, que yo había visto parado delante del
río, y lo acometió con la furia de su poder.

7 Lo vi venir junto al carnero, y enfurecido
contra él, hirió al carnero y le rompió los dos
cuernos, y el carnero no tenía fuerza para mantenerse en pie delante de él; lo arrojó en tierra y lo
pisoteó, y no hubo nadie que librara al carnero de
su poder.

8 El macho cabrío *se* engrandeció sobremanera, pero en cuanto llegó a ser poderoso, el gran
cuerno se le rompió, y en su lugar le salieron
cuatro *cuernos* prominentes hacia los cuatro
vientos del cielo.

9 Y de uno de ellos salió un cuerno pequeño,
que creció mucho hacia el sur, hacia el oriente y
hacia la *Tierra* Hermosa[1].

10 Creció hasta el ejército del cielo, e hizo caer a
la tierra *parte* del ejército y de las estrellas, y las
pisoteó.

11 Se engrandeció hasta *igualarse con* el Jefe del
ejército, le quitó su sacrificio continuo y fue
derribado el lugar de su santuario.

12 Y el ejército será entregado *al cuerno* junto
con el sacrificio continuo a causa de la transgresión; arrojará por tierra la verdad y hará *su
voluntad* y prosperará.

13 Oí entonces hablar a un santo, y otro santo
dijo al que hablaba: ¿Hasta cuándo durará la
visión del sacrificio continuo, de la transgresión
que espanta, y de que el lugar santo y el ejército
sean pisoteados?

14 Y le respondió: Por dos mil trescientas tardes
y mañanas; entonces el lugar santo será restaurado.

15 Y sucedió que después que yo, Daniel, había
visto la visión, y trataba de comprenderla, he
aquí, *vi* de pie, ante mí, uno con apariencia de
hombre.

16 Y oí una voz de hombre entre *las márgenes*
del Ulai, que gritaba y decía: Gabriel, explícale a
éste la visión.

17 El se acercó adonde yo estaba, y cuando
llegó, me aterroricé y caí sobre mi rostro, pero él
me dijo: Entiende, hijo de hombre, que la visión
se refiere al tiempo del fin.

18 Mientras él hablaba conmigo, caí en un sueño

---

1. I.e., Palestina

profundo con mi rostro en tierra; él me tocó y me hizo incorporar donde yo estaba.

19 Y dijo: He aquí, te voy a dar a conocer lo que sucederá al final de la ira, porque *se refiere* al tiempo señalado del fin.

20 El carnero que viste, con los dos cuernos, *representa* a los reyes de Media y de Persia.

21 Y el macho cabrío peludo *representa* al reino de Grecia, y el cuerno grande que *está* entre sus ojos es el primer rey.

22 Y el *cuerno* roto y los cuatro *cuernos que* salieron en su lugar *representan* cuatro reinos *que* se levantarán de *su* nación, pero no con su poder.

23 Y al final de su reinado,
cuando los transgresores se acaben,
se levantará un rey,
insolente y hábil en intrigas.

24 Su poder será grande, pero no por su *propio* poder;
destruirá en forma extraordinaria,
prosperará y hará *su voluntad;*
destruirá a los poderosos y al pueblo santo.

25 Y por su astucia
hará que el engaño prospere por su influencia;
él *se* engrandecerá en su corazón,
y destruirá a muchos que están confiados.
Aun se levantará contra el Príncipe de los príncipes,
pero será destruido sin intervención humana.

26 Y la visión de las tardes y de las mañanas
que ha sido relatada, es verdadera;
pero tú, guarda en secreto la visión,
porque *se* refiere a muchos días *aún lejanos.*

27 Yo, Daniel, me sentí agotado y enfermo algunos días. Después me levanté y atendí los asuntos del rey; pero yo estaba espantado a causa de la visión, y no había nadie que *la* interpretara.

Oración de Daniel por su pueblo

9 En el año primero de Darío, hijo de Asuero, descendiente de los medos, que fue constituido rey sobre el reino de los caldeos,

2 en el año primero de su reinado, yo, Daniel, pude entender en los libros el número de los años en que, por palabra del SEÑOR que fue *revelada* al profeta Jeremías, debían cumplirse las desolaciones de Jerusalén: setenta años.

3 Volví mi rostro a Dios el Señor para buscar*le en* oración y súplicas, en ayuno, cilicio y ceniza.

4 Y oré al SEÑOR mi Dios e hice confesión y dije: Ay, Señor, el Dios grande y temible, que guarda el pacto y la misericordia para los que le aman y guardan sus mandamientos,

5 hemos pecado, hemos cometido iniquidad, hemos hecho lo malo, nos hemos rebelado y nos hemos apartado de tus mandamientos y de tus ordenanzas.

6 No hemos escuchado a tus siervos los profetas que hablaron en tu nombre a nuestros reyes, a nuestros príncipes, a nuestros padres y a todo el pueblo de la tierra.

7 Tuya es la justicia, oh Señor, y nuestra la vergüenza en el rostro, como *sucede* hoy a los hombres de Judá, a los habitantes de Jerusalén y a todo Israel, a los que están cerca y a los que están lejos en todos los países adonde los has echado, a causa de las infidelidades que cometieron contra ti.

8 Oh SEÑOR, nuestra es la vergüenza del rostro, y de nuestros reyes, de nuestros príncipes y de nuestros padres, porque hemos pecado contra ti.

9 Al Señor nuestro Dios *pertenece* la compasión y el perdón, porque nos hemos rebelado contra El,

10 y no hemos obedecido la voz del SEÑOR nuestro Dios para andar en sus enseñanzas, que El puso delante de nosotros por medio de sus siervos los profetas.

11 Ciertamente todo Israel ha transgredido tu ley y se ha apartado, sin querer obedecer tu voz; por eso ha sido derramada sobre nosotros la maldición y el juramento que está escrito en la ley de Moisés, siervo de Dios, porque hemos pecado contra El.

12 Y El ha confirmado las palabras que habló contra nosotros y contra nuestros jefes que nos gobernaron, trayendo sobre nosotros gran calamidad, pues nunca se ha hecho debajo del cielo *nada* como lo que se ha hecho contra Jerusalén.

13 Como está escrito en la ley de Moisés, toda esta calamidad ha venido sobre nosotros, pero no hemos buscado el favor del SEÑOR nuestro Dios, apartándonos de nuestra iniquidad y prestando atención a tu verdad.

14 Por tanto, el SEÑOR ha estado guardando esta calamidad y la ha traído sobre nosotros; porque el SEÑOR nuestro Dios es justo en todas las obras que ha hecho, pero nosotros no hemos obedecido su voz.

15 Y ahora, Señor Dios nuestro, que sacaste a tu pueblo de la tierra de Egipto con mano poderosa, y te has hecho un nombre, como hoy *se ve*, hemos pecado, hemos sido malos.

16 Oh Señor, conforme a todos tus actos de justicia, apártase ahora tu ira y tu furor de tu ciudad, Jerusalén, tu santo monte; porque a causa de nuestros pecados y de las iniquidades de nuestros padres, Jerusalén y tu pueblo son el oprobio de todos los que nos rodean.

17 Y ahora, Dios nuestro, escucha la oración de tu siervo y sus súplicas, y haz resplandecer tu rostro sobre tu santuario desolado, por amor de ti mismo, oh Señor.

18 Inclina tu oído, Dios mío, y escucha. Abre tus ojos y mira nuestras desolaciones y la ciudad sobre la cual se invoca tu nombre; pues no es por nuestros propios méritos que presentamos nuestras súplicas delante de ti, sino por tu gran compasión.

19 ¡Oh Señor, escucha! ¡Señor, perdona! ¡Señor, atiende y actúa! ¡No tardes, por amor de ti mismo, Dios mío! Porque tu nombre se invoca sobre tu ciudad y sobre tu pueblo.

20 Aún estaba yo hablando, orando y confesando mi pecado y el pecado de mi pueblo Israel, y presentando mi súplica delante del Señor mi Dios por el santo monte de mi Dios,

21 todavía estaba yo hablando en oración, cuando Gabriel, el hombre a quien había visto en la visión al principio, se me acercó, estando yo muy cansado, como a la hora de la ofrenda de la tarde.

22 *Me* instruyó, habló conmigo y dijo: Daniel, he

salido ahora para darte sabiduría y entendimiento.

23 Al principio de tus súplicas se dio la orden, y he venido para explicár*tela*, porque eres muy estimado; pon atención a la orden y entiende la visión.

24 Setenta semanas han sido decretadas sobre tu pueblo y sobre tu santa ciudad, para poner fin a la transgresión, para terminar con el pecado, para expiar la iniquidad, para traer justicia eterna, para sellar la visión y la profecía, y para ungir el *lugar* santísimo.

25 Has de saber y entender *que* desde la salida de la orden para restaurar y reconstruir a Jerusalén hasta el Mesías Príncipe, *habrá* siete semanas y sesenta y dos semanas; volverá a ser edificada, con plaza y foso, pero en tiempos de angustia.

26 Después de las sesenta y dos semanas el Mesías será muerto y no tendrá nada, y el pueblo del príncipe que ha de venir destruirá la ciudad y el santuario. Su fin *vendrá* con inundación; aun hasta el fin habrá guerra; las desolaciones están determinadas.

27 Y él hará un pacto firme con muchos por una semana, pero a la mitad de la semana pondrá fin al sacrificio y a la ofrenda de cereal. Sobre el ala de abominaciones *vendrá* el desolador, hasta que una destrucción completa, la que está decretada, sea derramada sobre el desolador.

Visión junto al Tigris

10 En el año tercero de Ciro, rey de Persia, un mensaje fue revelado a Daniel, a quien llamaban Beltsasar. El mensaje era verdadero y *acerca* de un gran conflicto; él comprendió el mensaje y tuvo entendimiento de la visión.

2 En aquellos días, yo, Daniel, había estado en duelo durante tres semanas completas.

3 No comí manjar delicado ni entró en mi boca carne ni vino, ni usé ungüento alguno, hasta que se cumplieron las tres semanas.

4 Y el día veinticuatro del primer mes, estando yo junto a la orilla del gran río, es decir, el Tigris,

5 alcé los ojos y miré, y he aquí, había un hombre vestido de lino, cuya cintura estaba ceñida con *un cinturón de* oro puro de Ufaz.

6 Su cuerpo *era* como de berilo, su rostro tenía la apariencia de un relámpago, sus ojos *eran* como antorchas de fuego, sus brazos y pies como el brillo del bronce bruñido, y el sonido de sus palabras como el estruendo de una multitud.

7 Y sólo yo, Daniel, vi la visión; los hombres que estaban conmigo no vieron la visión, pero un gran terror cayó sobre ellos y huyeron a esconderse.

8 Me quedé solo viendo esta gran visión; no me quedaron fuerzas, y mi rostro se demudó, desfigurándose, sin retener yo fuerza alguna.

9 Pero oí el sonido de sus palabras, y al oír el sonido de sus palabras, caí en un sueño profundo sobre mi rostro, con mi rostro en tierra.

10 Entonces, he aquí, una mano me tocó, y me hizo temblar sobre mis rodillas y sobre las palmas de mis manos.

11 Y me dijo: Daniel, hombre muy estimado, entiende las palabras que te voy a decir y ponte en pie, porque ahora he sido enviado a ti.

Cuando él me dijo estas palabras, me puse en pie temblando.

12 Entonces me dijo: No temas, Daniel, porque desde el primer día en que te propusiste en tu corazón entender y humillarte delante de tu Dios, fueron oídas tus palabras, y a causa de tus palabras he venido.

13 Mas el príncipe del reino de Persia se me opuso por veintiún días, pero he aquí, Miguel, uno de los primeros príncipes, vino en mi ayuda, ya que yo había sido dejado allí con los reyes de Persia.

14 Y he venido para darte a conocer lo que sucederá a tu pueblo al final de los días, porque la visión es para días aún lejanos.

15 Cuando habló conmigo estas palabras, volví mi rostro a tierra y enmudecí.

16 Y he aquí, uno semejante a un hombre tocó mis labios; entonces abrí mi boca y hablé, y dije al que estaba delante de mí: Señor mío, a causa de la visión me ha invadido la angustia y me he quedado sin fuerzas.

17 ¿Cómo podrá, pues, este siervo de mi señor hablar con uno como mi señor? Porque a mí en este momento no me queda fuerza alguna, ni tampoco me queda aliento.

18 Entonces el que tenía semejanza de hombre me tocó otra vez y me fortaleció,

19 y me dijo: No temas, hombre muy estimado. La paz sea contigo; sé fuerte y esfuérzate. Cuando habló conmigo, recobré las fuerzas, y dije: Hable mi señor, porque me has fortalecido.

20 Entonces él dijo: ¿Sabes por qué he venido a ti? Ahora vuelvo para luchar contra el príncipe de Persia, y cuando yo termine, he aquí, el príncipe de Grecia vendrá.

21 Sin embargo, te declararé lo que está inscrito en el libro de la verdad, pero no hay nadie que se mantenga firme a mi lado contra estas *fuerzas*, sino Miguel, vuestro príncipe.

11 Y en el año primero de Darío el medo, yo mismo me levanté para serle fortalecedor y protector.

2 Y ahora te declararé la verdad: He aquí, se levantarán tres reyes más en Persia, y un cuarto *rey* obtendrá muchas más riquezas que todos *ellos*. Cuando *éste* se haya hecho fuerte con sus riquezas, incitará a todo el *imperio* contra el reino de Grecia.

3 Se levantará entonces un rey poderoso que gobernará con gran autoridad y hará lo que le plazca.

4 Pero cuando se haya levantado, su reino será fragmentado y repartido hacia los cuatro vientos del cielo, no a sus descendientes, ni según el poder que ejerció, pues su reino será arrancado y *dado* a otros fuera de ellos.

5 Entonces el rey del sur se hará poderoso, y *uno* de sus príncipes se hará más poderoso que él y dominará; su dominio *será* un gran dominio.

6 Y años después, harán alianza, y la hija del rey del sur vendrá al rey del norte para hacer el pacto. Pero ella no retendrá su posición de poder, ni él permanecerá con su poder, sino que ella será entregada juntamente con los que la trajeron, con el que la engendró y con el que la sostenía en *aquellos* tiempos.

7 Pero se levantará un vástago de sus raíces en su lugar, y vendrá contra el ejército y entrará en

la fortaleza del rey del norte, y contenderá con ellos y prevalecerá.

8 Aun sus dioses, sus imágenes fundidas y sus vasijas preciosas de plata y de oro los tomará y se los llevará a Egipto, y por *algunos* años él se mantendrá *lejos* del rey del norte.

9 Y *éste* entrará en el reino del rey del sur, y *luego se* volverá a su tierra.

10 Pero sus hijos se movilizarán y reunirán una multitud de grandes ejércitos, y uno de ellos seguirá avanzando e inundará y pasará adelante, para hacer guerra de nuevo hasta la *misma* fortaleza.

11 Y se enfurecerá el rey del sur, y saldrá y peleará contra el rey del norte. Y *éste* levantará una gran multitud, pero *esa* multitud será entregada en manos de aquél.

12 Cuando se haya llevado la multitud, su corazón se enaltecerá y hará caer a muchos millares, pero no prevalecerá.

13 El rey del norte volverá a levantar una multitud mayor que la primera, y al cabo de algunos años avanzará con un gran ejército y con mucho equipo.

14 En aquellos tiempos, muchos se levantarán contra el rey del sur; los violentos de tu pueblo también se levantarán para cumplir la visión, pero caerán.

15 Vendrá el rey del norte, levantará un terraplén y tomará una ciudad bien fortificada; y las fuerzas del sur no podrán mantenerse, ni aun sus tropas más selectas, porque no habrá fuerzas para resistir.

16 Pero el que viene contra él hará lo que quiera, y nadie *podrá* resistirlo; y permanecerá por algún tiempo en la Tierra Hermosa, llevando la destrucción en su mano.

17 Y afirmará su rostro para venir con el poder de todo su reino, trayendo consigo oferta de paz, lo cual llevará a cabo. También le dará una hija de las mujeres para destruirlo, pero ella no *le* respaldará ni se pondrá a su lado.

18 Entonces volverá su rostro hacia las costas y tomará muchas *de ellas*. Pero un príncipe pondrá fin a su afrenta; además, hará recaer sobre él su afrenta.

19 Después volverá su rostro hacia las fortalezas de su tierra, pero tropezará y caerá, y no se le hallará más.

20 Y se levantará en su lugar otro que enviará un opresor a través de la Joya[1] *de su* reino; pero a los pocos días será destruido, aunque no en ira ni en batalla.

21 En su lugar se levantará un hombre despreciable, a quien no se le han otorgado los honores de la realeza. Vendrá cuando haya tranquilidad y se apoderará del reino con intrigas.

22 Las fuerzas abrumadoras serán barridas ante él y destruidas, así como también el príncipe del pacto.

23 Y después que se haya hecho alianza con él, actuará con engaño, y subirá y ganará poder con poca gente.

24 En un tiempo de tranquilidad entrará en los *lugares* más ricos de la provincia, y hará lo que nunca lograron sus padres, ni los padres de sus padres; repartirá entre ellos despojos, botín y riquezas, y contra las fortalezas urdirá sus intrigas, pero *sólo* por un tiempo.

25 Incitará su fuerza y su corazón contra el rey del sur con un gran ejército; y el rey del sur movilizará para la guerra un ejército muy grande y muy poderoso, pero no podrá resistir, porque urdirán intrigas contra él.

26 Y los que comen de sus manjares lo destruirán; su ejército será barrido y muchos caerán muertos.

27 En cuanto a los dos reyes, en sus corazones maquinarán el mal, y en la misma mesa se hablarán mentiras; pero esto no tendrá éxito, porque el fin aún ha de *venir* en el tiempo señalado.

28 Entonces volverá a su tierra con grandes riquezas, pero *pondrá* su corazón contra el pacto santo; actuará contra éste, y volverá a su tierra.

29 En el tiempo señalado volverá y entrará en el sur, pero esta última vez no resultará como la primera.

30 Porque vendrán contra él naves de Quitim, y se desanimará; volverá y se enfurecerá contra el pacto santo y actuará contra él; volverá, pues, y favorecerá a los que abandonen el pacto santo.

31 Y de su parte se levantarán tropas, profanarán el santuario-fortaleza, abolirán el sacrificio perpetuo y establecerán la abominación de la desolación.

32 Con halagos hará apostatar a los que obran inicuamente hacia el pacto, mas el pueblo que conoce a su Dios se mostrará fuerte y actuará.

33 Y los entendidos entre el pueblo instruirán a muchos; sin embargo, durante *muchos* días caerán a espada y a fuego, en cautiverio y despojo.

34 Cuando caigan, recibirán poca ayuda, y muchos se unirán a ellos hipócritamente.

35 También algunos de los entendidos caerán, a fin de ser refinados, purificados y emblanquecidos hasta el tiempo del fin; porque aún está *por venir* el tiempo señalado.

36 El rey hará lo que le plazca, se enaltecerá y se engrandecerá sobre todo dios, y contra el Dios de los dioses dirá cosas horrendas; él prosperará hasta que se haya acabado la indignación, porque lo que está decretado se cumplirá.

37 No le importarán los dioses de sus padres ni el favorito de las mujeres, tampoco le importará ningún *otro* dios, porque él se ensalzará sobre todos *ellos*.

38 En su lugar honrará al dios de las fortalezas, un dios a quien sus padres no conocieron; *lo* honrará con oro y plata, piedras preciosas y cosas de gran valor.

39 Y actuará contra la más fuerte de las fortalezas con *la ayuda de* un dios extranjero; a los que *le* reconozcan colmará de honores, los hará gobernar sobre muchos y repartirá la tierra por un precio.

40 Y al tiempo del fin, el rey del sur se enfrentará con él, y el rey del norte lo atacará con carros, jinetes y con numerosas naves; entrará en sus tierras, *las* invadirá y pasará.

41 También entrará a la Tierra Hermosa, y muchos *países* caerán; mas éstos serán librados de su mano: Edom, Moab y lo más selecto de los hijos de Amón.

1. Lit., *adorno;* i.e., probablemente Jerusalén y su templo

42 Y extenderá su mano contra *otros* países, y la tierra de Egipto no escapará.

43 Se apoderará de los tesoros ocultos de oro y plata y de todas las cosas preciosas de Egipto. Libios y etíopes *seguirán* sus pasos.

44 Pero rumores del oriente y del norte lo turbarán, y saldrá con gran furor para destruir y aniquilar a muchos.

45 Y plantará las tiendas de su pabellón entre los mares y el monte glorioso y santo; pero llegará a su fin y no habrá quien lo ayude.

El tiempo del fin

12 En aquel tiempo se levantará Miguel, el gran príncipe que vela sobre los hijos de tu pueblo. Será un tiempo de angustia cual nunca hubo desde que existen las naciones hasta entonces; y en ese tiempo tu pueblo será librado, todos los que se encuentren inscritos en el libro.

2 Y muchos de los que duermen en el polvo de la tierra despertarán, unos para la vida eterna, y otros para la ignominia, para el desprecio eterno.

3 Los entendidos brillarán como el resplandor del firmamento, y los que guiaron a muchos a la justicia, como las estrellas, por siempre jamás.

4 Pero tú, Daniel, guarda en secreto estas palabras y sella el libro hasta el tiempo del fin. Muchos correrán de aquí para allá, y el conocimiento aumentará.

5 Entonces yo, Daniel, miré, y he aquí otros dos estaban de pie, uno a este lado del río, y el otro al otro lado del río.

6 Y *uno de ellos* dijo al hombre vestido de lino que estaba sobre las aguas del río: ¿Para cuándo *será* el fin de *estas* maravillas?

7 Y oí al hombre vestido de lino, que estaba sobre las aguas del río, que levantando su mano derecha y su mano izquierda al cielo, juró por aquel que vive para siempre, que será por un tiempo, tiempos y la mitad de *un tiempo*; y cuando se termine la destrucción del poder del pueblo santo, se cumplirán todas estas *cosas*.

8 Yo oí, pero no pude entender. Entonces dije: Señor mío, ¿cuál *será* el resultado de estas cosas?

9 Y él respondió: Anda, Daniel, porque *estas* palabras están cerradas y selladas hasta el tiempo del fin.

10 Muchos serán purificados, emblanquecidos y refinados; los impíos procederán impíamente, y ninguno de los impíos comprenderá, pero los entendidos comprenderán.

11 Y desde el tiempo en que el sacrificio perpetuo sea abolido y puesta la abominación de la desolación, *habrá* mil doscientos noventa días.

12 Bienaventurado el que espere y llegue a mil trescientos treinta y cinco días.

13 Mas tú, sigue hasta el fin; descansarás y te levantarás para *recibir* tu heredad al fin de los días.

Libro de
OSEAS

La mujer y los hijos de Oseas

1 Palabra del Señor que vino a Oseas, hijo de Beeri, en días de Uzías, Jotam, Acaz *y* Ezequías, reyes de Judá, y en días de Jeroboam, hijo de Joás, rey de Israel.

2 Cuando por primera vez el Señor habló por medio de Oseas, el Señor le dijo: Anda, toma para ti a una mujer ramera y *engendra* hijos de prostitución; porque la tierra se prostituye gravemente, abandonando al Señor.

3 Fue, pues, y tomó a Gomer, hija de Diblaim; y ella concibió y le dio a luz un hijo.

4 Y el Señor dijo a Oseas: Ponle por nombre Jezreel[1], porque dentro de poco castigaré a la casa de Jehú por la sangre derramada en Jezreel, y pondré fin al reino de la casa de Israel.

5 Y sucederá que en aquel día quebraré el arco de Israel en el valle de Jezreel.

6 Ella concibió otra vez y dio a luz una hija. Y el *Señor* le dijo: Ponle por nombre Lo-ruhamá[2], porque ya no me compadeceré de la casa de Israel, pues no los perdonaré jamás.

7 Pero me compadeceré de la casa de Judá y los salvaré por el Señor su Dios; y no los salvaré con arco, ni con espada, ni con batalla, ni con caballos ni jinetes.

8 Después de haber destetado a Lo-ruhamá, ella concibió y dio a luz un hijo.

9 Y el *Señor* dijo: Ponle por nombre Lo-ammí[3], porque vosotros no sois mi pueblo y yo no soy vuestro Dios.

10 Pero el número de los hijos de Israel
será como la arena del mar,
que no se puede medir ni contar;
y sucederá que en el lugar
donde se les dice:
No sois mi pueblo,
se les dirá:
Sois hijos del Dios viviente.

11 Y los hijos de Judá y los hijos de Israel se
reunirán,
y nombrarán para sí un solo jefe,
y subirán de la tierra,
porque grande será el día de Jezreel.

Infidelidad del pueblo

2 Decid a vuestros hermanos: Ammí[4], y a vuestras hermanas: Ruhamá[5].

2 Contended con vuestra madre, contended,
porque ella no es mi mujer, y yo no soy su
marido;
que quite, pues, de su rostro sus
prostituciones,
y sus adulterios de entre sus pechos;

3 no sea que yo la desnude completamente
y la deje como el día en que nació,
y la ponga como un desierto,
la reduzca a tierra seca
y la mate de sed.

---

1. I.e., Dios siembra 2. I.e., no ha recibido compasión 3. I.e., no pueblo mío 4. I.e., pueblo mío 5. I.e., ha recibido compasión

4 Y no tendré compasión de sus hijos,
  porque son hijos de prostitución,
5 pues su madre se prostituyó;
  la que los concibió se deshonró,
  porque dijo: "Iré tras mis amantes,
  que *me* dan mi pan y mi agua,
  mi lana y mi lino, mi aceite y mi bebida."
6 Por tanto, he aquí, cercaré su camino con
  espinos,
  y levantaré un muro contra ella para que no
  encuentre sus senderos.
7 Y seguirá a sus amantes, pero no los
  alcanzará;
  los buscará, pero no *los* hallará.
  Entonces dirá: "Iré y volveré a mi primer
  marido,
  porque mejor me iba entonces que ahora."
8 Pues ella no sabía que era yo el que le daba el
  trigo, el mosto y el aceite,
  y le prodigaba la plata y el oro,
  que ellos usaban para Baal.
9 Por tanto, volveré a tomar mi trigo a su
  tiempo
  y mi mosto a su sazón.
  También me llevará mi lana y mi lino
  que le di para que cubriera su desnudez.
10 Y ahora descubriré su vergüenza
  ante los ojos de sus amantes,
  y nadie la librará de mi mano.
11 Haré cesar también todo su regocijo,
  sus fiestas, sus lunas nuevas, sus días de
  reposo,
  y todas sus solemnidades.
12 Devastaré sus vides y sus higueras,
  de las cuales decía ella: "Son la paga
  que mis amantes me han dado."
  Y las convertiré en matorral,
  y las devorarán las bestias del campo.
13 Y la castigaré por los días de los Baales
  cuando ella les ofrecía sacrificios
  y se adornaba con sus zarcillos y joyas,
  y se iba tras sus amantes, y se olvidaba de
  mí—declara el SEÑOR—.
14 Por tanto, he aquí, la seduciré,
  la llevaré al desierto,
  y le hablaré al corazón.
15 Le daré sus viñas desde allí,
  y el valle de Acor por puerta de esperanza.
  Y allí cantará como en los días de su
  juventud,
  como en el día en que subió de la tierra de
  Egipto.
16 Sucederá en aquel día—declara el SEÑOR—
  que me llamarás Ishí[1]
  y no me llamarás más Baalí[2].
17 Porque quitaré de su boca los nombres de los
  Baales,
  y nunca más serán mencionados por sus
  nombres.
18 En aquel día haré también un pacto por ellos
  con las bestias del campo,
  con las aves del cielo
  y con los reptiles de la tierra;
  quitaré de la tierra el arco, la espada y la
  guerra,
  y haré que ellos duerman seguros.
19 Te desposaré conmigo para siempre;

sí, te desposaré conmigo en justicia y en
  derecho,
  en misericordia y en compasión;
20 te desposaré conmigo en fidelidad,
  y tú conocerás al SEÑOR.
21 Y sucederá que en aquel día yo
  responderé—declara el SEÑOR—,
  responderé a los cielos, y ellos responderán a
  la tierra,
22 y la tierra responderá al trigo, al mosto y al
  aceite,
  y ellos responderán a Jezreel.
23 La sembraré para mí en la tierra,
  y tendré compasión de la que no recibió
  compasión,
  y diré al que no era mi pueblo:
  Tú eres mi pueblo,
  y él dirá: *Tú eres* mi Dios.

Matrimonio simbólico de Oseas

3 Y el SEÑOR me dijo: Ve otra vez, ama a una
  mujer amada por otro y adúltera, así como el
SEÑOR ama a los hijos de Israel a pesar de que
ellos se vuelven a otros dioses y se deleitan con
tortas de pasas.
  2 La compré, pues, para mí por quince *siclos* de
plata y un homer y medio de cebada.
  3 Y le dije: Te quedarás conmigo por muchos
días. No te prostituirás, ni serás de *otro* hombre,
y yo también seré para ti.
  4 Porque por muchos días los hijos de Israel
quedarán sin rey y sin príncipe, sin sacrificio y
sin pilar *sagrado*, y sin efod y sin ídolos domésticos.
  5 Después los hijos de Israel volverán y
buscarán al SEÑOR su Dios y a David su rey; y
acudirán temblorosos al SEÑOR y a su bondad en
los últimos días.

Controversia de Dios con Israel

4 Escuchad la palabra del SEÑOR, hijos de
  Israel,
  porque el SEÑOR tiene querella contra los
  habitantes de la tierra,
  pues no hay fidelidad, ni misericordia,
  ni conocimiento de Dios en la tierra.
2 *Sólo hay* perjurio, mentira, asesinato, robo y
  adulterio.
  Emplean la violencia, y homicidios tras
  homicidios se suceden.
3 Por eso la tierra está de luto,
  y languidece todo morador en ella
  junto con las bestias del campo y las aves del
  cielo;
  aun los peces del mar desaparecen.
4 Pero que nadie contienda ni nadie reprenda;
  porque tu pueblo es como los que contienden
  con el sacerdote.
5 Tropezarás de día,
  y tropezará también el profeta contigo de
  noche,
  y destruiré a tu madre.
6 Mi pueblo es destruido por falta de
  conocimiento.
  Por cuanto tú has rechazado el conocimiento,
  yo también te rechazaré para que no seas mi
  sacerdote;
  como has olvidado la ley de tu Dios,

1. I.e., mi marido 2. I.e, mi señor, o, mi Baal

yo también me olvidaré de tus hijos.

7 Cuanto más se multiplicaron, más pecaron
contra mí;
cambiaré, *pues*, su gloria en afrenta.
8 Del pecado de mi pueblo se alimentan,
y hacia su iniquidad dirigen sus deseos.
9 Como el pueblo, así será el sacerdote;
los castigaré por su proceder,
y les pagaré según sus obras.
10 Comerán, pero no se saciarán;
se prostituirán, pero no se multiplicarán,
porque han dejado de hacer caso al Señor.
11 La prostitución, el vino y el mosto quitan el
juicio.
12 Mi pueblo consulta a su ídolo de madera, y
su vara les informa;
porque un espíritu de prostitución *los* ha
descarriado,
y se han prostituido, *apartándose* de su Dios.
13 Ofrecen sacrificios sobre las cumbres de los
montes
y queman incienso sobre las colinas,
debajo de las encinas, los álamos y los
terebintos,
porque su sombra es agradable.
Por tanto, vuestras hijas se prostituyen,
y vuestras nueras cometen adulterio.
14 No castigaré a vuestras hijas cuando se
prostituyan
ni a vuestras nueras cuando cometan
adulterio,
porque los hombres mismos se retiran con
rameras
y ofrecen sacrificios con las rameras del culto
pagano;
así se pierde el pueblo sin entendimiento.
15 Aunque tú, Israel, te prostituyas,
que no se haga culpable Judá;
tampoco vayáis a Gilgal,
ni subáis a Bet-avén,
ni juréis:
¡Vive el Señor!
16 Puesto que Israel es terco
como novilla indómita,
¿los pastoreará ahora el Señor
como a un cordero en campo espacioso?
17 Efraín se ha unido a los ídolos;
déjalo.
18 Acabada su bebida,
se entregaron a la prostitución;
sus príncipes aman mucho la ignominia.
19 El viento los envuelve en sus alas,
y se avergonzarán de sus sacrificios.

Represión por la apostasía del pueblo

5 Oíd esto, sacerdotes,
y estad atentos, casa de Israel,
y casa del rey, escuchad,
porque para vosotros es el juicio;
pues lazo habéis sido en Mizpa,
y red tendida sobre el Tabor.
2 Y los rebeldes se han ahondado en la
perversión;
pero yo los castigaré a todos ellos.
3 Yo conozco a Efraín, e Israel no se me oculta;
porque ahora te has prostituido, Efraín,
se ha contaminado Israel.
4 No les permiten sus obras
volver a su Dios,

porque hay un espíritu de prostitución
dentro de ellos,
y no conocen al Señor.
5 Además, el orgullo de Israel testifica contra
él,
e Israel y Efraín tropiezan en su iniquidad;
también Judá ha tropezado con ellos.
6 Irán con sus rebaños y sus ganados
en busca del Señor, pero no *le* encontrarán;
se ha retirado de ellos.
7 Han obrado perversamente contra el Señor,
porque han engendrado hijos ilegítimos.
Ahora los devorarán la luna nueva junto con
sus heredades.
8 Tocad la bocina en Guibeá,
la trompeta en Ramá.
Sonad alarma en Bet-avén:
¡Alerta, Benjamín!
9 Efraín será una desolación en el día de la
represión;
en las tribus de Israel yo hago saber lo que es
cierto.
10 Los príncipes de Judá son como los que
mueven los linderos;
sobre ellos derramaré como agua mi furor.
11 Efraín está oprimido, quebrantado en juicio,
porque insistía en seguir mandato *de hombre*.
12 Yo, pues, soy como polilla para Efraín,
y como carcoma para la casa de Judá.
13 Cuando Efraín vio su enfermedad
y Judá su herida,
Efraín fue a Asiria
y envió *mensaje* al rey Jareb;
pero él no os podrá sanar,
ni curar vuestra herida.
14 Porque yo *seré* como león para Efraín,
y como leoncillo para la casa de Judá.
Yo, yo mismo, desgarraré y me iré,
arrebataré y no habrá quien libre.
15 Me iré *y* volveré a mi lugar
hasta que reconozcan su culpa y busquen mi
rostro;
en su angustia me buscarán con diligencia.

Respuesta del pueblo

6 Venid, volvamos al Señor.
Pues Él *nos* ha desgarrado, y nos sanará;
nos ha herido, y nos vendará.
2 Nos dará vida después de dos días,
al tercer día nos levantará
y viviremos delante de Él.
3 Conozcamos, pues, esforcémonos por
conocer al Señor.
Su salida es tan cierta como la aurora,
y Él vendrá a nosotros como la lluvia,
como la lluvia de primavera que riega la
tierra.
4 ¿Qué haré contigo, Efraín?
¿Qué haré contigo, Judá?
Porque vuestra lealtad es como nube matinal,
y como el rocío, que temprano desaparece.
5 Por tanto *los* he despedazado por medio de
los profetas,
los he matado con las palabras de mi boca;
los juicios sobre ti son *como* la luz que sale.
6 Porque más me deleito en la lealtad que en el
sacrificio,
y *más* en el conocimiento de Dios que en los
holocaustos.

7 Pero ellos, como Adán, han transgredido el
   pacto;
   allí me han traicionado.
8 Galaad es ciudad de malhechores,
   con huellas de sangre.
9 Como bandidos al acecho de un hombre,
   es la banda de sacerdotes que asesina en el
   camino a Siquem;
   ciertamente han cometido iniquidad.
10 En la casa de Israel he visto una cosa
   horrible:
   allí está la prostitución de Efraín, se ha
   contaminado Israel.
11 Para ti también, oh Judá, hay preparada una
   cosecha,
   cuando yo restaure el bienestar de mi pueblo.

Iniquidad y rebelión de Israel

7 Cuando yo quería curar a Israel,
   se descubrió la iniquidad de Efraín
   y las maldades de Samaria,
   porque practican el engaño;
   el ladrón entra,
   los bandidos despojan por fuera.
2 y ellos no consideran en su corazón
   que yo recuerdo toda su maldad.
   Ahora les rodean sus hechos,
   ante mi rostro están.
3 Con su maldad alegran al rey,
   y con sus mentiras a los príncipes.
4 Todos ellos son adúlteros;
   son como horno encendido por el hornero,
   que deja de atizar *el fuego*
   desde que prepara la masa hasta que
   fermenta.
5 En la fiesta de nuestro rey, los príncipes se
   enfermaron por el calor del vino;
   él extendió la mano a los escarnecedores,
6 pues sus corazones son como un horno
   mientras se acercan a su emboscada;
   toda la noche duerme su ira,
   por la mañana arde como llamas de fuego.
7 Todos ellos están calientes como un horno,
   y devoran a sus gobernantes;
   todos sus reyes han caído.
   No hay entre ellos quien me invoque.
8 Efraín se mezcla con las naciones;
   Efraín es como una torta no volteada.
9 Devoran extranjeros su fuerza,
   y él no *lo* sabe;
   también tiene cabellos canos,
   y él no *lo* sabe.
10 Testifica contra él el orgullo de Israel,
   pero no se han vuelto al SEÑOR su Dios,
   ni lo han buscado a pesar de todo esto.
11 Efraín es como paloma incauta, sin
   entendimiento;
   llaman a Egipto, acuden a Asiria.
12 Cuando vayan, tenderé sobre ellos mi red,
   como aves del cielo los haré caer;
   los castigaré conforme a lo anunciado a su
   congregación.
13 ¡Ay de ellos, pues de mí se han alejado!
   Sobre ellos vendrá la destrucción, porque
   contra mí se han rebelado;
   yo los redimiría, pero ellos hablan mentiras
   contra mí.
14 Y no claman a mí de corazón
   cuando gimen en sus lechos;
   por el trigo y el mosto se reunen,
   y se alejan de mí.
15 Aunque yo adiestré *y* fortalecí sus brazos,
   traman el mal contra mí.
16 Se vuelven, *pero* no hacia lo alto,
   son como un arco engañoso.
   Sus príncipes caerán a espada
   por la insolencia de sus lenguas;
   esto *será* su escarnio en la tierra de Egipto.

Infidelidad e idolatría de Israel

8 *Pon la* trompeta a tu boca.
   Como un águila *viene el enemigo* contra la
   casa del SEÑOR,
   porque han transgredido mi pacto,
   y se han rebelado contra mi ley.
2 Claman a mí:
   ¡Dios mío, *los de* Israel te conocemos!
3 Israel rechazó el bien,
   el enemigo lo perseguirá.
4 Ellos han puesto reyes, pero no *escogidos* por
   mí;
   han nombrado príncipes, pero sin saber*lo* yo.
   Con su plata y su oro se han hecho ídolos,
   para su propia destrucción.
5 El ha rechazado tu becerro, oh Samaria,
   diciendo:
   Mi ira se enciende contra ellos.
   ¿Hasta cuándo serán incapaces de lograr la
   purificación?
6 Porque de Israel es éste también;
   un artífice lo hizo, y él no es Dios;
   ciertamente será hecho pedazos el becerro de
   Samaria.
7 Porque siembran viento,
   y recogerán tempestades.
   El trigo no tiene espigas,
   no da grano,
   y si lo diera, se lo tragarían los extraños.
8 Israel ha sido devorado;
   ahora están entre las naciones
   como vasija en que nadie se deleita;
9 porque ellos han subido a Asiria
   como asno montés solitario.
   Efraín alquiló amantes.
10 aunque alquilen *aliados* entre las naciones,
   ahora los juntaré,
   y comenzarán a debilitarse
   a causa de la carga del rey de príncipes.
11 Por cuanto Efraín ha multiplicado altares
   para pecar,
   en altares para pecar se le han convertido.
12 Aunque le escribí diez mil *preceptos* de mi
   ley,
   son considerados como cosa extraña.
13 En cuanto a mis ofrendas de sacrificio,
   sacrifican la carne y se *la* comen,
   pero el SEÑOR no se ha complacido en ellas.
   Ahora se acordará de su iniquidad,
   y *los* castigará por sus pecados:
   ellos volverán a Egipto.
14 Pues Israel se ha olvidado de su Hacedor y
   ha edificado palacios,
   y Judá ha multiplicado ciudades fortificadas;
   pero yo enviaré fuego a sus ciudades que
   consumirá sus fortalezas.

Castigo por la infidelidad de Israel

9 No te alegres, Israel, con gran júbilo como
las naciones,
porque te has prostituido, abandonando a tu
Dios;
has amado el salario de ramera sobre todas
las eras de grano.

2 Ni la era ni el lagar los alimentarán,
y el mosto les faltará.

3 No permanecerán en la tierra del SEÑOR,
sino que Efraín volverá a Egipto,
y en Asiria comerán *cosas* inmundas.

4 No harán libaciones de vino al SEÑOR,
ni le serán gratos sus sacrificios.
Su pan les *será* como pan de duelo,
todos los que lo coman se contaminarán,
porque su pan será *sólo* para ellos,
no entrará en la casa del SEÑOR.

5 ¿Qué haréis el día de la fiesta señalada
y el día de la fiesta del SEÑOR?

6 Pues, he aquí, se irán a causa de la
destrucción;
Egipto los recogerá, Menfis los sepultará.
La ortiga poseerá sus tesoros de plata;
cardos *crecerán* en sus tiendas.

7 Han llegado los días del castigo,
han llegado los días de la retribución;
¡que lo sepa Israel!
Un insensato es el profeta,
un loco el hombre inspirado,
a causa de la magnitud de tu culpa,
y por *tu* mucha hostilidad.

8 Vigía con mi Dios *era* Efraín, un profeta;
sin embargo el lazo de cazador está en todos
sus caminos,
y en la casa de su Dios hay *sólo* hostilidad.

9 Se han corrompido profundamente
como en los días de Guibeá;
El se acordará de su iniquidad,
castigará sus pecados.

10 Como uvas en el desierto hallé a Israel;
como las primicias de la higuera en su
primera cosecha vi a vuestros padres.
Pero fueron a Baal-peor y se consagraron a
la vergüenza[1],
y se hicieron tan abominables como lo que
amaban.

11 Como un ave volará de Efraín su gloria:
no *habrá* nacimiento, ni embarazo, ni
concepción.

12 Aunque críen a sus hijos,
se los quitaré hasta que no quede hombre
alguno.
Sí, ¡ay de ellos también cuando de ellos me
aparte!

13 Efraín, según he visto,
está como Tiro, plantado en pradera
hermosa;
pero Efraín sacará a sus hijos al verdugo.

14 Dales, oh SEÑOR, ¿qué *les* darás?
Dales matriz que aborte y pechos secos.

15 Toda su maldad está en Gilgal;
allí, pues, los aborrecí.
Por la maldad de sus hechos
los expulsaré de mi casa,
no los amaré más;
todos sus príncipes son rebeldes.

16 Efraín está herido, su raíz está seca;
no darán más fruto.
Aunque den a luz,
yo mataré el fruto de su vientre.

17 Mi Dios los desechará
porque no le han escuchado,
y andarán errantes entre las naciones.

10 Israel es un viñedo frondoso,
dando fruto para sí mismo;
según la abundancia de su fruto,
así multiplicaba los altares;
cuanto más rica *era* su tierra,
más hermosos hacían sus pilares *sagrados*.

2 Su corazón es infiel;
ahora serán hallados culpables;
el Señor derribará sus altares
y destruirá sus pilares *sagrados*.

3 Ciertamente ahora dirán: No tenemos rey,
porque no hemos temido al SEÑOR.
Y el rey, ¿qué haría por nosotros?

4 Hablan *meras* palabras,
hacen pactos con juramentos vanos,
y el juicio brotará como hierbas venenosas en
los surcos del campo.

5 Por el becerro de Bet-avén
temerán los habitantes de Samaria.
En verdad, por él hará duelo su pueblo,
y sus sacerdotes idólatras se lamentarán a
causa de él,
porque de él se ha alejado su gloria.

6 También el becerro será llevado a Asiria
como tributo al rey Jareb;
Efraín se cubrirá de vergüenza,
e Israel se avergonzará de su consejo.

7 Samaria será destruida *con* su rey,
como una astilla sobre la superficie del agua.

8 También serán destruidos los lugares altos de
Avén, el pecado de Israel;
espinos y abrojos crecerán sobre sus altares.
Entonces dirán a los montes:
¡Cubridnos!, y a los collados: ¡Caed sobre
nosotros!

9 Desde los días de Guibeá has pecado, oh
Israel;
¡allí se han quedado!
¿No los alcanzará en Guibeá la batalla contra
los hijos de la iniquidad?

10 Cuando yo lo desee, los castigaré;
y se juntarán pueblos contra ellos
cuando sean castigados por su doble
iniquidad.

11 Efraín es una novilla domesticada que le
gusta trillar,
pero yo pasaré *un yugo* sobre su hermosa
cerviz;
unciré a Efraín,
arará Judá, rastrillará Jacob por sí mismo.

12 Sembrad para vosotros según la justicia,
segad conforme a la misericordia;
romped el barbecho,
porque es tiempo de buscar al SEÑOR
hasta que venga a enseñaros justicia.

13 Habéis arado iniquidad, habéis segado
injusticia,
habéis comido fruto de mentira.
Porque has confiado en tu camino, en la
multitud de tus guerreros,

14 se levantará un tumulto entre tu pueblo,
y todas tus fortalezas serán destruidas,

---

1. I.e., a Baal

como Salmán destruyó a Bet-arbel el día de
la batalla,
cuando las madres fueron despedazadas con
sus hijos.
15 Así os será hecho en Betel a causa de vuestra
gran iniquidad.
Al amanecer, el rey de Israel será totalmente
destruido.

El amor de Dios por su pueblo

11 Cuando Israel era niño, yo lo amé,
y de Egipto llamé a mi hijo.
2 Cuanto más los llamaban *los profetas*,
tanto más se alejaban de ellos;
seguían sacrificando a los Baales
y quemando incienso a los ídolos.
3 Sin embargo yo enseñé a andar a Efraín,
yo lo llevé en mis brazos;
pero ellos no comprendieron que yo los
sanaba.
4 Con cuerdas humanas los conduje, con lazos
de amor,
y fui para ellos como quien alza el yugo de
sobre sus quijadas;
me incliné *y* les di de comer.
5 No volverán a la tierra de Egipto,
sino que Asiria será su rey,
porque rehusaron volver *a* mí.
6 La espada girará contra sus ciudades,
destruirá sus cerrojos
y *los* consumirá por causa de sus intrigas.
7 Pues mi pueblo se mantiene infiel contra mí;
aunque ellos lo llaman *para que se vuelva* al
Altísimo,
ninguno *le* exalta.
8 ¿Cómo podré abandonarte, Efraín?
¿Cómo podré entregarte, Israel?
¿Cómo podré yo hacerte como a Adma?
¿Cómo podré tratarte como a Zeboim?
Mi corazón se conmueve dentro de mí,
se enciende toda mi compasión.
9 No ejecutaré el furor de mi ira;
no volveré a destruir a Efraín.
Porque yo soy Dios y no hombre, el Santo en
medio de ti,
y no vendré con furor.
10 En pos del SEÑOR caminarán,
El rugirá como un león;
ciertamente El rugirá,
y *sus* hijos vendrán temblando desde el
occidente.
11 De Egipto vendrán temblando como aves,
y de la tierra de Asiria como palomas,
y yo los estableceré en sus casas—declara el
SEÑOR.
12 Efraín me rodea de mentiras,
y de engaño la casa de Israel;
Judá todavía anda lejos de Dios,
y del Santo, que es fiel.

Efraín reprendido

12 Efraín se alimenta de viento,
y persigue sin cesar el solano.
Multiplica la mentira y la violencia,
hacen además pacto con Asiria,
y el aceite es llevado a Egipto.
2 El SEÑOR tiene también contienda con Judá,
y castigará a Jacob conforme a sus caminos;
conforme a sus obras le pagará.

3 En el vientre tomó a su hermano por el
calcañar,
y en su madurez luchó con Dios.
4 Sí, luchó con el ángel y prevaleció,
lloró y le pidió su ayuda;
en Betel le encontró,
y allí El habló con nosotros,
5 sí, el SEÑOR, Dios de los ejércitos,
el SEÑOR es su nombre.
6 Y tú, vuelve a tu Dios,
practica la misericordia y la justicia,
y espera siempre en tu Dios.
7 A un mercader, en cuyas manos hay
balanzas falsas,
le gusta oprimir.
8 Y Efraín ha dicho: Ciertamente me he
enriquecido,
he adquirido riquezas para mí;
en todos mis trabajos no hallarán en mí
iniquidad alguna que *sea* pecado.
9 Pero yo *he sido* el SEÑOR tu Dios desde la
tierra de Egipto;
de nuevo te haré habitar en tiendas,
como en los días de la fiesta señalada.
10 También he hablado a los profetas
y multipliqué las visiones;
y por medio de los profetas hablé en
parábolas.
11 ¿Hay iniquidad *en* Galaad?
Ciertamente son indignos.
En Gilgal sacrifican toros,
sí, sus altares son como montones de piedra
en los surcos del campo.
12 Mas Jacob huyó a la tierra de Aram,
e Israel sirvió por una mujer,
y por una mujer cuidó *rebaños.*
13 Por un profeta el SEÑOR hizo subir a Israel de
Egipto,
y por un profeta fue guardado.
14 Efraín *le* ha irritado amargamente;
por eso su Señor dejará sobre él su culpa de
sangre,
y le devolverá su oprobio.

La idolatría de Efraín condenada

13 Cuando Efraín hablaba, *reinaba el*
temor;
se había exaltado a sí mismo en Israel,
pero por causa de Baal pecó y murió.
2 Y ahora continúan pecando:
se hacen imágenes fundidas,
ídolos, con su plata, conforme a su pericia,
todo ello obra de artífices.
De ellos dicen: Que los hombres que
sacrifican, besen los becerros.
3 Por tanto, serán como niebla de la mañana,
y como rocío que pronto desaparece,
como paja aventada de la era,
y como humo de chimenea.
4 Mas yo *he sido* el SEÑOR tu Dios
desde la tierra de Egipto;
no reconocerás a otro dios fuera de mí,
pues no hay más salvador que yo.
5 Yo te cuidé en el desierto,
en tierra muy seca.
6 Cuando *comían* sus pastos, se saciaron,
y al estar saciados, se ensoberbeció su
corazón;

por tanto, se olvidaron de mí.

7 Seré, pues, para ellos como león;
como leopardo junto al camino acecharé.
8 Como osa privada de sus cachorros, me
enfrentaré a ellos
y les desgarraré el pecho,
y allí los devoraré como leona,
como los desgarraría una bestia salvaje.
9 Tu destrucción *vendrá*, oh Israel,
porque *estás* contra mí, contra tu ayuda.
10 ¿Dónde está ahora tu rey
para que te salve en todas tus ciudades,
y tus jueces de quienes *me* decías:
Dame rey y príncipes?
11 Te di rey en mi ira,
y te lo quité en mi furor.
12 Atada está la iniquidad de Efraín,
guardado su pecado.
13 Dolores de parto vienen sobre él;
no es un hijo sensato,
porque no es hora de que se demore en la
apertura del vientre.
14 ¿Los libraré del poder del Seol?
¿Los redimiré de la muerte?
¿Dónde están, oh muerte, tus espinas?
¿Dónde está, oh Seol, tu aguijón?
La compasión estará oculta a mi vista.
15 Aunque él florezca entre los juncos,
vendrá el solano,
viento del Señor que sube del desierto,
y su fuente se secará
y su manantial se agotará;
despojará *su* tesoro de todos los objetos
preciosos.
16 Samaria será considerada culpable,
porque se rebeló contra su Dios.
Caerán a espada;
serán estrellados sus niños,
y abiertos los vientres de sus mujeres
encintas.

Conversión y perdón de Israel

14 Vuelve, oh Israel, al Señor tu Dios,
pues has tropezado a causa de tu
iniquidad.
2 Tomad con vosotros palabras, y volveos al
Señor.
Decidle: Quita toda iniquidad,
y acépta*nos* bondadosamente,
para que podamos presentar el fruto de
nuestros labios.
3 Asiria no nos salvará,
no montaremos a caballo,
y nunca más diremos: "Dios nuestro"
a la obra de nuestras manos,
pues en ti el huérfano halla misericordia.
4 Yo sanaré su apostasía,
los amaré generosamente,
pues mi ira se ha apartado de ellos.
5 Seré como rocío para Israel;
florecerá como lirio,
y extenderá sus raíces como *los cedros del*
Líbano.
6 Brotarán sus renuevos,
y será su esplendor como el del olivo,
y su fragancia como *la de los cedros del*
Líbano.
7 Los que moran a su sombra,
cultivarán de nuevo el trigo
y florecerán como la vid.
Su fama *será* como la del vino del Líbano.
8 Efraín, ¿qué tengo yo que ver ya con los
ídolos?
Yo respondo y te cuido.
Yo soy como un frondoso ciprés;
de mí procede tu fruto.
9 Quien es sabio, que entienda estas cosas;
quien es prudente, que las comprenda.
Porque rectos son los caminos del Señor,
y los justos andarán por ellos;
pero los transgresores tropezarán en ellos.

Libro de
JOEL

La plaga de langostas

1 Palabra del Señor que vino a Joel, hijo de
Petuel.
2 Oíd esto, ancianos,
y prestad oído, habitantes todos de la tierra.
¿Ha acontecido cosa semejante en vuestros
días,
o en los días de vuestros padres?
3 Contadlo a vuestros hijos,
y vuestros hijos a sus hijos,
y sus hijos a la siguiente generación.
4 Lo que dejó la oruga, lo comió la langosta;
lo que dejó la langosta, lo comió el pulgón;
y lo que dejó el pulgón, lo comió el saltón.
5 Despertad, borrachos, y llorad,
y gemid todos los que bebéis vino,
a causa del vino dulce
que os es quitado de la boca.
6 Porque una nación ha subido contra mi
tierra,
poderosa e innumerable;

sus dientes son dientes de león,
y tiene colmillos de leona.
7 Ha hecho de mi vid una desolación,
y astillas de mi higuera.
Del todo las ha descortezado y derribado;
sus sarmientos se han vuelto blancos.
8 Laméntate como virgen ceñida de cilicio
por el esposo de su juventud.
9 Han sido cortadas la ofrenda de cereal y la
libación
de la casa del Señor.
Están de duelo los sacerdotes,
los ministros del Señor.
10 El campo está asolado,
la tierra está de duelo,
porque el grano está arruinado,
el mosto se seca,
y el aceite virgen se pierde.
11 Avergonzaos, labradores,
gemid, viñadores,
por el trigo y la cebada,

porque la cosecha del campo se ha perdido.

12 La vid se seca,
y se marchita la higuera;
también el granado, la palmera y el
manzano,
todos los árboles del campo se secan.
Ciertamente se seca la alegría
de los hijos de los hombres.

13 Ceñíos *de cilicio*,
y lamentaos, sacerdotes;
gemid, ministros del altar.
Venid, pasad la noche *ceñidos* de cilicio,
ministros de mi Dios,
porque sin ofrenda de cereal y sin libación
ha quedado la casa de vuestro Dios.

14 Promulgad ayuno;
convocad asamblea;
congregad a los ancianos
y a todos los habitantes de la tierra
en la casa del SEÑOR vuestro Dios,
y clamad al SEÑOR.

15 ¡Ay de *ese* día!
Porque está cerca el día del SEÑOR,
y vendrá como destrucción del
Todopoderoso.

16 ¿No ha sido suprimido el alimento de delante
de nuestros ojos,
y la alegría y el regocijo de la casa de nuestro
Dios?

17 Las semillas se han secado bajo los terrones;
los almacenes han sido asolados,
los graneros derribados
porque se secó el grano.

18 ¡Cómo muge el ganado!
Andan vagando los hatos de vacas
porque no hay pasto para ellas;
hasta los rebaños de ovejas sufren.

19 A ti clamo, oh SEÑOR,
porque el fuego ha devorado los pastos del
desierto,
y la llama ha consumido todos los árboles del
campo.

20 Aun las bestias del campo braman por ti,
porque se han secado los arroyos de agua,
y el fuego ha devorado los pastos del
desierto.

El día terrible del SEÑOR

2 Tocad trompeta en Sion,
y sonad alarma en mi santo monte.
Tiemblen todos los habitantes de la tierra,
porque viene el día del SEÑOR,
porque está cercano;

2 día de tinieblas y lobreguez,
día nublado y de densa oscuridad.
Como la aurora sobre los montes, se extiende
un pueblo grande y poderoso;
nunca ha habido *nada* semejante a él,
ni tampoco lo habrá después
por años de muchas generaciones.

3 Delante de él consume el fuego,
y detrás de él abrasa la llama.
Como el huerto del Edén es la tierra delante
de él;
y detrás de él, un desierto desolado,
y de él nada escapa.

4 Como aspecto de caballos es su aspecto,
y como corceles de guerra, así corren.

5 Como estrépito de carros
saltan sobre las cumbres de los montes,
como el crepitar de llama de fuego que
consume la hojarasca,
como pueblo poderoso dispuesto para la
batalla.

6 Ante él tiemblan los pueblos,
palidecen todos los rostros.

7 Como valientes corren,
como soldados escalan la muralla;
cada uno marcha por su camino,
y no se desvían de sus sendas.

8 No se aprietan uno contra otro,
cada cual marcha por su calzada;
y cuando irrumpen por las defensas,
no rompen las filas.

9 Se lanzan sobre la ciudad,
corren por la muralla,
suben a las casas,
entran por las ventanas como ladrones.

10 Ante ellos tiembla la tierra,
se estremecen los cielos,
el sol y la luna se oscurecen,
y las estrellas pierden su resplandor.

11 El SEÑOR da su voz delante de su ejército,
porque es inmenso su campamento,
porque poderoso es el que ejecuta su palabra.
Grande y terrible es en verdad el día del
SEÑOR,
¿y quién podrá soportarlo?

12 Aun ahora—declara el SEÑOR—
volved a mí de todo corazón,
con ayuno, llanto y lamento.

13 Rasgad vuestro corazón y no vuestros
vestidos;
volved ahora al SEÑOR vuestro Dios,
porque El es compasivo y clemente,
lento para la ira, abundante en misericordia,
y se arrepiente de *infligir* el mal.

14 ¿Quién sabe si volverá y se apiadará,
y dejará tras sí bendición,
es decir, ofrenda de cereal y libación
para el SEÑOR vuestro Dios?

15 Tocad trompeta en Sion,
promulgad ayuno, convocad asamblea,

16 reunid al pueblo, santificad la asamblea,
congregad a los ancianos,
reunid a los pequeños y a los niños de pecho.
Salga el novio de su aposento
y la novia de su alcoba.

17 Entre el pórtico y el altar,
lloren los sacerdotes, ministros del SEÑOR,
y digan: Perdona, oh SEÑOR, a tu pueblo,
y no entregues tu heredad al oprobio,
a la burla entre las naciones.
¿Por qué han de decir entre los pueblos:
"Dónde está su Dios"?

18 Entonces el SEÑOR se llenará de celo por su
tierra,
y tendrá piedad de su pueblo.

19 El SEÑOR responderá, y dirá a su pueblo:
He aquí, yo os enviaré grano, mosto y aceite,
y os saciaréis de ello,
y nunca más os entregaré al oprobio entre las
naciones.

20 Al *ejército* del norte lo alejaré de vosotros
y lo echaré a una tierra árida y desolada,
su vanguardia hacia el mar oriental,
y su retaguardia hacia el mar occidental.
Y ascenderá su hedor y subirá su fetidez,
porque ha hecho terribles cosas.

21 No temas, oh tierra, regocíjate y alégrate,
porque el Señor ha hecho grandes cosas.
22 No temáis, bestias del campo,
porque los pastos del desierto han
reverdecido,
porque el árbol ha dado su fruto,
la higuera y la vid han producido en
abundancia.
23 Hijos de Sion, regocijaos
y alegraos en el Señor vuestro Dios;
porque El os ha dado la lluvia temprana para
vuestra vindicación,
y ha hecho descender para vosotros la lluvia,
la lluvia temprana y la tardía *como* en el
principio.
24 Y las eras se llenarán de grano,
y las tinajas rebosarán de mosto y de aceite
virgen.
25 Entonces os compensaré por los años
que ha comido la langosta,
el pulgón, el saltón y la oruga,
mi gran ejército, que envié contra vosotros.
26 Tendréis mucho que comer y os saciaréis,
y alabaréis el nombre del Señor vuestro
Dios,
que ha obrado maravillosamente con
vosotros;
y nunca jamás será avergonzado mi pueblo.
27 Y sabréis que en medio de Israel estoy yo,
y que yo soy el Señor vuestro Dios
y no hay otro;
nunca jamás será avergonzado mi pueblo.
28 Y sucederá que después de esto,
derramaré mi Espíritu sobre toda carne;
y vuestros hijos y vuestras hijas profetizarán,
vuestros ancianos soñarán sueños,
vuestros jóvenes verán visiones.
29 Y aun sobre los siervos y las siervas
derramaré mi Espíritu en esos días.
30 Y haré prodigios en el cielo y en la tierra:
sangre, fuego y columnas de humo.
31 El sol se convertirá en tinieblas,
y la luna en sangre,
antes que venga el día del Señor, grande y
terrible.
32 Y sucederá que todo aquel que invoque el
nombre del Señor
será salvo;
porque en el monte Sion y en Jerusalén
habrá salvación,
como ha dicho el Señor,
y entre los sobrevivientes *estarán* los que el
Señor llame.

Juicio de las naciones

3 Porque he aquí que en aquellos días y en
aquel tiempo,
cuando yo restaure el bienestar de Judá y
Jerusalén,
2 reuniré a todas las naciones,
y las haré bajar al valle de Josafat.
Y allí entraré en juicio con ellas
a favor de mi pueblo y mi heredad, Israel,
a quien ellas esparcieron entre las naciones,
y repartieron mi tierra.
3 También echaron suertes sobre mi pueblo,
cambiaron un niño por una ramera,
y vendieron una niña por vino para poder
beber.
4 Además, ¿qué tenéis que ver conmigo, Tiro,

Sidón y todas las regiones de Filistea? ¿Os
queréis vengar de mí? Si de esta manera os
vengáis de mí, bien pronto haré volver vuestra
venganza sobre vuestra cabeza.
5 Por cuanto habéis tomado mi plata y mi oro,
y os habéis llevado mis valiosos tesoros a vuestros
templos,
6 y habéis vendido los hijos de Judá y
Jerusalén a los griegos para alejarlos de su territorio,
7 he aquí, yo los levantaré del lugar donde los
vendisteis, y devolveré vuestra venganza sobre
vuestra cabeza.
8 También venderé vuestros hijos y vuestras
hijas a los hijos de Judá, y ellos los venderán a los
sabeos, a una nación lejana—porque el Señor *lo*
ha dicho.
9 Proclamad esto entre las naciones:
Preparaos para la guerra, despertad a los
valientes;
acérquense, suban todos los soldados.
10 Forjad espadas de vuestras rejas de arado
y lanzas de vuestras podaderas;
diga el débil: Fuerte soy.
11 Apresuraos y venid, naciones todas de
alrededor,
y reuníos allí.
Haz descender, oh Señor, a tus valientes.
12 Despiértense y suban las naciones
al valle de Josafat,
porque allí me sentaré a juzgar
a todas las naciones de alrededor.
13 Meted la hoz, que la mies está madura;
venid, pisad, que el lagar está lleno;
las tinajas rebosan, porque grande es su
maldad.
14 Multitudes, multitudes en el valle de la
decisión.
Porque cerca está el día del Señor en el valle
de la decisión.
15 El sol y la luna se oscurecen,
y las estrellas pierden su resplandor.
16 El Señor ruge desde Sion
y desde Jerusalén da su voz,
y tiemblan los cielos y la tierra.
Pero el Señor es refugio para su pueblo
y fortaleza para los hijos de Israel.
17 Entonces sabréis que yo soy el Señor vuestro
Dios,
que habito en Sion, mi santo monte.
Y Jerusalén será santa,
y los extranjeros no pasarán más por ella.
18 Y sucederá que en aquel día
los montes destilarán vino dulce,
las colinas manarán leche,
y por todos los arroyos de Judá correrán las
aguas;
brotará un manantial de la casa del Señor
y regará el valle de Sitim.
19 Egipto será una desolación,
y Edom será un desierto desolado,
por la violencia hecha a los hijos de Judá,
en cuya tierra han derramado sangre
inocente.
20 Pero Judá será habitada para siempre,
y Jerusalén por todas las generaciones.
21 Y yo vengaré su sangre, *que aún* no he
vengado,
pues el Señor habita en Sion.

Libro de
AMOS

Juicio contra las naciones vecinas

1 Palabras de Amós, que fue uno de los pastores de Tecoa, *de lo* que vio en visión acerca de Israel en días de Uzías, rey de Judá, y en días de Jeroboam, hijo de Joás, rey de Israel, dos años antes del terremoto.

2 Y dijo:
El Señor ruge desde Sion,
y desde Jerusalén da su voz;
los pastizales de los pastores están de duelo,
y se seca la cumbre del Carmelo.

3 Así dice el Señor:
Por tres transgresiones de Damasco, y por cuatro,
no revocaré su *castigo*,
porque trillaron a Galaad con *trillos* de hierro.

4 Por eso enviaré fuego sobre la casa de Hazael,
y consumirá los palacios de Ben-adad.

5 También romperé el cerrojo de Damasco,
extirparé a los habitantes del valle de Avén
y al que empuña el cetro de Bet-edén,
y el pueblo de Aram será desterrado a Kir
—dice el Señor.

6 Así dice el Señor:
Por tres transgresiones de Gaza, y por cuatro,
no revocaré su *castigo*,
por haber deportado a todo un pueblo
para entregar*lo* a Edom.

7 Enviaré, pues, fuego sobre la muralla de Gaza,
y consumirá sus palacios.

8 También extirparé a los habitantes de Asdod,
y al que empuña el cetro de Ascalón;
desataré mi poder sobre Ecrón,
y el remanente de los filisteos perecerá
—dice el Señor Dios.

9 Así dice el Señor:
por tres transgresiones de Tiro, y por cuatro,
no revocaré su *castigo*,
por haber entregado todo un pueblo cautivo a Edom
sin acordarse del pacto de hermanos.

10 Enviaré, pues, fuego sobre la muralla de Tiro,
y consumirá sus palacios.

11 Así dice el Señor:
Por tres transgresiones de Edom, y por cuatro,
no revocaré su *castigo*,
porque con espada persiguió a su hermano,
y suprimió su compasión;
su ira continuó despedazando
y mantuvo su furor para siempre.

12 Enviaré, pues, fuego sobre Temán,
y consumirá los palacios de Bosra.

13 Así dice el Señor:
Por tres transgresiones de los hijos de Amón, y por cuatro,
no revocaré su *castigo*,
porque abrieron los vientres de las *mujeres* encintas de Galaad

para ensanchar sus límites.

14 Encenderé, pues, fuego en la muralla de Rabá,
y consumirá sus palacios
en medio de gritos *de guerra* en el día de la batalla,
en medio de una tempestad en el día de la tormenta;

15 y su rey irá al destierro,
él y sus príncipes con él—dice el Señor.

2 Así dice el Señor:
Por tres transgresiones de Moab, y por cuatro,
no revocaré su *castigo*,
porque quemó los huesos del rey de Edom hasta calcinarlos.

2 Enviaré, pues, fuego sobre Moab,
que consumirá los palacios de Queriot,
y Moab morirá entre el tumulto,
entre gritos *de guerra* y sonido de trompeta.

3 También extirparé al juez de en medio de ella,
y mataré a todos sus príncipes con él—dice el Señor.

4 Así dice el Señor:
Por tres transgresiones de Judá, y por cuatro,
no revocaré su *castigo*,
porque desecharon la ley del Señor
y no guardaron sus estatutos;
también les han hecho errar sus mentiras,
tras las cuales anduvieron sus padres.

5 Enviaré, pues, fuego sobre Judá,
y consumirá los palacios de Jerusalén.

6 Así dice el Señor:
Por tres transgresiones de Israel, y por cuatro,
no revocaré su *castigo*,
porque venden al justo por dinero
y al necesitado por un par de sandalias.

7 Los que pisotean en el polvo de la tierra la cabeza de los desvalidos,
también tuercen el camino de los humildes.
Un hombre y su padre se llegan a la misma joven
profanando mi santo nombre;

8 sobre ropas empeñadas se tienden junto a cualquier altar,
y el vino de los que han sido multados beben en la casa de su Dios.

9 Yo destruí al amorreo delante de ellos,
cuya altura *era* como la altura de los cedros,
y *era* fuerte como las encinas;
yo destruí su fruto por arriba y su raíz por abajo.

10 Y a vosotros yo os hice subir de la tierra de Egipto,
y os conduje por el desierto cuarenta años
para que tomarais posesión de la tierra del amorreo.

11 Y levanté profetas de entre vuestros hijos
y nazareos de entre vuestros jóvenes.
¿No es así, hijos de Israel?—declara el Señor.

12 Pero vosotros hicisteis beber vino a los nazareos,

y a los profetas les ordenasteis, diciendo: No
profeticéis.

13 He aquí, yo estoy oprimido debajo de
vosotros
como está oprimida una carreta llena de
gavillas.

14 Y la huida le fallará al ligero,
y el fuerte no fortalecerá su poder,
ni el valiente salvará su vida.

15 El que empuña el arco no resistirá,
el ligero de pies no escapará,
ni el que monta a caballo salvará su vida.

16 Y aun el más intrépido entre los valientes
huirá desnudo aquel día—declara el
Señor.

Castigo de Israel

3 Oíd esta palabra que el Señor ha hablado
contra vosotros, hijos de Israel, contra toda la
familia que hizo subir de la tierra de Egipto,
diciendo:

2 Sólo a vosotros he escogido de todas las
familias de la tierra;
por eso os castigaré por todas vuestras
iniquidades.

3 ¿Andan dos hombres juntos si no se han
puesto de acuerdo?

4 ¿Ruge un león en la selva sin tener presa?
¿Gruñe un leoncillo desde su guarida si no ha
apresado algo?

5 ¿Cae un ave en la trampa en la tierra si no hay
cebo en ella?
¿Se levanta la trampa del suelo si no ha
atrapado algo?

6 Si se toca la trompeta en la ciudad, ¿no
temblará el pueblo?
Si sucede una calamidad en la ciudad, ¿no la
ha causado el Señor?

7 Ciertamente el Señor Dios no hace nada
sin revelar su secreto
a sus siervos los profetas.

8 Ha rugido un león, ¿quién no temerá?
Ha hablado el Señor Dios, ¿quién no
profetizará?

9 Proclamad en los palacios de Asdod y en los
palacios de la tierra de Egipto, y decid: Congregaos en los montes de Samaria y ved los grandes
tumultos dentro de ella y la opresión en medio
suyo.

10 No saben hacer lo recto—declara el
Señor—los que atesoran violencia y destrucción
en sus palacios.

11 Por tanto, así dice el Señor Dios:
Un enemigo, rodeando la tierra,
echará abajo tu poder
y tus palacios serán saqueados.

12 Así dice el Señor:
Como el pastor rescata de la boca del león
dos patas o un pedazo de oreja,
así serán rescatados los hijos de Israel que se
sientan en Samaria,
en la esquina de una cama y en el damasco
de un sofá.

13 Oíd y testificad contra la casa de Jacob
—declara el Señor Dios, el Dios de los
ejércitos.

14 Porque el día que yo castigue las
transgresiones de Israel,
castigaré también los altares de Betel;

los cuernos del altar serán cortados
y caerán a tierra.

15 Derribaré también la casa de invierno junto
con la casa de verano;
también perecerán las casas de marfil,
y muchas casas serán destruidas
—declara el Señor.

4 Oíd esta palabra, vacas de Basán, que estáis
en el monte de Samaria,
las que oprimís a los pobres, quebrantáis a los
menesterosos,
y decís a vuestros maridos: Traed ahora,
para que bebamos.

2 El Señor Dios ha jurado por su santidad:
He aquí, vienen sobre vosotras días
en que os llevarán con garfios,
y a vuestro remanente con anzuelos.

3 Saldréis por las brechas,
una tras otra,
y seréis expulsadas al Harmón—declara el
Señor.

4 Entrad en Betel y pecad,
multiplicad en Gilgal las transgresiones;
traed vuestros sacrificios cada mañana,
vuestros diezmos cada tres días.

5 Ofreced también pan leudado en ofrenda de
gratitud,
y proclamad ofrendas voluntarias, dadlas a
conocer,
puesto que así os place, hijos de Israel
—declara el Señor Dios.

6 Yo también os he dado dientes limpios en
todas vuestras ciudades,
y falta de pan en todos vuestros lugares;
pero no os habéis vuelto a mí—declara el
Señor.

7 Y además os retuve la lluvia
cuando aún faltaban tres meses para la siega;
hice llover sobre una ciudad
y sobre otra ciudad no hice llover;
sobre una parte llovía,
y la parte donde no llovía, se secó.

8 Así que dos o tres ciudades iban
tambaleándose a otra ciudad para beber
agua,
y no se saciaban;
pero no os habéis vuelto a mí—declara el
Señor.

9 Os herí con viento abrasador y con añublo;
y la oruga ha devorado
vuestros muchos huertos y viñedos, vuestras
higueras y vuestros olivos;
pero no os habéis vuelto a mí—declara el
Señor.

10 Envié contra vosotros una plaga, como la
plaga de Egipto,
maté a espada a vuestros jóvenes, junto con
vuestros caballos capturados,
e hice subir hasta vuestras narices el hedor de
vuestro campamento;
pero no os habéis vuelto a mí—declara el
Señor.

11 Os destruí como Dios destruyó a Sodoma y a
Gomorra,
y fuisteis como tizón arrebatado de la
hoguera;
pero no os habéis vuelto a mí—declara el
Señor.

12 Por tanto, así haré contigo, Israel;

y porque te he de hacer esto,
  prepárate para encontrarte con tu Dios, oh
    Israel.
13 Pues he aquí el que forma los montes, crea el
      viento
  y declara al hombre cuáles son sus
    pensamientos,
  el que del alba hace tinieblas
  y camina sobre las alturas de la tierra:
  el SEÑOR, Dios de los ejércitos, es su nombre.

Exhortación al arrepentimiento

5 Oíd esta palabra que yo pronuncio como
    lamentación sobre vosotros, casa de Israel.
2 Ha caído, no volverá a levantarse
  la virgen de Israel;
  abandonada *yace* en su tierra,
  no hay quien la levante.
3 Porque así dice el Señor DIOS:
  La ciudad que sale con mil,
  se quedará con cien;
  y la que sale con cien,
  se quedará con diez, en la casa de Israel.
4 Porque así dice el SEÑOR a la casa de Israel:
  Buscadme, y viviréis.
5 Pero no busquéis a Betel,
  ni vayáis a Gilgal,
  ni paséis a Beerseba;
  porque ciertamente Gilgal será llevada
    cautiva,
  y Betel caerá en desgracia.
6 Buscad al SEÑOR y viviréis,
  no sea que El prorrumpa como fuego, oh
    casa de José,
  y consuma a Betel sin que haya quien *lo*
    apague;
7 *consuma* a los que convierten el juicio en
      ajenjo
  y echan por tierra la justicia.
8 El que hizo las Pléyades y el Orión,
  cambia las densas tinieblas en aurora,
  y hace oscurecer el día en noche;
  el que llama a las aguas del mar,
  y las derrama sobre la faz de la tierra:
  el SEÑOR es su nombre.
9 El es quien desencadena destrucción sobre el
      fuerte,
  y hace que la ruina venga sobre la fortaleza.
10 Ellos odian en la puerta al que reprende,
  y aborrecen al que habla *con* integridad.
11 Por tanto, ya que imponéis fuertes impuestos
      sobre el pobre
  y exigís de él tributo de grano,
  las casas de piedra labrada que habéis
    edificado,
  no las habitaréis;
  habéis plantado viñas escogidas, pero no
    beberéis su vino.
12 Pues yo sé que muchas son vuestras
    transgresiones y graves vuestros pecados:
  oprimís al justo, aceptáis soborno
  y rechazáis a los pobres en la puerta.
13 Por tanto, el prudente se calla en ese tiempo,
  pues es tiempo malo.
14 Buscad lo bueno y no lo malo, para que
      viváis,
  y así sea con vosotros el SEÑOR, Dios de los
    ejércitos,
  tal como habéis dicho.

15 Aborreced el mal, amad el bien,
  y estableced la justicia en la puerta.
  Tal vez el SEÑOR, Dios de los ejércitos,
  sea misericordioso con el remanente de José.
16 Por tanto, así dice el SEÑOR, el Señor Dios de
    los ejércitos:
  En todas las plazas hay llanto,
  y en todas las calles dicen: ¡Ay! ¡Ay!
  Llaman a duelo al labrador,
  y a lamentación a los que saben plañir.
17 En todas las viñas *habrá* llanto,
  porque pasaré por en medio de ti—dice el
    SEÑOR.
18 ¡Ay de los que ansían el día del SEÑOR!
  ¿De qué os servirá el día del SEÑOR?
  Será tinieblas, y no luz;
19 como cuando uno huye de un león,
  y se encuentra con un oso,
  o va a casa, apoya la mano en la pared,
  y lo muerde una culebra.
20 ¿No *será* tinieblas el día del SEÑOR, y no luz,
  oscuridad, y no resplandor?
21 Aborrezco, desprecio vuestras fiestas,
  tampoco me agradan vuestras asambleas
    solemnes.
22 Aunque me ofrezcáis holocaustos y vuestras
    ofrendas de grano,
  no *los* aceptaré;
  ni miraré a las ofrendas de paz de vuestros
    animales cebados.
23 Aparta de mí el ruido de tus cánticos,
  pues no escucharé siquiera la música de tus
    arpas.
24 Pero corra el juicio como las aguas
  y la justicia como una corriente inagotable.
25 ¿Acaso me ofrecisteis sacrificios y ofrendas
  de cereal por cuarenta años en el desierto, oh
  casa de Israel?
26 Más bien, llevasteis a Sicut, vuestro rey, y a
  Quiyún, vuestros ídolos, la estrella de vuestros
  dioses que hicisteis para vosotros.
27 Yo os haré, pues, deportar más allá de
  Damasco—dice el SEÑOR, cuyo nombre es Dios
  de los ejércitos.

Contra la falsa seguridad

6 ¡Ay de los que *viven* reposadamente en Sion,
  y de los que *se sienten* seguros en el monte de
    Samaria,
  los notables de las naciones principales,
  a quienes acude la casa de Israel!
2 Pasad a Calne y mirad,
  y de allí id a Hamat la grande,
  descended luego a Gat de los filisteos.
  ¿Sois vosotros mejores que estos reinos,
  o es su territorio mayor que el vuestro?
3 ¿Alejáis el día de la calamidad,
  y acercáis la silla de la violencia?
4 Los que se acuestan en camas de marfil,
  se tienden sobre sus lechos,
  comen corderos del rebaño
  y terneros de en medio del establo;
5 los que improvisan al son del arpa,
  y como David han compuesto cantos para sí;
6 los que beben vino en tazones *del altar*
  y se ungen con los óleos más finos,
  pero no se lamentan por la ruina de José,
7 irán por tanto ahora al destierro a la cabeza
  de los desterrados,

y se acabarán los banquetes de los disolutos.

8 El Señor Dios ha jurado por sí mismo, ha
declarado el Señor, Dios de los ejércitos:
Aborrezco la arrogancia de Jacob,
y detesto sus palacios;
entregaré la ciudad y cuanto hay en ella.

9 Y sucederá que si diez hombres quedan en
una misma casa, morirán.

10 Entonces su tío o su incinerador, levantará a
cada uno para sacar *sus* huesos de la casa, y dirá
al que está en el fondo de la casa: ¿Hay *alguien*
más contigo? Y *éste* responderá: Nadie. Entonces
aquél dirá: Calla, porque no se debe hacer
mención del nombre del Señor.

11 Porque he aquí, el Señor ordenará que la
casa grande sea reducida a escombros y que la
casa pequeña sea hecha pedazos.

12 ¿Corren los caballos por la peña?
¿Se ara *en ella* con bueyes?
Pues vosotros habéis convertido el derecho
en veneno,
y el fruto de la justicia en amargura[1];

13 vosotros que os alegráis por Lo-debar[2],
que decís: ¿No hemos tomado para nosotros
Carnáyim[3]
con nuestra *propia* fuerza?

14 Pues he aquí, levantaré contra vosotros, oh
casa de Israel,
—declara el Señor, Dios de los ejércitos—
una nación que os afligirá desde la entrada
de Hamat
hasta el arroyo del Arabá.

Visiones de la langosta, del fuego y de la plomada

7 Esto me mostró el Señor Dios: He aquí, El
formaba enjambre de langostas cuando
comenzaba a brotar la cosecha de primavera. Y
he aquí, la cosecha de primavera *era* después de
la siega del rey.

2 Y sucedió que cuando habían terminado de
devorar la hierba de la tierra, yo dije:
Señor Dios, perdona, te ruego.
¿Cómo podrá resistir Jacob
si es tan pequeño?

3 Se apiadó el Señor de esto:
No sucederá—dijo el Señor.

4 Esto me mostró el Señor Dios: he aquí, el
Señor Dios llamaba para juzgar*los* con fuego, y
consumió el gran abismo y empezó a consumir el
campo.

5 Entonces dije:
Señor Dios, cesa, te ruego.
¿Cómo podrá resistir Jacob
si es tan pequeño?

6 Se apiadó el Señor de esto:
Esto tampoco sucederá—dijo el Señor Dios.

7 Esto El me mostró: He aquí, el Señor estaba
junto a un muro hecho a plomo, y tenía en su
mano una plomada.

8 Y el Señor me dijo: ¿Qué ves, Amós? Y
respondí: Una plomada. Entonces el Señor dijo:
He aquí, pondré una plomada
en medio de mi pueblo Israel.
Ya no volveré a dejarlos sin castigo.

9 Los lugares altos de Isaac serán asolados
y los santuarios de Israel destruidos;

y yo me levantaré con espada contra la casa
de Jeroboam.

10 Entonces Amasías, sacerdote de Betel, envió
palabra a Jeroboam, rey de Israel, diciendo:
Amós conspira contra ti en medio de la casa de
Israel; la tierra *ya* no puede soportar todas sus
palabras.

11 Porque así dice Amós: "Jeroboam morirá a
espada y ciertamente Israel saldrá en cautiverio
de su tierra."

12 Y Amasías dijo a Amós: Vete, vidente, huye a
la tierra de Judá, come allí pan y allí profetiza;

13 pero en Betel no vuelvas a profetizar más,
porque es santuario del rey y residencia real.

14 Entonces respondió Amós y dijo a Amasías:
Yo no soy profeta, ni hijo de profeta, sino que soy
boyero y cultivador de sicómoros.

15 Pero el Señor me tomó cuando pastoreaba el
rebaño, y me dijo: Ve, profetiza a mi pueblo
Israel.

16 Ahora pues, escucha la palabra del Señor:
Tú dices: "No profetices contra Israel ni hables
contra la casa de Isaac."

17 Por tanto, así dice el Señor: "Tu mujer se
prostituirá en la ciudad, tus hijos y tus hijas
caerán a espada, tu tierra será repartida a cordel,
y tú morirás en una tierra inmunda. Y ciertamente Israel saldrá de su tierra en cautiverio."

Los inevitables juicios de Dios

8 Esto me mostró el Señor Dios: He aquí, *había*
una canasta de fruta de verano,

2 y El dijo: ¿Qué ves, Amós? Y respondí: Una
canasta de fruta de verano. Entonces el Señor
me dijo: Ha llegado el fin para mi pueblo Israel.
Ya no volveré a dejarlos sin castigo.

3 Los cantos del palacio se convertirán en
gemido en aquel día—declara el Señor Dios.
Muchos *serán* los cadáveres; en todo lugar *los*
echarán fuera en silencio.

4 Oíd esto, los que pisoteáis a los menesterosos,
y queréis exterminar a los pobres de la tierra,

5 diciendo:
¿Cuándo pasará la luna nueva
para vender el grano,
y el día de reposo para abrir el *mercado de*
trigo,
achicar el efa, aumentar el siclo
y engañar con balanzas falsas;

6 para comprar por dinero a los desvalidos
y a los pobres por un par de sandalias,
y vender los desechos del trigo?

7 El Señor ha jurado por el orgullo de Jacob:
Ciertamente, nunca me olvidaré de ninguna
de sus obras.

8 ¿No temblará por esto la tierra,
y hará duelo todo aquel que habita en ella?
Subirá toda ella como el Nilo,
se agitará
y menguará como el Nilo de Egipto.

9 Y sucederá que en aquel día—declara el
Señor Dios—
yo haré que el sol se ponga al mediodía
y que la tierra en pleno día se oscurezca.

10 Entonces cambiaré vuestras fiestas en llanto
y todos vuestros cantos en lamento;
pondré cilicio sobre todo lomo
y calvicie sobre toda cabeza;

---

1. Lit., *ajenjo* 2. I.e., nada 3. I.e., un par de cuernos

haré que sea como duelo por hijo único,
y su fin, como día de amargura.

11 He aquí, vienen días—declara el Señor
Dios—
en que enviaré hambre sobre la tierra,
no hambre de pan, ni sed de agua,
sino de oír las palabras del Señor.

12 Y vagarán de mar a mar,
y del norte hasta el oriente;
andarán de aquí para allá en busca de la
palabra del Señor,
pero no *la* encontrarán.

13 En aquel día las doncellas hermosas
y los jóvenes desfallecerán de sed.

14 Los que juran por el pecado[1] de Samaria,
y dicen: "Viva tu dios, oh Dan",
y "Viva el camino de Beerseba",
caerán y nunca más se levantarán.

9 Vi al Señor de pie junto al altar, y *me* dijo:
Golpea los capiteles y que se estremezcan los
umbrales,
y rómpelos sobre la cabeza de todos.
Entonces mataré a espada al resto de ellos;
no habrá entre ellos fugitivo que huya,
ni refugiado de ellos que escape.

2 Aunque caven hasta el Seol,
de allí los tomará mi mano;
y aunque suban al cielo,
de allí los haré bajar.

3 Aunque se escondan en la cumbre del
Carmelo,
allí los buscaré y los tomaré;
aunque se oculten de mis ojos en el fondo del
mar,
allí ordenaré a la serpiente que los muerda.

4 Aunque vayan al cautiverio delante de sus
enemigos,
allí ordenaré a la espada que los mate,
y pondré sobre ellos mis ojos para mal y no
para bien.

5 El Señor, Dios de los ejércitos:
el que toca la tierra, y *ésta* se derrite,
y se lamentan todos los que en ella habitan,
sube toda ella como el Nilo
y mengua como el Nilo de Egipto;

6 el que edifica en los cielos sus altos
aposentos,
y sobre la tierra ha establecido su bóveda;

el que llama a las aguas del mar
y las derrama sobre la faz de la tierra:
el Señor es su nombre.

7¿No sois vosotros para mí como hijos de
Etiopía,
oh hijos de Israel?—declara el Señor.
¿No hice yo subir a Israel de la tierra de
Egipto
y a los filisteos de Caftor y a los arameos de
Kir?

8 He aquí, los ojos del Señor Dios están sobre
el reino pecador,
y yo lo destruiré de sobre la faz de la tierra;
sin embargo, no destruiré totalmente a la
casa de Jacob —declara el Señor.

9 Porque he aquí, yo daré un mandato,
y zarandearé a la casa de Israel entre todas
las naciones,
como se zarandea *el grano* en la criba,
sin que caiga ni un grano en tierra.

10 A espada morirán todos los pecadores de mi
pueblo,
los que dicen: "No nos alcanzará ni se nos
acercará la desgracia."

11 En aquel día levantaré el tabernáculo caído
de David,
repararé sus brechas,
levantaré sus ruinas,
y lo reedificaré como en tiempo pasado,

12 para que tomen posesión del remanente de
Edom
y de todas las naciones donde se invoca mi
nombre
—declara el Señor, que hace esto.

13 He aquí, vienen días—declara el Señor—
cuando el arador alcanzará al segador,
y el que pisa la uva al que siembra la semilla;
cuando destilarán vino dulce los montes,
y todas las colinas se derretirán.

14 Restauraré el bienestar de mi pueblo Israel,
y ellos reedificarán las ciudades asoladas y
habitarán *en ellas*;
también plantarán viñas y beberán su vino,
y cultivarán huertos y comerán sus frutos.

15 Los plantaré en su tierra,
y no serán arrancados jamás de la tierra
que les he dado
—dice el Señor tu Dios.

---

1. O, *la culpa*; heb., *Ashimah*

Libro de
ABDIAS

Humillación de Edom

1 Visión de Abdías.
Así dice el Señor Dios acerca de Edom:
Hemos oído un mensaje del Señor,
y un mensajero ha sido enviado a las
 naciones, *diciendo:*
Levantaos y alcémonos contra él en batalla.
2 He aquí, te haré pequeño entre las naciones;
despreciado eres en gran manera.
3 La soberbia de tu corazón te ha engañado,
tú que habitas en las hendiduras de la peña,
en las alturas de tu morada;
que dices en tu corazón:
"¿Quién me derribará por tierra?"
4 Aunque te remontes como el águila,
y aunque entre las estrellas pongas tu nido,
de allí te derribaré—declara el Señor.
5 Si vinieran a ti ladrones
o salteadores de noche
(¡cómo quedarías arruinado!),
¿no robarían hasta que les bastara?
Si vinieran a ti vendimiadores,
¿no dejarían rebuscos?
6 ¡Cómo será escudriñado Esaú,
y rebuscados sus tesoros escondidos!
7 Hasta la frontera te echarán
todos tus aliados;
te engañarán, te dominarán
los que están en paz contigo;
los que comen tu pan
tenderán emboscada contra ti.
(No hay entendimiento en él.)
8 ¿No destruiré en aquel día
—declara el Señor—a los sabios de Edom
y el entendimiento del monte de Esaú?
9 Entonces tus valientes serán atemorizados,
oh Temán,
de modo que todo hombre será cortado del
monte de Esaú con muerte violenta.
10 Por la violencia contra tu hermano Jacob,
te cubrirá la vergüenza,
y serás cortado para siempre.
11 El día que te pusiste a un lado,
el día en que extraños se llevaban su riqueza,
y extranjeros entraban por su puerta
y sobre Jerusalén echaban suertes,
tú también eras como uno de ellos.
12 No te alegres en el día de tu hermano,
en el día de su exterminio;

no te alegres de los hijos de Judá
en el día de su destrucción;
sí, no te jactes
en el día de *su* angustia.
13 No entres por la puerta de mi pueblo
en el día de su ruina.
Sí, no te alegres tú de su desgracia
en el día de su ruina;
no te apoderes de sus riquezas
en el día de su ruina.
14 No te apostes en la encrucijada
para exterminar a sus fugitivos,
y no entregues a sus sobrevivientes
en el día de su angustia.
15 Porque se acerca el día del Señor sobre todas
las naciones.
Como tú has hecho, te será hecho;
tus acciones recaerán sobre tu cabeza.
16 Como vosotros bebisteis en mi santo monte,
así beberán continuamente todas las
naciones.
Beberán y tragarán,
y serán como si no hubieran sido.
17 Pero en el monte Sion quedará un
remanente,
y será *lugar* santo,
y la casa de Jacob volverá a tomar sus
posesiones.
18 Entonces la casa de Jacob será un fuego,
y la casa de José una llama,
y rastrojo la casa de Esaú.
Los quemarán y los consumirán,
y no quedará sobreviviente *alguno* de la casa
de Esaú
—porque el Señor ha hablado.
19 Entonces *los del* Neguev poseerán el monte
de Esaú,
y *los de* la Sefela[1] *la llanura* de los filisteos;
poseerán también el territorio de Efraín y el
territorio de Samaria,
y Benjamín *poseerá* Galaad.
20 Y los desterrados de este ejército de los hijos
de Israel
que están *entre* los cananeos hasta Sarepta,
y los desterrados de Jerusalén que están en
Sefarad,
poseerán las ciudades del Neguev.
21 Y subirán libertadores al monte Sion
para juzgar al monte de Esaú,
y el reino será del Señor.

---

1. I.e., las faldas de los montes

Desobediencia de Jonás

1 Vino palabra del Señor a Jonás, hijo de Amitai, diciendo:

2 Levántate, ve a Nínive, la gran ciudad, y proclama contra ella, porque su maldad ha subido hasta mí.

3 Pero Jonás se levantó para huir a Tarsis, *lejos* de la presencia del Señor. Y descendiendo a Jope, encontró un barco que iba a Tarsis, pagó el pasaje y entró en él para ir con ellos a Tarsis, *lejos* de la presencia del Señor.

4 Y el Señor desató sobre el mar un fuerte viento, y hubo una tempestad tan grande en el mar que el barco estuvo a punto de romperse.

5 Los marineros tuvieron miedo y cada uno clamaba a su dios; y arrojaron al mar la carga que estaba en el barco para aligerarlo. Pero Jonás había bajado a la bodega del barco, se había acostado y dormía profundamente.

6 El capitán se le acercó y le dijo: ¿Cómo es que estás durmiendo? ¡Levántate, invoca a tu Dios! Quizás *tu* Dios piense en nosotros y no pereceremos.

7 Y cada uno dijo a su compañero: Venid, echemos suertes para saber por causa de quién nos *ha venido* esta calamidad. Y echaron suertes, y cayó la suerte sobre Jonás.

8 Entonces le dijeron: Decláranos ahora por causa de quién nos *ha venido* esta calamidad. ¿Qué oficio tienes, y de dónde vienes? ¿Cuál es tu tierra, y de qué pueblo eres?

9 Y él les respondió: Soy hebreo, y temo al Señor Dios del cielo, que hizo el mar y la tierra.

10 Los hombres se atemorizaron en gran manera y le dijeron: ¿Qué es esto que has hecho? Porque ellos sabían que él huía de la presencia del Señor, por lo que él les había declarado.

11 Entonces le dijeron: ¿Qué haremos contigo para que el mar se calme en torno nuestro? Pues el mar se embravecía más y más.

12 Y él les dijo: Tomadme y lanzadme al mar, y el mar se calmará en torno vuestro, pues yo sé que por mí causa *ha venido* esta gran tempestad sobre vosotros.

13 Los hombres se pusieron a remar *con afán* para volver a tierra firme, pero no pudieron, porque el mar seguía embraveciéndose contra ellos.

14 Entonces invocaron al Señor, y dijeron: Te rogamos, oh Señor, no permitas que perezcamos ahora por causa de la vida de este hombre, ni pongas sobre nosotros sangre inocente; porque tú, Señor, has hecho como te ha placido.

15 Tomaron, pues, a Jonás y lo lanzaron al mar; y el mar cesó en su furia.

16 Y aquellos hombres temieron en gran manera al Señor; ofrecieron un sacrificio al Señor y le hicieron votos.

17 Y el Señor dispuso un gran pez que se tragara a Jonás; y Jonás estuvo en el vientre del pez tres días y tres noches.

Oración de Jonás

2 Entonces oró Jonás al Señor su Dios desde el vientre del pez,

2 y dijo:
En mi angustia clamé al Señor,
y El me respondió.
Desde el seno del Seol pedí auxilio,
y tú escuchaste mi voz;

3 pues me habías echado a lo profundo,
en el corazón de los mares,
y la corriente me envolvió;
todas tus encrespadas olas y tus ondas
pasaron sobre mí.

4 Entonces dije: "He sido expulsado de delante
de tus ojos;
sin embargo volveré a mirar hacia tu santo
templo."

5 Me rodearon las aguas hasta el alma,
el gran abismo me envolvió;
las algas se enredaron a mi cabeza.

6 Descendí hasta las raíces de los montes,
la tierra con sus cerrojos me *ponía* cerco para
siempre;
pero tú sacaste de la fosa mi vida, oh Señor,
Dios mío.

7 Cuando en mí desfallecía mi alma,
del Señor me acordé;
y mi oración llegó hasta ti,
hasta tu santo templo.

8 Los que confían en vanos ídolos
su *propia* misericordia abandonan,

9 mas yo con voz de acción de gracias
te ofreceré sacrificios.
Lo que prometí, pagaré.
La salvación es del Señor.

10 Entonces el Señor dio orden al pez, y *éste* vomitó a Jonás en tierra firme.

Predicación de Jonás en Nínive

3 Vino palabra del Señor por segunda vez a Jonás, diciendo:

2 Levántate, ve a Nínive, la gran ciudad, y proclama en ella el mensaje que yo te diré.

3 Y Jonás se levantó y fue a Nínive conforme a la palabra del Señor. Y Nínive era una ciudad sumamente grande, de un recorrido de tres días.

4 Jonás comenzó a recorrer la ciudad camino de un día, y proclamaba, diciendo: Dentro de cuarenta días Nínive será arrasada.

5 Y los habitantes de Nínive creyeron en Dios, y proclamaron ayuno y se vistieron de cilicio desde el mayor hasta el menor de ellos.

6 Cuando llegó la noticia al rey de Nínive, se levantó de su trono, se despojó de su manto, se cubrió de cilicio y se sentó sobre ceniza.

7 E hizo proclamar y anunciar en Nínive, por decreto del rey y de sus grandes, diciendo: Ni hombre ni bestia, ni buey ni oveja prueben cosa alguna; no pasten ni beban agua,

8 sino cúbranse de cilicio hombres y animales, y clamen a Dios con fuerza, y vuélvase cada uno de su mal camino y de la violencia que hay en sus manos.

9 ¡Quién sabe! Quizá Dios se vuelva, se

arrepienta y aparte el ardor de su ira, y no perezcamos.

10 Y vio Dios sus acciones, que se habían apartado de su mal camino; entonces se arrepintió Dios del mal que había dicho que les haría, y no *lo* hizo.

Queja de Jonás y respuesta de Dios

4 Pero *esto* desagradó a Jonás en gran manera, y se enojó.

2 Y oró al Señor, y dijo: ¡Ah Señor! ¿No era esto lo que yo decía cuando aún estaba en mi tierra? Por eso me anticipé a huir a Tarsis , porque sabía yo que tú eres un Dios clemente y compasivo lento para la ira y rico en misericordia, y que te arrepientes del mal *con que amenazas*.

3 Y ahora, oh Señor, te ruego que me quites la vida, porque mejor me es la muerte que la vida.

4 Y el Señor dijo: ¿Tienes acaso razón para enojarte?

5 Entonces salió Jonás de la ciudad y se sentó al oriente de la misma. Allí se hizo un cobertizo y se sentó bajo él a la sombra, hasta ver qué sucedería en la ciudad.

6 Y el Señor Dios dispuso que una planta creciera sobre Jonás para que hiciera sombra sobre su cabeza y lo librara de su incomodidad. Y Jonás se alegró grandemente por la planta.

7 Pero Dios dispuso que un gusano al rayar el alba del día siguiente atacara la planta, y *ésta* se secó.

8 Y sucedió que al salir el sol, dispuso Dios un sofocante viento solano, y el sol hirió la cabeza de Jonás y él desfallecía, y deseaba con *toda* su alma morir, diciendo: Mejor me es la muerte que la vida.

9 Entonces dijo Dios a Jonás: ¿Tienes acaso razón para enojarte por causa de la planta? Y él respondió: Tengo razón para enojarme hasta la muerte.

10 Y dijo el Señor: Tú te apiadaste de la planta por la que no trabajaste ni hiciste crecer, que nació en una noche y en una noche pereció,

11 ¿y no he de apiadarme yo de Nínive, la gran ciudad, en la que hay más de ciento veinte mil personas que no saben *distinguir* entre su derecha y su izquierda, y *también* muchos animales?

Libro de
MIQUEAS

Condenación de Israel y Judá

1 Palabra del Señor que vino a Miqueas de Moréset en los días de Jotam, Acaz *y* Ezequías, reyes de Judá; lo que vio acerca de Samaria y Jerusalén.

2 Oíd, pueblos todos,
escucha, tierra y cuanto hay en ti;
sea el Señor Dios testigo contra vosotros,
el Señor desde su santo templo.

3 Porque he aquí, el Señor sale de su lugar,
y descenderá y hollará las alturas de la tierra.

4 Debajo de El los montes se derretirán,
y los valles se hendirán,
como la cera ante el fuego,
como las aguas derramadas por una
pendiente.

5 Todo esto por la rebelión de Jacob
y por los pecados de la casa de Israel.
¿Cuál es la rebelión de Jacob?
¿No es Samaria?
¿Cuál es el lugar alto de Judá?
¿No es Jerusalén?

6 Haré, pues, de Samaria un montón de ruinas
en el campo,
lugares para plantar viñas;
derramaré sus piedras por el valle,
y pondré al descubierto sus cimientos.

7 Todos sus ídolos serán destrozados,
y todas sus ganancias serán quemadas por el
fuego,
y asolaré todas sus imágenes,
porque *las* juntó de ganancias de ramera,
y a ganancias de ramera volverán.

8 Por eso me lamentaré y gemiré,
andaré descalzo y desnudo,

daré aullidos como los chacales
y lamentos como los avestruces.

9 Porque es incurable su herida,
pues ha llegado hasta Judá;
se ha acercado hasta la puerta de mi pueblo,
hasta Jerusalén.

10 En Gat no lo anunciéis,
tampoco lloréis.
En Bet-le-afrá[1] revuélcate en el polvo.

11 Vete *al cautiverio*, habitante de Safir[2], en
vergonzosa desnudez.
La que habita en Zaanán[3] no escapa.
La lamentación de Bet-esel[4] es
que El quitará de vosotros su apoyo.

12 Porque se debilita esperando el bien
la que habita en Marot[5],
pues la calamidad ha descendido del Señor
hasta la puerta de Jerusalén.

13 Unce al carro los corceles,
habitante de Laquis
(ella fue principio de pecado
para la hija de Sion);
porque en ti fueron halladas
las rebeliones de Israel.

14 Por tanto, darás presentes de despedida
a Moréset-gat;
las casas de Aczib[6] *serán* un engaño
para los reyes de Israel.

15 Además, traeré contra ti
al que toma posesión,
oh habitante de Maresa[7].
Hasta Adulam se irá la gloria de Israel.

16 Arráncate los cabellos y ráete
por los hijos de tus delicias;
ensancha tu calva como la del buitre,

1. l.e., casa de polvo 2. l.e., delicias 3. l.e., salida 4. l.e., casa de retención 5. l.e., amargura 6. l.e., engaño 7. l.e., posesión

porque irán al cautiverio lejos de ti.

¡Ay de los opresores!

2 ¡Ay de los que planean la iniquidad,
  los que traman el mal en sus camas!
  Al clarear la mañana lo ejecutan,
  porque está en el poder de sus manos.
2 Codician campos y se apoderan de *ellos*,
  casas, y *las* toman.
  Roban al dueño y a su casa,
  al hombre y a su heredad.
3 Por tanto, así dice el SEÑOR:
  He aquí, estoy planeando traer contra esta
    familia un mal
  del cual no libraréis vuestro cuello,
  ni andaréis erguidos;
  porque será un tiempo malo.
4 En aquel día se dirá contra vosotros un
    refrán
  y se proferirá una amarga lamentación,
    diciendo:
  "Hemos sido totalmente destruidos;
  El ha cambiado la porción de mi pueblo.
  ¡Cómo me la ha quitado!
  Al infiel ha repartido nuestros campos."
5 Por tanto, no habrá quién eche para vosotros
  el cordel en el sorteo
  en la asamblea del SEÑOR.
6 "No profeticéis" *dicen, y* profetizan.
  Aunque ellos no profeticen acerca de estas
    cosas,
  no serán retenidos los reproches.
7 ¿No se dice, oh casa de Jacob:
  "Es impaciente el Espíritu del SEÑOR?
  ¿Son éstas sus obras?"
  ¿No hacen bien mis palabras
  al que camina rectamente?
8 Hace poco mi pueblo se ha levantado como
    enemigo.
  De sobre las vestiduras arrebatáis el manto
  a los que pasan confiados,
  a los que vuelven de la guerra.
9 A las mujeres de mi pueblo arrojáis
  de la casa de sus delicias;
  de sus hijos arrebatáis mi gloria para
    siempre.
10 Levantaos y marchad,
  pues este no es lugar de descanso
  por la impureza que trae destrucción,
  destrucción dolorosa.
11 Si un hombre, andando tras el viento y la
    falsedad,
  hablara mentiras, diciendo:
  "Os hablaré del vino y del licor",
  ése sería el profeta para este pueblo.
12 Ciertamente *os* reuniré a todos, oh Jacob,
  ciertamente recogeré al remanente de Israel,
  los agruparé como ovejas en el aprisco;
  como rebaño en medio de su pastizal,
  harán estruendo *por la multitud* de hombres.
13 El que abre brecha subirá delante de ellos;
  abrirán brecha, pasarán la puerta y saldrán
    por ella;
  su rey pasará delante de ellos,
  y el SEÑOR a su cabeza.

Denuncia contra los gobernantes

3 Y dije:
  Oíd ahora, jefes de Jacob

y gobernantes de la casa de Israel.
¿No *corresponde* a vosotros conocer la
  justicia?
2 Vosotros que aborrecéis lo bueno y amáis lo
    malo,
  que les arrancáis la piel de encima
  y la carne de sobre sus huesos;
3 que coméis la carne de mi pueblo,
  les desolláis su piel,
  quebráis sus huesos,
  y *los* hacéis pedazos como para la olla,
  como carne dentro de la caldera.
4 Entonces clamarán al SEÑOR,
  pero El no les responderá;
  sino que esconderá de ellos su rostro en aquel
    tiempo,
  porque han hecho malas obras.
5 Así dice el SEÑOR acerca de los profetas
  que hacen errar a mi pueblo,
  los cuales cuando tienen *algo* que morder,
  proclaman: Paz.
  Pero contra aquel que no les pone nada en la
    boca,
  declaran guerra santa.
6 Por tanto, para vosotros *será* noche sin
    visión,
  y oscuridad sin adivinación.
  Se pondrá el sol sobre los profetas,
  y se oscurecerá el día sobre ellos.
7 Los videntes serán avergonzados,
  y confundidos los adivinos.
  Todos ellos se cubrirán *la* boca
  porque no hay respuesta de Dios.
8 Yo, en cambio, estoy lleno de poder,
  del Espíritu del SEÑOR,
  y de juicio y de valor,
  para dar a conocer a Jacob su rebelión,
  y a Israel su pecado.
9 Oíd ahora esto, jefes de la casa de Jacob
  y gobernantes de la casa de Israel,
  que aborrecéis la justicia
  y torcéis todo lo recto;
10 que edificáis a Sion con sangre
  y a Jerusalén con iniquidad.
11 Sus jefes juzgan por soborno,
  sus sacerdotes enseñan por precio,
  sus profetas adivinan por dinero,
  y se apoyan en el SEÑOR, diciendo:
  ¿No está el SEÑOR en medio de nosotros?
  No vendrá sobre nosotros mal alguno.
12 Por tanto, a causa de vosotros,
  Sion será arada como un campo,
  Jerusalén se convertirá en un montón de
    ruinas,
  y el monte del templo *será* como las alturas
    de un bosque.

Reinado futuro del SEÑOR

4 Y sucederá en los últimos días
  que el monte de la casa del SEÑOR
  será establecido como cabeza de los montes;
  se elevará sobre las colinas,
  y afluirán a él los pueblos.
2 Vendrán muchas naciones y dirán:
  Venid y subamos al monte del SEÑOR,
  a la casa del Dios de Jacob,
  para que El nos instruya en sus caminos,
  y nosotros andemos en sus sendas.
  Porque de Sion saldrá la ley,

y de Jerusalén la palabra del Señor.

3 El juzgará entre muchos pueblos,
y enjuiciará a naciones poderosas y lejanas;
entonces forjarán sus espadas en rejas de
arado
y sus lanzas en podaderas.
No alzará espada nación contra nación,
ni se adiestrarán más para la guerra.

4 Cada uno se sentará bajo su parra
y bajo su higuera,
y no habrá quien *los* atemorice,
porque la boca del Señor de los ejércitos ha
hablado.

5 Aunque todos los pueblos anden
cada uno en el nombre de su dios,
nosotros andaremos
en el nombre del Señor nuestro Dios para
siempre jamás.

6 En aquel día—declara el Señor—
reuniré a la coja
y recogeré a la perseguida,
a las que yo había maltratado.

7 Haré de la coja un remanente,
y de la perseguida una nación fuerte.
Y el Señor reinará sobre ellos en el monte de
Sion
desde ahora y para siempre.

8 Y tú, torre del rebaño,
colina de la hija de Sion,
hasta ti vendrá,
vendrá el antiguo dominio,
el reino de la hija de Jerusalén.

9 Ahora, ¿por qué gritas tan fuerte?
¿No hay rey en ti?
¿Ha perecido tu consejero,
que el dolor te aflige como a mujer de parto?

10 Retuércete y gime,
hija de Sion,
como mujer de parto,
porque ahora saldrás de la ciudad
y habitarás en el campo,
e irás hasta Babilonia.
Allí serás rescatada,
allí te redimirá el Señor
de la mano de tus enemigos.

11 Pero ahora se han juntado contra ti muchas
naciones,
que dicen: "Sea profanada,
y que se deleiten en Sion nuestros ojos."

12 Mas ellos no conocen los pensamientos del
Señor,
ni comprenden su propósito,
porque los ha recogido como gavillas en la
era.

13 Levántate y trilla, hija de Sion,
pues yo haré tu cuerno de hierro
y haré tus pezuñas de bronce,
para que desmenuces a muchos pueblos,
para que consagres al Señor su injusta
ganancia,
y sus riquezas al Señor de toda la tierra.

Reinado del libertador

5 Agrúpate ahora en tropas, hija de guerreros;
han puesto sitio contra nosotros.
Con una vara herirán en la mejilla al juez de
Israel.

2 Pero tú, Belén Efrata,

aunque eres pequeña entre las familias de
Judá,
de ti me saldrá el que ha de ser gobernante en
Israel.
Y sus orígenes son desde tiempos antiguos,
desde los días de la eternidad.

3 Por tanto, El los abandonará hasta el tiempo
en que dé a luz la que ha de dar a luz.
Entonces el resto de sus hermanos
volverá a los hijos de Israel.

4 Y El se afirmará y pastoreará *su rebaño*
con el poder del Señor,
con la majestad del nombre del Señor su
Dios.
Y permanecerán,
porque en aquel tiempo El será engrandecido
hasta los confines de la tierra.

5 Y El será *nuestra paz*.
Cuando el asirio invada nuestra tierra,
y cuando huelle nuestros palacios,
levantaremos contra él
siete pastores y ocho príncipes del pueblo.

6 Y ellos pastorearán la tierra de Asiria con
espada,
la tierra de Nimrod en sus puertas;
El *nos* librará del asirio
cuando invada nuestra tierra
y huelle nuestro territorio.

7 Entonces el remanente de Jacob,
en medio de muchos pueblos,
será como rocío *que viene* del Señor,
como lluvias sobre la hierba
que no espera al hombre
ni aguarda a los hijos de los hombres.

8 Y será el remanente de Jacob
entre las naciones,
en medio de muchos pueblos,
como león entre las fieras de la selva,
como leoncillo entre los rebaños de ovejas,
que si pasa,
huella y desgarra,
y no hay quien libre.

9 Se alzará tu mano contra tus adversarios,
y todos tus enemigos serán exterminados.

10 Y sucederá en aquel día—declara el Señor—
que exterminaré tus caballos de en medio de
ti,
y destruiré tus carros.

11 También exterminaré las ciudades de tu
tierra,
y derribaré todas tus fortalezas.

12 Exterminaré las hechicerías de tu mano,
y no tendrás más adivinos.

13 Exterminaré tus imágenes talladas
y tus pilares *sagrados* de en medio de ti,
y ya no te postrarás más
ante la obra de tus manos.

14 Arrancaré tus Aseras de en medio de ti,
y destruiré tus ciudades.

15 Y con ira y furor tomaré venganza
de las naciones que no obedecieron.

Juicio de Dios contra su pueblo

6 Oíd ahora lo que dice el Señor:
Levántate, litiga con los montes,
y oigan las colinas tu voz.

2 Oíd, montes, la acusación del Señor,
y *vosotros,* perdurables cimientos de la tierra,

porque el Señor tiene litigio contra su
pueblo,
y con Israel entablará juicio.
3 Pueblo mío, ¿qué te he hecho,
o en qué te he molestado? ¡Respóndeme!
4 Pues yo te hice subir de la tierra de Egipto,
y de la casa de servidumbre te redimí,
y envié delante de ti a Moisés, a Aarón y a
Miriam.
5 Pueblo mío, acuérdate ahora
de lo que maquinó Balac, rey de Moab,
y de lo que le respondió Balaam, hijo de
Beor,
desde Sitim hasta Gilgal,
para que conozcas las justicias del Señor.
6 ¿Con qué me presentaré al Señor
y me postraré ante el Dios de lo alto?
¿Me presentaré delante de El con holocaustos,
con becerros de un año?
7 ¿Se agrada el Señor de millares de carneros,
de miríadas de ríos de aceite?
¿Ofreceré mi primogénito por mi rebeldía,
el fruto de mis entrañas por el pecado de mi
alma?
8 El te ha declarado, oh hombre, lo que es
bueno.
¿Y qué es lo que demanda el Señor de ti,
sino sólo practicar la justicia, amar la
misericordia,
y andar humildemente con tu Dios?
9 La voz del Señor clamará a la ciudad
(prudente es temer tu nombre):
Oíd, oh tribu, ¿quién ha señalado su tiempo?
10 ¿Hay todavía alguien en casa del impío
con tesoros de impiedad
y medida escasa que es maldita?
11 ¿Puedo justificar balanzas falsas
y bolsa de pesas engañosas?
12 Porque los ricos de la ciudad están llenos de
violencia,
sus habitantes hablan mentiras
y su lengua es engañosa en su boca.
13 Por eso yo también te haré enfermar,
hiriéndote,
asolándote por tus pecados.
14 Tú comerás, pero no te saciarás,
y tu vileza[1] estará en medio de ti.
Apartarás, pero nada salvarás,
y lo que salves, yo lo entregaré a la espada.
15 Sembrarás, pero no segarás;
pisarás la oliva, pero no te ungirás con aceite,
y la uva, pero no beberás vino.
16 Han sido guardados los estatutos de Omri
y todas las obras de la casa de Acab,
y andas en sus consejos.
Por tanto te entregaré a la destrucción,
y a tus habitantes para burla,
y soportaréis el oprobio de mi pueblo.

Lamento por la corrupción de Israel

7 ¡Ay de mí!, porque soy
como los recogedores de frutos de verano,
como los rebuscadores en la vendimia.
No hay racimo de uvas que comer,
ni higo temprano que tanto deseo.
2 Ha desaparecido el bondadoso de la tierra,
y no hay ninguno recto entre los hombres.
Todos acechan para derramar sangre,

unos a otros se echan la red.
3 Para el mal las dos manos son diestras.
El príncipe pide, y también el juez, una
recompensa,
el grande habla de lo que desea su alma,
y juntos lo traman.
4 El mejor de ellos es como un zarzal,
y el más recto como un seto de espinos.
El día que pongas tus centinelas,
tu castigo llegará.
¡Entonces será su confusión!
5 No os fiéis del vecino,
ni confiéis en el amigo.
De la que reposa en tu seno,
guarda tus labios.
6 Porque el hijo trata con desdén al padre,
la hija se levanta contra la madre,
y la nuera contra su suegra;
los enemigos del hombre son los de su propia
casa.
7 Pero yo pondré mis ojos en el Señor,
esperaré en el Dios de mi salvación;
mi Dios me oirá.
8 No te alegres de mí, enemiga mía.
Aunque caiga, me levantaré,
aunque more en tinieblas, el Señor es mi luz.
9 La indignación del Señor soportaré,
porque he pecado contra El,
hasta que defienda mi causa y establezca mi
derecho.
El me sacará a la luz,
y yo veré su justicia.
10 Entonces mi enemiga lo verá,
y se cubrirá de vergüenza la que me decía:
¿Dónde está el Señor tu Dios?
Mis ojos la contemplarán;
entonces será pisoteada
como el lodo de las calles.
11 Viene el día para la edificación de tus muros;
aquel día se extenderán tus límites.
12 Viene el día cuando ellos vendrán hasta ti
desde Asiria y las ciudades de Egipto;
desde Egipto hasta el río,
de mar a mar y de monte a monte.
13 Y la tierra será desolada a causa de sus
habitantes,
por el fruto de sus obras.
14 Pastorea a tu pueblo con tu cayado,
el rebaño de tu heredad,
que mora solo en el bosque,
en medio de un campo fértil.
Que se apacienten en Basán y Galaad
como en los días de antaño.
15 Como en los días de tu salida de la tierra de
Egipto,
te mostraré milagros.
16 Verán las naciones y se avergonzarán
de todo su poderío;
se pondrán la mano sobre la boca,
sus oídos se ensordecerán.
17 Lamerán el polvo como la serpiente,
como los reptiles de la tierra.
Saldrán temblando de sus fortalezas,
al Señor nuestro Dios vendrán
amedrentados,
y temerán delante de ti.
18 ¿Qué Dios hay como tú, que perdona la
iniquidad

---

1. O posiblemente, desperdicio

y pasa por alto la rebeldía del remanente de
su heredad?
No persistirá en su ira para siempre,
porque se complace en la misericordia.
19 Volverá a compadecerse de nosotros,
hollará nuestras iniquidades.

Sí, arrojarás a las profundidades del mar
todos sus pecados.
20 Otorgarás a Jacob la verdad
y a Abraham la misericordia,
las cuales juraste a nuestros padres
desde los días de antaño.

Libro de
NAHUM

La ira de Dios contra Nínive

1 Profecía sobre Nínive. Libro de la visión de
Nahúm de Elcos.
2 Dios celoso y vengador es el SEÑOR;
vengador es el SEÑOR e irascible.
El SEÑOR se venga de sus adversarios,
y guarda rencor a sus enemigos.
3 El SEÑOR es lento para la ira y grande en
poder,
y ciertamente el SEÑOR no dejará impune *al
culpable.*
En el torbellino y la tempestad está su
camino,
y las nubes son el polvo de sus pies.
4 El reprende al mar y lo hace secar,
y todos los ríos agota.
Languidecen Basán y el Carmelo,
y las flores del Líbano se marchitan.
5 Los montes tiemblan ante El,
y los collados se derriten;
sí, en su presencia se levanta la tierra,
el mundo y todos los que en él habitan.
6 En presencia de su indignación, ¿quién
resistirá?
¿Quién se mantendrá en pie ante el ardor de
su ira?
Su furor se derrama como fuego,
y las rocas se despedazan ante El.
7 Bueno es el SEÑOR,
una fortaleza en el día de la angustia,
y conoce a los que en El se refugian.
8 Pero con inundación desbordante
pondrá fin a Nínive,
y perseguirá a sus enemigos *aun en* las
tinieblas.
9 Lo que traméis contra el SEÑOR,
El *lo* hará completa destrucción;
no surgirá dos veces la angustia.
10 Porque ellos *como* espinos enmarañados,
y ebrios con su bebida,
serán consumidos como paja totalmente
seca.
11 De ti ha salido
el que ha tramado el mal contra el SEÑOR,
un consejero perverso.
12 Así dice el SEÑOR:
Aunque estén con todo *su vigor* y por más
que sean muchos,
aun así serán cortados y desaparecerán.
Aunque te haya afligido,
no te afligiré más.
13 Y ahora, quebraré su yugo de sobre ti,
y romperé tus coyundas.
14 El SEÑOR ha dado una orden en cuanto a ti:
No se perpetuará más tu nombre.
De la casa de tus dioses

arrancaré los ídolos y las imágenes de
fundición.
Yo prepararé tu sepultura, porque eres vil.
15 He aquí sobre los montes
los pies del que trae buenas nuevas,
del que anuncia la paz.
Celebra tus fiestas, Judá,
cumple tus votos.
Porque nunca más volverá
a pasar por ti el malvado;
ha sido exterminado por completo.

Ataque contra Nínive

2 El destructor ha subido contra ti.
Monta guardia en la fortaleza,
vigila el camino;
fortalece tus lomos,
refuerza más *tu* poder.
2 Porque el SEÑOR restaurará la gloria de
Jacob
como la gloria de Israel,
aunque devastadores los han devastado
y destruido sus sarmientos.
3 El escudo de los valientes es rojo,
los guerreros están vestidos de escarlata,
y de acero centelleante los carros
cuando están en formación,
y se blanden las *lanzas* de ciprés.
4 Por las calles corren furiosos los carros,
se precipitan por las plazas,
su aspecto es semejante a antorchas,
como relámpagos se lanzan.
5 Se acuerda él de sus nobles
que tropiezan en su marcha,
se apresuran a su muralla,
y es preparada la defensa.
6 Las compuertas de los ríos se abren,
y el palacio se llena de terror.
7 Está decretado:
la reina es despojada y deportada,
y sus sirvientas gimen como palomas,
golpeándose el pecho.
8 Aunque Nínive *era* como estanque de aguas
desde la antigüedad;
ahora ellos huyen.
¡Deteneos! ¡Deteneos!
Pero nadie se vuelve.
9 ¡Saquead la plata!
¡Saquead el oro!
No hay límite a los tesoros,
a las riquezas de toda clase de objetos
codiciables.
10 ¡Vacía está! Sí, desolada y desierta.
Los corazones se derriten y las rodillas
tiemblan;
hay también angustia en todo el cuerpo,

y los rostros de todos han palidecido.

11 ¿Dónde está la guarida de los leones
y el lugar donde comen los leoncillos,
donde andaban el león, la leona y su
cachorro,
sin que nada *los* asustara?

12 El león desgarraba lo suficiente para sus
cachorros,
mataba para sus leonas,
llenaba de presa sus guaridas
y de carne desgarrada sus cubiles.

13 Heme aquí contra ti—declara el SEÑOR de los
ejércitos. Quemaré y reduciré a humo tus carros,
la espada devorará tus leoncillos, arrancaré de la
tierra tu presa, y no se oirá más la voz de tus
mensajeros.

Ruina total de Nínive

3 ¡Ay de la ciudad sanguinaria,
toda llena de mentira *y* de pillaje,
que nunca cesa *en su* rapiña!

2 Chasquido de látigos,
ruido del crujir de ruedas,
galopar de caballos,
y saltar de carros;

3 carga de caballería,
flamear de espadas,
fulgor de lanzas;
multitud de heridos,
montones de muertos,
innumerables cadáveres;
tropiezan en los cadáveres.

4 *Todo* por las muchas prostituciones de la
ramera,
la encantadora, la maestra de hechizos,
que seduce a las naciones con sus
prostituciones
y a los pueblos con sus hechizos.

5 Heme aquí contra ti—declara el SEÑOR de los
ejércitos.
Levantaré tus faldas sobre tu rostro,
y mostraré a las naciones tu desnudez
y a los reinos tu vergüenza.

6 Echaré sobre ti inmundicia,
te haré despreciable, y haré de ti un
espectáculo.

7 Y sucederá que todo el que te vea
huirá de ti, y dirá:
"¡Asolada está Nínive!
¿Quién llorará por ella?"
¿Dónde te buscaré consoladores?

8 ¿Eres tú mejor que Tebas[1],
la asentada junto al Nilo,
rodeada de aguas,

cuyo baluarte *era* el mar
y las aguas su muralla?

9 Etiopía era *su* fortaleza,
también Egipto, y no tenía límite.
Fut y Libia estaban entre los que le
ayudaban.

10 Sin embargo ella fue desterrada,
llevada al cautiverio;
también sus niños fueron estrellados
en todas las bocacalles;
sobre sus nobles echaron suertes,
y todos sus principales fueron atados con
cadenas.

11 Tú también quedarás embriagada,
estarás escondida;
tú también buscarás refugio del enemigo.

12 Todas tus fortalezas son higueras
cargadas de brevas;
si se sacuden, caen
en la boca de quien las va a comer.

13 He aquí a tu pueblo: *sólo* mujeres en medio
de ti.
A tus enemigos se abren de par en par
las puertas de tu tierra;
el fuego devora tus cerrojos.

14 Abastécete de agua para el asedio,
refuerza tus fortalezas,
métete en el lodo y pisa el barro,
toma el molde de ladrillos.

15 Allí te consumirá el fuego,
te destruirá la espada,
te devorará como el pulgón.
Multiplícate como el pulgón,
multiplícate como la langosta.

16 Has multiplicado tus mercaderes
más que las estrellas del cielo;
el pulgón despoja y vuela.

17 Tus oficiales son como la langosta,
tus jefes como nubes de langostas
posados sobre las tapias
en un día de frío;
sale el sol, y se van,
y no se sabe donde están.

18 Duermen tus pastores,
oh rey de Asiria;
tus nobles reposan.
Tu pueblo está disperso por los montes
y no hay quien *lo* reúna.

19 No hay remedio para tu quebranto,
tu herida es incurable.
Todos los que oigan noticias de ti
batirán palmas sobre ti,
porque ¿sobre quién no pasó
continuamente tu maldad?

---

1. Heb., *No-amón*

Castigo de Judá por medio de los caldeos

1 Profecía que tuvo en visión el profeta Habacuc.

2 ¿Hasta cuándo, oh SEÑOR, pediré ayuda,
y no escucharás,
clamaré a ti: ¡Violencia!
y no salvarás?

3 ¿Por qué me haces ver la iniquidad,
y *me* haces mirar la opresión?
La destrucción y la violencia están delante de mí,
hay rencilla y surge discordia.

4 Por eso no se cumple la ley
y nunca prevalece la justicia.
Pues el impío asedia al justo;
por eso sale pervertida la justicia.

5 Mirad entre las naciones, observad,
asombraos, admiraos;
porque haré una obra en vuestros días
que no creeríais si se *os* contara.

6 Porque he aquí, yo levanto a los caldeos,
pueblo feroz e impetuoso,
que marcha por la anchura de la tierra
para apoderarse de moradas ajenas.

7 Imponente y temible es;
de él mismo proceden su justicia y su grandeza.

8 Sus caballos son más veloces que leopardos
y más astutos que lobos al anochecer.
Al galope *vienen* sus jinetes,
sus jinetes vienen de lejos,
vuelan como águila que se precipita a devorar.

9 Vienen todos ellos para *hacer* violencia,
su horda de rostros avanza,
recoge cautivos como arena.

10 Se mofa de los reyes,
y los gobernantes le son motivo de risa;
se ríe de toda fortaleza,
amontona escombros para tomarla.

11 Entonces pasará *como* el viento y seguirá,
y se le tendrá por culpable,
porque hace de su poder su dios.

12 ¿No eres tú desde la eternidad,
oh SEÑOR, Dios mío, Santo mío?
No moriremos.
Oh SEÑOR, para juicio lo has puesto;
tú, oh Roca, lo has establecido para corrección.

13 Muy limpios *son tus* ojos para mirar el mal,
y no puedes contemplar la opresión.
¿Por qué miras con agrado
a los que proceden pérfidamente,
y callas cuando el impío traga
al que es más justo que él?

14 ¿Por qué has hecho a los hombres como peces del mar,
como reptiles que no tienen jefe?

15 A todos los saca con anzuelo *el pueblo invasor*,
los arrastra con su red
y los junta en su malla.
Por eso se alegra y se regocija,

16 por eso ofrece sacrificio a su red
y quema incienso a su malla,
pues gracias a ellas su pesca es abundante,
y suculenta su comida.

17 ¿Vaciará, pues, su red
y seguirá matando sin piedad a las naciones?

2 Estaré en mi puesto de guardia,
y sobre la fortaleza me pondré;
velaré para ver lo que El me dice,
y qué he de responder cuando sea reprendido.

2 Entonces el SEÑOR me respondió, y dijo:
Escribe la visión y grába*la* en tablas,
para que corra el que la lea.

3 Porque es aún visión para el tiempo señalado;
se apresura hacia el fin y no defraudará.
Aunque tarde, espérala;
porque ciertamente vendrá, no tardará.

4 He aquí el orgulloso:
en él, su alma no es recta,
mas el justo por su fe vivirá.

5 Además, el vino traiciona al hombre arrogante,
de modo que no se queda en casa.
Porque ensancha su garganta como el Seol,
y es como la muerte, que nunca se sacia;
reúne para sí todas las naciones,
y recoge para sí todos los pueblos.

6 ¿No pronunciarán todos éstos contra él una sátira,
y burlas *e* intrigas contra él?
Y dirán: "¡Ay del que aumenta lo que no es suyo
(¿hasta cuándo?)
y se hace rico con préstamos!"

7 ¿No se levantarán de repente tus acreedores,
y se despertarán tus cobradores?
Ciertamente serás despojo para ellos.

8 Porque tú has despojado a muchas naciones,
todos los demás pueblos te despojarán a ti,
por la sangre humana y la violencia *hecha* a la tierra,
al pueblo y a todos sus habitantes.

9 ¡Ay del que obtiene ganancias ilícitas para su casa,
para poner en alto su nido,
para librarse de la mano de la calamidad!

10 Has maquinado cosa vergonzosa para tu casa,
destruyendo a muchos pueblos,
pecando *contra* ti mismo.

11 Ciertamente la piedra clamará desde el muro,
y la viga le contestará desde el armazón.

12 ¡Ay del que edifica una ciudad con sangre
y funda un pueblo con violencia!

13 ¿No viene del SEÑOR de los ejércitos
que los pueblos trabajen para el fuego
y las naciones se fatiguen en vano?

14 Pues la tierra se llenará
del conocimiento de la gloria del SEÑOR
como las aguas cubren el mar.

15 ¡Ay del que da de beber a su prójimo!

¡*Ay de ti* que mezclas tu veneno hasta
  embriagar*lo*,
para contemplar su desnudez!
16 Serás saciado de deshonra más que de gloria.
  Bebe tú también y muestra tu desnudez.
  Se volverá sobre ti el cáliz de la diestra del
    Señor,
  y la ignominia sobre tu gloria.
17 Porque la violencia contra el Líbano te
    cubrirá,
  y el exterminio de las fieras te aterrará,
  a causa del derramamiento de sangre
    humana y la violencia *hecha* a la tierra,
  a la ciudad y a todos los que habitan en ella.
18 ¿De qué sirve el ídolo que su artífice ha
    esculpido,
  o la imagen fundida, maestra de mentiras,
  para que *su* hacedor confíe en su obra
  cuando hace ídolos mudos?
19 ¡Ay del que dice al madero: "Despierta",
  o a la piedra muda: "Levántate"!
  ¿Será esto *tu* maestro?
  He aquí, está cubierto de oro y plata,
  y no hay aliento alguno en su interior.
20 Pero el Señor está en su santo templo:
  calle delante de El toda la tierra.

Oración de Habacuc

3 Oración del profeta Habacuc, en *tono de*
  Sigionot[1].
 2 Oh Señor, he oído lo que se dice de ti *y* temí.
  Aviva, oh Señor, tu obra en medio de los
    años,
  en medio de los años dala a conocer;
  en la ira, acuérdate de tener compasión.
 3 Dios viene de Temán,
  y el Santo, del monte Parán.   (Selah)
  Su esplendor cubre los cielos,
  y de su alabanza está llena la tierra.
 4 *Su* resplandor es como la luz;
  tiene rayos *que salen* de su mano,
  y allí se oculta su poder.
 5 Delante de El va la pestilencia,
  y la plaga sigue sus pasos.
 6 Se detuvo, e hizo temblar la tierra,
  miró e hizo estremecerse a las naciones.
  Sí, se desmoronaron los montes perpetuos,
  se hundieron las colinas antiguas.
  Sus caminos son eternos.

7 Bajo aflicción vi las tiendas de Cusán,
  temblaban las tiendas de la tierra de Madián.
8 ¿Te indignaste, Señor, contra los ríos?
  ¿Contra los ríos *fue* tu ira,
  contra el mar tu furor,
  cuando montaste en tus caballos,
  en tus carros de victoria[2]?
9 Tu arco fue desnudado por completo,
  las varas de castigo fueron juradas. (Selah)
  Con ríos hendiste la tierra;
10 te vieron los montes *y* temblaron,
  el diluvio de aguas pasó;
  dio el abismo su voz,
  levantó en alto sus manos.
11 El sol *y* la luna se detuvieron en su sitio;
  a la luz de tus saetas se fueron,
  al resplandor de tu lanza fulgurante.
12 Con indignación marchaste por la tierra;
  con ira hollaste las naciones.
13 Saliste para salvar a tu pueblo,
  para salvar a tu ungido.
  Destrozaste la cabeza de la casa del impío,
  descubriéndo*lo* de arriba abajo. (Selah)
14 Traspasaste con sus *propios* dardos
  la cabeza de sus guerreros
  que irrumpieron para dispersarnos;
  su regocijo *fue* como el de los que devoran en
    secreto a los oprimidos.
15 Marchaste por el mar con tus caballos,
  en el oleaje de las inmensas aguas.
16 Oí, y se estremecieron mis entrañas;
  a *tu* voz temblaron mis labios.
  Entra podredumbre en mis huesos,
  y tiemblo donde estoy.
  Tranquilo espero el día de la angustia,
  al pueblo que se levantará para invadirnos.
17 Aunque la higuera no eche brotes,
  ni haya fruto en las viñas;
  aunque falte el producto del olivo,
  y los campos no produzcan alimento;
  aunque falten las ovejas del aprisco,
  y no haya vacas en los establos,
18 con todo yo me alegraré en el Señor,
  me regocijaré en el Dios de mi salvación.
19 El Señor Dios es mi fortaleza;
  El ha hecho mis pies como *los de* las ciervas,
  y por las alturas me hace caminar.
Para el director del coro, con mis instrumentos
de cuerda.

---

1. I.e., canto vehemente 2. O, *salvación*

La ira del Señor sobre Judá

1 Palabra del Señor que vino a Sofonías, hijo de Cusi, hijo de Gedalías, hijo de Amarías, hijo de Ezequías, en los días de Josías, hijo de Amón, rey de Judá:

2 Eliminaré por completo todo
de la faz de la tierra—declara el Señor.

3 Eliminaré hombres y animales,
eliminaré las aves del cielo
y los peces del mar,
y haré tropezar a los impíos;
extirparé al hombre de la faz de la
tierra—declara el Señor.

4 Extenderé mi mano contra Judá
y contra todos los habitantes de Jerusalén;
cortaré de este lugar al remanente de Baal
y los nombres de los ministros idólatras junto
con *sus* sacerdotes;

5 a los que se postran en las terrazas
ante el ejército del cielo,
a los que se postran *y* juran por el Señor
y juran *también* por Milcom,

6 a los que han dejado de seguir al Señor,
y a los que no han buscado al Señor ni le han
consultado.

7 ¡Calla delante del Señor Dios!,
porque el día del Señor está cerca,
porque el Señor ha preparado un sacrificio,
ha consagrado a sus invitados.

8 Y sucederá que en el día del sacrificio del
Señor
castigaré a los príncipes,
a los hijos del rey
y a todos los que visten ropa extranjera.

9 Aquel día castigaré
a todos los que saltan sobre el umbral,
a los que llenan la casa de su señor
de violencia y de engaño.

10 Y habrá aquel día—declara el Señor—
gritos de auxilio desde la puerta del Pescado,
y gemidos desde el segundo distrito[1],
y gran estruendo desde las colinas.

11 Gemid, habitantes del Mortero[1],
porque será silenciado todo el pueblo de
Canaán,
exterminados todos los que pesan plata.

12 Y sucederá en aquel tiempo
que yo escudriñaré a Jerusalén con lámparas,
y castigaré a los hombres
que reposan como el vino en sus heces,
los que dicen en su corazón:
"Ni bien ni mal hará el Señor."

13 Sus riquezas se convertirán en despojos,
y sus casas en desolación;
edificarán casas, mas no *las* habitarán,
plantarán viñas, mas no beberán su vino.

14 Cercano está el gran día del Señor,
cercano y muy próximo.
El clamor del día del Señor es amargo;
allí gritará el guerrero.

15 Día de ira aquel día,
día de congoja y de angustia,
día de destrucción y desolación,
día de tinieblas y lobreguez,
día nublado y de densa oscuridad,

16 día de trompeta y grito de guerra
contra las ciudades fortificadas
y contra los torreones de las esquinas.

17 Traeré angustia sobre los hombres,
y andarán como ciegos,
porque han pecado contra el Señor;
su sangre será derramada como polvo,
y su carne como estiércol.

18 Ni su plata ni su oro
podrán librarlos
en el día de la ira del Señor,
cuando por el fuego de su celo
toda la tierra sea consumida;
porque El hará una destrucción
total *y* terrible
de todos los habitantes de la tierra.

Castigo de los enemigos de Judá

2 Congregaos, congregaos,
oh nación sin pudor,

2 antes que entre en vigencia el decreto
(como tamo pasa el día),
antes que venga sobre vosotros
el ardor de la ira del Señor,
antes que venga sobre vosotros
el día de la ira del Señor.

3 Buscad al Señor,
vosotros todos, humildes de la tierra
que habéis cumplido sus preceptos;
buscad la justicia, buscad la humildad.
Quizá seréis protegidos
el día de la ira del Señor.

4 Porque Gaza será abandonada,
y Ascalón desolada;
Asdod será expulsada al mediodía,
y Ecrón será desarraigada.

5 ¡Ay de los habitantes de la costa del mar,
la nación de los cereteos[2]!
La palabra del Señor está contra vosotros:
Canaán, tierra de los filisteos,
yo te destruiré hasta que no quede habitante
alguno.

6 Y la costa del mar se convertirá en pastizales,
en praderas para pastores y apriscos para
ovejas.

7 La costa será
para el remanente de la casa de Judá;
allí apacentarán
y en las casas de Ascalón reposarán al
atardecer;
porque el Señor su Dios los cuidará
y los hará volver de su cautiverio.

8 He oído las afrentas de Moab
y los ultrajes de los hijos de Amón,
con los cuales afrentaron a mi pueblo
y se engrandecieron sobre su territorio.

9 Por tanto, vivo yo—declara el Señor de los
ejércitos,
Dios de Israel—
que Moab será como Sodoma,
y los hijos de Amón como Gomorra:

---

1. I.e., un distrito de Jerusalén 2. I.e., una rama de los filisteos con raíces en Creta

campo de ortigas y mina de sal,
una desolación perpetua.
El remanente de mi pueblo los saqueará,
y el resto de mi nación los heredará.

10 Esto tendrán ellos como pago por su orgullo,
porque han afrentado y se han engrandecido
sobre el pueblo del Señor de los ejércitos.

11 Terrible será el Señor contra ellos, porque
debilitará a todos los dioses de la tierra; y se inclinarán a El todas las costas de las naciones cada
una desde su lugar.

12 También vosotros, etíopes, seréis muertos por
mi espada.

13 El extenderá su mano contra el norte
y destruirá a Asiria,
y hará de Nínive una desolación,
árida como el desierto;

14 y se echarán en medio de ella los rebaños,
toda clase de animales,
tanto el pelícano como el erizo
pasarán la noche en los capiteles;
el ave cantará en la ventana,
habrá desolación en el umbral,
porque El ha dejado al descubierto el
entablado de cedro.

15 Esta es la ciudad divertida
que vivía confiada,
que decía en su corazón:
Yo soy, y no hay otra más que yo.
¡Cómo ha sido hecha una desolación,
una guarida de fieras!
Todo el que pase por ella silbará
y agitará su mano.

Reproches a Jerusalén y a las naciones

3 ¡Ay de la rebelde y contaminada,
la ciudad opresora!

2 No escuchó la voz,
ni aceptó la corrección.
No confió en el Señor,
ni se acercó a su Dios.

3 Sus príncipes en medio de ella son leones
rugientes,
sus jueces, lobos al anochecer;
no dejan nada para la mañana.

4 Sus profetas son temerarios, hombres
pérfidos;
sus sacerdotes han profanado el santuario,
han violado la ley.

5 El Señor es justo en medio de ella;
no cometerá injusticia.
Cada mañana saca a luz su juicio,
nunca falta;
pero el injusto no conoce la vergüenza.

6 Yo he exterminado naciones;
sus torreones están en ruinas,
hice desiertas sus calles,
sin que nadie pase *por ellas*;
sus ciudades están desoladas,
sin hombre alguno, sin ningún habitante.

7 Dije: "Ciertamente me temerás,
aceptarás corrección."
Entonces no será destruida su morada
a pesar de todo lo que yo había determinado
sobre ella;
pero ellos se apresuraron a corromper todas
sus acciones.

8 Por tanto, esperadme—declara el Señor—
hasta el día en que me levante como testigo,

porque mi decisión es reunir a las naciones,
juntar a los reinos,
para derramar sobre ellos mi indignación,
todo el ardor de mi ira;
porque por el fuego de mi celo
toda la tierra será consumida.

9 En ese tiempo daré a los pueblos labios
puros,
para que todos ellos invoquen el nombre del
Señor,
para que le sirvan de común acuerdo.

10 Desde más allá de los ríos de Etiopía
mis adoradores, mis dispersos,
traerán mi ofrenda.

11 Aquel día no te avergonzarás
de ninguna de tus acciones
con que te rebelaste contra mí;
porque entonces yo quitaré de en medio de ti
a los que se regocijan en tu orgullo,
y nunca más te envanecerás
en mi santo monte.

12 Y dejaré en medio de ti
un pueblo humilde y pobre,
que se refugiará en el nombre del Señor.

13 El remanente de Israel no hará injusticia
ni dirá mentira,
ni se hallará en su boca
lengua engañosa,
porque ellos se alimentarán y reposarán
sin que nadie *los* atemorice.

14 Canta jubilosa, hija de Sion.
Lanza gritos *de alegría*, Israel.
Alégrate y regocíjate de todo corazón,
hija de Jerusalén.

15 El Señor ha retirado *sus* juicios contra ti,
ha expulsado a tus enemigos.
El Rey de Israel, el Señor, está en medio de
ti;
ya no temerás mal alguno.

16 Aquel día le dirán a Jerusalén:
No temas, Sion;
no desfallezcan tus manos.

17 El Señor tu Dios está en medio de ti,
guerrero victorioso;
se gozará en ti con alegría,
en su amor guardará silencio,
se regocijará por ti con cantos de júbilo.

18 Reuniré a los que se afligen por las fiestas
señaladas,
tuyos son, *oh Sion*,
el oprobio *del destierro* es una carga para
ellos.

19 He aquí, en aquel tiempo me ocuparé
de todos tus opresores;
salvaré a la coja
y recogeré a la desterrada,
y convertiré su vergüenza en alabanza y
renombre
en toda la tierra.

20 En aquel tiempo os traeré,
en aquel tiempo os reuniré;
ciertamente, os daré renombre y alabanza
entre todos los pueblos de la tierra,
cuando yo haga volver a vuestros cautivos
ante vuestros ojos
—dice el Señor.

Exhortación a la reedificación del Templo

1 El año segundo del rey Darío, en el mes sexto, el día primero del mes, vino la palabra del SEÑOR por medio del profeta Hageo a Zorobabel, hijo de Salatiel, gobernador de Judá, y al sumo sacerdote Josué, hijo de Josadac, diciendo:

2 Así dice el SEÑOR de los ejércitos: "Este pueblo dice: 'No ha llegado el tiempo, el tiempo de que la casa del SEÑOR sea reedificada.' "

3 Entonces vino la palabra del SEÑOR por medio del profeta Hageo, diciendo:

4 ¿Es acaso tiempo para que vosotros habitéis en vuestras casas artesonadas mientras esta casa está desolada?

5 Ahora pues, así dice el SEÑOR de los ejércitos: Considerad bien vuestros caminos.

6 Sembráis mucho, pero recogéis poco; coméis, pero no hay *suficiente* para que os saciéis; bebéis, pero no hay *suficiente* para que os embriaguéis; os vestís, pero nadie se calienta; y el que recibe salario, recibe salario en bolsa rota.

7 Así dice el SEÑOR de los ejércitos: Considerad bien vuestros caminos.

8 Subid al monte, traed madera y reedificad el templo, para que me agrade de él y yo sea glorificado—dice el SEÑOR.

9 Esperáis mucho, pero he aquí, *hay poco*; y lo que traéis a casa, yo lo aviento. ¿Por qué?—declara el SEÑOR de los ejércitos—. Por causa de mi casa que está desolada, mientras cada uno de vosotros corre a su casa.

10 Por tanto, por causa vuestra, los cielos han retenido su rocío y la tierra ha retenido su fruto.

11 Y llamé a la sequía sobre la tierra, sobre los montes, sobre el trigo, sobre el mosto, sobre el aceite, sobre lo que produce la tierra, sobre los hombres, sobre el ganado y sobre todo el trabajo de vuestras manos.

12 Y Zorobabel, hijo de Salatiel, el sumo sacerdote Josué, hijo de Josadac, y todo el remanente del pueblo, obedecieron la voz del SEÑOR su Dios y las palabras del profeta Hageo, como el SEÑOR su Dios le había mandado. Y temió el pueblo delante del SEÑOR.

13 Entonces Hageo, mensajero del SEÑOR, por mandato del SEÑOR, habló al pueblo, diciendo: Yo estoy con vosotros—declara el SEÑOR.

14 Y despertó el SEÑOR el espíritu de Zorobabel, hijo de Salatiel, gobernador de Judá, y el espíritu del sumo sacerdote Josué, hijo de Josadac, y el espíritu de todo el remanente del pueblo. Y vinieron y comenzaron la obra en la casa del SEÑOR de los ejércitos, su Dios,

15 el día veinticuatro del mes sexto, en el año segundo del rey Darío.

Promesa de Dios a Zorobabel

2 El *día* veintiuno del mes séptimo, vino la palabra del SEÑOR por medio del profeta Hageo, diciendo:

2 Habla ahora a Zorobabel, hijo de Salatiel, gobernador de Judá, y al sumo sacerdote Josué, hijo de Josadac, y al remanente del pueblo, diciendo:

3"¿Quién ha quedado entre vosotros que haya visto este templo en su gloria primera? ¿Y cómo lo veis ahora? Tal como está, ¿no es como nada a vuestros ojos?

4"Pero ahora, esfuérzate, Zorobabel—declara el SEÑOR—"esfuérzate tú también, Josué, hijo de Josadac, sumo sacerdote, y esforzaos todos vosotros, pueblo de la tierra"—declara el SEÑOR—"y trabajad, porque yo estoy con vosotros"—declara el SEÑOR de los ejércitos.

5"*Conforme* a la promesa que os hice cuando salisteis de Egipto, mi Espíritu permanece en medio de vosotros; no temáis."

6 Porque así dice el SEÑOR de los ejércitos: "Una vez más, dentro de poco, yo haré temblar los cielos y la tierra, el mar y la tierra firme.

7"Y haré temblar a todas las naciones; vendrán entonces los tesoros de todas las naciones, y yo llenaré de gloria esta casa"—dice el SEÑOR de los ejércitos.

8"Mía es la plata y mío es el oro"—declara el SEÑOR de los ejércitos.

9"La gloria postrera de esta casa será mayor que la primera"—dice el SEÑOR de los ejércitos—"y en este lugar daré paz"—declara el SEÑOR de los ejércitos.

10 El día veinticuatro del *mes* noveno, en el año segundo de Darío, vino la palabra del SEÑOR al profeta Hageo, diciendo:

11 Así dice el SEÑOR de los ejércitos: "Pide ahora instrucción a los sacerdotes:

12 'Si alguno lleva carne consagrada en la falda de su vestidura, y toca con su falda pan, alimento cocido, vino, aceite o cualquier *otro* alimento, ¿quedará éste consagrado?' " Y los sacerdotes respondieron, y dijeron: No.

13 Y dijo Hageo: Si alguno, inmundo por el contacto con un cadáver, toca cualquiera de estas cosas, ¿quedará inmunda? Respondieron los sacerdotes, y dijeron: Quedará inmunda.

14 Entonces volvió a hablar Hageo y dijo: "Así es este pueblo y así es esta nación delante de mí"—declara el SEÑOR—"y así es toda obra de sus manos; y lo que aquí ofrecen, inmundo es.

15"Ahora pues, considerad bien *esto* de hoy en adelante: antes que se pusiera piedra sobre piedra en el templo del SEÑOR,

16 desde aquel tiempo, venía *alguno* a un montón de veinte *medidas*, y había *sólo* diez; venía *alguno* al lagar para sacar cincuenta cántaros, y había *sólo* veinte.

17"Os herí con *viento* abrasador, con añublo y con granizo en toda obra de vuestras manos; pero ninguno de vosotros *se volvió* a mí"—declara el SEÑOR.

18"Pero considerad bien *esto* desde hoy en adelante, desde el día veinticuatro del *mes* noveno; desde el día en que se pusieron los cimientos del templo del SEÑOR, considerad bien:

19¿Está todavía la semilla en el granero? Todavía la vid, la higuera, el granado y el olivo no han dado *fruto; pero* desde hoy yo *os* bendeciré."

20 Y la palabra del SEÑOR vino por segunda vez a Hageo, el *día* veinticuatro del mes, diciendo:
21 Habla a Zorobabel, gobernador de Judá, diciendo: "Yo estremeceré los cielos y la tierra,
22 y volcaré el trono de los reinos y destruiré el poder de los reinos de las naciones; y volcaré el carro y a los que montan en él, y caerán los caballos y sus jinetes, cada uno por la espada de su hermano.
23 "En aquel día"—declara el SEÑOR de los ejércitos—"te tomaré a ti, Zorobabel, hijo de Salatiel, siervo mío"—declara el SEÑOR—"y te pondré como *anillo de* sello, porque yo te he escogido"—declara el SEÑOR de los ejércitos.

Libro de
ZACARIAS

Exhortación al arrepentimiento

1 El octavo mes del año segundo de Darío, vino la palabra del SEÑOR al profeta Zacarías, hijo de Berequías, hijo de Iddo, diciendo:
2 El SEÑOR se enojó mucho contra vuestros padres.
3 Diles, pues: "Así dice el SEÑOR de los ejércitos: 'Volveos a mí'—declara el SEÑOR de los ejércitos—'y yo me volveré a vosotros'—dice el SEÑOR de los ejércitos.
4 'No seáis como vuestros padres, a quienes los antiguos profetas proclamaron, diciendo: "Así dice el SEÑOR de los ejércitos: 'Volveos ahora de vuestros malos caminos y de vuestras malas obras.' " Pero no me escucharon ni me hicieron caso'—declara el SEÑOR.
5 'Vuestros padres, ¿dónde están? Y los profetas, ¿viven para siempre?
6 'Pero mis palabras y mis estatutos que yo ordené a mis siervos los profetas ¿no alcanzaron a vuestros padres? Por eso se arrepintieron y dijeron: "Como el SEÑOR de los ejércitos se propuso hacer con nosotros conforme a nuestros caminos y conforme a nuestras obras, así ha hecho con nosotros." ' "
7 El día veinticuatro del mes undécimo, que es el mes de Sebat, del año segundo de Darío, vino la palabra del SEÑOR al profeta Zacarías, hijo de Berequías, hijo de Iddo, diciendo:
8 He aquí, de noche vi un hombre que iba montado en un caballo rojo; él estaba entre los mirtos que había en la quebrada, y detrás de él, caballos rojos, castaños y blancos.
9 Entonces dije: ¿Quiénes son éstos, señor mío? Y el ángel que hablaba conmigo me dijo: Te mostraré quienes son éstos.
10 Y el hombre que estaba entre los mirtos respondió y dijo: Estos son los que el SEÑOR ha enviado a recorrer la tierra.
11 Y ellos respondieron al ángel del SEÑOR que estaba entre los mirtos y dijeron: Hemos recorrido la tierra, y he aquí, toda la tierra está en paz y tranquila.
12 Entonces respondió el ángel del SEÑOR y dijo: Oh SEÑOR de los ejércitos, ¿hasta cuándo seguirás sin compadecerte de Jerusalén y de las ciudades de Judá, contra las cuales has estado indignado estos setenta años?
13 Y el SEÑOR respondió al ángel que hablaba conmigo palabras buenas, palabras consoladoras.
14 Y el ángel que hablaba conmigo me dijo: Proclama, diciendo: "Así dice el SEÑOR de los ejércitos: 'Estoy celoso en gran manera por Jerusalén y por Sion,
15 y con gran enojo estoy yo enojado contra las naciones que están confiadas; porque cuando yo estaba un poco enojado, ellas contribuyeron al mal.'
16 "Por tanto, así dice el SEÑOR: 'Me volveré a Jerusalén con compasión; en ella será reedificada mi casa'—declara el SEÑOR de los ejércitos—'y el cordel será tendido sobre Jerusalén.' "
17 Proclama de nuevo, diciendo: "Así dice el SEÑOR de los ejércitos: 'Otra vez rebosarán mis ciudades de bienes, otra vez el SEÑOR consolará a Sion y de nuevo escogerá a Jerusalén.' "
18 Después alcé mis ojos y miré, y he aquí cuatro cuernos.
19 Y dije al ángel que hablaba conmigo: ¿Qué son éstos? Y me respondió: Estos son los cuernos que dispersaron a Judá, a Israel y a Jerusalén.
20 Entonces el SEÑOR me mostró cuatro artesanos.
21 Y dije: ¿Qué vienen a hacer éstos? Y él respondió, diciendo: Aquéllos son los cuernos que dispersaron a Judá, de modo que nadie ha podido levantar la cabeza; pero estos *artesanos* han venido para aterrorizarlos, para derribar los cuernos de las naciones que alzaron *sus* cuernos contra la tierra de Judá para dispersarla.

Futura gloria de Jerusalén

2 Entonces alcé los ojos y miré, y he aquí, *vi* un hombre con un cordel de medir en la mano.
2 Y *le* dije: ¿Adónde vas? Y me respondió: A medir a Jerusalén para ver cuánta es su anchura y cuánta su longitud.
3 Y he aquí, cuando el ángel que hablaba conmigo salía, otro ángel le salió al encuentro,
4 y le dijo: Corre, habla a ese joven, y dile: "Sin muros será habitada Jerusalén, a causa de la multitud de hombres y de ganados dentro de ella.
5 "Y yo seré para ella"—declara el SEÑOR—"una muralla de fuego en derredor, y gloria seré en medio de ella."
6 ¡Ea, ea! Huid de la tierra del norte—declara el SEÑOR—porque como a los cuatro vientos del cielo os dispersé yo—declara el SEÑOR.
7 ¡Ea, Sion, tú que moras con la hija de Babilonia, escápate!
8 Porque así dice el SEÑOR de los ejércitos, cuya gloria me ha enviado contra las naciones que os despojaron, porque el que os toca, toca la niña de su ojo:
9 He aquí, alzaré mi mano contra ellas, y serán despojo para sus esclavos. Entonces sabréis que el SEÑOR de los ejércitos me ha enviado.
10 Canta de júbilo y alégrate, oh hija de Sion; porque he aquí, vengo, y habitaré en medio de ti—declara el SEÑOR.

11 Y se unirán muchas naciones al Señor aquel día, y serán mi pueblo. Entonces habitaré en medio de ti, y sabrás que el Señor de los ejércitos me ha enviado a ti.

12 Y el Señor poseerá a Judá, su porción en la tierra santa, y escogerá de nuevo a Jerusalén.

13 Calle toda carne delante del Señor, porque Él se ha levantado de su santa morada.

Visión sobre el sumo sacerdote Josué

3 Entonces me mostró al sumo sacerdote Josué, que estaba delante del ángel del Señor; y Satanás estaba a su derecha para acusarlo.

2 Y el ángel del Señor dijo a Satanás: El Señor te reprenda, Satanás. Repréndate el Señor que ha escogido a Jerusalén. ¿No es éste un tizón arrebatado del fuego?

3 Y Josué estaba vestido de ropas sucias, en pie delante del ángel.

4 Y éste habló, y dijo a los que estaban delante de él: Quitadle las ropas sucias. Y a él le dijo: Mira, he quitado de ti tu iniquidad y te vestiré de ropas de gala.

5 Después dijo: Que le pongan un turbante limpio en la cabeza. Y le pusieron un turbante limpio en la cabeza y le vistieron con ropas de gala; y el ángel del Señor estaba allí.

6 Entonces el ángel del Señor amonestó a Josué, diciendo:

7 Así dice el Señor de los ejércitos: "Si andas en mis caminos, y si guardas mis ordenanzas, también tú gobernarás mi casa; además tendrás a tu cargo mis atrios y te daré libre acceso entre éstos que están aquí.

8 "Escucha ahora, Josué, sumo sacerdote, tú y tus compañeros que se sientan ante ti, que son hombres de presagio, pues he aquí, yo voy a traer a mi siervo, el Renuevo.

9 "Porque he aquí la piedra que he puesto delante de Josué, sobre esta única piedra hay siete ojos. He aquí, yo grabaré una inscripción en ella"—declara el Señor de los ejércitos—"y quitaré la iniquidad de esta tierra en un solo día.

10 "Aquel día"—declara el Señor de los ejércitos—"convidaréis cada uno a su prójimo bajo su parra y bajo su higuera."

Visión del candelabro y los olivos

4 Entonces el ángel que hablaba conmigo volvió, y me despertó como a un hombre que es despertado de su sueño.

2 Y me dijo: ¿Qué ves? Y respondí: He aquí, veo un candelabro todo de oro con su depósito en la parte superior, y sus siete lámparas encima de él con siete tubos para cada una de las lámparas que tiene encima;

3 y junto a él hay dos olivos, uno a la derecha del depósito y el otro a la izquierda.

4 Continué, y dije al ángel que hablaba conmigo: ¿Qué es esto señor mío?

5 Respondió el ángel que hablaba conmigo, y me dijo: ¿No sabes qué es esto? Y respondí: No, señor mío.

6 Continuó él, y me dijo: Esta es la palabra del Señor a Zorobabel: "No por el poder ni por la fuerza, sino por mi Espíritu"—dice el Señor de los ejércitos.

7 "¿Quién eres tú, oh gran monte? Ante Zorobabel, te convertirás en llanura; y él sacará la piedra clave entre aclamaciones de '¡Gracia, gracia a ella!' "

8 Y vino a mí la palabra del Señor, diciendo:

9 Las manos de Zorobabel han puesto los cimientos de esta casa, y sus manos la acabarán. Entonces sabréis que el Señor de los ejércitos me ha enviado a vosotros.

10 ¿Pues quién ha menospreciado el día de las pequeñeces? Estos siete se alegrarán cuando vean la plomada en la mano de Zorobabel; estos son los ojos del Señor que recorren toda la tierra.

11 Entonces hablé, y le dije: ¿Qué son estos dos olivos a la derecha y a la izquierda del candelabro?

12 Hablé por segunda vez, y le dije: ¿Qué son las dos ramas de olivo que están junto a los dos tubos de oro, que vierten de sí el aceite dorado?

13 Y me respondió, diciendo: ¿No sabes qué son éstos? Y yo dije: No, señor mío.

14 Entonces él dijo: Estos son los dos ungidos que están de pie junto al Señor de toda la tierra.

Visiones del rollo y del efa

5 Alcé de nuevo mis ojos y miré, y he aquí un rollo que volaba.

2 Y me dijo el ángel: ¿Qué ves? Y respondí: Veo un rollo que vuela; su longitud es de veinte codos y su anchura de diez codos.

3 Entonces me dijo: Esta es la maldición que sale sobre la faz de toda la tierra; ciertamente todo el que roba será destruido según lo escrito en un lado, y todo el que jura será destruido según lo escrito en el otro lado.

4 La haré salir—declara el Señor de los ejércitos—y entrará en casa del ladrón y en casa del que jura por mi nombre en falso; y pasará la noche dentro de su casa y la consumirá junto con sus maderas y sus piedras.

5 Salió el ángel que hablaba conmigo, y me dijo: Alza ahora tus ojos y mira qué es esto que sale.

6 Y dije: ¿Qué es? Y él dijo: Esto es el efa que sale. Y añadió: Esta es la iniquidad de ellos en toda la tierra.

7 Y he aquí, una tapa de plomo fue levantada, y había una mujer sentada dentro del efa.

8 Entonces dijo: Esta es la Maldad. Y la arrojó al interior del efa y arrojó la tapa de plomo sobre su abertura.

9 Luego alcé los ojos y miré, y he aquí dos mujeres salían con el viento en sus alas; y tenían alas como alas de cigüeña, y alzaron el efa entre la tierra y el cielo.

10 Dije entonces al ángel que hablaba conmigo: ¿Adónde llevan el efa?

11 Y me respondió: A la tierra de Sinar para edificarle un templo; y cuando esté preparado, será asentado allí sobre su base.

Visión de los cuatro carros

6 Alcé de nuevo mis ojos y miré, y he aquí cuatro carros que salían de entre dos montes; y los montes eran montes de bronce.

2 Del primer carro tiraban caballos rojos, del segundo carro caballos negros,

3 del tercer carro caballos blancos y del cuarto carro fuertes caballos tordos.

4 Entonces hablé, y dije al ángel que hablaba conmigo: ¿Qué son éstos, señor mío?

5 Y el ángel contestó, y me dijo: Estos son los cuatro vientos del cielo que salen después de presentarse ante el Señor de toda la tierra.

6 Con uno de ellos salen los caballos negros hacia la tierra del norte, y los blancos salen tras ellos, mientras los tordos salen hacia la tierra del sur.

7 Briosos salían, impacientes por ir a recorrer la tierra. Y El dijo: Id, recorred la tierra. Y recorrieron la tierra.

8 Entonces me llamó y me habló, diciendo: Mira, los que salen hacia la tierra del norte aplacan mi espíritu en la tierra del norte.

9 Y vino la palabra del Señor a mí, diciendo:

10 Toma *ofrendas* de los desterrados, de Heldai, de Tobías y de Jedaías; y el mismo día ve y entra en la casa de Josías, hijo de Sofonías, adonde ellos han llegado de Babilonia.

11 Toma plata y oro, haz una corona y pon*la* en la cabeza del sumo sacerdote Josué, hijo de Josadac.

12 Y háblale, diciendo: "Así dice el Señor de los ejércitos: 'He aquí un hombre cuyo nombre es Renuevo, porque El brotará del lugar donde está y reedificará el templo del Señor.

13 'Sí, El reedificará el templo del Señor, y El llevará gloria y se sentará y gobernará en su trono. Será sacerdote sobre su trono y habrá consejo de paz entre los dos oficios.' "

14 La corona será para Helem, Tobías, Jedaías y Hen, hijo de Sofonías, como recuerdo en el templo del Señor.

15 Y los que están lejos vendrán y reedificarán el templo del Señor. Entonces sabréis que el Señor de los ejércitos me ha enviado a vosotros. *Esto* sucederá si escucháis obedientes la voz del Señor vuestro Dios.

Pueblo rebelde y de duro corazón

7 Y sucedió que en el año cuarto del rey Darío vino la palabra del Señor a Zacarías el cuarto *día* del mes noveno, Quisleu.

2 *La aldea de* Betel había enviado a Sarezer, a Regem-melec y a sus hombres a implorar el favor del Señor,

3 y a hablar a los sacerdotes que eran de la casa del Señor de los ejércitos, y a los profetas, diciendo: ¿Debemos llorar en el mes quinto y abstenernos como lo hemos hecho durante tantos años?

4 Entonces vino a mí la palabra del Señor de los ejércitos, diciendo:

5 Habla a todo el pueblo de la tierra y a los sacerdotes, y di: "Cuando ayunabais y os lamentabais en el quinto y el séptimo *mes* durante estos setenta años, ¿ayunabais en verdad por mí?

6 "Y cuando coméis y bebéis, ¿no coméis y bebéis para vosotros mismos?

7 "¿No son *estas* las palabras que el Señor proclamó por medio de los antiguos profetas, cuando Jerusalén estaba habitada y próspera con sus ciudades a su alrededor, y el Neguev y la tierra baja estaban habitados?"

8 Entonces vino la palabra del Señor a Zacarías, diciendo:

9 Así ha dicho el Señor de los ejércitos: Juicio verdadero juzgad, y misericordia y compasión practicad cada uno con su hermano.

10 "No oprimáis a la viuda, al huérfano, al extranjero ni al pobre, ni traméis el mal en vuestros corazones unos contra otros."

11 Pero ellos rehusaron escuchar y volvieron la espalda rebelde y se taparon los oídos para no oír.

12 Y endurecieron sus corazones como el diamante para no oír la ley ni las palabras que el Señor de los ejércitos había enviado por su Espíritu, por medio de los antiguos profetas; vino, pues, gran enojo de parte del Señor de los ejércitos.

13 Y sucedió que, como yo había clamado y ellos no habían querido escuchar, así ellos clamaron y yo no quise escuchar—dice el Señor de los ejércitos—

14 sino que los dispersé en torbellino entre todas las naciones que no conocían. Y la tierra fue desolada tras ellos, sin que nadie fuera ni viniera; convirtieron la tierra deseable en desolación.

Futura paz y prosperidad de Sion

8 Y vino la palabra del Señor de los ejércitos, diciendo:

2 Así dice el Señor de los ejércitos: "He celado a Sion con gran celo, sí, con gran furor la he celado."

3 Así dice el Señor: "Volveré a Sion y en medio de Jerusalén moraré. Y Jerusalén se llamará Ciudad de la Verdad, y el monte del Señor de los ejércitos, Monte Santo."

4 Así dice el Señor de los ejércitos: "Aún se sentarán ancianos y ancianas en las calles de Jerusalén, cada uno con su bastón en la mano por causa de sus muchos días.

5 "Y las calles de la ciudad se llenarán de muchachos y muchachas que jugarán en sus calles."

6 Así dice el Señor de los ejércitos: "Si en aquellos días *esto* parece muy difícil a los ojos del remanente de este pueblo, ¿será también muy difícil a mis ojos?"—declara el Señor de los ejércitos.

7 Así dice el Señor de los ejércitos: "He aquí, salvaré a mi pueblo de la tierra del oriente y de la tierra donde se pone el sol;

8 y los traeré y habitarán en medio de Jerusalén; y ellos serán mi pueblo y yo seré su Dios en verdad y en justicia."

9 Así dice el Señor de los ejércitos: "Sean fuertes vuestras manos, vosotros que escucháis en estos días estas palabras de la boca de los profetas, los cuales *hablaron* el día en que se pusieron los cimientos de la casa del Señor de los ejércitos para la reedificación del templo.

10 "Porque antes de aquellos días no había paga para hombre ni paga para el ganado; y no había paz para el que salía o entraba a causa del enemigo, y yo puse a todos los hombres unos contra otros.

11 "Pero ahora yo no *trataré* al remanente de este pueblo como en los días pasados"—declara el Señor de los ejércitos.

12 "Porque *habrá* simiente de paz: la vid dará su fruto, la tierra dará su producto y los cielos darán su rocío; y haré que el remanente de este pueblo herede todas estas cosas.

13"Y sucederá que como fuisteis maldición entre las naciones, casa de Judá y casa de Israel, así os salvaré para que seáis bendición. No temáis, *mas* sean fuertes vuestras manos."

14 Porque así dice el S{\small EÑOR} de los ejércitos: "Tal como me propuse haceros mal cuando vuestros padres me hicieron enojar"—dice el S{\small EÑOR} de los ejércitos—"y no me he arrepentido,

15 así me he propuesto en estos días volver a hacer bien a Jerusalén y a la casa de Judá. ¡No temáis!

16"Estas son las cosas que debéis hacer: decid la verdad unos a otros, juzgad con verdad y con juicio de paz en vuestras puertas[1];

17 no traméis en vuestro corazón el mal uno contra otro, ni améis el juramento falso; porque todas estas cosas son las que odio"—declara el S{\small EÑOR}.

18 Entonces la palabra del S{\small EÑOR} de los ejércitos vino a mí, diciendo:

19 Así dice el S{\small EÑOR} de los ejércitos: "El ayuno del cuarto *mes*, el ayuno del quinto, el ayuno del séptimo y el ayuno del décimo se convertirán para la casa de Judá en gozo, alegría y fiestas alegres. Amad, pues, la verdad y la paz."

20 Así dice el S{\small EÑOR} de los ejércitos: "*Y será* que aún vendrán pueblos y habitantes de muchas ciudades;

21 y los habitantes de una irán a otra, diciendo: 'Vamos sin demora a implorar el favor del S{\small EÑOR}, y a buscar al S{\small EÑOR} de los ejércitos. Yo también iré.'

22"Y vendrán muchos pueblos y naciones poderosas a buscar al S{\small EÑOR} de los ejércitos en Jerusalén y a implorar el favor del S{\small EÑOR}."

23 Así dice el S{\small EÑOR} de los ejércitos: "En aquellos días diez hombres de todas las lenguas de las naciones asirán el vestido de un judío, diciendo: 'Iremos con vosotros, porque hemos oído que Dios está con vosotros.' "

Juicio contra las naciones vecinas

9 Profecía de la palabra del S{\small EÑOR} contra la tierra de Hadrac y Damasco, su lugar de reposo (porque hacia el S{\small EÑOR} están *puestos* los ojos de los hombres y de todas las tribus de Israel),

2 y también Hamat, que linda con ella, *y* Tiro y Sidón, aunque sean muy sabias.

3 Tiro se ha edificado una fortaleza, y ha amontonado plata como polvo y oro como barro de las calles.

4 He aquí, el Señor la despojará, arrojará al mar su riqueza y ella será consumida por el fuego.

5 Ascalón *lo* verá y temerá, también Gaza, y se retorcerá con gran dolor, lo mismo Ecrón, pues su esperanza ha sido confundida.
Además perecerá el rey de Gaza, y Ascalón no será habitada.

6 Un *pueblo* bastardo habitará en Asdod, y yo destruiré el orgullo de los filisteos.

7 Quitaré la sangre de su boca, y sus abominaciones de entre sus dientes.
Entonces él será también un remanente para nuestro Dios, será como una tribu en Judá,

y Ecrón *será* como el jebuseo.

8 Y yo acamparé junto a mi casa como un guardián
para que nadie vaya ni venga, y no pasará más sobre ellos el opresor, porque ahora he visto con mis ojos.

9 Regocíjate sobremanera, hija de Sion. Da voces de júbilo, hija de Jerusalén. He aquí, tu rey viene a ti, justo y dotado de salvación, humilde, montado en un asno, en un pollino, hijo de asna.

10 Destruiré el carro de Efraín y el caballo de Jerusalén, y el arco de guerra será destruido. El hablará paz a las naciones, y su dominio será de mar a mar, y desde el río[2] hasta los confines de la tierra.

11 Y en cuanto a ti, por la sangre de *mi* pacto contigo,
he librado a tus cautivos de la cisterna en la que no hay agua.

12 Volved a la fortaleza, oh cautivos de la esperanza; hoy mismo anuncio que el doble te restituiré.

13 Porque entesaré a Judá como mi arco, y cargaré el arco con Efraín. Incitaré a tus hijos, oh Sion, contra tus hijos, oh Grecia, y te haré como espada de guerrero.

14 Entonces el S{\small EÑOR} aparecerá sobre ellos, y saldrá como un rayo su flecha; el Señor D{\small IOS} tocará la trompeta, y caminará en los torbellinos del sur.

15 El S{\small EÑOR} de los ejércitos los defenderá; ellos devorarán y pisotearán las piedras de la honda, beberán *y* alborotarán como *embriagados* de vino, se llenarán como tazón de sacrificio, *empapados* como las esquinas del altar.

16 Los salvará el S{\small EÑOR} su Dios aquel día como rebaño de su pueblo; porque *como* piedras de una corona brillan sobre su tierra.

17 Pues ¡cuánta es su gracia y cuánta su hermosura!
El trigo hará florecer a los jóvenes y el mosto a las doncellas.

Promesas de bendición

10 Pedid lluvia al S{\small EÑOR} en el tiempo de la lluvia tardía, al S{\small EÑOR} que hace los nubarrones; El les dará aguaceros, y hierba en el campo a cada uno.

2 Porque los terafines hablan iniquidad, y los adivinos ven visiones mentirosas, y cuentan sueños falsos; en vano dan consuelo.
Por tanto, *el pueblo* vaga como ovejas, está afligido porque no hay pastor.

3 Contra los pastores se enciende mi ira, y a los machos cabríos castigaré; porque el S{\small EÑOR} de los ejércitos ha visitado su rebaño, la casa de Judá,

---

1. I.e., lugar donde se reunían los tribunales 2. I.e., el Eufrates

y hará de ellos como su caballo de honor en
la batalla.
4 De él saldrá la piedra angular,
de él la clavija,
de él el arco de guerra,
de él todo gobernante; juntos
5 serán como valientes,
que en la batalla huellan *al enemigo* en el
barro de las calles;
pelearán, porque el Señor *estará* con ellos,
y serán avergonzados los que montan a
caballo.
6 Fortaleceré la casa de Judá
y la casa de José salvaré,
y los haré volver
porque me he compadecido de ellos;
y serán como si no los hubiera rechazado,
porque yo soy el Señor su Dios, y les
responderé.
7 Efraín será como un valiente,
y se alegrará su corazón como por el vino;
sus hijos *lo* verán y se alegrarán,
y se regocijará su corazón en el Señor.
8 Y les silbaré para reunirlos,
porque los he redimido;
y serán tan numerosos como eran.
9 Cuando yo los esparza entre los pueblos,
aun en lejanas tierras se acordarán de mí,
y vivirán con sus hijos, y volverán.
10 Los haré volver de la tierra de Egipto,
y de Asiria los recogeré;
los traeré a la tierra de Galaad y del Líbano,
hasta que no haya *sitio* para ellos.
11 Pasarán por el mar *de* la angustia,
y El herirá las olas en el mar
y se secarán todas las profundidades del
Nilo;
y será abatido el orgullo de Asiria
y apartado el cetro de Egipto.
12 Yo los fortaleceré en el Señor,
y en su nombre andarán—declara el Señor.

11 Abre tus puertas, Líbano,
y consuma el fuego tus cedros.
2 Gime, ciprés, porque ha caído el cedro,
porque los *árboles* majestuosos han sido
derribados;
gemid, encinas de Basán,
porque ha caído el bosque impenetrable.
3 Voz de gemido de pastores,
porque su esplendor está arruinado;
voz del rugido de leoncillos,
porque derribada está la gloria del Jordán.
4 Así dice el Señor mi Dios: Apacienta las
ovejas *destinadas* para la matanza.
5 Los que las compran las matan y salen
impunes, y el que las vende dice: "¡Bendito sea el
Señor, porque me he enriquecido!"; y ni sus
propios pastores se compadecen de ellas.
6 Pues yo no me compadeceré más de los habitantes de esta tierra—declara el Señor—sino que
he aquí, haré que los hombres caigan cada uno en
manos de otro y en manos de su rey; y ellos
herirán la tierra y yo no *los* libraré de sus manos.
7 Apacenté, pues, las ovejas *destinadas* para la
matanza, esto es, los afligidos del rebaño. Y tomé
para mí dos cayados: a uno lo llamé Gracia y al
otro lo llamé Unión; y apacenté las ovejas.
8 Y destruí a los tres pastores en un mes, pues

mi alma se impacientó con ellos y su alma
también se cansó de mí.
9 Entonces dije: No os apacentaré *más*. La que
ha de morir, que muera; y la que ha de ser
destruida, que sea destruida; y las que queden,
cómanse la carne unas a otras.
10 Y tomé mi cayado Gracia y lo quebré para
romper el pacto que yo había hecho con todos los
pueblos.
11 Y fue roto aquel día; así los afligidos del
rebaño que me observaban, conocieron que era la
palabra del Señor.
12 Y les dije: Si os parece bien, dad*me* mi paga;
y si no, dejadla. Y pesaron como mi salario
treinta *piezas* de plata.
13 Entonces el Señor me dijo: Arrójalo al
alfarero (*ese* magnífico precio con que me
valoraron). Tomé pues, las treinta *piezas* de plata
y las arrojé al alfarero en la casa del Señor.
14 Y quebré mi segundo cayado, Unión, para
romper la hermandad entre Judá e Israel.
15 Y el Señor me dijo: Toma otra vez los aperos
de un pastor insensato.
16 Porque he aquí, yo voy a levantar en la tierra
un pastor que no se preocupará de la que perece,
ni buscará a la descarriada, ni curará a la herida,
ni sustentará a la fuerte, sino que comerá la
carne de la cebada y arrancará sus pezuñas.
17 ¡Ay del pastor inútil
que abandona el rebaño!
¡*Caiga* la espada sobre su brazo
y sobre su ojo derecho!
Su brazo se secará por completo,
y su ojo derecho totalmente se oscurecerá.

Liberación de Jerusalén

12 Profecía de la palabra del Señor acerca de
Israel.
El Señor que extiende los cielos, pone los
cimientos de la tierra y forma el espíritu del
hombre dentro de él, declara:
2 He aquí, yo haré de Jerusalén una copa de
vértigo para todos los pueblos de alrededor, y
cuando haya asedio contra Jerusalén, también lo
habrá contra Judá.
3 Y sucederá aquel día que haré de Jerusalén
una piedra pesada para todos los pueblos; todos
los que la levanten serán severamente desgarra-
dos. Y contra ella se congregarán todas las
naciones de la tierra.
4 Aquel día—declara el Señor—heriré a todo
caballo de espanto, y a su jinete, de locura. Pero
sobre la casa de Judá abriré mis ojos, mientras
hiero de ceguera a todo caballo de los pueblos.
5 Entonces los jefes *de familias* de Judá dirán
en su corazón: "Gran apoyo para nosotros son
los habitantes de Jerusalén por el Señor de los
ejércitos, su Dios."
6 Aquel día haré de los jefes *de familias* de
Judá como brasero de fuego entre leños, y como
antorcha ardiendo entre gavillas, y consumirán a
diestra y a siniestra a todos los pueblos de
alrededor, y Jerusalén será habitada de nuevo en
su lugar, en Jerusalén.
7 El Señor salvará primero las tiendas de
Judá, para que la gloria de la casa de David y la
gloria de los habitantes de Jerusalén no se
engrandezca sobre Judá.
8 Aquel día el Señor defenderá a los habitantes

de Jerusalén, y el débil entre ellos aquel día será como David, y la casa de David *será* como Dios, como el ángel del Señor delante de ellos.

9 Y sucederá aquel día que me dispondré a destruir a todas las naciones que vengan contra Jerusalén.

10 Y derramaré sobre la casa de David y sobre los habitantes de Jerusalén, el Espíritu de gracia y de súplica, y me mirarán a mí, a quien han traspasado. Y se lamentarán por El, como quien se lamenta por un hijo único, y llorarán por El, como se llora por un primogénito.

11 Aquel día habrá gran lamentación en Jerusalén, como la lamentación de Hadad-rimón en la llanura de Meguido.

12 Y se lamentará la tierra, cada familia por su lado: la familia de la casa de David por su lado, y sus mujeres por su lado; la familia de la casa de Natán por su lado, y sus mujeres por su lado;

13 la familia de la casa de Leví por su lado, y sus mujeres por su lado; la familia de los simeítas por su lado, y sus mujeres por su lado;

14 todas las demás familias, cada familia por su lado, y sus mujeres por su lado.

Purificación de Israel

13 Aquel día habrá una fuente abierta para la casa de David y para los habitantes de Jerusalén, para *lavar* el pecado y la impureza.

2 Y sucederá aquel día—declara el Señor de los ejércitos—que eliminaré de la tierra los nombres de los ídolos, y nunca más serán recordados; también yo quitaré de la tierra a los profetas y al espíritu inmundo.

3 Y sucederá que si alguno profetiza todavía, su padre y su madre que lo engendraron le dirán: "No vivirás porque has hablado falsamente en el nombre del Señor"; y su padre y su madre que lo engendraron lo traspasarán mientras profetiza.

4 También sucederá aquel día que los profetas se avergonzarán cada uno de su visión cuando profetice, y no se vestirán el manto de pelo para engañar;

5 sino que *cada uno* dirá: "No soy profeta, soy labrador de la tierra, porque un hombre me vendió como esclavo en mi juventud."

6 Y *alguien* le dirá: "¿Qué son esas heridas en tu cuerpo?" Y él responderá: "*Son aquéllas* con que fui herido en casa de mis amigos."

7 Despierta, espada, contra mi pastor,
  y contra el hombre compañero mío
  —declara el Señor de los ejércitos.
  Hiere al pastor y se dispersarán las ovejas,
  y volveré mi mano contra los pequeños.

8 Y sucederá en toda la tierra
  —declara el Señor—
  que dos partes serán cortadas en ella, *y*
  perecerán;
  pero la tercera quedará en ella.

9 Y meteré la tercera parte en el fuego,
  los refinaré como se refina la plata,
  y los probaré como se prueba el oro.
  Invocará él mi nombre,
  y yo le responderé;
  diré: "El es mi pueblo",
  y él dirá: "El Señor es mi Dios."

Reino universal de Dios

14 He aquí, viene el día del Señor cuando serán repartidos tus despojos en medio de ti.

2 Y yo reuniré a todas las naciones en batalla contra Jerusalén; y será tomada la ciudad y serán saqueadas las casas y violadas las mujeres; la mitad de la ciudad será desterrada, pero el resto del pueblo no será cortado de la ciudad.

3 Entonces saldrá el Señor y peleará contra aquellas naciones, como cuando El peleó el día de la batalla.

4 Sus pies se posarán aquel día en el monte de los Olivos, que está frente a Jerusalén, al oriente; y el monte de los Olivos se hendirá por el medio, de oriente a occidente, *formando* un enorme valle, y una mitad del monte se apartará hacia el norte y la otra mitad hacia el sur.

5 Y huiréis al valle de mis montes, porque el valle de los montes llegará hasta Azal; huiréis tal como huisteis a causa del terremoto en los días de Uzías, rey de Judá. Y vendrá el Señor mi Dios, *y* todos los santos con El.

6 Y sucederá que en aquel día no habrá luz; las luminarias se oscurecerán.

7 Será un día único, conocido sólo del Señor, ni día ni noche; y sucederá que a la hora de la tarde habrá luz.

8 En aquel día sucederá que brotarán aguas vivas de Jerusalén, una mitad hacia el mar oriental y la otra mitad hacia el mar occidental, será lo mismo en verano que en invierno.

9 Y el Señor será rey sobre toda la tierra; aquel día el Señor será uno, y uno su nombre.

10 Toda la tierra se volverá como una llanura desde Geba hasta Rimón, al sur de Jerusalén; pero *ésta* se levantará y será habitada en su lugar desde la puerta de Benjamín hasta el lugar de la puerta Primera, hasta la puerta del Angulo, y *desde* la torre de Hananeel hasta los lagares del rey.

11 Y habitarán en ella y no habrá más maldición; y Jerusalén habitará en seguridad.

12 Esta será la plaga con que el Señor herirá a todos los pueblos que han hecho guerra contra Jerusalén: se pudrirá su carne estando ellos aún de pie, y se pudrirán sus ojos en sus cuencas, y su lengua se pudrirá en su boca.

13 Y sucederá aquel día que habrá entre ellos un gran pánico del Señor; y cada uno agarrará la mano de su prójimo, y levantará su mano contra la mano de su prójimo.

14 También Judá peleará en Jerusalén; y se amontonarán las riquezas de todas las naciones circunvecinas: oro, plata y vestidos en gran abundancia.

15 Como aquella plaga así será la plaga del caballo, del mulo, del camello, del asno y de todos los animales que haya en aquellos campamentos.

16 Y sucederá que todo sobreviviente de todas las naciones que fueron contra Jerusalén subirán de año en año para adorar al Rey, Señor de los ejércitos, y para celebrar la fiesta de los Tabernáculos.

17 Y sucederá que los de las familias de la tierra que no suban a Jerusalén para adorar al Rey, Señor de los ejércitos, no recibirán lluvia sobre ellos.

18 Y si la familia de Egipto no sube ni viene, entonces sobre ellos no *habrá lluvia;* será la plaga con la cual el SEÑOR herirá a las naciones que no suban a celebrar la fiesta de los Tabernáculos.

19 Este será el castigo de Egipto y el castigo de todas las naciones que no suban a celebrar la fiesta de los Tabernáculos.

20 En aquel día estará *grabado* en los cascabeles de los caballos: SANTIDAD AL SEÑOR. Y serán las ollas en la casa del SEÑOR como los tazones delante del altar.

21 Y toda olla en Jerusalén y en Judá será consagrada al SEÑOR de los ejércitos; todos los que ofrezcan sacrificios vendrán y tomarán de ellas y en ellas cocerán; y no habrá más mercader en la casa del SEÑOR de los ejércitos en aquel día.

Libro de
MALAQUIAS

El amor de Dios por Israel

1 Profecía de la palabra del SEÑOR a Israel por medio de Malaquías[1].

2 Yo os he amado—dice el SEÑOR—. Pero vosotros decís: ¿En qué nos has amado? ¿No *era* Esaú hermano de Jacob?—declara el SEÑOR—. Sin embargo, yo amé a Jacob,

3 y aborrecí a Esaú, e hice de sus montes desolación, y *di* su heredad a los chacales del desierto.

4 Aunque Edom dice: Hemos sido destruidos, pero volveremos y edificaremos las ruinas, el SEÑOR de los ejércitos dice así: Ellos edificarán, pero yo destruiré. Y los llamarán territorio impío y pueblo contra quien el SEÑOR está indignado para siempre.

5 Vuestros ojos lo verán, y vosotros diréis: Sea engrandecido el SEÑOR más allá de la frontera de Israel.

6 El hijo honra a *su* padre, y el siervo a su señor. Pues si yo soy padre, ¿dónde está mi honor? Y si yo soy señor, ¿dónde está mi temor?—dice el SEÑOR de los ejércitos a vosotros sacerdotes que menospreciáis mi nombre—. Pero vosotros decís: "¿En qué hemos menospreciado tu nombre?"

7 Ofreciendo sobre mi altar pan inmundo. Y vosotros decís: "¿En qué te hemos deshonrado?" En que decís: "La mesa del SEÑOR es despreciable."

8 Y cuando presentáis un *animal* ciego para el sacrificio, ¿no es malo? Y cuando presentáis el cojo y el enfermo, ¿no es malo? ¿Por qué no lo ofreces a tu gobernador? ¿Se agradaría de ti o te recibiría con benignidad?—dice el SEÑOR de los ejércitos.

9 Ahora pues, ¿no pediréis el favor de Dios, para que se apiade de nosotros? Con tal ofrenda de vuestra parte, ¿os recibirá El con benignidad?—dice el SEÑOR de los ejércitos.

10 ¡Oh, *si hubiera* entre vosotros quien cerrara las puertas para que no encendierais mi altar en vano! No me complazco en vosotros—dice el SEÑOR de los ejércitos—ni de vuestra mano aceptaré ofrenda.

11 Porque desde la salida del sol hasta su puesta, mi nombre *será* grande entre las naciones, y en todo lugar se ofrecerá incienso a mi nombre, y ofrenda pura de cereal; pues grande *será* mi nombre entre las naciones—dice el SEÑOR de los ejércitos.

12 Pero vosotros lo profanáis, cuando decís: "La mesa del Señor es inmunda, y su fruto, su alimento despreciable."

13 También decís: "¡Ay, qué fastidio!" Y con indiferencia lo despreciáis—dice el SEÑOR de los ejércitos—y traéis lo robado, o cojo, o enfermo; así traéis la ofrenda. ¿Aceptaré eso de vuestra mano?—dice el SEÑOR.

14 ¡Maldito sea el engañador que tiene un macho en su rebaño, y lo promete, pero sacrifica un animal dañado al Señor! Porque yo soy el Gran Rey—dice el SEÑOR de los ejércitos—y mi nombre es temido entre las naciones.

2 Y ahora, para vosotros, sacerdotes, es este mandamiento.

2 Si no escucháis, y si no decidís de corazón dar honor a mi nombre—dice el SEÑOR de los ejércitos—enviaré sobre vosotros maldición, y maldeciré vuestras bendiciones; y en verdad, *ya* las he maldecido, porque no *lo* habéis decidido de corazón.

3 He aquí, yo reprenderé a vuestra descendencia, y os echaré estiércol a la cara, el estiércol de vuestras fiestas, y seréis llevados con él.

4 Entonces sabréis que os he enviado este mandamiento para que mi pacto siga con Leví—dice el SEÑOR de los ejércitos.

5 Mi pacto con él era de vida y paz, las cuales le di para que *me* reverenciara; y él me reverenció, y estaba lleno de temor ante mi nombre.

6 La verdadera instrucción estaba en su boca, y no se hallaba iniquidad en sus labios; en paz y rectitud caminaba conmigo, y apartaba a muchos de la iniquidad.

7 Pues los labios del sacerdote deben guardar la sabiduría, y *los hombres* deben buscar la instrucción de su boca, porque él es el mensajero del SEÑOR de los ejércitos.

8 Pero vosotros os habéis desviado del camino, habéis hecho tropezar a muchos en la ley, habéis corrompido el pacto de Leví—dice el SEÑOR de los ejércitos.

9 Por eso yo también os he hecho despreciables y viles ante todo el pueblo, así como vosotros no habéis guardado mis caminos y hacéis acepción de personas en la ley.

10 ¿No tenemos todos un mismo padre? ¿No nos ha creado un mismo Dios? ¿Por qué nos portamos deslealmente unos contra otros, profanando el pacto de nuestros padres?

11 Deslealmente ha obrado Judá, y una abominación se ha cometido en Israel y en Jerusalén; pues Judá ha profanado el santuario del SEÑOR, que El ama, y se ha casado con la hija de un dios extraño.

12 Que el SEÑOR extermine de las tiendas de

---

1. O, *mi mensajero*

Jacob al hombre que hace esto (sea testigo o defensor) aunque presente una ofrenda al Señor de los ejércitos.

13 Y esta otra cosa hacéis: cubrís el altar del Señor de lágrimas, llantos y gemidos, porque El ya no mira la ofrenda ni *la* acepta *con* agrado de vuestra mano.

14 Y vosotros decís: "¿Por qué?" Porque el Señor ha sido testigo entre tú y la mujer de tu juventud, contra la cual has obrado deslealmente, aunque ella es tu compañera y la mujer de tu pacto.

15 Pero ninguno que tenga un remanente del Espíritu lo ha hecho *así*. ¿Y qué hizo éste mientras buscaba una descendencia de parte de Dios? Prestad atención, pues, a vuestro espíritu; no seas desleal con la mujer de tu juventud.

16 Porque yo detesto el divorcio—dice el Señor, Dios de Israel—y al que cubre de iniquidad su vestidura—dice el Señor de los ejércitos—. Prestad atención, pues, a vuestro espíritu y no seáis desleales.

17 Habéis cansado al Señor con vuestras palabras. Y decís: ¿En qué *le* hemos cansado? Cuando decís: Todo el que hace mal es bueno a los ojos del Señor, y en ellos El se complace; o: ¿Dónde está el Dios de la justicia?

El día del juicio

3 He aquí, yo envío a mi mensajero, y él preparará el camino delante de mí. Y vendrá de repente a su templo el Señor a quien vosotros buscáis; y el mensajero del pacto en quien vosotros os complacéis, he aquí, viene —dice el Señor de los ejércitos.

2 ¿Pero quién podrá soportar el día de su venida? ¿Y quién podrá mantenerse en pie cuando El aparezca? Porque El es como fuego de fundidor y como jabón de lavanderos.

3 Y El se sentará como fundidor y purificador de plata, y purificará a los hijos de Leví y los acrisolará como a oro y como a plata, y serán los que presenten ofrendas en justicia al Señor.

4 Entonces será grata al Señor la ofrenda de Judá y de Jerusalén, como en los días de antaño y como en los años pasados.

5 Y me acercaré a vosotros para el juicio, y seré un testigo veloz contra los hechiceros, contra los adúlteros, contra los que juran en falso y contra los que oprimen al jornalero en su salario, a la viuda y al huérfano, *contra* los que niegan *el derecho* del extranjero y los que no me temen—dice el Señor de los ejércitos.

6 Porque yo, el Señor, no cambio; por eso vosotros, oh hijos de Jacob, no habéis sido consumidos.

7 Desde los días de vuestros padres os habéis apartado de mis estatutos y no los habéis guardado. Volved a mí y yo volveré a vosotros—dice el Señor de los ejércitos. Pero decís: "¿Cómo hemos de volver?"

8 ¿Robará el hombre a Dios? Pues vosotros me estáis robando. Pero decís: "¿En qué te hemos robado?" En los diezmos y en las ofrendas.

9 Con maldición estáis malditos, porque vosotros, la nación entera, me estáis robando.

10 Traed todo el diezmo al alfolí, para que haya alimento en mi casa; y ponedme ahora a prueba en esto—dice el Señor de los ejércitos—si no os abriré las ventanas del cielo, y derramaré para vosotros bendición hasta que sobreabunde.

11 Por vosotros reprenderé al devorador, para que no os destruya los frutos del suelo; ni vuestra vid en el campo será estéril—dice el Señor de los ejércitos.

12 Y todas las naciones os llamarán bienaventurados, porque seréis una tierra de delicias—dice el Señor de los ejércitos.

13 Vuestras palabras han sido duras contra mí—dice el Señor—. Pero decís: "¿Qué hemos hablado contra ti?"

14 Habéis dicho: "En vano es servir a Dios. ¿Qué provecho hay en que guardemos sus ordenanzas y en que andemos de duelo delante del Señor de los ejércitos?

15 "Por eso ahora llamamos bienaventurados a los soberbios. No sólo prosperan los que hacen el mal, sino que también ponen a prueba a Dios y escapan *impunes*."

16 Entonces los que temían al Señor se hablaron unos a otros, y el Señor prestó atención y escuchó, y fue escrito delante de El un libro memorial para los que temen al Señor y para los que estiman su nombre.

17 Y ellos serán míos—dice el Señor de los ejércitos—el día en que yo prepare *mi* tesoro especial, y los perdonaré como un hombre perdona al hijo que le sirve.

18 Entonces volveréis a distinguir entre el justo y el impío, entre el que sirve a Dios y el que no le sirve.

El gran día del Señor

4 Porque he aquí, viene el día, ardiente como un horno, y todos los soberbios y todos los que hacen el mal serán como paja; y el día que va a venir les prenderá fuego—dice el Señor de los ejércitos, que no les dejará ni raíz ni rama.

2 Mas para vosotros que teméis mi nombre, se levantará el sol de justicia con la salud en sus alas; y saldréis y saltaréis como terneros del establo.

3 Y hollaréis a los impíos, pues ellos serán ceniza bajo las plantas de vuestros pies el día en que yo actúe—dice el Señor de los ejércitos.

4 Acordaos de la ley de mi siervo Moisés, de los estatutos y las ordenanzas que yo le ordené en Horeb para todo Israel.

5 He aquí, yo os envío al profeta Elías antes que venga el día del Señor, *día* grande y terrible.

6 El hará volver el corazón de los padres hacia los hijos, y el corazón de los hijos hacia los padres, no sea que venga yo y hiera la tierra con maldición.

Nuevo Testamento

El Evangelio de Jesucristo Según
SAN MATEO

Genealogía de Jesucristo

1 Libro de la genealogía de Jesucristo, hijo de David, hijo de Abraham.

2 Abraham engendró a Isaac, Isaac a Jacob, y Jacob a Judá y a sus hermanos;

3 Judá engendró, de Tamar, a Fares y a Zara, Fares engendró a Esrom, y Esrom a Aram;

4 Aram engendró a Aminadab, Aminadab a Naasón, y Naasón a Salmón;

5 Salmón engendró, de Rahab, a Booz, Booz engendró, de Rut, a Obed, y Obed engendró a Isaí;

6 Isaí engendró al rey David.
Y David engendró a Salomón de la *que había sido mujer* de Urías.

7 Salomón engendró a Roboam, Roboam a Abías, y Abías a Asa;

8 Asa engendró a Josafat, Josafat a Joram, y Joram a Uzías;

9 Uzías engendró a Jotam, Jotam a Acaz, y Acaz a Ezequías;

10 Ezequías engendró a Manasés, Manasés a Amón, y Amón a Josías;

11 Josías engendró a Jeconías y a sus hermanos durante la deportación a Babilonia.

12 Después de la deportación a Babilonia, Jeconías engendró a Salatiel, y Salatiel a Zorobabel;

13 Zorobabel engendró a Abiud, Abiud a Eliaquim, y Eliaquim a Azor;

14 Azor engendró a Sadoc, Sadoc a Aquim, y Aquim a Eliud;

15 Eliud engendró a Eleazar, Eleazar a Matán, y Matán a Jacob;

16 Jacob engendró a José, el marido de María, de la cual nació Jesús, llamado el Cristo.

17 De manera que todas las generaciones desde Abraham hasta David son catorce generaciones; y desde David hasta la deportación a Babilonia, catorce generaciones; y desde la deportación a Babilonia hasta Cristo, catorce generaciones.

18 Y el nacimiento de Jesucristo fue como sigue. Estando su madre María desposada con José, antes de que se consumara el matrimonio, se halló que había concebido por *obra del* Espíritu Santo.

19 Y José su marido, siendo un *hombre* justo y no queriendo difamarla, quiso abandonarla en secreto.

20 Pero mientras pensaba en esto, he aquí que se le apareció en sueños un ángel del Señor, diciendo: José, hijo de David, no temas recibir a María tu mujer, porque lo que se ha engendrado en ella es del Espíritu Santo.

21 Y dará a luz un hijo, y le pondrás por nombre Jesús, porque El salvará a su pueblo de sus pecados.

22 Todo esto sucedió para que se cumpliera lo que el Señor había hablado por medio del profeta, diciendo:

23 HE AQUI, LA VIRGEN CONCEBIRA Y DARA A LUZ UN HIJO, Y LE PONDRAN POR NOMBRE EMMANUEL, que traducido significa: DIOS CON NOSOTROS.

24 Y cuando despertó José del sueño, hizo como el ángel del Señor le había mandado, y tomó consigo a su mujer;

25 y la conservó virgen hasta que dio a luz un hijo; y le puso por nombre Jesús.

Visita de los magos

2 Después de nacer Jesús en Belén de Judea, en tiempos del rey Herodes, he aquí, unos magos del oriente llegaron a Jerusalén, diciendo:

2 ¿Dónde está el Rey de los judíos que ha nacido? Porque vimos su estrella en el oriente y hemos venido a adorarle.

3 Cuando *lo* oyó el rey Herodes, se turbó, y toda Jerusalén con él.

4 Entonces, reuniendo a todos los principales sacerdotes y escribas del pueblo, indagó de ellos dónde había de nacer el Cristo.

5 Y ellos le dijeron: En Belén de Judea, porque así está escrito por el profeta:

6 "Y TU, BELEN, TIERRA DE JUDA,
DE NINGUN MODO ERES LA MAS PEQUEÑA ENTRE
LOS PRINCIPES DE JUDA;
PORQUE DE TI SALDRA UN GOBERNANTE
QUE PASTOREARA A MI PUEBLO ISRAEL."

7 Entonces Herodes llamó a los magos en secreto y se cercioró con ellos del tiempo en que había aparecido la estrella.

8 Y enviándolos a Belén, dijo: Id y buscad con diligencia al niño; y cuando *le* encontréis, avisadme para que yo también vaya y le adore.

9 Y habiendo oído al rey, se fueron; y he aquí, la estrella que habían visto en el oriente iba delante de ellos, hasta que llegó y se detuvo sobre *el lugar* donde estaba el niño.

10 Cuando vieron la estrella, se regocijaron sobremanera con gran alegría.

11 Y entrando en la casa, vieron al niño con su madre María, y postrándose le adoraron; y abriendo sus tesoros le presentaron obsequios de oro, incienso y mirra.

12 Y habiendo sido advertidos *por Dios* en sueños que no volvieran a Herodes, partieron para su tierra por otro camino.

13 Después de haberse marchado ellos, un ángel del Señor se le apareció* a José en sueños, diciendo: Levántate, toma al niño y a su madre y huye a Egipto, y quédate allí hasta que yo te diga; porque Herodes va a buscar al niño para matarle.

14 Y él, levantándose, tomó de noche al niño y a su madre, y se trasladó a Egipto;

15 y estuvo allá hasta la muerte de Herodes, para que se cumpliera lo que el Señor habló por medio del profeta, diciendo: DE EGIPTO LLAME A MI HIJO.

16 Entonces Herodes, al verse burlado por los magos, se enfureció en gran manera, y mandó matar a todos los niños que había en Belén y en todos sus alrededores, de dos años para abajo, según el tiempo que había averiguado de los magos.

17 Entonces se cumplió lo que fue dicho por medio del profeta Jeremías, cuando dijo:

18 SE OYO UNA VOZ EN RAMA,
LLANTO Y GRAN LAMENTACION;
RAQUEL QUE LLORA A SUS HIJOS,

Y QUE NO QUISO SER CONSOLADA
PORQUE *ya* NO EXISTEN.

19 Pero cuando murió Herodes, he aquí, un ángel del Señor se apareció* en sueños a José en Egipto, diciendo:

20 Levántate, toma al niño y a su madre y vete a la tierra de Israel, porque los que atentaban contra la vida del niño han muerto.

21 Y él, levantándose, tomó al niño y a su madre, y vino a la tierra de Israel.

22 Pero cuando oyó que Arquelao reinaba sobre Judea en lugar de su padre Herodes, tuvo miedo de ir allá; y advertido *por Dios* en sueños, partió para la región de Galilea;

23 y llegó y habitó en una ciudad llamada Nazaret, para que se cumpliera lo que fue dicho por medio de los profetas: Será llamado Nazareno.

Predicación de Juan el Bautista

3 En aquellos días llegó* Juan el Bautista predicando en el desierto de Judea, diciendo:

2 Arrepentíos, porque el reino de los cielos se ha acercado.

3 Porque este es aquel a quien se refirió el profeta Isaías, diciendo:

VOZ DEL QUE CLAMA EN EL DESIERTO:
"PREPARAD EL CAMINO DEL SEÑOR,
HACED DERECHAS SUS SENDAS."

4 Y él, Juan, tenía un vestido de pelo de camello y un cinto de cuero a la cintura; y su comida era de langostas y miel silvestre.

5 Acudía entonces a él Jerusalén, toda Judea y toda la región alrededor del Jordán;

6 y confesando sus pecados, eran bautizados por él en el río Jordán.

7 Pero cuando vio que muchos de los fariseos y saduceos venían para el bautismo, les dijo: ¡Camada de víboras! ¿Quién os enseñó a huir de la ira que vendrá?

8 Por tanto, dad frutos dignos de arrepentimiento;

9 y no presumáis que podéis deciros a vosotros mismos: "Tenemos a Abraham por padre", porque os digo que Dios puede levantar hijos a Abraham de estas piedras.

10 Y el hacha ya está puesta a la raíz de los árboles; por tanto, todo árbol que no da buen fruto es cortado y echado al fuego.

11 Yo a la verdad os bautizo con agua para arrepentimiento, pero el que viene detrás de mí es más poderoso que yo, a quien no soy digno de quitarle las sandalias; El os bautizará con el Espíritu Santo y con fuego.

12 El bieldo está en su mano y limpiará completamente su era; y recogerá su trigo en el granero, pero quemará la paja en fuego inextinguible.

13 Entonces Jesús llegó* de Galilea al Jordán, a *donde estaba* Juan, para ser bautizado por él.

14 Pero Juan trató de impedírselo, diciendo: Yo necesito ser bautizado por ti, ¿y tú vienes a mí?

15 Y respondiendo Jesús, le dijo: Permíte*lo* ahora; porque es conveniente que cumplamos así toda justicia. Entonces *Juan* se lo permitió*.

16 Después de ser bautizado, Jesús salió del agua inmediatamente; y he aquí, los cielos se abrieron, y él vio al Espíritu de Dios que descendía como una paloma y venía sobre El.

17 Y he aquí, *se oyó* una voz de los cielos que decía: Este es mi Hijo amado en quien me he complacido.

Jesús es tentado

4 Entonces Jesús fue llevado por el Espíritu al desierto para ser tentado por el diablo.

2 Y después de haber ayunado cuarenta días y cuarenta noches, entonces tuvo hambre.

3 Y acercándose el tentador, le dijo: Si eres Hijo de Dios, di que estas piedras se conviertan en pan.

4 Pero El respondiendo, dijo: Escrito está: "NO SOLO DE PAN VIVIRA EL HOMBRE, SINO DE TODA PALABRA QUE SALE DE LA BOCA DE DIOS."

5 Entonces el diablo le llevó* a la ciudad santa, y le puso sobre el pináculo del templo,

6 y le dijo*: Si eres Hijo de Dios, lánzate abajo, pues escrito está:

"A SUS ANGELES TE ENCOMENDARA",

y:

"EN LAS MANOS TE LLEVARAN,
NO SEA QUE TU PIE TROPIECE EN PIEDRA."

7 Jesús le dijo: También está escrito: "NO TENTARAS AL SEÑOR TU DIOS."

8 Otra vez el diablo le llevó* a un monte muy alto, y le mostró* todos los reinos del mundo y la gloria de ellos,

9 y le dijo: Todo esto te daré, si postrándote me adoras.

10 Entonces Jesús le dijo*: ¡Vete, Satanás! Porque escrito está: "AL SEÑOR TU DIOS ADORARAS, Y SOLO A EL SERVIRAS."

11 El diablo entonces le dejó*; y he aquí, ángeles vinieron y le servían.

12 Cuando El oyó que Juan había sido encarcelado, se retiró a Galilea;

13 y saliendo de Nazaret, fue y se estableció en Capernaúm, que está junto al mar, en la región de Zabulón y de Neftalí;

14 para que se cumpliera lo dicho por medio del profeta Isaías, cuando dijo:

15 ¡TIERRA DE ZABULON Y TIERRA DE NEFTALI,
CAMINO DEL MAR, AL OTRO LADO DEL JORDAN,
GALILEA DE LOS GENTILES!

16 EL PUEBLO ASENTADO EN TINIEBLAS VIO UNA GRAN LUZ,
Y A LOS QUE VIVIAN EN REGION Y SOMBRA DE MUERTE,
UNA LUZ LES RESPLANDECIO.

17 Desde entonces Jesús comenzó a predicar y a decir: Arrepentíos, porque el reino de los cielos se ha acercado.

18 Y andando junto al mar de Galilea, vio a dos hermanos, Simón, llamado Pedro, y Andrés su hermano, echando una red al mar, porque eran pescadores.

19 Y les dijo*: Seguidme, y yo os haré pescadores de hombres.

20 Entonces ellos, dejando al instante las redes, le siguieron.

21 Y pasando de allí, vio a otros dos hermanos, Jacobo, *hijo* de Zebedeo, y Juan su hermano, en la barca con su padre Zebedeo, remendando sus redes, y los llamó.

22 Y ellos, dejando al instante la barca y a su padre, le siguieron.

23 Y *Jesús* iba por toda Galilea, enseñando en sus sinagogas y proclamando el evangelio del reino, y sanando toda enfermedad y toda dolencia en el pueblo.

24 Y se extendió su fama por toda Siria; y traían a El todos los que estaban enfermos, afectados con diversas enfermedades y dolores, endemoniados, epilépticos y paralíticos; y El los sanaba.

25 Y le siguieron grandes multitudes de Galilea, Decápolis, Jerusalén y Judea, y *del* otro lado del Jordán.

El Sermón del monte

5 Y cuando vio las multitudes, subió al monte; y después de sentarse, sus discípulos se acercaron a El.

2 Y abriendo su boca, les enseñaba, diciendo:

3 Bienaventurados los pobres en espíritu, pues de ellos es el reino de los cielos.

4 Bienaventurados los que lloran, pues ellos serán consolados.

5 Bienaventurados los humildes, pues ellos heredarán la tierra.

6 Bienaventurados los que tienen hambre y sed de justicia, pues ellos serán saciados.

7 Bienaventurados los misericordiosos, pues ellos recibirán misericordia.

8 Bienaventurados los de limpio corazón, pues ellos verán a Dios.

9 Bienaventurados los que procuran la paz, pues ellos serán llamados hijos de Dios.

10 Bienaventurados aquellos que han sido perseguidos por causa de la justicia, pues de ellos es el reino de los cielos.

11 Bienaventurados seréis cuando os insulten y persigan, y digan todo género de mal contra vosotros falsamente, por causa de mí.

12 Regocijaos y alegraos, porque vuestra recompensa en los cielos es grande, porque así persiguieron a los profetas que fueron antes que vosotros.

13 Vosotros sois la sal de la tierra; pero si la sal se ha vuelto insípida, ¿con qué se hará salada *otra vez?* Ya para nada sirve, sino para ser echada fuera y pisoteada por los hombres.

14 Vosotros sois la luz del mundo. Una ciudad situada sobre un monte no se puede ocultar;

15 ni se enciende una lámpara y se pone debajo de un almud, sino sobre el candelero, y alumbra a todos los que están en la casa.

16 Así brille vuestra luz delante de los hombres, para que vean vuestras buenas acciones y glorifiquen a vuestro Padre que está en los cielos.

17 No penséis que he venido para abolir la ley o los profetas; no he venido para abolir, sino para cumplir.

18 Porque en verdad os digo que hasta que pasen el cielo y la tierra, no se perderá ni la letra más pequeña ni una tilde de la ley hasta que toda se cumpla.

19 Cualquiera, pues, que anule uno solo de estos mandamientos, *aun* de los más pequeños, y así *lo* enseñe a otros, será llamado muy pequeño en el reino de los cielos; pero cualquiera que *los* guarde y *los* enseñe, éste será llamado grande en el reino de los cielos.

20 Porque os digo que si vuestra justicia no supera *la* de los escribas y fariseos, no entraréis en el reino de los cielos.

21 Habéis oído que se dijo a los antepasados:

"No matarás" y: "Cualquiera que cometa homicidio será culpable ante la corte."

22 Pero yo os digo que todo aquel que esté enojado con su hermano será culpable ante la corte; y cualquiera que diga: "Raca" a su hermano, será culpable delante de la corte suprema; y cualquiera que diga: "Idiota", será reo del infierno de fuego.

23 Por tanto, si estás presentando tu ofrenda en el altar, y allí te acuerdas que tu hermano tiene algo contra ti,

24 deja tu ofrenda allí delante del altar, y ve, reconcíliate primero con tu hermano, y entonces ven y presenta tu ofrenda.

25 Reconcíliate pronto con tu adversario mientras vas con él por el camino, no sea que tu adversario te entregue al juez, y el juez al alguacil, y seas echado en la cárcel.

26 En verdad te digo que no saldrás de allí hasta que hayas pagado el último centavo.

27 Habéis oído que se dijo: "No cometerás adulterio."

28 Pero yo os digo que todo el que mire a una mujer para codiciarla ya cometió adulterio con ella en su corazón.

29 Y si tu ojo derecho te es ocasión de pecar, arráncalo y écha*lo* de ti; porque te es mejor que se pierda uno de tus miembros, y no que todo tu cuerpo sea arrojado al infierno.

30 Y si tu mano derecha te es ocasión de pecar, córtala y écha*la* de ti; porque te es mejor que se pierda uno de tus miembros, y no que todo tu cuerpo vaya al infierno.

31 También se dijo: "Cualquiera que repudie a su mujer, que le de carta de divorcio."

32 Pero yo os digo que todo el que repudia a su mujer, a no ser por causa de infidelidad, la hace cometer adulterio; y cualquiera que se casa con una mujer repudiada, comete adulterio.

33 También habéis oído que se dijo a los antepasados: "No jurarás falsamente, sino que cumplirás tus juramentos al Señor."

34 Pero yo os digo: no juréis de ninguna manera; ni por el cielo, porque es el trono de Dios;

35 ni por la tierra, porque es el estrado de sus pies; ni por Jerusalén, porque es la ciudad del gran Rey.

36 Ni jurarás por tu cabeza, porque no puedes hacer blanco o negro ni un solo cabello.

37 Antes bien, sea vuestro hablar: "Sí, sí" *o* "No, no"; y lo que es más de esto, procede del mal.

38 Habéis oído que se dijo: "Ojo por ojo y diente por diente."

39 Pero yo os digo: no resistáis al que es malo; antes, a cualquiera que te abofetee en la mejilla derecha, vuélvele también la otra.

40 Y al que quiera ponerte pleito y quitarte la túnica, déjale también la capa.

41 Y cualquiera que te obligue a ir una milla, ve con él dos.

42 Al que te pida, da*le;* y al que desee pedirte prestado no le vuelvas la espalda.

43 Habéis oído que se dijo: "Amarás a tu prójimo y odiarás a tu enemigo."

44 Pero yo os digo: amad a vuestros enemigos y orad por los que os persiguen,

45 para que seáis hijos de vuestro Padre que está en los cielos; porque El hace salir su sol sobre malos y buenos, y llover sobre justos e injustos.

46 Porque si amáis a los que os aman, ¿qué recompensa tenéis? ¿No hacen también lo mismo los recaudadores de impuestos?

47 Y si saludáis solamente a vuestros hermanos, ¿qué hacéis más *que otros*? ¿No hacen también lo mismo los gentiles?

48 Por tanto, sed vosotros perfectos como vuestro Padre celestial es perfecto.

La verdadera observancia de la religión

6 Cuidad de no practicar vuestra justicia delante de los hombres para ser vistos por ellos; de otra manera no tendréis recompensa de vuestro Padre que está en los cielos.

2 Por eso, cuando des limosna, no toques trompeta delante de ti, como hacen los hipócritas en las sinagogas y en las calles, para ser alabados por los hombres. En verdad os digo *que ya* han recibido su recompensa.

3 Pero tú, cuando des limosna, que no sepa tu *mano* izquierda lo que hace tu derecha,

4 para que tu limosna sea en secreto; y tu Padre, que ve en lo secreto, te recompensará.

5 Y cuando oréis, no seáis como los hipócritas; porque a ellos les gusta ponerse en pie y orar en las sinagogas y en las esquinas de las calles, para ser vistos por los hombres. En verdad os digo *que ya* han recibido su recompensa.

6 Pero tú, cuando ores, entra en tu aposento, y cuando hayas cerrado la puerta, ora a tu Padre que está en secreto, y tu Padre, que ve en lo secreto, te recompensará.

7 Y al orar, no uséis repeticiones sin sentido, como los gentiles, porque ellos se imaginan que serán oídos por su palabrería.

8 Por tanto, no os hagáis semejantes a ellos; porque vuestro Padre sabe lo que necesitáis antes que vosotros le pidáis.

9 Vosotros, pues, orad de esta manera:
"Padre nuestro que estás en los cielos,
santificado sea tu nombre.

10 "Venga tu reino.
Hágase tu voluntad,
así en la tierra como en el cielo.

11 "Danos hoy el pan nuestro de cada día.

12 "Y perdónanos nuestras deudas, como
también nosotros hemos perdonado a
nuestros deudores.

13 "Y no nos metas en tentación, mas líbranos
del mal. Porque tuyo es el reino y el poder
y la gloria para siempre jamás. Amén."

14 Porque si perdonáis a los hombres sus transgresiones, también vuestro Padre celestial os perdonará a vosotros.

15 Pero si no perdonáis a los hombres, tampoco vuestro Padre perdonará vuestras transgresiones.

16 Y cuando ayunéis, no pongáis cara triste, como los hipócritas; porque ellos desfiguran sus rostros para mostrar a los hombres que están ayunando. En verdad os digo *que ya* han recibido su recompensa.

17 Pero tú, cuando ayunes, unge tu cabeza y lava tu rostro,

18 para no hacer ver a los hombres que ayunas, sino a tu Padre que está en secreto; y tu Padre, que ve en lo secreto, te recompensará.

19 No os acumuléis tesoros en la tierra, donde la polilla y la herrumbre destruyen, y donde ladrones penetran y roban;

20 sino acumulaos tesoros en el cielo, donde ni la polilla ni la herrumbre destruyen, y donde ladrones no penetran ni roban;

21 porque donde esté tu tesoro, allí estará también tu corazón.

22 La lámpara del cuerpo es el ojo; por eso, si tu ojo está sano, todo tu cuerpo estará lleno de luz.

23 Pero si tu ojo está malo, todo tu cuerpo estará lleno de oscuridad. Así que, si la luz que hay en ti es oscuridad, ¡cuán grande *no será* la oscuridad!

24 Nadie puede servir a dos señores; porque o aborrecerá a uno y amará al otro, o se apegará a uno y despreciará al otro. No podéis servir a Dios y a las riquezas.

25 Por eso os digo, no os preocupéis por vuestra vida, qué comeréis o qué beberéis; ni por vuestro cuerpo, qué vestiréis. ¿No es la vida más que el alimento y el cuerpo *más* que la ropa?

26 Mirad las aves del cielo, que no siembran, ni siegan, ni recogen en graneros, y *sin embargo*, vuestro Padre celestial las alimenta. ¿No sois vosotros de mucho más valor que ellas?

27 ¿Y quién de vosotros, por ansioso que esté, puede añadir una hora al curso de su vida?

28 Y por la ropa, ¿por qué os preocupáis? Observad cómo crecen los lirios del campo; no trabajan, ni hilan;

29 pero os digo que ni Salomón en toda su gloria se vistió como uno de éstos.

30 Y si Dios viste así la hierba del campo, que hoy es y mañana es echada al horno, ¿no *hará* mucho más por vosotros, hombres de poca fe?

31 Por tanto, no os preocupéis, diciendo: "¿Qué comeremos?" o "¿qué beberemos?" o "¿con qué nos vestiremos?"

32 Porque los gentiles buscan ansiosamente todas estas cosas; que vuestro Padre celestial sabe que necesitáis todas estas cosas.

33 Pero buscad primero su reino y su justicia, y todas estas cosas os serán añadidas.

34 Por tanto, no os preocupéis por el *día de* mañana; porque el *día de* mañana se cuidará de sí mismo. Bástele a cada día sus propios problemas.

El juicio hacia los demás

7 No juzguéis para que no seáis juzgados.

2 Porque con el juicio con que juzguéis, seréis juzgados; y con la medida con que midáis, se os medirá.

3 ¿Y por qué miras la mota que está en el ojo de tu hermano, y no te das cuenta de la viga que está en tu propio ojo?

4 ¿O cómo puedes decir a tu hermano: "Déjame sacarte la mota del ojo", cuando la viga está en tu ojo?

5 ¡Hipócrita! Saca primero la viga de tu ojo, y entonces verás con claridad para sacar la mota del ojo de tu hermano.

6 No deis lo santo a los perros, ni echéis vuestras perlas delante de los cerdos, no sea que las huellen con sus patas, y volviéndose os despedacen.

7 Pedid, y se os dará; buscad, y hallaréis; llamad, y se os abrirá.

8 Porque todo el que pide, recibe; y el que busca, halla; y al que llama, se le abrirá.

9 ¿O qué hombre hay entre vosotros que *si* su hijo le pide pan, le dará una piedra,

10 o si le pide un pescado, le dará una serpiente?
11 Pues si vosotros, siendo malos, sabéis dar buenas dádivas a vuestros hijos, ¿cuánto más vuestro Padre que está en los cielos dará cosas buenas a los que le piden?
12 Por eso, todo cuanto queráis que os hagan los hombres, así también haced vosotros con ellos, porque esta es la ley y los profetas.
13 Entrad por la puerta estrecha, porque ancha es la puerta y amplia es la senda que lleva a la perdición, y muchos son los que entran por ella.
14 Porque estrecha es la puerta y angosta la senda que lleva a la vida, y pocos son los que la hallan.
15 Cuidaos de los falsos profetas, que vienen a vosotros con vestidos de ovejas, pero por dentro son lobos rapaces.
16 Por sus frutos los conoceréis. ¿Acaso se recogen uvas de los espinos o higos de los abrojos?
17 Así, todo árbol bueno da frutos buenos; pero el árbol malo da frutos malos.
18 Un árbol bueno no puede producir frutos malos, ni un árbol malo producir frutos buenos.
19 Todo árbol que no da buen fruto, es cortado y echado al fuego.
20 Así que, por sus frutos los conoceréis.
21 No todo el que me dice: "Señor, Señor", entrará en el reino de los cielos, sino el que hace la voluntad de mi Padre que está en los cielos.
22 Muchos me dirán en aquel día: "Señor, Señor, ¿no profetizamos en tu nombre, y en tu nombre echamos fuera demonios, y en tu nombre hicimos muchos milagros?"
23 Y entonces les declararé: "Jamás os conocí; APARTAOS DE MI, LOS QUE PRACTICAIS LA INIQUIDAD."
24 Por tanto, cualquiera que oye estas palabras mías y las pone en práctica, será semejante a un hombre sabio que edificó su casa sobre la roca;
25 y cayó la lluvia, vinieron los torrentes, soplaron los vientos y azotaron aquella casa; pero no se cayó, porque había sido fundada sobre la roca.
26 Y todo el que oye estas palabras mías y no las pone en práctica, será semejante a un hombre insensato que edificó su casa sobre la arena;
27 y cayó la lluvia, vinieron los torrentes, soplaron los vientos y azotaron aquella casa; y cayó, y grande fue su destrucción.
28 Cuando Jesús terminó estas palabras, las multitudes se admiraban de su enseñanza;
29 porque les enseñaba como *uno* que tiene autoridad, y no como sus escribas.

Curación de un leproso

8 Y cuando bajó del monte, grandes multitudes le seguían.
2 Y he aquí, se le acercó un leproso y se postró ante El, diciendo: Señor, si quieres, puedes limpiarme.
3 Y extendiendo *Jesús* la mano, lo tocó, diciendo: Quiero; sé limpio. Y al instante quedó limpio de su lepra.
4 Entonces Jesús le dijo*: Mira, no se lo digas a nadie, sino ve, muéstrate al sacerdote y presenta la ofrenda que ordenó Moisés, para *que les sirva de* testimonio a ellos.

5 Y cuando entró Jesús en Capernaúm se le acercó un centurión suplicándole,
6 y diciendo: Señor, mi criado está postrado en casa, paralítico, sufriendo mucho.
7 Y *Jesús* le dijo*: Yo iré y lo sanaré.
8 Pero el centurión respondió y dijo: Señor, no soy digno de que entres bajo mi techo; mas solamente di la palabra y mi criado quedará sano.
9 Porque yo también soy hombre bajo autoridad, con soldados a mis órdenes; y digo a éste: "Ve", y va; y al otro: "Ven", y viene; y a mi siervo: "Haz esto", y *lo* hace.
10 Al oír*lo* Jesús, se maravilló y dijo a los que *le* seguían: En verdad os digo que en Israel no he hallado en nadie una fe tan grande.
11 Y os digo que vendrán muchos del oriente y del occidente, y se sentarán *a la mesa* con Abraham, Isaac y Jacob en el reino de los cielos.
12 Pero los hijos del reino serán arrojados a las tinieblas de afuera; allí será el llanto y el crujir de dientes.
13 Entonces Jesús dijo al centurión: Vete; así como has creído, te sea hecho. Y el criado fue sanado en esa *misma* hora.
14 Al llegar Jesús a casa de Pedro, vio a la suegra de éste que yacía en cama con fiebre.
15 Le tocó la mano, y la fiebre la dejó; y ella se levantó y le servía.
16 Y al atardecer, le trajeron muchos endemoniados; y expulsó a los espíritus con *su* palabra, y sanó a todos los que estaban enfermos,
17 para que se cumpliera lo que fue dicho por medio del profeta Isaías cuando dijo: EL MISMO TOMO NUESTRAS FLAQUEZAS Y LLEVO NUESTRAS ENFERMEDADES.
18 Viendo Jesús una multitud a su alrededor, dio orden de pasar al otro lado.
19 Y un escriba se *le* acercó y le dijo: Maestro, te seguiré adondequiera que vayas.
20 Y Jesús le dijo*: Las zorras tienen madrigueras y las aves del cielo nidos, pero el Hijo del Hombre no tiene dónde recostar la cabeza.
21 Otro de los discípulos le dijo: Señor, permíteme que vaya primero y entierre a mi padre.
22 Pero Jesús le dijo*: Sígueme, y deja que los muertos entierren a sus muertos.
23 Cuando entró Jesús en la barca, sus discípulos le siguieron.
24 Y de pronto se desató una gran tormenta en el mar, de modo que las olas cubrían la barca; pero Jesús estaba dormido.
25 Y llegándose a El, le despertaron, diciendo: ¡Señor, sálva*nos*, que perecemos!
26 Y El les dijo*: ¿Por qué estáis amedrentados, hombres de poca fe? Entonces se levantó, reprendió a los vientos y al mar, y sobrevino una gran calma.
27 Y los hombres se maravillaron, diciendo: ¿Quién es éste, que aun los vientos y el mar le obedecen?
28 Cuando llegó al otro lado, a la tierra de los gadarenos, le salieron al encuentro dos endemoniados que salían de los sepulcros, violentos en extremo, de manera que nadie podía pasar por aquel camino.
29 Y gritaron, diciendo: ¿Qué tenemos que ver

contigo, Hijo de Dios? ¿Has venido aquí para atormentarnos antes del tiempo?

30 A cierta distancia de ellos había una piara de muchos cerdos paciendo;

31 y los demonios le rogaban, diciendo: Si vas a echarnos fuera, mándanos a la piara de cerdos.

32 Entonces El les dijo: ¡Id! Y ellos salieron y entraron en los cerdos; y he aquí que la piara entera se precipitó por un despeñadero al mar, y perecieron en las aguas.

33 Los que cuidaban *la piara* huyeron; y fueron a la ciudad y lo contaron todo, incluso lo de los endemoniados.

34 Y toda la ciudad salió al encuentro de Jesús; y cuando le vieron, *le* rogaron que se fuera de su comarca.

Curación de un paralítico

9 Y subiendo *Jesús* en una barca, pasó al otro lado y llegó a su ciudad.

2 Y le trajeron un paralítico echado en una camilla; y Jesús, viendo la fe de ellos, dijo al paralítico: Anímate, hijo, tus pecados te son perdonados.

3 Y algunos de los escribas decían para sí: Este blasfema.

4 Y Jesús, conociendo sus pensamientos, dijo: ¿Por qué pensáis mal en vuestros corazones?

5 Porque, ¿qué es más fácil, decir: "Tus pecados te son perdonados", o decir: "Levántate, y anda"?

6 Pues para que sepáis que el Hijo del Hombre tiene autoridad en la tierra para perdonar pecados (entonces dijo* al paralítico): Levántate, toma tu camilla y vete a tu casa.

7 Y él levantándose, se fue a su casa.

8 Pero cuando las multitudes vieron *esto*, sintieron temor, y glorificaron a Dios, que había dado tal poder a los hombres.

9 Cuando Jesús se fue de allí, vio a un hombre llamado Mateo, sentado en la oficina de los tributos, y le dijo*: ¡Sígueme! Y levantándose, le siguió.

10 Y sucedió que estando El sentado *a la mesa* en la casa, he aquí, muchos recaudadores de impuestos y pecadores llegaron y se sentaron *a la mesa* con Jesús y sus discípulos.

11 Y cuando vieron *esto*, los fariseos dijeron a sus discípulos: ¿Por qué come vuestro Maestro con los recaudadores de impuestos y pecadores?

12 Al oír El *esto*, dijo: Los que están sanos no tienen necesidad de médico, sino los que están enfermos.

13 Mas id, y aprended lo que significa: "MISERICORDIA QUIERO Y NO SACRIFICIO"; porque no he venido a llamar a justos, sino a pecadores.

14 Entonces se le acercaron* los discípulos de Juan, diciendo: ¿Por qué nosotros y los fariseos ayunamos, pero tus discípulos no ayunan?

15 Y Jesús les dijo: ¿Acaso los acompañantes del novio pueden estar de luto mientras el novio está con ellos? Pero vendrán días cuando el novio les será quitado, y entonces ayunarán.

16 Y nadie pone un remiendo de tela nueva en un vestido viejo; porque el remiendo *al encogerse* tira del vestido y se produce una rotura peor.

17 Y nadie echa vino nuevo en odres viejos, porque entonces los odres se revientan, el vino se derrama y los odres se pierden; sino que se echa vino nuevo en odres nuevos, y ambos se conservan.

18 Mientras les decía estas cosas, he aquí, vino un oficial *de la sinagoga* y se postró delante de El, diciendo: Mi hija acaba de morir; pero ven y pon tu mano sobre ella, y vivirá.

19 Y levantándose Jesús, lo siguió, *y también* sus discípulos.

20 Y he aquí, una mujer que había estado sufriendo de flujo de sangre por doce años, se le acercó por detrás y tocó el borde de su manto;

21 pues decía para sí: Si tan sólo toco su manto, sanaré.

22 Pero Jesús, volviéndose y viéndola, dijo: Hija, ten ánimo, tu fe te ha sanado. Y al instante la mujer quedó sana.

23 Cuando entró Jesús en la casa del oficial, y vio a los flautistas y al gentío en ruidoso desorden,

24 *les* dijo: Retiraos, porque la niña no ha muerto, sino que está dormida. Y se burlaban de El.

25 Pero cuando habían echado fuera a la gente, El entró y la tomó de la mano; y la niña se levantó.

26 Y esta noticia se difundió por toda aquella tierra.

27 Al irse Jesús de allí, dos ciegos le siguieron, gritando y diciendo: ¡Hijo de David, ten misericordia de nosotros!

28 Y después de haber entrado en la casa, se acercaron a El los ciegos, y Jesús les dijo*: ¿Creéis que puedo hacer esto? Ellos le respondieron*: Sí, Señor.

29 Entonces les tocó los ojos, diciendo: Hágase en vosotros según vuestra fe.

30 Y se les abrieron los ojos. Y Jesús les advirtió rigurosamente, diciendo: Mirad que nadie *lo* sepa.

31 Pero ellos, en cuanto salieron, divulgaron su fama por toda aquella tierra.

32 Y al salir ellos de allí, he aquí, le trajeron un mudo endemoniado.

33 Y después que el demonio había sido expulsado, el mudo habló; y las multitudes se maravillaban, y decían: Jamás se ha visto cosa igual en Israel.

34 Pero los fariseos decían: El echa fuera los demonios por el príncipe de los demonios.

35 Y Jesús recorría todas las ciudades y aldeas, enseñando en las sinagogas de ellos, proclamando el evangelio del reino y sanando toda enfermedad y toda dolencia.

36 Y viendo las multitudes, tuvo compasión de ellas, porque estaban angustiadas y abatidas como ovejas que no tienen pastor.

37 Entonces dijo* a sus discípulos: La mies es mucha, pero los obreros pocos.

38 Por tanto, rogad al Señor de la mies que envíe obreros a su mies.

Llamamiento de los doce apóstoles

10 Entonces llamando a sus doce discípulos, *Jesús* les dio poder sobre los espíritus inmundos para expulsarlos y para sanar toda enfermedad y toda dolencia.

2 Y los nombres de los doce apóstoles son éstos: primero, Simón, llamado Pedro, y Andrés su

hermano; y Jacobo, el *hijo* de Zebedeo, y Juan su hermano;

3 Felipe y Bartolomé; Tomás y Mateo, el recaudador de impuestos; Jacobo, el *hijo* de Alfeo, y Tadeo;

4 Simón el cananita, y Judas Iscariote, el que también le entregó.

5 A estos doce envió Jesús después de instruirlos, diciendo: No vayáis por *el* camino de *los* gentiles, y no entréis en *ninguna* ciudad de los samaritanos.

6 Sino id más bien a las ovejas perdidas de la casa de Israel.

7 Y cuando vayáis, predicad diciendo: "El reino de los cielos se ha acercado."

8 Sanad enfermos, resucitad muertos, limpiad leprosos, expulsad demonios; de gracia recibisteis, dad de gracia.

9 No os proveáis de oro, ni de plata, ni de cobre *para llevar* en vuestros cintos,

10 ni de alforja para el camino, ni de dos túnicas, ni de sandalias, ni de bordón; porque el obrero es digno de su sostén.

11 Y en cualquier ciudad o aldea donde entréis, averiguad quién es digno en ella, y quedaos allí hasta que os marchéis.

12 Al entrar en la casa, dadle vuestro saludo *de paz.*

13 Y si la casa es digna, que vuestro *saludo de* paz venga sobre ella; pero si no es digna, que vuestro *saludo de* paz se vuelva a vosotros.

14 Y cualquiera que no os reciba ni oiga vuestras palabras, al salir de esa casa o de esa ciudad, sacudid el polvo de vuestros pies.

15 En verdad os digo que en el día del juicio será más tolerable *el castigo* para la tierra de Sodoma y Gomorra que para esa ciudad.

16 Mirad, yo os envío como ovejas en medio de lobos; por tanto, sed astutos como las serpientes e inocentes como las palomas.

17 Pero cuidaos de los hombres, porque os entregarán a los tribunales y os azotarán en sus sinagogas;

18 y hasta seréis llevados delante de gobernadores y reyes por mi causa, como un testimonio a ellos y a los gentiles.

19 Pero cuando os entreguen, no os preocupéis de cómo o qué hablaréis; porque a esa hora se os dará lo que habréis de hablar.

20 Porque no sois vosotros los que habláis, sino el Espíritu de vuestro Padre que habla en vosotros.

21 Y el hermano entregará a la muerte al hermano, y el padre al hijo; y los hijos se levantarán contra los padres, y les causarán la muerte.

22 Y seréis odiados de todos por causa de mi nombre, pero el que persevere hasta el fin, ése será salvo.

23 Pero cuando os persigan en esta ciudad, huid a la otra; porque en verdad os digo: no terminaréis *de recorrer* las ciudades de Israel antes que venga el Hijo del Hombre.

24 Un discípulo no está por encima del maestro, ni un siervo por encima de su señor.

25 Le basta al discípulo llegar a ser como su maestro, y el siervo como su señor. Si al dueño de la casa lo han llamado Beelzebú, ¡cuánto más a los de su casa!

26 Así que no les temáis, porque nada hay encubierto que no haya de ser revelado, ni oculto que no haya de saberse.

27 Lo que os digo en la oscuridad, habladlo en la luz; y lo que oís al oído, proclamadlo desde las azoteas.

28 Y no temáis a los que matan el cuerpo, pero no pueden matar el alma; más bien temed a aquel que puede *hacer* perecer tanto el alma como el cuerpo en el infierno.

29 ¿No se venden dos pajarillos por un cuarto? Y *sin embargo,* ni uno de ellos caerá a tierra sin *permitirlo* vuestro Padre.

30 Y hasta los cabellos de vuestra cabeza están todos contados.

31 Así que no temáis; vosotros valéis más que muchos pajarillos.

32 Por tanto, todo el que me confiese delante de los hombres, yo también le confesaré delante de mi Padre que está en los cielos.

33 Pero cualquiera que me niegue delante de los hombres, yo también lo negaré delante de mi Padre que está en los cielos.

34 No penséis que vine a traer paz a la tierra; no vine a traer paz, sino espada.

35 Porque vine a PONER AL HOMBRE CONTRA SU PADRE, A LA HIJA CONTRA SU MADRE, Y A LA NUERA CONTRA SU SUEGRA;

36 Y LOS ENEMIGOS DEL HOMBRE *serán* LOS DE SU MISMA CASA.

37 El que ama al padre o a la madre más que a mí, no es digno de mí; y el que ama al hijo o a la hija más que a mí, no es digno de mí.

38 Y el que no toma su cruz y sigue en pos de mí, no es digno de mí.

39 El que ha hallado su vida, la perderá; y el que ha perdido su vida por mi causa, la hallará.

40 El que os recibe a vosotros, a mí me recibe; y el que me recibe a mí, recibe al que me envió.

41 El que recibe a un profeta como profeta, recibirá recompensa de profeta; y el que recibe a un justo como justo, recibirá recompensa de justo.

42 Y cualquiera que como discípulo dé de beber aunque sólo sea un vaso de agua fría a uno de estos pequeños, en verdad os digo que no perderá su recompensa.

Jesús sale a enseñar y predicar

11 Y sucedió que cuando Jesús terminó de dar instrucciones a sus doce discípulos, se fue de allí a enseñar y predicar en las ciudades de ellos.

2 Y al oír Juan en la cárcel de las obras de Cristo, mandó por medio de sus discípulos

3 a decirle: ¿Eres tú el que ha de venir, o esperaremos a otro?

4 Y respondiendo Jesús, les dijo: Id y contad a Juan lo que oís y veis:

5 los CIEGOS RECIBEN LA VISTA y los cojos andan, los leprosos quedan limpios, los sordos oyen, los muertos son resucitados y a los POBRES SE LES ANUNCIA EL EVANGELIO.

6 Y bienaventurado es el que no se escandaliza de mí.

7 Mientras ellos se marchaban, Jesús comenzó a hablar a las multitudes acerca de Juan: ¿Qué salisteis a ver en el desierto? ¿Una caña sacudida por el viento?

8 Mas, ¿qué salisteis a ver? ¿Un hombre vestido con *ropas* finas? Mirad, los que usan *ropas* finas están en los palacios de los reyes.

9 Pero, ¿qué salisteis a ver? ¿A un profeta? Sí, os digo, y uno que es más que un profeta.

10 Este es de quien está escrito:

"HE AQUI, YO ENVIO MI MENSAJERO DELANTE DE TU FAZ,

QUIEN PREPARARA TU CAMINO DELANTE DE TI."

11 En verdad os digo que entre los nacidos de mujer no se ha levantado *nadie* mayor que Juan el Bautista; sin embargo, el más pequeño en el reino de los cielos es mayor que él.

12 Y desde los días de Juan el Bautista hasta ahora, el reino de los cielos sufre violencia, y los violentos lo conquistan por la fuerza.

13 Porque todos los profetas y la ley profetizaron hasta Juan.

14 Y si queréis aceptar*lo*, él es Elías, el que había de venir.

15 El que tiene oídos, que oiga.

16 Pero, ¿con qué compararé a esta generación? Es semejante a los muchachos que se sientan en las plazas, que dan voces a los otros,

17 y dicen: "Os tocamos la flauta, y no bailasteis; entonamos endechas, y no os lamentasteis."

18 Porque vino Juan que no comía ni bebía, y dicen: "Tiene un demonio."

19 Vino el Hijo del Hombre, que come y bebe, y dicen: "Mirad, un hombre glotón y bebedor de vino, amigo de recaudadores de impuestos y de pecadores." Pero la sabiduría se justifica por sus hechos.

20 Entonces comenzó a increpar a las ciudades en las que había hecho la mayoría de sus milagros, porque no se habían arrepentido.

21 ¡Ay de ti, Corazín! ¡Ay de ti, Betsaida! Porque si los milagros que se hicieron en vosotras se hubieran hecho en Tiro y en Sidón, hace tiempo que se hubieran arrepentido en cilicio y ceniza.

22 Por eso os digo que en el día del juicio será más tolerable *el castigo* para Tiro y Sidón que para vosotras.

23 Y tú, Capernaúm, ¿acaso serás elevada hasta los cielos? ¡Hasta el Hades descenderás! Porque si los milagros que se hicieron en ti se hubieran hecho en Sodoma, *ésta* hubiera permanecido hasta hoy.

24 Sin embargo, os digo que en *el* día del juicio será más tolerable *el castigo* para la tierra de Sodoma que para ti.

25 En aquel tiempo, hablando Jesús, dijo: Te alabo, Padre, Señor del cielo y de la tierra, porque ocultaste estas cosas a sabios e inteligentes, y las revelaste a los niños.

26 Sí, Padre, porque así fue de tu agrado.

27 Todas las cosas me han sido entregadas por mi Padre; y nadie conoce al Hijo, sino el Padre, ni nadie conoce al Padre, sino el Hijo, y aquel a quien el Hijo *se lo* quiera revelar.

28 Venid a mí, todos los que estáis cansados y cargados, y yo os haré descansar.

29 Tomad mi yugo sobre vosotros y aprended de mí, que soy manso y humilde de corazón, y HALLAREIS DESCANSO PARA VUESTRAS ALMAS.

30 Porque mi yugo es fácil y mi carga ligera.

Jesús, Señor del día de reposo

12 Por aquel tiempo Jesús pasó por entre los sembrados en el día de reposo; sus discípulos tuvieron hambre, y empezaron a arrancar espigas y a comer.

2 Y cuando lo vieron los fariseos, le dijeron: Mira, tus discípulos hacen lo que no es lícito hacer en el día de reposo.

3 Pero El les dijo: ¿No habéis leído lo que hizo David cuando él y sus compañeros tuvieron hambre,

4 cómo entró en la casa de Dios y comieron los panes consagrados, que no les era lícito comer, ni a él ni a los que estaban con él, sino sólo a los sacerdotes?

5 ¿O no habéis leído en la ley, que en los días de reposo los sacerdotes en el templo profanan el día de reposo y están sin culpa?

6 Pues os digo que algo mayor que el templo está aquí.

7 Pero si hubierais sabido lo que esto significa: "MISERICORDIA QUIERO Y NO SACRIFICIO", no hubierais condenado a los inocentes.

8 Porque el Hijo del Hombre es Señor del día de reposo.

9 Pasando de allí, entró en la sinagoga de ellos.

10 Y he aquí, *había allí* un hombre que tenía una mano seca. Y para poder acusarle, le preguntaron, diciendo: ¿Es lícito sanar en el día de reposo?

11 Y El les dijo: ¿Qué hombre habrá de vosotros que tenga una sola oveja, si ésta se le cae en un hoyo en día de reposo, no le echa mano y la saca?

12 Pues, ¡cuánto más vale un hombre que una oveja! Por tanto, es lícito hacer bien en el día de reposo.

13 Entonces dijo* al hombre: Extiende tu mano. Y él la extendió, y le fue restaurada, sana como la otra.

14 Pero cuando los fariseos salieron, se confabularon contra El, *para ver* cómo podrían destruirle.

15 Mas Jesús, sabiéndo*lo*, se retiró de allí. Y muchos le siguieron, y los sanó a todos.

16 Y les advirtió que no revelaran quién era El;

17 para que se cumpliera lo que fue dicho por medio del profeta Isaías, cuando dijo:

18 MIRAD, MI SIERVO, A QUIEN HE ESCOGIDO;

MI AMADO EN QUIEN SE AGRADA MI ALMA;

SOBRE EL PONDRE MI ESPIRITU,

Y A LAS NACIONES PROCLAMARA JUSTICIA.

19 NO CONTENDERA, NI GRITARA,

NI HABRA QUIEN EN LAS CALLES OIGA SU VOZ.

20 NO QUEBRARA LA CAÑA CASCADA,

NI APAGARA LA MECHA QUE HUMEA,

HASTA QUE LLEVE A LA VICTORIA LA JUSTICIA.

21 Y EN SU NOMBRE PONDRAN LAS NACIONES SU ESPERANZA.

22 Entonces le trajeron un endemoniado ciego y mudo, y lo sanó, de manera que el mudo hablaba y veía.

23 Y todas las multitudes estaban asombradas, y decían: ¿Acaso no es éste el Hijo de David?

24 Pero cuando los fariseos *lo* oyeron, dijeron: Este no expulsa los demonios sino por Beelzebú, el príncipe de los demonios.

25 Y conociendo *Jesús* sus pensamientos, les dijo: Todo reino dividido contra sí mismo es

asolado, y toda ciudad o casa dividida contra sí misma no se mantendrá en pie.

26 Y si Satanás expulsa a Satanás, está dividido contra sí mismo; ¿cómo puede entonces mantenerse en pie su reino?

27 Y si yo expulso los demonios por Beelzebú, ¿por quién *los* expulsan vuestros hijos? Por tanto, ellos serán vuestros jueces.

28 Pero si yo expulso los demonios por el Espíritu de Dios, entonces el reino de Dios ha llegado a vosotros.

29 ¿O cómo puede alguien entrar en la casa de un *hombre* fuerte y saquear sus bienes, si primero no lo ata? Y entonces saqueará su casa.

30 El que no está conmigo, está contra mí; y el que no recoge conmigo, desparrama.

31 Por eso os digo: todo pecado y blasfemia será perdonado a los hombres, pero la blasfemia contra el Espíritu no será perdonada.

32 Y a cualquiera que diga una palabra contra el Hijo del Hombre, se le perdonará; pero al que hable contra el Espíritu Santo, no se le perdonará ni en este siglo ni en el venidero.

33 O haced bueno el árbol y bueno su fruto, o haced malo el árbol y malo su fruto; porque por el fruto se conoce el árbol.

34 ¡Camada de víboras! ¿Cómo podéis hablar cosas buenas siendo malos? Porque de la abundancia del corazón habla la boca.

35 El hombre bueno de *su* buen tesoro saca cosas buenas; y el hombre malo de *su* mal tesoro saca cosas malas.

36 Y yo os digo que de toda palabra vana que hablen los hombres, darán cuenta de ella en el día del juicio.

37 Porque por tus palabras serás justificado, y por tus palabras serás condenado.

38 Entonces le respondieron algunos de los escribas y fariseos, diciendo: Maestro, queremos ver una señal de parte tuya.

39 Pero respondiendo El, les dijo: Una generación perversa y adúltera demanda señal, y ninguna señal se le dará, sino la señal de Jonás el profeta;

40 porque como ESTUVO JONAS EN EL VIENTRE DEL MONSTRUO MARINO TRES DIAS Y TRES NOCHES, así estará el Hijo del Hombre tres días y tres noches en el corazón de la tierra.

41 Los hombres de Nínive se levantarán con esta generación en el juicio y la condenarán, porque ellos se arrepintieron con la predicación de Jonás; y mirad, algo más *grande* que Jonás está aquí.

42 La Reina del Sur se levantará con esta generación en el juicio y la condenará, porque ella vino desde los confines de la tierra para oír la sabiduría de Salomón; y mirad, algo más *grande* que Salomón está aquí.

43 Cuando el espíritu inmundo sale del hombre, pasa por lugares áridos buscando descanso y no *lo* halla.

44 Entonces dice: "Volveré a mi casa de donde salí"; y cuando llega, *la* encuentra desocupada, barrida y arreglada.

45 Va entonces, y toma consigo otros siete espíritus más depravados que él, y entrando, moran allí; y el estado final de aquel hombre resulta peor que el primero. Así será también con esta generación perversa.

46 Mientras El aún estaba hablando a la multitud, he aquí, su madre y sus hermanos estaban afuera, deseando hablar con El.

47 Y alguien le dijo: He aquí, tu madre y tus hermanos están afuera deseando hablar contigo.

48 Pero respondiendo El al que se lo decía, dijo: ¿Quién es mi madre, y quiénes son mis hermanos?

49 Y extendiendo su mano hacia sus discípulos, dijo: ¡He aquí mi madre y mis hermanos!

50 Porque cualquiera que hace la voluntad de mi Padre que está en los cielos, ése es mi hermano y mi hermana y mi madre.

Parábolas sobre el reino

13 Ese mismo día salió Jesús de la casa y se sentó a la orilla del mar.

2 Y se congregaron *junto* a El grandes multitudes, por lo que subió a una barca y se sentó; y toda la multitud estaba de pie en la playa.

3 Y les habló muchas cosas en parábolas, diciendo: He aquí, el sembrador salió a sembrar;

4 y al sembrar, parte *de la semilla* cayó junto al camino, y vinieron las aves y se la comieron.

5 Otra parte cayó en pedregales donde no tenía mucha tierra; y enseguida brotó porque no tenía profundidad de tierra;

6 pero cuando salió el sol, se quemó; y porque no tenía raíz, se secó.

7 Otra parte cayó entre espinos; y los espinos crecieron y la ahogaron.

8 Y otra parte cayó en tierra buena y dio* fruto, algunas *semillas* a ciento por uno, otras a sesenta y otras a treinta.

9 El que tiene oídos, que oiga.

10 Y acercándose los discípulos, le dijeron: ¿Por qué les hablas en parábolas?

11 Y respondiendo El, les dijo: Porque a vosotros se os ha concedido conocer los misterios del reino de los cielos, pero a ellos no se les ha concedido.

12 Porque a cualquiera que tiene, se le dará *más*, y tendrá en abundancia; pero a cualquiera que no tiene, aun lo que tiene se le quitará.

13 Por eso les hablo en parábolas; porque viendo no ven, y oyendo no oyen ni entienden.

14 Y en ellos se cumple la profecía de Isaías que dice:

"AL OIR OIREIS, Y NO ENTENDEREIS;
Y VIENDO VEREIS, Y NO PERCIBIREIS;
15 PORQUE EL CORAZON DE ESTE PUEBLO SE HA
   VUELTO INSENSIBLE
Y CON DIFICULTAD OYEN CON SUS OIDOS;
Y SUS OJOS HAN CERRADO,
NO SEA QUE VEAN CON LOS OJOS,
Y OIGAN CON LOS OIDOS,
Y ENTIENDAN CON EL CORAZON,
Y SE CONVIERTAN,
Y YO LOS SANE."

16 Pero dichosos vuestros ojos, porque ven, y vuestros oídos, porque oyen.

17 Porque en verdad os digo que muchos profetas y justos desearon ver lo que vosotros veis, y no *lo* vieron; y oír lo que vosotros oís, y no *lo* oyeron.

18 Vosotros, pues, escuchad la parábola del sembrador.

19 A todo el que oye la palabra del reino y no *la* entiende, el maligno viene y arrebata lo que fue

sembrado en su corazón. Este es aquel en quien se sembró la semilla junto al camino.

20 Y aquel en quien se sembró la semilla en pedregales, éste es el que oye la palabra y enseguida la recibe con gozo;

21 pero no tiene raíz *profunda* en sí mismo, sino que *sólo* es temporal, y cuando por causa de la palabra viene la aflicción o la persecución, enseguida tropieza *y cae.*

22 Y aquel en quien se sembró la semilla entre espinos, éste es el que oye la palabra, mas las preocupaciones del mundo y el engaño de las riquezas ahogan la palabra, y se queda sin fruto.

23 Pero aquel en quien se sembró la semilla en tierra buena, éste es el que oye la palabra y la entiende, éste sí da fruto y produce, uno a ciento, otro a sesenta y otro a treinta.

24 *Jesús* les refirió otra parábola, diciendo: El reino de los cielos puede compararse a un hombre que sembró buena semilla en su campo.

25 Pero mientras los hombres dormían, vino su enemigo y sembró cizaña entre el trigo, y se fue.

26 Cuando el trigo brotó y produjo grano, entonces apareció también la cizaña.

27 Y los siervos del dueño fueron y le dijeron: "Señor, ¿no sembraste buena semilla en tu campo? ¿Cómo, pues, tiene cizaña?"

28 El les dijo: "Un enemigo ha hecho esto". Y los siervos le dijeron*: "¿Quieres, pues, que vayamos y la recojamos?"

29 Pero él dijo*: "No, no sea que al recoger la cizaña, arranquéis el trigo junto con ella.

30 "Dejad que ambos crezcan juntos hasta la siega; y al tiempo de la siega diré a los segadores: 'Recoged primero la cizaña y atadla en manojos para quemarla, pero el trigo recogedlo en mi granero.' "

31 Les refirió otra parábola, diciendo: El reino de los cielos es semejante a un grano de mostaza, que un hombre tomó y sembró en su campo,

32 y que de todas las semillas es la más pequeña; pero cuando ha crecido, es la mayor de las hortalizas, y se hace árbol, de modo que LAS AVES DEL CIELO vienen y ANIDAN EN SUS RAMAS.

33 Les dijo otra parábola: El reino de los cielos es semejante a la levadura que una mujer tomó y escondió en tres medidas de harina hasta que todo quedó fermentado.

34 Todo esto habló Jesús en parábolas a las multitudes, y nada les hablaba sin parábola,

35 para que se cumpliera lo dicho por medio del profeta, cuando dijo:

ABRIRE MI BOCA EN PARABOLAS;

HABLARE DE COSAS OCULTAS DESDE LA

FUNDACION DEL MUNDO.

36 Entonces dejó a la multitud y entró en la casa. Y se le acercaron sus discípulos, diciendo: Explícanos la parábola de la cizaña del campo.

37 Y respondiendo El, dijo: El que siembra la buena semilla es el Hijo del Hombre,

38 y el campo es el mundo; y la buena semilla son los hijos del reino, y la cizaña son los hijos del maligno;

39 y el enemigo que la sembró es el diablo, y la siega es el fin del mundo, y los segadores son los ángeles.

40 Por tanto, así como la cizaña se recoge y se quema en el fuego, de la misma manera será en el fin del mundo.

41 El Hijo del Hombre enviará a sus ángeles, y recogerán de su reino a todos los *que son* piedra de tropiezo y a los que hacen iniquidad;

42 y los echarán en el horno de fuego; allí será el llanto y el crujir de dientes.

43 Entonces LOS JUSTOS RESPLANDECERAN COMO EL SOL en el reino de su Padre. El que tiene oídos, que oiga.

44 El reino de los cielos es semejante a un tesoro escondido en el campo, que al encontrarlo un hombre, *lo vuelve* a esconder, y de alegría por ello, va, vende todo lo que tiene y compra aquel campo.

45 El reino de los cielos también es semejante a un mercader que busca perlas finas,

46 y al encontrar una perla de gran valor, fue y vendió todo lo que tenía y la compró.

47 El reino de los cielos también es semejante a una red barredera que se echó en el mar, y recogió *peces* de toda clase;

48 y cuando se llenó, la sacaron a la playa; y se sentaron y recogieron los *peces* buenos en canastas, pero echaron fuera los malos.

49 Así será en el fin del mundo; los ángeles saldrán, y sacarán a los malos de entre los justos,

50 y los arrojarán en el horno de fuego; allí será el llanto y el crujir de dientes.

51 ¿Habéis entendido todas estas cosas? Ellos le dijeron*: Sí.

52 Y El les dijo: Por eso todo escriba que se ha convertido en un discípulo del reino de los cielos es semejante al dueño de casa que saca de su tesoro cosas nuevas y cosas viejas.

53 Y sucedió que cuando Jesús terminó estas parábolas, se fue de allí.

54 Y llegando a su pueblo, les enseñaba en su sinagoga, de tal manera que se maravillaban y decían: ¿Dónde *obtuvo* éste esta sabiduría y *estos* poderes milagrosos?

55 ¿No es éste el hijo del carpintero? ¿No se llama su madre María, y sus hermanos Jacobo, José, Simón y Judas?

56 ¿No están todas sus hermanas con nosotros? ¿Dónde, pues, *obtuvo* éste todas estas cosas?

57 Y se escandalizaban a causa de El. Pero Jesús les dijo: No hay profeta sin honra, sino en su propia tierra y en su casa.

58 Y no hizo muchos milagros allí a causa de la incredulidad de ellos.

Muerte de Juan el Bautista

14 Por aquel tiempo, Herodes el tetrarca oyó la fama de Jesús,

2 y dijo a sus sirvientes: Este es Juan el Bautista. El ha resucitado de entre los muertos, y por eso es que poderes milagrosos actúan en él.

3 Porque Herodes había prendido a Juan, lo había atado y puesto en la cárcel por causa de Herodías, mujer de su hermano Felipe;

4 porque Juan le decía: No te es lícito tenerla.

5 Y aunque Herodes quería matarlo, tenía miedo al pueblo, porque consideraban a Juan como un profeta.

6 Pero cuando llegó el cumpleaños de Herodes, la hija de Herodías danzó ante *ellos* y agradó a Herodes.

7 Por lo cual le prometió con juramento darle lo que ella pidiera.

8 Ella, instigada por su madre, dijo*: Dame

aquí, en una bandeja la cabeza de Juan el Bautista.

9 Y aunque el rey se entristeció, a causa de sus juramentos y de sus invitados, ordenó que se *la* dieran;

10 y mandó decapitar a Juan en la cárcel.

11 Y trajeron su cabeza en una bandeja y se la dieron a la muchacha, y ella *se la* llevó a su madre.

12 Los discípulos de Juan llegaron y recogieron el cuerpo y lo sepultaron; y fueron y se lo comunicaron a Jesús.

13 Al oírlo Jesús, se retiró de allí en una barca, solo, a un lugar desierto; y cuando las multitudes *lo* supieron, le siguieron a pie desde las ciudades.

14 Y al desembarcar, vio una gran multitud, y tuvo compasión de ellos y sanó a sus enfermos.

15 Al atardecer se le acercaron los discípulos, diciendo: El lugar está desierto y la hora es ya avanzada; despide, pues, a las multitudes para que vayan a las aldeas y se compren alimentos.

16 Pero Jesús les dijo: No hay necesidad de que se vayan; dadles vosotros de comer.

17 Entonces ellos le dijeron*: No tenemos aquí más que cinco panes y dos peces.

18 El *les* dijo: Traédmelos acá.

19 Y ordenando a la muchedumbre que se recostara sobre la hierba, tomó los cinco panes y los dos peces, y levantando los ojos al cielo, bendijo *los alimentos*, y partiendo los panes, se los dio a los discípulos y los discípulos a la multitud.

20 Y comieron todos y se saciaron. Y recogieron lo que sobró de los pedazos: doce cestas llenas.

21 Y los que comieron fueron unos cinco mil hombres, sin *contar* las mujeres y los niños.

22 Enseguida hizo que los discípulos subieran a la barca y fueran delante de El a la otra orilla, mientras El despedía a la multitud.

23 Después de despedir a la multitud, subió al monte a solas para orar; y al anochecer, estaba allí solo.

24 Pero la barca estaba ya a muchos estadios de tierra, *y* era azotada por las olas, porque el viento era contrario.

25 Y a la cuarta vigilia de la noche, *Jesús* vino a ellos andando sobre el mar.

26 Y los discípulos, viéndole andar sobre el mar, se turbaron, y decían: ¡Es un fantasma! Y de miedo, se pusieron a gritar.

27 Pero enseguida Jesús les habló, diciendo: Tened ánimo, soy yo; no temáis.

28 Respondiéndole Pedro, dijo: Señor, si eres tú, mándame que vaya a ti sobre las aguas.

29 Y El dijo: Ven. Y descendiendo Pedro de la barca, caminó sobre las aguas, y fue hacia Jesús.

30 Pero viendo la fuerza del viento tuvo miedo, y empezando a hundirse gritó, diciendo: ¡Señor, sálvame!

31 Y al instante Jesús, extendiendo la mano, lo sostuvo y le dijo*: Hombre de poca fe, ¿por qué dudaste?

32 Cuando ellos subieron a la barca, el viento se calmó.

33 Entonces los que estaban en la barca le adoraron, diciendo: En verdad eres Hijo de Dios.

34 Terminada la travesía, bajaron a tierra en Genesaret.

35 Y cuando los hombres de aquel lugar reconocieron a Jesús, enviaron a *decirlo* por toda aquella comarca de alrededor y le trajeron todos los que tenían *algún* mal.

36 Y le rogaban que les dejara tocar siquiera el borde de su manto; y todos los que *lo* tocaban quedaban curados.

Discusión con algunos escribas y fariseos

15 Entonces se acercaron* a Jesús *algunos* escribas y fariseos de Jerusalén, diciendo:

2 ¿Por qué tus discípulos quebrantan la tradición de los ancianos? Pues no se lavan las manos cuando comen pan.

3 Y respondiendo El, les dijo: ¿Por qué también vosotros quebrantáis el mandamiento de Dios a causa de vuestra tradición?

4 Porque Dios dijo: "HONRA A *tu* PADRE Y A *tu* MADRE," y: "QUIEN HABLE MAL DE *su* PADRE O DE *su* MADRE, QUE MUERA."

5 Pero vosotros decís: "Cualquiera que diga a su padre o a *su* madre: 'Es ofrenda *a Dios* todo lo mío con que pudieras ser ayudado',

6 no necesitará más honrar a su padre o a su madre." Y *así* invalidasteis la palabra de Dios por causa de vuestra tradición.

7 ¡Hipócritas! Bien profetizó Isaías de vosotros cuando dijo:

8 "ESTE PUEBLO CON LOS LABIOS ME HONRA,
    PERO SU CORAZON ESTA MUY LEJOS DE MI.

9 "MAS EN VANO ME RINDEN CULTO,
    ENSEÑANDO COMO DOCTRINAS PRECEPTOS DE HOMBRES."

10 Y llamando junto a sí a la multitud, les dijo: Oíd y entended:

11 no es lo que entra en la boca lo que contamina al hombre; sino lo que sale de la boca, eso es lo que contamina al hombre.

12 Entonces, acercándose los discípulos, le dijeron*: ¿Sabes que los fariseos se escandalizaron cuando oyeron tus palabras?

13 Pero El contestó y dijo: Toda planta que mi Padre celestial no haya plantado, será desarraigada.

14 Dejadlos; son ciegos guías de ciegos. Y si un ciego guía a otro ciego, ambos caerán en el hoyo.

15 Respondiendo Pedro, le dijo: Explícanos la parábola.

16 Y El dijo: ¿También vosotros estáis aún faltos de entendimiento?

17 ¿No entendéis que todo lo que entra en la boca va al estómago y luego se elimina?

18 Pero lo que sale de la boca proviene del corazón, y eso es lo que contamina al hombre.

19 Porque del corazón provienen malos pensamientos, homicidios, adulterios, fornicaciones, robos, falsos testimonios y calumnias.

20 Estas cosas son las que contaminan al hombre; pero comer sin lavarse las manos no contamina al hombre.

21 Saliendo Jesús de allí, se retiró a la región de Tiro y de Sidón.

22 Y he aquí, una mujer cananea que había salido de aquella comarca, comenzó a gritar, diciendo: Señor, Hijo de David, ten misericordia de mí; mi hija está terriblemente endemoniada.

23 Pero El no le respondió palabra. Y acercándose sus discípulos, le rogaban, diciendo: Atiéndela, pues viene gritando tras nosotros.

24 Y respondiendo El, dijo: No he sido enviado sino a las ovejas perdidas de la casa de Israel.

25 Pero acercándose ella, se postró ante El, diciendo: ¡Señor, socórreme!

26 Y El respondió y dijo: No está bien tomar el pan de los hijos, y echárselo a los perrillos.

27 Pero ella dijo: Sí, Señor; pero también los perrillos comen de las migajas que caen de la mesa de sus amos.

28 Entonces, respondiendo Jesús, le dijo: Oh mujer, grande es tu fe; que te suceda como deseas. Y su hija quedó sana desde aquel momento.

29 Y pasando Jesús de allí, vino junto al mar de Galilea, y subiendo al monte, se sentó allí.

30 Y vinieron a El grandes multitudes trayendo consigo cojos, lisiados, ciegos, mudos y muchos otros enfermos y los pusieron a sus pies y El los sanó;

31 de modo que la muchedumbre se maravilló al ver que los mudos hablaban, los lisiados quedaban restaurados, los cojos caminaban y los ciegos veían; y glorificaron al Dios de Israel.

32 Entonces Jesús, llamando junto a sí a sus discípulos, les dijo: Tengo compasión de la multitud, porque hace ya tres días que están conmigo y no tienen qué comer; y no quiero despedirlos sin comer, no sea que desfallezcan en el camino.

33 Y los discípulos le dijeron*: ¿Dónde conseguiríamos nosotros en el desierto tantos panes para saciar a una multitud tan grande?

34 Y Jesús entonces les dijo*: ¿Cuántos panes tenéis? Y ellos respondieron: Siete, y unos pocos pececillos.

35 Y El mandó a la multitud que se recostara en el suelo;

36 y tomó los siete panes y los peces; y después de dar gracias, los partió y empezó a darlos a los discípulos, y los discípulos a las multitudes.

37 Y comieron todos y se saciaron; y recogieron de lo que sobró de los pedazos, siete canastas llenas.

38 Los que comieron fueron cuatro mil hombres, sin contar las mujeres y los niños.

39 Y después de despedir a la muchedumbre, subió a la barca y fue a la región de Magadán.

Fariseos y saduceos piden señal

16 Entonces los fariseos y los saduceos se acercaron a Jesús, y para ponerle a prueba le pidieron que les mostrara una señal del cielo.

2 Pero respondiendo El, les dijo: Al caer la tarde decís: "Hará buen tiempo, porque el cielo está rojizo."

3 Y por la mañana: "Hoy habrá tempestad, porque el cielo está rojizo y amenazador." ¿Sabéis discernir el aspecto del cielo, pero no podéis discernir las señales de los tiempos?

4 Una generación perversa y adúltera busca señal, y no se le dará señal, sino la señal de Jonás. Y dejándolos, se fue.

5 Los discípulos, al pasar al otro lado, se habían olvidado de tomar panes.

6 Y Jesús les dijo: Estad atentos y guardaos de la levadura de los fariseos y saduceos.

7 Y ellos discutían entre sí, diciendo: Lo dice porque no tomamos panes.

8 Pero Jesús, dándose cuenta, dijo: Hombres de poca fe, ¿por qué discutís entre vosotros que no tenéis pan?

9 ¿Todavía no entendéis ni recordáis los cinco panes de los cinco mil, y cuántas cestas recogisteis?

10 ¿Ni los siete panes de los cuatro mil, y cuántas canastas recogisteis?

11 ¿Cómo es que no entendéis que no os hablé de los panes? Pero guardaos de la levadura de los fariseos y saduceos.

12 Entonces entendieron que no les había dicho que se guardaran de la levadura de los panes, sino de la enseñanza de los fariseos y saduceos.

13 Cuando llegó Jesús a la región de Cesarea de Filipo, preguntó a sus discípulos, diciendo: ¿Quién dicen los hombres que es el Hijo del Hombre?

14 Y ellos dijeron: Unos, Juan el Bautista; otros, Elías; pero otros, Jeremías o uno de los profetas.

15 El les dijo*: Y vosotros, ¿quién decís que soy yo?

16 Respondiendo Simón Pedro, dijo: Tú eres el Cristo, el Hijo del Dios viviente.

17 Y Jesús, respondiendo, le dijo: Bienaventurado eres, Simón, hijo de Jonás, porque esto no te lo reveló carne ni sangre, sino mi Padre que está en los cielos.

18 Yo también te digo que tú eres Pedro, y sobre esta roca edificaré mi iglesia; y las puertas del Hades no prevalecerán contra ella.

19 Yo te daré las llaves del reino de los cielos; y lo que ates en la tierra, será atado en los cielos; y lo que desates en la tierra, será desatado en los cielos.

20 Entonces ordenó a los discípulos que a nadie dijeran que El era el Cristo.

21 Desde entonces Jesucristo comenzó a declarar a sus discípulos que debía ir a Jerusalén y sufrir muchas cosas de parte de los ancianos, de los principales sacerdotes y de los escribas, y ser muerto, y resucitar al tercer día.

22 Y tomándole aparte, Pedro comenzó a reprenderle, diciendo: ¡No lo permita Dios, Señor! Eso nunca te acontecerá.

23 Pero volviéndose El, dijo a Pedro: ¡Quítate de delante de mí, Satanás! Me eres piedra de tropiezo; porque no estás pensando en las cosas de Dios, sino en las de los hombres.

24 Entonces Jesús dijo a sus discípulos: Si alguno quiere venir en pos de mí, niéguese a sí mismo, tome su cruz y sígame.

25 Porque el que quiera salvar su vida, la perderá; pero el que pierda su vida por causa de mí, la hallará.

26 Pues ¿qué provecho obtendrá un hombre si gana el mundo entero, pero pierde su alma? O ¿qué dará un hombre a cambio de su alma?

27 Porque el Hijo del Hombre ha de venir en la gloria de su Padre con sus ángeles, y ENTONCES RECOMPENSARA A CADA UNO SEGUN SU CONDUCTA.

28 En verdad os digo que hay algunos de los que están aquí que no probarán la muerte hasta que vean al Hijo del Hombre venir en su reino.

La transfiguración

17 Seis días después, Jesús tomó* consigo a Pedro, a Jacobo y a Juan su hermano, y los llevó* aparte a un monte alto;

2 y se transfiguró delante de ellos; y su rostro resplandeció como el sol, y sus vestiduras se volvieron blancas como la luz.

3 Y he aquí, se les aparecieron Moisés y Elías hablando con El.

4 Entonces Pedro, tomando la palabra, dijo a Jesús: Señor, bueno es estarnos aquí; si quieres, haré aquí tres enramadas, una para ti, otra para Moisés y otra para Elías.

5 Mientras estaba aún hablando, he aquí, una nube luminosa los cubrió; y una voz *salió* de la nube, diciendo: Este es mi Hijo amado en quien me he complacido; a El oíd.

6 Cuando los discípulos oyeron *esto,* cayeron sobre sus rostros y tuvieron gran temor.

7 Entonces se *les* acercó Jesús, y tocándolos, dijo: Levantaos y no temáis.

8 Y cuando alzaron sus ojos no vieron a nadie, sino a Jesús solo.

9 Mientras descendían del monte, Jesús les ordenó, diciendo: No contéis a nadie la visión hasta que el Hijo del Hombre haya resucitado de entre los muertos.

10 Y sus discípulos le preguntaron, diciendo: ¿Por qué, pues, dicen los escribas que Elías debe venir primero?

11 Y respondiendo El, dijo: Elías ciertamente viene, y restaurará todas las cosas;

12 pero yo os digo que Elías ya vino y no lo reconocieron, sino que le hicieron todo lo que quisieron. Así también el Hijo del Hombre va a padecer *a manos de* ellos.

13 Entonces los discípulos entendieron que les había hablado de Juan el Bautista.

14 Cuando llegaron a la multitud, se le acercó un hombre, que arrodillándose delante de El, dijo:

15 Señor, ten misericordia de mi hijo, porque es epiléptico y sufre terriblemente, porque muchas veces cae en el fuego y muchas en el agua.

16 Y lo traje a tus discípulos y ellos no pudieron curarlo.

17 Respondiendo Jesús, dijo: ¡Oh generación incrédula y perversa! ¿Hasta cuándo estaré con vosotros? ¿Hasta cuándo os tendré que soportar? Traédmelo acá.

18 Y Jesús lo reprendió y el demonio salió de él, y el muchacho quedó curado desde aquel momento.

19 Entonces los discípulos, llegándose a Jesús en privado, dijeron: ¿Por qué nosotros no pudimos expulsarlo?

20 Y El les dijo*: Por vuestra poca fe; porque en verdad os digo que si tenéis fe como un grano de mostaza, diréis a este monte: "Pásate de aquí allá", y se pasará; y nada os será imposible.

21 Pero esta clase no sale sino con oración y ayuno.

22 Mientras andaban juntos por Galilea, Jesús les dijo: El Hijo del Hombre va a ser entregado en manos de los hombres.

23 Y le matarán, y al tercer día resucitará. Y ellos se entristecieron mucho.

24 Cuando llegaron a Capernaúm, se acercaron a Pedro los que cobraban *el impuesto de* dos dracmas y dijeron: ¿No paga vuestro maestro las dos dracmas?

25 El dijo*: Sí. Y cuando él llegó a casa, Jesús se le anticipó, diciendo: ¿Qué te parece, Simón? ¿De quiénes cobran tributos o impuestos los reyes de la tierra, de sus hijos o de los extraños?

26 Y cuando respondió: De los extraños, Jesús le dijo: Entonces los hijos están exentos.

27 Sin embargo, para que no los escandalicemos, ve al mar, echa el anzuelo, y toma el primer pez que salga; y cuando le abras la boca hallarás un estáter; tómalo y dáselo por ti y por mí.

El mayor en el reino de los cielos

18 En aquel momento se acercaron los discípulos a Jesús, diciendo: ¿Quién es, entonces, el mayor en el reino de los cielos?

2 Y El, llamando a un niño, lo puso en medio de ellos,

3 y dijo: En verdad os digo que si no os convertís y os hacéis como niños, no entraréis en el reino de los cielos.

4 Así pues, cualquiera que se humille como este niño, ése es el mayor en el reino de los cielos.

5 Y el que reciba a un niño como éste en mi nombre, a mí me recibe.

6 Pero al que haga tropezar a uno de estos pequeñitos que creen en mí, mejor le sería que le colgaran al cuello una piedra de molino de *las que mueve un* asno, y que se ahogara en lo profundo del mar.

7 ¡Ay del mundo por *sus* piedras de tropiezo! Porque es inevitable que vengan piedras de tropiezo; pero ¡ay de aquel hombre por quien viene el tropiezo!

8 Y si tu mano o tu pie te es ocasión de pecar, córtatelo y échalo de ti; te es mejor entrar en la vida manco o cojo, que teniendo dos manos y dos pies, ser echado en el fuego eterno.

9 Y si tu ojo te es ocasión de pecar, arráncatelo y échalo de ti. Te es mejor entrar en la vida con un solo ojo, que teniendo dos ojos, ser echado en el infierno de fuego.

10 Mirad que no despreciéis a uno de estos pequeñitos, porque os digo que sus ángeles en los cielos contemplan siempre el rostro de mi Padre que está en los cielos.

11 Porque el Hijo del Hombre ha venido a salvar lo que se había perdido.

12 ¿Qué os parece? Si un hombre tiene cien ovejas y una de ellas se ha descarriado, ¿no deja las noventa y nueve en los montes, y va en busca de la descarriada?

13 Y si sucede que la halla, en verdad os digo que se regocija más por ésta que por las noventa y nueve que no se han descarriado.

14 Así, no es la voluntad de vuestro Padre que está en los cielos que se pierda uno de estos pequeñitos.

15 Y si tu hermano peca, ve y repréndele a solas; si te escucha, has ganado a tu hermano.

16 Pero si no *te* escucha, lleva contigo a uno o a dos más, para que TODA PALABRA SEA CONFIRMADA POR BOCA DE DOS O TRES TESTIGOS.

17 Y si rehúsa escucharlos, dilo a la iglesia; y si también rehúsa escuchar a la iglesia, sea para ti como el gentil y el recaudador de impuesto.

18 En verdad os digo: todo lo que atéis en la tierra, será atado en el cielo; y todo lo que desatéis en la tierra, será desatado en el cielo.

19 Además os digo, que si dos de vosotros se ponen de acuerdo sobre cualquier cosa que pidan

aquí en la tierra, les será hecho por mi Padre que está en los cielos.

20 Porque donde están dos o tres reunidos en mi nombre, allí estoy yo en medio de ellos.

21 Entonces se *le* acercó Pedro, y le dijo: Señor, ¿cuántas veces pecará mi hermano contra mí que yo haya de perdonarlo? ¿Hasta siete veces?

22 Jesús le dijo*: No te digo hasta siete veces, sino hasta setenta veces siete.

23 Por eso, el reino de los cielos puede compararse a cierto rey que quiso ajustar cuentas con sus siervos.

24 Y al comenzar a ajustar*las*, le fue presentado uno que le debía diez mil talentos.

25 Pero no teniendo él *con qué* pagar, su señor ordenó que lo vendieran, junto con su mujer e hijos y todo cuanto poseía, y que se *le* pagara la deuda.

26 Entonces el siervo cayó postrado ante él, diciendo: "Ten paciencia conmigo y todo te lo pagaré."

27 Y el señor de aquel siervo tuvo compasión, y lo soltó y le perdonó la deuda.

28 Pero al salir aquel siervo, encontró a uno de sus consiervos que le debía cien denarios, y echándole mano, *lo* ahogaba, diciendo: "Paga lo que debes."

29 Entonces su consiervo, cayendo *a sus pies*, le suplicaba, diciendo: "Ten paciencia conmigo y te pagaré."

30 Sin embargo, él no quiso, sino que fue y lo echó en la cárcel hasta que pagara lo que debía.

31 Así que cuando vieron sus consiervos lo que había pasado, se entristecieron mucho, y fueron y contaron a su señor todo lo que había sucedido.

32 Entonces, llamándolo su señor, le dijo*: "Siervo malvado, te perdoné toda aquella deuda porque me suplicaste.

33 ¿No deberías tú también haberte compadecido de tu consiervo, así como yo me compadecí de ti?"

34 Y enfurecido su señor, lo entregó a los verdugos hasta que pagara todo lo que le debía.

35 Así también mi Padre celestial hará con vosotros, si no perdonáis de corazón cada uno a su hermano.

Jesús en Judea

19 Y aconteció que cuando Jesús terminó estas palabras, partió de Galilea y se fue a la región de Judea, al otro lado del Jordán;

2 y le siguieron grandes multitudes, y los sanó allí.

3 Y se acercaron a El *algunos* fariseos para probarle, diciendo: ¿Es lícito a un hombre divorciarse de su mujer por cualquier motivo?

4 Y respondiendo El, dijo: ¿No habéis leído que aquel que *los* creó, desde el principio LOS HIZO VARON Y HEMBRA,

5 y añadió: "POR ESTA RAZON EL HOMBRE DEJARA A *su* PADRE Y A *su* MADRE Y SE UNIRA A SU MUJER, Y LOS DOS SERAN UNA SOLA CARNE"?

6 Por consiguiente, ya no son dos, sino una sola carne. Por tanto, lo que Dios ha unido, ningún hombre lo separe.

7 Ellos le dijeron*: Entonces, ¿por qué mandó Moisés DARLE CARTA DE DIVORCIO Y REPUDIARLA?

8 El les dijo*: Por la dureza de vuestro corazón,

Moisés os permitió divorciaros de vuestras mujeres; pero no ha sido así desde el principio.

9 Y yo os digo que cualquiera que se divorcie de su mujer, salvo por infidelidad, y se case con otra, comete adulterio.

10 Los discípulos le dijeron*: Si así es la relación del hombre con su mujer, no conviene casarse.

11 Pero El les dijo: No todos pueden aceptar este precepto, sino *sólo* aquellos a quienes les ha sido dado.

12 Porque hay eunucos que así nacieron desde el seno de su madre, y hay eunucos que fueron hechos eunucos por los hombres, y *también* hay eunucos que a sí mismos se hicieron eunucos por causa del reino de los cielos. El que pueda aceptar *esto*, que *lo* acepte.

13 Entonces le trajeron *algunos* niños para que pusiera las manos sobre ellos y orara; y los discípulos los reprendieron.

14 Pero Jesús dijo: Dejad a los niños, y no les impidáis que vengan a mí, porque de los que son como éstos es el reino de los cielos.

15 Y después de poner las manos sobre ellos, se fue de allí.

16 Y he aquí se le acercó uno y dijo: Maestro, ¿qué bien haré para obtener la vida eterna?

17 Y El le dijo: ¿Por qué me preguntas acerca de lo bueno? *Sólo* Uno es bueno; pero si deseas entrar en la vida, guarda los mandamientos.

18 El le dijo*: ¿Cuáles? Y Jesús respondió: No MATARAS; NO COMETERAS ADULTERIO; NO HURTARAS; NO DARAS FALSO TESTIMONIO;

19 HONRA A *tu* PADRE Y A *tu* MADRE; Y AMARAS A TU PROJIMO COMO A TI MISMO.

20 El joven le dijo*: Todo esto lo he guardado; ¿qué me falta todavía?

21 Jesús le dijo: Si quieres ser perfecto, ve *y* vende lo que posees y da a los pobres, y tendrás tesoro en los cielos; y ven, sígueme.

22 Pero al oír el joven estas palabras, se fue triste, porque era dueño de muchos bienes.

23 Y Jesús dijo a sus discípulos: En verdad os digo que es difícil que un rico entre en el reino de los cielos.

24 Y otra vez os digo que es más fácil que un camello pase por el ojo de una aguja, que el que un rico entre en el reino de Dios.

25 Al oír *esto*, los discípulos estaban llenos de asombro, y decían: Entonces, ¿quién podrá salvarse?

26 Pero Jesús, mirándo*los*, les dijo: Para los hombres eso es imposible, pero para Dios todo es posible.

27 Entonces respondiendo Pedro, le dijo: He aquí, nosotros lo hemos dejado todo y te hemos seguido; ¿qué, pues, recibiremos?

28 Y Jesús les dijo: En verdad os digo que vosotros que me habéis seguido, en la regeneración, cuando el Hijo del Hombre se siente en el trono de su gloria, os sentaréis también sobre doce tronos para juzgar a las doce tribus de Israel.

29 Y todo el que haya dejado casas, o hermanos, o hermanas, o padre, o madre, o hijos o tierras por mi nombre, recibirá cien veces más, y heredará la vida eterna.

30 Pero muchos primeros serán últimos, y los últimos, primeros.

Parábola de los obreros de la viña

20 Porque el reino de los cielos es semejante a un hacendado que salió muy de mañana para contratar obreros para su viña.

2 Y habiendo convenido con los obreros en un denario al día, los envió a su viña.

3 Y salió como a la hora tercera, y vio parados en la plaza a otros *que estaban* sin trabajo;

4 y a éstos les dijo: "Id también vosotros a la viña, y os daré lo que sea justo." Y ellos fueron.

5 Volvió a salir como a la hora sexta y a la novena, e hizo lo mismo.

6 Y saliendo como a la *hora* undécima, encontró a otros parados, y les dijo*: "¿Por qué habéis estado aquí parados todo el día sin trabajar?"

7 Ellos le dijeron*: "Porque nadie nos contrató." El les dijo*: "Id también vosotros a la viña."

8 Y al atardecer, el señor de la viña dijo* a su mayordomo: "Llama a los obreros y págales *su* jornal, comenzando por los últimos hasta los primeros."

9 Cuando llegaron los que *habían sido contratados* como a la hora undécima, cada uno recibió un denario.

10 Y cuando llegaron los que *fueron contratados* primero, pensaban que recibirían más; pero ellos también recibieron un denario cada uno.

11 Y al recibirlo, murmuraban contra el hacendado,

12 diciendo: "Estos últimos han trabajado *sólo* una hora, pero los has hecho iguales a nosotros que hemos soportado el peso y el calor abrasador del día."

13 Pero respondiendo él, dijo a uno de ellos: "Amigo, no te hago ninguna injusticia; ¿no conviniste conmigo en un denario?

14"Toma lo que es tuyo, y vete; pero yo quiero darle a este último lo mismo que a ti.

15"¿No me es lícito hacer lo que quiero con lo que es mío? ¿O es tu ojo malo porque yo soy bueno?"

16 Así, los últimos serán primeros, y los primeros, últimos.

17 Cuando Jesús iba subiendo a Jerusalén, tomó aparte a los doce *discípulos*, y por el camino les dijo:

18 He aquí, subimos a Jerusalén, y el Hijo del Hombre será entregado a los principales sacerdotes y escribas, y le condenarán a muerte;

19 y le entregarán a los gentiles para burlarse *de* El, azotar*le* y crucificar*le*, y al tercer día resucitará.

20 Entonces se le acercó la madre de los hijos de Zebedeo con sus hijos, postrándose *ante El* y pidiéndole algo.

21 Y El le dijo: ¿Qué deseas? Ella le dijo*: Ordena que en tu reino estos dos hijos míos se sienten uno a tu derecha y el otro a tu izquierda.

22 Pero respondiendo Jesús, dijo: No sabéis lo que pedís. ¿Podéis beber la copa que yo voy a beber? Ellos le dijeron*: Podemos.

23 El les dijo*: Mi copa ciertamente beberéis, pero sentarse a mi derecha y a *mi* izquierda no es mío el concederlo, sino que es para quienes ha sido preparado por mi Padre.

24 Al oír *esto*, los diez se indignaron contra los dos hermanos.

25 Pero Jesús, llamándolos junto a sí, dijo: Sabéis que los gobernantes de los gentiles se enseñorean de ellos, y que los grandes ejercen autoridad sobre ellos.

26 No ha de ser así entre vosotros, sino que el que quiera entre vosotros llegar a ser grande, será vuestro servidor,

27 y el que quiera entre vosotros ser el primero, será vuestro siervo;

28 así como el Hijo del Hombre no vino para ser servido, sino para servir y para dar su vida en rescate por muchos.

29 Al salir de Jericó, le siguió una gran multitud.

30 Y he aquí, dos ciegos que estaban sentados junto al camino, al oír que Jesús pasaba, gritaron, diciendo: ¡Señor, Hijo de David, ten misericordia de nosotros!

31 Y la gente los reprendía para que se callaran, pero ellos gritaban más aún, diciendo: ¡Señor, Hijo de David, ten misericordia de nosotros!

32 Deteniéndose Jesús, los llamó, y dijo: ¿Qué queréis que yo haga por vosotros?

33 Ellos le dijeron*: Señor, *deseamos* que nuestros ojos sean abiertos.

34 Entonces Jesús, movido a compasión, tocó los ojos de ellos, y al instante recobraron la vista, y le siguieron.

La entrada triunfal

21 Cuando se acercaron a Jerusalén y llegaron a Betfagé, *junto* al monte de los Olivos, Jesús entonces envió a dos discípulos,

2 diciéndoles: Id a la aldea *que está* enfrente de vosotros, y enseguida encontraréis un asna atada y un pollino con ella; desatad*la* y traédme*los*.

3 Y si alguien os dice algo, decid: "El Señor los necesita"; y enseguida los enviará.

4 Esto sucedió para que se cumpliera lo dicho por medio del profeta, cuando dijo:

5 DECID A LA HIJA DE SION:
"MIRA, TU REY VIENE A TI,
    HUMILDE Y MONTADO EN UN ASNA,
    Y EN UN POLLINO, HIJO DE BESTIA DE CARGA."

6 Entonces fueron los discípulos e hicieron tal como Jesús les había mandado,

7 y trajeron el asna y el pollino; pusieron sobre ellos sus mantos, y *Jesús* se sentó encima.

8 La mayoría de la multitud tendió sus mantos en el camino; otros cortaban ramas de los árboles y las tendían por el camino.

9 Y las multitudes que iban delante de El, y las que iban detrás, gritaban, diciendo:
¡Hosanna al Hijo de David!
¡BENDITO EL QUE VIENE EN EL NOMBRE DEL SEÑOR!
¡Hosanna en las alturas!

10 Cuando El entró en Jerusalén, toda la ciudad se agitó, y decían: ¿Quién es éste?

11 Y las multitudes contestaban: Este es el profeta Jesús, de Nazaret de Galilea.

12 Y entró Jesús en el templo y echó fuera a todos los que compraban y vendían en el templo, y volcó las mesas de los cambistas y los asientos de los que vendían las palomas.

13 Y les dijo*: Escrito está: "MI CASA SERA LLAMADA CASA DE ORACION", pero vosotros la estáis haciendo CUEVA DE LADRONES.

14 Y en el templo se acercaron a El *los* ciegos y *los* cojos, y los sanó.

15 Pero cuando los principales sacerdotes y los escribas vieron las maravillas que había hecho, y a los muchachos que gritaban en el templo y que decían: ¡Hosanna al Hijo de David!, se indignaron

16 y le dijeron: ¿Oyes lo que éstos dicen? Y Jesús les respondió*: Sí, ¿nunca habéis leído: "DE LA BOCA DE LOS PEQUEÑOS Y DE LOS NIÑOS DE PECHO TE HAS PREPARADO ALABANZA"?

17 Y dejándolos, salió fuera de la ciudad, a Betania, y se hospedó allí.

18 Por la mañana, cuando regresaba a la ciudad, tuvo hambre.

19 Y al ver una higuera junto al camino, se acercó a ella, pero no halló nada en ella sino sólo hojas, y le dijo*: Nunca jamás brote fruto de ti. Y al instante se secó la higuera.

20 Al ver *esto*, los discípulos se maravillaron y decían: ¿Cómo es que la higuera se secó al instante?

21 Respondiendo Jesús, les dijo: En verdad os digo que si tenéis fe y no dudáis, no sólo haréis lo de la higuera, sino que aun si decís a este monte: "Quítate y échate al mar", *así* sucederá.

22 Y todo lo que pidáis en oración, creyendo, lo recibiréis.

23 Cuando llegó Jesús al templo, los principales sacerdotes y los ancianos del pueblo se le acercaron mientras enseñaba, diciendo: ¿Con qué autoridad haces estas cosas, y quién te dio esta autoridad?

24 Y respondiendo Jesús, les dijo: Yo también os haré una pregunta, que si me la contestáis, yo también os diré con qué autoridad hago estas cosas.

25 ¿De dónde era el bautismo de Juan?, ¿del cielo o de los hombres? Y ellos discurrían entre sí, diciendo: Si decimos: "Del cielo", El nos dirá: "Entonces, ¿por qué no le creísteis?"

26 Y si decimos: "De los hombres", tememos a la multitud; porque todos tienen a Juan por profeta.

27 Y respondiendo a Jesús, dijeron: No sabemos. El a su vez les dijo: Tampoco yo os diré con qué autoridad hago estas cosas.

28 Pero, ¿qué os parece? Un hombre tenía dos hijos, y llegándose al primero, *le* dijo: "Hijo, ve, trabaja hoy en la viña."

29 Y respondiendo él, dijo: "No quiero;" *pero* después, arrepentido, fue.

30 Y llegándose al otro, le dijo lo mismo; pero él respondió y dijo: "Yo *iré*, señor"; y no fue.

31 ¿Cuál de los dos hizo la voluntad del padre? Ellos dijeron*: El primero. Jesús les dijo*: En verdad os digo que los recaudadores de impuestos y las rameras entran en el reino de Dios antes que vosotros.

32 Porque Juan vino a vosotros en camino de justicia y no le creísteis, pero los recaudadores de impuestos y las rameras le creyeron; y vosotros, viendo *esto*, ni siquiera os arrepentisteis después para creerle.

33 Escuchad otra parábola. Había *una vez* un hacendado que PLANTO UNA VIÑA Y LA CERCO CON UN MURO, Y CAVO EN ELLA UN LAGAR Y EDIFICO UNA TORRE, la arrendó a unos labradores y se fue de viaje.

34 Y cuando se acercó el tiempo de la cosecha, envió sus siervos a los labradores para recibir sus frutos.

35 Pero los labradores, tomando a los siervos, a uno lo golpearon, a otro lo mataron y a otro lo apedrearon.

36 Volvió a mandar otro grupo de siervos, mayor que el primero; y les hicieron lo mismo.

37 Finalmente les envió a su hijo, diciendo: "Respetarán a mi hijo."

38 Pero cuando los labradores vieron al hijo, dijeron entre sí: "Este es el heredero; venid, matémoslo y apoderémonos de su heredad."

39 Y echándole mano, *lo* arrojaron fuera de la viña y *lo* mataron.

40 Cuando venga, pues, el dueño de la viña, ¿qué hará a esos labradores?

41 Ellos le dijeron*: Llevará a esos miserables a un fin lamentable, y arrendará la viña a otros labradores que le paguen los frutos a su tiempo.

42 Jesús les dijo*: ¿Nunca leísteis en las Escrituras:

"LA PIEDRA QUE DESECHARON LOS
        CONSTRUCTORES,
    ESA, EN PIEDRA ANGULAR SE HA CONVERTIDO;
    ESTO FUE HECHO DE PARTE DEL SEÑOR,
    Y ES MARAVILLOSO A NUESTROS OJOS"?

43 Por eso os digo que el reino de Dios os será quitado y será dado a una nación que produzca sus frutos.

44 Y el que caiga sobre esta piedra será hecho pedazos; pero sobre quien ella caiga, lo esparcirá como polvo.

45 Al oír sus parábolas los principales sacerdotes y los fariseos, comprendieron que hablaba de ellos.

46 Y cuando procuraron prenderle, tuvieron miedo de la multitud, porque le tenían por profeta.

Parábola del banquete de bodas

22 Tomando Jesús la palabra, les habló otra vez en parábolas, diciendo:

2 El reino de los cielos puede compararse a un rey que hizo un *banquete* de bodas para su hijo.

3 Y envió a sus siervos a llamar a los que habían sido invitados a las bodas, pero no quisieron venir.

4 De nuevo envió otros siervos, diciendo: Decid a los que han sido invitados: "Ved, ya he preparado mi banquete; he matado mis novillos y animales cebados, y todo está aparejado; venid a las bodas."

5 Pero ellos no hicieron caso y se fueron: uno a su campo, otro a sus negocios,

6 y los demás, echando mano a los siervos, los maltrataron y los mataron.

7 Entonces el rey se enfureció, y enviando sus ejércitos, destruyó a aquellos asesinos e incendió su ciudad.

8 Luego dijo* a sus siervos: "La boda está preparada, pero los que fueron invitados no eran dignos.

9 "Id, por tanto, a las salidas de los caminos, e invitad a las bodas a cuantos encontréis."

10 Y aquellos siervos salieron por los caminos, y reunieron a todos los que encontraron, tanto malos como buenos; y el salón de bodas se llenó de comensales.

11 Pero cuando el rey entró a ver a los comensales, vio allí a uno que no estaba vestido con traje de boda,

12 y le dijo*: "Amigo, ¿cómo entraste aquí sin traje de boda?" Y él enmudeció.

13 Entonces el rey dijo a los sirvientes: "Atadle las manos y los pies, y echadlo a las tinieblas de afuera; allí será el llanto y el crujir de dientes."

14 Porque muchos son llamados, pero pocos *son* escogidos.

15 Entonces se fueron los fariseos y deliberaron entre sí cómo atraparle, *sorprendiéndole* en *alguna* palabra.

16 Y le enviaron* sus discípulos junto con los herodianos, diciendo: Maestro, sabemos que eres veraz y que enseñas el camino de Dios con verdad, y no buscas el favor de nadie, porque eres imparcial.

17 Dinos, pues, qué te parece: ¿Es lícito pagar impuesto al César, o no?

18 Pero Jesús, conociendo su malicia, dijo: ¿Por qué me ponéis a prueba, hipócritas?

19 Mostradme la moneda que se usa para *pagar ese* impuesto. Y le trajeron un denario.

20 Y El les dijo*: ¿De quién es esta imagen y esta inscripción?

21 Ellos le dijeron*: Del César. Entonces El les dijo*: Pues dad al César lo que es del César, y a Dios lo que es de Dios.

22 Al oír *esto*, se maravillaron; y dejándole, se fueron.

23 Ese día se le acercaron *algunos* saduceos (los que dicen que no hay resurrección), y le preguntaron,

24 diciendo: Maestro, Moisés dijo: "Si alguno muere sin tener hijos, su hermano, como pariente mas cercano, se casara con su mujer y levantara descendencia a su hermano."

25 Ahora bien, había entre nosotros siete hermanos; y el primero se casó, y murió; pero no teniendo descendencia, le dejó la mujer a su hermano;

26 de igual manera también el segundo, y el tercero, hasta el séptimo.

27 Y después de todos, murió la mujer.

28 Por tanto, en la resurrección, ¿de cuál de los siete será mujer? Porque todos ellos la tuvieron.

29 Pero Jesús respondió y les dijo: Estáis equivocados por no comprender las Escrituras ni el poder de Dios.

30 Porque en la resurrección, ni se casan ni son dados en matrimonio, sino que son como los ángeles de Dios en el cielo.

31 Y en cuanto a la resurrección de los muertos, ¿no habéis leído lo que os fue dicho por Dios, cuando dijo:

32 "Yo soy el Dios de Abraham, y el Dios de Isaac, y el Dios de Jacob"? El no es Dios de muertos, sino de vivos.

33 Al oír *esto*, las multitudes se admiraban de su enseñanza.

34 Pero al oír los fariseos que *Jesús* había dejado callados a los saduceos, se agruparon;

35 y uno de ellos, intérprete de la ley, para ponerle a prueba le preguntó:

36 Maestro, ¿cuál es el gran mandamiento de la ley?

37 Y El le dijo: Amaras al Señor tu Dios con todo tu corazon, y con toda tu alma, y con toda tu mente.

38 Este es el grande y el primer mandamiento.

39 Y el segundo es semejante a éste: Amaras a tu projimo como a ti mismo.

40 De estos dos mandamientos dependen toda la ley y los profetas.

41 Estando reunidos los fariseos, Jesús les hizo una pregunta,

42 diciendo: ¿Cuál es vuestra opinión sobre el Cristo? ¿De quién es hijo? Ellos le dijeron*: De David.

43 El les dijo*: Entonces, ¿cómo es que David en el Espíritu le llama "Señor", diciendo:

44 "Dijo el Señor a mi Señor:
'Sientate a mi diestra,
hasta que ponga a tus enemigos debajo de tus pies' "?

45 Pues si David le llama "Señor", ¿cómo es El su hijo?

46 Y nadie pudo contestarle ni una palabra, ni ninguno desde ese día se atrevió a hacerle más preguntas.

Jesús denuncia a los escribas y fariseos

23 Entonces Jesús habló a la muchedumbre y a sus discípulos,

2 diciendo: Los escribas y los fariseos se han sentado en la cátedra de Moisés.

3 De modo que haced y observad todo lo que os digan; pero no hagáis conforme a sus obras, porque ellos dicen y no hacen.

4 Atan cargas pesadas y difíciles de llevar, y las ponen sobre las espaldas de los hombres, pero ellos ni con un dedo quieren moverlas.

5 Sino que hacen todas sus obras para ser vistos por los hombres; pues ensanchan sus filacterias y alargan los flecos *de sus mantos*;

6 aman el lugar de honor en los banquetes y los primeros asientos en las sinagogas,

7 y los saludos respetuosos en las plazas y ser llamados por los hombres Rabí.

8 Pero vosotros no *dejéis que* os llamen Rabí; porque uno es vuestro Maestro y todos vosotros sois hermanos.

9 Y no llaméis *a nadie* padre vuestro en la tierra, porque uno es vuestro Padre, el que está en los cielos.

10 Ni *dejéis que* os llamen preceptores; porque uno es vuestro Preceptor, Cristo.

11 Pero el mayor de vosotros será vuestro servidor.

12 Y cualquiera que se ensalce, será humillado, y cualquiera que se humille, será ensalzado.

13 Pero, ¡ay de vosotros, escribas y fariseos, hipócritas!, porque cerráis el reino de los cielos delante de los hombres, pues ni vosotros entráis, ni dejáis entrar a los que están entrando.

14 ¡Ay de vosotros, escribas y fariseos, hipócritas!, porque devoráis las casas de las viudas, aun cuando por pretexto hacéis largas oraciones; por eso recibiréis mayor condenación.

15 ¡Ay de vosotros, escribas y fariseos, hipócritas!, porque recorréis el mar y la tierra para hacer un prosélito, y cuando llega a serlo, lo hacéis hijo del infierno dos veces más que vosotros.

16 ¡Ay de vosotros, guías ciegos!, que decís: "No es nada el que alguno jure por el templo; pero el

que jura por el oro del templo, contrae obligación."

17 ¡Insensatos y ciegos!, porque ¿qué es más importante: el oro, o el templo que santificó el oro?

18 También *decís:* "No es nada el que alguno jure por el altar; pero el que jura por la ofrenda que está sobre él, contrae obligación."

19 ¡Ciegos!, porque ¿qué es más importante: la ofrenda, o el altar que santifica la ofrenda?

20 Por eso, el que jura por el altar, jura por él y por todo lo que está sobre él;

21 y el que jura por el templo, jura por él y por el que en él habita;

22 y el que jura por el cielo, jura por el trono de Dios y por el que está sentado en él.

23 ¡Ay de vosotros, escribas y fariseos, hipócritas!, porque pagáis el diezmo de la menta, del eneldo y del comino, y habéis descuidado los *preceptos* de más peso de la ley: la justicia, la misericordia y la fidelidad; y éstas son las cosas que debíais haber hecho, sin descuidar aquéllas.

24 ¡Guías ciegos, que coláis el mosquito y *os* tragáis el camello!

25 ¡Ay de vosotros, escribas y fariseos, hipócritas!, porque limpiáis el exterior del vaso y del plato, pero por dentro están llenos de robo y de desenfreno.

26 ¡Fariseo ciego! Limpia primero lo de adentro del vaso y del plato, para que lo de afuera también quede limpio.

27 ¡Ay de vosotros, escribas y fariseos, hipócritas!, porque sois semejantes a sepulcros blanqueados, que por fuera lucen hermosos, pero por dentro están llenos de huesos de muertos y de toda inmundicia.

28 Así también vosotros, por fuera parecéis justos a los hombres, pero por dentro estáis llenos de hipocresía y de iniquidad.

29 ¡Ay de vosotros, escribas y fariseos, hipócritas!, porque edificáis los sepulcros de los profetas y adornáis los monumentos de los justos,

30 y decís: "Si nosotros hubiéramos vivido en los días de nuestros padres, no hubiéramos sido sus cómplices en *derramar* la sangre de los profetas."

31 Así que dais testimonio en contra de vosotros mismos, que sois hijos de los que asesinaron a los profetas.

32 Llenad, pues, la medida *de la culpa* de vuestros padres.

33 ¡Serpientes! ¡Camada de víboras! ¿Cómo escaparéis del juicio del infierno?

34 Por tanto, mirad, yo os envío profetas, sabios y escribas: de ellos, a unos los mataréis y crucificaréis, y a otros los azotaréis en vuestras sinagogas y los perseguiréis de ciudad en ciudad,

35 para que recaiga sobre vosotros *la culpa de* toda la sangre justa derramada sobre la tierra, desde la sangre del justo Abel hasta la sangre de Zacarías, hijo de Berequías, a quien asesinasteis entre el templo y el altar.

36 En verdad os digo que todo esto vendrá sobre esta generación.

37 ¡Jerusalén, Jerusalén, la que mata a los profetas y apedrea a los que son enviados a ella! ¡Cuántas veces quise juntar a tus hijos, como la gallina junta sus pollitos debajo de sus alas, y no quisiste!

38 He aquí, vuestra casa se os deja desierta.

39 Porque os digo que desde ahora *en adelante* no me veréis más hasta que digáis: "Bendito el que viene en nombre del Señor."

Profecía sobre la destrucción del templo

24 Cuando salió Jesús del templo, *y* se iba, se le acercaron sus discípulos para mostrarle los edificios del templo.

2 Mas respondiendo El, les dijo: ¿Veis todo esto? En verdad os digo: no quedará aquí piedra sobre piedra que no sea derribada.

3 Y estando El sentado en el monte de los Olivos, se le acercaron los discípulos en privado, diciendo: Dinos, ¿cuándo sucederá esto, y cuál *será* la señal de tu venida y de la consumación de *este* siglo?

4 Respondiendo Jesús, les dijo: Mirad que nadie os engañe.

5 Porque muchos vendrán en mi nombre, diciendo: "Yo soy el Cristo", y engañarán a muchos.

6 Y habréis de oír de guerras y rumores de guerras. ¡Cuidado! No os alarméis, porque es necesario que *todo esto* suceda; pero todavía no es el fin.

7 Porque se levantará nación contra nación, y reino contra reino, y en diferentes lugares habrá hambre y terremotos.

8 Pero todo esto *es sólo el* comienzo de dolores.

9 Entonces os entregarán a tribulación, y os matarán, y seréis odiados de todas las naciones por causa de mi nombre.

10 Muchos tropezarán entonces *y caerán*, y se traicionarán unos a otros, y unos a otros se odiarán.

11 Y se levantarán muchos profetas falsos, y a muchos engañarán.

12 Y debido al aumento de la iniquidad, el amor de muchos se enfriará.

13 Pero el que persevere hasta el fin, ése será salvo.

14 Y este evangelio del reino se predicará en todo el mundo como testimonio a todas las naciones, y entonces vendrá el fin.

15 Por tanto, cuando veáis la abominacion de la desolacion, de que se habló por medio del profeta Daniel, colocada en el lugar santo (el que lea, que entienda),

16 entonces los que estén en Judea, huyan a los montes;

17 el que esté en la azotea, no baje a sacar las cosas de su casa;

18 y el que esté en el campo, no vuelva atrás a tomar su capa.

19 Pero, ¡ay de las que estén encinta y de las que estén criando en aquellos días!

20 Orad para que vuestra huida no suceda en invierno, ni en día de reposo,

21 porque habrá entonces una gran tribulación, tal como no ha acontecido desde el principio del mundo hasta ahora, ni acontecerá jamás.

22 Y si aquellos días no fueran acortados, nadie se salvaría; pero por causa de los escogidos, aquellos días serán acortados.

23 Entonces si alguno os dice: "Mirad, aquí *está* el Cristo", o "Allí *está*", no *le* creáis.

24 Porque se levantarán falsos Cristos y falsos profetas, y mostrarán grandes señales y

prodigios, para así engañar, de ser posible, aun a los escogidos.

25 Ved que os lo he dicho de antemano.

26 Por tanto, si os dicen: "Mirad, El está en el desierto", no vayáis; o "Mirad, El está en las habitaciones interiores", no les creáis.

27 Porque así como el relámpago sale del oriente y resplandece hasta el occidente, así será la venida del Hijo del Hombre.

28 Donde esté el cadáver, allí se juntarán los buitres.

29 Pero inmediatamente después de la tribulación de esos días, EL SOL SE OSCURECERA, LA LUNA NO DARA SU LUZ, LAS ESTRELLAS CAERAN del cielo y las potencias de los cielos serán sacudidas.

30 Entonces aparecerá en el cielo la señal del Hijo del Hombre; y entonces todas las tribus de la tierra harán duelo, y verán al HIJO DEL HOMBRE QUE VIENE SOBRE LAS NUBES DEL CIELO con poder y gran gloria.

31 Y El enviará a sus ángeles con UNA GRAN TROMPETA y REUNIRAN a sus escogidos de los cuatro vientos, desde un extremo de los cielos hasta el otro.

32 Y de la higuera aprended la parábola: cuando su rama ya se pone tierna y echa las hojas, sabéis que el verano está cerca.

33 Así también vosotros, cuando veáis todas estas cosas, sabed que El está cerca, a las puertas.

34 En verdad os digo que no pasará esta generación hasta que todo esto suceda.

35 El cielo y la tierra pasarán, mas mis palabras no pasarán.

36 Pero de aquel día y hora nadie sabe, ni siquiera los ángeles del cielo, ni el Hijo, sino sólo el Padre.

37 Porque como en los días de Noé, así será la venida del Hijo del Hombre.

38 Pues así como en aquellos días antes del diluvio estaban comiendo y bebiendo, casándose y dándose en matrimonio, hasta el día en que entró Noé en el arca,

39 y no comprendieron hasta que vino el diluvio y se los llevó a todos; así será la venida del Hijo del Hombre.

40 Entonces estarán dos en el campo; uno será llevado y el otro será dejado.

41 Dos mujeres estarán moliendo en el molino; una será llevada y la otra será dejada.

42 Por tanto, velad, porque no sabéis en qué día vuestro Señor viene.

43 Pero comprended esto: si el dueño de la casa hubiera sabido a qué hora de la noche iba a venir el ladrón, hubiera estado alerta y no hubiera permitido que entrara en su casa.

44 Por eso, también vosotros estad preparados, porque a la hora que no pensáis vendrá el Hijo del Hombre.

45 ¿Quién es, pues, el siervo fiel y prudente a quien su señor puso sobre los de su casa para que les diera la comida a su tiempo?

46 Dichoso aquel siervo a quien, cuando su señor venga, lo encuentre haciendo así.

47 De cierto os digo que lo pondrá sobre todos sus bienes.

48 Pero si aquel siervo es malo, y dice en su corazón: "Mi señor tardará";

49 y empieza a golpear a sus consiervos, y come y bebe con los que se emborrachan,

50 vendrá el señor de aquel siervo el día que no lo espera, y a una hora que no sabe,

51 y lo azotará severamente y le asignará un lugar con los hipócritas; allí será el llanto y el crujir de dientes.

Parábola de las diez vírgenes

25 Entonces el reino de los cielos será semejante a diez vírgenes que tomando sus lámparas, salieron a recibir al novio.

2 Y cinco de ellas eran insensatas, y cinco prudentes.

3 Porque las insensatas, al tomar sus lámparas, no tomaron aceite consigo,

4 pero las prudentes tomaron aceite en frascos junto con sus lámparas.

5 Al tardarse el novio, a todas les dio sueño y se durmieron.

6 Pero a medianoche se oyó un clamor: "¡Aquí está el novio! Salid a recibirlo."

7 Entonces todas aquellas vírgenes se levantaron y arreglaron sus lámparas.

8 Y las insensatas dijeron a las prudentes: "Dadnos de vuestro aceite, porque nuestras lámparas se apagan."

9 Pero las prudentes respondieron, diciendo: "No, no sea que no haya suficiente para nosotras y para vosotras; id más bien a los que venden y comprad para vosotras."

10 Y mientras ellas iban a comprar, vino el novio, y las que estaban preparadas entraron con él al banquete de bodas, y se cerró la puerta.

11 Después vinieron también las otras vírgenes, diciendo: "Señor, señor, ábrenos."

12 Pero respondiendo él, dijo: "En verdad os digo que no os conozco."

13 Velad, pues, porque no sabéis ni el día ni la hora.

14 Porque el reino de los cielos es como un hombre que al emprender un viaje, llamó a sus siervos y les encomendó sus bienes.

15 Y a uno le dio cinco talentos, a otro dos, y a otro uno, a cada uno conforme a su capacidad; y se fue de viaje.

16 El que había recibido los cinco talentos, enseguida fue y negoció con ellos y ganó otros cinco talentos.

17 Asimismo el que había recibido los dos talentos ganó otros dos.

18 Pero el que había recibido uno, fue y cavó en la tierra y escondió el dinero de su señor.

19 Después de mucho tiempo vino* el señor de aquellos siervos, y arregló* cuentas con ellos.

20 Y llegando el que había recibido los cinco talentos, trajo otros cinco talentos, diciendo: "Señor, me entregaste cinco talentos; mira, he ganado otros cinco talentos."

21 Su señor le dijo: "Bien, siervo bueno y fiel; en lo poco fuiste fiel, sobre mucho te pondré; entra en el gozo de tu señor."

22 Llegando también el de los dos talentos, dijo: "Señor, me entregaste dos talentos; mira, he ganado otros dos talentos."

23 Su señor le dijo: "Bien, siervo bueno y fiel; en lo poco fuiste fiel, sobre mucho te pondré; entra en el gozo de tu señor."

24 Pero llegando también el que había recibido un talento, dijo: "Señor, yo sabía que eres un

hombre duro, que siegas donde no sembraste y recoges donde no esparciste,

25 y tuve miedo, y fui y escondí tu talento en la tierra; mira, *aquí* tienes lo que es tuyo."

26 Pero su señor respondió, y le dijo: "Siervo malo y perezoso, sabías que siego donde no sembré, y que recojo donde no esparcí.

27"Debías entonces haber puesto mi dinero en el banco, y al llegar yo hubiera recibido mi dinero con intereses.

28"Por tanto, quitadle el talento y dádselo al que tiene los diez talentos."

29 Porque a todo el que tiene, *más* se le dará, y tendrá en abundancia; pero al que no tiene, aun lo que tiene se le quitará.

30 Y al siervo inútil, echadlo en las tinieblas de afuera; allí será el llanto y el crujir de dientes.

31 Pero cuando el Hijo del Hombre venga en su gloria, y todos los ángeles con El, entonces se sentará en el trono de su gloria;

32 y serán reunidas delante de El todas las naciones; y separará a unos de otros, como el pastor separa las ovejas de los cabritos.

33 Y pondrá las ovejas a su derecha y los cabritos a su izquierda.

34 Entonces el Rey dirá a los de su derecha: "Venid, benditos de mi Padre, heredad el reino preparado para vosotros desde la fundación del mundo.

35"Porque tuve hambre, y me disteis de comer; tuve sed, y me disteis de beber; fui forastero, y me recibisteis;

36 estaba desnudo, y me vestisteis; enfermo, y me visitasteis; en la cárcel, y vinisteis a mí."

37 Entonces los justos le responderán, diciendo: "Señor, ¿cuándo te vimos hambriento, y te dimos de comer, o sediento, y te dimos de beber?

38"¿Y cuándo te vimos *como* forastero, y te recibimos, o desnudo, y te vestimos?

39"¿Y cuándo te vimos enfermo, o en la cárcel, y vinimos a ti?"

40 Respondiendo el Rey, les dirá: "En verdad os digo que en cuanto lo hicisteis a uno de estos hermanos míos, *aun a* los más pequeños, a mí lo hicisteis."

41 Entonces dirá también a los de su izquierda: "Apartaos de mí, malditos, al fuego eterno que ha sido preparado para el diablo y sus ángeles.

42"Porque tuve hambre, y no me disteis de comer, tuve sed, y no me disteis de beber;

43 fui forastero, y no me recibisteis; estaba desnudo, y no me vestisteis; enfermo, y en la cárcel, y no me visitasteis."

44 Entonces ellos también responderán, diciendo: "Señor, ¿cuándo te vimos hambriento, o sediento, o *como* forastero, o desnudo, o enfermo, o en la cárcel, y no te servimos?"

45 El entonces les responderá, diciendo: "En verdad os digo que en cuanto no lo hicisteis a uno de los más pequeños de éstos, tampoco a mí lo hicisteis."

46 Y éstos irán al castigo eterno, pero los justos a la vida eterna.

Complot para prender y matar a Jesús

26 Cuando Jesús terminó todas estas palabras, dijo a sus discípulos:

2 Sabéis que dentro de dos días se celebra la Pascua, y el Hijo del Hombre será entregado para ser crucificado.

3 Entonces los principales sacerdotes y los ancianos del pueblo se reunieron en el patio del sumo sacerdote llamado Caifás.

4 Y tramaron entre ellos prender a Jesús con engaño y matar*le*.

5 Pero decían: No durante la fiesta, para que no haya un tumulto en el pueblo.

6 Y hallándose Jesús en Betania, en casa de Simón el leproso,

7 se le acercó una mujer con un frasco de alabastro de perfume muy costoso, y lo derramó sobre su cabeza cuando estaba sentado *a la mesa.*

8 Pero al ver *esto,* los discípulos se indignaron, y decían: ¿Para qué este desperdicio?

9 Porque este *perfume* podía haberse vendido a gran precio, y *el dinero* habérselo dado a los pobres.

10 Pero Jesús, dándose cuenta, les dijo: ¿Por qué molestáis a la mujer? Pues buena obra ha hecho conmigo.

11 Porque a los pobres siempre los tendréis con vosotros, pero a mí no siempre me tendréis.

12 Pues al derramar ella este perfume sobre mi cuerpo, lo ha hecho a fin de prepararme para la sepultura.

13 En verdad os digo: Dondequiera que este evangelio se predique, en el mundo entero, se hablará también de lo que ésta ha hecho, en memoria suya.

14 Entonces uno de los doce, llamado Judas Iscariote, fue a los principales sacerdotes,

15 y dijo: ¿Qué estáis dispuestos a darme para que yo os lo entregue? Y ellos le pesaron treinta piezas de plata.

16 Y desde entonces buscaba una oportunidad para entregarle.

17 El primer *día de la fiesta* de los panes sin levadura, se acercaron los discípulos a Jesús, diciendo: ¿Dónde quieres que te hagamos los preparativos para comer la Pascua?

18 Y El respondió: Id a la ciudad, a cierto *hombre,* y decidle: "El Maestro dice: 'Mi tiempo está cerca; *quiero* celebrar la Pascua en tu casa con mis discípulos.' "

19 Entonces los discípulos hicieron como Jesús les había mandado, y prepararon la Pascua.

20 Al atardecer, estaba El sentado *a la mesa* con los doce discípulos.

21 Y mientras comían, dijo: En verdad os digo que uno de vosotros me entregará.

22 Y ellos, profundamente entristecidos, comenzaron a decirle uno por uno: ¿Acaso soy yo, Señor?

23 Respondiendo El, dijo: El que metió la mano conmigo en el plato, ése me entregará.

24 El Hijo del Hombre se va, según está escrito de El; pero ¡ay de aquel hombre por quien el Hijo del Hombre es entregado! Mejor le fuera a ese hombre no haber nacido.

25 Y respondiendo Judas, el que le iba a entregar, dijo: ¿Acaso soy yo, Rabí? Y El le dijo: Tú *lo* has dicho.

26 Mientras comían, Jesús tomó pan, y habiéndo*lo* bendecido, *lo* partió, y dándoselo a los discípulos, dijo: Tomad, comed; esto es mi cuerpo.

27 Y tomando una copa, y habiendo dado gracias, se *la* dio, diciendo: Bebed todos de ella;

28 porque esto es mi sangre del nuevo pacto, que es derramada por muchos para el perdón de los pecados.

29 Y os digo que desde ahora no beberé más de este fruto de la vid, hasta aquel día cuando lo beba nuevo con vosotros en el reino de mi Padre.

30 Y después de cantar un himno, salieron hacia el monte de los Olivos.

31 Entonces Jesús les dijo*: Esta noche todos vosotros os apartaréis por causa de mí, pues escrito está: "HERIRE AL PASTOR, Y LAS OVEJAS DEL REBAÑO SE DISPERSARAN."

32 Pero después de que yo haya resucitado, iré delante de vosotros a Galilea.

33 Entonces Pedro, respondiendo, le dijo: Aunque todos se aparten por causa de ti, yo nunca me apartaré.

34 Jesús le dijo: En verdad te digo que esta *misma* noche, antes que el gallo cante, me negarás tres veces.

35 Pedro le dijo*: Aunque tenga que morir contigo, jamás te negaré. Todos los discípulos dijeron también lo mismo.

36 Entonces Jesús llegó* con ellos a un lugar que se llama Getsemaní, y dijo* a sus discípulos: Sentaos aquí mientras yo voy allá y oro.

37 Y tomando consigo a Pedro y a los dos hijos de Zebedeo, comenzó a entristecerse y a angustiarse.

38 Entonces les dijo*: Mi alma está muy afligida, hasta el punto de la muerte; quedaos aquí y velad conmigo.

39 Y adelantándose un poco, cayó sobre su rostro, orando y diciendo: Padre mío, si es posible, que pase de mí esta copa; pero no sea como yo quiero, sino como tú *quieras*.

40 Vino* entonces a los discípulos y los halló* durmiendo, y dijo* a Pedro: ¿Conque no pudisteis velar una hora conmigo?

41 Velad y orad para que no entréis en tentación; el espíritu está dispuesto, pero la carne es débil.

42 Apartándose de nuevo, oró por segunda vez, diciendo: Padre mío, si ésta no puede pasar sin que yo la beba, hágase tu voluntad.

43 Y vino otra vez y los halló durmiendo, porque sus ojos estaban cargados *de sueño*.

44 Dejándolos de nuevo, se fue y oró por tercera vez, diciendo otra vez las mismas palabras.

45 Entonces vino* a los discípulos y les dijo*: ¿Todavía estáis durmiendo y descansando? He aquí, ha llegado la hora, y el Hijo del Hombre es entregado en manos de pecadores.

46 ¡Levantaos! ¡Vamos! Mirad, está cerca el que me entrega.

47 Mientras todavía estaba El hablando, he aquí, Judas, uno de los doce, llegó acompañado de una gran multitud con espadas y garrotes, de parte de los principales sacerdotes y de los ancianos del pueblo.

48 Y el que le entregaba les había dado una señal, diciendo: Al que yo bese, ése es; prendedle.

49 Y enseguida se acercó a Jesús y dijo: ¡Salve, Rabí! Y le besó.

50 Y Jesús le dijo: Amigo, *haz* lo que viniste a hacer. Entonces ellos se acercaron, echaron mano a Jesús y le prendieron.

51 Y sucedió que uno de los que estaban con Jesús, extendiendo la mano, sacó su espada, e hiriendo al siervo del sumo sacerdote, le cortó la oreja.

52 Entonces Jesús le dijo*: Vuelve tu espada a su sitio, porque todos los que tomen la espada, a espada perecerán.

53 ¿O piensas que no puedo rogar a mi Padre, y El pondría a mi disposición ahora mismo más de doce legiones de ángeles?

54 Pero, ¿cómo se cumplirían entonces las Escrituras de que así debe suceder?

55 En aquel momento Jesús dijo a la muchedumbre: ¿Como contra un ladrón habéis salido con espadas y garrotes para arrestarme? Cada día solía sentarme en el templo para enseñar, y no me prendisteis.

56 Pero todo esto ha sucedido para que se cumplan las Escrituras de los profetas. Entonces todos los discípulos le abandonaron y huyeron.

57 Y los que prendieron a Jesús le llevaron ante el sumo sacerdote Caifás, donde estaban reunidos los escribas y los ancianos.

58 Y Pedro le fue siguiendo de lejos hasta el patio del sumo sacerdote, y entrando, se sentó con los alguaciles para ver el fin *de todo aquello*.

59 Y los principales sacerdotes y todo el concilio procuraban obtener falso testimonio contra Jesús, con el fin de darle muerte,

60 y no *lo* hallaron a pesar de que se presentaron muchos falsos testigos. Pero más tarde se presentaron dos,

61 que dijeron: Este declaró: "Yo puedo destruir el templo de Dios y en tres días reedificarlo."

62 Entonces el sumo sacerdote, levantándose, le dijo: ¿No responden nada? ¿Qué testifican éstos contra ti?

63 Mas Jesús callaba. Y el sumo sacerdote le dijo: Te conjuro por el Dios viviente que nos digas si tú eres el Cristo, el Hijo de Dios.

64 Jesús le dijo*: Tú *mismo* lo has dicho; sin embargo, os digo que desde ahora veréis AL HIJO DEL HOMBRE SENTADO A LA DIESTRA DEL PODER, y VINIENDO SOBRE LAS NUBES DEL CIELO.

65 Entonces el sumo sacerdote rasgó sus vestiduras, diciendo: ¡Ha blasfemado! ¿Qué necesidad tenemos de más testigos? He aquí, ahora mismo habéis oído la blasfemia;

66 ¿qué os parece? Ellos respondieron y dijeron: ¡Es reo de muerte!

67 Entonces le escupieron en el rostro y le dieron de puñetazos; y otros le abofeteaban,

68 diciendo: Adivina, Cristo, ¿quién es el que te ha golpeado?

69 Pedro estaba sentado fuera en el patio, y una sirvienta se le acercó y dijo: Tú también estabas con Jesús el galileo.

70 Pero él *lo* negó delante de todos ellos, diciendo: No sé de qué hablas.

71 Cuando salió al portal, lo vio otra *sirvienta* y dijo* a los que estaban allí: Este estaba con Jesús el nazareno.

72 Y otra vez él *lo* negó con juramento: ¡Yo no conozco a ese hombre!

73 Y un poco después se acercaron los que estaban allí y dijeron a Pedro: Seguro que tú también eres *uno* de ellos, porque aun tu manera de hablar te descubre.

74 Entonces él comenzó a maldecir y a jurar: ¡Yo no conozco a ese hombre! Y al instante un gallo cantó.

75 Y Pedro se acordó de lo que Jesús había dicho: Antes que el gallo cante, me negarás tres veces. Y saliendo fuera, lloró amargamente.

Jesús es entregado a Pilato

27 Cuando llegó la mañana, todos los principales sacerdotes y los ancianos del pueblo celebraron consejo contra Jesús para darle muerte.

2 Y después de atarle, le llevaron y le entregaron a Pilato, el gobernador.

3 Entonces Judas, el que le había entregado, viendo que *Jesús* había sido condenado, sintió remordimiento y devolvió las treinta piezas de plata a los principales sacerdotes y a los ancianos,

4 diciendo: He pecado entregando sangre inocente. Pero ellos dijeron: A nosotros, ¿qué? ¡Allá tú!

5 Y él, arrojando las piezas de plata en el santuario, se marchó; y fue y se ahorcó.

6 Y los principales sacerdotes tomaron las piezas de plata, y dijeron: No es lícito ponerlas en el tesoro del templo, puesto que es precio de sangre.

7 Y después de celebrar consejo, compraron con ellas el Campo del Alfarero para sepultura de los forasteros.

8 Por eso ese campo se ha llamado Campo de Sangre hasta hoy.

9 Entonces se cumplió lo anunciado por medio del profeta Jeremías, cuando dijo: Y TOMARON LAS TREINTA PIEZAS DE PLATA, EL PRECIO DE AQUEL CUYO PRECIO HABIA SIDO FIJADO por los hijos de Israel;

10 Y LAS DIERON POR EL CAMPO DEL ALFARERO, COMO EL SEÑOR ME HABIA ORDENADO.

11 Y Jesús compareció delante del gobernador, y éste le interrogó, diciendo: ¿Eres tú el Rey de los judíos? Y Jesús le dijo: Tú *lo* dices.

12 Y al ser acusado por los principales sacerdotes y los ancianos, nada respondió.

13 Entonces Pilato le dijo*: ¿No oyes cuántas cosas testifican contra ti?

14 Y *Jesús* no le respondió ni a una sola pregunta, por lo que el gobernador estaba muy asombrado.

15 Ahora bien, en cada fiesta, el gobernador acostumbraba soltar un preso al pueblo, el que ellos quisieran.

16 Y tenían entonces un preso famoso, llamado Barrabás.

17 Por lo cual, cuando ellos se reunieron, Pilato les dijo: ¿A quién queréis que os suelte: a Barrabás o a Jesús, llamado el Cristo?

18 Porque él sabía que le habían entregado por envidia.

19 Y estando él sentado en el tribunal, su mujer le mandó *aviso*, diciendo: No tengas nada que ver con ese justo, porque hoy he sufrido mucho en sueños por causa de El.

20 Pero los principales sacerdotes y los ancianos persuadieron a las multitudes que pidieran a Barrabás y que dieran muerte a Jesús.

21 Y respondiendo, el gobernador les dijo: ¿A cuál de los dos queréis que os suelte? Y ellos respondieron: A Barrabás.

22 Pilato les dijo*: ¿Qué haré entonces con Jesús, llamado el Cristo? Todos dijeron*: ¡Sea crucificado!

23 Y *Pilato* dijo: ¿Por qué? ¿Qué mal ha hecho? Pero ellos gritaban aún más, diciendo: ¡Sea crucificado!

24 Y viendo Pilato que no conseguía nada, sino que más bien se estaba formando un tumulto, tomó agua y se lavó las manos delante de la multitud, diciendo: Soy inocente de la sangre de este justo; ¡allá vosotros!

25 Y respondiendo todo el pueblo, dijo: ¡Caiga su sangre sobre nosotros y sobre nuestros hijos!

26 Entonces les soltó a Barrabás, pero a Jesús, después de hacerle azotar, le entregó para que fuera crucificado.

27 Entonces los soldados del gobernador llevaron a Jesús al Pretorio, y reunieron alrededor de El a toda la cohorte *romana*.

28 Y desnudándole, le pusieron encima un manto de escarlata.

29 Y tejiendo una corona de espinas, se la pusieron sobre su cabeza, y una caña en su *mano* derecha; y arrodillándose delante de El, le hacían burla, diciendo: ¡Salve, Rey de los judíos!

30 Y escupiéndole, tomaban la caña y le golpeaban en la cabeza.

31 Después de haberse burlado de El, le quitaron el manto, le pusieron sus ropas y le llevaron para crucificar*le*.

32 Y cuando salían, hallaron a un hombre de Cirene llamado Simón, al cual obligaron a que llevara la cruz.

33 Cuando llegaron a un lugar llamado Gólgota, que significa Lugar de la Calavera,

34 le dieron a beber vino mezclado con hiel; pero después de probar*lo*, no *lo* quiso beber.

35 Y habiéndole crucificado, se repartieron sus vestidos, echando suertes;

36 y sentados, le custodiaban allí.

37 Y pusieron sobre su cabeza la acusación contra El, que decía: ESTE ES JESUS, EL REY DE LOS JUDIOS.

38 Entonces fueron crucificados* con El dos ladrones, uno a la derecha y otro a la izquierda.

39 Los que pasaban le injuriaban, meneando la cabeza

40 y diciendo: Tú que destruyes el templo y en tres días lo reedificas, sálvate a ti mismo, si eres el Hijo de Dios, y desciende de la cruz.

41 De igual manera, también los principales sacerdotes, junto con los escribas y los ancianos, burlándose *de El*, decían:

42 A otros salvó, a sí mismo no puede salvarse. Rey de Israel es; que baje ahora de la cruz, y creeremos en El.

43 EN DIOS CONFIA; QUE *le* LIBRE ahora SI EL LE QUIERE; porque ha dicho: "Yo soy el Hijo de Dios."

44 En la misma forma le injuriaban también los ladrones que habían sido crucificados con El.

45 Y desde la hora sexta hubo oscuridad sobre toda la tierra hasta la hora novena.

46 Y alrededor de la hora novena, Jesús exclamó a gran voz, diciendo: ELI, ELI, ¿LEMA SABACTANI? Esto es: DIOS MIO, DIOS MIO, ¿POR QUE ME HAS ABANDONADO?

47 Algunos de los que estaban allí, al oírlo, decían: Este llama a Elías.

48 Y al instante, uno de ellos corrió, y tomando una esponja, la empapó en vinagre, y poniéndola en una caña, le dio a beber.

49 Pero los otros dijeron: Deja, veamos si Elías viene a salvarle.

50 Entonces Jesús, clamando otra vez a gran voz, exhaló el espíritu.

51 Y he aquí, el velo del templo se rasgó en dos, de arriba abajo, y la tierra tembló y las rocas se partieron;

52 y los sepulcros se abrieron, y los cuerpos de muchos santos que habían dormido resucitaron;

53 y saliendo de los sepulcros, después de la resurrección de Jesús, entraron en la santa ciudad y se aparecieron a muchos.

54 El centurión y los que estaban con él custodiando a Jesús, cuando vieron el terremoto y las cosas que sucedían, se asustaron mucho, y dijeron: En verdad éste era Hijo de Dios.

55 Y muchas mujeres que habían seguido a Jesús desde Galilea para servirle, estaban allí, mirando de lejos;

56 entre las cuales estaban María Magdalena, María la madre de Jacobo y de José, y la madre de los hijos de Zebedeo.

57 Y al atardecer, vino un hombre rico de Arimatea, llamado José, que también se había convertido en discípulo de Jesús.

58 Este se presentó a Pilato y le pidió el cuerpo de Jesús. Entonces Pilato ordenó que se lo entregaran.

59 Tomando José el cuerpo, lo envolvió en un lienzo limpio de lino,

60 y lo puso en su sepulcro nuevo que él había excavado en la roca, y después de rodar una piedra grande a la entrada del sepulcro, se fue.

61 Y María Magdalena estaba allí, y la otra María, sentadas frente al sepulcro.

62 Al día siguiente, que es el día después de la preparación, se reunieron ante Pilato los principales sacerdotes y los fariseos,

63 y le dijeron: Señor, nos acordamos que cuando aquel engañador aún vivía, dijo: "Después de tres días resucitaré."

64 Por eso, ordena que el sepulcro quede asegurado hasta el tercer día, no sea que vengan sus discípulos, se lo roben, y digan al pueblo: "Ha resucitado de entre los muertos"; y el último engaño será peor que el primero.

65 Pilato les dijo: Una guardia tenéis; id, aseguradla como vosotros sabéis.

66 Y fueron y aseguraron el sepulcro; y además de poner la guardia, sellaron la piedra.

La resurrección

28 Pasado el día de reposo, al amanecer del primer *día* de la semana, María Magdalena y la otra María vinieron a ver el sepulcro.

2 Y he aquí, se produjo un gran terremoto, porque un ángel del Señor descendiendo del cielo, y acercándose, removió la piedra y se sentó sobre ella.

3 Su aspecto era como un relámpago, y su vestidura blanca como la nieve;

4 y de miedo a él los guardias temblaron y se quedaron como muertos.

5 Y hablando el ángel, dijo a las mujeres: Vosotras, no temáis; porque yo sé que buscáis a Jesús, el que fue crucificado.

6 No está aquí, porque ha resucitado, tal como dijo. Venid, ved el lugar donde yacía.

7 E id pronto, y decid a sus discípulos que El ha resucitado de entre los muertos; y he aquí, El va delante de vosotros a Galilea; allí le veréis. He aquí, os lo he dicho.

8 Y ellas, alejándose a toda prisa del sepulcro con temor y gran gozo, corrieron a dar las noticias a sus discípulos.

9 Y he aquí que Jesús les salió al encuentro, diciendo: ¡Salve! Y ellas, acercándose, abrazaron sus pies y le adoraron.

10 Entonces Jesús les dijo*: No temáis. Id, avisad a mis hermanos que vayan a Galilea, y allí me verán.

11 Y mientras ellas iban, he aquí, algunos de la guardia fueron a la ciudad e informaron a los principales sacerdotes de todo lo que había sucedido.

12 Y después de reunirse con los ancianos y deliberar con ellos, dieron una gran cantidad de dinero a los soldados,

13 diciendo: Decid esto: "Sus discípulos vinieron de noche y robaron el cuerpo mientras nosotros dormíamos."

14 Y si esto llega a oídos del gobernador, nosotros lo convenceremos y os evitaremos dificultades.

15 Ellos tomaron el dinero e hicieron como se les había instruido. Y este dicho se divulgó extensamente entre los judíos hasta hoy.

16 Pero los once discípulos se fueron a Galilea, al monte que Jesús les había señalado.

17 Cuando le vieron, le adoraron; mas algunos dudaron.

18 Y acercándose Jesús, les habló, diciendo: Toda autoridad me ha sido dada en el cielo y en la tierra.

19 Id, pues, y haced discípulos de todas las naciones, bautizándolos en el nombre del Padre y del Hijo y del Espíritu Santo,

20 enseñándoles a guardar todo lo que os he mandado; y he aquí, yo estoy con vosotros todos los días, hasta el fin del mundo.

Predicación de Juan el Bautista

1 Principio del evangelio de Jesucristo, Hijo de Dios.

2 Como está escrito en el profeta Isaías:
HE AQUI, YO ENVIO MI MENSAJERO DELANTE DE TU FAZ,
EL CUAL PREPARARA TU CAMINO.

3 VOZ DEL QUE CLAMA EN EL DESIERTO:
"PREPARAD EL CAMINO DEL SEÑOR,
HACED DERECHAS SUS SENDAS."

4 Juan el Bautista apareció en el desierto predicando el bautismo de arrepentimiento para el perdón de pecados.

5 Y acudía a él toda la región de Judea, y toda la gente de Jerusalén, y confesando sus pecados, eran bautizados por él en el río Jordán.

6 Juan estaba vestido de pelo de camello, tenía un cinto de cuero a la cintura, y comía langostas y miel silvestre.

7 Y predicaba, diciendo: Tras mí viene uno que es más poderoso que yo, a quien no soy digno de desatar, inclinándome, la correa de sus sandalias.

8 Yo os bauticé con agua, pero El os bautizará con el Espíritu Santo.

9 Y sucedió en aquellos días que Jesús vino de Nazaret de Galilea, y fue bautizado por Juan en el Jordán.

10 E inmediatamente, al salir del agua, vio que los cielos se abrían, y que el Espíritu como paloma descendía sobre El;

11 y vino una voz de los cielos, *que decía:* Tú eres mi Hijo amado, en ti me he complacido.

12 Enseguida el Espíritu le impulsó* *a ir* al desierto.

13 Y estuvo en el desierto cuarenta días, siendo tentado por Satanás; y estaba entre las fieras, y los ángeles le servían.

14 Después que Juan había sido encarcelado, Jesús vino a Galilea proclamando el evangelio de Dios,

15 y diciendo: El tiempo se ha cumplido y el reino de Dios se ha acercado; arrepentíos y creed en el evangelio.

16 Mientras caminaba junto al mar de Galilea, vio a Simón y a Andrés, hermano de Simón, echando una red en el mar, porque eran pescadores.

17 Y Jesús les dijo: Seguidme, y yo haré que seáis pescadores de hombres.

18 Y dejando al instante las redes, le siguieron.

19 Yendo un poco más adelante vio a Jacobo, el *hijo* de Zebedeo, y a su hermano Juan, los cuales estaban también en la barca, remendando las redes.

20 Y al instante los llamó; y ellos, dejando a su padre Zebedeo en la barca con los jornaleros, se fueron tras El.

21 Entraron* en Capernaúm; y enseguida, en el día de reposo entrando *Jesús* en la sinagoga *comenzó a* enseñar.

22 Y se admiraban de su enseñanza; porque les enseñaba como quien tiene autoridad, y no como los escribas.

23 Y he aquí estaba en la sinagoga de ellos un hombre con un espíritu inmundo, el cual comenzó a gritar,

24 diciendo: ¿Qué tenemos que ver contigo, Jesús de Nazaret? ¿Has venido a destruirnos? Yo sé quién eres: el Santo de Dios.

25 Jesús lo reprendió, diciendo: ¡Cállate, y sal de él!

26 Entonces el espíritu inmundo, causándole convulsiones, gritó a gran voz y salió de él.

27 Y todos se asombraron de tal manera que discutían entre sí, diciendo: ¿Qué es esto? ¡Una enseñanza nueva con autoridad! El manda aun a los espíritus inmundos y le obedecen.

28 Y enseguida su fama se extendió por todas partes, por toda la región alrededor de Galilea.

29 Inmediatamente después de haber salido de la sinagoga, fueron a casa de Simón y Andrés, con Jacobo y Juan.

30 Y la suegra de Simón yacía enferma con fiebre; y enseguida le hablaron* de ella.

31 *Jesús* se le acercó, y tomándola de la mano la levantó, y la fiebre la dejó; y ella les servía.

32 A la caída de la tarde, después de la puesta del sol, le trajeron todos los que estaban enfermos y los endemoniados.

33 Y toda la ciudad se había amontonado a la puerta.

34 Y sanó a muchos que estaban enfermos de diversas enfermedades, y expulsó muchos demonios; y no dejaba hablar a los demonios, porque ellos sabían quién era El.

35 Levantándose muy de mañana, cuando todavía estaba oscuro, salió, y se fue a un lugar solitario, y allí oraba.

36 Y Simón y sus compañeros salieron a buscarle;

37 le encontraron y le dijeron*: Todos te buscan.

38 Y El les dijo*: Vamos a otro lugar, a los pueblos vecinos, para que predique también allí, porque para eso he salido.

39 Y fue por toda Galilea, predicando en sus sinagogas y expulsando demonios.

40 Y vino* a El un leproso rogándole, y arrodillándose le dijo: Si quieres, puedes limpiarme.

41 Movido a compasión, extendiendo *Jesús* la mano, lo tocó, y le dijo*: Quiero; sé limpio.

42 Y al instante la lepra lo dejó y quedó limpio.

43 Entonces *Jesús* lo amonestó severamente y enseguida lo despidió;

44 le dijo*: Mira, no digas nada a nadie, sino ve, muéstrate al sacerdote y ofrece por tu limpieza lo que Moisés ordenó, para testimonio a ellos.

45 Pero él, en cuanto salió comenzó a proclamarlo abiertamente y a divulgar el hecho, a tal punto que Jesús ya no podía entrar públicamente en ciudad alguna, sino que se quedaba fuera en lugares despoblados; y venían a El de todas partes.

Curación de un paralítico

2 Habiendo entrado de nuevo en Capernaúm varios días después, se oyó que estaba en casa.

2 Y se reunieron muchos, tanto que ya no había

lugar ni aun a la puerta; y El les exponía la palabra.

3 Entonces vinieron* a traerle un paralítico llevado entre cuatro.

4 Y como no pudieron acercarse a El a causa de la multitud, levantaron el techo *encima* de donde El estaba; y cuando habían hecho una abertura, bajaron la camilla en que yacía el paralítico.

5 Viendo Jesús la fe de ellos, dijo* al paralítico: Hijo, tus pecados te son perdonados.

6 Pero estaban allí sentados algunos de los escribas, los cuales pensaban en sus corazones:

7 ¿Por qué habla éste así? Está blasfemando; ¿quién puede perdonar pecados, sino sólo Dios?

8 Y al instante Jesús, conociendo en su espíritu que pensaban de esa manera dentro de sí mismos, les dijo*: ¿Por qué pensáis estas cosas en vuestros corazones?

9 ¿Qué es más fácil, decir al paralítico: "Tus pecados te son perdonados", o decir*le*: "Levántate, toma tu camilla y anda"?

10 Pues para que sepáis que el Hijo del Hombre tiene autoridad en la tierra para perdonar pecados (dijo* al paralítico):

11 A ti te digo: Levántate, toma tu camilla y vete a tu casa.

12 Y él se levantó, y tomando al instante la camilla, salió a vista de todos, de manera que todos estaban asombrados, y glorificaban a Dios, diciendo: Jamás hemos visto cosa semejante.

13 Y El salió de nuevo a la orilla del mar, y toda la multitud venía a El, y les enseñaba.

14 Y al pasar, vio a Leví, *hijo* de Alfeo, sentado en la oficina de los tributos, y le dijo*: Sígueme. Y levantándose, le siguió.

15 Y sucedió que estando Jesús sentado *a la mesa* en casa de él, muchos recaudadores de impuestos y pecadores estaban comiendo con Jesús y sus discípulos; porque había muchos de ellos que le seguían.

16 Al ver los escribas de los fariseos que El comía con pecadores y recaudadores de impuestos, decían a sus discípulos: ¿Por qué El come y bebe con recaudadores de impuestos y pecadores?

17 Al oír *esto*, Jesús les dijo*: Los que están sanos no tienen necesidad de médico, sino los que están enfermos; no he venido a llamar a justos, sino a pecadores.

18 Los discípulos de Juan y los fariseos estaban ayunando; y vinieron* y le dijeron*: ¿Por qué ayunan los discípulos de Juan y los discípulos de los fariseos, pero tus discípulos no ayunan?

19 Y Jesús les dijo: ¿Acaso pueden ayunar los acompañantes del novio mientras el novio está con ellos? Mientras tienen al novio con ellos, no pueden ayunar.

20 Pero vendrán días cuando el novio les será quitado, y entonces ayunarán en aquel día.

21 Nadie pone un remiendo de tela nueva en un vestido viejo, porque entonces el remiendo *al encogerse* tira de él, lo nuevo de lo viejo, y se produce una rotura peor.

22 Y nadie echa vino nuevo en odres viejos, porque entonces el vino romperá el odre, y se pierde el vino *y también* los odres; sino que *se echa* vino nuevo en odres nuevos.

23 Y aconteció que un día de reposo Jesús pasaba por los sembrados, y sus discípulos, mientras se abrían paso, comenzaron a arrancar espigas.

24 Entonces los fariseos le decían: Mira, ¿por qué hacen lo que no es lícito en el día de reposo?

25 Y El les dijo*: ¿Nunca habéis leído lo que David hizo cuando tuvo necesidad y sintió hambre, él y sus compañeros,

26 cómo entró en la casa de Dios en tiempos de Abiatar, *el* sumo sacerdote, y comió los panes consagrados que no es lícito *a nadie* comer, sino a los sacerdotes, y dio también a los que estaban con él?

27 Y El les decía: El día de reposo se hizo para el hombre, y no el hombre para el día de reposo.

28 Por tanto, el Hijo del Hombre es Señor aun del día de reposo.

Jesús sana al hombre de la mano seca

3 Otra vez entró *Jesús* en una sinagoga; y había allí un hombre que tenía una mano seca.

2 Y le observaban *para ver* si le sanaba en el día de reposo, para poder acusarle.

3 Y dijo* al hombre que tenía la mano seca: Levántate *y ponte aquí* en medio.

4 Entonces les dijo*: ¿Es lícito en el día de reposo hacer bien o hacer mal, salvar una vida o matar? Pero ellos guardaban silencio.

5 Y mirándolos en torno con enojo, entristecido por la dureza de sus corazones, dijo* al hombre: Extiende tu mano. Y él la extendió, y su mano quedó sana.

6 Pero cuando los fariseos salieron, enseguida *comenzaron a* tramar con los herodianos en contra de Jesús, *para ver* cómo podrían destruirle.

7 Jesús se retiró al mar con sus discípulos; y una gran multitud de Galilea *le* siguió; y *también* de Judea,

8 de Jerusalén, de Idumea, del otro lado del Jordán, y de los alrededores de Tiro y Sidón; una gran multitud, *que* al oír todo lo que *Jesús* hacía, vino a El.

9 Y dijo a sus discípulos que le tuvieran lista una barca por causa de la multitud, para que no le oprimieran;

10 porque había sanado a muchos, de manera que todos los que tenían aflicciones se le echaban encima para tocarle.

11 Y siempre que los espíritus inmundos le veían, caían delante de El y gritaban, diciendo: Tú eres el Hijo de Dios.

12 Y les advertía con insistencia que no revelaran su identidad.

13 Y subió* al monte, llamó* a los que El quiso, y ellos vinieron a El.

14 Y designó a doce, para que estuvieran con El y para enviarlos a predicar,

15 y para que tuvieran autoridad de expulsar demonios.

16 Designó a los doce: Simón (a quien puso por nombre Pedro),

17 Jacobo, *hijo* de Zebedeo, y Juan hermano de Jacobo (a quienes puso por nombre Boanerges, que significa, hijos del trueno);

18 Andrés, Felipe, Bartolomé, Mateo, Tomás, Jacobo, *hijo* de Alfeo, Tadeo, Simón el cananita;

19 y Judas Iscariote, el que también le entregó.

20 *Jesús* llegó* a una casa, y la multitud se

juntó* de nuevo, a tal punto que ellos ni siquiera podían comer.

21 Cuando sus parientes oyeron *esto*, fueron para hacerse cargo de El, porque decían: Está fuera de sí.

22 Y los escribas que habían descendido de Jerusalén decían: Tiene a Beelzebú; y: Expulsa los demonios por el príncipe de los demonios.

23 Y llamándolos junto a sí, les hablaba en parábolas: ¿Cómo puede Satanás expulsar a Satanás?

24 Y si un reino está dividido contra sí mismo, ese reino no puede perdurar.

25 Y si una casa está dividida contra sí misma, esa casa no podrá permanecer.

26 Y si Satanás se ha levantado contra sí mismo y está dividido, no puede permanecer, sino que ha llegado su fin.

27 Pero nadie puede entrar en la casa de un *hombre* fuerte y saquear sus bienes si primero no lo ata; entonces podrá saquear su casa.

28 En verdad os digo que todos los pecados serán perdonados a los hijos de los hombres, y las blasfemias con que blasfemen,

29 pero cualquiera que blasfeme contra el Espíritu Santo no tiene jamás perdón, sino que es culpable de pecado eterno.

30 Porque decían: Tiene un espíritu inmundo.

31 Entonces llegaron* su madre y sus hermanos, y quedándose afuera, le mandaron llamar.

32 Y había una multitud sentada alrededor de El, y le dijeron*: He aquí, tu madre y tus hermanos están afuera y te buscan.

33 Respondiéndoles El, dijo*: ¿Quiénes son mi madre y mis hermanos?

34 Y mirando en torno a los que estaban sentados en círculo, a su alrededor, dijo*: He aquí mi madre y mis hermanos.

35 *Porque* cualquiera que hace la voluntad de Dios, ése es mi hermano y mi hermana y mi madre.

Parábola del sembrador

4 Comenzó a enseñar de nuevo junto al mar; y se llegó a El una multitud tan grande que tuvo que subirse a una barca *que estaba* en el mar, y se sentó; y toda la multitud estaba en tierra a la orilla del mar.

2 Les enseñaba muchas cosas en parábolas; y les decía en su enseñanza:

3 ¡Oíd! He aquí, el sembrador salió a sembrar;

4 y aconteció que al sembrar, una parte *de la semilla* cayó junto al camino, y vinieron las aves y se la comieron.

5 Otra *parte* cayó en un pedregal donde no tenía mucha tierra; y enseguida brotó por no tener profundidad de tierra.

6 Pero cuando salió el sol, se quemó; y por no tener raíz, se secó.

7 Otra *parte* cayó entre espinos, y los espinos crecieron y la ahogaron, y no dio fruto.

8 Y otras *semillas* cayeron en buena tierra, y creciendo y desarrollándose, dieron fruto, y produjeron unas a treinta, otras a sesenta y otras a ciento por uno.

9 Y El decía: El que tiene oídos para oír, que oiga.

10 Cuando se quedó solo, sus seguidores junto con los doce, le preguntaban *sobre* las parábolas.

11 Y les decía: A vosotros os ha sido dado el misterio del reino de Dios, pero los que están afuera reciben todo en parábolas;

12 para que VIENDO VEAN PERO NO PERCIBAN, Y OYENDO OIGAN PERO NO ENTIENDAN, NO SEA QUE SE CONVIERTAN Y SEAN PERDONADOS.

13 Y les dijo*: ¿No entendéis esta parábola? ¿Cómo, pues, comprenderéis todas las parábolas?

14 El sembrador siembra la palabra.

15 Y estos son los que están junto al camino donde se siembra la palabra, *aquellos* que en cuanto *la* oyen, al instante viene Satanás y se lleva la palabra que se ha sembrado en ellos.

16 Y de igual manera, estos en que se sembró la semilla en pedregales son los que al oír la palabra enseguida la reciben con gozo;

17 pero no tienen raíz *profunda* en sí mismos, sino que *sólo* son temporales. Entonces, cuando viene la aflicción o la persecución por causa de la palabra, enseguida tropiezan *y caen*.

18 Otros son aquellos en los que se sembró la semilla entre los espinos; éstos son los que han oído la palabra,

19 pero las preocupaciones del mundo, y el engaño de las riquezas, y los deseos de las demás cosas entran y ahogan la palabra, y se vuelve estéril.

20 Y otros son aquellos en que se sembró la semilla en tierra buena; los cuales oyen la palabra, la aceptan y dan fruto, unos a treinta, otros a sesenta y otros a ciento por uno.

21 Y les decía: ¿Acaso se trae una lámpara para ponerla debajo de un almud o debajo de la cama? ¿No es para ponerla en el candelero?

22 Porque nada hay oculto, si no es para que sea manifestado; ni *nada* ha estado en secreto, sino para que salga a la luz.

23 Si alguno tiene oídos para oír, que oiga.

24 También les decía: Cuidaos de lo que oís. Con la medida con que midáis, se os medirá, y aun más se os dará.

25 Porque al que tiene, se le dará *más*, pero al que no tiene, aun lo que tiene se le quitará.

26 Decía también: El reino de Dios es como un hombre que echa semilla en la tierra,

27 y se acuesta y se levanta, de noche y de día, y la semilla brota y crece; cómo, él no lo sabe.

28 La tierra produce fruto por sí misma; primero la hoja, luego la espiga, y después el grano maduro en la espiga.

29 Y cuando el fruto lo permite, él enseguida mete la hoz, porque ha llegado *el tiempo de* la siega.

30 También decía: ¿A qué compararemos el reino de Dios, o con qué parábola lo describiremos?

31 *Es* como un grano de mostaza, el cual, cuando se siembra en la tierra, aunque es más pequeño que todas las semillas que hay en la tierra,

32 sin embargo, cuando es sembrado, crece y llega a ser más grande que todas las hortalizas y echa grandes ramas, tanto que LAS AVES DEL CIELO pueden ANIDAR BAJO SU SOMBRA.

33 Con muchas parábolas como éstas les hablaba la palabra, según podían oír*la;*

34 y sin parábolas no les hablaba, sino que lo

explicaba todo en privado a sus propios discípulos.

35 Ese día, caída ya la tarde, les dijo*: Pasemos al otro lado.

36 Despidiendo a la multitud, le llevaron* con ellos en la barca, como estaba; y había otras barcas con El.

37 Pero se levantó* una violenta tempestad, y las olas se lanzaban sobre la barca de tal manera que ya se anegaba la barca.

38 El estaba en la popa, durmiendo sobre un cabezal; entonces le despertaron* y le dijeron*: Maestro, ¿no te importa que perezcamos?

39 Y levantándose, reprendió al viento, y dijo al mar: ¡Cálmate, sosiégate! Y el viento cesó, y sobrevino una gran calma.

40 Entonces les dijo: ¿Por qué estáis amedrentados? ¿Cómo no tenéis fe?

41 Y se llenaron de gran temor, y se decían unos a otros: ¿Quién, pues, es éste que aun el viento y el mar le obedecen?

El endemoniado gadareno

5 Y llegaron al otro lado del mar, a la tierra de los gadarenos.

2 Y cuando El salió de la barca, enseguida vino a su encuentro, de entre los sepulcros, un hombre con un espíritu inmundo

3 que tenía su morada entre los sepulcros; y nadie podía ya atarlo ni aun con cadenas;

4 porque muchas veces había sido atado con grillos y cadenas, pero él había roto las cadenas y destrozado los grillos, y nadie era tan fuerte como para dominarlo.

5 Y siempre, noche y día, andaba entre los sepulcros y en los montes dando gritos e hiriéndose con piedras.

6 Cuando vio a Jesús de lejos, corrió y se postró delante de El;

7 y gritando a gran voz, dijo*: ¿Qué tengo yo que ver contigo, Jesús, Hijo del Dios Altísimo? Te imploro por Dios que no me atormentes.

8 Porque Jesús le decía: Sal del hombre, espíritu inmundo.

9 Y le preguntó: ¿Cómo te llamas? Y él le dijo*: Me llamo Legión, porque somos muchos.

10 Entonces le rogaba con insistencia que no los enviara fuera de la tierra.

11 Y había allí una gran piara de cerdos paciendo junto al monte.

12 Y los demonios le rogaron, diciendo: Envíanos a los cerdos para que entremos en ellos.

13 Y El les dio permiso. Y saliendo los espíritus inmundos, entraron en los cerdos; y la piara, unos dos mil, se precipitó por un despeñadero al mar, y en el mar se ahogaron.

14 Y los que cuidaban los cerdos huyeron y lo contaron en la ciudad y por los campos. Y la gente vino a ver qué era lo que había sucedido.

15 Y vinieron* a Jesús, y vieron* al que había estado endemoniado, sentado, vestido y en su cabal juicio, el mismo que había tenido la legión; y tuvieron miedo.

16 Y los que lo habían visto les describieron cómo le había sucedido esto al endemoniado, y lo de los cerdos.

17 Y comenzaron a rogarle que se fuera de su comarca.

18 Al entrar El en la barca, el que había estado endemoniado le rogaba que le dejara acompañarle.

19 Pero Jesús no se lo permitió, sino que le dijo*: Vete a tu casa, a los tuyos, y cuéntales cuán grandes cosas el Señor ha hecho por ti, y cómo tuvo misericordia de ti.

20 Y él se fue, y empezó a proclamar en Decápolis cuán grandes cosas Jesús había hecho por él; y todos se quedaban maravillados.

21 Cuando Jesús pasó otra vez en la barca al otro lado, se reunió una gran multitud alrededor de El; y El se quedó junto al mar.

22 Y vino uno de los oficiales de la sinagoga, llamado Jairo, y al verle se postró* a sus pies.

23 Y le rogaba* con insistencia, diciendo: Mi hijita está al borde de la muerte; te ruego que vengas y pongas las manos sobre ella para que sane y viva.

24 Jesús fue con él; y una gran multitud le seguía y le oprimía.

25 Y una mujer que había tenido flujo de sangre por doce años,

26 y había sufrido mucho a manos de muchos médicos, y había gastado todo lo que tenía sin provecho alguno, sino que al contrario, había empeorado;

27 cuando oyó hablar de Jesús, se llegó a El por detrás entre la multitud y tocó su manto.

28 Porque decía: Si tan sólo toco sus ropas, sanaré.

29 Al instante la fuente de su sangre se secó, y sintió en su cuerpo que estaba curada de su aflicción.

30 Y enseguida Jesús, dándose cuenta de que había salido poder de El, volviéndose entre la gente, dijo: ¿Quién ha tocado mi ropa?

31 Y sus discípulos le dijeron: Ves que la multitud te oprime, y dices: "¿Quién me ha tocado?"

32 Pero El miraba a su alrededor para ver a la mujer que le había tocado.

33 Entonces la mujer, temerosa y temblando, dándose cuenta de lo que le había sucedido, vino y se postró delante de El y le dijo toda la verdad.

34 Y Jesús le dijo: Hija, tu fe te ha sanado; vete en paz y queda sana de tu aflicción.

35 Mientras estaba todavía hablando, vinieron* de casa del oficial de la sinagoga, diciendo: Tu hija ha muerto, ¿para qué molestas aún al Maestro?

36 Pero Jesús, oyendo lo que se hablaba, dijo* al oficial de la sinagoga: No temas, cree solamente.

37 Y no permitió que nadie fuera con El sino sólo Pedro, Jacobo y Juan, el hermano de Jacobo.

38 Fueron* a la casa del oficial de la sinagoga, y Jesús vio* el alboroto, y a los que lloraban y se lamentaban mucho.

39 Y entrando les dijo*: ¿Por qué hacéis alboroto y lloráis? La niña no ha muerto, sino que está dormida.

40 Y se burlaban de El. Pero El, echando fuera a todos, tomó* consigo al padre y a la madre de la niña, y a los que estaban con El, y entró* donde estaba la niña.

41 Y tomando a la niña por la mano, le dijo*: Talita cumi (que traducido significa: Niña, a ti te digo, ¡levántate!).

42 Al instante la niña se levantó y comenzó a

caminar, pues tenía doce años. Y al momento se quedaron completamente atónitos.

43 Entonces les dio órdenes estrictas de que nadie se enterara de esto; y dijo que le dieran de comer a la niña.

Jesús enseña en Nazaret

6 El se marchó de allí y llegó* a su pueblo; y sus discípulos le siguieron*.

2 Cuando llegó el día de reposo comenzó a enseñar en la sinagoga; y muchos que *le* escuchaban se asombraban, diciendo: ¿Dónde *obtuvo* éste tales cosas, y cuál es *esta* sabiduría *que* le ha sido dada, y estos milagros que hace con sus manos?

3 ¿No es éste el carpintero, el hijo de María, y hermano de Jacobo, José, Judas y Simón? ¿No están sus hermanas aquí con nosotros? Y se escandalizaban a causa de El.

4 Y Jesús les dijo: No hay profeta sin honra sino en su propia tierra, y entre sus parientes, y en su casa.

5 Y no pudo hacer allí ningún milagro; sólo sanó a unos pocos enfermos sobre los cuales puso sus manos.

6 Y estaba maravillado de la incredulidad de ellos.

Y recorría las aldeas de alrededor enseñando.

7 Entonces llamó* a los doce y comenzó a enviarlos de dos en dos, dándoles autoridad sobre los espíritus inmundos;

8 y les ordenó que no llevaran nada para el camino, sino sólo un bordón; ni pan, ni alforja, ni dinero en el cinto;

9 sino calzados con sandalias. No llevéis dos túnicas

10 —les dijo—y dondequiera que entréis en una casa, quedaos allí hasta que salgáis de la población.

11 Y en cualquier lugar que no os reciban ni os escuchen, al salir de allí, sacudid el polvo de la planta de vuestros pies en testimonio contra ellos.

12 Y saliendo, predicaban que *todos* se arrepintieran.

13 Y echaban fuera muchos demonios, y ungían con aceite a muchos enfermos y los sanaban.

14 El rey Herodes se enteró *de esto,* pues el nombre de Jesús se había hecho célebre, y la *gente* decía: Juan el Bautista ha resucitado de entre los muertos, por eso es que estos poderes milagrosos actúan en él.

15 Pero otros decían: Es Elías. Y decían otros: *Es* un profeta, como uno de los profetas *antiguos.*

16 Y al oír *esto* Herodes, decía: Juan, a quien yo decapité, ha resucitado.

17 Porque Herodes mismo había enviado a prender a Juan y lo había encadenado en la cárcel por causa de Herodías, mujer de su hermano Felipe, pues *Herodes* se había casado con ella.

18 Porque Juan le decía a Herodes: No te es lícito tener la mujer de tu hermano.

19 Y Herodías le tenía rencor y deseaba matarlo, pero no podía,

20 porque Herodes temía a Juan, sabiendo que era un hombre justo y santo, y lo mantenía protegido. Y cuando le oía se quedaba muy perplejo, pero le gustaba escucharlo.

21 Pero llegó un día oportuno, cuando Herodes, siendo su cumpleaños, ofreció un banquete a sus nobles y comandantes y a los principales de Galilea;

22 y cuando la hija misma de Herodías entró y danzó, agradó a Herodes y a los que se sentaban *a la mesa* con él; y el rey dijo a la muchacha: Pídeme lo que quieras y te lo daré.

23 Y le juró: Te daré lo que me pidas, hasta la mitad de mi reino.

24 Ella salió y dijo a su madre: ¿Qué pediré? Y ella le respondió: La cabeza de Juan el Bautista.

25 Enseguida ella se presentó apresuradamente ante el rey con su petición, diciendo: Quiero que me des ahora mismo la cabeza de Juan el Bautista en una bandeja.

26 Y aunque el rey se puso muy triste, sin embargo a causa de *sus* juramentos y de los que se sentaban con él *a la mesa,* no quiso desairarla.

27 Y al instante el rey envió a un verdugo y *le* ordenó que trajera la cabeza de Juan. Y él fue y lo decapitó en la cárcel,

28 y trajo su cabeza en una bandeja, y se la dio a la muchacha, y la muchacha se la dio a su madre.

29 Cuando sus discípulos oyeron *esto,* fueron y se llevaron el cuerpo y le dieron sepultura.

30 Los apóstoles se reunieron* con Jesús, y le informaron sobre todo lo que habían hecho y enseñado.

31 Y El les dijo*: Venid, apartaos de los demás a un lugar solitario y descansad un poco. (Porque había muchos que iban y venían, y ellos no tenían tiempo ni siquiera para comer.)

32 Y se fueron en la barca a un lugar solitario, apartado.

33 Pero *la* gente los vio partir, y muchos *los* reconocieron y juntos corrieron allá a pie de todas las ciudades, y llegaron antes que ellos.

34 Al desembarcar, El vio una gran multitud, y tuvo compasión de ellos, porque eran como ovejas sin pastor; y comenzó a enseñarles muchas cosas.

35 Y cuando era ya muy tarde, sus discípulos se le acercaron, diciendo: El lugar está desierto y ya es muy tarde;

36 despídelos para que vayan a los campos y aldeas de alrededor, y se compren algo de comer.

37 Pero respondiendo El, les dijo: Dadles vosotros de comer. Y ellos le dijeron*: ¿Quieres que vayamos y compremos doscientos denarios de pan y les demos de comer?

38 Y El les dijo*: ¿Cuántos panes tenéis? Id y ved. Y cuando se cercioraron le dijeron*: Cinco, y dos peces.

39 Y les mandó que todos se recostaran por grupos sobre la hierba verde.

40 Y se recostaron por grupos de cien y de cincuenta.

41 Entonces El tomó los cinco panes y los dos peces, y levantando los ojos al cielo, *los* bendijo, y partió los panes *y los* iba dando a los discípulos para que se los sirvieran; también repartió los dos peces entre todos.

42 Todos comieron y se saciaron.

43 Y recogieron doce cestas llenas de los pedazos, y también de los peces.

44 Los que comieron los panes eran cinco mil hombres.

45 Enseguida hizo que sus discípulos subieran a la barca y fueran delante de *El* al otro lado, a Betsaida, mientras El despedía a la multitud.

46 Y después de despedirse de ellos, se fue al monte a orar.

47 Al anochecer, la barca estaba en medio del mar, y El *estaba* solo en tierra.

48 Y al verlos remar fatigados, porque el viento les era contrario, como a la cuarta vigilia de la noche, fue* hacia ellos andando sobre el mar, y quería pasarles de largo.

49 Pero cuando ellos le vieron andando sobre el mar, pensaron que era un fantasma y se pusieron a gritar;

50 porque todos le vieron y se turbaron. Pero enseguida El habló con ellos y les dijo*: ¡Tened ánimo; soy yo, no temáis!

51 Y subió con ellos a la barca, y el viento se calmó; y ellos estaban asombrados en gran manera,

52 porque no habían entendido lo de los panes, sino que su mente estaba embotada.

53 Terminada la travesía, llegaron a tierra en Genesaret, y atracaron.

54 Cuando salieron de la barca, enseguida *la gente* reconoció a Jesús,

55 y recorrieron apresuradamente toda aquella comarca, y comenzaron a traer a los enfermos en sus camillas adonde oían *decir* que El estaba.

56 Y dondequiera que El entraba en aldeas, ciudades o campos, ponían a los enfermos en las plazas, y le rogaban que les permitiera tocar siquiera el borde de su manto; y todos los que lo tocaban quedaban curados.

Lo que contamina al hombre

7 Los fariseos, y algunos de los escribas que habían venido de Jerusalén, se reunieron alrededor de El;

2 y vieron que algunos de sus discípulos comían el pan con manos inmundas, es decir, sin lavar.

3 (Porque los fariseos y todos los judíos no comen a menos de que se laven las manos cuidadosamente, observando *así* la tradición de los ancianos;

4 y *cuando vuelven* de la plaza, no comen a menos de que se laven; y hay muchas otras cosas que han recibido para observar*las*, como el lavamiento de los vasos, de los cántaros y de las vasijas de cobre.)

5 Entonces los fariseos y los escribas le preguntaron*: ¿Por qué tus discípulos no andan conforme a la tradición de los ancianos, sino que comen con manos inmundas?

6 Y El les dijo: Bien profetizó Isaías de vosotros, hipócritas, como está escrito:
"ESTE PUEBLO CON LOS LABIOS ME HONRA,
PERO SU CORAZON ESTA MUY LEJOS DE MI.

7 "MAS EN VANO ME RINDEN CULTO,
ENSEÑANDO COMO DOCTRINAS PRECEPTOS DE HOMBRES."

8 Dejando el mandamiento de Dios, os aferráis a la tradición de los hombres.

9 También les decía: Astutamente violáis el mandamiento de Dios para guardar vuestra tradición.

10 Porque Moisés dijo: "HONRA A TU PADRE Y A TU MADRE"; y: "EL QUE HABLE MAL DE *su* PADRE O DE *su* MADRE, QUE MUERA;"

11 pero vosotros decís: "Si un hombre dice al padre o a la madre: 'Cualquier cosa mía con que pudieras beneficiarte es corbán (es decir, ofrenda *a Dios*)' ";

12 ya no le dejáis hacer nada en favor de *su* padre o de *su* madre;

13 invalidando *así* la palabra de Dios por vuestra tradición, la cual habéis transmitido, y hacéis muchas cosas semejantes a éstas.

14 Y llamando de nuevo a la multitud, les decía: Escuchadme todos y entended:

15 no hay nada fuera del hombre que al entrar en él pueda contaminarlo; sino que lo que sale de adentro del hombre es lo que contamina al hombre.

16 Si alguno tiene oídos para oír, que oiga.

17 Y cuando dejó a la multitud y entró en la casa, sus discípulos le preguntaron acerca de la parábola.

18 Y El les dijo*: ¿También vosotros sois tan faltos de entendimiento? ¿No comprendéis que todo lo que de afuera entra al hombre no le puede contaminar,

19 porque no entra en su corazón, sino en el estómago, y se elimina? (Declarando *así* limpios todos los alimentos.)

20 Y decía: Lo que sale del hombre, eso es lo que contamina al hombre.

21 Porque de adentro, del corazón de los hombres, salen los malos pensamientos, fornicaciones, robos, homicidios, adulterios,

22 avaricias, maldades, engaños, sensualidad, envidia, calumnia, orgullo e insensatez.

23 Todas estas maldades de adentro salen, y contaminan al hombre.

24 Levantándose de allí, se fue a la región de Tiro, y entrando en una casa, no quería que nadie *lo* supiera, pero no pudo pasar inadvertido;

25 sino que enseguida, al oír *hablar* de El, una mujer cuya hijita tenía un espíritu inmundo, fue y se postró a sus pies.

26 La mujer era gentil, sirofenicia de nacimiento; y le rogaba que echara fuera a su hija el demonio.

27 Y El le decía: Deja que primero los hijos se sacien, pues no está bien tomar el pan de los hijos y echarlo a los perrillos.

28 Pero ella respondió y le dijo*: Es cierto, Señor; *pero* aun los perrillos debajo de la mesa comen las migajas de los hijos.

29 Y El le dijo: Por esta respuesta, vete; el demonio ha salido de tu hija.

30 Cuando ella volvió a su casa, halló que la niña estaba acostada en la cama, y que el demonio había salido.

31 Volviendo a salir de la región de Tiro, pasó por Sidón y *llegó* al mar de Galilea, atravesando la región de Decápolis.

32 Y le trajeron* a uno que era sordo y que hablaba con dificultad, y le rogaron* que pusiera la mano sobre él.

33 Entonces *Jesús*, tomándolo aparte de la multitud, a solas, metió los dedos en los oídos, y escupiendo, le tocó la lengua *con la saliva*,

34 y levantando los ojos al cielo, suspiró profundamente y le dijo*: ¡Effatá!, esto es: ¡Abrete!

35 Y al instante se abrieron sus oídos, y desapareció el impedimento de su lengua, y hablaba con claridad.

36 Y *Jesús* les ordenó que a nadie se lo dijeran; pero mientras más se lo ordenaba, tanto más ellos lo proclamaban.

37 Y se asombraron en gran manera, diciendo: Todo lo ha hecho bien; aun a los sordos hace oír y a los mudos hablar.

Alimentación de los cuatro mil

8 En aquellos días, cuando de nuevo había una gran multitud que no tenía qué comer, *Jesús* llamó a sus discípulos y les dijo*:

2 Tengo compasión de la multitud porque hace ya tres días que están conmigo y no tienen qué comer;

3 y si los despido sin comer a sus casas, desfallecerán en el camino, pues algunos de ellos han venido de lejos.

4 Sus discípulos le respondieron: ¿Dónde podrá alguien *encontrar lo suficiente para* saciar de pan a éstos aquí en el desierto?

5 Y El les preguntó: ¿Cuántos panes tenéis? Y ellos respondieron: Siete.

6 Entonces mandó* a la multitud que se recostara en el suelo; y tomando los siete panes, después de dar gracias, *los* partió y *los* iba dando a sus discípulos para que *los* pusieran delante *de la gente*; y ellos *los* sirvieron a la multitud.

7 También tenían unos pocos pececillos; y después de bendecirlos, mandó que éstos también los sirvieran.

8 *Todos* comieron y se saciaron; y recogieron de lo que sobró de los pedazos, siete canastas.

9 *Los que comieron* eran unos cuatro mil; y los despidió.

10 Y subiendo enseguida a la barca con sus discípulos, fue a la región de Dalmanuta.

11 Entonces salieron los fariseos y comenzaron a discutir con El, buscando de El una señal del cielo para ponerle a prueba.

12 Suspirando profundamente en su espíritu, dijo*: ¿Por qué pide señal esta generación? En verdad os digo que no se le dará señal a esta generación.

13 Y dejándolos, se embarcó otra vez y se fue al otro lado.

14 Y se habían olvidado de tomar panes; y no tenían consigo en la barca sino sólo un pan.

15 Y El les encargaba diciendo: ¡Tened cuidado! Guardaos de la levadura de los fariseos y de la levadura de Herodes.

16 Y ellos discutían entre sí que no tenían panes.

17 Dándose cuenta Jesús, les dijo*: ¿Por qué discutís que no tenéis pan? ¿Aún no comprendéis ni entendéis? ¿Tenéis el corazón endurecido?

18 Teniendo ojos, ¿no veis? Y teniendo oidos, ¿no ois? ¿No recordáis

19 cuando partí los cinco panes entre los cinco mil? ¿Cuántas cestas llenas de pedazos recogisteis? Y ellos le dijeron*: Doce.

20 Y cuando *partí* los siete *panes* entre los cuatro mil, ¿cuántas canastas llenas de los pedazos recogisteis? Y ellos le dijeron*: Siete.

21 Y les dijo: ¿Aún no entendéis?

22 Llegaron* a Betsaida, y le trajeron* un ciego y le rogaron* que lo tocara.

23 Tomando de la mano al ciego, lo sacó fuera de la aldea; y después de escupir en sus ojos y de poner las manos sobre él, le preguntó: ¿Ves algo?

24 Y levantando la vista, dijo: Veo a los hombres, pero *los* veo como árboles que caminan.

25 Entonces *Jesús* puso otra vez las manos sobre sus ojos, y él miró fijamente y fue restaurado; y lo veía todo con claridad.

26 Y lo envió a su casa diciendo: Ni aun en la aldea entres.

27 Salió Jesús con sus discípulos a las aldeas de Cesarea de Filipo; y en el camino preguntó a sus discípulos, diciéndoles: ¿Quién dicen los hombres que soy yo?

28 Y le respondieron, diciendo: *Unos,* Juan el Bautista; y otros Elías; pero otros, uno de los profetas.

29 El les preguntó *de nuevo:* Pero vosotros, ¿quién decís que soy yo? Respondiendo Pedro, le dijo*: Tú eres el Cristo.

30 Y El les advirtió severamente que no hablaran de El a nadie.

31 Y comenzó a enseñarles que el Hijo del Hombre debía padecer muchas cosas, y ser rechazado por los ancianos, los principales sacerdotes y los escribas, y ser muerto, y después de tres días resucitar.

32 Y les decía estas palabras claramente. Y Pedro le llevó aparte y comenzó a reprenderlo.

33 Mas El volviéndose y mirando a sus discípulos, reprendió a Pedro y le dijo*: ¡Quítate de delante de mí, Satanás!, porque no tienes en mente las cosas de Dios, sino las de los hombres.

34 Y llamando a la multitud y a sus discípulos, les dijo: Si alguno quiere venir en pos de mí, niéguese a sí mismo, tome su cruz, y sígame.

35 Porque el que quiera salvar su vida, la perderá; pero el que pierda su vida por causa de mí y del evangelio, la salvará.

36 Pues, ¿de qué le sirve a un hombre ganar el mundo entero y perder su alma?

37 Pues ¿qué dará un hombre a cambio de su alma?

38 Porque cualquiera que se avergüence de mí y de mis palabras en esta generación adúltera y pecadora, el Hijo del Hombre también se avergonzará de él, cuando venga en la gloria de su Padre con los santos ángeles.

9 Y les decía: En verdad os digo que hay algunos de los que están aquí que no probarán la muerte hasta que vean el reino de Dios después que haya venido con poder.

2 Seis días después, Jesús tomó* consigo a Pedro, a Jacobo y a Juan, y los llevó* aparte, solos, a un monte alto; y se transfiguró delante de ellos;

3 y sus vestiduras se volvieron resplandecientes, muy blancas, tal como ningún lavandero sobre la tierra las puede emblanquecer.

4 Y se les apareció Elías junto con Moisés, y estaban hablando con Jesús.

5 Entonces Pedro, interviniendo, dijo* a Jesús: Rabí, bueno es estarnos aquí; hagamos tres enramadas, una para ti, otra para Moisés y otra para Elías.

6 Porque él no sabía qué decir, pues estaban aterrados.

7 Entonces se formó una nube, cubriéndolos, y una voz salió de la nube: Este es mi Hijo amado, a El oíd.

8 Y enseguida miraron en derredor, pero ya no vieron a nadie con ellos, sino a Jesús solo.

9 Cuando bajaban del monte, les ordenó que no contaran a nadie lo que habían visto, hasta que el Hijo del Hombre resucitara de entre los muertos.

10 Y se guardaron para sí lo dicho, discutiendo entre sí qué significaría resucitar de entre los muertos.

11 Y le preguntaron, diciendo: ¿Por qué dicen los escribas que Elías debe venir primero?

12 Y El les dijo: Es cierto que Elías, al venir primero, restaurará todas las cosas. Y, *sin embargo*, ¿cómo está escrito del Hijo del Hombre que padezca mucho y sea despreciado?

13 Pero yo os digo que Elías ya ha venido, y le hicieron cuanto quisieron, tal como está escrito de él.

14 Cuando volvieron a los discípulos, vieron una gran multitud que los rodeaba, y a unos escribas que discutían con ellos.

15 Enseguida, cuando toda la multitud vio a Jesús, quedó sorprendida, y corriendo hacia El, le saludaban.

16 Y El les preguntó: ¿Qué discutís con ellos?

17 Y uno de la multitud le respondió: Maestro, te traje a mi hijo que tiene un espíritu mudo,

18 y siempre que se apodera de él, lo derriba, y echa espumarajos, cruje los dientes y se va consumiendo. Y dije a tus discípulos que lo expulsaran, pero no pudieron.

19 Respondiéndoles *Jesús*, dijo*: ¡Oh generación incrédula! ¿Hasta cuándo estaré con vosotros? ¿Hasta cuándo os tendré que soportar? ¡Traédmelo!

20 Y se lo trajeron. Y cuando el espíritu vio a Jesús, al instante sacudió con violencia al muchacho, y *éste*, cayendo a tierra, se revolcaba echando espumarajos.

21 *Jesús* preguntó al padre: ¿Cuánto tiempo hace que le sucede esto? Y él respondió: Desde su niñez.

22 Y muchas veces lo ha echado en el fuego y también en el agua para destruirlo. Pero si tú puedes hacer algo, ten misericordia de nosotros y ayúdanos.

23 Jesús le dijo: "¿*Cómo* si tú puedes?" Todas las cosas son posibles para el que cree.

24 Al instante el padre del muchacho gritó y dijo: Creo; ayúda*me en* mi incredulidad.

25 Cuando Jesús vio que se agolpaba una multitud, reprendió al espíritu inmundo, diciéndole: Espíritu mudo y sordo, yo te ordeno: Sal de él y no vuelvas a entrar en él.

26 Y *después* de gritar y de sacudirlo con terribles convulsiones, salió: y *el muchacho* quedó como muerto, tanto, que la mayoría *de ellos* decían: ¡Está muerto!

27 Pero Jesús, tomándolo de la mano, lo levantó, y él se puso en pie.

28 Cuando entró *Jesús* en *la* casa, sus discípulos le preguntaban en privado: ¿Por qué nosotros no pudimos echarlo fuera?

29 Y El les dijo: Esta clase con nada puede salir, sino con oración.

30 Saliendo de allí, iban pasando por Galilea, y no quería que nadie *lo* supiera.

31 Porque enseñaba a sus discípulos, y les decía: El Hijo del Hombre será entregado en manos de los hombres y le matarán; y después de muerto, a los tres días resucitará.

32 Pero ellos no entendían lo que decía, y tenían miedo de preguntarle.

33 Y llegaron a Capernaúm; y estando ya en la casa, les preguntaba: ¿Qué discutíais por el camino?

34 Pero ellos guardaron silencio, porque en el camino habían discutido entre sí quién *de ellos era* el mayor.

35 Sentándose, llamó a los doce y les dijo*: Si alguno desea ser el primero, será el último de todos y el servidor de todos.

36 Y tomando a un niño, lo puso en medio de ellos; y tomándolo en sus brazos les dijo:

37 El que reciba a un niño como éste en mi nombre, a mí me recibe; y el que me recibe a mí, no me recibe a mí, sino a aquel que me envió.

38 Juan le dijo: Maestro, vimos a uno echando fuera demonios en tu nombre, y tratamos de impedírselo, porque no nos seguía.

39 Pero Jesús dijo: No se lo impidáis, porque no hay nadie que haga un milagro en mi nombre, y que pueda enseguida hablar mal de mí.

40 Pues el que no está contra nosotros, por nosotros está.

41 Porque cualquiera que os dé de beber un vaso de agua, por razón de vuestro nombre, ya que sois *seguidores* de Cristo, en verdad os digo que no perderá su recompensa.

42 Y cualquiera que haga tropezar a uno de estos pequeñitos que creen en mí, mejor le fuera si le hubieran atado al cuello una piedra de molino de *las que mueve un* asno, y lo hubieran echado al mar.

43 Y si tu mano te es ocasión de pecar, córtala; te es mejor entrar en la vida manco, que teniendo las dos manos ir al infierno, al fuego inextinguible,

44 donde EL GUSANO DE ELLOS NO MUERE, Y EL FUEGO NO SE APAGA.

45 Y si tu pie te es ocasión de pecar, córtalo; te es mejor entrar cojo a la vida, que teniendo los dos pies ser echado al infierno,

46 donde EL GUSANO DE ELLOS NO MUERE, Y EL FUEGO NO SE APAGA.

47 Y si tu ojo te es ocasión de pecar, sácatelo; te es mejor entrar al reino de Dios con un solo ojo, que teniendo dos ojos ser echado al infierno,

48 donde EL GUSANO DE ELLOS NO MUERE, Y EL FUEGO NO SE APAGA.

49 Porque todos serán salados con fuego.

50 La sal es buena; pero si la sal se vuelve insípida, ¿con qué la sazonaréis? Tened sal en vosotros y estad en paz los unos con los otros.

Jesús en Judea

10 Levantándose de allí, *Jesús* se fue* a la región de Judea y al otro lado del Jordán; y se reunieron* de nuevo las multitudes junto a El, y una vez más, como acostumbraba, les enseñaba.

2 Y se le acercaron *algunos* fariseos, *y* para ponerle a prueba, le preguntaban si era lícito a un hombre divorciarse de su mujer.

3 Y respondiendo El, les dijo: ¿Qué os mandó Moisés?

4 Y ellos dijeron: Moisés permitió *al hombre* escribir CARTA DE DIVORCIO Y REPUDIAR*la*.

5 Pero Jesús les dijo: Por la dureza de vuestro corazón os escribió este mandamiento.

6 Pero desde el principio de la creación, *Dios* LOS HIZO VARON Y HEMBRA.

7 POR ESTA RAZON EL HOMBRE DEJARA A SU PADRE Y A SU MADRE,

8 Y LOS DOS SERAN UNA SOLA CARNE; por consiguiente, ya no son dos, sino una sola carne.

9 Por tanto, lo que Dios ha unido, ningún hombre lo separe.

10 Y *ya* en la casa, los discípulos volvieron a preguntarle sobre esto.

11 Y El les dijo*: Cualquiera que se divorcie de su mujer y se case con otra, comete adulterio contra ella;

12 y si ella se divorcia de su marido y se casa con otro, comete adulterio.

13 Y le traían niños para que los tocara; y los discípulos los reprendieron.

14 Pero cuando Jesús vio esto, se indignó y les dijo: Dejad que los niños vengan a mí; no se lo impidáis, porque de los que son como éstos es el reino de Dios.

15 En verdad os digo: el que no reciba el reino de Dios como un niño, no entrará en él.

16 Y tomándolos en sus brazos, los bendecía, poniendo las manos sobre ellos.

17 Cuando salía para seguir su camino, vino uno corriendo, y arrodillándose delante de El, le preguntó: Maestro bueno, ¿qué haré para heredar la vida eterna?

18 Y Jesús le dijo: ¿Por qué me llamas bueno? Nadie es bueno, sino sólo uno, Dios.

19 Tú sabes los mandamientos: "NO MATES, NO COMETAS ADULTERIO, NO HURTES, NO DES FALSO TESTIMONIO, no defraudes, HONRA A TU PADRE Y A TU MADRE".

20 Y él le dijo: Maestro, todo esto lo he guardado desde mi juventud.

21 Jesús, mirándolo, lo amó y le dijo: Una cosa te falta: ve *y* vende cuanto tienes y da a los pobres, y tendrás tesoro en el cielo; y ven, sígueme.

22 Pero él, afligido por estas palabras, se fue triste, porque era dueño de muchos bienes.

23 Jesús, mirando en derredor, dijo* a sus discípulos: ¡Qué difícil será para los que tienen riquezas entrar en el reino de Dios!

24 Y los discípulos se asombraron de sus palabras. Pero Jesús respondiendo de nuevo, les dijo*: Hijos, ¡qué difícil es entrar en el reino de Dios!

25 Es más fácil que un camello pase por el ojo de una aguja, que el que un rico entre en el reino de Dios.

26 Ellos se asombraron aún más, diciendo entre sí: ¿Y quién podrá salvarse?

27 Mirándolos Jesús, dijo*: Para los hombres es imposible, pero no para Dios, porque todas las cosas son posibles para Dios.

28 *Entonces* Pedro comenzó a decirle: He aquí, nosotros lo hemos dejado todo y te hemos seguido.

29 Jesús dijo: En verdad os digo: No hay nadie que haya dejado casa, o hermanos, o hermanas, o madre, o padre, o hijos o tierras por causa de mí y por causa del evangelio,

30 que no reciba cien veces más ahora en este tiempo: casas, y hermanos, y hermanas, y madres, e hijos, y tierras junto con persecuciones; y en el siglo venidero, la vida eterna.

31 Pero muchos primeros serán últimos, y los últimos, primeros.

32 E iban por el camino subiendo a Jerusalén, y Jesús iba delante de ellos; y estaban perplejos, y los que le seguían tenían miedo. Y tomando aparte de nuevo a los doce, comenzó a decirles lo que le iba a suceder:

33 He aquí, subimos a Jerusalén, y el Hijo del Hombre será entregado a los principales sacerdotes y a los escribas, y le condenarán a muerte y le entregarán a los gentiles.

34 Y se burlarán de El y le escupirán, le azotarán y le matarán, y tres días después resucitará.

35 Y se le acercaron* Jacobo y Juan, los dos hijos de Zebedeo, diciéndole: Maestro, queremos que hagas por nosotros lo que te pidamos.

36 Y El les dijo: ¿Qué queréis que haga por vosotros?

37 Ellos le dijeron: Concédenos que en tu gloria nos sentemos uno a tu derecha y el otro a *tu* izquierda.

38 Pero Jesús les dijo: No sabéis lo que pedís. ¿Podéis beber la copa que yo bebo, o ser bautizados con el bautismo con que soy bautizado?

39 Y ellos le dijeron: Podemos. Y Jesús les dijo: La copa que yo bebo, beberéis; y seréis bautizados con el bautismo con que yo soy bautizado.

40 Pero el que os sentéis a mi derecha o a *mi* izquierda, no es mío el concederlo, sino que es para quienes ha sido preparado.

41 Al oír *esto*, los diez comenzaron a indignarse contra Jacobo y Juan.

42 Y llamándolos junto a sí, Jesús les dijo*: Sabéis que los que son reconocidos como gobernantes de los gentiles se enseñorean de ellos, y que sus grandes ejercen autoridad sobre ellos.

43 Pero entre vosotros no es así, sino que cualquiera de vosotros que desee llegar a ser grande será vuestro servidor,

44 y cualquiera de vosotros que desee ser el primero será siervo de todos.

45 Porque ni aun el Hijo del Hombre vino para ser servido, sino para servir, y para dar su vida en rescate por muchos.

46 Entonces llegaron* a Jericó. Y cuando salía de Jericó con sus discípulos y una gran multitud, un mendigo ciego *llamado* Bartimeo, el hijo de Timeo, estaba sentado junto al camino.

47 Y cuando oyó que era Jesús el Nazareno, comenzó a gritar y a decir: ¡Jesús, Hijo de David, ten misericordia de mí!

48 Y muchos lo reprendían para que se callara, pero él gritaba mucho más: ¡Hijo de David, ten misericordia de mí!

49 Y Jesús se detuvo y dijo: Llamadle. Y llamaron* al ciego, diciéndole: ¡Anímate! Levántate, *que* te llama.

50 Y arrojando su manto, se levantó de un salto y fue a Jesús.

51 Y dirigiéndose a él, Jesús *le* dijo: ¿Qué deseas que haga por ti? Y el ciego le respondió: Raboní, que recobre la vista.

52 Y Jesús le dijo: Vete, tu fe te ha sanado. Y al instante recobró la vista, y le seguía por el camino.

La entrada triunfal

11 Cuando se acercaban* a Jerusalén, por Betfagé y Betania, cerca del monte de los Olivos, envió* a dos de sus discípulos,

2 y les dijo*: Id a la aldea enfrente de vosotros, y tan pronto como entréis en ella, encontraréis un pollino atado en el cual nadie se ha montado todavía; desatadlo y traedlo.

3 Y si alguien os dice: "¿Por qué hacéis eso?" decid: "El Señor lo necesita"; y enseguida lo devolverá acá.

4 Ellos fueron y encontraron un pollino atado junto a la puerta, afuera en la calle, y lo desataron*.

5 Y algunos de los que estaban allí les dijeron: ¿Qué hacéis desatando el pollino?

6 Ellos les respondieron tal como Jesús *les* había dicho, y les dieron permiso.

7 Entonces trajeron* el pollino a Jesús y echaron encima sus mantos, y *Jesús* se sentó sobre él.

8 Y muchos tendieron sus mantos en el camino, y otros *tendieron* ramas que habían cortado de los campos.

9 Los que iban delante y los que le seguían, gritaban:
¡Hosanna!
BENDITO EL QUE VIENE EN EL NOMBRE DEL SEÑOR;

10 Bendito el reino de nuestro padre David que viene;
¡Hosanna en las alturas!

11 Y entró en Jerusalén, *llegó* al templo, y después de mirar todo a su alrededor, salió para Betania con los doce, siendo ya avanzada la hora.

12 Al día siguiente, cuando salieron de Betania, *Jesús* tuvo hambre.

13 Y viendo de lejos una higuera con hojas, fue a *ver* si quizá pudiera hallar algo en ella; cuando llegó a ella, no encontró más que hojas, porque no era tiempo de higos.

14 Y *Jesús*, hablando *a la higuera*, le dijo: Nunca jamás coma nadie fruto de ti. Y sus discípulos *le* estaban escuchando.

15 Llegaron* a Jerusalén; y entrando *Jesús* en el templo comenzó a echar fuera a los que vendían y compraban en el templo, volcó las mesas de los cambistas y los asientos de los que vendían las palomas;

16 y no permitía que nadie transportara objeto alguno a través del templo.

17 Y les enseñaba, diciendo: ¿No está escrito: "MI CASA SERA LLAMADA CASA DE ORACION PARA TODAS LAS NACIONES"? Pero vosotros la habéis hecho CUEVA DE LADRONES.

18 Los principales sacerdotes y los escribas oyeron *esto* y buscaban cómo destruirle, porque le tenían miedo, pues toda la multitud estaba admirada de su enseñanza.

19 Y cuando atardecía, solían salir fuera de la ciudad.

20 Por la mañana, cuando pasaban, vieron la higuera seca desde las raíces.

21 Entonces Pedro, acordándose, le dijo*: Rabí, mira, la higuera que maldijiste se ha secado.

22 Y Jesús respondió*, diciéndoles: Tened fe en Dios.

23 En verdad os digo que cualquiera que diga a este monte: "Quítate y arrójate al mar", y no dude en su corazón, sino crea que lo que dice va a suceder, le será *concedido*.

24 Por eso os digo que todas las cosas por las que oréis y pidáis, creed que *ya las* habéis recibido, y os serán *concedidas*.

25 Y cuando estéis orando, perdonad si tenéis algo contra alguien, para que también vuestro Padre que está en los cielos os perdone vuestras transgresiones.

26 Pero si vosotros no perdonáis, tampoco vuestro Padre que está en los cielos perdonará vuestras transgresiones.

27 Llegaron* de nuevo a Jerusalén; y cuando *Jesús* andaba por el templo, se le acercaron* los principales sacerdotes, los escribas y los ancianos,

28 y le dijeron: ¿Con qué autoridad haces estas cosas, o quién te dio la autoridad para hacer esto?

29 Y Jesús les dijo: Yo *también* os haré una pregunta; respondédme*la*, y *entonces* os diré con qué autoridad hago estas cosas.

30 El bautismo de Juan, ¿era del cielo o de los hombres? Respondedme.

31 Y ellos discurrían entre sí, diciendo: Si decimos: "Del cielo", El dirá: "Entonces, ¿por qué no le creísteis?"

32 ¿Mas si decimos: "De los hombres"? *Pero* temían a la multitud, porque todos consideraban que Juan verdaderamente había sido un profeta.

33 Y respondiendo a Jesús, dijeron*: No sabemos. Y Jesús les dijo*: Tampoco yo os diré con qué autoridad hago estas cosas.

Parábola de los labradores malvados

12 Entonces comenzó a hablarles en parábolas: Un hombre PLANTO UNA VIÑA Y LA CERCO CON UN MURO, CAVO UN ESTANQUE DEBAJO DEL LAGAR Y EDIFICO UNA TORRE; la arrendó a labradores y se fue de viaje.

2 Al tiempo *de la vendimia* envió un siervo a los labradores para recibir de los labradores *su parte* de los frutos de la viña.

3 Pero ellos, echándole mano, lo golpearon y lo enviaron con las manos vacías.

4 De nuevo les mandó otro siervo, y a él lo hirieron en la cabeza y lo trataron vergonzosamente.

5 Y envió a otro y a éste lo mataron; y *así con* otros muchos, golpeando a unos y matando a otros.

6 Todavía le quedaba uno, un hijo amado; y les envió a este último, diciendo: "Respetarán a mi hijo."

7 Pero aquellos labradores se dijeron entre sí: "Este es el heredero; ¡venid, matémosle, y la heredad será nuestra!"

8 Y echándole mano, lo mataron y lo arrojaron fuera de la viña.

9 ¿Qué hará, entonces, el dueño de la viña? Vendrá y destruirá a los labradores, y dará la viña a otros.

10 ¿Ni aun esta Escritura habéis leído:
"LA PIEDRA QUE DESECHARON LOS CONSTRUCTORES,
ESA, EN PIEDRA ANGULAR SE HA CONVERTIDO;

11 ESTO FUE HECHO DE PARTE DEL SEÑOR,
Y ES MARAVILLOSO A NUESTROS OJOS"?

12 Y procuraban prenderle, pero temían a la

multitud, porque comprendieron que contra ellos había dicho la parábola. Y dejándole, se fueron.

13 Y le enviaron* algunos de los fariseos y de los herodianos para sorprenderle en *alguna* palabra.

14 Y cuando ellos llegaron*, le dijeron*: Maestro, sabemos que eres veraz y que no buscas el favor de nadie, porque eres imparcial, y enseñas el camino de Dios con verdad. ¿Es lícito pagar impuesto al César, o no?

15 ¿Pagaremos o no pagaremos? Pero El, dándose cuenta de su hipocresía, les dijo: ¿Por qué me estáis poniendo a prueba? Traedme un denario para verlo.

16 *Se lo* trajeron, y El les dijo*: ¿De quién es esta imagen y la inscripción? Y ellos le dijeron: Del César.

17 Entonces Jesús les dijo: Dad al César lo que es del César, y a Dios lo que es de Dios. Y se maravillaban de El.

18 Y *algunos* saduceos (los que dicen que no hay resurrección) se le acercaron*, y le preguntaban, diciendo:

19 Maestro, Moisés nos dejó escrito: SI EL HERMANO DE ALGUNO MUERE y deja mujer y NO DEJA HIJO, que SU HERMANO TOME LA MUJER Y LEVANTE DESCENDENCIA A SU HERMANO.

20 Hubo siete hermanos; y el primero tomó esposa, y murió sin dejar descendencia.

21 Y el segundo la tomó, y murió sin dejar descendencia; y asimismo el tercero;

22 *y así* los siete, sin dejar descendencia. Y por último murió también la mujer.

23 En la resurrección, cuando resuciten, ¿de cuál de ellos será mujer? Pues los siete la tuvieron por mujer.

24 Jesús les dijo: ¿No es ésta la razón por la que estáis equivocados: que no entendéis las Escrituras ni el poder de Dios?

25 Porque cuando resuciten de entre los muertos, ni se casarán ni serán dados en matrimonio, sino que serán como los ángeles en los cielos.

26 Y en cuanto a que los muertos resucitan, ¿no habéis leído en el libro de Moisés, *en el pasaje* sobre la zarza *ardiendo*, cómo Dios le habló, diciendo: "YO SOY EL DIOS DE ABRAHAM, Y EL DIOS DE ISAAC, Y EL DIOS DE JACOB"?

27 El no es Dios de muertos, sino de vivos; vosotros estáis muy equivocados.

28 Cuando uno de los escribas se acercó, los oyó discutir, y reconociendo que les había contestado bien, le preguntó: ¿Cuál mandamiento es el más importante de todos?

29 Jesús respondió: El más importante es: "ESCUCHA, ISRAEL; EL SEÑOR NUESTRO DIOS, EL SEÑOR UNO ES;

30 Y AMARAS AL SEÑOR TU DIOS CON TODO TU CORAZON, Y CON TODA TU ALMA, Y CON TODA TU MENTE, Y CON TODA TU FUERZA."

31 El segundo es éste: "AMARAS A TU PROJIMO COMO A TI MISMO." No hay otro mandamiento mayor que éstos.

32 Y el escriba le dijo: Muy bien, Maestro; con verdad has dicho que EL ES UNO, Y NO HAY OTRO ADEMAS DE El;

33 Y QUE AMARLE CON TODO EL CORAZON Y CON TODO EL ENTENDIMIENTO Y CON TODAS LAS FUERZAS, Y AMAR AL PROJIMO COMO A UNO MISMO, es más que todos los holocaustos y los sacrificios.

34 Viendo Jesús que él había respondido sabiamente, le dijo: No estás lejos del reino de Dios. Y después de eso, nadie se aventuraba a hacerle más preguntas.

35 Y tomando la palabra, Jesús decía mientras enseñaba en el templo: ¿Por qué dicen los escribas que el Cristo es hijo de David?

36 David mismo dijo por el Espíritu Santo: "EL SEÑOR DIJO A MI SEÑOR:
'SIENTATE A MI DIESTRA,
HASTA QUE PONGA A TUS ENEMIGOS DEBAJO DE TUS PIES.' "

37 David mismo le llama "Señor." ¿En qué sentido es, pues, su hijo? Y la gran multitud le escuchaba con gusto.

38 Y en su enseñanza les decía: Cuidaos de los escribas, a quienes les gusta andar con vestiduras largas, y *aman* los saludos respetuosos en las plazas,

39 los primeros asientos en las sinagogas y los lugares de honor en los banquetes;

40 que devoran las casas de las viudas, y por las apariencias hacen largas oraciones; éstos recibirán mayor condenación.

41 *Jesús* se sentó frente al *arca del* tesoro, y observaba cómo la multitud echaba dinero en el *arca del* tesoro; y muchos ricos echaban grandes cantidades.

42 Y llegó una viuda pobre y echó dos pequeñas monedas de cobre, o sea, un cuadrante.

43 Y llamando a sus discípulos, les dijo: En verdad os digo, que esta viuda pobre echó más que todos los contribuyentes al tesoro;

44 porque todos ellos echaron de lo que les sobra, pero ella, de su pobreza echó todo lo que poseía, todo lo que tenía para vivir.

Profecía sobre la destrucción del templo

13 Cuando salía del templo, uno de sus discípulos le dijo*: Maestro, ¡mira qué piedras y qué edificios!

2 Y Jesús le dijo: ¿Ves estos grandes edificios? No quedará piedra sobre piedra que no sea derribada.

3 Y estando El sentado en el monte de los Olivos, frente al templo, Pedro, Jacobo, Juan y Andrés le preguntaban en privado:

4 Dinos, ¿cuándo sucederá esto, y qué señal *habrá* cuando todas estas cosas se hayan de cumplir?

5 Y Jesús comenzó a decirles: Mirad que nadie os engañe.

6 Muchos vendrán en mi nombre diciendo: "Yo soy *el Cristo*", y engañarán a muchos.

7 Y cuando oigáis de guerras y de rumores de guerras, no os alarméis; es necesario que *todo esto* suceda, pero todavía no *es* el fin.

8 Porque se levantará nación contra nación, y reino contra reino; y habrá terremotos en diversos lugares; y habrá hambres. Esto *sólo* es *el* comienzo de dolores.

9 Pero estad alerta; porque os entregarán a los tribunales y seréis azotados en las sinagogas, y compareceréis delante de gobernadores y reyes por mi causa, para testimonio a ellos.

10 Pero primero el evangelio debe ser predicado a todas las naciones.

11 Y cuando os lleven y os entreguen, no os preocupéis de antemano por lo que vais a decir,

sino que lo que os sea dado en aquella hora, eso hablad; porque no sois vosotros los que habláis, sino el Espíritu Santo.

12 Y el hermano entregará a la muerte al hermano, y el padre al hijo; y los hijos se levantarán contra los padres, y les causarán la muerte.

13 Y seréis odiados de todos por causa de mi nombre, pero el que persevere hasta el fin, ése será salvo.

14 Mas cuando veáis la ABOMINACIÓN DE LA DESOLACIÓN puesta donde no debe estar (el que lea, que entienda), entonces los que estén en Judea huyan a los montes;

15 y el que esté en la azotea, no baje ni entre a sacar nada de su casa;

16 y el que esté en el campo, no vuelva atrás a tomar su capa.

17 Pero, ¡ay de las que estén encinta y de las que estén criando en aquellos días!

18 Orad para que esto no suceda en el invierno.

19 Porque aquellos días serán *de* tribulación, tal como no ha acontecido desde el principio de la creación que hizo Dios hasta ahora, ni acontecerá jamás.

20 Y si el Señor no hubiera acortado aquellos días, nadie se salvaría; pero por causa de los escogidos que El eligió, acortó los días.

21 Entonces, si alguno os dice: "Mirad, aquí *está* el Cristo", o: "Mirad, allí *está*", no *le* creáis.

22 Porque se levantarán falsos Cristos y falsos profetas, y mostrarán señales y prodigios a fin de extraviar, de ser posible, a los escogidos.

23 Mas vosotros, estad alerta; ved que os lo he dicho todo de antemano.

24 Pero en aquellos días, después de esa tribulación, EL SOL SE OSCURECERÁ Y LA LUNA NO DARÁ SU LUZ,

25 LAS ESTRELLAS IRÁN CAYENDO del cielo y las potencias que están en los cielos serán sacudidas.

26 Entonces verán AL HIJO DEL HOMBRE QUE VIENE EN LAS NUBES con gran poder y gloria.

27 Y entonces enviará a los ángeles, y reunirá a sus escogidos de los cuatro vientos, desde el extremo de la tierra hasta el extremo del cielo.

28 De la higuera aprended la parábola: cuando su rama ya se pone tierna y echa las hojas, sabéis que el verano está cerca.

29 Así también vosotros, cuando veáis que suceden estas cosas, sabed que El está cerca, a las puertas.

30 En verdad os digo que no pasará esta generación hasta que todo esto suceda.

31 El cielo y la tierra pasarán, mas mis palabras no pasarán.

32 Pero de aquel día o de *aquella* hora nadie sabe, ni siquiera los ángeles en el cielo, ni el Hijo, sino *sólo* el Padre.

33 Estad alerta, velad; porque no sabéis cuándo es el tiempo *señalado*.

34 *Es* como un hombre que se fue de viaje, *y* al salir de su casa dejó a sus siervos encargados, *asignándole* a cada uno su tarea, y ordenó al portero que estuviera alerta.

35 Por tanto, velad, porque no sabéis cuándo viene el señor de la casa, si al atardecer, o a la medianoche, o al canto del gallo, o al amanecer;

36 no sea que venga de repente y os halle dormidos.

37 Y lo que a vosotros digo, a todos lo digo: ¡Velad!

Complot para prender y matar a Jesús

14 Faltaban dos días para la Pascua y para *la fiesta* de los panes sin levadura; y los principales sacerdotes y los escribas buscaban cómo prenderle con engaño y matar*le*;

2 porque decían: No durante la fiesta, no sea que haya un tumulto del pueblo.

3 Y estando El en Betania, sentado *a la mesa* en casa de Simón el leproso, vino una mujer con un frasco de alabastro de perfume muy costoso de nardo puro; *y* rompió el frasco y lo derramó sobre la cabeza de Jesús.

4 Pero algunos estaban indignados *y se decían* unos a otros: ¿Para qué se ha hecho este desperdicio de perfume?

5 Porque este perfume podía haberse vendido por más de trescientos denarios, y dado *el dinero* a los pobres. Y la reprendían.

6 Pero Jesús dijo: Dejadla; ¿por qué la molestáis? Buena obra ha hecho conmigo.

7 Porque a los pobres siempre los tendréis con vosotros; y cuando queráis les podréis hacer bien; pero a mí no siempre me tendréis.

8 Ella ha hecho lo que ha podido; se ha anticipado a ungir mi cuerpo para la sepultura.

9 Y en verdad os digo: Dondequiera que el evangelio se predique en el mundo entero, también se hablará de lo que ésta ha hecho, para memoria suya.

10 Entonces Judas Iscariote, que era uno de los doce, fue a los principales sacerdotes para entregarles a Jesús.

11 Cuando ellos *lo* oyeron, se alegraron y prometieron darle dinero. Y él buscaba cómo entregarle en un momento oportuno.

12 El primer día *de la fiesta* de los panes sin levadura, cuando se sacrificaba *el cordero de* la Pascua, sus discípulos le dijeron*: ¿Dónde quieres que vayamos y hagamos los preparativos para que comas la Pascua?

13 Y envió* a dos de sus discípulos, y les dijo*: Id a la ciudad, y *allí* os saldrá al encuentro un hombre que lleva un cántaro de agua; seguidle;

14 y donde él entre, decid al dueño de la casa: "El Maestro dice: '¿Dónde está mi habitación en la que pueda comer la Pascua con mis discípulos?' "

15 Y él os mostrará un gran aposento alto, amueblado *y* preparado; haced los preparativos para nosotros allí.

16 Salieron, pues, los discípulos y llegaron a la ciudad, y encontraron *todo* tal como El les había dicho; y prepararon la Pascua.

17 Al atardecer llegó* El con los doce.

18 Y estando sentados *a la mesa* comiendo, Jesús dijo: En verdad os digo que uno de vosotros me entregará; el que come conmigo.

19 Ellos comenzaron a entristecerse y a decirle uno por uno: ¿Acaso soy yo?

20 Y El les dijo: *Es* uno de los doce, el que moja conmigo en el plato.

21 Porque el Hijo del Hombre se va tal y como está escrito de El; pero ¡ay de aquel hombre por quien el Hijo del Hombre es entregado! Mejor *le fuera* a ese hombre no haber nacido.

22 Y mientras comían, tomó pan, y habiéndolo bendecido lo partió, se lo dio a ellos, y dijo: Tomad, esto es mi cuerpo.

23 Y tomando una copa, después de dar gracias, se la dio a ellos, y todos bebieron de ella.

24 Y les dijo: Esto es mi sangre del nuevo pacto, que es derramada por muchos.

25 En verdad os digo: Ya no beberé más del fruto de la vid hasta aquel día cuando lo beba nuevo en el reino de Dios.

26 Después de cantar un himno, salieron para el monte de los Olivos.

27 Y Jesús les dijo*: Todos vosotros os apartaréis, porque escrito está: "HERIRE AL PASTOR, Y LAS OVEJAS SE DISPERSARAN."

28 Pero después de que yo haya resucitado, iré delante de vosotros a Galilea.

29 Entonces Pedro le dijo: Aunque todos se aparten, yo, sin embargo, no lo haré.

30 Y Jesús le dijo*: En verdad te digo que tú, hoy, esta misma noche, antes que el gallo cante dos veces, me negarás tres veces.

31 Pero Pedro con insistencia repetía: Aunque tenga que morir contigo, no te negaré. Y todos decían también lo mismo.

32 Y llegaron* a un lugar que se llama Getsemaní, y dijo* a sus discípulos: Sentaos aquí hasta que yo haya orado.

33 Y tomó* consigo a Pedro, a Jacobo y a Juan, y comenzó a afligirse y a angustiarse mucho.

34 Y les dijo*: Mi alma está muy afligida, hasta el punto de la muerte; quedaos aquí y velad.

35 Adelantándose un poco, se postró en tierra y oraba que si fuera posible, pasara de El aquella hora.

36 Y decía: ¡Abba, Padre! Para ti todas las cosas son posibles; aparta de mí esta copa, pero no sea lo que yo quiero, sino lo que tú quieras.

37 Entonces vino* y los halló* durmiendo, y dijo* a Pedro: Simón, ¿duermes? ¿No pudiste velar ni por una hora?

38 Velad y orad para que no entréis en tentación; el espíritu está dispuesto, pero la carne es débil.

39 Se fue otra vez y oró, diciendo las mismas palabras.

40 Y vino de nuevo y los halló durmiendo, porque sus ojos estaban muy cargados de sueño; y no sabían qué responderle.

41 Vino* por tercera vez, y les dijo*: ¿Todavía estáis durmiendo y descansando? Basta ya; ha llegado la hora; he aquí, el Hijo del Hombre es entregado en manos de los pecadores.

42 Levantaos, vámonos; mirad, está cerca el que me entrega.

43 En ese momento, mientras todavía estaba El hablando, llegó* Judas, uno de los doce, acompañado de una multitud con espadas y garrotes, de parte de los principales sacerdotes, de los escribas y de los ancianos.

44 Y el que le entregaba les había dado una señal, diciendo: Al que yo bese, ése es; prendedle y llevadle con seguridad.

45 Y habiendo llegado, inmediatamente se acercó a El diciendo: ¡Rabí! Y le besó.

46 Entonces ellos le echaron mano y le prendieron.

47 Pero uno de los que estaban allí, sacando la espada, hirió al siervo del sumo sacerdote y le cortó la oreja.

48 Y dirigiéndose Jesús a ellos, les dijo: ¿Habéis salido con espadas y garrotes para arrestarme como contra un ladrón?

49 Cada día estaba con vosotros en el templo enseñando, y no me prendisteis; pero esto ha sucedido para que se cumplan las Escrituras.

50 Y abandonándole, huyeron todos.

51 Cierto joven le seguía, vestido sólo con una sábana sobre su cuerpo desnudo; y lo prendieron*;

52 pero él, dejando la sábana, escapó desnudo.

53 Y llevaron a Jesús al sumo sacerdote; y se reunieron* todos los principales sacerdotes, los ancianos y los escribas.

54 Pedro le siguió de lejos hasta dentro del patio del sumo sacerdote; y estaba sentado con los alguaciles, calentándose al fuego.

55 Y los principales sacerdotes y todo el concilio, procuraban obtener testimonio contra Jesús para darle muerte, pero no lo hallaban.

56 Porque muchos daban falso testimonio contra El, pero sus testimonios no coincidían.

57 Y algunos, levantándose, daban falso testimonio contra El, diciendo:

58 Nosotros le oímos decir: "Yo destruiré este templo hecho por manos, y en tres días edificaré otro no hecho por manos."

59 Y ni siquiera en esto coincidía el testimonio de ellos.

60 Entonces el sumo sacerdote levantándose, se puso en medio y preguntó a Jesús, diciendo: ¿No respondes nada? ¿Qué testifican éstos contra ti?

61 Mas El callaba y nada respondía. Le volvió a preguntar el sumo sacerdote, diciéndole: ¿Eres tú el Cristo, el Hijo del Bendito?

62 Jesús dijo: Yo soy; y veréis al HIJO DEL HOMBRE SENTADO a la DIESTRA DEL PODER y VINIENDO CON LAS NUBES DEL CIELO.

63 Entonces el sumo sacerdote, rasgando sus ropas, dijo*: ¿Qué necesidad tenemos de más testigos?

64 Habéis oído la blasfemia; ¿qué os parece? Y todos le condenaron, diciendo que era reo de muerte.

65 Y comenzaron algunos a escupirle, a cubrirle el rostro y a darle de puñetazos, y a decirle: ¡Profetiza! Y los alguaciles le recibieron a bofetadas.

66 Estando Pedro abajo en el patio, llegó* una de las sirvientas del sumo sacerdote;

67 y al ver a Pedro calentándose, lo miró y dijo*: Tú también estabas con Jesús el Nazareno.

68 Pero él lo negó, diciendo: Ni sé, ni entiendo de qué hablas. Y salió al portal, y un gallo cantó.

69 Cuando la sirvienta lo vio, de nuevo comenzó a decir a los que estaban allí: Este es uno de ellos.

70 Pero él lo negó otra vez. Y poco después los que estaban allí volvieron a decirle a Pedro: Seguro que tú eres uno de ellos, pues también eres galileo.

71 Pero él comenzó a maldecir y a jurar: ¡Yo no conozco a este hombre de quien habláis!

72 Al instante un gallo cantó por segunda vez. Entonces Pedro recordó lo que Jesús le había dicho: Antes que el gallo cante dos veces, me negarás tres veces. Y se echó a llorar.

Jesús ante Pilato

15 Muy de mañana, los principales sacerdotes prepararon enseguida una reunión con los ancianos, los escribas y todo el concilio; y atando a Jesús, le llevaron y le entregaron a Pilato.

2 Pilato le preguntó: ¿Eres tú el Rey de los judíos? Respondiendo El, le dijo*: Tú *lo* dices.

3 Y los principales sacerdotes le acusaban de muchas cosas.

4 De nuevo Pilato le preguntó, diciendo: ¿No responde nada? Mira de cuántas cosas te acusan.

5 Pero Jesús no respondió nada más; de modo que Pilato estaba asombrado.

6 Ahora bien, en cada fiesta él acostumbraba soltarles un preso, el que ellos pidieran.

7 Y uno llamado Barrabás había sido encarcelado con los sediciosos que habían cometido homicidio en la insurrección.

8 Y subiendo la multitud, comenzó a pedirle que *hiciera* como siempre les había hecho.

9 Entonces Pilato les contestó, diciendo: ¿Queréis que os suelte al Rey de los judíos?

10 Porque sabía que los principales sacerdotes le habían entregado por envidia.

11 Pero los principales sacerdotes incitaron a la multitud para *que le pidiera* que en vez *de Jesús* les soltara a Barrabás.

12 Y Pilato, tomando de nuevo la palabra, les decía: ¿Qué haré, entonces, con el que llamáis el Rey de los judíos?

13 Ellos le respondieron a gritos: ¡Crucifícale!

14 Y Pilato les decía: ¿Por qué? ¿Qué mal ha hecho? Y ellos gritaban aún más: ¡Crucifícale!

15 Pilato, queriendo complacer a la multitud, les soltó a Barrabás; y después de hacer azotar a Jesús, *le* entregó para que fuera crucificado.

16 Entonces los soldados le llevaron dentro del palacio, es decir, al Pretorio, y convocaron* a toda la cohorte *romana.*

17 Le vistieron* de púrpura, y después de tejer una corona de espinas, se la pusieron;

18 y comenzaron a vitorearle: ¡Salve, Rey de los judíos!

19 Le golpeaban la cabeza con una caña y le escupían, y poniéndose de rodillas le hacían reverencias.

20 Y después de haberse burlado de El, le quitaron la púrpura, le pusieron sus ropas y le sacaron* para crucificarle.

21 Y obligaron* a uno que pasaba *y* que venía del campo, Simón de Cirene, el padre de Alejandro y Rufo, a que llevara la cruz de Jesús.

22 Le llevaron* al lugar *llamado* Gólgota, que traducido significa: Lugar de la Calavera.

23 Y trataron de darle vino mezclado con mirra, pero El no lo tomó.

24 Cuando le crucificaron*, se repartieron* sus vestidos, echando suertes sobre ellos *para decidir* lo que cada uno tomaría.

25 Era la hora tercera cuando le crucificaron.

26 Y la inscripción de la acusación contra El decía: EL REY DE LOS JUDIOS.

27 Crucificaron* con El a dos ladrones; uno a su derecha y otro a su izquierda.

28 Y se cumplió la Escritura que dice: Y con los transgresores fue contado.

29 Y los que pasaban le injuriaban, meneando la cabeza y diciendo: ¡Bah! Tú que destruyes el templo y en tres días lo reedificas,

30 ¡sálvate a ti mismo descendiendo de la cruz!

31 De igual manera, también los principales sacerdotes junto con los escribas, burlándose *de* El entre ellos, decían: A otros salvó, a sí mismo no puede salvarse.

32 Que este Cristo, el Rey de Israel, descienda ahora de la cruz, para que veamos y creamos. Y los que estaban crucificados con El *también* le insultaban.

33 Cuando llegó la hora sexta hubo oscuridad sobre toda la tierra hasta la hora novena.

34 Y a la hora novena Jesús exclamó con fuerte voz: ELOI, ELOI, ¿LEMA SABACTANI?, que traducido significa, DIOS MIO, DIOS MIO, ¿POR QUE ME HAS ABANDONADO?

35 Algunos de los que estaban allí, al oír*lo,* decían: Mirad, a Elías llama.

36 Entonces uno corrió y empapó una esponja en vinagre, y poniéndola en una caña, le dio a beber, diciendo: Dejad, veamos si Elías viene a bajarle.

37 Y Jesús dando un fuerte grito, expiró.

38 Y el velo del templo se rasgó en dos, de arriba abajo.

39 Viendo el centurión que estaba frente a El, la manera en que expiró, dijo: En verdad este hombre era Hijo de Dios.

40 Había también unas mujeres mirando de lejos, entre las que *estaban* María Magdalena, María, la madre de Jacobo el menor y de José, y Salomé,

41 las cuales cuando *Jesús* estaba en Galilea, le seguían y le servían; y *había* muchas otras que habían subido con El a Jerusalén.

42 Ya al atardecer, como era el día de la preparación, es decir, la víspera del día de reposo,

43 vino José de Arimatea, miembro prominente del concilio, que también esperaba el reino de Dios; y llenándose de valor, entró adonde estaba Pilato y le pidió el cuerpo de Jesús.

44 Pilato se sorprendió de que ya hubiera muerto, y llamando al centurión, le preguntó si ya estaba muerto.

45 Y comprobando esto por medio del centurión, le concedió el cuerpo a José,

46 quien compró un lienzo de lino, y bajándole *de la cruz,* le envolvió en el lienzo de lino y le puso en un sepulcro que había sido excavado en la roca; e hizo rodar una piedra a la entrada del sepulcro.

47 Y María Magdalena y María, la *madre* de José, miraban *para saber* dónde le ponían.

La resurrección

16 Pasado el día de reposo, María Magdalena, María, la *madre* de Jacobo, y Salomé, compraron especias aromáticas para ir a ungirle.

2 Y muy de mañana, el primer día de la semana, llegaron* al sepulcro cuando el sol *ya* había salido.

3 Y se decían unas a otras: ¿Quién nos removerá la piedra de la entrada del sepulcro?

4 Cuando levantaron los ojos, vieron* que la piedra, aunque era sumamente grande, había sido removida.

5 Y entrando en el sepulcro, vieron a un joven

sentado al *lado* derecho, vestido con ropaje blanco; y ellas se asustaron.

6 Pero él les dijo*: No os asustéis; buscáis a Jesús nazareno, el crucificado. Ha resucitado, no está aquí; mirad el lugar donde le pusieron.

7 Pero id, decid a sus discípulos y a Pedro: "El va delante de vosotros a Galilea; allí le veréis, tal como os dijo."

8 Y saliendo ellas, huyeron del sepulcro, porque un *gran* temblor y espanto se había apoderado de ellas; y no dijeron nada a nadie porque tenían miedo.

9 Y después de haber resucitado, muy temprano el primer día de la semana, *Jesús* se apareció primero a María Magdalena, de la que había echado fuera siete demonios.

10 Y ella fue y se lo comunicó a los que habían estado con Él, que estaban lamentándose y llorando.

11 Cuando ellos oyeron que Él estaba vivo y que ella le había visto, se negaron a creerlo.

12 Después de esto, se apareció en forma distinta a dos de ellos cuando iban de camino al campo.

13 Y éstos fueron y se lo comunicaron a los demás, pero a ellos tampoco les creyeron.

14 Después se apareció a los once mismos cuando estaban sentados *a la mesa*, y los reprendió por su incredulidad y dureza de corazón, porque no habían creído a los que le habían visto resucitado.

15 Y les dijo: Id por todo el mundo y predicad el evangelio a toda criatura.

16 El que crea y sea bautizado será salvo; pero el que no crea será condenado.

17 Y estas señales acompañarán a los que han creído: en mi nombre echarán fuera demonios, hablarán en nuevas lenguas;

18 tomarán serpientes en las manos, y aunque beban algo mortífero, no les hará daño; sobre los enfermos pondrán las manos, y se pondrán bien.

19 Entonces, el Señor Jesús, después de hablar con ellos, fue recibido en el cielo y se sentó a la diestra de Dios.

20 Y ellos salieron y predicaron por todas partes, colaborando el Señor con ellos, y confirmando la palabra por medio de las señales que la seguían. *Ellas comunicaron inmediatamente a Pedro y a sus compañeros todas estas instrucciones. Y después de esto, Jesús mismo envió por medio de ellos, desde el oriente hasta el occidente, el mensaje sacrosanto e incorruptible de la salvación eterna.*

El Evangelio de Jesucristo Según
SAN LUCAS

Introducción

1 Por cuanto muchos han tratado de compilar una historia de las cosas que entre nosotros son muy ciertas,

2 tal como nos las han transmitido los que desde el principio fueron testigos oculares y ministros de la palabra,

3 también a mí me ha parecido conveniente, después de haberlo investigado todo con diligencia desde el principio, escribír*telas* ordenadamente, excelentísimo Teófilo,

4 para que sepas la verdad precisa acerca de las cosas que te han sido enseñadas.

5 Hubo en los días de Herodes, rey de Judea, cierto sacerdote llamado Zacarías, del grupo de Abías, que tenía por mujer una de las hijas de Aarón que se llamaba Elisabet.

6 Ambos eran justos delante de Dios, y se conducían intachablemente en todos los mandamientos y preceptos del Señor.

7 No tenían hijos, porque Elisabet era estéril, y ambos eran de edad avanzada.

8 Pero aconteció que mientras Zacarías ejercía su ministerio sacerdotal delante de Dios según el orden *indicado* a su grupo,

9 conforme a la costumbre del sacerdocio, fue escogido por sorteo para entrar al templo del Señor y quemar incienso.

10 Y toda la multitud del pueblo estaba fuera orando a la hora de la ofrenda de incienso.

11 Y se le apareció un ángel del Señor, de pie, a la derecha del altar del incienso.

12 Al ver*lo*, Zacarías se turbó, y el temor se apoderó de él.

13 Pero el ángel le dijo: No temas, Zacarías, porque tu petición ha sido oída, y tu mujer Elisabet te dará a luz un hijo, y lo llamarás Juan.

14 Y tendrás gozo y alegría, y muchos se regocijarán por su nacimiento.

15 Porque él será grande delante del Señor; no beberá ni vino ni licor, y será lleno del Espíritu Santo aun desde el vientre de su madre.

16 Y él hará volver a muchos de los hijos de Israel al Señor su Dios.

17 E irá delante de Él en el espíritu y poder de Elías para hacer volver los corazones de los padres a los hijos, y a los desobedientes a la actitud de los justos, a fin de preparar para el Señor un pueblo *bien* dispuesto.

18 Entonces Zacarías dijo al ángel: ¿Cómo podré saber esto? Porque yo soy anciano y mi mujer es de edad avanzada.

19 Respondiendo el ángel, le dijo: Yo soy Gabriel, que estoy en la presencia de Dios, y he sido enviado para hablarte y anunciarte estas buenas nuevas.

20 Y he aquí, te quedarás mudo, y no podrás hablar hasta el día en que todo esto acontezca, por cuanto no creíste mis palabras, las cuales se cumplirán a su debido tiempo.

21 Y el pueblo estaba esperando a Zacarías, y se extrañaba de su tardanza en el templo.

22 Pero cuando salió, no podía hablarles, y se dieron cuenta de que había visto una visión en el templo; y él les hablaba por señas, y permanecía mudo.

23 Y cuando se cumplieron los días de su servicio sacerdotal, regresó a su casa.

24 Y después de estos días, Elisabet su mujer concibió, y se recluyó por cinco meses, diciendo:

25 Así ha obrado el Señor conmigo en los días en

que *se dignó* mirar*me* para quitar mi afrenta entre los hombres.

26 Y al sexto mes, el ángel Gabriel fue enviado por Dios a una ciudad de Galilea llamada Nazaret,

27 a una virgen desposada con un hombre que se llamaba José, de los descendientes de David; y el nombre de la virgen era María.

28 Y entrando el *ángel*, le dijo: ¡Salve, muy favorecida! El Señor está contigo; bendita eres tú entre las mujeres.

29 Pero ella se turbó mucho por estas palabras, y se preguntaba qué clase de saludo sería éste.

30 Y el ángel le dijo: No temas, María, porque has hallado gracia delante de Dios.

31 Y he aquí, concebirás en tu seno y darás a luz un hijo, y le pondrás por nombre Jesús.

32 Este será grande y será llamado Hijo del Altísimo; y el Señor Dios le dará el trono de su padre David;

33 y reinará sobre la casa de Jacob para siempre, y su reino no tendrá fin.

34 Entonces María dijo al ángel: ¿Cómo será esto, puesto que soy virgen?

35 Respondiendo el ángel, le dijo: El Espíritu Santo vendrá sobre ti, y el poder del Altísimo te cubrirá con su sombra; por eso lo santo que nacerá será llamado Hijo de Dios.

36 Y he aquí, tu parienta Elisabet en su vejez también ha concebido un hijo; y este es el sexto mes para ella, la que llamaban estéril.

37 Porque ninguna cosa será imposible para Dios.

38 Entonces María dijo: He aquí la sierva del Señor; hágase conmigo conforme a tu palabra. Y el ángel se fue de su presencia.

39 En esos días María se levantó y fue apresuradamente a la región montañosa, a una ciudad de Judá;

40 y entró en casa de Zacarías y saludó a Elisabet.

41 Y aconteció que cuando Elisabet oyó el saludo de María, la criatura saltó en su vientre; y Elisabet fue llena del Espíritu Santo,

42 y exclamó a gran voz y dijo: ¡Bendita tú entre las mujeres, y bendito el fruto de tu vientre!

43 ¿Por qué me ha acontecido esto a mí, que la madre de mi Señor venga a mí?

44 Porque he aquí, apenas la voz de tu saludo llegó a mis oídos, la criatura saltó de gozo en mi vientre.

45 Y bienaventurada la que creyó que tendrá cumplimiento lo que le fue dicho de parte del Señor.

46 Entonces María dijo:
Mi alma engrandece al Señor,

47 y mi espíritu se regocija en Dios mi Salvador.

48 Porque ha mirado la humilde condición de *esta* su sierva;
pues he aquí, desde ahora en adelante todas las generaciones me tendrán por bienaventurada.

49 Porque grandes cosas me ha hecho el Poderoso;
y santo es su nombre.

50 Y DE GENERACION EN GENERACION ES SU MISERICORDIA
PARA LOS QUE LE TEMEN.

51 Ha hecho proezas con su brazo;

ha esparcido a los soberbios en el pensamiento de sus corazones.

52 Ha quitado a los poderosos de *sus* tronos;
y ha exaltado a los humildes;

53 A LOS HAMBRIENTOS HA COLMADO DE BIENES
y ha despedido a los ricos con las manos vacías.

54 Ha ayudado a Israel, su siervo,
para recuerdo de su misericordia

55 tal como dijo a nuestros padres,
a Abraham y a su descendencia para siempre.

56 Y María se quedó con Elisabet como tres meses, y *después* regresó a su casa.

57 Cuando a Elisabet se le cumplió el tiempo de su alumbramiento, dio a luz un hijo.

58 Y sus vecinos y parientes oyeron que el Señor había demostrado su gran misericordia hacia ella; y se regocijaban con ella.

59 Y al octavo día vinieron para circuncidar al niño, y lo iban a llamar Zacarías según el nombre de su padre.

60 Pero la madre respondió, y dijo: No, sino que se llamará Juan.

61 Y le dijeron: No hay nadie en tu familia que tenga ese nombre.

62 Entonces preguntaban por señas al padre, cómo lo quería llamar.

63 Y él pidió una tablilla y escribió lo siguiente: Su nombre es Juan. Y todos se maravillaron.

64 Al instante le fue abierta su boca y *suelta* su lengua, y comenzó a hablar dando alabanza a Dios.

65 Y vino temor sobre todos los que vivían a su alrededor; y todas estas cosas se comentaban en toda la región montañosa de Judea.

66 Y todos los que *las* oían *las* guardaban en su corazón, diciendo: ¿Qué, pues, llegará a ser este niño? Porque la mano del Señor ciertamente estaba con él.

67 Y su padre Zacarías fue lleno del Espíritu Santo, y profetizó diciendo:

68 Bendito *sea* el Señor, Dios de Israel,
porque *nos* ha visitado y ha efectuado redención para su pueblo,

69 y nos ha levantado un cuerno de salvación en la casa de David su siervo,

70 tal como lo anunció por boca de sus santos profetas desde los tiempos antiguos,

71 salvación DE NUESTROS ENEMIGOS
Y DE LA MANO DE TODOS LOS QUE NOS ABORRECEN;

72 para mostrar misericordia a nuestros padres, y para recordar su santo pacto,

73 el juramento que hizo a nuestro padre Abraham:

74 concedernos que, librados de la mano de nuestros enemigos,
le sirvamos sin temor

75 en santidad y justicia delante de El, todos nuestros días.

76 Y tú, niño, serás llamado profeta del Altísimo;
porque irás DELANTE DEL SEÑOR PARA PREPARAR SUS CAMINOS;

77 para dar a su pueblo el conocimiento de la salvación
por el perdón de sus pecados,

78 por la entrañable misericordia de nuestro
Dios,
   con que la Aurora nos visitará desde lo alto,
79 PARA DAR LUZ A LOS QUE HABITAN EN TINIEBLAS
   Y EN SOMBRA DE MUERTE,
   para guiar nuestros pies en el camino de paz.
80 Y el niño crecía y se fortalecía en espíritu; y
vivió en lugares desiertos hasta el día en que
apareció en público a Israel.

Nacimiento de Jesús

2 Y aconteció en aquellos días que salió un
edicto de César Augusto, para que se hiciera
un censo de todo el mundo habitado.
2 Este fue el primer censo que se levantó
cuando Cirenio era gobernador de Siria.
3 Y todos se dirigían a inscribirse en el censo,
cada uno a su ciudad.
4 Y también José subió de Galilea, de la ciudad
de Nazaret, a Judea, a la ciudad de David que se
llama Belén, por ser él de la casa y de la familia
de David,
5 para inscribirse junto con María, desposada
con él, la cual estaba encinta.
6 Y sucedió que mientras estaban ellos allí, se
cumplieron los días de su alumbramiento.
7 Y dio a luz a su hijo primogénito; le envolvió
en pañales y le acostó en un pesebre, porque no
había lugar para ellos en el mesón.
8 En la misma región había pastores que
estaban en el campo, cuidando sus rebaños
durante las vigilias de la noche.
9 Y un ángel del Señor se les presentó, y la
gloria del Señor los rodeó de resplandor, y
tuvieron gran temor.
10 Mas el ángel les dijo: No temáis, porque he
aquí, os traigo buenas nuevas de gran gozo que
serán para todo el pueblo;
11 porque os ha nacido hoy, en la ciudad de
David, un Salvador, que es Cristo el Señor.
12 Y esto os *servirá* de señal: hallaréis a un niño
envuelto en pañales y acostado en un pesebre.
13 Y de repente apareció con el ángel una
multitud de los ejércitos celestiales, alabando a
Dios y diciendo:
14 Gloria a Dios en las alturas,
   y en la tierra paz entre los hombres en
   quienes El se complace.
15 Y aconteció que cuando los ángeles se fueron
al cielo, los pastores se decían unos a otros:
Vayamos, pues, hasta Belén y veamos esto que
ha sucedido, que el Señor nos ha dado a saber.
16 Fueron a toda prisa, y hallaron a María y a
José, y al niño acostado en el pesebre.
17 Y cuando *lo* vieron, dieron a saber lo que se
les había dicho acerca de este niño.
18 Y todos los que *lo* oyeron se maravillaron de
las cosas que les fueron dichas por los pastores.
19 Pero María atesoraba todas estas cosas, refle-
xionando sobre ellas en su corazón.
20 Y los pastores se volvieron, glorificando y
alabando a Dios por todo lo que habían oído y
visto, tal como se les había dicho.
21 Cuando se cumplieron los ocho días para cir-
cuncidarle, le pusieron por nombre Jesús, el
nombre dado por el ángel antes de que El fuera
concebido en el seno materno.
22 Cuando se cumplieron los días para la
purificación de ellos, según la ley de Moisés, le
trajeron a Jerusalén para presentarle al Señor
23 (como está escrito en la Ley del Señor: TODO
VARON QUE ABRA LA MATRIZ SERA LLAMADO SANTO
PARA EL SEÑOR),
24 y para ofrecer un sacrificio conforme a lo
dicho en la Ley del Señor: UN PAR DE TORTOLAS O
DOS PICHONES.
25 Y había en Jerusalén un hombre que se
llamaba Simeón; y este hombre, justo y piadoso,
esperaba la consolación de Israel; y el Espíritu
Santo estaba sobre él.
26 Y por el Espíritu Santo se le había revelado
que no vería la muerte sin antes ver al Cristo del
Señor.
27 Movido por el Espíritu fue al templo. Y
cuando los padres del niño Jesús le trajeron para
cumplir por El el rito de la ley,
28 él tomó al niño en sus brazos, y bendijo a
Dios y dijo:
29 Ahora, Señor, permite que tu siervo se vaya
en paz, conforme a tu palabra;
30 porque han visto mis ojos tu salvación
31 la cual has preparado en presencia de todos
   los pueblos;
32 LUZ DE REVELACION A LOS GENTILES,
   y gloria de tu pueblo Israel.
33 Y los padres del niño estaban asombrados de
las cosas que de El se decían.
34 Simeón los bendijo, y dijo a su madre María:
He aquí, este *niño* ha sido puesto para la caída y
el levantamiento de muchos en Israel, y para ser
señal de contradicción
35 (y una espada traspasará aun tu propia alma)
a fin de que sean revelados los pensamientos de
muchos corazones.
36 Y había una profetisa, Ana, hija de Fanuel,
de la tribu de Aser. Ella era de edad muy
avanzada, y había vivido con *su* marido siete
años después de su matrimonio.
37 y después de viuda, hasta los ochenta y
cuatro años. Nunca se alejaba del templo,
sirviendo noche y día con ayunos y oraciones.
38 Y llegando ella en ese preciso momento, daba
gracias a Dios, y hablaba de El a todos los que
esperaban la redención de Jerusalén.
39 Habiendo ellos cumplido con todo conforme
a la Ley del Señor, se volvieron a Galilea, a su
ciudad de Nazaret.
40 Y el niño crecía y se fortalecía, llenándose de
sabiduría; y la gracia de Dios estaba sobre El.
41 Sus padres acostumbraban ir a Jerusalén
todos los años a la fiesta de la Pascua.
42 Y cuando cumplió doce años, subieron *allá*
conforme a la costumbre de la fiesta;
43 y al regresar ellos, después de haber pasado
todos los días *de la fiesta*, el niño Jesús se quedó
en Jerusalén sin que lo supieran sus padres.
44 y suponiendo que iba en la caravana, anduvieron camino de un día, y comenzaron a
buscarle entre los familiares y conocidos.
45 Al no hallarle, volvieron a Jerusalén buscán-
dole.
46 Y aconteció que después de tres días le
hallaron en el templo, sentado en medio de los
maestros,   escuchándolos   y   haciéndoles
preguntas.
47 Y todos los que le oían estaban asombrados
de su entendimiento y de sus respuestas.

48 Cuando *sus padres* le vieron, se quedaron maravillados; y su madre le dijo: Hijo, ¿por qué nos has tratado de esta manera? Mira, tu padre y yo te hemos estado buscando llenos de angustia.

49 Entonces El les dijo: ¿Por qué me buscabais? ¿Acaso no sabíais que me era necesario estar en la casa de mi Padre?

50 Pero ellos no entendieron las palabras que El les había dicho.

51 Y descendió con ellos y vino a Nazaret, y continuó sujeto a ellos. Y su madre atesoraba todas estas cosas en su corazón.

52 Y Jesús crecía en sabiduría, en estatura y en gracia para con Dios y los hombres.

Predicación de Juan el Bautista

3 En el año decimoquinto del imperio de Tiberio César, siendo Poncio Pilato gobernador de Judea, y Herodes tetrarca de Galilea, y su hermano Felipe tetrarca de la región de Iturea y Traconite, y Lisanias tetrarca de Abilinia,

2 durante el sumo sacerdocio de Anás y Caifás, vino la palabra de Dios a Juan, hijo de Zacarías, en el desierto.

3 Y él fue por toda la región contigua al Jordán, predicando un bautismo de arrepentimiento para el perdón de los pecados;

4 como está escrito en el libro de las palabras del profeta Isaías:

VOZ DEL QUE CLAMA EN EL DESIERTO:
"PREPARAD EL CAMINO DEL SEÑOR,
HACED DERECHAS SUS SENDAS.

5 "TODO VALLE SERA RELLENADO,
Y TODO MONTE Y COLLADO REBAJADO;
LO TORCIDO SE HARA RECTO,
Y LAS SENDAS ASPERAS *se volverán* CAMINOS
LLANOS;

6 Y TODA CARNE VERA LA SALVACION DE DIOS."

7 Por eso, decía a las multitudes que acudían para que él las bautizara: ¡Camada de víboras! ¿Quién os enseñó a huir de la ira que vendrá?

8 Por tanto, dad frutos dignos de arrepentimiento; y no comencéis a deciros a vosotros mismos: "Tenemos a Abraham por padre", porque os digo que Dios puede levantar hijos a Abraham de estas piedras.

9 Y también el hacha ya está puesta a la raíz de los árboles; por tanto, todo árbol que no da buen fruto es cortado y echado al fuego.

10 Y las multitudes le preguntaban, diciendo: ¿Qué, pues, haremos?

11 Respondiendo él, les decía: El que tiene dos túnicas, comparta con el que no tiene; y el que tiene qué comer, haga lo mismo.

12 Vinieron también unos recaudadores de impuestos para ser bautizados, y le dijeron: Maestro, ¿qué haremos?

13 Entonces él les respondió: No exijáis más de lo que se os ha ordenado.

14 También *algunos* soldados le preguntaban, diciendo: Y nosotros, ¿qué haremos? Y él les dijo: A nadie extorsionéis, ni *a nadie* acuséis falsamente, y contentaos con vuestro salario.

15 Como el pueblo estaba a la expectativa, y todos se preguntaban en sus corazones acerca de Juan, si no sería él el Cristo,

16 Juan respondió, diciendo a todos: Yo os bautizo con agua; pero viene el que es más poderoso que yo; a quien no soy digno de desatar la correa de sus sandalias; El os bautizará con el Espíritu Santo y fuego.

17 El bieldo está en su mano para limpiar completamente su era y recoger el trigo en su granero; pero quemará la paja en fuego inextinguible.

18 Y también con muchas otras exhortaciones *Juan* anunciaba las buenas nuevas al pueblo.

19 Pero Herodes el tetrarca, siendo reprendido por él por causa de Herodías, mujer de su hermano, y por todas las maldades que Herodes había hecho,

20 añadió además a todas ellas, ésta: que encerró a Juan en la cárcel.

21 Y aconteció que cuando todo el pueblo era bautizado, Jesús también fue bautizado: y mientras El oraba, el cielo se abrió,

22 y el Espíritu Santo descendió sobre El en forma corporal, como una paloma, y vino una voz del cielo, *que decía:* Tú eres mi Hijo amado, en ti me he complacido.

23 Y cuando comenzó *su ministerio,* Jesús mismo tenía unos treinta años, siendo, como se suponía, hijo de José, *quien era hijo* de Elí,

24 *y* Elí, de Matat; *Matat,* de Leví; *Leví,* de Melqui; *Melqui,* de Jana; *Jana,* de José;

25 *José,* de Matatías; *Matatías,* de Amós; *Amós,* de Nahúm; *Nahúm,* de Esli; *Esli,* de Nagai;

26 *Nagai,* de Maat; *Maat,* de Matatías; *Matatías,* de Semei; *Semei,* de José; *José,* de Judá;

27 *Judá,* de Joana; *Joana,* de Resa; *Resa,* de Zorobabel; *Zorobabel,* de Salatiel; *Salatiel,* de Neri;

28 *Neri,* de Melqui; *Melqui,* de Adi; *Adi,* de Cosam; *Cosam,* de Elmodam; *Elmodam,* de Er;

29 *Er,* de Josué; *Josué,* de Eliezer; *Eliezer,* de Jorim; *Jorim,* de Matat; *Matat,* de Leví;

30 *Leví,* de Simeón; *Simeón,* de Judá; *Judá,* de José; *José,* de Jonán; *Jonán,* de Eliaquim;

31 *Eliaquim,* de Melea; *Melea,* de Mainán; *Mainán,* de Matata; *Matata,* de Natán; *Natán,* de David;

32 *David,* de Isaí; *Isaí,* de Obed; *Obed,* de Booz; *Booz,* de Salmón; *Salmón,* de Naasón;

33 *Naasón,* de Aminadab; *Aminadab,* de Admín; *Admín,* de Aram; *Aram,* de Esrom; *Esrom,* de Fares; *Fares,* de Judá;

34 *Judá,* de Jacob; *Jacob,* de Isaac; *Isaac,* de Abraham; *Abraham,* de Taré; *Taré,* de Nacor;

35 *Nacor,* de Serug; *Serug,* de Ragau; *Ragau,* de Peleg; *Peleg,* de Heber; *Heber,* de Sala;

36 *Sala,* de Cainán; *Cainán,* de Arfaxad; *Arfaxad,* de Sem; *Sem,* de Noé; *Noé,* de Lamec;

37 *Lamec,* de Matusalén; *Matusalén,* de Enoc; *Enoc,* de Jared; *Jared,* de Mahalaleel; *Mahalaleel,* de Cainán;

38 *Cainán,* de Enós; *Enós,* de Set; *Set,* de Adán; *y Adán,* de Dios.

Jesús es tentado

4 Jesús, lleno del Espíritu Santo, volvió del Jordán y fue llevado por el Espíritu en el desierto

2 por cuarenta días, siendo tentado por el diablo. Y no comió nada durante esos días, pasados los cuales tuvo hambre.

3 Entonces el diablo le dijo: Si eres Hijo de Dios, di a esta piedra que se convierta en pan.

4 Jesús le respondió: Escrito está: "NO SOLO DE PAN VIVIRA EL HOMBRE."

5 Llevándole a una altura, *el diablo* le mostró en un instante todos los reinos del mundo.

6 Y el diablo le dijo: Todo este dominio y su gloria te daré; pues a mí me ha sido entregado, y a quien quiero se lo doy.

7 Por tanto, si te postras delante de mí, todo será tuyo.

8 Respondiendo Jesús, le dijo: Escrito está: "AL SEÑOR TU DIOS ADORARAS, Y A EL SOLO SERVIRAS."

9 Entonces *el diablo* le llevó a Jerusalén y le puso sobre el pináculo del templo, y le dijo: Si eres Hijo de Dios, lánzate abajo desde aquí,

10 pues escrito está:

"A SUS ANGELES TE ENCOMENDARA PARA QUE TE GUARDEN",

11 y:

"EN LAS MANOS TE LLEVARAN,
    NO SEA QUE TU PIE TROPIECE EN PIEDRA."

12 Respondiendo Jesús, le dijo: Se ha dicho: "NO TENTARAS AL SEÑOR TU DIOS."

13 Cuando el diablo hubo acabado toda tentación, se alejó de El esperando un tiempo *oportuno.*

14 Jesús regresó a Galilea en el poder del Espíritu, y las nuevas acerca de El se divulgaron por toda *aquella* comarca.

15 Y enseñaba en sus sinagogas, siendo alabado por todos.

16 Llegó a Nazaret, donde se había criado, y según su costumbre, entró en la sinagoga el día de reposo, y se levantó a leer.

17 Le dieron el libro del profeta Isaías, y abriendo el libro, halló el lugar donde estaba escrito:

18 EL ESPIRITU DEL SEÑOR ESTA SOBRE MI,
    PORQUE ME HA UNGIDO PARA ANUNCIAR EL
        EVANGELIO A LOS POBRES.
    ME HA ENVIADO PARA PROCLAMAR LIBERTAD A
        LOS CAUTIVOS,
    Y LA RECUPERACION DE LA VISTA A LOS CIEGOS;
    PARA PONER EN LIBERTAD A LOS OPRIMIDOS;

19 PARA PROCLAMAR EL AÑO FAVORABLE DEL
        SEÑOR.

20 Cerrando el libro, *lo* devolvió al asistente y se sentó; y los ojos de todos en la sinagoga estaban fijos en El.

21 Y comenzó a decirles: Hoy se ha cumplido esta Escritura que habéis oído.

22 Y todos hablaban bien de El y se maravillaban de las palabras llenas de gracia que salían de su boca, y decían: ¿No es éste el hijo de José?

23 Entonces El les dijo: Sin duda me citaréis este refrán: "Médico, cúrate a ti mismo"; *esto es,* todo lo que oímos que se ha hecho en Capernaúm, hazlo también aquí en tu tierra.

24 Y dijo: En verdad os digo, que ningún profeta es bien recibido en su propia tierra.

25 Pero en verdad os digo: muchas viudas había en Israel en los días de Elías, cuando el cielo fue cerrado por tres años y seis meses *y* cuando hubo gran hambre sobre toda la tierra;

26 y sin embargo, a ninguna de ellas fue enviado Elías, sino a una mujer viuda de Sarepta, *en la tierra* de Sidón.

27 Y muchos leprosos había en Israel en tiempos del profeta Eliseo, pero ninguno de ellos fue limpiado, sino Naamán el sirio.

28 Y todos en la sinagoga se llenaron de ira cuando oyeron estas cosas,

29 y levantándose, le echaron fuera de la ciudad, y le llevaron hasta la cumbre del monte sobre el cual estaba edificada su ciudad para despeñarle.

30 Pero El, pasando por en medio de ellos, se fue.

31 Y descendió a Capernaúm, ciudad de Galilea. Y les enseñaba en los días de reposo;

32 y se admiraban de su enseñanza porque su mensaje era con autoridad.

33 Y estaba en la sinagoga un hombre poseído por el espíritu de un demonio inmundo, y gritó a gran voz:

34 *Déjanos* ¿Qué tenemos que ver contigo, Jesús de Nazaret? ¿Has venido a destruirnos? Yo sé quién eres: el Santo de Dios.

35 Jesús entonces lo reprendió, diciendo: ¡Cállate y sal de él! Y después que el demonio lo derribó en medio *de ellos,* salió de él sin hacerle ningún daño.

36 Y todos se quedaron asombrados, y discutían entre sí, diciendo: ¿Qué mensaje es éste? Porque con autoridad y poder manda a los espíritus inmundos y salen.

37 Y su fama se divulgaba por todos los lugares de la región circunvecina.

38 Y levantándose, *salió* de la sinagoga y entró en casa de Simón. Y la suegra de Simón se hallaba sufriendo con una fiebre muy alta, y le rogaron por ella.

39 E inclinándose sobre ella, reprendió la fiebre, *y la fiebre* la dejó; y al instante ella se levantó y les servía.

40 Al ponerse el sol, todos los que tenían enfermos de diversas enfermedades se los llevaban a El; y poniendo El las manos sobre cada uno de ellos, los sanaba.

41 También de muchos salían demonios, gritando y diciendo: ¡Tú eres el Hijo de Dios! Pero, reprendiéndolos, no les permitía hablar, porque sabían que El era el Cristo.

42 Cuando se hizo de día, salió y se fue a un lugar solitario; y las multitudes le buscaban, y llegaron adonde El *estaba* y procuraron detenerle para que no se separara de ellos.

43 Pero El les dijo: También a las otras ciudades debo anunciar las buenas nuevas del reino de Dios, porque para esto yo he sido enviado.

44 Y predicaba en las sinagogas de Judea.

Llamamiento de los primeros discípulos

5 Y aconteció que mientras la multitud se agolpaba sobre El para oír la palabra de Dios, estando Jesús junto al lago de Genesaret,

2 vio dos barcas que estaban a la orilla del lago, pero los pescadores habían bajado de ellas y lavaban las redes.

3 Subiendo a una de las barcas, que era de Simón, pidió que se separara de tierra un poco; y sentándose, enseñaba a las multitudes desde la barca.

4 Cuando terminó de hablar, dijo a Simón: Sal a la parte más profunda y echad vuestras redes para pescar.

5 Respondiendo Simón, dijo: Maestro, hemos estado trabajando toda la noche y no hemos pescado nada, pero porque tú lo pides, echaré las redes.

6 Y cuando lo hicieron, encerraron una gran cantidad de peces, de modo que sus redes se rompían;

7 entonces hicieron señas a sus compañeros *que estaban* en la otra barca para que vinieran a ayudarlos. Y vinieron y llenaron ambas barcas, de tal manera que se hundían.

8 Al ver *esto*, Simón Pedro cayó a los pies de Jesús, diciendo: ¡Apártate de mí, Señor, pues soy hombre pecador!

9 Porque el asombro se había apoderado de él y de todos sus compañeros, por la redada de peces que habían hecho;

10 y lo mismo *les sucedió* también a Jacobo y a Juan, hijos de Zebedeo, que eran socios de Simón. Y Jesús dijo a Simón: No temas; desde ahora serás pescador de hombres.

11 Y después de traer las barcas a tierra, dejándolo todo, le siguieron.

12 Y aconteció que estando Jesús en una de las ciudades, he aquí, *había allí* un hombre lleno de lepra; y cuando vio a Jesús, cayó sobre su rostro y le rogó, diciendo: Señor, si quieres, puedes limpiarme.

13 Extendiendo *Jesús* la mano, lo tocó, diciendo: Quiero; sé limpio. Y al instante la lepra lo dejó.

14 Y le mandó que no se lo dijera a nadie. Pero anda—*le dijo*—, muéstrate al sacerdote y da una ofrenda por tu purificación según lo ordenó Moisés, para que les sirva de testimonio.

15 Y su fama se difundía cada vez más, y grandes multitudes se congregaban para oír*le* y ser sanadas de sus enfermedades.

16 Pero *con frecuencia* El se retiraba a lugares solitarios y oraba.

17 Y un día que El estaba enseñando, había *allí* sentados *algunos* fariseos y maestros de la ley que habían venido de todas las aldeas de Galilea y Judea, y *de* Jerusalén; y el poder del Señor estaba con El para sanar.

18 Y he aquí, unos hombres trajeron en una camilla a un hombre que estaba paralítico; y trataban de meterlo y ponerlo delante de Jesús.

19 Y no hallando cómo introducirlo debido a la multitud, subieron a la azotea y lo bajaron con la camilla a través del techo, poniéndolo en medio, delante de Jesús.

20 Viendo *Jesús* la fe de ellos, dijo: Hombre, tus pecados te son perdonados.

21 Entonces los escribas y fariseos comenzaron a discurrir, diciendo: ¿Quién es éste que habla blasfemias? ¿Quién puede perdonar pecados, sino sólo Dios?

22 Conociendo Jesús sus pensamientos, respondió y les dijo: ¿Por qué discurrís en vuestros corazones?

23 ¿Qué es más fácil, decir: "Tus pecados te son perdonados", o decir: "Levántate y anda"?

24 Pues para que sepáis que el Hijo del Hombre tiene autoridad en la tierra para perdonar pecados (dijo al paralítico): A ti te digo: Levántate, toma tu camilla y vete a tu casa.

25 Y al instante se levantó delante de ellos, tomó *la camilla* en que había estado acostado, y se fue a su casa glorificando a Dios.

26 Y el asombro se apoderó de todos y glorificaban a Dios; y se llenaron de temor, diciendo: Hoy hemos visto cosas extraordinarias.

27 Después de esto, *Jesús* salió y se fijó en un recaudador de impuestos llamado Leví, sentado en la oficina de los tributos, y le dijo: Sígueme.

28 Y él, dejándolo todo, se levantó y le seguía.

29 Y Leví le ofreció un gran banquete en su casa; y había un grupo grande de recaudadores de impuestos y de otros que estaban sentados *a la mesa* con ellos.

30 Y los fariseos y sus escribas se quejaban a los discípulos de Jesús, diciendo: ¿Por qué coméis y bebéis con los recaudadores de impuestos y con los pecadores?

31 Respondiendo Jesús, les dijo: Los sanos no tienen necesidad de médico, sino los que están enfermos.

32 No he venido a llamar a justos, sino a pecadores al arrepentimiento.

33 Y ellos le dijeron: Los discípulos de Juan ayunan con frecuencia y hacen oraciones; los de los fariseos también hacen lo mismo, pero los tuyos comen y beben.

34 Entonces Jesús les dijo: ¿Acaso podéis hacer que los acompañantes del novio ayunen mientras el novio está con ellos?

35 Pero vendrán días cuando el novio les será quitado, entonces ayunarán en aquellos días.

36 También les dijo una parábola: Nadie corta un pedazo de un vestido nuevo y lo pone en un vestido viejo; porque entonces romperá el nuevo, y el pedazo del nuevo no armonizará con el viejo.

37 Y nadie echa vino nuevo en odres viejos, porque entonces el vino nuevo romperá los odres y se derramará, y los odres se perderán,

38 sino que el vino nuevo debe echarse en odres nuevos.

39 Y nadie, después de beber *vino* añejo, desea *vino* nuevo, porque dice: "El añejo es mejor."

Jesús, Señor del día de reposo

6 Y aconteció que un día de reposo Jesús pasaba por unos sembrados, y sus discípulos arrancaban y comían espigas, restregándo*las* entre las manos.

2 Pero algunos de los fariseos dijeron: ¿Por qué hacéis lo que no es lícito en el día de reposo?

3 Respondiéndoles Jesús, dijo: ¿Ni siquiera habéis leído lo que hizo David cuando tuvo hambre, él y los que con él estaban;

4 cómo entró en la casa de Dios, y tomó y comió los panes consagrados, que a nadie es lícito comer sino sólo a los sacerdotes, y dio *también* a sus compañeros?

5 Y les decía: El Hijo del Hombre es Señor del día de reposo.

6 Y en otro día de reposo entró en la sinagoga y enseñaba; y había allí un hombre que tenía la mano derecha seca.

7 Y los escribas y los fariseos observaban atentamente a Jesús *para ver* si sanaba en el día de reposo, a fin de encontrar de qué acusarle.

8 Pero El sabía lo que ellos estaban pensando, y dijo al hombre que tenía la mano seca: Levántate y ven acá. Y él, levantándose, se le acercó.

9 Entonces Jesús les dijo: Yo os pregunto: ¿es lícito en el día de reposo hacer bien o hacer mal; salvar una vida o destruirla?

10 Y después de mirarlos a todos a su alrededor, dijo al hombre: Extiende tu mano. Y él lo hizo *así*, y su mano quedó sana.

11 Pero ellos se llenaron de ira, y discutían entre sí qué podrían hacerle a Jesús.

12 En esos días El se fue al monte a orar, y pasó toda la noche en oración a Dios.

13 Cuando se hizo de día, llamó a sus discípulos y escogió doce de ellos, a los que también dio el nombre de apóstoles:

14 Simón, a quien también llamó Pedro, y Andrés su hermano; Jacobo y Juan; Felipe y Bartolomé;

15 Mateo y Tomás; Jacobo, *hijo* de Alfeo, y Simón, al que llamaban el Zelote;

16 Judas, *hijo* de Jacobo, y Judas Iscariote, que llegó a ser traidor.

17 Descendió con ellos y se detuvo en un lugar llano; y *había* una gran multitud de sus discípulos, y una gran muchedumbre del pueblo, de toda Judea, de Jerusalén y de la región costera de Tiro y Sidón,

18 que habían ido para oírle y para ser sanados de sus enfermedades; y los que eran atormentados por espíritus inmundos eran curados.

19 Y toda la multitud procuraba tocarle, porque de El salía un poder que a todos sanaba.

20 Volviendo su vista hacia sus discípulos, decía: Bienaventurados *vosotros* los pobres, porque vuestro es el reino de Dios.

21 Bienaventurados los que ahora tenéis hambre, porque seréis saciados. Bienaventurados los que ahora lloráis, porque reiréis.

22 Bienaventurados sois cuando los hombres os aborrecen, cuando os apartan de sí, os colman de insultos y desechan vuestro nombre como malo, por causa del Hijo del Hombre.

23 Alegraos en ese día y saltad *de gozo,* porque he aquí, vuestra recompensa es grande en el cielo, pues sus padres trataban de la misma manera a los profetas.

24 Pero ¡ay de vosotros los ricos!, porque ya estáis recibiendo todo vuestro consuelo.

25 ¡Ay de vosotros, los que ahora estáis saciados!, porque tendréis hambre. ¡Ay *de vosotros,* los que ahora reís!, porque os lamentaréis y lloraréis.

26 ¡Ay *de vosotros,* cuando todos los hombres hablen bien de vosotros!, porque de la misma manera trataban sus padres a los falsos profetas.

27 Pero a vosotros los que oís, os digo: amad a vuestros enemigos; haced bien a los que os aborrecen;

28 bendecid a los que os maldicen; orad por los que os vituperan.

29 Al que te hiera en la mejilla, preséntale también la otra; y al que te quite la capa, no le niegues tampoco la túnica.

30 A todo el que te pida, dale, y al que te quite lo que es tuyo, no *se lo* reclames.

31 Y así como queréis que los hombres os hagan, haced con ellos de la misma manera.

32 Si amáis a los que os aman, ¿qué mérito tenéis? Porque también los pecadores aman a los que los aman.

33 Si hacéis bien a los que os hacen bien, ¿qué mérito tenéis? Porque también los pecadores hacen lo mismo.

34 Si prestáis a aquellos de quienes esperáis recibir, ¿qué mérito tenéis? También los pecadores prestan a los pecadores para recibir de ellos la misma *cantidad.*

35 Antes bien, amad a vuestros enemigos, y haced bien, y prestad no esperando nada a cambio, y vuestra recompensa será grande, y seréis hijos del Altísimo; porque El es bondadoso para con los ingratos y perversos.

36 Sed misericordiosos, así como vuestro Padre es misericordioso.

37 No juzguéis, y no seréis juzgados; no condenéis, y no seréis condenados; perdonad, y seréis perdonados.

38 Dad, y os será dado; medida buena, apretada, remecida y rebosante, vaciarán en vuestro regazo. Porque con la medida con que midáis, se os volverá a medir.

39 Les dijo también una parábola: ¿Acaso puede un ciego guiar a otro ciego? ¿No caerán ambos en un hoyo?

40 Un discípulo no está por encima de su maestro; mas todo *discípulo,* después de que se ha preparado bien, será como su maestro.

41 ¿Y por qué miras la mota que está en el ojo de tu hermano, y no te das cuenta de la viga que está en tu propio ojo?

42 ¿O cómo puedes decir a tu hermano: "Hermano, déjame sacarte la mota que está en tu ojo", cuando tú mismo no ves la viga que está en tu ojo? ¡Hipócrita! Saca primero la viga de tu ojo y entonces verás con claridad para sacar la mota que está en el ojo de tu hermano.

43 Porque no hay árbol bueno que produzca fruto malo, ni a la inversa, árbol malo que produzca fruto bueno.

44 Pues cada árbol por su fruto se conoce. Porque *los hombres* no recogen higos de los espinos, ni vendimian uvas de una zarza.

45 El hombre bueno, del buen tesoro de su corazón saca lo que es bueno; y el *hombre* malo, del mal *tesoro* saca lo que es malo; porque de la abundancia del corazón habla su boca.

46 ¿Y por qué me llamáis: "Señor, Señor", y no hacéis lo que yo digo?

47 Todo el que viene a mí y oye mis palabras y las pone en práctica, os mostraré a quién es semejante:

48 es semejante a un hombre que al edificar una casa, cavó hondo y echó cimiento sobre la roca; y cuando vino una inundación, el torrente rompió contra aquella casa, pero no pudo moverla porque había sido bien construida.

49 Pero el que ha oído y no ha hecho *nada,* es semejante a un hombre que edificó una casa sobre tierra, sin *echar* cimiento; y el torrente rompió contra ella y al instante se desplomó, y fue grande la ruina de aquella casa.

Jesús sana al siervo del centurión

7 Cuando *Jesús* terminó todas sus palabras al pueblo que le oía, se fue a Capernaúm.

2 Y el siervo de cierto centurión, a quien éste apreciaba mucho, estaba enfermo y a punto de morir.

3 Al oír *hablar* de Jesús, *el centurión* envió a El unos ancianos de los judíos, pidiéndole que viniera y salvara a su siervo.

4 Cuando ellos llegaron a Jesús, le rogaron con insistencia, diciendo: *El centurión* es digno de que le concedas esto;

5 porque él ama a nuestro pueblo y fue él quien nos edificó la sinagoga.

6 Jesús iba con ellos, pero cuando ya no estaba lejos de la casa, el centurión envió a unos amigos, diciéndole: Señor, no te molestes más, porque no soy digno de que entres bajo mi techo;

7 por eso ni siquiera me consideré digno de ir a ti, tan sólo di la palabra y mi siervo será sanado.

8 Pues yo también soy hombre puesto bajo autoridad, y tengo soldados bajo mis órdenes; y digo a éste: "Ve", y va; y a otro: "Ven", y viene; y a mi siervo: "Haz esto", y lo hace.

9 Al oír esto, Jesús se maravilló de él, y volviéndose, dijo a la multitud que le seguía: Os digo que ni aun en Israel he hallado una fe tan grande.

10 Y cuando los que habían sido enviados regresaron a la casa, encontraron sano al siervo.

11 Aconteció poco después que *Jesús* fue a una ciudad llamada Naín; y sus discípulos iban con El acompañados por una gran multitud.

12 Y cuando se acercaba a la puerta de la ciudad, he aquí, sacaban fuera a un muerto, hijo único de su madre, y ella era viuda; y un grupo numeroso de la ciudad estaba con ella.

13 Al verla, el Señor tuvo compasión de ella, y le dijo: No llores.

14 Y acercándose, tocó el féretro; y los que lo llevaban se detuvieron. Y *Jesús* dijo: Joven, a ti te digo: ¡Levántate!

15 El que había muerto se incorporó y comenzó a hablar, y *Jesús* se lo entregó a su madre.

16 El temor se apoderó de todos, y glorificaban a Dios, diciendo: Un gran profeta ha surgido entre nosotros, y: Dios ha visitado a su pueblo.

17 Y este dicho que se decía de El, se divulgó por toda Judea y por toda la región circunvecina.

18 Entonces los discípulos de Juan le informaron de todas estas cosas.

19 Y llamando Juan a dos de sus discípulos, los envió al Señor, diciendo: ¿Eres tú el que ha de venir, o esperamos a otro?

20 Cuando los hombres llegaron a El, dijeron: Juan el Bautista nos ha enviado a ti, diciendo: "¿Eres tú el que ha de venir, o esperamos a otro?"

21 En esa misma hora curó a muchos de enfermedades y aflicciones, y malos espíritus, y a muchos ciegos les dio la vista.

22 Y respondiendo El, les dijo: Id y contad a Juan lo que habéis visto y oído: los CIEGOS RECIBEN LA VISTA, los cojos andan, los leprosos quedan limpios y los sordos oyen, los muertos son resucitados y a los POBRES SE LES ANUNCIA EL EVANGELIO.

23 Y bienaventurado es el que no se escandaliza de mí.

24 Cuando los mensajeros de Juan se fueron, *Jesús* comenzó a hablar a las multitudes acerca de Juan: ¿Qué salisteis a ver en el desierto? ¿Una caña sacudida por el viento?

25 Mas, ¿qué salisteis a ver? ¿Un hombre vestido con ropas finas? Mirad, los que visten con esplendor y viven en deleites están en los palacios de los reyes.

26 Pero, ¿qué salisteis a ver? ¿Un profeta? Sí, os digo, y uno que es más que un profeta.

27 Este es aquel de quien está escrito:

"HE AQUI, YO ENVIO MI MENSAJERO DELANTE DE TU FAZ,

QUIEN PREPARARA TU CAMINO DELANTE DE TI."

28 Os digo que entre los nacidos de mujer, no hay nadie mayor que Juan; sin embargo, el más pequeño en el reino de Dios es mayor que él.

29 Cuando todo el pueblo y los recaudadores de impuestos *le* oyeron, reconocieron la justicia de Dios, siendo bautizados con el bautismo de Juan.

30 Pero los fariseos y los intérpretes de la ley rechazaron los propósitos de Dios para con ellos, al no ser bautizados por Juan.

31 ¿A qué, entonces, compararé los hombres de esta generación, y a qué son semejantes?

32 Son semejantes a los muchachos que se sientan en la plaza y se llaman unos a otros, y dicen: "Os tocamos la flauta, y no bailasteis; entonamos endechas, y no llorasteis."

33 Porque ha venido Juan el Bautista, que no come pan, ni bebe vino, y vosotros decís: "Tiene un demonio."

34 Ha venido el Hijo del Hombre, que come y bebe, y decís: "Mirad, un hombre glotón y bebedor de vino, amigo de recaudadores de impuestos y de pecadores."

35 Pero la sabiduría es justificada por todos sus hijos.

36 Uno de los fariseos le pedía que comiera con él; y entrando en la casa del fariseo, se sentó *a la mesa.*

37 Y he aquí, había en la ciudad una mujer que era pecadora, y cuando se enteró de que *Jesús* estaba sentado *a la mesa* en casa del fariseo, trajo un frasco de alabastro con perfume;

38 y poniéndose detrás *de El* a sus pies, llorando, comenzó a regar sus pies con lágrimas y *los* secaba con los cabellos de su cabeza, besaba sus pies y *los* ungía con el perfume.

39 Pero al ver *esto* el fariseo que le había invitado, dijo para sí: Si éste fuera un profeta, sabría quién y qué clase de mujer es la que le está tocando, que es una pecadora.

40 Y respondiendo Jesús, le dijo: Simón, tengo algo que decirte: Y él dijo*: Di, Maestro.

41 Cierto prestamista tenía dos deudores; uno *le* debía quinientos denarios y el otro cincuenta;

42 *y* no teniendo ellos con qué pagar, perdonó generosamente a los dos. ¿Cuál de ellos, entonces, le amará más?

43 Simón respondió, y dijo: Supongo que aquel a quien le perdonó más. Y *Jesús* le dijo: Has juzgado correctamente.

44 Y volviéndose hacia la mujer, le dijo a Simón: ¿Ves esta mujer? Yo entré a tu casa *y* no me diste agua para los pies, pero ella ha regado mis pies con sus lágrimas y *los* ha secado con sus cabellos.

45 No me diste beso, pero ella, desde que entré, no ha cesado de besar mis pies.

46 No ungiste mi cabeza con aceite, pero ella ungió mis pies con perfume.

47 Por lo cual te digo que sus pecados, que son muchos, han sido perdonados, porque amó mucho; pero a quien poco se le perdona, poco ama.

48 Y a ella le dijo: Tus pecados han sido perdonados.

49 Los que estaban sentados *a la mesa* con El comenzaron a decir entre sí: ¿Quién es éste que hasta perdona pecados?

50 Pero *Jesús* dijo a la mujer: Tu fe te ha salvado, vete en paz.

Mujeres que servían a Jesús

8 Y poco después, El comenzó a recorrer las ciudades y aldeas, proclamando y anunciando las buenas nuevas del reino de Dios; con El *iban* los doce,

2 y *también* algunas mujeres que habían sido sanadas de espíritus malos y de enfermedades: María, llamada Magdalena, de la que habían salido siete demonios,

3 y Juana, mujer de Chuza, mayordomo de Herodes, y Susana, y muchas otras que de sus bienes personales contribuían al sostenimiento de ellos.

4 Habiéndose congregado una gran multitud, y los que de varias ciudades acudían a El, *les* habló por parábola:

5 El sembrador salió a sembrar su semilla; y al sembrarla, una parte cayó junto al camino, y fue pisoteada y las aves del cielo se la comieron.

6 Otra *parte* cayó sobre la roca, y tan pronto como creció, se secó, porque no tenía humedad.

7 Otra *parte* cayó en medio de los espinos; y los espinos, al crecer con ella, la ahogaron.

8 Y otra *parte* cayó en tierra buena, y creció y produjo una cosecha a ciento por uno. Y al hablar estas cosas, *Jesús* exclamaba: El que tiene oídos para oír, que oiga.

9 Sus discípulos le preguntaban qué quería decir esta parábola.

10 y El dijo: A vosotros se os ha concedido conocer los misterios del reino de Dios, pero a los demás *les hablo* en parábolas, para que VIENDO, NO VEAN; Y OYENDO, NO ENTIENDAN.

11 La parábola es ésta: la semilla es la palabra de Dios.

12 Y aquéllos a lo largo del camino son los que han oído, *pero* después viene el diablo y arrebata la palabra de sus corazones, para que no crean y se salven.

13 Y aquéllos sobre la roca son los que, cuando oyen, reciben la palabra con gozo; pero éstos no tienen raíz *profunda;* creen por algún tiempo, y en el momento de la tentación sucumben.

14 Y la *semilla* que cayó entre los espinos, éstos son los que han oído, y al continuar su camino son ahogados por las preocupaciones, las riquezas y los placeres de la vida, y su fruto no madura.

15 Pero la *semilla* en la tierra buena, éstos son los que han oído la palabra con corazón recto y bueno, y la retienen, y dan fruto con *su* perseverancia.

16 Nadie enciende una lámpara y la cubre con una vasija, o *la* pone debajo de una cama, sino que *la* pone sobre un candelero para que los que entren vean la luz.

17 Pues no hay nada oculto que no haya de ser manifiesto, ni secreto que no haya de ser conocido y salga a la luz.

18 Por tanto, tened cuidado de cómo oís; porque al que tiene, *más* le será dado; y al que no tiene, aun lo que cree que tiene se le quitará.

19 Entonces su madre y sus hermanos llegaron a *donde* El *estaba,* pero no podían acercarse a El debido al gentío.

20 Y le avisaron: Tu madre y tus hermanos están afuera y quieren verte.

21 Pero respondiendo El, les dijo: Mi madre y mis hermanos son estos que oyen la palabra de Dios y *la* hacen.

22 Y uno de *aquellos* días, entró en una barca con sus discípulos, y les dijo: Pasemos al otro lado del lago. Y se hicieron a la mar.

23 Pero mientras ellos navegaban, El se durmió; y una violenta tempestad descendió sobre el lago, y comenzaron a anegarse y corrían peligro.

24 Y llegándose a El, le despertaron, diciendo: ¡Maestro, Maestro, que perecemos! Y El, levantándose, reprendió al viento y a las olas embravecidas, y cesaron y sobrevino la calma.

25 Y El les dijo: ¿Dónde está vuestra fe? Pero ellos estaban atemorizados y asombrados, diciéndose unos a otros: ¿Quién, pues, es éste que aun a los vientos y al agua manda y le obedecen?

26 Navegaron hacia la tierra de los gadarenos que está al lado opuesto de Galilea;

27 y cuando El bajó a tierra, le salió al encuentro un hombre de la ciudad poseído por demonios, y que por mucho tiempo no se había puesto ropa alguna, ni vivía en una casa, sino en los sepulcros.

28 Al ver a Jesús, gritó y cayó delante de El, y dijo en alta voz: ¿Qué tengo yo que ver contigo, Jesús, Hijo del Dios Altísimo? Te ruego que no me atormentes.

29 Porque El mandaba al espíritu inmundo que saliera del hombre, pues muchas veces se había apoderado de él, y estaba atado con cadenas y grillos y bajo guardia; *a pesar de todo* rompía las ataduras y era impelido por el demonio a los desiertos.

30 Entonces Jesús le preguntó: ¿Cómo te llamas? Y él dijo: Legión; porque muchos demonios habían entrado en él.

31 Y le rogaban que no les ordenara irse al abismo.

32 Y había una piara de muchos cerdos paciendo allí en el monte; y *los demonios* le rogaron que les permitiera entrar en los cerdos. Y El les dio permiso.

33 Los demonios salieron del hombre y entraron en los cerdos; y la piara se precipitó por el despeñadero al lago, y se ahogaron.

34 Y cuando los que los cuidaban vieron lo que había sucedido, huyeron y lo contaron en la ciudad y por los campos.

35 Salió entonces *la gente* a ver qué había sucedido; y vinieron a Jesús, y encontraron al hombre de quien habían salido los demonios, sentado a los pies de Jesús, vestido y en su cabal juicio, y se llenaron de temor.

36 Y los que *lo* habían visto, les contaron cómo el que estaba endemoniado había sido sanado.

37 Entonces toda la gente de la región alrededor de los gadarenos le pidió *a Jesús* que se alejara de ellos, porque estaban poseídos de un gran temor. Y El entrando a una barca, regresó.

38 Pero el hombre de quien habían salido los demonios le rogaba que le permitiera acompañarle; mas El lo despidió, diciendo:

39 Vuelve a tu casa, y cuenta cuán grandes cosas Dios ha hecho por ti. Y él se fue, proclamando por toda la ciudad cuán grandes cosas Jesús había hecho por él.

40 Cuando Jesús volvió, la multitud le recibió *con gozo,* porque todos le habían estado esperando.

41 Y he aquí, llegó un hombre llamado Jairo, que era un oficial de la sinagoga; y cayendo a los pies de Jesús le rogaba que entrara a su casa;
42 porque tenía una hija única, como de doce años, que estaba al borde de la muerte. Pero mientras El iba, la muchedumbre le apretaba.
43 Y una mujer que había tenido un flujo de sangre por doce años y que había gastado en médicos todo cuanto tenía y no podía ser curada por nadie,
44 se acercó a Jesús por detrás y tocó el borde de su manto, y al instante cesó el flujo de su sangre.
45 Y Jesús dijo: ¿Quién es el que me ha tocado? Mientras todos lo negaban, Pedro dijo, y los que con él estaban: Maestro, las multitudes te aprietan y te oprimen.
46 Pero Jesús dijo: Alguien me tocó, porque me di cuenta que de mí había salido poder.
47 Al ver la mujer que ella no había pasado inadvertida, se acercó temblando, y cayendo delante de El, declaró en presencia de todo el pueblo la razón por la cual le había tocado, y cómo al instante había sido sanada.
48 Y El le dijo: Hija, tu fe te ha sanado; vete en paz.
49 Mientras estaba todavía hablando, vino* alguien de la casa del oficial de la sinagoga, diciendo: Tu hija ha muerto; no molestes más al Maestro.
50 Pero cuando Jesús lo oyó, le respondió: No temas; cree solamente, y ella será sanada.
51 Y cuando El llegó a la casa, no permitió que nadie entrara con El sino sólo Pedro, Juan y Jacobo, y el padre y la madre de la muchacha.
52 Todos la lloraban y se lamentaban; pero El dijo: No lloréis, porque no ha muerto, sino que duerme.
53 Y se burlaban de El, sabiendo que ella había muerto.
54 Pero El, tomándola de la mano, clamó, diciendo: ¡Niña, levántate!
55 Entonces le volvió su espíritu, y se levantó al instante, y El mandó que le dieran de comer.
56 Y sus padres estaban asombrados; pero El les encargó que no dijeran a nadie lo que había sucedido.

Misión de los doce

9 Reuniendo a los doce, les dio poder y autoridad sobre todos los demonios y para sanar enfermedades.
2 Y los envió a proclamar el reino de Dios y a sanar a los enfermos.
3 Y les dijo: No toméis nada para el camino, ni bordón, ni alforja, ni pan, ni dinero; ni tengáis dos túnicas cada uno.
4 En cualquier casa donde entréis, quedaos allí, y sea de allí vuestra salida.
5 Y en cuanto a los que no os reciban, al salir de esa ciudad, sacudid el polvo de vuestros pies en testimonio contra ellos.
6 Entonces salieron, e iban por las aldeas anunciando el evangelio y sanando por todas partes.
7 Herodes el tetrarca se enteró de todo lo que estaba pasando, y estaba muy perplejo, porque algunos decían que Juan había resucitado de entre los muertos,
8 otros, que Elías había aparecido, y otros, que algún profeta de los antiguos había resucitado.

9 Entonces Herodes dijo: A Juan yo lo hice decapitar; ¿quién es, entonces, éste de quien oigo tales cosas? Y procuraba verle.
10 Y cuando los apóstoles regresaron, dieron cuenta a Jesús de todo lo que habían hecho. Y El, tomándolos consigo, se retiró aparte a una ciudad llamada Betsaida.
11 Pero cuando la gente se dio cuenta de esto, le siguió; y Jesús, recibiéndolos, les hablaba del reino de Dios, y sanaba a los que tenían necesidad de ser curados.
12 El día comenzaba a declinar, y acercándose los doce, le dijeron: Despide a la multitud, para que vayan a las aldeas y campos de los alrededores, y hallen alojamiento y consigan alimentos; porque aquí estamos en un lugar desierto.
13 Pero El les dijo: Dadles vosotros de comer. Y ellos dijeron: No tenemos más que cinco panes y dos peces, a no ser que vayamos y compremos alimentos para toda esta gente.
14 (Porque había como cinco mil hombres.) Y Jesús dijo a sus discípulos: Haced que se recuesten en grupos como de cincuenta cada uno.
15 Así lo hicieron, haciendo recostar a todos.
16 Y tomando los cinco panes y los dos peces, levantando los ojos al cielo, los bendijo, y los partió, y los iba dando a los discípulos para que los sirvieran a la gente.
17 Todos comieron y se saciaron; y se recogieron de lo que les sobró de los pedazos: doce cestas llenas.
18 Y mientras Jesús oraba a solas, estaban con El los discípulos, y les preguntó, diciendo: ¿Quién dicen las multitudes que soy yo?
19 Entonces ellos respondieron, y dijeron: Unos, Juan el Bautista, otros, Elías, y otros, que algún profeta de los antiguos ha resucitado.
20 Y El les dijo: Y vosotros ¿quién decís que soy yo? Y Pedro respondiendo, dijo: El Cristo de Dios.
21 Pero El, advirtiéndoles severamente, les mandó que no dijeran esto a nadie,
22 diciendo: El Hijo del Hombre debe padecer mucho, y ser rechazado por los ancianos, los principales sacerdotes y los escribas, y ser muerto, y resucitar al tercer día.
23 Y decía a todos: Si alguno quiere venir en pos de mí, niéguese a sí mismo, tome su cruz cada día y sígame.
24 Porque el que quiera salvar su vida, la perderá, pero el que pierda su vida por causa de mí, ése la salvará.
25 Pues, ¿de qué le sirve a un hombre haber ganado el mundo entero, si él mismo se destruye o se pierde?
26 Porque el que se avergüence de mí y de mis palabras, de éste se avergonzará el Hijo del Hombre cuando venga en su gloria, y la del Padre, y la de los santos ángeles.
27 Pero de verdad os digo que hay algunos de los que están aquí, que no probarán la muerte hasta que vean el reino de Dios.
28 Y como ocho días después de estas palabras, Jesús tomó consigo a Pedro, a Juan y a Jacobo, y subió al monte a orar.
29 Mientras oraba, la apariencia de su rostro se hizo otra, y su ropa se hizo blanca y resplandeciente.

30 Y he aquí, dos hombres hablaban con El, los cuales eran Moisés y Elías,

31 quienes apareciendo en gloria, hablaban de la partida de Jesús, que El estaba a punto de cumplir en Jerusalén.

32 Pedro y sus compañeros habían sido vencidos por el sueño, pero cuando estuvieron bien despiertos, vieron la gloria de Jesús y a los dos varones que estaban con El.

33 Y sucedió que al retirarse ellos de El, Pedro dijo a Jesús: Maestro, bueno es estarnos aquí; hagamos tres enramadas, una para ti, otra para Moisés y otra para Elías; no sabiendo lo que decía.

34 Entonces, mientras él decía esto, se formó una nube que los cubrió; y tuvieron temor al entrar en la nube.

35 Y una voz salió de la nube, que decía: Este es mi Hijo, *mi* Escogido; a El oíd.

36 Cuando la voz se oyó, Jesús fue hallado solo. Ellos se *lo* callaron, y por aquellos días no contaron a nadie nada de lo que habían visto.

37 Y aconteció que al día siguiente, cuando bajaron del monte, una gran multitud le salió al encuentro.

38 Y he aquí, un hombre de la multitud gritó, diciendo: Maestro, te suplico que veas a mi hijo, pues es el único que tengo,

39 y sucede que un espíritu se apodera de él, y de repente da gritos, y *el espíritu* le hace caer con convulsiones, echando espumarajos; y magullándole, a duras penas se aparta de él.

40 Entonces rogué a tus discípulos que lo echaran fuera, y no pudieron.

41 Respondiendo Jesús, dijo: ¡Oh generación incrédula y perversa! ¿Hasta cuándo he de estar con vosotros y os he de soportar? Trae acá a tu hijo.

42 Cuando éste se acercaba, el demonio lo derribó y lo hizo caer con convulsiones. Pero Jesús reprendió al espíritu inmundo, y sanó al muchacho y se lo devolvió a su padre.

43 Y todos estaban admirados de la grandeza de Dios.

Mientras todos se maravillaban de todas las cosas que hacía, *Jesús* dijo a sus discípulos:

44 Haced que estas palabras penetren en vuestros oídos, porque el Hijo del Hombre va a ser entregado en manos de los hombres.

45 Pero ellos no entendían estas palabras, y les estaban veladas para que no las comprendieran; y temían preguntarle acerca de ellas.

46 Y se suscitó una discusión entre ellos, sobre quién de ellos sería el mayor.

47 Entonces Jesús, sabiendo lo que pensaban en sus corazones, tomó a un niño y lo puso a su lado,

48 y les dijo: El que reciba a este niño en mi nombre, a mí me recibe; y el que me recibe a mí, recibe a aquel que me envió; porque el que es más pequeño entre todos vosotros, ése es grande.

49 Y respondiendo Juan, dijo: Maestro, vimos a uno echando fuera demonios en tu nombre, y tratamos de impedírselo porque no anda con nosotros.

50 Pero Jesús le dijo: No *se lo* impidáis; porque el que no está contra vosotros, está con vosotros.

51 Y sucedió que cuando se cumplían los días de su ascensión, El, con determinación, afirmó su rostro para ir a Jerusalén.

52 Y envió mensajeros delante de El; y ellos fueron y entraron en una aldea de los samaritanos para hacerle preparativos.

53 Pero no le recibieron, porque sabían que había determinado ir a Jerusalén.

54 Al ver *esto*, sus discípulos Jacobo y Juan, dijeron: Señor, ¿quieres que mandemos que descienda fuego del cielo y los consuma?

55 Pero El, volviéndose, los reprendió, y dijo: Vosotros no sabéis de qué espíritu sois,

56 porque el Hijo del Hombre no ha venido para destruir las almas de los hombres, sino para salvarlas. Y se fueron a otra aldea.

57 Y mientras ellos iban por el camino, uno le dijo: Te seguiré adondequiera que vayas.

58 Y Jesús le dijo: Las zorras tienen madrigueras y las aves del cielo nidos, pero el Hijo del Hombre no tiene dónde recostar su cabeza.

59 A otro dijo: Sígueme. Pero él dijo: Señor, permíteme que vaya primero a enterrar a mi padre.

60 Mas El le dijo: Deja que los muertos entierren a sus muertos; pero tú, ve y anuncia por todas partes el reino de Dios.

61 También otro dijo: Te seguiré, Señor; pero primero permíteme despedirme de los de mi casa.

62 Pero Jesús le dijo: Nadie, que después de poner la mano en el arado mira atrás, es apto para el reino de Dios.

Jesús envía a los setenta

10 Después de esto, el Señor designó a otros setenta, y los envió de dos en dos delante de El, a toda ciudad y lugar adonde El había de ir.

2 Y les decía: La mies es mucha, pero los obreros pocos; rogad, por tanto, al Señor de la mies que envíe obreros a su mies.

3 Id; mirad que os envío como corderos en medio de lobos.

4 No llevéis bolsa, ni alforja, ni sandalias; y a nadie saludéis por el camino.

5 En cualquier casa que entréis, decid primero: "Paz a esta casa."

6 Y si hay allí un hijo de paz, vuestra paz reposará sobre él; pero si no, se volverá a vosotros.

7 Permaneced entonces en esa casa, comiendo y bebiendo lo que os den; porque el obrero es digno de su salario. No os paséis de casa en casa.

8 En cualquier ciudad donde entréis y os reciban, comed lo que os sirvan;

9 sanad a los enfermos que haya en ella, y decidles: "Se ha acercado a vosotros el reino de Dios."

10 Pero en cualquier ciudad donde entréis, y no os reciban, salid a sus calles, y decid:

11 "Hasta el polvo de vuestra ciudad que se pega a nuestros pies, nos lo sacudimos *en protesta* contra vosotros; empero sabed esto: que el reino de Dios se ha acercado."

12 Os digo que en aquel día será más tolerable *el castigo* para Sodoma que para aquella ciudad.

13 ¡Ay de ti Corazín! ¡Ay de ti Betsaida! Porque si los milagros que se hicieron en vosotras hubieran sido hechos en Tiro y Sidón, hace

tiempo que se hubieran arrepentido sentados en cilicio y ceniza.

14 Por eso, en el juicio será más tolerable *el castigo* para Tiro y Sidón que para vosotras.

15 Y tú, Capernaúm, ¿acaso serás elevada hasta los cielos? ¡Hasta el Hades serás hundida!

16 El que a vosotros escucha, a mí me escucha, y el que a vosotros me rechaza, a mí me rechaza; y el que a mí me rechaza, rechaza al que me envió.

17 Los setenta regresaron con gozo, diciendo: Señor, hasta los demonios se nos sujetan en tu nombre.

18 Y El les dijo: Yo veía a Satanás caer del cielo como un rayo.

19 Mirad, os he dado autoridad para hollar sobre serpientes y escorpiones, y sobre todo el poder del enemigo, y nada os hará daño.

20 Sin embargo, no os regocijéis en esto, de que los espíritus se os sometan, sino regocijaos de que vuestros nombres están escritos en los cielos.

21 En aquella misma hora El se regocijó mucho en el Espíritu Santo, y dijo: Te alabo, Padre, Señor del cielo y de la tierra, porque ocultaste estas cosas a sabios y a inteligentes, y las revelaste a niños. Sí, Padre, porque así fue de tu agrado.

22 Todas las cosas me han sido entregadas por mi Padre, y nadie sabe quién es el Hijo sino el Padre, ni quién es el Padre sino el Hijo, y aquel a quien el Hijo *se lo* quiera revelar.

23 Y volviéndose hacia los discípulos, les dijo aparte: Dichosos los ojos que ven lo que vosotros veis;

24 porque os digo que muchos profetas y reyes desearon ver lo que vosotros veis, y no *lo* vieron, y oír lo que vosotros oís, y no *lo* oyeron.

25 Y he aquí, cierto intérprete de la ley se levantó, y para ponerle a prueba dijo: Maestro, ¿qué haré para heredar la vida eterna?

26 Y El le dijo: ¿Qué está escrito en la ley? ¿Qué lees *en ella?*

27 Respondiendo él, dijo: AMARAS AL SEÑOR TU DIOS CON TODO TU CORAZON, Y CON TODA TU ALMA, Y CON TODA TU FUERZA, Y CON TODA TU MENTE; Y A TU PROJIMO COMO A TI MISMO.

28 Entonces *Jesús* le dijo: Has respondido correctamente; HAZ ESTO Y VIVIRAS.

29 Pero queriendo él justificarse a sí mismo, dijo a Jesús: ¿Y quién es mi prójimo?

30 Respondiendo Jesús, dijo: Cierto hombre bajaba de Jerusalén a Jericó, y cayó en manos de salteadores, los cuales después de despojarlo y de darle golpes, se fueron, dejándolo medio muerto.

31 Por casualidad cierto sacerdote bajaba por aquel camino, y cuando lo vio, pasó por el otro lado *del camino.*

32 Del mismo modo, también un levita, cuando llegó al lugar y lo vio, pasó por el otro lado *del camino.*

33 Pero cierto samaritano, que iba de viaje, llegó adonde él *estaba;* y cuando lo vio, tuvo compasión,

34 y acercándose, le vendó sus heridas, derramando aceite y vino sobre *ellas;* y poniéndolo sobre su propia cabalgadura, lo llevó a un mesón y lo cuidó.

35 Al día siguiente, sacando dos denarios, se los dio al mesonero, y dijo: "Cuídalo, y todo lo

demás que gastes, cuando yo regrese te lo pagaré."

36 ¿Cuál de estos tres piensas tú que demostró ser prójimo del que cayó en *manos de* los salteadores?

37 Y él dijo: El que tuvo misericordia de él. Y Jesús le dijo: Ve y haz tú lo mismo.

38 Mientras iban ellos de camino, El entró en cierta aldea; y una mujer llamada Marta le recibió en su casa.

39 Y ella tenía una hermana que se llamaba María, que sentada a los pies del Señor, escuchaba su palabra.

40 Pero Marta se preocupaba con todos los preparativos; y acercándose *a El, le* dijo: Señor, ¿no te importa que mi hermana me deje servir sola? Dile, pues, que me ayude.

41 Respondiendo el Señor, le dijo: Marta, Marta, tú estás preocupada y molesta por tantas cosas;

42 pero una sola cosa es necesaria, y María ha escogido la parte buena, la cual no le será quitada.

Jesús enseña sobre la oración

11 Y aconteció que estando Jesús orando en cierto lugar, cuando terminó, le dijo uno de sus discípulos: Señor, enséñanos a orar, así como Juan enseñó también a sus discípulos.

2 Y El les dijo: Cuando oréis, decid:

"Padre, santificado sea tu nombre.

Venga tu reino.

3"Danos hoy el pan nuestro de cada día.

4"Y perdónanos nuestros pecados,
porque también nosotros perdonamos a todos los que nos deben.
Y no nos metas en tentación."

5 También les dijo: Supongamos que uno de vosotros tiene un amigo, y va a él a medianoche y le dice: "Amigo, préstame tres panes,

6 porque un amigo mío ha llegado de viaje a mi *casa,* y no tengo nada que ofrecerle";

7 y aquél, respondiendo desde adentro, le dice: "No me molestes; la puerta ya está cerrada, y mis hijos y yo estamos acostados; no puedo levantarme para darte *nada.*"

8 Os digo que aunque no se levante a darle *algo* por ser su amigo, no obstante, por su importunidad se levantará y le dará cuanto necesite.

9 Y yo os digo: Pedid, y se os dará; buscad, y hallaréis; llamad, y se os abrirá.

10 Porque todo el que pide, recibe; y el que busca, halla; y al que llama, se le abrirá.

11 O suponed que a uno de vosotros que es padre, su hijo le pide pan; ¿acaso le dará una piedra? O si *le pide* un pescado; ¿acaso le dará una serpiente en lugar del pescado?

12 O si le pide un huevo; ¿acaso le dará un escorpión?

13 Pues si vosotros siendo malos, sabéis dar buenas dádivas a vuestros hijos, ¿cuánto más *vuestro* Padre celestial dará el Espíritu Santo a los que se lo pidan?

14 Estaba *Jesús* echando fuera un demonio, que era mudo, y sucedió que cuando el demonio salió, el mudo habló; y las multitudes se maravillaron.

15 Pero algunos de ellos dijeron: El echa fuera los demonios por Beelzebú, príncipe de los demonios.

16 Y otros, para ponerle a prueba, demandaban de El una señal del cielo.

17 Pero conociendo El sus pensamientos, les dijo: Todo reino dividido contra sí mismo es asolado; y una casa dividida contra sí misma, se derrumba.

18 Y si también Satanás está dividido contra sí mismo, ¿cómo permanecerá en pie su reino? Porque vosotros decís que yo echo fuera demonios por Beelzebú.

19 Y si yo echo fuera demonios por Beelzebú, ¿por quién los echan fuera vuestros hijos? Por consiguiente, ellos serán vuestros jueces.

20 Pero si yo por el dedo de Dios echo fuera los demonios, entonces el reino de Dios ha llegado a vosotros.

21 Cuando un *hombre* fuerte, bien armado, custodia su palacio, sus bienes están seguros.

22 Pero cuando uno más fuerte que él lo ataca y lo vence, le quita todas sus armas en las cuales había confiado y distribuye su botín.

23 El que no está conmigo, contra mí está; y el que conmigo no recoge, desparrama.

24 Cuando el espíritu inmundo sale del hombre, pasa por lugares áridos buscando descanso; y al no hallarlo, dice: "Volveré a mi casa de donde salí."

25 Y cuando llega, la encuentra barrida y arreglada.

26 Entonces va y toma consigo otros siete espíritus peores que él, y entrando, moran allí; y el estado final de aquel hombre resulta peor que el primero.

27 Y sucedió que mientras decía estas cosas, una de las mujeres en la multitud alzó su voz y le dijo: ¡Dichosa la matriz que te concibió y los senos que te criaron!

28 Pero El dijo: Al contrario, dichosos los que oyen la palabra de Dios y *la* guardan.

29 Como la multitud se aglomeraba, comenzó a decir: Esta generación es una generación perversa; busca señal, y ninguna señal se le dará, sino la señal de Jonás.

30 Porque de la misma manera que Jonás vino a ser una señal para los ninivitas, así también lo será el Hijo del Hombre para esta generación.

31 La Reina del Sur se levantará en el juicio con los hombres de esta generación y los condenará, porque ella vino desde los confines de la tierra para oír la sabiduría de Salomón; y mirad, algo más *grande* que Salomón está aquí.

32 Los hombres de Nínive se levantarán en el juicio con esta generación y la condenarán, porque ellos se arrepintieron con la predicación de Jonás; y mirad, algo más *grande* que Jonás está aquí.

33 Nadie, cuando enciende una lámpara, la pone en un sótano ni debajo de un almud, sino sobre el candelero, para que los que entren vean la luz.

34 La lámpara de tu cuerpo es tu ojo; cuando tu ojo está sano, también todo tu cuerpo está lleno de luz; pero cuando está malo, también tu cuerpo está lleno de oscuridad.

35 Mira, pues, que la luz que en ti hay no sea oscuridad.

36 Así que, si todo tu cuerpo está lleno de luz, sin tener parte alguna en tinieblas, estará totalmente iluminado como cuando la lámpara te alumbra con sus rayos.

37 Cuando terminó de hablar, un fariseo le rogó* que comiera con él; y *Jesús* entró y se sentó *a la mesa.*

38 Cuando el fariseo vio *esto,* se sorprendió de que *Jesús* no se hubiera lavado primero antes de comer, *según el ritual judío.*

39 Pero el Señor le dijo: Ahora bien, vosotros los fariseos limpiáis lo de fuera del vaso y del plato; pero por dentro estáis llenos de robo y de maldad.

40 Necios, el que hizo lo de fuera, ¿no hizo también lo de adentro?

41 Dad más bien lo que está dentro como obra de caridad, y entonces todo os será limpio.

42 Mas ¡ay de vosotros, fariseos!, porque pagáis el diezmo de la menta y la ruda y toda *clase* de hortaliza, y *sin embargo* pasáis por alto la justicia y el amor de Dios; pero esto es lo que debíais haber practicado sin descuidar lo otro.

43 ¡Ay de vosotros, fariseos!, porque amáis los primeros asientos en las sinagogas y los saludos respetuosos en las plazas.

44 ¡Ay de vosotros!, porque sois como sepulcros que no se ven, sobre *los que* andan los hombres sin saber*lo.*

45 Respondiendo uno de los intérpretes de la ley, le dijo*: Maestro, cuando dices esto, también a nosotros nos insultas.

46 Y El dijo: ¡Ay también de vosotros, intérpretes de la ley!, porque cargáis a los hombres con cargas difíciles de llevar, y vosotros ni siquiera tocáis las cargas con uno de vuestros dedos.

47 ¡Ay de vosotros!, porque edificáis los sepulcros de los profetas, y *fueron* vuestros padres *quienes* los mataron.

48 De modo que sois testigos, y aprobáis las acciones de vuestros padres; porque ellos los mataron y vosotros edificáis *sus sepulcros.*

49 Por eso la sabiduría de Dios también dijo: "Les enviaré profetas y apóstoles, y de ellos, matarán *a algunos* y perseguirán *a otros,*

50 para que la sangre de todos los profetas, derramada desde la fundación del mundo, se le cargue a esta generación,

51 desde la sangre de Abel hasta la sangre de Zacarías, que pereció entre el altar y la casa *de Dios;* sí, os digo que le será cargada a esta generación.

52 ¡Ay de vosotros, intérpretes de la ley!, porque habéis quitado la llave del conocimiento; vosotros mismos no entrasteis, y a los que estaban entrando se lo impedisteis.

53 Cuando salió de allí, los escribas y los fariseos comenzaron a acosarle en gran manera, y a interrogarle minuciosamente sobre muchas cosas,

54 tramando contra El para atrapar*le* en algo que dijera.

Advertencia contra la hipocresía

12 En estas circunstancias, cuando una multitud de miles y miles se había reunido, tanto que se atropellaban unos a otros, *Jesús* comenzó a decir primeramente a sus discípulos: Guardaos de la levadura de los fariseos, que es la hipocresía.

2 Y nada hay encubierto que no haya de ser revelado, ni oculto que no haya de saberse.

3 Por lo cual, todo lo que habéis dicho en la oscuridad se oirá a la luz, y lo que habéis susurrado en las habitaciones interiores, será proclamado desde las azoteas.

4 Y yo os digo, amigos míos: no temáis a los que matan el cuerpo, y después de esto no tienen más nada que puedan hacer.

5 Pero yo os mostraré a quién debéis temer: temed al que, después de matar, tiene poder para arrojar al infierno; sí, os digo: a éste, ¡temed!

6 ¿No se venden cinco pajarillos por dos cuartos? Y *sin embargo*, ni uno de ellos está olvidado ante Dios.

7 Es más, aun los cabellos de vuestra cabeza están todos contados. No temáis; vosotros valéis más que muchos pajarillos.

8 Y os digo, que a todo el que me confiese delante de los hombres, el Hijo del Hombre le confesará también ante los ángeles de Dios.

9 pero el que me niegue delante de los hombres, será negado delante de los ángeles de Dios.

10 Y a todo el que diga una palabra contra el Hijo del Hombre, se le perdonará; pero al que blasfeme contra el Espíritu Santo, no se le perdonará.

11 Y cuando os lleven a las sinagogas y ante los gobernantes y las autoridades, no os preocupéis de cómo o de qué hablaréis en defensa propia, o qué vais a decir;

12 porque el Espíritu Santo en esa misma hora os enseñará lo que debéis decir.

13 Uno de la multitud le dijo: Maestro, dile a mi hermano que divida la herencia conmigo.

14 Pero El le dijo: ¡Hombre! ¿Quién me ha puesto por juez o árbitro sobre vosotros?

15 Y les dijo: Estad atentos y guardaos de toda forma de avaricia; porque *aun* cuando alguien tenga abundancia, su vida no consiste en sus bienes.

16 También les refirió una parábola, diciendo: La tierra de cierto hombre rico había producido mucho.

17 Y pensaba dentro de sí, diciendo: "¿Qué haré, ya que no tengo dónde almacenar mis cosechas?"

18 Entonces dijo: "Esto haré: derribaré mis graneros y edificaré otros más grandes, y allí almacenaré todo mi grano y mis bienes.

19 "Y diré a mi alma: Alma, tienes muchos bienes depositados para muchos años; descansa, come, bebe, diviértete."

20 Pero Dios le dijo: "¡Necio! Esta *misma* noche te reclaman el alma; y *ahora*, ¿para quién será lo que has provisto?

21 Así es el que acumula tesoro para sí, y no es rico para con Dios.

22 Y dijo a sus discípulos: Por eso os digo: No os preocupéis por *vuestra* vida, qué comeréis; ni por vuestro cuerpo, qué vestiréis.

23 Porque la vida es más que el alimento, y el cuerpo más que la ropa.

24 Considerad los cuervos, que ni siembran ni siegan; no tienen bodega ni granero, y *sin embargo*, Dios los alimenta; ¡cuánto más valéis vosotros que las aves!

25 ¿Y quién de vosotros, por ansioso que esté, puede añadir una hora al curso de su vida?

26 Si vosotros, pues, no podéis hacer algo tan pequeño, ¿por qué os preocupáis por lo demás?

27 Considerad los lirios, cómo crecen; no trabajan ni hilan; pero os digo que ni Salomón en toda su gloria se vistió como uno de éstos.

28 Y si Dios viste así la hierba del campo, que hoy es y mañana es echada al horno, ¡cuánto más *hará* por vosotros, hombres de poca fe!

29 Vosotros, pues no busquéis qué habéis de comer, ni qué habéis de beber, y no estéis preocupados.

30 Porque los pueblos del mundo buscan ansiosamente todas estas cosas; pero vuestro Padre sabe que necesitáis estas cosas.

31 Mas buscad su reino, y estas cosas os serán añadidas.

32 No temas, rebaño pequeño, porque vuestro Padre ha decidido daros el reino.

33 Vended vuestras posesiones y dad limosnas; haceos bolsas que no se deterioran, un tesoro en los cielos que no se agota, donde no se acerca *ningún* ladrón ni la polilla destruye.

34 Porque donde esté vuestro tesoro, allí también estará vuestro corazón.

35 Estad siempre preparados y *mantened* las lámparas encendidas,

36 y sed semejantes a hombres que esperan a su señor que regresa de las bodas, para abrirle tan pronto como llegue y llame.

37 Dichosos aquellos siervos a quienes el señor, al venir, halle velando; en verdad os digo que se ceñirá *para servir*, y los sentará *a la mesa*, y acercándose, les servirá.

38 Y ya sea que venga en la segunda vigilia, o aun en la tercera, y *los* halla así, dichosos son aquellos *siervos*.

39 Podéis estar seguros de que si el dueño de la casa hubiera sabido a qué hora iba a venir el ladrón, no hubiera permitido que entrara en su casa.

40 Vosotros también estad preparados, porque el Hijo del Hombre vendrá a la hora que no esperéis.

41 Entonces Pedro dijo: Señor, ¿nos dices esta parábola a nosotros, o también a todos *los demás*?

42 Y el Señor dijo: ¿Quién es, pues, el mayordomo fiel y prudente a quien su señor pondrá sobre sus siervos para que a su tiempo les dé sus raciones?

43 Dichoso aquel siervo a quien, cuando su señor venga, lo encuentre haciendo así.

44 De verdad os digo que lo pondrá sobre todos sus bienes.

45 Pero si aquel siervo dice en su corazón: "Mi señor tardará en venir"; y empieza a golpear a los criados y a las criadas, y a comer, a beber y a embriagarse;

46 el señor de aquel siervo llegará un día, cuando él no *lo* espera y a una hora que no sabe, y lo azotará severamente, y le asignará un lugar con los incrédulos.

47 Y aquel siervo que sabía la voluntad de su señor, y que no se preparó ni obró conforme a su voluntad, recibirá muchos azotes;

48 pero el que no *la* sabía, e hizo cosas que merecían castigo, será azotado poco. A todo el que se le haya dado mucho, mucho se le demandará de él; y al que mucho le han confiado, más le exigirán.

49 Yo he venido para echar fuego sobre la tierra; y ¡cómo quisiera que ya estuviera encendido!

50 Pero de un bautismo tengo que ser bautizado, y ¡cómo me angustio hasta que se cumpla!

51 ¿Pensáis que vine a dar paz en la tierra? No, os digo, sino más bien división.

52 Porque desde ahora en adelante, cinco en una casa estarán divididos; tres contra dos y dos contra tres.

53 Estarán divididos el padre contra el hijo y el hijo contra el padre; la madre contra la hija y la hija contra la madre; la suegra contra su nuera y la nuera contra su suegra.

54 Decía también a las multitudes: Cuando veis una nube que se levanta en el poniente, al instante decís: "Viene un aguacero", y así sucede.

55 Y cuando sopla el viento del sur, decís: "Va a hacer calor", y *así* pasa.

56 ¡Hipócritas! Sabéis examinar el aspecto de la tierra y del cielo; entonces, ¿por qué no examináis este tiempo presente?

57 ¿Y por qué no juzgáis por vosotros mismos lo que es justo?

58 Porque mientras vas con tu adversario para comparecer ante el magistrado, procura en el camino arreglarte con él, no sea que te arrastre ante el juez, y el juez te entregue al alguacil, y el alguacil te eche en la cárcel.

59 Te digo que no saldrás de allí hasta que hayas pagado aun el último centavo.

Arrepentíos o pereceréis

13 En esa misma ocasión había allí algunos que le contaron acerca de los galileos cuya sangre Pilato había mezclado con la de sus sacrificios.

2 Respondiendo *Jesús*, les dijo: ¿Pensáis que estos galileos eran *más* pecadores que todos los *demás* galileos, porque sufrieron esto?

3 Os digo que no; al contrario, si no os arrepentís, todos pereceréis igualmente.

4 ¿O pensáis que aquellos dieciocho, sobre los que cayó la torre en Siloé y los mató, eran *más* deudores que todos los hombres que habitan en Jerusalén?

5 Os digo que no; al contrario, si no os arrepentís, todos pereceréis igualmente.

6 Y les dijo esta parábola: Cierto hombre tenía una higuera plantada en su viña; y fue a buscar fruto de ella, y no *lo* halló.

7 Y dijo al viñador: "Mira, hace tres años que vengo a buscar fruto en esta higuera, y no lo hallo. Córtala. ¿Por qué ha de cansar la tierra?"

8 El entonces, respondiendo, le dijo: "Señor, déjala por este año todavía, hasta que yo cave alrededor de ella, y le eche abono,

9 y si da fruto el año que viene, *bien;* y si no, córtala."

10 *Jesús* estaba enseñando en una de las sinagogas un día de reposo,

11 y había *allí* una mujer que durante dieciocho años había tenido una enfermedad causada por un espíritu; estaba encorvada, y de ninguna manera se podía enderezar.

12 Cuando Jesús la vio, la llamó y le dijo: Mujer, has quedado libre de tu enfermedad.

13 Y puso las manos sobre ella, y al instante se enderezó y glorificaba a Dios.

14 Pero el oficial de la sinagoga, indignado porque Jesús había sanado en día de reposo, reaccionó diciendo a la multitud: Hay seis días en los cuales se debe trabajar; venid, pues, en esos *días* y sed sanados, y no en día de reposo.

15 Entonces el Señor le respondió, y dijo: Hipócritas, ¿no desata cada uno de vosotros su buey o su asno del pesebre en día de reposo y lo lleva a beber?

16 Y ésta, que es hija de Abraham, a la que Satanás ha tenido atada durante dieciocho largos años, ¿no debía ser libertada de esta ligadura en día de reposo?

17 Y al decir El esto, todos sus adversarios se avergonzaban, pero toda la multitud se regocijaba por todas las cosas gloriosas hechas por El.

18 Entonces decía: ¿A qué es semejante el reino de Dios y con qué lo compararé?

19 Es semejante a un grano de mostaza que un hombre tomó y echó en su huerto; y creció y se hizo árbol, y LAS AVES DEL CIELO ANIDARON EN SUS RAMAS.

20 Y volvió a decir: ¿A qué compararé el reino de Dios?

21 Es semejante a la levadura que una mujer tomó y escondió en tres medidas de harina hasta que todo quedó fermentado.

22 Pasaba *Jesús* por ciudades y aldeas, enseñando, mientras proseguía camino a Jerusalén.

23 Y alguien le dijo: Señor, ¿son pocos los que se salvan? Y El les dijo:

24 Esforzaos por entrar por la puerta estrecha, porque os digo que muchos tratarán de entrar y no podrán.

25 Después que el dueño de la casa se levante y cierre la puerta, y vosotros, estando fuera, comencéis a llamar a la puerta, diciendo: "Señor, ábrenos", El respondiendo, os dirá: "No sé de dónde sois."

26 Entonces comenzaréis a decir: "Comimos y bebimos en tu presencia, y enseñaste en nuestras calles;"

27 Y El dirá: "Os digo que no sé de dónde sois; APARTAOS DE MI, TODOS LOS QUE HACEIS INIQUIDAD."

28 Allí será el llanto y el crujir de dientes cuando veáis a Abraham, a Isaac, a Jacob y a todos los profetas en el reino de Dios, pero vosotros echados fuera.

29 Y vendrán del oriente y del occidente, del norte y del sur, y se sentarán *a la mesa* en el reino de Dios.

30 Y he aquí, hay últimos que serán primeros, y hay primeros que serán últimos.

31 En ese momento llegaron unos fariseos diciéndole: Sal y vete de aquí, porque Herodes te quiere matar.

32 Y El les dijo: Id y decidle a ese zorro: "Yo expulso demonios, y hago curaciones hoy y mañana, y al tercer *día* cumplo mi propósito."

33 Sin embargo, debo seguir mi camino, hoy, mañana y pasado mañana; porque no puede ser que un profeta muera fuera de Jerusalén.

34 ¡Jerusalén, Jerusalén, la que mata a los profetas y apedrea a los que le son enviados! ¡Cuántas veces quise juntar a tus hijos, como la gallina a sus pollitos debajo de sus alas, y no quisiste!

35 He aquí, vuestra casa se os deja desierta; y os digo que no me veréis *más*, hasta que llegue *el*

tiempo en que digáis: "BENDITO EL QUE VIENE EN NOMBRE DEL SEÑOR."

Jesús sana otra vez en día de reposo

14 Y aconteció que cuando Jesús entró en casa de uno de los principales de los fariseos un día de reposo para comer pan, ellos le estaban observando cuidadosamente.

2 Y allí, frente a El, estaba un hombre hidrópico.

3 Y dirigiéndose Jesús, a los intérpretes de la ley y a los fariseos, *les* habló diciendo: ¿Es lícito sanar en el día de reposo, o no?

4 Pero ellos guardaron silencio. Y El, tomándolo *de la mano*, lo sanó y lo despidió.

5 Y a ellos les dijo: ¿A quién de vosotros se le cae un hijo o un buey en un hoyo un día de reposo, y no lo saca inmediatamente?

6 Y no pudieron responderle a esto.

7 Y comenzó a referir una parábola a los invitados, cuando advirtió cómo escogían los lugares de honor *a la mesa*, diciéndoles:

8 Cuando seas invitado por alguno a un *banquete* de bodas, no tomes el lugar de honor, no sea que él haya invitado a otro más distinguido que tú,

9 y viniendo el que te invitó a ti y a él, te diga: "Dale *el* lugar a éste"; y entonces, avergonzado, tengas que irte al último lugar.

10 Sino que cuando seas invitado, ve y siéntate en el último lugar, para que cuando llegue el que te invitó, te diga: "Amigo, ven más adelante"; entonces serás honrado delante de todos los que se sientan *a la mesa* contigo.

11 Porque todo el que se ensalce, será humillado; y el que se humille será ensalzado.

12 Y dijo también al que le había convidado: Cuando ofrezcas una comida o una cena, no llames a tus amigos, ni a tus hermanos, ni a tus parientes, ni a tus vecinos ricos, no sea que ellos a su vez también te conviden y tengas ya tu recompensa.

13 Antes bien, cuando ofrezcas un banquete, llama a pobres, mancos, cojos, ciegos,

14 y serás bienaventurado, ya que ellos no tienen para recompensarte; pues tú serás recompensado en la resurrección de los justos.

15 Cuando uno de los que estaban sentados con El *a la mesa* oyó esto, le dijo: ¡Bienaventurado todo el que coma pan en el reino de Dios!

16 Pero El le dijo: Cierto hombre dio una gran cena, e invitó a muchos;

17 y a la hora de la cena envió a su siervo a decir a los que habían sido invitados: "Venid, porque ya todo está preparado."

18 Y todos a una comenzaron a excusarse. El primero le dijo: "He comprado un terreno y necesito ir a verlo; te ruego que me excuses."

19 Y otro dijo: "He comprado cinco yuntas de bueyes y voy a probarlos; te ruego que me excuses."

20 También otro dijo: "Me he casado, y por eso no puedo ir."

21 Cuando el siervo regresó, informó *de todo* esto a su señor. Entonces, enojado el dueño de la casa, dijo a su siervo: "Sal enseguida por las calles y callejones de la ciudad, y trae acá a los pobres, los mancos, los ciegos y los cojos."

22 Y el siervo dijo: "Señor, se ha hecho lo que ordenaste, y todavía hay lugar."

23 Entonces el señor dijo al siervo: "Sal a los caminos y por los cercados, y oblíga*los* a entrar para que se llene mi casa.

24"Porque os digo que ninguno de aquellos hombres que fueron invitados probará mi cena."

25 Grandes multitudes le acompañaban; y El, volviéndose, les dijo:

26 Si alguno viene a mí, y no aborrece a su padre y madre, a *su* mujer e hijos, a *sus* hermanos y hermanas, y aun hasta su propia vida, no puede ser mi discípulo.

27 El que no carga su cruz y viene en pos de mí, no puede ser mi discípulo.

28 Porque, ¿quién de vosotros, deseando edificar una torre, no se sienta primero y calcula el costo, para ver si tiene *lo suficiente* para terminarla?

29 No sea que cuando haya echado los cimientos y no pueda terminar, todos los que lo vean comiencen a burlarse de él,

30 diciendo: "Este hombre comenzó a edificar y no pudo terminar."

31 ¿O qué rey, cuando sale al encuentro de otro rey para la batalla, no se sienta primero y delibera si con diez mil *hombres* es *bastante* fuerte como para enfrentarse al que viene contra él con veinte mil?

32 Y si no, cuando el otro todavía está lejos, le envía una delegación y pide condiciones de paz.

33 Así pues, cualquiera de vosotros que no renuncie a todas sus posesiones, no puede ser mi discípulo.

34 Por tanto, buena es la sal, pero si también la sal ha perdido su sabor, ¿con qué será sazonada?

35 No es útil ni para la tierra ni para el muladar; la arrojan fuera. El que tenga oídos para oír, que oiga.

Parábola de la oveja perdida

15 Todos los recaudadores de impuestos y los pecadores se acercaban a Jesús para oírle;

2 y los fariseos y los escribas murmuraban, diciendo: Este recibe a los pecadores y come con ellos.

3 Entonces El les refirió esta parábola, diciendo:

4 ¿Qué hombre de vosotros, si tiene cien ovejas y una de ellas se pierde, no deja las noventa y nueve en el campo y va tras la que está perdida hasta que la halla?

5 Al encontrar*la*, *la* pone sobre sus hombros, gozoso;

6 y cuando llega a su casa, reúne a los amigos y a los vecinos, diciéndoles: "Alegraos conmigo, porque he hallado mi oveja que se había perdido."

7 Os digo que de la misma manera, habrá *más* gozo en el cielo por un pecador que se arrepiente que por noventa y nueve justos que no necesitan arrepentimiento.

8 ¿O qué mujer, si tiene diez monedas de plata y pierde una moneda, no enciende una lámpara y barre la casa y busca con cuidado hasta hallar*la*?

9 Cuando *la* encuentra, reúne a las amigas y vecinas, diciendo: "Alegraos conmigo porque he hallado la moneda que había perdido."

10 De la misma manera, os digo, hay gozo en la

presencia de los ángeles de Dios por un pecador que se arrepiente.

11 Y *Jesús* dijo: Cierto hombre tenía dos hijos;

12 y el menor de ellos le dijo al padre: "Padre, dame la parte de la hacienda que me corresponde." Y él les repartió sus bienes.

13 No muchos días después, el hijo menor, juntándolo todo, partió a un país lejano, y allí malgastó su hacienda viviendo perdidamente.

14 Cuando lo había gastado todo, vino una gran hambre en aquel país, y comenzó a pasar necesidad.

15 Entonces fue y se acercó a uno de los ciudadanos de aquel país, y él lo mandó a sus campos a apacentar cerdos.

16 Y deseaba llenarse el estómago de las algarrobas que comían los cerdos, pero nadie le daba *nada.*

17 Entonces, volviendo en sí, dijo: "¡Cuántos de los trabajadores de mi padre tienen pan de sobra, pero yo aquí perezco de hambre!

18"Me levantaré e iré a mi padre, y le diré: 'Padre, he pecado contra el cielo y ante ti;

19 ya no soy digno de ser llamado hijo tuyo; hazme como uno de tus trabajadores.' "

20 Y levantándose, fue a su padre. Y cuando todavía estaba lejos, su padre lo vio y sintió compasión *por él,* y corrió, se echó sobre su cuello y lo besó.

21 Y el hijo le dijo: "Padre, he pecado contra el cielo y ante ti; ya no soy digno de ser llamado hijo tuyo."

22 Pero el padre dijo a sus siervos: "Pronto; traed la mejor ropa y vestidlo, y poned un anillo en su mano y sandalias en los pies;

23 y traed el becerro engordado, matad*lo,* y comamos y regocijémonos;

24 porque este hijo mío estaba muerto y ha vuelto a la vida; estaba perdido y ha sido hallado." Y comenzaron a regocijarse.

25 Y su hijo mayor estaba en el campo, y cuando vino y se acercó a la casa, oyó música y danzas.

26 Y llamando a uno de los criados, le preguntó qué era *todo* aquello.

27 Y él le dijo: "Tu hermano ha venido, y tu padre ha matado el becerro engordado porque lo ha recibido sano y salvo."

28 Entonces él se enojó y no quería entrar. Salió su padre y le rogaba *que entrara.*

29 Pero respondiendo él, le dijo al padre: "Mira, por tantos años te he servido y nunca he desobedecido ninguna orden tuya, y *sin embargo,* nunca me has dado un cabrito para regocijarme con mis amigos;

30 pero cuando vino este hijo tuyo, que ha consumido tus bienes con rameras, mataste para él el becerro engordado."

31 Y él le dijo: "Hijo *mío,* tú siempre has estado conmigo, y todo lo mío es tuyo.

32"Pero era necesario hacer fiesta y regocijarnos, porque éste, tu hermano, estaba muerto y ha vuelto a la vida; *estaba* perdido y ha sido hallado."

El mayordomo infiel

16 Decía también *Jesús* a los discípulos: Había cierto hombre rico que tenía un mayordomo; y éste fue acusado ante él de derrochar sus bienes.

2 Entonces lo llamó y le dijo: "¿Qué es esto que oigo acerca de ti? Rinde cuentas de tu administración, porque no puedes ser más mayordomo."

3 Y el mayordomo se dijo a sí mismo: "¿Qué haré? Pues mi señor me quita la administración. No tengo fuerzas para cavar, y me da vergüenza mendigar.

4"Ya sé lo que haré, para que cuando se me destituya de la administración me reciban en sus casas."

5 Y llamando a cada uno de los deudores de su señor, dijo al primero: "¿Cuánto le debes a mi señor?"

6 Y él dijo: "Cien barriles de aceite." Y le dijo: "Toma tu factura, siéntate pronto y escribe cincuenta."

7 Después dijo a otro: "Y tú, ¿cuánto debes?" Y él respondió: "Cien medidas de trigo." El le dijo*: "Toma tu factura y escribe ochenta."

8 El señor elogió al mayordomo injusto porque había procedido con sagacidad, pues los hijos de este siglo son más sagaces en las relaciones con sus semejantes que los hijos de luz.

9 Y yo os digo: Haceos amigos por medio de las riquezas injustas, para que cuando falten, os reciban en las moradas eternas.

10 El que es fiel en lo muy poco, es fiel también en lo mucho; y el que es injusto en lo muy poco, también es injusto en lo mucho.

11 Por tanto, si no habéis sido fieles en *el uso de* las riquezas injustas, ¿quién os confiará las *riquezas* verdaderas?

12 Y si no habéis sido fieles en *el uso de* lo ajeno, ¿quién os dará lo que es vuestro?

13 Ningún siervo puede servir a dos señores, porque o aborrecerá a uno y amará al otro, o se apegará a uno y despreciará al otro. No podéis servir a Dios y a las riquezas.

14 Los fariseos, que eran amantes del dinero, oían todas estas cosas y se burlaban de El.

15 Y El les dijo: Vosotros sois los que os justificáis a vosotros mismos ante los hombres, pero Dios conoce vuestros corazones, porque lo que entre los hombres es de alta estima, abominable es delante de Dios.

16 La ley y los profetas *se proclamaron* hasta Juan; desde entonces se anuncian las buenas nuevas del reino de Dios, y todos se esfuerzan por entrar en él.

17 Pero más fácil es que el cielo y la tierra pasen, que un ápice de la ley deje de cumplirse.

18 Todo el que se divorcia de su mujer y se casa con otra, comete adulterio; y el que se casa con la que está divorciada del marido, comete adulterio.

19 Había cierto hombre rico que se vestía de púrpura y lino fino, celebrando cada día fiestas con esplendidez.

20 Y un pobre llamado Lázaro yacía a su puerta cubierto de llagas,

21 ansiando saciarse de las *migajas* que caían de la mesa del rico; además, hasta los perros venían y le lamían las llagas.

22 Y sucedió que murió el pobre y fue llevado por los ángeles al seno de Abraham; y murió también el rico y fue sepultado.

23 En el Hades alzó sus ojos, estando en tormentos, y vio* a Abraham a lo lejos, y a Lázaro en su seno.

24 Y gritando, dijo: "Padre Abraham, ten misericordia de mí, y envía a Lázaro para que moje la punta de su dedo en agua y refresque mi lengua, pues estoy en agonía en esta llama."

25 Pero Abraham le dijo: "Hijo, recuerda que durante tu vida recibiste tus bienes, y Lázaro, igualmente, males; pero ahora él es consolado aquí, y tú estás en agonía.

26 Y además de todo esto, hay un gran abismo puesto entre nosotros y vosotros, de modo que los que quieran pasar de aquí a vosotros no puedan, y tampoco nadie pueda cruzar de allá a nosotros."

27 Entonces él dijo: "Te ruego, pues, padre, que lo envíes a la casa de mi padre,

28 pues tengo cinco hermanos, de modo que él los prevenga, para que ellos no vengan también a este lugar de tormento."

29 Pero Abraham dijo*: "Ellos tienen a Moisés y a los profetas; que los oigan."

30 Y él dijo: "No, padre Abraham, sino que si alguno va a ellos de entre los muertos, se arrepentirán."

31 Mas *Abraham* le contestó: "Si no escuchan a Moisés y a los profetas, tampoco se persuadirán si alguno se levanta de entre los muertos."

Advertencias a los discípulos

17 Y *Jesús* dijo a sus discípulos: Es inevitable que vengan tropiezos, pero ¡ay de aquel por quien vienen!

2 Mejor le sería si se le colgara una piedra de molino al cuello y fuera arrojado al mar, que hacer tropezar a uno de estos pequeños.

3 ¡Tened cuidado! Si tu hermano peca, repréndelo; y si se arrepiente, perdónalo.

4 Y si peca contra ti siete veces al día, y vuelve a ti siete veces, diciendo: "Me arrepiento", perdónalo.

5 Y los apóstoles dijeron al Señor: ¡Auméntanos la fe!

6 Entonces el Señor dijo: Si tuvierais fe como un grano de mostaza, diríais a este sicómoro: "Desarráigate y plántate en el mar." Y os obedecería.

7 ¿Quién de vosotros tiene un siervo arando o pastoreando *ovejas*, y cuando regresa del campo, le dice: "Ven enseguida y siéntate *a comer*"?

8 ¿No le dirá más bien: "Prepárame algo para cenar, y vístete *adecuadamente*, y sírveme hasta que haya comido y bebido; y después comerás y beberás tú"?

9 ¿Acaso le da las gracias al siervo porque hizo lo que se le ordenó?

10 Así también vosotros, cuando hayáis hecho todo lo que se os ha ordenado, decid: "Siervos inútiles somos; hemos hecho *sólo* lo que debíamos haber hecho."

11 Y aconteció que mientras iba camino a Jerusalén, pasaba entre Samaria y Galilea,

12 y al entrar en cierta aldea, le salieron al encuentro diez hombres leprosos, que se pararon a distancia,

13 y alzaron la voz, diciendo: ¡Jesús, Maestro! ¡Ten misericordia de nosotros!

14 Cuando El los vio, les dijo: Id y mostraos a los sacerdotes. Y sucedió que mientras iban, quedaron limpios.

15 Entonces uno de ellos, al ver que había sido sanado, se volvió glorificando a Dios en alta voz.

16 Y cayó sobre su rostro a los pies de Jesús, dándole gracias; y éste era samaritano.

17 Respondiendo Jesús, dijo: ¿No fueron diez los que quedaron limpios? Y los *otros* nueve... ¿dónde están?

18 ¿No hubo ninguno que regresara a dar gloria a Dios, excepto este extranjero?

19 Y le dijo: Levántate y vete; tu fe te ha sanado.

20 Habiéndole preguntado los fariseos cuándo vendría el reino de Dios, *Jesús* les respondió, y dijo: El reino de Dios no viene con señales visibles,

21 ni dirán: "¡Mirad, aquí *está*!" o: "¡Allí *está*!" Porque he aquí, el reino de Dios entre vosotros está.

22 Y dijo a los discípulos: Vendrán días cuando ansiaréis ver uno de los días del Hijo del Hombre, y no lo veréis.

23 Y os dirán: "¡Mirad allí! ¡Mirad aquí!" No vayáis, ni corráis tras *ellos*.

24 Porque como el relámpago al fulgurar resplandece desde un extremo del cielo hasta el otro extremo del cielo, así será el Hijo del Hombre en su día.

25 Pero primero es necesario que El padezca mucho y sea rechazado por esta generación.

26 Tal como ocurrió en los días de Noé, así será también en los días del Hijo del Hombre.

27 Comían, bebían, se casaban y se daban en casamiento, hasta el día en que Noé entró en el arca, y vino el diluvio y los destruyó a todos.

28 Fue lo mismo que ocurrió en los días de Lot: comían, bebían, compraban, vendían, plantaban, construían;

29 pero el día en que Lot salió de Sodoma, llovió fuego y azufre del cielo y los destruyó a todos.

30 Lo mismo acontecerá el día en que el Hijo del Hombre sea revelado.

31 En ese día, el que esté en la azotea y tenga sus bienes en casa, no descienda a llevárselos; y de igual modo, el que esté en el campo no vuelva atrás.

32 Acordaos de la mujer de Lot.

33 Todo el que procure preservar su vida, la perderá; y todo el que la pierda, la conservará.

34 Os digo que en aquella noche estarán dos en una cama; uno será tomado y el otro será dejado.

35 Estarán dos *mujeres* moliendo en el mismo lugar; una será tomada y la otra será dejada.

36 Dos estarán en el campo; uno será tomado y el otro será dejado.

37 Respondiendo ellos, le dijeron*: ¿Dónde, Señor? Y El les dijo: Donde *esté* el cuerpo, allí también se juntarán los buitres.

Parábola de la viuda y el juez injusto

18 Y les refería *Jesús* una parábola para enseñar*les* que ellos debían orar en todo tiempo, y no desfallecer,

2 diciendo: Había en cierta ciudad un juez que ni temía a Dios ni respetaba a hombre alguno.

3 Y había en aquella ciudad una viuda, la cual venía a él *constantemente*, diciendo: "Hazme justicia de mi adversario."

4 Por algún tiempo él no quiso, pero después dijo para sí: "Aunque ni temo a Dios, ni respeto a hombre alguno,

5 sin embargo, porque esta viuda me molesta, le haré justicia; no sea que por venir continuamente me agote la paciencia."

6 Y el Señor dijo: Escuchad lo que dijo* el juez injusto.

7 ¿Y no hará Dios justicia a sus escogidos, que claman a El día y noche? ¿Se tardará mucho en responderles?

8 Os digo que pronto les hará justicia. No obstante, cuando el Hijo del Hombre venga, ¿hallará fe en la tierra?

9 Refirió también esta parábola a unos que confiaban en sí mismos como justos, y despreciaban a los demás:

10 Dos hombres subieron al templo a orar; uno era fariseo y el otro recaudador de impuestos.

11 El fariseo puesto en pie, oraba para sí de esta manera: "Dios, te doy gracias porque no soy como los demás hombres: estafadores, injustos, adúlteros; ni aun como este recaudador de impuestos.

12 "Yo ayuno dos veces por semana; doy el diezmo de todo lo que gano."

13 Pero el recaudador de impuestos, de pie y a cierta distancia, no quería ni siquiera alzar los ojos al cielo, sino que se golpeaba el pecho, diciendo: "Dios, ten piedad de mí, pecador."

14 Os digo que éste descendió a su casa justificado pero aquél no; porque todo el que se ensalza será humillado, pero el que se humilla será ensalzado.

15 Y le traían aun a los niños muy pequeños para que los tocara, pero al ver *esto* los discípulos, los reprendían.

16 Mas Jesús, llamándolos a su lado, dijo: Dejad que los niños vengan a mí, y no se lo impidáis, porque de los que son como éstos es el reino de Dios.

17 En verdad os digo: el que no recibe el reino de Dios como un niño, no entrará en él.

18 Y cierto *hombre* prominente le preguntó, diciendo: Maestro bueno, ¿qué haré para heredar la vida eterna?

19 Jesús le respondió: ¿Por qué me llamas bueno? Nadie es bueno, sino sólo uno, Dios.

20 Tú sabes los mandamientos: "No cometas adulterio, No mates, No hurtes, No des falso testimonio, Honra a tu padre y a tu madre."

21 Y él dijo: Todo esto lo he guardado desde *mi* juventud.

22 Cuando Jesús oyó *esto*, le dijo: Te falta todavía una cosa; vende todo lo que tienes y reparte entre los pobres, y tendrás tesoro en los cielos; y ven, sígueme.

23 Pero al oír esto, se puso muy triste, pues era sumamente rico.

24 Mirándolo Jesús, dijo: ¡Qué difícil es que entren en el reino de Dios los que tienen riquezas!

25 Porque es más fácil que un camello pase por el ojo de una aguja, que el que un rico entre en el reino de Dios.

26 Los que oyeron *esto*, dijeron: ¿Y quién podrá salvarse?

27 Y El respondió: Lo imposible para los hombres, es posible para Dios.

28 Y Pedro dijo: He aquí, nosotros lo hemos dejado todo y te hemos seguido.

29 Entonces El les dijo: En verdad os digo: no hay nadie que haya dejado casa, o mujer, o hermanos, o padres o hijos por la causa del reino de Dios,

30 que no reciba muchas veces más en este tiempo, y en el siglo venidero, la vida eterna.

31 Tomando aparte a los doce, *Jesús* les dijo: Mirad, subimos a Jerusalén, y se cumplirán todas las cosas que están escritas por medio de los profetas acerca del Hijo del Hombre.

32 Pues será entregado a los gentiles, y será objeto de burla, afrentado y escupido;

33 y después de azotarle, le matarán, y al tercer día resucitará.

34 Pero ellos no comprendieron nada de esto; este dicho les estaba encubierto, y no entendían lo que se *les* decía.

35 Y aconteció que al acercarse a Jericó, un ciego estaba sentado junto al camino mendigando.

36 Al oír que pasaba una multitud, preguntaba qué era aquello.

37 Y le informaron que pasaba Jesús de Nazaret.

38 Entonces gritó, diciendo: ¡Jesús, Hijo de David, ten misericordia de mí!

39 Y los que iban delante lo reprendían para que se callara; pero él gritaba mucho más: ¡Hijo de David, ten misericordia de mí!

40 Y Jesús se detuvo y ordenó que se lo trajeran; y cuando estuvo cerca, le preguntó:

41 ¿Qué deseas que haga por ti? Y él dijo: Señor, que recobre la vista.

42 Jesús entonces le dijo: Recibe la vista, tu fe te ha sanado.

43 Y al instante recobró la vista, y le seguía glorificando a Dios; cuando toda la gente vio *aquello*, dieron gloria a Dios.

Zaqueo

19 Habiendo entrado *Jesús* en Jericó, pasaba por la ciudad.

2 Y un hombre llamado Zaqueo, que era jefe de los recaudadores de impuestos y era rico,

3 trataba de ver quién era Jesús; pero no podía a causa de la multitud, ya que él era de pequeña estatura.

4 Y corriendo delante, se subió a un sicómoro para verle, porque *Jesús* estaba a punto de pasar por allí.

5 Cuando Jesús llegó al lugar, miró hacia arriba y le dijo: Zaqueo, date prisa y desciende, porque hoy debo quedarme en tu casa.

6 Entonces él se apresuró a descender y le recibió con gozo.

7 Y al ver *esto*, todos murmuraban, diciendo: Ha ido a hospedarse con un hombre pecador.

8 Y Zaqueo, puesto en pie, dijo al Señor: He aquí, Señor, la mitad de mis bienes daré a los pobres, y si en algo he defraudado a alguno, *se lo* restituiré cuadruplicado.

9 Y Jesús le dijo: Hoy ha venido la salvación a esta casa, ya que él también es hijo de Abraham;

10 porque el Hijo del Hombre ha venido a buscar y a salvar lo que se había perdido.

11 Estando ellos oyendo estas cosas, continuando *Jesús*, dijo una parábola, porque El estaba cerca de Jerusalén y ellos pensaban que el reino de Dios iba a aparecer de un momento a otro.

12 Por eso dijo: Cierto hombre *de familia* noble fue a un país lejano a recibir un reino para sí y *después* volver.

13 Y llamando a diez de sus siervos, les dio diez minas y les dijo: "Negociad *con esto* hasta que regrese."

14 Pero sus ciudadanos lo odiaban, y enviaron una delegación tras él, diciendo: "No queremos que éste reine sobre nosotros."

15 Y sucedió que al regresar él, después de haber recibido el reino, mandó llamar a su presencia a aquellos siervos a los cuales había dado el dinero, para saber lo que habían *ganado* negociando.

16 Y se presentó el primero, diciendo: "Señor, tu mina ha producido diez minas más."

17 Y él le dijo: "Bien hecho, buen siervo, puesto que has sido fiel en lo muy poco, ten autoridad sobre diez ciudades."

18 Entonces vino el segundo, diciendo: "Tu mina, señor, ha producido cinco minas."

19 Y dijo también a éste: "Y tú vas a estar sobre cinco ciudades."

20 Y vino otro, diciendo: "Señor, aquí está tu mina, que he tenido guardada en un pañuelo;

21 pues te tenía miedo, porque eres un hombre exigente, que recoges lo que no depositaste y siegas lo que no sembraste."

22 El le contestó*: "Siervo inútil, por tus propias palabras te voy a juzgar. ¿Sabías que yo soy un hombre exigente, que recojo lo que no deposité y siego lo que no sembré?

23"Entonces, ¿por qué no pusiste mi dinero en el banco, y al volver yo, lo hubiera recibido con los intereses?"

24 Y dijo a los que estaban presentes: "Quitadle la mina y dád*sela* al que tiene las diez minas."

25 Y ellos le dijeron: "Señor, él *ya* tiene diez minas."

26 Os digo, que a cualquiera que tiene, *más* le será dado, pero al que no tiene, aun lo que tiene se le quitará.

27 Pero a estos mis enemigos, que no querían que reinara sobre ellos, traedlos acá y matadlos delante de mí.

28 Habiendo dicho esto, iba delante, subiendo hacia Jerusalén.

29 Y aconteció que cuando se acercó a Betfagé y a Betania, cerca del monte que se llama de los Olivos, envió a dos de los discípulos,

30 diciendo: Id a la aldea que está enfrente, en la cual, al entrar, encontraréis un pollino atado sobre el cual nunca se ha montado nadie; desatadlo y traed*lo*.

31 Y si alguien os pregunta: "¿Por qué *lo* desatáis?", de esta manera hablaréis: "Porque el Señor lo necesita."

32 Entonces los enviados fueron y *lo* encontraron como El les había dicho.

33 Mientras desataban el pollino, sus dueños les dijeron: ¿Por qué desatáis el pollino?

34 Y ellos respondieron: Porque el Señor lo necesita.

35 Y lo trajeron a Jesús, y echando sus mantos sobre el pollino, pusieron a Jesús *sobre él*.

36 Y mientras El iba avanzando, tendían sus mantos por el camino.

37 Cuando ya se acercaba, junto a la bajada del monte de los Olivos, toda la multitud de los discípulos, regocijándose, comenzó a alabar a Dios a gran voz por todas las maravillas que habían visto,

38 diciendo:

¡BENDITO EL REY QUE VIENE EN EL NOMBRE DEL SEÑOR!

¡Paz en el cielo y gloria en las alturas!

39 Entonces algunos de los fariseos de *entre* la multitud le dijeron: Maestro, reprende a tus discípulos.

40 Respondiendo El, dijo: Os digo que si éstos callan, las piedras clamarán.

41 Cuando se acercó, al ver la ciudad, lloró sobre ella,

42 diciendo: ¡Si tú también hubieras sabido en este día lo que conduce a la paz! Pero ahora está oculto a tus ojos.

43 Porque sobre ti vendrán días, cuando tus enemigos echarán terraplén delante de ti, te sitiarán y te acosarán por todas partes.

44 Y te derribarán a tierra, y a tus hijos dentro de ti, y no dejarán en ti piedra sobre piedra, porque no conociste el tiempo de tu visitación.

45 Y entrando en el templo, comenzó a echar fuera a los que vendían,

46 diciéndoles: Escrito está: "Y MI CASA SERA CASA DE ORACION", pero vosotros la habéis hecho CUEVA DE LADRONES.

47 Y enseñaba diariamente en el templo, pero los principales sacerdotes, los escribas y los más prominentes del pueblo procuraban matarle;

48 y no encontraban la manera de hacerlo, porque todo el pueblo estaba pendiente de El, escuchándole.

La autoridad de Jesús puesta en duda

20 Y aconteció que en uno de los días cuando El enseñaba a la gente en el templo y anunciaba el evangelio, *se le* enfrentaron los principales sacerdotes y los escribas con los ancianos,

2 y le hablaron, diciéndole: Dinos, ¿con qué autoridad haces estas cosas, o quién te dio esta autoridad?

3 Respondiendo El, les dijo: Yo también os haré una pregunta; decidme:

4 El bautismo de Juan, ¿era del cielo o de los hombres?

5 Y ellos discurrían entre sí, diciendo: Si decimos: "Del cielo", El dirá: "¿Por qué no le creísteis?"

6 Pero si decimos: "De los hombres", todo el pueblo nos matará a pedradas, pues están convencidos de que Juan era un profeta.

7 Y respondieron que no sabían de dónde *era*.

8 Jesús entonces les dijo: Tampoco yo os diré con qué autoridad hago estas cosas.

9 Y comenzó a referir al pueblo esta parábola: Un hombre plantó una viña, y la arrendó a labradores, y se fue de viaje por mucho tiempo.

10 Y al tiempo *de la vendimia* envió un siervo a los labradores para que le dieran *parte* del fruto de la viña; pero los labradores, después de golpearlo, lo enviaron con las manos vacías.

11 Volvió a enviar otro siervo; y ellos también a éste, después de golpearlo y ultrajarlo, lo enviaron con las manos vacías.

12 Volvió a enviar un tercero; y a éste también lo hirieron y echaron fuera.

13 Entonces el dueño de la viña dijo: "¿Qué haré? Enviaré a mi hijo amado; quizá a él lo respetarán."

14 Pero cuando los labradores lo vieron, razonaron entre sí, diciendo: "Este es el heredero; matémoslo para que la heredad sea nuestra."

15 Y arrojándolo fuera de la viña, lo mataron. Por tanto, ¿qué les hará el dueño de la viña?

16 Vendrá y destruirá a estos labradores, y dará la viña a otros. Y cuando ellos oyeron *esto*, dijeron: ¡Nunca suceda tal cosa!

17 Pero El, mirándolos fijamente, dijo: Entonces, ¿qué quiere decir esto que está escrito:

"LA PIEDRA QUE DESECHARON LOS
    CONSTRUCTORES,
ESA, EN PIEDRA ANGULAR SE HA CONVERTIDO"?

18 Todo el que caiga sobre esa piedra será hecho pedazos; y aquel sobre quien ella caiga, lo esparcirá como polvo.

19 Los escribas y los principales sacerdotes procuraron echarle mano en aquella misma hora, pero temieron al pueblo; porque comprendieron que contra ellos había dicho esta parábola.

20 Y acechándole, enviaron espías que fingieran ser justos, para sorprenderle en alguna declaración a fin de entregarle al poder y autoridad del gobernador.

21 Y le preguntaron, diciendo: Maestro, sabemos que hablas y enseñas rectamente, y no te guías por las apariencias, sino que enseñas con verdad el camino de Dios.

22 ¿Nos es lícito pagar impuesto al César, o no?

23 Pero El, percibiendo su astucia, les dijo:

24 Mostradme un denario. ¿De quién es la imagen y la inscripción que lleva? Y ellos le dijeron: Del César.

25 Entonces El les dijo: Pues dad al César lo que es del César, y a Dios lo que es de Dios.

26 Y no podían sorprenderle en palabra alguna delante del pueblo; y maravillados de su respuesta, callaron.

27 Y acercándose *a El* algunos de los saduceos (los que dicen que no hay resurrección), le preguntaron,

28 diciendo: Maestro, Moisés nos escribió: "SI EL HERMANO DE ALGUNO MUERE, teniendo MUJER, Y NO DEJA HIJOS, que SU HERMANO TOME LA MUJER Y LEVANTE DESCENDENCIA A SU HERMANO."

29 Eran, pues, siete hermanos; y el primero tomó esposa, y murió sin dejar hijos;

30 y el segundo

31 y el tercero la tomaron; y de la misma manera también los siete, y murieron sin dejar hijos.

32 Por último, murió también la mujer.

33 Por tanto, en la resurrección, ¿de cuál de ellos será mujer? Porque los siete la tuvieron por mujer.

34 Y Jesús les dijo: Los hijos de este siglo se casan y son dados en matrimonio,

35 pero los que son tenidos por dignos de alcanzar aquel siglo y la resurrección de entre los muertos, ni se casan ni son dados en matrimonio;

36 porque tampoco pueden ya morir, pues son como ángeles, y son hijos de Dios, siendo hijos de la resurrección.

37 Pero que los muertos resucitan, aun Moisés lo enseñó, *en aquel pasaje* sobre la zarza *ardiendo*,

donde llama al Señor, EL DIOS DE ABRAHAM, Y DIOS DE ISAAC, Y DIOS DE JACOB.

38 El no es Dios de muertos, sino de vivos; porque todos viven para El.

39 Y algunos de los escribas respondieron, y dijeron: Maestro, bien has hablado.

40 Porque ya no se atrevían a preguntarle nada.

41 Entonces El les dijo: ¿Cómo *es que* dicen que el Cristo es el hijo de David?

42 Pues David mismo dice en el libro de los Salmos:

EL SEÑOR DIJO A MI SEÑOR:
    "SIÉNTATE A MI DIESTRA,
43 HASTA QUE PONGA A TUS ENEMIGOS POR
    ESTRADO DE TUS PIES."

44 David, por tanto, le llama "Señor." ¿Cómo, pues, es El su hijo?

45 Mientras todo el pueblo escuchaba, dijo a los discípulos:

46 Cuidaos de los escribas, a quienes les gusta andar con vestiduras largas, y son amantes de los saludos respetuosos en las plazas, y de *ocupar* los primeros asientos en las sinagogas y los lugares de honor en los banquetes;

47 que devoran las casas de las viudas, y por las apariencias hacen largas oraciones; ellos recibirán mayor condenación.

La ofrenda de la viuda

21 Levantando *Jesús* la vista, vio a los ricos que echaban sus ofrendas en el *arca del tesoro*.

2 Y vio también a una viuda pobre que echaba allí dos pequeñas monedas de cobre;

3 y dijo: En verdad os digo, que esta viuda *tan* pobre echó más que todos *ellos;*

4 porque todos ellos echaron en la ofrenda de lo que les sobraba, pero ella, de su pobreza, echó todo lo que tenía para vivir.

5 Y mientras algunos estaban hablando del templo, de cómo estaba adornado con hermosas piedras y ofrendas votivas, *Jesús* dijo:

6 *En cuanto a* estas cosas que estáis mirando, vendrán días en que no quedará piedra sobre piedra que no sea derribada.

7 Y le preguntaron, diciendo: Maestro, ¿cuándo sucederá esto, y qué señal *habrá* cuando estas cosas vayan a suceder?

8 Y El dijo: Mirad que no seáis engañados; porque muchos vendrán en mi nombre, diciendo: "Yo soy *el Cristo*", y: "El tiempo está cerca". No los sigáis.

9 Y cuando oigáis de guerras y disturbios, no os aterroricéis; porque estas cosas tienen que suceder primero, pero el fin no *sucederá* inmediatamente.

10 Entonces les dijo: Se levantará nación contra nación y reino contra reino;

11 *habrá* grandes terremotos, y plagas y hambres en diversos lugares; y habrá terrores y grandes señales del cielo.

12 Pero antes de todas estas cosas os echarán mano, y os perseguirán, entregándoos a las sinagogas y cárceles, llevándoos ante reyes y gobernadores por causa de mi nombre.

13 Esto os dará oportunidad de testificar.

14 Por tanto, proponed en vuestros corazones no preparar de antemano vuestra defensa;

15 porque yo os daré palabras y sabiduría que

ninguno de vuestros adversarios podrá resistir ni refutar.

16 Pero seréis entregados aun por padres, hermanos, parientes y amigos; y matarán *a algunos* de vosotros,

17 y seréis odiados de todos por causa de mi nombre.

18 Sin embargo, ni un cabello de vuestra cabeza perecerá.

19 Con vuestra perseverancia ganaréis vuestras almas.

20 Pero cuando veáis a Jerusalén rodeada de ejércitos, sabed entonces que su desolación está cerca.

21 Entonces los que estén en Judea, huyan a los montes, y los que estén en medio de la ciudad, aléjense; y los que estén en los campos, no entren en ella;

22 porque estos son días de venganza, para que se cumplan todas las cosas que están escritas.

23 ¡Ay de las que estén encinta y de las que estén criando en aquellos días! Porque habrá una gran calamidad sobre la tierra, e ira para este pueblo;

24 y caerán a filo de espada, y serán llevados cautivos a todas las naciones; y Jerusalén será hollada por los gentiles, hasta que los tiempos de los gentiles se cumplan.

25 Y habrá señales en el sol, en la luna y en las estrellas, y sobre la tierra, angustia entre las naciones, perplejas a causa del rugido del mar y de las olas,

26 desfalleciendo los hombres por el temor y la expectación de las cosas que vendrán sobre el mundo; porque las potencias de los cielos serán sacudidas.

27 Y entonces verán AL HIJO DEL HOMBRE QUE VIENE EN UNA NUBE con poder y gran gloria.

28 Cuando estas cosas empiecen a suceder, erguíos y levantad la cabeza, porque se acerca vuestra redención.

29 Y les refirió una parábola: Mirad la higuera y todos los árboles.

30 Cuando ya brotan *las hojas,* al verlo, sabéis por vosotros mismos que el verano ya está cerca.

31 Así también vosotros, cuando veáis que suceden estas cosas, sabed que el reino de Dios está cerca.

32 En verdad os digo que no pasará esta generación hasta que todo *esto* suceda.

33 El cielo y la tierra pasarán, mas mis palabras no pasarán.

34 Estad alerta, no sea que vuestro corazón se cargue con disipación y embriaguez y con las preocupaciones de la vida, y aquel día venga súbitamente sobre vosotros como un lazo;

35 porque vendrá sobre todos los que habitan sobre la faz de toda la tierra.

36 Mas velad en todo tiempo, orando para que tengáis fuerza para escapar de todas estas cosas que están por suceder, y podáis estar en pie delante del Hijo del Hombre.

37 Durante el día enseñaba en el templo, pero al oscurecer salía y pasaba la noche en el monte llamado de los Olivos.

38 Y todo el pueblo madrugaba *para ir* al templo a escucharle.

Traición de Judas

22 Se acercaba la fiesta de los panes sin levadura, llamada la Pascua.

2 Y los principales sacerdotes y los escribas buscaban cómo dar muerte a Jesús, pues temían al pueblo.

3 Entonces Satanás entró en Judas, llamado Iscariote, que pertenecía al número de los doce;

4 y él fue y discutió con los principales sacerdotes y con los oficiales sobre cómo se lo entregaría.

5 Ellos se alegraron y convinieron en darle dinero.

6 El aceptó, y buscaba una oportunidad para entregarle, sin hacer un escándalo.

7 Llegó el día *de la fiesta* de los panes sin levadura en que debía sacrificarse *el cordero de* la Pascua.

8 Entonces *Jesús* envió a Pedro y a Juan, diciendo: Id y preparad la Pascua para nosotros, para que *la* comamos.

9 Ellos le dijeron: ¿Dónde deseas que *la* preparemos?

10 Y El les respondió: He aquí, al entrar en la ciudad, os saldrá al encuentro un hombre que lleva un cántaro de agua; seguidle a la casa donde entre.

11 Y diréis al dueño de la casa: "El Maestro te dice: '¿Dónde está la habitación, en la cual pueda comer la Pascua con mis discípulos?' "

12 Entonces él os mostrará un gran aposento alto, dispuesto; preparad*la* allí.

13 Entonces ellos fueron y encontraron *todo* tal como El les había dicho; y prepararon la Pascua.

14 Cuando llegó la hora, se sentó *a la mesa,* y con El los apóstoles.

15 y les dijo: Intensamente he deseado comer esta Pascua con vosotros antes de padecer;

16 porque os digo que nunca más volveré a comerla hasta que se cumpla en el reino de Dios.

17 Y habiendo tomado una copa, después de haber dado gracias, dijo: Tomad esto y repartidlo entre vosotros;

18 porque os digo que de ahora en adelante no beberé del fruto de la vid, hasta que venga el reino de Dios.

19 Y habiendo tomado pan, después de haber dado gracias, *lo* partió, y les dio, diciendo: Esto es mi cuerpo que por vosotros es dado; haced esto en memoria de mí.

20 De la misma manera *tomó* la copa después de haber cenado, diciendo: Esta copa es el nuevo pacto en mi sangre, que es derramada por vosotros.

21 Mas he aquí, la mano del que me entrega está conmigo en la mesa.

22 Porque en verdad, el Hijo del Hombre va según se ha determinado, pero ¡ay de aquel hombre por quien El es entregado!

23 Entonces ellos comenzaron a discutir entre sí quién de ellos sería el que iba a hacer esto.

24 Se suscitó también entre ellos un altercado, *sobre* cuál de ellos debería ser considerado como el mayor.

25 Y *Jesús* les dijo: Los reyes de los gentiles se enseñorean de ellos; y los que tienen autoridad sobre ellos son llamados bienhechores.

26 Pero no es así con vosotros; antes, el mayor entre vosotros hágase como el menor, y el que dirige como el que sirve.

27 Porque, ¿cuál es mayor, el que se sienta *a la mesa*, o el que sirve? ¿No lo es el que se sienta *a la mesa*? Sin embargo, entre vosotros yo soy como el que sirve.

28 Vosotros sois los que habéis permanecido conmigo en mis pruebas;

29 y así como mi Padre me ha otorgado un reino, yo os otorgo

30 que comáis y bebáis a mi mesa en mi reino; y os sentaréis en tronos juzgando a las doce tribus de Israel.

31 Simón, Simón, mira que Satanás os ha reclamado para zarandearos como a trigo;

32 pero yo he rogado por ti para que tu fe no falle; y tú, una vez que hayas regresado, fortalece a tus hermanos.

33 Y *Pedro* le dijo: Señor, estoy dispuesto a ir contigo tanto a la cárcel como a la muerte.

34 Pero *Jesús le* dijo: Te digo, Pedro, que el gallo no cantará hoy hasta que tú hayas negado tres veces que me conoces.

35 Y les dijo: Cuando os envié sin bolsa, ni alforja, ni sandalias, ¿acaso os faltó algo? Y ellos contestaron: *No*, nada.

36 Entonces les dijo: Pero ahora, el que tenga una bolsa, que la lleve consigo, de la misma manera también una alforja, y el que no tenga espada, venda su manto y compre una.

37 Porque os digo que es necesario que en mí se cumpla esto que está escrito: "Y CON LOS TRANSGRESORES FUE CONTADO"; pues ciertamente, lo que se refiere a mí, tiene *su* cumplimiento.

38 Y ellos dijeron: Señor, mira, aquí hay dos espadas. Y El les dijo: Es suficiente.

39 Y saliendo, se encaminó, como de costumbre, hacia el monte de los Olivos; y los discípulos también le siguieron.

40 Cuando llegó al lugar, les dijo: Orad para que no entréis en tentación.

41 Y se apartó de ellos como a un tiro de piedra, y poniéndose de rodillas, oraba,

42 diciendo: Padre, si es tu voluntad, aparta de mí esta copa; pero no se haga mi voluntad, sino la tuya.

43 Entonces se le apareció un ángel del cielo, fortaleciéndole.

44 Y estando en agonía, oraba con mucho fervor; y su sudor se volvió como gruesas gotas de sangre, que caían sobre la tierra.

45 Cuando se levantó de orar, fue a los discípulos y los halló dormidos a causa de la tristeza.

46 y les dijo: ¿Por qué dormís? Levantaos y orad para que no entréis en tentación.

47 Mientras todavía estaba El hablando, he aquí, *llegó* una multitud, y el que se llamaba Judas, uno de los doce, iba delante de ellos, y se acercó a Jesús para besarle.

48 Pero Jesús le dijo: Judas, ¿con un beso entregas al Hijo del Hombre?

49 Y cuando los que rodeaban a Jesús vieron lo que iba a suceder, dijeron: Señor, ¿heriremos a espada?

50 Y uno de ellos hirió al siervo del sumo sacerdote y le cortó la oreja derecha.

51 Respondiendo Jesús, dijo: ¡Deteneos! Basta de esto. Y tocando la oreja *al siervo*, lo sanó.

52 Entonces Jesús dijo a los principales sacerdotes, a los oficiales del templo y a los ancianos que habían venido contra El: ¿Habéis salido con espadas y garrotes como contra un ladrón?

53 Cuando estaba con vosotros cada día en el templo, no me echasteis mano; pero esta hora y el poder de las tinieblas son vuestros.

54 Habiéndole arrestado, se lo llevaron y le condujeron a la casa del sumo sacerdote; mas Pedro *le* seguía de lejos.

55 Después de encender ellos una hoguera en medio del patio, y de sentarse juntos, Pedro se sentó entre ellos.

56 Y una sirvienta, al verlo sentado junto a la lumbre, fijándose en él detenidamente, dijo: También éste estaba con El.

57 Pero él *lo* negó, diciendo: Mujer, yo no le conozco.

58 Un poco después, otro al verlo, dijo: ¡Tú también eres *uno* de ellos! Pero Pedro dijo: ¡Hombre, no es cierto!

59 Pasada como una hora, otro insistía, diciendo: Ciertamente éste también estaba con El, pues él también es galileo.

60 Pero Pedro dijo: Hombre, yo no sé de qué hablas. Y al instante, estando él todavía hablando, cantó un gallo.

61 Entonces el Señor se volvió y miró a Pedro. Y recordó Pedro la palabra del Señor, cómo le había dicho: Antes que el gallo cante hoy, me negarás tres veces.

62 Y saliendo fuera, lloró amargamente.

63 Y los hombres que tenían a Jesús bajo custodia, se burlaban de El y le golpeaban;

64 y vendándole los ojos, le preguntaban, diciendo: Adivina, ¿quién es el que te ha golpeado?

65 También decían muchas otras cosas contra El, blasfemando.

66 Cuando se hizo de día, se reunió el concilio de los ancianos del pueblo, tanto los principales sacerdotes como los escribas, y llevaron a Jesús ante su concilio, diciendo:

67 Si tú eres el Cristo, dínoslo. Pero El les dijo: Si os lo digo, no creeréis;

68 y si os pregunto, no responderéis.

69 Pero de ahora en adelante, EL HIJO DEL HOMBRE ESTARA SENTADO A LA DIESTRA del poder DE DIOS.

70 Dijeron todos: Entonces, ¿tú eres el Hijo de Dios? Y El les respondió: Vosotros decís que yo soy.

71 Y ellos dijeron: ¿Qué necesidad tenemos ya de testimonio? Pues nosotros mismos lo hemos oído de su propia boca.

Jesús ante Pilato

23 Entonces toda la asamblea de ellos se levantó, y llevaron a Jesús ante Pilato.

2 Y comenzaron a acusarle, diciendo: Hemos hallado que éste pervierte a nuestra nación, prohibiendo pagar impuesto al César, y diciendo que El mismo es Cristo, un rey.

3 Pilato entonces le preguntó, diciendo: ¿Eres tú el Rey de los judíos? Y *Jesús* respondiéndole, dijo: Tú *lo* dices.

4 Y Pilato dijo a los principales sacerdotes y a la multitud: No encuentro delito en este hombre.

5 Pero ellos insistían, diciendo: El alborota al pueblo, enseñando por toda Judea, comenzando desde Galilea hasta aquí.

6 Cuando Pilato oyó *esto*, preguntó si el hombre era galileo.

7 Y al saber que *Jesús* pertenecía a la jurisdicción de Herodes, le remitió a Herodes, que también estaba en Jerusalén en aquellos días.

8 Herodes, al ver a Jesús se alegró en gran manera, pues hacía mucho tiempo que quería verle por lo que había oído hablar de El, y esperaba ver alguna señal que El hiciera.

9 Y le interrogó extensamente, pero Jesús nada le respondió.

10 Los principales sacerdotes y los escribas también estaban allí, acusándole con vehemencia.

11 Entonces Herodes, con sus soldados, después de tratarle con desprecio y burlarse de El, le vistió con un espléndido manto y le envió de nuevo a Pilato.

12 Aquel mismo día Herodes y Pilato se hicieron amigos, pues antes habían estado enemistados el uno con el otro.

13 Entonces Pilato convocó a los principales sacerdotes, a los gobernantes y al pueblo,

14 y les dijo: Me habéis presentado a este hombre como uno que incita al pueblo a la rebelión, pero habiéndole interrogado yo delante de vosotros, no he hallado ningún delito en este hombre de las acusaciones que hacéis contra El.

15 Ni tampoco Herodes, pues nos lo ha remitido de nuevo; y he aquí que nada ha hecho que merezca la muerte.

16 Por consiguiente, después de castigarle, le soltaré.

17 Y tenía obligación de soltarles un *preso* en cada fiesta.

18 Pero todos ellos gritaron a una, diciendo: ¡Fuera con éste, y suéltanos a Barrabás!

19 (Este había sido echado en la cárcel por un levantamiento ocurrido en la ciudad, y por homicidio.)

20 Pilato, queriendo soltar a Jesús, les volvió a hablar,

21 pero ellos continuaban gritando, diciendo: ¡Crucifícale! ¡Crucifícale!

22 Y él les dijo por tercera vez: ¿Por qué? ¿Qué mal ha hecho éste? No he hallado en El ningún delito *digno de* muerte; por tanto, le castigaré y *le* soltaré.

23 Pero ellos insistían, pidiendo a grandes voces que fuera crucificado. Y sus voces comenzaron a predominar.

24 Entonces Pilato decidió que se les concediera su demanda.

25 Y soltó al que ellos pedían, al que había sido echado en la cárcel por sedición y homicidio, pero a Jesús lo entregó a la voluntad de ellos.

26 Cuando le llevaban, tomaron a un cierto Simón de Cirene que venía del campo y le pusieron la cruz encima para que la llevara detrás de Jesús.

27 Y le seguía una gran multitud del pueblo y de mujeres que lloraban y se lamentaban por El.

28 Pero Jesús, volviéndose a ellas, dijo: Hijas de Jerusalén, no lloréis por mí; llorad más bien por vosotras mismas y por vuestros hijos.

29 Porque he aquí, vienen días en que dirán: "Dichosas las estériles, y los vientres que nunca concibieron, y los senos que nunca criaron."

30 Entonces comenzarán A DECIR A LOS MONTES: "CAED SOBRE NOSOTROS"; Y A LOS COLLADOS: "CUBRIDNOS."

31 Porque si en el árbol verde hacen esto, ¿qué sucederá en el seco?

32 Y llevaban también a otros dos, que eran malhechores, para ser muertos con El.

33 Cuando llegaron al lugar llamado "La Calavera", crucificaron allí a Jesús y a los malhechores, uno a la derecha y otro a la izquierda.

34 Y Jesús decía: Padre, perdónalos, porque no saben lo que hacen. Y echaron suertes, repartiéndose entre sí sus vestidos.

35 Y el pueblo estaba *allí* mirando; y aun los gobernantes se mofaban de El, diciendo: A otros salvó; que se salve a sí mismo si este es el Cristo de Dios, su Escogido.

36 Los soldados también se burlaban de El, acercándose y ofreciéndole vinagre,

37 y diciendo: Si tú eres el Rey de los judíos, sálvate a ti mismo.

38 Había también una inscripción sobre El, *que decía*: ESTE ES EL REY DE LOS JUDIOS.

39 Y uno de los malhechores que estaban colgados *allí* le lanzaba insultos, diciendo: ¿No eres tú el Cristo? ¡Sálvate a ti mismo y a nosotros!

40 Pero el otro le contestó, y reprendiéndole, dijo: ¿Ni siquiera temes tú a Dios a pesar de que estás bajo la misma condena?

41 Y nosotros a la verdad, justamente, porque recibimos lo que merecemos por nuestros hechos; pero éste nada malo ha hecho.

42 Y decía: Jesús, acuérdate de mí cuando vengas en tu reino.

43 Entonces El le dijo: En verdad te digo: hoy estarás conmigo en el paraíso.

44 Era ya como la hora sexta, cuando descendieron tinieblas sobre toda la tierra hasta la hora novena

45 al eclipsarse el sol. El velo del templo se rasgó en dos.

46 Y Jesús, clamando a gran voz, dijo: Padre, EN TUS MANOS ENCOMIENDO MI ESPIRITU. Y habiendo dicho esto, expiró.

47 Cuando el centurión vio lo que había sucedido, glorificaba a Dios, diciendo: Ciertamente este hombre era inocente.

48 Y cuando todas las multitudes que se habían reunido para *presenciar* este espectáculo, al observar lo que había acontecido, se volvieron golpeándose el pecho.

49 Pero todos sus conocidos y las mujeres que le habían acompañado desde Galilea, estaban a cierta distancia viendo estas cosas.

50 Y había un hombre llamado José, miembro del concilio, varón bueno y justo

51 (el cual no había asentido al plan y al proceder de los demás) *que era* de Arimatea, ciudad de los judíos, *y* que esperaba el reino de Dios.

52 Este fue a Pilato y le pidió el cuerpo de Jesús,

53 y bajándo*le*, lo envolvió en un lienzo de lino, y le puso en un sepulcro excavado en la roca donde nadie había sido puesto todavía.

54 Era el día de la preparación, y estaba para comenzar el día de reposo.

55 Y las mujeres que habían venido con El desde Galilea siguieron detrás, y vieron el sepulcro y cómo fue colocado el cuerpo.

56 Y cuando regresaron, prepararon especias aromáticas y perfumes.

Y en el día de reposo descansaron según el mandamiento.

La resurrección

24 Pero el primer *día* de la semana, al rayar el alba, *las mujeres* vinieron al sepulcro trayendo las especias aromáticas que habían preparado.

2 Y encontraron *que* la piedra *había sido* removida del sepulcro,

3 y cuando entraron, no hallaron el cuerpo del Señor Jesús.

4 Y aconteció que estando ellas perplejas por esto, de pronto se pusieron junto a ellas dos varones en vestiduras resplandecientes;

5 y estando ellas aterrorizadas e inclinados sus rostros a tierra, ellos les dijeron: ¿Por qué buscáis entre los muertos al que vive?

6 No está aquí, sino que ha resucitado. Acordaos cómo os habló cuando estaba aún en Galilea,

7 diciendo que el Hijo del Hombre debía ser entregado en manos de hombres pecadores, y ser crucificado, y al tercer día resucitar.

8 Entonces ellas se acordaron de sus palabras,

9 y regresando del sepulcro, anunciaron todas estas cosas a los once y a todos los demás.

10 Eran María Magdalena y Juana y María, la *madre* de Jacobo; también las demás *mujeres* con ellas referían estas cosas a los apóstoles.

11 Y a ellos estas palabras les parecieron como disparates, y no las creyeron.

12 Pero Pedro se levantó y corrió al sepulcro; e inclinándose para mirar *adentro*, vio* sólo las envolturas de lino; y se fue a su casa, maravillado de lo que había acontecido.

13 Y he aquí que aquel mismo día dos de ellos iban a una aldea llamada Emaús, que estaba como a once kilómetros de Jerusalén.

14 Y conversaban entre sí acerca de todas estas cosas que habían acontecido.

15 Y sucedió que mientras conversaban y discutían, Jesús mismo se acercó y caminaba con ellos.

16 Pero sus ojos estaban velados para que no le reconocieran.

17 Y El les dijo: ¿Qué discusiones son estas que tenéis entre vosotros mientras vais andando? Y ellos se detuvieron, con semblante triste.

18 Respondiendo uno *de ellos*, llamado Cleofas, le dijo: ¿Eres tú el único visitante en Jerusalén que no sabe las cosas que en ella han acontecido en estos días?

19 Entonces El les dijo: ¿Qué cosas? Y ellos le dijeron: Las referentes a Jesús el Nazareno, que fue un profeta poderoso en obra y en palabra delante de Dios y de todo el pueblo;

20 y cómo los principales sacerdotes y nuestros gobernantes le entregaron a sentencia de muerte y le crucificaron.

21 Pero nosotros esperábamos que El era el que iba a redimir a Israel. Pero además de todo esto, este es el tercer día desde que estas cosas acontecieron.

22 Y también algunas mujeres de entre nosotros nos asombraron; *pues* cuando fueron de madrugada al sepulcro,

23 y al no hallar su cuerpo, vinieron diciendo que también habían visto una aparición de ángeles que decían que El vivía.

24 Algunos de los que estaban con nosotros fueron al sepulcro, y *lo* hallaron tal como también las mujeres habían dicho; pero a El no le vieron.

25 Entonces Jesús les dijo: ¡Oh insensatos y tardos de corazón para creer todo lo que los profetas han dicho!

26 ¿No era necesario que el Cristo padeciera todas estas cosas y entrara en su gloria?

27 Y comenzando por Moisés y *continuando* con todos los profetas, les explicó lo referente a El en todas las Escrituras.

28 Se acercaron a la aldea adonde iban, y El hizo como que iba más lejos.

29 Y ellos le instaron, diciendo: Quédate con nosotros, porque está atardeciendo, y el día ya ha declinado. Y entró a quedarse con ellos.

30 Y sucedió que al sentarse *a la mesa* con ellos, tomó pan, y *lo* bendijo; y, partiéndo*lo*, les dio.

31 Entonces les fueron abiertos los ojos y le reconocieron; pero El desapareció de *la presencia de* ellos.

32 Y se dijeron el uno al otro: ¿No ardía nuestro corazón dentro de nosotros mientras nos hablaba en el camino, cuando nos abría las Escrituras?

33 Y levantándose en esa misma hora, regresaron a Jerusalén, y hallaron reunidos a los once y a los que estaban con ellos,

34 que decían: Es verdad que el Señor ha resucitado y se ha aparecido a Simón.

35 Y ellos contaban sus experiencias en el camino, y cómo le habían reconocido en el partir del pan.

36 Mientras ellos relataban estas cosas, Jesús se puso en medio de ellos, y les dijo: Paz a vosotros.

37 Pero ellos, aterrorizados y asustados, pensaron que veían un espíritu.

38 Y El les dijo: ¿Por qué estáis turbados, y por qué surgen dudas en vuestro corazón?

39 Mirad mis manos y mis pies, que soy yo mismo; palpadme y ved, porque un espíritu no tiene carne ni huesos como veis que yo tengo.

40 Y cuando dijo esto les mostró las manos y los pies.

41 Como ellos todavía no *lo* creían a causa de la alegría y que estaban asombrados, les dijo: ¿Tenéis aquí algo de comer?

42 Entonces ellos le presentaron parte de un pescado asado.

43 Y El lo tomó y comió delante de ellos.

44 Y les dijo: Esto es lo que yo os decía cuando todavía estaba con vosotros: que era necesario que se cumpliera todo lo que sobre mí está escrito en la ley de Moisés, en los profetas y en los salmos.

45 Entonces les abrió la mente para que comprendieran las Escrituras,

46 y les dijo: Así está escrito, que el Cristo padeciera y resucitara de entre los muertos al tercer día;

47 y que en su nombre se predicara el arrepentimiento para el perdón de los pecados a todas las naciones, comenzando desde Jerusalén.

48 Vosotros sois testigos de estas cosas.

49 Y he aquí, yo enviaré sobre vosotros la

promesa de mi Padre; pero vosotros, permaneced en la ciudad hasta que seáis investidos con poder de lo alto.

50 Entonces los condujo fuera *de la ciudad*, hasta cerca de Betania, y alzando sus manos, los bendijo.

51 Y aconteció que mientras los bendecía, se separó de ellos y fue llevado arriba al cielo.

52 Ellos, después de adorarle, regresaron a Jerusalén con gran gozo,

53 y estaban siempre en el templo alabando a Dios.

El Evangelio de Jesucristo Según
SAN JUAN

Prólogo

1 En el principio existía el Verbo, y el Verbo estaba con Dios, y el Verbo era Dios.

2 El estaba en el principio con Dios.

3 Todas las cosas fueron hechas por medio de El, y sin El nada de lo que ha sido hecho, fue hecho.

4 En El estaba la vida, y la vida era la luz de los hombres.

5 Y la luz brilla en las tinieblas, y las tinieblas no la comprendieron.

6 Vino *al mundo* un hombre enviado por Dios, cuyo nombre era Juan.

7 Este vino como testigo, para testificar de la luz, a fin de que todos creyeran por medio de él.

8 No era él la luz, sino *que vino* para dar testimonio de la luz.

9 Existía la luz verdadera que, al venir al mundo, alumbra a todo hombre.

10 En el mundo estaba, y el mundo fue hecho por medio de El, y el mundo no le conoció.

11 A lo suyo vino, y los suyos no le recibieron.

12 Pero a todos los que le recibieron, les dio el derecho de llegar a ser hijos de Dios, *es decir,* a los que creen en su nombre,

13 que no nacieron de sangre, ni de la voluntad de la carne, ni de la voluntad del hombre, sino de Dios.

14 Y el Verbo se hizo carne, y habitó entre nosotros, y vimos su gloria, gloria como del unigénito del Padre, lleno de gracia y de verdad.

15 Juan dio* testimonio de El y clamó, diciendo: Este era del que yo decía: "El que viene después de mí, es antes de mí, porque era primero que yo."

16 Pues de su plenitud todos hemos recibido, y gracia sobre gracia.

17 Porque la ley fue dada por medio de Moisés; la gracia y la verdad fueron hechas realidad por medio de Jesucristo.

18 Nadie ha visto jamás a Dios; el unigénito Dios, que está en el seno del Padre, El *le* ha dado a conocer.

19 Este es el testimonio de Juan, cuando los judíos enviaron sacerdotes y levitas de Jerusalén a preguntarle: ¿Quién eres tú?

20 Y él confesó y no negó; confesó: Yo no soy el Cristo.

21 Y le preguntaron: ¿Entonces, qué? ¿Eres Elías? Y él dijo*: No soy. ¿Eres el profeta? Y respondió: No.

22 Entonces le dijeron: ¿Quién eres?, para que podamos dar respuesta a los que nos enviaron. ¿Qué dices de ti mismo?

23 El dijo: Yo soy LA VOZ DEL QUE CLAMA EN EL DESIERTO: "ENDEREZAD EL CAMINO DEL SEÑOR", como dijo el profeta Isaías.

24 Los que habían sido enviados eran de los fariseos.

25 Y le preguntaron, y le dijeron: Entonces, ¿por qué bautizas, si tú no eres el Cristo, ni Elías, ni el profeta?

26 Juan les respondió, diciendo: Yo bautizo en agua, *pero* entre vosotros está Uno a quien no conocéis.

27 *El es* el que viene después de mí, a quien yo no soy digno de desatar la correa de su sandalia.

28 Estas cosas sucedieron en Betania, al otro lado del Jordán, donde Juan estaba bautizando.

29 Al día siguiente vio* a Jesús que venía hacia él, y dijo*: He ahí el Cordero de Dios que quita el pecado del mundo.

30 Este es aquel de quien yo dije: "Después de mí viene un hombre que es antes de mí porque era primero que yo."

31 Y yo no le conocía, pero para que El fuera manifestado a Israel, por esto yo vine bautizando en agua.

32 Juan dio también testimonio, diciendo: He visto al Espíritu que descendía del cielo como paloma, y se posó sobre El.

33 Y yo no le conocía, pero el que me envió a bautizar en agua me dijo: "Aquel sobre quien veas al Espíritu descender y posarse sobre El, éste es el que bautiza en el Espíritu Santo."

34 Y yo le he visto y he dado testimonio de que éste es el Hijo de Dios.

35 Al día siguiente Juan estaba otra vez allí con dos de sus discípulos,

36 y vio a Jesús que pasaba, y dijo*: He ahí el Cordero de Dios.

37 Y los dos discípulos le oyeron hablar, y siguieron a Jesús.

38 Jesús se volvió, y viendo que le seguían, les dijo*: ¿Qué buscáis? Y ellos le dijeron: Rabí (que traducido quiere decir, Maestro), ¿dónde te hospedas?

39 El les dijo*: Venid y veréis. Entonces fueron y vieron dónde se hospedaba; y se quedaron con El aquel día, porque era como la hora décima.

40 Uno de los dos que oyeron a Juan y siguieron a Jesús era Andrés, hermano de Simón Pedro.

41 El encontró* primero a su hermano Simón, y le dijo*: Hemos hallado al Mesías (que traducido quiere decir, Cristo).

42 *Entonces* lo trajo a Jesús. Jesús mirándolo, dijo: Tú eres Simón, hijo de Juan; tú serás llamado Cefas (que quiere decir: Pedro).

43 Al día siguiente Jesús se propuso salir para

Galilea, y encontró* a Felipe, y le dijo*: Sígueme.

44 Felipe era de Betsaida, de la ciudad de Andrés y de Pedro.

45 Felipe encontró* a Natanael y le dijo*: Hemos hallado a aquel de quien escribió Moisés en la ley, y *también* los profetas, a Jesús de Nazaret, el hijo de José.

46 Y Natanael le dijo: ¿Puede algo bueno salir de Nazaret? Felipe le dijo*: Ven, y ve.

47 Jesús vio venir a Natanael y dijo* de él: He aquí un verdadero israelita en quien no hay engaño.

48 Natanael le dijo*: ¿Cómo es que me conoces? Jesús le respondió y le dijo: Antes de que Felipe te llamara, cuando estabas debajo de la higuera, te vi.

49 Natanael le respondió: Rabí, tú eres el Hijo de Dios, tú eres el Rey de Israel.

50 Respondió Jesús y le dijo: ¿Porque te dije que te vi debajo de la higuera, crees? Cosas mayores que éstas verás.

51 Y le dijo: En verdad, en verdad os digo que veréis el cielo abierto y a los ángeles de Dios subiendo y bajando sobre el Hijo del Hombre.

La boda de Caná

2 Al tercer día se celebró una boda en Caná de Galilea, y estaba allí la madre de Jesús;

2 y también Jesús fue invitado, con sus discípulos, a la boda.

3 Cuando se acabó el vino, la madre de Jesús le dijo*: No tienen vino.

4 Y Jesús le dijo*: Mujer, ¿qué *nos va* a ti y a mí *en esto*? Todavía no ha llegado mi hora.

5 Su madre dijo* a los que servían: Haced todo lo que El os diga.

6 Y había allí seis tinajas de piedra, puestas para ser usadas en el rito de la purificación de los judíos; en cada una cabían dos o tres cántaros.

7 Jesús les dijo*: Llenad de agua las tinajas. Y las llenaron hasta el borde.

8 Entonces les dijo*: Sacad ahora *un poco* y llevadlo al maestresala. Y *se* lo llevaron.

9 Cuando el maestresala probó el agua convertida en vino, y *como* no sabía de dónde era (pero los que servían, que habían sacado el agua, lo sabían), el maestresala llamó* al novio,

10 y le dijo*: Todo hombre sirve primero el vino bueno, y cuando ya han tomado bastante, *entonces* el inferior; *pero* tú has guardado hasta ahora el vino bueno.

11 Este principio de *sus* señales hizo Jesús en Caná de Galilea, y manifestó su gloria, y sus discípulos creyeron en El.

12 Después de esto bajó a Capernaúm, El, con su madre, *sus* hermanos y sus discípulos; pero allí no se quedaron muchos días.

13 La Pascua de los judíos estaba cerca, y Jesús subió a Jerusalén,

14 y encontró en el templo a los que vendían bueyes, ovejas y palomas, y a los que cambiaban dinero *allí* sentados.

15 Y haciendo un azote de cuerdas, echó a todos fuera del templo, con las ovejas y los bueyes; desparramó las monedas de los cambistas y volcó las mesas;

16 y dijo a los que vendían palomas: Quitad esto de aquí; no hagáis de la casa de mi Padre una casa de comercio.

17 Sus discípulos se acordaron de que estaba escrito: EL CELO POR TU CASA ME CONSUMIRA.

18 Entonces los judíos respondieron y le dijeron: Ya que haces estas cosas, ¿qué señal nos muestras?

19 Jesús respondió y les dijo: Destruid este templo, y en tres días lo levantaré.

20 Entonces los judíos dijeron: En cuarenta y seis años fue edificado este templo, ¿y tú lo levantarás en tres días?

21 Pero El hablaba del templo de su cuerpo.

22 Por eso, cuando resucitó de los muertos, sus discípulos se acordaron de que había dicho esto; y creyeron en la Escritura y en la palabra que Jesús había hablado.

23 Cuando estaba en Jerusalén durante la fiesta de la Pascua, muchos creyeron en su nombre al ver las señales que hacía.

24 Pero Jesús, por su parte, no se confiaba a ellos, porque conocía a todos,

25 y no tenía necesidad de que nadie le diera testimonio del hombre, pues El sabía lo que había en el hombre.

El nuevo nacimiento

3 Había un hombre de los fariseos, llamado Nicodemo, prominente entre los judíos.

2 Este vino a Jesús de noche y le dijo: Rabí, sabemos que has venido de Dios *como* maestro, porque nadie puede hacer las señales que tú haces si Dios no está con él.

3 Respondió Jesús y le dijo: En verdad, en verdad te digo que el que no nace de nuevo no puede ver el reino de Dios.

4 Nicodemo le dijo*: ¿Cómo puede un hombre nacer siendo *ya* viejo? ¿Acaso puede entrar por segunda vez en el vientre de su madre y nacer?

5 Jesús respondió: En verdad, en verdad te digo que el que no nace de agua y del Espíritu no puede entrar en el reino de Dios.

6 Lo que es nacido de la carne, carne es, y lo que es nacido del Espíritu, espíritu es.

7 No te asombres de que te haya dicho: "Os es necesario nacer de nuevo."

8 El viento sopla donde quiere, y oyes su sonido, pero no sabes de dónde viene ni adónde va; así es todo aquel que es nacido del Espíritu.

9 Respondió Nicodemo y le dijo: ¿Cómo puede ser esto?

10 Jesús respondió y le dijo: Tú eres maestro de Israel, ¿y no entiendes estas cosas?

11 En verdad, en verdad te digo que hablamos lo que sabemos y damos testimonio de lo que hemos visto, pero vosotros no recibís nuestro testimonio.

12 Si os he hablado de las cosas terrenales, y no creéis, ¿cómo creeréis si os hablo de las celestiales?

13 Nadie ha subido al cielo, sino el que bajó del cielo, *es decir*, el Hijo del Hombre que está en el cielo.

14 Y como Moisés levantó la serpiente en el desierto, así es necesario que sea levantado el Hijo del Hombre,

15 para que todo aquel que cree, tenga en El vida eterna.

16 Porque de tal manera amó Dios al mundo, que dio a su Hijo unigénito, para que todo aquel

que cree en El, no se pierda, mas tenga vida eterna.

17 Porque Dios no envió a su Hijo al mundo para juzgar al mundo, sino para que el mundo sea salvo por El.

18 El que cree en El no es condenado; *pero* el que no cree, ya ha sido condenado, porque no ha creído en el nombre del unigénito Hijo de Dios.

19 Y este es el juicio: que la luz vino al mundo, y los hombres amaron más las tinieblas que la luz, pues sus acciones eran malas.

20 Porque todo el que hace lo malo odia la luz, y no viene a la luz para que sus acciones no sean expuestas.

21 Pero el que practica la verdad viene a la luz, para que sus acciones sean manifestadas que han sido hechas en Dios.

22 Después de esto vino Jesús con sus discípulos a la tierra de Judea, y estaba allí con ellos, y bautizaba.

23 Juan también bautizaba en Enón, cerca de Salim, porque allí había mucha agua; y *muchos* venían y eran bautizados.

24 Porque Juan todavía no había sido metido en la cárcel.

25 Surgió entonces una discusión entre los discípulos de Juan y un judío acerca de la purificación.

26 Y vinieron a Juan y le dijeron: Rabí, mira, el que estaba contigo al otro lado del Jordán, de quien diste testimonio, está bautizando y todos van a El.

27 Respondió Juan y dijo: Un hombre no puede recibir nada si no le es dado del cielo.

28 Vosotros mismos me sois testigos de que dije: "Yo no soy el Cristo, sino que he sido enviado delante de El."

29 El que tiene la novia es el novio, pero el amigo del novio, que está *allí* y le oye, se alegra en gran manera con la voz del novio. *Y* por eso, este gozo mío se ha completado.

30 Es necesario que El crezca, y que yo disminuya.

31 El que procede de arriba está por encima de todos; el que es de la tierra, procede de la tierra y habla de la tierra. El que procede del cielo está sobre todos.

32 Lo que El ha visto y oído, de eso da testimonio; y nadie recibe su testimonio.

33 El que ha recibido su testimonio ha certificado *esto:* que Dios es veraz.

34 Porque aquel a quien Dios ha enviado habla las palabras de Dios, pues El da el Espíritu sin medida.

35 El Padre ama al Hijo y ha entregado todas las cosas en su mano.

36 El que cree en el Hijo tiene vida eterna; pero el que no obedece al Hijo no verá la vida, sino que la ira de Dios permanece sobre él.

La mujer samaritana

4 Por tanto, cuando el Señor supo que los fariseos habían oído que El hacía y bautizaba más discípulos que Juan

2 (aunque Jesús mismo no bautizaba, sino sus discípulos),

3 salió de Judea y partió otra vez para Galilea.

4 Y tenía que pasar por Samaria.

5 Llegó*, pues, a una ciudad de Samaria llamada Sicar, cerca de la parcela de tierra que Jacob dio a su hijo José;

6 y allí estaba el pozo de Jacob. Entonces Jesús, cansado del camino, se sentó junto al pozo. Era como la hora sexta.

7 Una mujer de Samaria vino* a sacar agua, *y* Jesús le dijo*: Dame de beber.

8 Pues sus discípulos habían ido a la ciudad a comprar alimentos.

9 Entonces la mujer samaritana le dijo*: ¿Cómo es que tú, siendo judío, me pides de beber a mí, que soy samaritana? (Porque los judíos no tienen tratos con los samaritanos.)

10 Respondió Jesús y le dijo: Si tú conocieras el don de Dios, y quién es el que te dice: "Dame de beber", tú le habrías pedido a El, y El te hubiera dado agua viva.

11 Ella le dijo*: Señor, no tienes con qué sacarla, y el pozo es hondo; ¿de dónde, pues, tienes esa agua viva?

12 ¿Acaso eres tú mayor que nuestro padre Jacob, que nos dio el pozo del cual bebió él mismo, y sus hijos, y sus ganados?

13 Respondió Jesús y le dijo: Todo el que beba de esta agua volverá a tener sed,

14 pero el que beba del agua que yo le daré, no tendrá sed jamás, sino que el agua que yo le daré se convertirá en él en una fuente de agua que brota para vida eterna.

15 La mujer le dijo*: Señor, dame esa agua, para que no tenga sed ni venga hasta aquí a sacar*la.*

16 El le dijo*: Ve, llama a tu marido y ven acá.

17 Respondió la mujer y le dijo: No tengo marido. Jesús le dijo*: Bien has dicho: "No tengo marido",

18 porque cinco maridos has tenido, y el que ahora tienes no es tu marido; en eso has dicho la verdad.

19 La mujer le dijo*: Señor, me parece que tú eres profeta.

20 Nuestros padres adoraron en este monte, y vosotros decís que en Jerusalén está el lugar donde se debe adorar.

21 Jesús le dijo*: Mujer, créeme; la hora viene cuando ni en este monte ni en Jerusalén adoraréis al Padre.

22 Vosotros adoráis lo que no conocéis; nosotros adoramos lo que conocemos, porque la salvación viene de los judíos.

23 Pero la hora viene, y ahora es, cuando los verdaderos adoradores adorarán al Padre en espíritu y en verdad; porque ciertamente a los tales el Padre busca que le adoren.

24 Dios es espíritu, y los que le adoran deben adorarle en espíritu y en verdad.

25 La mujer le dijo*: Sé que el Mesías viene (el que es llamado Cristo); cuando El venga nos declarará todo.

26 Jesús le dijo*: Yo soy, el que habla contigo.

27 En esto llegaron sus discípulos y se admiraron de que hablara con una mujer, pero ninguno le preguntó: ¿Qué tratas de averiguar? o: ¿Por qué hablas con ella?

28 Entonces la mujer dejó su cántaro, fue a la ciudad y dijo* a los hombres:

29 Venid, ved a un hombre que me ha dicho todo lo que yo he hecho. ¿No será éste el Cristo?

30 Y salieron de la ciudad e iban a El.

31 Mientras tanto, los discípulos le rogaban, diciendo: Rabí, come.

32 Pero El les dijo: Yo tengo para comer una comida que vosotros no sabéis.

33 Los discípulos entonces se decían entre sí: ¿Le habrá traído alguien de comer?

34 Jesús les dijo*: Mi comida es hacer la voluntad del que me envió y llevar a cabo su obra.

35 ¿No decís vosotros: "Todavía faltan cuatro meses, y *después* viene la siega"? He aquí, yo os digo: Alzad vuestros ojos y ved los campos que *ya* están blancos para la siega.

36 Ya el segador recibe salario y recoge fruto para vida eterna, para que el que siembra se regocije juntamente con el que siega.

37 Porque en este *caso* el dicho es verdadero: "Uno es el que siembra y otro el que siega."

38 Yo os envié a segar lo que no habéis trabajado; otros han trabajado y vosotros habéis entrado en su labor.

39 Y de aquella ciudad, muchos de los samaritanos creyeron en El por la palabra de la mujer que daba testimonio, *diciendo:* El me dijo todo lo que yo he hecho.

40 De modo que cuando los samaritanos vinieron a El, le rogaban que se quedara con ellos; y se quedó allí dos días.

41 Y muchos más creyeron por su palabra,

42 y decían a la mujer: Ya no creemos por lo que tú has dicho, porque nosotros mismos *le* hemos oído, y sabemos que éste es en verdad el Salvador del mundo.

43 Después de los dos días, salió de allí para Galilea.

44 Porque Jesús mismo dio testimonio de que a un profeta no se le honra en su propia tierra.

45 Así que cuando llegó a Galilea, los galileos le recibieron, *pues* habían visto todo lo que hizo en Jerusalén durante la fiesta; porque ellos también habían ido a la fiesta.

46 Entonces vino otra vez a Caná de Galilea, donde había convertido el agua en vino. Y había *allí* cierto oficial del rey cuyo hijo estaba enfermo en Capernaúm.

47 Cuando él oyó que Jesús había venido de Judea a Galilea, fue a su encuentro y *le* suplicaba que bajara y sanara a su hijo, porque estaba al borde de la muerte.

48 Jesús entonces le dijo: Si no veis señales y prodigios, no creeréis.

49 El oficial del rey le dijo*: Señor, baja antes de que mi hijo muera.

50 Jesús le dijo*: Vete, tu hijo vive. Y el hombre creyó la palabra que Jesús le dijo y se fue.

51 Y mientras bajaba, *sus* siervos le salieron al encuentro y le dijeron que su hijo vivía.

52 Entonces les preguntó a qué hora había empezado a mejorar. Y le respondieron: Ayer a la hora séptima se le quitó la fiebre.

53 El padre entonces se dio cuenta que *fue* a la hora en que Jesús le dijo: Tu hijo vive. Y creyó él y toda su casa.

54 Esta *fue* la segunda señal que Jesús hizo cuando fue de Judea a Galilea.

Curación de un paralítico

5 Después de esto, se celebraba una fiesta de los judíos, y Jesús subió a Jerusalén.

2 Y hay en Jerusalén, junto a la *puerta* de las ovejas, un estanque que en hebreo se llama Betesda y que tiene cinco pórticos.

3 En éstos yacía una multitud de enfermos, ciegos, cojos y paralíticos que esperaban el movimiento del agua;

4 porque un ángel del Señor descendía de vez en cuando al estanque y agitaba el agua; y el primero que descendía al estanque después del movimiento del agua, quedaba curado de cualquier enfermedad que tuviera.

5 Y estaba allí un hombre que hacía treinta y ocho años que estaba enfermo.

6 Cuando Jesús lo vio acostado *allí* y supo que ya llevaba mucho tiempo *en aquella condición,* le dijo*: ¿Quieres ser sano?

7 El enfermo le respondió: Señor, no tengo a nadie que me meta en el estanque cuando el agua es agitada; y mientras yo llego, otro baja antes que yo.

8 Jesús le dijo*: Levántate, toma tu camilla y anda.

9 Y al instante el hombre quedó sano, y tomó su camilla y echó a andar.

Y aquel día era día de reposo.

10 Por eso los judíos decían al que fue sanado: Es día de reposo, y no te es permitido cargar tu camilla.

11 Pero él les respondió: El mismo que me sanó, me dijo: "Toma tu camilla y anda."

12 Le preguntaron: ¿Quién es el hombre que te dijo: "Toma *tu camilla* y anda"?

13 Pero el que había sido sanado no sabía quién era, porque Jesús, sigilosamente, se había apartado de la multitud que estaba en *aquel* lugar.

14 Después de esto Jesús lo halló* en el templo y le dijo: Mira, has sido sanado; no peques más, para que no te suceda algo peor.

15 El hombre se fue, y dijo a los judíos que Jesús era el que lo había sanado.

16 A causa de esto los judíos perseguían a Jesús, porque hacía estas cosas en el día de reposo.

17 Pero El les respondió: Hasta ahora mi Padre trabaja, y yo también trabajo.

18 Entonces, por esta causa, los judíos aún más procuraban matarle, porque no sólo violaba el día de reposo, sino que también llamaba a Dios su propio Padre, haciéndose igual a Dios.

19 Por eso Jesús, respondiendo, les decía: En verdad, en verdad os digo que el Hijo no puede hacer nada por su cuenta, sino lo que ve hacer al Padre; porque todo lo que hace el Padre, eso también hace el Hijo de igual manera.

20 Pues el Padre ama al Hijo, y le muestra todo lo que El mismo hace; y obras mayores que éstas le mostrará, para que os admiréis.

21 Porque así como el Padre levanta a los muertos y les da vida, asimismo el Hijo también da vida a los que El quiere.

22 Porque ni aun el Padre juzga a nadie, sino que todo juicio se lo ha confiado al Hijo,

23 para que todos honren al Hijo así como honran al Padre. El que no honra al Hijo, no honra al Padre que le envió.

24 En verdad, en verdad os digo: el que oye mi palabra y cree al que me envió, tiene vida eterna y no viene a condenación, sino que ha pasado de muerte a vida.

25 En verdad, en verdad os digo que viene la hora, y ahora es, cuando los muertos oirán la voz del Hijo de Dios, y los que oigan vivirán.

26 Porque así como el Padre tiene vida en sí mismo, así también le dio al Hijo el tener vida en sí mismo;

27 y le dio autoridad para ejecutar juicio, porque es *el* Hijo del Hombre.

28 No os admiréis de esto, porque viene la hora en que todos los que están en los sepulcros oirán su voz,

29 y saldrán: los que hicieron lo bueno, a resurrección de vida, y los que practicaron lo malo, a resurrección de juicio.

30 Yo no puedo hacer nada por iniciativa mía; como oigo, juzgo, y mi juicio es justo porque no busco mi voluntad, sino la voluntad del que me envió.

31 Si yo *solo* doy testimonio de mí mismo, mi testimonio no es verdadero.

32 Otro es el que da testimonio de mí, y yo sé que el testimonio que da de mí es verdadero.

33 Vosotros habéis enviado *a preguntar* a Juan, y él ha dado testimonio de la verdad.

34 Pero el testimonio que yo recibo no es de hombre; mas digo esto para que vosotros seáis salvos.

35 El era la lámpara que ardía y alumbraba, y vosotros quisisteis regocijaros por un tiempo en su luz.

36 Pero el testimonio que yo tengo es mayor que *el de* Juan; porque las obras que el Padre me ha dado para llevar a cabo, las mismas obras que yo hago, dan testimonio de mí, de que el Padre me ha enviado.

37 Y el Padre que me envió, ése ha dado testimonio de mí. Pero no habéis oído jamás su voz ni habéis visto su apariencia.

38 Y su palabra no la tenéis morando en vosotros, porque no creéis en aquel que El envió.

39 Examináis las Escrituras porque vosotros pensáis que en ellas tenéis vida eterna; y ellas son las que dan testimonio de mí;

40 y no queréis venir a mí para que tengáis vida.

41 No recibo gloria de los hombres;

42 pero os conozco, que no tenéis el amor de Dios en vosotros.

43 Yo he venido en nombre de mi Padre y no me recibís; si otro viene en su propio nombre, a ése recibiréis.

44 ¿Cómo podéis creer, cuando recibís gloria los unos de los otros, y no buscáis la gloria que viene del Dios único?

45 No penséis que yo os acusaré delante del Padre; el que os acusa es Moisés, en quien vosotros habéis puesto vuestra esperanza.

46 Porque si creyerais a Moisés, me creeríais a mí, porque de mí escribió él.

47 Pero si no creéis sus escritos, ¿cómo creeréis mis palabras?

Alimentación de los cinco mil

6 Después de esto, Jesús se fue al otro lado del mar de Galilea, el de Tiberias.

2 Y le seguía una gran multitud, pues veían las señales que realizaba en los enfermos.

3 Jesús subió al monte y se sentó allí con sus discípulos.

4 Y estaba cerca la Pascua, la fiesta de los judíos.

5 Entonces Jesús, alzando los ojos y viendo que una gran multitud venía hacia El, dijo* a Felipe: ¿Dónde compraremos pan para que coman éstos?

6 Pero decía esto para probarlo, porque El sabía lo que iba a hacer.

7 Felipe le respondió: Doscientos denarios de pan no les bastarán para que cada uno reciba un pedazo.

8 Uno de sus discípulos, Andrés, hermano de Simón Pedro, dijo* a Jesús:

9 Aquí hay un muchacho que tiene cinco panes de cebada y dos pescados; pero ¿qué es esto para tantos?

10 Jesús dijo: Haced que la gente se recueste. Y había mucha hierba en aquel lugar. Así que los hombres se recostaron, en número de unos cinco mil.

11 Entonces Jesús tomó los panes, y habiendo dado gracias, *los* repartió a *los* que estaban recostados; y lo mismo *hizo* con los pescados, *dándoles* todo lo que querían.

12 Cuando se saciaron, dijo* a sus discípulos: Recoged los pedazos que sobran, para que no se pierda nada.

13 *Los* recogieron, pues, y llenaron doce cestas con los pedazos de los cinco panes de cebada que sobraron a los que habían comido.

14 La gente entonces, al ver la señal que *Jesús* había hecho, decía: Verdaderamente este es el Profeta que había de venir al mundo.

15 Por lo que Jesús, dándose cuenta de que iban a venir y llevárselo por la fuerza para hacerle rey, se retiró otra vez al monte El solo.

16 Al atardecer, sus discípulos descendieron al mar,

17 y subiendo en una barca, se dirigían al otro lado del mar, hacia Capernaúm. Ya había oscurecido, y Jesús todavía no había venido a ellos;

18 y el mar estaba agitado porque soplaba un fuerte viento.

19 Cuando habían remado unos veinticinco o treinta estadios, vieron* a Jesús caminando sobre el mar y acercándose a la barca; y se asustaron.

20 Pero El les dijo*: Soy yo; no temáis.

21 Entonces ellos querían recibirle en la barca, e inmediatamente la barca llegó a la tierra adonde iban.

22 Al día siguiente, la multitud que había quedado al otro lado del mar se dio cuenta de que allí no había más que una barca, y que Jesús no había entrado en ella con sus discípulos, sino que sus discípulos se habían ido solos.

23 Vinieron otras barcas de Tiberias cerca del lugar donde habían comido el pan después de que el Señor había dado gracias.

24 Por tanto, cuando la gente vio que Jesús no estaba allí, ni tampoco sus discípulos, subieron a las barcas y se fueron a Capernaúm buscando a Jesús.

25 Cuando le hallaron al otro lado del mar, le dijeron: Rabí, ¿cuándo llegaste acá?

26 Jesús les respondió y dijo: En verdad, en verdad os digo: me buscáis, no porque hayáis visto señales, sino porque habéis comido de los panes y os habéis saciado.

27 Trabajad, no por el alimento que perece, sino por el alimento que permanece para vida eterna, el cual el Hijo del Hombre os dará, porque a éste *es a quien* el Padre, Dios, ha marcado con su sello.

28 Entonces le dijeron: ¿Qué debemos hacer para poner en práctica las obras de Dios?

29 Respondió Jesús y les dijo: Esta es la obra de Dios: que creáis en el que El ha enviado.

30 Le dijeron entonces: ¿Qué, pues, haces tú como señal para que veamos y te creamos? ¿Qué obra haces?

31 Nuestros padres comieron el maná en el desierto, como está escrito: "LES DIO A COMER PAN DEL CIELO."

32 Entonces Jesús les dijo: En verdad, en verdad os digo: no es Moisés el que os ha dado el pan del cielo, sino que es mi Padre el que os da el verdadero pan del cielo.

33 Porque el pan de Dios es el que baja del cielo, y da vida al mundo.

34 Entonces le dijeron: Señor, danos siempre este pan.

35 Jesús les dijo: Yo soy el pan de la vida; el que viene a mí no tendrá hambre, y el que cree en mí nunca tendrá sed.

36 Pero *ya* os dije que aunque me habéis visto, no creéis.

37 Todo lo que el Padre me da, vendrá a mí; y al que viene a mí, de ningún modo lo echaré fuera.

38 Porque he descendido del cielo, no para hacer mi voluntad, sino la voluntad del que me envió.

39 Y esta es la voluntad del que me envió: que de todo lo que El me ha dado yo no pierda nada, sino que lo resucite en el día final.

40 Porque esta es la voluntad de mi Padre: que todo aquel que ve al Hijo y cree en El, tenga vida eterna, y yo mismo lo resucitaré en el día final.

41 Por eso los judíos murmuraban de El, porque había dicho: Yo soy el pan que descendió del cielo.

42 Y decían: ¿No es éste Jesús, el hijo de José, cuyo padre y madre nosotros conocemos? ¿Cómo es que ahora dice: "Yo he descendido del cielo"?

43 Respondió Jesús y les dijo: No murmuréis entre vosotros.

44 Nadie puede venir a mí si no lo trae el Padre que me envió, y yo lo resucitaré en el día final.

45 Escrito está en los profetas: "Y TODOS SERAN ENSEÑADOS POR DIOS." Todo el que ha oído y aprendido del Padre, viene a mí.

46 No es que alguien haya visto al Padre; sino aquel que viene de Dios, éste ha visto al Padre.

47 En verdad, en verdad os digo: el que cree, tiene vida eterna.

48 Yo soy el pan de la vida.

49 Vuestros padres comieron el maná en el desierto, y murieron.

50 Este es el pan que desciende del cielo, para que el que coma de él, no muera.

51 Yo soy el pan vivo que descendió del cielo; si alguno come de este pan, vivirá para siempre; y el pan que yo también daré por la vida del mundo es mi carne.

52 Los judíos entonces contendían entre sí, diciendo: ¿Cómo puede éste darnos a comer *su* carne?

53 Entonces Jesús les dijo: En verdad, en verdad os digo: si no coméis la carne del Hijo del Hombre y bebéis su sangre, no tenéis vida en vosotros.

54 El que come mi carne y bebe mi sangre, tiene vida eterna, y yo lo resucitaré en el día final.

55 Porque mi carne es verdadera comida, y mi sangre es verdadera bebida.

56 El que come mi carne y bebe mi sangre, permanece en mí y yo en él.

57 Como el Padre que vive me envió, y yo vivo por el Padre, asimismo el que me come, él también vivirá por mí.

58 Este es el pan que descendió del cielo; no como *el que* vuestros padres comieron, y murieron; el que come este pan vivirá para siempre.

59 Esto dijo *Jesús* en la sinagoga, cuando enseñaba en Capernaúm.

60 Por eso muchos de sus discípulos, cuando oyeron *esto*, dijeron: Dura es esta declaración; ¿quién puede escucharla?

61 Pero Jesús, sabiendo en su interior que sus discípulos murmuraban por esto, les dijo: ¿Esto os escandaliza?

62 ¿Pues *qué* si vierais al Hijo del Hombre ascender adonde antes estaba?

63 El Espíritu es el que da vida; la carne para nada aprovecha; las palabras que yo os he hablado son espíritu y son vida.

64 Pero hay algunos de vosotros que no creéis. Porque Jesús sabía desde el principio quiénes eran los que no creían, y quién era el que le iba a traicionar.

65 Y decía: Por eso os he dicho que nadie puede venir a mí si no se lo ha concedido el Padre.

66 Como resultado de esto muchos de sus discípulos se apartaron y ya no andaban con El.

67 Entonces Jesús dijo a los doce: ¿Acaso queréis vosotros iros también?

68 Simón Pedro le respondió: Señor, ¿a quién iremos? Tú tienes palabras de vida eterna.

69 Y nosotros hemos creído y conocido que tú eres el Santo de Dios.

70 Jesús les respondió: ¿No os escogí yo a vosotros, los doce, y *sin embargo* uno de vosotros es un diablo?

71 Y El se refería a Judas, *hijo* de Simón Iscariote, porque éste, uno de los doce, le iba a entregar.

La fiesta de los Tabernáculos

7 Después de esto, Jesús andaba por Galilea, pues no quería andar por Judea porque los judíos procuraban matarle.

2 Y la fiesta de los judíos, la de los Tabernáculos, estaba cerca.

3 Por eso sus hermanos le dijeron: Sal de aquí, y vete a Judea para que también tus discípulos vean las obras que tú haces.

4 Porque nadie hace nada en secreto cuando procura ser *conocido* en público. Si haces estas cosas, muéstrate al mundo.

5 Porque ni aun sus hermanos creían en El.

6 Entonces Jesús les dijo*: Mi tiempo aún no ha llegado, pero vuestro tiempo es siempre oportuno.

7 El mundo no puede odiaros a vosotros, pero a mí me odia, porque yo doy testimonio de él, que sus acciones son malas.

8 Subid vosotros a la fiesta; yo no subo a esta fiesta porque aún mi tiempo no se ha cumplido.

9 Y habiéndoles dicho esto, se quedó en Galilea.

10 Pero cuando sus hermanos subieron a la fiesta, entonces El también subió; no abiertamente, sino en secreto.

11 Por eso los judíos le buscaban en la fiesta y decían: ¿Dónde está ése?

12 Y había mucha murmuración entre la gente acerca de El. Unos decían: El es bueno. Otros decían: No, al contrario, extravía a la gente.

13 Sin embargo, nadie hablaba abiertamente de El por miedo a los judíos.

14 Pero ya a mitad de la fiesta, Jesús subió al templo y se puso a enseñar.

15 Entonces los judíos se maravillaban, diciendo: ¿Cómo puede éste saber de letras sin haber estudiado?

16 Jesús entonces les respondió y dijo: Mi enseñanza no es mía, sino del que me envió.

17 Si alguien quiere hacer su voluntad, sabrá si mi enseñanza es de Dios o si hablo de mí mismo.

18 El que habla de sí mismo busca su propia gloria; pero el que busca la gloria del que le envió, éste es verdadero y no hay injusticia en El.

19 ¿No os dio Moisés la ley, y sin embargo ninguno de vosotros la cumple? ¿Por qué procuráis matarme?

20 La multitud contestó: ¡Tienes un demonio! ¿Quién procura matarte?

21 Respondió Jesús y les dijo: Una sola obra hice y todos os admiráis.

22 Por eso Moisés os ha dado la circuncisión (no porque sea de Moisés, sino de los padres), y en el día de reposo circuncidáis al hombre.

23 Y si para no violar la ley de Moisés un hombre recibe la circuncisión en el día de reposo, ¿por qué estáis enojados conmigo porque sané por completo a un hombre en el día de reposo?

24 No juzguéis por la apariencia, sino juzgad con juicio justo.

25 Entonces algunos de Jerusalén decían: ¿No es éste al que procuran matar?

26 Y ved, habla en público y no le dicen nada. ¿No será que en verdad los gobernantes reconocen que este es el Cristo?

27 Sin embargo, nosotros sabemos de dónde es éste; pero cuando venga el Cristo, nadie sabrá de dónde es.

28 Jesús entonces, mientras enseñaba en el templo, exclamó en alta voz, diciendo: Vosotros me conocéis y sabéis de dónde soy. Yo no he venido por mi propia cuenta, pero el que me envió es verdadero, a quien vosotros no conocéis.

29 Yo le conozco, porque procedo de El, y El me envió.

30 Procuraban, pues, prenderle; pero nadie le echó mano porque todavía no había llegado su hora.

31 Pero muchos de la multitud creyeron en El, y decían: Cuando el Cristo venga, ¿acaso hará más señales que las que éste ha hecho?

32 Los fariseos oyeron a la multitud murmurando estas cosas acerca de El, y los principales sacerdotes y los fariseos enviaron alguaciles para que le prendieran.

33 Entonces Jesús dijo: Por un poco más de tiempo estoy con vosotros; después voy al que me envió.

34 Me buscaréis y no me hallaréis; y donde yo esté, vosotros no podéis ir.

35 Decían entonces los judíos entre sí: ¿Adónde piensa irse éste que no le hallemos? ¿Será acaso que quiere irse a la dispersión entre los griegos y enseñar a los griegos?

36 ¿Qué quiere decir esto que ha dicho: "Me buscaréis y no me hallaréis; y donde yo esté, vosotros no podéis ir"?

37 Y en el último día, el gran día de la fiesta, Jesús puesto en pie, exclamó en alta voz, diciendo: Si alguno tiene sed, que venga a mí y beba.

38 El que cree en mí, como ha dicho la Escritura: "De lo más profundo de su ser brotarán ríos de agua viva."

39 Pero El decía esto del Espíritu, que los que habían creído en El habían de recibir; porque el Espíritu no había sido dado todavía, pues Jesús aún no había sido glorificado.

40 Entonces algunos de la multitud, cuando oyeron estas palabras, decían: Verdaderamente este es el Profeta.

41 Otros decían: Este es el Cristo. Pero otros decían: ¿Acaso el Cristo ha de venir de Galilea?

42 ¿No ha dicho la Escritura que el Cristo viene de la descendencia de David, y de Belén, la aldea de donde era David?

43 Así que se suscitó una división entre la multitud por causa de El.

44 Y algunos de ellos querían prenderle, pero nadie le echó mano.

45 Entonces los alguaciles vinieron a los principales sacerdotes y fariseos, y éstos les dijeron: ¿Por qué no le trajisteis?

46 Los alguaciles respondieron: ¡Jamás hombre alguno ha hablado como este hombre habla!

47 Entonces los fariseos les contestaron: ¿Es que también vosotros os habéis dejado engañar?

48 ¿Acaso ha creído en El alguno de los gobernantes, o de los fariseos?

49 Pero esta multitud que no conoce de la ley, maldita es.

50 Nicodemo, el que había venido a Jesús antes, y que era uno de ellos, les dijo*:

51 ¿Acaso juzga nuestra ley a un hombre a menos que le oiga primero y sepa lo que hace?

52 Respondieron y le dijeron: ¿Es que tú también eres de Galilea? Investiga, y verás que ningún profeta surge de Galilea.

53 Y cada uno se fue a su casa.

La mujer sorprendida en adulterio

8 Pero Jesús se fue al Monte de los Olivos.

2 Y al amanecer, vino otra vez al templo, y todo el pueblo venía a El; y sentándose, les enseñaba.

3 Los escribas y los fariseos trajeron* a una mujer sorprendida en adulterio, y poniéndola en medio,

4 le dijeron*: Maestro, esta mujer ha sido sorprendida en el acto mismo del adulterio.

5 Y en la ley, Moisés nos ordenó apedrear a esta clase de mujeres; ¿tú, pues, qué dices?

6 Decían esto, probándole, para tener de qué acusarle. Pero Jesús se inclinó y con el dedo escribía en la tierra.

7 Pero como insistían en preguntarle, *Jesús* se enderezó y les dijo: El que de vosotros esté sin pecado, sea *el* primero en tirarle una piedra.

8 E inclinándose de nuevo, escribía en la tierra.

9 Pero al oír ellos *esto*, se fueron retirando uno a uno comenzando por los de mayor edad, y dejaron solo *a* Jesús y a la mujer que estaba en medio.

10 Enderezándose Jesús, le dijo: Mujer, ¿dónde están ellos? ¿Ninguno te ha condenado?

11 Y ella respondió: Ninguno, Señor. Entonces Jesús le dijo: Yo tampoco te condeno. Vete; desde ahora no peques más.

12 Jesús les habló otra vez, diciendo: Yo soy la luz del mundo; el que me sigue no andará en tinieblas, sino que tendrá la luz de la vida.

13 Entonces los fariseos le dijeron: Tú das testimonio de ti mismo; tu testimonio no es verdadero.

14 Respondió Jesús y les dijo: Aunque yo doy testimonio de mí mismo, mi testimonio es verdadero, porque yo sé de dónde he venido y adónde voy; pero vosotros no sabéis de dónde vengo ni adónde voy.

15 Vosotros juzgáis según la carne; yo no juzgo a nadie.

16 Pero si yo juzgo, mi juicio es verdadero; porque no soy yo solo, sino yo y el Padre que me envió.

17 Aun en vuestra ley está escrito que el testimonio de dos hombres es verdadero.

18 Yo soy el que doy testimonio de mí mismo, y el Padre que me envió da testimonio de mí.

19 Entonces le decían: ¿Dónde está tu Padre? Jesús respondió: No me conocéis a mí ni a mi Padre. Si me conocierais a mí, conoceríais también a mi Padre.

20 Estas palabras las pronunció en el *lugar del tesoro*, cuando enseñaba en el templo; y nadie le prendió, porque todavía no había llegado su hora.

21 Entonces les dijo de nuevo: Yo me voy, y me buscaréis, y moriréis en vuestro pecado; adonde yo voy, vosotros no podéis ir.

22 Por eso los judíos decían: ¿Acaso se va a suicidar, puesto que dice: "Adonde yo voy, vosotros no podéis ir"?

23 Y *Jesús* les decía: Vosotros sois de abajo, yo soy de arriba; vosotros sois de este mundo, y no soy de este mundo.

24 Por eso os dije que moriréis en vuestros pecados; porque si no creéis que yo soy, moriréis en vuestros pecados.

25 Entonces le decían: ¿Tú quién eres? Jesús les dijo: ¿Qué os he estado diciendo *desde* el principio?

26 Tengo mucho que decir y juzgar de vosotros, pero el que me envió es veraz; y yo, las cosas que oí de El, éstas digo al mundo.

27 No comprendieron que les hablaba del Padre.

28 Por eso Jesús dijo: Cuando levantéis al Hijo del Hombre, entonces sabréis que yo soy y que no hago nada por mi cuenta, sino que hablo estas cosas como el Padre me enseñó.

29 Y El que me envió está conmigo; no me ha dejado solo, porque yo siempre hago lo que le agrada.

30 Al hablar estas cosas, muchos creyeron en El.

31 Entonces Jesús decía a los judíos que habían creído en El: Si vosotros permanecéis en mi palabra, verdaderamente sois mis discípulos;

32 y conoceréis la verdad, y la verdad os hará libres.

33 Ellos le contestaron: Somos descendientes de Abraham y nunca hemos sido esclavos de nadie. ¿Cómo dices tú: "Seréis libres"?

34 Jesús les respondió: En verdad, en verdad os digo que todo el que comete pecado es esclavo del pecado;

35 y el esclavo no queda en la casa para siempre; el hijo *sí* permanece para siempre.

36 Así que, si el Hijo os hace libres, seréis realmente libres.

37 Sé que sois descendientes de Abraham; y sin embargo, procuráis matarme porque mi palabra no tiene cabida en vosotros.

38 Yo hablo lo que he visto con *mi* Padre; vosotros, entonces, hacéis también lo que oísteis de *vuestro* padre.

39 Ellos le contestaron, y le dijeron: Abraham es nuestro padre. Jesús les dijo⋆: Si sois hijos de Abraham, haced las obras de Abraham.

40 Pero ahora procuráis matarme, a mí que os he dicho la verdad que oí de Dios. Esto no lo hizo Abraham.

41 Vosotros hacéis las obras de vuestro padre. Ellos le dijeron: Nosotros no nacimos de fornicación; tenemos un Padre, *es decir,* Dios.

42 Jesús les dijo: Si Dios fuera vuestro Padre, me amaríais, porque yo salí de Dios y vine *de El,* pues no he venido por mi propia iniciativa, sino que El me envió.

43 ¿Por qué no entendéis lo que digo? Porque no podéis oír mi palabra.

44 Sois de *vuestro* padre el diablo y queréis hacer los deseos de vuestro padre. El fue un homicida desde el principio, y no se ha mantenido en la verdad porque no hay verdad en él. Cuando habla mentira, habla de su propia naturaleza, porque es mentiroso y el padre de la mentira.

45 Pero porque yo digo la verdad, no me creéis.

46 ¿Quién de vosotros me prueba *que tengo* pecado? Y si digo verdad, ¿por qué vosotros no me creéis?

47 El que es de Dios escucha las palabras de Dios; por eso vosotros no escucháis, porque no sois de Dios.

48 Contestaron los judíos, y le dijeron: ¿No decimos con razón que tú eres samaritano y que tienes un demonio?

49 Jesús respondió: Yo no tengo ningún demonio, sino que honro a mi Padre, y vosotros me deshonráis a mí.

50 Pero yo no busco mi gloria; hay Uno que *la* busca, y juzga.

51 En verdad, en verdad os digo que si alguno guarda mi palabra, no verá jamás la muerte.

52 Los judíos le dijeron: Ahora sí sabemos que tienes un demonio. Abraham murió, y *también* los profetas, y tú dices: "Si alguno guarda mi palabra no probará jamás la muerte."

53 ¿Eres tú acaso mayor que nuestro padre Abraham que murió? Los profetas también murieron; ¿quién crees que eres?

54 Jesús respondió: Si yo mismo me glorifico, mi gloria no es nada; es mi Padre el que me glorifica, de quien vosotros decís: "El es nuestro Dios."

55 Y vosotros no le habéis conocido, pero yo le conozco; y si digo que no le conozco seré un mentiroso como vosotros; pero *sí* le conozco y guardo su palabra.

56 Vuestro padre Abraham se regocijó esperando ver mi día; y *lo* vio y se alegró.

57 Por esto los judíos le dijeron: Aún no tienes cincuenta años, ¿y has visto a Abraham?

58 Jesús les dijo: En verdad, en verdad os digo: antes que Abraham naciera, yo soy.

59 Entonces tomaron piedras para tirárselas, pero Jesús se ocultó y salió del templo.

Curación de un ciego

9 Al pasar *Jesús*, vio a un hombre ciego de nacimiento.

2 Y sus discípulos le preguntaron, diciendo: Rabí, ¿quién pecó, éste o sus padres, para que naciera ciego?

3 Jesús respondió: Ni éste pecó, ni sus padres; sino *que está ciego* para que las obras de Dios se manifiesten en él.

4 Nosotros debemos hacer las obras del que me envió mientras es de día; la noche viene cuando nadie puede trabajar.

5 Mientras estoy en el mundo, yo soy la luz del mundo.

6 Habiendo dicho esto, escupió en tierra, e hizo barro con la saliva y le untó el barro en los ojos,

7 y le dijo: Ve y lávate en el estanque de Siloé (que quiere decir, Enviado). El fue, pues, y se lavó y regresó viendo.

8 Entonces los vecinos y los que antes le habían visto que era mendigo, decían: ¿No es éste el que se sentaba y mendigaba?

9 Unos decían: El es; *y* otros decían: No, pero se parece a él. El decía: Yo soy.

10 Entonces le decían: ¿Cómo te fueron abiertos los ojos?

11 El respondió: El hombre que se llama Jesús hizo barro, *lo* untó *sobre* mis ojos y me dijo: "Ve al Siloé y lávate." Así que fui, me lavé y recibí la vista.

12 Y le dijeron: ¿Dónde está El? El dijo*: No sé.

13 Llevaron* ante los fariseos al que antes había sido ciego.

14 Y era día de reposo el día en que Jesús hizo el barro y le abrió los ojos.

15 Entonces los fariseos volvieron también a preguntarle cómo había recibido la vista. Y él les dijo: Me puso barro sobre los ojos, y me lavé y veo.

16 Por eso algunos de los fariseos decían: Este hombre no viene de Dios, porque no guarda el día de reposo. Pero otros decían: ¿Cómo puede un hombre pecador hacer tales señales? Y había división entre ellos.

17 Entonces dijeron* otra vez al ciego: ¿Qué dices tú de El, ya que te abrió los ojos? Y él dijo: Es un profeta.

18 Entonces los judíos no le creyeron que había sido ciego, y que había recibido la vista, hasta que llamaron a los padres del que había recibido la vista,

19 y les preguntaron, diciendo: ¿Es éste vuestro hijo, el que vosotros decís que nació ciego? ¿Cómo es que ahora ve?

20 Sus padres entonces les respondieron, y dijeron: Sabemos que este es nuestro hijo, y que nació ciego;

21 pero cómo es que ahora ve, no lo sabemos; o quién le abrió los ojos, nosotros no lo sabemos. Preguntadle a él; edad tiene, él hablará por sí mismo.

22 Sus padres dijeron esto porque tenían miedo a los judíos; porque los judíos ya se habían puesto de acuerdo en que si alguno confesaba que Jesús era el Cristo, fuera expulsado de la sinagoga.

23 Por eso sus padres dijeron: Edad tiene; preguntadle a él.

24 Por segunda vez llamaron al hombre que había sido ciego y le dijeron: Da gloria a Dios; nosotros sabemos que este hombre es un pecador.

25 Entonces él les contestó: Si es pecador, no lo sé; una cosa sé: que yo era ciego y ahora veo.

26 Le dijeron entonces: ¿Qué te hizo? ¿Cómo te abrió los ojos?

27 El les contestó: Ya os lo dije y no escuchasteis; ¿por qué queréis oír*lo* otra vez? ¿Es que también vosotros queréis haceros discípulos suyos?

28 Entonces lo insultaron, y le dijeron: Tú eres discípulo de ese *hombre*; pero nosotros somos discípulos de Moisés.

29 Nosotros sabemos que Dios habló a Moisés, pero en cuanto a éste, no sabemos de dónde es.

30 Respondió el hombre y les dijo: Pues en esto hay algo asombroso, que vosotros no sepáis de dónde es, y *sin embargo*, a mí me abrió los ojos.

31 Sabemos que Dios no oye a los pecadores; pero si alguien teme a Dios y hace su voluntad, a éste oye.

32 Desde el principio jamás se ha oído *decir* que alguien abriera los ojos a un ciego de nacimiento.

33 Si éste no viniera de Dios, no podría hacer nada.

34 Respondieron ellos y le dijeron: Tú naciste enteramente en pecados, ¿y tú nos enseñas a nosotros? Y lo echaron fuera.

35 Jesús oyó decir que lo habían echado fuera, y hallándolo, *le* dijo: ¿Crees tú en el Hijo del Hombre?

36 El respondió y dijo: ¿Y quién es, Señor, para que yo crea en El?

37 Jesús le dijo: Pues tú le has visto, y el que está hablando contigo, ése es.

38 El entonces dijo: Creo, Señor. Y le adoró.

39 Y Jesús dijo: Yo vine a este mundo para juicio; para que los que no ven, vean, y para que los que ven se vuelvan ciegos.

40 *Algunos* de los fariseos que estaban con El oyeron esto y le dijeron: ¿Acaso nosotros también somos ciegos?

41 Jesús les dijo: Si fuerais ciegos, no tendríais pecado; pero ahora, *porque* decís: "Vemos", vuestro pecado permanece.

Jesús, el buen pastor

10 En verdad, en verdad os digo: el que no entra por la puerta en el redil de las ovejas, sino que sube por otra parte, ése es ladrón y salteador.

2 Pero el que entra por la puerta, es el pastor de las ovejas.

3 A éste le abre el portero, y las ovejas oyen su voz; llama a sus ovejas por nombre y las conduce afuera.

4 Cuando saca todas las suyas, va delante de ellas, y las ovejas lo siguen porque conocen su voz.

5 Pero a un desconocido no seguirán, sino que huirán de él, porque no conocen la voz de los extraños.

6 Jesús les habló *por medio de* esta alegoría, pero ellos no entendieron qué era lo que les decía.

7 Entonces Jesús les dijo de nuevo: En verdad, en verdad os digo: yo soy la puerta de las ovejas.

8 Todos los que vinieron antes de mí son ladrones y salteadores, pero las ovejas no les hicieron caso.

9 Yo soy la puerta; si alguno entra por mí, será salvo; y entrará y saldrá y hallará pasto.

10 El ladrón sólo viene para robar y matar y destruir; yo he venido para que tengan vida, y para que *la* tengan *en* abundancia.

11 Yo soy el buen pastor; el buen pastor da su vida por las ovejas.

12 *Pero* el que es un asalariado y no un pastor, que no es el dueño de las ovejas, ve venir al lobo, y abandona las ovejas y huye, y el lobo las arrebata y *las* dispersa.

13 *El huye* porque *sólo* trabaja por el pago y no le importan las ovejas.

14 Yo soy el buen pastor, y conozco mis ovejas y las mías me conocen,

15 de igual manera que el Padre me conoce y yo conozco al Padre, y doy mi vida por las ovejas.

16 Tengo otras ovejas que no son de este redil; a ésas también me es necesario traerlas, y oirán mi voz, y serán un rebaño *con* un solo pastor.

17 Por eso el Padre me ama, porque yo doy mi vida para tomarla de nuevo.

18 Nadie me la quita, sino que yo la doy de mi propia voluntad. Tengo autoridad para darla, y tengo autoridad para tomarla de nuevo. Este mandamiento recibí de mi Padre.

19 Se volvió a suscitar una división entre los judíos por estas palabras.

20 Y muchos de ellos decían: Tiene un demonio y está loco. ¿Por qué le hacéis caso?

21 Otros decían: Estas no son palabras de un endemoniado. ¿Puede acaso un demonio abrir los ojos de los ciegos?

22 En esos días se celebraba en Jerusalén la fiesta de la Dedicación.

23 Era invierno, y Jesús andaba por el templo, en el pórtico de Salomón.

24 Entonces los judíos le rodearon, y le decían: ¿Hasta cuándo nos vas a tener en suspenso? Si tú eres el Cristo, dínoslo claramente.

25 Jesús les respondió: Os lo he dicho, y no creéis; las obras que yo hago en el nombre de mi Padre, éstas dan testimonio de mí.

26 Pero vosotros no creéis porque no sois de mis ovejas.

27 Mis ovejas oyen mi voz, y yo las conozco y me siguen;

28 y yo les doy vida eterna y jamás perecerán, y nadie las arrebatará de mi mano.

29 Mi Padre que me *las* dio es mayor que todos, y nadie *las* puede arrebatar de la mano del Padre.

30 Yo y el Padre somos uno.

31 Los judíos volvieron a tomar piedras para apedrearle.

32 Jesús les dijo: Os he mostrado muchas obras buenas *que son* del Padre. ¿Por cuál de ellas me apedreáis?

33 Los judíos le contestaron: No te apedreamos por ninguna obra buena, sino por blasfemia; y porque tú, siendo hombre, te haces Dios.

34 Jesús les respondió: ¿No está escrito en vuestra ley: "YO DIJE: SOIS DIOSES"?

35 Si a aquellos, a quienes vino la palabra de Dios, los llamó dioses (y la Escritura no se puede violar),

36 ¿a quien el Padre santificó y envió al mundo, vosotros decís: "Blasfemas", porque dije: "Yo soy el Hijo de Dios"?

37 Si no hago las obras de mi Padre, no me creáis;

38 pero si las hago, aunque a mí no me creáis, creed las obras; para que sepáis y entendáis que el Padre está en mí y yo en el Padre.

39 Por eso procuraban otra vez prenderle, pero se les escapó de entre las manos.

40 Se fue de nuevo al otro lado del Jordán, al lugar donde primero había estado bautizando Juan, y se quedó allí.

41 Y muchos vinieron a El y decían: Aunque Juan no hizo ninguna señal, sin embargo, todo lo que Juan dijo de éste era verdad.

42 Y muchos creyeron en El allí.

Muerte de Lázaro

11 Y estaba enfermo cierto *hombre llamado* Lázaro, de Betania, la aldea de María y de su hermana Marta.

2 María, cuyo hermano Lázaro estaba enfermo, fue la que ungió al Señor con perfume y le secó los pies con sus cabellos.

3 Las hermanas entonces mandaron a decir a Jesús: Señor, mira, el que tú amas está enfermo.

4 Cuando Jesús *lo* oyó, dijo: Esta enfermedad no es para muerte, sino para la gloria de Dios, para que el Hijo de Dios sea glorificado por medio de ella.

5 Y Jesús amaba a Marta, a su hermana y a Lázaro.

6 Cuando oyó, pues, que Lázaro estaba enfermo, entonces se quedó dos días *más* en el lugar donde estaba.

7 Luego, después de esto, dijo* a sus discípulos: Vamos de nuevo a Judea.

8 Los discípulos le dijeron*: Rabí, hace poco que los judíos procuraban apedrearte, ¿y vas otra vez allá?

9 Jesús respondió: ¿No hay doce horas en el día? Si alguno anda de día no tropieza, porque ve la luz de este mundo.

10 Pero si alguno anda de noche, tropieza, porque la luz no está en él.

11 Dijo esto, y después de esto añadió: Nuestro amigo Lázaro se ha dormido; pero voy a despertarlo.

12 Los discípulos entonces le dijeron: Señor, si se ha dormido, se recuperará.

13 Pero Jesús había hablado de la muerte de Lázaro, mas ellos creyeron que hablaba literalmente del sueño.

14 Entonces Jesús, por eso, les dijo claramente: Lázaro ha muerto;

15 y por causa de vosotros me alegro de no haber estado allí, para que creáis; pero vamos a *donde está* él.

16 Tomás, llamado el Dídimo, dijo entonces a *sus* condiscípulos: Vamos nosotros también para morir con El.

17 Llegó, pues, Jesús y halló que ya hacía cuatro días que estaba en el sepulcro.

18 Betania estaba cerca de Jerusalén, como a tres kilómetros;

19 y muchos de los judíos habían venido a *casa de* Marta y María, para consolarlas por *la muerte de su* hermano.

20 Entonces Marta, cuando oyó que Jesús venía, fue a su encuentro, pero María se quedó sentada en casa.

21 Y Marta dijo a Jesús: Señor, si hubieras estado aquí, mi hermano no habría muerto.

22 Aun ahora, yo sé que todo lo que pidas a Dios, Dios te lo concederá.

23 Jesús le dijo*: Tu hermano resucitará.

24 Marta le contestó*: Yo sé que resucitará en la resurrección, en el día final.

25 Jesús le dijo: Yo soy la resurrección y la vida; el que cree en mí, aunque muera, vivirá,

26 y todo el que vive y cree en mí, no morirá jamás. ¿Crees esto?

27 Ella le dijo*: Sí, Señor; yo he creído que tú eres el Cristo, el Hijo de Dios, el que viene al mundo.

28 Y habiendo dicho esto, se fue y llamó a su hermana María, diciéndole en secreto: El Maestro está aquí, y te llama.

29 Tan pronto como ella *lo* oyó, se levantó* rápidamente y fue hacia El.

30 Pues Jesús aún no había entrado en la aldea, sino que todavía estaba en el lugar donde Marta le había encontrado.

31 Entonces los judíos que estaban con ella en la casa consolándola, cuando vieron que María se levantó de prisa y salió, la siguieron, suponiendo que iba al sepulcro a llorar allí.

32 Cuando María llegó adonde estaba Jesús, al verle, se arrojó entonces a sus pies, diciéndole: Señor, si hubieras estado aquí, mi hermano no habría muerto.

33 Y cuando Jesús la vio llorando, y a los judíos que vinieron con ella llorando también, se conmovió profundamente en el espíritu, y se entristeció,

34 y dijo: ¿Dónde lo pusisteis? Le dijeron*: Señor, ven y ve.

35 Jesús lloró.

36 Por eso los judíos decían: Mirad, cómo lo amaba.

37 Pero algunos de ellos dijeron: ¿No podía éste, que abrió los ojos del ciego, haber evitado también que *Lázaro* muriera?

38 Entonces Jesús, de nuevo profundamente conmovido en su interior, fue* al sepulcro. Era una cueva, y tenía una piedra puesta sobre ella.

39 Jesús dijo*: Quitad la piedra. Marta, hermana del que había muerto, le dijo*: Señor, ya hiede, porque hace cuatro días *que murió.*

40 Jesús le dijo*: ¿No te dije que si crees, verás la gloria de Dios?

41 Entonces quitaron la piedra. Jesús alzó los ojos a lo alto, y dijo: Padre, te doy gracias porque me has oído.

42 Yo sabía que siempre me oyes; pero lo dije por causa de la multitud que *me* rodea, para que crean que tú me has enviado.

43 Habiendo dicho esto, gritó con fuerte voz: ¡Lázaro, ven fuera!

44 Y el que había muerto salió, los pies y las manos atados con vendas, y el rostro envuelto en un sudario. Jesús les dijo*: Desatadlo, y dejadlo ir.

45 Por esto muchos de los judíos que habían venido a *ver* a María, y vieron lo que *Jesús* había hecho, creyeron en El.

46 Pero algunos de ellos fueron a los fariseos y les contaron lo que Jesús había hecho.

47 Entonces los principales sacerdotes y los fariseos convocaron un concilio, y decían: ¿Qué hacemos? Porque este hombre hace muchas señales.

48 Si le dejamos *seguir* así, todos van a creer en El, y los romanos vendrán y nos quitarán nuestro lugar y nuestra nación.

49 Pero uno de ellos, Caifás, que era sumo sacerdote ese año, les dijo: Vosotros no sabéis nada,

50 ni tenéis en cuenta que os es más conveniente que un hombre muera por el pueblo, y no que toda la nación perezca.

51 Ahora bien, no dijo esto de su propia iniciativa, sino que siendo el sumo sacerdote ese año, profetizó que Jesús iba a morir por la nación;

52 y no sólo por la nación, sino también para reunir en uno a los hijos de Dios que están esparcidos.

53 Así que, desde ese día planearon entre sí para matarle.

54 Por eso Jesús ya no andaba públicamente entre los judíos, sino que se fue de allí a la región cerca del desierto, a una ciudad llamada Efraín; y se quedó allí con los discípulos.

55 Y estaba cerca la Pascua de los judíos, y muchos de la región subieron a Jerusalén antes de la Pascua para purificarse.

56 Entonces buscaban a Jesús, y estando ellos en el templo, se decían unos a otros: ¿Qué os parece? ¿Que no vendrá a la fiesta?

57 Y los principales sacerdotes y los fariseos habían dado órdenes de que si alguien sabía dónde estaba *Jesús*, diera aviso para que le prendieran.

María unge a Jesús

12 Entonces Jesús, seis días antes de la Pascua, vino a Betania donde estaba Lázaro, al que Jesús había resucitado de entre los muertos.

2 Y le hicieron una cena allí, y Marta servía; pero Lázaro era uno de los que estaban *a la mesa* con El.

3 Entonces María, tomando una libra de perfume de nardo puro que costaba mucho, ungió los pies de Jesús, y se los secó con los cabellos, y la casa se llenó con la fragancia del perfume.

4 Y Judas Iscariote, uno de sus discípulos, el que le iba a entregar, dijo*:

5 ¿Por qué no se vendió este perfume por trescientos denarios y se dio a los pobres?

6 Pero dijo esto, no porque se preocupara por los pobres, sino porque era un ladrón, y como tenía la bolsa del dinero, sustraía de lo que se echaba en ella.

7 Entonces Jesús dijo: Déjala, para que lo guarde para el día de mi sepultura.

8 Porque a los pobres siempre los tendréis con vosotros; pero a mí no siempre me tendréis.

9 Entonces la gran multitud de judíos se enteró de que *Jesús* estaba allí; y vinieron no sólo por causa de Jesús, sino también por ver a Lázaro, a quien había resucitado de entre los muertos.

10 Pero los principales sacerdotes resolvieron matar también a Lázaro,

11 porque por causa de él muchos de los judíos se apartaban y creían en Jesús.

12 Al día siguiente, cuando la gran multitud que había venido a la fiesta, oyó que Jesús venía a Jerusalén,

13 tomaron hojas de las palmas y salieron a recibirle, y gritaban: ¡Hosanna! BENDITO EL QUE VIENE EN EL NOMBRE DEL SEÑOR, el Rey de Israel.

14 Jesús, hallando un asnillo, se montó en él; como está escrito:

15 NO TEMAS, HIJA DE SION; HE AQUI, TU REY VIENE, MONTADO EN UN POLLINO DE ASNA.

16 Sus discípulos no entendieron esto al principio, pero *después*, cuando Jesús fue glorificado, entonces se acordaron de que esto se había escrito de El, y de que le habían hecho estas cosas.

17 Y así, la multitud que estaba con El cuando llamó a Lázaro del sepulcro y lo resucitó de entre los muertos, daba testimonio *de El.*

18 Por eso la multitud fue también a recibirle, porque habían oído que El había hecho esta señal.

19 Entonces los fariseos se decían unos a otros: ¿Veis que no conseguís nada? Mirad, *todo* el mundo se ha ido tras El.

20 Y había unos griegos entre los que subían a adorar en la fiesta;

21 éstos, pues, fueron a Felipe, que era de Betsaida de Galilea, y le rogaban, diciendo: Señor, queremos ver a Jesús.

22 Felipe fue* y se lo dijo* a Andrés; Andrés y Felipe fueron* y se lo dijeron* a Jesús.

23 Jesús les respondió*, diciendo: Ha llegado la hora para que el Hijo del Hombre sea glorificado.

24 En verdad, en verdad os digo que si el grano de trigo no cae en tierra y muere, queda él solo; pero si muere, produce mucho fruto.

25 El que ama su vida la pierde; y el que aborrece su vida en este mundo, la conservará para vida eterna.

26 Si alguno me sirve, que me siga; y donde yo estoy, allí también estará mi servidor; si alguno me sirve, el Padre lo honrará.

27 Ahora mi alma se ha angustiado; y ¿qué diré: "Padre, sálvame de esta hora"? Pero para esto he llegado a esta hora.

28 Padre, glorifica tu nombre. Entonces vino una voz del cielo: Y *le* he glorificado, y de nuevo *le* glorificaré.

29 Por eso la multitud que estaba *allí* y *la* oyó, decía que había sido un trueno; otros decían: Un ángel le ha hablado.

30 Respondió Jesús y dijo: Esta voz no ha venido por causa mía, sino por causa de vosotros.

31 Ya está aquí el juicio de este mundo; ahora el príncipe de este mundo será echado fuera.

32 Y yo, si soy levantado de la tierra, atraeré a todos a mí mismo.

33 Pero El decía esto para indicar de qué clase de muerte iba a morir.

34 Entonces la multitud le respondió: Hemos oído en la ley que el Cristo permanecerá para siempre; ¿y cómo dices tú: "El Hijo del Hombre tiene que ser levantado"? ¿Quién es este Hijo del Hombre?

35 Jesús entonces les dijo: Todavía, por un poco de tiempo, la luz estará entre vosotros. Caminad mientras tenéis la luz, para que no os sorprendan las tinieblas; el que anda en la oscuridad no sabe adónde va.

36 Mientras tenéis la luz, creed en la luz, para que seáis hijos de luz.

Estas cosas habló Jesús, y se fue y se ocultó de ellos.

37 Pero aunque había hecho tantas señales delante de ellos, no creían en El,

38 para que se cumpliera la palabra del profeta Isaías, que dijo: SEÑOR, ¿QUIEN HA CREIDO A NUESTRO ANUNCIO? ¿Y A QUIEN SE HA REVELADO EL BRAZO DEL SEÑOR?

39 Por eso no podían creer, porque Isaías dijo también:

40 EL HA CEGADO SUS OJOS Y ENDURECIDO SU CORAZON, PARA QUE NO VEAN CON LOS OJOS Y ENTIENDAN CON EL CORAZON, Y SE CONVIERTAN Y YO LOS SANE.

41 Esto dijo Isaías porque vio su gloria, y habló de El.

42 Sin embargo, muchos, aun de los gobernantes, creyeron en El, pero por causa de los fariseos no lo confesaban, para no ser expulsados de la sinagoga.

43 Porque amaban más el reconocimiento de los hombres que el reconocimiento de Dios.

44 Jesús exclamó y dijo: El que cree en mí, no cree en mí, sino en aquel que me ha enviado.

45 Y el que me ve, ve al que me ha enviado.

46 Yo, la luz, he venido al mundo, para que todo el que cree en mí no permanezca en tinieblas.

47 Si alguno oye mis palabras y no las guarda, yo no lo juzgo; porque no vine a juzgar al mundo, sino a salvar al mundo.

48 El que me rechaza y no recibe mis palabras, tiene quien lo juzgue; la palabra que he hablado, ésa lo juzgará en el día final.

49 Porque yo no he hablado por mi propia cuenta, sino que el Padre mismo que me ha enviado me ha dado mandamiento *sobre* lo que he de decir y lo que he de hablar.

50 Y sé que su mandamiento es vida eterna; por eso lo que hablo, lo hablo tal como el Padre me lo ha dicho.

Jesús lava los pies a sus discípulos

13 Antes de la fiesta de la Pascua, sabiendo Jesús que su hora había llegado para pasar de este mundo al Padre, habiendo amado a los suyos que estaban en el mundo, los amó hasta el fin.

2 Y durante la cena, como ya el diablo había puesto en el corazón de Judas Iscariote, *hijo de* Simón, el que lo entregara,

3 *Jesús,* sabiendo que el Padre había puesto todas las cosas en sus manos, y que de Dios había salido y a Dios volvía,

4 se levantó* de la cena y se quitó* su manto, y tomando una toalla, se la ciñó.

5 Luego echó* agua en una vasija, y comenzó a lavar los pies de los discípulos y a secárselos con la toalla que tenía ceñida.

6 Entonces llegó* a Simón Pedro. Este le dijo*: Señor, ¿tú lavarme a mí los pies?

7 Jesús respondió, y le dijo: Ahora tú no comprendes lo que yo hago, pero lo entenderás después.

8 Pedro le contestó*: ¡Jamás me lavarás los pies! Jesús le respondió: Si no te lavo, no tienes parte conmigo.

9 Simón Pedro le dijo*: Señor, *entonces* no sólo los pies, sino también las manos y la cabeza.

10 Jesús le dijo*: El que se ha bañado no necesita lavarse, excepto los pies, pues está todo limpio; y vosotros estáis limpios, pero no todos.

11 Porque sabía quién le iba a entregar; por eso dijo: No todos estáis limpios.

12 Entonces, cuando acabó de lavarles los pies, tomó su manto, y sentándose *a la mesa* otra vez, les dijo: ¿Sabéis lo que os he hecho?

13 Vosotros me llamáis Maestro y Señor; y tenéis razón, porque lo soy.

14 Pues si yo, el Señor y el Maestro, os lavé los pies, vosotros también debéis lavaros los pies unos a otros.

15 Porque os he dado ejemplo, para que como yo os he hecho, vosotros también hagáis.

16 En verdad, en verdad os digo: un siervo no es mayor que su señor, ni un enviado es mayor que el que le envió.

17 Si sabéis esto, seréis felices si lo practicáis.

18 No hablo de todos vosotros; yo conozco a los que he escogido; pero *es* para que se cumpla la Escritura: "El que come mi pan ha levantado contra mí su calcañar."

19 Os lo digo desde ahora, antes de que pase, para que cuando suceda, creáis que yo soy.

20 En verdad, en verdad os digo: el que recibe al que yo envíe, me recibe a mí; y el que me recibe a mí, recibe al que me envió.

21 Habiendo dicho Jesús esto, se angustió en espíritu, y testificó y dijo: En verdad, en verdad os digo que uno de vosotros me entregará.

22 Los discípulos se miraban unos a otros, y estaban perplejos *sin saber* de quién hablaba.

23 Uno de sus discípulos, el que Jesús amaba, estaba *a la mesa* reclinado en el pecho de Jesús.

24 Por eso Simón Pedro le hizo* señas, y le dijo*: Dinos de quién habla.

25 El, recostándose de nuevo sobre el pecho de Jesús, le dijo*: Señor, ¿quién es?

26 Entonces Jesús respondió: Es aquel a quien yo daré el bocado que voy a mojar. Y después de mojar el bocado, lo tomó* y se lo dio* a Judas, *hijo* de Simón Iscariote.

27 Y después del bocado, Satanás entró en él. Entonces Jesús le dijo*: Lo que vas a hacer, hazlo pronto.

28 Pero ninguno de los que estaban sentados *a la mesa* entendió por qué le dijo esto.

29 Porque algunos pensaban que como Judas tenía la bolsa del dinero, Jesús le decía: Compra lo que necesitamos para la fiesta, o que diera algo a los pobres.

30 Y Judas, después de recibir el bocado, salió inmediatamente; y *ya* era de noche.

31 Entonces, cuando salió, Jesús dijo*: Ahora es glorificado el Hijo del Hombre, y Dios es glorificado en El.

32 Si Dios es glorificado en El, Dios también le glorificará en sí mismo, y le glorificará enseguida.

33 Hijitos, estaré con vosotros un poco más de tiempo. Me buscaréis, y como dije a los judíos, ahora también os digo a vosotros: adonde yo voy, vosotros no podéis ir.

34 Un mandamiento nuevo os doy: que os améis los unos a los otros; que como yo os he amado, así también os améis los unos a los otros.

35 En esto conocerán todos que sois mis discípulos, si os tenéis amor los unos a los otros.

36 Simón Pedro le dijo*: Señor, ¿adónde vas? Jesús respondió: Adonde yo voy, tú no me puedes seguir ahora, pero me seguirás después.

37 Pedro le dijo*: Señor, ¿por qué no te puedo seguir ahora mismo? ¡Yo daré mi vida por ti!

38 Jesús *le* respondió*: ¿Tu vida darás por mí? En verdad, en verdad te digo: no cantará el gallo sin que antes me hayas negado tres veces.

Palabras de consuelo y dirección

14 No se turbe vuestro corazón; creed en Dios, creed también en mí.

2 En la casa de mi Padre hay muchas moradas; si no *fuera así*, os lo hubiera dicho; porque voy a preparar un lugar para vosotros.

3 Y si me voy y preparo un lugar para vosotros, vendré otra vez y os tomaré conmigo; para que donde yo estoy, *allí* estéis también vosotros.

4 Y conocéis el camino adonde voy.

5 Tomás le dijo*: Señor, *si* no sabemos adónde vas, ¿cómo vamos a conocer el camino?

6 Jesús le dijo*: Yo soy el camino, y la verdad, y la vida; nadie viene al Padre sino por mí.

7 Si me hubierais conocido, también hubierais conocido a mi Padre; desde ahora le conocéis y le habéis visto.

8 Felipe le dijo*: Señor, muéstranos al Padre, y nos basta.

9 Jesús le dijo*: ¿Tanto tiempo he estado con vosotros, y *todavía* no me conoces, Felipe? El que me ha visto a mí, ha visto al Padre; ¿cómo dices tú: "Muéstranos al Padre"?

10 ¿No crees que yo estoy en el Padre, y el Padre en mí? Las palabras que yo os digo, no las hablo por mí propia cuenta, sino que el Padre que mora en mí es el que hace las obras.

11 Creedme que yo estoy en el Padre, y el Padre en mí; y si no, creed por las obras mismas.

12 En verdad, en verdad os digo: el que cree en mí, las obras que yo hago, él las hará también; y aun mayores que éstas hará, porque yo voy al Padre.

13 Y todo lo que pidáis en mi nombre, lo haré, para que el Padre sea glorificado en el Hijo.

14 Si me pedís algo en mi nombre, yo *lo* haré.

15 Si me amáis, guardaréis mis mandamientos.

16 Y yo rogaré al Padre, y El os dará otro Consolador para que esté con vosotros para siempre;

17 *es decir*, el Espíritu de verdad, a quien el mundo no puede recibir, porque ni le ve ni le conoce, *pero* vosotros sí le conocéis porque mora con vosotros y estará en vosotros.

18 No os dejaré huérfanos; vendré a vosotros.

19 Un poco más de tiempo y el mundo no me

verá más, pero vosotros me veréis; porque yo vivo, vosotros también viviréis.

20 En ese día conoceréis que yo estoy en mi Padre, y vosotros en mí, y yo en vosotros.

21 El que tiene mis mandamientos y los guarda, ése es el que me ama; y el que me ama será amado por mi Padre; y yo lo amaré y me manifestaré a él.

22 Judas (no el Iscariote) le dijo*: Señor, ¿y qué ha pasado que te vas a manifestar a nosotros y no al mundo?

23 Jesús respondió, y le dijo: Si alguno me ama, guardará mi palabra; y mi Padre lo amará, y vendremos a él, y haremos con él morada.

24 El que no me ama, no guarda mis palabras; y la palabra que oís no es mía, sino del Padre que me envió.

25 Estas cosas os he dicho estando con vosotros.

26 Pero el Consolador, el Espíritu Santo, a quien el Padre enviará en mi nombre, El os enseñará todas las cosas, y os recordará todo lo que os he dicho.

27 La paz os dejo, mi paz os doy; no os la doy como el mundo la da. No se turbe vuestro corazón, ni tenga miedo.

28 Oísteis que yo os dije: "Me voy, y vendré a vosotros." Si me amarais, os regocijaríais porque voy al Padre, ya que el Padre es mayor que yo.

29 Y os lo he dicho ahora, antes que suceda, para que cuando suceda, creáis.

30 No hablaré mucho más con vosotros, porque viene el príncipe de este mundo, y él no tiene nada en mí;

31 pero para que el mundo sepa que yo amo al Padre, y como el Padre me mandó, así hago. Levantaos, vámonos de aquí.

Jesús, la vid verdadera

15 Yo soy la vid verdadera, y mi Padre es el viñador.

2 Todo sarmiento que en mí no da fruto, lo quita; y todo *el* que da fruto, lo poda para que dé más fruto.

3 Vosotros ya estáis limpios por la palabra que os he hablado.

4 Permaneced en mí, y yo en vosotros. Como el sarmiento no puede dar fruto por sí mismo si no permanece en la vid, así tampoco vosotros si no permanecéis en mí.

5 Yo soy la vid, vosotros los sarmientos; el que permanece en mí y yo en él, ése da mucho fruto, porque separados de mí nada podéis hacer.

6 Si alguno no permanece en mí, es echado fuera como un sarmiento y se seca; y los recogen, los echan al fuego y se queman.

7 Si permanecéis en mí, y mis palabras permanecen en vosotros, pedid lo que queráis y os será hecho.

8 En esto es glorificado mi Padre, en que deis mucho fruto, y *así* probéis que sois mis discípulos.

9 Como el Padre me ha amado, *así* también yo os he amado; permaneced en mi amor.

10 Si guardáis mis mandamientos, permaneceréis en mi amor, así como yo he guardado los mandamientos de mi Padre y permanezco en su amor.

11 Estas cosas os he hablado, para que mi gozo esté en vosotros, y vuestro gozo sea perfecto.

12 Este es mi mandamiento: que os améis los unos a los otros, así como yo os he amado.

13 Nadie tiene un amor mayor que éste: que uno dé su vida por sus amigos.

14 Vosotros sois mis amigos si hacéis lo que yo os mando.

15 Ya no os llamo siervos, porque el siervo no sabe lo que hace su señor; pero os he llamado amigos, porque os he dado a conocer todo lo que he oído de mi Padre.

16 Vosotros no me escogisteis a mí, sino que yo os escogí a vosotros, y os designé para que vayáis y deis fruto, y que vuestro fruto permanezca; para que todo lo que pidáis al Padre en mi nombre os *lo* conceda.

17 Esto os mando: que os améis los unos a los otros.

18 Si el mundo os odia, sabéis que me ha odiado a mí antes que a vosotros.

19 Si fuerais del mundo, el mundo amaría lo suyo; pero como no sois del mundo, sino que yo os escogí de entre el mundo, por eso el mundo os odia.

20 Acordaos de la palabra que yo os dije: "Un siervo no es mayor que su señor." Si me persiguieron a mí, también os perseguirán a vosotros; si guardaron mi palabra, también guardarán la vuestra.

21 Pero todo esto os harán por causa de mi nombre, porque no conocen al que me envió.

22 Si yo no hubiera venido y no les hubiera hablado, no tendrían pecado, pero ahora no tienen excusa por su pecado.

23 El que me odia a mí, odia también a mi Padre.

24 Si yo no hubiera hecho entre ellos las obras que ningún otro ha hecho, no tendrían pecado; pero ahora las han visto, y me han odiado a mí y también a mi Padre.

25 Pero *han hecho esto* para que se cumpla la palabra que está escrita en su ley: "ME ODIARON SIN CAUSA."

26 Cuando venga el Consolador, a quien yo enviaré del Padre, *es decir,* el Espíritu de verdad que procede del Padre, El dará testimonio de mí,

27 y vosotros daréis testimonio también, porque habéis estado conmigo desde el principio.

16 Estas cosas os he dicho para que no tengáis tropiezo.

2 Os expulsarán de la sinagoga; pero viene la hora cuando cualquiera que os mate pensará que *así* rinde un servicio a Dios.

3 Y harán estas cosas porque no han conocido ni al Padre ni a mí.

4 Pero os he dicho estas cosas para que cuando llegue la hora, os acordéis de que ya os había hablado de ellas. Y no os dije estas cosas al principio, porque yo estaba con vosotros.

5 Pero ahora voy al que me envió, y ninguno de vosotros me pregunta: "¿Adónde vas?"

6 Mas porque os he dicho estas cosas, la tristeza ha llenado vuestro corazón.

7 Pero yo os digo la verdad: os conviene que yo me vaya; porque si no me voy, el Consolador no vendrá a vosotros; pero si me voy, os lo enviaré.

8 Y cuando El venga, convencerá al mundo de pecado, de justicia y de juicio;

9 de pecado, porque no creen en mí;

10 de justicia, porque yo voy al Padre y no me veréis más;

11 y de juicio, porque el príncipe de este mundo ha sido juzgado.

12 Aún tengo muchas cosas que deciros, pero ahora no *las* podéis soportar.

13 Pero cuando El, el Espíritu de verdad, venga, os guiará a toda la verdad, porque no hablará de su propia cuenta, sino que hablará todo lo que oiga, y os hará saber lo que habrá de venir.

14 El me glorificará, porque tomará de lo mío y os *lo* hará saber.

15 Todo lo que tiene el Padre es mío; por eso dije que El toma de lo mío y os *lo* hará saber.

16 Un poco *más*, y ya no me veréis; y de nuevo un poco, y me veréis.

17 Entonces *algunos* de sus discípulos se decían unos a otros: ¿Qué es esto que nos dice: "Un poco *más*, y no me veréis, y de nuevo un poco, y me veréis" y "Porque yo voy al Padre"?

18 Por eso decían: ¿Qué es esto que dice: "Un poco"? No sabemos de qué habla.

19 Jesús sabía que querían preguntarle, y les dijo: ¿Estáis discutiendo entre vosotros sobre esto, porque dije: "Un poco más, y no me veréis, y de nuevo un poco, y me veréis"?

20 En verdad, en verdad os digo que lloraréis y os lamentaréis, pero el mundo se alegrará; estaréis tristes, pero vuestra tristeza se convertirá en alegría.

21 Cuando la mujer está para dar a luz, tiene aflicción, porque ha llegado su hora; pero cuando da a luz al niño, ya no se acuerda de la angustia, por la alegría de que un niño haya nacido en el mundo.

22 Por tanto, ahora vosotros tenéis también aflicción; pero yo os veré otra vez, y vuestro corazón se alegrará, y nadie os quitará vuestro gozo.

23 En aquel día no me preguntaréis nada. En verdad, en verdad os digo: si pedís algo al Padre, os *lo* dará en mi nombre.

24 Hasta ahora nada habéis pedido en mi nombre; pedid y recibiréis, para que vuestro gozo sea completo.

25 Estas cosas os he hablado en lenguaje figurado; viene el tiempo cuando ya no hablaré más en lenguaje figurado, sino que os hablaré del Padre claramente.

26 En ese día pediréis en mi nombre, y no os digo que yo rogaré al Padre por vosotros,

27 pues el Padre mismo os ama, porque vosotros me habéis amado y habéis creído que yo salí del Padre.

28 Salí del Padre y he venido al mundo; de nuevo, dejo el mundo y voy al Padre.

29 Sus discípulos le dijeron*: He aquí que ahora hablas claramente y no usas lenguaje figurado.

30 Ahora entendemos que tú sabes todas las cosas, y no necesitas que nadie te pregunte; por esto creemos que tú viniste de Dios.

31 Jesús les respondió: ¿Ahora creéis?

32 Mirad, la hora viene, y *ya* ha llegado, en que seréis esparcidos, cada uno por su lado, y me dejaréis solo; y *sin embargo* no estoy solo, porque el Padre está conmigo.

33 Estas cosas os he hablado para que en mí tengáis paz. En el mundo tenéis tribulación; pero confiad, yo he vencido al mundo.

Oración intercesora de Jesús

17 Estas cosas habló Jesús, y alzando los ojos al cielo, dijo: Padre, la hora ha llegado; glorifica a tu Hijo, para que el Hijo te glorifique a ti,

2 por cuanto le diste autoridad sobre todo ser humano para que dé vida eterna a todos los que tú le has dado.

3 Y esta es la vida eterna: que te conozcan a ti, el único Dios verdadero, y a Jesucristo, a quien has enviado.

4 Yo te glorifiqué en la tierra, habiendo terminado la obra que me diste que hiciera.

5 Y ahora, glorifícame tú, Padre, junto a ti, con la gloria que tenía contigo antes que el mundo existiera.

6 He manifestado tu nombre a los hombres que del mundo me diste; eran tuyos y me los diste, y han guardado tu palabra.

7 Ahora han conocido que todo lo que me has dado viene de ti;

8 porque yo les he dado las palabras que me diste; y *las* recibieron, y entendieron que en verdad salí de ti, y creyeron que tú me enviaste.

9 Yo ruego por ellos; no ruego por el mundo, sino por los que me has dado; porque son tuyos;

10 y todo lo mío es tuyo, y lo tuyo, mío; y he sido glorificado en ellos.

11 Ya no estoy en el mundo, *pero* ellos sí están en el mundo, y yo voy a ti. Padre santo, guárdalos en tu nombre, el *nombre* que me has dado, para que sean uno, así como nosotros.

12 Cuando estaba con ellos, los guardaba en tu nombre, el *nombre* que me diste; y los guardé y ninguno se perdió, excepto el hijo de perdición, para que la Escritura se cumpliera.

13 Pero ahora voy a ti; y hablo esto en el mundo para que tengan mi gozo completo en sí mismos.

14 Yo les he dado tu palabra y el mundo los ha odiado, porque no son del mundo, como tampoco yo soy del mundo.

15 No te ruego que los saques del mundo, sino que los guardes del maligno.

16 Ellos no son del mundo, como tampoco yo soy del mundo.

17 Santifícalos en la verdad; tu palabra es verdad.

18 Como tú me enviaste al mundo, yo también los he enviado al mundo.

19 Y por ellos yo me santifico, para que ellos también sean santificados en la verdad.

20 Mas no ruego sólo por éstos, sino también por los que han de creer en mí por la palabra de ellos,

21 para que todos sean uno. Como tú, oh Padre, *estás* en mí y yo en ti, que también ellos estén en nosotros, para que el mundo crea que tú me enviaste.

22 La gloria que me diste les he dado, para que sean uno, así como nosotros somos uno:

23 yo en ellos, y tú en mí, para que sean perfeccionados en unidad, para que el mundo sepa que tú me enviaste, y que los amaste tal como me has amado a mí.

24 Padre, quiero que los que me has dado, estén también conmigo donde yo estoy, para que vean mi gloria, la *gloria* que me has dado; porque me has amado desde antes de la fundación del mundo.

25 Oh Padre justo, aunque el mundo no te ha

conocido, yo te he conocido, y éstos han conocido que tú me enviaste.

26 Yo les he dado a conocer tu nombre, y lo daré a conocer, para que el amor con que me amaste esté en ellos y yo en ellos.

Traición y arresto de Jesús

18 Después de haber dicho esto, Jesús salió con sus discípulos al otro lado del torrente Cedrón, donde había un huerto en el cual entró El con sus discípulos.

2 También Judas, el que le iba a entregar, conocía el lugar, porque Jesús se había reunido allí a menudo con sus discípulos.

3 Entonces Judas, tomando la cohorte *romana*, y a *varios* alguaciles de los principales sacerdotes y de los fariseos, fue* allá con linternas, antorchas y armas.

4 Jesús, pues, sabiendo todo lo que le iba a sobrevenir, salió y les dijo*: ¿A quién buscáis?

5 Ellos le respondieron: A Jesús el Nazareno. El les dijo*: Yo soy. Y Judas, el que le entregaba, estaba con ellos.

6 Y cuando El les dijo: Yo soy, retrocedieron y cayeron a tierra.

7 Jesús entonces volvió a preguntarles: ¿A quién buscáis? Y ellos dijeron: A Jesús el Nazareno.

8 Respondió Jesús: Os he dicho que yo soy; por tanto, si me buscáis a mí, dejad ir a éstos;

9 para que se cumpliera la palabra que había dicho: De los que me diste, no perdí ninguno.

10 Entonces Simón Pedro, que tenía una espada, la sacó e hirió al siervo del sumo sacerdote, y le cortó la oreja derecha. El siervo se llamaba Malco.

11 Jesús entonces dijo a Pedro: Mete la espada en la vaina. La copa que el Padre me ha dado, ¿acaso no la he de beber?

12 Entonces la cohorte *romana*, el comandante y los alguaciles de los judíos prendieron a Jesús y le ataron,

13 y le llevaron primero ante Anás, porque era suegro de Caifás, que era sumo sacerdote ese año.

14 Y Caifás era el que había aconsejado a los judíos que convenía que un hombre muriera por el pueblo.

15 Y Simón Pedro seguía a Jesús, y *también* otro discípulo. Este discípulo era conocido del sumo sacerdote, y entró con Jesús al patio del sumo sacerdote,

16 pero Pedro estaba fuera, a la puerta. Así que el otro discípulo, que era conocido del sumo sacerdote, salió y habló a la portera, e hizo entrar a Pedro.

17 Entonces la criada que cuidaba la puerta dijo* a Pedro: ¿No eres tú también *uno* de los discípulos de este hombre? Y él dijo*: No lo soy.

18 Y los siervos y los alguaciles estaban de pie calentándose *junto* a unas brasas que habían encendido porque hacía frío; y Pedro estaba también con ellos de pie y calentándose.

19 Entonces el sumo sacerdote interrogó a Jesús acerca de sus discípulos y de sus enseñanzas.

20 Jesús le respondió: Yo he hablado al mundo abiertamente; siempre enseñé en la sinagoga y en el templo, donde se reúnen todos los judíos, y nada he hablado en secreto.

21 ¿Por qué me preguntas a mí? Pregúntales a los que han oído lo que hablé; he aquí, éstos saben lo que he dicho.

22 Cuando dijo esto, uno de los alguaciles que estaba cerca, dio una bofetada a Jesús, diciendo: ¿Así respondes al sumo sacerdote?

23 Jesús le respondió: Si he hablado mal, da testimonio de lo que *he hablado* mal; pero si *hablé* bien, ¿por qué me pegas?

24 Anás entonces le envió atado a Caifás, el sumo sacerdote.

25 Simón Pedro estaba de pie, calentándose; entonces le dijeron: ¿No eres tú también *uno* de sus discípulos? El lo negó y dijo: No lo soy.

26 Uno de los siervos del sumo sacerdote, que era pariente de aquel a quien Pedro le había cortado la oreja, dijo*: ¿No te vi yo en el huerto con El?

27 Y Pedro *lo* negó otra vez, y al instante cantó un gallo.

28 Entonces llevaron* a Jesús *de casa* de Caifás al Pretorio. Era muy de mañana. Y ellos no entraron al Pretorio para no contaminarse y poder comer la Pascua.

29 Pilato entonces salió fuera hacia ellos y dijo*: ¿Qué acusación traéis contra este hombre?

30 Ellos respondieron, y le dijeron: Si este hombre no fuera malhechor, no te lo hubiéramos entregado.

31 Entonces Pilato les dijo: Llevadle vosotros, y juzgadle conforme a vuestra ley. Los judíos le dijeron: A nosotros no nos es permitido dar muerte a nadie.

32 Para que se cumpliera la palabra que Jesús había hablado, dando a entender de qué clase de muerte iba a morir.

33 Entonces Pilato volvió a entrar al Pretorio, y llamó a Jesús y le dijo: ¿Eres tú el Rey de los judíos?

34 Jesús respondió: ¿Esto lo dices por tu cuenta, o *porque* otros te lo han dicho de mí?

35 Pilato respondió: ¿Acaso soy yo judío? Tu nación y los principales sacerdotes te entregaron a mí. ¿Qué has hecho?

36 Jesús respondió: Mi reino no es de este mundo. Si mi reino fuera de este mundo, entonces mis servidores pelearían para que yo no fuera entregado a los judíos; mas ahora mi reino no es de aquí.

37 Pilato entonces le dijo: ¿Así que tú eres rey? Jesús respondió: Tú dices que soy rey. Para esto yo he nacido y para esto he venido al mundo, para dar testimonio de la verdad. Todo el que es de la verdad escucha mi voz.

38 Pilato le preguntó*: ¿Qué es la verdad?

Y habiendo dicho esto, salió otra vez adonde *estaban* los judíos y les dijo*: Yo no encuentro ningún delito en El.

39 Pero es costumbre entre vosotros que os suelte a uno en la Pascua. ¿Queréis, pues, que os suelte al Rey de los judíos?

40 Entonces volvieron a gritar, diciendo: No a éste, sino a Barrabás. Y Barrabás era un ladrón.

19 Pilato, pues, tomó entonces a Jesús y *le* azotó.

2 Y los soldados tejieron una corona de espinas, la pusieron sobre su cabeza y le vistieron con un manto de púrpura;

3 y acercándose a El, le decían: ¡Salve, Rey de los judíos! Y le daban bofetadas.

4 Pilato salió otra vez, y les dijo*: Mirad, os lo traigo fuera, para que sepáis que no encuentro ningún delito en El.

5 Jesús entonces salió fuera llevando la corona de espinas y el manto de púrpura. Y *Pilato* les dijo*: ¡He aquí el Hombre!

6 Entonces, cuando le vieron los principales sacerdotes y los alguaciles, gritaron, diciendo: ¡Crucifí*cale*! ¡Crucifí*cale*! Pilato les dijo*: Tomadle vosotros, y crucificad*le*, porque yo no encuentro ningún delito en El.

7 Los judíos le respondieron: Nosotros tenemos una ley, y según esa ley El debe morir, porque pretendió ser el Hijo de Dios.

8 Entonces Pilato, cuando oyó estas palabras, se atemorizó aún más.

9 Entró de nuevo al Pretorio y dijo* a Jesús: ¿De dónde eres tú? Pero Jesús no le dio respuesta.

10 Pilato entonces le dijo*: ¿A mí no me hablas? ¿No sabes que tengo autoridad para soltarte, y que tengo autoridad para crucificarte?

11 Jesús respondió: Ninguna autoridad tendrías sobre mí si no te hubiera sido dada de arriba; por eso el que me entregó a ti tiene mayor pecado.

12 Como resultado de esto, Pilato procuraba soltarle, pero los judíos gritaron, diciendo: Si sueltas a éste, no eres amigo del César; todo el que se hace rey se opone al César.

13 Entonces Pilato, cuando oyó estas palabras, sacó fuera a Jesús y se sentó en el tribunal, en un lugar llamado el Empedrado, y en hebreo Gabata.

14 Y era el día de la preparación para la Pascua; era como la hora sexta. Y *Pilato* dijo* a los judíos: ¡He aquí vuestro Rey.

15 Entonces ellos gritaron: ¡Fuera! ¡Fuera! ¡Crucifícale! Pilato les dijo*: ¿He de crucificar a vuestro Rey? Los principales sacerdotes respondieron: No tenemos más rey que el César.

16 Así que entonces le entregó a ellos para que fuera crucificado.

17 Tomaron, pues, a Jesús, y El salió cargando su cruz al *sitio* llamado el Lugar de la Calavera, que en hebreo se dice Gólgota,

18 donde le crucificaron, y con El a otros dos, uno a cada lado y Jesús en medio.

19 Pilato también escribió un letrero y lo puso sobre la cruz. Y estaba escrito: JESUS EL NAZARENO, EL REY DE LOS JUDIOS.

20 Entonces muchos judíos leyeron esta inscripción, porque el lugar donde Jesús fue crucificado quedaba cerca de la ciudad; y estaba escrita en hebreo, en latín y en griego.

21 Por eso los principales sacerdotes de los judíos decían a Pilato: No escribas, "el Rey de los judíos"; sino que El dijo: "Yo soy Rey de los judíos."

22 Pilato respondió: Lo que he escrito, he escrito.

23 Entonces los soldados, cuando crucificaron a Jesús, tomaron sus vestidos e hicieron cuatro partes, una parte para cada soldado. Y *tomaron también* la túnica; y la túnica era sin costura, tejida en una sola pieza.

24 Por tanto, se dijeron unos a otros: No la rompamos; sino echemos suertes sobre ella, *para ver* de quién será; para que se cumpliera la Escritura: REPARTIERON ENTRE SI MIS VESTIDOS, Y SOBRE MI ROPA ECHARON SUERTES.

25 Por eso los soldados hicieron esto. Y junto a la cruz de Jesús estaban su madre, y la hermana de su madre, María, la *mujer* de Cleofas, y María Magdalena.

26 Y cuando Jesús vio a su madre, y al discípulo a quien El amaba que estaba allí cerca, dijo* a su madre: ¡Mujer, he ahí tu hijo!

27 Después dijo* al discípulo: ¡He ahí tu madre! Y desde aquella hora el discípulo la recibió en su propia *casa.*

28 Después de esto, sabiendo Jesús que todo se había ya consumado, para que se cumpliera la Escritura, dijo*: Tengo sed.

29 Había allí una vasija llena de vinagre; colocaron, pues, una esponja empapada del vinagre en *una rama de* hisopo, y se la acercaron a la boca.

30 Entonces Jesús, cuando hubo tomado el vinagre, dijo: ¡Consumado es! E inclinando la cabeza, entregó el espíritu.

31 Los judíos entonces, como era el día de preparación *para la Pascua,* a fin de que los cuerpos no se quedaran en la cruz el día de reposo (porque ese día de reposo era muy solemne), pidieron a Pilato que les quebraran las piernas y se los llevaran.

32 Fueron, pues, los soldados y quebraron las piernas del primero, y *también las* del otro que había sido crucificado con Jesús;

33 pero cuando llegaron a Jesús, como vieron que ya estaba muerto, no le quebraron las piernas;

34 pero uno de los soldados le traspasó el costado con una lanza, y al momento salió sangre y agua.

35 Y el que *lo* ha visto ha dado testimonio, y su testimonio es verdadero; y él sabe que dice la verdad, para que vosotros también creáis.

36 Porque esto sucedió para que se cumpliera la Escritura: NO SERA QUEBRADO HUESO SUYO.

37 Y también otra Escritura dice: MIRARAN AL QUE TRASPASARON.

38 Después de estas cosas, José de Arimatea, que era discípulo de Jesús, aunque en secreto por miedo a los judíos, pidió *permiso* a Pilato para llevarse el cuerpo de Jesús. Y Pilato concedió el permiso. Entonces él vino, y se llevó el cuerpo de Jesús.

39 Y Nicodemo, el que antes había venido a Jesús de noche, vino también, trayendo una mezcla de mirra y áloe como de cien libras.

40 Entonces tomaron el cuerpo de Jesús, y lo envolvieron en telas de lino con las especias aromáticas, como es costumbre sepultar entre los judíos.

41 En el lugar donde fue crucificado había un huerto, y en el huerto un sepulcro nuevo, en el cual todavía no habían sepultado a nadie.

42 Por tanto, por causa del día de la preparación de los judíos, como el sepulcro estaba cerca, pusieron allí a Jesús.

La resurrección

20 Y el primer *día* de la semana María Magdalena fue* temprano al sepulcro, cuando todavía estaba* oscuro, y vio* que *ya* la piedra había sido quitada del sepulcro.

2 Entonces corrió* y fue* a Simón Pedro y al otro discípulo a quien Jesús amaba, y les dijo*: Se han llevado al Señor del sepulcro, y no sabemos dónde le han puesto.

3 Salieron, pues, Pedro y el otro discípulo, e iban hacia el sepulcro.

4 Los dos corrían juntos, pero el otro discípulo corrió más aprisa que Pedro, y llegó primero al sepulcro;

5 e inclinándose para mirar *adentro*, vio* las envolturas de lino puestas *allí*, pero no entró.

6 Entonces llegó* también Simón Pedro tras él, entró al sepulcro, y vio* las envolturas de lino puestas *allí*,

7 y el sudario que había estado sobre la cabeza de Jesús, no puesto con las envolturas de lino, sino enrollado en un lugar aparte.

8 Entonces entró también el otro discípulo, el que había llegado primero al sepulcro, y vio y creyó.

9 Porque todavía no habían entendido la Escritura, que Jesús debía resucitar de entre los muertos.

10 Los discípulos entonces se fueron de nuevo a sus casas.

11 Pero María estaba fuera, llorando junto al sepulcro; y mientras lloraba, se inclinó y miró dentro del sepulcro;

12 y vio* dos ángeles vestidos de blanco, sentados donde había estado el cuerpo de Jesús, uno a la cabeza y otro a los pies.

13 Y ellos le dijeron: Mujer, ¿por qué lloras? Ella les dijo*: Porque se han llevado a mi Señor, y no sé dónde le han puesto.

14 Al decir esto, se volvió y vio* a Jesús que estaba *allí*, pero no sabía que era Jesús.

15 Jesús le dijo*: Mujer, ¿por qué lloras? ¿A quién buscas? Ella, pensando que era el hortelano, le dijo: Señor, si tú te lo has llevado, dime dónde le has puesto, y yo me lo llevaré.

16 Jesús le dijo*: ¡María! Ella, volviéndose, le dijo* en hebreo: ¡Rabbuní! (que quiere decir, Maestro).

17 Jesús le dijo*: Suéltame porque todavía no he subido al Padre; pero ve a mis hermanos, y diles: "Subo a mi Padre y a vuestro Padre, a mi Dios y a vuestro Dios."

18 Fue* María Magdalena y anunció a los discípulos: ¡He visto al Señor!, y que El le había dicho estas cosas.

19 Entonces, al atardecer de aquel día, el primero de la semana, y estando cerradas las puertas *del lugar* donde los discípulos se encontraban por miedo a los judíos, Jesús vino y se puso en medio de ellos, y les dijo*: Paz a vosotros.

20 Y diciendo esto, les mostró las manos y el costado. Entonces los discípulos se regocijaron al ver al Señor.

21 Jesús entonces les dijo otra vez: Paz a vosotros; como el Padre me ha enviado, *así* también yo os envío.

22 Después de decir esto, sopló sobre *ellos* y les dijo*: Recibid el Espíritu Santo.

23 A quienes perdonéis los pecados, *éstos* les son perdonados; a quienes retengáis los *pecados*, *éstos* les son retenidos.

24 Tomás, uno de los doce, llamado el Dídimo, no estaba con ellos cuando Jesús vino.

25 Entonces los otros discípulos le decían: ¡Hemos visto al Señor! Pero él les dijo: Si no veo en sus manos la señal de los clavos, y meto el dedo en el lugar de los clavos, y pongo la mano en su costado, no creeré.

26 Ocho días después, sus discípulos estaban otra vez dentro, y Tomás con ellos. Y estando las puertas cerradas, Jesús vino* y se puso en medio de ellos, y dijo: Paz a vosotros.

27 Luego dijo* a Tomás: Acerca aquí tu dedo, y mira mis manos; extiende aquí tu mano y métela en mi costado; y no seas incrédulo, sino creyente.

28 Respondió Tomás y le dijo: ¡Señor mío y Dios mío!

29 Jesús le dijo*: ¿Porque me has visto has creído? Dichosos los que no vieron, y *sin embargo* creyeron.

30 Y muchas otras señales hizo también Jesús en presencia de sus discípulos, que no están escritas en este libro;

31 pero éstas se han escrito para que creáis que Jesús es el Cristo, el Hijo de Dios; y para que al creer, tengáis vida en su nombre.

Manifestación junto al mar

21 Después de esto, Jesús se manifestó otra vez a los discípulos junto al mar de Tiberias, y se manifestó de esta manera:

2 Estaban juntos Simón Pedro, Tomás llamado el Dídimo, Natanael de Caná de Galilea, los *hijos* de Zebedeo y otros dos de sus discípulos.

3 Simón Pedro les dijo*: Me voy a pescar. Ellos le dijeron*: Nosotros también vamos contigo. Fueron y entraron en la barca, y aquella noche no pescaron nada.

4 Cuando ya amanecía, Jesús estaba en la playa; pero los discípulos no sabían que era Jesús.

5 Entonces Jesús les dijo*: Hijos, ¿acaso tenéis algún pescado? Le respondieron: No.

6 Y El les dijo: Echad la red al lado derecho de la barca y hallaréis *pesca*. Entonces la echaron, y no podían sacarla por la gran cantidad de peces.

7 Entonces aquel discípulo a quien Jesús amaba, dijo* a Pedro: ¡Es el Señor! Oyendo, pues, Simón Pedro que era el Señor, se ciñó la ropa (porque se la había quitado *para poder trabajar*), y se echó al mar.

8 Pero los otros discípulos vinieron en la barca, porque no estaban lejos de tierra, sino a unos cien metros, arrastrando la red *llena* de peces.

9 Entonces, cuando bajaron a tierra, vieron* brasas *ya* puestas y un pescado colocado sobre ellas, y pan.

10 Jesús les dijo*: Traed algunos de los peces que habéis pescado ahora.

11 Simón Pedro subió *a la barca*, y sacó la red a tierra, llena de peces grandes, ciento cincuenta y tres; y aunque había tantos, la red no se rompió.

12 Jesús les dijo*: Venid *y* desayunad. Ninguno de los discípulos se atrevió a preguntarle: ¿Quién eres tú?, sabiendo que era el Señor.

13 Jesús vino*, tomó* el pan y se lo dio*; y lo mismo *hizo* con el pescado.

14 Esta fue la tercera vez que Jesús se manifestó a los discípulos, después de haber resucitado de entre los muertos.

15 Entonces, cuando habían acabado de desayunar, Jesús dijo* a Simón Pedro: Simón,

hijo de Juan, ¿me amas más que éstos? *Pedro* le dijo*: Sí, Señor, tú sabes que te quiero. *Jesús* le dijo*: Apacienta mis corderos.

16 Y volvió a decirle por segunda vez: Simón, *hijo* de Juan, ¿me amas? *Pedro* le dijo*: Sí, Señor, tú sabes que te quiero. *Jesús* le dijo*: Pastorea mis ovejas.

17 Le dijo* por tercera vez: Simón, *hijo* de Juan, ¿me quieres? Pedro se entristeció porque la tercera vez le dijo: ¿Me quieres? Y le respondió: Señor, tú lo sabes todo; tú sabes que te quiero. Jesús le dijo*: Apacienta mis ovejas.

18 En verdad, en verdad te digo: cuando eras más joven te vestías y andabas por donde querías; pero cuando seas viejo extenderás las manos y otro te vestirá, y te llevará adonde no quieras.

19 Esto dijo, dando a entender la clase de muerte con que *Pedro* glorificaría a Dios. Y habiendo dicho esto, le dijo*: Sígueme.

20 Pedro, volviéndose, vio* que *les* seguía el discípulo a quien Jesús amaba, el que en la cena se había recostado sobre el pecho *de Jesús* y había dicho: Señor, ¿quién es el que te va a entregar?

21 Entonces Pedro, al verlo, dijo* a Jesús: Señor, ¿y éste, qué?

22 Jesús le dijo*: Si yo quiero que él se quede hasta que yo venga, ¿a ti, qué? Tú, sígueme.

23 Por eso el dicho se propagó entre los hermanos que aquel discípulo no moriría; pero Jesús no le dijo que no moriría, sino: Si yo quiero que se quede hasta que yo venga, ¿a ti, qué?

24 Este es el discípulo que da testimonio de estas cosas y el que escribió esto, y sabemos que su testimonio es verdadero.

25 Y hay también muchas otras cosas que Jesús hizo, que si se escribieran* en detalle, pienso que ni aun el mundo mismo podría* contener los libros que se escribirían*.

LOS HECHOS
de los Apóstoles

Introducción

1 El primer relato que escribí, Teófilo, *trató de* todo lo que Jesús comenzó a hacer y a enseñar,

2 hasta el día en que fue recibido arriba, después de que por el Espíritu Santo había dado instrucciones a los apóstoles que había escogido.

3 A éstos también, después de su padecimiento, se presentó vivo con muchas pruebas convincentes, apareciéndoseles durante cuarenta días y hablándoles de lo concerniente al reino de Dios.

4 Y reuniéndolos, les mandó que no salieran de Jerusalén, sino que esperaran la promesa del Padre: La cual, *les dijo*, oísteis de mí;

5 pues Juan bautizó con agua, pero vosotros seréis bautizados con el Espíritu Santo dentro de pocos días.

6 Entonces los que estaban reunidos, le preguntaban, diciendo: Señor, ¿restaurarás en este tiempo el reino a Israel?

7 *Y* El les dijo: No os corresponde a vosotros saber los tiempos ni las épocas que el Padre ha fijado con su propia autoridad;

8 pero recibiréis poder cuando el Espíritu Santo venga sobre vosotros; y me seréis testigos en Jerusalén, en toda Judea y Samaria, y hasta los confines de la tierra.

9 Después de haber dicho estas cosas, fue elevado mientras ellos miraban, y una nube le recibió *y le ocultó* de sus ojos.

10 Y estando mirando fijamente al cielo mientras El ascendía, aconteció que se presentaron junto a ellos dos varones en vestiduras blancas,

11 que *les* dijeron: Varones galileos, ¿por qué estáis mirando al cielo? Este *mismo* Jesús, que ha sido tomado de vosotros al cielo, vendrá de la misma manera, tal como le habéis visto ir al cielo.

12 Entonces regresaron a Jerusalén desde el monte llamado de los Olivos, que está cerca de Jerusalén, camino de un día de reposo.

13 Cuando hubieron entrado *en la ciudad*, subieron al aposento alto donde estaban hospedados, Pedro, Juan, Jacobo y Andrés, Felipe y Tomás, Bartolomé y Mateo, Jacobo *hijo* de Alfeo, Simón el Zelote y Judas, *hijo* de Jacobo.

14 Todos éstos estaban unánimes, entregados de continuo a la oración junto con las mujeres, y *con* María la madre de Jesús, y con los hermanos de El.

15 Por aquel tiempo Pedro se puso de pie en medio de los hermanos (un grupo como de ciento veinte personas estaba reunido allí), y dijo:

16 Hermanos, tenía que cumplirse la Escritura *en* que por boca de David el Espíritu Santo predijo acerca de Judas, el que se hizo guía de los que prendieron a Jesús.

17 Porque era contado entre nosotros y recibió parte en este ministerio.

18 (Este, pues, con el precio de su infamia adquirió un terreno, y cayendo de cabeza se reventó por el medio, y todas sus entrañas se derramaron.

19 Y *esto* llegó al conocimiento de todos los que habitaban en Jerusalén, de manera que aquel terreno se llamó en su propia lengua Acéldama, es decir, campo de sangre.)

20 Pues en el libro de los Salmos está escrito:

QUE SEA HECHA DESIERTA SU MORADA,

Y NO HAYA QUIEN HABITE EN ELLA;

y:

QUE OTRO TOME SU CARGO.

21 Por tanto, es necesario que de los hombres que nos han acompañado todo el tiempo que el Señor Jesús vivió entre nosotros,

22 comenzando desde el bautismo de Juan, hasta el día en que de entre nosotros fue recibido arriba, uno sea constituido testigo con nosotros de su resurrección.

23 Presentaron a dos: a José, llamado Barsabás (al que también llamaban Justo) y a Matías.

24 Y habiendo orado, dijeron: Tú, Señor, que

conoces el corazón de todos, muéstra*nos* a cuál de estos dos has escogido

25 para ocupar este ministerio y apostolado, del cual Judas se desvió para irse al lugar que le correspondía.

26 Echaron suertes y la suerte cayó sobre Matías, y fue contado con los once apóstoles.

La venida del Espíritu Santo

2 Cuando llegó el día de Pentecostés, estaban todos juntos en un mismo lugar.

2 De repente vino del cielo un ruido como el de una ráfaga de viento impetuoso que llenó toda la casa donde estaban sentados,

3 y se les aparecieron lenguas como de fuego que, repartiéndose, se posaron sobre cada uno de ellos.

4 Todos fueron llenos del Espíritu Santo y comenzaron a hablar en otras lenguas, según el Espíritu les daba habilidad para expresarse.

5 Y había judíos que moraban en Jerusalén, hombres piadosos, procedentes de todas las naciones bajo el cielo.

6 Y al ocurrir este estruendo, la multitud se juntó; y estaban desconcertados porque cada uno les oía hablar en su propia lengua.

7 Y estaban asombrados y se maravillaban, diciendo: Mirad, ¿no son galileos todos estos que están hablando?

8 ¿Cómo es que cada uno de nosotros *les* oímos hablar en nuestra lengua en la que hemos nacido?

9 Partos, medos y elamitas, habitantes de Mesopotamia, de Judea y de Capadocia, del Ponto y de Asia,

10 de Frigia y de Panfilia, de Egipto y de las regiones de Libia alrededor de Cirene, viajeros de Roma, tanto judíos como prosélitos,

11 cretenses y árabes, les oímos hablar en nuestros idiomas de las maravillas de Dios.

12 Todos estaban asombrados y perplejos, diciéndose unos a otros: ¿Qué quiere decir esto?

13 Pero otros se burlaban y decían: Están borrachos.

14 Entonces Pedro, poniéndose en pie con los once, alzó la voz y les declaró: Varones judíos y todos los que vivís en Jerusalén, sea esto de vuestro conocimiento y prestad atención a mis palabras,

15 porque éstos no están borrachos como vosotros suponéis, pues *apenas* es la hora tercera del día;

16 sino que esto es lo que fue dicho por medio del profeta Joel:

17 Y SUCEDERA EN LOS ULTIMOS DIAS—dice Dios—

QUE DERRAMARE DE MI ESPIRITU SOBRE TODA CARNE;

Y VUESTROS HIJOS Y VUESTRAS HIJAS PROFETIZARAN,

VUESTROS JOVENES VERAN VISIONES,

Y VUESTROS ANCIANOS SOÑARAN SUEÑOS;

18 Y AUN SOBRE MIS SIERVOS Y SOBRE MIS SIERVAS DERRAMARE DE MI ESPIRITU EN ESOS DIAS, y profetizarán.

19 Y MOSTRARE PRODIGIOS ARRIBA EN EL CIELO Y SEÑALES ABAJO EN LA TIERRA:

SANGRE, FUEGO Y COLUMNA DE HUMO.

20 EL SOL SE CONVERTIRA EN TINIEBLAS

Y LA LUNA EN SANGRE,

ANTES QUE VENGA EL DIA GRANDE Y GLORIOSO DEL SEÑOR.

21 Y SUCEDERA QUE TODO AQUEL QUE INVOQUE EL NOMBRE DEL SEÑOR SERA SALVO.

22 Varones israelitas, escuchad estas palabras: Jesús el Nazareno, varón confirmado por Dios entre vosotros con milagros, prodigios y señales que Dios hizo en medio vuestro a través de El, tal como vosotros mismos sabéis,

23 a éste, entregado por el plan predeterminado y el previo conocimiento de Dios, clavasteis en una cruz por manos de impíos y *le* matasteis,

24 a quien Dios resucitó, poniendo fin a la agonía de la muerte, puesto que no era posible que El quedara bajo el dominio de ella.

25 Porque David dice de El:

VEIA SIEMPRE AL SEÑOR EN MI PRESENCIA;

PUES ESTA A MI DIESTRA PARA QUE YO NO SEA CONMOVIDO.

26 POR LO CUAL MI CORAZON SE ALEGRO Y MI LENGUA SE REGOCIJO;

Y AUN HASTA MI CARNE DESCANSARA EN ESPERANZA;

27 PUES TU NO ABANDONARAS MI ALMA EN EL HADES,

NI PERMITIRAS QUE TU SANTO VEA CORRUPCION.

28 ME HAS HECHO CONOCER LOS CAMINOS DE LA VIDA;

ME LLENARAS DE GOZO CON TU PRESENCIA.

29 Hermanos, del patriarca David os puedo decir confiadamente que murió y fue sepultado, y su sepulcro está entre nosotros hasta el día de hoy.

30 Pero siendo profeta, y sabiendo que DIOS LE HABIA JURADO SENTAR *a uno* DE SUS DESCENDIENTES EN SU TRONO,

31 miró hacia el futuro y habló de la resurrección de Cristo, que NI FUE ABANDONADO EN EL HADES, NI su carne SUFRIO CORRUPCION.

32 A este Jesús resucitó Dios, de lo cual todos nosotros somos testigos.

33 Así que, exaltado a la diestra de Dios, y habiendo recibido del Padre la promesa del Espíritu Santo, ha derramado esto que vosotros veis y oís.

34 Porque David no ascendió a los cielos, pero él *mismo* dice:

DIJO EL SEÑOR A MI SEÑOR:

"SIENTATE A MI DIESTRA,

35 HASTA QUE PONGA A TUS ENEMIGOS POR ESTRADO DE TUS PIES."

36 Sepa, pues, con certeza toda la casa de Israel, que a este Jesús a quien vosotros crucificasteis, Dios le ha hecho Señor y Cristo.

37 Al oír *esto*, compungidos de corazón, dijeron a Pedro y a los demás apóstoles: Hermanos, ¿qué haremos?

38 Y Pedro les *dijo*: Arrepentíos y sed bautizados cada uno de vosotros en el nombre de Jesucristo para perdón de vuestros pecados, y recibiréis el don del Espíritu Santo.

39 Porque la promesa es para vosotros y *para* vuestros hijos y para todos los que están lejos, *para* tantos como el Señor nuestro Dios llame.

40 Y con muchas otras palabras testificaba solemnemente y les exhortaba diciendo: Sed salvos de esta perversa generación.

41 Entonces los que habían recibido su palabra fueron bautizados; y se añadieron aquel día como tres mil almas.

42 Y se dedicaban continuamente a las enseñanzas de los apóstoles, a la comunión, al partimiento del pan y a la oración.

43 Sobrevino temor a toda persona; y muchos prodigios y señales eran hechas por los apóstoles.

44 Todos los que habían creído estaban juntos y tenían todas las cosas en común;

45 vendían todas sus propiedades y sus bienes y los compartían con todos, según la necesidad de cada uno.

46 Día tras día continuaban unánimes en el templo y partiendo el pan en los hogares, comían juntos con alegría y sencillez de corazón,

47. alabando a Dios y hallando favor con todo el pueblo. Y el Señor añadía cada día al número de ellos los que iban siendo salvos.

Curación de un cojo

3 Y *cierto día* Pedro y Juan subían al templo a la hora novena, la de la oración.

2 Y *había* un hombre, cojo desde su nacimiento, al que llevaban y ponían diariamente a la puerta del templo llamada la Hermosa, para que pidiera limosna a los que entraban al templo.

3 Este, viendo a Pedro y a Juan que iban a entrar al templo, les pedía limosna.

4 Entonces Pedro, junto con Juan, fijando su vista en él, *le* dijo: ¡Míranos!

5 Y él los miró atentamente, esperando recibir algo de ellos.

6 Pero Pedro dijo: No tengo plata ni oro, mas lo que tengo, te doy: en el nombre de Jesucristo el Nazareno, ¡anda!

7 Y asiéndolo de la mano derecha, lo levantó; al instante sus pies y tobillos cobraron fuerza,

8 y de un salto se puso en pie y andaba. Entró al templo con ellos caminando, saltando y alabando a Dios.

9 Todo el pueblo lo vio andar y alabar a Dios,

10 y reconocieron que era el mismo que se sentaba a la puerta del templo, la Hermosa, a *pedir* limosna, y se llenaron de asombro y admiración por lo que le había sucedido.

11 Y estando él asido de Pedro y de Juan, todo el pueblo, lleno de asombro, corrió al pórtico llamado de Salomón, donde ellos estaban.

12 Al ver *esto* Pedro, dijo al pueblo: Varones israelitas, ¿por qué os maravilláis de esto, o por qué nos miráis *así*, como si por nuestro propio poder o piedad le hubiéramos hecho andar?

13 El Dios de Abraham, de Isaac y de Jacob, el Dios de nuestros padres, ha glorificado a su siervo Jesús, *al que* vosotros entregasteis y repudiasteis en presencia de Pilato, cuando éste había resuelto ponerle en libertad.

14 Mas vosotros repudiasteis al Santo y Justo, y pedisteis que se os concediera un asesino,

15 y disteis muerte al Autor de la vida, al que Dios resucitó de entre los muertos, de lo cual nosotros somos testigos.

16 Y por la fe en su nombre, *es* el nombre de Jesús lo que ha fortalecido a este *hombre* a quien veis y conocéis; y la fe que *viene* por medio de El, le ha dado esta perfecta sanidad en presencia de todos vosotros.

17 Y ahora, hermanos, yo sé que obrasteis por ignorancia, lo mismo que vuestros gobernantes.

18 Pero Dios ha cumplido así lo que anunció de antemano por boca de todos los profetas: que su Cristo debería padecer.

19 Por tanto, arrepentíos y convertíos, para que vuestros pecados sean borrados, a fin de que tiempos de refrigerio vengan de la presencia del Señor,

20 y El envíe a Jesús, el Cristo designado de antemano para vosotros,

21 a quien el cielo debe recibir hasta el día de la restauración de todas las cosas, acerca de lo cual Dios habló por boca de sus santos profetas desde tiempos antiguos.

22 Moisés dijo: EL SEÑOR DIOS OS LEVANTARA UN PROFETA COMO YO DE VUESTROS HERMANOS; A EL PRESTAREIS ATENCION en todo cuanto os diga.

23 Y sucederá que todo el que no preste atención a aquel profeta, será totalmente destruido de entre el pueblo.

24 Y asimismo todos los profetas que han hablado desde Samuel y *sus* sucesores en adelante, también anunciaron estos días.

25 Vosotros sois los hijos de los profetas y del pacto que Dios hizo con vuestros padres, al decir a Abraham: Y EN TU SIMIENTE SERAN BENDITAS TODAS LAS FAMILIAS DE LA TIERRA.

26 Para vosotros en primer lugar, Dios, habiendo resucitado a su Siervo, le ha enviado para que os bendiga, a fin de apartar a cada uno *de vosotros* de vuestras iniquidades.

Arresto de Pedro y Juan

4 Mientras ellos hablaban al pueblo, se les echaron encima los sacerdotes, el capitán *de la guardia* del templo, y los saduceos,

2 indignados porque enseñaban al pueblo, y anunciaban en Jesús la resurrección de entre los muertos.

3 Les echaron mano, y los pusieron en la cárcel hasta el día siguiente, pues ya era tarde.

4 Pero muchos de los que habían oído el mensaje creyeron, llegando el número de los hombres como a cinco mil.

5 Y sucedió que al día siguiente se reunieron en Jerusalén sus gobernantes, ancianos y escribas;

6 *estaban allí* el sumo sacerdote Anás, Caifás, Juan y Alejandro, y todos los que eran del linaje de los sumos sacerdotes.

7 Y habiéndolos puesto en medio *de ellos, les* interrogaban: ¿Con qué poder, o en qué nombre, habéis hecho esto?

8 Entonces Pedro, lleno del Espíritu Santo, les dijo: Gobernantes y ancianos del pueblo,

9 si se nos está interrogando hoy por *causa del* beneficio hecho a un hombre enfermo, de qué manera éste ha sido sanado,

10 sabed todos vosotros, y todo el pueblo de Israel, que en el nombre de Jesucristo el Nazareno, a quien vosotros crucificasteis *y* a quien Dios resucitó de entre los muertos, por El, este *hombre* se halla aquí sano delante de vosotros.

11 Este *Jesús* es la PIEDRA DESECHADA por vosotros LOS CONSTRUCTORES, *pero* QUE HA VENIDO A SER LA PIEDRA ANGULAR.

12 Y en ningún otro hay salvación, porque no

hay otro nombre bajo el cielo dado a los hombres, en el cual podamos ser salvos.

13 Al ver la confianza de Pedro y de Juan, y dándose cuenta de que eran hombres sin letras y sin preparación, se maravillaban, y reconocían que ellos habían estado con Jesús.

14 Y viendo a ellos de pie al hombre que había sido sanado, no tenían nada que decir en contra.

15 Pero habiéndoles ordenado salir fuera del concilio, deliberaban entre sí,

16 diciendo: ¿Qué haremos con estos hombres? Porque el hecho de que un milagro notable ha sido realizado por medio de ellos es evidente a todos los que viven en Jerusalén, y no podemos negarlo.

17 Mas a fin de que no se divulgue más entre el pueblo, amenacémosles para que no hablen más a hombre alguno en este nombre.

18 Cuando los llamaron, les ordenaron no hablar ni enseñar en el nombre de Jesús.

19 Mas respondiendo Pedro y Juan, les dijeron: Vosotros mismos juzgad si es justo delante de Dios obedecer a vosotros antes que a Dios;

20 porque nosotros no podemos dejar de decir lo que hemos visto y oído.

21 Y ellos, después de amenazarlos otra vez, los dejaron ir (no hallando la manera de castigarlos) por causa del pueblo, porque todos glorificaban a Dios por lo que había acontecido;

22 porque el hombre en quien se había realizado este milagro de sanidad tenía más de cuarenta años.

23 Cuando quedaron en libertad, fueron a los suyos y *les* contaron todo lo que los principales sacerdotes y los ancianos les habían dicho.

24 Al oír ellos *esto*, unánimes alzaron la voz a Dios y dijeron: Oh, Señor, tú eres el que HICISTE EL CIELO Y LA TIERRA, EL MAR Y TODO LO QUE EN ELLOS HAY,

25 el que por el Espíritu Santo, *por* boca de nuestro padre David, tu siervo, dijiste:

¿POR QUE SE ENFURECIERON LOS GENTILES,

Y LOS PUEBLOS TRAMARON COSAS VANAS?

26 SE PRESENTARON LOS REYES DE LA TIERRA,

Y LOS GOBERNANTES SE JUNTARON A UNA

CONTRA EL SEÑOR Y CONTRA SU CRISTO.

27 Porque en verdad, en esta ciudad se unieron tanto Herodes como Poncio Pilato, juntamente con los gentiles y los pueblos de Israel, contra tu santo siervo Jesús, a quien tú ungiste,

28 para hacer cuanto tu mano y tu propósito habían predestinado que sucediera.

29 Y ahora, Señor, considera sus amenazas, y permite que tus siervos hablen tu palabra con toda confianza,

30 mientras extiendes tu mano para que se hagan curaciones, señales y prodigios mediante el nombre de tu santo siervo Jesús.

31 Después que oraron, el lugar donde estaban reunidos tembló, y todos fueron llenos del Espíritu Santo y hablaban la palabra de Dios con valor.

32 La congregación de los que creyeron era de un corazón y un alma; y ninguno decía ser suyo lo que poseía, sino que todas las cosas eran de propiedad común.

33 Con gran poder los apóstoles daban testimonio de la resurrección del Señor Jesús, y abundante gracia había sobre todos ellos.

34 No había, pues, ningún necesitado entre ellos, porque todos los que poseían tierras o casas las vendían, traían el precio de lo vendido,

35 y lo depositaban a los pies de los apóstoles, y se distribuía a cada uno según su necesidad.

36 Y José, un levita natural de Chipre, a quien también los apóstoles llamaban Bernabé (que traducido significa hijo de consolación),

37 poseía un campo y *lo* vendió, y trajo el dinero y *lo* depositó a los pies de los apóstoles.

Castigo de Ananías y Safira

5 Pero cierto hombre llamado Ananías, con Safira su mujer, vendió una propiedad,

2 y se quedó con *parte* del precio, sabiéndolo también su mujer; y trayendo la otra parte, la puso a los pies de los apóstoles.

3 Mas Pedro dijo: Ananías, ¿por qué ha llenado Satanás tu corazón para mentir al Espíritu Santo, y quedarte con *parte* del precio del terreno?

4 Mientras estaba *sin venderse*, ¿no te pertenecía? Y después de vendida, ¿no estaba bajo tu poder? ¿Por qué concebiste este asunto en tu corazón? No has mentido a los hombres sino a Dios.

5 Al oír Ananías estas palabras, cayó y expiró; y vino un gran temor sobre todos los que *lo* supieron.

6 Y los jóvenes se levantaron y lo cubrieron, y sacándo*lo*, *le* dieron sepultura.

7 Después de un lapso como de tres horas entró su mujer, no sabiendo lo que había sucedido.

8 Y Pedro le preguntó: Dime, ¿vendisteis el terreno en tanto? Y ella dijo: Sí, ése fue el precio.

9 Entonces Pedro le *dijo*: ¿Por qué os pusisteis de acuerdo para poner a prueba al Espíritu del Señor? Mira, los pies de los que sepultaron a tu marido están a la puerta, y te sacarán *también* a ti.

10 Al instante ella cayó a los pies de él, y expiró. Al entrar los jóvenes, la hallaron muerta, y *la* sacaron y *le* dieron sepultura junto a su marido.

11 Y vino un gran temor sobre toda la iglesia, y sobre todos los que supieron estas cosas.

12 Por mano de los apóstoles se realizaban muchas señales y prodigios entre el pueblo; y estaban todos unánimes en el pórtico de Salomón.

13 Pero ninguno de los demás se atrevía a juntarse con ellos; sin embargo, el pueblo los tenía en gran estima.

14 Y más y más creyentes en el Señor, multitud de hombres y de mujeres, se añadían constantemente *al número de ellos*,

15 a tal punto que aun sacaban los enfermos a las calles y *los* tendían en lechos y camillas, para que al pasar Pedro, siquiera su sombra cayera sobre alguno de ellos.

16 También la gente de las ciudades en los alrededores de Jerusalén acudía trayendo enfermos y atormentados por espíritus inmundos, y todos eran sanados.

17 Pero levantándose el sumo sacerdote, y todos los que estaban con él (es decir, la secta de los saduceos), se llenaron de celo,

18 y echaron mano a los apóstoles y los pusieron en una cárcel pública.

19 Pero un ángel del Señor, durante la noche, abrió las puertas de la cárcel, y sacándolos, dijo:

20 Id, y puestos de pie en el templo, hablad al pueblo todo el mensaje de esta Vida.

21 Habiendo oído esto, entraron al amanecer en el templo y enseñaban. Cuando llegaron el sumo sacerdote y los que estaban con él, convocaron al concilio, es decir, a todo el senado de los hijos de Israel, y enviaron órdenes a la cárcel para que los trajeran.

22 Pero los alguaciles que fueron no los encontraron en la cárcel; volvieron, pues, e informaron,

23 diciendo: Encontramos la cárcel cerrada con toda seguridad y los guardias de pie a las puertas; pero cuando abrimos, a nadie hallamos dentro.

24 Cuando oyeron estas palabras el capitán de la guardia del templo y los principales sacerdotes, se quedaron muy perplejos a causa de ellos, pensando en qué terminaría aquello.

25 Pero alguien se presentó y les informó: Mirad, los hombres que pusisteis en la cárcel están en el templo enseñando al pueblo.

26 Entonces el capitán fue con los alguaciles y los trajo sin violencia (porque temían al pueblo, no fuera que los apedrearan).

27 Cuando los trajeron los pusieron ante el concilio, y el sumo sacerdote los interrogó,

28 diciendo: Os dimos órdenes estrictas de no continuar enseñando en este nombre, y he aquí, habéis llenado a Jerusalén con vuestras enseñanzas, y queréis traer sobre nosotros la sangre de este hombre.

29 Mas respondiendo Pedro y los apóstoles, dijeron: Debemos obedecer a Dios antes que a los hombres.

30 El Dios de nuestros padres resucitó a Jesús, a quien vosotros habíais matado colgándole en una cruz.

31 A éste Dios exaltó a su diestra como Príncipe y Salvador, para dar arrepentimiento a Israel, y perdón de pecados.

32 Y nosotros somos testigos de estas cosas; y también el Espíritu Santo, el cual Dios ha dado a los que le obedecen.

33 Cuando ellos oyeron esto, se sintieron profundamente ofendidos y querían matarlos.

34 Pero cierto fariseo llamado Gamaliel, maestro de la ley, respetado por todo el pueblo, se levantó en el concilio y ordenó que sacaran fuera a los hombres por un momento.

35 Y les dijo: Varones de Israel, tened cuidado de lo que vais a hacer con estos hombres.

36 Porque hace algún tiempo Teudas se levantó pretendiendo ser alguien; y un grupo como de cuatrocientos hombres se unió a él. Y fue muerto, y todos los que lo seguían fueron dispersos y reducidos a nada.

37 Después de él, se levantó Judas de Galilea en los días del censo, y llevó mucha gente tras sí; él también pereció, y todos los que le seguían se dispersaron.

38 Por tanto, en este caso os digo: no tengáis nada que ver con estos hombres y dejadlos en paz, porque si este plan o acción es de los hombres, perecerá;

39 pero si es de Dios, no podréis destruirlos; no sea que os halléis luchando contra Dios.

40 Ellos aceptaron su consejo, y después de llamar a los apóstoles, los azotaron y les ordenaron que no hablaran en el nombre de Jesús y los soltaron.

41 Ellos, pues, salieron de la presencia del concilio, regocijándose de que hubieran sido tenidos por dignos de padecer afrenta por su Nombre.

42 Y todos los días, en el templo y de casa en casa, no cesaban de enseñar y predicar a Jesús como el Cristo.

Elección de siete diáconos

6 Por aquellos días, al multiplicarse el número de los discípulos, surgió una queja de parte de los judíos helenistas en contra de los judíos nativos, porque sus viudas eran desatendidas en la distribución diaria de los alimentos.

2 Entonces los doce convocaron a la congregación de los discípulos, y dijeron: No es conveniente que nosotros descuidemos la palabra de Dios para servir mesas.

3 Por tanto, hermanos, escoged de entre vosotros siete hombres de buena reputación, llenos del Espíritu Santo y de sabiduría, a quienes podamos encargar esta tarea.

4 Y nosotros nos entregaremos a la oración y al ministerio de la palabra.

5 Lo propuesto tuvo la aprobación de toda la congregación, y escogieron a Esteban, un hombre lleno de fe y del Espíritu Santo, y a Felipe, a Prócoro, a Nicanor, a Timón, a Parmenas y a Nicolás, un prosélito de Antioquía;

6 los cuales presentaron ante los apóstoles, y después de orar, pusieron sus manos sobre ellos.

7 Y la palabra de Dios crecía, y el número de los discípulos se multiplicaba en gran manera en Jerusalén, y muchos de los sacerdotes obedecían a la fe.

8 Y Esteban, lleno de gracia y de poder, hacía grandes prodigios y señales entre el pueblo.

9 Pero se levantaron algunos de la sinagoga llamada de los Libertos, incluyendo tanto cireneos como alejandrinos, y algunos de Cilicia y de Asia, y discutían con Esteban.

10 Pero no podían resistir a la sabiduría y al Espíritu con que hablaba.

11 Entonces, en secreto persuadieron a algunos hombres para que dijeran: Le hemos oído hablar palabras blasfemas contra Moisés y contra Dios.

12 Y alborotaron al pueblo, a los ancianos y a los escribas, y cayendo sobre él, lo arrebataron y lo trajeron en presencia del concilio.

13 Y presentaron testigos falsos que dijeron: Este hombre continuamente habla en contra de este lugar santo y de la ley;

14 porque le hemos oído decir que este nazareno, Jesús, destruirá este lugar, y cambiará las tradiciones que Moisés nos legó.

15 Y al fijar la mirada en él, todos los que estaban sentados en el concilio vieron su rostro como el rostro de un ángel.

Discurso de Esteban

7 Y el sumo sacerdote dijo: ¿Es esto así?

2 Y él dijo: Escuchadme, hermanos y padres. El Dios de gloria apareció a nuestro padre

Abraham cuando estaba en Mesopotamia, antes que habitara en Harán,

3 y le dijo: "Sal de tu tierra y de tu parentela, y ve a la tierra que yo te mostrare."

4 Entonces él salió de la tierra de los caldeos y se radicó en Harán. Y de allí, después de la muerte de su padre, *Dios* lo trasladó a esta tierra en la cual ahora vosotros habitáis.

5 No le dio en ella heredad, ni siquiera *la medida de* la planta del pie, y *sin embargo*, aunque no tenía hijo, prometió que se la daria en posesion a el y a su descendencia despues de el.

6 Y Dios dijo así: "Que sus descendientes serian extranjeros en una tierra extraña, y que serian esclavizados y maltratados por cuatrocientos años.

7 "Pero yo mismo juzgare a cualquier nacion de la cual sean esclavos"—dijo Dios—"y despues de eso saldran y me serviran en este lugar."

8 Y *Dios* le dio el pacto de la circuncisión; y así *Abraham* vino a ser el padre de Isaac, y lo circuncidó al octavo día; e Isaac *vino a ser el padre* de Jacob, y Jacob de los doce patriarcas.

9 Y los patriarcas tuvieron envidia de José y lo vendieron para Egipto. Pero Dios estaba con él,

10 y lo rescató de todas sus aflicciones, y le dio gracia y sabiduría delante de Faraón, rey de Egipto, y *éste* lo puso por gobernador sobre Egipto y sobre toda su casa.

11 Entonces vino hambre sobre todo Egipto y Canaán, y *con ella* gran aflicción; y nuestros padres no hallaban alimentos.

12 Pero cuando Jacob supo que había grano en Egipto, envió a nuestros padres *allá* la primera vez.

13 En la segunda *visita*, José se dio a conocer a sus hermanos, y conoció Faraón el linaje de José.

14 Y José, enviando *mensaje*, mandó llamar a Jacob su padre y a toda su parentela, *en total* setenta y cinco personas.

15 Y Jacob descendió a Egipto, y *allí* murió él y *también* nuestros padres.

16 Y *de allí* fueron trasladados a Siquem, y puestos en el sepulcro que por una suma de dinero había comprado Abraham a los hijos de Hamor en Siquem.

17 Pero a medida que se acercaba el tiempo de la promesa que Dios había confirmado a Abraham, el pueblo crecía y se multiplicaba en Egipto,

18 hasta que surgio otro rey en Egipto que no sabia nada de Jose.

19 Este *rey*, obrando con astucia contra nuestro pueblo, maltrató a nuestros padres, a fin de que expusieran *a la muerte* a sus niños para que no vivieran.

20 Fue por ese tiempo que Moisés nació. Era hermoso a la vista de Dios, y fue criado por tres meses en la casa de su padre.

21 Después de ser abandonado *para morir*, la hija de Faraón se lo llevó y lo crió como su propio hijo.

22 Y Moisés fue instruido en toda la sabiduría de los egipcios, y era un hombre poderoso en palabras y en hechos.

23 Pero cuando iba a cumplir la edad de cuarenta años, sintió en su corazón el deseo de visitar a sus hermanos, los hijos de Israel.

24 Y al ver que uno *de ellos* era tratado injustamente, lo defendió y vengó al oprimido matando al egipcio.

25 Pensaba que sus hermanos entendían que Dios les estaba dando libertad por medio de él, pero ellos no entendieron.

26 Al día siguiente se les presentó, cuando *dos de* ellos reñían, y trató de poner paz entre ellos, diciendo: "Varones, vosotros sois hermanos, ¿por qué os herís el uno al otro?"

27 Pero el que estaba hiriendo a su prójimo lo empujó, diciendo: "¿Quien te ha puesto por gobernante y juez sobre nosotros?

28 "¿Acaso quieres matarme como mataste ayer al egipcio?"

29 Al oír estas palabras, Moises huyo y se convirtio en extranjero en la tierra de Madian, donde fue padre de dos hijos.

30 Y pasados cuarenta años, se le aparecio un angel en el desierto del monte Sinaí, en la llama de una zarza que ardia.

31 Al ver esto, Moisés se maravillaba de la visión, y al acercarse para ver mejor, vino *a él* la voz del Señor:

32 "Yo soy el Dios de tus padres, el Dios de Abraham, de Isaac, y de Jacob." Moisés temblando, no se atrevía a mirar.

33 Pero el Señor le dijo: "Quitate las sandalias de los pies, porque el lugar donde estas es tierra santa.

34 "Ciertamente he visto la opresion de mi pueblo en Egipto y he oido sus gemidos, y he descendido para librarlos; ven ahora y te enviare a Egipto."

35 Este Moisés, a quien ellos rechazaron, diciendo: "¿Quien te ha puesto por gobernante y juez?" es el *mismo* que Dios envió *para ser* gobernante y libertador con la ayuda del ángel que se le apareció en la zarza.

36 Este hombre los sacó, haciendo prodigios y señales en la tierra de Egipto, en el mar Rojo y en el desierto por cuarenta años.

37 Este es el *mismo* Moisés que dijo a los hijos de Israel: "Dios os levantara un profeta como yo de entre vuestros hermanos."

38 Este es el que estaba en la congregación en el desierto junto con el ángel que le hablaba en el monte Sinaí, y con nuestros padres, y el que recibió palabras de vida para transmitirlas a vosotros;

39 al cual nuestros padres no quisieron obedecer, sino que lo repudiaron, y en sus corazones regresaron a Egipto,

40 diciendo a Aaron: "Haznos dioses que vayan delante de nosotros, porque a este Moises que nos saco de la tierra de Egipto, no sabemos lo que le haya pasado."

41 En aquellos días hicieron un becerro y ofrecieron sacrificio al ídolo, y se regocijaban en las obras de sus manos.

42 Pero Dios se apartó *de ellos* y los entregó para que sirvieran al ejército del cielo, como está escrito en el libro de los profetas: ¿Acaso fue a mi a quien ofrecisteis victimas y sacrificios en el desierto por cuarenta años, casa de Israel?

43 Tambien llevasteis el tabernaculo de Moloc, y la estrella del dios Renfan, las

IMAGENES QUE HICISTEIS PARA ADORARLAS. YO TAMBIEN OS DEPORTARE MAS ALLA DE BABILONIA.

44 Nuestros padres tuvieron el tabernáculo del testimonio en el desierto, tal como *le* había ordenado que lo hiciera el que habló a Moisés, conforme al modelo que había visto.

45 A su vez, habiéndolo recibido, nuestros padres lo introdujeron con Josué al tomar posesión de las naciones que Dios arrojó de delante de nuestros padres, hasta los días de David.

46 Y David halló gracia delante de Dios, y pidió *el favor* de hallar una morada para el Dios de Jacob.

47 Pero fue Salomón quien le edificó una casa.

48 Sin embargo, el Altísimo no habita en *casas* hechas por manos *de hombres;* como dice el profeta:

49 EL CIELO ES MI TRONO,
Y LA TIERRA EL ESTRADO DE MIS PIES;
¿QUE CASA ME EDIFICAREIS?—dice el Señor—
¿O CUAL ES EL LUGAR DE MI REPOSO?

50 ¿NO FUE MI MANO LA QUE HIZO TODAS ESTAS COSAS?

51 Vosotros, que sois duros de cerviz e incircuncisos de corazón y de oídos, resistís siempre al Espíritu Santo; como hicieron vuestros padres, así también hacéis vosotros.

52 ¿A cuál de los profetas no persiguieron vuestros padres? Ellos mataron a los que antes habían anunciado la venida del Justo, del cual ahora vosotros os hicisteis entregadores y asesinos;

53 vosotros que recibisteis la ley por disposición de ángeles y *sin embargo* no la guardasteis.

54 Al oír esto, se sintieron profundamente ofendidos, y crujían sus dientes contra él.

55 Pero *Esteban,* lleno del Espíritu Santo, fijos los ojos en el cielo, vio la gloria de Dios y a Jesús de pie a la diestra de Dios;

56 y dijo: He aquí, veo los cielos abiertos, y al Hijo del Hombre de pie a la diestra de Dios.

57 Entonces ellos gritaron a gran voz, y tapándose los oídos arremetieron a una contra él.

58 Y echándolo fuera de la ciudad, comenzaron a apedrearle; y los testigos pusieron sus mantos a los pies de un joven llamado Saulo.

59 Y mientras apedreaban a Esteban, él invocaba *al Señor* y decía: Señor Jesús, recibe mi espíritu.

60 Y cayendo de rodillas, clamó en alta voz: Señor, no les tomes en cuenta este pecado. Habiendo dicho esto, durmió.

8 Y Saulo estaba de completo acuerdo con *ellos* en su muerte.

En aquel día se desató una gran persecución en contra de la iglesia en Jerusalén, y todos fueron esparcidos por las regiones de Judea y Samaria, excepto los apóstoles.

2 Y *algunos* hombres piadosos sepultaron a Esteban, y lloraron a gran voz por él.

3 Pero Saulo hacía estragos en la iglesia entrando de casa en casa, y arrastrando a hombres y mujeres, los echaba en la cárcel.

4 Así que los que habían sido esparcidos iban predicando la palabra.

5 Felipe, descendiendo a la ciudad de Samaria, les predicaba a Cristo.

6 Y las multitudes unánimes prestaban atención a lo que Felipe decía, al oír y ver las señales que hacía.

7 Porque *de* muchos que tenían espíritus inmundos, *éstos* salían *de ellos* gritando a gran voz; y muchos que habían sido paralíticos y cojos eran sanados.

8 Y había gran regocijo en aquella ciudad.

9 Y cierto hombre llamado Simón, hacía tiempo que estaba ejerciendo la magia en la ciudad y asombrando a la gente de Samaria, pretendiendo ser un gran *personaje;*

10 y todos, desde el menor hasta el mayor, le prestaban atención, diciendo: Este es el que se llama el Gran Poder de Dios.

11 Le prestaban atención porque por mucho tiempo los había asombrado con sus artes mágicas.

12 Pero cuando creyeron a Felipe, que anunciaba las buenas nuevas del reino de Dios y el nombre de Cristo Jesús, se bautizaban, tanto hombres como mujeres.

13 Y aun Simón mismo creyó; y después de bautizarse, continuó con Felipe, y estaba atónito al ver las señales y los grandes milagros que se hacían.

14 Cuando los apóstoles que *estaban* en Jerusalén oyeron que Samaria había recibido la palabra de Dios, les enviaron a Pedro y a Juan,

15 quienes descendieron y oraron por ellos para que recibieran el Espíritu Santo,

16 pues todavía no había descendido sobre ninguno de ellos; sólo habían sido bautizados en el nombre del Señor Jesús.

17 Entonces les imponían las manos, y recibían el Espíritu Santo.

18 Cuando Simón vio que el Espíritu se daba por la imposición de las manos de los apóstoles, les ofreció dinero,

19 diciendo: Dadme también a mí esta autoridad, de manera que todo aquel sobre quien ponga mis manos reciba el Espíritu Santo.

20 Entonces Pedro le dijo: Que tu plata perezca contigo, porque pensaste que podías obtener el don de Dios con dinero.

21 No tienes parte ni suerte en este asunto, porque tu corazón no es recto delante de Dios.

22 Por tanto, arrepiéntete de esta tu maldad, y ruega al Señor que si es posible se te perdone el intento de tu corazón.

23 Porque veo que estás en hiel de amargura y en cadena de iniquidad.

24 Pero Simón respondió y dijo: Rogad vosotros al Señor por mí, para que no me sobrevenga nada de lo que habéis dicho.

25 Y ellos, después de haber testificado solemnemente y hablado la palabra del Señor, iniciaron el regreso a Jerusalén anunciando el evangelio en muchas aldeas de los samaritanos.

26 Un ángel del Señor habló a Felipe, diciendo: Levántate y ve hacia el sur, al camino que desciende de Jerusalén a Gaza. (Este es un *camino* desierto.)

27 El se levantó y fue; y he aquí, había un eunuco etíope, alto oficial de Candace, reina de los etíopes, el cual estaba encargado de todos sus tesoros, y había venido a Jerusalén para adorar.

28 Regresaba sentado en su carruaje, y leía al profeta Isaías.

29 Y el Espíritu dijo a Felipe: Ve y júntate a ese carruaje.

30 Cuando Felipe se acercó corriendo, le oyó leer al profeta Isaías, y *le* dijo: ¿Entiendes lo que lees?

31 Y él respondió: ¿Cómo podré, a menos que alguien me guíe? E invitó a Felipe a que subiera y se sentara con él.

32 El pasaje de la Escritura que estaba leyendo era éste:

COMO OVEJA FUE LLEVADO AL MATADERO;
Y COMO CORDERO, MUDO DELANTE DEL QUE LO TRASQUILA,
NO ABRE EL SU BOCA.

33 EN SU HUMILLACION NO SE LE HIZO JUSTICIA;
¿QUIEN CONTARA SU GENERACION?
PORQUE SU VIDA ES QUITADA DE LA TIERRA.

34 El eunuco respondió a Felipe y dijo: Te ruego *que me digas,* ¿de quién dice esto el profeta? ¿De sí mismo, o de algún otro?

35 Entonces Felipe abrió su boca, y comenzando desde esta Escritura, le anunció el evangelio de Jesús.

36 Yendo por el camino, llegaron a un *lugar donde había* agua; y el eunuco dijo*: Mira, agua. ¿Qué impide que yo sea bautizado?

37 Y Felipe dijo: Si crees con todo tu corazón, puedes. Respondió él y dijo: Creo que Jesucristo es el Hijo de Dios.

38 Y mandó parar el carruaje; ambos descendieron al agua, Felipe y el eunuco, y lo bautizó.

39 Al salir ellos del agua, el Espíritu del Señor arrebató a Felipe; y no lo vio más el eunuco, que continuó su camino gozoso.

40 Mas Felipe se encontró en Azoto, y por donde pasaba, anunciaba el evangelio en todas las ciudades, hasta que llegó a Cesarea.

Conversión de Saulo

9 Saulo, respirando todavía amenazas y muerte contra los discípulos del Señor, fue al sumo sacerdote,

2 y le pidió cartas para las sinagogas de Damasco, para que si encontraba algunos que pertenecieran al Camino, tanto hombres como mujeres, los pudiera llevar atados a Jerusalén.

3 Y sucedió que mientras viajaba, al acercarse a Damasco, de repente resplandeció en su derredor una luz del cielo;

4 y al caer a tierra, oyó una voz que le decía: Saulo, Saulo, ¿por qué me persigues?

5 Y él dijo: ¿Quién eres, Señor? Y El *respondió:* Yo soy Jesús a quien tú persigues;

6 levántate, entra en la ciudad, y se te dirá lo que debes hacer.

7 Los hombres que iban con él se detuvieron atónitos, oyendo la voz, pero sin ver a nadie.

8 Saulo se levantó del suelo, y aunque sus ojos estaban abiertos, no veía nada; y llevándolo por la mano, lo trajeron a Damasco.

9 Y estuvo tres días sin ver, y no comió ni bebió.

10 Había en Damasco cierto discípulo llamado Ananías; y el Señor le dijo en una visión: Ananías. Y él dijo: Heme aquí, Señor.

11 Y el Señor le *dijo:* Levántate y ve a la calle que se llama Derecha, y pregunta en la casa de Judas por un hombre de Tarso llamado Saulo, porque, he aquí, está orando,

12 y ha visto en una visión a un hombre llamado Ananías, que entra y pone las manos sobre él para que recobre la vista.

13 Pero Ananías respondió: Señor, he oído de muchos acerca de este hombre, cuánto mal ha hecho a tus santos en Jerusalén,

14 y aquí tiene autoridad de los principales sacerdotes para prender a todos los que invocan tu nombre.

15 Pero el Señor le dijo: Ve, porque él me es un instrumento escogido, para llevar mi nombre en presencia de los gentiles, de los reyes y de los hijos de Israel;

16 porque yo le mostraré cuánto debe padecer por mi nombre.

17 Ananías fue y entró en la casa, y después de poner las manos sobre él, dijo: Hermano Saulo, el Señor Jesús, que se te apareció en el camino por donde venías, me ha enviado para que recobres la vista y seas lleno del Espíritu Santo.

18 Al instante cayeron de sus ojos como unas escamas, y recobró la vista; y se levantó y fue bautizado.

19 Tomó alimentos y cobró fuerzas.

Y por varios días estuvo con los discípulos que estaban en Damasco.

20 Y enseguida se puso a predicar a Jesús en las sinagogas, diciendo: El es el Hijo de Dios.

21 Y todos los que *lo* escuchaban estaban asombrados y decían: ¿No es éste el que en Jerusalén destruía a los que invocaban este nombre, y *el que* había venido aquí con este propósito: para llevarlos atados ante los principales sacerdotes?

22 Pero Saulo seguía fortaleciéndose y confundiendo a los judíos que habitaban en Damasco, demostrando que este *Jesús* es el Cristo.

23 Después de muchos días, los judíos tramaron deshacerse de él,

24 pero su conjura llegó al conocimiento de Saulo. Y aun vigilaban las puertas día y noche con el intento de matarlo;

25 pero sus discípulos lo tomaron de noche y lo sacaron por *una abertura en* la muralla, bajándolo en una canasta.

26 Cuando llegó a Jerusalén, trataba de juntarse con los discípulos; y todos le temían, no creyendo que era discípulo.

27 Pero Bernabé lo tomó y lo presentó a los apóstoles, y les contó cómo *Saulo* había visto al Señor en el camino, y que El le había hablado, y cómo en Damasco había hablado con valor en el nombre de Jesús.

28 Y estaba con ellos moviéndose libremente en Jerusalén, hablando con valor en el nombre del Señor.

29 También hablaba y discutía con los *judíos* helenistas; mas éstos intentaban matarlo.

30 Pero cuando los hermanos *lo* supieron, lo llevaron a Cesarea, y *de allí* lo enviaron a Tarso.

31 Entretanto la iglesia gozaba de paz por toda Judea, Galilea y Samaria, y era edificada; y andando en el temor del Señor y en la fortaleza del Espíritu Santo, seguía creciendo.

32 Y mientras Pedro viajaba por todas *aquellas regiones,* vino también a los santos que vivían en Lida.

33 Allí encontró a un hombre llamado Eneas, que había estado postrado en cama por ocho años, porque estaba paralítico.

34 Y Pedro le dijo: Eneas, Jesucristo te sana; levántate y haz tu cama. Y al instante se levantó.

35 Todos los que vivían en Lida y en Sarón lo vieron, y se convirtieron al Señor.

36 Había entonces en Jope una discípula llamada Tabita (que traducido *al griego* es Dorcas); esta mujer era rica en obras buenas y de caridad que hacía continuamente.

37 Y sucedió que en aquellos días se enfermó y murió; y lavado *su cuerpo*, lo pusieron en un aposento alto.

38 Como Lida estaba cerca de Jope, los discípulos, al oír que Pedro estaba allí, le enviaron dos hombres, rogándo*le*: No tardes en venir a nosotros.

39 Entonces Pedro se levantó y fue con ellos. Cuando llegó lo llevaron al aposento alto, y todas las viudas lo rodearon llorando, mostrando todas las túnicas y ropas que Dorcas solía hacer cuando estaba con ellas.

40 Mas Pedro, haciendo salir a todos, se arrodilló y oró, y volviéndose al cadáver, dijo: Tabita, levántate. Y ella abrió los ojos, y al ver a Pedro, se incorporó.

41 Y él le dio la mano y la levantó; y llamando a los santos y a las viudas, la presentó viva.

42 Y esto se supo en todo Jope, y muchos creyeron en el Señor.

43 Y *Pedro* se quedó en Jope muchos días con un tal Simón, curtidor.

La visión de Cornelio

10 *Había* en Cesarea un hombre llamado Cornelio, centurión de la cohorte llamada la Italiana,

2 piadoso y temeroso de Dios con toda su casa, que daba muchas limosnas al pueblo *judío* y oraba a Dios continuamente.

3 Como a la hora novena del día, vio claramente en una visión a un ángel de Dios que entraba a *donde* él *estaba* y le decía: Cornelio.

4 Mirándolo fijamente y atemorizado, *Cornelio* dijo: ¿Qué quieres, Señor? Y él le dijo: Tus oraciones y limosnas han ascendido como memorial delante de Dios.

5 Despacha ahora *algunos* hombres a Jope, y manda traer a un *hombre llamado* Simón, que también se llama Pedro.

6 Este se hospeda con un curtidor *llamado* Simón, cuya casa está junto al mar.

7 Y después que el ángel que le hablaba se había ido, *Cornelio* llamó a dos de los criados y a un soldado piadoso de los que constantemente le servían,

8 y después de explicarles todo, los envió a Jope.

9 Al día siguiente, mientras ellos iban por el camino y se acercaban a la ciudad, Pedro subió a la azotea a orar como a la hora sexta.

10 Tuvo hambre y deseaba comer; pero mientras *le* preparaban *algo de comer*, le sobrevino un éxtasis;

11 y vio* el cielo abierto y un objeto semejante a un gran lienzo que descendía, bajado a la tierra por las cuatro puntas;

12 había en él toda *clase de* cuadrúpedos y reptiles de la tierra, y aves del cielo.

13 Y oyó una voz: Levántate, Pedro, mata y come.

14 Mas Pedro dijo: De ninguna manera, Señor, porque yo jamás he comido nada impuro o inmundo.

15 De nuevo, por segunda vez, *llegó* a él una voz: Lo que Dios ha limpiado, no *lo* llames tú impuro.

16 Y esto sucedió tres veces, e inmediatamente el lienzo fue recogido al cielo.

17 Mientras Pedro estaba perplejo *pensando* en lo que significaría la visión que había visto, he aquí, los hombres que habían sido enviados por Cornelio, después de haber preguntado por la casa de Simón, aparecieron a la puerta;

18 y llamando, preguntaron si allí se hospedaba Simón, el que también se llamaba Pedro.

19 Y mientras Pedro meditaba sobre la visión, el Espíritu le dijo: Mira, tres hombres te buscan.

20 Levántate, pues, desciende y no dudes en acompañarlos, porque yo los he enviado.

21 Pedro descendió a *donde estaban* los hombres, y *les* dijo: He aquí, yo soy el que buscáis; ¿cuál es la causa por la que habéis venido?

22 Y ellos dijeron: A Cornelio el centurión, un hombre justo y temeroso de Dios, y que es muy estimado por toda la nación de los judíos, *le* fue ordenado por un santo ángel que te hiciera venir a su casa para oír tus palabras.

23 Entonces los invitó a entrar y los hospedó.

Al día siguiente se levantó y fue con ellos, y algunos de los hermanos de Jope lo acompañaron.

24 Al otro día entró en Cesarea. Cornelio los estaba esperando y había reunido a sus parientes y amigos íntimos.

25 Y sucedió que cuando Pedro iba a entrar, Cornelio salió a recibirlo, y postrándose a sus pies, *lo* adoró.

26 Mas Pedro lo levantó, diciendo: Ponte de pie; yo también soy hombre.

27 Y conversando con él, entró y halló* mucha gente reunida.

28 Y les dijo: Vosotros sabéis cuán ilícito es para un judío asociarse con un extranjero o visitarlo, pero Dios me ha mostrado que a ningún hombre debo llamar impuro o inmundo.

29 por eso, cuando fui llamado, vine sin poner ninguna objeción. Pregunto, pues, ¿por qué causa me habéis enviado a llamar?

30 Y Cornelio dijo: A esta misma hora, hace cuatro días, estaba yo orando en mi casa a la hora novena; y he aquí, un hombre con vestiduras resplandecientes, se puso delante de mí,

31 y dijo*: "Cornelio, tu oración ha sido oída, y tus obras de caridad han sido recordadas delante de Dios.

32"Envía, pues, a Jope, y haz llamar a Simón, que también se llama Pedro; él está hospedado en casa de Simón *el* curtidor, junto al mar."

33 Por tanto, envié por ti al instante, y has hecho bien en venir. Ahora, pues, todos nosotros estamos aquí presentes delante de Dios, para oír todo lo que el Señor te ha mandado.

34 Entonces Pedro, abriendo la boca, dijo:

Ciertamente *ahora* entiendo que Dios no hace acepción de personas,

35 sino que en toda nación el que le teme y hace lo justo, le es acepto.

36 El mensaje que El envió a los hijos de Israel, predicando paz por medio de Jesucristo (El es Señor de todos),

37 vosotros sabéis lo que ocurrió en toda Judea, comenzando desde Galilea, después del bautismo que Juan predicó.

38 *Vosotros sabéis* cómo Dios ungió a Jesús de Nazaret con el Espíritu Santo y con poder, el cual anduvo haciendo bien y sanando a todos los oprimidos por el diablo; porque Dios estaba con El.

39 Y nosotros somos testigos de todas las cosas que hizo en la tierra de los judíos y en Jerusalén. Y también le dieron muerte, colgándole en una cruz.

40 A éste Dios le resucitó al tercer día e hizo que se manifestara,

41 no a todo el pueblo, sino a los testigos que fueron escogidos de antemano por Dios, *es decir*, a nosotros que comimos y bebimos con El después que resucitó de los muertos.

42 Y nos mandó predicar al pueblo, y testificar con toda solemnidad que este Jesús es el que Dios ha designado como Juez de los vivos y de los muertos.

43 De éste dan testimonio todos los profetas, de que por su nombre, todo el que cree en El recibe el perdón de los pecados.

44 Mientras Pedro aún hablaba estas palabras, el Espíritu Santo cayó sobre todos los que escuchaban el mensaje.

45 Y todos los creyentes *que eran* de la circuncisión, que habían venido con Pedro, se quedaron asombrados, porque el don del Espíritu Santo había sido derramado también sobre los gentiles,

46 pues les oían hablar en lenguas y exaltar a Dios. Entonces Pedro dijo:

47 ¿Puede acaso alguien negar el agua para que sean bautizados éstos que han recibido el Espíritu Santo lo mismo que nosotros?

48 Y mandó que fueran bautizados en el nombre de Jesucristo. Entonces le pidieron que se quedara *con ellos* unos días.

Pedro informa sobre su visita a Cornelio

11 Los apóstoles y los hermanos que estaban por toda Judea oyeron que también los gentiles habían recibido la palabra de Dios.

2 Y cuando Pedro subió a Jerusalén, los que eran de la circuncisión le reprocharon,

3 diciendo: Tú entraste en casa de incircuncisos y comiste con ellos.

4 Entonces Pedro comenzó a explicarles en orden *lo sucedido*, diciendo:

5 Estaba yo en la ciudad de Jope orando, y vi en éxtasis una visión: un objeto semejante a un gran lienzo que descendía, bajado del cielo por las cuatro puntas, y vino hasta mí.

6 Cuando fijé mis ojos en él y lo observaba, vi cuadrúpedos terrestres, fieras, reptiles y aves del cielo.

7 También oí una voz que me decía: "Levántate Pedro, mata y come."

8 Pero yo dije: "De ninguna manera, Señor, porque nada impuro o inmundo ha entrado jamás en mi boca."

9 Pero una voz del cielo respondió por segunda vez: "Lo que Dios ha limpiado, no lo llames tú impuro."

10 Esto sucedió tres veces, y todo volvió a ser llevado arriba al cielo.

11 Y he aquí, en aquel momento se aparecieron tres hombres delante de la casa donde estábamos, los cuales habían sido enviados a mí desde Cesarea.

12 Y el Espíritu me dijo que fuera con ellos sin dudar. Estos seis hermanos fueron también conmigo y entramos en la casa de *aquel* hombre,

13 y él nos contó cómo había visto al ángel de pie en su casa, el cual le dijo: "Envía a Jope y haz traer a Simón, que también se llama Pedro,

14 quien te dirá palabras por las cuales serás salvo, tú y toda tu casa."

15 Cuando comencé a hablar, el Espíritu Santo descendió sobre ellos, tal como *lo hizo* sobre nosotros al principio.

16 Entonces me acordé de las palabras del Señor, cuando dijo: "Juan bautizó con agua, pero vosotros seréis bautizados con el Espíritu Santo."

17 Por tanto, si Dios les dio a ellos el mismo don que también nos *dio* a nosotros después de creer en el Señor Jesucristo, ¿quién era yo para poder estorbar a Dios?

18 Y al oír esto se calmaron, y glorificaron a Dios, diciendo: Así que también a los gentiles ha concedido Dios el arrepentimiento *que conduce* a la vida.

19 Ahora bien, los que habían sido esparcidos a causa de la persecución que sobrevino cuando *la muerte de* Esteban, llegaron hasta Fenicia, Chipre y Antioquía, no hablando la palabra a nadie, sino sólo a los judíos.

20 Pero había algunos de ellos, hombres de Chipre y de Cirene, los cuales al llegar a Antioquía, hablaban también a los griegos, predicando al Señor Jesús.

21 Y la mano del Señor estaba con ellos, y gran número que creyó se convirtió al Señor.

22 Y la noticia de esto llegó a oídos de la iglesia de Jerusalén y enviaron a Bernabé a Antioquía,

23 el cual, cuando vino y vio la gracia de Dios, se regocijó y animaba a todos para que con corazón firme permanecieran *fieles* al Señor;

24 porque era un hombre bueno, y lleno del Espíritu Santo y de fe. Y una gran multitud fue agregada al Señor.

25 Y *Bernabé* salió rumbo a Tarso para buscar a Saulo;

26 y cuando lo encontró, lo trajo a Antioquía. Y se reunieron con la iglesia por todo un año, y enseñaban a las multitudes; y a los discípulos se les llamó cristianos por primera vez en Antioquía.

27 Por aquellos días unos profetas descendieron de Jerusalén a Antioquía.

28 Y levantándose uno de ellos, llamado Agabo, daba a entender por el Espíritu, que ciertamente habría una gran hambre en toda la tierra. Y esto ocurrió durante el *reinado* de Claudio.

29 Los discípulos, conforme a lo que cada uno tenía, determinaron enviar *una contribución* para el socorro de los hermanos que habitaban en Judea.

30 Y así lo hicieron, mandándola a los ancianos por mano de Bernabé y de Saulo.

Martirio de Jacobo y encarcelamiento de Pedro

12 Por aquel tiempo el rey Herodes echó mano a algunos que pertenecían a la iglesia para maltratarlos.

2 E hizo matar a espada a Jacobo, el hermano de Juan.

3 Y viendo que esto agradaba a los judíos, hizo arrestar también a Pedro. Esto sucedió durante los días de los panes sin levadura.

4 Y habiéndolo tomado preso, lo puso en la cárcel, entregándolo a cuatro piquetes de soldados para que lo guardaran, con la intención de llevarlo ante el pueblo después de la Pascua.

5 Así pues, Pedro era custodiado en la cárcel, pero la iglesia hacía oración ferviente a Dios por él.

6 Y esa noche, cuando Herodes estaba a punto de sacarlo, Pedro estaba durmiendo entre dos soldados, sujeto con dos cadenas; y unos guardias delante de la puerta custodiaban la cárcel.

7 Y he aquí, se le apareció un ángel del Señor, y una luz brilló en la celda; y *el ángel* tocó a Pedro en el costado, y lo despertó diciendo: Levántate pronto. Y las cadenas cayeron de sus manos.

8 Y el ángel le dijo: Vístete y ponte las sandalias. Y así lo hizo. Y le dijo* *el ángel:* Envuélvete en tu manto y sígueme.

9 Y saliendo, *lo* seguía, y no sabía que lo que hacía el ángel era de verdad, sino que creía ver una visión.

10 Cuando habían pasado la primera y la segunda guardia, llegaron a la puerta de hierro que conduce a la ciudad, la cual se les abrió por sí misma; y salieron y siguieron por una calle, y enseguida el ángel se apartó de él.

11 Cuando Pedro volvió en sí, dijo: Ahora sé en verdad que el Señor ha enviado a su ángel, y me ha rescatado de la mano de Herodes y de todo lo que esperaba el pueblo de los judíos.

12 Al darse cuenta *de esto,* fue a la casa de María, la madre de Juan, llamado también Marcos, donde muchos estaban reunidos y oraban.

13 Y cuando llamó a la puerta de la entrada, una sirvienta llamada Rode salió a ver quién era.

14 Al reconocer la voz de Pedro, de alegría no abrió la puerta, sino que corrió adentro y anunció que Pedro estaba a la puerta.

15 Y ellos le dijeron: ¡Estás loca! Pero ella insistía en que así era. Y ellos decían: Es su ángel.

16 Mas Pedro continuaba llamando; y cuando ellos abrieron, lo vieron y se asombraron.

17 Y haciéndoles señal con la mano para que guardaran silencio, les contó cómo el Señor lo había sacado de la cárcel. Y *les* dijo: Informad de estas cosas a Jacobo y a los hermanos. Entonces salió, y se fue a otro lugar.

18 Cuando se hizo de día, hubo un alboroto no pequeño entre los soldados *sobre* qué habría sido de Pedro.

19 Y Herodes, después de buscarlo y no encontrarlo, interrogó a los guardias y ordenó que los llevaran *para ejecutarlos.* Después descendió de Judea a Cesarea, y se quedó allí por un tiempo.

20 *Herodes* estaba muy enojado con los de Tiro y de Sidón; pero ellos, de común acuerdo se presentaron ante él, y habiéndose ganado a Blasto,

camarero del rey, pedían paz pues su territorio era abastecido por el del rey.

21 El día señalado, Herodes, vestido con ropa real, se sentó en la tribuna y les arengaba.

22 Y la gente gritaba: ¡Voz de un dios y no de un hombre *es ésta!*

23 Al instante un ángel del Señor lo hirió, por no haber dado la gloria a Dios; y murió comido de gusanos.

24 Pero la palabra del Señor crecía y se multiplicaba.

25 Y Bernabé y Saulo regresaron de Jerusalén después de haber cumplido su misión, llevando *consigo* a Juan, llamado también Marcos.

Principio del primer viaje misionero de Saulo y Bernabé

13 En la iglesia que estaba en Antioquía había profetas y maestros: Bernabé, Simón llamado Niger, Lucio de Cirene, Manaén, que se había criado con Herodes el tetrarca, y Saulo.

2 Mientras ministraban al Señor y ayunaban, el Espíritu Santo dijo: Apartadme a Bernabé y a Saulo para la obra a la que los he llamado.

3 Entonces, después de ayunar, orar y haber impuesto las manos sobre ellos, los enviaron.

4 Ellos, pues, enviados por el Espíritu Santo, descendieron a Seleucia y de allí se embarcaron para Chipre.

5 Llegados a Salamina, proclamaban la palabra de Dios en las sinagogas de los judíos; y tenían también a Juan de ayudante.

6 Después de haber recorrido toda la isla hasta Pafos, encontraron a cierto mago, un falso profeta judío llamado Barjesús,

7 que estaba con el procónsul Sergio Paulo, hombre inteligente. Este hizo venir a Bernabé y a Saulo, y deseaba oír la palabra de Dios.

8 Pero Elimas, el mago (pues así se traduce su nombre), se les oponía, tratando de desviar de la fe al procónsul.

9 Entonces Saulo, *llamado* también Pablo, lleno del Espíritu Santo, fijando la mirada en él,

10 dijo: Tú, hijo del diablo, que estás lleno de todo engaño y fraude, enemigo de toda justicia, ¿no cesarás de torcer los caminos rectos del Señor?

11 Ahora, he aquí, la mano del Señor está sobre ti; te quedarás ciego y no verás el sol por algún tiempo. Al instante niebla y oscuridad cayeron sobre él, e iba buscando quien lo guiara de la mano.

12 Entonces el procónsul, cuando vio lo que había sucedido, creyó, maravillado de la doctrina del Señor.

13 Pablo y sus compañeros zarparon de Pafos, y llegaron a Perge de Panfilia; pero Juan, apartándose de ellos, regresó a Jerusalén,

14 mas ellos, saliendo de Perge, llegaron a Antioquía de Pisidia; y en el día de reposo entraron a la sinagoga y se sentaron.

15 Después de la lectura de la ley y los profetas, los oficiales de la sinagoga les mandaron a decir: Hermanos, si tenéis alguna palabra de exhortación para el pueblo, hablad.

16 Pablo se levantó, y haciendo señal con la mano, dijo:

Hombres de Israel, y vosotros que teméis a Dios, escuchad:

17 El Dios de este pueblo de Israel, escogió a nuestros padres y engrandeció al pueblo durante su estancia en la tierra de Egipto, y con brazo levantado los sacó de ella.

18 Y por un período como de cuarenta años los soportó en el desierto.

19 Después de destruir siete naciones en la tierra de Canaán, repartió sus tierras en herencia; *todo esto duró* como cuatrocientos cincuenta años.

20 Y después de esto, *les* dio jueces hasta el profeta Samuel.

21 Entonces ellos pidieron un rey, y Dios les dio a Saúl, hijo de Cis, varón de la tribu de Benjamín, durante cuarenta años.

22 Después de quitarlo, les levantó por rey a David, del cual Dios también testificó y dijo: "He hallado a David, *hijo* de Isaí, un hombre conforme a mi corazon, que hará toda mi voluntad."

23 De la descendencia de éste, conforme a la promesa, Dios ha dado a Israel un Salvador, Jesús,

24 después de que Juan predicó, antes de su venida, un bautismo de arrepentimiento a todo el pueblo de Israel.

25 Cuando Juan estaba a punto de terminar su carrera, decía: "¿Quién pensáis que soy yo? Yo no soy *el Cristo;* mas he aquí, viene tras mí uno de quien yo no soy digno de desatar las sandalias de sus pies."

26 Hermanos, hijos del linaje de Abraham, y los que entre vosotros teméis a Dios, a nosotros nos es enviada la palabra de esta salvación.

27 Pues los que habitan en Jerusalén y sus gobernantes, sin reconocerle a El ni las palabras de los profetas que se leen todos los días de reposo, cumplieron *estas escrituras,* condenándo*le*.

28 Y aunque no hallaron causa para *darle* muerte, pidieron a Pilato que le hiciera matar.

29 Y cuando habían cumplido todo lo que estaba escrito acerca de El, le bajaron de la cruz y le pusieron en un sepulcro.

30 Pero Dios le levantó de entre los muertos;

31 y por muchos días se apareció a los que habían subido con El de Galilea a Jerusalén, los cuales ahora son sus testigos ante el pueblo.

32 Y nosotros os anunciamos la buena nueva de que la promesa hecha a los padres,

33 Dios la ha cumplido a nuestros hijos al resucitar a Jesús, como también está escrito en el salmo segundo: Hijo mio eres tu; yo te he engendrado hoy.

34 *Y en cuanto a* que le resucitó de entre los muertos para nunca más volver a corrupción, *Dios* ha hablado de esta manera: Os dare las santas *y* fieles *misericordias prometidas* a David.

35 Por tanto dice también en otro *salmo:* No permitiras que tu Santo vea corrupcion.

36 Porque David, después de haber servido el propósito de Dios en su propia generación, durmió, y fue sepultado con sus padres, y vio corrupción.

37 Pero aquel a quien Dios resucitó no vio corrupción.

38 Por tanto, hermanos, sabed que por medio de El os es anunciado el perdón de los pecados;

39 y que de todas las cosas de que no pudisteis ser justificados por la ley de Moisés, por medio de El, todo aquel que cree es justificado.

40 Tened, pues, cuidado de que no venga sobre *vosotros* aquello de que se habla en los profetas:

41 Mirad, burladores, maravillaos y pereced;

porque yo hago una obra en vuestros dias, una obra que nunca creeriais aunque alguno os la describiera.

42 Al salir Pablo y Bernabé, la gente les rogaba que el siguiente día de reposo les hablaran de estas cosas.

43 Y terminada *la reunión de* la sinagoga, muchos de los judíos y de los prosélitos temerosos de Dios siguieron a Pablo y a Bernabé, quienes, hablándoles, les instaban a perseverar en la gracia de Dios.

44 El siguiente día de reposo casi toda la ciudad se reunió para oír la palabra del Señor.

45 Pero cuando los judíos vieron la muchedumbre, se llenaron de celo, y blasfemando, contradecían lo que Pablo decía.

46 Entonces Pablo y Bernabé hablaron con valor y dijeron: Era necesario que la palabra de Dios os fuera predicada primeramente a vosotros; mas ya que la rechazáis y no os juzgáis dignos de la vida eterna, he aquí, nos volvemos a los gentiles.

47 Porque así nos lo ha mandado el Señor:

Te he puesto como luz para los gentiles, a fin de que lleves la salvacion hasta los confines de la tierra.

48 Oyendo esto los gentiles, se regocijaban y glorificaban la palabra del Señor; y creyeron cuantos estaban ordenados a vida eterna.

49 Y la palabra del Señor se difundía por toda la región.

50 Pero los judíos instigaron a las mujeres piadosas *y* distinguidas, y a los hombres más prominentes de la ciudad, y provocaron una persecución contra Pablo y Bernabé, y los expulsaron de su comarca.

51 Entonces éstos sacudieron el polvo de sus pies contra ellos y se fueron a Iconio.

52 Y los discípulos estaban continuamente llenos de gozo y del Espíritu Santo.

Pablo y Bernabé en Iconio

14 Aconteció que en Iconio entraron juntos en la sinagoga de los judíos, y hablaron de tal manera que creyó una gran multitud, tanto de judíos como de griegos.

2 Pero los judíos que no creyeron, excitaron y llenaron de odio los ánimos de los gentiles contra los hermanos.

3 Con todo, se detuvieron *allí* mucho tiempo hablando valientemente *confiados* en el Señor que confirmaba la palabra de su gracia, concediendo que se hicieran señales y prodigios por medio de sus manos.

4 Pero la multitud de la ciudad estaba dividida, y unos estaban con los judíos y otros con los apóstoles.

5 Y cuando los gentiles y los judíos, con sus gobernantes, prepararon un atentado para maltratarlos y apedrearlos,

6 *los apóstoles* se dieron cuenta de ello y

huyeron a las ciudades de Licaonia, Listra, Derbe, y sus alrededores;

7 y allí continuaron anunciando el evangelio.

8 Y *había* en Listra un hombre *que* estaba sentado, imposibilitado de los pies, cojo desde el seno de su madre y que nunca había andado.

9 Este escuchaba hablar a Pablo, el cual, fijando la mirada en él, y viendo que tenía fe para ser sanado,

10 dijo con fuerte voz: Levántate derecho sobre tus pies. Y él dio un salto y anduvo.

11 Cuando la multitud vio lo que Pablo había hecho, alzaron la voz, diciendo en el idioma de Licaonia: Los dioses se han hecho semejantes a hombres y han descendido a nosotros.

12 Y llamaban a Bernabé, Júpiter, y a Pablo, Mercurio, porque éste era el que dirigía la palabra.

13 Y el sacerdote de Júpiter, cuyo *templo* estaba en las afueras de la ciudad, trajo toros y guirnaldas a las puertas, y quería ofrecer sacrificios juntamente con la multitud.

14 Pero cuando lo oyeron los apóstoles Bernabé y Pablo, rasgaron sus ropas y se lanzaron en medio de la multitud, gritando

15 y diciendo: Varones, ¿por qué hacéis estas cosas? Nosotros también somos hombres de igual naturaleza que vosotros, y os anunciamos el evangelio para que os volváis de estas cosas vanas a un Dios vivo, QUE HIZO EL CIELO, LA TIERRA, EL MAR, Y TODO LO QUE EN ELLOS HAY;

16 el cual en las generaciones pasadas permitió que todas las naciones siguieran sus propios caminos;

17 y sin embargo, no dejó de dar testimonio de sí mismo, haciendo bien y dándonos lluvias del cielo y estaciones fructíferas, llenando vuestros corazones de sustento y de alegría.

18 Y *aun* diciendo estas palabras, apenas pudieron impedir que las multitudes les ofrecieran sacrificio.

19 Pero vinieron *algunos* judíos de Antioquía y de Iconio, y habiendo persuadido a la multitud, apedrearon a Pablo y lo arrastraron fuera de la ciudad, pensando que estaba muerto.

20 Pero mientras los discípulos lo rodeaban, él se levantó y entró en la ciudad. Y al día siguiente partió con Bernabé a Derbe.

21 Y después de anunciar el evangelio a aquella ciudad y de hacer muchos discípulos, volvieron a Listra, a Iconio y a Antioquía,

22 fortaleciendo los ánimos de los discípulos, exhortándolos a que perseveraran en la fe, y *diciendo:* Es necesario que a través de muchas tribulaciones entremos en el reino de Dios.

23 Después que les designaron ancianos en cada iglesia, habiendo orado con ayunos, los encomendaron al Señor en quien habían creído.

24 Pasaron por Pisidia y llegaron a Panfilia.

25 Y después de predicar la palabra en Perge, descendieron a Atalia;

26 y de allí se embarcaron para Antioquía, donde habían sido encomendados a la gracia de Dios para la obra que habían cumplido.

27 Cuando llegaron y reunieron a la iglesia, informaron de todas las cosas que Dios había hecho con ellos, y cómo había abierto a los gentiles la puerta de la fe.

28 Y se quedaron mucho tiempo con los discípulos.

El problema de los judaizantes

15 Y algunos descendieron de Judea y enseñaban a los hermanos: Si no os circuncidáis conforme al rito de Moisés, no podéis ser salvos.

2 Como Pablo y Bernabé tuvieran gran disensión y debate con ellos, *los hermanos* determinaron que Pablo y Bernabé, y algunos otros de ellos subieran a Jerusalén a los apóstoles y a los ancianos para tratar esta cuestión.

3 Así que, siendo enviados por la iglesia, pasaron por Fenicia y Samaria, relatando detalladamente la conversión de los gentiles, y causaban gran gozo a todos los hermanos.

4 Cuando llegaron a Jerusalén, fueron recibidos por la iglesia, los apóstoles y los ancianos, e informaron de todo lo que Dios había hecho con ellos.

5 Pero algunos de la secta de los fariseos que habían creído, se levantaron diciendo: Es necesario circuncidarlos y mandarles que guarden la ley de Moisés.

6 Entonces los apóstoles y los ancianos se reunieron para considerar este asunto.

7 Y después de mucho debate, Pedro se levantó y les dijo: Hermanos, vosotros sabéis que en los primeros días Dios escogió de entre vosotros que por mi boca los gentiles oyeran la palabra del evangelio y creyeran.

8 Y Dios, que conoce el corazón, les dio testimonio dándoles el Espíritu Santo, así como también *nos lo dio* a nosotros;

9 y ninguna distinción hizo entre nosotros y ellos, purificando por la fe sus corazones.

10 Ahora pues, ¿por qué tentáis a Dios poniendo sobre el cuello de los discípulos un yugo que ni nuestros padres ni nosotros hemos podido llevar?

11 Creemos más bien que somos salvos por la gracia del Señor Jesús, de la misma manera que ellos también lo son.

12 Toda la multitud hizo silencio, y escuchaban a Bernabé y a Pablo, que relataban las señales y prodigios que Dios había hecho entre los gentiles por medio de ellos.

13 Cuando terminaron de hablar, Jacobo respondió, diciendo: Escuchadme, hermanos.

14 Simón ha relatado cómo Dios al principio tuvo a bien tomar de entre los gentiles un pueblo para su nombre.

15 Y con esto concuerdan las palabras de los profetas, tal como está escrito:

16 DESPUES DE ESTO VOLVERE,
   Y REEDIFICARE EL TABERNACULO DE DAVID
      QUE HA CAIDO,
   Y REEDIFICARE SUS RUINAS,
   Y LO LEVANTARE DE NUEVO,

17 PARA QUE EL RESTO DE LOS HOMBRES BUSQUE AL SEÑOR,
   Y TODOS LOS GENTILES QUE SON LLAMADOS POR MI NOMBRE,

18 DICE EL SEÑOR, QUE HACE SABER TODO ESTO DESDE TIEMPOS ANTIGUOS.

19 Por tanto, yo juzgo que no molestemos a los que de entre los gentiles se convierten a Dios,

20 sino que les escribamos que se abstengan de

cosas contaminadas por los ídolos, de fornicación, de lo estrangulado y de sangre.

21 Porque Moisés desde generaciones antiguas tiene en cada ciudad quienes lo prediquen, pues todos los días de reposo es leído en las sinagogas.

22 Entonces pareció bien a los apóstoles y a los ancianos, con toda la iglesia, escoger de entre ellos *algunos* hombres para enviarlos a Antioquía con Pablo y Bernabé: a Judas, llamado Barsabás, y a Silas, hombres prominentes entre los hermanos,

23 y enviaron esta carta con ellos:
Los apóstoles, y los hermanos que son ancianos, a los hermanos en Antioquía, Siria y Cilicia que son de los gentiles, saludos.

24 Puesto que hemos oído que algunos de entre nosotros, a quienes no autorizamos, os han inquietado con *sus* palabras, perturbando vuestras almas,

25 nos pareció bien, habiendo llegado a un común acuerdo, escoger *algunos* hombres para enviarlos a vosotros con nuestros amados Bernabé y Pablo,

26 hombres que han arriesgado su vida por el nombre de nuestro Señor Jesucristo.

27 Por tanto, hemos enviado a Judas y a Silas, quienes también os informarán las mismas cosas verbalmente.

28 Porque pareció bien al Espíritu Santo y a nosotros no imponeros mayor carga que estas *cosas* esenciales:

29 que os abstengáis de cosas sacrificadas a los ídolos, de sangre, de lo estrangulado y de fornicación. Si os guardáis de tales cosas, bien haréis. Pasadlo bien.

30 Así que ellos, después de ser despedidos, descendieron a Antioquía; y reuniendo a la congregación, entregaron la carta;

31 y cuando la leyeron, se regocijaron por el consuelo *que les impartía.*

32 Siendo Judas y Silas también profetas, exhortaron y confortaron a los hermanos con un largo mensaje.

33 Y después de pasar *allí* algún tiempo, fueron despedidos en paz por los hermanos *para volver* a aquellos que los habían enviado.

34 Pero a Silas le pareció bien quedarse allí.

35 Mas Pablo y Bernabé se quedaron en Antioquía, enseñando y predicando con muchos otros, la palabra del Señor.

36 Después de algunos días Pablo dijo a Bernabé: Volvamos y visitemos a los hermanos en todas las ciudades donde hemos proclamado la palabra del Señor, *para ver* cómo están.

37 Bernabé quería llevar también con ellos a Juan, llamado Marcos,

38 pero Pablo consideraba que no debían llevar consigo a quien los había desertado en Panfilia y no los había acompañado en la obra.

39 Se produjo un desacuerdo tan grande que se separaron el uno del otro, y Bernabé tomó consigo a Marcos y se embarcó rumbo a Chipre.

40 Mas Pablo escogió a Silas y partió, siendo encomendado por los hermanos a la gracia del Señor.

41 Y viajaba por Siria y Cilicia confirmando a las iglesias.

Pablo escoge a Timoteo

16 Llegó también a Derbe y a Listra. Y estaba allí cierto discípulo llamado Timoteo, hijo de una mujer judía creyente, pero de padre griego,

2 del cual hablaban elogiosamente los hermanos que estaban en Listra y en Iconio.

3 Pablo quiso que éste fuera con él, y lo tomó y lo circuncidó por causa de los judíos que había en aquellas regiones, porque todos sabían que su padre era griego.

4 Y conforme pasaban por las ciudades, entregaban los acuerdos tomados por los apóstoles y los ancianos que estaban en Jerusalén, para que los observaran.

5 Así que las iglesias eran confirmadas en la fe, y diariamente crecían en número.

6 Pasaron por la región de Frigia y Galacia, habiendo sido impedidos por el Espíritu Santo de hablar la palabra en Asia,

7 y cuando llegaron a Misia, intentaron ir a Bitinia, pero el Espíritu de Jesús no se lo permitió.

8 Y pasando por Misia, descendieron a Troas.

9 Por la noche se le mostró a Pablo una visión: un hombre de Macedonia estaba de pie, suplicándole y diciendo: Pasa a Macedonia y ayúdanos.

10 Cuando tuvo la visión, enseguida procuramos ir a Macedonia, persuadidos de que Dios nos había llamado para anunciarles el evangelio.

11 Así que, zarpando de Troas, navegamos con rumbo directo a Samotracia, y al día siguiente a Neápolis,

12 y de allí a Filipos, que es una ciudad principal de la provincia de Macedonia, una colonia *romana*; en esta ciudad nos quedamos por varios días.

13 Y en el día de reposo salimos fuera de la puerta, a la orilla de un río, donde pensábamos que habría un lugar de oración; nos sentamos y comenzamos a hablar a las mujeres que se habían reunido.

14 Y estaba escuchando cierta mujer llamada Lidia, de la ciudad de Tiatira, vendedora de telas de púrpura, que adoraba a Dios; y el Señor abrió su corazón para que recibiera lo que Pablo decía.

15 Cuando ella y su familia se bautizaron, *nos* rogó, diciendo: Si juzgáis que soy fiel al Señor, venid a mi casa y quedaos *en ella.* Y nos persuadió *a ir.*

16 Y sucedió que mientras íbamos al lugar de oración, nos salió al encuentro una muchacha esclava que tenía espíritu de adivinación, la cual daba grandes ganancias a sus amos, adivinando.

17 Esta, siguiendo a Pablo y a nosotros, gritaba diciendo: Estos hombres son siervos del Dios Altísimo, quienes os proclaman el camino de salvación.

18 Y esto lo hacía por muchos días; mas desagradando *esto* a Pablo, se volvió y dijo al espíritu: ¡Te ordeno, en el nombre de Jesucristo, que salgas de ella! Y salió en aquel mismo momento.

19 Pero cuando sus amos vieron que se les había ido la esperanza de su ganancia, prendieron a Pablo y a Silas, y *los* arrastraron hasta la plaza, ante las autoridades;

20 y después de haberlos presentado a los magistrados superiores, dijeron: Estos hombres, siendo judíos, alborotan nuestra ciudad,

21 y proclaman costumbres que no nos es lícito aceptar ni observar, puesto que somos romanos.

22 La multitud se levantó a una contra ellos, y los magistrados superiores, rasgándoles sus ropas, ordenaron que *los* azotaran con varas.

23 Y después de darles muchos azotes, los echaron en la cárcel, ordenando al carcelero que los guardara con seguridad;

24 el cual, habiendo recibido esa orden, los echó en el calabozo interior y les aseguró los pies en el cepo.

25 Como a medianoche, Pablo y Silas oraban y cantaban himnos a Dios, y los presos los escuchaban.

26 De repente se produjo un gran terremoto, de tal manera que los cimientos de la cárcel fueron sacudidos; al instante se abrieron todas las puertas y las cadenas de todos se soltaron.

27 Al despertar el carcelero y ver abiertas todas las puertas de la cárcel, sacó su espada y se iba a matar, creyendo que los prisioneros se habían escapado.

28 Mas Pablo clamó a gran voz, diciendo: No te hagas ningún mal, pues todos estamos aquí.

29 Entonces él pidió luz y se precipitó adentro, y temblando, se postró ante Pablo y Silas,

30 y después de sacarlos, dijo: Señores, ¿qué debo hacer para ser salvo?

31 Ellos respondieron: Cree en el Señor Jesús, y serás salvo, tú y *toda* tu casa.

32 Y le hablaron la palabra del Señor a él y a todos los que estaban en su casa.

33 Y él los tomó en aquella *misma* hora de la noche, y les lavó las heridas; enseguida fue bautizado, él y todos los suyos.

34 Llevándolos a su hogar, les dio de comer, y se regocijó grandemente por haber creído en Dios con todos los suyos.

35 Cuando se hizo de día, los magistrados superiores enviaron a sus oficiales, diciendo: Suelta a esos hombres.

36 El carcelero comunicó a Pablo estas palabras, *diciendo:* Los magistrados superiores han dado orden de que se os suelte. Así que, salid ahora e id en paz.

37 Mas Pablo les dijo: Aunque somos ciudadanos romanos, nos han azotado públicamente sin hacernos juicio y nos han echado a la cárcel; ¿y ahora nos sueltan en secreto? ¡De ninguna manera! Que ellos mismos vengan a sacarnos.

38 Y los oficiales informaron esto a los magistrados superiores, y al saber que eran romanos, tuvieron temor.

39 Entonces vinieron, y les suplicaron, y después de sacarlos, les rogaban que salieran de la ciudad.

40 Cuando salieron de la cárcel, fueron a *casa de* Lidia, y al ver a los hermanos, los consolaron y partieron.

Pablo y Silas en Tesalónica

17 Después de pasar por Anfípolis y Apolonia, llegaron a Tesalónica, donde había una sinagoga de los judíos.

2 Y Pablo, según su costumbre, fue a ellos y por tres días de reposo discutió con ellos *basándose* en las Escrituras,

3 explicando y presentando evidencia de que era necesario que el Cristo padeciera y resucitara de entre los muertos, y *diciendo:* Este Jesús, a quien yo os anuncio, es el Cristo.

4 Algunos de ellos creyeron, y se unieron a Pablo y a Silas, juntamente con una gran multitud de griegos temerosos de Dios y muchas de las mujeres principales.

5 Pero los judíos, llenos de envidia, llevaron algunos hombres malvados de la plaza pública, organizaron una turba y alborotaron la ciudad; y asaltando la casa de Jasón, procuraban sacarlos al pueblo.

6 Al no encontrarlos, arrastraron a Jasón y a algunos de los hermanos ante las autoridades de la ciudad, gritando: Esos que han trastornado al mundo han venido acá también;

7 y Jasón los ha recibido, y todos ellos actúan contra los decretos del César, diciendo que hay otro rey, Jesús.

8 Y alborotaron a la multitud y a las autoridades de la ciudad que oían esto.

9 Pero después de recibir una fianza de Jasón y de los otros, los soltaron.

10 Enseguida los hermanos enviaron de noche a Pablo y a Silas a Berea, los cuales, al llegar, fueron a la sinagoga de los judíos.

11 Estos eran más nobles que los de Tesalónica, pues recibieron la palabra con toda solicitud, escudriñando diariamente las Escrituras, *para ver* si estas cosas eran así.

12 Por eso muchos de ellos creyeron, así como también un buen número de griegos, hombres y mujeres de distinción.

13 Pero cuando los judíos de Tesalónica supieron que la palabra de Dios había sido proclamada por Pablo también en Berea, fueron también allá para agitar y alborotar a las multitudes.

14 Entonces los hermanos inmediatamente enviaron a Pablo para que fuera hasta el mar; pero Silas y Timoteo se quedaron allí.

15 Los que conducían a Pablo lo llevaron hasta Atenas; y después de recibir órdenes de que Silas y Timoteo se unieran a él lo más pronto posible, partieron.

16 Mientras Pablo los esperaba en Atenas, su espíritu se enardecía dentro de él al contemplar la ciudad llena de ídolos.

17 Así que discutía en la sinagoga con los judíos y con los *gentiles* temerosos de Dios, y diariamente en la plaza con los que estuvieran presentes.

18 También disputaban con él algunos de los filósofos epicúreos y estoicos. Y algunos decían: ¿Qué quiere decir este palabrero? Y otros: Parece ser un predicador de divinidades extrañas— porque *les* predicaba a Jesús y la resurrección.

19 Lo tomaron y lo llevaron al Areópago, diciendo: ¿Podemos saber qué es esta nueva enseñanza que proclamas?

20 Porque te oímos decir cosas extrañas; por tanto, queremos saber qué significan.

21 (Pues todos los atenienses y los extranjeros de visita allí, no pasaban el tiempo en otra cosa sino en decir o en oír algo nuevo.)

22 Entonces Pablo poniéndose en pie en medio del Areópago, dijo: Varones atenienses, percibo que sois muy religiosos en todo sentido.

23 Porque mientras pasaba y observaba los

objetos de vuestra adoración, hallé también un altar con esta inscripción: AL DIOS DESCONOCIDO. Pues lo que vosotros adoráis sin conocer, eso os anuncio yo.

24 El Dios que hizo el mundo y todo lo que en él *hay*, puesto que es Señor del cielo y de la tierra, no mora en templos hechos por manos *de hombres*,

25 ni es servido por manos humanas, como si necesitara de algo, puesto que El da a todos vida y aliento y todas las cosas;

26 y de uno hizo todas las naciones del mundo para que habitaran sobre toda la faz de la tierra, habiendo determinado *sus* tiempos señalados y los límites de su habitación,

27 para que buscaran a Dios, si de alguna manera, palpando, le hallen, aunque no está lejos de ninguno de nosotros;

28 porque en El vivimos, nos movemos y existimos, así como algunos de vuestros mismos poetas han dicho: "Porque también nosotros somos linaje suyo."

29 Siendo, pues, linaje de Dios, no debemos pensar que la naturaleza divina sea semejante a oro, plata o piedra, esculpidos por el arte y el pensamiento humano.

30 Por tanto, habiendo pasado por alto los tiempos de ignorancia, Dios declara ahora a todos los hombres, en todas partes, que se arrepientan,

31 porque El ha establecido un día en el cual juzgará al mundo en justicia, por medio de un Hombre a quien ha designado, habiendo presentado pruebas a todos los hombres al resucitarle de entre los muertos.

32 Y cuando oyeron de la resurrección de los muertos, algunos se burlaban, pero otros dijeron: Te escucharemos otra vez acerca de esto.

33 Entonces Pablo salió de entre ellos.

34 Pero algunos se unieron a él y creyeron, entre los cuales estaban Dionisio el areopagita, una mujer llamada Dámaris y otros con ellos.

Pablo en Corinto

18 Después de esto *Pablo* salió de Atenas y fue a Corinto.

2 Y se encontró con un judío que se llamaba Aquila, natural del Ponto, quien acababa de llegar de Italia con Priscila su mujer, pues Claudio había ordenado a todos los judíos que salieran de Roma. Fue a ellos,

3 y como él era del mismo oficio, se quedó con ellos y trabajaban *juntos*, pues el oficio de ellos era hacer tiendas.

4 Y discutía en la sinagoga todos los días de reposo, y trataba de persuadir a judíos y a griegos.

5 Cuando Silas y Timoteo descendieron de Macedonia, Pablo se dedicaba por completo a la *predicación de la* palabra, testificando solemnemente a los judíos que Jesús era el Cristo.

6 Pero cuando ellos se le opusieron y blasfemaron, él sacudió sus ropas y les dijo: Vuestra sangre *sea* sobre vuestras cabezas; yo soy limpio; desde ahora me iré a los gentiles.

7 Y partiendo de allí, se fue a la casa de un *hombre* llamado Ticio Justo, que adoraba a Dios, cuya casa estaba junto a la sinagoga.

8 Y Crispo, el oficial de la sinagoga, creyó en el Señor con toda su casa, y muchos de los corintios, al oír, creían y eran bautizados.

9 Y por medio de una visión durante la noche, el Señor dijo a Pablo: No temas, sigue hablando y no calles;

10 porque yo estoy contigo, y nadie te atacará para hacerte daño, porque yo tengo mucho pueblo en esta ciudad.

11 Y se quedó *allí* un año y seis meses, enseñando la palabra de Dios entre ellos.

12 Pero siendo Galión procónsul de Acaya, los judíos se levantaron a una contra Pablo y lo trajeron ante el tribunal,

13 diciendo: Este persuade a los hombres a que adoren a Dios *en forma* contraria a la ley.

14 Y cuando Pablo iba a hablar, Galión dijo a los judíos: Si fuera cuestión de una injusticia o de un crimen depravado, oh judíos, yo os toleraría, como sería razonable.

15 Pero si son cuestiones de palabras y nombres, y de vuestra propia ley, allá vosotros; no estoy dispuesto a ser juez de estas cosas.

16 Y los echó del tribunal.

17 Entonces todos ellos le echaron mano a Sóstenes, el oficial de la sinagoga, y lo golpeaban frente al tribunal, pero Galión no hacía caso de nada de esto.

18 Y Pablo, después de quedarse muchos días más, se despidió de los hermanos y se embarcó hacia Siria, y con él iban Priscila y Aquila. Y en Cencrea se hizo cortar el cabello, porque tenía hecho un voto.

19 Llegaron a Efeso y los dejó allí. Y entrando él a la sinagoga, discutía con los judíos.

20 Cuando le rogaron que se quedara más tiempo, no consintió;

21 sino que se despidió de ellos, diciendo: Volveré a vosotros otra vez, si Dios quiere. Y zarpó de Efeso.

22 Al desembarcar en Cesarea, subió *a Jerusalén* para saludar a la iglesia, y *luego* descendió a Antioquía.

23 Y después de pasar *allí* algún tiempo, salió, recorriendo por orden la región de Galacia y de Frigia, fortaleciendo a todos los discípulos.

24 Llegó entonces a Efeso un judío que se llamaba Apolos, natural de Alejandría, hombre elocuente, *y* que era poderoso en las Escrituras.

25 Este había sido instruido en el camino del Señor, y siendo ferviente de espíritu, hablaba y enseñaba con exactitud las cosas referentes a Jesús, aunque sólo conocía el bautismo de Juan.

26 Y comenzó a hablar con denuedo en la sinagoga. Pero cuando Priscila y Aquila le oyeron, lo llevaron aparte y le explicaron con mayor exactitud el camino de Dios.

27 Cuando él quiso pasar a Acaya, los hermanos lo animaron, y escribieron a los discípulos que lo recibieran; y cuando llegó, ayudó mucho a los que por la gracia habían creído,

28 porque refutaba vigorosamente en público a los judíos, demostrando por las Escrituras que Jesús era el Cristo.

Pablo en Efeso

19 Y aconteció que mientras Apolos estaba en Corinto, Pablo, habiendo recorrido las regiones superiores, llegó a Efeso y encontró a algunos discípulos,

2 y les dijo: ¿Recibisteis el Espíritu Santo cuando creísteis? Y ellos le *respondieron:* No, ni siquiera hemos oído si hay un Espíritu Santo.

3 Entonces él dijo: ¿En qué *bautismo,* pues, fuisteis bautizados? Ellos contestaron: En el bautismo de Juan.

4 Y Pablo dijo: Juan bautizó con el bautismo de arrepentimiento, diciendo al pueblo que creyeran en aquel que vendría después de él, es decir, en Jesús.

5 Cuando oyeron *esto,* fueron bautizados en el nombre del Señor Jesús.

6 Y cuando Pablo les impuso las manos, vino sobre ellos el Espíritu Santo, y hablaban en lenguas y profetizaban.

7 Eran en total unos doce hombres.

8 Entró *Pablo* en la sinagoga, y por tres meses continuó hablando denodadamente, discutiendo y persuadiéndo*les* acerca del reino de Dios.

9 Pero cuando algunos se endurecieron y se volvieron desobedientes hablando mal del Camino ante la multitud, *Pablo* se apartó de ellos llevándose a los discípulos, y discutía diariamente en la escuela de Tirano.

10 Esto continuó por dos años, de manera que todos los que vivían en Asia oyeron la palabra del Señor, tanto judíos como griegos.

11 Y Dios hacía milagros extraordinarios por mano de Pablo,

12 de tal manera que incluso llevaban pañuelos o delantales de su cuerpo a los enfermos, y las enfermedades los dejaban y los malos espíritus iban de ellos.

13 Pero también algunos de los judíos, exorcistas ambulantes, trataron de invocar el nombre del Señor Jesús sobre los que tenían espíritus malos, diciendo: Os ordeno por Jesús, a quien Pablo predica.

14 Y siete hijos de un tal Esceva, uno de los principales sacerdotes judíos, eran los que hacían esto.

15 Pero el espíritu malo respondió, y les dijo: A Jesús conozco, y sé quién es Pablo, pero vosotros, ¿quiénes sois?

16 Y el hombre en quien estaba el espíritu malo se lanzó sobre ellos, y los dominó y pudo más que ellos, de manera que huyeron de aquella casa desnudos y heridos.

17 Y supieron esto todos los habitantes de Efeso, tanto judíos como griegos; y el temor se apoderó de todos ellos, y el nombre del Señor Jesús era exaltado.

18 También muchos de los que habían creído continuaban viniendo, confesando y declarando las cosas que practicaban.

19 Y muchos de los que practicaban la magia, juntando *sus* libros, los quemaban a la vista de todos; calcularon su precio y hallaron *que llegaba a* cincuenta mil piezas de plata.

20 Así crecía poderosamente y prevalecía la palabra del Señor.

21 Pasadas estas cosas, Pablo decidió en el espíritu ir a Jerusalén después de recorrer Macedonia y Acaya, diciendo: Después que haya estado allí, debo visitar también Roma.

22 Y habiendo enviado a Macedonia a dos de sus ayudantes, Timoteo y Erasto, él se quedó en Asia por algún tiempo.

23 Por aquel tiempo se produjo un alboroto no pequeño por motivo del Camino.

24 Porque cierto platero que se llamaba Demetrio, que labraba templecillos de plata de Diana y producía no pocas ganancias a los artífices,

25 reunió a éstos junto con los obreros de *oficios* semejantes, y dijo: Compañeros, sabéis que nuestra prosperidad depende de este comercio.

26 Y veis y oís que no sólo en Efeso, sino en casi toda Asia, este Pablo ha persuadido a una gran cantidad de gente, y la ha apartado, diciendo que los *dioses* hechos con las manos no son dioses *verdaderos.*

27 Y no sólo corremos el peligro de que nuestro oficio caiga en descrédito, sino también de que el templo de la gran diosa Diana se considere sin valor, y que ella, a quien adora toda Asia y el mundo entero, sea despojada de su grandeza.

28 Cuando oyeron *esto,* se llenaron de ira, *y* gritaban, diciendo: ¡Grande es Diana de los efesios!

29 Y la ciudad se llenó de confusión, y a una se precipitaron en el teatro, arrastrando consigo a Gayo y a Aristarco, los compañeros de viaje de Pablo, *que eran* de Macedonia.

30 Cuando Pablo quiso ir a la asamblea, los discípulos no se lo permitieron.

31 También algunos de los asiarcas, que eran amigos de Pablo, enviaron a él y repetidamente le rogaron que no se aventurara *a presentarse* en el teatro.

32 Así que unos gritaban una cosa y otros otra, porque había confusión en la asamblea, y la mayoría no sabía por qué razón se habían reunido.

33 Y algunos de la multitud dedujeron *que se trataba de* Alejandro, puesto que los judíos lo habían empujado hacia adelante. Entonces Alejandro, haciendo señal *de silencio* con la mano, quería hacer su defensa ante la asamblea.

34 Mas cuando se dieron cuenta de que era judío, un clamor se levantó de todos ellos, gritando como por dos horas: ¡Grande es Diana de los efesios!

35 Entonces el secretario, después de calmar a la multitud, dijo*: Ciudadanos de Efeso, ¿hay acaso algún hombre que no sepa que la ciudad de los efesios es guardiana del templo de la gran Diana y de la *imagen* que descendió del cielo?

36 Puesto que estos hechos son innegables, debéis guardar calma y no hacer nada precipitadamente.

37 Porque habéis traído a estos hombres que ni roban templos, ni blasfeman a nuestra diosa.

38 Así pues, si Demetrio y los artífices que están con él tienen queja contra alguno, los tribunales están abiertos y los procónsules *dispuestos;* presenten sus acusaciones unos contra otros.

39 Pero si demandáis algo más que esto, se decidirá en asamblea legítima.

40 Porque ciertamente corremos peligro de ser acusados de sedición en relación con lo acontecido hoy, ya que no existe causa *justificada para esto,* y por ello no podremos explicar este alboroto.

41 Y habiendo dicho esto, despidió la asamblea.

Viaje de Pablo por Macedonia y Grecia

20 Después que cesó el alboroto, Pablo mandó llamar a los discípulos, y habiéndolos exhortado, despidiéndose, partió para ir a Macedonia.

2 Y después de recorrer aquellas regiones y de haberlos exhortado mucho, llegó a Grecia.

3 Pasó *allí* tres meses, y habiéndose tramado una conjura en su contra de parte de los judíos cuando estaba por embarcarse para Siria, tomó la decisión de regresar por Macedonia.

4 Y lo acompañaban Sópater de Berea, *hijo* de Pirro; Aristarco y Segundo de los tesalonicenses; Gayo de Derbe, y Timoteo; Tíquico y Trófimo de Asia.

5 Pero éstos se habían adelantado y nos esperaban en Troas.

6 Nos embarcamos en Filipos después de los días de los panes sin levadura, y en cinco días llegamos adonde ellos *estaban* en Troas; y allí nos quedamos siete días.

7 Y el primer *día* de la semana, cuando estábamos reunidos para partir el pan, Pablo les hablaba, pensando partir al día siguiente, y prolongó su discurso hasta la medianoche.

8 Había muchas lámparas en el aposento alto donde estábamos reunidos;

9 y estaba sentado en la ventana un joven llamado Eutico; y como Pablo continuaba hablando, *Eutico* fue cayendo en un profundo sueño hasta que, vencido por el sueño, cayó desde el tercer piso y lo levantaron muerto.

10 Pero Pablo bajó y se tendió sobre él, y después de abrazarlo, dijo: No os alarméis, porque está vivo.

11 Y volviendo arriba, después de partir el pan y de comer, conversó largamente con ellos hasta el amanecer, y entonces se marchó.

12 Y se llevaron vivo al muchacho, y quedaron grandemente consolados.

13 Entonces nosotros, adelantándonos a *tomar* la nave, zarpamos para Asón, con el propósito de recoger allí a Pablo, pues así lo había decidido, deseando ir por tierra *hasta Asón.*

14 Cuando nos encontró en Asón, lo recibimos a bordo y nos dirigimos a Mitilene.

15 Y zarpando de allí, al día siguiente llegamos frente a Quío; y al otro *día* atracamos en Samos; habiendo hecho escala en Trogilio, al *día* siguiente llegamos a Mileto.

16 Porque Pablo había decidido dejar a un lado a Efeso para no detenerse en Asia, pues se apresuraba para estar, si le era posible, el día de Pentecostés en Jerusalén.

17 Y desde Mileto mandó *mensaje* a Efeso y llamó a los ancianos de la iglesia.

18 Cuando vinieron a él, les dijo:
Vosotros bien sabéis cómo he sido con vosotros todo el tiempo, desde el primer día que estuve en Asia,

19 sirviendo al Señor con toda humildad, y con lágrimas y con pruebas que vinieron sobre mí por causa de las intrigas de los judíos;

20 cómo no rehuí declarar a vosotros nada que fuera útil, y de enseñaros públicamente y de casa en casa,

21 testificando solemnemente, tanto a judíos como a griegos, del arrepentimiento para con Dios y de la fe en nuestro Señor Jesucristo.

22 Y ahora, he aquí que yo, atado en espíritu, voy a Jerusalén sin saber lo que allá me sucederá,

23 salvo que el Espíritu Santo solemnemente me da testimonio en cada ciudad, diciendo que me esperan cadenas y aflicciones.

24 Pero en ninguna manera estimo mi vida como valiosa para mí mismo, a fin de poder terminar mi carrera y el ministerio que recibí del Señor Jesús, para dar testimonio solemnemente del evangelio de la gracia de Dios.

25 Y ahora, he aquí, yo sé que ninguno de vosotros, entre quienes anduve predicando el reino, volverá a ver mi rostro.

26 Por tanto, os doy testimonio en este día de que soy inocente de la sangre de todos,

27 pues no rehuí declarar a vosotros todo el propósito de Dios.

28 Tened cuidado de vosotros y de toda la grey, en medio de la cual el Espíritu Santo os ha hecho obispos para pastorear la iglesia de Dios, la cual El compró con su propia sangre.

29 Sé que después de mi partida, vendrán lobos feroces entre vosotros que no perdonarán el rebaño,

30 y que de entre vosotros mismos se levantarán algunos hablando cosas perversas para arrastrar a los discípulos tras ellos.

31 Por tanto, estad alerta, recordando que por tres años, de noche y de día, no cesé de amonestar a cada uno con lágrimas.

32 Ahora os encomiendo a Dios y a la palabra de su gracia, que es poderosa para edificar*os* y dar*os* la herencia entre todos los santificados.

33 Ni la plata, ni el oro, ni la ropa de nadie he codiciado.

34 Vosotros sabéis que estas manos me sirvieron para mis *propias* necesidades y las de los que estaban conmigo.

35 En todo os mostré que así, trabajando, debéis ayudar a los débiles, y recordar las palabras del Señor Jesús, que dijo: "Más bienaventurado es dar que recibir."

36 Cuando terminó de hablar, se arrodilló y oró con todos ellos.

37 Y comenzaron a llorar desconsoladamente, y abrazando a Pablo, lo besaban,

38 afligidos especialmente por la palabra que había dicho de que ya no volverían a ver su rostro. Y lo acompañaron hasta el barco.

Despedida en Tiro

21 Después de separarnos de ellos, zarpamos y fuimos con rumbo directo a Cos, al día siguiente a Rodas, y de allí a Pátara;

2 y encontrando un barco que partía para Fenicia, subimos a bordo y nos hicimos a la vela.

3 Cuando avistamos Chipre, dejándola a la izquierda, navegamos hacia Siria, y desembarcamos en Tiro porque la nave debía dejar su cargamento allí.

4 Después de hallar a los discípulos, nos quedamos allí siete días, y ellos le decían a Pablo, por el Espíritu, que no fuera a Jerusalén.

5 Y pasados aquellos días partimos y emprendimos nuestro viaje mientras que todos ellos, con sus mujeres e hijos, nos acompañaron hasta las afueras de la ciudad. Después de arrodillarnos y orar en la playa, nos despedimos unos de otros.

6 Entonces subimos al barco y ellos regresaron a sus hogares.

7 Terminado el viaje desde Tiro, llegamos a Tolemaida, y después de saludar a los hermanos, nos quedamos con ellos un día.

8 Al día siguiente partimos y llegamos a Cesarea, y entrando en la casa de Felipe, el evangelista, que era uno de los siete, nos quedamos con él.

9 Este tenía cuatro hijas doncellas que profetizaban.

10 Y deteniéndonos allí varios días, descendió de Judea cierto profeta llamado Agabo,

11 quien vino a *ver*nos, y tomando el cinto de Pablo, se ató las manos y los pies, y dijo: Así dice el Espíritu Santo: "Así atarán los judíos en Jerusalén al dueño de este cinto, y lo entregarán en manos de los gentiles."

12 Al escuchar esto, tanto nosotros como los que vivían allí le rogábamos que no subiera a Jerusalén.

13 Entonces Pablo respondió: ¿Qué hacéis, llorando y quebrantándome el corazón? Porque listo estoy no sólo a ser atado, sino también a morir en Jerusalén por el nombre del Señor Jesús.

14 Como no se dejaba persuadir, nos callamos, diciéndo*nos:* Que se haga la voluntad del Señor.

15 Después de estos días nos preparamos y comenzamos a subir hacia Jerusalén.

16 Y nos acompañaron también *algunos* de los discípulos de Cesarea, quienes nos condujeron a Mnasón, de Chipre, un antiguo discípulo con quien deberíamos hospedarnos.

17 Cuando llegamos a Jerusalén, los hermanos nos recibieron con regocijo.

18 Y al día siguiente Pablo fue con nosotros *a ver* a Jacobo, y todos los ancianos estaban presentes.

19 Y después de saludarlos, comenzó a referirles una por una las cosas que Dios había hecho entre los gentiles mediante su ministerio.

20 Y ellos, cuando *lo* oyeron, glorificaban a Dios y le dijeron: Hermano, ya ves cuántos miles hay entre los judíos que han creído, y todos son celosos de la ley;

21 y se les ha contado acerca de ti, que enseñas a todos los judíos entre los gentiles que se aparten de Moisés, diciéndoles que no circunciden a sus hijos ni observen las tradiciones.

22 Entonces, ¿qué es *lo que se debe hacer?* Porque sin duda la multitud se reunirá *pues* oirán que has venido.

23 Por tanto, haz esto que te decimos: Tenemos cuatro hombres que han hecho un voto;

24 tómalos y purifícate junto con ellos, y paga sus gastos para que se rasuren la cabeza; y todos sabrán que no hay nada *cierto* en lo que se les ha dicho acerca de ti, sino que tú también vives ordenadamente, acatando la ley.

25 Pero en cuanto a los gentiles que han creído, nosotros *les* hemos escrito, habiendo decidido que deben abstenerse de lo sacrificado a los ídolos, de sangre, de lo estrangulado y de fornicación.

26 Entonces Pablo tomó *consigo* a los hombres, y al día siguiente, purificándose junto con ellos, fue al templo, notificando de la terminación de los días de purificación, hasta que el sacrificio se ofreciera por cada uno de ellos.

27 Cuando estaban para cumplirse los siete días, los judíos de Asia, al verlo en el templo, comenzaron a incitar a todo el pueblo, y le echaron mano,

28 gritando: ¡Israelitas, ayudadnos! Este es el hombre que enseña a todos, por todas partes, contra nuestro pueblo, la ley y este lugar; además, incluso ha traído griegos al templo, y ha profanado este lugar santo.

29 Pues anteriormente habían visto a Trófimo el efesio con él en la ciudad, y pensaban que Pablo lo había traído al templo.

30 Se alborotó toda la ciudad, y llegó el pueblo corriendo de todas partes; apoderándose de Pablo lo arrastraron fuera del templo, y al instante cerraron las puertas.

31 Mientras procuraban matarlo, llegó aviso al comandante de la compañía *romana* que toda Jerusalén estaba en confusión.

32 Inmediatamente tomó consigo *algunos* soldados y centuriones, y corrió hacia ellos; cuando vieron al comandante y a los soldados, dejaron de golpear a Pablo.

33 Entonces el comandante llegó y lo prendió, y ordenó que lo ataran con dos cadenas; y preguntaba quién era y qué había hecho.

34 Pero entre la muchedumbre unos gritaban una cosa *y* otros otra, y como él no pudo averiguar con certeza *los hechos,* debido al tumulto, ordenó que lo llevaran al cuartel.

35 Cuando llegó a las gradas, sucedió que los soldados tuvieron que cargarlo por causa de la violencia de la turba;

36 porque la multitud del pueblo *lo* seguía, gritando: ¡Muera!

37 Cuando estaban para meter a Pablo en el cuartel, dijo al comandante: ¿Puedo decirte algo? Y él dijo*: ¿Sabes griego?

38 ¿Entonces tú no eres el egipcio que hace tiempo levantó una revuelta, y capitaneó los cuatro mil hombres de los asesinos al desierto?

39 Pablo respondió: Yo soy judío de Tarso de Cilicia, ciudadano de una ciudad no sin importancia; te suplico que me permitas hablar al pueblo.

40 Cuando le concedió el permiso, Pablo, de pie sobre las gradas, hizo señal al pueblo con su mano, y cuando hubo gran silencio, les habló en el idioma hebreo, diciendo:

22 Hermanos y padres, escuchad mi defensa que ahora *presento* ante vosotros.

2 Cuando oyeron que se dirigía a ellos en el idioma hebreo, observaron aún más silencio; y él dijo*:

3 Yo soy judío, nacido en Tarso de Cilicia, pero criado en esta ciudad, educado bajo Gamaliel en estricta conformidad a la ley de nuestros padres, siendo *tan* celoso de Dios como todos vosotros lo sois hoy.

4 Y perseguí este Camino hasta la muerte, encadenando y echando en cárceles tanto a hombres como a mujeres,

5 de lo cual pueden testificar el sumo sacerdote y todo el concilio de los ancianos. También de ellos recibí cartas para los hermanos, y me puse en marcha para Damasco con el fin de traer

presos a Jerusalén también a los que estaban allá, para que fueran castigados.

6 Y aconteció que cuando iba de camino, estando ya cerca de Damasco, como al mediodía, de repente una luz muy brillante fulguró desde el cielo a mi derredor,

7 y caí al suelo, y oí una voz que me decía: "Saulo, Saulo, ¿por qué me persigues?"

8 Y respondí: "¿Quién eres, Señor?" Y El me dijo: "Yo soy Jesús el Nazareno, a quien tú persigues."

9 Y los que estaban conmigo vieron la luz, ciertamente, pero no comprendieron la voz del que me hablaba.

10 Y yo dije: "¿Qué debo hacer, Señor?" Y El Señor me dijo: "Levántate y entra a Damasco; y allí se te dirá todo lo que se ha ordenado que hagas."

11 Pero como yo no veía por causa del resplandor de aquella luz, los que estaban conmigo me llevaron de la mano y entré a Damasco.

12 Y uno llamado Ananías, hombre piadoso según las normas de la ley, *y* de quien daban buen testimonio todos los judíos que vivían allí,

13 vino a mí, y poniéndose *a mi lado,* me dijo: "Hermano Saulo, recibe la vista." En ese mismo instante *alcé los ojos y* lo miré.

14 Y él dijo: "El Dios de nuestros padres te ha designado para que conozcas su voluntad, y para que veas al Justo y oigas palabra de su boca.

15 "Porque testigo suyo serás a todos los hombres de lo que has visto y oído.

16 "Y ahora, ¿por qué te detienes? Levántate y sé bautizado, y lava tus pecados invocando su nombre."

17 Y aconteció que cuando regresé a Jerusalén y me hallaba orando en el templo, caí en un éxtasis,

18 y vi *al Señor* que me decía: "Apresúrate y sal pronto de Jerusalén porque no aceptarán tu testimonio acerca de mí."

19 Y yo dije: "Señor, ellos saben bien que en una sinagoga tras otra, yo encarcelaba y azotaba a los que creían en ti.

20 "Y cuando se derramaba la sangre de tu testigo Esteban, allí estaba también yo dando mi aprobación, y cuidando los mantos de los que lo estaban matando."

21 Pero El me dijo: "Ve, porque te voy a enviar lejos, a los gentiles."

22 Lo oyeron hasta que dijo esto, y *entonces* alzaron sus voces y dijeron: ¡Quita de la tierra a ese individuo! No se le debe permitir que viva.

23 Como ellos vociferaban, y arrojaban sus mantos, y echaban polvo al aire,

24 el comandante ordenó que lo llevaran al cuartel, diciendo que debía ser sometido a azotes para saber la razón por qué gritaban contra él de aquella manera.

25 Cuando lo estiraron con correas, Pablo dijo al centurión que estaba allí: ¿Os es lícito azotar a un ciudadano romano sin haberle hecho juicio?

26 Al oír *esto* el centurión, fue al comandante y le avisó, diciendo: ¿Qué vas a hacer? Porque este hombre es romano.

27 Vino el comandante a *Pablo* y le dijo: Dime, ¿eres romano? Y él dijo: Sí.

28 Y el comandante respondió: Yo adquirí esta ciudadanía por una gran cantidad de dinero. Y Pablo dijo: Pero yo soy *ciudadano* de nacimiento.

29 Entonces los que iban a someterlo *a azotes,* al instante lo soltaron; y también el comandante tuvo temor cuando supo que *Pablo* era romano, y porque lo había atado *con cadenas.*

30 Al día siguiente, queriendo saber con certeza la causa por la cual los judíos lo acusaban, lo soltó, y ordenó a los principales sacerdotes y a todo el concilio que se reunieran; y llevando a Pablo, lo puso ante ellos.

23 Entonces Pablo, mirando fijamente al concilio, dijo: Hermanos, hasta este día yo he vivido delante de Dios con una conciencia perfectamente limpia.

2 Y el sumo sacerdote Ananías ordenó a los que estaban junto a él, que lo golpearan en la boca.

3 Entonces Pablo le dijo: ¡Dios te golpeará a ti, pared blanqueada! ¡Te sientas tú para juzgarme conforme a la ley, y violas la ley ordenando que me golpeen?

4 Los que estaban allí observando, dijeron: ¿Al sumo sacerdote de Dios injurias?

5 Y Pablo dijo: No sabía, hermanos, que él era el sumo sacerdote; porque escrito está: No HABLARAS MAL DE UNA DE LAS AUTORIDADES DE TU PUEBLO.

6 Entonces Pablo, dándose cuenta de que una parte eran saduceos y otra fariseos, alzó la voz en el concilio: Hermanos, yo soy fariseo, hijo de fariseos; se me juzga a causa de la esperanza de la resurrección de los muertos.

7 Cuando dijo esto, se produjo un altercado entre los fariseos y los saduceos, y la asamblea se dividió.

8 Porque los saduceos dicen que no hay resurrección, ni ángel, ni espíritu, mas los fariseos creen todo esto.

9 Se produjo entonces un gran alboroto; y levantándose algunos de los escribas del grupo de los fariseos, discutían acaloradamente, diciendo: No encontramos nada malo en este hombre; pero ¿y si un espíritu o un ángel le ha hablado?

10 Y al surgir un gran altercado, el comandante tuvo temor de que Pablo fuera despedazado por ellos, y ordenó que las tropas descendieran, lo sacaran de entre ellos a la fuerza y lo llevaran al cuartel.

11 A la noche siguiente se le apareció el Señor y le dijo: Ten ánimo, porque como has testificado fielmente de mi causa en Jerusalén, así has de testificar también en Roma.

12 Cuando se hizo de día, los judíos tramaron una conspiración y se comprometieron bajo juramento, diciendo que no comerían ni beberían hasta que hubieran matado a Pablo.

13 Y los que tramaron esta conjura eran más de cuarenta,

14 los cuales fueron a los principales sacerdotes y a los ancianos y dijeron: Nos hemos comprometido bajo solemne juramento a no probar nada hasta que hayamos matado a Pablo.

15 Ahora pues, vosotros y el concilio, avisad al comandante para que lo haga comparecer ante vosotros, como si quisierais hacer una investigación más minuciosa para resolver su caso; nosotros por nuestra parte estamos listos para matarlo antes de que llegue.

16 Pero el hijo de la hermana de Pablo se enteró

de la emboscada, y fue y entró al cuartel, y dio aviso a Pablo.

17 Y Pablo, llamando a uno de los centuriones, dijo: Lleva a este joven al comandante, porque tiene algo que informarle.

18 El entonces, tomándolo *consigo,* lo condujo al comandante, y *le* dijo*: Pablo, el preso, me llamó y me pidió que te trajera a este joven, pues tiene algo que decirte.

19 Y el comandante, tomándolo de la mano, y llevándolo aparte, le preguntó: ¿Qué es lo que me tienes que informar?

20 Y él respondió: Los judíos se han puesto de acuerdo en pedirte que mañana lleves a Pablo al concilio con el pretexto de hacer una indagación más a fondo sobre él.

21 Pero no les prestes atención, porque más de cuarenta hombres de ellos, que se han comprometido bajo juramento a no comer ni beber hasta que lo hayan matado, esperan emboscados; ya están listos esperando promesa de parte tuya.

22 Entonces el comandante dejó ir al joven, encomendándole: No digas a nadie que me has informado de estas cosas.

23 Y llamando a dos de los centuriones, dijo: Preparad doscientos soldados para la hora tercera de la noche, con setenta jinetes y doscientos lanceros, para que vayan a Cesarea.

24 *Debían* preparar también cabalgaduras para Pablo, y llevarlo a salvo al gobernador Félix.

25 Y *el comandante* escribió una carta en estos términos:

26 Claudio Lisias, al excelentísimo gobernador Félix: Salud.

27 Cuando este hombre fue arrestado por los judíos, y estaba a punto de ser muerto por ellos, al saber que era romano, fui con las tropas y lo rescaté.

28 Y queriendo cerciorarme de la causa por la cual lo acusaban, lo llevé a su concilio.

29 y hallé que lo acusaban sobre cuestiones de su ley, pero no de ningún cargo que mereciera muerte o prisión.

30 Cuando se me informó de que había una conjura en contra del hombre, te lo envié enseguida, instruyendo también a sus acusadores que presenten los cargos contra él delante de ti.

31 Así que los soldados, de acuerdo con las órdenes *que tenían,* tomaron a Pablo y lo llevaron de noche a Antípatris.

32 Y al día siguiente regresaron al cuartel dejando que los de a caballo siguieran con él,

33 los cuales, después de llegar a Cesarea y de entregar la carta al gobernador, le presentaron también a Pablo.

34 Cuando la leyó, preguntó de qué provincia era; y al enterarse de que era de Cilicia,

35 dijo: Te oiré cuando estén presentes también tus acusadores. Y mandó que lo guardaran en el Pretorio de Herodes.

Los judíos acusan a Pablo ante Félix

24 Cinco días más tarde el sumo sacerdote Ananías descendió con algunos ancianos *y* con un abogado *llamado* Tértulo; y presentaron al gobernador sus cargos contra Pablo.

2 Después que llamaron a Pablo, Tértulo comenzó a acusarlo, diciendo *al gobernador:*

Ya que por ti hemos obtenido mucha paz, y que por providencia tuya se están llevando a cabo reformas en favor de esta nación,

3 nosotros, por todos los medios y en todas partes, reconocemos *esto* con profunda gratitud, oh excelentísimo Félix.

4 Pero para no importunarte más, te suplico que, con tu *habitual* bondad, nos concedas una breve audiencia.

5 Pues hemos descubierto que este hombre es verdaderamente una plaga, y que provoca disensiones entre todos los judíos por el mundo entero, y *es* líder de la secta de los nazarenos.

6 Hasta trató de profanar el templo; entonces lo arrestamos y quisimos juzgarlo conforme a nuestra ley.

7 Pero interviniendo el comandante Lisias, con gran violencia lo quitó de nuestras manos,

8 mandando a sus acusadores que vinieran a ti. Si tú mismo lo interrogas sobre todo lo que he dicho, podrás confirmar las cosas de que lo acusamos.

9 Los judíos se unieron también a la acusación, asegurando que, *efectivamente,* así era todo.

10 Después que el gobernador le hizo una señal para que hablara, Pablo respondió:

Sabiendo que por muchos años tú has sido juez de esta nación, con gusto presento mi defensa,

11 puesto que tú puedes comprobar el hecho de que no hace más de doce días que subí a Jerusalén a adorar.

12 Y ni en el templo, ni en las sinagogas, ni en la ciudad *misma* me encontraron discutiendo con nadie o provocando un tumulto.

13 Ni tampoco pueden probarte de lo que ahora me acusan.

14 Pero esto admito ante ti, que según el Camino que ellos llaman secta, yo sirvo al Dios de nuestros padres, creyendo todo lo que es conforme a la ley y que está escrito en los profetas;

15 teniendo *la misma* esperanza en Dios que éstos también abrigan, de que ciertamente habrá una resurrección tanto de los justos como de los impíos.

16 Por esto, yo también me esfuerzo por conservar siempre una conciencia irreprensible delante de Dios y delante de los hombres.

17 Y, después de varios años, he venido para traer limosnas a mi nación y a presentar ofrendas;

18 haciendo lo cual me encontraron en el templo, después de haberme purificado, no con multitud ni con alboroto. Pero *estaban allí* ciertos judíos de Asia,

19 y que deberían haberse presentado *aquí* ante ti y acusar*me* si tuvieran algo contra mí.

20 O si no, que éstos mismos digan qué delito encontraron cuando comparecí ante el concilio,

21 a no ser por esta sola declaración que hice en alta voz mientras estaba entre ellos: "Por la resurrección de los muertos soy juzgado hoy ante vosotros."

22 Entonces Félix, conociendo con mayor exactitud acerca del Camino, pospuso *el fallo,* diciendo: Cuando venga el comandante Lisias decidiré vuestro caso.

23 Y dio órdenes al centurión de que guardara a Pablo bajo custodia, pero con *alguna medida de*

libertad, y que no impidiera a ninguno de sus amigos que lo sirvieran.

24 Pero pocos días más tarde, llegó Félix con Drusila su mujer, que era judía, y mandó traer a Pablo y lo oyó *hablar* acerca de la fe en Cristo Jesús.

25 Y al disertar Pablo sobre la justicia, el dominio propio y el juicio venidero, Félix, atemorizado dijo: Vete por ahora, pero cuando tenga tiempo te mandaré llamar.

26 Al mismo tiempo, tenía esperanza de que Pablo le diera dinero; por eso acostumbraba llamarlo con frecuencia y conversar con él.

27 Pero transcurridos dos años, Porcio Festo llegó como sucesor de Félix, y deseando hacer un favor a los judíos, Félix dejó preso a Pablo.

Pablo ante Festo

25 Festo, entonces, tres días después de haber llegado a la provincia, subió a Jerusalén desde Cesarea.

2 Y los principales sacerdotes y los judíos más influyentes le presentaron acusaciones contra Pablo, e instaban a Festo,

3 pidiéndole, contra Pablo, el favor de que lo hiciera traer a Jerusalén (preparando ellos, *al mismo tiempo*, una emboscada para matarlo en el camino).

4 Pero Festo respondió que Pablo estaba bajo custodia en Cesarea, y que en breve él mismo partiría *para allá*.

5 Por tanto, dijo*, que los más influyentes de vosotros vayan allá conmigo, y si hay algo malo en el hombre, que lo acusen.

6 Después de haberse quedado no más de ocho o diez días entre ellos, descendió a Cesarea, y al día siguiente se sentó en el tribunal y ordenó que trajeran a Pablo.

7 Cuando éste llegó, lo rodearon los judíos que habían descendido de Jerusalén, presentando contra él muchas y graves acusaciones que no podían probar,

8 mientras Pablo decía en defensa propia: No he cometido ningún delito, ni contra la ley de los judíos, ni contra el templo, ni contra el César.

9 Pero Festo, queriendo hacer un favor a los judíos, respondió a Pablo, y dijo: ¿Estás dispuesto a subir a Jerusalén y a ser juzgado delante de mí por estas *acusaciones*?

10 Entonces Pablo respondió: Ante el tribunal del César estoy, que es donde debo ser juzgado. Ningún agravio he hecho a *los* judíos, como también tú muy bien sabes.

11 Si soy, pues, un malhechor y he hecho algo digno de muerte, no rehúso morir; pero si ninguna de esas cosas de que éstos me acusan es *verdad*, nadie puede entregarme a ellos. Apelo al César.

12 Entonces Festo, habiendo deliberado con el consejo, respondió: Al César has apelado, al César irás.

13 Pasados varios días, el rey Agripa y Berenice llegaron a Cesarea y fueron a saludar a Festo.

14 Como estuvieron allí muchos días, Festo presentó el caso de Pablo ante el rey, diciendo: Hay un hombre que Félix dejó preso,

15 acerca del cual, estando yo en Jerusalén, los principales sacerdotes y los ancianos de los judíos presentaron acusaciones contra él, pidiendo sentencia condenatoria contra él.

16 Yo les respondí que no es costumbre de los romanos entregar a un hombre sin que antes el acusado confronte a sus acusadores, y tenga la oportunidad de defenderse de los cargos.

17 Así que cuando se reunieron aquí, sin ninguna demora, al día siguiente me senté en el tribunal y ordené traer al hombre.

18 Y levantándose los acusadores, presentaban acusaciones contra él, *pero* no de la clase de crímenes que yo suponía,

19 sino que *simplemente* tenían contra él ciertas cuestiones sobre su propia religión, y sobre cierto Jesús, *ya* muerto, de quien Pablo afirmaba que estaba vivo.

20 Pero estando yo perplejo cómo investigar estas cuestiones, le pregunté si estaba dispuesto a ir a Jerusalén y ser juzgado de estas cosas allá.

21 Pero como Pablo apeló que se lo tuviera bajo custodia para que el emperador *diera* el fallo, ordené que continuase bajo custodia hasta que yo lo enviara al César.

22 Entonces Agripa *dijo* a Festo: A mí también me gustaría oír al hombre. Mañana—dijo* Festo—lo oirás.

23 Así que al día siguiente, cuando Agripa y Berenice entraron al auditorio en medio de gran pompa, acompañados por los comandantes y los hombres importantes de la ciudad, por orden de Festo, fue traído Pablo.

24 Y Festo dijo*: Rey Agripa y todos los demás aquí presentes con nosotros; *aquí* veis a este *hombre* acerca de quien toda la multitud de los judíos, tanto en Jerusalén como aquí, me hizo una petición declarando a gritos que no debe vivir más.

25 Pero yo encontré que no había hecho nada digno de muerte; y como él mismo apeló al emperador, he decidido enviarlo.

26 Pero no tengo nada definido sobre él para escribirle a mi señor. Por eso lo he traído ante vosotros, y especialmente ante ti, rey Agripa, para que después de que se le interrogue, yo tenga algo que escribir.

27 Porque me parece absurdo, al enviar un preso, no informar también de los cargos en su contra.

Defensa de Pablo ante Agripa

26 Y Agripa dijo a Pablo: Se te permite hablar en tu favor. Entonces Pablo, extendiendo la mano, comenzó su defensa:

2 Con respecto a todo aquello de que los judíos me acusan, me considero afortunado, *oh* rey Agripa, de poder presentar hoy mi defensa delante de ti,

3 sobre todo, porque eres experto en todas las costumbres y controversias entre *los* judíos; por lo cual te ruego que me escuches con paciencia.

4 Pues bien, todos los judíos conocen mi vida desde mi juventud, que desde el principio transcurrió entre los de mi pueblo y en Jerusalén;

5 puesto que ellos han sabido de mí desde hace mucho tiempo, si están dispuestos a testificar, que viví *como* fariseo, de acuerdo con la secta más estricta de nuestra religión.

6 Y ahora soy sometido a juicio por la

esperanza de la promesa hecha por Dios a nuestros padres:

7 que nuestras doce tribus esperan alcanzar al servir fielmente *a Dios* noche y día. Y por esta esperanza, oh rey, soy acusado por los judíos.

8 ¿Por qué se considera increíble entre vosotros que Dios resucite a los muertos?

9 Yo ciertamente había creído que debía hacer muchos males en contra del nombre de Jesús de Nazaret.

10 Y esto es precisamente lo que hice en Jerusalén; no sólo encerré en cárceles a muchos de los santos con la autoridad recibida de los principales sacerdotes, sino que también, cuando eran condenados a muerte, yo daba mi voto contra *ellos*.

11 Y castigándolos con frecuencia en todas las sinagogas, procuraba obligarlos a blasfemar; y locamente enfurecido contra ellos, seguía persiguiéndolos aun hasta las ciudades extranjeras.

12 Ocupado en esto, cuando iba para Damasco con autoridad y comisión de los principales sacerdotes,

13 al mediodía, oh rey, *yendo* de camino, vi una luz procedente del cielo más brillante que el sol, que resplandecía en torno mío y de los que viajaban conmigo.

14 Y después de que todos caímos al suelo, oí una voz que me decía en el idioma hebreo: "Saulo, Saulo, ¿por qué me persigues? Dura cosa te es dar coces contra el aguijón."

15 Yo entonces dije: "¿Quién eres, Señor?" Y el Señor dijo: "Yo soy Jesús a quien tú persigues.

16 "Pero levántate y ponte en pie; porque te he aparecido con el fin de designarte como ministro y testigo, no sólo de las cosas que has visto, sino también de aquellas en que me apareceré a ti;

17 librándote del pueblo *judío* y de los gentiles, a los cuales yo te envío,

18 para que abras sus ojos a fin de que se vuelvan de la oscuridad a la luz, y del dominio de Satanás a Dios, para que reciban, por la fe en mí, el perdón de pecados y herencia entre los que han sido santificados."

19 Por consiguiente, oh rey Agripa, no fui desobediente a la visión celestial,

20 sino que anunciaba, primeramente a los que *estaban* en Damasco y *también* en Jerusalén, y *después* por toda la región de Judea, y *aun* a los gentiles, que debían arrepentirse y volverse a Dios, haciendo obras dignas de arrepentimiento.

21 Por esta causa, *algunos* judíos me prendieron en el templo y trataron de matarme.

22 Así que habiendo recibido ayuda de Dios, continúo hasta este día testificando tanto a pequeños como a grandes, no declarando más que lo que los profetas y Moisés dijeron que sucedería:

23 que el Cristo había de padecer, *y* que por motivo de *su* resurrección de entre los muertos, Él debía ser el primero en proclamar luz tanto al pueblo *judío* como a los gentiles.

24 Mientras *Pablo* decía esto en su defensa, Festo dijo* a gran voz: ¡Pablo, estás loco! *¡Tu* mucho saber te está haciendo perder la cabeza!

25 Mas Pablo dijo*: No estoy loco, excelentísimo Festo, sino que hablo palabras de verdad y de cordura.

26 Porque el rey entiende estas cosas, y también le hablo con confianza, porque estoy persuadido de que él no ignora nada de esto; pues esto no se ha hecho en secreto.

27 Rey Agripa, ¿crees *en* los profetas? Yo sé que crees.

28 Y Agripa *respondió* a Pablo: En poco tiempo me persuadirás a que me haga cristiano.

29 Y Pablo *dijo:* Quisiera Dios que, ya fuera en poco tiempo o en mucho, no sólo tú, sino también todos los que hoy me oyen, llegaran a ser tal como yo soy, a excepción de estas cadenas.

30 Entonces el rey, el gobernador, Berenice y los que estaban sentados con ellos se levantaron,

31 y mientras se retiraban, hablaban entre ellos, diciendo: Este hombre no ha hecho* nada que merezca muerte o prisión.

32 Y Agripa dijo a Festo: Podría ser puesto en libertad este hombre, si no hubiera apelado al César.

Pablo sale para Roma

27 Cuando se decidió que deberíamos embarcarnos para Italia, fueron entregados Pablo y algunos otros presos a un centurión de la compañía Augusta, llamado Julio.

2 Y embarcándonos en una nave adramitena que estaba para zarpar hacia las regiones de la costa de Asia, nos hicimos a la mar acompañados por Aristarco, un macedonio de Tesalónica.

3 Al *día* siguiente llegamos a Sidón. Julio trató a Pablo con benevolencia, permitiéndole ir a sus amigos y ser atendido *por ellos*.

4 De allí partimos y navegamos al abrigo de *la isla de* Chipre, porque los vientos eran contrarios.

5 Y después de navegar atravesando el mar frente a las costas de Cilicia y de Panfilia, llegamos a Mira de Licia.

6 Allí el centurión halló una nave alejandrina que iba para Italia, y nos embarcó en ella.

7 Y después de navegar lentamente por muchos días, y de llegar con dificultad frente a Gnido, pues el viento no nos permitió *avanzar* más, navegamos al abrigo de Creta, frente a Salmón;

8 y costeándola con dificultad, llegamos a un lugar llamado Buenos Puertos, cerca del cual estaba la ciudad de Lasea.

9 Cuando ya había pasado mucho tiempo y la navegación se había vuelto peligrosa, pues hasta el Ayuno había pasado ya, Pablo los amonestaba,

10 diciéndoles: Amigos, veo que de seguro este viaje va a ser con perjuicio y graves pérdidas, no sólo del cargamento y de la nave, sino también de nuestras vidas.

11 Pero el centurión se persuadió más *por lo dicho* por el piloto y el capitán del barco, que por lo que Pablo decía.

12 Y como el puerto no era adecuado para invernar, la mayoría tomó la decisión de hacerse a la mar desde allí, por si les era posible arribar a Fenice, un puerto de Creta que mira hacia el nordeste y el sudeste, y pasar el invierno *allí*.

13 Cuando comenzó a soplar un moderado viento del sur, creyendo que habían logrado su propósito, levaron anclas y navegaban costeando a Creta.

14 Pero no mucho después, desde tierra comenzó a soplar un viento huracanado que se llama Euroclidón,

15 y siendo azotada la nave, y no pudiendo hacer frente al viento nos abandonamos *a él* y nos dejamos llevar a la deriva.

16 Navegando al abrigo de una pequeña isla llamada Clauda, con mucha dificultad pudimos sujetar el esquife.

17 Después que lo alzaron, usaron amarras para ceñir la nave; y temiendo encallar en *los bancos* de Sirte, echaron el ancla flotante y se abandonaron a la deriva.

18 Al día siguiente, mientras éramos sacudidos furiosamente por la tormenta, comenzaron a arrojar la carga;

19 y al tercer día, con sus propias manos arrojaron al mar los aparejos de la nave.

20 Como ni el sol ni las estrellas aparecieron por muchos días, y una tempestad no pequeña se abatía sobre *nosotros*, desde entonces fuimos abandonando toda esperanza de salvarnos.

21 Cuando habían pasado muchos días sin comer, Pablo se puso en pie en medio de ellos y dijo: Amigos, debierais haberme hecho caso y no haber zarpado de Creta, evitando así este perjuicio y pérdida.

22 Pero ahora os exhorto a tener buen ánimo, porque no habrá pérdida de vida entre vosotros, sino *sólo* del barco.

23 Porque esta noche estuvo en mi presencia un ángel del Dios de quien soy y a quien sirvo,

24 diciendo: "No temas, Pablo; has de comparecer ante el César; y he aquí, Dios te ha concedido todos los que navegan contigo."

25 Por tanto, tened buen ánimo amigos, porque yo confío en Dios, que acontecerá exactamente como se me dijo.

26 Pero tenemos que encallar en cierta isla.

27 Y llegada la decimocuarta noche, mientras éramos llevados a la deriva en el mar Adriático, a eso de la medianoche los marineros presentían que se estaban acercando a tierra.

28 Echaron la sonda y hallaron *que había* veinte brazas; pasando un poco más adelante volvieron a echar la sonda y hallaron quince brazas *de profundidad.*

29 Y temiendo que en algún lugar fuéramos a dar contra los escollos, echaron cuatro anclas por la popa y ansiaban que amaneciera.

30 Como los marineros trataban de escapar de la nave y habían bajado el esquife al mar, bajo pretexto de que se proponían echar las anclas desde la proa,

31 Pablo dijo al centurión y a los soldados: Si éstos no permanecen en la nave, vosotros no podréis salvaros.

32 Entonces los soldados cortaron las amarras del esquife y dejaron que se perdiera.

33 Y hasta que estaba a punto de amanecer, Pablo exhortaba a todos a que tomaran alimento, diciendo: Hace ya catorce días que, velando continuamente, *estáis* en ayunas, sin tomar ningún *alimento.*

34 Por eso os aconsejo que toméis alimento, porque esto es necesario para vuestra supervivencia; pues ni un solo cabello de la cabeza de ninguno de vosotros perecerá.

35 Habiendo dicho esto, tomó pan y dio gracias a Dios en presencia de todos; y partiéndo*lo*, comenzó a comer.

36 Entonces todos, teniendo *ya* buen ánimo, tomaron también alimento.

37 En total éramos en la nave doscientas setenta y seis personas.

38 Una vez saciados, aligeraron la nave arrojando el trigo al mar.

39 Cuando se hizo de día, no reconocían la tierra, pero podían distinguir una bahía que tenía playa, y decidieron lanzar la nave hacia ella, si les era posible.

40 Y cortando las anclas, las dejaron en el mar, aflojando al mismo tiempo las amarras de los timones; e izando la vela de proa al viento, se dirigieron hacia la playa.

41 Pero chocando contra un escollo donde se encuentran dos corrientes, encallaron la nave; la proa se clavó y quedó inmóvil, pero la popa se rompía por la fuerza *de las olas.*

42 Y el plan de los soldados era matar a los presos, para que ninguno *de ellos* escapara a nado;

43 pero el centurión, queriendo salvar a Pablo, impidió su propósito, y ordenó que los que pudieran nadar se arrojaran primero por la borda y llegaran a tierra,

44 y que los demás *siguieran*, algunos en tablones, y otros en diferentes objetos de la nave. Y así sucedió que todos llegaron salvos a tierra.

Pablo en Malta

28 Y una vez que ellos estaban a salvo, nos enteramos de que la isla se llamaba Malta.

2 Y los habitantes nos mostraron toda clase de atenciones, porque a causa de la lluvia que caía y del frío, encendieron una hoguera y nos acogieron a todos.

3 Pero cuando Pablo recogió una brazada de leña y la echó al fuego, una víbora salió huyendo del calor y se le prendió en la mano.

4 Y los habitantes, al ver el animal colgando de su mano, decían entre sí: Sin duda que este hombre es un asesino, pues aunque fue salvado del mar, Justicia no le ha concedido vivir.

5 *Pablo*, sin embargo, sacudiendo *la mano*, arrojó el animal al fuego y no sufrió ningún daño.

6 Y ellos esperaban que comenzara a hincharse, o que súbitamente cayera muerto. Pero después de esperar por largo rato, y de no observar nada anormal en él, cambiaron de parecer y decían que era un dios.

7 Y cerca de allí había unas tierras que pertenecían al hombre principal de la isla, que se llamaba Publio, el cual nos recibió y nos hospedó con toda amabilidad por tres días.

8 Y sucedió que el padre de Publio yacía *en cama*, enfermo con fiebre y disentería; y Pablo entró a *ver*lo, y después de orar puso las manos sobre él, y lo sanó.

9 Cuando esto sucedió, los demás habitantes de la isla que tenían enfermedades venían *a él* y eran curados.

10 También nos honraron con muchas demostraciones de respeto, y cuando estábamos para zarpar, *nos* suplieron con todo lo necesario.

11 Después de tres meses, nos hicimos a la vela en una nave alejandrina que había invernado en la isla, y que tenía por insignia a los Hermanos Gemelos.

12 Cuando llegamos a Siracusa, nos quedamos allí por tres días.

13 Y zarpando de allí, seguimos *la costa* hasta llegar a Regio. Y al día siguiente se levantó un viento del sur, y en dos días llegamos a Puteoli.

14 Allí encontramos *algunos* hermanos, que nos invitaron a permanecer con ellos por siete días. Y así llegamos a Roma.

15 Cuando los hermanos tuvieron noticia de nuestra llegada, vinieron desde allá a recibirnos hasta el Foro de Apio y Las Tres Tabernas; y cuando Pablo los vio, dio gracias a Dios y cobró ánimo.

16 Cuando entramos en Roma, el centurión entregó los presos al prefecto militar, pero a Pablo se le permitió vivir aparte, con el soldado que lo custodiaba.

17 Y aconteció que tres días después convocó a los principales de los judíos, y cuando se reunieron, les dijo: Hermanos, sin haber hecho yo nada contra nuestro pueblo ni contra las tradiciones de nuestros padres, desde Jerusalén fui entregado preso en manos de los romanos,

18 los cuales, cuando me interrogaron, quisieron ponerme en libertad, pues no encontraron causa para condenarme a muerte.

19 Pero cuando los judíos se opusieron, me vi obligado a apelar al César, *pero* no porque tuviera acusación alguna contra mi pueblo.

20 Por tanto, por esta razón he pedido veros y hablaros, porque por causa de la esperanza de Israel llevo esta cadena.

21 Y ellos le dijeron: Nosotros ni hemos recibido cartas de Judea sobre ti, ni ha venido aquí ninguno de los hermanos que haya informado o hablado algo malo acerca de ti.

22 Pero deseamos oír de ti lo que enseñas, porque lo que sabemos de esta secta es que en todas partes se habla contra ella.

23 Y habiéndole fijado un día, vinieron en gran número adonde él posaba, y desde la mañana hasta la tarde les explicaba testificando fielmente sobre el reino de Dios, y procurando persuadirlos acerca de Jesús, tanto por la ley de Moisés como por los profetas.

24 Algunos eran persuadidos con lo que se decía, pero otros no creían.

25 Y al no estar de acuerdo entre sí, comenzaron a marcharse después de que Pablo dijo una *última* palabra: Bien habló el Espíritu Santo a vuestros padres por medio de Isaías el profeta,

26 diciendo:

VE A ESTE PUEBLO Y DI:

"AL OÍR OIRÉIS, Y NO ENTENDERÉIS;
Y VIENDO VERÉIS, Y NO PERCIBIRÉIS;

27 PORQUE EL CORAZÓN DE ESTE PUEBLO SE HA VUELTO INSENSIBLE,
Y CON DIFICULTAD OYEN CON SUS OÍDOS;
Y SUS OJOS HAN CERRADO;
NO SEA QUE VEAN CON LOS OJOS,
Y OIGAN CON LOS OÍDOS,
Y ENTIENDAN CON EL CORAZÓN,
Y SE CONVIERTAN,
Y YO LOS SANE."

28 Sabed, por tanto, que esta salvación de Dios ha sido enviada a los gentiles. Ellos sí oirán.

29 Y cuando hubo dicho esto, los judíos se fueron, teniendo gran discusión entre sí.

30 Y *Pablo* se quedó por dos años enteros en la habitación que alquilaba, y recibía a todos los que iban a verlo,

31 predicando el reino de Dios, y enseñando todo lo concerniente al Señor Jesucristo con toda libertad, sin estorbo.

La Epístola del Apóstol San Pablo a los
ROMANOS

Saludo

1 Pablo, siervo de Cristo Jesús, llamado *a ser* apóstol, apartado para el evangelio de Dios,

2 que El ya había prometido por medio de sus profetas en las santas Escrituras,

3 acerca de su Hijo, que nació de la descendencia de David según la carne,

4 *y* que fue declarado Hijo de Dios con poder, conforme al Espíritu de santidad, por la resurrección de entre los muertos: nuestro Señor Jesucristo,

5 por medio de quien hemos recibido la gracia y el apostolado para *promover la* obediencia a la fe entre todos los gentiles, por amor a su nombre;

6 entre los cuales estáis también vosotros, llamados de Jesucristo:

7 a todos los amados de Dios que están en Roma, llamados *a ser* santos: Gracia a vosotros y paz de parte de Dios nuestro Padre y del Señor Jesucristo.

8 En primer lugar, doy gracias a mi Dios por medio de Jesucristo por todos vosotros, porque por todo el mundo se habla de vuestra fe.

9 Pues Dios, a quien sirvo en mi espíritu en *la predicación del* evangelio de su Hijo, me es testigo de cómo sin cesar hago mención de vosotros

10 siempre en mis oraciones, implorando que ahora, al fin, por la voluntad de Dios, logre ir a vosotros.

11 Porque anhelo veros para impartiros algún don espiritual, a fin de que seáis confirmados;

12 es decir, para que *cuando esté* entre vosotros nos confortemos mutuamente, cada uno por la fe del otro, tanto la vuestra como la mía.

13 Y no quiero que ignoréis, hermanos, que con frecuencia he hecho planes para ir a visitaros (y hasta ahora me he visto impedido) a fin de obtener algún fruto también entre vosotros, así como entre los demás gentiles.

14 Tengo obligación tanto para con los griegos como para con los bárbaros, para con los sabios como para con los ignorantes.

15 Así que, por mi parte, ansioso estoy de anunciar el evangelio también a vosotros que estáis en Roma.

16 Porque no me avergüenzo del evangelio, pues es el poder de Dios para la salvación de todo el que cree; del judío primeramente y también del griego.

17 Porque en el evangelio la justicia de Dios se revela por fe y para fe; como está escrito: MAS EL JUSTO POR LA FE VIVIRA.

18 Porque la ira de Dios se revela desde el cielo contra toda impiedad e injusticia de los hombres, que con injusticia restringen la verdad;

19 porque lo que se conoce acerca de Dios es evidente dentro de ellos, pues Dios se lo hizo evidente.

20 Porque desde la creación del mundo, sus atributos invisibles, su eterno poder y divinidad, se han visto con toda claridad, siendo entendidos por medio de lo creado, de manera que no tienen excusa.

21 Pues aunque conocían a Dios, no le honraron como a Dios ni le dieron gracias, sino que se hicieron vanos en sus razonamientos y su necio corazón fue entenebrecido.

22 Profesando ser sabios, se volvieron necios,

23 y cambiaron la gloria del Dios incorruptible por una imagen en forma de hombre corruptible, de aves, de cuadrúpedos y de reptiles.

24 Por consiguiente, Dios los entregó a la impureza en la lujuria de sus corazones, de modo que deshonraron entre sí sus propios cuerpos;

25 porque cambiaron la verdad de Dios por la mentira, y adoraron y sirvieron a la criatura en lugar del Creador, que es bendito por los siglos. Amén.

26 Por esta razón Dios los entregó a pasiones degradantes; porque sus mujeres cambiaron la función natural por la que es contra la naturaleza;

27 y de la misma manera también los hombres, abandonando el uso natural de la mujer, se encendieron en su lujuria unos con otros, cometiendo hechos vergonzosos hombres con hombres, y recibiendo en sí mismos el castigo correspondiente a su extravío.

28 Y así como ellos no tuvieron a bien reconocer a Dios, Dios los entregó a una mente depravada, para que hicieran las cosas que no convienen;

29 estando llenos de toda injusticia, maldad, avaricia y malicia; colmados de envidia, homicidios, pleitos, engaños y malignidad; son chismosos,

30 detractores, aborrecedores de Dios, insolentes, soberbios, jactanciosos, inventores de lo malo, desobedientes a los padres,

31 sin entendimiento, indignos de confianza, sin amor, despiadados;

32 los cuales, aunque conocen el decreto de Dios que los que practican tales cosas son dignos de muerte, no sólo las hacen, sino que también dan su aprobación a los que las practican.

Con Dios no hay parcialidad

2 Por lo cual no tienes excusa, oh hombre, quienquiera que seas tú que juzgas, pues al juzgar a otro, a ti mismo te condenas, porque tú que juzgas practicas las mismas cosas.

2 Y sabemos que el juicio de Dios justamente cae sobre los que practican tales cosas.

3 ¿Y piensas esto, oh hombre, tú que condenas a los que practican tales cosas y haces lo mismo, que escaparás al juicio de Dios?

4 ¿O tienes en poco las riquezas de su bondad, tolerancia y paciencia, ignorando que la bondad de Dios te guía al arrepentimiento?

5 Mas por causa de tu terquedad y de tu corazón no arrepentido, estás acumulando ira para ti en el día de la ira y de la revelación del justo juicio de Dios,

6 el cual PAGARA A CADA UNO CONFORME A SUS OBRAS:

7 a los que por la perseverancia en hacer el bien buscan gloria, honor e inmortalidad: vida eterna;

8 pero a los que son ambiciosos y no obedecen a la verdad, sino que obedecen a la injusticia: ira e indignación.

9 Habrá tribulación y angustia para toda alma humana que hace lo malo, del judío primeramente y también del griego;

10 pero gloria y honor y paz para todo el que hace lo bueno, al judío primeramente, y también al griego.

11 Porque en Dios no hay acepción de personas.

12 Pues todos los que han pecado sin la ley, sin la ley también perecerán; y todos los que han pecado bajo la ley, por la ley serán juzgados;

13 porque no son los oidores de la ley los justos ante Dios, sino los que cumplen la ley, ésos serán justificados.

14 Porque cuando los gentiles, que no tienen la ley, cumplen por instinto los dictados de la ley, ellos, no teniendo la ley, son una ley para sí mismos,

15 ya que muestran la obra de la ley escrita en sus corazones, su conciencia dando testimonio, y sus pensamientos acusándolos unas veces y otras defendiéndolos,

16 en el día en que, según mi evangelio, Dios juzgará los secretos de los hombres mediante Cristo Jesús.

17 Pero si tú, que llevas el nombre de judío y te apoyas en la ley; que te glorías en Dios,

18 y conoces su voluntad; que apruebas las cosas que son esenciales, siendo instruido por la ley,

19 y te confías en que eres guía de los ciegos, luz de los que están en tinieblas,

20 instructor de los necios, maestro de los faltos de madurez; que tienes en la ley la expresión misma del conocimiento y de la verdad;

21 tú, pues, que enseñas a otro, ¿no te enseñas a ti mismo? Tú que predicas que no se debe robar, ¿robas?

22 Tú que dices que no se debe cometer adulterio, ¿adulteras? Tú que abominas a los ídolos, ¿saqueas templos?

23 Tú que te jactas de la ley, ¿violando la ley deshonras a Dios?

24 Porque EL NOMBRE DE DIOS ES BLASFEMADO ENTRE LOS GENTILES POR CAUSA DE VOSOTROS, tal como está escrito.

25 Pues ciertamente la circuncisión es de valor si tú practicas la ley, pero si eres transgresor de la ley, tu circuncisión se ha vuelto incircuncisión.

26 Por tanto, si el incircunciso cumple los requisitos de la ley, ¿no se considerará su incircuncisión como circuncisión?

27 Y si el que es físicamente incircunciso guarda la ley, ¿no te juzgará a ti, que aunque tienes la letra de la ley y eres circuncidado, eres transgresor de la ley?

28 Porque no es judío el que lo es exteriormente, ni la circuncisión es la externa, en la carne;

29 sino que es judío el que lo es interiormente, y la circuncisión es la del corazón, por el Espíritu,

no por la letra; la alabanza del cual no procede de los hombres, sino de Dios.

¿Qué ventaja tiene el judío?

3 ¿Cuál es, entonces, la ventaja del judío? ¿O cuál el beneficio de la circuncisión?

2 Grande, en todo sentido. En primer lugar, porque a ellos les han sido confiados los oráculos de Dios.

3 Entonces ¿qué? Si algunos fueron infieles, ¿acaso su infidelidad anulará la fidelidad de Dios?

4 ¡De ningún modo! Antes bien, sea hallado Dios veraz, aunque todo hombre *sea hallado* mentiroso; como está escrito:

PARA QUE SEAS JUSTIFICADO EN TUS PALABRAS,
Y VENZAS CUANDO SEAS JUZGADO.

5 Y si nuestra injusticia hace resaltar la justicia de Dios, ¿qué diremos? ¿Acaso es injusto el Dios que expresa *su* ira? (Hablo en términos humanos).

6 ¡De ningún modo! Pues de otra manera, ¿cómo juzgaría Dios al mundo?

7 Pero si por mi mentira la verdad de Dios abundó para su gloria, ¿por qué también soy yo aún juzgado como pecador?

8 ¿Y por qué no *decir* (como se nos calumnia, y como algunos afirman que nosotros decimos): Hagamos el mal para que venga el bien? La condenación de los tales es justa.

9 ¿Entonces qué? ¿Somos nosotros mejores *que ellos*? De ninguna manera; porque ya hemos denunciado que tanto judíos como griegos están todos bajo pecado;

10 como está escrito:

NO HAY JUSTO, NI AUN UNO;

11 NO HAY QUIEN ENTIENDA,
NO HAY QUIEN BUSQUE A DIOS;

12 TODOS SE HAN DESVIADO, A UNA SE HICIERON INUTILES;
NO HAY QUIEN HAGA LO BUENO,
NO HAY NI SIQUIERA UNO.

13 SEPULCRO ABIERTO ES SU GARGANTA,
ENGAÑAN DE CONTINUO CON SU LENGUA,
VENENO DE SERPIENTES HAY BAJO SUS LABIOS;

14 LLENA ESTA SU BOCA DE MALDICION Y AMARGURA;

15 SUS PIES SON VELOCES PARA DERRAMAR SANGRE;

16 DESTRUCCION Y MISERIA *hay* EN SUS CAMINOS,

17 Y LA SENDA DE PAZ NO HAN CONOCIDO.

18 NO HAY TEMOR DE DIOS DELANTE DE SUS OJOS.

19 Ahora bien, sabemos que cuanto dice la ley, lo dice a los que están bajo la ley, para que toda boca se calle y todo el mundo sea hecho responsable ante Dios;

20 porque por las obras de la ley ningún ser humano será justificado delante de El; pues por medio de la ley *viene* el conocimiento del pecado.

21 Pero ahora, aparte de la ley, la justicia de Dios ha sido manifestada, atestiguada por la ley y los profetas;

22 es decir, la justicia de Dios por medio de la fe en Jesucristo, para todos los que creen; porque no hay distinción;

23 por cuanto todos pecaron y no alcanzan la gloria de Dios,

24 siendo justificados gratuitamente por su gracia por medio de la redención que es en Cristo Jesús,

25 a quien Dios exhibió públicamente como propiciación por su sangre a través de la fe, como demostración de su justicia, porque en su tolerancia, Dios pasó por alto los pecados cometidos anteriormente,

26 para demostrar en este tiempo su justicia, a fin de que El sea justo y *sea* el que justifica al que tiene fe en Jesús.

27 ¿Dónde está, pues, la jactancia? Queda excluida. ¿Por cuál ley? ¿La de las obras? No, sino por la ley de la fe.

28 Porque concluimos que el hombre es justificado por la fe aparte de las obras de la ley.

29 ¿O es Dios *el Dios* de los judíos solamente? ¿No es también *el Dios* de los gentiles? Sí, también de los gentiles,

30 porque en verdad Dios es uno, el cual justificará *en virtud* de la fe a los circuncisos y por medio de la fe a los incircuncisos.

31 ¿Anulamos entonces la ley por medio de la fe? ¡De ningún modo! Al contrario, confirmamos la ley.

Abraham, justificado por la fe

4 ¿Qué diremos, entonces, que halló Abraham, nuestro padre según la carne?

2 Porque si Abraham fue justificado por las obras, tiene de qué jactarse, pero no para con Dios.

3 Porque ¿qué dice la Escritura? Y CREYO ABRAHAM A DIOS, Y LE FUE CONTADO POR JUSTICIA.

4 Ahora bien, al que trabaja, el salario no se le cuenta como favor, sino como deuda;

5 mas al que no trabaja, pero cree en aquel que justifica al impío, su fe se le cuenta por justicia.

6 Como también David habla de la bendición *que viene* sobre el hombre a quien Dios atribuye justicia aparte de las obras:

7 BIENAVENTURADOS AQUELLOS CUYAS INIQUIDADES HAN SIDO PERDONADAS,
Y CUYOS PECADOS HAN SIDO CUBIERTOS.

8 BIENAVENTURADO EL HOMBRE CUYO PECADO EL SEÑOR NO TOMARA EN CUENTA.

9 ¿Es, pues, esta bendición *sólo* para los circuncisos, o también para los incircuncisos? Porque decimos: A ABRAHAM, LA FE LE FUE CONTADA POR JUSTICIA.

10 Entonces, ¿cómo le fue contada? ¿Siendo circunciso o incircunciso? No siendo circunciso, sino siendo incircunciso;

11 y recibió la señal de la circuncisión *como* sello de la justicia de la fe que tenía mientras aún era incircunciso, para que fuera padre de todos los que creen sin ser circuncidados, a fin de que la justicia también a ellos les fuera imputada;

12 y padre de la circuncisión para aquellos que no solamente son de la circuncisión, sino que también siguen en los pasos de la fe que tenía nuestro padre Abraham cuando era incircunciso.

13 Porque la promesa a Abraham o a su descendencia de que él sería heredero del mundo, no fue hecha por medio de la ley, sino por medio de la justicia de la fe.

14 Porque si los que son de la ley son herederos, vana resulta la fe y anulada la promesa;

15 porque la ley produce ira, pero donde no hay ley, tampoco hay transgresión.

16 Por eso *es* por fe, para que *esté* de acuerdo con la gracia, a fin de que la promesa sea firme para toda la posteridad, no sólo a los que son de la ley, sino también a los que son de la fe de Abraham, el cual es padre de todos nosotros

17 (como está escrito: TE HE HECHO PADRE DE MUCHAS NACIONES), delante de aquel en quien creyó, *es decir* Dios, que da vida a los muertos y llama a las cosas que no son, como si fueran.

18 El creyó en esperanza contra esperanza, a fin de llegar a ser padre de muchas naciones, conforme a lo que se *le* había dicho: ASI SERA TU DESCENDENCIA.

19 Y sin debilitarse en la fe contempló su propio cuerpo, que ya estaba como muerto puesto que tenía como cien años, y la esterilidad de la matriz de Sara;

20 sin embargo, respecto a la promesa de Dios, *Abraham* no titubeó con incredulidad, sino que se fortaleció en fe, dando gloria a Dios,

21 y estando plenamente convencido de que lo que *Dios* había prometido, poderoso era también para cumplirlo.

22 Por lo cual también *su fe* LE FUE CONTADA POR JUSTICIA.

23 Y no sólo por él fue escrito que le fue contada,

24 sino también por nosotros, a quienes será contada: *como* los que creen en aquel que levantó de los muertos a Jesús nuestro Señor,

25 el cual fue entregado por causa de nuestras transgresiones y resucitado por causa de nuestra justificación.

Resultados de la justificación

5 Por tanto, habiendo sido justificados por la fe, tenemos paz para con Dios por medio de nuestro Señor Jesucristo,

2 por medio de quien también hemos obtenido entrada por la fe a esta gracia en la cual estamos firmes, y nos gloriamos en la esperanza de la gloria de Dios.

3 Y no sólo esto, sino que también nos gloriamos en las tribulaciones, sabiendo que la tribulación produce paciencia;

4 y la paciencia, carácter probado; y el carácter probado, esperanza;

5 y la esperanza no desilusiona, porque el amor de Dios ha sido derramado en nuestros corazones por medio del Espíritu Santo que nos fue dado.

6 Porque mientras aún éramos débiles, a su tiempo Cristo murió por los impíos.

7 Porque a duras penas habrá alguien que muera por un justo, aunque tal vez alguno se atreva a morir por el bueno.

8 Pero Dios demuestra su amor para con nosotros, en que siendo aún pecadores, Cristo murió por nosotros.

9 Entonces mucho más, habiendo sido ahora justificados por su sangre, seremos salvos de la ira *de Dios* por medio de El.

10 Porque si cuando éramos enemigos fuimos reconciliados con Dios por la muerte de su Hijo, mucho más, habiendo sido reconciliados, seremos salvos por su vida.

11 Y no sólo *esto*, sino que también nos gloriamos en Dios por medio de nuestro Señor Jesucristo, por quien ahora hemos recibido la reconciliación.

12 Por tanto, tal como el pecado entró en el mundo por un hombre, y la muerte por el pecado, así también la muerte se extendió a todos los hombres, porque todos pecaron;

13 pues antes de la ley había pecado en el mundo, pero el pecado no se imputa cuando no hay ley.

14 Sin embargo, la muerte reinó desde Adán hasta Moisés, aun sobre los que no habían pecado con una transgresión semejante a la de Adán, el cual es figura del que había de venir.

15 Pero no sucede con la dádiva como con la transgresión. Porque si por la transgresión de uno murieron los muchos, mucho más, la gracia de Dios y el don por la gracia de un hombre, Jesucristo, abundaron para los muchos.

16 Tampoco sucede con el don como con *lo que vino* por medio de aquel que pecó; porque ciertamente el juicio *surgió a causa* de una *transgresión*, resultando en condenación; pero la dádiva *surgió a causa* de muchas transgresiones resultando en justificación.

17 Porque si por la transgresión de uno, por éste reinó la muerte, mucho más reinarán en vida por medio de uno, Jesucristo, los que reciben la abundancia de la gracia y del don de la justicia.

18 Así pues, tal como por una transgresión resultó la condenación de todos los hombres, así también por un acto de justicia resultó la justificación de vida para todos los hombres.

19 Porque así como por la desobediencia de un hombre los muchos fueron constituidos pecadores, así también por la obediencia de uno los muchos serán constituidos justos.

20 Y la ley se introdujo para que abundara la transgresión, pero donde el pecado abundó, sobreabundó la gracia,

21 para que así como el pecado reinó en la muerte, así también la gracia reine por medio de la justicia para vida eterna, mediante Jesucristo nuestro Señor.

Muertos al pecado

6 ¿Qué diremos, entonces? ¿Continuaremos en pecado para que la gracia abunde?

2 ¡De ningún modo! Nosotros, que hemos muerto al pecado, ¿cómo viviremos aún en él?

3 ¿O no sabéis que todos los que hemos sido bautizados en Cristo Jesús, hemos sido bautizados en su muerte?

4 Por tanto, hemos sido sepultados con El por medio del bautismo para muerte, a fin de que como Cristo resucitó de entre los muertos por la gloria del Padre, así también nosotros andemos en novedad de vida.

5 Porque si hemos sido unidos *a El* en la semejanza de su muerte, ciertamente lo seremos también *en la semejanza* de su resurrección,

6 sabiendo esto, que nuestro viejo hombre fue crucificado con *El*, para que nuestro cuerpo de pecado fuera destruido, a fin de que ya no seamos esclavos del pecado;

7 porque el que ha muerto, ha sido libertado del pecado.

8 Y si hemos muerto con Cristo, creemos que también viviremos con El,

9 sabiendo que Cristo, habiendo resucitado de entre los muertos, no volverá a morir; ya la muerte no tiene dominio sobre El.

10 Porque por cuanto El murió, murió al pecado

de una vez para siempre; pero en cuanto vive, vive para Dios.

11 Así también vosotros, consideraos muertos para el pecado, pero vivos para Dios en Cristo Jesús.

12 Por tanto, no reine el pecado en vuestro cuerpo mortal para que *no* obedezcáis sus lujurias;

13 ni presentéis los miembros de vuestro cuerpo al pecado *como* instrumentos de iniquidad, sino presentaos vosotros mismos a Dios como vivos de entre los muertos, y vuestros miembros a Dios *como* instrumentos de justicia.

14 Porque el pecado no tendrá dominio sobre vosotros, pues no estáis bajo la ley sino bajo la gracia.

15 ¿Entonces qué? ¿Pecaremos porque no estamos bajo la ley, sino bajo la gracia? ¡De ningún modo!

16 ¿No sabéis que cuando os presentáis a alguno *como* esclavos para obedecerle, sois esclavos de aquel a quien obedecéis, ya sea del pecado para muerte, o de la obediencia para justicia?

17 Pero gracias a Dios, que *aunque* erais esclavos del pecado, os hicisteis obedientes de corazón a aquella forma de doctrina a la que fuisteis entregados;

18 y habiendo sido libertados del pecado, os habéis hecho siervos de la justicia.

19 Hablo en términos humanos, por causa de la debilidad de vuestra carne. Porque de la manera que presentasteis vuestros miembros *como* esclavos a la impureza y a la iniquidad, para iniquidad, así ahora presentad vuestros miembros *como* esclavos a la justicia, para santificación.

20 Porque cuando erais esclavos del pecado, erais libres en cuanto a la justicia.

21 ¿Qué fruto teníais entonces en aquellas cosas de las cuales ahora os avergonzáis? Porque el fin de esas cosas es muerte.

22 Pero ahora, habiendo sido libertados del pecado y hechos siervos de Dios, tenéis por vuestro fruto la santificación, y como resultado la vida eterna.

23 Porque la paga del pecado es muerte, pero la dádiva de Dios es vida eterna en Cristo Jesús Señor nuestro.

Analogía tomada del matrimonio

7 ¿Acaso ignoráis, hermanos (pues hablo a los que conocen la ley), que la ley tiene jurisdicción sobre una persona mientras vive?

2 Pues la mujer casada está ligada por la ley a su marido mientras él vive; pero si su marido muere, queda libre de la ley en cuanto al marido.

3 Así que, mientras vive su marido, será llamada adúltera si ella se une a otro hombre; pero si su marido muere, está libre de la ley, de modo que no es adúltera aunque se una a otro hombre.

4 Por tanto, hermanos míos, también a vosotros se os hizo morir a la ley por medio del cuerpo de Cristo, para que seáis unidos a otro, a aquel que resucitó de entre los muertos, a fin de que llevemos fruto para Dios.

5 Porque mientras estábamos en la carne, las pasiones pecaminosas *despertadas* por la ley, actuaban en los miembros de nuestro cuerpo a fin de llevar fruto para muerte.

6 Pero ahora hemos quedado libres de la ley, habiendo muerto a lo que nos ataba, de modo que sirvamos en la novedad del Espíritu y no en el arcaísmo de la letra.

7 ¿Qué diremos entonces? ¿Es pecado la ley? ¡De ningún modo! Al contrario, yo no hubiera llegado a conocer el pecado si no *hubiera sido* por medio de la ley; porque yo no hubiera sabido lo que es la codicia, si la ley no hubiera dicho: NO CODICIARAS.

8 Pero el pecado, aprovechándose del mandamiento, produjo en mí toda clase de codicia; porque aparte de la ley el pecado *está* muerto.

9 Y en un tiempo yo vivía sin la ley, pero al venir el mandamiento, el pecado revivió, y yo morí;

10 y este mandamiento, que era para vida, a mí me resultó para muerte;

11 porque el pecado, aprovechándose del mandamiento, me engañó, y por medio de él me mató.

12 Así que la ley es santa, y el mandamiento es santo, justo y bueno.

13 ¿Entonces lo que es bueno vino a ser *causa de* muerte para mí? ¡De ningún modo! Al contrario, fue el pecado, a fin de mostrarse que es pecado al producir mi muerte por medio de lo que es bueno, para que por medio del mandamiento el pecado llegue a ser en extremo pecaminoso.

14 Porque sabemos que la ley es espiritual, pero yo soy carnal, vendido a la esclavitud del pecado.

15 Porque lo que hago, no lo entiendo; porque no practico lo que quiero *hacer*, sino que lo que aborrezco, eso hago.

16 Y si lo que no quiero *hacer*, eso hago, estoy de acuerdo con la ley, *reconociendo* que es buena.

17 Así que ya no soy yo el que lo hace, sino el pecado que habita en mí.

18 Porque yo sé que en mí, es decir, en mi carne, no habita nada bueno; porque el querer está presente en mí, pero el hacer el bien, no.

19 Pues no hago el bien que deseo, sino que el mal que no quiero, eso practico.

20 Y si lo que no quiero *hacer*, eso hago, ya no soy yo el que lo hace, sino el pecado que habita en mí.

21 Así que, queriendo yo hacer el bien, hallo la ley de que el mal está presente en mí.

22 Porque en el hombre interior me deleito con la ley de Dios,

23 pero veo otra ley en los miembros de mi cuerpo que hace guerra contra la ley de mi mente, y me hace prisionero de la ley del pecado que está en mis miembros.

24 ¡Miserable de mí! ¿Quién me libertará de este cuerpo de muerte?

25 Gracias a Dios, por Jesucristo Señor nuestro. Así que yo mismo, por un lado, con la mente sirvo a la ley de Dios, pero por el otro, con la carne, a la ley del pecado.

No hay condenación para los que creen

8 Por consiguiente, no hay ahora condenación para los que están en Cristo Jesús, los que no andan conforme a la carne sino conforme al Espíritu.

2 Porque la ley del Espíritu de vida en Cristo

Jesús te ha libertado de la ley del pecado y de la muerte.

3 Pues lo que la ley no pudo hacer, ya que era débil por causa de la carne, Dios *lo hizo*: enviando a su propio Hijo en semejanza de carne de pecado y *como ofrenda* por el pecado, condenó al pecado en la carne,

4 para que el requisito de la ley se cumpliera en nosotros, que no andamos conforme a la carne, sino conforme al Espíritu.

5 Porque los que viven conforme a la carne, ponen la mente en las cosas de la carne, pero los que *viven* conforme al Espíritu, en las cosas del Espíritu.

6 Porque la mente puesta en la carne es muerte, pero la mente puesta en el Espíritu es vida y paz;

7 ya que la mente puesta en la carne es enemiga de Dios, porque no se sujeta a la ley de Dios, pues ni siquiera puede *hacerlo*,

8 y los que están en la carne no pueden agradar a Dios.

9 Sin embargo, vosotros no estáis en la carne sino en el Espíritu, si en verdad el Espíritu de Dios habita en vosotros. Pero si alguno no tiene el Espíritu de Cristo, el tal no es de El.

10 Y si Cristo está en vosotros, aunque el cuerpo esté muerto a causa del pecado, sin embargo, el espíritu está vivo a causa de la justicia.

11 Pero si el Espíritu de aquel que resucitó a Jesús de entre los muertos habita en vosotros, el *mismo* que resucitó a Cristo Jesús de entre los muertos, también dará vida a vuestros cuerpos mortales por medio de su Espíritu que habita en vosotros.

12 Así que, hermanos, somos deudores, no a la carne, para vivir conforme a la carne,

13 porque si vivís conforme a la carne, habréis de morir; pero si por el Espíritu hacéis morir las obras de la carne, viviréis.

14 Porque todos los que son guiados por el Espíritu de Dios, los tales son hijos de Dios.

15 Pues no habéis recibido un espíritu de esclavitud para volver otra vez al temor, sino que habéis recibido un espíritu de adopción como hijos, por el cual clamamos: ¡Abba, Padre!

16 El Espíritu mismo da testimonio a nuestro espíritu de que somos hijos de Dios,

17 y si hijos, también herederos; herederos de Dios y coherederos con Cristo, si en verdad padecemos con *El* a fin de que también seamos glorificados con *El*.

18 Pues considero que los sufrimientos de este tiempo presente no son dignos de ser comparados con la gloria que nos ha de ser revelada.

19 Porque el anhelo profundo de la creación es aguardar ansiosamente la revelación de los hijos de Dios.

20 Porque la creación fue sometida a vanidad, no de su propia voluntad, sino por causa de aquel que la sometió, en la esperanza

21 de que la creación misma será también liberada de la esclavitud de la corrupción a la libertad de la gloria de los hijos de Dios.

22 Pues sabemos que la creación entera a una gime y sufre dolores de parto hasta ahora.

23 Y no sólo *ella*, sino que también nosotros mismos, que tenemos las primicias del Espíritu, aun nosotros mismos gemimos en nuestro interior, aguardando ansiosamente la adopción como hijos, la redención de nuestro cuerpo.

24 Porque en esperanza hemos sido salvos, pero la esperanza que se ve no es esperanza, pues, ¿por qué esperar lo que uno ve?

25 Pero si esperamos lo que no vemos, con paciencia lo aguardamos.

26 Y de la misma manera, también el Espíritu nos ayuda en nuestra debilidad; porque no sabemos orar como debiéramos, pero el Espíritu mismo intercede *por nosotros* con gemidos indecibles;

27 y aquel que escudriña los corazones sabe cuál es el sentir del Espíritu, porque El intercede por los santos conforme a *la voluntad de* Dios.

28 Y sabemos que para los que aman a Dios, todas las cosas cooperan para bien, *esto es,* para los que son llamados conforme a *su* propósito.

29 Porque a los que de antemano conoció, también *los* predestinó *a ser* hechos conforme a la imagen de su Hijo, para que El sea el primogénito entre muchos hermanos;

30 y a los que predestinó, a ésos también llamó; y a los que llamó, a ésos también justificó; y a los que justificó, a ésos también glorificó.

31 Entonces, ¿qué diremos a esto? Si Dios *está* por nosotros, ¿quién *estará* contra nosotros?

32 El que no eximió ni a su propio Hijo, sino que lo entregó por todos nosotros, ¿cómo no nos concederá también con El todas las cosas?

33 ¿Quién acusará a los escogidos de Dios? Dios es el que justifica.

34 ¿Quién es el que condena? Cristo Jesús es el que murió, sí, más aún, el que resucitó, el que además está a la diestra de Dios, el que también intercede por nosotros.

35 ¿Quién nos separará del amor de Cristo? ¿Tribulación, o angustia, o persecución, o hambre, o desnudez, o peligro, o espada?

36 Tal como está escrito:

POR CAUSA TUYA SOMOS PUESTOS A MUERTE TODO EL DIA;
SOMOS CONSIDERADOS COMO OVEJAS PARA EL MATADERO.

37 Pero en todas estas cosas somos más que vencedores por medio de aquel que nos amó.

38 Porque estoy convencido de que ni la muerte, ni la vida, ni ángeles, ni principados, ni lo presente, ni lo por venir, ni los poderes,

39 ni lo alto, ni lo profundo, ni ninguna otra cosa creada nos podrá separar del amor de Dios que es en Cristo Jesús Señor nuestro.

La elección de Israel

9 Digo la verdad en Cristo, no miento, dándome testimonio mi conciencia en el Espíritu Santo,

2 de que tengo gran tristeza y continuo dolor en mi corazón.

3 Porque desearía yo mismo ser anatema, *separado* de Cristo por amor a mis hermanos, mis parientes según la carne,

4 que son israelitas, a quienes pertenece la adopción como hijos, y la gloria, los pactos, la promulgación de la ley, el culto y las promesas,

5 de quienes son los patriarcas, y de quienes, según la carne, procede el Cristo, el cual está sobre todas las cosas, Dios bendito por los siglos. Amén.

6 Pero no *es* que la palabra de Dios haya fallado. Porque no todos los *descendientes* de Israel son Israel;

7 ni son todos hijos por ser descendientes de Abraham, sino que POR ISAAC SERA LLAMADA TU DESCENDENCIA.

8 Esto es, no son los hijos de la carne los que son hijos de Dios, sino que los hijos de la promesa son considerados como descendientes.

9 Porque esta es una palabra de promesa: POR ESTE TIEMPO VOLVERE, Y SARA TENDRA UN HIJO.

10 Y no sólo *esto*, sino que también Rebeca, cuando concibió *mellizos* de uno, nuestro padre Isaac

11 (porque aún cuando *los mellizos* no habían nacido, y no habían hecho nada, ni bueno ni malo, para que el propósito de Dios conforme a *su* elección permaneciera, no por las obras, sino por aquel que llama),

12 se le dijo a ella: EL MAYOR SERVIRA AL MENOR.

13 Tal como está escrito: A JACOB AME, PERO A ESAU ABORRECI.

14 ¿Qué diremos entonces? ¿Que hay injusticia en Dios? ¡De ningún modo!

15 Porque El dice a Moisés: TENDRE MISERICORDIA DEL QUE YO TENGA MISERICORDIA, Y TENDRE COMPASION DEL QUE YO TENGA COMPASION.

16 Así que no *depende* del que quiere ni del que corre, sino de Dios que tiene misericordia.

17 Porque la Escritura dice a Faraón: PARA ESTO MISMO TE HE LEVANTADO, PARA DEMOSTRAR MI PODER EN TI, Y PARA QUE MI NOMBRE SEA PROCLAMADO POR TODA LA TIERRA.

18 Así que del que quiere tiene misericordia, y al que quiere endurece.

19 Me dirás entonces: ¿Por qué, pues, todavía reprocha *Dios*? Porque ¿quién resiste a su voluntad?

20 Al contrario, ¿quién eres tú, oh hombre, que le contestas a Dios? ¿Dirá acaso el objeto modelado al que lo modela: Por qué me hiciste así?

21 ¿O no tiene el alfarero derecho sobre el barro de hacer de la misma masa un vaso para uso honroso y otro para uso deshonroso?

22 ¿Y qué, si Dios, aunque dispuesto a demostrar su ira y hacer notorio su poder, soportó con mucha paciencia a los vasos de ira preparados para destrucción?

23 *Lo hizo* para dar a conocer las riquezas de su gloria sobre los vasos de misericordia, que de antemano El preparó para gloria,

24 *es decir*, nosotros, a quienes también llamó, no sólo de entre los judíos, sino también de entre los gentiles,

25 Como también dice en Oseas:

A LOS QUE NO ERAN MI PUEBLO, LLAMARE:
"PUEBLO MIO",
Y A LA QUE NO ERA AMADA: "AMADA *mía*."

26 Y ACONTECERA QUE EN EL LUGAR DONDE LES FUE DICHO: "VOSOTROS NO SOIS MI PUEBLO", ALLI SERAN LLAMADOS HIJOS DEL DIOS VIVIENTE.

27 Isaías también exclama en cuanto a Israel: AUNQUE EL NUMERO DE LOS HIJOS DE ISRAEL SEA COMO LA ARENA DEL MAR, *sólo* EL REMANENTE SERA SALVO;

28 PORQUE EL SEÑOR EJECUTARA SU PALABRA SOBRE LA TIERRA CABALMENTE Y CON BREVEDAD.

29 Y como Isaías predijo:

SI EL SEÑOR DE LOS EJERCITOS NO NOS HUBIERA DEJADO DESCENDENCIA,
HUBIERAMOS LLEGADO A SER COMO SODOMA, Y HECHOS SEMEJANTES A GOMORRA.

30 ¿Qué diremos entonces? Que los gentiles, que no iban tras la justicia, alcanzaron justicia, es decir, la justicia que es por fe;

31 pero Israel, que iba tras una ley de justicia, no alcanzó *esa* ley.

32 ¿Por qué? Porque no *iban tras ella* por fe, sino como por obras. Tropezaron en la piedra de tropiezo,

33 tal como está escrito:

HE AQUI, PONGO EN SION UNA PIEDRA DE TROPIEZO Y ROCA DE ESCANDALO;
Y EL QUE CREA EN EL NO SERA AVERGONZADO.

10 Hermanos, el deseo de mi corazón y mi oración a Dios por ellos es para *su* salvación.

2 Porque yo testifico a su favor de que tienen celo de Dios, pero no conforme a un pleno conocimiento.

3 Pues desconociendo la justicia de Dios y procurando establecer la suya propia, no se sometieron a la justicia de Dios.

4 Porque Cristo es el fin de la ley para justicia a todo aquel que cree.

5 Porque Moisés escribe que el hombre que practica la justicia que es de la ley, vivirá por ella.

6 Pero la justicia que es de la fe, dice así: No DIGAS EN TU CORAZON: "¿QUIEN SUBIRA AL CIELO?" (esto es, para hacer bajar a Cristo),

7 o "¿QUIEN DESCENDERA AL ABISMO?" (esto es, para subir a Cristo de entre los muertos).

8 Mas, ¿qué dice? CERCA DE TI ESTA LA PALABRA, EN TU BOCA Y EN TU CORAZON, es decir, la palabra de fe que predicamos:

9 que si confiesas con tu boca a Jesús *por* Señor, y crees en tu corazón que Dios le resucitó de entre los muertos, serás salvo;

10 porque con el corazón se cree para justicia, y con la boca se confiesa para salvación.

11 Pues la Escritura dice: TODO EL QUE CREE EN EL NO SERA AVERGONZADO.

12 Porque no hay distinción entre judío y griego, pues el mismo *Señor* es Señor de todos, abundando en riquezas para todos los que le invocan;

13 porque: TODO AQUEL QUE INVOQUE EL NOMBRE DEL SEÑOR SERA SALVO.

14 ¿Cómo, pues, invocarán a aquel en quien no han creído? ¿Y cómo creerán en aquel de quien no han oído? ¿Y cómo oirán sin haber quien les predique?

15 ¿Y cómo predicarán si no son enviados? Tal como está escrito: ¡CUAN HERMOSOS SON LOS PIES DE LOS QUE ANUNCIAN EL EVANGELIO DEL BIEN!

16 Sin embargo, no todos hicieron caso al evangelio, porque Isaías dice: SEÑOR, ¿QUIEN HA CREIDO A NUESTRO ANUNCIO?

17 Así que la fe *viene* del oír, y el oír, por la palabra de Cristo.

18 Pero yo digo, ¿acaso nunca han oído? Ciertamente que sí:

POR TODA LA TIERRA HA SALIDO SU VOZ,
Y HASTA LOS CONFINES DEL MUNDO SUS PALABRAS.

19 Y añado: ¿Acaso Israel no sabía? En primer lugar, Moisés dice:

YO OS PROVOCARE A CELOS CON UN *pueblo* QUE NO ES PUEBLO;

CON UN PUEBLO SIN ENTENDIMIENTO OS PROVOCARE A IRA.

20 E Isaías es muy osado, y dice:

FUI HALLADO POR LOS QUE NO ME BUSCABAN; ME MANIFESTE A LOS QUE NO PREGUNTABAN POR MI.

21 Pero en cuanto a Israel, dice: TODO EL DIA HE EXTENDIDO MIS MANOS A UN PUEBLO DESOBEDIENTE Y REBELDE.

El remanente de Israel

11 Digo entonces: ¿Acaso ha desechado Dios a su pueblo? ¡De ningún modo! Porque yo también soy israelita, descendiente de Abraham, de la tribu de Benjamín.

2 Dios no ha desechado a su pueblo, al cual conoció con anterioridad. ¿O no sabéis lo que dice la Escritura en *el pasaje sobre* Elías, cómo suplica a Dios contra Israel:

3 Señor, HAN DADO MUERTE A TUS PROFETAS, HAN DERRIBADO TUS ALTARES; Y YO SOLO HE QUEDADO Y ATENTAN CONTRA MI VIDA?

4 Pero, ¿qué le dice la respuesta divina?: Me HE RESERVADO SIETE MIL HOMBRES QUE NO HAN DOBLADO LA RODILLA A BAAL.

5 Y de la misma manera, también ha quedado en el tiempo presente un remanente conforme a la elección de la gracia *de Dios*.

6 Pero si es por gracia, ya no es a base de obras, de otra manera la gracia ya no es gracia. Y si por obras, ya no es gracia; de otra manera la obra ya no es obra.

7 Entonces ¿qué? Aquello que Israel busca no lo ha alcanzado, pero los que fueron escogidos lo alcanzaron y los demás fueron endurecidos;

8 tal como está escrito:

DIOS LES DIO UN ESPIRITU DE ESTUPOR, OJOS CON QUE NO VEN Y OIDOS CON QUE NO OYEN, HASTA EL DIA DE HOY.

9 Y David dice:

SU BANQUETE SE CONVIERTA EN LAZO Y EN TRAMPA,

Y EN PIEDRA DE TROPIEZO Y EN RETRIBUCION PARA ELLOS.

10 OSCUREZCANSE SUS OJOS PARA QUE NO PUEDAN VER,

Y DOBLA SUS ESPALDAS PARA SIEMPRE.

11 Digo entonces: ¿Acaso tropezaron para caer? ¡De ningún modo! Pero por su transgresión *ha venido* la salvación a los gentiles, para causarles celos.

12 Y si su transgresión es riqueza para el mundo, y su fracaso es riqueza para los gentiles, ¡cuánto más será su plenitud!

13 Pero a vosotros hablo, gentiles. Entonces, puesto que yo soy apóstol de los gentiles, honro mi ministerio,

14 si en alguna manera puedo causar celos a mis compatriotas y salvar a algunos de ellos.

15 Porque si el excluirlos a ellos es la reconciliación del mundo, ¿qué será *su* admisión, sino vida de entre los muertos?

16 Y si el primer pedazo *de masa* es santo, también lo es *toda* la masa; y si la raíz es santa, también lo son las ramas.

17 Pero si algunas de las ramas fueron desgajadas, y tú, siendo un olivo silvestre, fuiste injertado entre ellas y fuiste hecho participante con ellas de la rica savia de la raíz del olivo,

18 no seas arrogante para con las ramas; pero si eres arrogante, *recuerda que* tú no eres el que sustenta la raíz, sino la raíz *la que te sustenta* a ti.

19 Dirás entonces: Las ramas fueron desgajadas para que yo fuera injertado.

20 Muy cierto; fueron desgajadas por su incredulidad, pero tú por la fe te mantienes firme. No seas altanero, sino teme;

21 porque si Dios no perdonó a las ramas naturales, tampoco a ti te perdonará.

22 Mira, pues, la bondad y la severidad de Dios; severidad para con los que cayeron, pero para ti, bondad de Dios si permaneces en *su* bondad; de lo contrario también tú serás cortado.

23 Y también ellos, si no permanecen en *su* incredulidad, serán injertados, pues poderoso es Dios para injertarlos de nuevo.

24 Porque si tú fuiste cortado de lo que por naturaleza es un olivo silvestre, y contra lo que es natural fuiste injertado en un olivo cultivado, ¿cuánto más éstos, que son las *ramas* naturales, serán injertados en su propio olivo?

25 Porque no quiero, hermanos, que ignoréis este misterio, para que no seáis sabios en vuestra propia opinión: que a Israel le ha acontecido un endurecimiento parcial hasta que haya entrado la plenitud de los gentiles;

26 y así, todo Israel será salvo; tal como está escrito:

EL LIBERTADOR VENDRA DE SION;

APARTARA LA IMPIEDAD DE JACOB.

27 Y ESTE ES MI PACTO CON ELLOS,

CUANDO YO QUITE SUS PECADOS.

28 En cuanto al evangelio, son enemigos por causa de vosotros; pero en cuanto a la elección *de* Dios, son amados por causa de los padres;

29 porque los dones y el llamamiento de Dios son irrevocables.

30 Pues así como vosotros en otro tiempo fuisteis desobedientes a Dios, pero ahora se os ha mostrado misericordia por razón de la desobediencia de ellos,

31 así también ahora éstos han sido desobedientes, para que por la misericordia mostrada a vosotros, también a ellos ahora les sea mostrada misericordia.

32 Porque Dios ha encerrado a todos en desobediencia para mostrar misericordia a todos.

33 ¡Oh, profundidad de las riquezas y de la sabiduría y del conocimiento de Dios! ¡Cuán insondables son sus juicios e inescrutables sus caminos!

34 Pues, ¿QUIEN HA CONOCIDO LA MENTE DEL SEÑOR?, ¿O QUIEN LLEGO A SER SU CONSEJERO?,

35 ¿O QUIEN LE HA DADO A EL PRIMERO PARA QUE SE LE TENGA QUE RECOMPENSAR?

36 Porque de El, por El y para El son todas las cosas. A El *sea* la gloria para siempre. Amén.

Actitud consecuente del creyente

12 Por consiguiente, hermanos, os ruego por las misericordias de Dios que presentéis vuestros cuerpos *como* sacrificio vivo y santo, aceptable a Dios, *que es* vuestro culto racional.

2 Y no os adaptéis a este mundo, sino

transformaos mediante la renovación de vuestra mente, para que verifiquéis cuál es la voluntad de Dios: lo que es bueno, aceptable y perfecto.

3 Porque en virtud de la gracia que me ha sido dada, digo a cada uno de vosotros que no piense más alto de sí que lo que debe pensar, sino que piense con buen juicio, según la medida de fe que Dios ha distribuido a cada uno.

4 Pues así como en un cuerpo tenemos muchos miembros, pero no todos los miembros tienen la misma función,

5 así nosotros, que somos muchos, somos un cuerpo en Cristo e individualmente miembros los unos de los otros.

6 Pero teniendo dones que difieren, según la gracia que nos ha sido dada, *usémoslos:* si el de profecía, *úsese* en proporción a la fe;

7 si el de servicio, en servir; o el que enseña, en la enseñanza;

8 el que exhorta, en la exhortación; el que da, con liberalidad; el que dirige, con diligencia; el que muestra misericordia, con alegría.

9 El amor *sea* sin hipocresía; aborreciendo lo malo, aplicándoos a lo bueno.

10 *Sed* afectuosos unos con otros con amor fraternal; con honra, daos preferencia unos a otros;

11 no seáis perezosos en *lo que requiere* diligencia; fervientes en espíritu, sirviendo al Señor,

12 gozándo*os* en la esperanza, perseverando en el sufrimiento, dedicados a la oración,

13 contribuyendo para las necesidades de los santos, practicando la hospitalidad.

14 Bendecid a los que os persiguen; bendecid, y no maldigáis.

15 Gozaos con los que se gozan y llorad con los que lloran.

16 Tened el mismo sentir unos con otros; no seáis altivos en vuestro pensar, sino condescendiendo con los humildes. No seáis sabios en vuestra propia opinión.

17 Nunca paguéis a nadie mal por mal. Respetad lo bueno delante de todos los hombres.

18 Si es posible, en cuanto de vosotros dependa, estad en paz con todos los hombres.

19 Amados, nunca os venguéis vosotros mismos, sino dad lugar a la ira *de Dios,* porque escrito está: MIA ES LA VENGANZA, YO PAGARE, dice el Señor.

20 PERO SI TU ENEMIGO TIENE HAMBRE, DALE DE COMER; Y SI TIENE SED, DALE DE BEBER, PORQUE HACIENDO ESTO, CARBONES ENCENDIDOS AMONTONARAS SOBRE SU CABEZA.

21 No seas vencido por el mal, sino vence con el bien el mal.

Actitud hacia las autoridades

13 Sométase toda persona a las autoridades que gobiernan; porque no hay autoridad sino de Dios, y las que existen, por Dios son constituidas.

2 Por consiguiente, el que resiste a la autoridad, a lo ordenado por Dios se ha opuesto; y los que se han opuesto, sobre sí recibirán condenación.

3 Porque los gobernantes no son motivo de temor para los de buena conducta, sino para el que hace el mal. ¿Deseas, pues, no temer a la autoridad? Haz lo bueno y tendrás elogios de ella,

4 pues es para ti un ministro de Dios para bien. Pero si haces lo malo, teme; porque no en vano lleva la espada, pues ministro es de Dios, un vengador que castiga al que practica lo malo.

5 Por tanto, es necesario someterse, no sólo por razón del castigo, sino también por causa de la conciencia.

6 Pues por esto también pagáis impuestos, porque *los gobernantes* son servidores de Dios, dedicados precisamente a esto.

7 Pagad a todos lo que debáis; al que impuesto, impuesto; al que tributo, tributo; al que temor, temor; al que honor, honor.

8 No debáis a nadie nada, sino el amaros unos a otros; porque el que ama a su prójimo, ha cumplido la ley.

9 Porque esto: NO COMETERAS ADULTERIO, NO MATARAS, NO HURTARAS, NO CODICIARAS, y cualquier otro mandamiento, en estas palabras se resume: AMARAS A TU PROJIMO COMO A TI MISMO.

10 El amor no hace mal al prójimo; por tanto, el amor es el cumplimiento de la ley.

11 Y *haced todo* esto, conociendo el tiempo, que ya es hora de despertaros del sueño; porque ahora la salvación está más cerca de nosotros que cuando creímos.

12 La noche está muy avanzada, y el día está cerca. Por tanto, desechemos las obras de las tinieblas y vistámonos con las armas de la luz.

13 Andemos decentemente, como de día, no en orgías y borracheras, no en promiscuidad sexual y lujurias, no en pleitos y envidias;

14 antes bien, vestíos del Señor Jesucristo, y no penséis en proveer para las lujurias de la carne.

Principios que rigen problemas de conciencia

14 Aceptad al que es débil en la fe, *pero no* para juzgar *sus* opiniones.

2 Uno tiene fe en que puede comer de todo, pero el que es débil *sólo* come legumbres.

3 El que come no menosprecie al que no come, y el que no come no juzgue al que come, porque Dios lo ha aceptado.

4 ¿Quién eres tú para juzgar al criado de otro? Para su propio amo está en pie o cae, y en pie se mantendrá, porque poderoso es el Señor para sostenerlo en pie.

5 Uno juzga que un día es superior a otro, otro juzga *iguales* todos los días. Cada cual esté plenamente convencido según su propio sentir.

6 El que guarda cierto día, para el Señor lo guarda; y el que come, para el Señor come, pues da gracias a Dios; y el que no come, para el Señor se abstiene, y da gracias a Dios.

7 Porque ninguno de nosotros vive para sí mismo, y ninguno muere para sí mismo;

8 pues si vivimos, para el Señor vivimos, y si morimos, para el Señor morimos; por tanto, ya sea que vivamos o que muramos, del Señor somos.

9 Porque para esto Cristo murió y resucitó, para ser Señor tanto de los muertos como de los vivos.

10 Pero tú, ¿por qué juzgas a tu hermano? O también, tú, ¿por qué menosprecias a tu hermano? Porque todos compareceremos ante el tribunal de Dios.

11 Porque está escrito:

VIVO YO—DICE EL SEÑOR—QUE ANTE MI SE
DOBLARA TODA RODILLA,
Y TODA LENGUA ALABARA A DIOS.

12 De modo que cada uno de nosotros dará a
Dios cuenta de sí mismo.

13 Por consiguiente, ya no nos juzguemos los
unos a los otros, sino más bien decidid esto: no
poner obstáculo o piedra de tropiezo al hermano.

14 Yo sé, y estoy convencido en el Señor Jesús,
de que nada es inmundo en sí mismo; pero para
el que estima que algo es inmundo, para él lo es.

15 Porque si por causa de la comida tu hermano
se entristece, ya no andas conforme al amor. No
destruyas con tu comida a aquel por quien Cristo
murió.

16 Por tanto, no permitáis que se hable mal de lo
que para vosotros es bueno.

17 Porque el reino de Dios no es comida ni
bebida, sino justicia y paz y gozo en el Espíritu
Santo.

18 Porque el que de esta *manera* sirve a Cristo,
es aceptable a Dios y aprobado por los hombres.

19 Así que procuremos lo que contribuye a la
paz y a la edificación mutua.

20 No destruyas la obra de Dios por causa de la
comida. En realidad, todas las cosas son limpias,
pero son malas para el hombre que escandaliza *a
otro* al comer.

21 Es mejor no comer carne, ni beber vino, ni
hacer nada en que tu hermano tropiece.

22 La fe que tú tienes, ten*la* conforme a tu
propia convicción delante de Dios. Dichoso el
que no se condena a sí mismo en lo que aprueba.

23 Pero el que duda, si come se condena, porque
no *lo hace* por fe; y todo lo que no procede de fe,
es pecado.

15 Así que, nosotros los que somos fuertes,
debemos sobrellevar las flaquezas de los
débiles y no agradarnos a nosotros mismos.

2 Cada uno de nosotros agrade a su prójimo en
lo que es bueno para *su* edificación.

3 Pues ni aun Cristo se agradó a sí mismo;
antes bien, como está escrito: LOS VITUPERIOS DE
LOS QUE TE INJURIABAN CAYERON SOBRE MI.

4 Porque todo lo que fue escrito en tiempos
pasados, para nuestra enseñanza se escribió, a fin
de que por medio de la paciencia y del consuelo
de las Escrituras tengamos esperanza.

5 Y que el Dios de la paciencia y del consuelo
os conceda tener el mismo sentir los unos para
con los otros conforme a Cristo Jesús,

6 para que unánimes, a una voz, glorifiquéis al
Dios y Padre de nuestro Señor Jesucristo.

7 Por tanto, aceptaos los unos a los otros, como
también Cristo nos aceptó para gloria de Dios.

8 Pues *os* digo que Cristo se hizo servidor de la
circuncisión para demostrar la verdad de Dios,
para confirmar las promesas *dadas* a los padres,

9 y para que los gentiles glorifiquen a Dios por
su misericordia; como está escrito:

POR TANTO, TE CONFESARE ENTRE LOS
GENTILES,
Y A TU NOMBRE CANTARE.

10 Y vuelve a decir:

REGOCIJAOS, GENTILES, CON SU PUEBLO.

11 Y de nuevo:

ALABAD AL SEÑOR TODOS LOS GENTILES,
Y ALABENLE TODOS LOS PUEBLOS.

12 Y a su vez, Isaías dice:

RETOÑARA LA RAIZ DE ISAI,
EL QUE SE LEVANTA A REGIR A LOS GENTILES;
LOS GENTILES PONDRAN EN EL SU ESPERANZA.

13 Y el Dios de la esperanza os llene de todo
gozo y paz en el creer, para que abundéis en
esperanza por el poder del Espíritu Santo.

14 En cuanto a vosotros, hermanos míos, yo
mismo estoy también convencido de que vosotros
estáis llenos de bondad, llenos de todo conocimiento y capaces también de amonestaros los
unos a los otros.

15 Pero os he escrito con atrevimiento sobre
algunas cosas, para así hacer que *las* recordéis
otra vez, por la gracia que me fue dada por Dios,

16 para ser ministro de Cristo Jesús a los
gentiles, ministrando a manera de sacerdote el
evangelio de Dios, a fin de que la ofrenda *que
hago* de los gentiles sea aceptable, santificada por
el Espíritu Santo.

17 Por tanto, en Cristo Jesús he hallado razón
para gloriarme en las cosas que se refieren a
Dios.

18 Porque no me atreveré a hablar de nada sino
de lo que Cristo ha hecho por medio de mí para
la obediencia de los gentiles, en palabra y en
obra,

19 con el poder de señales y prodigios, en el
poder del Espíritu de Dios; de manera que desde
Jerusalén y por los alrededores hasta el Ilírico he
predicado en toda su plenitud el evangelio de
Cristo.

20 De esta manera me esforcé en anunciar el
evangelio, no donde Cristo era *ya* conocido, para
no edificar sobre el fundamento de otro;

21 sino como está escrito:

AQUELLOS A QUIENES NUNCA LES FUE
ANUNCIADO ACERCA DE EL, VERAN,
Y LOS QUE NO HAN OIDO, ENTENDERAN.

22 Por esta razón muchas veces me he visto
impedido de ir a vosotros,

23 pero ahora, no quedando ya más lugares para
mí en estas regiones, y puesto que por muchos
años he tenido un gran deseo de ir a vosotros,

24 cuando vaya a España *iré a vosotros*. Porque
espero veros al pasar y que me ayudéis a
continuar hacia allá, después de que haya disfru-
tado un poco de vuestra compañía.

25 Pero ahora voy a Jerusalén para el servicio de
los santos,

26 pues Macedonia y Acaya han tenido a bien
hacer una colecta para los pobres de entre los
santos *que están* en Jerusalén.

27 Sí, tuvieron a bien *hacerlo*, y *a la verdad que*
están en deuda con ellos. Porque si los gentiles
han participado de sus bienes espirituales,
también están obligados a servir a los santos en
los bienes materiales.

28 Así que cuando haya cumplido esto y les
haya entregado esta ofrenda, iré a España
llegando de paso a *veros*.

29 Y sé que cuando vaya a vosotros, iré en la
plenitud de la bendición de Cristo.

30 Os ruego, hermanos, por nuestro Señor Jesucristo y por el amor del Espíritu, que os esforcéis
juntamente conmigo en vuestras oraciones a
Dios por mí,

31 para que sea librado de los que son desobedientes en Judea, y *que* mi servicio a Jerusalén
sea aceptable a los santos,

32 y para que con gozo llegue a vosotros por la voluntad de Dios, y encuentre *confortante* reposo con vosotros.

33 El Dios de paz sea con todos vosotros. Amén.

Recomendaciones y saludos personales

16 Os recomiendo a nuestra hermana Febe, diaconisa de la iglesia en Cencrea;

2 que la recibáis en el Señor de una manera digna de los santos, y que la ayudéis en cualquier asunto en que ella necesite de vosotros, porque ella también ha ayudado a muchos y *aun* a mí mismo.

3 Saludad a Priscila y a Aquila, mis colaboradores en Cristo Jesús,

4 los cuales expusieron su vida por mí, a quienes no sólo yo doy gracias, sino también todas las iglesias de los gentiles.

5 *Saludad* también a la iglesia que está en su casa. Saludad a mi querido *hermano* Epeneto, que es el primer convertido a Cristo en Asia.

6 Saludad a María, que ha trabajado mucho por vosotros.

7 Saludad a Andrónico y a Junias, mis parientes y compañeros de prisión, que se destacan entre los apóstoles *y* quienes también vinieron a Cristo antes que yo.

8 Saludad a Amplias, mi querido *hermano* en el Señor.

9 Saludad a Urbano, nuestro colaborador en Cristo, y a mi querido *hermano* Estaquis.

10 Saludad a Apeles, el aprobado en Cristo. Saludad a los de la *casa* de Aristóbulo.

11 Saludad a Herodión, mi pariente. Saludad a los de la *casa* de Narciso, que son del Señor.

12 Saludad a Trifena y a Trifosa, obreras del Señor. Saludad a la querida *hermana* Pérsida, que ha trabajado mucho en el Señor.

13 Saludad a Rufo, escogido en el Señor, también a su madre y mía.

14 Saludad a Asíncrito, a Flegonte, a Hermes, a Patrobas, a Hermas y a los hermanos con ellos.

15 Saludad a Filólogo y a Julia, a Nereo y a su hermana, y a Olimpas y a todos los santos que están con ellos.

16 Saludaos los unos a los otros con un beso santo. Todas las iglesias de Cristo os saludan.

17 Y os ruego, hermanos, que vigiléis a los que causan disensiones y tropiezos contra las enseñanzas que vosotros aprendisteis, y que os apartéis de ellos.

18 Porque los tales son esclavos, no de Cristo nuestro Señor, sino de sus propios apetitos, y por medio de palabras suaves y lisonjeras engañan los corazones de los ingenuos.

19 Porque la *noticia* de vuestra obediencia se ha extendido a todos; por tanto, me regocijo por vosotros, pero quiero que seáis sabios para lo bueno e inocentes para lo malo.

20 Y el Dios de paz aplastará pronto a Satanás debajo de vuestros pies.

La gracia de nuestro Señor Jesucristo sea con vosotros.

21 Timoteo, mi colaborador, os saluda, y *también* Lucio, Jasón y Sosípater, mis parientes.

22 Yo, Tercio, que escribo esta carta, os saludo en el Señor.

23 Gayo, hospedador mío y de toda la iglesia, os saluda. Erasto, el tesorero de la ciudad, os saluda, y el hermano Cuarto.

24 La gracia de nuestro Señor Jesucristo sea con todos vosotros. Amén.

25 Y a aquel que es poderoso para afirmaros conforme a mi evangelio y a la predicación de Jesucristo, según la revelación del misterio que ha sido mantenido en secreto durante siglos sin fin,

26 pero que ahora ha sido manifestado, y por las Escrituras de los profetas, conforme al mandamiento del Dios eterno, se ha dado a conocer a todas las naciones para *guiarlas a* la obediencia de la fe,

27 al único *y* sabio Dios, por medio de Jesucristo, sea la gloria para siempre. Amén.

Primera Epístola del Apóstol San Pablo a los
CORINTIOS

Saludo

1 Pablo, llamado *a ser* apóstol de Jesucristo por la voluntad de Dios, y Sóstenes, nuestro hermano,

2 a la iglesia de Dios que está en Corinto, a los que han sido santificados en Cristo Jesús, llamados *a ser* santos, con todos los que en cualquier parte invocan el nombre de nuestro Señor Jesucristo, *Señor* de ellos y nuestro:

3 Gracia a vosotros y paz de parte de Dios nuestro Padre y del Señor Jesucristo.

4 Siempre doy gracias a mi Dios por vosotros, por la gracia de Dios que os fue dada en Cristo Jesús,

5 porque en todo fuisteis enriquecidos en El, en toda palabra y en todo conocimiento,

6 así como el testimonio acerca de Cristo fue confirmado en vosotros;

7 de manera que nada os falta en ningún don,

esperando ansiosamente la revelación de nuestro Señor Jesucristo;

8 el cual también os confirmará hasta el fin, *para que seáis* irreprensibles en el día de nuestro Señor Jesucristo.

9 Fiel es Dios, por medio de quien fuisteis llamados a la comunión con su Hijo Jesucristo, Señor nuestro.

10 Os ruego, hermanos, por el nombre de nuestro Señor Jesucristo, que todos os pongáis de acuerdo, y que no haya divisiones entre vosotros, sino que estéis enteramente unidos en un mismo sentir y en un mismo parecer.

11 Porque he sido informado acerca de vosotros, hermanos míos, por *los* de Cloé, que hay contiendas entre vosotros.

12 Me refiero a que cada uno de vosotros dice: Yo soy de Pablo, yo de Apolos, yo de Cefas, yo de Cristo.

13 ¿Está dividido Cristo? ¿Acaso fue Pablo crucificado por vosotros? ¿O fuisteis bautizados en el nombre de Pablo?

14 Doy gracias a Dios que no bauticé a ninguno de vosotros, excepto a Crispo y a Gayo,

15 para que nadie diga que fuisteis bautizados en mi nombre.

16 También bauticé a los de la casa de Estéfanas; por lo demás, no sé si bauticé a algún otro.

17 Pues Cristo no me envió a bautizar, sino a predicar el evangelio, no con palabras elocuentes, para que no se haga vana la cruz de Cristo.

18 Porque la palabra de la cruz es necedad para los que se pierden, pero para nosotros los salvos es poder de Dios.

19 Porque está escrito:

DESTRUIRE LA SABIDURIA DE LOS SABIOS,
Y EL ENTENDIMIENTO DE LOS INTELIGENTES
DESECHARE.

20 ¿Dónde está el sabio? ¿Dónde el escriba? ¿Dónde el polemista de este siglo? ¿No ha hecho Dios que la sabiduría de este mundo sea necedad?

21 Porque ya que en la sabiduría de Dios el mundo no conoció a Dios por medio de *su propia* sabiduría, agradó a Dios, mediante la necedad de la predicación, salvar a los que creen.

22 Porque en verdad los judíos piden señales y los griegos buscan sabiduría;

23 pero nosotros predicamos a Cristo crucificado, piedra de tropiezo para los judíos, y necedad para los gentiles;

24 mas para los llamados, tanto judíos como griegos, Cristo *es* poder de Dios y sabiduría de Dios.

25 Porque la necedad de Dios es más sabia que los hombres, y la debilidad de Dios es más fuerte que los hombres.

26 Pues considerad, hermanos, vuestro llamamiento; no hubo muchos sabios conforme a la carne, ni muchos poderosos, ni muchos nobles;

27 sino que Dios ha escogido lo necio del mundo, para avergonzar a los sabios; y Dios ha escogido lo débil del mundo, para avergonzar a lo que es fuerte;

28 y lo vil y despreciado del mundo ha escogido Dios; lo que no es, para anular lo que es;

29 para que nadie se jacte delante de Dios.

30 Mas por obra suya estáis vosotros en Cristo Jesús, el cual se hizo para nosotros sabiduría de Dios, y justificación, y santificación, y redención,

31 para que, tal como está escrito: EL QUE SE GLORIA, QUE SE GLORIE EN EL SEÑOR.

Predicando a Cristo crucificado

2 Cuando fui a vosotros, hermanos, proclamándoos el testimonio de Dios, no fui con superioridad de palabra o de sabiduría,

2 pues nada me propuse saber entre vosotros, excepto a Jesucristo, y éste crucificado.

3 Y estuve entre vosotros con debilidad, y con temor y mucho temblor.

4 Y ni mi mensaje ni mi predicación fueron con palabras persuasivas de sabiduría, sino con demostración del Espíritu y de poder,

5 para que vuestra fe no descanse en la sabiduría de los hombres, sino en el poder de Dios.

6 Sin embargo, hablamos sabiduría entre los que han alcanzado madurez; pero una sabiduría no de este siglo, ni de los gobernantes de este siglo, que van desapareciendo.

7 sino que hablamos sabiduría de Dios en misterio, la *sabiduría* oculta que, desde antes de los siglos, Dios predestinó para nuestra gloria;

8 *la sabiduría* que ninguno de los gobernantes de este siglo ha entendido, porque si la hubieran entendido no habrían crucificado al Señor de gloria;

9 sino como está escrito:

COSAS QUE OJO NO VIO, NI OIDO OYO,
NI HAN ENTRADO AL CORAZON DEL HOMBRE,
son LAS COSAS QUE DIOS HA PREPARADO PARA
LOS QUE LE AMAN.

10 Pero Dios nos *las* reveló por medio del Espíritu, porque el Espíritu todo lo escudriña, aun las profundidades de Dios.

11 Porque entre los hombres, ¿quién conoce los *pensamientos* de un hombre, sino el espíritu del hombre que está en él? Asimismo, nadie conoce los *pensamientos* de Dios, sino el Espíritu de Dios.

12 Y nosotros hemos recibido, no el espíritu del mundo, sino el Espíritu que viene de Dios, para que conozcamos lo que Dios nos ha dado gratuitamente,

13 de lo cual también hablamos, no con palabras enseñadas por sabiduría humana, sino con las enseñadas por el Espíritu, combinando *pensamientos* espirituales con *palabras* espirituales.

14 Pero el hombre natural no acepta las cosas del Espíritu de Dios, porque para él son necedad; y no las puede entender, porque se disciernen espiritualmente.

15 En cambio, el que es espiritual juzga todas las cosas; pero él no es juzgado por nadie.

16 Porque ¿QUIEN HA CONOCIDO LA MENTE DEL SEÑOR, PARA QUE LE INSTRUYA? Mas nosotros tenemos la mente de Cristo.

Divisiones de la iglesia de Corinto

3 Así que yo, hermanos, no pude hablaros como a espirituales, sino como a carnales, como a niños en Cristo.

2 Os di a beber leche, no alimento sólido, porque todavía no podíais *recibirlo*. En verdad, ni aun ahora podéis,

3 porque todavía sois carnales. Pues habiendo celos y contiendas entre vosotros, ¿no sois carnales y andáis como hombres?

4 Porque cuando uno dice: Yo soy de Pablo, y otro: Yo soy de Apolos, ¿no sois *simplemente* hombres?

5 ¿Qué es, pues, Apolos? Y ¿qué es Pablo? Servidores mediante los cuales vosotros habéis creído, según el Señor dio *oportunidad* a cada uno.

6 Yo planté, Apolos regó, pero Dios ha dado el crecimiento.

7 Así que ni el que planta ni el que riega es algo, sino Dios que da el crecimiento.

8 Ahora bien, el que planta y el que riega son una misma cosa, pero cada uno recibirá su propia recompensa conforme a su propia labor.

9 Porque nosotros somos colaboradores de Dios, *y* vosotros sois labranza de Dios, edificio de Dios.

10 Conforme a la gracia de Dios que me fue dada, yo, como sabio arquitecto, puse el fundamento, y otro edifica sobre él. Pero cada uno tenga cuidado cómo edifica encima.

11 Pues nadie puede poner otro fundamento que el que ya está puesto, el cual es Jesucristo.

12 Ahora bien, si sobre el fundamento alguno edifica con oro, plata, piedras preciosas, madera, heno, paja,

13 la obra de cada uno se hará evidente; porque el día la dará a conocer, pues con fuego *será* revelada; el fuego mismo probará la calidad de la obra de cada uno.

14 Si permanece la obra de alguno que ha edificado sobre *el fundamento*, recibirá recompensa.

15 Si la obra de alguno es consumida *por el fuego*, sufrirá pérdida; sin embargo, él será salvo, aunque así como por fuego.

16 ¿No sabéis que sois templo de Dios y que el Espíritu de Dios habita en vosotros?

17 Si alguno destruye el templo de Dios, Dios lo destruirá a él, porque el templo de Dios es santo, y eso es lo que vosotros sois.

18 Nadie se engañe a sí mismo. Si alguno de vosotros se cree sabio según este mundo, hágase necio a fin de llegar a ser sabio.

19 Porque la sabiduría de este mundo es necedad ante Dios. Pues escrito está: *El es* EL QUE PRENDE A LOS SABIOS EN SU *propia* ASTUCIA.

20 Y también: EL SEÑOR CONOCE LOS RAZONAMIENTOS de los sabios, LOS CUALES SON INUTILES.

21 Así que nadie se jacte en los hombres, porque todo es vuestro:

22 ya sea Pablo, o Apolos, o Cefas, o el mundo, o la vida, o la muerte, o lo presente, o lo por venir, todo es vuestro,

23 y vosotros de Cristo, y Cristo de Dios.

Sólo Dios es juez

4 Que *todo* hombre nos considere de esta manera: como servidores de Cristo y administradores de los misterios de Dios.

2 Ahora bien, además se requiere de los administradores que *cada* uno sea hallado fiel.

3 En cuanto a mí, es de poca importancia que yo sea juzgado por vosotros, o por *cualquier* tribunal humano; de hecho, ni aun yo me juzgo a mí mismo.

4 Porque no estoy consciente de nada en contra mía; mas no por eso estoy sin culpa, pues el que me juzga es el Señor.

5 Por tanto, no juzguéis antes de tiempo, *sino esperad* hasta que el Señor venga, el cual sacará a la luz las cosas ocultas en las tinieblas y también pondrá de manifiesto los designios de los corazones; y entonces cada uno recibirá su alabanza de parte de Dios.

6 Esto, hermanos, lo he aplicado en sentido figurado a mí mismo y a Apolos por amor a vosotros, para que en nosotros aprendáis a no sobrepasar lo que está escrito, para que ninguno de vosotros se vuelva arrogante a favor del uno contra el otro.

7 Porque ¿quién te distingue? ¿Qué tienes que no recibiste? Y si lo recibiste, ¿por qué te jactas como si no lo hubieras recibido?

8 Ya estáis saciados, ya os habéis hecho ricos, ya habéis llegado a reinar sin *necesidad de* nosotros; y ojalá hubierais llegado a reinar, para que nosotros reinásemos también con vosotros.

9 Porque pienso que Dios nos ha exhibido a nosotros los apóstoles en último lugar, como a sentenciados a muerte; porque hemos llegado a ser un espectáculo para el mundo, los ángeles y los hombres.

10 Nosotros somos necios por amor de Cristo, mas vosotros, prudentes en Cristo; nosotros somos débiles, mas vosotros, fuertes; vosotros sois distinguidos, mas nosotros, sin honra.

11 Hasta el momento presente pasamos hambre y sed, andamos mal vestidos, somos maltratados y no tenemos dónde vivir;

12 nos agotamos trabajando con nuestras propias manos; cuando nos ultrajan, bendecimos; cuando somos perseguidos, lo soportamos;

13 cuando nos difaman, tratamos de reconciliar; hemos llegado a ser, hasta ahora, la escoria del mundo, el desecho de todo.

14 No escribo esto para avergonzaros, sino para amonestaros como a hijos míos amados.

15 Porque aunque tengáis innumerables maestros en Cristo, sin embargo no *tenéis* muchos padres; pues en Cristo Jesús yo os engendré por medio del evangelio.

16 Por tanto, os exhorto: sed imitadores míos.

17 Por esta razón os he enviado a Timoteo, que es mi hijo amado y fiel en el Señor, y él os recordará mis caminos, los *caminos* en Cristo, tal como enseño en todas partes, en cada iglesia.

18 Y algunos se han vuelto arrogantes, como si yo no hubiera de ir a vosotros.

19 Pero iré a vosotros pronto, si el Señor quiere, y conoceré, no las palabras de los arrogantes sino su poder.

20 Porque el reino de Dios no *consiste* en palabras, sino en poder.

21 ¿Qué queréis? ¿Iré a vosotros con vara, o con amor y espíritu de mansedumbre?

Inmoralidad en la iglesia de Corinto

5 En efecto, se oye que entre vosotros hay inmoralidad, y una inmoralidad tal como no existe ni siquiera entre los gentiles, al extremo de que alguno tiene la mujer de su padre.

2 Y os habéis vuelto arrogantes en lugar de haberos entristecido, para que el que de entre vosotros ha cometido esta acción fuera expulsado de en medio de vosotros.

3 Pues yo, por mi parte, aunque ausente en cuerpo pero presente en espíritu, como si estuviera presente, ya he juzgado al que cometió tal *acción*.

4 En el nombre de nuestro Señor Jesús, cuando vosotros estéis reunidos, y yo con vosotros en espíritu, con el poder de nuestro Señor Jesús,

5 entregad a ese tal a Satanás para la destrucción de su carne, a fin de que su espíritu sea salvo en el día del Señor Jesús.

6 Vuestra jactancia no es buena. ¿No sabéis que un poco de levadura fermenta toda *la masa*?

7 Limpiad la levadura vieja para que seáis masa nueva, así como *lo* sois, sin levadura. Porque aun Cristo, nuestra Pascua, ha sido sacrificado.

8 Por tanto, celebremos la fiesta no con la levadura vieja, ni con la levadura de malicia y maldad, sino con panes sin levadura de sinceridad y de verdad.

9 En mi carta os escribí que no anduvierais en compañía de personas inmorales;

10 no *me refería a* la gente inmoral de este mundo, o a los avaros y estafadores, o a los idólatras, porque entonces tendríais que salir del mundo.

11 Sino que en efecto os escribí que no anduvierais en compañía de ninguno que, llamándose hermano, es una persona inmoral, o avaro, o idólatra, o difamador, o borracho, o estafador; con ése, ni siquiera comáis.

12 Pues ¿por qué he de juzgar yo a los de afuera? ¿No juzgáis vosotros a los que están dentro *de la iglesia*?

13 Pero Dios juzga a los que están fuera. EXPULSAD DE ENTRE VOSOTROS AL MALVADO.

El cristiano y los tribunales civiles

6 ¿Se atreve alguno de vosotros, cuando tiene algo contra su prójimo, a ir a juicio ante los incrédulos y no ante los santos?

2 ¿O no sabéis que los santos han de juzgar al mundo? Y si el mundo es juzgado por vosotros, ¿no sois competentes para *juzgar* los casos más triviales?

3 ¿No sabéis que hemos de juzgar a los ángeles? ¡Cuánto más asuntos de esta vida!

4 Entonces, si tenéis tribunales que juzgan los casos de esta vida, ¿*por qué* ponéis por jueces a los que nada son en la iglesia?

5 Para vergüenza vuestra *lo* digo. ¿*Acaso* no hay entre vosotros algún hombre sabio que pueda juzgar entre sus hermanos,

6 sino que hermano contra hermano litiga, y esto ante incrédulos?

7 Así que, en efecto, es ya un fallo entre vosotros el hecho de que tengáis litigios entre vosotros. ¿Por qué no sufrís mejor la injusticia? ¿Por qué no ser mejor defraudados?

8 Por el contrario, vosotros mismos cometéis injusticias y defraudáis, y esto a los santos.

9 ¿O no sabéis que los injustos no heredarán el reino de Dios? No os dejéis engañar: ni los inmorales, ni los idólatras, ni los adúlteros, ni los afeminados, ni los homosexuales,

10 ni los ladrones, ni los avaros, ni los borrachos, ni los difamadores, ni los estafadores heredarán el reino de Dios.

11 Y esto erais algunos de vosotros; pero fuisteis lavados, pero fuisteis santificados, pero fuisteis justificados en el nombre del Señor Jesucristo y en el Espíritu de nuestro Dios.

12 Todas las cosas me son lícitas, pero no todas son de provecho. Todas las cosas me son lícitas, pero yo no me dejaré dominar por ninguna.

13 Los alimentos son para el estómago y el estómago para los alimentos, pero Dios destruirá a los dos. Sin embargo, el cuerpo no es para la fornicación, sino para el Señor, y el Señor es para el cuerpo.

14 Y Dios, que resucitó al Señor, también nos resucitará a nosotros mediante su poder.

15 ¿No sabéis que vuestros cuerpos son miembros de Cristo? ¿Tomaré, acaso, los miembros de Cristo y los haré miembros de una ramera? ¡De ningún modo!

16 ¿O no sabéis que el que se une a una ramera es un cuerpo *con ella*? Porque El dice: LOS DOS VENDRAN A SER UNA SOLA CARNE.

17 Pero el que se une al Señor, es un espíritu *con El*.

18 Huid de la fornicación. Todos *los demás* pecados que un hombre comete están fuera del cuerpo, pero el fornicario peca contra su propio cuerpo.

19 ¿O no sabéis que vuestro cuerpo es templo del Espíritu Santo, que está en vosotros, el cual tenéis de Dios, y que no sois vuestros?

20 Pues por precio habéis sido comprados; por tanto, glorificad a Dios en vuestro cuerpo y en vuestro espíritu, los cuales son de Dios.

Respuestas acerca del matrimonio

7 En cuanto a las cosas de que me escribisteis, bueno es para el hombre no tocar mujer.

2 No obstante, por razón de las inmoralidades, que cada uno tenga su propia mujer, y cada una tenga su propio marido.

3 Que el marido cumpla su deber para con su mujer, e igualmente la mujer *lo cumpla* con el marido.

4 La mujer no tiene autoridad sobre su propio cuerpo, sino el marido. Y asimismo el marido no tiene autoridad sobre su propio cuerpo, sino la mujer.

5 No os privéis el uno del otro, excepto de común acuerdo *y* por cierto tiempo, para dedicaros a la oración; volved después a juntaros a fin de que Satanás no os tiente por causa de vuestra falta de dominio propio.

6 Mas esto digo por vía de concesión, no como una orden.

7 Sin embargo, yo desearía que todos los hombres fueran como yo. No obstante, cada cual ha recibido de Dios su propio don, uno de esta manera y otro de aquélla.

8 A los solteros y a las viudas digo que es bueno para ellos si se quedan como yo.

9 Pero si carecen de dominio propio, cásense; que mejor es casarse que quemarse.

10 A los casados instruyo, no yo, sino el Señor: que la mujer no debe dejar al marido

11 (pero si lo deja, quédese sin casar, o *de lo contrario* que se reconcilie con su marido), y que el marido no abandone a su mujer.

12 Pero a los demás digo yo, no el Señor, que si un hermano tiene una mujer que no es creyente, y ella consiente en vivir con él, no la abandone.

13 Y la mujer cuyo marido no es creyente, y él consiente en vivir con ella, no abandone a su marido.

14 Porque el marido que no es creyente es santificado por medio de su mujer; y la mujer que no es creyente es santificada por medio de su marido creyente; de otra manera vuestros hijos serían inmundos, mas ahora son santos.

15 Sin embargo, si el que no es creyente se separa, que se separe; en tales *casos* el hermano o la hermana no están obligados, sino que Dios nos ha llamado *para vivir* en paz.

16 Pues ¿cómo sabes tú, mujer, si salvarás a tu marido? ¿O cómo sabes tú, marido, si salvarás a tu mujer?

17 Fuera de esto, según el Señor ha asignado a cada uno, según Dios llamó a cada cual, así ande. Y esto ordeno en todas las iglesias.

18 ¿Fue llamado alguno *ya* circuncidado? Quédese circuncidado. ¿Fue llamado alguno estando incircuncidado? No se circuncide.

19 La circuncisión nada es, y nada es la incircuncisión, sino el guardar los mandamientos de Dios.

20 Cada uno permanezca en la condición en que fue llamado.

21 ¿Fuiste llamado siendo esclavo? No te preocupes; aunque si puedes obtener tu libertad, prefiérelo.

22 Porque el que fue llamado por el Señor siendo esclavo, liberto es del Señor; de la misma manera, el que fue llamado siendo libre, esclavo es de Cristo.

23 Comprados fuisteis por precio; no os hagáis esclavos de los hombres.

24 Hermanos, cada uno permanezca con Dios en la condición en que fue llamado.

25 En cuanto a las doncellas no tengo mandamiento del Señor, pero doy mi opinión como el que habiendo recibido la misericordia del Señor es digno de confianza.

26 Creo, pues, que esto es bueno en vista de la presente aflicción; *es decir*, que es bueno que el hombre se quede como está.

27 ¿Estás unido a mujer? No procures separarte. ¿Estás libre de mujer? No busques mujer.

28 Pero si te casas, no has pecado; y si una doncella se casa, no ha pecado. Sin embargo, ellos tendrán problemas en esta vida, y yo os *los* quiero evitar.

29 Mas esto digo, hermanos: el tiempo ha sido acortado; de modo que de ahora en adelante los que tienen mujer sean como si no la tuvieran;

30 y los que lloran, como si no lloraran; y los que se regocijan, como si no se regocijaran; y los que compran, como si no tuvieran nada;

31 y los que aprovechan el mundo, como si no *lo* aprovecharan plenamente; porque la apariencia de este mundo es pasajera.

32 Mas quiero que estéis libres de preocupación. El soltero se preocupa por las cosas del Señor, cómo puede agradar al Señor;

33 pero el casado se preocupa por las cosas del mundo, de cómo agradar a su mujer;

34 y *sus intereses* están divididos. Y la mujer que no está casada y la doncella se preocupan por las cosas del Señor, para ser santas tanto en cuerpo como en espíritu; pero la casada se preocupa por las cosas del mundo, de cómo agradar a su marido.

35 Y esto digo para vuestro propio beneficio; no para poneros restricción, sino para *promover* lo que es honesto y para *asegurar vuestra* constante devoción al Señor.

36 Pero si alguno cree que no está obrando correctamente con respecto a su *hija* virgen, si ella es de edad madura, y si es necesario que así se haga, que haga lo que quiera, no peca; que se case.

37 Pero el que está firme en su corazón, y sin presión alguna, y tiene control sobre su propia voluntad, y ha decidido en su corazón conservar soltera a su *hija*, bien hará.

38 Así los dos, el que da en matrimonio a su *hija* virgen, hace bien; y el que no la da en matrimonio, hace mejor.

39 La mujer está ligada mientras el marido vive; pero si el marido muere, está en libertad de casarse con quien desee, sólo que en el Señor.

40 Pero en mi opinión, será más feliz si se queda como está; y creo que yo también tengo el Espíritu de Dios.

Libertad cristiana

8 En cuanto a lo sacrificado a los ídolos, sabemos que todos tenemos conocimiento. El conocimiento envanece, pero el amor edifica.

2 Si alguno cree que sabe algo, no ha aprendido todavía como debe saber;

3 pero si alguno ama a Dios, ése es conocido por El.

4 Por tanto, en cuanto al comer de lo sacrificado a los ídolos, sabemos que un ídolo no es nada en el mundo, y que no hay sino un solo Dios.

5 Porque aunque haya *algunos* llamados dioses, ya sea en el cielo o en la tierra, como por cierto hay muchos dioses y muchos señores,

6 sin embargo, para nosotros *hay* un solo Dios, el Padre, de quien proceden todas las cosas y nosotros somos para El; y un Señor, Jesucristo, por quien son todas las cosas y por medio del cual *existimos* nosotros.

7 Sin embargo, no todos tienen este conocimiento; sino que algunos, estando acostumbrados al ídolo hasta ahora, comen *alimento* como si éste fuera sacrificado a un ídolo; y su conciencia, siendo débil, se mancha.

8 Pero la comida no nos recomendará a Dios, *pues* ni somos menos si no comemos, ni *somos* más si comemos.

9 Mas tened cuidado, no sea que esta vuestra libertad de alguna manera se convierta en piedra de tropiezo para el débil.

10 Porque si alguno te ve a ti, que tienes conocimiento, sentado *a la mesa* en un templo de ídolos, ¿no será estimulada su conciencia, si él es débil, a comer lo sacrificado a los ídolos?

11 Y por tu conocimiento se perderá el que es débil, el hermano por quien Cristo murió.

12 Y así, al pecar contra los hermanos y herir su conciencia cuando *ésta* es débil, pecáis contra Cristo.

13 Por consiguiente, si la comida hace que mi hermano tropiece, no comeré carne jamás, para no hacer tropezar a mi hermano.

Pablo defiende su apostolado

9 ¿No soy libre? ¿No soy apóstol? ¿No he visto a Jesús nuestro Señor? ¿No sois vosotros mi obra en el Señor?

2 Si para otros no soy apóstol, por lo menos para vosotros sí lo soy; pues vosotros sois el sello de mi apostolado en el Señor.

3 Mi defensa contra los que me examinan es ésta:

4 ¿Acaso no tenemos derecho a comer y beber?

5 ¿Acaso no tenemos derecho a llevar con nosotros una esposa creyente, así como los demás apóstoles y los hermanos del Señor y Cefas?

6 ¿O acaso sólo Bernabé y yo no tenemos el derecho a no trabajar?

7 ¿Quién ha servido alguna vez como soldado a sus propias expensas? ¿Quién planta una viña y

no come de su fruto? ¿O quién cuida un rebaño y no bebe de la leche del rebaño?

8 ¿Acaso digo esto según el juicio humano? ¿No dice también la ley esto mismo?

9 Pues en la ley de Moisés está escrito: No PONDRÁS BOZAL AL BUEY CUANDO TRILLA. ¿Acaso le preocupan a Dios los bueyes?

10 ¿O lo dice especialmente por nosotros? Sí, se escribió por nosotros, porque el que ara debe arar con esperanza, y el que trilla *debe trillar* con la esperanza de recibir *de la cosecha.*

11 Si en vosotros sembramos lo espiritual, ¿será demasiado que de vosotros cosechemos lo material?

12 Si otros tienen este derecho sobre vosotros, ¿no lo *tenemos* aún más nosotros? Sin embargo, no hemos usado este derecho, sino que sufrimos todo para no causar estorbo al evangelio de Cristo.

13 ¿No sabéis que los que desempeñan los servicios sagrados comen la *comida* del templo, *y* los que regularmente sirven al altar, del altar reciben su parte?

14 Así también ordenó el Señor que los que proclaman el evangelio, vivan del evangelio.

15 Mas yo de nada de esto me he aprovechado. Y no escribo esto para que así se haga conmigo; porque mejor me fuera morir, que permitir que alguno me prive de esta gloria.

16 Porque si predico el evangelio, no tengo nada de qué gloriarme, pues estoy bajo el deber *de hacerlo;* pues ¡ay de mí si no predico el evangelio!

17 Porque si hago esto voluntariamente, tengo recompensa; pero si *lo hago* en contra de mi voluntad, un encargo se me ha confiado.

18 ¿Cuál es, entonces, mi recompensa? Que al predicar el evangelio, pueda ofrecerlo gratuitamente sin hacer pleno uso de mi derecho en el evangelio.

19 Porque aunque soy libre de todos, de todos me he hecho esclavo para ganar a mayor número.

20 A los judíos me hice como judío, para ganar a los judíos; a los que están bajo *la* ley, como bajo *la* ley (aunque yo no estoy bajo *la* ley) para ganar a los que están bajo *la* ley;

21 a los que están sin ley, como sin ley (aunque no estoy sin la ley de Dios, sino bajo la ley de Cristo) para ganar a los que están sin ley.

22 A los débiles me hice débil, para ganar a los débiles; a todos me he hecho todo, para que por todos los medios salve a algunos.

23 Y todo lo hago por amor del evangelio, para ser partícipe de él.

24 ¿No sabéis que los que corren en el estadio, todos en verdad corren, pero *sólo* uno obtiene el premio? Corred de tal modo que ganéis.

25 Y todo el que compite en los juegos se abstiene de todo. Ellos *lo hacen* para recibir una corona corruptible, pero nosotros, una incorruptible.

26 Por tanto, yo de esta manera corro, no como sin tener meta; de esta manera peleo, no como dando golpes al aire;

27 sino que golpeo mi cuerpo y lo hago mi esclavo, no sea que habiendo predicado a otros, yo mismo sea descalificado.

Ejemplos de la historia de Israel

10 Porque no quiero que ignoréis, hermanos, que nuestros padres todos estuvieron bajo la nube, y todos pasaron por el mar;

2 y en Moisés todos fueron bautizados en la nube y en el mar;

3 y todos comieron el mismo alimento espiritual;

4 y todos bebieron la misma bebida espiritual, porque bebían de una roca espiritual que los seguía; y la roca era Cristo.

5 Sin embargo, Dios no se agradó de la mayor parte de ellos, pues quedaron tendidos en el desierto.

6 Estas cosas sucedieron como ejemplo para nosotros, a fin de que no codiciemos lo malo, como ellos *lo* codiciaron.

7 No seáis, *pues*, idólatras, como *fueron* algunos de ellos, según está escrito: EL PUEBLO SE SENTÓ A COMER Y A BEBER, Y SE LEVANTÓ A JUGAR.

8 Ni forniquemos, como algunos de ellos fornicaron, y en un día cayeron veintitrés mil.

9 Ni provoquemos al Señor, como algunos de ellos le provocaron, y fueron destruidos por las serpientes.

10 Ni murmuréis, como algunos de ellos murmuraron, y fueron destruidos por el destructor.

11 Estas cosas les sucedieron como ejemplo, y fueron escritas como enseñanza para nosotros, para quienes ha llegado el fin de los siglos.

12 Por tanto, el que cree que está firme, tenga cuidado, no sea que caiga.

13 No os ha sobrevenido ninguna tentación que no sea común a los hombres; y fiel es Dios, que no permitirá que vosotros seáis tentados más allá de lo que podéis *soportar*, sino que con la tentación proveerá también la vía de escape, a fin de que podáis resistir*la*.

14 Por tanto, amados míos, huid de la idolatría.

15 *Os* hablo como a sabios; juzgad vosotros lo que digo.

16 La copa de bendición que bendecimos, ¿no es la participación en la sangre de Cristo? El pan que partimos, ¿no es la participación en el cuerpo de Cristo?

17 Puesto que el pan es uno, nosotros, que somos muchos, somos un cuerpo; pues todos participamos de aquel mismo pan.

18 Considerad al pueblo de Israel: los que comen los sacrificios, ¿no participan del altar?

19 ¿Qué quiero decir, entonces? ¿Que lo sacrificado a los ídolos es algo, o que un ídolo es algo?

20 *No*, sino que *digo que* lo que los gentiles sacrifican, lo sacrifican a los demonios y no a Dios; no quiero que seáis partícipes con los demonios.

21 No podéis beber la copa del Señor y la copa de los demonios; no podéis participar de la mesa del Señor y de la mesa de los demonios.

22 ¿O provocaremos a celos al Señor? ¿Somos, acaso, más fuertes que Él?

23 Todo es lícito, pero no todo es de provecho. Todo es lícito, pero no todo edifica.

24 Nadie busque su propio *bien*, sino el de su prójimo.

25 Comed de todo lo que se vende en la carnicería sin preguntar nada por motivos de conciencia;

26 PORQUE DEL SEÑOR ES LA TIERRA Y TODO LO QUE EN ELLA HAY.

27 Si algún incrédulo os invita y queréis ir, comed de todo lo que se os ponga delante sin preguntar nada por motivos de conciencia.

28 Pero si alguien os dice: Esto ha sido sacrificado a los ídolos, no *la* comáis, por causa del que *os* lo dijo, y por motivos de conciencia; PORQUE DEL SEÑOR ES LA TIERRA Y TODO LO QUE EN ELLA HAY.

29 Quiero decir, no vuestra conciencia, sino la del otro; pues ¿por qué ha de ser juzgada mi libertad por la conciencia ajena?

30 Si participo con agradecimiento, ¿por qué he de ser censurado a causa de aquello por lo cual doy gracias?

31 Entonces, ya sea que comáis, que bebáis, o que hagáis cualquier otra cosa, hacedlo todo para la gloria de Dios.

32 No seáis motivo de tropiezo ni a judíos, ni a griegos, ni a la iglesia de Dios;

33 así como también yo *procuro* agradar a todos en todo, no buscando mi propio beneficio, sino el de muchos, para que sean salvos.

11 Sed imitadores de mí, como también yo *lo soy* de Cristo.

2 Os alabo porque en todo os acordáis de mí y guardáis las tradiciones con firmeza, tal como yo os las entregué.

3 Pero quiero que sepáis que la cabeza de todo hombre es Cristo, y la cabeza de la mujer es el hombre, y la cabeza de Cristo es Dios.

4 Todo hombre que cubre su cabeza mientras ora o profetiza, deshonra su cabeza.

5 Pero toda mujer que tiene la cabeza descubierta mientras ora o profetiza, deshonra su cabeza; porque se hace una con la que está rapada.

6 Porque si la mujer no se cubre *la cabeza,* que también se corte *el cabello;* pero si es deshonroso para la mujer cortarse *el cabello,* o raparse, que se cubra.

7 Pues el hombre no debe cubrirse la cabeza, ya que él es la imagen y gloria de Dios; pero la mujer es la gloria del hombre.

8 Porque el hombre no procede de la mujer, sino la mujer del hombre;

9 pues en verdad el hombre no fue creado a causa de la mujer, sino la mujer a causa del hombre.

10 Por tanto, la mujer debe tener *un símbolo de* autoridad sobre la cabeza, por causa de los ángeles.

11 Sin embargo, en el Señor, ni la mujer es independiente del hombre, ni el hombre independiente de la mujer.

12 Porque así como la mujer procede del hombre, también el hombre *nace* de la mujer; y todas las cosas proceden de Dios.

13 Juzgad vosotros mismos: ¿es propio que la mujer ore a Dios *con la cabeza* descubierta?

14 ¿No os enseña la misma naturaleza que si el hombre tiene el cabello largo le es deshonra,

15 pero que si la mujer tiene el cabello largo le es una gloria? Pues a ella el cabello le es dado por velo.

16 Pero si alguno parece ser contencioso, nosotros no tenemos tal costumbre, ni *la tienen* las iglesias de Dios.

17 Pero al daros estas instrucciones, no os alabo, porque no os congregáis para lo bueno, sino para lo malo.

18 Pues, en primer lugar, oigo que cuando os reunís como iglesia hay divisiones entre vosotros; y en parte lo creo.

19 Porque es necesario que entre vosotros haya bandos, a fin de que se manifiesten entre vosotros los que son aprobados.

20 Por tanto, cuando os reunís, esto *ya* no es comer la cena del Señor,

21 porque al comer, cada uno toma primero su propia cena; y uno pasa hambre y otro se embriaga.

22 ¿Qué? ¿No tenéis casas para comer y beber? ¿O menospreciáis la iglesia de Dios y avergonzáis a los que nada tienen? ¿Qué os diré? ¿Os alabaré? En esto no os alabaré.

23 Porque yo recibí del Señor lo mismo que os he enseñado: que el Señor Jesús, la noche en que fue entregado, tomó pan,

24 y después de dar gracias, *lo* partió y dijo: Esto es mi cuerpo que es para vosotros; haced esto en memoria de mí.

25 De la misma manera *tomó* también la copa después de haber cenado, diciendo: Esta copa es el nuevo pacto en mi sangre; haced esto cuantas veces *la* bebáis en memoria de mí.

26 Porque todas las veces que comáis este pan y bebáis *esta* copa, la muerte del Señor proclamáis hasta que Él venga.

27 De manera que el que coma el pan o beba la copa del Señor indignamente, será culpable del cuerpo y de la sangre del Señor.

28 Por tanto, examínese cada uno a sí mismo, y entonces coma del pan y beba de la copa.

29 Porque el que come y bebe sin discernir correctamente el cuerpo *del Señor,* come y bebe juicio para sí.

30 Por esta razón hay muchos débiles y enfermos entre vosotros, y muchos duermen.

31 Pero si nos juzgáramos a nosotros mismos, no seríamos juzgados.

32 Pero cuando somos juzgados, el Señor nos disciplina para que no seamos condenados con el mundo.

33 Así que, hermanos míos, cuando os reunáis para comer, esperaos unos a otros.

34 Si alguno tiene hambre, coma en su casa, para que no os reunáis para juicio. Los demás asuntos los arreglaré cuando vaya.

Los dones espirituales

12 En cuanto a los *dones* espirituales, no quiero, hermanos, que seáis ignorantes.

2 Sabéis que cuando erais paganos, de una manera u otra erais arrastrados hacia los ídolos mudos.

3 Por tanto, os hago saber que nadie hablando por el Espíritu de Dios, dice: Jesús es anatema; y nadie puede decir: Jesús es el Señor, excepto por el Espíritu Santo.

4 Ahora bien, hay diversidad de dones, pero el Espíritu es el mismo.

5 Y hay diversidad de ministerios, pero el Señor es el mismo.

6 Y hay diversidad de operaciones, pero es el mismo Dios el que hace todas las cosas en todos.

7 Pero a cada uno se le da la manifestación del Espíritu para el bien común.

8 Pues a uno le es dada palabra de sabiduría por el Espíritu; a otro, palabra de conocimiento según el mismo Espíritu;

9 a otro, fe por el mismo Espíritu; a otro, dones de sanidad por el único Espíritu;

10 a otro, poder de milagros; a otro, profecía; a otro, discernimiento de espíritus; a otro, *diversas* clases de lenguas, y a otro, interpretación de lenguas.

11 Pero todas estas cosas las hace uno y el mismo Espíritu, distribuyendo individualmente a cada uno según la voluntad de El.

12 Porque así como el cuerpo es uno, y tiene muchos miembros, pero todos los miembros del cuerpo, aunque son muchos, constituyen un solo cuerpo, así también es Cristo.

13 Pues por un mismo Espíritu todos fuimos bautizados en un solo cuerpo, ya judíos o griegos, ya esclavos o libres, y a todos se nos dio a beber del mismo Espíritu.

14 Porque el cuerpo no es un solo miembro, sino muchos.

15 Si el pie dijera: Porque no soy mano, no soy *parte* del cuerpo, no por eso deja de ser *parte* del cuerpo.

16 Y si el oído dijera: Porque no soy ojo, no soy *parte* del cuerpo, no por eso deja de ser *parte* del cuerpo.

17 Si todo el cuerpo fuera ojo, ¿qué sería del oído? Si todo fuera oído, ¿qué sería del olfato?

18 Ahora bien, Dios ha colocado a cada uno de los miembros en el cuerpo según le agradó.

19 Y si todos fueran un solo miembro, ¿qué sería del cuerpo?

20 Sin embargo, hay muchos miembros, pero un solo cuerpo.

21 Y el ojo no puede decir a la mano: No te necesito; ni tampoco la cabeza a los pies: No os necesito.

22 Por el contrario, la verdad es que los miembros del cuerpo que parecen ser *los* más débiles, son *los más* necesarios;

23 y las *partes* del cuerpo que estimamos menos honrosas, a éstas las vestimos con más honra; *de manera que* las *partes que consideramos* más íntimas, reciben un trato más honroso,

24 ya que nuestras *partes* presentables no *lo* necesitan. Mas *así* formó Dios el cuerpo, dando mayor honra a la *parte* que carecía de ella,

25 a fin de que en el cuerpo no haya división, sino que los miembros tengan el mismo cuidado unos por otros.

26 Y si un miembro sufre, todos los miembros sufren con él; *y* si un miembro es honrado, todos los miembros se regocijan con él.

27 Ahora bien, vosotros sois el cuerpo de Cristo, y *cada uno* individualmente un miembro de él.

28 Y en la iglesia, Dios ha designado: primeramente, apóstoles; en segundo *lugar*, profetas; en tercer *lugar*, maestros; luego, milagros; después, dones de sanidad, ayudas, administraciones, *diversas* clases de lenguas.

29 ¿Acaso son todos apóstoles? ¿Acaso son todos profetas? ¿Acaso son todos maestros? ¿Acaso son todos *obradores de* milagros?

30 ¿Acaso tienen todos dones de sanidad? ¿Acaso hablan todos en lenguas? ¿Acaso interpretan todos?

31 Mas desead ardientemente los mejores dones.

Y aún yo os muestro un camino más excelente.

Excelencia del amor

13 Si yo hablara lenguas humanas y angélicas, pero no tengo amor, he llegado a ser *como* metal que resuena o címbalo que retiñe.

2 Y si tuviera *el don de* profecía, y entendiera todos los misterios y todo conocimiento, y si tuviera toda la fe como para trasladar montañas, pero no tengo amor, nada soy.

3 Y si diera todos mis bienes para dar de comer *a los pobres,* y si entregara mi cuerpo para ser quemado, pero no tengo amor, de nada me aprovecha.

4 El amor es paciente, es bondadoso; el amor no tiene envidia; el amor no es jactancioso, no es arrogante;

5 no se porta indecorosamente; no busca lo suyo, no se irrita, no toma en cuenta el mal *recibido*;

6 no se regocija de la injusticia, sino que se alegra con la verdad;

7 todo lo sufre, todo lo cree, todo lo espera, todo lo soporta.

8 El amor nunca deja de ser; pero si *hay dones de* profecía, se acabarán; si *hay* lenguas, cesarán; si *hay* conocimiento, se acabará.

9 Porque en parte conocemos, y en parte profetizamos;

10 pero cuando venga lo perfecto, lo incompleto se acabará.

11 Cuando yo era niño, hablaba como niño, pensaba como niño, razonaba como niño; *pero* cuando llegué a ser hombre, dejé las cosas de niño.

12 Porque ahora vemos por un espejo, veladamente, pero entonces *veremos* cara a cara; ahora conozco en parte, pero entonces conoceré plenamente, como he sido conocido.

13 Y ahora permanecen la fe, la esperanza y el amor, estos tres; pero el mayor de ellos es el amor.

Superioridad del don de profecía

14 Procurad alcanzar el amor; pero también desead ardientemente *los dones* espirituales, sobre todo que profeticéis.

2 Porque el que habla en lenguas no habla a los hombres, sino a Dios, pues nadie *lo* entiende, sino que en *su* espíritu habla misterios.

3 Pero el que profetiza habla a los hombres para edificación, exhortación y consolación.

4 El que habla en lenguas, a sí mismo se edifica, pero el que profetiza edifica a la iglesia.

5 Yo quisiera que todos hablarais en lenguas, pero *aún* más, que profetizarais; pues el que profetiza es superior al que habla en lenguas, a menos de que *las* interprete para que la iglesia reciba edificación.

6 Ahora bien, hermanos, si yo voy a vosotros hablando en lenguas, ¿de qué provecho os seré a menos de que os hable por medio de revelación, o de conocimiento, o de profecía, o de enseñanza?

7 Aun las cosas inanimadas, como la flauta o el arpa, al producir un sonido, si no dan con distinción los sonidos, ¿cómo se sabrá lo que se toca en la flauta o en el arpa?

8 Porque si la trompeta da un sonido incierto, ¿quién se preparará para la batalla?

9 Así también vosotros, a menos de que con la boca pronunciéis palabras inteligibles, ¿cómo se sabrá lo que decís? Pues hablaréis al aire.

10 Hay, quizás, muchas variedades de idiomas en el mundo, y ninguno carece de significado.

11 Pues si yo no sé el significado de las palabras, seré para el que habla un extranjero, y el que habla será un extranjero para mí.

12 Así también vosotros, puesto que anheláis *dones* espirituales, procurad abundar *en ellos* para la edificación de la iglesia.

13 Por tanto, el que habla en lenguas, pida en oración para que pueda interpretar.

14 Porque si yo oro en lenguas, mi espíritu ora, pero mi entendimiento queda sin fruto.

15 Entonces ¿qué? Oraré con el espíritu, pero también oraré con el entendimiento; cantaré con el espíritu, pero también cantaré con el entendimiento.

16 De otra manera, si bendices *sólo* en el espíritu, ¿cómo dirá el Amén a tu acción de gracias el que ocupa el lugar del que no tiene *ese* don, puesto que no sabe lo que dices?

17 Porque tú das gracias bien, pero el otro no es edificado.

18 Doy gracias a Dios porque hablo en lenguas más que todos vosotros;

19 sin embargo, en la iglesia prefiero hablar cinco palabras con mi entendimiento, para instruir también a otros, antes que diez mil palabras en lenguas.

20 Hermanos, no seáis niños en la manera de pensar; más bien, sed niños en la malicia, pero en la manera de pensar sed maduros.

21 En la ley está escrito: Por hombres de lenguas extrañas y por boca de extraños hablaré a este pueblo, y ni aun así me escucharan, dice el Señor.

22 Así que las lenguas son una señal, no para los que creen, sino para los incrédulos; pero la profecía *es una señal*, no para los incrédulos, sino para los creyentes.

23 Por tanto, si toda la iglesia se reúne y todos hablan en lenguas, y entran *algunos* sin *ese* don o incrédulos, ¿no dirán que estáis locos?

24 Pero si todos profetizan, y entra un incrédulo, o uno sin *ese* don, por todos será convencido, por todos será juzgado;

25 los secretos de su corazón quedarán al descubierto, y él se postrará y adorará a Dios, declarando que en verdad Dios está entre vosotros.

26 ¿Qué hay *que hacer*, pues, hermanos? Cuando os reunís, cada cual aporte salmo, enseñanza, revelación, lenguas *o* interpretación. Que todo se haga para edificación.

27 Si alguno habla en lenguas, que *hablen* dos, o a lo más tres, y por turno, y que uno interprete;

28 pero si no hay intérprete, que guarde silencio en la iglesia y que hable para sí y para Dios.

29 Y que dos o tres profetas hablen, y los demás juzguen.

30 Pero si a otro que está sentado le es revelado algo, el primero calle.

31 Porque todos podéis profetizar uno por uno, para que todos aprendan y todos sean exhortados.

32 Los espíritus de los profetas están sujetos a los profetas;

33 porque Dios no es *Dios* de confusión, sino de paz, como en todas las iglesias de los santos.

34 Las mujeres guarden silencio en las iglesias, porque no les es permitido hablar, antes bien, que se sujeten como dice también la ley.

35 Y si quieren aprender algo, que pregunten a sus propios maridos en casa; porque no es correcto que la mujer hable en la iglesia.

36 ¿Acaso la palabra de Dios salió de vosotros, o sólo a vosotros ha llegado?

37 Si alguno piensa que es profeta o espiritual, reconozca que lo que os escribo es mandamiento del Señor.

38 Pero si alguno no reconoce *esto*, él no es reconocido.

39 Por tanto, hermanos míos, anhelad el profetizar, y no prohibáis hablar en lenguas.

40 Pero que todo se haga decentemente y con orden.

Síntesis del evangelio

15 Ahora os hago saber, hermanos, el evangelio que os prediqué, el cual también recibisteis, en el cual también estáis firmes,

2 por el cual también sois salvos, si retenéis la palabra que os prediqué, a no ser que hayáis creído en vano.

3 Porque yo os entregué en primer lugar lo mismo que recibí: que Cristo murió por nuestros pecados, conforme a las Escrituras;

4 que fue sepultado y que resucitó al tercer día, conforme a las Escrituras;

5 que se apareció a Cefas y después a los doce;

6 luego se apareció a más de quinientos hermanos a la vez, la mayoría de los cuales viven aún, pero algunos ya duermen;

7 después se apareció a Jacobo, luego a todos los apóstoles,

8 y al último de todos, como a uno nacido fuera de tiempo, se me apareció también a mí.

9 Porque yo soy el más insignificante de los apóstoles, que no soy digno de ser llamado apóstol, pues perseguí a la iglesia de Dios.

10 Pero por la gracia de Dios soy lo que soy, y su gracia para conmigo no resultó vana; antes bien he trabajado mucho más que todos ellos, aunque no yo, sino la gracia de Dios en mí.

11 Sin embargo, *haya sido* yo o ellos, así predicamos y así creísteis.

12 Ahora bien, si se predica que Cristo ha resucitado de entre los muertos, ¿cómo dicen algunos entre vosotros que no hay resurrección de muertos?

13 Y si no hay resurrección de muertos, *entonces* ni siquiera Cristo ha resucitado.

14 y si Cristo no ha resucitado, vana es entonces nuestra predicación, y vana también vuestra fe.

15 Aún más, somos hallados testigos falsos de Dios, porque hemos testificado contra Dios que Él resucitó a Cristo, a quien no resucitó, si en verdad los muertos no resucitan.

16 Pues si los muertos no resucitan, *entonces* ni siquiera Cristo ha resucitado;

17 y si Cristo no ha resucitado, vuestra fe es falsa; todavía estáis en vuestros pecados.

18 Entonces también los que han dormido en Cristo han perecido.

19 Si hemos esperado en Cristo para esta vida solamente, somos, de todos los hombres, los más dignos de lástima.

20 Mas ahora Cristo ha resucitado de entre los muertos, primicias de los que durmieron.

21 Porque ya que la muerte *entró* por un hombre, también por un hombre *vino* la resurrección de los muertos.

22 Porque así como en Adán todos mueren, también en Cristo todos serán vivificados.

23 Pero cada uno en su debido orden: Cristo, las primicias; luego los que son de Cristo en su venida;

24 entonces *vendrá* el fin, cuando entregue el reino al Dios y Padre, después que haya abolido todo dominio y toda autoridad y poder.

25 Pues El debe reinar hasta que haya puesto a todos sus enemigos debajo de sus pies.

26 *Y* el último enemigo que será abolido es la muerte.

27 Porque EL HA PUESTO TODO EN SUJECION BAJO SUS PIES. Pero cuando dice que todas las cosas *le* están sujetas, es evidente que se exceptúa a aquel que ha sometido a El todas las cosas.

28 Y cuando todo haya sido sometido a El, entonces también el Hijo mismo se sujetará a aquel que sujetó a El todas las cosas, para que Dios sea todo en todos.

29 De no ser así, ¿qué harán los que se bautizan por los muertos? Si de ninguna manera los muertos resucitan, ¿por qué, entonces, se bautizan por ellos?

30 *Y* también, ¿por qué estamos en peligro a toda hora?

31 Os aseguro, hermanos, por la satisfacción que siento por vosotros en Cristo Jesús nuestro Señor, que cada día estoy en peligro de muerte.

32 Si por motivos humanos luché contra fieras en Efeso, ¿de qué me aprovecha? Si los muertos no resucitan, COMAMOS Y BEBAMOS, QUE MAÑANA MORIREMOS.

33 No os dejéis engañar: Las malas compañías corrompen las buenas costumbres.

34 Sed sobrios, como conviene, y dejad de pecar; porque algunos no tienen conocimiento de Dios. Para vergüenza vuestra *lo* digo.

35 Pero alguno dirá: ¿Cómo resucitan los muertos? ¿Y con qué clase de cuerpo vienen?

36 ¡Necio! Lo que tú siembras no llega a tener vida si antes no muere;

37 y lo que siembras, no siembras el cuerpo que nacerá, sino grano desnudo, quizás de trigo o de alguna otra especie.

38 Pero Dios le da un cuerpo como El quiso, y a cada semilla su propio cuerpo.

39 No toda carne es la misma carne, sino que una es *la* de los hombres, otra la de las bestias, otra la de las aves y otra *la* de los peces.

40 Hay, asimismo, cuerpos celestiales y cuerpos terrestres, pero la gloria del celestial es una, y la del terrestre es otra.

41 Hay una gloria del sol, y otra gloria de la luna, y otra gloria de las estrellas; pues *una* estrella es distinta de *otra* estrella en gloria.

42 Así es también la resurrección de los muertos. Se siembra un *cuerpo* corruptible, se resucita un *cuerpo* incorruptible;

43 se siembra en deshonra, se resucita en gloria; se siembra en debilidad, se resucita en poder;

44 se siembra un cuerpo natural, se resucita un cuerpo espiritual. Si hay un cuerpo natural, hay también un *cuerpo* espiritual.

45 Así también está escrito: El primer HOMBRE, Adán, FUE HECHO ALMA VIVIENTE. El último Adán, espíritu que da vida.

46 Sin embargo, el espiritual no es primero, sino el natural; luego el espiritual.

47 El primer hombre es de la tierra, terrenal; el segundo hombre es del cielo.

48 Como es el terrenal, así son también los que son terrenales; y como es el celestial, así son también los que son celestiales.

49 Y tal como hemos traído la imagen del terrenal, traeremos también la imagen del celestial.

50 Y esto digo, hermanos: que la carne y la sangre no pueden heredar el reino de Dios; ni lo que se corrompe hereda lo incorruptible.

51 He aquí, os digo un misterio: no todos dormiremos, pero todos seremos transformados

52 en un momento, en un abrir y cerrar de ojos, a la trompeta final; pues la trompeta sonará y los muertos resucitarán incorruptibles, y nosotros seremos transformados.

53 Porque es necesario que esto corruptible se vista de incorrupción, y esto mortal se vista de inmortalidad.

54 Pero cuando esto corruptible se haya vestido de incorrupción, y esto mortal se haya vestido de inmortalidad, entonces se cumplirá la palabra que está escrita: DEVORADA HA SIDO LA MUERTE en victoria.

55 ¿DONDE ESTA, OH MUERTE, TU VICTORIA? ¿DONDE, OH SEPULCRO, TU AGUIJON?

56 El aguijón de la muerte es el pecado, y el poder del pecado es la ley;

57 pero a Dios gracias, que nos da la victoria por medio de nuestro Señor Jesucristo.

58 Por tanto, mis amados hermanos, estad firmes, constantes, abundando siempre en la obra del Señor, sabiendo que vuestro trabajo en el Señor no es *en* vano.

Ofrenda para los cristianos de Jerusalén

16 Ahora bien, en cuanto a la ofrenda para los santos, haced vosotros también como instruí a las iglesias de Galacia.

2 Que el primer *día* de la semana, cada uno de vosotros aparte *y* guarde según haya prosperado, para que cuando yo vaya no se recojan entonces ofrendas.

3 Y cuando yo llegue, enviaré con cartas a quienes vosotros hayáis designado, para que lleven vuestra contribución a Jerusalén.

4 Y si es conveniente que yo también vaya, irán conmigo.

5 Iré a vosotros cuando haya pasado por Macedonia (pues voy a pasar por Macedonia),

6 y tal vez me quede con vosotros, o aun pase *allí* el invierno, para que me encaminéis adonde haya de ir.

7 Pues no deseo veros ahora *sólo* de paso, porque espero permanecer con vosotros por algún tiempo, si el Señor *me lo* permite.

8 Pero me quedaré en Efeso hasta Pentecostés;

9 porque se me ha abierto una puerta grande para *el servicio* eficaz, y hay muchos adversarios.

10 Si llega Timoteo, ved que esté con vosotros sin

temor, pues él hace la obra del Señor como también yo.

11 Por tanto, nadie lo desprecie. Más bien, enviadlo en paz para que venga a mí, porque lo espero con los hermanos.

12 En cuanto a nuestro hermano Apolos, mucho lo animé a que fuera a vosotros con los hermanos, pero de ninguna manera tuvo el deseo de ir ahora; sin embargo, irá cuando tenga oportunidad.

13 Estad alerta, permaneced firmes en la fe, portaos varonilmente, sed fuertes.

14 Todas vuestras cosas sean hechas con amor.

15 Os exhorto, hermanos (*ya* conocéis a *los de* la casa de Estéfanas, que fueron los primeros convertidos de Acaya, y que se han dedicado al servicio de los santos),

16 que también vosotros estéis en sujeción a los que son como ellos, y a todo el que ayuda en la obra y trabaja.

17 Y me regocijo por la venida de Estéfanas, de Fortunato y de Acaico, pues ellos han suplido lo que faltaba de vuestra parte.

18 Porque ellos han recreado mi espíritu y el vuestro. Por tanto, reconoced a tales personas.

19 Las iglesias de Asia os saludan. Aquila y Priscila, con la iglesia que está en su casa, os saludan muy afectuosamente en el Señor.

20 Todos los hermanos os saludan. Saludaos los unos a los otros con beso santo.

21 Este saludo es de mi puño y letra—Pablo.

22 Si alguno no ama al Señor, que sea anatema. ¡Maranata!

23 La gracia del Señor Jesús *sea* con vosotros.

24 Mi amor *sea* con todos vosotros en Cristo Jesús. Amén.

Segunda Epístola del Apóstol San Pablo a los CORINTIOS

Saludo

1 Pablo, apóstol de Cristo Jesús por la voluntad de Dios, y el hermano Timoteo:

A la iglesia de Dios que está en Corinto, con todos los santos que están en toda Acaya:

2 Gracia y paz a vosotros, de Dios nuestro Padre y del Señor Jesucristo.

3 Bendito *sea* el Dios y Padre de nuestro Señor Jesucristo, Padre de misericordias y Dios de toda consolación,

4 el cual nos consuela en toda tribulación nuestra, para que nosotros podamos consolar a los que están en cualquier aflicción con el consuelo con que nosotros mismos somos consolados por Dios.

5 Porque así como los sufrimientos de Cristo son nuestros en abundancia, así también abunda nuestro consuelo por medio de Cristo.

6 Pero si somos atribulados, es para vuestro consuelo y salvación; o si somos consolados, es para vuestro consuelo, que obra al soportar las mismas aflicciones que nosotros también sufrimos.

7 Y nuestra esperanza respecto de vosotros *está* firmemente establecida, sabiendo que como sois copartícipes de los sufrimientos, así también *lo sois* de la consolación.

8 Porque no queremos que ignoréis, hermanos, acerca de nuestra aflicción sufrida en Asia, porque fuimos abrumados sobremanera, más allá de nuestras fuerzas, de modo que hasta perdimos la esperanza de *salir con* vida.

9 De hecho, dentro de nosotros mismos *ya* teníamos la sentencia de muerte, a fin de que no confiáramos en nosotros mismos, sino en Dios que resucita a los muertos,

10 el cual nos libró de tan gran *peligro de* muerte y *nos* librará, *y* en quien hemos puesto nuestra esperanza de que El aún nos ha de librar,

11 cooperando también vosotros con nosotros con la oración, para que por muchas personas sean dadas gracias a favor nuestro por el don que nos ha sido impartido por medio de *las oraciones de* muchos.

12 Porque nuestra satisfacción es ésta: el testimonio de nuestra conciencia que en la santidad y en la sinceridad *que viene* de Dios, no en sabiduría carnal sino en la gracia de Dios, nos hemos conducido en el mundo y especialmente hacia vosotros.

13 Porque ninguna otra cosa os escribimos sino lo que leéis y entendéis, y espero que entenderéis hasta el fin,

14 así como también nos habéis entendido en parte, que nosotros somos el motivo de vuestra gloria, así como también vosotros la nuestra en el día de nuestro Señor Jesús.

15 Y con esta confianza me propuse ir primero a vosotros para que dos veces recibierais bendición,

16 es decir, *quería* visitaros de paso a Macedonia, y de Macedonia ir de nuevo a vosotros y ser encaminado por vosotros en mi viaje a Judea.

17 Por tanto, cuando me propuse esto, ¿acaso obré precipitadamente? O lo que me propongo, ¿me lo propongo conforme a la carne, para que en mí haya *al mismo tiempo* el sí, sí, y el no, no?

18 Pero como Dios es fiel, nuestra palabra a vosotros no es sí y no.

19 Porque el Hijo de Dios, Cristo Jesús, que fue predicado entre vosotros por nosotros (por mí y Silvano y Timoteo) no fue sí y no, sino que ha sido sí en El.

20 Pues tantas como sean las promesas de Dios, en El *todas* son sí; por eso también por medio de El, Amén, para la gloria de Dios por medio de nosotros.

21 Ahora bien, el que nos confirma con vosotros en Cristo, y *el que* nos ungió, es Dios,

22 quien también nos selló y *nos* dio el Espíritu en nuestro corazón como garantía.

23 Mas yo invoco a Dios como testigo sobre mi alma, que por ser indulgente con vosotros no he vuelto a Corinto.

24 No es que nos enseñoreemos de vuestra fe, sino que somos colaboradores *con vosotros* para vuestro gozo; porque en la fe permanecéis firmes.

Problemas en la iglesia de Corinto

2 Pero en mí mismo decidí esto: no ir otra vez a vosotros con tristeza.

2 Porque si yo os causo tristeza, ¿quién *será* el que me alegre sino aquel a quien entristecí?

3 Y esto mismo *os* escribí, para que cuando yo llegue no tenga tristeza de parte de los que debieran alegrarme, confiando en todos vosotros de que mi gozo sea *el mismo* de todos vosotros.

4 Pues por la mucha aflicción y angustia de corazón os escribí con muchas lágrimas, no para entristeceros, sino para que conozcáis el amor que tengo especialmente por vosotros.

5 Pero si alguno ha causado tristeza, no me *la* ha causado a mí, sino hasta cierto punto (para no exagerar) a todos vosotros.

6 Es suficiente para tal *persona* este castigo que *le fue impuesto* por la mayoría;

7 así que, por el contrario, vosotros más bien deberíais perdonar*lo* y consolar*lo*, no sea que en alguna manera éste sea abrumado por tanta tristeza.

8 Por lo cual os ruego que reafirméis *vuestro* amor hacia él.

9 Pues también con este fin os escribí, para poneros a prueba y *ver* si sois obedientes en todo.

10 Pero a quien perdonéis algo, yo también *lo perdono;* porque en verdad, lo que yo he perdonado, si algo he perdonado, *lo hice* por vosotros en presencia de Cristo,

11 para que Satanás no tome ventaja sobre nosotros, pues no ignoramos sus ardides.

12 Cuando llegué a Troas para *predicar* el evangelio de Cristo, y se me abrió una puerta en el Señor,

13 no tuve reposo en mi espíritu al no encontrar a Tito, mi hermano; despidiéndome, pues, de ellos, salí para Macedonia.

14 Pero gracias a Dios, que en Cristo siempre nos lleva en triunfo, y que por medio de nosotros manifiesta en todo lugar la fragancia de su conocimiento.

15 Porque fragante aroma de Cristo somos para Dios entre los que se salvan y entre los que se pierden;

16 para unos, olor de muerte para muerte, y para otros, olor de vida para vida. Y para estas cosas ¿quién está capacitado?

17 Pues no somos como muchos, que comercian con la palabra de Dios, sino que con sinceridad, como de parte de Dios *y* delante de Dios hablamos en Cristo.

Ministros del nuevo pacto

3 ¿Comenzamos otra vez a recomendarnos a nosotros mismos? ¿O acaso necesitamos, como algunos, cartas de recomendación para vosotros o de parte de vosotros?

2 Vosotros sois nuestra carta, escrita en nuestros corazones, conocida y leída por todos los hombres;

3 siendo manifiesto que sois carta de Cristo redactada por nosotros, no escrita con tinta, sino con el Espíritu del Dios vivo; no en tablas de piedra, sino en tablas de corazones humanos.

4 Y esta confianza tenemos hacia Dios por medio de Cristo:

5 no que seamos suficientes en nosotros mismos para pensar que cosa alguna *procede* de nosotros, sino que nuestra suficiencia es de Dios,

6 el cual también nos hizo suficientes *como* ministros de un nuevo pacto, no de la letra, sino del Espíritu; porque la letra mata, pero el Espíritu da vida.

7 Y si el ministerio de muerte grabado con letras en piedras fue con gloria, de tal manera que los hijos de Israel no podían fijar la vista en el rostro de Moisés por causa de la gloria de su rostro, que se desvanecía,

8 ¿cómo no será aún con más gloria el ministerio del Espíritu?

9 Porque si el ministerio de condenación tiene gloria, mucho más abunda en gloria el ministerio de justicia.

10 Pues en verdad, lo que tenía gloria, en este caso no tiene gloria por razón de la gloria que *lo* sobrepasa.

11 Porque si lo que se desvanece *fue* con gloria, mucho más *es* con gloria lo que permanece.

12 Teniendo, por tanto, tal esperanza, hablamos con mucha franqueza,

13 y no *somos* como Moisés, *que* ponía un velo sobre su rostro para que los hijos de Israel no fijaran su vista en el fin de aquello que había de desvanecerse.

14 Pero el entendimiento de ellos se endureció; porque hasta el día de hoy, en la lectura del antiguo pacto el mismo velo permanece sin alzarse, pues *sólo* en Cristo es quitado.

15 Y hasta el día de hoy, cada vez que se lee a Moisés, un velo está puesto sobre sus corazones;

16 pero cuando alguno se vuelve al Señor, el velo es quitado.

17 Ahora bien, el Señor es el Espíritu; y donde está el Espíritu del Señor, *hay* libertad.

18 Pero nosotros todos, con el rostro descubierto, contemplando como en un espejo la gloria del Señor, estamos siendo transformados en la misma imagen de gloria en gloria, como por el Señor, el Espíritu.

Ministros de Cristo

4 Por tanto, puesto que tenemos este ministerio, según hemos recibido misericordia, no desfallecemos;

2 sino que hemos renunciado a lo oculto y vergonzoso, no andando con astucia, ni adulterando la palabra de Dios, sino que, mediante la manifestación de la verdad, nos recomendamos a la conciencia de todo hombre en la presencia de Dios.

3 Y si todavía nuestro evangelio está velado, para los que se pierden está velado,

4 en los cuales el dios de este mundo ha cegado el entendimiento de los incrédulos, para que no vean el resplandor del evangelio de la gloria de Cristo, que es la imagen de Dios.

5 Porque no nos predicamos a nosotros mismos, sino a Cristo Jesús como Señor, y a nosotros como siervos vuestros por amor de Jesús.

6 Pues Dios, que dijo que de las tinieblas resplandecerá la luz, es el que ha resplandecido en nuestros corazones, para iluminación del conocimiento de la gloria de Dios en la faz de Cristo.

7 Pero tenemos este tesoro en vasos de barro,

para que la extraordinaria grandeza del poder sea de Dios y no de nosotros.

8 Afligidos en todo, pero no agobiados; perplejos, pero no desesperados;

9 perseguidos, pero no abandonados; derribados, pero no destruidos;

10 llevando siempre en el cuerpo por todas partes la muerte de Jesús, para que también la vida de Jesús se manifieste en nuestro cuerpo.

11 Porque nosotros que vivimos, constantemente estamos siendo entregados a muerte por causa de Jesús, para que también la vida de Jesús se manifieste en nuestro cuerpo mortal.

12 Así que en nosotros obra la muerte, pero en vosotros, la vida.

13 Pero teniendo el mismo espíritu de fe, según lo que está escrito: CREI, POR TANTO HABLE, nosotros también creemos, por lo cual también hablamos;

14 sabiendo que aquel que resucitó al Señor Jesús, a nosotros también nos resucitará con Jesús, y nos presentará juntamente con vosotros.

15 Porque todo *esto es* por amor a vosotros, para que la gracia se esté extendiendo por medio de muchos, haga que las acciones de gracias abunden para la gloria de Dios.

16 Por tanto no desfallecemos, antes bien, aunque nuestro hombre exterior va decayendo, sin embargo nuestro hombre interior se renueva de día en día.

17 Pues *esta* aflicción leve y pasajera nos produce un eterno peso de gloria que sobrepasa toda comparación,

18 al no poner nuestra vista en las cosas que se ven, sino en las que no se ven; porque las cosas que se ven son temporales, pero las que no se ven son eternas.

5 Porque sabemos que si la tienda terrenal que es nuestra morada, es destruida, tenemos de Dios un edificio, una casa no hecha por manos, eterna en los cielos.

2 Pues, en verdad, en esta *morada* gemimos, anhelando ser vestidos con nuestra habitación celestial;

3 y una vez vestidos, no seremos hallados desnudos.

4 Porque asimismo, los que estamos en esta tienda, gemimos agobiados, pues no queremos ser desvestidos, sino vestidos, para que lo mortal sea absorbido por la vida.

5 Y el que nos preparó para esto mismo es Dios, quien nos dio el Espíritu como garantía.

6 Por tanto, animados siempre y sabiendo que mientras habitamos en el cuerpo, estamos ausentes del Señor

7 (porque por fe andamos, no por vista);

8 pero cobramos ánimo y preferimos más bien estar ausentes del cuerpo y habitar con el Señor.

9 Por eso, ya sea presentes o ausentes, ambicionamos serle agradables.

10 Porque todos nosotros debemos comparecer ante el tribunal de Cristo, para que cada uno sea recompensado por sus hechos estando en el cuerpo, de acuerdo con lo que hizo, sea bueno o sea malo.

11 Por tanto, conociendo el temor del Señor, persuadimos a los hombres, pero a Dios somos manifiestos, y espero que también seamos manifiestos en vuestras conciencias.

12 No nos recomendamos otra vez a vosotros, sino que os damos oportunidad de estar orgullosos de nosotros, para que tengáis *respuesta* para los que se jactan en las apariencias y no en el corazón.

13 Porque si estamos locos, es para Dios; y si somos cuerdos, es para vosotros.

14 Pues el amor de Cristo nos apremia, habiendo llegado a esta conclusión: que uno murió por todos, por consiguiente, todos murieron;

15 y por todos murió, para que los que viven, ya no vivan para sí, sino para aquel que murió y resucitó por ellos.

16 De manera que nosotros de ahora en adelante *ya* no conocemos a nadie según la carne; aunque hemos conocido a Cristo según la carne, sin embargo, ahora ya no *le* conocemos *así.*

17 De modo que si alguno está en Cristo, nueva criatura *es*; las cosas viejas pasaron; he aquí, son hechas nuevas.

18 Y todo esto procede de Dios, quien nos reconcilió consigo mismo por medio de Cristo, y nos dio el ministerio de la reconciliación;

19 a saber, que Dios estaba en Cristo reconciliando al mundo consigo mismo, no tomando en cuenta a los hombres sus transgresiones, y nos ha encomendado a nosotros la palabra de la reconciliación.

20 Por tanto, somos embajadores de Cristo, como si Dios rogara por medio de nosotros; en nombre de Cristo os rogamos: ¡Reconciliaos con Dios!

21 Al que no conoció pecado, le hizo pecado por nosotros, para que fuéramos hechos justicia de Dios en El.

Características del ministerio cristiano

6 Y como colaboradores *con El*, también os exhortamos a no recibir la gracia de Dios en vano;

2 pues El dice:

EN EL TIEMPO PROPICIO TE ESCUCHE,

Y EN EL DIA DE SALVACION TE SOCORRI.

He aquí, ahora es EL TIEMPO PROPICIO; he aquí, ahora es EL DIA DE SALVACION.

3 No dando *nosotros* en nada motivo de tropiezo, para que el ministerio no sea desacreditado,

4 sino que en todo nos recomendamos a nosotros mismos como ministros de Dios, en mucha perseverancia, en aflicciones, en privaciones, en angustias,

5 en azotes, en cárceles, en tumultos, en trabajos, en desvelos, en ayunos,

6 en pureza, en conocimiento, en paciencia, en bondad, en el Espíritu Santo, en amor sincero,

7 en la palabra de verdad, en el poder de Dios; por armas de justicia para la derecha y para la izquierda;

8 en honra y en deshonra, en mala fama y en buena fama; como impostores, pero veraces;

9 como desconocidos, pero bien conocidos; como moribundos, y he aquí, vivimos; como castigados, pero no condenados a muerte;

10 como entristecidos, mas siempre gozosos; como pobres, pero enriqueciendo a muchos; como no teniendo nada, aunque poseyéndolo todo.

11 Nuestra boca, oh corintios, os ha hablado con toda franqueza. Nuestro corazón se ha abierto de par en par.

12 No estáis limitados por nosotros, sino que estáis limitados en vuestros sentimientos.

13 Ahora bien, en igual reciprocidad (os hablo como a niños) vosotros también abrid de par en par *vuestro corazón*.

14 No estéis unidos en yugo desigual con los incrédulos, pues ¿qué asociación tienen la justicia y la iniquidad? ¿O qué comunión la luz con las tinieblas?

15 ¿O qué armonía tiene Cristo con Belial? ¿O qué tiene en común un creyente con un incrédulo?

16 ¿O qué acuerdo tiene el templo de Dios con los ídolos? Porque nosotros somos el templo del Dios vivo, como Dios dijo:

HABITARE EN ELLOS, Y ANDARE ENTRE ELLOS;
Y SERE SU DIOS, Y ELLOS SERAN MI PUEBLO.

17 Por tanto, SALID DE EN MEDIO DE ELLOS Y
APARTAOS, dice el Señor;
Y NO TOQUEIS LO INMUNDO,
y yo os recibiré.

18 Y yo seré para vosotros padre,
y vosotros seréis para mí hijos e hijas,
dice el Señor Todopoderoso.

7 Por tanto, amados, teniendo estas promesas, limpiémonos de toda inmundicia de la carne y del espíritu, perfeccionando la santidad en el temor de Dios.

2 Aceptadnos *en vuestro corazón;* a nadie hemos ofendido, a nadie hemos corrompido, de nadie hemos tomado ventaja.

3 No hablo para condenaros; porque he dicho antes que estáis en nuestro corazón para morir juntos y para vivir juntos.

4 Mucha es mi confianza en vosotros, tengo mucho orgullo de vosotros, lleno estoy de consuelo y sobreabundo de gozo en toda nuestra aflicción.

5 Pues aun cuando llegamos a Macedonia, nuestro cuerpo no tuvo ningún reposo, sino que nos vimos atribulados por todos lados: por fuera, conflictos; por dentro, temores.

6 Pero Dios, que consuela a los deprimidos, nos consoló con la llegada de Tito;

7 y no sólo con su llegada, sino también con el consuelo con que él fue consolado en vosotros, haciéndonos saber vuestro gran afecto, vuestro llanto y vuestro celo por mí; de manera que me regocijé aún más.

8 Porque si bien os causé tristeza con mi carta, no me pesa; aun cuando me pesó, pues veo que esa carta os causó tristeza, aunque sólo por poco tiempo;

9 *pero* ahora me regocijo, no de que fuisteis entristecidos, sino de que fuisteis entristecidos para arrepentimiento; porque fuisteis entristecidos conforme a *la voluntad de* Dios, para que no sufrierais pérdida alguna de parte nuestra.

10 Porque la tristeza que es conforme a *la voluntad de* Dios produce un arrepentimiento *que conduce* a la salvación, sin dejar pesar; pero la tristeza del mundo produce muerte.

11 Porque mirad, ¡qué solicitud ha producido en vosotros esto, esta tristeza piadosa, qué vindicación de vosotros mismos, qué indignación, qué temor, qué gran afecto, qué celo, qué castigo del mal! En todo habéis demostrado ser inocentes en el asunto.

12 Así que, aunque os escribí, no *fue* por causa del que ofendió, ni por causa del ofendido, sino para que vuestra solicitud por nosotros se manifestara a vosotros delante de Dios.

13 Por esta razón hemos sido consolados.

Y aparte de nuestro consuelo, mucho más nos regocijamos por el gozo de Tito, pues su espíritu ha sido confortado por todos vosotros.

14 Porque si en algo me he jactado con él acerca de vosotros, no fui avergonzado, sino que *así* como os hemos dicho todo con verdad, así también nuestra jactancia ante Tito resultó ser *la* verdad.

15 Y su amor hacia vosotros abunda aún más al acordarse de la obediencia de todos vosotros, *y de* cómo lo recibisteis con temor y temblor.

16 Me gozo de que en todo tengo confianza en vosotros.

Generosidad de los macedonios

8 Ahora, hermanos, *deseamos* haceros saber la gracia de Dios que ha sido dada en las iglesias de Macedonia;

2 pues en medio de una gran prueba de aflicción, abundó su gozo, y su profunda pobreza sobreabundó en la riqueza de su liberalidad.

3 Porque yo testifico que según sus posibilidades, y aun más allá de sus posibilidades, *dieron* de su propia voluntad,

4 suplicándonos con muchos ruegos el privilegio de participar en el sostenimiento de los santos;

5 y *esto* no como lo habíamos esperado, sino que primeramente se dieron a sí mismos al Señor, y luego a nosotros por la voluntad de Dios.

6 En consecuencia, rogamos a Tito que como él ya había comenzado antes, así también llevara a cabo en vosotros esta obra de gracia.

7 Mas así como vosotros abundáis en todo: en fe, en palabra, en conocimiento, en toda solicitud, y en el amor que hemos inspirado en vosotros, *ved* que también abundéis en esta obra de gracia.

8 No digo *esto* como un mandamiento, sino para probar, por la solicitud de otros, también la sinceridad de vuestro amor.

9 Porque conocéis la gracia de nuestro Señor Jesucristo, que siendo rico, sin embargo por amor a vosotros se hizo pobre, para que vosotros por medio de su pobreza llegarais a ser ricos.

10 Y doy *mi* opinión en este asunto, porque esto os conviene a vosotros, que fuisteis los primeros en comenzar hace un año no sólo a hacer *esto*, sino también a desear *hacerlo*.

11 Ahora pues, acabad también de hacerlo; para que como *hubo* la buena voluntad para desearlo, así también *la haya* para llevarlo a cabo según lo que tengáis.

12 Porque si hay buena voluntad, se acepta según lo que se tiene, no según lo que no se tiene.

13 Esto no es para holgura de otros *y* para aflicción vuestra, sino para *que haya* igualdad;

14 en el momento actual vuestra abundancia *suple* la necesidad de ellos, para que también la abundancia de ellos supla vuestra necesidad, de modo que haya igualdad.

15 Como está escrito: EL QUE *recogió* MUCHO, NO TUVO DEMASIADO; Y EL QUE *recogió* POCO, NO TUVO ESCASEZ.

16 Pero gracias a Dios que pone la misma solicitud por vosotros en el corazón de Tito.

17 Pues él no sólo aceptó nuestro ruego, sino que, siendo de por sí muy diligente, ha ido a vosotros por su propia voluntad.

18 Y junto con él hemos enviado al hermano cuya fama en *las cosas del* evangelio *se ha divulgado* por todas las iglesias;

19 y no sólo *esto*, sino que también ha sido designado por las iglesias como nuestro compañero de viaje en esta obra de gracia, la cual es administrada por nosotros para la gloria del Señor mismo, y *para manifestar* nuestra buena voluntad;

20 teniendo cuidado de que nadie nos desacredite en esta generosa ofrenda administrada por nosotros;

21 que nos preocupamos por lo que es honrado, no sólo ante los ojos del Señor, sino también ante los ojos de los hombres.

22 Y con ellos hemos enviado a nuestro hermano, de quien hemos comprobado con frecuencia que fue diligente en muchas cosas, pero que ahora es mucho más diligente debido a la gran confianza *que tiene* en vosotros.

23 En cuanto a Tito, *es* mi compañero y colaborador entre vosotros; en cuanto a nuestros hermanos, *son* mensajeros de las iglesias y gloria de Cristo.

24 Por tanto, mostradles abiertamente ante las iglesias la prueba de vuestro amor, y de nuestra razón para jactarnos respecto a vosotros.

Llamamiento a la liberalidad

9 Porque me es por demás escribiros acerca de este servicio a los santos;

2 pues conozco vuestra *buena* disposición, de la que me glorío por vosotros ante los macedonios, *es decir,* que Acaya ha estado preparada desde el año pasado; y vuestro celo ha estimulado a la mayoría *de ellos.*

3 Pero he enviado a los hermanos para que nuestra jactancia acerca de vosotros no sea hecha vana en este caso, a fin de que, como decía, estéis preparados;

4 no sea que algunos macedonios vayan conmigo y os encuentren desprevenidos, *y* nosotros (por no decir vosotros) seamos avergonzados por esta confianza.

5 Así que creí necesario exhortar a los hermanos a que se adelantaran en ir a vosotros, y prepararan de antemano vuestra generosa ofrenda, ya prometida, para que la misma estuviera lista como ofrenda generosa, y no como por codicia.

6 Pero esto *digo:* El que siembra escasamente, escasamente también segará; y el que siembra abundantemente, abundantemente también segará.

7 Que cada uno *dé* como propuso en su corazón, no de mala gana ni por obligación, porque Dios ama al dador alegre.

8 Y Dios puede hacer que toda gracia abunde para vosotros, a fin de que teniendo siempre todo lo suficiente en todas las cosas, abundéis para toda buena obra;

9 como está escrito:

EL ESPARCIO, DIO A LOS POBRES;

SU JUSTICIA PERMANECE PARA SIEMPRE.

10 Y que suministra semilla al sembrador y pan para *su* alimento, suplirá y multiplicará vuestra sementera y aumentará la siega de vuestra justicia;

11 seréis enriquecidos en todo para toda liberalidad, la cual por medio de nosotros produce acción de gracias a Dios.

12 Porque la ministración de este servicio no sólo suple con plenitud lo que falta a los santos, sino que también sobreabunda a través de muchas acciones de gracias a Dios.

13 Por la prueba dada por esta ministración, glorificarán a Dios por *vuestra* obediencia a vuestra confesión del evangelio de Cristo, y por la liberalidad de vuestra contribución para ellos y para todos;

14 mientras que también ellos, mediante la oración a vuestro favor, demuestran su anhelo por vosotros debido a la sobreabundante gracia de Dios en vosotros.

15 ¡Gracias a Dios por su don inefable!

Las armas del apostolado

10 Y yo mismo, Pablo, os ruego por la mansedumbre y la benignidad de Cristo, yo, que soy humilde cuando *estoy* delante de vosotros, pero osado para con vosotros cuando *estoy* ausente,

2 ruego, pues, que cuando esté presente, no tenga que ser osado con la confianza con que me propongo proceder resueltamente contra algunos que nos consideran como si anduviéramos según la carne.

3 Pues aunque andamos en la carne, no luchamos según la carne;

4 porque las armas de nuestra contienda no son carnales, sino poderosas en Dios para la destrucción de fortalezas;

5 destruyendo especulaciones y todo razonamiento altivo que se levanta contra el conocimiento de Dios, y poniendo todo pensamiento en cautiverio a la obediencia de Cristo,

6 y estando preparados para castigar toda desobediencia cuando vuestra obediencia sea completa.

7 Vosotros veis las cosas según la apariencia exterior. Si alguno tiene confianza en sí mismo de que es de Cristo, considere esto dentro de sí otra vez: que así como él es de Cristo, también lo somos nosotros.

8 Pues aunque yo me glorié más todavía respecto de nuestra autoridad, que el Señor *nos* dio para edificación y no para vuestra destrucción, no me avergonzaré,

9 para que no parezca como que deseo asustaros con mis cartas.

10 Porque ellos dicen: Las cartas son severas y duras, pero la presencia física es poco impresionante, y la manera de hablar menospreciable.

11 Esto tenga en cuenta tal persona: que lo que somos en palabra por carta, estando ausentes, lo *somos* también en hechos, estando presentes.

12 Porque no nos atrevemos a contarnos ni a compararnos con algunos que se alaban a sí mismos; pero ellos, midiéndose a sí mismos y

comparándose consigo mismos, carecen de entendimiento.

13 Mas nosotros no nos gloriaremos desmedidamente, sino dentro de la medida de la esfera que Dios nos señaló como límite para llegar también hasta vosotros.

14 Pues no nos excedemos a nosotros mismos, como si no nos hubiéramos alcanzado, ya que nosotros fuimos los primeros en llegar hasta vosotros con el evangelio de Cristo;

15 no gloriándonos desmedidamente, *esto es*, en los trabajos de otros, sino teniendo la esperanza de que conforme vuestra fe crezca, nosotros seremos, dentro de nuestra esfera, engrandecidos aún más por vosotros,

16 para anunciar el evangelio aun a las regiones *que están* más allá de vosotros, y para no gloriarnos en lo que ya se ha hecho en la esfera de otro.

17 Pero EL QUE SE GLORIA, QUE SE GLORIE EN EL SEÑOR.

18 Porque no es aprobado el que se alaba a sí mismo, sino aquel a quien el Señor alaba.

Pablo defiende su apostolado

11 Ojalá que me soportarais un poco de insensatez; y en verdad me soportáis.

2 Porque celoso estoy de vosotros con celo de Dios; pues os desposé a un esposo para presentaros *como* virgen pura a Cristo.

3 Pero temo que, así como la serpiente con su astucia engañó a Eva, vuestras mentes sean desviadas de la sencillez y pureza *de la devoción* a Cristo.

4 Porque si alguien viene y predica a otro Jesús, a quien no hemos predicado, o recibís un espíritu diferente, que no habéis recibido, o *aceptáis* un evangelio distinto, que no habéis aceptado, bien lo toleráis.

5 Pues yo no me considero inferior en nada a los más eminentes apóstoles.

6 Pero aunque yo sea torpe en el hablar, no *lo soy* en el conocimiento; de hecho, por todos los medios os *lo* hemos demostrado en todas las cosas.

7 ¿O cometí un pecado al humillarme a mí mismo para que vosotros fuerais exaltados, porque os prediqué el evangelio de Dios gratuitamente?

8 A otras iglesias despojé, tomando salario *de ellas* para serviros a vosotros;

9 y cuando estaba con vosotros y tuve necesidad, a nadie fui carga; porque cuando los hermanos llegaron de Macedonia, suplieron plenamente mi necesidad, y en todo me guardé, y me guardaré, de seros carga.

10 Como la verdad de Cristo está en mí, este gloriarse no se me impedirá en las regiones de Acaya.

11 ¿Por qué? ¿Porque no os amo? ¡Dios lo sabe!

12 Pero lo que hago continuaré haciéndolo, a fin de privar de oportunidad a aquellos que desean una oportunidad de ser considerados iguales a nosotros en aquello en que ellos se glorían.

13 Porque los tales son falsos apóstoles, obreros fraudulentos, que se disfrazan como apóstoles de Cristo.

14 Y no es de extrañar, pues aun Satanás se disfraza como ángel de luz.

15 Por tanto, no es de sorprender que sus servidores también se disfracen como servidores de justicia; cuyo fin será conforme a sus obras.

16 Otra vez digo: nadie me tenga por insensato; pero si *vosotros lo hacéis*, recibidme aunque sea como un insensato, para que yo también me gloríe un poco.

17 Lo que digo, no lo digo como lo diría el Señor, sino como en insensatez, en esta confianza de gloriarme.

18 Pues ya que muchos se glorían según la carne, yo también me gloriaré.

19 Porque vosotros, siendo *tan* sabios, con gusto toleráis a los insensatos.

20 Pues toleráis si alguno os esclaviza, si alguno os devora, si alguno se aprovecha de vosotros, si alguno se exalta a sí mismo, si alguno os golpea en el rostro.

21 Para vergüenza *mía* digo que *en comparación* nosotros hemos sido débiles. Pero en cualquier otra cosa que alguien *más* sea osado (hablo con insensatez), yo soy igualmente osado.

22 ¿Son ellos hebreos? Yo también. ¿Son israelitas? Yo también. ¿Son descendientes de Abraham? Yo también.

23 ¿Son servidores de Cristo? (Hablo como si hubiera perdido el juicio.) Yo más. En muchos más trabajos, en muchas más cárceles, en azotes un sinnúmero de veces, a menudo en peligros de muerte.

24 Cinco veces he recibido de los judíos treinta y nueve *azotes*.

25 Tres veces he sido golpeado con varas, una vez fui apedreado, tres veces naufragué, y he pasado una noche y un día en lo profundo.

26 Con frecuencia en viajes, en peligros de ríos, peligros de salteadores, peligros de *mis* compatriotas, peligros de los gentiles, peligros en la ciudad, peligros en el desierto, peligros en el mar, peligros entre falsos hermanos;

27 en trabajos y fatigas, en muchas noches de desvelo, en hambre y sed, a menudo sin comida, en frío y desnudez.

28 Además de tales cosas externas, está sobre mí la presión cotidiana *de* la preocupación por todas las iglesias.

29 ¿Quién es débil sin que yo sea débil? ¿A quién se le hace pecar sin que yo no me preocupe intensamente?

30 Si tengo que gloriarme, me gloriaré en cuanto a mi debilidad.

31 El Dios y Padre del Señor Jesús, el cual es bendito para siempre, sabe que no miento.

32 En Damasco, el gobernador bajo el rey Aretas, vigilaba la ciudad de los damascenos con el fin de prenderme,

33 pero me bajaron en un cesto por una ventana en la muralla, y *así* escapé de sus manos.

El poder de Dios y las flaquezas de Pablo

12 El gloriarse es necesario, aunque no es provechoso; pasaré entonces a las visiones y revelaciones del Señor.

2 Conozco a un hombre en Cristo, que hace catorce años (no sé si en el cuerpo, no sé si fuera del cuerpo, Dios lo sabe) el tal fue arrebatado hasta el tercer cielo.

3 Y conozco a tal hombre (si en el cuerpo o fuera del cuerpo no lo sé, Dios lo sabe)

4 que fue arrebatado al paraíso, y escuchó palabras inefables que al hombre no se le permite expresar.

5 De tal *hombre sí* me gloriaré; pero en cuanto a mí mismo, no me gloriaré sino en *mis* debilidades.

6 Porque si quisiera gloriarme, no sería insensato, pues diría la verdad; mas me abstengo *de hacerlo* para que nadie piense de mí más de lo que ve *en* mí, u oye de mí.

7 Y dada la extraordinaria grandeza de las revelaciones, por esta razón, para impedir que me enalteciera, me fue dada una espina en la carne, un mensajero de Satanás que me abofetee, para que no me enaltezca.

8 Acerca de esto, tres veces he rogado al Señor para que *lo* quitara de mí.

9 Y El me ha dicho: Te basta mi gracia, pues mi poder se perfecciona en la debilidad. Por tanto, muy gustosamente me gloriaré más bien en mis debilidades, para que el poder de Cristo more en mí.

10 Por eso me complazco en *las* debilidades, en insultos, en privaciones, en persecuciones y en angustias por amor a Cristo; porque cuando soy débil, entonces soy fuerte.

11 Me he vuelto insensato; vosotros me obligasteis *a ello.* Pues yo debiera haber sido encomiado por vosotros, porque en ningún sentido fui inferior a los más eminentes apóstoles, aunque nada soy.

12 Entre vosotros se operaron las señales de un verdadero apóstol, con toda perseverancia, por medio de señales, prodigios, y milagros.

13 Pues ¿en qué fuisteis tratados como inferiores a las demás iglesias, excepto en que yo mismo no fui una carga para vosotros? ¡Perdonadme este agravio!

14 He aquí, esta es la tercera vez que estoy preparado para ir a vosotros, y no os seré una carga, pues no busco lo que es vuestro, sino a vosotros; porque los hijos no tienen la responsabilidad de atesorar para *sus* padres, sino los padres para *sus* hijos.

15 Y yo muy gustosamente gastaré *lo mío,* y *aun yo mismo* me gastaré por vuestras almas. Si os amo más, ¿seré amado menos?

16 Pero, en todo caso, yo no os fui carga; no obstante, siendo astuto, os sorprendí con engaño.

17 ¿Acaso he tomado ventaja de vosotros por medio de alguno de los que os he enviado?

18 A Tito le rogué *que fuera,* y con él envié al hermano. ¿Acaso obtuvo Tito ventaja de vosotros? ¿No nos hemos conducido nosotros en el mismo espíritu *y seguido* las mismas pisadas?

19 Todo este tiempo habéis estado pensando que nos defendíamos ante vosotros. En' realidad, es delante de Dios que hemos estado hablando en Cristo; y todo, amados, para vuestra edificación.

20 Porque temo que quizá cuando yo vaya, halle que no sois lo que deseo, y yo sea hallado por vosotros que no soy lo que deseáis; que quizá *haya* pleitos, celos, enojos, rivalidades, difamaciones, chismes, arrogancia, desórdenes;

21 temo que cuando os visite de nuevo, mi Dios me humille delante de vosotros, y yo tenga que llorar por muchos que han pecado anteriormente y no se han arrepentido de la impureza, inmoralidad y sensualidad que han practicado.

Pablo advierte que obrará con severidad

13 Esta es la tercera vez que voy a vosotros. POR EL TESTIMONIO DE DOS O TRES TESTIGOS SE JUZGARAN TODOS LOS ASUNTOS.

2 Dije previamente, cuando *estuve* presente la segunda vez, y aunque ahora estoy ausente, lo digo de antemano a los que pecaron anteriormente y *también* a todos los demás, que si voy otra vez, no seré indulgente,

3 puesto que buscáis una prueba del Cristo que habla en mí, el cual no es débil para con vosotros, sino poderoso en vosotros.

4 Porque ciertamente El fue crucificado por debilidad, pero vive por el poder de Dios. Así también nosotros somos débiles en El, sin embargo, viviremos con El por el poder de Dios para con vosotros.

5 Poneos a prueba *para ver* si estáis en la fe; examinaos a vosotros mismos. ¿O no os reconocéis a vosotros mismos que Jesucristo está en vosotros, a menos de que en verdad no paséis la prueba?

6 Mas espero que reconoceréis que nosotros no estamos reprobados.

7 Y rogamos a Dios que no hagáis nada malo; no para que nosotros aparezcamos aprobados, sino para que vosotros hagáis lo bueno, aunque nosotros aparezcamos reprobados.

8 Porque nada podemos hacer contra la verdad, sino *sólo* a favor de la verdad.

9 Pues nos regocijamos cuando nosotros somos débiles, pero vosotros sois fuertes; también oramos por esto, para que vosotros seáis hechos perfectos.

10 Por esta razón os escribo estas cosas estando ausente, a fin de que cuando *esté* presente no tenga que usar de severidad según la autoridad que el Señor me dio para edificación y no para destrucción.

11 Por lo demás, hermanos, regocijaos, sed perfectos, confortaos, sed de un mismo sentir, vivid en paz; y el Dios de amor y paz será con vosotros.

12 Saludaos los unos a los otros con beso santo.

13 Todos los santos os saludan.

14 La gracia del Señor Jesucristo, el amor de Dios y la comunión del Espíritu Santo sean con todos vosotros.

Saludo

1 Pablo, apóstol (no de parte de hombres ni mediante hombre *alguno*, sino por medio de Jesucristo y de Dios el Padre que le resucitó de entre los muertos),

2 y todos los hermanos que están conmigo:
A las iglesias de Galacia:

3 Gracia a vosotros y paz de Dios nuestro Padre y del Señor Jesucristo,

4 que se dio a sí mismo por nuestros pecados para librarnos de este presente siglo malo, conforme a la voluntad de nuestro Dios y Padre,

5 a quien *sea* la gloria por los siglos de los siglos. Amén.

6 Me maravillo de que tan pronto hayáis abandonado al que os llamó por la gracia de Cristo, para *seguir* un evangelio diferente;

7 que *en realidad* no es otro *evangelio*, sólo que hay algunos que os perturban y quieren pervertir el evangelio de Cristo.

8 Pero si aun nosotros, o un ángel del cielo, os anunciara *otro* evangelio contrario al que os hemos anunciado, sea anatema.

9 Como hemos dicho antes, también repito ahora: Si alguno os anuncia un evangelio contrario al que recibisteis, sea anatema.

10 Porque ¿busco ahora el favor de los hombres o el de Dios? ¿O me esfuerzo por agradar a los hombres? Si yo todavía estuviera tratando de agradar a los hombres, no sería siervo de Cristo.

11 Pues quiero que sepáis, hermanos, que el evangelio que fue anunciado por mí no es según el hombre.

12 Pues ni lo recibí de hombre, ni me fue enseñado, sino *que lo recibí* por medio de una revelación de Jesucristo.

13 Porque vosotros habéis oído acerca de mi antigua manera de vivir en el judaísmo, de cuán desmedidamente perseguía yo a la iglesia de Dios y trataba de destruirla.

14 y *cómo* yo aventajaba en el judaísmo a muchos de mis compatriotas contemporáneos, mostrando mucho más celo por las tradiciones de mis antepasados.

15 Pero cuando Dios, que me apartó desde el vientre de mi madre y me llamó por su gracia, tuvo a bien

16 revelar a su Hijo en mí para que yo le anunciara entre los gentiles, no consulté enseguida con carne y sangre,

17 ni subí a Jerusalén a los que eran apóstoles antes que yo, sino que fui a Arabia, y regresé otra vez a Damasco.

18 Entonces, tres años después, subí a Jerusalén para conocer a Pedro, y estuve con él quince días.

19 Pero no vi a ningún otro de los apóstoles, sino a Jacobo, el hermano del Señor.

20 (En lo que os escribo, os aseguro delante de Dios que no miento.)

21 Después fui a las regiones de Siria y Cilicia.

22 Pero *todavía* no era conocido en persona en las iglesias de Judea que eran en Cristo;

23 sino que sólo oían *decir*: El que en otro tiempo nos perseguía, ahora predica la fe que en un tiempo quería destruir.

24 Y glorificaban a Dios por causa de mí.

Los apóstoles respaldan a Pablo

2 Entonces, después de catorce años, subí otra vez a Jerusalén con Bernabé, llevando también a Tito.

2 Subí por causa de una revelación y les presenté el evangelio que predico entre los gentiles, pero *lo hice* en privado a los que tenían *alta* reputación, para cerciorarme de que no corría ni había corrido en vano.

3 Pero ni aun Tito, que estaba conmigo, fue obligado a circuncidarse, aunque era griego.

4 Y *esto fue* por causa de los falsos hermanos introducidos secretamente, que se habían infiltrado para espiar la libertad que tenemos en Cristo Jesús, a fin de someternos a esclavitud,

5 a los cuales ni por un momento cedimos, para no someternos, a fin de que la verdad del evangelio permanezca con vosotros.

6 Y de aquellos que tenían reputación de ser algo (lo que eran, nada me importa; Dios no hace acepción de personas), pues bien, los que tenían reputación, nada me enseñaron.

7 Sino al contrario, al ver que se me había encomendado el evangelio a los de la incircuncisión, así como Pedro *lo había sido* a los de la circuncisión

8 (porque aquel que obró eficazmente para con Pedro en *su* apostolado a los de la circuncisión, también obró eficazmente para conmigo *en mi apostolado* a los gentiles),

9 y al reconocer la gracia que se me había dado, Jacobo, Pedro y Juan, que eran considerados como columnas, nos dieron a mí y a Bernabé la diestra de compañerismo, para que nosotros *fuéramos* a los gentiles y ellos a los de la circuncisión.

10 Sólo *nos pidieron* que nos acordáramos de los pobres, lo mismo que yo estaba también deseoso de hacer.

11 Pero cuando Pedro vino a Antioquía, me opuse a él cara a cara, porque era de condenar.

12 Pues antes de venir algunos de parte de Jacobo, él comía con los gentiles, pero cuando vinieron, empezó a retraerse y apartarse, porque temía a los de la circuncisión.

13 Y el resto de los judíos se le unió en *su* hipocresía, *de tal manera* que aun Bernabé fue arrastrado por la hipocresía de ellos.

14 Pero cuando vi que no andaban con rectitud en cuanto a la verdad del evangelio, dije a Pedro delante de todos: Si tú, siendo judío, vives como los gentiles y no como los judíos, ¿por qué obligas a los gentiles a vivir como judíos?

15 Nosotros *somos* judíos de nacimiento y no pecadores de entre los gentiles;

16 sin embargo, sabiendo que el hombre no es justificado por las obras de *la* ley, sino mediante la fe en Cristo Jesús, también nosotros hemos creído en Cristo Jesús, para que seamos justificados por la fe en Cristo, y no por las obras de la

ley; puesto que por las obras de *la* ley nadie será justificado.

17 Pero si buscando ser justificados en Cristo, también nosotros hemos sido hallados pecadores, ¿es Cristo, entonces, ministro de pecado? ¡De ningún modo!

18 Porque si yo reedifico lo que *en otro tiempo* destruí, yo mismo resulto transgresor.

19 Pues mediante *la* ley yo morí a *la* ley, a fin de vivir para Dios.

20 Con Cristo he sido crucificado, y ya no soy yo el que vive, sino que Cristo vive en mí; y la *vida* que ahora vivo en la carne, la vivo por fe en el Hijo de Dios, el cual me amó y se entregó a sí mismo por mí.

21 No hago nula la gracia de Dios, porque si la justicia *viene* por medio de *la* ley, entonces Cristo murió en vano.

La fe y la vida cristiana

3 ¡Oh, gálatas insensatos! ¿Quién os ha fascinado a vosotros, ante cuyos ojos Jesucristo fue presentado públicamente *como* crucificado?

2 Esto es lo único que quiero averiguar de vosotros: ¿recibisteis el Espíritu por las obras de *la* ley, o por el oír con fe?

3 ¿Tan insensatos sois? Habiendo comenzado por el Espíritu, ¿vais a terminar ahora por la carne?

4 ¿Habéis padecido tantas cosas en vano? ¡Si es que en realidad fue en vano!

5 Aquel, pues, que os suministra el Espíritu y hace milagros entre vosotros, ¿lo hace por las obras de *la* ley o por el oír con fe?

6 Así Abraham CREYO A DIOS Y LE FUE CONTADO COMO JUSTICIA.

7 Por consiguiente, sabed que los que son de fe, éstos son hijos de Abraham.

8 Y la Escritura, previendo que Dios justificaría a los gentiles por la fe, anunció de antemano las buenas nuevas a Abraham, *diciendo:* EN TI SERAN BENDITAS TODAS LAS NACIONES.

9 Así que, los que son de fe son bendecidos con Abraham, el creyente.

10 Porque todos los que son de las obras de *la* ley están bajo maldición, pues escrito está: MALDITO TODO EL QUE NO PERMANECE EN TODAS LAS COSAS ESCRITAS EN EL LIBRO DE LA LEY, PARA HACERLAS.

11 Y que nadie es justificado ante Dios por *la* ley es evidente, porque EL JUSTO VIVIRA POR LA FE.

12 Sin embargo, la ley no es de fe; al contrario, EL QUE LAS HACE, VIVIRA POR ELLAS.

13 Cristo nos redimió de la maldición de la ley, habiéndose hecho maldición por nosotros (porque escrito está: MALDITO TODO EL QUE CUELGA DE UN MADERO),

14 a fin de que en Cristo Jesús la bendición de Abraham viniera a los gentiles, para que recibiéramos la promesa del Espíritu mediante la fe.

15 Hermanos, hablo en términos humanos: un pacto, aunque sea humano, una vez ratificado nadie lo invalida ni le añade condiciones.

16 Ahora bien, las promesas fueron hechas a Abraham y a su descendencia. No dice: y a las descendencias, como *refiriéndose* a muchas, sino *más bien* a una: y a tu descendencia, es decir, Cristo.

17 Lo que digo es esto: La ley, que vino cuatrocientos treinta años más tarde, no invalida un pacto ratificado anteriormente por Dios, como para anular la promesa.

18 Porque si la herencia depende de la ley, ya no depende de una promesa; pero Dios se la concedió a Abraham por medio de una promesa.

19 Entonces, ¿para qué *fue dada* la ley? Fue añadida a causa de las transgresiones, hasta que viniera la descendencia a la cual había sido hecha la promesa, *ley* que fue promulgada mediante ángeles por mano de un mediador.

20 Ahora bien, un mediador no es de uno *solo*, pero Dios es uno.

21 ¿Es entonces la ley contraria a las promesas de Dios? ¡De ningún modo! Porque si se hubiera dado una ley capaz de impartir vida, entonces la justicia ciertamente hubiera dependido de la ley.

22 Pero la Escritura lo encerró todo bajo pecado, para que la promesa *que es* por fe en Jesucristo fuera dada a todos los que creen.

23 Y antes de venir la fe, estábamos encerrados bajo la ley, confinados para la fe que había de ser revelada.

24 De manera que la ley ha venido a ser nuestro ayo *para conducirnos* a Cristo, a fin de que seamos justificados por fe.

25 Pero ahora que ha venido la fe, ya no estamos bajo ayo,

26 pues todos sois hijos de Dios mediante la fe en Cristo Jesús.

27 Porque todos los que fuisteis bautizados en Cristo, de Cristo os habéis revestido.

28 No hay judío ni griego; no hay esclavo ni libre; no hay hombre ni mujer; porque todos sois uno en Cristo Jesús.

29 Y si sois de Cristo, entonces sois descendencia de Abraham, herederos según la promesa.

La adopción es sólo mediante Jesucristo

4 Digo, pues: Mientras el heredero es menor de edad en nada es diferente del siervo, aunque sea el dueño de todo,

2 sino que está bajo guardianes y tutores hasta la edad señalada por el padre.

3 Así también nosotros, mientras éramos niños, estábamos sujetos a servidumbre bajo las cosas elementales del mundo.

4 Pero cuando vino la plenitud del tiempo, Dios envió a su Hijo, nacido de mujer, nacido bajo *la* ley,

5 a fin de que redimiera a los que estaban bajo *la* ley, para que recibiéramos la adopción de hijos.

6 Y porque sois hijos, Dios ha enviado el Espíritu de su Hijo a nuestros corazones, clamando: ¡Abba! ¡Padre!

7 Por tanto, ya no eres siervo, sino hijo; y si hijo, también heredero por medio de Dios.

8 Pero en aquel tiempo, cuando no conocíais a Dios, erais siervos de aquellos que por naturaleza no son dioses.

9 Pero ahora que conocéis a Dios, o más bien, que sois conocidos por Dios, ¿cómo es que os volvéis otra vez a las cosas débiles, inútiles y elementales, a las cuales deseáis volver a estar esclavizados de nuevo?

10 Observáis los días, los meses, las estaciones y los años.

11 Temo por vosotros, que quizá en vano he trabajado por vosotros.

12 Os ruego, hermanos, haceos como yo, pues yo también *me he hecho* como vosotros. Ningún agravio me habéis hecho;

13 pero sabéis que fue por causa de una enfermedad física que os anuncié el evangelio la primera vez;

14 y lo que para vosotros fue una prueba en mi condición física, no despreciasteis ni rechazasteis, sino que me recibisteis como un ángel de Dios, como a Cristo Jesús *mismo*.

15 ¿Dónde está, pues, aquel sentido de bendición que tuvisteis? Pues testigo soy en favor vuestro de que de ser posible, os hubierais sacado los ojos y me los hubierais dado.

16 ¿Me he vuelto, por tanto, vuestro enemigo al deciros la verdad?

17 Ellos os tienen celo, no con buena intención, sino que quieren excluiros a fin de que mostréis celo por ellos.

18 Es bueno mostrar celo con buena intención siempre, y no sólo cuando yo estoy presente con vosotros.

19 Hijos míos, por quienes de nuevo sufro dolores de parto hasta que Cristo sea formado en vosotros,

20 quisiera estar presente con vosotros ahora y cambiar mi tono, pues perplejo estoy en cuanto a vosotros.

21 Decidme, los que deseáis estar bajo *la* ley, ¿no oís a la ley?

22 Porque está escrito que Abraham tuvo dos hijos, uno de la sierva y otro de la libre.

23 Pero el hijo de la sierva nació según la carne, y el hijo de la libre por medio de la promesa.

24 Esto contiene una alegoría, pues estas *mujeres* son dos pactos; uno *procede* del monte Sinaí que engendra hijos para ser esclavos; éste es Agar.

25 Ahora bien, Agar es el monte Sinaí en Arabia, y corresponde a la Jerusalén actual, porque ella está en esclavitud con sus hijos.

26 Pero la Jerusalén de arriba es libre; ésta es nuestra madre.

27 Porque escrito está:

REGOCÍJATE, OH ESTÉRIL, LA QUE NO CONCIBES;
PRORRUMPE Y CLAMA, TÚ QUE NO TIENES
DOLORES DE PARTO,
PORQUE MÁS SON LOS HIJOS DE LA DESOLADA,
QUE DE LA QUE TIENE MARIDO.

28 Y vosotros, hermanos, como Isaac, sois hijos de la promesa.

29 Pero así como entonces el que nació según la carne persiguió al que *nació* según el Espíritu, así también *sucede* ahora.

30 Pero, ¿qué dice la Escritura?

ECHA FUERA A LA SIERVA Y A SU HIJO,
PUES EL HIJO DE LA SIERVA NO SERÁ HEREDERO
CON EL HIJO DE LA LIBRE.

31 Así que, hermanos, no somos hijos de la sierva, sino de la libre.

5 Para libertad fue que Cristo nos hizo libres; por tanto, permaneced firmes, y no os sometáis otra vez al yugo de esclavitud.

2 Mirad, yo, Pablo, os digo que si os dejáis circuncidar, Cristo de nada os aprovechará.

3 Y otra vez testifico a todo hombre que se circuncida, que está obligado a cumplir toda la ley.

4 De Cristo os habéis separado, vosotros que procuráis ser justificados por *la* ley; de la gracia habéis caído.

5 Pues nosotros, por medio del Espíritu, esperamos por la fe la esperanza de justicia.

6 Porque en Cristo Jesús ni la circuncisión ni la incircuncisión significan nada, sino la fe que obra por amor.

7 Vosotros corríais bien, ¿quién os impidió obedecer a la verdad?

8 Esta persuasión no *vino* de aquel que os llama.

9 Un poco de levadura fermenta toda la masa.

10 Yo tengo confianza respecto a vosotros en el Señor de que no optaréis por otro punto de vista; pero el que os perturba llevará su castigo, quienquiera que sea.

11 Pero yo, hermanos, si todavía predico la circuncisión, ¿por qué soy perseguido aún? En tal caso, el escándalo de la cruz ha sido abolido.

12 ¡Ojalá que los que os perturban también se mutilaran!

13 Porque vosotros, hermanos, a libertad fuisteis llamados; sólo que no *uséis* la libertad como pretexto para la carne, sino servíos por amor los unos a los otros.

14 Porque toda la ley en una palabra se cumple en el *precepto:* AMARÁS A TU PRÓJIMO COMO A TI MISMO.

15 Pero si os mordéis y os devoráis unos a otros, tened cuidado, no sea que os consumáis unos a otros.

16 Digo, pues: Andad por el Espíritu, y no cumpliréis el deseo de la carne.

17 Porque el deseo de la carne es contra el Espíritu, y el *del* Espíritu *es* contra la carne, pues éstos se oponen el uno al otro, de manera que no podéis hacer lo que deseáis.

18 Pero si sois guiados por el Espíritu, no estáis bajo la ley.

19 Ahora bien, las obras de la carne son evidentes, las cuales son: inmoralidad, impureza, sensualidad,

20 idolatría, hechicería, enemistades, pleitos, celos, enojos, rivalidades, disensiones, sectarismos,

21 envidias, borracheras, orgías y cosas semejantes, contra las cuales os advierto, como ya os lo he dicho antes, que los que practican tales cosas no heredarán el reino de Dios.

22 Mas el fruto del Espíritu es amor, gozo, paz, paciencia, benignidad, bondad, fidelidad,

23 mansedumbre, dominio propio; contra tales cosas no hay ley.

24 Pues los que son de Cristo Jesús han crucificado la carne con sus pasiones y deseos.

25 Si vivimos por el Espíritu, andemos también por el Espíritu.

26 No nos hagamos vanagloriosos, provocándonos unos a otros, envidiándonos unos a otros.

6 Hermanos, aun si alguno es sorprendido en alguna falta, vosotros que sois espirituales, restauradlo en un espíritu de mansedumbre, mirándote a ti mismo, no sea que tú también seas tentado.

2 Llevad los unos las cargas de los otros, y cumplid así la ley de Cristo.

3 Porque si alguno se cree que es algo, no siendo nada, se engaña a sí mismo.

4 Pero que cada uno examine su propia obra, y entonces tendrá *motivo para* gloriarse solamente con respecto a sí mismo, y no con respecto a otro.

5 Porque cada uno llevará su propia carga.

6 Y al que se le enseña la palabra, que comparta toda cosa buena con el que le enseña.

7 No os dejéis engañar, de Dios nadie se burla; pues todo lo que el hombre siembre, eso también segará.

8 Porque el que siembra para su propia carne, de la carne segará corrupción, pero el que siembra para el Espíritu, del Espíritu segará vida eterna.

9 Y no nos cansemos de hacer el bien, pues a su tiempo, si no nos cansamos, segaremos.

10 Así que entonces, hagamos bien a todos según tengamos oportunidad, y especialmente a los de la familia de la fe.

11 Mirad con qué letras tan grandes os escribo de mi propia mano.

12 Los que desean agradar en la carne tratan de obligaros a que os circuncidéis, simplemente para no ser perseguidos a causa de la cruz de Cristo.

13 Porque ni aun los mismos que son circuncidados guardan la ley, mas ellos desean haceros circuncidar para gloriarse en vuestra carne.

14 Pero jamás acontezca que yo me glorie, sino en la cruz de nuestro Señor Jesucristo, por el cual el mundo ha sido crucificado para mí y yo para el mundo.

15 Porque ni la circuncisión es nada, ni la incircuncisión, sino una nueva creación.

16 Y a los que anden conforme a esta regla, paz y misericordia *sea* sobre ellos y sobre el Israel de Dios.

17 De aquí en adelante nadie me cause molestias, porque yo llevo en mi cuerpo las marcas de Jesús.

18 Hermanos, la gracia de nuestro Señor Jesucristo sea con vuestro espíritu. Amén.

La Epístola del Apóstol San Pablo a los
EFESIOS

Saludo

1 Pablo, apóstol de Cristo Jesús por la voluntad de Dios:

A los santos que están en Efeso y *que son* fieles en Cristo Jesús:

2 Gracia a vosotros y paz de Dios nuestro Padre y del Señor Jesucristo.

3 Bendito *sea* el Dios y Padre de nuestro Señor Jesucristo, que nos ha bendecido con toda bendición espiritual en los *lugares* celestiales en Cristo,

4 según nos escogió en El antes de la fundación del mundo, para que fuéramos santos y sin mancha delante de El. En amor

5 nos predestinó para adopción como hijos para sí mediante Jesucristo, conforme al beneplácito de su voluntad,

6 para alabanza de la gloria de su gracia que gratuitamente ha impartido sobre nosotros en el Amado.

7 En El tenemos redención mediante su sangre, el perdón de nuestros pecados según las riquezas de su gracia

8 que ha hecho abundar para con nosotros. En toda sabiduría y discernimiento

9 nos dio a conocer el misterio de su voluntad, según el beneplácito que se propuso en El,

10 con miras a una *buena* administración en el cumplimiento de los tiempos, *es decir,* de reunir todas las cosas en Cristo, *tanto* las *que están* en los cielos, *como* las *que están* en la tierra. En El

11 también hemos obtenido herencia, habiendo sido predestinados según el propósito de aquel que obra todas las cosas conforme al consejo de su voluntad,

12 a fin de que nosotros, que fuimos los primeros en esperar en Cristo, seamos para alabanza de su gloria.

13 En El también vosotros, después de escuchar el mensaje de la verdad, el evangelio de vuestra salvación, y habiendo creído, fuisteis sellados en El con el Espíritu Santo de la promesa,

14 que nos es dado como garantía de nuestra herencia, con miras a la redención de la posesión *adquirida de Dios,* para alabanza de su gloria.

15 Por esta razón también yo, habiendo oído de la fe en el Señor Jesús que *hay* entre vosotros, y *de* vuestro amor por todos los santos,

16 no ceso de dar gracias por vosotros, haciendo mención *de vosotros* en mis oraciones;

17 *pidiendo* que el Dios de nuestro Señor Jesucristo, el Padre de gloria, os dé espíritu de sabiduría y de revelación en un mejor conocimiento de El.

18 *Mi oración es que* los ojos de vuestro corazón sean iluminados, para que sepáis cuál es la esperanza de su llamamiento, cuáles son las riquezas de la gloria de su herencia en los santos,

19 y cuál es la extraordinaria grandeza de su poder para con nosotros los que creemos, conforme a la eficacia de la fuerza de su poder,

20 el cual obró en Cristo cuando le resucitó de entre los muertos y le sentó a su diestra en los *lugares* celestiales,

21 muy por encima de todo principado, autoridad, poder, dominio y de todo nombre que se nombra, no sólo en este siglo sino también en el venidero.

22 Y todo sometió bajo sus pies, y a El lo dio por cabeza sobre todas las cosas a la iglesia,

23 la cual es su cuerpo, la plenitud de aquel que lo llena todo en todo.

De muerte a vida por Cristo

2 Y *El os dio vida* a vosotros, que estabais muertos en vuestros delitos y pecados,

2 en los cuales anduvisteis en otro tiempo según la corriente de este mundo, conforme al príncipe de la potestad del aire, el espíritu que ahora opera en los hijos de desobediencia,

3 entre los cuales también todos nosotros en otro tiempo vivíamos en las pasiones de nuestra carne, satisfaciendo los deseos de la carne y de la

mente, y éramos por naturaleza hijos de ira, lo mismo que los demás.

4 Pero Dios, que es rico en misericordia, por causa del gran amor con que nos amó,

5 aun cuando estábamos muertos en *nuestros* delitos, nos dio vida juntamente con Cristo (por gracia habéis sido salvados),

6 y con El *nos* resucitó, y con El *nos* sentó en los *lugares* celestiales en Cristo Jesús,

7 a fin de poder mostrar en los siglos venideros las sobreabundantes riquezas de su gracia por *su* bondad para con nosotros en Cristo Jesús.

8 Porque por gracia habéis sido salvados por medio de la fe, y esto no de vosotros, *sino que es* don de Dios;

9 no por obras, para que nadie se gloríe.

10 Porque somos hechura suya, creados en Cristo Jesús para *hacer* buenas obras, las cuales Dios preparó de antemano para que anduviéramos en ellas.

11 Recordad, pues, que en otro tiempo vosotros los gentiles en la carne, llamados incircuncisión por la tal llamada circuncisión, hecha por manos en la carne,

12 *recordad* que en ese tiempo estabais separados de Cristo, excluidos de la ciudadanía de Israel, extraños a los pactos de la promesa, sin tener esperanza, y sin Dios en el mundo.

13 Pero ahora en Cristo Jesús, vosotros, que en otro tiempo estabais lejos, habéis sido acercados por la sangre de Cristo.

14 Porque El mismo es nuestra paz, quien de ambos *pueblos* hizo uno, derribando la pared intermedia de separación,

15 aboliendo en su carne la enemistad, la ley de *los* mandamientos *expresados* en ordenanzas, para crear en sí mismo de los dos un nuevo hombre, estableciendo *así* la paz,

16 y para reconciliar con Dios a los dos en un cuerpo por medio de la cruz, habiendo dado muerte en ella a la enemistad.

17 Y VINO Y ANUNCIO PAZ A VOSOTROS QUE ESTABAIS LEJOS, Y PAZ A LOS QUE ESTABAN CERCA;

18 porque por medio de El los unos y los otros tenemos nuestra entrada al Padre en un mismo Espíritu.

19 Así pues, ya no sois extranjeros ni advenedizos, sino que sois conciudadanos de los santos y sois de la familia de Dios,

20 edificados sobre el fundamento de los apóstoles y profetas, siendo Cristo Jesús mismo la *piedra* angular,

21 en quien todo el edificio, bien ajustado, va creciendo para *ser* un templo santo en el Señor,

22 en quien también vosotros sois juntamente edificados para morada de Dios en el Espíritu.

El ministerio de Pablo a los gentiles

3 Por esta causa yo, Pablo, prisionero de Cristo Jesús por amor de vosotros los gentiles

2 (si en verdad habéis oído de la dispensación de la gracia de Dios que me fue dada para vosotros;

3 que por revelación me fue dado a conocer el misterio, tal como antes os escribí brevemente.

4 En vista de lo cual, leyendo, podréis comprender mi discernimiento del misterio de Cristo,

5 que en otras generaciones no se dio a conocer a los hijos de los hombres, como ahora ha sido revelado a sus santos apóstoles y profetas por el Espíritu;

6 *a saber*, que los gentiles son coherederos y miembros del mismo cuerpo, participando igualmente de la promesa en Cristo Jesús mediante el evangelio,

7 del cual fui hecho ministro, conforme al don de la gracia de Dios que se me ha concedido según la eficacia de su poder.

8 A mí, que soy menos que el más pequeño de todos los santos, se me concedió esta gracia: anunciar a los gentiles las inescrutables riquezas de Cristo,

9 y sacar a luz cuál es la dispensación del misterio que por los siglos ha estado oculto en Dios, creador de todas las cosas;

10 a fin de que la infinita sabiduría de Dios sea ahora dada a conocer por medio de la iglesia a los principados y potestades en los *lugares* celestiales,

11 conforme al propósito eterno que llevó a cabo en Cristo Jesús nuestro Señor,

12 en quien tenemos libertad y acceso *a Dios* con confianza por medio de la fe en El.

13 Ruego, por tanto, que no desmayéis a causa de mis tribulaciones por vosotros, porque son vuestra gloria).

14 Por esta causa, *pues*, doblo mis rodillas ante el Padre de nuestro Señor Jesucristo,

15 de quien recibe nombre toda familia en el cielo y en la tierra,

16 que os conceda, conforme a las riquezas de su gloria, ser fortalecidos con poder por su Espíritu en el hombre interior;

17 de manera que Cristo more por la fe en vuestros corazones; *y* que arraigados y cimentados en amor,

18 seáis capaces de comprender con todos los santos cuál es la anchura, la longitud, la altura y la profundidad,

19 y de conocer el amor de Cristo que sobrepasa el conocimiento, para que seáis llenos hasta *la medida de* toda la plenitud de Dios.

20 Y a aquel que es poderoso para hacer todo mucho más abundantemente de lo que pedimos o entendemos, según el poder que obra en nosotros,

21 a El *sea* la gloria en la iglesia y en Cristo Jesús por todas las generaciones, por los siglos de los siglos. Amén.

La vida en Cristo

4 Yo, pues, prisionero del Señor, os ruego que viváis de una manera digna de la vocación con que habéis sido llamados,

2 con toda humildad y mansedumbre, con paciencia, soportándoos unos a otros en amor,

3 esforzándoos por preservar la unidad del Espíritu en el vínculo de la paz.

4 *Hay* un solo cuerpo y un solo Espíritu, así como también vosotros fuisteis llamados en una misma esperanza de vuestra vocación;

5 un solo Señor, una sola fe, un solo bautismo,

6 un solo Dios y Padre de todos, que está sobre todos, por todos y en todos.

7 Pero a cada uno de nosotros se nos ha concedido la gracia conforme a la medida del don de Cristo.

8 Por tanto, dice:

CUANDO ASCENDIO A LO ALTO,

LLEVO CAUTIVA UNA HUESTE DE CAUTIVOS,
Y DIO DONES A LOS HOMBRES.

9 (Esta *expresión:* Ascendió, ¿qué significa, sino que El también había descendido a las profundidades de la tierra?

10 El que descendió es también el mismo que ascendió mucho más arriba de todos los cielos, para poder llenarlo todo.)

11 Y El dio a algunos el *ser* apóstoles, a otros profetas, a otros evangelistas, a otros pastores y maestros,

12 a fin de capacitar a los santos para la obra del ministerio, para la edificación del cuerpo de Cristo;

13 hasta que todos lleguemos a la unidad de la fe y del conocimiento pleno del Hijo de Dios, a la condición de un hombre maduro, a la medida de la estatura de la plenitud de Cristo;

14 para que ya no seamos niños, sacudidos por las olas y llevados de aquí para allá por todo viento de doctrina, por la astucia de los hombres, por las artimañas engañosas del error;

15 sino que hablando la verdad en amor, crezcamos en todos *los aspectos* en aquel que es la cabeza, *es decir,* Cristo,

16 de quien todo el cuerpo (estando bien ajustado y unido por la cohesión que las coyunturas proveen), conforme al funcionamiento adecuado de cada miembro, produce el crecimiento del cuerpo para su propia edificación en amor.

17 Esto digo, pues, y afirmo juntamente con el Señor: que ya no andéis así como andan también los gentiles, en la vanidad de su mente,

18 entenebrecidos en su entendimiento, excluidos de la vida de Dios por causa de la ignorancia que hay en ellos, por la dureza de su corazón;

19 y ellos, habiendo llegado a ser insensibles, se entregaron a la sensualidad para cometer con avidez toda clase de impurezas.

20 Pero vosotros no habéis aprendido a Cristo de esta manera,

21 si en verdad lo oísteis y habéis sido enseñados en El, conforme a la verdad que hay en Jesús,

22 que en cuanto a vuestra anterior manera de vivir, os despojéis del viejo hombre, que se corrompe según los deseos engañosos,

23 y que seáis renovados en el espíritu de vuestra mente,

24 y os vistáis del nuevo hombre, el cual, en *la semejanza de* Dios, ha sido creado en la justicia y santidad de la verdad.

25 Por tanto, dejando a un lado la falsedad, HABLAD VERDAD CADA CUAL CON SU PROJIMO, porque somos miembros los unos de los otros.

26 AIRAOS, PERO NO PEQUEIS; no se ponga el sol sobre vuestro enojo,

27 ni deis oportunidad al diablo.

28 El que roba, no robe más, sino más bien que trabaje, haciendo con sus manos lo que es bueno, a fin de que tenga qué compartir con el que tiene necesidad.

29 No salga de vuestra boca ninguna palabra mala, sino sólo la que sea buena para edificación, según la necesidad *del momento,* para que imparta gracia a los que escuchan.

30 Y no entristezcáis al Espíritu Santo de Dios,

por el cual fuisteis sellados para el día de la redención.

31 Sea quitada de vosotros toda amargura, enojo, ira, gritos, maledicencia, así como toda malicia.

32 Sed más bien amables unos con otros, misericordiosos, perdonándoos unos a otros, así como también Dios os perdonó en Cristo.

El andar de los hijos de Dios

5 Sed, pues, imitadores de Dios como hijos amados;

2 y andad en amor, así como también Cristo os amó y se dio a sí mismo por nosotros, ofrenda y sacrificio a Dios, como fragante aroma.

3 Pero que la inmoralidad, y toda impureza o avaricia, ni siquiera se mencionen entre vosotros, como corresponde a los santos;

4 ni obscenidades, ni necedades, ni groserías, que no son apropiadas, sino más bien acciones de gracias.

5 Porque con certeza sabéis esto: que ningún inmoral, impuro, o avaro, que es idólatra, tiene herencia en el reino de Cristo y de Dios.

6 Que nadie os engañe con palabras vanas, pues por causa de estas cosas la ira de Dios viene sobre los hijos de desobediencia.

7 Por tanto, no seáis partícipes con ellos;

8 porque antes erais tinieblas, pero ahora sois luz en el Señor; andad como hijos de luz

9 (porque el fruto de la luz *consiste* en toda bondad, justicia y verdad),

10 examinando qué es lo que agrada al Señor.

11 Y no participéis en las obras estériles de las tinieblas, sino más bien, desenmascaradlas;

12 porque es vergonzoso aun hablar de las cosas que ellos hacen en secreto.

13 Pero todas las cosas se hacen visibles cuando son expuestas por la luz, pues todo lo que se hace visible es luz.

14 Por esta razón dice:

Despierta, tú que duermes,
   y levántate de entre los muertos,
   y te alumbrará Cristo.

15 Por tanto, tened cuidado cómo andáis; no como insensatos, sino como sabios,

16 aprovechando bien el tiempo, porque los días son malos.

17 Así pues, no seáis necios, sino entended cuál es la voluntad del Señor.

18 Y no os embriaguéis con vino, en lo cual hay disolución, sino sed llenos del Espíritu,

19 hablando entre vosotros con salmos, himnos y cantos espirituales, cantando y alabando con vuestro corazón al Señor;

20 dando siempre gracias por todo, en el nombre de nuestro Señor Jesucristo, a Dios, el Padre;

21 sometiéndoos unos a otros en el temor de Cristo.

22 Las mujeres *estén sometidas* a sus propios maridos como al Señor.

23 Porque el marido es cabeza de la mujer, así como Cristo es cabeza de la iglesia, *siendo* El mismo el Salvador del cuerpo.

24 Pero así como la iglesia está sujeta a Cristo, también las mujeres *deben estarlo* a sus maridos en todo.

25 Maridos, amad a vuestras mujeres, así como

Cristo amó a la iglesia y se dio a sí mismo por ella,

26 para santificarla, habiéndola purificado por el lavamento del agua con la palabra,

27 a fin de presentársela a sí mismo, una iglesia en toda su gloria, sin que tenga mancha ni arruga ni cosa semejante, sino que fuera santa e inmaculada.

28 Así también deben amar los maridos a sus mujeres, como a sus propios cuerpos. El que ama a su mujer, a sí mismo se ama.

29 Porque nadie aborreció jamás su propio cuerpo, sino que lo sustenta y lo cuida, así como también Cristo a la iglesia;

30 porque somos miembros de su cuerpo.

31 Por esto el hombre dejará a su padre y a su madre, y se unirá a su mujer, y los dos serán una sola carne.

32 Grande es este misterio, pero hablo con referencia a Cristo y a la iglesia.

33 En todo caso, cada uno de vosotros ame también a su mujer como a sí mismo, y que la mujer respete a su marido.

Exhortación a los hijos y a los padres

6 Hijos, obedeced a vuestros padres en el Señor, porque esto es justo.

2 Honra a tu padre y a tu madre (que es el primer mandamiento con promesa),

3 para que te vaya bien, y para que tengas larga vida sobre la tierra.

4 Y vosotros, padres, no provoquéis a ira a vuestros hijos, sino criadlos en la disciplina e instrucción del Señor.

5 Siervos, obedeced a vuestros amos en la tierra, con temor y temblor, con la sinceridad de vuestro corazón, como a Cristo;

6 no para ser vistos, como los que quieren agradar a los hombres, sino como siervos de Cristo, haciendo de corazón la voluntad de Dios.

7 Servid de buena voluntad, como al Señor y no a los hombres,

8 sabiendo que cualquier cosa buena que cada uno haga, esto recibirá del Señor, sea siervo o sea libre.

9 Y vosotros, amos, haced lo mismo con ellos, y dejad las amenazas, sabiendo que el Señor de ellos y de vosotros está en los cielos, y que para El no hay acepción de personas.

10 Por lo demás, fortaleceos en el Señor y en el poder de su fuerza.

11 Revestíos con toda la armadura de Dios para que podáis estar firmes contra las insidias del diablo.

12 Porque nuestra lucha no es contra sangre y carne, sino contra principados, contra potestades, contra los poderes de este mundo de tinieblas, contra las *huestes* espirituales de maldad en las *regiones* celestes.

13 Por tanto, tomad toda la armadura de Dios, para que podáis resistir en el día malo, y habiéndolo hecho todo, estar firmes.

14 Estad, pues, firmes, ceñida vuestra cintura con la verdad, revestidos con la coraza de la justicia,

15 y calzados los pies con el apresto del evangelio de la paz;

16 en todo, tomando el escudo de la fe con el que podréis apagar todos los dardos encendidos del maligno.

17 Tomad también el yelmo de la salvacion, y la espada del Espíritu que es la palabra de Dios.

18 Con toda oración y súplica orad en todo tiempo en el Espíritu, y así, velad con toda perseverancia y súplica por todos los santos;

19 y *orad* por mí, para que me sea dada palabra al abrir mi boca, a fin de dar a conocer sin temor el misterio del evangelio,

20 por el cual soy embajador en cadenas; que *al proclamarlo* hable con denuedo, como debo hablar.

21 Pero a fin de que también vosotros sepáis mi situación *y* lo que hago, todo os lo hará saber Tíquico, amado hermano y fiel ministro en el Señor,

22 a quien he enviado a vosotros precisamente para esto, para que sepáis de nosotros y para que consuele vuestros corazones.

23 Paz sea a los hermanos, y amor con fe de Dios el Padre y del Señor Jesucristo.

24 La gracia sea con todos los que aman a nuestro Señor Jesucristo con *amor* incorruptible.

Saludo

1 Pablo y Timoteo, siervos de Cristo Jesús:
A todos los santos en Cristo Jesús que están en Filipos, incluyendo a los obispos y diáconos:

2 Gracia a vosotros y paz de Dios nuestro Padre y del Señor Jesucristo.

3 Doy gracias a mi Dios siempre que me acuerdo de vosotros,

4 orando siempre con gozo en cada una de mis oraciones por todos vosotros,

5 por vuestra participación en el evangelio desde el primer día hasta ahora,

6 estando convencido precisamente de esto: que el que comenzó en vosotros la buena obra, la perfeccionará hasta el día de Cristo Jesús.

7 Es justo que yo sienta esto acerca de todos vosotros, porque os llevo en el corazón, pues tanto en mis prisiones como en la defensa y confirmación del evangelio, todos vosotros sois participantes conmigo de la gracia.

8 Porque Dios me es testigo de cuánto os añoro a todos con el entrañable amor de Cristo Jesús.

9 Y esto pido en oración: que vuestro amor abunde aún más y más en conocimiento verdadero y *en* todo discernimiento,

10 a fin de que escojáis lo mejor, para que seáis puros e irreprensibles para el día de Cristo;

11 llenos del fruto de justicia que *es* por medio de Jesucristo, para la gloria y alabanza de Dios.

12 Y quiero que sepáis, hermanos, que las circunstancias *en que me he visto,* han redundado en el mayor progreso del evangelio,

13 de tal manera que mis prisiones por *la causa de Cristo* se han hecho notorias en toda la guardia pretoriana y a todos los demás;

14 y que la mayoría de los hermanos, confiando en el Señor por causa de mis prisiones, tienen mucho más valor para hablar la palabra de Dios sin temor.

15 Algunos, a la verdad, predican a Cristo aun por envidia y rivalidad, pero también otros *lo hacen* de buena voluntad.

16 éstos *lo hacen* por amor, sabiendo que he sido designado para la defensa del evangelio;

17 aquéllos proclaman a Cristo por ambición personal, no con sinceridad, pensando causarme angustia en mis prisiones.

18 ¿Entonces qué? Que de todas maneras, ya sea fingidamente o en verdad, Cristo es proclamado; y en esto me regocijo, sí, y me regocijaré.

19 Porque sé que esto resultará en mi liberación mediante vuestras oraciones y la suministración del Espíritu de Jesucristo,

20 conforme a mi anhelo y esperanza de que en nada seré avergonzado, sino *que* con toda confianza, aun ahora, como siempre, Cristo será exaltado en mi cuerpo, ya sea por vida o por muerte.

21 Pues para mí, el vivir es Cristo y el morir es ganancia.

22 Pero si el vivir en la carne, esto *significa* para mí *una* labor fructífera, entonces, no sé cuál escoger,

23 pues de ambos *lados* me siento apremiado, teniendo el deseo de partir y estar con Cristo, pues *eso* es mucho mejor;

24 y sin embargo, continuar en la carne es más necesario por causa de vosotros.

25 Y convencido de esto, sé que permaneceré y continuaré con todos vosotros para vuestro progreso y gozo en la fe,

26 para que vuestra profunda satisfacción por mí abunde en Cristo Jesús a causa de mi visita otra vez a vosotros.

27 Solamente comportaos de una manera digna del evangelio de Cristo, de modo que ya sea que vaya a veros, o que permanezca ausente, pueda oír que vosotros estáis firmes en un mismo espíritu, luchando unánimes por la fe del evangelio;

28 de ninguna manera amedrentados por *vuestros* adversarios, lo cual es señal de perdición para ellos, pero de salvación para vosotros, y esto, de Dios.

29 Porque a vosotros se os ha concedido por amor de Cristo, no sólo creer en El, sino también sufrir por El,

30 sufriendo el mismo conflicto que visteis en mí, y que ahora oís *que está* en mí.

Humillación y exaltación de Cristo

2 Por tanto, si hay algún estímulo en Cristo, si hay algún consuelo de amor, si hay alguna comunión del Espíritu, si algún afecto y compasión,

2 haced completo mi gozo, siendo del mismo sentir, conservando el mismo amor, unidos en espíritu, dedicados a un mismo propósito.

3 Nada hagáis por egoísmo o por vanagloria, sino que con actitud humilde cada uno de vosotros considere al otro como más importante que a sí mismo,

4 no buscando cada uno sus propios intereses, sino más bien los intereses de los demás.

5 Haya, *pues,* en vosotros esta actitud que hubo también en Cristo Jesús,

6 el cual, aunque existía en forma de Dios, no consideró el ser igual a Dios como algo a qué aferrarse,

7 sino que se despojó a sí mismo tomando forma de siervo, haciéndose semejante a los hombres.

8 Y hallándose en forma de hombre, se humilló a sí mismo, haciéndose obediente hasta la muerte, y muerte de cruz.

9 Por lo cual Dios también le exaltó hasta lo sumo, y le confirió el nombre que es sobre todo nombre,

10 para que al nombre de Jesús SE DOBLE TODA RODILLA de los que están en el cielo, y en la tierra, y debajo de la tierra,

11 y toda lengua confiese que Jesucristo es Señor, para gloria de Dios Padre.

12 Así que, amados míos, tal como siempre habéis obedecido, no sólo en mi presencia, sino ahora mucho más en mi ausencia, ocupaos en vuestra salvación con temor y temblor;

13 porque Dios es quien obra en vosotros tanto el querer como el hacer, para *su* beneplácito.

14 Haced todas las cosas sin murmuraciones ni discusiones,

15 para que seáis irreprensibles y sencillos, hijos de Dios sin tacha en medio de una generación torcida y perversa, en medio de la cual resplandecéis como luminares en el mundo,

16 sosteniendo firmemente la palabra de vida, a fin de que yo tenga motivo para gloriarme en el día de Cristo, ya que no habré corrido en vano ni habré trabajado en vano.

17 Pero aunque yo sea derramado como libación sobre el sacrificio y servicio de vuestra fe, me regocijo y comparto mi gozo con todos vosotros.

18 Y también vosotros, *os ruego*, regocijaos de la misma manera, y compartid vuestro gozo conmigo.

19 Mas espero en el Señor Jesús enviaros pronto a Timoteo, a fin de que yo también sea alentado al saber de vuestra condición.

20 Pues a nadie *más* tengo del mismo sentir mío *y* que esté sinceramente interesado en vuestro bienestar.

21 Porque todos buscan sus propios intereses, no los de Cristo Jesús.

22 Pero vosotros conocéis sus probados méritos, que sirvió conmigo en la propagación del evangelio como un hijo *sirve* a su padre.

23 Por tanto, a éste espero enviarlo inmediatamente tan pronto vea cómo *van* las cosas conmigo;

24 y confío en el Señor que también yo mismo iré pronto.

25 Pero creí necesario enviaros a Epafrodito, mi hermano, colaborador y compañero de milicia, quien también es vuestro mensajero y servidor para mis necesidades;

26 porque él os añoraba a todos vosotros, y estaba angustiado porque habíais oído que se había enfermado.

27 Pues en verdad estuvo enfermo, a punto de morir; pero Dios tuvo misericordia de él, y no sólo de él, sino también de mí, para que yo no tuviera tristeza sobre tristeza.

28 Así que lo he enviado con mayor solicitud, para que al verlo de nuevo, os regocijéis y yo esté más tranquilo *en cuanto a vosotros*.

29 Recibidlo, pues, en el Señor con todo gozo, y tened en alta estima a los *que son* como él;

30 porque estuvo al borde de la muerte por la obra de Cristo, arriesgando su vida para completar lo que faltaba en vuestro servicio hacia mí.

El valor infinito de conocer a Cristo

3 Por lo demás, hermanos míos, regocijaos en el Señor. A mí no me es molesto escribiros *otra vez* lo mismo, y para vosotros es motivo de seguridad.

2 Cuidaos de los perros, cuidaos de los malos obreros, cuidaos de la falsa circuncisión;

3 porque nosotros somos la *verdadera* circuncisión, que adoramos en el Espíritu de Dios y nos gloriamos en Cristo Jesús, no poniendo la confianza en la carne,

4 aunque yo mismo podría confiar también en la carne. Si algún otro cree *tener motivo para* confiar en la carne, yo mucho más:

5 circuncidado el octavo día, del linaje de Israel, de la tribu de Benjamín, hebreo de hebreos; en cuanto a la ley, fariseo;

6 en cuanto al celo, perseguidor de la iglesia; en cuanto a la justicia de la ley, hallado irreprensible.

7 Pero todo lo que para mí era ganancia, lo he estimado como pérdida por amor de Cristo.

8 Y aún más, yo estimo como pérdida todas las cosas en vista del incomparable valor de conocer a Cristo Jesús, mi Señor, por quien lo he perdido todo, y lo considero como basura a fin de ganar a Cristo,

9 y ser hallado en El, no teniendo mi propia justicia derivada de *la* ley, sino la que es por la fe en Cristo, la justicia que *procede* de Dios sobre la base de la fe,

10 *y* conocerle a El, el poder de su resurrección y la participación en sus padecimientos, llegando a ser como El en su muerte,

11 a fin de llegar a la resurrección de entre los muertos.

12 No que ya *lo* haya alcanzado o que ya haya llegado a ser perfecto, sino que sigo adelante, a fin de poder alcanzar aquello para lo cual también fui alcanzado por Cristo Jesús.

13 Hermanos, yo mismo no considero haber*lo* ya alcanzado; pero una cosa *hago:* olvidando lo que *queda* atrás y extendiéndome a lo que *está* delante,

14 prosigo hacia la meta para *obtener* el premio del supremo llamamiento de Dios en Cristo Jesús.

15 Así que todos los que somos perfectos, tengamos esta *misma* actitud; y si en algo tenéis una actitud distinta, eso también os lo revelará Dios;

16 sin embargo, continuemos viviendo según la misma *norma* que hemos alcanzado.

17 Hermanos, sed imitadores míos, y observad a los que andan según el ejemplo que tenéis en nosotros.

18 Porque muchos andan como os he dicho muchas veces, y ahora os lo digo aun llorando, *que son* enemigos de la cruz de Cristo,

19 cuyo fin es perdición, cuyo dios es *su* apetito y *cuya* gloria está en su vergüenza, los cuales piensan sólo en las cosas terrenales.

20 Porque nuestra ciudadanía está en los cielos, de donde también ansiosamente esperamos a un Salvador, el Señor Jesucristo,

21 el cual transformará el cuerpo de nuestro estado de humillación en conformidad al cuerpo de su gloria, por el ejercicio del poder que tiene aun para sujetar todas las cosas a sí mismo.

Regocijo y paz en el Señor

4 Así que, hermanos míos, amados y añorados, gozo y corona mía, estad así firmes en el Señor, amados.

2 Ruego a Evodia y a Síntique, que vivan en armonía en el Señor.

3 En verdad, fiel compañero, también te ruego que ayudes a estas *mujeres* que han compartido mis luchas en *la causa* del evangelio, junto con Clemente y los demás colaboradores míos, cuyos nombres están en el libro de la vida.

4 Regocijaos en el Señor siempre. Otra vez *lo* diré: ¡Regocijaos!

5 Vuestra bondad sea conocida de todos los hombres. El Señor está cerca.

6 Por nada estéis afanosos; antes bien, en todo, mediante oración y súplica con acción de gracias, sean dadas a conocer vuestras peticiones delante de Dios.

7 Y la paz de Dios, que sobrepasa todo entendimiento, guardará vuestros corazones y vuestras mentes en Cristo Jesús.

8 Por lo demás, hermanos, todo lo que es verdadero, todo lo digno, todo lo justo, todo lo puro, todo lo amable, todo lo honorable, si hay alguna virtud o algo que merece elogio, en esto meditad.

9 Lo que también habéis aprendido y recibido y oído y visto en mí, esto practicad, y el Dios de paz estará con vosotros.

10 Me alegré grandemente en el Señor de que ya al fin habéis reavivado vuestro cuidado para conmigo; en verdad, *antes* os preocupabais, pero os faltaba la oportunidad.

11 No que hable porque tenga escasez, pues he aprendido a contentarme cualquiera que sea mi situación.

12 Sé vivir en pobreza, y sé vivir en prosperidad; en todo y por todo he aprendido el secreto tanto de estar saciado como *de* tener hambre, de tener abundancia como *de* sufrir necesidad.

13 Todo lo puedo en Cristo que me fortalece.

14 Sin embargo, habéis hecho bien en compartir *conmigo* en mi aflicción.

15 Y vosotros mismos también sabéis, filipenses, que al comienzo *de la predicación* del evangelio, después que partí de Macedonia, ninguna iglesia compartió conmigo en cuestión de dar y recibir, sino vosotros solos;

16 porque aun a Tesalónica enviasteis *dádivas* más de una vez para mis necesidades.

17 No es que busque la dádiva en sí, sino que busco fruto que aumente en vuestra cuenta.

18 Pero lo he recibido todo y tengo abundancia; estoy bien abastecido, habiendo recibido de Epafrodito lo que habéis enviado: fragante aroma, sacrificio aceptable, agradable a Dios.

19 Y mi Dios proveerá a todas vuestras necesidades, conforme a sus riquezas en gloria en Cristo Jesús.

20 A nuestro Dios y Padre *sea* la gloria por los siglos de los siglos. Amén.

21 Saludad a todos los santos en Cristo Jesús. Los hermanos que están conmigo os saludan.

22 Todos los santos os saludan, especialmente los de la casa del César.

23 La gracia del Señor Jesucristo sea con vuestro espíritu.

La Epístola del Apóstol San Pablo a los
COLOSENSES

Saludo

1 Pablo, apóstol de Jesucristo por la voluntad de Dios, y el hermano Timoteo,

2 a los santos y fieles hermanos en Cristo *que están* en Colosas: Gracia a vosotros y paz de Dios nuestro Padre.

3 Damos gracias a Dios, el Padre de nuestro Señor Jesucristo, orando siempre por vosotros,

4 al oír de vuestra fe en Cristo Jesús y del amor que tenéis por todos los santos,

5 a causa de la esperanza reservada para vosotros en los cielos, de la cual oísteis antes en la palabra de verdad, el evangelio,

6 que ha llegado hasta vosotros; así como en todo el mundo está dando fruto constantemente y creciendo, así *lo ha estado haciendo* también en vosotros, desde el día que oísteis y comprendisteis la gracia de Dios en verdad;

7 tal como *lo* aprendisteis de Epafras, nuestro amado consiervo, quien es fiel servidor de Cristo de parte nuestra,

8 el cual también nos informó acerca de vuestro amor en el Espíritu.

9 Por esta razón, también nosotros, desde el día que *lo* supimos, no hemos cesado de orar por vosotros y de rogar que seáis llenos del conocimiento de su voluntad en toda sabiduría y comprensión espiritual,

10 para que andéis como es digno del Señor, agradándo*le* en todo, dando fruto en toda buena obra y creciendo en el conocimiento de Dios;

11 fortalecidos con todo poder según la potencia de su gloria, para obtener toda perseverancia y paciencia, con gozo

12 dando gracias al Padre que nos ha capacitado para compartir la herencia de los santos en luz.

13 Porque Él nos libró del dominio de las tinieblas y nos trasladó al reino de su Hijo amado,

14 en quien tenemos redención: el perdón de los pecados.

15 Él es la imagen del Dios invisible, el primogénito de toda creación.

16 Porque en Él fueron creadas todas las cosas, *tanto* en los cielos *como* en la tierra, visibles e invisibles; ya sean tronos o dominios o poderes o autoridades; todo ha sido creado por medio de Él y para Él.

17 Y Él es antes de todas las cosas, y en Él todas las cosas permanecen.

18 Él es también la cabeza del cuerpo *que es* la iglesia; y Él es el principio, el primogénito de entre los muertos, a fin de que Él tenga en todo la primacía.

19 Porque agradó *al Padre* que en Él habitara toda la plenitud,

20 y por medio de Él reconciliar todas las cosas consigo, habiendo hecho la paz por medio de la sangre de su cruz, por medio de Él, *repito*, ya sean las que están en la tierra o las que están en los cielos.

21 Y aunque vosotros antes estabais alejados y *erais* de ánimo hostil, *ocupados* en malas obras,

22 sin embargo, ahora Él os ha reconciliado en su cuerpo de carne, mediante su muerte, a fin de

presentaros santos, sin mancha e irreprensibles delante de El,

23 si en verdad permanecéis en la fe bien cimentados y constantes, sin moveros de la esperanza del evangelio que habéis oído, que fue proclamado a toda la creación debajo del cielo, y del cual yo, Pablo, fui hecho ministro.

24 Ahora me alegro de mis sufrimientos por vosotros, y en mi carne, completando lo que falta de las aflicciones de Cristo, hago mi parte por su cuerpo, que es la iglesia,

25 de la cual fui hecho ministro conforme a la administración de Dios que me fue dada para beneficio vuestro, a fin de llevar a cabo *la predicación de* la palabra de Dios,

26 *es decir,* el misterio que ha estado oculto desde los siglos y generaciones *pasadas,* pero que ahora ha sido manifestado a sus santos,

27 a quienes Dios quiso dar a conocer cuáles son las riquezas de la gloria de este misterio entre los gentiles, que es Cristo en vosotros, la esperanza de la gloria.

28 A El nosotros proclamamos, amonestando a todos los hombres, y enseñando a todos los hombres con toda sabiduría, a fin de poder presentar a todo hombre perfecto en Cristo.

29 Y con este fin también trabajo, esforzándome según su poder que obra poderosamente en mí.

Preocupación de Pablo por los colosenses

2 Porque quiero que sepáis qué gran lucha tengo por vosotros y por los que están en Laodicea, y por todos los que no me han visto en persona,

2 para que sean alentados sus corazones, y unidos en amor, *alcancen* todas las riquezas que *proceden* de una plena seguridad de comprensión, *resultando* en un verdadero conocimiento del misterio de Dios, *es decir,* de Cristo,

3 en quien están escondidos todos los tesoros de la sabiduría y del conocimiento.

4 Esto lo digo para que nadie os engañe con razonamientos persuasivos.

5 Porque aunque estoy ausente en el cuerpo, sin embargo estoy con vosotros en espíritu, regocijándome al ver vuestra buena disciplina y la estabilidad de vuestra fe en Cristo.

6 Por tanto, de la manera que recibisteis a Cristo Jesús el Señor, *así* andad en El;

7 firmemente arraigados y edificados en El y confirmados en vuestra fe, tal como fuisteis instruidos, rebosando de gratitud.

8 Mirad que nadie os haga cautivos por medio de *su* filosofía y vanas sutilezas, según la tradición de los hombres, conforme a los principios elementales del mundo y no según Cristo.

9 Porque toda la plenitud de la Deidad reside corporalmente en El,

10 y habéis sido hechos completos en El, que es la cabeza sobre todo poder y autoridad;

11 en El también fuisteis circuncidados con una circuncisión no hecha por manos, al quitar el cuerpo de la carne mediante la circuncisión de Cristo;

12 habiendo sido sepultados con El en el bautismo, en el cual también habéis resucitado con El por la fe en la acción *del poder* de Dios, que le resucitó de entre los muertos.

13 Y cuando estabais muertos en vuestros delitos y en la incircuncisión de vuestra carne, os dio vida juntamente con El, habiéndonos perdonado todos los delitos,

14 habiendo cancelado el documento de deuda que consistía en decretos contra nosotros *y* que nos era adverso, y lo ha quitado de en medio, clavándolo en la cruz.

15 *Y* habiendo despojado a los poderes y autoridades, hizo de ellos un espectáculo público, triunfando sobre ellos por medio de El.

16 Por tanto, que nadie se constituya en vuestro juez con respecto a comida o bebida, o en cuanto a día de fiesta, o luna nueva, o día de reposo;

17 cosas que *sólo* son sombra de lo que ha de venir, pero el cuerpo pertenece a Cristo.

18 Nadie os defraude de vuestro premio deleitándose en la humillación de sí mismo y en la adoración de los ángeles, basándose en las *visiones* que ha visto, hinchado sin causa por su mente carnal,

19 pero no asiéndose a la Cabeza, de la cual todo el cuerpo, nutrido y unido por las coyunturas y ligamentos, crece con un crecimiento *que es* de Dios.

20 Si habéis muerto con Cristo a los principios elementales del mundo, ¿por qué, como si *aún* vivierais en el mundo, os sometéis a preceptos tales como:

21 no manipules, ni gustes, ni toques

22 (todos los cuales *se refieren* a cosas destinadas a perecer con el uso), según los preceptos y enseñanzas de los hombres?

23 Tales cosas tienen a la verdad, la apariencia de sabiduría en una religión humana, en la humillación de sí mismo y en el trato severo del cuerpo, *pero* carecen de valor alguno contra los apetitos de la carne.

La meta del cristiano

3 Si habéis, pues, resucitado con Cristo, buscad las cosas de arriba, donde está Cristo sentado a la diestra de Dios.

2 Poned la mira en las cosas de arriba, no en las de la tierra.

3 Porque habéis muerto, y vuestra vida está escondida con Cristo en Dios.

4 Cuando Cristo, nuestra vida, sea manifestado, entonces vosotros también seréis manifestados con El en gloria.

5 Por tanto, considerad los miembros de vuestro cuerpo terrenal como muertos a la fornicación, la impureza, las pasiones, los malos deseos y la avaricia, que es idolatría.

6 Pues la ira de Dios vendrá sobre los hijos de desobediencia por causa de estas cosas,

7 en los cuales vosotros también anduvisteis en otro tiempo cuando vivíais en ellas.

8 Pero ahora desechad también vosotros todas estas cosas: ira, enojo, malicia, maledicencia, lenguaje soez de vuestra boca.

9 No mintáis los unos a los otros, puesto que habéis desechado al viejo hombre con sus *malos* hábitos,

10 y os habéis vestido del nuevo *hombre,* el cual se va renovando hacia un verdadero conocimiento, conforme a la imagen de aquel que lo creó;

11 *una renovación* en la cual no hay *distinción*

entre griego y judío, circunciso e incircunciso, bárbaro, escita, esclavo *o* libre, sino que Cristo es todo, y en todos.

12 Entonces, como escogidos de Dios, santos y amados, revestíos de tierna compasión, bondad, humildad, mansedumbre y paciencia;

13 soportándoos unos a otros y perdonándoos unos a otros, si alguno tiene queja contra otro; como Cristo os perdonó, así también *hacedlo* vosotros.

14 Y sobre todas estas cosas, *vestíos de* amor, que es el vínculo de la unidad.

15 Y que la paz de Cristo reine en vuestros corazones, a la cual en verdad fuisteis llamados en un solo cuerpo; y sed agradecidos.

16 Que la palabra de Cristo habite en abundancia en vosotros, con toda sabiduría enseñándoos y amonestándoos unos a otros con salmos, himnos *y* canciones espirituales, cantando a Dios con acción de gracias en vuestros corazones.

17 Y todo lo que hacéis, de palabra o de hecho, *hacedlo* todo en el nombre del Señor Jesús, dando gracias por medio de El a Dios el Padre.

18 Mujeres, estad sujetas a vuestros maridos, como conviene en el Señor.

19 Maridos, amad a vuestras mujeres y no seáis ásperos con ellas.

20 Hijos, sed obedientes a vuestros padres en todo, porque esto es agradable al Señor.

21 Padres, no exasperéis a vuestros hijos, para que no se desalienten.

22 Siervos, obedeced en todo a vuestros amos en la tierra, no para ser vistos, como los que quieren agradar a los hombres, sino con sinceridad de corazón, temiendo al Señor.

23 Y todo lo que hagáis, hacedlo de corazón, como para el Señor y no para los hombres,

24 sabiendo que del Señor recibiréis la recompensa de la herencia. Es a Cristo el Señor a quien servís.

25 Porque el que procede con injusticia sufrirá las consecuencias del mal que ha cometido, y eso, sin acepción de personas.

4 Amos, tratad con justicia y equidad a vuestros siervos, sabiendo que vosotros también tenéis un Señor en el cielo.

2 Perseverad en la oración, velando en ella con acción de gracias;

3 orando al mismo tiempo también por nosotros, para que Dios nos abra una puerta para la palabra, a fin de dar a conocer el misterio de Cristo, por el cual también he sido encarcelado,

4 para manifestarlo como debo hacerlo.

5 Andad sabiamente para con los de afuera, aprovechando bien el tiempo.

6 Que vuestra conversación sea siempre con gracia, sazonada *como* con sal, para que sepáis cómo debéis responder a cada persona.

7 En cuanto a todos mis asuntos, os informará Tíquico, *nuestro* amado hermano, fiel ministro y consiervo en el Señor.

8 *Porque* precisamente para esto os lo he enviado, para que sepáis de nuestras circunstancias y que conforte vuestros corazones;

9 y con él a Onésimo, fiel y amado hermano, que es uno de vosotros. Ellos os informarán acerca de todo lo que aquí pasa.

10 Aristarco, mi compañero de prisión, os envía saludos; también Marcos, el primo de Bernabé (acerca del cual recibisteis instrucciones; si va a vosotros, recibidle bien);

11 y *también* Jesús, llamado Justo; estos son los únicos colaboradores *conmigo* en el reino de Dios que son de la circuncisión, y ellos han resultado ser un estímulo para mí.

12 Epafras, que es uno de vosotros, siervo de Jesucristo, os envía saludos, siempre esforzándose intensamente a favor vuestro en sus oraciones, para que estéis firmes, perfectos y completamente seguros en toda la voluntad de Dios.

13 Porque le soy testigo de que tiene profundo interés por vosotros y por los que están en Laodicea y en Hierápolis.

14 Lucas, el médico amado, os envía saludos, y *también* Demas.

15 Saludad a los hermanos que están en Laodicea, también a Ninfas y a la iglesia que está en su casa.

16 Cuando esta carta se haya leído entre vosotros, hacedla leer también en la iglesia de los laodicenses; y vosotros, por vuestra parte, leed la carta *que viene* de Laodicea.

17 Y decid a Arquipo: Cuida el ministerio que has recibido del Señor, para que lo cumplas.

18 Yo, Pablo, escribo este saludo con mi propia mano. Acordaos de mis cadenas. La gracia sea con vosotros.

Primera Epístola del Apóstol San Pablo a los
TESALONICENSES

Saludo

1 Pablo, Silvano y Timoteo, a la iglesia de los tesalonicenses en Dios Padre y en el Señor Jesucristo: Gracia a vosotros y paz.

2 Siempre damos gracias a Dios por todos vosotros, haciendo mención *de vosotros* en nuestras oraciones;

3 teniendo presente sin cesar delante de nuestro Dios y Padre vuestra obra de fe, vuestro trabajo de amor y la firmeza de vuestra esperanza en nuestro Señor Jesucristo;

4 sabiendo, hermanos amados de Dios, *su* elección de vosotros,

5 pues nuestro evangelio no vino a vosotros solamente en palabras, sino también en poder y en el Espíritu Santo y con plena convicción; como sabéis qué clase de personas demostramos ser entre vosotros por amor a vosotros.

6 Y vosotros vinisteis a ser imitadores de nosotros y del Señor, habiendo recibido la palabra, en medio de mucha tribulación, con el gozo del Espíritu Santo,

7 de manera que llegasteis a ser un ejemplo para todos los creyentes en Macedonia y en Acaya.

8 Porque *saliendo* de vosotros, la palabra del Señor ha resonado, no sólo en Macedonia y Acaya, sino que también por todas partes vuestra fe en Dios se ha divulgado, de modo que nosotros no tenemos necesidad de hablar nada.

9 Pues ellos mismos cuentan acerca de nosotros, de la acogida que tuvimos por parte de vosotros, y de cómo os convertisteis de los ídolos a Dios para servir al Dios vivo y verdadero,

10 y esperar de los cielos a su Hijo, al cual resucitó de entre los muertos, *es decir*, a Jesús, quien nos libra de la ira venidera.

Comportamiento de Pablo como ministro de Jesucristo

2 Porque vosotros mismos sabéis, hermanos, que nuestra visita a vosotros no fue en vano,

2 sino que después de haber sufrido y sido maltratados en Filipos, como sabéis, tuvimos el valor, *confiados* en nuestro Dios, de hablaros el evangelio de Dios en medio de mucha oposición.

3 Pues nuestra exhortación no *procede* de error ni de impureza ni *es* con engaño;

4 sino que así como hemos sido aprobados por Dios para que se nos confiara el evangelio, así hablamos, no como agradando a los hombres, sino a Dios que examina nuestros corazones.

5 Porque como sabéis, nunca fuimos a *vosotros* con palabras lisonjeras, ni con pretexto para lucrar, Dios es testigo;

6 ni buscando gloria de los hombres, ni de vosotros ni de otros, aunque como apóstoles de Cristo hubiéramos podido imponer nuestra autoridad.

7 Más bien demostramos ser benignos entre vosotros, como una madre que cría con ternura a sus propios hijos.

8 Teniendo así un gran afecto por vosotros, nos hemos complacido en impartiros no sólo el evangelio de Dios, sino también nuestras propias vidas, pues llegasteis a sernos muy amados.

9 Porque recordáis, hermanos, nuestros trabajos y fatigas, *cómo*, trabajando de día y de noche para no ser carga a ninguno de vosotros, os proclamamos el evangelio de Dios.

10 Vosotros sois testigos, y *también* Dios, de cuán santa, justa e irreprensiblemente nos comportamos con vosotros los creyentes;

11 así como sabéis de qué manera os exhortábamos, alentábamos e implorábamos a cada uno de vosotros, como un padre *lo haría* con sus propios hijos,

12 para que anduvierais como es digno del Dios que os ha llamado a su reino y a su gloria.

13 Por esto también nosotros sin cesar damos gracias a Dios de que cuando recibisteis de nosotros la palabra del mensaje de Dios, *la* aceptasteis no *como* la palabra de hombres, sino como lo que realmente es, la palabra de Dios, la cual también hace su obra en vosotros los que creéis.

14 Pues vosotros, hermanos, vinisteis a ser imitadores de las iglesias de Dios en Cristo Jesús que están en Judea, porque también vosotros padecisteis los mismos sufrimientos a manos de vuestros propios compatriotas, tal como ellos *padecieron* a manos de los judíos,

15 los cuales mataron tanto al Señor Jesús como a los profetas, y nos expulsaron, y no agradan a Dios sino que son contrarios a todos los hombres,

16 impidiéndonos hablar a los gentiles para que se salven, con el resultado de que siempre llenan la medida de sus pecados. Pero la ira ha venido sobre ellos hasta el extremo.

17 Pero nosotros, hermanos, separados de vosotros por breve tiempo, en persona pero no en espíritu, estábamos muy ansiosos, con profundo deseo de ver vuestro rostro.

18 Ya que queríamos ir a vosotros (al menos yo, Pablo, más de una vez) pero Satanás nos lo ha impedido.

19 Porque ¿quién es nuestra esperanza o gozo o corona de gloria? ¿No lo sois vosotros en la presencia de nuestro Señor Jesús en su venida?

20 Pues vosotros sois nuestra gloria y nuestro gozo.

Interés de Pablo por sus hijos en la fe

3 Por lo cual, no pudiendo soportar*lo* más, pensamos que era mejor quedarnos solos en Atenas,

2 y enviamos a Timoteo, nuestro hermano y colaborador de Dios en el evangelio de Cristo, para fortaleceros y alentaros respecto a vuestra fe;

3 a fin de que nadie se inquiete por *causa de* estas aflicciones, porque vosotros mismos sabéis que para esto hemos sido destinados.

4 Porque en verdad, cuando estábamos con vosotros os predecíamos que íbamos a sufrir aflicción, y así ha acontecido, como sabéis.

5 Por eso también yo, cuando ya no pude soportar más, envié para informarme de vuestra fe, por temor a que el tentador os hubiera tentado y que nuestro trabajo resultara en vano.

6 Pero ahora Timoteo ha regresado de vosotros a nosotros, y nos ha traído buenas noticias de vuestra fe y amor y de que siempre tenéis buen recuerdo de nosotros, añorando vernos, como también nosotros a vosotros;

7 por eso, hermanos, en toda nuestra necesidad y aflicción fuimos consolados respecto a vosotros por medio de vuestra fe;

8 porque ahora *sí que* vivimos, si vosotros estáis firmes en el Señor.

9 Pues ¿qué acción de gracias podemos dar a Dios por vosotros, por todo el gozo con que nos regocijamos delante de nuestro Dios a causa de vosotros,

10 según oramos intensamente de noche y de día que podamos ver vuestro rostro y que completemos lo que falta a vuestra fe?

11 Ahora, *pues,* que el mismo Dios y Padre nuestro, y Jesús nuestro Señor, dirijan nuestro camino a vosotros;

12 y que el Señor os haga crecer y abundar en amor unos para con otros, y para con todos, como también nosotros *lo hacemos* para con vosotros;

13 a fin de que El afirme vuestros corazones irreprensibles en santidad delante de nuestro Dios y Padre, en la venida de nuestro Señor Jesús con todos sus santos.

4 Por lo demás, hermanos, os rogamos, pues, y os exhortamos en el Señor Jesús, que como habéis recibido de nosotros *instrucciones* acerca de la manera en que debéis andar y agradar a Dios (como de hecho ya andáis), así abundéis *en ello* más y más.

2 Pues sabéis qué preceptos os dimos por autoridad del Señor Jesús.

3 Porque esta es la voluntad de Dios: vuestra santificación; *es decir,* que os abstengáis de inmoralidad sexual;

4 que cada uno de vosotros sepa cómo poseer su propio vaso en santificación y honor,

5 no en pasión de concupiscencia, como los gentiles que no conocen a Dios;

6 y que nadie peque y defraude a su hermano en este asunto, porque el Señor es *el* vengador en todas estas cosas, como también antes os lo dijimos y advertimos solemnemente.

7 Porque Dios no nos ha llamado a impureza, sino a santificación.

8 Por consiguiente, el que rechaza *esto* no rechaza a hombre, sino al Dios que os da su Espíritu Santo.

9 Mas en cuanto al amor fraternal, no tenéis necesidad de que *nadie* os escriba, porque vosotros mismos habéis sido enseñados por Dios a amaros unos a otros;

10 porque en verdad lo practicáis con todos los hermanos que están en toda Macedonia. Pero os instamos, hermanos, a que abundéis *en ello* más y más,

11 y a que tengáis por vuestra ambición el llevar una vida tranquila, y os ocupéis en vuestros propios asuntos y trabajéis con vuestras manos, tal como os hemos mandado,

12 a fin de que os conduzcáis honradamente para con los de afuera, y no tengáis necesidad de nada.

13 Pero no queremos, hermanos, que ignoréis acerca de los que duermen, para que no os entristezcáis como lo hacen los demás que no tienen esperanza.

14 Porque si creemos que Jesús murió y resucitó, así también Dios traerá con El a los que durmieron en Jesús.

15 Por lo cual os decimos esto por la palabra del Señor: que nosotros los que estemos vivos y que permanezcamos hasta la venida del Señor, no precederemos a los que durmieron.

16 Pues el Señor mismo descenderá del cielo con voz de mando, con voz de arcángel y con la trompeta de Dios, y los muertos en Cristo se levantarán primero.

17 Entonces nosotros, los que estemos vivos *y* que permanezcamos, seremos arrebatados juntamente con ellos en las nubes al encuentro del Señor en el aire, y así estaremos con el Señor siempre.

18 Por tanto, confortaos unos a otros con estas palabras.

Preparados para el día del Señor

5 Ahora bien, hermanos, con respecto a los tiempos y a las épocas, no tenéis necesidad de que se os escriba *nada.*

2 Pues vosotros mismos sabéis perfectamente que el día del Señor vendrá así como un ladrón en la noche;

3 *que* cuando estén diciendo: Paz y seguridad, entonces la destrucción vendrá sobre ellos repentinamente, como dolores de parto a una mujer que está encinta, y no escaparán.

4 Mas vosotros, hermanos, no estáis en tinieblas, para que el día os sorprenda como ladrón;

5 porque todos vosotros sois hijos de luz e hijos del día. No somos de la noche ni de las tinieblas.

6 Por tanto, no durmamos como los demás, sino estemos alerta y seamos sobrios.

7 Porque los que duermen, de noche duermen, y los que se emborrachan, de noche se emborrachan.

8 Pero puesto que nosotros somos del día, seamos sobrios, habiéndonos puesto la coraza de la fe y del amor, y por yelmo la esperanza de la salvación.

9 Porque no nos ha destinado Dios para ira, sino para obtener salvación por medio de nuestro Señor Jesucristo,

10 que murió por nosotros, para que ya sea que estemos despiertos o dormidos, vivamos juntamente con El.

11 Por tanto, alentaos los unos a los otros, y edificaos el uno al otro, tal como lo estáis haciendo.

12 Pero os rogamos hermanos, que reconozcáis a los que con diligencia trabajan entre vosotros, y os dirigen en el Señor y os instruyen,

13 y que los tengáis en muy alta estima con amor, por causa de su trabajo. Vivid en paz los unos con los otros.

14 Y os exhortamos, hermanos, a que amonestéis a los indisciplinados, animéis a los desalentados, sostengáis a los débiles *y* seáis pacientes con todos.

15 Mirad que ninguno devuelva a otro mal por mal, sino procurad siempre lo bueno los unos para con los otros, y para con todos.

16 Estad siempre gozosos;

17 orad sin cesar;
18 dad gracias en todo, porque esta es la voluntad de Dios para vosotros en Cristo Jesús.
19 No apaguéis el Espíritu;
20 no menospreciéis las profecías.
21 Antes bien, examinadlo todo *cuidadosamente*, retened lo bueno;
22 absteneos de toda forma de mal.
23 Y que el mismo Dios de paz os santifique por completo; y que todo vuestro ser, espíritu, alma y cuerpo, sea preservado irreprensible para la venida de nuestro Señor Jesucristo.
24 Fiel es el que os llama, el cual también *lo* hará.
25 Hermanos, orad por nosotros.
26 Saludad a todos los hermanos con beso santo.
27 Os encargo solemnemente por el Señor que se lea esta carta a todos los hermanos.
28 La gracia de nuestro Señor Jesucristo sea con vosotros.

Segunda Epístola del Apóstol San Pablo a los
TESALONICENSES

Saludo

1 Pablo, Silvano y Timoteo:
A la iglesia de los tesalonicenses en Dios nuestro Padre y en el Señor Jesucristo:
2 Gracia a vosotros y paz de Dios el Padre y del Señor Jesucristo.
3 Siempre tenemos que dar gracias a Dios por vosotros, hermanos, como es justo, porque vuestra fe aumenta grandemente y el amor de cada uno de vosotros hacia los demás abunda *más y más*;
4 de manera que nosotros mismos hablamos con orgullo de vosotros entre las iglesias de Dios, por vuestra perseverancia y fe en medio de todas las persecuciones y aflicciones que soportáis.
5 *Esta es* una señal evidente del justo juicio de Dios, para que seáis considerados dignos del reino de Dios, por el cual en verdad estáis sufriendo.
6 Porque después de todo, es justo delante de Dios retribuir con aflicción a los que os afligen,
7 *y daros* alivio a vosotros que sois afligidos, y también a nosotros, cuando el Señor Jesús sea revelado desde el cielo con sus poderosos ángeles en llama de fuego,
8 dando retribución a los que no conocen a Dios, y a los que no obedecen al evangelio de nuestro Señor Jesús.
9 Estos sufrirán el castigo de eterna destrucción, excluidos de la presencia del Señor y de la gloria de su poder,
10 cuando El venga para ser glorificado en sus santos en aquel día y para ser admirado entre todos los que han creído; porque nuestro testimonio ha sido creído por vosotros.
11 Con este fin también nosotros oramos siempre por vosotros, para que nuestro Dios os considere dignos de vuestro llamamiento y cumpla todo deseo de bondad y la obra de fe, con poder,
12 a fin de que el nombre de nuestro Señor Jesús sea glorificado en vosotros, y vosotros en El, conforme a la gracia de nuestro Dios y del Señor Jesucristo.

La venida del Señor y el hombre de pecado

2 Pero con respecto a la venida de nuestro Señor Jesucristo y a nuestra reunión con El, os rogamos, hermanos,
2 que no seáis sacudidos fácilmente en vuestro modo de pensar, ni os alarméis, ni por espíritu, ni por palabra, ni por carta como *si fuera* de nosotros, en el sentido de que el día del Señor ha llegado.
3 Que nadie os engañe en ninguna manera, porque *no vendrá* sin que primero venga la apostasía y sea revelado el hombre de pecado, el hijo de perdición,
4 el cual se opone y se exalta sobre todo lo que se llama dios o *es* objeto de culto, de manera que se siente en el templo de Dios, presentándose como si fuera Dios.
5 ¿No os acordáis de que cuando yo estaba todavía con vosotros os decía esto?
6 Y vosotros sabéis lo que lo detiene *por ahora*, para ser revelado a su *debido* tiempo.
7 Porque el misterio de la iniquidad ya está en acción, sólo *que* aquel que *por* ahora lo detiene, *lo hará* hasta que él mismo sea quitado de en medio.
8 Y entonces será revelado ese inicuo, a quien el Señor matará con el espíritu de su boca, y destruirá con el resplandor de su venida;
9 *inicuo* cuya venida es conforme a la actividad de Satanás, con todo poder y señales y prodigios mentirosos,
10 y con todo engaño de iniquidad para los que se pierden, porque no recibieron el amor de la verdad para ser salvos.
11 Por esto Dios les enviará un poder engañoso, para que crean en la mentira,
12 a fin de que sean juzgados todos los que no creyeron en la verdad sino que se complacieron en la iniquidad.
13 Pero nosotros siempre tenemos que dar gracias a Dios por vosotros, hermanos amados por el Señor, porque Dios os ha escogido desde el principio para salvación mediante la santificación por el Espíritu y la fe en la verdad.
14 Y fue para esto que El os llamó mediante nuestro evangelio, para que alcancéis la gloria de nuestro Señor Jesucristo.
15 Así que, hermanos, estad firmes y conservad las doctrinas que os fueron enseñadas, ya de palabra, ya por carta nuestra.
16 Y que nuestro Señor Jesucristo mismo, y Dios nuestro Padre, que nos amó y nos dio consuelo eterno y buena esperanza por gracia,
17 consuele vuestros corazones y *os* afirme en toda obra y palabra buena.

Llamamiento a la oración

3 Finalmente, hermanos, orad por nosotros, para que la palabra del Señor se extienda

rápidamente y sea glorificada, así como *sucedió* también con vosotros;

2 y para que seamos librados de hombres perversos y malos, porque no todos tienen fe.

3 Pero fiel es el Señor quien os fortalecerá y protegerá del maligno.

4 Y tenemos confianza en el Señor respecto de vosotros, de que hacéis y haréis lo que ordenamos.

5 Que el Señor dirija vuestros corazones hacia el amor de Dios y hacia la perseverancia de Cristo.

6 Ahora bien, hermanos, os mandamos en el nombre de nuestro Señor Jesucristo, que os apartéis de todo hermano que ande desordenadamente, y no según la doctrina que recibisteis de nosotros.

7 Pues vosotros mismos sabéis cómo debéis seguir nuestro ejemplo, porque no obramos de manera indisciplinada entre vosotros,

8 ni comimos de balde el pan de nadie, sino que con trabajo y fatiga trabajamos día y noche a fin de no ser carga a ninguno de vosotros;

9 no porque no tengamos derecho *a ello*, sino para ofrecernos como modelo a vosotros a fin de que sigáis nuestro ejemplo.

10 Porque aun cuando estábamos con vosotros os ordenábamos esto: Si alguno no quiere trabajar, que tampoco coma.

11 Porque oímos que algunos entre vosotros andan desordenadamente, sin trabajar, pero andan metiéndose en todo.

12 A tales personas les ordenamos y exhortamos en el Señor Jesucristo, que trabajando tranquilamente, coman su propio pan.

13 Pero vosotros, hermanos, no os canséis de hacer el bien.

14 Y si alguno no obedece nuestra enseñanza en esta carta, señalad al tal y no os asociéis con él, para que se avergüence.

15 Sin embargo, no lo tengáis por enemigo, sino amonestadle como a un hermano.

16 Y que el mismo Señor de paz siempre os conceda paz en todas las circunstancias. El Señor sea con todos vosotros.

17 Yo, Pablo, escribo este saludo con mi propia mano, y ésta es una señal distintiva en todas *mis* cartas; así escribo yo.

18 La gracia de nuestro Señor Jesucristo sea con todos vosotros.

Primera Epístola del Apóstol San Pablo a
TIMOTEO

Saludo

1 Pablo, apóstol de Cristo Jesús por mandato de Dios nuestro Salvador, y de Cristo Jesús nuestra esperanza,

2 a Timoteo, verdadero hijo en la fe: Gracia, misericordia y paz de Dios Padre y *de* Cristo Jesús nuestro Señor.

3 Como te rogué al partir para Macedonia que te quedaras en Efeso para que instruyeras a algunos que no enseñaran doctrinas extrañas,

4 ni prestaran atención a mitos y genealogías interminables, lo que da lugar a discusiones inútiles en vez de *hacer avanzar* el plan de Dios que es por fe, *así te encargo ahora.*

5 Pero el propósito de nuestra instrucción es el amor *nacido* de un corazón puro, de una buena conciencia y de una fe sincera.

6 *Pues* algunos, desviándose de estas cosas, se han apartado hacia una vana palabrería,

7 queriendo ser maestros de la ley, aunque no entienden lo que dicen ni las cosas acerca de las cuales hacen declaraciones categóricas.

8 Pero nosotros sabemos que la ley es buena, si uno la usa legítimamente,

9 reconociendo esto: que la ley no ha sido instituida para el justo, sino para los transgresores y rebeldes, para los impíos y pecadores, para los irreverentes y profanos, para los parricidas y matricidas, para los homicidas,

10 para los inmorales, homosexuales, secuestradores, mentirosos, perjuros, y para cualquier otra cosa que es contraria a la sana doctrina,

11 según el glorioso evangelio del Dios bendito, que me ha sido encomendado.

12 Doy gracias a Cristo Jesús nuestro Señor, que me ha fortalecido, porque me tuvo por fiel, poniéndome en el ministerio;

13 aun habiendo sido yo antes blasfemo, perseguidor y agresor. Sin embargo, se me mostró misericordia porque lo hice por ignorancia en *mi* incredulidad.

14 Pero la gracia de nuestro Señor fue más que abundante, con la fe y el amor que *se hallan* en Cristo Jesús.

15 Palabra fiel y digna de ser aceptada por todos: Cristo Jesús vino al mundo para salvar a los pecadores, entre los cuales yo soy el primero.

16 Sin embargo, por esto hallé misericordia, para que en mí, como el primero, Jesucristo demostrara toda su paciencia como un ejemplo para los que habrían de creer en El para vida eterna.

17 Por tanto, al Rey eterno, inmortal, invisible, único Dios, *a El sea* honor y gloria por los siglos de los siglos. Amén.

18 Esta comisión te confío, hijo Timoteo, conforme a las profecías que antes se hicieron en cuanto a ti, a fin de que por ellas pelees la buena batalla,

19 guardando la fe y una buena conciencia, que algunos han rechazado y naufragaron en lo que toca a la fe.

20 Entre los cuales están Himeneo y Alejandro, a quienes he entregado a Satanás, para que aprendan a no blasfemar.

Llamado a la oración

2 Exhorto, pues, ante todo que se hagan rogativas, oraciones, peticiones *y* acciones de gracias por todos los hombres;

2 por los reyes y por todos los que están en

autoridad, para que podamos vivir una vida tranquila y sosegada con toda piedad y dignidad.

3 *Porque* esto es bueno y agradable delante de Dios nuestro Salvador,

4 el cual quiere que todos los hombres sean salvos y vengan al pleno conocimiento de la verdad.

5 Porque hay un solo Dios, *y* también un solo mediador entre Dios y los hombres, Cristo Jesús hombre,

6 quien se dio a sí mismo en rescate por todos, testimonio *dado* a su debido tiempo.

7 Y para esto yo fui constituido predicador y apóstol (digo la verdad en Cristo, no miento) como maestro de los gentiles en fe y verdad.

8 Por consiguiente, quiero que en todo lugar los hombres oren levantando manos santas, sin ira ni discusiones.

9 Asimismo, que las mujeres se vistan con ropa decorosa, con pudor y modestia, no con peinado ostentoso, no con oro, o perlas, o vestidos costosos;

10 sino con buenas obras, como corresponde a las mujeres que profesan la piedad.

11 Que la mujer aprenda calladamente, con toda obediencia.

12 Yo no permito que la mujer enseñe ni que ejerza autoridad sobre el hombre, sino que permanezca callada.

13 Porque Adán fue creado primero, después Eva.

14 Y Adán no *fue el* engañado, sino que la mujer, siendo engañada completamente, cayó en transgresión.

15 Pero se salvará engendrando hijos, si permanece en fe, amor y santidad, con modestia.

Requisitos para los obispos

3 Palabra fiel *es ésta:* Si alguno aspira al cargo de obispo, buena obra desea *hacer.*

2 Un obispo debe ser, pues, irreprochable, marido de una sola mujer, sobrio, prudente, de conducta decorosa, hospitalario, apto para enseñar,

3 no dado a la bebida, no pendenciero, sino amable, no contencioso, no avaricioso.

4 Que gobierne bien su casa, teniendo a sus hijos sujetos con toda dignidad

5 (pues si un hombre no sabe cómo gobernar su propia casa, ¿cómo podrá cuidar de la iglesia de Dios?);

6 no un recién convertido, no sea que se envanezca y caiga en la condenación *en que cayó* el diablo.

7 Debe gozar también de una buena reputación entre los de afuera *de la iglesia,* para que no caiga en descrédito y en el lazo del diablo.

8 De la misma manera, también los diáconos *deben ser* dignos, de una sola palabra, no dados al mucho vino, ni amantes de ganancias deshonestas,

9 *sino* guardando el misterio de la fe con limpia conciencia.

10 Que también éstos sean sometidos a prueba primero, y si son irreprensibles, que entonces sirvan como diáconos.

11 De igual manera, las mujeres *deben ser* dignas, no calumniadoras, sino sobrias, fieles en todo.

12 Que los diáconos sean maridos de una *sola* mujer, *y* que gobiernen bien *sus* hijos y sus propias casas.

13 Pues los que han servido bien como diáconos obtienen para sí una posición honrosa y gran confianza en la fe que es en Cristo Jesús.

14 Te escribo estas cosas, esperando ir a ti pronto,

15 pero en caso que me tarde, *te escribo* para que sepas cómo debe conducirse uno en la casa de Dios, que es la iglesia del Dios vivo, columna y sostén de la verdad.

16 E indiscutiblemente, grande es el misterio de la piedad:

> El fue manifestado en la carne,
> vindicado en el Espíritu,
> contemplado por ángeles,
> proclamado entre las naciones,
> creído en el mundo,
> recibido arriba en gloria.

Predicción de la apostasía

4 Pero el Espíritu dice claramente que en los últimos tiempos algunos apostatarán de la fe, prestando atención a espíritus engañadores y a doctrinas de demonios,

2 mediante la hipocresía de mentirosos que tienen cauterizada la conciencia;

3 prohibiendo casarse *y mandando* abstenerse de alimentos que Dios ha creado para que con acción de gracias participen *de ellos* los que creen y que han conocido la verdad.

4 Porque todo lo creado por Dios es bueno y nada se debe rechazar si se recibe con acción de gracias;

5 porque es santificado mediante la palabra de Dios y la oración.

6 Al señalar estas cosas a los hermanos serás un buen ministro de Cristo Jesús, nutrido con las palabras de la fe y de la buena doctrina que has seguido.

7 Pero nada tengas que ver con las fábulas profanas propias de viejas. Más bien disciplínate a ti mismo para la piedad;

8 porque el ejercicio físico aprovecha poco, pero la piedad es provechosa para todo, pues tiene promesa para la vida presente y *también* para la futura.

9 Palabra fiel *es ésta,* y digna de ser aceptada por todos.

10 Porque por esto trabajamos y nos esforzamos, porque hemos puesto nuestra esperanza en el Dios vivo, que es el Salvador de todos los hombres, especialmente de los creyentes.

11 Esto manda y enseña.

12 No permitas que nadie menosprecie tu juventud; antes, sé ejemplo de los creyentes en palabra, conducta, amor, fe y pureza.

13 Entretanto que llego, ocúpate en la lectura *de las Escrituras,* la exhortación y la enseñanza.

14 No descuides el don espiritual que está en ti, que te fue conferido por medio de la profecía con la imposición de manos del presbiterio.

15 Reflexiona sobre estas cosas; dedícate a ellas, para que tu aprovechamiento sea evidente a todos.

16 Ten cuidado de ti mismo y de la enseñanza; persevera en estas cosas, porque haciéndolo

asegurarás la salvación tanto para ti mismo como para los que te escuchan.

5 No reprendas con dureza al anciano, sino, *más bien,* exhórtalo como a padre; a los más jóvenes, como a hermanos,

2 a las ancianas, como a madres; a las más jóvenes, como a hermanas, con toda pureza.

3 Honra a las viudas que en verdad son viudas;

4 pero si alguna viuda tiene hijos o nietos, que aprendan *éstos* primero a mostrar piedad para con su propia familia y a recompensar a sus padres, porque esto es agradable delante de Dios.

5 Pero la que en verdad es viuda y se ha quedado sola, tiene puesta su esperanza en Dios y continúa en súplicas y oraciones noche y día.

6 Mas la que se entrega a los placeres desenfrenados, *aun* viviendo, está muerta.

7 Ordena también estas cosas, para que sean irreprochables.

8 Pero si alguno no provee para los suyos, y especialmente para los de su casa, ha negado la fe y es peor que un incrédulo.

9 Que la viuda sea puesta en la lista sólo si no es menor de sesenta años, *habiendo sido* la esposa de un solo marido,

10 que tenga testimonio de buenas obras; si ha criado hijos, si ha mostrado hospitalidad a extraños, si ha lavado los pies de los santos, si ha ayudado a los afligidos *y* si se ha consagrado a toda buena obra.

11 Pero rehúsa *poner en la lista* a viudas más jóvenes, porque cuando sienten deseos sensuales, contrarios a Cristo, se quieren casar,

12 incurriendo *así* en condenación, por haber abandonado su promesa anterior.

13 Y además, aprenden *a estar* ociosas, yendo de casa en casa; y no sólo ociosas, sino también charlatanas y entremetidas, hablando de cosas que no *son* dignas.

14 Por tanto, quiero que las *viudas* más jóvenes se casen, que tengan hijos, que cuiden *su* casa *y* no den al adversario ocasión de reproche.

15 Pues algunas ya se han apartado para seguir a Satanás.

16 Si alguna creyente tiene viudas *en la familia,* que las mantenga, y que la iglesia no lleve la carga para que pueda ayudar a las que en verdad son viudas.

17 Los ancianos que gobiernan bien sean considerados dignos de doble honor, principalmente los que trabajan en la predicación y en la enseñanza.

18 Porque la Escritura dice: No PONDRÁS BOZAL AL BUEY CUANDO TRILLA, y: El obrero es digno de su salario.

19 No admitas acusación contra un anciano, a menos de que haya dos o tres testigos.

20 A los que continúan en pecado, repréndelos en presencia de todos para que los demás tengan temor *de pecar.*

21 Te encargo solemnemente en la presencia de Dios y de Cristo Jesús y de *sus* ángeles escogidos, que conserves estos *principios* sin prejuicios, no haciendo nada con *espíritu de* parcialidad.

22 No impongas las manos sobre nadie con ligereza, compartiendo así *la responsabilidad por* los pecados de otros; guárdate libre de pecado.

23 Ya no bebas agua *sola,* sino usa un poco de vino por causa de tu estómago y de tus frecuentes enfermedades.

24 Los pecados de algunos hombres son ya evidentes, yendo delante de ellos al juicio; mas a otros, *sus pecados* los siguen.

25 De la misma manera, las buenas obras son evidentes, y las que no lo son no se pueden ocultar.

Cómo servir a los superiores

6 Todos los que están bajo yugo como esclavos, consideren a sus propios amos como dignos de todo honor, para que el nombre de Dios y *nuestra* doctrina no sean blasfemados.

2 Y los que tienen amos *que son* creyentes, no les falten el respeto, porque son hermanos, sino sírvanles aún mejor, ya que son creyentes y amados los que se benefician de su servicio. Enseña y predica estos *principios.*

3 Si alguno enseña una doctrina diferente y no se conforma a las sanas palabras, las de nuestro Señor Jesucristo, y a la doctrina *que es* conforme a la piedad,

4 está envanecido *y* nada entiende, sino que tiene un interés morboso en discusiones y contiendas de palabras, de las cuales nacen envidias, pleitos, blasfemias, malas sospechas,

5 y constantes rencillas entre hombres de mente depravada, que están privados de la verdad, que suponen que la piedad es un medio de ganancia.

6 Pero la piedad, *en efecto,* es un medio de gran ganancia cuando *va* acompañada de contentamiento.

7 Porque nada hemos traído al mundo, así que nada podemos sacar de él.

8 Y si tenemos qué comer y con qué cubrirnos, con eso estaremos contentos.

9 Pero los que quieren enriquecerse caen en tentación y lazo y en muchos deseos necios y dañosos que hunden a los hombres en la ruina y en la perdición.

10 Porque la raíz de todos los males es el amor al dinero, por el cual, codiciándolo algunos, se extraviaron de la fe y se torturaron con muchos dolores.

11 Pero tú, oh hombre de Dios, huye de estas cosas, y sigue la justicia, la piedad, la fe, el amor, la perseverancia y la amabilidad.

12 Pelea la buena batalla de la fe; echa mano de la vida eterna a la cual fuiste llamado, y *de la que* hiciste buena profesión en presencia de muchos testigos.

13 Te mando delante de Dios, que da vida a todas las cosas, y de Cristo Jesús, que dio testimonio de la buena profesión delante de Poncio Pilato,

14 que guardes el mandamiento sin mancha ni reproche hasta la manifestación de nuestro Señor Jesucristo,

15 la cual manifestará a su debido tiempo el bienaventurado y único Soberano, el Rey de reyes y Señor de señores;

16 el único que tiene inmortalidad y habita en luz inaccesible; a quien ningún hombre ha visto ni puede ver. A Él *sea* la honra y el dominio eterno. Amén.

17 A los ricos en este mundo, enséñales que no sean altaneros ni pongan su esperanza en la incertidumbre de las riquezas, sino en Dios, el cual nos da abundantemente todas las cosas para que las disfrutemos.

18 *Enséñales* que hagan bien, que sean ricos en buenas obras, generosos y prontos a compartir,

19 acumulando para sí el tesoro de un buen fundamento para el futuro, para que puedan echar mano de lo que en verdad es vida.

20 Oh Timoteo, guarda lo que se te ha encomendado, y evita las palabrerías vacías y profanas, y las objeciones de lo que falsamente se llama ciencia,

21 la cual profesándola algunos, se han desviado de la fe.

La gracia sea con vosotros.

Segunda Epístola del Apóstol San Pablo a
TIMOTEO

Saludo

1 Pablo, apóstol de Cristo Jesús por la voluntad de Dios, según la promesa de vida en Cristo Jesús,

2 a Timoteo, amado hijo: Gracia, misericordia y paz de Dios Padre y de Cristo Jesús nuestro Señor.

3 Doy gracias a Dios, a quien sirvo con limpia conciencia como lo hicieron mis antepasados, de que sin cesar, noche y día, me acuerdo de ti en mis oraciones,

4 deseando verte, al acordarme de tus lágrimas, para llenarme de alegría.

5 Porque tengo presente la fe sincera *que hay* en ti, la cual habitó primero en tu abuela Loida y *en* tu madre Eunice, y estoy seguro que en ti también.

6 Por lo cual te recuerdo que avives el *fuego del* don de Dios que hay en ti por la imposición de mis manos.

7 Porque no nos ha dado Dios espíritu de cobardía, sino de poder, de amor y de dominio propio.

8 Por tanto, no te avergüences del testimonio de nuestro Señor, ni de mí, prisionero suyo, sino participa conmigo en las aflicciones por el evangelio, según el poder de Dios,

9 quien nos ha salvado y nos ha llamado con un llamamiento santo, no según nuestras obras, sino según su propósito y *según la* gracia que nos fue dada en Cristo Jesús desde la eternidad,

10 y que ahora ha sido manifestada por la aparición de nuestro Salvador Cristo Jesús, quien abolió la muerte y sacó a la luz la vida y la inmortalidad por medio del evangelio,

11 para el cual yo fui constituido predicador, apóstol y maestro.

12 Por lo cual también sufro estas cosas, pero no me avergüenzo; porque yo sé en quién he creído, y estoy convencido de que es poderoso para guardar mi depósito hasta aquel día.

13 Retén la norma de las palabras sanas que has oído de mí, en la fe y el amor en Cristo Jesús.

14 Guarda, mediante el Espíritu Santo que habita en nosotros, el tesoro que *te* ha sido encomendado.

15 Ya sabes esto, que todos los que están en Asia me han vuelto la espalda, entre los cuales están Figelo y Hermógenes.

16 Conceda el Señor misericordia a la casa de Onesíforo, porque muchas veces me dio refrigerio y no se avergonzó de mis cadenas,

17 antes bien, cuando estuvo en Roma, me buscó con afán y me halló;

18 que el Señor le conceda hallar misericordia del Señor en aquel día. Además, los servicios que prestó en Efeso, tú lo sabes mejor.

El buen soldado de Jesucristo

2 Tú, pues, hijo mío, fortalécete en la gracia que *hay* en Cristo Jesús.

2 Y lo que has oído de mí en la presencia de muchos testigos, eso encarga a hombres fieles que sean idóneos para enseñar también a otros.

3 Sufre penalidades *conmigo*, como buen soldado de Cristo Jesús.

4 Ningún soldado en servicio activo se enreda en los negocios de la vida diaria, a fin de poder agradar al que lo reclutó como soldado.

5 Y también el que compite como atleta, no gana el premio si no compite de acuerdo con las reglas.

6 El labrador que trabaja debe ser el primero en recibir su parte de los frutos.

7 Considera lo que digo, pues el Señor te dará entendimiento en todo.

8 Acuérdate de Jesucristo, resucitado de entre los muertos, descendiente de David, conforme a mi evangelio;

9 por el cual sufro penalidades, hasta el encarcelamiento como un malhechor; pero la palabra de Dios no está presa.

10 Por tanto, todo lo soporto por amor a los escogidos, para que también ellos obtengan la salvación que *está* en Cristo Jesús, *y* con *ella* gloria eterna.

11 Palabra fiel *es ésta*:
Que si morimos con El, también viviremos con El;

12 si perseveramos, también reinaremos con El; si le negamos, El también nos negará;

13 si somos infieles, El permanece fiel, pues no puede negarse a sí mismo.

14 Recuérda*les* esto, encargándo*les* solemnemente en la presencia de Dios, que no contiendan sobre palabras, *lo cual* para nada aprovecha y *lleva* a los oyentes a la ruina.

15 Procura con diligencia presentarte a Dios aprobado, *como* obrero que no tiene de qué avergonzarse, que maneja con precisión la palabra de verdad.

16 Evita las palabrerías vacías *y* profanas, porque *los dados a ellas*, conducirán más y más a la impiedad,

17 y su palabra se extenderá como gangrena; entre los cuales están Himeneo y Fileto,

18 que se han desviado de la verdad diciendo

que la resurrección ya tuvo lugar, trastornando así la fe de algunos.

19 No obstante, el sólido fundamento de Dios permanece firme, teniendo este sello: El Señor conoce a los que son suyos, y: Que se aparte de la iniquidad todo aquel que menciona el nombre del Señor.

20 Ahora bien, en una casa grande no solamente hay vasos de oro y de plata, sino también de madera y de barro, y unos para honra y otros para deshonra.

21 Por tanto, si alguno se limpia de estas *cosas*, será un vaso para honra, santificado, útil para el Señor, preparado para toda buena obra.

22 Huye, pues, de las pasiones juveniles y sigue la justicia, la fe, el amor *y* la paz, con los que invocan al Señor con un corazón puro.

23 Pero rechaza los razonamientos necios e ignorantes, sabiendo que producen altercados.

24 Y el siervo del Señor no debe ser rencilloso, sino amable para con todos, apto para enseñar, sufrido,

25 corrigiendo tiernamente a los que se oponen, por si acaso Dios les da el arrepentimiento que conduce al pleno conocimiento de la verdad,

26 y volviendo en sí, *escapen* del lazo del diablo, habiendo estado cautivos de él para *hacer* su voluntad.

Carácter y conducta de los hombres en los últimos días

3 Pero debes saber esto: que en los últimos días vendrán tiempos difíciles.

2 Porque los hombres serán amadores de sí mismos, avaros, jactanciosos, soberbios, blasfemos, desobedientes a los padres, ingratos, irreverentes,

3 sin amor, implacables, calumniadores, desenfrenados, salvajes, aborrecedores de lo bueno,

4 traidores, impetuosos, envanecidos, amadores de los placeres en vez de amadores de Dios;

5 teniendo apariencia de piedad, pero habiendo negado su poder; a los tales evita.

6 Porque entre ellos están los que se meten en las casas y llevan cautivas a mujercillas cargadas de pecados, llevadas por diversas pasiones,

7 siempre aprendiendo, pero que nunca pueden llegar al pleno conocimiento de la verdad.

8 Y así como Janes y Jambres se opusieron a Moisés, de la misma manera éstos también se oponen a la verdad; hombres de mente depravada, reprobados en cuanto a la fe respecta a la fe.

9 Pero no progresarán más, pues su insensatez será manifiesta a todos, como también sucedió con la de aquellos *dos*.

10 Pero tú has seguido mi enseñanza, conducta, propósito, fe, paciencia, amor, perseverancia,

11 persecuciones, sufrimientos, como los que me acaecieron en Antioquía, en Iconio *y* en Listra. ¡Qué persecuciones sufrí! Y de todas ellas me libró el Señor.

12 Y en verdad, todos los que quieren vivir piadosamente en Cristo Jesús, serán perseguidos.

13 Pero los hombres malos e impostores irán *de mal* en peor, engañando y siendo engañados.

14 Tú, sin embargo, persiste en las cosas que has aprendido y *de las cuales* te convenciste, sabiendo de quiénes *las* has aprendido;

15 y que desde la niñez has sabido las Sagradas Escrituras, las cuales te pueden dar la sabiduría que lleva a la salvación mediante la fe en Cristo Jesús.

16 Toda Escritura es inspirada por Dios y útil para enseñar, para reprender, para corregir, para instruir en justicia,

17 a fin de que el hombre de Dios sea perfecto, equipado para toda buena obra.

4 Te encargo solemnemente, en la presencia de Dios y de Cristo Jesús, que ha de juzgar a los vivos y a los muertos, por su manifestación y por su reino:

2 Predica la palabra; insiste a tiempo *y* fuera de tiempo; redarguye, reprende, exhorta con mucha paciencia e instrucción.

3 Porque vendrá tiempo cuando no soportarán la sana doctrina, sino que teniendo comezón de oídos, acumularán para sí maestros conforme a sus propios deseos;

4 y apartarán sus oídos de la verdad, y se volverán a mitos.

5 Pero tú, sé sobrio en todas las cosas, sufre penalidades, haz el trabajo de un evangelista, cumple tu ministerio.

6 Porque yo ya estoy para ser derramado como una ofrenda de libación, y el tiempo de mi partida ha llegado.

7 He peleado la buena batalla, he terminado la carrera, he guardado la fe.

8 En el futuro me está reservada la corona de justicia que el Señor, el Juez justo, me entregará en aquel día; y no sólo a mí, sino también a todos los que aman su venida.

9 Procura venir a verme pronto,

10 pues Demas me ha abandonado, habiendo amado este mundo presente, y se ha ido a Tesalónica; Crescente *se fue* a Galacia y Tito a Dalmacia.

11 Sólo Lucas está conmigo. Toma a Marcos y tráelo contigo, porque me es útil para el ministerio.

12 Pero a Tíquico lo envié a Efeso.

13 Cuando vengas, trae la capa que dejé en Troas con Carpo, y los libros, especialmente los pergaminos.

14 Alejandro, el calderero, me hizo mucho daño; el Señor le retribuirá conforme a sus hechos.

15 Tú también cuídate de él, pues se opone vigorosamente a nuestra enseñanza.

16 En mi primera defensa nadie estuvo a mi lado, sino que todos me abandonaron; que no se les tenga en cuenta.

17 Pero el Señor estuvo conmigo y me fortaleció, a fin de que por mí se cumpliera cabalmente la proclamación *del mensaje* y que todos los gentiles oyeran. Y fui librado de la boca del león.

18 El Señor me librará de toda obra mala y me traerá a salvo a su reino celestial. A El *sea* la gloria por los siglos de los siglos. Amén.

19 Saluda a Prisca y a Aquila, y a la casa de Onesíforo.

20 Erasto se quedó en Corinto, pero a Trófimo lo dejé enfermo en Mileto.

21 Procura venir antes del invierno. Eubulo te saluda, también Pudente, Lino, Claudia y todos los hermanos.

22 El Señor sea con tu espíritu. La gracia sea con vosotros.

La Epístola del Apóstol San Pablo a
TITO

Saludo

1 Pablo, siervo de Dios y apóstol de Jesucristo, conforme a la fe de los escogidos de Dios y al pleno conocimiento de la verdad que es según la piedad,

2 con la esperanza de vida eterna, la cual Dios, que no miente, prometió desde los tiempos eternos,

3 y manifestó a su debido tiempo su palabra por la predicación que me fue confiada conforme al mandamiento de Dios nuestro Salvador,

4 a Tito, verdadero hijo en la común fe: Gracia y paz de Dios el Padre y de Cristo Jesús nuestro Salvador.

5 Por esta causa te dejé en Creta, para que pusieras en orden lo que queda, y designaras ancianos en cada ciudad como te mandé,

6 *esto es*, si alguno es irreprensible, marido de una *sola* mujer, que tenga hijos creyentes, no acusados de disolución ni de rebeldía.

7 Porque el obispo debe ser irreprensible como administrador de Dios, no obstinado, no iracundo, no dado a la bebida, no pendenciero, no amante de ganancias deshonestas,

8 sino hospitalario, amante de lo bueno, prudente, justo, santo, dueño de sí mismo,

9 reteniendo la palabra fiel que es conforme a la enseñanza, para que sea capaz también de exhortar con sana doctrina y refutar a los que contradicen.

10 Porque hay muchos rebeldes, habladores vanos y engañadores, especialmente los de la circuncisión,

11 a quienes es preciso tapar la boca, porque están trastornando familias enteras, enseñando, por ganancias deshonestas, cosas que no deben.

12 Uno de ellos, su propio profeta, dijo: Los cretenses son siempre mentirosos, malas bestias, glotones ociosos.

13 Este testimonio es verdadero. Por eso, repréndelos severamente para que sean sanos en la fe,

14 no prestando atención a mitos judaicos y a mandamientos de hombres que se apartan de la verdad.

15 Todas las cosas son puras para los puros, mas para los corrompidos e incrédulos nada es puro, sino que tanto su mente como su conciencia están corrompidas.

16 Profesan conocer a Dios, pero con *sus* hechos *lo* niegan, siendo abominables y desobedientes e inútiles para cualquier obra buena.

La enseñanza de buena doctrina

2 Pero en cuanto a ti, enseña lo que está de acuerdo con la sana doctrina.

2 Los ancianos deben ser sobrios, dignos, prudentes, sanos en la fe, en el amor, en la perseverancia.

3 Asimismo, las ancianas deben ser reverentes en *su* conducta: no calumniadoras ni esclavas de mucho vino, que enseñen lo bueno,

4 que enseñen a las jóvenes a que amen a sus maridos, a que amen a sus hijos,

5 *a ser* prudentes, puras, hacendosas en el hogar, amables, sujetas a sus maridos, para que la palabra de Dios no sea blasfemada.

6 Asimismo, exhorta a los jóvenes a que sean prudentes;

7 muéstrate en todo como ejemplo de buenas obras, *con* pureza de doctrina, *con* dignidad,

8 *con* palabra sana *e* irreprochable, a fin de que el adversario se avergüence al no tener nada malo que decir de nosotros.

9 *Exhorta* a los siervos a que se sujeten a sus amos en todo, que sean complacientes, no contradiciendo,

10 no defraudando, sino mostrando toda buena fe, para que adornen la doctrina de Dios nuestro Salvador en todo respecto.

11 Porque la gracia de Dios se ha manifestado, trayendo salvación a todos los hombres,

12 enseñándonos, que negando la impiedad y los deseos mundanos, vivamos en este mundo sobria, justa y piadosamente,

13 aguardando la esperanza bienaventurada y la manifestación de la gloria de nuestro gran Dios y Salvador Cristo Jesús,

14 quien se dio a sí mismo por nosotros, para REDIMIRNOS DE TODA INIQUIDAD Y PURIFICAR PARA SI UN PUEBLO PARA POSESION SUYA, celoso de buenas obras.

15 Esto habla, exhorta y reprende con toda autoridad. Que nadie te desprecie.

La base de la salvación

3 Recuérdales que estén sujetos a los gobernantes, a las autoridades; que sean obedientes, que estén preparados para toda buena obra;

2 que no injurien a nadie, que no sean contenciosos, *sino* amables, mostrando toda consideración para *con* todos los hombres.

3 Porque nosotros también en otro tiempo éramos necios, desobedientes, extraviados, esclavos de deleites y placeres diversos, viviendo en malicia y envidia, aborrecibles *y* odiándonos unos a otros.

4 Pero cuando se manifestó la bondad de Dios nuestro Salvador, y *su* amor hacia la humanidad,

5 El nos salvó, no por obras de justicia que nosotros hubiéramos hecho, sino conforme a su misericordia, por medio del lavamiento de la regeneración y la renovación por el Espíritu Santo,

6 que El derramó sobre nosotros abundantemente por medio de Jesucristo nuestro Salvador,

7 para que justificados por su gracia fuésemos hechos herederos según *la* esperanza de la vida eterna.

8 Palabra fiel *es* ésta, y en cuanto a estas cosas quiero que hables con firmeza, para que los que han creído en Dios procuren ocuparse en buenas obras. Estas cosas son buenas y útiles para los hombres.

9 Pero evita controversias necias, genealogías, contiendas y discusiones acerca de la ley, porque son sin provecho y sin valor.

10 Al hombre que cause divisiones, después de la primera y segunda amonestación, deséchalo,

11 sabiendo que el tal es perverso y peca, habiéndose condenado a sí mismo.

12 Cuando te envíe a Artemas o a Tíquico, procura venir a mí en Nicópolis, porque he decidido pasar allí el invierno.

13 Encamina con diligencia a Zenas, intérprete de la ley, y a Apolos, para que nada les falte.

14 Y que nuestro *pueblo* aprenda a ocuparse en buenas obras, atendiendo a las necesidades apremiantes, para que no estén sin fruto.

15 Todos los que están conmigo te saludan. Saluda a los que nos aman en *la* fe.

La gracia sea con todos vosotros.

La Epístola del Apóstol San Pablo a
FILEMON

Saludo

1 Pablo, prisionero de Cristo Jesús, y el hermano Timoteo:

A Filemón nuestro amado *hermano* y colaborador,

2 y a la hermana Apia, y a Arquipo, nuestro compañero de milicia, y a la iglesia que está en tu casa:

3 Gracia a vosotros y paz de Dios nuestro Padre y del Señor Jesucristo.

4 Doy gracias a mi Dios siempre, haciendo mención de ti en mis oraciones,

5 porque oigo de tu amor y de la fe que tienes hacia el Señor Jesús y hacia todos los santos;

6 y ruego que la comunión de tu fe llegue a ser eficaz por el conocimiento de todo lo bueno que hay en vosotros mediante Cristo.

7 Pues he llegado a tener mucho gozo y consuelo en tu amor, porque los corazones de los santos han sido confortados por ti, hermano.

8 Por lo cual, aunque tengo mucha libertad en Cristo para mandarte *hacer* lo que conviene,

9 no obstante, por causa del amor *que te tengo*, te ruego, siendo como soy, Pablo, anciano, y ahora también prisionero de Cristo Jesús,

10 te ruego por mi hijo Onésimo, a quien he engendrado en mis prisiones,

11 el cual en otro tiempo te era inútil, pero ahora *nos* es útil a ti y a mí.

12 Y te lo he vuelto a enviar en persona, es decir, *como si fuera* mi propio corazón,

13 a quien hubiera querido retener conmigo, para que me sirviera en lugar tuyo en mis prisiones por el evangelio;

14 pero no quise hacer nada sin tu consentimiento, para que tu bondad no fuera como por obligación, sino por *tu propia* voluntad.

15 Porque quizá por esto se apartó *de ti* por algún tiempo, para que lo volvieras a recibir para siempre,

16 no ya como esclavo, sino *como* más que un esclavo, *como* un hermano amado, especialmente para mí, pero cuánto más para ti, tanto en la carne como en el Señor.

17 Si me tienes pues por compañero, acéptalo como *me aceptarías* a mí.

18 Y si te ha perjudicado en alguna forma, o te debe algo, cárgalo a mi cuenta.

19 Yo, Pablo, escribo *esto* con mi propia mano; yo *lo* pagaré (por no decirte que aun tú mismo te me debes a mí).

20 Sí, hermano, permíteme disfrutar este beneficio de ti en el Señor; recrea mi corazón en Cristo.

21 Te escribo confiado en tu obediencia, sabiendo que harás aun más de lo que digo.

22 Y al mismo tiempo, prepárame también alojamiento, pues espero que por vuestras oraciones os seré concedido.

23 Te saluda Epafras, mi compañero de prisión en Cristo Jesús;

24 *también* Marcos, Aristarco, Demas *y* Lucas, mis colaboradores.

25 La gracia del Señor Jesucristo sea con vuestro espíritu.

La Epístola a los
HEBREOS

Dios habla por el Hijo su palabra
final al hombre

1 Dios, habiendo hablado hace mucho tiempo, en muchas ocasiones y de muchas maneras a los padres por los profetas,

2 en estos últimos días nos ha hablado por *su* Hijo, a quien constituyó heredero de todas las cosas, por medio de quien hizo también el universo.

3 El es el resplandor de su gloria y la expresión exacta de su naturaleza, y sostiene todas las cosas por la palabra de su poder. Después de llevar a cabo la purificación de los pecados, se sentó a la diestra de la Majestad en las alturas,

4 siendo mucho mejor que los ángeles, por cuanto ha heredado un nombre más excelente que ellos.

5 Porque ¿a cuál de los ángeles dijo Dios jamás:
HIJO MIO ERES TU,
YO TE HE ENGENDRADO HOY;
y otra vez:
YO SERE PADRE PARA EL,
Y EL SERA HIJO PARA MI?

6 Y de nuevo, cuando trae al Primogénito al mundo, dice:
Y ADORENLE TODOS LOS ANGELES DE DIOS.

7 Y de los ángeles dice:
EL QUE HACE A SUS ANGELES, ESPIRITUS,
Y A SUS MINISTROS, LLAMA DE FUEGO.

8 Pero del Hijo *dice*:
TU TRONO, OH DIOS, ES POR LOS SIGLOS DE LOS SIGLOS,
Y CETRO DE EQUIDAD ES EL CETRO DE TU REINO.

9 HAS AMADO LA JUSTICIA Y ABORRECIDO LA INIQUIDAD;
POR LO CUAL DIOS, TU DIOS, TE HA UNGIDO
CON OLEO DE ALEGRIA MAS QUE A TUS COMPAÑEROS.

10 Y:
TU, SEÑOR, EN EL PRINCIPIO PUSISTE LOS CIMIENTOS DE LA TIERRA,
Y LOS CIELOS SON OBRA DE TUS MANOS;

11 ELLOS PERECERAN, PERO TU PERMANECES;
Y TODOS ELLOS COMO UNA VESTIDURA SE ENVEJECERAN,

12 Y COMO UN MANTO LOS ENROLLARAS;
COMO UNA VESTIDURA SERAN MUDADOS.
PERO TU ERES EL MISMO,
Y TUS AÑOS NO TENDRAN FIN.

13 Pero, ¿a cuál de los ángeles ha dicho jamás:
SIENTATE A MI DIESTRA
HASTA QUE PONGA A TUS ENEMIGOS
POR ESTRADO DE TUS PIES?

14 ¿No son todos ellos espíritus ministradores, enviados para servir por causa de los que heredarán la salvación?

Peligro de la negligencia

2 Por tanto, debemos prestar mucha mayor atención a lo que hemos oído, no sea que nos desviemos.

2 Porque si la palabra hablada por medio de ángeles resultó ser inmutable, y toda transgresión y desobediencia recibió una justa retribución,

3 ¿cómo escaparemos nosotros si descuidamos una salvación tan grande? La cual, después que fue anunciada primeramente por medio del Señor, nos fue confirmada por los que oyeron,

4 testificando Dios juntamente con ellos, tanto por señales como por prodigios, y por diversos milagros y por dones del Espíritu Santo según su propia voluntad.

5 Porque no sujetó a los ángeles el mundo venidero, acerca del cual estamos hablando.

6 Pero uno ha testificado en cierto lugar diciendo:
¿QUE ES EL HOMBRE PARA QUE DE EL TE ACUERDES,
O EL HIJO DEL HOMBRE PARA QUE TE INTERESES EN EL?

7 LE HAS HECHO UN POCO INFERIOR A LOS ANGELES;
LE HAS CORONADO DE GLORIA Y HONOR,
Y LE HAS PUESTO SOBRE LAS OBRAS DE TUS MANOS;

8 TODO LO HAS SUJETADO BAJO SUS PIES.
Porque al sujetarlo todo a él, no dejó nada que no le sea sujeto. Pero ahora no vemos aún todas las cosas sujetas a él.

9 Pero vemos a aquel que fue hecho un poco inferior a los ángeles, *es decir*, a Jesús, coronado de gloria y honor a causa del padecimiento de la muerte, para que por la gracia de Dios probara la muerte por todos.

10 Porque convenía que aquel para quien son todas las cosas y por quien son todas las cosas, llevando muchos hijos a la gloria, hiciera perfecto por medio de los padecimientos al autor de la salvación de ellos.

11 Porque tanto el que santifica como los que son santificados, son todos de un *Padre*; por lo cual *El* no se avergüenza de llamarlos hermanos,

12 diciendo:
ANUNCIARE TU NOMBRE A MIS HERMANOS,
EN MEDIO DE LA CONGREGACION TE CANTARE HIMNOS.

13 Y otra vez:
YO EN EL CONFIARE.
Y otra vez:
HE AQUI, YO Y LOS HIJOS QUE DIOS ME HA DADO.

14 Así que, por cuanto los hijos participan de carne y sangre, El igualmente participó también de lo mismo, para anular mediante la muerte el poder de aquel que tenía el poder de la muerte, es decir, el diablo,

15 y librar a los que por el temor a la muerte, estaban sujetos a esclavitud durante toda la vida.

16 Porque ciertamente no ayuda a los ángeles, sino que ayuda a la descendencia de Abraham.

17 Por tanto, tenía que ser hecho semejante a sus hermanos en todo, a fin de que llegara a ser un misericordioso y fiel sumo sacerdote en las cosas que a Dios atañen, para hacer propiciación por los pecados del pueblo.

18 Pues por cuanto El mismo fue tentado en el sufrimiento, es poderoso para socorrer a los que son tentados.

Jesús, superior a Moisés

3 Por tanto, hermanos santos, participantes del llamamiento celestial, considerad a Jesús, el Apóstol y Sumo Sacerdote de nuestra fe.

2 El cual fue fiel al que le designó, como también lo fue Moisés en toda la casa de Dios.

3 Porque El ha sido considerado digno de más gloria que Moisés, así como el constructor de la casa tiene más honra que la casa.

4 Porque toda casa es hecha por alguno, pero el que hace todas las cosas es Dios.

5 Y Moisés fue fiel en toda la casa de Dios como siervo, para testimonio de lo que se iba a decir más tarde;

6 pero Cristo *fue fiel* como Hijo sobre la casa de Dios, cuya casa somos nosotros, si retenemos firme hasta el fin nuestra confianza y la gloria de nuestra esperanza.

7 Por lo cual, como dice el Espíritu Santo:

SI OIS HOY SU VOZ,

8 NO ENDUREZCAIS VUESTROS CORAZONES, COMO EN LA PROVOCACION,

COMO EN EL DIA DE LA PRUEBA EN EL DESIERTO,

9 DONDE VUESTROS PADRES *me* TENTARON AL PONER *me* A PRUEBA,

Y VIERON MIS OBRAS POR CUARENTA AÑOS.

10 POR LO CUAL ME DISGUSTE CON AQUELLA GENERACION,

Y DIJE: "SIEMPRE SE DESVIAN EN SU CORAZON,

Y NO HAN CONOCIDO MIS CAMINOS";

11 COMO JURE EN MI IRA:

"NO ENTRARAN EN MI REPOSO."

12 Tened cuidado, hermanos, no sea que en alguno de vosotros haya un corazón malo de incredulidad, para apartarse del Dios vivo;

13 Antes exhortaos los unos a los otros cada día, mientras *todavía* se dice: Hoy; no sea que alguno de vosotros sea endurecido por el engaño del pecado.

14 Porque somos hechos partícipes de Cristo, si es que retenemos el principio de nuestra seguridad firme hasta el fin,

15 en cuanto se dice:

SI OIS HOY SU VOZ,

NO ENDUREZCAIS VUESTROS CORAZONES, COMO EN LA PROVOCACION.

16 Porque ¿quiénes, habiendo oído, le provocaron? ¿Acaso no *fueron* todos los que salieron de Egipto *guiados* por Moisés?

17 ¿Y con quiénes se disgustó por cuarenta años? ¿No fue con aquellos que pecaron, cuyos cuerpos cayeron en el desierto?

18 ¿Y a quiénes juró que no entrarían en su reposo, sino a los que fueron desobedientes?

19 Vemos, pues, que no pudieron entrar a causa de *su* incredulidad.

Reposo de Dios y del creyente

4 Por tanto, temamos, no sea que permaneciendo aún la promesa de entrar en su reposo, alguno de vosotros parezca no haberlo alcanzado.

2 Porque en verdad, a nosotros se nos ha anunciado la buena nueva, como también a ellos; pero la palabra que ellos oyeron no les aprovechó por no ir acompañada por la fe en los que oyeron.

3 Porque los que hemos creído entramos en ese reposo, tal como El ha dicho:

COMO JURE EN MI IRA:

"NO ENTRARAN EN MI REPOSO",

aunque las obras de El estaban acabadas desde la fundación del mundo.

4 Porque así ha dicho en cierto lugar acerca del séptimo *día:* Y DIOS REPOSO EN EL SEPTIMO DIA DE TODAS SUS OBRAS;

5 y otra vez en este *pasaje:* NO ENTRARAN EN MI REPOSO.

6 Por tanto, puesto que todavía falta que algunos entren en él, y aquellos a quienes antes se les anunció la buena nueva no entraron por causa de *su* desobediencia,

7 *Dios* otra vez fija un día: Hoy. Diciendo por medio de David después de mucho tiempo, como se ha dicho antes:

SI OIS HOY SU VOZ, NO ENDUREZCAIS VUESTROS CORAZONES.

8 Porque si Josué les hubiera dado reposo, *Dios* no habría hablado de otro día después de ése.

9 Queda, por tanto, un reposo sagrado para el pueblo de Dios.

10 Pues el que ha entrado a su reposo, él mismo ha reposado de sus obras, como Dios reposó de las suyas.

11 Por tanto, esforcémonos por entrar en ese reposo, no sea que alguno caiga *siguiendo* el mismo ejemplo de desobediencia.

12 Porque la palabra de Dios es viva y eficaz, y más cortante que cualquier espada de dos filos; penetra hasta la división del alma y del espíritu, de las coyunturas y los tuétanos, y *es poderosa* para discernir los pensamientos y las intenciones del corazón.

13 Y no hay cosa creada oculta a su vista, sino que todas las cosas están al descubierto y desnudas ante los ojos de aquel a quien tenemos que dar cuenta.

14 Teniendo, pues, un gran sumo sacerdote que trascendió los cielos, Jesús, el Hijo de Dios, retengamos nuestra fe.

15 Porque no tenemos un sumo sacerdote que no pueda compadecerse de nuestras flaquezas, sino uno que ha sido tentado en todo como *nosotros, pero* sin pecado.

16 Por tanto, acerquémonos con confianza al trono de la gracia para que recibamos misericordia, y hallemos gracia para la ayuda oportuna.

Jesús como sumo sacerdote

5 Porque todo sumo sacerdote tomado de entre los hombres es constituido a favor de los hombres en las cosas que a Dios se refieren, para presentar ofrendas y sacrificios por los pecados;

2 *y* puede obrar con benignidad para con los ignorantes y extraviados, puesto que él mismo está sujeto a flaquezas;

3 y por esa causa está obligado a ofrecer *sacrificios* por los pecados, por sí mismo tanto como por el pueblo.

4 Y nadie toma este honor para sí mismo, sino que *lo recibe* cuando es llamado por Dios, así como lo fue Aarón.

5 De la misma manera, Cristo no se glorificó a sí mismo para hacerse sumo sacerdote, sino que *lo glorificó* el que le dijo:

HIJO MIO ERES TU,

YO TE HE ENGENDRADO HOY;

6 como también dice en otro *pasaje:*

TU ERES SACERDOTE PARA SIEMPRE

SEGÚN EL ORDEN DE MELQUISEDEC.

7 Cristo, en los días de su carne, habiendo ofrecido oraciones y súplicas con gran clamor y lágrimas al que podía librarle de la muerte, fue oído a causa de su temor reverente;

8 y aunque era Hijo, aprendió obediencia por lo que padeció;

9 y habiendo sido hecho perfecto, vino a ser fuente de eterna salvación para todos los que le obedecen,

10 siendo constituido por Dios sumo sacerdote según el orden de Melquisedec.

11 Acerca de esto tenemos mucho que decir, y es difícil de explicar, puesto que os habéis hecho tardos para oír.

12 Pues aunque ya debierais ser maestros, otra vez tenéis necesidad de que alguien os enseñe los principios elementales de los oráculos de Dios, y habéis llegado a tener necesidad de leche y no de alimento sólido.

13 Porque todo el que toma sólo leche, no está acostumbrado a la palabra de justicia, porque es niño.

14 Pero el alimento sólido es para los adultos, los cuales por la práctica tienen los sentidos ejercitados para discernir el bien y el mal.

6 Por tanto, dejando las enseñanzas elementales acerca de Cristo, avancemos hacia la madurez, no echando otra vez el fundamento del arrepentimiento de obras muertas y de la fe hacia Dios,

2 de la enseñanza sobre lavamientos, de la imposición de manos, de la resurrección de los muertos y del juicio eterno.

3 Y esto haremos, si Dios lo permite.

4 Porque en el caso de los que fueron una vez iluminados, que probaron del don celestial y fueron hechos partícipes del Espíritu Santo,

5 que gustaron la buena palabra de Dios y los poderes del siglo venidero,

6 pero después cayeron, es imposible renovarlos otra vez para arrepentimiento, puesto que de nuevo crucifican para sí mismos al Hijo de Dios y lo exponen a la ignominia pública.

7 Porque la tierra que bebe la lluvia que con frecuencia cae sobre ella y produce vegetación útil a aquellos a causa de los cuales es cultivada, recibe bendición de Dios;

8 pero si produce espinos y abrojos no vale nada, está próxima a ser maldecida, y termina por ser quemada.

9 Pero en cuanto a vosotros, amados, aunque hablemos de esta manera, estamos persuadidos de las cosas que son mejores y que pertenecen a la salvación.

10 Porque Dios no es injusto como para olvidarse de vuestra obra y del amor que habéis mostrado hacia su nombre, habiendo servido, y sirviendo aún, a los santos.

11 Pero deseamos que cada uno de vosotros muestre la misma solicitud hasta el fin, para alcanzar la plena seguridad de la esperanza,

12 a fin de que no seáis indolentes, sino imitadores de los que mediante la fe y la paciencia heredan las promesas.

13 Pues cuando Dios hizo la promesa a Abraham, no pudiendo jurar por uno mayor, juró por sí mismo,

14 diciendo: CIERTAMENTE TE BENDECIRÉ Y CIERTAMENTE TE MULTIPLICARÉ.

15 Y así, habiendo esperado con paciencia, obtuvo la promesa.

16 Porque los hombres juran por uno mayor que ellos mismos, y para ellos un juramento dado como confirmación es el fin de toda discusión.

17 De la misma manera Dios, deseando mostrar más plenamente a los herederos de la promesa la inmutabilidad de su propósito, interpuso un juramento,

18 a fin de que por dos cosas inmutables, en las cuales es imposible que Dios mienta, seamos grandemente animados los que hemos huido para refugiarnos, echando mano de la esperanza puesta delante de nosotros,

19 la cual tenemos como ancla del alma, una esperanza segura y firme, y que penetra hasta detrás del velo,

20 donde Jesús entró por nosotros como precursor, hecho, según el orden de Melquisedec, sumo sacerdote para siempre.

El sacerdocio de Melquisedec

7 Porque este Melquisedec, rey de Salem, sacerdote del Dios Altísimo, el cual se encontró con Abraham cuando éste regresaba de la matanza de los reyes, y lo bendijo,

2 y a quien Abraham le entregó el diezmo de todos los despojos, cuyo nombre significa primeramente rey de justicia, y luego también rey de Salem, esto es, rey de paz,

3 sin padre, sin madre, sin genealogía, no teniendo principio de días ni fin de vida, siendo hecho semejante al Hijo de Dios, permanece sacerdote a perpetuidad.

4 Considerad, pues, la grandeza de este hombre a quien Abraham, el patriarca, dio el diezmo de lo mejor del botín.

5 Y en verdad los de los hijos de Leví que reciben el oficio de sacerdote, tienen mandamiento en la ley de recoger el diezmo del pueblo, es decir, de sus hermanos, aunque éstos son descendientes de Abraham.

6 Pero aquel cuya genealogía no viene de ellos, recibió el diezmo de Abraham y bendijo al que tenía las promesas.

7 Y sin discusión alguna, el menor es bendecido por el mayor.

8 Aquí, ciertamente hombres mortales reciben el diezmo, pero allí, los recibe uno de quien se da testimonio de que vive.

9 Y, por decirlo así, por medio de Abraham aun Leví, que recibía diezmos, pagaba diezmos,

10 porque aún estaba en los lomos de su padre cuando Melquisedec le salió al encuentro.

11 Ahora bien, si la perfección era por medio del sacerdocio levítico (pues sobre esa base recibió el pueblo la ley), ¿qué necesidad había de que se levantara otro sacerdote según el orden de Melquisedec, y no designado según el orden de Aarón?

12 Porque cuando se cambia el sacerdocio, necesariamente ocurre también un cambio de la ley.

13 Pues aquel de quien se dicen estas cosas, pertenece a otra tribu, de la cual nadie ha servido en el altar.

14 Porque es evidente que nuestro Señor

descendió de Judá, una tribu de la cual Moisés no dijo nada tocante a sacerdotes.

15 Y esto es aún más evidente, si a semejanza de Melquisedec se levanta otro sacerdote,

16 que ha llegado a ser*lo*, no sobre la base de una ley de requisitos físicos, sino según el poder de una vida indestructible.

17 Pues *de El* se da testimonio:

TU ERES SACERDOTE PARA SIEMPRE
SEGUN EL ORDEN DE MELQUISEDEC.

18 Porque ciertamente, queda anulado el mandamiento anterior por ser débil e inútil

19 (pues la ley nada hizo perfecto), y se introduce una mejor esperanza, mediante la cual nos acercamos a Dios.

20 Y por cuanto no *fue* sin juramento,

21 pues en verdad ellos llegaron a ser sacerdotes sin juramento, pero El por un juramento del que le dijo:

EL SEÑOR HA JURADO
Y NO CAMBIARA:
"TU ERES SACERDOTE PARA SIEMPRE",

22 por eso, Jesús ha venido a ser fiador de un mejor pacto.

23 Los sacerdotes *anteriores* eran más numerosos porque la muerte les impedía continuar,

24 pero El conserva su sacerdocio inmutable puesto que permanece para siempre.

25 Por lo cual El también es poderoso para salvar para siempre a los que por medio de El se acercan a Dios, puesto que vive perpetuamente para interceder por ellos.

26 Porque convenía que tuviéramos tal sumo sacerdote: santo, inocente, inmaculado, apartado de los pecadores y exaltado más allá de los cielos,

27 que no necesita, como aquellos sumos sacerdotes, ofrecer sacrificios diariamente, primero por sus propios pecados y después por los *pecados* del pueblo; porque esto lo hizo una vez para siempre, cuando se ofreció a sí mismo.

28 Porque la ley designa como sumos sacerdotes a hombres débiles, pero la palabra del juramento, que vino después de la ley, *designa* al Hijo, hecho perfecto para siempre.

Jesús, sumo sacerdote del santuario celestial

8 Ahora bien, el punto principal de lo que se ha dicho *es éste:* tenemos tal sumo sacerdote, el cual se ha sentado a la diestra del trono de la Majestad en los cielos,

2 *como* ministro del santuario y del tabernáculo verdadero, que el Señor erigió, no el hombre.

3 Porque todo sumo sacerdote está constituido para presentar ofrendas y sacrificios, por lo cual es necesario que éste también tenga algo que ofrecer.

4 Así que si El estuviera sobre la tierra, ni siquiera sería sacerdote, habiendo *sacerdotes* que presentan las ofrendas según la ley;

5 los cuales sirven a *lo que es* copia y sombra de las cosas celestiales, tal como Moisés fue advertido *por Dios* cuando estaba a punto de erigir el tabernáculo; pues, dice El: Mira, haz todas las cosas CONFORME AL MODELO QUE TE FUE MOSTRADO EN EL MONTE.

6 Pero ahora El ha obtenido un ministerio tanto mejor, por cuanto es también el mediador

de un mejor pacto, establecido sobre mejores promesas.

7 Pues si aquel primer *pacto* hubiera sido sin defecto, no se hubiera buscado lugar para el segundo.

8 Porque reprochándolos, El dice:

MIRAD QUE VIENEN DIAS, DICE EL SEÑOR,
EN QUE ESTABLECERE UN NUEVO PACTO
CON LA CASA DE ISRAEL Y CON LA CASA DE
JUDA;

9 NO COMO EL PACTO QUE HICE CON SUS PADRES
EL DIA QUE LOS TOME DE LA MANO
PARA SACARLOS DE LA TIERRA DE EGIPTO;
PORQUE NO PERMANECIERON EN MI PACTO,
Y YO ME DESENTENDI DE ELLOS, DICE EL SEÑOR.

10 PORQUE ESTE ES EL PACTO QUE YO HARE CON LA
CASA DE ISRAEL
DESPUES DE AQUELLOS DIAS, DICE EL SEÑOR:
PONDRE MIS LEYES EN LA MENTE DE ELLOS,
Y LAS ESCRIBIRE SOBRE SUS CORAZONES.
Y YO SERE SU DIOS,
Y ELLOS SERAN MI PUEBLO.

11 Y NINGUNO DE ELLOS ENSEÑARA A SU
CONCIUDADANO
NI NINGUNO A SU HERMANO, DICIENDO:
"CONOCE AL SEÑOR",
PORQUE TODOS ME CONOCERAN,
DESDE EL MENOR HASTA EL MAYOR DE ELLOS.

12 PUES TENDRE MISERICORDIA DE SUS
INIQUIDADES,
Y NUNCA MAS ME ACORDARE DE SUS PECADOS.

13 Cuando El dijo: Un nuevo *pacto*, hizo anticuado al primero; y lo que se hace anticuado y envejece, está próximo a desaparecer.

El santuario terrenal

9 Ahora bien, aun el primer *pacto* tenía ordenanzas de culto y el santuario terrenal.

2 Porque había un tabernáculo preparado en la parte anterior, en el cual *estaban* el candelabro, la mesa y los panes consagrados; éste se llama el Lugar Santo.

3 Y detrás del segundo velo *había* un tabernáculo llamado el Lugar Santísimo,

4 el cual tenía el altar de oro del incienso y el arca del pacto cubierta toda de oro, en la cual *había* una urna de oro que contenía el maná y la vara de Aarón que retoñó y las tablas del pacto;

5 y sobre ella *estaban* los querubines de gloria que daban sombra al propiciatorio; pero de estas cosas no se puede hablar ahora en detalle.

6 Así preparadas estas cosas, los sacerdotes entran continuamente al primer tabernáculo para oficiar en el culto;

7 pero en el segundo, sólo *entra* el sumo sacerdote una vez al año, no sin *llevar* sangre, la cual ofrece por sí mismo y por los pecados del pueblo cometidos en ignorancia.

8 Queriendo el Espíritu Santo dar a entender esto: que el camino al Lugar Santísimo aún no había sido revelado en tanto que el primer tabernáculo permaneciera en pie;

9 lo cual *es* un símbolo para el tiempo presente, según el cual se presentan ofrendas y sacrificios que no pueden hacer perfecto en su conciencia al que practica *ese* culto,

10 puesto que *tienen que ver* sólo con comidas y bebidas, y diversas abluciones y ordenanzas para

el cuerpo, impuestas hasta el tiempo de reformar *las cosas.*

11 Pero cuando Cristo apareció *como* sumo sacerdote de los bienes futuros, a través de un mayor y más perfecto tabernáculo, no hecho con manos, es decir, no de esta creación,

12 y no por medio de la sangre de machos cabríos y de becerros, sino por medio de su propia sangre, entró al Lugar Santísimo una vez para siempre, habiendo obtenido redención eterna.

13 Porque si la sangre de los machos cabríos y de los toros, y la ceniza de la becerra rociada sobre los que se han contaminado, santifican para la purificación de la carne,

14 ¿cuánto más la sangre de Cristo, el cual por el Espíritu eterno se ofreció a sí mismo sin mancha a Dios, purificará vuestra conciencia de obras muertas para servir al Dios vivo?

15 Y por eso El es el mediador de un nuevo pacto, a fin de que habiendo tenido lugar una muerte para la redención de las transgresiones *que se cometieron* bajo el primer pacto, los que han sido llamados reciban la promesa de la herencia eterna.

16 Porque donde hay un testamento, necesario es que ocurra la muerte del testador.

17 Pues un testamento es válido *sólo* en caso de muerte, puesto que no se pone en vigor mientras vive el testador.

18 Por tanto, ni aun el primer *pacto* se inauguró sin sangre.

19 Porque cuando Moisés terminó de promulgar todos los mandamientos a todo el pueblo, conforme a la ley, tomó la sangre de los becerros y de los machos cabríos, con agua, lana escarlata e hisopo, y roció el libro mismo y a todo el pueblo,

20 diciendo: ESTA ES LA SANGRE DEL PACTO QUE DIOS OS ORDENO.

21 Y de la misma manera roció con sangre tanto el tabernáculo como todos los utensilios del ministerio.

22 Y según la ley, casi todo es purificado con sangre, y sin derramamiento de sangre no hay perdón.

23 Por tanto, fue necesario que las representaciones de las cosas en los cielos fueran purificadas de esta manera, pero las cosas celestiales mismas, con mejores sacrificios que éstos.

24 Porque Cristo no entró en un lugar santo hecho por manos, una representación del verdadero, sino en el cielo mismo, para presentarse ahora en la presencia de Dios por nosotros,

25 y no para ofrecerse a sí mismo muchas veces, como el sumo sacerdote entra al Lugar Santísimo cada año con sangre ajena;

26 De otra manera le hubiera sido necesario sufrir muchas veces desde la fundación del mundo; pero ahora, una sola vez en la consumación de los siglos, se ha manifestado para destruir el pecado por el sacrificio de sí mismo.

27 Y así como está decretado que los hombres mueran *una sola* vez, y después de esto, el juicio,

28 así también Cristo, habiendo sido ofrecido una vez para llevar los pecados de muchos, aparecerá por segunda vez, sin *relación con* el pecado, para salvación de los que ansiosamente le esperan.

La ley no puede quitar los pecados

10 Pues ya que la ley *sólo* tiene la sombra de los bienes futuros *y* no la forma misma de las cosas, nunca puede, por los mismos sacrificios que ellos ofrecen continuamente año tras año, hacer perfectos a los que se acercan.

2 De otra manera, ¿no habrían cesado de ofrecerse, ya que los adoradores, una vez purificados, no tendrían ya más conciencia de pecado?

3 Pero en esos *sacrificios* hay un recordatorio de pecados año tras año.

4 Porque es imposible que la sangre de toros y de machos cabríos quite los pecados.

5 Por lo cual, al entrar El en el mundo, dice: SACRIFICIO Y OFRENDA NO HAS QUERIDO, PERO UN CUERPO HAS PREPARADO PARA MI;

6 EN HOLOCAUSTOS Y *sacrificios* POR EL PECADO NO TE HAS COMPLACIDO.

7 ENTONCES DIJE: "HE AQUI, YO HE VENIDO (EN EL ROLLO DEL LIBRO ESTA ESCRITO DE MI) PARA HACER, OH DIOS, TU VOLUNTAD."

8 Habiendo dicho arriba: SACRIFICIOS Y OFRENDAS Y HOLOCAUSTOS, Y *sacrificios* POR EL PECADO NO HAS QUERIDO, NI *en ellos* TE HAS COMPLACIDO (los cuales se ofrecen según la ley),

9 entonces dijo: HE AQUI, YO HE VENIDO PARA HACER TU VOLUNTAD. El quita lo primero para establecer lo segundo.

10 Por esta voluntad hemos sido santificados mediante la ofrenda del cuerpo de Jesucristo una vez para siempre.

11 Y ciertamente todo sacerdote está de pie, día tras día, ministrando y ofreciendo muchas veces los mismos sacrificios, que nunca pueden quitar los pecados;

12 pero El, habiendo ofrecido un solo sacrificio por los pecados para siempre, SE SENTO A LA DIESTRA DE DIOS,

13 esperando de ahí en adelante HASTA QUE SUS ENEMIGOS SEAN PUESTOS POR ESTRADO DE SUS PIES.

14 Porque por una ofrenda El ha hecho perfectos para siempre a los que son santificados.

15 Y también el Espíritu Santo nos da testimonio; porque después de haber dicho:

16 ESTE ES EL PACTO QUE HARE CON ELLOS DESPUES DE AQUELLOS DIAS—DICE EL SEÑOR: PONDRE MIS LEYES EN SU CORAZON, Y EN SU MENTE LAS ESCRIBIRE, *añade*:

17 Y NUNCA MAS ME ACORDARE DE SUS PECADOS E INIQUIDADES.

18 Ahora bien, donde hay perdón de estas cosas, ya no hay ofrenda por el pecado.

19 Entonces, hermanos, puesto que tenemos confianza para entrar al Lugar Santísimo por la sangre de Jesús,

20 por un camino nuevo y vivo que El inauguró para nosotros por medio del velo, es decir, su carne,

21 y puesto que *tenemos* un gran sacerdote sobre la casa de Dios,

22 acerquémonos con corazón sincero, en plena certidumbre de fe, teniendo nuestro corazón purificado de mala conciencia y nuestro cuerpo lavado con agua pura.

23 Mantengamos firme la profesión de nuestra esperanza sin vacilar, porque fiel es el que prometió;

24 y consideremos cómo estimularnos unos a otros al amor y a las buenas obras,

25 no dejando de congregarnos, como algunos tienen por costumbre, sino exhortándonos *unos a otros*, y mucho más al ver que el día se acerca.
26 Porque si continuamos pecando deliberadamente después de haber recibido el conocimiento de la verdad, ya no queda sacrificio alguno por los pecados,
27 sino cierta horrenda expectación de juicio, y la furia de UN FUEGO QUE HA DE CONSUMIR A LOS ADVERSARIOS.
28 Cualquiera que viola la ley de Moisés muere sin misericordia por *el testimonio de* dos o tres testigos.
29 ¿Cuánto mayor castigo pensáis que merecerá el que ha hollado bajo sus pies al Hijo de Dios, y ha tenido por inmunda la sangre del pacto por la cual fue santificado, y ha ultrajado al Espíritu de gracia?
30 Pues conocemos al que dijo: MÍA ES LA VENGANZA, YO PAGARE. Y otra vez: EL SEÑOR JUZGARA A SU PUEBLO.
31 ¡Horrenda cosa es caer en las manos del Dios vivo!
32 Pero recordad los días pasados, cuando después de haber sido iluminados, soportasteis una gran lucha de padecimientos;
33 por una parte, siendo hechos un espectáculo público en oprobios y aflicciones, y por otra, siendo compañeros de los que eran tratados así.
34 Porque tuvisteis compasión de los prisioneros y aceptasteis con gozo el despojo de vuestros bienes, sabiendo que tenéis para vosotros mismos una mejor y más duradera posesión.
35 Por tanto, no desechéis vuestra confianza, la cual tiene gran recompensa.
36 Porque tenéis necesidad de paciencia, para que cuando hayáis hecho la voluntad de Dios, obtengáis la promesa.
37 PORQUE DENTRO DE MUY POCO TIEMPO, EL QUE HA DE VENIR VENDRA Y NO TARDARA.
38 MAS MI JUSTO VIVIRA POR LA FE;
Y SI RETROCEDE, MI ALMA NO SE COMPLACERA EN EL.
39 Pero nosotros no somos de los que retroceden para perdición, sino de los que tienen fe para la preservación del alma.

La fe y sus héroes

11 Ahora bien, la fe es la certeza de lo que se espera, la convicción de lo que no se ve.
2 Porque por ella recibieron aprobación los antiguos.
3 Por la fe entendemos que el universo fue preparado por la palabra de Dios, de modo que lo que se ve no fue hecho de cosas visibles.
4 Por la fe Abel ofreció a Dios un mejor sacrificio que Caín, por lo cual alcanzó el testimonio de que era justo, dando Dios testimonio de sus ofrendas; y por la fe, estando muerto, todavía habla.
5 Por la fe Enoc fue trasladado *al cielo* para que no viera muerte; Y NO FUE HALLADO PORQUE DIOS LO TRASLADO; porque antes de ser trasladado recibió testimonio de haber agradado a Dios.
6 Y sin fe es imposible agradar *a Dios;* porque es necesario que el que se acerca a Dios crea que Él existe, y que es remunerador de los que le buscan.

7 Por la fe Noé, siendo advertido *por Dios* acerca de cosas que aún no se veían, con temor preparó un arca para la salvación de su casa, por la cual condenó al mundo, y llegó a ser heredero de la justicia que es según la fe.
8 Por la fe Abraham, al ser llamado, obedeció, saliendo para un lugar que había de recibir como herencia; y salió sin saber adónde iba.
9 Por la fe habitó como extranjero en la tierra de la promesa como en *tierra* extraña, viviendo en tiendas como Isaac y Jacob, coherederos de la misma promesa,
10 porque esperaba la ciudad que tiene cimientos, cuyo arquitecto y constructor es Dios.
11 También por la fe Sara misma recibió fuerza para concebir, aun pasada ya la edad propicia, pues consideró fiel al que le había prometido.
12 Por lo cual también nació de uno (y *éste* casi muerto con respecto a esto) *una descendencia* COMO LAS ESTRELLAS DEL CIELO EN NUMERO, E INNUMERABLE COMO LA ARENA QUE ESTA A LA ORILLA DEL MAR.
13 Todos éstos murieron en fe, sin haber recibido las promesas, pero habiéndolas visto y aceptado con gusto desde lejos, confesando que eran extranjeros y peregrinos sobre la tierra.
14 Porque los que dicen tales cosas, claramente dan a entender que buscan una patria propia.
15 Y si en verdad hubieran estado pensando en aquella *patria* de donde salieron, habrían tenido oportunidad de volver.
16 Pero en realidad, anhelan una *patria* mejor, es decir, celestial. Por lo cual, Dios no se avergüenza de ser llamado Dios de ellos, pues les ha preparado una ciudad.
17 Por la fe Abraham, cuando fue probado, ofreció a Isaac; y el que había recibido las promesas ofrecía a su único *hijo;*
18 *fue a él* a quien se le dijo: EN ISAAC TE SERA LLAMADA DESCENDENCIA.
19 El consideró que Dios era poderoso para levantar aun de entre los muertos, de donde también, en sentido figurado, lo volvió a recibir.
20 Por la fe bendijo Isaac a Jacob y a Esaú, aun respecto a cosas futuras.
21 Por la fe Jacob, al morir, bendijo a cada uno de los hijos de José, y adoró, *apoyándose* sobre el extremo de su bastón.
22 Por la fe José, al morir, mencionó el éxodo de los hijos de Israel, y dio instrucciones acerca de sus huesos.
23 Por la fe Moisés, cuando nació, fue escondido por sus padres durante tres meses, porque vieron que era un niño hermoso y no temieron el edicto del rey.
24 Por la fe Moisés, cuando era ya grande, rehusó ser llamado hijo de la hija de Faraón,
25 escogiendo antes ser maltratado con el pueblo de Dios, que gozar de los placeres temporales del pecado,
26 considerando como mayores riquezas el oprobio de Cristo que los tesoros de Egipto; porque tenía la mirada puesta en la recompensa.
27 Por la fe salió de Egipto sin temer la ira del rey, porque se mantuvo firme como viendo al Invisible.
28 Por la fe celebró la Pascua y el rociamiento de la sangre, para que el exterminador de los primogénitos no los tocara.

29 Por la fe pasaron el mar Rojo como por tierra seca, y cuando los egipcios lo intentaron *hacer*, se ahogaron.

30 Por la fe cayeron los muros de Jericó, después de ser rodeados por siete días.

31 Por la fe la ramera Rahab no pereció con los desobedientes, por haber recibido a los espías en paz.

32 ¿Y qué más diré? Pues el tiempo me faltaría para contar de Gedeón, Barac, Sansón, Jefté, David, Samuel y los profetas;

33 quienes por la fe conquistaron reinos, hicieron justicia, obtuvieron promesas, cerraron bocas de leones,

34 apagaron la violencia del fuego, escaparon del filo de la espada; siendo débiles, fueron hechos fuertes, se hicieron poderosos en la guerra, pusieron en fuga a ejércitos extranjeros.

35 Las mujeres recibieron a sus muertos mediante la resurrección; y otros fueron torturados, no aceptando su liberación, a fin de obtener una mejor resurrección.

36 Otros experimentaron vituperios y azotes, y hasta cadenas y prisiones.

37 Fueron apedreados, aserrados, tentados, muertos a espada; anduvieron de aquí para allá *cubiertos con* pieles de ovejas y de cabras; destituidos, afligidos, maltratados

38 (de los cuales el mundo no era digno), errantes por desiertos y montañas, por cuevas y cavernas de la tierra.

39 Y todos éstos, habiendo obtenido aprobación por su fe, no recibieron la promesa,

40 porque Dios había provisto algo mejor para nosotros, a fin de que ellos no fueran hechos perfectos sin nosotros.

La carrera del cristiano

12 Por tanto, puesto que tenemos en derredor nuestro tan gran nube de testigos, despojémonos también de todo peso y del pecado que tan fácilmente nos envuelve, y corramos con paciencia la carrera que tenemos por delante.

2 puestos los ojos en Jesús, el autor y consumador de la fe, quien por el gozo puesto delante de El soportó la cruz, menospreciando la vergüenza, y se ha sentado a la diestra del trono de Dios.

3 Considerad, pues, a aquel que soportó tal hostilidad de los pecadores contra sí mismo, para que no os canséis ni os desaniméis en vuestro corazón.

4 Porque todavía, en vuestra lucha contra el pecado, no habéis resistido hasta el punto de derramar sangre;

5 además, habéis olvidado la exhortación que como a hijos se os dirige:

HIJO MIO, NO TENGAS EN POCO LA DISCIPLINA
   DEL SEÑOR,
NI TE DESANIMES AL SER REPRENDIDO POR EL;

6 PORQUE EL SEÑOR AL QUE AMA, DISCIPLINA,
   Y AZOTA A TODO EL QUE RECIBE POR HIJO.

7 Es para *vuestra* corrección que sufrís; Dios os trata como a hijos; porque ¿qué hijo hay a quien *su* padre no discipline?

8 Pero si estáis sin disciplina, de la cual todos han sido hechos participantes, entonces sois hijos ilegítimos y no hijos *verdaderos*.

9 Además, tuvimos padres terrenales para disciplinar*nos*, y *los* respetábamos, ¿con cuánta más razón no estaremos sujetos al Padre de nuestros espíritus, y viviremos?

10 Porque ellos nos disciplinaban por pocos días como les parecía, pero El *nos disciplina* para *nuestro* bien, para que participemos de su santidad.

11 Al presente ninguna disciplina parece ser causa de gozo, sino de tristeza; sin embargo, a los que han sido ejercitados por medio de ella, les da después fruto apacible de justicia.

12 Por tanto, fortaleced las manos débiles y las rodillas que flaquean,

13 y haced sendas derechas para vuestros pies, para que la *pierna* coja no se descoyunte, sino que se sane.

14 Buscad la paz con todos y la santidad, sin la cual nadie verá al Señor.

15 Mirad bien de que nadie deje de alcanzar la gracia de Dios; de que ninguna raíz de amargura, brotando, cause dificultades y por ella muchos sean contaminados;

16 de que no *haya* ninguna persona inmoral ni profana como Esaú, que vendió su primogenitura por una comida.

17 Porque sabéis que aun después, cuando quiso heredar la bendición, fue rechazado, pues no halló ocasión para el arrepentimiento, aunque la buscó con lágrimas.

18 Porque no os habéis acercado a *un monte* que se puede tocar, ni a fuego ardiente, ni a tinieblas, ni a oscuridad, ni a torbellino,

19 ni a sonido de trompeta, ni a ruido de palabras *tal*, que los que oyeron rogaron que no se les hablara más;

20 porque no podían soportar el mandato: SI AUN UNA BESTIA TOCA EL MONTE, SERA APEDREADA.

21 Tan terrible era el espectáculo, *que* Moisés dijo: ESTOY ATERRADO Y TEMBLANDO.

22 Vosotros, en cambio, os habéis acercado al monte Sion y a la ciudad del Dios vivo, la Jerusalén celestial, y a miríadas de ángeles,

23 a la asamblea general e iglesia de los primogénitos que están inscritos en los cielos, y a Dios, el Juez de todos, y a los espíritus de los justos hechos *ya* perfectos,

24 y a Jesús, el mediador del nuevo pacto, y a la sangre rociada que habla mejor que *la sangre* de Abel.

25 Mirad que no rechacéis al que habla. Porque si aquéllos no escaparon cuando rechazaron al que *les* amonestó sobre la tierra, mucho menos *escaparemos* nosotros si nos apartamos de aquel que *nos amonesta* desde el cielo.

26 Su voz hizo temblar entonces la tierra, pero ahora El ha prometido, diciendo: AUN UNA VEZ MAS, YO HARE TEMBLAR NO SOLO LA TIERRA, SINO TAMBIEN EL CIELO.

27 Y esta *expresión:* Aún, una vez más, indica la remoción de las cosas movibles, como las cosas creadas, a fin de que permanezcan las cosas que son inconmovibles.

28 Por lo cual, puesto que recibimos un reino que es inconmovible, demostremos gratitud, mediante la cual ofrezcamos a Dios un servicio aceptable con temor y reverencia;

29 porque nuestro Dios es fuego consumidor.

Deberes cristianos

13 Permanezca el amor fraternal.
2 No os olvidéis de mostrar hospitalidad, porque por ella algunos, sin saberlo, hospedaron ángeles.

3 Acordaos de los presos, como *si estuvierais* presos con ellos, *y* de los maltratados, puesto que también vosotros estáis en el cuerpo.

4 *Sea* el matrimonio honroso en todos, y el lecho *matrimonial* sin mancilla, porque a los inmorales y a los adúlteros los juzgará Dios.

5 *Sea vuestro* carácter sin avaricia, contentos con lo que tenéis, porque El mismo ha dicho: NUNCA TE DEJARE NI TE DESAMPARARE,

6 de manera que decimos confiadamente:
EL SEÑOR ES EL QUE ME AYUDA; NO TEMERE.
¿QUE PODRA HACERME EL HOMBRE?

7 Acordaos de vuestros guías que os hablaron la palabra de Dios, y considerando el resultado de su conducta, imitad su fe.

8 Jesucristo *es* el mismo ayer y hoy y por los siglos.

9 No os dejéis llevar por doctrinas diversas y extrañas, porque buena cosa es para el corazón el ser fortalecido con la gracia, no con alimentos, de los que no recibieron beneficio los que de ellos se ocupaban.

10 Nosotros tenemos un altar del cual no tienen derecho a comer los que sirven al tabernáculo.

11 Porque los cuerpos de aquellos animales, cuya sangre es llevada al santuario por el sumo sacerdote *como ofrenda* por el pecado, son quemados fuera del campamento.

12 Por lo cual también Jesús, para santificar al pueblo mediante su propia sangre, padeció fuera de la puerta.

13 Así pues, salgamos a El fuera del campamento, llevando su oprobio.

14 Porque no tenemos aquí una ciudad permanente, sino que buscamos *la* que está por venir.

15 Por tanto, ofrezcamos continuamente mediante El, sacrificio de alabanza a Dios, es decir, el fruto de labios que confiesan su nombre.

16 Y no os olvidéis de hacer el bien y de la ayuda mutua, porque de tales sacrificios se agrada Dios.

17 Obedeced a vuestros pastores y sujetaos *a ellos,* porque ellos velan por vuestras almas, como quienes han de dar cuenta. Permitidles que lo hagan con alegría y no quejándose, porque eso no sería provechoso para vosotros.

18 Orad por nosotros, pues confiamos en que tenemos una buena conciencia, deseando conducirnos honradamente en todo.

19 Y aún más, *os* exhorto a hacer esto, a fin de que yo os sea restituido muy pronto.

20 Y el Dios de paz, que resucitó de entre los muertos a Jesús nuestro Señor, el gran Pastor de las ovejas mediante la sangre del pacto eterno,

21 os haga aptos en toda obra buena para hacer su voluntad, obrando El en nosotros lo que es agradable delante de El mediante Jesucristo, a quien *sea* la gloria por los siglos de los siglos. Amén.

22 Os ruego, hermanos, que soportéis la palabra de exhortación, pues os he escrito brevemente.

23 Sabed que nuestro hermano Timoteo ha sido puesto en libertad, con el cual, si viene pronto, os he de ver.

24 Saludad a todos vuestros pastores y a todos los santos. Los de Italia os saludan.

25 La gracia sea con todos vosotros. Amén.

La Epístola de
SANTIAGO

Saludo

1 Santiago, siervo de Dios y del Señor Jesucristo:
A las doce tribus que están en la dispersión: Saludos.

2 Tened por sumo gozo, hermanos míos, el que *os* halléis en diversas pruebas,

3 sabiendo que la prueba de vuestra fe produce paciencia,

4 y que la paciencia ha de tener *su* perfecto resultado, para que seáis perfectos y completos, sin que *os* falte nada.

5 Pero si alguno de vosotros se ve falto de sabiduría, que *la* pida a Dios, el cual da a todos abundantemente y sin reproche, y le será dada.

6 Pero que pida con fe, sin dudar; porque el que duda es semejante a la ola del mar, impulsada por el viento y echada de una parte a otra.

7 No piense, pues, ese hombre, que recibirá cosa alguna del Señor,

8 *siendo* hombre de doble ánimo, inestable en todos sus caminos.

9 Pero que el hermano de condición humilde se gloríe en su alta posición,

10 y el rico en su humillación, pues él pasará como la flor de la hierba.

11 Porque el sol sale con calor abrasador y seca la hierba, y su flor se cae y la hermosura de su apariencia perece; así también se marchitará el rico en medio de sus empresas.

12 Bienaventurado el hombre que persevera bajo la prueba, porque una vez que ha sido aprobado, recibirá la corona de la vida que *el Señor* ha prometido a los que le aman.

13 Que nadie diga cuando es tentado: Soy tentado por Dios; porque Dios no puede ser tentado por el mal y El mismo no tienta a nadie.

14 Sino que cada uno es tentado cuando es llevado y seducido por su propia pasión.

15 Después, cuando la pasión ha concebido, da a luz el pecado; y cuando el pecado es consumado, engendra la muerte.

16 Amados hermanos míos, no os engañéis.

17 Toda buena dádiva y todo don perfecto viene de lo alto, desciende del Padre de las luces, con el cual no hay cambio ni sombra de variación.

18 En el ejercicio de su voluntad, El nos hizo nacer por la palabra de verdad, para que fuéramos las primicias de sus criaturas.

19 *Esto* sabéis, mis amados hermanos. Pero que cada uno sea pronto para oír, tardo para hablar, tardo para la ira;

20 pues la ira del hombre no obra la justicia de Dios.

21 Por lo cual, desechando toda inmundicia y *todo* resto de malicia, recibid con humildad la palabra implantada, que es poderosa para salvar vuestras almas.

22 Sed hacedores de la palabra y no solamente oidores que se engañan a sí mismos.

23 Porque si alguno es oidor de la palabra, y no hacedor, es semejante a un hombre que mira su rostro natural en un espejo;

24 pues después de mirarse a sí mismo e irse, inmediatamente se olvida de qué clase de persona es.

25 Pero el que mira atentamente a la ley perfecta, la *ley* de la libertad, y permanece *en ella,* no habiéndose vuelto un oidor olvidadizo sino un hacedor eficaz, éste será bienaventurado en lo que hace.

26 Si alguno se cree religioso, pero no refrena su lengua, sino que engaña a su *propio* corazón, la religión del tal es vana.

27 La religión pura y sin mácula delante de *nuestro* Dios y Padre es ésta: visitar a los huérfanos y a las viudas en sus aflicciones, *y* guardarse sin mancha del mundo.

El pecado de la parcialidad

2 Hermanos míos, no tengáis vuestra fe en nuestro glorioso Señor Jesucristo con *una actitud* de favoritismo.

2 Porque si en vuestra congregación entra un hombre con anillo de oro y vestido de ropa lujosa, y también entra un pobre con ropa sucia,

3 y dais atención especial al que lleva la ropa lujosa, y decís: Tú siéntate aquí, en un buen lugar; y al pobre decís: Tú estate allí de pie, o siéntate junto a mi estrado;

4 ¿no habéis hecho distinciones entre vosotros mismos, y habéis venido a ser jueces con malos pensamientos?

5 Hermanos míos amados, escuchad: ¿No escogió Dios a los pobres de este mundo *para ser* ricos en fe y herederos del reino que El prometió a los que le aman?

6 Pero vosotros habéis menospreciado al pobre. ¿No son los ricos los que os oprimen y personalmente os arrastran a los tribunales?

7 ¿No blasfeman ellos el buen nombre por el cual habéis sido llamados?

8 Si en verdad cumplís la ley real conforme a la Escritura: AMARAS A TU PROJIMO COMO A TI MISMO, bien hacéis.

9 Pero si mostráis favoritismo, cometéis pecado *y* sois hallados culpables por la ley como transgresores.

10 Porque cualquiera que guarda toda la ley, pero tropieza en un *punto,* se ha hecho culpable de todos.

11 Pues el que dijo: NO COMETAS ADULTERIO, también dijo: NO MATES. Ahora bien, si tú no cometes adulterio, pero matas, te has convertido en transgresor de la ley.

12 Así hablad y así proceded, como los que han de ser juzgados por *la* ley de la libertad.

13 Porque el juicio *será* sin misericordia para el que no ha mostrado misericordia; la misericordia triunfa sobre el juicio.

14 ¿De qué sirve, hermanos míos, si alguno dice que tiene fe, pero no tiene obras? ¿Acaso puede esa fe salvarle?

15 Si un hermano o una hermana no tienen ropa y carecen del sustento diario,

16 y uno de vosotros les dice: Id en paz, calentaos y saciaos, pero no les dais lo necesario para *su* cuerpo, ¿de qué sirve?

17 Así también la fe por sí misma, si no tiene obras, está muerta.

18 Pero alguno dirá: Tú tienes fe y yo tengo obras. Muéstrame tu fe sin las obras, y yo te mostraré mi fe por mis obras.

19 Tú crees que Dios es uno. Haces bien; también los demonios creen, y tiemblan.

20 Pero, ¿estás dispuesto a admitir, oh hombre vano, que la fe sin obras es estéril?

21 ¿No fue justificado por las obras Abraham nuestro padre cuando ofreció a Isaac su hijo sobre el altar?

22 Ya ves que la fe actuaba juntamente con sus obras, y como resultado de las obras, la fe fue perfeccionada;

23 y se cumplió la Escritura que dice: Y ABRAHAM CREYO A DIOS Y LE FUE CONTADO POR JUSTICIA, y fue llamado amigo de Dios.

24 Vosotros veis que el hombre es justificado por *las* obras y no sólo por *la* fe.

25 Y de la misma manera, ¿no fue la ramera Rahab también justificada por *las* obras cuando recibió a los mensajeros y los envió por otro camino?

26 Porque así como el cuerpo sin *el* espíritu está muerto, así también la fe sin *las* obras está muerta.

El poder de la lengua

3 Hermanos míos, no os hagáis maestros muchos *de vosotros,* sabiendo que recibiremos un juicio más severo.

2 Porque todos tropezamos de muchas maneras. Si alguno no tropieza en lo que dice, es un hombre perfecto, capaz también de refrenar todo el cuerpo.

3 Ahora bien, si ponemos el freno en la boca de los caballos para que nos obedezcan, dirigimos también todo su cuerpo.

4 Mirad también las naves; aunque son tan grandes e impulsadas por fuertes vientos, son, sin embargo, dirigidas mediante un timón muy pequeño por donde la voluntad del piloto quiere.

5 Así también la lengua es un miembro pequeño, y *sin embargo,* se jacta de grandes cosas. Mirad, ¡qué gran bosque se incendia con tan pequeño fuego!

6 Y la lengua es un fuego, un mundo de iniquidad. La lengua está puesta entre nuestros miembros, la cual contamina todo el cuerpo, es encendida por el infierno e inflama el curso de *nuestra* vida.

7 Porque todo género de fieras y de aves, de reptiles y de *animales* marinos, se puede domar y ha sido domado por el género humano,

8 pero ningún hombre puede domar la lengua; *es* un mal turbulento *y* lleno de veneno mortal.

9 Con ella bendecimos a *nuestro* Señor y Padre,

y con ella maldecimos a los hombres, que han sido hechos a la imagen de Dios;

10 de la misma boca proceden bendición y maldición. Hermanos míos, esto no debe ser así.

11 ¿Acaso una fuente por la misma abertura echa *agua* dulce y amarga?

12 ¿Acaso, hermanos míos, puede una higuera producir aceitunas, o una vid higos? Tampoco *la fuente de agua* salada *puede* producir agua dulce.

13 ¿Quién es sabio y entendido entre vosotros? Que muestre por su buena conducta sus obras en mansedumbre de sabidubía.

14 Pero si tenéis celos amargos y ambición personal en vuestro corazón, no seáis arrogantes y *así* mintáis contra la verdad.

15 Esta sabiduría no es la que viene de lo alto, sino que es terrenal, natural, diabólica.

16 Porque donde hay celos y ambición personal, allí hay confusión y toda cosa mala.

17 Pero la sabiduría de lo alto es primeramente pura, después pacífica, amable, condescendiente, llena de misericordia y de buenos frutos, sin vacilación, sin hipocresía.

18 Y la semilla cuyo fruto es la justicia se siembra en paz por aquellos que hacen la paz.

Guerras y conflictos

4 ¿De dónde *vienen* las guerras y los conflictos entre vosotros? ¿No vienen de vuestras pasiones que combaten en vuestros miembros?

2 Codiciáis y no tenéis, *por eso* cometéis homicidio. Sois envidiosos y no podéis obtener, *por eso* combatís y hacéis guerra. No tenéis, porque no pedís.

3 Pedís y no recibís, porque pedís con malos propósitos, para gastar*lo* en vuestros placeres.

4 ¡Oh almas adúlteras! ¿No sabéis que la amistad del mundo es enemistad hacia Dios? Por tanto, el que quiere ser amigo del mundo, se constituye enemigo de Dios.

5 ¿O pensáis que la Escritura dice en vano: El celosamente anhela el Espíritu que ha hecho morar en nosotros?

6 Pero El da mayor gracia. Por eso dice: DIOS RESISTE A LOS SOBERBIOS PERO DA GRACIA A LOS HUMILDES.

7 Por tanto, someteos a Dios. Resistid, pues, al diablo y huirá de vosotros.

8 Acercaos a Dios, y El se acercará a vosotros. Limpiad vuestras manos, pecadores; y vosotros de doble ánimo, purificad vuestros corazones.

9 Afligíos, lamentad y llorad; que vuestra risa se torne en llanto y vuestro gozo en tristeza.

10 Humillaos en la presencia del Señor y El os exaltará.

11 Hermanos, no habléis mal los unos de los otros. El que habla mal de un hermano o juzga a su hermano, habla mal de la ley y juzga a la ley; pero si tú juzgas a la ley, no eres cumplidor de la ley, sino juez *de ella.*

12 *Sólo* hay un dador de la ley y juez, que es poderoso para salvar y para destruir; pero tú, ¿quién eres que juzgas a tu prójimo?

13 Oíd ahora, los que decís: Hoy o mañana iremos a tal o cual ciudad y pasaremos allá un año, haremos negocio y tendremos ganancia.

14 Sin embargo, no sabéis cómo será vuestra vida mañana. *Sólo* sois un vapor que aparece por un poco de tiempo y luego se desvanece.

15 Más bien, *debierais* decir: Si el Señor quiere, viviremos y haremos esto o aquello.

16 Pero ahora os jactáis en vuestra arrogancia; toda jactancia semejante es mala.

17 A aquel, pues, que sabe hacer *lo* bueno y no lo hace, le es pecado.

Advertencias a los ricos

5 ¡Oíd ahora, ricos! Llorad y aullad por las miserias que vienen sobre vosotros.

2 Vuestras riquezas se han podrido y vuestras ropas están comidas de polilla.

3 Vuestro oro y vuestra plata se han enmohecido, su moho será un testigo contra vosotros y consumirá vuestra carne como fuego. Es en los últimos días que habéis acumulado tesoros.

4 Mirad, el jornal de los obreros que han segado vuestros campos *y* que ha sido retenido por vosotros, clama *contra vosotros;* y el clamor de los segadores ha llegado a los oídos del Señor de los ejércitos.

5 Habéis vivido lujosamente sobre la tierra, y *habéis* llevado una vida de placer desenfrenado; habéis engordado vuestros corazones en el día de la matanza.

6 Habéis condenado *y* dado muerte al justo; él no os hace resistencia.

7 Por tanto, hermanos, sed pacientes hasta la venida del Señor. Mirad *cómo* el labrador espera el fruto precioso de la tierra, siendo paciente en ello hasta que recibe *la lluvia* temprana y *la* tardía.

8 Sed también vosotros pacientes; fortaleced vuestros corazones, porque la venida del Señor está cerca.

9 Hermanos, no os quejéis unos contra otros, para que no seáis juzgados; mirad, el Juez está a las puertas.

10 Hermanos, tomad como ejemplo de paciencia y aflicción a los profetas que hablaron en el nombre del Señor.

11 Mirad *que* tenemos por bienaventurados a los que sufrieron. Habéis oído de la paciencia de Job, y habéis visto el resultado del proceder del Señor, que el Señor es muy compasivo, y misericordioso.

12 Y sobre todo, hermanos míos, no juréis, ni por el cielo, ni por la tierra, ni con ningún otro juramento; antes bien, sea vuestro sí, sí, y vuestro no, no, para que no caigáis bajo juicio.

13 ¿Sufre alguno entre vosotros? Que haga oración. ¿Está alguno alegre? Que cante alabanzas.

14 ¿Está alguno entre vosotros enfermo? Que llame a los ancianos de la iglesia y que ellos oren por él, ungiéndole con aceite en el nombre del Señor;

15 y la oración de fe restaurará al enfermo, y el Señor lo levantará, y si ha cometido pecados le serán perdonados.

16 Por tanto, confesaos vuestros pecados unos a otros, y orad unos por otros para que seáis sanados. La oración eficaz del justo puede lograr mucho.

17 Elías era un hombre de pasiones semejantes a

las nuestras, y oró fervientemente para que no lloviera, y no llovió sobre la tierra por tres años y seis meses.

18 Y otra vez oró, y el cielo dio lluvia y la tierra produjo su fruto.

19 Hermanos míos, si alguno de entre vosotros se extravía de la verdad y alguno le hace volver,

20 sepa que el que hace volver a un pecador del error de su camino salvará su alma de muerte, y cubrirá multitud de pecados.

Primera Epístola del Apóstol
SAN PEDRO

Saludo

1 Pedro, apóstol de Jesucristo:
A los expatriados, de la dispersión en el Ponto, Galacia, Capadocia, Asia y Bitinia, elegidos

2 según el previo conocimiento de Dios Padre, por la obra santificadora del Espíritu, para obedecer a Jesucristo y ser rociados con su sangre: Que la gracia y la paz os sean multiplicadas.

3 Bendito sea el Dios y Padre de nuestro Señor Jesucristo, quien según su gran misericordia, nos ha hecho nacer de nuevo a una esperanza viva, mediante la resurrección de Jesucristo de entre los muertos,

4 para *obtener* una herencia incorruptible, inmaculada, y que no se marchitará, reservada en los cielos para vosotros,

5 que sois protegidos por el poder de Dios mediante la fe, para la salvación que está preparada para ser revelada en el último tiempo.

6 En lo cual os regocijáis grandemente, aunque ahora, por un poco de tiempo si es necesario, seáis afligidos con diversas pruebas,

7 para que la prueba de vuestra fe, más preciosa que el oro que perece, aunque probado por fuego, sea hallada que resulta en alabanza, gloria y honor en la revelación de Jesucristo;

8 a quien sin haber*le* visto, *le* amáis, y a quien ahora no veis, pero creéis en El, *y* os regocijáis grandemente con gozo inefable y lleno de gloria,

9 obteniendo, como resultado de vuestra fe, la salvación de vuestras almas.

10 Acerca de esta salvación, los profetas que profetizaron de la gracia que *vendría* a vosotros, diligentemente inquirieron e indagaron,

11 procurando saber qué persona o tiempo indicaba el Espíritu de Cristo dentro de ellos, al predecir los sufrimientos de Cristo y las glorias que seguirían.

12 A ellos les fue revelado que no se servían a sí mismos, sino a vosotros, en estas cosas que ahora os han sido anunciadas mediante los que os predicaron el evangelio por el Espíritu Santo enviado del cielo; cosas a las cuales los ángeles anhelan mirar.

13 Por tanto, ceñid vuestro entendimiento para la acción; sed sobrios *en espíritu*, poned vuestra esperanza completamente en la gracia que se os traerá en la revelación de Jesucristo.

14 Como hijos obedientes, no os conforméis a los deseos que antes *teníais* en vuestra ignorancia,

15 sino que así como aquel que os llamó es santo, así también sed vosotros santos en toda *vuestra* manera de vivir;

16 porque escrito está: SED SANTOS, PORQUE YO SOY SANTO.

17 Y si invocáis como Padre a aquel que imparcialmente juzga según la obra de cada uno, conducíos en temor durante el tiempo de vuestra peregrinación;

18 sabiendo que no fuisteis redimidos de vuestra vana manera de vivir heredada de vuestros padres con cosas perecederas *como* oro o plata,

19 sino con sangre preciosa, como de un cordero sin tacha y sin mancha, *la sangre* de Cristo.

20 Porque El estaba preparado *desde* antes de la fundación del mundo, pero se ha manifestado en estos últimos tiempos por amor a vosotros

21 que por medio de El sois creyentes en Dios, que le resucitó de entre los muertos y le dio gloria, de manera que vuestra fe y esperanza sean en Dios.

22 Puesto que en obediencia a la verdad habéis purificado vuestras almas para un amor sincero de hermanos, amaos unos a otros entrañablemente, de corazón puro.

23 *Pues* habéis nacido de nuevo, no de una simiente corruptible, sino *de una que es* incorruptible, *es decir*, mediante la palabra de Dios que vive y permanece.

24 Porque:
TODA CARNE ES COMO LA HIERBA,
Y TODA SU GLORIA COMO LA FLOR DE LA HIERBA.
SECASE LA HIERBA,
CAESE LA FLOR,
25 MAS LA PALABRA DEL SEÑOR PERMANECE PARA SIEMPRE.
Y esta es la palabra que os fue predicada.

Exhortación al crecimiento

2 Por tanto, desechando toda malicia y todo engaño, e hipocresías, envidias y toda difamación,

2 desead como niños recién nacidos, la leche pura de la palabra, para que por ella crezcáis para salvación.

3 si *es que* habéis probado la benignidad del Señor.

4 Y viniendo a El como a una piedra viva, desechada por los hombres, pero escogida y preciosa delante de Dios,

5 también vosotros, como piedras vivas, sed edificados como casa espiritual para un sacerdocio santo, para ofrecer sacrificios espirituales aceptables a Dios por medio de Jesucristo.

6 Pues *esto* se encuentra en la Escritura:
HE AQUI, PONGO EN SION UNA PIEDRA
ESCOGIDA, UNA PRECIOSA *piedra* ANGULAR,
Y EL QUE CREA EN EL NO SERA AVERGONZADO.

7 Este precioso valor es, pues, para vosotros los que creéis; pero para los que no creen,

LA PIEDRA QUE DESECHARON LOS
CONSTRUCTORES,

ESA, EN PIEDRA ANGULAR SE HA CONVERTIDO,

8 y,

PIEDRA DE TROPIEZO Y ROCA DE ESCANDALO;

pues ellos tropiezan porque son desobedientes a la palabra, y para ello estaban también destinados.

9 Pero vosotros sois linaje escogido, real sacerdocio, nación santa, pueblo *adquirido* para posesión *de Dios*, a fin de que anunciéis las virtudes de aquel que os llamó de las tinieblas a su luz admirable;

10 pues vosotros en otro tiempo no erais pueblo, pero ahora sois el pueblo de Dios; no habíais recibido misericordia, pero ahora habéis recibido misericordia.

11 Amados, os ruego como a extranjeros y peregrinos, que os abstengáis de las pasiones carnales que combaten contra el alma.

12 Mantened entre los gentiles una conducta irreprochable, a fin de que en aquello que os calumnian como malhechores, ellos, por razón de vuestras buenas obras, al considerar*las,* glorifiquen a Dios en el día de la visitación.

13 Someteos, por causa del Señor, a toda institución humana, ya sea al rey, como autoridad,

14 o a los gobernadores, como enviados por él para castigo de los malhechores y alabanza de los que hacen el bien.

15 Porque esta es la voluntad de Dios: que haciendo bien, hagáis enmudecer la ignorancia de los hombres insensatos.

16 *Andad* como libres, pero no uséis la libertad como pretexto para la maldad, sino *empleadla* como siervos de Dios.

17 Honrad a todos, amad a los hermanos, temed a Dios, honrad al rey.

18 Siervos, estad sujetos a vuestros amos con todo respeto, no sólo a los que son buenos y afables, sino también a los que son insoportables.

19 Porque esto *halla* gracia, si por causa de la conciencia ante Dios, alguno sobrelleva penalidades sufriendo injustamente.

20 Pues ¿qué mérito hay, si cuando pecáis y sois tratados con severidad lo soportáis con paciencia? Pero si cuando hacéis lo bueno sufrís *por ello* y lo soportáis con paciencia, esto *halla* gracia con Dios.

21 Porque para este propósito habéis sido llamados, pues también Cristo sufrió por vosotros, dejándoos ejemplo para que sigáis sus pisadas,

22 EL CUAL NO COMETIO PECADO, NI ENGAÑO ALGUNO SE HALLO EN SU BOCA;

23 y quien cuando le ultrajaban, no respondía ultrajando; cuando padecía, no amenazaba, sino que *se* encomendaba a aquel que juzga con justicia;

24 y El mismo llevó nuestros pecados en su cuerpo sobre la cruz, a fin de que muramos al pecado y vivamos a la justicia, porque por sus heridas fuisteis sanados.

25 Pues vosotros andabais descarriados como ovejas, pero ahora habéis vuelto al Pastor y Guardián de vuestras almas.

Deberes conyugales

3 Asimismo vosotras, mujeres, estad sujetas a vuestros maridos, de modo que si algunos *de ellos* son desobedientes a la palabra, puedan ser ganados sin palabra alguna por la conducta de sus mujeres

2 al observar vuestra conducta casta y respetuosa.

3 Y que vuestro adorno no sea externo: peinados ostentosos, joyas de oro o vestidos lujosos,

4 sino *que sea* el yo interno, con el adorno incorruptible de un espíritu tierno y sereno, lo cual es precioso delante de Dios.

5 Porque así también se adornaban en otro tiempo las santas mujeres que esperaban en Dios, estando sujetas a sus maridos.

6 Así obedeció Sara a Abraham, llamándolo señor, y vosotras habéis llegado a ser hijas de ella, si hacéis el bien y no estáis amedrentadas por ningún temor.

7 Y vosotros, maridos, igualmente, convivid de manera comprensiva *con vuestras mujeres,* como con un vaso más frágil, puesto que es mujer, dándole honor como a coheredera de la gracia de la vida, para que vuestras oraciones no sean estorbadas.

8 En conclusión, sed todos de un mismo sentir, compasivos, fraternales, misericordiosos y de espíritu humilde;

9 no devolviendo mal por mal, o insulto por insulto, sino más bien bendiciendo, porque fuisteis llamados con el propósito de heredar bendición.

10 Pues

EL QUE QUIERE AMAR LA VIDA Y VER DIAS BUENOS,

REFRENE SU LENGUA DEL MAL Y SUS LABIOS NO HABLEN ENGAÑO.

11 APARTESE DEL MAL Y HAGA EL BIEN;

BUSQUE LA PAZ Y SIGALA.

12 PORQUE LOS OJOS DEL SEÑOR ESTAN SOBRE LOS JUSTOS,

Y SUS OIDOS ATENTOS A SUS ORACIONES;

PERO EL ROSTRO DEL SEÑOR ESTA CONTRA LOS QUE HACEN EL MAL.

13 ¿Y quién os podrá hacer daño si demostráis tener celo por lo bueno?

14 Pero aun si sufrís por causa de la justicia, dichosos *sois.* Y NO OS AMEDRENTEIS POR TEMOR A ELLOS NI OS TURBEIS,

15 sino santificad a Cristo como Señor en vuestros corazones, *estando* siempre preparados para presentar defensa ante todo el que os demande razón de la esperanza que hay en vosotros, pero *hacedlo* con mansedumbre y reverencia;

16 teniendo buena conciencia, para que en aquello en que sois calumniados, sean avergonzados los que difaman vuestra buena conducta en Cristo.

17 Pues es mejor padecer por hacer el bien, si así es la voluntad de Dios, que por hacer el mal.

18 Porque también Cristo murió por *los* pecados una sola vez, el justo por los injustos, para llevarnos a Dios, muerto en la carne pero vivificado en el espíritu;

19 en el cual también fue y predicó a los espíritus encarcelados,

20 quienes en otro tiempo fueron desobedientes cuando la paciencia de Dios esperaba en los días de Noé, durante la construcción del arca, en la cual unos pocos, es decir, ocho personas, fueron salvadas a través *del* agua.

21 Y correspondiendo a esto, el bautismo ahora os salva (no quitando la suciedad de la carne, sino *como* una petición a Dios de una buena conciencia) mediante la resurrección de Jesucristo,

22 quien está a la diestra de Dios, habiendo subido al cielo después de que le habían sido sometidos ángeles, autoridades y potestades.

Cómo quiere Dios que vivamos

4 Por tanto, puesto que Cristo ha padecido en la carne, armaos también vosotros con el mismo propósito, pues quien ha padecido en la carne ha terminado con el pecado,

2 para vivir el tiempo que *le* queda en la carne, no ya para las pasiones humanas, sino para la voluntad de Dios.

3 Porque el tiempo ya pasado *os* es suficiente para haber hecho lo que agrada a los gentiles, habiendo andado en sensualidad, lujurias, borracheras, orgías, embriagueces y abominables idolatrías.

4 Y en *todo* esto, se sorprenden de que no corráis con *ellos* en el mismo desenfreno de disolución, *y os* ultrajan;

5 pero ellos darán cuenta a aquel que está preparado para juzgar a los vivos y a los muertos.

6 Porque con este fin fue predicado el evangelio aun a los muertos, para que aunque sean juzgados en la carne como hombres, vivan en el espíritu conforme a *la voluntad de* Dios.

7 Mas el fin de todas las cosas se acerca; sed pues prudentes y de *espíritu* sobrio para la oración.

8 Sobre todo, sed fervientes en vuestro amor los unos por los otros, pues el amor cubre multitud de pecados.

9 Sed hospitalarios los unos para con los otros, sin murmuraciones.

10 Según cada uno ha recibido un don *especial*, úselo sirviéndoos los unos a los otros como buenos administradores de la multiforme gracia de Dios.

11 El que habla, *que hable* conforme a las palabras de Dios; el que sirve, *que lo haga* por la fortaleza que Dios da, para que en todo Dios sea glorificado mediante Jesucristo, a quien pertenecen la gloria y el dominio por los siglos de los siglos. Amén.

12 Amados, no os sorprendáis del fuego de prueba que en medio de vosotros ha venido para probaros, como si alguna cosa extraña os estuviera aconteciendo;

13 antes bien, en la medida en que compartís los padecimientos de Cristo, regocijaos, para que también en la revelación de su gloria os regocijéis con gran alegría.

14 Si sois vituperados por el nombre de Cristo, dichosos sois, pues el Espíritu de gloria y de Dios reposa sobre vosotros. Ciertamente, por ellos El es blasfemado, pero por vosotros es glorificado.

15 Que de ninguna manera sufra alguno de vosotros como homicida, o ladrón, o malhechor, o por entrometido.

16 Pero si *alguno sufre* como cristiano, que no se avergüence, sino que como tal glorifique a Dios.

17 Porque *es* tiempo de que el juicio comience por la casa de Dios; y si *comienza* por nosotros primero, ¿cuál *será* el fin de los que no obedecen al evangelio de Dios?

18 Y SI EL JUSTO CON DIFICULTAD SE SALVA, ¿QUE SERA DEL IMPIO Y DEL PECADOR?

19 Por consiguiente, los que sufren conforme a la voluntad de Dios, encomienden sus almas al fiel Creador, haciendo el bien.

Consejos a los ancianos de la iglesia

5 Por tanto, a los ancianos entre vosotros, exhorto yo, anciano como ellos y testigo de los padecimientos de Cristo, y también participante de la gloria que ha de ser revelada:

2 pastoread el rebaño de Dios entre vosotros, velando por él, no por obligación, sino voluntariamente, como *quiere* Dios; no por la avaricia del dinero, sino con sincero deseo;

3 tampoco como teniendo señorío sobre los que os han sido confiados, sino demostrando ser ejemplos del rebaño.

4 Y cuando aparezca el Príncipe de los pastores, recibiréis la corona inmarcesible de gloria.

5 Asimismo, *vosotros* los más jóvenes, estad sujetos a los mayores; y todos, revestíos de humildad en vuestro trato mutuo, porque DIOS RESISTE A LOS SOBERBIOS, PERO DA GRACIA A LOS HUMILDES.

6 Humillaos, pues, bajo la poderosa mano de Dios, para que El os exalte a su debido tiempo,

7 echando toda vuestra ansiedad sobre El, porque El tiene cuidado de vosotros.

8 Sed de *espíritu* sobrio, estad alerta. Vuestro adversario, el diablo, anda *al acecho* como león rugiente, buscando a quien devorar.

9 Pero resistidle firmes en la fe, sabiendo que las mismas experiencias de sufrimiento se van cumpliendo en vuestros hermanos en *todo* el mundo.

10 Y después de que hayáis sufrido un poco de tiempo, el Dios de toda gracia, que os llamó a su gloria eterna en Cristo, El mismo *os* perfeccionará, afirmará, fortalecerá *y* establecerá.

11 A El *sea* el dominio por los siglos de los siglos. Amén.

12 Por conducto de Silvano, *nuestro* fiel hermano (porque así *lo* considero), os he escrito brevemente, exhortando y testificando que esta es la verdadera gracia de Dios. Estad firmes en ella.

13 La que está en Babilonia, elegida juntamente con vosotros, os saluda, y *también* mi hijo Marcos.

14 Saludaos unos a otros con un beso de amor. La paz sea con todos vosotros los que estáis en Cristo.

Segunda Epístola del Apóstol
SAN PEDRO

Saludo

1 Simón Pedro, siervo y apóstol de Jesucristo, a los que han recibido una fe como la nuestra, mediante la justicia de nuestro Dios y Salvador, Jesucristo:

2 Gracia y paz os sean multiplicadas en el conocimiento de Dios y de Jesús nuestro Señor.

3 Pues su divino poder nos ha concedido todo cuanto concierne a la vida y a la piedad, mediante el verdadero conocimiento de aquel que nos llamó por su gloria y excelencia,

4 por medio de las cuales nos ha concedido sus preciosas y maravillosas promesas, a fin de que por ellas lleguéis a ser partícipes de *la* naturaleza divina, habiendo escapado de la corrupción que hay en el mundo por *causa de la* concupiscencia.

5 Por esta razón también, obrando con toda diligencia, añadid a vuestra fe, virtud, y a la virtud, conocimiento;

6 al conocimiento, dominio propio, al dominio propio, perseverancia, y a la perseverancia, piedad,

7 a la piedad, fraternidad y a la fraternidad, amor.

8 Pues estas *virtudes*, al estar en vosotros y al abundar, no os dejarán ociosos ni estériles en el verdadero conocimiento de nuestro Señor Jesucristo.

9 Porque el que carece de estas *virtudes* es ciego o corto de vista, habiendo olvidado *la* purificación de sus pecados pasados.

10 Así que, hermanos, sed tanto más diligentes para hacer firme vuestro llamado y elección *de parte de Dios;* porque mientras hagáis estas cosas nunca tropezaréis;

11 pues de esta manera os será concedida ampliamente la entrada al reino eterno de nuestro Señor y Salvador Jesucristo.

12 Por tanto, siempre estaré listo para recordaros estas cosas, aunque vosotros *ya las* sabéis y habéis sido confirmados en la verdad que está presente *en vosotros.*

13 Y considero justo, mientras esté en este cuerpo, estimularos recordándoos estas cosas,

14 sabiendo que mi separación del cuerpo *terrenal* es inminente, tal como me lo ha declarado nuestro Señor Jesucristo.

15 También yo procuraré con diligencia, que en todo tiempo, después de mi partida, podáis recordar estas cosas.

16 Porque cuando os dimos a conocer el poder y la venida de nuestro Señor Jesucristo, no seguimos fábulas ingeniosamente inventadas, sino que fuimos testigos oculares de su majestad.

17 Pues cuando El recibió honor y gloria de Dios Padre, la majestuosa Gloria le hizo esta declaración: Este es mi Hijo amado en quien me he complacido;

18 y nosotros mismos escuchamos esta declaración, hecha desde el cielo cuando estábamos con El en el monte santo.

19 Y *así* tenemos la palabra profética más segura, a la cual hacéis bien en prestar atención como a una lámpara que brilla en el lugar oscuro, hasta que el día despunte y el lucero de la mañana aparezca en vuestros corazones.

20 Pero ante todo sabed esto, que ninguna profecía de la Escritura es *asunto* de interpretación personal,

21 pues ninguna profecía fue dada jamás por un acto de voluntad humana, sino que hombres inspirados por el Espíritu Santo hablaron de parte de Dios.

Profetas y maestros falsos

2 Pero se levantaron falsos profetas entre el pueblo, así como habrá también falsos maestros entre vosotros, los cuales encubiertamente introducirán herejías destructoras, negando incluso al Señor que los compró, trayendo sobre sí una destrucción repentina.

2 Muchos seguirán su sensualidad, y por causa de ellos, el camino de la verdad será blasfemado;

3 y en *su* avaricia os explotarán con palabras falsas. El juicio de ellos, desde hace mucho tiempo no está ocioso, ni su perdición dormida.

4 Porque si Dios no perdonó a los ángeles cuando pecaron, sino que los arrojó al infierno y los entregó a fosos de tinieblas, reservados para juicio;

5 si no perdonó al mundo antiguo, sino que guardó a Noé, un predicador de justicia, con otros siete, cuando trajo el diluvio sobre el mundo de los impíos;

6 si condenó a la destrucción las ciudades de Sodoma y Gomorra, reduciénd*olas* a cenizas, poniénd*olas* de ejemplo para los que habrían de vivir impíamente después;

7 si rescató al justo Lot, abrumado por la conducta sensual de hombres libertinos

8 (porque *ese* justo, por lo que veía y oía mientras vivía entre ellos, diariamente sentía *su* alma justa atormentada por sus hechos inicuos),

9 el Señor, *entonces,* sabe rescatar de tentación a los piadosos, y reservar a los injustos bajo castigo para el día del juicio,

10 especialmente a los que andan tras la carne en *sus* deseos corrompidos y desprecian la autoridad. Atrevidos *y* obstinados, no tiemblan cuando blasfeman de las majestades angélicas,

11 cuando los ángeles, que son mayores en fuerza y en potencia, no pronuncian juicio injurioso contra ellos delante del Señor.

12 Pero éstos, como animales irracionales, nacidos como criaturas de instinto para ser capturados y destruidos, blasfemando de lo que ignoran, serán también destruidos con la destrucción de esas criaturas,

13 sufriendo el mal como pago de *su* iniquidad. Cuentan por deleite andar en placeres disolutos durante el día; son manchas e inmundicias, deleitándose en sus engaños mientras banquetean con vosotros.

14 Tienen los ojos llenos de adulterio y nunca cesan de pecar; seducen a las almas inestables; tienen un corazón ejercitado en la avaricia; *son* hijos de maldición.

15 Abandonando el camino recto, se han extraviado, siguiendo el camino de Balaam, el *hijo* de Beor, quien amó el pago de la iniquidad,

16 pero fue reprendido por su transgresión, *pues* una muda bestia de carga, hablando con voz humana, reprimió la locura del profeta.

17 Estos son manantiales sin agua, bruma impulsada por una tormenta, para quienes está reservada la oscuridad de las tinieblas.

18 Pues hablando con arrogancia y vanidad, seducen mediante deseos carnales, por sensualidad, a los que hace poco escaparon de los que viven en el error.

19 Les prometen libertad, mientras que ellos mismos son esclavos de la corrupción, pues uno es esclavo de aquello que le ha vencido.

20 Porque si después de haber escapado de las contaminaciones del mundo por el conocimiento de nuestro Señor y Salvador Jesucristo, de nuevo son enredados en ellas y vencidos, su condición postrera viene a ser peor que la primera.

21 Pues hubiera sido mejor para ellos no haber conocido el camino de la justicia, que habiéndolo conocido, apartarse del santo mandamiento que les fue dado.

22 Les ha sucedido a ellos según el proverbio verdadero: EL PERRO VUELVE A SU PROPIO VOMITO, y: La puerca lavada, *vuelve* a revolcarse en el cieno.

La promesa de la venida del Señor

3 Amados, esta es ya la segunda carta que os escribo, en las cuales, como recordatorio, despierto en vosotros vuestro sincero entendimiento,

2 para que recordéis las palabras dichas de antemano por los santos profetas, y el mandamiento del Señor y Salvador *declarado* por vuestros apóstoles.

3 Ante todo, sabed esto: que en los últimos días vendrán burladores, con *su* sarcasmo, siguiendo sus propias pasiones,

4 y diciendo: ¿Dónde está la promesa de su venida? Porque desde que los padres durmieron, todo continúa tal como estaba desde el principio de la creación.

5 Pues cuando dicen esto, no se dan cuenta de que los cielos existían desde hace mucho tiempo, y también la tierra, surgida del agua y establecida entre las aguas por la palabra de Dios,

6 por lo cual el mundo de entonces fue destruido, siendo inundado con agua;

7 pero los cielos y la tierra actuales están reservados por su palabra para el fuego, guardados para el día del juicio y de la destrucción de los impíos.

8 Pero, amados, no ignoréis esto: que para el Señor un día es como mil años, y mil años como un día.

9 El Señor no se tarda *en cumplir* su promesa, según algunos entienden la tardanza, sino que es paciente para con vosotros, no queriendo que nadie perezca, sino que todos vengan al arrepentimiento.

10 Pero el día del Señor vendrá como ladrón, en el cual los cielos pasarán con gran estruendo, y los elementos serán destruidos con fuego intenso, y la tierra y las obras *que hay* en ella serán quemadas.

11 Puesto que todas estas cosas han de ser destruidas de esta manera, ¡qué clase de personas no debéis ser vosotros en santa conducta y en piedad,

12 esperando y apresurando la venida del día de Dios, en el cual los cielos serán destruidos por fuego y los elementos se fundirán con intenso calor!

13 Pero, según su promesa, nosotros esperamos nuevos cielos y nueva tierra, en los cuales mora la justicia.

14 Por tanto, amados, puesto que aguardáis estas cosas, procurad con diligencia ser hallados por El en paz, sin mancha e irreprensibles.

15 Considerad la paciencia de nuestro Señor *como* salvación, tal como os escribió también nuestro amado hermano Pablo, según la sabiduría que le fue dada.

16 Asimismo en todas *sus* cartas habla en ellas de esto; en las cuales hay algunas cosas difíciles de entender, que los ignorantes e inestables tuercen—como también *tuercen* el resto de las Escrituras—para su propia perdición.

17 Por tanto, amados, sabiendo esto de antemano, estad en guardia, no sea que arrastrados por el error de hombres libertinos, caigáis de vuestra firmeza;

18 antes bien, creced en la gracia y el conocimiento de nuestro Señor y Salvador Jesucristo. A El *sea* la gloria ahora y hasta el día de la eternidad. Amén.

Primera Epístola del Apóstol
SAN JUAN

Asunto y propósito de la carta

1 Lo que existía desde el principio, lo que hemos oído, lo que hemos visto con nuestros ojos, lo que hemos contemplado y lo que han palpado nuestras manos, acerca del Verbo de vida

2 (pues la vida fue manifestada, y nosotros *la* hemos visto y damos testimonio y os anunciamos la vida eterna, la cual estaba con el Padre y se nos manifestó);

3 lo que hemos visto y oído, os proclamamos también a vosotros, para que también vosotros tengáis comunión con nosotros; y en verdad nuestra comunión es con el Padre y con su Hijo Jesucristo.

4 Os escribimos estas cosas para que nuestro gozo sea completo.

5 Y este es el mensaje que hemos oído de El y que os anunciamos: Dios es luz, y en El no hay tiniebla alguna.

6 Si decimos que tenemos comunión con El, pero andamos en tinieblas, mentimos y no practicamos la verdad;

7 mas si andamos en la luz, como El está en la luz, tenemos comunión los unos con los otros, y la sangre de Jesús su Hijo nos limpia de todo pecado.

8 Si decimos que no tenemos pecado, nos engañamos a nosotros mismos y la verdad no está en nosotros.

9 Si confesamos nuestros pecados, El es fiel y justo para perdonarnos los pecados y para limpiarnos de toda maldad.

10 Si decimos que no hemos pecado, le hacemos a El mentiroso y su palabra no está en nosotros.

Cristo, nuestro abogado

2 Hijitos míos, os escribo estas cosas para que no pequéis. Y si alguno peca, Abogado tenemos para con el Padre, a Jesucristo el justo.

2 El mismo es la propiciación por nuestros pecados, y no sólo por los nuestros, sino también por *los* del mundo entero.

3 Y en esto sabemos que hemos llegado a conocerle: si guardamos sus mandamientos.

4 El que dice: Yo he llegado a conocerle, y no guarda sus mandamientos, es un mentiroso y la verdad no está en él;

5 pero el que guarda su palabra, en él verdaderamente el amor de Dios se ha perfeccionado. En esto sabemos que estamos en El.

6 El que dice que permanece en El, debe andar como El anduvo.

7 Amados, no os escribo un mandamiento nuevo, sino un mandamiento antiguo, que habéis tenido desde el principio; el mandamiento antiguo es la palabra que habéis oído.

8 Por otra parte, os escribo un mandamiento nuevo, el cual es verdadero en El y en vosotros, porque las tinieblas van pasando, y la luz verdadera ya está alumbrando.

9 El que dice que está en la luz, y aborrece a su hermano, está aún en tinieblas.

10 El que ama a su hermano, permanece en la luz y no hay causa de tropiezo en él.

11 Pero el que aborrece a su hermano, está en tinieblas y anda en tinieblas, y no sabe adónde va, porque las tinieblas han cegado sus ojos.

12 Os escribo a vosotros, hijos, porque vuestros pecados os han sido perdonados por su nombre.

13 Os escribo a vosotros, padres, porque conocéis al que ha sido desde el principio. Os escribo a vosotros, jóvenes, porque habéis vencido al maligno. Os he escrito a vosotros, niños, porque conocéis al Padre.

14 Os he escrito a vosotros, padres, porque conocéis al que ha sido desde el principio. Os he escrito a vosotros, jóvenes, porque sois fuertes y la palabra de Dios permanece en vosotros y habéis vencido al maligno.

15 No améis al mundo ni las cosas *que están* en el mundo. Si alguno ama al mundo, el amor del Padre no está en él.

16 Porque todo lo que hay en el mundo, la pasión de la carne, la pasión de los ojos y la arrogancia de la vida, no proviene del Padre, sino del mundo.

17 Y el mundo pasa, y *también* sus pasiones, pero el que hace la voluntad de Dios permanece para siempre.

18 Hijitos, es la última hora, y así como oísteis que el anticristo viene, también ahora han surgido muchos anticristos; por eso sabemos que es la última hora.

19 Salieron de nosotros, pero *en realidad* no eran de nosotros, porque si hubieran sido de nosotros, habrían permanecido con nosotros; pero *salieron*, a fin de que se manifestara que no todos son de nosotros.

20 Pero vosotros tenéis unción del Santo, y todos vosotros lo sabéis.

21 No os he escrito porque ignoréis la verdad, sino porque la conocéis y porque ninguna mentira procede de la verdad.

22 ¿Quién es el mentiroso, sino el que niega que Jesús es el Cristo? Este es el anticristo, el que niega al Padre y al Hijo.

23 Todo aquel que niega al Hijo tampoco tiene al Padre; el que confiesa al Hijo tiene también al Padre.

24 En cuanto a vosotros, que permanezca en vosotros lo que oísteis desde el principio. Si lo que oísteis desde el principio permanece en vosotros, vosotros también permaneceréis en el Hijo y en el Padre.

25 Y esta es la promesa que El mismo nos hizo: la vida eterna.

26 Os he escrito estas cosas respecto a los que están tratando de engañaros.

27 Y en cuanto a vosotros, la unción que recibisteis de El permanece en vosotros, y no tenéis necesidad de que nadie os enseñe; pero así como su unción os enseña acerca de todas las cosas, y es verdadera y no mentira, y así como os ha enseñado, permanecéis en El.

28 Y ahora, hijos, permaneced en El, para que cuando se manifieste, tengamos confianza y no nos apartemos de El avergonzados en su venida.

29 Si sabéis que Él es justo, sabéis también que todo el que hace justicia es nacido de Él.

Los hijos de Dios

3 Mirad cuán gran amor nos ha otorgado el Padre, para que seamos llamados hijos de Dios; y *eso* somos. Por esto el mundo no nos conoce, porque no le conoció a Él.

2 Amados, ahora somos hijos de Dios y aún no se ha manifestado lo que habremos de ser. *Pero* sabemos que cuando Él se manifieste, seremos semejantes a Él porque le veremos como Él es.

3 Y todo el que tiene esta esperanza *puesta* en Él, se purifica, así como Él es puro.

4 Todo el que practica el pecado, practica también la infracción de la ley, pues el pecado es infracción de la ley.

5 Y vosotros sabéis que Él se manifestó a fin de quitar los pecados, y en Él no hay pecado.

6 Todo el que permanece en Él, no peca; todo el que peca, ni le ha visto ni le ha conocido.

7 Hijos míos, que nadie os engañe; el que practica la justicia es justo, así como Él es justo.

8 El que practica el pecado es del diablo, porque el diablo ha pecado desde el principio. El Hijo de Dios se manifestó con este propósito: para destruir las obras del diablo.

9 Ninguno que es nacido de Dios practica el pecado, porque la simiente de Dios permanece en él; y no puede pecar, porque es nacido de Dios.

10 En esto se reconocen los hijos de Dios y los hijos del diablo: todo aquel que no practica la justicia, no es de Dios; tampoco aquel que no ama a su hermano.

11 Porque este es el mensaje que habéis oído desde el principio: que nos amemos unos a otros;

12 no como Caín *que* era del maligno, y mató a su hermano. ¿Y por qué causa lo mató? Porque sus obras eran malas, y las de su hermano justas.

13 Hermanos, no os maravilléis si el mundo os odia.

14 Nosotros sabemos que hemos pasado de muerte a vida porque amamos a los hermanos. El que no ama permanece en muerte.

15 Todo el que aborrece a su hermano es homicida, y vosotros sabéis que ningún homicida tiene vida eterna permanente en él.

16 En esto conocemos el amor: en que Él puso su vida por nosotros; también nosotros debemos poner nuestras vidas por los hermanos.

17 Pero el que tiene bienes de este mundo, y ve a su hermano en necesidad y cierra su corazón contra él, ¿cómo puede morar el amor de Dios en él?

18 Hijos, no amemos de palabra ni de lengua, sino de hecho y en verdad.

19 En esto sabremos que somos de la verdad, y aseguraremos nuestros corazones delante de Él

20 en cualquier cosa en que nuestro corazón nos condene; porque Dios es mayor que nuestro corazón y sabe todas las cosas.

21 Amados, si nuestro corazón no nos condena, confianza tenemos delante de Dios;

22 y todo lo que pidamos *lo* recibimos de Él, porque guardamos sus mandamientos y hacemos las cosas que son agradables delante de Él.

23 Y este es su mandamiento: que creamos en el nombre de su Hijo Jesucristo, y *que* nos amemos unos a otros como Él nos ha mandado.

24 El que guarda sus mandamientos permanece en Él y Dios en él. Y en esto sabemos que Él permanece en nosotros: por el Espíritu que nos ha dado.

El espíritu de verdad y el espíritu de error

4 Amados, no creáis a todo espíritu, sino probad los espíritus para ver si son de Dios, porque muchos falsos profetas han salido al mundo.

2 En esto conocéis el Espíritu de Dios: todo espíritu que confiesa que Jesucristo ha venido en carne, es de Dios;

3 y todo espíritu que no confiesa a Jesús, no es de Dios; y este es el *espíritu* del anticristo, del cual habéis oído que viene, y que ahora ya está en el mundo.

4 Hijos míos, vosotros sois de Dios y los habéis vencido, porque mayor es el que está en vosotros que el que está en el mundo.

5 Ellos son del mundo; por eso hablan de parte del mundo, y el mundo los oye.

6 Nosotros somos de Dios; el que conoce a Dios, nos oye; el que no es de Dios, no nos oye. En esto conocemos el espíritu de la verdad y el espíritu del error.

7 Amados, amémonos unos a otros, porque el amor es de Dios, y todo el que ama es nacido de Dios y conoce a Dios.

8 El que no ama no conoce a Dios, porque Dios es amor.

9 En esto se manifestó el amor de Dios en nosotros: en que Dios ha enviado a su Hijo unigénito al mundo para que vivamos por *medio de* Él.

10 En esto consiste el amor: no en que nosotros hayamos amado a Dios, sino en que Él nos amó a nosotros y envió a su Hijo *como* propiciación por nuestros pecados.

11 Amados, si Dios así nos amó, también nosotros debemos amarnos unos a otros.

12 A Dios nadie le ha visto jamás. Si nos amamos unos a otros, Dios permanece en nosotros y su amor se perfecciona en nosotros.

13 En esto sabemos que permanecemos en Él y Él en nosotros: en que nos ha dado de su Espíritu.

14 Y nosotros hemos visto y damos testimonio de que el Padre envió al Hijo *para ser* el Salvador del mundo.

15 Todo aquel que confiesa que Jesús es el Hijo de Dios, Dios permanece en él y él en Dios.

16 Y nosotros hemos llegado a conocer y hemos creído el amor que Dios tiene para nosotros. Dios es amor, y el que permanece en amor permanece en Dios y Dios permanece en él.

17 En esto se perfecciona el amor en nosotros, para que tengamos confianza en el día del juicio, pues como Él es, así somos también nosotros en este mundo.

18 En el amor no hay temor, sino que el perfecto amor echa fuera el temor, porque el temor involucra castigo, y el que teme no es hecho perfecto en el amor.

19 Nosotros amamos, porque Él nos amó primero.

20 Si alguno dice: Yo amo a Dios, y aborrece a su hermano, es un mentiroso; porque el que no

ama a su hermano, a quien ha visto, no puede amar a Dios a quien no ha visto.

21 Y este mandamiento tenemos de El: que el que ama a Dios, ame también a su hermano.

La fe que vence al mundo

5 Todo aquel que cree que Jesús es el Cristo, es nacido de Dios; y todo aquel que ama al Padre, ama al que ha nacido de El.

2 En esto sabemos que amamos a los hijos de Dios: cuando amamos a Dios y guardamos sus mandamientos.

3 Porque este es el amor de Dios: que guardemos sus mandamientos, y sus mandamientos no son gravosos.

4 Porque todo lo que es nacido de Dios vence al mundo; y esta es la victoria que ha vencido al mundo: nuestra fe.

5 ¿Y quién es el que vence al mundo, sino el que cree que Jesús es el Hijo de Dios?

6 Este es el que vino mediante agua y sangre, Jesucristo; no sólo con agua, sino con agua y con sangre. Y el Espíritu es el que da testimonio, porque el Espíritu es la verdad.

7 Porque tres son los que dan testimonio en el cielo: el Padre, el Verbo y el Espíritu Santo; y estos tres son uno. Y tres son los que dan testimonio en la tierra:

8 el Espíritu, el agua y la sangre, y los tres concuerdan.

9 Si recibimos el testimonio de los hombres, mayor es el testimonio de Dios; porque este es el testimonio de Dios: que El ha dado testimonio acerca de su Hijo.

10 El que cree en el Hijo de Dios tiene el testimonio en sí mismo; el que no cree a Dios, ha hecho a Dios mentiroso, porque no ha creído en el testimonio que Dios ha dado respecto a su Hijo.

11 Y el testimonio es éste: que Dios nos ha dado vida eterna, y esta vida está en su Hijo.

12 El que tiene al Hijo tiene la vida, y el que no tiene al Hijo de Dios, no tiene la vida.

13 Estas cosas os he escrito a vosotros que creéis en el nombre del Hijo de Dios, para que sepáis que tenéis vida eterna.

14 Y esta es la confianza que tenemos delante de El, que si pedimos cualquier cosa conforme a su voluntad, El nos oye.

15 Y si sabemos que El nos oye *en* cualquier cosa que pidamos, sabemos que tenemos las peticiones que le hemos hecho.

16 Si alguno ve a su hermano cometiendo un pecado *que* no *lleva* a la muerte, pedirá, y por él *Dios* dará vida a los que cometen pecado *que* no *lleva* a la muerte. Hay un pecado *que lleva* a la muerte; yo no digo que deba pedir por ése.

17 Toda injusticia es pecado, y hay pecado *que* no *lleva* a la muerte.

18 Sabemos que todo el que ha nacido de Dios, no peca; sino que aquel que nació de Dios le guarda y el maligno no lo toca.

19 Sabemos que somos de Dios, y *que* todo el mundo yace bajo *el poder del* maligno.

20 Y sabemos que el Hijo de Dios ha venido y nos ha dado entendimiento a fin de que conozcamos al que es verdadero; y nosotros estamos en aquel que es verdadero, en su Hijo Jesucristo. Este es el verdadero Dios y la vida eterna.

21 Hijos, guardaos de los ídolos.

Segunda Epístola del Apóstol SAN JUAN

Saludo

1 El anciano a la señora escogida y a sus hijos, a quienes amo en verdad, y no sólo yo, sino también todos los que conocen la verdad,

2 a causa de la verdad que permanece en nosotros y que estará con nosotros para siempre:

3 Gracia, misericordia *y* paz serán con nosotros, de Dios Padre y de Jesucristo, Hijo del Padre, en verdad y amor.

4 Mucho me alegré al encontrar *algunos* de tus hijos andando en la verdad, tal como hemos recibido mandamiento del Padre.

5 Y ahora te ruego, señora, no como escribiéndote un nuevo mandamiento, sino el que hemos tenido desde el principio, que nos amemos unos a otros.

6 Y este es el amor: que andemos conforme a sus mandamientos. Este es el mandamiento tal como lo habéis oído desde el principio, para que andéis en él.

7 Pues muchos engañadores han salido al mundo que no confiesan que Jesucristo ha venido en carne. Ese es el engañador y el anticristo.

8 Tened cuidado para que no perdáis lo que hemos logrado, sino que recibáis abundante recompensa.

9 Todo el que se desvía y no permanece en la enseñanza de Cristo, no tiene a Dios; el que permanece en la enseñanza tiene tanto al Padre como al Hijo.

10 Si alguno viene a vosotros y no trae esta enseñanza, no lo recibáis en casa, ni lo saludéis,

11 pues el que lo saluda participa en sus malas obras.

12 Aunque tengo muchas cosas que escribiros, no quiero *hacerlo* con papel y tinta, sino que espero ir a vosotros y hablar cara a cara, para que vuestro gozo sea completo.

13 Te saludan los hijos de tu hermana escogida.

Tercera Epístola del Apóstol
SAN JUAN

Saludo

1 El anciano al amado Gayo, a quien yo amo en verdad.

2 Amado, ruego que seas prosperado en todo así como prospera tu alma, y que tengas buena salud.

3 Pues me alegré mucho cuando *algunos* hermanos vinieron y dieron testimonio de tu verdad, *esto es*, de cómo andas en la verdad.

4 No tengo mayor gozo que éste: oír que mis hijos andan en la verdad.

5 Amado, estás obrando fielmente en lo que haces por los hermanos, y sobre todo *cuando se trata de* extraños;

6 pues ellos dan testimonio de tu amor ante la iglesia. Harás bien en ayudarles a proseguir su viaje de una manera digna de Dios.

7 Pues ellos salieron por amor al Nombre, no aceptando nada de los gentiles.

8 Por tanto, debemos acoger a tales hombres, para que seamos colaboradores *en pro de* la verdad.

9 Escribí algo a la iglesia, pero Diótrefes, a quien le gusta ser el primero entre ellos, no acepta lo que decimos.

10 Por esta razón, si voy, llamaré la atención a las obras que hace, acusándonos injustamente con palabras maliciosas; y no satisfecho con esto, él mismo no recibe a los hermanos, se lo prohíbe a los que quieren *hacerlo* y *los* expulsa de la iglesia.

11 Amado, no imites lo malo sino lo bueno. El que hace lo bueno es de Dios; el que hace lo malo no ha visto a Dios.

12 Demetrio tiene *buen* testimonio de parte de todos y de *parte de* la verdad misma; también nosotros damos testimonio y tú sabes que nuestro testimonio es verdadero.

13 Tenía muchas cosas que escribirte, pero no quiero escribír*telas* con pluma y tinta,

14 pues espero verte en breve y hablaremos cara a cara.

15 *La paz sea* contigo. Los amigos te saludan. Saluda a los amigos, a cada uno por nombre.

La Epístola del Apóstol
SAN JUDAS

Saludo

1 Judas, siervo de Jesucristo y hermano de Jacobo, a los llamados, amados en Dios Padre y guardados para Jesucristo:

2 Misericordia, paz y amor os sean multiplicados.

3 Amados, por el gran empeño que tenía en escribiros acerca de nuestra común salvación, he sentido la necesidad de escribiros exhortándoos a contender ardientemente por la fe que de una vez para siempre fue entregada a los santos.

4 Pues algunos hombres se han infiltrado encubiertamente, los cuales desde mucho antes estaban marcados para esta condenación, impíos que convierten la gracia de nuestro Dios en libertinaje, y niegan a nuestro único Soberano y Señor, Jesucristo.

5 Ahora quiero recordaros, aunque ya definitivamente lo sepáis todo, que el Señor, habiendo salvado al pueblo de la tierra de Egipto, destruyó después a los que no creyeron.

6 Y a *los* ángeles que no conservaron su señorío original, sino que abandonaron su morada legítima, *los* ha guardado en prisiones eternas, bajo tinieblas para el juicio del gran día.

7 Así *también* Sodoma y Gomorra y las ciudades circunvecinas, a semejanza de aquéllos, puesto que ellas se corrompieron y siguieron carne extraña, son exhibidas como ejemplo al sufrir el castigo del fuego eterno.

8 No obstante, de la misma manera también estos hombres, soñando, mancillan la carne, rechazan la autoridad y blasfeman de las majestades angélicas.

9 Pero cuando el arcángel Miguel contendía con el diablo y disputaba acerca del cuerpo de Moisés, no se atrevió a proferir juicio de maldición contra él, sino que dijo: El Señor te reprenda.

10 Mas éstos blasfeman las cosas que no entienden, y las cosas que como animales irracionales conocen por instinto, por estas cosas son ellos destruidos.

11 ¡Ay de ellos! Porque han seguido el camino de Caín, y por lucro se lanzaron al error de Balaam, y perecieron en la rebelión de Coré.

12 Estos son escollos ocultos en vuestros ágapes, cuando banquetean con vosotros sin temor, apacentándose a sí mismos; *son* nubes sin agua llevadas por los vientos, árboles de otoño sin fruto, dos veces muertos y desarraigados;

13 *son* olas furiosas del mar, que arrojan como espuma su propia vergüenza; estrellas errantes para quienes la oscuridad de las tinieblas ha sido reservada para siempre.

14 De éstos también profetizó Enoc, *en la* séptima *generación* desde Adán, diciendo: He aquí, el Señor vino con muchos millares de sus santos,

15 para ejecutar juicio sobre todos, y para condenar a todos los impíos de todas sus obras de impiedad, que han hecho impíamente, y de todas las cosas ofensivas que pecadores impíos dijeron contra Él.

16 Estos son murmuradores, quejumbrosos, que andan tras sus *propias* pasiones; hablan con arrogancia, adulando a la gente para *obtener* beneficio.

17 Pero vosotros, amados, acordaos de las

palabras que antes fueron dichas por los apóstoles de nuestro Señor Jesucristo,

18 quienes os decían: En los últimos tiempos habrá burladores que irán tras sus propias pasiones impías.

19 Estos son los que causan divisiones; *individuos* mundanos que no tienen el Espíritu.

20 Pero vosotros, amados, edificándoos en vuestra santísima fe, orando en el Espíritu Santo,

21 conservaos en el amor de Dios, esperando ansiosamente la misericordia de nuestro Señor Jesucristo para vida eterna.

22 Y tened misericordia de algunos que dudan;

23 a otros, salvad, arrebatándolos del fuego; y de otros tened misericordia con temor, aborreciendo aun la ropa contaminada por la carne.

24 Y a aquel que es poderoso para guardaros sin caída y para presentaros sin mancha en presencia de su gloria con gran alegría,

25 al único Dios nuestro Salvador, por medio de Jesucristo nuestro Señor, *sea* gloria, majestad, dominio y autoridad, antes de todo tiempo, y ahora y por todos los siglos. Amén.

EL APOCALIPSIS
de San Juan

La revelación de Jesucristo

1 La revelación de Jesucristo, que Dios le dio, para mostrar a sus siervos las cosas que deben suceder pronto; y *la* dio a conocer, enviándo*la* por medio de su ángel a su siervo Juan,

2 el cual dio testimonio de la palabra de Dios, y del testimonio de Jesucristo, *y* de todo lo que vio.

3 Bienaventurado el que lee y los que oyen las palabras de la profecía y guardan las cosas que están escritas en ella, porque el tiempo está cerca.

4 Juan, a las siete iglesias que están en Asia: Gracia a vosotros y paz, de aquel que es y que era y que ha de venir, y de los siete Espíritus que están delante de su trono,

5 y de Jesucristo, el testigo fiel, el primogénito de los muertos y el soberano de los reyes de la tierra. Al que nos ama y nos libertó de nuestros pecados con su sangre,

6 e hizo de nosotros un reino y sacerdotes para su Dios y Padre, a El *sea* la gloria y el dominio por los siglos de los siglos. Amén.

7 HE AQUI, VIENE CON LAS NUBES y todo ojo le verá, aun los que le traspasaron; y todas las tribus de la tierra harán lamentación por El; sí. Amén.

8 Yo soy el Alfa y la Omega—dice el Señor Dios—el que es y que era y que ha de venir, el Todopoderoso.

9 Yo, Juan, vuestro hermano y compañero en la tribulación, en el reino y en la perseverancia en Jesús, me encontraba en la isla llamada Patmos, a causa de la palabra de Dios y del testimonio de Jesús.

10 Estaba yo en el Espíritu en el día del Señor, y oí detrás de mí una gran voz, como *sonido* de trompeta,

11 que decía: Escribe en un libro lo que ves, y enví*a*lo a las siete iglesias: a Efeso, Esmirna, Pérgamo, Tiatira, Sardis, Filadelfia y Laodicea.

12 Y me volví para ver *de quién era* la voz que hablaba conmigo. Y al volverme, vi siete candeleros de oro;

13 y en medio de los candeleros, *vi* a uno semejante al Hijo del Hombre, vestido con una túnica que le llegaba hasta los pies y ceñido por el pecho con un cinto de oro.

14 Su cabeza y sus cabellos eran blancos como blanca lana, como nieve; sus ojos eran como llama de fuego;

15 sus pies semejantes al bronce bruñido cuando se le ha hecho refulgir en el horno, y su voz como el ruido de muchas aguas.

16 En su mano derecha tenía siete estrellas, y de su boca salía una aguda espada de dos filos; su rostro era como el sol *cuando* brilla con *toda* su fuerza.

17 Cuando lo vi, caí como muerto a sus pies. Y El puso su mano derecha sobre mí, diciendo: No temas, yo soy el primero y el último,

18 y el que vive, y estuve muerto; y he aquí, estoy vivo por los siglos de los siglos, y tengo las llaves de la muerte y del Hades.

19 Escribe, pues, las cosas que has visto, y las que son, y las que han de suceder después de éstas.

20 En cuanto al misterio de las siete estrellas que viste en mi *mano* derecha y de los siete candeleros de oro: las siete estrellas son los ángeles de las siete iglesias, y los siete candeleros son las siete iglesias.

Mensaje a la iglesia de Efeso

2 Escribe al ángel de la iglesia en Efeso: "El que tiene las siete estrellas en su *mano* derecha, el que anda entre los siete candeleros de oro, dice esto:

2 'Yo conozco tus obras, tu fatiga y tu perseverancia, y que no puedes soportar a los malos, y has sometido a prueba a los que se dicen ser apóstoles y no lo son, y los has hallado mentirosos.

3 'Tienes perseverancia, y has sufrido por mi nombre y no has desmayado.

4 'Pero tengo *esto* contra ti: que has dejado tu primer amor.

5 'Recuerda, por tanto, de dónde has caído y arrepiéntete, y haz las obras que hiciste al principio; si no, vendré a ti y quitaré tu candelero de su lugar, si no te arrepientes.

6 'Sin embargo tienes esto, que aborreces las obras de los nicolaítas, las cuales yo también aborrezco.

7 'El que tiene oído, oiga lo que el Espíritu dice a las iglesias. Al vencedor le daré a comer del árbol de la vida, que está en el paraíso de Dios.' "

8 Y escribe al ángel de la iglesia en Esmirna: "El primero y el último, el que estuvo muerto y ha vuelto a la vida, dice esto:

9 'Yo conozco tu tribulación y tu pobreza (pero tú eres rico), y la blasfemia de los que se dicen ser

judíos y no lo son, sino que son sinagoga de Satanás.

10 'No temas lo que estás por sufrir. He aquí, el diablo echará a algunos de vosotros en la cárcel para que seáis probados, y tendréis tribulación por diez días. Sé fiel hasta la muerte, y yo te daré la corona de la vida.

11 'El que tiene oído, oiga lo que el Espíritu dice a las iglesias. El vencedor no sufrirá daño de la muerte segunda.' "

12 Y escribe al ángel de la iglesia en Pérgamo:

"El que tiene la espada aguda de dos filos, dice esto:

13 'Yo sé dónde moras, donde está el trono de Satanás. Guardas fielmente mi nombre y no has negado mi fe, aun en los días de Antipas, mi testigo, mi *siervo* fiel, que fue muerto entre vosotros, donde mora Satanás.

14 'Pero tengo unas pocas cosas contra ti, porque tienes ahí a los que mantienen la doctrina de Balaam, que enseñaba a Balac a poner tropiezo ante los hijos de Israel, a comer cosas sacrificadas a los ídolos y a cometer *actos de* inmoralidad.

15 'Así tú también tienes algunos que de la misma manera mantienen la doctrina de los nicolaítas.

16 'Por tanto, arrepiéntete; si no, vendré a ti pronto y pelearé contra ellos con la espada de mi boca.

17 'El que tiene oído, oiga lo que el Espíritu dice a las iglesias. Al vencedor le daré del maná escondido y le daré una piedrecita blanca, y grabado en la piedrecita un nombre nuevo, el cual nadie conoce sino aquel que lo recibe.' "

18 Y escribe al ángel de la iglesia en Tiatira:

"El Hijo de Dios, que tiene ojos como llama de fuego, y cuyos pies son semejantes al bronce bruñido, dice esto:

19 'Yo conozco tus obras, tu amor, tu fe, tu servicio y tu perseverancia, y que tus obras recientes son mayores que las primeras.

20 'Pero tengo *esto* contra ti: que toleras a esa mujer Jezabel, que se dice ser profetisa, y enseña y seduce a mis siervos a que cometan actos inmorales y coman cosas sacrificadas a los ídolos.

21 'Le he dado tiempo para arrepentirse, y no quiere arrepentirse de su inmoralidad.

22 'Mira, la postraré en cama, y a los que cometen adulterio con ella *los arrojaré* en gran tribulación, si no se arrepienten de las obras de ella.

23 'Y a sus hijos mataré con pestilencia, y todas las iglesias sabrán que yo soy el que escudriña las mentes y los corazones, y os daré a cada uno según vuestras obras.

24 'Pero a vosotros, a los demás que están en Tiatira, a cuantos no tienen esta doctrina, que no han conocido las cosas profundas de Satanás, como ellos *las* llaman, os digo: No os impongo otra carga.

25 'No obstante, lo que tenéis, retenedlo hasta que yo venga.

26 'Y al vencedor, al que guarda mis obras hasta el fin, LE DARE AUTORIDAD SOBRE LAS NACIONES;

27 Y LAS REGIRA CON VARA DE HIERRO, COMO LOS VASOS DEL ALFARERO SON HECHOS PEDAZOS, como yo también he recibido *autoridad* de mi Padre;

28 y le daré el lucero de la mañana.

29 'El que tiene oído, oiga lo que el Espíritu dice a las iglesias.' "

Mensaje a la iglesia de Sardis

3 Y escribe al ángel de la iglesia en Sardis:
"El que tiene los siete Espíritus de Dios y las siete estrellas, dice esto: 'Yo conozco tus obras, que tienes nombre de que vives, pero estás muerto.

2 'Ponte en vela y afirma las cosas que quedan, que estaban a punto de morir, porque no he hallado completas tus obras delante de mi Dios.

3 'Acuérdate, pues, de lo que has recibido y oído; guárda*lo* y arrepiéntete. Por tanto, si no velas, vendré como ladrón, y no sabrás a qué hora vendré sobre ti.

4 'Pero tienes unos pocos en Sardis que no han manchado sus vestiduras, y andarán conmigo *vestidos* de blanco, porque son dignos.

5 'Así el vencedor será revestido de vestiduras blancas y no borraré su nombre del libro de la vida, y reconoceré su nombre delante de mi Padre y delante de sus ángeles.

6 'El que tiene oído, oiga lo que el Espíritu dice a las iglesias.' "

7 Y escribe al ángel de la iglesia en Filadelfia:

"El Santo, el Verdadero, el que tiene la llave de David, el que abre y nadie cierra, y cierra y nadie abre, dice esto:

8 'Yo conozco tus obras. Mira, he puesto delante de ti una puerta abierta que nadie puede cerrar, porque tienes un poco de poder, has guardado mi palabra y no has negado mi nombre.

9 'He aquí, yo entregaré a *aquellos* de la sinagoga de Satanás que se dicen ser judíos y no lo son, sino que mienten; he aquí, yo haré que vengan y se postren a tus pies, y sepan que yo te he amado.

10 'Porque has guardado la palabra de mi perseverancia, yo también te guardaré de la hora de la prueba, esa *hora* que está por venir sobre todo el mundo para probar a los que habitan sobre la tierra.

11 'Vengo pronto; retén firme lo que tienes, para que nadie tome tu corona.

12 'Al vencedor le haré una columna en el templo de mi Dios, y nunca más saldrá de allí; escribiré sobre él el nombre de mi Dios, y el nombre de la ciudad de mi Dios, la nueva Jerusalén, que desciende del cielo de mi Dios, y mi nombre nuevo.

13 'El que tiene oído, oiga lo que el Espíritu dice a las iglesias.' "

14 Y escribe al ángel de la iglesia en Laodicea:

"El Amén, el Testigo fiel y verdadero, el Principio de la creación de Dios, dice esto:

15 'Yo conozco tus obras, que ni eres frío ni caliente. ¡Ojalá fueras frío o caliente!

16 'Así, puesto que eres tibio, y no frío ni caliente, te vomitaré de mi boca.

17 'Porque dices: "Soy rico, me he enriquecido y de nada tengo necesidad"; y no sabes que eres un miserable y digno de lástima, y pobre, ciego y desnudo,

18 te aconsejo que de mí compres oro refinado por fuego para que te hagas rico, y vestiduras blancas para que te vistas y no se manifieste la

vergüenza de tu desnudez, y colirio para ungir tus ojos para que puedas ver.

19 'Yo reprendo y disciplino a todos los que amo; sé, pues, celoso y arrepiéntete.

20 'He aquí, yo estoy a la puerta y llamo; si alguno oye mi voz y abre la puerta, entraré a él, y cenaré con él y él conmigo.

21 'Al vencedor, le concederé sentarse conmigo en mi trono, como yo también vencí y me senté con mi Padre en su trono.

22 'El que tiene oído, oiga lo que el Espíritu dice a las iglesias.' "

Visión del trono de Dios

4 Después de esto miré, y vi una puerta abierta en el cielo; y la primera voz que yo había oído, como *sonido* de trompeta que hablaba conmigo, decía: Sube acá y te mostraré las cosas que deben suceder después de éstas.

2 Al instante estaba yo en el Espíritu, y vi un trono colocado en el cielo, y a uno sentado en el trono.

3 Y el que estaba sentado *era* de aspecto semejante a una piedra de jaspe y sardio, y alrededor del trono *había* un arco iris, de aspecto semejante a la esmeralda.

4 Y alrededor del trono *había* veinticuatro tronos; y sentados en los tronos, veinticuatro ancianos vestidos de ropas blancas, con coronas de oro en la cabeza.

5 Del trono salían relámpagos, voces y truenos; y delante del trono *había* siete lámparas de fuego ardiendo, que son los siete Espíritus de Dios.

6 Delante del trono *había* como un mar transparente semejante al cristal; y en medio del trono y alrededor del trono, cuatro seres vivientes llenos de ojos por delante y por detrás.

7 El primer ser viviente *era* semejante a un león; el segundo ser era semejante a un becerro; el tercer ser tenía el rostro como el de un hombre, y el cuarto ser *era* semejante a un águila volando.

8 Y los cuatro seres vivientes, cada uno de ellos con seis alas, estaban llenos de ojos alrededor y por dentro, y día y noche no cesaban de decir:

SANTO, SANTO, SANTO, *es* EL SEÑOR DIOS, EL TODOPODEROSO, el que era, el que es y el que ha de venir.

9 Y cada vez que los seres vivientes dan gloria, honor y acción de gracias al que está sentado en el trono, al que vive por los siglos de los siglos,

10 los veinticuatro ancianos se postran delante del que está sentado en el trono, y adoran al que vive por los siglos de los siglos, y echan sus coronas delante del trono, diciendo:

11 Digno eres, Señor y Dios nuestro, de recibir la gloria y el honor y el poder, porque tú creaste todas las cosas, y por tu voluntad existen y fueron creadas.

El Cordero y el libro de los siete sellos

5 Y vi en la *mano* derecha del que estaba sentado en el trono un libro escrito por dentro y por fuera, sellado con siete sellos.

2 Y vi a un ángel poderoso que pregonaba a gran voz: ¿Quién es digno de abrir el libro y de desatar sus sellos?

3 Y nadie, ni en el cielo ni en la tierra ni debajo de la tierra, podía abrir el libro ni mirar su contenido.

4 Y yo lloraba mucho, porque nadie había sido hallado digno de abrir el libro ni de mirar su contenido.

5 Entonces uno de los ancianos me dijo*: No llores; mira, el León de la tribu de Judá, la Raíz de David, ha vencido para abrir el libro y sus siete sellos.

6 Miré, y vi entre el trono (con los cuatro seres vivientes) y los ancianos, a un Cordero, de pie, como inmolado, que tenía siete cuernos y siete ojos, que son los siete Espíritus de Dios enviados por toda la tierra.

7 Y vino, y tomó *el libro* de la *mano* derecha del que estaba sentado en el trono.

8 Cuando tomó el libro, los cuatro seres vivientes y los veinticuatro ancianos se postraron delante del Cordero; cada uno tenía un arpa y copas de oro llenas de incienso, que son las oraciones de los santos.

9 Y cantaban* un cántico nuevo, diciendo:
Digno eres de tomar el libro y de abrir sus sellos, porque tú fuiste inmolado, y con tu sangre compraste para Dios *a gente* de toda tribu, lengua, pueblo y nación.

10 Y los has hecho un reino y sacerdotes para nuestro Dios; y reinarán sobre la tierra.

11 Y miré, y oí la voz de muchos ángeles alrededor del trono y *de* los seres vivientes y *de* los ancianos; y el número de ellos era miríadas de miríadas, y millares de millares,

12 que decían a gran voz:
El Cordero que fue inmolado digno es de recibir el poder, las riquezas, la sabiduría, la fortaleza, el honor, la gloria y la alabanza.

13 Y a toda cosa creada que está en el cielo, sobre la tierra, debajo de la tierra y en el mar, y a todas las cosas que en ellos *hay*, oí decir:
Al que está sentado en el trono, y al Cordero, *sea* la alabanza, la honra, la gloria y el dominio por los siglos de los siglos.

14 Y los cuatro seres vivientes decían: Amén. Y los ancianos se postraron y adoraron.

Los primeros cuatro sellos

6 Vi cuando el Cordero abrió uno de los siete sellos, y oí a uno de los cuatro seres vivientes que decía, como con voz de trueno: Ven.

2 Miré, y he aquí, un caballo blanco; y el que estaba montado en él tenía un arco; se le dio una corona, y salió conquistando y para conquistar.

3 Cuando abrió el segundo sello, oí al segundo ser viviente que decía: Ven.

4 Entonces salió otro caballo, rojo; y al que estaba montado en él se le concedió quitar la paz de la tierra y que *los hombres* se mataran unos a otros; y se le dio una gran espada.

5 Cuando abrió el tercer sello, oí al tercer ser viviente que decía: Ven. Y miré, y he aquí, un caballo negro; y el que estaba montado en él tenía una balanza en la mano.

6 Y oí como una voz en medio de los cuatro seres vivientes que decía: Un litro de trigo por un denario, y tres litros de cebada por un denario, y no dañes el aceite y el vino.

7 Cuando abrió el cuarto sello, oí la voz del cuarto ser viviente que decía: Ven.

8 Y miré, y he aquí, un caballo amarillento; y el que estaba montado en él se llamaba Muerte; y el Hades lo seguía. Y se les dio autoridad sobre la

cuarta parte de la tierra, para matar con espada, con hambre, con pestilencia y con las fieras de la tierra.

9 Cuando *el Cordero* abrió el quinto sello, vi debajo del altar las almas de los que habían sido muertos a causa de la palabra de Dios y del testimonio que habían mantenido;

10 y clamaban a gran voz, diciendo: ¿Hasta cuándo, oh Señor santo y verdadero, esperarás para juzgar y vengar nuestra sangre de los que moran en la tierra?

11 Y se les dio a cada uno una vestidura blanca; y se les dijo que descansaran un poco más de tiempo, hasta que se completara también *el número de* sus consiervos *y de* sus hermanos que habrían de ser muertos como ellos lo habían sido.

12 Vi cuando *el Cordero* abrió el sexto sello, y hubo un gran terremoto, y el sol se puso negro como cilicio *hecho* de cerda, y la luna toda se volvió como sangre,

13 y las estrellas del cielo cayeron a la tierra, como la higuera deja caer sus higos verdes al ser sacudida por un fuerte viento.

14 Y el cielo desapareció como un pergamino que se enrolla, y todo monte e isla fueron removidos de su lugar.

15 Y los reyes de la tierra, y los grandes, los comandantes, los ricos, los poderosos, y todo siervo y *todo* libre, se escondieron en las cuevas y entre las peñas de los montes;

16 y decían* a los montes y a las peñas: Caed sobre nosotros y escondednos de la presencia del que está sentado en el trono y de la ira del Cordero,

17 porque ha llegado el gran día de la ira de ellos, ¿y quién podrá sostenerse?

Los ciento cuarenta y cuatro mil sellados

7 Después de esto, vi a cuatro ángeles de pie en los cuatro extremos de la tierra, deteniendo los cuatro vientos de la tierra, para que no soplara viento alguno, ni sobre la tierra ni sobre el mar ni sobre ningún árbol.

2 Y vi a otro ángel que subía de donde sale el sol y que tenía el sello del Dios vivo; y gritó a gran voz a los cuatro ángeles a quienes se les había concedido hacer daño a la tierra y al mar,

3 diciendo: No hagáis daño, ni a la tierra ni al mar ni a los árboles, hasta que hayamos puesto un sello en la frente a los siervos de nuestro Dios.

4 Y oí el número de los que fueron sellados: ciento cuarenta y cuatro mil sellados de todas las tribus de los hijos de Israel;

5 de la tribu de Judá *fueron* sellados doce mil; de la tribu de Rubén, doce mil; de la tribu de Gad, doce mil;

6 de la tribu de Aser, doce mil; de la tribu de Neftalí, doce mil; de la tribu de Manasés, doce mil;

7 de la tribu de Simeón, doce mil; de la tribu de Leví, doce mil; de la tribu de Isacar, doce mil;

8 de la tribu de Zabulón, doce mil; de la tribu de José, doce mil, *y* de la tribu de Benjamín *fueron* sellados doce mil.

9 Después de esto miré, y vi una gran multitud, que nadie podía contar, de todas las naciones, tribus, pueblos y lenguas, de pie delante del trono y delante del Cordero, vestidos con vestiduras blancas y con palmas en las manos.

10 Y clamaban a gran voz, diciendo:
La salvación *pertenece* a nuestro Dios que está sentado en el trono, y al Cordero.

11 Y todos los ángeles estaban de pie alrededor del trono y *alrededor* de los ancianos y de los cuatro seres vivientes, y cayeron sobre sus rostros delante del trono, y adoraron a Dios,

12 diciendo:
¡Amén! La bendición, la gloria, la sabiduría, la acción de gracias, el honor, el poder y la fortaleza, *sean* a nuestro Dios por los siglos de los siglos. Amén.

13 Y uno de los ancianos habló diciéndome: Estos que están vestidos con vestiduras blancas, ¿quiénes son y de dónde han venido?

14 Y yo le respondí: Señor mío, tú lo sabes. Y él me dijo: Estos son los que vienen de la gran tribulación, y han lavado sus vestiduras y las han emblanquecido en la sangre del Cordero.

15 Por eso están delante del trono de Dios, y le sirven día y noche en su templo; y el que está sentado en el trono extenderá su tabernáculo sobre ellos.

16 Ya no tendrán hambre ni sed, ni el sol los abatirá, ni calor alguno,

17 pues el Cordero en medio del trono los pastoreará y los guiará a manantiales de aguas de vida, y Dios enjugará toda lágrima de sus ojos.

El séptimo sello

8 Cuando *el Cordero* abrió el séptimo sello, hubo silencio en el cielo como por media hora.

2 Y vi a los siete ángeles que están de pie delante de Dios, y se les dieron siete trompetas.

3 Otro ángel vino y se paró ante el altar con un incensario de oro, y se le dio mucho incienso para que *lo* añadiera a las oraciones de todos los santos sobre el altar de oro que estaba delante del trono.

4 Y de la mano del ángel subió ante Dios el humo del incienso con las oraciones de los santos.

5 Y el ángel tomó el incensario, lo llenó con el fuego del altar y lo arrojó a la tierra, y hubo truenos, ruidos, relámpagos y un terremoto.

6 Entonces los siete ángeles que tenían las siete trompetas se prepararon para tocarlas.

7 El primero tocó la trompeta, y vino granizo y fuego mezclados con sangre, y fueron arrojados a la tierra; y se quemó la tercera parte de la tierra, se quemó la tercera parte de los árboles y se quemó toda la hierba verde.

8 El segundo ángel tocó la trompeta, y *algo* como una gran montaña ardiendo en llamas fue arrojado al mar, y la tercera parte del mar se convirtió en sangre.

9 Y murió la tercera parte de los seres que *estaban* en el mar y que tenían vida; y la tercera parte de los barcos fue destruida.

10 El tercer ángel tocó la trompeta, y cayó del cielo una gran estrella, ardiendo como una antorcha, y cayó sobre la tercera parte de los ríos y sobre los manantiales de las aguas.

11 Y el nombre de la estrella es Ajenjo; y la tercera parte de las aguas se convirtió en ajenjo, y muchos hombres murieron por causa de las aguas, porque se habían vuelto amargas.

12 El cuarto ángel tocó la trompeta, y fue herida

la tercera parte del sol, la tercera parte de la luna y la tercera parte de las estrellas, para que la tercera parte de ellos se oscureciera y el día no resplandeciera en su tercera parte, y asimismo la noche.

13 Entonces miré, y oí volar a un águila en medio del cielo, que decía a gran voz: ¡Ay, ay, ay, de los que habitan en la tierra, a causa de los toques de trompeta que faltan, que los otros tres ángeles están para tocar!

La quinta trompeta

9 El quinto ángel tocó la trompeta, y vi una estrella que había caído del cielo a la tierra, y se le dio la llave del pozo del abismo.

2 Cuando abrió el pozo del abismo, subió humo del pozo como el humo de un gran horno, y el sol y el aire se oscurecieron por el humo del pozo.

3 Y del humo salieron langostas sobre la tierra, y se les dio poder como tienen poder los escorpiones de la tierra.

4 Se les dijo que no dañaran la hierba de la tierra, ni ninguna cosa verde, ni ningún árbol, sino *sólo* a los hombres que no tienen el sello de Dios en la frente.

5 No se les permitió matar a nadie, sino atormentar*los* por cinco meses; y su tormento era como el tormento de un escorpión cuando pica al hombre.

6 En aquellos días los hombres buscarán la muerte y no la hallarán; y ansiarán morir, y la muerte huirá de ellos.

7 Y el aspecto de las langostas era semejante al de caballos dispuestos para la batalla, y sobre sus cabezas *tenían* como coronas que parecían de oro, y sus caras eran como rostros humanos.

8 Tenían cabellos como cabellos de mujer, y sus dientes eran como de leones.

9 También tenían corazas como corazas de hierro; y el ruido de sus alas era como el estruendo de carros, de muchos caballos que se lanzan a la batalla.

10 Tienen colas parecidas a escorpiones, y aguijones; y en sus colas *está* su poder para hacer daño a los hombres por cinco meses.

11 Tienen sobre ellos por rey al ángel del abismo, cuyo nombre en hebreo es Abadón, y en griego se llama Apolión.

12 El primer ¡ay! ha pasado; he aquí, aún vienen dos ayes después de estas cosas.

13 El sexto ángel tocó la trompeta, y oí una voz que salía de los cuatro cuernos del altar de oro que está delante de Dios,

14 y decía al sexto ángel que tenía la trompeta: Suelta a los cuatro ángeles que están atados junto al gran río Eufrates.

15 Y fueron desatados los cuatro ángeles que habían sido preparados para la hora, el día, el mes y el año, para matar a la tercera parte de la humanidad.

16 Y el número de los ejércitos de los jinetes *era* de doscientos millones; yo escuché su número.

17 Y así es como vi en la visión los caballos y a los que los montaban: *los jinetes* tenían corazas *color* de fuego, de jacinto y de azufre; las cabezas de los caballos *eran* como cabezas de leones, y de sus bocas salía fuego, humo y azufre.

18 La tercera parte de la humanidad fue muerta por estas tres plagas: por el fuego, el humo y el azufre que salían de sus bocas.

19 Porque el poder de los caballos está en su boca y en sus colas; pues sus colas son semejantes a serpientes, tienen cabezas y con ellas hacen daño.

20 Y el resto de la humanidad, los que no fueron muertos por estas plagas, no se arrepintieron de las obras de sus manos ni dejaron de adorar a los demonios y a los ídolos de oro, de plata, de bronce, de piedra y de madera, que no pueden ver ni oír ni andar;

21 y no se arrepintieron de sus homicidios ni de sus hechicerías ni de su inmoralidad ni de sus robos.

El ángel y el librito

10 Y vi a otro ángel poderoso que descendía del cielo, envuelto en una nube; y el arco iris *estaba* sobre su cabeza, y su rostro *era* como el sol, y sus pies como columnas de fuego;

2 y tenía en su mano un librito abierto. Y puso el pie derecho sobre el mar y el izquierdo sobre la tierra;

3 y gritó a gran voz, como ruge un león; y cuando gritó, los siete truenos emitieron sus voces.

4 Después que los siete truenos hablaron, iba yo a escribir, cuando oí una voz del cielo que decía: Sella las cosas que los siete truenos han dicho y no las escribas.

5 Entonces el ángel que yo había visto de pie sobre el mar y sobre la tierra, levantó su mano derecha al cielo,

6 y juró por el que vive por los siglos de los siglos, QUIEN CREO EL CIELO Y LAS COSAS QUE EN EL *hay*, Y LA TIERRA Y LAS COSAS QUE EN ELLA *hay*, Y EL MAR Y LAS COSAS QUE EN EL *hay*, que ya no habrá dilación,

7 sino que en los días de la voz del séptimo ángel, cuando esté para tocar la trompeta, entonces el misterio de Dios será consumado, como El lo anunció a sus siervos los profetas.

8 Y la voz que yo había oído del cielo, la *oí* de nuevo hablando conmigo, y diciendo: Ve, toma el libro que está abierto en la mano del ángel que está de pie sobre el mar y sobre la tierra.

9 Entonces fui al ángel y le dije que me diera el librito. Y él me dijo*: Tóma*lo* y devóralo; te amargará las entrañas, pero en tu boca será dulce como la miel.

10 Tomé el librito de la mano del ángel y lo devoré, y fue en mi boca dulce como la miel; y cuando lo comí, me amargó las entrañas.

11 Y me dijeron*: Debes profetizar otra vez acerca de muchos pueblos, naciones, lenguas y reyes.

Los dos testigos

11 Me fue dada una caña de medir semejante a una vara, y alguien dijo: Levántate y mide el templo de Dios y el altar, y a los que en él adoran.

2 Pero excluye el patio que está fuera del templo, no lo midas, porque ha sido entregado a las naciones, y *éstas* hollarán la ciudad santa por cuarenta y dos meses.

3 Y otorgaré *autoridad* a mis dos testigos, y

ellos profetizarán por mil doscientos sesenta días, vestidos de cilicio.

4 Estos son los dos olivos y los dos candeleros que están delante del Señor de la tierra.

5 Y si alguno quiere hacerles daño, de su boca sale fuego y devora a sus enemigos; así debe morir cualquiera que quisiera hacerles daño.

6 Estos tienen poder para cerrar el cielo a fin de que no llueva durante los días en que ellos profeticen; y tienen poder sobre las aguas para convertirlas en sangre, y para herir la tierra con toda *suerte de* plagas todas las veces que quieran.

7 Cuando hayan terminado *de dar* su testimonio, la bestia que sube del abismo hará guerra contra ellos, los vencerá y los matará.

8 Y sus cadáveres *yacerán* en la calle de la gran ciudad, que simbólicamente se llama Sodoma y Egipto, donde también su Señor fue crucificado.

9 Y *gente de todos* los pueblos, tribus, lenguas y naciones, contemplarán sus cadáveres por tres días y medio, y no permitirán que sus cadáveres sean sepultados.

10 Y los que moran en la tierra se regocijarán por ellos y se alegrarán, y se enviarán regalos unos a otros, porque estos dos profetas atormentaron a los que moran en la tierra.

11 Pero después de los tres días y medio, el aliento de vida de parte de Dios vino a ellos y se pusieron en pie, y gran temor cayó sobre quienes los contemplaban.

12 Entonces oyeron una gran voz del cielo que les decía: Subid acá. Y subieron al cielo en la nube, y sus enemigos los vieron.

13 En aquella misma hora hubo un gran terremoto y la décima parte de la ciudad se derrumbó, y siete mil personas murieron en el terremoto, y los demás, aterrorizados, dieron gloria al Dios del cielo.

14 El segundo ¡ay! ha pasado; he aquí, el tercer ¡ay! viene pronto.

15 El séptimo ángel tocó la trompeta, y se levantaron grandes voces en el cielo, que decían:

El reino del mundo ha venido a ser *el reino* de nuestro Señor y de su Cristo; y El reinará por los siglos de los siglos.

16 Y los veinticuatro ancianos que estaban sentados delante de Dios en sus tronos, se postraron sobre sus rostros y adoraron a Dios,

17 diciendo:

Te damos gracias, oh Señor Dios Todopoderoso, el que eres y el que eras, porque has tomado tu gran poder y has comenzado a reinar.

18 Y las naciones se enfurecieron, y vino tu ira y *llegó* el tiempo de juzgar a los muertos y de dar la recompensa a tus siervos los profetas, a los santos y a los que temen tu nombre, a los pequeños y a los grandes, y de destruir a los que destruyen la tierra.

19 El templo de Dios que está en el cielo fue abierto; y el arca de su pacto se veía en su templo, y hubo relámpagos, voces y truenos, y un terremoto y una fuerte granizada.

La mujer, el dragón y el niño

12 Y una gran señal apareció en el cielo: una mujer vestida del sol, con la luna debajo de sus pies, y una corona de doce estrellas sobre su cabeza;

2 estaba encinta, y gritaba*, estando de parto y con dolores de alumbramiento.

3 Entonces apareció otra señal en el cielo: he aquí, un gran dragón rojo que tenía siete cabezas y diez cuernos, y sobre sus cabezas *había* siete diademas.

4 Su cola arrastró* la tercera parte de las estrellas del cielo y las arrojó sobre la tierra. Y el dragón se paró delante de la mujer que estaba para dar a luz, a fin de devorar a su hijo cuando ella diera a luz.

5 Y ella dio a luz un hijo varón, que ha de regir a todas las naciones con vara de hierro; y su hijo fue arrebatado hasta Dios y hasta su trono.

6 Y la mujer huyó al desierto, donde tenía* un lugar preparado por Dios, para ser sustentada allí, por mil doscientos sesenta días.

7 *Entonces* hubo guerra en el cielo: Miguel y sus ángeles combatieron contra el dragón. Y el dragón y sus ángeles lucharon,

8 pero no pudieron vencer, ni se halló ya lugar para ellos en el cielo.

9 Y fue arrojado el gran dragón, la serpiente antigua que se llama el Diablo y Satanás, el cual engaña al mundo entero; fue arrojado a la tierra y sus ángeles fueron arrojados con él.

10 Y oí una gran voz en el cielo, que decía:

Ahora ha venido la salvación, el poder y el reino de nuestro Dios y la autoridad de su Cristo, porque el acusador de nuestros hermanos, el que los acusa delante de nuestro Dios día y noche, ha sido arrojado.

11 Ellos lo vencieron por medio de la sangre del Cordero y por la palabra del testimonio de ellos, y no amaron sus vidas, *llegando* hasta *sufrir* la muerte.

12 Por lo cual regocijaos, cielos y los que moráis en ellos. ¡Ay de la tierra y del mar!, porque el diablo ha descendido a vosotros con gran furor, sabiendo que tiene poco tiempo.

13 Cuando el dragón vio que había sido arrojado a la tierra, persiguió a la mujer que había dado a luz al *hijo* varón.

14 Y se le dieron a la mujer las dos alas de la gran águila a fin de que volara de la presencia de la serpiente al desierto, a su lugar, donde fue* sustentada por un tiempo, tiempos y medio tiempo.

15 Y la serpiente arrojó de su boca, tras la mujer, agua como un río, para hacer que fuera arrastrada por la corriente.

16 Pero la tierra ayudó a la mujer, y la tierra abrió su boca y tragó el río que el dragón había arrojado de su boca.

17 Entonces el dragón se enfureció contra la mujer, y salió para hacer guerra contra el resto de la descendencia de ella, los que guardan los mandamientos de Dios y tienen el testimonio de Jesús.

La bestia que sube del mar

13 El *dragón* se paró sobre la arena del mar. Y vi que subía del mar una bestia que tenía diez cuernos y siete cabezas; en sus cuernos *había* diez diademas, y en sus cabezas *había* nombres blasfemos.

2 La bestia que vi era semejante a un leopardo, sus pies eran como los de un oso y su boca como

la boca de un león. Y el dragón le dio su poder, su trono y gran autoridad.

3 Y *vi* una de sus cabezas como herida de muerte, pero su herida mortal fue sanada. Y la tierra entera se maravilló y *seguía* tras la bestia.

4 y adoraron al dragón, porque había dado autoridad a la bestia; y adoraron a la bestia, diciendo: ¿Quién es semejante a la bestia, y quién puede luchar contra ella?

5 Se le dio una boca que hablaba palabras arrogantes y blasfemias, y se le dio autoridad para actuar durante cuarenta y dos meses.

6 Y abrió su boca en blasfemias contra Dios, para blasfemar su nombre y su tabernáculo, *es decir, contra* los que moran en el cielo.

7 Se le concedió hacer guerra contra los santos y vencerlos; y se le dio autoridad sobre toda tribu, pueblo, lengua y nación.

8 Y la adorarán todos los que moran en la tierra, cuyos nombres no han sido escritos, desde la fundación del mundo, en el libro de la vida del Cordero que fue inmolado.

9 Si alguno tiene oído, que oiga.

10 Si alguno es destinado a la cautividad, a la cautividad va; si alguno ha de morir a espada, a espada ha de morir. Aquí está la perseverancia y la fe de los santos.

11 Y vi otra bestia que subía de la tierra; tenía dos cuernos semejantes a los de un cordero y hablaba como un dragón.

12 Ejerce toda la autoridad de la primera bestia en su presencia, y hace que la tierra y los que moran en ella adoren a la primera bestia, cuya herida mortal fue sanada.

13 También hace grandes señales, de tal manera que aun hace descender fuego del cielo a la tierra en presencia de los hombres.

14 Además engaña a los que moran en la tierra a causa de las señales que se le concedió hacer en presencia de la bestia, diciendo a los moradores de la tierra que hagan una imagen de la bestia que tenía* la herida de la espada y que ha vuelto a vivir.

15 Se le concedió dar aliento a la imagen de la bestia, para que la imagen de la bestia también hablara e hiciera dar muerte a todos los que no adoran la imagen de la bestia.

16 Y hace que a todos, pequeños y grandes, ricos y pobres, libres y esclavos, se les dé una marca en la mano derecha o en la frente,

17 y que nadie pueda comprar ni vender, sino el que tenga la marca: el nombre de la bestia o el número de su nombre.

18 Aquí hay sabiduría. El que tiene entendimiento, que calcule el número de la bestia, porque el número es el de un hombre, y su número es seiscientos sesenta y seis.

El Cordero y los ciento cuarenta y cuatro mil

14 Miré, y he aquí que el Cordero *estaba* de pie sobre el Monte Sion, y con El ciento cuarenta y cuatro mil que tenían el nombre de El y el nombre de su Padre escrito en la frente.

2 Y oí una voz del cielo, como el estruendo de muchas aguas y como el sonido de un gran trueno; y la voz que oí *era* como *el sonido* de arpistas tocando sus arpas.

3 Y cantaban* un cántico nuevo delante del trono y delante de los cuatro seres vivientes y de

los ancianos; y nadie podía aprender el cántico, sino los ciento cuarenta y cuatro mil que habían sido rescatados de la tierra.

4 Estos son los que no se han contaminado con mujeres, pues son castos. Estos *son* los que siguen al Cordero adondequiera que va. Estos han sido rescatados de entre los hombres como primicias para Dios y para el Cordero.

5 En su boca no fue hallado engaño; están sin mancha.

6 Y vi volar en medio del cielo a otro ángel que tenía un evangelio eterno para anunciar*lo* a los que moran en la tierra, y a toda nación, tribu, lengua y pueblo,

7 diciendo a gran voz: Temed a Dios y dadle gloria, porque la hora de su juicio ha llegado; adorad al que hizo el cielo y la tierra, el mar y las fuentes de las aguas.

8 Y *le* siguió otro ángel, el segundo, diciendo: ¡Cayó, cayó la gran Babilonia!; la que ha hecho beber a todas las naciones del vino de la pasión de su inmoralidad.

9 Entonces los siguió otro ángel, el tercero, diciendo a gran voz: Si alguno adora a la bestia y a su imagen, y recibe una marca en su frente o en su mano,

10 él también beberá del vino del furor de Dios, que está preparado puro en el cáliz de su ira; y será atormentado con fuego y azufre delante de los santos ángeles y en presencia del Cordero.

11 Y el humo de su tormento asciende por los siglos de los siglos; y no tienen reposo, ni de día ni de noche, los que adoran a la bestia y a su imagen, y cualquiera que reciba la marca de su nombre.

12 Aquí está la perseverancia de los santos que guardan los mandamientos de Dios y la fe de Jesús.

13 Y oí una voz del cielo que decía: Escribe: "Bienaventurados los muertos que de aquí en adelante mueren en el Señor." Sí—dice el Espíritu—para que descansen de sus trabajos, porque sus obras van con ellos.

14 Y miré, y he aquí una nube blanca, y sentado en la nube *estaba* uno semejante a hijo de hombre, que tenía en la cabeza una corona de oro, y en la mano una hoz afilada.

15 Entonces salió del templo otro ángel clamando a gran voz al que estaba sentado en la nube: Mete tu hoz y siega, porque la hora de segar ha llegado, pues la mies de la tierra está madura.

16 Y el que estaba sentado en la nube blandió su hoz sobre la tierra, y la tierra fue segada.

17 Salió otro ángel del templo que está en el cielo, que también tenía una hoz afilada.

18 Y otro ángel, el que tiene poder sobre el fuego, salió del altar; y llamó a gran voz al que tenía la hoz afilada, diciéndo*le*: Mete tu hoz afilada y vendimia los racimos de la vid de la tierra, porque sus uvas están maduras.

19 Y el ángel blandió su hoz sobre la tierra, y vendimió *los racimos de* la vid de la tierra y *los* echó en el gran lagar del furor de Dios.

20 Y el lagar fue pisado fuera de la ciudad, y del lagar salió sangre *que subió* hasta los frenos de los caballos por una distancia como de trescientos veinte kilómetros.

Los siete ángeles con las siete plagas

15 Y vi otra señal en el cielo, grande y maravillosa: siete ángeles que tenían siete plagas, las últimas, porque en ellas se ha consumado el furor de Dios.

2 Vi también como un mar de cristal mezclado con fuego, y a los que habían salido victoriosos sobre la bestia, sobre su imagen y sobre el número de su nombre, en pie sobre el mar de cristal, con arpas de Dios.

3 Y cantaban* el cántico de Moisés, siervo de Dios, y el cántico del Cordero, diciendo:

¡Grandes y maravillosas son tus obras, oh Señor Dios, Todopoderoso!

¡Justos y verdaderos son tus caminos, oh Rey de las naciones!

4 ¡Oh Señor! ¿Quién no temerá y glorificará tu nombre?

Pues sólo tú eres santo;

porque TODAS LAS NACIONES VENDRAN Y ADORARAN EN TU PRESENCIA,

pues tus justos juicios han sido revelados.

5 Después de estas cosas miré, y se abrió el templo del tabernáculo del testimonio en el cielo,

6 y salieron del templo los siete ángeles que tenían las siete plagas, vestidos de lino puro y resplandeciente, y ceñidos alrededor del pecho con cintos de oro.

7 Entonces uno de los cuatro seres vivientes dio a los siete ángeles siete copas de oro llenas del furor de Dios, que vive por los siglos de los siglos.

8 Y el templo se llenó con el humo de la gloria de Dios y de su poder; y nadie podía entrar al templo hasta que se terminaran las siete plagas de los siete ángeles.

Las siete copas de la ira de Dios

16 Y oí una gran voz que desde el templo decía a los siete ángeles: Id y derramad en la tierra las siete copas del furor de Dios.

2 El primer *ángel* fue y derramó su copa en la tierra; y se produjo una llaga repugnante y maligna en los hombres que tenían la marca de la bestia y que adoraban su imagen.

3 El segundo *ángel* derramó su copa en el mar, y se convirtió en sangre como de muerto; y murió todo ser viviente que *había* en el mar.

4 El tercer *ángel* derramó su copa en los ríos y en las fuentes de las aguas, y se convirtieron en sangre.

5 Y oí al ángel de las aguas, que decía: Justo eres tú, el que eres, y el que eras, oh Santo, porque has juzgado estas cosas;

6 pues ellos derramaron sangre de santos y profetas y tú les has dado a beber sangre; lo merecen.

7 Y oí al altar, que decía: Sí, oh Señor Dios Todopoderoso, verdaderos y justos son tus juicios.

8 El cuarto *ángel* derramó su copa sobre el sol; y *al sol* le fue dado quemar a los hombres con fuego.

9 Y los hombres fueron quemados con el intenso calor; y blasfemaron el nombre de Dios que tiene poder sobre estas plagas, y no se arrepintieron para darle gloria.

10 El quinto *ángel* derramó su copa sobre el trono de la bestia; y su reino se quedó en tinieblas; y se mordían la lengua de dolor.

11 Y blasfemaron contra el Dios del cielo por causa de sus dolores y de sus llagas, y no se arrepintieron de sus obras.

12 El sexto *ángel* derramó su copa sobre el gran río Eufrates; y sus aguas se secaron para que fuera preparado el camino para los reyes del oriente.

13 Y vi *salir* de la boca del dragón, de la boca de la bestia y de la boca del falso profeta, a tres espíritus inmundos semejantes a ranas;

14 pues son espíritus de demonios que hacen señales, los cuales van a los reyes de todo el mundo, a reunirlos para la batalla del gran día del Dios Todopoderoso.

15 (He aquí, vengo como ladrón. Bienaventurado el que vela y guarda sus ropas, no sea que ande desnudo y vean su vergüenza.)

16 Y los reunieron en el lugar que en hebreo se llama Armagedón.

17 Y el séptimo *ángel* derramó su copa en el aire; y una gran voz salió del templo, del trono, que decía: Hecho está.

18 Entonces hubo relámpagos, voces y truenos; y hubo un gran terremoto tal como no lo había habido desde que el hombre está sobre la tierra; *fue* tan grande y poderoso terremoto.

19 La gran ciudad quedó dividida en tres partes, y las ciudades de las naciones cayeron. Y la gran Babilonia fue recordada delante de Dios para darle el cáliz del vino del furor de su ira.

20 Y toda isla huyó, y los montes no fueron hallados.

21 Y enormes granizos, como de un talento cada uno, cayeron* sobre los hombres; y los hombres blasfemaron contra Dios por la plaga del granizo, porque su plaga fue* sumamente grande.

La condenación de la gran ramera

17 Y uno de los siete ángeles que tenían las siete copas, vino y habló conmigo, diciendo: Ven; te mostraré el juicio de la gran ramera que está sentada sobre muchas aguas;

2 con ella los reyes de la tierra cometieron *actos inmorales*, y los moradores de la tierra fueron embriagados con el vino de su inmoralidad.

3 Y me llevó en el Espíritu a un desierto; y vi a una mujer sentada sobre una bestia escarlata, llena de nombres blasfemos, y que tenía siete cabezas y diez cuernos.

4 La mujer estaba vestida de púrpura y escarlata, y adornada con oro, piedras preciosas y perlas, y tenía en la mano una copa de oro llena de abominaciones y de las inmundicias de su inmoralidad,

5 y sobre su frente *había* un nombre escrito, un misterio: BABILONIA LA GRANDE, LA MADRE DE LAS RAMERAS Y DE LAS ABOMINACIONES DE LA TIERRA.

6 Y vi a la mujer ebria de la sangre de los santos, y de la sangre de los testigos de Jesús. Y al verla, me asombré grandemente.

7 Y el ángel me dijo: ¿Por qué te has asombrado? Yo te diré el misterio de la mujer y de la bestia que la lleva, la que tiene las siete cabezas y los diez cuernos.

8 La bestia que viste, era y no es, y está para subir del abismo e ir a la destrucción. Y los moradores de la tierra, cuyos nombres no se han

escrito en el libro de la vida desde la fundación del mundo, se asombrarán al ver la bestia que era y no es, y *que* vendrá.

9 Aquí está la mente que tiene sabiduría. Las siete cabezas son siete montes sobre los que se sienta la mujer;

10 y son siete reyes; cinco han caído, uno es y el otro aún no ha venido; y cuando venga, es necesario que permanezca un poco de tiempo.

11 Y la bestia que era y no es, es el octavo *rey*, y es *uno* de los siete y va a la destrucción.

12 Y los diez cuernos que viste son diez reyes que todavía no han recibido reino, pero que por una hora reciben autoridad como reyes con la bestia.

13 Estos tienen un *mismo* propósito, y entregarán su poder y autoridad a la bestia.

14 Estos pelearán contra el Cordero, y el Cordero los vencerá, porque El es Señor de señores y Rey de reyes, y los que están con El *son* llamados, escogidos y fieles.

15 Y me dijo*: Las aguas que viste donde se sienta la ramera, son pueblos, multitudes, naciones y lenguas.

16 Y los diez cuernos que viste y la bestia, éstos odiarán a la ramera y la dejarán desolada y desnuda, y comerán sus carnes y la quemarán con fuego;

17 porque Dios ha puesto en sus corazones el ejecutar su propósito: que tengan ellos un propósito unánime, y den su reino a la bestia hasta que las palabras de Dios se cumplan.

18 Y la mujer que viste es la gran ciudad, que reina sobre los reyes de la tierra.

La caída de Babilonia

18 Después de esto vi a otro ángel descender del cielo, que tenía gran poder, y la tierra fue iluminada con su gloria.

2 Y clamó con potente voz, diciendo: ¡Cayó, cayó la gran Babilonia! Se ha convertido en habitación de demonios, en guarida de todo espíritu inmundo y en guarida de toda ave inmunda y aborrecible.

3 Porque todas las naciones han bebido del vino de la pasión de su inmoralidad, y los reyes de la tierra han cometido *actos* inmorales con ella, y los mercaderes de la tierra se han enriquecido con la riqueza de su sensualidad.

4 Y oí otra voz del cielo que decía: Salid de ella, pueblo mío, para que no participéis de sus pecados y para que no recibáis de sus plagas;

5 porque sus pecados se han amontonado hasta el cielo, y Dios se ha acordado de sus iniquidades.

6 Pagadle tal como ella ha pagado, y devolved*le* doble según sus obras; en la copa que ella ha preparado, preparad el doble para ella.

7 Cuanto ella se glorificó a sí misma y vivió sensualmente, así dadle tormento y duelo, porque dice en su corazón: "YO *estoy* SENTADA *como* REINA, Y NO SOY VIUDA y nunca veré duelo."

8 Por eso, en un *solo* día, vendrán sus plagas: muerte, duelo y hambre, y será quemada con fuego; porque el Señor Dios que la juzga es poderoso.

9 Y los reyes de la tierra que cometieron *actos de* inmoralidad y vivieron sensualmente con ella, llorarán y se lamentarán por ella cuando vean el humo de su incendio,

10 *mirando* de pie desde lejos por causa del temor de su tormento, y diciendo: "¡Ay, ay, la gran ciudad, Babilonia, la ciudad fuerte!, porque en una hora ha llegado tu juicio."

11 Y los mercaderes de la tierra lloran y se lamentan por ella, porque ya nadie compra sus mercaderías:

12 cargamentos de oro, plata, piedras preciosas, perlas, lino fino, púrpura, seda y escarlata; toda *clase de* maderas olorosas y todo objeto de marfil y todo objeto *hecho* de maderas preciosas, bronce, hierro y mármol;

13 y canela, especias aromáticas, incienso, perfume, mirra, vino, aceite de oliva; y flor de harina, trigo, bestias, ovejas, caballos, carros, esclavos y vidas humanas.

14 Y el fruto que tanto has anhelado se ha apartado de ti, y todas las cosas que eran lujosas y espléndidas se han alejado de ti, y nunca más las hallarán.

15 Los mercaderes de estas cosas que se enriquecieron a costa de ella, se pararán lejos a causa del temor de su tormento, llorando y lamentándose,

16 diciendo: "¡Ay, ay, la gran ciudad, que estaba vestida de lino fino, púrpura y escarlata, y adornada de oro, piedras preciosas y perlas!,

17 porque en una hora ha sido arrasada tanta riqueza." Y todos los capitanes, pasajeros y marineros, y todos los que viven del mar, se pararon a lo lejos,

18 y al ver el humo de su incendio gritaban, diciendo: "¿Qué *ciudad* es semejante a la gran ciudad?"

19 Y echaron polvo sobre sus cabezas, y gritaban, llorando y lamentándose, diciendo: "¡Ay, ay, la gran ciudad en la cual todos los que tenían naves en el mar se enriquecieron a costa de sus riquezas!, porque en una hora ha sido asolada."

20 Regocíjate sobre ella, cielo, y *también vosotros*, santos, apóstoles y profetas, porque Dios ha pronunciado juicio por vosotros contra ella.

21 Entonces un ángel poderoso tomó una piedra, como una gran piedra de molino, y la arrojó al mar, diciendo: Así será derribada con violencia Babilonia, la gran ciudad, y nunca más será hallada.

22 Y el sonido de arpistas, de músicos, de flautistas y de trompeteros no se oirá más en ti; artífice de oficio alguno no se hallará más en ti; ruido de molino no se oirá más en ti;

23 luz de lámpara no alumbrará más en ti; y la voz del novio y de la novia no se oirá más en ti; porque tus mercaderes eran los grandes de la tierra, pues todas las naciones fueron engañadas por tus hechicerías.

24 Y en ella fue hallada la sangre de los profetas, de los santos y de todos los que habían sido muertos sobre la tierra.

Alabanzas en el cielo

19 Después de esto oí como una gran voz de una gran multitud en el cielo, que decía: ¡Aleluya!
La salvación y la gloria y el poder pertenecen a nuestro Dios,

2 PORQUE SUS JUICIOS SON VERDADEROS Y JUSTOS,

pues ha juzgado a la gran ramera
que corrompía la tierra con su inmoralidad,
y HA VENGADO LA SANGRE DE SUS SIERVOS EN
ELLA.

3 Y dijeron por segunda vez:
¡Aleluya!
EL HUMO DE ELLA SUBE POR LOS SIGLOS DE LOS
SIGLOS.

4 Y los veinticuatro ancianos y los cuatro seres
vivientes se postraron y adoraron a Dios, que
está sentado en el trono, y decían:
¡Amén! ¡Aleluya!

5 Y del trono salió una voz que decía:
Alabad a nuestro Dios todos sus siervos,
los que le teméis, los pequeños y los grandes.

6 Y oí como la voz de una gran multitud, como
el estruendo de muchas aguas y como el sonido
de fuertes truenos, que decía:
¡Aleluya!
Porque el Señor nuestro Dios Todopoderoso
reina.

7 Regocijémonos y alegrémonos, y démosle a
El la gloria,
porque las bodas del Cordero han llegado y
su esposa se ha preparado.

8 Y a ella le fue concedido vestirse de lino fino,
resplandeciente y limpio,
porque las acciones justas de los santos son el
lino fino.

9 Y el *ángel* me dijo*: Escribe: "Bienaventurados los que están invitados a la cena de las bodas
del Cordero." Y me dijo*: Estas son palabras
verdaderas de Dios.

10 Entonces caí a sus pies para adorarle. Y me
dijo*: No hagas eso; yo soy consiervo tuyo y de
tus hermanos que poseen el testimonio de Jesús;
adora a Dios. Pues el testimonio de Jesús es el
espíritu de la profecía.

11 Y vi el cielo abierto, y he aquí, un caballo
blanco; el que lo montaba se llama Fiel y
Verdadero, y con justicia juzga y hace la guerra.

12 Sus ojos *son* una llama de fuego, y sobre su
cabeza *hay* muchas diademas, y tiene un nombre
escrito que nadie conoce sino Él.

13 Y *está* vestido de un manto empapado en
sangre, y su nombre es: El Verbo de Dios.

14 Y los ejércitos que están en los cielos, vestidos
de lino fino, blanco y limpio, le seguían sobre
caballos blancos.

15 De su boca sale una espada afilada para herir
con ella a las naciones, y las regirá con vara de
hierro; y Él pisa el lagar del vino del furor de la
ira de Dios Todopoderoso.

16 Y en su manto y en su muslo tiene un nombre
escrito: REY DE REYES Y SEÑOR DE
SEÑORES.

17 Y vi a un ángel que estaba de pie en el sol. Y
clamó a gran voz, diciendo a todas las aves que
vuelan en medio del cielo: Venid, congregaos
para la gran cena de Dios,

18 para que comáis carne de reyes, carne de
comandantes y carne de poderosos, carne de
caballos y de sus jinetes, y carne de todos *los
hombres*, libres y esclavos, pequeños y grandes.

19 Entonces vi a la bestia, a los reyes de la tierra
y a sus ejércitos reunidos para hacer guerra
contra el que iba montado en el caballo y contra
su ejército.

20 Y la bestia fue apresada, y con ella el falso
profeta que hacía señales en su presencia, con las
cuales engañaba a los que habían recibido la
marca de la bestia y a los que adoraban su
imagen; los dos fueron arrojados vivos al lago de
fuego que arde con azufre.

21 Y los demás fueron muertos con la espada
que salía de la boca del que montaba el caballo, y
todas las aves se saciaron de sus carnes.

Satanás atado durante el milenio

20 Y vi a un ángel que descendía del cielo,
con la llave del abismo y una gran cadena
en su mano.

2 Prendió al dragón, la serpiente antigua, que
es el Diablo y Satanás, y lo ató por mil años;

3 y lo arrojó al abismo, y *lo* cerró y *lo* selló sobre
él, para que no engañara más a las naciones,
hasta que se cumplieran los mil años; después de
esto debe ser desatado por un poco de tiempo.

4 También vi tronos, y se sentaron sobre ellos, y
se les concedió *autoridad para* juzgar. Y *vi* las
almas de los que habían sido decapitados por
causa del testimonio de Jesús y de la palabra de
Dios, y a los que no habían adorado a la bestia ni
a su imagen, ni habían recibido la marca sobre su
frente ni sobre su mano; y volvieron a la vida y
reinaron con Cristo por mil años.

5 Los demás muertos no volvieron a la vida
hasta que se cumplieron los mil años. Esta es la
primera resurrección.

6 Bienaventurado y santo es el que tiene parte
en la primera resurrección; la muerte segunda no
tiene poder sobre éstos sino que serán sacerdotes
de Dios y de Cristo, y reinarán con El por mil
años.

7 Cuando los mil años se cumplan, Satanás
será soltado de su prisión,

8 y saldrá a engañar a las naciones que están en
los cuatro extremos de la tierra, a Gog y a
Magog, a fin de reunirlas para la batalla; el
número de ellas es como la arena del mar.

9 Y subieron sobre la anchura de la tierra,
rodearon el campamento de los santos y la
ciudad amada. Pero descendió fuego del cielo y
los devoró.

10 Y el diablo que los engañaba fue arrojado al
lago de fuego y azufre, donde también están la
bestia y el falso profeta; y serán atormentados día
y noche por los siglos de los siglos.

11 Y vi un gran trono blanco y al que *estaba*
sentado en él, de cuya presencia huyeron la tierra
y el cielo, y no se halló lugar para ellos.

12 Y vi a los muertos, grandes y pequeños, de
pie delante del trono, y *los* libros fueron abiertos;
y otro libro fue abierto, que es *el libro* de la vida,
y los muertos fueron juzgados por lo que estaba
escrito en los libros, según sus obras.

13 Y el mar entregó los muertos que estaban en
él, y la Muerte y el Hades entregaron a los
muertos que estaban en ellos; y fueron juzgados,
cada uno según sus obras.

14 Y la Muerte y el Hades fueron arrojados al
lago de fuego. Esta es la muerte segunda: el lago
de fuego.

15 Y el que no se encontraba inscrito en el libro
de la vida fue arrojado al lago de fuego.